濮院镇志

下册

《濮院镇志》编纂委员会 编

方志出版社

图书在版编目(CIP)数据

濮院镇志/《濮院镇志》编纂委员会编. —北京：方志出版社，2021. 6

ISBN 978-7-5144-4526-8

Ⅰ. ①濮…　Ⅱ. ①濮…　Ⅲ. ①乡镇—地方志—桐乡　Ⅳ. ①K295. 55

中国版本图书馆CIP数据核字(2021)第002498号

濮院镇志

编　　者：《濮院镇志》编纂委员会
责任编辑：丛　珺　宁　芳

出 版 者：方志出版社
地址　北京市朝阳区潘家园东里9号（国家方志馆4层）
邮编　100021
网址　http://www.zgfzcb.cn
发　　行：方志出版社图书经销中心
电话（010）67110500
经　　销：各地新华书店
设计排版：杭州美迪图文设计有限公司
印　　刷：嘉兴华源印刷厂

开　　本：889×1194　1/16
印　　张：104.5
字　　数：2196千字
版　　次：2021年6月第1版　2021年6月第1次印刷
印　　数：0001～3000册

ISBN 978-7-5144-4526-8　　定价：780.00元（全二册）

总 目 录

·上 册·

·下 册·

下册目录

第十一编　城镇和农村建设

第十二编　环境保护

第十三编　政党　群众团体

第十四编　政权　政协

第十五编　公安　司法　军事

第十六编　教育　科技

第十七编　文化　体育　广电　档案

第十八编　卫　生

第十九编　社　　会

第二十编　人　　物

第二十一编　文　　献

第十一编

城镇和农村建设

中华人民共和国成立前，古镇濮院，几经战争创伤，房屋受损、市容破旧、功能衰减，虽小桥流水、主街区及次街区面貌犹存，但已褪去以往的繁荣兴旺。农村，泥路狭小，农户住房简陋、分散，村貌衰败。

中华人民共和国成立后，政府采取一系列的措施，有计划地进行城镇建设，镇区面貌逐步得到改善。

改革开放后，更是拉开城镇建设的新序幕，镇区建设进入发展的快车道。自20世纪80年代中期开始，镇政府数次编制《城镇总体建设规划》，使镇区建设步入科学规划、合理布局、有序开发、依法管理的轨道；规模宏大的羊毛衫市场和工业园区的开发建设，更是濮院镇区建设的新亮点。2013年，镇区启动旧城保护与开发工程。

与此同时，新农村建设稳步推进。20世纪80年代起，境内农村陆续实施村庄整治、道路硬化、河道整治、生态河岸绿化、改水、改厕等工程。21世纪初，政府启动城乡一体化工程，实现公交、供水、环保、教育、医保等方面的城乡一体化，极大地提高农村居民的生活水平和生活质量。全镇各行政村制订完成村庄规划，农民新村建设点不断增多，农户居住条件发生质的变化。

第一章　城镇建设

第一节　旧时景观

旧时，镇域街、巷依河而筑。庙桥港横贯镇区。河南是镇中心的主要街区，街面为石板，一般宽度为2.5—3.5米，最宽的大街、义路街宽度也仅3.7米。

镇中心的主要街区总体呈正方形，由两条南北向和两条东西向街道构成。南北向为大街、义路街，东西向为南横街、北横街。4条街首尾相衔，形如棋盘，故有棋盘街之称。主要街区滥觞于元时著名的四大牙行，明、清以来即为濮院的重要商业区，沿街店铺鳞次栉比，景象繁荣。

由中心街区向四周延伸，形成四栅的次要街区。东有杏林街、柳岸街；东南有归家湾、语儿桥街、横屋街；南有东港街、立关庵街、万兴桥街；北有庙桥街、蜡作街（又称蜡烛街）、北大有桥街、太平巷、北廊棚、寺前街、观前街；东北有石条街、众安桥街、仓前街；西有南大有桥街、卧龙街、集庆街、固安桥街、龙湾街。镇区民居大多临街枕河而筑，其中也有不少名门望族的厅堂宅院，如夏家厅（志成堂）、闵家厅（有4处，一处在集庆街，一处在河下街，还有两处建在万兴桥与谭家桥间的万兴桥街）、仲家厅、翁家厅、刘家厅、朱家厅、章家厅、王家厅、张家厅、沈家厅、许家厅等。濮院自元至大二年（1309）濮氏出资构屋开街，建四大牙行，到清乾隆时“日出万绸”，经济繁荣可谓长盛不衰。正如樊树志在《江南市镇·传统变革》中所述：“濮院镇规模之宏大，足以使一般县城相形见绌。”

但晚清以来，由于长期遭受战乱，尤其是民国26年（1937）遭日军侵略破坏，镇域已渐次衰落，市容破败，房屋破旧者占80%，街道年久失修，下水道淤塞，粪缸尿甏狼藉街头巷尾。虽小桥流水人家之古貌依稀，却已非昔日繁荣景象。

街、弄、路、埭、廊棚、帮岸、湾、场、浜、汇及其他潭池园畔

民国《濮院志》载，濮院镇区有二十七街、十八弄（巷、里）、一马路、两埭、三廊棚、四帮岸、五湾、六场、七浜、八汇及潭、池、园、畔等90处，形成了独特的江南古镇街景。

二十七街

大街　南起关帝庙，北至严家汇。

义路街　南起小脂汇（又称胭脂汇），北至鱼行汇。

南横街　东起关帝庙，西至小脂汇。

北横街　东起严家汇，西至鱼行汇。

庙桥街　南起严家汇，北至大德桥（庙桥）。

南大有桥街　南起鱼行汇，北至大有桥。

北大有桥街　南起大有桥，北至北汇。

卧龙街　东起鱼行汇，西至栖凤桥。

固安桥街　东起小脂汇，西至固安桥。

集庆街　南起大井头，北至小脂汇。

南新街　南起朝北观音堂，北至大井头。

化坛街　南起赵家池东，北至南新街。

东新街　南起泥路，北至火弄西草路。

东港街　南起聚星桥，北至郭家汇。

万兴桥街　东起财神阁，西至谭家桥。

语儿桥街　东起语儿桥，西至财神阁。

横屋街　东起立关庵街，西至南关厢口。

立关庵街　南起思家桥，北至横屋街口。

柳岸街　南起塌坊浜，北至香店弄口。

鹤栖街　东起定泉桥，西至西观前。

梧桐庵街　南起船厂汇，北至梧桐庵。

蜡作街　南起庙桥北河下，北至太平巷口。

寺前街　东起平桥，西至寺湾。

观前街　东起新桥，西至平桥。

众安桥街　即东平桥街，南起众安桥，东至横板桥。

大全桥街　南起花园弄口，北至庄泾桥即油车桥。

石条街　南起陆家桥，北至卖柴浜。

十八弄(巷、里)

花园弄　东口迤北至横板桥直北通仓前街，西北至沈家鱼池。

仓弄　东至庄泾桥街，西至仓前。

姜家弄　东至万安桥，西至集秀庵前。

西池弄　西至北廊棚，东至寺浜。

寺弄　东至香海寺前，西至太平巷。

九曲弄　在杏林坊雷家潭。

香店弄　在柳岸街北，通杏林桥即雷家桥。

夏家弄　东至朝阳桥，西至田口通土坟。

梅家弄　东至杨家帮岸，西至费家场。

朝阳桥弄　东至朝阳桥，西至费家场。

西成桥弄　南至周家场，北至西成桥。

红墙弄　南至周家湾，北至固安桥。

火弄　南至草路，北至郭家汇。

谭家桥弄　南至谭家桥，北至南横街。

万兴桥弄　南至草路，北至万兴桥。

礼门巷　在雷家谭南通柳岸。

太平巷　东通寺弄，西至北汇。

永乐里　在北横街东口通庙桥下。

一马路　在大全桥东顺济庵前，直通嘉兴。因可以走马，故名。

两埭

南埭、北埭　均在大全桥东。

三廊棚

水廊下　在沈鱼池东北，西通万安街，东北达仓前。

北廊棚　在定泉桥东岸。

西廊棚　在龙湾之西，连接三里塘，通名西廊棚。

四帮岸

朝阳桥帮岸　在朝阳桥西岸，南至夏家弄口。

杨家帮岸　在定泉桥西岸，南至朝阳桥。

陆家帮岸　在陆家桥北岸，濮家帮岸之东。

濮家帮岸　在迎凤桥东堍，陆家帮岸之西。

五湾

黄家湾　在新桥南杏林坊内。

归家湾　南通财神阁，西北至关帝庙前。

寺湾　在香海寺土地庙之间。

龙湾　在栖凤桥西廊棚之间。

香船湾　在花园弄口与横板桥之间。

六场

费家场　东通梅家弄，西通朝阳桥弄。

周家场　东至固安桥，西至曹家祠堂。

罗家场　在白云庵南，连三池北。

大场　在横屋街之南，出南关厢沿南苏浜。

燕场　在梧桐庵东，蚬子滩西。

石家场　南通寺浜，北达狄家园。

七浜

寺浜　在香海寺后沿河。

卖柴浜　一在众安桥东堍，一在太平桥北堍。

庄泾浜　在庄泾桥内。

洞桥浜　在宁绍会馆西。

南苏浜　在横屋街西南。

北苏浜　在语儿桥东。

塌坊浜　在迎凤桥西，张家坟之北。

八汇

严家汇　南通大街，北至庙桥街，东达雷家潭，西接北横街。

鱼行汇　南通义路街，北达南大有桥街，东至北横街，西接卧龙街。

小脂汇　即胭脂汇，南通集庆街，北达义路街，东至南横街，西接固安桥街。

郭家汇　西达万兴桥，东至东港。

船厂汇　东通姜家桥，北达梧桐庵。

油车汇　即碓坊浜，在雷家潭沿岸至新桥之间。

渡船汇　在东河头上有桥即今大全桥。

北汇　在太平巷定泉桥之间。

其他潭、池、园、畔等

雷家潭　在黄家湾严家汇之间。

翟（狄）家园　在卖柴浜北，元狄守真提点故宅，《濮录》载其在寺后坊。

孟家园　在横板桥南。

沈鱼池　在霸底头之南。

连三池　在罗家场南。

大井头　在南新街北。

坝底头　在沈鱼池北，仓基西南一称坝上。

西田畔　即西杨家田。

后河下　在大有桥、新桥间沿河南岸。

桥梁

旧时，濮院桥梁众多。民国《濮院志》记载，境内共有桥梁106座，其中位于四栅以内的有38座（桐界15座，秀界14座，跨秀、桐两界9座），且大多为元明古桥，形制古朴宏伟，虽几经重修，风貌依旧。

位于桐界的十五座桥梁

杏林桥　俗称雷家桥，在雷家潭。

妆桥　在义路街中，跨百丈河，桥右有西子妆楼，故名。河湮塞，桥址尚存。

谭家桥　在谭家浜，通百丈河。由妆桥而东，南出谭家浜。

洞桥　在宁绍会馆前。

万兴桥　在谭家浜口。

语儿桥　宋德祐年间（1275—1276）濮振垂重葺，清嘉庆二年（1797）重建。《濮录》：濮氏嫁女泾东，特筑是桥以利往来，故称囡儿桥（即女儿桥）。

聚星桥　跨梅泾河上，陆星聚建。清光绪二十一年（1895）吴肇增集资重建。

固安桥　在镇西南，元濮鑑以栖凤桥犯祖讳，过之不安，另建此桥，名过安。今称固安。

栖凤桥　跨西市河，宋濮凤建，"八景"中所谓"栖凤朝霞"即此处。清道光二十二年（1842）唐濄等募资重建。

朝阳桥　在栖凤桥北，元季濮氏建。旧时传后周时凤凰来集，即此地。清乾隆年间（1736—1795）重建，嘉庆八年（1803）重修。

西成桥　跨西市河，清嘉庆八年（1803）重建，民国4年（1915）重修。

迎龙桥　在西寺前，清乾隆五十九年（1794）仲均重建。

聚凤桥　在西寺前，清嘉庆七年（1802）仲均重建。

梧桐桥　在西栅口，宋濮凤建。旧名"多福"，俗称箍桶桥。清嘉庆六年（1801）仲均重建。

姜家桥　俗讹为张家桥，在定泉桥西。

位于秀界的十四座桥梁

众安桥　在东市河，清道光四年（1824）重建。

横板桥　在东市香船湾。

大全桥　旧称渡船桥。因此处向无桥，乃设渡船以通往来，桥成，以渡船名命名。元至元年间(1336—1340)，濮氏重修时改桥名为大全，人仍沿称为渡船桥。

庄泾桥　俗名东油车桥，在庄泾东口。

万安桥　在庄泾浜内。

升平桥　在十景塘，清道光八年(1828)重修。

濮九娘桥　在长平桥西，清道光十二年(1832)，沈姓重建。

沈坟桥　在濮九娘桥西。

太平桥　在秀桐桥北，卖柴浜口。

平桥　在翔云观西，旧称西平桥。

香花桥　有两座，一座在香海寺前；一座在东岳庙前。

临观桥　在东栅口，旧称灵官庙桥，清乾隆年间建。清道光二十七年(1847)，朱英、夏斗寅集资重建，改名为"临观桥"。

会龙桥　俗名长木桥，在幽湖北。清康熙年间，李懋华改木桥为石桥，乾隆年间懋华孙枝昌重建，光绪二十六年(1900)重修。

幽湖桥　在南栅口，旧名广济环桥，明景泰七年(1456)重建，改名为"幽湖桥"。

跨秀、桐两界的九座桥梁

大有桥　跨市河，元濮鑑建，清宣统三年(1911)重修。

大积桥　俗称新桥，跨庙桥河东端。元濮鑑建，时在翔云观前直对黄家湾，清乾隆四十四年(1779)陈宗移址观东港口。

大德桥　俗称庙桥，跨市河，元濮鑑建。民国9年(1920)重修。

定泉桥　跨北市河，清乾隆六十年(1795)重建。相传桥下有泉，大旱不涸。

秀桐桥　跨北市河，在定泉桥之北。

杨家桥　在镇北杨坟浜。

迎凤桥　在塌坊浜北。清乾隆二十九年(1764)戴陈瑛建，道光十年(1830)重建。

陆家桥　跨人和、仁和两坊，张姓重建。

思家桥　在南市，明初濮氏分迁思念故乡，奉诏还里后建此桥。民国6年(1917)朱祥元集资重建。

第二节　镇区建设

镇区规划

20世纪80年代后，濮院镇共进行五次城镇总体建设规划的编制。第一次规划于1985年编制完成；1992年进行第二次修订；1997年进行第三次修编；第四次修编自2000年7月开始，9月完成；第五次修编从2002年3月开始，2003年完成。

第一次至第四次总体规划的基本内容

20世纪80年代镇区南部鸟瞰

第一次城镇总体规划(1986—2000),城市规模:人口规模为1990年1.3万人,2000年2万人;用地规模为1990年1.34平方千米。

第二次城镇总体规划(1992—2010),城市规模:人口规模为2010年2.2万人,用地规模为2010年2.16平方千米,人均用地105平方米。

第三次城镇总体规划(1997—2010),城市规模:人口规模为2000年3.5万人,用地规模为3.43平方千米,人均用地98平方米。

第四次城镇总体规划(2000—2020),确定濮院镇的城镇性质:以毛纺织品为特色的工贸结合的综合性城镇,桐乡东部的经济新区。城市规模:2005年人口规模4万人,用地规模4.05平方千米,人均用地97平方米;2020年人口规模5.6万人,用地规模5.66平方千米,人均用地95平方米。城镇规划区范围:东、西界为镇域行政界线,南至环城南路,北至田心里一带,规划面积10.1平方千米,远景控制25平方千米。

第五次城镇总体建设规划　即《濮院镇(桐乡东城区)总体规划(2004—2020)》(简称《规划》,下同)。《规划》根据濮院镇城区发展、环境变化的新特点,在合理确定城区性质与规模、完善功能分区、合理配置公共服务设施和完善市政公用设施等方面作了科学的规划,营造出城区特色和城区风貌。

《规划》分总则、发展目标与策略、城区性质与规模、城乡发展协调规划、城区整体布局、历史文化遗存保护与旧城更新规划、城区道路交通规划、城区水系规划、城区绿地和景观系统规划、城区市政公用设施规划、城区环境保护规划、城区防灾规划、城区近期建设规划、规划实施措施、附则等十五章。

总则　包括编制背景、规划依据、规划期限、指导思想、规划重点、地域名词界定、法律效力等七个方面。

发展目标与策略　总目标将城区建设成一个产业环境、人居环境俱优的毛针织服装名城,研发生产贸易集散中心和具有江南水乡特色的生态城市,并形成以工业、商贸、居住为主,与桐乡主城区功能互补、连成一体的城市综合区。发展策略包括区域协调发展、社会发展、经济发展、生态环境保护发展、城市特色营造等五大类。

城区性质与规模　城区性质为中国毛针织服装名城、研发生产贸易集散中心。城区规模包括建设用地和人口两部分,并在时间上作了近期与远期的规划。建设用地包括居住用地、工业用地、市场布局用地、仓储用地、商业金融用地、行政办公用地、文化娱乐用地、体育设施用地、医疗卫生用地、教育科研用地等十个方面。

城乡协调发展的规划　主要内容为镇域产业发展规划、镇域空间布局、镇域空间管制区划、适宜建设区范围、控制建设区范围、非建设区范围、镇域社区体系规划。

城区整体布局　主要分为城区规划结构与功能布局两大类。

历史文化遗存保护与旧城更新规划　历史文化遗存保护包括保护规划原则、保护等级范围及保护措施等。旧城更新规划则包括改造更新原则、目标及措施等内容。

城区道路交通规划　包括水运交通、对外公路、城区道路系统、城区静态交通设施、城区公共交通、城区自行车道与行人系统等六个方面的规划。

城区水系规划　主要体现水系规划目标、空间结构、重要河道功能控制及城市形态保护策略等四块内容。

城区绿地和景观系统规划　绿地系统分规划结构、规划布局、系统规划指标、公共绿地规划、生产防护绿地规划及其他绿地规划等六个方面。景观系统则是规划城区景观轴线和建设城区景观节点，以进一步提高城区开放空间的环境品质，展示良好的城区形象。

市镇公用设施规划　包括给水工程规划、排水工程规划、雨水工程规划、供电工程规划、通信工程规划、广播电视规划、燃气工程规划、供热工程规划、环境卫生设施规划等几个方面。

环境保护规划　包括环境保护目标与控制目标、大气环境污染防治措施、水环境污染防治措施、固体废弃物治理措施、噪声污染防治措施等几个方面。

城区防灾规划　含地质防灾防治规划、城区防洪排涝规划、城区消防规划、城区抗震规划、城区防空及地下空间规划。

城区近期建设规划　包括近期居住用地建设、公共设施建设、工业仓储区建设、道路交通建设等四个方面。

规划实施措施　城市规划法制规划、城市规划审批管理、城市规划监督检查、城市规划技术深化工作、城市总体规划宣传与公众参与。

附则　主要是对《规划》中的相关事项所作的说明。

镇区的发展和现况

中华人民共和国成立后，濮院镇党委、政府在发展经济和改善民生的同时，十分重视镇区建设，适时作出部署，采取相应措施，推动镇区建设向前发展。20世纪60年代起，逐步对凹凸不平的街路进行改造。80年代后，加快道路建设步伐。至1990年，镇区拓宽或改造的道路主要有北横街、南横街、杏林街、蜡烛街、公园路、大有桥街、北大有桥街、大街、庙桥街、万兴街、义路街、归家湾、柳岸街、寺湾街、仓前街、女儿桥街、太平巷、集庆街、观前街等19条。其中，拓宽道路5条，总长度539.85米；石板路改浇水泥路14条，总长度2163.30米；新建道路4条，总长度2129.45米；敷设排水管总长度5538.70米。改造、新建后的道路路面宽畅、平整，路下排水流畅。尤其是作为标志性道路的永乐路的全线贯通，更是镇区建设上的一大亮点。永乐路的新建改变了原棋盘街的镇区格局，形成以永乐路与庙桥港为中心，东西、南北相对称，北为生活区、中为商业区、南为工业区的镇区新格局；形成了三十七街（路）、八巷（里、弄）、三汇、两场的镇区新街景。与此同时，永乐路两旁临街新楼群拔地而起，路灯、街区绿化相映生辉。此外，政府还结合开展灭钉螺、消灭血吸虫病活动，铲除市河两岸杂草，拆除部分房屋，拓阔挖深河道，改善环境，镇区面貌焕然一新。

三十七街（路）

北横街　东起严家汇，西至栖凤桥。

义路街　南起小脂汇，北至大有桥。

大有桥街　南起鱼行汇，北至大有桥南堍。

北大有桥街　南起大有桥北堍，北至太平巷。

庙桥街　南起严家汇，北至大德桥（庙桥）。

河下街　东起大积桥（新桥），西至朝阳桥。

南横街　东起丝厂桥，西至小脂汇。

大街　南起南横街，北抵严家汇。

杏林街　东起河下东街，西至严家汇。

柳岸街　北起杏林街，南至南横街。

万兴街　东起女儿桥，西至洞桥浜。

归家湾街　南起万兴街东，北至南横街。

横屋街　西起女儿桥东堍，转南至大场，往东至梅泾路。

集庆街　南起万兴街西，北至小脂汇。

固安桥街　东起小脂汇，西至周家场。

东港厂（街）　南起杭申公路，北至郭家汇转西至万兴桥南堍。

周家场路　东接固安桥，西至新生公路。

西廊棚（街）　东对西成桥弄，向西朝南至周家场。

龙湾街　北起朝阳桥西堍，西至梧桐桥北堍。

蚬子滩（街）　南起秀桐桥西堍，北至梧桐庵旧址。

寺湾街　西起大有桥北堍，往东转北至三中大门。

观前街　东起花园街，西至寺湾街。

蜡烛街　南起寺湾街，北至太平巷。

北廊棚（街）　南起太平巷，北至秀桐桥东堍向东转至公园路。

公园路　南起蜡烛街，北至石家场。

石家场（路）　东起寺浜路，西至东嘉桥。

寺浜路　东起花园街，西至石家场。

狄家园（路）　南起寺浜路，北至集秀庵旧址。

花园街　南起观前街，北至仓前街。

仓前街　西起花园街，往东转北至升平桥南堍。

马路　西起大寨桥东，东至顺济庵旧址。

孟家园（路）　北起横板桥东堍，南至众安桥东堍。

长木桥路　东起长木桥东堍，西至丝厂桥西堍。

梅泾路　南起国道，北至长木桥路。

永乐路　南起濮院大道（国道），北至北横街。

新南路　东起永乐路，西至周家场。

大庆路　北起坝底头弄，南至寺浜路。

八巷（里、弄）

永乐里　南起北横街，北至永乐桥。

火弄　东起东港厂（街），往西转北至万兴桥南堍。

固安桥弄　南起新南路，北至固安桥东堍。

王墙弄（红墙弄）　北起周家场，向南转西至新南路。

西成桥弄　南起固安桥西堍，北至西成桥南堍。

夏家弄　东起龙湾街，西至费家场。

太平巷　东起蜡烛街，西至北廊棚（街）南口。

坝底头（弄）　东起仓前街，西至大庆路。

三汇

严家汇　为杏林街、大街、北横街、庙桥街四街交会处。

鱼行汇　为北横街、义路街、北横街西端（原卧龙街）、大有桥街四街交会处。

小脂汇　为南横街、集庆街、固安桥街、义路街四街交会处。

两场

费家场　夏家弄、朝阳桥弄以北，蚬子滩以南区域。

当白场　原黄家湾西侧，公义当旧址。

表 11－1　　1990 年前镇区改造、新建道路一览表

项目	街（弄）名	长度（米）	宽度（米）	项目	街（弄）名	长度（米）	宽度（米）
拓宽路面	北横街	174.75	10.50	铺浇水泥路面	庙桥街	87	4.5
	南横街	203.2	10		大街	207	3.7
	蜡烛街	91.1	7		万兴街	120	4
	杏林街	104	7		义路街	156.7	3.7
	公园路	170	4		归家湾街	83.3	3.5
铺浇水泥路面	大有桥街	96	4		女儿桥街	83	3.5
	北大有桥街	89	3.5		柳岸街	234.3	3.6

续表 11－1

项目	街(弄)名	长度(米)	宽度(米)	项目	街(弄)名	长度(米)	宽度(米)
铺浇水泥路面	集庆街	86	3	新建道路	梅泾路	792	7.50
	寺湾街	273	3.5		永乐路	737.45	17(最宽处)
	太平巷	98	3.6		新南路	450	4.40
	仓前街	360	3.6		大庆路	120	5
	观前街	190	3				

资料来源:本表参考 1996 版《濮院镇志》

21 世纪初的大街(钱善渝摄)

1991 年后,随着城镇化进程的推进和新城区开发的加快,镇区建设进入了快车道。至 2010 年,老城区除北廊棚(街)、横屋街两处仍保留部分原貌外,其余旧路(街)全面改造成水泥或柏油路面;梅泾路向北延伸至石桥街;新筑的费家场路,东起朝阳桥西,西至中兴路;建成区内新建道路 61 条,呈现出道路纵横、骨架完整、等级清晰的崭新路貌。与此同时,新生也因集镇建设,修筑道路 5 条,形成新的集镇街景。改建、新建桥梁 49 座,为钢筋水泥结构,可供车辆通行。新城区开发建设亮点纷呈,尤其是市场和园区的商贸建筑、花园式厂房以及纵横相交的水泥马路和高架路灯等整体布局,不仅凸显了镇区建设的新风貌,更是濮院镇建设史上的一次划时代飞跃。镇区总体形成了以濮院大道(原 320 国道)为界的南、北两个功能区。

国道南是新城区,开发建设有市场交易中心和产业园区,每日商贾云集,产销两旺,物流四通,是全镇的经济龙头。国道北是老城区,是居民的生活区。区内人口密集,道路纵横,南北走向的永乐路、中兴路和东西走向的凯旋路、咏梅路、南纬路店铺相连,是老城区的商业中心。此外,大街、万兴街、观前街、花园街、大有桥街等老街区老房依旧,古桥完好,仍保持着江南古镇的遗韵。由此,基本形成濮院镇建成区的新四至:东至月河桥港;西达永兴港,与一港之隔的梧桐街道形成无缝对接;北与新濮村接壤;南至永越大道。建成区面积由 20 世纪 90 年代初的 1 平方千米扩大至 2010 年的 11 平方千米。

建成区及集镇新建道路①

南纬路　主干道,水泥混凝土路面。东起永乐路,西至中兴路,长 510 米,宽 8 米,

---

①　濮院镇建成区区域随城镇化进程的推进而不断扩大,确切范围尚无法划定,此处所列可能并不全面。

1992年开始浇筑，1993年建成。此路位于镇的南部，因东西向，故命名“南纬路”。

南纬西路　一般道路，水泥混凝土路面。东起中兴路，西至滨河路，长360米，宽6米，1996年建成。此路为南纬路向西延伸段，故名。

咏梅路　主干道，水泥混凝土路面。东起永乐路，西至中兴路，长500米，宽8米，1995年冬开始浇筑，1996年建成。此路新筑时正逢梅花盛开，故名。

咏梅西路　主干道，水泥混凝土路面。东起中兴路，西至兴业路，长250米，宽8米，2000年建成。此路为咏梅路向西延伸，故名。

栖凤路　主干道，水泥混凝土路面。南起工贸大道，北至咏梅路，长850米，宽7米，1993年建成。取“良禽择木而栖，凤凰非梧桐不落”句意，故名。

栖凤北路　主干道，水泥混凝土路面。南起咏梅路，北至凯旋路，长100米，宽8米，1996年建成。此路为栖凤路向北延伸段，故名。

长春路　一般道路，水泥混凝土路面。东起咏梅路三弄，西至南纬路四弄，长150米，宽12米，1996年建成。

庆春路　一般道路，水泥混凝土路面。东起咏梅路三弄，西至南纬路四弄，长150米，宽12米，1996年建成。

朝阳路　一般道路，水泥混凝土路面。南起南纬路，北至新南路，长300米，宽15米，1996年建成。

朝晖路　一般道路，水泥混凝土路面。南起南纬路，北至咏梅路，长170米，宽15米，1996年建成。

新兴路　一般道路，水泥混凝土路面。东起栖凤北路，西至中兴路，长100米，宽15米，1996年建成。

凯旋路　主干道，水泥混凝土路面，贯穿全镇东西。东起永乐路，西至永兴港，长6000米，宽32米，2002年建成。沿途有商铺、居民住宅小区、医院、汽车站、中心农贸市场等。

中兴路　主干道，水泥混凝土路面。南起濮院大道，北达新建桥，长700米，最宽处32米，1996年建成。寓振兴濮院经济之意，故名。

中兴中路　主干道，水泥混凝土路面。北起濮院大道，南至齐心桥，长452米，宽32米，2007年12月建成。为中兴路向南延伸段，故名。

中兴南路　主干道，水泥混凝土路面。北起齐心桥，南至永越村牛桥头，长990米，最宽处32米，2009年7月建成。为中兴中路向南延伸段，故名。

滨河路　一般道路，水泥混凝土路面。南起濮院大道，北至凯旋路，长500米，宽13米，2002年建成。因临河而筑，故名。

复兴路　一般道路，水泥混凝土路面。东起中兴路，西至滨河路，长300米，宽8米，2002年建成。

永兴路　一般道路，水泥混凝土路面。东起中兴路，西至滨河路，长300米，宽6米，

2004 年建成。

新苑路　主干道，水泥混凝土路面。南起永安路，北至原周家木桥，长 1700 米，宽 18 米，2003 年建成。

广场路　主干道，水泥混凝土路面。东起景盛路，西至宏苑路，长 350 米，宽 24 米，2003 年建成。此路位于政府广场，故名。

景盛路　主干道，水泥混凝土路面。南起濮院大道，北至广场路，长 900 米，宽 24 米，2003 年建成。因路两旁颇具景观，故名。

红树林街　一般道路，水泥混凝土路面。东起兴业路，西至滨河路，长 200 米，宽 7 米，2004 年建成。街因处于红树林小区，故名。

万安新村路　一般道路，水泥混凝土路面。东起大庆路，西至寺浜路，长 500 米，宽 2.5 米，2007 年建成。此路有万安桥，路以桥名。

九龙港美食休闲街　主干道，水泥混凝土与青砖路面相交错杂。南起永安路，往北转西至文苑路，长 400 米，宽 8 米，2007 年建成。路边店铺以美食、休闲为主，因不少大城市相似街区都有“九龙港”之名，故名。

石桥街　一般道路，水泥混凝土路面。东起梅泾路，西至永华路，长 110 米，宽 6 米，1995 年建成。

永华路　一般道路，水泥混凝土路面。南起孟家园小区南端，北至新大寨桥西堍，长 100 米，宽 5 米，1995 年建成。

双燕路　一般道路，水泥混凝土路面。南起屋底里，北至濮院大道，长 1000 米，宽 3 米，1992 年建成。后道路改造，路面拓宽。

兴业路　一般道路，水泥混凝土路面。南起齐宏路，北至凯旋路，长 900 米，宽 18 米，2002 年建成。寓毛衫产业兴旺之意，故名。

祥和路　一般道路，水泥混凝土路面。东起建园路，西至工旺路，长 600 米，宽 10 米，2003 年建成。寓吉祥和谐之意，故名。

兴旺路　一般道路，水泥混凝土路面。南起闵家兜新村，北至濮院大道，长 450 米，宽 18 米，2003 年建成。寓毛衫业兴旺发达之意，故名。

文苑路　主干道，水泥混凝土路面。南起濮院大道，北至凯旋路，长 1650 米，宽 18 米，2003 年建成。寓弘扬文化之意，故名。

建园路　主干道，水泥混凝土路面。南起吴家浜，北至凯旋路，长 1050 米，宽 18 米，2004 年建成。此路位于针织园区，故名。

工贸大道　主干道，水泥混凝土路面。东起羊毛衫市场第一交易区，西至恒兴路，长 4238 米，宽 32 米，2004 年 12 月建成。此路贯穿市场和工业园区，故名。

桐星大道　主干道，水泥混凝土路面。北起新生集镇，南至濮院大道，长 5500 米，宽 26 米，2003 年建成。因筑路资金得到桐星集团部分资助，故名。

桐星大道南路 主干道，水泥混凝土路面。北起濮院大道，南至金龙路，规划长1300米，宽32米。至2010年，已建成部分路段。

宏苑路 主干道，水泥混凝土路面。北起紫金路，南至联越路，长1650米，宽32米，2004年建成。

宏苑南路 主干道，水泥混凝土路面。北接联越路，南至金龙路，长530米，宽21米，2010年建成。

泰和路 一般道路，水泥混凝土路面。东起建园路，西至工旺路，长600米，宽10米，2005年建成。寓国泰民安之意，故名。

信义路 一般道路，水泥混凝土路面。东起宏苑路，西至工旺路，长250米，宽10米，2005年建成。

齐宏路 主干道，水泥混凝土路面。北起濮院大道，南至联越路，长1100米，宽18米，2005年建成。因路经齐宏桥，故名。

齐宏南路 主干道，水泥混凝土路面。北起联越路，南至金龙路，长460米，宽18米，2010年建成。此路为齐宏路向南延伸段，故名。

工旺路 主干道，水泥混凝土路面。北起濮院大道，南至联越路，长900米，宽18米，2005年4月建成。寓祈望濮院工业兴旺发达之意，故名。

工旺南路 次干道，水泥混凝土路面。北起联越路，南至新河村茅家桥，长3200米，宽18米，2010年命名。为工旺路向南延伸段，故名。

聚成路 主干道，水泥混凝土路面。北起濮院大道，南至联越路，长900米，宽12米，2006年建成。因路位于永越、永联两村间，寓两村凝聚持续发展之力之意，故名。

聚成南路 主干道，水泥混凝土路面。北起联越路，南至永越村张家埭，长1000米，宽12米，2010年建成。因北接聚成路，故名。

联越路 主干道，水泥混凝土路面。东起中兴南路，西至恒兴路，长3500米，宽18米，2005年4月建成。此路连通永联、永越两村，故名。

红星路 主干道，水泥混凝土路面。南起凯旋路，北至新星小区，长570米，宽12米，2005年建成。因路位于红星新村，故名。

恒安路 主干道，水泥混凝土路面。南起联越路，北至濮院大道，长800米，宽18米，2005年建成。寓濮院长期发展，百姓安居乐业，得“安”字，故名。

恒居路 主干道，水泥混凝土路面。南起联越路，北至凯旋路，长2310米，宽18米，2011年建成。寓濮院长期发展，百姓安居乐业，得“居”字，故名。

恒乐路 主干道，水泥混凝土路面。南起联越路，北至凯旋路，长2341米，宽40米，2011年建成。寓濮院长期发展，得“乐”字，故名。

恒乐南路 主干道，水泥混凝土路面。北起联越路，南至莲花港，长1500米，宽32米，2005年建成。为恒乐路向南延伸段，故名。

恒业路　主干道，水泥混凝土路面。南起联越路，北至凯旋路，长2360米，宽18米，2011年建成。寓意濮院长期发展，百姓安居乐业，得“业”字，故名。

恒兴路　主干道，水泥混凝土路面。南起联越路，北至凯旋路，长2390米，宽18米，2011年建成。寓经济兴旺之意，故名。

永恒路　主干道，水泥混凝土路面。东起永宏新村，西至恒乐南路，长730米，宽18米，2005年建成。寓人民长久安康、幸福之意，故名。

永安路　主干道，水泥混凝土路面。东起宏苑路，西至永兴港，长2700米，宽18米，2005年建成。寓人民永远安乐之意，故名。

越茂路　一般道路，水泥混凝土路面。东起中兴南路，西至庙簰港，长547米，宽18米，2009年建成。寓市场兴旺之意，故名。

永越大道　主干道，水泥混凝土路面。东起中兴南路，西至恒兴路，位于建成区最南端，长3264米，宽32米，2009年6月建成。此路穿越永越村，故名。

永丰路　主干道，水泥混凝土路面。北起联越路，南至永越大道，长356米，宽15米，2009年建成。路位于永越原丰家浜，故名。

永丰南路　主干道，水泥混凝土路面。北起永越大道，南至金龙路，长360米，宽15米，2010年建成。为永丰路南延，故名。

金龙路　主干道，水泥混凝土路面。东起中兴南路，西至桐星大道，长1822米，宽18米，中段于2010年建成，东、西段在建中。路位于金龙村，故名。

丰和路　主干道，水泥混凝土路面。东起聚成路，西至报恩桥港，长260米，宽7米，2010年建成。寓丰富、和谐之意，故名。

新生路　主干道，水泥混凝土路面。南起嘉湖公路，北至金塘桥，长3000米，宽9米，1993年建成，原名中新路，2007年改今名。因路处新生集镇，故名。

华生路　主干道，水泥混凝土路面。东起红旗漾村，西至新联村杨树下，长400米，宽9米，1997年建成。

创业路　次干道，水泥混凝土路面。东起新生路，西至兴圣桥，长300米，宽6米，2004年建成。因路旁企业较多，故名。

菜场路　一般道路，水泥混凝土路面。东起红旗漾村陆家门组，西至妙智港，长500米，宽6米，2009年建成。因路位于集镇菜场旁，故名。

文卫路　次干道，水泥混凝土路面。东起红旗漾村陆家门组，西至妙智港，长500米，宽7米，2009年建成。因路位于学校和医院旁，故名。

建成区改建、新建的桥梁

大寨桥(1)　1965年拆除大全桥，南移约50米重建。东西向，斜跨月河桥港，水泥拱梁结构。因时兴“农业学大寨”，故名。

大寨桥(2)　2005年建，位于大寨桥(1)南侧，东西向，横跨月河桥港，长39米，宽

5.5 米，高 3 米，最大载重 15 吨，最大跨度 29 米，为梁式结构桥。

聚星桥 1972 年改建，2005 年重建，东西向，横跨梅泾河，长 32.4 米，桥面净宽 25 米，设计荷载等级为公路—Ⅱ级，主跨结构为空心板梁。

月河桥 原名幽湖桥。1972 年改建，2005 年重建，东西向，横跨月河桥港，长 44.4 米，桥面净宽 25 米，设计荷载等级为公路—Ⅱ级，主跨结构为空心板梁。

挥士桥 旧称晖日桥，1972 年改建，1988 年 12 月 31 日更名为"挥士桥"。1992 年再次改建，东西向，横跨王母桥港，长 40 米，宽 30 米，高 5 米，最大载重 30 吨，最大跨度 35 米，结构为梁式桥。2005 年重建，桥梁全长 35.4 米，桥面净宽 35 米，设计荷载等级为公路—Ⅱ级，主跨结构为空心板梁。

报恩桥 1992 年改建，东西向，横跨报恩桥河，长 40 米，宽 30 米，高 5 米，最大跨度 35 米，最大载重 30 吨，为梁式结构桥。2005 年重建，桥梁全长 20.4 米，桥面净宽 35 米，设计荷载等级为公路—Ⅱ级，主跨结构为空心板梁。

浮石桥 1992 年改建，东西向，横跨永兴港，长 40 米，宽 30 米，高 5 米，最大载重 30 吨，最大跨度 35 米，梁式结构桥。2005 年重建，桥梁全长 44.4 米，桥面净宽 35 米，设计荷载等级为公路—Ⅱ级，主跨结构为空心板梁。

思家桥 1973 年，因筑梅泾路，改建成水泥平桥，南北向，横跨思家桥港。

丝厂桥 1980 年，由濮院丝厂建，位于长木桥路，东西向，横跨梅泾河，钢筋水泥平桥。

周家木桥 1980 年重建，南北向，横跨小港，长 7 米，宽 3 米，高 5 米，最大载重 5 吨，最大跨度 5 米，拱梁结构。

油厂大桥 20 世纪 50 年代末，濮院油厂建，南北向，横跨西市河。1982 年，濮院油厂重建该桥，水泥平桥，仍为非机动车桥梁。

梅泾桥 20 世纪 80 年代初建，位于杏林街，东西向，横跨梅泾河，钢筋水泥平桥，可通汽车。

西成桥 20 世纪 80 年代改建，南北向，横跨西市河，钢架水泥板混合型桥。

栖凤桥 1984 年建，东西向，紧靠原桥南侧，钢筋水泥拱桥，供非机动车通行。

朝阳桥 1984 年建，位于原朝阳桥址北侧约 30 米，东西向，横跨西市河，东接河下街，西抵费家场，长 14.5 米，宽 12.2 米，高 4 米，最大载重 2.5 吨，最大跨度 5 米，板梁结构。

东嘉桥 1990 年，由东海电线厂改建，东西向，横跨北市河，梁式结构钢筋水泥桥，长 24.7 米，宽 4.8 米，高 2.5 米，最大跨度 11.9 米，最大载重 3 吨。

永乐桥 1985 年建，南北向，横跨庙桥港，南接永乐里，北连寺湾街，长 12 米，宽 4 米，高 3 米，最大载重 1.5 吨，最大跨度 10 米，拱梁结构。

新建桥 1996 版《濮院镇志》称大洋桥，1987 年建，位于中兴路，南北向，横跨西市河，主跨结构为桁架拱，桥梁全长 33.4 米，桥面净宽 7 米，设计荷载等级为公路—Ⅱ级。

钢板平桥（未命名） 2004 年建成，位于翔云观南，南北向，横跨庙桥港，长约 20 米，宽 2.5 米，钢板平桥，为非机动车桥梁。该桥主要为分流学生往返学校。

锦苑东桥 2004 年建成，位于兴业路中段，锦苑小区东侧，南北向，横跨王家浜，长 12 米，宽 6 米，高 3 米，最大载重 1.5 吨，最大跨度 7 米，为拱形结构桥。

锦苑西桥 2004 年建成，位于兴业路中段，锦苑小区西侧，南北向，横跨王家浜，长 12 米，宽 6 米，高 3 米，最大载重 1.5 吨，最大跨度 7 米，为拱形结构桥。

石蟹坟桥 2000 年重建，南北向，横跨桐乡港，长 30 米，宽 21.6 米，高 8 米，最大载重 10 吨，最大跨度 28 米，为梁式结构桥。

齐宏桥 2000 年建成，位于齐宏路，南北向，横跨齐宏桥港，长 20 米，宽 15 米，高 4 米，最大载重 30 吨，最大跨度 14 米，为梁式结构桥。

双园桥 1976 年建成，位于双燕路南，南北向，横跨梅泾桥浜，长 19.6 米，宽 4.8 米，高 3 米，最大载重 10 吨，最大跨度 15 米，板梁结构。

联园大桥 2000 年建成，位于工贸大道，东西向，横跨庙籭港，长 30 米，宽 30 米，高 5 米，最大载重 30 吨，最大跨度 16 米，为梁式结构桥。

建园桥 2002 年建成，南北向，横跨吴家浜，南通联越路，北至闵家兜，长 16 米，宽 16.7 米，高 4.5 米，最大载重 10 吨，最大跨度 12 米，为梁式结构桥。

兴园桥 2003 年建成，位于工贸大道，东西向，横跨报恩桥港，长 30 米，宽 20 米，高 5 米，最大载重 30 吨，最大跨度 16 米，为梁式结构桥。

文苑桥 2001 年建成，东西向，横跨桐乡港，长 37 米，宽 21.56 米，高 6 米，最大载重 10 吨，最大跨度 30 米，为梁式结构桥。

永安桥 2001 年建成，东西向，横跨桐乡港，长 23 米，宽 18.6 米，高 8 米，最大载重 10 吨，最大跨度 18 米，为梁式结构桥。

永安二桥 2003 年建成，东西向，横跨馒头桥港，长 36 米，宽 18.6 米，高 8 米，最大载重 20 吨，最大跨度 30 米，为梁式结构桥。

人民桥 2003 年建成，位于镇政府东侧，南北向，南接凯旋路，北连镇政府，长 33.8 米，宽 20 米，高 7 米，最大跨度 25 米，最大载重 10 吨，为拱形结构桥。

幸福桥 2003 年建成，位于镇政府西侧，南北向，南接凯旋路，北连镇政府，桥长 31 米，宽 21.6 米，高 7 米，最大载重 10 吨，最大跨度 23 米，为拱形结构桥。

团结桥 原名俞家桥，东西向，横跨王家笕港。20 世纪 70 年代初，因疏浚、拓宽王家笕港，拆除原桥，往北重建水泥拱桥，更名为团结桥。2001 年 10 月，因道路拓宽再次改建为钢架拱桥，长 32 米，宽 5 米，高 3.4 米，最大载重 15 吨。

柴家桥 2003 年重建，南北向，横跨馒头桥港，南接红晓加油站，北连巴黎春天小区，长 31 米，宽 18.6 米，高 7 米，最大载重 20 吨，最大跨度 25 米，为梁式结构桥。

思源桥 2004年建成，南北向，横跨盛家浜，长26.7米，宽25.8米，高7米，最大载重20吨，最大跨度20米，为梁式结构桥。

对夫桥 2004年建成，位于濮院大道浮石桥至张家湾的恒乐路，南北向，横跨九曲港，长45米，宽35米，高3.5米，最大载重10吨，最大跨度40米，为梁式结构桥。因原桥名“对夫桥”，新建后沿用此名。

竹西桥 2003年重建，位于凯旋路，东西向，横跨竹西桥港，长25米，宽21.6米，高7米，最大载重20吨，最大跨度20米，为梁式结构桥。

红晓大桥 2004年建成，东西向，横跨马家桥港，长45米，宽21.6米，高3.5米，最大载重20吨，最大跨度36米，为梁式结构桥。

友谊桥 2004年建成，东西向，横跨永兴港，东接永乐村，西接梧桐街道东方红村，长52.8米，宽40米，高8米，最大载重20吨，最大跨度40米，为梁式结构桥。

王母桥 2004年镇区扩建，修筑凯旋路时重建，位于凯旋路中段，东西向，横跨王母桥港，长45米，宽32米，高12米，最大载重5吨，最大跨度35米，为拱形结构桥。

双龙桥 1985年建成，位于庙簰公路金龙村与会龙村交界处，因“金龙”“会龙”均含“龙”字，故名，2004年11月因毛衫城开发重建，南北向，横跨长23.7米，宽16.7米，高5米，最大载重20吨，最大跨度17米，为梁式结构桥。

齐兴桥 2004年建成，南北向，横跨金凌港，长20米，宽15米，高4米，最大载重30吨，最大跨度14米，为梁式结构桥。

工旺桥 2005年建成，东西向，横跨吴家浜，长15米，宽17.2米，高3.5米，最大载重20吨，最大跨度12米，为梁式结构桥。

联越路壹号桥 2006年建成，东西向，横跨庙簰港，东至齐宏路，西连宏苑路，长38米，宽19米，高5.5米，最大载重20吨，最大跨度32米，为梁式结构桥。

永越新桥 2009年重建，东西向，横跨金塘浜，长38.6米，宽8.2米，高3米，最大载重5吨，最大跨度22米，为梁式结构桥。

钧龙桥 2009年重建，位于永越村联越路与永联村交界处，东西向，横跨半碗桥港，长25.8米，宽19米，高4.5米，最大载重10吨，最大跨度22米，为梁式结构桥。

越茂桥 20世纪80年代初建，钢混结构，东西向。2009年重建，长40.2米，宽26.6米，高5.5米，最大载重20吨，最大跨度32米，为梁式结构桥。

永乐油车桥 2010年建成，南北向，南接红星新村，北接兴乐新村，横跨妙智港，长26.2米，宽14.4米，高6米，最大载重200吨，最大跨度20米，为梁式结构桥。

恒业一号桥 2010年建成，南北向，横跨九曲港，长40米，宽19米，高3米，最大载重20吨，最大跨度35米，为钢筋混凝土简支梁桥。

新城区开发

羊毛衫市场、针织产业园区、高新技术区等是新城区开发建设的主要区块。

濮院羊毛衫市场 濮院羊毛衫市场位于镇区南部，始建于1988年10月。建成之初，占地面积仅3263.4平方米，营业用房50多间。经过20余年的发展提升，至2010年，已形成占地总面积1.5平方千米，建筑面积80万平方米，有成衣交易区13个、配套交易区4个，商城、毛纱、原料、辅料等专业区11个，功能齐全的全国规模最大的羊毛衫专业市场和集散中心。其中世贸大厦、中央商城、交易中心、国贸名品港、濮院·中国毛衫城、环贸精品女装中心、针织机械服饰辅料市场等，是市场的标志性建筑，更是集旅游购物、休闲娱乐、品牌展示、信息技术发布、商贸物流于一体的超大规模现代化商业市场。濮院物流仓储中心是市场的大型物流中心。"三羊开泰"广场雕塑既是市场的中心景点，又是濮院的镇标。广场以半圆形菊花造型为基调，占地面积6667平方米，中心设置"三羊开泰"雕塑，周边以绿化、亮化、景廊及喷泉相配。工贸大道是市场的主道，长4238米，宽32米，为双向四车道，两边设宽4米的人行道，铺彩色地砖，中间为宽2米的花坛隔离带，错落有致的庭院式高架路灯竖立其中，成为大道绿化、亮化的新景观。

世贸大厦 世贸大厦于2003年开工，2004年8月投入使用，总投资2.2亿元，占地面积0.9万平方米，为10层建筑，营业面积4.7万平方米，有大开间商铺400多间。大厦设计新颖，布局合理，整体色彩柔和，场景布局充分体现以人为本的理念，每间商铺都具有隔音、防火、阻燃的功效；中央空调、消防、通风等设施齐全，室内空气清新、四季如春；拥有安全宽敞的通道和多道出入口，大厅内安装了8部观光电梯、4部货梯。此外，还设有餐饮、银行、商店、休闲茶吧及停车场等配套设施。

中央商城 中央商城为濮院羊毛衫市场首个改造升级工程，是由原第四、第五交易区和濮院宾馆改建而成，2006年9月开工，2008年8月投入使用，总投资2.5亿元，占地面积2.91万平方米，总建筑面积12.46万平方米。商城由三层大型商场和两幢15层多功能商务楼组成，商场拥有完善的配套设施，内有自动扶梯31台、垂直客货梯8台、垂直客梯6台、观光电梯2台、地面和地下停车位650个；双回路供电系统确保商城不间断供电，安全防盗系统和消防喷淋报警系统为商城安全提供保障；透明中庭、宽敞通道、VRV集中空调等一系列配置的应用，极大地提高了市场品位；公共部分精装修，独立商铺地面铺设地砖。商城同时具有商贸洽谈、品牌展示、毛衫服饰批发交易、商务办公、餐饮休闲等诸多复合功能。

濮院羊毛衫市场交易中心 2008年8月建成，总投资1.2亿元，占地面积2.1万平方米，建筑面积7.7万平方米，其中市场总面积4.7万平方米，办公用房400余套。楼层分布：地下层为停车场及设备用房，地上1—3层为营业旺铺，4—12层为市场配套综合用房。交易中心功能设计独特，首创垂直交通体系——环形车道、全球联网系统、多功能多模式的全方位辅助系统、"一卡通"智能化系统以及精致商务空间等六项核心概念，在全国范围内首家推出了五星级羊毛衫交易市场。

濮院国际贸易中心 国际贸易中心于2006年9月动工，2008年投入使用，占地面积1.4万平方米，建筑面积近8万平方米，总投资2亿余元，由高度113米的28层主楼“国贸大酒店”和5层裙楼“国贸名品港”组成。国际贸易中心是一个集酒店、市场、写字楼、商业街等功能于一体的超大规模贸易区域，顶层可俯瞰羊毛衫市场全景，是濮院羊毛衫市场的标志性亮点建筑。

濮院·中国毛衫城 中国毛衫城于2008年开工，2009年建成，2010年9月28日开业。总投资1.47亿元，占地面积0.61万平方米，建筑面积2.9万平方米，分地上5层、地下1层。在建筑设计上，采用了一系列符合国际化商务潮流的规划，如通透的中庭、回廊式走道、全框架结构商铺、立体泊车以及充足的电梯系统等。整座毛衫城建筑不仅内部设施完善，而且设计风格前瞻时尚，是濮院羊毛衫市场改造升级的重点项目之一。

濮院环贸精品女装中心 2009年9月，环贸精品女装中心正式开业，占地面积0.73万平方米，总建筑面积42079.71平方米，总投资1.5亿元。共18层，高73米，其中1—4层为商铺，5层为商务配套区，6—17层为商务办公区，顶层为500平方米的观景咖啡厅。内部设施齐全，有自动扶梯10部、观光电梯2部、客梯3部、货梯2部，并配备专业卸货平台，以保证客流循环畅通；中央空调集中供暖和制冷，保障经营环境的舒适、安逸；地下、地面可提供充足的车位。

濮院羊毛衫针织机械服饰辅料市场 2008年，针织机械服饰辅料市场建成，占地面积1.71万平方米，建筑面积6万平方米。市场由四栋相对独立的四层单体建筑构成，南北两排建筑形成一个庭院空间，中间及A、B两区围成一个中心广场，除主营针织机械、包装印务服饰辅料、面料外，还配备商务办公楼和三星级商务酒店。有通道、电梯、停车位、消防设施和安防设施，是华东地区建筑规模大、结构、功能合理的专业市场之一。

濮院物流仓储中心 濮院物流仓储中心于2009年上半年建成，建筑面积5.015万平方米。其中场站用房3.85万平方米，管理用房1.105万平方米。停车场3.38万平方米，一次性可容纳200辆车同时装卸5000吨货，物流大楼是公司的行政管理中心，具有硬件设施、软件管理、中央监控系统，实行局域网登记制度，确保进出市场货物的安全。物流仓储中心的运行进一步提升市场的竞争力。

针织产业园区与高新技术区 2000年，濮院针织产业园区开发建设工程启动，随着园区范围的扩大，至2010年，园区规划区块范围为东临妙智港，西至永兴港，南濒育子桥港，北达凯旋路，面积4.45平方千米，数百家企业入驻其中，形成纺纱、编织、印染、后整理、辅料生产、机械制造、检验检测、科技服务、物流配送等完整产业链，是国内产业链紧密集聚度高、特色明显的毛针织服装产业基地，2006年被国家发改委核准升级为省级开发区，2010年被省政府列为块状经济向现代产业集群转型升级示范区。

“三羊开泰”雕塑

2008年启动高新技术区开发建设，规划区域东起桐星大道，西至永兴港，南起凯旋路，北至园区大道，面积2平方千米。

镇标

镇域设有镇标三处，分别为羊毛衫市场的“三羊开泰”广场雕塑、月湖桥西的双面浮雕立柱及工贸大道与恒乐路交叉大转盘中间的“蒸蒸日上城雕”。

“三羊开泰”雕塑 “三羊开泰”雕塑矗立于羊毛衫市场三羊开泰广场中心，始建于2000年，2008年重建。重建后的三羊开泰广场占地面积5500平方米，呈半圆形状，东、西两边及中间立有三组浮雕。东组三块浮雕讲述濮院古镇的历史发展轨迹，分别为“濮凤南渡”“日出万匹绸”“濮川胜景”；西组三块浮雕描绘现代羊毛衫产业的发展历程，分别是“共创和谐”“日产万件衣”“衣被天下”；中间一组三块浮雕，两边的两块介绍濮院历代名人的生平和著作，正中间一块雕刻88个不同字体的“濮”字，象征濮院建镇880周年。广场铺设大理石广场砖，场地正中雕刻清朝“濮院街市图”，涵盖当时整个濮院繁华街道、河道等主要交通要道和各个区域地名。台阶上，雕有濮院四大历史事件，分别是“濮凤南渡”“濮院丝绸业鼎盛”“1988年濮院建立羊毛衫市场”“2000年濮院开发工业园区”。广场中心矗立的花岗岩“三羊开泰”雕塑，高约8米，由花岗岩底座、主体和顶面姿态各异的三只羊组成。寓意大家团结一心，濮院羊毛衫市场一定会红红火火、兴旺发达。“三羊开泰”广场雕塑已成为濮院镇标志性景观。

双面浮雕立柱 双面浮雕立柱建于2008年10月，高12米，宽3米，矗立于月河桥西堍国道南北对应两侧。国道南侧立柱由三柱荷花浮雕立柱和顶端的翔云图案组成，因“荷”与“和”谐音，所以荷花象征和谐；翔云则象征吉祥；上面镶有“puyuan”的红色字样是濮院两字的汉语拼音。国道北立柱由三柱梅花浮雕立柱和顶端的翔云图案组成，在翔云图案的上面镶有“濮院”两个红字，梅花则代表濮院。整组双面浮雕立柱寓意：濮院祥云高照，人民和和美美。

位于月河桥西堍的双面浮雕立柱

蒸蒸日上城雕

蒸蒸日上城雕　蒸蒸日上城雕建于2002年10月，矗立于工贸大道与恒乐路交叉的大转盘中间，高度为21.8米。整座城雕图案由环绕的三枚铜针和镶嵌在铜针上端的大球组成，城雕材质为不锈钢镀铜。球代表冉冉升起的太阳，铜针意为蒸蒸日上，整座城雕寓意：濮院毛针织工业像冉冉升起的太阳一样，红红火火，蒸蒸日上，欣欣向荣。

供水、排水和燃料

供水　濮院属水网地带，旧时，镇上居民生产、生活用水和其他水乡居民一样，以河水为主，辅以井水，如逢旱年，则主要依靠井水。家家备有水缸，小到青果缸，大到七石缸，用以储水。生活在镇中心的居民用水较为困难，但可以花钱雇人挑水。也有居民在自己院内挖口水井，一般深约5米，供饮用及防火。

民国24年(1935)，镇绅徐颂嘉发起筹资千元，请苏州凿井队在南横街关帝庙前开凿深井一口，深109米，有铁梯可下井底，井上装置手揿水泵，日出水量千余担，可满足周边居民饮水需求。

中华人民共和国成立之初，居民用水沿袭以河水为主、井水为辅的方式，无能力取水者，可花钱雇人挑水，这一现象一直延续至20世纪70年代初。1973年，濮院开始筹建自来水厂。1974年，濮院镇革委会向国营饮服商店、合作商店、环卫所及镇工业办公室筹措资金10.61万元，请上海凿井队在周家场开凿一口井深105米、口径12英寸、出水量每小时140吨、日供水能力3360吨的机械化深井；建高度25米、直径8.5米、容水量50吨的井塔一座。与此同时，镇区各居民区陆续安装公用自来水龙头，方便居民取水。1985年，自来水厂得到桐乡毛纺织厂资助2万元，在该厂内开凿第二口深井，井的口径及深度与第一口井相同。两口井均配备一台10JD深井泵，供水量的加大，自来水供应量更加充裕。1987年，自来水厂投资3.5万元，购置50千伏柴油发电机一台，保证停电不停水。之后，国营濮院油厂、濮院丝厂及桐乡丝绸印染厂等单位相继开凿深井，建水塔，供应本厂生产、生活用水。至1990年，全镇年自来水供水量达1391千吨。自来水龙头被陆续接进居民家中，公用自来水龙头逐渐取消。

1997年7月1日，濮院镇停止开采地下水，镇区生产、生活用水全部改由桐乡市果园桥水厂通过320国道北侧敷设的DN800供水主管道供给，供水普及率达到100%。2000年，镇区最高供水量达2.6万吨/天，平均供水量为2万吨/天。2002年，镇区年供水量为5466005吨，其中生活用水852574吨、工业用水4613431吨。2003年1—11月总供水量610.708万吨，其中生活用水81.929万吨、工业用水528.779万吨。2005年，凯旋路增敷一路 DN1000 给水管，为全镇居民的生活供水，原有的 DN800 水管则改为主供毛衫城。截至 2010 年，城镇供水管道长度 61 千米，全年生活用水量 511 万吨。

自 2000 年起，全镇逐步实施自来水供水一户一表制改造工程，每户改造总费用为 1350 元，分别由镇财政承担 450 元、自来水公司政承担 450 元、个人承担 450 元，至 2008 年 12 月底，改造工程全部完成。

表 11－2　　1974—1996 年濮院镇开凿深井情况一览表

井　号	单　位	地　址	时　间	井深(米)
1 号井	水　厂	周介场	1974 年	105
2 号井	毛纺厂	梅泾路毛纺厂内	1985 年	105
3 号井	油米厂	新生路油厂内	1989 年	163
	濮院丝厂	梅泾路丝厂内	80 年代后期	126.5
	丝绸印染厂	丝绸印染厂内	80 年代后期	142
4 号井	水　厂	石家场(三中后面)	1991 年	130
5 号井	水厂	羊毛衫市场二区	1994 年	130
6 号井	水厂	费家场工艺厂内	1995 年	130
7 号井	水厂	南纬西路—复兴路	1995 年	130
8 号井	水厂	栖凤北路梅泾小区内	1996 年	130
9 号井	—	上级未批	—	—
10 号井	水厂	梅泾路—孟家园	1996 年	130

表 11－3　　濮院自来水厂集中式给水水质检测结果一览表

厂名	水种类型	取样日期	色度	浑浊度	臭和味	肉眼可见	pH 值	总硬度	铁(毫克/升)	锰(毫克/升)	铜(毫克/升)	锌(毫克/升)	挥发性酚(毫克/升)	阴离子洗涤剂(毫克/升)
濮院水厂	出厂水	1996 年 11 月 25 日	<5 度	<3 度	无	无浊物	7.9	331.71	0.064	0.029	<0.02	<0.05	<0.002	<0.01
			氟化物(毫克/升)	氰化物(毫克/升)	砷(毫克/升)	硒(毫克/升)	镉(毫克/升)	汞(毫克/升)	六价铬(毫克/升)	铅	氨氮(毫克/升)	氯化物(毫克/升)	细菌总数(个/毫升)	大肠菌群(个/毫升)
			<0.01	<0.01	<0.01	—	<0.01	<0.01	<0.04	<0.01	—	3.5	[illegible]	<3

资料来源：镇卫办 1997 年《改水、改厕、卫生监督》材料第 34 页

表 11－4　　2000 年镇区主要用水企业及用水量一览表

编号	单位名称	自来水用量(吨)		自备水用量(吨)	
		最高日	平均日	年用量	日用量
1	濮院绢麻纺织厂	—	—	357000	978
2	濮院丝厂	835	630	147089	554
3	桐乡毛纺织股份有限公司	3000	1800	—	—
4	桐乡丝绸印染厂	—	—	182500	500
5	桐乡南方印染厂	800	666	—	—
6	桐乡华丰染色有限公司	—	—	300000	822

资料来源：2002 年《濮院基础资料汇编》第 32 页

排水　旧时，镇区内无专门的排水设施，凡遇洪涝，往往街巷积水，民宅进水。中华人民共和国成立后，镇党委和镇政府重视对基础设施的建设，在修筑、拓宽道路的同时进行地下排水管网的敷设，逐步建立起系统的路下排水系统。至 1990 年，全镇敷设排水管道 5538.70 米，有效地改善洪涝发生时街巷积水现象。但因排水管网未实行雨污分离敷设，致排水进入河流后造成河水污染。

2000 年，针织产业园区污水处理厂建成，并率先在园区中敷设雨污分流制管网。随着污水处理厂污水日处理能力的不断提高，雨污分流管网由园区逐渐扩展至镇区及村庄。2005 年，建成区敷设排水管道总长度为 67 千米。2006 年，建成区排水管道总长度为 227 千米，村庄排水管道总长度为 71 千米。2007 年，村庄敷设排水管道增至 89 千米。2009 年，建成区排水管道总长 233 千米，村庄排水管道总长 96 千米。2010 年，开展老城区道路改造工程，全年更换、修复窨井、雨水口 200 余处，清掏下水管 7000 余米，极大地提高了老城区的排水功能。是年，还完成镇南新区 3.9 千米的二级污水管网敷设。

**表 11－5　　中华人民共和国成立后至 1990 年
镇区道路排水管道敷设情况表**

<table>
<tr><th rowspan="2">街(路)名</th><th colspan="3">下水管道</th><th rowspan="2">街(路)名</th><th colspan="3">下水管道</th></tr>
<tr><th colspan="2">长度(米)</th><th>规格(英寸)</th><th colspan="2">长度(米)</th><th>规格(英寸)</th></tr>
<tr><td rowspan="2">梅泾路</td><td colspan="2">主管道 150</td><td>18</td><td rowspan="3">永乐路</td><td rowspan="3">分管道</td><td>150</td><td>9</td></tr>
<tr><td colspan="2">分管道 75</td><td>12</td><td>60</td><td>12</td></tr>
<tr><td rowspan="3">永乐路</td><td rowspan="2">主管道</td><td>505</td><td>21</td><td>80</td><td>6</td></tr>
<tr><td>262</td><td>18</td><td rowspan="2">新南路</td><td colspan="2">主管道 360</td><td>15</td></tr>
<tr><td>分管道</td><td>360</td><td>12</td><td colspan="2">分管道 105</td><td>9</td></tr>
</table>

续表 11－5

街(路)名	下水管道		
	长度(米)		规格(英寸)
北横街	主管道 170		18
	分管道 73		9
南横街	主管道	213	18
		100	15
	分管道 210		12
蜡烛街	主管道 91		15
	分管道	53	12
		25	9
杏林街	主管道 130		15
	分管道 70		12
公园路	主管道	70	18
		100	12
	分管道	30	9
		25	12
庙桥街	主管道 87		15
	分管道 29		9
大有桥街	主管道 96		12
	分管道 32		9
万兴街	主管道 120		21
	分管道 45		12
义路街	主管道 106.7		12
	分管道 60		9
归家湾街	主管道 83		12

街(路)名	下水管道		
	长度(米)		规格(英寸)
归家湾街	分管道 30		9
女儿桥街	主管道 83		12
	分管道 29		9
柳岸街	主管道 30		15
	分管道 60		9
集庆街	主管道 86		12
	分管道	24	9
		21	6
寺湾街	主管道 103		12
	分管道 35		9
太平巷	主管道 98		12
	分管道 31		9
北大有桥街	主管道 89		12
	分管道 31		9
仓前街	主管道 189		12
	分管道	45	9
		28	6
观前街	主管道 91		12
	分管道	25	9
		18	6
大街	主管道 207		15
	分管道 60		9

资料来源：参考 1996 年版《濮院镇志》

表 11－6　　2000 年镇区道路排水管道敷设情况表

编号	道路名称	管井位置			沟管位置			主管长度(米)
		埋深(米)	直径(毫米)	结构	埋深(米)	直径(毫米)	结构	
1	梅泾路	2	700	砖砌	1.3	450	混凝土	150

续表 11－6

编号	道路名称	管井位置			沟管位置			主管长度（米）
		埋深（米）	直径（毫米）	结构	埋深（米）	直径（毫米）	结构	
2	永乐路	2	700	砖砌	1.3	525	混凝土	767
3	北横街	1.8	700	砖砌	1.4	450	混凝土	170
4	南横街	1.8	700	砖砌	1.4	450	混凝土	213
5	杏林街	1.8	700	砖砌	1.4	380	混凝土	130
6	咏梅路	2.5	1200	砖砌	2	525	混凝土	566
7	中兴路	2.5	1200	砖砌	2	525	混凝土	556
8	凯旋路	2.5	1200	砖砌	2	800	混凝土	1000
9	市场大道（工贸大道）	2.5	1200	砖砌	2	800	混凝土	2000
10	文苑路	2	1000	砖砌	1.5	600	混凝土	500

资料来源：2002 年《濮院基础资料汇编》

表 11－7　　2005—2010 年城镇供水、排水情况表

时间	指标名称	情况	指标名称	情况
2005 年	供水管长度	235 千米	排水管长度	67 千米
	用水人口	80000 人		
	年供水总量	18 万吨		
2006 年	供水管长度	49 千米	排水管长度	227 千米
	用水人口	14981 人		
	年供水总量	1050 万吨		
2007 年	供水管长度	52 千米	排水管长度	227 千米
	用水人口	15132 人		
	年供水总量	1150 万吨		
2008 年	供水管长度	52 千米	排水管长度	227 千米
	用水人口	15306 人		
	年供水总量	1195 万吨		
2009 年	供水管长度	55 千米	排水管长度	233 千米
	用水人口	15375 人		
	年供水总量	1196		
2010 年	供水管长度	61 千米	排水管长度	233 千米
	用水人口	13055 人		
	年生活用水量	511 万吨		

资料来源：2005—2010 年《濮院统计年鉴》

燃料　濮院为水稻、蚕桑生产区。过去,稻柴、桑梗、麦柴、毛豆秸秆、麻秆、桕树等均可作燃料,资源多,价格低廉。

20 世纪 60 年代前,镇上几乎家家都砌有烧柴用的灶头,也有简陋的隑壁灶或行灶,所用的燃料多数在市场上向农民购买,也有拾野柴的,无须花钱。稻谷脱粒后的砻糠价格极便宜,因此镇上大茶馆就砌老虎灶,用砻糠作燃料。20 世纪 60 年代初,大有桥街的公和生活商店也曾短暂供应过煤块,作为居民生活燃料的一种补充。1963 年,濮院制烟合作社更名为濮院制烟煤球厂后,开始专业生产煤球,为居民提供生活燃料。1972 年,煤球厂新建 100 平方米的制煤车间,在扩大煤球产量的同时,开始制作煤饼。在计划经济年代,煤球、煤饼是以户为单位按人数限量凭票供应。

20 世纪 60 年代至 70 年代中期,镇区也有部分居民开始尝试使用煤油炉,作为对生活燃料的一种补充。从 80 年代开始,一些经济效益较好的单位,如濮院汽车站、国营濮院油厂、桐乡缝纫机零件厂、国营濮院丝厂等先后使用瓶装液化气。瓶装液化气由本单位专门派车去嘉兴洪合液化气站灌装,然后再发给职工。进入 90 年代,煤制品逐步被瓶装液化气替代。1993 年,濮院液化气站成立,为镇办企业,地点在报恩桥(半碗桥),占地面积 10834 平方米,有储气罐 7 只,其中 6 只规格为 100 立方米(每只),1 只规格为 50 立方米。1998 年 3 月,濮院液化气站转资为股份制企业。液化气的价格按市均定价,其中 2010 年 5 月 10 日,液化气价格为 93 元/瓶,每月销售量约 300 吨。2007 年,“巴黎春天”住宅小区为住户开通管道天然气,为全镇首个使用清洁能源的住宅小区。

20 世纪 80 年代中期,电饭煲、电炒锅、电磁炉等电能炊具开始进入普通居民家庭。使用新能源后,炊事变得方便,厨房更整洁。

表 11－8　　1990 年 8 月濮院镇鸣凤街家庭燃料使用变化情况表

组别	1953 年前全部烧柴		使用煤炉						使用煤气灶			使用电饭煲		
			烧煤球			烧煤饼								
	户数(户)	人数(人)	户数(户)	人数(人)	时间	户数(户)	人数(人)	时间	户数(户)	人数(人)	时间	户数(户)	人数(人)	时间
一组	27	74	6	14	1960.01	2	3	1972.06	20	57	1983.04	5	14	1986.12
			6	20	1970.01	3	12	1980.01						
			1	3	1980.01	—	—	—						
二组	19	59	1	2	1958.01	6	20	1972.01	13	38	1984.12	4	17	1984.01
			9	33	1960.01	3	13	1980.01						
			3	10	1970.01	—	—	—						

续表 11－8

<table>
<tr><th rowspan="3">组别</th><th colspan="2">1953 年前全部烧柴</th><th colspan="6">使用煤炉</th><th colspan="3" rowspan="2">使用煤气灶</th><th colspan="3" rowspan="2">使用电饭煲</th></tr>
<tr><th colspan="2"></th><th colspan="3">烧煤球</th><th colspan="3">烧煤饼</th></tr>
<tr><th>户数（户）</th><th>人数（人）</th><th>户数（户）</th><th>人数（人）</th><th>时间</th><th>户数（户）</th><th>人数（人）</th><th>时间</th><th>户数（户）</th><th>人数（人）</th><th>时间</th><th>户数（户）</th><th>人数（人）</th><th>时间</th></tr>
<tr><td rowspan="3">三组</td><td rowspan="3">28</td><td rowspan="3">74</td><td>2</td><td>4</td><td>1964.01</td><td>2</td><td>7</td><td>1976.01</td><td rowspan="3">18</td><td rowspan="3">50</td><td rowspan="3">1982.01</td><td rowspan="3">9</td><td rowspan="3">27</td><td rowspan="3">1985.01</td></tr>
<tr><td>16</td><td>47</td><td>1970.01</td><td>18</td><td>32</td><td>1980.01</td></tr>
<tr><td>4</td><td>12</td><td>1980.01</td><td>—</td><td>—</td><td>—</td></tr>
<tr><td rowspan="3">四组</td><td rowspan="3">17</td><td rowspan="3">55</td><td>9</td><td>30</td><td>1960.09</td><td>2</td><td>6</td><td>1967.06</td><td rowspan="3">13</td><td rowspan="3">41</td><td rowspan="3">1985.01</td><td rowspan="3">3</td><td rowspan="3">9</td><td rowspan="3">1988.04</td></tr>
<tr><td>6</td><td>18</td><td>1970.01</td><td>2</td><td>7</td><td>1970.01</td></tr>
<tr><td></td><td></td><td></td><td>3</td><td>8</td><td>1980.01</td></tr>
<tr><td rowspan="3">五组</td><td rowspan="3">—</td><td rowspan="3">—</td><td>12</td><td>41</td><td>1962.01</td><td>8</td><td>30</td><td>1970.01</td><td rowspan="3">13</td><td rowspan="3">44</td><td rowspan="3">1985.01</td><td rowspan="3">8</td><td rowspan="3">25</td><td rowspan="3">1984.01</td></tr>
<tr><td>1</td><td>5</td><td>1970.01</td><td>1</td><td>3</td><td>1980.01</td></tr>
<tr><td>1</td><td>1</td><td>1980.01</td><td>—</td><td>—</td><td>—</td></tr>
<tr><td rowspan="3">六组</td><td rowspan="3">19</td><td rowspan="3">69</td><td>3</td><td>11</td><td>1960.01</td><td>4</td><td>17</td><td>1970.01</td><td rowspan="3">16</td><td rowspan="3">56</td><td rowspan="3">1983.01</td><td rowspan="3">11</td><td rowspan="3">40</td><td rowspan="3">1985.01</td></tr>
<tr><td>5</td><td>21</td><td>1970.01</td><td>6</td><td>19</td><td>1980.01</td></tr>
<tr><td>3</td><td>11</td><td>1980.01</td><td>—</td><td>—</td><td>—</td></tr>
<tr><td rowspan="3">七组</td><td rowspan="3">19</td><td rowspan="3">50</td><td>9</td><td>27</td><td>1960.01</td><td>1</td><td>4</td><td>1969.01</td><td rowspan="3">3</td><td rowspan="3">10</td><td rowspan="3">1985.09</td><td rowspan="3">—</td><td rowspan="3">—</td><td rowspan="3">—</td></tr>
<tr><td>5</td><td>13</td><td>1970.01</td><td>3</td><td>9</td><td>1970.01</td></tr>
<tr><td>1</td><td>3</td><td>1980.01</td><td>3</td><td>11</td><td>1980.01</td></tr>
<tr><td rowspan="2">八组</td><td rowspan="2">11</td><td rowspan="2">30</td><td>1</td><td>4</td><td>1965.01</td><td>4</td><td>11</td><td>1980.01</td><td rowspan="2">8</td><td rowspan="2">23</td><td rowspan="2">1985.01</td><td rowspan="2">2</td><td rowspan="2">7</td><td rowspan="2">1988.01</td></tr>
<tr><td>1</td><td>3</td><td>1984.12</td><td>—</td><td>—</td><td>—</td></tr>
<tr><td>合计</td><td>156</td><td>464</td><td>105</td><td>333</td><td></td><td>71</td><td>232</td><td></td><td>104</td><td>319</td><td></td><td>42</td><td>139</td><td></td></tr>
</table>

园林绿化

濮院镇有植树绿化的传统，早在南宋时期，濮凤就在自己的庄园（现桐乡三中址）手植两棵银杏树，两棵树至今仍然苍劲挺拔。元朝，濮氏又在南市河疏浚市河，夹岸植梅成林，花开如雪，人称“小罗浮”。

旧时，由于镇区街道狭窄，无法栽植树木。中华人民共和国成立后，随着道路的新建及拓宽，街道两旁开始植树绿化。之后，政府又通过组织群众开展间隙植树、空地植树、居民自家屋前屋后植树等活动，绿化、美化镇区环境。1979 年，国家设立植树节后，全镇各基层单位在每年的植树节前后组织开展植树绿化活动，不断扩大城镇绿化面积。1987 年 6 月，梅泾公园建成并对外开放，成为镇区新的绿化景点。至 1990 年，镇区道路两旁栽植的树种有梧桐、香樟、冬青、泡桐树等共3204株；居民区公共绿化栽植各种树木12060株；家庭植树2000株；由各机关单位、企业自行负责种植各种树木8039株；梅泾公园有各种树木3000株。此外，居民庭院及楼房阳台、平台等空间广栽盆花4000余盆。

随着镇区建设的发展，绿化形式呈多样化。至2000年，镇区绿化主要包括道路、公园等地的公共绿化，机关、医院、学校、工厂、居住区等的专用绿地绿化，河道绿化及其他绿化等几个方面。其中道路绿化覆盖面积118531平方米，公园等地的公共绿地面积23277平方米，专用绿地绿化面积336806平方米，河道绿化覆盖面积13256平方米，其他绿化覆盖面积79200平方米。

2002年，濮院镇制定《濮院镇(桐乡东城区)总体规划(2004—2020)》，对城区绿地的结构模式进行规划。其中，主干道、街两边及河岸等地，如工贸大道中间的绿化隔离带，永乐路、南纬路、咏梅路等路两旁的绿化带，以及庙桥港、王母桥港两岸的绿化带为绿地公共场所；桐星大道、宏苑路、文苑路、濮院大道(原320国道濮院段)等道路为城区园林景观道路。与此同时，政府还实施广场绿化、部分主干道景观绿化和生态公园绿化工程。截至2010年，镇区主干道绿化齐全，其中濮院大道绿化覆盖面积187155平方米，主要树种为杨树；凯旋路绿化覆盖面积16748平方米，主要树种为香樟、梧桐；南纬路绿化覆盖面积3400平方米，主要树种为香樟；宏苑路绿化覆盖面积4348平方米，主要树种为香樟；文苑路绿化覆盖面积2080平方米，主要树种为香樟。河道绿化有庙桥港、王母桥港等，其中庙桥港绿化覆盖面积3200平方米，主要树种为香樟、梧桐；王母桥港绿化覆盖面积16250平方米，主要树种为垂柳、香樟。广场绿化有宏苑广场、三羊开泰广场、中心广场等3个，其中，宏苑广场总面积5680平方米，绿地面积2350平方米，绿化覆盖率为41.37%，主要树种为香樟、银杏；三羊开泰广场总面积4473平方米，绿地面积2236平方米，绿化覆盖率为50%，主要树种为合欢、香樟；中心广场总面积约45000平方米，与一河之隔的幽湖公园构成总面积99064平方米的生态公园，生态公园绿地面积89756平方米，绿化覆盖率为91%。干道节点局部绿化景观点主要分布于宏苑路与濮院大道相交处的北侧，桐星大道与濮院大道相交处的南侧，兴旺路与濮院大道相交处的南北两侧，恒乐路与濮院大道相交处的南北两侧及恒乐路与永越大道相交处的两侧等。2007年下半年，永越村越茂公园建成，面积6667平方米，成为农村绿化景点。

此外，新建成的居民住宅小区绿化覆盖率普遍达标，如“钻石公寓”住宅小区绿化覆盖率为35%，“巴黎春天”住宅小区绿化覆盖率为34%。

2009年3月，桐乡市规划建设局对濮院镇建成区人均公共绿地面积及主要道路绿化普及率两项指标进行调查。调查结果：濮院镇建成区范围内公共绿地面积为417500平方米，其中街道两侧等公共绿地238000平方米，广场及公共绿地179500平方米；建成区户籍人口18334人，人均公共绿地面积为22.77平方米；建成区内主要道路如永乐路、凯旋路、咏梅路、南纬路、梅泾路、中兴路、中新路、华生路等及市河两侧均种植香樟、水杉、桧柏、黄杨球、紫薇、杨柳等树种，绿树成荫，主要道路绿化普及率达到98%。

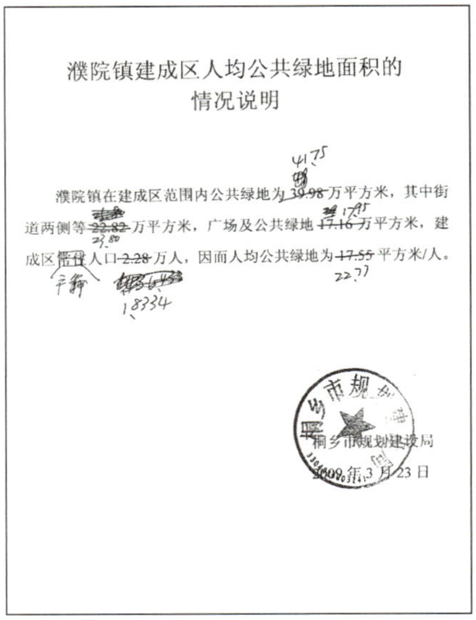

濮院镇建成区人均公共绿地面积的
情况说明

濮院镇在建成区范围内公共绿地为39.98万平方米，其中街道两侧等22.82万平方米，广场及公共绿地17.16万平方米，建成区常住人口2.28万人，因而人均公共绿地为17.55平方米/人。

桐乡市规划建设局
2009年3月23日

濮院镇建成区人均公共绿地面积的情况说明

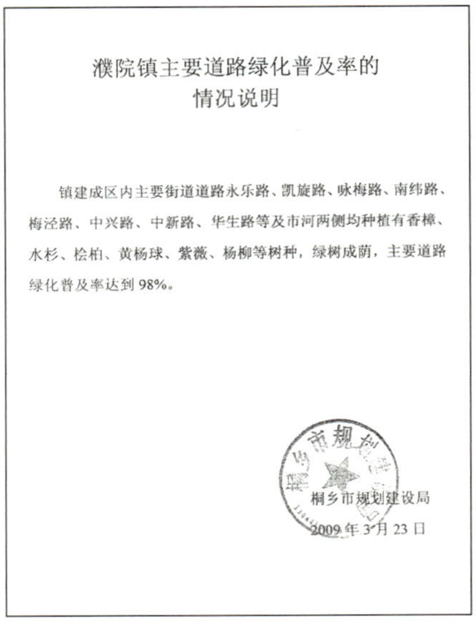

濮院镇主要道路绿化普及率的
情况说明

镇建成区内主要街道道路永乐路、凯旋路、咏梅路、南纬路、梅泾路、中兴路、中新路、华生路等及市河两侧均种植有香樟、水杉、桧柏、黄杨球、紫薇、杨柳等树种，绿树成荫，主要道路绿化普及率达到98%。

桐乡市规划建设局
2009年3月23日

濮院镇主要道路绿化普及率的情况说明

表 11－9　　2003 年濮院镇区公园绿化情况表

编号	绿化分类	名　称	绿地面积（平方米）	主 要 树 种
1	公共绿地	梅泾公园	23277	香樟、雪松、柏树、青桐、桂花、蜡梅、杨柳、日本松等
2	专用绿地	机　关	400	草坪
		医　院	2728	黄杨、杨柳、龙柏、桂花、玉兰等
		学　校	34678	银杏、冬青、香樟、柏树、雪松等
		工　厂	145000	泡桐、法国梧桐、白榆、冬青、雪松等
		居住区	154000	泡桐、香彰、青桐、白榆、水杉等
3	生产绿地	苗　圃	4500	杜仲、迭梧、香樟等
		花　园	2500	菊花、山茶、五针松、观叶植物等
4	街河绿地	街道绿化	—	泡桐、梧桐等
		河道绿化	2100	白榆、青桐、樟树等
5	其他绿化	防护绿地等	79200	水杉、杜仲、香樟等

表 11－10　　2003 年濮院镇区道路绿化调查情况表

编　号	道路名称	行道树数量(株)	覆盖面积(平方米)	主 要 树 种
1	新南路	140	5100	香樟、法国梧桐
2	永乐路	259	95448	香樟、法国梧桐

续表 11－10

编　号	道路名称	行道树数量(株)	覆盖面积(平方米)	主　要　树　种
3	公园路	81	386	香樟、法国梧桐
4	高桥街	3	135	法国梧桐
5	大有桥街	5	225	法国梧桐
6	河下街	78	3700	樟树、法国梧桐冬青
7	集庆街	9	225	青桐
8	北横街	43	2021	法国梧桐
9	南横街	90	730	法国梧桐、香樟、冬青
10	南纬路	140	420	香樟
11	柳岸路	19	108	香樟、松树
12	中兴路	836	3400	香樟、松树
13	工贸大道	1236	5700	香樟

表 11－11　　2003 年濮院镇区河道绿化调查一览表

编　号	河道名称	河旁树棵数	覆盖面积(平方米)	主　要　树　种
1	西河头—朝阳桥	83	918	青桐、泡桐
2	河下—北河头	176	3448	青桐、泡桐、法国梧桐
3	河下—东河头	396	8890	樟树、青桐

资料来源:《濮院镇总体规划资料汇编(2004—2020)》

镇区的保护与更新

保护目标　保持城区格局和水乡传统风貌的地方特色,保护历史文化遗存,保持城区发展的历史延续性。

保护原则　遵循整体保护与分层次控制、重点保护与一般保护相结合、遗产保护与现代化建设相结合、传统风貌保护与传统文化继承相结合的原则。

保护与更新措施　对历史地段的保护:永乐路以东及庙桥港南北两侧地段,是老城区建筑群的精华。保护好这些地段内的历史物质文化遗存和非物质文化遗存,不仅能体现出濮院老镇区传统民居的建筑风貌和文化特色,还能更好地展现其整体格局和原有风貌的完整性。因此,在更新措施上主要采取逐步恢复街区历史传统风貌为目的的渐进式“修旧如旧”的更新方式。2009 年,濮院镇制定《濮院老镇区保护与更新规划》,对老镇区的功能布局提出了五个方面的具体规划:在保存街区居住功能的基础上,增加绿地、广场、停车场等公共活动用地；搬迁工业用地，作为居住、商业用地；在庙桥河两侧街区，通过“街区综合体”的建设，塑造城市新的功能核心区；恢复大街、大有桥街等街区的传统商业功能，恢复寺湾街传统的热闹景象，在其两侧开设茶馆、咖啡馆、特色酒楼、各种土特产品商店、手工作坊等为旅游服务场所，使之成为老镇区的休闲文化中心；在凯旋路、永乐路两侧形成老镇区的区域商业中心，设置旅游宾馆、旅游服务中心、社会停车场等。

对历史文化遗存保护：众安桥、翔云观及宋代银杏树等是省、县级文物保护单位，保护其现存的建筑及其空间环境，以延续旧城文脉。翔云观山门，在完成修缮山门的同时，注意外部环境的整治，使周边环境与之相协调。众安桥，对桥周边 30 米范围内的环境进行统筹规划，形成较好的周边环境。宋代银杏树，进一步加强对其周边环境的规划，使其成为校园中的景点。

至 2004 年，镇区的保护与更新已得到分步实施。至 2010 年，梅泾路、北横街等多处路段已通过拓宽、浇灌路面等方式进行整治，减少交通拥堵现象的发生；对归家湾、横屋街等一些路面宽度不足 4 米的街进行拓宽，保证垃圾车、消防车的出入；庙桥港帮岸进行绿地改造，修筑水泥帮岸并铺上植草砖，形成沿河休闲带，增加绿带景观环境；翔云观、众安桥及宋代银杏树等古址均立“文物保护单位”标牌。

2013 年，濮院镇旧城改造与古镇旅游开发项目全面启动。

第二章　农村建设

第一节　村落旧貌

旧时，境内农民的居住形式主要以大散居、小聚居的自然村形态分布于镇域各处。

村落命名的方式

自然村是域内农村最基本的村落存在方式。村名大多是以自然村中突出的建筑物或自然景观如桥、庵、塘、浜、兜、汇、湾、弄等称谓命名，也有以自然村所处的地名或姓氏命名的。自然村中的住户数，有的仅几户，有的十几户，最多也只有几十户，布局凌乱、分散。如原黄河村的茅家桥自然村，7 户 33 人，村民多茅姓，因附近石桥称茅家桥，村以桥名命名；界楼庵自然村，25 户 97 人，清末此地建一楼庵，位于桐乡、嘉兴两县交界处，村以庵名命名；陈家兜自然村，33 户 119 人，村落在一河兜，住户多陈姓，村以姓命名；庄家门自然村，21 户 85 人，村中都为庄姓，村以姓命名。

农户的居住方式

中华人民共和国成立初期，一般农户生活仍较贫困，居住条件很差。农民的住房结构大体可归为两类：一类是砖木结构平瓦房，为一般农民居住。这类住房是泥地坪，板门、板窗，以青砖或碎砖砌墙，也有泥墙，小青瓦盖顶，屋内以单砖墙或竹壁间隔。通常正中间不作间隔，俗称“大门间”，主要用于养蚕，平时作客堂间，亦是家庭操办婚丧喜事的场所。整个房屋普遍较矮，室内潮湿，光线较暗。另一类是草房，多为贫苦农户以及外乡迁徙来者居住。这类住房是泥竹结构，即泥墙、竹梁、竹柱、竹椽，上盖稻草，俗称“草棚”，尤以原新生乡一带为多。此外，中华人民共和国成立前，少数地主及富户的住房则相对高大宽敞，少数也有厅楼。住房朝向一般为坐北朝南，呈东西向排列，几户甚至十几户连宇成埭，或前为河，或后有水，一般以二十户至三十户为一个村落，人均住房面积约为 10 平方米。房屋的门前一般有一片平整的场地，叫“稻场”，是用于晒谷物的场地。后随着农户生活水平的提高，稻场也由原来的泥地坪改为水泥地坪。大多数农户在自家房前屋后种葱、韭、大蒜之类小菜，在住房旁边或住房的后面搭建较简陋的猪圈、羊棚。猪圈、羊棚旁边搭建简陋的厕所，俗称“茅坑”。这种现象一直存在到 20 世纪 70 年代末。

农户的生活方式

旧时，由于农村生活条件比较艰苦，物资相对匮乏，农民的生活方式比镇上居民更为俭朴。农户的饮用水基本上取自居住地的河浜，用水桶提回家倒入水缸就作饮用水，稍微讲究的农户会用明矾澄清水质。到20世纪70年代，为提升饮水质量，部分农户开始打井，井深5—6米，口径60—80厘米，井壁砌有小青瓦，有的砌青砖，也有的以水泥管代替井壁，用铁皮小水桶或木桶从井里汲水。在炊具和燃料方面，一般农户家里都有一个灶头，是请专门泥工师傅砌成，稍微讲究点的农户还会让泥工师傅在灶壁上画灶画。灶一般为三眼灶，可同时烧饭、炒菜、烧水，省时又合理。也有两眼灶，甚至还有更简陋的泥灶，俗称缸缸灶或行灶。燃料则是就地取材，如稻柴、麦秸秆、毛豆秸秆、麻秆、桑条、杂树等。照明一般用蜡烛、油盏头及煤油灯，到20世纪60年代后期，才开始逐步使用电灯。衣着上，过去濮院农村种植棉花，农妇将棉花晒干后，弹成被絮或经加工后做成棉袄、棉裤用于冬季御寒，也有将棉花捻成棉线，织制土布以作衣料。其时农民穿土布衣较多，只有条件较好的家庭会去城里买些衣料，请裁缝师傅到家里来做衣服。农民的出行方式主要是步行，若去远一点地方，一般以舟楫为主。

第二节　村庄规划

村庄规划是新农村建设的重要内容之一。2000年，濮院镇将农村原有的422个自然村规划成135个新村规划点。2008年，镇党委、政府为加快新农村建设，推进城乡一体化进程，按照《濮院镇（桐乡东城区）总体规划（2004—2020）》的整体布局，结合农村实际启动新一轮村庄规划的编制工作。村庄规划编制工作分别由嘉兴市城乡规划设计院和桐乡市城乡规划设计院两个设计单位承担，是年12月完成编制。其中嘉兴市城乡规划设计院编制的《村庄规划》共分绪论、现状分析、规划总说明、村域总体规划、村庄规划、规划实施措施六个方面。

绪论阐述规划编制背景与缘起，规划层次和内容等。

现状分析包括区位与交通条件、自然地理条件、人口与经济状况、村庄现状四个方面。

规划总说明主要包括规划依据、规划期限、规划范围、规划原则、村庄建设目标、指导思想、规划重点七个方面。

村域总体规划包括村域经济发展规划、村域村庄布局规划、综合交通规划、社会服务设施规划、公用工程设施规划、环保上卫专项规划、综合防灾专项规划七个方面。

村庄规划包括村庄规划要点、部分规划点范围局部调整说明、中心点规划、辅助点规划、村庄规划用地汇总、住宅建筑设计等内容。

规划实施措施与政策建议主要包括规划在具体实施过程中涉及有关土地、资金等问题时所采取的措施及相关政策建议等。桐乡市城乡规划设计院编制的村庄规划，其内容与嘉兴设计院编制的基本相同。

2009年，全镇启动“两新”工程建设，即新市镇建设、新社区建设，加快农民住宅向中心城区小集镇社区和中心社区集聚。确定新联村为农村新社区建设试点村，是年一期工程建房121户。

第三节　乡村道路　桥梁

乡村道路的改造与新建

旧时，域内以镇区为中心，向四周村落辐射延伸的人行小道多为泥路，少数断断续续铺设些乱石块。民国34年(1945)浙江省建设厅令各县修筑主要县道及乡村道路，至民国35年(1946)，桐乡县以工代赈出动民工13820人次，完成土方13820立方米，修筑的乡道涉及域内的有：永新乡运河塘至永新桥，长3千米；报恩乡(今濮院)至杭善公路，长1.8千米，路宽1—1.5米。

中华人民共和国成立初期，乡村道路虽陆续修筑，但发展缓慢，通往乡村的道路基本仍是泥路。20世纪60年代中期，配合农田水利建设，各队开始平整土地，修筑机耕干线道路，路边附设排水灌溉渠道。70年代，乡间主道大多修筑为机耕路。改革开放后，农村掀起了“若要富，先筑路”的热潮，各村加强基础设施资金投入，加快乡村道路拓宽、硬化及新建的步伐。昔日的泥路逐步被修筑成宽3—5米的碎石路或水泥路，基本改变了过去“晴天一身灰，雨天一身泥”的行路难状况。

2003年，全镇推行城乡一体化建设，村级道路建设更是进入了快车道。至2006年，全镇14个行政村村级主干道实现村村相通，各村民小组支道户户相连，形成了便捷的陆路交通网。

1980—2010年，濮院镇部分行政村道路建设基本情况：

新河村　1980—1990年，累计改造道路长约1000米，宽约1.5米，水泥路面；新筑道路长约500米，宽约1.5米，水泥路面。1991—2000年，累计改造道路长约300米，宽约1.5米，碎石路面。2001—2010年，累计新筑道路长7000米，宽约3米，水泥路面。

新濮村　1980—1990年，累计改造道路长约7000米，宽约2米，碎石路面，可达大其里、毛家埭、金家门、曹家浜、钱家浜等15个村民小组；新筑道路长约8000米，宽约3米，碎石路面，可达大其里、毛家埭、金家门、曹家浜、祁堂浜等15个村民小组。1991—2000年，累计改造道路长约10000米，宽约3米，水泥路面。2001—2010年，改造道路长约12000米，宽约2米，水泥路面，可达金家门、沈家门、唐家门、南埭、濮北等25个村民小组；投入资金280万元，新筑道路长约25000米，宽约5米，水泥路面，可达金家门、北庄浜、曹家浜、祁堂浜、钱家浜等16个村民小组。

新星村　1980—1990年，累计改造、新筑道路长约15600米，宽约2米，碎石路面，可达水口门、宣家浜、汤家角、日辉浜、金家门等村民小组。1991—2000 年，累计改造、新筑道路长约 34400 米，宽约 3 米，其中碎石路面约 30000 米，水泥路面 4400 米。2001—2010 年，改造、新筑道路长约 20800 米，宽约 5 米，其中水泥路面 18000 米，柏油路面 2800 米，可达新星、新苑、翠竹苑等住宅小区及村民小组。

永乐村 1980—1990 年，累计改造道路长约 7000 米，宽约 1.8 米，水泥路面，可达田心里、徐家浜、华家弄、里浜、沈家木桥等 10 个村民小组；新筑道路长约 2000 米，宽约 6 米，碎石路面，可达西浜、金家浜、盛家浜、落北浜等 7 个村民小组。1991—2000 年，累计改造道路长约 25000 米，宽约 3 米，碎石子路面，可达田心里、徐家浜、华家弄、义家浜、金家浜等 30 个村民小组；新筑道路长约 2500 米，宽约 5 米，柏油路面，可达田心里、周南、徐家浜等 4 个村民小组。2001—2010 年，新筑道路长约 24300 米，宽约 6 米，水泥路面，可达华家弄、竹西桥、里浜、义家浜、落北浜等 25 个村民小组。

永联村 1991—2000 年，累计改造道路长约 1500 米，宽约 3 米，碎石路面，可达柏家埭、沈家兜 2 个村民小组。2001—2010 年，改造道路长约 1600 米，宽约 5 米，碎石路基，可达曹家埭、王家门、张家门 3 个村民小组；新筑道路长约 2200 米，宽 3 米，水泥路面，可达绵羊浜、邱家浜、王家门、张家浜 4 个村民小组。

永越村 1980—1990 年，累计改造道路长约 5000 米，宽 2—4 米，碎石路面，可达屋底里、牛桥头、上马墩、柴路浜、金塘桥等 17 个村民小组；新筑道路长约 1500 米，宽 2—4 米，碎石路面，可达屋底里、钱家兜、牛桥头、上马墩、柴路浜等 17 个村民小组。1991—2000 年，累计改造道路长约 6500 米，宽 3—6 米，柏油路面，可达屋底里、钱家兜、牛桥头、上马墩、柴路浜等 17 个村民小组；新筑道路长约 3400 米，宽约 3 米，柏油路面，可达屋底里、钱家兜、牛桥头、上马墩、柴路浜等 17 个村民小组。2001—2010 年，累计新筑道路长约 36360 米，宽 6—8 米，水泥路面，可达会龙新村、金龙新村、永越新村、上马墩新村等各村民小组。

新联村 1980—1990 年，累计改造道路长约 3600 米，宽 3 米，碎石路面，可达蒲扇浜、沈家浜、王家浜、长生桥、凤凰墩等 7 个村民小组；新筑道路长约 7500 米，宽约 3 米，碎石路面，可达杨树下、大水板桥、南北圣、横港等 5 个村民小组。1991—2000 年，累计改造道路长约 2600 米，宽约 3 米，碎石路面，可达钱堂桥、杨树下、横港、孔家门、蒲扇浜等 7 个村民小组；新筑道路长约 12600 米，宽约 3 米，水泥路面，可达南北圣、杨树下、横港、吴家门、石臼浜等 6 个村民小组。2001—2010 年，累计改造道路长约 500 米，宽约 3 米，水泥路面，可达杨树下、沈家浜、蒲扇浜、王家浜、沈家石桥等 7 个村民小组；累计新筑道路长约 13200 米，宽约 3 米，水泥、柏油路面，可达杨树下、王家浜、吴家门、石臼浜、桑园里等 8 个村民小组。

新港村 1980—1990 年，累计拓展道路长约 8000 米，宽约 2.5 米，碎石路面，可达田上门、里浜、北黄埭、莫家埭、鸦鹊浜等村民小组。1991—2000 年，累计改造道路长约

5000 米，宽约 3 米，碎石路面，可达田上门、李家浜、北姚浜、莫家浜、朝东屋等 12 个村民小组。2001—2010 年，累计改造道路长约 7000 米，宽约 3 米，碎石子路面，可达金家浜、桥南、王家汇、小荡里、莫家浜等 20 个村民小组。

星旗村　1980—1990 年，累计新筑道路长约 4400 米，宽约 2 米，水泥路面。1991—2000 年，累计改造道路长约 3400 米，宽约 2 米，碎石路面。2001—2010 年，累计新筑道路长约 10480 米，宽约 3.5 米，水泥路面，可达全村各个村民小组。

红旗漾村　1980—1990 年，累计新筑道路长约 24300 米，宽约 2 米，碎石路面，可达全村 17 个村民小组。2001—2010 年，累计新筑道路长约 6500 米，宽约 3 米，水泥路面，可达全村各个村民小组。

新东村　1980—1990 年，累计新筑道路长约 1000 米，宽约 2 米，碎石路面，可达计家板桥、区农场、盛家门、张家桥 4 个村民小组。1991—2000 年，累计改造道路长约 8000 米，宽约 2.5 米，碎石子路面，可达西浜北、西浜南、张家桥东、张家桥西、计家板桥等 13 个村民小组；新筑道路长约 4000 米，宽 2.5 米，碎石路面，可达俞家庄、港上、区农场 3 个村民小组。2001—2010 年，累计拓展道路长约 12000 米，宽 3 米，水泥路面，可达浜南、张家桥西、张家桥东、庙桥、港上、西岳园、太平桥、万安桥、新老十八、计家板桥、陆家板桥、李家埭等 13 个村民小组；新筑道路长约 1700 米，宽约 5 米，水泥路面，北起嘉湖公路，南至京杭大运河(西岳园村民组)。

油车桥村　1991—2000 年，累计新筑道路长约 1850 米，宽约 5.5 米，水泥路面，可达油车桥、花石桥、王家板桥、钟家板桥、谢仁桥 5 个村民小组。2001—2010 年，累计新筑道路长约 8550 米，宽 3—5 米，水泥路面，可达南大树、北大树、西桥、陆家浜、打锣浜等 17 个村民小组。

西浜村　1980—1990 年，累计新筑道路长约 985 米，宽约 1.5 米，水泥路面，可达邮南、邮北、苏东、苏西 4 个村民小组。1991—2000 年，累计改造道路长约 4450 米，宽约 5 米，路面为碎石，可达邮南、邮北、桥东、苏东、苏西等 14 个村民小组；新筑道路长约 1500 米，宽约 5 米，水泥路面，可达桥东、邮南、邮北、苏东、苏西等 7 个村民小组。2001—2010 年，累计改造道路长约 3200 米，宽约 3.5 米，水泥路面，可达蒋家漾、孟家汇、王桥头、高地等 8 个村民小组；新筑道路长约 9500 米，宽约 3.5 米，水泥路面，可达东塘田、西塘田、横埭、外港等 9 个村民小组。

旧时乡村桥梁

濮院农村河流密布，桥梁众多。据《濮院志》记载，民国时期位于镇区四栅之外村巨的桥梁共有 68 座，其中西南乡桐界 41 座、东北乡秀界 27 座，是农村陆路交通的重要组成部分。

西南乡桐界 41 座桥梁

俞家桥　在西栅外，正家泾港口。

王家桥　在正家泾港。

西沈家桥　在正家泾港。

鸣凤桥　俗称大油车桥，在西栅外，濮爱川建。

竹西桥　在鸣凤桥南港，清嘉庆十八年(1813)，唐瀏募建。

善庆桥　旧名芦塘桥，在竹西桥南。清嘉庆十八年(1813)，陈兆麟重建改今名。

彰德桥　在妙智港。

乐安桥　在妙智港，民国12年(1923)重建。

福林桥　俗称水口石桥，在妙智港。

王母桥　俗称黄麻桥，在西栅外。清嘉庆十八年(1813)，仲垠重建，光绪年间重修。

晖日桥　俗称晖市桥，在王母桥南。清嘉庆十八年(1813)重修。

齐虹桥　在晖日桥东南，本名徐翁桥，盖徐姓所建。

双贤桥　在镇南，因刘基、宋濂同游于此，故名。

梅泾桥　在镇南梅泾上。

双亭子桥　在镇南梅泾南。

越茂桥　俗称野猫桥，在齐虹桥南。清宣统元年(1909)重修。

万子桥　在庙篰港，清同治十二年(1873)重建。

云稼桥　在庙篰港，清道光二十七年(1847)重建。

旺相桥　在庙篰港，民国7年(1918)重修。

隆兴桥　在庙篰，清光绪十七年(1891)重修。

庙桥　在庙篰庙前，清道光二十四年(1844)建。

青震桥　在庙篰东，清同治六年(1869)重建。

博仕桥　在庙篰东，清光绪十九年(1893)重建。

福星桥　俗称陶家桥。在庙篰东，民国7年(1918)重修。

永怀桥　旧名怀荫桥，俗称金家木桥。在王母桥西，清乾隆年间陈瑛重建。民国12年(1923)重修。

馀庆桥　在永怀桥西，即石家坟桥，俗讹为石蟹坟桥。清乾隆四十五年(1780)濮仲垣重建，嘉庆十八年(1813)重修。

万寿桥　俗称大板桥，在馀庆桥西。清叶秀杨建，同治十三年(1874)重修。

报恩桥　俗称半湾桥，在万寿桥西南。清嘉庆年间唐瀏募建。

金龙桥　俗称朱漆阑桥，在树篷里。

博文桥　在树篷西南。

毓芝桥　在永新港东，清道光十二年(1832)仲铨重建，光绪二十六年(1900)重修。

迫吉桥　俗称柴家桥，在万寿桥西。民国元年(1912)建。

满收桥　俗称门头桥，在柴家桥西。清道光年间建。

延寿桥　俗称马家桥，在潘家港。民国9年(1920)重修。

福赖斯桥　俗称扶腊子桥，在潘家港。清光绪二十六年(1900)重修。

文星桥　在潘家港口。

永新桥　在永新塘口，民国13年(1924)重修。

北宋桥　在永新港。

南宋桥　在永新港。

捧日桥　在南宋桥南。

邱婆桥　在捧日桥南。

东北乡秀界27座桥梁

辅弼桥　俗称麸皮桥，在东栅外。清乾隆十八年(1753)建，道光十九年(1839)重建。

好贤桥　俗称草鞋桥，在东栅外。

牛桥　岳庙东北港。

李公桥　在牛桥南。

德兴桥　俗称丁家石桥，在新开河。

慈荫桥　俗称佘家桥，在东瓜浜。

胜祖桥　又名姜郎中桥，俗称张聋子桥，在东瓜浜。

德胜桥　俗称德福桥，在王家泾港。

万兴桥　在王家泾港。

三乡桥　在王家泾港。

铁仙桥　俗称铁店桥，在王家泾港。

嘉秀桥　俗称隔畦桥，在王家泾港，为嘉秀分界处。

太平桥　在姜家港。

圣堂桥　在姜家港。

延寿桥　俗称陈麦丝桥，在圣堂桥东南。

杨家桥　在姜家港。

美食桥　俗称米市桥，在姜家港。

金七公桥　在美食桥南，为九曲北口。明时有百岁寿民金姓居此，移建坊之资以建桥，人以金七公称之。

三塔园桥　在九曲南口。清嘉庆二十四年(1819)重建。

伍家石桥　在贾家港。

吴家石桥　在贾家港。

李博士桥　在贾家港。

阮家桥　在贾家港。

迎春桥　在陡门塘南。清乾隆五十七年(1792)，僧济如及戴秀章等募建。

大通桥　在陡门跨塘，明嘉靖年间濮文贵建，清咸丰庚申毁。清光绪年间，倪道士募资重建。

东沈家桥　在杨家泾塘南港。

阮三姊桥　在东沈家桥南。在清光绪间重建，阮三姊民国《濮院志·烈女传》有记载。

乡村桥梁的改造与新建

中华人民共和国成立后，镇政府逐步改造农村非公路危桥。20世纪80年代后，随着农村道路建设的加快，进一步推进非公路桥梁的改建、新建工程。截至2010年，全镇农村有非公路桥梁140座。

表11－12　　濮院镇农村非公路桥梁基本情况表

编号	桥　　名	地　域	原桥建造、重建、新建年代及桥梁的结构类型
001	中道桥	新河村	民国时期建，上部石平梁，下部石墩
002	西大木桥	新河村	20世纪60年代建，石平梁。2007年10月重建，上部空心板梁，下部石墩
003	罗球浜小桥	新河村	民国时期建，石平梁。2008年10月重建，上部空心板梁，下部石墩
004	多支桥	新河村	1976年9月建，上部石平梁，下部石墩
005	新木桥	新河村	1977年10月建，上部多孔板梁，下部石墩
006	龙经桥	新河村	1980年7月建，上部Ⅱ型板梁，下部石墩
007	风径桥	新河村	1980年10月建，上部石平梁，下部石墩
008	钱弓桥	新河村	1983年4月建，上部石平梁，下部石墩
009	过水桥	新河村	1983年5月建，上部石平梁，下部石墩
010	王西店桥	新河村	1983年9月建，上部圆洞拱梁，下部石墩
011	罗秋浜水闸桥	新河村	1986年10月建，2008年10月重建，上部实心板梁，下部石墩
012	大木桥	新河村	1986年10月建，上部石平梁，下部石墩
013	新桥	新河村	1987年10月建，上部石平梁，下部石墩
014	马七桥	新河村	1995年8月建，上部T型板梁，下部石墩
015	大牛桥	新河村	1997年10月建，上部圆洞拱梁，下部石墩
016	庙簰桥	新河村	1998年建，上部空心板梁，下部灌注桩
017	马河桥	新河村	1998年建，上部空心板梁，下部灌注桩
018	沈家睦桥	新河村	1998年建，上部空心板梁，下部灌注桩
019	小桥	新河村	1999年10月建，上部砼平梁，下部石墩

续表 11－12

编号	桥　　名	地　域	原桥建造、重建、新建年代及桥梁的结构类型
020	西石桥	新河村	2001 年 5 月建，上部 T 型板梁，下部石墩
021	闸坝桥	新河村	2001 年 5 月建，上部实心板梁，下部石墩
022	清河桥	新河村	2005 年 7 月建，上部钢架拱梁，下部石墩
023	石墩桥	新河村	2005 年 12 月建，上部钢架拱梁，下部石墩
024	李家鱼池小桥	新河村	2006 年 12 月建，上部五空板梁，下部石墩
025	坟桥	永联村	清朝末年建，三孔石平梁，下部石墩
026	金龙桥	永联村	清朝末年建，三孔石平梁，下部石墩
027	屠家小桥	永联村	清朝末年建，单孔石平梁，下部石墩
028	钱家木桥	永联村	民国时期建，上部三孔石平梁，下部石墩。2007 年 10 月重建，上部空心板梁，下部石墩
029	张家门桥	永联村	20 世纪 70 年代建，上部Ⅱ型板梁，下部水泥柱
030	祥木桥	永联村	20 世纪 70 年代建，上部圆洞拱梁，下部石墩
031	河西浜平桥	永联村	20 世纪 70 年代建，上部五空梁板，下部石墩
032	旺相桥	永联村	1984 年 10 月建，上部圆洞拱梁，下部石墩
033	曹家埭桥	永联村	1985 年 10 月建，上部实心板梁，下部石墩
034	庄桥	永联村	1991 年 12 建，上部圆洞拱梁，下部石墩
035	赤家浜桥	永联村	1995 年 10 月建，上部实心板梁，下部石墩
036	邱家浜桥	永联村	2000 年 10 月建，上部实心板梁，下部石墩
037	姚家桥	永联村	2002 年 9 月建，上部钢架平板梁，下部石墩
038	东沈家桥	新濮村	清朝末年建，上部石平梁，下部石墩
039	昇平桥	新濮村	清朝末年建，上部石平梁，下部石墩
040	小昇平桥	新濮村	清朝末年建，上部石拱梁，下部石墩
041	种福桥	新濮村	民国时期建，上部石平梁，下部石墩。2007 年 10 月重建，上部空心板梁，下部石墩
042	吴家桥	新濮村	20 世纪 70 年代建，上部Ⅱ型板梁，下部石墩
043	金家门桥	新濮村	20 世纪 70 年代建，上部Ⅱ型板梁，下部石墩
044	北庄浜桥	新濮村	20 世纪 70 年代建，上部水泥五孔板梁，下部石墩。2008 年 10 月重建，上部实心板梁，下部石墩
045	新建桥	新濮村	20 世纪 70 年代建，上部圆洞拱梁，下部石墩
046	跳板桥	新濮村	20 世纪 70 年代建，上部Ⅱ型板梁，下部石墩

续表 11－12

编号	桥　　名	地　域	原桥建造、重建、新建年代及桥梁的结构类型
047	杨家桥	新濮村	20 世纪 70 年代建，上部Ⅱ型板梁，下部石墩
048	小木桥	新濮村	20 世纪 70 年代建，上部石平梁，下部石墩
049	独石桥	新濮村	2000 年 10 月建，上部实心板梁，下部石墩
050	濮九娘桥	新濮村	2001 年 10 月建，上部钢架拱梁，下部石墩
051	阮三姐桥	新濮村	2001 年 10 月建，上部钢架拱梁，下部石墩
052	油车桥	新濮村	2005 年 10 月建，上部实心板梁，下部石墩
053	马家桥	新星村	民国时建，上部石平梁，下部石墩
054	蔡家桥	新星村	20 世纪 70 年代建，上部多孔板梁，下部石墩
055	郁家桥	新星村	20 世纪 70 年代建，上部石平梁，下部石墩
056	凌塘桥	新星村	20 世纪 70 年代建，上部多孔板梁，下部石墩
057	紫金浜水闸桥	新星村	20 世纪 80 年代建，上部多孔板梁，下部石墩
058	文星桥	新星村	20 世纪 80 年代建，上部钢架拱梁，下部石墩
059	贤森桥	新星村	20 世纪 80 年代建，上部Ⅱ型板梁，下部石墩
060	朱家窑木桥	新星村	20 世纪 80 年代建，上部Ⅱ型板梁，下部石墩
061	罗家桥	新星村	20 世纪 80 年代建，上部Ⅱ型板梁，下部石墩
062	冯家浜木桥	新星村	20 世纪 80 年代建，上部Ⅱ型板梁，下部石墩
063	日晖桥	新星村	1993 年 9 月建，上部Ⅱ型板梁，下部石墩
064	周家木桥	永乐村	20 世纪 80 年代建，上部Ⅱ型板梁，下部石墩
065	双贤桥	永越村	始建时间无考，清光绪十五年(1889)重建，上部上下十一阶石平梁，下部石墩。2010 年 9 月，列为桐乡市文物保护单位
066	万子桥	永越村	20 世纪 70 年代建，上部圆洞拱梁，下部石墩
067	云家浜桥	永越村	20 世纪 70 年代建，上部石平梁，下部石墩
068	龙潭坝桥	永越村	20 世纪 70 年代建，上部五孔板梁，下部石墩
069	庄家浜桥	永越村	20 世纪 70 年代建，上部石平梁，下部石墩
070	牛桥	永越村	20 世纪 80 年代建，上部Ⅱ型板梁，下部石墩
071	万年桥	永越村	20 世纪 80 年代建，上部圆洞拱梁，下部石墩
072	苏家桥	永越村	20 世纪 80 年代建，上部石平梁，下部石墩
073	角里桥	永越村	2006 年 10 月建，上部钢架拱梁，下部石墩
074	花石桥	油车桥村	清朝末年建，上部老石平梁，下部石墩

续表 11－12

编号	桥　　名	地　域	原桥建造、重建、新建年代及桥梁的结构类型
075	计策浜桥	油车桥村	20 世纪 70 年代建，上部石平梁，下部石墩
076	胡家木桥	油车桥村	20 世纪 70 年代建，上部双曲拱梁，下部石墩
077	油车桥	油车桥村	20 世纪 70 年代建，上部实心板梁，下部石墩
078	西村桥	油车桥村	20 世纪 70 年代建，上部板梁，下部石墩
079	西桥	油车桥村	20 世纪 80 年代建，上部平板五孔板梁，下部石墩。2007 年 10 月重建，上部空心板梁，下部灌注柱
080	太平桥	油车桥村	1994 年 10 月建，上部圆洞拱梁，下部石墩
081	桐星桥	油车桥村	1995 年 10 月建，上部钢架拱梁，下部石墩
082	北大池桥	油车桥村	2005 年 10 月建，上部实心板梁，下部石墩
083	妙智笕桥	新妙智村	20 世纪 70 年代建，上部双曲拱梁，下部石墩
084	盛家小桥	新妙智村	1983 年 10 月建，上部双曲拱梁，下部石墩
085	观塘桥	新妙智村	2000 年 10 月建，上部钢架拱梁，下部石墩
086	薛家板桥	新妙智村	2006 年 9 月建，上部空心板梁，下部石墩
087	郑家桥	新东村	民国时期建，上部三孔石平梁，下部石墩
088	正家笕桥	新东村	20 世纪 70 年代建，上部双曲拱梁，下部石墩
089	大水板桥	新东村	20 世纪 70 年代建，上部双曲拱梁，下部石墩
090	计家板桥	新东村	1995 年 10 月建，上部钢架拱梁，下部石墩
091	庙桥	新东村	2004 年 1 月建，上部空心板梁，下部石墩
092	谭家桥	新东村	2006 年 12 月建，上部实心板梁，下部石墩
093	张家浜桥	红旗漾村	20 世纪 80 年代建，上部砼板梁，下部石墩
094	木桥	红旗漾村	1995 年 10 月建，上部钢架拱梁，下部石墩
095	三界桥	红旗漾村	2005 年 7 月建，上部空心板梁，下部石墩
096	判香桥	新港村	建成时间不详，上部钢架拱梁，下部石墩
097	马红桥	新港村	民国时期建，上部三孔石平梁，下部石墩
098	通信桥	新港村	20 世纪 70 年代建，上部单孔石平梁，下部石墩
099	冯木桥	新港村	20 世纪 70 年代建，上部双曲拱梁，下部石墩
100	野猫桥	新港村	20 世纪 70 年代建，上部圆洞拱梁，下部石墩
101	金家石桥	新港村	20 世纪 70 年代建，上部Ⅱ型板梁，下部石墩
102	金家浜石桥	新港村	20 世纪 80 年代建，上部Ⅱ型板梁，下部石墩。2008 年 10 月重建，上部空心板梁，下部石墩

续表 11－12

编号	桥　　名	地　域	原桥建造、重建、新建年代及桥梁的结构类型
103	木桥	新港村	20 世纪 80 年代建，上部Ⅱ型板梁，下部石墩
104	徐家埭桥	新港村	1995 年 10 月建，上部Ⅱ型板梁，下部石墩
105	太平桥	新港村	2003 年 9 月建，上部钢架拱梁，下部石墩
106	观音堂桥	新港村	2003 年 11 月建，上部实心板梁，下部石墩
107	戚家桥	新港村	2006 年 10 月建，上部圆洞拱梁，下部石墩
108	渡船桥	新港村	2006 年 10 月建，上部钢架拱梁，下部石墩
109	新生二号桥	新联村	20 世纪 70 年代建，上部双曲拱梁，下部石墩
110	蒋家桥	新联村	20 世纪 70 年代建，上部水泥平板梁，下部石墩
111	杨树桥	新联村	20 世纪 70 年代建，上部水泥平板梁，下部石墩
112	沈家浜桥	新联村	20 世纪 70 年代建，上部石板平梁，下部石墩
113	钱堂桥	新联村	20 世纪 70 年代建，上部钢架拱梁，下部石墩
114	长虹桥	新联村	20 世纪 70 年代建，上部水泥平板梁，下部石墩。2007 年 12 月重建，上部空心板梁，下部石墩
115	新生三号桥	新联村	20 世纪 70 年代建，上部双曲拱梁，下部石墩
116	双木桥 2 号	新联村	20 世纪 70 年代建，上部双曲拱梁，下部石墩
117	长生桥	新联村	20 世纪 70 年代建，上部圆洞拱梁，下部石墩
118	兴圣桥	新联村	20 世纪 80 年代建，上部钢架拱梁，下部石墩
119	腾家桥	新联村	20 世纪 80 年代建，上部圆洞拱梁，下部石墩
120	长春桥	新联村	1980 年 8 月建，上部双曲拱梁，下部石墩
121	联丰桥	新联村	1980 年 8 月建，上部双曲拱梁，下部石墩
122	庆丰桥	新联村	1999 年 10 月建，上部钢架拱梁，下部石墩
123	双木桥	新联村	2003 年 9 月建，上部石平梁，下部石墩
124	青龙桥	新联村	2003 年 11 月建，上部钢架拱梁，下部石墩
125	和顺桥	新联村	2006 年 1 月建，上部钢架拱梁，下部石墩
126	蒲扇桥	新联村	20 世纪 70 年代建，上部石平梁，下部石墩
127	庄金桥	星旗村	20 世纪 70 年代建，上部石平梁，下部石墩
128	红星一号桥	星旗村	20 世纪 70 年代建，上部双曲拱梁，下部石墩
129	姚家石桥	星旗村	20 世纪 70 年代建，上部双曲拱梁，下部石墩
130	红星三号桥	星旗村	20 世纪 70 年代建，上部双曲拱梁，下部石墩

续表 11－12

编号	桥　　名	地　域	原桥建造、重建、新建年代及桥梁的结构类型
131	红星桥	星旗村	2001 年 10 月建，上部圆洞拱梁，下部石墩
132	沈家桥	西浜村	1971 年建，上部预制板梁，下部重力桥台
133	独龙桥	西浜村	1973 年建，上部槽型板梁，下部重力桥台
134	西浜闸站桥	西浜村	建成时间不详，上部空心板梁，下部重力桥台
135	梅婆桥	西浜村	1985 年建，上部槽型板梁，下部重力桥台
136	富春桥	西浜村	1991 年建，上部槽型板梁，下部重力桥台
137	木桥	西浜村	2006 年建，上部空心板梁，下部重力桥台
138	王桥	西浜村	2006 年建，上部空心板梁，下部重力桥台
139	陆家桥	西浜村	1976 年建，上部预制板梁，下部重力桥台。2008 年 10 月重建，上部空心板梁，下部重力桥台
140	安桥	西浜村	1973 年建，上部水泥板梁，下部重力桥台

资料来源：濮院镇交通管理站《非公路桥梁数据采集表(登记卡片)》

第四节　改水　改厕　改燃料

改水

中华人民共和国成立后，政府重视农村居民的饮用水质量，并采取措施加于改善。20 世纪 70 年代，农村开展血吸虫病防治工作，提倡饮用井水。部分农户开始在自家屋内开凿小口径水井，俗称“灶边井”。有的还配上小水泵汲水，一般日出水量为 0.3—0.5 立方米。80 年代起，由于乡办企业的发展，村级河流逐步污染，水质变差，影响村民安全用水。为让村民喝上清洁卫生的饮用水，各村在乡政府的部署下，有计划地开展改水工作。1988 年 7 月，原濮院乡乐安村通过县改水办补助、砖瓦厂资助和农户出资等方式，筹集资金近 13 万元，率先在全乡开凿第一口深井，井深达 108 米，水塔贮水量 25 吨，1989 年 3 月通水，受益范围为原乐安、运河、安心 3 个行政村。之后，永越村及庙牌集镇周边的新华、会龙、黄河 3 个村也相继开凿深井。1998 年 6 月 6 日，濮院镇人民政府发布《关于印发濮院镇社会事业农村改水规划的通知(1998—2000)》(濮政〔1998〕38 号文件)，对改水的指导思想、全镇饮用水基本概况、改水三年规划及资金保障等作出明确规定和安排。至 2000 年底，全镇新河、永联、永越、永乐、新濮、新星等 6 个村的 3927 户 16621 人用上自来水，占农村总人数的 90%以上。另有 704 户 1825 人虽未用上自来水，但也停用河浜水，改用浅井水。

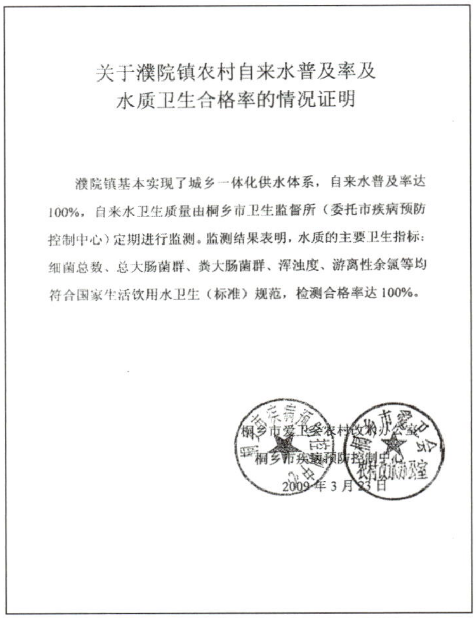

关于濮院镇农村自来水普及率及
水质卫生合格率的情况证明

濮院镇基本实现了城乡一体化供水体系，自来水普及率达100%，自来水卫生质量由桐乡市卫生监督所（委托市疾病预防控制中心）定期进行监测。监测结果表明，水质的主要卫生指标：细菌总数、总大肠菌群、粪大肠菌群、浑浊度、游离性余氯等均符合国家生活饮用水卫生（标准）规范，检测合格率达100%。

桐乡市爱卫会农村改水办公室
桐乡市疾病预防控制中心
2009年3月23日

关于濮院镇农村自来水普及率及水质卫生合格率的情况证明

1989年，新生乡南北圣自来水厂建成，为深井供水。此井深度130米，由口径30厘米的水泥管砌成，出水量为每小时50吨，同时作为配套设施的30米高储水塔同期建成，储水量为80吨，集镇居民全部饮用自来水。1997年，水厂第二口深井建成，井深、出水口径、出水量等要素与第一口深井相同。两口井同时工作，能基本满足全乡村民饮水需求。

2005年，停止深井供水，镇域农村饮用水均由桐乡市果园桥水厂通过DN1000水管供水，自来水受益率达到100%。2005年3月26日，桐乡市爱国卫生运动委员会发文（桐爱卫第〔2005〕5号文件），命名濮院镇为自来水化乡镇。2009年，在濮院镇“全国环境优美镇复查”中，桐乡市疾病预防控制中心、桐乡市爱卫会对域内农村自来水普及率及水质等指标进行调查检测，检测结果：“濮院镇基本实现了城乡一体化供水体系，自来水普及率达到100%；自来水水质中的细菌总数、总大肠菌群、粪大肠菌群、浑浊度、游离性余氯等主要卫生指标均符合国家生活饮用水卫生（标准）规范，检测合格率达100%。”

表11－13　　1983年濮院、新生两乡需水量现状与规划统计表

单位：万立方米

项目 \ 单位				濮院乡	新生乡	合　计
总需水量	现　　状			4237.62	1911.84	6149.46
	规　　划			2269.27	2823.06	5092.33
需水量	农业用水	合　计	现　状	4171.9	1871.4	6043.3
			规　划	2141.6	2742.8	4884.4
		水　田	现　状	1919.0	1811.0	3730
			规　划	1919.0	1811.0	3730
		旱　地	现　状	34.9	10.3	45.3
			规　划	64.8	20.6	85.4
		园　地	现　状	76.4	50.1	126.5
			规　划	152.8	100.2	253
	工业用水	现　　状		30	13.2	43.2
		规　　划		61.2	26.9	88.1

续表 11－13

项目		单位	濮院乡	新生乡	合　计
需水量	生活用水	现　状	21.32	16.14	37.46
		规　划	35.47	28.86	64.33
		农　村	20.8	15.5	36.3
		非　农	0.52	0.64	1.16
	牲畜用水	现　状	14.4	11.1	25.5
		规　划	31.0	24.5	55.5
		猪	8.1	3.0	11.1
		羊	6.3	3.1	9.4

资料来源:《桐乡县水利资源调查和水利区划报告》第 162—163 页

表 11－14　　1996 年、1998 年濮院镇农村自来水受益人数统计表

单位：人

单　位	总人数	受益人	受益率	时　间	单　位	总人数	受益人	受益率	时　间
新华村	2030	525	26%	1996 年	新华村	2033	2033	100%	1998 年
永联村	2027	520	26%	1996 年	永联村	2055	2055	100%	1998 年
黄河村	1385	320	23%	1996 年	黄河村	1410	1410	100%	1998 年
会龙村	903	225	25%	1996 年	会龙村	903	903	100%	1998 年
金龙村	925	210	23%	1996 年	金龙村	956	210	22%	1998 年
永越村	1792	1792	100%	1996 年	永越村	1655	1655	100%	1998 年
永濮村	790	180	23%	1996 年	永濮村	362	180	50%	1998 年
周义村	1530	210	14%	1996 年	周义村	1204	210	17%	1998 年
濮院村	2526	190	8%	1996 年	濮院村	2559	190	7%	1998 年
周家木桥	737	190	26%	1996 年	周家木桥	770	190	25%	1998 年
星锋村	1368	580	42%	1996 年	星锋村	1358	580	43%	1998 年
红晓村	733	32	4%	1996 年	红晓村	754	754	100%	1998 年
安心村	650	15	2%	1996 年	安心村	660	660	100%	1998 年
乐安村	1004	1004	100%	1996 年	乐安村	1016	1016	100%	1998 年
运河村	621	23	4%	1996 年	运河村	619	23	4%	1998 年
渔业村	355	355	100%	1996 年	—	—	—	—	—
合　计	19376	6371	33%	—	合　计	18314	12069	66%	—

资料来源：镇卫办《改水、改厕、卫生监督》材料

表 11－15　　1999 年、2000 年濮院镇农村自来水受益人数统计表

单位：人

单　位	人　数	受益人	受益率	时　间	单　位	人　数	受益人	受益率	时　间
新华村	2043	1737	85%	1999 年	安心村	656	632	96%	1999 年
永联村	2067	1677	81%	1999 年	乐安村	1011	1011	100%	1999 年
黄河村	1416	1179	83%	1999 年	运河村	618	578	94%	1999 年
会龙村	897	687	77%	1999 年	合　计	18370	16594	90%	
金龙村	954	954	100%	1999 年					
永越村	1680	1680	100%	1999 年	新河村	3452	2936	85%	2000 年
永濮村	363	—	—	1999 年	永联村	2049	1783	87%	2000 年
周义村	1211	1095	90%	1999 年	永越村	3578	3439	96%	2000 年
濮院村	2588	2588	100%	1999 年	永乐村	2795	2614	94%	2000 年
周家木桥	761	761	100%	1999 年	新濮村	2916	2545	87%	2000 年
星锋村	1354	1354	100%	1999 年	新星村	3656	3304	90%	2000 年
红晓村	751	661	88%	1999 年	合　计	18446	16621	90%	—

资料来源：镇卫办《改水、改厕、卫生监督》材料

表 11－16　　濮院镇新生水站部分年代供水量统计表

时间	供水量（吨）	时间	供水量（吨）	时间	供水量（吨）	时间	供水量（吨）	时间	供水量（吨）
1991 年	2 万	1992 年	3 万	1993 年	5 万	1994 年	6 万	1995 年	8 万
1996 年	9 万	1997 年	10 万	1998 年	18 万	1999 年	20 万	2000 年	28 万
2001 年	32 万	2002 年	40 万	2003 年	41 万	2004 年	52 万	2005 年	60 万
2006 年	65 万	2007 年	78 万	2008 年	80 万	2009 年	85 万	2010 年	90 万

资料来源：镇新生水站

改厕

农村粪便污染，不仅影响环境，还危害农户的身体健康。1992 年初，濮院乡人民政府根据桐乡县初级卫生保健工作的要求，开始在全乡农村开展改厕工作。改厕工作以点带面分步开展，先在新华、永联、濮院 3 个村各确定 30 户，在永越、黄河、周义、乐安、星锋 5 个村各确定 25 户，在会龙、永濮、红晓、运河、安心、周家木桥、金龙 7 个村各确定 20 户，共 355 户作为改厕试点户。按规定，乡政府对改厕农户进行适当补助，具体为每户补助水泥 2 包、九五砖 500 块，由乡初保办与县防疫站联系统一购买，村委会承担改厕人员所

需工资。为保证改厕工作的顺利开展，乡政府通过培训人员，建立一支乡专业改厕队，由乡初保办张建明负责。至4月20日，全乡改厕试点工作全部完成。为巩固改厕成果，乡政府规定以后农户新建房必须建造三格式无害化化粪池，并由卫生院、初保办、土管办三方共同负责验收。与此同时，新生乡各村的改厕工作也同期开展。

建造三格式卫生厕所的技术要求：一、厕所尽可能建在室内，以减少基建投资，方便使用和管理。二、化粪池选址尽可能远离水源，防止污染。三、厕所门窗安置应有利于通风。四、厕所内地面应高于厕所外地面，以防止雨水倒流。五、便器采用直通节水型。六、化粪池建造做到不渗不漏，加盖密封。七、建造应由经过培训的专业人员承担，行政村指定专门人员负责督察。三格式卫生厕所的主要工作原理：在三格式粪池的第一格与第二格中插入一根空心斜管，第二格与第三格中也插入一根空心斜管，粪便自进入第一池，在分解过程中形成粪皮、粪液、粪渣三层。中层粪液可经斜管入第二池，含虫卵较多的粪皮、粪渣则基本截留在第一池。进入第二池的粪液呈相对静止状态，有利于残存虫卵继续沉淀。由于第一池、第二池加盖密封，粪便中有机物产生氧化，使池中氧气耗尽，造成缺氧环境，厌氧菌繁殖，粪便进行厌氧发酵分解，并产生游离氨。氨能通过寄生虫卵壳，使虫卵死亡，厌氧环境下不利于病原体生存，所以进入第三池的粪液，其致病菌及寄生虫卵已被基本杀灭和消除。斜管的作用是：由于粪便是自下而上通过，便于其中的残留物加速沉淀下降滑入原池。经过三格式处理，达到粪便无害化处理的目的。

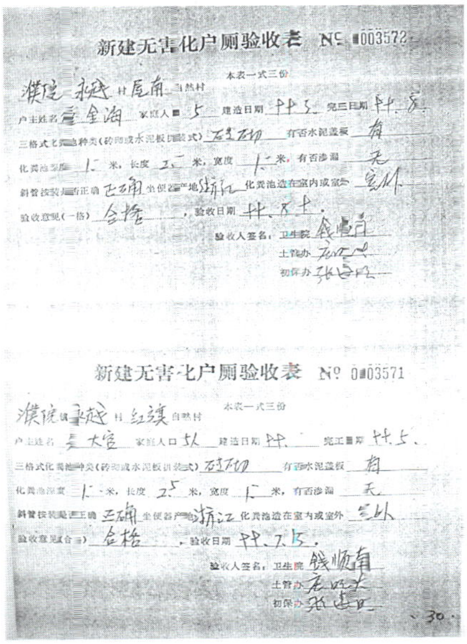
新建无害化户厕验收表　№ 0003572
本表一式三份
户主姓名　家庭人口　建造日期　完工日期
三格式化粪池种类（砖砌或水泥板拼装式）　有否水泥盖板
化粪池深度　米，长度　米，宽度　米，有否渗漏
斜管按装是否正确　坐便器产地　化粪池造在室内或室外
验收意见（合格）　，验收日期
验收人签名：卫生院
土管办
初保办

新建无害化户厕验收表　№ 0003571
本表一式三份
户主姓名　家庭人口　建造日期　完工日期
三格式化粪池种类（砖砌或水泥板拼装式）　有否水泥盖板
化粪池深度　米，长度　米，宽度　米，有否渗漏
斜管按装是否正确　坐便器产地　化粪池造在室内或室外
验收意见（合格）　，验收日期
验收人签名：卫生院
土管办
初保办

1999年新建无害化户厕验收表

按照规定，政府定期组织卫生院、初保办、土管办三方对农户新建房进行三格式无害化化粪池验收。1999年，濮院镇对81户农户新建无害化厕所进行达标验收。至2010年，全镇14个行政村9245户，建卫生厕户9118户，普及率为99%，其中建无害化厕所的8779户，普及率为96%。各村新建房农户全部建造无害化厕所，普及率为100%。卫生厕和无害化厕的建造，基本改变了农村生活污水无序排放的现状，进一步改善了农村生态环境，提高了农户的居住质量。

表11－17　1999年10月濮院镇各行政村自来水安装及卫生户厕情况表

单位：户

行政村	已装自来水数	自来水入户率	建卫生厕所户数	普及率	建无害化厕户数	普及率
新联村	683	100%	649	95.02%	577	84.50%

续表 11－17

行　政　村	已　　装 自来水数	自来水 入户率	建卫生厕所 户　数	普及率	建无害化厕 户　数	普及率
油车桥村	430	100%	410	95.34%	268	62.33%
星旗村	499	100%	453	93.00%	295	60.60%
红旗漾村	564	100%	564	100.00%	373	66.00%
新东村	543	100%	543	100.00%	348	64.08%
新妙智村	528	100%	485	91.86%	480	90.90%
新港村	688	100%	688	100.00%	450	65.41%
新河村	900	100%	855	95.00%	567	63.00%
永联村	543	100%	510	93.92%	481	88.58%
永越村	912	100%	912	100.00%	909	99.67%
永乐村	891	100%	885	99.32%	885	99.32%
新濮村	795	100%	701	88.18%	534	67.17%
新星村	1010	100%	1010	100.00%	798	79.00%
西浜村	569	100%	533	93.67%	366	64.32%
合　计	9555	100%	9198	96.26%	7331	76.72%

表 11－18　　　　2001 年 3 月濮院镇农村改厕情况表

单位：户

单　　位	总户数	已改厕 户　数	改厕率	使用三格式 无害化化粪池户数	无害化处理率
新河村	886	711	80.2%	335	37.8%
永联村	515	364	70.7%	231	44.9%
永越村	882	751	85.1%	662	75.1%
永乐村	714	601	84.2%	448	62.7%
新濮村	659	568	86.2%	331	50.2%
新星村	975	802	82.3%	512	52.5%
合　计	4631	3797	82%	2519	54.4%

资料来源：《桐乡市农村改厕情况汇总表》（濮院镇初保办）

表 11－19　　2010 年濮院镇农村自来水安装及卫生户厕情况表

名　　称	总户数（户）	总人数（人）	装自来水户　数	入户率	卫生厕所数（户）	普及率（%）	无害化厕数（户）	普及率（%）
新星村	1015	4005	1015	100%	1015	100%	1015	100%
永联村	540	2340	540	100%	540	100%	540	100%
新濮村	799	3119	799	100%	799	100%	799	100%
永越村	908	3827	908	100%	908	100%	906	99%
星旗村	462	1732	462	100%	462	100%	389	84%
新妙智村	529	2058	529	100%	492	93%	488	92%
新港村	688	2729	688	100%	688	100%	668	97%
新联村	683	2491	683	100%	611	100%	622	92%
新河村	911	3546	911	100%	911	100%	871	96%
西浜村	569	2066	569	100%	551	96%	551	97%
油车桥村	428	1602	428	100%	428	100%	268	63%
永乐村	606	2641	606	100%	606	100%	606	100%
新东村	543	1900	543	100%	543	100%	543	100%
红旗漾村	564	2116	564	100%	564	100%	513	100%
合　计	9245	36172	9245	100%	9118	99%	8779	96%

资料来源：镇卫办

表 11－20　　2010 年濮院镇农村新建无害化厕所情况表

村　　名	新建房数（户）	卫生厕所数（户）	普及率（%）	无害化厕数（户）	普及率（%）
永越村	166	166	100.0%	166	100.00%
新濮村	154	154	100.0%	154	100.00%
西浜村	5	5	100.0%	5	100.00%
新河村	5	5	100.0%	5	100.00%
新东村	12	12	100.0%	12	100.00%
合　计	342	342	100.0%	342	100.00%

资料来源：镇卫办

改燃料

境内农村主要通过利用沼气和使用液化气两种方式替代原有燃料，以改善农村环境,提高农村居民的生活质量。

沼气是利用猪、羊等禽畜粪便,通过沼气池在厌氧条件下的微生物发酵产生的可燃气体。濮院公社对沼气的认识、利用、推广均早于全县其他乡镇(1977 年桐乡县建立沼气建设领导办公室)。

1970 年 8 月,公社干部沈宝璇等人去四川内江某猪种场引进“小母猪”猪种时,意外地发现,当地牧场已在利用猪粪做原料来生产沼气这项技术(看到这项被应用的新技术,沈宝璇就产生了兴趣,萌生了要将此技术带回濮院推广应用的想法)。于是,他仔细地询问了沼气技术的工艺流程、技术要求等,回濮院后马上向公社领导作了情况汇报。在得到领导的肯定和支持后,由公社科协牵头,组织人员在西河头兽医站种猪场进行试验。试验历时 4 个月,但未能成功。无奈之下,只好再去内江聘请了 4 位沼气技术员到濮院进行技术指导。经查看,沼气池的内壁粉刷未达到技术要求,经过改进后,试验获得了成功。

为了全面推广沼气应用技术,公社科学技术协会在乐安大队畜牧场举办了为期 7 天的首期沼气技术现场培训班。参加人员除公社科协姚善祥等 4 人外,各大队选派 1 名科研组长参加,共 19 人,由四川聘请的技术员在现场讲解建造沼气池的关键技术。建造沼气池主要有四步:第一步,挖一个长 3 米、宽 1.5 米、高 2.5 米的沼气池。第二步,打池框,即用煤渣、石灰、细灰按比例拌成的“三合土”夯实池壁。第三步,刷池框,用石灰、水泥、河沙按比例拌和后刷框一次,待 24 小时后,再用石灰、水泥按比例拌和成“膏泥”,每隔一天刷一次,连刷 6 次。此步尤为重要,前期濮院试验失败的原因就在这一步。第四步,试压,将沼气池内灌入 70%的水,盖上钢筋混凝土顶盖,并在盖上预制的导气孔内插入气管进行压力测试,经 24 小时连续负载测试,压力减少量小于 10%即为合格。

培训班结束后,受训人员就成了当时濮院公社第一批沼气辅导员,负责指导各大队沼气池的建造和人员培训工作。至 1977 年,濮院公社已有沼气技术员 120 多人,沼气池的建造全面铺开。截至 1979 年,公社累计建造沼气池 5000 余个,每池容量为 5 立方米,沼气总容量达 25000 立方米,成为全县推广应用沼气的领头羊。在此期间,濮院公社还先后为全县派出 13 名技术辅导员,协助桐乡县沼气办公室为全县各公社、大队培训沼气应用人才。20 世纪 80 年代初,濮院公社沼气普及率已达到 63.5%,其中金龙大队高达 80%。此外,星火大队大其里生产队、永越大队上马墩生产队、星星大队梧桐桥生产队还利用沼气发电,总发电量为 24 千瓦。为鼓励农民建造沼气池,濮院公社还出台了相应的补助办法,对农户建沼气池平价供应水泥和砖块等材料。在建材资源相对紧缺的年代,政策性扶持极大地调动了农民建沼气池的积极性。

由于濮院公社在沼气推广应用方面成绩显著,1978 年被嘉兴市人民政府评为沼气化公社。沼气技术员姚善祥也因工作积极、成绩突出,于 1982 年被浙江省人民政府评为

“先进农民沼气技术员”。

新生公社对沼气的推广利用略晚于濮院公社，普及率略低于濮院公社。

20 世纪 80 年代末，随着改革开放的深入和新农村建设的推进，农民的经济收入有了明显的提高，不仅住房条件发生了很大的变化，而且各村先期富裕的农户同城镇居民一样，开始使用液化气。由于液化气省时、省力又卫生，农户都竞相仿效。此外，电饭煲、电磁炉等电能燃具也进入农户家中，沼气应用日渐式微。20 世纪 90 年代后期，政府提倡新能源后，沼气应用又开始复苏，但仅在各行政村的养猪大户中使用。

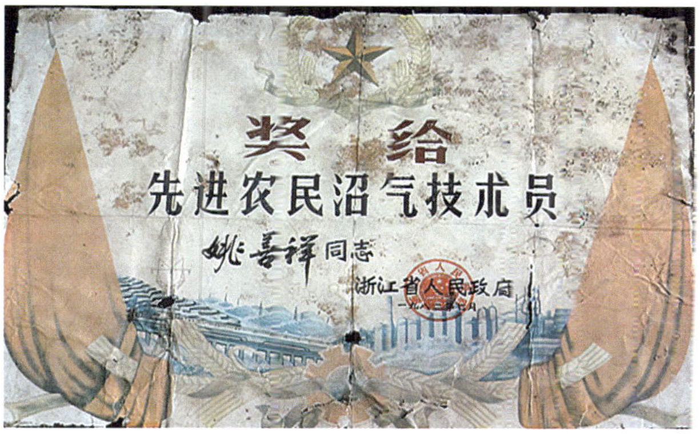

1982 年姚善祥的获奖证书

表 11 - 21　　濮院乡(镇)新联村沼气池建设情况表

姓　名	家庭人口（人）	存栏量（头）	建池容积（立方米）	是否“三结合”			建池总投资（万元）	资金来源（万元）		竣工年月	沼气池运行情况
				改厨	改厕	改圈		国家投入	自筹		
陆文兴	4	87	15	√	√	√	0.35	0.1	0.25	2003.12	正常
陆明才	5	65	15	√	√	√	0.35	0.1	0.25	2003.12	正常
陆建平	4	81	15	√	√	√	0.35	0.1	0.25	2003.12	正常
陆礼卫	4	63	15	√	√	√	0.35	0.1	0.25	2003.12	正常
陆晓兵	5	45	15	√	√	√	0.35	0.1	0.25	2003.12	正常
陆建根	4	57	15	√	√	√	0.35	0.1	0.25	2003.12	正常
沈月秋	5	93	15	√	√	√	0.35	0.1	0.25	2003.12	正常
泰福坤	4	81	15	√	√	√	0.35	0.1	0.25	2003.12	正常
沈正华	6	78	15	√	√	√	0.35	0.1	0.25	2003.12	正常
陈子坤	4	56	15	√	√	√	0.35	0.1	0.25	2003.12	正常
沈子良	6	51	15	√	√	√	0.35	0.1	0.25	2003.12	正常
徐新玉	5	85	15	√	√	√	0.35	0.1	0.25	2003.12	正常
赵国林	5	32	15	√	√	√	0.35	0.1	0.25	2003.12	正常
徐楚林	4	74	15	√	√	√	0.35	0.1	0.25	2003.12	正常
徐楚明	5	58	15	√	√	√	0.35	0.1	0.25	2003.12	正常
孔贵泉	4	61	15	√	√	√	0.35	0.1	0.25	2003.12	正常

续表 11－21

姓　名	家庭人口（人）	存栏量（头）	建　池容　积（立方米）	是否“三结合”			建　池总投资（万元）	资金来源（万元）		竣　工年　月	沼气池运　行情　况
				改厨	改厕	改圈		国家投入	自筹		
李国民	4	32	15	√	√	√	0.35	0.1	0.25	2003.12	正常
陆新坤	4	28	15	√	√	√	0.35	0.1	0.25	2003.12	正常
陆建学	6	51	15	√	√	√	0.35	0.1	0.25	2003.12	正常
陆明松	6	61	15	√	√	√	0.35	0.1	0.25	2003.12	正常
陆建潮	7	82	15	√	√	√	0.35	0.1	0.25	2003.12	正常
严火宝	5	74	15	√	√	√	0.35	0.1	0.25	2003.12	正常

资料来源：《2007 年全省农村能源体系及建设现状调查户用沼气池建设情况调查表》

第五节　新农村建设

新农村建设的实施进程

20 世纪 60 年代中期起，境内农村先后开展平整土地、修筑道路和改建桥梁等新农村基础工程建设。70 年代，开始探索、推广应用以沼气替代燃料的清洁能源工程，并取得了显著成绩，1978 年濮院公社被嘉兴市人民政府评为沼气化公社。80 年代起，有计划地开展改水工作。90 年代，推行建造三格式卫生厕所的改厕工程。进入 21 世纪后，全镇开始实施合并自然村、规划新村点、编制《村庄规划》等一系列工程，尤其是实施了五个“城乡一体化”工程后，进一步提升了新农村建设的发展水平。

2006—2009 年，濮院镇党委、政府围绕新农村建设，相继出台《关于进一步推进濮院镇社会主义新农村建设的若干意见》《关于在全镇深入开展“结对共建美好新农村”活动的通知》《关于选派社会主义新农村建设驻村辅导员通知》《关于在全镇开展建设社会主义新农村主题教育活动的实施意见》《濮院镇推进村庄集聚加快农村新社区建设试点工作实施方案》等一系列文件，提出方案，落实措施。随着措施的落实，各村相继开展供水、排水、道路硬化亮化、河道疏浚、护岸修筑、泵站建设、土地流转、精神文明建设等一系列工程，农民新村建设按《村庄规划》全面铺开。同时，结合自身实际加快发展村级经济，增加村民收入，提高生活质量，村庄面貌焕然一新。

永越村　永越村在新农村建设中，依托市场，积极探索，走出了一条以市场开发和投资为主、农业为辅的多渠道致富之路。1988 年起，永越村村委一班人经过调查后，率先在国道南侧建起了羊毛衫门市部，从起初的十几间商铺发展到 2010 年拥有 4 个交易区的1500多间商铺,全村60%以上的劳动力从事羊毛衫生产或经营。1999年,村与市工商部门、财金国际物业租赁公司等单位联合组建羊毛衫股份公司。之后,又以全资或股份等形式先后成立桐乡市永越实业有限公司、桐乡濮院新越整烫股份有限公司等5个公司,发展壮大集体经济。与此同时,

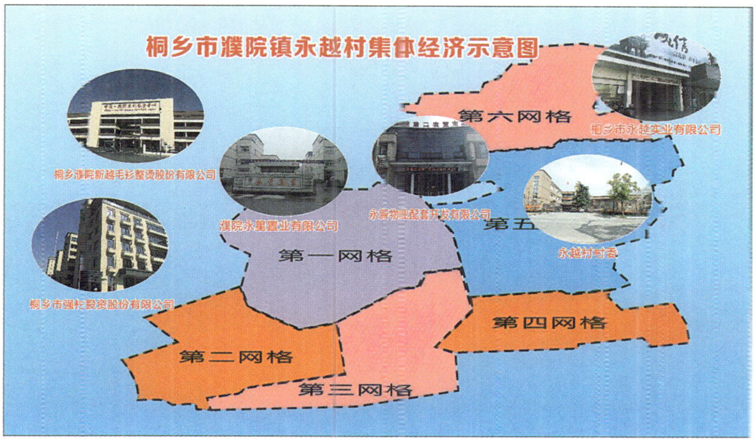

永越村集体经济示意图

村委会鼓励农户发展特色经济。2007年,全村种植大棚西瓜308亩、小黄瓜100亩,产值达165万元。2010年,全村农村经济总收入10.4065亿元,实现农民人均所得15522元,成为濮院镇新农村建设的标杆村。

全村于1992年开始实行农村合作医疗,参保率从起初的95%提高至2010年的99.9%。2000年后,又增加对参保人员实行定额补贴和免费为农户提供家庭财产保险两项福利。建有300平方米的卫生服务站,有医务人员3人,为村民提供基本医疗服务,免费为村民提供两年一次的健康体检并建立健康档案。1995年,开通自来水。2000年,开始建造农民新村,至2010年,建有金龙、会龙、永越、上马墩、闵家兜5个新村。是年,建立村级网站,将远程教育的触角延伸进200多家农户。村内文化娱乐设施不断完善,村民业余生活丰富,建有室外健身苑5处,配备80余件健身器材;有文化示范户、农家书屋、文化活动中心、老年活动中心等文化活动场所4处。2007年,建成面积5670平方米的文体活动中心,中心内设有篮球场、阅览室、乒乓室、健身房、茶室、棋牌室、台球室、教育培训室、电脑室等活动设施。环境卫生不断改善,全村设有垃圾收集桶480只,建有专门的保洁队伍。2007年下半年,永越村越茂公园建成,面积6667平方米,公园集绿化、娱乐、休闲、文化长廊于一体,为村民休闲、娱乐的活动场所。生态绿化12500平方米,村庄绿化覆盖率为29.8%。全村拓宽、硬化、新建村级道路,使户户通路、家家受益。开展河道整治、圩区改造等工程。村委会实行村民自治、民主监督、村务公开等管理制度,及时公布建房、医疗报销、扶贫帮困等事关村民切身利益的事项,进一步落实村民的知情、决策、参与、管理、监督等民主权利。村民生活日趋富裕。2010年,全村拥有各类私家车(汽车)561辆。

获得的荣誉:1994年,被评为嘉兴市百强村。1995年,被评为浙江省经济强村。2001年,被评为嘉兴市文明村。2004年,被评为浙江省先锋工程"五好"村党组织、嘉兴市先锋工程示范村。2005年,被评为浙江省民主法治村、桐乡市人口与计划生育先进集体。2006年,被评为桐乡市先进基层党组织、浙江省民主法治村。2007年,被评为浙江

省全面小康建设示范村、嘉兴市农村信息化示范村。2008年，被评为嘉兴市绿化示范村、浙江省全面小康建设示范村、嘉兴市党员干部现代远程教育示范点、浙江省卫生村。2009年，被评为浙江省农村基层党风廉政建设示范村。2010年，获桐乡市农村基层党风廉政建设示范村、桐乡市先进基层党组织等荣誉。

永乐村 永乐村区域与镇区、工业园区相交，截至2010年，全村80%的土地被征用，1602人实现劳动力转移，从事工业、建筑业、服务业及其他行业，占总劳动力的92%。此外，自有房屋出租也成为村民收入来源之一。2010年，农村经济总收入12.59424亿元，农民人均所得14827元。

1992年，全村开始实行农村合作医疗，参保率从起初的10%提高至2010年的99.7%。建有160平方米的卫生服务站，有医务人员3人，能为村民提供基本的医疗服务。1997年，开通自来水。2003年，开始建造农民新村，至2010年，建有宏苑、红星、永乐、红晓、永兴5个新村。村内文化娱乐设施不断完善，建有室外健身苑5处，配备40余件健身器材，丰富村民的业余生活；有文化示范户、老年活动中心、农家画室等文化活动场5处。卫生状况不断改善，设有垃圾收集桶830只，建有专门的保洁队伍，生态绿化面积10000平方米。全村拓宽、硬化、新建村级道路，使户户通路、家家受益，同时开展河道整治、圩区改造等基础工程。村委会实行村民自治、民主监督、村务公开等管理制度，及时公布建房、医疗报销、扶贫帮困等事关村民切身利益的事项，进一步落实村民的知情、决策、参与、管理、监督等民主权利。村民生活日趋富裕，2010年，全村拥有各类私家车（汽车）300辆。2009年12月，设立综合管理服务大队，有工作人员33人，配置巡逻摩托车6辆、消防车1辆、综合管理服务车1辆，负责辖区内巡逻及其他各项服务工作。

永乐村综治工作站

2000年以来，该村先后获得了桐乡市文明村、桐乡市五好村党组织、嘉兴市实践培训基地、桐乡市先进调委会、桐乡市先进集体、桐乡市平安村示范点、桐乡市耕地调查先进单位、桐乡市交通安全村、桐乡市先进基层党组织、嘉兴市“五有团支部”、嘉兴市文明村、嘉兴市示范村等荣誉。

新星村 新星村不断拓宽就业渠道，实现劳动力转移。2010年，全村有2258人从事工业、建筑业、服务业及其他行业，占总劳动力的92%。此外，自有房屋出租也成村民收入来源之一。2010年，农村经济总收入8.837668亿元，农民人均所得14753元。

全村于1992年开始实行农村合作医疗，至2010年，参保率达到97%。建有180平方米的卫生服务站，有医务人员3人，能为村民提供基本的医疗服务。1997年，开通自来水。2003年，开始建造农民新村，尤其是2005年开发的翠竹苑小区，实行生活用房和生产用房分离，为濮院农村建房新模式的一种探索。至2010年，全村建新苑、翠竹苑、新星3个新村小区。建有室外健身苑2处，配备20余件健身器材；有文化示范户、老年活动中心、农家画室等文化活动场所6处。全村设有垃圾收集桶1500只，建有专门的保洁队伍，生态绿化面积7.49万平方米。拓宽、硬化、新建村级道路，使户户通路、家家受益，开展河道整治、圩区改造等基础工程。村委会实行村民自治、民主监督、村务公开等管理制度，及时公布村民建房审批情况、合作医疗报销情况、扶贫帮困等关系村民切身利益的事项，进一步落实村民的知情、决策、参与、管理、监督等民主权利。村民生活日趋富裕，2010年，全村拥有各类私家车(汽车)350辆。

2000年以来，该村先后获得桐乡市生态示范村、嘉兴市卫生村、桐乡市"三无"达标村、桐乡市平安村、桐乡市绿化示范村等荣誉。

新河村 新河村新农村建设的特色：一是鼓励农民发展效益农业，至2010年，全村葡萄种植面积150亩、梨园种植面积210亩；2009年，与一名企业家达成协议，流转土地275亩，建起芦荟基地。二是引导村民实现劳动力转移，2010年，全村2201人从事非农业劳动，占总劳动力的92.5%。2010年，农村经济总收入3.721698亿元，农民人均所得13859元。

全村于1992年开始实行农村合作医疗，参保率从起初的68%提高至2010年的95%；建有120平方米的卫生服务站，有医务人员4人，能为村民提供基本的医疗服务。1998年开通自来水。20世纪90年代后，多数村民重新建造住房，主要为楼房，也有少数为别墅，住宅内电视、电话等设施一应俱全。2009年，村委会开始按《村庄规划》的要求，对农民新村进行统一布局，分步实施。村内文化娱乐设施不断完善，建有室外健身苑3处，配备30余件健身器材；有文化示范户、农家书屋、文化活动中心、老年活动中心等文化活动场所10处。村内设有垃圾收集桶906只，并建有专门的保洁队伍。不断拓宽、硬化、新建村级道路，使户户通路、家家受益，同时开展河道整治、圩区改造等基础工程。村委会实行村民自治、民主监督、村务公开等管理制度，及时公布村民建房审批情况、合作医疗报销情况、扶贫帮困等关系村民切身利益的事项，进一步落实村民的知情、决策、参与、管理、监督等民主权利。村民生活日趋富裕。2010年，全村拥有各类私家车(汽车)180辆。

2000年以来，该村先后获得桐乡市级文明村、桐乡市级全面小康建设整治达标村、嘉兴市级卫生村、桐乡市"三无"达标村、桐乡市爱心村等荣誉。

永联村 以市场为导向，采取多种经营的方式强村富民，是永联村新农村建设的特色。2002年和2003年，村委会抓住毛衫城征地支付款项的契机，相继购置10.5亩工业用地建造标准房，组建物业租赁公司。2004年，建便民菜场。至2008年，村属房产年租金收入为85.45万元。与此同时，发展效益农业，至2010年，全村葡萄种植面积192亩。此外，鼓励农民进入非农业生产领域，提高农民收入。2010年，全村1373人从事非农业劳动，占总劳动力的90.7%，农村经济总收入10.0966亿元，农民人均所得14082元，跨入了市级经济强村的行列。

新农村建设改变了全村的面貌。全村于1992年开始实行农村合作医疗，2010年的参保率达99%；建有250平方米的卫生服务站，有医务人员2人，能为村民提供基本的医疗服务。1997年，开通自来水。2003年，开始逐步建造农民新村，至2010年，已建有永联新村、永宏新村2个新村。村内文化娱乐设施不断完善，建有室外健身苑2处，配备10余件健身器材，丰富村民业余生活；有文化示范户、农家书屋、文化活动中心、老年活动中心等文化活动场所4处。环境状况明显改善，设有垃圾收集桶900只，建有专门的保洁队伍，生态绿化面积3.6万平方米。拓宽、硬化、新建村级道路，使户户通路、家家受益，同时开展河道整治、圩区改造等基础工程。村委会实行村民自治、民主监督、村务公开等管理制度，及时公布村民建房审批情况、合作医疗报销情况、扶贫帮困等关系村民切身利益的事项，进一步落实村民的知情、决策、参与、管理、监督等民主权利。村民生活日趋富裕，2010年，全村拥有各类私家车(汽车)127辆。

2000年以来，该村先后获得桐乡市级文明村、桐乡市全面小康建设整治达标村、桐乡市生态示范村等荣誉。

新濮村　新濮村注重引导村民进入非农业生产领域。2010年，全村1614人从事非农业劳动，占总劳动力的89%，农村经济总收入10.2786亿元，农民人均所得14156元。

全村于1992年开始实行农村合作医疗，参保率从起初的63%提高至2010年的96%。建有120平方米的卫生服务站，有医务人员4人，能为村民提供基本的医疗服务。1999年，开通自来水。20世纪90年代后，多数村民重新建造住房，以楼房为主，住宅内电视、电话等设施一应俱全。2008年，全村新建房74户，住房面积约47360平方米。2009年，村委会按《村庄规划》的要求，对农民新村进行统一布局，分步实施。是年，建房87户，住房面积约55680平方米。村内文化娱乐设施不断完善，村民业余生活丰富，建有室外健身苑1处，配备10余件健身器材；有文化示范户、农家书屋、文化活动中心、老年活动中心等文化活动场所4处。环境卫生状况不断改善，设有垃圾收集桶900只，建有专门的保洁队伍。拓宽、硬化、新建村级道路，使户户通路、家家受益，同时开展河道整治、圩区改造等基础工程。2000—2010年，新筑水泥路20千米，新建防洪水闸6座，改建泵站5座，疏浚河道8千米，修筑生态河岸1200米。村委会实行村民自治、民主监督、村务公开等管理制度，及时公布村民建房审批情况、合作医疗报销情况、扶贫帮困等关系村民切身利益的事项，进一步落实村民的知情、决策、参与、管理、监督等民主权利。村民生活日趋富裕。2010年，全村拥有各类私家车(汽车)150辆。

2000年以来，该村先后获得桐乡市“先锋工程”五好党支部、桐乡市级文明村、桐乡市全面小康建设整治达标村、桐乡市生态示范村、桐乡市四星级民主法治村等荣誉。

新联村　新联村新农村建设的特色：一是鼓励农民发展效益农业，至2010年，全村葡萄种植面积39亩、梨子种植面积230亩。二是有序推进村庄集聚建设。2010年，全村有1109人从事非农业劳动，占总劳动力的71%，农村经济总收入4.891506亿元，农民人均所得达14308元。新建成的农民新村——世纪新联小区，其户型分别有公寓、三层联排和别墅，土地采用有偿退包，且打破行政界限，鼓励周边村农户向试点聚集，成为濮院镇村庄集聚的典型，2010年被桐乡市政府定为全市城乡一体化建设示范新社区。

全村于1992年开始实行农村合作医疗，2010年参保率为98.8%。与新生卫生服务站共享医疗资源，为村民提供基本的医疗服务。1999年，开通自来水。20世纪90年代，农民新村建设起步。2009年，村委会按《村庄规划》的要求，对农民新村进行统一布局，分步实施。至2010年，首期121户已入住。新建成的小区功能齐全，主干道柏油路宽7米，绿化率达到20%，实现数字电视、固定电话、宽带网络全覆盖，并设有幼儿园、文体活动室、图书室等场所。为尊重农村传统风俗，小区内特设13间公共服务用房，其中多功能餐厅投资20余万元，配备全套厨房器具、电脑、音响、投影设备、50张圆台桌凳，可同时容纳500人就餐。为加强小区管理，村民入住后成立物管公司，在小区四周安装红外线防盗系统及监控摄像头，运用先进管理模式，为住户提供舒适安全的居住环境。农民新村的建成，从根本上消除了原来农村房屋乱建、杂物乱堆、畜禽乱跑的脏乱现象，使住宅建设规范、土地利用节约、垃圾统一收集、污水统一处理，呈现出新农村建设的全新村貌。村内文化娱乐设施不断完善，村民业余生活丰富，建有室外健身苑3处，配备30余件健身器材；有文化示范户、图书阅览室、乒乓球室、党员活动室等文体活动场所9处。环境卫生不断改善，设有垃圾收集桶、箱720只，建有专门的保洁队伍，生态绿化面积2000平方米。基础建设不断加大，拓宽、硬化、新建村级道路，使户户通路、家家受益，同时开展河道整治、圩区改造等工程。村委会实行村民自治、民主监督、村务公开等管理制度，及时公布村民建房审批情况、合作医疗报销情况、扶贫帮困等关系村民切身利益的事项，进一步落实村民的知情、决策、参与、管理、监督等民主权利。村民生活日趋富裕，2010年，全村拥有各类私家车（汽车）209辆。

2000年以来，该村先后获得桐乡市文明村、桐乡市科普村、桐乡市五好党支部、桐乡市全面小康建设整治达标村、桐乡市绿化示范户、桐乡市十佳条线工作先进集体等荣誉。

新妙智村　发展效益农业，培养技能型农民，是新妙智村新农村建设的亮点。2007年，创建基地，引种葡萄，不仅成功注册为“小圣果品”商标，还通过“无公害优质水果基地”论证，畅销周边市场。2008年，建立香水百合基地。2009年，成立生态农业合作有限公司，使效益农业由专业化向市场化迈进。2010年，葡萄种植基地400多亩，香水百合基地200多亩，发展荷兰菊种植和水产品养殖，实现效益农业产品结构升级。与此同时，引导劳动力转移。2010年,全村963人从事非农业劳动,占总劳动力的81%,农村经济总收入2.3885亿元,农民人均所得14242元。

在壮大村级经济增加村民收入的同时,全村面貌发生较大变化。全村于1992年开始实行农村合作医疗,参保率从起初的32.7%提高至2010年的98.6%。建有260平方米的卫生服务站,有医务人员3人,能为村民提供基本的医疗服务。1999年,开通自来水。20世纪90年代,农民新村建设起步。2009年,村委会按《村庄规划》的要求,对农民新村进行统一布局,分步实施。村内文化娱乐设施不断完善,村民业余生活丰富,建有室外健身苑1处,配备10余件健身器材;有文化示范户、农家书屋、文化活动中心、老年活动中心等文化活动场所4处。环境卫生不断改善,设有垃圾收集桶598只,建有专门的保洁队伍,生态绿化面积4800平方米。不断拓宽、硬化、新建村级道路,使户户通路、家家受益,同时开展河道整治、圩区改造等基础工程。村委会实行村民自治、民主监督、村务公开等管理制度,及时公布村民建房审批情况、合作医疗报销情况、扶贫帮困等关系村民切身利益的事项,进一步落实村民的知情、决策、参与、管理、监督等民主权利。村民生活日趋富裕。2010年,全村拥有各类私家车(汽车)134辆。

2000年后,该村先后获得桐乡市文明村,桐乡市生态村等荣誉。

星旗村 星旗村新农村建设的特色是鼓励农户发展家禽养殖业。尤其是进入21世纪以后,养鸭产业逐步走向规模化、生态化。2010年,全村家禽存栏28188羽,出栏16785羽。同时,引导剩余劳动力向第三产业转移,2010年,全村有772人从事非农业劳动,占总劳动力的71%,农村经济总收入1.4224亿元,农民人均所得13682元。

全村于1992年开始实行农村合作医疗,至2010年,参保率为97.6%。建有160平方米的卫生服务站,有医务人员3人,能为村民提供基本的医疗服务。1995年,开通自来水。20世纪90年代后建造的村民住房,室内电视、电话等设施一应俱全。其中2007年新建房3户,2008年新建房5户。2009年,村委会按《村庄规划》的要求,对农民新村进行统一布局,分步实施。村内文化娱乐设施不断完善,村民业余生活丰富,建有室外健身苑1处,配备10余件健身器材;有文化示范户、农家书屋、文化茶馆等活动场所。文化茶馆集休闲、娱乐、教育、信息交流于一体,是全村最具特色的文化场所,也是全镇4家市级文化茶馆之一。环境卫生不断改善,设有垃圾收集桶462只,建有专门的保洁队伍,生态绿化面积2000平方米。不断拓宽、硬化、新建村级道路,使户户通路、家家受益,同时开展河道整治、

濮院镇戏曲组在星旗村文化茶馆进行戏曲表演(摘自《濮院时间》2009年第6期)

圩区改造等基础工程。村委会实行村民自治、民主监督、村务公开等管理制度,及时公布村民建房审批情况、合作医疗报销情况、扶贫帮困等关系村民切身利益的事项,进一步落实村民的知情、决策、参与、管理、监督等民主权利。村民生活日趋富裕。2010 年,全村拥有各类私家车(汽车)85 辆。

2000 年以来,该村先后获得浙江省卫生村、浙江省科普村、嘉兴市生态村、嘉兴市巾帼示范村、嘉兴市绿化村等荣誉。

油车桥村　做好传统农业,发展效益农业,是油车桥村新农村建设的特色,同时还涌现出葡萄种植能人朱杏娥等一批致富能人。2007 年,朱杏娥回村承包 150 亩土地种植葡萄,从成功的羊毛衫老板成为油车桥村第一个葡萄种植大户。她精心选种,悉心栽培,一年后就取得了较好收益,其中部分品种亩产收益达 30000 元。2009 年,她扩大种植面积 20 多亩。在她的影响下,不少村民陆续加入到规模种植葡萄的行列。2009 年,全村建成茭白种植基地 500 多亩,其中大棚茭白种植基地 60 多亩。发展效益农业使村民收入大幅提高。2010 年,全村农村经济总收入 1.6837 亿元,农民人均所得 14115 元。

全村于 1992 年开始实行农村合作医疗,参保率逐年上升,至 2010 年,达 98%。建有 100 平方米的卫生服务站,有医务人员 2 人,能为村民提供基本的医疗服务。1994 年,开通自来水。20 世纪 90 年代后重建的村民住房,住宅内电视、电话等现代设施一应俱全。2009 年,村委会按《村庄规划》的要求,对农民新村进行统一布局,分步实施,是年,新建住房 15 幢。村内文化娱乐设施不断完善,村民业余生活丰富,建有室外健身苑 2 处,配备 20 余件健身器材;有文化示范户、农家书屋、文化茶馆等活动场所 3 处。卫生状况不断改善,设有垃圾收集桶 450 只,建有专门的保洁队伍,生态绿化面积 15000 平方米。不断拓宽、硬化、新建村级道路,使户户通路、家家受益,同时开展河道整治、圩区改造等基础工程。村委会实行村民自治、民主监督、村务公开等管理制度,及时公布村民建房审批情况、合作医疗报销情况、扶贫帮困等关系村民切身利益的事项,进一步落实村民的知情、决策、参与、管理、监督等民主权利。村民生活日趋富裕。2010 年,全村拥有各类私家车(汽车)50 辆。

油车桥村社区卫生服务站

2000 年以来,该村先后获得桐乡市五好村党支部、桐乡市"先锋工程"五好党支部、桐乡市平安畅通村、嘉兴市卫生村、桐乡市全面小康建设整治达标村、浙江省卫生村、桐乡市科普村、桐乡市生态村、嘉兴市科普示范村等荣誉。

红旗漾村　调整产业结构,发展效益农业,是红旗漾村新农村建设的一大特色。

2005年底，该村利用60多亩土地进行流转招商，派专人去江西抚州引进黄财明等蔬菜种植专业大户落户种植无公害叶菜，当年实现亩产8000余元的收益。此举带动农户种植的热情，至2009年，种植大户发展到21户，形成规模达到146.6亩的蔬菜种植基地，成为全镇特色农业发展的一个招牌。与此同时，村委会还积极协助菜农做好蔬菜基地的基础设施建设，出资新筑U形进水渠480米，疏浚水渠1700米，接通到户电线10000多米，整理碎石道路1800米，开凿水井18座。此外，引导村民从事非农业产业。2010年，全村有918人从事非农业劳动，占总劳动力的83%，全村农村经济总收入3.13737亿元，农民人均所得14002元。

全村于1992年开始实行农村合作医疗，参保率逐年上升，至2010年，达96.87%。建有140平方米的卫生服务站，有医务人员2人，能为村民提供基本的医疗服务。1999年，开通自来水。20世纪90年代后，重建村民住宅。2009年，村委会按《村庄规划》的要求，对农民新村进行统一布局，分步实施。村内文化娱乐设施不断完善，村民业余生活丰富，建有室外健身苑2处，配备20余件健身器材；有文化示范户、农家书屋、文化茶馆等活动场所9处。环境卫生不断改善，设有垃圾收集桶565只，建有专门的保洁队伍，生态绿化面积12000平方米。不断拓宽、硬化、新建村级道路，让户户通路、家家受益，同时开展河道整治、圩区改造等基础工程。村委会实行村民自治、民主监督、村务公开等管理制度，及时公布村民建房审批情况、合作医疗报销情况、扶贫帮困等关系村民切身利益的事项，进一步落实村民的知情、决策、参与、管理、监督等民主权利。村民生活日趋富裕。2010年，全村拥有各类私家车（汽车）57辆、摩托车286辆、电动车389辆。

2000年以来，该村先后获得桐乡市五好党支部、桐乡市全面小康建设整治达标村、桐乡市计划生育先进集体、农村危旧房改造工程先进集体、嘉兴市五好团支部、桐乡市交通安全村、桐乡市三星级调委会、桐乡市卫生村、桐乡市先进基层党组织等荣誉。

新港村 发展规模化、生态化生猪养殖业，是新港村新农村建设的新亮点。2000年初，规划土地面积102亩，筹资180万元，建设集万头生猪养殖、蚯蚓养殖和蔬菜基地于一体的新港生态养殖示范小区。2004年，示范小区被桐乡市产业化办公室授予市“生猪专业村”称号，2008年，全村养殖户达451户，占全村农户的70%，年饲养生猪4.5万头，其中出栏2万头；出售蚯蚓50吨、蔬菜120吨，年产值2100万元。此外，引导村民从事非农业产业。2010年，全村有1562人从事非农业劳动，占总劳动力的89%，全村农村经济总收入2.8415亿元，人均所得达14146元。

全村于1992年开始实行农村合作医疗，至2010年，参保率为99%。建有100平方米的卫生服务站，有医务人员3人，能为村民提供基本的医疗服务。1997年，通自来水。20世纪90年代后村民建造的住房，电视、电话等设施一应俱全。2009年，村委会按《村庄规划》的要求，对农民新村进行统一布局，分步实施。是年，建房11户，住房面积5280平方米。村内文化娱乐设施不断完善，村民业余生活丰富，建有室外健身苑3处，配备20

2004 年新港生态养殖示范小区

余件健身器材；有文化示范户、农家书屋、老年活动室等活动场所 8 处。环境卫生不断改善，设有垃圾收集桶、箱 700 只，建有专门的保洁队伍，生态绿化面积 2000 平方米。不断拓宽、硬化、新建村级道路，达到户户通路、家家受益，同时开展河道整治、圩区改造等基础工程。村委会实行村民自治、民主监督、村务公开等管理制度，及时公布村民建房审批情况、合作医疗报销情况、扶贫帮困等关系村民切身利益的事项，进一步落实村民的知情、决策、参与、管理、监督等民主权利。村民生活日趋富裕。2010 年，全村拥有各类私车(汽车)170 辆。

2000 年以来，该村先后获得桐乡市文明村、嘉兴市民主法治村、桐乡市“先锋工程”五好党支部、桐乡市全面小康建设整治达标村、浙江省卫生村等荣誉。

新东村　新东村新农村建设的特色是发展多种经营。至 2010 年，全村水产养殖面积 1000 多亩，葡萄种植面积 400 多亩，培育苗木基地 300 多亩、蔬菜基地 100 多亩。与此同时，鼓励农民从事非农业生产。2010 年，全村有 980 人从事非农业劳动，占总劳动力的 86%，农村经济总收入 2.500419 亿元，农民人均所得达 14073 元。

全村于 1992 年开始实行农村合作医疗，至 2010 年，参保率为 98.5%。建有 140 平方米的卫生服务站，配备 3 名医务人员，能为村民提供基本的医疗服务。1993 年，开通自来水。20 世纪 90 年代后村民建造的楼房，电视、电话等设施一应俱全。2009 年，村委会按《村庄规划》的要求，对农民新村进行统一布局，分步实施。村内文化娱乐设施不断完善，村民业余生活丰富，建有室外健身苑 2 处，配备 10 余件健身器材；有文化示范户、星光老年之家、老年活动室等活动场所 3 处。环境卫生不断改善，设有垃圾收集桶、箱 720 只，建有专门的保洁队伍，生态绿化面积 2000 平方米。不断拓宽、硬化、新建村级道路，达到户户通路、家家受益，同时开展河道整治、圩区改造等基础工程。村委会实行村民自治、民主监督、村务公开等管理制度，及时公布村民建房审批情况、合作医疗报销情况、扶贫帮困等关系村民切身利益的事项，进一步落实村民的知情、决策、参与、管理、监督等民主权利。村民生活日趋富裕。2010年，全村拥有各类私家车(汽车)75辆。

2000年以来，该村先后获得桐乡市生态示范村、桐乡市先锋工程建设、浙江省全面小康建设整治达标村、桐乡市"五好"示范村党组织、桐乡市先进基层党组织、嘉兴市四星级民主法制村等荣誉。

西浜村 发展畜牧业、建食用菌基地及果园是西浜村新农村建设中的一大特色。2010年，全村年内出栏生猪12827头、羊3852只、家禽123022羽。2009年8月，村委会带队去石门陆家庄黑木耳基地取经，10月即引进10万棒菌棒，开始种植黑木耳。由于村地缘偏僻，河水清澈，可直接引取河水对黑木耳进行喷洒，产出的黑木耳纯正、口味好，深受消费者欢迎。产品相继进入乌镇景区、农产品特色店、旅游饭店、服务区等场所出售。是年，东塘田组村民投资80万元，建起86亩的黄桃果园基地。随着新农村建设的推进，西浜村的集体经济和农民收入逐年递增。至2010年，全村农村经济总收入0.916584亿元，农民人均所得达13442元。

村容村貌明显改善，村民住房中电视、电脑、电话等设施一应俱全。2009年，村委会按《村庄规划》的要求，对农民新村进行统一布局，分步实施。村内文化娱乐设施不断完善，村民业余生活丰富，建有室外健身苑2处，配备10余件健身器材；有文化示范户、老年活动室等文体活动场所2处。1992年开始实行农村合作医疗，参保率起初为84.7%，至2010年，为98.8%。建有100平方米的卫生服务站，有医务人员3人，能为村民提供基本的医疗服务。2000年，通自来水。环境卫生不断改善，设有垃圾收集桶、箱712只，建有专门的保洁队伍，生态绿化面积2500平方米。不断拓宽、硬化、新建村级道路，使户户通路、家家受益，同时开展河道整治、圩区改造等基础工程。村委会实行村民自治、民主监督、村务公开等管理制度，及时公布村民建房审批情况、合作医疗报销情况、扶贫帮困等关系村民切身利益的事项，进一步落实村民的知情、决策、参与、管理、监督等民主权利。村民生活日趋富裕，2010年，全村拥有各类私家车(汽车)133辆。

2000年以来，该村先后获得桐乡市文明村、桐乡市卫生村、桐乡市科普村、桐乡市信息达标村等荣誉。

附：

新农村建设在濮院[①]

濮院镇14个行政村中，永乐、永越已成为省级示范村，除西浜村外，其余村已争创为整治村。在新农村建设工作中，围绕增加农民收入、改善农民生产生活条件这个根本目

① 2008年濮院镇党委《汇报材料》摘要。

标，以农村基础设施建设为主线，以培育新农民、发展新产业为支撑，以示范村建设和村容村貌路容路貌整治为切入点，狠抓各项任务的落实，推动了全镇新农村建设的深入开展。2007年，全镇实现国内生产总值27.3亿元，比上年增长10.5%；农民人均收入达到10790元，比上年增长13%。已获得中国羊毛衫名镇、全国重点镇、全国小城镇建设示范镇、全国环境优美小城镇、浙江省文明镇、浙江省卫生镇、浙江省体育强镇、浙江省教育强镇、浙江省科普示范镇等荣誉。

一、依托产业优势，为新农村建设提供保障

1.开发园区，繁荣市场。自2000年园区开发建设以来，园区的规模与档次不断扩大和提升，截至2008年，园区内已有各类大小企业4000多家，其中各类羊毛衫企业3000多家，被国家发改委确定为省级工业区。

2.科学规划，立足长远。利用区位优势，全面调整、实施城镇建设总体规划，2002年、2003年两次修编《濮院镇城镇总体规划》《濮院镇近期建设规划》。2004年，又委托上海同济大学城市规划设计院修编《濮院镇（桐乡东城区）总体规划》，合理规划61平方千米的镇域总体布局，其中城区控制区范围为37平方千米，城区发展未来将形成了“二心三轴四个功能区”的规划布局。制定《濮院镇新村规划实施细则》，对新村规划户型建设制定具体规定，并制定新村建设配套设施补助制度，2001年开始，投入4500多万元在永乐、永越、永联、新星4个行政村建设9个农民新村点。目前，已有1040户农户搬入新村。

濮院镇在全面规划基础上，加大了依法征地拆迁及基础设施建设力度，到目前为止，10.1平方千米规划区内“七通一平”等基础设施已基本完成，土地已基本出让完毕。在此基础上，加大了重点工程建设力度，香海寺、鸣凤小区旧城改造、新村建设、桐星大道、工贸大道、红晓大道、宏苑路等一批重点工程也相继开工建设，“三横四纵”的城镇道路总体框架进一步形成。出台了《关于进一步推进濮院镇社会主义新农村建设的若干意见》，建立并健全了符合科学发展观要求的新农村建设工作评价考核机制，使全镇各部门、各村和各责任人明确了在新农村建设工作中的职责，镇党委、政府在工作中分解落实各项责任，确保工作落到实处，并加大了督查和考核力度。

3.一村一品，创出特色。为全面推进新农村建设，确定了一批试点单位先行一步，永乐村进一步巩固浙江省全面小康建设示范村创建成果，永越村争创浙江省全面小康建设示范村，新星村农民新村安置试点，新港村生态牧场试点，永联村社会治安群防群治试点，新河村村级民主管理试点，红旗漾村宅基地复耕试点，新濮村村容整洁试点，星旗村乡风文明试点，油车桥村村民卫生服务试点，新联、新妙智村无公害农产品规模种植试点。投入732万元在永越村创建新农村建设省级示范村，其中投资59万元新建占地面积10亩的越茂公园一座；投资32万元建造300立方米生活污水净化沼气处理工程，涉及农户320户，加上新居民人数，受益总人口达1280人；投资300万元建成了占地面积

8.5亩的文体活动中心和医疗卫生服务站，修建篮球场、图书阅览室、乒乓室、健身房、茶室、棋牌室、台球室、教育培训室、电脑室、排练室等设施，尤其是图书室各类书籍达10000册；每年投入5万元，为全村903户农户参加家庭财产保险。与此同时，镇财政还设立2000万元的新农村建设专项资金，开展村企联动为新农村建设筹集资金718.3万元。这些措施的实施为全镇新农村建设提供了有力的保障。

二、不断探索与实践，促进新农村建设迈上新台阶

1.村容村貌明显改观。为健全和完善农村环境卫生长效保洁机制，出台《关于进一步完善农村垃圾集中收集工作的意见》，建立村庄整治长效管理工作考核办法，成立管理督查组，于每月下旬对各村进行督查，确保达到“村容整洁”的总体要求。

2.基础设施全面改善。根据“道路硬化、环境洁化、河道净化、民居美化、村庄绿化”的“五化”要求，分时间、阶段实施河道疏浚、通组道路硬化和城乡绿化工程。两年来，全镇农村基础设施总投入4000万元，新建水闸11座、标准化泵站27座，新筑生态圩堤5.5千米，实施土地整理8370.6亩、沟渠硬化99.2千米。浇筑通村到组达户道路70千米，对全镇113千米道路落实养护人员进行养护；投资200.12万元，对14个行政村的通村公路进行全面亮化，共安装路灯352只；投入250万元，疏浚河道50千米；投入540万元，修筑生态河岸30千米；投入35万元，落实专人进行河道长效保洁168千米，并建立河道长效保洁机制和管理制度，实现河道保洁全覆盖。

3.群众面貌焕然一新。继续开展新农村建设驻村辅导员工作，及时化解部分群众思想“疙瘩”，协助村“两委”协调解决可能影响新农村建设的各类矛盾和纠纷，保证各项工作顺利推进。各村基本实现生活垃圾集中处理，生产用品整齐摆放，邻里之间和睦相处，休闲娱乐文明适度，社会环境稳定和谐的新景象。

三、坚持“五个第一”，推进新农村建设

按照建设社会主义新农村的“二十字”的总体要求，目前已经实现城乡公交一体化、城乡供水一体化、城乡保洁一体化、城乡教育一体化、城乡社区卫生保健一体化。濮院作为桐乡市社会主义新农村建设示范镇，始终坚持“结合实际、科学实践、大胆探索”的原则，立足五个第一，努力实践一条具有中国特色、时代特征、濮院特点的社会主义新农村建设的新路子。

1.把经济发展作为新农村建设的第一要务。濮院镇党委、政府提出，到“十一五”期末，实现国内生产总值突破50亿元，财政收入突破4亿元，工业总产值突破200亿元，农民人均收入年增长8%以上，经济社会各项指标继续走在全市乃至全省乡镇的前列。提高农业生产规模化、标准化水平，成立农业专业合作社，建成标准农田2.5万亩，促进农业经济的稳步发展。以科技和信息化服务为突破口，在全国率先开通“三电合一”农业信息平台。两年来，镇政府设立了2000万元的专项资金用于新农村建设。同时，经济发展，企业壮大，也为濮院开展企业联村结对提供了可能，为社会资金参与新农村建设提供了基础。预计今年人均生产总值达61900元，人均财政总收入达6230元，农村二、三产业从业人员比重达87%。在村企结对活动中，企业共为新农村建设筹集资金718.3万元。同时，通过宅基地整理、建造标准厂房、民工公寓出租、镇集体存量资产委托村管理等途径来壮大村级集体经济。

2.把群众致富作为新农村建设的第一责任。濮院镇始终坚持把促进农民增收作为农业和农村工作的中心任务，广辟农村富余劳动力转移就业的途径。2007年，濮院的农民人均收入达到10790元，中小学建设标准化率达100%，城乡规范化社区卫生机构建成率100%，农村居民合作医疗覆盖率96.33%，村级文体活动设施建成率100%。建设占地面积52.5亩的新港村万头生猪养殖园区，并利用猪粪养蚯蚓及种植无公害蔬菜，不仅解决了家庭养殖带来的环境污染问题，而且在发展循环经济方面也进行了有益的探索，使规模化养殖场粪便综合利用率达100%。如在红旗漾村、星旗村建立了无公害叶菜类蔬菜基地。与此同时，依托毛衫产业的发展，专门成立就业培训服务中心，对农村富余劳动力进行转移培训，提高农民掌握实用技术的能力。毛衫城的建设，使部分村实施标准厂房建设，利用厂房出租发展村级经济，增加农民收入。至2008年，共有村建设标准厂房2.7068万平方米，其中，出租1.7244万平方米，年收入200多万元。新星村尝试占地面积80平方米的小面积排屋建设，达到生产、生活用房分离，既提高了农房的出租率，增加了农民的收入，又节约利用了土地，目前已有80户搬入新居。与此同时，镇政府还出台有关失地农民保障性政策，共投入4000多万元，解决被征地农民的养老保险，使参保率在90%以上；出台对特殊群体的医疗补助政策，对全镇低收入、低保家庭实施医疗补助。

3.把改善环境作为新农村建设的第一目标。今年在全镇范围开展为期三个月的农村环境综合整治行动，基本清除历年积存的生活垃圾7551吨，清理河道39240米，村庄整治建设完成率100%，镇村河道综合整治率100%，镇所在地及主要集镇绿化覆盖率在30%以上。与14个行政村签订卫生保洁长效管理责任书，为全镇农村配备92名保洁员。建成压缩式垃圾中转站1座、村级垃圾中转站29座、垃圾房（箱）1498座、户用垃圾桶9600只、保洁车98辆的垃圾收集处理系统。自2005年12月镇建立垃圾压缩中转站以来，全镇每天有100吨左右的生活垃圾经压缩后运往崇福焚烧场处理。2006年，有8个村通过整治村验收。目前，全镇13个行政村（除西浜村）中有11个村达到整治村标准，2个村被评为省级全面小康示范村。为了考虑交通安全和农民晚上出行方便，镇政府又规划投入近300万元，在镇区通往各村的主要道路安装路灯450座。

4.把提升农民素质作为新农村建设的第一要求。为提升农民素质，培养新型农民，镇政府今年在全镇范围开展了“倡文明新风，做可爱、快乐的濮院人”的主题活动。为农民的业余文化生活，在原有农村文化活动室的基础上，又在经济相对较好、人口较多的永越村、新星村投资300多万元建造了2个集体育运动场所、老年活动场所、阅览室、党员活动室于一体的农民活动中心。乡风文明的提高，带动了镇域治安环境的好转，全镇刑事案件的受理数同比下降21%，立案数下降5%。

5.把民主管理作为新农村建设的第一方法。各村建立了旨在推动村民自我管理、自我服务的一系列责任机制和约束机制，如《村规民约》"门前三包"责任制以及村道养护、公厕管理、庭院保洁等制度，并通过村民代表定期巡察、户主民主评议等办法来加强督促检查。如新星村在实施"排屋楼＋标准厂房"的拆旧建新安置试点过程中，就坚持推行了民主管理模式。新河村作为濮院镇村级民主试点管理村，更是对村级民主管理进行了积极的探索。永乐村作为民主管理和社区化管理的试点，在加强流动人口管理等方面也摸索出了一套办法。此外，各村还通过开展"文明和谐家庭""平安家庭""绿色家庭"等群众性评比活动，激励先进、鞭策后进，促进新农村建设走上规范化、制度化轨道。全镇村务公开和民主管理规范化建设村占比达100%，文明村建成率在85.7%以上，文明家庭建成率80%，民主法治村建成率100%。

四、下一步打算

新农村建设，不仅是一项复杂的系统工程，也是一项长期的战略任务。因此，新农村建设只有起点，没有终点。必须讲究实效，不搞形式主义；从实际出发，不盲目攀比；注重创新，不照搬照抄；必须民主协商，不搞强迫命令；必须发动群众，不包办代替。通过努力，农村的生产力确实得到增强，农民的生活水平确实得到提高，农村的基础设施条件确实得到加强，农村的社会主义事业确实得到发展，农村的基层民主建设确实得到推进。要在市委、市政府的正确领导下，集全镇人民之智慧，汇全镇上下之能量，扬发展之优势，克困难和矛盾，要继续唱好"三部曲"，即"产业依托、城乡协调、创新实干"，让老百姓得到真正得实惠，让城乡居民真正共享发展成果。

第六节　城乡统筹发展

进入21世纪后，濮院镇党委、政府把城乡统筹发展作为经济和社会发展的重要战略，运用城市化理念规划建设、经营、管理城镇，通过城乡空间布局一体化、产业布局一体化、公共服务一体化、社会文明一体化的方式，实现城乡统筹发展，走出了一条具有时代特征、濮院特色的城乡统筹发展之路。

统筹城乡规划，推进城乡空间布局一体化

21世纪初，濮院镇党委、政府根据濮院镇的区位优势，提出了"建设桐乡东大门、打造桐乡桥头堡"的战略思路。至2010年，全镇初步形成"二心三轴四个功能区"的规划布局。"二心"，以行政中心为核心，在城区北部形成城区主中心；以羊毛衫市场为依托，在城区南部形成区域性市场贸易中心。"三轴"，沿320国道和宏苑路形成两条城区主要发展轴，沿桐星大道形成城区主要绿化景观轴。“四个功能区”，即产业区、物流区、市场区和生活居住区。同时，加强新村规划，编制《濮院镇新村规划实施细则》，将原有的422个自然村规划成135个新村规划点，并对新村的户型作出具体规定。截至2010年，各村的农民新村相继建成，其中永越、永乐、永联、新星4个村共建成农民新村点15个。

统筹城乡经济发展，推进城乡产业布局一体化

统筹发展工业经济，确定“工业兴镇”战略，加快推进产业集聚与提升；统筹发展以羊毛衫市场为主的第三产业。2009年，集服装设计、品牌策划、文化传媒信息化软件于一体的320创意广场落成，使濮院羊毛衫市场在成为全国最大的毛衫集散中心、中国大品牌市场和中国毛衫第一市的同时，还成为全国羊毛衫的款式、价格、信息中心。

统筹推进新农村建设，加快新农村建设步伐。2009年，投资2000万元，确立“一村一品”新农村建设新模式，其中永越村为争创省级全面小康建设示范村，新星村为农民新村安置试点，新港村为生态牧场试点，新联、新妙智村为无公害农产品规模种植试点等。

统筹城乡基础设施，推进城乡公共服务一体化

加快城乡基础设施建设，实现公交、供水、环保、教育、医疗保健等方面的一体化，全面提升城乡居民生活质量。

城乡公交一体化。2006年，全镇13个行政村实现村村通公交，成为桐乡市第一个村村通公交的乡镇。同时，为切实解决行路难，成立全市首家交通安全警务站。是年，投入300万元，相继在全镇农村主道安装简易路灯。

城乡供水一体化。投资4000多万元，建成区域供水一期、二期工程。2006年，全镇自来水受益率已达到100%，成为桐乡市第一个供水一体化的乡镇。

城乡环保一体化。2005年，全镇开展农村环境综合整治，每天将近20车经过压缩处理的生活垃圾进行处理，成为桐乡市第一个实现城乡垃圾一体化处理的乡镇。2007年起，全镇开始实施镇域河道保洁机制。

城乡教育一体化。2005年，全镇进行村校合并，实现了从幼儿园到中学的教育资源共享。为解决外来人口子女上学难问题，镇政府投资350万元建立外来民工子女学校，并出台政策，对办学效果较好的民工子弟学校给予公用经费补助，实现外来子女和当地子女的教育平等化。

城乡医疗保健一体化。2006年，全镇新建和修建7个社区卫生服务站，实现每个村、社都有公共卫生服务中心，使城乡居民小病不出村、社。2006年起，为全镇60岁以上的老人建立健康档案；对参加合作医疗的城乡居民提供每年一次的免费体检；为各村、社建健身活动场所。

统筹城乡文明建设，推进城乡社会文明一体化

加强农村文化阵地建设。全镇群众性文体活动蓬勃发展，广场文艺表演、跨区域文艺交流、文艺下乡等活动有序开展，丰富群众精神文化生活。其中广场活动有2005年的庆祝建党 84 周年文艺会演、2007 年的“新濮院人之夜”、2008 年的“同创辉煌，共享和谐”晚会等，跨镇域文艺交流演出有 2001 年的歌舞《濮绸》、2003 年的歌舞《梅泾舞影》、2010 年的全市排舞大赛等。推进城乡文明“手拉手”结对活动。

全镇在实施城乡统筹发展过程中，还分批开展城镇文明单位与行政村文明结对活动，发挥文明单位在文明创建和服务新农村建设中的示范带头作用，促进城乡协调发展，实现城乡文明程度的共同提高。

第三章　住房建设

第一节　镇区住房建设

中华人民共和国成立后，濮院镇居民住房除私房、私房租赁外，还有公租房和少量为国家工作人员提供的单位房。改革开放后，居民住房有公租房、职工家属房（又称单位福利房）、商品房、经济适用房等，住房形式呈多元化。

公租房

濮院镇的公租房可分为两类：一类是房管部门接管民国时期保留下来的房产（13.76201 万平方米）和中华人民共和国成立后土改时没收的地主房屋及1958年社会主义改造私人多余出租的房产；另一类是房管部门及机关、工矿、企事业单位新建的房产。

居民公房始建于20世纪60年代。1962—1965年，共建公住房3518.49平方米，"文化大革命"期间，发展迟缓，仅建862.49平方米。实行改革开放后，随着经济的发展，公房建设发展迅猛，1977—1990年，建筑面积达10428.52平方米。至1990年末，公房建筑面积达21.03万平方米，占全镇房屋建筑面积（42.70万平方米）的49.25%，人均11.92平方米。至2010年，镇区居民人均住房面积约35平方米。

表 11－22　　　　1962—1990 年房管部门公房建筑情况表

年　份	坐落地段	楼　层	结　构	建筑面积（平方米）
1962 年	河下街	2	砖木	339.10
	严家汇	2	砖木	284.80
1963 年	鱼行汇	2	砖木	350.00
	严家汇	2	砖木	230.90
	河下街	2	砖木	382.60
1964 年	严家汇	2	砖木	656.00
	严家汇	2	砖木	160.00
	严家汇	2	砖木	192.00

续表 11-22

年份	坐落地段	楼层	结构	建筑面积(平方米)
1965 年	当白场	2	砖木	215.60
	当白场	2	砖木	707.49
1969 年	鱼行汇	2	砖混	621.86
1970 年	卧龙街	2	砖木	240.63
1977 年	鱼行汇	2	砖混	1263.31
1978 年	当白场	2	砖混	430.22
1980 年	卖柴浜	2	砖混	741.12
1981 年	北横街	3	砖混	733.91
1982 年	卖柴浜	3	砖混	807.00
1983 年	北横街	5	砖混	771.05
1984 年	卖柴浜	4	砖混	797.54
1985 年	定泉桥	5	砖混	977.15
1986 年	定泉桥	5	砖混	1207.24
	归家湾	5	砖混	410.25
1987 年	花园街	5	砖混	1389.73
1990 年	严家汇	5	砖混	900.00
合计建筑面积		14809.50		

职工家属房

20 世纪 80 年代后，一些效益较好的企业，像桐乡缝纫机零件厂、濮院丝厂、濮院医药商店、濮院油米厂、濮院粮管所、濮院供销社、桐乡毛纺厂等率先为在职职工建造一定数量的职工家属房，并根据职工的工龄、职称、职务、贡献等综合要素进行评定后分配，职工只需每月支付单位一定的房租。所建的住房面积都不大，一般 30—60 平方米，房内设施比较简陋。随着改革开放的不断深入，濮院镇的企事业单位陆陆续续为本单位职工建造一定数量的住房。建房的方式也不尽相同，有公建民助、联户建房等，且房子面积越建越大，设施越来越完善。以桐乡缝纫机零件厂为例，1982 年在新南路建造的 80 套职工家属房，建筑面积约 30 平方米，房子结构为筒子式，即所谓的“筒子楼”，中间为公用走廊，南边是房间，北边为厨房，每月支付单位的房租费为每平方米 6 分钱。1991 年，第二次在南纬路以“公建民助”的方式为职工建房 50 套，每套建筑面积 70 平方米，内有三室一厅一厨一卫。1998年,第三次在缝纫机零件厂区内以“联户建房”的方式为职工建房30套,分大套、中套两类,大套每套140平方米,有三房二卫一厨一餐一客;中套每套80平方米。第二次、第三次所建住房均为职工私有房,房价低于市场。

商品房

1985年,桐乡县房屋开发公司在濮院镇归家湾建起第一幢商品房,房屋为五层砖混结构,共28套,建筑总面积1445.50平方米。1990年,北廊棚建造第二幢五层砖混结构商品房,底层下有自行车车库,共20套,建筑总面积1163.67平方米,造价为290717.74元,平均每平方米249.83元。售价按基本投资、缴纳税金、收取管理费等项目因素确定标准,优浮劣降。如五层楼房,以四层为标准价,二层、三层上浮5%,五层则下降10%。

2000年后,居民生活水平不断提高,市场购房需求量大幅上升,助推濮院商品房价格一路走高。购房对象主要有刚需型,像结婚购房、新居民购房等;改善型,即小房换大房;投资型;投机型即“炒房”者等,共四类。2000年,镇区住房购买均价每平方米1000元左右,至2004年,上升至每平方米1500元,到2005年,红树林建成销售,均价每平方米突破2000元。2007—2008年,房价相对平稳,保持在2300元左右。2009年开始,受大环境影响,房价再次大幅上涨。2010年,房价达到每平方米3500元左右,有的住宅小区房价更高,且呈持续上涨趋势。楼层也越建越高,像“巴黎春天”高层住宅,最高为17层;“钻石公馆”住宅小区最高28层,总高度达83.4米,为镇域最高住宅。与此同时,濮院的房地产开发公司数量也不断增多,除本地房地产开发公司外,还有桐乡市中源房地产开发有限公司、嘉兴市三昕房地产开发有限公司、桐乡市新天地房地产开发有限公司、桐乡市华诚房地产开发有限公司、浙江丰润房地产开发有限公司、浙江华泰房地产开发有限公司、浙江永厦房地产开发有限公司、桐乡市金地置业房地产开发有限公司、浙江桐乡银通置业有限公司、嘉兴市广弘房地产开发有限公司、桐乡宏源房地产开发有限公司等十几家房地产开发公司入驻濮院,镇域商品房建设全面铺开。至2010年,全镇已建成标准住宅小区10个,在建住宅小区4个。

红树林 红树林位于濮院镇凯旋路555号,由桐乡市新天地房地产开发有限公司开发建造,主要建筑由多层住宅和临街商铺组成,共12幢,274套,商铺172间,建筑总面积55000平方米。小区于2003年开工,2005年竣工,小区绿化覆盖率20%。

世纪银座 世纪银座位于濮院镇凯旋路482号,由桐乡市华信房地产开发有限公司开发建造,主要建筑由11层小高层住宅和临街商铺组成,共1幢56套,商铺14间,建筑总面积10355平方米。小区于2004年6月开工,2006年12月竣工。

巴黎春天 巴黎春天位于濮院镇桐星大道西侧,永安路南侧,是一个集商、住于一体的综合楼群。2004年6月30日,嘉兴市三昕房地产开发有限公司通过公开拍卖的方式取得巴黎春天居住区项目的土地使用权。总占地面积29014.8平方米,其中住宅建筑面积51800平方米,商业用房10700平方米,容积率2.196,建筑密度39.4%,绿化面积

巴藜春天小区

9835平方米，绿化覆盖率34%。项目总投资为1.2亿元人民币，分三期开发建设。其中，一期于2005年4月开工建设，由三幢多层和一幢高层组成，住宅面积18955平方米，217套（单身公寓95套），非住宅建筑面积1618平方米，2006年11月2日通过综合验收。二期、三期也均于2010年前竣工并通过综合验收。小区内有中心活动广场、儿童活动园、风水球、滨河景观长廊等多个景观点，并引入高大树木、花卉、草坪、现代水景、花坛等，使之呈现自然丘陵景观，在有限的用地内营造出立体生动的居住空间。在绿化选材上注重常绿植物与四季花卉搭配，使小区四季都能感受绿色、观赏鲜花。

凯旋小区　凯旋小区位于濮院镇凯旋路中段，由桐乡市中源房地产开发有限公司开发建造，主要建筑由多层住宅和临街商铺组成，共18幢，630套，建筑面积60142.05平方米，其中商铺154间、8355.89平方米。项目于2002年5月开工建造，2007年3月竣工，为全封闭居民住宅小区，绿化覆盖率达30%。

中央花园　中央花园位于濮院镇羊毛衫市场兴旺路9号，由浙江丰润房地产开发有限公司开发。项目于2005年1月开工，2007年4月竣工，共5幢，726套，其中单身公寓366套、商铺15间；建筑总面积约67858平方米，地下面积3875平方米。小区内小桥流水，绿树葱郁，环境优美，绿化覆盖率30%。此外，还设有多处儿童活动设施及成人健身设施。

钻石公馆　钻石公馆位于濮院镇羊毛衫市场齐宏路288号，由浙江永厦房地产开发有限公司开发，2006年11月开工，2009年6月竣工。小区由12幢17—28层建筑组成，有住宅697套、商铺81间，占地面积约30000平方米，总建筑面积约105000平方米，其中地下室面积约18000平方米。小区采用苏州园林的造园手法，环境优美，绿化率达35%，建有中央景观公园和景观水景，更有百米沿

钻石公馆小区

河景观带与中心景观相呼应，为濮院之高档住宅区。

阳光花城（一期）　阳光花城（一期）位于濮院镇凯旋路1398号，西南临镇中心医院，北靠镇行政中心，东边是幽湖公园。2004年，浙江华泰房地产开发有限公司通过公开拍卖的方式取得项目的土地使用权。整个小区由小高层、多层住宅和沿街商业房组成，总建筑面积150000平方米，规划建50幢，1034套，商铺99间，地下车位298个，是由住宅、商业街景观组成的综合性大型高档居住楼。项目规划分五期开发，其中一期于2006年1月开工建设，2009年6月通过综合验收，为多层，共15幢，408套，商用房47间。小区内中心广场、中庭花园与蜿蜒溪流、绿植披地的组团绿地相辉映，环境优美。此外，在小区的西、北两侧沿河还设有景观休憩亭台、亲水平台、休闲健身平台、栈道等设施。小区规划容积率不大于1.4，绿化率35%，建筑密度为26.6%。

阳光花城小区

东方新天地小区

东方新天地　东方新天地位于濮院镇西侧凯旋西路1461—1553号，由嘉兴市三旷房地产开发有限公司开发建造，主要建筑由多层住宅和临街商铺组成，共11幢，97套，均为排屋。其中，1、2、3、5、6、7、8、10幢为四层，9、11、12幢为五层，总建筑面积54221平方米。项目于2007年10月开工，2009年1月竣工。小区绿化覆盖率达32%。

濮院商贸中心　濮院商贸中心（一期）位于濮院镇区南侧中兴南路28号，由桐乡市金地置业房地产开发有限公司开发建造，主要建筑由小高层、多层住宅和临街商铺组成，共3幢，435套，其中多层1幢、51套，小高层2幢、384套，商铺60间。用地面积13531平方米，建筑面积36590平方米，商铺面积4779平方米，地下建筑面积1780平方米。小区绿化率达32%。项目分三期建造，一期工程1幢，为多层，51套，2008年8月开工，2009年1月竣工。濮院商贸中心（二期）于2010年9月开工。

港湾梦苑 港湾梦苑位于濮院镇东段石桥街，由桐乡市中源房地产开发有限公司开发建造，主要建筑为多层住宅，共14幢，250套，总建筑面积19535平方米。项目于2009年1月开工建造，2010年8月竣工，为全封闭居民住宅小区，小区绿化率达30%。

晶都花苑 晶都花苑位于濮院镇凯旋路1279号，西傍新镇中心医院，东临竹西桥港，2006年由浙江桐乡银通置业有限公司经拍卖取得项目土地使用权。主要建筑由多层住宅、别墅和临街商铺组成，共9幢，252套，商铺48间，建筑面积23660平方米，规划绿化率31.4%。小区分二期建造，一期工程5幢，144套，2009年2月开工，拟定2011年1月竣工。二期工程4幢，108套，2010年6月开工。

上上城 上上城位于濮院镇凯旋西路北与桐星大道西交会处，与濮院汽车站隔路相望。2010年，由嘉兴市广弘房地产开发有限公司开发建造，主要建筑由小高层住宅和临街商铺组成，建筑面积126350平方米，共8幢，1300套。小区分二期建造，一期工程3幢，526套，2010年8月开工，小区规划绿化率30%，是集住宅、酒店、写字楼、单身公寓、商业于一体的高档小区。

月河家园 月河家园位于濮院镇东侧，长木桥路2号，由桐乡宏源房地产开发有限公司开发建造，主要建筑为多层和商铺组成，共4幢，83套，用地面积4054平方米，建筑面积6081平方米，其中有商铺7间、面积219.5平方米，规划绿化率30%，小区于2010年12月开工建造，拟于2011年12月竣工。

经济适用房

经济适用房的建设由政府主导，用地由行政划拨，享受政府规费减免等优惠政策，并以较低廉的房价出售给中低收入家庭，以满足中低收入家庭的居住需求。根据桐政发〔2002〕66号文件精神，濮院镇于2002年启动经济适用房建设工程，至2008年，先后分四期在凯旋路红树林商品房北侧和孟家园两处建造经济适用房，出售给符合相关条件的城镇居民，其中凯旋路红树林商品房北侧建80套，孟家园建40套。

物业管理

镇区新建成的封闭式住宅小区均设有物业管理部门，其主要职能是负责对居住在小区内的住户提供安全、卫生等方面的管理服务。物业管理公司的选聘是由小区业主委员会通过民主协商后决定。“中央花园”小区选聘嘉兴联创物业服务有限公司，“钻石公馆”小区选聘嘉兴市新金桥联创物业管理有限公司，凯旋小区选聘桐乡市恒泰物业管理有限公司。至2010年，全镇有物业管理公司十余家。

第二节 农村住房建设

改革开放前，镇域农户住房条件比较简陋。改革开放后，农民收入逐年提高，改善住房条件成为农户的迫切需求。20世纪80年代中期，农村的新房拔地而起，80%—90%的农户将草棚、旧平房改造成砖混结构加走廊的两层楼房，室内外用石灰粉刷，居住条件明显改善。

20 世纪 90 年代，农民对住房的要求更高，先期富裕起来的农户率先建起漂亮的楼房。这些楼房为带走廊的三层楼房，楼房的第一层一般为水泥地坪，二层以上进行装潢，一般地面用油漆漆成彩色图案，也有的铺设塑料地毯，墙面则用涂料粉饰，配有木框玻璃窗，更显宽畅明亮。还设有独立卫生间、厨房。门前的晒谷场地也改建成水泥地坪。住房条件有了明显的改善，但仍存在许多不足，如标准化粪池、排污管道等配套设施还不够完善。村庄缺乏整体布局，农户建房较为凌乱等现象普遍存在。

2000 年后，农房建房全部采用钢筋水泥结构，楼板用钢筋水泥现浇，有建成独立别墅式，也有几户联建的联体别墅，俗称小洋房，占地面积一般为 160 平方米左右，楼层为 3 层加跃层或 4 层加跃层。外墙除用水泥粉刷外，还贴上防水的马赛克或外墙砖，琉璃瓦屋顶，美观大气。室内装潢更为讲究，塑钢门窗，底层为磨石子地坪，楼层房间做成拼木地板，住房内设施俱全。建造规范的化粪池，敷设排污管道，开始步入农民新村的建造模式。其中，红旗漾村 2008 年建房 9 户，住房面积 4320 平方米；2009 年建房 10 户，住房面积 4800 平方米。新港村 2009 年建房 11 户，住房面积 5280 平方米。新东村 2009 年建房 8 户，住房面积 2500 平方米。星旗村 2007 年建房 3 户，住房面积 1600 平方米；2008 年建房 5 户，户均面积 160 平方米；2009 年开始规划建造农民新村。新妙智村 2009 年建房 527 户，住房面积约 147560 平方米。

2008 年，濮院镇启动《村庄规划》编制工作，至年底，全镇 14 个行政村全部完成编制。《村庄规划》对农民新村的选址、建房标准（包括面积、楼层、外墙及排污管道等）实施统一规划，各行政村由此拉开了新一轮建造农民新村的序幕。至 2010 年，已建成的农民新村有永越、永乐、新星、新濮、永联、新联 6 个村。

永越村

2000 年开始建造农民新村，至 2010 年，建有金龙、会龙、永越、上马墩、闵家兜 5 个农民新村。建房标准为每户 160 平方米，楼层 3 层加跃层，共 705 幢。住宅内电视、电脑等设施俱全，同时还免费安装数字电视及缴纳维护费，有 718 户入住。

永乐村

2003 年开始建造农民新村，至 2010 年，建有宏苑、红星、永乐、红晓、永兴 5 个农民新村。建房标准为每户 160 平方米，楼层为 3 层加跃层，共 605 幢，住宅内电视、电脑等设施俱全，宽带及数字电视覆盖率达到 100%。

新星村

2004 年开始建造农民新村，尤其是 2005 年开发的翠竹苑小区，实行生活用房和生产用房相分离，为濮院农村建房新模式的一种探索。至 2010 年，全村建新苑、翠竹苑、新星 3 个新村小区，建房标准为每户 160 平方米，楼层为 4 层加跃层，总面积 60 万平方米，共

新星村翠竹苑小区

415幢住宅楼，有950户入住，住宅内电视、电脑等设施一应俱全，宽带及数字电视覆盖率达100%。

新濮村

2008年开始建造农民新村，其中当年建房74户，面积4.736万平方米；2009年建房87户，面积5.568万平方米。

永联村

2003年开始建造农民新村，至2010年，已建有永联、永宏两个新村，建房标准为每户160平方米，楼层为3层加跃层，有50%的农户入住。住宅内电视、电脑等设施一应俱全。

新联村

2009年，经村民代表大会讨论决定，在孔家门组征地300亩，建造农民新村，取名“世纪新联小区”。小区计划入住600户，分三期建成，户型有90平方米排屋、125平方米公寓式住宅套房、120平方米联排别墅等几种供农户自由选择。2010年，首期竣工交付，有121户入住，二期130户开工建造。

此外，2006年启动小集镇住宅小区建设。镇域的小集镇住宅小区建设尚处于起步阶段，仅有南北圣的桐星家园。小集镇住宅小区虽与城镇住房建设模式相似，但仍属农村住房建设范畴。

桐星家园

位于濮院镇华生路东段，由桐乡市桐星房地产开发有限公司开发。项目于2006年3月开工，2007年3月竣工，共两幢，36套，每套建筑面积125平方米，有商铺12间、面积552平方米。桐星家园为封闭式小区，四周围墙，地坪为植草地砖，绿树葱郁，环境优美，另有停车位20个。小区外有面积约300平方米的广场，供居民进行文体活动。2007年6月，成立业主委员会，负责对小区的日常管理工作。

第三节　公房管理　住房制度改革

公房管理

房产管理　明清时期，境内公有房产归县衙内务房管理。民国初年，县设不动产登记所。中华人民共和国成立初期，房地产由县人民政府钱粮库管理。1958年，转由县财政局管理，同年又划归县商业局管理。1959年10月，明确县财政局及各地财政所为国家房地产的管理行政机构。1960年10月，县财政局下设濮院财税所房管组。1975年12

月，成立县房地产管理局濮院房管组。1980年3月，房管组归属县城镇建设局管辖。1984年3月，县城镇建设局改为县城乡建设环保局，是年11月增设房地产管理处，下设濮院房管所。

私房改造　1958年10月，根据中共桐乡县委〔363〕号文件批转县商业局党组《关于城镇私有出租房屋社会主义改造的意见》，濮院镇对私有出租房屋进行社会主义改造（简称私房改造）。对城镇私人出租房屋执行赎买政策和统筹兼顾、适当安排的方针，全镇纳入改造的有343户，计有楼房718.5平方米、底屋754平方米、平房621平方米、披屋243平方米、厢房158.5平方米，建筑面积为48501平方米。改造房由政府经租，房管部门具体管理。

1968年，“桐乡县工人纠察总指挥部”错误查封接管私人房产132户784间，面积达15679平方米，1972年由镇革命委员会逐一发还。

中共十一届三中全会以后，政府对私房改造中的遗留问题进行调查处理。1982年7月，濮院逐步落实房产政策，发还房屋196户，共19385平方米，其中台属房屋12户、1287.25平方米。此项工作至1987年结束。

房屋租金和房屋维修　中华人民共和国成立之初，濮院镇公租房租金带有福利性质，住宅房月租金平均每平方米为0.03—0.04元，此租价保持至20世纪80年代末；非住宅房（即工厂、商店等单位用房）月租金每平方米0.071元，1979年1月，月租金调整至每平方米0.13元，1985年，调整至每平方米0.57元。1996年，濮院镇房管所对城镇直管公租房之住宅房租金按房型和结构分类收费，其中套房每平方米1.05元，砖混结构住房每平方米0.8元，砖木结构住房每平方米0.65元。2001年，调整为套房每平方米2元，砖混结构住房每平方米0.9元，砖木结构住房每平方米0.75元。2006年，再次调整租金标准，套房每平方米2.2元，并按楼层高低上下浮动10%；砖混结构住房每平方米1元，按楼层高低上下浮动11%；砖木结构住房每平方米0.8元，按楼层高低上下浮动6%。直至2010年，租金标准未变。在调整住宅房租金的同时，非住宅房租金也作相应调整，并按地段、生产经营内容制订不同租金标准。以2001年为例，租金较低的为北横街合作商店，月租金每平方米1元；租金适中的有龙湾街油厂，月租金每平方米2.2元；租价较高的严家汇药店，月租金每平方米4元。

1952年，政府采取“以房养房”的原则，对直管公房，主要依靠租金进行维修；对于免租使用和调拨使用的公房，则由使用单位自理。1960年3月，成立濮院修建工作组，隶属桐乡县公房修建管理工作队，负责对公房的统一修缮，1962年撤销。1965年10月，复设濮院修建组，隶属县公房修建队，1972年3月撤销，修建组人员归属濮院房管所（组）管理。由于中华人民共和国成立前保留下来的直管公房大多损坏较为严重，有些甚至成危房，此类公房占直管公房总数的80%。对此类公房，房管部门除进行一般性维修外，1978年开始进行了较大规模的维修和拆建，其中1981—1987年共拆建公房1861.35平方米，共投入维修资金 38.53 万元。随着物价水平的提高,每年的维修费用也不断递增,1990—2000 年维修资金为 175 万元,2001—2010 年为 259.4 万元。

住房制度改革

1994 年开始,城镇进行住房制度改革,部分单位以半产权价和全产权价两种形式将单位公建住房一次性出售给居住人。全产权价一般以 500 元/平方米为基准,再按职工工龄进行打折优惠,实际售价在平均每平方米 300—400 元。

1998 年,《国务院关于进一步深化城镇住房制度改革加快住房建设的通知》下发后,结束实物分房,实行货币分房。是年,域内部分机关事业单位率先建立住房公积金制度,鼓励个人购房。2005 年,桐乡市人民政府和桐乡市规划建设局联合下文,允许承租人购买公租房,并对购买的房价作出相应规定:一、承租人未享受房改政策的,按房改房价格购买;二、已享受房改政策的,按市场价购买。此项政策实施后,全镇约有 20%的承租人购买了公租房。此后,随着居民生活水平的不断提高,购房者日益增多,尤其是通过公积金贷款购买住房已成年轻人购房的主要方式。

至 2010 年,濮院镇居民家庭 90%左右拥有私有房产,大多为生活设施齐全的套房,人均居住面积约 35 平方米。

第十二编

环境保护

1970 年以前，镇域工业企业数量不多，主要集中在镇区，周边农村以农业生产为主，生态环境尚好。1980 年起，乡村工业企业兴起，大量工业废水、废气未经处理排放，农业生产化肥、农药使用量增加，畜牧养殖业污水排放，管理无序的生活垃圾等众多污染源，使域内环境质量逐渐变差。1990 年后，随着羊毛衫产业快速发展，各种污染问题日益突出。对此，镇党委、政府高度重视，采取调整产业结构、培养生态工业，发展生态农业、改善农业生态环境，加强重点环保工程项目建设和生活垃圾处理、河道治理、帮岸修筑、城乡绿化建设等一系列环境保护与治理措施，环境污染得到有效遏制。

与此同时，全镇推进生态镇建设，以更高的标准进入生态环境保护与发展的新阶段。

第一章　环境污染

第一节　工业污染　能源消耗

工业污染

主要是企业在生产过程中排放的废水、废气对镇域河流、大气造成的环境污染。

废水　20 世纪 70 年代中后期起，由于乡村工业企业，尤其是丝绸、印染、电镀、油脂化工等企业兴起，大量工业废水未经处理任意排放。废水中主要有毒有害物质为化学耗氧量(COD)、悬浮物、氯化物、硫化物、锌、六价铬、石油类等。受此影响，域内河流自净能力渐趋下降，水质开始混浊。据桐乡县卫生防疫站水质检测资料记载，1974—1981 年，濮院镇大有桥港水质评定为 2 级，西市河水质评定为 3 级。2 级、3 级水质，虽符合桐乡自来水厂取水水源要求，但已存在轻度污染。至 20 世纪 80 年中后期，企业增多，仅濮院、新生两乡共有乡办企业 34 家(濮院乡 21 家，新生乡 13 家)，污水排放量加大，河水污染日趋明显，影响居民生活。如 1983 年，濮院油米厂油脂化工车间因操作不慎，将含有脂肪酸生成反应后的残余有机物约 500 千克排入市河，致 500 米长的河面受污，影响沿河居民用水安全。同年，有 68 户居民联名向桐乡县人民代表大会常务委员会申诉受污染之害。近郊周义村农民也向县人大常委会反映由于河水受污染，夏天田间劳动归来，不能下河洗澡。1990 年，濮院丝绸印染厂工业废水排放污染河水，河水受污染程度达轻重度，居民反应强烈。同年，濮院标准件一厂发生废水排放严重污染河水事件，该事件被桐乡县环保部门定义为轻重度污染河水事件，该厂受到县环保部门处罚。

1990 年后，随着羊毛衫行业的快速发展及印染、纺织、化工等企业不断增多，河水污染情况更加严重。2003 年，全镇主要水污染企业有 33 家，年废水排放总量 547.69 万吨，COD 排放量 1673.61 吨，境内总长达 180 千米的河道水质混浊，水体变黑甚至变臭，过去清澈见底，鱼虾游动，能让居民饮用、淘米、洗衣、洗菜的河水，变成了鱼、虾无法生存的污水河。水体污染不仅影响到居民的正常生活，还影响到有关企业的产品质量，如濮院丝厂生产的白厂丝，因受河水污染导致丝色不匀。

废气　工业大气污染源主要来自燃煤排放的烟及化工产品在生产过程中挥发的气体。煤烟中含有的二氧化硫、氮氧化物、氟化物、粉尘等污染物，是大气污染的主要污染源。20 世纪 80—90 年代，境内炉、窑数量多，烟囱多，涉及企业类型主要为丝绸、印染（染整）、油脂、化工、制革、洗毛、砖瓦、水泥等。如濮院油厂、濮院丝厂、濮院绸厂、毛纺织厂、丝绸印染厂、缝纫机零件厂（人造革厂）、凯星羊毛衫厂（人造革厂）、凯星染整厂、绢麻纺织厂、大庆丝厂、新生丝厂、濮院砖瓦一厂、濮院砖瓦二厂、濮院砖瓦三厂、新生砖瓦一厂、新生砖瓦二厂、群丰建材厂、新生水泥厂等，这些企业能耗量较大，排放的污染物多。1999 年，全镇工业企业煤烟中粉尘的排放量为 518.94 吨，二氧化硫排放量为 631.64 吨，氮氧化物排放量为 167.74 吨，氟化物排放量为 19.33 吨。烟浓黑度最高时达到林格曼 2—3 级。如 1987 年，镇区曾有 51 户居民联名给县环保部门写信，反映濮院豆制品社烟尘污染严重，使附近居民不能晒衣，无法开窗。此外，镇区有桐乡市人造革厂、凯星人造革厂，其主要产品为聚氯乙烯人造革，在生产过程中挥发邻苯二甲酸、二异丁酯、油脂酸等有毒有害气体。

能源消耗

能源消耗（简称“能耗”）也是影响环境质量的因素之一，其影响程度与企业规模和总产值成正比。20 世纪 90 年代前，镇区企业数量较少，能源消耗对空气环境造成的污染总体不大。至 1990 年，镇区年产值在 500 万元以上的规模以上企业（简称规上企业）仅有濮院油厂、濮院丝厂、桐乡毛纺织厂、桐乡县丝绸印染厂、桐乡缝纫机零件厂 5 家。之后，由于羊毛衫业的发展，催生大批新的工业企业，至 2000 年，规模以上企业增加至 14 家，一般工业企业和个体经营户数量增加。尤其是部分使用燃煤锅炉的企业和个体经营户，对环境造成的污染更大。至 2010 年，全镇工业企业发展至 6480 家，其中规模以上企业 156 家，工业总产值 36.5 亿元，综合能源消耗量为 21.97 万吨标煤，万元工业总产值综合能耗为 2.16 吨标煤。

第二节　农业面源污染　生活污染

境内农业面源污染主要有农田污染、禽畜养殖污染、水产养殖污染、农业固体废弃物污染等，生活污染主要是生活废水和生活垃圾造成的污染。

农业面源污染

农田污染 过去,域内农村主要从事传统农业,农民给庄稼所施的肥料一般是粪便之类的有机肥,20 世纪 60 年代后期,开始少量施用氨水、肥田粉等无机肥,农药的喷洒也极为有限。90 年代后,有机肥逐渐被无机肥替代,农药施用量也逐渐增大。化肥、农药的不合理施用,残留物既污染农作物,又破坏土壤的生态系统,成为农田污染的重要因素。以 2003 年为例,全镇有耕地面积 48550 亩,其中水田 36005 亩、旱地 12545 亩,浙江省环境监测中心站根据施用对象(水田、旱地)的不同,按相应的流失计算,2003 年全镇由于施用农田化肥所产生的主要污染物指标 COD 产生与流失量均为 527.73 吨;T—P 产生与流失量分别为 208.76 吨和 16.71 吨;NH_3—N 产生与流失量分别为 1294.83 吨和 258.97 吨。(见表 12－1)

禽畜养殖污染 禽畜粪便的随意排放,流入地面,污染土壤;流入水体,造成水体富营养化。2003 年,浙江省环境监测中心站对境内农业面源污染进行调查,并采用禽畜养殖排污系数和各类禽畜养殖量两个指标估算出当年各类禽畜养殖所产生的污染物指标 COD 产生与流失量分别为 1857.17 吨和 557.15 吨;T—P 产生与流失量分别为 668.96 吨和 13.40 吨;NH_3—N 产生与流失量分别为 983.36 吨和 114.35 吨。(见表 12－2、表 12－3)

水产养殖污染 淡水养殖是 2003 年濮院镇农民增收的一个重要渠道。是年,全镇淡水鱼养殖面积为 3130 亩,总产量 1899 吨,淡水鱼养殖污染物指标 COD 产生与流失量分别为 111.22 吨;T—P 产生与流失量分别为 23.74 吨和 4.15 吨;NH_3—N 产生与流失量分别为 166.16 吨和 98.87 吨。(见表 12－4、表 12－5)

农业固体废弃物污染 农业固体废弃物主要是农作物秸秆,其次是废弃的农膜。2003 年,镇域产生秸秆总量达 2.453 万吨,综合利用率为 95%。由于高效农业的广泛推广,农用塑料薄膜使用量大幅增加,且很少使用降解农膜,大量农膜残留在土壤中,导致土壤环境质量下降。

生活污染

生活废水 中华人民共和国成立之初,濮院城镇总人口数仅为 7254 人,至 1990 年,增至 8807 人,生活废水所产生的污染相对较少。1990 年之后,随着濮院镇羊毛衫市场的发展,濮院镇外来人员骤增。截至 2003 年,全镇总人口 103562 人,其中农业人口为 33517 人、非农业人口 10145 人,新居民人口 59900 人。浙江省环境监测中心站对生活废水所产生的主要污染物的计算标准大致为 150 千克/人·日(新居民人口按一半计算)。按此计算,2003 年,全镇产生生活污水 398.72 万吨,主要污染物 COD 产生量为 2250.8 吨,流失量为 1738.7 吨;T—P 产生量为 59.38 吨,流失量为 48.51 吨;NH_3—N 产生量为 375.14 吨,流失量为 267.96 吨。(见表 12－6、表 12－7)

生活垃圾 随着居住人口的增多,生活垃圾的产生量呈不断上升趋势。以 2003 年为例,濮院镇总人口 103562 人,建成区内居民 74190 人、建成区外居民 29372 人。按居住在建成区内外居民每天生活垃圾产生量 1.2 千克和 1.0 千克标准计算，是年全镇产生生活垃圾 4.32 万吨左右，其中镇区居民产生的 3.25 万吨生活垃圾由环卫部门收集后，运往垃圾填埋场简单填埋，而建成区以外的居民产生的生活垃圾则自行处置，流失现象严重。

20 世纪后期至 21 世纪初，镇域环境污染总体形势严峻，并逐渐成为影响经济可持续发展的障碍。以 2003 年为例，全镇产生 COD6414.53 吨，其中工业污染源排放量为 1673.61 吨，占 26.07%；农业面源污染为 2496.68 吨，占 38.87%（农田污染 527.3 吨，占 8.21%；禽畜养殖污染 1857.17 吨，占 28.93%；水产养殖污染 111.22 吨，占 1.73%）；生活污水产生量 2250.8 吨，占 35.06%。COD 总流失量为 4607.98 吨，其中工业污染源流失量为 1673.61 吨，占 36.32%；农业面源污染流失量为 1195.67 吨，占 25.9%（农田污染流失量为 527.3 吨，占 11.44%；禽畜养殖污染流失量为 557.15 吨，占 12.09%；水产养殖污染流失量为 111.22 吨，占 2.41%）；生活污水流失量为 1738.7 吨，占 37.73%。

表 12－1　2003 年全镇农田化肥施用主要污染物的产生量和流失量统计表

耕地类型	面积（亩）	COD（吨）		T—P（吨）		NH_3—N（吨）	
		产生量	流失量	产生量	流失量	产生量	流失量
水　田	36005	391.37	391.37	154.82	12.39	960.25	192.05
旱　地	12545	136.36	136.36	53.94	4.32	334.58	66.92
合　计	48550	527.73	527.73	208.76	16.71	1294.83	258.97

资料来源：2004 年《桐乡市濮院镇生态镇建设规划》第 11—12 页

表 12－2　2003 年全镇禽畜养殖粪尿污染物的产生及流失率统计表

污染源	单　　位	COD		T—P		NH_3—N	
		产生量（吨）	流失率（%）	产生量（吨）	流失率（%）	产生量（吨）	流失率（%）
兔	千克/年（只）	0.94	0.3	0.4	0.02	0.54	0.121
猪	千克/年（头）	15.8	0.3	4.8	0.02	7.8	0.121
羊	千克/年（头）	8.37	0.3	2.6	0.02	4.17	0.121
家禽	千克/年（羽）	0.94	0.3	0.4	0.02	0.54	0.121

表 12－3　2003 年全镇禽畜养殖粪尿污染物的产生及流失量统计表

污染源	饲养量（存栏量）	COD（吨）		T—P（吨）		NH_3—N（吨）	
		产生量	流失量	产生量	流失量	产生量	流失量
兔	16876（只）	15.8	4.76	6.75	0.14	9.11	1.10

续表 12－3

污染源	饲养量（存栏量）	COD(吨)		T—P(吨)		NH_3—N(吨)	
		产生量	流失量	产生量	流失量	产生量	流失量
猪	51401(头)	812.14	243.64	246.73	4.94	400.93	48.51
羊	23357(只)	195.50	58.65	60.73	1.22	97.40	11.79
家禽	886885(羽)	833.67	250.10	354.75	7.10	478.92	57.95
合计		1857.17	557.15	668.96	13.40	986.36	114.35

资料来源:2004 年《桐乡市濮院镇生态镇建设规划》第 12 页

表 12－4　　2003 年全镇水产养殖污染物的产生及流失率统计表

污染源	COD		T—P		NH_3—N	
	产生量（千克/年・公顷）	流失率（%）	产生量（千克/年・吨）	流失率（%）	产生量（千克/年・吨）	流失率（%）
水产养殖	533	1.0	12.5	0.175	87.5	0.595

表 12－5　　2003 年全镇水产养殖污染物的产生及流失量统计表

养殖面积（亩）	产　量（吨）	COD(吨)		T—P(吨)		NH_3—N(吨)	
		产生量	流失率	产生量	流失率	产生量	流失率
3130	1899	111.22	111.22	23.74	4.15	166.16	98.87

资料来源:2004 年《桐乡市濮院镇生态镇建设规划》第 12 页

表 12－6　　2003 年全镇生活污水氮、磷产量和流失率统计表

污染源	单　位	COD		T—P		NH_3—N	
		产生量	流失率	产生量	流失率	产生量	流失率
城　镇	千克/年・人	21.9	1.0	0.62	1.0	3.65	1.0
农　村	千克/年・人	21.9	0.3	0.49	0.336	3.65	0.121

表 12－7　2003 年全镇生活污水产生量及主要污染物的流失量统计表

类　别	人　口（人）	污水量（万吨/年）	COD(吨/年)		T—P(吨/年)		NH_3—N(吨/年)	
			产生量	流失量	产生量	流失量	产生量	流失量
城　镇	10145	51.85	207.42	207.42	5.87	5.87	34.57	34.57

续表 12－7

类别	人口（人）	污水量（万吨/年）	COD（吨/年）		T—P（吨/年）		NH_3—N（吨/年）	
			产生量	流失量	产生量	流失量	产生量	流失量
农村	33517	182.89	731.57	219.47	16.37	5.50	121.93	14.75
新居民	59900	163.98	1311.81	1311.81	37.14	37.14	218.64	218.64
合计	103562	398.72	2250.8	1738.7	59.38	48.51	375.14	267.96

资料来源：2004年《桐乡市濮院镇生态镇建设规划》第11页。新居民人均生活污水产生量按城镇的50%计算，流失率按等同于城镇人口计算

第二章　环境治理

濮院镇对环境污染的治理，初期主要是企业通过技改达到节能减排，减少对环境的污染。20世纪80年代起，濮院油米厂先后在废气（水）排放、降低噪声等方面进行一系列技术改造。其中为减少废气排放，将2吨手动式锅炉改换成4吨自动锅炉，并在嘉兴市、桐乡县环保专家的指导下，改进废气排放工艺，使粉尘、二氧化硫、氟化物等指标达到排放标准。为减轻噪声、降低粉尘，更换噪声较大的风机，并给新风机安装除尘消噪声设备；对加工菜籽进行工艺改进，有效减少粉尘排放量。针对废水排放影响河道水质，废水排放前采用三级过滤工艺，使废水达到排放标准。1987年，濮院豆制品社根据桐乡县环保部门要求，将0.3吨手烧锅炉更换成0.5吨下饲式锅炉，有效减少粉尘对大气的污染。1988年，桐乡缝纫机零件厂镀锌车间在对含镍废水的处理工艺中，采用化学中和法进行改进，同年9月，工艺改进成功，改进后的废水日处理能力达到7立方米，明显降低了工业废水对水环境的污染。虽然部分企业通过改进工艺等手段减少污染物的排放，但仍然未能有效改变域内环境污染日趋严重的现状。

进入21世纪后，濮院镇党委、政府更加重视对生态环境的保护，采取了一系列治污措施保护生态环境。2003年，贯彻"经济建设、城乡建设、环境建设同步规划，同步实施，同步发展"的战略方针，采取以调整产业结构、培养生态工业、发展生态农业、改善农业生态环境为重点的环境治理措施；2003年和2004年，先后制定出台《濮院镇总体规划》和《桐乡市濮院生态镇建设规划》。随着两个规划的贯彻实施，域内的污染源得到控制并逐年减少，环境质量日趋好转。

第一节　生态工业

全镇调整产业结构、培养生态工业主要包括建设工业园区、环保考核与技术革新、烟尘（气）治理等几个方面。

建设工业园区

2000年3月，濮院镇党委、政府在桐乡市委、市政府的规划下，在羊毛衫市场西侧开发建设羊毛衫生产基地——浙江濮院针织产业园区（时称"中国·濮院毛衫城工业园区"）。园区按照"统一规划、合理布局、滚动开发、形成特色"的总体要求，实施高标准、高起点的建园方针。随着园区范围的不断扩大和设施的进一步完善，到2009年底，开发面积由起初的0.33平方千米扩大至4.5平方千米。其中，工业用地占51%，商住用地占7.8%，生活配套用地占3%，公共设施用地占2.28%，道路广场用地占24.3%，公共绿化用地占11.62%。园区内实行统一供汽、供水、供电，集中污水处理，为全镇实现调整产业结构、培养生态工业奠定基础。

环保考核与技术革新

2007年，全镇采取对排污企业实行"排污企业社会贡献值月度排行榜"考核办法。考核办法按照企业缴纳的税收和企业排放的污水量测算千吨污水的税收贡献值，每月排名一次，年末进行一次总排名。如果连续两年有两次考核处于末五位，企业将被责令停产整顿，甚至被清除出园区。企业实行末位淘汰制环保指标考核，把发展机会让给排污少、能耗低、纳税高的企业，让企业产生紧迫感，促使企业主动开展节能降耗技术攻关。如印染企业，原来大多数染整设备的密封性较差，散热较快，导致能耗高，实行考核后都改用全封闭、全保温的密封装置，可减少能耗30%。环保指标考核制，催生出一批节能降耗技术攻关企业。如天地人工贸有限公司率先采用余热回收装置，实现节能20%以上。浙江民辉纺织有限公司率先尝试分质供水，减少排污量在30%以上。雀屏纺织化工股份有限公司内部开展工艺革新的同时，还与浙江理工大学、浙江省羊毛衫质量检验中心开展产学研合作，攻克技术难题。如对锦棉(粘)织物的染色这一技术难题进行攻关，将原来二浴二步法染色工艺改成酸性(中性)/活性染料一浴二步法染色工艺。改进后的工艺既缩短了时间，又使水、电、汽等能源消耗节约了20%～30%，产值综合能耗从2000年的0.58吨标煤/万元产值降低至0.3吨标煤/万元产值，降耗接近50%，还使织物上染率、色牢度、鲜艳度等质量指标均得到了提高。

为加快园区产业升级的速度和调整产业结构的力度，2007年4月，园区管委会委托浙江清华长三角研究院、清华大学两所院校，通过资料收集、实地调研典型企业、发放调查表、召开座谈会等多种方式，在深刻把握园区发展态势的基础上，联合编制《濮院针织产业园区生态化建设与改造规划和实施方案》。该方案将节能、节水、减排、清洁生产技术开发、装备升级、绿色管理等六类项目(见表12-8)，作为园区企业生态化建设与改造的重点工程，并在政府的主导下，以点带面，取得成功后进行推广。为保证技改项目顺利进行，政府在技术资源(有的与高校合作，有的自主研发)和融资渠道上为企业提供帮助。如选择雀屏公司等3家染整企业作为节水、节能、减排，推行绿色管理项目建设的示范企业，项目资金由企业自筹和政府专项经费两部分组成。企业在完成项目改造后，政府组织安监、卫生、环保、经济信息、质检、公安六部门就安全标准化、职业病防治、环境污染、能源利用、特种设备、消防等方面进行联合验收。至2010年，园区企业生态化建设工程仍在推进中。

2009年中国·濮院国际毛针织服装博览会期间(11月8日下午)，有50多家企业正式组建绿色整理联盟，企业负责人先后在"绿色使者"卡片上签名。加入绿色整理联盟的企业，承诺将以生物酶制剂代替传统的化学制剂，进行毛衫后期处理。生物酶制剂中的角蛋白酶不仅可以增加毛衫的色牢度、柔软感，还能有效降低染整过程中的COD排放量，消除有机卤化物等有害物质。绿色整理联盟在毛衫行业是首创，也是濮院镇染整行业进行结构调整，实现节能减排、减少环境污染的一个创举。

烟尘(气)治理

烟尘治理的对象主要为砖瓦窑、燃煤锅炉、聚氯乙烯人造革生产企业。2000年前，境内有砖瓦企业6家。2000年起，政府为保护土地资源，改善环境质量，开始逐步关停砖瓦企业。2005年9月，濮院镇政府发布《关于全镇砖瓦行业整顿的实施意见》，明确提出，到2006年底，全镇原则上只保留一家砖瓦企业，其余企业必须关停并拆除砖窑、烟囱等主要烟尘源。使用燃煤锅炉的企业和个体业主，由园区统一提供热能(蒸汽)，自备燃煤锅炉全部取消。2007年9月，关闭工旺热能公司(原提供蒸汽热能)，由位于运河塘口的协鑫环保热电有限公司统一供汽。改供后，年减少烟气排放量86900万标立方米，有效改善环境质量。至2003年底，镇区两家人造革厂关停。

随着调整产业结构措施的不断深入，生态工业渐生成效，全镇的水环境质量总体趋于稳定，与上游入境水水质相当，局部区域开始好转，饮用水源也得到规范化保护。2008年，全镇万元生产总值综合能耗下降21%，化学需氧量(COD)排放量下降4.5%，二氧化硫排放量下降3.6%。2008年6月27日，桐乡市环境保护局对濮院镇半碗桥港地表水水质中的pH值、水温和溶解氧浓度三项指标进行分析，分析结果为三项指标均符合GB 3838—2002《地表水环境质量标准》表1Ⅲ标准(见附件一)。2009年3月23日，桐乡市环境保护局对濮院镇地表水出入境水质进行对比分析，分析结论为：濮院镇出境水与入境水水质相比，无恶化现象，流经濮院镇后的水质保持稳定，没有恶化，符合要求(见附件二)。2009年3月，桐乡市环境保护局对濮院镇39家重点工业污染源排放企业出具工业污染源排放达标率为100%的情况证明(见附件三)。2010年，全镇有46家重点工业污染源排放企业，其中印染企业39家、化工企业重点7家(桐乡市汉邦化工有限公司、桐乡市恒源化工有限公司、浙江雀屏纺织化工股份有限公司、桐乡星火助剂厂、桐乡求精机械化工厂、桐乡市濮院油脂化工厂、桐乡百度纺织助剂有限公司)，全年废水(工业废水)排放总量11344774万吨，COD排放量681吨，虽然工业废水排放总量远大于2003年的547.69万吨，但COD排放量却明显低于2003年的1673.61吨。

与此同时，空气环境质量也得到改善。2008年6月27日，桐乡市环境保护局对濮院镇环境空气中二氧化硫(SO_2)、二氧化氮(NO_2)和总悬浮颗粒物(TSP)三项指标进行监测，结论为：监测期间，桐乡市濮院镇环境空气中二氧化硫、二氧化氮和总悬浮颗粒物的监测结果均符合GB 3095—1996《环境空气质量标准》二级标准(见附件四)。2009年3月23日，桐乡市环境保护局对濮院镇空气环境中SO_2、NO_2、TSP三项指标进行监测，结论为：濮院镇环境空气中的SO_2、NO_2、TSP均符合《环境空气质量标准》(GB 3095—

1996)二级标准,符合规划要求(见附件五)。同年5月31日,桐乡市环境保护局再次对濮院镇空气环境质量进行监测,结论:濮院镇环境空气中二氧化硫、二氧化氮和总悬浮颗粒物的监测结果均符合《环境空气质量标准》二级标准;声环境质量符合《城市区域环境噪声标准》中相应功能区要求(见附件六)。

表12-8　园区六类生态化改造重点项目一览表

单位:万元

类型	序号	项目名称	技术来源	实施时间	总投资额	企业自筹	贷款	国家支持	地方配套
节能	1	能量梯级利用示范及推广	企业自主开发与校企合作相结合	2007.10	200	100	—	—	100
	2	低温染色技术开发及应用		2007.10	100	100	—	—	—
	3	染缸节能改造		2007.10	50	50	—	—	—
节水	4	染色洗涤工艺优化		2007.10	150	150	—	—	—
	5	染色脚水回用技术开发		2007.10	300	300	—	—	—
	6	冰麻一浴两步法染色替代两浴两步染色工艺开发与应用		2007.10	100	30	—	—	70
减排	7	高COD废水分质预处理		2007.10	300	200	—	—	100
	8	下脚料资源化		2007.10	50	50	—	—	—
	9	中水回用		2007.10	1700	200	500	—	1000
清洁生产技术开发	10	DCCA剥鳞工艺优化		2007.10	100	50	—	—	50
	11	无氯后整理技术开发和应用		2007.10	100	30	—	—	70
	12	无氯一浴法缩绒防起球毛衫后整理工艺开发		2007.10	150	50	—	—	100
	13	功能型后整理助剂开发		2007.10	50	20	—	—	30
	14	超声波辅助的染整技术开发及应用		2007.10	100	30	—	—	70
	15	冰麻低碱度染色法工艺开发及应用		2007.10	10	10	—	—	—
	16	液体染料使用工艺开发及应用		2007.10	50	50	—	—	—
	17	低盐/无盐染色工艺开发及应用		2007.10	100	100	—	—	—
	18	转移印花及涂料印花技术示范应用		2007.10	200	100	—	—	100
设备升级	19	染整自动化改造		2007.10	100	20	—	—	80
	20	染整装备优化升级示范及推广		2007.10	100	20	—	—	80
绿色管理	21	节水节能减排示范企业建设	政府主导	2007.10	100	50	—	—	50

资料来源:《濮院针织产业园区生态化建设与改造规划和实施方案》

附件一：

濮院镇环境要素(地表水)监测报告

样品类别 地表水　　样品性状无色、微浑　　接收日期 2008.6.19

委托方及地址桐乡市濮院镇人民政府　　委托日期 2008.6.5

采 样 方 桐乡市环境保护监测站　　采样日期 2008.6.19

采样地点 桐乡市濮院镇半碗桥港

监测地点 桐乡市环境保护监测站　　监测日期 2008.6.19-6.20

监测方法依据水质pH值的测定　　玻璃电极法 GB/T6920-1986

水质铵的测定　　纳氏试剂比色法 GB/T7479-1987

水质总磷的测定　　钼锑抗分光光度法 GB/T11893-1989

水质高锰酸盐指数的测定　　酸性法 GB/T11892-1989

水质溶解氧的测定　　电化学探头法 GB/T11913-1989

水质温度的测定　　温度计或颠倒温度计法 GB/T13195-1991

评价标准 GB3838-2002《地表水环境质量标准》表1Ⅲ类标准即：水温人为造成的环境水温变化应限制在：周平均最大温升≤1℃，周平均最大温升≤2℃、pH值6-9、溶解氧≥5mg/L、高锰酸盐指数≤6mg/L、氨氮≤1.0mg/L、总磷（以P计）≤0.2mg/L。

监　测　结　果

河流名称	采样点位置	样品编号	pH值	水温(℃)	总磷(mg/l)	溶解氧(mg/l)	高锰酸盐指数(mg/l)	氨氮(mg/l)
半碗桥港（上游）	人民桥	水080619016	7.48	26.2	0.266	5.13	7.42	1.68
半碗桥港（下游）	挥士桥	水080619017	7.38	25.7	0.246	5.18	7.27	2.87

备注：上述分析项目中pH值、水温和溶解氧是现场监测，详细数据原始记录见采样单。

结论：监测期间，濮院镇半碗桥港地表水水质分析项目中pH值、水温和溶解氧浓度均符合GB3838-2002《地表水环境质量标准》表1Ⅲ类标准。

报告编制 金凯飞　　校核　　审核

批 准 人　　批准日期

附件二：

关于濮院镇地表水环境质量的
证 明

濮院镇其出境水与入境水水质相比，无恶化现象，流经濮院镇后的水质保持稳定，没有恶化，符合要求。

桐乡市环境保护局
2009年3月23日

濮院镇地表水环境质量的证明

附件三：

关于濮院镇重点工业污染源排放达标的
情况证明

根据浙江省排污申报登记表，濮院镇有家重点工业污染源单位纳入排申报登记范围。

企业名单为：1、桐乡市桐鑫漂染有限公司 2、桐乡开创工贸有限责任公司 3、桐乡东企纤维整理有限公司 4、桐乡市金龙针织整理公司 5、桐乡市天地人工贸有限公司 6、桐乡市南天针织品整理有限公司 7、桐乡市盛金针织整理有限公司 8、桐乡市桐毛染整有限责任公司 9、桐乡市明辉染整有限公司 10、桐乡市诚信后整理公司 11、桐乡市雀屏纺织整理有限公司 12、桐乡银艳针织整理有限公司 13、天佑印染（桐乡）有限公司 14、桐乡三昕[illegible]有限公司 15、桐乡市森山针织制衣有限公司 16、桐乡市恒越纺织后整理有限公司 17、桐乡市京都印染有限公司 18、桐乡市濮院兴盛纺织品染整有限公司 19、桐乡市凰皇漂染有限公司 20、博森织染（嘉兴）有限公司 21、桐乡市濮院丰达印染厂 22、桐乡市金达染整有限责任公司 23、濮院恒盛污水处理有限公司 24、桐乡市濮院协鑫环保热电有限公司 25、桐乡市濮院中心医院 26、浙江桐星水泥股份有限公司 27、桐乡市凯星染整有限公司 28、桐乡市濮院工艺羊毛衫厂 29、浙江厚源纺织股份有限公司 30、桐乡市恒丰漂染有限公司 ~~31、桐乡市濮院丝业公司 32、桐乡市濮院振兴建材有限责任公司 33、桐乡市新城墙体材料有限公司~~ 34、桐乡市华丰染色有限责任公司 35、桐乡市东盛染整厂 36、桐乡市濮院金辉缩绒厂 37、桐乡市博凯缩绒厂 38、桐乡市汇丰染整厂 39、桐乡市恒源化工有限责任公司 40、桐乡市濮院洗毛厂 41、桐乡市新宇漂染有限公司 ~~42、浙江雀屏纺织化工股份有限公司~~ 43、桐乡市汉邦化工有限责任公司

上述企业工业污染源达标排放率为100%。

桐乡市环境保护局
2009年3月30日

关于濮院镇重点工业
污染源排放达标的情况证明

附件四：

监 测 结 果

分析项目	样品性状	样品编号	结果（mg/m^3）
SO_2	无色透明吸收液	气080619025	0.031
		气080619028	0.029
		气080619030	0.034
		气080619032	0.025
NO_2	淡紫色吸收液	气080619026	0.042
		气080619029	0.039
		气080619031	0.038
		气080619033	0.040
TSP	淡灰色滤膜	气080619027	0.181

结论：监测期间，桐乡市濮院镇环境空气中二氧化硫、二氧化氮和总悬浮颗粒物的监测结果均符合GB3095-1996《环境空气质量标准》二级标准。

报告编制 单[illegible] 校核 [illegible] 审核 [illegible]

批准人 [illegible] 批准日期 [illegible]

濮院镇环境要素监测结果

附件五：

关于濮院镇空气环境质量的
证 明

濮院镇环境空气 SO_2、NO_2、TSP 的均符合《环境空气质量标准》（GB3095-1996）二级标准，符合规划要求。

桐乡市环境保护局
2009年3月23日

濮院镇空气环境质量监测证明

附件六：

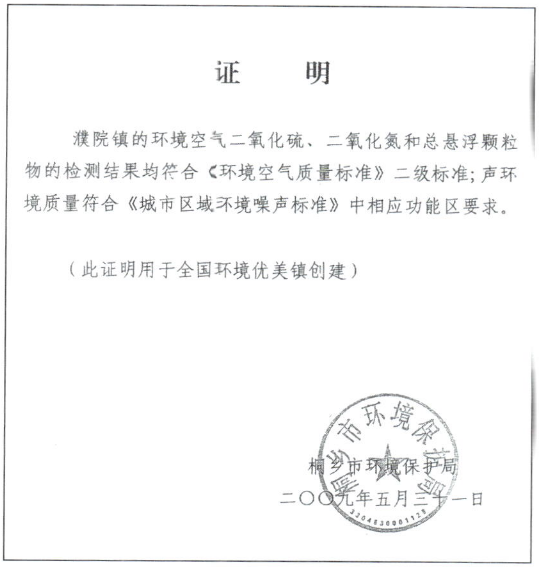

证　明

濮院镇的环境空气二氧化硫、二氧化氮和总悬浮颗粒物的检测结果均符合《环境空气质量标准》二级标准；声环境质量符合《城市区域环境噪声标准》中相应功能区要求。

（此证明用于全国环境优美镇创建）

桐乡市环境保护局

二〇〇九年五月三十一日

濮院镇空气环境质量监测证明

第二节　生态农业

濮院镇发展生态农业、改善农业生态环境的具体措施是开展土地整理、建设标准农田，调整农业经济结构、建设绿色无公害农业，治理及利用畜禽粪便等几个方面。

开展土地整理、建设标准农田

土地整理、建设标准农田是发展生态农业、改善农业生态环境的基础。中华人民共和国成立前，镇域农村圩田分散零乱，封闭不畅，易渍、易涝，环境质量较差。中华人民共和国成立初期，田地交错，高低不平，“箱子田”“湖心田”“烂水田”仍随处可见。20世纪50年代后期，随着电力排灌的发展，逐渐开始进行以旱地为主的土地平整，但只是高地高整、低地低整，零星分散，规模较小。1970年开始，为实现农业机械化，开始进行大规模的农田基本建设：每年冬春两季挑埂搬墩、平整土地，调整排涝分系，开展渠系配套；积肥造田，改良土壤；实行水、田、渠、林、路综合治理，建设旱涝保收、稳产高产农田。20世纪90年代，政府在进行土地整理的同时，提出了建设标准农田的新要求。

2000年，濮院镇对部分行政村区划进行调整，各村结合并村后的实际情况，每年有计划地开展水渠设施、田间道路、农田防护林等方面的建设，进一步加快了农田改造和环境治理的步伐。2005年，全镇农业基础设施建设总投入2000多万元，新建水闸9座、标准化泵站13座、节水灌溉泵站1座，沟渠硬化45千米，整理土地3600亩。2006年，全年农村基础设施总投入2500万元，新建水闸9座、标准化泵站17座，新筑生态圩堤5.5千米，整理土地4170.6亩，沟渠硬化49.2千米。2007年，全年农村基础设施总投入2866万元，新建水闸3座、标准化泵站19座，新筑生态圩堤3.5千米，整理土地3030亩。2008年，农业基础设施条件不断改善，新建闸站2座、标准化泵站23座。2009年，政府投入资金2000多万元，用于农业基础设施建设。其中，新妙智、新东、星旗等村整理土地3000亩，建成标准农田7716亩。全镇基本形成“土地平整、农田成方、路渠成网、绿化成行”的标准农田新格局，有效地改善了农业生产条件和增强抵御自然灾害的能力，为农业走向产业化、规模化、生态化奠定良好基础。

调整农业经济结构

2004年，濮院镇制订《桐乡市濮院生态镇建设规划》，规划就“生态农业”建设明确提出，在考虑环境承载力和资源优势的基础上，调整粮食作物与经济作物的种植比例（简称粮经比），扩大经济作物种类，优化农业经济结构模式，发展蚕桑、畜禽养殖、渔业等特色产业，建设绿色无公害农业。随着该规划的贯彻实施，全镇农作物粮经比更趋合理，蚕桑、畜禽养殖、渔业等特色产业丰富，经济作物种类多样化，绿色无公害农业初具规模，改变了过去“农业—种植业—粮食”这种单一的农业经济结构模式。2006年，全镇农作物播种面积95491亩，其中粮食作物播种面积40796亩，经济作物播种面积为54695亩，粮经比为43∶57。经济作物主要有九大类，其中油料作物17369亩，棉花130亩，甘蔗、烟叶148亩，药材2400亩，蔬菜22548亩，果用瓜6498亩，花卉园艺3336亩，其他作物2266亩。桑园面积和蚕茧产量，桑园面积15220亩，饲养蚕种21588张，蚕茧总产量907吨。畜禽年末存栏数，生猪106288头、羊62167只、家禽1167615羽。淡水养殖总面积2790亩，产量1336吨。2010年，全镇农作物播种面积为92806亩，其中粮食作物播种面积46358亩，经济作物播种面积为46448亩，粮经比为50∶50。经济作物主要有油料作物7124亩、棉花1171亩、甘蔗145亩、药材1786亩、蔬菜28607亩、果用瓜6688亩、花卉园艺2604亩、其他作物917亩。桑园面积7067亩，饲养蚕种10375张，蚕茧总产量469吨。畜禽年末存栏数，生猪37311头、羊25197只、家禽285482羽。水产品产量787.8吨。实施农业经济结构调整，不仅发展了农村经济，提高了农民的收入，也改善了农村的环境面貌。

建设绿色无公害农业

绿色无公害农业建设，既是一项绿色餐桌工程，又有利于生态环境保护。20世纪80年代后，由于过度施用化肥、农药，导致农业面源污染和农产品受污程度日趋严重。对此，濮院镇党委、政府高度重视，采取多项措施加以控制。2000年后，政府更加注重绿色无公害农业工程的建设，采取了包括加强对农资销售部门的监督检查，严格控制高毒高残留农药的销售和施用；实施沃土工程，推广配方施肥和秸秆还田；推广使用农家肥、无害高效有机肥，平衡施肥；建设生态养殖场、农业示范区等措施。

2006年，全镇建成蔬菜绿色无公害农业示范基地7个。2008年，红旗漾村建无公害蔬菜基地1个。当年4月,55亩无公害叶菜类蔬菜上市,成为桐乡市"餐桌工程"的重要组成部分。新港村利用沼气池中的废液作肥料,种植茭白110亩和其他无公害蔬菜51亩。2009年,全镇建农业示范区3个,面积达6500亩,其中1个为省级园区,面积2700亩。是年,桐乡市农业经济局对镇域主要农产品的农药残留、化肥施用强度及农作物秸秆综合利用率等指标进行检测,结论为:"濮院镇主要农产品为稻谷,生产操作严格按照无公害生产技术规程,3年来,没有发现禁用农药销售使用,所生产的稻米农药残留符合国家标准,合格率达100%;水稻、油菜、大小麦、大豆、蔬菜等施用化肥强度为220千克/公顷;农作物秸秆大部分直接还田作肥料使用,小部分通过农户养畜、禽填栅后形成有机肥施入农田,秸秆综合利用率达到100%。"2010年,全镇无公害农业建设已遍及各村,开创了"一村一品"的绿色产业新格局。其中,新妙智村的大棚西瓜、花卉苗木、葡萄等,新港村的生态养殖示范区,新东村的休闲农庄,新河村的芦荟基地等。是年,全镇精品农业示范园区扩大至6950亩,其中种植优质水果1800亩、花卉苗木1450亩、特种水产1050亩、无公害蔬菜650亩、优质粮食2000亩。

畜禽粪便治理及利用

过去,域内农户饲养的畜禽大多处于散养状态,饲养量较少,畜禽粪便存于粪池用作肥料。20世纪90年代后,随着经济发展,人口增加,市场对肉类需求量大幅提高,农户饲养量也急剧攀升。2003年,濮院镇肉猪养殖达5.1万头,禽类养殖量在88万羽以上。畜禽饲养量的增加也给农村环境造成了污染,尤其是大多数畜禽仍处于散养状态,粪便资源化利用率和污水达标排放率均较低。以2003年为例,畜禽粪便排放COD的产生量占全镇COD产生总量的22.93%,成为主要农业面源污染之一。

2003年,镇政府开始实施规模化畜禽养殖场布局规划,引导养殖业向规模化、生态化方向发展。同时,加强区域性环境管理,政府与小型畜禽养殖专业场、养殖区、养殖户签订环境保护和畜禽粪便综合利用目标责任书,从源头上减少污染物排放,使畜禽粪便的排放逐步转向资源化、减量化、无害化、生态化,实现畜禽排泄物的良性循环。治理方式主要有两种:其一,通过干湿分离、雨污分离的办法,将干粪集中送畜粪收集中心制作生物有机肥,或堆积发酵后直接还田,污水则通过沼气发酵处理后还田,实现排泄物减量化、无害化、资源化利用。其二,生物环保模式,即粪尿通过发酵池发酵,使微生物降解,达到无臭味、无污染的目的。其中新港村生态养殖示范小区,是全镇实现畜禽排泄物综合利用最成功的典范。2008年,新港村规划土地102亩建造"新港村生态养殖示范小区",当年,示范小区一期建成,占地面积42亩,养殖生猪万余头。同时还建成与之相配套的20亩蚯蚓养殖场及600立方米的沼气池。养殖区内通过干湿分离,将猪粪作为蚯蚓饲料,而蚯蚓粪又转化成有机肥;猪尿、液体污染物则通过排渠流入沼气池,经厌氧发酵产生沼气,沼气作能源,沼液、沼渣又可作为有机肥施用,开创了"种养结合、资源利用、生态循环"的新模式。2009年3月,桐乡市农业经济局对濮院镇规模化畜禽养殖污水排放达标率情况进行检测，结论为："濮院镇现有规模化养殖场 1 家(新港村生猪养殖场)。采用沼气沉淀处理，粪便沉淀后定期清理，再将粪便卖给花木公司作为有机肥料使用；牧场建有沼气发电工程，对粪便进行无害化处理；奶牛场采用三格式沼气处理，对粪便进行无害化处理。规模化畜禽养殖污水排放达标率达 100%。"同日，对规模化畜禽养殖粪便综合利用率进行检测，结论为："据调查，濮院镇现有规模化养殖场 1 家(新港村生猪养殖场)。采用沼气沉淀处理，粪便沉淀后定期清理，再将粪便卖给花木公司作为有机肥料使用；牧场建有沼气发电工程，对粪便进行无害化处理；奶牛场采用三格式沼气处理，对粪便进行无害化处理。规模化畜禽养殖粪便综合利用率达到 100%。"

2009 年，桐乡市畜禽养殖业污染治理领导小组会同市环保局等有关部门组成验收小组，对濮院镇列入省级督办治理任务的 43 家(年末存栏在 50 头以上)规模化畜禽养殖场排泄物综合治理项目进行验收，除个别项目需进行整改外，其余项目通过市级验收。2010 年，全镇有 154 家(年末存栏量在 20—49 头)畜禽养殖场被列入年检计划。

第三节　生态镇建设

2004 年，濮院镇党委、政府根据浙江省生态办下发《关于生态市、生态县(市、区)、生态镇(乡)建设与规划编制工作指导意见》(省生态办〔2003〕7 号)，结合濮院镇在社会经济快速发展的同时，生态环境质量下降的实际情况，委托浙江省环境监测中心编制《桐乡市濮院生态镇建设规划》。规划包含 12 个部分，其中"规划目标与可达性分析"部分，在客观分析、评价濮院镇生态现状的同时，提出建设生态镇的具体规划指标。

该规划提出后，镇党委、政府除继续实施调整产业结构、培养生态工业、发展生态农业、改善农业生态环境外，还加快对重点环保项目和生活垃圾处理、治理河道、修筑帮岸、城乡绿化等一系列生态工程的建设速度，加快环保工程建设和环境治理的步伐。是年，镇政府提出"经济建设、城乡建设、环境建设同步规划、同步实施、同步发展"的发展战略，带领全镇走高质量发展之路。

表 12－9　　濮院生态镇建设规划指标体系一览表

考核内容	指 标 名 称	现 状	验收标准	规划实施目标		
		2003 年	一类标准	2006 年	2011 年	2020 年
社会经济发展	农民年人均纯收入(元)	6510	＞当地平均水平	8500	13000	25000
	城镇居民人均可支配收入(元)	未统计	＞当地平均水平	20000	29000	50000
	公共设施完善程度	完善	完善		完善	

续表 12－9

考核内容	指标名称	现状	验收标准	规划实施目标		
		2003年	一类标准	2006年	2011年	2020年
社会经济发展	农村生活饮用水卫生合格率(%)	95	≥90	≥98	≥99	
	自来水普及率(%)	100	≥98	100		
镇建成区和中心村环境	卫生厕所建设与管理	达到国家卫生镇有关标准	达到国家卫生镇有关标准	达到国家卫生镇有关标准		
	生活垃圾无害化处理率(%)	70	≥90	≥90	≥95	≥98
	生活污水处理率(%)	10	≥70	≥70	≥80	≥90
	人均公共绿地面积(平方米)	8	≥11	≥11	≥12	≥15
	地表水环境质量	未达标	达到生态功能区划要求	达到环境功能区划要求		
	空气环境质量	达标				
	声环境质量	未达标				
	重点工业污染源排放达标率(%)	100	100	100		
	森林覆盖率(%)	未统计	≥10	≥10	≥12	≥15
	水土流失治理程度(%)	70	≥70	达到环境规划要求		
镇区生态环境	农田林网化率(%)	97	≥70	100		
	规模化畜禽养殖场粪便综合利用率(%)	—	≥90	≥90	≥95	≥98
	规模化畜禽养殖场污水排放达标率(%)	—	≥75	≥75	≥80	≥90
	农作物秸秆综合治理率(%)	95	≥95	≥98	100	
	农用化肥施用强度(折纯千克/百平方米)	255	≤280	≤250	≤220	≤200
	主要农产品农药残留合格率(%)	90	≥85	≥90		

重点环保工程

集中污水处理、集中提供热能和集中提供工业用水是全镇重点环保工程。

濮院恒盛水处理有限公司 公司前身为濮院污水处理厂，由毛衫城开发建设有限公司与浙江大学环境工程公司、桐乡环保局天宇环保工程有限公司共同投资创建，负责对全镇污水进行集中处理，厂址设在工业园区内。2001年，一期工程建成并投入使用，日处理能力1万吨。园区内的生产、生活污（废）水经污水厂集中处理，达标排放。2002年12月，开建二期污水处理扩建工程（该工程为浙江省环太湖环境治理重点项目之一），2003年9月投入运营，日处理能力3万吨。2005年，污水处理工程扩建至日处理能力5万吨。2006年，镇政府出资8000余万元收购污水处理厂，并将其更名为濮院恒盛水处理有限公司，再投入4000余万元对污水管网、治污设备进行全方位改造提升。2007年，镇政府投入6800余万元，再次对治污设备和排污管网进行改造。2009年，在镇政府财政资金的支持下，全镇所有排污企业都安装了在线监控装置，实现刷卡排污远程自动化监控。至2010年，全镇工业污水全部入网，建成区生活污水50%并网，全面完成市政府下达的减排指标，有效地改善了域内的水环境质量。

桐乡市濮院工旺热能有限公司 2001年7月，桐乡市濮院工旺热能有限公司成立，地址在工业园区内，公司为园区企业集中供应蒸汽热能。整个工程分为五期完工，首期于2001年9月完工，供热能力为每小时16吨，至2006年，五期工程全部完工，总供热能力达到146吨/小时，满足全镇企业的蒸汽热能需求量，彻底改变了过去企业一直靠锅炉燃煤供热的历史，清洁又环保。2007年9月，公司停止供应蒸汽热能，并入位于运河塘口的协鑫环保热电有限公司，10月，由协鑫环保热电有限公司正常供热，供热能力达到1600吨/日。协鑫环保热电有限公司因热电联产而派生出的工业项目有十余个，形成了多条环保循环产业链。如电厂每年产生的粉煤灰、脱硫石膏等废料，通过流程循环形成煤—电—粉煤灰—水泥、煤—电—二氧化硫—集中供热、煤—电—粉煤灰—新型建材等多条绿色产业链。其中，仅集中供热一项，全镇就消灭小烟囱37个，每年削减二氧化硫排放650吨。

恒源工业净水有限公司 公司前身为恒源工业净水厂，位于凯旋路南侧恒兴路东侧，2005年6月开建，2006年4月建成并投入试生产，是濮院镇根据工业用水现状，为节约水资源，降低企业生产成本，减轻全镇生活用水压力而建造的集中提供工业用水的又一重大环保投资项目。工业净水的工作原理是将河水经“化学混凝沉淀＋氯气消毒＋过滤”处理，一方面，可为园区和镇区工业企业供应生产用水，另一方面，还可为市政道路、基建、园林、消防等多种非饮用水需求提供水源。2010年，恒源工业净水有限公司日取水规模为5万吨。

生活垃圾无害化处理

改革开放前，镇域的生活垃圾由环卫部门负责处理。改革开放后，生活垃圾的处理逐渐由物业管理公司负责，镇环卫所则负责监督管理及对环卫设施的维护。由于新居民的剧增导致生活垃圾产生量逐年增多，保洁人员和保洁工具不断增加。1996年，全镇配备储水量为2吨的道路洒水车1辆、垃圾清运车1辆；1998年，2吨洒水车升级为4吨；2010年，垃圾清运车增至21辆（其中镇区配置13辆，行政村配置8辆）。2000年，保洁工具车近百辆，2010年，保洁工具车增至300辆。2005年，全镇保洁人员80人，至2010年，保洁人员增至320人。与此同时，政府不断加大对公共卫生设施建设资金的投入。镇区公厕数量也由20世纪90年代的11座增加至2010年的20座。此外，还在永乐村建起了3座公厕。2005年，镇政府将镇区的环保工作委托桐乡市东方物业管理有限公司负责管理，镇环卫所则负责对全镇垃圾收集、清运等作业状况及环境卫生状况进行监督管理，同时负责对垃圾中转站、垃圾筒等环卫设施的运营与维护。2005年3月，镇政府出台《关于开展全镇农村垃圾集中收集处理及环境卫生整治的实施意见》，要求各行政村建立垃圾清扫和环境保洁制度，生活垃圾实行镇、村两级收集，集中处理；各村建1—2个垃圾收集房，配若干名垃圾收集（清扫）员，每户配备1个垃圾收集筒；村收集（清扫）员每天将筒内垃圾运送收集房，由镇卫生办统一清运至镇垃圾中转站，经压缩后送梧桐垃圾填埋场集中填埋处理，做到日产日清。2009年3月，镇政府印发《濮院镇村庄整治长效管理工作考核办法》，明确将农村垃圾收集、清运的各项保洁工作纳入对各村的考核内容，从制度上保证了村庄整治的长效管理。

表12－10　　2009年各村垃圾桶配置情况表

单位：只

村　　名	垃圾筒数量	村　　名	垃圾筒数量
新河村	960	新妙智村	530
永联村	530	油车桥村	430
新濮村	750	红旗漾村	580
永乐村	750	新联村	670
新星村	1000	新港村	710
永越村	555	星旗村	500
新东村	555	西浜村	570

资料来源：《全国环境优美镇复查申报资料》第95页

表12－11　　2009年各村垃圾收集房配置情况表

单位：间

村　　名	收集房数量	村　　名	收集房数量
新河村	2	新妙智村	1
永联村	1	油车桥村	1

续表 12－11

村　　名	收集房数量	村　　名	收集房数量
新濮村	2	红旗漾村	2
永乐村	2	新联村	2
新星村	2	新港村	2
永越村	2	星旗村	1
新东村	2	西浜村	1

资料来源:《全国环境优美镇复查申报资料》第 95 页

表 12－12　　濮院镇 2010 年全镇(乡村)垃圾中转站一览表

序　　号	各乡村中转站(29 座)	镇区中转站(6 座)
1	新河殳宝弄中转站	
2	新河中机埠中转站	
3	上马墩中转站	
4	永越周家埠中转站	
5	朱家浜中转站	
6	宏苑新村中转站	
7	永乐红晓村中转站	
8	永乐新村中转站	
9	新濮敬老院西侧中转站	
10	新濮王家汇中转站	
11	新濮祁塘浜中转站	
12	新星马家桥中转站	
13	新星罗家桥中转站	
14	新星金家角中转站	
15	新星大船浜中转站	
16	翠竹园新村中转站	
17	永联曹家埭中转站	
18	新东村浜南组中转站	
19	红旗漾村李南中转站	
20	红旗漾曹家场子组中转站	

续表 12－12

序　　号	各乡村中转站(29 座)	镇区中转站(6 座)
21	新妙智村大汇中转站	
22	油车桥村计策浜中转站	
23	新联村孔家门中转站	
24	新联凤凰墩中转站	
25	新港观音堂中转站	
26	新港冯家汇中转站	
27	星旗冯家木桥中转站	
28	新联南北圣中转站	
29	西浜村中转站	
30		镇区新濮中转站
31		镇区长木桥中转站
32		镇区农贸市场中转站
33		兴园桥压缩中转站
34		卸货口心中转站
35		中心集贸市场中转站

资料来源:镇卫生办

治理河道、修筑帮岸

治理河道、修筑帮岸是环境治理的内容之一。濮院人历来注重对河道的治理,民国 12 年(1923)9 月,镇人仲少棠发起捐资,郑日章、沈润卿、徐颂嘉等协助募集,雇用 1939 人,历时 40 余日,修筑运河塘妙智至永新段。

中华人民共和国成立后,濮院开展一系列河道疏拓与护岸工程。其中规模较大的疏拓工程有:1955 年冬疏拓新生分乡港,1969 年冬疏拓新生新桥港,1970 年冬及 1979 冬两次疏拓新生正家笕港,1974 年冬疏拓新生和尚浜港,1976 年冬疏拓新生妙智港,1978 年冬疏拓新生北横港等。与此同时,开展帮岸修筑,1964—1990 年,修筑帮岸 5.99 千米,其中新生 4.95 千米、濮院 1.04 千米。1998 年开展的庙簰港拓宽工程是境内规模较大的一次河道疏拓与帮岸修筑工程。拓宽后的庙簰港变得港宽水深,两边护岸不仅用石块垒砌,还修筑了一条栽有香樟、杨柳等树种的人行小道,形成河道水系生态绿化带,既固堤护岸,又美化环境。

2000 年后,濮院加大治理河道力度,除对镇域主要河道进行疏浚、拓宽、石砌护岸外,还对农村小河进行有计划的疏浚拓宽,修筑生态护岸。其中,2005 年,疏浚河道

31.86 千米，修筑护岸 7.7 千米；2006 年，疏浚河道 38.5 千米，修筑护岸 8 千米；2007 年，疏浚河道 23.3 千米，修筑护岸 10.7 千米；2008 年，疏浚河道 16.9 千米，修筑护岸 6.92 千米，建设植物型护岸 5.9 千米；2009 年，疏浚河道 16.3 千米，新建护岸 10 千米。建成半碗桥港、王母桥港、妙智港、毓子港等生态圩堤，总长 9.4 千米。

实行河道保洁负责制。2007 年，镇政府出台《濮院镇河道保洁长效管理办法》和《濮院镇河道保洁长效管理考核办法》。2008 年 5 月，出台《关于实施濮院镇河道专项整治与长效保洁的若干措施的通知》，对全镇除大运河外的 222 条河道（总长 181.7143 千米、水域面积 346.37 平方米）实行责任落实。镇村共投入资金 98 万元，建立长效保洁队伍 15 支，配备保洁员 50 人。镇卫生办负责对 50 名从业人员进行统一培训、统一配备船只及救生衣、统一投保，做到责任、人员、资金“三落实”。同时，制定河面日常管理制度、检查验收办法，其中对河道的保洁要求为河面达到“三无”，即河面无漂浮物、河中无障碍物、河岸无垃圾。

通过疏拓河道、修筑护岸的“清水河道工程”及河面保洁等一系列措施的治理，截至 2010 年，全镇水环境有了根本性的改观，河道水清、流畅，护岸水系绿化，在提高泄洪能力的同时，给居民创造了优美的生态环境。

表 12－13　　2004—2005 年镇域河道整治情况表

河道名称	河道所属	级别	疏浚、拓宽	护岸修筑	时间
区农场浜	新东村	村级	疏浚 128.4 米、土方量 1540 立方米		2004 年
区农场北浜	新东村	村级	疏浚 75.5 米、土方量 906 立方米		2004 年
竹小浜港	新港村	村级	疏浚 1823 米、土方量 21878 立方米		2004 年
判香桥港	红旗漾村	村级	疏浚 705 米、土方量 8464 立方米		2004 年
盛介桥港	新妙智村	村级	疏浚 1582 米、土方量 18994 立方米		2004 年
朱家石桥港	新妙智村	村级	疏浚 11364 米、土方量 16369 立方米		2004 年
小港浜	新妙智村	村级	疏浚 128 米、土方量 1544 立方米		2004 年
龙潭漾浜	新濮村	村级	疏浚 1421 米、土方量 17060 立方米		2004 年
俞家门浜	新濮村	村级	疏浚 959 米、土方量 111515 立方米		2004 年
孔家埭浜	永越村	村级	疏浚 299 米、土方量 3598 立方米		2004 年
云家桥浜	永越村	村级	疏浚 413 米、土方量 4959 立方米		2004 年
朱家浜内河	油车桥村	村级	疏浚 468 米、土方量 5616 立方米		2004 年
兰溪浜	星旗村	村级	疏浚 2026 米、土方量 24318 立方米	生态护岸 1000 米	2004 年
北庄浜	新濮村	村级	疏浚 1539 米、土方量 18475 立方米		2005 年

续表 12－13

河道名称	河道所属	级别	疏浚、拓宽	护岸修筑	时间
沈家门浜	新濮村	村级	疏浚 251 米、土方量 3013 立方米		2005 年
塘家门浜	新濮村	村级	疏浚 100 米、土方量 1209 立方米		2005 年
刘家浜	新濮村	村级	疏浚 666 米、土方量 8001 立方米		2005 年
范家浜	新濮村	村级	疏浚 557 米、土方量 6694 立方米		2005 年
桐乡港	濮院	镇级	疏浚 4158 米、土方量 49900 立方米	生态护岸 2500 米	2005 年
朝阳桥港	濮院	镇级	—	生态护岸 1200 米	2005 年
徐家埭浜	新港村	村级	疏浚 960 米、土方量 11520 立方米		2005 年
薄扇浜	新联村	村级	疏浚 259 米、土方量 3118 立方米		2005 年
石臼浜	新联村	村级	疏浚 126 米、土方量 1513 立方米		2005 年
南北圣浜	新联村	村级	疏浚 578 米、土方量 6943 立方米		2005 年
石灰浜	新星村	村级	疏浚 286 米、土方量 3435 立方米		2005 年
夏家浜	新星村	村级	疏浚 333 米、土方量 4004 立方米		2005 年
罗家浜外河	星旗村	村级	疏浚 149 米、土方量 1796 立方米		2005 年
网船浜	星旗村	村级	疏浚 98 米、土方量 1185 立方米		2005 年
曹家埭浜	永联村	村级	疏浚 936 米、土方量 11232 立方米		2005 年
金塘浜	永越村	村级	疏浚 2274 米、土方量 27295 立方米		2005 年
吴家浜	永越村	村级	疏浚 1364 米、土方量 16369 立方米		2005 年
谢仁桥港	油车桥村	镇级	疏浚 658 米、土方量 7897 立方米		2005 年
陆家浜	油车桥村	村级	疏浚 295 米、土方量 3544 立方米		2005 年
谢家门外浜	油车桥村	村级	疏浚 346 米、土方量 4160 立方米		2005 年
谢家门内浜	油车桥村	村级	疏浚 194 米、土方量 2328 立方米		2005 年
计家浜	油车桥村	村级	疏浚 491 米、土方量 5900 立方米		2005 年
王家板桥港	油车桥村	村级	疏浚 958 米、土方量 11499 立方米		2005 年

表 12－14　　2005—2007 年镇域河道整治情况表

河道名称	河道所属	级别	疏浚、拓宽	护岸修筑	时间
朱家浜外河	油车桥村	村级	疏浚 458 米、土方量 5499 立方米		2005 年
毓子桥港	濮院	镇级	疏浚 2711 米、土方量 32538 立方米	生态护岸 3500 米	2006 年

续表 12－14

河道名称	河道所属	级别	疏浚、拓宽	护岸修筑	时间
殳宝弄浜	新河村	村级	疏浚 210 米、土方量 2529 立方米		2006 年
马七桥港	新河村	村级	疏浚 1197 米、土方量 14371 立方米		2006 年
沈家浜	永联村	村级	疏浚 314 米、土方量 3772 立方米		2006 年
老南横港	永联村	村级	疏浚 202 米、土方量 2433 立方米		2006 年
长生桥浜	永联村	村级	疏浚 321 米、土方量 3859 立方米	生态护岸 200 米	2006 年
朱家桥港	新星村	村级	疏浚 1953 米、土方量 23440 立方米		2006 年
西桥港	油车桥村	村级	疏浚 995 米、土方量 11940 立方米		2006 年
鱼船浜	油车桥村	村级	疏浚 212 米、土方量 2552 立方米		2006 年
李家浜	红旗漾村	村级	疏浚 581 米、土方量 6982 立方米	生态护岸 1500 米	2007 年
北水车浜	红旗漾村	村级	疏浚 182 米、土方量 2192 立方米		2007 年
北横港	濮院	镇级	疏浚 1000 米、土方量 12000 立方米	生态护岸 1000 米	2007 年
张家桥港	新东村	村级	疏浚 3640 米、土方量 43689 立方米	生态护岸 1500 米	2007 年
里浜	新港村	村级	疏浚 985 米、土方量 11826 立方米		2007 年
冯木桥浜	新港村	村级	疏浚 535 米、土方量 6427 立方米		2007 年
王家汇浜	新港村	村级	疏浚 348 米、土方量 4182 立方米		2007 年
陶家桥港	新河村	村级	疏浚 3233 米、土方量 38806 立方米		2007 年
殳宝弄浜	新河村	村级	疏浚 210 米、土方量 2529 立方米	生态护岸 1200 米	2007 年
牛桥港	新河村	村级	疏浚 1683 米、土方量 20203 立方米		2007 年
罗秋浜	新河村	村级	疏浚 264 米、土方量 3168 立方米		2007 年
黄金浜	新河村	村级	疏浚 1873 米、土方量 22479 立方米		2007 年
小木桥浜	新河村	村级	疏浚 259 米、土方量 3114 立方米		2007 年
孔家门浜	新联村	村级	疏浚 90 米、土方量 1084 立方米		2007 年
凤凰墩北浜	新联村	村级	疏浚 257 米、土方量 3093 立方米		2007 年
老南横港	新妙智村	村级	疏浚 1026 米、土方量 12313 立方米		2007 年
祁塘浜	新濮村	村级	疏浚 611 米、土方量 7332 立方米		2007 年
钱家浜	新濮村	村级	疏浚 223 米、土方量 2684 立方米		2007 年
刘家浜南浜	新濮村	村级	疏浚 270 米、土方量 3244 立方米		2007 年
毛家埭浜	新濮村	村级	疏浚 498 米、土方量 5980 立方米		2007 年
朱家埭浜	新濮村	村级	疏浚 218 米、土方量 2625 立方米		2007 年

续表 12－14

河道名称	河道所属	级别	疏浚、拓宽	护岸修筑	时间
马家桥港	新星村	镇级	疏浚 2986 米、土方量 35838 立方米		2007 年
小港	永乐村	村级	疏浚 1596 米、土方量 19154 立方米		2007 年
赤家浜	永联村	村级	疏浚 276 米、土方量 3313 立方米		2007 年
徐家浜	永联村	村级	疏浚 385 米、土方量 4626 立方米		2007 年
王家门浜	永联村	村级	疏浚 501 米、土方量 6018 立方米		2007 年
绵羊浜	永联村	村级	疏浚 1330 米、土方量 15970 立方米		2007 年

表 12－15　　2007—2010 年镇域河道整治情况表

河道名称	河道所属	级别	疏浚、拓宽	护岸修筑	时间
岳家桥港	永越村	村级	疏浚 485 米、土方量 5824 立方米		2007 年
魏家门外浜	油车桥村	村级		生态护岸 1000 米	2007 年
西浜	西浜村	村级		生态护岸 1612 米	2008 年
北永兴港	濮院	镇级	疏浚、土方量 150820 立方米		2008 年
吴家浜	永越村	村级	疏浚、土方量 12206 立方米		2008 年
南妙智港	濮院	镇级		生态护岸 1043 米	2008 年
张家浜	红旗漾	村级		生态护岸 1440 米	2008 年
双园里	新联村				
黄金浜	新河村	村级		生态护岸 1364 米	2008 年
曹家浜	永联村				
魏家门	油车桥村				
机凌桥港	永越村	村级	疏浚、土方量 14607 立方米		2008 年
钱家兜浜					
中横港	新联村	村级	疏浚、土方量 71889 立方米		2008 年
倪家浜					
新桥港北	新港村	村级	疏浚、土方量 728190 立方米		2008 年
南横港	濮院	镇级	疏浚、土方量 51633 立方米		2008 年
双园桥	永越村	村级		生态护岸 669 米	2009 年
莫家浜	新港村	村级	疏浚、土方量 34643 立方米		2009 年
邮亭桥浜	西浜村				
叶家浜	星旗村				

续表 12－15

<table>
<tr><th>河道名称</th><th>河道所属</th><th>级别</th><th>疏浚、拓宽</th><th>护岸修筑</th><th>时间</th></tr>
<tr><td>河西等 5 浜</td><td>新河村</td><td>村级</td><td>疏浚、土方量 21573 立方米</td><td></td><td>2009 年</td></tr>
<tr><td>项家浜</td><td>新濮村</td><td>村级</td><td></td><td>生态护岸 756 米</td><td>2009 年</td></tr>
<tr><td>北横港</td><td>新港村</td><td>村级</td><td></td><td>生态护岸 891 米</td><td>2009 年</td></tr>
<tr><td>南妙智港</td><td>濮院</td><td>镇级</td><td></td><td>生态护岸 1600 米</td><td>2010 年</td></tr>
<tr><td>竹家浜等</td><td>新河村</td><td rowspan="3">村级</td><td rowspan="3">疏浚、土方量 29497 立方米</td><td rowspan="3"></td><td rowspan="3">2010 年</td></tr>
<tr><td>丰家浜</td><td>永联村</td></tr>
<tr><td>吴家浜等</td><td>新港村</td></tr>
<tr><td>新妙智港等</td><td>新联村</td><td>村级</td><td>疏浚、土方量 73047 立方米</td><td></td><td>2010 年</td></tr>
<tr><td>潘家港等</td><td>新星村</td><td>村级</td><td>疏浚、土方量 50137 立方米</td><td></td><td>2010 年</td></tr>
</table>

资料来源：镇农经中心水利办

城乡绿化建设

镇区绿化建设主要包括道路绿化、河道绿化、单位绿化、小区绿化及公园公共绿化等，农村则主要是实行农田林网防护林、道路绿化及居住区周边绿化等。

20 世纪 70 年代，根据县委关于修筑防护林的要求，镇域农村开始在机耕道路的两旁栽种杉树（大多是池杉），初步呈现出农村植树绿化的景象。最具代表性的绿化道路有两条：一条是 1973 年修筑的机耕路，该路位于南北圣，南起运河塘口，北至金塘桥，全长 3000 米，宽 9 米，路的两旁共植池杉 1619 株。另一条是 1975 年修筑的机耕路，该路位于镇区北侧，南接中兴路，北至运河，全长 2700 米，宽 8 米，路的两旁共植池杉 5130 株。2000 年后，两条绿化道路均已浇筑成柏油路，两旁杉树茂密，绿荫蔽日，不仅是连接运河南北的主道，还成为美化环境的风景线。

21 世纪后，随着新农村建设的推进，各村按照“道路硬化、环境洁化、河道净化、民居美化、村庄绿化”的“五化”要求，除落实道路绿化、防护林建设（农田林网）外，还鼓励村民在各居住点或居住小区周边植树绿化，美化环境。至 2010 年，新河村绿化面积 323 亩，绿化率 41.7%，农田林网面积 221 亩；永联村村绿化面积 254 亩，绿化率 56%，农田林网面积 110 亩；永越村绿化面积 234 亩，绿化率 32.4%，农田林网面积 126 亩；永乐村绿化面积 74 亩，绿化率 43.5%，农田林网面积 15.9 亩；新濮村绿化面积 215 亩，绿化率 31.9%，农田林网面积 102 亩；新星村绿化面积 297 亩，绿化率 36.5%，农田林网面积 258.6 亩；新东村绿化面积 248 亩，绿化率 53.8%，农田林网面积 222.6 亩；红旗漾村绿化面积 304 亩，绿化率 60%，农田林网面积 147 亩；新妙智村绿化面积 256 亩，绿化率 57%，农田林网面积 149.2 亩；油车桥村绿化面积 141 亩，绿化率 38.5%，农田林网面积

度、淤泥排放量实现三下降，而且下降幅度都在50%以上。”濮院镇分管工业的副镇长张茂华说。

作为嘉兴工业化的典型，改革开放之初，“村村点火，处处冒烟”的粗放式发展模式，让濮院在完成原始积累的同时，也付出了巨大的环境代价。渴望富裕的百姓怎么也没想到，就在他们腰包鼓起来的同时，优美的环境离他们越来越远。

濮院以壮士断腕的宏大气魄给生态疗伤。2006年，镇政府出资8000多万元收购镇污水处理厂，同时投入4000多万元对污水管网、治污设备进行全方位改造提升；2009年，在政府财政资金的支持下，濮院所有排污企业都安装了在线监控装置，实现刷卡排污远程自动化监控。“这在全国是独一无二的！”前来考核的环保部官员发出这样的惊叹。同年，濮院再次投资3000多万元，改造调整镇污水处理厂，今年9月全镇工业污水和建成区生活污水可全部入网……人们欣喜地看到，濮院境内的所有河道重新变清澈了，两岸绿树成荫，鱼虾依稀可见。镇信访办工作人员也欣喜地感受到，近两年，没有发生因环保引起的上访纠纷。

为进一步洁净家园，濮院发出了“创建国家卫生城镇”动员令。全镇所有社区和行政村都配备了专职保洁员，建立了保洁长效机制，农村生活垃圾集中处理率达到100%。永越村党委书记朱坤荣透露，每年30万元的保洁费用，让该村1万多新老居民改变了随地乱扔垃圾的陋习。安徽到濮院经商的王金川感慨地说：“我儿子回到农村老家，扔个香蕉皮都要找垃圾桶，这都是在濮院培养的好习惯。”

作为浙江外来人口集聚最为密集的乡镇，濮院除4.6万本地户籍人口，还有11万来自五湖四海的新居民，特殊的人口结构让濮院的创建活动有着更深远的意义。这些受文明熏陶教化的新居民，自觉承担起文明使者的角色，让文明之花开遍祖国的大江南北。

一条绿色产业链成就“循环濮院”

一幢幢青砖碧瓦的房舍在绿色掩映中齐齐整整地排列着，两旁夹竹桃的团团白花热情绽放，微风拂动下芭蕉正闹得欢腾，瘦条儿的丝瓜与香樟在低声细语，沁人的芳香激荡起久违的田园梦想。“这哪里是养殖场，分明是花园！”记者的一声感叹，引来养猪大户徐文春的阵阵笑声，“这就是我们新港村的生态养殖示范小区，在这里所有的东西都可循环利用，基本实现零污染排放。”

有3笔账让老徐对养殖小区赞不绝口：一是猪粪沼化处理所产生的沼气，可供周边100多户农户无偿使用，每户一年可省800元的煤气钱；二是猪粪处理后产生的沼液用来种庄稼，能产出地地道道的无公害农产品，市场售价平均高出30%；三是拿干猪粪喂蚯蚓，去年小区养殖了蚯蚓，加上出栏生猪以及蔬菜销售，年产值达1400万元，利润达350万元。

由一条条产业链构筑起来的绿色经济循环圈，在濮院正由点到面铺开。依托协鑫环保热电有限公司派生出十余个工业项目，把电厂每年产生的粉煤灰、脱硫石膏全部消耗掉，形成煤—电—粉煤灰—水泥、煤—电—二氧化硫—集中供热、煤—电—粉煤灰—新型建材等多条循环产业链。仅集中供热一项，全镇消灭了37根小烟囱，每年削减二氧化硫排放650吨。

濮院针织产业园区至今已形成了纺纱、编织、印染、后整理、辅料生产、机械制造、检验检测、科技服务、物流配送等完整的产业链。为了充分体现生态、低碳、环保的园区特色，2007年以来，政府和企业共投入十多亿元，专门聘请国内外专家，生态化改造产业区。

如今的针织产业园区设立了一道高高的"绿色门槛"，每一个引资项目，都要请专家进行环境评估，不仅看项目的科技含量，更要看项目在园区产业发展中的链接性。今年，宁波一家化纤企业、杭州一家数码印花企业和化工企业、青岛一家日资钢铸企业想进驻园区。将近5亿元的总投资一旦落户，不但可以大大减轻镇党委、政府的招商引资压力，还可让镇财政迅速蹿升。但专家评估后认为："4家企业能耗高，环境影响较大，所产生的废弃资源与其他企业无法对接。"于是镇党委、政府毅然否决了这4个项目。

如今的针织产业园区还打造了一台"绿色发动机"——创建320创意广场，大力推进产学研合作，用创意提升传统产业，提高传统产品的竞争力。"我们的创意广场自去年开张以来，已与国内外十多家高校合作，吸引了服装设计、品牌策划、信息化软件开发、文化传媒、电子商务等20余家企业入驻。在这里，我们将催生出一个新的'创意阶层'，进而形成创意产业群。"濮院镇分管科技的党委委员卜掌浩说，"创意中心是一只会下金蛋的母鸡，一张桌子、几名员工所产生的效益有时会高过拥有几百名员工的企业。"

一波生态浪潮缔造"绿色濮院"

羊毛衫市场是濮院繁荣的象征，但濮院决策层认为，生态环境才是无法用金钱衡量的财富。

企业家率先行动起来，成为促进濮院打造绿色生态家园的最活跃力量。去年11月8日，濮院50家毛衫企业率先自发组建绿色整理联盟，向社会郑重承诺："一定摒弃那种生产—污染—治理—再污染的创富模式，让我们的金钱创造多些绿色！"目前，这些企业与20多名国内纺织专家合作，围绕羊毛衫"绿色生产"开展技术攻关。其中，"绿色染整"工艺的研发，使毛衫后整理排放的COD相比传统工艺削减了50%以上。

"我们不与人家比高楼大厦，而要比生态环境，比绿化水平。"这是濮院镇领导的口头禅。去年，为了防止城镇建设的无序蔓延、避免经济发展对绿化的"蚕食"，濮院进一步优化了64平方千米的镇域总体布局，从产业和城镇发展的角度，把镇区域功能布局划分为生态农业区、生态居住区、高新技术区等八大功能区，划定了全镇的生态控制线范围，构筑了一道绿色城墙。如今镇区人均公共绿地面积19.17平方米，全镇绿化率达32.9%。

越来越多的濮院人认为，绿色代表着健康和品位。他们自觉形成了树保护人、人保护树、村民种植树的和谐生态链。全镇有水的地方就有绿化，实现一泓清水、一条绿带、一道风景；14个行政村都掩映在绿树丛中，村村都有护绿队，他们义务值班，用心护绿；

企业纷纷捐资认栽花草林木、认养绿地游园、认管古树名木；农户间涌起一股“炫绿”的时尚浪潮，谁家的绿化面积更大，谁家的绿化更漂亮，那是家底殷实的象征，那是门庭兴旺发达的标志……绿色道路、绿色河道、绿色边界、绿色片区、绿色农田林网、绿色村庄的六大绿色工程，给濮院披上了绿色的盛装，如今的濮院实现了“春有花、夏有荫、秋有景、冬有青”。

濮院人的绿色理念在经受考验中实现跨越。今年夏天，按照镇域发展规划，永联村397户农户将全部搬迁到靠近集镇的新社区。房前屋后的树怎么办？消息灵通的树贩子慕名而来，并且开出高价。“这是老祖宗留给濮院的绿色家底，村庄搬了，树不能毁，我们要让它们留下来继续与濮院一起成长。”镇党委书记朱明杰对村民晓之以理，动之以情。镇政府及时出台政策，向村民回购树木，全村397户农户家里的树木都进行了登记建档。卖树风波很快平息，而一场怎样建设“绿色家园”的讨论在濮院迅速掀起。“如果说绿是一种文明、一种文化，那么身居其中的每一个人应该担当什么样的责任？”15.6万新老居民通过讨论受到了教育，得到了启迪，提升了文明素养。

曾经不惜代价追逐财富的濮院，在发展模式的转轨变道中，用绿色的理念铸就工业文明与生态文明融合的样板。古老的大运河静静流淌，默默地见证着它的绿色转身！

濮院：
铸造工业文明与生态文明融合样板

嘉興日報 JIAXING DAILY

‹上一篇 下一篇› 2010年9月6日 放大 缩小 默认

濮院：铸造工业文明与生态文明融合样板

■记者 应丽斋 杨秀娟 俞益青

见习记者 张芥娟

在空中俯瞰桐乡市濮院镇，从去年刚挂牌的濮院高新技术区到正在紧张排兵布阵的320创意广场，即将在这片热土上开启的产业发展新时代让人们充满期待。毫无疑问，这里又将成为嘉兴产业转型升级最耀眼的舞台。

历史曾在这里弹奏出美妙的弦歌。34年前，渴望富裕的濮院人，率先冲破体制樊篱，用3台手摇织机摇出了一个集聚千企业、汇上万商户、养育十万产业人群的“中国羊毛衫名镇”，催生了嘉兴最富有的村落群体。

然而，在市场经济创造的绚丽繁荣背后，成为嘉兴第一强镇的濮院不得不面对一些残酷数字的“拷问”，一度承担着桐乡50%以上的减排任务，境内总长180公里的河道都被染成了黑色，因环境问题引发的社会纠纷频频发生……

从“成长阵痛”中走来的濮院开始重新思考财富的本义，“我们不能以COD换GDP，不能为了今天的富裕，断了子孙路。”一场声势浩大的生态革命在濮院拉开序幕，他们在全国首推万元污水贡献值考核，全力破解工业经济衍生的“污染宿命”，全面开启点废成金的循环发展模式，全力探索零污染增长路径，赋予财富更多的人文底色，设置基本生态控制线，全力绘制“绿色濮院”新画卷……

第01版：要闻 下一版›

“环保与发展”共进的又一成功实践

《嘉兴日报》2010年9月6日专题报道书影

第十三编

PUYUAN ZHENZHI

政党
群众团体

民国16年(1927),建立中共濮院小组,“四一二”反革命政变后,中共濮院组织活动被迫停止。抗战期间,重建中共濮院组织。后迫于形势,中共濮院组织活动再次停止。

中华人民共和国成立初期,中共濮院组织曾先后隶属中共濮院区委、城濮区委。20世纪50年代初,濮院划为县直属镇并建立党委。后随着党员队伍发展,基层党组织相继建立。1954年,先后建立中共永安乡、乐安乡支部,两乡合并后党组织机构升格。1953年、1955年,建立中共新生乡、新丰乡支部,两乡合并后党组织机构升格。人民公社化初期,“一镇两乡”曾一度合并,后相继独立建立党委。“文化大革命”期间,镇乡党组织受到冲击,活动被迫停止。“文化大革命”结束后,拨乱反正,恢复党组织和党务活动。20世纪末和21世纪初,两度进行行政区划调整,中共濮院乡、新生镇党委先后并入中共濮院镇党委。

民国15年(1926),建立中国国民党濮院组织并开展活动,濮院沦陷后活动停止。抗战胜利后,党部组织恢复。1949年5月后,国民党在濮院的组织机构解体。

20世纪80年代中后期,中国农工民主党、中国民主促进会等民主党派相继在濮院发展党员,组建小组,成立支部。

民国期间,境内曾成立妇女协会和妇女会等群团组织。中华人民共和国成立后,在中共濮院镇委的领导下,相继成立工会、共青团、妇联、残联等社会团体,并按照法律和章程独立自主地开展工作,发挥各自作用,为密切党群联系,维护各群体权益,推进改革开放和现代化建设事业,实现中华民族伟大复兴做出了积极贡献。

第一章　中国共产党

第一节　中华人民共和国成立前的党组织及其活动

中共濮院组织创建于大革命时期。民国15年(1926)冬,在嘉兴工作的中共党员刘驾侯(濮院籍)受中共嘉兴独立支部派遣,到濮院指导国民革命,并在进步青年中发展党员。是年12月,发展进步青年徐耀华入党,并将其组织关系列入中共嘉兴新塍小组。民国16年(1927)1月,新塍党小组又在濮院发展翁怜之、周勖哉两名青年入党,并建立起濮院第一个党组织——中共濮院小组,时小组有党员5人,徐耀华任组长,隶属中共嘉兴独立支部。党组织建立后,广泛发动群众,开展一系列反帝、反封建活动。首先在农村组织

刘驾侯

建立农民协会，开展减租减息，游斗土豪劣绅。是年2月下旬，石门湾党组织派遣池耕襄、张兰（女）两人到濮院协助工作，成立濮院镇妇女解放协会，宣传进步思想，提倡男女平等。8月，党小组又发动镇上的药业、酒酱业、估衣业职员罢工，要求增加工资。随着各项工作的开展，境内民众革命热情高涨。民国16年(1927)，“四一二”反革命政变后，国民党右派发动的“清党”运动很快波及全国，中共濮院组织也因此遭到破坏。徐耀华去上海隐蔽，翁怜之、周勖哉则转入农村进行秘密斗争。10月，随着形势的严峻，翁怜之、周勖哉也随池耕襄去中共杭州县委工作，濮院党小组活动被迫停止。

抗日战争时期，中共濮院组织在中共浙江省委和浙西特委的领导下得到重建。民国29年(1940)1月，中共浙西特委派陈慕天（濮院镇人）回家乡开展工作。陈慕天在中共嘉崇桐工委领导下，在濮院建立起“抗日反汪大同盟”“中华民族解放先锋队”两个党的外围组织，并推荐韩起祥、朱树声、潘金海为大同盟会会员；推荐徐恒源油坊工人徐明章、李长友、朱良章为先锋队队员。其间，党组织经过对徐明章、李长友、朱良章、陈松筠等人的考察培养，发展其入党，建立抗战时期的中共濮院小组，由陈慕天任组长。党小组充分依靠党员，积极团结进步人士，以秘密串联、张贴标语、散发传单及利用合法身份发表演讲等形式进行抗战宣传，揭露敌伪罪行，以启发民众觉悟。尤其是处决了作恶多端的汉奸高善富、祝阿妹，更使人心振奋，抗日救亡活动开展得轰轰烈烈。同年7月，在镇郊农村发展许阿二、胡补荣、王瑞生入党，建立中共米字桥小组，许阿二任组长。同月，经中共嘉崇桐工委批准，建立中共濮院支部，陈慕天任书记，下辖濮院、米字桥两个党小组。随着党支部的建立，濮院的党建工作更上一个新台阶，至民国29年(1940)末，党员人数已发展至35人，又新建中共国界乡（属嘉兴县）小组。民国30年(1941)，经嘉崇桐工委报请浙西特委批准，成立中共濮院区委，陈慕天任区委书记，王毓兰、许阿二任委员。与此同时，濮院、米字桥、国界乡3个党小组升格为党支部，隶属中共濮院区委，陈慕天（兼）、许阿二、陈震声3人分别任濮院、米字桥、国界乡3个党支部的书记。不久，中共濮院区委又在泰旗乡（属嘉兴县）发展党员5人，并建立中共泰旗乡支部，童阿祥任支部负责人。濮院区委扩大后，中共浙西特委和嘉崇桐工委特派马振山到濮院协助工作。1941年4月，中共濮院区委隶属中共嘉兴县委领导。

民国30年(1941)5月，陈慕天与马振山在崇福庵策反国界乡自卫队时，不慎暴露身份。县委得知这一情况后，决定让陈慕天、马振山撤离濮院，另派许斐文（女）至濮院继续开展工作。民国31年(1942)4月，根据苏南抗日根据地反“扫荡”斗争的需要，为减少沦陷区内党的损失，外来干部全部北撤，濮院区委工作随之停止，党员属中共嘉兴新塍区委领导。

表 13－1　　中华人民共和国成立前中共濮院组织一览表

时　　间	组织名称	主　要 负责人	驻　地	领导机关	下属组织		备　　注
					支部	小组	
1927.01—1927.10	中共濮院小组	徐耀华	濮院镇	中共嘉兴独立支部	—	—	
1940.09—1941.01	中共濮院支部	陈慕天	濮院镇	中共嘉崇桐工委、中共嘉桐工委	—	2	
1941.01—1941.05	中共濮院镇支部	陈慕天（兼）	濮院镇	中共濮院区委	—	—	
1941.01—1942.04	中共濮院区委	陈慕天 张阿福	濮院镇	中共嘉桐工委、中共嘉兴县委	4	—	其中3个支部在嘉兴县

资料来源：1. 参考《中国共产党浙江省桐乡市（县）组织史资料》《桐乡县志》

2. 关于中共濮院小组的建立时间，《中国共产党浙江省桐乡市（县）组织史资料》第一卷 18 页为 1927.08，《桐乡县志》第 860 页为 1927.01，本志采用《桐乡县志》记载时间

第二节　中华人民共和国成立后的党组织

濮院镇

1949 年 5 月，濮院解放。同月，桐乡县设立城关、濮院、石湾、青镇、屠甸 5 个区委。中共濮院区委辖濮院乡（镇）、秀川乡、报恩乡，区委副书记马振邦，区委驻地濮院镇。1950 年 5 月，县委实行机关整编、划乡建乡后，濮院区委与城关区委合并，建立中共城濮区委，区委副书记马振邦，区委驻地革新乡北孟庙，濮院镇隶属城濮区委。

1951 年 11 月，濮院划为县直属镇建制，1952 年 10 月，建立中共濮院镇委员会，直属县委领导，张希赞为委员会副书记，主持党委工作。之后，在党委的领导下，开展了剿匪反霸、镇压反革命、土地改革、民主改革、“三反”、“五反”以及农业、手工业和私营工商业社会主义改造等运动。运动中，一些思想进步、政治觉悟高的青年积极向党组织靠拢。1953 年 5 月，经过考察，发展了第一批党员沈东华、孙永康、沈四毛、钱锦松。随着党员队伍不断发展和壮大，基层党组织相继建立。1952 年 10 月，建立镇机关党支部，党支部书记张希赞。1953 年 5 月至 1954 年 1 月，榨油厂与镇机关建立联合党支部。1954 年 2 月，建立榨油厂党支部，党支部书记王如兴；3 月，建立手工业（铁器、竹器、白铁、木器）联合党支部，党支部书记蔡占民，还建立供销社党支部，党支部书记金宝和。1955 年 10 月，建立文卫（镇小学、环卫所）联合党支部，党支部书记朱静芳；12 月，建立水作社党支部，

党支部书记徐景澄。至 1955 年底,全镇已建立 6 个党支部(包括联合党支部),党员人数增至 69 人。1956 年 1 月,召开中共濮院镇第一次党员代表大会,张廷桢任第一届委员会副书记,主持党委工作。

1958 年 10 月,全县实行人民公社化,撤销乡、镇党委,建立人民公社党委。同月,濮院镇、永乐乡、新生乡合并,建立中共桐乡县濮院人民公社委员会和中共濮院人民公社监察委员会。濮院人民公社委员会下设 7 个管理区,濮院镇改为濮院管理区,濮院镇党委改为濮院管理区党总支,陈自觉任党总支书记。1959 年 6 月,根据桐乡县委(59)207 号文件决定,实行社镇分设。7 月,濮院镇从濮院人民公社划出;9 月,正式恢复为县直属镇。王友昌为第二届委员会书记。

在社会主义改造和社会主义建设的新形势下,全镇机关、企事业单位的党组织或新建或联合,一大批从各条战线上涌现出来的优秀青年,经组织培养、考察,被吸收为新党员。至 1962 年,全镇已建立党支部 17 个,党员人数增至 168 人,王友昌为第三届委员会书记。

1966 年 5 月,“文化大革命”开始不久,镇党委受到冲击,党组织被迫停止活动。1968 年 11 月,成立濮院镇革命委员会。1970 年 5 月,成立濮院镇革命委员会党的核心领导小组,代替党委工作,叶智民任组长。是年 10 月,恢复镇党委,并召开第四次党员代表大会,沈东才任第四届委员会书记。是年,全镇基层党组织调整为 15 个,党员 128 人。

1974 年,开展“批林批孔”运动后,濮院镇成立“批林批孔”领导小组。“批林批孔”领导小组凌驾于党组织之上,并开始搞突击提干,突击发展党员,党组织的正常工作受到干扰。

1975 年 11 月,原南京军区浙江生产建设兵团三师建在濮院的丝厂移交地方,建立党委(二级),隶属濮院镇党委,党委书记张嗣相。

1976 年 10 月,党中央粉碎“四人帮”,全镇召开党员大会,此会也作为镇第五次党代会,万莲芳当选为第五届委员会书记。镇党委工作逐步恢复正常,同时把工作重心转移到社会主义现代化建设上来。是年,基层党组织发展至 19 个,党员 169 人。至 1987 年 12 月,全镇建有党支部 35 个,党员 411 人。

1990 年 2 月,召开濮院镇第八次党代会,大会选举第八届委员会和纪律检查委员会的组成人员,党委书记施兴,纪委书记陈建娟。此后,纪委与党委一起在党的代表大会上进行换届选举。1991 年 10 月,濮院丝厂建立纪律检查委员会,纪委书记马胜荣。

1992 年 6 月,全县进行扩镇并乡,濮院乡并入濮院镇,撤销濮院乡党委,原乡属党组织隶属中共濮院镇委员会。

1999 年 1 月,濮院丝厂并入梧桐制丝总厂,2 月,撤销濮院丝厂党委。2001 年 10 月,桐乡市实行乡镇行政区划调整,新生镇并入濮院镇,撤销新生镇党委,原镇属党组织隶属濮院镇委员会。2007 年 10 月,乌镇镇西浜村划归濮院镇,原西浜村党支部隶属濮院镇委员会。

2008年5月，中共濮院镇永越村总支委员会升格为二级党委，隶属濮院镇党委，同时建立中共濮院镇永越村纪律检查委员会，党委书记朱坤荣，纪委书记朱学林。永越村成为全镇首个村级党委。

随着濮院镇经济社会的快速发展，非公有制企业建立党组织家数逐年增多，镇党委下属的各基层党组织更加健全、更加完善，党员队伍更加壮大。截至2010年底，濮院镇党委辖二级党委1个、党总支17个、党支部106个；党员增至2178人，其中女性党员479人。

濮院乡（公社）

1949年5月，濮院乡党组织隶属中共濮院区委。9月，县委派王金文组建报恩乡党的基层组织。1950年5月，经划乡建乡后，原报恩乡以杭申公路（320国道）为界，拆分为路南的永安和路北的乐安两乡。当月，县委派南下干部马振邦、张立天到两乡指导工作，同时建立永安乡、乐安乡两个党小组。马振邦任永安乡党小组负责人，张立天任乐安乡党小组负责人。后根据县委以乡为单位逐步建立党支部的部署，1954年7月，建立中共永安乡支部，支部书记沈郁生；同年9月，建立中共乐安乡支部，支部书记唐龙生。两乡党组织隶属城濮区委。1956年2月，全县撤区并乡，永安乡、乐安乡合并后建立永乐乡党支部，支部书记沈阿金。为适应农业合作化发展的新形势，1957年2月，永乐乡由党支部升至党总支，总支第一书记展先舟。1958年9月，建立永乐乡党委，党委第一书记展先舟。党委下辖东片、中片、西片3个片及10个高级社共13个党支部。其中东片支部辖第一、第二、第三、第四、第十二5个代表区，书记周阿甫；中片支部辖第五、第六、第十一、第十三4个代表区，书记潘景海；西片支部辖第七、第八、第九、第十4个代表区，书记庄庆官。

1958年10月，永乐乡与濮院镇、新生乡合并建立濮院人民公社，陈茂昌任中共濮院公社委员会书记。公社委员会下设濮院、庙簰（第一）、永乐（第二）、乐安（第三）、妙智（第四）、新桥（第五）、南北圣（第六）7个管理区党总支，分别领导下属各党支部。原永乐乡分设为3个管理区党总支，其中庙簰管理区党总支书记高顺康、徐俊才，永乐管理区党总支书记钱金奎、朱明生，乐安管理区党总支书记朱庆官、沈阿全。1959年6月、1961年5月，濮院镇、新生乡先后从濮院公社划出后，建立新的中共濮院人民公社委员会，刘传生任公社委员会书记，同时撤销各管理区党总支，高级社党支部改称生产大队党支部。

“文化大革命”期间，公社党委受到冲击，党组织被迫停止活动。1968年6月，成立濮院公社革命委员会。1970年5月，成立濮院公社革命委员会党的核心领导小组，代替党委工作，钱胡忠任组长。是年9月，召开第四次党员代表大会，钱胡忠任第四届委员会书记，党委工作开始恢复。1974年，开展所谓的“批林批孔”运动，建立了凌驾于党组织之上的“批林批孔”领导小组，公社党委工作再次受到冲击。

1976 年 10 月，党中央粉碎“四人帮”后，濮院公社党委根据县委部署，开始全面纠正“文化大革命”的错误，党委工作逐步恢复正常。在此期间，上级党委对公社党委的领导班子逐步进行调整充实。1980 年 3 月，全县建立 5 个农村区委后，濮院公社党委隶属城关区委。1984 年 3 月，按上级指示，中共濮院乡第六次党代会决定，将原中共濮院公社委员会改为中共濮院乡委员会，乡党委书记沈建伟。1986 年 5 月，撤销农村区委后改设县委联络组。

在以经济建设为中心的社会主义建设新时期，乡党委始终坚持有计划、有目标地开展对优秀青年的教育培养，吸收入党积极分子参加党员活动。1984—1986 年，共发展新党员 57 人，其中知识分子和专业技术人员占 8.8%。至 1987 年，全乡建立党支部 31 个，党员 552 人。1992 年 6 月，濮院乡党委并入濮院镇党委。

新生镇(乡、公社)

1949 年 5 月，新生乡党组织隶属中共青镇区委。不久，县委派钟时泉、沈甫英两人到乡指导开展工作。1950 年 5 月，划乡建乡后，建立新生、新丰(新丰乡后并入乌镇乡)两乡，隶属乌镇区委。两乡在区委和乡政府的领导下，组织农民协会，开展剿匪反霸、镇压反革命和土地改革等斗争，同时在农民中培养积极分子，发展新党员。1950 年，新生乡发展第一名中共党员徐俊才，后陆续发展，至 1953 年，已发展党员 9 人。是年 7 月，建立新生乡党支部，钟关发任党支部书记。1956 年，全县撤区并乡，原民东乡一村、二村划入新生乡后建立新的新生乡，乡党支部书记姚老虎。1957 年 2 月，新生乡党支部升至党总支，党总支书记汪汉民。党总支下设 5 个高级社党支部，其中第一高级社党支部书记高康茂；第二高级社党支部书记莫阿金；第三高级社党支部书记朱阿四，副书记钟关法；第四高级社党支部书记马福生，副书记沈金坤；第五高级社党支部书记钟忠云，副书记沈才荣。1958 年 2 月，建立乡党委，党委书记陈茂昌。乡党委下仍设 5 个高级社党支部，各支部书记、副书记任职情况不变。

1958 年 10 月，全县实现人民公社化，新生乡并入濮院人民公社。公社委员会下设立 7 个管理区党总支，分别领导下属党支部。原新生乡分设 3 个管理区党总支，分别为第四管理区(妙智)党总支，书记马福生；第五管理区(新桥)党总支，书记姚老虎；第六管理区(南北圣)党总支，书记朱加生。其中第六管理区划分新联、新民两个片，各设党支部。新联片党支部书记钟关法，副书记朱阿四；新民片党支部书记莫阿金，副书记徐潮娜。1961 年 4 月后，全县调整社队规模，5 月，濮院人民公社调整为新生、濮院两个人民公社。之后，新生人民公社建立公社党委，各管理区党总支撤销，高级社党支部改称生产大队党支部。6 月 22 日，地委对中共新生公社委员会成员作出任命，吕孙才任党委书记。中共新生公社委员会隶属乌镇区委。

“文化大革命”开始后，新生公社党委的正常工作受到干扰，1967 年 1 月党组织被迫停止活动，由公社人民武装部主持工作。1968 年 4 月，成立新生公社革命委员会，取代公社党委。1970 年 5 月，成立新生公社革命委员会党的核心小组，周荣生任组长。7 月，恢复公社党委，党委书记周荣生。1971 年 4 月，召开新生公社第三次党员代表大会，严乃新任第三届委员会书记。1974 年，所谓“批林批孔”运动开始，公社建立了凌驾于党组织之上的“批林批孔”领导小组，公社党委工作再次受到干扰。

1976 年 10 月，“文化大革命”结束后，公社党委根据县委指示，调整党委领导班子，同时开始拨乱反正，全面纠正“文化大革命”的错误。1977 年 5 月，县委派金毛东到新生公社担任工作组组长，全面负责公社党委工作。1978 年后，公社党委贯彻执行中共十一届三中全会精神，把工作重心转移到经济建设上来，实行经济体制改革，全面推行联产承包责任制，带领全社人民进行社会主义现代化建设。与此同时，公社党委按照积极慎重的方针，有计划、有目标地开展对优秀青年的教育和培养。1981—1984 年，全乡发展新党员 25 人；1984—1986 年，共发展新党员 49 人，其中知识分子党员 8 人。到 1987 年，全乡建立党支部 28 个，党员 554 人。

1980 年 3 月，全县建立农村区委后，中共新生公社委员会隶属乌镇区委。1984 年 3 月，新生改社为乡后，中共新生公社委员会改为中共新生乡委员会，乡党委书记陆振炳。1986 年 5 月，撤销农村区委后，中共新生乡委员会隶属县委联络组，1987 年 12 月底，隶属桐乡县委。1994 年 11 月 8 日，新生撤乡建镇，中共新生乡委员会更名为中共新生镇委员会，镇党委书记杨海祥。2001 年 10 月，新生镇党委并入濮院镇党委。

第三节　历次党的代表大会

濮院镇

1956 年 1 月，中共濮院镇第一次代表大会在濮院召开，大会除正式代表外，还邀请列席代表 5 人。大会通过 1952 年建立濮院镇委以来的工作报告，确认中共濮院镇第一届委员会组成人员，选举产生出席县党代会的 17 名代表。

1959 年 9 月，中共濮院镇第二次代表大会在濮院召开，大会选举产生 7 名委员组成中共濮院镇第二届委员会。大会之后的 1960 年、1961 年，根据上级党委指示，先后两次调整委员会领导人员。

1962 年 12 月 20 日晚至 22 日晚，中共濮院镇第三次代表大会在濮院召开，大会应到代表 57 人，实到代表 46 人。会议通过党的八届十中全会公报学习情况，总结前阶段的工作成绩与存在的不足；选举产生 6 名委员组成中共濮院镇第三届委员会；选举产生出席县党代会正式代表 9 人，候补代表 1 人。1963 年 11 月，根据县委(63)161 号文件和上级党委指示，对镇党委主要领导人作出调整。

1970 年 10 月，中共濮院镇第四次代表大会在濮院召开，选举产生 7 名委员组成中共濮院镇第四届委员会。1971 年、1972 年、1973 年、1974 年，根据上级党委指示，先后四次调整委员会领导人员。

1976 年 10 月，粉碎“四人帮”后，全镇召开党员大会，会议传达学习党中央有关文件。此次大会也为中共濮院镇第五次代表大会，大会选举产生 6 名委员组成中共濮院镇第五届委员会。1978 年、1979 年，根据上级党委指示，先后两次调整充实委员会领导人员。

1981 年 4 月 23—25 日，中共濮院镇第六次代表大会在濮院召开，96 名党代表参加会议，大会选举产生 7 名委员组成中共濮院镇第六届委员会。1984 年、1986 年，根据上级党委指示，先后两次调整委员会领导人员。

1987 年 2 月 24—26 日，中共濮院镇第七次代表大会在濮院召开。大会应到代表 119 人，实到代表 115 人，占党员总数的 31.23%。其中，45 岁以下 67 人，占 56.3%；妇女代表 23 人，占 19.33%；初中以上文化程度的 75 人，占 63%。列席代表 9 人。大会听取和审议书记施兴代表上届党委所作的《振奋精神改革创新，团结奋斗开拓前进》的党委工作报告；按照革命化、年轻化、知识化、专业化的要求，选举产生 5 名委员组成中共濮院镇第七届委员会，其中书记 1 人、副书记 2 人。1989 年 5—10 月，上级免去副书记 1 人、任命副书记 1 人、委员 1 人。

1990 年 2 月 15—17 日，中共濮院镇第八次代表大会在濮院召开。大会应到代表 122 人，实到 108 人，列席代表 7 人。大会听取和审议书记施兴所作的《认清形势，统一思想，振奋精神，为推进我镇两个文明建设作出新贡献》的党委工作报告；选举产生 5 名委员组成中共濮院镇第八届委员会，4 名委员组成濮院镇纪律检查委员会。1992 年 6 月，扩镇并乡，濮院乡并入濮院镇后，县委先后对濮院镇党委、纪委作了调整，党委委员增设为 11 人，其中书记 1 人、副书记 3 人；纪委先后任命书记 2 人、副书记 1 人，免去书记 2 人、副书记 1 人。

1993 年 2 月 26—27 日，中共濮院镇第九次代表大会在濮院召开。大会应到代表 164 人，实到 146 人。大会听取和审议了书记沈建良所作的《抓住时机、勇于开拓、为推进濮院镇两个文明建设而奋斗》的党委工作报告；选举产生 8 名委员组成中共濮院镇第九届委员会，其中，书记 1 人、副书记 3 人；5 名委员组成中共濮院镇纪律检查委员会，其中书记 1 人、副书记 1 人。1994 年 3 月至 1995 年 10 月，上级免去党委书记 1 人、副书记 3 人、委员 3 人，任命党委书记 1 人、副书记 3 人、委员 1 人；免去纪委书记 1 人，任命纪委书记 1 人。

1996 年 1 月 18—19 日，中共濮院镇第十次代表大会在濮院召开，应到代表 165 人，实到代表 151 人。大会听取和审议书记沈德根所作的《振奋精神，开拓进取，不断创造濮院镇两个文明建设新业绩》的党委工作报告和纪委领导所作的《强化监督检查职能，深化党风廉政教育，为推进濮院经济和社会的稳定发展做好服务工作》的纪委工作报告，并通过有关决议。大会选举产生 6 名委员组成中共濮院镇第十届委员会，5 名委员组成中共濮院镇纪律检查委员会。是年 10 月至 1998 年 11 月，上级先后免去党委书记 2 人、副书记4人、委员2人,任命书记2人、副书记3人、委员4人;免去纪委书记1人、副书记1人,任命纪委书记1人、副书记1人。

1998年12月30—31日,中共濮院镇第十一次代表大会在濮院召开,应到代表148人,实到代表141人。大会听取和审议书记徐剑平所作的《增创新优势,迎接新挑战,为实现跨世纪的目标任务而努力奋斗》的党委工作报告和纪委领导所作的《向中共濮院镇第十一次代表大会报告工作》的纪委工作报告,并通过有关决议。大会选举产生5名委员组成中共濮院镇第十一届委员会,5名委员组成中共濮院镇纪律检查委员会。1999年1月至2001年10月,上级免去党委书记1人,任命党委书记1人,任命党委委员2人。2001年10月,桐乡市调整乡镇行政区划,新生镇并入濮院后,上级再次调整濮院镇党委、纪委领导班子,建立新的中共濮院镇委员会、中共濮院镇纪律检查委员会。

2002年1月11—12日,中共濮院镇第十二次代表大会在濮院召开。大会应到代表83人,实到代表83人。大会听取和审议了书记张林洪所作的《融入新城市,描绘新蓝图,努力朝着把濮院建设成为桐乡经济新区的宏伟目标迈进》的党委工作报告和纪委领导所作的《中共濮院镇纪律检查委员会向中共濮院镇第十二次代表大会的工作报告》,并通过有关决议。大会选举产生12名委员组成中共濮院镇第十二届委员会,5名委员组成中共濮院镇纪律检查委员会。

2006年12月14—15日,中共濮院镇第十三次代表大会在濮院召开。大会应到代表80人,实到代表75人。大会听取和审议书记沈济贤所作的《坚持科学发展,构建和谐社会,全面推进濮院经济社会主义建设再上新台阶》的党委工作报告,并通过有关决议。大会选举产生8名委员组成中共濮院镇第十三届委员会,5名委员组成中共濮院镇纪律检查委员会。

濮院乡(公社)

1958年10月,中共濮院公社第一次代表大会在濮院召开。大会选举产生中共濮院人民公社第一届委员会;决定中共濮院人民公社委员会下设立7个管理区党总支,其中原永乐乡党委分设为3个管理区党总支,分别为第一管理区(亩簰)党总支、第二管理区(永乐)党总支、第三管理区(乐安)党总支。1959年6月,实行镇社分设,濮院镇从濮院公社划出,同时调整中共濮院人民公社委员会组成人员。9月16—17日,中共濮院公社委员会召开第一届第一次党员代表大会。大会主要议题,一是总结一年来的工作情况,提出下半年工作任务;二是通过《进一步学习和贯彻党的八中全会精神,深入持久地开展增产节约运动》的决议。

中共濮院公社第二次代表大会召开时间无考。

1961年6月27日,中共濮院公社第三次代表大会在濮院召开,大会讨论《关于1961年几项奋斗目标的决议》,选举产生7名委员组成中共濮院公社第三届委员会。

1970年9月18日,中共濮院公社第四次代表大会在濮院召开,大会选举产生7名委员组成中共濮院公社第四届委员会。1971 年、1973 年、1974 年、1975 年，先后四次调整党委会领导人员。

1981 年 11 月 25—26 日，中共濮院公社第五次代表大会在濮院召开，与会党代表 216 人，其中农业一线 157 人、社办工业 40 人、文卫线 4 人、干部 15 人。大会听取和审议书记陆乃健代表上届党委会所作的工作报告；选举产生 10 名委员组成中共濮院公社第五届委员会。1982 年 5 月，调整党委会主要领导人员。

1984 年 3 月 8—9 日，中共濮院乡第六次代表大会在濮院召开，大会应到代表 215 人，实到 190 人。大会听取和审议书记沈建伟代表上届党委所作的工作报告；选举产生 5 名委员组成中共濮院公社第六届委员会。根据上级指示精神，大会决定实行政社分设，中共桐乡县濮院公社委员会改为中共桐乡县濮院乡委员会。

1987 年 2 月 24—26 日，中共濮院乡第七次代表大会在濮院召开，出席大会的党代表 147 人。大会听取和审议书记沈建伟代表上届党委所作的《锐意改革创新，求实开拓前进》的工作报告；选举产生第七届乡党委委员 5 人。至 1988 年 1 月，有委员 5 人，其中书记 1 人。1988 年 1 月至 1989 年 10 月，上级先后免去书记 1 人、委员 3 人，任命书记 1 人、副书记 2 人、委员 3 人。1987 年 12 月底，濮院乡党委隶属桐乡县委。

1990 年 2 月 17—18 日，中共濮院乡第八次代表大会在濮院召开，大会应到代表 124 人，实到 121 人。大会听取和审议书记沈德兴代表上届党委所作的《振奋精神、艰苦创业，为推进濮院乡两个文明建设而努力奋斗》的工作报告；选举产生 6 名委员组成第八届乡党委会；选举产生 5 名委员组成纪律检查委员会；选举 5 名代表出席县第八次党代会。

新生镇(乡、公社)

1961 年 11 月，召开中共新生公社第二次代表大会，大会通过《中国共产党桐乡县新生公社第二次党员代表大会决议》，选举产生 9 名委员组成中共新生公社第二届委员会，大会同时决定党委下设立 15 个党支部。1962 年 5 月，上级对此届党委成员作调整。

1971 年 4 月，召开中共新生公社第三次代表大会，大会通过《中国共产党桐乡县新生公社第三次党员代表大会决议》，选举产生 8 名委员组成中共新生公社第三届委员会。

1981 年 10 月，召开中共新生公社第四次代表大会，248 名党代表出席此次大会。大会通过《关于工作报告的决议》，选举产生 6 名委员组成中共新生公社第四届委员会。1982 年 5 月，调整公社党委主要领导。

1984 年 3 月 7—8 日，召开中共新生公社第五次代表大会，170 名党代表出席此次大会。大会审议并通过书记陆振炳代表上届党委所作的《关于工作报告的决议》，选举产生 6 名委员组成中共新生公社第五届委员会。根据上级指示精神，大会决定实行政社分设，中共桐乡新生公社委员会改为中共桐乡新生乡委员会。是年 12 月，新增委员 1 人。

1987 年 2 月 27—28 日，召开中共新生乡第六次代表大会，与会党代表 151 人。大会听取和审议书记陆振炳代表上届党委所作的《锐意改革、开拓前进，为两个文明建设作贡献》的工作报告;选举产生5名委员组成中共新生乡第六届委员会。1987年12月底,新生乡党委隶属桐乡县委。1988年1月有委员5人,其中书记1人、副书记2人。1988年1月至1989年11月,上级先后免去书记1人、副书记1人、委员1人,任命书记1人、副书记1人、委员2人。

1990年2月25—26日,召开中共新生乡第七次代表大会,应到代表89人,实到89人;列席代表13人。大会听取和审议书记杨有林代表上届党委所作的《工作报告》;选举产生5名委员组成中共新生乡第七届委员会,5名委员组成中共新生乡纪律检查委员会;选举出席县党代会代表5人,其中技术人员代表1人、农民代表3人、妇女代表1人。1991年3月至1992年7月,上级先后免去书记1人,任命书记1人、副书记2人、委员会2人。1992年3月,上级免去纪委书记1人,任命书记1人、副书记1人。

1993年2月25—26日,召开中共新生乡第八次代表大会,应到代表114人,实到104人。大会听取和审议书记杨海洋代表上届党委所作的《工作报告》和纪委书记姚建康代表上届纪委所作的《紧紧围绕经济建设中心,努力做好党的纪律工作》的纪委工作报告;选举产生6名委员组成中共新生乡第八届委员会,5名委员组成中共新生乡纪律检查委员会。1994年3月至1995年10月,上级免去党委书记1人、副书记3人,任命党委书记1人、副书记3人、委员2人。

1996年1月18—19日,召开中共新生镇第九次代表大会,应到代表118人,实到代表114人。大会听取和审议《团结务实,真抓实干,努力开创新生镇两个文明建设新局面》的党委工作报告和《强化监督检查职能,深化党风廉政建设,为推进新生经济和社会的全面发展保驾护航》的纪委工作报告并通过了相关决议;选举产生7名委员组成中共新生镇第九届委员会,5名委员组成中共新生镇纪律检查委员会。1997年7月到1998年11月,上级免去党委书记1人、副书记1人、委员3人,任命党委书记1人、副书记2人、委员3人;免去纪委副书记1人,任命纪委副书记1人。

1999年1月15—16日,召开中共新生镇第十次代表大会,应到代表100人,实到代表97人。大会听取和审查了《迎接挑战,再创佳绩,把繁荣、富裕、文明的新生带入二十一世纪》的党委工作报告和《加强党风廉政建设,确保全镇各项事业健康发展》的纪委工作报告并通过了相关决议;选举产生7名委员组成中共新生镇第十届委员会,5名委员组成中共新生镇纪律检查委员会。

表13-2　　中共濮院区委、城濮区委领导一览表

组织名称	职务	姓名	任职年月
濮院区委 [区委辖濮院乡(镇)、秀川乡、报恩乡]	副书记	马振邦	1949.05—1950.05
	副书记	李瑞堂	1950.02—1950.05

续表 13－2

组织名称	职　务	姓　名	任职年月
城濮区委 （1950 年 5 月，城关区与濮院区合并）	副书记	马振邦	1950.05—1951.04
	副书记	齐德强	1951.04—1952.10

表 13－3　　中共濮院人民公社委员会濮院管理区领导一览表

组织名称	职　务	姓　名	任职年月	备　注
濮院管理区党总支	书　记	陈自觉	1958.10—1959.03	
	副书记	钱荣新	1958.10—1959.03	
	书　记	钱荣新	1959.03—1959.09	
	副书记	韩添鲍	1959.03—1959.09	

表 13－4　　1952—1990 年中共濮院镇委员会成员一览表

届　次	职　务	姓　名	任职年月
1951 年 11 月划为县直属镇，1952 年 10 月建立镇党委	副书记	张希赞	1952.10—1953.08
	副书记	周连科	1953.08—1956.10
	副书记	王如兴	1954.09—1954.12
	副书记	张廷桢	1955.01—1956.01
	委　员	王德甫	1952.10—1952.12
	委　员	高柏荣	1952.10—1954.08
	委　员	王如兴	1953.04—1954.09
	委　员	蔡金林	1953.05—1954.12
	委　员	钱金松	1955.01—1956.02
第一届委员会	副书记	张廷桢	1956.01—1958.02
	副书记	王友昌	1956.03—1958.02
	书　记	陈自觉	1958.02—1958.09
	委　员	沈东才	1956.08—1959.09
	委　员	钱荣新	1956.08—1959.09
	委　员	金宝和	1956.08—1957.02
	委　员	冯志明	1957.06—1958.10
	委　员	万洪岐	1957.06—1958.10
	委　员	韩添鲍	1958.03—1958.10

续表 13－4

届　　次	职　务	姓　名	任职年月
第二届委员会	书　记	王友昌	1959.10—1962.12
	副书记	钱荣新	1959.10—1960.09
	副书记	邹丽娟(女)	1960.07—1960.09
	副书记	沈东才	1960.09—1961.03
	副书记	来光清	1961.03—1962.12
	委　员	邹丽娟(女)	1959.09—1960.09
	委　员	沈东才	1959.09—1960.09
	委　员	冯祖荣	1959.09—1960.05
	委　员	吴国荣	1959.09—1960.05
	委　员	厉永臣	1959.09—1959.10
	委　员	韩添鲍	1959.10—1962.12
	委　员	沈东才	1961.03—1962.12
第三届委员会	书　记	王友昌	1962.12—1963.10
	书　记	叶智民	1963.11—1968.11
	副书记	来光清	1962.12—1968.11
	委　员	冯祖荣	1962.12—1963.03
	委　员	余克钧	1962.12—1968.11
	委　员	韩添鲍	1962.12—1965.11
	委　员	沈东才	1962.12—1968.11
革命委员会 党的核心领导小组	组　长	叶智民	1970.05—1970.10
	组　员	沈东才	1970.05—1970.10
	组　员	陈祖民	1970.05—1970.10
第四届委员会	书　记	沈东才	1970.10—1971.06
	副书记	张冰华	1970.10—1971.07
	书　记	刘春桢	1971.06—1972.05
	副书记	沈东才	1971.06—1976.10
	书　记	万莲芳	1972.05—1976.10
	副书记	倪长庚	1973.11—1976.10
	副书记	朱其栋	1974.06—1976.09

续表 13-4

届　　次	职　务	姓　名	任 职 年 月
第四届委员会	委　员	郭成源	1970.10—1976.10
	委　员	陈祖民	1970.10—1976.10
	委　员	屠成章	1970.10—1973.04
	委　员	封德正	1970.10—1976.10
	委　员	沈掌顺	1970.10—1976.10
	委　员	邹丽娟(女)	1972.04—1975.10
	委　员	秦昌仁	1972.03—1976.10
第五届委员会	书　记	万莲芳	1976.10—1981.04
	副书记	倪长庚	1976.10—1981.04
	副书记	沈东才	1976.10—1979.09
	委　员	郭成源	1976.10—1981.04
	委　员	陈视民	1976.10—1981.04
	委　员	秦昌仁	1976.10—1981.04
	委　员	赵　荣	1978.12—1981.04
	委　员	施文珍(女)	1979.09—1981.04
第六届委员会	书　记	万莲芳	1981.04—1982.05
	书　记	施　兴	1984.02—1987.02
	副书记	倪长庚	1981.04—1984.06
	巡视员	倪长庚	1984.06—1987.12
	副书记	施文珍(女)	1981.05—1987.02
	委　员	邹丽娟(女)	1981.05—1987.01
	委　员	秦昌仁	1981.04—1985.04
	委　员	陈祖民	1981.04—1984.11
	委　员	许建新	1981.04—1987.02
	委　员	徐永林	1984.06—1987.02
	委　员	陈建娟(女)	1986.11—1987.02
第七届委员会	书　记	施　兴	1987.02—1990.02
	副书记	施文珍(女)	1987.02—1989.05
	副书记	许建新	1987.03—1990.02

续表 13－4

届　　次	职　务	姓　名	任职年月
第七届委员会	副书记	陈建娟(女)	1989.05—1990.02
	委　员	陈建娟(女)	1987.03—1989.05
	委　员	徐永林	1987.03—1990.02
	委　员	徐建人	1989.10—1990.02

表 13－5　1990—2010 年中共濮院镇委员会、纪律检查委员会成员一览表

届　　次	职　务	姓　名	任职年月
第八届委员会、纪律检查委员会	书　记	施　兴	1990.02—1992.06
	副书记	许建新	1990.02—1992.06
	副书记	陈建娟(女)	1990.02—1992.06
	书　记	许建新	1992.06—1993.01
	书　记	沈建良	1993.01—1993.02
	副书记	魏士荣	1992.06—1993.02
	副书记	杨学江	1992.06—1993.02
	副书记	朱建栋	1992.08—1993.02
	委　员	徐永林	1990.02—1992.06
	委　员	徐建人	1990.02—1992.06
	委　员	朱炳明	1992.06—1993.02
	委　员	周荣奎	1992.06—1993.02
	委　员	徐建人	1992.06—1992.12
	委　员	李飞良	1992.06—1993.02
	委　员	李育才	1992.06—1993.02
	委　员	丁有桥	1992.06—1993.02
	纪委书记	陈建娟(女)	1990.02—1992.06
	副书记	徐建人	1990.02—1992.06
	纪委书记	杨学江	1992.06—1992.08
	纪委书记	朱建栋	1992.08—1993.02
	副书记	朱炳明	1992.06—1993.02

续表 13－5

届　　次	职　务	姓　名	任职年月
第九届委员会、纪律检查委员会	书　记	沈建良	1993.02—1994.12
	书　记	沈德根	1994.12—1996.01
	副书记	魏士荣	1993.02—1995.10
	副书记	杨学江	1993.02—1994.12
	副书记	朱建栋	1993.02—1995.05
	副书记	陆一强	1994.12—1996.01
	副书记	钱凤坤	1995.10—1996.01
	副书记	朱静绮(女)	1995.10—1996.01
	委　员	朱炳明	1993.02—1996.01
	委　员	周荣奎	1993.02—1995.10
	委　员	李飞良	1993.02—1995.10
	委　员	李育才	1993.02—1994.03
	委　员	王志潮	1995.03—1996.01
	纪委书记	朱建栋	1993.02—1995.05
	纪委书记	朱静绮(女)	1995.10—1996.01
	副书记	朱炳明	1993.02—1996.01
第十届委员会、纪律检查委员会	书　记	沈德根	1996.01—1997.03
	书　记	朱静绮(女)	1997.03—1997.11
	书　记	徐剑平	1997.11—1998.12
	副书记	朱静绮(女)	1996.01—1997.03
	副书记	钱凤坤	1996.01—1998.01
	副书记	陆一强	1996.01—1996.10
	副书记	朱煜根	1997.07—1998.12
	副书记	沈秋明	1997.11—1998.10
	副书记	张伟章	1998.11—1998.12
	委　员	朱炳明	1996.01—1998.12
	委　员	王志潮	1996.01—1998.12
	委　员	廖新荣	1996.11—1998.11
	委　员	卢达民	1997.02—1998.11

续表 13－5

届 次	职 务	姓 名	任职年月
第十届委员会、纪律检查委员会	委 员	李 中	1998.11—1998.12
	委 员	史建明	1998.01—1998.12
	纪委书记	朱静绮(女)	1996.01—1997.03
	纪委书记	朱煜根	1997.07—1998.12
	副书记	朱炳明	1996.01—1998.12
	副书记	王志潮	1998.11—1998.12
第十一届委员会、纪律检查委员会	书 记	徐剑平	1998.12—2001.06
	书 记	张林洪	2001.06—2002.01
	副书记	张伟章	1998.12—2002.01
	副书记	朱煜根	1998.12—2002.01
	副书记	姚建康	2001.10—2002.01
	副书记	王利浩	2001.10—2002.01
	委 员	王志潮	1998.12—2001.10
	委 员	史建明	1998.12—2002.01
	委 员	李 中	1998.12—2001.10
	委 员	曹国强	2000.01—2001.10
	委 员	徐建勋	2001.06—2002.01
	委 员	章金康	2001.10—2002.01
	委 员	沈松明	2001.10—2002.01
	委 员	高宜海	2001.10—2002.01
	委 员	李玉娟(女)	2001.10—2002.01
	委 员	朱永兴	2001.10—2002.01
	纪委书记	朱煜根	1998.12—2001.10
	纪委书记	王利浩	2001.10—2002.01
	副书记	王志潮	1998.12—2001.10
	副书记	章金康	2001.10—2002.01
第十二届委员会、纪律检查委员会	书 记	张林洪	2002.01—2003.04
	书 记	沈济贤	2003.04—2006.12
	副书记	张伟章	2002.01—2004.03

续表 13－5

届　　次	职　务	姓　名	任职年月
第十二届委员会、纪律检查委员会	副书记	朱煜根	2002.01—2006.08
	副书记	姚建康	2002.01—2006.08
	副书记	王利浩	2002.01—2004.03
	副书记	朱明杰	2004.03—2006.12
	副书记	沈瑞芬(女)	2004.10—2006.12
	副书记	徐建勋	2003.04—2005.04
	委　员	史建明	2002.01—2006.12
	委　员	徐建勋	2002.01—2003.04
	委　员	朱永兴	2002.01—2006.12
	委　员	李玉娟	2002.01—2006.12
	委　员	章金康	2002.01—2006.08
	委　员	沈松明	2002.01—2004.10
	委　员	高宜海	2002.01—2003.06
	委　员	曹月松	2003.12—2006.12
	委　员	沈新方	2004.10—2006.12
	委　员	邱根甫	2004.10—2006.12
	委　员	卜掌浩	2005.08—2006.12
	委　员	张富强	2005.08—2006.12
	委　员	平伟良	2006.08—2006.12
	纪委书记	王利浩	2002.01—2004.03
	纪委书记	沈瑞芬(女)	2004.10—2006.12
	副书记	章金康	2002.01—2006.08
	副书记	平伟良	2006.08—2006.12
第十三届委员会、纪律检查委员会	书　记	沈济贤	2006.12—2008.01
	书　记	朱明杰	2008.01—
	副书记	朱明杰	2006.12—2008.01
	副书记	沈瑞芬(女)	2006.12—2009.08
	副书记	姜　玮	2008.04—2010.09
	副书记	姜发挥	2008.05—

续表 13－5

届　　次	职　务	姓　名	任职年月
第十三届委员会、纪律检查委员会	副书记	龚林海	2009.08—
	委　员	史建明	2006.12—
	委　员	李玉娟(女)	2006.12—2009.08
	委　员	平伟良	2006.12—
	委　员	沈新方	2006.12—
	委　员	曹月松	2006.12—
	委　员	邱根甫	2006.12—2008.05
	委　员	张富强	2007.04—2008.12
	委　员	卜掌浩	2007.04—
	委　员	王新江	2007.04—
	委　员	张茂华	2008.04—
	委　员	顾汉洪	2008.05—
	委　员	吴颂华	2008.05—
	委　员	夏觉民	兼，2009.03—
	委　员	陈新悦(女)	2009.08—
	委　员	朱少明	兼，2010.01—
	纪委书记	沈瑞芬(女)	2006.12—2009.08
	纪委书记	龚林海	2009.08—
	副书记	平伟良	2006.12—

资料来源：《中国共产党浙江省桐乡市(县)组织史资料》(1—6 册)、《中共濮院镇组织史资料》、《中共濮院乡组织史资料》

表 13－6　　中共永乐乡(永安乡、乐安乡)组织领导一览表

组织名称	职　务	姓　名	任职年月
永安乡党小组	负责人	马振邦	1950.05—1954.07
乐安乡党小组	负责人	张天立	1950.05—1954.09
永安乡党支部	书　记	沈郁生	1954.07—1956.02
	副书记	钱兰英(女)	1954.07—1956.02
乐安乡党支部	书　记	唐龙生	1954.09—1956.02
	副书记	王天生	1954.09—1956.02

续表 13－6

组织名称	职　务	姓　名	任职年月
永乐乡党支部（1956年2月，两乡合并建立永乐乡党支部）	书　记	沈阿金	1956.02—1957.02
	副书记	邱智夫	1956.02—1957.02
	副书记	沈郁生	1956.02—1957.02
	委　员	周阿富	1956.02—1957.02
	委　员	张金娜(女)	1956.02—1957.02
永乐乡党总支、党委［1957.2—1958.9(党总支)，1958年9月(党委)］	第一书记	展先舟	1957.02—1958.09
	第二书记	沈阿金	1957.02—1958.09
	副书记	邱智夫	1957.02—1958.09
	副书记	沈郁生	1957.02—1958.09
	委　员	张金娜(女)	1957.02—1958.09
	委　员	金宝和	1957.02—1958.09

表 13－7　　中共濮院人民公社委员会及监察委员会成员一览表

届　次	职　务	姓　名	任职年月
第一届委员会 监察委员会	书　记	陈茂昌	1958.10—1961.08 1961年4月离任
	副书记	陈自觉	1958.10—1959.07
	副书记	沈阿金	1958.11—1959.06 1959.10—1961.06
	副书记	沈锦帆	1958.10—1961.06
	副书记	邱智夫	1958.10—1961.06
	副书记	莫阿金	1958.10—1959.10 不脱产
	副书记	吕孙才	1959.04—1961.06
	副书记	厉永臣	1959.10—1960.01
	副书记	姚老虎	1959.11—1961.06
	副书记	朱加生	1959.12—1961.06
	副书记	邵丽娟(女)	1960.02—1960.04
	委　员	冯祖荣	不详
	委　员	金宝和	不详

续表 13－7

届　　次	职　务	姓　名	任职年月
第一届委员会监察委员会	委　员	姚老虎	不详
	委　员	朱加生	不详
	委　员	邵丽娟	不详
	委　员	钱荣新	不详
	委　员	庄庆官	不详
	委　员	马福生	不详
	委　员	沈东才	不详
	委　员	黄天顺	不详
	委　员	高康茂	不详
	委　员	韩添鲍	不详
	委　员	冯志明	不详
	委　员	姚进福	不详
	委　员	张金娜	不详
	委　员	莫阿金	不详
	监委书记	邱智夫	兼，1958.10—1959.10
	副书记	沈锦凡	兼，1958.10—1959.10

表 13－8　　中共濮院人民公社委员会

第一、第二、第三管理区领导一览表

组织名称	职　务	姓　名	任职年月
第一管理区(庙白)党总支	书　记	高顺康	1958.10—1959.03
	副书记	李森山	1958.10—1959.03
	书　记	徐俊才	1959.03—1961.06
	副书记	朱庆明	1959.03—1960.02
第二管理区(永乐)党总支	书　记	钱金奎	1958.10—1959.03
	副书记	莫荣官	1958.10—1959.03
	书　记	朱明生	1959.03—1960.02
	副书记	高一鸣	1959.03—1959.08

续表 13－8

组织名称	职　务	姓　名	任职年月
第三管理区党总支（乐安）	书　记	庄庆官	1958.10—1959.03
	副书记	周阿富	1958.10—1959.03
	书　记	沈阿金	1959.03—1960.02
	副书记	黄天顺	1959.03—1960.02

表 13－9　中共濮院人民公社委员会成员一览表

届　次	职　务	姓　名	任职年月
第二届、第三届委员会	负责人	吕孙才	1961.04—1961.06
	书　记	刘传生	1961.06—1968.06
	副书记	沈锦帆	1961.06—1965.09
	副书记	邱智夫	1961.06—1961.11
	副书记	朱加生	1961.06—1961.08
	副书记	邵丽娟（女）	1962.07—1968.06
	副书记	钱胡忠	1965.12—1968.06
	委　员	金宝和	1965.12—1966.05
	委　员	沈贤林	1965.12—1966.05
	委　员	张金娜（女）	1965.12—1966.05
	委　员	陈俊才	1966.02—1966.05
公社革命委员会党的核心领导小组	组　长	钱胡忠	1970.05—1970.09
	组　员	蔡廷标	1970.05—1970.09
	组　员	邵丽娟（女）	1970.05—1970.09
第四届委员会	书　记	钱胡忠	1970.09—1974.08
	副书记	蔡廷标	1970.09—1976.10
	副书记	张金娜（女）	1973.03—1976.10
	副书记	徐木根	1974.11—1975.09
	书　记	田玉墀	1975.12—1976.10
	委　员	邵丽娟（女）	1971.07—1974.11
	委　员	蒋松根	1970.09—1971.12
	委　员	张金娜（女）	1970.09—1973.03

续表 13－9

届　　次	职　务	姓　名	任职年月
第四届委员会	委　员	姜寿荣	1970.09—1976.10
	委　员	钱金奎	1970.09—1976.10
	委　员	朱金官	1970.09—1976.10
	委　员	施金泉	1971.12—1976.10
	委　员	陈俊才	1973.07—1976.10
	委　员	郑永林	1973.07—1976.10
	书　记	田玉墀	1976.10—1978.12
	副书记	蔡廷标	1976.10—1977.03
	副书记	张金娜(女)	1976.10—1981.11
	副书记	陆乃健	1977.03—1979.06
	书　记	陆乃健	1979.06—1981.11
	委　员	姜寿荣	1976.10—1981.11
	委　员	钱金奎	1976.10—1981.11
	委　员	朱金官	1976.10—1981.11
	委　员	施金泉	1976.10—1981.11
	委　员	陈俊才	1976.10—1981.11
	委　员	郑永林	1976.10—1981.11
	委　员	杨荣华	1977 02—1981.11
	委　员	金宝和	1977.06—1980.01
	委　员	朱明生	1980.10—1981.11
第五届委员会	书　记	陆乃健	1981.11—1982.05
	副书记	杨荣华	1981.12—1982.05
	副书记	张金娜(女)	1981.11—1982.05
	委　员	陈俊才	1981.11—1983.12
	委　员	沈瑞华	1981.11—1983.12
	委　员	郑永林	1981.11—1983.12
	委　员	杨有林	1981.11—1983.12
	委　员	施金泉	1981.11—1983.12
	委　员	钟振国	1981.11—1983.12

续表 13－9

届　　次	职　务	姓　名	任职年月
第五届委员会	委　员	朱明生	1981.11—1983.12
	书　记	杨荣华	1982.05—1984.01
	副书记	沈建伟	1982.05—1984.01

表 13－10　1984—1990 年中共濮院乡委员会成员一览表

届　　次	职　务	姓　名	任职年月
第六届委员会	书　记	沈建伟	1984.01—1987.02
	副书记	袁永泉	1985.11—1987.02
	委　员	沈瑞华	1984.01—1984.11
	委　员	袁永泉	1984.01—1985.11
	委　员	钟振国	1984.01—1985.11
	委　员	朱明生	1984.01—1987.02
	委　员	姚海松	1986.03—1987.02
第七届委员会	书　记	沈建伟	1987.02—1988.03
	委　员	魏士荣	1987.02—1988.08
	委　员	朱明生	1987.02—1990.02
	委　员	李育才	1987.02—1990.02
	委　员	姚海松	1987.02—1989.10
	书　记	沈德兴	1988.03—1990.02
	副书记	魏士荣	1988.08—1990.02
	副书记	杨学江	1989.10—1990.02
	委　员	俞娟红(女)	1988.01—1989.10
	委　员	周荣奎	1989.10—1990.02
	委　员	李飞良	1989.09—1990.02

表 13－11　1990—1992 年中共濮院乡委员会、纪律检查委员会成员一览表

届　　次	职　务	姓　名	任职年月
第八届委员会、纪律检查委员会	书　记	沈德兴	1990.02—1992.06
	副书记	魏士荣	1990.02—1992.06

续表 13－11

届　　次	职　务	姓　名	任职年月
第八届委员会、纪律检查委员会	副书记	杨学江	1990.02—1992.06
	委　员	李飞良	1990.02—1992.06
	委　员	周荣奎	1990.02—1992.06
	委　员	李育才	1990.02—1992.06
	纪委书记	杨学江	1990.02—1992.06
	副书记	李飞良	1990.02—1992.06

资料来源:《中国共产党浙江省桐乡市(县)组织史资料》、《中共濮院乡组织史资料》

表 13－12　　1953—1958 年中共新生乡委员会成员一览表

组织名称	职　务	姓　名	任职年月
新生乡党支部	书　记	钟关法	1953.07—1956.02,不脱产
	副书记	姚老虎	1953.07—1956.01
	委　员	朱阿四	1953.07—1956.01
	书　记	姚老虎	1956.02—1956.10
	副书记	沈锦帆	1956.11—1957.01
	书　记	蒋汝坤	兼,1956.11—1957.01
	副书记	姚老虎	1956.11—1957.01
	委　员	朱阿四	1956.11—1957.01
新生乡党总支	书　记	汪汉敏	1957.02—1958.02
	副书记	姚老虎	1957.02—1958.02
	副书记	朱阿四	1957.02—1958.02
新生乡党委(1958 年春,建立乡党委)	书　记	陈茂昌	1958.02—1958.09
	副书记	汪汉民	1958.02—1958.09
	副书记	朱阿四	1958.02—1958.09,不脱产
	副书记	姚老虎	1958.02—1958.09
	委　员	吴德宝	1958.02—1958.09
	委　员	莫阿金	1958.02—1958.09

表 13－13　中共濮院人民公社委员会第四、第五、第六管理区领导一览表

组织名称	职　务	姓　名	任 职 年 月
第四管理区党总支（妙智）	书　记	马福生	1958.10—1959.03
	副书记	钟忠云	1958.10—1959.03
	书　记	吴德宝	1959.03—1960.02
第五管理区党总支（新桥）	书　记	姚老虎	1958.10—1961.05
	副书记	高金毛	1958.10—1961.05
第六管理区党总支（南北圣）	书　记	朱加生	1958.10—1961.05
	副书记	邵丽娟	1958.10—1961.05

表 13－14　中共新生人民公社委员会成员一览表

届　　次	职　务	姓　名	任 职 年 月
第二届委员会	书　记	吕孙才	1961.06—1961.11
	副书记	邱智夫	1961.06—1961.11
	书　记	吕孙才	1961.11—1962.05
	副书记	邱智夫	1961.11—1962.05
	委　员	吴德宝	1961.11—1962.05
	委　员	莫阿金	1961.11—1966.05
	委　员	姚老虎	1961.11—1966.05
	委　员	茅戴昌	1961.11—1962.05
	委　员	汤鸣久	1961.11—1966.05
	委　员	王琴芬(女)	1961.11—1962.05
	委　员	高康茂	1961.11—1966.05
	书　记	周荣生	1962.05—1968.04
	副书记	邱智夫	1962.05—1968.04
	副书记	孔金荣	1962.05—1968.04
	副书记	姚老虎	1962.11—1968.04
	副书记	葛秋兴	1964.12—1968.04
	委　员	汤鸣久	1962.05—1966.05
	委　员	莫阿金	1962.05—1966.05
	委　员	高康茂	1962.05—1966.05
	委　员	姚老虎	1962.05—1966.05

续表 13－14

届次	职务	姓名	任职年月
公社委员会党的核心领导小组	组长	周荣生	1970.05—1970.07
	组员	葛秋生	1970.05—1970.07
	组员	朱庆明	1970.05—1970.07
	书记	周荣生	1970.07—1971.03
	委员	朱庆明	1970.07—1971.03
	委员	葛秋兴	1970.07—1971.03
	委员	邱智夫	1970.07—1971.03
	委员	高康茂	1970.07—1971.03
	委员	李坤泉	1970.07—1971.03
第三届委员会	书记	严乃新	1971.04—1977.04
	副书记	朱庆明	1971.02—1976.10
	副书记	葛秋兴	1971.02—1976.10
	副书记	孔金荣	1970.07—1972.03
	副书记	邱智夫	1971.04—1973.04
	副书记	姚老虎	1973.03—1976.10
	委员	汤鸣久	1971.04—1976.10
	委员	高康茂	1971.04—1976.10
	委员	李泉坤	1971.04—1976.10
	负责人	金毛东	1977.05—1978.01
	负责人	徐关松	1978.02—1979.05
	书记	徐关松	1979.06—1981.10
	副书记	葛秋兴	1976.10—1981.10
	副书记	姚老虎	1976.10—1979.12
	副书记	汪汉民	1978.02—1979.01
	委员	汤鸣久	1976.10—1981.10
	委员	高康茂	1976.10—1981.10
	委员	李泉坤	1976.10—1977.05
	委员	李永坤	1977.05—1978.10
	委员	陆振炳	1980.08—1981.10
	委员	沈建伟	1980.08—1981.10

续表 13－14

届　　次	职　务	姓　名	任职年月
第四届委员会	书　记	徐关松	1981.10—1982.05
	书　记	陆振炳	1982.05—1984.02
	副书记	汤鸣久	1981.06—1983.11
	委　员	陆振炳	1981.10—1982.05
	委　员	高康茂	1981.10—1983.12
	委　员	沈德增	1981.10—1984.03
	委　员	沈培兴	1982.07—1984.03
	委　员	陆金学	1982.06—1983.06
	委　员	宋有林	1983.06—1984.03

表 13－15　　1984—1990 年中共新生乡委员会成员一览表

届　　次	职　务	姓　名	任职年月
第五届委员会	书　记	陆振炳	1984.03—1987.02
	委　员	沈培兴	1984.03—1986.03
	委　员	沈德增	1984.03—1984.11
	委　员	魏士荣	1984.03—1987.02
	委　员	董炳麟	1984.03—1987.02
	委　员	章国根	1984.12—1987.02
第六届委员会	书　记	陆振炳	1987.02—1988.01
	副书记	袁永泉	1987.02—1989.11
	副书记	沈培兴	1986.03—1990.02
	委　员	章国根	1987.02—1988.06
	委　员	庄长荣	1987.02—1990.02
	书　记	杨有林	1988.01—1990.02
	副书记	夏金虎	1989.11—1990.02
	委　员	姚建康	1989.11—1990.02
	委　员	朱林根	1989.11—1990.02

表 13 - 16　1990—1996 年中共新生镇(乡)委员会、纪律检查委员会成员一览表

届　　次	职　务	姓　名	任职年月
第七届委员会、纪律检查委员会	书　记	杨有林	1990.02—1991.07
	副书记	夏金虎	1990.02—1992.03
	副书记	沈培兴	1990.02—1992.03
	委　员	朱林根	1990.02—1992.03
	委　员	姚建康	1990.02—1992.07
	书　记	杨海祥	1991.10—1993.02
	副书记	朱林根	1992.03—1993.02
	副书记	姚建康	1992.07—1993.02
	委　员	唐建根	1991.03—1993.02
	委　员	庄长荣	1991.12—1993.02
	纪委书记	沈培兴	1990.02—1992.03
	副书记	姚建康	1990.02—1992.07
	纪委书记	姚建康	1992.07—1993.02
	副书记	庄长荣	1992.04—1993.02
第八届委员会、纪律检查委员会	书　记	杨海祥	1993.02—1995.10
	副书记	朱林根	1993.02—1994.03
	副书记	姚建康	1993.02—1996.01
	副书记	林建强	1994.12—1995.10
	书　记	林建强	1995.10—1996.01
	副书记	俞顺龙	1994.03—1994.12
	副书记	张潮明	1995.10—1996.01
	委　员	唐建根	1993.02—1996.01
	委　员	庄长荣	1993.02—1996.01
	委　员	赵进元	1993.02—1996.01
	委　员	沈煜明	1995.03—1996.01
	委　员	吴美文(女)	1995.10—1996.01
	纪委书记	姚建康	1993.02—1996.01
	副书记	庄长荣	1993.02—1996.01

表 13－17　　1996—2001 年中共新生镇委员会、纪律检查委员会成员一览表

届　　次	职　务	姓　名	任职年月
第九届委员会、纪律检查委员会	书　记	林建强	1996.01—1997.07
	书　记	王妙荣	1997.07—1999.01
	副书记	张潮明	1996.01—1998.11
	副书记	姚建康	1996.01—1999.01
	副书记	陈保良	1997.11—1999.01
	副书记	徐荣坤	1998.11—1999.01
	委　员	赵进元	1996.01—1998.11
	委　员	吴美文(女)	1996.01—1998.11
	委　员	庄长荣	1996.01—1998.11
	委　员	沈煜明	1996.01—1999.01
	委　员	高宜海	1998.01—1999.01
	委　员	李建林	1998.11—1999.01
	委　员	钱春华	1998.11—1999.01
	纪委书记	姚建康	1996.01—1999.01
	副书记	庄长荣	1996.01—1998.11
	副书记	钱春华	1998.11—1999.01
第十届委员会、纪律检查委员会	书　记	王妙荣	1999.01—2001.10
	副书记	徐荣坤	1999.01—2001.10
	副书记	姚建康	1999.01—2001.10
	副书记	陈保良	1999.01—1999.07
	委　员	沈煜明	1999.01—2001.10
	委　员	李建林	1999.01—2001.10
	委　员	高宜海	1999.01—2001.10
	委　员	钱春华	1999.01—2001.10
	纪委书记	姚建康	1999.01—2001.10
	副书记	钱春华	1999.01—2001.10

资料来源:《中国共产党浙江省桐乡市(县)组织史资料》、《中共新生乡组织史资料》

表 13－18　　中共濮院丝厂、濮院镇永越村委员会、纪律检查委员会成员一览表

组织名称	职　务	姓　名	任职时间	备　注
濮院丝厂委员会、纪律检查委员会	书　记	张嗣相	1975.11—1981.02	1973 年 2 月，由南京军区浙江生产建设兵团三师筹建；1975 年 11 月，建立党委；1991 年 10 月，建立纪委
	副书记	郑樟灿	1975.11—1981.02	
	副书记	邹丽娟(女)	1975.11—1980.10	
	副书记	吕　伟	1980.05—1981.03	
	书　记	郑檀灿	1981.02—1983.10	
	副书记	张丽娟(女)	1981.08—1983.10	
	书　记	张丽娟(女)	1983.10—1988.01	
	副书记	马胜荣	1981.08—1987.12	
	书　记	沈经济	1988.09—1992.12	
	书　记	宋慎洲	1993.12—1999.02	
	副书记	马胜荣	1988.01—1993.12	
	副书记	冯海荣	1996.08—1999.02	
	委　员	沈经济	1988.01—1988.09	
	委　员	宋慎洲	1992.07—1993.12	
	委　员	李广英(女)	1988.01—1990.10	
	委　员	陈盎生	1988.01—1991.10	
	委　员	陈伟生	1988.12—1991.09	
	委　员	赵国平	1991.10—1995.09	
	委　员	刘祥泰	1991.10—1999.02	
	委　员	陈慧娟(女)	1996.08—1999.02	
	纪委书记	马胜荣	1991.10—1994.03	
	纪委副书记	赵国平	1994.03—1995.09	
永越村委员会、纪律检查委员会	书　记	朱坤荣	2008.05—	
	副书记	朱学林	2008.05—	
	委　员	庄明火	2008.05—	
	委　员	陆学良	2008.05—	
	纪委书记	朱学林	2008.05—	

资料来源：《中国共产党浙江省桐乡市(县)组织史资料》

第四节　重要决策和实施

1949年5月，中共濮院区委员会成立后，濮院镇、乡在区委员会的领导下，完成对境内旧政权的接管，同时相继建立镇、乡党组织。在上级党委的领导下，镇、乡党组织贯彻落实党的路线、方针、政策，制定实施镇、乡发展规划，带领人民进行社会主义革命和社会主义建设。

1949年6月，域内开展剿匪反霸运动，至1950年10月，共抓捕并判刑匪、霸17名，清除匪患，保卫人民群众的生命财产安全，巩固新生的人民政权。

1950年8月，区委按照《中华人民共和国土地改革法》，组织土改工作队，指导境内由点到面、分期分批开展土地改革。工作队深入农村，贯彻执行中共中央规定的“依靠贫农、雇农，团结中农，中立富农，有步骤、有分别地消灭封建剥削制度，发展农业生产”的总政策，发动群众斗争不法地主，没收地主的土地、农具、耕畜等财产，分配给无地少地的贫苦农民，废除封建土地所有制，确立农民土地所有制。是年，召开濮院镇土地改革代表大会，至1951年春，土地改革基本完成。

1950年11月起，濮院镇、乡党组织响应党中央号召，在域内掀起轰轰烈烈的抗美援朝、保家卫国运动，发动群众报名参军；开展增产节约、捐赠物资活动。至1953年，全镇各界共捐献贷金223005100元，以实际行动支援抗美援朝。

1950年11月，根据县委部署，贯彻中央《关于镇压反革命活动的指示》，全镇开展镇压反革命分子、取缔反动会道门运动，纯洁党、政组织，巩固人民民主专政。

1952年上半年，按照中共中央指示，在全镇党政机关和县属企事业单位开展反对贪污、反对浪费、反对官僚主义的“三反”运动；在工商界开展反对行贿、反对偷税漏税、反对盗骗国家财产、反对偷工减料、反对盗窃国家情报的“五反”运动。同年下半年开展整党，进行党员标准的八项条件教育，清除贪污蜕化分子，从思想上、组织上巩固“三反”运动成果。

1955年，域内农村贯彻执行中央《关于农业合作化问题的决议》，开始组建高级农业生产合作社。至1955年10月，永安乡建立6个高级农业生产合作社，乐安乡建立11个高级农业生产合作社，基本实现农业合作化。与此同时，城镇则开展对城乡个体手工业和私营工商业进行社会主义改造，至1956年，基本完成社会主义改造。

1957年5月，全镇贯彻执行中共中央《关于整风运动的批示》，开展反官僚主义、反宗派主义、反主观主义的整风运动。在党政干部和工交、财贸、文卫系统中开展反“右派”运动，运动持续至1958年夏季结束。由于在反“右派”运动中出现了严重的扩大化倾向，一些人被错划成“右派分子”。

1958年9月，贯彻中共中央在北戴河召开的政治局扩大会议精神，境内发动“大跃进”和人民公社化运动。10月，建立政社合一的濮院人民公社，开展“大炼钢铁”的群众运动。两个运动导致浮夸风、共产风、强迫命令风、干部特殊化风和生产瞎指挥风的严重泛滥，挫伤干部群众的积极性，造成人力、物力的巨大浪费。

1960年，国民经济发生严重困难，粮食紧缺。镇、社党委着力抓粮食生产，安排群众生活，发动群众开展多种经营，生产自救。1961年，贯彻执行中央提出的对国民经济实行“调整、巩固、充实、提高”的方针和“农村人民公社六十条”，调整社队规模，公社实行以队为基础、三级所有的体制，停办公共食堂，整顿集体牧场，划分社员自留地，允许社员饲养猪羊和经营家庭副业，允许谁种谁收。同时，号召各行各业支援农业。通过一系列政策和措施的贯彻实施，濮院、新生两个公社的农业经济形势开始好转，农民群众渡过了口粮不足的困难时期。

1962年，镇党委贯彻执行中央关于精简职工、减少城镇人口的决定及县委指示精神，截至7月底，全镇9个部门共精简职工210人，其中，回乡、下乡134人，占上年底819名职工的16.3%；减少城镇人口822人，占上年底城镇人口总数6668的12.33%；减少吃商品粮844人，占上年底供应商品粮总人数6496的13%。这对于增加农村劳动力、减少城镇粮食供给、节约工资支出、缓和市场供应紧张等方面均起到了积极的作用。

1964年春，开展“农业学大寨”“工业学大庆”运动。是年秋，传达贯彻中央《关于农村社会主义教育运动中一些具体的政策规定（修正草案）》，在镇、社干部中开展社会主义教育运动，即清政治、清经济、清组织、清思想（简称“四清”），对干部进行反对“和平演变”、坚持社会主义方向和廉洁奉公的教育。是年冬，公社、大队开展清理账目、清理仓库、清理财务、清理工分的“小四清”运动。由于在运动中出现一些“左”的做法，使一部分干部的积极性受到挫伤。1965年春，贯彻中共中央《关于农村社会主义教育运动中目前提出的一些问题》（即《二十三条》）后，“小四清”运动停止。是年，按照县委提出镇、社各项工作应更加突出政治的要求，在干部中，开展学习焦裕禄活动，选拔年轻干部；在农村，建立贫下中农协会和政治文化技术夜校，并以夜校为阵地，组织群众学习毛泽东著作。

“文化大革命”期间，镇、社党政机关工作受到严重干扰。

1968年4月至11月，镇、社相继成立革命委员会。其中，4月，成立新生公社革命委员会；6月，成立濮院公社革命委员会；11月，成立濮院镇革命委员会。1970年5月，相继成立镇、社革命委员会党的核心小组，下半年恢复公社、镇党委。1971年9月，按照中央指示，在县领导下开展“批林整风”运动，批判极“左”思潮和无政府主义。1972年，贯彻中央16号文件，让“靠边”干部重新工作；整顿工厂秩序，恢复和发展工业生产；开展“农业学大寨运动”，发动群众平整土地，开展农田水利基本建设。1974年，开展所谓“批林批孔”运动，党政工作再次受到严重干扰。

1976年10月，“文化大革命”结束。1977—1978年，按照上级党委的要求，镇、社党委联系实际，深入开展“揭、批、查”运动，揭批“四人帮”罪行，清查林彪、江青两个反革命集团的帮派体系以及与之有牵连的人和事。同时，调整充实领导班子，落实党的各项政策，平反冤假错案，恢复群众团体，妥善安置回城上山下乡知识青年和城镇待业青年劳动就业，解决由于“文化大革命”所造成的一系列紧迫问题。1978 年下半年，开展对“实践是检验真理的唯一标准”的讨论，促进干部群众解放思想。

1978 年 12 月中共十一届三中全会后至 1979 年，镇、社党委遵照中央文件，在县委领导下，开始全面纠正“文化大革命”及其以前的“左”倾错误，在各条战线上进行拨乱反正，把党的工作重点转移到社会主义现代化建设上来。贯彻国民经济“调整、改革、整顿、提高”的八字方针，对企业进行全面整顿，扩大企业经营自主权。与此同时，落实党的政策，纠正错划的“右派分子”，为已改造成为劳动者的地主、富农分子摘帽。

1981 年起，镇党委在县委领导下，实事求是地逐步落实党的私房政策、宗教政策；平反和纠正“文化大革命”及之前遗留下来的冤假错案，解决一批干部的功过是非问题。

1982 年 9 月，中共十二大以后，按照建设有中国特色社会主义的指导思想，全镇开展学习科学文化知识、“五讲四美三热爱”、争创“五好家庭”、向模范青年张海迪和战斗英雄学习等一系列活动。镇工会和团委为配合此活动，联合组织开展百题知识竞赛，举办青年职工振兴中华读书和演讲会等活动。全镇掀起大兴教育、科技之风，鼓励职工自学成才、钻研技术之风。是年，为适应濮院经济的发展，改变镇区道路格局，规划修建全镇第一条水泥道路（永乐路），当年完成长度 220 米。修建永乐路是濮院镇道路建设上的一件大事，除机关干部及有关单位人员积极参与筑路义务劳动外，部分单位还给予资金支持。与此同时，濮院、新生两个公社按照建设有中国特色社会主义的指导思想，推行家庭联产承包责任制，发展社队企业。

1983 年 8 月，贯彻执行中央决定，在全镇范围开展严厉打击严重危害社会治安的刑事犯罪活动（简称“严打”），严打持续至 1986 年底结束。经过严打，全镇社会治安、社会风气明显好转，群众安全感增强。1983 年 12 月，濮院、新生两个公社按照上级部署，改革人民公社政社体制，撤社建乡，实行政社分设，恢复乡人民政府，成立经济合作社。同时按照“革命化、年轻化、知识化、专业化”的要求组建乡党委领导班子。

1984 年，镇、乡党委根据中共中央《关于农村工作的通知》，不断深化农村改革，巩固和完善家庭联产承包责任制。同时，调整产业结构，鼓励发展二、三产业，实行农、工、贸综合经营。发展乡镇企业，提倡乡镇办、村办、联户办、户办“四个轮子”一起转，支持专业户带头勤劳致富。是年秋，学习贯彻中共中央《关于经济体制改革的决定》，以增强企业活力为中心环节，扩大企业自主权。

1985 年，全镇各乡镇企业（公司）推行厂长（经理）负责制。启动并编制完成第一次《濮院镇城镇建设总体规划》。

1986 年，为净化社会环境，镇党委统一部署在全镇范围开展禁赌反盗专项行动。受此震慑，全镇有百名参赌及有偷摸行为的人主动到派出所登记或投案自首。是年10月，贯彻中共中央《关于社会主义精神文明建设指导方针的决议》，镇党委制订加强精神文明建设的规划和措施，开展创建文明镇、文明工厂、文明学校、文明单位活动。是年，全镇有10个单位被评为文明卫生达标单位。

与此同时，1981—1986年，根据镇党委的决策，新建桐乡三中、濮院完小的校舍、宿舍和食堂；新建镇托儿所、镇工人俱乐部；筹建梅泾公园；完成镇区12条石板老街的拓宽改造，敷设下水管道和自来水管道；建桥4座、深水井1口。此外，广泛开展法制宣传教育，除通过广播、黑板报等形式进行宣传外，还以授课方式进行培训，全镇有3201人参加普法教育培训，其中1808人通过普法教育考试，取得合格证书。

1984—1986年，中共濮院乡、新生乡党委以党的十二大精神为指导，围绕经济建设主题，结合乡党代会提出的工作目标，在优化农业、大力发展乡村工业的同时，认真贯彻党中央"两个文明"一起抓的方针，广泛开展"五讲四美三热爱""尊师重教"活动。两乡成立教育委员会，以集资的方式改善办学条件。其中，濮院乡集资30多万元，新生乡集资9万多元。注重干部队伍建设。濮院乡于1984年整顿村民委员会，1986年实行村干部精简，大胆起用年轻干部；新生乡于1984年整顿村民委员会，1985年实行村干部精简。加大扫盲力度，完成扫盲任务。两乡经省、县两级验收，均实现了"青、少、壮无盲乡"目标。广泛开展计划生育和严禁滥占滥用耕地宣传教育活动。1986年，濮院乡出生率为16.17‰，新生乡出生率为21.84‰；违章建房和滥占滥用耕地现象已基本得到制止。加强基础设施投入。濮院乡新筑两条水泥道路；新生乡投资12.74万元，修筑总长6070米的乡村水泥路。

1987年，濮院镇为规范和繁荣镇区农贸市场，方便居民生活，决定投资27万元，建造全镇第一个较为规范的农贸市场，市场于当年国庆节建成开市。是年，贯彻中共中央《关于开展增产节约，增收节支运动的指示》，依靠科技进步、发展横向联合、加强企业管理，积极发展乡镇企业，全面推行和完善企业承包经营责任制。濮院乡制订乡办企业管理规定119条。农业方面，两乡深化改革，不断完善以家庭经营为主的联产承包责任制，建立农业发展基金，逐步恢复完善农户上交集体提留制度。

1987—1989年，镇、乡党委贯彻执行党的"一个中心，两个基本点"，坚持四项基本原则，坚持反对资产阶级自由化，以极大的热情领导人民开展各项工作。

1988年5月，濮院镇党委、政府为改变羊毛衫个体户沿街设摊销售产品的现状，以集资方式，筹资24万元规划建造羊毛衫专业市场。10月，首期工程52间营业用房交付使用，市场开业。是年，为选择更优秀团干部担任镇团委领导，镇党委决定在全镇公开竞选团委书记。这种选拔方式在桐乡县乃至嘉兴市都属首创。

1989年春夏之交，镇、乡党委在县委部署下及时召开党委、机关和各部门负责人会议，提出当前党建工作的重点是坚持四项基本原则，反对搞资产阶级自由化，教育广大党员要始终坚持在政治上、思想上、行动上与党中央保持一致。会后,镇党委成员深入学校做思想政治工作。

1990年,对农村土地承包实行大稳定、小调整,解决推行联产承包责任制以来因人口变动造成的土地和劳力负担不均的突出问题,调动农民积极性。

1992年,镇党委学习贯彻邓小平南方谈话和中共十四大精神,进一步解放思想,振奋精神,抓住发展机遇,敢于争先,加快经济建设和改革开放步伐。是年,规划建成毛纱市场,拓宽第三产业领域。同时,贯彻县委、县政府《关于鼓励乡镇超常规发展工业经济的试行办法》《关于对引进资金的单位和个人实行奖励的试行办法》等政策措施,全镇掀起新一轮投资办厂和技改扩建热潮,推动镇域经济快速发展。当年,工业总产值达到4.16亿元,比1989年增加2.92亿元,增长率为235.48%。此外,扩镇并乡后,濮院镇党委制定并完善农村"双层经营"体制和农业积累制度。新生乡制订《新生乡农村行政村党支部工作三年规划实施意见》,完成对乡办企业雅达电脑绣花厂的股份合作制试点改制。

1993年开始,在工业上,贯彻执行市委、市政府《关于乡镇企业机制转换》的相关文件,以试点的形式稳步推进产权制度改革,对"小、微、亏"企业实行租赁、兼并或部分产权转让,至1995年底,全镇15家企业实现转制,为企业上规模、上水平提供了发展的空间。对个私业主制定优惠政策,鼓励、扶持个私业主加大生产性投入,扩大生产规模,增加发展后劲,提高市场占有率。

在市场建设中,提出了"繁荣一个市场,带动一方经济"的发展思路,因势利导,加强市场的硬、软件建设。1995年,市场的总占地面积已发展至57万平方米,建筑面积20万平方米,设有10个羊毛衫交易区、1个毛纱交易区和1个辅料交易区,商业用房5013间,成为名副其实的全国最大的羊毛衫集散中心。是年10月,经过积极筹备,举办全国专业市场建设与发展研讨会暨首届全国羊绒羊毛新产品展示会,市场知名度进一步提升。与此同时,抓好市场内部管理,逐步理顺市管委会与交易区、产权单位的关系。通过建立健全相关规章制度、创建"文明卫生"交易区等措施,进一步规范市场的经营秩序。

在农业上,提出粮食生产以"一优两高"(即优质农产品,高产、高效)为发展方向,逐步推行粮田经营适度规模化,出台优惠政策,鼓励承包经营者。至1995年,全镇承包经营大户发展至237户。此外,出台《濮院镇依法治镇三年规划》,并根据该规划,制定依法治村规范化管理章程,创办少年法制学校。

1996年,濮院镇实施优势工程和个私经济第二次创业工程,使全镇经济保持良好发展态势。同时,提出"建园区、扶大户、育新品、促发展"的园区建设发展新思路,大力发展个私经济。保持老城区、新城区和综合园区"三区"联动发展的城镇建设发展方向。至1998年,镇区初步形成以中兴路、永乐路、梅泾路、市场路、南纬路、咏梅路、南横街为主干道路的纵横贯通全镇的道路格局。

1997年,制定《关于加强濮院羊毛衫市场建设和加强管理的若干规定》。制订《濮院镇 1998—2003 年社会事业、教育事业规划》，大力发展社会事业、教育事业。开展"三五"普法教育和依法治村、依法治厂活动；开展禁毒禁赌专项斗争，扎实推进民主法制建设。贯彻上级对农村综合治理的要求，开展治太工程、内河疏浚、圩区排灌、土地整治等工程，不断改善农业生产条件，提高抗灾能力。

1998 年，根据市场发展需要，为实现市场所有权、管理权和经营权的分离，决定筹建濮院羊毛衫城股份有限公司。实施"绿化、亮化、美化"工程，至年底，城镇绿化率达到 30.2%，人均绿化面积 4.1 平方米。是年，按照"因地制宜、形式多样、分类指导"的方针，对全镇镇办、村办企业进行改制，至年底，全镇镇办、村办企业改制率达 93.6%，其中镇办企业改制率达 100%。

1999 年，启动毛纺织原料市场建造工程。同年，按照省市农业和农村现代化教育活动的要求，开展第二轮土地承包，进一步深化农村改革，优化农业产业结构，大力发展现代农业。同年 6 月，战胜百年一遇的"6・30"特大洪涝灾害。

2000 年，为建立中国最大的羊毛衫生产基地，规划建设中国・濮院毛衫城工业园区，委托浙江省建工建筑设计院负责设计完成《工业园区控制性详细规划》的编制。与此同时，园区相关配套工程项目同步展开。当年规划实施市场老区和部分道路升级改造工程，托运中心、中心广场、餐饮区、扩建市场停车场等工程；成立蒸汽供热工程筹建办公室，启动热能建设工程；为集中处理、达标排放园区内的生产、生活污水，与相关单位合作成立濮院污水处理厂。全面调整实施《濮院镇城镇建设总体规划》，实行老城区、新城区和综合区联动开发的新城镇发展战略；引进正中房产公司，投资建设锦苑小区；实施市场路、中兴路、南纬路、永乐路等主干道路的"绿化、亮化、美化"工程。实施《桐乡市农业和农村现代化规划》。

2001 年，除继续实施园区配套工程外，还实施优势工程和名牌发展战略，大力发展个私企业，是年，全镇个私工业产值为 381 亿元，占工业总产值的 90.5%。对桐星集团、绢麻纺织厂、厚源公司等一批骨干企业进行技术改造和管理提升，以提高企业的综合实力，其中 8 家企业通过了 ISO9000、9002 质量体系认证。农业生产围绕农业增效、农民增收为目标，提出"调结构、调粮经、调布局"的发展现代农业新思路，推进产业化经营，巩固和壮大农产品生产基地和效益农业示范基地，全镇建起稻田养蟹和专业养鹅、养鱼、养兔、养孔雀及种植印度枣、中药材、苗木、竹笋等十多个效益示范基地。实施新妙智生态村试点建设，加快推进农业生产现代化建设进程。

2002 年，启动新一轮濮院镇城镇总体规划——《濮院镇(桐乡东城区)总体规划(2004—2020)》的编制。

2003 年，完成针织产业园区近期规划和远期规划的编制，基本完成园区道路框架和土地平整工作。同时，为提升市场品位，全面启动对羊毛衫市场进行大规模改建提升工程。完成全镇规模化畜禽养殖场的规划布局，加快发展生态农业。

2004 年，编制完成《濮院羊毛衫市场地区城市总体规划》《桐乡市濮院生态镇建设规划》并全面实施。

2005 年，确立以产业拉动城镇发展的“经营城镇”理念，重新修正并启动城镇建设总体规划。是年，红树林、巴黎春天、中央花苑等住宅小区相继开工；凯旋路全线建成，完成宏苑路入城口景观工程与凯旋路、宏苑路两侧部分路段 12320 平方米人行道铺设工程；竣工商业建筑面积近 29 万平方米，为历史之最。与此同时，投资 2286 万元，启动村庄整治工程，已实施的宏苑、永乐、红晓、红星、新星、永联等农民新村建设工程已初具规模。新农村交通网建设同步展开。是年，制订《濮院镇农村通组公路建设规划》，当年浇筑通组公路 50 千米，完成庙簰公路路基工程。生态农业、效益农业初见成效；新港村万头生猪养殖园区与红旗漾村无公害叶菜类蔬菜基地建成，一期 55 亩叶菜类蔬菜当年上市，成为桐乡市“餐桌工程”的重要组成部分。举办 19 期农业技术培训班，为 2500 多人次教授现代农业技术。加大对禽流感的防范措施，对全镇所有家禽进行强制免疫，免疫率为 100%。

2006 年，实施毛衫市场提升工程和《濮院羊毛衫市场地区城市总体规划》，建成以世贸大厦、金贸大厦、国际毛衫品牌中心为核心的中央商务区；完成原毛市场一期（外贸交易区）、针织机械辅料市场等市场配套建设；启动第四交易区、第五交易区和国际贸易中心的建设工程；实施品牌文化战略和创建公共服务平台，建立包括中国毛针织服装科技研发中心、国家毛纺织产品质量检测中心、人力资源开发区中心、外贸服务中心、信息网络中心、文化传媒中心、毛衫品牌文化展示中心等一系列在国内尚属首创的创新公共服务平台，提高市场的服务效能。实施特色农业发展规划，积极推进种植业向种植大户集中、养殖业向园区集中的产业化经营方向的转化，建成蔬菜农业示范基地 7 个，成立新港村生猪养殖和红旗漾农机 2 个专业合作社。实施农业信息化工程，在全国率先创建“三电合一”的农业信息化平台，农民信箱注册用户达 739 户，提高信息化服务水平。实施城乡一体化建设工程。是年，实现城乡公交一体化，成为全市第一个村村通公交镇；实现供水一体化，成为全市第一个城乡供水一体化镇；实现保洁一体化，成为全市第一个城乡垃圾一体化处理镇；实现供电一体化，实现城乡电费同网同价。

2007 年，镇党委、政府决定并建成 20 套经济适用房，用于改善符合相关条件的城镇低收入家庭的住房条件。是年，决定调整新村规划点，投入 70 余万元，在永乐村创建新农村建设省级示范村。

2008 年，镇党委、镇政府、濮院羊毛衫市场管理委员会联合出台《关于推进全镇工业经济提升转型的若干意见》，该意见同时规定对符合产业结构调整、升级的相关项目给予专项政策优惠。坚持规划先导，制定“1＋7”城乡一体化新社区布点规划，扎实推进城乡统筹发展。为配合开展学习实践科学发展观活动，是年 12 月，党委决定创刊《濮院时间》。《濮院时间》刊物以传递上级精神、报道濮院动态、反映社情民意、挖掘濮院人文、提炼濮院精神、倡导文明新风、服务广大群众为主要宗旨，成为打造实力濮院、活力濮院、魅力濮院、和谐濮院的重要文化阵地之一。建立党建中心，开展"爱党、爱国、爱家乡"系列主题活动。

2009 年，建成并开放位于羊毛衫市场管委会的"濮院时间"展示中心。展示中心设"序厅""尾厅""濮院过去时""濮院进行时""濮院将来时"五个展厅，通过一条跨越时间的参观线索，浓缩濮院建镇以来的发展历程，系统展示濮院的建设成就和未来发展战略。是年，全镇全面推进"两新"工程建设(即推进农房改造集聚，加快现代化新市镇和城乡一体化新社区建设)。同时，实施集控区外印花行业搬迁工程，推进园区生态化建设。当年，集控区外绝大部分印花行业已迁入印花行业工业园区，对尚未迁入的企业，要求限期迁入，实现印花行业工业污水入网处理，促进印花行业有序健康发展。实施龙头带动战略，是年，镇党委、濮管委、镇政府联合出台《关于濮院镇针织服装企业培育工程的实施意见》，并在全镇规模以上的针织服装企业中选择 20 家作为首批入围企业，镇财政每年安排专项资金对规模企业进行培育和奖励。

2010 年 1 月，委托浙江工业大学编制《桐乡市濮院针织产业集群转型升级实施方案》，实施服装行业龙头企业培育工程。制订《濮院镇学校布点规划》，完成校舍安全工程三年改造任务，吸纳万余名新居民子女就学，新居民子女学生占全镇在校生的 70%。5 月，建立镇"两新"工程建设"保先保廉"机制，对"两新"工程建设实行全方位、全过程监督，增强"两新"工程建设的透明度和公信力。为不断加强党的建设，是年 7 月，制定并完善《中共濮院镇委员会议事规则》和《濮院镇党政联席会议议事规则》，在全市率先实行人事任免等重大事项票决制；吸收基层党组织书记、人大代表等列席会议。为全面推行干部能力作风建设，镇党委决定，10 月开始，全镇机关干部深入基层，开展"做一天村官""当一天交易主任""进组入户拉家常"活动，并做好工作记录，使活动经常化、制度化、规范化。同时，聘请一批党员、群众代表担任民情联络员。"做一天村官"，即镇委机关干部与村联系结对，每月到联系点以"五个一"(参加一次会议，走访一批农户，倾听一些呼声，搜集一些信息，解决一些问题)为主要内容开展工作。"当一天交易区主任"，即管委会机关干部与 17 个交易区联系结对，每月到联系交易区工作一天，了解交易区基本情况，帮助解决市场管理和经营过程中遇到的问题。

第五节　党员教育

中华人民共和国成立后，境内各级党组织始终以经常性与针对性相结合的方法，对党员进行政治思想教育，使党员在思想上、行动上与党中央保持一致，永葆党组织的核心引领作用和党员的模范带头作用。

基本完成社会主义改造和开始全面建设社会主义时期

1949 年 5 月至 1950 年，境内党组织对党员教育的主要内容是加强坚定无产阶级立场教育，以适应剿匪反霸、民主建政、土地改革的新任务。1951—1953年，围绕恢复国民经济，贯彻党在过渡时期的总路线、总任务和整党建党，向党员进行共产主义理论和《怎样做一个共产党员》的教育。要求共产党员坚定走社会主义道路，树立全心全意为人民服务的思想，用党员标准严格要求自己，批判闹地位、闹待遇等个人主义思想，与非无产阶级思想划清界限。其间，桐乡县干部学校（桐乡市委党校的前身）共开办49期马列主义夜校短期训练班，培训全县党员干部。1954年，着重对党员进行党的基本知识和农村互助合作的方针政策教育。1955年，境内镇、乡党支部建立党课制度，党员教育围绕农业互助合作运动、粮食统购统销政策等内容，同时结合党员思想实际，有的放矢地进行党的总路线、总任务教育。1956年，进行社会主义教育和过渡时期的阶级斗争教育，以适应社会主义经济建设的需要。1957年，组织党员、干部学习毛主席著作《关于正确处理人民内部矛盾的问题》，同时教育党员进一步端正入党动机，做到既要组织上入党，更要思想上入党。

1960—1963年，组织党员学习党中央关于"大办农业、大办粮食"的指示，执行自力更生，艰苦奋斗，增产节约，勤俭建国办事方针；贯彻中央和省委关于重新教育党员的精神，进行党的性质、奋斗目标、民主集中制及党的优良传统教育；开展"六好党员"竞赛活动。同时，社、镇各级党组织以阶级教育为基础，开展回忆对比，请老党员、老干部、老贫农讲"三史"（党史、村史、家史）。

1964—1965年，党员教育的主要内容是学习毛泽东《实践论》《矛盾论》《人的正确思想从哪里来的》《关于正确处理人民内部矛盾的问题》《纪念白求恩》《为人民服务》《愚公移山》，并要求阅读者写好学习心得；学习解放军，要求广大党员干部以解放军为榜样，在群众中起模范带头作用；贯彻党中央《关于印发和宣传农村社会主义教育运动问题的两个文件的通知》，进行形势与任务教育。

"文化大革命"时期

1966年5月至1976年10月，因"文化大革命"，党组织一度陷于瘫痪，党员教育阵地同时丧失。1970年，党员组织生活虽然恢复，但教育内容仍为"以阶级斗争为纲"和所谓"无产阶级阶级专政下继续革命的理论"，在重大理论和政策问题上混淆了是非，搞乱了思想。

社会主义现代化建设新时期

1977年，党员教育主要是揭发批判"江青反革命集团"的罪行，学习《毛泽东选集》（第五卷）和传达学习中共十一大文件。1978年下半年，开展对"实践是检验真理的唯一标准"的学习和讨论，进行党的实事求是的思想路线教育。1979年，在党员中学习贯彻中共十一届三中全会文件。

1980年，境内镇、社党组织相继恢复中断十多年的党员轮训和"三会一课"制度（支部大会、支委会、小组生活会，党课），并将每月的25日定为党员活动日，建立考查制度，使党员教育和党内生活趋于经常化。是年，党员学习的主要内容为《中国共产党章程（修正草案）》和《关于党内政治生活的若干准则》。1981年，开展《关于建国以来党的若干历史问题的决议》的学习。濮院公社为加强学习效果，举办3期党训班，367名党员参加学习，占全社党员总数的91.98%。

1982年，组织党员学习中共十二大文件及新《党章》。同时根据县委部署，对党员进行了一次"端正作风、坚持党性、严格党纪"的学习培训。是年2月、3月，濮院公社举办3期党员轮训班，405名党员参加学习，占全社党员的85%。

1983年，组织党员、干部学习《邓小平文选》。在此期间，县委党校为实现在1990年前全县乡、镇干部达到高中、中专文化程度的目标，设置两年制党员干部高中文化班和中专专修班。域内镇、乡党委按规定，分批派党员干部参加学习，使基层干部的文化水平普遍得到提高。

1984年，组织党员学习《中共中央关于整党的决定》。是年，新生乡举办3期党训班，结合实际对党员进行党性、党风、党纪教育，356名党员参加学习，活跃党的组织生活，进一步提高全体党员对新时期党性的认识。

1985年，境内镇、乡党组织分期分批进行整党，并在党员中开展党性、党风、党纪和进行社会主义四个现代化建设的思想教育。是年3月20—22日，濮院镇党委组织全体党员对中央(85)一号文件和中央有关领导的讲话进行一次集中学习。学习以听课、分支部讨论、各支部汇报的形式进行。共有277名党员参加学习，参加率为90%。

1986年，为适应改革开放和经济建设的需要，开展以新时期如何树立共产党员形象为主题的思想教育。1987年，境内各级党组织开展如何发挥党支部的战斗堡垒作用和党员的先锋模范作用的主题讨论；结合实际，开展为"四化"建功立业的教育活动。同时根据县委1986年提出的在党员教育中试行"抓阵地网络、抓主题教育"的要求，1987年5月5日，濮院镇建立党校；6月2日，濮院乡建立党校；同月，新生乡建立党校。建党校后，镇、社以党校为阵地，对党员进行轮训。是年，新生乡举办两期轮训班，轮训党员422人。

1988年，开展以"经受执政与改革开放的考验"为主题的讨论，同时按照县委要求，把"双争"（争创先进支部，争当优秀党员）活动列入党员教育活动的内容。1989年，开展以学习焦裕禄，学习雷锋，做合格干部、合格党员为主题的系列教育活动。分层次对党员进行党的基本路线教育，学习江泽民总书记的国庆讲话和党的十三届四中、五中全会精神，使党员坚定了正确的政治立场，旗帜鲜明地反对资产阶级自由化，在思想上、政治上、行动上同党中央保持高度一致。是年，濮院乡还举办3期共7次党训班，受训党员1568人次。濮院镇在对党员进行思想教育和形势教育的同时，1987—1989年，共举办11期党员培训班、1期中共党史长训班。1990年，开展以经受"三个考验"（执政、改革开放、和平演变）为主题的共产主义信念系列教育，在党员中全面推行民主评议党员的活动，使党员教育、管理、监督融于一体。

1991 年，镇、乡党委按照县委在全县党员中开展“忆传统、作贡献、做新时期合格党员”活动的要求，组织党员学习中共十三届七中全会决定；围绕建党七十周年，开展党史和革命传统教育。1992 年 4 月，组织党员干部学习邓小平南方谈话和学习贯彻中共十四大精神活动。1993 年，在党员中开展“党旗在我心中”“重温入党誓言、严格党性锻炼”等内容的思想教育活动。是年，境内镇、乡党组织设立了党员电化教育站（点），播放《领导干部的楷模——孔繁森》录像片，对党员进行电化教育，使党员教育的形式多样化。1993—1995 年，濮院镇以镇委党校为阵地，先后举办党员短训班 17 期，深入学习党在社会主义初级阶段的基本路线、方针和政策，学习中共十四大报告精神和邓小平理论，参加培训人数 3245 人次；举办电化教育 108 场次，参加人数达 4800 人次。

1996—1998 年，镇党委把学习邓小平建设中国特色社会主义理论放在对党员干部进行思想教育的首位，通过举办讲座和电化教育的形式，先后在全镇党员干部中开展一系列思想教育活动，提高党员干部的政治觉悟和思想素质。其间，开展“我为桐乡添锦绣”“学习孔繁森，争当人民好公仆”“奉献于事业，服务于人民”主题教育活动，号召全镇党员干部向孔繁森学习，全心全意为人民服务；开展“加强道德修养，防止腐败堕落”“发扬艰苦奋斗精神，增强拒腐防变能力”的廉洁自律专题教育，并结合实际针对极少数党员干部中存在的违纪违法行为进行严肃查处，三年中，共查处党员干部违纪违法行为 2 例，处理党员干部 2 人，进一步纯洁了党的组织和党员队伍；开展纪念中共十一届三中全会召开二十周年暨改革开放二十周年庆祝活动，要求党员干部以毛泽东思想、邓小平理论武装头脑，在新形势下正确处理改革、发展和稳定的关系。此外，1997 年，为扎实推进电化教育，镇委在镇广电站设立电教点，在有线电视频道中增加党员电教专题节目。

1999 年，开展“三讲三比”（讲学习、讲政治、讲正气，比奉献、比服务、比业绩）主题教育活动。2000 年，学习江泽民总书记“三个代表”重要思想。为增强学习效果，党组织还以集中培训、对照检查、整改提高的形式，分批对党员干部进行轮训，使“三个代表”重要思想深入人心。开展“致富思源、富而思进”的“双思”教育，提高党员干部的思想素质、政治素质和理论水平。2001 年，组织党员认真学习江泽民总书记“七一”重要讲话，使党员干部的思想统一到党中央的决策上来。1999—2001 年，镇党委在贯彻落实党中央“党要管党、从严治党”方针中，对全镇 15 名经民主评议为基本合格的党员进行谈话教育；对 15 名不合格党员进行劝退、除名，维护了党纪的严肃性和党员队伍的纯洁性。

2003 年以来，镇党委以集中培训、电视党校、支部活动等不同形式，先后在全镇党员干部中开展学习邓小平理论、“三个代表”重要思想、科学发展观、社会主义荣辱观等一系列主题教育活动；学习中共十六届三中、四中、五中全会精神和中央领导关于科学发展观的重要论述，着力提高党员干部的理论基础和思想素质。特别是2005年、2006年开展的保持共产党员先进性教育活动，以听党课、自学、写党性分析材料、开展主题讨论、党群谈心、征求意见、提出整改等方式进行。针对到濮院镇的流动党员多的特殊情况，镇党委创新对流动党员教育管理模式，先后建立起流动党员先锋站、流动党员服务站等"外来党员之家"，使到濮院镇的流动党员同样受到党性教育。开展保持共产党员先进性教育活动，进一步增强党员干部的党性意识，改进工作作风，基本实现市委提出的"党员素质有新提高、基层组织有新加强、服务群众有新成效、各项工作有新推进"的目标要求。此外，为适应社会发展需求，2006年，全镇机关和行政村村委会、社区居委会相继建立农村党员干部现代远程教育终端接收点，党员教育的内容除思想教育外，还包括红色视频、专题系列片、时事新闻、法律常识、实用技能培训等，使党员教育的内容更加丰富。

2006年6月，镇党委组织党员开展学党章知识竞赛

2010年1月，老干部参观党史陈列室

2007年10月，全镇各级党组织开展学习中共十七大精神宣传教育活动。2008年，组织党员学习贯彻十七大和十七届三中全会精神，开展"树新形象，创新业绩"主题实践活动。2009年7月，举办为期两个月的青年干部培训班，37名青年干部参加培训，其中包括大学生村干部和基层后备干部，培训分军事训练、集中学习、社会实践、总结交流四部分。是年，以"濮院时间"展示中心镇级党史陈列室为党教阵地，对全镇党员干部进行"爱党、爱国、爱家乡"系列主题教育。2010年，全镇党员干部深入学习科学发展观，开展实践科学发展观活动和创先争优活动。

第六节　优秀共产党员

域内在不同时期，均涌现出一批具有时代特色的优秀共产党员，展示了共产党员的先锋形象，得到了群众的尊敬，受到了各级党委的表彰。囿于材料，摘录的仅为部分年度受到中共浙江省委、嘉兴市委、桐乡市（县）委表彰的优秀共产党员。

优秀共产党员

浙江省优秀共产党员

1985 年，朱雪山。

1991 年，朱雪山。

嘉兴市优秀共产党员

1981 年，朱雪山。

1985 年，朱雪山。

1991 年，朱雪山、廖新荣、葛建林（濮院乡）。

2001 年，周阿龙、葛建林。

2003 年，张贵祥。

2005 年，吴金祥。

2006 年，蒋林娜。

桐乡市（县）优秀共产党员

1981 年

濮院镇：朱雪洪、范松林、李康治、张新宝、赵志英、沈掌法、葛郎秋。

濮院公社：金荣林、黄兴根、王富荣、夏桂生、苏永泉、连海法、李森山、许雪良。

新生公社：陈福根、黄柏清、周美娟、沈子良、蒋柏荣、张小狗、朱柏顺、王金培、施坤林。

1982 年

濮院公社：张宝根、苏永泉、金荣林、连海法、吴荣潮、汤兴甫、李小狗、王春山、朱云林。

1988 年

濮院镇：范松林、顾树华、黄桐山、廖新荣、李康治、范明华。

濮院乡：姚益根、葛明林、李林松、连海发、沈阿海、杨福林、程阿荣。

新生乡：陈福根、顾海明、沈德明、徐志兴、章金强、钱财林、黄阿生。

1989 年

濮院镇：李康治、顾树华、廖新荣、黄志清、范松林、黄桐山。

濮院乡：沈德兴、杨宝泰、李炳彩、金胜荣、吴荣潮、徐玲芬、朱云林、殳胜林。

新生乡：谢炳安、沈爱文、高培发、冯老虎、庄品金、庄培江、陈小子。

1991 年

濮院镇：李康治、顾树华、廖新荣、李建华、范松林、钱松坤。

濮院乡：沈德兴、殳胜林、朱学林、刘生泉、陈月清、葛建林、李炳彩、孔美雅。

新生乡：冯老虎、吴阿兴、敖金狗、李财福、谢炳安、蒋玉荣、顾桂生、陈小子。

1992 年

濮院镇：许建新、施兴、葛建林、连海法、严泰衡、范建明、许学民、蒋宋初、李康治、顾树华、朱国民、范松林、金雪芬、李炳彩、夏八男。

新生乡：蒋玉荣、王爱庆、黄锦荣、陆纽安、魏巧荣、徐永夫、陈福根、杨海祥。

1993 年

濮院镇：李金坤、殳胜林、杨金林、姚兰宝、庄永林、金雪芬、管生观、吴新华、范松林、李康治、孙金林、闻掌发、沈文良、黄志清、黄桐山。

新生乡：单红梅、章金强、冯老虎、蒋林娜、杨海祥、姚阿乔、陈福根、徐永夫。

1994 年

濮院镇：葛建林、吴金祥、赵建尧、施文珍、朱仲寅、顾树华、黄桐山、陈杰华、庄永林、刘生泉、沈阿海、范松林、钟立岩、蒋宋初、高式军、郭小根。

新生镇：庄惠潮、冯老虎、徐永夫、蒋林娜、沈杏花、杨海祥、陈福根、祝建荣。

1995 年

濮院镇：沈德根、董玉成、汪士良、刘生泉、韩树军、庄念平、沙兴宝、连海法、杨金林、姚兰宝、黄桐山。

新生镇：周阿龙、蒋林娜、陈国强、徐永夫、林建强。

1996 年

濮院镇：高式军、沈金龙、刘生泉、曹楚麟、沈阿海、王炳松、范松林、沈德根、沈湘、孙金林、程阿荣。

新生镇：林建强、蒋林娜、徐永夫、冯老虎、周阿龙、陈国强。

1997 年

濮院镇：辅焕城、程阿荣、刘生泉、沈阿海、郑国年、朱雪洪、朱凤鸣、施文珍、高式军、李林松、冯雪荣。

新生镇：蒋林娜、冯志虎、徐永夫、高宝林、章金强、陆炳祥、周阿龙。

2001 年

濮院镇：沈国林、姚锦明、沈奇涵、王炳松、汪士良。

新生镇：李财福、蒋林娜、赵国清、周阿龙。

2003 年

濮院镇：顾观华、孙雪忠、陈海金、徐永夫、陈银华、黄济川、李建浩、张建康、陆炳祥。

2005 年

濮院镇：朱坤荣、李财福、许赛姣、王炳松、陈宥名、吴荣潮、沙兴宝、李炳松、张小平、张贵祥。

2006 年

濮院镇：顾汉洪、李财福、孙雪忠、董君莲、毕建新。

2008 年

濮院镇：庄金木、姚锦民、朱凤鸣、王玉兴、毕建新、朱娟英、吴少明、沈春娥、陆炳祥、郭蓉萍、张贵祥。

2010 年

濮院镇：毕建新、蒋林娜、宋行春、沙兴宝、朱凤鸣。

附：

葛建林模范事迹

永越村支书葛建林，男，1953 年生，1973 年入党，1986—2008 年，任永越村党支部书记。永越村在改革开放前，是濮院乡相对贫穷的行政村，“毛竹梁条竹椽子”式的草棚住房，在全村仍较为多见。葛建林在任职二十二年中，团结带领村级班子成员，依靠党的政策，不畏艰难，大胆探索市场，勇于担当，不断创业创新，壮大集体经济，使村貌发生巨变，村民共同富裕。2009 年，全村经济总收入 9.1 亿元，村级集体固定资产 10150 万元，村级可支配收入 421.7 万元，村民人均纯收入 14268 元，成为浙江省经济强村，嘉兴市首富村。葛建林也因此成了带领全村共同致富的“领头羊”，得到村民的信任、上级的嘉奖。

放弃公职，甘当“村官”。20 世纪 80 年代初，已是村支委的葛建林，被上级党组织作为乡镇级年轻干部培养对象，由县委统一安排，进行为期一年的带职锻炼。锻炼结束，正值分配之时，他被老支书及村委一班人深情挽留，并委以重担，由他来带领大家改变全村落后面貌。当时城乡差别大，一个农村干部能有机会转入国家干部，是令人向往的事。但葛建林看到村委一班人对他的深情期望，看到永越村的现状，为了不负众望，他终于选择留下来，撸起袖子带领大家一起干。

大力发展村办企业，壮大集体经济。改革开放初，永越村已办起了濮院油脂化工厂，但企业不景气，基本没有利润。为了提高产品质量，增加产量，拓展销售，创造利润，葛建林想方设法与上海肥皂厂搞联营，借助上海肥皂厂的技术优势和知名度，拓展了油脂化工的业务，使产量与利润齐增。之后，又先后办起了濮院麻刀厂、永越沙发厂、濮院加油站等村办企业，并成立了永越实业有限公司。经过三年的努力，使村级集体经济不断发展壮大，初步改变了全村的落后面貌。

抓住机遇建市场。1992 年初，濮院羊毛衫业开始崛起，由于没有专门交易场所，只能靠摆摊的形式进行销售。葛建林看到这一现象后，萌生了建市场的想法。于是，走访部分个体生产经营户，了解他们的想法，又经村支委综合分析、评估，决定以永越实业公司的名义建造羊毛衫销售门市部（羊毛衫市场的雏形）。是年 8 月，开始征地 5.8 亩，兼拆除的村委办公楼，共计用地 8 亩，开工建造 77 间门市部和一个村级旅馆。在建造过程中，由于濮院当时还没有这样的先例，因此听到了来自多方的不同声音，也遇到了不少的阻力。但葛建林和村委会一班人，认准方向，顶住了压力。为了扩大影响，葛建林还去电视台，要求电视台帮助做广告宣传。由于前期工作做得到位，又迎合了市场的需求，门市部开张当天，签约者就爆满。之后，随着市场的不断发展与升级，至2009年，永越村已拥有900多间门市部，市值近亿元。此外，葛建林还与支委一班人进一步创业创新，通过参股濮院羊毛衫城发展股份有限公司，租赁、拍卖村办企业等多种形式，壮大村级经济，使村貌变新颜、村民同富裕、福利大提高。2009年，全村村级道路硬化率和村庄绿化率分别达到100%和29.8%；建有一个占地面积6670平方米的村级公园和占地面积5670平方米的多功能文体活动中心；全村自来水和有线电视入户率达到100%；沼气、液化气、太阳能等清洁能源利用率达95%；按照村庄规划，建起别墅式的农民新村；有线电视、学生义务制教育（九年）费用全免；对参加农村合作医疗和社会养老保险的村民实行定额补贴；为村民提供两年一次的免费体检；村民（股民）每年可获村级股份经济合作社2000元的红利。

第二章　中国国民党　民主党派

第一节　中国国民党

北伐时期，国民党在浙江各县的组织开始公开。民国15年(1926)，嘉兴县党部陆续在嘉兴县城、新塍、王店、濮院等地建立区党部和区分部。濮院为国民党濮院第三区分部，隶属嘉兴县新塍二区党部，分部负责人徐耀华，部址设在保元堂内(位于镇区观前街)。是年，发展党员30余人。民国16年(1927)改为"国民党嘉兴县濮院第五区党部"，党部地址移至香海寺内。濮院第五区党部设常务委员和执行委员，徐耀华为党部常务委员，执行委员11人，分别负责组织、宣传、工、农、商、青、妇、运等方面的工作。区党部下设3个区分部，第一、第二区分部设于镇区，第三区分部设于庙艚。时值国共合作时期，濮院第五区党部在共产党及国民党左派力量的参与下，执行孙中山的三大政策。其间，还组织发动群众进行集会游行，张贴进步标语，支持北伐军，查封反动的"同善堂"，并没收其房屋、财产，将之归公。"四一二"反革命政变后，国民党实行"清党"，清查国民党内部的中共党员与国民党左派。是年6月，国民党省党部派李瑞冰到桐乡，任县党部"清党"委员，并撤销县党部筹备委员会，成立国民党桐乡县改组委员会。同时，将原濮院第五区党部内的部分人员划归桐乡县，成立桐乡县第二区党部，地址在濮院镇关帝庙，徐耀华任区党部常务委员，区党部下设3个区分部。民国26年(1937)，濮院沦陷，第二区党部停止活动。

抗日战争胜利后，民国34年(1945)11月，国民党濮院镇第二区党部组织恢复，区党部书记岳钦成，部址在庙桥街(又云雷家潭)，下设3个区分部。民国36年(1947)，第三区分部划与濮北乡并入报恩乡区党部；第一、第二区分部经过改组后更名为濮院镇区党部，书记岳钦成，并增设监察委员。

民国36年(1947)2月，国民党在桐乡县建三青团桐乡分团，濮院成立区队，原濮院镇民众自卫队员全部编为三青团员，镇长岳钦成兼任区队长，区队下设4个区分队。8月，镇区南埭顺济庵内成立国民党嘉兴县第六·二区分部，区分部书记黄金根，党员18人。11月，为竞选"国大代表"，桐乡县内国民党与三青团实行党团合并，三青团员转为国民党党员，桐乡县三青团组织活动终止。

民国37年(1948),永新乡区党部有国民党党员36人。

1949年5月,濮院解放,国民党在濮院的组织机构随之解体。

附:

濮院镇沦陷时期的汪伪国民党组织为国民党第二区党部,第二区党部书记依次为沈锡仁(民国27年3—8月),张明权(民国31年春至民国34年5月),夏钧(民国34年5—8月)。

第二节　民主党派

20世纪80年代中期,根据中共中央批转《中央统战部关于新时期对民主党派工作的方针任务的报告》的通知,市、县民主党派相继派人到镇发展成员,其对象主要为教育、卫生等系统具有中高级职称的科技人员和业务骨干。随之,相继成立了中国农工民主党桐乡支部濮院小组、中国民主促进会桐乡市总支部濮院小组等两个民主党派组织。

中国民主促进会桐乡市总支部濮院支部

1988年,中国民主促进会桐乡支部濮院小组成立,有成员5人,组长蔡明。1998年,濮院小组升格为中国民进桐乡市总支濮院支部,主任陈汉强,2002年,主任张德林。至2010年,濮院支部共有成员8人,其中蔡明、朱铭、赵秉礼、沈善炜、俞吉敏、陈汉强、张德林7人来自教育系统,企业人员有朱南青。

民主促进会桐乡支部濮院小组成立后,除进行社会调研、撰写提案、参政议政外,还发挥组员优势进行智力支教。如先后赴屠甸、义马初级中学辅导教师和学生;1989年暑假,在濮院镇小学举办画展,培训60名爱好书画的小学生,提高他们书法及绘画的水平;辅助省民进医学专家到濮院进行医疗咨询等。

中国农工民主党桐乡市总支部濮院支部

1987年1月,濮院镇卫生院医师钱善琳、濮院粮管所统计姚家高加入中国农工民主党嘉兴市委员会(时农工民主党桐乡支部尚未建立)。1989年1月,农工民主党桐乡支部濮院小组成立,有党员5人,主要来自医药等系统的专业技术人员,组长钱善琳。2002年,组长姚立秋。2004年6月20日,根据《中国民主农工党章程》和中国农工民主党嘉兴市委员会农嘉组字〔2004〕3号文件,农工民主党濮院小组升格为中国农工民主党桐乡市总支委员会濮院支部,支部设委员3人,姚立秋任支部主任委员,张治生、顾月明任委员。至2010年,濮院支部共有党员9人,其中来自医疗系统的有钱善琳、姚立秋、陈积鑑、朱文渊、凌建维、潘玉英、顾月明7人,药业界有中药师张治生及个私业主张松林。

农工民主党濮院小组成立后,除进行社会调研、撰写提案、参政议政外,还利用成员专长，经常为镇民开展医疗咨询、卫生常识及中药加工知识等方面的宣传辅导，为居住在镇敬老院的人员开展健康咨询、义务体检，并积极参与桐乡总支组织的医疗咨询社会服务活动。

其他民主党派人员

域内尚有 3 名民革党员（夏云翔、黄如荣、杨波）、1 名九三学社党员（王爱梅）、1 名民建会员（蒋祖龙），其组织关系分别隶属中国国民党革命委员会桐乡市支部、九三学社桐乡支社和中国民主建国会桐乡市支部。

第三章　群众团体

中华人民共和国成立后，境内先后建立的群众团体主要有工会、共青团、妇联、残联及贫协、科协等。

第一节　工　会

濮院的工会组织经历了工人联合会、工会、总工会的发展壮大过程。

工会的组建、发展及代表大会

中华人民共和国成立之初，濮院开始筹建工会，1950年1月，成立濮院镇工人联合会。1952年，成立濮院镇工会。在镇工会的领导下，油厂、米厂、搬运、内河航运、手工业、建筑、环卫、商业等单位和部门相继建立产业工会。随着社会的发展、行政区划的调整，工会组织的形式也呈现出新的变化。至2010年，镇工会召开12次代表大会，选举产生工会委员会和工会委员会主席。

1952年，濮院镇工会召开第一次代表大会。大会选举产生第一届工会委员会，尤祠生当选为工会委员会主席。

1964年9月，濮院镇工会召开第四次代表大会。大会选举产生第四届工会委员会，沈东才当选为工会委员会主席。

“文化大革命”期间，镇工会活动停止，工会主席缺职。

“文化大革命”结束后，工会组织逐步恢复。1978年7月，濮院镇工会召开第五次代表大会，出席代表118人，其中正式代表76人、特邀代表13人。大会听取《形势和任务的工作报告》，选举产生镇工会第五届委员会，张士源当选为工会委员会主席。

1981年4月，濮院镇工会召开第六次代表大会，出席代表100人，来自工、建、交系统代表56人，财贸系统代表33人，文、教、卫系统代表11人。大会听取上届《工会工作报告》，选举产生镇工会第六届委员会，张士源当选为工会委员会主席。

1986年3月，濮院镇工会召开第七次代表大会，出席代表共118人，其中正式代表105人，来自工、建、交系统代表66人，财贸系统代表23人，文、卫系统代表8人，城建系统代表7人；列席代表13人。大会听取上届工会工作报告，选举产生镇工会第七届委员会，王士忠当选为工会委员会主席。

20世纪80年代末，由于乡镇企业的发展，工会组织开始向境内农村延伸。1989年8月、1995年5月，濮院乡、新生镇先后建立工会组织，并召开工会代表大会，选举产生工会委员会和工会委员会主席。扩镇并乡后，濮院乡、新生镇工会组织先后并入濮院镇工会。

1990年7月，濮院镇工会召开第八次代表大会，出席代表68人，其中正式代表56人、特邀代表12人。大会听取《上届工会工作报告》；选举产生镇工会第八届委员会，徐建人当选为工会委员会主席；通过出席县工会第十三次代表大会代表名单。同月，为充分发挥工会组织的宣传教育作用，经桐乡县总工会批准，濮院镇工会下设4个工会宣教网片组织。第一宣教网片由桐乡毛纺厂、桐乡丝绸印染厂、濮院油厂、桐乡包装厂、桐乡三中、濮院镇小、濮院卫生院、濮院丝厂等单位工会组织组成；第二宣教网片由桐乡缝纫机零件厂、濮院第一羊毛衫厂、濮院绸厂、濮院凯星羊毛衫厂、濮院服装厂、濮院皮鞋厂、濮院建筑公司、濮院灯具厂等单位工会组织组成；第三宣教网片由中华羊毛衫厂、濮院缝纫机零件二厂、濮院东海电线厂、濮院电镀厂、濮院印刷厂、濮院低压电器厂、濮院镇机关、濮院派出所、濮院工商所、濮院财税所、农行濮院营业所等单位工会组织组成；第四宣教网片由濮院供销社、濮院粮管所、濮院饮服商店、濮院食品厂、濮院房管所、濮院自来水厂、濮院环卫所等单位工会组织组成。各网片组设组长、联络员各1人，副组长2人，并聘请一名政府领导担任网片组顾问。20世纪90年代开始，企业民主管理意识不断增强，大多数基层工会组织建立职工代表大会制度，定期、不定期召开职代会或职工大会，企业领导向大会报告工作，将企业在生产经营中的重大问题提交职工讨论，听取职工群众的意见和建议。

1994年7月，濮院镇工会召开第九次代表大会，出席大会的正式代表80人、列席代表12人及特邀代表若干名。大会听取上届《工会工作报告》《财务报告和经费审查报告》，并作出相关决议；选举产生镇工会第九届委员会和经费审查委员会，周荣奎当选为工会委员会主席；选举产生出席桐乡市总工会第十四次代表大会代表。

1999年6月，濮院镇工会召开第十次代表大会，出席大会的正式代表50人，其中工会干部、工会积极分子28人，一线职工、知识分子、先进人物16人，党政干部4人。大会贯彻中共十五大和中国工会十三大精神；听取朱煜根代表上届工会所作的《团结全镇职工为濮院镇两个文明建设而奋斗》的工作报告；确定全镇镇属企业工会今后三年的主要任务；选举产生镇工会第十届委员会和经费审查委员会，朱煜根当选为工会委员会主席。2000年，全镇加快推进非公有制企业工会组建步伐，大力发展基层工会组织。是年，基层工会增至41家，会员1560人。2001年，新增基层工会5家，吸收会员320人。

2002年4月，濮院镇工会召开第十一次代表大会，出席大会的正式代表62人，其中工会干部、工会积极分子36人，一线职工、知识分子、先进人物23人，党政干部3人。大会贯彻中共十五大和中国工会十三大精神；听取上届《工会工作报告》；选举产生镇工会第十一届委员会，王利浩当选为工会委员会主席。

2004年11月，因濮院羊毛衫市场管理委员会党组织隶属关系改变，根据桐总工组〔2004〕23号文件，濮院羊毛衫市场管理委员会工会划归濮院镇工会。

随着濮院镇基层工会组织的不断发展，2007年10月，濮院镇工会升格为濮院镇总工会，镇总工会下辖基层独立工会48家，入会职工5373人。是年12月，濮院镇总工会召开第一次代表大会（第十二次代表大会），出席大会的正式代表63人，其中企业工会干部、管理人员、生产骨干等57人，党政干部、市场管委会等6人。大会听取沈瑞芬代表上届工会所作的《与时俱进、开拓创新、团结全镇职工为加快濮院现代化建设而奋斗》的工作报告，听取工会经费审查报告；选举产生镇总工会第一届委员会、经费审查委员会、女职工委员会，沈瑞芬当选为镇总工会第一届委员会主席。

按照“哪里有职工，哪里就要建立工会组织”的要求，镇总工会在镇党委和上级工会的领导下，对未建立工会的企业，以辖区为单位成立工会联合会。2008年11月，除桐乡振兴产业布制造有限公司成立工会委员会外，永越、新河、永联、永乐、新濮、新星、新东、红旗漾、新联、新港等行政村及锦苑、鸣凤、梅园、咏梅社区居委会等14个单位相继成立工会联合会。2011年，成立永乐社区工会联合会，新生社区工会联合会，濮院针织产业园区第一、第二、第三工会联合会及凯旋工会联合会等6家工会组织。是年，全镇基层工会发展至578家，工会会员13003人，工会覆盖率92%。

工会的主要活动

工会组织成立以来，在团结带领全镇职工积极投身社会建设的同时，还针对性地开展一系列活动，为建立和谐稳定的劳动关系发挥了重要作用。

建会初期，镇工会响应全国总工会“救济失业工人”号召，发动群众捐款、捐物或“以工代赈”，帮助失业工人渡过暂时困难；发动工人积极参与民主改革和反霸斗争；建立工人纠察队，保卫工厂安全，维护社会治安；在私营企业中贯彻“发展生产、劳资两利”政策，建立劳资协商会议制度和职工护税组织，处理劳资关系，保护工人合法权益。同时，镇工会团结广大职工，在民主改革、增产节约、恢复和发展濮院经济、完成社会主义改造等运动中均发挥了积极的作用。20世纪60年代，镇工会为提高工人的政治思想水平和文化素质，举办职工业余夜校和扫盲班，配备专职文化教员和政治教员4人。“文化大革命”时期，工会活动停止。

“文化大革命”结束后，工会活动逐步恢复。1978年7月，镇工会以经济建设为中心开展工作，履行“维护、教育、建设、参与”的工作职能。1979年下半年，恢复职工业余学校，先后开设职工初中文化补习班、高中班、电大英语单科班及电工、会计、机械制图、金属工艺、技术测量、企业管理等中级技术班，入学人数近千人次。为适应全镇职工群众的文化活动需求，1984年，镇工会于大街东侧建造一幢约500平方米，集阅览、棋类、乒乓球活动、电视、康乐球活动功能于一体的工人俱乐部，举办劳动竞赛、技术比武、球类比赛等活动。是年7月，根据全国总工会要求，镇工会在全镇开展“整顿工会基层组织，建设职工之家”活动，激励工会干部和工会积极分子争当“职工之友”。活动由“整顿和建设”领导小组具体负责实施。1985 年 8 月，根据县总工会要求，濮院镇建立职工技术协会，协会由 1 名镇工会领导和 6 名相关企业的技术骨干组成，下设锅炉、焊接、电器、金属切割、模具 5 个专业技术流动服务队。职工技术协会指导企业职工开展技术革新、技术创新活动，鼓励职工为“四个现代化”建设多做贡献。为提高职工对钢笔字书法的兴趣，推动镇境“两个文明”建设的开展，是年 9 月，镇工会举办全镇第一次职工钢笔字书法比赛，对 9 名一、二、三等奖获得者给予物质奖励。1988 年 9 月，为庆祝中华人民共和国成立 39 周年，活跃全镇职工文化生活，镇工会联合团委、文化站、人武部举办全镇职工书画展，对获奖作者给予物质奖励。

1994—1999 年，镇工会在镇党委、市总工会的领导下，组织基层工会开展形式多样的工会活动。

开展劳动竞赛及其他活动。开展劳动竞赛共 38 项次，参加人数 8000 多人次；发动职工向企业提合理化建议 300 多条。如砖瓦一厂、二厂、三厂开展以提高职工队伍素质、提高产品质量为主要内容的行业劳动竞赛；梅泾建筑公司开展安全生产技术比武活动；缝纫机零件二厂、低压电器厂开展向企业提合理化建议活动；商业、供销系统工会开展“文明经商、优质服务”活动；教育、卫生系统开展提高教育、医疗质量目标的达标竞赛活动。

强化工会职能，保护职工权益活动。1995 年 6 月，开展学习《中华人民共和国工会法》《中华人民共和国劳动法》知识竞赛活动，发出书面答卷 500 份，组织知识竞赛抢答，共有 8 个单位参赛。关注生产安全，保障职工权益，各企业每年组织职工开展事故隐患排查活动。协助有关部门做好物价计量监督，1994—1999 年，累计参加检查 2000 多人次，查出不正确计量器具 100 多件。

为职工排忧解难，开展送温暖活动：砖瓦一厂出资打深井，改善职工饮水条件。砖瓦二厂、绢麻厂关心外地职工生活，改善膳宿条件。每年元旦、春节，除开展各种慰问活动外，对特困职工，工会组织都主动登门慰问，帮助解决具体困难。

开展文体活动，丰富职工业余生活。1995 年、1996 年，镇工会组织开展迎春文娱演出。1997 年，开展“庆‘七一’、迎回归”系列活动，举办“梅泾杯”篮球赛。

1999—2002 年，工会组织除发挥“维护、建设、参与、教育”四项职能外，还积极组织开展以下活动：

开展“工会基层组织建设年”活动。由党委牵头建立工作小组，制订工作计划，按照“整体推进、不留空白，哪里有职工，哪里就要建立工会组织”的原则，加快推进非公有制企业工会组建步伐。其间，新建基层工会 37 家，发展会员近千人；举办工会干部培训班 2 期，提升工会干部领导水平。

开展岗位练兵、操作比武、劳动竞赛和提合理化建议等活动，组织劳动竞赛 36 次，提出合理化建议 67 条，4000 多人次参与。

认真履行镇职工物价计量监督工作，维护市场经营秩序。采取常规与突击相结合的方式，共检查衡器214件，查处短斤缺两、以次充好等违规行为167件，涉及金额20030元，罚款8次，金额600元。

积极开展职工文体活动。镇工会先后与其他社团组织联合举办文艺演出、卡拉OK演唱、演讲、书画展、篮球赛、乒乓球赛、棋类赛、拔河赛、跳绳赛等形式多样、内容丰富的文体活动。其中，2001年"三八"国际妇女节，组织女职工参加游园活动；母亲节，进行专场文娱演出；"五一"国际劳动节，举办职工乒乓球赛，参赛队达18支（其中男队12支，女队6支）；"六一"国际儿童节，举办"中正杯"儿童卡拉OK演唱比赛；9月，举办"梅泾杯"篮球赛；重阳节举办"寿星杯"象棋赛等。此外，还参加上级工会组织举办的"五一"国际劳动节劳模表彰会演出、市政广场文娱演出、"京马杯"乒乓球赛、"长青杯"篮球赛、"建行杯"篮球赛等活动。

2002—2007年，镇工会认真贯彻落实中共十六大和中国工会十四大精神，围绕经济建设中心，履行自身工作职能，有序推进各项工作开展。

推进维权工作。整合镇工会、镇经济发展服务中心和镇劳动监察中队力量，建立健全劳动关系三方协调会议制度，协调处理各类劳动纠纷；开展"安康杯"竞赛活动，推动企业劳动保护和安全生产等相关措施的落实。

创建"劳动关系和谐企业"，开展"工会职工心连心"活动。2006年，镇工会在全镇企业中开展创建劳动关系和谐企业活动，并将这一活动与开展"工会职工心连心"活动有机结合起来。劳动关系和谐企业创建活动，即在企业一线职工中开展比技改、赛创新，比产量、赛技能，比降耗、赛节能，比安全、赛纪律活动。在企业管理层中开展比管理、赛能力，比效益、赛业绩，比关爱职工、赛品质，比回报社会、赛风格活动。通过两项"四比四赛"活动，实现双向联动，互为促进，共建和谐企业。在"工会职工心连心"活动中，通过在基层工会中建立一个"工会主席谈心室"，开通一条"工会主席热线"，建立一只"工会主席信箱"和发放一张"工会主席联心卡"的形式，拓宽工会和职工的沟通渠道。至2007年，全镇有7家建立基层工会的企业被桐乡市总工会评为三星级和谐企业，2家被评为四星级和谐企业。

表13－19　　濮院镇历届工会主要领导一览表

组织名称	职务	姓名	任职年月
濮院镇工人联合会	主任	陈振华	1950—1951
	负责人	朱剑鸣	1951—1952
濮院镇工会	主席	尤桐生	1952—1953.06
	主席	茅允仁	1953.06—1954.06
	主席	沈家齐	1954.06—1961.05

续表 13－19

组织名称	职务	姓名	任职年月
濮院镇工会	主席	朱月清(女)	1961.06—1964.08
	主席	沈东才	1964.09—1966.05
	主任	张士源	1978.07—1986.03
	主席	王士忠	1986.03—1988.02
	代主席	丁有桥	1988.07—1989.12
	主席	徐建人	1990.07—1993.09
	主席	周荣奎	1993.09—1995.11
	主席	朱静绮(女)	1995.11—1997.05
	主席	王志潮	1997.05—1999.07
	主席	朱煜根	1999.07—2002.04
	主席	王利浩	2002.04—2004.10
	主席	沈瑞芬(女)	2004.11—2007.12
濮院镇总工会	主席	沈瑞芬(女)	2007.12—2009.10
	主席	龚林海	2009.10—2011.11

表 13－20　　濮院乡工会主要领导一览表

组织名称	职务	姓名	任职年月
濮院乡工会	主席	盛松林	1989.08—1992.06

表 13－21　　新生镇工会主要领导一览表

组织名称	职务	姓名	任职年月
新生镇工会	主席	姚建康	1995.05—2001.10

第二节　共青团

共青团的组建、发展及代表大会

濮院镇团委　中华人民共和国成立初，濮院镇的青年团工作由城濮区团工委负责。根据中共中央《关于建立中国新民主主义青年团的决定》，中共城濮区委、区团工委负责对境内青年工作的领导，重视在优秀青年中发展团员。1952 年，成立中国新民主主义青年团濮院镇工作委员会，简称“濮院镇团工委”。1953 年，濮院镇团工委改名为濮院镇团委。在团委的领导下，全镇各单位相继成立团支部，至 1957 年，有基层团支部 12 个，团员 256 人。是年，根据第三次全国团员代表大会决定，团组织名称改为中国共产主义青年团，简称“共青团”。1958 年 10 月，实行人民公社化，濮院镇团委与新生乡团委、永乐乡团总支合并成立濮院人民公社团委。1959 年 6 月，全县实行社镇分设后，濮院镇从濮院人民公社划出，同年 8 月，重新成立濮院镇团委。“文化大革命”之初，镇团组织受到冲击，1968 年 12 月，机构瘫痪。“文化大革命”中后期，团组织恢复并在符合条件的单位成立团支部。1971 年 1 月、2 月，经镇党委同意，先后成立共青团油米厂五七小学、饮服商店、粮管所和竹器社 4 个团支部。3 月，经桐乡县委批准，恢复共青团濮院镇委员会组织机构，镇团委由胡瑞霞、卜健聪、陈复兴、沈涌祺、吴宗海 5 人组成，胡瑞霞任团委副书记。“文化大革命”结束后，在镇党委和上级团委的领导下，调整团委领导班子，改选健全基层团支部，召开团代会，各项工作有序展开。此外，镇团委自成立起至 1974 年，共召开 6 次代表大会（时间无考），选举产生 6 届共青团濮院镇委员会和委员会负责人，负责人依次为孙永康、顾远庆、陈汉良、吕应鳌、张宗友、朱贤鸿、胡瑞霞。

1978 年 10 月，根据县委对共青团工作的指示精神和镇委的决定，召开共青团濮院镇第七次代表大会。大会应到代表 62 人，列席代表 8 人，大会选举产生新一届共青团濮院镇委员会，许建新当选为委员会书记。

1981 年 3 月，召开共青团濮院镇第八次代表大会，时间两天半。大会应到代表 100 人，占团员总数的 24%，其中工交建系统代表 27 人、财贸系统代表 24 人、文教系统代表 31 人、镇办工业系统代表 18 人；列席代表 15 人。会议听取第七次团代会以来的《工作报告》；选举产生新一届共青团濮院镇委员会，许建新当选为委员会书记；讨论通过其他事项。

1985 年 8 月，召开共青团濮院镇第九次代表大会，时间 3 天。大会应到代表 98 人，占团员总数的 28.6%，其中工交建系统代表 53 人，财贸系统代表 23 人，文教系统代表 3 人，镇办工业系统代表 14 人，机关、街道代表 5 人；列席代表 15 人。会议听取第八次团代会以来的《工作报告》；选举产生新一届共青团濮院镇委员会，陈秋萍当选为委员会书记；选举出席桐乡县第九次团代会代表。

1988 年 1 月，召开共青团濮院镇第十次代表大会，大会应到代表 72 人，列席代表 12 人。会议听取第九次团代会以来的工作报告；选举产生新一届共青团濮院镇委员会，卢达民以竞选的方式当选委员会书记。公开招聘并以竞选的方式产生团委书记在嘉兴市尚属首次。

1990 年 6 月，召开共青团濮院镇第十一次代表大会，时间 2 天。大会应到代表 56 人，列席代表若干人。会议听取、审议第十次团代会以来的工作报告；选举产生新一届共青团濮院镇委员会，卢达民当选为委员会书记；讨论通过其他事项。是年，全镇有基层团支部20个，团员378人，占全镇青年总数1049人的27%，共青团濮院镇委被共青团桐乡县委首批批准为一级团委。1992年6月，乡镇合并后，共青团濮院乡团委并入共青团濮院镇团委。

1996年9月，召开共青团濮院镇第十二次代表大会，大会应到代表51人，其中优秀团干部代表39人，占代表总数的76%。会议听取审议第十一次团代会以来的《工作报告》；选举产生新一届共青团濮院镇委员会，陆忠伟当选为委员会书记；讨论通过其他事项。1990—1996年，团委积极推进基层组织建设和团员队伍建设。其中，1995年，新成立2个金融系统团支部；1996年，成立羊毛衫市场团支部；六年间发展团员256人，推荐34名优秀团员入党。

1999年10月，召开共青团濮院镇第十三次代表大会，大会应到代表54人，其中农业系统代表18人、行政事业单位代表21人、工商业代表15人；实到代表51人。会议听取、审议第十二次团代会以来的《工作报告》；选举产生新一届共青团濮院镇委员会，郭蓉萍当选为委员会书记。2000年，为加强非公有制企业的共青团组织建设工作，发挥共青团在非公有制企业中的作用，团镇委根据《共青团章程》和团省委《关于加强非公有制企业团建工作》的精神，制定《濮院镇非公有制企业团组织建设实施方案》。方案以单独建团、挂靠建团、整顿瘫痪支部3种形式开展团建工作，并对全镇16家职工人数在30人以上企业（公司）进行调查，确定三昕工贸、万体制衣、雪花皇制衣、恒通车业四家公司为首批单独建团单位，以三昕工贸公司为建团试点，探索建团的模式。2001年10月，调整行政区划后，新生镇团委并入濮院镇团委。

2002年5月，召开共青团濮院镇第十四次代表大会，大会应到代表82人，其中农业系统代表22人、行政事业单位代表32人、工商业单位代表28人。会议听取、审议第十三次团代会以来的工作报告；选举产生新一届共青团濮院镇委员会，郭蓉萍当选为委员会书记。与此同时，非公有制企业团建工作稳步推进，是年，全镇成立非公有制企业团组织19家，建团率达87%。1999—2002年，全镇发展团员530人，推荐优秀团员入党对象65人，21人入党。

2007年6月，召开共青团濮院镇第十五次代表大会，大会应到代表84人，其中农业系统代表26人、行政事业单位代表43人、工商业代表15人。会议听取、审议第十四次团代会以来的《工作报告》；选举产生新一届共青团濮院镇委员会，施振兴当选为委员会书记。

经两度行政区划调整，团组织规模扩大，团员人数增多。至2010年，镇团委辖团总支5个、团支部64个，团员总数813人。

濮院乡（公社）团委 中华人民共和国成立之初，永乐乡的青年团工作由城濮区团工委负责。撤区并乡后，1956年2月，成立中国新民主主义青年团永乐乡团总支，简称“永乐乡团总支”。第三次全国团代会后，团的名称改为共青团。1958 年 10 月，撤销永乐乡团总支，成立共青团濮院人民公社委员会，简称“濮院公社团委”。“文化大革命”初，公社团组织受到冲击，组织机构瘫痪，1970 年 12 月，机构恢复。“文化大革命”结束后，逐步调整团委领导班子。1980 年 1 月，全乡 16 个行政村及大庆丝厂、砖瓦一厂、乡初中等企事业单位成立了团支部。1984 年 3 月，政社分设，公社团委改为乡团委。至 1990 年底，全乡共有基层团支部 28 个，其中村支部 16 个、企事业单位团支部 12 个，团员 517 人。1992 年 6 月，乡团委并入濮院镇团委。1956—1992 年，全乡（社）共召开 10 次共青团代表大会，选举产生各届共青团委员会和委员会书记。其中，1984 年 1 月，召开第八次共青团代表大会；1986 年 9 月，召开第九次共青团代表大会，额定正式代表 182 人；1990 年 5 月，召开第十次共青团代表大会，额定正式代表 104 人，列席代表 14 人。

新生镇（乡、公社）团委　中华人民共和国成立初期，新生乡的青年团工作由乌镇区团工委负责。撤区并乡后，1956 年 3 月，成立中国新民主主义青年团新生乡团总支，简称“新生乡团总支”。第三次全国团代会后，团的名称改为共青团。1958 年 2 月，新生乡团总支升格为新生乡团委。人民公社化时期，新生乡团委一度并入濮院人民公社团委。1961 年 6 月，成立新生人民公社团委。“文化大革命”初期，公社团组织受到冲击，1968 年 4 月，组织机构瘫痪。1970 年 12 月，团组织机构恢复。“文化大革命”结束后，逐步调整公社团委领导班子。1984 年 4 月，政社分设，公社团委改为乡团委。1994 年 11 月，撤乡建镇，乡团委改为镇团委。2001 年 10 月，行政区划调整后，镇团委并入濮院镇团委。1956—2001 年，全镇（乡、社）共召开 16 次共青团代表大会，选举产生各届共青团委员会和委员会书记。其中，前七次共青团代表大会召开时间无考，负责人依次为邵丽娟、王炳坤、邬锦荣、李泉坤、邬锦荣、高宜泉。

1982 年 10 月，召开共青团新生公社第八次代表大会，大会听取并审议通过高宜泉代表上届团委所作的工作报告；通过相关决议；选举产生新一届共青团新生公社委员会，高宜泉当选为委员会书记。

1984 年 3 月，召开共青团新生乡第九次代表大会，应到正式代表 170 人。大会听取并审议通过庄长荣代表上届团委所作的工作报告；选举产生新一届共青团新生乡委员会，庄长荣当选为委员会书记。是年，全乡有 22 个基层团组织。

1986 年 10 月，召开共青团新生乡第十次代表大会，大会应到正式代表 170 人。大会听取并审议通过庄长荣代表上届团委所作的《努力工作、锐意改革，积极投身于两个文明建设》的工作报告；选举产生新一届共青团新生乡委员会，庄长荣当选为委员会书记。1984—1986 年，全乡发展团员 145 人，推荐 29 名优秀团员入党。

1988 年 4 月，召开共青团新生乡第十一次代表大会，大会听取、讨论乡党委领导的讲话；听取并审议通过沈晓萍代表上届团委所作的工作报告；选举产生新一届共青团新生乡委员会，庄长荣当选为委员会书记。

1990年4月，召开共青团新生乡第十二次代表大会，应到正式代表60人。大会听取并审议通过张富强代表上届团委所作的《总结过去、思考未来，努力开创我乡共青团工作新局面》的工作报告；选举产生新一届共青团新生乡委员会，张富强当选为委员会书记。是年，全乡共25个基层团组织。

1992年4月，召开共青团新生乡第十三次代表大会，应到正式代表60人，列席代表9人。大会听取并审议通过沈柏根代表上届团委所作的《紧跟改革开放步伐，为振兴新生经济建功立业》的工作报告；选举产生新一届共青团新生乡委员会，沈柏根当选为委员会书记。是年，全乡有基层团支部29个，团员470人。

1994年3月，召开共青团新生乡第十四次代表大会，应到正式代表50人，列席代表12人。大会听取并审议通过沈柏根代表上届团委所作的《为建设文明富裕的社会主义新新生再立新功》的工作报告；选举产生新一届共青团新生乡委员会，沈柏根当选为委员会书记。

1997年3月，召开共青团新生镇第十五次代表大会，应到正式代表50人。大会听取并审议通过沈柏根代表上届团委所作的《振奋精神、锐意进取，为新生镇的两个文明建设贡献青春》的工作报告；选举产生新一届共青团新生乡委员会，沈柏根当选为委员会书记。是年，全镇有团支(总)部33个。

2000年3月，召开共青团新生镇第十六次代表大会，应到正式代表50人，其中农业系统代表19人，工商业代表15人，行政事业单位代表16人。大会听取并审议通过董树华代表上届团委所作的《迎接挑战、开拓进取，为实现新生镇新世纪宏伟目标而努力奋斗》的工作报告；选举产生新一届共青团新生镇委员会，董树华当选为委员会书记。

团组织的主要活动

1957年，濮院镇团委围绕党的中心工作，在全镇广大团员、青年中开展怎样做一个共青团员和艰苦奋斗、勤俭建国等一系列活动。活动内容包括举办团的基本知识讲座、“十月革命”历史讲座，组织观看电影《母亲》，学习邓小平的《关于整风问题的报告》和《治安条例》；各支部开展以金属材料为主的废旧料收集活动，共收集铁、钢、铜、锡等金属2951千克，废纸、麻袋、旧橡胶、碎玻璃等3111千克，合计人民币14210元；开展青年优秀社(店)员和监督岗推销组评比活动；组织青年节约队、青年推销队、青年监督队、青年技术学习组，开展增产节约竞赛；开展体育锻炼，要求各支部团员青年积极参加打球、百日长跑等文体活动，增强体质，做好应征服役准备。“文化大革命”期间，由于镇、社团组织相继瘫痪，活动停止。

“文化大革命”结束后，恢复团组织活动。1977—1978年，针对“文化大革命”给团员青年在思想上造成的混淆，团委组织开展以揭批林彪“四人帮”反革命修正主义路线为主题的思想教育活动，帮助团员青年分清路线是非，提高认识，拨乱反正，号召广大团员青年立足岗位，为四个现代化建设多做贡献。

1979 年起，镇团委围绕进行社会主义现代化建设这个中心，在全镇团员青年中掀起学先进、赶先进劳动竞赛活动和“争当新长征突击手、突击队”活动。

20 世纪 80 年代，开展“五讲四美三热爱”(讲文明、讲礼貌、讲卫生、讲秩序、讲道德，心灵美、语言美、行为美、环境美，热爱祖国、热爱社会主义、热爱中国共产党)、学习张海迪和“振兴中华”读书等一系列活动；各支部开展创建先进团支部活动。其中，1981 年，濮院油米厂团支部获共青团桐乡县委“先进团支部红旗”称号(是年，全县共评选 10 个)。此外，团委还成立为民服务队，利用团员自身的技能，开展做好人好事、上街为民服务活动。

濮院油米厂荣获共青团桐乡县委颁发的“先进团支部红旗”(陈新荣供)

1990—1996 年，团委以服务全党、服务全局为中心，围绕团员思想建设、自身建设、建功成才三大任务开展一系列活动，在团员青年中形成“比、学、赶、帮、超”的良好氛围。在城镇，开展“远学孔繁森，近学身边人”“我为濮院添锦绣”等主题教育活动；成立学雷锋领导小组，组织开展学雷锋服务活动，服务 800 多人次；成立一技之长青年志愿者服务队(175 人)，开展志愿者服务活动和文明城镇创建等活动；举办交谊舞培训班、卡拉 OK 大奖赛、趣味运动会、迎春文艺晚会；开展黑板报比赛、党团知识竞赛。其中，1990—1992 年开展的“学雷锋、树九十年代新风尚”主题教育活动中，要求广大团员树立正确的人生观、价值观，做到“在岗位成才、让团徽发光、为南湖争辉”。

在农村，开展星火带头人和青年科技示范户活动，举办农村实用技术培训班，为团员、青年教授农科知识；成立青年突击队，开展农田水利建设、植树绿化、帮耕助收活动，同时在扶贫帮困、抗洪救灾、农业服务及蚕茧收购中承担急、难、险、重任务。1995 年，开展“奉献爱心、救援灾民”的希望工程捐款、捐书活动，捐款额 3660 元，资助中小学生 12 人；是年 12 月，根据团省委“共青团建设年”的要求，举办团干部培训班，培训内容为中共十四届六中全会决议和《党章》。新生镇(乡)于 1992 年 3 月开展植树绿化活动，在联丰村公路旁植树 1000 多株；12 月，为配合农村社会主义思想教育，与乡广播站联办“青年之音”栏目。1993—1994 年，开展“振兴新生，青年争先”主题实践活动。1995 年，新生乡团委以“世纪行”为主题开展文明意识教育、爱国主义教育、青年志愿者结对网络等活动。

在企业，开展“双增双节”“优势工程”活动，鼓励团员、青年学文化、钻技术、搞竞赛、比操作，立足岗位，争创一流。其中新生机械厂团支部，在活动中成立科技攻关小组，进行“五小”(小设计、小改革、小建议、小革新、小发明)项目攻关，小组研制出的挖泥机，供不应求，取得了良好的经济效益，受到省、市农机部门的表彰。

在学校，开展“读好书、看好片、唱好歌”活动，合力营造校园文化。

1999—2002 年，团委围绕实施青年文明工程、青年人才工程、党建带团建等主题开展各项活动。

思想教育活动。团委组织广大团员青年学习邓小平理论和“三个代表”重要思想，并通过举办知识讲座、演讲比赛、写学习体会等形式，让团员青年了解党在新时期工作的指导方针；在香港、澳门回归，“五四”、国庆等重大节日，举办演唱会、党团知识竞赛、书画展、“永远跟党走”等寓教于乐的活动，进一步加强对团员青年的社会主义、爱国主义教育；开展“反对邪教，崇尚科学”主题教育活动。学校针对青少年的特点，开展“五四”劳动实践、“中国少年雏鹰行动”、“中学生曙光计划”、宣传《中华人民共和国未成年人保护法》等系列教育活动，加强对青少年违法犯罪的预防，维护少年的合法权益。

振兴经济活动。城镇开展青工技能比武、劳动竞赛、“五小”科技等形式多样的活动，激发青年争当岗位能手，为企业增加经济效益。举办各类技能比武、劳动竞赛十余次，参与青工 1000 多人次；一项“五小”成果获嘉兴市级一等奖、省级三等奖；2 名青工获桐乡市级青年岗位能手称号。农村开展青年农业产业化活动，设立青年农业产业化论坛，举办水产、竹笋、水果等实用技术培训班，为青年农民发展效益农业提供有效的技术服务。50 名青年农民通过学习实践成为种养大户；2 人成为桐乡市级青年产业带头人。其中，新生镇实施青年农业产业化行动，鼓励团员青年参加农函大学习和绿色证书培训班培训；举办旱育稻、青虾养殖、稻田养蟹、果树栽培、冬种技术等实用技术培训 30 余次，受教育 600 余人次，为团员青年传授科学致富技术。

志愿者服务活动。组织团员青年开展“奉献爱心、情暖人间”“重晚情、送温暖”“一助一”等一系列主题活动，为孤寡老人、老干部、残疾人家庭、贫困学生提供服务和帮助；组织志愿者上街开展便民服务，受服务对象 2000 余人次；组建青年助残网络，助残结对 25 人；开展你丢我捡，清除乱张贴、卫生死角等“保护家园、净化环境”活动；2000 年菊花节期间，开展“我为菊海添光辉”服务。

创建青年文明号活动。活动涉及企业、金融、公安、文教、卫生等行业。其中，1 家创建单位获嘉兴市级青年文明号称号，10 家创建单位获桐乡市级青年文明称号，极大地推动全镇精神文明建设的发展。此外，团委利用节日，组织联欢会、篝火晚会、青少年卡拉 OK 赛、篮球赛、象棋赛、青年百科知识竞赛等文体活动，丰富团员青年的业余生活。

2003—2007 年，团委围绕改革、发展、稳定的大局，开展“青年农业产业化带头人行动”和“青年岗位能手”活动，培养青年科技致富人和岗位能手；开展升学咨询、就业培训、科技培训等“青”字牌系列活动，帮助团员青年以积极的心态应对新形势、新挑战；开展“爱心助学工程”活动，完成帮扶结对 32 人，为部分学生解决就学困难；开展“五有(好)团支部”(有一个好的团支部领导班子，有一支能够发挥作用的团员队伍，有围绕党的中心开展适合团员青年特点的活动，有一套行之有效的工作制度，有保证工作正常开展的必要条件）创建活动，加强团组织自身建设，至 2007 年 6 月，全镇 39 个基层团组织中，30 个达“五有”支部标准，24 个达“五好”支部标准。

此外，2006 年，镇团委成立濮院镇青年志愿者站，志愿者站包括阳光志愿者、禁毒志愿者、创卫志愿者、世博平安志愿者 4 个服务队，注册志愿者 1600 人。2007 年，成立青年服务中心，围绕“代表和维护青少年的根本利益，服务广大青少年的需求”这一主题，为青少年提供留言、咨询等服务。

2008 年，开展“高举旗帜跟党走、创业创新作贡献”“安全在我心中”“青工技能大比武”“我为节能献一计”等主题活动。此外，围绕奥运开展“我为奥运做什么”征文活动。

表 13－22　　濮院镇历届团委主要领导一览表

组织名称	职　务	姓　名	任职年月	备　　注
濮院镇团工委	副书记	孙永康	1952—1953	
共青团濮院镇委员会	副书记	孙永康	1953—1956.08	
	副书记	顾远庆	1956.08—1958.02	
	副书记	陈汉灵	1958.03—1958.09	
	副书记	吕应鳌	1959.08—1961.08	
	副书记	张宗友	1961.08—1962.06	
	负责人	朱贤鸿	1962.06—1963.11	
	书　记	朱贤鸿	1963.11—1968.12	
	副书记	胡瑞霞（女）	1971.03—1974.12	
	书　记	许建新	1978.07—1984.03	
	书　记	朱春林	1984.03—1985.04	
	书　记	陈秋萍（女）	1985.04—1987.12	聘用
	书　记	陈秋萍（女）	1988.01—1988.02	
	书　记	卢达民	1988.02—1995.08	
	书　记	陆忠伟（女）	1995.08—1998.12	
	书　记	郭蓉萍（女）	1998.12—2007.06	
	书　记	施振兴	2007.06—2008.10	
	书　记	张　三	2008.10—2009.09	
	副书记	沈　玲（女）	2009.09—	全面负责

表 13－23　　濮院乡(公社)历届团委(总支)主要领导一览表

组织名称	职　务	姓　名	任职年月	备　注
永乐乡团总支	书　记	陆士忠	1956.02—1958.09	
共青团濮院公社委员会	书　记	陈汉良	1958.10—1959.10	
	书　记	邬锦荣	1959.11—1961.05	
	书　记	陈关浩	1961.06—1965.08	
	书　记	张金娜(女)	1970.12—1973.04	兼
	书　记	钟振国	1973.04—1978.08	
	书　记	袁永泉	1978.09—1984.03	
共青团濮院乡委员会	书　记	姚海松	1984.03—1986.10	聘用
	书　记	章雪芳	1986.10—1990.03	
	书　记	郑锦坤	1990.03—1992.06	

表 13－24　　新生镇(乡、公社)历届团委(总支)主要领导一览表

组织名称	职　务	姓　名	任职年月	备　注
新生乡团总支	书　记	邵丽娟(女)	1956.03—1957.10	
	书　记	王炳坤	1957.11—1958.02	
共青团新生公社委员会	书　记	王炳坤	1958.02—1958.09	1958 年 2 月，团总支升格为团委
	书　记	邬锦荣	1961.06—1968.04	
	书　记	李泉坤	1970.12—1976.10	
	副书记	邬锦荣	1976.11—1979.03	
	书　记	高宜泉	1979.04—1984.03	
共青团新生乡委员会	书　记	庄长荣	1984.04—1990.03	
	书　记	张富强	1990.03—1991.06	
	书　记	沈柏根	1992.04—1994.11	
共青团新生镇委员会	书　记	沈柏根	1994.11—2000.03	
	书　记	董树华	2000.03—2001.10	

第三节　妇　联

民国时期的妇女组织

民国 16 年(1927)2 月，在中国共产党的影响下，濮院成立濮院镇妇女解放协会，简称

“妇女协会”，地址在翔云观，负责人为中共党员张兰。在张兰的领导下，妇女协会组织妇女展开反帝、反封建活动；提倡男女平等，号召妇女不缠足、留短发、积极参与社会活动等。由于协会领导的各项活动在镇内影响较大，全镇约有70%的青年妇女加入了妇女协会。民国18年(1929)，镇人吴光华还与两名乌镇妇女合资，在镇庙桥街开设一家“女子商店”，所雇店员全为妇女。妇女协会活动终止时间无考。

民国36年(1947)5月20日，成立濮院镇妇女会，会址在镇公所，妇女会成立当天出席代表达205人，仲静贤被选为濮院镇妇女会常务理事。镇妇女会宗旨：提高妇女品德，增进会员福利。濮院镇妇女协会组织的成立，顺应了妇女的需求，得到全镇妇女的热烈响应，入会人数最多时达2109人。

中华人民共和国成立后的妇女组织

妇联的组建、发展及代表大会(濮院镇妇联) 中华人民共和国成立之初，濮院的妇女工作受城濮区民主妇联领导。1952年上半年，成立濮院镇民主妇女联合会，祁彩华任副主任，各单位按妇女人数多少设立妇女代表委员会或妇女代表小组。1957年11月，中国妇女第三次全国代表大会修改《妇女联合会章程》。根据规定，各级民主妇联更名为妇女联合会，濮院镇民主妇女联合会改名为濮院镇妇女联合会(简称“妇联”)。人民公社化期间，濮院镇妇联一度并入濮院人民公社妇联，社镇分设后仍为濮院镇妇女联合会。“文化大革命”期间，妇联组织瘫痪，1971年7月，组织恢复。至2010年，濮院镇妇联下辖各单位基层妇代会39个、妇代小组261个，共召开16次妇女代表大会，选举产生妇联执行委员会和妇联执行委员会主席(主任)。

1952年上半年，召开濮院镇第一次妇女代表大会，大会选举产生第一届濮院镇民主妇女联合委员会，祁彩华当选为民主妇联副主任。

第二次至第八次妇女代表大会资料无考，负责人依次为傅振华、沈苣华、邹丽娟、王美华、陈兴蕒、袁五宝、陈兴蕒。

1981年，召开濮院镇第九次妇女代表大会，选举产生新一届濮院镇妇女联合委员会，陈建娟当选为妇联主任。

1984年7月，召开濮院镇第十次妇女代表大会，大会拟定出席代表100人，其中基层妇代会以上女干部占50%；列席代表12人。大会选举产生新一届濮院镇妇女联合委员会，陈建娟当选为妇联主任。后因陈建娟工作变动，陈秋萍任妇联主任。

1990年9月，召开濮院镇第十一次妇女代表大会，大会拟定代表56人，其中基层妇代会以上女干部占50%，非党代表占20%；列席代表10人。大会选举产生新一届濮院镇妇女联合委员会，陈秋萍当选为妇联主任。1992年6月，扩乡并镇后，濮院乡并入濮院镇，乡妇联并入镇妇联。

1994年10月，召开濮院镇第十二次妇女代表大会，大会正式代表92人，其中包括女干部、女知识分子、女职工、女先进工作者等代表，年龄最大的68岁，最小的23岁；特邀代表12人。大会听取、审议沈雪芬代表上届妇联所作《团结全镇广大妇女，为加快我镇经济建设，为使我镇妇女工作再上一个新台阶而努力》的工作报告；选举产生新一届濮院镇妇女联合委员会，沈雪芬当选为妇联主席。

1997年11月，召开濮院镇第十三次妇女代表大会，大会应到代表65人，实到代表60人。大会听取、审议陆忠伟代表上届妇联所作《高举邓小平理论伟大旗帜、肩负世纪重任、开拓妇运新路，为濮院镇的两个文明建设而努力奋斗》的工作报告；通过无记名投票、等额选举的办法，选举产生新一届濮院镇妇女联合委员会，陆忠伟当选为妇联主席。

1999年9月，召开濮院镇第十四次妇女代表大会，大会应到代表70人，实到代表68人，特邀代表5人。大会通过无记名投票、差额选举的办法，选举产生新一届濮院镇妇女联合委员会，陆忠伟当选为妇联主席。2001年10月，新生镇并入濮院镇，原新生镇妇联并入濮院镇妇联。

2002年11月，召开濮院镇第十五次妇女代表大会，大会应到代表87人，实到代表86人。大会听取、审议陆忠伟代表上届妇联所作《解放思想、与时俱进，团结带领全镇妇女为实现濮院的经济繁荣和社会稳定而努力奋斗》的工作报告；通过无记名投票、差额选举的方式，选举产生新一届濮院镇妇女联合委员会，陆忠伟当选为妇联主席。

2007年9月，召开濮院镇第十六次妇女代表大会。出席大会的正式代表85人，其中农业方面23人、企业方面23人、行政事业方面8人、妇女专职干部18人、社区8人。大会听取、审议陆忠伟代表上届妇联所作《凝心聚力、开拓创新，在新的发展机遇期再现巾帼新风采》的工作报告；通过无记名投票、差额选举的方式，选举产生新一届濮院镇妇女联合委员会，陆忠伟当选为妇联主席。后因陆忠伟工作变动，杨丽清任妇联主席。

2010年，濮院镇妇联下辖基层妇代会39个、妇代小组261个。

濮院乡(公社)妇联 1956年，全县实行撤区并乡，是年2月，成立永乐乡民主妇女联合委员会。1957年11月，永乐乡民主妇女联合委员会更名为永乐乡妇女联合委员会。人民公社化时期，更名为濮院人民公社妇女联合会。“文化大革命”期间，妇联组织瘫痪，1971年10月，组织恢复。之后，妇联组织名称随机构变化作相应变更。至1992年，乡镇合并，濮院乡妇联共召开9次代表大会，选举产生妇联委员会和妇联委员会主任。

1956年2月，召开永乐乡第一次妇女代表大会，选举产生第一届乡民主妇女联合委员会，张玉宝当选为民主妇联主任。

第二次至第四次妇女代表大会资料无考，妇联主任依次为主任张玉宝、张金娜、邹丽娟、张金娜。

1978年11月，召开濮院公社第五次妇女代表大会，选举产生新一届公社妇女联合委员会，张金娜当选为妇联主任。后因张金娜工作变动，沈玲英任妇联主任。

1982年10月，召开濮院公社第六次妇女代表大会。出席大会的额定代表243人，其中党员29人、团员29人、农业线妇女163人、社队企业妇女14人、文卫线妇女8人。

大会听取、审议李永宝代表上届妇联所作的《工作报告》，选举产生新一届公社妇女联合委员会，李永宝当选为妇联主任。1983 年 12 月，濮院人民公社实行政社分设，公社妇联改为乡妇联。

1984 年 2 月，召开濮院乡第七次妇女代表大会。大会选举产生新一届乡妇女联合委员会，李永宝当选为妇联主任。

1986 年 9 月，召开濮院乡第八次妇女代表大会。大会选举产生新一届乡妇女联合委员会，俞娟红当选为妇联主任。后因俞娟红工作变动，施金美当选妇联主任。

1990 年 4 月，召开濮院乡第九次妇女代表大会。出席大会的正式代表 109 人，其中妇女干部 30 人、农民代表 54 人、社企职工 14 人、教师 5 人、先进妇女 6 人；特邀代表 5 人。大会听取、审议沈雪芬代表上届妇联所作的《自尊、自信、自立、自强，为振兴濮院而努力奋斗》的工作报告，选举产生新一届乡妇女联合委员会，沈雪芬当选为妇联主任。1992 年 6 月，乡妇联并入镇妇联。

新生镇(乡、公社)妇联　1953 年 8 月，新生乡开始筹建民主妇联会，由乡党支部指派一名女干部具体负责。1956 年，召开新生乡第一次妇女代表大会，选举产生第一届乡民主妇女联合委员会。1957 年 11 月，按照《妇女联合会章程》，乡民主妇女联合委员会改为乡妇女联合委员会。1958 年 10 月，新生乡并入濮院人民公社，成立濮院人民公社妇女联合会。1961 年 5 月，社队规模调整后，为新生人民公社妇联。“文化大革命”期间，公社妇联组织瘫痪。1971 年 9 月，组织恢复。之后，妇联组织名称随机构变化作相应变更，2001 年并入濮院镇妇联组织。在此期间，新生镇(乡、公社)妇联共召开 11 次代表大会，选举产生妇联委员会和妇联委员会主任。

1956 年 2 月，召开新生乡第一次妇女代表大会，选举产生第一届乡民主妇女联合委员会，李掌娜当选为民主妇联主任。

第二次至第三次妇女代表大会资料无考，妇联主任依次为李掌娜、邵丽娟、张胜英、傅松秀、李掌娜、王玉璇。

1979 年，召开新生公社第四次妇女代表大会，选举产生新一届公社妇女联合委员会，王玉璇当选为妇联主任。

1983 年 2 月，召开新生公社第五次妇女代表大会。大会听取、审议沈玲英代表上届妇联所作《全社妇女团结起来，为实现党在新的历史时期总任务而努力奋斗》的工作报告，等额选举产生新一届公社妇女联合委员会，沈玲英当选为妇联主任。1983 年 12 月，新生人民公社实行政社分设，公社妇联改为乡妇联。

1984 年 7 月，召开新生乡第六次妇女代表大会。大会听取、审议沈玲英代表上届妇联所作的《工作报告》，选举产生新一届乡妇女联合委员会，沈玲英当选为妇联主任。

1986 年 10 月，召开新生乡第七次妇女代表大会。大会听取乡党委领导讲话；讨论、审议沈晓萍代表上届妇联所作的《工作报告》；选举产生新一届乡妇女联合委员会，沈晓萍当选为妇联主任。

1990年4月，召开新生乡第八次妇女代表大会。出席大会的正式代表90人，分别来自农业、工业、教育、卫生等各条战线，年龄最大的60岁，最小的21岁。大会听取、审议沈晓萍代表上届妇联所作的《工作报告》，差额选举产生新一届乡妇女联合委员会，沈晓萍当选为妇联主任。

1994年3月，召开新生乡第九次妇女代表大会。出席大会的正式代表50人，分别来自各条战线；特邀代表12人。大会听取、审议吴娟梅代表上届妇联所作《团结动员全乡妇女为推进新生两个文明建设而努力奋斗》的工作报告，选举产生新一届乡妇女联合委员会，吴娟梅当选为妇联主席。1994年11月，新生撤乡建镇后，乡妇联改为镇妇联。

1997年4月，召开新生镇第十次妇女代表大会。出席大会的正式代表50人，分别来自各条战线；特邀代表14人，来自镇党委、政府、团委及市妇联。大会听取、审议吴丽娅代表上届妇联所作的《工作报告》，等额选举产生新一届镇妇女联合委员会，吴丽娅当选为妇联主席。

1999年9月，召开新生镇第十一次妇女代表大会，出席大会的正式代表45人。大会听取、审议吴丽娅代表上届妇联所作的《工作报告》，差额选举产生新一届镇妇女联合委员会，吴丽娅当选为妇联主席。2001年10月，新生镇妇联并入濮院镇妇联。

妇女组织的主要活动

妇女组织的基本职能是维护妇女的基本权益，促进男女平等。镇、乡妇联成立以来，按照党委、政府的部署，组织妇女开展一系列活动，教育、引导城乡妇女增强自尊、自信、自立、自强精神，积极参加社会改造，投身社会建设，使妇女的综合素质不断提高，政治地位和社会地位不断提升，涌现出一批具有时代特色的优秀妇女代表。

1950—1953年，镇、乡民主妇联组织发动妇女参加反封建、反霸斗争，参与土地改革运动，开展宣传贯彻《中华人民共和国婚姻法》、拥优等一系列活动。尤其在宣传贯彻《中华人民共和国婚姻法》中，为使广大妇女从包办婚姻的封建桎梏中解放出来，镇妇联先后开展两次较大规模的婚姻法宣教活动，受教育人数4600余人，极大地提高了妇女对封建婚姻制度危害性和新婚姻法优越性的认识，反对包办婚姻、实行婚姻自主、童养媳回娘家、结婚去政府登记等妇女人数明显增多。在此期间，濮院镇有226对男女青年通过自由恋爱结婚，其中13对办集体婚礼。与此同时，镇妇联还举办妇婴模型展览，宣传妇婴知识；开展拥优活动，组织妇女慰问组，每周一次慰问烈、军属，为烈、军属送光荣牌和光荣灯，为驻濮部队洗棉衣。

1956年，镇妇联开展妇女扫盲工作，街道、单位培养妇女教师，开设识字小组，在教育中采取包教包学、互教互学、子女教父母、丈夫教妻子的办法，扫盲工作开展得有声有色，成效明显。是年，全镇参加扫盲的青壮年妇女达85%。

“文化大革命”期间，由于镇、社妇联组织相继瘫痪，活动停止。1971年后，妇联活动逐步恢复,活动内容主要是开展晚婚晚育、计划生育的宣传和教育,动员广大妇女实行晚婚晚育和计划生育。与此同时,公社妇联组织广大妇女积极投入治水改土、平整土地和兴修水利等工程,发挥“半边天”作用。

20 世纪 70 年代后期,镇、社妇联贯彻中共十一届三中全会精神,鼓励妇女积极投身四个现代化建设,同时开展“技术操作能手”比赛、争当“三八红旗手(集体)”竞赛等一系列活动,进一步激发广大妇女在各自岗位上吃苦耐劳、钻研业务的工作热情,涌现出一批先进集体和先进个人,受到桐乡县、嘉兴地区妇联的表彰。同时,镇妇联关心女职工生活,帮助女职工解决实际困难。1979 年,镇妇联向镇七届人大提交的“迅速办好托儿所,解决双职工实际困难”提案。1980 年 6 月,提案得到落实,一幢占地面积 1000 平方米、建筑面积 650 平方米,集教室、庭院活动、厨房等设施于一体的托儿所建成并交付使用,有效缓解了职工小孩入托紧张的问题。

80 年代,镇、社(乡)妇联除继续开展“三八”红旗手竞赛活动外,还先后开展争创“五好家庭”,争当好婆婆、好媳妇、好妻子、好母亲、好女儿等“五好”单项及“文明礼貌月”宣传等一系列活动。1980 年,新生公社张家桥大队张建芬、红旗漾大队高阿条被县妇联评为“优秀少儿工作者”。1981 年,濮院公社永联大队树新生产队被县妇联评为“三八”共育室。是年,新生公社 8 名“好婆婆”“好媳妇”和 20 名妇女先进工作者受到县、社妇联表彰。1982 年,新生公社新生大队朱美娥被评为“好婆婆”;红旗漾大队余跃珍、群丰大队朱银莲、联丰大队赵宝金被评为“好媳妇”。

90 年代初,镇、乡妇联除利用会议、广播等形式对妇女进行思想政治教育、开展法律法规培训外,还利用传统节日开展一系列寓教于乐活动。如“三八”妇女节,举办拔河、接力赛跑;母亲节,举办“母亲颂”征文演讲赛;“六一”儿童节举办亲子趣味运动会;老人节,慰问敬老院等。还开展争当好婆婆、好媳妇、好妻子、好母亲、好女儿、好妯娌等“六好”单项活动。1993 年,濮院镇的姚顺金、新生乡的朱银莲被评为“好婆婆”,濮院镇的曹美玲、夏季英被评为“好媳妇”,受到桐乡市妇联的表彰。

1994—1997 年,镇妇联围绕经济建设中心开展各项工作。在农村,开展“学文化、学技术,比成绩、比贡献”的“双学双比”竞赛活动,并建立“双学双比”协调组织网络。1994 年,新生镇妇联为树立岗位先进典型,组织妇女开展一系列劳动竞赛活动。其中 4 月,组织丝厂缫丝工开展为期半月的缫丝操作比武,评出操作能手 15 人;5 月,在合纤布厂缫丝车间开展为期一个月的比质量、比产量“双比”竞赛,3 名“双比”能手脱颖而出;7 月,在红旗漾村进行插秧赛,6 名选手获前三名。1996 年,镇妇联组织农村妇女参加农业函大班学习,使农村妇女掌握更多的实用技术。其中,永联村的陈文宝学以致用,建起葡萄基地,基地年产葡萄 2000 多千克,收入 2 万余元。开展科技示范户与一般妇女结对子活动,不断深化“双学双比”活动内涵,至 1997 年,全镇建立结对户 15 户。积极发展女党员,推荐妇代会主任进入村级领导班子。至 1977 年,共发展女党员 14 人,16 名妇代会主任被选进村级三套班子，其中 2 人进入村党支部。在城镇，镇妇联则组织妇女投身到以"学文化、学技术、学政治、学科学、学管理，赛效益、赛成果、赛质量、赛水平、赛风格"为内容的"巾帼赛"活动，开展以在岗妇女技术培训、技术比武为内容的"巾帼建功示范岗"创建等一系列活动。此外，镇妇联还以广播、标语、宣传窗、短期培训等方式，对妇女进行《中华人民共和国妇女权益保障法》《中华人民共和国未成年人保护法》《浙江省实施〈中华人民共和国妇女权益保障法〉办法》等有关法律、法规的宣传教育，不断提高妇女的法律常识。

1998 年，镇妇联紧紧围绕经济建设中心，在全镇女职工中开展爱岗敬业教育和"岗位大练兵、技术大比武"的"巾帼建功"行业竞赛活动。

1999 年 3 月，镇妇联为迎接 20 世纪最后一个"三八"妇女节，举办女子趣味运动会，参赛运动员 170 多人。4 月，联合农技站去各行政村举办春蚕饲养培训班，受训人员 570 人。5 月，根据《桐乡市儿童少年事业发展规划》要求，举办全镇少儿美术培训班，以激发少儿对美术的兴趣。是年，举办妇女干部培训班，重点进行"思源思进"等的宣传教育。

2000—2002 年，镇妇联以提高妇女素质、促进妇女发展、维护妇女权益为主线，组织、引导妇女积极投身濮院镇两个文明建设(物质文明、精神文明)活动。其中，2000 年，开展叫响"一个口号"(巾帼创新业、建设新濮院)、把握"两条主线"(妇女发展与维权)、深化"三大主体"("双学双比"、巾帼建功、文明家庭)、实施"四大工程"(女性素质工程、科技致富工程、社区服务工程、家庭文明工程)等各项活动。是年，还利用有线电视开辟《农业农村现代化与妇女论坛》电视专栏，围绕妇女在"致富思源、富而思进"教育活动中的位置和作用及妇女如何参与现代化建设等内容展开讨论。

与此同时，镇妇联通过广播、电视、黑板报等宣传工具对妇女进行男女平等思想教育，引导妇女树立正确的人生观、价值观、婚恋观，着力提高妇女的思想道德素质。为增强对在"两个文明"建设、"巾帼创新业、建设新濮院"中涌现出来的优秀女性的宣传效果，突出典型，镇妇联与广电站合作，录制、播出了《巾帼风采》电视专栏 6 期，"妇女之声"广播专题 36 期。此外，镇妇联还在"三八""七一"等节日，通过举办女职工趣味运动会、乒乓球赛、知识竞赛、书画展、演唱会、文艺晚会等健康向上、寓教于乐的活动，丰富妇女的业余生活，增强妇女组织的凝聚力。

2003—2007 年，全镇妇女活动围绕开拓进取这一主题，广泛开展"三个文明"(政治文明、精神文明、物质文明)建设活动，为濮院镇的经济社会发展做贡献。

开展"六个家庭"(文明家庭、平安家庭、廉洁家庭、绿色家庭、学习型家庭、文明和谐家庭)创建活动。为推动创建活动向纵深发展，镇妇联组织妇女演唱"知荣明耻"新童谣，举办丰富多彩的家庭文化活动，开展创"绿色家园"植树活动，组建"乡风文明"宣传队、妇女宣讲队去村、社巡回宣讲，播放幻灯片，举办"反封建迷信"图片展览，发放"与文明同行，建美好家园""创建'平安家庭'，打造'平安濮院'倡议书"等一系列活动。据统计，巡回宣讲20余场，播放幻灯片23次，图片展览21场，发放倡议书等资料4万多份，受教育4万余人次。至2007年，全镇有9641户家庭被评为“文明家庭”，其中200户家庭被评为“文明家庭标兵户”；397户家庭被评为“学习型家庭”。

建维权阵地，开展法律法规宣传。为切实维护妇女儿童的合法权益，五年间，全镇13个行政村和4个社区相继建立起妇女维权站或姐妹谈心室，发放妇女儿童爱心维权卡；利用“三八”维权周、“法制宣传日”等，开展法律法规知识讲座与现场咨询等活动200余场；播出《与你说法》《与法同行》宣教片20场次；各级妇女组织共接待妇女来信来访200多次，做到事事有着落、件件有答复。其间，还针对濮院新居民的现状，实施“新濮院女性融入濮院与共享文明”工程；建立永乐村新居民妇女管理服务站，为新居民妇女提供管理服务。

开展关爱行动。关心妇女健康、关爱贫困儿童。广泛开展妇女病普查，做到防患于未然，五年中累计受检妇女达15882人次，有效地提高了妇女的健康水平。针对困难家庭儿童就学的资金难题，镇妇联通过牵线搭桥，以结对子的方式落实单位或个人助资，共有200多名困难家庭儿童获得资助。同时对21名困难母亲进行慰问。

发展女党员，鼓励女干部参加学历教育。五年间，共有108名妇女参加入党积极分子培训，其中40人加入党组织；9名女性村干部通过学历教育获得中专文凭，2人获得大专文凭。

此外，在城镇继续开展创建“巾帼建功”活动，鼓励妇女学习新知识、掌握新技能，在各自的岗位开展操作比武，推进岗位成才；在农村，鼓励农村妇女积极参与“巾帼科技致富”“农村劳动力转移培训”“失地农民培训”三大工程，不断提高农村妇女的科技素质，推动农村富余女劳动力有序转移和失地妇女的再就业。五年中，累计培训妇女2800多人次，其中35人获得绿色证书，45人获得“女农民技术员”称号，598人通过劳动力转移培训实现转移就业。

2010年，镇妇联除继续开展妇女儿童维权、以“平安、文明、学习、和谐”为主题的“文明和谐家庭”创建活动外，还积极配合有关部门开展妇女劳动力就业转移培训活动，如配合市妇联举办帮助小型企业发展促进就业培训、家政服务培训、女性就业专场招聘等，多方位为农村女性就业“架金桥”；开展以岗位创新、岗位建功、岗位成才为内容的“争先创优”主题活动，全面提升女职工的职业道德和技术水平；发挥巾帼文明岗资源优势，开展城乡妇女手拉手的“岗村结对”“企村结对”活动，促进城乡妇女统筹发展；开展法律、健康、文明礼仪、家庭教育、文化娱乐“五进新居民”活动，在学习、工作、生活、创业等方面，加强对濮院新居民女性的关怀，为新居民女性创造平等和谐的社会环境。

表 13－25　　濮院镇历届妇联主要领导一览表

组织名称	职　务	姓　名	任职年月	备　注
濮院镇民主妇女联合会	副主任	祁彩华	1952 年上半年—1954 年上半年	
	副主任	沈苣华	1956.07—1957.08	
濮院镇妇女联合会	副主任	邹丽娟	1958.03—1958.09	
	副主任	邹丽娟	1959.09—1960.09	
	副主任	王美华	1960.09—1961.06	
	主　任	王美华	1961.06—1962.08	
	主　任	陈兴蕒	1962.11—1968.11	
	主　任	袁五宝	1971.07—1976.10	
	副主任	陈兴蕒	1976.10—1979.04	
	主　任	陈兴蕒	1979.04—1980.01	
	主　任	陈建娟	1981.04—1986.01	
	主　任	陈秋萍	1986.01—1987.12	聘用
	主　任	陈秋萍	1988.01—1992.06	
	主　席	沈雪芬	1992.07—1997.11	
	主　席	陆忠伟	1997.11—2008.05	
	主　席	杨丽清	2008.05—	

表 13－26　　濮院乡(公社)历届妇联主要领导一览表

组织名称	职　务	姓　名	任职年月	备　注
永乐乡民主妇女联合会	主　任	张玉宝	1956.02—1956.03	
	主　任	张金娜	1956.03—1957.10	
永乐乡妇女联合会	主　任	张金娜	1957.11—1958.10	
濮院公社妇女联合会	主　任	邹丽娟	1958.10—1959.09	
	主　任	张金娜	1960.02—1968.06	
	主　任	张金娜	1971.10—1979	
	主　任	沈玲英	1979—1981.09	
	主　任	李永宝	1981.10—1983.12	

续表 13－26

组织名称	职　务	姓　名	任职年月	备　注
濮院乡妇女联合会	主　任	李永宝	1983.12—1985.11	
	主　任	俞娟红	1985.11—1987.09	聘用
	主　任	施金美	1988.01—1989.12	
	主　任	沈雪芬	1989.12—1992.06	

表 13－27　　新生镇(乡、公社)历届妇联主要领导一览表

组织名称	职　务	姓　名	任职年月	备　注
新生乡 民主妇女联合会	主　任	李掌娜	1956.02—1957.11	
新生乡妇女联合会	主　任	邵丽娟	1957.12—1958.09	
新生公社妇女联合会	主　任	张胜英	1961.10—1962.07	
	主　任	傅松秀	1962.07—1968.04	
	主　任	傅松秀	1971—1971.09	
	主　任	李掌娜	1971.10—1972.04	不脱产
	主　任	王玉璇	1972.05—1980.03	
	主　任	李进英	1980.04—1981.09	
	主　任	沈玲英	1981.09—1983.12	
新生乡妇女联合会	主　任	沈玲英	1983.12—1986.04	聘用
	主　任	沈晓英	1986.05—1987.12	
	主　任	沈晓英	1988.01—1991.03	
	主　席	吴娟梅	1991.03—1994.11	
新生镇妇女联合会	主　席	吴娟梅	1994.11—1996.08	
	主　席	吴丽娅	1996.12—2001.10	

资料来源:《中共桐乡市(县)组织史》

表 13－28　濮院镇部分年度获县级以上“三八红旗集体”称号单位一览表

所在单位	命名机关	命名年度
新生公社新生大队妇代会	嘉兴地区妇联会	1979
濮院公社科研站	嘉兴地区妇联会	1979

续表 13－28

所在单位	命名机关	命名年度
濮院东风旅馆	嘉兴地区妇联会	1979
濮院公社星火大队金星养兔场	桐乡县妇联会	1980
濮院公社科研站	桐乡县妇联会	1980
濮院公社水产大队并线厂	桐乡县妇联会	1980
濮院东风旅馆	桐乡县妇联会	1980
濮院镇民办幼儿园	桐乡县妇联会	1980
新生公社联民大队妇代会	桐乡县妇联会	1982
新生丝厂妇代会	桐乡市妇联会	1993

表 13－29　濮院镇部分年度获县级以上"三八红旗手"称号人员一览表

姓名	所在单位	命名机关	命名年度
夏贤英	濮院镇	桐乡县妇联会	1980
赵志英	濮院镇	桐乡县妇联会	1980
许建芬	濮院镇	桐乡县妇联会	1980
黄山英	濮院公社	桐乡县妇联会	1980
孔文珍	濮院公社	桐乡县妇联会	1980
李永宝	新生公社	桐乡县妇联会	1980
秦爱妹	新生公社	桐乡县妇联会	1980
周美娟	新生公社	桐乡县妇联会	1980
赵宝金	新生公社	桐乡县妇联会	1980
钟美芬	新生公社群丰大队	桐乡县妇联会	1981
姚官宝	濮院公社运河大队	桐乡县妇联会	1981
周美娟	新生公社红旗漾大队	桐乡县妇联会	1982
范明华	地方国营桐乡毛纺厂	浙江省妇联会	1989
张咏梅	濮院镇	桐乡市妇联会	1993
钟红燕	油车桥村	桐乡市妇联会	2003
沙兴宝	雀屏纺织化工股份有限公司	桐乡市妇联会	2008

第四节　残　联

残联的成立及发展

濮院镇　1991年5月，成立濮院镇残疾人协会，简称“残协”，同时召开濮院镇残协第一次代表大会，与会正式代表30人，其中残疾人16人，占53%。会议审议通过镇残协筹备领导小组组长徐永林所作的《解放思想，更新观念，开创我镇残疾人事业新局面》的工作报告；审议通过《中国残疾人联合会章程·濮院镇实施细则》；选举产生镇残协第一届理事会成员；推举残协执行理事会理事长。1992年6月，濮院乡残协并入濮院镇残协。1994年1月，残疾人协会更名为残疾人联合会（简称残联）。

1994年6月，召开濮院镇残联第二次代表大会。会议听取并通过张谊崇代表上届残协主席团所作的《不断开拓，讲究实效，努力发展我镇的残疾人事业》的工作报告；选举产生镇残联新一届理事会成员；推荐残联理事会理事长；讨论并通过相应决议。

1998年2月，召开濮院镇残联第三次代表大会，与会正式代表65人。会议审议通过杨有林代表上届残联所作的《不断开拓，讲究实效，努力发展我镇的残疾人事业》的工作报告；选举产生镇残联新一届理事会成员；推荐残联理事会理事长。为进一步开展扶残助残活动，是年11月，全镇各村、居委会成立残疾人服务小组。2001年10月，新生镇残联并入濮院镇残联。

2002年8月，召开濮院镇残联第四次代表大会，与会正式代表45人，其中残疾人29人，占64%。会议审议通过朱煜根代表上届残联所作的《开拓创新，扎实工作，努力开创我镇残疾人事业新局面》的工作报告；选举产生镇残联新一届理事会成员；推荐残联理事会理事长。

2007年7月，召开濮院镇残联第五次代表大会，与会正式代表45人，其中农村12人、民政福利企业7人、个私企业3人、个体经商5人、自谋职业4人、机关及其他单位14人；代表中，残疾人23人，占51%。会议审议通过姚建康代表上届残联所作的《开拓创新，迎难而上，努力开创我镇残疾人事业新局面》的工作报告；选举产生镇残联新一届理事会成员；推荐残联理事会理事长。

濮院乡　1991年4月，濮院乡残疾人协会成立，同时召开乡残协第一次代表大会，与会正式代表69人，其中残疾人代表36人；特邀代表12人。会议审议通过《〈中国残疾人联合会章程〉濮院乡实施细则》；选举产生乡残疾人协会第一次理事会成员；推举残疾人协会执行理事会理事长。

新生镇（乡）　1991年5月，成立新生乡残疾人协会，同时召开乡残疾人协会第一次代表大会，大会审议通过费子松代表乡残协筹备小组所作的《工作报告》；选举产生新生乡残疾人协会第一次理事会成员；推举乡残疾人协会执行理事会理事长。

第二次代表大会无考。

1997年12月，召开新生镇残疾人联合会第三次代表大会。会议审议通过高宜海代表上届残联所作的工作报告；以等额、无记名投票的方式选举产生镇残联新一届理事会成员；通过由大会主席团主席提名，理事会全体会议通过产生的理事会理事长。为推进新生镇残疾人安置就业和残疾人保障金收缴工作的开展，2000年11月，成立“新生镇按比例分散安置残疾人劳动力就业”领导小组，进一步保障残疾人劳动权利。

残联工作及影响

乡镇残联（残协）成立后，在乡镇党委、政府和上级主管部门的领导下，围绕“代表、服务、管理”（代表残疾人共同利益，维护残疾人合法权益；开展各项业务和活动，直接为残疾人服务；承担政府委托的部分行政职能，管理和发展残疾人事业）三项职能开展各项工作，使全镇残疾人的生活质量和社会地位不断提高，有效地推动了境内残疾人事业的发展。

1991年3月，濮院镇政府开展响应省民政厅“为残疾人事业捐赠一元钱”活动，活动规定，凡单位职工人数在50人以上的，所捐款项汇至县残联；50人以下的单位，所捐款项交至镇文书办。是年，濮院镇残疾人有70余人。1994年8月，镇残联转发桐乡县政府办公室《关于印发嘉兴市人民政府对残疾人实行照顾扶助的规定》的通知，要求全镇各村、居委会贯彻执行规定，做好对残疾人的服务和管理工作。

1997年，开展残疾人就业情况专项调查，了解残疾人实际就业情况（59人进入集体企业，127人从事个体经营）。是年，新生镇成立扶贫助学基金会，动员村、企及社会各界人士捐款，扶助贫困学生完成九年制义务教育及升入更高学府学习。

1998—2002年，濮院镇的残联工作除利用会议、宣传窗、广播电视、图片等形式对残疾人事业进行宣传外，还在“全国助残日”（1991年起，每年5月第三个星期日）组织开展“志愿者”“深入贯彻《中华人民共和国残疾人保障法》，携手迈进新世纪”“捐一天工资，献一份爱心”等主题教育活动，使全镇形成理解、尊重、关心、帮助残疾人的良好社会风气。加大残疾人就业力度。在城镇，督促福利企业、协调其他企业按比例安排残疾人就业或收取残疾人就业保障金；鼓励残疾人自谋职业并给予政策优惠。至2002年，共安排残疾人就业250人。在农村，实施以种植业、养殖业为重点的残疾人扶贫工程，以“建基地、扶大户、帮贫困”的方式使残疾人自食其力，脱贫致富。至2002年，全镇扶持11名残疾人发展种植业、养殖业，7户残疾人家庭因此脱贫。与此同时，残联按照政策通过多种方式为残疾人及其家庭提供帮助，1998年11月，濮院镇各行政村和街道办成立“残疾人服务小组”，深入残疾人及残疾人家庭，及时了解情况，为残疾人及残疾人家庭排忧解难；2000年8月，开展桐乡市特困残疾人优惠证认证对象调查，经残疾人申请、残联推荐，濮院的钟某某、唐某某，新生的朱某某、谢某某、柴某某被确定为首批桐乡市特困残疾人优惠证发放对象，持证人能更多地享受到政策的优惠；为8户残疾人家庭提供5万元建房补助；将141名符合相关条件的残疾人纳入城乡最低生活保障范围或给予救济和补助；发动工青妇群团和村

(居)委会组织,以“联、帮、包、带”的方式与45名残疾人困难家庭子女形成助学结对。

此外,建立村、社区、企业残协联系网络和残疾人服务小组,为残疾人提供全方位的服务:残联与濮院医院、康慈医院等有关单位合作,开展各项残疾人康复工作,每年助残日为残疾人进行免费健康检查,并建立健康档案;协助教育部门抓好盲、聋、弱智“三残”少年儿童的义务教育,配合市残联对残疾人子女进行职业技术培训;为残疾人提供优先、优质、优惠的法律服务;开展残疾人文体活动,组队参加市爱心助残广场文艺演出、市首届残疾人运动会(简称“残运会”),并在残运会中取得了团体总分第四名的好成绩。

新生镇的残疾人工作同样注重实效,不断改善残疾人的生产条件和生活质量,产生积极的社会影响。1998年6月,开展青年志愿者助残结对服务活动,全镇208名残疾人按家庭困难程度分批与单位结对,由结对单位提供包括日常生活、医疗康复、劳动生产、就业安置、子女就学等方面的帮助或资助,9户残疾人家庭被确定为首批助残结对户。1999年,妙智村自强养殖基地聘请两位江苏师傅对63名残疾人进行两次技术培训。2000年5月12日,《浙江日报》通讯员戚玉明以《新生镇帮残助残重实效》为题,对新生镇残疾人工作所取得成绩作了新闻报道(见附)。根据《浙江省关于推行按比例分散安置残疾人劳动就业》规定,2000年11月,成立新生镇按比例分散安置残疾人劳动就业领导小组,实施按比例安置残疾人劳动就业政策,推进新生镇残疾人安置就业和残疾人保障金收缴工作的开展,进一步保障残疾人的劳动权利。

2002—2007年,濮院镇残联围绕服务大局、服务社会、服务残疾人的主题,恪守“上为国家分忧,下为残疾人解难”的服务宗旨,在创新宣教方式、加大扶贫力度、实施康复计划、开展教育培训、拓宽就业渠道、发展服务网络等方面扎实工作,使残疾人更多地享受到党和政府的关怀。

创新宣教方式。在宣传上增加《桐乡市残疾人政策汇编》和残疾人康复知识等新内容。组织志愿者在全国“助残日”期间,下乡为残疾人服务。表扬扶残助残先进。在锦苑社区设立桐乡市首个残疾人爱心书屋,丰富残疾人业余文化生活。鼓励通讯员向新闻媒体和上级残联投稿,其中向市残联投稿127篇,报道残疾人及残疾人工作者的事迹,有21篇稿件被《嘉兴日报》(桐乡版)及其他报刊录用,46篇稿件被桐乡广播电台录用,为残疾人事业的发展营造了良好的舆论氛围,形成全镇各界人士关心、参与、支持残疾人事业的社会风气。同时宣传残疾人自强不息典型,为残疾人树立了“自尊、自信、自立、自强”的坚强信念。

加大扶贫力度。巩固发展新妙智、新港两个村的生猪养殖扶贫基地,并以基地为辐射,带动周边残疾人家庭从事养殖业,镇残联还无偿为残疾人家庭从事养殖业提供技术辅导、管理、销售等方面的服务。落实市政府政策,对生活不能自理的残疾人开展摸底调查,为符合条件的残疾人办理补助申报手续,使被办理人每月享受200元的生活补助,2004年10月至2007年7月,累计74名残疾人享受此项政策。做好困难残疾人生活救济和扶贫建房工作。五年中,将145户325名困难残疾人列入最低生活保障,累计发放低保金95万元;落实临时救济198户213人,发放临时救济金11万元;完成扶贫建房18户,落实配套资金54000元。加大力度开展扶贫结对活动,相继开展"青年志愿者行动""红领巾助残""捐一天工资,献一片爱心""残疾人百户工程""结队助残、扶贫帮困"等爱心助残主题活动,完成帮扶结对315对,扶持财、物折计20余万元,使残疾人及其家庭感受到社会大家庭的温暖。2006年,镇财政支出4万余元,落实"医疗存款"措施,为贫困残疾人家庭发放医疗救助卡,救助卡以人定额,一般每户200—400元。是年,123户贫困残疾人家庭享受救助卡,有效降低残疾人家庭因病致贫风险。

实施康复计划。为提高残疾人生活品质,根据《桐乡市照顾扶助残疾人规定》,镇财政累计划拨款23万元,用于残疾人康复工作,其中白内障复明手术113例,肢体残疾矫治手术3例,聋儿语训3人,智力残疾儿童系统训练8人,肢体残疾系统训练5人。开展精神病防治工作,对全镇精神残疾人进行了摸底调查,对低保家庭的精神病患者所产生的医疗费用,以市财政和镇财政各负担50%的政策给予全额报销,治疗患者11人,报销医药费用20多万元。

开展教育培训。2007年,残疾儿童少年在校学生13人,其中随班就读6人,可接受教育的残疾儿童少年入学率达到其他儿童少年同等水平,形成残疾儿童少年教育随班就读和特教班相结合的主体格局。同时开展残疾人职业技能和维权知识培训,努力提高残疾人的劳动技能和运用法律维护自己权益的能力。

拓宽就业渠道。在安置残疾人就业工作中,镇残联主要以动员企业按比例接受残疾人就业、进扶贫基地及鼓励残疾人自谋职业三种方式拓宽残疾人就业渠道;对自谋职业残疾人,残联除帮助争取小额贷款外,还帮助落实小额贷款贴息政策。五年中累计安置进企业100余人,进扶贫基地18人,自谋职业19人,其中4人成为种养大户,15人为其他个体工商户。

发展服务网络。除残联外,全镇13个行政村和5个社区均成立残疾人协会,镇团委设立青年志愿者助残联络站,村(社区)、企业设青年志愿者服务队,更好地开展为残疾人服务工作。此外,五年中,全镇用于残疾人事业的经费为92万元,帮助95户特困残疾人家庭297人脱离贫困。

2008年,全镇实施"残疾人共享小康工程",内容包括基本生活保障工程、康复工程和托(安)养工程三个方面。

2010年,全镇进一步实施"残疾人共享小康工程"及开展创建"浙江省扶残助残爱心城市""爱心村、社区"主题活动,镇政府为此成立创建扶残助残爱心村、社区领导小组,8月,镇残联出台《濮院镇扶残助残爱心乡镇实施方案》,10月,镇政府制定《濮院镇照顾扶持残疾人若干规定(试行)》,以保证各项活动有序推进。2008—2010年,全镇有58人被纳入残疾人基本生活保障工程;75人次享受到助听、助明、助行等康复工程服务,获赠轮椅、拐杖、助行器、坐便椅、盲表等各类残疾人康复工程辅助器具43件。其中,2010年为白内障做复明手术38例，装配假肢1例，发放轮椅5辆、手杖8根、声光盲杖4根、盲表2只；落实重度残疾人托（安）养35人（集中托养10人、居家安养25人）。

此外，镇残联还开展了其他一些助残活动，为残疾人排忧解难。在"全国助残日"活动期间，走访慰问困难残疾人家庭12户，了解这些家庭的生产生活状况，帮助解决遇到的实际困难，同时发放慰问金8000元。配合市残联、市劳动和社会保障局组织的残疾人专场就业推介活动，全镇有10名残疾人参加专场就业推介会。发展残疾人扶贫基地，更多地安排残疾人就业，其中，新港村残疾人生态养殖基地安置残疾人15人，新妙智村新型墙体材料基地安置残疾7人，桐乡新竹机械厂安置残疾人10人。做好残疾人家庭参加城乡合作医疗保险工作，对整户参加合作医疗保险的残疾人家庭，实行残疾人合作医疗保险费全免政策，经村、社区工作人员的宣传解释，全镇559名残疾人全部参加合作医疗保险，政府补助金额55900元，这项关乎老百姓切身利益的民心工程惠及全镇残疾人。为精神患者支付医药费6.5万元。组队参加市残联举办的残疾人乒乓球赛，并获得团体冠军。

表13－30　　濮院镇残联（协）主要领导一览表

组织名称	职务	姓名	任职年月
濮院镇残疾人协会	理事长	徐永林	1991.05—1994.06
濮院镇残疾人联合会	理事长	朱炳明	1994.06—1998.02
	理事长	杨有林	1998.02—1999.01
	理事长	张锦英	1999.01—2000.01
	理事长	曹国强	2000.01—2001.10
	理事长	朱煜根	2001.10—2006.08
	理事长	姚建康	2006.08—

表13－31　　濮院乡残协主要领导一览表

组织名称	职务	姓名	任职年月
濮院乡残疾人协会	理事长	杨学江	1991.04—1992.06

表13－32　　新生镇（乡）残联（协）主要领导一览表

组织名称	职务	姓名	任职年月
新生乡残疾人协会	理事长	高宜泉	1991.05—1994.01
新生镇残疾人联合会	理事长	费子松	1994.01—1997.12
	理事长	高宜海	1997.12—2001.10

附：

濮院镇照顾扶持残疾人若干规定（试行）

根据《桐乡市残疾人保障办法》市政府〔第81号令〕的精神和创建“扶残助残爱心镇”的要求，结合本镇实际，制定《濮院镇照顾扶持残疾人若干规定（试行）》，以下简称《规定》。

第一条 本《规定》适用于本镇户籍持有有效中华人民共和国残疾人证人员合法权益的保障。

第二条 对0—6周岁聋儿自行装配人工耳蜗并完成康复训练的，在上级补助的基础上，由镇财政再给予每人一次性1000元的补助。

第三条 残疾人在麻风康复村休养的，由镇财政补助康复村每人每年1000元，年终每人给予300元的慰问费。

第四条 重度残疾人集中托养服务费按市补助标准镇财政每人每季负担30%。

第五条 考取全日制院校的残疾学生，在上级补助的基础上，由镇财政再给予中专300元、大专500元、本科600元的一次性补助。

第六条 应优先安排农村贫困残疾人家庭实施危房改造，对实施危房改造的残疾人家庭，在按规定享受上级有关部门危房改造政策的基础上，再给予每户4000元的补助。

第七条 本《规定》自发文之日起实行；本《规定》由镇残疾人联合会负责解释。

二〇一〇年十月十五日

新生镇帮残助残重实效①

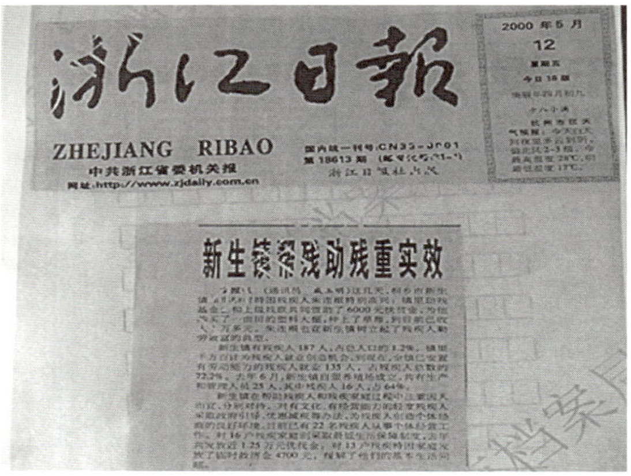
浙江日報
ZHEJIANG RIBAO
中共浙江省委机关报
2000年5月
12
新生镇帮残助残重实效

《浙江日报》刊登的《新生镇帮残助残重实效》文章书影

这几天，桐乡市新生镇油车桥村特困残疾人朱连根特别高兴：镇里助残基金会和上级残联共同资助了6000元扶贫金，为他购买了一亩田的塑料大棚，种上了草莓，到目前已收入1万多元。朱连根也在新生镇树立起了残疾人勤劳致富的典型。

新生镇有残疾人187人，占总人口的1.2%。镇里千方百计为残疾人就业创造机会。到现在，全镇已安置有劳动能力的残疾人就业135人，占残疾人总数的72.2%。去年6月，新生

① 刊登于2005年5月12日《浙江日报》。

镇自强养殖场成立，共有生产和管理人员25人，其中残疾人16人，占64%。

新生镇在帮助残疾人和残疾人家庭过程中注重因人而异，分别对待。对有文化、有经营能力的轻度残疾人采取政府引导、优惠减税等办法，为残疾人创造个体经商的良好环境。目前已有22名残疾人从事个体经营工作。对16户残疾人家庭则采取最低生活保障制度，去年共发放近1.25万元优抚金。对13户残疾人特困家庭发放了临时救济金4700元，缓解了他们的基本生活困难问题。

第五节 科学技术普及协会

濮院镇（公社、乡） 1982年4月，濮院公社召开科学技术普及协会（简称科协）成立暨首届科学技术普及协会会员代表大会，大会民主选举产生由13名委员组成的第一届科协委员会，委员会主任杨荣华。第二届科协代表大会资料无考。1987年7月，召开濮院乡第三届科协会员代表大会，大会选举产生由11名委员组成的第三届科协委员会，委员会主任魏士荣。乡科协下设农业、工业、文教卫生3个科技小组。1990年5月，根据县委《关于县、乡二级科协换届选举工作的通知》，换届选举后的乡镇科协领导人称谓由“主任”改为“主席”。是年12月，召开濮院乡第四届科协会员代表大会，大会选举产生由9名委员组成的第四届科协委员会，委员会主席魏士荣。1992年6月，濮院乡并入濮院镇，乡科协撤销。1997年1月，濮院镇召开科学技术普及协会成立暨第五届科学技术协会会员代表大会（届序续濮院乡），大会选举产生由9名委员组成的第五届科协委员会，委员会主席姚炳明。1999年9月，召开濮院镇第六届科协会员代表大会，大会听取了史建明代表上届科协所作的《弘扬科学、再创新优势，群策群力、建设新濮院》的工作报告；选举产生第六届科协委员会，委员会主席史建明。2004年8月，召开濮院镇第七届科协会员代表大会，大会听取了史建明代表上届科协所作的《弘扬科学精神、发挥科技作用，全面推进濮院经济社会持续稳定发展》的工作报告；选举产生第七届科协委员会，委员会主席史建明。2009年6月，召开濮院镇第八届科协会员代表大会，大会听取了卜掌浩代表上届科协所作的《工作报告》；选举产生第八届科协委员会，委员会主席卜掌浩。

新生镇（公社、乡） 1983年4月，新生公社成立科学技术普及协会（简称科协）筹备委员会，7月，召开科学技术普及协会成立大会暨首届科学技术协会会员代表大会，大会民主选举产生由11名委员组成的第一届科协委员会，委员会主任宋有林。1987年7月，召开新生乡第二届科协会员代表大会，大会听取了《普及科学知识、推广科学技术，为振兴新生经济而奋斗》的工作报告；选举产生第二届科协委员会，委员会主任沈培兴。1990年12月，召开新生乡第三届科协会员代表大会，会议听取上届科协《工作报告》；听取乡科协《章程（草案）》报告；选举产生第三届科协委员会，委员会主席夏金虎，并通过相关决议。1994 年 10 月，召开新生乡第四届科协会员代表大会，大会听取、审议吴美文代表上届科协所作的《抓住机遇、开拓创新，为我乡两个文明建设贡献聪明才智》的工作报告；听取朱新生作的修改科协《章程（草案）》报告；选举产生第四届科协委员会，委员会主席吴美文。乡科协下设农业、工业、文教卫生 3 个科技小组。1999 年 9 月，召开新生镇第五届科协会员代表大会，会议听取上届科协《工作报告》；选举产生第五届科协委员会，委员会主席陈保（宝）良，并通过相关决议。

科协工作

镇乡科协成立后，组织开展科普宣传、科普教育、科普培训、科技推广、科技咨询、科技服务等活动，为弘扬科学精神，提升公众科技素质，促进全镇工农业生产中的科技进步、技术创新、科技成果转化发挥了积极作用。科协会员主要来自各行业中的科技管理人员及种养业中的专业示范户。

1991—1994 年，新生乡科协有会员 108 人，其中农民技师 13 人、助理农民技师 26 人、农民技术员 38 人、助理农民技术员 25 人。1992—1994 年，乡科协举办科普广播讲座 2781 次，印发科普资料近万份，订阅科普报刊 3200 份。

1999 年 9 月至 2004 年 8 月，濮院镇科协在科普宣传、科技培训、实施“金桥工程”、队伍建设等方面开展工作，推进全镇科技进步和经济发展。

科普宣传。镇科协与有关部门协作，共举办农技广播讲座 200 期，开辟有线电视专栏介绍科学种养技术 22 项，放映科教片 20 场次；利用宣传窗刊出农业科技信息 155 期，黑板报刊出科普宣传 960 期；在毛衫城工业区建 30 米长标准化科普宣传画廊，举办科普展示 22 次、科普集市 5 次；编写病虫防治简报 60 期，印发农技资料 11500 份；进文化示范户举办科技讲座 27 次，受训人员 1000 余人次。2003 年，在抗击“非典”和“禽流感”时期，组织医学和畜牧 2 个科普组，赴农村进行科学防病知识的宣传指导，增强农户的科普常识。

科技培训。在农村，开展以村干部、种养大户、科技示范户为重点，广大农户为基础的农业实用技术、新品种、新技术的培训，内容涉及粮油作物栽培、蚕桑生产、果树苗木栽培、蔬菜种植、水产养殖、畜禽养殖等方面，累计办班 110 次，培训人员近 15000 人次。鼓励农民参加农函大学习和农技职称评定，其间共办班 7 期，结业 270 人；144 人获得农技职称，其中技术员 115 人、助理农艺师 24 人、农艺师 4 人、高级农艺师 1 人。此外，推广大棚养蚕、大棚水果、直播稻、二回育等农业生产新技术，使全镇良种覆盖率达到 100％；运用防堤技术，在运河两旁种植集观赏、经济及防护于一体的绿化种植带 3.53 千米，绿化带同时被作为全市生态环境的样板工程列入省重点项目。在工业上，邀请大专院校专家为企业举办科学管理、纺织印染技术讲座和培训 4 次；举办安全生产、电焊、电工、毛衫整烫等培训共 24 期，培训 3166 人次。

实施“金桥工程”。“金桥工程”是企业综合信息网技术改造的重大工程，是促进技术与经济相结合的有效载体。五年中，全镇申报、立项“金桥工程”项目 14 项，其中桐星集团等企业通过对生产线进行技术改造，促进了生产规模、产品档次、技术层次的提高；鼓励企业与大专院校合作，通过人才引进，为企业解决技术难题，部分企业还与东华大学、上海纺织大学、浙江工程学院、南昌大学、浙江科学院等高校建立长期合作，聘请或引进人才 512 人；雀屏和汉邦两家公司分别邀请法国、德国专家进厂进行技术指导。

队伍建设。开展经济组织领域的科协组织建设，2004 年，全镇建科普小组 66 个，其中企业科普小组 29 个、村科普小组 13 个、机关事业单位科普小组 25 个，会员 253 人员；建有生猪养殖、粮油规模经营、养兔及苗木 4 个专业协会，会员 253 人；新增桐乡市级科技示范户 23 户。2002 年、2003 年，镇科协被评为桐乡市科协工作先进集体。

2009 年，镇科协以全面、协调、可持续发展为目标，探索科普宣传的新途径、新方法，协助政府为科技创新搭建服务平台。11 月，参与政府谋划集服装设计、品牌策划、文化传媒、电子商务、知识产权等技术创新于一体的 320 创意广场——濮院设计创意孵化器正式开园，初步实现了濮院毛衫产业由制造向创造的转型升级。是年，协助政府举办“探索中国毛衫品牌的未来之路”和“新型彩色纤维应用暨色纺纱线产品趋势”两次毛衫创新系列论坛，来自北京、上海等地的专家、设计师和产业集群的企业家共同探讨濮院毛衫在转型升级中存在的问题及其对策。

第六节　慈善分会

根据《桐乡市慈善总会关于在镇乡、街道建立慈善分会的决定》，2007 年 9 月 5 日，成立桐乡市慈善总会濮院镇分会筹备委员会，筹委会主任沈济贤、朱明杰，执行主任姚建康。9 月 13 日，分会筹备委员会出台《关于在我镇开展慈善募捐活动的实施意见》，该意见分指导思想、资金募集、募捐活动时间安排、措施要求四部分内容。2008 年 2 月，召开桐乡市慈善总会濮院镇分会成立大会，会议通过筹委会提名产生的第一届理事会，理事会设会长（姚建康）、副会长（史建明）、理事 18 人；通过《桐乡市慈善总会濮院镇分会资金募集管理办法（草案）》（简称《资金募集管理办法》）和《桐乡市慈善总会濮院镇分会关于特困户慈善救助的实施办法（草案）》（简称《慈善救助的实施办法》）。其中《资金募集管理办法》包括资金来源、资金募集、资金使用原则、资金使用范围、资金使用审批程序和资金管理等内容；《慈善救助的实施办法》包括设置相应机构、救助的范围和对象、救助标准、审批程序等内容。是年，由浙江鼎坤服装有限公司出资成立“鼎坤助学基金”。“鼎坤助学基金”以总助学支出 100 万元为限，每年为境内部分贫困学生求学提供专项资金资助，助资时段一般以完成学业为期。

濮院镇慈善分会成立后，接受社会各界人士、机关企事业单位的自愿捐赠，组织开展“慈善一日捐”和灾情募捐活动，对困难群体开展助学、助医、助孤、助残等慈善救助。其中，2008 年 5 月 12 日，四川省汶川县发生 8.0 级地震后，15 日，镇党委以文件形式发布《关于开展抗震救灾捐赠活动的紧急通知》，介绍灾情，发动募捐，并对捐赠范围、募集种类、接收方式及捐赠时间等作出具体规定。该通知下发后，全镇各部门、各村、社区、企事业单位和广大居民迅速反应，大家急灾区人民之所急，解灾区人民之所难，发扬“一方有难，八方支援”的精神，纷纷解囊相助。其中，经镇民政办转交市民政局的单位和个人捐赠款额达333.2344万元。此外，尚有部分企业和个人将款项捐至市红十字会和市慈善总会，或直接通过银行汇入捐款账户。2009年，全镇开展“慈善一日捐”活动，募集捐款4.21万元。2010年10月，全镇开展慈善募捐活动，募集捐款总额433.78万元，其中单位捐款138家，捐款额400.42万元；个人捐款4658人，捐款额33.36万元。

开展对困难群体的慈善救助。2008年，全镇慈善救助支出28.1万元。其中，助困3人，1.08万元；助孤2人，0.4万元；助医187人，25.32万元；助学4人，1.3万元。2009年，救助支出14.85万元。其中，助困58人，5.35万元；助医63人，8.5万元；新增助学3人，1万元。2010年，救助支出14.23万元。其中，助困47人，6.76万元；助医39人，5.54万元；助残7人，0.83万元；新增助学3人，1.1万元。

表13－33　濮院镇(公社、乡)科学技术普及协会主要领导一览表

组织名称	职务	姓名	任职年月
濮院公社科协	主任	杨荣华	1982.04—?
濮院乡科协	主任	魏士荣	1987.07—1990.12
	主席	魏士荣	1990.12—1992.06
濮院镇科协	主席	姚炳明	1997.01—1998.10
	主席	史建明	1998.10—2007.03
	主席	卜掌浩	2007.03—

表13－34　新生镇(公社、乡)科学技术普及协会主要领导一览表

组织名称	职务	姓名	任职年月
新生公社科协	主任	宋有林	1983.04—?
新生乡科协	主任	沈培兴	1987.07—?
	主席	夏金虎	1990.12—1992.03
新生镇(乡)科协	主席	吴美文(女)	1994.10—1998.11
	主席	陈保(宝)良	1998.11—1999.09
	主席	韩子伦	1999.09—2001.10

第十四编

政权 政协

清雍正时，嘉兴府照磨厅署移驻濮院，后几经变革，机构、地址屡建屡毁。清宣统年间称濮院为乡，设自治公所，实行议事制，民国初改自治委员会。民国 20 年(1931)，嘉、桐两县分设镇公所，设置镇长，始有正式行政机构。沦陷时期，镇公所工作停止，抗战胜利后恢复工作。中华人民共和国成立后，镇境属桐乡，实行镇乡分设，建立濮院镇人民政府，设镇长。1958 年 10 月，并入濮院人民公社。1959 年，恢复县直属镇建制。1968 年，成立镇革命委员会，设主任。1980 年，恢复镇人民政府，复设镇长。

1952 年，实行镇各界人民代表会议制度。1953 年，实行镇人民代表大会制度。“文化大革命”期间，人民代表大会制中断。1979 年，恢复镇人民代表大会制度。1990 年，始设镇人大主席团常务主席。

1984 年 11 月，设立县政协濮院镇政协委员联络组。1987 年，改为县政协濮院镇活动组。2003 年，再次更名为濮院镇政协委员联络组。2009 年，升格为濮院政协联络处，由正科级领导担任专职主任，配备兼职工作人员。政协在反映社情民意、参政议政和民主监督等方面发挥积极作用。

第一章　历代政权机构

第一节　镇区机构

清代政权机构

清雍正时(1723—1735)，嘉兴府照磨厅署移驻濮院，初驻于常平仓内，后租赁民房或寓寺观。乾隆五十年(1785)镇人捐资建署于秀界姜家弄，后毁。嘉庆二十一年(1816)照磨谢廷铎与镇绅沈瑚、唐澌、仲钧章、谢王镇等重建厅署于寺前街，计屋五进。同治三年(1864)，照磨周建封以沈大林入官房为厅署，在大有桥东埭河下街，屋三进。照磨厅管辖濮镇嘉、秀、桐三县地方，设攒典 1 人、书记 1 人、看门人 1 人、差役 4 人、马夫 1 人。

宣统三年(1911)，秀、桐合组，统称濮院乡，设自治公所，所址在香海寺秀野堂。自治公所选举董事会、议事会。朱辛彝当选乡董，翁庆元当选乡佐，夏葆镛当选议长，仲成杰当选副议长。

表 14－1　历任照磨及任职时间一览表

姓　名	籍　贯	任职时间	姓　名	籍　贯	任职时间
沈王瑜	江苏通州	雍正时移驻濮院	陈　浩	江西	嘉庆二十年(1815)任
朱衣客	直隶大兴	乾隆八年(1743)任	谢廷铎	江西	嘉庆二十一年(1816)任
陈晋琇	山西绛州	乾隆十八年(1753)任	陶梦璜	江西	嘉庆二十三年(1818)任
顾钧圭	江苏吴县	乾隆三十年(1765)任	高廷昌	陕西	道光元年(1821)任
段廷楷	陕西固城	乾隆三十一年(1766)任	丛步鳌	江苏如泉	道光四年(1824)任
李正立	安徽石埭	乾隆三十五年(1770)任	罗应垣	广东	道光五年(1825)任
张　昶	直隶大兴	乾隆三十六年(1771)任	唐允模	安徽当涂	道光六年(1826)任
江　吉	安徽	乾隆三十七年(1772)任	孙应昭	安徽	道光七年(1827)任
王性恺	山西临汾	乾隆四十年(1775)任	李治平	山东	道光八年(1828)任
刘　淑	陕西甘泉	乾隆四十三年(1778)任	李　琪	山东	道光十五年(1835)任
石公烈	河南	乾隆四十四年(1779)任	李九鼎	甘肃	道光十五年(1835)任
朱　士	江苏长洲	乾隆四十五年(1780)任	袁士杰	湖北	道光十六年(1836)任
陈岱鸿	江苏吴县	乾隆四十六年(1781)任	姚廷桦	江苏武进	道光十六年(1836)任
胡承煜	四川华阳	乾隆四十七年(1782)任	宋昭纶	广东	道光十七年(1837)任
项　韬	福建	乾隆四十八年(1783)任	顾光照	直隶	道光十七年(1837)任
鲁　泽	江西	乾隆四十九年(1784)任	邬　澍	湖北汉阳	道光二十五年(1854)任
田承谟	不详	乾隆五十年(1785)任	周建封	湖南桂东	同治三年(1864)任
黄宪度	四川长宁	乾隆五十一年(1786)任	程龙光	江苏长洲	同治五年(1866)任
黄宗温	湖北黄梅	乾隆五十二年(1787)任	俞志训	江苏金匮	同治六年(1867)任
谢　灿	直隶宛平	乾隆六十年(1795)任	张敬梧	安徽	光绪四年(1878)任
王裕基	顺天	嘉庆七年(1802)任	张　敬	不详	光绪五年(1879)任
王文灿	江苏	嘉庆十一年(1806)任	张浚海	不详	光绪十六年(1890)任
陈　遵	甘肃宁夏	嘉庆十九年(1814)任	储开第	江苏宜兴	光绪十七年(1891)任
张为炯	山东	嘉庆二十年(1815)任			

资料来源：1996 年版《濮院镇志》第 319～321 页

民国时期的政权机构

民国初年，秀水入嘉兴，嘉、桐两县自治分设。

民国 2 年(1913)12 月，撤销乡议会制，改自治委员会，嘉界与陶泾合并入新塍为嘉兴第三区，自治事宜由新塍核转嘉兴。吕志纯当选乡董，李炳宗当选乡佐，沈熊当选议长，沈乃勋当选副议长。桐界为桐乡第一区，区所地址仍在秀野堂。乡董、乡佐、议长、副议长仍为朱辛彝、翁庆元、夏荣镛、仲成杰4人。

民国16年(1927)实行村长制，继改邻闾制。民国22年(1933)实行保甲制，嘉、桐分设镇公所，镇公所设镇长、副镇长。桐界镇长为徐耀华(?—1937年)、岳钦成(1938—1940年)；嘉界镇长为杨颂岭(?—1941年)、方先昌(1936—1938年)。民国26年(1937)濮院沦陷，镇公所停止工作(见文后附记：汪伪政权组织)。民国34年(1945)8月，日本投降，镇公所恢复工作，时设镇长、副镇长、指导员各1人。桐濮镇公所设在雷家潭夏宅，镇长孙剑欧、指导员唐畅。民国35年(1946)，桐濮镇由岳钦成接任镇长，至民国38年(1949)4月。嘉濮镇公所设在香海寺，镇长方崇寿(1945年8月—1946年10月)、胡学海(1946年11月—1947年11月)。民国37年(1948)，嘉濮镇改名为塘濮镇，镇长刘克家(1947年12月—1948年6月)，汤长卿(1948年7月—1949年4月)。

附：

抗日战争期间汪伪政权组织

1937年在日寇的扶持下，汪伪人员在濮院敬业小学内成立维持会，金启云任会长。1939年又沿袭民国政府保甲制度，建立伪区公所、伪镇公所，伪区、镇公所均设在雷家潭。当时国民党区公所管辖两镇(梧桐、濮院)、五乡(附廊、城东、城北、濮北、濮西)。除两镇有日军据点不能触及外，区公所在五个乡游击区轮流驻扎。因此，伪区公所的活动仅限于濮院镇及镇近郊，不敢进入深乡。

中华人民共和国成立后的政权机构

1949年5月，经县人民政府决定，建立濮院区人民政府，辖濮院乡(镇)、秀川乡、报恩乡，驻地濮院镇。1950年2月，成立濮院乡人民政府(含濮院镇)，隶属濮院区，副区长华宝财(1950.02—1951.06)。3月，全县开始划乡建乡，民主建政。4月，根据嘉兴专署令，嘉兴县塘濮乡部分农村和塘濮镇划归桐乡县，其中塘濮镇划归濮院镇，从此，濮院镇归属桐乡，不再分属两县。5月，濮院镇与乡分设，建立濮院镇人民政府，为区属镇。1951年7月，建立濮院镇城镇工作委员会。9月，建立濮院镇人民政府。11月，经嘉兴专署批准为县直属镇建制。1956年8月，濮院镇人民政府改称濮院镇人民委员会。

1958年10月，全县实行乡镇合并，建立人民公社。濮院镇、永乐乡、新生乡合并建立濮院人民公社，成立公社管理委员会。濮院人民公社管理委员会下设7个管理区，其中原濮院镇为濮院管理区。1959年7月，县人委发文，濮院镇从濮院公社分出，恢复县直属镇建制，政权机构仍称濮院镇人民委员会。

“文化大革命”开始不久，政府机关受到冲击，机构瘫痪，由镇武装委员会主持工作。

1968年11月，根据县委(68)18号文件精神，成立由镇人武部部长、干部代表、群众代表“三结合”组成的濮院镇革命委员会，实行一元化领导，行使行政职能。1970年5月，按照县革委(70)97号文件精神，成立镇革命委员会党的核心领导小组。

1976年10月，粉碎“四人帮”后，政府工作逐步恢复正常，但镇行政机构仍沿用革命委员会名称。1979年12月后，恢复人民代表大会制度，选举产生镇人民政府领导人，镇革命委员会终止。

1992年6月，全县实行扩镇并乡，濮院乡并入濮院镇。为确保扩镇并乡工作的顺利进行，成立濮院镇行政工作领导小组，行使政府工作职能。1992年8月12日，濮院镇召开第十届人民代表大会第四次会议，选举产生镇长、副镇长。

2001年10月，桐乡市调整乡镇行政区划，原新生镇并入濮院镇。为确保扩镇并乡工作顺利进行，10月，根据上级指示，成立濮院镇行政工作领导小组，行使政府工作职能。

2002年1月21—22日和2007年1月18—19日，濮院镇相继召开第十四届、第十五届人民代表大会，选举产生镇长、副镇长。

2007年10月，根据中共桐乡市委员会《关于做好部分镇乡、街道行政区划调整工作的通知》精神，原属乌镇镇的西浜村划入濮院镇。

表14-2　　　　濮院镇人民政府历届领导一览表

机构名称	职　务	姓　名	任职年月
濮院镇人民政府（第一届）	副镇长	童焕华	1950.05—1952.07
		周连科	1951.09—1952.10
		高柏荣	1952.10—1954.08
	副主任	陈自觉	1951.07—1952.02
	镇　长	周连科	1953.10—1956.10
	第一副镇长	王友昌	1954.08—1956.08
	第二副镇长	钱荣新	1954.07—1956.08
濮院镇人民委员会（第二届）	镇　长	钱荣新	1956.08—1958.03
	副镇长	张发利	1956.09—1958.03
		朱月清（女）	1956.09—1958.03
濮院镇人民委员会（第三届）	镇　长	钱荣新	1958.03—1958.10
	副镇长	朱月清（女）	1958.03—1958.09，不脱产
		柳瑞康	1958.03—1958.10，不脱产

续表 14－2

机构名称	职　务	姓　名	任职年月
濮院人民公社濮院管理区	区主任	钱荣新	1958.10—1959.09
	副主任	井正高	1958.03—1959.03
	区主任	井正高	1959.03—1959.07
濮院镇人民委员会	镇　长	钱荣新	1959.09—1960.09
	副镇长	柳瑞康	1959.09—1961.01，不脱产
		朱月清（女）	1959.09—1961.01，不脱产
濮院镇人民委员会（第四届）	镇　长	沈东才	1961.01—1962.02
	副镇长	沈掌顺	1961.01—1963.05，不脱产
		张新宝（女）	1961.01—1963.05，不脱产
		冯祖荣	1961.12—1963.03
		余克钧	1962.04—1963.05
	镇　长	来光清	1962.02—1963.05
濮院镇人民委员会（第五届）	镇　长	来光清	1963.05—1965.12
	副镇长	余克钧	1962.04—1965.12
濮院镇人民委员会（第六届）	镇　长	来光清	1965.12—1968.11
	副镇长	余克钧	1965.12—1968.11
濮院镇革命委员会	主　任	叶智民	1968.11—1970.12
	副主任	沈东才	1968.11—1970.12
	副主任	朱其栋	群，1968.11—1976.09
	主　任	沈东才	1970.12—1971.06
	副主任	张炳华	1970.10—1971.07
	主　任	刘春祯	1971.06—1972.05
	副主任	沈东才	1971.06—1979.09
	主　任	万连芳	1972.05—1980.04
	副主任	倪长庚	1973.11—1980.04
濮院镇人民政府（第七届）	镇　长	施文珍（女）	1980.04—1984.06
	副镇长	陈祖民	1980.04—1984.06
		朱逸仙	1980.04—1984.06
		许建新	1981.01—1984.06

续表 14－2

机构名称	职务	姓名	任职年月
濮院镇人民政府（第八届）	镇长	许建新	1984.06—1987.04
	副镇长	朱建栋	1984.06—1987.04
	巡视员	倪长庚	1984.06—1987.12
濮院镇人民政府（第九届）	镇长	许建新	1987.04—1990.02
	副镇长	朱建栋	1987.04—1990.02
		徐永林	1988.03—1990.02
濮院镇人民政府（第十届）	镇长	许建新	1990.02—1992.06
	副镇长	朱建栋	1990.02—1992.06
		徐永林	1990.02—1992.06
濮院镇行政工作领导小组	组长	魏士荣	1992.06—1992.08
	组员	沈坤堂	1992.06—1992.08
		殳金林	1992.06—1992.08
		朱建栋	1992.06—1992.08
		徐永林	1992.06—1992.08
		姚炳明	1992.06—1992.08
濮院镇人民政府（第十届）	镇长	魏士荣	1992.08—1993.03
	副镇长	沈坤堂	1992.08—1993.03
		殳金林	1992.08—1993.03
		姚炳明	1992.08—1993.03
	镇长助理	施品林	1992.06—1992.12
		丁有桥	1993.01—1993.03
濮院镇人民政府（第十一届）	镇长	魏士荣	1993.03—1995.10
	主持政府工作	钱凤坤	1995.10—1996.03
	副镇长	沈坤堂	1993.03—1995.03
		殳金林	1993.03—1996.03
		丁有桥	1993.03—1996.03
		姚炳明	1994.03—1996.03
		杨有林	1995.03—1996.03

续表 14－2

机构名称	职　　务	姓　名	任职年月
濮院镇人民政府（第十二届）	镇　长	钱凤坤	1996.03—1998.11
	主持政府工作	张伟章	1998.11—1999.01
	副镇长	殳金林	1996.03—1998.11
		丁有桥	1996.03—1998.11
		杨有林	1996.03—1999.01
		姚炳明	1996.03—1999.01
	镇长助理	史建明	1998.11—1999.01
		张锦英（女）	1998.11—1999.01
		朱炳明	1998.11—1999.01
		金火根	1998.11—1999.01
濮院镇人民政府（第十三届）	镇　长	张伟章	1999.01—2001.10
	副镇长	姚炳明	1999.01—2001.10
		朱炳明	1999.01—2001.10
		张锦英（女）	1999.01—2001.10
		史建明	1999.01—2001.10
	镇长助理	金火根	1999.01—1999.02
濮院镇行政工作领导小组	组　长	张伟章	2001.10—2002.01
	副组长	史建明	2001.10—2002.01
		张锦英（女）	2001.10—2002.01
		韩子伦	2001.10—2002.01
		吴利升	2001.10—2002.01
濮院镇人民政府（第十四届）	镇　长	张伟章	2002.01—2004.03
		朱明杰	2004.03—2007.01
	副镇长	史建明	2002.01—2007.01
		韩子伦	2002.01—2007.01
		张锦英（女）	2002.01—2004.10
		吴利升	2002.01—2007.01
		张贵祥	2004.10—2007.01
		张茂华	2004.10—2007.01

续表 14－2

机构名称	职　务	姓　名	任职年月
濮院镇人民政府（第十五届）	镇　长	朱明杰	2007.02—2008.05
		姜　玮	2008.05—
	副镇长	张茂华	2007.01—
		史建明	2007.01—2008.05
		张贵祥	2007.01—2009.09
		沈柏根	2008.05—
		郭永春	2009.09—
		吴利升	2007.01—
	镇长助理	汪安长	2008.09—2008.11
		钱洪江	2008.10—2010.10
		范修亮	2010.07—2010.09

资料来源：《中国共产党浙江省桐乡市（县）组织史资料》（1—6 册）

第二节　乡(公社)级机构

濮院乡

民国 21 年(1932)，濮院乡分濮南乡、濮北乡。民国 35 年(1946)，濮南乡乡公所驻地庙篺，乡长陈家能，副乡长庄世学；濮北乡乡公所驻地田心里，乡长徐远隆，副乡长潘子呈。民国 35 年(1946)后属报恩乡和濮院镇。

1949 年 8 月，废除保甲制度，建立报恩乡人民政府，隶属濮院区人民政府。1950 年 5 月，全县实行划乡建乡，民主建政，城关、濮院两区合并为城濮区；撤销濮院乡（镇）、秀川乡、报恩乡，以杭申公路为界，建立永安乡人民政府和乐安乡人民政府。杭申公路南为永安乡；路北为乐安乡，隶属城濮区。1956 年 2 月，全县作出撤区并乡决定，同月，永安乡、乐安乡合并建立永乐乡，乡人民政府改称乡人民委员会，乡政府驻地濮院镇。

1958 年 10 月，与濮院镇、新生乡合并建立濮院人民公社，成立濮院人民公社管理委员会。公社管理委员会下设 7 个管理区，原永乐乡分设为第一、第二、第三 3 个管理区。

1961 年春，按照《农村人民公社工作条例（草案）》，人民公社实行“队为基础，三级所有”的体制，全县调整社队规模。濮院人民公社以运河为界一分为二，运河以南建立濮院人民公社，运河之北建立新生人民公社。

1966 年 5 月，“文化大革命”开始，公社行政组织和工作机构逐渐瘫痪，有名无实。1968 年 6 月，成立濮院公社革命委员会，取代管理委员会行使行政职能。

1976年10月，“文化大革命”结束后，公社行政管理逐步恢复，濮院公社革命委员会名称仍沿用。1980年6月，恢复人民代表大会制度，撤销革委会，成立公社管理委员会。同年6月和11月，濮院人民公社分别召开第七届人民代表大会第一次会议和第二次会议，选举产生公社管理委员会领导人。

1983年12月，濮院公社召开第七届人民代表大会第四次会议，改革人民公社体制，实行政社分设，成立濮院乡人民政府。1992年6月，扩镇并乡后，濮院乡并入濮院镇。

表14-3　　濮院乡(报恩、永安、乐安)政府历届领导一览表

机构名称	职务	姓名	任职年月
报恩乡人民政府	乡长	王淦文	1949.08—1950.05
永安乡人民政府	乡长	王阿大	1950.05—1951.06
	副乡长	庄叙源	1950.05—1951.06
	乡长	於培官	1951.06—1953.06
	副乡长	许稳宝(女)	1951.06—1952.06
	副乡长	庄金泉	1952.06—1953.10
	副乡长	钱兰英(女)	1953.02—1954.06，不脱产
	副乡长	马荣堂	1950.02—1951.06，不脱产
	乡长	沈郁生	1953.06—1956.02
	副乡长	管宝财	1953.02—1954.06
乐安乡人民政府	乡长	庾继康	1950.05—1950.10
	副乡长	陈关乔	1950.05—1951.05
	乡长	陈王庆	1951.05—1953.10
	副乡长	干锦堂	1951.10—1952.02
	副乡长	张玉宝(女)	1952.06—1954.05
	乡长	邱智夫	1953.10—1956.02
	副乡长	张兰英(女)	1953.10—1956.02
	副乡长	王天顺	1954.05—1956.02
永乐乡人民委员会	乡长	姚冯喜	1956.02—1957.02
	副乡长	张兰英(女)	1956.02—1957.02
	副乡长	姚金荣	1956.10—1957.02
	副乡长	唐龙生	1956.10—1958.09
	乡长	金宝和	1957.02—1958.02
	副乡长	姚冯喜	1957.02—1958.02

续表 14－3

机构名称	职　务	姓　名	任职年月
永乐乡人民委员会	副乡长	干锦堂	1957.02—1958.09
	乡　长	张延桢	1958.02—1958.09
	副乡长	李成学	1958.04—1958.09
濮院公社管理委员会	社　长	沈阿金	1958.10—1958.11
	副社长	邵丽娟(女)	1958.10—1958.11
	副社长	朱加生	1958.10—1958.11
	副社长	姚老虎	1958.10—1958.11
	副社长	庄庆官	1958.10—1958.11,不脱产
	副社长	李森山	1958.10—1958.11,不脱产
	副社长	金宝和	1958.10—1958.11
	副社长	马福生	1958.10—1958.11,不脱产
	副社长	钱荣新	1958.10—1958.11
	副社长	朱月清(女)	1958.10—1958.11
	社　长	沈阿金	1958.11—1959.06,实际离任 1959.04
	副社长	邵丽娟(女)	1958.11—1959.08
	副社长	朱加生	1958.11—1961.06
	副社长	姚老虎	1958.11—1961.06
	副社长	庄庆官	1958.11—1960.02,不脱产
	副社长	李森山	1958.11—1960.02,不脱产
	副社长	金宝和	1958.11—1959.03
	副社长	马福生	1958.11—1960.02,不脱产
	副社长	钱荣新	1958.11—1959.10
	副社长	朱月清(女)	1958.11—1959.10
	社　长	吕孙才	1959.03—1961.06
	副社长	茅戴昌	1960.02—1961.06
	副社长	王天顺	1960.02—1960.05
	副社长	朱庆明	1960.02—1961.06
	副社长	金宝和	1960.02—1961.06
	副社长	张金娜(女)	1961.02—1961.06

续表 14－3

机构名称	职　务	姓　名	任职年月
濮院公社管理委员会	社　长	沈锦帆	1961.06—1965.09
	副社长	张金娜(女)	1961.06—1966.05
	副社长	金宝和	1961.06—1965.03
	副社长	沈郁生	1962.02—1962.12
	副社长	郑永林	1963.05—1966.05
	副社长	钱胡忠	1964.12—1965.09
	社　长	钱胡忠	1965.09—1968.06
	副社长	陈俊才	1966.03—1966.05
	副社长	张金娜(女)	1966.05—1968.06
	副社长	郑永林	1966.05—1968.06
	副社长	陈俊才	1966.05—1968.06
濮院公社革命委员会	主　任	钱胡忠	1968.06—1974.08
	副主任	陈有金	1968.06—1970.06
	副主任	朱金官	1968.06—1976.10
	副主任	朱明生	1968.06—1971.12
	副主任	蔡廷标	1970.05—1976.10
	副主任	施金泉	1971.12—1976.10
	副主任	张金娜(女)	1973.05—1976.10
	副主任	徐木根	1974.11—1975.09
	主　任	田王墀	1975.12—1978.12
	副主任	施金泉	1976.10—1978.07
	副主任	张金娜(女)	1976.10—1980.07
	副主任	蔡廷标	1976.10—1977.04
	副主任	朱金官	1976.10—1980.07
	副主任	陆乃健	1977.03—1980.07
濮院公社管理委员会	主　任	杨荣华	1980.07—1983.02
	副主任	郑永林	1980.07—1983.12
	副主任	陈俊才	1980.07—1983.12
	副主任	施金泉	1980.07—1983.12

续表 14－3

机构名称	职　　务	姓　名	任　职　年　月
濮院公社管理委员会	副主任	张公权	1980.07—1983.12
	副主任	朱明生	1980.10—1983.12
濮院乡人民政府	乡　长	沈瑞华	1984.01—1984.12
	副乡长	沈士兴	1984.01—1987.02
	副乡长	施金美(女)	1984.01—1987.12,选聘
	乡　长	沈建伟	兼,1987.05—1987.12
	副乡长	魏士荣	1987.05—1987.12
	副乡长	朱炳明	1987.05—1987.12,选聘
	乡　长	沈建伟	1988.01—1988.04
	副乡长	魏士荣	1988.01—1988.04
	副乡长	朱炳明	1988.01—1990.02
	副乡长	施金美(女)	1988.01—1989.10
	乡　长	魏士荣	1988.04—1990.02
	乡长助理	毛为群	1988.05—1990.02
	乡长助理	姚炳明	1989.12—1990.02
	乡长助理	沈坤堂	1989.12—1990.02
	乡　长	魏士荣	1990.02—1992.06
	副乡长	朱炳明	1990.02—1992.06
	副乡长	姚炳明	1990.02—1992.06
	副乡长	沈坤堂	1990.02—1992.06
	乡长助理	毛为群	1990.02—1990.06
	乡长助理	施品林	1990.12—1992.06

资料来源:《中国共产党浙江省桐乡市(县)组织史资料》(1—6册)

新生乡

民国21年(1932),新生乡分属泽冈、青东、皂林等乡。其中民国35年(1946),泽冈乡乡公所驻地计家板桥,乡长何德怀,副乡长徐敏奎。民国35年(1946)后,属永新乡。

1949年7月,废除保甲制度,建立永新乡人民政府,隶属青镇区人民政府。1950年5月,划乡建乡后分成新生(包括西浜村)、新丰(新丰乡后并入乌镇乡)两乡,并各自建立乡人民政府,隶属乌镇区。1956年2月,全县实行撤区并乡,西浜村划入乌镇乡;新生乡人民政府改称为新生乡人民委员会,乡政府驻地南北圣。

1958年10月,新生乡并入濮院人民公社,原新生乡分设为第四、第五、第六3个管理区。1961 年 6 月，在全县调整社队规模中，新生从濮院公社分出，建立新生人民公社，成立公社管理委员会。

“文化大革命”开始不久，公社行政组织和工作机构逐渐瘫痪。1967 年 4 月，由公社人武部主持行政工作。1968 年 4 月，成立新生公社革命委员会，取代公社行政职能。

“文化大革命”结束后，公社行政管理工作逐步恢复正常。1980 年 5 月，撤销新生公社革委会，恢复新生公社管理委员会。是年，召开第七届人民代表大会，选举产生公社管理委员会主任、副主任。

1984 年 1 月，公社实行政社分设，建立新生乡人民政府，选举乡长、副乡长。1994 年 11 月，新生撤乡建镇。2001 年 10 月，桐乡市进行部分行政区域调整，新生镇并入濮院镇。

表 14－4　　新生(永新)乡政府历届领导一览表

机构名称	职　务	姓　名	任职年月
永新乡人民政府	副乡长	钟时权	1949.07—1949.12
	乡　长	沈品生	1949.09—1949.11
	乡　长	涂俊才(进财)	1950.01—1950.05
	副乡长	姚老虎	1950.01—1950.05
新生乡人民政府	乡　长	涂俊才	1950.05—1951.05
	副乡长	姚老虎	1950.05—1953.10
	乡　长	沈应生	1951.05—1952.09
	副乡长	顾福生	1951.09—1952.09
	乡　长	顾福生	1952.09—1953.10
	乡　长	姚老虎	1953.10—1956.02
	副乡长	沈锦帆	1953.10—1956.02
	副乡长	李掌娜(女)	1953.10—1956.02
	副乡长	孔老虎	1953.10—1956.02
新生乡人民委员会	乡　长	朱加生	1956.02—1957.03
	副乡长	沈锦帆	1956.02—1958.10
	副乡长	沈应生	1956.09—1958.04
	副乡长	沈炳林	1956.09—1957.12，不脱产
	副乡长	张林生	1956.09—1957.11，不脱产
	副乡长	蒋掌宝(女)	1956.09—1956.11，不脱产
	乡　长	吴德宝	1957.03—1958.10
	副乡长	朱加生	1957.03—1958.10

续表 14－4

机构名称	职　务	姓　名	任职年月
新生公社管理委员会	社　长	姚老虎	1961.07—1968.04
	副社长	倪阿根	1961.07—1962.05
	副社长	朱庆明	1961.07—1962.11
	副社长	茅戴昌	1961.07—1962.05
	副社长	汤鸣久	1961.07—1968.04
	副社长	汪汉敏	1962.07—1962.10
	副社长	徐永林	1963.04—1968.04
	副社长	潘凤翔	1963.04—1964.04
新生公社革命委员会	主　任	周荣生	1968.04—1971.04
	副主任	邱智夫	1968.04—1973.03
	副主任	沈有夫	1968.04—1976.10
	副主任	汤鸣久	1968.04—1976.10
	副主任	高康茂	1970.04—1976.10
	主　任	严乃新	1971.04—1976.10
	副主任	姚老虎	1973.03—1976.10
	副主任	沈　奇	1974.06—1974.10
	主　任	严乃新	1976.10—1977.04
	副主任	沈有夫	1976.10—1978.08
	副主任	汤鸣久	1976.10—1980.05
	副主任	高康茂	1976.10—1979.10，不脱产
	副主任	姚老虎	1976.10—1979.12
	负责人	金毛东	1977.04—1978.02
	负责人	徐关松	1978.02—1980.05
	副主任	汪汉敏	1978.02—1979.01
新生公社管理委员会	主　任	葛秋兴	1980.05—1983.06
	副主任	汤鸣久	1980.05—1983.11
	副主任	邬锦荣	1980.05—1981.08
	副主任	陆振炳	1980.05—1982.05

续表 14－4

机构名称	职　　务	姓　　名	任　职　年　月
新生公社管理委员会	副主任	费子松	1981.09—1984.01
	副主任	沈建伟	1980.05—1982.05
新生乡人民政府	乡　长	魏士荣	1984.01—1987.02
	副乡长	费子松	1984.01—1987.12
	副乡长	姚炳明	1984.07—1987.12
	负责人	袁永泉	1987.02—1987.04
	乡　长	袁永泉	1987.05—1987.12
新生乡人民政府	乡　长	袁永泉	1988.01—1989.12
	副乡长	姚炳明	1988.01—1989.12
	副乡长	费子松	1988.01—1990.04
	副乡长	赵进元	1988.04—1990.04
	乡长助理	赵进元	1988.01—1988.04
	乡长助理	吴建华	1988.05—1990.04
新生乡人民政府	乡　长	夏金虎	1990.04—1992.03
	副乡长	费子松	1990.04—1993.03
	副乡长	赵进元	1990.04—1993.03
	乡　长	朱林根	1992.03—1993.03
	乡长助理	吴建华	1990.04—1990.06
	乡长助理	吴美文(女)	1992.12—1993.03
新生镇(乡)人民政府	镇(乡)长	朱林根	1993.03—1994.03
	副镇(乡)长	费子松	1993.03—1996.03
	副镇(乡)长	吴美文(女)	1993.03—1996.03
	镇(乡)长	俞顺龙	1994.03—1995.01
	镇　长	杨海祥	1995.01—1995.10
	主持政府工作	张潮明	1995.10—1996.03
	镇长助理	章金康	1995.10—1996.03
	镇长助理	唐建根	1995.10—1996.03
新生镇(乡)人民政府	镇　长	张潮明	1996.03—1998.11
	主持政府工作	徐荣坤	1998.11—1999.01

续表 14－4

机构名称	职　务	领导人姓名	任职年月
新生镇(乡)人民政府	副镇长	章金康	1996.03—1998.11
	副镇长	唐建根	1996.03—1998.11
新生镇(乡)人民政府	副镇长	韩子伦	1997.02—1998.03,任镇长助理 1998.03—1999.01
	镇长助理	李建林	1998.11.—1999.01
	镇长助理	沈爱金(女)	1998.11—1999.01
新生镇人民政府	镇　长	徐荣坤	1999.01—2001.10
	副镇长	沈爱金(女)	1999.01—2001.10
	副镇长	李建林	1999.01—2001.10
	副镇长	韩子伦	1999.01—2001.10

资料来源:《中国共产党浙江省桐乡市(县)组织史资料》(1—6册)

第二章　人民代表大会

中华人民共和国成立后，依照《中国人民政治协商会议共同纲领》和中央人民政府制定的《县各界人民代表会议组织通则》规定，1952 年 3 月，濮院镇建立各界人民代表会议制度，代行人民代表大会的部分职权。1953 年 11 月，濮院镇、乐安乡、新生乡相继召开首届镇、乡人民代表大会。1965 年 12 月，濮院镇召开第六届人民代表大会第一次会议。1966 年 4 月，濮院乡、新生乡召开第六届人民代表大会第一次会议。后因“文化大革命”，镇、乡人民代表大会被迫停止。1976 年 10 月，“文化大革命”结束。1978 年 2 月，五届全国人大一次会议通过修改《中华人民共和国宪法》，重新确立人民代表大会的地位和作用。之后，恢复中断十余年的镇、乡人民代表大会制度，人大工作进入了历史发展的新阶段。

第一节　代表选举

中华人民共和国成立初期，濮院镇与全县各地一样，实行各界人民代表会议。人民代表的产生，除少数由政府邀请外，大多由镇各界人民代表会议筹备委员会民主协商产生，并由筹备委员会主席团印发聘书，邀请当选代表参加会议。1953 年，按照《中华人民共和国全国人民代表大会及地方各级人民代表大会选举法》的规定，镇、乡开展第一届人民代表普选，依法选举镇、乡第一届人民代表大会代表。之后，每届选举，镇、乡政府均成立选举委员会，负责选举相关工作。选举工作一般包括骨干培训、宣传发动、划分选区、选民登记、提名推荐候选人、组织投票选举和候选人（当选人）公示等几个步骤。1953—2010 年，濮院镇先后进行了 15 届人大代表的换届选举。囿于材料，仅列举其中 5 届（含乡 2 届）：

濮院镇第五届人民代表大会代表的产生

根据县人委关于开展基层普选工作的指示，在镇委统一步骤和安排下，于 1963 年 4 月 14 日至 5 月 2 日进行人民代表选举，历时 19 天。全镇总人口 5329 人，其中选民 2980 人，占总人口的 54.94%，加上转入选民 19 人，共有选民 2999 人。分大众、北市、有义、鸣凤、南杏、西南、南市 7 个选区，参加投票的选民 2938 人，参选比例约为 98%，其中有义街等 4 个选区参选比例达到 100%；有 1501 人参加选举大会，选举出镇人民代表 51 人（男 35 人，女 16 人）。

此次选举工作具体分三个步骤。第一步，开展选举宣传教育。每个选区都派有专管干部，机关、企业、工厂、学校都有专人负责，运用报告会、黑板报、广播、街头说唱、横幅标语等形式进行宣传，受教育面达95%。第二步，进行选民登记和选民资格审查，特别对四类分子的评审。对这些人员进行全面审查，由群众讨论评定，哪些人应当继续剥夺政治权利，哪些人可以恢复政治权利，哪些人要重新剥夺政治权利。第三步，充分发扬民主，由选举委员会和各方面人士进行充分协商，提出候选人，交给选民进行充分讨论，选举镇人大代表。

濮院镇第七届人民代表大会代表的产生

1979年，濮院镇总人口为5688人，其中选民4332人，经选举委员会研究按人口计算50人中选代表一名，确定此届代表大会代表名额为110人，最后由全镇人民直接选举产生107名大会正式代表。107名代表中，有工厂工人，有财贸战线职工，有教育战线的知识分子，有机关干部，有退休老职工，有居民代表。其中党员54人，占代表总数的50.4%；青年18人，占代表总数的16.8%；妇女35人，占代表总数的32.8%。

此次人大代表的选举，大体分四个阶段。1979年11月7—10日，成立选举委员会，以镇委书记万连芳为主任，张嗣相、倪长庚、施文珍为副主任。10—15日，进行宣传教育，重点是《中华人民共和国选举法》的宣传，正确认识选举制度改革和选好代表的重要意义，弄清哪些人有选举权和被选举权，使选民认识选举权利的庄严性。进行选民补登记，凡年满18周岁(1961年11月30前出生的)都应进行补登记，已登记的选民继续有效，不再登记。15—25日，发动群众反复讨论，推荐提名，酝酿协调代表候选人。11月16日后，公布候选人名单，同时做好选举投票的各项工作准备。在12月上旬投票选举产生人大代表。

濮院镇第九届人民代表大会代表的产生

濮院镇第九届人民代表大会，是根据《中华人民共和国全国人民代表大会和地方各级人民代表大会选举法》和《浙江省县、乡各级人民代表大会代表选举实施细则》的有关规定，充分发扬民主，在民主集中制的基础上实行差额选举。

1987年1月底，全镇总人口为7521人，以4月1日选举日为准，全镇选民总数5859人，其中新增选民515人，参加投票选举的选民5413人，参选率为92.39%。全镇划分五个大选区，21个小选区(原为17个小选区，后调整为21个)。根据县人大常委会的部署，濮院镇换届选举工作大体上按四个阶段进行：2月10—18日，发动阶段；2月19—28日，选民登记阶段；3月1—25日，提名推荐代表候选人；3月26日至4月2日，投票选举阶段。

五个大选区全部一次选举成功，10名县代表一次选足；21个小选区中有5个小选区第一次选举不成功，依法补选后，镇代表缺额1人，实际当选47人。此届人民代表大会代表中，有工人15人，占31.91%；知识分子和各类技术人员4人，占3.51%；党政干部9人，占19.15%；街道干部(包括退休工人)7人，占14.8%；企事业干部10人，占21.28%；民主人士1人，占2.13%；农民1人，占2.13%；妇女代表15人，占代表总数的32%；党员27人；大专以上文化程度2人，初中以上文化程度30人，35岁以下青年7人。

县代表中，党政干部1人，企业干部4人，工人1人，居民干部1人，知识分子2人，民主人士1人，党员8人；妇女1人；大专以上文化程度3人，初中以上文化程度4人；35岁以下青年7人。

濮院乡第八届人民代表大会代表的产生

乡八届人民代表大会是在县委、区委（城关区）领导下，县人大常委会具体指导下进行。经乡政府提名，县人大常委会批准产生由乡长、党委组织宣传和团委、妇联、民兵等7人组成乡选举委员会，乡长任选举委员会主任。代表名额是根据县选举委员会安排的代表名额确定，各村选举工作小组是按照乡选举委员会分配的代表名额，在选民登记的基础上，由选民推荐代表候选人，通过酝酿讨论、民主协商，最后采取无记名投票方式选举产生。

人大代表的选举，从1984年4月4日开始到5月6日结束。全乡划分大选区5个、小选区70个。有选民13133人，参加投票的有12882人，参选率达98.09%。通过选举，选出濮院乡第八届人民代表大会代表114人，其中有农民代表67人，占58.77%；干部代表18人，占15.79%；重点户、专业户代表8人，占6.91%；青年代表42人，占36.84%；妇女代表18人，占15.78%。选出县第八届人民代表大会代表10人，其中干部代表2人，知识分子代表2人，工人代表1人，农民代表5人，妇女代表2人。

濮院乡第十届人民代表大会代表的产生

乡十届人民代表大会代表的选举，从1989年11月22日开始到1990年1月8日结束。经过"三上三下"的民主推荐、民主协商，以无记名投票的方式，选举产生74名代表，占全乡选民总数的5‰。其中妇女代表11人，占14.86%，35岁以下的青年代表31人，占41.89%。从文化状况看，小学毕业以下8人，占10.8%；小学毕业20人，占27.02%；初中毕业31人，占41.89%；高中毕业9人，占12.16%；中专毕业6人，占8.11%。从政治状况看，党员代表55人，占74.32%；群众代表19人，占25.68%。从职业状况看，乡办企业职工代表19人，占25.68%；农民代表44人，占59.46%；干部代表7人，占9.45%；教师代表2人，占2.7%；渔民代表2人，占2.7%。

第二节　历届镇人民代表大会

濮院镇各界人民代表会议

1952年3月21日晚，召开濮院镇各界人民代表会议第一次会议，参加会议的人民代表共124人，其中工人代表70人、妇女代表17人、居民代表11人、工商代表12人、军属代表2人、青年代表2人、文教界代表1人、学生代表1人、医务工作者代表1人、企业代表3人、中共党员代表1人、政府代表3人；列席干部9人。与会代表听取、讨论副镇长周连科所作的《关于民主改革报告》，并结合实际控诉旧社会地主剥削农民，封建把头压迫工人的罪行。3月24日，通过大会决议：全镇当前的中心任务是，依靠工人阶级，团结其他劳动人民，结成广泛的统一战线，开展民主改革运动；进一步发动群众，肃清反革命残余势力；解放和发展生产力，调整劳资关系和师徒关系。会议选举产生15名代表组成人民代表会议常务委员会，作为濮院镇最高权力机构。常务委员会成员：周连科（中共党员代表），王德甫（政府代表），王友昌、姚镌明、高正渔（工人代表），宣子华（青年代表），陈秀芳（妇女代表），娄鸿泉（企业代表），钱体仁（商业代表），陈永林（商贩代表），吴明言（学生代表），沈绮文（军属代表），姚金海、丁根生（居民代表），汤松发（农民代表）。

濮院镇第一届人民代表大会

第一次会议 1953年11月12—15日，召开濮院镇第一届人民代表大会第一次会议。会议应到代表47人，实到代表45人。会议听取和审议副镇长高柏荣作的《政府工作报告》。报告分析濮院镇人口结构状况：全镇1957户7224人，其中从事工商业者925人，占12.8%；摊贩417人，占5.8%；工人485人，占6.7%；渔民236人，占3.3%；农业人口1554人，占22%。作出发展工农业生产、加强对私营工商业的社会主义改造、活跃城乡物资交流等报告决议。选举产生镇人民政府9名组成人员，其中周连科为镇人民政府镇长，高柏荣为副镇长。

第二次会议 （失记）

第三次会议 1955年2月13—16日，召开一届人大三次会议。会议实到代表35人，列席代表20人。其中，工人15人，农民4人，居民15人，工商界5人，渔民1人，医务工作者2人，文艺界1人，机关企业10人，教育工作者1人，烈军属1人。代表中党员23人、团员7人，党团员代表约占代表总数的55%。会议主要听取通过《目前形势报告》《关于一年来政府工作总结》《关于今后工作任务报告》《关于提案的审查报告》4个报告。

第四次会议 1955年4月28—30日，召开一届人大四次会议。会议实到代表32人，列席代表20人。其中，工人13人，农民5人，居民17人，工商界3人，渔民1人，医务人员1人，文艺界1人，机关企业7人，教育工作者2人。会议听取了镇政府关于第一季度工作总结、第二季度工作打算的报告。解答了上次人代会提案的处理情况。

第五次会议 1955年9月7—9日，召开一届人大五次会议。会议实到代表26人，列席代表17人。其中，工人11人，工商界5人，医生1人，教师1人，画家1人，干部6人，居民18人。会议审查了政府工作报告，作出进一步深入贯彻增产节约、搞好市镇粮食定量供应、继续镇压反革命等工作的决议。

濮院镇第二届人民代表大会

第一次会议 1956年9月12日，召开濮院镇第二届人民代表大会第一次会议。会议应到代表61人。会议选举产生镇人民委员会委员10人，其中钱荣新为镇人民委员会镇长，张发利、朱月清为副镇长。选举出席县二届人民代表大会代表13人。

第二次会议 1957年1月，召开濮院镇二届人大第二次会议（资料失记）。

第三次会议 1957年4月，召开濮院镇二届人大第三次会议（资料失记）。

第四次会议 1957年7月23日，召开濮院镇二届人大第四次会议(资料失记)。

濮院镇第三届人民代表大会

第一次会议 1958年4月5日，召开濮院镇第三届人民代表大会。会议应到代表64人，实到代表(失记)。会议选举钱荣新为镇人民委员会镇长，朱月清、柳瑞康为副镇长，选举出席县三届人民代表大会代表13人。

濮院镇第四届人民代表大会

第一次会议 1961年1月24—25日，召开濮院镇第四届人民代表大会。会议应到代表50人，实到代表(失记)。会议听取和审议沈东才作的《政府工作报告》，作出通过《政府工作报告》和深入开展学习中共八届九中全会公报的决议。选举沈东才为镇人民委员会镇长，沈掌顺、张新宝为副镇长。选举出席县四届人民代表大会代表13人。

濮院镇第五届人民代表大会

第一次会议 1963年5月底，召开濮院镇第五届人民代表大会。会议应到代表51人，其中男35人、女16人，实到代表46人。会议的主要内容：在全镇开展增产节约运动，执行以工业为主导、农业为基础的国民经济总方针，大办农业，大办粮食，减少城镇人口数量。听取和审议《政府工作报告》。选举产生镇人民委员会委员9人，其中，来光清为镇人民委员会镇长，余克钧为副镇长。选举出县人代会代表18人。提名通过人民陪审员5人。

濮院镇第六届人民代表大会

第一次会议 1965年12月，召开濮院镇第六届人民代表大会。会议应到代表51人，实到代表(失记)。会议选举来光清为镇人民委员会镇长，余克钧为副镇长。

濮院镇第七届人民代表大会

第一次会议 1979年12月13—16日，召开濮院镇第七届人民代表大会第一次会议。会议历时4天，应到代表107人，其中党员54人，占50.4%；青年18人，占16.8%；妇女35人，占32.8%。会议实到代表105人，列席代表44人。会议听取和审查《政府工作报告》。确定今后全镇的主要任务是集中精力搞好经济建设；加强社会主义民主和法制，实现安定团结的政治局面。会议选举(15日)施文珍为镇人民政府镇长，陈祖民、朱逸仙为副镇长。

第二次会议 1980年12月23—24日，召开七届人大第二次会议。会议应到代表100人，实到代表78人。会议听取和审议了施文珍作的《政府工作报告》，作出通过《政府工作报告》和坚决贯彻执行国务院《关于严格控制物价，整顿议价的通知》两项决议。

第三次会议 1981年11月6日(下午)至8日，召开七届人大第三次会议。会议正式代表109人，因工作需要调出本镇代表9人，退休迁出本镇1人，因病死亡1人，应到代表98人，实到代表92人；列席代表13人。会议听取和审议施文珍所作的《政府工作报告》，通过《政府工作报告》的决议。选举许建新为镇人民政府副镇长。

第四次会议 1983年3月25—27日，召开七届人大第四次会议。会议应到代表95人，实到代表89人。会议听取和审议施文珍所作的《政府工作报告》，通过《政府工作报告》和《镇规民约》的决议。

濮院镇第八届人民代表大会

第一次会议 1984年5月31日（下午）至6月2日，召开濮院镇第八届人民代表大会第一次会议。大会应到代表85人，实到代表81人；列席代表37人。会议听取和审议许建新作的《政府工作报告》，通过《政府工作报告》和《濮院镇建设文明镇公约》的决议。会议选举许建新为镇人民政府镇长，朱建栋为副镇长，同时选举出县人代会代表12人。

第二次会议 1985年4月25日（下午）至27日，召开八届人大第二次会议。会议应到代表85人，实到代表80人；应到列席代表34人，实到27人。高仲秋作代表资格审查报告。会议听取和审议了镇长许建新作的《政府工作报告》和副镇长朱建栋作的《关于镇八届一次会议提案处理情况的报告》，听取此次会议《提案情况的报告》，通过《政府工作报告》作出的决议。

第三次会议 1986年3月27—29日，召开八届人大第三次会议，应到代表74人，实到代表65人。会议听取和审议镇长许建新作的《政府工作报告》和副镇长朱建栋作的《关于城镇建设维护费和教育经费使用情况的报告》，听取和审议徐永林作的《关于镇八届二次会议提案处理情况报告》，听取此次会议《提案情况报告》，通过《政府工作报告》作出的决议。

濮院镇第九届人民代表大会

第一次会议 1987年4月18—20日，召开濮院镇第九届人民代表大会第一次会议。应到代表47人，实到45人；列席代表25人。会议听取和审议了许建新作的《关于上届政府工作报告》。听取和审议徐永林作的《关于八届三次会议代表提案处理情况的报告》，通过《政府工作报告》作出的决议，会议选举许建新为镇人民政府镇长，朱建栋为副镇长，选举产生人民陪审员5人。

濮院镇第九届人民代表大会第一次会议部分代表合影

第二次会议 1988年3月24—26日，召开濮院镇第九届人民代表大会第二次会议。会议应到代表46人，实到代表43人。会议听取和审议许建新作的《政府工作报告》。通过《政府工作报告》作出的决议。会议增选徐永林为濮院镇人民政府副镇长。

第三次会议 1989年3月16—18日，召开九届人大第三次会议。会议应到代表45人，实到代表（失记）。会议听取和审议许建新作的《政府工作报告》和朱建栋作的《1988年财政决算和1989年财政预算的报告》。通过《政府工作报告》《财政预决算报告》作出的决议。讨论通过濮院镇1989年经济工作、经济体制改革、加强社会主义民主和法制建设等各项任务。

濮院镇第十届人民代表大会

第一次会议　1990年2月26—28日，召开濮院镇第十届人民代表大会第一次会议。会议应到代表58人，实到代表51人。会议听取和审议许建新作的《政府工作报告》和朱建栋作的《1989年财政决算和1990年财政预算的报告》。通过《政府工作报告》《财政预决算报告》作出的决定。会议通过施兴为镇人民代表大会主席团常务主席；选举许建新为镇人民政府镇长，朱建栋、徐永林为副镇长。

第二次会议　1991年3月12—13日，召开濮院镇十届人大第二次会议。会议应到代表55人，实到代表54人。会议听取和审议许建新作的《政府工作报告》和朱建栋作的《1990年财政决算和1991年财政预算报告》，施兴作的《人大主席团工作报告》；通过上述3个报告作出的决议。

第三次会议　1992年3月12—13日，召开濮院镇十届人大第三次会议。会议应到代表54人，实到代表54人。会议听取和审议朱建栋作的《政府工作报告》，朱召平作的《1991年财政决算和1992年财政预算报告》，施兴作的《人大主席团工作报告》；通过上述3个报告作出的决议。

第四次会议　1992年8月12日，召开濮院镇十届人大第四次会议。会议应到代表123人，实到代表117人。会议听取和审议许建新作的《扩镇并乡工作报告》，通过施兴为濮院镇人大主席团常务主席；选举魏士荣为镇人民政府镇长，殳金林、沈坤堂、姚炳明为副镇长。

濮院镇第十一届人民代表大会

第一次会议　1993年3月26—27日，召开濮院镇第十一届人民代表大会第一次会议。会议应到代表115人，实到112人。会议听取和审议魏士荣作的《政府工作报告》，沈坤堂作的《1992年财政决算和1993年财政预算报告》，施兴作的《人大主席团工作报告》，并通过上述3个报告作出的决议。大会通过沈建良为镇人民代表大会主席团常务主席；选举魏士荣为镇人民政府镇长，丁有桥、殳金林、沈坤堂为副镇长。

第二次会议　1994年3月29—30日，召开濮院镇第十一届人大第二次会议。会议应到代表101人，实到代表（失记）。会议听取和审议魏士荣作的《政府工作报告》，沈坤堂作的《1993年财政决算和1994年财政预算报告》，沈建良作的《人大主席团工作报告》；通过上述3个报告作出的决议。会议选举姚炳明为镇人民政府副镇长。

第三次会议　1995年3月15—16日，召开镇十一届人大第三次会议。会议应到代表109人，实到代表101人。会议听取和审议魏士荣作的《政府工作报告》、殳金林作的

《1994年财政决算和1995年财政预算报告》、朱建栋作的《人大主席团工作报告》,并通过上述3个报告作出的决议。会议通过沈建良辞去镇人大主席团常务主席职务的请求;通过沈德根为镇人民代表大会主席团常务主席;会议通过沈坤堂辞去镇人民政府副镇长职务的请求;选举杨有林为镇人民政府副镇长。

第四次会议 1995年10月16日,召开镇十一届人大第四次会议。会议应到代表108人,实到代表75人。会议通过魏士荣辞去镇人民政府镇长职务的请求。

濮院镇第十二届人民代表大会

第一次会议 1996年3月15—16日,召开镇第十二届人民代表大会第一次会议。应到代表58人,实到代表58人。会议听取钱凤坤作的《政府工作报告》、陆一强作的《1995年财政决算和1996年财政预算报告》、沈德根作的《人大主席团工作报告》、杨有林作的《创建嘉兴市级卫生城镇的报告》,并通过上述4个报告作出的决议。会议选举朱静绮为镇人大主席;选举钱凤坤为镇人民政府镇长,杨有林、姚炳明、殳金林、丁有桥为副镇长。

第二次会议 1997年3月11—12日,召开镇十二届人大第二次会议。会议应到代表53人,实到代表53人。会议听取和审议钱凤坤作的《政府工作报告》、陈宏烈作的《1996年财政决算和1997年财政预算报告》、朱静琦作的《人大主席团工作报告》,通过上述3个报告作出的决议。

第三次会议 1997年7月31日,召开镇十二届人大第三次会议。会议应到代表53人,实到代表39人。会议听取了钱凤坤作的《1997年上半年工作报告》,审议并通过了镇政府《关于调整濮院镇城镇总体规划方案》的报告。

第四次会议 1997年11月,召开镇十二届人大第四次会议。会议通过朱静绮辞去镇人大主席职务的请求。

第五次会议 1998年3月9—10日,召开镇十二届人大第五次会议。会议应到代表53人,实到代表48人。会议听取和审议钱凤坤作的《政府工作报告》、杨有林作的《1997年财政决算和1998年财政预算报告》、徐剑平作的《人大主席团工作报告》,通过上述3个报告作出的决议。会议选举徐剑平为镇人民代表大会主席。

第六次会议 1998年11月6日,召开镇十二届人大第六次会议。会议应到代表52人,实到代表41人。会议通过钱凤坤辞去镇人民政府镇长职务的请求,通过殳金林、丁有桥辞去副镇长职务的请求。

濮院镇第十三届人民代表大会

第一次会议 1999年1月28—29日,召开镇第十三届人民代表大会第一次会议。会议应到代表58人,实到代表56人。会议听取和审议张伟章作的《政府工作报告》、史建明作的《1998年财政决算和1999年财政预算报告》、徐剑平作的《人大主席团工作报告》,通过上述3个报告作出的决议。会议选举朱煜根为镇人民代表大会主席,张伟章为镇人民政府镇长,史建明、朱炳明、张锦英、姚炳明为副镇长。

第二次会议　2000年2月22日，召开镇第十三届人大第二次会议。会议应到代表56人，实到代表54人。会议听取和审议张伟章作的《政府工作报告》、史建明作的《1999年财政决算和2000年财政预算报告》、朱煜根作的《人大主席团工作报告》，通过上述3个报告作出的决议。

第三次会议　2000年10月23日，召开镇第十三届人大第三次会议。会议应到代表56人，实到代表45人。会议听取张伟章作的《关于提请审议濮院镇城镇总体规划议案的报告》。经审议，会议作出了《濮院镇城镇总体规划》的决议。

第四次会议　2001年1月16日，召开镇第十三届人大第四次会议。会议应到代表56人，实到代表（失记）。会议听取和审议张伟章作的《政府工作报告》、史建明作的《2000年财政决算和2001年财政预算的报告》、朱煜根作的《人大主席团工作报告》，通过上述3个报告作出的决议。

濮院镇第十四届人民代表大会

第一次会议　2002年1月21—22日，召开镇第十四届人民代表大会第一次会议。会议应到代表83人，实到代表83人。会议听取和审议张伟章作的《政府工作报告》、史建明作的《2001年财政决算和2002年财政预算报告》、朱煜根作的《人大主席团工作报告》，通过上述3个报告作出的决议。会议选举朱煜根为镇人民代表大会主席，曹圣林为副主席；选举张伟章为镇人民政府镇长，史建明、韩子伦、张锦英、吴利升为副镇长。

第二次会议　2003年3月1日，召开镇第十四届人大第二次会议。会议应到代表82人，实到代表（失记）。会议听取和审议张伟章作的《政府工作报告》、史建明作的《2002年财政决算和2003年财政预算报告》、朱煜根作的《人大主席团工作报告》，通过上述3个报告作出的决议。

第三次会议　2004年1月9日，召开镇第十四届人大第三次会议。会议应到代表80人，实到代表80人。会议听取和审议张伟章作的《政府工作报告》、史建明作的《2003年度财政决算和2004年财政预算报告》、朱煜根作的《人大主席团工作报告》，通过上述3个报告作出的决议。

第四次会议　2004年3月16日，召开镇第十四届人大第四次会议。会议应到代表79人，实到代表74人。会议通过张伟章辞去镇人民政府镇长职务的请求，选举朱明杰为镇人民政府镇长。

第五次会议　2004年10月15—16日，召开镇第十四届人大第五次会议。会议应到代表78人，实到代表74人。会议通过韩子伦、张锦英辞去镇人民政府副镇长职务的请求；选举张贵祥、张茂华为镇人民政府副镇长。

第六次会议　2005年1月12日，召开镇第十四届人大第六次会议。会议应到代表81人，实到代表（失记）。会议听取和审议朱明杰作的《政府工作报告》、史建明作的《2004年财政决算和2005年财政预算报告》、朱煜根作的《人大主席团工作报告》，通过上述3个报告作出的决议。

第七次会议 2006年1月20日，召开镇第十四届人大第七次会议。会议应到代表79人，实到代表79人。会议听取和审议朱明杰作的《政府工作报告》、史建明作的《2005年度财政决算和2006年财政预算报告》、朱煜根作的《人大主席团工作报告》，印发《濮院镇国民经济和社会发展第十一个五年规划(草案)》，通过上述3个报告和该规划作出的4项决议。

第八次会议 2006年8月4日，召开镇第十四届人大第八次会议。会议应到代表79人，实到代表72人。会议听取镇长朱明杰作的《上半年经济发展运行情况及下半年工作重点的报告》，通过朱煜根辞去镇人大主席职务的请求。

濮院镇第十五届人民代表大会

第一次会议 2007年1月18—19日，召开镇第十五届人民代表大会第一次会议。会议应到代表82人，实到代表79人。会议听取和审议朱明杰的《政府工作报告》、史建明作的《2006年财政决算和2007年财政预算报告》、姚建康作的《人大主席团工作报告》，印发《2006年—2010年濮院镇依法治镇工作规划》，通过上述3个报告和该规划作出的决议。会议选举姚建康为镇人大主席，曹圣林为副主席；朱明杰为镇人民政府镇长，史建明、吴利升、张茂华、张贵祥为副镇长。

第二次会议 2008年1月18日，召开镇第十五届人大第二次会议。会议应到代表79人，实到代表79人。会议听取和审议朱明杰作的《政府工作报告》、史建明作的《2007年财政决算和2008年财政预算报告》、姚建康作的《人大主席团工作报告》，通过上述3个报告作出的决议。

第三次会议 2008年5月9日，召开镇第十五届人大第三次会议。会议应到代表79人，实到代表78人。会议通过朱明杰辞去镇人民政府镇长职务的请求，史建明辞去副镇长职务的请求；选举姜玮为镇人民政府镇长，沈柏根为副镇长。

第四次会议 2009年1月15日，召开镇第十五届人大第四次会议。会议应到代表79人，实到代表76人。会议听取和审议姜玮作的《政府工作报告》、张茂华作的《2008年财政决算和2009年财政预算报告》、姚建康作的《人大主席团工作报告》，通过上述3个报告作出的决议。

第五次会议 2009年9月12日，召开镇第十五届人大第五次会议。会议应到代表79人，实到代表77人。会议通过张贵祥辞去镇人民政府副镇长职务的请求，选举郭永春为镇人民政府副镇长。

第六次会议 2010年1月27日，召开镇第十五届人大第六次会议。会议应到代表78人，实到代表76人。会议听取和审议姜玮作的《政府工作报告》、张茂华作的《2009年财政决算和2010年财政预算报告》、姚建康作的《人大主席团工作报告》及《镇域功能布局规划报告》，通过上述4个报告作出的决议及《代表建议办理情况的报告》。

第三节　历届乡(公社)人民代表大会

永安乡第一届人民代表大会

第一次会议　1953 年 4 月,召开永安乡第一次人民代表大会(资料失记)。

乐安乡第一届人民代表大会

第一次会议　1953 年 11 月 12—13 日,召开乐安乡第一届人民代表大会第一次会议。会议应到代表 50 人,实到代表 48 人。会议听取乡政府一年来的《工作报告》;选举邱智夫为乡人民政府乡长,张兰英、王天顺为副乡长。

永乐乡第二届人民代表大会

第一次会议　1956 年 10 月 28—30 日,召开永乐乡第二届人民代表大会第一次会议。会议应到代表 70 人,实到代表(失记)。会议听取《乡政府工作报告》,通过《全年生产规划和生产管理实施办法》。会议选举姚冯喜为乡人民委员会乡长,张兰英、唐龙生、姚金荣为副乡长。

永乐乡第三届人民代表大会

第一次会议　1958 年 4 月 18 日,召开永乐乡第三届人民代表大会第一次会议。会议选举金宝和为乡人民委员会乡长,于锦堂、李学成为副乡长;选举出席县三届人民代表大会代表 9 人。

濮院人民公社第四届人民(社员)代表大会

第一次会议　1961 年 6 月 27 日,召开公社第四届人民代表大会第一次会议。会议选举吕孙才为濮院人民公社社长,茅戴昌、金宝和、朱庆明、张金娜为副社长;选举出席县四届人民代表大会代表 19 人。

濮院人民公社第五届人民(社员)代表大会

第一次会议　1963 年 5 月 29 日,召开公社第五届人民代表大会第一次会议。会议应到代表 208 人,实到代表(失记)。会议听取和审议沈锦帆作的《濮院公社人民委员会工作报告》;通过工作报告作出的决议。会议选举沈锦帆为濮院人民公社社长,郑永林、金宝和为副社长;选举出席县第五届人民代表大会代表 12 人。

濮院人民公社第六届人民(社员)代表大会

第一次会议　1966 年 4 月 12 日,召开公社第六届人民代表大会第一次会议。会议应到代表 212 人,实到代表(失记)。会议听取和审议钱胡忠作的《濮院公社人民委员会工作报告》,报告总结了全社两年来的工作,研究今后如何更好地突出政治,活学活用毛主席著作。会议选举钱胡忠为濮院人民公社社长,郑永林、陈俊才、张金娜为副社长;选举出席县六届人民代表大会代表 11 人。

濮院人民公社第七届人民代表大会

第一次会议 1980年6月26—28日，召开公社第七届人民代表大会第一次会议。会议应到代表246人，实到代表(失记)。其中社队企业工人代表31人、农民代表119人、知识分子代表5人、干部代表91人。大会听取和审议陆乃健代表上届人大所作的《工作报告》，通过工作报告作出的决议。会议选举杨荣华为濮院人民公社管理委员会主任，施金泉、陈俊才、郑永林、张公权为副主任。

第二次会议 1981年11月27—28日，召开公社七届人大第二次会议。会议应到代表249人，实到249人。会议听取和审议公社管委会主任杨荣华作的《工作报告》，通过工作报告作出的决议。会议审议通过公社管理委员会《关于1982年生产计划安排》《关于计划生育有关问题的若干补充规定》《关于社员建房征用土地问题的若干规定》《关于老弱病残干部退休规定》《关于建造和管理机耕路桥和民用桥规定》《关于保护水产资源规定》的报告。

第三次会议 1983年2月20—21日，召开公社七届人大第三次会议。会议应到代表249人，实到代表(失记)。会议听取和审议杨荣华作的《政府工作报告》、袁永泉作的《关于七届二次会议提案处理情况的报告》、施金泉作的《关于公社1982年决算和1983年预算的报告》、李永宝作的《关于计划生育若干问题规定的说明》、潘鉴明作的《关于社员建房征用土地的规定的说明》、夏金虎作的《关于老弱病残干部退休补充规定的说明》、杨有林作的《关于五保户采取三级供给的规定的说明》、朱明生作的《关于开展全民义务植树的实施办法的说明》。会议同意杨荣华不再兼任公社管委会主任职务，选举沈建伟担任公社管委会主任。

第四次会议 1983年12月21—22日，召开濮院公社七届人大第四次会议。会议应到代表253人，实到代表(失记)。会议听取和审议通过沈瑞华代表管理委员会主席团所作的《政社分设的工作报告》，宣布成立濮院乡人民政府，由乡人民政府替代公社管理委员会主持行政工作，乡经济联合社替代其经济工作。会议听取和审议通过沈士兴所作的《濮院乡人民政府工作条例(试行)草案》报告。会议认为，《濮院乡人民政府工作条例(试行)草案》明确了政府机关的职责，完全符合新形势下对政权工作、经济工作的要求，是政府工作的准则。《工作条例(试行)草案》于1984年1月1日起生效。会议选举沈瑞华为乡人民政府乡长，沈士兴、施金美为副乡长。

濮院乡第八届人民代表大会

第一次会议 1984年6月22—24日，召开濮院乡第八届人民代表大会第一次会议。应到代表115人，实到代表(失记)。会议听取和审议沈瑞华代表濮院乡人民政府作的《政府工作报告》、施金美作的《关于换届选举工作的报告》，通过报告作出的决议。会议听取和审议《关于第七届人民代表大会提案处理情况的报告》和《濮院乡第八届人民代表大会第一次会议提案审查报告》。审议通过王金华、徐品娥、邹惠泉为濮院乡人民陪审员。大会采取等额预选和等额选举、无记名投票的方式选举产生乡长、副乡长。乡长为沈瑞华，副乡长为沈士兴、施金美(女，选聘干部)。

第二次会议 1986年11月28日，召开濮院乡第八届人大二次会议。会议听取和审议袁永泉作的《政府工作报告》、朱炳明作的《1985年财政决算和1986年财政预算的报告》、姚海松作的《乡政府关于老弱病残退休干部的规定的修改意见(草案)报告》，通过上述3个报告作出的决议。

濮院乡第九届人民代表大会

第一次会议 1987年4月23—24日，召开濮院乡第九届人民代表大会。会议应到代表59人，实到代表58人。会议听取和审议施金美所作的《政府工作报告》、朱炳明所作的《1986年财政决算和1987年财政预算的报告》和《议案审查报告》。通过上述3个报告作出的决议。会议经审议，通过计划生育、殡葬改革、征兵工作3个暂行规定。选举沈建伟为乡人民政府乡长，施金美、魏士荣、朱炳明为副乡长。

第二次会议 1988年2月27日，召开濮院乡第九届人大第二次会议。会议应到代表59人，实到代表54人。会议同意沈建伟辞去濮院乡乡长职务，以无记名投票选举魏士荣为濮院乡乡长。

第三次会议 1988年3月19日，召开濮院乡第九届人大第三次会议。会议听取和审议魏士荣作的《工作报告》，审议《1987年财政决算和1988年财政预算的报告》及《乡规民约规定的报告》，通过上述3个报告作出的决议。

第四次会议 1989年3月31日至4月1日，召开濮院乡第九届人大四次会议。会议应到代表60人，实到代表(失记)。会议听取和审议魏士荣所作的《政府工作报告》、袁永坤所作的《1988年财政决算和1989年财政预算的报告》，通过上述两个报告作出的决议。会议经审议，以举手表决方式通过濮院乡《征兵工作实施细则》及《关于老干部(村干部)退休的补充规定》。

第五次会议 1989年11月底，召开濮院乡第九届人大第五次会议。会议通过施金美辞去乡人民政府副乡长职务的请求。

濮院乡第十届人民代表大会

第一次会议 1990年2月24—26日，召开濮院乡第十届人民代表大会第一次会议。会议应到代表74人，实到代表73人。其中党政干部7人，占9.46%；农民63人，占85.1%；教师2人，占2.7%；渔民2人，占2.7%。会议听取和审议魏士荣所作的《九届政府工作报告》、沈坤堂作的《1989年度财政决算和1990年度财政预算的报告》、朱炳明作的《九届四次会议方案和建议、批评、意见处理情况的报告》，讨论通过上述3个报告作出的决议。会议以举手表决的方式通过沈德兴为乡人大主席团常务主席；选举魏士荣为乡人民政府乡长，朱炳明、沈坤堂、姚炳明为副乡长。会议还选举柴火龙、邵勤林、王炳松为濮院乡人民陪审员。

第二次会议 1991年3月24—25日，召开濮院乡第十届人民代表大会第二次会议。

会议应到代表 73 人,实到代表 73 人。会议听取和审议魏士荣作的《政府工作报告》、朱炳明作的《濮院乡 1990 年财政决算和 1991 年财政预算》、沈德兴作的《乡人大主席团工作报告》、杨学江作的《关于退职、离职干部若干政策规定的报告》。讨论通过上述 4 个报告作出的决议。

第三次会议 1992 年 3 月 8 日下午至 9 日,召开濮院乡第十届人民代表大会第三次会议。会议应到代表 73 人,实到代表 73 人。会议听取李育才代表资格审查委员会作的《代表资格审查报告》,听取和审议魏士荣作的《政府工作报告》、沈坤堂作的《财政预决算报告》、沈德兴作的《人大主席团工作报告》,讨论通过上述 4 个报告作出的决议。会议还听取了姚炳明作的《上次会议的议案意见处理情况报告》和《本次代表议案意见的审查报告》。

新生乡第一届人民代表大会

第一次会议 1953 年 11 月 11—14 日,召开新生乡第一届人民代表大会第一次会议。会议应到代表 60 人,实到代表 58 人。会议听取和审议《乡政府一年来的工作报告》,选举姚老虎为乡人民政府乡长,沈锦帆、李掌娜、孔老虎为副乡长。

新生乡第二届人民代表大会

第一次会议 1956 年 9 月 26 日,召开新生乡第二届人大会第一次会议。会议应到代表 58 人,实到代表 51 人。会议听取和审议沈锦帆作的《三年来的工作报告》,并作出相应的决议。会议选举朱加生为乡人民委员会乡长,沈应生、张林生、沈炳林、蒋掌宝为副乡长;选举出席县第二届人民代表大会代表 9 人。

新生乡第三届人民代表大会

第一次会议 1958 年 4 月 25 日,召开新生乡第三届人大第一次会议。会议应到代表 58 人,实到代表(失记)。会议选举吴德宝为乡人民委员会乡长,沈锦帆,朱加生为副乡长;选举出席县第三届人民代表大会代表 9 人。

新生公社第四届人民(社员)代表大会

第一次会议 1961 年 6 月,召开新生公社第四届人民(社员)代表大会第一次会议。会议选举姚老虎为新生人民公社社长,茅戴昌、朱庆明、汤鸣久为副社长。

新生公社第五届人民(社员)代表大会

第一次会议 1963 年 6 月 15 日,召开新生公社第五届人民(社员)代表大会第一次会议。会议应到代表 153 人,实到代表(失记)。会议听取《政府工作报告》;选举姚老虎为新生人民公社社长,徐永林、潘凤翔为副社长。

新生公社第六届人民(社员)代表大会

第一次会议 1966 年 4 月 5 日,召开新生公社第六届人民(社员)代表大会第一次会议。会议选举姚老虎为新生人民公社社长,徐永林为副社长。

新生公社第七届人民(社员)代表大会

第一次会议 1980 年 4 月 28—30 日,召开新生公社第七届人民(社员)代表大会第一次会议。会议应到代表208人，实到代表(失记)。会议听取和审议徐关松作的《政府工作报告》，作出政府工作报告决议。会议选举葛秋兴为新生人民公社管理委员会主任，汤鸣久、沈建伟、邬金荣、陆振炳为副主任。

第二次会议 1981年12月29—31日，召开新生公社第七届人民(社员)代表大会第二次会议。会议听取汤鸣久作的《政府工作报告》、辅炳浩作的《全办上年度经济执行情况和下年度计划安排情况报告》，并就两个报告作出决议。会议经审议，通过《关于安置老弱病残干部退休补贴和三五年内建设南北圣小集镇的决议》。会议选举费子松为公社管委会副主任。

第三次会议 1982年4月，召开新生公社第七届人民(社员)代表大会第三次会议(资料失记)。

第四次会议 1983年7月4—5日，召开新生公社第七届人民(社员)代表大会第四次会议。会议听取陆振炳作的《政府工作报告》、辅炳浩作的《企办上年度经济执行情况和下年度生产计划安排情况报告》、沈德增作的《治安保卫工作报告》。会议经审议，通过上述3个报告作出的决议。

第五次会议 1983年12月25日，召开新生公社第七届人民(社员)代表大会第五次会议。会议应到代表175人，实到代表(失记)。会议听取和审议魏士荣作的《政社分设工作报告》、费子松作的《新生乡人民政府工作条例(试行草案)的报告》。会议经审议，通过上述两个报告作出决议。

新生乡第八届人民代表大会

第一次会议 1984年6月25—26日，召开新生乡第八届人民代表大会第一次会议。会议应到代表105人，实到代表97人。会议听取和审议魏士荣作的《政府工作报告》，通过政府工作报告作出决议。选举魏士荣为新生乡人民政府乡长，费子松、姚炳明为副乡长。

第二次会议 1985年5月5日，召开新生乡第八届人民代表大会第二次会议。会议应到代表102人，实到代表84人。会议听取和审议魏士荣作的《政府工作报告》、董炳麟作的《1984年财政决算和1985年财政预算的报告》，通过上述两个报告作出决议。

第三次会议 1986年5月1日，召开新生乡第八届人民代表大会第三次会议。会议应到代表102人，实到代表92人。会议听取和审议魏士荣作的《政府工作报告》和《1985年财政决算和1986年财政预算报告》、姚炳明作的《新生乡乡规民约综合治理报告》，通过上述3个报告作出决议。

新生乡第九届人民代表大会

第一次会议 1987年4月20—21日，召开新生乡第九届人民代表大会第一次会议。会议应到代表54人，实到代表(失记)。会议听取和审议袁永泉作的《政府工作报告》、朱林根作的《1986年财政决算和1987年财政预算报告》，通过上述两个报告作出的决议。

会议选举袁永泉为乡人民政府乡长，姚炳明、费子松为副乡长。

第二次会议　1988年4月13日，召开新生乡第九届人民代表大会第二次会议。会议应到代表56人，实到代表54人。会议听取和审议袁永泉作的《政府工作报告》、赵进元作的《1987年财政决算和1988年财政预算报告》，通过上述两个报告作出的决议。会议选举赵进元为乡人民政府副乡长。

第三次会议　1989年4月7日，召开新生乡第九届人民代表大会第三次会议。会议应到代表55人，实到代表52人。会议听取和审议袁永泉作的《政府工作报告》、赵进元作的《1988年财政决算和1989年财政预算的报告》，通过上述两个报告作出的决议。

第四次会议　1989年12月2日，召开新生乡九届人民代表大会第四次会议。应到代表55人，实到代表44人。会议通过袁永泉辞去乡人民政府乡长职务、姚炳明辞去副乡长职务的请求。

新生乡第十届人民代表大会

第一次会议　1990年4月2—3日，召开新生乡第十届人民代表大会第一次会议。会议应到代表64人，实到代表63人。会议听取和审议赵进元作的《政府工作报告》、朱建新作的《1989年财政决算和1990年财政预算报告》，通过上述报告作出的决议。会议选举杨有林为新生乡第十届人民代表大会第一次会议主席团主席；夏金虎为乡长，费子松、赵进元为副乡长。

第二次会议　1991年3月24—25日，召开新生乡第十届人民代表大会第二次会议。会议应到代表62人，实到代表61人。会议听取和审议夏金虎作的《政府工作报告》、赵进元作的《1990年财政决算和1991年财政预算报告》、杨有林作的《人大主席团工作报告》，通过上述报告作出的决议。

第三次会议　1992年3月13—14日，召开新生乡第十届人民代表大会第三次会议。会议应到代表61人，实到代表60人。会议听取和审议夏金虎作的《政府工作报告》、赵进元作的《1991年财政决算和1992年财政预算报告》、杨海祥作的《人大主席团工作报告》，通过上述报告作出决议。会议选举杨海祥为乡人民代表大会主席团常务主席；通过夏金虎辞去乡人民政府乡长职务的请求，选举朱林根为乡人民政府乡长。

新生乡第十一届人民代表大会

第一次会议　1993年3月12—13日，召开新生乡第十一届人民代表大会第一次会议。会议应到代表69人，实到代表65人。会议听取和审议朱林根作的《政府工作报告》、费子松作的《1992年财政决算和1993年财政预算报告》、杨海祥作的《人大主席团工作报告》，通过上述报告作出决议。会议选举杨海祥为乡人民代表大会主席团常务主席，朱林根为乡人民政府乡长，费子松、吴美文为副乡长。

第二次会议　1994年3月21—22日，召开新生乡第十一届人民代表大会第二次会议。会议应到代表69人，实到代表65人。会议听取和审议费子松作的《政府工作报告》、吴美文作的《1993 年财政决算和 1994 年财政预算报告》、杨海祥作的《人大主席团工作报告》，书面印发《撤乡建镇的报告》。经审议，通过上述报告作出决议。会议通过朱林根辞去乡人民政府乡长职务的请求，选举俞顺龙为新生镇人民政府镇长。

第三次会议　1995 年 1 月 6 日，召开新生镇第十一届人民代表大会第三次会议。会议应到代表 66 人，实到代表 57 人。会议依法免去俞顺龙的镇人民政府镇长职务，通过杨海祥辞去镇人大主席团常务主席的请求，选举杨海祥为新生镇人民政府镇长。

第四次会议　1995 年 3 月 3—4 日，召开新生镇第十一届人民代表大会第四次会议。会议应到代表 66 人，实到代表 59 人。会议听取和审议杨海祥作的《政府工作报告》、吴美文作的《1994 年财政决算和 1995 年财政预算报告》、姚建康作的《人大主席团工作报告》，通过上述报告作出的决议。会议选举姚建康为镇人民代表大会副主席。

第五次会议　1995 年 10 月 30 日，召开新生镇第十一届人民代表大会第五次会议。会议应到代表 66 人，实到代表 56 人。会议通过杨海祥辞去镇人民政府镇长职务的请求。

新生镇第十二届人民代表大会

第一次会议　1996 年 3 月 4—5 日，召开新生镇第十二届人民代表大会第一次会议。会议应到代表 50 人，实到代表 50 人。会议听取和审议吴美文作的《政府工作报告》、章金康作的《1995 年财政决算和 1996 年财政预算报告》、姚建康作的《人大主席团工作报告》，通过上述报告作出决议。会议选举姚建康为镇人大主席；选举张潮明为镇人民政府镇长，章金康、唐建根为副镇长。

第二次会议　1997 年 3 月 4 日，召开新生镇第十二届人民代表大会第二次会议。会议听取和审议《政府工作报告》。

第三次会议　1998 年 3 月 5—6 日，召开新生镇第十二届人民代表大会第三次会议。会议应到代表 47 人，实到代表 42 人。会议听取和审议张潮明作的《政府工作报告》、韩子伦作的《1997 年财政决算和 1998 年财政预算报告》、姚建康作的《人大主席团工作报告》、唐建根作的《城镇总体规划报告》，通过上述报告作出决议。会议选举韩子伦为镇人民政府副镇长。

第四次会议　1998 年 11 月 9 日，召开新生镇第十二届人民代表大会第四次会议。会议应到代表 45 人，实到代表 32 人。会议通过张潮明辞去镇人民政府镇长职务的请求，通过章金康、唐建根辞去副镇长职务的请求。

新生镇第十三届人民代表大会

第一次会议　1999 年 1 月 27—28 日，召开新生镇第十三届人民代表大会第一次会议。会议应到代表 50 人，实到代表 50 人。会议听取和审议徐荣坤作的《政府工作报告》、李建林作的《1998 年财政决算和 1999 年财政预算报告》、姚建康作的《人大主席团工作报告》，通过上述报告作出决议。会议选举姚建康为镇人民代表大会主席；选举徐荣坤为镇人民政府镇长，李建林、韩子伦、沈爱金为副镇长。

第二次会议　2000年2月16—17日，召开新生镇第十三届人民代表大会第二次会议。会议应到代表50人，实到代表50人。会议听取和审议徐荣坤作的《政府工作报告》、李建林作的《1999年财政决算和2000年财政预算报告》、姚建康作的《人大主席团工作报告》，通过上述报告作出的决议。

第三次会议　2001年2月6—7日，召开新生镇第十三届人民代表大会第三次会议。应到代表49人，实到代表46人。会议听取和审议徐荣坤作的《政府工作报告》、李建林作的《2000年财政决算和2001年财政预算报告》、姚建康作的《人大主席团工作报告》。经审议，通过上述报告作出的决议。

附：

镇域选举产生的历届桐乡市（县）人民代表

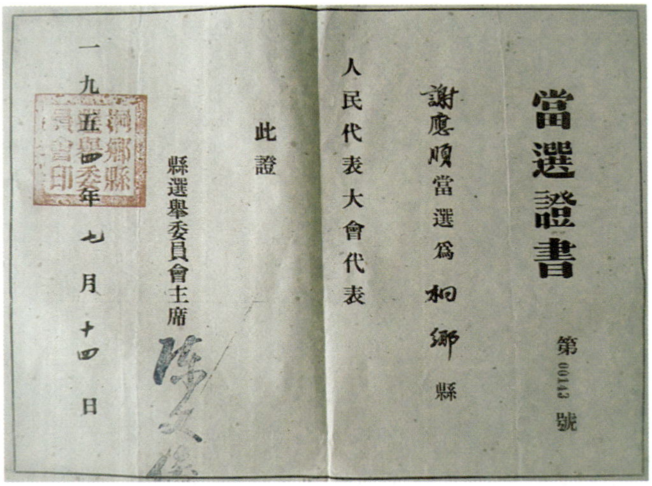

谢应顺县第一届人大代表当选证书（陈新荣供）

桐乡县第一届人民代表大会代表（1954.7—1958.11）

濮院镇14名

伍锦春、张炳林、高柏荣、胡达怡、汤品珍（女）、陈金宝（女）、曹以中、盛银灿、钱广生、祝文荣、费美宝（女）、钟寿和（女）、岳石尘、谢应顺。

永安乡4名

李森山、张文祥、朱乾林、高阿晓（女）。

乐安乡4名

金吉成、张二宝（女）、王其仁、陆士忠。

新生乡5名

高康茂、高金毛、王兆松、章宝林、陈效。

桐乡县第二届人民代表大会代表（1956.12—1958.5）　名单无考。

桐乡县第三届人民代表大会代表（1958.5—1961.10）

濮院镇13名

张新宝（女）、钱荣新、张汝木、刘士淦、申新伯、郭顺源、周美锦（女）、沈绮文、谢应顺、岳石尘、曹以中、吴仲达、胡达怡。

濮院公社18名

其中，原永乐乡9名

金宝和、徐长娜(女)、徐顺根、费学根、单阿忠、胡培英(女)、李森山、杭明珍(女)、施有义。

原新生乡 9 名

吴德宝、王兆松、高金林、张桃花(女)、徐潮娜、黄焕煜、冯儒惠、王凤仙(女)、朱全宝。

桐乡县第四届人民代表大会代表(1961.10—1963.12)

濮院镇 13 名

沈东才、张汝木、陆荣细、朱植初、张新宝(女)、金珍珠(女)、申新伯、费学根、李叙庆、沈绮文、吴碧莲(女)、谢应顺、徐燮荣。

濮院公社 12 名

刘阿甫、朱阿八、吴阿金、周美锦(女)、张桐夫、施有义、单阿忠、周阿甫、李松宝(女)、夏顺和、高玉兰(女)、沈锦凡。

新生公社 9 名

张桃花(女)、王兆松、王阿大(女)、黄焕煜、余开达、冯儒惠、姚老虎、吕孙才、陆洪举。

桐乡县第五届人民代表大会代表(1963.12—1966.5)

濮院镇 18 名

范永奎、沈绮文、张桐夫、周美锦(女)、施有义、朱植初、钟招弟(女)、胡福仁、沈掌兴、张德明、邵阿明、陆荣细、来光清、倪海宝(女)、陆宝根、张新宝(女)、施怀良、徐雪荣。

濮院公社 8 名

朱阿二、吴阿法、李甫仁、沈锦凡、夏顺和、张汝木、单阿中、吴桂林。

新生公社 10 名

马传峰、姚老虎、王阿大(女)、吴德宝、黄焕煜、盛阿四(女)、钱荣堂、王兆松、余开达、张桃花(女)。

桐乡县第六届人民代表大会代表(1966.5—)

濮院镇 14 名

来光清、张桐夫、施有义、朱植初、杨志飞、沈绮文、张金富、张新宝(女)、倪海宝(女)、沈阿金、沈掌顺、胡福顺、范永奎、金美华(女)

濮院公社、新生公社名单无考。

桐乡县第七届人民代表大会代表(1979.12—1984.6)

濮院镇 14 名

王林森、朱逸仙、许建新、汪胡熏、沈林松、张士源、张汝木、张新宝(女)、陈坤荣、赵荣、赵惠泉、钟寿娥(女)、施文珍(女)、施有义。

濮院公社 13 名

于林泉、孔文珍、庄金荣、李森林、李森山、杨美宝(女)、陈茂昌、金宝和、金昌林、周跃东、费阿兴、徐荣林、管建新。

新生公社 10 名

王金培、王兆松、李文筠、李长娜（女）、李永宝、高德奎、章金祥、顾顺兴、葛秋兴、魏巧荣。

桐乡县第八届人民代表大会代表（1984.7—1987.4）

濮院镇 12 名

吴志明、范亚男（女）、胡海生、毛德昌、施文珍（女）、施有义、汪胡熏、姚积禔、姜瑞明、吴凡、黄桐山、洪新土。

濮院乡 10 名

杨金林、胡志刚、沈瑞华、李兴荣、连海发、王玲芬（女）、周耀东、徐八斤、徐品娥（女）、沈佐木。

新生乡 7 名

魏士荣、章金祥、王兆松、黄伯清、李桂连、余耀珍（女）、魏佑松。

桐乡县第九届人民代表大会代表（1987.5—1990.4）

濮院镇 10 名

许建新、沈汉初、沈坤山、陈森华、陈盘生、邹惠泉、吴新华、林克雄、张定宝（女）、施有义。

濮院乡 7 名

庄子宝、庄金荣、沈建伟、李金坤、杨福林、胡生良、戴金文（女）。

新生乡 5 名

庄培娥（女）、汪汉敏、陈雪洪、钟品和、袁永泉。

桐乡县第十届人民代表大会代表（1990.5—1993.3）

濮院镇 10 名

申坤林、许建新、吴新华、邹惠泉、陈盘生、林克雄、杨铭荣、施有义、莫云芳（女）、廖新荣。

濮院乡 8 名

朱秀英（女）、沙兴宝（女）、连凤兰（女）、杨荣林、杨福林、胡生良、胡志刚、魏士荣。

新生乡 6 名

冯老虎、庄培江、吴德孚、洪文英（女）、夏金虎、黄阿生。

桐乡市第十一届人民代表大会代表（1993.4—1998.2）

濮院镇 18 名

杨金林、杨荣林、杨铭荣、李炳彩、连凤兰（女）、吴新华、邹惠泉、沈瑛、宋慎洲、陈建娟（女）、林克雄、金雪芬（女）、施有义、俞炳泉、钱松坤、曹楚麟、蒋宋初、魏士荣。

新生乡 6 名

冯老虎、朱林根、洪文英（女）、郭茂蒙、高培发、章金强。

桐乡市第十二届人民代表大会代表（1998.2—2003.3）

濮院镇 14 名

王雪英（女）、殳胜林、朱金林、孙雪忠、吴新华、汪士良、沈阿海、沈瑛（女）、宋祖滨、陈月清(女)、胡生良、姚兰宝(女)、钱凤坤。

新生镇5名

张潮明、徐永夫、徐琴美(女)、郭茂蒙、蒋林娜。

桐乡市第十三届人民代表大会代表(2003.3—2007.1)

濮院镇20名

孔杏官、朱坤荣、朱煜根、刘生泉、刘守英(女)、杨森坚、苏伟明、李丽萍(女)、李财福、吴金祥、吴新华、汪士良、沈柏明、宋祖滨、张伟章、周明红(女)、顾政宇、郭茂蒙、高志国、蒋林娜。

桐乡市第十四届人民代表大会代表(2007.2—2012.2)

濮院镇20名

朱坤荣、朱明杰、李财福、吴金祥、邱根甫、沙新宝(女)、沈柏明、沈水祥、沈汉英(女)、张建康、周阿龙、周伟英(女)、姚建康、顾政宇、顾根粱、钱云生、高娟华(女)、蒋林娜、程其芬(女)、路茂方。

第三节　镇乡人大(主席团)主席和副主席

根据《中华人民共和国地方各级人民代表大会和地方各级人民政府组织法》规定，1954—1985年，镇、乡在召开人民代表大会时，均依法选举产生大会主席团主持会议。会议闭幕后，主席团自然完成使命。1989年12月，省人大常委会制定颁布了《浙江省乡镇人民代表大会主席团组织条例》(下简称《条例》)，对乡镇人民代表大会主席团的工作制定单项地方性法规，明确了镇、乡人民代表大会主席团在闭会期间的六项工作职责。按照《条例》，1990年初，境内镇、乡在召开第十届人民代表大会第一次会议时，首次选举产生镇、乡人民代表大会主席团(简称人大主席团)常务主席。根据全国人大常委会第三次修改的《中华人民共和国地方各级人民代表大会和地方各级人民政府组织法》规定，1996年初，濮院镇、新生镇在召开第十二届人民代表大会第一次会议时，选举产生镇人民代表大会(简称人大)主席、副主席。

镇人民代表大会主席团在本级人民代表大会闭会期间负责以下主要工作：(一)检查宪法、法律、法规以及上级人民代表大会及其常务委员会和本级人民代表大会的决议在本行政区域内的执行情况；(二)检查督促本级人民政府组织实施本级人民代表大会决定的事项，并向代表通报本级人民政府组织实施的情况；(三)检查本级人民代表大会批准的财政预算执行情况；(四)对本行政区域内涉及公共利益的重大问题，向本级人民政府提出意见和建议，或者提请本级人民代表大会审议；(五)主持本级人民代表大会代表的补选，协助本行政区域内市级人大代表的补选；(六)筹备、召集本级人民代表大会下次会议。

镇人民代表大会主席、副主席在本级人民代表大会闭会期间负责以下主要工作：(一)按期召开主席团会议，并根据议题做好准备工作；(二)组织代表学习、宣传宪法和法律、法规；(三)联系本级人民代表大会代表和在本行政区域内的上级人民代表大会代表；(四)组织代表进行执法检查、视察、调查等活动，掌握代表活动情况，交流代表活动经验；(五)检查督促代表提出的议案、建议、批评和意见的办理工作；(六)接待、处理人大代表和群众的来信来访，反映代表和群众对本级人民政府工作的建议、批评和意见；(七)做好召集本级人民代表大会下次会议的准备工作；(八)办理本级人民代表大会工作有关的其他事项；(九)加强同上级人大常委会的联系，反映镇人大工作的情况，办理上级人大常委会交办的有关事项。

表 14－5 濮院镇(含原濮院乡、新生乡镇)历届人大主席(副主席)一览表

乡镇名称	职务	姓名	任职年月
濮院镇	第十届人民代表大会主席团常务主席	施 兴	1990.02—1993.03
	第十一届人民代表大会主席团常务主席	沈建良	1993.03—1995.03
		沈德根	1995.03—1996.03
	第十二届人民代表大会主席	朱静绮	1996.03—1997.11
		徐剑平	1998.03—1999.01
	第十三届人民代表大会主席	朱煜根	1999.01—2002.01
	第十四届人民代表大会主席	朱煜根	2002.01—2007.01
	副主席	曹圣林	2002.01—2007.01
	第十五届人民代表大会主席	姚建康	2007.01—2011.11
	副主席	曹圣林	2007.01—2011.11
濮院乡	第十届人民代表大会主席团常务主席	沈德兴	1990.02—1992.06
新生镇(乡)	第十届人民代表大会主席团常务主席	杨有林	1990.04—1992.03
		杨海祥	1992.03—1993.03
	第十一届人民代表大会主席团常务主席	杨海祥	1993.03—1995.01
	副主席	姚建康	1995.03—1996.03
	第十二届人民代表大会主席	姚建康	1996.03—2001.10

第三章　人民政府

第一节　政府机构设置

境内镇乡人民政府机构依履职需要进行设置，并适时调整。

濮院镇

1950年5月，全县实行民主建政后，濮院镇与乡分设，成为建制镇，成立濮院镇人民政府，设置机构，行使工作职能。1956年，镇人民政府改称镇人民委员会，下设财经、文教卫生、民政调解和社会治安4个工作组。1958年10月，人民公社时期，濮院镇的政府机构为濮院管理区，隶属濮院人民公社管理委员会。

“文化大革命”开始不久，镇政府工作机构受到冲击，逐渐瘫痪。1967年4月，由镇武装委员会主持政府工作。1968年，成立濮院镇革命委员会，实行“一元化”领导。镇革命委员会设正、副主任，下设政治工作、生产指挥、人民保卫、城镇卫生等工作组。“文化大革命”结束后，政府机构设置不断完善。

改革开放以后，随着境内经济的发展、行政区划的调整及上级主管部门工作职能向乡镇延伸，部分事业编制部门隶属乡镇政府管理，镇政府内设部门逐步增多。

1992年6月，濮院乡并入濮院镇。镇政府下设文书室、财政组、农工商实业总公司、工业一公司、工业二公司、农业公司、村户工业指导站、治安保卫办、司法办、人武部、计划生育办、文化站、广播站、畜牧兽医站、土地管理办、水利农机站、农科站、桥梁队。

2001年10月，新生镇并入濮院镇。镇政府下设党政人大办、人武部、卫生办、司法所、统计中心、财务会计服务中心、民政办、村镇建设办、拆迁办、行政中心基建办、土管所、财政办、经管办（总公司）、工业园区筹建办、招商引资办、计生办、教育办、卫生办、街道办、文书室、文印室、劳动管理所、城管中队、环保中队、交通管理站、保险办、三轮车管理办、外来人口和出租房屋管理中心、农贸市场管理办、值班室及农口系统的农技站、水机站、兽医站、农田站。此外，原新生镇（南北圣）设置财政、经管、城建、计生等办事部门。

2010年，濮院镇人民政府下设党政人大办（副主任杨丽清）、人武部（部长顾汉洪）、财经办（副主任袁永坤）、会计核算中心、经济服务中心（副主任周国强）、财务办、安全环保办、市场管理办、企业管理办、劳动保障所（主任梁剑平）、统计中心（主任黄剑锋）、农经办（副主任赵金林）、会计服务中心、司法所（所长沈富渊）、综合治理办、民政办（主任李炳松)、社区办、农办、招标办(主任郭蓉萍)、教育办、卫生办、文体站(站长高伟胜)、管理办、计划生育办(主任沈小荣)、城建办、拆迁办、文书办、文印室及农口系统的农业经济服务中心(主任周国强)等。

濮院乡(公社)

1958年10月,成立濮院人民公社管理委员会,管理委员会下设行政、生产、文卫、婚姻、户籍及治安等工作部门。此外,管理委员会还分设7个管理区,除濮院管理区管理镇区外,其余6个为农村管理区。其中,原永乐乡分第一、第二、第三3个管理区,分别管理所辖各高级社。

1967年4月,由公社人武部主持行政工作。1968年,成立濮院公社革命委员会,实行"一元化"领导。

20世纪80年代末,濮院乡政府下设文书室、财政组、工业公司、农业公司、村户工业指导站、人武部、治安保卫办、司法办、计划生育办、文化站、广播站、畜牧兽医站、土地管理办、水利农机站、农科站、桥梁队。1992年6月,濮院乡并入濮院镇。

新生镇(公社、乡)

1958年10月,为濮院人民公社管理委员会第四、第五、第六管理区,各管理区分管所辖各高级社。

1967年4月,由公社人武部主持行政工作。1968年,成立新生公社革命委员会,实行"一元化"领导。

20世纪80年代末,新生乡政府下设文书室、财政组、工业公司、农业公司、人武部、治安保卫办、司法办、计划生育办、文化站、广播站、兽医站、土地管理办、农电站、机电站、农科站、桥梁队。

1994年11月,新生撤乡建镇。镇政府下设文书室、财政组、农工商实业总公司、经营管理办、资产经营公司、农业开发公司、治安保卫办、人武部、司法办、计划生育办、文化站、广电站、土地管理办、兽医站、农电站、机电站、农科站、桥梁队。2001年10月,撤销新生镇建制,并入濮院镇。

附一:

《濮院镇机构改革实施方案的请示·濮院镇职能配置、内设机构和人员编制方案》(摘录)

2007年1月8日

内设机构

根据上述职责,濮院镇机关设置4个职能科室,具体为:党政办公室(挂招标采购管理办公室牌子)、综合治理办公室(挂司法所牌子)、财政与经济发展办公室(挂财政办公室、经济发展办公室、农村经营管理办公室牌子)、社会管理办公室(挂计划生育办公室、民政社区办公室、教育卫生办公室牌子)。

1.党政办公室(招标采购管理办公室)

主要职能:负责基层党建工作和精神文明建设;负责组织、纪检、监察、宣传、统战、民族宗教、老干部和工、青、妇、科协等群团工作;协助镇领导处理日常事务;负责镇机关的综合协调、依法行政、政策调研、政务监督;负责文秘、信息、档案、保密及行政后勤管理等工作;承办人大交办的事项;负责人民武装、国防教育、兵役登记、征兵等工作;负责镇机关事业单位人事管理工作;负责招投标及采购工作。

岗位设置:主任、副主任、组织、人事、纪检、监察、宣传、统战、民族宗教、人大、政协、法制、工会、共青团、妇联、科协、武装、人防、老干部、关工委、秘书(信息)、文书(保密)、档案、后勤管理、招投标管理。

2.综合治理办公室(司法所)

主要职能:负责本镇政法和社会治安综合治理,综合协调平安建设工作;抓好法制宣传和依法治理;负责治保调解队伍建设,协调社会治安基础防范工作;加强信访、调解工作,负责公共安全应急管理和市长电话办理,化解各类社会矛盾和民间纠纷;负责做好流动人口管理工作;指导企业内保工作;做好“归正”人员帮教工作。

岗位设置:主任、副主任、政法、综合治理、法律援助、司法、调解、信访、市长电话、流动人口管理。

3.财政与经济发展办公室(财政办公室、经济发展办公室、农村经营管理办公室,会计核算中心与其合署办公)

主要职能:贯彻执行国家财经法律、法规,维护财经纪律;负责编制本级财政预算方案,搞好财政决算,管理预算内外资金等工作;负责对镇、村公有资产和财务的管理和监督工作;负责农村土地承包合同管理、农民负担监督管理、农村专业合作经济组织指导和管理等工作;依法进行会计核算,实施会计电算化;管理集中核算单位的会计档案;组织核对集中核算单位财产等实物管理情况;负责内部审计,制止、纠正违反国家财经纪律的行为;负责制订实施本镇经济发展规划;负责农业现代化、产业化的规划、管理和指导,推进农村市场经济体系建设;营造经济发展良好环境,规范企业经营行为,为各类经济组织发展提供各项服务;研究提出加快发展第三产业的政策措施,综合协调第三产业发展,加强对第三产业的服务与管理;负责对科技、人才和统计工作的管理;配合上级有关部门做好土地管理、环境保护等工作。

岗位设置:主任、副主任、财政监管、审计、会计、出纳、农经管理、农业经济、工业经济、第三产业、科技、人才、统计、土地管理、环境保护。

4.社会管理办公室(计划生育办公室、民政社区办公室、教育卫生办公室,计划生育

服务站、文化体育站、城乡居民合作医疗管理站与其合署办公)

主要职能:负责制订实施本镇社会发展规划;贯彻落实人口与计划生育的法律法规,负责人口与计划生育的管理服务和计生协会工作;抓好学前教育和成人教育,配合做好基础教育、改善教育设施和办学条件;负责卫生、防疫和妇幼保健等工作;负责做好社会福利、社会救济、拥军优属、移民安置、地名管理、残疾人、老龄和社区建设管理等工作;负责管理文化体育事业工作;负责辖区内城乡居民合作医疗的日常管理和报销工作。

岗位设置:主任、副主任、计划生育、文化、体育、教育、卫生、民政(移民)、残联、老龄、社区建设、合作医疗。

人员编制

濮院镇机关编制45人。其中党委书记1人、副书记2人(其中1人由镇长兼任)、委员5人(其中1人由副镇长兼任),人大主席1人、副主席1人,镇长1人、副镇长4人,中层干部4人。

附二:

《濮院镇事业单位设置方案》(摘录)

2007年1月8日

事业单位机构职能分解和岗位设置

1. 经济发展服务中心(安全生产监督管理站、劳动保障管理所)

主要职能:承担本辖区内招商引资的宣传推介和工业区建设,协助企业做好项目报批服务,搞好科技、人才服务工作,提供促进经济发展的政策咨询服务等工作;负责辖区内的劳动就业与保障工作;负责处理管理权限内的劳动争议纠纷工作;负责辖区内市场监管、安全生产管理工作。

岗位设置:主任、副主任、招商引资、行政审批服务、劳动保障、工业区建设、科技、人才、市场监管、安全生产(质量技术监督)。

2. 统计中心

主要职能:承担本辖区的各项统计工作、调查和分析工作,为政府经济决策及社会需求收集并提供信息服务。

岗位设置:主任、副主任、统计、信息。

3. 农业经济服务中心

主要职能:承担本镇农业、蚕桑、畜牧业、渔业、林业和农机新技术引进、试验、示范和推广,动植物病虫害及灾情的监测、预报、防治、处置,农产品生产过程质量安全的监管与配套服务，农业生态环境和农业投入品使用监测，农业公共信息服务和技术培训，水利建设、防汛抗旱和水资源管理等工作；负责农村能源的利用和开发。

岗位设置：主任、副主任、农技、蚕桑、植保、畜牧、动物防疫、渔技、林技、水利、农机、多种经营、农业监测、农业信息。

4. 城乡建设交通管理服务中心（规划建设管理站、交通管理站、城市管理综合执法大队濮院中队）

主要职能：负责辖区内村镇建设规划的编制和实施工作；负责农户建房的管理工作；负责辖区内土地征用和拆迁工作；负责泥木工的管理；对建设工程项目的勘察、设计和施工进行管理；负责建筑市场管理；承办镇级工程的预决算编制；负责城镇的市容市貌、园林绿化和市政公用设施的维护与管理；负责镇道路路政管理和养护管理；负责城市集镇的园林绿化和市政公用设施的维护与管理；负责辖区内的城市管理综合监察工作，落实区域管理责任制。

岗位设置：主任、副主任、村镇建设、交通管理、绿化、城管。

事业单位人员编制

濮院镇事业单位编制 66 人。

第二节 上级政府派驻机构

桐乡市公安局濮院派出所

1950 年 7 月，成立桐乡县公安局濮院派出所。1955 年 1 月撤销。1960 年 1 月，恢复濮院派出所，管辖区域为濮院镇和濮院公社。1965 年 10 月，管辖区域延伸至新生公社。“文化大革命”时期，公安机关实行“军管”。1973 年 1 月，县公安局复设濮院派出所。1997 年 6 月，成立市公安局濮院中心派出所，辖濮院、新生两个镇派出所。2001 年 3 月 20 日，成立桐乡市公安局濮院警察署，与濮院派出所一套班子、两块牌子。警察署兼管并负责指导治安片区内派出所的工作，原中心派出所管理体制终止。同年 11 月 1 日，撤销新生派出所。2008 年，濮院警察署撤销，恢复桐乡市公安局濮院派出所名称，原警察署下设的刑侦队划归派出所。（详见《第十五编·第一章·第二节》）

濮院房地产管理所

中华人民共和国成立初期，濮院房地产由县人民政府钱粮库管理。1958 年，转由县财政局管理，同年又划归商业局管理，1959 年 4 月归财政、税务机关管理。1960 年 10 月，县财政局下设濮院财税所房管组。1975 年 12 月，成立县房地产管理局濮院房管组。1976 年 5 月，成立濮院镇房地产管理所，隶属桐乡县城镇建设局。历任负责人有王学兴、沈贤林、李飞良。

桐乡市工商行政管理局濮院工商所

1957年9月，成立桐乡县濮院镇市场管理委员会（简称“市管会”），负责濮院地区市场管理。1966年“文化大革命”开始，市管会停止工作。1967年3月，成立“濮院镇打击投机倒把办公室”，负责市场管理和打击投机倒把两项工作。1973年，恢复市场管理委员会机构；1980年1月，更名为桐乡县工商行政管理局濮院工商所；1993年5月，更名为桐乡市工商行政管理局濮院工商所。濮院工商所几经移址，2003年10月迁至濮院镇行政中心。（详见《第九编・第四章・第一节》）

桐乡市地方税务局濮院税务分局

1950年3月，桐乡县建立人民政府税务局，濮院设税务所。1958年4月，桐乡县将财粮科、税务局和保险公司合并为桐乡财政局，濮院设办事处。1959年，濮院办事处改称濮院财政所，1961年又改称濮院财政税务所。1971年1月，金融、财政合并，濮院财政税务所更名为濮院财政金融所。1973年1月，金融财政分离，恢复濮院财政税务所。1994年全国推行分税制，国税与地税分设机构。同年9月30日，桐乡市分设国家税务局、地方税务局，濮院财政税务所也随之进行国税、地税业务划分，合署办公。国税业务负责辖区内中央税、中央与地方共享税的征收；地税业务负责辖区内各类地方税及教育费附加等的征收。1997年7月，桐乡市地方税务局濮院税务所独立设置，下设办税服务厅和征收计会（计划与会计）、企业管理、个体管理3个管理组，地址在柳岸街。2004年4月，濮院地方税务所升格为桐乡市地方税务局濮院税务分局，下设综合、征收计会、企业管理3个管理组。2007年3月，税务分局迁至宏苑路。2009年，濮院地税分局与国税分局联合成立濮院个体联合征管所，取代原个体管理的相关事务。2010年，分局有干部职工24人。历任负责人依次为陈自觉、赵志功、沈锡元、於宝裕、徐文达、万洪岐、吕应鳌、凌霖、朱培铨、吕应鳌、李康治、陈宏烈、徐建中、沈建峰。

桐乡市国家税务局濮院税务分局

1997年10月，桐乡市国家税务局濮院税务所独立设置，下设办税服务厅和综合、税源两个管理组，地址在柳岸街。2006年6月，迁至宏苑路806号。2009年1月，经报请国家税务总局批准，濮院国税所升格为桐乡市国家税务局濮院税务分局。2010年，分局有干部职工21人。历任负责人依次为王云飞、杨伟东、王文其、沈永才。

濮院人民法庭

1965年12月13日，成立濮院人民法庭，隶属桐乡县人民法院，受理区域为濮院镇、濮院公社、新生公社。

1968年4月，公、检、法机关实行军事管制，审判职能被取代，濮院法庭也随之停止工作。1972年12月14日，桐乡县委发出关于尽快恢复濮院等7个人民法庭的通知。1973年3月1日，恢复濮院人民法庭。1983年，法庭迁至柳岸街55号新址。法庭成员由审判长陈兴蓂、人民陪审员黄哲元、陈盘生及书记员董玉成4人组成。1998年7月1日起，濮

院人民法庭、石门人民法庭与民事审判庭合署办公，濮院人民法庭随之撤销。（详见《第十五编·第二章·第一节》）

桐乡市公安局交通警察大队二中队

1988年12月，成立濮院交警分队，有交通干警3人，另聘23名退休工人为交通协管员。1993年10月，组建濮院交警队。1999年6月，成立桐乡市公安局交警大队二中队，下设国道警组、濮院、屠甸镇区警组。2007年8月，启用濮院大道138K＋200M处的新办公楼。2008年5月，二中队增设事故处理警组。中队设中队长、副指导员、副中队长各1人，民警8人，协警37人；配有警用汽车8辆、警用拖车1辆、警用摩托车16辆。历任负责人为吴平、范建荣、陆勇勤、沈继文、姚自刚。

桐乡市国土资源局濮院国土资源所

1990年11月，设立濮院镇土地管理办公室。乡镇合并后，乡土管办并入镇土管办。1997年4月，乡镇土地管理办公室改设为土地管理所，实行市土地管理局和乡（镇）人民政府双重领导、以土地管理局为主的管理机制。2001年12月，撤销新生土地管理所，并入濮院镇土地管理所，同时濮院土地管理所更名为市国土资源局濮院国土资源所。所址位于濮院镇文苑路78号。有工作人员9人。历任负责人为姚汉夫、张金龙、沈建春、吕学强、俞为民、沈平峰。

桐乡市城市管理行政执法大队濮院中队

1991年9月25日，成立濮院镇城建监察中队；2004年10月12日，更名为桐乡市城市管理综合执法大队濮院中队；2007年9月，再次更名为桐乡市城市管理行政执法大队濮院中队。2010年，濮院中队有行政执法队员12人、协管员97人、巡逻汽车8辆、电瓶巡逻车15辆、两轮摩托车7辆。中队主要工作职责：依法查处境内违章设摊、占道经营、违章建筑、违章停车、私设路障、露天焚烧、制造城市牛皮癣、破坏城镇公用设施及绿化等行为，同时查处其他民生热点关注问题。历任负责人为朱国民、徐金坤、姚益根、王桂祥、施法根、杨明强。

桐乡市濮院镇新居民事务所

2001年5月，成立濮院镇外来人口和出租房屋管理中心。2008年2月，成立桐乡市濮院镇新居民事务所，地址在广场路镇综治大楼内。新居民事务所实行居住证办理时限、上门预约服务、窗口服务、孕环情况服务、法制宣传服务等服务。为方便新居民和相关单位办理居住登记，事务所在全镇各村、社区及百人以上规模企业建立了工作站。历任具体负责人为沈小荣、陈国民。

桐乡市环境监察大队濮院中队

2001年1月，成立桐乡市环境监察大队濮院中队，辖濮院镇，地址在濮院镇柳岸街城管大队内。2003年11月，濮院中队撤销。2006年4月，恢复濮院中队，辖濮院镇、屠甸镇、乌镇镇，地址在濮院镇柳岸街城管大队内。2009年4月，队址迁至濮院工商所内。历任负责人为王文兴、姚洪林。

桐乡市卫生监督所濮院分所

2004 年 9 月，成立桐乡市卫生监督所濮院分所，地址柳岸街。2007 年 9 月，迁址文苑路 78 号。分所管辖区域为濮院镇、屠甸镇。桐乡市卫生监督所濮院分所受市卫生局委托，在市卫生监督所的直接领导下，承担面向社会的公共卫生、生活饮用水、学校卫生、医疗卫生、传染病防控、消毒产品、爱国卫生等卫生监督综合执法任务，有卫生监督员 4 人、助理卫生监督员 2 人。历任分所负责人为朱敏娥、李伟、杨小华。

桐乡市质量技术监督稽查大队濮院质监工作站

2007 年 5 月，成立桐乡市质量技术监督稽查大队濮院质监工作站，有工作人员 4 人，辖濮院镇、乌镇镇、屠甸镇，地址在濮院管委会大楼。质监工作站工作职责：在桐乡市质量技术监督局依法授权范围内，承担辖区内特种设备、重要工业产品质量安全监管以及质量、标准、计量监督管理和服务等。2010 年 12 月，稽查大队濮院质监工作站更名为桐乡市质量技术监督局濮院质监工作站。历任负责人为曹建林、沈唐泳、王晓平、钟铿。

第四章 政治协商

第一节 机 构

1984年11月24—25日，桐乡县政协一届三次常委会决定，设立濮院镇政协委员联络组。1987年7月，濮院镇政协委员联络组改为县政协濮院镇活动组。1992年9月26日，县政协三届十一次常委会会议协商决定任免濮院等镇活动组组长。之后，政协濮院镇负责人的任免由桐乡市(县)政协常委会决定。2003年4月21日，根据桐乡市政协六届一次常委会协商决定，将各镇政协委员活动组改为政协委员联络组，濮院镇政协委员活动组更名为濮院镇政协委员联络组。2009年10月19日，根据基层政协组织建设需要，桐乡市政协七届十七次常委会决定，设立桐乡市政协濮院镇联络处，撤销原濮院镇政协委员联络组，由镇党委副书记沈瑞芬任联络处主任，并配备兼职工作人员。从此，镇政协联络处作为市政协的派出机构，有机构，有编制，挂牌子。

历届负责人(联络组、活动组、联络处)

政协第一届桐乡县委员会濮院镇联络组 负责人无考。

政协第二届桐乡县委员会濮院镇活动组 组长施文珍(女，1987年7月—1990年7月)。副组长陈建娟(女，1987年7月—1990年7月)、孙智慧(女，1987年7月—1990年7月)。

政协第三届桐乡县委员会濮院镇活动组 组长陈建娟(女，1990年7月—1993年5月)。副组长彭俊炼(1990年7月—1993年5月)。

政协第四届桐乡市委员会濮院镇活动组 组长朱建栋(1993年5月—1995年6月)、朱静绮(女，1995年12月—1998年3月)。副组长彭俊炼(1993年5月—1998年3月)。

政协第五届桐乡市委员会濮院镇活动组 组长朱煜根(1998年3月—2001年11月)、王利浩(2001年11月—2003年3月)。副组长陈宏烈(1998年3月—2001年11月)。

政协第六届桐乡市委员会濮院镇联络组 组长王利浩(2003年4月—2004年5月)、姚建康(2004年5月—2004年12月)、沈瑞芬(女，2004年12月—2007年3月)。

政协第七届桐乡市委员会濮院镇联络组 组长沈瑞芬(女,2007年3月—2009年10月)。

政协第七届桐乡市委员会濮院镇政协联络处 主任沈瑞芬(女,2009年10月—)。

濮院镇域历届政协委员[①]

政协第一届至第七届桐乡市(县)委员会在濮院委员名单

第一届(1984年7月—1987年5月):邹丽娟、岳石尘(常委)、阙秀华(女,常委)、沈掌顺、孙智慧(女)、柯中杰、沈振华、沈昌均。

第二届(1987年5月—1990年5月):孙智慧(女,常委)、岳石尘(常委)、施文珍(女)、柯中杰、钱善琳、阙秀华(女)、蔡明、朱龙宝(女)、沈昌均。

第三届(1990年5月—1993年4月):陈建娟、孙智慧(女,常委)、彭俊炼、余祥虎、岳石尘、钱善琳、蔡明、沈湘、阙秀华(女)、高阿兴(原新生乡)、沈家义(原新生乡)。

第四届(1993年4月—1998年2月):施有义(常委)、朱建栋、彭俊炼、范剑平、阙秀华(女)、黄生年、钱善琳、陈宏烈、沈湘、余祥虎、朱建华、沈家义(原新生乡)。

第五届(1998年2月—2003年3月):施玉良、陈兴昌、陈国良、吴颂光、沙兴宝(女)、方洁(女)、范剑平、陈宏烈、冯财产、邱永林。

第六届(2003年3月—2007年2月):朱煜根、施玉良、郭蓉萍(女)、梁银友、王亚明、沈湘、吴颂光、史建明、施志萍(女)、陈宏烈、姚立秋、邱令明。

第七届(2007年2月—2012年2月):沈瑞芬(女)、史建明、梁银友、邱令明、黄仙桃、张长强、叶松海、吴建强、朱永春、陈荣、江银芳(女)、褚来生、陈庭峰、韩笑(女)。

政协第一届至第六届嘉兴市委员会在濮院委员名单

第一届(1983年12月—1988年6月):沈掌顺、岳石尘、阙秀华。

第二届(1988年6月—1993年5月):陈盘生、吴颂光。

第三届(1993年5月—1998年4月):陈盘生、范剑平、吴颂光、沈善炜。

第四届(1998年4月—2003年4月):范剑平、沈湘。

第六届(2007年4月—):沈济贤、释贤崇。

政协浙江省委员会在濮院委员名单

第五届(1983年4月—1988年1月):施有义。

第六届(1988年1月—1993年1月):施有义。

第七届(1993年1月—1998年1月):施有义。

---

① 此历届政协委员会在濮院委员名单,部分资料缺失。

第二节　参政议政的工作实绩及获得的荣誉

工作实绩

濮院镇政协联络处(组)每年制订活动计划,组织在镇各界政协委员学习、座谈、参观、视察、调研等活动;组织委员列席市、镇人代会;指导委员写好提案和意见、建议;选派政协委员参加有关听证会、论证会和担任行风监督员,扩大政协委员在基层的影响,发挥政协委员在参政议政、民主监督和反映社情民意等方面的积极作用,更好地为本地经济社会发展服务。

2007 年,镇政府推出了政府工作面向政协委员的“政府工作季报制”。每一季度召开一次专题通报会,由相关领导介绍自己分管的工作在该季度的进展情况和下一季度的思路,让委员更多地了解政府工作的进展情况和重点、难点,以增进委员与政府的沟通,进一步拓宽参政议政思路,提高参政议政水平和质量。是年 4 月,“政府工作季报制”召开第一次会议,在镇政协委员听取了多名领导就工业经济、新农村建设、社区医疗服务、外来务工人员子女入学、环境保护等问题和下一步工作打算所作的情况通报,并实地视察濮院恒盛水处理有限公司和协鑫环保热电有限公司。

2008 年 1 月下旬,在镇政协委员列席镇第十五届人大第二次会议,围绕政府工作报告、镇人大主席团工作报告等进行讨论,对镇域经济发展、环境交通、城乡建设、扶贫帮困、社会稳定等重要问题提出许多意见和建议;并就毛衫市场建设发展、全镇环境卫生整治、全镇治安管理、全镇农业发展及新农村建设、全镇工业转型及对外招商等内容开展专题调研,向镇党委政府提出建议 30 多条,内容涉及宗教、农业经济、市场发展、社会稳定等方面。是年,在镇部分政协委员还对镇工业园区 17 家年产值 1000 万元以上规模企业进行实地考察;对新农村建设、村庄整治长效管理进行督查;配合有关部门开展对改造农村危旧住房,整治公共环境,以治理垃圾、污水等为重点的环境整治作专项检查。

2009 年 3 月,在镇政协委员围绕全镇工作中心,围绕濮院毛衫企业发展情况、市场改造升级、产业提升转型以及全镇农业发展和农村社区化建设、三产服务业发展和对外招商、社会治安管理和环境卫生等内容开展调研。11 月,组织政协委员视察浙江省毛衫产业科技创新服务平台,听取关于浙江省毛衫产业科技创新服务平台的情况汇报,就下一步加大政府投入、发挥引领作用等方面建言献策。12 月,组织政协委员视察桐乡市交警第二中队、濮院镇专职消防队、濮院镇新居民事务所,听取全镇政法综治工作汇报,了解全镇政法维稳形势,并对维护濮院镇社会治安稳定提出意见。此外,镇政协联络处还组织境内政协委员考察濮院镇针织产业园区、凯旋工业园区,走访规上企业 26 家,了解发展情况,分析发展形势,并就存在问题解决办法形成调研报告,为政府制定政策、决策提供参考;拟写《加强政府公共服务,促进濮院毛衫产业提升转型新发展》调研报告,报告分析濮院毛衫产业发展现状、存在的问题和原因,提出加强科创服务平台建设等6条促进毛衫产业提升、转型、发展的建议。

2010年5月底,镇政协联络处联合市政协有关委员视察濮院320创意广场和羊毛衫电子交易平台。6月19日,镇政协联络处组织政协委员视察"两新"工程建设,听取镇政府分管领导就"两新"工程建设的工作现状、存在问题及下一步打算等情况的通报。委员们就"两新"工程建设过程中需加大体育设施的投入力度、优化新建房屋的结构等方面提出了意见和建议。10月,镇联络处在锦苑社区、梅园社区、双龙社区、新生社区、永乐社区设立5个基层联络点,各联络点确定3—5名热心社会事务的老党员、老干部为基层联络员,不定期安排部分政协委员在联络点与基层联络员和基层群众座谈,丰富社情民意内容,拓宽委员参政议政渠道,提高提案质量。12月,镇政协联络处组织在镇委员对全镇创新社会管理工作开展调研。

委员提案

撰写提案是政协委员参政议政的主要形式。濮院镇政协联络处(组)把组织指导政协委员撰写提案列为重点工作之一,坚持结合实际、突出重点的原则,着力提高提案质量。自1993年以来,境内政协委员撰写出一批质量较高的提案,先后被桐乡市(县)政协列为重点提案,或被评为优秀提案。

部分重点提案 1997年,余祥虎的《加快濮院地面水厂工程建设的建议》和沈湘的《完善乡镇企业改革措施》提案。2000年,施玉良的《关于整顿和治理濮院镇市河的建议》提案。2004年,史建明的《关于建造人才公寓的建议》提案和《关于全市职工基本养老保险向农民扩覆的建议》提案。2005年,梁银友的《加强社会治安管理,全市主要路口设立监控和住宅区加强治安巡逻及打卡制度的建议》提案、姚立秋等5人的《加大环保监测力度,建立监测站,从源头上控制污染源》提案、姚立秋等6人的《建议在全市青少年中广泛开展争做文明桐乡人教育与宣传活动》提案和史建明等5人的《加强对环境卫生监督管理的建议》提案。2006年,史建明的《关于加强新村规划和建设的建议》提案。2007年,史建明的《加强工业循环经济发展的建议》提案。2008年,史建明的《关于加强电动三轮车管理的建议》提案。2009年,史建明的《关于整治民间担保公司的建议》提案。

部分优秀提案 1993年,钱善琳的《发展濮院羊毛衫市场,振兴经济的建议》提案。1997年,沈湘的《规范和理顺濮院羊毛衫市场的管理机制的建议》提案。1998年,范剑平的《挖去淤泥,改善河流环境》提案。1999年,沈湘的《成立私营企业贷款担保团体的建议》提案。2003年,姚立秋等3人的《试行村民义务献血,奖励参加合作医疗券》提案。2007年,史建明的《关于加强城乡公共设施管理的建议》提案。2009年,史建明的《关于引进高等教育院校的建议》提案。

获得的荣誉

1987年度，岳石尘被桐乡县政协评为政协工作“先进工作者”；柯中杰被评为政协工作积极分子。

1989年度，岳石尘、蔡明、施文珍被桐乡县政协评为政协工作先进个人。

1992年度，蔡明、沈湘被桐乡县政协评为政协工作先进个人。

1993年度、1994年度，施有义、陈宏烈、黄生年被桐乡市政协评为政协工作先进个人。

1995年度、1996年度，施有义、沈湘被桐乡市政协评为政协工作先进个人。

1998年度、1999年度，沙兴宝被桐乡市政协评为政协工作先进个人。

2000年度、2001年度，陈宏烈、施玉良被桐乡市政协评为政协工作先进个人；施玉良被桐乡市政协评为市五届政协优秀政协委员。

2003年度、2004年度，陈宏烈、沈湘被桐乡市政协评为先进政协委员；陈宏烈、梁银友被评为市六届政协优秀政协委员。

2007年度、2008年度，史建明、叶松海被桐乡市政协评为先进政协委员。

第十五编

公安 司法 军事

清末至民国时期，镇域设有警察分所、保卫团等地方治安管理机构。

中华人民共和国成立初，濮院设派出所，后撤销改设公安特派员，20世纪60年代初，复设派出所。“文化大革命”时期公安机关受到干扰，一度瘫痪，后期恢复。20世纪90年代后期，建立中心派出所。21世纪初，设立濮院警察署。行政区划调整后，撤销新生派出所。之后，实行机构设置改革，撤销警察署，恢复濮院派出所。派出所下设“四队、十组、二科室”。

20世纪90年代初，濮院成立交警队，后更名为桐乡市公安局交警大队二中队。

20世纪50年代初，濮院区公所设桐乡县人民法庭第一分庭，60年代中期，成立濮院人民法庭。“文化大革命”时期，公、检、法实行军管，法庭被撤销，后期恢复。90年代末，为优化职能，濮院法庭与桐乡民事审判庭合一，濮院人民法庭随之撤销。

20世纪80年代中后期，濮院乡、新生乡、濮院镇相继设立司法办。21世纪初，司法办改名为司法所。行政区划调整后，称濮院镇司法所。

濮院地处水陆交通要道，历来为兵家必争之地，兵事记载始于南宋。清顺治三年(1646)，镇域遭大盗杨耀宇等烧杀掠抢，生灵涂炭。民国期间，军阀混战波及境内。尤其是抗日战争时期，镇域遭日军侵略沦陷，人民生命财产遭到严重损毁，但各抗日武装力量不畏强敌，坚持与侵略者浴血奋战。

1960年，成立濮院镇人民武装部，负责全镇民兵训练、整组、征兵等工作。

第一章　公　　安

第一节　历代治安

机构

中华人民共和国成立前，濮院曾设自治公所、警察分所、水警分队、联防队(局)、救火会等治安机构。中华人民共和国成立后，成立派出所，隶属桐乡县公安局。

自治公所　清宣统元年(1909)，省城设自治筹办处，镇、乡限三年一体成立。濮院于清宣统三年(1911)依法选举成立自治公所议事会、董事会，由秀桐合组，以香海寺秀野堂为会所。民国初自治公所改选时，秀水并入嘉兴，嘉桐两界自治公所分设，濮院分所额设佐警1人、巡长1人、书记1人、巡士12人、清道夫1人。

警察分所 清宣统三年(1911),秀桐两界于土地庙合办警察署,设巡官1人、警长2人、巡士14人。民国3年(1914),桐乡县警察署改名为警察事务所,濮院设警察事务分所。分所设警佐1人、巡长1人、书记1人、巡士12人、清道夫1人。民国18年(1929),县警察所改为县政府公安局,濮院分所改为公安分局,设警员10人。后县设警察局,濮院分所改名为濮院警察所。民国20年(1931),县政府公安局改为县公安局,局长同时兼理第一分局事务,濮院公安分局则改为县公安局第五分局。民国23年(1934),裁撤第五分局,改设派出所,置巡官1人,归第一分局管辖。民国27年(1938)9月,桐乡县设立县警察所,濮院设立警察分所,隶属县警察所。民国30年(1941)6月,县警察所改为县警察局,濮院警察分所改为濮院警察所,隶属县警察局。抗战胜利后,汪伪警察机构由国民政府警察局接管。县警察局扩编,设濮院警察所。1949年5月,濮院解放,国民党在濮院设立的警察机构瓦解。

民国34年(1945)8月至38年(1949)4月,历任濮院警察所所长为周基光(民国34年11—12月)、张兹(民国35年1—2月)、单金坤(民国35年3—4月)、周克斌(民国35年5—6月)、许文棋(民国35年7—11月)、张竑(民国35年12月—民国36年10月)、张祖纲(民国36年11—12月)、胡钖艇(民国37年1—5月)。

水警分队 清同治三年(1864),以湘军水师三板、四板船分驻城乡各镇,每船配水师6—8人不等。濮院东市、西市驻水师船各一艘,后又加调两艘停泊翔云观前及陆家桥帮岸,归乌镇营官统制。民国2年(1913)5月,水师改为水上警察,濮院为第三分队,隶属王店,驻长木桥灵鹫寺。民国14年(1925),重编水上警察机构,设分队长1人、巡长3人、巡士32人、伙夫4人,有巡船4艘。民国17年(1928),改为内河水警第六队第三分队,驻地龙王庙,设队长1人、职员4人、水警32人,有巡船4艘。

联防队(局) 清光绪年间,每年十月至翌年二月设冬防局。五月新丝上市至八月设夏防局。冬防、夏防两局均属临时机构。民国36年(1947)11月,成立冬季联防队,队长由警察所所长张祖纲兼任。

救火会 为消防机构,分七坊,备有木制水龙,有救火员约200人。

治安状况及重大案件

清末至民国初,嘉兴、崇福、桐乡等县及周边地域防务松弛,治理无方,太湖强盗猖獗,社会秩序混乱不堪,镇域商铺、典当屡遭抢劫。日伪统治时期,莠民暴徒伺机而动,假借抗日之名扰民,恣意抢劫,民众生活不得安宁。

光绪三十三年(1907)八月二十六日下午,盗匪30—40人抢劫濮院镇商店13家,并杀害居民1人,击伤2人。

民国18年(1929)1月7日(星期一),《申报》刊登《濮院镇钱庄遭劫》消息:"嘉兴县属之濮院镇4日晚8时许,该镇之永康发钱庄,突来盗匪五人,袖责手枪,吓禁声张,并将门户守住,入内搜索,结果劫去现洋钕币3400余元,盗匪即分头逸去。嗣经该庄报告,嘉桐两界警所及驻镇水警分头追赶，已无踪迹。”

较为惨重的一次是民国20年(1931)太湖强盗抢公义当等商号事件。事件在当时引起了较大的轰动，不仅嘉、桐两县长亲自履勘，《申报》也作了连续的跟踪报道。

《申报》民国20年(1931)5月25日(星期一)刊登《濮院镇遭匪洗劫》消息：“嘉兴、桐乡交界处之濮院镇，二十三日清晨五时许，突来匪船十艘，匪徒百余人，均手持枪械，蜂拥欲登岸。先将驻镇水警、嘉桐两公安分局及地方保卫团之枪械劫去，并将公安分局一名警士击毙，后即向各商号分头洗劫，凡中等以上商号，无一幸免。至八时余，始饱掠向新塍方面逸去。迨禾城军长官得讯，即电三区水警区长及驻洲泉之游巡队等，在各要路围堵，但匪已远飏。闻被劫商号以公义当损失最钜，其他，如银楼、衣布庄等损失亦不资。”

《申报》民国20年(1931)5月26日(星期二)刊出23日濮院商号遭匪洗劫的两条后续消息。

消息一为《濮院劫匪被获》：“苏州二十三日洗劫濮院镇之匪窜入苏属四亭子，转入北麻洋地方，经水警十五队会同省保安队派队兜剿，截获匪船六艘，获四匪，救出肉票四人，尚有匪船数艘向坪邱一带逃去。遇省公安队驰往堵截，双方相持历一小时许，结果获匪船一艘，擒湖匪一人，当即一并拘入吴江水警十五队，拟今晨解苏州核办(二十四日专电)。”

消息二为《濮院镇被劫续》：“嘉兴桐乡交界之濮院镇，于二十三日遭匪洗劫，损失共计十余万元。嘉兴、桐乡两县长于二十四日莅镇详细履勘，并召地方各团体代表会商善后。至水警周区长于事出后，率领所部分乘‘翔安’‘致果’两兵舰前往追剿。迨两舰分道兜至新塍、盛泽间四亭址(十里坡)地方河面上与匪相遇，双方开火历两小时，匪始退去。是役，毙匪十余名，又擒伤匪一名、枪两支，‘致果’舰水巡史吉夫、范典俊中弹殒命。两舰因匪已击散，午夜亦即回防。遂将伤匪首级割下，悬挂于端平桥之路灯杆上示众，尸体即弃于附近之许家坟。二十四日下午，报请法院检验后将尸体掩埋，首级拟于二十五日由濮院移至县城悬挂示众。”

民国26年(1937)11月，濮院同和布店遭歹徒洗劫，排门洞开，货架尽空，十余名员工因此失业。后筹措资金于1939年复业。民国31年(1942)初夏夜，遭土匪第二次洗劫。民国32年(1943)夏，该店已处于勉强经营状态，又遭匪徒第三次抢劫，因而不得不再次停业，剩余员工全部解散。因其自身需维持生计，秋后业主兄弟俩只得以半摊半店的方式支撑经营。民国33年(1944)夏，匪徒又突然光临。同年冬天，匪徒结伙持枪直抵其家，破墙入室，又劫走布匹和日常衣服等数捆。这家商店由于在几年内遭五次抢劫，再也无力恢复，奄奄一息，濒临关门。事后获悉，这些匪徒竟是驻在镇上的伪保安大队第一中队部属。

第二节　中华人民共和国成立后的公安机关

1950年7月，桐乡县公安局在濮院设派出所，驻地雷家潭，主管全镇公安工作。1955

年1月撤销，仅指定1名特派员负责濮院镇治安工作。1960年1月，恢复濮院派出所，驻地大街，管辖区域为濮院镇和濮院公社。1965年10月，增管新生公社。1968年4月，公安机关实行“军管”。1970年4月，县人保组设濮院镇派出所，负责全镇治安。1973年1月，县公安局恢复濮院派出所，辖一镇二公社（濮院镇、濮院公社、新生公社），驻地大积桥南堍。1982年迁至杏林街。1995年迁至柳岸街。1997年6月，成立桐乡市公安局濮院中心派出所，辖濮院、新生两镇。中心派出所设治安、基础、市场、城镇、农村5个警组，2个刑侦警组，1个户籍窗口。2001年3月20日，成立桐乡市公安局濮院警察署，与濮院派出所一套班子、两块牌子。警察署兼管并负责指导治安片区内各派出所的工作，原中心派出所管理体制终止。同年11月1日，桐乡市行政区划调整，撤销新生派出所。2008年，改革公安机构设置，濮院警察署撤销，恢复桐乡市公安局濮院派出所，原警察署下设的刑侦组划归派出所。2010年，全所有公安民警52人，设所长、教导员各1人，副所长5人。派出所内设刑侦队（3个探组）、治安巡逻队（3个警组）、社区警务队（3个警组）、市场警务队（1个警组）、综合室、法制室等机构。

2000年起，濮院派出所坚持以“四队二室”为警务平台，紧紧围绕“打造长三角最具安全感的城市”总目标，以执法规范化建设为主线，进一步增强“大情报”意识，全面实施一体化警务，积极开展社会治安热点问题的专项整治工作，刑事、治安案件发案呈逐年下降趋势，人民群众安全感满意度进一步提升。2004年，濮院派出所被嘉兴市公安局评定为三级公安派出所。2006年，被省公安厅评定为二级公安派出所。2008年，被公安部评定为一级公安派出所。

濮院派出所获得的荣誉：1999年，被嘉兴市委、市政府授予“人民满意派出所”称号，被嘉兴市政法委授予“人民满意政法单位”称号。2001年，被嘉兴市委、市政府授予“文明单位”称号，被嘉兴市青年文明号活动指导委员会授予“青年文明号”称号。2002年，被省综治委授予“人民满意基层政法单位”称号。2006年，被团省委、省公安厅授予省级“青年文明号”称号。

历任负责人、所长依次为蒋瑞祥、张嗣相、王德甫、蔡金林、周大跃、潘振兴、秦昌仁、朱雪洪、吴万新、顾德贵、杨振明、苏伟民、王建学、邱根甫、吴颂华。

第三节　治安管理

中华人民共和国成立后，濮院镇在上级党委政府的领导下，广泛发动群众，开展一系列政治运动，严厉打击反动势力的进攻，巩固了新生的人民政权。与此同时，建立起各项管理制度，维护社会稳定，促进镇域经济和社会各项事业的发展。

剿匪反霸

濮院解放之初，镇境治安状况与县境大体相似：残余反革命势力尚未全部被清肃，一些恶霸还与武装土匪相互勾结，烧杀掠抢，严重扰乱社会秩序稳定。

在镇域为非作歹的武装土匪主要有以马某某为首的“东南反共救国军苏浙指挥部直属行动总队第三大队”，以蒋某某、闵某某为首的“浙西被压迫人民联军”，以王某某为首的“国防部反共救国军浙西战区独立行动大队”，以顾某某为首的“国防部忠义救国军第一纵队直属大队”及“浙江省人民反共救国军杭嘉湖挺进独立支队”等股匪的残部。这些股匪大多流窜于镇域周边及农村，相互勾结，烧杀抢掠，危害百姓，企图推翻人民政权，犯下了滔天罪行。如：民国 38 年(1949)6 月 7 日，居住在原城濮区乐安乡第十三代表区土匪夏某某，伙同另两名惯匪肖某某、蒋某某在运河妙智塘口抢劫商轮一艘，劫得面粉 80 袋、大米 40 石、洋布、洋油、桐油等大量物资，还抢夺军人卡宾枪、左轮枪各 1 支。民国 38 年(1949)8 月 30 日上午，青镇区中队战士钱阿大押送土匪至青镇，返回驻地民合乡途经永兴港油车桥(今属濮院镇域)时，被当地恶霸钱某某指使土匪头目章某某等匪徒设伏杀害。1949 年 10 月，居住在原城濮区乐安乡第四代表区的土匪项某某，混入人民政权之基层组织进行破坏活动，还强索农民俞阿七财物。此外，盘踞在嘉兴新塍一带的匪首张某某残部也经常在濮院镇域杀人放火，掠夺财物，濮院人民深受其害。

为迅速扫清匪患，巩固新生的人民政权，保障人民生命财产安全，1949 年 6 月开始，县委、县政府在中国人民解放军的支持下，分别组建县、区武装，同时成立县大队和区中队，开展了大规模的剿匪斗争。这场斗争大致分三个阶段展开。

第一阶段是 1949 年 6—9 月，主要进行一般性搜剿，发动群众，组建民兵、自卫队组织，开展防匪活动，保卫新生的区、乡人民政权。第二阶段是 10—12 月，以农村为重点，开展全面清剿，同时加强对被俘、降匪的管训和处理。第三阶段是 1950 年 1 月至当年秋，主要任务是建立各级剿匪治安委员会，同时开展侦察，搜捕散、潜之匪。三个阶段的剿匪斗争历时一年多，至 1950 年 10 月，镇域匪患被彻底清除，保卫了人民群众的生命财产安全，进一步巩固了新生的人民政权。

1949 年 10 月 15 日，桐乡县召开全县干部大会，在全县范围开展减租反霸运动。濮院镇、濮院乡、新生乡按县委部署，边剿匪边反霸。在农村，组织干部和农民积极分子学习华东局于 1949 年 9 月 15 日发布的《华东新区农村减租暂行条例(草案)》、省人民政府于 9 月 25 日发布的《浙江省人民政府执行华东新区农村减租暂行条例实施补充办法》，通过学习，提高大家对减租反霸运动重要意义的认识，明确减租反霸中的政策、策略。同时还组织干部串村走户，结合典型调查，摸清情况，启发和引导农民控诉地主阶级重租剥削的种种罪恶，激发群众的阶级觉悟，组织农民与地主开展面对面的说理斗争，组织苦大仇深的群众上台与各种恶霸地主进行面对面的揭发斗争。至 1950 年 1 月，减租反霸运动告一段落。经过减租反霸斗争，群众得到充分发动，农民协会组织迅速发展壮大，旧的保甲制度被彻底废除，建立和巩固了农村民主政权。

在剿匪反霸运动中，濮院镇抓捕并判刑的匪、霸共 12 人，濮院乡 3 人，新生乡 2 人。

附：

案例纪实

盘踞镇域的土匪“国防部反共救国军浙西战区独立行动大队”，大队长王健文（又名王知良），下辖两个中队，匪徒30余人，有长短枪十多支。该匪部自1949年6月纠集后，活动于新生乡白旗漾一带，强行派粮，抢劫民财，拦截商船，绑架“肉票”，扰乱地方。同年7月，王健文与匪首马文龙勾结，杀死3名外地人；8月13日，又带领匪徒，在永新乡枪杀公安侦察员倪其荣。同年10月25日，剿匪部队包围该匪部，一举歼灭，王健文被活捉。

镇反、肃反

濮院的镇反、肃反运动是在县委的统一领导和部署下分阶段开展的。

镇反 运动前期，对反动党、团、特务人员进行登记。1950年11月，全县举办反动党、团、特务人员思想改造训练班，集中国民党、三青团、军政区级以上骨干和民社党、青年党县级筹委会委员及中统、军统特务组长以上人员，进行政策前途教育，责成其交代各自组织的情况。镇域的相关人员也参加了思想改造训练班。是年12月20日和23日，桐乡县人民政府发布《反动党、团、特务人员申请登记实施办法》，县人民政府公安局组织干警在梧桐镇设立登记总处，濮院则设登记分处，对反动党、团、特务人员进行登记，期限为1950年12月23日至1951年1月7日。

1951年2月21日，中央人民政府公布《中华人民共和国惩治反革命条例》后，桐乡县把镇反运动推向高潮。对那些罪大恶极而又抗拒交代的反革命分子坚决进行镇压，对一般的反革命分子分别按政策予以处理，至1953年6月，运动基本结束。镇反运动主要打击对象是剿匪肃特后少量潜伏的土匪、恶霸、特务、反动党团骨干和反动会道门头子。濮院镇的镇反运动采取镇压与宽大相结合的方法，坚持首恶者必办、胁从者不问、立功者受奖的政策，同时，广泛发动群众积极参与到镇反运动中去。其中，1952年共收到群众对反革命分子的检举信500余件。迫于形势的压力，有210余名反革命分子向政府自首。其中，22人被镇压，47人被关押改造，17人被管制，1人被剥夺政治权利。

肃反 1955年7月1日，中央发出《关于展开斗争肃清暗藏的反革命分子的指示》，在全国范围内开展肃反运动，以肃清暗藏在内部的反革命分子（包括特务，间谍，反动党团骨干分子，反动会道门头子，土匪，恶霸，汉奸，国民党军、政、警、宪中的反革命分子，流氓分子和品质极端恶劣的蜕化变质分子）。1956年3月，桐乡县委建立肃反五人小组，按先国家机关部门后基层单位的次序，分批分期开展肃反运动。

每一批都经历四期：第一期为准备阶段。培训骨干，排摸、调查肃反对象。第二期为学习与小组斗争阶段。通过学习，让肃反对象坦白交代。第三期为审查阶段。第四期为甄别定案和案件复查。

全县第一批肃反从1956年4月开始至1957年1月结束。以县级机关为主，还有下乡在农村的干部和各乡镇机关干部共16个单位，984人。

第二批肃反于1956年8月开始至1957年6月结束。主要涉及党群、财经、工业、文卫等44个单位，1696人。

第三批肃反于1958年2月下旬开始至7月上旬结束。主要涉及联合诊所及医院，公私合营厂矿、交通及财贸、手工业社等93个单位，6912人。

第四批肃反于1958年5月初开始至11月底结束。主要涉及民营剧团、民营企业、国营工厂、合作财贸、合作交通、合作诊所、手工业合作社等单位及其他未参加过肃反运动的人员，共1450人。

第五批肃反于1958年9月开始作前期准备，12月7日起，采用"边填表、边审查、边摸底、边排队、边调查"的方法进行，以崇福、屠甸两个镇为试点。濮院则按照县委要求，参照试点镇方法进行，至1958年12月底，肃反结束。

通过镇反、肃反，濮院肃清、查处了一批不甘心失败，进行着种种捣乱、破坏和颠覆活动反革命分子，有效地稳定了社会秩序，巩固了新生的人民政权。

附：

案例纪实：沈某某遣特案

沈某某，又名沈某某，化名王某、王某某，绰号黑人牙膏，男，桐乡县人，家住濮院镇南市横屋街。1957年12月参加台湾国民党"中委会二组"特务组织，任"浙东行政特派员"。经过3个月特务训练，于1958年4月30日被派遣到濮院，进行情报、策反、渗透及发展组织，长期潜伏。曾在广州、上海两次用化名王某向香港特务机关发信联络。6月2日返回香港。1959年11月15日，加入国民党"国家安全局"特务组织。在香港"情报局香港张炬站"充任"浙江省杭嘉湖地区行政专员"。经受短期特务训练后，于1960年8月7日潜入内地，任务是长期潜伏、收集情报、待机发展组织。到达广州后，就用化名王某某向香港特务机关干部发信联络。8月10日，在广州至杭州的金华途中被县公安局依法逮捕。1961年1月3日，嘉兴地区中级人民法院判处特务沈某某有期徒刑20年。

取缔反动会道门

濮院的反动会道门组织有"一贯道"（又称"佛教会""孔孟圣道"）、"九宫道"（又称"中华普济慈善协会""龙华会"）、"同善社"（又称"诵经堂""天师堂"）三种。特别是"一贯道"

组织在濮院的道徒较多，且多数分布于农村。“一贯道”组织不仅人多势众，愚弄群众，诈骗钱财，扰乱治安，还破坏生产，散布谣言，破坏政府征粮、土改和参军等中心工作，甚至妄图推翻人民政权，其活动猖獗，危害较大。

1952 年 8 月，桐乡县政府作出《取缔反动会道门组织的办法规定》：县内“一贯道”“同善社”“中国普济慈善协会”等会道门为非法反动组织，一律予以取缔；其坛、社、静坐室一律予以查封；会道门组织的财产一律由政府没收。同时，设立登记处，进行全面登记，劝告道徒退道。具体的步骤大体分为：逮捕、登记、退道，宣传、控诉、检查、宣判处理，总结经验三个阶段，至 11 月底基本结束。所采取的工作策略：惩治与教育改造相结合，争取广大受骗道徒，分化瓦解中小道首，孤立打击少数反革命分子，逮捕首恶，登记道首，动员道徒自觉退道。该规定出台后，镇域绝大部分中小道首能认清罪恶，表示悔改，并停止活动，广大受骗道徒则更是与之脱离关系。是年，全镇有 26 名反动道会门的道首、台主、点善师等向政府自首；289 名“同善社”“一贯道”等道徒自动退道。但仍有极少数顽固分子和漏网潜逃的反动道首无视政府法令，暗中恢复坛堂，串联道首，发展道徒。公安机关及时侦破，严厉打击，为首者被依法惩处。

打击刑事犯罪

1955 年 7 月，濮院派出所在桐乡县公安局统一部署下，首次开展集中打击刑事犯罪分子的斗争。主要对象是对国家和人民危害极大的惯盗惯窃、骗子、销赃犯和窝主，以及流氓恶棍、赌棍。1958 年，开展破案战役，全镇破获刑事案件 17 起。是年冬季又组织了集中打击、逮捕有现行破坏活动的地主、富农、反革命分子和刑事犯罪分子的斗争。此后，多次组织清查，打击流窜犯罪分子，同时加强公共场所管理，落实工厂、企业、机关、学校的安全防范制度，使全镇刑事案件逐年减少，社会治安秩序趋于稳定。

“文化大革命”初期，法制遭到破坏，刑事侦查削弱，对刑事犯罪打击不力。1973 年，派出所恢复后，加强了对刑事案件的侦破和对刑事犯罪打击力度。1975—1977 年，全镇开展数次大清查，集中打击流窜作案的犯罪分子，共查获流窜作案及其他刑事犯罪分子 11 人，破获刑事案件 27 起，有效地遏制了刑事犯罪活动。

1983 年 8 月，按照全国人大常委会《关于严惩严重危害社会治安的犯罪分子的决定》和县公安局的部署，在全镇范围开展严厉打击严重刑事犯罪的斗争（简称“严打”），至 1986 年底，历时三年多，组织 3 个战役、10 次集中打击，坚决执行依法从重从快惩处的方针，摧毁流氓、盗窃等犯罪团伙 3 个，抓捕团伙成员 14 人，破获各类刑事案件 21 起，逮捕了一批刑事犯罪分子，处决 1 名罪大恶极的犯罪分子，缴获赃款赃物价值 2 万元、凶器 8 件。同时也有一批违法犯罪人员向政府投案自首，得到从宽处理。其中 1986 年开展的禁赌反盗专项斗争中，就有 82 名参赌人员及 18 名有偷摸行为的人员主动到派出所登记。经过几次深挖和打击，犯罪分子受到震慑，刑事案件比“严打”前三年明显下降，公共场所流氓结伙打群架、捅刀子等重大治安事件不再发生，社会治安明显好转，群众安全感增强。

1987年后，针对各个时期突出的治安问题，以组织专项斗争的形式继续贯彻“严打”方针。1987—1990年，在上级公安机关的部署下，镇派出所在全镇先后开展“打击流氓犯罪、查禁淫秽物品”“打击拐卖妇女儿童犯罪”“打现行、刹赌风、抓防范”“反偷盗自行车”和扫除“六害”（制作贩卖淫秽物品、卖淫嫖娼、制造贩卖吸食毒品、拐卖人口、赌博、利用迷信骗财）等6次专项斗争，以及4次治安大清查和2次“严打”统一行动，共查获各类犯罪分子23人，破获刑事案件42起（其中重大案件5起），缴获赃款赃物价值3.5万元，及时惩处了一批扰乱社会治安、破坏国家经济建设的严重刑事犯罪和经济犯罪分子，社会治安进一步好转。

20世纪90年代，镇派出所坚持对各类刑事犯罪露头就打的原则。1991年10—12月，全镇开展反盗窃斗争，共破获盗窃案件38起，查获违法犯罪分子11人，依法逮捕8人，缴获赃款赃物价值3.7万元。

1992年8月20日至10月20日，为配合中共十四大保卫工作，根据上级统一部署开展“追逃犯、打流窜、破大案”专项行动，全镇抓获在册逃犯、带案潜逃人员5人，破获刑事案件12起，抓获刑事犯罪分子9人。

1996年4—9月，配合全市开展“严打”斗争。镇派出所共破获刑事案件60起，其中大案12起；破获流氓、抢劫、盗窃等犯罪团伙3个，共11人；抓捕各类违法犯罪分子34人；缴获赃款赃物计价值4.9万元。

1998年6月，开展以“反盗抢、禁黄毒”为重点的夏季严打整治斗争，实施严打、严防、严管、严治“四严”工作措施。至9月底，全镇破获了一批盗抢、涉黄案，其中大案3起，有效遏制了社会丑恶现象的蔓延势头。同年10月至1999年1月，全镇开展的“百日破案”和“百日防范”双百会战，破获刑事案件57起，其中包括“12·5”白骨案等大案9起。

1999年5月下旬至6月，开展以“反盗抢、打流氓、保稳定”为主要内容的夏季治安专项整治，对盗窃、抢劫、抢夺等现行刑事案件及时组织侦查，对殴打他人、寻衅滋事等违法犯罪案件积极开展查处，镇派出所共侦破各类刑事案件18起。同时，对出租房屋、美容美发店、茶庄等场所进行全面检查整治，对社会不安定因素开展了一次排查，并配合政府部门做好化解工作。7—9月，开展以禁毒、“扫丑”、追逃、除恶为重点的夏季严打斗争，三个月内共破获各类刑事案件31起，抓获涉毒、涉黄、涉赌人员53人。同年10月，再次开展以“打流扫丑破大案”为重点的冬季会战。

2000年，在桐乡市公安局的领导下，镇派出所先后组织开展打击拐卖妇女儿童专项斗争、禁毒战役、春夏季严打整治斗争、打击流氓恶势力犯罪活动。在3月起开展的禁毒战役中，抓获贩毒犯罪嫌疑人3人，侦破贩毒案件11起。4—8月，开展以“打拐、禁毒、破大案、促防范”为重点的春夏季严打整治斗争，破获各类刑事案件53起，查处治安违法案件13起、行政违法案件3起。10—12月，开展以“反盗、除恶、追逃”为重点的冬季破案会战,共破获各类刑事案件 23 起。

2000 年 12 月至 2001 年 10 月,开展“打黑除恶”专项斗争,集中打击黑社会性质的犯罪团伙和流氓恶势力。2001 年 4 月,根据市公安局严打整治斗争总体部署,开展严打整治大排查,至 6 月底,共破获刑事案件 27 起,排查出无证摩托车助动车 532 辆、重点场所安全隐患 137 处,调处各类矛盾纠纷 175 起。9—12 月,开展以“打两抢、破大案、追逃犯”为重点的“百日破案”会战。

2001 年 9 月至 2002 年 2 月,开展“反盗抢、反诈骗、禁黄毒”专项行动。

2003 年,组织开展秋冬百日破案会战。

2004 年 4 月下旬至 10 月,开展“严密防控网络、遏制盗抢犯罪”百日攻坚战,共破获各类刑事案件 108 起,抓获各类犯罪嫌疑人 53 人,查获无牌无证摩托车 73 辆、无证船舶 1 艘,检查特种行业、公共场所 35 次,发现安全隐患 310 处,发整改通知书 98 份。

2005 年 4—7 月,连续组织“设卡巡逻抓现行”、“破案打击”竞赛活动及集中侦破命案专项行动。10—12 月,组织了以抓捕各类逃犯为工作内容的竞赛活动。是年 10 月至 2006 年春节,组织开展以“攻命案、除黑恶、打盗抢、强防控”为重点的百日打防大会战。2006 年 4 月,组织开展涉黑线索排摸工作,在此基础上,于是年 4—6 月开展“破大案、打团伙、追逃犯”专项行动。

2006 年 8 月至 11 月底,组织秋季打防会战,破获一批重大案件,建立高危流动人口长效管控机制,严厉打击破坏电力设施违法犯罪活动,并在 10 月至 2007 年 1 月底,组织破案追逃攻坚战。

2007 年 12 月 21 日至 2008 年 3 月 20 日,开展以“禁黄赌、打盗抢、控案件、防事故”为重点的活动。7 月至 8 月,开展为期一个月的排摸工作。镇区重点排摸各类市霸、行霸以及隐匿在娱乐行业的黑恶势力的线索;农村重点排摸各种形式乡霸、村霸、地霸等黑恶势力的线索;城乡接合部重点排摸流动人口中的帮派势力的线索;对涉赌人员,排摸以盈利为目的的开设赌场、发放高利贷、雇佣黑恶势力护场、逼债等线索。在此基础上,2008 年 11 月至 2009 年 1 月,开展为期两个月的打黑除恶整治斗争。2008 年 11 月 21 日至 2009 年 3 月 20 日,开展以打击“两抢一盗”为重点的冬季大侦防行动。

2009 年,进一步强化打黑除恶工作,以打团伙、抓黑恶势力的首要分子为重点,集中整治一批容易滋生黑恶势力及违法犯罪的行业、场所和区域,建立和完善打击、防范和控制黑恶势力违法犯罪的工作机制。为纵深推进“打黑除恶”,坚持“主动进攻、打早打小、露头就打、除恶务尽”的原则,着力在工作保障、排摸梳理、打击整治等三个方面狠下功夫,严厉打击黑恶犯罪,共破获涉恶犯罪案件 13 起,打击处理涉恶违法犯罪人员共 11 人,破获涉恶性质犯罪团伙 3 个。是年还开展为期一年的打击整治“两抢犯罪大会战”行动。

2010 年,开展为期 7 个月的严打整治行动,基本实现了“五个确保”的工作目标:即确保不发生危害国家安全和社会稳定的各类重要案件；确保不发生影响恶劣的极端暴力性案件；确保各类高危犯罪主体得到有效挤压；确保群众的安全感满意度得到有效提升。

附：

案例纪实

寻衅滋事　2008年10月5日14时许，犯罪嫌疑人李某某、胡某某两人因琐事在濮院镇红玫瑰服饰厂套口车间，用砍刀、铁棒等凶器将吴某某等人手臂、大腿砍伤，另一人被打伤。接警后，镇派出所民警立即出警，将涉嫌寻衅滋事的违法犯罪嫌疑人李某某、胡某某等9人抓获。

抢劫　2006年5月21日中午12时左右，在濮院金马转盘西200米处，事主黄某某被两名男子使用暴力抢劫。接到报案后，派出所马上开展侦查，于2006年5月26日，在洪合镇小木桥处将犯罪嫌疑人韦某某、韦某某两人抓获。通过审讯，两名嫌疑人交代了在濮院、桐乡梧桐、高桥、嘉兴秀洲洪合等地抢劫、抢夺作案19起，涉案财物12万余元。

（濮院派出所供）

查禁毒、赌、黄

1949年5月，桐乡县人民政府发布通令，明令禁止吸贩毒品、赌博、卖淫嫖娼等违法犯罪活动。

禁毒　1950年，中央人民政府政务院颁发了《关于严禁鸦片烟毒的通令》，明令禁种、禁运、禁贩、禁吸。1952年8月，桐乡开展群众性的禁毒运动，县公安局建立禁毒办公室。濮院作为县重点镇之一，召开干部会、代表会、群众会、控诉会等各种会议，广泛发动群众，深入宣传烟毒的危害和禁毒的意义、政策。通过宣传教育，提高了全镇党员、群众的觉悟，使大家积极投入到禁毒运动中去。其间，共收到检举材料17件，依法逮捕一批贩毒犯罪分子，听训登记和具结悔改3人，并对3名吸毒者进行教育。收缴毒品鸦片250克，烟枪、烟灯等吸毒工具3件，有效地禁绝了烟毒祸害。之后，公安机关多次开展专项行动，打击涉毒行为，净化社会风气。

1997年4—9月，全镇开展禁毒禁赌“双禁”斗争，查获吸毒人员3人、参赌人员48人。

1999年3—9月，开展坚决查处涉毒违法犯罪活动的专项行动，查获5名吸毒人员。

2000年1—3月，组织开展以禁赌禁毒为主要内容的专项治理。3—6月，开展禁毒与创“无毒社区”工作。自10月起，开展打击冰毒犯罪和易制毒化学品的专项整治行动。全年破获贩毒案件2起，缴获毒品10克，抓获贩毒嫌疑人5人。

2001年1—3月，开展禁毒专项行动。9月，再次开展清除毒品隐患的专项行动，对毒品原植物进行清理、铲除。

2002 年，两次开展禁毒集中整治，共处理涉毒人员 12 人，收缴毒品 12 克。

2005 年，共查获毒品案件 21 起，抓获涉毒嫌疑人 25 人，缴获毒品 10 余克。

2007 年，共破获贩毒案件 38 起，抓获贩毒嫌疑人 44 人，缴获毒品 20 余克。

2010 年，共破获毒品案件 74 起，抓获贩毒嫌疑人 4 人，缴获毒品 30 余克。

附：

部分禁毒案例纪实

1. 胡某某，女，居濮院镇有义街。胡某某在 1949 年至 1952 年间，连续至上海等地贩运烟土 90 余两、白粉 50 余两，并在家中开设烟铺，从中图取暴利，多次教育不改。1953 年，被桐乡县人民法院以贩运毒品罪，判处劳役一年。

2. 孟某某，男，居濮院镇鸣凤街。孟某某在新中国成立前从事贩、吸毒品，新中国成立后无悔改。自 1950 年起，先后从嘉兴等地贩运 20 余次，贩售白粉 14 两。1953 年，被桐乡县人民法院以贩运毒品罪、抢劫罪，判处有期徒刑二年。

3. 潘某某，男，居大全村某组。潘某某在 1949 年至 1951 年间贩售毒品五六十次，重达 20 余两。1953 年，被桐乡县人民法院以贩运毒品罪，判处有期徒刑二年。

4. 刘某某，男，居濮院镇杏林街某组。刘某某在新中国成立前贩运鸦片 60 余两，新中国成立后复运鸦片 3 两、贩运白粉 50 两。1953 年，被桐乡县人民法院以贩运毒品罪，判处有期徒刑二年。

5. 叶某某，男，居濮院镇大众街某组。叶某某在新中国成立前多次与匪勾串，新中国成立后继续肆行不法活动。1949 年 9 月复在家设烟铺，至年底，共售鸦片 40 余两，1950 年至 1951 年，又改售白粉。1953 年，被桐乡县人民法院以贩毒勾匪罪，判处有期徒刑五年。

6. 潘某某，男，居濮院镇西南街某组。潘某某在新中国成立前除从事反革命活动外，还在 1949 年至 1952 年间，计贩鸦片 100 余两、白粉 10 余两。1953 年，被桐乡县人民法院以反革命杀人、贩毒罪，判处有期徒刑九年。

（以上资料来自桐乡市档案局，全宗号 126、目录号 1、案卷号 8）

7. 2005 年 7 月 23 日凌晨 1 时许，濮院派出所民警在镇区横屋街巡逻中发现，李某某的租房中放有大量疑似毒品的橘黄色药丸。民警当场询问承租人李某某、杨某某、王某某三人，见其支吾，便将人、物一并带回派出所。除对三人作进一步查问外，还将查获的橘黄色药丸送桐乡禁毒大队鉴定。经鉴定，这是一种叫“麻果”的毒品。在事实面前，三人如实交代了犯罪的过程。

8.2008 年 8 月 24 日晚上，濮院派出所民警在濮院镇某浴室抓获吸毒人员徐某某、沈某某两人。经调查，浴室老板方某某涉嫌容留他人吸食毒品。

9.据举报，2006 年 6 月初至 9 月 6 日间，犯罪嫌疑人单某某和孙某某多次在濮院镇东兴商厦门口将海洛因贩卖给吸毒人员张某、黄某、廖某某。9 月 7 日，犯罪嫌疑人单某某和孙某某被海宁警方抓获并移交濮院派出所，通过审讯，犯罪嫌疑人交代了犯罪事实。

（濮院派出所供）

禁赌　中华人民共和国成立后，县、镇两级政府都非常重视禁赌工作，在每年春节前，县人民政府都发布《禁赌布告》，明令禁赌。1955 年，濮院镇在打击刑事犯罪活动中，共查获赌头赌棍 13 人。1957 年以后，根据《中华人民共和国治安管理处罚条例》，认真查处赌博案件。1961 年 5 月和 1962 年 1 月，在县政府领导下，全镇开展两次群众性的禁赌工作，依法逮捕赌棍 7 人，教育参赌人员 85 人次，有效刹住了赌博之风的蔓延。1980—1982 年，全镇查处赌博案 15 起，治安处罚 62 人，受教育者 28 人。

1983 年，打击严重刑事犯罪斗争中，逮捕赌博犯 2 人。1985 年 1 月，省人民政府颁发《关于查禁赌博的暂行条例》，同年 12 月至 1986 年 2 月，全镇深入开展查禁赌博工作，共有 103 名参赌人员进行登记悔过，其中多次赌博的 7 名嗜赌分子受到治安处罚。

1987—1990 年，全镇以专项斗争的形式，先后 12 次集中查禁赌博活动，共查获赌博场次 14 场，登记悔过的参赌人员 182 人，劳动教养 2 人，治安拘留 16 人，罚款 42 人，罚金 8 万余元，没收麻将、牌九、扑克等赌具 21 副，缴获赌资 3 万元。

1993 年 1—3 月，开展禁赌专项治理，查获参赌人员 47 人，缴获赌款 15 万元。1994 年春节前后，全镇再次开展对赌博活动的专项治理。

1995 年 1—3 月，开展禁赌专项治理，共查获参赌人员 158 人，还举办了 5 期法制学习班，对 158 名参赌人员进行法制教育。

1996 年初，开展禁赌专项治理，共抓获参赌人员 147 人，其中治安处罚 125 人，没收赌款及治安罚款 20 余万元。

1997 年 1—3 月，开展禁赌专项治理，查获参赌人员 152 人。

1998 年，组织了禁赌专项整治，全年查处案件 28 起，查获参赌人员 132 人。

2005 年 12 月至 2006 年 2 月，开展“禁赌扫丑”专项治理，查处赌博、卖淫嫖娼、传播淫秽物品等治安案件 22 起。

2008 年，开展打击利用游戏机赌博违法犯罪专项行动，共查缴赌博游戏机 280 台，处罚摆放赌博游戏机的场所 11 家。

2010 年，全镇查处涉赌案 102 起，收缴赌资 52.96 万元，收缴赌博游戏机 350 台。

附：

案例纪实

1.2006年5月11日晚上20时30分至21时，濮院派出所民警根据掌握的信息，迅速出击，将在濮院镇星旗村桥南一农户家里开设赌场的冯某(男，四川渠县人)当场抓获。经查，冯某多次伙同他人开设赌场，并已从中抽头获利2万元。

2.2006年12月15日下午14时30分，派出所民警陆锡华、王胜吾带领保安队员在镇区某小区巡逻时，发现该小区某棋牌室的二楼最西边的包厢内有16人围在一起打“筒子功”，还有大量现金来往，涉嫌进行赌博违法活动。民警在出示警察证后，对江某某等16人进行了当场盘问，当事人承认在进行赌博活动，民警当场查获赌资4010元及赌具麻将牌一副，并将16人带回派出所接受处理。

（濮院派出所供）

扫黄　1975年5月，濮院镇在全县开展追查、收缴淫秽书刊的专项斗争中，共收缴淫秽书刊33本，对传抄偷阅的青少年进行法纪教育。1983年，省人民政府《关于查禁淫秽书画和其他诲淫性物品暂行条例》和1985年国务院《关于查禁淫秽物品的规定》颁发后，县人民政府颁发了《关于严禁淫秽物品的布告》，全县建立了有宣传、文化、广播电视、公安、工商等部门参加的音像制品管理机构，镇政府也成立了相应的管理部门，加强对淫秽物品的查禁和音像的管理工作。根据上级部署，全镇在1987年5—6月开展打击流氓犯罪、查禁淫秽物品的专项斗争，查获进行流氓活动、传播淫秽物品的违法犯罪人员多人，依法逮捕2人，劳动教养1人，治安处罚7人，收缴各种淫秽物品45件。

1989年10月至1990年3月，全县开展扫除制作贩卖淫秽物品、卖淫嫖娼等“六害”的专项行动，濮院镇共查获8人，对其中2名严重违法犯罪人员依法作了处理，1名人员向公安机关投案自首，收缴淫秽物品13件。

1995年1—3月，进行扫黄专项治理行动，查获卖淫女15人、嫖娼者21人，取缔卖淫窝点3个。

1996年6月至8月、11月至12月开展“扫黄打非”集中行动，对6家音像单位及经营电子游戏的单位进行检查整顿。全年查处卖淫嫖娼、传播淫秽物品等违法犯罪人员3人，收缴一批淫秽物品和非法音像制品，对其中的录像带(VCD)及淫秽书刊等进行了集中销毁。

1997年7—9月，开展以打击卖淫嫖娼、制贩传播淫秽物品流氓犯罪活动为重点的夏季“扫丑”专项斗争，查获组织、介绍、容留妇女卖淫案件2起，卖淫、嫖娼案件7起15人，传播淫秽物品案件2起2人。

1999年，贯彻国务院新颁布的《娱乐场所管理条例》和公安部等有关部、局通知精神，3—4月，由公安、卫生、劳动、工商等多部门联合，开展对按摩服务场所的清理整顿，同时严厉打击非法经营活动。对全镇综合型宾馆内及桑拿场所和附带经营按摩服务的美容美发店、洗脚屋、浴室等场所进行排查，共排摸登记按摩服务场所3家，查获卖淫嫖娼、流氓、传播淫秽物品案件2起6人。经过清理，对两家宾馆及按摩场所进行了审核发证，对一家以按摩为主、不符合按摩场所经营规范的场所予以取缔，对其他附带经营按摩服务的场所责令停止经营按摩服务。9月，开展秋季禁赌禁娼工作，治安处罚卖淫嫖娼、赌博案件14起65人。

2001年8月，全镇开展夏季"扫丑"整治行动。

2002年6—8月，在开展禁黄、毒专项行动中，查处卖淫嫖娼案件9起。

2004年，开展打击淫秽色情网站专项行动。

2006年7—9月，开展夏季扫黄专项整治行动，查处传播淫秽物品、色情表演等涉黄违法案件一起2人。

2009年12月底至2010年4月下旬，开展打击涉黄涉赌违法犯罪"百日行动"，对全镇桑拿沐浴场所、棋牌室、茶室、KTV、歌舞娱乐场所进行大检查大整治，重点打击有组织赌博、游戏机赌博、桑拿沐浴场所涉黄活动等。共查处涉赌违法犯罪案件33起，治安处罚96人，收缴赌博游戏机121台；查处涉黄违法犯罪案件5起，治安处罚10人，打击"涉赌涉丑"人员103人，破获"涉赌涉丑"团伙2个。

附：

案例纪实

1.2009年4月29日，派出所民警在巡逻清查中发现，位于镇区丰兴路、庆春路等地，由谢某、谢某某、谢某某、徐某某、闫某某开设的美容店内有涉黄嫌疑，于是将五人带回派出所作进一步查问。通过审讯，这五人系合伙经营、结伙犯罪，在其经营的美容店内，采用殴打、言语威胁等手段，组织龚某某、马某某和季某某等人进行卖淫嫖娼的违法犯罪活动。

2.2010年2月1日23时左右，派出所民警在对濮院镇屋底里某浴室进行日常管理时，发现在该浴室的地下室包厢内有两对男女涉嫌进行卖淫嫖娼。经对章某(女)、江某某、任某(女)、张某某等人的询问，四人均承认了在地下室包厢内进行了卖淫嫖娼的事实。后通过进一步调查，发现该浴室的管理人员宋某某、宋某某、宋某三人涉嫌容留卖淫，一并予以处罚。

(濮院派出所供)

特种行业和公共场所管理

特种行业管理 1949 年 6 月，根据桐乡县公安局规定，将旅馆、印刷、刻字、戏院、书场、旧货、照相、浴室、理发、茶店、面饭店等 11 种行业归为特种行业（以下简称“特业”），并进行登记，发给营业许可证。1955 年，“特业”管理范围缩小为旅馆、印铸刻字、无线电器材、公共娱乐场所 4 种行业。1962 年，取消了对无线电器材、公共娱乐场所的“特业”管理，将收旧修理行业增为“特业”管理。1980 年，全镇开展特种行业全面清理登记工作，对符合条件的发给特种行业许可证。1985 年，根据公安部规定，“特业”管理范围调整为旅馆、刻字、收购生产性废旧金属和信托寄售 4 种行业。在审批手续上也进行放宽，仅对旅馆业、刻字业继续实行审批登记，对收购生产性废旧金属业只登记不发证。1988 年，又将印刷业列为特种行业管理。至 1990 年，全镇从事特种行业的单位共 55 家。

1991 年 1 月，县公安局发出加强废旧金属收购站点治安管理及打击查处销售赃物活动的通知，要求落实对废旧金属收购业实行特种行业管理制度。濮院派出所在镇域范围对废旧金属收购站点进行排查，打击查处收购赃物的违法犯罪人员。1994 年 3 下旬至 6 月上旬，根据省公安厅部署，为贯彻实施《废旧金属收购业治安管理办法》，全镇开展清理整顿废旧金属收购业的专项治理，对符合条件的废旧金属收购单位，重新核发特种行业经营许可证；对不符合条件的，吊销其收购点许可证；对无证收购点则依法取缔。

2003 年，《中华人民共和国行政许可法》实施后，废旧金属回收业不再列入特种行业进行管理，废旧金属回收业的行政许可被取消。是年，还对旅馆业、刻字业、拍卖业、典当业开展行业许可验审、换证工作。截至 2010 年，全镇有旅馆业经营单位 73 家、刻字业经营单位 1 家、典当业经营单位 1 家。各旅馆设立信息计算机传输点，实现旅客信息实时传输。同时，还完善对旅馆业的分层次管理、场所特业星级化管理、通宵浴室旅馆化管理的“三化管理”措施。

公共场所与管理 公安机关协同有关部门对车站码头、文体娱乐场、集贸市场、展销商场及茶室、咖啡馆、酒菜馆等公共场所，按照“谁主管、谁负责”的原则，建立治安责任制。对大型交易会、群众性集会，则抽调专门力量，做好治安保卫工作。1983 年 5 月，县公安局、文化局对镇内影剧院、书场等场所进行检查，提出了防火、电气、放映等方面的改进措施。1985 年 1 月，全镇各公共场所，根据县委宣传部、县文化局、县公安局联合发出的《关于加强舞厅管理问题的通知》进行自查，保障域内舞会活动的正常健康发展。1988 年，贯彻《浙江省公共场所治安管理办法》，对全镇文体娱乐、茶室、咖啡馆、酒菜馆等进行整顿注册，核发治安许可证，进一步加强镇内的公共场所的管理。

1991 年 4 月，开始实施《浙江省公共场所治理管理办法》。1993 年 10 月至 11 月底，对全镇公共场所进行清理整顿。对符合条件的单位发治安许可证，不符合条件的责令停业整改。

1995 年 7—8 月，开展对公共场所集中整治行动，对违法经营的单位，分别给予吊销许可证、停业整顿等处理。同时将美容美发业纳入公共场所治安管理范围，并核发治安许可证。

2000年2月，将托运单位纳入公共场所管理范围。是年7月至9月，对全镇娱乐服务场所（包括电子游戏娱乐）开展专项行动，查处案件5起，对不合格场所一律责令整改，重新签订治安责任书。

2002年6月，对房屋租赁中介机构开展清理整顿，并将其纳入公共场所管理范围。

2003年12月至2004年，在歌舞娱乐场所开展治安星级评定工作。

2005年3月至5月底，开展公共复杂场所突出治安问题专项整治。重点场所为歌厅、舞厅、茶庄、酒吧、咖啡馆、桑拿浴室、棋牌室、饭店、网吧等。强化和规范治安管理，探索建立公共复杂场所的长效管理机制。

2006年5月，根据市局决定，在重点场所安装监控设备，至2010年，全镇有215处安装监控设备。

2008年11—12月，对娱乐场所开展为期两个月专项整治活动。2010年9月，市公安局、文化广电新闻出版局、工商行政管理局、环保局、卫生局联合发文提出：完善审批协作机制，建立联合执法机制，完善制度，加强娱乐场所协作管理的长效机制建设。同年12月，根据市局决定，在全镇对娱乐服务场所从业人员开展集中排查，进一步完善从业人员的基础信息采集。

户籍管理

历代户政管理　中国古代就设有司民之官，执掌户口编查制度。唐有"户籍法"，男女始生为"黄"，四岁为"小"，十六岁为"中"，二十一岁为"丁"，六一岁为"老"。每岁一造计账，三年一造户籍。州县留"五比"，尚书省留"三比"。宋有"三保法"，十家为保，十保为一大保，十大保为一都保，分掌户籍数字。明时实行里甲制，以一户为甲，十甲为里，以里编造户口簿册，并将户籍分为军、民、匠、灶四类，规定每隔十年编审一次，造黄册上报户部，州县各存一册，以征赋役。清初仍照明制，以百有十户为里，推丁多者十人为长，余为十甲，甲系以户，户系以口，编为一册，民年十六岁始入册，六十岁以上不再入册。清顺治五年（1648），规定每隔三年（后改五年）编审一次。清康熙五十年（1711）规定增丁不加赋。清雍正四年（1726）将丁税摊入田赋，户籍不再是征调税赋的主要依据。清乾隆三十七年（1772），取消每五年编审一次丁册之规定，将民户丁口归入居住户册籍造报。清嘉庆二十一年（1816），户籍管理改为保甲制，即以十户为牌，十牌为甲，十甲为保，进行户口编查。至光绪末年，建立警察机构后，才改保甲巡警制。民国政府成立内务部，民国4年（1915），颁发《县治户口编查规则》，建立区域户口管理制，将住户分编牌甲，以10户为牌，10牌为甲，各依牌甲号数按户订立门牌，写明县、区、牌、户、号数等。由县知事委任各区编查长一人，负责辖区内的户口编查。

民国17年（1928），内政部制定户口编查及人事登记章则，举办全国户口调查，改区域制为村里制，后改为乡镇闾邻户口管理制。民国20年（1931），民国政府公布《户籍法》，由乡镇公所掌握户籍及人事登记事务。民国23年（1934），改闾邻制为保甲制。民国27年（1938），汪伪统治区曾发放良民证。民国34年（1945）8月抗战胜利后，县政府民政科设户政股，各乡镇公所配置户籍干事，各保设户籍事务员，重新清查和编制户口册，并在保甲实施联保连坐切结，警察局加强户口抽查。民国36年（1947）9月至37年（1948），县政府对年满18岁的居民制发国民身份证。

中华人民共和国成立后的户籍管理 中华人民共和国成立后，废除保甲制度，初时由人民政府民政部门主管户籍，公安部门具体负责，后改由公安部门统一管理。

1949年9月，桐乡县公安局开始在城镇开展户口登记，建立户口册。1950年9月，改街政组织为居民委员会，选出了户籍委员，为户口管理的基层单位。濮院镇的户口管理同期开展。1951年7月，公安部公布《城市户口管理暂行条例》后，在上级部门的领导下，开始整顿户口工作，发放户口簿，建立出生、死亡、迁入、迁出、来客住宿等登记制度，健全户口管理。1953年7月，经过人口普查，建立户口登记制度。1955年11月，贯彻国务院《关于建立经常户口登记制度的指示》，全镇城乡户口工作由政府文书办理。1956年2月，国务院规定"各级民政部门掌握的农村户口登记、统计和国籍工作，移交公安部门接管"，从此，城乡户口统一由公安部门管理。1958年1月，《中华人民共和国户口登记条例》公布后，建立户口迁移审批和凭证落户制度，进一步加强户口管理，使户籍工作趋于正规化、制度化。1963年起，公安部以是否吃国家计划供应的商品粮为依据，将户口划分为"农业户口"和"非农业户口"，实行二元户口管理模式。1970年7月至10月，配合全县开展户口清查，修正1966年"文化大革命"开始后3年中死亡、迁出未注销的人数和出生、迁入未入册的人数，统计实有人口，恢复户口管理制度。

改革开放后，根据上级的统一部署，濮院镇实行了一系列户籍制度改革，使户籍管理更趋科学。

"绿色户口" 1992年，桐乡县人民政府出台政策，为进城兴业落户的农民和外来务工人员办理"绿色户口"。"绿色户口"是一种限本地有效的非农户口，因制发的户口本封面为绿色，被称之为"绿色户口"。此政策实施时间为1992年7月25日至8月10日，全县共办理4283人。濮院域内也有部分人员申请办理，拿到"绿色户口"本。

小城镇户籍制度改革 1996年12月，濮院镇被批准列为全省小城镇综合改革试点镇。1997年1月23日，省公安厅下发《关于认真做好省小城镇综合改革试点镇户籍制度改革工作的通知》，同年4月，市政府成立由一位副市长任组长，市体改委、公安局、粮食局、劳动局、民政局、建设局、财政局和濮院镇政府领导参加的濮院镇户籍管理制度改革领导小组，抽调370余人，在濮院镇试行户籍制度改革。时濮院镇面积为34.68平方千米，辖7个居委会、16个行政村、1个蔬菜队，共有7968户27529人，确定建成区面积为3平方千米，有7个居委会、4个行政村和1个蔬菜队，总人口为9633人，其中非农业人口

7112人，自理口粮人口840人，农业人口1681人，暂住人口4303人(其中居住在羊毛衫市场内3381人)。根据省公安厅《关于对桐乡市濮院镇试行户籍制度改革的请示的批复》精神，严格执行“农转非”落户标准，把好审批进入关。至10月底，共批准办理“农转非”793户2225人。其中，建成区内“农转非”529户1726人；建成区外“农转非”346户499人；自理口粮办理“农转非”173人。在户籍改革中，还迁办人户分离2695人，占应迁移人数的92.2%；换发公安部启用的新《常住人口登记表》2000张，发放新《居民户口簿》1400本；对建成区居民住宅门牌重新统一编号安装，理顺了户籍、户牌、人口三者的关系，加强了户口管理。

居民身份证 1987年4月至1989年4月，根据《中华人民共和国居民身份证条例》，境内各乡镇分批发放居民身份证。这是中华人民共和国成立后发放的第一代居民身份证，发放对象为除未满16岁者和现役军人、武装警察以及正在服刑的犯人和被劳动教养的人员外的城乡居民。居民身份证登记项目包括姓名、性别、民族、出生日期、住址和有效期(分为10年、20、长期三种)。第一代身份证样式为聚酯薄膜，密封单页式，照片翻拍聚酯后塑封。所用材料是专门证件纸和防伪复制醛烯膜，安全防伪性能较差。

1989年4月起，实施使用查验居民身份证制度。

1999年11月至2000年8月，居民身份证号码升位，从15位升至18位。

2005年5月开始，濮院派出所根据《中华人民共和国身份证法》，换发第二代居民身份证。第二代身份证的发放对象扩大至全体城乡居民，登记项目不变，安全性大为提高。居民身份证厚度为1毫米，由9层构成，最外面两层记载个人身份信息。配平层防止静电，有长城烽火台图案和“中国CHINA”的防伪膜，还有橘黄色和绿色防伪标志。证内置有芯片，贮存个人信息，采用数字加密技术。至2010年底，共换发47727张，占应换证总数的99.99%。

人口普查 中华人民共和国成立后，根据全国统一规定，镇域进行过六次人口普查。第一次人口普查的标准时点为1953年7月1日零时；第二次为1964年7月1日零时；第三次为1982年7月1日零时，为整顿健全社、镇户籍管理制度，在第三次普查前的1981年5月至12月，先进行户口整顿，纠正人户分离和重漏差错等混乱现象，换发新户口簿；第四次为1990年7月1日零时；第五次为2000年11月1日零时；第六次为2010年11月1日零时。人口普查为户籍管理提供了可靠依据。

治安管理的镇规民约

1990年，濮院镇政府依据国家有关法律法规及相关政策的规定，并结合镇的实际情况，制订濮院镇关于加强社会治安管理的《镇规民约》，并经濮院镇第十届人民代表大会第二次会议讨论通过，作为全镇居民共同遵守的行为规范准则。

此外，濮院镇交通管理站和桐乡市公安局设立在濮院的交警二中队，为境内负责交通管理的专门机构。

附：

濮院镇关于加强社会治安管理的镇规民约

（濮院镇第十届人民代表大会第二次会议正式通过）

第一条 为了认真贯彻“治理、整顿、改革”的方针，进一步加强我镇治安管理，推进综合治理，更好地维护社会秩序，保持社会安定，保障全镇公民的合法权益和国家集体财产和个人人身安全，推动我镇两个文明建设，特制定本镇镇规民约。

第二条 全镇公民，必须认真学习、宣传宪法和法律，自觉增强法制观念，做到学法、守法。严格遵守宪法和法律、法规。遵守公共秩序，尊重社会公德，参与治安防范，协助政府和公安机关维护好全镇治安、社会秩序。

第三条 各单位人民调解委员会、治保委员会要认真做好调解疏导工作，促进全镇职工群众的内部团结，防止各种矛盾激化，减少社会不安全因素。

第四条 凡扰乱本镇社会秩序，妨碍公共安全，侵犯公民人身权利，损害公私财物，污染道路、水源及乱堆杂物、乱设摊，严重影响交通，应按《刑法》和《治安管理处罚条例》给予处罚，情节轻微，属教育范围的，依照镇规民约进行批评、教育，并辅以必要的经济处罚。

第五条 有下列违反公共秩序行为之一，不够治安管理处罚的，处伍拾元以下罚款。

1.在机关或团体、企业、事业单位的办公区域内，无理取闹，扰乱正常办公秩序，不听劝阻，尚未达到暴力抗拒程度的；

2.扰乱镇区车站、农贸市场、商店、学校、医院、公园、影剧院、娱乐场所、运动场所或者其他公共场所秩序，不听劝阻的；

3.打架、结伙打架、闹事等，不听劝阻的；

4.妨碍镇区执勤、管理人员依法执行公务，尚未达到暴力抗拒程度的；

5.造谣生事的；

6.在公共场所兜售迷信、淫秽物品，教育制止不听的。

第六条 有下列妨碍镇区公共安全行为之一，除应负责赔偿损失外，处伍拾元以下罚款或责令其书面检讨。

1.在镇区道路，未经申请批准，挖掘坑穴，影响安全和道路畅通的；

2.损毁镇区交通标志或市政设施，故意损坏路灯、通讯设施的；

3.制造、储存、运输、使用爆炸物品、化学易燃品和剧毒品，不符合安全规定的；

4.在镇区公共场所擅自倾倒液化石油气的；

5.违反消防规则或损毁消防设施，经提出整改要求拒绝执行的；

6.在禁火、禁烟区域，使用明火、抽烟引起失火造成轻微损失的。

第七条 有下列侵犯公民人身权利行为之一，除赔偿损失、医药费用外，处肆拾元以下罚款。

1.故意殴打、辱骂他人或进行人身污辱、攻击而不听劝阻的；

2.用猥亵的语言、举动调戏妇女，或向他人身上泼涂污物、投掷烟蒂、石子等不听劝阻的；

3.故意用污物投掷他人住宅周围，影响他人健康，经提出不加改正的；

4.诬告或制造流言蜚语，损坏他人声誉的；

5.无理纠缠或干涉他人正常生活、工作休息的。

第八条　有下列损害公私财产行为之一，除退回原物、赔偿损失外，处肆拾元以下罚款。

1.偷取、骗取，侵占少量公私财物的；

2.故意损坏公私财物或企事业单位的机械、电器等设备的；

3.哄抢或敲诈勒索少量公私财物的；

4.明知他人失物，购买或拾遗后拒不交出的；

5.违反有关绿化护林制度，破坏草坪、花卉、树木的。

第九条　有下列妨碍社会管理秩序行为之一，处肆拾元以下罚款。

1.明知是赃物，间接帮助窝藏、销赃或购买，情节轻微的；

2.倒卖、收购各种票证的；

3.利用封建迷信，扰乱社会秩序或骗取钱财的。

第十条　有下列妨碍交通秩序行为之一，除收缴有关证件外，处以肆拾元以下罚款。属乱搭、乱建设施的，必须无条件拆除。

1.未经镇市建和主管部门批准，在镇区道路上搭棚、建房，或者有其他妨碍交通行为，经劝阻不听的；

2.在镇区主要交通道路乱停、乱放车辆、物资建筑材料，影响交通，经通知拒不纠正的；

3.在镇区无证驾驶车辆或酒醉驾车及有禁令标指的路段，强行通行，不听执勤人员劝阻的；

4.在镇区主要街道未经批准设摊，影响交通秩序，经执勤人员劝阻，拒不执行纠正的。

第十一条　有下列妨碍镇区市容卫生的，处罚款伍拾元或责令写出书面检讨。

1.在镇区道路随意投掷污物及其他废物；

2.在镇区市河内倾倒有毒有色和妨碍身体健康的污物、污水，未造成严重后果的；

3.在镇区及其他公共场所随意倾倒垃圾，不听劝阻的。

第十二条　有下列违反暂住人员管理的，经通知未经改正的，处伍拾元以下罚款。

1.不按规定申报暂住户口的；

2.旅馆、招待所管理人员对外来人员住宿不按规定登记的；

3.有其他违反暂住户口管理制度的。

第十三条 有无理取闹，造成婚姻纠纷有一定后果的，及干扰计划生育干部依法执行公务，劝告不听的，处伍拾元罚款。后果严重，可按省计划生育条例有关规定加重处罚。

第十四条 有赌博、变相赌博或为赌博提供条件、场所的，处伍拾元罚款。情节严重的，按治安管理处罚条例处罚。

第十五条 对违反治安管理，而未列入镇规民约的行为，可参照有关条例，分别给予罚款或责令其书面检讨。

第十六条 各企事业单位有责任加强对职工的教育，共同遵守镇规民约，对维护社会治安作出成绩的单位、个人，政府给予表彰奖励。

第十七条 本镇规民约，由濮院镇人民政府督促，镇治安联防队具体组织实施，对情节较重或不服处罚者，可提交濮院公安派出所和上级有关部门处理。本镇规民约，如有与国家有关法律、法令相抵触的，一律以国家有关法律、法令为准。

第十八条 本镇规民约自一九九〇年六月一日起施行。

第四节　治保组织

治保会

1951 年 9 月，根据第三次全国公安会议精神，濮院镇成立治安保卫委员会，乡成立武装治安委员会，城镇的居民区和农村各村设治安保卫组。

1952 年 10 月，根据政务院《治安保卫委员会暂行组织条例》，整顿基层治保组织，以城镇的机关、工厂、企业、学校、居委会和农村的村为单位建立治保会。濮院镇区共成立治保会 16 个，农村成立治保会 58 个（包括新生乡 31 个）。1956 年，在农业合作化运动中，根据上级公安部门的要求，濮院农村对原有的治保组织进行整顿，并以合作社为单位重新组建治保组织。

1958 年 10 月人民公社化后，治保、调解组织合并为治保调处委员会。

1962 年，贯彻公安部颁布的《治安保卫委员会工作细则（试行草案）》，镇域治保、调解组织分设。

1965 年 1 月 6—8 日，县人民法院与县公安局联合，在濮院公社和濮院镇举行整顿治保、调解组织和训练治保、调解干部的试点会。到会的治保、调解干部有 82 人，其中调解主任 21 人。会议结束后，1 月 10 日总结试点经验并向全县进行推广。

1966 年，“文化大革命”初期，治保组织被取消。1970 年以后，逐步恢复，到 1977 年，镇域有治保会（组）95 个，治保员 432 人。1979 年 4 月，县委批转《全县治保、调解干部代表会议纪要》和县革委会印发《给全县治保干部的一封信》，结合新时期公安保卫工作的特点，提出把治保干部的工作重点转移到保卫社会主义经济建设上来。根据上级部门的要求，濮院在 1980 年至 1989 年间，先后数次对治保会进行整顿，调整充实新生力量。至 1990 年，镇域共有基层治保组织 125 个（包括新生乡 35 个），治保员 621 人。

1991 年 1 月，中共桐乡县委批转县政法委提出：在综合治理社会治安中贯彻“谁主管，谁负责”的原则，要求推进社会综合治理，形成“社会治安社会管”的局面。是年，镇派出所采取举办专门培训班或以会代训等形式，对治保干部进行业务知识培训，同时邀请县公安局治安、刑侦、内保、法制等部门派员讲课辅导。

2000 年，全镇有村、居委会和企事业单位等治保组织 128 个，治保员 635 人。

2010 年，全镇有村、居委会和企事业单位等治保组织 125 个，治保员 525 人。

治保积极分子简介

张新宝（女），濮院镇大众街居委会治保干部，1959 年 2 月，作为全县 3 名治保干部之一，出席浙江省政法战线社会主义建设积极分子大会。同年 5 月，张新宝还出席全国公安、检察、司法先进工作者大会。

保安队（治安联防队）

20 世纪 50 年代，全县城镇和农村部分集镇组织季节性的冬防队、夜防队，濮院也同期组队，开展治安防范工作。至六七十年代，夜防队仍以群防的形式延续下来。

1981 年 7 月，根据中共中央（1981）21 号文件精神，全县各镇开始组建专业性治安联防队。是年 9 月，经县政府批准，濮院镇成立治安联防队，设队长 1 人、专职副队长 1 人、队员 25 人。联防队行政上受镇政府领导，工作上接受派出所指导，队员由镇各单位轮流选派，借用期间的工资由选派单位发放。濮院镇治安联防队成立后，坚持日夜值班和治安巡逻，协助公安机关预防和打击违法犯罪活动，处理刑事和治安案件，维护社会秩序。1989 年 6 月，县人民政府颁布《桐乡县治安联防队建设暂行办法》，进一步规范治安联防队的建设和管理。

1990 年，濮院镇治安联防队协助公安干警共抓获各类犯罪分子 35 人，破获盗窃案件 72 起，调解各种治安纠纷 135 起。

2001 年 10 月 1 日，撤销濮院镇治安联防队，成立濮院镇保安队，队员实行招聘合同制。新成立的保安队伍共有队员 169 人，设队长 1 人、专职副队长 1 人，有 26 个分队、25 个派驻单位。

2002 年，保安队协助公安机关抓获各类犯罪嫌疑人 41 人，协助查获黄、赌、毒、嫖娼案件 28 起，协助看管传唤 750 人，协助调处各类纠纷 384 起。

2005 年，派出所根据濮院治安状况，对保安队伍的治安巡防力量进行全面系统的调整，并完善了一系列工作制度。首先，充实保安队伍，加强巡防力量。保安队员从前期的 180 余人增加至 300 人（包括流动人口管理中心）。同时调整保安队领导机构，设副队长 2 人、巡防中队长 3 人、副队长 4 人、各巡逻分队长 13 人。在保安队伍内实行双向竞聘，由各中、分队长根据各自辖区分配名额及实际工作需要选择保安队员。对表现较差的队员，由所、队领导做好思想工作后再进行统一安排，试岗一个月。其次，调整警用巡逻车辆及巡逻区域。濮院派出所结合实际治安情况，把全镇划分为市场、工业园区、镇区、城郊接合部、农村五大巡逻区域，明确划分巡逻责任范围，实行 24 小时巡逻、盘查，做到巡防不留死角。最后，是加强督查完善考核制度。为确保巡防工作落实，濮院派出所要求保安队副队长及督查组其他成员 24 小时不定时进行督查。督查内容从原来单纯的警容风纪增加到现在的巡逻路线、巡逻记录、盘问人数等与巡逻密切相关的工作，并在考核中采取重奖重扣记分的措施。通过调整，进一步提升保安队伍的整体素质，调动保安队员的工作积极性，使巡防工作更有实际效果。

2010 年，保安队协助公安机关抓获各类犯罪嫌疑人员 125 人，其中网上逃犯 7 人，协助破获刑事案件 185 起、治安案件 67 起，协助查获黄、赌、毒、嫖娼等案件 16 起，协助调处纠纷 1785 起，办理出租房屋登记 375 户。是年底，镇保安队总人数 215 人。

附：

获得荣誉的部分保安队员

朱奇，2003 年因工作表现突出，被评为浙江省优秀保安队员。

冯金泉，2004 年因工作表现突出，被评为浙江省优秀保安队员。

沈伟，2009 年 7 月，因协助派出所破获永乐村毛纱仓库盗窃案有功，荣获桐乡市公安局三等功奖章。

第五节　消　防

濮院镇的民间义务消防组织成立较早。清同治《濮录》载，每年农历五月二十日为分龙日，镇上各水龙会集于会龙桥进行消防演练，以检验水龙的应急功能。民国《濮院志》中，就有关于民间义务消防组织“救灾水龙会”及各坊水龙龙房情况的记载：“各坊置备水龙，遇灾齐出施救，由来甚久，经费由各坊自备。”各坊水龙房有：“东境水龙，属东境龙房，在庄泾桥北；零东水龙，属零东龙房，在南埭；协济水龙，属花园坊龙房，在东市夏乾号酱园内；太平水龙，属北河坊龙房，在复新庵旁；伏灵水龙，属仁和龙房，在陆家桥帮岸炼坊内；天字号水龙，属天字号坊龙房，在临观阁旁；宁福水龙、忠义水龙、经穀水龙、伏宜水龙，均属地字号坊，宁福龙房、经穀龙房在雷家潭；忠义龙房、伏宜龙房，一在大街东厅，一在庙桥街龙园茶室内；潜泰水龙、潜安水龙、永静水龙，属西河坊，潜泰龙房、潜安龙房在夏家衖，永静龙房在大有桥街品乐园茶室内；永潜水龙，属凤栖坊，龙房在蚬子滩；乾初水龙，属南河坊，龙房在归家湾；乾福水龙，属永安坊，龙房在横屋街；恒淽水龙，属臣安坊，龙房在水月庵旁；保泰水龙，属集桂坊，龙房在集庆街。”另在《风俗》卷中又载：“五月二十日为分龙日，各坊水龙齐集于会龙桥赛演。”

民国35年(1946)7月，桐乡县政府成立消防大队，濮院设消防班，这是濮院镇成立的第一个正规的消防组织。

中华人民共和国成立后，桐乡县公安局对原有的民间消防组织进行整顿和重建。1951年，濮院镇成立消防委员会，下设消防组，后改称消防大队。消防大队下设消防分队，有木水龙9部。1958年，濮院除原有的木水龙外，还新添置两台机动消防泵，一台放置在庙桥西侧的寺湾街，另一台放置在大街的铁器社。是年，镇域的农村集镇也开始组建义务消防队。

1966年，濮院派出所设专职消防人员1人。1967年，专职消防人员改为民警编制。

改革开放后，随着消防事业的发展，消防设施不断改善。20世纪80年代初，镇区的机动消防泵已增加到4台，分别在寺湾街、缝纫机零件厂(原铁器社)、油米厂、丝厂，其中缝纫机零件厂的消防泵由该厂义务消防员胡祖云改装成可推式消防泵。1984年，贯彻《中华人民共和国消防条例》后，县公安局设立消防科，同时重视农村的消防自救工作。1989年，濮院、新生的乡镇(村)企业和村一级单位均配备兼职消防员。

由于濮院羊毛衫产业的迅速发展，特别是濮院成为全国最大的专业性羊毛衫市场后，濮院镇党委、羊毛衫市场管委会、镇人民政府认识到组建一支专职消防队伍的重要性与必要性。2001年8月初联合下文，组建桐乡市第一支由地方出资，公安派出所负责管理的民办专职消防队。同时出资79万元，购置东风140型5吨水罐消防车、警用皮卡消防指挥车各1辆，筹建消防队营房，向全市招聘6名消防部队退伍兵。建队之初，消防队命名为濮院镇消防指挥部，2004年9月，经浙江省公安厅消防局浙公消〔2004〕63号文件批准，正式授牌并更名为桐乡市濮院专职消防队。2007年，增设消防督察队，有队员7人。桐乡市濮院专职消防队的建立，从根本上解决镇域内发生火灾时，市公安消防部队无法及时赶到展开扑救的问题。据统计，2007年专职消防队共出警73次，其中有5次灭火救援中解救出16名被困人员，避免了人员伤亡。

2009年，市场管委会、镇政府出资130万元，新建消防队营房918平方米。至2010年，专职消防队队员增至19人，配有东风140型5吨水罐消防车、小霸王3吨水罐消防车和8吨濠泺水罐消防车各1辆，日常消防安全检查巡逻面包车1辆。同时，依托企业与社区保安，组建3支三轮摩托车载消防泵农村专职灭火队及14支义务消防队，濮院专职消防队已达到浙江省规定的二级专职消防队标准。

专职消防队在建队的九年中，接警频繁，2007年接警73次，2008年接警75次，2009年接警66次，2010年接警103次；共解救火场被困群众34人，使几千万元的公、私财产免遭火灾损失，得到了镇居民和羊毛衫市场经营户的肯定，也受到了省、市各级领导的重视。省委、省政府、省公安厅、公安部消防局、省消防总队的领导、专家先后到消防队考察指导工作，嘉兴市委，桐乡市委、市政府及公安局、消防支队领导也先后到队考察和指导工作。

2005 年 4 月 12 日，浙江省人民政府在嘉兴召开全省多种形式消防队伍建设现场会，濮院专职消防队被指定为参观单位。同年 6 月 13 日，队长朱雪洪作为浙江省邀请代表（全省 4 人）出席公安部消防局举办的全国专职消防队伍灭火救援组织与指挥研讨会。桐乡市濮院专职消防队于 2005 年、2006 年连续两年被省消防总队授予全省“十佳专职消防队”和嘉兴市“十佳专职消防队”称号。2002 年至 2010 年，连续 8 年被桐乡市防火委评为先进单位。2008 年 11 月，队长朱雪洪被嘉兴市消防支队授予全市“十佳专职消防队长”称号。

附：

部分重大消防灾例

1. 1963 年 1 月 18 日 24 时，濮院镇北市街狄家园居民陆祖云家失火，并迅速殃及邻居祁福祥家，形成连片火灾。此次火灾，烧毁房屋 12 间，造成了 4 死 2 伤、房毁的严重火灾事故。[①]

2. 1965 年 7 月 24 日，濮院镇新桥塊南，前化工厂车间易燃物发生爆炸，引发火灾，造成了四间房屋被烧毁、救火人员一名重伤两名轻伤的重大火灾事故。

3. 1968 年 7 月某天 5 时左右，濮院油米厂放置红桐油的仓库起火并发生爆炸，一时间浓烟滚滚，火光冲天，同时还伴随着沉闷的油桶爆炸声。嘉兴飞机场闻讯后，火速组织战士分乘卡车前往救援。通过几小时的军民合力扑救，大火终于被扑灭。但在救火的过程中有数名解放军战士被大火烧伤，油厂有十几间厂房被烧毁。

4. 2007 年 4 月 19 日 8 时许，濮院镇中兴路某商铺地下室里噪声刺耳，两名工人正埋头操作着切割机，机器在飞快地运转，火星四溅。突然“轰”的一声，整个屋子瞬间变成一片火海。面对突如其来的大火，两名工人迅速撤离现场。当老板闻讯赶来时，大火已从地下室烧至楼道里。而此时，他的妻子和女儿还在二楼的卧室里，通向二楼的唯一通道早已火势熊熊、浓烟滚滚，根本无法靠近。8 时 45 分，濮院专职消防队接到市公安局

① 对“1963 年 1 月 18 日晚 12 时”火灾情况，有三种记载，本志采信祁福祥之子口述资料。1996 年版《桐乡县志》991 页载：“1963 年 1 月 18 日晚 12 时，濮院镇北市街居民陆祖云家失火成灾。烧毁房屋 12 间，陆之妻及 4 岁、6 岁、9 岁 3 个女儿全被烧死，烧伤 2 人，经济损失八千元。”1996 年版《濮院镇志》31 页载：“1963 年 1 月 18 日，濮院镇区北市街狄家园祁福祥家失火，烧毁楼房 5 幢 2 厢房，死 5 人。”

“110”指挥中心指令,3分钟后到达火灾现场,迅速投入战斗。十多分钟后,大火被全部扑灭,被困母女也被成功解救。

5.2010年4月14日22点24分,濮院镇新河村大木桥村民组陈玉林家发生火灾。接警后,消防队一个班8名战士8分钟就赶到现场,到达时,三间三层楼房全部着火。经消防战士半小时的奋力扑救,终于救出了被困在二楼中的老太,直到次日凌晨2点40分,大火才被彻底扑灭。此次火灾是堆放在底层的毛纱不慎燃烧引起的。

消防英雄典型实例

2009年2月28日14时30分许,桐乡市濮院镇南纬路95号刻字店住户陈元虎家四楼发生一起火灾。大火燃烧的气浪击碎了该房间南侧整扇窗户的玻璃,浓烟滚滚,火势迅速蔓延。此时,该住户的两个儿子,8岁的陈华兴和3岁的陈华旺兄弟俩正好被其父母反锁在家,大火与浓烟使其无法逃生。当其母左淑珍得知家中失火,迅速返家奔上四楼时,狭小的楼梯上已被浓烟灌满,她不顾一切冲入房内,没跨几步,就吸入浓烟窒息倒地,失去知觉,大火与浓烟中的母子三人危在旦夕。

濮院镇专职消防队接到报警后,值班长沈学芳即与倪宏、吴志伟、施根华等5名队员仅用2分多钟就赶到火灾现场,看到着火的四楼南北两个窗户向外喷射着大量浓烟,特别是南侧窗下地面碎玻璃一地,就连窗台外的空调外机也燃烧着火苗。为及时控制火势蔓延,解救被困人员,队领导当即指挥消防队员迅速铺设水带,携带个人防护装备,扑上四楼着火房间搜救被困人员。由于楼梯狭小,又无通风口,浓烟聚集,房内火、烟又不断向外喷射,燃烧后的焦味、怪味扑面呛人,视线受阻,使人无法立脚与承受。沈学芳即指令吴志伟、施根华两名队员打开水枪及喷雾装置对准房内大火猛压,以掩护他与队友倪宏两人冲入火海搜救被困人员。当沈学芳在火与浓烟中猛冲几步,即发现窒息晕倒在地的妇女左淑珍,当即架起她冲出弥漫的浓烟,在一名群众协助下将左淑珍迅速送离火场。此时,8岁的哥哥陈华兴在水枪喷射的水雾中也跑出火场,哽咽着告知沈学芳房内还有他3岁的弟弟。当满脸被烟熏火烤得漆黑发红的沈学芳不顾个人安危返身再次冲入,与还坚持在搜救中被浓烟呛得呼吸困难、两眼充血、视线模糊的倪宏会合时,两人同时嘶哑着喊道:“快,快!时间就是生命,一定要尽快寻到被困小男孩!”他们再次对烟雾弥漫能见度很差的火场进行仔细的搜索,终于在北侧厨房桌子下发现窒息晕倒在地的3岁小男孩。当倪宏一把抱起男孩时,发现男孩口、鼻流出呕吐物,生命垂危,倪宏依照救护常识抱着拍打其胸口施救并不顾一切地高呼“让路,救人!”一气冲下四楼,在队长朱雪洪指挥下将孩子抱进濮院派出所“110”处警车内,急送濮院医院抢救。

作为担任灭火与掩护任务的吴志伟、施根华等3名队员,挤在充满浓烟而又狭小的四楼通道上,承受着浓烟的熏呛,双眼流泪不断,咽喉发呛,冒着自己时刻也有被浓烟熏呛窒息的危险，不顾个人安危，紧握水枪，向房内着火最猛、最旺部位猛压猛冲，及时压制火势的蔓延，并且不时观察、掩护冲入浓烟中搜救人的队友，为他们搜救赢得了时间。经过近 20 分钟战斗，大火终于被扑灭。经濮院医院全力抢救，母子两人脱离危险，并送至杭州某医院继续治疗。

3 月 2 日晚，民生小强热线、《南湖晚报》分别报道了他们火场解救被困母子的事迹。

鉴于镇专职消防队在“2·28”扑救火灾中的英雄表现，濮院镇人民政府在 3 月 5 日以濮政〔2009〕29 号文件颁布“濮院镇人民政府嘉奖令”，予以通令嘉奖，并奖励人民币 5000 元。

（濮院消防队供）

第二章　司　　法

第一节　机　构

1950 年 12 月 10 日，桐乡县成立人民法庭，下设 4 个分庭，第一分庭设在濮院区公所，区委书记马振邦兼任审判长，区长张与举兼任副审判长。

1953 年 9 月，为保障普选工作顺利运行，桐乡县成立 4 个人民法庭，其中第一法庭管辖城濮区、濮院镇，审判长沈菊英，副审判长高柏荣。

1965 年 12 月 13 日，经桐乡县人民委员会批准成立濮院人民法庭，隶属桐乡县人民法院，庭址在大积桥南堍，与濮院派出所合署办公，法庭仅为一间平房，面积约 30 平方米，设施简陋。编制人员仅柴顺生一人，受理濮院镇、濮院公社、新生公社三地的司法事务。

1968 年 4 月，公、检、法机关实行军事管制，审判职能被取代，濮院法庭也随之停止工作。1972 年 12 月 14 日，桐乡县委发出关于尽快恢复濮院等 7 个人民法庭的通知，1973 年 3 月 1 日，濮院人民法庭恢复，启用新印章，开展工作。

1983 年，法庭迁至柳岸街 55 号新址。新址为四间二层独立办公楼，建筑面积约 250 平方米。法庭人员由审判长陈兴萁，人民陪审员黄哲元、陈盘圭及书记员董玉成 4 人组成。

为集中力量、加强管理，更好地发挥各项审判职能作用，1998 年 6 月 29 日，桐乡市人民法院决定，自是年 7 月 1 日起，濮院人民法庭、石门人民法庭与民事审判庭合署办公，濮院人民法庭随之撤销。

获得的荣誉：1988 年 1 月 20 日，濮院人民法庭被桐乡县人民法院评为 1987 年度先进集体；1994 年 1 月 18 日，濮院人民法庭被桐乡市人民法院评为 1993 年度先进集体；1994 年 1 月 31 日，董玉成被嘉兴市中级人民法院记 1993 年度突出贡献记个人三等功；1996 年 6 月 13 日，濮院人民法庭董玉成被桐乡市委评为优秀共产党员。

历任负责人：庭长潘麟仁（1965—1968，1973.1—1973.9），副庭长柴顺生（1973.9—1980.1），副庭长陈兴萁（女，1980.1—1987.4），副庭长董玉成（1988.6—1988.11），庭长董玉成（1988.11—1999.7）。

第二节　审判工作

濮院人民法庭为桐乡市人民法院派出机构，受理审判争议不大的民事案件和相对标的较小的经济纠纷案件，其中以婚姻、抚养、继承、赔偿、房产、债务等民事案件居多。

“文化大革命”期间，县公安机关军管组宣布“不再接受处理人民内部的纠纷问题”，停办民事案件。1973 年，恢复濮院人民法庭，但受理的民事案件仍不多。

改革开放初期，法庭仍以受理审判民事案件为主，尤其以离婚案件为多。

1988 年起，濮院人民法庭开始受理和审判经济纠纷案件。1980—1990 年，法庭共受理民事案件 225 起，结案 212 起，结案率达 94%；受理审判经济案件 15 起，结案 14 起，结案率为 93%。

表 15－1　1980—1990 年濮院人民法庭受理各类民事案件、经济案件一览表

单位：件

年份	各类民事案件												经济合同案				
	收案数											结案数	收案数				结案数
	离婚	抚养	赡养	收养	财物返回	继承	赔偿	房产	债务	其他	合计		购销合同	加工承揽	其他合同	合计	
1980	4	—	1	—	—	5	2	8	1	1	22	20	—	—	—	—	—
1981	14	—	1	—	—	4	5	3	—	—	27	23	—	—	—	—	—
1982	12	—	—	—	—	5	4	2	—	—	23	19	—	—	—	—	—
1983	12	—	—	—	—	1	—	2	—	1	16	15	—	—	—	—	—
1984	6	—	—	—	—	1	1	1	—	1	10	10	—	—	—	—	—
1985	9	—	—	—	—	—	3	1	—	—	13	13	—	—	—	—	—
1986	10	1	1	—	—	1	1	—	1	—	15	15	—	—	—	—	—
1987	14	2	1	—	1	1	2	—	4	—	25	25	—	—	—	—	—
1988	13	2	—	—	—	—	1	3	5	2	26	25	3	1	2	6	6
1989	13	2	—	1	—	—	1	2	3	—	22	22	3	—	—	3	2
1990	19	1	—	—	—	—	1	—	5	—	26	25	6	—	—	6	6
合计	126	8	4	1	1	18	21	22	19	5	225	212	12	1	2	15	14

资料来源：1996 年版《濮院镇志》326 页

1993 年以后，随着市人民法院《关于民事案件案由的确定》《各类民事案件举证细则》等规范性文件的出台，濮院人民法庭在庭审时，开始引入当事人举证、质证和辩论等程序,同时实行"诉(控)辩式"审判方式,改变以往"一问一答"的提问式审理模式。与此同时,濮院人民法庭对历年来的旧存案件进行清理,区别不同案情,分别制定具体解决方案,认真研究,精心审理,逐年清结。1995年,受理民事案件91件,办理旧存案件9件,结案91件;受理经济案件115件,办理旧存案件17件,结案112件。1996年,受理民事案件134件,办理旧存案件15件,结案123件;受理经济案件175件,办理旧存案件17件,结案158件。1997年,受理民事案件108件,办理旧存案件17件,结案108件;受理经济案件167件,办理旧存案件15件,结案178件。

表15-2 **1991—1997年濮院人民法庭部分年份受理各类民事案件、经济案件一览表**

单位:件

时间	民事案件		结案	经济案件		结案
	当年	旧存		当年	旧存	
1991	38	—	—	10	—	—
1992	24	—	24	16	—	15
1993	51	—	49	30	—	28
1995	91	9	91	115	17	112
1996	134	15	123	175	17	153
1997	108	17	108	167	15	173
合计	446	41	395	513	49	491

资料来源:桐乡市人民法院档案室

第三章　司法行政

第一节　法律服务

司法所、司法助理员

1984 年，濮院乡、新生乡相继设立司法办公室（简称司法办），配司法助理员 1 人，其主要工作是指导管理人民调解，参与调处疑难纠纷，开展法律宣传，领导和管理基层法律服务等。司法助理员行政上受乡人民政府领导，业务上受县司法局领导和管理。1986 年，濮院镇设立司法办公室，配备专职司法助理员 1 人。

1992 年，濮院乡司法办并入濮院镇司法办。1994 年，新生乡司法办改为新生镇司法办。2000 年 7 月，濮院镇、新生镇司法办均更名为司法所。2001 年，新生镇司法所并入濮院镇司法所。镇司法所的工作职能主要分行政和司法两部分：行政职能，承担乡镇人民政府管理司法工作，并在所在乡镇人民政府和市司法局领导、指导下开展工作；司法职能，指导管理人民调解工作，开展普法教育，承担基层依法治理的日常指导、检查，负责“两劳”人员的安置帮教以及法律服务的管理等。

2010 年，濮院镇司法所办公用房面积约 300 平方米，有工作人员 6 人，其中 5 人有法律专业大专以上学历。镇司法所设所长室、副所长室、调解室、接待室、普法办、谈心教育室、安置帮教和社区矫正室、档案室，配有电脑、传真复印机、数码相机等现代化办公设备。

濮院镇司法所在镇政府和市局的领导下，坚持以维护社会稳定、服务经济建设为宗旨，以创建省、市“规范化司法所”为标准，全面履行各项工作职责，尤其在对归正、矫正人员的帮教方面进行了有效的探索。2010 年，全镇有归正对象 77 人（刑满释放 73 人，解除劳动教养 4 人）。为此，司法所专门成立了帮教小组，进行一对一帮教，有效地预防重新犯罪。同时积极探索社区矫正工作新方法，充分利用社会资源，运用各种方法、手段，整合政法部门、社区等各方力量，着力对社区范围内的假释、监外执行、管制、剥夺政治权利、缓刑等罪犯，通过思想教育和劳动改造，矫正其犯罪心理和行为恶习，促使其回归社会。2007—2010 年，镇司法所共接受矫正对象 66 人，对这些矫正对象，司法所在做好日常管理工作的同时，还主动与相关职能单位协调，丰富矫正内容和形式，提高矫正实效。在矫正教育期间，除 1 人被收监执行，1 人重新犯罪外，其余人员已回归社会。

个人和集体获得的荣誉：1989年，濮院乡司法办陈关浩被县司法局推荐为嘉兴市级先进司法助理员，新生乡司法办陆炳祥被县司法局评为基层先进司法助理员。1991年，濮院镇司法办陈秋萍被县司法局评为基层先进司法助理员。2002年，濮院镇司法所被桐乡市司法局授予规范化司法所；2003年，濮院镇司法所被市政法委评为优秀政法基层单位；2004年，濮院镇司法所被嘉兴市人民政府评为司法信访联动服务中心先进集体；2005年，濮院镇司法所被嘉兴市司法局评为司法行政系统先进集体；2006年，濮院镇司法所被省司法厅评为示范司法所，被嘉兴市人民政府评为模范司法所，被嘉兴市司法局授予集体三等功；2009年，濮院镇司法所被嘉兴市司法局评为全市司法行政系统先进单位，被嘉兴市人民政府评为2008—2009年度十佳社区矫正集体；2010年，濮院镇司法所被司法部、省司法厅评为全国模范人民调解委员会、省级规范化司法所。

人民调解

中华人民共和国成立后至20世纪80年代，镇域的人民调解工作由政府及人民法庭兼管，乡镇司法办成立后，其职能转移至司法办。

1952年10月，根据省司法会议精神，濮院镇及濮院乡、新生乡人民政府先后设立调解委员会，开展人民调解工作。1954年3月，政务院颁布《人民调解委员会暂行组织通则》，进一步明确了人民调解工作的性质、任务、组织、纪律、方法以及进行调解必须遵守的原则。1966年，镇区的居委会及部分企业、公社的生产大队相继设治保调解小组。

“文化大革命”期间，调解委员会遭受冲击，人民调解组织瘫痪。1973年，调解组织随着人民法庭的恢复而重设。

1987年，镇级组织调处民事纠纷9起，下属组织调处民事纠纷27起。1988年，镇级组织调处民事纠纷11起，下属组织调处民事纠纷32起。1989年，镇级组织调处民事纠纷14起，下属组织调处民事纠纷38起。1990年，镇级组织调处民事纠纷13起，下属组织调处民事纠纷36起。

1990年，根据新颁布的《人民调解委员会组织条例》，镇政府设立人民调解领导小组，组长由镇长许建新兼任，副组长由镇妇联主任陈秋萍兼任。其下属各街道、单位以200人为限，200人以上者设立调解委员会，计16个；200人以下者设立调解小组，计24个。

2000年，濮院镇司法所被桐乡市司法局评为规范化司法所。2003年12月11日，新河村、永越村、永乐村、新濮村、新星村、永联村、新东村、新妙智村、新联村、新港村、红旗漾村、油车桥村、星旗村13个行政村的村级调解委员会和中兴、鸣凤、大众、有义、西南、南市、南纬、梅园、北市、南杏、中新等11个居级调解委员会，被桐乡市司法局命名为标准化调解委员会，全镇建立起以司法所为中心，司法所、调解委员会两位一体的“大调解”格局。2004年，全镇基层调解组织共调处各类民间纠纷149起；2005年，调处纠纷149起；2006年，调处纠纷147起；2007年，调处纠纷125起；2008年，调处纠纷157起；2009年，调处纠纷160起;2010年,调处纠纷156起。2010年,全镇有村、社区、企业调解委员会24个。

濮院镇人民调解组织的建立,为全镇解决民间纠纷,维护社会和谐稳定做出贡献,受到上级政府及主管部门的表彰。

1983年,濮院镇周录生、仲善琤,濮院乡陈老虎、董文荣,新生乡俞凤仙、黄松山等人被县人民政府评为调解战线先进个人;濮院丝厂、濮院供销社、濮院镇南市街、濮院乡濮院村及新生乡联民村、跃进村等的调解委员会被评为调解战线先进集体。

1984年,濮院镇徐锦芸、虞玲敏、沈永生,濮院乡陈老虎、蔡雪坤、金小汉、杨海忠,新生乡黄松山、姚阿桥、高培发等人被县人民政府评为调解战线先进个人;濮院丝厂、新生乡红旗漾村等的调解委员会被评为调解战线先进集体。

1989年,濮院镇金新宝、陈新木,濮院乡徐品和、杨金泉、朱元官,新生乡高而迁、朱新宝、陈叶松等人被县司法局评为基层司法先进个人;濮院丝厂、濮院镇街道办事处、濮院乡红晓村、永联村、濮院砖瓦厂、新生乡联民村、红旗漾村、网船浜村等的调解委员会被评为基层司法先进集体。

1991年,濮院镇姚元娣、赵志英,濮院乡邵勤林、陈老虎、金昌林,新生乡黄阿生、徐闻潮、周春林等人被县司法局评为基层司法先进个人;濮院镇供销社、新生乡红旗漾村、新生砖瓦二厂等调解委员会被评为基层司法先进集体。

1992年,濮院镇永联村调解主任邵勤林被浙江省人民政府评为浙江省优秀人民调解员。

1994年,濮院镇朱元官、金子林、郭成源、张振华,新生乡王水林、胡锦生、洪文英等人被桐乡市人民政府评为调解先进个人;濮院镇永联村、鸣凤街居委会、新生砖瓦二厂等调解委员会被评为调解先进集体。

2008年,濮院镇司法所调委会被嘉兴市人民政府评为2006—2007年度十佳人民调解委员会。

2009年,濮院镇司法所调委会被桐乡市人民政府评为2007—2008年度全市人民调解工作先进集体。

附:

浙江省优秀人民调解员邵勤林部分事迹

1986年,邵勤林任永联村调解主任。在任职的7年间,他总是能及时了解发生在全村的各类矛盾纠纷信息,并积极主动进行调解,将矛盾解决于萌芽状态,不扩大、不上交,受到村民的称赞和上级的表彰。

1988年9月29日凌晨，永联村村民沈某某（沈松夫）在国道遭车祸丧生。这是一起因驾驶员疲劳驾驶造成的车祸，死者正值中年，上有老，下有小，是家庭的顶梁柱，受害者家属情绪一度失控。邵勤林得知消息后及时赶到受害者家中，一方面对受害者家属进行安抚，劝大家不要冲动，要相信交管部门一定会依法办事；另一方面，积极与肇事方协商，及时落实赔偿金事项。邵勤林多次对事故双方动之以情、晓之以理的思想工作，最终使双方都能理性地对待这起交通事故，接受主管部门的裁决。

1990年，村里一位姑娘与邻村的小伙因解除婚约而产生财物纠纷，男方家来了许多人，事情越闹越凶。正犯胃病的邵勤林了解到情况后，及时赶到女方家，将双方父母请到村调解室进行调解，从上午九点一直到晚上十点，经过耐心、反复的思想工作，双方终于达成了调解协议。为了工作，他只吃了点方便面和止痛药。

邵勤林在担任村调解主任期间，先后被桐乡市、嘉兴市和浙江省人民政府评为优秀调解员。在1992年省政府第二次基层司法工作表彰大会上，邵勤林受邀作了先进事迹经验介绍发言，并接受省长万学远颁发的“浙江省优秀人民调解员”荣誉证书。

法律服务所

1989年1月，濮院乡成立法律服务所。根据上级对乡镇法律服务所人员配备的要求，濮院乡所由陈关浩、潘振荣、沈之兴3人组成，陈关浩任主任，潘振荣为专职法律工作者，沈之兴为兼职法律工作者。是年10月，新生乡成立法律服务所，陆炳祥任主任，朱彦明、吉国强为法律工作者。法律服务所行政上受乡镇司法办领导，业务上受县（市）司法局指导，人员由乡镇人民政府招聘，经县（市）司法局考核录用。乡镇司法办和法律服务所初期为两块牌子、一套班子，承担乡镇范围内的司法行政及有偿法律服务。1990年，濮院乡法律服务所经桐乡县司法局考核，定为二类法律服务所。1992年6月，濮院乡并入濮院镇，同年8月，成立濮院镇法律服务所。2001年10月，新生镇并入濮院镇后，原新生镇法律服务所并入濮院所，次年3月，撤销新生法律服务所。21世纪初，根据司法改革的要求，司法所和法律服务所实行“所所分离”，法律服务所和政府机构脱钩，2003年1月，桐乡市司法局向嘉兴市局提出“撤销濮院法律服务所的请示”，请示获批后，濮院法律服务所随之撤销。

1989年、1991年，濮院乡法律服务所被桐乡县司法局评为先进法律服务所和先进法律顾问服务所。1994年，濮院镇法律服务所被桐乡市司法局评为十佳优秀法律服务所。

2005年，桐乡市正泰法律服务所迁至濮院，其前身为桐乡市司法局法律事务中心，2000年，更名为桐乡市正泰法律服务所，组织形式属于事业单位，服务地点在桐乡市司法局内。2005年1月28日，经嘉兴市司法局批准，桐乡市正泰法律服务所的组织形式，由事业单位变更为合伙制法律服务所，其性质属于有偿服务的中介服务机构。桐乡市正泰法律服务所主要业务范围：解答法律咨询，代写法律文书，应聘担任法律顾问，代理民事、经济、行政的诉讼、非诉讼案件，办理见证，协办公证、法律援助案件等。工作人员由法律服务所负责招聘，经嘉兴市司法局考核录用，核发法律服务执业证。2010年，桐乡市正泰法律服务所有10名专职法律工作者。2005—2010年，正泰法律服务所共代理民事诉讼、非诉讼案件约150件，涉案金额达1000万元。

第二节　法制教育与宣传

1981年前，濮院镇的法制宣传方式以张贴、印发宣传资料为主，宣教形式较单一。之后逐步发展为上课，作辅导报告，开设广播讲座，流动车宣传，放幻灯宣传片，编印资料、简报及辟法制宣传栏等多种形式并举，寓教于乐，使法制宣传教育内容生动，效果更好。

1983年3月，配合法制宣传月活动，全镇开展《中华人民共和国宪法》宣传教育活动。同年，濮院被县司法局法制宣传组定为全县五大重点宣传镇之一。

1984年下半年开始，全镇开展普及法律常识宣传教育活动（也称“一五”普法），主要内容是组织干部群众学习《中华人民共和国宪法》《中华人民共和国兵役法》《中华人民共和国刑法》《中华人民共和国刑事诉讼法》《中华人民共和国民法通则》《中华人民共和国民事诉讼法》《中华人民共和国婚姻法》《中华人民共和国继承法》《中华人民共和国经济合同法》《治安管理处罚条例》，至1988年结束。活动中，大多数普法对象参加面授、考试，并获得合格证书。

1991—1995年，境内各乡、镇在司法办的领导下，开展系列普法宣传教育活动（也称“二五”普法），主要学习《中华人民共和国宪法》《中华人民共和国行政诉讼法》《中华人民共和国义务教育法》《中华人民共和国集会游行示威法》《中华人民共和国国旗法》《中华人民共和国食品卫生法》《计划生育工作条例》等，各乡利用乡党校、业余文化学校等阵地，向干部群众宣讲法律知识。与此同时，为强化针对性，机关干部重点学习《中华人民共和国行政诉讼法》，饮食业干部职工和个体业主重点学习《中华人民共和国食品卫生法》，基层领导和妇女干部重点学习《计划生育工作条例》。

1994年下半年，镇区各企业组织职工学习《中华人民共和国劳动法》，农村则开展农业法律法规知识学习。

1996年始，实施“三五”普法教育。其间，镇司法办组织乡镇机关、村（居）和企事业单位干部学习《中华人民共和国行政处罚法》《中华人民共和国刑事诉讼法》《中华人民共和国刑法》《社会主义法制建设基本知识》等法规及法律知识读本，完成对普法对象的教育考试任务。同时，配合上级主管部门举办《中华人民共和国产品质量法》《中华人民共和国妇女权益保障法》《中华人民共和国环境保护法》《中华人民共和国土地管理法》等法律的宣传咨询活动。至1999年，乡镇机关工作人员、企事业单位负责人、经营管理人员和村级领导完成《法律知识读本》的教育考试任务。

2001年，实施"四五"普法教育。镇司法所利用暑假举办在校学生法制培训班，开展《中华人民共和国未成年人保护法》宣传月、"青少年法制教育活动月"及"12·4"(2001年开始，12月4日被确定为全国法制宣传日)法制宣传日活动。组织厂长(经理)参加社会主义市场经济法律知识讲座。利用文化示范户阵地发展农村法制宣传联系点，开展贴近农民生活的法制宣传教育、分发城乡居民法律常识小册子等活动。

2002—2003年，镇级机关干部学习《干部法律知识读本》(上下册)，参加WTO法律知识培训；农民学习《农民法律常识读本》；厂长(经理)参加《中华人民共和国安全生产法》《中华人民共和国职业病防治法》培训班。

2004年，开展职工法制教育，镇司法所组织外来务工人员学习《桐乡市流动人口法制常识读本》及推进"民主法治村""民主法治社区"建设等活动。

2006年，全镇部署开展"五五"法制宣传教育，尤其加强对重点对象的法制教育工作。党政领导学习《中华人民共和国审计法》，教育办、团委等部门开展"送法进民工学校"和"送水法进校园"等活动。

2007年，全面开展"五五"普法活动，以"法律七进"(法律进机关、进乡村、进社区、进学校、进企业、进单位、进市场)为载体，组织镇党政领导干部学习《法治浙江干部读本》。

2008—2010年，镇政府相关职能部门将法制宣传和依法治理、学法与用法有机结合起来，深入开展依法治镇、依法治村(社区)和"浙江法治宣传月"等一系列普法宣教活动。镇派出所、工商所、城管中队，分别在凯旋路、三羊开泰广场举办"法律在我心中、平安在我生活中"大型法律宣传活动，播放法律宣传片，发放法律读本和宣传资料，提供法律咨询服务。交警二中队开展以道路交通安全"五进"(进村、进社、进户、进企业、进学校)为主题的宣传教育活动；在行政村、社区、重点企业和学校中开展"交通安全村(单位)"建设活动，签订《民警联村(企业/学校)责任状》63份；落实交通和治安防范责任制，辖区民警定期到村、学校，向村民、学生讲授交通法规和知识，分发宣传资料，利用广播、电视等媒体举办交通治安知识讲座，组织学生开展"关爱生命、安全出行""小手牵大手"等活动。2010年3月，濮院镇司法办被桐乡市人民政府评为2009年度普法教育依法治理行政工作先进集体。

第四章　军　　事

第一节　历史驻军

镇域驻军最早起自元代。至正十七年(1357)至二十年(1360),元将总戎杨完者统率苗、僚、洞瑶、答剌罕等屯驻濮院,占据僧寺为衙舍。

清时,濮院驻军职官有参将、把总、外委三种。

清顺治年间设参将,有参将张彪(江苏徐州人)驻扎濮院福善寺。

清雍正至咸丰年间设分防濮院汛把总。其中雍正年间,驻军迁至渡船桥南埭,设分防濮院汛把总署,把总为李承恩,有马步兵丁等共 66 人,快唬船 3 艘。清乾隆三十五年(1770),把总为王国栋。嘉庆年间,把总为何起相。道光年间,把总为唐三。咸丰十年(1860)时,把总署毁。咸丰十一年(1861)春夏间,太平军在桐乡建立地方政府的同时,也曾派军驻扎濮院。

清同治至光绪年间,设分防濮院汛外委。其中,同治三年(1864)十月,清廷湘军水师在濮院设汛防署,于东市、西市驻水师船。同治十二年(1873),浙抚杨昌浚以右营外委移驻濮院镇(兼防王店镇),新制设马、步战守 35 人。光绪年间,濮院驻军外委分别为钱殿镳、郭嗣汾、金泰裕、陶悌云、刘耀堂、张晋发、汪鑫 7 人。宣统二年(1911)裁撤。

民国 26 年 11 月 15 日,国民革命军第八集团军总司令张发奎巡视至濮院镇时,驻扎在东河头孟姓家。由于汉奸告密,遭日机两次扫射和投弹轰炸濮院镇,造成大批民房毁损和无辜人民死伤。此时,镇上还驻扎许多从嘉兴飞机场等处退下来的国民党军队,其中驻扎在南河头一带的是广西白崇禧部的一个团,另有数千人是从湖南来的。在此兵荒马乱之际,白天,商店关门,居民不敢出门;夜里,居民扶老携幼纷纷到四郊避难。民国 28 年(1939)1 月,濮院镇有日伪军 60 余人,驻陆家桥帮岸宋家,并在附近塔封浜大高墩埋炮一尊,屋顶架机枪,镇南公路旁布有地雷。民国 30 年(1941)12 月,汪伪“和平军”一个中队入驻濮院,直至民国 34 年(1945)抗战胜利后撤离。民国 33 年(1944),桐乡县有日军 2344 山口大队,驻濮院有 7 人,伍长盐田。是年 12 月底,由队长贺劲生率领的汪伪浙江省保安第一大队占驻桐乡县境内,濮院驻有 1 个中队,有步兵 120 人、轻机枪 4 挺、步枪 50 支,至翌年 6 月 19 日撤走。

民国38年(1949)2月11日,国民党青年军二〇二师某团及十二后方医院由嘉兴移驻濮院。

1949年5月,成立警备分队。是年7月,改为中队。

第二节　地方武装

中华人民共和国成立前的地方武装

清时　清咸丰十年(1860)三月,太平天国占领嘉兴后,濮院成立保卫局。同时,桐乡知县方铨出告示,将本年度钱漕免除,以办乡团。清光绪三十二年(1906),由全镇商人集资组建濮镇保商团,并报县备案,局所设在关帝庙。保商团设团长1人,支队长4人,延请青田人刘凤威任教练。

民国时期　民国4年(1915),政府通令设立桐界保卫团。于桐乡县知事余大钧以濮院镇保商团有成绩为由,将保商团改为桐乡县第七区保卫团,颁发图记,委任刘欧澍为团总,团员40人,编制经费仍由商界分担。民国12年(1923)冬,夏保文等创办濮院镇保卫团,设团总1人、职员6人、团丁65人、工役1人,枪9支,全年经费500余元,由地方筹集,不足则由创办人筹垫。另有第一分团驻东市,设团长1人、职员3人、团丁48人,全年经费100余元,由地方筹集,不足亦由创办人筹垫。民国13年(1924),呈请设立嘉界保卫团,备案定名为嘉兴县濮院区地方保卫团,地点仓前街,夏濂为团总,有团丁80人,每10人为一牌,设牌长1人、甲长1人。民国14年(1925),改称为桐乡县濮院镇商办保卫团。民国20年(1931)4月,濮院镇成立商团,有团士20人。民国34年(1945)9月,濮院镇成立国民兵队,队长由镇长兼任,辖两个班,14人,配备机枪1挺、子弹200发,步枪9支、子弹250发。民国36年(1947),桐乡成立民众自卫总队,濮院镇国民兵队改称民众自卫队濮院第一中队,队长仍由镇长兼任。

中华人民共和国成立后的地方武装

人民武装部　1959年9月,成立濮院镇人民武装部。同月,成立濮院公社人民武装部。1960年2月,县委公布专职武装干部。1962年9月,成立新生公社人民武装部。1983年12月,政社分设后,公社人民武装部改为乡人民武装部。之后,在两次行政区域调整中,原濮院乡、新生镇人民武装部同时撤销,并入濮院镇人民武装部。此外,濮院丝厂曾于20世纪80年代末至90年代初设厂人民武装部。

表15-3　　濮院镇人民武装部主要领导一览表

姓　名	职　务	任职年月	姓　名	职　务	任职年月
徐　英	副部长	1960.02—1961.12	徐永林	副部长	1980.09—1982.08
陈祖明	部　长	1963.01—1980.01	徐永林	部　长	1982.08—1990.07

续表 15－3

姓　名	职　务	任职年月	姓　名	职　务	任职年月
李育才	部　长	1992.06—1994.03	高宜海	部　长	2001.10—2003.06
朱炳明	部　长	1994.03—1998.10	顾汉洪	副部长	2003.06—2003.11
周国强	副部长	1999.01—1999.12	曹月松	部　长	2003.11—2008.05
曹国强	副部长	1999.12—2000.01	顾汉洪	部　长	2008.05—
曹国强	部　长	2000.01—2001.10			

表 15－4　　濮院公社(乡)人民武装部主要领导一览表

姓　名	职　务	任职年月	备　注
余克钧	部　长	1960.02—1961.10	
朱明生	部　长	1963.01—1971.11	
施金泉	部　长	1971.11—1980.01	
杨有林	副部长	1979.11—1980.10	
杨有林	部　长	1980.10—1984.05	
李育才	副部长	1986.05—1987.07	聘　用
李育才	部　长	1987.07—1987.12	聘　用
李育才	部　长	1988.07—1992.06	

表 15－5　　新生镇(公社、乡)人民武装部主要领导一览表

姓　名	职　务	任职年月	姓　名	职　务	任职年月
汤鸣久	部　长	1962.09—1980.01	蔡建祥	副部长	1992.06—1994.03
章国根	副部长	1982.07—1985.04	蔡建祥	部　长	1994.03—1996.01
章国根	部　长	1985.04—1988.05	高宜海	副部长	1996.01—1997.01
朱建潮	副部长	1991.08—1992.06	高宜海	部　长	1997.01—2001.10

民兵组织　中华人民共和国成立初期，镇设立自卫队，后改称“民兵”，主要负责站岗放哨，维持治安，协助政府打击反动势力，巩固人民政权。

1953 年 3 月，贯彻《中华人民共和国民兵组织暂行条例》，条例规定 18—40 岁的男性公民，身体无残疾，可参加民兵组织。其中 18—25 岁，政治纯洁，身体强壮，家庭劳动力

充裕者，参加基干民兵团。基干民兵团按班、排、连编队，配备武器，进行军事训练。镇域乡镇按此规定组建民兵组织。

1955 年实行预备役制后，每年训练时间为 7—8 天。1956 年 10 月，以农业生产合作社为单位对基干民兵进行普遍整顿，乡设队部，下设分队、小队。

1958 年夏，实行民兵与预备役相结合，以 30 岁以下的复员退伍军人为骨干，18—25 周岁未服现役的青年为主要成员，组成基干民兵。是年 9 月，毛泽东主席号召"大办民兵师"，根据"全民皆兵"要求，境内组建民兵实行生产组织与民兵组织合一的体制。

1959 年，城镇成立武装民兵连，连长和指导员分别由人武部部长和镇党委书记兼任。

1962 年 6 月，全镇民兵分为普通民兵、基干民兵、武装民兵三种。县人武部每年派出干部帮助整顿镇民兵组织。

1966 年"文化大革命"开始后，公社、镇人武部门所有枪支弹药上缴县人武部，民兵组织活动停止。

1969 年，民兵工作开始恢复。1970 年 1 月，镇和公社相继成立民兵武装连。1981 年 9 月，民兵组织进行较大规模调整，参加民兵组织人员的年龄改为 18—35 周岁，基干民兵为 18—28 周岁，取消武装基干民兵制，简化为基干民兵和普通民兵两种。

1981 年，根据"调整、改革、整顿、提高"的八字方针，为减少民兵数量，提高民兵质量，采取压缩年龄、简化层次等方法整顿民兵组织。改革后的民兵组织，城镇限于厂矿，并分普通和基干两种，普通民兵年龄 18—35 岁，基干民兵 18—25 岁。

1985 年，对民兵组织作进一步调整，减少数量，精干组织，以村为单位组建民兵排或班，基本做到民兵组织与生产行政机构相一致、与战时兵员动员相适应，优化民兵结构，军事素质明显提高。

1990 年，濮院镇成立基干民兵营，营长刘荣坤，副营长王国强，教导员施兴，副教导员马胜荣。

附：

民兵组织在维护社会治安或抢险救灾中的部分事例

濮院镇民兵组织自组建以来，无论在维护社会治安稳定，还是在防台风救灾等方面均站在战斗的前列，得到了镇民赞赏和党委政府的好评。同时也以自己的实际行动证明，濮院镇民兵组织是一支拉得出、用得上、打得响的队伍。

2007 年 9 月、10 月，在第 13 号超强台风"韦帕"和第 16 号超强台风"罗莎"影响濮院期间，镇各民兵组织派员坚持 24 小时值班，同时积极帮助各村、社区转移安置危房人群，始终坚持站在抗台风工作的前列。

2008年2月初，濮院下了一场历史上罕见的大雪，积雪深度超过30厘米，许多房屋受损。在灾情面前，各民兵组织在党委政府的领导下，夜以继日，积极投入到清路保交通、耙雪保房屋的抗灾工作中去，努力把镇域的灾情损失降至最低。

2010年5月一天晚上，全镇停电，镇人武部当即调集民兵上街巡逻，有效地维护了镇区的社会治安。2010年5月至10月的上海世博会期间，镇人武部根据上级要求，确保镇域通信网络畅通。

此外，濮院镇民兵还参与镇毛衫博览会、市菊花节期间的安保执勤工作，完成上级交代的各项安保任务。

（镇人武部提供）

第三节　兵　役

中国古代兵役制度，秦汉时实行“按口抽丁，按赋出兵”，唐代实行府兵制，宋代实行募兵制，直至近代。国民党统治时期实行征兵制。中华人民共和国成立后，实行义务兵和志愿兵相结合的兵役制度。

中华人民共和国成立前的兵役

世袭兵役制　世袭兵役制即将士兵之家立为军户，父死子继，兄终弟接，世代服兵役。元代初期，规定15岁以上70岁以下的蒙古男子均为兵士。后因兵源不足，又规定汉人20户出一兵，凡当过兵的“壮士及有力之家”都列为军户，世代为兵。清代的八旗兵亦采用世袭兵役制度，凡16岁以上的八旗子弟，人尽为兵，世代相袭。

募兵制　明朝兵制有卫兵、弓兵、机兵等兵种。县设招兵处，根据需要，以雇佣招收的办法募集兵员，无统一章程，亦无统一管理。兵士服役时间，根据需要，或长期募用，或临时募用。

清代八旗兵因兵源不足，后又招募汉人和收编汉族地主武装建立绿营兵。桐乡县设营汛，兵员补充系就地招募。清光绪二十九年(1903)，编练新军，亦实行募兵制。

民国初期，军阀割据，政令不一，地方并无兵役机构，通常由需补充兵员的军队自行募兵，应募者多为无业青年及游民等。民间有“好铁不打钉，好男不当兵”之谚。民国17年(1928)，北伐战争结束后，全国在形式上渐趋统一，各军队募兵渐受中央节制，招募地点及兵额有所限定。军队招兵须先向国民政府陆海空军总司令部呈请，得其指令后方可招募。此指令通常对招募地点及兵额已有所限定。军队征募处派出的征募员也须事先与当地政府接洽，并通报招募数量，不得越境滥募。其时，招募的具体事项仍归军队自行办理。新兵入伍标准仅有年龄、身高、臂力、身躯无残缺及品行端正等数条。应募者确定后，约同保人填具兵籍册、保证书及志愿书即可入伍。

征兵制　民国22年(1933)6月,国民政府颁布《兵役法》,民国26年(1937)3月30日颁发征兵命令,开始全国范围的统一征兵。是年7月,抗战爆发,全国发布征兵令。因日军入侵,桐乡县沦陷,濮院也成沦陷区,此法在境内并未实行。民国27年(1938),省政府颁布《浙江省战时纳金缓役暂行办法》,此后,富人可雇人顶替,权贵可强拉强买,穷人则难逃厄运。抗战期间,县游击政府虽设有兵役机构,也未正常实施征兵。唯有民国33年(1941),县政府曾发起一次小规模征集志愿兵。

民国35年(1946)10月,国民政府颁布修订后的《兵役法》,役种规定为常备兵役、补充兵役、国民兵役三种,几乎把18岁至45岁的所有男性公民全拴在国民党的内战机器上。该法规定,常备兵和补充兵的征集,须经身家调查、体格检查、抽签、征集的程序。11月,桐乡县实施征兵,分别成立新兵征集所、兵役协会(协助机构),境内各乡镇队附、保队附为兼职兵役干部。在壮丁调查统计基础上,以境内各乡镇为单位编造适龄壮丁名册送县政府。县政府军事科将本年奉配兵额按人口比例分配各乡(镇)、保,剔除应免、缓征者后,抽定服兵役者之签号顺序,然后把填有被征壮丁姓名、住址、签号的征集票发至各乡(镇)公所。各乡(镇)队附、保队附将被征壮丁带至县,经体检合格后送入县新兵征集所,经短期训练,送交团管区新兵大队。但各乡(镇)、保并不依法征兵,仍盛行抓丁、买丁。富家子弟可以"买壮丁",以避抽丁;穷家子弟被迫卖身当"壮丁",甚至还有人以买卖"壮丁"为业,从中渔利。时《新崇德民报》报道:"民国35年临时征兵配额为229名,各乡镇都采用出钱买丁办法,名为志愿兵。由于壮丁费征收困难,全县欠额达34名。"一些征兵人员、保甲长乘机摊派,敲诈勒索,并任意捆绑、押送、虐待壮丁,故农民抗拒征兵、新兵逃跑事件时有发生。民国37年(1948),国民党军队在前方战场节节溃退,急需补充兵员,在各地加紧征兵。是年底,桐乡县奉嘉兴团管区电令紧急提征下年度兵员,全县配额1044人,以致民怨沸腾,加之人民解放战争胜利形势的强烈冲击,此次提征遂半途终止。

附:

发生在濮院境内的几起抽"壮丁"实例

1946年初,国民党军队为内战所需,大量扩军。为完成兵额,境内南部原报恳乡(现属新河村)乡长陈某带领各保长,对全乡各户进行排查,抓取壮丁。当时采取的抓丁方式主要有"两抓一""三抓一""自卖""强抓"等几种。

"两抓一",就是对有两丁的家庭,必须有一人去当兵,并以抓阄的方法定人。若不去,则应向乡交纳五石米(一石米约75千克);若去,则发给家属三石米。原第三保大桥村一殳姓村民家有两子,次子殳雪荣抓阄后去当兵。后在一次战斗中趁机逃回家,并一直称病以避再次被抓。另有一户姓丁，名菊林，他摸到壮丁阄后，当场吓昏过去，醒来后就成精神病，不久去世。

“三抓一”，就是对有三丁的家庭，必须有一人去当兵，也以抓阄定人。若不去，则应向乡交纳八石米；若去，则发给家属二石米。

“自卖”就是自己愿意去当兵。一般有两种情况：一是家庭极度贫困，生存不下去，与其在家饿死，不如去当兵；二是当地的混混儿、无赖，反正在家名声不好，就去当兵。故当时民间就流传着“好铁不打钉，好男不当兵”之谚语。如原第四保冯家头村村民姚金荣（绰号麻子金荣），独子，家里无田无地，又有一老母亲，生活极为贫困。为生计所迫，他在20岁时，以卖丁的形式去当兵，并将自己卖丁所得的五石米留给老母。后该人在战斗中被解放军所俘，并参加了解放军，还参加了平津战役和抗美援朝，1953年复员回家，曾担任过大队支书。

“强抓”，就是当地为完成上级分派的征兵名额而采取的强制手段，即强迫将人抓走。如原第一保黄金村的庄叙能，18岁时被强抓去当兵，中华人民共和国成立前夕随国民党部队去了台湾。1987年，庄叙能独自一人首次回家探亲；1990年携带妻子第二次回家探亲，返台后不久去世。

（庄林高口述整理）

中华人民共和国成立后的兵役

志愿兵役制 中华人民共和国成立初期，人民军队的兵员补充基本上沿用革命战争年代的传统做法，即通过地方党、政、军诸方面在人民群众中进行广泛深入的宣传发动，动员适龄青年自愿应征。广大适龄青年（包括工人、农民、学生、教师）响应政府号召，参加人民解放军。1951年春，实行志愿兵役制，县、区、乡（镇）、村成立参军委员会。抗美援朝期间，广大青年爱国热情高涨，纷纷踊跃报名参军，掀起了自愿参军的热潮。以1951年为例，7月17日，濮院镇召开了抗美援朝第二届代表会议。会上，大家听取了中国人民赴朝慰问团华东分团浙江传达小组《关于时势的传达报告》，并进行了小组讨论，有许多青年在讨论中当场报名要求参军。会后，经过体检和政审，各街居委会分别公布批准参军人员名单。其中有义街批准7人，他们是黄雪官、胡金生、钱济民、张浙斌、冯阿土、曹正错、李增福。

1951年濮院镇有义街应征入伍战士合影

义务兵役制 1955年7月，国家颁布《中华人民共和国兵役法》，开始实行义务兵役制。征兵工作由县兵役局承办，桐乡县成立兵役委员会（后改称征兵领导小组），下设征兵办公室，并划片分设征集站。首征时，先行试点，后全面展开。在充分宣传动员的基础上，由乡、镇发动适龄青年报名，作兵役登记，进行目测，对符合条件的送县体检站体检，身体合格者再进行政治审查，然后由县兵役委员会选定，发给入伍通知书。此后，每年征集一次或两次，并以春季或冬季征集为多。1978 年，实行义务兵役制为主、义务兵与志愿兵相结合的制度。每年征兵，境内各乡镇职能部门发动适龄青年积极报名参加应征，并圆满完成征兵任务。

预备役制　1955 年起，根据兵役法规定实行预备役制。1956 年，桐乡县进行第一次预备役统计归档发证工作。境内许多符合条件的青年也应征编入预备役序列。1958 年，实行预备役与民兵相结合的制度，将预备役人员编入基干民兵组织。1965 年，停止预备役登记。1981 年 10 月，根据国务院、中央军委通知，恢复预备役登记工作。

1956 年二类预备役兵役证（张贵忠供）

第四节　兵　事

民国《濮院志》载，濮院镇为古槜李墟，镇西二十里有吴越战场，乃兵事之最古者，然因缺史料记述，时间、战事皆无考。濮镇开镇始于南宋，故撮记兵事自宋元之际始。自南宋蒙古人入境至民国时期游击队攻打濮院汪伪警察所，在此绵长数百年间，数度经历战事，饱受战争创伤，给濮院人民造成生命和财产上的极大损失。尤其是抗战时期，日本侵略者的入侵，更是让濮院遭受了前所未有的灾难。

重大兵事

南宋德祐元年（1275）十一月，元军分军为三取临安。次年正月，元中路军至嘉兴，蒙古人入境焚掠，枕尸遍野，故有濮氏筑化坛，以化无主尸身之举。

元（后）至元间（1335—1340），张士诚攻槜李，范重雯率长水乡兵抗御。

至正十七年（1357），苗帅杨完者统兵屯驻濮院，占据僧寺为衙舍，男女老幼均杀，壮者驱以为奴，民房被毁十之六七。至正二十年（1360）秋，张士诚部至，将之消灭。

至正二十六年（1366），张士诚遣部将朱暹等屯兵濮院镇，张士诚的女婿潘元绍驻兵乌镇。朱元璋命常遇春与张士诚部水陆鏖战，击败张士诚，潘元绍粮尽，向濮氏贷粮十万斛。故自濮院以北，由皂林直至平望屯营百里内市镇乡村残毁已甚，独濮院尚好。

清顺治三年(1646)，大盗杨耀宇等焚劫濮院，昼夜横行，参将张彪驻镇剿平。

咸丰十年(1860)四月，太平天国军队从陡门进攻濮院，与镇团防团勇战于油车桥，太平军后撤。越旬日，清军至陡门扎营，太平军受阻。七月，太平军大败清军，二十六日攻克濮院。是年冬，太平天国于濮院设乡官，理民事，收赋税。同治三年(1864)春，清军占领嘉兴，太平军撤离濮院西去。

光绪三十三年(1907)十二月二十六日，出没于江浙间海盗驾船数十艘，经濮院泊十景塘，分扑濮院防营，劫取枪械，翔云观前炮船被击沉。

民国2年(1913)7月23日，嘉兴水警哗变逃至濮院，嘉兴军队追踪至濮院围攻，缴其枪械。

民国13年(1924)9月，江、浙军阀混战，以嘉兴为兵站，封船拉夫遍及各镇，濮院组织红十字分会设收容所于翔云观。

民国15年(1926)10月，浙江省长夏超宣布摆脱孙传芳，"浙江独立"。嘉兴之役，夏师败北，26日，水陆各军退驻濮院，次日回省。

民国26年(1937)11月21日，驻扎在濮院的国民党广西军队和湖南军队先后撤离。广西军队向桐乡方向沿公路西撤，湖南军队则向运河塘北撤。当最后一批湖南军队撤离时，两艘木船驶至北河头秀桐桥蚬子滩附近，与一队日军骑兵遭遇，互相接战，枪声大作，终因寡不敌众，两船上29名湖南军人全部牺牲，木船也被烧毁。

民国27年(1938)春，游击队于聚星桥下智杀日军一人。7月，在濮院挥士桥附近公路上击毁日军军车一辆。

民国28年(1939)4月，游击队在北横街布店前击毙日本兵一人。9月24日夜，62师某部从妙智附近渡河，夜袭濮院日军本部。

民国31年(1942)，游击队攻打濮院汪伪警察所，击毙伪警殳阿祥。

民国32年(1943)冬，一支日军队伍由嘉兴往西行时，与驻扎在泽冈乡白旗漾西浜杨树南塘的国民党保安队相遇，当即发生激烈战斗，保安队40人全部阵亡。

日本侵略者在濮院犯下的罪行

日军侵华期间，给濮院造成了重大人员伤亡和财产损失。

飞机轰炸　民国26年(1937)11月15日，国民革命军第八集团军总司令张发奎巡视至濮院镇时，驻扎在东河头孟姓家里。汉奸向在濮院上空侦察的日机施放信号，旋即有三架日机到镇上空，向地面扫射、轰炸。第一批敌机飞去之后，紧接着有两批敌机又飞来继续向地面扫射、投弹轰炸，共投下炸弹数十枚。当场死伤无辜居民2人，炸毁民房49间。其中，大有桥街章姓房屋3间，费家场房屋3间，北大有街章姓房屋5间，公义典当以西房屋4间，杏林街房屋2间，同福茶园后面房屋11间，后河下"商团"房屋13间，还有大井头、薛家厅、闵家厅房屋共 9 间。居民金福林受炸弹巨响的惊吓，当场死在语儿桥上。

放火焚烧　民国 26 年(1937)12 月，日军侵入濮院顾家庄村，放火烧毁村中楼房 4 间、平房 255 间。民国 28 年(1939)春，日军在濮院永联村树蓬里，放火烧毁 50 户平房 353 间。民国 29 年(1940)上半年某天，日军在新生白旗漾一带的李家厅、董家厅、陆家六等村烧毁房屋 48 间，被毁房村民无家可归，只得乞讨谋生。民国 29 年(1940)4 月 23 日，100 多名日伪军下乡“扫荡”，途经新生跃进村(今属新东村)沈家石桥时，烧毁房屋 35 间。日军还在运河边的永兴、正家笕两处修筑炮台(碉堡)，两处炮台相隔约 1500 米。沿运河的张家桥、新生、妙智、油车桥等村，地处两座炮台间的房屋、竹园、树木等，全部被日军烧毁，村民无处栖身，只得在废墟上搭起简易的草棚暂住。正家笕的关帝庙、观世音庄等处房屋也全部被烧毁。

屠杀军民　民国 27 年(1938)11 月 18 日，日军在濮院红晓村(今属永乐村)盛家浜、永乐村及殳家门等地，杀害村民 24 人。其中村民盛某某全家 5 人、宋某某全家 5 人，均遭杀害。民国 31 年(1942)秋，在妙智永兴塘南，将来不及逃跑的村民徐广喜、柴法生等 17 人用刺刀刺死后抛入河中。民国 32 年(1943)9 月 16 日，日军在新港村搜捕中国军人时，将姚贵春等 7 人全部杀害。

奸淫妇女　日本侵略军在濮院期间，全镇有 30 余名妇女被奸污。

破坏文化遗址　日军侵濮期间，不仅大批烧毁民房、商店，还肆意损毁庙宇等文化遗址。民国 27 年(1938)6 月，日军烧毁濮院的庙簰庙。当时庙簰庙房子较多，正殿有前 7 间、后 7 间，东西两边各有 4 间，总共有 22 间。同时被烧毁的还有聚宝庵的十多间房子。民国 31 年(1942)秋，一队日军从濮院镇区出发，到妙智永兴塘南骚扰，放火烧毁了当地颇有名气的香官庙。

经济掠夺　1937 年 12 月，日军拆毁濮院镇公明发电厂厂房，抢劫 30 马力卧式柴油机 1 台、20 千瓦交流发电机 1 台。同年，日军为建造炮台，还在石桥街拆毁曹以中、王沈祥等居民平房 200 间，劫走绸机 150 台。

第十六编

教育 科技

元大德年间(1297—1307),濮鑑首创濮氏义塾。明代濮院镇除义塾外,以私塾为盛。清代,官倡民办,义塾、义学、书院尤多。清末民国初,废私塾办学堂,率先起步的是小学教育。自清光绪二十八年(1902)至民国6年(1917),较为著名的有秀桐公立濮镇两等小学堂、濮镇女子学社、濮镇公立初等女子学堂。此外,还有由地方政府出面创办的11所初级小学(桐界9所、嘉界2所)。20世纪30年代,受"民国乡村教育运动"的影响,地方政府对初级小学进行调整。1937年底,日军占领濮院,镇域小学教育进入风雨飘摇时期。1945年抗日战争胜利后,小学教育重新步入正常轨道,并先后改称国民学校。

濮院镇的中学教育始于抗战期间。民国30年(1941),镇伪商会集资创办私立清河中学,1945年停办。民国36年(1947),在沪濮院籍绅商11人组成校董会,创办私立梅泾初级中学。

除初等、中等基础教育之外,民国4年(1915)创办的机织传习所和民国35年(1946)创办的嘉濮中心民校,开濮院镇职业教育和成人教育的先河。

中华人民共和国成立后,镇域学前教育从无到有,小学和中学教育快速发展,成人教育和职业教育事业稳步推进。2010年,幼儿园在园幼儿2792人,专任教师139人;小学在校学生9854人,教职工413人;中学在校学生1937人,教职工143人。成人和职业教育机构有濮院镇成人文化技术学校、桐乡市老年大学濮院分校和濮院羊毛衫职业技术培训学校。

濮院镇最初的科技萌芽体现在农桑生产技术上。之后,又体现在丝绸工业上。明万历年间(1573—1620),濮院织工改土机为细纱机,大大提高濮绸的质量,使濮绸远近闻名。

中华人民共和国成立后,镇域科技事业快速发展,特别是中共十一届三中全会以后,科技队伍日益壮大,科技活动全面开展,科技成果不断涌现。截至2010年,已有50余项科技成果、产品,或获得国家、省、市的奖项,或通过项目认定,或取得专利,或成为行业标准等;有3家企业的技术研究开发中心被认定为浙江省高新技术研究开发中心,有5家企业跻身浙江省高新技术企业行列。

第一章 教 育

第一节 中华人民共和国成立前的教育

学塾与书院

濮氏义塾 元大德年间(1297—1307),濮鑑在玄明观后建造义塾,岁延名师授课,文行兼崇，学徒日盛，时与枫泾戴氏、盐官冯氏义塾并誉。

社学 在常平仓内夹堂庑，各一。

梅泾义学 清雍正二年(1724)，知县程世恂会同镇绅捐建义学，其址在秀界佘家桥左，长生庵旧址。义学门环流水，内5楹供宋先贤周敦颐、程颢、程颐、张载、朱熹；外7楹为生活用房，即厨灶、看守之所；后大厦5楹，旁有厢楼各3间，师徒讲诵于此。

渡船桥寺义塾 创设在渡船桥寺的义塾。创始人及创办年代皆不详。

翔云观义塾 清乾隆年间(1736—1795)，朱加谟在翔云观内创设。

钟氏新宅义塾 清嘉庆五年(1800)，戴文成、钟振容捐资创办于雷家潭钟氏新宅。

节孝祠义塾 清嘉庆二十一年(1816)，创设在节孝祠的义塾。创办人不详。清咸丰十年(1860)毁于战乱。

关帝庙义塾 清同治年间(1862—1874)，里人集资以训导贫寒子弟为旨，在桐濮镇关帝庙内创设义塾。义塾于1905年改为第一初级小学，又于民国时改为四保国民学校。

翔云书院 清同治十一年(1872)，镇绅沈梓等创设翔云书院，院址在翔云道院之西，校舍上岸6进28间，下岸基地4间，连河埠共占地2亩6分。书院聘任严辰为第一任山长，之后有严家荣、许景澄、石中玉、高宝銮相继担任山长。为维系书院"以振风教而垂久远"，书院请地方官主课。翔云书院举镇绅之力办学，开创濮院教育民办公助的先河。清光绪三十一年(1905)，书院停办。

龚凤歧捐办的义塾 清光绪三年(1877)，桐乡知县龚凤歧捐资办义塾，地点不详。

濮院女子学社 清光绪二十九年(1903)，陆明焕、陆葆粹父子捐资创办，为濮院女学之先声。校址初赁固安桥街刘宅，后迁柳岸街陆氏住宅，清宣统元年(1909)停办。

学堂与学校

秀桐公立濮镇两等小学堂 清光绪二十八年(1902)，夏辛铭等筹款创办濮镇两等小学堂。学堂借用翔云书院的教室及操场。学堂初办时，仅有1个班，学生只有7人。翔云书院停办后，院所及设备等归并于两等小学堂，学堂遂有教室3间、礼堂兼办公室1间、宿舍若干间。全学堂共6个班，高级4个班、初级2个班，学生50余人(时小学学制为五年制)。学生分在2个教室授课，实施复式教学。

历任校长有仲成杰、沈乃洪、夏申先、朱壬林、王永礼、仲光熙。

敬业完全小学校 民国5年(1916)，濮镇两等小学堂更名为敬业国民学校兼高等小学校，民国12年(1923)，再次更名为敬业完全小学校。是年，拥有教室4间，在校学生120人(均为男生)。民国18年(1929)始，兼收女生。至民国26年(1937)，学校有教室8间，在校学生近500人，教学场所明显短缺。夏辛铭、仲子坪等镇绅出面，与濮院丝业当事者协商，将"疏丝款"(每年约400元)借与学校作扩建经费，新建楼室7间，扩修操场，添置部分教学仪器设备，共耗资2000余元，解决了就读学生增加，校舍不敷使用的问题。规模扩大后的敬业完全小学校，教风严谨，学风优良，教学质量远近闻名。民国19年

敬业完全小学第九届毕业合影

(1930)、民国 20 年(1931),嘉兴县教育局两次举行全县高小毕业生会考,该校均获第一。学校于民国 24 年(1935)、民国 34 年(1945)两次更名,中华人民共和国成立前夕,校名为塘濮镇中心国民学校。1948 年,全校有教学班 10 个,学生 467 人,教职工 17 人。

历任校长有夏会沣、谢昌镛、刘仲明、李杜、闵正光。

端本女子完全小学校 清光绪三十三年(1907),镇绅沈昌熊、章维堃等发起筹建,报县批准后创立濮镇公立初等女子学堂。校址在观前街节孝祠,地属嘉界,而学校隶属桐乡县。办学初,全校有 4 个班级,学生近 150 人,教师 7 人。民国 2 年(1913),添设高等小学,改称端本女子国民学校兼高等小学校,民国 12 年(1923),更名为端本女子完全小学校。学校除设文化课程外,还开设适合女生特点的刺绣课。颇具特色的课程安排,不仅为社会培养了有文化、有见识的妇女,还造就了一批刺绣能手。民国 18 年(1929)起,学校兼收男生。民国 24 年(1935)、民国 34 年(1945),学校两次更名。中华人民共和国成立前夕,校名为桐濮镇国民中心学校。全校有 10 个班级,近 400 名学生。

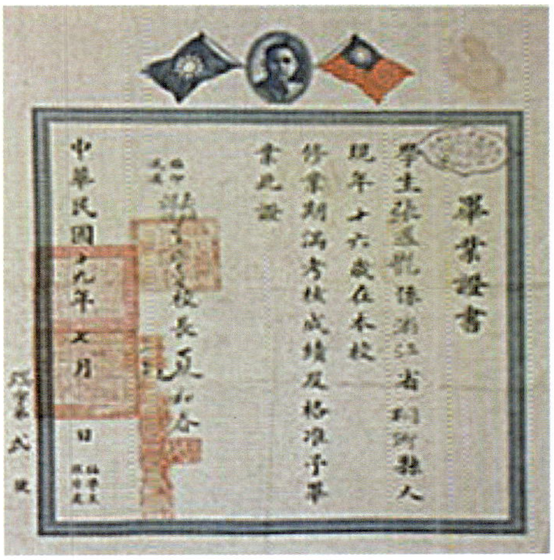

1930 年端本小学学生毕业证书

历任校长有翁朱秀、仲光煦(号泳沂)、沈昭华、夏和春、徐耀光、杨家伟、刘驾候、杨振华、朱作新、岳钦成、屠哲、吴中田。

机业初等小学校 民国 8 年(1919),机业所创办机业初等小学校。经费由机业公会拨补,吸收机业子弟 80 人为学员。陈笈书任校长,任期 3 年易人。学校开办至何时不详。

濮镇区立小学校 区立小学分属桐乡、嘉兴两县。民国 16 年(1927),桐乡县区立小学有 10 所,嘉兴县区立小学有 3 所,学校经费分别由各自县税补助。创办于清末废科举、创新学时的学校,初皆称初等小学堂,民国后一律改称初级小学校。

表 16-1　濮院镇隶属桐乡县的区立小学一览表

校　名	校　址	设立时间
第一初级小学校	大街关帝庙	清光绪三十一年(1905)

续表 16－1

校　　名	校　　址	设立时间
第二初级小学校	原在梧桐庵，后改雷家潭杨宅	清宣统元年(1909)
第三初级小学校	原在孔家祠堂，后改万兴桥胡宅	清宣统元年(1909)
第四初级小学校	原在大街翁宅，后改塌坊浜朱宅	清宣统三年(1911)
第五初级小学校	原在沈家湾，后改庙籭土地庙	清宣统三年(1911)
第六初级小学校	毓芝桥，后改厨庖庵弄	清宣统三年(1911)
第七初级小学校	原在大桥村，后改孔家祠堂	清宣统三年(1911)
第八初级小学校	北横街仲宅	民国 5 年(1916)
第九初级小学校	原在女儿桥杨宅，后改岳家场岳宅	民国 6 年(1917)
第十初级小学校	原在大街刘宅，后改秀桐桥翁宅	民国 6 年(1917)

表 16－2　　濮院镇隶属嘉兴县的区立小学一览表

校　　名	校　　址	设立时间
第一初级小学校	原在草鞋桥，后在辅弼桥徐宅	民国元年(1912)
第二初级小学校	原在寒字圩张宅，后迁狄家园曹宅	民国元年(1912)
第三初级小学校	原在寒字圩岳宅，后迁香海寺	宣统元年(1909)

张家兜小学　民国 23 年(1934)前后，濮院镇人朱兆官在张家兜自然村开办张家兜小学，学生 10 余人，朱兆官自己执教。

朱家门小学　民国 23 年(1934)，朱家门自然村开办朱家门小学，地址在村民朱龙官家的东边新屋。校长曹女士，执教的是一位朱姓先生，学生 10 余人。

乐安初级小学　民国 24 年(1935)，在渡船浜自然村，开办乐安小学，由一位陈姓老先生执教，学生 10 余人。开办时学校没有国语课本，采用《三字经》《百家姓》《花野记》《视野记》作课本。

乐安初级小学校徽

树蓬里小学　民国 24 年(1935)，树蓬里自然村办有树蓬里小学，地点在一位沈姓老者的家里。由沈先生执教，学生 10 余人。

青炉区区立小学　民国 19 年(1930)，青炉区设有区立小学(在今新联村地界)。

长生桥学堂　民国 21 年(1932)，永新乡乡长、县参议员蒋昆英，在长生桥自宅内开设学堂，称长生桥学堂。学堂招收本村学生 14 人，蒋昆英自任教员，课本从乌镇植材小学订购。1937 年底，学堂因日军占领而停办。

泽岗第一联校 民国 24 年(1935)开办的泽岗第一联校，校址在蒲扇浜村民徐俊才宅内，故俗称蒲扇浜国民学校，校长沈仲秋。当年学校设有三年级、四年级两个班，学生 34 人，其中男生 31 人、女生 3 人。

福林学堂 民国 32 年(1943)2 月，南北圣港西畔村民杨福林，在自宅内辟室 2 间开办学堂，俗称福林学堂。招收学生 35 人，分一至四年级复式班 2 个，教师吴文渔。民国 37 年(1948)8 月停办。

永新乡第二保国民学校 校址在泽岗乡境内，何时举办不详。民国 33 年(1944)，胡立民任泽岗中心国民学校校长，后由何德怀接任。民国 36 年(1947)3 月，学校更名为永新乡第二保国民学校，校长张云似，教员陈世澄。该校为青镇区国民教育研究会成员学校。

青东乡第一联校 该校于民国 34 年(1945)开设在北圣庙内，校长钟阑庆。学校设有一、二两个年级，学生 25 人。民国 37 年(1948)学校停办。

许凤浜学堂 该学堂于民国 34 年(1945)开办，校址在许凤浜村民沈坤宝宅内，教师钟兰清，乌镇人。学校设有一、二两个年级，学生 31 人。民国 37 年(1948)停办。

南北圣小学 民国 37 年(1948)8 月，福林学堂在杨福林家停办后，迁入北圣庙后殿前西厢房内，改称南北圣小学。校长吴文渔。教师先后有蒋美圆、杨守国、孔作仁；蒋美圆系中共地下党员。1952 年 6 月，学校更名为新生乡中心小学。

濮北乡第一联保国民学校 民国 33 年(1944)4 月，创办于刘家浜，学生 34 人，教师 1 人。

濮南中心国民学校 创办于姚家门，民国 34 年(1945)5 月迁入孔家祠堂，学生 78 人，教师3 人。

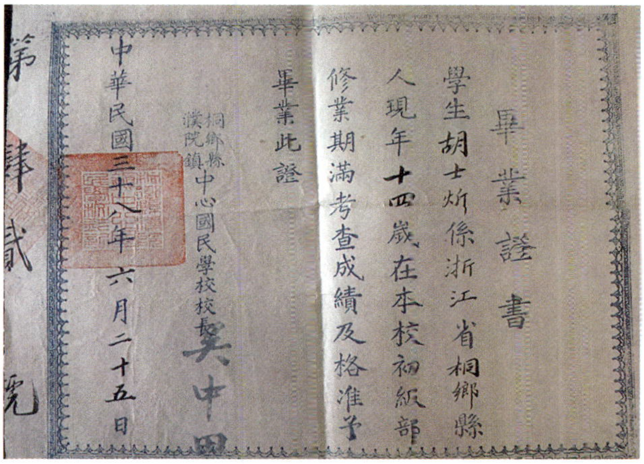

中心国民学校毕业证书

私立清河中学 民国 30 年(1941)，濮院镇伪商会集资创办私立清河中学，校址在平桥堍端本女子小学旧址。张志超任校长，屠鹏任副校长，闵克家任教导主任，杨振华任名誉校长。民国 31 年(1942)2 月下旬，学校正式开学，设有两个班，初二班 30 余人，初三班 20 人。学生多为失学青年。学校教学经费及教师工资都由商会提供，学生免交学费，只交书费。次年发展为 3 个班的规模。民国 34 年(1945)停办。

私立梅泾初级中学 民国 36 年(1947)9 月 25 日，旅居上海的镇绅陈笏书、仲光煦、臧希达、宋济平等 11 人，发起创办私立梅泾初级中学。由王永礼、朱文叔、夏振铎、董茂堂、朱文谦、张印通、仲光煦、沈善煌、翁之琴、董德乾、陈笏书等组成校董会。校董会议决定办学实施方案为：甲，先办三年制普通初级中学，从解决濮院镇及附近农村高小毕业生的升学入手，建立学校基地。再逐步由普通初级中学过渡为私立梅泾蚕桑中科学校。乙，由校董会筹集办学经费。丙，校址确定在香海寺遗址内。委托仲泳沂负责学校事务工作。

私立梅泾中学拥有土地面积 12 亩，约占香海寺面积的 1/3。利用寺内原有闲置平房 7 间，以及设在寺内的原机织传习所机房 10 间，总面积约 200 平方米的建筑作为校舍。面对破旧的房屋、简陋的设备，主办者收集些旧书，自制些教具，以公立中学课程设置作参考。教师是向社会聘请的，薪俸待遇每月约 8 斗至 1 石米。开学当年，学校聘用教师 4 人，招收学生 36 人。之后两年，又各招 1 个班。民国 37 年(1948)秋，沈祖懋出面邀请王永礼任校长。1949 年，学校共有 12 名教职工，3 个班级、106 名学生。

历任校长有仲泳沂、王永礼。

表 16－3　　濮北乡国民学校情况表

校名	桐乡县濮北乡第一联保国民学校							校址　刘家浜			
沿革	民国 33 年(1944)四月创办										
校舍	性质	民房					学生编制	方式	复式		
校舍	室名	教室					学生编制	程度	初小		
校舍	间数	1					学生编制	级数	1—3 年级		
设备	名称	总理遗像	面盆	镜子	摇铃	手巾	校旗	皮球	扫帚		
设备	数量	1 幅	1 个	1 面	1 只	1 条	1 面	2 个	1 把		
设备	自制或借用	乡公所发	乡公所发	乡公所发	乡公所发	乡公所发	乡公所发	乡公所发	自备		
经费	收入之部(元)			支出之部(元)		教职员	职别	校长			
经费	项别	经常费	办公费	生活费		教职员	性别	女			
经费	数量	1070.00	200.00	870.00		教职员	人数	1			
学生概况	学生数(人)			学生年龄(岁)				家长职业			
学生概况	男	女	共计	年　级	一年级	二年级	三年级	职别	农	工	商	学
学生概况	21	13	34	最　大	12	14	14	人数	34			
学生概况				最　小	7	10	13					
学生概况				平　均	10	12	14					
施教区域	地名	刘家浜	毛家埭	双竹园				学生籍贯	省名	浙江	
施教区域	人数	15	9	10				学生籍贯	县名	桐乡	
施教区域	地名							学生籍贯			
施教区域	人数							学生籍贯	人数	34	

表 16－4　　濮南中心国民学校情况表

校名	桐乡县濮南中心国民学校	校址　孔家祠堂
沿革	原设于姚家门，民国 34 年（1945）5 月迁入今校址	

校舍											
校舍	性质	民房	民房	民房	民房	民房	学生编制	方式	单式	复式	复式
	室名	第一教室	第二教室	寝室	贮藏室	厨房		程度	秋一	秋二	秋三
	间数	1	1	1	1	1		级数	1	1	1

设备											
设备	名称	课桌	课凳	小黑板	粉笔刷	秋千板	校旗	面布	畚箕	扫帚	教鞭
	数量	20 张	20 条	2 块	2 块	1 块	1 面	1 条	1 只	1 把	2 条
	自制或借用	乡公所	乡公所	乡公所	乡公所	自备	自备	乡公所	自备	自备	自备

经费											
经费	收入之部（元）			支出之部（元）		教职员	职别	校长	教员	教员	
	项别	县政府	教职员俸薪	办公费	校役		性别	男	男	女	
	数量	3050.00	2610.00	400.00	40.00		人数	1	1	[illegible]	

学生概况												
学生概况	学生数（人）			学生年龄（岁）				家长职业				
	男	女	共计	年　级	秋一	秋二	秋三	职别	农	工	商	学
	56	22	78	最　大	11	13	13	人数	74	1	2	1
				最　小	6	8	10					
				平　均	8	10	11					

施教区域									
施教区域	地名	茅家桥	姚家门	杨家桥	周家兜	孔家祠堂	龙潭	学生籍贯	省名	浙江
	人数	5	13	3	10	9	14		县名	桐乡
	地名	百亩园	夏家埭	庙前村	许家头	殳宝街				
	人数	5	11	3	1	14			人数	78

名人办学记事

沈梓兴办翔云书院　濮院历来敦礼节重诗教，文脉蔚然，人才辈出。清中期后，文风渐衰，士风不振；镇域学子赴郡府应课，常因道远而见阻。清同治九年（1870）冬，沈梓和多名里人，欲振文教，敦饬士品，于翔云道观之西买濮氏民房 1 所，计大厅 5 间、大门屋宇 3 间，创设书院。书院承附近久废不举的翔云义塾之名，为翔云书院。清同治十一年（1872），翔云书院开办。书院的经费由本地自行筹办，其中有充公房产、灾白基地收入和

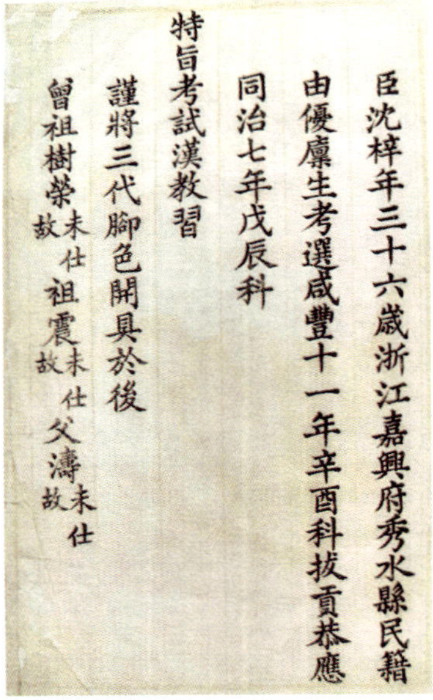
臣沈梓年三十六歲浙江嘉興府秀水縣民籍
由優廩生考選咸豐十一年辛酉科拔貢恭應
同治七年戊辰科
特旨考試漢教習
謹將三代腳色開具於後
曾祖樹榮未仕故 祖震未仕故 父濤未仕故

拔贡考试投状资料

请拨的本镇丝捐。日常教育由山长负责，每年请嘉兴府官员到书院授课一次，秀水县、桐乡县官员各授课两次。由于得到官方的支持，书院摆脱了民办塾院随意兴废之命运。

清光绪三十一年(1905)废除科举，倡导新学，书院停办。所有房屋及经费均归并入新开办的濮镇两等小学堂。

附：

夏辛铭兴办秀桐公立濮镇两等小学堂

光绪二十八年(1902)，面对晚清国势日蹙，欧风墨雨席卷而来，夏辛铭体悟到“识时务者咸以兴学育才为急务”，与里人仲子坪等借翔云书院校舍及操场，延聘中西教习，经秀水、桐乡两县核准备案后，于当年正月开办秀桐公立濮镇两等小学堂。学校经费来源为县税补助、学生学什费及地方税等。秀桐公立濮镇两等小学堂的创办，顺应了时代的发展潮流，是镇域现代教育的滥觞。

学堂开办之初，仅1个班，学生7人。为了打破社会风气闭塞、镇人溺于科举的现状，办学者选购各种教科书分赠各私塾，让私塾师生尝试新式教学。经一段时间的宣传、示范后，由私塾转入中西学堂的学生日益增多。

清光绪三十二年(1906)，濮镇两等小学堂接收了翔云书院的院所及设备，小学堂遂有教室3间、礼堂兼办公室1间、宿舍若干间，学生增至50余人。民国5年(1916)，学校更名为敬业国民学校兼高等小学校。民国18年(1929)，夏辛铭又拆借“疏丝款”2000余元，扩建教学楼、操场，添置教学设备。至此，敬业完全小学校已是一所具有一定规模的现代小学。

清光绪三十一年(1905)，夏辛铭联络乡耆张华亭等人，在泰石桥(今属嘉兴市秀洲区王店镇)设立民义初等小学校，又将关帝庙义塾改组为第一初级小学校。

历代进士、举人

表16－5　　濮院镇历代进士一览表

朝代	姓名	科年
宋	濮辉如	绍熙四年(1193)
	濮斗南	《濮川所闻记》收录：濮斗南名一之，原名徐涞，号拱辰，宁宗朝进士；《江西通志》卷五十一：绍定二年(1229)己丑黄朴榜收录国子监丞濮斗南

续表 16－5

朝　代	姓　　名	科　　　年
宋	濮世昌	宝庆二年(1226)
	归谦吉	咸淳年间(1265—1274)
元	石朝用	科年无考
	朱　钊	科年无考
明	杨景春	永乐九年(1411)
	杨　青	景泰二年(1451)
	朱　绶	成化二十三年(1487)
	冯　孜	隆庆二年(1568)
	岳元声	万历十一年(1583)
	施尔志	万历二十年(1592)
	岳和声	万历二十年(1592)
	岳骏声	万历三十八年(1610)
	冯登瀛	万历四十一年(1613)
清	顾高嘉	顺治十五年(1658)
	朱　振	康熙十八年(1679)
	屠嘉徵	雍正二年(1724)
	王应彩	雍正八年(1730)
	李枝昌	乾隆十三年(1748)
	沈　琳	乾隆二十六年(1761)
	吴　瓌	乾隆二十六年(1761)
	濮启元	乾隆二十八年(1763)
	叶家琬	乾隆五十五年(1790)
	朱善祥	光绪二年(1876)
	凌和钧	光绪十六年(1890)

表 16－6　濮院镇历代举人一览表

朝　代	姓　　名	科　　　年
宋	濮万镒	科年无考
	濮逷涞	科年无考
	濮　振	科年无考

续表 16－6

朝 代	姓 名	科 年
元	濮 铖	科年无考
明	杨 述	永乐二十一年(1423)
	钟 镛	成化元年(1465)
	陆 階	万历四年(1576)
	朱大猷	万历四十年(1612)
	归国伦	武魁,科年无考
	吴应旻	万历四十三年(1615)
	朱治贞	万历四十三年(1615)
	姚 迟	万历四十六年(1618)
	施有恒	万历四十六年(1618)
	朱治憪	天启元年(1621)
	项毓槐	崇祯九年(1636)
	岳 瀚	崇祯十二年(1639)
清	钟 彝	顺治三年(1646)
	钟 超	顺治五年(1648)
	杨 奇	武举,科年无考
	濮 鏊	康熙五年(1666)
	朱鸣吉	康熙八年(1669)
	陈飞声	康熙十六年(1677)
	傅允谐	康熙二十六年(1687)
	钟鸣盛	康熙三十二年(1693)
	曹士玮	康熙四十一年(1702)
	夏天祚	武举,康熙四十一年(1702)
	朱光国	武举,康熙四十一年(1702)
	归 伦	康熙四十四年(1705)
	周天机	武举,康熙五十年(1711)
	叶祥光	康熙五十二年(1713)
	高 志	雍正元年(1723)
	郑世元	雍正元年(1723)

续表 16－6

朝　代	姓　　名	科　　年
清	周吕桐	武举，雍正二年(1724)
	钟光烈	武举，雍正二年(1724)
	方学沆	雍正四年(1726)
	卜义明	雍正十年(1732)
	曹　鋐	乾隆十二年(1747)
	周讓之	乾隆十七年(1752)
	郑邦柱	乾隆二十四年(1759)
	陆　震	乾隆二十七年(1762)
	吴奕传	乾隆三十五年(1770)
	忻　溥	乾隆三十六年(1771)
	陈徵馀	乾隆三十六年(1771)
	项　焜	乾隆三十六年(1771)
	周　京	乾隆三十六年(1771)
	归　敦	乾隆三十六年(1771)
	胡　琢	乾隆三十九年(1774)
	邹士贵	乾隆四十四年(1779)
	沈润芳	乾隆四十五年(1780)
	朱　均	乾隆四十五年(1780)
	朱　垠	乾隆五十一年(1786)
	项　熊	乾隆五十一年(1786)
	杨　沄	乾隆五十四年(1789)
	屠本仁	乾隆五十四年(1789)
	沈鸿逵	乾隆五十九年(1794)
	程廷选	嘉庆十二年(1807)
	高　亮	武举，嘉庆十三年(1808)
	吴陈勋	道光八年(1828)
	曹定荪	道光十九年(1839)
	李世楷	光绪十五年(1889)
	李廷栋	光绪十九年(1893)

续表 16－6

朝代	姓名	科年
清	张文镐	光绪二十八年(1902)
	朱辛彝	光绪二十八年(1902)
	刘富槐	光绪二十八年(1902)
	朱乙楙	宣统元年(1909)
	汪镐基	宣统元年(1909)

资料来源：根据《濮川所闻记》《濮镇纪闻》《濮院镇志》等记载汇集

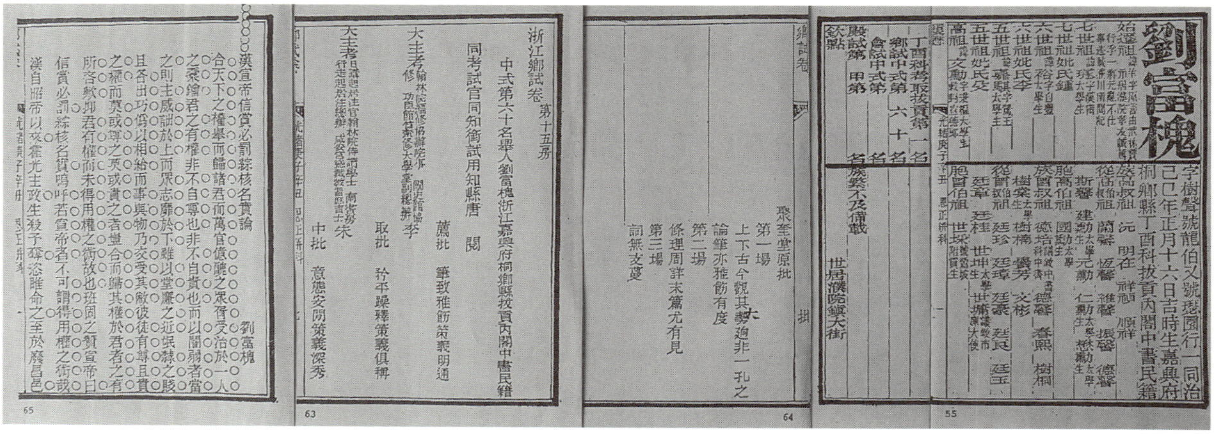

刘富槐乡试朱卷书影

第二节　学前教育

濮院镇的学前教育始于中华人民共和国成立后。1952 年，濮院镇完全小学附设幼儿园，园址在观前街。创办当年仅有 1 个班。1961—1982 年，该幼儿园保持 4 个班规模。1983 年，经县政府批准，濮院镇小附设幼儿园改为县属幼儿园，校名为濮院幼儿园，并于翌年易地新建，园址在大德桥北堍。改革开放后，濮院乡、新生乡及所属的一些村先后办起了幼儿园。其时，乡村幼儿园都归乡妇联管理。1999 年 8 月起，乡中心幼儿园及各村幼教点由乡中心小学代管。

2003 年，镇域实施镇村幼儿园一体化管理，濮院幼儿园接收濮院镇辖区内的乡村幼儿园，更名为濮院镇中心幼儿园。2004 年，濮院镇中心幼儿园接收隶属镇妇联的濮院镇托儿所。2010 年，濮院镇中心幼儿园本部迁入红星路 150 号新园区。此时的濮院镇中心幼儿园完成了资源整合，承担起镇域内学前教育的主要任务。

除了政府办的学前教育，镇域范围内还先后出现厂办幼儿园、民办幼儿园。1975

年，濮院丝厂创办濮院丝厂幼儿园。21 世纪初，随着新一轮民办教育热潮的掀起，开始出现民办托幼机构。2002 年，梅泾幼儿园创办。2004 年，庆安小牛津幼儿园创办。民办幼儿园的出现，补充和壮大了镇域的学前教育事业，使学前教育基本适应濮院镇经济社会的发展。

濮院镇中心幼儿园

濮院镇中心幼儿园园址在红星路 150 号，建筑面积 4000 多平方米，设备设施先进，可容纳 24 个班级。2010 年 2 月正式投入使用，时为桐乡市最大规模的公办幼儿园。中心幼儿园除本部外，还辖有 6 个教学园区，分别是一分部（原蓝天幼儿园，园址在庙桥堍）、二分部（原新生幼儿园，园址在南北圣）、永越村幼儿园、永联村幼儿园、新河村幼儿园、新星村幼儿园。截至 2010 年，全园有 54 个班级，1999 名幼儿，88 名专任教师。

濮院镇中心幼儿园奉行“在玩中学，在做中求发展，培养健全人格，全面提升整体素质”的办园宗旨，不断在改革中谋发展。该幼儿园还承担着镇域民办幼儿园和托儿所的业务指导工作。

近 20 年里，濮院镇中心幼儿园先后被授予嘉兴市卫生先进单位、嘉兴市达标乡镇中心幼儿园、嘉兴市教育学会实验学校、嘉兴市示范性幼儿园、陶行知研究会实验学校、桐乡市文明单位、全国幼儿棋文化教育“十一五”重点课题研究先进集体等称号；本部园区被浙江省教育厅评定为浙江省一级幼儿园。

历任园长有郭韵秋、朱凤鸣。乡幼儿园园长有颜文娟、邵够英。

濮院丝厂幼儿园

1975 年，濮院丝厂为方便职工子女的保教，创建厂办幼儿园，园址在濮院丝厂家属宿舍内。创办当年仅有 5 间平房改装成的教室。1989 年，厂方在厂区旁择址新建幼儿园，新幼儿园占地面积 992 平方米，建筑面积 580 平方米，同年 8 月启用。1991 年，幼儿园达到 5 个班的规模，在园幼儿 170 余人，保教人员 16 人。随着濮院丝厂改制，2002 年，濮院丝厂幼儿园转为民办幼儿园。

该园曾获得多项荣誉：1981 年，被县妇联评为先进集体。1984 年，被嘉兴市妇联授予嘉兴市先进集体称号。1985 年，被嘉兴市总工会评为年度市级先进幼儿园，被县总工会评为年度幼儿工作先进集体。

历任园长有张杏梅、董君莲。

梅泾幼儿园

2002 年，濮院丝厂幼儿园转为民办幼儿园，更名为梅泾幼儿园，股东为冯雪英、潘家萍。2010 年 9 月，梅泾幼儿园设有 9 个班，在园幼儿 392 人（外地民工子女占 90%），专任教师 20 人。园址在长木桥路 14 号。园长冯雪英。

桐乡市庆安小牛津幼儿园

庆安小牛津幼儿园创办于 2004 年 9 月，园址在濮院工贸大道齐虹桥南侧。投资人为台湾庆安国际幼教集团，投资额600万元。该园是一所全日制寄宿、托幼一体化幼儿园，创办人（法人代表）刘荣达。幼儿园建筑面积3800多平方米。园内设有歌舞专用教室、杰立卡脑潜能开发教室、多媒体教室、蒙特梭利教室、舞蹈房等教学设施，有直排轮溜冰场、攀岩墙、塑胶操场等专用活动场所。幼儿园开设以建构式主题教育为主、特色教育为辅的课程。初创时规模为1个大班、4个中小托班。2010年12月，幼儿园扩展为13个班级，在园幼儿401人，专任教师31人。

庆安小牛津幼儿园自开办以来，被授予中国外语教育网实验基地、中国美术学院少儿美术培训中心、嘉兴市陶行知研究会实验学校、嘉兴市学前教育学会实验幼儿园等称号，获得桐乡市文明单位、桐乡市巾帼文明示范岗等荣誉。2007年，被评为嘉兴市示范幼儿园。2008年，被评为浙江省二级幼儿园。

历任园长有吴建玉、吴晓英。

表16－7　　1952年、1990年、2010年镇域各幼儿园基本情况表

园名	1952			1990			2010		
	班级（个）	幼儿数（人）	教职工数（人）	班级（个）	幼儿数（人）	教职工数（人）	班级（个）	幼儿数（人）	专任教师（人）
濮院镇中心幼儿园	1	50	2	5	207	11	54	1999	88
濮院丝厂幼儿园	—	—	—	5	170	16	—	—	—
梅泾幼儿园	—	—	—	—	—	—	9	392	20
小牛津幼儿园	—	—	—	—	—	—	13	401	31
新华村幼儿园	—	—	—	1	30	1	并入濮院中心幼儿园		
黄河村幼儿园	—	—	—	1	25	1			
会龙村幼儿园	—	—	—	1	25	1			
永联村幼儿园	—	—	—	2	40	2			
星峰村幼儿园	—	—	—	1	30	1			
元宝桥幼儿园	—	—	—	1	20	1			
张家桥村幼儿园	—	—	—	1	20	1			
妙智村幼儿园	—	—	—	1	20	1			
油车桥村幼儿园	—	—	—	1	20	1			
新港村幼儿园	—	—	—	1	20	1			
红旗漾村幼儿园	—	—	—	1	20	1			
西浜村幼儿园	—	—	—	1	20	1			

表 16－8　　2010 年濮院镇各幼儿园办学条件情况表

园名	占地面积（平方米）	建筑面积（平方米）	教学及辅助用房（平方米）					行政办公用房（平方米）	生活用房（平方米）	其他用房（平方米）	户外活动场（平方米）	图书（册）	教学录像、录音带（盘）
			合计	活动室	睡眠室	保健室	图书室						
濮院镇中心幼儿园	2941	4048	2969	1738	241	14	75	287	792	—	1803	7750	590
梅泾幼儿园	1048	967	828	486	302	10	10	39	50	50	812	620	300
小牛津幼儿园	7704	3874	3174	2744	400	10	20	234	400	66	4000	4670	560

附：

优秀幼儿教师朱凤鸣

朱凤鸣，高级教师。1984 年 10 月任教于濮院幼儿园，1989 年 8 月起，任园长至今。

她学陶师陶，善思善成，是专业成长特色办园的实践者。她积极推行陶行知“生活即教育，教学做合一”思想，提出了“玩中学，做中求发展”的园本幼教理念，着力建设乡村教师队伍，全面提升保教质量，并以教科研为切入口，以课题研究为抓手，开展科学活动生活化、环境创设人文化、运动健康游戏化等研究。由她主持的“构建‘园本’科学活动课程的研究”“乡村‘活教师’队伍建设的实践研究”等课题成果获桐乡市教科研成果一、二等奖，论文《幼儿科学活动的生活化教育策略》获“爱满天下杯”第四届全国教师教育论文大赛一等奖。她顺应时代发展需求，积极打造“一园一品”健康体育特色成效显著，濮院幼儿园被评为浙江省体育示范幼儿园、浙江省体育特色幼儿园。

她爱岗敬业，乐意奉献，面对恶疾，乐观坚强，坚守岗位，用追梦人的大爱诠释着红烛精神的内涵，被授予浙江省中小学师德楷模、浙江省“事业家庭兼顾型”先进人物、浙江省“万名好党员”、嘉兴市优秀教师和桐乡市感动教育人物等荣誉。

第三节　小学教育

1950 年 8 月，塘濮镇中心国民学校和桐濮镇中心国民学校合并，成立濮院镇完全小学，学校设有本部及 3 个分部（其中第三分部于 1952 年设立，地点在原南横街关帝庙）。

1959年1月，濮院镇完全小学更名为濮院公社第一中心学校。1961年9月，学校恢复为濮院镇完全小学。1970年6月，濮院镇完全小学更名为濮院油米厂五七小学。1978年8月，恢复为濮院镇完全小学，一直延续至2005年7月。

1956年，濮院镇完全小学的第三分部与永安乡中心小学、乐安乡中心小学合并，成立永乐乡中心小学，校本部设在濮院镇南横街关帝庙。1959年9月，该校更名为濮院公社第二中心小学。1964年9月，学校再次更名为濮院公社中心小学。1969年，濮院公社中心小学按照“公办学校下放到大队”的政策，变更办学体制。到1972年，该校除本部外，尚设有大队级小学或教学点16个，还设有初中教学点4个。1975年，初中部改称“五七农中”，后又招了一届高中班。1984年，濮院公社中心小学更名为濮院乡中心小学（原有的初中部独立设置，为濮院乡初级中学），中心小学本部设在关帝庙，下设16个村小学或教学点。1991年，濮院乡中心小学本部迁至今新濮村大其里新校区；国道以北红星、星星、安心、星火、龙潭漾5所村校合并至中心小学本部。1992年，桐乡县启动“全民集资办学、村校改造”，星锋完小、会龙完小、永联村小、新华村小、黄河村小相继完成改造。1995年，濮院镇中心小学（1992年撤乡并镇，学校随之更名）形成了“一中心两完小三村小”的格局。1999年8月，中心小学完成扩建，星锋完小撤并至中心小学。

2001年，新生镇并入濮院镇，新生中心学校小学部的施教范围为镇域运河以北区域。

2002年，濮院镇政府决定在毛衫园区内新建一所小学——毛衫城小学，作为毛衫城工业园区的配套设施。施教范围覆盖320国道以南的全部农村适龄儿童和市场内的部分外来学生。2005年8月，学校建成，濮院镇政府和市教育局将濮院镇中心小学、濮院镇完全小学、毛衫城小学合并成桐乡市濮院小学，形成“一校三区”（翔云、永乐、毛衫城）的新格局。至此，濮院镇在全市范围内率先完成村校撤并，成为桐乡市最先开展“教育均衡，城乡一体化发展”的乡镇。

2000年，面对大量增加的新居民学龄儿童，镇域相继创办了幼苗、良三、孟家园、东方、星星等民办的民工子弟学校。2009年8月，创办民办非企性质的濮院镇濮新学校。学校设在桐乡市濮院小学永乐校区内，学生全部是濮院镇新居民子女，学校管理由濮院小学承担（其中初中学生由桐乡三中负责教育管理）。至此，镇域的民办小学承担着近4000名民工子弟的小学教育。

沈家浜小学

1950年9月开办。校址最初在新生乡沈家浜自然村沈文荣宅，后搬迁至沈金坤、沈圣林宅。学校有4个年级，3个班，其中一、二年级为复式班。教师先后有张士龙、林众、傅立言等。学校后改称联丰大队小学，1984年并入新生中心小学。

凤凰墩小学

1953年开办，校址在新生乡凤凰墩自然村玄坛庙内。学校最初有4个年级，采用复式教学，后增至5个年级，共5个班，有学生50余名。教师先后有孔伯仁、张趣文、张学芬。学校后改称新生大队小学，1984年并入新生中心小学。

乐安乡小学

成立于1952年，由文星村中心校、沈家石桥村小、周家木桥村小、万兴村村小、金家门村村小、对富桥村村小等组合而成，在编教师8人。1956年，并入永乐乡中心学校。

历任校长有吴成龙、蒋励学。

永安乡小学

成立于1952年，由庙篛村村小、大桥村村小、夏家埭村小、越茂村村小、永安村村小、黄金浜村村小、赦浜村村小等组合而成，在编教师8人。1956年，并入永乐乡中心学校。

历任校长有何燮明、朱艳芳。

桐乡市濮院镇完全小学

1950年8月，塘濮镇中心国民学校与桐濮中心国民学校合并，命名为桐乡县濮院镇完全小学。学校除本部外，还设3处分部，校本部设在原塘濮镇中心国民学校校址，一分部在原桐濮中心国民学校校址，二分部在原桐濮镇中心国民学校庙桥堍分部，三分部在原南横街初小（又称关帝庙小学）。是年，全校共有18个班级，近千名学生。此后20余年中，学校几易其名，办学质量稳中有升，社会声誉良好。1978年8月，学校恢复“濮院镇完全小学”校名。

1950年濮院完全小学毕业证书书影

改革开放以后，学校办学条件迅速改善，办学规模逐年扩大，至2002年，学校拥有4幢教学大楼、1幢行政办公楼，运动设施、多媒体教学设备、现代化办公设备一应俱全。全校有27个教学班，学生1400余人，教职工60多人。

学校先后被命名为浙江省现代教育技术实验学校、省小学语文“四结合”实验学校、省作文协作组实验学校、省卫生先进单位、市素质教育实验学校、市语文和数学教学优质学校。2005年，濮院镇完全小学和濮院镇中心小学、毛衫城小学合并成桐乡市濮院小学。

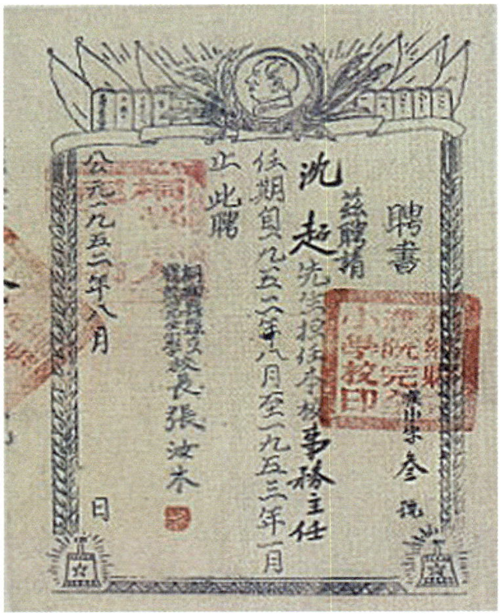

1952年濮院完全小学教师聘书书影

历任校长有杨家伟、王敏、朱宝梁、张汝木、朱静芳、沈瑞昌、许学康、程钜、钱荣生、张建章、季鹤鸣、浦小云、孔永海。

濮院镇中心小学

濮院镇中心小学前身是1956年合并而成的永乐乡中心学校，校本部设在濮院镇南横街关帝庙。1959年9月，该校更名为濮院公社第二中心学校，校本部迁至庄家荡小学。当年学校下辖庙簰小学和新华、龙潭漾、红晓等10所村级初小，全校有教师24人，学生500余人。此后30余年里，学校布局数度调整，校名几经更改，办学规模逐年扩大，办学水平亦有提升。1991年，学校本部迁至大其里新校区后，校园环境、设备设施焕然一新。至2005年，全校呈1个中心、4个教学点的办学格局，校舍总面积达6651平方米，有班级31个，有学生1820人、教师74人。学校被授予市教科研基地学校、市教科研先进集体、市敬老文明学校、市学生行为规范达标学校、市二星级学校、市绿色学校、嘉兴市卫生先进单位、嘉兴市治安安全单位、嘉兴市文明学校等称号。

历任校长有朱永坤、朱松林、高志明、钱荣生、张婉英、赵春、黄其昌、张建章、董月田、王爱珠、王炳松、卢金虎。

桐乡市濮院小学毛衫城校区

桐乡市濮院小学

2005年8月，市政府将濮院镇完全小学、濮院镇中心小学和新建的毛衫城小学合并，成立桐乡市濮院小学，形成“一校三区”（翔云、永乐、毛衫城）格局。新学校秉承优良的办学传统，全面贯彻国家教育方针，锻造高标准的教师队伍，确立科研兴教的发展战略，着力推进素质教育，取得了累累硕果。特别在“教育均衡，城乡一体化发展”方面，成为全市的典范，学校被认定为“浙江省示范小学”“浙江省标准化学校”。2010年，濮院小学占地面积15000余平方米，校舍面积34248平方米。全校有78个班级，3647名学生，147名教师，校长路茂方。

濮院镇桐星学校小学部

中华人民共和国成立后，原南北圣小学更名为新生乡中心小学。1990年，该校有教学班10个，学生426人，教职员工23人。1992年，学校并入新生中心学校。2005年，新生中心学校更名为濮院镇桐星学校。2010年，桐星学校小学部有教育班22个，学生922人，教职员工56人。

历任校长有吴问渔、蒋稼民、费玉芳、徐钰和、沈永洲、董月田、钱育康、蒋南强、施有明、陆载良、章金强。

桐乡市濮院新星学校

濮院新星学校前身为桐乡市濮院幼苗民工子弟学校，始建于2002年，校址为原邑锋完小，由郭术杰投资，地址在柳岸街。2007年8月，搬迁至濮院镇新星村。2008年10月，更名为桐乡市濮院新星学校。学校占地面积13000余平方米，建筑面积约3200平方米。校园布局合理，绿化环境优美，教学设施设备俱全。学校就读学生99%是新居民子女。2009年，该校被评为桐乡市二星级学校。至2010年底，学校有教学班25个，学生1581人，教师46人，员工12人。

良山民工子弟学校

良山民工子弟学校于2002年2月开办，校址在濮院寺浜路15号，2006年8月搬迁至文苑路103号。该校是九年制义务教育学校，至2010年9月，学校有学生960余人，分18个教学班（其中小学1—6年级12个班），在校学生99%是新居民子女。学校聘用教职员工35人，其中教师28人、后勤7人。

桐乡市东方学校濮院校区

2005年秋，桐乡市东方学校参加濮院镇人民政府的办学竞标，中标后投资15万元，将濮院会龙村小学改造成民营小学，命名为桐乡市东方学校濮院校区，简称濮院东方学校。学校占地面积3600平方米，建筑面积1400平方米。2005年秋季开学，招收学生300余人，主要是新居民子女。学校提供九年制义务教育和一年学前教育。至2010年年底，学校有教学班20个，学生1050人，教职员工35人。

濮院孟家园学校

濮院孟家园学校创办于2006年，校址在濮院镇孟家园97号。学校提供学前教育和九年制义务教育，当年9月招生15个班，约800名学生，99%为新居民子女，聘用教师22人。至2007年2月，学校累计亏损9万元，创办者以58万元价格将该校全部股份转让给汪雪梅。此后，汪家信被聘为校长，主持学校工作。2009年8月，学校搬迁至杏林街26号。2010年年底，学校共有25个班级，学生1350人，教师35人，勤杂工5人。

桐乡市濮院镇濮新学校

学校创办于2009年7月，由桐乡市教育投资发展公司和濮院镇资产经营总公司共同投资，是一所民办非企业性质，以在濮院的新居民子女为招收对象的九年一贯制学校。学校实行董事会领导下的校长负责制，路茂方是首任校长和法人代表。学校设在濮院小学永乐校区内，2009年8月开始招生，首期招生规模为：一年级5个班，学生247人；二年级2个班，学生97人。学校教职工20人，由濮院小学、桐乡三中公办支教教师和部分招聘教师组成。濮新学校的开办缓解了在濮院新居民子女就学难的问题。2010年年初，濮院镇政府和市教育局投资1500万元，另建濮新学校新校舍，校址在濮院小学毛衫城校区西侧，占地面积20.3亩，新建教学楼及配套用房7200平方米，图书室、电化教室、团队活动室、实验室、篮球场、运动场等教学设备一应俱全。

表 16－9　　1949 学年镇域部分小学情况表

单位：人

校名	校址	学生数							教员
		一	二	三	四	五	六	计	
县立濮院完小	观前街	98	46	63	47	88	48	390	16
南横街初小	南横街	66	40	35	32	—	—	173	8

表 16－10　　1990 学年濮院镇各小学情况表

校名	校址	班级数(个)	学生数(人)	教职工数(人)
濮院镇小	观前街	13	671	31
新生乡中心	南北圣	10	426	20
濮院乡中心	关帝庙	8	352	18
庙簰高小点	庙簰村	4	170	7
永联村小	永联村	4	101	4
黄河村小	黄河村小	3	98	4
会龙村小	会龙村	1	29	1
新华小学	新华村	5	141	6
庄家荡小学	庄家荡	3	118	5
星丰村小	星丰村	4	111	5
星星村小	星星村	1	21	1
星火村小学	星火村	6	195	8
乐安小学	乐安村	3	67	3
永越村小	永越村	1	27	1

表 16－11　　2010 学年濮院镇各小学情况表

校名	开办时间	校址	班级数(个)	学生数(人)	教职工数(人)
濮院小学(翔云校区)	1902 年	濮院镇观前街	30	1306	169
濮院小学(永乐校区)	1952 年	原濮院乡星火村	25	1227	
濮院小学(毛衫城校区)	2005 年	濮院镇永越村	23	1114	
濮院新星学校(小学为主)	2002 年	濮院镇新星村	25	1581	58
濮院良山学校(小学为主)	2002 年	濮院镇寺浜路	18	960	35
濮院东方学校(小学为主)	2005 年	濮院镇永越村	20	1050	35

续表 16－11

校　　名	开办时间	校　址	班级数（个）	学生数（人）	教职工数（人）
濮院孟家园学校（小学为主）	2006 年	濮院镇孟家园	25	1350	40
濮院镇濮新学校	2009 年	濮院镇永越村	[illegible]	344	20
桐星学校（小学部）	1947 年	原新生乡南北圣	22	922	56

表 16－12　　2010 年桐乡市濮院小学办学条件情况表

学校名称	占地面积（平方米）	建筑面积（平方米）	教学及辅助用房（平方米）						行政办公用房（平方米）	生活用房（平方米）	其他用房（平方米）	计算机（平方米）	图书（册）
			计	普通教室	实验室	图书室	微机室	语音室					
濮院小学	151074	34248	10893	8285	1063	952	593		3892	9582	9881	394	74825
桐星学校为九年一贯制学校，小学部的此项统计一并归入初中部名下													

附：

优秀小学教育工作者路茂方

路茂方，2005 年 8 月担任濮院小学校长后，实行“一校三区、连锁办学”的管理模式，开濮院镇连锁办学的先河。经过多年的探索和实践，路茂方带领他的团队，实现了校区间资源的科学统筹，物资流、人才流、信息流合理畅通，取得了不少成功经验。在覆盖城乡的广阔施教区里，真正实现了按区招生、就近入学，校区之间均衡发展的理想目标，开创出了一条城乡教育均衡发展的创新之路。他负责的省级课题“‘乡镇学校实施连锁办学，推进义务教育均衡发展’的实践与研究”获浙江省基础教育优秀科研成果二等奖。

路茂方充分利用集团办学的优势，在翔云校区倡导国学雅韵，营造书香校园，使百年的文化积淀得以传承延续；在毛衫城校区，他开辟了占地面积 12 余亩的“红领巾开心农场”，使学生课余享受到农耕的乐趣，该农场已经被推荐为嘉兴市科普教育实践基地；在永乐校区，坚持每学期开展为期一周的军训。三个校区各自形成的办学特色把濮院小学推上了创新、发展的崭新平台。

作为嘉兴市名师，路茂方经常被点课送教到各校区，和一线教师交流探讨。由于常年深入教学科研第一线，路茂方的课堂教学水平也不断提升。2009 年，他在省小学数学课堂教学观摩评比活动中获一等奖。

鉴于路茂方在教学、管理等方面取得的出色成绩，上级授予他省素质提升工程课堂教学能手、嘉兴市优秀教育工作者、嘉兴市名师、嘉兴市学科带头人等称号。

优秀小学教育工作者王炳松

1985年8月，王炳松担任濮院乡中心小学校长后，即着手改善办学条件。在完成危旧校舍改造的同时，他突破常规思维，积极参与濮院乡教育发展筹划，依靠村级力量全面推动村校改造，完成了第二轮村校改造及村校六配套（校舍、操场、围墙、食堂、厕所、旗杆）工程。1989年至1993年底，先后完成了中心小学、星锋小学、黄河小学、新华小学、永联小学、会龙小学的新建、扩建工程，完成了新一轮的学校调整布点工作。学校布局由原来散而小的14所，变成了“一中心两完小三村小”的合理格局：国道以北“一中心一完小”，东西均衡；国道以南，三条纵向道、两条横向道，形成了“一完小三村小”的树形布点。

1999年，中心小学扩大规模，新征土地24亩，新建校舍4700多平方米，将国道以北的星锋小学纳入其内。

2003年，他参与筹划并主持建设毛衫城学校。2005年，学校建成并投入使用。新学校的投入使用，彻底结束濮院镇的村校历史，国道以南的“一完小三村小”全部撤并进入该校，为濮院小学的建立奠定了扎实基础。

2004年，王炳松获浙江省春蚕奖。

第四节　中学教育

中华人民共和国成立初，私立梅泾中学接受人民政府的领导和资助。1956年，县政府将私立梅泾中学改为公立中学，更名为桐乡县第二初级中学，旋即又改名为桐乡县第一初级中学。1958年，该校招收高中班。次年更名为桐乡县第三中学。1983年，学校试办中等职业教育。2002年，学校职业高中部迁入市区职业教育中心园区，与此同时，濮院镇初中并入桐乡三中。

1954年，新生乡创建新生中学。1992年8月，新生乡中学与新生乡小学合并为新生中心学校。该校成为桐乡市最早实行九年一贯制管理模式的试点学校。2006年8月，学校更名为桐乡市濮院桐星学校。

1969年，濮院公社中心小学开始设立初中教学班，至1972年，共有关帝庙（本部）、庙簰（向农）、庄家荡（星锋）3个初中教学点。1975年，又在初中部基础上创办“五七农中”（仍隶属濮院公社中心小学），此后招收一届高中教学班。1984年撤社建乡后，濮院公社“五七农中”独立设置，命名为濮院乡初中，本部迁至挥士桥西堍，1992年更名为濮院镇初中。

中华人民共和国成立后，镇域的民办中学规模小、存留时间短。1956 年至次年春，存在过民办补习中学。1965—1966 年，镇政府办过学生自费上学的“广播中学”。

桐乡第三中学

桐乡第三中学前身为濮院私立梅泾中学。1956 年 6 月，私立梅泾中学由桐乡县人民政府接管时，校园面积 30 亩，新建教学楼 1 幢，在校学生有 225 人，教师有 18 人。1960 年，学校有教学楼 3 幢，行政楼、礼堂、食堂、学生宿舍、运动场、农场一应俱全，在校教职工 33 人，在校初、高中学生分别为 272 人和 126 人。1962 年，该校被确定为嘉兴地区重点中学。1963 年 7 月，学校保留完全中学建制，暂停高中教育。1964 年冬，学校被县委确定为实行半农半读两种教育制度的试点学校，建立了拥有 75 亩土地的校办农场，试点工作自当年起至 1978 年止。

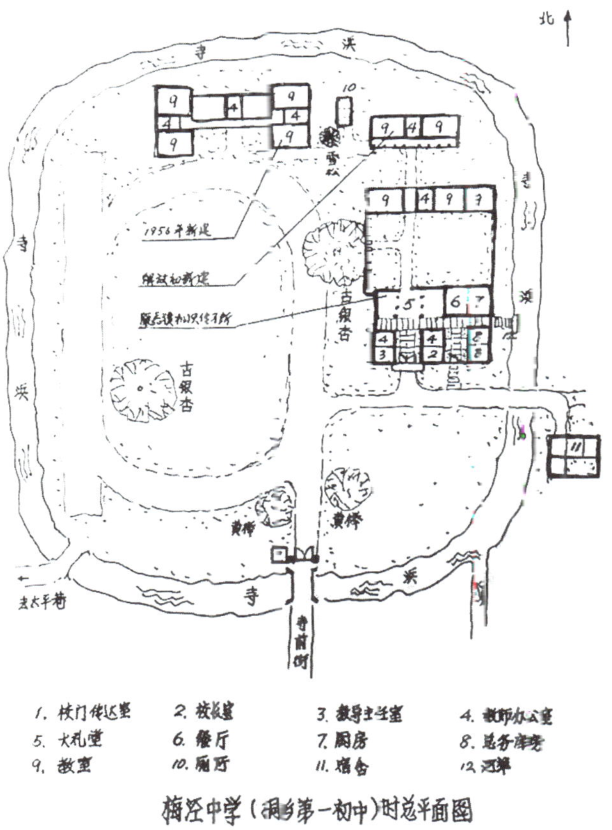

鲍复兴手绘梅泾中学平面图

1971 年，学校重新招收高中新生。1984 年，学校开始创办中等职业教育，先后挂牌“桐乡县第一城镇职业中学”“桐乡市信息技术学校”“桐乡市旅游中等职业学校”等校名。1995 年起，学校停招普通高中班。2003 年 8 月，学校职业高中部整体迁往桐乡市职教中心；同时，濮院镇初中并入桐乡第三中学。2010 年，学校占地面积 36000 余平方米，建筑面积 17000 余平方米，有班级 30 个，学生 1369 人，教师 94 人。义务教育普及率达 100%。

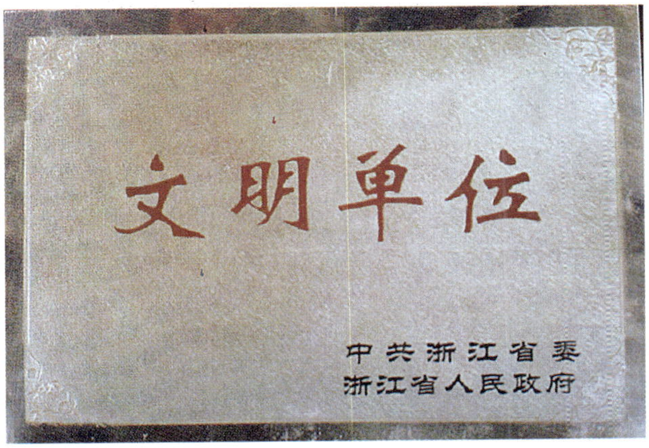

桐乡第三中学 1996 年、2001 年连续两届获省文明单位称号

学校曾在 1959 年被评为浙江省及全国教育系统先进单位，1979 年获全国群体卫生先进单位称号，1996 年被命名为浙江省文明单位。1997 年，学校工会被评为省模范职工之家。2001 年，学校被再次命名为浙江省文明单位。2005 年，学校顺利通过省级验收，被评为全市第一所省级义务教育一类标准化初中。2007 年，被评为首批嘉兴市行为规范达标示范学校。

历任校长（书记）有盛银灿、姚积禔、邹

志乾、葛朗秋、陆洪福、林克雄、施一孝、顾树华、杨月生、杨翛、王建平、陈中华、黄哲初、朱建国。

濮院镇桐星学校初中部

1954 年，新生乡在南北圣集镇创办新生中学。1991 年，新生中学有 6 个教学班，学生 289 人，教师 14 人。1992 年 8 月，新生中学与新生小学合并，更名为新生中心学校。该校成为桐乡县最早实行九年一贯制管理模式的试点学校。2003 年，该校被评为桐乡市二星级学校。

2005 年，桐星集团为学校设立了桐星奖学金，每年捐资 1 万元，奖励成绩优秀学生。2006 年 8 月，学校更名为桐乡市濮院桐星学校，校址在濮院新生集镇文昌路 28 号。

近 10 年来，桐星学校在上级部门和社会各界特别是浙江桐星集团的大力支持下，加大教育投入，学校的教学设施和其他办学条件已走在全市农村学校的前列。至 2010 年年底，学校占地面积 23192 平方米，建筑面积 10545 平方米，体育场地 7280 平方米，实验仪器、电教设备、音体美教学器材配备均达到了省定标准。学校环境优美，布局合理，先后获得“浙江省九年一贯制示范学校”“桐乡市新一轮中小学行为规范达标学校”“全国青少年读书育人特色学校”“嘉兴市卫生先进单位”“第二批浙江省体育特色学校”等荣誉。

2010 年 9 月，学校初中部有 13 个教学班，学生 568 人，教师 49 人。

历任校长有周德明、陈雪洪、苏建平、章金强、陈海金、吴建强。

桐乡市濮院桐星学校

桐星学校社会捐款功德碑

濮院镇初级中学

1984 年，濮院公社中心小学附设“五七农中”独立设置，校名为濮院乡初中。1992 年，更名为濮院镇初中。2001 年，濮院镇初中有班级 15 个，在校生 686 人，教职工 36 人。学校历年获得的荣誉有桐乡市文明单位、桐乡市一星级学校、嘉兴市卫生单位。次年，该校并入桐乡第三中学。

历任校长有孙金林、张金官、周建龙、蒋心垣、倪全福。

广播学校

濮院广播学校开办于 1965 年暑期。校址借用东河头，黄板桥南堍一处民房。学生 40 余人，均为当年小学毕业后无法继续升学者。学习方式以收听浙江电台的初中教学节目为主，安排一名教师辅导与批改作业。学校的组织者是镇人民政府，经费来源及教师工资均由学生负担，收听广播的收音机由学生劳动所得置办，课桌亦由学生自备。“文化大革命”期间，学校停办。

民办补习中学

濮院民办补习中学开办于 1956 年秋，校址设在大街原曹以中医疗诊所内。学生 20 余人，均为初一新生，其中因家庭出身而未能升学的学生居多。学生上学需自带课桌椅。教师有浦老师、张老师等 3 人。1957 年春，该校并入桐乡第三中学，学生分别插入初一各班。

表 16－13　1951 年濮院镇中学情况表

校　　名	校　　址	班级数(个)	学生数(人)	教职工数(人)
私立梅泾中学	寺湾街 14 号	4	173	14 (其中教员 5)

表 16－14　1990 年濮院镇各中学情况表

校　　名	校　址	班级数(个)		学生数(人)	教职工数(人)
		初中	高　　中		
桐乡第三中学	寺湾街 14 号	5	13 (其中中专、职高班 8)	725 (其中中专、职高生 323)	94 (其中教师 85)
濮院乡初中	挥士桥堍	8	—	325	32 (其中教师 29)
新生乡初中	南北圣	6	—	289	15 (其中教师 14)

表 16－15　2010 年濮院镇各中学情况表

校　　名	校　　址	班级数(个)	学生数(人)	教职工数(人)
桐乡第三中学	蜡烛街	30	1369 (其中新居民 530)	94
桐星学校(初中部)	新生集镇文昌路 28 号	13	568	49

表 16－16　　　　2010 年濮院镇各中学办学条件统计表

学校名称	占地面积（平方米）	建筑面积（平方米）	教学及辅助用房						行政办公用房（平方米）	生活用房（平方米）	其他用房（平方米）	计算机（台）	图书（册）
			合计（平方米）	普通教室（平方米）	实验室（平方米）	图书室（平方米）	微机室（平方米）	语音室（平方米）					
桐乡第三中学	36628	17793	6020	3139	540	435	300	65	2330	8738	705	210	43843
桐星学校九年一贯	23192	10545	3069	2527	282	130	130	—	544	2523	4409	242	31008

附：

优秀中学教育工作者顾树华

顾树华在 40 余年的教育生涯，最突出的一点，就是爱学生。早在 20 世纪 60 年代，他在石门中学工作时，就深受学生们的爱戴。当时石门中学的学生许多来自石门附近的乡村，流生现象十分普遍。为了留住学生，顾树华几乎访问过每个学生家庭。每个星期天，他差不多都花在了家访上，一天来回走好几十里路是常有的事。为了留住有辍学倾向的学生，他会在学生家里做耐心细致的说服工作；有时思想工作做到了晚上，就在学生家中宿上一晚。对因家庭贫困而辍学的学生，他常常解囊相助。

1978 年，顾树华调入桐乡第三中学，担任学校领导之后，把“一切为了学生”的理念贯彻到了学校的全部工作中，努力使学生做到“学会做人，学会处世，学会求知，学会健体”。他大力倡导“读好书”活动，积极开展群众性体育活动，积极组织课外兴趣小组活动，开展“每周一展，每月一讲”活动。几年下来，学校形成了奋发向上的校风。

他大力倡导“学陶师陶”。1991 年，他请来老教育家段力佩为全校教师作学陶师陶讲座，将陶行知的名言镌刻在校园醒目处，把陶行知主张的“教育即生活”“教学做合一”理念融入学校的教育教学和管理之中。在他的带动下，“教学做合一”渐渐成了全校师生的共识。

顾树华个人曾获全国优秀教师、全国书法教育先进工作者、桐乡市十佳校长、老干部工作先进工作者、桐乡百杰等荣誉称号，曾当选嘉兴市一届、二届人大代表，曾任桐乡市教育局督学、市退教协会会长、市陶行知研究会副会长等职。

第五节　成人教育

中华人民共和国成立前，濮院镇曾办过一所名叫嘉濮中心民校的成人学校和一个设在濮镇国民小学的民教班。中华人民共和国成立初，乡镇人民政府兴办冬学，创办识字班、扫盲班等。1951 年，镇区有民校冬学 16 所，学员 884 人，义务参与的群众教师 43 人；工人夜校学员 150 人。至 1952 年,接受工农业余教育人数达 2307 人,占全镇人口的 32%,明显降低了旧中国遗留下来的高文盲率。此后至"文化大革命"开始,镇工会和部分企业安排了职工教育专职教师,具体负责镇区职工业余文化教育;濮院乡、新生乡则由乡村教师配合专兼职成教教师开展农民业余文化教育。1980 年前后,针对"文化大革命"期间初高中毕业生基础知识严重短缺的现象,政府出面督促企事业单位组建职工业余学校、中学基础知识补习班等。通过补习,镇域内千余名职工取得了合格证。

1977 年恢复高考制度以前,镇域内只有少数专业人员有机会接受函授高等教育。从 1979 年春季濮院镇工会开办中央电视大学收视班开始,濮院的成人高等教育渠道逐渐拓宽。1981 年,国家自学考试制度建立,各类高校纷纷开设函授教育。濮院地区的学校、医院和其他机关企事业单位里,众多在职人员参加电大、自考和函授等成人学历教育,函授由各系统自行组织,自考除系统内各自组织的外,镇成校的自学考试工作站也常年招生。通过此类途径取得毕业文凭者颇多,其中中小学教师有 230 余人,医务人员有 60 余人。

1987 年,濮院乡创办成人学校。1990 年以后,成人教育逐渐趋于市场化。镇成人文化学校发挥了组织职能,学校开设免费高中班,设立成人自学考试辅导工作站和农函大桐乡市分校濮院镇工作站,常年为濮院居民提供成人继续教育服务。此外,镇域内还有桐乡市老年大学濮院分校,常年为退离休人员提供教育服务。

嘉濮中心民校

民国 35 年(1946)3 月,嘉属中心小学奉县府指令创办嘉濮中心民校,招收 16—40 岁的男女青壮年 50 人,免费赠送课本,讲授英文、国语、算数 3 门课。上课时间是每日 16 时至 17 时 30 分。

濮院镇中心国民小学民教班

民国 37 年(1948)3 月,濮院镇中心国民小学民教班开学,该班为全日制小学附设的业余成人教学班。

妇女识字班

妇女识字班于 1950 年创办。20 多名学员,多为家庭妇女,由 1 名退休教师义务执教。地址在桐濮中心学校附近茶店。识字班约坚持三四年。

冬学扫盲夜校(班)

中华人民共和国成立前,濮院镇居民 70% 为文盲、半文盲。1950 年冬,镇政府兴办冬学,开展扫盲运动。先开办夜校教师训练班,抽调有文化又热心于扫盲教育的来自多个行业的镇居民 24 人参加师资培训。后全镇办起 7 所扫盲夜校,收学员 450 人。学校课程为小学语文、算术的 1—3 册。

蒲扇浜扫盲班

设于新生乡蒲扇浜村民徐品朝家,有青年农民 10 余人入学,由土改工作队队员任教。两年后搬至村民徐文荣家,由傅立言任教。

沈家浜扫盲班

设于新生乡沈家浜小学内。白天小学生上课，晚上则是扫盲夜校学员就读。扫盲班共有 20 余名学员，由傅立言等人任教。

长生桥扫盲班

设于新生乡长生桥村民蒋佑文家，有学员 20 余人，由蒋佑文任教。

聘書
聘字第拾六號
茲聘請
楊毓秀先生担任民校語文教師
任期自一九五六年十月至一九五七年十月
止
此聘
桐鄉縣直屬濮院鎮文教委員會
公元一九五七年一月五日

民校教师聘书书影

濮院镇常年民校

濮院镇常年民校于 1950 年冬开办，招收成年学员，年龄不限，共 10 个班级。民校借用濮院镇完全小学教室，一分部设 1—5 年级 5 个班，二分部设 1—3 年级 3 个班，全校学员共 400 人。民校由完小教师及聘请教师义务上课。1951—1958 年，濮院镇常年民校共扫除文盲 500 余人，其中 32 人达到高小毕业程度，由县文教局发给高小毕业文凭；其余学员掌握 2000 以上常用字，均能读书、看报，书写简单信件、便条等。镇民校曾连续 7 年被评为县先进民校，接受县文教局颁发的奖状、锦旗和奖品——图书 350 本。1954 年和 1956 年，镇民校曾两次在全县冬学民校扫盲教师大会上作典型经验介绍。

油厂职工扫盲班、文化补习班

1952 年，濮院油厂工会在厂内创办职工扫盲班，设高小班 5、6 年级，初小班 2、3 年级 2 个复式班，每班学员 30—40 人。高小班设专职教师 1 人，初小班聘 1 名镇完小教师兼课。每天上课 2 小时。1958—1962 年，入学职工 100 余人，1965 年停办。1979 年，油厂重办文化补习班和技术培训班各 1 个班，1983 年结束。

单位职工识字班

自 1959 年下半年起，供销社、被服厂、化工厂、农具厂、造纸厂、绸厂、缝纫机厂、环卫所等均自办职工识字班，桐乡县委工交部任命濮院绸厂杨毓秀、濮院化工厂张含菁、濮院缝纫机厂蒋丽娟、濮院农具厂胡洪海为职工专职教师。职工识字班一直持续到“文化大革命”前夕。

濮院工会职工业余学校

濮院工会职工业余学校创办于中华人民共和国成立初，“文化大革命”时期停办。1979 年，学校恢复办学，开设业余初中班、高中班，学员为镇上各单位的青壮年职工。借用公社中心小学及镇完全小学教室授课，教师由中学在职教师兼任。上课时间为每晚 18：30—20：30。1979—1984 年，初中班学员 453 人，初中复习班学员 243 人。1982—1985 年，高中班学员 257 人。

濮院丝厂中学补习班

1982 年，濮院丝厂为贯彻落实国家关于职工教育的有关通知精神，党委书记和厂长亲自主管职工教育，创办职工中学补习班，补习初中语文、数学两科。补习班连续办学4年，配备专职教师2人、专职管理干部1人，有教室、办公室各3间，共362平方米。至1984年末，累计入学人数达508人，占应补课职工总数的92.8%；补课及格人数411人，及格率为80.6%，达到了中央联合通知的高限要求。1985年春，又办高中班，开设语文、数学两科，学员自愿报名入学。补习班办学4年中，初、高中在册学员累计1298人，先后评出文化学习积极分子185人，其中选拔为干部和管理人员，调任新岗位的职工有34人。此外，根据主管局的要求，对4级及4级以下的技术工进行技术补课，合格率超过90%的上级规定验收标准。

濮院镇成人文化技术学校

濮院镇成人文化技术学校原名濮院乡成人学校，开办于1987年，学校附设在濮院乡中心小学内。当年成校的主要任务是负责村民的文化补习，仅1个班，20余名学生，负责人兼教师是傅自强。1992年，成校开设免费高中班、中小企业职工培训班(不定期)和成人自学考试辅导站。2010年，学校有图书室、电子阅览室、计算机房，有图书2000册、计算机30台，固定资产达14万元。学校还附设"农函大"桐乡市分校濮院镇工作站，有教师4人。学校被浙江省教育委员会命名为省级示范性乡镇成人学校(1999年3月)，被浙江省教育厅、浙江省中小企业局命名为中小企业职工培训示范基地，被嘉兴市高等教育自学考试工作委员会命名为嘉兴市三星级自考工作站。

濮院老年大学

桐乡市老年大学濮院分校(简称濮院老年大学)创办于2002年9月，地点在东海电线厂桥东、梅泾公园西侧。分校开设有医学保健、书法、美术、政治、音乐、摄影、法律等课程，学习时间为每星期半天，有学员30余人，以镇内的离退休干部及镇政府下属单位(兽医站、农技站)的离、退老干部居多。学校教师由濮院镇有关单位的专业人才担任。校内成立有老干部理论学习小组，配合党的各项中心工作，经常开展主题学习活动。学校还经常组织学员参加各种文体活动，在桐乡市第六届机关事业单位退休干部运动会上，该校选派的运动员获得了好成绩。

镇工会电大收视班

1979年，浙江广播电视大学桐乡电大工作站初创，即在濮院镇工会设立收视班。濮院油米厂沈善勋、桐乡毛纺厂陈森华参加了入学考试，成绩合格后被录取，就读电子技术专业。这两名学员经三年的半脱产学习，于1982年毕业，成为首届电大毕业生。同时期，镇工会收视班还有30余名旁听学员。由于电大工作站布局的调整，一年后，收视班教学并入工作站本部。

第六节　职业教育

民国4年(1915)，镇区丝绸行业设立机织传习所，为濮院镇职业教育之肇始。中华人民共和国成立后，人民政府十分重视职业教育，特别是进入20世纪80年代，在国家大力发展职业教育的背景下，桐乡第三中学率先涉足城镇职业教育，短短10余年时间，该校办成了浙江省示范性职业中学。90年代中后期，濮院镇羊毛衫产业日趋繁荣，羊毛衫制作行业催生了与之相关的职业培训教育。近年，此类培训教育更趋成熟。

机织传习所

民国4年(1915)，由桐乡县附税项下提拨专款，延聘技师，召集工徒，在香海寺秀野室后设立机织传习所，讲授铁机取代土机的织绸新工艺。此为濮院职业技术教育的肇始。

嘉濮中心民校

民国35年(1946)3月，奉县府指令创办嘉濮中心民校(嘉属中心小学)，招收16—40岁的男女青壮年50人，除讲授文化知识外，还教习有关职业技能。

濮院镇工会职工业余学校业余中专

1980年上半年，镇工会创办职工业余学校中专，初时借用濮院丝厂工会教室及濮院乡中心小学教室，濮院镇工人俱乐部建成后，学校迁入其内。业余中专先后开设电工班、会计班、绘图班、金属工艺学班、技术测量班、企业管理班、机械零件加工班、电工基础班等8个专业40个班。开办9年中，毕业和结业人数累计达1025人；经职业培训后，职工的业务水平有较大的提高。全镇参加中专函授的学员有27人。

桐乡县第一城镇职业学校、桐乡市信息技术学校、桐乡市旅游中等职业学校

桐乡第三中学于1984年开始招收职业高中班，其中有毛纺、丝绸印染、丝织、电工电器等专业。1985年，学校成为嘉兴中专的教学点，开始招收文秘、金融等普通中专专业。1988年，经桐乡县人民政府批准，桐乡县第一城镇职业中学成立，该校与桐乡第三中学实行两块牌子、一套班子的管理体制。至1996年，学校开设旅游专业等5个中专、职高专业，在校中职生达532人。2000年12月，桐乡市第一城镇职业中学更名为桐乡市信息技术学校。2001年，学校挂牌桐乡市旅游中等职业学校。

桐乡市第一城镇职业学校1996年获省示范性职业学校称号

桐乡第三中学创办中等职业教育10余年，取得了令人瞩目的成绩。1996年，被省教委授予“浙江省示范性职业学校”称号，被省委、省政府命名为浙江省文明单位。2000年，被省教委授予浙江省二级重点职业学校称号。2001年，再次被省委、省政府命名为浙江省文明单位。2003年8

月，随着职业高中部全部搬迁至桐乡市职教中心，桐乡第三中学停办职业教育。

濮院羊毛衫职业技术学校

濮院羊毛衫职业技术学校创办于1989年9月，校址位于濮院大道3580号，投资人刘兵功，刘兵功兼任校长。学校占地面积5000平方米，教室面积1500平方米，有专业教师36人。建校以来，已向濮院乃至全国的羊毛衫行业输送专业人才40000余人。该校是桐乡市劳动和社会保障局、民政局批准的桐乡市民办非企业单位，是全国第一所羊毛衫职业技术学校、全国毛编织工艺资格认证专业委员定点培训学校、浙江省中小企业职工培训示范基地。国家针织服装资格等级标准教材题库由该校组织编写。

表16－17　濮院羊毛衫职业技术学校历年培训及上岗的学员统计表

单位：人

年份	培训人数			已上岗人数
	总人数	男	女	
1989	1900	1000	900	1500
1990	2300	1300	1000	1800
1991	2600	1900	700	2090
1992	2360	1300	1060	1888
1993	2600	1600	1000	1900
1994	3360	2300	1060	2688
1995	2900	1600	1300	2360
1996	2600	1300	1300	2190
1997	2300	1600	700	1860
1998	2600	1600	1000	2080
1999	2900	1300	1600	2360
2000	2430	1200	1230	2060
2001	2060	1400	660	1660
2002	2600	1600	1000	1880
2003	2500	1300	1200	2300
2004	2300	1000	1300	1900
2005	1600	980	620	1200

续表 16－17

年份	培训人数			已上岗人数
	总人数	男	女	
2006	1500	900	600	1000
2007	1690	1000	690	1116
2008	1300	800	500	1060
2009	1600	1000	600	1200
2010	1200	800	400	900

第七节　教师队伍

清同治十一年(1872),由乡贤沈梓等呈文批准创立翔云书院,先后有严辰、严嘉荣、许景澄、石中玉、高宝銮5位山长授课主讲,其中严辰、许景澄、高宝銮是翰林出身,严嘉荣、石中玉为举人。他们可谓从事濮院镇公共教育的先行者。

清末,学堂教员的任用主要依据《奏定学堂章程》的规定,教员由堂长(监督)聘任。濮院仅有的几家私塾,每家只有一位教书先生执教。清光绪二十八年(1902),夏辛铭创办秀桐公立濮镇两等小学堂,学堂教员由举办者延聘。此时濮院还未形成一支教师队伍。

民国时期,根据民国教育部颁发的《小学校令》,公立学校教员由校长聘任,但须呈报主管行政长官核备。教员的聘任一般在聘书上注明聘任期限、薪额、职务、工作量等。聘任期限,初聘以1学年为原则,续聘一般为2年。镇域因经济较为发达,民国时期的小学校尚多,不单镇区有完小、初小,乡间也零星分布着国民学校,教员总数不下百人。1949年中华人民共和国成立前,镇区内仅完全小学和南横街初小就有教员24人,刚创办的私立梅泾中学也有教职工14人(其中教员7人)。中华人民共和国成立前,镇域小学教员队伍中师范生比例极低,初中教员也仅是高中毕业或高校肄业学历。

1933年濮院小学教师节合影

中华人民共和国成立后,党和政府大力发展教育事业,教师队伍逐步扩大，师资质量也逐年提高。1953 年，镇区的私立梅泾中学有教职工 15 人，濮院完全小学有教职工 40 余人。20 世纪 60 年代，镇域教育规模稳定，教师队伍规模也基本稳定。

70 年代初，在“学校办到家门口，村村有小学，队队有初中，社社有高中”的办学政策指导下，濮院乡村扩大了办学规模，师资需求量大增，师资严重缺乏。管理者的应对之策是：一是从下乡、回乡知青中招收民办及代课教师。为此，桐乡三中曾面向民办教师开办过两期师资培训班。二是逐级拔高师资的岗位适用资格。1982 年，县教育局对在编民办教师的德能勤绩进行全面考核，辞退不适宜任教人员或另行安置，将合格者逐步转为公办教师。

进入 80 年代，高师、中师毕业生逐渐进入镇域的中小学、幼儿园，师资队伍不断扩大，素质不断提高。1988 年，中小学教师首次实行专业技术评聘。1998 年 1 月，市政府办批转市教委《关于进一步完善中小学〈校长负责制和教职工聘任制〉的意见》。此后，镇域学校分别通过《校长负责制和教职工聘任制方案》。2002 年，桐乡市全面开展教师资格认定工作，对符合条件的申报人员，颁发全国通用的教师资格证书。上述制度使教师队伍从根本上得到了稳定和发展。

进入 21 世纪，镇域教育规模快速增长，对教师的数量与质量要求陡增。各级各类学校通过从外地引进高校毕业生、面向社会公开招聘农村教师等途径，逐步解决了师资缺口。至 2010 年 9 月，濮院镇分别有在编幼儿专任教师 139 人、在编小学专任教师 219 人、在编中学专任教师 137 人。

表 16－18　　1990 年濮院镇教职工基本情况表

单位：人

学校名称	小计	专任教师	学历				职称			
			本科	专科	中师	高中及以下	高级	中级	初级	无职称
桐乡三中	69	65	31	28	8	2	7	26	29	7
濮院镇初中	29	25	2	8	16	3	—	3	22	3
新生乡初中	15	15	1	7	3	4	—	1	13	1
濮院镇小	33	33	—	1	25	7	—	12	18	3
濮院乡小	—	65	—	—	21	44	—	6	32	27
新生乡小学	37	36	—	—	16	21	—	3	34	—
濮院幼儿园	11	11	—	—	8	3	—	2	7	2
丝厂幼儿园	13	10	—	—	—	13	—	—	—	—

表 16－19　　2010 年濮院镇教职工基本情况表

单位：人

学校名称	小计	专任教师	学历			职称			
			本科	专科	高中及以下	高级	中级	初级	无职称
桐乡三中	92	90	78	13	1	13	37	39	—
桐星学校(初中部)	49	47	40	7	2	—	24	24	1
濮院小学	169	165	77	72	20	3	87	70	8
桐星学校(小学部)	55	54	14	35	6	—	31	24	—
濮院幼儿园	144	92	9	76	59	1	25	52	14
梅泾幼儿园	27	20	—	11	16	—	—	7	—
庆安小牛津幼儿园	53	27	2	25	26	—	3	22	6

表 16－20　　濮院镇学校省级以上优秀教师、先进教师一览表

学校	姓名	荣誉称号	颁发时间
桐乡三中	赵凤麟	全国先进少年儿童工作者	1982 年
桐乡三中	顾树华	全国优秀教师	1993 年
桐乡三中	朱建荣	浙江省第九届春蚕奖	1996 年
桐乡三中	孔耀庭	浙江省第十届春蚕奖	1997 年
桐乡三中	朱永春	浙江省第十九届春蚕奖	2006 年
桐乡三中	朱永春	浙江省 2006 年度教育新闻人物	2006 年
桐乡三中	朱永春	浙江省首届十佳心育导师	2008 年
桐星学校	沈藕芳	全国优秀教师	1989 年
桐星学校	彭美宝	浙江省第六届春蚕奖	1993 年
桐星学校	吴建强	浙江省第十四届春蚕奖	2001 年
濮院小学	沙兴宝	浙江省勤工俭学优秀工作者	1989 年
濮院小学	王炳松	浙江省第十七届春蚕奖	2004 年
濮院小学	路茂方	浙江省农村中小学课堂能手	2007 年
濮院小学	路茂方	浙江省教科研先进个人	2007 年
濮院小学	路茂方	浙江省教科研先进个人	2008 年
濮院中心幼儿园	朱凤鸣	浙江省中小学师德楷模	2011 年
濮院中心幼儿园	张武霞	浙江省第 23 届春蚕奖	2011 年

说明：截止日期为 2011 年 12 月

第八节　教育体制改革

全日制中小学

中华人民共和国成立后，桐乡县人民政府重视教育事业，对濮院原有的小学采取保留、调整，将塘濮镇中心国民学校、桐濮镇中心国民学校两校合并成县属完全小学，小学教师采取"包下来"的政策。对私立梅泾中学，则加强政治领导，实行经济补助。1952年，私立梅泾中学的校长由县政府任命，实行校委会、校长并行的领导体制。此后中小学开始学习凯洛夫教育学，学习苏联教育经验，课堂教育走上了正规化。1956年，桐乡县人民政府接管了私立梅泾中学，至此学校的管理、招生全部纳入政府的计划。

1958年，镇区中学规模扩大，教学质量提高，春季招收了首届高中班。1961年，在"调整、巩固、充实、提高"政策指导下，桐乡三中停止招收高中一年级新生。1962年，中小学贯彻《全日制中小学工作条例》，建立新的以教学为中心的教学秩序。1964年，县委确定桐乡三中为半农半读两种教育制度的试点学校，试行6、5、1制（学生全年6个月读书，5个月劳动，1个月假期）。随即学校建立了南北两个农场，共有土地75亩。

"文化大革命"期间，镇域的学校教育遭受很大冲击，1966—1968年，中小学教育处于停顿半停顿状态。1969年，桐乡县革委会派工宣队进驻桐乡三中，同年成立校革委会，全面管理学校工作。小学分别变更办学体制，濮院镇完全小学于1970年划归濮院油米厂管理，濮院公社中心小学采用"公办小学下放到大队"的管理模式。1971年，濮院、新生人民公社都成立了公社教育革命委员会，实行"贫下中农管理学校"的管理体制。1969年秋季，各学校改革课堂教学模式，实行开门办学，请工农兵上讲台授课。次年，桐乡三中开始兴办校办工厂。1971年秋季，桐乡三中开始招收两年制高中新生。

1977年，国家恢复高考制度，桐乡三中承担起升学预备教育任务，停止了组织学生长时间进工厂下农场劳动的教育模式；其余中小学的教学工作也走上了正轨，德育工作被摆上了重要位置。1978年，桐乡三中撤销校革委，实行党支部领导下的校长负责制。同年，濮院油米厂五七小学恢复"濮院镇完全小学"校名，恢复原先的隶属关系。1982年，桐乡三中高中班恢复三年制学制。次年，两个高一新生班在全县率先实施第二类教学计划。1983年，人民公社撤社改乡，濮院、新生的中小学随之更名，但隶属关系不变。

1985年，镇域学校推行"分级管理、分级办学"的管理体制改革。县政府规定桐乡三中经费和人事均由县教育局统管；濮院乡初中、濮院镇完全小学、濮院乡中心小学、新生中心学校则为乡镇管理学校，由新成立的乡（镇）教育委员会管理，学校教育经费实行"预算包干、超支不补、结余留用"的办法，人事管理由市教育局会同乡镇共同管理。

2001年，《国务院关于基础教育改革与发展的决定》明确了农村义务教育须遵循"在国务院领导下，由地方负责，分级管理、以县为主"的原则。是年，镇域义务教育阶段学校教师的工资管理上收到市，次年，上述学校全部纳入市教育局管理。2007 年，九年义务教育阶段中小学生全部免除学杂费。

1991 年开始，镇域小学展开了一系列布局调整。1991 年，濮院乡中心小学完成整体搬迁，迁址于现新濮村大其里。国道以北村校进行了第一次大规模调整合并，星火村小、龙潭漾村小、红星村小、星星村小、安心村小合并至中心小学本部。1992 年，桐乡县实施“全民集资办学、村校改造”，第一轮村校布局调整开始，星锋完小、会龙完小、永联村小、新华村小、黄河村小相继改造完成。同年，新生中学与新生小学合并成新生中心学校。至 1995 年，濮院镇中心小学(1992 年撤乡并镇，学校随之更名)形成了 1 所中心校、2 所完小、3 所村小的格局，原有的乐安、星锋、红晓、永越、金龙 6 所小学完成撤并。1999 年 8 月，濮院镇中心小学完成扩建，星锋小学再次撤并。2005 年 8 月，濮院镇在毛衫园区建成新的小学校区，政府将濮院镇中心小学、濮院镇完全小学合并成立桐乡市濮院小学。

幼儿园

1983 年，濮院幼儿园独立设置并定为县管学校，经费和人事均由县教育局统管。改革开放后先后办起的乡村幼儿园，都归乡妇联管理。2003 年，濮院镇在全县率先实施镇村幼儿园一体化管理。濮院幼儿园接管濮院乡中心幼儿园和新生镇中心幼儿园，以及两中心园下设的新河、黄河、会龙、永联、星锋及乡中心小学附设、元宝桥、张介桥、妙智、油车桥、新港、红旗漾 12 个村幼儿园(后又因行政区域调整，增加了西浜村幼儿园)，更名为濮院镇中心幼儿园。濮院中心幼儿园由市属幼儿园变更为镇属单位。至 2011 年 8 月第二中心幼儿园新建园区投入使用，濮院中心幼儿园全面完成村幼撤并，形成了“一园四区”的办园格局。

中等职业学校

1984 年，省内城镇中等职业教育逐步兴起，桐乡三中起步尝试新的办学类型。学校招收了首届职业高中班——电器电工专业。次年，招收首届普通中专班——嘉兴中专文秘档案专业。1988 年，经桐乡县人民政府批准，桐乡县第一城镇职业中学成立，该校与桐乡第三中学实行两块牌子、一套班子的管理模式。2000 年，经嘉兴市教委批复，桐乡县第一城镇职业中学更名为桐乡市信息技术学校。2001 年，经嘉兴市人民政府批准，桐乡市旅游中等职业学校成立，该校和桐乡第三中学、桐乡市信息技术学校实行“三块牌子，一套班子”的管理模式。

民办学校

1997 年，国务院颁发《社会力量办学条例》，随着毛衫市场带来的经济社会快速发展，镇域开始出现私人办学机构。2002 年开始，梅泾幼儿园、良山外来民工子弟学校、庆安小牛津幼儿园、孟家园学校、亨利学校、新星学校相继开办。民办学校的涌现，标志着镇域教育经历着办学体制的新变革。

招生考试

1989年开始，镇域学校贯彻上级教育行政部门的指令，对招生考试制度实施了一系列改革。1989年，小学取消了留级制度。1991年，义务教育阶段实行划片招生。1995年，小学生免试就近直升初中。1998年，初中毕业会考与高中段招生考试实行“两考合一”办法。2000年后，职业高中实施助学奖金计划。

教师工资

1992年，根据县教育局《桐乡县学校内部管理体制改革实施细则》，镇域学校开始推行校内结构工资制。1998年1月，市政府办批转市教委《关于进一步完善中小学校长负责制和教职工聘任制的意见》，桐乡三中召开四届五次教代会，通过《校长负责制和教职工聘任制方案》，其他学校也先后实施内部管理体制改革。2009年，义务教育学校实行绩效工资制，分基础性和奖励性两部分。基础性绩效工资占工资总额的70%，按月由市财政统一发放；奖励性绩效工资占工资总额的30%，由学校在考核基础上自主确定分配办法并发放。

附：

教育名家及教育文论

教育名家

谢昌墉 谢昌墉(1887—1965)，濮院镇人。1924年春季，谢昌墉担任濮院镇敬业小学校长。他任职后，改变了以往保守的办学作风，打破封建陋习，男女学生兼收，并增加免费学额，使贫寒子女也能享受教育福利。因此，这年春季开学时，学生达120人。1925年，谢昌墉招来温、台无地农民，开垦校园荒地，一两年间，开辟操场至20余亩。1928年增建教室一幢。

濮院镇敬业小学原系嘉、桐两县合办，1935年，划归嘉兴管理，改称嘉兴塘濮中心校。至1937年秋季开学，学生已近500人，而教室只有8间，因此各教室都人满为患。于是谢昌墉决定大修校舍，将原有的5间平屋改造成教室和办公室，把木窗改装成玻璃窗，拆除平房后围墙，改作走廊，再新建教室1幢。这样，教学用房基本满足了需求。此后，他又先后添置理化仪器及实验材料200余种、新旧图书5000余册，体育用品也基本满足了教学所需。这样的教学设备设施在当时的全县教育系统里，也是首屈一指的。

20世纪20—30年代，塘濮中心校教师的待遇在嘉兴县各区立小学中是比较好的，教师月工资约22元，校长月工资约25元。但谢昌墉一家6口，仅凭其薪俸度日，生活仍很困难。他一家早晨吃小薯，晚上吃粥，仅中饭吃饱，此为常事。尽管生活艰难，谢昌墉仍能兢兢业业地搞好学校工作。敬业小学的教学质量，逐年有所提高。1930 年、1931 年，学生参加嘉兴县教育局举行的全县高小毕业生会考，两次均得第一。1931 年，毕业生 15 人，投考省立二中，均获录取；录取生中第 1 名也是濮院小学的学生。当时嘉兴各报均登载有关介绍与评论，一时传为美谈。每年投考嘉兴中学的学生，被录取的均有 10 余人。

朱永春 朱永春是桐乡三中的科学和数学教师。他一直认为：教师不是“教书育人”，而是“育人教书”。他总将学校最难教的孩子揽到自己班级，用春风化雨般的情怀滋养每个学生的心田。他通过频繁的家访建立家校合作模式，成功转化了多个出了名的后进学生，他所带班级的班风、学风、成绩常常成为学校的标杆。

朱永春的教育充满了智慧。一次他班上的女生婷婷死活不肯上学，父母、舅舅愁得没法子。朱永春知道婷婷的辍学念头由来已久，硬堵已不是个办法了，不如来个欲擒故纵，他向婷婷父亲如此这般地交代一番。下一天婷婷出现在了舅舅的羊毛衫厂工位上。在舅舅的配合“演出”下，劳累三天的婷婷开始重新体悟学校生活的意义。朱永春适时走到了她的身边，顺手拿起一件羊毛衫成衣对她说：“婷婷，一件羊毛衫最初的原料是杂乱的羊毛，经过加工变成毛纱，毛纱经过横机编织变成坯布，坯布再经过套口才成为衣服，最后还得染色整烫才成为合格产品。同时，一个人从出生到最后独立走向世界，成为一个有生存能力并具有社会价值的合格公民，也像这件羊毛衫一样需要一道道的工序进行完善。幼时我们是一堆羊毛，基本上干不了什么事；经过小学教育，我们就如毛纱可以用来绑缚东西一样，有点小用处；接受了初中教育，我们就成了坯布，更有价值了，既可以绑东西，也可以当抹布；再经过高中阶段的加工，我们就成了像样的衣服，更可以给人们保暖御寒；如果你再努力一下，接受高等教育的染色整烫，就成了我手中的这件精美时装，穿着暖和还给人自信和美丽！知识改变命运，老师希望你不要辜负家人和社会对你的期待，不要在学习上过早地半途而废成为半成品。这不仅对你的才能是一种浪费，对社会也是一种损失……”在朱永春耐心说服的时候，婷婷一直低着头认真地听着，不时点点头。她说：“老师，我不想一辈子当抹布，我要回班级好好读书，我要拿到初中文凭，我还要上职高读英语，我对我的英语水平最有信心！”

由于朱永春在育人方面的知名度，一些家长会把患了“教育绝症”的孩子中途转入他的班级。朱老师往往妙手回春，将一个个自我放弃的孩子拉上健康成长的正轨，让一个个家庭重新获得希望与幸福。

朱永春不仅是德育名师，他的教学能力也出类拔萃。他长期同时担任科学、数学教师，由于他勤于思考乐于钻研，所以对课堂教学举重若轻，并形成了个性鲜明的教学风格。他擅长教学“跨界”，在教七年级科学“认识地球仪”的知识时，朱永春发现许多孩子总是把经线与纬线搞混。因为有历史与语文的爱好，所以他在那节课上尝试教学跨界，取得了良好的教学效果。朱永春先在黑板上画了一架古代织布机的草图，然后告诉孩子们:“劳动创造了人,劳动工具也成了人类语言与思想发展的一个源头。”

看到学生专注的眼神,他用粉笔在织布机的上下画了一些连接线和一个梭子,说:“这些固定在上下木杠上不能动的线就叫经线,而装在梭子里左右穿行的线就叫纬线。所以,在我们汉语里,经这个字代表了永远和不变的意思。比如我们班的小明同学,前天迟到,昨天迟到,今天又迟到,我们就说他经常迟到,而不说他纬常迟到!”学生哈哈大笑,小明也不好意思起来。

“同学们,我们家乡有个伟大的作家,叫茅盾。茅盾的作品过了那么多年我们还在读还在看,像这种具有永恒艺术魅力的作品我们把它叫作什么作品呀?”此刻朱永春完全沉浸在语文教师的角色中。

“经典作品。”学生齐声回答。

“我国第一部诗歌总集,收入自西周初年至春秋中叶五百多年的诗歌305篇,称《诗三百》,为什么后来叫《诗经》了呢?因为这些诗歌是中国文学发展的一个源头,无论是对后世的文学创作还是审美倾向都有永恒的影响。同理,四书五经以及《佛经》《可兰经》《圣经》等,为何都成为经?因为这些书中的道理都是先贤及圣人的主张,被大家视为永恒不变的真理。”朱永春越说越得意,因为学生完全没想到自己的科学老师竟然比语文老师还语文老师!

看到学生恍然大悟一脸崇拜的样子,朱永春又模仿起小品演员说:“此处应该有掌声!”孩子们真的开始使劲鼓起掌来,好久还没停下来。他示意学生停下并说:“形容掌声持续时间很长、停不下来,我们有个成语叫?”

“经久不息!”学生异口同声地回答。

“完全正确,经久不息。经就是久的意思,就像经常一词,经就是常的同义词。因为汉语中的经最初指古代织布机上固定的织线。”朱永春边说边在黑板上画了个地球仪,然后将连接南北上下两极的那些线画好,让学生与织布机上的经线做比较:“现在明白这些被南北两极固定的线为何叫经线了吧?知道了经线,另外那种像赤道一样围着地球转动的线就肯定叫纬线了!经纬线分清了吗?”

“一清二楚,经久不忘!”学生夸张地叫道。

正是朱永春这种灵动而富有情趣的课堂教学艺术,使学生学得活学得轻松,所以他的科学、数学教学成绩总是名列前茅。

朱永春在教学实践的基础上撰写的几十篇文章、在《班主任之友》《中学教师报》《中小学德育》《福建教育》《浙江教育科学》《浙江教育报》《嘉兴教育》等报纸杂志发表,被许多网友称为“江南魏书生”。他是《教师周刊》的《教育叙事研究》栏目主笔,又是全国发行量最大的学生杂志《中学生天地》的经典栏目《来来往往》主持人,还成为全国班主任第一杂志《班主任之友》的封面人物。

朱永春可谓当代立足濮院镇影响全国的教育名家。

教育文论

哲学思维:给“科学”加点“盐”

朱永春

现代教育的一个核心理念就是要倡导德育为先,如何教会学生做人是每个教师最重要的教育任务。只会教书不会育人的经师是不合格的教书匠,真正优秀的教师是那种能摆脱知识本位,引领学生走健康人生之路的导师。但是传统的空洞说教很难让学生产生共鸣和感悟,甚至只会让被教育者反感。如何实施有效德育已经成了教育界讨论的热点,也是大家公认的一个难点。作为一名科学教师,我觉得我们不能把自己排除在全员德育之外,而要承担更多的育人任务,因为科学教学主要带领学生观察研究自然现象自然规律,而来自自然的启示是最富有哲理和感染力的。就我自己的实践体会来讲,许多诸如“学生读书不肯用功”“学生早恋耽误学业”等教育难题都可以借助学科与德育的相互渗透而得到有效处理。正像中央教科所的朱小蔓教授所说:“德育是盐,不能单独给人吃,必须溶解在各种食物当中。”我的理解是德育要自然地渗透到学科教学中才会产生出育人的奇效。在学科教学的过程中,如何运用自己的哲学思维捕捉人生哲理,如何给“科学”教学加点无痕的德育之“盐”,实现既教书又不忘育人,是我讲的又一“诗外功夫”。

我的学生中顽皮不用功的学生也曾很多,而且一般的苦口婆心对他们毫无触动。但有一次的科学课却很有效地转化了几个上网吧、欺负女同学的后进生思想。记得那是初一年级的一堂课,内容是关于凸透镜和凹透镜的性质。我先让学生分组拿着放大镜(即凸透镜)到操场的阳光下研究做实验。许多学生找到了焦点并利用焦点把废报纸和枯树叶、干树枝都烧着了,回到教室后脸上还写满兴奋和好奇。我就在黑板上画了凸透镜和凹透镜,再在前面各画上平行光线通过透镜后光线分别会聚和发散了。指出了平行光线经过透镜的两次折射后分别具有了会聚和发散的性质,所以刚才的凸透镜能聚所有平行光于一点,得到了能量非常高的焦点,这个焦点的光能可以把纸张和树叶都烧着。而凹透镜呢,它把太阳同样交给它的那些阳光朝不同方向发散出去,所以它的前面不仅得不到耀眼的焦点,甚至连原来平行光的亮度也得不到。我把目光转向那几个后进同学,用特别重的语气讲到:“其实,不光透镜分会聚透镜和发散透镜,我们人也可以分会聚透镜和发散透镜两种人。像爱因斯坦、居里夫人、牛顿、爱迪生等伟大人物,上帝并未给他们几个脑袋,一天也只有24小时,家庭也只是普通家庭。但他们能把自己所有的时间、智慧、精力都集中到自己人生最重要、最有意义的事业上,才使生命获得了能量巨大的焦点,使生命燃烧起来,创造了照亮人类历史的不朽成就。而我们有的同学呢?(我指着凹透镜的图比画着)父母给了你聪明的智慧,不用在学习思考上,用来给女同学取不礼貌的绰号;上天给你一天24小时,你把时间不用在好好做作业看书上,用到偷偷上网吧打游戏上;家里给你的钱呢,不买些有用的课外书和参考书拓宽自己的知识面,全用到买些垃圾零食来损坏自己的身体上。你的人生有何前途？就像这凹透镜的后面，前途暗淡无光。当然，我们班级绝大部分同学已经是块了不起的凸透镜了，我相信他们只要坚持下去，一定会用自己的智慧、时间和勤奋会成的焦点把人生的理想点燃。少部分同学真的需要反思一下自己的行为，你这样下去有何前途？望大家今天回去写一篇日记，问自己到底是块什么透镜？今后要做凸透镜还是凹透镜？”可以说，这堂课对那些孩子的思想触动非常大，远比空讲大道理来得有效。所有的学生在日记里说自己明白了成功在于专注的道理，连最调皮的学生也发誓不再把时间、精力用到让老师父母担心的傻事上。这个班级越来越自觉，学生的学习态度发生了根本的改变，都从“要我学”变成了“我要学”，科学成绩也最后高居年级首位。有效教育是有效教学的根本。教师应该首先看到学生的学习兴趣、热情、动机、态度和责任等与学生的认识都有着千丝万缕的联系，德育在学科教学中的有效介入将带来的是学生整个自我发展动力系统的启动。

（本文为《科学教学的“诗外功夫”》一文的第二节。全文共三节）

第二章 科 技

第一节 科技队伍

农业科技队伍

1970 年，濮院公社设立科研站，开始有计划地从事农业科研。1981 年 10 月，濮院公社建立科学技术普及协会筹备组，次年 4 月，全县首个公社科学技术普及协会——濮院公社科学技术普及协会正式成立。同年 7 月，新生公社科学技术协会成立。1988 年，濮院乡建立乡农技站（四级农科网，下同），站长庄继元。同年，新生乡也建立了乡农技站，站长筑有兴。1990 年，乡政府发文，明确农技站全称为乡农业技术推广服务站。2002 年，新生镇并入濮院镇，相关科技机构亦随之合并。2007 年，濮院镇农技站、水机站、畜牧兽医站合并，更名为濮院镇农业经济服务中心。随后，镇域的农业科技活动依托农业经济服务中心广泛开展。

随着农业科技活动的展开，涉农的科技人员数量不断攀升。2010 年，镇域在种植、蚕桑、果蔬、林业、畜牧、水产、食用菌、农村能源、农机、水利、土地管理、农电等领域已形成高中初配套的科技队伍。其中，农业经济服务中心在编农技人员有 13 人，包括高级农艺师 1 人、农艺师 4 人、水利工程师 3 人、农机工程师 1 人、绿化工程师 2 人、兽医师 2 人。

工业科技队伍

1989 年，濮院镇成立科学技术委员会。随后，全镇科技活动逐步开展并日益得到社会的重视。镇域工业企业各类专业技术人员积极参与科协组织的活动，分别成为县级科协下属协会、学会的会员。随着用非所学的科技人员调整归队，工业企业科技人员不断增加，工业科技队伍发展较快，具有技术职称的人数日渐增多。1990 年，镇域的三大国营工厂各类专业技术人员分别为濮院丝厂 36 人，桐乡毛纺织厂 15 人，濮院油厂 10 人。

进入 21 世纪，各类专业技术人员，特别是涉及羊毛衫设计、制造、后整理方面的技术人员快速增多。2008—2010 年，企业新取得专业技术职称的人数有 123 人；截至 2010 年底，工业企业拥有高、中、初级职称的技术人员分别为 67 人、324 人、929 人。

其他科技队伍

中华人民共和国成立前，镇域专业技术人员总体薄弱，工农业之外的其他科技队伍主要由少量的医生和教员组成。中华人民共和国成立后，通过院校分配、外地调入、在职进修培训等，工农业之外的其他科技人员逐年增多。“文化大革命”中，科技队伍受到冲击。此后，随着各项社会事业的快速发展，域内的其他科技人员数量快速攀升。至2010年，镇域在医药卫生、教育、交通运输、网络通信、金融、物流仓储等领域形成了一支颇具规模的科技队伍，其中卫生技术人员233人（高级职称5人、中级职称30人）、专任教师494人（高级职称14人、中级职称65人）。

第二节 科技成果

农业科技成果

浙江省科技成果奖 1992年，濮院镇畜牧兽医站庄玉官、吴月根的“推广快速型肉鸡及配套技术”项目，获该年度浙江省政府颁发的浙江省“农业丰收奖”三等奖。

1999年，濮院镇、新生镇农技站参与桐乡市农林局粮油站、种子公司的“春花茬晚稻综合高产栽培技术推广”项目，获该年度浙江省政府颁发的浙江省“农业丰收奖”三等奖。

2000年，濮院镇新华村的“湖羊增产配套技术推广”项目，获该年度浙江省政府颁发的浙江省“农业丰收奖”三等奖。

2006年，濮院镇农经服务中心朱新生参与桐乡市农业技术推广服务中心的“晚稻优质高产新品种技术推广”项目，获该年度浙江省农业厅颁发的浙江省“农业丰收奖”三等奖。

2007年，濮院镇农经服务中心朱桐庆参与桐乡市农业技术推广服务中心的“晚稻强化直播技术示范推广”项目，获该年度浙江省农业厅颁发的浙江省“农业丰收奖”三等奖。

嘉兴市科技成果奖 1978年，濮院公社被嘉兴市人民政府评为沼气化公社。

1984年，濮院乡畜牧兽医站参与桐乡县农林局畜牧兽医站的“湖羊肝片吸虫病流行规律的探讨及综合防治技术研究”项目，获该年度嘉兴市政府颁发的嘉兴市“科技成果奖”二等奖。

1991年，新生乡农技站参与桐乡县农林局土肥站的“广辟有机肥源、狠抓地力建设、促进粮食增产”项目，获该年度嘉兴市政府颁发的嘉兴市“农业丰收奖”三等奖。

1994年，濮院镇农技站和新生乡农技站参与桐乡市农林局植保站、土肥站的“实施中低产田改造，实现农业综合开发”课题，同获该年度嘉兴市政府颁发的嘉兴市“农业丰收奖”一等奖。

1996年，新生镇农技站参与桐乡市农林局粮油站的“配套三项技术 万亩春花茬单晚亩产超千斤”课题，获该年度嘉兴市政府颁发的嘉兴市“农业丰收奖”一等奖。

1997年，新生镇农技站参与桐乡市农林局粮油站的“推广四项配套技术‘百户万亩’增产增收”课题，获该年度嘉兴市政府颁发的嘉兴市“农业丰收奖”一等奖。

1998年，新生镇农技站参与桐乡市农林局粮油站的“春花茬晚稻‘二旱一稀’高产配套技术推广”课题，获该年度嘉兴市政府颁发的嘉兴市“农业丰收奖”一等奖。

1998年，濮院镇农技站参与桐乡市农林局林业站的“平原农区防护林工程高标准”课题，获该年度嘉兴市政府颁发的嘉兴市“农业丰收奖”二等奖。

2002年，濮院镇农技站、新生乡农技站参与桐乡市种子公司的“建设优质粮基地十万亩，实现增收超千万”课题，获该年度嘉兴市政府颁发的嘉兴市“农业丰收奖”三等奖。

2002年，濮院镇农技站参与桐乡市蚕业管理总站的“创‘丝源’名牌 增产业效益”课题，获该年度嘉兴市政府颁发的嘉兴市“农业丰收奖”一等奖。

2002年，濮院镇农经中心朱新生参与桐乡市农经局水产工作站的“千亩稻田生态养蟹技术推广”课题，获该年度嘉兴市政府颁发的嘉兴市“农业丰收奖”三等奖。

2004年，濮院镇农经中心参与桐乡市种子公司、农经局粮油站的“‘双低’油菜优质高效生产技术推广”课题，获该年度嘉兴市政府颁发的嘉兴市“农业丰收奖”二等奖。

2005年，濮院镇农经中心参与桐乡市农经局粮油站的“晚稻优质高产综合配套措施的推广应用”课题，获该年度嘉兴市政府颁发的嘉兴市“农业丰收奖”三等奖。

2008年，濮院镇农经中心参与桐乡市农业技术推广服务中心的“晚稻优质高产新品种秀水09示范推广与产业化开发”课题，获该年度嘉兴市政府颁发的嘉兴市“农业丰收奖”二等奖。

2008年，濮院镇农经中心参与桐乡市畜牧兽医局的“规模化养猪场(户)疫病综合防治技术推广”课题，获该年度嘉兴市政府颁发的嘉兴市“农业丰收奖”三等奖。

桐乡市级科技成果奖　1983年，濮院公社兽医站参与桐乡县农林局畜牧股的“推广优养猪种 养猪实行‘三化’”课题，获该年度桐乡县“科技成果奖”二等奖。

1983年，濮院公社兽医站参与桐乡县农林局畜牧股的“推广肉用良种公猪种人工授精”课题，获该年度桐乡县“科技推广奖”二等奖。

1983年，濮院农技站参与桐乡县农林局农业股的“早熟三号大麦高产协作攻关试验”课题，获该年度桐乡县“科技推广奖”二等奖。

1991年，濮院乡农技站、新生乡农技站参与桐乡县农林局植保站的“改进稻虱测报技术 提高预测准确率”课题，同获该年度桐乡县“科技进步奖”三等奖。

1991年，濮院乡农技站、新生乡农技站参与桐乡县农林局植保站的“推广丁西颗粒剂 控制草害夺丰收”课题，同获该年度桐乡县“科技进步奖”三等奖。

1993年，新生乡水利农机管理站的“DM－64A型旋耕埋草机的制造与推广”课题，获该年度桐乡市“科技进步奖”三等奖。

1995年，新生镇农技站参与桐乡市农林局林业站的“大袋蛾综防技术的研究和应用”课题，获该年度桐乡市“科技进步奖”二等奖。

1997年，新生镇农技站参与桐乡市农林局植保站的“桐乡市主要经济作物杂草种类调查及化学除草技术研究”课题，获该年度桐乡市“科技进步奖”二等奖。

1997 年，濮院镇农技站参与桐乡市农林局林业站的“银杏人工授粉技术及效果研究”课题，获该年度桐乡市“科技进步奖”三等奖。

1998 年，新生镇农技站朱新生、周阿龙等的“全面推广二旱二稀高产配套技术，促进全镇晚稻大面积获得增产丰收”课题，获该年度桐乡市“农业丰收奖”三等奖。

先进科技个人奖　1978 年，姚善祥被浙江省人民政府评为“先进农民沼气技术员”。

1989 年、1990 年，朱新生被浙江省科学技术协会两度评为全省农村科普工作先进工作者。

1990 年，姚阿根被评为桐乡县先进生产工作者(种养类)。

工业科技成果

全国科技成果　1985 年，濮院丝厂在能源、工艺和现场定置管理中开始应用计算机，厂丝品位提高，取得多项现代化管理成果，获全国丝绸纺织系统现代化管理成果三等奖。

1987 年，濮院油厂先后采用浸出设备工艺并引进泽尼斯式精炼技术，其产品“二级菜籽油”获商业部优质产品奖。

2002 年，浙江雀屏纺织化工股份有限公司的科研项目“毛织品丝光后整理技术研究与开发”被列入国家级星火计划项目。2004 年，该项目通过省科技厅验收。

2003 年，浙江雀屏纺织化工股份有限公司的“羊毛仿羊绒织物生物酶后整理技术”科研项目被列入国家级火炬计划项目，并于 2005 年通过验收。

2005—2010 年，浙江雀屏纺织化工股份有限公司研发的“羊毛剥鳞装置”“羊毛织物抗湿、拒油的后整理方法”“羊毛衫用抗起毛起球整理剂”“羊毛织物用抗起毛起球整理剂”等 11 项科技项目获国家发明专利。“具有雀巢效应的纺织品及其制备方法”获得东华大学发明专利，国家知识产权局予以备案。“裁布装置”“节能烘箱”等 7 个项目获国家知识产权局颁发的实用新型专利证书。

2007 年，浙江雀屏纺织化工股份有限公司的科研项目“应用纳米技术开发功能性天然纤维纺织品”获得中国纺织工业协会科学技术进步二等奖。

2008 年，浙江飞虎科技有限公司研发出的“华伦飞虎”全自动电脑横机、织领机系列被认定为中国著名品牌。同时浙江飞虎科技有限公司已成为国家电脑横机行业标准起草单位，其作为主要起草单位编制的《织领机》《电脑横机》《纬编机用纱器》《针织横机针床座道用技术条件》《针织设备工程安装与质量验收规范》等被工信部认定为国家行业标准。

2009 年，浙江雀屏纺织化工股份有限公司的科研项目“羊毛织物生物后整理技术的应用开发”，获得全国商业科技进步二等奖。

2009 年，浙江省经纬公证检验行有限公司的“混纺产品中新型纺织纤维含量检测方法”获国家质量监督检验检疫总局颁发的科技兴检奖(三等奖)。同年，该公司的“半精纺工艺技术的研究及其纱线的开发运用”项目获中国纺织工业协会科学技术三等奖。该公司的论文《Tence/棉混纺产品定量测试方法的研究》被国家质量监督检验检疫总局授予优秀科技论文奖。同时，该公司参与制定了《服装防护、防虫防护服》《鞋类、内底试验方法、缝线撕破力》两个国家标准,参与起草和修订《半精纺毛针织纱线》《半精纺毛针织品》《羊绒针织纱》《羊绒针织品》4个行业标准,6个标准均已发布实施。

2010年3月,濮院羊毛衫市场在北京第十八届中国国际服装服饰博览会上获得"中国服装品牌孵化基地"称号。

省级科技成果 1982年,桐乡第三中学校办厂试制DL-丝氨酸及L-丙氨酸成功,获得浙江省人民政府颁发的优秀科技成果四等奖。

1988年,桐乡毛纺厂的"神翼牌羊毛四平空转男套衫"获浙江省优质产品奖。

1999年,浙江雀屏纺织化工股份有限公司与浙江大学生命科学学院合作,名为"纺织生物活性柔软剂及其在羊毛衫织物后整理工业中的应用开发"的科研项目被列入浙江省星火计划。2001年,该科研项目获浙江省科学技术进步二等奖。

2002年,浙江雀屏纺织化工股份有限公司被浙江省科学技术厅认定为省级高新技术企业。2003年,浙江雀屏纺织化工股份有限公司新开发的科研项目"纳米技术在羊毛织物后整理中的应用研究"被列入浙江省"十五"纳米技术重大科技攻关项目,后通过验收,工艺技术上达到国际先进水平。

2005年,浙江雀屏纺织化工股份有限公司与苏州大学材料工程学院合作的"纳米级再生型广谱抗菌整理剂QP-NK"和与浙江大学合作的"羊毛织物后整理复合酶L88"两科研项目,均通过了浙江省科技厅组织的技术鉴定。

染整科创服务中心落户雀屏公司

2006年,浙江雀屏纺织化工股份有限公司承担了浙江省科技计划项目"毛衫染整技术实验室建设",并于2009年通过验收。

2007年,浙江雀屏纺织化工股份有限公司与浙江大学合作的科研项目"羊毛织物复合酶制剂及其在羊毛织物绿色后整理中的应用"获浙江省科学技术二等奖。

2008年及2010年,该公司两次聘请德国退休专家组中的拜耳公司化学博士克劳斯·赛弗里德到公司进行改性氨基硅油的技术合成、乳化及应用项目的研发,取得多项成果。2009年,该公司承担了浙江省块状产业化标准化项目"创新毛衫后整理工艺、制订绿色后整理联盟标准、提升羊毛衫质量水平"的编制,项目被浙江省羊毛衫质量检验中心认可。

2010年,浙江飞虎科技有限公司研发的GC2-328型横纺织机在首届"金鼎"杯全自动电脑横机大赛上荣获5项大奖,公司获得国家专利30余项。

2010年,浙江省经纬公证检验行有限公司主导起草了《浙江省羊绒衫产品质量监督检查评价规则》,由浙江省质量技术监督局发布实施。同时,该公司主导起草了《混合蚕丝被》《羊毛衫绿色后整理工艺及质量检验规范——生物酶抗起球整理》《濮院毛衫质量诚信联盟标准》3个联盟标准并已发布实施。

嘉兴市科技成果 1999年，浙江雀屏纺织化工股份有限公司与浙江丝绸科学研究院合作承担的科研项目"羊毛仿羊绒织物生物酶后整理技术研究与开发"于2001年获嘉兴市人民政府科技进步二等奖。

桐乡市科技成果 1999年，浙江雀屏纺织化工股份有限公司与浙江丝绸科学研究院合作承担的科研项目"羊毛仿羊绒织物生物酶后整理技术研究与开发"于2001年获桐乡市人民政府科技进步一等奖。

2000年，浙江飞虎科技有限公司研发出的663型织领机、缝盘机和2003年研发出的911型织领机均获桐乡市人民政府科技进步奖。

表16－21　　2011年濮院镇高新技术研究开发中心一览表

研发中心名称	认定文号	企业名称
雀屏纺织后整理技术省级高新技术研究开发中心	浙科发条〔2003〕305号	浙江雀屏纺织化工股份有限公司
汉邦新型纺织助剂省级高新技术研究开发中心	浙科发条〔2007〕131号	浙江汉邦化工有限公司
飞虎纺织机械高新技术研究开发中心	浙科发高〔2011〕261号	浙江飞虎科技有限公司
开创绞纱染色技术高新技术研究开发中心	桐科〔2009〕60号	浙江开创工贸有限公司

表16－22　　2010年濮院镇省级科技型企业一览表

企业名称	批准文号	认定年份	编号
桐乡市汉邦化工有限责任公司	浙科发高〔2004〕115号	2004	200401011
桐乡施华特机械器材有限责任公司	浙科发高〔2004〕326号	2004	200403063
桐乡市求精机械化工厂	浙科发高〔2005〕308号	2005	200503021
浙江飞虎机械制造有限公司	浙科发高〔2007〕334号	2007	200702069
浙江厚源纺织股份有限公司	浙科发高〔2009〕221号	2009	200901323

其他科技成果

濮院镇除了工农业方面的科技成果外，其他行业也有一些科技成果。特别是濮院镇中心卫生院，20世纪70年代后期开始，卫技人员的科研积极性不断高涨，医疗科技成果颇多。至2010年，该院累计开展"三新"（新技术、新业务、新方法）项目198项，获桐乡市卫生系统评审通过的科研项目有2项，获嘉兴市、桐乡市科技成果奖的项目有4项，其中曹志伟开发的红细胞沉降率自动测量仪获国家专利。

第三节 科技平台

浙江省(嘉兴)毛衫产业科技创新服务平台

浙江省(嘉兴)毛衫产业科技创新服务平台是以桐乡市毛针织产业为基础,由地方政府牵头,联合浙江省级开发区——桐乡濮院针织产业园区内重点科技型骨干企业,依托东华大学、浙江理工大学、嘉兴学院等高校的科研力量,同时整合现有公共服务机构组建而成。平台建有新型纤维与纺纱技术、服装设计、印染与后整理技术、生态纺织化学品、针织机械及自动化等领域的5个研究机构,整合质量检验检测、人力资源开发、品牌策划、文化传媒、知识产权代理、产业信息化6个服务机构,同时认定5个中试基地和新建1个创意设计孵化器。平台以发展毛衫产业高端服务为抓手,为纺纱、针织服装、染整、针织机械等制造企业提供技术研发、成果转化、检验检测、技术咨询、人才培训、企业信息化、品牌策划等多方位、多功能的高端服务。平台自2006年投入2000多万元开始建设,到2010年,已取得了良好的经济效益和社会效益。

平台的服务机构运作成效明显,产业服务优势凸现。如毛针织产品质量检验检测中心注重高、精、尖设备投入力度,重点购置了从美国、瑞士进口的一批国际先进仪器设备,设备总投资400多万元。该中心于2008年提供检测服务9000多次,实现主营业务收入400多万元、利润200多万元。该中心于2007年起牵头制定《半精纺毛针织纱线》《半精纺毛针织品》行业标准,已通过国家有关方面的评审并发布实施。到2008年年底,人力资源开发服务中心已完成农村劳动力转移培训3228人,失地农民技能培训1058人,高技能人才培训1300多人。通过各种培训,使大量外来务工人员提高了异地谋生的能力,同时也为毛衫产业提供熟练技工。针织服装设计中心引领毛衫设计潮流,服务毛衫企业400多家,年主营业务收入200多万元。中心创办的专业毛衫设计资源共享的网上平台——世界毛衫之苑,为行业提供资源共享,为企业提供交流合作的平台,已有免费会员1232家企业、VIP会员126家,有效地提高了毛衫制造企业的设计创新能力。

平台的创新机构自主创新,研究开发稳步推进。如新型纤维及纺纱技术研究所成功申请2008年度中央与地方共建特色优势实验室项目“纤维与高分子成型加工技术实验室”。开发的“汉麻(大麻)纤维针织服装”与“PTT纤维针织服装”在2009北京国际服装服饰展和2009北京国际纺织面料辅料展上全面展出,得到专业观众的高度评价。实施了一批科技项目,促进产业提升,为行业不断提供新型纤维纱线的开发成果,推动毛衫业创新。印染与后整理技术研究所率先在毛衫业引进了一台价值168万元的数码印花机,开展对数码印花技术应用在羊毛衫上的研究和攻关。实施了“锦棉(粘)织物活性染料一浴两步法”“免汽蒸(多套色)涂料拔染印花”等新技术项目,有效地提高了毛衫后整理技术处理水平,满足社会对服装性能的要求。针织机械及自动化研究所开发了F18型-

132S、F18 型-133S 全电脑横机以及 F16 型织领机，2009 年，产品在市场上供不应求，年产值超过 9000 万元。生态纺织化学品研究所自主研发山羊绒织物的环保后整理助剂，开发一系列环保型的不剥鳞后整理助剂，进一步促进了毛衫后整理技术的发展。

平台发展创意设计为产业提供高端服务。平台积极争取上级政府支持，创造一个良好的软环境（孵化器），通过市场化手段，实施面向全社会的招商，确保高端服务业的快速发展。平台对每一个入驻创意型企业进行全面的指导和服务，在资金、设备、房屋租金等方面进行补助，有效提高小企业服务的针对性、成长的健康性和管理的规范性。

平台创建 3 年里，已完成国家、省、市科技项目 80 余项、专利申请 150 项、商标设计和代理 270 项、商标授权 111 项、软件版权 2 项、行业标准 4 项、国家职业标准 1 项，编制品牌毛衫传播类杂志 3 种、技术类杂志 1 种（《针织科技》），参与编写教科书 3 本，发表论文 17 篇，开发新产品 98 项，设计毛衣新款 5000 余款，培训职业技术工人 5600 多人，服务各类企业超过 1000 家。同时，通过平台，共引进各类专业人才 370 多人，其中博士 7 人、硕士 35 人、本科生 88 人、教授（副教授）6 人、海归留学人才 3 人。入驻“嘉兴毛衫产业科技创新服务平台”的企业共直接创造经济效益 500 余万元，间接创造社会效益超过 5 亿元。2010 年，在北京召开的第十八届中国国际服装服饰博览会上，濮院羊毛衫市场因毛衫产业科技创新服务平台而获得“中国服装品牌孵化基地”称号。

农业科技服务平台

进入 21 世纪后，濮院镇积极创建农业科技服务平台（2010 年后挂牌“濮院镇农业公共服务中心”）。平台由镇政府牵头，参与单位有镇农经中心、农业企业和种养殖大户。服务平台承担着农技推广、动植物防疫、农产品质量安全监管等职能。平台的建立，对发展镇域效益农业科技示范基地，加快农业科技成果的推广、应用和产业化，开展农村劳动力素质培训，提高农业科技水平，推动农业产业结构调整，推进新农村科技示范村建设，提高农业综合生产能力，提高农民生活质量、改善农村生态和生活环境均有极大的帮助。

2006 年，根据农业部提出要综合利用电视、电话、电脑等信息载体来打通农业信息服务的要求，濮院镇建立了农业信息服务网络；同年，濮院永越村率先建立了村级网站，有 200 多家农户参与。通过远程教育网，几位村民学习了种植大棚西瓜、小黄瓜栽培技术，于 2007 年种植大棚西瓜 308 亩、小黄瓜 100 亩，产值达 165 万元。同时，村委会利用远程教育平台和科普网视频通道，组织对羊毛衫个体经营户进行市场经营管理、市场经济法规和毛衫业技术教育培训，提高了村民的经营水平，增加了村民收入。永越村网站的各类实用技术培训，

大圣果园根域限制栽培技术应用

已成为村民身边的“土专家”和“活教材”，为村民掌握一技之长，走向富裕提供了帮助。至2010年，全镇13个村均建立起村级网站，为村民提供科技等信息。

2009年，服务平台在红旗漾建立优质高产示范方，涉及3个村民小组、58家农户，总面积603亩。服务平台为农户统一采购优质水稻品种秀水114－1，全程监控安全浸种、选种、催芽、播种等环节，统一防病治病除草。在农业科技指导下，当年优质高产示范方单季晚稻平均亩产达563千克。

2010年，服务平台在红旗漾、油车桥两个村开辟机械化育插秧技术推广试点。种植单季晚稻526亩，涉及63家农户。经过肥、水、病、虫、草等管理环节，晚稻大面积长势良好，平均亩产达558千克。

服务平台还保障了镇域养殖业、畜产品的安全。2010年，在高致病性禽流感、猪羊口蹄疫、羊痘等疫病流行期，分别对253713羽家禽、13099头猪、10867头羊接种疫苗。同时加强疫病检测，全镇未发生家禽家畜重大动物疫病。

濮院镇充分利用农业科技平台，创建了多家农业龙头企业。至2010年，1个基地已获农业部农产品安全中心认证，3个基地已通过桐乡市无公害产地认定，1个企业获桐乡市农业龙头企业认证。

表16－23　　2010年濮院镇农业特色基地一览表

年份	特色基地名称	面积	地点	品牌	称号
2005	大圣果园	150亩	新妙智村	小圣果品	农业部安全农产品
2006	桐芳果园	255亩	油车桥村	桐杏葡萄	桐乡无公害农产品
2007	新港生猪养殖基地	102亩	新港村	“濮院”牌生猪	桐乡无公害农产品
2008	罗氏沼虾基地	1100亩	新东村	罗氏沼虾	桐乡无公害农产品
2009	新河荟美芦荟基地	468亩	新河村	荟美芦荟公司	桐乡市农业龙头企业

第十七编

文化 体育
广电 档案

PUYUAN ZHENZHI

新石器时代，镇域已有先民繁衍生息。春秋时期，镇域是吴头越尾，吴越故事镌刻在津梁、街衢，流传于百姓口头，并为历代志书增色添彩。宋元时，濮氏创建寺观、兴办学塾，镇域文明一路提升，文化事业日益兴旺。元明清以迄民国，镇域文化活动丰富，聚桂文会、诗坛、曲局等，文人雅集，在史籍中留下可观的篇章。俱乐部、书场、剧院和电影场，则为大众提供了文化消费的场所。

中华人民共和国成立后，镇域办起文化站、工人俱乐部，组建文工团、文宣队，建起新式剧场、影院、公园等文化设施。20 世纪 80 年代，镇域出现文学社、戏曲组、美术组、音乐舞蹈组等一批群众文化社团，文化事业得到快速发展。1990 年前后，歌舞厅、录像厅、台球房、棋牌室、游戏机房、网吧等群众文化场所相继涌现；展览、文化艺术节、文艺会演等活跃了群众的文化生活。进入 21 世纪，镇域建起中心广场、文体活动中心，出现了文化示范户，群众的文化生活更加丰富多彩。

濮院民间体育活动源远流长。清乾隆时，划船运动盛行。清末民国初，镇民以武术、内功锻炼强身。清光绪二十八年(1902)起，随着濮镇两等小学堂等现代学校的开办，篮球、足球、乒乓球、田径、体操等现代体育项目在镇域逐渐兴起。体育爱好者们组建了若干运动队，经常开展竞赛活动。

中华人民共和国成立后，濮院镇体育运动面貌日新月异。随着职工队伍的扩大，各种职工体育运动组织相继建立，覆盖面广、活动频繁。1989 年，全镇有 2806 人参加各项体育活动，约占全镇总人口的 1/3。财政拨款的体育经费为人均 0.93 元。

步入 21 世纪，濮院镇参加体育活动的人数日见增多。2005 年、2008 年，濮院镇举办两届全民运动会。至 2010 年，广泛普及的日常群体活动和定期组织的竞技体育，不断促进濮院镇体育事业的发展，也获得了诸多荣誉。

中华人民共和国成立后，镇域的广电事业从无到有，有线广播始于 1958 年，有线电视始于 1989 年。

1951 年，濮院镇政府开始建立全宗档案。1988 年 1 月 1 日，濮院镇档案工作实现法制化、规范化。

第一章　文　　化

第一节　文物古迹

古文化遗址

张家埭遗址　位于永越村张家埭组。遗址东及东北是岗地，一直延伸至村东、村北的小河;西及西南均为水田,东西长250米。遗址南北宽100米,范围较广,保存良好。遗址系新石器时代马家浜文化,文化层较薄,厚度为30—80厘米,1975年发现,出土过釜、罐、盆、盘、钵等陶器残片;动物遗骸有水牛、麋鹿、梅花鹿,相当于马家浜文化罗家角类型的中晚期。1981年,张家埭遗址被桐乡县人民政府列为县级文物保护单位。

百亩荡遗址 位于油车桥村花石桥组与大池头组之间的机耕路南北两侧,东西长400米,南北宽200米,属新石器时代良渚文化至汉代古遗址。遗址为高土墩类型,内涵丰富,年代跨度大,南侧土墩保存尚好,高出水田2米左右,文化层厚度约1米。采集标本有属于良渚文化时期的残石刀、夹砂红褐陶锥形鼎足、泥质红陶罐片、泥质灰陶罐片和属于商周时期的方格纹印纹陶、汉代的席纹罍片等遗物。2003年,百亩荡遗址被桐乡市人民政府列为市级文物保护单位。

名胜古迹

濮川八景

福善翠冷 福善寺(后改名为香海寺)四周皆水,称龙潭。寺院内两株银杏郁郁葱葱,数里外可见。濒水垂柳与绿波相映,翠色冷艳。后寺宇毁于战火。两株银杏仍在。

翔云高眺 元濮鑑建玄明观,清康熙年间改称翔云观。濮允中在观内真武殿后建起三清阁,盖五色琉璃瓦,金碧辉映,高数丈,可远眺。今仅存山门,门前的一对花岗岩石狮保存于梅泾公园。

荷塘晚风 在翔云观、香海寺后,五池相连。元时濮元帅铣北征有功,归故里后筑园自娱,五池遍植荷花。荷塘旧址几经变迁,尚存若干池塘。

西院缠霞 西寺在镇西,是元朝比丘尼古心禅师梵修地。进山门有松林夹道,路尽为香花桥,过桥门敞而峻,殿宇广阔,后有毗卢阁,前后廊旁有庑。古心禅师死后,其徒以其骨粉分葬西寺。明崇祯年间阁坏。清顺治十七年(1660)前后正殿遭火,化为灰烬。寺已无存。

妆楼旭照 妆楼在百丈河上妆桥右,相传西施去吴国前曾侨居濮地学练吴语,因在此小楼上梳妆而得名。妆楼毁后,元濮允中重建,檐楹高敞,栏槛鲜华,为宴游胜地。清沈涛曾作诗:“百丈河边莺乱啼,妆楼夹道绣帘低。吴娃雅自争门户,便道依家也姓西。”妆楼久圮,仅存古妆桥遗址石碑一块,在义路街南口。

古妆桥遗址石碑

梅泾花午 元皇庆年间,濮氏于梅泾河两岸植梅成林,花开如雪花飞舞,人称小罗浮。

幽湖月满 镇之东南有幽湖,水澄泓沆漾,幽不可测,故名。诗人墨客均喜于夜间泛舟幽湖,吟诗作词。相传范蠡亦曾到此湖一游。

化坛枫冷 镇南有净土庵,宋宣和年间僧惠中建。宋末暴兵过镇,枕尸遍野,濮氏设坛于庵旁掩埋,即称化坛庵。地多枫树，晚景蔚为大观。已无存。

范蠡坞 在幽湖南，有藏兵坞等遗迹。《桐邑志》记载："在濮镇相传少伯泛湖同西子过此，即今幽湖一带俱是。"明施恩《范蠡坞》诗："吴越亡来知几秋？黄芦野水尚含愁。陶朱已是忘名去，赢得清风亘古留。"清沈涛《幽湖百咏》诗之二："槜李城荒何处寻？桑榆满野昼阴阴。五湖一舸飘然去，范蠡坞南春水深。"此迹已无存。

洗足滩 在范蠡坞的北面，相传越平吴之后范蠡与西子憩息于此，故名洗足滩。民间称即今北市河旁的"蚬子滩"。

韦天亭 在王母桥西堍，俗讹为齐天亭，创建于南北朝，为镇域最古老的佛教亭庵之一。据《濮院琐志》记载：梧桐桥外有韦天亭，在黄麻（王母）桥，南朝宋武帝元年（420）创立，明崇祯八年（1635）重建，清康熙十三年（1674）增置禅寮，改亭为庵。民国初，在旧址重建一殿，有韦陀石像，后毁。20 世纪 60 年代，庵址改为荡田之前，尚见韦陀石像，今无存。

胭脂汇 百丈河妆桥之东分流入谭家桥浜之汇处，因有西子妆台，故名胭脂汇。明苏平《胭脂汇》："西子曾经此地过，调脂弄粉染双蛾。乍辞越国山阴远，望入吴门路不多。春满玉容初罢镜，香生罗袜欲凌波。古来尤物能亡国，鹿走姑苏奈尔何？"《濮院志》中称胭脂汇为"小脂汇"，址在今义路街南口。

百丈河 即永乐市河。由妆桥向东、南出谭家桥浜，直接向东经忠义井出塌坊浜，转北与大街并行，经北横街入庙桥河。今已湮没。20 世纪 80 年代修筑永乐路时，在拆除的北横街民宅宅基中，曾出土桥址及部分帮岸石，印证该处即百丈河故道。

古梧桐林 在西寺前梧桐桥，当初夹岸皆为梧桐林，故镇西即称梧桐乡。已无存。

永乐市 东临大街，南北为南横街、北横街，西为义路街，绕濮氏居宅四周。宋元间丝绸业繁荣，濮鑑开设"四大牙行"于此，召民贸易，商贾辐辏，异常繁荣，故称永乐市。清沈涛《幽湖百咏》之七："绸市原称永乐乡，万家烟火尽机坊。自从番使通商后，日下镳来百万装。"此后数百年，以四条街为基础的"棋盘街"一直是濮镇的商业中心。

洗碗池 《濮院志》载，洗碗池在原西观的西边，面积有 3 亩多。元时濮氏兴盛，有家丁 1000 余人，在此池内洗涤菜蔬和碗碟，有东西二池，此为其一。已无存。

金银面杖井 在西观的洗碗池旁。明初濮氏被朱元璋遣散时，有一金一银两根擀面杖投入井内，并以大石覆盖。井名来自传说。清濮洙《金银面杖井》诗："井干夜气识金银，遗杖难求往事堙。应有精灵呵护在，不教攫取付贪人。"今井已无存。

语儿亭 原在语儿桥东，即《越绝书》所指的"女阳亭"，后毁。宋德祐年间濮振垂重建，又毁。唐徐凝《语儿见月》诗："几处天边看新月，经过草市忆西施。涓涓水宿初三夜，曾伴愁娥到语儿。"已无存。

槜李亭 在梅泾河西岸四里处，建造年代不详。原名"月朗亭"，清道光年间太守徐敬重书匾额为"槜李亭"。清陈曾祉《槜李亭》诗："茅亭来往息樵渔，此是当年槜李墟。士卒残骸虽化土，兜鍪朽铁尚惊锄。一时螺黛传西子，千载鸱夷吊伍胥。极目平原桑柘绿，题诗剩有野僧庐。”清沈涛《幽湖百咏》之八十七：“玉朗亭外荡舟还，秋老珠娘镜里颜。乌桕着霜明似火，贪看红叶到殳山。”已无存。

旌表亭 在朴树湾贞节坊之右，为濮贵一妻刘氏立。明嘉靖年间毁于倭寇。

九间楼 在原集秀庵南，有相连的九间楼屋，故称九间楼。明歌妓赵云翘曾居于此。赵云翘为云间人，清雅可爱，能歌善舞，粗通文墨，能文会诗，为岳元声所赏。清曹锡秬《梅泾曲》诗：“明月夜出五通庙，流光飞上九间楼。楼头好女新妆束，醉舞狂歌不解休。”无存。

宝券楼 旧志载，濮凤随高宗南渡后，皇帝曾赐予“铁券”。濮凤的子孙建造楼屋用于储藏铁券，称宝券楼。“铁券”清顺治年间尚在，宝券楼已无存。

读书台 在梅泾桥西双贤桥南，濮允中建造。明初大儒、被朱元璋誉为“开国文臣之首”的宋濂及大明军师刘伯温曾在此读书，故名读书台。清陈曾祉《宋景濂先生读书台》：“泾上春水碧，重林色苍苍。闻昔宋学士，读书梅花庄。长松荫颓檐，瘦竹围短墙。当时孰来往？云是刘与方。经纶佐廊庙，著述堆琳琅。一代推巨儒，千秋重瑶章。徘徊石桥畔，曲折泾水长。梅花自开落，岁岁怀孤芳。”已无存。

南、北更楼 南更楼在陆家桥南，北更楼在镇水庵后。更楼高可远眺，鸣更守夜以备不虞，皆濮氏盛时所建，后废。

濮凤旧宅 在梧桐桥西北，环福寿禅寺，为濮凤旧宅。梧桐桥西北的大片土地上，濮氏子孙聚居成村，古称“梧桐里”，后改称“濮家埭”。宋元时，濮氏共有八宅，遍及濮川各圩，今悉已无存。

朱氏故宅 在长水乡。宋朱胜非随驾南渡，后居于此，有《秀水闲居录》。元时籍产，唯朱旸谷一支留镇，其裔孙迁石条街。清康熙年间，朱鸣吉、朱光国以文、武两科显达，有旗杆立于门前。今称旗杆下。清沈涛《幽湖百咏》之七十三：“月满池塘水满池，读书堂在水中坻。紫阳世宦家声远，古柏森森丞相祠。”已无存。

濮侍郎宅 在原翔云街。南宋礼部侍郎濮一之宅邸。《濮川志略》记载：理宗赐额于居第，曰“濮院”，并旌表石牌坊于玄明观西。清沈涛《幽湖百咏》之三：“南渡衣冠濮侍郎，当年赐第有辉光。梧桐乡里梧桐老，五百年前集凤凰。”无存。

濮元帅园 在翔云观后。濮铣，字尚师，濮凤十世孙，元迪功郎，泰定年间，授为北征元帅，晋宁远将军。归里后筑园于庄泾之南，悠游终老。花园已久废，几经变迁，旧址尚有若干池塘，花园弄之名尚存。

濮司令园 元代两淮盐场转运司令濮允中所筑私家花园，有两处。一处在幽湖西岸，称东园；一处在定泉桥左，称丛桂园。园内植桂树千株。清沈涛《幽湖百咏》之四十：“司令东园草已芜，绿杨门径落花铺。美人已作青闺彦，莫问千金汪佛奴。”已无存。

桐香室 在定泉桥东，一说在双贤桥南。而清康熙《濮川图》则标记在过安桥西北处。元代，此地为濮允中读书处。《濮川志略》载："桐香室，元濮仲温建。仲温习静嗜学，虽居官不弛，及后弃职还家，筑室家园，延师课业，扁曰桐香。杨铁崖为之记。"《桐香室记》："宋著作郎濮云翔，从高宗南渡，卜居濮津之梧桐乡。始居或聚，已而成市。其土广而坟，无高山大谷之深阻，所植多嘉树美箭。旧说有梧桐甚大，凤凰尝集其上，故乡以桐名。余弱冠时尝游览焉。曾识濮氏乐闲公之折节下士，尤切切教子弟，不远千里币聘名师。其子仲温好学不倦，题其修业之所曰'桐香'，盖取诗人李长吉语以名也……"清沈涛《幽湖百咏》之十七："桐香室里文章古，嘉乐堂前花月新。尚有题碑赵承旨，谁知画竹管夫人。"已无存。

松月寮　在市中，一说在化坛之南，而《濮川图》则标记在过安桥西南处。《濮川志略》载："松月寮亦濮仲温建。"清濮洙《松月寮》诗："脱尽尘氛松月寮，角巾鳖服任逍遥。人移物换琴声寂，尚忆丹青盛子昭。"清濮启元《松月寮》诗："月色兼松淡，松声带月轻。弹琴一长啸，俯仰有余清。"已无存。

雪筠斋　在幽湖东，濮钦隐居处。元释克新《雪筠斋》记："槜李濮君敬之，匾其燕居曰雪筠斋。或以为白太傅谓竹本固，固以树德；竹以直，直以立身；竹心空，空以体道；竹节贞，贞以立志。此竹之常也。濮君不取乎是而曰雪筠者，其必有说乎。雪庐子曰：大凡达识之士，取物以名乎居室者，将朝夕观省以为砥行砺名之鑑，非徒为娱适之奉而已。夫竹平时无以异乎。凡草木，及夫严冬沍寒，飞雪弥天，积白盈尺，万卉摧玉失其故常，而竹独苍然益翠，挺然不桡，此竹之变也。有似乎君子处时之变，鈇钺在前，鼎镬在后，而志愈厉，行愈坚而不可夺也。濮君不取竹之常而取其变也，岂徒然哉！盖所以为砥行砺名之鑑焉耳。濮君尝为郡推官，与余有从游之好，故因其请而推其意之所以异于白太傅者如此。"清濮洙《雪筠斋》诗："我心如雪操如筠，时到严寒色更新。借以名斋却币聘，什铭文足表高人。"已无存。

集桂轩　元赵觐所居，在原集桂坊。元杨维桢《集桂轩记》："廛之坊有曰集桂者，赵某氏世居焉。其子觐尤知尚文墨，题其修业之所曰集桂轩。待制杜公既为书其额，又因司令濮乐闲氏来见，且以记请余。维古者以桂喻君子，如淮南小山之辞，盖伤贤者不得所而招之与隐者也。觐将为桂之显者，岂得为小山之隐乎？聚桂文会方作于乐闲氏，余尝主评裁，而士之与是会者，人固以显之桂待之矣，觐其可以桂自隐哉。"已无存。

环碧堂　在幽湖之西，朱显道世家于此筑堂。此堂四周环水，故名。已无存。

狄提点宅　在北市卖柴浜。元提点狄守真旧宅，后称狄家园。清沈涛《幽湖百咏》之三十一："狄家池馆最清幽，绣户朱帘半上钩。杨柳春深花似雪，随风飞上九间楼。"今名存宅无。

燕氏故宅　燕氏曾为濮院大姓，燕场之名在镇西北。沈廷瑞《东畬杂记》载，镇之旧族燕即鄢，花园弄有鄢厅。鄢氏无子，其婿项氏承之。宅已无存。

雷氏故宅　在雷家潭雷家桥畔。雷氏曾为濮院巨姓。清沈涛《幽湖百咏》之七："雷潭多是富人庄，四姓豪华感夕阳。故老漫寻燕氏宅，青门瓜老石家场。”宅已无存。

石廉使故宅 在寺浜西。元廉使石朝用之旧宅。已无存，石家场之小地名仍在。

西溪隐居 鲍恂与贝清江、程柳庄结社于镇之西溪。鲍曾被召编修元史，后迁至濮川（濮院）“西溪隐居”，俗称鲍家湾。元周致尧《访鲍仲孚先生西溪隐居》诗：“溪上斋居好，幽偏事不侵。桑麻存晚计，图史乐初心。岸帻幽窗晓，移床绿树阴。卜邻何待老，从此数相寻。”清濮启元《西溪隐居》诗：“仰看云树俯清流，肯为文华学士留。青草一帘花满径，静参消息到义周。”已无存。

杨园 在镇北庄泾河畔。有池塘书屋，结构甚精，多植梅杏，丛篁掩映。鲍恂《濮川八景·林墅书声》：“何处咿唔声，林间方诵习。鸟啼惊未飞，花笑落犹湿。静理悟自深，乐群业还集。仿佛武城弦，村村争负笈。”即指此。已无存。

冯方伯第 明隆庆二年(1568)进士、湖广布政使冯孜故宅在大街，为元代老屋。清沈涛《幽湖百咏》之三十二：“前朝阀阅数冯施，香火旃檀尚有祠。太史朱门人不见，落花芳草燕差池。”故址尚有人称“方伯埭”，已无存。

施布政宅 明万历二十年(1592)进士、云南布政使施尔志故居，在镇北鹤栖街，施氏祖宅自元季始，曾迁郡城，后复迁于镇。已无存。

岳氏三进士第 在嘉界岳家桥岳家兜南。明进士岳元声、岳和声、岳骏声故居。清沈涛《幽湖百咏》之六十八：“金陀坊里鄂王孙，祠墓桑园八百存。珠树连枝三及第，榜花开到岳家村。”已无存。

梅泾草堂 在双贤桥畔，曾是明初大儒宋濂的读书台，后为诗人沈机所居。沈机《梅泾林屋》诗：“碧草黄牛阪，青芦白鹭村。云霞野天合，风雨柏松喧。泾水平入槛，硖山高对门。昔贤聊寄迹，今我作田园。”已无存。

嘉乐堂藏书楼 在雷家潭，明杨恩所筑。杨恩，字菊宾，桐庠生，热心公益事业，万历年间捐油车汇岸石百余丈，供修葺桐城之用。嘉靖年间，杨氏邀文徵明于家中设馆，读书、授学。文徵明亲为其一楼一堂题写匾额，分别为“启明楼”“嘉乐堂”。此后，嘉乐堂成为远近闻名的藏书读书之所。后易手陈氏，已无存。

瓯香圃 在石条街东，内有兰雪堂，为仲弘道著书处，人称仲家花园。街西有仲家帮岸，为其旧宅。曾有石井栏，上镌“瓯香”二字。清仲弘道《瓯香圃示友》诗：“小筑杜逢迎，非徙远市城。豆从雨后绽，笋向燕来生。产薄官无扰，家贫客解酲。间居曾有赋，不作羡鱼情。”清沈涛《幽湖百咏》之三十七：“一径桑荫半亩蔬，豆花红上竹篱疏。游人兰雪堂前过，不见瓯香八种书。”今无存。

王给谏宅 在大有桥南街。清礼科给事中王应绿故宅。清沈涛《幽湖百咏》之六十一：“西河风物故清妍，门第清华御史传。绝妙才人王七七，至今人号海棠仙。”已无存。

定泉书舍 在定泉桥右，处士陈梓所居旧宅，清沈涛《幽湖百咏》之六十二：“鸿博征车未足劳，定泉桥上客星高。风栖坊冷遗诗在，一鹤青天见羽毛。”已无存。

吴氏故宅　在庄泾常平仓之西。清四川知县吴奕传及其子广西知县吴瀛瀛之故宅。清沈涛《幽湖百咏》之一百〇三："庄泾桃李绿荫环，林墅书声静掩关。一百梅花吴季子，春风零落小仓山。"已无存。

沈梓故宅　清孝廉方正沈梓故居，今濮院镇坝底头10—11号，占地面积约340平方米。房屋为清代建筑，平房，砖木结构，三开间三进，另有"红药山房"及披屋一间。沈氏自沈梓的祖父始居于此。第一进平房，大门朝南，约50平方米。东边有墙门楼，约8平方米。天井约38平方米。第二进平房，约100平方米。第三进平房为灶披间，约50平方米。灶披间后有花园，约80平方米，存百年老黄杨树一枝。清沈涛《幽湖百咏》之一百〇四："家世东河古坝前，当阶红药不知年。屋如舟小春如海，水调歌成自扣舷。"古木已无存，宅院和围墙尚在。

沈梓故宅

夏辛铭故宅　坐落于雷家潭，今杏林街26号。宅院系民国建筑，四进20余间。宅院坐北朝南，前出杏林街，后临庙桥港。第一进是墙门间和临街铺面，后接天井。第二进是平厅，厅后面是个较大的天井，植有花草树木。第三进是楼厅，厅堂装有落地长窗，方砖地面，陈设考究，后面是一小天井。第四进也是楼厅。楼厅东边挨着平厅，西边是一处偏院。偏院中有3间平屋，清一色玻璃落地长窗、木质地板。平屋前是天井，平屋后是厨房，再后是一小天井。四进建筑以走廊相连，走廊北尽头是后门，出后门便是后河下。中华人民共和国成立后，夏宅先后成为乡、公社的行政办公地。1993年1月，雀屏日化厂迁入，厂方拆除旧建筑，在旧址上建起新厂房。今夏宅仅存后面的偏院。

蔡冠洛故宅　在寺湾街22号。蔡宅为晚清建筑，宅院坐北朝南，面临庙桥港。临街石库门门楣上有蔡冠洛手书的"可园"二字。进石库门是二楼二底墙门间。过墙门间是石板天井，面天井是二层楼正厅，厅楼东西为厢房。正厅装有落地长窗，方砖地面，廊柱书有楹联。屏门后是退堂间，退堂间东侧设置楼梯，西侧及转往北的附楼布置为起居室和餐厅。出餐厅西门是厨房和柴草间。正厅后是一个大天井，安放着石凳、石架，砌有花坛。过天井是二层楼花厅，辟有书房、会客室，也曾是江浙养蜂办会举办年会之处。花厅后有一个小天井，天井后是一排平屋。1954年，蔡宅被收归国有。20世纪五六十年代，濮院工人文化馆曾设于此，后也曾充当过镇粮管所、电线厂的单位用房。仅存一个面朝庙桥港的墙门间。

章宅　坐落在濮院镇北大有桥街40—46号，建于清光绪年间，建造者章辅臣。章宅占地面积约210平方米，坐西朝东，面临大有桥街。整幢建筑共三进，依次为照墙、披屋、前天井、平厅、左右小天井、后天井和楼厅。临街照墙气势恢宏；正门为石库门，右边角处

章宅

有一边门。进入正门是披屋，过披屋是大块条石铺成的石板天井。天井后面是正屋，三开间平厅，五架梁，前后双步，梁架结构保存完好，硬山顶，屋顶两侧有风火墙。平厅两侧各有一个小花园，栽有花草树木。平厅有退堂，厅后有过道与第三进墙门相连，过道两侧花墙外均是落水小天井。第三进墙门上原有砖雕门楼，今门楼砖雕已毁，石质基座保存尚好。进墙门是条石铺就的天井，正面为楼厅，五架梁，前后双步，左右两侧有厢楼，木结构梁架完整，用料粗硕，细部雕刻精工。厅堂正面有清一色花格蛎壳长窗，做工精致。两边厢楼完整，小巧玲珑。楼厅后面是一个小天井，天井背依院墙，院墙下即为北市河。院墙有两扇边门，门外临水各有一座双入式石埠。章宅整体布局保持历史原状，具有鲜明的江南水乡传统民居特色。2011 年 1 月，大有桥街章宅被浙江省人民政府公布为第六批浙江省文物保护单位。

寺院庙观堂庵

宋代以降，濮院镇区和四乡曾出现过的寺院庙观堂庵逾百座，这些场所多建于元、明、清三代，数百年来兴废不一，今存世无多。

香海寺　香海寺位于庙桥河北岸，元至大二年，濮鑑舍宅所建。因崇福、积善两庵并入，故称福善寺。寺向有“浙右名山”“江南福地”二坊。明永乐十一年(1413)，僧原体重修，永乐十五年建天王殿，永乐十八年建大悲殿，正统四年(1439)建成千佛阁。隆庆万历年间僧文渊重建。清康熙三年(1664)，僧佛眉增建大悲阁、禅堂，康熙十七年僧鹤峰重修正殿。其后，僧朗闻建寺分七房，分别称深隐、崇远、南隐、天香、永照、桂轩、邻清。康熙六十一年敕赐香海寺额，并赐衣、万寿炉等物。明杨述、冯梦徵均为寺撰写《重修福善寺碑记》，清仲弘道撰写《重修福善寺大殿碑记》。

寺南临水为头山门，香花桥右为韦天殿，过桥为二山门、天王殿。大雄宝殿有赵孟頫题梁，殿前东西为钟鼓楼，殿后为千佛阁、大悲阁。千佛阁前东为香积厨，西为且过堂，乾隆五年(1740)改名“观树堂”。大悲阁上有庄亲王“花台止水”额。阁前东为禅堂，西为方丈室，曰“五鹤堂”。咸丰十年(1860)，寺院遭兵燹。同治二年(1863)，遗

香海寺全图(杨文希手绘)

存的千佛阁及钟鼓楼被太平军拆毁。光绪年间有西寺僧就寺基东偏，建僧房数间，名“秀野堂”。民国时辟为自治公所。1947年9月，香海寺遗址上创办了私立梅泾中学，今为桐乡三中校址。

翔云观 翔云观位于大积桥北堍，初名玄明观。“玄明观俗传创自五代悟法师，数遭兵燹，纪石湮没无考。”(李培《玄明观碑记》)。元濮鑑分宅之左偏重建，东西两房，基地9亩3分。大殿供真武像，两庑塑诸天像。元统三年(1335)，濮允中建三清阁。阁下侧梁，右书“大檀越承事郎前两淮都转运使司新兴盐场司令濮也先不花同室宜人陈氏男彦仁家眷等鼎建”，左书“大元元统乙亥岁八月壬午吉辰通玄明素清净法师嘉兴路玄明观主持提点邹道宁谨题”。阁顶覆盖五色琉璃瓦，高数丈，可远眺。阁后有翔云石，杨铁崖题匾其山门：“翔云高眺”。明代，观多次修葺，《玄明观碑记》载：“观址旧额四十亩，面水背石，石废。首山门，次龙虎殿，次左右庑俱有神像，中元帝殿，其后三清阁，檀越濮也先、住持邹道宁剏左庑之东为九天殿，其后东西二院即羽士栖真所，并为记之。”崇祯六年(1633)，重修工程竣工，岳骏声撰《重修玄明观碑记》。

翔云观全图(张贵忠手绘)

清康熙二十九年(1690)，程士枢修三清阁时，仍采用董其昌题写的“三清宝阁”“三元宝殿”两额。清代为避玄烨讳，玄明观改称翔云观。乾隆四十一年(1776)，重整正殿，添建戏台、真武行宫、财神殿、九天殿、文昌阁。咸丰十年(1860)遭兵燹，同治二年(1863)全毁。战乱结束后即重建正殿。之后轩辕、神农、城隍诸殿依次兴复。光绪元年(1875)，复建灵官殿及戏台，以后陆续建左庑、右庑、将相殿、翔云坛、城隍行宫。山门砖壁高逾数丈，工程坚致，正门上额刻有“翔云高眺”，为乾隆进士、左都御史窦光鼐所书。两边为马蹄形门框，东额镌“春和”，西额镌“秋爽”。山门内，左为太乙井，右为炼丹台，台上古柏倒垂。

今观仅存山门，为县级文物保护单位。原山门前的一对花岗岩石狮存梅泾公园。

其余寺院庙观堂庵情况详见第十九编第五章。

古墓葬

赵伯泽墓及其墓志 1974年冬，桐乡县新生公社红旗漾大队在平整土地时发现了南宋宗室墓群。出土赵匡胤七世孙安定郡王赵伯泽及媳胡氏、沈氏、孙赵希励墓志四方。赵伯泽墓志，石质圭形，长77厘米，宽56厘米，楷书，610字，其子赵师边撰并书，俞灏填讳，吴洪刊。胡氏墓志，砖质方形，边长32厘米，楷书，180字，其夫赵师边撰文。沈氏墓志，石质长方形，长81厘米，宽53厘米，楷书，缺失81字，尚存348字，其孙赵与梫撰并书。赵希励墓志，砖质方形，边长34厘米，楷书，135字，其父赵师边撰文。四方墓志现存桐乡市博物馆。

附：

赵伯泽墓志

先郡王讳伯泽，字润之，艺祖皇帝七世孙也。曾祖讳世鸿，奉国军节度使、开府仪同三司、华国公，追封少傅，谥恭宣，国史有传。祖讳令睹，左侍禁，累赠通议大夫。父讳子裕，赠从义郎。王该遇光庙登宝位，恩补承信郎，转至保义郎，恬不乐仕，累赋祠廪。嘉定乙亥，朝家以王年高行尊，有袭封之命。王初志犹坚，累召而始就。十月，除皇叔祖潭州观察使、安定郡王。寻赐金带鞍马，奉朝请。复被旨提举佑神观，免朝请。十一年，明堂蒇祀，王以老特免陪骏奔，均沐神厘，锡赉优异，加子爵，衍户封。九月十九日，俄感疾，薨于正寝，年八十有五。遗表闻，皇帝悯悼，为辍视朝，遣内侍抚问，赙赠特厚。且欲命使护葬，师边辞不敢当。既而，临安府转运司营办如仪。次年十二月壬申，葬于嘉兴府嘉兴县灵宿乡祖茔之偏。合先硕人徐氏窆，实王所先卜也。硕人先王而卒。子男一人，师边，忠训郎、前广德军兵马监押。女七人，承信郎、新监临安府于潜县酒税沈泳，进士沈棣、陆祖凯、沈悦之、周櫄，承信郎、新监平江府户部震泽犒赏酒库胡鉴，进士沈应符，其婿也。孙男二人，长希励，以明堂恩补保义郎，继以疾殂；次希扐，遗恩及之。孙女四人，进士胡仁端，迪功郎、新宁国府录事参军沈有开，进士胡玠，其孙婿也；季尚幼。王蚤失怙恃，能自立。赋性简俭，不务储蓄，饭僧重道，始终不渝。里闬因建炎兵火，启建罗天岁醮几百年，中间废坠，王能竭力扶持，至今绵绵不绝。尤敬事威德生辰，斋醮凡五十余祀，追袭封后，尽捐俸廪，创新祠宇，初愿悉酬。乃建佛塔，随缘乐施，曾无倦容，师边亦顺承其志而已。人方以未艾期之，而天不憖遗，呜呼，痛哉！窀穸有日，追封之典未降。师边姑述大概纳诸幽宫，异日铭其墓者必能详纪以诏厥后云。孤哀子师边泣血敬书。

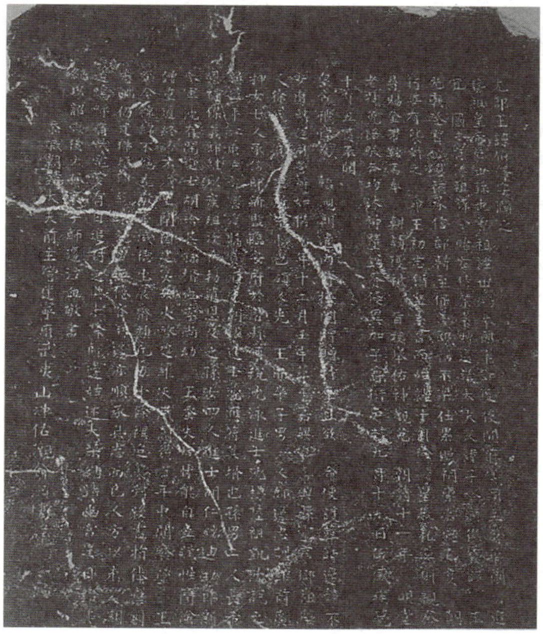

赵伯泽墓志

忝戚朝请大夫、前主管建宁府武夷山冲佑观俞灏填讳

濮氏古墓　在镇东原陆家桥东南白云庵南火德庙后，白云庵即濮氏墓庐。清沈涛《幽湖百咏》之七十一："总管桥畔野色宽，农民刈稻十分寒。白云庵里听乡约，国赋加三要早完。"已无存。

宋濮郡马墓　濮奉镃，官至招讨使，选入安王府为郡马。墓在唐夫人桥西。已无存。

元提举濮鑑墓　濮鑑，授将士郎淮安路打捕同提举。墓在镇西迎龙、集凤两桥之间的福寿寺西边，赵孟頫撰写墓志。已无存。

白妃坟　在翔云观后。旧传濮奉镃为安王府郡马，宋亡，妃匿濮氏，以老死葬于此。清沈涛《幽湖百咏》之二十八："撑天乔木长风云，怪石嶙峋卧水濆。寒食池塘春草碧，无人知是白妃坟。"已无存。

古心禅师墓　在桐界福寿寺西北隅，曹鑑撰写塔铭，赵孟頫书之。已无存。

明辽府长史杨述墓　在镇北杨家桥北。其子河南按察使佥事青衬葬。原有石马及碑，已无存。碑刻为明天顺四年(1460)诏诰之文。景泰六年(1455)辽王遣祭文："呜呼！尔拜上命，来辅我国。殚尔心思，展尔才力。我言尔听，尔行我忧。孰云一旦，遽逝如夺。讣音尔嗣，道里远长。兹尔亲族，来迎尔丧。妥尔神灵，返尔故乡。眉行伊迩，遣奠一觞。"清张其是《过杨解元父子墓志慨》诗："解元坟起石桥边，翁仲当风立野烟。休恨春秋虚祭埽，家家携酒滴坟前。"清沈涛《幽湖百咏》之三十三："石马嘶风立墓门，棠梨花老暮烟昏。纸钱麦饭慈云路，谁吊当时杨解元？"已无存。

明通政使岳骏声墓　诰授资政大夫赠刑部尚书岳骏声墓在旧屋村东。已无存。

明江西布政使施而志墓　在镇西北施庵浜。已无存。

明双节冢　在王母桥南百余步，濮彦仁妾唐氏、庞氏合葬于此，墓旁桥因此得名唐夫人桥。墓已无存。

清峄县知县仲弘道墓　在唐夫人桥。已无存。

处士沈廷瑞墓　沈廷瑞，《东畬杂记》作者，墓在寒字圩旺家桥。已无存。

诗人曹大经墓　曹大经，清嘉庆年间诗人，墓在万安桥西北。已无存。

清徵士沈梓墓　在镇南泰石桥分水墩。已无存。

碑刻、石坊与名石

濮院碑刻，宋代有《嘉兴军府给永昌院榜示碑》《三教堂智明禅师行业碑记》等；元代有《南泾道院碑记》《福清道院碑记》《古心禅师塔铭》等；明代有《福善寺修造记》《辽王遣祭文刻石》《净土庵中兴塔院碑记》等；清代有《奉宪颁准买卖牙行银戥划一碑记》《禁革绌行银匠各弊碑》《禁除濮绌火烟害民各弊碑》等；民国有《沈母周宜人墓志铭》等。

重修福善寺碑记　明景泰三年(1452)正书，明杨述撰文。20世纪20年代，夏辛铭在香海寺废基上曾对石碑考察："石高连额七尺二寸，广三尺二寸。额篆书三行，行二字，字径四寸四分，文磨灭，惟第一行'濮鑑创以居'五字可辨。"1956年，石碑已去向不明。

附：碑记全文

嘉兴郡西一舍许，有镇曰濮院。其地介秀水、桐乡二邑间。福善寺当其中而专二邑之胜，元至大己酉，同知濮鑑创以居佛之所也。相传寺左右有二庵，一曰崇福，东溟浩上人居之；一曰积善，月庭生上人居之。二上人者，智性融通，识趣超卓，雅为濮公所敬慕，寺成，延之上座，仍合二庵名，名其寺为福善。无几，先后荼毘。时历年未多，而寺固无恙。嗣守之人，怀奇见，不得施设者有之；而众弗及知也。国朝洪武乙丑，寺并丛林，僧徒散去，山门、两庑、僧寮、丈室、佛阁、钟楼尽废，独一殿巍然，而上漏、旁穿亦已甚矣。永乐癸巳，里之好事者慨兹寺久虚，闻令妙用体师住持，法喜名山，将谢去朋徒，结茅归隐，乃率众延致之。人固疑师之不屑，而师终不拒。既入院，攻苦食淡，焦思劳神，毅然以兴废举坠为任。而师道行高洁，足以起人敬信。由是富者捐财，贫者助力；爰裒众施益以己橐，鸠财庀上，夜以继日，是年重修殿宇成。越四年，丁酉，鼎建天王殿，塑天王四及加饰诸天十王尊像。又三年，庚子，先大父德润公宦游京师，过润之金山，谓都纲敏机聪公曰："宝铭期堂，公昔栖禅室也。自公典教大邦，日就倾圮失，今弗图，恐后无及矣。"聪感其言，问孰可任事者，即以师名对。聪因出綵緞二，贻书属师改作之。师遂辟西偏隙地，因旧为新，建为大悲殿，增创杰阁其前，而规制越宏焉。宣德丙午，他寺有鬻巨钟偿官租者，铜以斤计，凡千三百余，直白金百三十两有奇。师甚欲购，而窘于钱。旬月间，里人施予者相踵。既酬其直，仍以余赀购楼度之。正统己未，千佛宝阁成，为间者五，高深广袤，咸中尺度，峻宇重檐，隆栋厚础，可经久而不废。明年，刻大毗卢像、千佛法身，涂以黄金，安奉如式。他如法堂方丈，庖库湢圊之房，与凡事佛奉僧之器用，靡不备其制之所宜有，而伸其志之所欲为矣。岁戊辰，又树绰楔二于通衢，南曰"江南福地"，西曰"浙右名山"，以表兹寺之胜。往来观者，咸谓二额盖状其实云。先是，寺非大刹，住持非正员；体师居此，前后四十三年，下扶宗教，上祝国厘，而远迩之人瞻依归戴。是虽俗尚向善而然，抑亦师之盛德有以感化之也。圣朝尊崇象教，正统中，寺僧德琳具兴创始末，诣僧司自陈，遂领檄为住持。今得与大刹齿者，德琳与有力焉！德琳化去，继主兹席者似碧，实师门高弟，又能心师之心曾，未期岁，两庑焕然一新，垩壁粉墙，悉皆藻绘。凡师志有未竟者，又将次第为之继承，可谓得人。兹山可以增重矣。同袍惠公以予知师为详，而言或可传信，砻石徵文记之。唯人之居室，将以传于子孙，然有父既底法而子弗肯堂构者矣。学佛之人，非有子孙之世守箕裘之踵袭，乃能前作后述，经营缮葺，使仆者以植，倾者以支，朽者以易，缺者以完，而旧观毕还，宗风不坠如此，不亦难哉！思其创始修复之难，而相与保守于无穷，又不能无望于后人也。庸摭实书之，俾来者有考焉。

景泰三年岁次壬申夏四月吉旦

净土庵中兴塔院碑记 明正德二年(1507)江左外史月庵广源撰并书丹，赐进士出身兵部致仕尚书前都察院左都御史进阶一品荣禄大夫项忠刻篆。碑高连额 1.5 米，广 0.73

米;额篆书三行,行三字,字径 8.6 厘米;文二十一行,字径 2.7 厘米。碑原嵌庵内山门后,民国时期移至临观禅院,已无存。

附:碑记全文

本庵开拓于赵宋宣和间,惠忠禅师方之鼻祖,迄今四百余禩。中间沿革,不可殚述。元至大初,檀越濮司令□□见坠绪不振,礼请高僧楚石琦禅师主之。聿构大殿,巍然复存。厥后,嗣非其人,香灯不绝如线。成化庚寅,古杭圣果名山无际广禅师之孙守诚,字敬堂,与其手度弟子宗裕,字绰庵,偶驻锡于此。德足以感人,士□镇中□耆宿遂请继主之。旧有居室,规制卑隘,仅蔽风雨而已。诚与裕毅然感□以兴复之□为己任,古殿震风凌雨,势将阽危,首先葺而新之。像塑灵山一会华旛香灯□庄严,靡不如式。居无何,以丈室卑隘□,撤而广之。复建松月堂及众寮庖湢等室,皆一新之。复置膏腴田七十余亩,为香灯之需,图远之谋亦深矣!弘治戊午,绰庵出世胜果家山,仅三年,挝鼓告退。广无际实临济正派□染指法味。无际传莲馥馥传诚。诚传裕。裕传智深。深,字大渊□传惠惇性初。惇度道奎,天文五世□,有继述之能净土之承先引后者,得人矣。且敬堂、绰庵承法以来,几四十禩,攻苦食淡,由难以致易,撙费制赢,由小以暨大,信向者云轮川委,然后大兴土木□□,涉历既久,克底以成。非负荷之重□,曷能致此大渊殚力辛瘁,仔肩后事□,重□念祖与师中兴拮据之劳,他日□□□归寂,不昭示梗概□□□□漫不知省而忘其所传之本,乃建塔□一方构楼三楹,楼之背凿窾立塔,祖与师之遗骨瘗之于中。大矣哉,深之孝也。夫教法东流,佛□据山川形胜者在有之,第□不能不囿于数,而兴废不免也。间有废而复兴者,贵在负荷得人焉耳!若今净土中兴者,孰非负荷之重得人之可徵耶?大渊知余与其师绰庵善而又知出家之详,请文为记,勒诸贞珉,垂之永久,将欲俾后人知其所自而不忘其本也。余非能文者,重大渊之孝,遂纪之不辞。嗣大渊之后者,果有感于吾言也夫。

正德二年,岁在丁卯春吉旦,主祭弟子智深立石。

香海寺山门记碑 乾隆十五年(1750)11 月建,碑长 0.8 米,广 0.4 米,字径 1.3 厘米,文十六行。前十行每行四十二字,第八行四字,第十二行十二字,第十三、十四、十五行皆三十六字,十六行十一字。西泠陈庭镌字。已无存。

翔云高眺石刻 乾隆五十一年(1786),窦光鼐正书,阳文“翔云高眺”四字。石嵌在翔云观山门正上方,尚存。

重修玄明观碑记 明崇祯六年(1623)岳骏声撰文。碑石在翔云观灵宫殿东壁,高连额 2 米,广 1 米,额篆平列九字,字径 17 厘米,下分五层,每层二十四行,行十字,字径 3 厘米。已无存。

附:碑记全文

郡城西南三十里遥,有镇曰濮院。镇东北市属秀水界,有观曰玄明观。有翔云石,天将雨,辄有云翔其上,因复颜其额曰"翔云胜境"云。胜国时,石为张士诚舁去,而榜额犹存,旧贯志灵异也。观始于元统乙亥间,羽士邹道宁洁志虔修,募本镇素封濮鑑所建。厥后岁久倾圮,而我曾大父松嵓赠公复捐资修葺山门,殿阁焕然一新。嘉靖中,道士罗思齐修真得道,受五雷法于龙虎山,尽得其术,为人疗疾驱邪,符咒灵验。至于禳灾祈岁,无不奇应,若风伯、雨师、云雷、神鬼之属,竞奔命于指顾色笑之间者。时属暵旱,郡伯刘公令祷雨。甫三日,而四境霑足,卒成稔岁。自是,凡遇旱潦,率皆倚赖祈祷,故世号"十雨法师",盖言十祷而十应也。事载郡志,而士大夫亦各有赠言,汇成卷帙。后以其术传其孙钱有德,显名万历间,为郡伯王公所重。戊子大旱,公令有德结坛。乃驰海洋,鞭其龙,雨遂大降,其灵验率如思齐。有德殁,而其孙王文正复传其术。文正黄冠而儒行,翛然尘埃之外,盖深有得于内养者。天启癸亥,夏秋之交,旱魃为灾,文正应召结坛。指顾之倾,霖雨滂沛,乃获有秋,人以为龙虎山脉秘传,乃仅得之咫尺。是匪徒以幻奇荒诞之术,眩人耳目,为斯观重。而即其回亢阳为甘澍,反荒欠为丰稔,其丹符宝箓之用,利及于合郡生灵也,岂浅尠哉!大抵天地间灵异之气,原不与物为存亡,故石虽为张士诚舁去,而灵气未消,钟于其人,遂使祖孙相继,一传再传。至于道风仙范,代不乏人,是岂偶然之数欤!世传罗公远左慈之流,终不常见,而紫府丹邱不在人间。由今观之,要亦贵耳贱目,信古疑今之说耳!是观也,余愚兄弟皆从童子时负笈读书其中,而家司马先中丞并弱冠脱颖,以文章事业显于世。余即偃蹇不类,亦获幸叨一秩,差肩其后,则岂非灵气有所旁及。又若我曾大父于数十年前缮修,一段机缘,适为我曹厚植其基,而累善阴功,益以见元帝应感之不爽矣!观故有石碑,毁于倭寇之难,文正复砻石而乞记于余。余以是为不可辞,遂书其颠末如此。

翔云书院碑记 碑高1.7米,广0.83米,字径3.3厘米,文十七行。碑石原嵌翔云书院头门东壁。今镶砌在濮院小学翔云校区大门西边的围墙中。

附:碑记全文

出嘉兴通越门舟西南行三十六里,为濮院镇。南隶桐乡,北隶秀水。宋时乃永乐市,多业机织。南渡时河南濮凤居此,理宗赐第曰濮院,因是得名。翔云石者,院中旧物也,石今失去。地旧有翔云义塾,亦久废不举。同治九年冬,内阁中书沈君梓,纠约绅耆创建书院,仍榜翔云。经度之始,支绌颇甚,瑶乃陆续查出充公房产,继之,又请拨本镇丝捐以济用。经费既裕,膏火有资,发箧陈书,断断如也。考濮院往昔,衣冠最盛。自国朝顺治十五年顾高嘉得词林外,甲榜六人,至乾隆二十八年濮启元而止;乙榜五十人,至道光十九年曹定荪而止。近则文教颇衰,阒无仕进,故诸绅耆谋所以振之。且谓今光绪丙子恩榜朱君善祥，以镇人得登翰苑，为建立书院之效，欣然生喜，属瑶为文记之。瑶夙昔之见，以为书院造士，使之考诗书、说礼乐，渐引于圣贤大道之域，非止为文艺科名发也。继而思之，圣门诱人，自博文始，朝廷奖士，自设科始，舍文艺而空言义理，何以为稽求？舍科第而别开延访荐辟之路，恐后世诈伪日多，必转长纯盗虚声之弊。今夫童子胜衣就傅，父兄择吉期送之入塾，无不以学古入官殷殷相诫勉，久之，沉酣典籍或能默悟本原矣！若复博一矜，擢一第，自顾不与庸流伍，则又矜矜自爱，欲求所以，荷往哲之仔肩，作当代之模楷，是由浅入深，由外返内，胥恃此也。孔子云：三年学不至于穀。又曰：学也，禄在其中。孟子云：修其天爵而人爵从之，非轻爵也，急先务也。如轻爵也，则天爵天理也，不应尊之曰爵矣！自藉文艺以博科名，得科名而汩没其天性，于是老成。人乃薄文艺为糟粕，鄙科名为敝屣，变本者日多，而愤激之谈乃出，于文艺、科名又何尤焉。然则磨厉人才而振拔学术，吾于是固有厚望也。襄其事者：董耀、夏清泰、仲濂、仲浚、朱成勳、沈桐、沈福崇、岳昭凯、岳树音、岳廷振、邹锡祚。是为记。

光绪二年丙子岁补用道嘉兴府知府

善化许瑶光撰书　嘉兴秀才钟沈霖镌

屏山石刻　沈梓隶书“屏山”二字，款题“光绪癸未九秋退庵书”九字。石刻原在保元堂后，1952 年后去向不明。

濮院坊　镇北濮斗南正宅之门坊，在福善寺之东、翔云观之西。《濮川志畧》记载：“理宗赐额于居第，曰‘濮院’。”为标其盛特建大坊。元末宅坊俱毁，清初石柱犹在，今无存。

元帅坊　在定泉桥左，今无考。

进士坊　有 3 处，分别为杨青、岳元声、冯孜而立，今无考。

解元坊　在北横街，俗称杨家牌楼，为永乐癸卯解元杨述而立。久废。

翔云石　原在翔云观后，濮氏园中。石高 8 米左右，耸峭玲珑，相传为五代旧物。天将雨，辄有五色云起，故名。石旁有穴，涓流，味甚甘洌，称为云泉。《濮溪志草》称：翔云石是宋朝朱勔为朝廷采购“花石纲”而得。此石元至元年间被张士诚舁去，今已无考。

蛇蟠石

白妃石　翔云观后的白妃坟旁有太湖石，人称白妃石，长 8 米左右，横卧岸侧。民国时期尚存，今已无。

碾椒石　为濮氏家中物，用天池之石制成，围径 1.7 米，中有一孔，以横木作柄，用以压碾椒辛之物作调料，供濮氏家族千丁炊事之用。此石已无存。

蛇蟠石　濮允中东园中物，上有一龙五蛇相扭结似舞。元黄玠《弁山小隐吟录》有《为濮乐闲司令作蛇蟠石歌》。清朱彝尊《蛇蟠石序》中指出，蛇蟠石即是其郡中的

"舞蛟石"。今"舞蛟石"在嘉兴南湖景区。

十景塘石坊　濮院十景塘有节孝坊，为刘鉴妻李氏而立。中华人民共和国成立初还在，今已无存。

古桥梁

濮院的古桥梁多为宋、元、明、清四朝所建，或古朴宏伟，或玲珑精致，在濮川之上星罗棋布。据民国《濮院志》记载，镇域内共有石桥106座，其中位于四栅以内的有38座。38座中今保存较好的有9座，这9座作为"古石桥群"，在2011年1月7日被浙江省人民政府公布为浙江省第六批省级文物保护单位。

众安桥

大有桥

大德桥

四栅内古石桥群之古桥(9座)

众安桥　始建年代无考，清道光四年(1824)重建，东西向跨东市河，单孔石拱桥。桥长16.9米，宽2.2米，跨度6.9米。拱券石以纵联分节并列式砌置，有望柱、栏板，东西堍各16级石阶。桥东堍原为纪念南宋爱国将领施全建有施全庙，庙已毁，仅存亭。

大有桥　元代濮鑑建，清宣统三年(1911)重修。桥跨庙桥河西端，南北向，南接南大有桥街，北抵北大有桥街，为三孔石梁桥。桥长19.5米，净跨11.7米，桥面宽2米，桥高6.6米，18级石阶。桥面每孔均由四块并列的长条石板构成，桥面有石栏、望柱。竖壁形桥柱，两边各以四块粗大石条为柱，柱上有仰覆荷叶莲花组成的长方形线框，框内有阴刻题记，文字已无法辨识。该桥体型较大，构件完整，建筑方式传统，保存完好。

大德桥　俗称庙桥，元代濮鑑建，民国9年(1920)重修。桥跨庙桥河中段，南北向，南接庙桥街，北接寺湾，为单孔石拱桥。桥长35米，净跨7.5米，桥面宽2.65米，桥高6.6米。拱券石以纵联分节并列式砌置。桥上有望柱、栏板，拱壁下部有多处仰覆荷叶莲花装饰。有题记，但文字已风化，不能辨识。两堍原有10余级石阶，20世纪60年代改为斜坡状石面。此桥现保存完好。

大积桥　元代濮鑑始建，清乾隆四十四年(1779)陈宗重建。桥跨庙桥河东端，南北向，单孔石梁桥。桥长20.5米，净跨6米，桥宽2.4米，桥高7米。桥面由5块条形石板并列铺设而成，竖壁形桥柱，两边各以4块粗大条石为柱。桥两堍各有15级石阶，桥上栏杆、望柱完整。该桥原在翔云观前直对黄家湾，后移建于翔云观之东30米处，故俗称新桥。该桥整体完整，风貌依旧。

栖凤桥　宋濮凤始建，清道光二十二年(1842)唐潞等募资重建。桥横跨于西市河上，东西走向，东接北横街，西抵龙湾街，为3孔石梁桥。桥长19.8米，净跨12.3米，宽2.18米，桥高7米，有18级石阶。桥栏到桥柱均刻有精美石雕，其南北石栏上分别刻有“南无阿弥陀佛”和“南无观世音菩萨”字样。桥两旁石竖壁柱有对联，南面为“彩认璘彬，人语千家储竹实；声闻节足，溪流一径福桐荫”。北面为“桥跨西河，红枝标题栖凤古；坊联北里，碧油逸映晓江青”。该桥构件完整，纪年明确，造型美观，保存完好。

横板桥　又称王板桥。修建年代无考。此桥跨东市河，南北向，为单孔石拱桥。桥长17米，净跨6.2米，桥面宽2.4米，桥高7米，有18级石阶。拱券石以纵联分节并列式砌置，桥面施栏板，每侧各5块，无望柱，朝东栏板刻“国泰民安”字样，朝西栏板刻“风调雨顺”字样。

语儿桥　又称女儿桥、囡儿桥、御儿桥。宋德祐年间濮振垂重葺，清嘉庆二年(1797)重建。桥跨南市河，介于南、北苏浜之间，为单孔石拱桥。桥长17.4米，净跨7

大积桥

栖凤桥

横板桥

语儿桥

定泉桥

秀桐桥

米，面宽 2.8 米，拱长 4 米。拱券石以纵联分节并列式砌置，整座桥为花岗岩石块筑成。桥两侧有石栏，桥顶望柱雕有如意头。桥顶两旁有石椅，可供人坐憩。该桥保存完好，形制美观，是典型的江南古桥。桥西堍有侵华日军占领濮院时修筑的砖墙门，是日军侵华罪证之一。1981 年，语儿桥被列为桐乡县（市）文物保护单位。沈涛《幽湖百咏》有诗赞："语儿桥下女儿家，南北苏家尽浣纱，王谢堂前春燕去，满街桑影夕阳斜。"

定泉桥　始建年代无考，清乾隆六十年（1795）重建。桥横跨北市河上，为单孔石拱桥，东西走向，东连北廊棚，西接鹤栖街。桥长 17.2 米，净跨 6.2 米，宽 2.75 米，桥高 6 米，有 18 级石阶。拱券石砌置方式为纵联分节并列式，桥面有栏板、望柱。相传桥下曾有泉。该桥小巧精致，构件完整，保存良好。

秀桐桥　建于清代。在定泉桥之北，桥横跨北市河，东西走向，为 3 孔石梁桥。该桥因位于秀水、桐乡交界处而得名。桥长 19 米，净跨 7 米，宽 2.25 米，桥高 6.3 米，有 18 级石阶。桥面由 4 块并列的长条石板构成，两边有护栏、望柱。桥两旁石柱壁上有对联，南面为"星移秀水珠含彩，月照桐乡玉蕴辉"；北面为"鸣凤翔来占运泰，卧龙是处颂时亨"。

四栅内其余古石桥（29 座）

表 17－1　　四栅内 29 座古石桥概况表

名　称	地　　址	修建年代	变迁情况
杨家桥	镇北杨坟浜	无考	2005 年改建成水泥桥
迎凤桥	塌坊浜北	清乾隆二十九年（1764）戴陈瑛建	道光十年（1830）重修，1980 年由濮院丝厂改建成水泥桥
陆家桥	陆家桥港	始建无考，后张姓重建，年代亦无考	20 世纪 70 年代建濮院丝厂时拆除
思家桥	思家桥港	明濮氏建，民国 6 年（1917）朱祥元集资重建	1973 年改建成水泥平桥

续表 17－1

名　称	地　址	修建年代	变迁情况
大全桥（旧称渡船桥）	十锦塘	元濮氏建	20 世纪 60 年代末改建成水泥桥，并命名为大寨桥
庄泾桥（俗称东油车桥）	庄泾东口	无考	“文化大革命”时期改建成水泥平桥
升平桥	十锦塘	始建无考	清道光八年（1828）重修，2010 年 9 月 14 日被确定为桐乡市级文物保护单位
万安桥	庄泾浜内	无考	20 世纪 60 年代拆除
濮九娘桥	升平桥西	元濮九娘建，清道光十二年（1832）沈姓重建	20 世纪 90 年代改建成水泥桥
沈坟桥	濮九娘桥西北	无考	20 世纪 60 年代河道填平，桥梁被拆除
太平桥	秀桐桥北买柴浜口	无考	21 世纪初河道湮塞，桥被拆除
平桥	翔云观西放生河上	无考	20 世纪 90 年代河道填平，桥梁被拆除
香花桥	香海寺前	无考	20 世纪 70 年代河道湮塞，今桥址尚存
临观桥	东栅口	旧灵官桥，清乾隆年重建；道光二十七年朱锳、夏斗寅集资重建改今名	20 世纪 60 年代末改建成水泥桥
会龙桥（俗称长木桥）	幽湖北	清康熙年间李懋华改木桥为石桥；乾隆年间懋华孙枝昌重建，光绪二十六年（1900）重修	石桥废圮后，曾搭建过简易木桥或石桥，21 世纪初改建成水泥桥
幽湖桥	南栅口	旧广济环桥，始建无考，明景泰七年（1456）重建改幽湖桥；清乾隆五十七年（1792）重修，同治七年（1868）重建	1956 年拆毁，其名被相邻的杭善公路桥所沿用
杏林桥（俗称雷家桥）	雷家潭	无考	20 世纪 60 年代河填平，桥被拆除
妆桥	旧跨百丈河	无考	河久湮塞，桥无存
谭家桥	旧跨谭家桥浜	无考	河久湮塞，桥圮于民国年
洞桥	宁绍会馆前	无考	河久湮塞，桥无存

续表 17－1

名称	地址	修建年代	变迁情况
万兴桥	谭家浜口	无考	20 世纪 80 年代河道填平，桥梁拆除
聚星桥	梅泾河上女儿桥南	陆星聚建，年代无考，光绪二十一年（1895）吴肇增集资重建	1956 年拆毁，其名被相邻的杭善公路桥所沿用
过安桥	镇区西南	元濮鑑建	1972 年食品商店将其改建成水泥预制板铺面的钢梁桥
朝阳桥	栖凤桥北	元濮氏建；清乾隆年间重建，嘉庆八年（1803）重修	1984 年改建成水泥桥
西成桥	跨西市河	清嘉庆八年（1803）重建，民国 4 年（1915）重修	20 世纪 80 年代改建成水泥预制板铺面的钢梁桥
迎龙桥	西寺前东	清乾隆五十九年（1794）仲均重建	20 世纪 70 年代改建成水泥桥
聚凤桥	西寺前西	清嘉庆七年（1802）仲均重建	21 世纪初改建成水泥桥
梧桐桥	西栅口	宋濮凤建，清嘉庆六年（1801）仲均重建，光绪二十二年（1896）重修	20 世纪 90 年代改建成水泥桥，21 世纪初重建
姜家桥（俗讹为张家桥）	定泉桥西	无考	1976 年拆除，2017 年建设旅游景区时在附近重建石桥

花石桥

四栅以外尚存世的古桥梁选介

花石桥　在濮院镇油车桥村朱家浜小组，东西走向，横跨于朱家浜上，单孔石梁桥。桥长 10.3 米，净跨 3.3 米，桥宽 1.1 米，桥高 6.7 米。桥面为武康石桥板，雕刻精美，朝北刻有“花石桥”字样，朝南刻有花纹，桥板略呈弧形。根据石桥用材、形制判断，该桥为明代桥梁建筑。

马虹桥　在濮院镇新港村北姚浜小组，南北走向，横跨于分乡港上（与民合乡接壤），为 3 孔石梁桥。桥长 20.2 米，净跨 9.2 米，桥宽 1.3 米，桥高 6 米。竖壁形桥柱，桥面由 7 块石板构成，其中北孔有 3 块，中孔 2 块，南孔 2 块，中间呈水平放置，其余两侧微向下倾斜。桥东西两侧刻有“马虹桥”字样。该桥为清代桥梁。整桥外观尚好，原貌保存基本完整。

天恩桥　在濮院镇新河村大木桥组，南北走向，横跨于陶家港上，单孔石梁桥。桥长

17.2 米，净跨 9.2 米，桥宽 1.5 米，桥高 3.6 米。桥面由 3 块石板并列构成，南北两侧原各有台阶 4 级，修筑机耕路时改为平桥。桥梁石东西两侧均刻有“重建天恩桥”字样，两端刻有如意花纹。天恩桥为清代石桥，民国 23 年（1934）重建。石桥南桥基石墩稍有脱落，桥面石保存完好。

双贤桥　在濮院镇永越村屋底里小组，东西走向，横跨于双水车港上，单孔石梁桥。桥长 17.5 米，净跨 4.7 米，桥宽 1.8 米，桥高 6 米。桥面由 4 块长条石构成，两侧栏板高 0.45 米，望柱高 0.75 米。两侧桥堍各有 11 级台阶，台阶保存完好。双贤桥始建年代无考，清光绪十五年（1889）重建。该桥造型美观，今整座石桥保存良好。2010 年 9 月 14 日被确定为桐乡市市级文物保护单位。沈涛《幽湖百咏》有诗赞：“双贤桥下水潆洄，镜面芙蓉镜里开，自古英雄起渔钓，教郎还上读书台。”

双贤桥

青震桥　在濮院镇永越村龙潭组，南北走向，横跨于龙潭浜上，单孔石梁桥。桥长 9.2 米，净跨 6.5 米，桥宽 1.5 米，桥高 4.7 米。竖壁形桥柱，桥面由两块石板并列构成。青震桥为清代石桥，东西两侧均刻有“重建青震桥”字样，修建年代无考。该桥结构牢固、造型大方，仅桥面石保存完好。

太平桥　在濮院镇星旗村小桥头组，南北走向，横跨于涧溪浜上，单孔石梁桥。桥长 11.4 米，净跨 4.4 米，桥宽 1.25 米，桥高 5.99 米。竖壁形桥柱，桥基为 3 块并列的长条石构成，两侧刻有楹联，朝西上联为“千祥云集兴隆地”，下联为“百福星临吉庆众”；东侧桥联已风化，字迹模糊不清。两侧桥板刻有“太平桥”字样。根据用材和形制，可判断该桥为清代桥梁。今该桥北侧梁石已掉落河中，尚未修复，桥身保存尚可。

通新桥

通新桥　在濮院镇新港村朝东屋组，东西走向，横跨于朝东屋港上，单孔石梁桥。桥长 13 米，净跨 4.4 米，桥宽 1.45 米，桥高 5.73 米。竖壁形桥柱，桥面由两块并列石板构成，两侧均有台阶，东侧 4 级，西侧 8 级。该桥建造年代不详，根据用材形制，大致可判断该桥为清代桥梁。2008 年，村民对桥面稍做修补。整桥外观尚好，原貌保存基本完整。

永福桥　在濮院镇西浜村黄桥头组，

永福桥

东西走向，横跨于村西小港上，为3孔石梁桥。桥面每孔均由两块长条石并列构成，中间桥板中心有水波纹图案，两侧刻有“永福桥”字样。桥基已经过重新堆砌，保存一般，两侧各有踏步两级。根据石桥形制、用材判断，该桥应建于清代。近年村民对桥基进行重新整修，原貌基本完整。

罗家桥 在濮院镇新星村罗家浜组，南北走向，横跨于罗家浜上，单孔石梁桥。桥长32.8米，净跨9.5米，桥宽2米，桥高1.8米。桥面由两块石板并列构成，桥东西两侧起步的石板两旁均刻有阳文“罗家桥”字样。据其建筑风貌判断，该桥为清中期桥梁，保存基本完好。

廊棚

廊棚是水乡古镇的市井景观。濮院的廊棚濒河而建，造型古朴，一色的青瓦盖顶，连成一体。廊棚内间有美人靠，既可遮阳避雨，又可用于驻足观景。濮院镇具有一定规模的廊棚有6处，分别为水廊下、北廊棚、西廊棚、廊棚下、朝阳桥帮岸廊棚、南廊棚。

水廊下 在沈鱼池东北，西通万安街，东北达仓前。仓桥下河水南流入漾，濒河回廊水阁连绵，故称水廊下。沈涛《幽湖百咏》有诗赞：“银塘潋滟镜新磨，半卷珠帘影翠娥，几阵风来水廊下，荷花香入画楼多。”今河道皆湮没，漾成了零星池塘，水廊下仅存地名。

北廊棚 在定泉桥东堍至秀桐桥东堍之间，西临北市河，即今北廊棚14号至19号之间。廊棚长21.5米，宽2.6米，高2.6米。北廊棚是以“过街楼”形式搭建的“两路头”砖木结构。上岸街面房为两层，下岸临河街面房为平屋，上下岸房屋结构相连，浑然一体。屋面呈斜坡状“一落水”。该廊棚年代久远，结构完整，保存尚好。

北廊棚

西廊棚 龙湾之西接三里塘，统称西廊棚。中华人民共和国成立前，廊棚大致分东中西3段，每段长20—30米不等。廊棚为砖木结构，与上岸街面房衔接，一直延伸至河边，宽3米左右。中华人民共和国成立后，此处的街道名称为“龙湾街”。廊棚建造年代久远，近数十年此处房屋频繁改建，廊棚逐步被拆毁，留存些许，面貌、材质均已改变。

廊棚下 西成桥南堍至油车弄之间，北临西市河，中华人民共和国成立后，此处的街道名称为“西廊棚”。廊棚上岸街面共12个门面，廊宽3米左右，廊棚是“半品柱两路头”砖木结构，与街面房屋衔接，大部分一直延伸至河边。顶棚是由圆木柱支撑的“一落水”屋面，柱高3—3.8米不等。该廊棚始建于清代，尚存14.5米，椽子、覆瓦已不存，只有若干片石棉瓦覆顶，整体型制结构尚完整。

朝阳桥帮岸廊棚 朝阳桥西堍至夏家弄口之间，东临北市河，即今龙湾街6号至14号。廊棚长32.5米，宽2.8米。廊棚是以“半品柱”形式搭建的“两路头”砖木结构，一边与街面房屋衔接，一边延伸至河边，14根圆木柱支撑着“一落水”斜屋面。柱高2.5—3.5米不等。早年临河有美人靠。该廊棚始建于清代，今结构尚完整，保存良好。

朝阳桥帮岸廊棚

南廊棚 民国时期，自郭家汇的蒋松龄油车，过东沿河转向南直达公路，由六段短廊棚组合而成，是镇域最南端的廊棚。此处的每段短廊棚，长度都在10—20米之间，宽约4米，其中郭家糠行门前的廊棚设有美人靠。中华人民共和国成立后，经多次房屋拆改，廊棚已无存。

附：

廊棚轶闻

轶闻一 濮院西河头龙湾街上有一家陈姓商户，店主李氏年轻守寡，艰难地支撑着一个上有老下有小的家和一爿三开间的铺子。陈家铺子前的帮岸边，有一个豆腐摊，摊主姓王，在家中排行老二。王二年轻力壮、老实厚道，只是家境贫寒，他见李氏艰难，便生同情之心，常常帮她做一些体力活，日子一久，李氏便觉得离不开他，但又难以启齿表示这份情意。于是她煞费苦心想出一个办法。一日,她请来木匠,借修缮店铺之机,沿河建起了一排廊屋,将店铺前的街面遮盖起来。这么一来,王二即可免受日晒风吹之苦,又能在雨天照常摆摊。两人同在一个屋檐下,感觉就像一家人。不想就因为这廊屋,陈家铺子生意一下红火起来。于是,镇上的商家纷纷效仿,几年下来,竟连成一线,成为一种独特的建筑样式。后来,濮院老百姓便给廊屋取名为“郎棚”,意思是为郎君而建造的棚屋。“郎”与“廊”谐音,后又称“廊棚”。

轶闻二 从前,濮院有一位好心的老板,姓钱,在北市河边开设一家竹器店,虽然苦心经营,无奈生意清淡,一直在犯愁。一天,天下着雨,来了个叫花子在他家屋檐底下避雨。钱老板虽然心情不佳,但宅心仁厚,他给花子饭吃还请他进门。叫花子执意不肯。晚上,老板打烊,叫花子还不离开。老板看到屋檐太窄挡不了风雨,就拿了几卷竹帘挂在屋檐上,临时搭了个小棚让叫花子躲在下面避雨。第二天,叫花子不见了,门板上留下了“廊棚一夜遮风雨,知善人家好运来”的对联。坊间就传言开了:这位叫花子是八仙中的铁拐李,他是来试探店主的心的。从此以后,那店主果然生意慢慢地兴隆了起来,并发了点小财。后来,店主觉得用竹帘挂在屋檐上的办法不错,能给顾客不少方便,于是索性就将屋檐加长,并用砖木结构搭成棚屋。如此一来,街上的邻家商铺也想沾点仙气让自家的生意也好起来,于是纷纷效仿,就慢慢形成了长长的廊棚。

宋代银杏

古树保护碑

古树名木

宋代银杏树 在桐乡三中校园内,相传为宋濮凤手植。有东、西两株。东株高33米,干围5.42米,胸径1.72米。桐乡市人民政府于2005年12月颁发的标牌上载:南宋银杏,编号0425100002,学名GinKgo biloba Linn,树龄878年,古树保护级别为一级。西株高27米,干围4.15米,胸径1.32米,桐乡市人民政府于2005年12月颁发的标牌上载:南宋银杏,编号0425100001,学名GinKgo biloba Linn,树龄878年,古树保护级别为一级。

大桑 据《濮川所闻记》记载:“濮友梅家,梅泾之北,屋后有大桑一株,高数十尺,不便采摘。淳熙三年(1176)四月中,忽有青蚕丛生叶底,尽成茧,茧如卵,妇缫之得佳丝,一境蚕桑之利,自此日盛,识者谓兆实开之。”

大梓 在南新街大井之北,植于北宋以前。清代、民国镇志多有记载,已无存。

黄杨树 在梅泾公园,树龄116年。桐乡市人民政府于2010年12月颁发的标牌上载:编号0483200036,树种为黄杨,学名 Buxvs sinicn(Rehd et Wils)cheng，树龄 116 年，保护级别为二级，管护单位为桐乡市濮院镇梅泾公园。

梅泾公园黄杨树

古黄榉树树桩

古黄榉　在礼门巷口南侧。高 16 米，干围 2.95 米，胸径 0.94 米，枝繁叶茂，树冠遮住旁边居民楼屋，此处地名也简称“大树下”。20 世纪 90 年代，因附近工业污染严重，黄榉慢慢枯死。仅存大树桩。

古榆树　西油车桥桥东侧石缝中。并排生长着两株榆树，高 5—6 米，杆围约 60 厘米，枝繁叶茂，有百余年树龄。1968 年，该树被人锯除。

泽岗道院古树　生长在泽岗道院（民间称石岗庙）内。树高 10 余米，树冠巨大，浓荫匝地。树干上有许多瘤状的疤痕。相传该树树龄在 500 年以上。1958 年，附近办起了大畜牧场。畜牧场饲养员为烧猪食，把树砍掉充当了柴火。

第二节　文化设施

书场

书场是江浙沪一带评弹演出的场所，也是群众休闲娱乐的主要所在之一。从清末开始，90 余年间，濮院镇先后存在过 5 家书场。在 20 世纪 30 年代至 60 年代前期，濮院镇的书场业一直十分兴旺，书场听客甚众。1968 年，书场停业。70 年代中期，评弹恢复演出，最初借用人民戏院作演出场子。1979 年，濮院书场恢复营业。进入 80 年代，随着影视等当代媒体的普及，书场的听客日见减少。2003 年 5 月，濮院书场停办。

东厅书场　清宣统二年（1910）在大街开设，场东王家其、陈金荣。书场拥有约 200 个座位，弹唱剧目有《白蛇传》《玉蜻蜓》等。民国 8 年（1919），书场停业。

同福书场　建于民国元年（1912），地址在庙桥街杨宅，场东杨玉泉。书场拥有约 300 个座位，是濮院镇规模最大的一家书场，常有响档艺人在此演出。每当朱雪琴、严雪亭、张鉴国、张鉴庭等名角登台演出时，书场每每客满，盛况空前。书场还兼营客栈、杂货店、浴室等。

同乐书场 民国23年(1934)开设在大街王宅,场东王金荣。书场设150个座位。有蒋氏曾在此演出《笑中缘》,生意兴隆,听客盈门。

大同书场 民国37年(1948),里人陈红仙开设,地址在庙桥堍,有座位200余个。该书场主要说评话,如《说岳全传》等。中华人民共和国成立初期,书场停业。

濮院艺人杨一麟、俞丽萍夫妇的评弹表演

濮院书场 1956年,同乐、同福两书场合并,更名为"濮院书场",地址在原同福书场。新设的濮院书场人气很旺,名家响档常来登台。如上海评弹团的吴景玉说《水浒》;为《蝶恋花·答李淑一》弹词谱曲的赵开生和陈希安搭档说《珍珠塔》;《卜算子·咏梅》弹词开篇录音的余红仙说《双珠风》;著名评弹艺人蒋云仙弹唱《啼笑姻缘》;有"江南琵琶第一高手"之称的郭彬卿与他的夫人朱雪琴搭档说《珍珠塔》。因朱雪琴是濮院走出去的评弹艺术家,她和郭的联袂演出一时轰动濮镇。濮院书场在江浙一带小有名气,是江南"书场三十强"之一。1968年元旦,书场停业。1979年2月恢复营业。1985年开始兼放录像。2003年5月,濮院书场停业。

剧场

"草台戏"戏台 1947年前,濮院镇没有戏院,戏班到镇演出,分"草台戏"和"庙台戏"两种。"草台戏"的演出通常在黄家湾、周家场、香海寺公园,戏台都是临时搭建的简易戏台。据《濮录》记载,清嘉庆年间,保和戏班、曲局等聚于黄家湾一带,吹箫度曲,恒至夜分。

"庙台戏"戏台 即翔云观戏台。戏台在翔云观山门后,上为覆盆形螺旋状斗拱,造型精致。台前是宽大的石板天井,可容千余名观众。该戏台早年只是在敬神活动时才安排演出。民国初年始,接受戏班登台。演出以京剧为主,也有皮影戏、木偶戏等。"庙台戏"戏票开始由主办者赠送,后改为售票制。民国末年,随着梅泾剧场的开业,"庙台戏"结束。

梅泾剧场 1947年春节期间创建于观前街4号。剧场的创建工作由俞海官牵头,张兆春等10余人协助。他们将临街房后的废园子盖上屋顶,布置成剧场大厅,用石块、木板搭成戏台,将长木板钉在木架上充当凳子,照明则用汽油灯。剧场设施十分简陋,能容纳观众300名左右。梅泾剧场每天演出两场,逢年过节加演一场。每场戏演出时间过半后不再收票,此后入场者名曰"看放戏"。梅泾剧场使用的海报宣传有两种,一种是贴在剧场门厅的广告;另一种是贴在木牌上的流动广告,由员工扛着沿街宣传。剧场于1951年停业。

人民剧场 1951年,由大街刘宅厅房改建而成。临街为三开间门面,中间作门厅,南边一间为管理室,北边一间为售票室。剧场由两进的三间厅屋改造而成,可容纳六七百名观众。剧场座位是长条形板凳,排列成前低后高的斜坡状,不分座次。剧场每天下午、晚上各演一场，以京剧、越剧为多。1956年，剧场停业。

人民戏院 1956年，濮院镇政府选址庙桥河北岸河下街当白场建起了新剧场，名为“人民戏院”。人民戏院正门中间是台阶，南立面两旁是广告宣传栏。剧场座位分单、双号，观众从左右两门分别进入。观众席全部是带靠背的长条木椅。舞台、后台都很宽敞。剧场两侧和后面建有功能齐全的辅助设施。该戏院除用于戏剧演出外，还兼放映电影。1983年，濮院电影院建成后，人民戏院停业。

附：

到濮院演出的名剧团、剧目和演员

剧团有刘宫阳班、孙柏龄班、卞韵良班、达子红班、王全芳班以及黄金大舞台、庆生大舞台、万国大舞台、田记大舞台等。剧目有京剧《长坂坡》《四季春》《金钱豹》《大闹天宫》《关公走麦城》《诸葛亮借东风》《龙凤呈祥》《三娘教子》等，绍剧《龙虎斗》等，越剧《孟丽君》《火烧红莲寺》等，皮影戏《闹龙宫》《四郎探母》《霸王别姬》《红孩儿》等。名演员有孙柏龄、李吉来、纪鸿春、王少楼、周肖璐、陈鹤皋等。

电影和电影院

20世纪20年代，濮院第一次放映电影，为真美烟草公司的广告片，地点在翔云观。观众凭两只香烟盒子进场。第二次放映电影是在民国23年(1934)下半年，影片是《火烧红莲寺》，地点在罗家场。两次放映的均为无声电影。

1953年，濮院镇第一次放映有声彩色电影，是戏曲片《梁山伯与祝英台》，地点在公义当当白场。1956年起，县流动放映队常到濮院放映电影，地点在当白场或中学操场。同年，人民戏院建成，戏院兼放映电影，此后镇区进入了露天电影和室内电影共存的时代。镇区露天电影的放映地点先后是当白场、中学操场、小学二分部操场、棋盘街内电影场。20世纪60年代，县电影管理站派流动放映队到镇域乡村放映电影的场次逐渐增多，乡村电影的放映大多在大队部白场。

1983年2月，桐乡电影公司和濮院乡政府共同投资，建造了濮院电影院，濮院从此结束了无专业电影院的历史。濮院电影院地址在永乐路，总面积3600平方米，观众厅面积908平方米，设1013只木质背座椅。年放映场次为1660场左右。

1983年以后，濮院电影院开始承接各种文化演出，越剧表演艺术家徐玉兰、越剧演员赵志刚、电影演员于非等曾在此登台演出。20世纪90年代后，受新兴文化市场的冲击，濮镇的电影观众逐年流失。为了应对业务下滑的局面，影院扩大了承接文化演出的份额。为此将舞台扩至150平方米左右，把观众厅的843个硬席座位改造为软席座位。

其间承办了屠洪刚、迟志强、潘长江等人的演唱会。整个90年代，濮院电影院每年放映电影或承办演出平均约800场。

进入21世纪，濮院电影院基本上不再放映电影。电影放映人员开始到乡、村、社区放映影片。2003年，濮院电影院购买16毫米放映机1台，用于流动放映。2004年，国家广电总局推出电影“2131”工程(21世纪一村一月一场)，濮院电影院积极配合。2008年，濮院电影院新购一套先进的数字电影放映设备，此后除每月轮流到村放映电影外，还分别为新居民、村文化示范户放映专场电影。

表17－2　2005—2010年濮院地区电影放映场次及观众人数统计表

年份	放映场次(不含新居民专场)(场)	观众人数(人次)
2005	211	25530
2006	230	23480
2007	229	42000
2008	228	51920
2009	230	25000
2010	343	220000

乡镇文化站(中心、示范户)

濮院镇文化站　濮院镇文化站于1951年5月初建立，属民办性质，地址在义路街。文化站设备较简陋，仅供阅读书报、打乒乓球、下棋等。1956年，文化站迁至庙桥堍，站舍稍有扩大，提供图书600余册、杂志10余份、报纸三四份。“文化大革命”期间，书籍全部散失，文化站停止开放。

1972年，经濮院镇人民政府提议，桐乡县文教局同意，濮院镇文化站重建并隶属桐乡县文教局。重建后的文化站地址在大街，为一幢两开间的二层楼房。主要业务是图书室开放、宣传橱窗的布置及配合政府中心工作的宣传等，工作人员借自其他单位。文化站图书室开放初期，书籍仅有200册左右。稍后，县文化馆定期下发些书籍，每次几十册不等，每年也仅100册左右。1976年12月始，工作人员由文教局统一调配。1990年，镇政府在寺湾街购买楼房一幢，占地面积186平方米，作为新的镇文化站场所，内设图书室、阅览室、文印室。此时的图书阅览室有藏书2000余册，订报纸杂志92份。

2003年，镇文化站和镇体委合并，改称濮院镇文体站，地点在广场路镇政府办公大楼内。镇文体站负责镇域的文化和体育工作。2008年12月，濮院镇文体站在永越村设立桐乡市图书馆濮院分馆，面积达500平方米，由成人图书室、少儿图书室、报刊阅览室、电子阅览室4个部分组成，馆内藏书分22个大类，共计8000余册，有各类报纸杂志200多种。

濮院乡文化站　1983年成立，地址在濮院镇杏林街，占地面积32平方米。内设图书室、阅览室，藏书600余册，有报纸杂志5份。站长高伟胜。1992年，该文化站并入濮院镇文化站。

新生乡文化站　1983年成立，地址在南北圣集镇，占地面积50平方米。内设图书室、阅览室，藏书700余册，订有报纸杂志5份。站长沈毛娜。2001年，该文化站并入濮院镇文化站。

文体活动中心　2008年，濮院镇政府在镇南联越路壹号桥东堍新建文体活动中心，占地面积2000平方米。内设图书阅览室、电子阅览室、棋牌室、台球室、电脑培训室、多媒体教室等。濮院镇志愿者服务站、濮院镇青年中心、濮院镇外来流动党员先锋站等附设其中。

文化示范户　根据桐委〔2001〕11号和桐文建领〔2001〕12号文件精神，濮院镇开始建设农村文化（示范）户，建设规格分市级、镇级两个层级。2005年，镇域的文化示范户达68户。每年每户由镇政府补贴300元经费；相关机构每月派员上门开展文化活动，如农业技术辅导（农技站），疾病防治、免费体检（卫生院），交通法规宣传（交警队），法律咨询（司法办），文艺下乡（文体站），电影放映（电影院），计生政策宣传（计生办）等。至2010年，濮院镇有文化示范户82户，室内活动场地3940平方米，体育器材480件，图书38000册。

表17－3　　2010年桐乡市图书馆濮院分馆馆藏图书统计表

分类号	册数（册）	流通整套价（元）	分类号	册数（册）	流通整套价（元）
马列毛邓	20	472.10	数理化学	0	0.00
哲学宗教	251	7421.25	天文地球	10	162.00
社科总论	187	5196.30	生物科学	71	824.60
政治法律	123	3904.70	医药卫生	153	3263.80
军　事	121	3251.80	农业科学	60	2903.80
经　济	212	9927.70	工业技术	214	2957.00
文教科体	588	10055.15	交通运输	0	0.00
语言文字	306	5945.80	航空航天	8	152.00
文　学	3513	101081.43	环境科学	3	39.60
艺　术	161	4122.93	综合图书	722	17434.40
历史地理	1243	35652.46	合　计	8030	216480.42
自然科学	64	1711.60			

表 17－4　　2005 年濮院镇农村文化(示范)户补贴统计表

序　号	村　　名	市级(户)	镇级(户)	经济补贴(每户 300 元)(元)
1	新河村	3	3	1800
2	永联村	2	2	1200
3	永越村	3	7	3000
4	新濮村	2	3	1500
5	永乐村	2	4	1800
6	新星村	2	2	1200
7	新联村	2	2	1200
8	新东村	2	2	1200
9	红旗漾村	2	3	1500
10	新港村	2	2	1200
11	星旗村	1	2	900
12	油车桥村	2	4	1800
13	新妙智村	3	4	2100
合计		28	40	20400

表 17－5　　2007 年濮院镇农村文体指导员一览表

姓　名	性　别	年龄(岁)	个 人 特 长	工 作 单 位
潘建华	男	54	组织管理	濮院粮管所
董君莲	女	49	编辑、演唱	锦苑社区
边帼纹	女	54	戏曲演唱	退休
陈森华	男	67	乐器	退休
鲁传华	男	45	台球	个体户
董月秋	女	55	健身球	退休
张秀民	男	67	书画	退休
赵文火	男	43	书画	濮院丰达印染股份有限公司
沈汉英	女	42	健身球	咏梅社区

续表 17－5

姓　名	性　别	年龄(岁)	个人特长	工作单位
朱凤鸣	女	40	组织管理	濮院幼儿园
王海坤	男	38	文学写作	雀屏公司
张治生	男	62	文学写作	退休
方卫炳	男	36	田径	桐星学校
陈建根	男	30	篮球	桐星学校
沈肃文	男	72	气排球	退休
万家芳	女	50	健身球	退休
邬培利	女	42	健身球	

俱乐部

梅泾俱乐部　民国 34 年(1945),由多名镇绅发起成立,地点在香海寺公园,参加者 30 余人,以京剧演唱等为主要活动内容。1950 年俱乐部改组,此后集中排演京剧,剧目有《打渔杀家》《苏三起解》《望鹤楼》等。演出组曾由县领导带领,到嘉兴、湖州、南浔等地慰问抗美援朝志愿军伤员,受到好评。

工人俱乐部　濮院镇工会工人俱乐部成立于 1954 年,"文化大革命"期间停止活动,1978 年 6 月恢复正常活动,地点在大有桥街。1984 年,俱乐部新址落成,地点在柳岸街濮院镇公园内,占地面积 3298.13 平方米。内有图书室、阅览室、乒乓球室、舞厅、小卖部、茶室、憩园等,供人娱乐休闲。另有灯光球场,安装有上千瓦吕灯 8 盏,观众台有 4000 余个座位。1997 年,濮院镇工人俱乐部搬迁至永乐里。此后,随着社区建设的兴起,社区活动室内容日益丰富,工人俱乐部渐渐盛况不再。

公园、广场

香海寺公园(旧梅泾公园)　香海寺在清咸丰十年(1860)被烧毁后,遗址地白场宽畅,园圃尚存,花草树木茂盛,石凳、石鼓散落其中。白场碧水环绕,风景优美,又有两座桥梁连通街衢,地理位置便捷,成了人们休闲、娱乐的场所。民国 35 年(1946),镇人仲泳沂、夏贞叔、仲竞臣等发起在香海寺旧址建梅泾公园。由于香海寺影响深远,民间便俗称其为"香海寺公园"。

中华人民共和国成立初,香海寺公园的娱乐活动比较丰富,有马戏团、打拳头卖膏药、小热昏卖梨膏糖、套泥菩萨、木偶戏、拉大洋片等。娱乐活动带动了商机,有不少小商贩在此做小买卖,特别是夏季,搭起凉棚卖茶水的很多。1956 年,中学扩建,香海寺公园成为中学校园。

濮院镇公园 1965年，濮院镇人民政府将柳岸街西、大街东一片民房后的闲置白场规划成公园，抽调镇域工商企业的若干人员筹建。是年，公园启动建设并落成。园内大道两旁和四周栽上了冬青、梧桐。园中堆起了土山，山上安放太湖石、花生石。南部辟有两个篮球场，园中还点缀些许花圃、石桌、石凳。公园地处镇区中心，成了镇人休闲、孩子们玩耍的重要场所。特别是东侧球场，60年代末改建成灯光球场后，濮院镇公园成了镇人夜生活的一大中心，从这里也走出了一支享誉本地区的濮院青年篮球队。20世纪60年代到80年代，公园球场赛事频繁。在文化活动贫瘠年代，游园成了濮院镇居民业余生活的一大选择。1984年，公园改建成工人俱乐部。

梅泾公园 1983年，濮院镇人民政府在镇北石家场路北，划地20亩再建梅泾公园。1986年，园内增建儿童乐园，于1987年6月1日开放。儿童乐园中设有荡船、爬梯、大转盘、大吊灯、大吊篮、大滑梯、跷跷板、多角轮凳架等大型玩具。1988年，梅泾公园再建门厅、长廊、双层亭、紫竹架、水榭、荷花池、石拱桥、九曲桥、假山、花圃、茶室等。20世纪90年代，公园年游客量1万余人次。进入21世纪，幽湖公园建成，梅泾公园游客量明显减少，镇业余戏曲组人员仍在这里活动。

幽湖公园 幽湖公园南临凯旋路，北靠南妙智港，东傍人民桥，西接幸福桥，总面积66830平方米，于2007年6月建成，同年9月18日开园使用。公园绿化面积46230平方米，水系面积15296平方米，采用综合、完整的生态设计方法，创造了能够让鸟类栖息的相对安静的自然环境。东北片移植多类竹子，呈现竹林夹道、曲径通幽的美景；南侧植以杜英、青冈、松树等常绿植物群，组成绿色屏障；北侧一带清流，为疏林活动区；东南部以枫香、鹅掌楸、栾树、无患子等树种为主，营造金秋风光。公园设有滨水游戏区、生态湿地区、密林休憩区等。园内有“濮凤草堂”、四角凉亭、小卖部、木屋、公厕等设施。桥梁、坐凳等大多采用仿木材质，园内小路基本由鹅卵石铺成，充分体现原生态味道。

濮院中心广场 濮院中心广场于2003年7月开始筹建，2003年12月底竣工，地址在广场路。中心广场总面积4万余平方米，由主体广场、林荫广场、旱喷广场、文化广场及晨练广场等组成，集休闲、文化、娱乐功能于一体。

其他文化设施

20世纪80年代后，镇域先后出现营业性歌舞厅、录像厅、台球房、棋牌室、网吧、游戏机房、水上乐园等文化设施。

歌舞厅 1990年，红都舞厅率先在庙桥街濮院书场二楼开张。此后，梅苑舞厅、百花舞厅、梅泾宾馆舞厅、广电大楼舞厅等相继开张。经过20余年的经营竞争，几度洗牌后，镇域有歌舞厅5家，其中规模较大的是坐落在凯旋路981号的世纪皇宫歌舞厅和坐落在濮院大道4066号的金色年华娱乐中心。

录像厅 20世纪80年代末，濮院电影院借用濮院书场设立镇域首个录像厅。录像厅昼夜营业，并提供茶水，生意红火。此后镇区接二连三地有一批个体录像厅开业。

1996 年，濮院电影院辟出新录像厅，有 300 余个座位。20 世纪末，录像厅生意骤淡，进入 21 世纪后，录像厅在镇域基本消失。

台球房　1989 年，濮院电影院开办了镇域首个台球房。此后，台球活动吸引了一批爱好者，特别是青少年。今镇域尚在营业的台球房有 5 家。

棋牌室　20 世纪末，棋牌室出现在濮院文化市场，吸引了大批棋牌爱好者。棋牌室提供娱乐工具、水果、点心和茶水。经营场所明文告知顾客“严禁赌博”。棋牌室经久不衰，今镇域登记注册的棋牌室有 14 家。

水上游乐场　濮院天安水上乐园由镇资产实业总公司筹建，选址挥士桥东堍 320 国道北侧，占地面积 23333 平方米，投资 2600 余万元，于 1996 年 6 月 28 日开业。水上乐园拥有标准泳池、造浪池、高架滑道、儿童戏水池、音乐茶座等游乐、休闲区，是一处大型水上游乐场。开业后，水上乐场吸引了以浙北地区市民为主的众多游客，一度日客流量有 2000 余人次。该游乐场于 1999 年秋终止营业。

网吧　20 世纪 90 年代，镇域出现营业性网吧。今镇域有 14 家网吧，规模较大的有新浪网吧、四方网吧、星达网吧等。

游戏机房、溜冰场、跆拳道馆　今镇域有游戏机房 1 家、溜冰场 2 家、跆拳道馆 3 家。这些设施深受年轻顾客的青睐。

第三节　群众文化活动

历史上的群众文化活动

民间传统集会

正月十五闹花灯　正月十五元宵节，镇人敲锣打鼓上街“闹元宵”。街巷各处大挂灯彩，炫奇斗巧，热闹非凡。花灯均以竹为骨架，绷上纱或糊上油纸，再画上花鸟，通过灯内光亮，可见花鸟浮动如生。旧时，各坊皆有灯景，西河坊为龙灯；东境、花园两坊合作制作牡丹台，灯烛辉煌，上饰有天女散花、三戏白牡丹、狸猫换太子等戏曲场景；柳岸坊的麒麟灯，武庙坊的白狮灯，皆惟妙惟肖；固安坊的白狮灯精致入微；南河坊的青狮灯，狮子两目装电，时闪时隐，引观众注目；北河坊的长狮灯由五色灯泡缀成；花园坊的跳狮亭，亭以纸糊，有孔可窥见其中卧一狮，狮能跳舞，俯伏盘旋极为敏捷；翔云坊的华亭，亭为两层，周围雕刻倍于寻常，亭角装彩色灯泡，红红绿绿，闪闪烁烁。还有纸伞、花篮、鱼灯、蟹灯、鲤鱼灯、兔子灯等散布于街头巷尾。民国后，闹花灯活动渐渐淡去。

三月三佑圣会　农历三月初三是真武大帝寿诞，镇人聚会庆祝。据明李日华《味水轩日记》载：“濮院镇醵金为神会，结缀罗绮，攒簇珠翠，为抬阁数十座，阁上率用民间娟秀幼稚扮装故事人物，备极巧丽，迎于市中，远近士女走集，一国若狂，耗费以万计。”明朝天启年间该活动曾停止。清初起，犹数年一举办，至康熙年间始罢。

1934 年濮院百花台和彩衣童子（前者徐欢宝，后者王根宝）

三月二十八东岳庙庙会 庙会起源于明初，清康熙年间盛行。农历三月二十八为东岳大帝生日，东岳庙中之菩萨像，由人抬而行之，又以强有力者 10 余人着力士装，披发涂面，手执钢叉，名曰“五道七煞”，呼啸踊跃于街市。康熙年间，濮镇绸业日盛，民殷物阜，竞尚奢侈，每 3—5 年举行一次东岳庙会。每次庙会历时 3 天，第一天驻翔云观，第二天驻土地庙，第三天回殿。行会之日，世家大族悉出珍宝以相夸耀，故庙会也有“珠宝会”之称。全镇二十四坊，各出鳌山一座。鳌山长丈余，分两层或三层，由 4—6 人抬行，上设假山、花木，有四五岁童子扮演杂剧。孩童身上饰以珠宝，其中以神牛配牧童最为华丽。牧童手执玉笛，“神牛”肤色白里透红，披以锦缎，牛鼻绳用金戒指串成。花台、采莲船穷极手工之巧。庙会前后持续六七日，昼夜人声如沸，邻镇居民和四乡农民都前来观看，船只如云，密布河港。最末一次庙会是民国 38 年(1949)农历三月二十八。

四月二十四朱天会 朱天会每年以祭祀朱天菩萨的名义举行。形式有拜香凳、走高跷、划船、舞龙、乡人赛社演剧等。大旗里有黄龙，报本庵有青龙，均栩栩如生。中华人民共和国成立后，该活动停止。

五月二十水龙会 农历五月二十为分龙日，濮院镇举行水龙会。人们从庙中抬出龙王菩萨，排在队列之首，紧随其后的是二十四坊的“水龙”(旧式消防器材)。队伍沿主要街道巡游后，齐集于会龙桥赛场。赛台用毛竹搭成，从上到下插满彩旗，中间有一个用白铁皮做的圆球。比赛时，每条“水龙”由多人负责，大家同心协力，力图让喷出的水柱射得更高更远。来自二十四坊的观众都为本坊的“水龙”加油，呼声如雷，举镇若狂。赛事获胜者披红挂彩，十分荣耀。20 世纪 50 年中期后，水龙会赛场移至公义当当白场，全镇各街道组队参加。60 年代，随着消防器材的现代化，原木制“水龙”逐步被淘汰，水龙会的规模和影响也逐年缩减。“文化大革命”开始后，以街坊为参与单位的传统水龙会停止。

中秋东岳庙赏月会 清嘉庆年间，每逢中秋节，里人在东岳庙举行赏月集会。庙内各宫殿均张灯结彩，世家大族又各出其书画、古玩、珍宝之物陈列其间，竞相夸耀。堂上安排筵宴，庭中奏乐，谓“摆宴”。士女观者泊船十景塘，塘上月光、灯光照耀如白昼，赏月奏乐至月落。中华人民共和国成立后，该活动停止。

提灯会、百花会、掼龙会 均为旧时喜庆节日举办的传统项目。中华人民共和国成立后，镇政府、工会在庆祝活动中也常推出此类活动。

1950 年 9 月 9 日傍晚，濮院镇中小学生在老师带领下举行灯会，每人手执一灯，有鸟灯、鱼灯、狮灯、狗灯、兔灯、五角星灯等,高年级学生还制作"火流星",边走边甩边唱《解放区的天是明朗的天》《我们工人有力量》等歌曲。街道两边观众秩序井然。1980年,以学生为主体的提灯会又在濮院街头重现,只是灯内的蜡烛为干电池所代替。

1956年4月,为拥护国家对私营工商业社会主义改造的决策部署,濮院镇举行百花台巡展。参展单位用彩色皱纸或绸缎扎成的百花台俗称"抬头"。花台上面坐着彩衣童子,以扮演成越剧《梁山伯与祝英台》等古装戏中的人物形象为主。巡展队伍配有秧歌队、莲香队、腰鼓队等,表演时还配有丝竹伴奏。队伍行经镇上主要街道,一时观者如堵。

1956年濮院百花台

1984年9月30日、10月1日,为庆祝中华人民共和国成立35周年,濮院镇政府举办欢庆游行活动,镇区各单位均组织文艺节目参加游行。缝纫机零件厂的10余人组成舞龙队,一人撑龙头,一人捧龙珠,龙珠忽上忽下,忽左忽右,龙头作抢珠状跟着滚动,上下翻腾。还有绸厂的秧歌队和大头娃娃,供销社的百花台,丝厂的莲台等,千姿百态,游行于濮院镇各主要街道。

文人结社

聚桂文会　元濮允中,号乐闲,为两淮盐场转运司令,解职归乡;子彦仁(字仲温),至正年间为吴兴典市官,亦弃职归乡。父子皆隐居,筑松月寮、桐香室,延请杨维桢在家中设馆,至正十年,杨维桢赴任杭州四务提举前,濮氏发起文会,取古者以桂喻君子之意,名聚桂文会,东南名彦以文卷赴会者500余人,杨维桢、李祁评定文章优劣,取33人,并为之题序,文皆传世。

西溪社　明初,鲍恂、贝琼、程德刚发起组织,地点在濮院之西溪。

太平文会　清初镇人高宁泰(字应青)发起,参加者15人,农历初一、十五聚会,吟诗谈文。会址设于太平巷。

濮院诗坛　幽湖诗文自元代杨铁崖、宋前溪、鲍仲孚、江朝宗诸位提倡于前,明代杨述、杨青、岳元声、岳和声、岳骏声、濮澹轩、沈海鸥继踵于后,至明末,幽湖诗作已声名远扬。清乾隆年间,张雩阳、郑耕余、陈古铭、陈谨堂等组成诗社,并轮流执掌诗坛,后期又有沈南谷、徐朗行、李听翁、朱秉钧等加盟;陈古铭、沈南谷、徐树璧等人还结玉山草堂萩乳诗会,其时诗学大振。随着陈光裕、沈尧咨合辑的《濮川诗钞》的推出,幽湖诗文更为声名卓著。

冷枫诗社　清嘉庆年间,岳鸿振、岳鸣瑞、陈世昌、沈礼等结冷枫诗社于化坛庵。延请梅里孔珊客评阅,一时四方风雅之士云集。

九老诗画会 清道光二十一年(1841)及二十五年(1845)九月初九,镇上孙琴溪、吴继芳、沈卫郊、翁筤圃等九文人,雅集于香海寺集贤山房,为九老诗画会。推王涤新主持,会上,插花饮酒,绘图赋诗,盛况不减于香山簪缨之会,一时传为美谈。有诗记:"丛菊篱边酒满壶,庞眉鹤发倩人扶,集贤觞咏传佳话,重画香山九老图。"

戏班、文工团、文宣队 据《濮川志略》记载,明嘉靖、万历年间,濮氏南渡十七世孙濮炀在鸳湖之曲水木坞,与海内闻人唱和咏歌极一时之盛。作戏曲《锦笺传奇》,别致谑词,脍炙人口。据《濮录》记载,清嘉庆年间,濮院有濮氏家班保和戏班。戏班解散后,戏曲爱好者们组建曲局,常聚于黄家湾一带演出。

中华人民共和国成立初,濮院镇所辖的7条街道相继成立文工团,其中大众街道最早。文工团排演扭秧歌、打腰鼓、京剧折子戏、歌舞等,还自编现代戏《送军鞋》等。当时的主要任务是配合政府做好土改、抗美援朝、镇反等运动的宣传。

1955年,由镇工会牵头,各街道文工团合并组成镇文工团,人员50人左右。文工团排演过大型传统剧《红楼梦》《玉面狼》《文成公主》以及折子戏《盘夫索夫》《龙凤镇》。自编的现代戏《党员登记表》《走上新路》《夜战》《好榜样》等曾获嘉兴地区的演出奖。农忙时期,文工团常下乡开展慰问演出,并参加农业劳动。1958年,文工团曾去嘉兴机场和驻军举行联欢活动,当时的《杭嘉湖日报》曾作报道。

1967年,濮院公社红宣队下乡演出途中合影

"文化大革命"开始后,镇文工团停止活动。濮院地区规模较大的群众组织,各自成立毛泽东思想宣传队,开展文艺宣传活动。1967年,濮院公社成立红宣队,人员以濮院镇下乡知青、杭州下乡知青为主,共20人左右。红宣队编排了一批歌舞节目,奔赴各个生产大队以及冬修水利工地演出。1970年左右,各生产大队也相继成立文宣队,主要排演革命现代京剧样板戏。1970年,镇文宣队成立,排演革命现代京剧样板戏《智取威虎山》《沙家浜》,越剧《半篮花生》等。

濮院的文工团、文宣队一直是群众业余组织,前后进出的数百人,全是各行业不脱产员工。1975年后,文宣队解散。

镇工会、文化站举办的文化活动

灯谜游园会 1979年春节,镇工会举办灯谜游园会,地点在大有桥街工人俱乐部,每晚18—21时开放,历时3天。内容有猜字谜、填成语、拟对联等,设有奖品。男女老少踊跃参加,达千余人次。

振兴中华知识大奖赛　1983年秋，由镇工会举办，10余家本镇企业、单位赞助。大奖赛试题涉及政治、时事、文学、历史、地理等方面的知识，共100题。全镇45个单位950余人参赛。5人获一等奖，各得袖珍式半导体收音机1只；20人获二等奖，各得塑料包1只；30人获三等奖，各得塑料面日记簿1本；不得名次的参赛者，各得年历画1张作纪念品。

梅泾文化艺术节　濮院镇首届梅泾文化艺术节（暨商品物资交易会）于1990年9月30日开幕，桐乡县县长杨荣华为大会剪彩。开幕当天，全镇工厂、商店、机关、学校参加大游行。游行队伍中既有百花台、舞龙灯等彰显濮院地方特色的传统节目，亦有丰富多彩的现代歌舞。会议组织者邀请了上海市歌舞表演团体到濮院登台演出，上海电视台叶惠贤主持节目，还邀请到浙江省男子篮球队到濮院举行表演赛。交易会上，全镇大、小商店货物丰盈，门面装饰一新，镇内外的参会商家在永乐路两旁搭棚设摊，陈列大量名优特产，顾客争相选购。艺术节历时3天，盛况空前。

文艺会演　2005年6月，濮院镇举办建党84周年文艺会演，节目有越剧、小品、相声、男女声独唱、时装表演等，演出单位有镇幼儿园、镇戏曲组等。

2007年8月，濮院镇举办"新濮院人之夜"文艺晚会，节目有健美操、罗刚舞、藏族民歌、武术、魔术、越剧、舞蹈、小提琴演奏、男女声独树叶独奏等，演出单位有濮院镇小、小牛津幼儿园、民工幼苗学校、东南武术馆、镇戏曲组及西藏、贵州、河南、江西等地到濮院的民工。

2008年4月，濮院镇举办"同创辉煌，共享和谐"为主题的濮院新居民广场文艺晚会，节目有舞蹈、歌伴舞、越剧、相声、小品、家乡小调、古筝齐奏、大合唱等，演出单位有桐乡三中、桐星学校、濮院小学、濮院幼儿园、小牛津幼儿园、镇社区办、锦苑社区、雀屏公司、鼎坤公司、肯德基濮院店等。

2008年12月，濮院镇举办以"为濮院喝彩，为毛衫骄傲"为主题的跨年晚会，由镇机关和雀屏纺织化工股份有限公司联办，节目有诗朗诵、手语舞蹈、男女声独唱、男女对唱、快板、相声、舞蹈、大合唱等。截至2010年，各类文艺演出在镇域社区、村庄不定期举办。

附：

濮院镇单位、个人参与文化活动所获的奖项

1996年，濮院镇文化站获得嘉兴市"东海文化明珠"称号。

1998年，濮院镇选送的节目在嘉兴市首届"东海文化明珠"乡镇文艺会演中获得演出奖。

2001 年，濮院镇选送的歌舞节目《濮绸》获得桐乡市“工行杯”典雅奖。

2003 年，濮院镇选送的歌舞节目《梅泾舞影》获得首届群众文艺“菊花奖”表演优秀奖。

2005 年，在桐乡市第二届群众文艺“菊花奖”会演中，濮院镇董君莲、高伟胜创作的音乐小品《回家》获得金奖。该作品在同年的浙江省群众文艺会演中获得一等奖。同年，小品《换岗》获得嘉兴第四届“社区之声”文艺调演银奖。

2006 年，在“农行杯”桐乡 2006 大型元宵灯会上，濮院队获得优胜奖。同年，濮院镇文化站被授予省级“东海文化明珠”称号。

2007 年，“庆国庆 迎十七大”全市机关大合唱比赛中，濮院队获铜奖。同年，在桐乡市第三届“群众文艺菊花奖”比赛中，濮院队又获得铜奖。

2008 年 10 月 21 日晚 18：30，桐乡市文明办及桐乡市新居民事务所等单位联合举办桐乡市新居民文艺会演。濮院镇雀屏纺织化工股份有限公司的相声节目《放心不放心》获优秀奖。濮院镇队的街舞《舞动奇迹》参加闭幕式演出并获优秀奖。

2008 年 11 月，在第九届“中国—桐乡菊花节”上，濮院羊毛衫市场管委会的花车《濮院毛衫》获金奖花车。

2010 年 7 月，在市委宣传部、市经贸局、市总工会、市广电新闻出版局联合举办的“杭州银行杯”2010 桐乡市企业职工排舞大赛中，濮院镇代表队获得铜奖。

文学社及其他兴趣小组

文学社　濮院文学社成立于 1985 年 12 月，人员 25 人，有干部、职工、农民等，创办人周敬文。文学社每月两个晚上在文化站聚会，探讨有关文学的话题。创办有《梅泾文学》刊物，至 2010 年年底，已出刊 28 期（共约 50 万字）。其中佼佼者如王海坤（笔名王立），潜心写作，已发表作品 300 余篇，出版有专著 6 部，计 100 余万字。1989 年，桐乡县文联出版的《桐乡四十年文学作品选》中，作品入选的濮院镇业余作者有周敬文、王海坤、张治生、曹建芳、张松林等人。2009 年，桐乡市文联出版的《桐乡市优秀文艺作品集·文学卷》中，作品入选的濮院镇业余作者有张松林、张治生、沈冠生、王立、陈滢等人。至 2010 年，濮院镇文学社共有业余作者 18 人，其中浙江省作家协会会员 2 人，嘉兴市作家协会 4 人，桐乡市作家协会会员 10 人（一人可入多个协会，以下同）。

戏曲兴趣小组　前身为濮院镇京剧清唱组，1986 年夏，由 16 位退休职工组成，每周活动两个晚上，自拉自唱，自娱自乐。县电视台曾为之录像并播放。1986 年下半年，在县戏剧大赛中，濮院镇京剧清唱组表演的京剧《宏碧缘》获三等奖。1987 年，在嘉兴市首届戏剧节中，该京剧清唱组演出自编京剧《保护文物，人人有责》并获二等奖。90 年代，濮院京剧清唱组更名为濮院镇戏曲兴趣小组。该小组经常配合镇政府的各项中心工作，在节假日或在晚会上为群众义务演出，也经常下乡到村委会礼堂或文化示范户的活动室为村民演出。至 2010 年，该小组有业余演出人员 30 人。其中嘉兴市戏剧家协会会员 1 人，桐乡市戏剧家协会会员 2 人。

美术书法小组　该小组成立于 1987 年 1 月，共有 14 人。为配合镇政府的中心工作，先后举办过多次书画展览，每次展示作品均在 50 幅以上。2009 年，在《桐乡市优秀文艺作品集·美术卷》中，入选有岳石尘的《月季伯劳》、赵文火的《庐山天池峰》等画作。在同年的《桐乡市优秀文艺作品集·书法卷》中入选有岳石尘的《行书对联》、殳书铭的《篆刻印蜕》等书法篆刻作品。2010 年，濮院镇美术书法小组在嘉兴博物馆举办书画展，展出作品 80 幅左右，其中岳石尘的作品较多，且有一大部分是其 100 岁时的佳作。至 2010 年，该小组有业余美术书法创作人员 28 人，其中中国美术家协会会员 1 人，浙江省美术家协会 2 人，嘉兴市美术家协会会员 1 人，桐乡县(市)美术家协会会员 9 人，中国书法家协会会员 1 人，浙江省书法家协会会员 1 人，桐乡市书法家协会会员 4 人。

音乐舞蹈小组　该小组成立于 1986 年 9 月，由 9 名青年文艺骨干组成，以幼儿园音乐、舞蹈老师为主，业余创作排练音乐、舞蹈节目，常在节庆日为群众演唱或表演歌舞。1986 年，该小组在桐乡县第一、二届家庭音乐会上，分别获一等奖和三等奖。1987 年，该小组在桐乡团委主办的“祖国颂”比赛中获团体二等奖。1988 年，该小组在桐乡曲艺小品大奖赛中，获一等奖、二等奖各 1 个。1989 年，该小组在县“卡拉 OK 演唱”大奖赛中，获一等奖、二等奖各 1 个。2010 年，舞蹈小组成员参加桐乡市职工排舞大赛，获得铜奖。同年底，该小组有业余人员 12 人，其中嘉兴市音乐家协会会员 2 人，桐乡市音乐家协会会员 3 人，桐乡市曲艺家协会会员 3 人。

民间文学小组　该小组成立于 2010 年 3 月，共有 8 人。其中陈秀平(笔名陈滢)出版了《尘世情缘》新聊斋小说，10 余万字。该小组有中国民间文艺家协会会员 2 人，嘉兴市民间文艺家协会会员 3 人，桐乡市民间文艺家协会会员 6 人。

其他尚有嘉兴市摄影家协会会员 1 人，桐乡市摄影家协会会员 4 人。2009 年，在《桐乡市优秀文艺作品集·摄影卷》中，濮院业余摄影作者钱伟国的《牵手》等作品入选。

表 17－6　　2005—2010 年濮院镇文化活动统计表

活动类型	年份					
	2005	2006	2007	2008	2009	2010
举办展览数(次)	2	1	1	[illegible]	1	2
组织文艺活动次数(次)	14	20	21	15	15	20
举办训练班次数(次)	32	30	35	89	89	98
举办训练班结业人数(人)	9050	9300	10000	9400	9400	9600
参加大型广场活动人数(人)	—	—	42000	60000	—	—

附：

厂歌、村歌、校歌

雀屏的旗帜

沈冠生 词
徐宜锌 曲

1＝F $\frac{4}{4}$ $\frac{2}{4}$
自豪 激情 奔放

浙江雀屏纺织化工股份有限公司
（领唱 合唱）

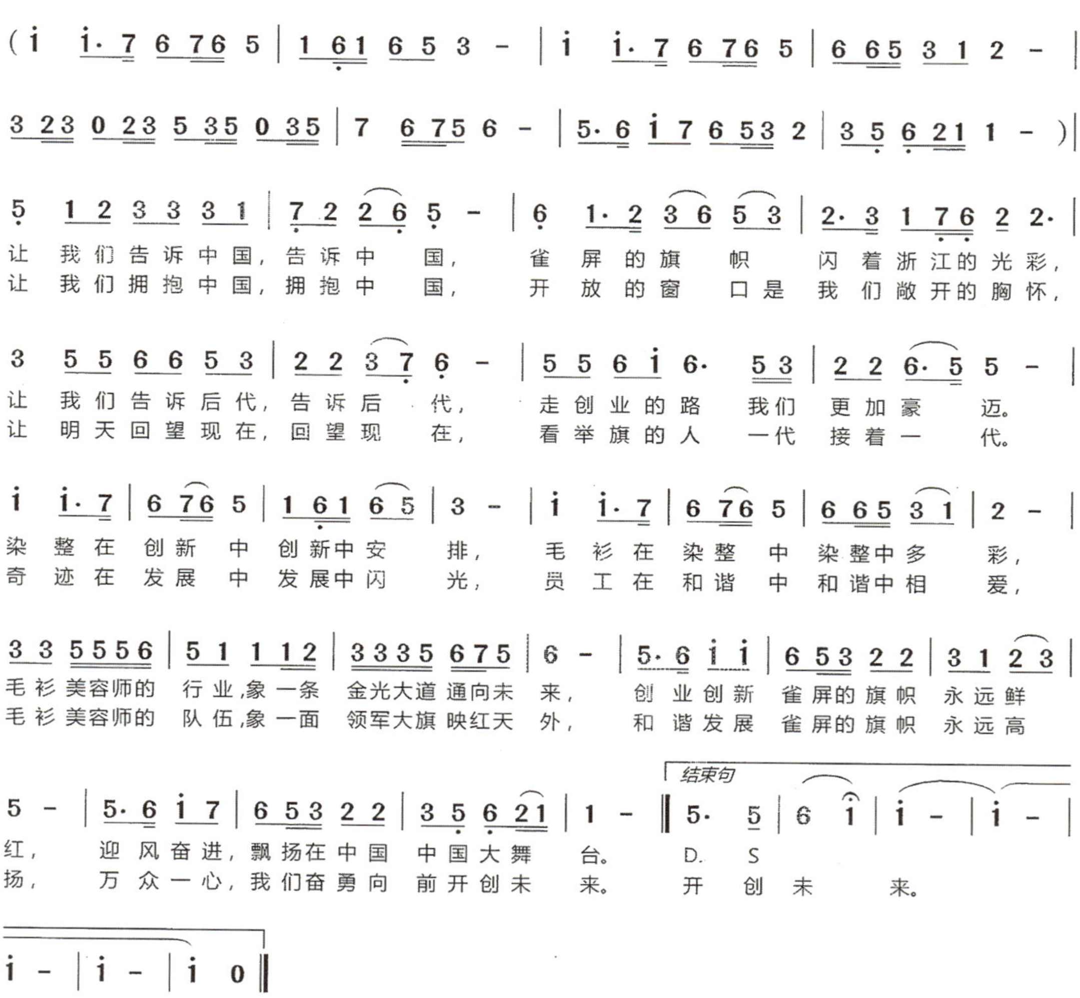

新联 我美丽的家园

（男女声二重唱）

1= D $\frac{4}{4}$ 抒情、有朝气地

词：董君莲
曲：姜　枫

濮院镇小校歌

校领导集体词
朱平生曲

1=D 2/4 朝气蓬勃

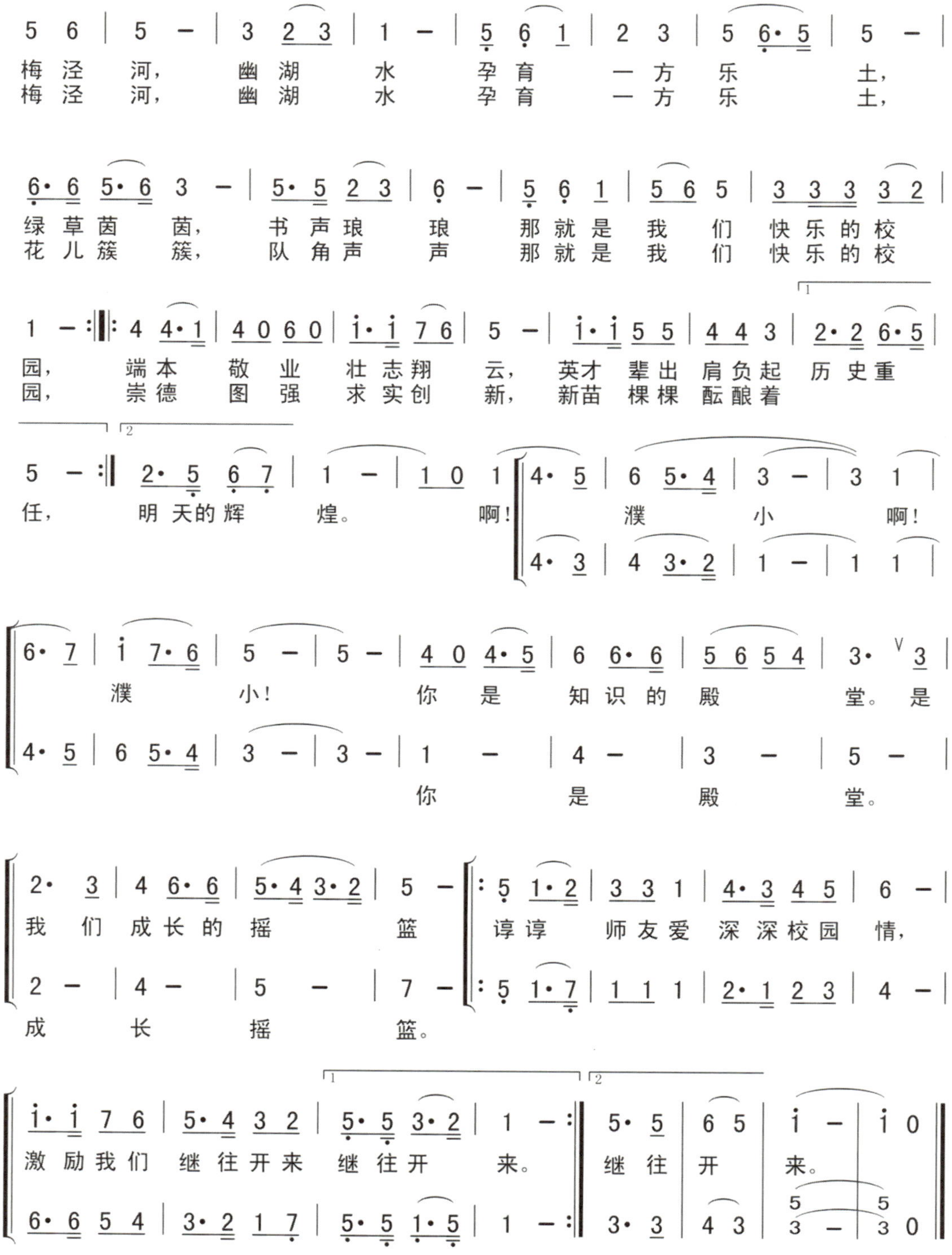

第四节 文化市场管理

中华人民共和国成立后，特别是改革开放以后，随着经济的飞速发展，市民的文化消费需求日益增长，濮院镇的文化市场也迅速地兴起和壮大。20 世纪 90 年代，面对文化经营机构数量增多和经营范围扩大的现状，濮院镇文化站依据上级要求，成立了文化市场管理小组。按照《浙江省文化市场管理条例》规定，文化市场管理小组除了负责受理文化经营机构开业登记，为经营户提供指导服务等日常工作外，还联合公安、工商、消防等部门，开展文化市场综合执法。执法内容主要是查处文化演出、网吧及网络文化经营、动漫及电子游戏、文物经营、艺术培训、文艺展览等领域的市场违法行为；查处非法设立电台、电视台，违法安装和设置卫星电视广播地面接收设施，破坏广播电视设施和走私盗版影片放映等违法行为；查处报刊图书、音像制品、电子出版物、网络出版物、计算机软件等违法违规活动和印刷、复制、出版发行中的盗版侵权行为等违法经营活动，承担出版物市场“扫黄打非”工作。镇文化市场管理小组对本镇文化经营户经营情况掌握清楚，监督有力，服务检查到位，镇内各类文化经营户基本能做到守法经营。2010 年，全镇具有合法经营资格的文化经营户共 99 家，从业人员 500 余人。

表 17－7 **2010 年濮院镇娱乐场一览表**

序号	许可证号	单位名称	法人	主要负责人	经营地址	经济类型	经营项目	注册资金（万元）	面积（平方米）
1	嘉桐娱 0123	桐乡市濮院广电夜总会	朱明华	朱明华	濮院镇咏梅路中段	个体	音乐茶座、卡拉 OK 点歌 4 套	20	230
2	嘉桐娱 0129	桐乡市玫瑰之约娱乐有限公司	杜　杰	杜　杰	濮院镇工贸大道 369 号品牌中心 A 楼 4 层	有限责任公司	KTV 包厢 30 只	300	2000
3	嘉桐娱 0182	桐乡市濮院新百花歌舞厅	金维宪	金维宪	濮院镇永乐路 1 号 3 楼	个体	舞厅、卡拉 OK 2 套	20	360
4	嘉桐娱 0188	桐乡濮院世纪皇宫歌厅	胡国萍	胡国萍	桐乡市濮院镇凯旋路 981 号	个体	KTV 包厢 33 只	100	2400
5	嘉桐娱 0189	桐乡市濮院金色年华娱乐中心	张军平	姚福根	桐乡市濮院针织机械服饰辅料市场 4 楼	个体	KTV 包厢 38 只	450	2400
6	嘉桐电游第 004 号	桐乡市濮院新晨游艺中心	池和水	池和水	濮院镇永乐路供销社商场二楼	个体	电子游戏机 60 台	11	400

表 17－8　**2010 年濮院镇网吧一览表**

序号	许可证号	单位名称	法人	经营地址	注册资金（万元）	面积（平方米）
1	嘉桐网第 013 号	桐乡市濮院乐天网吧	金学良	桐乡市濮院镇桐星大道 330 号	50	510
2	嘉桐网第 026 号	桐乡市濮院星速网吧	李　健	桐乡市濮院镇凯旋路 1093 号	60	500
3	嘉桐网第 056 号	桐乡市濮院异度空间网吧	王　明	濮院镇凯旋路 712 号	20	772
4	嘉桐网第 057 号	桐乡市濮院新浪网吧	陈秋明	濮院镇永乐路绸厂内	80	480
5	嘉桐网第 058 号	桐乡市濮院星达网吧	朱孙亮	濮院镇新南路 72—78 号	60	200
6	嘉桐网第 059 号	桐乡市濮院威盛网吧	容海燕	濮院镇朝晖路 16 号	21	190
7	嘉桐网第 060 号	桐乡市濮院新世纪网吧	殳　伟	濮院镇巴黎春天 611 号二楼	40	289
8	嘉桐网第 061 号	桐乡市濮院四方网吧	王亚南	濮院镇南纬路西一弄 5 号	15	290
9	嘉桐网第 062 号	桐乡市濮院柠檬树网吧	陈乐再	濮院镇南纬路 96 号	6	65
10	嘉桐网第 063 号	桐乡市濮院新时代网吧	林佳枫	濮院镇永乐路 92 号	20	160
11	嘉桐网第 064 号	桐乡市濮院天地网吧	张　兰	濮院镇栖枫路中段	10	400
12	嘉桐网第 065 号	桐乡市濮院沸点网吧	孙枝强	濮院镇咏梅路 100 号	50	300
13	嘉桐网第 070 号	桐乡市濮院新梦网吧	沈志超	濮院镇工贸大道 78 幢西 6 间	60	550
14	嘉桐网第 078 号	桐乡市濮院百盛网吧	方新杰	濮院镇九龙港 1—2 号二楼	130	800

表 17－9　**2010 年濮院镇出版物经营业一览表**

序号	证号	名称	经营地址	法人	注册资本（万元）	经济性质	经营范围
1	65032	浙江东兴商厦股份有限公司濮院分公司	濮院镇永乐路 1 号	申国明	6	股份有限	出版物零售

续表 17-9

序号	证号	名　　称	经营地址	法　人	注册资本（万元）	经济性质	经营范围
2	65033	桐乡市百花企业经营管理有限公司濮院百花电脑文印部	濮院镇永乐路 66 号	金维宪	50	有限责任	出版物零售、出租
3	65034	桐乡市濮院欣欣书店	濮院镇永乐路	张欣荣	0.5	个体	出版物零售
4	65035	桐乡市新生新风文具图书商店	濮院镇新生中新路 62 号	冯彩芬	0.5	股份合作	出版物零售
5	65036	桐乡市濮院大众书屋	濮院镇南纬路 12 号	张建芳	0.6	个体	出版物出租
6	65038	桐乡市濮院供销合作社工业品商店文具门市部	濮院镇永乐路	沈亚球	7	股份合作	出版物零售
7	65065	桐乡市濮院阿亮书摊	濮院镇永梅路路口	郑水亮	0.2	个体	出版物零售
8	65096	桐乡市濮院小敏图书店	桐乡市濮院镇宏苑新村 1 号(建园路 105 号)	王小敏	1	个体	出版物零售、出租
9	65109	桐乡市濮院东成文化用品商店	濮院镇永梅路东兴购物中心二楼	牟　莉	1	个体	出版物零售
10	65123	桐乡市濮院广进食品店	桐乡市濮院桐星大道 501 号	李顺连	0.5	个体	出版物零售
11	65098	桐乡市濮院上海华联超市加盟店	濮院镇永乐路 62 号	金松益	1	个体	出版物零售

表 17-10　　2010 年濮院镇印刷、文印业企业一览表

序号	许可证号	企业名称	地　址	企业法人	企业类型
1	浙 FE3—0049	桐乡市濮院鑫和印刷厂	濮院镇新河村小木桥组	陈美玲	个人独资
2	浙 FE4—0011	桐乡市濮院天空电脑工作室	濮院针织机械辅料市场 1 号楼二楼 2077 号	徐　涛	个体
3	浙 FE4—0013	桐乡市百花企业经营管理有限公司濮院百花电脑文印部	濮院镇永乐路 66 号	金维宪	有限责任
4	浙 FE4—0021	桐乡市濮院蓝曼文印社	濮院镇南纬路 91 号	杨筱华	个体
5	浙 FE4—0036	桐乡市濮院颂祖名片中心	濮院镇永乐路 54 号	沈颂祖	个体

表 17－11　　2010 年濮院镇音像制品零售、出租业企业一览表

序号	许可证号	单位名称	法人	经营地址	经济类型	经营方式
1	嘉桐音第 0056 号	桐乡市濮院莉莉影碟商行	沈蓓莉	濮院镇南纬路 22 号	个体	零售、出租
2	嘉桐音第 0057 号	桐乡市百花企业经营管理有限公司	金维宪	濮院镇永乐路 66 号	有限责任	零售、出租
3	嘉桐音第 0060 号	桐乡市濮院百唱音像商店	颜福连	濮院镇永乐路 47 号	个体	零售
4	嘉桐音第 0061 号	桐乡市濮院电影院服务部	方海清	濮院镇永乐路电影院	集体	零售、出租
5	嘉桐音第 0064 号	桐乡市濮院滚石唱片行	金崇云	濮院镇咏梅路 50 号	个体	零售、出租
6	嘉桐音第 0134 号	桐乡市濮院新时代音像店	李四清	桐乡市濮院镇永乐新村 137 号	个体	零售、出租
7	嘉桐音第 0135 号	桐乡市濮院时代众鑫音像店	何　伟	濮院镇红晓新村 89 号	个体	零售、出租
8	嘉桐音第 0136 号	桐乡市濮院云豹碟片店	刘　杰	濮院镇红晓新村 49 号	个体	零售、出租
9	嘉桐音第 0140 号	桐乡市濮院广大音像店	詹广生	濮院镇永联新村 17 号	个体	出租
10	嘉桐音第 0145 号	桐乡市濮院东成文化用品商店	牟　莉	濮院镇咏梅路东兴购物中心二楼	个体	零售
11	嘉桐音第 0147 号	桐乡市濮院华顺唱片商行	潘国强	濮院镇兴业路 310 号	个体	零售、出租

第五节　书画　金石

书画

明

濮　梅　号芦菴，善山水，尤精画鹅，有“濮鹅”之誉。

吴肖仙　以粗笔写人物，笔墨生动。

清

吴鸣甫　擅剔墨纱灯。

沈小休　擅墨竹，题款亦精。

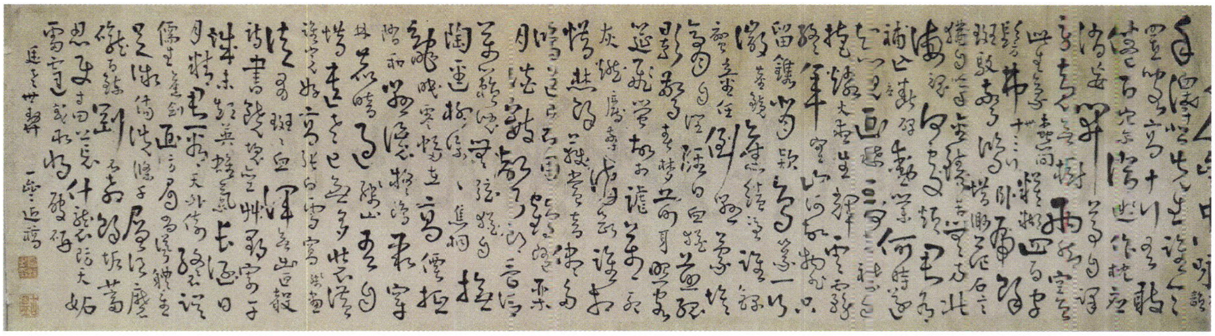

陈梓草书横幅

钱圣山　善画，尤擅花鸟。

陈　梓　楷法钟王，草宗怀素，行书直造晋人堂奥，与北地李锴齐名，时称“南陈北李”。

范　镛　号稽山，能写水墨牡丹，尤精雪蕉寒鸦。

邵明虬　字伯先，善山水花鸟，晚年尤喜写大士像，随笔所至，俨然慈母。

濮　璜　字成章，善山水人物渔家乐。

凌正尧　工花鸟人物。

蒋沧峇　善花鸟。

庄允锡　工唐隶小楷。

周天禄　字受之，工花鸟人物，剔墨尤佳。

陆兰英　工白描十八罗汉。

夏昌垣　著有《榆阴楼画论》。

吴玉书　著有《鸳湖女史画稿》二卷。

陈　铣　字春台，号莲汀，精鉴赏，书画卓绝一时，至晚年更入化境。工写生，长于梅竹小品，笔法古朴，充满金石气，山水花鸟亦秀逸有致，画梅尤称逸品。其《几生修到图》为故宫博物院所藏。

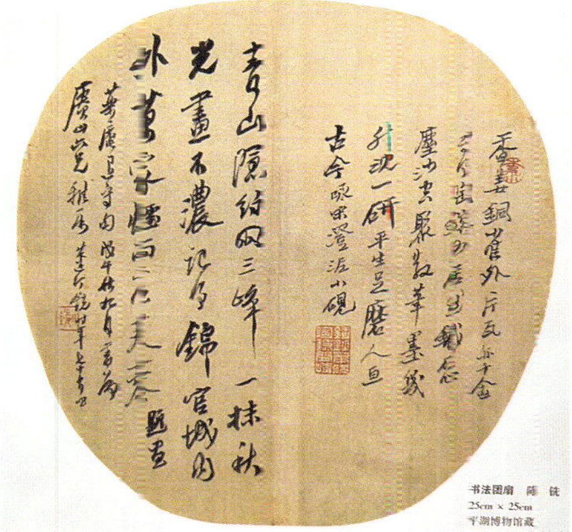

陈铣书法团扇

董　涵　号养中，喜治《易》，能诗，善书画。

董　棨　字汉符，号乐闲，又名梅径老农，董涵子。山水、人物、花鸟、草虫靡不精妙，尤喜作蔬果，点染生动。

董棨花鸟

曹大经　精隶篆，工铁笔。

董　熊　号慕白，董棨长子，以山水画见长，尤擅长青山绿水。曾作《太师少师图》，画中双狮雄踞，后以树木、怪石作衬，设色浓艳，画钤自刻的“古稀翁”印。

董　燿　字枯匏，号小农，董棨子。后人赞其“陶诗欧字倪黄画，高远逸致”。

董　煜　号石亭，董棨侄儿，善画花卉、人物，亦擅山水。

董念棻　字小匏，董燿子，工花卉翎毛，尤善画梅，有“董梅花”之称。书法宗褚虞，行草在思白、南田之间。

董宗善　号心壶，董念棻三子，工于花卉，尤善画梅，颇能继承其父“董梅花”之风格。

董敏藻　号鹿生，董念棻四子，幼承家学，工花卉翎毛。

杨树本　字大立，书法大家。书如其人，法宗颜、柳，方正朴厚，有庙堂之气。最善行书。

岳树音　字声铿，号择斋，书画家，为陈铣高足，书法力摹乃师，而骨骼气韵不逮。

戴以恒　字用柏，画承家学，工山水，水墨画尤精，亦工治印。

沈　梓　字桑与，书法大家。善行楷，法宗褚河南，圆浑沉着，厚重敦穆。

夏书绅　字缙华，书法融欧、虞为一炉。其簪花小楷，尤精绝。亦工篆刻。

吴　鸿　擅花卉翎毛，书法力摹右军。

严　森　书画家，工仕女，尤擅花鸟。

刘富槐　字树声，号龙伯，工诗文辞章，善书法。

濮树榆　字柳卿，书画家，善人物、花卉。

张　愫　工诗文，善书法，书宗欧阳询、虞世南，辅之以李北海、黄山谷，风格端正，瘦劲挺拔，卓然成家。

潘　楷　善画花卉。

潘大临　潘楷子，善画仕女。

潘振镛　字承伯，潘大临子。幼承家学，六七岁时能画人物。精仕女，擅花卉，其人物画与晚清苏州画家沙馥、吴友如并称“三绝”，潘振镛居首位。书法南田，逸韵翩然。

潘振节　字平仲，潘振镛弟。早年与其兄同受业于戴以恒，山水画得其心传，然偏爱工笔人物及仕女画。尤精肖像画，能于客退后默写其形体容貌，生动传神，十不爽一。

潘　琪　字小雅，潘振镛子。深得家学，善仕女人物。

潘　琳　潘振镛子，亦工画，能传其父技艺。

潘德熙　潘琳子，工书画，擅长篆刻。

潘德昭　潘琳子，秉承家传，工画。

潘文淑　潘琳女，承家传，工画。

仲　浚　字卫郊，赴鸳湖雅集，绘图并赋诗。

仲呈枋　浚从子，工仕女，善写照，花卉翎毛似王秋言。

夏书绅　少工诗文书法，其簪花小楷尤精。

朱善祥　字元叔，号泳裳，工诗古文辞，书法尤端凝。

夏恩纶　工隶书，精赏鉴，收藏古今名人书画极富。

民国

沈乃洪　字和卿，善山水，所作都小品。

夏辛铭　字颂椒，善诗文、书法，间作山水，宗法石谷。

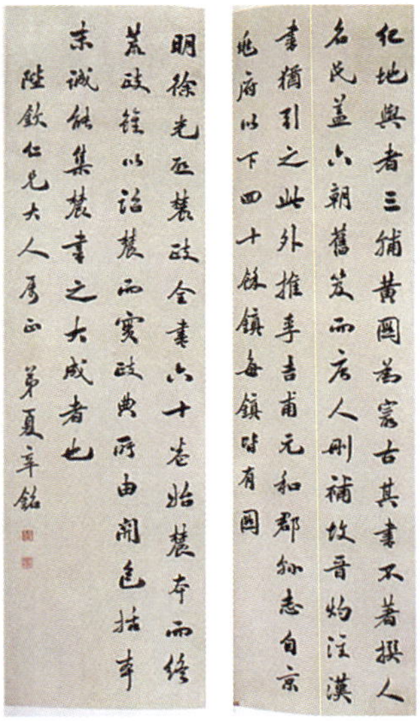

夏辛铭条屏

仲光勋人物图轴

仲光勋　字小某，潘振镛入室弟子。工人物、仕女、花卉、翎毛。花卉青出于蓝，有恽南田之风，清隽秀逸，变化灵动，色彩丰富，活泼逼真，可追任伯年、朱梦庐。

翁炳庸　字子勤，书画篆刻家。书学北魏，所作花卉，水墨淋漓，韵致超逸。精篆刻。与丰子恺同学。

翁保祥　字云书，从吴华源习画竹，善花卉，书法似沈寐叟。

当代

仲光煦　字泳沂，系光勋族弟，从兄习艺，能书善画，擅长画花卉，淡雅活泼。擅长制作剔墨纱灯。

蔡冠洛　字丏因，喜草书，纵横排宕，自成一家。

夏贞叔　字邦桢，仲光勋弟子。精于山水、花鸟、人物仕女画。中华人民共和国成立后，积极创作革命历史题材的巨幅工笔画画作，如《红军过草地》《强渡金沙江》等，深受行家和群众的好评。现桐乡博物馆有藏品。

夏惠民　师从平湖范冬青，善书画，水墨山水尤佳。

冯萤如　字墨龙，师从仲光勋，善人物，尤擅长工笔仕女。

岳石尘　字曼倩，仲光勋弟子。善人物、仕女，间作山水，工翎毛花卉，尤以画麻雀最传神，民间有“岳麻雀”之称。

岳石尘花鸟画

岳功立　字天海，自幼受父岳石尘艺术熏陶，酷爱绘画。后专攻国画，周游名山大川，山水画造诣极深。现任中国民族书画协会副主席，桐乡市君匋艺术院画师。

傅林林　别署天堂，善隶书，尤精行草。中国书法家协会会员、浙江省书法家协会会员、桐乡市书法家协会主席。

赵文火　师承岳石尘，专攻国画，尤善山水。黄宾虹艺术研究会副会长，嘉兴画院特聘画师，桐乡市美术家协会理事，濮院镇书法美术协会会长。

计建清　擅长工笔山水画。中国美术家协会会员，为中国美术研究院研究员，国家一级美术师，桐乡市美术家协会副主席，桐乡市中国画院院长。曾供职于中国国家画院。

金石

清代

钱圣山　书法印章皆非凡。

俞廷谔　字眇狂，精印章，为三桥正派。有传：近世文氏篆学，唯梅里幽湖得其传，而眇狂，实为幽湖之鼻祖。

庄允锡　字廷占，精印章，为文氏别派。

殳扬武　字孔威，工篆刻，也为文氏别派。

阮　煜　号石农，擅印章。

濮　梁　著有《学圃印薮》。

张弘牧　著有《篆学津梁》1 卷。

曹大经　著有《凝眉室印谱》2 卷。

岳洙传　著有《石刻考略》4 卷。

仲　锟　著有《印谱仅存》。

董念棻　著有《两汉金石年表》。

当代

殳书铭　篆刻家。师从上海篆刻名家黄葆戉，作品与师作极肖，几可乱真，名噪沪上。中华人民共和国成立后回濮，精研篆刻，宗三代古玺，结体灵动，刀法严谨。潘天寿称其印“静、挺、韵三者兼美，实见功力”。《书铭印集》收载其印蜕 200 余方，边款 200 余条，国画、书法 10 余幅。

鲍复兴　别署砺斋，浙江省书法家协会主席团委员，西泠印社社员，浙江省篆刻创作委员会主任，西湖画院常务副院长。自幼喜爱书画篆刻，少年时受刘雪樵、殳书铭启蒙，中年后得谭建丞、钱君匋指点，技艺大进。书法多金文，篆刻从秦汉印玺，作品苍浑静穆，秀茂清新。金石家钱君匋曾评价：“篆刻入秦出汉，浑穆拙朴，苍古秀逸，肖形印更是深得汉画像石之神韵。”曾任桐乡市文化局局长、浙江西湖美术馆馆长、浙江省博物馆副馆长等职。

第六节　歌词曲调

民间叫卖调

邬老大豆制素食叫卖调

口述 张贵忠 车丽娟　　整理 李锦玉

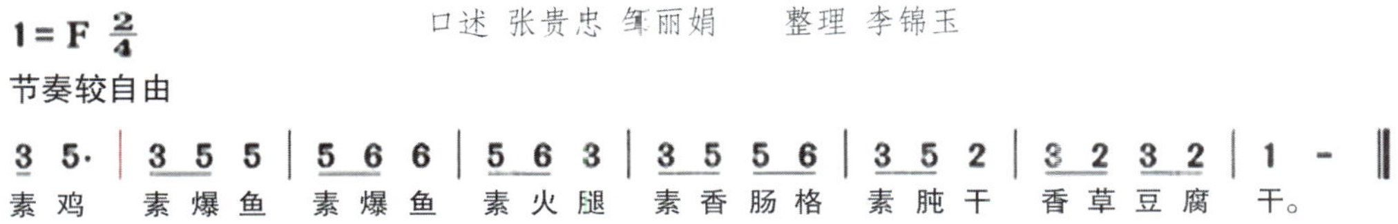

宋永祥生炒热白果叫卖调

口述 张贵忠　　整理 李锦玉

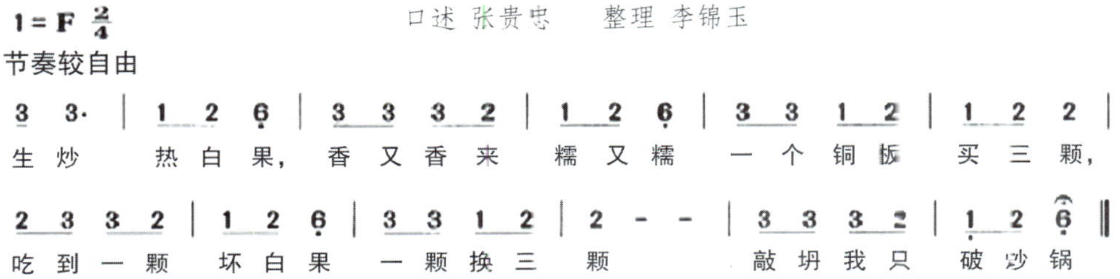

民间歌谣

十　景　谣

一里墩,二里桥,三官堂,四转池,五圣堂,陆(六)家桥,七老太,北(八)横街,九曲弄,十景塘。①

滴　笃　班

庙簰庙里请戏班,请来一套滴笃班。

滴笃班,三块毛竹板,破旧箱子绳来攀(串)。

---

① 一里墩,原濮院乡上马墩自然村,距原濮院镇约一里路。村中原有上马石,又称上马墩。二里桥,原镇南二里外有齐虹桥。齐虹桥跨度较大,如长虹。三官堂,道观,坐落在东河头灵官庙桥西境,建于清乾隆年间,观内供奉三清仙境的三位尊神。四转池,镇东南郊与洪合交界处有一座"施王庙"。庙的四周有碧水环绕,故称。五圣堂,庙,内供奉释迦牟尼及四大弟子。陆家桥,坐落在陆家桥港上的一座石板桥。七老太,东河头横板桥下有一座小庙,传说有七位老太太为岳家军制衣做鞋,受到表彰。北横街,濮院方言"北"与"八"谐音,北横街为濮院镇最繁华的一条商业街。九曲弄,连接雷家潭染坊和后河下的一条弯曲小弄,曾是大姓雷家的宅院,有八个天井,弄堂呈九曲状。十景塘,东河头一条比较开阔的河流,向南连接梅泾,向北流向大运河,河水清澈,鱼虾满塘,绿树成荫,古木参天,移步成景,共有十景,故称。

瘦弱小生麻子旦，绍兴小调唱起来，倒也勿推扳（不错）。

朝板呒没（没有）拿块弯板粪桶板，马鞭呒没（没有）拿根青竹梢来甩。

走出一个大花脸，一声喊，看客吓得全逃散。

推倒泥墙头，大家出来绊一绊，踢倒一副麻球担，踏碎交关（许多）茶叶蛋，剩脱（剩下）一副跷脚（两只脚高低不平）馄饨担。

十　姐　妹

人头多，吃饭多，十个姐妹也不多。
大姐嫁给高地郎，纯家纯米纯砻糠；
二姐嫁给木排郎，拆去木排造楼房；
三姐嫁给竹排郎，拆去竹排晾衣裳；
四姐嫁给网船郎，长脚弯转（虾）来泡汤；
五姐嫁给裁衣郎，零头布角做件小衣裳；
六姐嫁给豆腐郎，豆腐泔水汰衣裳；
七姐嫁给漆匠郎，红漆马桶红堂堂；
八姐嫁给乐人郎，咪里吗啦闹新房；
九姐嫁给酒店郎，面孔吃来红堂堂；
十姐嫁给肉店郎，嘴巴吃来油光光。

养　媳　妇

养媳妇，真叫苦，摇纱摇到半夜过，
肚皮实在饿不过，到菜缸里去捞一把（音如“勃”），
碰着一只雌老虎，开开后门就投河。
隔壁一个二大妈，叫她覅投河：
二十年媳妇二十年婆，再隔二十年做太婆。

读书挨打歌

单枪赵子龙，双枪陆文龙，五月二十着水龙。
还有啥格龙？栖凤桥头老阿龙[1]，
老阿龙，凶得来，眼乌珠，像灯笼，
读勿出，立壁角，敲手心，关夜学，
手心敲得红通通，恨煞伊格老阿龙。

---

① 老阿龙：泛指私塾老先生。

迎亲哭歌

摇大船，敲锣鼓，锣鼓船上讨媳妇。
拎起铜锣敲三记，小妹房中哭三声：
也无橱来也无箱，也无脚桶汰外甥，
阿哥长相勿登样，公婆当作养媳妇，
姑娘小叔一大淘，格种日脚哪吓过？

童　谣

摇摇摇，摇到外婆桥，
外婆叫我好宝宝，买个鱼来烧，
头勿熟，尾巴焦，外甥吃了快快摇。
摇摇摇，摇到外婆桥，
外婆叫我乖宝宝，拿出糖一包，糕一包，
外甥吃了眯眯笑，连忙叫声外婆好。

扇子扇凉风，夜夜拍蚊虫，
有人问我借，要过八月中。

天上一粒星，地上一只钉，叮叮当当挂油瓶，
油瓶漏，种赤豆，赤豆开满花，喜煞老娘家。

排排坐，吃果果，
你一个，我一个，小妹困着留一个。

萤火虫，夜夜红，飞来飞去像灯笼，
走起夜路勿用怕，墨腾彻黑蛮轻松。

鸡鸡斗，猫猫来，共共飞去。

塌、塌、塌，酱油麻油花生糖，粘滋夹搭牛皮糖，
五颜六色粽子糖，刮啦粉脆芝麻糖，
本来要拷万万记，因为时间来勿及，马马虎虎拷十记。

笃、笃、笃，卖糖粥，
三斤胡桃四斤壳，吃你肉，还你壳。

炒、炒、炒，炒蚕豆，
炒好蚕豆翻被头。

第七节　民间传说

语儿桥

春秋战国后期，苎萝山麓的浣纱女西施毅然以身许国，忍辱负重色诱吴王夫差。当时，西施在范蠡的带领下，一路晓行夜宿，不久就来到了吴越交界的幽湖，准备休息几天后弃车登舟，改从水路前往姑苏。幽湖的百姓听说美人西施来到乡里，纷纷慕名前来一睹美人风姿，还备下了盛宴热情款待远道而来的客人。宴会上，范蠡操琴，西施与当地姑娘一起轻歌曼舞。由于吴、越方言不同，越语生硬粗糙，吴语软糯柔和，二者差别较大，担心难以取悦于吴王。原以为演习三年已学得差不多了，但在宴会上一比，差距就出来了。他俩心中十分着急，但表面上不露声色，只是暗暗用心学习吴语。西施学吴语的事让当地的姑娘们知道了，大家为她以身许国的志气所感动，都来帮助她纠正发音。世上无难事，只怕有心人。不久，西施姑娘就学会了一口道地的"苏白"，再也不夹带生硬的越语了。后人为了纪念西施，就在西施学吴语时居住的地方盖了一座亭子，叫"语儿亭"。又在西施离开幽湖下船的地方建了座石桥，取名"语儿桥"。语儿桥虽几经重建，今仍横跨在镇区的梅泾河上。

妆桥与胭脂汇

春秋末期，范蠡功成身退，带了西施为躲避勾践的耳目，不敢在一个地方久住，就乘着船在太湖一带漂泊。一段时间后，所带钱物渐渐用空了，心存忧虑，便寻思着找一个安身之地，过安定的日子。到哪里去呢？回诸暨老家苎萝山吧，太引人注目。有家归不得，连处理政事一向刚毅果断的范大夫也有点愁眉不展了。

这时西施记起了范蠡当年送她入吴宫途经幽湖学吴语的事来，便对范蠡说："幽湖原本是吴、越交界之地，离皇宫远。那里百姓淳朴，物产富庶，是一个好地方。"于是俩人相伴着来到了幽湖，在小镇百丈河的一座小桥边上租了一幢两层小楼住了下来。范蠡化名范大，西施也就成了范大嫂子，开了一爿绸缎庄，做起绸布生意来。每天清晨，西施面对清亮亮的百丈河水梳妆。每逢春暖花开，百丈河两岸的千株桃树落英缤纷，与美人的脂粉合在一起，把河水染得一片嫣红。早饭后，范蠡时而挥笔作画写字，时而设计绸缎图案，西施则在一旁照顾店面。他俩设计制作的绣缎，图案新颖，色彩绚丽，引得镇上的姑娘阿嫂们纷纷登门求艺。范蠡夫妇不仅热情接待，真心传艺，还与她们互相切磋技艺，研究如何把手工刺绣运用到织机上，为后来濮绸的成名打下了基础。

不久，范蠡隐居在幽湖的消息被勾践探听到了。当那些如狼似虎的衙役奉圣命前来缉拿他俩时，却早已人去楼空。濮院的百姓为了纪念范蠡和西施，就把他俩居住过的小楼取名为妆楼，旁边的小桥也改名为妆桥，桥下的小河就叫作胭脂汇。古妆桥遗址这块石碑至今仍存在义路街南端。

大旗里和上马墩

濮凤为南宋的建国功臣，身居要职，成为南宋的皇亲和重臣。他既担负京城的保卫工作，又掌管护圣军骑兵部队，所率的兵马众多。桐乡邻近都城临安，又北邻长江防线，是抗金的战略要地。濮凤所辖的主力部队就驻扎濮院，镇北方向数里即为部队大本营。因当时有军旗飘扬在连片的营盘上空，故该地被称为“大旗里”。在镇西南的一个地方，则为濮凤的军马营，相传方圆几里有几千个土墩，便于上马之用，而拴马用的木桩也有数千根。所以，那地方俗称“上马墩”。

天下第一绸

“宋锦人传出秀洲，清歌无复用缠头；如今花样新翻出，海内争夸濮院绸。”濮绸是濮院著名特产，是中国历史上最著名的丝绸之一，有深厚的历史渊源。

盛唐时，一个名叫诸载的人从中原迁到杭州，带来了中原较为先进的机织技术。这技术传到了当时的绸镇濮院后，经过当地能工巧匠的进一步改革，‘得机杼之巧甲天下”。优质的土丝原料加上先进的织造技术，生产出来的濮绸具有质地组密、柔软滑爽、色彩艳丽、牢度强等特点。濮绸与当时的杭纺、湖绉、罗缎合称“江南四大名绸”，不仅远销海内外，而且是历代朝廷的贡绸。

明永乐帝迁都北京，为壮朝廷声威，巩固国防，重修了万里长城，在山海关竖起了大旗。山海关风沙极大，用一般丝绸制作的旗帜没几天就被风撕裂。为此守关将军伤透了脑筋，就建议永乐皇帝选用贡绸中最好的绸制旗。永乐帝命大臣把十几种贡绸分门别类一一平置在案桌上，用一把锋利的宝剑在绸布表面水平刮动，以试牢度。其他的绸只刮一个来回，有的起了毛，有的裂了缝，唯有濮绸刮了三个来回，仅稍稍起了点毛，永乐皇帝就下令用濮绸制作大旗。

濮绸果然不负众望，制成的大旗不仅能较长久耐风沙袭击，而且艳丽的色彩也经久不变。用濮绸制作的大旗，上书“天下第一关”。濮绸因此声名愈著，被人称“天下第一绸”，广泛用于军事上制作战袍、军帐等。后来的清王朝、太平天国等，都长期选用濮绸以作军用，至今故宫中还能找到濮绸的制品。

双贤桥

很早很早的时候，镇郊住着一户大户人家。这家父子两人都是状元，儿子在朝中为官，父亲已告老还乡。有一年儿子娶亲，他家门前的河港有三个分叉，来往十分不便，为了迎亲队伍的畅通无阻，就在河上造了一座石桥，名字还没有定下来。儿子的新娘名叫冰燕，十分漂亮，村庄里的乡邻都惊为天人。那天，当陪嫁亲友团到这里的时候，队伍中有一位女子与冰燕长得十分相像，也有羞花闭月、沉鱼落雁之貌。老爷后来经过打听，方知道她就是冰燕的妹妹，叫雪燕。于是，老爷便不惜重金，托牙婆（媒人）千方百计把雪燕娶了过来成为小妾。老爷一高兴，就把那座桥叫作“双燕桥”。不过，如此一来，亲姐妹俩在这个家庭中竟成了婆媳的关系。这种怪事，成为老百姓一时酒后饭余的谈资和笑料。后来这件事传到了京里，皇帝一听，那还了得，一怒之下，就将他父子俩革去功名，财产充公，全家发配充军。后来，听说他们全都老死在边陲。人没了，那座石桥还在。因为“双燕桥”的名字带着一段不光彩的历史，所以后来明朝大儒刘伯温、宋濂两贤臣到此读书、会友，就有人将“双燕”改为“双贤”，这桥就叫作“双贤桥”了。不过，桥旁边的那条路，如今仍然叫“双燕路”。

濮九娘桥

相传，濮院有个濮九娘，从小就在濮氏家族濮宗渊家当丫鬟。濮九娘容貌端庄秀气，聪敏伶俐，深得主人欢心。女孩成人后，许配给同在濮家做船工的九哥为妻。两人婚后，你恩我爱，日子过得不错。但有一次，九哥在运送绸缎到杨家笕港口时不幸溺水身亡。年轻的九娘表示终身不嫁，愿做节妇。于是，九娘起早贪黑，含辛茹苦，辛勤织作，省吃俭用，节衣缩食，日积月累，前后三十余年，终于“累资盈万”。于是她便把这些钱尽数捐出，在镇北通往运河的主干道上造起了一座三孔立柱的石梁桥。人们为了纪念她的功德，便称这桥为“濮九娘桥”。

红旗漾

红旗漾，原名白旗漾，是由“南漾”“北漾”组成的一大片“荡田”，总面积有4000多亩。北宋末年，金兀术九反中原，在与岳飞交战中，被岳家军打得大败而归。在狼狈逃窜中，为了躲避岳家军的追击，金兵旗手将金兀术的战旗扔在北漾里，然后落荒而逃。后来当地传开了白战旗显灵的故事，说的是每年清明的夜晚子时，白旗会从漾中升起。有一年的清明夜，有胆大者偷偷躲在漾旁小屋里，欲看个究竟。等到子时，他果然从门缝中依稀看到一面白旗从漾中升起，然当他将门打开后，白旗却立刻消失得无影无踪。此后白旗漾的名称就慢慢地流传开了。民国23年（1934）大旱时，北漾出现大片干涸，漾中露出了一个土坟墩，坟墩四周环绕着水，当时人们忌讳很多，不敢贸然把土坟墩扒开。白战旗显灵的故事和不干涸的白旗漾，一直是周边村落流传的谜。1958 年，桐乡县委组织劳动大军到这里整治水土，经过三个多月的奋战，使白旗漾改变了原来的面貌。县委决定将白旗漾更名为红旗漾。从此，红旗漾替代了白旗漾。

南北圣

南北圣曾经是一个小集镇。隋炀帝征发老百姓开掘大运河后不久，就在这里建造了两座土地庙，北面的叫北圣庙，南面的叫南圣庙。两座庙距离不太远，中间隔着一条东西向的河港，叫横港河。两座庙都享受着“塘南”（原濮院乡的俗称）、“塘北”（原新生乡的俗称）及附近一带百姓的香火。每年的三月初三，横港里停满远途驶来的烧香船只，它们来自八字、民合、新塍、乌镇甚至更远的地方。是日，两座庙内人头攒动，相当热闹，人们点烛烧香，参神拜佛，十分虔诚。集市上的饭店、酒店生意一日爆红。日寇侵华时期，塘北百姓惨遭日本侵略军“三光”政策蹂躏，出现了“沿塘三里白”的惨象。南北圣一带民不聊生，南圣庙、北圣庙的香火也慢慢淡去，土地菩萨的塑像东倒西歪，庙宇也因长年失修，仅存断垣残壁，不久南圣庙和北圣庙废圮了，仅南北圣这个名字留了下来。

第八节　方言俗语

方言

桐乡方言是吴语太湖片苏沪嘉小片的一种次方言，濮院方言隶属桐乡方言。

一、濮院方言语音

1. 濮院方言声母系统及说明

表 17－12　　**濮院方言声母一览表**

发音方法			发音部位						
			上唇下唇	上齿下唇	舌尖齿龈	舌面前腭	舌面中腭	舌根软腭	喉门
塞音	清音	不送气	p		t			k	(ʔ)
		送气	pʻ		tʻ			kʻ	
	浊音		b		d			g	
塞擦音	清音	不送气			ts	tɕ			
		送气			tsʻ	tɕʻ			
	浊音					dʑ			

续表 17－12

发音方法		发音部位						
		上唇下唇	上齿下唇	舌尖齿龈	舌面前颚	舌面中颚	舌根软腭	喉门
擦音	清音		f	s	ɕ			h
	浊音		v	z	ʑ	j		ɦ
鼻音	浊音	m		n	ȵ		ŋ	
边音	浊音			l				

(2)声母表说明

①濮院方言共有声母29个(含零声母∅)。

②濮院方言声母保留了古代的浊声母14个:[b][d][g][dʑ][v][z][ʑ][j][ɦ][m][n][ȵ][ŋ][l]。

③濮院方言声母的鼻音与边音[m][n][ȵ][l]具有清浊两套,其中加着重号的为清音,如:

[m]毛梅　　[ṃ]敏木

[n]脑男　　[ṇ]奶傢

[ȵ]纽牛　　[ȵ̣]肉日

[l]老龙　　[ḷ]捋辣

(在标音调时,这四个音照浊音注,但带有着重号的读成清音,不带着重号读浊音)

④濮院方言没有普通话中的翘舌音[tʂ][tʂʻ][ʂ],只有[ts][tsʻ][s]和[tɕ][tɕʻ][ɕ]两套。

⑤濮院方言中声母自音节的有[m][ŋ]两个,如:姆[m]、鱼[ŋ]。

2.濮院方言韵母系统及说明

表 17－13　　濮院方言韵母一览表

	单元音	复元音	鼻元音	入声韵
开口呼	a　ɛ　ɔ　o　ɿ　əl	əɤ　əɯ	ã　ɔ̃　ən　õ	aʔ　oʔ　əʔ
齐齿呼	i	ia　iɔ　iəɯ　iɛ　iəɤ	iã　iɔ̃　in　iõ	iaʔ　ioʔ　iəʔ
合口呼	u	ua　uæ　uɛ　ui　uəɤ	uã　un　uɔ̃	uaʔ　uəʔ

(2)韵母表说明

①濮院方言的韵母共39个,其中[əɤ][iəɤ][uəɤ]三个是桐乡其他地区方言所没有的。

②濮院方言没有普通话的后鼻韵，只有前鼻音[n]，造成了濮院方言“兵宾”不分，“身生”相混的情况。

③濮院方言与桐乡方言一样，具有鼻化韵[ã][ɔ̃][õ][iã][iɔ̃][iõ][uã][uɔ̃]，它们与普通话的后鼻韵相应。

④濮院方言没有普通话的撮口呼，因此只有三呼。普通话的撮口呼韵母，在濮院方言中音变为齐齿呼，如“举军权”在普通话中是撮口呼，濮院方言中，韵母演变为[i]（举）、[in]（军）、[iəɤ]（权）

3.濮院方言声调系统及说明

（1）濮院方言声调表

表 17－14　　濮院方言声调一览表

调类	调值	例字	调类	调值	例字
阴平	44	汤花诗三	阳平	22	爬蛇衔灵
阴上	53	酒姐保党	阳上	213	稻被造拖
阴去	334	富去肺故	阳去	113	汗认慢漏
阴入	5	甲百出式	阳入	3	落学欲确

（2）声调表说明

①濮院方言声调分阴阳两类，凡声母为清声的属阴调，声母为浊声的属阳调。

②濮院方言共八种声调，保留了古代的8个入声。

4.濮院方言语音的内部差异

濮院镇位于嘉兴与桐乡之间，历史上东北片属嘉兴县，称嘉濮镇；西南片属桐乡县，称桐濮镇。濮院镇在语言中也呈现出明显的内部差异，分别呈现出嘉兴语音与梧桐语音的特点。现简要说明如下。

（1）韵母的不同

濮院东北地区的方言具有嘉兴语音的特点，有[əɤ][iəɤ][uəɤ]三个特殊的韵母，而西南地区的方言具有梧桐语音的特点，这三个韵母分别成为[ɛ][iɛ][uɛ]。

（2）[m][n][ȵ][l]四个音的清浊不同

虽然这四个音具有清浊两套，但同在濮院镇，清浊的分化具有明显差异。

表 17－15　　濮院东北、西南方言特点对照一览表

例字	濮院东北地区	濮院西南地区
看汗潘短	əɤ	ɛ

续表 17－15

例　　字	濮院东北地区	濮院西南地区
件歉现县	iəɤ	iɛ
观幻碗管	uəɤ	uɛ
摸墨	m̥	m
捺	n̥	n
肉热	ȵ̥	ȵ
辣绿	l̥	l

濮院东北地区的方言中，这四个韵母读清音的比较多；濮院西南地区的方言中，这四个韵母读浊音的较多。

二、濮院方言语音与普通话的对应

1. 声母的对应

濮院方言有声母 29 个（含零声母），普通话有声母 21 个。虽然声母的数量不同，但两者的发音部位和发音方法是基本一致的。发音部位有双唇、唇齿、舌尖、舌面、舌音五类。发音方法有塞音、擦音、塞擦音、鼻音、边音五类和送气与不送气两类。

表 17－16　　濮院方言语音与普通话的声母对应一览表

濮院方言	普通话	例　　字	濮院方言	普通话	例　　字
p	p	柏巴拜兵波	t	t	打带党刀得
	pʻ	湃		n	鸟
pʻ	pʻ	怕拍派判片	tʻ	tʻ	他它泰太讨
b	p	白败抱暴被	d	t	达代但定电
	pʻ	排盘朋皮平		tʻ	同唐逃田条
	f	防痱肥	ts	ts	扎资走醉早
m 含（m̥）	m	妈麻买门美		tʂ	债展帐针只
	ø	问蚊		s	搔
f	f	发方分反火		tsʻ	侧
v	f	乏伐罚烦凡	tsʻ	tsʻ	拆采蔡仓草刺
	ø	文万物纹坟		tʂʻ	厂产抄秤称衬

续表 17－16

濮院方言	普通话	例　　字	濮院方言	普通话	例　　字
s	s	三散扫骚嫂	ɕ	ɕ	吸稀喜戏乡
	ʂ	伤商赏声生		s	死
	ts	燥		tɕ	圾
	tsʻ	赐		tɕʻ	鞘
	tʂ	栅眨	ʑ	tɕ	尽嚼绝脐荠
	tʂʻ	刹		tɕʻ	前潜齐墙秦
	ɕ	逊		ɕ	谢斜象寻习
z	ts	自族坐字造		s	缫
	tsʻ	才蚕残曹层	ȵ(含ȵ̍)	n	泥呢年粘娘
	s	寺饲		ʐ	让染绕热人
	tʂ	站斩栈丈召		Ø	迎研原艺严
	tʂʻ	常肠成陈池	j	Ø	姚俞沚爷盂
	ʂ	善上绍舌社		ɕ	县陷现嫌刑
	ʐ	然仁任仍柔		ʐ	荣容蓉闰
n(含n̩)	n	纳捺耐南脑	ŋ	Ø	鱼
l(含l̩)	l	来老辣拉龙	k	k	夹该改盖干
	n	弄脓糯农能		kʻ	葵括
tɕ	tɕ	几鸡酒计甲		tɕ	加嘉价架间
	k	龚	kʻ	kʻ	卡开看抗考
	ts	渍		tɕʻ	铅敲
tɕʻ	tɕʻ	企起启汽秋	g	k	共轧掰掼隑
	tɕ	辑揪歼笺		kʻ	狂葵
	tʂʻ	吃		tɕ	架价加嘉江
dʑ	k	柜跪		tɕʻ	茄
	tsʻ	岑		h	环寰
	tʂ	镯轴	h	h	哈海汉好黑
	tɕ	及枝近旧局		ɕ	吓瞎蟹
	tɕʻ	期旗奇乔桥		Ø	歪
	Ø	猗	ɦ	ɕ	匣咸衔

续表 17－16

濮院方言	普通话	例　　字	濮院方言	普通话	例　　字
ɦ	h	孩害含汗韩	ø	ɕ	学狭
	ø	吴王牙硬呆		h	坏
ø	ø	暗压阿丫			

2. 韵母的对应

表 17－17　　　濮院方言语音与普通话的韵母对应一览表

濮院方言	普通话	例　　字	濮院方言	普通话	例　　字
a	a	阿啥大妈他	o	ai	钗
	ai	带泰太牌排	ɿ	ɿ	自紫字资刺
	ia	家加嘉假架		ʅ	知治诗持池
	ie	街介界戒届		u	著诸柱住驻
	ua	爪要		ui	嘴吹水穗
	ɤ	扯惹		ɤ	厕（例外）
	uo	拖	əɯ	ou	否扣沟够臭
ɛ	an	板斑反翻旦		iou	抽柳
	uan	赚万		u	负牡
	ai	呆台抬来该		au	茂
	uai	帅衰	əɤ	an	半干看贪含
	ei	杯配		uan	短钻
	ui	醉队	ã	aŋ	张涨丈仗帐
ɔ	au	包泡跑猫冒		əŋ	朋彭庚亨生
	iau	敲咬教胶交		iŋ	杏硬樱梗
o	a	巴疤怕爬马		a	打
	ɤ	遮车舍可蛇		uaŋ	光慌王汪
	ua	瓜瓦花画挂	ɔ̃	aŋ	邦旁庞胖当
	uo	朵所销错琐		iaŋ	江讲降项豇
	ia	夏哑		uaŋ	装床光广王
	o	摩磨魔		əŋ	氓

续表 17－17

濮院方言	普通话	例　　字	濮院方言	普通话	例　　字
ən	ən	本奔笨盆喷	əʔ	u	弗出述术物
	əŋ	灯登能正增		ei	黑肋贼勒肋
	un	问吞论春敦		uo	脱夺说
	iŋ	擤		i	粒
õ	uŋ	东冬通同笼		a	纳
	əŋ	篷蒙封风峰		ua	刷
	uəŋ	翁	i	i	闭披迷离奇
	uaŋ	忘望		ei	被非飞妃废
aʔ	a	发伐罚搭蜡		y	拘女马吕去
	ai	白百柏拍麦		ie	携姐些
	ɤ	册客格隔盒		ʅ	死
	ia	甲瞎夹压押	ia	ia	雅鸦涯驾佳
	ua	袜		ie	爹爷阶借夜
	o	伯泊迫陌	iɔ	au	绕浇
	uo	若弱着		iau	标表票妙叼
	ʅ	赤尺斥石只	iəɯ	iou	纠丘求游牛
	ie	猎	iɛ	ian	边点念卷尖
	au	芍	iəɤ	an	染
oʔ	o	剥驳博帛摸莫握		yan	权圈绢劝卷
	u	卜扑木目牧		ian	简艰
	uo	托洛落作桌		uan	软
	ou	陡粥	iã	iaŋ	腔枪抢强将
	ɤ	乐各阁恶壳		aŋ	让
	iau	角		iŋ	映
	ye	确学	iɔ̃	uaŋ	旺
	y	续绿	in	in	宾彬民敏林
əʔ	ɤ	得德特革割		iŋ	冰兵饼平凭
	ʅ	执汁秩质直		yn	军勋寻允匀
	o	拨勃脖默墨		ian	掀

续表 17－17

濮院方言	普通话	例　　字	濮院方言	普通话	例　　字
in	əŋ	仍	u	uo	座多拖唾做
	uən	闰		o	波颇播婆
iõ	uŋ	浓绒容荣融		ɤ	哥歌轲科何
	iuŋ	庸用窘穷兄		ou	剖都
iaʔ	ie	叠贴谍猎协		a	大
	ia	甲恰洽恰呀	ua	ua	夸哇娲
	ye	略掠雀却削		uai	乖拐坏怀
	iau	脚药钥	uæ	uan	关环弯还
	uo	箬		uai	筷怀甩
ioʔ	ye	确	uəɤ	uan	顽
	ou	肉揉轴		uan	欢换涣官管
	u	褥	uɛ	uan	幻唤(内部差异)
	y	玉郁狱浴畜	ui	uei	规桂位灰亏
iəʔ	i	壁逼笔必鼻	uã	əŋ	横
	ie	接切节烈铁	un	uən	滚棍昏浑魂
	ye	薛绝雪	uɔ̃	uaŋ	广光(内部差异)
	ɤ	热	uaʔ	ua	滑猾挖刮划
	ʅ	日吃渍		uo	括豁
	y	律率剧	uəʔ	uo	活或获
	ai	摘		ɤ	核
u	u	铺菩夫肤府	əl	ər	而

三、濮院方言词汇举例

表 17－18　　濮院方言词汇举例一览表

吴奴	[ɦu^{22}nu^{22}]	我
吴拉	[ɦu^{22}][la^{22}]	我们
倷	[n̩əɯ^{53}]	你
嗯那	[ŋ^{22}][na^{22}]	你们

续表 17－18

伊傢	[ji^{22}][nəɯ^{22}]	他
移拉	[ji^{22}][la^{22}]	他们
格个	[kəʔ^{5}][kɛʔ^{5}]	这个
格塌	[kəʔ^{5}][t'aʔ^{5}]	这里
实胲	[zəʔ^{2}][ga^{13}]	这样
格头	[kəʔ^{5}][dəɯ^{22}]	那里
括	[kuaʔ^{55}]	这些
啥人	[sa^{334}][ȵin^{22}]	谁
学里	[ɦoʔ^{2}][li^{22}]	哪里
哪哈	[na^{42}][ha^{53}]	如何
先起头	[ɕiɛ^{44}][tɕ'i^{44}][dəɯ^{22}]	以前
刚歇	[kɔ̃^{44}][ɕiəʔ^{5}]	现在
辣酱	[laʔ^{5}][tɕiã^{53}]	辣味的酱
绿豆	[loʔ^{5}][dəɯ^{213}]	绿豆
叉	[ts'o^{44}]	掐
甩	[huæ^{334}]	扔
划	[ɦo^{22}]	用筷子扒食
扚	[tiəʔ^{5}]	掐
汆	[t'ən^{53}]	油炸
过	[ku^{334}]	传染
呛	[ts'iã^{334}]	咳嗽
园	[kɔ̃^{334}]	藏
拗	[Øɔ^{53}]	扩断
间	[kæ^{334}]	间隔
戽	[hu^{44}]	喝
抵	[ti^{53}]	扯
枷	[ga^{22}]	抱
拕	[t'a^{44}]	拉
畀	[pɛ^{53}]	给

续表 17－18

绐	[dɛ113]	棕绷中间下凹
峡	[ɕia44]	抬头
拜	[pa334]	弯下腰
搡	[to53]	扎辫子
挜	[Øa44]	强塞给对方
枵	[ɕiɔ44]	掀开
洇	[Øin334]	液体向四周散开或渗透
笃	[toʔ5]	用文火慢慢地煮
袅	[tiɔ53]	用针缝
钝	[dən113]	嘲弄，挖苦
唑	[zu22]	吵闹
唤	[huɛ334]	雇佣
料	[liɔ113]	估量
畔	[bəɤ113]	躲藏
赅	[ki44]	拥有
趿	[t‘aʔ5]	落在后面
郭	[koʔ5]	漱口
勚	[Øi334]	磨损
掇	[təʔ5]	两手平提起物件
揵	[dʑiəɤ22]	举起
敨	[təɯ53]	抖动
渧	[ti334]	水向下滴
趄	[ts‘ia334]	抄近路
隑	[gɛ213]	靠着
嗍	[soʔ5]	用嘴吸取
搛	[tɕiəɤ44]	用筷子夹
毻	[ʈ‘əɤ334]	鸟兽毛羽脱落
滗	[piəʔ5]	挡住渣滓把液体倒出
煠	[zaʔ2]	把食物放入热水里煮一下

续表 17－18

颬	[ha^{44}]	张嘴呵气
搿	[gəʔ^{2}]	夹在腋下
滮	[piɔ^{44}]	喷射
酾	[sa^{44}]	倾倒液体
潽	[pʻu^{44}]	液体沸腾溢出
擤	[hən^{334}]	用力让鼻涕出来
喂	[Øi^{334}]	喂孩子吃食物
扑塔	[pʻoʔ^{5}][tʻaʔ^{5}]	背朝上
轧淘	[gaʔ^{5}][dɔ^{13}]	结伙
出水	[tsʻəʔ^{5}][sɿ^{53}]	过水
出洇	[tsʻəʔ^{5}][Øiŋ^{334}]	湿透
吃准	[tɕʻiəʔ^{5}][tsən^{53}]	找到确切点
讲张	[kɔ̃^{53}][tsã^{53}]	聊天
别毛	[biəʔ^{2}][mɔ^{22}]	闹僵
变死	[piəɤ^{334}][ɕi^{53}]	行为反常
歪转	[hua^{44}][tsəɤ^{44}]	歪着
显宝	[ɕiəɤ^{334}][pɔ^{53}]	炫耀
咬卵	[ɦɔ^{213}][ləɤ^{213}]	生气，发火
匍倒	[bu^{213}][tɔ^{53}]	蹲下
赶胎	[kəɤ^{53}][tʻɛ^{44}]	动物交配
跶班	[tʻaʔ^{5}][bæ^{22}]	迟到
收疤	[səɯ^{44}][po^{44}]	结束，完成
抵掌	[ti^{53}][tsɔ̃^{53}]	准备，打算
钝卵	[dən^{213}][ləɤ^{213}]	不随和，讲话易伤人的性格
啜祭	[tsʻoʔ^{5}][tɕi^{53}]	吃的贬称，也叫食祭
搭煞	[taʔ^{5}][saʔ^{5}]	被束服
喫潮	[tɕʻiəʔ^{5}][zɔ^{22}]	吃亏、上当
督结	[toʔ^{5}][tɕiəʔ^{5}]	闹矛盾
嗷食	[ɦɔ^{213}][zəʔ^{2}]	馋

续表 17－18

端整	[təɤ^{44}][tsən^{44}]	准备
戗风	[tɕ‘iã^{44}][fõ^{44}]	逆风
众牲	[tɕõ^{44}][sã^{44}]	牲畜
结蛛	[tɕiəʔ^{5}][tsɿ^{44}]	蜘蛛
作头	[tsoʔ^{5}][dəɯ^{22}]	包工头
扎芡	[tsaʔ^{5}][tɕ‘iəɤ^{334}]	扎腻
乌都	[Øu^{44}][tu^{44}]	桑果
冻米	[tõ^{334}][m̩i^{53}]	爆米花
饭镬糍	[væ^{113}][ɦoʔ^{2}][zɿ^{22}]	锅巴
净糖	[dʑin^{22}][dɔ̃^{22}]	饴糖
脚藕	[tɕiaʔ^{5}][Øəɯ^{53}]	莲藕
搭底	[taʔ^{5}][ti^{53}]	剩下来的菜
叉袋	[ts‘o^{44}][dɛ^{22}]	盛米的麻袋
水车	[sɿ^{53}][tɕ‘o^{53}]	旧里农村里泄水的工具
起势	[tɕ‘i^{53}][sɿ^{53}]	收成
匹碗	[p‘iəʔ^{5}][Øuəɤ^{53}]	大碗
竹榻	[tsoʔ^{5}][t‘aʔ^{5}]	竹制的寝具
顶针	[tin^{53}][tsən^{53}]	缝衣时套在手指上的金属环
图司	[du^{22}][sɿ^{44}]	图章
戗刀	[ts‘iã^{53}][tɔ^{53}]	锅铲
砚瓦	[ȵiəɤ^{213}][Øoʔ^{53}]	砚台
蚊厨	[mən^{22}][zɿ^{22}]	蚊帐
钵头	[pəʔ^{5}][dəɯ^{22}]	宽口陶瓷容器
搭钮	[taʔ^{5}][ȵiəɯ^{42}]	锁门的装置
插扑	[ts‘aʔ^{5}][p‘oʔ^{5}]	插头
窗爿	[ts‘ɔ̃^{44}][bæ^{22}]	窗
筅帚	[ɕiɛ^{53}][tsəɯ^{53}]	刷锅用的竹帚
跳泡	[t‘iɔ^{53}][p‘ɔ^{53}]	日光灯的继电器
镬子	[Øoʔ^{5}][tsɿ^{53}]	锅子

续表 17－18

工钿	[gõ^{22}][diɛ^{22}]	工钱
混堂	[Øun^{334}][cɔ̃^{213}]	澡堂
正日	[tsən^{334}][ȵiəʔ^{5}]	结婚的那一天
老熟	[lɔ^{213}][zoʔ^{2}]	老人自然去世
丢七	[toʔ^{5}][τɕʻiəʔ^{5}]	儿童的抛掷游戏
好日	[hɔ^{53}][ȵiəʔ^{5}]	结婚
墨笔	[mə̣ʔ^{4}][pəʔ^{5}]	毛笔
羹饭	[kã^{44}][væ^{22}]	祭死人的饭菜
扣	[kʻəɯ^{334}]	差不多
兴	[ɕin^{334}]	多，密
拗	[Øɔ^{334}]	地方难找
怵	[tɕʻiəɯ^{44}]	人品不好
蚝	[hɔ^{44}]	油脂变质散发的味道
饤	[din^{113}]	饱食不消化
绽	[zæ^{113}]	饱满的
潩	[Øin^{334}]	湿透
戆	[gɔ̃^{42}]	鲁莽，冒失
扎礅	[tsaʔ^{5}][tən^{334}]	壮实
木气	[mọʔ^{4}][tɕʻi^{53}]	不好意思
气数	[tɕʻi^{53}][su^{53}]	不像话
节棍	[tɕiəʔ^{5}][kun^{53}]	厉害
出山	[tsʻəʔ^{5}][sæ^{44}]	有前途
出客	[tsʻəʔ^{5}][kʻaʔ^{5}]	衣着时髦
煞渴	[sa^{53}][kʻəʔ^{5}]	厉害
齐整	[dʑi^{22}][tsən^{44}]	漂亮
交关	[tɕiɔ^{44}][kuæ^{44}]	很多
好过	[hɔ^{53}][ku^{53}]	舒服
把细	[po^{53}][ɕi^{53}]	仔细
完结	[ɦuəɤ^{213}][tɕiəʔ^{5}]	完了

续表 17－18

拨什	[bəʔ^{2}][zəʔ^{2}]	烦琐
到把	[tɔ^{334}][po^{53}]	周到、厉害
狗屄	[kəɯ^{53}][pi^{213}]	小气
经用	[tɕin^{44}][Øiõ^{44}]	经久耐用
挺刮	[t‘in^{53}][kuaʔ^{5}]	衣服整齐
促掐	[tɕ‘oʔ^{5}][k‘aʔ^{5}]	难对付
活络	[Øʋəʔ^{5}][loʔ^{3}]	头脑灵活
派赖	[p‘a^{334}][la^{113}]	对人恶毒
奢遮	[ɕia^{44}][tsa^{44}]	聪明
猛门	[mã^{213}][mən^{213}]	蛮不讲理
搭桨	[taʔ^{5}][tɕiã^{44}]	不负责
嫩吃	[lən^{22}][tɕ‘iəʔ^{5}]	稚嫩
邋遢	[l̩aʔ^{5}][taʔ^{5}]	脏
一塔括子	[Øiəʔ^{5}][t‘aʔ^{5}][kuaʔ^{5}][tsɿ^{53}]	总共
十亚乌招	[zəʔ^{2}][Øia^{44}][Øu^{44}][tsɔ^{44}]	乱糟糟
千年古董	[tɕ‘iəɤ^{44}][ȵiəɤ^{22}][ku^{44}][tõ^{44}]	时间久
百热沸烫	[paʔ^{5}][ȵ̩iəʔ^{4}][fi^{44}][t‘ɔ̃^{44}]	很烫
冰瀴彻骨	[pin^{44}][Øin^{44}][ts‘əʔ^{5}][koʔ^{5}]	冰冷
亨彭郎当	[hã^{22}][bã^{22}][l̩ã^{44}][tã^{44}]	全部
半壁凉姜	[pəɤ^{334}][pəʔ^{5}][l̩iã^{44}][tɕiã^{44}]	半途而废
的角四方	[tiəʔ^{5}][koʔ^{5}][sɿ^{44}][fɔ̃^{44}]	正方的
派头一六	[p‘a^{334}][dəɯ^{113}][Øiəʔ^{5}][l̩oʔ^{5}]	气派大
恶结八腊	[Øoʔ^{5}][tɕiəʔiəʔ][paʔ^{5}][l̩aʔ^{5}]	恶毒

四、方言语法特点

1. 濮院方言存现句的特点

存现句有三类句型，即表示存在、出现和消失等。濮院方言的存现句与普通话的存现句表示出现和消失的句型是基本一致的，它们的主要区别在于存在句的表达上。濮院方言在表示存在时要借助助词“浪”“化”“起”等，主要句型如下。

(1)动词＋助词

“浪”“化”跟动词结合可单独表示存在,后面不带处所名词。如:

明朝伊拉侪有浪。(明天他们都在)

李局长有化,倷快点去。(李局长在,你快点去)

(2)动词＋助词＋名词

“浪”“起”跟动词结合后,都可以带处所名词,如:

吾奴住浪濮院三十几年哩。(我住在濮院三十多年了)

礼拜日吾有起乌镇。(星期天我在乌镇)

(3)动词＋起＋助词

“浪”“化”可与“起”结合,但后面不出现处所名词,如:

格两日侪家有起浪。(这几天大家都在)

汽车停起化。(汽车停着)

(4)动词＋起＋助词＋名词

“浪”“化”可与“起”结合,构成“动词—起＋助词＋名词”的句式,如:

钞票园起浪保险箱里。(钱藏在保险箱里)

电脑摆起化乡下。(电脑放在乡下)

(5)动词＋起＋名词＋助词

这里的助词主要是“浪”“化”两个,如:

屋里有起客人浪。(家里有客人)

床浪困起一个人化。(床上睡着一个人)

濮院方言存在句的否定形式是在动词前加“勿”“没”或“呒不”。“勿”是否定副词,可以对存在动词进行否定,“没”与“呒不”都表示“没有”。如:

伊勿有勒濮院。(他不在濮院)

抽斗里没啥东西。(抽斗里没有什么东西)

伊拉呒没电脑。(他们没有电脑)

2.濮院方言处置句的特点

表示外置,普通话里有把字句,濮院方言里没有普通话的介词“把”,与“把”作用类似的是一个“拿”[nɛ²²]字。濮院方言里的处置句有如下几种形式。

(1)拿＋名词＋动词

即用介词“拿”组成介宾短语,作谓语的状语,表示处置的对象,如:

吾奴勿留心拿格只杯子敲碎哩。(我不小心把这个酒杯打碎了)

老朱拿一个月呃工资侪用光脱哩。(他把一个月的工资全花光了)

若表示否定,大多用“覅”,如:

覅拿钞票用完。(不要把钱化完)

勠拿菜势喫完，明朝有客人来。（不要把菜吃光，明天有客人来）

无论是肯定式还是否定式，这里的“拿”都相当于普通话的“把”。

（2）名词＋动词

濮院方言里可以不用介词“拿”表示处置。这些句子往往把宾语放在句首，成为受事主语，表示处置，如：

格半只西瓜倷侪喫掉。（你把这半只西瓜全吃了）

格点冷饭倷倒掉算哩。（这点冷饭你倒掉算了）

“格半只西瓜”“格点冷饭”虽然都处于主语的位置，但其实它们是谓语动词的宾语，是被处置的对象。

（3）名词＋动词＋伊

由于宾语的提前，表示处置，濮院方言可以在宾语的位置上加上一个“伊”，复指已提前的宾语，如：

格点烂木头吾奴来劈掉伊。（我来把这点烂木头劈掉）

格只手机倷还脱伊。（你把这只手机还掉）

这里的“伊”是动词的宾语，但复指了主语“格点烂木头”“格只手机”。由此可见“格点烂木头”和“格只手机”是被处置的对象。

（4）名词＋动词＋巴＋补语

“巴＋补语”放在动词后强调结果，如：

衣裳脱巴脱就困觉哩。（把衣服脱掉就睡觉了）

事件做巴好再走。（事件做好了再走）

（5）虚化“拿来”表示处置

桐乡方言表示处置可用虚化的“拿来”。这里的“拿来”并不表示具体的动作，却具有表示处置的作用，相当于“把它”，如：

格只西瓜吾拉拿来喫掉么好哩。（这只西瓜我们吃了算了）

手表吾奴拿来送人哩。（手表我送人了）

这里的“拿来”在句子中可以去掉，不影响句子的意思。濮院方言的“拿来”可以作为处置句的标志之一。

3.濮院方言被动句的特点

被动句是指主语与谓语之间的关系是被动关系，主语是谓语动词所表示的行为的被动者、受事者，而不是主动者、实施者。普通话里表示被动关系常用“被”字，但濮院方言里不用“被”，而用“畀”代替。

濮院方言中的“畀”具有动词与介词两种词性。“畀”当动词时，意思是“给”，如：

老李畀伊一本书。（老李给他一本书）

倷畀吾奴钥匙，吾奴去开门。（你给我钥匙，我去开门）

濮院方言中的介词“畀”表示被动，相当于普通话的介词“被”。

“畀”表示被动有如下特点：

（1）“畀”字表示被动

昨日，小把戏畀伊骂哩一顿。（昨天，小孩子被他骂了一顿）

上个礼拜，老杜畀汽车撞哩一撞，格两日还住起浪医院里。（上个礼拜，老杜被汽车撞了一下，这几天还住在医院里）

“畀伊”“畀汽车”是介词结构，引进了行为的主动者。

濮院方言的“畀”与普通话的“被”虽然都可以表示被动，但两者在用法上是有区别的。在不需要说明行为的主动者时，普通话的“被”可以直接放在动词前，如“小陈被打了。”“东西被偷了。”在濮院方言中，“畀”一般不能直接用于动词前，“畀”后一定要引出宾语，即行为的主动者。如果行为的主动者不明确，就要使用不定代词表示，如：

吾格部汽车勿晓得畀啥人撞特一撞。（我这辆汽车不知道被谁撞了一撞）

一个勿留心，皮夹畀人家偷去哩。（一不小心，皮夹被别人偷去了）

这两句中的行为主动者都是不明确的，因此只能用“啥人”和“人家”来代替主动者。

（2）用“勿”“覅”“呒没”表示被动的否定

格桩事体勿畀伊晓得是勿来呃。（这件事不被他知道是不行的）

快点走开，覅畀伊看见。（快点走开，不要被他看见）

吾奴来葛辰光，呒没畀伊看见。（我来的时候，没有被他看见）

三个否定词中，“勿”相当于普通话的“不”，是一般陈述被动句的否定；“覅”相当于“不要”，是祈使被动句的否定；“呒没”相当于“没有”，表示被动句行为的没有发生。

（3）无被动标志句

濮院方言里常用一般主动句表示被动，如：

伊拉屋里括东西侪偷掉哩。（他们家里的东西都被偷走了）

钞票侪用光哩。（钱都化完了）

在濮院方言中，无被动标志的被动句大量存在，如“酒喫光呾”“衣裳汏好哩”“炮仗放好哩”“客人请来哩”“地扫干净哩”等都是。这些句子都是被动句，句中的主语都不是行为的施事，而是行为的受事。

俗语

谚语

蚕桑、农事

（六一八字组）

桑叶青，挑断筋。	春花熟，半年足。
麦要发，叫人踏。	矮脚鸡，勤生蛋。
好蚕勿吃芒种叶。	乌花臼子白铜钿。

麦熟要抢，稻熟要养。

蚕茧一熟，白鲞夹肉。

（十字组）

小蚕靠火养，大蚕靠风养。

桑浇水河泥，胜过丝棉被。

冻煞大眠头，踏煞丝车头。

端午枇杷熟，养蚕忙头落。

桑叶洋钿大，穷人有活路。

立夏三朝雾，老叶换豆腐。

猪吃百样草，看你找不找。

夏天勿种树，冬天勿种草。

若要湖羊好，天天吃夜草。

油菜开花早，明年菜油少。

吃了清明饭，晴雨出田畈。

麦熟一场尿（念 si），蚕熟一昼时。

（十一字以上组）

有草呒草，清明前后削三抄。

西瓜忌熟地，年年搬家合口味。

头眠僵，二眠亮，三眠烂泥塘。

三月清明叶等蚕，四月清明蚕等叶。

有收呒收看小蚕，多收少收看大蚕。

蓬头赤脚一个月，光头滑面一年用。

三月二十东南风，十个蚕室九个空。

出火熬来一片皮，大眠眠起崭崭齐。

冬天河泥金河泥，春天河泥豆腐皮。

一河泥四两谷，两担河泥一顿粥。

九成熟，十成收；十成熟，九成收。

湖羊怕湿勿怕热，鹅鸭怕热勿怕湿。

七月葱，八月蒜，九月萝卜十月菜。

气象

（四—六字组）

春霜水怪。

春寒雨水多。

浓霜晏暖热。

二、八乱穿衣。

雨夹雪，无休歇。

鸡愁风，鸭愁雨。

（七—九字组）

开春落雨到清明。

东鲎（虹）日头西鲎雨。

六月不热，五谷不结。

清明断雪，谷雨断霜。

霉里西南，池里潭潭。

十月赤膊，稻要汏浴。

上看初三，下看十六。

一年四季东风是雨娘。

（十字组）

星月照烂地，有雨落不尽。

小暑一声雷，翻转做黄梅。

六月里迷雾，落雨到白露。

九月初三晴，钉靴挂断绳。

北风吹我背，有米也不贵。

南风吹我面，有米也勿贱。

雨打春丁卯，万物收成少。

雨打夏丁卯，晒刹田中草。

雨打秋丁卯，搭烂田中稻。

雨打冬丁卯，饿刹田中鸡。

日落胭脂红，无雨便是风。

雨打正月半，一年勿好看。

春打六九头，穷人脱苦头。

夏天雾露醒，赤膊跳落井。

白露身不露，赤膊当猪猡。
春风勿上树，上树落勿住。
小暑一声雷，翻转做黄梅。
冬冷勿算冷，春冷冻煞昂(牛)。
二月十九晴，麦柴好搓绳。
东风急溜溜，难过五更头。
早西夜东风，日日好天公。
南显火开门，北显(闪电)有雨来。

(十一字以上组)

六月里盖被，十二月里呒米。
天勿怕，地勿怕，只怕头蚕罢。
夏至有雷三伏热，重阳无雨一冬。
一场春雨一场暖，十场春雨单衣换。
七月里东北风，一、二日里有台风。
春雾雨，夏雾热，秋雾凉风，冬雾雪。
七九六十三，扁担头上摆布衫。
春东风雨祖宗，夏东风暖烘烘。
朝立秋，凉飕飕，夜立秋，闷吼吼。
六月初一隆隆响，四十二日好晒酱。
东风急，披蓑笠，东南风，雨太公。

生活

(五—六字组)

一鸽胜九鸡。
送佛送到西天。
锣鼓响，脚底痒。
呆大看仙秤。
腰里痛，吃杜仲。

(七—九字组)

一分价钿一分货。
眉毛胡子一把抓。
死马当作活马医。
上板勿跷下板跷。
一跤跌勒青云里。
拎勒猪头寻庙门。
三只骰子着两点。
宰相肚里好撑船。
性急吃勿得热粥。
辛苦铜钿快活用。
天塌自有长子(高个儿)顶。
一方曲蟮吃一方泥。
叫花子不留隔夜食。
债多勿愁，虱多勿痒。
生煞的性，钉煞的秤。
手捏罐头，呒啥话头。
一夜勿困，十夜勿醒。
船到桥门自会直。
行得春风有夏雨。
三年雄鸡毒如砒。
聪明面孔笨肚肠。
一分精神一分财。
三月桃花一时红。
一个将军一个令。
将军额头跑得马。
四方台子八方礼。
强龙难敌地头蛇。
七分笑脸三份生意。
满饭好吃满话难讲。
假客气碰着真老实。
小的不哄，老的勿玟。
勿懂装懂，一世饭桶。
手舞足蹈，九十勿老。
用人勿疑，疑人勿用。

三月三，荠菜当仙丹。

八月半，芋艿吃一半。

麻油拌蒿菜，各人所爱。

眼睛一霎，老母鸡变鸭。

（十字组）

十里不同风，百里不同俗。

吃得做勿得，惹事了勿得。

出门勿认账，好比强盗抢。

吃菱出水鲜，吃藕隔夜甜。

一天三个屁，药店呒生意。

一日笑三笑，郎中勿用招。

早上活活腰，一天精神好。

躲过了初一，躲勿过月半。

九子十三孙，老来做孤身。

甘蔗马丝梢，勿尝不知道。

大虫吃细虫，老爷吃相公。

惹厌当知己，肉麻当有趣。

吃苦勿记苦，老来呒结果。

人情大如债，背了镬子卖。

老人勿要风，小人勿要宠。

不听老人言，吃苦在眼前。

学嘴搬舌头，吃足大苦头。

来说是非者，必是是非人。

顶石臼做戏，吃力勿讨好。

黄胖夯年糕，出力不讨好。

柜台立三年，见人会相面。

宁跟讨饭娘，勿跟做官爷（父亲）。

棒头上出孝子，筷头上出逆子。

摇船一条线，十里只摇九里半。

若要小儿安，常带三分饥和寒。

罚愿（发誓）罚得准，监牢里厢呒犯人。

补药好是好，及勿来夜里困得好。

春天出门勿带衣，回到屋里请名医。

猪补三，羊补七，萝卜小菜日孵日。

开开心心活条命，忧忧急急多生病。

紧提酒，慢提油，称盐称菜秤抬头。

吃勿穷，着不穷，呒不打算一世穷。

千年勿断娘家路，万年勿断外婆家。

三亩棉花三亩稻，晴也好来落（下雨）也好。

猫乌（屎）芋艿杜搭酒，强盗来了不停手。

有得吃油肉夹饭嚼，没得吃冷水喝勿着。

三岁打娘娘（奶奶），要笑；廿岁打娘娘，要上吊。

歇后语

竹篮打水——一场空。

猢狲屁股——坐勿牢。

严嵩做寿——照单全收。

四金刚摇船——大推八板。

小狗落乌（屎）坑——开心。

外甥提灯笼——照舅（旧）。

阎罗王的爷——老鬼。

和尚拜丈母——头一通（第一次）。

老虎吃蝴蝶——不经大嚼。

四金刚腾云——悬空八只脚。

泥菩萨过河——自身难保。

荷叶包老菱——里戳出。

老和尚念经——有口无心。

偷来的锣鼓——敲勿得。

阿六伯看潮——过性。

江西人补碗——自顾自。

顶石臼做戏——吃力不讨好。

脱裤子放屁——多此一举。

柴草人救火——自身难保。

三婶妈嫁人——心勿定。

木头人摇船——勿推板。

小葱拌豆腐——一清二白。

潮烟管打鸟——勿象枪（腔）。
瞎子狗吃乌（屎）——撞着。
脚炉盖当镜照——看穿。
螺蛳壳里做道场——大煞有限。
肉骨头敲鼓——荤（昏）咚咚。
空棺材出丧——木（目）中无人。
马桶呒没“厂”（念 hai）——难“得”（双手搬东西）。
师姑（尼姑）养囡儿（孩子）——众人服侍。
六月里着棉鞋——热（日）脚难过。
养媳妇（童养媳）做媒人——自身难保。
棺材横头画花——鬼讨好。
黄牛角水牛角——角（各）归角（各）。
瞎子寻“引线”（缝衣针）——摸不着。
十三岁做小娘（妓女）——硬要饭吃。
城头上出棺材——远盘转。
萤火虫触屁股——亮通通。
三家村里只猫——逃勿到第四家。
关云长买豆腐——人硬货勿硬。
落雨天出太阳——阴勿阴，阳勿阳。
三个节头撮田螺——稳笃笃。
三只骰子着（掷）两点——看勿懂。
正梁木做扒灰柄——大材小用。
坍船配破橹——门当户对。
东头娘娘吃馄饨——受足（积聚很久）。
临时上轿穿耳朵——来勿及。
十五只提桶吊水——七上八落。
买个咸鱼来放生——不知死活。
江北驴子学狗叫——学煞勿象。
脚馒头（膝盖）上打瞌充——自靠自。
癞太婆（蛤蟆）跳勒戥盘里——自称自赞。
桑园地里拾个“白厅带”——也好。[①]

谜语

地名谜

蠡壳“削水片”。[②] （谜底：濮院）

铜锣落在地上响。[③] （谜底：桐乡）

“外婆啦屋里”谜

外婆拉屋里一棵菜，落雨就豁开。 （谜底：伞）

外婆拉屋里两只船，落雨就要开。 （谜底：套鞋）

外婆拉屋里一盆葱，朝朝夜夜拔三通。 （谜底：筷子）

外婆拉屋里一个井，跳落去齐头颈。 （谜底：衣服）

外婆拉屋里一棵树，荡满荡满小老鼠。 （谜底：白蒲枣）

外婆拉屋里一块白石头，坐啊坐勿得，立啊立勿得。 （谜底：豆腐）

外婆拉屋里一只大雄鸡，客人来了啼三啼。 （谜底：茶壶）

---

① 桑园地，即田野，“野”字与“也”字谐音；“白厅带”，孝服之一。孝，方言读作 hao，便与“好”字谐音。

② “削水片”，用薄的小瓦片顺着水面削过去，瓦片会在水面上一跳一跳地飞过去，蠡壳比瓦片更薄，扔得更远。“薄”与“濮”谐音，“远”与“院”谐音。

③ “铜”与“桐”谐音，“响”与“乡”谐音。

外婆拉屋里一只浜，跳落去齐腰深。（谜底：裤子）
外婆拉屋里一只老雄鸡，客人来了孵火里。（谜底：老式炖茶罐）
外婆拉屋里有条白曲蟮，顶着日头游太湖。（谜底：油盏头）
外婆拉屋里有只小抽斗，抽出来全是小黑头。（谜底：火柴）
外婆拉屋里一粒谷，爆开来满间屋。（谜底：火）
外婆拉屋里有口井，小囡住下蛮开心。（谜底：立囤）
外婆拉门口一根藤，藤郎挂满水晶灯。（谜底：葡萄）
外婆拉门口有只汰，有只蟹在爬。（谜底：蜘蛛网）
外婆拉门口树郎有只碗，三日三夜落勿满。（谜底：鸟窠）
外婆拉门口一根竹，小人囡囡抱牢就要哭。（谜底：甘蔗）
外婆拉岸滩郎有排树，树郎挂满小镰刀。（谜底：黄豆）
外婆拉地里一窠小强盗，个个带凉帽。（谜底：芋艿）
外婆拉稻田门底一只狗，摇摇尾巴到杭州。（谜底：摇橹船）
外婆拉门底一个竹蒲头，两只眼睛活溜溜。（谜底：刺猬）
外婆拉门前有棵树，树上结硬桃，外面骨头里面毛，等到桃子成熟哩，里面骨头外面毛。
（谜底：棉花）
外婆拉屋里后花园，摘个果子来尝新，敲开花墙门，个个小人穿红裙。
（谜底：石榴）
铜钿大，粉皮白，外婆家中两三百。（谜底：壁蟢窠）

口语谜

枚子枚子（谜语）叫你猜，嘎吱嘎吱切勿开。（谜底：水）
红漆马桶黑漆盖，摆勒桥上有人爱。（谜底：红柿子）
红漆马桶黑漆盖，一碰就要碎。（谜底：红柿子）
小小一爿店，又卖馄饨又卖面，黄鼠狼八吊愈加贱。[①]（谜底：土法缫丝）
莫（木）家史（水）家要攀亲，陈（绳）家嫂嫂做媒人，一做做到地狱里，滴滴答答哭不停。
（谜底：木桶到井中提水）
拆烂污。[②]（谜底：鸭子）
一双燕子着地飞，早晨出去夜里回。（谜底：鞋子）
朝的笃，夜的笃，一夜勿的笃，当家娘娘心里放勿落。（谜底：木门闩）
矮垒陀，眼睛多，吃红饭，拉黑乌（屎）。（谜底：铜手炉、脚炉）
十个兄弟上高山，八个忙碌两个懒，呼啦呼啦一阵扫，雪花飘飘落下来。
（谜底：搔头皮）

① 黄鼠狼八吊，一种油氽面果，又名枇杷梗。
② 任何家禽，唯鸭子不拉干屎。

远看脚桶（脚动），近看面桶（面动），仔细看看，脚桶（脚动）、面桶（面动）。

（谜底：猫洗脸）

远看一只红脚桶，五百罗汉抬勿动。（谜底：太阳）

早晨像只红脚桶，日中心里晒到背脊痛。（谜底：太阳）

一面镜子亮晶晶，走遍天下照古今。（谜底：满月月亮）

弯弓牵直线，喔子（哑巴）领在前。（谜底：老牛耕田）

白狗爬上床，越敲越变胖。（谜底：手工弹棉花）

青葱葱，矮蓬蓬，汏汏毛脚嫁老公。（谜底：手工拔秧）

面朝黄土背朝天，手拿青葱水面点，半年功夫青变黄，脱掉黄皮好卖钿。

（谜底：手工插秧）

剪断我个头，移到老蔀头，贴身贴肉抱，白头要到老。（谜底：植物嫁接）

远看圆头圆脑，近看五颜六色，何仙姑坐在中堂，铁拐李来来往往。

（谜底：手工绣花）

铁将军开城门，铜将军守城门，宗师（棕丝）将军冲进去，拎出两个小矮人。

（谜底：手工阉鸡）

远看一座庙，庙里一个头，两只手在动，两只脚在抖。（谜底：踩缝纫机）

姆妈有眼睛，阿爸有眼睛，养个儿子呒眼睛，吓得姆妈呱答呱答喊勿停。

（谜底：母鸡生蛋）

脸蛋红肿，去看郎中，郎中交代，只要避风。（谜底：灯笼）

头在泥里，脚在肚里，问我年纪，看看我腰里。（谜底：大蒜头）

圆团面孔翘嘴唇，头上别只绞丝针，早晚都要拎一拎。（谜底：夜壶）

快点逃，快点逃，赤膊的逃掉，着（穿）衣裳的捉牢。（谜底：筛子筛米）

钢筋铁骨小矮子，拖牢一根长辫子，看见一只眼乌珠，围老伊倷兜圈子。

（谜底：缝补衣服）

四四方方一只匾，摊满摊满黑芝麻，粒粒芝麻嘴里过，勿曾一粒吃进肚。

（谜底：读书）

四四方方一座城，城里兵马闹盈盈，两个将军对面坐，勿用刀枪比输赢。

（谜底：下棋）

字谜

廿一来吊油，碰到八姑娘。（谜底：黄）

王先生，白先生，坐在石头上。（谜底：碧）

言说青山不是青，二人席地诉衷情，三人骑牛牛无角，草木之中有一人。（打四字）

（谜底：请坐奉茶）

牛对和尚屋，两人抬支木，双木勿成林，目下弯曲曲。（打四字）

（谜底：特来相见）

家中添一口。（谜底：豪）

千分少一，百分少一。（谜底：伯）

他有你没有，地有天没有。（谜底：也）

一人一张口，口下长只手。（谜底：拿）

夫人何处去。（谜底：二）

千里相逢。（谜底：重）

添丁进口。（谜底：可）

十五天。（谜底：胖）

旭日不出。（谜底：九）

斩草不除根。（谜底：早）

人不在其位。（谜底：立）

九点。（谜底：丸）

十三点。（谜底：汁）

两人坐在泥地上。（谜底：坐）

儿子出世。（谜底：甥）

八人一口。（谜底：谷）

文章重复。（谜底：够）

缩脚韵

缩脚韵，就是用四个字组成的一句成语或俗语，只说前三个字，而要表达的意思则是没有说出来的第四个字，或者是这个字的谐音。旧时，濮院的知识界与商界人士使用缩脚韵的频率较高。

一塌糊——涂（大）

恭喜发——财

天地玄——黄

鸡毛掸——帚（走）

城隍老——爷

五颜六——色

倒挂杨——柳（刘）

喔哈啦——里（李）

千家万——户（胡、吴）

棺材亭——子（朱）

眯花眼——笑（小）

天官赐——福

爬上爬——落

柜台猢——狲（孙）

龙头拐——杖（丈人）

黎山老——母

甲乙丙——丁

一本万——利（李）

游龙戏——凤（冯）

出头椽——子（朱）

的角（念 go）四——方

曹兵百——万（饭）

敲台拍——桌(粥)　　　　七手八——脚

牛头马——面

第九节　非物质文化遗产

濮院建镇以来，镇民在生产生活中形成了世代相承的各种传统文化表现形式(如民俗活动、表演艺术、传统文化知识和技能，以及与之相关的器具、实物、手工制品等)和文化空间，累积成一方丰厚的非物质文化遗产。

2008 年 3 月至 2008 年 9 月，濮院镇对全镇范围内的非物质文化遗产进行全面普查，分别从民间文学、民间舞蹈、民间美术、民间手工技艺、生产商贸习俗、消费习俗、传统礼俗、岁时节令、民间信仰、游艺和传统体育竞技、传统医药等方面展开，发现普查线索 693 条，实施普查项目 145 项，认定非遗传承人 145 人。其中有些珍稀非遗项目(如剔墨纱灯、灶头画等)已面临后继无人的状况。

民间工艺选介

剔墨纱灯　据方志及古诗记载，剔墨纱灯的流传距今有一百多年历史。民国《濮院志》记载，清代"德清沈则庵流寓在镇，善画花鸟，能于纱上用灯草灰作剔墨之画，以纱绷灯，照以火光，则纱隐无质，而花鸟浮动如生，绝技也"。中华人民共和国成立后，这一技艺濒于失传。20 世纪 60 年代，桐乡县文化馆请熟悉此灯的老画家岳石尘、刘雪樵等试制了一盏，但"文化大革命"后，所制纱灯已荡然无存(仅存照片一张)。1987 年，剔墨纱灯由傅海铭仿制成功。2006 年，剔墨纱灯参加嘉兴市非物质文化遗产代表作展览，同年被列入浙江省第二批非物质文化遗产代表作名录。

濮院剔墨纱灯

传承人：傅海铭，男，汉族，1938 年出生于濮院镇，高中文化程度，从艺时间 40 多年。1987 年，傅海铭在县工艺美术学会组织下，和其他几位工艺美术师一起，根据县文化馆所存照片仿制了一盏剔墨纱灯，并于当年 3 月参加全省工艺美术品展览，获得好评。2007 年，傅海铭被命名为第一批浙江省非物质文化遗产项目(剔墨纱灯)代表性传承人。

傅海铭在制作剔墨纱灯

工艺流程：

1. 支架部分。用红木做 6 棱支架，每棱支架镂空雕花，支架组合成等边形框架，高 65 厘米，直径 56 厘米。

2.灯面部分。先用棕制成宽25厘米的框，绷上绢纱并在其上作画，勾墨着色后用针将嵌入纱孔的墨汁剔出。灯面图案以花鸟、人物为主。

3.安装灯面。

材料工具：木锯、刨子、针、红木、绢纱、炭笔、墨汁、胶水、流苏等。

灶头画　灶头画，也叫灶壁画，主要源于民间供奉灶神的祈福活动。灶头画采用尺、毛笔、画笔，颜料大多选用红色、黄色、翠绿等较为喜庆的色彩，描绘各种寓意吉祥的图案，体现人们对美好生活的追求。灶头画的流行也催生和培育了一大批优秀的民间灶画艺人。随着现代厨具进入普通家庭，灶画也已渐渐淡出人们的生活。

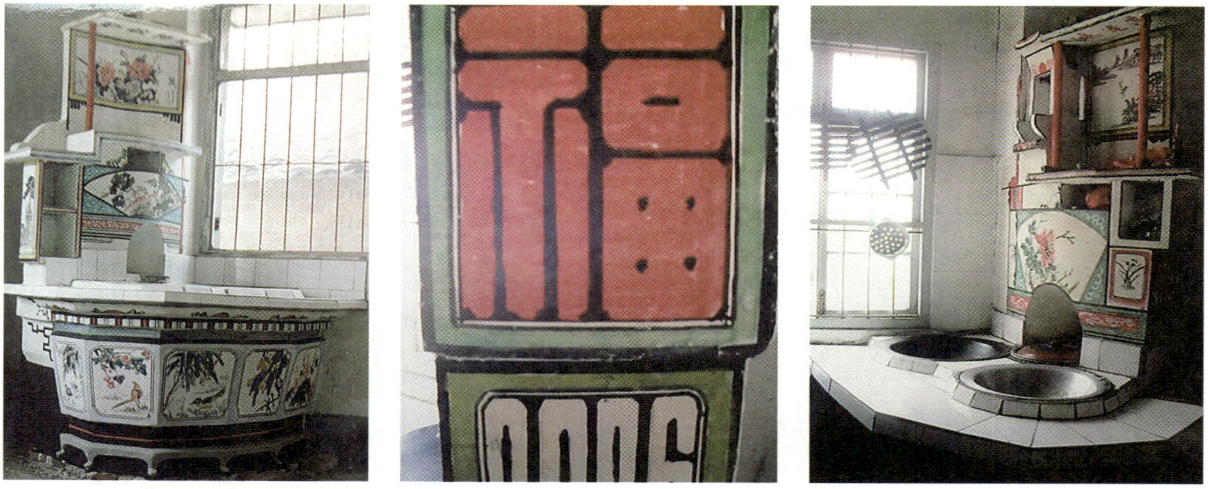

灶头画

传承人：胡鹤标，1954年出生于濮院永越村丰家浜组。1969年拜师学艺，从艺时间42年。他的灶头画作品技术精湛，成为濮院地区之翘楚，20世纪90年代多次在桐乡市获奖，其中一等奖1次，另有2件灶头画作品被桐乡博物馆（蚕桑馆）收藏。浙江电视台、杭州电视台、嘉兴电视台、桐乡电视台多次到濮院农村拍摄胡鹤标的灶头画。

工艺流程：

1.砌好“花篮灶”。

2.在烟箱、烟道、烟囱及“灶经堂”（即供奉小佛的神龛）上用磨光石灰浆粉刷，待灰浆稍干时即行作画。

3.画面图案依主人家喜好而定，通常是花鸟、人物（以菩萨为主）及“福、禄、寿、喜”等字。

材料工具：国画颜料、毛笔、油画笔、画线尺、调色板等。

蓝印花布　濮院镇的蓝印花布生产始于宋元之际，明清时期较繁荣，至中华人民共和国成立前期进入低谷。中华人民共和国成立后，濮院染坊略有生产。20世纪80年代以后，濮院印染业停止生产蓝印花布。

传承人：吴家熙，男，汉族，1932年出生于濮院镇。初中文化程度，从艺47年。

工艺流程：

1. 备大染缸（七石缸）、小染缸多只。

2. 用砻糠作燃料将染缸加热至 30℃左右。

3. 将颜料靛青溶解，同时加入水石灰及酒糟后兑入染缸中。

蓝印花布

4. 把白坯布浸入染缸中，搅拌 5 分钟，隔 15 分钟再搅拌 5 分钟，共 3 次。

5. 取出蓝布，晾干。

6. 将蓝布铺平台上，上压“花版”，用磨匀的黄豆浆和水石灰浇入“花版”。

7. 过一段时间，将蓝布洗净并晒干，两人用力拉抖，使残余豆灰浆物脱落。

8. 用小刀手工刮去残存的豆灰浆物。

材料工具：大小染缸、颜料、燃料（砻糠）、晾衣竹竿、刮刀等。

抬阁　濮院抬阁起源于明嘉靖至万历年间，是民间农历三月二十八祭神活动（庙会）中的一种展示形式。庙会期间，濮院镇的二十四坊每坊都会编扎各类抬阁，如百花台等。抬阁制作在清代较为盛行，民国时期民间逢庙会仍有置办。中华人民共和国成立后，在大型庆祝活动中，还常推出抬阁巡展。

抬阁巡展

西游记抬阁

传承人：曹伟文，男，汉族，1932 年出生于濮院镇。小学文化程度，从艺时间近 50 年。沈龙官，男，汉族，1932 年出生于濮院镇。初中文化程度，从艺时间 47 年。

工艺流程：

1. 制作抬阁木架（也偶用三角铁），一般呈正方形，边长约 140 厘米，高约 80 厘米，分台面、夹层、柱脚与直木抬杠几部分。

2. 台面上一般固定有铁杆多根，顶端有小座椅。

3. 夹层放 4—5 袋河沙，还藏有干电池（为抬阁四周小彩灯供电）。

4. 柱脚四只，上部雕有龙头，下部雕有龙爪。

5. 直木抬杠的直径约 10 厘米，长约 5 米，安放于夹层的左右两边。

6. 儿童装扮成戏剧人物绑坐在小座椅上。

7. 壮汉 8 人作抬夫，4 人一班轮流替换。

服饰道具：根据抬阁上的剧目需要，选定饰演者的服饰、鞋帽、化妆材料等；抬夫服饰一套（含鞋帽）。

配乐：根据剧目不同分别选定。

泥塑 泥塑是一种古老常见的民间艺术，起源可上溯到新石器时期。清末民国初，泥塑工艺在濮院地区广泛流传，深受人们喜爱。

传承人：沈龙官，男，汉族，1932 年出生于濮院镇，文化程度初中，从艺 47 年。

沈龙官泥塑作品

工艺流程：

1. 在黏土（或胶泥）里掺人少许棉花纤维，加水捣和均匀后，捏塑成各种人物、动物、器物的毛坯，经阴干、修理后，先上粉底再施彩绘而成。

2. 按各类神像应有的神态，分别装饰（如穿衣、戴帽、装胡须等）。

材料工具：黄泥巴（或胶泥）、棉花纤维、木料、铅丝、老虎钳、刻刀、砂纸、彩色丝线、彩缎、颜料等。

寿鞋 汉民族在丧葬中给逝者穿寿鞋的历史比较久远。濮院镇镇民延续该习俗已有数百年历史。

传承人：金掌娥，女，汉族，1956 年出生于濮院镇，文化程度初小，跟从姑奶奶曹惠元（1912—2011）学习做寿鞋，从艺 17 年。

工艺流程：

1. 用棉布和糨糊制作布百（布百分帮百和底百两种）。

2. 用鞋样在底百上剪出鞋底样（不纳底），圆口并绣上图案。

3. 用鞋样在帮百和面布上剪出鞋面样，园口并绣上图案。

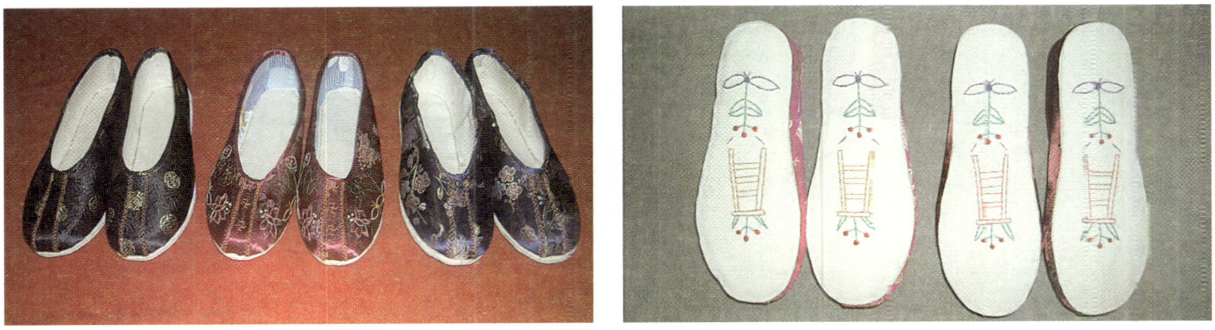

金掌娥制作的寿鞋

4. 绱鞋。

5. 用楦头把鞋子楦饱满(鞋面稍稍喷点水)。

材料工具:棉布、各色锦缎、丝织品、各色丝线、纱线、样板(花样图案)、剪刀、楦头等。

表 17-19　2008 年嘉兴市非物质文化遗产项目调查濮院镇统计表

单位 项

民间文学	民间音乐	民间舞蹈	戏曲	曲艺	民间杂技	民间美术	民间手工技艺	生产商贸习俗	消费习俗	人生礼仪	岁时节令	民间信仰	民间知识	游艺、传统体育	传统医药	其他	合计
38	无	1	无	无	无	3	18	5	3	22	12	18	4	6	13	2	145

表 17-20　2008 年浙江省非物质文化遗产普查濮院镇一览表

(民间文学类)

序号	普查项目编号	种类	项目名称	传承人出生年月	普查人
01	02—022—0410—74—0001	传说	思家桥	张松林 1949 年 9 月	倪丽秋　朱力佳
02	02—022—0410—74—0002	传说	龙潭村	张松林 1949 年 9 月	倪丽秋　朱力佳
03	02—022—0410—74—0003	传说	翔云观与翔云石的传说	张松林 1949 年 9 月	倪丽秋　朱力佳
04	02—022—0410—74—0004	传说	香海寺的来历	夏云林 1946 年 11 月	庄玥火
05	02—022—0410—74—0005	传说	翔云观的来历	钱顺楠 1942 年 7 月	庄玥火

续表 17－20

序号	普查项目编号	种类	项目名称	传承人 出生年月	普查人
06	02—022—0410—74—0006	传说	上马墩的来历	朱明火 1960 年 3 月	姚茂英
07	02—022—0410—74—0007	传说	聚星桥的来历	朱福生 1963 年 6 月	姚茂英
08	02—022—0410—74—0008	传说	花园弄的来历	张贵忠 1931 年 10 月	姚越峰
09	02—022—0410—74—0009	传说	濮院的由来	张松林 1949 年 9 月	倪丽秋　梅力佳
10	02—022—0410—74—0010	传说	梅泾的由来	柴兴祖 1922 年 3 月	陈　冕
11	02—022—0410—74—0011	传说	鱼行汇的由来	沈汉英 1962 年 5 月	陈　冕
12	02—022—0410—74—0012	传说	南北圣的由来	蒋阿群 1955 年 10 月	计宏斌
13	02—022—0410—74—0013	传说	油车桥的由来	蒋来宝 1932 年 3 月	朱永良
14	02—022—0410—74—0014	传说	妙智的由来	沈金潮 1940 年 7 月	沈海杰
15	02—022—0410—74—0015	传说	永兴的由来	蒋来宝 1932 年 3 月	计宏斌
16	02—022—0410—74—0016	传说	红旗漾的由来	高金毛 1928 年 5 月	张建良
17	02—022—0410—74—0017	传说	陆家门的变迁	高金毛 1928 年 5 月	张建良
18	02—022—0410—74—0018	传说	田心里的由来	沈德明 1959 年 10 月	高建伟
19	02—023—0410—74—0001	故事	七月七日乞巧节	张松林 1949 年 9 月	倪丽秋　朱力佳
20	02—023—0410—74—0002	故事	濮院与濮氏家族	张松林 1949 年 9 月	倪丽秋　朱力佳
21	02—023—0410—74—0003	故事	老严嵩南逃	庄林高 1948 年 8 月	祁桂仙

续表 17－20

序号	普查项目编号	种类	项目名称	传承人 出生年月	普查人
22	02—023—0410—74—0004	故事	妯娌养蚕	庄林高 1948 年 8 月	祁桂仙
23	02—023—0410—74—0005	故事	铲刀汤	庄林高 1948 年 8 月	祁桂仙
24	02—023—0410—74—0006	故事	骗子	庄林高 1948 年 8 月	祁桂仙
25	02—023—0410—74—0007	故事	田螺精	庄林高 1948 年 8 月	祁桂仙
26	02—023—0410—74—0008	故事	背娘舅	庄林高 1948 年 8 月	祁桂仙
27	02—023—0410—74—0009	故事	偷鸭船	庄林高 1948 年 8 月	祁桂仙
28	02—023—0410—74—0010	故事	兄弟分家	朱阿二 1950 年 6 月	祁桂仙
29	02—024—0410—74—0001	歌谣	滴笃班	庄林高 1948 年 8 月	祁桂仙
30	02—024—0410—74—0002	歌谣	一姐妹	祁祥宝 1950 年 6 月	祁桂仙
31	02—024—0410—74—0003	歌谣	孟姜女	李顺松 1947 年 10 月	祁桂仙
32	02—024—0410—74—0004	歌谣	赞花梁	沈巧玲 1920 年 12 月	沈亚芬
33	02—024—0410—74—0005	歌谣	蚕	高宜康 1965 年 3 月	沈爱文
34	02—024—0410—74—0006	歌谣	养媳妇	祁祥宝 1950 年 6 月	祁桂仙
35	02—024—0410—74—0007	歌谣	蚌壳里摇船过太湖	庄林学 1946 年 1 月	李雅英
36	02—024—0410—74—0008	歌谣	五马换六羊	张松林 1949 年 9 月	倪丽秋　朱力佳
37	02—024—0410—74—0009	歌谣	五个姑娘嫁五家	黄杏娜 1952 年 3 月	黄松局
38	02—025—0410—74—0001	史诗	刘伯温破风水	张松林 1949 年 9 月	倪丽秋　朱力佳

表 17－21　　2008 年浙江省非物质文化遗产普查濮院镇一览表

（民间美术）

序号	普查项目编号	种类	项目名称	传承人 出生年月	普查人
01	08—081—0410—74—0001	绘画	灶头画	胡鹤标 1954 年 7 月	庄明火
02	08—083—0410—74—0001	工艺	剔墨纱灯	傅海铭 1938 年 2 月	高伟胜
03	08—089—0410—74—0001	其他	剪字	杨一麟 1934 年 7 月	倪丽秋　朱力佳

表 17－22　　2008 年浙江省非物质文化遗产普查濮院镇一览表

（民间舞蹈）

序号	普查项目编号	种类	项目名称	传承人 出生年月	普查人
01	04—044—0410—74—0001	宗教信仰舞蹈	台搁	曹伟文 1932 年 5 月 沈龙官 1932 年 1 月	倪丽秋　朱力佳

第二章　体　　育

第一节　群众体育

体育组织

体育运动委员会　濮院镇体育运动委员会于1980年成立，由镇工会、共青团委、妇联、桐乡三中、镇小及有关部门的13人组成。镇人民政府副镇长任主任委员，下设办公室，地点在镇工会。委员会负责全镇体育组织的管理与协调工作，负责镇全民运动会的举办及对全镇各业余体育协会的工作指导。

武术协会　1990年7月，由镇工会和镇文化站牵头成立，有会员20余人，名誉会长徐永林，顾问俞炳林，会长黄如荣，副会长吴德明，秘书长李锦玉，理事有戴大铣、许斌斌、夏云翔、吴一根、许培甫。协会受桐乡武术协会与濮院镇体育运动委员会双重领导。至2010年，有会员55人。

篮球协会　濮院镇篮球协会于1990年8月开始筹备，1991年11月5日正式成立，会址设在镇工会。协会设顾问1人(镇党委书记兼)，名誉主席1人(镇长兼)，主席、副主席及委员37人，协会下设教练、裁判、竞赛3个委员会，有委员18人。2010年，篮球协会地址改设在镇文体站，管理与协调全镇14支篮球队。

乒乓球协会　濮院镇乒乓球协会于20世纪80年代成立。至1990年，协会管理与协调全镇19支职工乒乓球队。2010年，濮院镇乒乓球协会主席沈奇涵，秘书长周国强，全镇有球队21个。

门球协会　1987年，濮院镇门球协会成立，会员全部是离休人员，有10余人。会长赵荣，教练张善明。2010年，濮院镇门球协会主席曹月松，秘书长戴大铣，有会员16人。

老年体育协会　濮院镇老年体育协会于1986年12月18日成立，设主席、副主席、秘书长各1人，委员7人。2004年，老年体育协会重组，重组后的老年体育协会负责管理老年健身队、老年气排球队、老年乒乓球队、老年自行车骑游队4支运动队。2006年5月，濮院镇老年体育协会在各社区、行政村成立老年体协小组。2010年，镇老年体育协会会长张茂华，协会共有会员100余人。

棋类协会　濮院镇棋类协会于1988年成立，活动以中国象棋为主。20世纪90年代后期,棋类协会停止活动。

桥牌协会 濮院镇桥牌协会于1990年7月成立。有会员30余人,均为浙江省桥牌协会会员。第一任会长陈新荣,第二任会长陈汉强。进入21世纪,参与桥牌活动的人日益减少,协会停止活动。

信鸽协会 濮院镇信鸽协会于1988年成立,有会员7人。协会于90年代初停止活动。

运动队

篮球队

梅泾篮球队 民国34年(1945),由濮院镇工商界青年组成,队员10余人。该队除了与镇上其他球队开展竞赛外,还赴嘉兴、嘉善、海宁等地参加比赛。

梅联篮球队 民国36年(1947)夏,由梅泾同学联谊会组建,其活动多在学校。寒暑假外出比赛时,该球队往往与梅泾队合而为一,组成濮院镇队。中华人民共和国成立前夕,球队自行解散。

海浪篮球队 民国37年(1948)成立,队员年纪较轻,系刚离开学校不久的青年,共10余人。中华人民共和国成立前夕,球队自行解散。

20世纪80年代初,镇男子篮球队合影

镇男子篮球队 中华人民共和国成立后组建镇男子篮球队,队员从基层篮球队选拔,共10余人。该队多次在县市篮球赛中荣获冠军。今镇男子篮球队仍由基层篮球队选送优秀队员组成,在市级比赛中多次夺冠。

镇女子篮球队 以桐乡三中教工女篮为主体,10余人。20世纪八九十年代,该队多次获县市比赛冠军。

基层篮球队 中华人民共和国成立后,机关企事业单位相继建立篮球队,1990年有男队15支,分别是油厂队、镇机关队、丝厂队、缝纫机零件厂队、供销社队、中华羊毛衫厂队、东海电线厂队,华光电镀厂队、桐乡毛纺厂队、桐乡丝绸印染厂队、桐乡包装用品厂队、桐乡三中教工一队和二队、镇小教工队、中心小学教工队。女队有4支,分别是桐乡三中教工队、丝厂队、油厂队和毛纺厂队。企业改制后,原有企业篮球队大多解散或停止活动。进入21世纪,村、社区和部分非公有制企业相继成立篮球队。

乒乓球队 濮院镇的乒乓球运动开展较早,中华人民共和国成立后,基层乒乓球队陆续成立。1990年,全镇有男子乒乓球队12支、女子乒乓球队7支,分别是丝厂男、女队,油厂男、女队,毛纺厂男、女队,绸厂男、女队,供销社男、女队,三中男、女队,镇小男、女队,缝纫机零件厂男队,丝绸印染厂男队,食品站男队,缝纫机零件二厂男队,镇机关男队。企业改制后,原有企业乒乓球队大多解散或停止活动。进入21世纪,村、社区和部分非公企业相继成立乒乓球队。镇乒乓球队则从基层球队选拔优秀队员组成。

象棋队　象棋和篮球、乒乓球一起被誉为濮院三大传统体育项目。1990 年，全镇有职工象棋队 18 支，分别是供销社队、丝厂队、油厂队、缝纫机零件厂队、丝绸印染厂队、包装用品厂队、毛纺厂队、医院队、食品站队、桐乡三中队、镇小队、凯星羊毛衫厂队、印刷厂队、财税所队、缝纫机零件二厂队、低压电器厂队、镇办工厂队、镇机关队。企业改制后，随着全镇性象棋比赛的停办，基层象棋队或解散，或停止正常活动。

足球队　20 世纪 80 年代初，濮院油厂率先成立职工足球队。后在油厂足球队的基础上成立濮院镇足球队，有队员 15 人。20 世纪 90 年代后期，濮院镇足球队自行解散。今桐乡三中、濮院小学及桐星学校均建有学校足球队。

老年健身队　濮院老年健身队于 2001 年 3 月成立，有 28 人。2010 年，该队有队员 62 人。

老年自行车队　濮院镇老年自行车队于 2003 年 10 月成立，共有队员 6 人（男 5 人，女 1 人）。队长戴钟翔，副队长朱志盘。2009 年，有队员 11 人（男 9 人，女 2 人），同年加入桐乡市老年自行车骑游队。2010 年，队员增至 23 人（男 18 人，女 5 人）。

老年气排球队　濮院镇老年气排球队于 2006 年 12 月成立，有队员 16 人（男 8 人，女 8 人）。

体育活动

篮球活动　濮院镇的篮球运动始于民国时期，“梅泾”“梅联”“海浪”3 个球队经常进行友谊比赛，切磋球艺。1950 年，由这些球队选拔队员组成镇队，参加嘉兴地区篮球赛。此后，各基层篮球队相继成立，镇域篮球运动更为活跃，或系统间、单位间，或与兄弟镇频繁举行友谊赛。

1964 年，镇妇联为纪念“三八”国际妇女节，组织女职工篮球赛，桐乡三中队和濮院医院队取得优胜。1980 年，镇工会开始主办职工篮球赛。1982 年、1986 年，桐乡县运动会的篮球赛项目由濮院镇承办，并在濮院镇工人俱乐部球场举行。1986 年 9 月，濮院镇举办首届“梅泾杯”职工（男）篮球赛，由濮院缝纫机零件厂承办，有 10 余支代表队参加，缝纫机零件厂篮球队获得冠军。此后，“梅泾杯”篮球赛基本上每年举办 1 届，由各基层单位轮流承办。截至 2010 年，共举办 24 届。

1990 年 10 月，浙江省男子篮球队、女子篮球队两队到濮院指导并举行友谊赛，进一步促进了濮院篮球运动的发展。

1980 年、1982 年，濮院男篮参加桐乡县男子篮球赛，均获得冠军。1982 年、1986 年，桐乡三中教工女子篮球队在桐乡县女子篮球赛中均获得冠军。1990 年，镇女子篮球队在嘉兴市举办的体育先进镇篮球赛中获冠军。1990 年，濮院男子篮球队在嘉兴市举办的体育先进镇篮球赛中获男子篮球第 2 名。2003 年，在桐乡市“常青杯”男子篮球赛中，镇男子篮球队获得亚军。2004 年，在桐乡市“农行杯”男子篮球赛中，濮院镇篮球队获得第五名，同年,在桐乡市“常青杯”男子篮球赛中获得第五名。2008 年,濮院镇男子篮球队在桐乡市“振石杯”周末篮球联赛中获得第一名。2009 年,濮院镇男子篮球队在桐乡市第二届“新湖·香格里拉”篮球周末联赛中获甲组第一名。截至 2010 年,濮院镇男子篮球队备赛、参赛均呈常态化。

乒乓球活动 濮院镇职工乒乓球活动开始较早,各基层单位常组织小型比赛。自 1980 年起,由镇体委、工会开始主办年度比赛;1980—1984 年,每年举行 1 次。1986 年起,年度比赛命名为“梅泾杯”乒乓球赛。1989 年,“梅泾杯”乒乓球赛中团体前三名获得者,男子为桐乡三中教工队、食品站队、油厂队,女子为油厂队、绸厂队、医院队。1990 年“梅泾杯”乒乓球赛中,团体前三名获得者,男子为油厂队、食品厂队、绸厂队,女子为油厂队、镇小教工队、供销社队。进入 21 世纪,随着经济的日益繁荣,“梅泾杯”乒乓球赛改由基层单位赞助举办,如 2007 年“梅泾杯”乒乓球比赛的赞助者为鼎坤服饰有限公司。截至 2010 年,濮院共举办 23 届全镇乒乓球比赛。

2005 年,濮院老年乒乓球队在桐乡市老年乒乓球比赛中获得第四名。2008 年,濮院镇乒乓球队在“2008 奥运年”桐乡市乒乓球比赛中获团体第四名。

象棋活动 濮院镇的象棋活动自古就有,是镇人的一大传统体育项目,一般在茶肆、酒馆、书场等地方进行友谊赛。中华人民共和国成立初,毛信荣、范永奎、张志鸿等濮院象棋爱好者组成民间象棋俱乐部,经常自发组织个人对抗赛。象棋活动被纳入工会工作后,差不多每年都举行全镇性象棋对抗赛。进入 20 世纪 80 年代,全镇每年举行一次象棋赛,分团体和个人 2 项。其中 1989—1991 年的象棋团体冠军分别为缝纫机零件厂队、凯星羊毛衫厂队。20 世纪 90 年代初,张志荣、孙荣华、于建荣组成的濮院镇象棋队参加县象棋比赛,张志荣获个人冠军。张志荣曾获嘉兴地区象棋赛个人奖,并参加省象棋大赛。进入 21 世纪,濮院镇的象棋活动通常在社区活动室及乡村文化示范户开展,全镇性象棋赛规模和次数均有缩减。

2008 年,在桐乡市第九届机关事业单位退休人员象棋比赛中,濮院队获团体第三名。

足球活动 濮院镇的足球运动始于学校的足球活动及其延伸的青年职工自发活动。20 世纪 80 年代初,濮院油厂建立职工足球队,后发展为濮院镇足球队。在 1985 年桐乡县足球赛中,濮院足球队获得第二名。随着镇足球队的解散,濮院镇有组织的职工足球活动基本停止。

门球活动 1987 年,濮院镇老年门球队成立。镇门球协会与桐乡、崇福、乌镇、石门、洲泉六大镇门球协会轮流作东道主,举行门球赛,每年 1 次,命名为桐乡市“健康杯”门球赛。濮院队多次获奖,第九届(1998 年)获第五名;第十五届(2004 年)获第四名;第十七届(2006 年)获第五名;第十八届(2007 年)获第二名;第十九届(2008 年)获第六名;第二十届(2009 年),一队获第四名,二队获第二名;第二十一届(2010 年),一队获第四名,二队获第二名。镇门球队还不定期地赴嘉善、平湖、海宁等地,参加嘉兴市举办的镇际门球邀请赛,也有获奖。

桥牌活动 20世纪80年代后期,濮院镇有两支桥牌队,每周举行1次桥牌赛。濮院镇桥牌队在桐乡县桥牌比赛中,1990年获双人赛第二名,1992年获甲级赛第三名、乙级赛第一名。90年代后期开始,由于人员的流失,有组织的桥牌活动基本停止。

信鸽活动 濮院镇职工信鸽放飞活动开始于1982年。1986年开始参加嘉兴地区竞赛,前后参赛5次,5次均平安返回。进入21世纪后,信鸽放飞活动基本停止。

武术活动 清道光年间,嘉兴大桥村人殳震雷迁居濮院。殳氏精伤科,尤以拳术著名。殳震雷有六子,长、幼二子均能传其术。后人殳林甫在清末民国初于翔云观练武,打沙包、举石锁、推石板、举椿杆,出拳有风,双肩脱臼,能自动接上,青壮年镇人见之,自愿跟随习武。1955年,濮院镇铁器、木器、竹器生产合作社及油厂、煤球厂等部分青工每日清晨集合于白雀寺练习刀、枪、棍、拳。能者为师,互教互学,并一起磋商伤科医学知识。1990年,镇武协成立后,活动内容增加较多,有太极拳、少林软硬功、舞剑等。按照参加人员的年龄分成3个组:10—12岁组;13—17岁组;成人及中老年组。举办过10期武术训练班,前后参加者600人次。其间曾两次邀杭州杨式太极拳第五代传人、杭州市武协秘书长丁水德到濮院传授杨式太极“四十二式拳”和“四十二式剑”,提高了濮院镇武术爱好者的武术技艺。2004年,镇武协老年太极拳组在桐乡市老年太极拳、剑比赛中获得第四名。2005年,镇武协老年太极拳组在桐乡市老年太极拳、剑比赛中获得第六名。2005年,镇东南武术馆在第三届国际传统武术比赛中获6金9银5铜。2006年,镇东南武术馆在第七届省太极拳械比赛中获7金2银1铜。2009年,镇武协参加浙江省第六届国际传统武术比赛,获得奖牌62块、奖杯4樽。截至2010年,镇武协的备赛、参赛均呈常态化。

老年健身活动 濮院老年健身队主要有太极拳、腰鼓、竞走、健身球等活动形式,常为镇上举办的大型活动表演节目。2005年,镇老年健身队在桐乡市健身球比赛中获得老年组第五名。截至2010年,健身队一直在开展活动。

自行车活动 濮院镇老年自行车队不定期地组织在长三角地区骑游。2009年10月,11名队员(男9人,女2人)赴温州市参加浙江省首届骑游联谊会。2010年4月,全市老年自行车障碍慢车赛在濮院镇举行,来自17个镇、街道、单位的98名老年选手参加比赛,濮院老年自行车队获得团体第一名、男子组单项第一名和女子组单项第一名。

迪斯科、广场舞活动 濮院离退休老年人中,男子以学太极拳、慢走等为主,妇女则以学习迪斯科等各种健身舞为主。1990年9月,桐乡县举行老年迪斯科舞赛,濮院镇组织濮院丝厂队、濮院混合队、毛纺厂队3支队参赛,丝厂队获二等奖,混合队获三等奖。同年11月,镇妇联为推动这一活动,也举办了全镇迪斯科比赛。1990年10月,桐乡县举办首届老年人运动会,濮院镇老年迪斯科队参赛。

濮院的广场舞是居民自发的以健身为目的,在广场、公园等地方进行的富有韵律的舞蹈,通常都有高分贝、节奏感强的音乐伴奏。参与者多为中老年人,其中又以妇女居多。进入 21 世纪，濮院老年迪斯科舞逐渐被广场舞替代。

老年气排球活动 濮院镇老年气排球队除平时在濮院镇网球场练习外，每年下半年均赴梧桐街道参加桐乡市老年气排球队比赛，偶尔也获得名次。

2006 年“千人长跑”活动开幕式

火炬接力赛、“千人长跑”活动 1987 年 5 月 4 日，濮院镇举办火炬接力赛，每个参赛单位派男女选手各 4 人参赛，路径是从永乐商场至镇政府，约 400 米路程。濮院油米厂队获男女冠军。2006 年 10 月 21 日上午，濮院镇举办“千人长跑”活动，全镇各单位组成 40 余个代表队，1100 余人参与。路径是从镇行政中心广场出发，由景盛路往南折入凯旋路，往东到中兴路口折向南，再沿 320 国道北侧非机动车道往西，到文苑路折往北，经凯旋路、宏苑路回到镇行政中心广场，赛程约 5 千米。

拔河赛 1989 年 3 月，濮院镇妇联在镇工会灯光球场举行拔河赛。参赛的有油厂、绸厂、供销社、缝纫机零件厂、中华羊毛衫厂、凯星羊毛衫厂、毛纺厂、丝绸印染厂、包装用品厂、粮食金融联队、桐乡三中、濮院镇小等 12 支队伍。油厂队获第一名，绸厂队获第二名。

运动会 1987 年、1988 年，濮院油厂连续两年举行本厂职工运动会。竞赛项目有 60 米、200 米、800 米、1500 米、4×100 米接力及跳高、跳远、铅球、自行车慢车赛、拔河等。

1989 年 10 月，濮院镇首届“健康杯”职工田径赛在桐乡三中操场举行。比赛以系统为单位组队参加，其中职工 100 人以上的单位单独组队，共有 10 支代表队参赛。比赛以年龄划分青年组、中青年组、中年组、老年组；除老年组外，青年组、中青年组、中年组又分男子组、女子组，共 7 组。竞赛项目有 60 米、100 米、200 米、800 米、1500 米、4×100 米接力及跳高、跳远、铅球等。承办单位是桐乡三中及濮院镇小学。获团体总分前三名的分别是教工队、油厂队和缝纫机零件厂队。第二届“健康杯”职工田径赛于 1991 年 5 月举行，有 12 个单位的田径运动队参赛。获团体总分前三名的分别是桐乡三中队、毛纺厂队及油厂队。

2005 年 11 月，濮院镇第一届全民运动会在濮院小学毛衫城校区举行。竞赛按年龄分为青年组、中青年组、中老年组。共设 10 余个比赛项目，其中单项有 100 米、200 米、1500 米、飞镖、铅球、罚球、跳高、跳远等；集体项目有集体跳长绳、拔河、4×100 米接力等。来自全镇机

濮院镇第一届全民运动会会标

关、社区、行政村、学校和企事业单位的40支代表队共505名运动员参加比赛。

2008年6月26—27日，濮院镇举办首届老年运动会，地点在镇文体中心。镇机关、企事业单位、学校等101支代表队、400余名老年运动员参加比赛。比赛项目有30米托球跑、60米蛇形跑、飞镖、罚球、套圈、跳绳、集体跳长绳、铅球等。

2008年11月，濮院镇第二届全民运动会在濮院小学毛衫城校区举行。比赛项目与第一届全运会基本相同。来自全镇机关、社区、行政村、学校和企事业单位的35支代表队、380多名运动员参加比赛。濮院小学、濮院羊毛衫管委会机关和桐乡三中分获团体总分前三名。

截至2010年，举办全镇性大型体育赛事，即"一会、一杯、一赛"（运动会、"梅泾杯"篮球赛、门球赛），已成常态化。

濮院镇获得的荣誉：

1990年，被评为"嘉兴市体育先进镇"。

2005年，获桐乡市第二届老年运动会"组织奖"。

2007年，获"桐乡市体育工作先进集体"称号。

2008年，获"浙江省小康型老年体育乡镇"及"浙江省村级体育俱乐部"称号。

2009年，镇文体站被评为"浙江省一级文体站"。

2010年，被评为"浙江省体育强镇"。

表17-23　　2005—2010年濮院镇开展运动会情况表

年　份	参加区级运动会		举办镇级运动会(包括学校)	
	次数(次)	人数(人)	次数(次)	人数(人)
2005年	1	33	4	1900
2006年	1	28	4	1800
2007年	1	10	4	1700
2008年	—	—	5	2000
2009年	—	—	4	1700
2010年	3	200	3	1700

第二节　学校体育

民国时期，篮球、足球、乒乓球、田径、体操等现代体育项目逐步纳入濮院学校的教学安排，学校也开展相关的体育竞赛活动。据有关资料记载：民国5年（1916年）12月24

日,濮院敬业小学足球队在桐乡与他校进行足球赛,不分胜负(据岳文清日记记载)。民国25年4月24—25日,嘉兴县举行中小学运动会,濮院敬业小学初小部获胜(《申报》教育新闻栏刊有报道)。民国37年(1948)6月5日,濮院中心小学在香海寺举行运动会,各项成绩优良,有几项破上届县运动会纪录(《桐乡民报》6月8日第2版刊有报道)。

中华人民共和国成立后,学校贯彻"德、智、体"全面发展的教育方针,积极开展体育活动。幼儿园开展游戏性的体育兴趣活动;中、小学实行"两课(每周保证两节体育课)、两操(广播操、课间操)、两活动(每周保证两节课外体育活动)",长年坚持不懈。1959年实行《劳动卫国体育制度条例》,1964年改实行《青少年体育锻炼标准》,1975年贯彻《国家体育锻炼标准》。全镇各学校积极贯彻落实国家标准,在普及群体活动、提高竞技水平两方面都取得喜人成绩,其中桐乡三中于1979年获国家体委、教育部、卫生部、共青团中央授予的"体育卫生先进单位"称号。

幼儿体育

濮院镇幼儿园开展的体育活动,是以区域性体育活动为主要组织形式,创造不同的情景活动区域,如平衡区、走跑区、跳跃区、钻爬区、投掷区、玩沙区、攀登区、打陀螺区、跳绳区、踢毽子区、车类区等。体育活动的内容也比较丰富,有足球、篮球、花样跳绳、呼啦圈等。孩子们可以自由选择活动区域、活动内容、活动玩伴,让幼儿的体育体验成为乐趣,培养幼儿"我运动、我快乐"的体育感受。由于有充足的户外活动时间以及老师的引导,幼儿的运动技能和身体素质得到提高。进入21世纪,濮院镇中心幼儿园在桐乡、嘉兴市级幼儿体育竞赛中获奖颇多,如在桐乡市少儿轮滑大赛中,获得一等奖1个、三等奖3个、优秀奖2个;在嘉兴市两届幼儿趣味运动会中,获得团体一等奖2个、团体三等奖2个、个人单项一等奖30个、二等奖3个,其他个人单项奖24个,其中足球和体操分别获得团体总分第一名和第二名。濮院幼儿园多名幼儿被嘉兴市少体校选拔为小运动员。

小学体育

濮院镇区小学的体育活动,据民国时期的资料记载,学生已有良好的体育竞技水平,但乡村小学受师资和设施条件的限制,体育活动少有开展。中华人民共和国成立后,濮院镇的小学体育工作得到长足进步。学校除了积极开展"两课、两操、两活动"外,还开展丰富多彩的体育活动,每年举行1—2次校运动会。长期扎实的体育教育工作使各校师生都具备良好的体育素质,其中濮院小学在各类体育活动中获得诸多荣誉:

1988年,被命名为桐乡县"体育传统项目(小篮球)学校"。

1991年,在桐乡县"希望杯"篮球赛中获男、女双冠军。

1994年,在桐乡县"希望杯"篮球赛中,男篮获第三名,女篮获冠军。

2001年,获桐乡市"希望杯"小学生男子篮球赛第一名。

2002年,获嘉兴市第二届"港澳华庭杯"青少年篮球夏令营小学女子组冠军;获桐乡市第十四届运动会青少年部"希望杯"小学生篮球赛男子组冠军、女子组冠军。

2003 年，获桐乡市首届教工广播体操比赛一等奖，获嘉兴市市级"体育传统项目学校"称号。

2004 年，获嘉兴市小学生女子篮球比赛第一名，获桐乡市第四十届中小学田径运动会团体总分（城镇小学组）第一名。

2005 年，获嘉兴市小学生男子篮球比赛第一名。

2006 年，获桐乡市第四十二届中小学田径运动会团体总分（城镇小学组）第一名。

2007 年，获桐乡市第四十三届中小学田径运动会团体总分（城镇小学组）第一名。获桐乡市"希望杯"小学生篮球比赛男、女双冠军。

2008 年，获桐乡市第四十四届中小学田径运动会团体总分（小学组）第一名。

2009 年，获桐乡市首届中小学生乒乓球联赛小学男、女双冠军。

2010 年，获桐乡市"希望杯"小学生篮球比赛男、女双冠军。

表 17－24　　2003 年濮院镇完全小学体育达标情况表

学生数（人）	病残数（人）	应测数（人）	及格数（人）	良好数（人）	优秀数（人）	合　计（人）	占　比（%）
1041	20	1021	71	106	844	1021	100

表 17－25　　2003 年濮院镇中心小学体育达标情况表

学生数（人）	病残数（人）	应测数（人）	及格数（人）	良好数（人）	优秀数（人）	合　计（人）	占　比（%）
585	0	585	9	273	303	585	100

表 17－26　　2003 年濮院镇中心小学所属村小体育达标情况表

校　　名	学生数（人）	病残数（人）	应测数（人）	及格数（人）	良好数（人）	优秀数（人）	合　计（人）	占　比（%）
会龙小学	326	0	326	18	118	190	326	100
永联小学	25	0	25	5	18	2	25	100
黄河小学	30	0	30	0	28	2	30	100
新华小学	32	0	32	3	12	17	32	100

表 17－27　　2010 年濮院完全小学体育达标情况表

学生数（人）	病残数（人）	应测数（人）	及格数（人）	良好数（人）	优秀数（人）	合　计（人）	占　比（%）
3655	5	3650	241	368	3041	3650	100

表 17-28　　2003 年新生中心学校小学部体育达标情况表

学生数（人）	病残数（人）	应测数（人）	及格数（人）	良好数（人）	优秀数（人）	合　计（人）	占　比（%）
629	2	627	28	230	364	622	99.20

表 17-29　　2003 年新生中心学校所属村校体育达标情况表

校　　名	学生数（人）	病残数（人）	应测数（人）	及格数（人）	良好数（人）	优秀数（人）	合　计（人）	占　比（%）
油车桥村校	105	0	105	11	31	62	104	99
张家桥村校	98	0	98	9	29	60	98	100
元宝桥村校	21	0	21	2	4	15	21	100

表 17-30　　2010 年桐星学校小学部体育达标情况表

学生数（人）	病残数（人）	应测数（人）	及格数（人）	良好数（人）	优秀数（人）	合　计（人）	占　比（%）
672	1	671	26	276	365	667	99.40

说明：新生中心学校于 2006 年并入桐星学校

中学体育

桐乡县第三中学　私立梅泾中学成立之初，操场较小，仅有一个篮球场和少量简陋的体操器材，体育活动的开展受到条件的限制。中华人民共和国成立后，随着《中学暂行教学大纲（草案）》及《劳动卫国体育制度条例》的颁发，学校逐步扩建运动场地，添置运动器材，体育活动步入正轨，也涌现出一批高水平运动员。1959 年，高二班学生唐锦英获省女子五项全能第一名，代表省队参加第一届全国运动会女子五项全能及跳远比赛。

1969 年，按上级规定，学校将体育课改为军体课。体育教学为“军事操练、野营拉练”等军训活动所代替。1979 年，学校被省教委、省体委评为年度《国家体育锻炼标准》达标先进

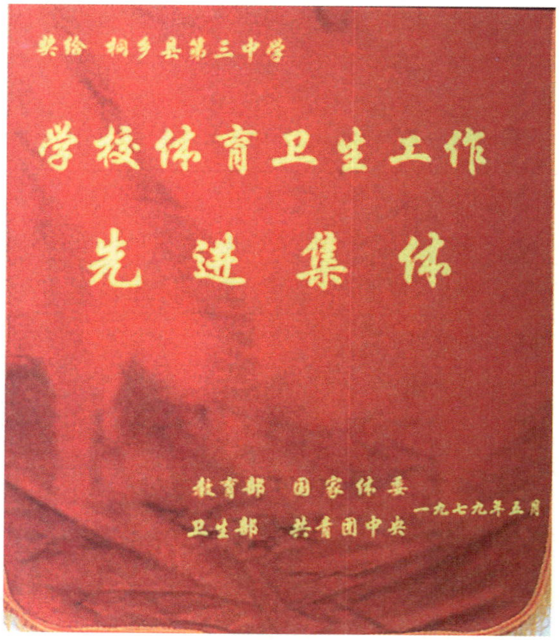

教育部、国家体委、卫生部、共青团中央授予桐乡县第三中学的荣誉称号

单位，同年还获教育部、国家体委、团中央和卫生部联合授予的"全国体育卫生工作先进单位"荣誉称号。20世纪80年代开始，学校贯彻教育部、国家体委联合颁发的《中小学体育工作暂行规定(试行草案)》，积极开展"两课、两操、两活动"，并做到制度化。学校经常开展球类、越野赛跑、跳绳、拔河等竞赛以及丰富多彩的趣味体育活动，每年还举行1—2次学校运动会。学校优良的体育传统使师生保持良好的体育素质，在各类体育比赛中也频频获奖。

1992年，获桐乡县城镇中小学田径赛中学组团体第一名；获桐乡县第二届"青春杯"中学生篮球赛女子组冠军、男子组亚军。

1995年，获桐乡市"青春杯"中学生篮球赛女子组亚军、男子组第四名。

1996年，获桐乡市"青春杯"中学生男子篮球赛第三名。

1997年，获桐乡市"青春杯"中学生男子篮球赛第三名；获嘉兴市职业学校学生排球赛男子组、女子组第一名。

1998年，获桐乡市第十三届运动会田径比赛城镇组第二名。

1999年，在桐乡市中小学田径运动会上获高中组团体第二名。

2002年，获桐乡市"青春杯"篮球赛城镇初中组第三名；获桐乡市中小学田径运动会团体总分(城镇初中组)第三名。

2003年，获桐乡市第三十九届中小学田径运动会团体总分第二名；获桐乡市"青春杯"初中学生篮球赛男子组冠军、女子组第三名。

2004年，获嘉兴市中学生男子篮球赛冠军，并代表嘉兴市参加全省比赛(获第七名)，获桐乡市"青春杯"城镇初中学生篮球赛男子组亚军、女子组亚军，获桐乡市中小学田径运动会团体总分(城镇初中组)第二名。

2005年，获桐乡市"青春杯"初中学生篮球赛男子组冠军，女子组亚军；获桐乡市中小学田径运动会团体总分(城镇初中组)第二名。

2006年，获桐乡市中小学田径运动会团体总分(城镇初中组)第二名；获桐乡市中小学教职工羽毛球比赛团体第二名。

2009年，获桐乡市"青春杯"初中学生篮球赛男子组第四名、女子组第五名。

2010年，获桐乡市"青春杯"初中学生篮球赛男子组第三名、女子组第六名。

表17－31　　1990年桐乡三中体育达标情况表

学生数(人)	病残数(人)	应测数(人)	及格数(人)	良好数(人)	优秀数(人)	合计(人)	占比(%)
668	10	658	280	264	98	642	97.6

表 17－32　　2002 年桐乡三中体育达标情况表

学生数（人）	病残数（人）	应测数（人）	及格数（人）	良好数（人）	优秀数（人）	合　计（人）	占　比（%）
1124	3	1121	463	341	315	1119	99.82

表 17－33　　2002 年濮院初中体育达标情况表

学生数（人）	病残数（人）	应测数（人）	及格数（人）	良好数（人）	优秀数（人）	合　计（人）	占　比（%）
576	3	573	133	228	208	569	99.30

表 17－34　　2010 年桐乡三中体育达标情况表

学生数（人）	病残数（人）	应测数（人）	及格数（人）	良好数（人）	优秀数（人）	合　计（人）	占　比（%）
1369	2	1367	519	491	357	1367	100

桐星学校　学校历来重视体育教育各个环节，学生强身健体的观念比较强。进入新世纪，学校中考体育成绩连续多年名列桐乡市第一。2009 年，该校被评为浙江省体育特色学校，成为桐乡市第一所省级体育特色学校。同年，在桐乡市第四十五届中小学田径运动会上，获初中组团体总分第四名；获小学组团体总分第七名及小学组体育道德风尚奖。2010 年，在桐乡市第四十六届中小学田径运动会上，获初中组团体总分第三名。学校的各种体育社团积极参加各级各类比赛，也获得多种奖项。

表 17－35　　2003 年新生中心学校初中部学生体育达标情况表

年　　级	合格率	其中：优秀率
初一年级	100%	58.40%
初二年级	100%	54.50%
初三年级	100%	75.20%

表 17－36　　2010 年桐星学校初中部体育达标情况表

年　　级	合格率	其中：优秀率
初一年级	100%	60.20%

续表 17－36

年　　级	合格率	其中:优秀率
初二年级	100%	58.30%
初三年级	100%	76.70%

第三节　体育设施

中华人民共和国成立前，濮院镇体育设施匮乏，连日常教学必需的学校体育设施亦相当简陋。清河中学曾用毛竹制作双杠、单杠及单柱篮球架，供学生开展体育活动。私立梅泾中学仅有1个较小的操场、1个简易篮球场。中华人民共和国成立后，在“发展体育运动，增强人民体质”的号召下，政府重视体育工作，体育设施逐年得到改善。截至2010年，全镇有田径场5个、篮球场28个、乒乓球室27个、羽毛球场4个、网球场2个、门球场1个、室外健身点22处、室外健身苑点4个、室内健身点17处、镇村棋牌室18个。村文化活动中心配置体育器材480余件。

体育场馆选介

桐乡三中大操场　桐乡三中大操场历来是镇区举行大型体育活动的场地。原为香海寺遗址地白场，后成为香海寺公园。1956年，中学扩建，香海寺公园辟为学校操场。20世纪60年代，桐乡三中师生自己动手，挑土、填浜、运煤渣，将操场扩建成包括220米环形跑道、2个标准篮球场的体育运动场。后经70年代、80年代初两次改造，桐乡三中大操场已是集300米田径场、足球场、篮球场、排球场于一体的综合性运动场。

篮球场　1965年，濮院镇公园建成后，就在南部安排两个篮球场，其中一个在60年代末改建成灯光球场。2010年，全镇有篮球场28块，分布于各学校、机关，以及部分村社、企业。

文化体育活动中心　羊毛衫市场南面建有文化体育活动中心，占地面积2000多平方米，内设棋牌室、台球室、乒乓球室、体操房、室内健身房、室内灯光篮球场、羽毛球场、门球场及国民体质监察区等。

全民健身广场　镇行政中心前建有面积6000多平方米的全民健身广场，常年向社会免费开放。

村社、企事业单位的体育设施　进入21世纪，永联、永越、永乐、新星、新东、新联、星旗、红旗漾8个行政村均各建有一个文体活动中心。油车桥、新港、新濮、西浜4个行政村也分别建有村民文体活动室。凯旋小区建有标准篮球场，供电所、浙江鼎坤等企业建造了标准篮球场、乒乓球室等。其他社区、企事业单位也辟有一定的体育场地，能开展篮球、乒乓球、台球、棋类等活动。

营业性体育设施 镇区内开设有武术馆、跆拳道馆、溜冰场等。

表 17－37　　　　2005—2010 年濮院镇体育基本设施统计表

年　份	田　径　场（个）	水泥篮球场（个）	乒乓球室（个）	羽毛球场（个）	网　球　场（个）
2005 年	5	9	9	—	—
2006 年	5	9	9	—	—
2007 年	5	10	12	—	—
2008 年	5	14	25	—	—
2009 年	5	14	25	—	—
2010 年	5	28	27	4	2

附：

从濮院走出去的体育明星钟红燕

钟红燕

钟红燕，1978 年 11 月 29 日出生于浙江省桐乡市濮院镇油车桥村，皮划艇运动员。2002 年，获得世界锦标赛女子四人皮艇 1000 米亚军；2004 年，获得世界杯德国站女子四人皮艇 500 米第三名、双人皮艇 500 米冠军和雅典奥运会双人皮艇 500 米第四名等成绩；2005 年，获中华人民共和国第十届运动会单人皮艇、四人皮艇 500 米冠军；2006 年，获世界杯广州站单人皮艇 500 米、200 米冠军，四人皮艇 500 米、200 米冠军；2006 年，获世界锦标赛女子单人皮艇 500 米第三名；2007 年，获世界杯匈牙利站女子单人皮艇 500 米亚军。

第三章 广　　电

第一节 广　播

濮院的有线广播始于1958年。是年，濮院人民公社在杏林街公社管理委员会大院内设立濮院广播站。广播线路覆盖全公社。区域内有广播喇叭100余只。广播内容主要是转播上级台站广播节目，同时插播公社的农业生产进度情况，以及宣传农业科普知识。

20世纪六七十年代，濮院的有线广播覆盖率有所提高，广播喇叭数逐年增加，但“文化大革命”时期的广播宣传内容混乱无序。中共十一届三中全会后，广播站工作步入正轨。1984年撤销公社建制后，镇域内有濮院镇站、濮院乡站及新生乡站3个广播站。濮院镇广播站在柳岸街，工作人员钱伟平；濮院乡广播站在雷家潭濮院乡政府大院内，站长沈锦明；新生乡广播站在新生乡政府大院内，站长李金才。此时的“一镇两乡”广播站，除转播桐乡广播站节目外，还配合党委、政府自办新闻、农技等节目。

20世纪70年代濮院公社广播站播音工作

1989年1月，桐乡县广播站改称桐乡县人民广播电台后，镇域的乡镇广播站定时转播桐乡县人民广播电台节目，每日3次，时间分别为5时—7时55分，9时50分—12时35分，17时15分—20时35分。此外，乡广播站继续播出自办节目，有新闻、农技、青少年之声、卫生等栏目，偶尔也播出寻人通知等公益广告。镇广播站自办节目少，也无专职报道员。

1992年6月，濮院乡广播站并入濮院有线电视站，合并后称濮院镇广播电视站。濮院镇广播电视站设专职报道员1人（茅建根）、业余报道员80余人。2001年，新生乡广播站并入濮院镇广播电视站，有专职报道员1人（戚玉明）、业余报道员50余人。广播电视站每年收到广播稿件2000件左右，播出率在90%左右。

20世纪90年代开始，按照上级新闻管理部门及桐乡县人民广播电台提出“发展音响喇叭，过渡舌簧喇叭，淘汰压电喇叭，提高喇叭优质率”的要求，濮院镇广播电视站积极普及广播音响喇叭。2005 年,全面完成调频音箱改造,安装调频音箱 8000 多只。至 2010 年,濮院镇有线调频广播入户率为 99%。

表 17－38　　2005—2010 年濮院镇农村调频广播入户率统计表

年　份	入户率(%)	年　份	入户率(%)	年　份	入户率(%)
2005	90%	2007	99%	2009	99%
2006	90%	2008	99%	2010	99%

第二节　有线电视

1989 年,随着有线电视事业在桐乡的启动,濮院镇以集资方式开始筹建有线电视站,按每户用户出资 250 元计算,年底共募集到资金 35 万元。1990 年 2 月,濮院有线电视站建成,地址在柳岸街中段镇政府大院北面,站长朱昌炘。

濮院有线电视网第一期开通时,有用户 450 户,至 1990 年 12 月底,开通户数已占镇区居民户数的 50%以上。1992 年 6 月,濮院乡广播站并入濮院有线电视站,合并后称濮院镇广播电视站,站长朱昌炘。1996 年底,濮院镇有线电视网与市广电局光缆联网。

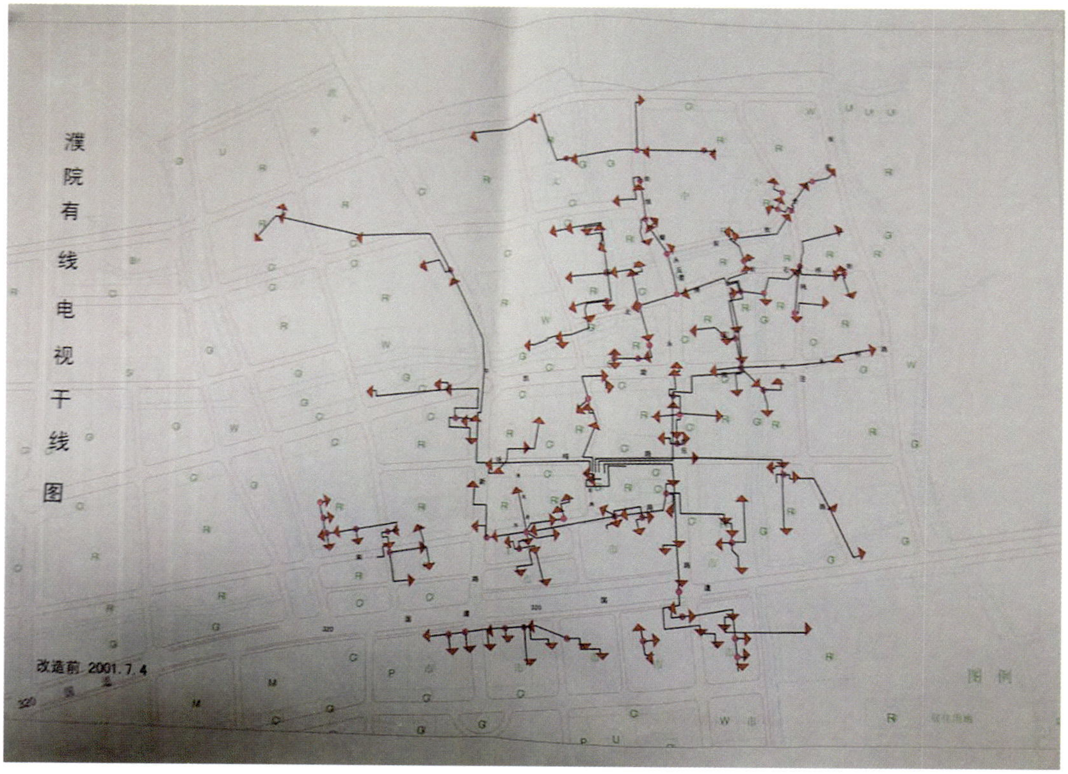

2001 年濮院镇有线电视干线分布图

1998 年，濮院镇广播电视站投资 300 多万元，新建广电大楼，地址在濮院咏梅路 31 号，占地面积 400 多平方米，建筑面积 2250 平方米。1999 年，濮院乡村实现有线电视村村通。2001 年，新生乡广播电视站并入濮院镇广播电视站。

截至 2005 年，濮院镇广播电视站已架设主杆线光缆 100.88 千米、电缆 156.99 千米，以及共缆主杆线 63.45 千米，有线电视线路覆盖全镇 340 个村民小组，每户村民都能收看到有线电视。至 2010 年，全镇有线电视用户终端 16000 多户，入户率达 99%。

表 17－39　　2005 年濮院广播电视站有线电视情况表

序号	行政村或居委会名称	居民总户数（户）	光接点数（个）	有线电视开通数（户）	干线总长度（米）	支线总长度（米）	村民小组	
							总数（个）	开通（个）
1	新河村	886	2	492＋2 副	7302	14090	38	38
2	永越村	869	3	948＋3 副	2500	16170	26	26
3	永联村	517	1	299	7630	8751	22	22
4	新濮村	747	2	567＋7 副	2733	13550	32	32
5	永乐村	709	2	576＋4 副	3500	14930	30	30
6	新星村	993	4	637＋1 副	4586	18482	39	39
7	新东村	550	1	159＋1 副	1711	4850	17	17
8	新妙智村	570	1	371＋17 副	7850	8533	22	22
9	油车桥村	421	1	227＋2 副	2000	5000	17	17
10	新联村	650	—	292＋1 副	2800	9300	35	35
11	红旗漾村	598	—	225＋1 副	2500	6200	17	17
12	新港村	730	1	276＋1 副	4405	8365	25	25
13	星旗村	470	1	206＋2 副	4700	5080	20	20
14	南北圣集镇	—	1	269＋14 副	2400	3600	—	—
15	市场、旅馆	—	5	3889	3106	11560	—	—
16	锦苑社区	465	2	1240	1100	3610	—	—
17	鸣凤社区	921	2	842	1530	3380	—	—
18	咏梅社区	1053	1	1091	800	3008	—	—
19	梅园社区	1119	2	1070	1080	2100	—	—
合计		12268	32	13732	64233	160559	—	—

表 17－40　　　　2005—2010 年濮院镇有线电视入户率统计表

年份	镇区入户率	农村入户率	年份	镇区入户率	农村入户率	年份	镇区入户率	农村入户率
2005 年	96%	80%	2007 年	99%	95%	2009 年	99%	99%
2006 年	96%	80%	2008 年	99%	99%	2010 年	99%	99%

第三节　数字电视

濮院镇的数字电视推广始于 2007 年。是年，经镇广播电视站的推广宣传，全镇有 3000 余户率先使用数字电视信号。数字电视信号强，画面清晰，转播的电视频道也由模拟信号

2007 年濮院镇数字电视光缆分布图

的10余个增加至60余个。在推广宣传时，濮院广电站根据浙江省物价局〔2006〕92号文件精神，给每个用户免费配置1只机顶盒。之后，如用户需配置第2只机顶盒则须付费，其中城镇用户每只收取330元，农村用户每只收取130元。每个用户每月缴纳数字电视播出费20元（限两台），使用第3台电视机开始，每月每台增收播出费8元。2008年，濮院镇广播电视站继续做好数字电视的推广工作，是年，新增数字电视用户2800户。2009年，新增数字电视用户3500户。至2010年，全镇数字电视总用户已有12000余户。

截至2010年，濮院镇广播电视站先后购买2芯—6芯光纤300千米左右，价值约150万元；购买光发机38台，价值380万元；光接收机400余台，价值400余万元。2010年，濮院镇广播电视站有干部职工8人，编外职工（外线工）2人。站长葛利根。

濮院广播电视站历年获得不少荣誉，1996年，被嘉兴市广播电视局命名为“一级广播电视站”；1999—2006年，连续8年被桐乡市广播电视台评为广电系统先进集体；2001年，被桐乡市委、市政府评为桐乡市文明单位；2003年，站党支部被桐乡市广播电视局党委评为先进党支部；2009年，被桐乡市广播电视台评为广电系统先进集体。

表17－41　　2010年濮院广电站农村电视光缆网络基本情况表

序号	村　名	到村光缆芯数（D）	自然组个数（个）	组光接点个数（个）	组光缆芯数（D）	户数（户）	放大器个数（个）
1	新河村	2D	38	17	2D	592	42
2	永越村	2D	26	14	2D	947	60
3	永联村	2D	22	11	2D	421	35
4	新濮村	2D	32	14	2D	753	56
5	永乐村	2D	13	5	2D	909	21
6	新星村	4D	39	20	2D	772	71
7	新东村	2D	17	12	2D	357	35
8	新妙智村	2D	22	11	2D	427	29
9	油车桥村	2D	17	9	2D	229	23
10	新联村	2D	35	12	2D	526	42
11	红旗漾村	2D	17	9	2D	451	30
12	新港村	4D	25	14	2D	341	38
13	星旗村	4D	20	9	2D	228	23
14	西浜村	4D	23	42	2D	542	40
合计			346	199		7395	545

第四章　档　　案

第一节　档案工作的历史沿革

1951年,濮院镇政府开始建立全宗档案,全宗档案主要包括文书档案、会计档案、基建档案、设备类档案、特种载体档案五大类。由于初期档案意识不强,各类档案保存不全,存档量不多。1959年,根据县委对文书档案整理工作的指示精神,濮院镇、濮院公社同期开展文书档案的搜集、整理工作,并采取务实的方法完成了此项工作,使镇、公社部分中华人民共和国成立初期流失的历史资料得到抢救性保存。濮院公社在此项工作中采取了四个办法:一、整理已存文书资料及原大队干部的会议记录本,形成文书资料50余件,确定30余件为文书档案;二、利用各种会议进行宣传发动,做到文书资料搜集工作人人明白、个个参与;三、开座谈会,请有关人员回忆;四、采访当事人。经两个多月搜集、整理,汇编成综合性资料四册,522页,内容涉及高产尖端、丰产田、土特产介绍、技术革新、钢铁生产等方面。文书资料经整理后以组卷的方式按年分类立卷,编写案卷全引目录,由公社资料室保存。是年,濮院镇人民政府建立了档案资料室,根据档案管理要求指定专人负责。至1980年,濮院镇档案室有档案橱2只,文书档案总卷184卷,分别为1958年前1卷,1958—1979年169卷,1980年14卷(其中永久保存3卷,长期保存5卷,短期保存6卷)。

1986年,根据县委组织部关于编写镇乡《组织史资料》的要求,濮院镇、濮院乡、新生乡相继成立组织史资料编写组,着手资料征集、编纂工作。是年9月,濮院镇组织史资料编写组成立,组长施文珍、倪长庚,主编葛朗秋、钱永海,成员5人。编写成员在县委组织部党史征委会、县档案馆的指导下,经查阅档案、调查座谈、反复核实,于1988年1月完成初稿,3月定稿。1987年1月,新生乡成立组织史资料编写组,责任人沈培兴、沈毛娜,主编计文龙,成员3人。编写成员通过查阅文件资料、访问曾经担任过领导职务的老同志,历经数月,完成定稿。《组织史资料》分党组织资料和政府组织资料两部分,时间跨度,濮院镇为1949年5月—1987年12月,濮院乡为1949年5月—1989年12月,新生乡为1949年5月—1987年12月。《濮院镇组织史资料》《濮院乡组织史资料》《新生乡组织史资料》较为翔实地记录了镇、乡党政组织机构以及所属企事业单位在不同历史时期的变化,成为"一镇两乡"文书档案的重要组成部分。

1988年1月1日,《中华人民共和国档案法》颁布实施,档案管理更加规范。根据档案工作的发展需要,1990年7月5日,濮院镇成立濮院镇综合档案室和档案工作领导小组,由镇长许建新任组长,副镇长朱建栋任副组长,徐建人任综合档案室主任,专职档案管理员陆忠伟。9月27日,濮院乡政府发文成立档案工作领导小组,由乡长魏士荣担任组长,杨学江担任副组长,盛松林任综合档案室主任,乡政府15个部门各配备1名档案网络人员。同时要求各村、企事业单位也相应建立档案室、档案橱,确定专人负责本单位的档案收集、整理和保管工作。是年,新生乡以新乡委〔90〕34号文件公布成立新生乡综合档案室和档案工作领导小组;以新乡政〔90〕42号文件公布档案网络人员。1991年,新生乡以乡政51号文件就《加强村、乡办企业档案管理》作出要求。镇、乡档案工作领导小组的建立,进一步完善、提升档案工作的管理体系和管理人员的业务水平,为档案工作管理升级奠定基础。1992年,全县开展档案管理工作检查评比,新生乡被评为"桐乡县档案工作先进乡"。

1993年,根据桐乡市档案局关于制定《村级档案收集范围》的文件要求,濮院镇、新生乡相继成立村级建档领导小组,开展村级档案及企业档案的收集建档工作,使档案管理工作延伸至基层。至1993年年底,全市有27家乡镇企业档案室,经桐乡市档案局验收达到合格档案室,新生乡的新生机械厂、新生糖果食品厂、新主布厂、嘉兴市雅蝶羊毛衫厂、新生砖瓦二厂、新生丝厂、新生建筑公司档案室列在其中。

1997年开始,按照市档案局要求,濮院镇、新生镇分批将档案室保管的文书移交至桐乡市档案馆统一保存。会计档案、基建档案、设备类档案、特种载体档案仍由镇档案室保管。1992年、2001年,濮院镇两度扩镇后,原濮院乡、新生镇的文书档案全部移交桐乡市(县)档案局。

第二节　2000年后的档案管理

进入21世纪后,档案分类更明细,管理更规范,查阅更便捷。镇综合档案室通过检索工具全引目录、归档文件目录、案卷目录查阅档案,同时改进文书档案归档方式,1951—2003年,文书档案按组卷方式整理归档,2004年后改为以件为单位整理归档。

文书档案包括党群工作、行政工作、工交工作、农业工作、政法工作、人武部工作、民政工作、经济工作等八类,十二项内容:镇党委、政府工作总结、报告、计划、会议记录。镇党委、镇政府及上级部门有关机构组织、启用印章、干部任免、人员调配、招工、人事处分、技术职称、干部编制、工资、退休、职工管理、表彰先进、干部考核、岗位责任。镇党委有关组织党建、整风整党、党员培训、考核、双争工作、党员介绍信存根、纪检工作、党纪审查、处分、"两案"复查、冤案平反、落实政策。党组织、党员年报、干部登记、统计。党委宣传、工、青、妇工作。党代会、人代会的会议材料。镇政府有关城镇规划建设、财税、工商、物价、物资、粮食、房产管理、基建、征地、教育、卫生、治安、交通、绿化、人口普查、地名、文物、乡规民约、殡葬管理、计划生育、台属、人武、镇办企业。居委会街道工作、信访材料。镇政府下属各单位工作总结、计划、报告。刑事判决、民事调解。婚姻登记、户籍管理、上山下乡知青材料，知青、社青定位登记。本镇史志编纂材料。至2010年，濮院镇综合档案室已形成文书档案共8936卷，其中形成时间在1951—2002年的1858卷文书档案已移交桐乡市档案局保存；形成时间在2003—2010年的7078卷文书档案存于镇文书档案资料室。

已移交桐乡市档案局保存的档案，属濮院镇的共1858卷，形成时间在1951—1989年的共514卷，其中永久保存328卷、长期保存162卷、短期保存24卷；形成时间在1990—1999年的共871卷，其中永久保存368卷、长期保存503卷；形成时间在2000—2002年的共473卷，其中永久保存164卷、长期保存309卷。属濮院乡（公社）的共297卷，其中永久保存237卷，长期保存60卷，形成时间在1952—1992年。属新生镇（乡、公社）的共1563卷，形成时间在1961—1993年的共805卷，其中永久保存434卷、长期保存371卷；形成时间在1994—1998年的共458卷，其中永久保存212卷、长期保存246卷；形成时间在1999—2001年的共300卷，其中永久保存160卷、长期保存140卷。

此外，镇综合档案室还存有会计、基建、设备、特种载体等其他类档案。

会计档案 主要包括镇行政、财政组、总公司、事业单位的会计报表、账簿、凭证等资料。分类和编号方式为分单位按年度报表、账簿、凭证编一个流水号，镇政府一年一个流水号，总公司一年一个流水号，财政组一年一个流水号，事业单位一年一个流水号。档案总量2423卷，形成时间在1986—2010年，其中298卷已录入电脑（永久保存7卷，保存25年的有17卷，保存15年的有274卷）。

基建档案 主要包括村镇建设、道路建设、桥梁、护岸、经济开发区建设、办公楼建造等，具体还包括政府投资项目、招标申请表、招标文件、答疑纪要、投标文件（技术标、商务标）、询标纪要、招标备案资料；施工申请表、联系单、施工合同、分包合同、补充协议、图纸技术交底会审纪要、设计变更联系单、工程和价格签证单、施工图、施工组织设计和进度计划、计划工期与实际工期确认单；竣工验收申请书、验收报告、验收会议纪要、竣工图、造价调整的有效文件、竣工结算书、审计报告等。分类和编号方式为按政府投资项目分类编号，一个项目一个流水号，并在各案卷中分别编制页号和卷内目录。基建、设备、特种载体等档案未按年定卷。

设备档案 主要包括政府购置的重要设备的随机文件材料，使用说明书、合格证、图纸等。分类和编号方式，按设备购置先后顺序排列和跨年度编流水案卷号，在各案卷中编制页号和卷内目录。

特种载体档案 主要包括政府在开展各项工作活动中形成的具有保存价值的照片、磁性介质、实物和奖章等。照片档案分活动照片和荣誉照片两类，分别按年度分类编案卷号。

第十八编

卫生

濮院镇中医中药发展历史悠久，历代中医名人辈出，内、外、妇、儿、针灸、眼、喉、痘、伤等科，科目俱全，镇区四域居民集聚街巷均设有中医坐堂的中药店，民国前，保健、防疫、治病均以中医中药为主。民国 9 年(1920)，嘉兴人姚肇虞在镇域创设西医濮院医院，民国 13 年(1924)，濮院曾设立红十字会，均为桐乡全县之首创。期间，全镇有个体中医诊所 45 家、西医诊所(医院)14 家。

中华人民共和国成立后，从卫生工作协会、大大小小的联合诊所，发展到濮院公社(镇)卫生院、濮院中心卫生院，诊疗技术和医疗设备日臻完善。卫生院担负镇域及周边地区居民的医疗卫生工作，并配合政府，结合爱国卫生运动，开展公共卫生的宣传和指导工作，卫生工作不断向深度和广度推进。2010 年，濮院镇成为国家卫生镇。

第一章　医疗卫生

第一节　医疗卫生机构

中华人民共和国成立前的医疗卫生机构

民国 9 年(1920)前，濮院无西医，患者均延请中医。濮院中医科目齐全，有内科、外科、儿科、眼科、喉科、针灸、伤科、妇科等，中医从业者多，自清末民国初至中华人民共和国成立前，有记录的就有 46 人，名中医辈出。据民国《濮院志》记载，清时濮院境内较有名的中医世家就有凌氏、张氏、沈氏、吕氏、殳氏等。但中医少有预防措施，如遇传染病流行等公共卫生事件，急救也显乏力。随着时代进步，民国 9 年(1920)4 月 27 日，濮院出现第一家西医医院濮院医院，此为西医传入桐乡县之始。之后陆续有人开办西医医院、诊所或医寓，但开业时间长短参差不一，且多数为单人独室，医疗设备简陋、条件差。

中医诊所　中华人民共和国成立前，境内患者主要是到传统的个体中医诊所或有医生坐堂的药店就诊。濮院有名望的中医除了在家个体行医外，多数被中药店聘请为坐堂医生。这种行医方式，不仅增加药店收入，而且也便于群众就近配药，颇受患者欢迎。如与浙江名医张艺成同时代的徐铭石(中医内科)，医术可与张艺成媲美，被春和堂药店聘为坐堂医生。另外，坐堂医生还有同康药店的杨正安，万春药店的沈桑林，施三和药店的张桐夫，九茎堂药店的徐维生，洪大药店的杨洁斋、吕杏伯，久康药店的钱体仁等。

表 18－1　　民国时期濮院镇中医一览表

序　号	姓　名	科　　别	开业地址	开 业 时 间
1	徐铭石	中医内科	大有桥街	民国初年(1912)
2	吕文庆	中医内科	平桥堍	民国初年(1912)
3	管芷香	中医内科	观前街	民国初年(1912)
4	何辛卿	中医内、外科	观前街	民国初年(1912)
5	殳东甫	伤、外科	夏家弄	民国初年(1912)
6	殳林甫	伤科	观前街	民国初年(1912)
7	殳鹏飞	伤、喉科	庙桥街	民国初年(1912)
8	殳鸿浩	伤科	义路街	民国初年(1912)
9	徐维声	中医妇科	女儿桥街	民国 7 年(1918)9 月
10	张达夫	中医内科	北大有桥街	民国 12 年(1923)
11	沈桑林	中医内科	太平巷	民国 13 年(1924)7 月
12	张桐夫	中医内科	固安桥街	民国 15 年(1926)6 月
13	盛建春	中医内科	龙湾街	民国 15 年(1926)7 月
14	钱镌初	中医内科	大有桥街	民国 15 年(1926)9 月
15	沈道寒	中医妇科	义路街	民国 15 年(1926)
16	朱明诚	小儿科	庙桥街	民国 18 年(1929)
17	杨正安	中医妇科	集庆街	民国 19 年(1930)3 月
18	钟生甫	中医内、外科	夏家弄	民国 20 年(1931)以后
19	杨珊林	中医外科	朝阳桥堍	民国 20 年(1931)以后
20	岳凝香	中医内、外科	周家场	民国 20 年(1931)以后
21	朱庆延	中医外科	女儿桥街	民国 20 年(1931)以后
22	翁云书	中医内科	大街	民国 20 年(1931)以后
23	杨洁斋	中医外科	西河头	民国 20 年(1931)以后
24	吕杏伯	喉科	龙湾街	民国 20 年(1931)以后
25	宋金如	小儿科	庙桥街	民国 20 年(1931)以后
26	贝阿囡	小儿科	义路街	民国 20 年(1931)以后
27	章竟雄	中医内、外科	朝阳桥	民国 21 年(1932)4 月
28	何颂康	中医内、外科	栖凤桥西	民国 21 年(1932)
29	王瑞荣	伤科	大街	民国 21 年(1932)

续表 18－1

序　号	姓　名	科　　别	开业地址	开 业 时 间
30	曹荣林	中医外科	新桥堍	民国 24 年(1935)
31	汤保祥	中医内、外科	女儿街桥	民国 26 年(1937)
32	朱鉴初	儿科	庙桥街	民国 27 年(1938)10 月
33	张志鸿	中医内、外科	西成桥	民国 28 年(1939)7 月
34	潘华德	中医眼科	寺湾街	民国 29 年(1940)3 月
35	钱体仁	中医内、外科	严家汇	民国 29 年(1940)6 月
36	凌煦之	针灸	寺前街	民国 29 年(1940)8 月
37	殳书铭	中医内、外科	观前街	民国 30 年(1941)
38	朱竟明	中医内科	太平巷	民国 30 年(1941)以后
39	陆星吾	中医内、外科	西市	民国 30 年(1941)以后
40	朱碧华	中医小儿科	庙桥街	民国 30 年(1941)以后
41	黄善忻	中医	白雀寺	民国 30 年(1941)以后
42	阮兰英	中医眼科	大街	民国 30 年(1941)以后
43	蒋作舟	中医眼科	王墙弄	民国 30 年(1941)以后
44	陆云高	中医伤科	义路街	民国 30 年(1941)以后
45	朱鲁山	中医喉科	大街	民国 30 年(1941)以后
46	岳石尘	中医喉科	花园弄口	民国 30 年(1941)以后

西医诊所　民国 9 年(1920)，濮院境内传染病流行，为便于患者就近治疗，首个西医“濮院医院”由嘉兴人姚肇虞与濮院士绅协办，于 4 月 27 日开办（民国 9 年 4 月 29 日《申报》第七版）。后又有多人陆续在濮院建西医医院或诊所：民国 13 年(1924)，毕业于东南医科大学的戴远如在濮院镇白雀寺开设西医诊所；民国 24 年(1935)，毕业于嘉兴医学院的钟爻吉在濮院镇大街 91 号开设濮院医院；民国 26 年(1937)，钱仰枢、张朱华先后在濮院镇大有桥堍、濮院镇新桥堍开办诊所；民国 32 年(1943)，陈素诚、蔡大可在濮院镇众安桥头开设濮院可园诊所；民国 34 年(1945)，曹以中在濮院镇大街开办濮镇医院，金康时在濮院镇义路街开办康曦诊所等。据 1996 年版《濮院镇志》统计，民国时期濮院境内先后有西医诊所 14 家，但多数系一人一所(院)，无病床，无护士，医疗设备简陋，开业时间也不长。

表 18－2　　民国时期濮院镇西医一览表

序　号	姓　　名	科　　别	开业地址	开 业 时 间	院(所)名称
1	姚肇虞	西　医	—	民国 9 年(1920)4 月 7 日	濮院医院
2	戴远如	西　医	白雀寺	民国 13 年(1924)	濮院西医诊所
3	钟爻吉	西　医	大街 91 号	民国 23 年(1934)	濮院医院
4	钱仰枢	西　医	大有桥街	民国 26 年(1937)	—
5	张朱华	西　医	新桥堍	民国 26 年(1937)10 月	—
6	黄炳珠	助　产	—	民国 26 年(1937)	—
7	陆玉祥	西　医	观前街	民国 20 年(1931)以后	—
8	陈素诚、蔡大可	西　医	众安桥头	民国 32 年(1943)	濮院可园诊所
9	蔡大可	西　医	庙桥街	民国 33 年(1944)	—
10	吕于震	西　医	花原街	民国 33 年(1944)	—
11	曹以中	西　医	大街	民国 34 年(1945)10 月	濮镇医院
12	金康时	西　医	义路街	民国 35 年(1946)	康曦诊所
13	方　寅	西　医	河下街	民国 35 年(1946)	—
14	周美锦	西医妇产科	横板桥	民国 35 年(1946)	产科诊所

慈善性的医疗机构

濮院红十字会　民国 13 年(1924)上海《申报》报道:“濮院红十字会成立。濮院密迩嘉兴,该地士绅为慈善起见,特发起组织红十字会,以资救护。”经总会许可,于民国 13 年(1924)9 月 25 日召开成立大会,到会会员共 40 余人,推举沈纯卿为会长,章镜明、郑寿庄为副之,钟爻吉为理事长,徐崇塏为资产委员,夏岁先为议事长,范稼民为副议事长。并指定濮院医院为临时医院,指定翔云观及香海寺为收容所。上海《申报》于民国 13 年(1924)10 月 27 日报道“濮院红十字会成立以来救护难民尚能尽职,投所避难者每日给两粥饭,寒者给衣被,病者给医药,现因战事结束,收容所亦拟即日撤销,在所难民由分会酌给资斧遣回原籍。”

嘉桐施药局　据民国 18 年(1929)版《嘉兴新志》记载:濮院镇设有“嘉桐施药局”,配置主任 1 人、司事 3 人、医生 8 人、工役 1 人,经费募集,全年受药病人 5000 余人。据《嘉兴市志》介绍,每逢夏令季节,疫病滋生,地方人士倡设施医局等临时性医疗机构,只收号金,经费不足部分,由乡镇募捐弥补。濮院施药局属此类临时医疗机构。

名中西医

濮院历代名医辈出。他们有的阐发经旨,勤于著述;有的经验丰富,蜚声域内及周边

地区。现根据桐乡县、濮院镇志书及桐乡卫生志所载,摭拾如下

元

朱显道,仁甫子,从师金华王瑞安而得九针补泻法,这一针法实出窦汉卿之传,非一时庸手所及,性急于治人,赖以全活者甚众。(嘉庆《濮川所闻记》)

明

施容,精医术。正德六年(1511)大疫,他医皆裹足,容独毅然往诊治,全活甚众。(民国《濮院志》)

戴笠(1596—1672),字曼公,钱塘(今杭州)人。平时喜研医学,时江西名医龚廷贤,年八十余,尚强健行医,因从之游,尽得其传,遂以医名于世。明亡之后,年已五十,寓居濮院镇行医,乡居九年,见天下骚乱,胡尘满目,心中甚为惨愤。顺治十年(1653),应粤人之邀,同赴日本崎岙。一年后,自大陆应聘东渡,年近六旬,皈依佛教,落发出家,宣传佛学临济宗,并行医济人,戴笠精于痘科,传其治痘术于日本人池田正直等。据《日本医学史》云,戴笠著作共有8种,《痘疹百死形状传》《太极传授》《太极传授异本》《痘疹唇舌图诀》《唇舌口诀》《痘疹口诀》。(《浙江历代医林人物》《中医人物词典》)

冯其隆,濮院人,庠生,少时积学,善诗文书法,嗜岐黄术。万历二十三年(1595)诏求医学明理之士,其隆应聘至北京,授圣济殿御医待直。以年老乞休归,晚岁纵游近地,享耆寿。(光绪《桐乡县志》)

清

刘恒龙,幼娴医术,人称火药刘,言其效之速也。从钱塘徙濮五十余年,寿七十无疾而逝。著有《药性考》《痘疹全书》《小儿心蕴》。(民国《濮院志》)

吕大纲,秀水(今嘉兴)人,清雍正五年(1727)生,住濮院平桥西。幼时颖悟,以家贫弃儒业贾。旋从王涤新先生学疡科,益钻研医籍,旁通各科。行医于新市镇三年,以母老归,设诊所于镇西市,所治辄验。执业时手不释卷,旁及星相卜筮内典诸书无不窥。与王孟英为莫逆之交,王著《潜斋医学丛书》,大纲为之序。性慈厚,为人治病,随所酬不与较,贫苦者或更资以药。赒恤孤寡,戒杀放生,至老不倦。光绪三十二年(1906)卒,终年八十岁,无子,以侄凤翙为嗣,继续业医。(民国《濮院志》)

凌宸世,号芝亭。先世居吴兴县双林。宸世(凌云七世孙)于清乾隆时始迁濮,以针灸著名于时,驰名吴浙,家藏有硕庄亲王题额"世授神术",卒年七十一。(民国《濮院志》)

沈琳,濮院人,乾隆二十六年(1761)进士。少时受业于仁和杭世骏,生平恬澹寡营,精医理,求诊者虽奴仆无不应。著有《瞻云堂文集》。(《桐乡县志稿》)

徐大椿,江苏吴江人,尝寓濮院北河下徐锡纯家。年二十从学于周意庭,博览方书,精研医理。多奇方异术,袁简斋太史尝欲采辑之,并为作传。乾隆二十六年(1761)、三十六年(1771)两次应召入宫治病,尝官太医院供奉,赠儒林郎。平生著作甚富,尤注重阐发经典医著。主要著作《医学源流论》两卷,集中反映其学术见解。其中"元气存亡论""药

性今古变迁”“医学源流论”等颇多精辟之论。所著《伤寒类方》(一卷),不以六经分类,使方以类从,证随方定,便于按证索方,不必循经求证。《医贯砭》两卷,述赵献可温补之弊。《慎疾刍言》亦多针砭时俗谬说。《兰台规范》(《民国《濮院志》谓《兰亭规范》》八卷,多录唐以前著名医书之方论,也录后世有名方剂。所取古方,多极实用,生平行医50余年,泛览医书万余卷,经批阅者达千余卷。(民国《濮院志》《中医人物词典》)

濮桢,康熙年间府学贡,兼通医,所著有《医学揭要》。(《嘉庆濮川所闻记》)

王士雄(1808—1867),字孟英,清末著名医家。自号半痴山人、随息居士等,堂号潜斋、归砚。祖籍海宁,12岁即潜心医学,刻苦钻研,并得顾听泉、浦上林之教益不少,又因生当战乱,疫疾流行之际,不辞辛苦,研究时疫之治法,著书以传后学。咸丰十一年(1861)秋,应友人吕慎庵之邀,寓居秀水县濮院镇观前街平桥边,行医民间,时年54岁。王氏精研医理,尤深明温热病诊治。其撷采众长,融会贯通,所编之《温热经纬》,“以轩岐、仲景之文为经,叶、薛诸家之辩为纬”,以“新感”“伏邪”为两大辩证纲领,谓“暑即是热”,无分阴阳,力排“阳邪为热,阴邪为暑”之议。其论治宗叶天士、薛生白,喜用寒凉之品。王氏著颇丰,除著《温热经纬》外,1838年著《霍乱论》两卷。清同治元年(1862)霍乱流行,王氏恸爱女、良友皆殁于兹疫,在濮院重订《随息居重订霍乱论》,辨析时疫霍乱与非时疫霍乱之异,谓霍乱疫邪乃环境“臭毒”所生,所列治法方药,多本于临证亲验者。1852年,又尝刊定《重庆堂随笔》两卷。1857年,自撰《归砚录》四卷,多述其诊治心得及医案,间采西医《人身概说》等书之论。1861年,又纂《随息居饮食谱》一卷,为清代营养学名著。尝辑《潜斋简要方》(后附《潜斋医话》一卷,1853年刊)、《四科简效方》四卷(1954年)、《汇刊经验方》等。其医案仿编年之例,自1824年至1857年,有《王氏医案》初、续、三集三编,而《归砚录》之卷四即其医案的第四编。其所评注之书有《女科辑要》《言医》《古今医案选》等多种。著作多收入《潜斋医学丛书》。(民国《濮院志》、《浙北医学史略》、《中国医学百科全书》医学史分册、《中医人物词典》)

吴祚长,专外科杂症,后其业传裔孙吴达。(《濮川所闻记》)

殳震雷,道光间由大桥村迁居濮院镇观前街翔云观东。精伤科,尤以拳术著名,术多内功。其后辈犹专业伤科。(《桐乡卫生志》)

吴达,濮院人。吴祚长后人,继承祖业,擅长外科杂症,名垂一时。(《桐乡县志稿》)

刘富槐(1869—1927),字树声,15岁补邑诸生,光绪二十三年(1897)拔贡,依例入资为内阁中书。光绪二十八年恩正并科中举人,仍供职京师。关切桑梓教育拳拳之情,“兼精医学,为友人治病,辄奏效,求者也甚众”。(《桐乡县志》)

夏书绅,濮院人,精医理,生平践行笃实,取予不苟。(《桐乡县志(稿)》)

史彬如,居濮院北横街。品高洁,精医,以济人为心,贫者不受其酬。(民国《濮院镇志》)

濮润淞,世业医,著《医书八科》。(嘉庆《濮川所闻记》)

曹诚之,精痘科,善用药。研究方书极多,人称“医学书橱”。濮院痘科,曹氏首屈一

指。(嘉庆《濮院所闻记》)

邵世德,精痘科,活人无算,虽平时有嫌怨者亦必求治焉。(嘉庆《濮院所闻记》)

金铉,专精痘科,其业世居大街。(嘉庆《濮院所闻记》)

沈恕,由梅里(即今王店)迁居濮院,精痘科,著有《幼科述古》一书。(民国《濮院镇志》)

沈佩声,由新塍迁居濮院,精外科。(民国《濮院镇志》)

周遇天,濮院人,精外科。(嘉庆《濮院所闻记》)

沈涌,濮院人,庠生,精外科。(嘉庆《濮院所闻记》)

张凤春,专外科,老年尤精。(嘉庆《濮院所闻记》)

杨光奎,濮院人,杨树本之子,精历法和医术。(《桐乡县志稿》)

吕文钦,濮院镇人,清末医家。清咸丰十一年(1861)在王孟英寓居濮院镇时得其指点,晚年业内科,颇得群众信赖。年 80 岁而卒。

徐孟义,青镇人,精眼科,寓濮院集庆街曹云翮家。(嘉庆《濮川所闻记》)

顾舫如,濮院燕场人,以医名,精咽喉科。后有闻姓者继之。(民国《濮院镇志》)

毛君皋,濮院人,住燕场,精咽喉科。(民国《濮院镇志》)

朱振声,濮院人,精咽喉科,兼儿科。(民国《濮院镇志》)

民国时期

姚肇虞,嘉兴人,在濮院设立首家西医医院"濮院医院"。濮院医院被当时濮院红十字会定为临时救助医院。

凌煦之,濮院镇人,凌氏针灸十五世传人。精针灸,深得群众信仰,诊治病人日以百计。

张桐夫,乌镇人,嘉兴府中毕业后于民国 8 年(1919)至民国 15 年(1926)从父习中医内科。勤学经典医著,并能博采众长,熔于一炉。民国 13 年(1924),应人之邀设诊濮院,深得病家信赖。

戴远如,《桐乡卫生志》记为戴志远,民国 13 年(1924)毕业于东南医科大学,在濮院白雀寺开设西医诊所。

钟爻吉,毕业于嘉兴医学院,民国 23 年(1934)在濮院镇大街 91 号开设濮院医院。

曹以中,民国 34 年(1945)在濮院镇大街设立濮镇诊所。

名中医世家

凌氏针灸世家　凌氏始祖凌云(字汉章,号卧岩),归安双林人(今湖州市双林镇),精通针术。明弘治年间授为御医。后人凌一凤,清康熙年间授太医院判。子孙世袭职吏。七世孙凌宸世于清乾隆年间迁居濮院镇,仍以针灸为业,闻名遐迩,人称"凌针灸"。凌煦之为明代凌云第十五世嫡孙,继承家传针灸,发扬光大。凌建维系煦之子,为第十六代传人,生于 1956 年,1976 年到濮院卫生院工作,始从父学习针灸。虽当时家境困苦,凌建维才有小学文化,但在工作中,他除了学习医术外,还刻苦自学文化,后通过在职学习取得中医大专学历。撰写发表论文 15 篇,并获得中医高级职称,临床上继承祖业,深得群众信赖。

凌氏针灸(凌晜支)世系:

凌云—凌晜—
- 凌秀(号双溪)—凌巨卿(号观溪)……凌一风……
  - 凌宸世(凌云七世孙迁濮院,濮镇凌氏针灸之始)—
  - 凌应发—凌玉樵—凌邦从—凌振华—凌小圃
  - —凌鞠廷—
    - 凌文潮
    - 凌文涛—凌煦之—凌建维
    - 凌文浚
- 凌瑄(号双湖)
- 凌坤(号厚堂)

张氏中医世家 张映珊,乌镇人,师从名医孔广福,精中医内科。子张菊坤,自幼得到父亲的教诲,深得中医的奥秘,精于辩证论治。张桐夫,菊坤子,从父学医。临诊审慎果断,医名卓著。1924 年设诊濮院,1952 年参加濮院镇联合诊所工作。悉心传授弟子葛锦华、康兰英、张元春、于仲经、於钜芳。张元春为张桐夫侄孙女,1963 年拜其为师继承张氏中医内科,获得中医中级职称,并在濮院镇中心卫生院中医内科工作,兼任领导直至退休。

张氏中医内科世系:

张映珊—张菊坤—
- 张达夫
- 张桐夫—张元春
- 张松夫

殳氏伤科世家 清代殳德周,世居桐邑永安乡大桥村,在从事农业生产之余,练习内功,尤以拳术著名,常以骨伤科为群众施诊。其子殳震雷于清道光年间由大桥村迁居濮院镇。

民国初年的殳东甫、殳林甫为其传人,精于伤科,也会中医内、外科,部分为家传,部分为名师所授。殳书铭,殳东甫之子,继承中医内科,1958 年参加濮院卫生院工作,1962 年个体行医。殳振坤为殳林甫之子,继承殳氏中医伤科,1958 年参加濮院卫生院工作,至退休。

殳氏中医伤科世系:

殳德周—殳震雷—殳嘉麟—
- 殳鹏飞
- 殳汉文—
  - 殳东甫—殳书铭
  - 殳菊生
- 殳履康—殳林甫—殳振坤
- 殳鸿遨

沈氏中医世家 沈恕,本姓陈,字子如,从王店迁居濮院,精中医痘科。著有《幼科述古》一书。

沈氏中医世系：

沈恕—{沈斯皇 / 沈铭常}—沈山雷

吕氏中医世家 吕大纲（1827—1906），秀水（今嘉兴）人，住濮院平桥西。幼时从王涤新学疡科，同时钻研医籍，旁通各科。与王孟英为莫逆之交，王著《潜斋医学丛书》，大纲为之序。光绪三十二年（1906）卒，终年80岁，无子，以侄凤翙为嗣，继续业医。孙志纯，仍继其业。

吕氏中医世系：

吕大纲—（侄）吕凤翙—吕志纯—吕文庆

中华人民共和国成立后的医疗卫生机构

中华人民共和国成立后，1952年4月，在政府引导下，首个由个体医生联合起来成立的濮院联合诊所诞生，随后又有多个5—6人的小联合诊所先后成立。1956年10月，医务人员响应国家对农业、手工业和资本主义工商业进行社会主义改造的号召，各诊所合并为濮院镇联合诊所。以后随着行政区域、人员等变化，濮院镇联合诊所分分合合，先后更名为“人民医院”“联合诊所”“卫生院”“中心医院”等，直至2004年规范命名为濮院镇中心卫生院。2006年，新生镇卫生院划归濮院镇中心卫生院。2010年，以濮院镇中心卫生院为主体，下设16个社区卫生服务站，担负着濮院镇及部分周边地区的医疗工作和全镇的预防保健工作。

2001年，政府出台开放医疗市场，鼓励发展民营医疗机构的一系列政策。2003年11月，濮院镇个体诊所和民营医疗机构陆续开业。2010年，濮院镇形成以公立为主，民营和个体为辅的全镇医疗机构格局。

濮院联合诊所 1952年4月，在濮院镇北大有桥街租用民房开业，人员有曹以中、周美锦、潘华德、黄静英、徐省吾，主任曹以中。医生自带药品、器械投入诊所，办公用具自带自用。业务收入统一核算，于提取10%公积金、2%公益金和去除业务支出后，按业务多少

1956年濮院镇联合诊所、伤科联合诊所成立合影留念

支付每人报酬,月结月清。诊所以西医为主,有内科、眼科、妇产科,24 小时值班。设有产前观察床 2 张,以备急用;如有接生,大多带产包上门。

保健中医联合诊所 1952 年 6 月开业,人员有沈桑林、徐维生、王瑞荣、汤仁炎、汤保祥,主任沈桑林。所址在濮院镇大街中段。1954 年 5 月,因西医金康时等人加入,诊所更名为保健中西医联合诊所,人员有沈桑林、金康时、徐蕴文、汤仁炎、朱颖超,主任仍为沈桑林,所址搬至濮院镇大街南段许家厅。

健民联合诊所 1952 年 8 月开业,人员有何颂康、杨正安、章竟雄、殳振坤,主任何颂康。所址在濮院镇朝阳桥帮岸。1953 年 8 月停业。

永安联合诊所 1952 年 9 月开业,主任为杨致祥,所址在濮院庙簰。1953 年 4 月停业。

濮院中西医联合诊所 1952 年 11 月 15 日开业,人员有张桐夫、张达夫、钱体仁、盛建春、张志鸿,主任张桐夫。所址濮院镇大街。1953 年停业。

濮院联合镶牙所 1954 年开业,人员有陈瑞文、宋玉如、张文高、陈瑞林,主任为陈瑞文。所址在庙桥街南堍。

和平联合诊所 1954 年 12 月开业,人员有陆星吾、张朱华、张志鸿、朱碧华、汤保祥,主任为陆星吾。所址在濮院镇庙桥街。

利群联合诊所 1955 年 1 月开业,人员有张桐夫、张达夫、吕杏伯、王瑞荣、徐维声、岳石尘,主任为张达夫。所址在濮院镇大街王宅。

濮院第一联合诊所 1955 年 9 月,濮院联合诊所与保健中西医联合诊所合并为濮院第一联合诊所。主任曹以中,副主任钱体仁、沈桑林。所址在濮院镇大街南段许家厅。

濮院伤科联合诊所 1956 年 10 月开业,人员有王瑞荣、余静波、殳振坤、殳书铭、冯国良,负责人王瑞荣。

濮院镇联合诊所 1956 年 10 月,桐乡县卫生科到濮院镇设点,把濮院镇第一联合诊所、和平联合诊所、利群联合诊所和其他个体诊所合并,成立濮院镇联合诊所,所址在濮院镇大街南段。联合诊所有员工 38 人,主任为当时副镇长张发利兼任,副主任曹以中、钱体仁。1958 年 7 月,按上级部门要求,濮院镇联合诊所拆分为 3 所医疗机构:濮院镇人民医院、永乐乡人民医院和稻乐乡人民医院。濮院镇人民医院,院址在濮院镇大街南段,负责人曹以中,人员有曹以中、周美锦、张桐夫、曹永林、张志鸿、朱颖超、沈幼甫、岳石尘等;永乐乡人民医院,院址在濮院镇朝阳桥帮岸,负责人金康时,人员有金康时、凌煦之、张宝琛、何仲康、徐蕴文、汤仁炎、钱镌初、杨正安、徐维生等;稻乐乡人民医院,院址在梧桐北港,负责人钱体仁,人员有钱体仁、潘华德、陆星吾、汤保祥、吕介生、黄静英、杨惠琴、黄善析、沈桑林、张朱华等。稻乐乡人民医院因院址地域所属,4 个月后全院并入梧桐人民公社医院。

新生乡人民医院 1958 年 7 月成立,负责人归维新,院址在新生南北圣集镇。

濮院人民公社医院 1958 年 10 月 5 日,濮院人民公社成立。11 月,濮院镇人民医院、永乐乡人民医院、新生乡人民医院、濮院伤科联合诊所和濮院镶牙所合并成立濮院人民公社医院。随后濮院镇医药商店、濮院镇环卫所也划归医院管理，负责人潘忠贵，业务负责人曹以中，职工增加到65人，院址濮院镇大街南段。因濮院公社下设有6个管理区，医院相应下设庙簰、王家村、乐安、妙智、红旗漾、南北圣6所诊所，负责人分别为陶金华、沈幼甫、吕祖根、张志鸿、陈瑞林、归维新。1961年10月，濮院镇医药商店、濮院镇环卫所从医院分离出去。同年，濮院人民公社北半区域划出，成立新生人民公社，濮院人民公社医院也相应分出部分医务人员组建新生人民公社中西医联合诊所，余下更名为濮院人民公社中西医联合诊所。

濮院人民公社中西医联合医院　院址在濮院镇大街，俞金林为负责人，曹以中为业务负责人，有职工40人。

新生人民公社中西医联合医院　院址在新生南北圣。归维新为负责人，有职工16人。

濮院牙病防治所　1961年10月，根据浙江省委"社办医院凡是由私人联合诊所转过来的仍旧可以改办联合诊所，自负盈亏，凡是由卫生部门转过来的，仍旧归卫生部门管理"的指示精神，牙医陈瑞文、宋玉如、张文高、陈瑞林从濮院人民公社医院出来组建濮院牙病防治所，所址在濮院镇庙桥南堍。

濮院镇诊所　1966年11月，有6名个体医务人员于卧龙街（后迁义路街）成立濮院镇联合医务组。医务组医疗器械设备等由个人投入，作价归集体。就诊人数平均每日30—40人次。1978年3月，镇人民政府决定，医务组与濮院牙病防治所合并，更名为濮院镇诊所，人员增至11人。1987年，诊所大部分医务人员超过退休年龄，又难以招进新的人员，遂于当年4月30日解体。

新生镇卫生院　新生镇卫生院为公立医疗单位，由新生人民公社中西医联合医院过渡发展而来。"文化大革命"期间更名为新生人民公社卫生所革领小组，1973年9月更名为新生人民公社卫生院革领小组，小组组长均为陆钰安。1984年1月，实行政社分设后，新生人民公社改为乡建制，卫生院也改为新生乡卫生院。2001年10月，该卫生院随着新生改为镇建制而更名为新生镇卫生院。院长先后为李永根、江建忠、沈玉强。

濮院镇中心卫生院　濮院镇中心卫生院为公立医疗单位，由濮院联合医院过渡发展而来。1963年1月，濮院人民公社中西医联合医院更名为濮院联合医院。3月，赵高郡到濮院联合医院任负责人。1965年，任命凌福林为负责人。"文化大革命"期间，濮院联合医院更名为卜院医院革命委员会，凌福林为主任，孙学良为副主任。1973年9月，医院更名为卜院人民公社卫生院，赵高郡、杨炎鑫、陈忠尧、柴庆礼先后为负责人。

1980年6月，卫生院新门诊楼落成，搬迁开诊，院址在南横街永乐路口。一楼设内儿科、西医外科、中医伤外科、妇产科、药房、注射室、化验室。二楼设中医科、针灸科、五官科、心电图室、超声波室、会计室。1982年7月，新建住院楼竣工，搬迁投入使用，在门诊楼北，朝南三层6间。底楼为妇产科门诊、产房、手术室，二楼为住院部，三楼为职工宿舍。1984 年 1 月,人民公社改为乡、镇建制,卫生院归卜院镇管辖,卜院人民公社卫生院更名为卜院镇卫生院。卫生局调整卫生院领导班子,邹惠泉任院长,钱善琳、张元春、陈杰华先后为副院长。1989 年 7 月,省民政厅通知恢复原濮院镇,卫生院也更名为濮院镇卫生院。1991 年 10 月,卫生院整体搬迁至长木桥路 16 号。1992 年 2 月,卫生院通过三级卫生院等级达标,并随着濮院镇区域经济的发展,于 12 月 31 日经县机构编制委员会批准,升级为濮院中心医院,单位性质属全民事业,核定编制 84 人。

2001 年 2 月,在镇村两级卫生服务机构一体化管理的基础上,实行了“六位一体”社区服务功能转变,濮院镇中心医院又是濮院镇社区卫生服务中心,一套班子、两块牌子。2004 年 9 月,桐乡市卫生局为了规范医院、卫生院命名,濮院镇中心医院更名为濮院镇中心卫生院。2005 年,濮院镇中心卫生院迁建工程立项,选址濮院镇凯旋路南、竹西桥西侧地块约 40 亩,计划总投资 2700 万元,设置床位 150 张,医疗设施及辅助设备按二级丙等医院标准配备。2006 年 9 月,新生镇卫生院并入濮院镇中心卫生院。2007 年 11 月,新院竣工,占地面积 26400 平方米,建筑面积 18400 平方米,其中工作用房 16000 平方米。12 月,濮院镇中心卫生院整体搬迁至凯旋路 1399 号新址,环境设施面貌焕然一新。2009 年 11 月,濮院镇社区卫生服务中心成为省级规范化社区卫生服务中心。

2010 年,濮院镇中心卫生院(包括院本部及原新生卫生院址)占地面积 33066 平方米,建筑面积 21400 平方米,其中医疗用房 18300 平方米。卫生院设有门诊部、住院部、预防保健和社区卫生服务四大功能区块,其中门诊部设急诊科、全科医疗科、内科、外科、妇产科、儿科、中医科、针灸科、理疗科、耳鼻咽喉科、眼科、口腔科、皮肤科等临床科室和检验科、放射科、特检科、药剂科、胃镜室、脑电图室、纤维喉镜室等医技科室;住院部设内科、外科、儿科、妇产科 4 个病区和手术室、分娩室;预防保健设防保科、规范接种门诊、儿保室、妇保室、健康教育宣教室等;社区卫生服务设办公室,具体管理辖区内 16 个社区卫生服务站。全院有职工 257 人,其中卫技人员 233 人;正高级职称 1 人、副高级职称 7 人、中级职称 47 人。

表 18-3　　濮院镇中心卫生院机构沿革及各届领导一览表

起始年月	机构名称	职务	姓名	任职年月
1952.04	濮院联合诊所	主任	曹以中	1952.04—1955.09
1952.06	濮院保健中医联合诊所	主任	沈桑林	1952.06—1954.05
1954.05	濮院保健中西医联合诊所	主任	沈桑林	1954.05—1955.09
1954.03	濮院联合镶牙所	主任	陈瑞文	1954.03—1958.11
1954.12	濮院镇和平联合诊所	主任	陆星吾	1954.12—1956.10
1955.01	濮院镇利群联合诊所	主任	张达夫	1955.01—1956.10

续表 18－3

起始年月	机 构 名 称	职　务	姓　名	任职年月
1955.09	濮院镇第一联合诊所	主　任	曹以中	1955.09—1956.10
		副主任	钱体仁	1955.09—1956.10
		副主任	沈桑林	1955.09—1956.10
1956.10	濮院镇联合诊所	主　任	张发利(非)	1956.10—1958.07
		副主任	曹以中	1956.10—1958.07
		副主任	钱体仁	1956.10—1958.07
1958.07	濮院镇人民医院	负责人	曹以中	1958.07—1958.11
	永乐乡人民医院	负责人	金康时	1958.07—1958.11
	稻乐乡人民医院	负责人	钱体仁	1958.07—1958.11
1958.11	濮院人民公社医院	负责人	潘志贵	1958.11—1959.09
		负责人	俞金林	1959.09—1960.08
		副院长	赵继祖	1961.06—1961.10
		负责人	王庆根	1960.08—1961.06
		负责人	曹以中	1958.11—1961.10
1961.10	濮院人民公社中西医联合医院	负责人	俞金林	1961.10—1963.01
		负责人	曹以中	1961.10—1963.01
1963.01	濮院联合医院	负责人	赵高郡	1963.01—1965.05
		负责人	凌福林	1965.05—1966.05
		负责人	曹以中	1963.01—1965.05
1966.05	濮院联合医院	负责人	凌福林	1966.05—1968.08
		负责人	曹以中	1966.05—1968.08
1968.08	卜院医院革命委员会	主　任	凌福林	1968.08—1973.01
		副主任	孙学良	1968.08—1973.01
		负责人	赵高郡	1973.01—1973.09
1973.09	卜院人民公社卫生院	负责人	赵高郡	1973.09—1976.12
		负责人	杨炎鑫	1976.12—1978.07
		副院长	王爱勤	1978.07—1980.05
		副院长	曹九如	1978.07—1980.05
		负责人	陈忠尧	1980.05—1982.03

续表 18－3

起始年月	机　构　名　称	职　　务	姓　　名	任 职 年 月
1973.09	卜院人民公社卫生院	副院长	王爱勤	1980.05—1982.03
		副院长	曹九如	1980.05—1982.03
		院　长	柴庆礼	1982.03—1984.10
		副院长	王爱勤	1982.03—1984.10
		副院长	曹九如	1982.03—1984.10
1984.10	卜院镇卫生院	院　长	邹惠泉	1984.10—1989.07
		副院长	钱善琳	1984.10—1989.07
		副院长	张元春	1984.10—1989.07
		副院长	陈杰华	1987.11—1989.07
1989.07	濮院镇卫生院	院　长	邹惠泉	1989.07—1993.01
		副院长	张元春	1989.07—1993.01
		副院长	陈杰华	1989.07—1993.01
		副院长	夏耿心	1989.07—1992.09
1993.02	濮院中心医院	院　长	邹惠泉	1993.01—1995.06
		副院长	张元春	1993.01—1993.11
		副院长	陈杰华	1993.01—1995.06
		副院长	韩树军	1993.11—1995.06
		副院长	陈　捷	1995.01—1998.12
		院　长	韩树军	1995.06—2004.09
		副院长	陈杰华	1995.06—2004.09
		副院长	杨松标	1998.12—2002.02
		副院长	柴敬杰	2002.07—2004.09
2004.09	濮院镇中心卫生院	院　长	韩树军	2004.09—2007.06
		副院长	柴敬杰	2004.09—2005.09
		副院长	陈杰华	2004.09—2007.06
		副院长	陈东晓	2005.09—2007.06
		院　长	沈建根	2007.06—
		副院长	韩树军	2007.06—
		院长助理	刘永利	2007.06—
		院长助理	徐惠勤	2007.06—

社区卫生服务站 社区卫生服务站是由早期的合作医疗沿袭而来。1958年，濮院卫生院配合政府培养农村不脱产的卫生队伍，培养了汤惠仁等多名大队血防员、卫生员。培训的卫生人员中，有自然村里的民间医生、乡村卫生员、新法接生员、保健员、查螺员等。他们分布在村里，与村民朝夕相处，为村民服务十分便利，在当时解决农村缺医少药、方便村民治病、防治传染病等方面发挥了很大作用。1960年，濮院人民公社新民大队首先办起了"新民保健站"，有1名医生和2名保健员为社员服务。1968年开始，濮院卫生院为全濮院公社15个大队培训农村保健员33人（当时称农村不脱产的保健员为"赤脚医生"），组建并指导这15个大队成立合作医疗站。农民去合作医疗站看病自付40%的医药费，其他费用全免，既减轻了农民负担，又方便了就近治病和保健。1982年，"赤脚医生"改称乡村医生，培训后经理论考试和业务考核，取得乡村医生证书，濮院首次获得证书的乡村医生有26人。1983年，村卫生室相继承包给乡村医生个人，合作医疗制度停止。

社区卫生服务站

1987年，桐乡县政府把整顿建设村级卫生保健站列入为民办实事之一，濮院中心卫生院配合政府，重新组织指导建立村保健站并全部验收合格，1988年10月核发了行医证和购药证。1990年6月29日，桐乡县人民政府发出《关于成立桐乡县初级卫生保健委员会的通知》，7月又下发了《关于做好实施初级卫生保健工作的通知》，8月濮院镇成立濮院镇初级保健卫生委员会，办公室设在濮院中心卫生院。1991年4月，濮院镇在永越、新锋两村实行集体办医试点，5—6月，全镇15个村全部恢复集体办医。1999年10月，全市镇、村医疗机构一体化管理在濮院镇试点，将原来15个村卫生室优化组合为8个，均设有诊室、治疗室、输液室、药房等，配备基本医疗设备，人员从原23名乡村医生中择优17人，健全规章制度，统一纳入濮院中心卫生院管理，并实行"六统一"，即统一机构命名、统一收费标准、统一票据管理、统一财务收支、统一岗位责任制、统一药品管理。

2001年2月，开始了集医疗、预防、保健、康复、健康教育、计划生育指导六位一体的社区卫生服务功能转变，卫生室更名为社区卫生服务站。2002年11月，美国哈佛大学教授Norman Daniels、全球公平测量联盟总协调员Alexandra Bambas、卫生部统计信息中心副研究员钱军程3位专家到濮院考察医疗机构一体化管理和社区卫生服务站工作，并实地参观新河村社区卫生服务站（原濮院庙籣中心卫生室）。2003年1月，濮院镇社区卫生服务中心被授予"嘉兴市社区卫生服务中心示范点"称号。2004年，濮院镇重新合理布局社区卫生服务站，基本上每个村和居委会设立1个。2006年、2007年，随着濮院镇辖区变化，原新生镇的社区卫生服务站和原属乌镇的西浜社区卫生服务站划入濮院镇。至2010年，濮院镇共设有新河、永联、永越、咏梅、鸣凤、毛衫城、锦苑、永乐、新濮、新星、新东、油车桥、新生、新港、星旗、西浜等16个社区卫生服务站，站内共40名社区医生，每人划分责任区，负责辖区内居民的基本医疗和预防保健服务。

民营医院和个体诊所 中华人民共和国成立后，大部分医生组织起来，仍有部分医生个体行医，“文化大革命”初被取缔。1987年，濮院的个体诊所又开始重现；原濮院镇诊所解体后，有6名医生经批准个体行医，他们是：张志鸿，中、西医内外科，行医地址庙桥街。殳书铭，中医内科，濮院医药商店严家汇长寿药店坐堂。章肇初，西医内科，行医地址北大有桥街章宅。宋玉如，牙科，行医地址万兴桥街。殳沈姚，西医内科，行医地址永乐里。陈振学，西医内科诊所，行医地址庙桥街。2000年前，除陈振学诊所外，其他5个诊所随着个体医生年老先后停业。

2001年9月，政府开放医疗市场，出台鼓励发展民营医疗机构的政策。2003年11月，濮院镇开始出现新的个体诊所和民营医院，至2010年年底，共有10家。

陈振学中医诊所 1987年为西医内科诊所，地址在庙桥街。2000年，诊所搬迁至栖凤北路19—20号，重新注册为陈振学中医诊所。

王基平口腔诊所 2003年11月开业，地点在咏梅路90号，投资20万元。医务人员2人，其中高级职称1人。诊所开展种牙技术、激光补牙、无痛麻醉剂、烤瓷牙、MP钢牙、全口钢托。

陈卓牙科诊所 2004年3月开业，地点在濮院栖凤路18号，投资金额20万元。医务人员4人，其中中、高级职称各1人。有治疗仪3台、真空灭菌器、齿固化治疗仪、进口定位仪等，施行高档全瓷牙修复技术。

源生道颈腰椎病专科门诊部 2005年5月，由沈惠明投资5万元开设颈腰椎病门诊部，地址在工贸大道775号。2008年9月，门诊部搬迁至兴业路280号，有4名医务人员，其中中级职称1人。主要仪器有腰椎病复位仪(价值30万元，有专利号)。2008年、2009年，门诊量万余人。获得的荣誉：江苏徐美琴等患者送锦旗8面。社会贡献：两位医务人员在濮院镇第二届全民运动会上作为保健医生，为处理拉伤、扭伤等运动疾患义务服务。

张国良诊所 2006年开业，内科为主，地址在濮院镇庙桥街。2007年，诊所搬迁至濮院镇永乐路93号。

濮院同德中医门诊部 2006年8月开业，地址在栖凤路4号，投资金额100万元。法人代表李成，门诊部主任林根良。门诊部有科室9个，医务人员31人，其中中级以上职称9人，2006年门诊2482人次。2010年年底，设有中西医内、外科等12个临床及医技科室。有工作人员20人，其中医生7人、护士6人、医技人员3人，年门诊10041人次。仪器有彩超1台、低频仪1台、利普刀等。2008年，门诊部为汶川地震抗振救灾捐款1.5万元。

濮院仁济肛肠医院 2007年9月开业，地点在工贸大道1118号，投资金额220万元，投资人陈元展，院长王广科。医院设有科室6个，核定病床20张，开放4张，医务人员 18 人。2007 年,门诊 623 人次,住院 40 人次。2010 年年底,设有内科、妇科等 12 个临床及医技科室,核定床位 10 张,开放 4 张,有工作人员 22 人,其中医生 3 人、护士 8 人、医技人员 3 人;年门诊 3080 人次,住院 172 人次。仪器设备有美国智能利普刀、体外短波治疗仪、ZRL 可视腔道介入治疗仪、美国数码电子阴道镜等。2008 年,为汶川地震抗震救灾捐款 16650 元。

冯运财牙科诊所　2007 年 10 月开业,地址在濮院镇凯旋路 541 号,医护人员 8 人,其中中级职称 1 人、护士 4 人。2010 年,诊所搬迁至濮院镇红树林街 80—82 号。有治疗仪 4 台、真空灭菌器、齿固化治疗仪、进口定位仪、口腔 X 线全景拍片机等医疗设备,业务范围包括种牙、矫治、激光补牙、烤瓷牙、MP 钢牙、全口钢托等。

徐东眼耳鼻咽喉诊所　2008 年 12 月开业,地址在凯旋路 578 号,投资 10 万元。设 3 个科室,5 名医务人员,其中中高级职称 1 人。2009 年,门诊万余人次。有眼科裂隙灯、手术显微镜、耳鼻咽喉治疗仪、耳鼻咽喉内窥镜等设备。

桐乡城东妇科门诊　2010 年 9 月开业,地址在濮院镇长木桥路 16 号。设有中医内科、中医外科、中医妇科等 8 个临床及医技科室,共有工作人员 11 人,其中医生 4 人、护士 3 人、医技人员 2 人。当年门诊 670 人次。

工业、教育部门的医疗卫生机构　濮院镇医疗机构除了公立卫生院、私营诊所外,部分厂、校设立了医务室,配备相应的医务人员、设备、药品,负责单位内的工人、学生小伤小病的诊治和预防保健,在保护劳动力和学生的健康方面起到积极的作用。

表 18－4　　濮院镇工业和教育单位对内的医疗卫生机构一览表

单位:人

名　称	地　址	医务人员			
		总　计	医　师	医　士	其　他
桐乡第三中学医务室	濮院镇蜡烛街北段	1	1	—	—
濮院丝厂医务室	濮院镇梅泾路 11 号	5	3	1	1
桐乡毛纺厂医务室	濮院镇梅泾路 1 号	2	—	1	1
濮院丝绸印染厂医务室	濮院镇 320 国道挥士桥西	3	2	—	1
濮院缝零厂医务室	濮院镇永乐路南段	2	—	2	—

第二节　医疗保障制度

中华人民共和国成立前,濮院镇无公共医疗机构,医疗保障没有形成制度,如发生突发公共卫生事件,无应对措施。民间就医主要为中医或有坐堂医生的药店,有的药店对于贫苦病人还实行减免，只要经镇上慈善机构“小补会”验证盖章，即可减免一半。另外，濮院镇尚有民办的同善会、接婴公所、保婴堂、临时防疫会、红十字会、施药局等临时的慈善医疗机构，对贫病患者、弃婴孤儿进行治疗养育。

中华人民共和国成立后，濮院镇医疗卫生事业得到了很快发展，人民群众的医疗要求不断提高，公费医疗制度、劳保医疗制度、统筹医疗制度(2002 年 4 月 1 日起，公费医疗制度和劳保医疗制度并轨)、农村合作医疗制度等各种医疗保障制度相应建立。

公费医疗制度

濮院镇公费医疗的主要对象是机关、事业单位工作人员，全部参照上级相关政策执行。1952 年 9 月 4 日，实行国家工作人员公费医疗预防制度，规定凡享受公费医疗的对象(含公办教师)，凭公费医疗证到指定医疗单位就诊。1958 年 1 月 1 日起，改进公费医疗管理制度，门诊医疗费和住院的全部费用(伙食自理)，个人负担 10%；挂号费以及处方外的其他营养品和补品、中药代煎费、未经批准擅自去外地或私人开业医师处方就诊的一切费用，镶牙洁齿、配眼镜、各种美容整形的手术费均由个人负担。

1981 年起，公费医疗经费试行定额管理，节余留用。门诊医疗费定额每人每年 30 元拨给单位，由单位自行负责结算医疗费，年终对全年门诊有结余的人员，按 50%的结余奖给本人，另 50%单位留用；住院治疗经费，全年超过 20 元以上者，不能享受门诊经费结余奖励。

1983 年 7 月 1 日起，对享受公费医疗人员取消原来门诊包干的特约记账办法，实行现金结算后报销的办法。每人每年定额 50 元，其中 30%发给个人，作为就医垫付之用，每次报销扣除；30%扣完后，按 100%报销；享受公费医疗人员医疗费用由单位管理，按季向公费医疗办公室结算。

1986 年 1 月 13 日，县府办批转同意县人事局、财政局、卫生局联合颁发的《桐乡县公费医疗管理(试行)规定》。规定对单位实行“定额管理、节约有奖、超支分担”的办法，即：门诊住院医药费定额包干，其对象是除全民医疗单位以外的所有行政事业单位。每人每年 60 元，垫底款按 60 元的 30%即 18 元发给个人，年终剩余部分不再收回，医药费向单位报销 70%，直至垫底款用完后，按 90%仍向单位报销，10%个人负担，全年分担 15 元。同年 2 月 27 日，县政府办公室发出《关于桐乡县公费医疗管理规定的补充通知》决定，凡年满 50 岁或者工龄已满 30 年的在职人员，离退休人员和享受公费医疗的二等乙级以上革命残废军人，医药费报销 70%，其余由发给个人的垫付款中支付；节约归己，超支部分改为全额报销。

1988 年 1 月，开始执行县人民政府批复同意财税局、卫生局、人事局的《关于修改 1986 年公费医疗管理办法意见的请示》，改每年每人 18 元的垫底款为全年一次性发给 60 元。除省管单位外，凡享受公费医疗待遇人员将全年医疗经费一次性发给本人，平时看病付款，其门诊、住院、家庭病床的病历、处方、发票等单据自行保存，年终超过 60 元定额，不再向单位结报。超支分担办法：凡超过 60 元后，应将病历、处方、发票等凭据一并交单位审查，凡符合报销规定的，按比例给予结报。个人分担：50周岁以下或30年工龄以下，按90%报销，10%由个人分担，全年超过100元的，本人提出申请，经核实给予补助；50岁以上(含50周岁)或30年工龄以上，按90%报销，10%个人分担，全年超过50元的，本人提出申请，经核实给予补助；离退休人员和享受公费医疗的二等乙级以上革命残废军人超支部分，则改为全额报销。单位负担：享受公费医疗待遇的单位，对本单位人员超支部分，单位承担20%，年终结算。

1997年，实行按年龄段实发医疗费，小于35周岁每年发200元，超支部分自付250元，余额报销85%；35—49周岁发250元，大于50周岁发300元，超支部分自负200元，余额报销85%；退休职工发400元，超支部分自负150元，余额报销90%；离休干部医药费报销100%。

2000年3月20日，市卫生局和市财政局发文调整公费医疗报销办法：先从个人当年医疗基金中支付，超出部分由个人支付，自付额度为在职和退休返聘人员每人每年500元，退休人员300元。再超出部分分段按比例报销加自负：3000元内(含3000元)的，在职和退休返聘人员自负30%，退休人员自负15%；3000元以上至20000元的，在职和退休返聘人员自负20%，退休人员自负10%；20000元以上的，在职和退休返聘人员自负10%，退休人员自负5%；离休及二等乙级以上革命伤残军人，全额报销。2001年12月1日起，施行《桐乡市城镇职工基本医疗保险暂行规定》，公费医疗制度终止。2002年，公费医疗并入社会统筹，由社保局发医保卡，看病实时结报。

劳保医疗制度

濮院镇实行劳保医疗的主要对象是全民所有制企业、县以上集体所有制企业的在职职工及退休退职人员，由企业自行管理。

1951年2月26日，中央人民政府政务院公布《中华人民共和国劳动保险条例》，规定企业职工因公负伤、致残者，其全部诊疗费、药费、住院费及住院时的膳食费均由劳保医疗经费中开支；患病和非因公负伤者，仅诊疗费、住院费和普通药品费由劳保医疗经费开支。企业职工供养的直系亲属患病时，其手术费、普通药品费由劳保医疗经费负担1/2。劳保医疗经费，由各企业按本单位职工工资总额的3%提取。1952年1月28日《中华人民共和国劳动保险条例》公布，濮院镇企业的职工劳保医疗大多参照执行。企业与卫生院特约挂钩，职工就诊记账，由医疗单位按月结算。有的单位自办医务室，方便职工、家属就诊，既便于管理，又积极保护了劳动力。

1966年4月15日，劳动部、全国总工会发文重新规定：挂号费、出诊费均由职工个人负担；职工供养的直系亲属患病时，除手术费仍由本人负担一半费用外，挂号费、检查费、化验费等均由个人负担；因公负伤或患职业疾病的住院职工的膳食费，由过去的全部报销改为本人负担1/3，企业负担2/3。1969年11月，财政部规定，将企业奖励基金、福利费、医疗卫生费合并为企业职工福利基金，按工资总额的11%提取，提取的经费由企业自行管理，超支部分由企业负担。当时全县国营企业大多照此执行，不使重病职工承担较大的经济压力。

1980年起，濮院镇各企业为堵塞漏洞、减少浪费，相继改变与卫生院先记账后结算的办法，规定就诊先自垫医药费，凭据报销。1984年后，镇内多种体制的企业在贯彻省卫生厅文件时，根据企业自身不同情况，对劳保医疗经费的报销作出了相应的规定，如有按工龄长短规定报销50%—80%不等，也有将医药费随工资发给职工包干、节约归己、超支自负等多种形式。退休职工的医药费报销大多优于在职职工。县属集体企业职工参照全民企业的有关规定享受劳保待遇。

1985年，浙江省卫生厅等联合发文，贯彻卫生部等转发河北省《关于再次重申"不得用公费医疗、劳保医疗经费报销自费药品和非治疗性商品的规定"的通知》，药品报销范围与公费医疗相同，挂号费以及除西医师处方外的其他营养药品和补品，中药代煎费等均自负。1996年，濮院镇按桐乡市医疗保险改革规定，试行大病医疗费统筹办法，解决城镇企业职工大病住院医药费。2001年12月和2002年年初，濮院镇参照桐乡市先后下发的桐政〔2001〕171号《桐乡市城镇职工基本医疗保险暂行规定》和桐政办〔2002〕11号《关于印发城镇职工医疗保险制度改革配套办法的通知》执行。

2002年4月1日起，启动城镇职工基本医疗保险制度，公费医疗、大病统筹和城镇职工医疗保险并轨。城镇职工基本医疗保险覆盖范围为：城镇所有用人单位包括企业（国有企业、集体企业、外商投资企业、私营企业等，不含乡镇企业）、机关、事业单位、社会团体、民办非企业单位及其职工、个体工商户、自由职业者也可参加基本医疗保险。并轨后城镇职工基本医疗保险费由用人单位和职工共同缴纳。职工个人缴纳的基本医疗保险费全部计入个人账户，用人单位缴纳的基本医疗保险费，一部分用于建立统筹基金，一部分划入个人账户，统筹基金主要用于支付住院医疗费用，个人账户以医保卡的形式由个人保管、使用，社保局每月按规定给个人账户充值。

2005年1月，市政府出台《桐乡市城镇职工基本医疗保险制度改革若干补充意见》，实行基本医疗保险病历本和处方药外配制度。自此开始，个人账户可用于门诊医疗费用结算和到医保定点药店购药。2006年，桐乡市实行社会保险费"五险"（即基本养老保险、基本医疗保险、工伤保险、失业保险、生育保险）合征，提高基本医疗保险参保率。2007年，市政府出台《桐乡市城镇职工基本医疗保险缴费年限暂行规定》，规定凡参加城镇职工基本医疗保险的人员，累计缴费年限不少于20年和实际缴费年限不少于10年的，退休时即可终生享受基本医疗保险待遇。

城乡合作医疗制度

1960年，濮院公社管理委员会制定《濮院人民公社集体保健医疗实施章程》，7月，濮院人民公社开始全面实行社员集体合作医疗制度（当时称统筹医疗）。根据各生产队经济条件确定提取和报销金额，新桥、新民、新联3个大队实行全费保健医疗，其余生产大队实行半费（报销50%）医疗。新民大队首先办起了新民保健站，有1名民间医生和2名保健员为社员服务，社员缴纳一定的医疗基金，看病按规定报销。公社、生产大队与公社医院、保健站订立统筹医疗保健合同，生产大队成立医疗保健管理委员会，处理社员统筹医疗保健事务。由医管会印发保健医疗证，每户一本，社员凭证去保健站或公社医院就诊。医药费由生产大队按每人每月 0.2 元的标准在分配时提取，如有超支，由生产队公益金项下补给。社员看病挂号费、出诊费、中药代煎费自负；所有中西药品、敷料、注射、针灸、检验、手术费等，都可享受报销。1968 年，濮院公社组建 15 个大队合作医疗站，农民在站内看病自负 40%，其他费用全免。1983 年，原村卫生室相继承包给乡村医生个人，合作医疗制度停止。

1990 年 6 月 29 日，桐乡县人民政府发文《关于成立桐乡县初级保健委员会的通知》，7 月，下发《关于做好实施初级卫生保健工作的通知》，8 月，濮院镇成立濮院镇初级卫生保健委员会，办公室（简称“初保办”）设在濮院卫生院。1991 年 10 月，县政府下发《关于在全县农村实行合作医疗保健制度的通知》，濮院镇恢复实行农村合作医疗保健制度，年底前建立相应的收费、报销、奖罚等制度。行政村确定专人，配合镇初保办做好宣传动员、集资收费工作。1992 年度最高可报销 7500 元。1993 年 1 月 11 日，实行“乡办乡管”的风险性合作医疗制度。1995 年，实行补助型合作医疗制度，凡是农业户口均可参加，但必须是以户为单位，人人参加；集资额每人每年 15 元，镇财政拨款 2 万元，要求各村有 50%以上人员参加。补助条件是必须在本镇保健站、本镇中心卫生院以上医院就医的医药费累计 1000 元以上部分，外地医院须有转院手续、村委会主任监审签名。

1997 年 12 月 18 日，《桐乡市农村大病保险型合作医疗实施办法》下发，濮院镇于 1998 年即推行保险型合作医疗制度，以个人筹资为主、集体适当扶持的原则，规定参加户每人出资 10 元，村集体经济拨出每人 1 元的扶持金，对参加者发放合作医疗享受证，凭证在村保健站看病免挂号费及免费进行一次体格检查和保健指导，在濮院镇中心卫生院看病减免 1 元挂号费和住院床位费的 10%。全年累计医药费 1000 元以上部分报销 10%，最高报销按发票金额限额为 4 万元，超过部分视家庭经济状况，年终一次性给予适当补助。

2002 年 6 月 5 日，根据《桐乡市农村合作医疗实施办法》，合作医疗工作纳入镇政府目标管理责任制度考核内容。濮院镇在全镇范围内实施了新一轮合作医疗制度。

濮院镇新型合作医疗制度和大病救助政策实施以后，居民参保人数逐年增加，参保率逐年提高。2006 年，濮院镇参保人数 34525 人。2008 年，参保人数 36814 人。2010 年，参保人数 36628 人，其中农村 29660 人，参保率 97.96%，城镇 3968 人，参保率 97.02%。筹资标准和报销比例的不断提高，受益面扩大，极大地减少了居民的医疗支出，有效降低了家庭因病致贫的风险。

参加范围 起初的覆盖对象为农村居民。2004 年度，参加合作医疗（简称“参合”，下同）对象扩大到城镇居民最低生活保障人员。2005 年度，参合对象扩大到被征地农民、农婚知青。2006 年度，再度扩大参合范围，把户籍在本地未参加城镇职工医疗保险、城镇职工基本医疗住院保险或城镇个体工商户(包括自由职业者)大病医疗费用社会统筹的、不享受单位医药费报销(含不享受父母单位医药费报销的儿童)的城镇居民纳入合作医疗。2008年,将非桐乡户籍,在本地就业或就学,已办理暂住证的企业职工和中小学生纳入参合对象。至此,除参加城镇职工基本医疗保险之外的所有城乡居民,包括外来常住人口中的企业职工和中小学生,都纳入参合人员范围,实行合作医疗的城乡统筹。2009年,新生儿、复员退伍军人、归正人员、出国回归人员、户口回迁的大中专学生及年度中途停缴基本医疗保险的人员,在该户其他人员合作医疗应保尽保的前提下,可以在年度中途补办参合手续。

筹资管理 2002年,合作医疗基金(简称"基金",下同)采取"四级筹资、两级管理"的办法,即以个人投入为主,市、镇(乡、街道)财政、村相应补助。合作医疗筹资坚持"村收乡管"原则,基金核算为当年7月1日至次年6月30日止。镇级基金,由农民个人缴纳的资金、镇财政和村补助款及社会各界捐款组成。农民每人每年集资20元,农村低保户缴费资金由民政部门承担(含以后扩大的免缴对象),按辖区农村人口总数,按市财政3元/人、镇财政2元/人、村1元/人的标准补助。2004年,基金采取"五级筹资、两级管理"办法,即由个人、省财政、市财政、镇财政和村级经济五级筹资,实行市、镇两级管理。财政与个人筹资额之比变成30∶25,首次改变合作医疗以个人为主的传统筹资模式。10月,合作医疗数据传输实现宽带连接,提高了效率。同年,根据审计署南京特派办对桐乡市合作医疗审计提出的"一是要实行县级一级管理,二是核算年度与会计年度统一"的改进意见,2005年起,基金统一转变为市财政管理,实行"三级筹集、一级管理、两级负责",由个人、镇和市财政三级筹集,超支部分由市、镇财政分别承担。同时,合作医疗核算时间调整为每年的1月1日—12月31日,和会计年度统一。2010年,随着城镇合作医疗基金逐年增加,达到个人缴费100元,各级财政补助200元的集资额度。

报销受益 2002年规定,符合规定的住院医药费和指定病种(糖尿病、肿瘤、慢性肾功能衰竭、精神病、器官移植后续治疗)的医药费可享受住院标准的合作医疗报销,比例:在结算年度内,第一次结报起付点为一次性医药费1000元后,1000—10000元部分报销30%,10000—20000元部分报销20%,由镇级基金报销;20000元以上部分报销30%,最高报销额4万元,由市级基金报销。2003年,报销范围增加了门诊费用,核算年度内累计门诊费500元以上报销30%,每年报销一次;市外定点医院的住院费视同住院费,1000元以上部分也可报销20%。门诊和住院费用10000元(含10000元)以下,由镇级基金支付;住院费用10000元以上,由市级基金支付。2004年,提高了参合人员的受益,市内定点医疗机构的门诊费500元以上部分可报销10%,10000元以上部分住院费可报销50%。2005年,桐乡市民政局出台大病救助政策,对桐乡市的参合居民,因大病医疗费用超过一定额度,报相关部门审批,还可获得一定的大病救助资金。2007年,提高了报销比例,不同的医疗机构分不同的报销比例,主要倾向于引导参合人员去基层社区卫生服务机构,以缓解大医院就诊拥堵压力。社区卫生服务站门诊费报销20%，镇中心卫生院(社区卫生服务中心)门诊费报销10%，市级医院报销5%。门诊中医治疗费用中针灸、推拿、拔火罐、穴位注射、穴位贴敷费用的报销比例在原报销基础上再增加10%，门诊报销限额500元。住院费报销起付点降至500元，500—1000元部分报销20%，1000—10000元部分报销40%，10000—50000元部分报销50%，50000元以上部分报销60%；市外定点医院报销比例比市内医院报销比例降10%。非定点医院住院费500元以上部分报销10%，年度报销限额10000元。对连续三年均未享受报销的参合人员，如有住院费，则报销比例提高10个百分点。参合人员年度报销总限额从以前的4万元提高到7万元，学生报销限额为10万元。

2007年1月1日，濮院中心卫生院实现桐乡市内合作医疗门诊费和住院费实时报销。4月1日，15个社区卫生服务站和新生分院也实现了合作医疗门诊实时报销。2010年，在社区卫生服务站和镇中心卫生院(社区卫生服务中心)就诊，门诊费报销比例提高到35%，其他定点医疗机构门诊费报销由5%提高到10%，年度报销限额500元。镇中心卫生院(社区卫生服务中心)住院起付点为300元，其他定点医院住院起付点500元，起付线至1000元、1000—10000元、10000—50000元、50000元以上分别报销30%、55%、60%、70%，市外定点医院报销比例相应下降10%。年度报销总限额提高到80000元/人。5月1日起，参合人员在浙江省人民医院、杭州市第二人民医院住院治疗，凭合作医疗卡就可实时报销。7月1日起，参合人员在浙医一院、浙医二院住院治疗，凭合作医疗卡就可实时报销。

表18－5　2008—2010年濮院镇城乡居民合作医疗参保情况表

年份	应参保人数(人)		实际参保人数(人)		参保率(%)	
	农村	城镇	农村	城镇	农村	城镇
2008	33768	5448	32526	4504	96.3	82.7
2009	30850	7389	29899	6915	96.9	93.6
2010	30279	7182	29660	6968	98	97

表18－6　2002—2010年新一轮合作医疗筹资标准、报销制度变化情况表

年份	筹资标准(元)			起付标准(元)	住院费用分段报销比例						备注
	个人	财政补助	合计		500—1000元	1000—10000元	10000—20000元	>20000元	10000—50000元	>50000元	
2002/2003	20	6	26	1000	—	30%	20%	30%	—	—	最高报销限额4万元

续表 18－6

年份	筹资标准(元)			起付标准(元)	住院费用分段报销比例						备注
	个人	财政补助	合计		500—1000元	1000—10000元	10000—20000元	>20000元	10000—50000元	>50000元	
2003/2004	20	14	34	1000	—	30%	20%	30%	—	—	最高报销限额4万元
2004/2005	25	27	52	1000	—	30%	50%		—	—	最高报销限额4万元
2005/2006	37.5	40.5	78	1500	—	30%	50%		—	—	最高报销限额6万元
2007	40	85	125	500	20%	40%	—	—	50%	60%	最高报销限额7万元、学生报销限额1万元
2008	60	110	170	500	30%	45%	—	—	55%	70%	最高报销限额7万元、学生报销限额1.2万元
2009	80	158	238	500	30%	55%				70%	最高报销限额7万元、学生报销限额1.2万元
2010	100	200	300	500	30%	55%	—	—	60%	70%	最高报销限额8万元、学生报销限额1.2万元

表 18－7　　2008—2010 年濮院镇城乡居民合作医疗报销统计表

单位：万元

年份	普通门诊			特殊门诊、住院			报销人次	报销合计
	发票金额	可报金额	报销金额	发票金额	可报金额	报销金额		
2008	1344.23	1179.71	230.89	1503.9	1348.17	535.81	161941	766.7
2009	1673.04	1485.99	371.45	1426.1	1277.97	593.54	208230	964.99
2010	1827.29	1629.82	453.23	2441.3	2085.16	1020.11	229870	1473.34

第三节　医疗技术

中华人民共和国成立前，濮院镇的医疗技术主要反映在中医方面，当时中医内科、外科、儿科、眼科、喉科、针灸、伤科科目俱全，如凌氏针灸、殳氏伤科、张氏内科等。凌氏针灸一直延续到第十六代传人凌建维，发扬医术，著述论文，代代出类拔萃。凌氏家传针法手抄本尚存五种：《集成撮要砭针全书》（又称《凌氏汉章针灸全书》）、《针灸内篇》、《经学会宗》、《凌门传授铜人指穴》、《子午流注图说》。殳氏伤科功夫深厚，延续到20世纪80年代。张氏中医临诊审慎果断，医名卓著。西医方面的医疗技术比较低下，姚肇虞最早在濮院开设西医诊所，后有毕业于东南医科大学的戴远如和毕业于嘉兴医学院的钟文吉等在濮院开设诊所、医院，实际上大多系一人一所（院），无病床、无护士，医疗设备简陋，诊疗方法落后。

中华人民共和国成立后，濮院镇的医疗技术主要反映在濮院镇中心卫生院的医疗技术，特别是西医诊疗技术。随着医药科学的发展和医师人才的更新，大中专毕业生的分配，专业人才引进和外出进修学习，医疗器械设备不断更新，濮院镇的医疗技术水平快速提升。1952年，诊所设立妇产科，由中华人民共和国成立前杭州助产学校毕业的盾美锦坐诊，开展新法接生，进行正规消毒，明显提高了新生儿的成活率，减少产后并发症。内科虽仍以听诊器、血压计、体温表诊病，但1958年卫生院设立化验室，开展血、尿、大便三大常规和血沉、大便隐血等辅助检查，提高了内科的诊疗水平。1962年，卫校中专毕业生倪宗耀分配到卫生院，1963年创办病房，开始收治重病人。1966年7月，濮院镇乙型脑炎流行，卫生院先后收治100多名小儿患者，开展腰穿技术，进行脑脊液检查，对症治疗，成功抢救大部分病人。9月，进修回来的年轻医生因陋就简建立了20平方米的手术室，开展了首例下腹部阑尾切除手术。1974年，设立X光室，使得内外科诊治水平又上一个台阶。1979年，开展并应用了心电图和超声波诊断技术。1981年，为配合临床，开设生化室，增加肝肾功能、血糖血脂等检查项目。1983年开始，卫生院先后有74人次脱产或半脱产参加医药院校在职医学专业学习。1986年，卫生院和九三学社嘉兴医疗咨询服务部成立医疗联合体，嘉兴市级医院各科专家定期到卫生院坐诊、查房、会诊、讲课，提高了卫生院的知名度和医疗水平。

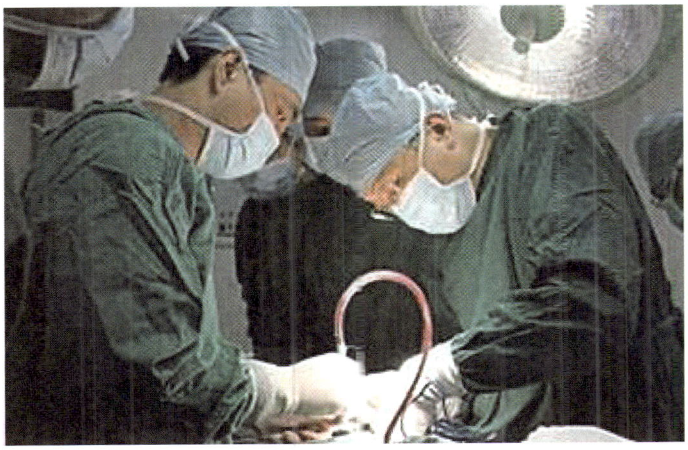
外科手术

1992年开始从黑龙江直接引进

一名外科副高级职称医生，当年开展首例上腹部胆囊切除手术，同时配合妇产科开展首例剖宫产手术。1993 年 8 月，外科完成了首例人工股骨头置换手术，创桐乡市先例。1994 年 4 月，为提高救护效率，卫生院投资 4.75 万元购买首辆救护车。1997 年 1 月，一名 40 岁的夏姓患者因较窄性肠梗阻手术，术中见全小肠坏死，行全小肠切除术。1999 年 11 月，投资 20 万元添置电子胃镜，设立消化科专家门诊，开展胃镜检查。2002 年，卫生院在复合麻醉下，为出生三天患先天性幽门肥厚患儿行幽门括约肌成形术。2003 年，急诊科成功抢救一名 18 个月呼吸骤停的患儿。同年，卫生院在浙江武警总队医院眼科主任指导下开展白内障手术。2004 年 1 月，在嘉兴第一医院心内科主任江力勤帮助下，卫生院首次为心脏病人孙巧观安装心脏起搏器。8 月，卫生院开展首例输卵管造影和成功开展首例小儿肠套叠空气整复术。2006 年 9 月，安装 X 线计算机成像(CR)系统，为全市中心卫生院中首先使用。2007 年成立麻醉科，配置简易麻醉机、多功能麻醉机、呼吸机、英国进口百斯麻醉机、心电监护仪，更新麻醉技术，先后开展腰硬联合麻醉、硬麻加全麻联合麻醉，硬膜外麻醉术后自控镇痛效果好，解决了术后病人切口疼痛的问题，受到病人的欢迎，取得了良好的社会效益。

到 2010 年，除诊治各种常见病、多发病、慢性疾病外，对涉及呼吸、循环、消化、内分泌、妇儿等系统的危重症及部分疑难杂症也有相当的诊治水平。成功救治诸如溺水、电击伤、各种中毒、心跳呼吸骤停、急性心功能衰竭、心肌梗塞、心绞痛、风心病、冠心病、脑血管意外、哮喘持续状态、肺栓塞、消化道出血、肝昏迷、酮症酸中毒、新生儿窒息、败血症、新生儿硬肿症等一系列急危重症。开展胆囊切除术、胃大部切除术、贲门癌行全胃加脾切除术，股骨头置换术，甲亢甲状腺次全切除术、腹式子宫全切除术、筋膜内子宫全切除术、子宫次全切除术、子宫肌瘤剔除术、卵巢肿瘤切除术、卵巢囊肿剥除术、宫外孕手术、会阴陈旧性裂伤修补术、白内障手术等，三类、四类手术占比达 40%。每年有将近 1000 名新生婴儿在濮院中心卫生院诞生。累计“三新”项目 172 项，科技成果 4 项，获专利 1 项，发表在各级书刊上的论文 142 篇。

自 20 世纪 80 年代、90 年代到 2008 年，濮院中心卫生院先后三次移址新建，环境条件不断改善，科室设置更趋合理，专业人才按需引进，医疗器械日臻完备，医疗技术大大提高。至 2010 年，医疗用房达 18300 平方米，引进各科中高级医疗专业技术人才 20 人。全院卫技人员 233 人，其中正高级职称 1 人，副高级职称 7 人，中级职称 47 人。配置有进口呼吸机、心脏除颤仪、多功能洗胃机、多功能心电监护仪、心脏除颤仪、电动手术床、高频电刀、集中供氧系统、胎心监护仪、多普勒彩色超声仪、微波治疗仪、电子胃镜、全自动万分类血球仪、全自动生化仪、喉镜、500mA 双床双球 X 线机、X 线计算机成像系统(CR)、C 臂型 X 光机、B 超监视妇产科手术仪等中高档设备。全院设有门诊部、住院部、预防保健和社区卫生服务四大功能区块，其中门诊部设急诊科、全科医疗科、内科、外科、妇产科、儿科、中医科、针灸理疗科、耳鼻咽喉科、眼科、口腔科、皮肤科等临床科室和检验科、放射科、特检科、药剂科、胃镜室、脑电图室、纤维喉镜室等医技科室；住院部设内科、外科、儿科、妇产科四个病区和手术室、分娩室；预防保健设防保科、规范接种门诊、儿保室、妇保室、健康教育宣教室等；社区卫生服务设办公室，具体管理辖区内16个社区卫生服务站。濮院镇中心卫生院成为本地及邻近地区的一座科室设置齐全、技术力量雄厚、服务功能完善的综合性医疗机构。

表18-8　　1991—2010年濮院镇中心卫生院床位及业务情况表

年　份	核定床位（张）	开放床位（张）	主要业务情况			
			门诊人次	住院人次	业务总收入（万元）	业务总支出（万元）
1991	30	30	49073	1116	100.6191	12.1086
1992	30	30	50043	1337	126.1329	11.6656
1993	50	37	40470	1680	185.3525	22.6045
1994	50	41	58825	2072	269.1876	33.1827
1995	50	38	63664	1766	377.3301	56.1475
1996	50	34	81750	1593	438.6236	62.6009
1997	50	25	70633	1743	473.0560	61.5681
1998	50	29	74314	1599	528.8450	65.4238
1999	50	50	71325	1616	519.2214	43.7522
2000	50	50	84434	1998	659.9168	80.3045
2001	50	50	103079	1891	732.7293	72.9206
2002	50	50	116478	1790	806.3879	69.2021
2003	50	50	141596	1943	1179.8700	92.0000
2004	50	50	204061	3015	2094.9900	132.5100
2005	50	50	204550	2885	2418.9900	127.3600
2006	70	70	287663	2978	2801.4400	53.9000
2007	70	70	332951	3053	3339.3000	16.9500
2008	105	105	350576	3501	3731.1900	-169.5500
2009	150	105	449402	3593	4915.8300	78.7100
2010	150	105	440070	3668	5280.4500	-125.5600

名医选介

凌煦之　明代凌云第十五世嫡孙，生于民国5年(1916)9月10日，卒于1981年1

月，终年69岁。凌煦之于民国20年（1931）4月至民国26年（1937）6月从吴兴张禹九学习中医喉科。前三年同时在吴兴国医补习学校攻读医书。民国26年（1937）7月至民国29年（1940）8月，随父文涛（号听松、字海南）及伯父霞清学习家传针灸。民国29年（1940）8—12月在乌镇东栅行医，民国30年（1941）开始在濮院设立诊所，并于每年夏天在梧桐、石湾、乌镇设分诊所。1956年，凌煦之进入濮院联合医院工作，临床上遵循"审证求因，辨证施治，针药并用，内外兼施"的家学特色。

凌煦之致力于继承凌氏家传医学，以《内经》《难经》为基础，兼读《伤寒杂病》《金匮》《针灸甲乙经》《针灸资生经》及其他内科医籍。针灸则以熟读经络、经穴歌诀为先，重视取穴及进针手法。凌煦之熟记先祖教导："宋代王执中《针灸资生经》中，有'针而不灸，灸而不针非良医也，针灸而不用药，药而不针灸，亦非良医也；知针知药，方是良医'之语，因此为针灸者必须兼通内外科之学，庶能辩证论治，得心应手。"故此，凌煦之非但针灸闻名，而且中医内科方脉也颇精，治疗复杂病情时都针药并用。

凌煦之针灸都用冷针，不用温针、燔针、烧针尾等法。其进针手法，都用捻转进针之术，历来多用留针治疗。关于"留针"，凌煦之曾写有《从灵枢探讨留针之机理》及《临床应用留针之点滴体会》两文，刊载于1964年北京《中医杂志》第一期及第三期。

凌煦之的灸法专用直接灸，极少用隔姜灸、隔药灸、隔附片灸等法。直接灸手续相当麻烦，灸后隔日必须贴上膏药，每天需吃发物，如鲫鱼、羊肉、蘑菇、香蕈、鞭笋、鳗鲤等，以催发灸疮。待灸疮化脓以后（大约吃半个月至一个月不等）即须忌口，忌食鱼肉鲜发食物，少则三月，多则须半年。冬至以后，再吃补药或其他补品。直接灸对于儿童发育不良效果非常好。有些慢性病，药物治疗效果不好，灸之往往获效明显。

凌氏家传有《步穴歌》一册，又有《经外奇腧撷歌》一册。其中有些穴位，与别家取穴不同，如背部足太阳膀胱经之取穴，背部横针，凌氏皆去脊计算。临床上实际操作，皆依照此法取穴，疗效可靠。其他如膏肓、命门、百会、上星、大椎等穴，也与别家的取法不同。

凌煦之理论基础扎实，实践经验丰富，诊务繁忙的情况下，撰写了十多篇论文，发表于《中医杂志》《浙江中医杂志》等省级以上学术刊物。

凌氏有《家训》，其中一节说："医乃仁术，攸关人命寿夭，审证必须周详，与病家共其休戚。切戒炫奇好胜，唯利是图。急难之病，必具仁济之心，勿责酬，勿计劳，以解除疾苦为先。"凌煦之在勤学家传针灸的同时，还把先世的优良医德继承了下来，并在临诊工作中付诸实施和用于教育后代。凌煦之为发扬中医医术，破除了"凌氏传子不传女，教媳不带徒"的家规，先后收徒8人（即长子建荣、二女建明、次子建维及沈幼甫、归琴樽、朱玲芬、岳颖梅、潘玉英等）。他对后学均谆谆善诱，言传身教，毫无保留，使他们学有所长、德才并进，深得门生弟子的尊敬。

凌煦之生前为浙江省针灸学会会员。

张桐夫 原名安朝，乌镇人，生于清光绪十八年（1892），卒于1969年。张桐夫从嘉兴府中毕业后，于民国8年（1919）开始从父菊坤学医。民国9年（1920）行医毛家渡，以临诊审慎果断、常能治愈危重之症而医名卓著。民国13年（1924）应人之邀，设诊濮院。1952年，加入濮院镇联合诊所工作，在濮院行医40余年，深得病家信赖。就诊病人除了本地，还有来自梧桐、嘉兴、新塍等地的。虽临床业务繁忙，仍悉心传授弟子葛锠华、康兰英、张元春、于仲经、於钜芳5人。

第四节　药　店

中华人民共和国成立前，濮院药店以中药店居多，民国36年（1947）6月编制的《濮院镇国药商业同业公会会员名册》，共有施三和、九茎堂、春和、同康、久康、万春、瑞久、洪大8家中药店。其中有代表性的药店为施三和中药店和九茎堂中药店。另据《桐乡县政府发给药商调查表》记载，民国35年（1946），濮院镇有两家西药店，一为钟爻吉于民国21年（1932）开业的濮镇药房，二为沈学行于民国36年（1947）10月14日开业的中英药房。

施三和中药店

创建于清同治五年（1866），创始人为施瀛洲的父亲。药店开设于濮院镇卧龙街栖凤桥东堍，朝北单开门面。稍后曾在濮院镇北横街中段开设分店，名为正和堂药店，于民国21年（1932）关闭。创始人于清光绪年间将药店传给施瀛洲，后瀛洲又传给长子施斐卿，民国初年又由施瀛洲次子施端甫承接。店内有乌镇名中医张映珊、张菊坤父子两人坐堂，坐堂70余年。民国时期，国药业同行根据药店规模及饮片等级分为天、地、人三档，药材也相应分别以全价、九折、八折销售。施三和中药店于民国18年（1929）的资产为600大洋，在药业中属“地字号”。药店中药品种较为齐全，计有700余种，配方中缺味较少。还备有“番打马”（一种进口树脂药，外用于金疮，现已无此品种）、“箬竭”（血竭的一种，金疮药，现已无此品种）、“白木香”（一种植物根茎，理气药）、“莱菔缨”（即萝卜菜）等药材。店中的丸、散、膏、丹一般都自制；在冬季出售的十全大补膏，药店均会派人上门帮助煎熬。药店天井内养殖斑蛇龟，水缸里种植荷花，以备随时取用。民国初年，施三和中药店对一些贫苦病家的处方，只要有濮院镇慈善机构“小布会”验证盖印，便只收一半价钱，全年累计资助几十枚银元。

九茎堂中药店

创建于民国5年（1916），创始人张敏华。起初开设于濮院镇花园街，民国10年（1921）迁至女儿桥街西段。张敏华钻研医药类书籍，自己创制了许多秘方，“九茎堂消食丸”是其中之一，具有消食导滞、除胀去满的功效，民间对其有“立刻消”之称誉。其配方为：制大黄三钱、广木香三钱、黄连三钱、巴豆霜五钱、西黄一钱，研成粉末，制成细丸，辰砂为衣，细若芥子，色泽光亮，因药丸细小，极易吞服。1—2岁服一丸，3—4岁服二丸，5—6岁服三丸，以此类推。该药配方被载入桐乡县卫生科学研究所编写的《民间单方验方汇编》,评语为“此制方之妙用,灵效异常”。在沪杭等地的濮院籍人士回乡探亲时常会带些“九茎堂消食丸”回去,以备急用。

表 18－9　　　　民国时期濮院镇中西药店一览表

店　名	主　体　人	资本(元)	店　址
施三和中药店	施端甫	2562	濮院镇卧龙街
九茎堂中药店	张明华	1413	濮院镇女儿桥街
万春国药店	王维新	1137	濮院镇归家湾
春和国药店	钱镌初	5757	濮院镇大有桥街
瑞久国药店	谢思安	890	濮院镇大街
同康国药店	钱效韩	6244	濮院镇寺前街
洪大国药店	沈兴培	1015	濮院镇西市
久康国药店	钱禹言	4752	濮院镇严家汇
正和堂国药店	施三和分店	—	濮院镇北横街
濮镇药房	先为钟爻吉,后为朱凤吾	1641	濮院镇大街
中英药房	沈学行	343	濮院镇北横街
中西药房	姚顺宝	315	濮院镇北横街

说明:表中资本指 1956 年公私合营时私方的股金额

中华人民共和国成立后的药店变迁

中华人民共和国成立后,濮院镇有春和堂、施三和、久康、同康、瑞久、万春、九茎堂、洪大 8 家私营中药房和濮镇药房、中英药房、中西药房 3 家私营西药房。1955 年,私营商业实行合作化,改组为集体所有制,8 家中药店和 3 家西药店合并为濮院镇中新药商店,归属濮院供销社。原私方资产作价 21814 元入店,支取国家规定的利息。药店公方经理吕欣甫,私方经理施有义,职工 27 人。总店址在濮院镇大有桥街(原春和堂药店)。设 4 个门市部:第一门市部在龙湾街口,第二门市部在严家汇(原久康药店),第三门市部在大街(原瑞久药店),第四门市部在寺前街 7 号(原同康药店)。1958 年 10 月,濮院镇中新药店并入濮院人民公社医院,成为医院配方部。

1961 年,药店从医院分离出来,归属桐乡县医药公司,转制为独立核算、自负盈亏的国营濮院中西药商店,下设大有桥街和严家汇两个门市部,经理为李荣甫。1977 年 8 月,增设药品批发部。1978 年后,药店药品种类渐渐增多。1988 年,有西药 446 种;1989 年,有西药 870 种。中药材较为齐全,1978 年缺味 50 余种,1989 年缺味 10 余种。该药店还有不少中成药,特别是新剂型药品,受到病家欢迎。1992 年,濮院医药商店升级为桐乡医药总公司濮院医药分公司。1997 年 6 月，濮院医药分公司和濮院食品、饮服、烟糖分公司组建为濮院国联商业有限公司，隶属桐乡市商业局。1999 年 10 月 26 日，除大有桥街和严家汇药店外，先后新增 3 个门市部，并重新命名登记注册 5 个门市部，为长春药店、长寿药店、长生药店、长乐药店和长兴药店。接任经理先后有张学谦、凌荣顺、郭小根、郭峰。

表 18－10　　　　1999 年濮院镇国营药店一览表

国营药店名称	店　　址	注册员工(人)
长春药店	濮院镇大有桥街 6 号	3
长寿药店	濮院镇北横街严家汇	4
长生药店	濮院镇永乐路 82 号	5
长乐药店	濮院镇中兴路 136 号	3
长兴药店	濮院镇咏梅路 58 号	6

2004 年 6 月 3 日，濮院医药分公司和自然人郭锋分别出资 27 万元和 3 万元，合股成立桐乡市恒信医药零售有限公司，5 个国营药店随之全部转入该公司名下。2008 年 3 月 18 日，郭锋的 10%股份转让给副经理丁建春。2010 年 7 月底，因公司亏损 56.36 万元，原医药分公司 90%的股份转让给公司职工马国贤、包伟东、程建东。至此，濮院镇国营药店全部转资为民营。

20 世纪 80 年代末，濮院镇区域经济迅猛发展，外来人口大量涌入，加上镇区面积的不断扩大，原有的 5 个国营药店已满足不了群众的需求。随着国家药品销售政策的放开，2002 年 5 月 28 日濮院镇出现第一家私人药店，永乐路 14 号的强生药店，注册资本 18 万元，员工 3 人，主要经营中药材、中成药、化学药制剂、抗生素、生化药品的零售。6 月，栖凤北路 3 号康达徕药店和南纬路中兴路口君尔康大药店相继开业。至 2010 年，全镇私人药店达 47 家。

表 18－11　　　　2010 年濮院镇注册药店一览表

序号	药　店　名　称	注　册　店　址	药店负责人
1	新华医药零售有限公司乌镇新生药店	濮院镇新生集镇市场路 6 号	程子建
2	恒信医药零售有限公司长寿药店	濮院镇大街 73 号	姚志伟
3	恒信医药零售有限公司长生药店	濮院镇永乐路 82 号	包伟东
4	恒信医药零售有限公司长兴药店	濮院镇永乐路 37 号	冯福金
5	濮院强生药店	濮院镇永乐路 14 号	陈介华
6	濮院康达徕药品有限公司	濮院镇栖凤北路 3 号	蔡顺昌

续表 18－11

序号	药 店 名 称	注 册 店 址	药店负责人
7	以仁堂药店	濮院镇中兴路 29 号	王笑序
8	正大药品有限公司濮院康源药店	濮院镇南纬路 62 号	李文言
9	濮院万寿堂医药凯旋路连锁店	濮院镇凯旋路 A9 幢 105—106 号	朱爱华
10	濮院仁爱大药房	濮院镇第二农贸市场 8—9 号	沈志彦
11	濮院康福来药店	濮院镇第二农贸市场 19—20 号	陈国忠
12	濮院福寿堂药房	濮院镇新生集镇中新路 166 号	陈惠杰
13	正大药品有限公司濮院永越药店	濮院镇宏苑新村	张根英
14	东兴商厦股份有限公司医药连锁濮院凯旋路店	濮院镇凯旋路 A5	沈乾荣
15	正大药品有限公司濮院永乐药店	濮院镇永乐新村 75 号	徐　炜
16	濮院恒康药店	濮院镇工贸大道 6 号	沈丽娟
17	益民大药房	濮院镇永联新村	戴小平
18	正大药品有限公司濮院万康大药房	濮院镇红晓新村 136 号	徐义锋
19	正大药品有限公司濮院永康药店	濮院镇工贸大道 1562—1566 号	王　飞
20	老百姓药品零售公司濮院大药房	濮院镇凯旋路 B2—15 号	张学东
21	正大药品有限公司濮院红星药店	濮院镇红星新村 35 号	田双龙
22	好心人大药房	濮院镇新生集镇华生路 167 号	郑亦专
23	正大药品有限公司濮院三通大药房	濮院镇凯旋路 1033 号	金芳芳
24	濮院百草居大药房有限公司	濮院镇凯旋路 487—495 号	沈利强
25	濮院君尔康大药房	濮院镇咏梅路 95 号	沈朝晖
26	正大药品有限公司濮院新星药店	濮院镇新星小区	朱雅明
27	正大药品有限公司濮院永联药店	濮院镇树蓬里	张明忠
28	华夏大药房	濮院镇南纬路 104 号	戚亚芳
29	双健大药房	濮院镇封家浜 10 号	王振飞
30	济世堂药房有限公司	濮院镇栖凤路 5 号	石顶天
31	濮院万寿堂医药康乐连锁店	濮院镇新生集镇中新路 162 号	李建伟
32	颐寿堂医药濮院连锁店	濮院镇齐宏路 470 号	王雪红
33	健和堂大药房	濮院镇齐宏路 546 号	沈惠强
34	百诚药品零售有限公司濮院分公司	濮院镇凯旋路 32—42 号	钟　莉

续表 18 - 11

序号	药　店　名　称	注　册　店　址	药店负责人
35	恒升大药房	濮院镇永安路 637—639 号	马瑞霞
36	濮院颐寿堂医药凯旋路连锁店	濮院镇凯旋路 682—686 号	陆伟伟
37	为诚大药房	濮院镇南纬路	陈丽妹
38	濮院颐寿堂医药齐天连锁店	濮院镇中兴路 20—22 号	李鸿翔
39	濮院颐寿堂医药建园路连锁店	濮院镇建园路 51 号	周勤明
40	施氏健仁堂医药有限公司	濮院镇凯旋路 1696—1698 号	庄明元
41	濮院颐寿堂医药齐天连锁店	濮院镇新濮村小户加工区 20 号	李鸿翔
42	濮院颐寿堂医药濮院新苑连锁店	濮院镇新苑小区 11 号	赵小芳
43	凯信大药房	濮院镇金龙新村 133 号	沈国清
44	好邻居大药房	濮院镇新苑小区 123 号	丁　洁
45	老百姓药品零售公司濮院凯旋西路大药房	濮院镇凯旋路 1461—1465	张学东
46	正大药品有限公司濮院天天红药店	濮院镇凯旋路 1586—1588 号	裘金红
47	濮院健生缘大药房	濮院镇金龙新村 146 号	庄明元

附：

医药代表

医药代表出现于 20 世纪 80 年代后期，是负责相关药品推广工作的人员。很多医学专业的毕业生选择做这个工作。有些医药代表负责医院，客户为医生；有些医药代表负责药店，客户为经销商。医药代表这一角色最早是合资药企引进的。1988 年，南方一家合资制药公司最先为社会“培养”出了一批医药代表。之后，其他药企竞相效仿，医药代表大量涌现，濮院镇所有私人药店进货大多由医药代表上门推销。

第二章　公共卫生

第一节　环境卫生

中华人民共和国成立前，濮院镇的环境卫生，仅限于私人清理露天粪缸等。濮院镇有私人粪行29家，大的粪行雇工1—3人，由警察所发给许可证。粪行业主在街头巷尾遍设简易茅厕、露天粪缸，四面无遮拦，既不卫生，又碍市容。民国35年（1946），桐乡县制定清洁管理规划14条，明确各住户分段负责清扫邻近地段，雇工场所及无人居住区由“清道夫”打扫，对街巷中不清洁的厕所也曾予以封闭。

中华人民共和国成立后，人民政府重视环境卫生，清除露天粪缸、尿罐、马桶，改造破旧厕所，设置垃圾箱、果壳箱等，环境卫生日趋改观。1960年，濮院镇设立环境卫生管理所，具体负责濮院镇环境卫生工作，结合爱国卫生运动，濮院镇环境卫生工作开始向广度和深度推进，扩大到市容环境卫生的范畴，先后创建桐乡、嘉兴市、浙江省卫生镇。2004年，增设濮院卫生监督分所，加大卫生执法力度。2007年1月，濮院镇被国家环境保护总局授予“全国环境优美镇”称号，2008年创建国家卫生镇，2010年经验收合格，进入国家卫生镇行列。

环境卫生机构

濮院镇肥料公司　1952年，原粪行个人及部分业主共计21人，组建濮院镇肥料公司，隶属桐乡县环境卫生所，地点在朝阳桥堍。公司主要负责粪便清运、公共厕所小便池及其他卫生设施的清洁工作。1953年，公司改为清卫小组。

濮院镇清卫小组　1953年1月9日，县政府将濮院镇肥料公司改为濮院镇清卫小组，性质为政府领导的事业机构，业务受县所指导，行政受濮院镇人民政府领导，原有人员不变，工作范围扩大为：以贯彻预防为主方针，推行社会防疫方针；布置与领导做好饮水消毒和水源保护工作；发动群众做好室内外环境卫生和扑灭病媒昆虫；负责做好粪便管理及公共厕所小便池及其他卫生建筑的清洁工作；配合爱国卫生运动的开展。濮院清卫小组迁址到蜡烛街5号。

环境卫生管理所　1960年4月，清卫小组改名为濮院镇环境卫生管理所（简称环卫所），负责濮院镇环境卫生工作。1981年8月，环卫所划归桐乡县城市建设局领导。2005

年，濮院镇环卫所由县城市建设局移交濮院镇人民政府，与镇爱卫办合并，担负濮院镇的市容环境卫生工作和开展爱国卫生运动工作。历任所长为凌福林、钱金金、傅来德、周金鹤、朱金林、顾汉洪、薛国华。

镇爱卫办　1981年，濮院镇政府开始设爱国卫生办公室（简称爱卫办），刚开始从濮院卫生院借调一位防疫医生，主要负责濮院镇爱卫委下达全镇的爱国卫生运动工作。2005年，爱卫办和镇环境卫生所合并后，全镇的市容环境卫生及爱国卫生运动工作结合在一起，向更广更深推进。

濮院卫生监督分所　2004年11月，在濮院镇柳岸街9号设立濮院卫生监督分所，为嘉兴市第一个乡镇卫生监督派出机构。其经费及交通工具由桐乡市财政统一纳入桐乡市卫生监督所预算内。办公用房、办公设施由濮院镇政府协助解决。2006年，搬迁至文苑路78号，办公面积有所扩大，办公条件也有所改善。濮院卫生监督分所成立之初有工作人员4人（朱敏娥、何福成、李伟、陈慧众），所长朱敏娥。后因工作变动，先后有裘夏客、丁莉、何琪浩、张月良、翟炬峰、徐益杰、朱春权等调进或调出。2010年，有李伟、何琪浩、徐益杰、朱春权4名工作人员，所长李伟。

濮院卫生监督分所成立后，依据《中华人民共和国食品卫生法》《中华人民共和国传染病防治法》《公共场所卫生管理条例》《中华人民共和国职业病防治法》《生活饮用水卫生监督管理办法》等法律法规，重点监管濮院辖区内的食品和公共场所卫生以及基层医疗卫生和生活饮用水卫生；积极宣传卫生法律法规，受理群众投诉举报，依法打击无证经营，审批相关行政许可，配合基层政府开展联合执法及创建工作；依法监管范围内涵盖的餐饮服务、食品流通、食品生产、美容美发、宾馆旅店、公共浴室、社区卫生服务站、生活饮用水行业。此外，还配合市所开展对医疗卫生及职业卫生的监管工作。

除依法进行日常监督检查之外，濮院卫生监督分所还积极开展各项专项整治工作，实施餐饮业及学校食堂食品卫生量化分级管理、公共场所经营单位一户一档等专项工作，同时按计划定期进行采样监测工作，每年采集食品、餐具、公用物品、空气、饮用水样品达数百份。此外，濮院监督分所还配备了农药残留速测仪、六合一公共场所监测箱、余氯分析仪、紫外照度仪等设备，开展相关现场监测工作。

2009年6月1日，《中华人民共和国食品安全法》实施之后，根据职能的调整，濮院卫生监督分所停止执行对食品生产及食品流通环节的监管，但继续保留对餐饮服务的监管职责。濮院镇食品生产及食品流通环节的监管由桐乡市食品药品监督局执行。

市容环境卫生

粪便清运　粪便清运是环卫所早期的主要工作。中华人民共和国成立后，每日6—10时，环卫工人挨家逐户清倒便桶，收集粪便。对老、弱、病、残及烈军属，便桶刷洁后送回室内原处，便桶若有损坏，均予修理，几十年来从未间断。粪便收集入粪池后，经密封发酵（有利于杀灭血吸虫卵及其他病虫卵）后作肥料。1956年，在张家浜建封闭式小粪池6只，长3米，宽2米，深2米，可贮粪1400担。1957年，再建直径4米、深24米的圆形粪池4只，增加贮粪量2400担。1964—1965年，配置真空泵1台、10千瓦电动机1台、计量铁箱1只、泥浆泵4台、电动机3台、柴油机1台以及砌立式计量池，粪便进出贮粪池开始电动化。1980年，张家浜水位低，粪船进出困难，改在濮院镇东河头外港建无害化贮粪池1座，总容积360立方米，可贮粪8000担，配备24千伏安变压器、泥浆泵、马达计量池、机房等一条完整的电动线路设备，1981年投入使用，原张家浜粪池废弃。1993年，在农村推广三格式无害化化粪池，经费由政府补贴，选20—25户农户，试点砌标准的三格式无害化化粪池，然后向全镇农户推广。新建房农户必须配套三格式无害化化粪池，粪便必须达到无害化处理要求。

镇域保洁与“创卫”工作 濮院镇镇区环境卫生保洁工作以清扫街道、收集转运垃圾、清扫公共厕所及化粪池为主。中华人民共和国成立初，实行沿街商店、工厂、单位、居民各自负责门前卫生。1964年，由居民委员会请人清扫街道，报酬由环卫所支付。同时在街道及公共场所设置垃圾箱。当时镇区范围小，总共85只垃圾箱，1965年增添29只，由镇环卫所管理。1981年，镇卫办设立，街道清洁员及垃圾箱管理改由镇爱卫办具体负责，11月，濮院镇推行“门前三包”（包卫生、包绿化、包秩序）责任制。1995年，濮院镇通过桐乡市爱卫会验收，被命名为桐乡市卫生镇。1997年，濮院镇在环境卫生、环境保护等10个方面达到嘉兴市爱卫会标准，被命名为嘉兴市卫生镇，1998年成功创建浙江省卫生镇。2005年，环卫所与镇爱卫办合并。2007年，濮院镇被国家环境保护总局授予“全国环境优美镇”称号，同年通过省级卫生镇复查。2008年，濮院镇以此为契机，开始创建国家卫生镇，镇容环境卫生管理坚持高起点规划、高标准建设、高水平管理，加大投入，改造配套，绿化美化，完善功能，严格管理，明确环卫、城管、城建三部门各自的职责范围和工作重点，互相协调，密切配合，共同承担镇区的镇容环境卫生和管理工作。

环境卫生专业队伍 濮院镇镇区保洁于2005年开始实行市场化运作。2009年，镇区附近农民新村被纳入保洁范围，市场化运作协议金额达379万元，有保洁员260人、扫路车1台，主要道路均实行14小时以上保洁，其余道路实行12小时保洁。濮院镇环卫所配有卫生监督车1辆，用于镇区及农村卫生督查。

环境卫生管理队伍 为适应镇区建设规模的不断扩大和镇容环境卫生管理的更高要求，采取清扫保洁和管理并举。2008年，在镇城管中队的基础上调整充实城镇管理人员，2010年有城管人员52人，分别负责镇容管理、车辆停放、“门前三包”、绿化管理、家禽家畜禁养圈养等工作。城镇管理人员严格按照行政法规协助综合执法部门执法，增强镇容环境卫生管理力度，使镇容环境卫生管理纳入经常化、规范化、制度化、法治化的轨道。

村级环境卫生保洁 2008年，全镇14个村都配备4名以上保洁员。2009年，成立村保洁站，配置办公场所，做到定责定岗定期进行检查考核，并做到了三个“一样”：村与镇区一样，小巷里弄与大街一样，平时保洁与考核检查时一样，有效地提升了全镇环卫保洁的整体水平。

门前三包　1981年，濮院镇开始与镇区各单位和个体门店签定“门前三包”责任书，2010年签订率达100%。为了把“门前三包”落到实处，镇爱卫会、城管中队经常组织检查评比，逐项评分，对照责任书要求，对好的进行表扬，对差的进行口头劝导并发出整改通知书，对整改不力的实行行政处罚，从而使“门前三包”工作真正落到实处。

完善环境卫生设施　濮院镇区范围不断扩大，除逐年增加垃圾桶、果壳箱外，2005年镇区实行垃圾袋装化，建垃圾房和垃圾中转站。同年，13个行政村的农村垃圾也开始全面实行收集处理，各村设数量不一的垃圾桶，建垃圾中转站。2008年，投资150万元，在濮院兴园桥新建压缩式垃圾中转站一座，实行“户投—村收—镇运—市处理”的垃圾一体化处理模式。2010年，镇区设垃圾桶、果壳箱520只，垃圾房182座，有垃圾中转站6座；14个行政村共有生活垃圾筒10103只、村级垃圾中转站32座。环卫所根据镇区卫生设施的分布实行分段划片定人定位、责任到人，对垃圾中转站、垃圾收集桶、果壳箱实行定时保洁、定期消毒，做到无污水溢流、无蝇蛆，垃圾做到日产日清，垃圾袋装化覆盖率在90%以上，密闭清运率达100%。随着濮院镇经济发展、人口不断增多，垃圾量相应增加，同年又投入100多万元，在濮院高新技术区再建压缩式垃圾中转站一座；有扫地车1辆、洒水车2辆、吸粪车1辆、压缩式垃圾运输车3辆。投入资金151万元，完成镇南新区3.9千米的二级污水管网铺设，全年更换、修复各路段窨井、雨水口200余处，清掏下水管7000余米，下水管网覆盖率在90%以上，无堵塞现象，确保镇区排水通畅。镇建成区有公厕17座，镇区平均每平方千米有公厕2座，公厕由专人负责保洁，接受群众监督。全镇生活垃圾和粪便均达到无害化处理要求。

创建国家卫生镇　濮院镇在创建国家卫生镇过程中，增加了环境卫生的内涵，镇区不再保留原有的68家废品收购点，投资100多万元建设了占地面积25亩的濮院镇废品回收中心，集镇环境卫生得到明显优化。加快改水改厕步伐，全镇村村用上自来水，自来水普及率达100%，卫生厕所普及率达到96.26%，农村无害化厕所普及率达76.72%。

随着经济建设发展，镇区规划建设加快，建筑工地增加，给镇区环境卫生管理带来了一定难度。濮院镇严格要求建筑工地建造净车出场设施，实行封闭式管理，建筑物料、施工泥土不得影响道路畅通和环境卫生，工地噪声不得影响居民日常生活。

规范集贸市场管理，防蝇防鼠设施齐全，消杀到位。建成幽湖公园和镇中心广场，绿化镇区所有街道，单位内部绿化、校园绿化、居民庭园绿化得到同步推进，种植各类树木、花卉、草坪等，绿化覆盖率达到32.27%，人均公共绿地面积18.95平方米。镇区河道水面清洁，无漂浮垃圾。岸坡整洁，无垃圾杂物。镇区呈现出春有花、夏有荫、秋有果、冬有绿，空气净化的美丽镇貌。2010年12月，经全国爱卫会验收合格，濮院镇达到国家卫生镇的标准，正式获“国家卫生镇”称号。

饮水卫生

中华人民共和国成立前，濮院镇居民的饮水主要靠河水，由于人们不重视饮水卫生，沿河居民常将垃圾污物倒入河中，甚至将死禽畜投入河中，污染了河水，饮用水卫生条件差。

中华人民共和国成立后，濮院镇居民在很长的一段时间里还沿用过去的饮用水习惯。为了保障居民饮用水的卫生，濮院镇有不脱产的防疫队员，经短期培训后成为饮水消毒员，除给公用水井消毒外，还常挨户用漂白粉为居民的缸水消毒。1974 年，濮院镇筹资 10.61 万元，在周家场开凿第一口机械化深水井，建立濮院自来水厂，日供水能力 3360 吨。1985 年，桐乡毛纺织厂资助 2 万元，开凿第二口深井，口径大小及深度与第一口深井相同。此外，濮院丝厂、濮院油厂、濮院丝绸印染厂均建有机械化深水井，供应本厂生产用水及饮用水。县防疫站定期对自来水厂的供水水质进行检测。自来水厂的建成，使濮院镇居民饮水卫生基本有了保障。

由于有县卫生防疫站水质监督和供水企业内部水质管理制度，水质能基本符合国家卫生标准，濮院境内未发生因饮用自来水而造成的传染病流行，也未发现其他饮用水质量问题。但是由于深井水含有较多可溶性的钙镁化合物，在生活上带来许多麻烦，如用水器具上积水垢、降低肥皂和洗涤剂的效果等。1997 年 7 月 1 日，桐乡地面自来水厂管道接通濮院镇，镇区居民开始使用经消毒处理后的地面自来水。1998 年，濮院镇实现了村村通自来水的目标，城乡居民自来水受益率在 95%以上。2010 年，濮院镇供水管道总长 117 千米，覆盖濮院镇居民用水人口 46669 人(濮院镇临时居住人员不包括在内)，全年供水量 811 万吨。自来水濮院营业所严格水质管理，定期对管网水进行自我监测；桐乡市卫生监督所濮院分所也定期对镇区管网末梢水监督采样，由桐乡市疾病预防控制中心检验，检验结果显示饮用水管网末梢水质达国家规定的标准。

1999 年，濮院镇居民开始饮用桶装水。2010 年，濮院境内有 3 家生产桶装纯净水的企业，分别是桐乡市三和饮用水有限公司，地点在南北圣；桐乡市濮院冰玉泉纯净水厂，地点在新星村；桐乡市濮院雨泉饮用水厂，地点在永联村。境内企业生产饮用水的质量由桐乡市技术监督所濮院监管站跟踪监管。

食品卫生

中华人民共和国成立前，濮院镇居民大多数以吃饱为满足，有时连吃饱也难，无从讲究食品卫生。民国 35 年(1946)，桐乡县政府虽曾颁发过《桐乡县菜馆管理办法》，但由于监管不力，办法只是一纸空文，食品卫生状况仍然较差。

中华人民共和国成立后，政府重视食品卫生，大力宣传“病从口入”、食品卫生与身体健康息息相关的知识，先后发布了多个关于食品卫生的法律法规，规范食品生产、贸易、流通全过程，查处违规违法生产不合格食品的企业，保障食品卫生安全。

1950 年 8 月 31 日，濮院镇按照《桐乡县冷饮卫生管理规则》对饮食业的卫生要求作了具体规定。1952 年 5 月 24 日，桐乡县人民政府颁发《桐乡县管理有关卫生商业暂行规定》,同年9月,濮院镇配合县人民政府派员检查饮食摊点卫生,开始核发卫生许可证。1954年1月,正式实施卫生许可制度。1965年10月,贯彻执行卫生部、商业部等10个部委联合颁发的14项食品卫生国家标准和12项卫生管理办法。1979年,贯彻执行3月31日卫生部、工商行政管理总局联合颁发的《农村集市贸易食品卫生管理试行办法》和8月28日国务院颁发《中华人民共和国食品卫生管理条例》。1983年7月1日起,执行《中华人民共和国食品卫生法(试行)》。1984年11月,濮院卫生院防保科两位食品卫生监督员按卫生部、财政部有关全国食品卫生监督员统一着装的规定,开始着装上岗执法,直接承担对濮院镇区和农村食品经营户的卫生监管。

改革开放后,濮院镇的第三产业发展迅速,数量多且动态变化大,如户主更替、从业人员、经营项目、迁址变更等非常频繁,每年都有200户以上,给食品卫生监管造成很大的困难。2002年1月,桐乡防疫站分设为卫生监督所和疾控中心。9月,市卫生监督所制定基层卫生监督分片管理制度,濮院片由4个卫生院的卫生监督员负责管理,片长为濮院卫生院的卫生监督员,管辖濮院镇(含新生)、屠甸镇(含百桃)。工作要求:实行片长例会制、片区例会制、片区监督检查,按照市卫生监督所部署,组织开展卫生法律、法规的宣传;对食品行业从业人员进行卫生知识的复训、体检、年检,组织有关经营户参加各类专项整治等。2003年,濮院镇有卫生许可证的单位有1005户,从业人员1789人。

2004年9月,市卫生监督所在濮院设立分所,食品卫生工作始由濮院分所监督管理。2005年,卫生监督实行卫生院协管员制度,10月聘任濮院中心卫生院两位医生为卫生监督协管员。2006年9月,新生卫生院并入濮院镇中心卫生院后,卫生监督协管员增加到3人。2007年,濮院镇范围内有卫生许可证的单位有1844户,从业人员2337人。2008年,濮院镇共有各类食品生产加工经营单位1365家,从业人员2022人,食品卫生许可证持证率、从业人员健康证持证率、“五病”(痢疾、伤寒、甲型或戊型病毒性肝炎、活动性肺结核、化脓或渗出性皮肤病)调离率均达100%,各类食品监测合格率达85.67%。同年濮院镇食品药品监督管理站成立,制订下发食品安全工作目标计划,各部门协同配合,积极开展工作。对餐饮业食品卫生开展量化分级管理,全镇有A级单位3家、B级单位1家,其余均达到C级单位标准。在中小学校食堂试行“五常法”管理,桐乡第三中学食堂被评为第一批“五常法”管理示范单位。同年,在镇区开展小餐饮示范单位建设试点工作,有4家被确定为小餐饮示范单位。

2009年,争创小餐饮示范单位6家。加强熟食店管理,熟食店销售间为封闭式并做到有空调,有二次更衣室,有紫外线、洗手消毒设施等,销售时做到货款分离。桐乡市卫生监督所濮院分所经常对镇食品经营单位进行日常监督和指导工作,使食品加工经营单位防尘、防蝇、防鼠及上下水设施齐全,餐具消毒、保洁设施运转良好,操作规范。制售食品过程符合卫生要求,生熟食品分开存放。定型包装食品符合规定,无变质、腐败和不符合卫生要求的食品及原料。2010年,镇区连续三年内未发生重大食物中毒事故。

表 18－12　　2006—2008 年濮院镇食品卫生监测情况表

年　份	监测数(件)	合格数(件)	合格率(%)
2006	20	17	85
2007	80	69	86.25
2008	31	29	93.54

表 18－13　　2006—2008 年濮院镇
食品生产经营卫生许可证发(换、验)证情况表

年　份	类别	生产加工		自制零售		批发零售		饮食服务		集体食堂		合　计	
		家	%	家	%	家	%	家	%	家	%	家	%
2006	发证	0	100	3	100	26	100	18	100	1	100	48	100
	验证	30	100	11	100	208	100	121	100	23	100	393	100
	换证	0	100	1	100	3	100	3	100	0	100	7	100
2007	发证	1	100	4	100	57	100	36	100	8	100	106	100
	验证	11	100	50	100	352	100	181	100	30	100	624	100
	换证	2	100	13	100	70	100	30	100	9	100	124	100
2008	发证	1	100	6	100	35	100	13	100	2	100	57	100

表 18－14　　2006—2008 年濮院镇食品从业人员健康检查情况表

年　份	体　检　情　况			“五病”调离情况			
	应　检 人　数 (人)	实　检 人　数 (人)	体检率 (%)	“五病” 人　数 (人)	应调离 人　数 (人)	已调离 人　数 (人)	调离率 (%)
2006	1014	1014	100	2	2	2	100
2007	1090	1090	100	13	13	13	100
2008	262	262	100	7	7	7	100

公共场所卫生管理

1987 年 4 月，国务院颁布《公共场所卫生管理条例》后，为加强公共卫生管理，由濮院卫生院防保科两位卫生监督员具体按条例执行。2002 年 9 月，桐乡市制定了基层卫生监督分片制度，濮院片 4 个卫生院的卫生监督员负责濮院镇等地的公共场所卫生监管。

2004 年 9 月，濮院设立濮院卫生监督分所后，每年对各旅店行业、美容美发行业、公共浴室行业、歌舞厅等公共场所进行专项监督检查，发现问题及时整改。2008 年，上述公共场所经营单位 415 家，从业人员 844 人，卫生许可证持证率达 100%，从业人员健康证持证率达 100%，“五病”调离率达 100%。公共场所从业人员全部进行培训，持证上岗。至 2010 年，濮院镇理发店、旅店、歌舞厅都有专门消毒设备，做到“一用一消毒”，各公共用品都进行清洗，旅店内床上用品做到一客一换、长客一周一换，客房卫生设施配套，每个床位用的脚盆、脸盆分开。歌舞厅、美容美发店和网吧通风设施良好，场所内环境整洁，工作人员操作符合卫生要求。各公共场所都有禁烟标志。

表 18－15　2006—2008 年濮院镇公共场所经营卫生许可证发(换、验)证情况表

年份	发证			验证			换证		
	应发证（份）	实发证（份）	发证率（%）	应验证（份）	实验证（份）	验证率（%）	应换证（份）	实换证（份）	换证率（%）
2006	28	28	100	133	133	100	1	1	100
2007	28	28	100	115	115	100	5	5	100
2008	13	13	100	—	—	—	9	9	100

表 18－16　2006—2008 年濮院镇公共场所从业人员健康体检情况表

年份	体检情况			“五病”调离情况			
	应检人数（人）	实检人数（人）	体检率（%）	“五病”人数（人）	应调离人数（人）	已调离人数（人）	调离率（%）
2006	210	210	100	1	1	1	100
2007	198	198	100	0	0	0	—
2008	79	79	100	0	0	0	—

表 18－17　2006—2008 年濮院镇食品、公共场所从业人员卫生知识培训情况表

年份	类别	应培训人数（人）	实培训人数（人）	培训率（%）	合格人数（人）	合格率（%）
2006	食品	1014	1014	100	1014	100
	公共场所	210	210	100	210	100

续表 18-17

年份	类别	应培训人数（人）	实培训人数（人）	培训率（%）	合格人数（人）	合格率（%）
2007	食品	1090	1090	100	1090	100
	公共场所	198	198	100	198	100
2008	食品	262	262	100	262	100
	公共场所	79	79	100	79	100

劳动卫生和职业病防治

劳动卫生是公共卫生的组成部分，直接关系群众的健康。中华人民共和国成立前，镇域内劳动卫生条件差，职业病流行，无人过问。中华人民共和国成立后，镇政府和相关职能部门开始关注劳动卫生和职业病防治问题，20 世纪 60 年代，主要抓防暑降温和安全生产，各厂的防暑降温设备普遍较充足，使用后效果也较好，车间设通风设备，还调整工作时间（延长中午休息时间），并有自制清凉饮料免费供工人饮用。70 年代起，重点抓防尘防毒和工业卫生建档及监督监测工作。对镇区内的新建、改建、扩建项目和技术改造、技术引进项目可能产生职业病危害的，依法进行职业病卫生审查，严格把关，实行职业危害申报制度。2008 年，濮院镇共有职业卫生监督管理重点单位 7 家，对接触职业危害岗位的员工进行岗前、岗中、岗后健康体检，体检人数达 275 人，并全部建立健康档案，实行跟踪管理。制定保障接触职业危害的员工的各项规章制度，并建立明显的警示标志。做好企业职工健康教育和职业健康劳动保护。濮院镇较大的厂如濮院丝厂、毛纺厂、丝绸印染厂、缝纫机零件厂、油厂等设立的医务室，配备医务人员为工人治病、服务，是劳动卫生和职业病防治的基层单位和基本队伍。卫生院的卫生防疫人员在上级卫生机构的指导下，兼管镇劳动卫生和职业病防治，积极开展多种形式的健康教育活动，如出黑板报、开展知识培训、发放资料等，让职工了解更多的健康保健知识，养成良好的卫生行为，从而达到预防疾病的目的。同时，及时发放劳动保护用品，有效保护广大工人的职业健康。至 2010 年，无职业病危害事故发生。

第二节　疾病预防控制

传染病防治

清康熙二十二年（1683）四月，疠疫盛行，濮镇为盛。康熙二十三年（1684），镇域又逢大疫。乾隆二十二年（1757）四月、二十四年四月疠疫在濮院盛行。民国 27 年（1938），濮院镇瘟疫流行，死亡数十人，部分尸体集中到十景塘火化。民国 35 年（1946）7 月 10 日，濮院镇成立防疫委员会分会。濮院防疫分会于每年7—8月疫情多发季节聘请医生挨户注射防疫针，镇上育婴堂亦请医生义务坐堂，对病家施医送药。民国37年（1948），倡办濮院翔云博济会，对流行疾病患者施诊。

中华人民共和国成立后，人民政府更重视传染病的防治工作，提出了“预防为主”方针，并发动城乡医务人员和广大人民群众，大力防治传染病。1951年春天，桐乡县组织发动25名医务人员到濮院镇推广普种牛痘，预防天花。濮院镇于1952年4月26日成立防疫队，有卫生人员14人、非卫生人员22人，防疫人员不脱产。1953年7月，为预防霍乱、伤寒传染病，为1200人预防注射疫苗。1955年，国务院批准颁发了首部《传染病管理办法》。1956年，《浙江省传染病管理实施细则》相应出台。同年，濮院镇联合诊所（濮院镇中心卫生院前身）组建以后，担负起全镇的防疫工作，按规定建立了传染病报告制度，专门配备了防疫人员。此后，上级颁布的各种传染病防治管理的条例、实施细则、通知甚至命令，均在镇政府主导下，由濮院卫生院组织实施。

传染病报告制度 传染病报告是传染病管理的关键，只有及时准确地掌握疫情，才能迅速开展防治，达到控制传染病的目的。1955年10月，卫生部颁布的《传染病管理办法》和1956年7月《浙江省传染病管理实施细则》相继出台，具体负责濮院镇传染病管理任务的濮院卫生院建立了法定传染病报告制度，报告19种法定传染病。其中甲类3种，分别为天花、霍乱、鼠疫；乙类16种，分别为流行性乙型脑炎、麻疹、脊髓灰质炎、百日咳、炭疽、狂犬病、森林脑炎、波状热、痢疾、伤寒、斑疹伤寒、疟疾、白喉、流行性脑脊髓膜炎、猩红热、回归热。1959年，县卫生局根据省卫生厅规定，将传染性肝炎、流行性感冒列入传染病报告范围。1967年7月，濮院镇流行性乙型脑炎爆发，卫生院及时报告上级卫生行政主管部门，并就地隔离治疗100多名患儿。1978年9月，卫生部颁布《中华人民共和国急性传染病管理条例》，规定的法定传染病为26种，其中甲类3种同前，乙类取消波状热，增加登革热、传染性肝炎、流行性出血热、恙虫病、流行性感冒、钩端螺旋体病、急性血吸虫病、急性肠炎8种，共23种。

1990年1月1日，修订生效的《中华人民共和国传染病防治法》第21条规定甲类、乙类和监测区域内的丙类传染病病人、病原携带者或疑似传染病人，必须按国务院卫生行政部门规定的时限向当地卫生防疫机构报告疫情。规定的3类传染病病种，甲类2种，分别为鼠疫、霍乱；乙类22种，分别为病毒性肝炎、细菌性和阿米巴性痢疾、伤寒和副伤寒、艾滋病、淋病、梅毒、脊髓灰质炎、麻疹、百日咳、白喉、流行性脑脊髓膜炎、猩红热、流行性出血热、狂犬病、钩端螺旋体病、布鲁氏菌病、炭疽、流行性和地方性斑疹伤寒、流行性乙型脑炎、黑热病、疟疾、登革热；丙类11种，分别为肺结核、血吸虫病、丝虫病、包虫病、麻风病、流行性感冒、流行性腮腺炎、风疹、新生儿破伤风、急性出血性结膜炎、除霍乱痢疾伤寒和副伤寒以外的感染性腹泻病，共计35种。濮院镇中心卫生院（原濮院卫生院）规范了疫情登记、疫情报告、核对等制度，濮院镇的传染病管理由行政管理走上法治轨道。

2004 年 2 月 1 日起，濮院镇中心卫生院实行传染病网上直报。2004 年 12 月 1 日实行修订后的《中华人民共和国传染病防治法》，根据近年传染病发病率的变化将三类传染病病种修改为 37 种，甲类不变，乙类 25 种，增加了传染性非典型性肺炎和人感染高致病性禽流感，把肺结核、血吸虫病和新生儿破伤风从丙类提升到乙类，同时规定乙类传染病中传染性非典型肺炎、炭疽中的肺炭疽和人感染高致病性禽流感，采取按甲类传染病的预防、控制措施。丙类 10 种，流行性和地方性斑疹伤寒、黑热病从乙类降到丙类。2005 年 1 月 1 日起，统一填报全国统一的新传染病报告卡，由防保科每天从传报箱中收集后及时进行网络直报。社区卫生服务站发现传染病，责任医生及时通过电话把疫情报告给防保科，由防保科医生做好记录并进行网络直报。2009 年 8 月起，按省卫生厅要求，卫生院对甲类传染病及按照甲类管理的乙类传染病，在诊断后两小时内完成网络直报，对乙类、丙类传染病，在诊断后 24 小时内完成网络直报。

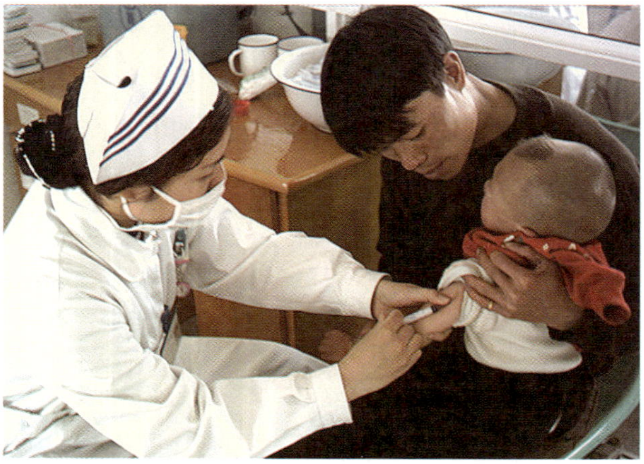

为孩子进行免疫接种

免疫接种 预防接种（俗称打预防针）是利用人工制备的抗原或抗体（疫苗）通过适宜的途径进入机体，使机体获得对某种传染病的特异免疫力，以提高个体或群体的免疫水平，从而预防和控制传染病的发生和流行。如白喉、百日咳、麻疹、脊髓灰质炎等疫苗多用于儿童，因成人经隐性感染或患病已获得免疫力。有些传染病如伤寒、霍乱等，不同年龄都可感染，故所有人皆需接种。另外，视职业或工作性质不同需接种某类疫苗。通过有计划地预防接种，天花得以在镇境内被消灭，脊髓灰质炎（小儿麻痹症）、麻疹等其他曾严重威胁儿童生命健康的传染病得到有效控制。

中国疫苗分为两大类，一类疫苗和二类疫苗。一类疫苗是国家免费提供的，所有适龄儿童都应按规定接种；二类疫苗是自费并自愿接种的。按照国家规定，孩子出生后 1 个月内就要建立预防接种证，并要长期保存。给孩子办理入托、入学手续时，都要检查预防接种证。要到有当地卫生行政部门颁发合格资质的接种单位去接种疫苗。

1951 年，桐乡县推行春季种痘，由推行春季种痘委员会组织发动医务人员 29 人至濮院，为居民普种牛痘预防天花。1954 年，为预防霍乱、伤寒，桐乡县配给疫苗，为 1200 人注射。1956 年，1800 人接种牛痘，200 人接受注射预防白喉的疫苗、500 人接种预防霍乱的疫苗，为 300 人接种卡介苗。1960 年，分期分批接种牛痘及注射预防伤寒、白喉、百日咳疫苗 7450 人次。1963 年，对霍乱进行普遍预防注射，对两年来有疟疾史的 526 人采取抗复发措施。20 世纪 70 年代中期，中国制定了《全国计划免疫工作条例》，将普及儿童免疫纳入国家卫生计划。计划免疫是按照科学的免疫程序，合理应用生物制品，提高免疫水平，形成巩固的免疫屏障，从而达到预防和消灭相应传染病的一项根本性措施。计划免疫的对象是出生后至15周岁的儿童。1979年，濮院镇开始推广计划免疫工作，主要内容为“四苗防六病”，即对7周岁及以下儿童进行卡介苗、脊髓灰质炎三价糖丸疫苗、百白破三联疫苗和麻疹疫苗的基础免疫以及及时加强免疫接种，使儿童获得对结核、脊髓灰质炎、百日咳、白喉、破伤风和麻疹的免疫。

免疫程序是指需要接种疫苗的种类及接种的先后次序与要求，主要包括儿童基础免疫和成人或特殊职业人群、特殊地区需要接种疫苗的程序：

1. 出生24小时内，接种卡介苗和第一针乙肝疫苗。

2. 1个月月龄，接种第二针乙肝疫苗。

3. 2个月月龄，接种(服)第一次脊髓灰质炎疫苗。

4. 3个月月龄，接种第二次脊髓灰质炎疫苗和第一次百白破疫苗。

5. 4个月月龄，接种第三次脊髓灰质炎疫苗和第二次百白破疫苗。

6. 5个月月龄，接种第三次百白破。

7. 6个月月龄，接种第三针乙肝疫苗。

8. 8个月月龄，接种麻疹疫苗。

9. 1.5—2岁，进行百白破加强接种。

10. 4岁，复服脊髓灰质炎疫苗。

11. 7岁，复种卡介苗、麻疹疫苗、乙肝疫苗，加强接种白破二联疫苗。

1985年3月起，濮院镇实行按月接种日制度，保证儿童出生后18个月内完成四种基础免疫疫苗的首次接种。随着科技进步，计划免疫不断扩大内容。1992年，卫生部又将乙型肝炎疫苗纳入计划免疫范畴，濮院卫生院为新生儿实行乙肝疫苗接种；学龄前儿童乙肝疫苗免疫接种分两年完成。1993年12月5日、6日和1994年1月5日、6日为全国消灭脊髓灰质炎强化免疫活动日，濮院镇对0—4岁儿童一律接种两次，儿童按要求服好糖丸。1999年，濮院镇中心卫生院防保科开始为外来流动儿童建立计划免疫接种卡。2005年8月，桐乡市卫生局、桐乡市教育局联合下发〔2005〕93号《关于下发桐乡市幼儿、学生入托入学查验预防接种工作实施方案的通知》，濮院卫生院防保科责任医生在开学之际协助学校开展接种证查验工作。2006年1月1日，濮院中心卫生院对计划免疫工作实行电脑管理。2007年，儿童免费疫苗的种类及可预防的疾病进一步扩展，通过接种免费疫苗预防12种疾病。同年11月底，濮院中心卫生院共为4417名外来流动儿童建立免疫接种卡。2008年12月8日，国家扩大计划免疫免费提供的疫苗种类，将甲肝疫苗、流脑疫苗、乙脑疫苗、麻腮风疫苗纳入国家免疫规划，濮院镇对适龄儿童进行常规接种。

表 18－18　　第一类疫苗接种程序表(政府出资免费接种)

<table>
<tr><th rowspan="2">年龄</th><th colspan="9">疫苗名称</th></tr>
<tr><th>乙肝疫苗</th><th>卡介苗</th><th>脊灰减毒活疫苗</th><th>百白破疫苗</th><th>麻(腮)风减毒活疫苗</th><th>乙脑减毒活疫苗</th><th>A群流脑疫苗</th><th>A+C流脑多糖疫苗</th><th>甲肝减毒活疫苗</th></tr>
<tr><td>出生时</td><td>第一针</td><td>一针</td><td>—</td><td>—</td><td>—</td><td>—</td><td>—</td><td>—</td><td>—</td></tr>
<tr><td>1 足月</td><td>第二针</td><td>—</td><td>—</td><td>—</td><td>—</td><td>—</td><td>—</td><td>—</td><td>—</td></tr>
<tr><td>2 足月</td><td>—</td><td>—</td><td>第一颗</td><td>—</td><td>—</td><td>—</td><td>—</td><td>—</td><td>—</td></tr>
<tr><td>3 足月</td><td>—</td><td>—</td><td>第二颗</td><td>第一针</td><td>—</td><td>—</td><td>—</td><td>—</td><td>—</td></tr>
<tr><td>4 足月</td><td>—</td><td>—</td><td>第三颗</td><td>第二针</td><td>—</td><td>—</td><td>—</td><td>—</td><td>—</td></tr>
<tr><td>5 足月</td><td>—</td><td>—</td><td>—</td><td>第三针</td><td>—</td><td>—</td><td>—</td><td>—</td><td>—</td></tr>
<tr><td>6 足月</td><td>第三针</td><td>—</td><td>—</td><td>—</td><td>—</td><td></td><td rowspan="3">两针,第一、二针间隔三个月</td><td>—</td><td>—</td></tr>
<tr><td>8 足月</td><td>—</td><td>—</td><td>—</td><td>—</td><td>一针</td><td>一针</td><td>—</td><td>—</td></tr>
<tr><td>18 足月</td><td>—</td><td>—</td><td>—</td><td rowspan="2">加强</td><td rowspan="2">复种</td><td>—</td><td>—</td><td>一针</td></tr>
<tr><td>24 足月</td><td>—</td><td>—</td><td>—</td><td>加强</td><td>—</td><td>—</td><td>—</td></tr>
<tr><td>3 周岁</td><td>—</td><td>—</td><td>—</td><td>—</td><td>—</td><td>—</td><td>—</td><td>加强</td><td>—</td></tr>
<tr><td>4 周岁</td><td>—</td><td>—</td><td>加强</td><td>—</td><td>—</td><td>—</td><td>—</td><td>—</td><td>—</td></tr>
<tr><td>6 周岁</td><td>—</td><td>—</td><td>—</td><td>加强（白破）</td><td>—</td><td>—</td><td>—</td><td>加强</td><td>—</td></tr>
</table>

表 18－19　　第二类疫苗接种范围一览表

疫苗	可预防的疾病	是否开展接种
水痘疫苗	水痘	是
麻腮风疫苗(6 周岁加强)	麻疹、风疹、腮腺炎	是
脊髓灰质炎灭活疫苗	脊髓灰质炎	是
B 型流感嗜血杆菌结合疫苗(HIB)	B 型流感嗜血杆菌引起的肺炎、脑膜炎、心包炎等	需预约
口服轮状病毒疫苗	轮状病毒引起的腹泻	需预约
7 价肺炎疫苗	肺炎球菌性肺炎	需预约
23 价肺炎疫苗	肺炎球菌性肺炎	需预约
乙脑灭活疫苗	乙脑	需预约

表 18－20　1983—1990 年濮院镇各类疫苗接种人数统计表

单位：人

疫苗名称		1983 年	1984 年	1985 年	1986 年	1987 年	1988 年	1989 年	1990 年
流脑	应接受	270	347	286	1708	2194	2293	328	131
	已接受	268	333	279	1694	2183	2266	322	124
	%	99	95	97	99	99	98	98	94
脊髓灰质炎疫苗（糖丸）	应接受	996	2094	2086	1708	839	76	148	268
	已接受	985	2074	2070	1694	836	75	146	242
	%	98	99	99	99	99	99	98	90
乙脑	应接受	789	922	1097	535	565	1629	1466	487
	已接受	590	881	1084	521	521	1618	1440	466
	%	74	95	88	97	92	99	86	95
百日咳	应接受	715	818	791	—	—	—	—	—
	已接受	685	789	782	—	—	—	—	—
	%	95	96	95	—	—	—	—	—
麻苗	应接受	166	693	1165	280	174	278	270	72
	已接受	160	671	1149	278	170	270	268	71
	%	96	96	98	99	97	97	99	98
百白破	应接受	321	1090	1518	1124	146	258	271	72
	已接受	311	1049	1496	1116	144	254	264	72
	%	96	96	98	99	98	98	97	91.7
卡介苗	应接受	844	1040	1977	461	707	911	417	212
	已接受	840	995	1913	455	693	900	397	211
	%	99	95	97	88	98	90	95	99

表 18－21　1994—2010 年濮院镇出生儿童“五苗”完成情况表

年份	儿童出生年份	建卡数（人）	卡介苗		脊髓灰质炎疫苗		百白破	
			完成数（人）	百分率	全程（人）	百分率	全程（人）	百分率
1994	1993	304（乡）	304	100	299	98.36	302	99.34
		93（镇）	90	96.77	89	95.7	88	94.62
1995	1994	399	398	99.75	389	97.49	386	99.26

续表 18－21

年份	儿童出生年份	建卡数（人）	卡介苗		脊髓灰质炎疫苗		百白破	
			完成数（人）	百分率	全程（人）	百分率	全程（人）	百分率
1996	1995	405	405	100	403	99.51	402	99.13
1997	1996	343	343	100	339	98.83	340	100
1998	1997	306	306	100	306	100	306	97.47
1999	1998	316	309	97.78	308	97.47	308	99.6
2000	1999	251	250	99.6	250	99.6	250	100
2001	2000	293	293	100	293	100	293	99.35
2002	2001	307	306	99.67	306	99.67	305	98.68
2003	2002	303	303	100	302	99.67	299	100
2004	2003	244	244	100	244	100	244	100
2005	2004	331	331	100	331	100	331	100
2006	2005	223	223	100	223	100	223	100
2007	2006	207	207	100	207	100	207	100
2008	2007	280	278	99.6	280	100	279	99.6
2009	2008	307	307	100	301	98.6	303	98.7
2010	2009	401	401	100	401	100	401	100

表 18－22　　1994—2010 年濮院镇出生儿童“六苗”完成情况表

年份	儿童出生年份	建卡数（人）	麻疹疫苗		四苗		乙肝疫苗	
			完成数（人）	百分率	完成数（人）	百分率	完成数（人）	百分率
1994	1993	304（乡）	298	98.03	292	96.05	—	—
		93（镇）	90	96.7	89	95.7	—	—
1995	1994	399	398	99.75	379	94.99	—	—
1996	1995	405	401	99.01	398	98.27	—	—
1997	1996	343	340	99.13	333	97.08	340	99.13
1998	1997	306	306	100	306	100	306	100
1999	1998	316	308	97.47	308	97.47	306	97.47

续表 18－22

年　份	儿　童 出　生 年　份	建卡数 （人）	麻疹疫苗		四　苗		乙肝疫苗	
			完成数 （人）	百分率	完成数 （人）	百分率	完成数 （人）	百分率
2000	1999	251	248	98.8	247	98.41	237	98.34
2001	2000	293	293	100	293	100	271	92.49
2002	2001	307	305	99.35	305	99.35	291	94.79
2003	2002	303	298	98.35	298	98.35	273	90.1
2004	2003	244	244	100	244	100	244	100
2005	2004	331	330	99.7	331	100	331	100
2006	2005	223	223	100	223	100	223	100
2007	2006	207	207	100	207	100	206	99.52
2008	2007	280	279	99.6	278	99.3	271	96.8
2009	2008	307	306	99.67	297	96.74	306	99.67
2010	2009	401	401	100	401	100	401	100

结核病防治　结核病是严重危害人民身体健康的慢性传染病，民间称其为“痨病”，是需要重点防范和控制的传染病之一。肺结核病人咳嗽、打喷嚏时可通过飞沫排出结核菌，很容易传染给儿童，而小儿患结核病后病情通常都很严重。接种卡介苗能有效预防儿童患结核病，特别是结核性脑膜炎、粟粒性肺结核。

1986 年开始，濮院卫生院设有固定的兼职医生，负责辖区的结核病防治工作，建有结核病登记报告卡、册。1992 年 7 月，桐乡县卫生局下发桐卫字〔1992〕120 号《关于下发桐乡县结核病防治管理实施办法的通知》，确定濮院中心卫生院承担肺结核病定诊任务，设固定肺科防痨医生，负责结核病定诊，并统一正规治疗方案。

2002 年，桐乡市正式启动“浙江省结核病控制项目”。按照桐乡市卫生局《桐乡市结核病防治规划》《桐乡市肺结核诊治管理工作流程》《桐乡市传染性肺结核病人督导工作流程》《桐乡市肺结核病人三级督导考核标准》等相关文件精神，确立市疾病控制中心为归口管理单位，桐乡一院为定点诊治单位，濮院卫生院为二级督导单位，社区卫生服务站为三级督导单位，建立了结核病防治网络，实施了对结核病的督导管理。由于濮院外来人口的不断增加，濮院结核病患者数一直居高不下，2005 年查出结核病人 54 人，2006 年查出结核病人 78 人（含原新生镇卫生院管辖范围），2007 年查出结核病人 68 人。以 2006 年为例，濮院镇范围内，查出结核病人 54 人，其中痰检阳性 37 人，痰检阴性 17 人，感染率为

36/10 万。病人总数中，本地常住人口 8 人，占 15%，外来流动人口 46 人，占 85%。

对查出的结核病患者，濮院卫生院实行分片督导管理，要求患者上门服药或到卫生站领取六天治疗药物，坚持服药 6—8 个月。2007 年 10 月 1 日起，给一般结核病人每月 30 元的交通费，对贫困患者再加每月 90 元的营养费。治疗过程中，治疗药免费，辅助药自负，住院费自负。6 个月治疗期中，免费提供 3 次痰检、每月 1 次肝功能检查（首次加乙肝三系检查）、3 次胸片。

截至 2007 年 10 月，在接受治疗的结核病人有 22 人，2008 年查出新增病人 92 人，2009 年查出新增病人 96 人，2010 年查出新增病人 80 人，结核病防控形势依然十分严峻。

麻疹防治　濮院称麻疹为痧子，故把患麻疹称为“出痧子”，发病年龄集中在 2—6 岁，3—5 月为高发期。患者出现高热、皮疹及呼吸道卡他性炎症，极易传播，常可并发肺炎、脑炎、心肌炎等。中华人民共和国成立前，麻疹视为人生必然经历，没有预防意识，故流行猖獗。民国 36 年（1947）4 月 7 日，《桐乡民报》载《麻疹到处流行亟盼当局注意患者日多前途堪虞》一文：“濮院镇自 3 月上旬以来，儿童患麻疹者屡见不鲜，势颇凶险，本月一、二日先后死于麻疹者有 5 人之多。”

中华人民共和国成立后十几年间，麻疹仍然严重危害儿童的健康。1956 年 3 月，桐乡县卫生科统计麻疹发病 162 人，其中死亡 3 人，流行遍及濮院等 2 个镇、11 个乡。1968 年，濮院镇卫生院开始使用麻疹减毒活疫苗进行预防接种。随着接种工作质量的提高，免疫效果逐年增强，尤其是计划免疫工作的深入开展，全镇形成了有效的免疫屏障。1986—2000 年，濮院镇的麻疹发病率逐年下降，有效地控制了麻疹的流行，保障了儿童的健康。

2000 年，濮院镇麻疹发病又开始死灰复燃，呈现明显上升的趋势。2005 年，发病 19 例，发病率达 16.47/10 万。为控制麻疹流行，卫生院组织医护人员加班加点，中午放弃休息，应急接种麻疹疫苗 3488 人。2006 年，麻疹发病明显下降，仅发现 3 例。2007 年，出现反弹，发现 25 例。2008 年，濮院镇实施麻疹强化免疫，对 8 月龄至 7 岁流动儿童进行麻疹强化免疫，对 8—14 岁儿童进行查漏补种。实施麻疹强化免疫后，发病率有所下降，2008 年出现 7 例，2009 年发现 1 例，2010 年发现 3 例。

非典防治　非典即传染性非典型肺炎，也称为严重急性呼吸综合征，简称 SARS，是一种呼吸系统传染病，以发热、干咳、胸闷为主要症状，严重者出现进展快速的呼吸衰竭，具有极强的传染性。2003 年 4 月下旬，为防控“非典”，濮院镇成立“非典”防控工作领导小组，全镇各行各业总动员，统一部署，统一行动，抗击“非典”。22 日 18 时，濮院镇中心卫生院召开抗击“非典型肺炎”动员大会。会上传达桐乡市“非典”防控工作紧急会议精神，布置“非典”防控工作措施。24 日，桐乡市政协副主席徐宜芬在濮院镇副镇长张锦英陪同下，到濮院卫生院检查传染性非典型肺炎防控工作和发热门诊。26 日，濮院中心医院羊毛衫市场分院临时设为濮院镇从疫区省份外来者的医学观察点。全体医务人员利用休息时间，接受任务，上门入户，对所有外来流动人员每人每天测两次体温，连续两周共承担了1000余名外来流动人员医学观察工作。2003年夏，全国非典疫情得到控制。濮院镇无一例输入性“非典”病例。濮院中心卫生院被市卫生局和镇政府评为2003年抗击非典先进集体。

流感和禽流感防治　1959年，濮院卫生院按照桐乡县的规定实行流行性感冒（简称流感）的报告制度。据1996年版《桐乡卫生志》载：“1959—1989年，全县共计报告流感94625例，平均每年发病率为482.25/10万。发病率最高的10年是20世纪80年代，平均年发病率达947.94/10万，年发病率最高的是1980年，达2313.23/10万；年发病率最低的是1962年，为0.93/10万。”濮院镇在桐乡辖区内，流感发病情况类似。根据《中华人民共和国传染病防治法》规定，流感属于丙类传染病，不属于监测区不需报告，故1990年起，濮院卫生院停止流感报告。

2004年1月，濮院镇周边海宁、平湖发生禽流感，濮院镇政府召开防治禽流感紧急会议，卫生院派7名医务人员到养禽场注射疫苗预防。同年12月1日，实行修订后的《中华人民共和国传染病防治法》，人感染高致病性禽流感被列入乙类传染病并按照甲类传染病管理。人感染高致病性禽流感是由禽甲型流感病毒某些亚型中的一些毒株如H5N1、H7N7等引起的人类急性呼吸道传染病。12月16日，濮院卫生院遵照卫生部《医疗机构传染病预检分诊管理办法》要求，在门诊大厅设置预检分诊导医台，设呼吸道发热门诊。2005年11月，濮院镇中心卫生院被定为桐乡市禽流感监测哨点医院，要求发现有病、死禽接触史的流感样肺炎病人，应立即转县级医疗机构检诊和筛查，不得滞留病人；一旦发现不明原因肺炎病人和可疑病人，立即上报市疾控中心，由市疾控中心迅速组织流行病调查和筛查。对有病死禽接触史的流感样肺炎病人，于11月21日起实行“日报告”和“零报告”。濮院镇中心卫生院进一步规范预检分诊，完善设置呼吸道发热门诊，开展疫情日报制。至2010年年底，濮院镇无一例人感染高致病性禽流感发生。

病毒性肝炎防治　病毒性肝炎分型较多，其中甲肝和戊肝主要由消化道传播，其他诸型是经过血液传播。濮院镇自1959年起，将病毒性肝炎列入传染病报告病种。1988年11月，全省甲肝流行，桐乡县发病1660例，比上年同期上升70%，市政府召开全县防治肝炎紧急会议，通报疫情、部署防治工作。当年，濮院卫生院设肝炎隔离病房两间，有八张病床收治病人。1996年，全省有一次较大范围的甲型肝炎流行，濮院镇肝炎发病率126.46/10万。甲肝的病毒血症期较短，故预防重点是切断粪—口传播途径。加强粪便及饮用水的管理，通过加强卫生宣教改善环境卫生，认真贯彻执行食品卫生法等，提高人们的防病意识和卫生素质。近20年，甲型病毒性肝炎发病呈现下降趋势，以散发为主。但随着濮院镇经济发展，外来流动人员增加，病毒性肝炎的防治工作压力仍较重。2010年，报告病毒性肝炎40例，其中甲肝0例、乙肝30例、丙肝3例、戊肝3例、未分型肝炎4例,甲型病毒性肝炎发病明显下降,而乙型等病毒性肝炎发病呈上升趋势。除了加强卫生健康宣教,濮院中心卫生院也从预防着手,加强乙肝疫苗和甲肝疫苗的预防接种工作。

霍乱防治 霍乱是甲类传染病,得病后剧烈吐泻急性脱水而致命,镇民称之为“瘪螺痧”,最早于1817—1823年第一次世界大流行期间从国外传入中国。中华人民共和国成立前,据相关资料记载,1862年和1909年桐乡霍乱流行,死亡甚众,但濮院未见记载。中华人民共和国成立后,政府重视急性传染病的预防,1962年,濮院镇配合全县开展霍乱菌苗的预防接种。据《桐乡卫生志》记载,1980年9月,桐乡县境内发现21例霍乱病人,其中濮院公社发病者2例,带菌者1例。1983年,新生公社发病者5例,带菌者3例。1994年浙江省全省霍乱流行,有早、重、猛、面广的特点,桐乡卫生局举办霍乱防治培训会议,通报霍乱疫情。7月,濮院中心卫生院收治3例重症霍乱病人,经隔离全力抢救,病情稳定后转送至定点收治霍乱的桐乡第一医院继续治疗,病人痊愈出院。1995年开始,每年5月至11月,濮院中心卫生院始设季节性肠道门诊,腹泻病人均在肠道门诊就诊,医生对就诊病人做好详细登记,要求“有泻必采”,发现病人(带菌者)或可疑者,要求在6小时内报告县卫生防疫站,以达到对霍乱病的早发现、早报告、早隔离、早治疗的目的。2005年,濮院镇周边县市出现霍乱疫情,局部井水污染,而濮院镇流动人口又多,防控形势严峻。镇政府和卫生院多次召开紧急会议,通报疫情,部署防控措施,全镇动员,各相关部门配合,抓食品卫生、监测水源,肠道门诊严格把关,确保了濮院镇无一例病例发生。2007年起,濮院镇中心卫生院季节性肠道门诊时间延长为每年4月1日—11月30日,并开始实行网络直报。至2010年,濮院未再发现霍乱菌污染的水源和霍乱病人及带菌者。

伤寒、副伤寒防治 濮院曾是伤寒、副伤寒高发区,发病人群主要是青壮年,发病时间主要集中在5—9月。1991年,桐乡县濮院等3个镇发热监测点监测到80人,其中报告为阳性者21人,阳性率26.25%。1994年,伤寒局部地区流行,新生水泥厂连续发生28例伤寒病例,该暴发点罹患率达到5.6%。濮院镇封家浜自然村两天发病30多人,查出是该村河浜被伤寒菌污染,即对疫点进行消毒处理,同时做好伤寒监测工作。此后,伤寒发病逐年下降,以散发为主,濮院未再出现暴发流行。2008—2010年,没有发现伤寒、副伤寒病例。

性病、艾滋病防治 中华人民共和国成立前,镇域内性病发病较多,中华人民共和国成立后一度被控制。1988年2月,桐乡县发现首例性病,性病发病率逐年上升,且呈流行趋势,形势严峻。濮院中心卫生院加强对性病、艾滋病的防控工作。1996年,在外科门诊增设性病门诊,安排曾经培训过皮肤病性病的医生负责性病管理。1999年10月,濮院中心卫生院首次组织职工集中进行性病、艾滋病防治知识全员培训。2003年,政府对艾滋病防控工作提出“四免一关怀”政策。2004年,濮院中心卫生院组织医务人员上街,采用图文展览板、发放宣传资料、调查问卷、咨询等多种形式开展艾滋病防控工作的宣传教育。同年5月，濮院中心卫生院为加强对重点人群艾滋病性病检测工作，凡宾馆、美容美发、歌舞娱乐、桑拿浴室、按摩足浴、游泳场馆和有客房饭店的从业人员每年健康体检时，必须进行艾滋病、性病检测。2005年，艾滋病防治工作由市皮肤病防治院划归市疾病控制中心管理。9月，卫生院选派3名医生参加嘉兴市艾滋病自愿咨询检测（VCT）咨询员培训。当年起，每年按“艾滋病防治健康教育干预效果调查表”的内容，调查60人，对象为流动人口。

2006年3月，国务院颁布《艾滋病防治条例》，同年4月，濮院中心卫生院组建艾滋病初筛实验室，通过浙江省卫生厅组织审核，符合《全国艾滋病检测规范》，被批准为全省第69个“HIV抗体初筛实验室”。随即对性病、输血、手术、分娩病人常规进行HIV检测，为自愿接受艾滋病咨询检测人员免费提供咨询和筛查检测。同年7月，卫生院配合市疾病控制中心到濮院镇美容、美发、足浴等30余家高危干预场所，发放宣传资料、安全套，抽血检查HIV、梅毒，其中43人接受了免费服务。每个社区卫生服务站在宣传栏置放宣传折页6000份，并负责发放检测联系卡。

2007年2月，卫生院成立艾滋病高危干预工作小组，由分管领导任组长，检验科、妇产科、防保科等相关5人组成。3月，《浙江省艾滋病防治条例》实施。濮院卫生院开展对孕产妇、手术病人、术前的艾滋病免费检测。公共场所从业人员、性病病人体检时也实行艾滋病免费检测。4月，卫生院依托门诊开展艾滋病自愿咨询检测33例。同月，在合作医疗免费体检和妇女生殖健康体检同时，对1996年1月1日后来自广西、新疆、四川、贵州、河南、湖南、湖北、云南八省的120余名外嫁女进行了调查问卷和检测。5月8日，桐乡市政府艾滋病防治领导小组办公室主办，濮院卫生院承办的“高危干预现场培训”在濮院镇举行，桐乡二院、三院、中医院、皮肤病防治院、石门、洲泉、濮院3个中心卫生院和15名干预对象到场，进行面对面的交流、沟通，效果良好。卫生院先后7次对60家高危干预场所按要求完成75份健康调查问卷结果，发现5例梅毒病人。10月，濮院卫生院首次发现了1名在院分娩的艾滋病患者，卫生院HIV初筛检测阳性，经省级部门确诊，后由桐乡市疾控中心艾防科管理。

表18-23　　1983—1990年濮院镇主要传染病发病情况表

单位：人

传染病名称	1983年	1984年	1985年	1986年	1987年	1988年	1989年	1990年
痢疾	45	48	39	41	19	17	8	7
伤寒	11	16	13	15	8	4	5	6
传肝	39	43	51	41	35	22	43	19
急性肠炎	81	78	87	81	56	49	23	34

表 18－24　　1994—2010 年濮院镇甲乙类传染病情况表

年份	总人口（人）	霍乱		肝炎		痢疾		伤寒		淋病	
		发病数（人）	发病率 1/10 万	发病数（人）	发病率 1/10 万	发病数（人）	发病率 1/10 万	发病数（人）	发病率 1/10 万	发病数（人）	发病率 1/10 万
1994	27566	3	10.88	43	155.99	83	301.1	35	127	5	18.14
1995	27736	0	0	31	112.46	46	166.87	11	39.9	28	101.57
1996	27676	0	0	35	126.46	29	104.78	15	54.2	23	83.1
1997	27689	0	0	13	46.97	23	83.1	8	28.91	12	43.36
1998	27768	0	0	10	36.01	31	111.64	4	14.41	64	230.48
1999	27839	0	0	13	46.82	15	54.02	3	10.81	58	208.87
2000	27976	0	0	26	93.39	33	118.54	3	10.78	80	287.37
2001	43574	0	0	18	48.15	33	88.28	6	16.05	50	133.37
2002	43563	0	0	17	38.91	35	80.12	0	0	31	70.96
2003	43662	0	0	41	93.68	47	107.39	2	4.57	70	159.95
2004	87024	0	0	88	101.12	103	118.36	6	6.89	65	74.69
2005	115356	0	0	69	59.82	137	118.76	4	3.47	65	56.35
2006	135584	0	0	55	40.56	93	68.59	3	2.21	42	30.98
2007	43927	0	0	96	67.74	59	41.63	6	43.04	48	33.87
2008	46029	0	0	55	39.99	40	29.09	0	0	47	34.18
2009	46200	0	0	44	32.04	30	21.85	0	0	66	48.07
2010	46659	0	0	40	—	33	—	0	0	44	—

表 18－25　　1994—2010 年濮院镇甲乙类传染病情况表

年份	总人口（人）	梅毒		麻疹		新生儿破伤风		肺结核	
		发病数（人）	发病率 1/10 万	发病数（人）	发病率 1/10 万	发病数（人）	发病率 1/10 万	发病数（人）	发病率 1/10 万
1994	27566	—	—	—	—	—	—	—	—
1995	27736	—	—	—	—	—	—	—	—
1996	27676	2	7.23	—	—	—	—	—	—
1997	27689	1	3.61	2	7.23	—	—	11	39.75

续表 18－25

年　份	总人口（人）	梅　毒		麻　疹		新生儿破伤风		肺结核	
		发病数（人）	发病率 1/10 万	发病数（人）	发病率 1/10 万	发病数（人）	发病率 1/10 万	发病数（人）	发病率 1/10 万
1998	27768	6	21.61	—	—	—	—	6	21.61
1999	27839	5	18.01	—	—	—	—	11	39.61
2000	27976	2	7.18	11	39.51	—	—	4	14.37
2001	43574	5	13.38	2	5.35	—	—	5	13.38
2002	43563	2	4.58	5	11.45	—	—	16	36.63
2003	43662	4	9.14	5	11.42	—	—	9	20.56
2004	87024	10	11.49	28	32.18	—	—	69	79.29
2005	115356	27	23.41	19	16.47	—	—	70	60.68
2006	135584	36	26.55	3	2.21	1	0.74	75	55.32
2007	43927	45	31.75	25	17.64	—	—	61	43.04
2008	46029	70	50.90	7	5.09	—	—	77	55.99
2009	46200	96	69.92	1	0.73	—	—	93	67.73
2010	46659	96	—	3	—	—	—	83	—

地方病防治

地方病是指发生在某一特定地区，同一定的自然环境有密切关系的疾病。地方病在一定地区内流行年代比较久远，而且有一定数量的患者表现出共同的病征。地方病的疫源地会由于社会进步和经济发展而日趋缩小，地方病也会由于交通便利和人口流动等社会因素扩散。濮院主要有血吸虫病、丝虫病、麻风病、疟疾 4 种地方病。

血吸虫病防治　血吸虫病俗称"臌胀病""黄胖病"，是江南水乡地区的常见地方病之一，流行时间较长，危害较大。中华人民共和国成立前，无专门的机构对血吸虫病进行防治。濮院镇河港纵横、农村耕地沟渠成网，与河水相通，环境卫生差，城乡厕所以露天粪缸居多，雨天粪水四溢，农村又惯于在河道里养殖水草作猪羊饲料，水网交织、流速缓慢、温度适中，极适宜血吸虫中间宿主钉螺的孳生繁殖。血吸虫尾蚴寄生在钉螺内，人接触水，极易感染。血吸虫病在濮院境内流行为时已久，其源于何时无从查考。清末名医金子久等的医案中有"腹胀便血""形瘦腹大如鼓"等症状体征的描述，与现代医学晚期血吸虫病的临床症状极为相似。民国 13 年（1924）出版的美国寄生虫病学者福斯特（Faust）和梅伦奈（Merey）合作的《日本血吸虫病的研究》一书，书中刊载有二人于当年在中国各地进行调查后绘制的“长江下游和太湖地区血吸虫病分布图”，图中明确标出桐乡和石门两地为阳性区域。那时患血吸虫病，多无钱医治，只能听天由命。民国37年(1948)，濮院死于血吸虫病者达11人。

中华人民共和国成立后，政府重视血吸虫病的防治，进行调查研究、宣传教育和普防普治。濮院镇发动群众，大力开展血吸虫病防治工作。

20世纪60年代全民参与河浜填埋钉螺运动

查螺灭螺 消灭血吸虫病首先要消灭血吸虫尾蚴赖以生存的钉螺，杜绝血吸虫侵入人体的可能。1953年，濮院镇、乡全面开展查螺、灭螺，对全镇河浜、河岸步步搜索，查出有钉螺点24个，计13115平方米，采用药物杀灭、挖坑土埋、石缝封闭等方法灭螺。1958年，掀起一个群众性查螺灭螺、查病治病、查粪水管理的高潮。在春秋两季农村(大公社建制)开展的查、灭螺大会战中，查出有螺面积939221平方米(其中水沟317560平方米，河浜592046平方米，池楼29615平方米)。1964年查螺，镇区有螺面积12190平方米；公社有螺点838个，有螺面积283943平方米。时新生片查出有螺面积142764.5平方米。当年采取降水灭螺，在镇域内，东自横板桥，西至油厂大桥，南到东港厂、南沙浜，北抵蚬子滩，拦河筑坝，抽干河水，翻修重砌桥埠石板，并再次用喷洒药水、土埋及水泥嵌石缝等办法，取得较好的效果，钉螺基本灭迹。1966年，桐乡县把濮院镇灭螺试点办法在全县推广，嘉兴地委副书记项耿到会给以肯定，并在全地区城镇灭螺中加以推广。1970—1972年，濮院全公社范围查出螺点288个，有螺面积59262平方米，全部进行降水灭螺处理，整修灭螺带375992平方米。1971年，濮院镇区查螺，已无钉螺分布。1976年，新生公社查螺，已无钉螺分布。1989年，濮院乡查螺，已无钉螺分布。

表18－26　　部分年份查螺灭螺情况表

年份	有螺点(个)	有螺面积(平方米)	当年新发现		灭螺面积(平方米)		投放劳力(人次)
			螺点(个)	面积(平方米)	灭螺	药杀	
1964	838	283943	838	283943	—	—	—
1970	503	2494080	308	2203987	2494080	2040517	283824
1971	436	5030583	244	3810848	5030583	4977069	180476
1972	288	59262	127	30690	59262	53464	20616

续表 18－26

年 份	有螺点（个）	有螺面积（平方米）	当年新发现		灭螺面积（平方米）		投放劳力（人次）
			螺 点（个）	面 积（平方米）	灭 螺	药 杀	
1973	279	38059	90	8297	38059	29424	17585
1974	308	31682	88	7981	31682	13506	18391
1975	33	2347	2	90	2347	2267	9990
1976	13	980	1	120	980	810	1356
1977	8	480	2	180	480	400	697
1978	5	450	—	—	450	450	1257
1979	4	260	1	50	260	260	1456
合计	2715	7942126	1701	6346186	7658183	7123167	535648

查病治病 查治血虫吸病，是消灭血吸虫病的重要环节。濮院镇是血吸虫病的重疫区，历史上进行过多次查病治病。1952 年，桐乡县建立血吸虫病防治专业机构。1953 年4—12 月，濮院镇首次查病，地点在大街袁家厅，由桐乡县血防中心站负责大便孵化加镜检，检查对象为在校学生和居民。1956 年第二次查病，由桐乡县血防站派出人员与濮院镇部分医生组成查病组，地点在濮院镇万兴街闵家厅，对象以居民为主。濮院镇受检人数3590 人，查出阳性人数 126 人，感染率 3.5%；永乐乡（濮院乡）受检人数 264 人，查出阳性人数85 人，感染率 32.19%。1958 年第三次查病，濮院受检人数 18587 人。1964 年第四次查病，居民普查，粪便“三送三检”，查出阳性病人 314 人，占受检人数的 8.97%；农村居民“一送一检”，受检的 10944 人中，阳性人数 2749 人，感染率为 25.12%；新生乡粪便送检人数 8208 人，查出阳性人数 4098 人，感染率为 49.93%。之后，每年春秋二季进行粪便“三送三检”的全面检查。

1990 年末，濮院镇累计查出的血吸虫病病人：新生乡 7646 人，濮院乡 12137 人，濮院镇 1158 人。

表 18－27　　1970—1979 年濮院血吸虫病查病情况表

年 份	新病人（人）	新 阳 率	年 份	新病人（人）	新 阳 率
1970 年	3622	58.3%	1975 年	195	19.3%
1971 年	1427	40.6%	1976 年	308	17.3%
1972 年	727	26.6%	1977 年	113	12.6%
1973 年	262	22.2%	1978 年	69	13.0%
1974 年	286	22.6%	1979 年	30	12.3%

表 18－28　　1964—1979 年濮院镇儿童感染血吸虫病情况表

年　份	当年检出病人数（人）	其中				儿童病人占病人总数的比例
		合　计（人）	0—4 岁（人）	5—9 岁（人）	10—14 岁（人）	
1964	2209	576	12	180	384	26%
1970	2622	848	29	367	452	32.3%
1971	1425	447	42	202	203	31.4%
1972	725	265	12	126	127	36.6%
1973	262	96	12	45	39	36.6%
1974	285	121	9	60	52	42.5%
1975	196	75	5	37	33	38.3%
1976	308	94	2	36	56	30.5%
1977	118	26	0	12	14	22%
1978	69	8	0	3	5	11.5%
1979	31	5	0	3	2	16.1%

查病的同时还积极治病。1963 年前的血防工作以公社、镇为单位，濮院卫生院负责防治工作。1964 年，濮院卫生院医务人员凌煦之、杨正安等撰文《以中药针灸为主综合治疗晚期血吸虫病五十一例初步总结》在《江苏中医》第七期发表。当年濮院卫生院医务人员积极参加防治工作，自带被褥下乡，包队防治，治疗病人 2073 人。血防专业队与濮院卫生院医务人员和当地卫生员一起完成全镇范围病人建卡建账工作，为血吸虫病的防治建立了档案。1970 年 9 月，中国人民解放军 12 野战军医院 3 所血防卫宣队 13 人到濮院卫生院指导血吸虫病防治工作。1970—1972 年，省军区 117 医院等单位组成医疗队，会同镇卫生院医务人员、“赤脚医生”、卫生员共同努力，查出晚期血吸虫病病人 79 人，分别用酒石酸锑钾、血防－846、锑 273、呋喃丙胺、中草药等综合治疗病人 10963 人次，为濮院镇晚期血吸虫病巨脾病人 166 人进行手术切脾治疗。1973 年，濮院公社成立血防领导小组，配备血防专管员，卫生院配备兼职医生协助工作。1974 年，在桐乡县血吸虫病防治办公室资助下，濮院卫生院建起面积 196 平方米的血防专用房，从此血吸虫病防治工作有了固定基地，为查病治病提供了良好条件。1975 年，濮院镇参加的血防联防调整为“六县联防”，濮院镇属第八联防片。11 月，濮院镇星火大队祁堂浜一名女性血吸虫病患者发生阿—斯氏综合症，经卫生院全力抢救，脱险痊愈。1976 年，浙医一院医疗队到濮院开展治疗血吸虫病工作，用酒石酸锑钾等药物治疗阿斯综合症夹杂症病人 50 余人。1977 年，上海医药工业研究院在濮院星火大队（现濮院新濮村）实施呋喃双胺加敌

百虫(针)剂治疗病人的科研项目。同年,浙江省卫生实验院会同县血防医院到濮院公社开展血治科研项目,应用血治新药双奈羟酸付品红(简称“双付”),采用不同疗程治疗144人(其中28天疗程91人、20天疗程53人),同时设锑钾20天、双付20天,对照疗程组99人(其中双付51人、锑钾48人),分别在治疗后三个月、八个月、一年进行粪孵疗效考核,经统计学处理结果表明两者无明显差异。

濮院镇是血吸虫病重流行区,病人多,病情复杂,难度大,经多年努力,到1978年年底,还有未治病人554人,占全县未治病人的12.7%。1979年春天,县血防医院和濮院卫生院抽调人员组成治疗组,在濮院西市茧站和新华大队(现新河村),设两个医疗点,用双付、F30066加敌百虫等药物治疗299人。此外,依靠卫生院技术力量,对教师、在校学生中的140名血吸虫病人,采取分批“假期治疗”的办法进行治疗。1980年,新血治药吡喹酮(8440)应用于临床,因其疗效好、疗程短、副反应少,适宜于对有夹杂症的血吸虫病人作病原治疗,卫生院组成医疗队下乡,挨户上门为64个有夹杂症的血吸虫病人体检、治疗,解决了一直以来夹杂症病人难治的问题。

表18-29　　1951—1969年濮院镇治疗血吸虫病情况表

单位:人

年度	治疗病人总数	其中					
		T20	T7	T3	846	T273	F
1951	10	10	—	—	—	—	—
1952	31	23	2	6	—	—	—
1953	61	46	1	14	—	—	—
1954	86	79	4	3	—	—	—
1955	48	36	5	7	—	—	—
1956	173	86	43	44	—	—	—
1957	316	123	120	73	—	—	—
1958	712	128	368	215	—	—	1
1959	220	52	104	63	—	—	1
1960	102	14	52	35	—	—	1
1961	75	7	34	34	—	—	—
1962	148	7	70	71	—	—	—
1963	479	21	112	346	—	—	—
1964	2073	297	1202	559	—	—	15

续表 18－29

年度	治疗病人总数	其中					
		T20	T7	T3	846	T273	F
1965	593	37	377	161	4	—	14
1966	644	3	84	46	440	—	71
1967	531	3	54	71	368	—	35
1968	454	5	46	37	363	—	3
1969	633	2	40	36	518	1	36

表 18－30　　1970—1978 年濮院镇治疗血吸虫病情况表

单位：人

年份	治疗病人总数	其中							
		T20	846	T273	F	F+D	双付	综合	中草药
1970	3272	2	422	2759	4	—	—	85	—
1971	4504	—	197	1325	1	—	—	1690	1291
1972	3178	1	135	795	3	—	—	1790	463
1973	1235	—	64	437	9	—	—	725	—
1974	1315	—	107	518	8	—	—	682	—
1975	635	9	29	457	7	—	—	133	—
1976	1098	17	27	957	—	35	2	60	—
1977	1482	12	7	896	—	452	108	7	—
1978	926	49	—	545	—	196	135	1	—

根据 1950—1979 年血防统计资料显示，濮院镇有螺面积 1979 年比 1950 年减少了 99.99%，血吸虫病人受治率 98.43%，1973 年后未发现急性血吸虫病患者，镇区自 1971 年起已无螺，濮院镇农村 1989 年未查到钉螺等情况，县委、县政府于 1989 年宣布濮院镇为基本消灭血吸虫病镇。桐乡县血防领导小组奖赠濮院镇人民政府横匾一块，上书“造福后代”四个烫金大字。

1996 年 5 月，桐乡市政府地方病防治领导小组转发国务院办公厅关于进一步加强血吸虫病防治工作的通知。1998 年以后，开始采用血清学检查的筛选方法对血吸虫病进行监测，主要监测对象是从血吸虫病高发区到濮院的流动人群。2002 年，嘉兴市再次调整血防联防片，濮院镇和桐乡市梧桐街道、秀洲区洪合镇、南湖区城南街道共同组成嘉兴市第五血防联防片。2003 年 3 月 21 日，濮院镇红旗漾村(原属新生镇)王板桥与嘉兴劳教农场交界处的 7 号螺段查到活钉螺，有螺面积 3932 平方米。经有关部门解剖 1000 只，无阳性钉螺。有关领导、专家亲临现场，研究分析、部署和指导灭螺。红旗漾村委会，嘉兴农场联合组织两次灭螺，面积为 15450 平方米。2005 年，开展新的查螺图、账调整。截至 2007 年，濮院镇范围内尚有 34 名晚期血吸虫病病人，均已经过病原治疗。2003 年发现的螺点，经过四年多的反复多次复查，均未发现活螺，也未发现新的螺点。

麻风病防治　麻风病在濮院流行已久，民间称之为“风子病”，起于何年已无从考证。中华人民共和国成立前，社会上过于夸大麻风病的传染性和难治性，并丑化麻风病人的形象。麻风病可致人畸形、残疾，社会上惧怕麻风病的现象十分严重，人们对麻风病谈虎色变。麻风病人也遭受到不应有的歧视，如强迫麻风病人长年生活在船上，不准上岸，循河道求乞，与家人及村民隔离，临死前被置于风子缸(陶瓷缸)里任其去世，不予医治，等等。

中华人民共和国成立后，政府关心麻风病患者的疾苦，向社会广泛宣传正确认识和预防麻风病的知识，重视麻风病的防治工作，采取了一系列措施。1960 年，在濮院乐安村北浜新建麻风病人康复村，共收治病人 246 人。1961 年，根据中医防治麻风病的经验开辟了“百草园”，种植草药，制成“大麻风丸”，治疗麻风病人。1972 年，濮院卫生院开始由兼职医生负责麻风病的管理，主要对象是已经病原治疗痊愈后回家的患者。在辖区内，历年累计麻风病患者 128 人，其中男 111 人、女 17 人。2004 年 10 月开始，麻风病纳入社区管理。2005 年，由社区医生摸底得到的线索，新发现一例麻风病人。2006 年年底，全镇有 53 例麻风病患者，其中治愈在家的 51 人，在康复村继续治疗的 2 人。2010 年，兼职医生对麻风病患者的管理内容包括：每年上门访视 2 次，其中社区卫生服务站 1 次、卫生院 1 次，给予必要的生活指导；对最后发现麻风病人的村，每年进行一次流行病学调查；每年到桐乡三中和桐星学校进行麻风病防治的宣教。

丝虫病防治　濮院民间称丝虫病为“大脚风”。丝虫病的传染源分散，传播媒介为中华按蚊。中华人民共和国成立前，濮院镇丝虫病流行面较广，20 世纪 90 年代调查统计，镇域仅晚期丝虫病后遗症患者还有 141 人。因丝虫病丧失劳动力者不在少数。中华人民共和国成立后，丝虫病的防治对策以消灭传染源(治疗病人)为主。为此，全濮院镇多次开展丝虫病普查，医务人员每两人一组，在村干部和村卫生员协助下，于晚上八点后挨家挨户上门采集耳垂血，直至深夜乃至凌晨，早发现早治疗。1996 年 12 月，省卫生厅批准桐乡县为基本消灭丝虫病县。按照上级卫生部门部署，每年对可疑病人进行丝虫血片镜检，再送省疾控中心确诊，均未发现新感染病人。

疟疾防治　濮院民间俗称疟疾为“发寒热”，中华人民共和国成立前是当地常见病，在急性传染病的构成中占有较大比例。中华人民共和国成立后，从 1950 年浙江省卫生厅颁发的《浙江省各县市疫情报告暂行办法》到 1990 年 1 月 1 日生效的《中华人民共和国传染病防治法》，一直把疟疾列入乙类传染病。1960 年，采取控制传染源的防治措施，发现疟疾患者则给予正规治疗，并于次年春季再进行抗复发治疗；医务人员坚持数年为抗复发对象送药上门。此后，发病率逐年下降。20 世纪 80 年代，濮院镇在防治疟疾工作过程中，发热的可疑病人监测由内科医生把关，检验科通过血涂片找疟原虫。1989 年 12 月，省卫生厅发文称“桐乡已达到卫生部(86)卫地字第 15 号文件规定的基本消灭疟疾的标准”，开始进入监测巩固阶段。随着濮院镇经济发展，人员流动增加，疟疾病人也在濮院镇重新出现，为从疟疾高发地区输入的病例。1994—1995 年，对疟疾抗体测定的结果显示，濮院镇疟疾抗体测定阳性的全部为外来流动人员。2010 年，濮院镇中心卫生院对发热病人进行血液疟原虫检查。

慢性病防治管理

慢性非传染性疾病(简称慢性病)，主要指以心脑血管疾病(高血压、冠心病急性事件、脑卒中)、糖尿病、恶性肿瘤、精神异常和精神病等为代表的一组疾病。慢性病主要是造成脑、心、肾等重要脏器的损害，易影响劳动能力和生活质量，且增加了社会和家庭的经济负担。2000 年前，濮院镇没有重视慢性病的管理，仅不定期地开展一些普查工作。1975 年，中国人民解放军驻杭州 117 医院为贯彻“把医疗卫生工作重点放到农村去”的“六二六”指示，帮助地方对肿瘤疾病进行防治，做到早发现、早治疗，4 月派出内科主任俞一波、病理科主任黄璞、外科医生刘学口、助理员黄希海、化验员李录华、外科护士吴美珍等 6 人驻濮院镇，对 25 岁以上的群众进行肿瘤普查与防治。普查工作由濮院人民政府调配濮院卫生院及农村大队“赤脚医生”配合，5 月 15 日经培训后普查全面铺开，先城镇后农村，城镇普查率达 95%，农村普查的重点是公社机关、社办工厂及附近大队，距镇较远的永联大队(现永联村)、黄河大队(现新河村北半区域)也进行了检查。普查结果，濮院镇 1962—1974 年肿瘤病患者共 49 人，其中胃癌 10 人、骨癌 1 人、乳腺癌 3 人、子宫癌 3 人、肺癌 9 人、鼻癌 3 人、肝癌 5 人、食道癌 11 人、卵巢癌 1 人、口腔癌 1 人、脑癌 1 人、膀胱癌 1 人。1962—1975 年癌症患者经过治疗，7 人治愈，2 人继续治疗，死亡 40 人。1995 年，濮院卫生院对濮院镇区 40 岁以上人群进行高血压普查，检查 1431 人，查出高血压 136 人，发病率 9.5%，并给予防治指导。

随着传染病的预防控制措施得力，人口死因顺位也逐渐由以传染病为主转为以慢性非传染性疾病为主，所以对慢性病的管理越来越重视。2000 年，遵照卫生部规定，开始在门诊对 35 周岁以上初诊病人实行常规测血压制度。2001 年，濮院镇中心卫生院开始重点管理高血压、冠心病急性事件、脑卒中、糖尿病、肿瘤五种慢性病，把慢性病管理纳入濮院镇公共卫生的范畴内。2005 年，进一步规范全镇慢性病管理，规定医务人员首次诊治上述五种慢性病病人，必须填报慢性病报告卡，防保科有专人收集慢性病报告卡，并负责慢性病的统计管理，并把慢性病名单下发到各社区责任医生，社区医生定期对责任区慢性病人开展随访指导，追踪干预。2006年，桐乡市被浙江省纳入全省30个公共卫生监测区之一，在全市人群中开展上述五种慢性病的发病监测，濮院镇中心卫生院安装了濮院镇社区卫生服务系统网络管理软件，凡是在浙江省监测区内医疗机构就诊的病人中新发现的濮院镇户籍慢性病病人的信息，都会传送到濮院镇中心卫生院，防保科负责医生汇总统计后，分别传送至濮院镇各相关社区责任医生，实行慢性病人的信息化管理，责任医生视情况开展门诊随访、电话随访或者上门随访管理，尽最大可能帮助指导干预慢性病人，达到控制病情、提高生活质量的目的。2010年年底，濮院镇有高血压病人5596人、冠心急性事件病人和脑卒中病人384人、糖尿病病人907人、恶性肿瘤病人344人，均纳入濮院镇各辖区责任医生的慢性病管理。

精神病防治

濮院镇的精神病管理监测工作始于20世纪90年代初。1992年，濮院镇实施镇域内精神病患者的防治康复管理工作（简称"精防"），由濮院中心卫生院负责，配备一名精防兼职医生。1995年，桐乡市健全市、镇、村三级精神病防治网络，濮院镇在原有基础上，增加村保健站确定一名乡村医生具体负责，掌握社区内精神疾病的患病率及病人现状等情况。

2000年，进一步健全三级精神病防治网络，一级网络由各行政村治保主任、妇女主任、乡村医生、病员家属组成的监护小组或看护网络；二级网络由濮院镇分管领导、濮院中心卫生院、镇民政部门、镇公安助理员组成，配一名兼职医生；三级网络由市一级相关部门组成。2002年，由社区医生负责对辖区内的精神病患者进行调查，并建立统一的表、卡、册，规范管理。2005年，濮院镇政府调整镇、村两级的精神病防治康复工作领导小组。2006年，社区管理精神病人285人。2008年，濮院镇建立精防康复工作站，站内有11名精神病患者参加工作。

2009年5月，按照《桐乡市社区精神疾综合干预实施方案》，把精神卫生服务纳入公共卫生服务体系，实行分级管理：对疾病发作治疗期病人进行一级管治，社区精防医生至少每两周随访一次；对病情维持控制期病人进行二级管治，社区精防医生至少每月随访一次；对疾病发作治疗期病人和病情维持控制期病人，主要做好随访和监护工作，防止发生走失、乱跑、肇事或其他意外，督促指导病人参加一些必要的社会活动和康复活动；对病情稳定维持期病人采取三级管治，至少每两月随访一次；对追踪观察停药期病人，采取四级管制，精防医生至少每半年随访一次；对三级、四级管治的病人，主要做好随访和康复工作，了解和关心病人的生活及工作，检查服药情况、现有症状，监督病人接受治疗，指导家属加强监护。濮院中心卫生院每年提供精神病患者低保名单，上报受救助人数；发现新病人指导转诊，将精神病患者享受合作医疗情况、低保户的精神病患者逐级报告并转嘉兴康慈医院。

第三节　妇幼保健

妇女保健

妇女保健是以维护和促进妇女健康为目的，以群体为服务和研究对象，以预防为主，密切结合临床。中华人民共和国成立前，镇妇女健康状况很差，中华人民共和国成立后政府重视妇女保健工作，在妇女劳动保护、妇女生殖健康方面采取了很多措施。

妇女劳动保护　1954 年 7 月 11 日，桐乡县人民政府发文重视妇幼保健工作，防止农村妇女劳动过度，发生流产等，濮院镇参照执行。1960 年后，卫生院派一名医生，专门下乡推行妇女经期、孕期、产期、哺乳期“四期”卫生和劳动保护，提倡“三调三不调”(即经期调干不调湿、孕期调轻不调重、哺乳期调近不调远)。但据桐乡县 1988 年、1989 年对濮院等 7 个镇 70 个工厂的调查，有些单位还是存在怀孕 7 个月到哺乳 1 年内有上夜班(深夜班)和哺乳时间(规定每次半小时)不给足的现象。

妇女病防治　1959 年下半年起，濮院公社医院发现就诊的农村妇女病患者增多。1960 年 1 月 6 日，全公社查出妇女病 152 人(新病人 139 人)，其中子宫脱垂 60 人。1961 年和 1962 年进行了普查，在普查的基础上，对妇女病患者及时进行治疗。1968 年，濮院卫生院开始培训不脱产保健员为“赤脚医生”，并指导组建濮院公社 15 个大队合作医疗站，方便妇女就近治病和保健。1993 年 9 月，为提高人口素质，避免和减少遗传性出生缺陷，防止和阻断遗传病，濮院卫生院被桐乡市卫生局、桐乡市民政局指定为婚前健康检查定点单位，为当地青年开展婚前健康检查。1995 年开始卫生院每年组织医务人员，带器械药品，到农村进行妇女病检查，并进行治疗。2005 年，在桐乡市计生局、卫生局的联合组织下，濮院镇中心卫生院对辖区内 70 岁以下生育妇女 13000 人，按年龄段分 3 年进行生殖健康体检，体检的项目为血压、乳房、子宫附件 B 超、妇检、白带常规。查出疾病当场由体检医生配药治疗或预约手术，切实保护妇女的健康。

孕、产妇保健　民国 29 年(1940)，濮院境内有私人开业的产科诊所，对孕产妇开展孕期检查，但受检者寥寥无几。中华人民共和国成立初，濮院联合诊所设妇产科，设有产前观察床 2 张，门诊实行 24 小时值班，由从杭州助产学校毕业的一名助产士坐诊，开展产前检查。20 世纪 50—70 年代，逐步推行和普及孕妇产前和产后检查(访视)制度，濮院卫生院妇产科安排专职医生负责妇女保健工作。1984 年 5 月，卫生院开始对辖区内孕产妇实行系统管理，开展早孕建卡保健、孕期定期检查。1988 年，在孕产妇系统管理的基础上，开展了高危妊娠管理、围产期保健工作，应用围产医学技术和监护方法，降低孕产妇死亡率、围产儿死亡率和病残儿发生率。1994 年，濮院卫生院进一步规范孕产妇保健工作，严格执行桐乡市卫生局《关于进一步加强孕产妇系统保健管理的通知》《桐乡市高危妊娠管理实施办法》。1996 年 9 月 27 日，按照市局《关于进一步规范婚前医学检查工作的通知》精神，濮院卫生院获得母婴保健技术服务许可证和母婴保健技术考核合格证书，开展婚前医学检查，并将婚前医学检查工作质量作为年终妇保检查内容。2002 年，濮院辖区人口的婚前医学检查归口到妇保院进行，濮院卫生院停止此项工作。

2005 年，由于市场经济的快速发展，流动人口大量增加，为了使外来妇女同样得到保健指导，濮院卫生院开展外来流动孕产妇的围产期保健工作，建立保健册，将信息输入电脑，进行电子检测管理。此项管理全桐乡市联网，已输入信息的流动孕产妇在市内任何一家医院都能得到连续的保健管理。当年建保健册 350 人。

2007 年，卫生院专门设立妇女保健门诊，规范设置接诊室、检查室、宣教室。2010 年，安排 2 名医务人员，负责妇保门诊、访视和计划生育指导，宣传妇幼卫生知识，并根据产前健康检查情况，分类指导接生医院和产后注意事项，还负责对辖区内分院及服务站的责任医生开展妇保工作进行指导、督促和考核。

接生 民国时期及以前，濮院镇妇女生产主要以旧法接生为主。旧法接生是由“土产婆”（也有称“老娘婆”“守生婆”“接生婆”）接生，或由自家婆母接生，甚至自己接生。旧法接生的分娩姿势有坐着生、跪着生、蹲着生，操作方法各不相同。旧法接生，接生员的手、用具等未经彻底消毒，易造成新生儿破伤风、产妇感染。此外，处理难产技术水平低，故因滞产造成新生儿死亡或产妇大出血死亡的事故时有发生。人们视生孩子为“一脚踏在棺材里”。遇难产只能听天由命。产妇因家贫而不作产前检查，又得不到足够的休息，常在产后患上妇科疾病，又无力医治，痛苦终生。

民国 35 年（1946），正规的助产学校毕业的助产士周美锦，在镇区始设诊所，推行新法接生。

中华人民共和国成立后，政府重视保护妇女的健康，破除旧习，实行科学接生，保护产妇的健康，降低新生儿的死亡率。20 世纪 50 年代开始，濮院镇提倡新法接生。1952 年，濮院联合诊所设妇产科，接生都带消毒包上门采用新法接生。对濮院农村旧法接生的“守生婆”进行新法接生培训，1958 年，把她们组织起来成立了 4 个“农村产院”。1977 年，濮院卫生院先后接收卫校毕业的助产士从事接生工作。1984 年 12 月 3 日，县卫生局发出《关于进一步做好妇幼保健工作的通知》，规定每个孕妇必须在当地建卡，到外地做产前检查或分娩的，必须携带孕产妇管理卡，受检或分娩情况必须填写清楚，同时做好转卡工作。1985 年 1 月 1 日起，属本乡镇孕期管理范围内的产妇，分娩后发给出生证。1992 年，濮院中心卫生院妇产科成功对首例难产孕妇施行剖宫产手术。1994 年 12 月，濮院卫生院施行横切口腹膜外剖宫产手术，术后疤痕小、隐蔽、痛苦轻，孕妇容易接受。

采用了新法接生后，产妇和新生儿健康有了保障，死亡率大大下降。据《桐乡卫生志》记载，由于推广了新法接生，1953 年桐乡产妇死亡率从 1949 年的 8.6‰下降到 3.14‰，1958 年下降到 0.92‰，1986—1990 年下降到 0.19‰（年平均）；1957 年新生儿死亡率也从 1953 年的 24.6‰下降到 19.88‰，1990 年下降为 10.09‰，围产儿死亡率为 17.89‰。至 1990 年，已连续 9 年未发生新生儿破伤风。

儿童保健

儿童健康检查 据《桐乡卫生志》载：1957 年 5 月 28 日、29 日下午免费为 1—3 岁幼儿进行体格检查。1980 年，对全县 14 岁以下独生子女及 7 周岁以内已入托幼儿所的幼儿共 3080 人进行健康检查。1984 年，检查独生子女 12708 人。濮院也在受检之例。

濮院社区卫生服务中心规范化儿保门诊

1985 年，濮院卫生院开设儿童健康体检门诊，配置测量儿童身高体重的设备，每月 3 次，并建健康卡，对辖区内 1/3 0—3 岁儿童的保健开展系统管理；安排一名医生负责儿保工作。1992 年 8 月，卫生院根据《浙江省优生保健条例》开展婚前医学检查。1993 年 1 月，桐乡县实施中美预防神经管畸形合作项目。6 月桐卫字（1993）105 号，实施《浙江省托儿所、幼儿园卫生保健工作方法》。1995 年，濮院卫生院引进儿科中级医师 1 名，1997 年单独成立儿科，加强儿保工作。2000 年，卫生院明确儿童保健工作职责，儿科主任为第一责任人，儿保医生为第二责任人。2002 年 8 月，儿保门诊进行规范化建设，分设体检室和活动室，配有小玩具、小木马等儿童趣具，整个儿保门诊环境布置童趣温馨。儿童系统管理开始使用电脑，与市妇保院联网，实施网络信息化管理。10 月，经嘉兴市卫生局验收合格授匾“嘉兴市规范儿保门诊”，并划归防保科管理。

2003 年 2 月，开始实行《桐乡市儿童先天性心脏病监测实施方案》，落实卫生部、残联《中国提高出生人口素质、减少出生缺陷和残疾行动计划（2002—2010）》，认真做好中美预防出生缺陷和残疾合作项目工作，卫生院派两名医生参加培训。卫生院发现先心病可疑病例，填写转诊联系单到市级医院，同时负责追踪随访、资料回收、上报等工作。

2007 年，儿童保健门诊面积扩大，环境优越，工作规范，更有益于辖区内婴儿 42 天建册及系统管理体检等儿童保健工作；体弱儿按常规进行专案管理，及时预约通知到院体检；根据受检儿童喂养、生活、神经精神发育、疾病情况及检查所见，有针对性地进行个别指导；配合市妇保院做好儿童保健册转册和移交工作。做好电子生育健康监测、电脑录入工作，当天资料当天录入。做好儿保门诊“十簿一册”的登记工作，做好资料统计，每月汇总统计；根据科研调查需要，认真做好有关登记，定期分析，不断积累资料，作为提高质量和改进工作的依据；另外，还兼对辖区内新生分院、各社区卫生服务站的儿童保健工作进行指导、督促和考核。

表 18－31 **2003—2010 年濮院镇儿保情况表**

年 份	0—7 岁 儿童数(人)	0—7 岁实际受检		0—3 岁 儿童数(人)	系 统 管 理	
		受检数(人)	(%)		人数(人)	(%)
2003	3070	2903	94.5	1145	1076	94
2004	2942	2700	94.9	1132	1065	94
2005	3405	3242	95.0	1083	1026	95
2006	3456	3327	96.3	969	936	96.5
2007	4499	4365	97.0	821	797	97.1
2008	3478	3370	96.7	776	738	97.1
2009	3572	3459	96.8	793	747	95.1
2010	3785	3655	96.6	889	844	94.94

表 18－32 **2003—2010 年濮院镇体弱儿情况表**

单位:人

年 份	0—7 岁体弱儿	早产低体重儿	佝偻病活动期	营 养 不 良	贫血中度以上	消 瘦	肥 胖	发 育 迟缓儿	先天性心脏病
2003	136	10	66	7	10	4	24	10	5
2004	113	10	25	16	8	21	19	13	1
2005	133	14	32	15	6	13	30	22	1
2006	138	10	19	25	7	4	36	36	1
2007	88	10	13	10	4	2	33	14	2
2008	124	19	23	6	11	6	45	14	0
2009	207	13	20	6	8	30	105	25	0
2010	205	14	25	6	6	12	103	35	4

新生儿筛查 新生儿疾病筛查是指对每个出生的宝宝,通过先进的实验室检测发现某些危害严重的先天遗传代谢性疾病,从而早诊断、早治疗,避免宝宝因脑、肝、肾等损害导致智力、体力发育障碍甚至死亡。新生儿疾病筛查是提高出生人口素质,减少出生缺陷,保护儿童健康的预防措施之一。2001 年开始,桐乡市实施《浙江省新生儿疾病筛查管理办法》。2003 年 4 月,濮院镇中心卫生院也开展此项工作。2006 年,将先天性甲状腺功能减低症、苯丙酮尿症也列为新生儿疾病筛查病种。2009 年,增加新生儿听力筛查项目检查。

托幼机构体检 1993年开始，濮院镇每年安排托幼机构工作人员（包括保育和保健人员）到桐乡市妇保院进行体检。濮院中心卫生院对托幼机构儿童进行健康监测，监测内容主要是贫血、营养、龋齿、肥胖等健康情况。6月1日起，执行《浙江省托儿所、幼儿园卫生保健工作管理办法（试行）》，对入园（所）前儿童进行体格检查，儿童入园（所）报名时须随带体检表。发现有乙肝表面抗原阳性兼有e抗原阳性者或谷丙转氨酶升高者暂不予入园（所）；经治疗后，每三个月复查肝功能一次，连续三次正常方可入园（所）。1994年7月29日，实施托儿所、幼儿园新的卫生保健合格证制度，并将托儿所、幼儿园卫生保健合格标准列入幼儿园办学纲要、考核评估及托儿所等级检查必备条件。1995年，首次对全镇托幼机构颁发“年度卫生保健合格证”。2003年，对入托入园体检儿童新增耳声发射测试（OAE）筛查、乙肝疫苗抗体测定等项目。2010年，全镇有托儿所10所，10所卫生保健合格；有幼儿园3所，11个园区，3所卫生保健合格；对268名幼托工作人员全部进行健康体检，托幼机构凭健康体检合格证录用工作人员，以确保儿童健康成长；对805名新生进行入托入幼前体检。

第十九编

社会

中华人民共和国成立前，城镇居民一般主要靠小本经营或当雇工维持生计；农村居民则靠自耕或租种田地获取生活资料，生活普遍较为贫困。劳动者没有劳动保障，老年生活更是艰难。中华人民共和国成立后，国家建立劳动用工制度，逐渐提高城镇劳动者的收入水平；农村进行土地改革，农民生活条件得到改善。改革开放后，国家实行劳动用工制度改革，劳动就业打破城乡二元化格局，镇域内大多数青壮年农民或进工业企业务工，或从事服务业，或转入商途，城乡居民生活水平大幅提高。社会保障体系不断健全，老年人生活质量进一步提高。此外，随着羊毛衫产业的不断壮大，数量庞大的新居民前来投资创业，成为域内经济建设的参与者和经济发展的受益者。

明清时期，沿袭隋唐旧规，户部管理民政，清光绪年间，县知事掌管民政事务。民国初，县公署设民政科，主管县以下民政事务。中华人民共和国成立后，区政府配民政助理员，负责民政事务。撤销区政府后，各乡、镇文书兼职民政工作，并受县民政局委托，办理婚姻登记。1980年，乡、镇设民政助理员。随着社会的发展，民政工作职能不断完善。

镇域民情风俗，内容丰富，涵盖面广，历经数百年的积累发展，已成为濮院历史文化积淀的重要内容之一。改革开放以来，镇域居民思想观念发生深刻变化，传统思想观念在社会变革中发生蜕变，不断接受顺应时代发展潮流的新思想、新观念。

旧时，境内寺庙庵堂林立，居民信佛者甚多。清末，基督教传入镇域，建堂布道，发展信徒。中华人民共和国成立后，“文化大革命”期间，部分寺庙、教堂或毁损，或移作他用。改革开放后，政府落实宗教政策，修缮、重建寺、堂，恢复宗教活动。

第一章　人民生活

第一节　城镇居民生活

城镇居民收入

旧时，镇域居民收入悬殊。少数居民自主开店经营，收入较丰，家境殷实；大多数家庭的居民，则以当学徒、伙计或学手艺为生，收入低微，虽终年忙碌，却仍摆脱不了贫困。

据1996年版《桐乡县志》载，民国23年（1934），全县城镇居民收入大体情况为：商店职员月薪7—8元；手工业的收入有些按件计，有些按日计，如理发每次0.16元，泥水匠、木匠日薪0.8元，石匠日薪1元，漆匠日薪1.5元；教师待遇，抗战前，小学教员月薪最高

32元，最低8元。濮院城镇居民的劳动报酬与全县收入情况基本相似。民国37年(1948)秋，货币变为金圆券，职员和手工业的日收入大致为店员22万元、泥木工24万元、搬运工20万、清洁工人15万元、临时工14万元。虽然表面收入提高，但由于政府滥发金圆券，造成全社会恶性通货膨胀，城镇居民多数人成升斗小民，以“量升箩头米”度日。尤其像从事搬运工、清洁工、摇船工、泥木工、打铁工、磨豆腐工以及各类临时工的家庭，一旦发生灾荒或疾病，更是苦不堪言，只能“冬典夏衣，夏当棉被”，有的甚至卖儿鬻女。民国36年(1947)2月，濮院油坊工人迫于生计及劳动条件的恶劣，联合屠甸、崇德、洲泉以及硖石、嘉兴、平湖等地油坊工人举行大罢工，后经商会斡旋，劳资双方在硖石开会协商，资方才答应濮院各油坊工人增资的要求。

中华人民共和国成立后，濮院镇人民政府采取各种措施，一方面，千方百计恢复和发展生产，建立劳动就业机构，安排人员就业，解决群众的吃饭问题。另一方面，建立工会，救济失业工人，组织生产自救，让有劳动力的人都参加工作，使职工生活得到保障。与此同时，国家从1952年起，着手进行以调整工资为手段的工资制度改革，职工收入逐年提高。

改革开放后，随着经济发展，国家多次调整职工工资，实施奖金和副食品价格补贴制，对企业职工则实行计件工资制和浮动工资制等多种计酬形式，提高职工收入。1979年，全镇职工平均年收入为613元。1990年为2960元，递增4.83倍。1979年后，职工收入增长幅度大于物价上涨幅度。

由于经济的发展，带来更多的就业岗位，家庭中的非就业人数逐年减少。如1957年，全镇城镇居民家庭平均非就业人数为3.3人，1978年为2.1人，1988年为1.5人。职工收入增多，居民的储蓄额不断增加。1955年，全镇居民储蓄额为48万元，1978年增至49.80万元，1990年猛增至2164.50万元。1976年，人均储蓄额为65.95元。1990年，人均储蓄额为2457.70元，是1976年的37.26倍。

20世纪80年代，机关事业单位人员的工资收入与企业职工相差无几。90年代以后，机关事业单位人员的年收入不断提高，与企业职工的收入差距逐步拉大。1991年，前者年均工资收入约4000元，后者约2500元；2001年，前者年均工资收入增至18000元左右，后者为近万元；2008年，前者年均工资收入约为40000元左右，后者约为18000元。90年代，金融、电力、电信等行业员工的年收入普遍高于一般企业职工的收入，甚至高于机关事业单位人员的收入，2000年后稍有所回落。

与此同时，机关事业单位退休人员和企业退休人员的收入差距也不断拉大。2001年，机关事业单位退休人员年均退休金收入1万元左右，企业退休人员年均退休金收入约7000元。2005—2010年，连续六年提高企业退休人员基本养老金标准之后，企业退休人员基本养老金有了较大的提高，但机关事业单位退休人员收入增幅更快，两者差距非但没有缩小，反而有所加大。2008年，机关事业单位退休人员人均年收入接近3万元，企业退休人员人均年收入 16000 元左右。

此外,由于羊毛衫产业的壮大,涌现出大批个私业主和民营企业家。这一人群中的大多数,在 20 世纪 90 年代中后期就出现百万元户乃至千万元户,至 2010 年,资产超千万元的已不在少数,成为镇域最高收入群体。

表 19－1 1969 年、1979 年、1990 年濮院镇部分单位职工年收入统计表

单位:元

年份	单位	性质	职工年平均人数	年工资总额	年资金总额	年福利总额	职工人均年收入
1969	濮院油厂	全民	68	43258	—	3673	690
	濮院五金综合社	镇办	15	9537	—	94	642
	濮院医院	事业	33	15482	—	56	471
	濮院供销社	集体	132	71055	—	2400	557
1979	濮院油厂	全民	93	55425	5151	5840	714
	桐乡缝纫机零件厂	集体	226	101155	6350	13822	537
	濮院五金灯具厂	镇办	55	23431	3633	2161	531
	濮院医院	事业	52	23925	—	5075	557
	濮院供销社	集体	199	108042	13760	22567	725
1990	濮院油厂	全民	157	265467	52715	62654	2426
	桐乡缝纫机零件厂	集体	379	601065	222446	95520	2424
	濮院缝纫机零件二厂	镇办	158	284606	64964	57871	2578
	濮院医院	事业	46	127494	35523	37284	4355
	濮院供销社	集体	438	991417	339338	82145	3019

资料来源:1996 版《濮院镇志》364 页(五金综合社、五金灯具厂、缝纫机零件二厂系同一厂,在发展过程中,厂名随产品更改)

表 19－2 2001—2010 年雀屏公司职工工资收入统计表

年份	职工人数(人)	工资总额(万元)	人均工资(元)
2001	125	138.21	11057
2002	114	131.33	11520
2003	113	134.45	11898

续表 19－2

年　份	职　工　人　数 （人）	工　资　总　额 （万元）	人　均　工　资 （元）
2004	127	157.34	12389
2005	151	186.6	12358
2006	139	183.3	13187
2007	165	304.8	18473
2008	159	262.8	16528
2009	142	326.5	22993
2010	135	320.3	23726

资料来源：雀屏公司提供

城镇居民支出

镇域城镇居民支出，主要分日常生活消费、家庭耐用品消费支出，教育、医疗支出及建房、购房等重大支出。

生活消费支出　中华人民共和国成立前，镇域大多数居民消费水平较低。中华人民共和国成立后，由于收入的逐步递增，居民在衣、食、用等方面的支出不断增加。改革开放后，随着居民生活水平的快速提高，消费理念发生较大变化，消费支出逐年增多。

衣　中华人民共和国成立初期，居民衣料以布为主，为了保证供应，政府曾发放统一印制的布票，居民凭布票购买布料或布制品。多数家庭十分节俭，一年难有新衣穿，只有逢年过节才舍得一穿；多子女家庭，更是弟妹常穿兄姐旧衣，一件衣服“新三年，旧三年，缝缝补补又三年”，直至无法再穿。20 世纪 60 年代，有了涤卡，能穿上一套涤卡衣服曾被视为一种时尚。70 年代，则以棉布、卡其、灯芯绒及化纤为主要衣料，以请裁缝缝制衣服为主，极少购置成品。80 年代，随着居民收入的提高，衣着支出明显增多。年轻人大多西装革履，衣服用料讲究，颜色、款式不断更新，购买高档成衣者明显增多。年长者仍穿着较普通，有的甚至还是缝缝补补。90 年代，中老年人穿着也逐渐时尚，春秋季节穿西装，系领带，穿精纺高档羊毛衫者比比皆是；冬季则穿皮茄克、羽绒衫现象同样十分普遍。进入 21 世纪后，人们在衣着上不仅注重舒适、美观、富有个性，而且越来越讲究品牌，数千元乃至上万元一件的高档成衣，亦常有人购买。衣着消费占生活消费的比例明显提高。

食　中华人民共和国成立前，镇域一般居民的收入主要用于食品支出。民国时期，物价波动很大。民国初，一斗米约铜元 6 枚（时 120 个铜元可兑银圆 1 元）。抗日战争开始后，一斗米涨至 45 个铜元。嗣后，铜元绝迹，使用法币，一升米法币 2 元，未几就涨至 7 元。民国 35 年（1946），一升米 400 元，民国 36 年（1947）涨至 2000 元，民国 37 年（1948）

涨至50000元。是年秋，甚至涨至每升米42万元，自后狂涨不止。因物价飞涨，货币贬值，5000元以下面额之法币价值，已不及往昔1枚铜元。民国38年(1949)春，国统区一石大米价格已逾40亿金圆券。物价飞涨，即使有资产者也叫苦不迭。

中华人民共和国成立初期，居民仍以粗茶淡饭作为三餐主食，吃饱为主。20世纪60—70年代初，猪肉凭票限量供应，城镇居民平时只能吃到少量肉类，逢年过节才尝到鸡、鸭、鱼、肉等荤菜。特别是“三年困难时期”，一般居民家庭但求一饱，岂闻肉味。1983年后，市场上鱼、肉、禽、蛋等各类副食品不仅敞开供应，且类广量多，居民在饮食方面有显著改善。2000年后，各类名贵海鲜也进入了寻常百姓的菜篮子，居民们已从“有啥吃啥，吃饱就好”，变为“吃啥有啥，想吃就吃”。部分居民从讲究营养、有利健康方面考虑，开始选择无公害、绿色、有机食品，追求饮食的营养、健康、卫生，同时还注重每日三餐荤素搭配，讲究色、香、味、形。市场上水果、名烟、名酒等品种繁多，需求量颇大，居民用于食品支出不断增长。据2010年《桐乡年鉴》载，2009年，全市城镇居民人均食品消费支出为4994元。镇域居民人均食品消费支出与全市相近甚至还略有高出。

用（家庭耐用品消费）　20世纪50—60年代，镇域普通居民家庭，除竹木制作的桌、椅、床、柜等家具外，鲜有耐用消费品，煮饭炒菜主要用柴灶，有一架普通收音机和手表者已属富裕之家。70年代，随着职工生活水平逐年提高，家庭普遍拥有大衣柜、写字台，多数青年人戴上了手表。80年代，手表、自行车、收音机等“三大件”曾风行一时，但很快被黑白电视机、洗衣机、电风扇、摩托车、电冰箱、录音机等“新六件”取代。少数生活条件优裕的家庭甚至还拥有新型组合家具、沙发等。90年代，黑白电视机逐步被淘汰，彩色电视机、摩托车、电冰箱、洗衣机拥有量大幅增加。此外，随着液化气的普及，煤气灶、脱排油烟机、电饭煲、微波炉等现代厨房用具进入寻常百姓家，厨房变得卫生、清洁。与此同时，住宅电话、家用空调也逐渐增多，女性开始佩戴黄金饰品等贵重首饰。2000年后，住宅电话和家用空调普及，移动电话渐成日常生活用品，家用电脑及宽带用户剧增，私人车辆拥有量快速增长。

此外，域内部分居民还将旅游消费视为时尚，旅游人群逐步增多，旅游范围从跨省游向跨国游发展。

表19－3　　民国37年(1948)8月19日蔬菜、猪肉价格一览表

名　称	价　格（万元/斤）	名　称	价　格（万元/斤）	名　称	价　格（万元/斤）
芋　艿	22万元	豆芽菜	12万元	猪　头	88万元
大头菜	25万元	洋　葱	10万元	肋　条	260万元
小白菜	16万元	茄　子	16万元	夹　心	170万元
长豇豆	20万元	毛　豆	20万元	坐　臀	180万元

表 19－4　　民国 37 年(1948)8 月 29 日豆制品价格一览表

名　　称	价　　格	名　　称	价　　格
豆腐每板	180 万元	油豆腐每只	2 万元
千张每张	3 万元	豆腐衣每张	12 万元
腐干每块	3 万元		

资料来源:1996 年版《濮院镇志》363 页

表 19－5　　1986—1990 年濮院镇街道居委会居民家用电器统计表

街道居委会	组数	户数	人数	年　份	电视机(台)		电冰箱(台)	收录机(台)	洗衣机(台)	自行车(台)
					彩电	黑白				
鸣　凤	8	243	680	1986 年前	21	105	3	31	15	103
				1990 年	41	150	45	34	25	195
有　义	12	349	894	1986 年前	22	130	2	58	31	112
				1990 年	112	87	89	98	111	191
大　众	10	270	1046	1986 年前	2	71	0	36	0	88
				1990 年	58	79	53	58	61	184
北　市	10	385	1314	1986 年前	27	153	6	44	30	200
				1990 年	82	162	60	79	80	350
南　杏	13	422	1145	1986 年前	7	158	3	56	56	238
				1990 年	60	80	30	67	45	300
南　市	10	522	1822	1986 年前	5	83	7	29	32	90
				1990 年	67	63	52	34	75	172
西　南	14	541	1651	1986 年前	17	145	8	54	18	160
				1990 年	149	126	125	84	89	294
合　计	77	2732	8552	1986 年前	101	845	29	308	182	991
				1990 年	569	747	454	454	486	1686

资料来源:1996 年版《濮院镇志》367 页

建房、购房支出　20 世纪 60 年代,镇域居民大多数居住在砖木结构的平房或二层楼房,房屋陈旧、低矮、潮湿、采光不足者居多。60 年代后,房管部门逐步建造砖混结构的二层住宅。1977 年后,多层住宅渐多,至 1987 年年末,公房建筑面积达 13909.50 平方米,极大地改善了居民的居住条件。80 年代,部分拥有私房的居民为改善住房条件,将原房改建成二至三层的钢混结构楼房,同时还增添了厨房、卫生间等设施。部分企事业单位开始建造职工宿舍。至1990年,全镇有住房面积42.7万平方米,人均居住面积为11.92平方米,约有30%的镇民居住上了舒适、洁净、阳光充足又具有卫生设施的住宅。2000年后,小区商品房兴起,新建的商品房不仅面积大,设施完善,而且还有车库及物业管理,房价较贵,购房者或全额付款或首付加公积金还贷形式购买,因此住房消费成家庭重大支出。而原临街的联建房或旧房,因环境设施不如住宅小区,房价比较实惠,成为一般收入家庭购房的首选。原有的单位职工宿舍和直管公房,因建造时间早、面积小,一小部分还是木结构平房,逐渐成为部分低收入人群和多数外来务工者的居住房。

教育支出 中华人民共和国成立前,镇域虽曾开设义塾、义学、国民小学和私立梅泾中学等学校,但由于社会制度、贫困、战乱以及受男尊女卑等封建思想的影响,只有少数家境较殷实的家庭才能供养子女上学,大多数家庭由于生活拮据,无力承担教育支出。

中华人民共和国成立后,随着居民生活条件的改善,教育普及率大幅提高,教育支出在家庭支出中的比重不断攀升。20世纪50—80年代,学前教育至中学教育收费甚低,每学期学费仅数元。大学实行公费教育,学费全免。90年代开始,教育支出逐年增加。1997年,幼儿园收费(含学费、饮食费、书本费等)每生每学年500元,小学收费每生每学年530—540元,初中收费每生每学年700余元,高中收费每生每学年1700—3000元。2001年,公办幼儿园收费每生每学年800元左右。2006年,公办幼儿园收费每生每学年1400元;公办中小学收费每生每学年360—850元,民办寄宿制中小学收费每生每学年10000—15000元;普通高中收费每生每学年5000—8000元,“三限生”(指学生离学校正式录取分数线还差几分的学生,采取限考分、限人数、限收费的特定招生规定)则需一次性缴费27500元;住宿费每生每学年800—1200元。2007年,九年义务教育阶段中小学生全部免除学杂费。2008年,公办幼儿园每生每学年收费3380元,民办普通幼儿园每生每学年收费2500元左右,“庆安小牛津”幼儿园收费每生每学年6000元。2010年,公办幼儿园每生每学年收费4180元,民办普通幼儿园收费每生每学年3100元左右,“庆安小牛津”幼儿园收费每生每学年7000元。

大学教育自1989年开始收取学杂费,公办普通高校每人每学年100—300元。之后一路飙升:1993年为400元左右;1995年为1000—2000元。2001年,公办普通高等学校的一般专业收费标准,每生每学年5000元左右,公办高等职业技术学校(含普通高等学校中的高职学生)除艺术类以外,收费标准为每生每学年7500元左右,艺术类院校收费标准为每生每学年近10000元,住宿费每学年1000—1500元;就读民办大学或走境外求学,则学费更高。

此外,还有部分中小学生及幼儿参加各类校外辅导、兴趣班等方面的支出也较大,并呈逐年上升趋势。

医疗支出 旧时,受经济条件和医疗水平的限制,居民患小病总是习惯“熬”一下,实在不行才就医，家庭医疗支出相对较少。若得了重病，一般家庭就会因病致贫，甚至陷于绝境。

中华人民共和国成立后，镇域根据政策规定，开始建立以公费医疗和劳保医疗为主要形式的城镇职工医疗制度，并不断加以完善。由于实行城镇职工医疗制度，极大地减轻了职工的医疗支出。公费医疗的主要对象是机关事业单位工作人员，其经费由财政拨款；劳保医疗的主要对象是全民所有制企业、县级所有制企业职工及退休、退职人员，其经费由企业按工资总额的比例提取。

20世纪90年代后，随着各种医疗费用逐年上涨，看病难、看病贵的问题开始凸现。国家公职人员、事业单位工作人员享受公费医疗；城镇企业职工按规定报销部分医药费用；报销额度低的职工和无医疗保障的其他居民一旦得了重病，其家庭就会因此背上沉重的医疗费用负担。

2002年4月1日，根据桐政办〔2002〕11号《关于印发城镇职工基本医疗保险制度改革配套办法的通知》，镇域实行城镇职工基本医疗保险制度。城镇职工基本医疗保险覆盖范围为：城镇所有用人单位包括企业（国有企业、集体企业、外商投资企业、私营企业等，不含乡镇企业）、机关、事业单位、社会团体、民办非企业单位。个体工商户、自由职业者也可参加基本医疗保险。城镇职工基本医疗保险费由用人单位和职工共同缴纳。职工个人缴纳的基本医疗保险费全部计入个人账户，用人单位缴纳的基本医疗保险费，一部分用于建立统筹基金，一部分划入个人账户。统筹基金主要支付住院医疗费用，个人账户主要支付门诊医疗费用。

2005年，市政府为了解决城镇非从业居民的医疗保障问题，出台《桐乡市城镇居民参加合作医疗实施意见》（下简称《实施意见》），将市内没有医疗保障的城镇居民纳入合作医疗。是年，濮院镇执行《实施意见》，具体出资标准：个人出资37.5元（18个月），政府按应参加人口每人每年补助不低于45元，其中市财政补助不低于每人27元，镇财政补助不低于每人18元。此外，政府对城乡低保户、五保户、持证残疾人员、重点优抚对象、低收入家庭人员等特殊人群免去个人出资部分，给予合作医疗待遇。是年，参保人数为3747人，参保率为51.86%。同年，桐乡市民政局还出台大病救助政策，参加桐乡市城乡居民合作医疗的居民，因大病医疗费用超过一定额度，报相关部门审批，还可获得一定的大病救助资金。2006年，政府增加筹资标准，具体为个人出资提高至40元，省、市、镇补助提高至80元。同时提高报销比例（住院报销费用500—1000元，报销20%；1000—10000元，报销40%；10000—50000元，报销50%；50000元以上，报销60%），降低报销门槛（门诊报销取消起报线，住院报销起报线由1000元降至500元）。合作医疗报销实行“一卡通”，参加人员在联网单位就诊，凭本人合作医疗卡就可代替医院就诊卡挂号、结账，实时结算报销。

2006年11月，桐乡市出台《桐乡市城乡居民合作医疗实施办法》（下简称《办法》），

2007年，镇域全面实行《办法》，即个人出资不变，政府补助标准提高至85元，其中镇财政26元、市财政51元、省财政6元、中央财政2元。2010年，进一步增加筹资标准，个人出资提高至100元，各级财政补助每人200元，总筹资额度为每人300元。同时提高门诊、住院医药费的报销比例。

随着新型合作医疗制度和大病救助政策的出台和实施，居民参保人数逐年增加，参保率逐年提高。2010年，全镇居民参加城乡居民合作医疗的人数增至6968人，参保率达到97.02%。实施新型合作医疗制度和大病救助政策后，极大地减少了居民的医疗支出，降低了家庭因病致贫的风险。如2010年，梅园社区居民方某某，因患肝脓肿在嘉兴中医院进行住院治疗，共花去医药费48132.46元，合作医疗报销21257.72元。镇区有6名大病患者获大病医疗救助款项共35200元，其中锦苑社区的顾某某，获医疗救助款8200元。

与此同时，2006年开始，桐乡市实行社会保险费“五险”(即基本养老保险、基本医疗保险、工伤保险、失业保险、生育保险)合征，提高基本医疗保险参保率。2007年，市政府出台《桐乡市城镇职工基本医疗保险缴费年限暂行规定》，凡参加城镇职工基本医疗保险的人员，累计缴费年限不少于20年且实际缴费年限不少于10年的，退休时即可终生享受基本医疗保险待遇。

表19-6　　2008—2010年濮院镇城乡居民合作医疗参保情况表

年份	应参保人数(人)		实际参保人数(人)		参保率(%)	
	农村	城镇	农村	城镇	农村	城镇
2008	33768	5448	32526	4504	96.3	82.7
2009	30850	7389	29899	6915	96.9	93.6
2010	30279	7182	29560	6968	98	97

资料来源：濮院镇合作医疗站

表19-7　　2008—2010年濮院镇城乡居民合作医疗报销统计表

单位：万元

年份	普通门诊			特殊门诊、住院			报销人次	报销合计
	发票金额	可报金额	报销金额	发票金额	可报金额	报销金额		
2008	1344.23	1179.71	230.89	1503.9	1348.17	535.81	161941	766.7
2009	1673.04	1485.99	371.45	1426.1	1277.97	593.54	208230	964.99
2010	1827.29	1629.82	453.23	2441.3	2085.16	1020.11	229870	1473.34

资料来源：濮院镇合作医疗站

第二节　农村居民生活

农村居民收入

旧时,镇域农民家庭收入主要依靠农业。地主拥有较为充裕的田地,生活相对富有,而一般农户则主要以自耕少量田地或靠租种田地获取收成来维持生计,有的甚至当雇工,生活普遍较为贫困。若遇天灾,会出现逃荒要饭,甚至妻离子散,卖儿鬻女的凄凉景象。据《濮镇纪闻·灾荒纪事》载,明崇祯十四年(1641)冬,境内遭遇旱灾,农民租种的稻田禾苗大多干枯,几乎颗粒无收。即便是拥有数十亩地的富裕家庭,也因旱灾,粮食无收,日子难过,有的用豆麦之类来充饥;贫穷之家更是纷纷离家要饭,未出走者也只能靠糠皮或寻觅腐渣来充当粮食。次年春天,到处都是挖草之人,人们以草作食。镇区街市间还不时传出被弃小孩的号呼哭泣之声。民国23年(1934),镇域遇旱灾,河港干涸,禾苗枯萎,农民生计极为艰难。

中华人民共和国成立初期,农村实行土地改革,农民拥有土地和生产资料,摆脱旧时租地的桎梏,生活水平逐年提高。"大跃进"期间,农民口粮不足,收入下降。之后,国家进行多次政策调整,境内农民的生活仍以生存型为主,农民以生产队为单位参加集体劳动,以点工记分的方式获取报酬,至年终,扣除实物(折现)后才有现金收入。评工分有全劳动力(指正常成年男子)与妇女劳动力(指正常成年女性)之分。全劳动力劳动一天,一般记10分;妇女劳动力劳动一天,一般记7.5分。一般生产队一个全劳动力一天劳动值,即10分,工分0.6—1元。因自然环境及各队的经营情况不同,各生产队的收益有所差异。在生产队挣工分是农户家庭的主要收入,畜牧和蚕桑等副业收入为次要收入,若遇丰收年,农民还可出售余粮以增补收入。至20世纪70年代末,镇域农村农户之间贫富差距不大,生活水平相对不高。

以1973年濮院公社永越大队、新生公社新生大队两个队的农户分配情况为例:永越大队,全队336户,1575人,总收入469317元(农业收入332832元,占70.9%;蚕桑收入87925元,占18.7%;畜牧收入36047元,占7.6%;其他收入12483元,占2.65%),除去各项费用支出132497元,上缴国家税收16279元,集体提留49245元,社员分配271286元,人均172.24元(其中现金68.40元)。新生大队,全队293户,1285人,总收入337866元(农业收入261959元,占77.5%;蚕桑收入48447元,占14.3%;畜牧收入4308元,占1.2%;副业收入11314元,占3.3%;其他收入11838元,占3.5%),除去各项费用支出77637元,上缴国家税收12749元,集体提留43945元,社员分配203535元,人均158.39元(其中现金34.06元)。另有14户超支(透支),透支总额331.60元。

中共十一届三中全会召开后,农村推行家庭联产承包责任制,大力发展乡村工业和现代农业,农民收入快速增长。1962—1991年,濮院乡(公社)农民人均纯收入从87元增加至1450元，增加15.67倍。1991年，新生乡农民的人均纯收入为1339元，增长速度与濮院乡相似。

1992年后，随着羊毛衫行业的崛起，农民经商、务工的收入比重不断增大，尤其像永越、永乐、新濮等镇区周边的行政村，经商、务工已成为农民收入的主要来源。与此同时，一大批敢于拼搏的农民积极投身市场经济，涌现出一批羊毛衫个体工商户、私营业主。2000年后，农民的种植、养殖方式逐步由传统型转向规模型，部分种植、养殖专业户把目光转向生态农业、特色农业，收益倍增。至2010年，全镇农民人均年收入达到14306元，专业户是农村居民中的高收入群体。

表 19－8　　濮院乡(公社)农民年人均纯收入情况表

单位：元

年　份	农民人均纯收入	年　份	农民人均纯收入	年　份	农民人均纯收入
1962	87	1972	156	1982	269
1963	106	1973	148	1983	358
1964	108	1974	152	1984	525
1965	121	1975	128	1985	549
1966	123	1976	152	1986	610
1967	118	1977	137	1987	795
1968	—	1978	159	1988	1280
1969	133	1979	200	1989	1341
1970	129	1980	175	1990	1409
1971	131	1981	214	1991	1450

资料来源：濮院镇统计中心《桐乡县农村统计台账》

表 19－9　　濮院镇、新生乡(镇)农民年人均收入情况表

单位：元

乡　镇	年　　份	人均收入	乡　镇	年　　份	人均收入
濮院镇	1992	1502	新生乡	1992	1626
濮院镇	1993	1686	新生乡	1993	2031
濮院镇	1994	2214	新生镇	1994	3352
濮院镇	1995	3294	新生镇	1995	3378

续表 19－9

乡　镇	年　　份	人均收入	乡　镇	年　　份	人均收入
濮院镇	1996	3421	新生镇	1996	3406
濮院镇	1997	3585	新生镇	1997	3658
濮院镇	1998	3932	新生镇	1998	3918
濮院镇	1999	4250	新生镇	1999	4176
濮院镇	2000	5365	新生镇	2000	4738
2001 年，新生镇并入濮院镇					
乡　镇	年　　份	人均收入	乡　镇	年　　份	人均收入
濮院镇	2001	5510	濮院镇	2006	9550
濮院镇	2002	5842	濮院镇	2007	10790
濮院镇	2003	6510	濮院镇	2008	11836
濮院镇	2004	7399	濮院镇	2009	12935
濮院镇	2005	8448	濮院镇	2010	14306

资料来源：《桐乡市统计年鉴》《濮院镇统计年鉴》

农村居民支出

农村居民的支出情况与城镇居民大致相同。

生活消费支出　中华人民共和国成立前，镇域农民消费水平普遍较低，衣食基本自给。中华人民共和国成立后，农民的消费水平逐步提高。改革开放后，政府实施一系列惠农政策，农民收入大幅递增，生活水平进一步提高，消费支出相应不断增加。农民不再满足于吃饱穿暖的基本生活需求，开始追求吃好穿好的高层次需求。据《桐乡年鉴(2010)》载，2009 年，桐乡市农村居民人均生活消费支出为 8949 元，镇域农村居民人均生活消费支出与全市相近甚至更高。

衣　1980 年以前，镇域农民着装朴素，平时基本穿用自纺土布裁制的衣裤，就是在过年时，也只是去布店购买布料请师傅缝制，极少购买成衣。1980 年后，随着生活水平的提高，镇域农民开始讲究穿成品衣裤，服装质量由普通逐步转向高档、品牌，数量从一衣多季变为一季多衣。

食　改革开放前，农民日常三餐较为简单，大米为主食，菜肴以自种蔬菜为主，辅以豆制品，只有逢年过节，鱼、肉之类荤菜才会上桌。也有些农户，在秋收后用糯米自酿米酒，俗称"杜酿(酿这里读 da)酒"。杜酿酒既可自饮，也可送人或招待客人。改革开放后，农民的饮食条件有了明显改善，平时的菜肴不仅荤素搭配，而且变化多样，讲究营养、科学、多样化，逢年过节更为丰盛。

20 世纪 80 年代前，一般农村家庭的耐用品如空调、冰箱等消费总体较镇区居民少，

80年代后，逐步与镇区居民相近，2000年后，部分农村家庭在耐用品方面的消费甚至超过镇区居民家庭。

建房支出　旧时，农民生活较为贫困，一般农户建造新房极少，偶有新建，也是穷尽数十年之积蓄。到20世纪70年代，农户才开始陆续改建或新建住房，其建房形式也大多是旧房翻新。部分农户为节省成本，建房所用的檩条为楝树，椽子为杂木，有的农户甚至用毛竹，房屋内的地坪也只是泥地坪，结构简单，建房费用不大。70年代末至80年代初，随着农民生活水平的提高，农户建房逐渐进入高潮。1979—1983年，濮院公社翻建、新建住房的农户达2054户，建房7468间，其中新建151户、380间，农户建房费用有所提高，支出增加。80年代后期，农户建房以二层楼房为主，户建房成本升至2万—3万元。以新生乡1989年、濮院乡1990年农户私人建房情况为例：新生乡1989年建房274户，房屋建筑面积44237平方米，建房支出4888250元；濮院乡1990年建房493户，建筑面积101856平方米，建房支出12689174元。2000年后，农村建房逐渐讲究质量、舒适、美观，房屋造价也从原来的几万元迅速增至十几万、几十万元，民间也流行着“小康不小康 关键看住房”的新民谣。

表19－10　　**1990年濮院乡私人建房情况表**

村　名	全年建房户数	全年竣工房屋间数	其中：住宅间数	全年竣工房屋建筑面积（平方米）	其中：住宅（平方米）	全年竣工建房投入（元）	其中住宅投入（元）
新　华	56	507	250	12684	1648900	72000	35000
永　联	63	454	216	14308	1573880	775500	23000
黄　河	14	74	38	3815	397000	202460	12000
会　龙	19	114	66	3833	424800	396000	10500
永　越	62	350	318	14491	1738920	1664160	10500
金　龙	32	202	202	6084	669240	669240	23400
周　义	48	149	74	5785	918300	459150	20000
濮　院	43	176	158	5461	746200	726650	48000
永　濮	19	97	97	3520	457600	457600	12000
周家木桥	23	142	67	6692	869960	429520	5000
安　心	21	131	78	6580	789600	390000	15000
乐　安	18	134	67	4742	521664	232001	20000
红　晓	26	104	72	4915	562860	495617	23000
星　丰	20	183	71	5533	719290	311480	5000
运　河	29	104	104	3413	651060	651060	5000
合　计	493	2921	1878	101856	12689274	7932438	267400

资料来源：桐乡档案局，1990年度濮院乡《农村私人建房投资情况年报表》

教育支出 中华人民共和国成立前，镇域一般农民家庭没有能力供养子女上学。中华人民共和国成立后，随着经济水平的提高及国家对农村教育的重视，农村学龄儿童入学率同步提高，教育支出就成了农户生活支出的一部分。20世纪50—80年代，收费标准较低，每学期学费仅数元，同时，国家还对有特殊困难家庭实行学杂费减免，且学生都就近上学，因此用于教育的支出不多。至1990年，濮院乡有中心小学1所、村小11所、初中1所；新生乡有中心小学1所、村小6所、初中1所。1990年后，随着收费标准不断提高，农户家庭教育支出也逐年增加，渐渐成为家庭的一项重要支出。（详见本章第一节之“城镇居民支出·教育支出”）

医疗支出 旧时，农村缺医少药，又受经济条件的限制，村民一般患小病不就医；一旦得了大病就难以承受，只好四处举债，以致家庭陷于还债无日的境地。

中华人民共和国成立后，农村医疗条件逐年改善。1960年7月，濮院公社管理委员会制定《濮院人民公社集体保健医疗实施章程》。同月，全社实行社员集体保健医疗制度政策，各生产队根据经济条件确定提取报销金额。新桥、新民、新联3个生产队实行全费保健医疗，其余生产队实行半费（报销50%）医疗。1973年9月，新生公社实行社队联办、两级核算的医保办法，即每人每年收费3元（其中由集体公益金支出一元五角），25%的医药费由公社医管会掌握，主要解决重病人的医药费，75%由大队掌握，盈亏自负，并规定门诊医疗费由大队支付，重病住院由公社医管会支付25%的医药费。还规定挂号、出诊费由病人自负，凡在公社医院、保健站看病，医疗费全部报销，凡转院治疗报销80%。由于政府财力有限，补偿金额与住院费用之间仍有较大差距，农民家庭如有人患上大病又没有足够经济支撑，因病致贫、返贫的现象仍时有发生。

1992年撤乡并镇后，濮院镇恢复农村合作医疗制度，医疗费用报销最高可达7500元，有效地缓解了重病患者家庭的医疗负担。

2002年，根据桐乡市政府要求，境内实施新一轮合作医疗制度，即：医疗经费由以往各镇自行组织实施改为省、市、镇、村四级筹资，市、镇两级管理；以往不确定报销比例改为明确报销比例。

2003年4月起，濮院镇对参加合作医疗的村民实行每年一次的免费健康体检，使部分重大疾病能早发现、早治疗，以减少医疗支出。

2005年，全镇参加农村合作医疗的人数为30521人，参保率为91.60%。

2006年1月，执行《桐乡市城乡困难人员医疗救助办法》，规定：凡持有低保证、城镇特困职工证或经民政局审定的城乡低收入家庭，医药费自负在1000元以上，其他城乡困难家庭医药费自负在10000元以上的，实施救助。

2007年起，全镇实行《桐乡市城乡居民合作医疗实施办法》，农村居民参保人数逐年增加。2010年，镇域农村居民参加合作医疗的人数增至29660人，参加率为97.96%，几乎达到全覆盖。

《桐乡市城乡居民合作医疗实施办法》和《桐乡市城乡困难人员医疗救助办法》的实施，有效地减轻农民的医疗支出，降低大病致贫、返贫现象发生的概率。是年，镇域农村45名大病患者获大病医疗救助款项共234300元。有关政策、参保情况统计及医疗报销等情况（详见本章第一节《城镇居民支出·医疗支出》）。

第三节　新居民生活

新居民是指在濮院务工、经商、创业且有固定住所的非桐乡市户籍人员。新居民既是濮院镇经济建设的参与者，又是经济成果的共享者。

新居民的总体生活状况

1991年，镇域的新居民只有数百人，1994年增至8109人。随着羊毛衫产业的快速发展，1998年，新居民骤增至约2万人。2010年，全镇新居民已达到101161人，约是镇籍居民的2倍。新居民中，男性50571人，女性50590人；其中91%来自省外，尤其是安徽籍最多，约占新居民总数的16.3%，其次是河南、湖南、重庆、江西等省市；来自省内的有8978人，主要是浙南地区，尤以温州籍为多。新居民在濮院的就业、居住及子女就学等情况直接反映了该人群的总体生活状况。

就业　镇域新居民的就业范围主要集中在与毛衫产业相关联的行业和三产服务业两领域。与毛衫产业相关联的有毛衫设计、生产、印染、整烫、销售、毛纱经营、货运等；三产服务业主要有美容美发、洗浴按摩、餐饮等。还有一部分新居民从事建筑装潢业和环境卫生等方面的工作。新居民在域内就业与本地籍职工同工同酬，大部分企业为在职员工购买养老、医疗等保险。经过多年的商场拼搏，已有数千名新居民成为不同行业的个体私营业主、企业法人代表，有的甚至成为规模以上企业的法人代表。这些人是新居民中率先富起来的群体，不仅拥有自己的产业，有的还加入了行业商会或区域商会（如"染整商会""纱线商会""乐清商会""台州商会"等）。个别人由于在行业中具有影响力，还当选为桐乡市的人大代表和政协委员。

居住　境内新居民大多以租房的形式居住，居住在镇区的主要分布于梅园、锦苑、双龙3个社区，其中梅园10629人，锦苑8764人，双龙18187人；居住在农村的主要分布于永越村、永乐村、永联村、新濮村和新星村等5个镇区周边行政村，其中永越村8329人、永乐村16045人、永联村6165人、新濮村9366人、新星村9230人。与此同时，有的用人单位为员工提供宿舍（包括为夫妻员工提供单间宿舍）。如位于恒兴路221号的综合厂区内就建有员工宿舍6幢，房数百间，并配有职工食堂。少数新居民随着生活条件的改善，开始在镇域购置新建商品住房或二手房，成为拥有产权房的居住人。此外，还有不少新居民不仅拥有高档轿车，还拥有高档商品房及厂房，成为濮院新居民中的精英。

就学　新居民子女与本地籍居民子女一样，享有受教育权利。部分新居民因已将户籍迁入濮院而成为本地籍居民，其子女就学享有与本地籍居民同样的待遇。非本地籍居民，其子女则按教育部门的有关规定就学。至2010年，镇域在校学生14457人(包括托儿所、幼儿园、小学、初中)，其中新居民子女9976人，占69%。

此外，生活在濮院的大多数新居民日常生活仍比较节约，部分男性则喜好抽烟、喝酒，或常与老乡、朋友聚餐，消费一般较女性多些。境内新居民绝大多数已融入濮院生活，对濮院产生亲切感，并视濮院为"第二故乡"。有的在濮院成婚，已很少回家乡；也有的将一家老小都接到濮院安居乐业，由新居民转变成新濮院人。

第四节　劳动就业

中华人民共和国成立前的劳动就业

旧时，劳动就业形式为私人雇佣制，镇域居民的总体就业率较低。据民国35年(1946)《桐乡县政府年鉴》记载，是年，濮院镇人口为4856人，其中商业1511人，工业(主要是手工业)285人，服务性行业82人，自由职业65人，交通运输5人，其他122人，农业411人；无业者2375人(其中家庭妇女2117人)，占总人口数的48.9%。镇域居民的就业途径主要是自己当业主、开作坊，进商店、作坊当职员或工人等。

开店铺　店主一般以个人或家庭经营为主，有的雇用1—2名职员，大多以一家一户为单位，分散经营。旧时，镇区店主较多，尤其是抗战胜利后，各家店铺重振旧业，复兴较快。民国36年(1947)，店铺发展至407家，涉及磁杂、粮食、南货茶食、茶馆、八鲜水果、酒酱、腌腊鲜鱼、水作、广货、理发、鲜肉、绸布衣、糕团、国药、糖果、茶叶、土烟、饭店、丝绸、面馆、银楼、羊行、旅馆、油条、熟食、典当、木行等37类行业。开店铺当业主为镇域居民就业的形式之一。

开作坊　从事手工业生产的场所称为手工业作坊。作坊有大有小，也是旧时镇人就业的方式之一。民国36年(1947)6月，濮院镇商会会员名册记载，濮院镇前店后坊的手工业作坊主要有17种行业，73家。中华人民共和国成立前夕，手工业作坊已发展至112家，涉及铁作、铜锡器、服装、制鞋、制笔、粉坊、造纸、制香、线作、椿坊园作、染坊、竹器、弹花、雕刻、糖坊、蓑衣棕棚、灯笼等17类行业。

当职员　镇区各店铺、作坊吸纳许多职员，解决一部分居民的就业。

当工人　进私营工厂、手工业作坊当工人是镇域居民就业的主要途径。旧时，境内作坊众多，其中有一定规模、雇工较多的主要有清末民国初绍兴人谢一山在周家场创办的"生记油坊"，雇工人50余人。民国27年(1938)，翁昕如在北河头蚬子滩开办的"同裕油坊"雇工70余人。镇人童子安在义路街与人合股开办的"洽兴记糟坊"有生产用房40余间，雇用职工30人。镇人姜文磷在聚星桥投资开办的"震悦糟坊"有生产用房30余间，雇用职工20人。此外，清末民国初，濮院还有船厂3家，其中陈福记船厂招收了许多工人，民国 11 年（1922），其规模与嘉兴的王文记船厂并埒为嘉兴地区造船业之首。

当职员或工人，都需经历一个拜师学艺的阶段，这个阶段称为学徒期。学徒在商店叫“学生意”，在手工业叫“当徒弟”，年龄大多只有十来岁。学徒期一般 3 年，3 年内不支薪，只供膳食和少量月规钱，患病或发生安全事故，均由家长负责，与老板无涉。按不成文的行规，学徒期内徒弟还得为师傅做些家庭杂活。有的师傅收徒不止一个，学徒应尽量与师兄弟搞好团结，避免产生摩擦，即便是产生冲突，也需懂得礼让。三年学徒期满，俗称“满师”，又称“脱师”，或留在本店，或转荐他处，月薪由业主或受雇者议定。

中华人民共和国成立后的劳动就业

中华人民共和国成立后，濮院居民的就业方式发生了变化。用工制度发生变革，政府保护工人利益，逐步废除雇佣制，明令禁止使用童工，同时逐步改善工人的福利待遇，为在职职工购买保险等。就业形式有面向社会直接招工、知青回城后安排工作、顶替顶职、毕业生分配、军人转业（复员）安置、招干等几种。

直接招工　1956 年，国家对私营工商业和手工业的社会主义改造基本完成后，开始实行“包下来”的劳动政策，将原有人员全部转为固定职工，由各企业造册上报备案。1955 年，濮院镇手工业生产合作社（组）原 300 余名社员均转为固定职工。之后，有关部门对用人单位的人员招收、调配实行统一管理，技术工种岗位实行学徒工制度。镇域的城镇居民达到就业年龄，由政府劳动主管部门统一安排就业。企业因扩大生产需要新招职工，须报县劳动部门审批，由主管局按计划招收或调配。“文化大革命”初期，镇域国营企业暂停招工。恢复招工后，濮院油厂、濮院丝厂、濮院绸厂、桐乡缝纫机零件厂等一些国营、集体企业及供销社等商业系统单位均陆续招工。尤其是 20 世纪 70 年代末 80 年代初，随着大批知青回城，镇内各主要单位招工指标量均较大。1978—1979 年，桐乡县农行、粮食、供销 3 个系统曾在全县范围内采取文化考试、体检、政审相结合的形式，择优录用新职工。尤其是农行，进行两次招工。第一次是 1978 年下半年，桐乡县农业银行首次在全县范围内以公开招考形式录取职工，招收对象主要是下乡知青，具体步骤是：各镇下乡知青去原镇知青办报名，县农行组织文化考试、体检、政审，择优录用。参加此次考试的共有 60 余人，其中濮院镇有 6 人，考试地点在桐乡第一中学，考试课目分语文、珠算两门，最后 3 人被录用。第二次是 1979 年上半年，招工单位有银行、粮食、供销 3 个系统，招收对象仍以知青为主，具体形式、步骤和录用标准与 1978 年农行招工相同。此次招工，濮院也有部分知青被录取。

知青回城安置　1978 年前，下乡、支边知青虽有一些因病或顶替等原因享受政策规定返回城镇，但只是少数。1978 年以后，大批下乡（主要下乡地在濮院、新生、南日 3 个公社）、支边（主要支边地在黑龙江莫力达瓦达斡尔族自治旗、大兴安岭老潮河林场、宁安县、虎林县、内蒙古自治区等）知识青年开始返城。濮院下乡、支边知青人数较多，尤其是下乡知青人数更多，仅 1964—1965 年，下乡濮院公社的知青就达 113 人。之后，陆续有一定批次的知青下乡，直至1977年。返城知青给全镇的就业安置带来较大的压力，各单位开始适量增加招工名额。如原桐乡缝纫机零件厂，在1978—1980年，仅招收回城知青就有30余人。尽管如此，仍无法缓解全镇面临的就业压力。为此，借改革开放的东风，濮院镇拓宽渠道，兴办镇办集体企业，扩大就业。1980年，全镇有镇办企业17家，行业涉及羊毛衫、机械、化工、橡塑等。后经调整，到1990年，仍有中华羊毛衫厂、申湘羊毛衫厂、武进羊毛衫厂、毛纱厂、印刷厂、低压电器厂、华光电镀厂、缝纫机零件二厂、杭汽联营厂、东海电线厂等10家。

顶替顶职 顶替顶职就是安置本系统单位职工子女就业，是一定时期内解决就业的一种方式。按照“顶替”政策，职工退休退职时，可由一名符合条件的子女顶替；凡属全民所有制性质的单位，则采用“集体招工，全民借用”的方式顶替、顶职。镇内各企事业单位均按照这一政策招收符合条件的人员。此政策延续至1986年。

毕业生分配 “文化大革命”前，大、中专毕业生资源稀少，毕业生的分配按国家计划指标进行统一安排。毕业分配制度强调的是“服从国家分配”，对个体的兴趣、爱好、能力、特长及就业要求等不太重视。统一分配虽然属大、中专毕业生的专利，但桐乡三中1971届207名应届初中毕业生毕业时正赶上社会用工资源紧缺，因此，除少部分继续升学、下乡和待业外，其余被安排工作，且多数被安排在本镇之外的桐乡、崇福等地，另有10名男生甚至被安排至嘉兴物资局。

军人(复员、退伍)的安置 1950—1951年，镇域已有少数军人开始转业、复员。1952年，按照桐乡县转业建设委员会的要求，濮院镇也建立相应机构，负责转业、复员、退伍军人就业安置工作。安置工作根据“妥善安置，各尽所能，各得其所”的方针，对于原来从农村入伍的复员、退伍军人，以仍回农村参加农业生产为主；原来属城镇待业青年入伍的，按其文化程度、技术能力、特长归口安排工作或优先就业。原来从国家机关、企事业单位入伍的，给予归队。1958年，原转业建设委员会改为桐乡县退伍军人安置领导小组，隶属县民政局。是年，开始对义务兵役制退伍军人执行“从哪里来，回到哪里去”的安置政策，对入伍时属城镇待业青年，由劳动部门根据其技术特长、文化程度等妥善安排，并且不受劳动部门的指标限制。1987年，桐乡县成立军地两用人才介绍所，濮院镇也成立了相应的机构。至1990年，全镇各行政机关、企事业单位均按政策陆续接收濮院镇非农籍转业、退伍军人，其中还包括部分农村入伍的伤残退伍军人，并且为农村籍退伍军人办理城镇户口。1991—1998年，濮院镇非农籍转业、退伍军人全部得到妥善安置。

1999年，市政府出台《桐乡市城镇退役士兵安置暂行办法》，对退役后自谋职业者一次性发放补偿金2万元，同时按军龄发给生活补助费，其中义务兵每年军龄补贴2000元，志愿兵每年军龄补贴1000元，养老保险缴费标准按上年度全省社会平均工资17%计算，由政府一次性代缴三年。2000年起，实行城镇退役军人自谋职业和到非国有经济单位就业的办法。2002年，实行经济补助和政策扶持相结合的办法，完善就业培训，市安置办公室为退役军人举办就业培训班。2006年，为推进城乡一体化退伍安置改革，桐乡市政府出台《桐乡市退役士兵安置管理办法》。是年，全镇顺利完成退役士兵的安置工作。2007年，桐乡市成立退役士兵就业培训服务中心，组织退役士兵职业技能培训，承担全市退役士兵的职业介绍、档案管理、劳动保障事务代理服务等职能，并建立全市退役士兵人才信息库。2008—2009年，市退役士兵就业培训服务中心与市人力资源市场合作，举办退役军人就业专场招聘会，为退役军人提供就业空间。

此外，濮院镇人武部自2000年起，还每年对退伍军人的就业事项与相关部门协商，在尊重本人意愿的基础上，进行双向选择，实现就业。

招干　中华人民共和国成立后，国家逐步建立起干部吸收录用制度。濮院镇招收干部是按照县委组织部要求，主要从四个渠道进行选拔。

从工人、农民、青年学生和复退军人及其他积极分子中选拔　20世纪50年代初，境内招收选拔干部的对象主要是工人、农民、青年知识分子中的积极分子。60年代初，以精简整顿的方式，调整充实干部队伍。“文化大革命”期间，此项工作呈停顿状态。1978年开始，从工人、农民、下乡知青和城镇待业青年中选拔干部，充实机关和事业单位。镇域内一些符合条件的人员，通过考核被选拔充实进县、镇级机关及公、检、法、税务等政府职能部门。1982年后，桐乡县改革干部录用制度，逐步采取面向社会公开招考和实行干部聘任制的方式录用干部。根据增干指标，通过公开报名、文化考试、组织考核，择优录用。

接收大中专毕业生　中华人民共和国成立之初，国家根据经济建设需要，开始有计划地从大、中专毕业生中招收一定数量的干部。1977年恢复高考制度后，接收分配的大中专毕业生逐年增多。大、中专毕业生的接收分配工作，除师范类院校毕业生由教育部门直接分配外，其余均由县人事部门负责。分配工作按照上级下达的分配计划，实行统筹安排，保证重点，照顾一般，学用一致，人尽其才，面向基层，面向生产一线的原则。大中专毕业生分配后，均实行见习期。见习期享受临时工资待遇，见习期满，经所在单位考核合格，由人事部门办理转正定级手续，享受相应级别的干部待遇。濮院镇也照此办法招收了少量大、中专毕业生充入干部队伍。此外，桐乡三中于1985年开始招收普通中专班，其中1985—1993级学生，毕业后大多数被招收进入干部队伍，由组织分配至县内外机关、学校和其他企事业单位。

安置军队转业干部　军队转业干部安置工作，初由民政部门负责，后改由组织人事部门负责。根据国务院颁发的《中国人民解放军退出现役干部转业地方工作暂行规定》，按地方工作需要，考虑本人专长和志愿，参考军队原职级别，分配适当工作。濮院党政机关及公安、工商、税务等部门按规定陆续接收军转干部。

外地调入　濮院镇从外地调入干部主要有两个方面，一是根据工作需要将干部调入；二是干部本身为照顾家庭而由外地调入。

劳动就业改革

从中华人民共和国成立到改革开放初期，国家逐步形成了计划经济时期的“固定工”用工制度，对大、中专毕业生实行统一分配。20 世纪 90 年代初开始，随着劳动用工制度的改革，逐步推行全员劳动合同制，取消临时工。此前实行的大、中专毕业生统一分配政策虽在特定时期内起到了推动人才流动、资源调配、协调不同行业和地区利益的作用，但随着市场经济体制的建立，其弊端日益显现，特别是劳动人事制度、工资制度的改革和毕业生供求矛盾发生了逆转性变化，到 20 世纪 90 年代后期，毕业分配也退出历史舞台，取而代之的是建立劳动力（人才）市场，为劳工和大、中专毕业生进行自主择业搭建平台。

合同工　20 世纪 80 年代初期，濮院部分单位开始以合同制的形式招收职工。实行劳动合同制用工制度，用人部门与劳动者签订书面劳动合同，合同期限一般 3—5 年，合同到期根据合同双方意愿可以续签。1982 年 12 月后，供销社新招职工一律实行合同制。1983 年，濮院丝厂实行合同制招工。1984 年，桐乡毛纺厂通过招考形式招收合同制职工。1992 年，劳动部下发《劳动部关于扩大试行全员劳动合同制的通知》（劳力字〔1992〕7 号），推行全员劳动合同制。根据文件规定，全民所有制企业的干部、国家分配的大中专院校毕业生、军队转业干部、复员退伍军人、固定职工等，其身份统一为合同制工人。1993 年，濮院丝厂被嘉兴市定为首家全员合同制试点企业，嘉兴市副市长赵冰到濮院丝厂参加实行全员劳动合同制动员会，会后即在全厂进行劳动合同的签订工作。

1994 年 7 月，桐乡市劳动局下发《关于对执行桐政办〔1992〕129 号文件有关几个具体问题处理意见的通知》，规定：集体固定职工调入实行全员劳动合同制的企业，批准转为合同制工人后，不再保留原固定工身份，不享受工资性补贴。1995 年，市劳动保障局转发劳动部《集体合同规定》和《关于进行集体协商签订集体合同试点工作的意见》，在全市逐步推行集体协商签订集体合同试点工作，并不断扩大覆盖面。是年，濮院镇各单位先后启动全员合同制劳动合同的签订工作，将原来的长期工和其他各种身份的职工全部转为合同工。其中，1995 年 8 月，桐乡缝纫机零件厂完成劳动合同签订工作。是年 12 月，濮院煤球厂完成劳动合同签订工作。1996 年 9 月，桐乡毛纺厂完成劳动合同签订工作。劳动合同分无固定期限和固定期限两种，凡连续工作满十年的签无固定期限，不满十年的签固定期限。

临时工　临时工通常以日薪计酬，不计工龄，不享有退休金等劳动保障，是相对于长期固定工而言的一种用工形式。

在《中华人民共和国劳动合同法》实施前，全镇大多数用工单位都普遍存在临时工。过去许多用工单位招收的长期工或合同工，部分就是从临时工转正的，称“临转正”。因此，职工在临时工期间的工作表现实际上也成了用工单位考察其能否转正的依据。以原桐乡毛纺厂为例，1983 年，毛纺厂以临时工的形式招收一批职工，1984 年，通过考试考核将这批临时工转为合同制职工。也有部分人由于年龄等原因，始终保持临时工身份，在其离开时由用人单位给予一次性现金补助。2008 年 1 月 1 日，《中华人民共和国劳动合同法》施行后，临时工的用工形式从法律意义上已经取消，但在实际用工中仍大量存在，其主体为外来农民工，主要分布在建筑、餐饮、门店、保洁等低端劳动力市场。

劳动力市场　劳动力市场也称就业市场、招聘市场，是公布招工信息、介绍劳工就业的中介场所。

濮院的民间劳动力市场早在明清时期就存在。其时，由于镇内丝绸贸易的发展，拥有较多织机的机坊在生产旺季需临时雇工的，可从镇区劳动力市场得到解决。镇区的劳动力市场位于镇北部的太平巷。太平巷虽非主街，却与北大有桥街、北廊棚相连接，东通寺弄，西至北汇，便捷的交通条件使太平巷自然成为有一技之长的劳动力待雇集结地点，即劳动力市场。《濮川所闻记》也写道："太平巷本福善寺西出之道，阖镇织工、拽工，每晨集此待雇。"鸦片战争后，帝国主义资本的侵入，使濮院的丝绸业严重受损，太平巷民间劳动力市场随之消失。

中华人民共和国成立后，国家实行计划经济，劳动力市场基本消失。20 世纪 90 年代后，随着濮院经济的快速发展，企业用工需求量大幅上升，因而吸引全国各地的外来务工人员到濮院择业。根据用工需求，1996 年，永乐路（原绸厂内）成立桐乡市劳动力市场濮院介绍所，配备工作人员 4 人，隶属桐乡市劳动力市场。濮院介绍所为供求双方搭建就业平台，实行免费服务，前来登记者络绎不绝。是年，介绍所分别为桐乡毛纺厂、凯星羊毛衫厂、濮院丝厂、濮院苎麻厂等企业输送务工者 1500 多人。之后，由于用工企业大多需要招收有羊毛衫生产技能的熟练工，从 1998 年开始，濮院介绍所引入从事职业技能培训的"天天""兵功"两家民间劳动就业介绍所，就业人员通过技能培训成为熟练技工后，由介绍所直接与企业对接就业。此举不仅方便就业，而且免去岗前培训，深受用工单位欢迎。民间劳动就业介绍所作为职业中介机构收取一定的费用。对就业者的收费标准：就业登记费 10 元/人，培训费 110 元/人，就业成功费 30 元/人；对用人单位收取介绍费 10 元/人。1998 年，濮院介绍所退出职业介绍服务，其工作职能转变为对民间就业服务工作流程的监管，2000 年机构撤消。2000 年后，两家民间劳动就业介绍所合并，更名为濮院镇职业介绍所。

随着濮院毛衫企业数量的增多，劳务人员供求矛盾日益突显。一方面，劳务人员信息不灵通；另一方面，企业招来的人员在数量、技术上不能满足生产的需要，民间职业介绍所不能满足市场发展需求。根据这一现状，2004 年 10 月，濮院成立桐乡市濮院人力资源服务中心，地址濮院大道 3580 号。濮院人力资源服务中心是一家由桐乡市劳动局、桐乡市羊毛衫市场管委会、濮院镇人民政府三方共同建立的集技能培训、职业介绍于一体的综合性服务机构，其占地面积近 15 亩，有教学大楼两幢，教室 5 间，电脑 50 台，实习教室 10 间，提供包括德国进口电脑横机在内的各类技能培训设备 100 多台，配备各类专职教师 12 人。技能培训内容主要有毛衫设计、打样、电脑横机、手摇横机、套口、染色、修

2010 年濮院人力资源服务中心春季招聘会现场

片、整烫及其他实用技术等十几项，能基本满足羊毛衫市场就业人员的各类技能培训要求。至 2010 年，服务中心共培训阳光工程人员 673 人、劳动力转移人员 1685 人、省外务工人员 2722 人、失土农民农技培训 1922 人。与此同时，服务中心还利用职业介绍这个窗口提供招工就业信息，为企业输送技术人员 5000 多人。此外，人力资源服务中心每年还举办 1—2 次求职招聘会，为劳务人员和企业搭建供求平台。

由于濮院私企遍布，务工人员众多，企业与劳工间的矛盾时有发生。为进一步规范劳动力市场，维护雇主与雇员双方的合法权益，2004 年 8 月，濮院镇劳动监察中队成立。镇劳动监察中队为桐乡市首家专职劳动监察机构，主要职能是依法对用人单位遵守劳动保障法律法规的情况进行监督检查，发现和纠正违法行为，并对违法行为依法进行行政处理或行政处罚。镇劳动监察中队成立当年，受理劳资纠纷投诉 261 起，涉及金额 200 余万元。2010 年，镇劳动监察中队以劳动专项监察、日常巡视监察和举报专查的形式，共检查用人单位 200 多家，协助配合市劳动监察大队查处劳动违法案件 2 件，处理童工事件 2 起，受理各类投诉 193 起，成功处理 179 起(其中 5 人以上的纠纷有 6 起)，涉及工人 281 人，涉及工资金额 602839 元，办理市长电话 15 起(配合大队办理 13 起)，妥善处理业主拖欠职工工资逃逸案件 4 起。

第五节　老年生活

中华人民共和国成立前，国家没有社会养老保障制度，境内老年人基本没有稳定收入，生活大多依靠子女，生活水准较低。中华人民共和国成立后，国家逐步建立养老保障制度，使老年人退休后的生活有了保障。改革开放后，全镇老年人不仅“老有所养”，而且还“老有所为”“老有所乐”，生活更加幸福。

老龄化的趋势

中华人民共和国成立前，由于社会动荡，经济落后，生活艰苦，医疗水平落后等因素，全镇居民的平均寿命不高。据《桐乡县志》载，民国 35 年(1946)，桐乡县居民的一般寿命为 50—65 岁，超过 65 岁的人数仅占人口总数的 3.63%。是年，濮院镇总人口为 6162 人(男 3370 人、女 2792 人)，其中 60 周岁以上为 534 人(男 230 人、女 304 人)，占人口总数的 8.7%。(民国 35 年《桐乡年鉴》之“人口统计报告资料三”)60 周岁以上居民占人口总数的比例略高于全县平均数。

中华人民共和国成立后，随着人民生活水平的提高和医疗卫生条件的改善，境内居民的平均寿命呈不断上升之势。

1964年全国第二次人口普查，桐乡县人口总数为643771人，其中60岁以上35113人，占人口总数的5.45%。濮院镇区人口总数为5539人，其中60岁以上710人，占人口总数的12.8%，高于全县平均7.35个百分点。1982年全国第三次人口普查，桐乡县人口总数为591196人，其中60岁以上62510人，占人口总数的10.6%。濮院镇区人口总数为6308人，其中60岁以上929人，占人口总数的14.7%；濮院公社人口总数为19108人，其中60岁以上1681人，占人口总数的8.8%；新生公社人口总数为14249人，其中60岁以上1171人，占人口总数的8.2%。1990年，全国第四次人口普查，桐乡县人口总数为623188人，其中60岁以上77795人，占人口总数的12.5%。濮院镇区人口总数为8807人，其中60岁以上1120人，占人口总数的12.7%；濮院乡人口总数为18916人，其中60岁以上2159人，占人口总数的11.4%；新生乡人口总数为14441人，其中60岁以上1558人，占人口总数的10.78%。2000年，全国第五次人口普查，桐乡县人口总数为713399人，其中60岁以上96258人，占人口总数的13.49%。濮院镇人口总数为37382人，其中60岁以上3809人，占人口总数的10.19%；新生镇人口总数为16296人，其中60岁以上2058人，占人口总数的12.63%。2010年年底，濮院镇户籍人口总数为46669人，其中60岁以上8436人，占人口总数的18%，总体呈现老龄化趋势。

表19－11　　濮院镇若干年份老年人口比例与全市(县)平均比例对比统计表

乡(公社)镇	年　份	人口总数(人)	60岁以上(人)	占总数人比例(%)	全县(市)平均比例(%)	平均比例相比较
濮院镇	1946	6162	534	8.7	—	—
濮院镇	1964	5539	710	12.8	5.45	高7.35
濮院镇	1982	6308	929	14.7	10.6	高4.1
濮院公社	1982	19108	1681	8.8	10.6	低1.8
新生公社	1982	14249	1171	8.2	10.6	低2.4
濮院镇	1990	8807	1119	12.7	12.5	高0.2
濮院乡	1990	18916	2159	11.4	12.5	低1.1
新生乡	1990	14441	1558	10.78	12.5	低1.72
濮院镇	2000	37382	3809	10.19	13.49	低3.3
新生镇	2000	16296	2058	12.63	13.49	低0.86
濮院镇	2010	46669	8436	18	19.2	低1.2

老年人的收入与支出

旧时，没有退休制度。官员到达退休年龄后，政府会根据官员级别给予不等的薪水待遇。普通百姓进入年老后，只能依靠积蓄或子女供养来维持生活。

中华人民共和国成立后，国家逐步建立并不断完善城镇企业职工的养老保险制度，实现包括退休金、医疗保险在内的多层次保障，使老年人退休后的生活有基本保障。尤其是2005—2010年，国家对企业退休人员的工资进行连续调整，实现退休金“六连涨”，大幅提高了退休人员的收入。

镇区的大多数老年人为退休人员，收入依赖退休金，生活自给有余，机关事业单位退休人员的收入则更高。农村的大多数老年人没有退休金，生活依赖子女。2008年，镇政府按市政府统一部署，对未享受社会养老保险、各类社会保障或已享受社会保障但享受标准低于(等于)城乡居民最低生活保障金标准的年满70周岁的高龄老人，实行养老基本生活补助。补助标准为：70—89周岁的，城镇居民每人每月补助80元，农村居民每人每月补助50元；90周岁(含)以上的，城镇居民每人每月补助150元，农村居民每人每月补助90元；百岁老人长寿保健补助费为每人每月200元。这些政策的出台，使没有享受退休金保障的城乡老年人同样能获得固定的收入。

过去，镇域老年人向以艰苦朴素为荣，量入而出，购买生活用品着眼于价廉物美、经久耐用，除部分人因嗜好烟、酒而多一些消费外，一般都比较节约。改革开放以后，特别是2000年后，随着收入水平的提高，老年人的消费理念逐渐改变，支出项目增多，主要反映在以下几个方面：提高了吃、穿的基本消费支出，增加了购买保健食品、旅游等时尚消费支出，补贴子女或资助子女购房，资助或奖励孙辈学习，逢年过节或生日给孙辈礼金、礼物，家中礼尚往来，支付慢性病或其他疾病医疗费用的自费部分。

老年人的生活方式

过去，老年人的生活方式较为单一，女的主要是帮助子女做家务；男的相对清闲。2000年后，由于经济条件的好转，老年人退休后的生活方式也逐渐变得丰富多彩，城镇尤为突出。许多人在处理家庭事务之余，看电视、听广播、读书、看报，有的养鸟、种花、下棋，有的则根据自己的能力和特长重新寻找一份合适的工作发挥余热，有的参与一些以修身养性、寄托精神、娱乐消遣为主要目的活动，如健身、文娱活动、上老年大学、旅游等，以实现“老有所享”“老有所乐”的愿望。

发挥余热　镇内有许多身体状况不错的老年人，退休后重新选择一份合适的工作，发挥余热。一些退休前从事财会工作的，退休后又受聘于其他企业，继续发挥特长；从事教育工作的，退休后参加青少年教育讲师团，在假期为青少年讲授知识；从事医疗卫生的，退休后被原单位留用或受聘于其他单位等；也有的老年人趁退休有时间，去实现一些自己未完成的心愿，以完善自我。像张贵忠老人花半年时间，凭记忆绘制完成20世纪50年代濮院镇区河、桥、寺、庙、观、庵分布平面图；杨文希老人凭记忆绘制完成香海禅寺全景图等。

健身与文娱活动　每当早晨和傍晚，在公园、广场等空旷场所，老年人或散步，或打拳，或伴随音乐跳健身舞。有些老年人根据自己的爱好加入镇组织的各类健身队或文娱队并参加比赛，如 2010 年老年门球队（16 人）、老年气排球队（25 人）、老年自行车队（62 人）、老年骑游队（35 人）、老年腰鼓队（31 人）、老年太极队（300 人）、老年棋牌队（38 人）、老年戏曲组（30 人）、老年文学组（17 人）、老年书画组（28 人）等。

老年人参与健身与文娱活动，不仅丰富了生活内涵，还提高了身体素质。濮院镇健身文娱团队除平时自娱自乐外，还多次参加县市交流比赛，去敬老院、农村进行慰问演出。2002 年 3 月，在桐乡文化局组织开展的文艺下乡、送戏到户活动中，濮院戏曲组部分成员被邀请参加活动，此次活动被《浙江日报》专题报道；2006 年 7 月，濮院戏曲组去新旗村演出；2007 年、2008 年、2009 年连续三年，濮院戏曲组分别被邀请去新塍、嘉兴、海宁等地进行联谊演出。

老年大学　2002 年 9 月，成立桐乡市老年大学濮院分校，校址设于东海电线厂桥东侧，2005 年迁址到梅园社区居委会。历任校长是镇党委副书记王利浩、姚建康。学员主要是域内的离退休干部及镇政府下属单位（兽医站、农技站）的退休人员。2010 年，有学员 30 人。老年大学的学习时间为每星期一次，一次半天。课程设置主要有老年人保健、国画、书法、政治（包括时事政治）等，教师分别请医院的医生、市党校老师、当地政府领导及学员中有一技之长的人担任。同时，学校还开设学习园地，学员可进行相互交流；开展乒乓球、飞镖、门球、扑克牌、麻将、象棋等项目活动；每年春节前后，举办迎春文艺演出茶话会。此外，还组织学员去镇养老服务中心进行慰问演出，为"五保"老人购买生活用品，为灾区捐款，去农村为农民写春联等。濮院老年大学办得有特色，教育形式走在桐乡市前列。

旅游　过去，镇域居民除走亲访友，极少出远门。20 世纪 90 年代，镇上有少数老年人开始外出旅游。受此影响，许多身体健康、性格开朗又有一定经济能力的老年人开始尝试旅游，并以此作为开拓视野、增加见识、陶冶情操的一种休闲方式。老年人外出旅游，城镇多于农村。

老年人选择旅游形式多样，有的选择旅行社跟团游，有的与朋友自由行，也有的夫妻结伴游。对旅游路线的选择因人而异。2000 年后，香港、澳门、台湾也成濮院老年人出游的热门地点；少数老年人甚至跨出国门，赴新加坡、马来西亚、泰国、越南、韩国、俄罗斯、澳大利亚等地旅游。除观光旅游外，镇区还有老年人别出心裁，选择应季休闲游，如夏季去天目山、雁荡山等地避暑，吃、住在农家，时间一般一个月左右。这种集避暑与旅游于一体的新型休闲方式，渐成镇区老年人享受生活的一种时尚方式。

空巢老人

过去，域内人居住的模式以大家庭为主，除孤寡老人外，空巢老人现象极少。

自20世纪80年代起,镇域的空巢老人现象逐渐显现。进入21世纪,这一现象日益突出。其成因有客观和主观两方面。客观因素:经济发展、科技进步、医疗条件改善和生活水平提高,使人的寿命大大延长;独生子女政策的实施,使家庭结构由大家庭向小家庭转变,形成了小型化、核心化的家庭结构。主观因素:部分子女为改善居住条件而选择在嘉兴、桐乡等镇域周边城市购买住房;一些独生子女在外完成学业后选择留在当地工作、成家;老年人和子女在思想观念、饮食习惯、生活方式、性格等方面存在“代沟”。相对而言,镇内空巢、独居老人在全镇人口中的比例并不高,且居住在嘉兴、桐乡等地的子女大多能经常回家看望老人。镇政府及各级组织对老龄工作较重视,采取相应措施关心老年人。20世纪90年代,境内各乡镇相继建立老龄工作委员会,并配备兼职老龄干部;各村、居民委员会成立老年人协会。2000年后,各村、居委会陆续新建或改建老年活动中心并购置各类文体娱乐活动器材,使老年人都能享受到这些公共资源,实现“老有所学、老有所乐”。如梅园社区于2005年建老年人活动中心,内设乒乓球、棋牌等活动室。2007年,政府出资新建健身活动室,添置活动器材,深受老年朋友尤其是空巢老人、独居老人的欢迎。此外,村、居干部经常上门与空巢老人、独居老人聊天,了解其需求,除给予精神层面的慰藉外,还提供必要的帮助。如遇台风、大雪等恶劣天气,各村、居委会均提前告知空巢老人、独居老人,帮助其采取安全防范措施。

第六节　劳动保障

1951年,政务院颁布《中华人民共和国劳动保险条例》(简称《劳动保险条例》)。该条例率先在全民所有制企业中执行,之后,逐步扩大至部分规模较大、效益较好的集体所有制企业。机关事业单位工作人员的劳动保险项目与《劳动保险条例》基本相同,总体水平略高于企业。

1958年2月起,国营、县属集体企业正式实施职工退休退职制度。该制度规定的退休年龄为男职工年满60周岁、女职工年满50周岁。职工退休以后,每月领取退休费,直至去世。退休费标准为连续工龄20年及以上者,按本人标准工资的75%发给;连续工龄满15年不满20年的,按本人标准工资的70%发给;连续工龄满10年不满15年的,按本人标准工资的60%发给。1978年6月,国务院出台《关于工人退休、退职的暂行办法》。该办法还对从事特殊工种的人员可提前办理退休手续作出规定。根据该办法规定,濮院镇一些符合条件的企业职工均办理了提前退休手续。涉及的单位及工种主要有原搬运站的搬运工,原缝纫机零件厂的锻工、铸工、电镀工、人造革一线工,建筑业的泥瓦工等。

1988年起,全镇各国营、县属集体企业职工参加全县职工退休基金统筹。1990年,镇办企业职工列入统筹。

1990年后，全国人大和国务院相继颁布实施《中华人民共和国工会法》《中华人民共和国劳动法》《工伤保险条例》《中华人民共和国职业病防治法》《中华人民共和国劳动合同法》《中华人民共和国就业促进法》《中华人民共和国劳动争议调解仲裁法》等一系列法律法规，政府职能部门依法督促企业加强职工劳动保障和职业病防治。90年代中期，濮院、新生各企业相继建立基层工会组织。各级工会组织根据《工会法》赋予的职能参与企业劳动争议调解，代表职工与企业签订劳动集体合同，依法维护职工合法权益。

1995年1月《中华人民共和国劳动法》颁布实施后，桐乡市建立最低工资保障制度。根据全市低收入职工收支状况、物价水平、职工赡养系数、平均工资、劳动力供求状况、劳动生产率、地区综合经济效益等因素，确定最低工资标准，一般每年调整一次，在下半年公布。其中2005年最低工资标准为月工资610元，非全日制工作每小时工资5.2元；2006年最低工资标准为月工资670元，非全日制工作每小时工资5.7元；2007年最低工资标准为月工资750元，非全日制工作每小时工资6.4元；2008年最低工资标准为月工资850元，非全日制工作每小时工资7.1元。镇域各用工单位参照执行，政府职能部门则对企业的执行情况进行督查，以保证用工单位贯彻落实最低工资保障制度。

1997年，桐乡市建立城镇企业职工基本养老保险、工伤保险、大病医疗保险、失业保险制度，境内各企业均参加保险。2002年4月，桐乡市扩大职工基本养老保险范围，允许城镇个体劳动者、自谋职业者参加职工基本养老保险。扩大参保范围后，一些个体劳动者、自谋职业者纷纷参保。2006年始，桐乡市实行社会保险费“五险”(即基本养老保险、基本医疗保险、工伤保险、失业保险、生育保险)合征制。2008年1月1日起，施行《中华人民共和国劳动合同法》，按照市政府提出的各个阶段性工作目标，镇政府切实做好宣传发动，全镇企业职工的参保率逐年提高。尽管如此，镇域仍有部分劳动者未能享受到应有的劳动保障，主要群体为建筑、餐饮、保洁等行业的外来务工者。

2002年5月《中华人民共和国职业病防治法》颁布实施后，镇卫生办配合市卫生监督执法部门开展职业卫生宣传教育，对企业有可能危害职工身体健康的工作场所进行监督检查。有关企业也采取防护措施，如添置职业病防护设备，发放劳动保护用品，组织职工定期体检等。

2006年，根据桐乡市规定，镇内持有再就业优惠证的“4050”人员(即企业下岗人员女性40周岁、男性50周岁)可按规定获得每人每月200元的社会保险费补贴。

自2006年起，镇域企业退休人员实行社会化管理，由社区居委会负责探望生病住院退休人员、给退休人员发放年终慰问金、定期组织退休人员体检等工作。

此外，为进一步保障劳动者的合法权益，2004年7月，濮院镇成立劳动保障所，是年8月，成立劳动监察中队。劳动保障所和劳动监察中队依法对用人单位遵守劳动保障法律法规的情况进行监督检查。

第二章　民政管理

明清时期，濮院沿袭隋唐制，户部管理民政。清光绪三十二年(1906)，知县掌管民政事务。民国元年(1912)，县公署设民政科，主管县以下公职人员的任免考核、地方自治、选举、征兵，以及赈灾救贫、慈善事业等工作。此后，民政管理职能曾作调整。

中华人民共和国成立后，县人民政府设民政科，区配民政助理员，主管民主建政、优抚、复员和退伍军人安置、社会救济、救灾赈济、行政区划、社队登记、婚姻登记、移民安置和游民遣返等工作。1956 年后，各乡镇文书受县民政部门委托，办理婚姻登记(至 2004 年 8 月 16 日，婚姻登记由市民政局统一办理)。“文化大革命”时期，民政机构瘫痪。1976 年 10 月，县设内务局，分管民政事务。1979 年后，民政工作把农村扶贫、“五保”老人供养、残疾人保护、就业、社会福利以及地名管理等项任务列入职能范围。1980 年 5 月，内务局更名为民政局，各乡镇设民政助理员，负责乡镇事务。

境内乡镇设立专职民政助理员后，民政工作在党委、政府的领导和上级民政部门的指导下，坚持“以民为本、为民解困、为民服务”的民政理念，积极做好优抚安置、救灾救济、扶贫帮困、城乡居民最低生活保障、“五保”老人供养、残疾人保障、移民安置、殡葬改革、老龄工作等方面的服务工作，随着社会的发展，民政工作的职能更加完善，为维护社会稳定、构建和谐社会发挥了积极的作用。

第一节　优抚　安置

抚恤

抚恤对象为烈士家属、因公牺牲军人家属、病故军人家属(简称“三属”)、残疾军人、在乡老复员军人(1954 年 10 月 31 日前入伍的复员、退伍军人)、带病回乡退伍军人及“两参”(参战、参试)退伍军人。

对“三属”的抚恤　1950 年 12 月，中央人民政府颁布《革命军人牺牲病故褒恤暂行条例》，对烈士家属、因公牺牲、病故军人家属实行抚恤。抚恤标准，分现役军人和部队在编正式职工、人民警察、国家机关工作人员、参战民兵、民工因公牺牲批准为革命烈士家属的抚恤标准，因公牺牲抚恤标准和病故抚恤标准三类。在具体实施方式上，1950—1952 年，按规定对全县抚恤对象发给一次性抚恤粮。1953 年开始，除发给一次性抚恤金外，还发给其家属牺牲、病故证明书。是年，境内有6户被批准为革命烈士家属。1974年、1979年，相继增加两户革命烈士家属。1980年，国家发布《革命烈士褒扬条例》，对革命烈士、因公牺牲、病故三类，按生前职级发给其直系家属一次性抚恤金。1985年1月，民政部、财政部规定，自1月1日起，对"三属"实行终身抚恤制度，按月发给抚恤金。

对其他对象的抚恤　1950年12月，中央人民政府颁布《革命残废军人优待抚恤条例》，对因战、因公、因病致残的革命军人，按不同伤残等级实行终身抚恤。残疾等级，按残废者残疾程度和丧失劳动能力的程度划分为特等，一等，二等甲级、乙级，三等甲级、乙级，分别发给本人残疾抚恤证明书。抚恤标准分为在职和在乡两种。1950—1953年，抚恤以粮食计算发给，1953年后以货币发给。1965年起，对三等以上残废军人，由原来的一次性抚恤改为长期抚恤。政府多次提高抚恤标准，1953—1981年，5次提高抚恤金标准。1991—2010年，连续12次提高优抚对象的抚恤标准，超过浙江省规定标准。2007年，全镇全年发放抚恤金39445元。是年，贯彻落实《桐乡市退役士兵安置管理办法》，全市开展摸底调查工作，并将"两参"人员列入抚恤对象。此外，根据有关政策，对带病回乡退伍军人每季给予抚恤金补助。2004年，开始对年龄在60周岁以上的回乡退伍军人每年给予一次性经济补助。

截至2010年，全镇有各类抚恤对象53人。其中烈属抚恤标准为每月1260元；"两参"人员抚恤标准为城镇每月420元，农村每月320元；老复员军人（含中华人民共和国成立前入伍、孤老）抚恤标准为中华人民共和国成立前入伍的每月820元、孤老每月780元、其余每月740元；病退军人抚恤标准为每月735元；因战致残抚恤标准为六级每月1283元，八级每月898元；因公致残抚恤标准为五级每月1412元，六级每月1155元，七级每月898元，八级每月770元；因病致残抚恤标准为每月1027元。带病回乡的退伍军人季补助标准为534元。在乡60周岁以上退伍军人享受补助的人员中，60—65周岁，年补助标准为500元；66—70周岁，年补助标准为800元；71周岁以上，年补助标准为1200元。

此外，针对部分优抚对象住房困难的状况，镇政府在调查摸底和实地察看的基础上，确定扶贫建房对象。2000—2004年，镇民政办先后为农村困难军属补助扶贫建房款6万余元；为城镇军属安排经济适用房。

拥军优属

中华人民共和国成立后，乡镇党委、政府重视拥军优属工作。1950年春节，濮院镇首次开展拥军优属活动，镇领导上门向烈军属拜年，组织相关人员为烈军属挂光荣牌，赠送慰问品等。之后，拥军优属工作成为党委、政府的优良传统，每年的"八一"建军节和春节，镇党委、镇政府以走访、召开座谈会等形式开展拥军优属活动。镇、街道干部及有关人员还带慰问品或慰问金上门慰问烈军属。同时，政府对军属、伤残军人和带病复员军人贯彻群众优待和国家补助相结合的方针，在生产、生活上给予照顾，使他们的生活水平不低于当地一般居民的生活水平。在城镇，主要以定期发放优待金和救济粮款的方式补助拥优对象。1951—1953 年，全镇军属除按月享受政府现金补助外，政府还经常给予其他方面的照顾，其中医务照顾 20 户，借贷等照顾计 14230 万元，大米等物资照顾折合人民币 461 万元。此外，全镇各群众团体也纷纷加入拥军优属活动，如镇民主妇联组织妇女慰问组每周慰问烈军属，为烈军属送光荣牌和光荣灯，为部队清洗衣棉等。其间，全镇涌现拥军优属模范 4 人。在农村，组成 5 个代耕组，共 140 人，为濮院农村军属代耕田地。1956 年实行农业合作化后，随着收益分配的改变，优待形式从代耕改为优待劳动日制度。具体以农业生产合作社为单位，按全社人均劳动工分为标准，除去烈军属户所做工分，不足之数由农业生产合作社以优待工分计入优待户劳动手册，参加农业社年终分配，以保证优待对象生活水平不低于当地一般社员的生活水平。人民公社化期间，对农村军属的优待由各生产大队给予。

1981 年，农村实行家庭联产承包责任制，改优待劳动日为优待金，优待金由乡(镇)统筹统支。是年，全县烈军属年优待金户均 154 元。1983 年，改进完善优待办法，对军人划给承包土地，优待金标准约为一个正劳力收入的一半。1988 年，义务兵家属年优待金标准：农村入伍户均 434 元。城镇入伍则实行在职入伍和待业入伍两种优待金标准，在职入伍年优待金为人均 540 元；待业入伍年优待金为人均 360 元。1989 年，在职入伍年优待金提高至 660 元，待业入伍年优待金提高至 480 元。1991 年，义务兵家属优待金标准：城镇入伍不变，农村入伍人均 625 元，最高 780 元，最低 500 元。1992 年，农村入伍优待金标准为人均 650 元。

1996 年，桐乡市通过《桐乡市兵役义务统筹实施办法》，规定从 1996 年起，兵役义务费实行全市统筹，并规定义务兵在服役期间立功或获得荣誉称号的给予奖励。为此，镇人民武装部为鼓励现役军人在部队建功立业，出台奖励办法。办法规定：在部队荣获一等功者，凭部队证明和荣誉证书，奖励 500 元；荣获二等功者，奖励 250 元；三等功者，奖励 50 元。之后，立功奖励机制常态化，奖励金额不断提高。2001 年优待金标准由 2700 元提高至 3600 元，高原地区由 5400 元提高至 7200 元。2007 年，义务兵优待金以当地上年度城镇、农村居民人均生活消费支出统计数为基础，结合当地人口比例测算决定。据此，全市义务兵年优待金标准为 7500 元，赴西藏服役义务兵年优待金标准为 2.25 万元。是年，全镇支出义务兵优待金总额为 21.6 万元。2008 年，全镇支出优待金、立功授奖金总额为 33 万元。2009 年，全镇支出义务兵优待金总额 18.75 万元。2010 年，全镇支出优待金、现役军人立功授奖金 21.02 万元。

拥军优属蔚然成风。1994 年，新生乡成立拥军优属领导小组，指导全乡拥军优属各项工作的开展。对全乡义务兵本人的承包土地，免缴粮食定购任务、农业税及各项集体提留，并全额享受养老保险、家庭财产保险。

之后，随着经济的发展，镇政府对军属的优待标准不断提高。其中 2005 年全镇发放优待总额 20.25 万元。2008 年优待总额 35.9 万元。2009 年优待总额 45.2 万元。

镇人武部除在建军节或春节期间走访或召开座谈会，对军属表示慰问外，还给现役军人寄贺卡，送上家乡人民的祝福；以不同方式与现役军人保持联系，及时了解他们在部队的训练、生活情况，协助部队做好思想工作；在镇区主街、羊毛衫市场等场所开设宣传栏，展出宣传图板，进行国防教育和“拥军优属”宣传，使“一人当兵，全家光荣”观念深入人心。1998 年，在嘉兴市召开的第四次双拥工作表彰会上，濮院镇、新生镇被命名为嘉兴市双拥工作模范乡（镇）。2002—2004 年，濮院镇连续三年被嘉兴市命名为“双拥模范镇”。2004 年，被评为嘉兴市“征兵工作先进单位”“国防教育先进单位”。2009 年，再次被嘉兴市评为“双拥模范镇”。

安置

1950—1951 年，部队转业、复员人员较少。1952 年后，转业复员人员逐年增多。1952 年 1 月，桐乡县成立转业建设委员会，区、乡（镇）建立相应机构。濮院镇设立转业安置工作办公室，接纳从部队转业复员的人员，根据“妥善安置，各尽所能，各得其所”的安置方针，对转业复员人员进行工作安置。在安置中，原则上实行从农村入伍的，仍回农村从事农业生产为主；城镇入伍的，按其文化程度、技术能力、特长归口安排工作或优先就业；从国家机关、企事业单位入伍的，给予复工。对安置回乡生产的复员军人，帮助其解决土地、住房和缺乏生产工具的困难。对在土改中未分到土地的复员军人，由乡政府在乡内调剂补给；对少数无家可归者，在没收地主多余房屋中调剂，或由政府帮助新建和整修住房。

1958 年，桐乡县成立退伍军人安置领导小组，办理义务兵役制军人退伍安置。镇域按照“从哪里来，回到哪里去”的原则，凡从农村入伍的，仍回原籍从事农业生产；入伍时在镇企事业单位工作的，由原单位恢复其工作；入伍时家在镇上但无固定职业的，由劳动部门根据其技术特长、文化程度等妥善安排，不受劳动部门招工指标的限制。其间，濮院镇机关、企事业单位均按政策接收安置转业复员军人。1979 年，境内农村入伍的伤残退伍军人和参战立三等功的退伍军人按政策在城镇安排工作，同时户口转为非农业户口。实行家庭联产承包责任制后，农村籍退伍军人有的被优先安排进乡镇企业就业，有的被推荐到村级基层组织任职。

1999 年，桐乡市人民政府出台《桐乡市城镇退伍军人安置暂行办法》，对退伍义务兵、复员士官原则上实行货币化安置，鼓励自谋职业。货币安置分补偿金和军龄补助金两部分，补偿金 20000 元；军龄补助金，义务兵每年 2000 元，士官每年 1000 元；一次性代缴三年养老保险费。是年，全镇按政策完成安置。2000 年，濮院镇还针对农村籍义务兵在服役期间由于小城镇综合改革，家庭户籍“由农转非”的实际，根据省政府、省军区对退伍军人安置的有关精神，按农村义务兵兵龄补助金的两倍发给补助安置费（农村义务兵自谋职业，兵龄补助为每年 1000 元），但兵龄最长不超过五年。2007 年，退伍军人安置补助金基数按自然增长，在保持城镇退伍军人安置补助金增长的同时，大幅提高农村退伍军人的安置补助金，补助金标准也由原来各乡镇自定变为全市统一，缩小了城乡安置补偿差别。是年，全镇支出退伍军人安置金总额 19.804 万元。2008 年，全镇支出退伍军人安置金总额 17.544 万元。2009 年，全镇支出退伍军人安置金总额 14.87 万元。2010 年，退伍军人安置补偿金标准为城镇 34076 元、农村 1.121 万元；军龄补助标准不变。是年，全镇支出退伍军人安置金总额 205776 元。

实行货币化安置后，除少数退伍军人选择经商外，大多数仍选择单位就业。由于退伍军人的自身优势，有关单位招工时，愿意在同等条件下优先录用退伍军人。此外，有一些退伍军人经考试后进入村、社区基层组织。

第二节　社会福利

中华人民共和国成立前的社会福利

明万历二十四年(1596)，秀水县在镇东河设助赈机构—常平仓。明清至民国时期，镇绅沈梓、章维堃、夏清泰、钱晓峰等人曾先后发起创办梅泾葬会、保婴堂、保元堂、小补会、永保会、送穷社等民间福利机构，对无力掩埋死者的，施以棺木；对出生后无力抚养的弃婴，给予收养；对贫苦居民给衣济米，施医送药；对生养子女无力抚育者，施以周济等。中华人民共和国成立后，社会福利工作由政府民政部门负责。

常平仓

为防灾荒之年商户哄抬米价，造成居民恐慌，明万历二十四年(1596)，秀水县知县李培奉檄在濮院东河建常平仓助赈机构。常平仓厅五间，仓廒左右各 12 间，仪门 3 间，耳房夹堂庑各一，带基地二亩八分五厘。常平仓为官设助赈机构，专主平粜，岁丰照价以入，岁俭则减价以出。

保元堂

清光绪五年(1879)，镇绅沈梓(北山)等人筹款在观前街平桥堍创办保元堂(保元善堂)。保元堂第一进头门三间，第二进平厅三间，后为穿堂、余屋，街南通河埠。堂以新塍培元善堂为模式，报嘉、秀、桐三县备案，于光绪七年(1881)正式开堂，办理掩埋、义葬、施药、施棺、恤贫诸善举，有董事两人、工役两人、司事三人，年支出七百余元，由丝绸、烟、茶等捐及葬会储金息款充之。

保婴堂

旧时，保婴堂为濮院收养弃婴的民间善举机构之一。民国《濮院志》记载，保婴堂前身为接婴公所，清乾隆年间由朱嘉谟创办，所址位于濮院秀界西池弄，嘉庆年间屡兴屡废。清道光年间岳鸿业、岳沂春、沈根等重办，附设节孝祠，咸丰庚申祠毁停办。同治十一年，董耀赁桐界邹姓房屋为公所，兼办塘南保婴会，后迁南新街，光绪十五年(1889)停办。清光绪三十二年(1906)，由夏清泰、申世英、吴肇增等人发起，在旧秀界观前街平桥

（原保元堂址）创办濮院保婴堂。后因保、接兼办需要，在原堂址东约二十米处募建新堂。建堂基地由镇善士高墉捐助，面积一亩五分。新堂共分为四进，第一进头门三间，第二进平厅三间，第三进、第四进为哺乳间，后为披屋。经费依赖长生捐、丝绸捐、烟叶捐及房租、田地租所得。为规范管理，保婴堂订立《保婴堂简章》。根据该简章设立董事堂，选举堂董事，推荐堂总董，设司账、司事、司捐、女管等其他管事，另配工役、乳媪人员若干。此外，该简章还对验堂时间、保婴、接婴、留婴及经费来源及支出情况等均作出详细规定，为当时境内管理较为规范的民间善举机构。保婴堂停办时间无考。

附：

濮院保婴堂简章及婴堂公产

《濮院保婴堂现行简章》：一、本堂向办保婴后兼接婴，近因郡堂不能多送只得随时留养，故保接之外并参以留婴办法。一、经堂董六人公推一人为总董，另设司账、司事、司捐各一人，工役一人，内堂女管理一人，乳媪十余人，所任职务另有规约。一、验堂定每月朔日，另有详章。

保婴　甲，凡有生产男女贫不能养或子女过多力难兼养者，报堂后由司事亲往查明，登记簿册，凭票按月给发保婴费，或半年或一、二年酌量情形办理。乙，极贫之家，凡有遗腹孤孩有关嗣绩无所依靠者，所保之费得特别酌增。丙，产妇区贫或不幸身故婴儿无人乳哺，由堂中查实，每月酌增钱文，由来人觅乳寄养。丁，尚有力能抚养或以欺骗冒领钱文者，察出后已给则追缴议罚，未给则扣除，务必实系贫穷方准给费保养。

接婴　甲，本堂以劝保为宗旨，如产母有病、贫难雇乳并产母身故万难劝保者，方代为接送。乙，设有殷实之家以生女之故不愿抚育，蒙混抱送来堂，贼义害公，莫此为甚，宜设重罚，其数按家境之等差以定罚金之多寡。丙，堂中婴孩如有愿领作子息者，准其凭保具领，除男孩照向例稍助布匹外余均不取分文。

留婴　甲，所接之婴一时无人承领而郡堂允送之额已满，由内堂女管理督同乳媪小心哺养。乙，所顾乳媪由内堂女管理随时稽察，其有乳多而哺养合法者，则雇用之或嘉奖之，否则开除。

经费　甲，有长生股、各业捐、乐助捐诸项，惟本地财力有限，尤仰赖各处诸大善士随时捐助，以助扩充。乙，堂中除总董、经董分尽义务外，余皆按事轻重酬给薪水。丙，堂中收支各项，除每月悬挂清单以供众览外，年终汇为清册申报县署，又刻征信录分送，以昭信实。

婴堂公产　北大有桥街赁房一所，陆家桥北堍赁房一所，归家赁房一所，西大高墩赁房一所，东港赁房一所，大井头基地一块，嘉邑田地九亩五分，旧秀邑田地二十三亩五分，桐邑田地九十七亩四分八厘。

救灾救济

历代遇大灾，皆有蠲恤诏令，或减免钱粮漕米，或蠲免逋欠，或组织平粜。除政府蠲免赈济外，境内民间互济也是救灾度荒的重要途径。元大德十一年(1307)，浙西大水，镇人濮鑑出粟3000石赈饥。清顺治三年(1646)，岁饥，斗米三千，镇人周起龙捐米200石，半价散给邻里。

军阀混战时期，有难民涌入濮院。为资助、收容、救护难民，民国13年(1924)，由若干镇绅发起组织红十字会。是年10月3日，召开濮院红十字会成立会，到会人员40余人，公举沈纯卿为会长，章镜明、郑寿庄为副之，钟爻吉为理事长，徐崇堦为资产委员，夏岁先为议事长，范稼民为副之。红十字会设濮院医院为临时医院，翔雲观、香海寺为收容所。对收容的避难者每天供应粥饭两餐，并为寒者供衣被，为病者给医药。战事结束后，红十字会给资避难者返回原籍，收容所随之撤销。红十字会终止时间无考。

中华人民共和国成立后的社会福利

中华人民共和国成立后，人民政府重视抗灾救济工作，面对灾害，积极组织群众抗灾救灾，以恢复生产、生活秩序，并适时救济受灾人群。

1950—1952年，境内因春荒，县民政局拨救济粮4041千克，赈济城濮区(包括濮院镇)粮食短缺者。1951年，因发生特大水灾，镇、乡组织1942人积极参加抗洪救灾，共解救416.5亩田。

1953年，因境内遭遇旱灾，全镇420人参加抗旱，解救农田40多亩。是年冬，县民政局拨给濮院镇棉衣270件、棉裤262条、夹衣213件、夹裤206条、棉被134条、夹被283条、棉花1302千克、垫单49条、帽子476顶、棉大衣33件、夹大衣2件。此外，全镇尚有57人因生活困难而获救济款补助。

1963年，受十二号台风影响，新生公社受损较重，尤其是红旗漾、群丰两个大队20%的房屋被台风吹倒，损失惨重。县民政局了解灾情后拨给两个大队毛竹1500支、木材若干及现金500元作为受损补助。

1982年，濮院公社星火大队双竹园一村民家失火，周边村民纷纷参与扑救，同时大队还组织村民捐款捐物，帮助受灾户渡过难关，重建家园。

1984年5月2日晚上，濮院乡永联村袁家头共育蚕房发生火灾，烧毁房屋4间、蚕匾250多只、蚕台18只。乡政府了解灾情后支援木材2立方米，划拨平价水泥2吨、钢筋200千克，同时划拨救济款2500元，帮助重建。

1986年，全镇发放自然灾害救济金0.15万元。

1988年7月14日，濮院遭强风暴和冰雹侵袭，大如鸡蛋的冰雹持续时间10分钟，早稻及旱地作物受害。乡政府一方面组织受害村开展自救，同时根据实际情况，向上级提出申请为受灾村减免农业税。同年8月8日，遭受七号台风，濮院镇损失较重，镇政府发动企业、个人捐款救灾。此次捐款活动，共获集体捐款0.773万元(其中濮院丝厂0.5万元)、个人捐款 0.4965 万元(参捐人数 1860 人)。

1990 年,全镇支出自然灾害救济 0.28 万元。

1991 年,濮院镇发生洪涝,政府除组织抗洪救灾外,还号召全镇各企事业单位及个人捐款、捐粮。此次参与捐助的单位共有 62 家,参与人数 3942 人,捐款总额 1.3552 万元,捐粮 2690.25 千克。

1999 年 6 月底,境内遭受百年未遇的特大洪涝灾害,短时间内降雨 168.8 毫米,最高危机水位 5.63 米,超过警戒线 1.83 米,大片农作物受损,部分房屋倒塌,部分企业停产。濮院、新生两镇均积极组织人员投入抗洪救灾。在此次抗洪救灾中,两镇用去木材、毛竹、草包、麻袋、蛇皮袋、铅丝、钢材、砖头、电动拖拉机等抗洪物资折算现金共计 51.8357 万元。此外,新生镇还特拨资金 8.105 万元,用于购买水泵、电机等抗洪设备。

扶贫救济

中华人民共和国成立后,人民政府将社会救济经费列入财政预算,补助城乡贫困户、困难人群。同时还通过政策扶持、扶贫帮困等形式帮助贫困户脱贫。

救济 中华人民共和国成立初期,在农村,对贫困户的救济主要是发放救济粮、救济款。农村合作化时期,县政府根据各乡经济条件和困难户情况确定救济款额,经县长批准后按季发至各乡,再经乡转发至各合作社。乡、社建立记账制度,并在发放前再次组织生产小队以上干部对救济对象进行评估,发放后张榜公布。人民公社时期,公社每年通过摸底调查确定各队贫困户情况,统筹安排救济款、物。在城镇,政府对困难户的救济采取固定救济、临时救济的方式。1955 年,全镇 20 户居民享受财政固定救济,每户年救济额 47 元。1957 年,全镇用于救济支出 1620.5 元,其中 36 户为困难户救济,17 人为血吸虫病患者治疗的临时救济;发放衣服 51 件、被子 7 条。

改革开放后,农村实行家庭联产承包责任制,政府继续对贫困户给予资金救济。其中 1984 年,濮院乡发放困难户救济款 3000 元。1986 年,新生乡得到县民政局下拨的扶贫救济金 900 元,救济严重贫困户。1989 年,新生乡联民村一贫困户,因夫妻残疾,无劳动能力,子女尚在求学,生活陷入贫困,乡、村领导了解情况后,马上给予临时民政救济 400 元,解决女儿读书费用。在城镇,对贫困户实行固定救济与临时救济相结合的救济方式。其中 1985 年,救济户数 25 户(贫困 14 户,五保 6 户,临时困难 5 户),救济金额每户 25—35 元不等,全年总支出 3145 元。1987 年、1988 年,全镇民政救济支出 7230 元,救济对象 44 户。1990 年镇财政救济支出 4199 元,救济五保户、困难户共 18 户。

1997 年起,桐乡市实行城乡居民最低生活保障制度,保障金由市财政和乡镇财政各承担 50%。是年,最低生活标准为城镇居民家庭月人均 140 元、农村居民家庭月人均 80 元。之后,逐年调高最低生活标准。2000 年调整为城镇居民家庭月人均 182 元、农村居民家庭月人均 92 元。2001 年调整为城镇居民家庭月人均 210 元、农村居民家庭月人均 106 元。2003 年调整为城镇居民家庭月人均 230 元、农村居民家庭月人均

120 元。是年，全镇有低保户 181 户 414 人。2004 年，全镇有低保户 276 户 536 人。2007 年最低生活标准调整为城镇居民家庭月人均 270 元、农村居民家庭月人均 170 元。是年，全镇有低保户 192 户 328 人，其中农村 114 户 227 人，五保 42 户（人）；城镇 26 户 49 人，五保 10 户（人）。2008 年，全镇有低保户 231 户 391 人，其中农村 146 户 277 人，五保 46 户（人）；城镇 29 户 58 人，五保 10 户（人）。2009 年 3 月最低生活标准调整为城镇居民家庭月人均 340 元、农村居民家庭月人均 240 元。是年，全镇有低保 218 户 355 人，其中农村 135 户 247 人，五保 46 户（人）；城镇 27 户 52 人，五保 10 户（人）。2010 年 10 月最低生活标准调整为城镇居民家庭月人均 400 元，农村居民家庭月人均 280 元。是年，全镇有低保 220 户 361 人，其中农村 142 户 258 人，五保 42 户（人）；城镇 26 户 51 人，五保 10 户（人）。

扶贫 农村合作化前，政府对农村贫困户的扶贫方式主要是发放肥料、贷放种子或减免农业税。合作化时期，农村扶贫工作转向对贫困生产队的扶持。人民公社时期，公社每年通过摸底调查确定各队贫困户情况，统筹安排扶贫物资。在城镇，政府采取的扶贫方式是逐步安排贫困户家庭人员就业。其中，1950—1951 年，安排 21 人就业；1952—1953 年，安排 37 人就业。同时，濮院镇还成立失业工人搬运小组，安排一般家庭失业人员就业。改革开放后，政府除鼓励贫困户在思想上树立起脱贫的信心外，还在生产、生活、住房及助学和医疗等方面采取扶贫措施，帮助贫困户实现脱贫。

生产扶贫 帮助贫困户发展生产一直是政府扶贫的主要方式。如，20 世纪 80 年代，桐乡县民政局、桐乡县供销合作社为扶持农村贫困户发展生产，先后为全县各乡列入扶贫规划内从事农业生产的贫困户免费发放扶贫化肥，贫困户凭县民政局统一印制的化肥票去指定商店提货。其中 1984 年下拨两批，第一批于 4 月下拨，全县发放标准氮肥（一斤尿素折二斤标准氮肥）30 吨，分给濮院乡 1500 千克、新生乡 1250 千克；第二批于 8 月下拨，发放标准氮肥 30 吨，分给濮院乡 1500 千克、新生乡 1300 千克。1985 年，濮院乡、新生乡贫困户先后三次免费获得县下拨的扶贫化肥，其中，第一次两乡各得标准氮肥 1250 千克，第二次两乡各得 1050 千克，第三次濮院乡为 4900 千克、新生乡 3900 千克。1986 年，县下拨的扶贫化肥两批共 60 吨，第一批于 5 月发放，共 30 吨，濮院乡、新生乡各 1250 千克；第二批于 7 月发放，共 30 吨，濮院乡、新生乡各 1250 千克。1987 年，县下拨的扶贫化肥两批共 60 吨，第一批共 30 吨，濮院乡 1100 千克、新生乡 950 千克；第二批共 30 吨，濮院乡 1100 千克、新生乡 950 千克。1989 年，县下拨扶贫化肥第一批共 40 吨，分给濮院乡 675 千克、新生乡 625 千克。

此外，1984 年，濮院乡实施扶贫帮困规划，具体由各村确定规划扶贫户数，落实措施，包括在农忙期间为贫困户义务帮耕等。1987 年，濮院乡建立扶贫基金会，为困难户发展生产提供资助。1987—1990 年，全乡 37 户贫困户实现脱贫，脱贫率为 65%。与此同时，新生乡制订扶贫规划、落实扶贫措施，有针对性地为贫困户排忧解难。其中，1989

年，联民村村委会组织义务帮耕小组，为本村一户残疾贫困户帮耕。1998 年，新生镇扶贫领导小组对全镇因各种原因造成贫困但具有脱贫能力的 29 户 91 人，建立村干部对口联系制度，由各村指定干部一对一负责制订脱贫计划，实施扶贫。

生活扶贫　1996 年，濮院镇贯彻实施桐乡市委《关于实施桐乡市委城镇扶贫解困百户工程的通知》的精神，经调查摸底，全镇确定 10 户为“市扶贫解困百户工程”帮扶对象，其中，北市街一组 1 户、二组 1 户、五组 1 户，有义街四组 1 户、五组 1 户、十一组 1 户，南市街三组 1 户，大众街三组 1 户，南杏街三组 1 户、十组 1 户。市二轻总公司、市财政局、市科委、市工商局、市粮食局、市劳动局等部门作为对口帮扶联系单位，为帮扶对象解决生活困难问题。同年，新生镇党委实施凝聚力工程，并率先在妙智村探索扶贫助困试点工作，具体做法：摸底调查，村党支部对全村 300 多户农户收入情况进行摸底调查，有 15 户家庭 1995 年人均收入低于 2000 元，被列为帮扶对象。成立扶贫助困基金会，资金来源采取集体资助和个人捐助相结合的办法，本村农户只需缴纳 5—10 元的入会费即可成为会员。是年，通过村集体资助、镇政府捐助、个人捐助和会费收入等渠道，基金总额达到 1.46 万元，为扶贫助困提供资金保障。分组联系贫困户，采取镇、村干部分组联系的方法，分别为贫困户制订脱贫计划。

1997 年，濮院镇农村开展示范户结对帮助贫困户的一对一助困活动。

住房扶贫　改善贫困户的住房条件是镇、乡制订的扶贫规划的重要组成部分。1982 年，濮院公社为 27 户草棚户改造拨款 6510 元，并提供砖瓦、水泥等建材物资，使草棚改建成砖瓦房。1997 年，桐乡市实施农村困难群众危旧房改造工程。对中华人民共和国成立以来没有建过房的困难户，采取“民政局补一点、乡镇扶一点、村里出一点、贫困户自筹一点”的办法进行扶贫建房。其中，1998 年，濮院镇的姚某某、新生镇的王某某各获市民政局建房补助金 2000 元。2003 年，全镇 6 户困难户被列为安居工程对象，获市、镇、村三级扶贫建房补助。2008 年，全镇有 48 户农户被列为扶贫建房补助对象，补助金额总计 84 万元。2009 年，15 户农户被列为扶贫建房补助对象，补助金额总计 13.9 万元。2010 年，4 户农户被列为扶贫建房补助对象，补助金额总计 4.8 万元。

慈善助学与医疗救助扶贫　1997 年 4 月，新生镇成立扶贫助学基金会，扶助贫困学生完成九年制义务教育及为升入更高学府学习提供帮助；资金来源为单位捐助，党团员、个体工商户及社会各界的捐助，基金会用利息资助困难学生。1998 年 9 月，新生镇助学基金会第一批资助对象 14 人，其中小学生 9 人、初中生 5 人；资助金额 2410 元，小学生每人资助 140 元，初中生每人资助 230 元。2003 年，濮院镇一名在校女大学生因父母生病家庭经济发生困难准备退学，桐乡市慈善总会得知情况后资助 3000 元，帮助她继续上学。2007 年，濮院镇成立慈善分会后，开展包括慈善助学等各种救助活动。是年，全镇助学 4 人（农村），助学金额 1.3 万元。2008 年，助学 10 人，其中农村 8 人、城镇 2 人；助学金额 3.3 万元，其中农村 26000 元、城镇 7000 元。2009 年，助学 3 人，其中农村 2 人、城镇1人；助学金额9000元，其中农村6000元、城镇3000元。2010年，助学2人，其中农村1人、城镇1人；助学金额8000元，农村、城镇各4000元。

2006年，桐乡市出台《桐乡市城乡困难人员医疗救助办法》（简称《办法》），《办法》降低了求助门槛，提高了救助标准。2008年，全镇有69户困难户享受医疗救助补助，其中农村60户、城镇9户；补助款项42.8万元，其中农村40.2万元、城镇2.6万元。2009年，享受医疗救助补助45户，其中农村38户、城镇7户；补助款项26.79万元，其中农村24.22万元、城镇2.57万元。2010年，享受医疗救助补助51户，其中农村48户、城镇3户；补助款项26.95万元，其中农村25.13万元、城镇1.82万元。

表19-12　　1984—1986年濮院乡规划扶贫情况表

行政村	贫困户总数	规划扶贫户数	规划扶贫户数		
			1984年脱贫户数	1985年脱贫户数	1986年脱贫户数
红晓	4	3	—	1	2
会龙	4	3	—	1	2
黄河	9	4	2	1	1
新华	10	5	1	1	3
星火	9	4	1	1	2
永越	1	1	—	1	—
金龙	4	4	1	1	2
安心	4	2	—	2	—
永濮	1	1	—	1	—
星锋	6	4	1	2	1
红星	4	2	1	1	—
周义	8	5	1	2	2
运河	3	2	2	—	—
永联	18	8	2	3	3
总计	85	48	12	18	18

鳏寡孤独人员的供养

中华人民共和国成立初期，政府对缺乏劳动力、生活没有依靠的鳏寡孤独人员（俗称“五保”老人），以发粮款救济为主，辅之以社会互济。1956年农业合作化后，根据《全国农业发展纲要》规定，对农村孤寡、残疾人员，由当地农业社负责供养，国家辅之部分救济。按照“国家辅助集体，集体负责个人”的原则，要求达到保吃、保住、保穿、保医、保葬（俗称“五保”），供给标准不低于当地一般农业社社员水平，年终免费分粮、分柴。对城镇“五保”对象的供养，则由政府采取临时救助和定期定量补助两种办法。供养政策实施后，境内的“五保”对象在生活上都得到了基本保障。

1982 年，濮院公社有五保户 47 户 49 人。各生产队对五保户的赡养标准各异，如新华大队除供应粮食外，还每月发给五保户 1 元 2 角作为零用钱。为此，公社管理委员会决定从 1983 年 1 月起，对全社五保户实行公社、大队、生产队三级照顾的办法。具体为：生产队负责供给五保户的粮、油、柴等主要生活物资和住房，落实专人负责照顾生活不能自理的五保户；大队负责供给五保户棉被、衣服、医药费用，支付照顾生活不能自理五保户人员的报酬；公社从社办企业中提取资金供给每个五保户每月 5 元钱作为零用钱，年终再一次性供给 20 元作为过年费用。

1983 年，桐乡县民政部门对全县五保户进行普查登记发证工作。五保对象的认定由本人申请或村民小组提名，经村民委员会审核，报乡镇政府批准，发给《五保供养证书》。濮院乡镇按要求完成登记发证工作。是年，“五保”供给标准从年均 120 元增至 152 元，同时送给每位“五保”老人棉大衣一件。

1995 年，全镇进一步落实《农村五保供养工作条例》，解决供养标准过低和应保未保的问题，“五保”供养实施统筹，月人均生活费提高至 138 元。1997 年 12 月，提高城镇“五保”老人供养标准，由每人每月 70 元提高到每人每月 140 元。1998 年，“五保”供养标准提高至每人每月 180 元。2004 年 10 月 1 日起，农村“五保”供养标准按城镇低保标准执行，每人每月 230 元。与此同时，全镇将“五保”老人纳入城乡居民合作医疗，所需经费由市财政、镇财政、村三级负担，使“五保”老人在享受生活保障的同时得到医疗保障。2008 年 8 月 1 日起，全市对传统农村五保户供养制进行全面改革，将农村“五保”供养对象纳入公共财政的保障范围，实行新的《农村五保供养工作条例》，五保供养标准全年不低于上年度桐乡全市农村人均纯收入的 60%。是年，全镇有农村五保户 46 户、城镇五保户 10 户，发放五保户补助金 18.96 万元。2009 年，再次调整“五保”供养标准，调整后的供养标准为每人每年 7600 元。是年，发放补助金 20.62 万元。2010 年，濮院镇农村五保户 42 户、城镇五保户 10 户，发放补助金 20.076 万元。

此外，为便于对散居五保户的供养与管理，1987 年 2 月，新生乡建敬老院，全乡“五保”老人先后进院集中供养。1989 年 10 月 10 日，投资 20 万元建造于永联村的濮院乡敬老院开院。随着两乡敬老院条件的改善，入住人数逐年增多。至 1990 年，新生乡敬老院占地面积 4.5 亩，床位 30 张，入住 28 人，工作人员 3 人；濮院乡敬老院占地面积 3.9 亩，床位 40 张，入住 34 人，工作人员 3 人。入住人员除免费享受基本生活外，院方还按季发给每人内裤、汗衫、拖鞋、棉被、棉衣、棉裤、大衣、棉鞋及毛巾、洗衣粉、香皂等生活必需品，月供零花钱 10 元。所需经费以乡统筹为原则，同时依靠集体、社会分级负担。

21世纪初，随着行政区划的再次调整，镇政府重新规划建造功能设施更加完善的敬老院。2004年10月，桐乡市濮院镇养老服务中心建成。该养老服务中心位于新濮村杨介场，占地面积16.7亩，建筑面积2730平方米，绿地面积4800平方米。有房间42间、床84张，配有家具、空调、卫生间、太阳能热水器、浴室、个人专用食品橱等设施。中心内还设有会议室、活动室、健身室、阅览室、护理室、餐厅、传达室等其他用房。养老服务中心不仅服务全镇"五保"人员，还为全镇其他困难老人提供寄养服务，寄养收费标准为2004—2009年每人每月380元(含吃、住)，2010年每人每月为500元。至2010年，养老服务中心赡养、寄养总人数74人，其中，赡养老人61人(女性13人)、寄养老人13人。工作人员6人，其中兼职护理员1人。养老服务中心月供赡养老人零花钱60元，每星期调整一次菜谱。濮院中心医院定期上门为赡养老人检查身体，建立健康档案；逢年过节，市民政局、镇、村、社领导及部分企业到中心慰问；镇电影院、戏曲组不定期到养老服务中心放映电影、演出，服务中心的老人在改善物质生活的同时享受到丰富的精神生活。

2004年建成的濮院镇养老服务中心

濮院镇养老服务中心的日常生活

残疾人事业

安置残疾人就业　为解决残疾人就业和筹集福利经费，1978年，濮院镇筹建濮院福利皮件厂，1980年，福利皮件厂安置残疾人就业22人。1984年，国家对福利企业实行优惠政策，境内除濮院镇外，新生、濮院两乡先后办起福利企业，安排残疾人就业。至1990年，境内有县、乡(镇)、村三级福利企业5家，安置残疾人58人。2000年后，政府成立按比例分散安置残疾人劳动力就业领导小组，督促福利企业、协调其他企业按比例安排残疾人就业，进一步保障残疾人劳动权利，使有劳动能力的残疾人与正常人一样获得就业机会。在农村，实施以种植业、养殖业为重点的残疾人扶贫工程，以"建基地、扶大户、帮贫困"的方式使残疾人自食其力，脱贫致富。如：妙智村建自强养殖基地，新港村建残疾人生态养殖基地。与此同时，政府出台优惠政策，鼓励残疾人自谋职业，除给予小额贷款外，还给予小额贷款贴息。通过进企业、建扶贫基地及扶持残疾人自主创业和灵活就业等多种措施并举的方法，促进残疾人就业。其中，1998—2002年，全镇累计安排残疾人就业 250 人。2002—2007 年，累计安置进企业 100 余人，进扶贫基地 13 人，自谋职业 19 人；4 人成为种养大户，15 人为个体工商户。

建立残疾人工作队伍 1991 年，濮院镇、濮院乡、新生乡相继成立残疾人协会，召开残协代表大会。大会审议通过中国残疾人联合会章程之镇（乡）实施细则；选举产生镇、乡残协第一届理事会成员及推举残协执行理事会理事长等。1994 年，残疾人协会更名为残疾人联合会。残疾人联合会具有三项职能：代表残疾人共同利益，维护残疾人合法权益；开展各项业务和活动，直接为残疾人服务；承担政府委托的部分行政职能，管理和发展残疾人事业。1998 年 11 月，濮院镇各行政村和居委会相继成立残疾人服务小组，深入了解残疾人及残疾人家庭情况，为残疾人及残疾人家庭排忧解难。2000 年后，全镇 13 个行政村和 5 个社区成立残疾人协会，团委设立青年志愿者助残联络站，更好地开展为残疾人服务工作。至 2010 年，濮院镇残联先后召开代表大会 5 次，听取上届代表大会《工作报告》，提出本届会议工作目标，选举产生新一届班子成员；新生镇残联共召开代表大会 3 次。

开展助残活动 1991 年，濮院镇政府开展“为残疾人事业捐赠一元钱”活动。1994 年 8 月，镇残联贯彻执行《关于印发嘉兴市人民政府对残疾人实行照顾扶助的规定》，督促各村、居委会积极做好对残疾人的服务和管理工作。1997 年，全镇开展残疾人就业情况专项调查，了解残疾人实际就业情况。1998—2002 年，镇残联利用会议、宣传窗、广播电视、图片和组织开展主题教育活动等形式，宣传助推残疾人事业，进一步落实对残疾人的服务工作。服务内容包括开展桐乡市特困残疾人优惠证认证对象调查；为残疾人家庭提供建房补助；将符合相关条件的残疾人纳入城乡最低生活保障范围或给予救济和补助；发动群团组织和村（居）委会组织，与残疾人困难家庭子女助学结对；与濮院医院、康慈医院等有关单位合作，开展残疾人康复工作等。

2000 年后，濮院镇实行残疾人合作医疗保险费全免政策，同时为贫困残疾人家庭发放医疗救助卡，以降低残疾人家庭因病致贫风险。2008 年，全镇实施以基本生活保障、康复和托（安）养等为主要内容的“残疾人共享小康工程”。2010 年，开展创建“浙江省扶残助残爱心城市”“爱心村、社区”等主题活动，出台《濮院镇扶残助残爱心乡镇实施方案》、《濮院镇照顾扶持残疾人若干规定（试行）》，以保证各项措施落实。其中，为 96 名残疾人免费办理城乡居民养老保险；为 22 名重度残疾人发放居家安养服务费，其中，第四季度发放居家安养服务费 2.325 万元；为 57 名生活不能自理的残疾人发放补助费，每人每季 600 元；落实农村残疾人家庭危旧房改造补助 2 户，每户补助 5000 元；年终临时补助 40 人，每人 500 元；康复工程白内障补助 6 人，补助费共 1.2 万元。此外，元旦、春节期间，残联等部门及社会各界走访慰问残疾人 123 人；发放慰问金 15.85 万元，其中向低保残疾人发放慰问金 3.85 万元，向低收入残疾人发放慰问金 5.76 万元，向其他残疾人发放慰问金 6.24 万元。

福利企业

濮院镇社会福利社 濮院镇社会福利社原为蔬菜场，建于 1958 年秋，人员以闲散劳动力为主，60余人，拥有土地60多亩，经营蔬菜种植。1960年，蔬菜场更名为濮院镇社会福利社，人员90余人，以种植蔬菜为主，兼办畜牧场。生产的蔬菜除满足镇民消费外，剩余蔬菜加工成酱菜销往外地；畜牧场饲养肉猪，其中有优良品种约克公猪1头，供农村饲养母猪户配种。此外，福利社还组建运输队，拥有6吨、10吨、12吨运输船3条，从事副业生产。1961年，全社的生产经营情况为：年收获蔬菜22.5万千克，培育各种菜苗800万株，收获种子1850千克；收获各种杂粮4053.5千克（包括山薯、马铃薯3300千克）、果品（主要是桃子）2835千克；出售生猪127头，羊、兔21只，鸡49只，禽蛋18.5千克，酱菜2278千克，出售蚕茧215.5千克（其中自剥丝棉30千克）；为各单位调运物资1000吨。全年收入42807元，支出32269元，盈余10538元。福利社除按规定税率足额缴纳农业税外，其他副业的收入政府给予免税优待。社员劳动采用记分制，实行按劳分配原则，每月预支，年终结算，兑现分红，平均月收入为26—30元。行政管理人员定级别工资，月工资24—28元不等。社员还可享受80%医药费的福利待遇。1963年，由于蔬菜产量供大于求，装船运往上海销售，因不了解上海行情，出现滞销，大量蔬菜腐烂，经济损失极大。之后，由于管理不善，连年亏损，人员外流，福利社于1965年5月解散，所属土地全部拨归桐乡第三中学。

福利工厂 1980年8月16日，县计委下达(80)223号文件，将濮院福利皮件厂由镇办集体改为县属集体，更名为桐乡福利皮件厂，隶属桐乡县民政局。桐乡福利皮件厂为该局在濮院镇开办的全县第一个福利厂，时有人员56人，其中残疾人22人。1986年，桐乡福利皮件厂再次更名为桐乡凤华羊毛衫厂，从事羊毛衫生产，1987年，年销羊毛衫6.96万件，产值184.02万元，利润10.31万元。产品畅销哈尔滨、沈阳、大连、无锡、上海、昆明等地。该厂后因管理不善，生产下降，难以维持，遂于1990年年底并入凯星羊毛衫厂。

1984年，国家对福利企业实行优惠政策后，境内除濮院镇外，新生、濮院两乡也先后办起新生福利印刷厂、新生异型橡塑厂、濮院乡五金针织厂、濮院镇幸福羊毛衫厂、桐乡绝缘涂料厂等福利企业，安排残疾人员就业。后部分福利企业改制为股份公司。

表19－13　　濮院镇福利企业基本情况表

企业名称	企业性质	职工（人）		主要产品	批准建厂年份	固定资产（万元）
		总数	残疾人			
桐乡福利皮件厂	集体	56	22	皮鞋	1980	15.56
桐乡凤华羊毛衫厂	集体	49	22	羊毛衫	1984	8.54
新生福利印刷厂	村办	17	7	印刷	1985	1.8
新生异型橡塑厂	乡办	37	13	塑料薄膜	1987	16.11
濮院乡五金针织厂	乡办	59	16	锦纶丝袜	1988	20
濮院镇幸福羊毛衫厂	镇办	35	3	羊毛衫	1991	10

续表 19－13

企业名称	企业性质	职工(人)		主要产品	批准建厂年份	固定资产(万元)
		总数	残疾人			
桐乡绝缘涂料厂	乡办	40	13	绝缘浸渍漆等	1992	48
桐乡市华丰染色有限责任公司	集体	119	41	羊毛衫染色、缩绒等	1994	1904.44
桐乡市求精机械化工厂	乡办	18	15	机械产品等	1994	153.48
浙江嘉兴新竹机械制造有限公司	镇办	91	25	起重机械、输送机械等	1996	631.8

老年人优待

尊老、敬老、养老是中华民族的传统美德，是社会主义精神文明建设的重要组成部分。

中华人民共和国成立后，党和国家关心老年人生活，重视发展老年人的福利事业，保障老年人的合法权益。濮院镇党委、政府认真贯彻落实《中华人民共和国老年人权益保障法》和《浙江省实施〈中华人民共和国老年人权益保障法〉办法》，创造条件为老年人提供更多的社会优待服务。

1988 年 7 月，省七届人大常委会四次会议决定，将每年农历九月初九定为本省的“老人节”。之后，镇政府每年在老人节组织村(社)、企业等单位开展系列慰老活动。1989 年老人节期间，镇领导对全镇结婚 50 周年以上的 36 对老年夫妇进行了一次别开生面的上门慰问活动，并向他们赠送长寿面和影集，拍金婚纪念照。

1993 年，政府对 70 岁以上(含 70 岁)老年人实施社会优待服务，颁发老年优待证。老人凭证在医疗卫生单位可以优先挂号、就诊、化验、检查、取药等；在车站，凭证可优先购票上车、托运行李；免费进入公园锻炼；优先安装电话、自来水和修理；去营业性澡堂、理发店可优先洗澡、理发。在老人节、春节期间，70 岁以上(含 70 岁)老年人去影剧院看电影和演出可享受半价。1993 年 10 月 1 日起，百岁老人月生活补助费由 25 元提高至 70 元，1997 年，再提高至 100 元。

2000 年起，每年重阳节，全镇各村、社(居)代表政府上门慰问辖区内 90 周岁以上的老人，送去长寿面、蛋糕等慰问品。与此同时，学校、企业及青年志愿者积极参与敬老服务，去敬老院慰问，为“空巢老人”提供帮助，使他们感受到社会大家庭的温暖。2002 年，政府将百岁老人月生活补助费提高至 200 元。

2006 年，濮院镇贯彻落实《浙江省老年人优待证制作和管理办法》(下简称《办法》)、《嘉兴市人民政府实施浙江省优待老人规定的意见》(下简称《意见》)，同时将原市(县)人民政府制作的老年优惠证统一换发成浙江省老年优待证(简称“优待证”)。是年，全镇在镇民政办的统一部署下开始办理优待证，各村、社负责对辖区内到年龄段的居民进行登记，每季度将登记资料送镇民政办，由镇民政办送上级统一办理，循环进行。2008 年，全镇办理老年优待证321张;2009年,办理老年优待证110张,其中60周岁以上65张,70周岁以上45张。优待证由省老龄办统一监制,分红、绿两种卡,70周岁及以上老年人为红卡,60—69周岁老年人为绿卡。持优待证可享受的优惠:持优待证老人去医院,可享受优先挂号、就诊、划价、缴费、化验、检查、取药、住院等服务;持红卡优待证老人进入政府投资主办的公园、文化馆(宫)、影剧院、博物馆、美术馆、展览馆、旅游景点、体育场(馆、中心)和体育健身等公共场所一律免购门票,持绿卡优待证老人享受半价优惠;持红卡优待证老人免费乘坐城市公共汽车(含在市内运行的民营公交车辆),持绿卡优待证老人享受半价优惠;老年人凭证优先进站、检票、上下车。此外,火车站、汽车站、客运码头设置"老年人优先购票"标志,候车(船)室及城乡公共汽车设有一定数量的老年人专座。各级法律援助机构和律师事务所优先向老人免费提供法律咨询;商业、水电、燃气、电信、通讯、邮政等行业和社区服务单位,应为老年人提供优质、优惠、优先的服务和照顾;各级政府和有关部门组织开展为老年人办实事、做好事、送温暖活动;100周岁及以上老年人,每月享受政府发给不低于200元的长寿保健补助金和每年不少于一次的上门免费体检。是年重阳节期间,全镇慰问老年人170人,发放慰问金15000元。

2010年1月1日起,全市对年满60周岁无固定经济保障的老人实行养老生活补助。补助标准为:60—69周岁发放基础养老金,每人每月60元;70—89周岁城镇居民每人每月补助100元,农村居民每人每月补助70元;90周岁(含)以上的,城镇居民每人每月补助150元,农村居民每人每月补助90元;百岁老人长寿保健补助费标准由原来的每人每月200元调整为每人每月300元;长寿保健补助费从老人年满100周岁的当月开始发放,去世后次月终止。濮院镇按此政策,为符合条件的有关居民申请养老生活补助。

表19-14　　2009年濮院镇老年优待证发放情况表

单位	60周岁以上发证数(张)	70周岁以上发证数(张)	单位	60周岁以上发证数(张)	70周岁以上发证数(张)
新河村	3	2	油车桥村	1	—
永联村	6	—	新港村	—	—
永越村	19	15	星旗村	3	2
永乐村	—	1	西浜村	—	—
新濮村	6	6	锦苑社区	9	4
新星村	—	3	梅园社区	12	9
新东村	2	1	双龙社区	—	—
红旗漾村	3	1	新生社区	—	—
新联村	1	1	总计	65	45
新妙智村	—	—			

第三节　婚姻登记

中华人民共和国成立前，实行封建婚姻制度，境内青年男女的婚姻大多是听凭父母之命，媒妁之言，由父母作主，或娶或嫁。也有父母为提前确定婚嫁对象，给子女定“童养媳”“娃娃亲”。此外，还有以所谓“倒插门”“两头拜家堂”“调换亲”的形式成婚的，甚至还曾发生过“抢婚”的个例。早婚现象较为普遍，并存在重婚、纳妾等现象。中华人民共和国成立后，国家颁布《中华人民共和国婚姻法》，废除旧的封建婚姻制度，逐步建立起新型的社会主义婚姻制度。

婚姻登记机构

《中华人民共和国婚姻法》规定：凡男女双方达到法定年龄（男满 20 周岁，女满 18 周岁），双方自愿，持双方村（居）委会或工作单位证明，到政府指定机关申请办理。域内男女双方自愿办理结婚、离婚、复婚登记手续的，一律去区公所申请办理，经区公所审核，对符合法律规定的申请人准予办理结婚、离婚、复婚登记手续，发给男女双方各自一份证明书。1956 年撤销区公所后，结婚登记由乡、镇人民委员会负责办理。1958 年后，农村结婚登记由公社管理委员会办理；城镇由镇人民委员会办理。“文化大革命”期间，结婚、离婚均由公社（镇）革命委员会办理。农村政社分设后，婚姻登记机关为乡、镇人民政府，婚姻登记员由乡、镇文书兼任。1995 年 3 月 31 日前，涉及港、澳、台、华侨的婚姻登记由桐乡市（县）民政局办理，后由嘉兴市民政局办理。2004 年 8 月 16 日开始，桐乡市婚姻登记工作一律集中在市民政局办理。在婚姻登记处分别设有证件审核室、结婚登记室、颁证室、离婚登记室、调解工作室、档案室。2007 年开始，为保护当事人的隐私权，为办理结婚登记、离婚登记者提供私密环境。

婚姻观念的演变及离婚率

婚姻法施行之初，境内少数居民受旧婚姻制度影响，不少人仍沿袭旧制，未去履行结婚登记手续。尤其在农村，包办婚姻、买卖婚姻、童养媳及歧视寡妇、虐待妇女等现象依然存在。为此，濮院镇先后展开了二次大规模婚姻法宣传教育活动，要求各企事业单位、居委会组织职工、居民进行学习、讨论，至 1953 年，全镇累计参加学习讨论的人数 4600 余人。通过宣传教育、学习讨论，使大多数群众提高了认识，划清了新旧婚姻制度的思想界线，明确了新婚姻制度的优越性，逐渐消除了对旧婚姻制度的影响，树立起新民主主义婚姻观。妇女从封建制度的束缚和压迫中解放出来，不再成为男人的附属品。男女青年中普遍建立起男女平等、自由恋爱、婚姻登记的新婚姻观。期间，全镇有自由婚姻 226 对，其中集体结婚的 13 对，涌现出一大批和睦相爱、尊老爱幼的家庭。此外，有 4 名童养媳返家。

1980 年 9 月，第二部婚姻法颁布实施后，境内乡（镇）以不同方式积极开展宣传贯彻活动。1980—1990 年，境内结婚男女双方都履行结婚登记手续，结婚登记率达 100%。但由于受传统婚姻观念的影响，离婚一直被视为不光彩行为，因此尽管男女双方已丧失感情，为了避免非议，大多数人还是以“忍”的方式来维持婚姻，离婚的较少，农村较城镇更少。1984—1990 年，濮院镇结婚 543 对，离婚 11 对；1986 年至 1992 年 6 月，濮院乡结婚 1497 对，无离婚记录；1980—1990 年，新生镇(乡)结婚 1679 对，离婚 27 对。

20 世纪 90 年代后，随着居民生活水平的不断提高，传统婚姻观念逐渐被淡化。“婚外情”等一些影响婚姻关系稳定的因素增多，离婚人数呈上升趋势。1991—2001 年，新生镇(乡)结婚 1547 对，离婚 76 对。1991—2004 年，濮院镇结婚 3601 对，离婚 319 对。

表 19－15　　1984—2004 年濮院镇结婚、离婚登记情况表

年　份	结婚(对)	离婚(对)	年　份	结婚(对)	离婚(对)
1984	50	3	1995	337	10
1985	106	3	1996	245	17
1986	115	—	1997	246	12
1987	76	—	1998	221	21
1988	70	—	1999	233	34
1989	53	—	2000	341	32
1990	73	5	2001	244	42
1991	58	5	2002	354	43
1992	216	1	2003	321	57
1993	302	8	2004	205	30
1994	278	7			

表 19－16　　1986 年至 1992 年 6 月濮院乡结婚、离婚登记情况表

年　份	结婚(对)	离婚(对)	年　份	结婚(对)	离婚(对)
1986	321	—	1990	208	—
1987	150	—	1991	223	—
1988	197	—	1992	136	—
1989	262	—			

表 19－17　　1980—2001 年新生镇(乡)结婚、离婚登记情况表

年　份	结婚(对)	离婚(对)	年　份	结婚(对)	离婚(对)
1980	133	—	1983	50	1
1981	169	5	1984	77	—
1982	154	3	1985	273	—

续表 19－17

年　份	结婚(对)	离婚(对)	年　份	结婚(对)	离婚(对)
1986	245	1	1994	152	5
1987	109	2	1995	156	10
1988	106	2	1996	142	6
1989	191	6	1997	128	8
1990	172	7	1998	113	8
1991	179	5	1999	128	2
1992	178	6	2000	140	12
1993	151	4	2001	70	10

资料来源:桐乡市档案局、镇档案室

第四节　殡葬改革

明万历《崇德县志》载:“丧必古礼,而火葬不掩者有之,用浮屠,无论齐民,士大夫家亦然……”清朝时大力推行土葬。推行土葬之后,士绅大族葬礼日趋隆重,而贫困者死后往往以草席包裹或置薄皮棺木弃于荒野。

民国时期,承袭清代土葬礼俗。民国17年(1928),国民政府发布《推行公墓限制私墓条例》,境内公职人员拒不执行,民众仍袭旧俗,家中有人亡故,往往自营墓冢。经济欠裕者将棺木暂厝田野,或砌缩亭,或直接埋入土中。家境殷富者都有自家坟地,择日入葬。此外,境内还有义冢、会馆、义园等供亡故者入埋或存放。义冢有四处,一在镇东嘉兴界,一在镇北秀水界,一在镇西南二十九都,一在西寺浜。会馆有宁绍会馆,为外地(宁波、绍兴、安徽等)来境内谋职者所建,位于桐界洞桥坊,有殡房20余间、义葬地8亩、寄赁房3间。义园有徽州义园,位于周家场。

中华人民共和国成立后,人民政府对丧葬旧俗逐步改革,提倡丧事从简,用花圈、开追悼会、戴黑纱或佩戴白花表达对死者的哀悼。20世纪70年代初期,提倡棺木深埋,不留坟头,不立墓碑。1980年,桐乡殡仪馆建成后,倡导火葬。但由于长期受封建习俗影响,有关部门对推行殡葬改革决心不大,措施不力,因此在一段时间里,域内仍坚持以土葬为主,殡葬改革工作进展缓慢。

1986年12月,桐乡县人大八届十次会议通过《关于殡葬改革》的决议。1987年3月,县人民政府颁发《桐乡县殡葬管理暂行办法》,提出“1987年4月1日起,先在城镇及非农范围内,人死后都要实行火葬,7月1日起,全县城乡范围内,人死都要实行火葬”的具体部署。该办法颁发后,域内乡(镇)政府积极响应,启动第一轮殡葬改革。是年3月14日,濮院镇成立殡葬改革领导小组，由副镇长徐永林任组长，沈经济、朱雪洪、秦巧晨任副组长，共有成员 11 人。殡葬改革领导小组根据桐乡县民政局文件精神，结合濮院镇具体情况，于 3 月 30 日制定出台《濮院镇殡葬管理暂行规定》，濮院乡也同期出台《殡葬改革办法》，对实行火葬的农户实行优待(减免或免交运尸费、火化费)。通过广泛宣传、出台具体政策及措施，火葬逐步被城乡居民接受。1988 年，全镇火化率达到 100%。1996 年，新生镇星旗村、新妙智村、新东村、油车桥村、新联村、新港村相继建造骨灰安息堂存放骨灰。

2004 年 5 月 19 日，桐乡市出台《关于建设生态墓地深化殡葬改革的实施意见》，以镇乡、街道为单位兴建公益性生态墓地；以村为单位建骨灰安息堂。同月，市政府出台《桐乡市生态墓地建设管理暂行办法》。是年，根据上级部署，濮院镇启动第二轮殡葬改革，兴建生态公墓，全面推行生态埋葬。同时成立濮院镇殡葬工作领导小组，由镇长朱明杰任组长，朱煜根、徐建勋、姚建康、沈松明任副组长，共有成员 11 人，各村(社)成立相应领导小组。濮院镇生态墓地(南山公墓地)地址新河村，占地面积 87.68 亩，规划穴位 24000 个，投资总额 350 万元，绿化覆盖率 82.3%，墓穴区和公共区(道路)采用间隔设置，道路路宽 60 厘米，墓穴区尺寸 100 厘米×110 厘米。骨灰存放统一采取深埋方法，骨灰盒顶端距地面高度不得少于 30 厘米。墓碑式样统一，墓碑长度不超过 35 厘米，宽度不超过 25 厘米，墓碑安放统一为斜卧式，离地面高度控制在 20 厘米以内，倾斜度为 45 度。墓穴使用年限以 20 年为一个使用周期，第一个使用年限届满前 6 个月内，用户可以向生态墓地建设单位要求延长使用期，但延长期最长不得超过 20 年。9 月底，墓区一期工程结束，市政府在濮院召开现场会。从 10 月 1 日起，全镇搬迁性坟墓一律进生态墓地或骨灰安息堂。2005 年 1 月 1 日起，骨灰一律安放在生态墓地或骨灰安息堂。

表 19－18　　濮院镇安息堂、生态墓地建设情况表

墓地、安息堂名称	建设时间	占地面积(平方米)	规划穴位数(个)	投资总额(万元)
星旗村安息堂	1996 年	1334	600	13.2
新妙智村安息堂	1996 年	200	530	4.8
新东村安息堂	1996 年	800	500	8.5
油车桥村安息堂	1996 年	533	550	10
红旗漾村安息堂	1996 年	1067	580	8.8
新联村安息堂	1996—2006 年	1200	880	12
新港村安息堂	1996—2006 年	1334	600	12.3
西浜村安息堂	2004 年	667	400	6.5
南山生态墓地	2004 年	58482	24000	82.3

资料来源：《桐乡市民政资料》

第三章　习　　俗

第一节　生产习俗

旧时，农民在长期的劳作中形成了许多与农事有关的习俗。如开秧门、关秧门、蚕生日、正月祀田柴、花朝日等。

开秧门

插秧第一天，谓之开秧门，一般在立夏前数天，不过立夏日。农家视此日为一年农事之开端。此日，家家户户都吃咸鲞，鲞头朝南，寓意为种田有“想头”、交好运。殷实富户多于此日雇工(俗称“相帮大伯”)插秧，以丰盛饭菜、酒肉款待，有“小菜在当家娘娘橱里，力气在相帮大伯皮里”一说，故雇主不敢怠慢雇工。

拔秧时将两把秧交叉叠放，合处必留缺口，俗称“秧门”，兆兴旺发达。拔第一行秧时忌开口，忌随意传递秧把；秧把须扔在田里，忌甩在插秧人身上。

关秧门

插秧结束之日称关秧门。此日，须提早歇工，备菜肴请帮工小酌。次日，出嫁女儿回娘家，携礼品探望父母。若娘家插秧未完，则留下帮助插秧。

蚕生日

腊月十二为蚕生日，旧时养蚕农妇常用米粉作茧圆祀灶，叫蚕圆戏。有歌为：“黄金白金鸽卵圆，小锅炊火汤沸然，今年生日粉蚕大，来岁山头十万颗。”现在灶已不祀，但养蚕期间仍沿袭一些话语讳忌。比如笋不叫笋，因“笋”与“损”同音；吃姜不叫姜，因“姜”与“僵”同音；忌说“茶”字，因濮院方言“茶”与“蛇”同音。

正月祀田柴

用长竹一株，将稻柴四面扎缚，竖于田间或空地，又用芦苇盖棚，在棚中祀田祖、蚕花诸神，由巫者唱歌。夜间爆竹、花筒齐放，过后举火送神，以预祝来年蚕茧获得好收成。同时也借此为乐。

花朝日

农历二月十二为花朝日，俗称“百花生日”。是日忌雨，以为晴则百果熟，清光绪《嘉兴府志》就有“花朝日晴，则百果多实”之说。当日，农民多以红纸条挂于花果树上，祈吉；或以柴刀砍果树枝干，以为可多结果实。

第二节 生活习俗

镇人自古以来崇尚礼仪,在处理人际关系中逐步形成一些生活习俗,如吃茶、建房、迁居、婚嫁、生育、做寿、穿耳、丧葬等。随着社会的发展,有些习俗已被摒弃,但仍有些习俗被沿用。

吃茶

吃茶又叫吃早茶、吃早品茶。与他处一样,濮院人也有吃早茶习惯,镇上和乡间小集市茶店众多。茶馆除吃茶外,还是互通信息、调解纠纷的场所。过去邻里、村落、行业之间发生争执、纠纷,若一时无法解决,往往到茶馆请茶客评理。因茶客人数多,远近都有,与当事人关系不密切,又在公共场合,故说话较公允,当事双方一般都能接受。评理毕,所有参与调解茶客的茶资由理亏一方支付。品茶,因品字多“口”,含“理出众人口”之意。

建房(又称营造)

建房仪式,按顺序主要有看日、破土、落木、定磉、起榀、上梁、安土等。若是旧屋翻新,还要加一项“除旧”。乔迁新居(俗称“迁居”)也遵循一些规矩。中华人民共和国成立后,城镇随着公建房和商品房的建造,建房习俗已逐渐消失,但农村私人建房仍在沿用部分建房习俗。

看日 即择日,主家提前一个月左右请星家选定吉日良辰。星家在一张红纸上罗列除旧、破土、落木、定磉、上梁、立灶、开棚、起榀、安土的具体时间,主家照单执行。

破土 一般选择在天亮前五更时分,主家用鱼、肉、酒等祭祀土地菩萨,在建房区域外围翻若干小坑,坑中撒石灰,以示圈地。

落木 即落料,由领班木匠(俗称“木匠作头”)落定木料,表示木匠活儿开始。主家一般要送红包给领班木匠,并请吃糖蛋。晚餐要办落木酒,酒菜丰盛。

定磉 即测定新屋方位,由领班泥水匠(俗称“泥水作头”)撒白石灰定样。晚餐要办定磉酒,酒菜丰盛。主家也要送红包给领班泥水匠,并请吃糖蛋。

起榀 即按星家所定时辰立柱。晚上主家要办酒宴,一般备有酥肉。

上梁 上梁是建屋过程中一个最重要的仪式。一般在寅卯时分进行,也有在辰时进行的。一般由媳妇娘家备猪头一个,猪尾衔在猪嘴中以代全猪,活鲤鱼一尾,活雄鸡一羽,外加糖糕(即上梁年糕)、水果等,以祭请菩萨(俗称“梁屋子”)。架栋梁(正梁)时,由木匠作头到场操作,手托一盘,盘中盛上梁馒头,木匠作头沿梯而上,吟唱“脚踏云梯步步高,鲁班先师采仙桃”等上梁歌。唱罢,在上面一一抛下盘中馒头,边抛边唱“金玉堂,金银财宝用斗量;成双富贵,连中三元,四季发财,五子登科,六六进财香,七子保团圆,八仙来过海,九子九孙都宝贵,荣华富贵万万年”等一些好口彩歌词。主家在下面用红布接馒头。当唱至最后一句时，木匠作头将所有馒头一齐抛下，主家接住时口喊："重呀！重呀！"随即将馒头置于供桌上。斋拜完毕，鞭炮齐鸣，以示庆贺。新屋正梁居中用"顺治"铜钿钉红绸，寓意诸事顺利，并用红纸书写"上梁大吉"字样。两旁柱子上贴"上梁正遇黄道日，立柱恰逢紫微星"等吉利对联。次日，亲朋好友或送钱或送物表示祝贺。主家当晚宴请亲朋和所有参加建房的人，称上梁酒，酒后主家分送糖糕。

安土　也称谢土，一般在新屋建成一段时间后进行。由主家众男丁在一间新屋中用酒、肉、鱼和素食多样，外加接土圆子及纸头马幛等祭拜土地菩萨。拜毕，此屋封闭7天，不准外人踏入，以示对菩萨敬重。安土后，不宜再动土。

除旧　即拆除旧屋，按星家所定时辰，由主家男丁先拆除烟囱、灶山，接着由帮工拆屋除烟囱。灶山上的君位牌子用红绸包好，临时放在洁净地方，待新屋建成，重垒新灶时复位。

此外，尚有些泥工活儿也需要看日，如立灶、起棚、排坑，项目完成后要用酒肉祭拜灶神、棚头五圣等。

迁居

迁移新居，主人进屋前放鞭炮，向四周邻居分糕，叫搬场糕。条件好一点的还办搬家酒，以庆贺乔迁之喜。

婚嫁

旧时，镇域男女婚嫁全凭父母之命，媒妁之言。在联姻中，以男子为中心，讲究门当户对，且礼节烦琐，有纳彩、问名、纳吉、纳征、请期、迎亲、婚礼等七礼。富家依此行事，平民限于财力，或从简略。

中华人民共和国成立后，随着城乡居民生活水平的不断提高，婚嫁条件水涨船高。女子出嫁，从男方有房即允，进而要求男方建造新房或购置套房。嫁妆从黑白电视机、缝纫机、录音机、落地台灯、电风扇到大屏幕彩色电视机、空调、电脑及汽车。

独生子女逐渐进入婚嫁年龄后，民间婚嫁风俗出现新变化，或谓之"两头开门"，意为既非男方娶媳，亦非女方招赘，与旧时承祧两家之礼法稍有相似。举办婚礼前，双方都有协定，最为关键的是第一个子女生下后从谁姓。双方因此或争论不休，或协商办事，甚至抓阄而定，种种方式，不一而足。若摸号而定，则不管生男生女，摸到为准。此类婚姻，男女户口仍留原籍，双方装修新房。举行婚礼时，彩礼互不往来，酒席费用各自负担，新婚夫妇须到男方家、女方家两处参拜天地。传统意识浓的家庭，洞房花烛夜，新人睡在何家都非常讲究。联姻双方如父、祖两代长辈健在，则新婚夫妇以后须赡养双方祖父母和父母。

纳彩　又名报吉，俗称出"八字"、出帖。女到十五六岁，有人做媒。媒人至女家取来庚帖（其上以干支写明出生年、月、日、时辰等的红纸）。男方女性家长手抱装有一把筷的淘箩，在门槛里接庚帖后，压于灶山香炉下，意为请神灵审明。隔三日或七日，家中未有事故,可称吉利。

问名 男方请人合婚。如不相合,男方退回女方庚帖,附送糕点。

纳吉(订婚) 合婚后的仪式。男方家向女方家送聘礼,俗称"对亲"(即定亲、又名"着实饭")。聘金又称"求红"。聘礼、聘金多少,视经济条件而定,聘金数目必须成双,聘礼有首饰、服装等。

纳征 女方家受聘(又名"受茶""受红")。以茶叶分赠至亲,表示已经纳吉。女方家并设午宴款待男方来宾。当天回礼称回盘。是日请至亲吃着实饭(定亲酒)。摄影渐兴后,男女双方有交换各自照片,也有互赠订婚戒。

请期 又称"准日"。定亲后,由男方家提出结婚的好日子(一般是男方与女方协商而定)。是日,男方家备首饰、果盒及礼金,由媒人送至女方家。女方家备糕盒及"和合"一座,座下置红绸一方,庚帖包于绸中回赠男方家。男方家再回糕一半,谓"两头高"。一般在准日,双方媒人有一番"话亲"活动。农村尚有男方选定结婚吉日,提早半年通知女方,称"对盘"(又称"行大盘")。届时托媒人送礼金、礼物。也有女方不满足,致使男方送追礼的现象。

迎亲 新郎迎娶新娘。迎亲之日是结婚(俗称"拜堂")之日。结婚礼仪极为隆重。清末,新郎虽平民亦着蟒服,甚至僭越戴红顶,坐青毡大轿,红灯引路,鸣锣开道,乐器共奏,列队迎亲。路远用娶亲船,大户人家用浪船,花轿置船头。轿至女方家,放铳三响,燃放鞭炮,奏乐欢迎。迎娶到门,新娘出轿,踏过轿前五只麻袋,俗谓"传代",兆"五子登科"。农村不用花轿者,新娘由娘舅或兄弟抱上船,表示临走不带娘家泥土。上岸,娘舅或兄弟仍抱着新娘脚踏麻袋到男方家,表示新娘不是自己走上门。陪嫁品中有蚕花匾、一对蚕花鸡、两支蚕花竹,以示粮茧丰收。

婚礼 婚礼场面因家境而异。一般正墙正中挂双喜金字大红绸幛,四壁挂贺幛、贺联,桌上置天地神马,龙凤花烛。仪式开始,鸣炮奏乐,新郎、新娘站红毡毯上,主人拈香礼拜,新人行大礼,依次拜天地、祖宗,再向父母行大礼,跪着敬酒三杯,父训示勉励新人,最后新人交拜。礼毕,入洞房,由新郎挚友秉花烛引路。进入洞房,喜娘请新人按男左女右并坐床沿,称"坐床"。随后新郎用秤杆挑去新娘头盖幞巾,寓意"称心如意"。有的在床顶置匾与袱,意使新娘在夫家"扁扁服服";但也有新娘进夫门时,有意脚踏门槛,以示反抗。民国时期,新郎着长袍马褂,亦有着西装的,新娘穿粉红绣花旗袍。迎娶至男方家举行婚礼,男女傧相给新郎、新娘佩花。主婚人主持、介绍人亦在场,证婚人读证书,新人行鞠躬礼,司仪(旧称"主管")高唱:"一拜天地,欢天喜地,一鞠躬!二拜公婆,长福长寿,再鞠躬!夫妻交拜,百年和合,三鞠躬!"行礼前,司仪、喜娘(又称"阿娘")为新郎、新娘"上头"(即把新郎礼帽在头上掀三掀),以为吉祥。此谓"文明结婚",但未普及。民国初,婚礼是新旧并用。

婚礼毕,请宾客入宴。席间,婆母领新娘向在座宾客一一介绍,新郎分香烟、斟酒,新娘分喜糖，男方家至亲长辈向新娘送红包，称“见仪”（又称“见面钿”）。辈分小于新娘之至亲，则由新娘给见面钿。新娘兄弟陪送至男家，称“吊烟囱”。农村喜筵，一般三日排场，规模大于城镇。第一天为相帮进场，第二天正酒，第三天谢相帮，此俗沿袭至今。

新婚之夜闹新房，对新郎、新娘善意调笑，索取糖果。公婆等长辈也可参加，俗称“三日无大小”。

婚礼过后还需回门。婚后一个月，夫妻双双回娘家探望老人。新郎带去一桌酒菜，俗谓“桌面礼”，孝敬岳父母；岳父母回礼，并办回门酒。

中华人民共和国成立后，礼节逐渐简化。改革开放以来，婚姻介绍、婚纱摄影、婚礼录像、婚庆公司等中介服务机构相继出现，婚嫁程序和礼仪更趋简化。流行用轿车迎亲、在酒店办喜宴（农村在家办喜宴的居多）及雇请专业人员全程摄像。婚礼仪式一般安排在喜宴开始前进行，大致流程为：来宾入席；主持人宣布婚礼开始；音乐奏起，礼炮响起，新郎、新娘进场；证婚人或新人家长代表讲话；谢恩（向双方家长献花或行三鞠躬礼，向来宾致谢）；爱情誓言；交换信物（即婚戒）；点燃蜡烛；倒香槟酒，切蛋糕，喝交杯酒；主持人宣布仪式完毕，喜宴开始。参加婚宴的亲友（除少数远道而来的以外）大多当天返回，闹新房之俗淡化。

除此以外，域内还有入赘、拜河泥膀、叔接嫂、续弦、抢亲、逃婚、童养媳及调门亲等婚姻。

入赘　俗称“招女婿”。女方无弟兄或弟兄尚幼，招婿以增加劳力，协助治家，传宗接代。男方一般是兄弟众多而家境贫寒，无力娶亲者。入赘女婿要改女方姓，所生子女从母姓。招女婿承担赡养岳父母义务，亦有遗产继承权。实施《中华人民共和国婚姻法》后，入赘女婿不用改名换姓，在家庭中与女方地位平等。

拜河泥膀　旧时，受封建礼教束缚，男子到寡妇家落户，被贬称“拜河泥膀”。旧时寡妇往往事先不知，而由族长或家中长者作主，由男子携带猪头上门设祭，寡妇不中意，抢先制止放爆竹，否则不管同意与否，就算成婚。

叔接嫂　旧时，丈夫过世后，寡妇与其弟结合，俗称为叔接嫂。

续弦　旧时，妻死再娶称“续弦”，俗称“讨填房”。

抢亲　旧时，男女双方定亲后，因男方家贫或其他原因，女方家欲毁婚约、婚期久久不定。男方与挚友商定适当时间、地点实施抢亲。到时媒人指路，新郎见到新娘，就拦腰抱住，放鞭炮，以示旁人不得干涉，将新娘“抢”来成亲。尚有自幼定亲，长大后双方情投意合，但女方家长欲毁婚。男方得到姑娘同意，暗约时间、地点抢亲。男方上门后，即在鞭炮声中匆忙拜堂。第二天回门，岳父母只得认婿。

逃婚　旧时，为不满父母之命、媒妁之言订定的婚姻，而离家出走。

童养媳　俗称“养媳妇”。旧时，经济困难之男方有领养童养媳之俗，以减少日后娶亲开支，并提前增加家中劳力。儿女过多的贫困户将未成年女孩给人家当童养媳。童养媳在婆家多受虐待，长大后举行简单婚礼，俗称“养媳妇并亲”。中华人民共和国成立后，此习已废。

调门亲 旧时，两家都有未婚嫁的儿女，因家贫或其他原因，相互以女换媳，称为“调门亲”，一般由父母作主。中华人民共和国成立后，此俗已废。

生育

旧时，孕妇从临产到婴儿降生乃至儿童入学，有出生、三朝、满月、周岁、入学等五仪。

出生 孕妇临产时，娘家预为婴儿准备衣帽、抱裙、尿布及产妇吃的鸡、蛋、红糖、桂圆等营养品，称“催生”。亲友送鸡蛋、红糖，称为“端蛋汤”；产妇家每种须退回一定数量。

旧时，孕妇都在家生产，请接生婆接生。婴儿出世，用嫁妆中之红漆脚桶（盆）以温汤沐浴，然后包入襁褓称体重。20 世纪 50 年代起，由接生员接生，消毒严密，大多到医院分娩。从 1980 年起，重视孕妇产前体检。职业妇女产后享受 56 天产假期。

三朝 婴儿生下，其父即往岳家报喜。第三天称“三朝”，主家以染成红色的鸡蛋、胡桃各 4 个，一碗三鲜面送亲友、邻居；如系至亲，再外加三斤生面，以示庆贺。

满月 婴儿出生一月，称为“满月”。满月剃胎发，俗称剃满月头。产妇出产房。是日，主家以米粉团子送亲友，叫“满月团子”。家境比较宽裕的人家，还摆酒宴招待亲友，称“办满月酒”。

周岁 昔时，新生儿一足岁时，亲友送鞋、帽、衣服、饰物，主家备酒招待，称做“娜周”。是日，小孩穿新衣，戴虎头帽、银项圈、百岁锁（长命锁）、手镯、脚镯，坐在桌子上，身边放满纸、笔、书画、算盘、秤杆、玩具、银钱、食品等，让孩子抓取，测其所爱，以预卜孩子将来的成就，谓之“周岁试盘”（俗称“拿周”“抓周”）。中华人民共和国成立后，周岁试盘之仪逐渐废除。周岁以后，每逢孩子生日，母亲总会给烧一碗糖蛋或下面条给孩子，算是过生日。随着生活水平的提高，孩子过生日时，一家人相聚或邀小伙伴一起唱歌、吹蜡烛、吃蛋糕，以示庆祝；也有摆“生日酒”，以示庆贺；有的父母在电台点歌、荧屏映字为子女庆贺生日。

入学 民国初期，农村尚有私塾。孩子不到 7 虚岁即入学。书包文具由舅父赠送。孩子上学初穿戴整齐，家长随带红毡毯、红蜡烛、四式礼物陪同拜先生。同学间分发拌以少量盐的枣子（“盐”与“缘”谐音），以示结缘。老师给学生起书名（即学名）。是日午餐，学童必吃鲫（土音“ji”）鱼，谐音“记”，认为食后可增加记忆力。

中华人民共和国成立后，一些习俗被摒弃，但仍有许多习俗沿袭下来，不过在形式上有所变化。如小孩出生、满月、周岁送礼，以红包居多；办满月酒、周岁酒、生日酒大多去酒店；小孩满月时剪下婴儿胎毛制成胎毛笔，以留作纪念等。

穿耳

旧时女孩子七岁即要穿耳，以便成年后婚嫁时戴耳环。中华人民共和国成立后，此习渐废。20 世纪 90 年代后，此俗重新风行。

做寿

子女为父母生日举行庆祝仪式，俗称做寿。旧有“做九不做十”“做三不做四”之习俗，一般在父母 49 岁时开始做寿，做五十大寿，每 10 年做一次。寿礼主要由出嫁女偕女婿送寿面、咸鱼、糕点、果品和香烛。另外亲朋好友送寿礼、寿联等。收礼时要退还一半，称“回篮礼”。拜寿设寿堂，张灯结彩，点烛供果，悬挂金色“寿”字、寿星图和贺寿联。“寿星”端坐堂前，子女及亲戚依次上前叩拜。礼毕，吃肉丝面，并向左邻右舍分送寿面。家庭富裕的还摆设寿酒，燃放爆竹庆贺。中华人民共和国成立之初，经济处于恢复时期，一般家庭不做寿。20 世纪 90 年代后，又开始流行做寿，但形式较过去有所不同。如摆寿酒大多去酒店，寿桃多换成蛋糕；吃蛋糕时先吹蜡烛，合唱《生日快乐》歌；在外地的子女则以打电话、寄贺卡、电视点歌等形式向父母表示庆贺。此外，父母 66 岁时，女儿（如无女儿，则以外甥女或过继女儿代之）要奉敬 66 块红烧肉，父母食后，据传可闯过“人逢六十六，阎王请吃肉”之关。此俗流传至今，唯做法渐趋简化：或以肉六大块加六小块代之，或取肉一方块，煮熟后划成 66 小块。

此外，29 岁俗称“韩信关”，人们认为做寿可逢凶化吉。

丧葬

旧时，丧葬有送终、转场、报丧、守灵、开吊、戴孝、入殓、哭丧、出殡、安葬、素酒、设灵、做七等礼仪。

送终　老人临终前，子女须环侍在侧，听取遗嘱。老人断气时，子孙手持燃香，跪地嚎哭，称“送终”。断气后，立即替死者脱衣净身，换穿寿衣。死者若为女性，须穿红色棉袄、棉裤，谓如此可免遭地府剥衣之辱。又用丝绵或纱布覆盖脸面。同时，撤去蚊帐，遣人去三岔路口焚烧草鞋。

转场　将死者抬至棺材盖上暂放，俗称“转场”。摆放死者的厅堂遂成灵堂，悬挂白色孝帘、遗像，燃安息香。死者头南脚北躺卧，头前放米饭一碗，插竹筷一双，俗称“倒头羹饭”，脚后点长明灯。停尸 3 天或 5 天，停 5 天称“慢五朝”。

报丧　丧家派人或发函电向亲友告知死亡、盖棺、出材的日期，即谓报丧（若逢年初一，不报，待年初二再报）。亲友要请上门报丧者吃糖蛋、糖茶等“烟火食”。

守灵　俗称“守夜”。古人以为人死后三天内要回家探望，因此子女守候在灵堂内，等其灵魂归来。每夜都有亲友伴守，直至死者大殓入棺为止。后守灵演变为亲人聚在一起悼念死者。守灵多以三天为限。

开吊　丧家设好灵堂后，接受亲友吊唁称开吊。是日，堂中设灵堂，堂前用白布作幔（俗称孝堂），幔前放方桌，供以鱼肉，燃点香烛。至亲须办“羹饭”，多为猪腿一只、白鲢两尾，自族备蜡烛素仪至灵堂吊唁。亲友吊唁时，不论辈分大小，一律按“死者为大”规矩，上香跪拜，死者子孙跪地回礼。城镇居民亡故后，吊唁者多送素仪、挽联、挽幛、花圈等，丧家回赠手帕、毛巾。

戴孝 父母亡故，儿女须披麻戴孝。儿子头戴粗麻帽，身穿白长衫，腰束麻草绳，脚穿麻面鞋，为重孝。女儿、儿媳头戴白帽，身穿白衣裙，脚着白面鞋，腰束白布条，俗称"白挺带"。曾孙辈戴红布帽，臂缠红布条，脚穿白帮红跟鞋，身披红披风，出葬时撑红布伞。

入殓 亡者翌日小殓，三日大殓，入殓必选单日，忌双日。客来吊仪，男子跪伏于灵侧，女子哭于帷幕中。长子捧头，次子捧脚，将死者放入棺中，盖上子盖称为小殓。若死者无子则由其女行其职，若无子女则由侄辈代其职。入棺后，放入死者生前所爱之物及冥器，依次叠盖亲友所馈赠"重被"，子孙所送之被，谓"子孙被"，须覆于最上面。在尸体上用彩色布条或绸条结成各种图案，名为"结窑"。晚辈手扯棉兜蒙于尸体之上，意视死者为蚕，所扯棉兜为蚕吐丝结茧，边扯边吟蚕花民谣，祈求死者保佑晚辈养蚕顺境、生活安定，此谓"讨蚕花"。儿辈及至亲手持盛米升箩，内插蜡烛，依次绕棺数圈，称"盘蚕花"。时僧道诵经，乐师吹打，女眷哭嚎。最后盖棺敲榫，称为"大殓"。

哭丧 由女儿或媳妇担当。哭时有腔有调有词句，俗称"嗟调子哭"。人刚死，哭断气经；着寿衣哭着衣经；梳头哭梳头经；入棺哭惜别经；女客吊唁哭痛惜经，须陪哭祈平安经。

出殡 出殡时，一人走在最前面撒纸钱，称买路钱，一人执魂幡，一人捧"钱源囤"。送葬者，男子走在棺材前，女子跟在棺材后，一路号哭不止。中途棺暂停，送葬者还要跪拜于路中。人们送丧后归家，必须跨过点燃在家门前的稻草，才能进家门。

安葬 无定期。或大殓后即安葬，或先在南门外各会馆暂厝（会馆按一、二、三等收取租费），或用砖木筑棺材亭子暂厝，待选好地基择日安葬。安葬形式视死者家境及身份而定。富者或有功名者，用砖石砌廓，纳棺于内，上用泥土垒成坟墓，墓前立碑。贫者用稻草包扎直接葬入泥灰潭中；或置薄皮棺材入土，稍露坟头以便识别。死者若为孩童，装入木箱置寺庙后空地，旁插雨伞；至冬至夜，用红绵兜包裹尸骨放入淘米箩内，搁置在河边杨树叉间。

素酒 俗称"吃豆腐饭"。出葬前，丧家招待用餐以素为主，豆腐必不可少。高龄老人殁后，不论是否亲朋，都可至丧家讨豆腐饭吃，民间有"吃老豆腐长寿"之说。出葬时办一餐素酒，称"吃斋"。出葬后，改用荤菜招待送葬者，称"吃荤当散"。

设灵 出葬后，丧家在客堂悬挂"铭旌帷幕"，摆桌椅，桌上供死者牌位（民国后又挂死者照片），椅下放死者鞋子，称"设灵"。灵台俗称"座台"，每日由家人供斋饭，名"座饭"。死者为小辈，设座百日撤去；死者为长辈，须设座3年。撤座时举行仪式，称"除灵"或"化座"。

做七 死后每七天，家人都要举行悼念活动，至"七七"结束，俗称"做七"。"头七"由出嫁女儿做。"三七"至"四七"间有一天（由道士排定，旧称"煞回日"）设灵床，用死者衣物装成尸样，请道士摇铃诵经，谓"接煞"。"五七"最隆重，要请僧道念经拜忏，超度亡灵；还要宴请亲友（俗称"吃五七酒"），分赠"五七粽子"。"七七"又称"断七"。"七七"过后，至亲方可脱孝。

中华人民共和国成立后，实行移风易俗，逐步树立厚养薄葬观念，丧葬礼仪渐趋简化。但报丧、守灵、戴孝、出殡、素酒等习俗尚存。治丧期间，遗属及亲友臂缠黑纱，妻子、女儿、媳妇加插白色头花。吊唁者多送花圈，至亲好友还送“人情”（白纸封装）、挽幛（绸缎被面）。丧家宴请，以荤菜为主（但必有豆腐）。干部职工去世，单位举行追悼会或遗体告别仪式。20 世纪 90 年代后，境内一些富裕家庭，在操办丧事中开始沿用旧习，请和尚道士诵经，实行跪拜，设置孝堂灵位等，此风在农村尤盛。与此同时，民间相继出现哀乐队、素酒饭馆、殡葬服务等经营机构，丧家电话联系，即可上门提供布设灵堂、雇请哀乐队、租购素衣黑纱、落实殡葬用车、上殡仪馆火葬、安排素酒等服务。

1987 年实行殡葬改革后，镇区居民去世后一律火葬，骨灰葬置公墓；农村居民去世后，骨灰存放在安息堂。为建设生态墓地深化殡葬改革，根据桐乡市政府相关规定，濮院镇建成南山生态公墓，境内居民去世后骨灰大多安葬于此，但也有部分居民将死者骨灰安葬在桐乡龙山公墓或嘉兴秀洲区的泰石公墓。

第三节　岁时习俗

域内的岁时习俗包括传统习俗、新兴习俗（节日）及外来习俗，属汉民族文化范畴，但也有地域特色。

传统习俗

春节　俗称“新年”，最为民间所重视。旧时，镇域居民过春节（俗称“过年”），以大年初一为中心，节庆自农历十二月二十三开始，到次年正月十五日结束。其间，有各种习俗。农历正月初一零点开始放爆竹，除旧迎新。早晨吃甜汤团，取“团团圆圆，甜甜蜜蜜”之意。也有吃长寿面，意在长寿。初二开始，亲友之间相互走访拜年。

送灶神　农历十二月二十三日俗称“小年夜”，各家开始做过年的准备工作，送接灶神是其中重要的一项。是日晚，在供有灶神像的灶龛前摆设灶糖、糯米饭、清茶等供品，祭请灶神。祭毕，将灶神像放入篾扎纸糊的轿中，焚化在垫有冬青、柏枝的柴堆上，使其“噼啪”发声，俗称“送灶”。祭请用的灶糖和糯米饭均是黏糊之物，意谓“可封住灶君嘴巴，不使其在玉帝前胡言乱语”。除夕夜过子时，户主持香在门外望空长揖，谓之“接灶”。接灶后，灶龛中摆入新的灶君像，供品改用年糕或小圆子，俗称“接灶圆子”。由于老式柴灶已被燃气灶替代，送灶神之旧俗已不复存在。

请神祭祖　从农历十二月二十五日起至年终，各家都要请神祭祖，俗称“过年”“请年菩萨”“拜年太太”。先请神，一般在夜间进行。用 2 只或 4 只八仙桌拼搭成供桌，摆上猪头（或一大块肉）、整鸡全鱼、果蔬等供品，供品上盖红纸剪的“如意”。供品多少视家境贫富而定，均比其他季节请神要丰盛。请神次日祭祖，供品需增加若干素菜，当地向有“敬神菜仍可祭祖”之说。

年夜饭 有小年夜饭和大年夜饭两种。小年夜饭用敬神祭祖的鱼肉，外加数盆可口小菜，邀至亲好友相聚。大年夜饭必定在除夕夜，为家庭成员团圆饭；如有外出未归者，须设虚席。大年夜饭，“好口彩”菜肴必不可少，如发菜谐音“发财”，肉圆子象征团圆；鱼象征“年年有余”等。席间，晚辈向长辈敬酒祝福，长辈给小孩发压岁钱。饭后扫地，将垃圾扫入畚箕中，意为聚财。年初一不扫地，人们认为会扫掉财源。

守岁、烧头香 除夕夜点燃大红烛，烛不吹熄，任其燃尽。茶点果瓜放满一桌，合家围坐，随意喝茶聊天，直至半夜子时，称“守岁”。守岁时吃长生果（即花生），寓意长生不老；吃糖年糕，寓意甜甜蜜蜜，一年更比一年高。时下，有许多镇人尤其是做生意的业主，是夜走出家门，去香海寺、福严寺或他处寺庙，在菩萨莲花宝座下点燃香烛，许下心愿，称“烧头香”。

拜年 农历正月初一至正月十五日，亲戚朋友之间须相互登门拜年。春节时若互不来往，则意为断绝关系。拜年时相互宴请，赠送礼品，长辈还要给未成年的晚辈拜年者压岁钱。正月初一，各家各户张贴门联，燃放爆竹；大人、小孩穿着新衣，串门走亲戚。外出遇到熟人，双方抱拳作揖，口称“恭贺新禧”或“恭喜发财”。有客上门先敬糖茶，再递香烟。至亲中有新婚夫妇，要主动相邀，俗称“请新客人”。镇区多数商店在初一至初五提早打烊，销售年画玩具、糖果礼品的店铺和照相馆、茶馆反而延长营业时间。

接财神 农历正月初五，俗为“财神日”。在初四夜设供请神，谓之“接财神”。其礼仪与过年敬神相仿，唯在供桌上方供“五路财神”马张，悬活鲤鱼一尾，谓之“鲤鱼跳龙门”。祭毕将鱼放生。旧时，商家接财神时，店主或经理首先拜揖，然后职工顺次指名礼拜。有些聘任经理主事的富商大户还办财神酒。一般由经理宴请东家、股东，亦有东家、股东设宴招待经理的。席间，由经理面呈红账（即年终结算表）及官息红利等，并共商店务，交杯致谢，共祝来年财源更旺。

元宵 农历正月十五日为元宵节，亦称上元节。居民除吃汤圆外还有看灯活动。镇区各店铺从正月十三日开始张灯结彩，居民家庭在家堂、灶君前每天都点香烛，上供品，至正月十八日收灯，谓之“十三上灯十八落”。元宵之夜举办灯会，有舞龙灯、击元宵鼓等，居民走上街头尽情欢乐。闹完元宵，春节才告结束。

中华人民共和国成立后，过春节的习俗日趋简化。进入21世纪后，吃年夜饭不再拘泥于除夕夜，只要家人约定，年前任选一天均可。到饭店吃年夜饭日趋流行，各饭店有价格不等的年夜饭套餐可供选择。除夕夜守岁，主要观看电视节目，至深夜零时钟声敲响，人们到阳台或室外燃放爆竹，辞旧迎新。拜年除沿袭传统方式外，时兴电话拜年、明信片拜年、电子邮件拜年及手机信息拜年等。宴请客人多采用集中方式，或上饭店，或请厨师上门掌勺。居民过春节不再整天围着锅台转，多有走出家门休闲娱乐者，甚至携老扶幼，外出旅游。春节放长假7天，至正月初七或初八陆续上班。

立春 立春，意味着春耕开始。旧时，有迎芒神，争掷五谷子于春牛（泥糊稻草所制）

之俗。民国初,此俗渐废。

二月二　农历二月初二,农村春耕将始,民间有吃萝卜、年糕之习,谓之撑腰萝卜、撑腰糕。旧时,里人还集资演戏酬神(土地神)以取乐,儿童竞放风筝。

三月三　农历三月初三,妇女采野花插头上,有入夏不头晕之说。清康熙五十九年至六十年(1720—1721),"三月三"有佑圣会,届时靡费千金,舣舟万计,男女咸集,娱乐一时。

三月二十八庙会(濮院珠宝会)　濮院有举办庙会的习俗。早在元代时,濮院就以"濮绸"而名播海内,濮家开设的四大牙行更是把濮院打造成了一个万商云集的国内丝绸贸易市场。此后,濮院一直市廛繁庶,多富商巨贾。因此,濮院的庙会也有别于周边其他地方,规模特别大。尤其是东岳庙会,最讲排场,其盛况为:"士女走集,一国若狂。"会上奇珍异宝,悉数亮相,整个庙会充满珠光宝气。因此,人们干脆称濮院庙会为"濮院珠宝会"。关于"濮院珠宝会"的盛况,民国时期濮人妍千在《墨藻飞腾》中也作了详细的记述。

濮院东岳庙会,农历三月二十八举行,历时七八天,每隔三五年举办一次。其时,濮院镇万人空巷,远近村镇百姓都会赶来争睹庙会盛况。镇上的市河舟船蚁集,大街上人流摩肩接踵,全镇陷于一片狂欢之中。据传乾隆皇帝六下江南,听到传闻也动了心,有一次竟然途中让龙舟泊在陡门,说是要和百姓同乐。当他看见迎面鳌山上的俊童放飞的那只风筝上悬挂一幅彩锦,上面是"天子万年"四个大字,非常高兴,于是又是召见童子,又是御赐濮院一镇24坊银牌、彩缎、旗伞。这段轶事也为濮院珠宝会添了一段佳话。

东岳庙会由"五道七煞"开道,披枷戴锁的犯人队,臂钩悬香炉,肉身燃灯,24坊每坊亮出的一座座鳌山、花台、彩船等,其豪华奢侈,是附近其他庙会均不能相比的。在庙会上,"世家大族,悉出珍宝,以相夸耀,靡费巨万",最为靡费的是一座座鳌山。它们长丈余,三层,上设假山、花树,扎饰彩绸,缀以珠宝,嵌空玲珑,穷极手工之巧。每座鳌山上站立点脂敷粉锦衣玉饰的髫髻俊童,扮演神仙或戏文人物。牧童横骑牛背吹着玉笛的彩台最是夺人眼球,白牛身上披着彩霞锦缎,牛鼻绳是串起来的一颗颗明珠,一支玉笛更是稀世之宝。清嘉庆年间杨树本的《濮院琐记》中也有对濮院珠宝会盛况的描述:"碎剪锦绮,饰以金玉,穷极人间之巧,靡费各数千金,舣舟万计,男女咸集,费千无算。"因此,百姓评价近地庙会为:"硖石巧,濮院宝,桐乡迎会鬼讨好。"

民国20年(1931)珠宝会期间,太湖强盗突袭濮院镇,进行疯狂劫掠,致使公义当等多家商店的损失百万之巨。又因其间丝绸业不甚景气,遭此劫后,商贾们雪上加霜,从此,名声远扬的濮院珠宝会变成了历史的回忆。

寒食清明　清明为二十四节气之第五个节气,既是时令节气,又是传统大节,民间向有"清明大如年"之说。旧时过清明历时一周左右。清明前后三天是祭祖扫墓之日,要请太太、上坟。请太太即家祭,为家中祭祀。上坟即扫墓,合家集于祖坟,摆设供品,点烛焚香,依次行礼,并焚烧纸钱,除草添土,披挂彩色纸条。镇区居民至乡间扫墓,还将粽子一类食品赠与墓地周边农户，俗称“谢坟亲”，以求帮助照管祖坟。

镇域为蚕乡，因而还形成与蚕桑生产有关的习俗，并沿袭至今。清明前夜称清明夜，晚上家人聚餐，称“吃清明夜饭”。清明夜饭必有芽蚕豆、糯米嵌藕、马兰头、炒螺蛳等菜。传说吃芽蚕豆，养蚕发；吃藕，茧丝长；吃马兰头，眼力好；吃螺蛳，能“挑青”（旧时病蚕称“青娘”，挑青即去除病蚕）。饭后，还将螺蛳壳抛至屋顶瓦片上，诱瓦蛆入壳除之。清明当日称正清明。正清明及之后几天，有踏青（即春游）、走亲戚等活动。

清明前一日为寒食节。居民清明节制作的芽麦塌饼和清明圆子便为冷食。是日禁烟火，只吃冷食。芽麦塌饼以麦芽、棉线草头或苎麻叶和糯米粉揉成，或嵌豆沙果仁馅，为濮院及附近一带著名风味食品。清明圆子用米粉做成，形如小球，有青白两色，青色用南瓜秧叶掺和而成。

清明祭祖之俗，曾一度冷落，改革开放后复受重视。2008 年起，清明节被列为国家法定节假日。

立夏　立夏为二十四节气之第七个节气。镇人有吃麻球、青梅、朱樱、蚕豆、香蛳之习。俗谓“立夏食麻球，食后不生疮疖，可免蚊蝇叮咬”。还有烧野火饭，在露天（最好是在树下，对准鸟窝）搭成灶，拾柴烧饭。野火饭以白米加竹笋、新蚕豆、咸肉等做成。时下，立夏日吃麻球仍较流行；烧野火饭之习，因受条件限制，曾一度已被淡化，21 世纪后复流行。

端午节　农历五月初五为端阳节，亦称端午日。旧时，节前道观向各户分发钟馗像（俗称“端午符”）；中药店专门出售苍术、白芷、雄黄等。苍术、白芷为烟熏剂，俗称“蚊烟”。是日，各家用雄黄调制成雄黄酒，用雄黄酒在室内门上及小孩额头写“王”字；在门前悬菖蒲、艾叶、蒜头等；孩童穿老虎衣，戴老虎帽，蹬老虎鞋，身上挂有五色丝线扎成的三角包或香袋，内置樟脑丸、栀子、生大黄等；菜肴有黄鱼、白焐肉、灰鸭蛋伴生豆腐等。民间还流行吃粽子，粽子有三角锥形和四角枕形两种。女儿出嫁第一年，娘家要在端午节用红头绳捆扎粽子送至女婿家。富家还附送绣花荷包、药材香袋、绸布老虎、绒线菱角等手工艺品。2008 年起，端午节被定为国家法定节假日。

六月六　又称天贶节，俗称猫狗生日。民谚：“六月六，猫狗浴。”民谚“六月六，晒得鸭蛋熟”，是说这一天是入夏以后最热的一天。是日，吃馄饨、曝书晾衣、做豆瓣酱，民间有“六月六做酱不生虫”之说。

六月十九　相传农历六月十九日为观音成道日。里人有进香、买鱼虾放生的习俗。

立秋　是日如有雷，认为有损晚稻。农谚：“秋霹雳损晚谷物；秋后雷多，晚稻少收。”

乞巧　相传农历七月初七夜有牛郎织女鹊桥相会之说。此夜可以从“天河”观看牛郎织女星相移近，里人以此为一乐。旧时也有少女学针线乞巧。在七夕傍晚，将预先做好的一只小绣花鞋放在茅坑（厕所）边，口中念念有词：“坑缸娘娘独脚仙，教我姑娘好针线。”也有以瓜果悬于庭前，是夜如有蜘蛛绕之谓之“得巧”。还有将凤仙花捣成汁，染指甲，据说七月七染会“染牢”。

中元节 农历七月十五为中元节，俗称“鬼节”。旧时从农历七月十二至十六祭死者。节前，各街坊在十字路口放焰口，焚长锭，超度无主野鬼。今少数地区仍沿袭此俗。

七月三十 农历七月三十日传说是地藏王菩萨诞生日。这天傍晚，家家户户挂香烛于地，谓“插地藏香”；以木屑拌油放在瓦上点燃，名为“走路香”；用砖叠成塔状点香其上，称“灯塔”；用纸灯放入水面，随其漂流叫“放水灯”。插地藏香之俗曾一度禁绝，20世纪80年代后复流行。

中秋 农历八月十五为中秋节。旧时，与鬼节相对应，有人节之说。中秋节与春节、清明节、端午节同为传统大节。是日，吃月饼、南瓜、南瓜籽。此外，相传此日为月宫嫦娥生日，有在室外斋月之习俗。是夜，人们在室外用凳垫起八仙桌，上摆供品，点燃檀香。斋月不用荤腥，仅供以水果、糕饼。糕饼又以月饼为主。月饼象征团圆，是中秋祭月的必备供品。旧时东岳庙还有赏月会。今祭月之习已废，中秋之夜聚餐、吃月饼以及互赠月饼等习俗依旧。2008年起，中秋节被定为国定节假日。

重阳节 农历九月初九俗称重阳节。旧时，亦称登高节。是日，流行吃老菱、饮菊花酒，更有文人雅士登高赏菊饮酒吟诗；吃重阳糕，吃糕似有替代“登高”之意。据《东畲杂记》载，清道光二十五年(1845)，致仕回濮院的9位年逾七旬的乡贤择九月之吉日，集会于香海寺之集贤山房，推89岁的王涤新为会主，称为“九老会”。会上，九老插花、斗酒、绘画、赋诗。其中一首为：“丛菊篱边酒满壶，庞眉鹤发倩人扶，集贤觞咏传佳话，画画香山九老图。”4年后的重阳节，又集会一次，会主仍为王涤新。

按传统观念，“九九”含生命长久、健康长寿之意。1989年，重阳节被国家定为老人节，遂成老年人特定节日。是日，各单位领导多携慰问品走访退休职工或高寿老人。

立冬 立冬，为二十四个节气之第十九个节气。立冬后开始进补，民间有“冬天进补，春天打虎”之说。人们称羊肉为食补之王，黄芪烧鸡为神仙鸡。

冬至 冬至为二十四节气之第二十二个节气，也是年终大节，有“冬至大似年”一说。节前一日称冬至夜，以酒菜、纸锭祭祖。旧有“冬至一阳生，从此天渐长”“冬至有霜来岁早，重阳无雨一冬晴；冬至前后三朝霜，囤米囤了糠”等谚。是日，城镇住户焚僧家所送节关以祀祖先。农村居民将新糯米做成冬节圆子，遍邀亲朋过冬至节，且将冬节圆子分送城里亲戚，城里亲戚则回赠糕饼果点，不得让其空手而归，俗称“回篮”。是日，将浮厝在郊外棺木中的故人尸骨，纳入甏内，挖土掩埋，入土为安。也有将棺木焚烧，俗称“棺材天”。本地风俗，落葬后仅清明和冬至日方可动土，其余时间若要动土须请人择日。旧时有俗语谓“有钱冬至夜，无钱冻一夜”，意为家境不同，冬至景象亦殊异。农村居民迄今仍保留过冬至习俗。冬至前后，居民多腌鱼肉，准备过年。

新兴节日

元旦 1月1日，为国家法定假日。是日，境内各单位悬挂国旗，搭彩牌楼，以示庆祝,有些单位还组织职工开展文体活动或召开联欢会。电视机普及后,人们收看电视联欢会。

国际劳动妇女节 3月8日,为国际劳动妇女节。20世纪50年代,是日,由县妇联主持召开纪念大会。镇政府以报告会、纪念会、表彰会、茶话会、座谈会和体育比赛等不同形式庆祝节日,活动内容日渐丰富。多数工厂召开女工会,分发妇女用品和营养品。卫生部门组织医务工作者开展妇女健康咨询活动。

植树节 3月12日,为植树节。境内乡镇分区开展植树活动,绿化环境。

国际劳动节 5月1日,为国际劳动节,国家法定假日。镇内街头遍挂"庆祝'五一'国际劳动节"横幅,各单位的工会组织扎彩牌以示庆祝。中华人民共和国成立之初,镇政府组织广大职工手持标语、彩旗沿大街游行,亦有召开庆祝大会。后以表彰先进生产(工作)者、开展劳动竞赛为庆祝活动主要内容。

青年节 5月4日,为青年节,以纪念1919年在北京爆发的五四爱国运动。是日,镇团委表彰各条战线上的先进青年、优秀共青团员;开展内容丰富多彩的教育活动和文化、体育活动;组织青年学习先进人物、做好事,开展为民服务活动。

国际儿童节 6月1日,为国际儿童节。是日,域内父母、长辈带儿童出游,购买礼物。学校表彰"三好"学生、优秀少先队员并开展丰富多彩的文体活动;有关部门或单位向托儿所、幼儿园赠送礼品;医疗计生部门组织开展科学喂养、优生优育咨询,免费为幼儿进行健康检查。

中国共产党成立纪念日 7月1日,为中国共产党成立纪念日。镇委及上级党委于节前表彰先进支部与优秀党员。是日,各级党组织开展各种形式的党日活动,召开纪念大会,举办歌颂党的文艺演出,去革命烈士纪念馆进行瞻仰活动,举行入党宣誓仪式等。

中国人民解放军建军节 8月1日,为中国人民解放军建军节。是日,镇政府召开纪念会,组织开展多种形式的拥军优属、拥政爱民活动。

教师节 9月10日,为教师节。节日前,市(县)领导通过电视向全体教师表示节日祝贺。市(县)、镇政府部门召开会议表彰先进教师,举行座谈会、茶话会或赴学校及教工之家探望教师并进行慰问,离退休教师协会为老教师举办祝寿活动。

国庆节 10月1日,为国庆节。是日,域内各单位竖国旗、插彩旗、挂横幅,以示庆祝。20世纪90年代前,政府还在节前组织有关人员扎彩牌楼,国庆节当日进行游行庆祝活动,腰鼓队、扭秧歌穿插其间。

外来节日

情人节 情人节又叫圣瓦伦丁节或圣华伦泰节,每年的2月14日,是西方的传统节日之一。这一天,男女互送礼物用以表达爱意或友好。时下,情人节已开始在中国流行,域内的中青年人也追求时尚。是日,已婚男女一般以互送礼品为主,而未婚的则以送鲜花为主,多为红玫瑰,也有家境富裕的送蓝玫瑰(又名蓝色妖姬)。

愚人节 愚人节也称万愚节、幽默节，是西方社会民间传统节日，节期为每年4月1日。时下，愚人节也开始在中国流行，特别是在青年人中间流行。镇内的一些年轻人也在这一天以各种方式在朋友间互相愚弄取乐。

母亲节 母亲节是一个感谢母亲的节日，这个节日最早出现在古希腊。现代的母亲节起源于美国，节期为每年5月的第二个星期日。母亲们在这一天通常会收到礼物，康乃馨被视为献给母亲的花，而中国的母亲花是萱草花，又叫忘忧草。

母亲节率先在中国港澳台地区流行，名贵的珠宝、象征母爱的康乃馨、特制的爱心甜点、精致的手工贺卡等，成为人们向母亲敬献爱意的礼物。从1988年开始，中国南方的广州等一些城市开始举办母亲节的庆祝活动，并把评选“好母亲”作为内容之一。

镇人在这一天送给母亲的礼品一般是滋补品、服装等，也有送康乃馨等鲜花的。

国际护士节 5月12日，为国际护士节，是为纪念现代护理学创始人弗洛伦斯·南丁格尔的节日，于1912年设立。1997年5月12日，濮院镇中心医院在多功能厅举行庆祝晚会暨护士燕尾帽典礼。

圣诞节 西方传统节日，节期为每年12月25日。

改革开放后，圣诞节在中国逐渐盛行。每年的12月24日晚，慕道友及教徒去教堂参加圣诞平安夜活动。在圣诞节前夕，一些商店门口放置圣诞树、圣诞老人等标志，进行圣诞促销活动。

第四章　社会风尚

第一节　传统风尚

濮院自古民风淳朴，崇礼知耻，在日常生活中形成了许多良好的风气和习惯，有些已成传统风尚延续至今。

勤劳

旧时，镇人日出而作、日入而息，经得起风浪，吃得起苦，以勤劳为美德，视游手好闲者为不齿。农民以农业为本，终年勤于稻作、育蚕、养畜，兼以种蔬果，田野无闲地。每逢农忙，男不盥，女不栉，白首黄孺，均有所司。农忙间隙，农妇孩童勤割羊草，为禽畜准备饲料。职工、知识界均勤于职守，从无怨言。

俭朴

勤俭持家，吃穿朴素，吃用开销，量入为出，绝不浪费，生活无奢侈，此为里人一贯之传统。旧时，农民穿着多为自织土布，平时菜肴以素为主，间有荤肴，还制酱腌菜，以备淡季食用。

20 世纪 50—60 年代，干部与群众打成一片，深入群众，关心群众疾苦，工作上任劳任怨，生活上艰苦朴素，各方面以身作则，纪律严明，赢得尊重。

好客

重情好客为镇人传统待客之道，沿袭至今。凡登门者，泡茶递烟，热情接待；如请匠作，除烟茶外，每餐必备若干荤素相待；邻里和睦相处，亲戚间礼尚往来，遇红白喜事必相庆吊，建造新屋等必趋以相贺；亲友有患病者，必去探望；逢年过节亲友来访，必尽其所能，殷勤招待。

济贫扶弱

旧时，域内逢天灾人祸，地方人士施粥以济贫；穷人死去无力收殓者，施薄皮棺材。互济互助亦是常有事，经济拮据，又需急用，便"起会"自助。所谓起会，即邀亲友邻居十人左右参加，每人各出借现金若干，供发起者使用。随后按月"标会"，轮流中标，直至末会。路上或邻里间有不平事，有人出来伸张正义或群起而谴责，称为"打抱不平"，使恶者不能得逞而收敛。如人落水遭难，见者奋起抢救。助人为乐之风，中华人民共和国成立

残障人，骑车赴地震灾区

2010 年 5 月 22 日《浙江日报》报道张正明骑车赴灾区事迹书影

后更盛。自 1963 年掀起学雷锋热潮后，乘车、坐船给老弱病残让座，上下车船帮助提送行李、做好事不图报酬等蔚然成风。域内还涌现出一批助人为乐、济贫扶弱的优秀人物，镇人张正明就是其中典型的一个。

张正明少年时因病双耳失聪。2008 年 5 月 12 日，汶川地震发生后，他买了 200 件羊毛衫和 400 双袜子，邮寄到青川中学。同年 10 月 5 日，他又说服妻儿，只身骑车 60 多天去青川当志愿者。在青川期间，张正明在街头摆摊，利用自己的手艺，免费为当地灾民理发、修锁、修自行车等。为不增加灾区的负担，他婉拒当地民政部门提供的伙食，自己掏钱买盒饭，在返回前，还去青川福利院看望那里的老人和孩子。2010 年 5 月 22 日《浙江日报》以“残障人骑车赴地震灾区”为标题进行报道。

尊老爱幼

旧时，镇人视尊老爱幼为美德。晨起向老人问寒问暖，时时关心衣着厚薄，搀扶行动蹒跚者而行；婚庆喜事长辈坐大位，日常用餐，家庭中最长者居尊位。不尊敬或虐待老人者，会受到社会舆论谴责。长辈对小辈，生活上既关怀备至，又严格要求。父母重视对子女的教育和培养。富裕之家，孩子学完小学，继续升学深造；贫穷之家，男孩步入少年，出门学手艺、学生意、学规矩，成为自食其力的有用之人。

尊师重教

镇人历来有尊师重教之风，崇尚耕读传家。家长宁愿自己节衣缩食，也要供子女上学。孩童七岁，舅父赠送书包和学习用品，孩童入学启蒙。每逢佳节，向教师馈赠时令糕团。

中华人民共和国成立后，尊师重教之风依旧。“文化大革命”期间，教师受到冲击。浩劫过后，尊师重教之风更盛，“百年大计，教育为本”的理念，深入人心。1985 年，国家规定每年 9 月 10 日为教师节，教师社会地位日益提高。家长对子女接受教育更加重视，“学科学、学文化”，“尊重人才、尊重知识”在境内蔚然成风。

此外，即便是拜师学艺，在过去也是执礼甚恭。拜师时，点起红蜡烛，学徒跪在红毡毯上磕头，馈送猪蹄等作见面礼。逢年过节给师父送礼物，连续三年宴请，以谢授业之恩。中华人民共和国成立初，此俗在手工业界仍存在，今已废除。

息讼解纷

旧时，邻里间或朋友间产生纠纷，需进行调解时，一般有去茶馆吃“讲茶”之习。边喝茶边调解，大多能心平气和地解决矛盾，解除怨结，握手言欢。遇家庭纠纷或弟兄分家，均请娘舅、姑夫等长辈到场，听取意见，秉公而断。20 世纪 90 年代后，镇、村（居）设调解组织，及时解决矛盾纠纷。

第二节　新风尚

随着时代的发展，社会的进步，镇人的思想、理念发生了很大的变化，涌现出了许多新的社会现象，有些现象已成为新风尚。

男女平等

域内男尊女卑的旧观念已被铲除，女性在政治、经济、文化、就业等方面与男性享有平等的权利。政治上，女性在党政机构和各部门担任领导职务，也有的被各级组织评为先进工作者或行业标兵，有的当选为人大代表、政协委员。经济上，妇女实现平等就业，与男性同工同酬，摆脱了经济上的从属地位。文化上，女性从中华人民共和国成立初期参加扫盲班、夜校，到改革开放后，城乡男女学生有均等的接受教育的机会。

婚姻自由

旧时，婚姻遵循“父母之命、媒妁之言”的封建习俗。《中华人民共和国婚姻法》颁布后，实行婚姻自主，人们反对包办婚姻，崇尚自由恋爱。男女双方只要到当地民政部门办理结婚登记手续，领取结婚证书，即为合法夫妻。再婚得到社会承认，尤其是老年丧偶，重找老伴，俗称“黄昏恋”，不再受歧视。

城镇支农

中华人民共和国成立后至 20 世纪 70 年代中期，濮院镇政府每年在特定的农忙时期，组织城镇各单位以不同的形式支援农业。诸如在抗旱排涝、夏收夏种、秋收冬种时，政府除布置有关部门备足农用物资外，还组织机关干部、企业职工、城镇居民下乡义务劳动；商业部门职工送货下乡；干部肩背被包，与群众同住、同吃（付给饭钱与粮票），同劳动；教师暑假期间下乡劳动。

参军光荣

旧时，域内有“好男不当兵，好铁不打钉”之民谚。中华人民共和国成立后，青年以参军为荣。每年新兵入伍时，政府敲锣打鼓欢送；建军节慰问军属；给退伍兵发优待金。“一人参军，全家光荣”形成社会风尚。

优生优育

域内向以农耕为主，重男轻女，传宗接代、养儿防老、多子多福等传统生育观念根深蒂固。中华人民共和国成立初期，政府鼓励多生孩子，大多数家庭生有一两个、三四个甚至四个以上孩子。之后，开始实行计划生育。改革开放后，社会保障制度日益完善，传统的生育观念逐步改变。“生男生女一个样”“晚婚晚育，少生优育”等观念深入人心，越来越多的家庭只生一个孩子，并注重孩子早期智力开发，舍得进行教育投资。

勇于创业

濮院人一直以勤劳为美德。改革开放后，镇人勇敢改变墨守成规的生活，鼓起闯劲，敢为人先，激情洋溢地投身于创业创新大潮。20世纪80年代初，一部分人率先用简陋的设备，以小作坊的形式生产羊毛衫，之后，以点带面铺开。与此同时，成功开辟羊毛衫专业市场，濮院成为闻名遐迩的中国最大羊毛衫生产基地和专业市场。其间，许许多多濮院儿女走进工厂，刻苦钻研技术，学习管理知识；进入市场，学习经营，敢创新业，涌现出众多敬业奉献，带领乡亲致富的优秀企业家。

讲究时效

改革开放以来，工作、生活节奏大大加快。"时间就是金钱，效率就是生命"的观念，逐渐深入域内居民思想。迎来送往中的传统礼仪日趋简化，"请吃上饭店，送礼用红包"成为时尚。日出而作、日落而息的生活方式渐次改变，人们开夜工，加班加点干活挣钱；与朋友休闲娱乐，在交往中捕捉致富信息。年轻人频繁改行跳槽，以求获取更高报酬。

超前消费

镇域居民向以艰苦朴素为荣，家庭消费多主张量入为出。购买生活用品着眼于物美价廉、经久耐用。此种消费观念在物资匮乏的计划经济时期得到进一步强化。后随着生活水平大幅提高及受外来消费文化影响，居民消费观念逐渐改变。近年来，贷款购房买车者逐渐增多，年轻一代更崇尚超前消费意识。

依法办事

受传统思想熏陶，以往民众多习惯于人治体制。随着社会文明程度的不断提高及全民普法教育的开展，人们的法制观念不断增强。政府机关工作人员树立"依法行政，执政为民"理念，推行政务公开，依照法律规定行使行政权力。居民逐步改变"事无巨细，有事找政府"的旧观念，敢于行使法律赋予的权利，依法维护自身权益，遇到不能调解的纠纷，通过诉讼解决。

此外，以人为本、诚实守信、社会和谐、科学发展等理念，亦逐步为镇人所接受，并逐渐成新的社会风尚。

第五章　宗　　教

第一节　佛　教

佛教自南北朝传入域内，其后，历代兴建了众多佛教场所，据民国《濮院志》《光绪桐乡县志》记载，域内先后建造的大小寺、院、庙、堂、庵共97处，尤以元、明、清三代为盛。明、清时期有毁有修，亦有重建，清咸丰庚申年间及民国后期损毁较多，至中华人民共和国成立初，已所剩无几。“文化大革命”期间，域内寺、庙、庵、堂中神像悉数遭毁，僧寮殿宇或作粮仓、校舍，或为办公用房，佛教活动停止。改革开放后，逐渐恢复党的宗教政策，民间复有佛教信徒开始活动，尤以农村中老年妇女为多，人数呈增长态势。21世纪初，重建香海寺。今开放的香海禅寺为域内主要佛教活动场所。

部分寺、院、庙简介：

香海寺

香海寺位于镇区庙桥港北岸，初称福善寺，元至大年间(1308—1311)濮凤九世孙濮鉴舍宅施建。因崇福、积善两庵并入，故名福善寺，为域内最早建造的佛教寺院。清康熙六十一年(1722)，敕赐福善寺为香海寺，并赐衣、万寿炉等物。咸丰十年(1860)，寺毁。

2002年6月，濮院镇党委、政府决定，启动香海寺易地重建工程，新址选定镇北新濮村，启动资金200万元。重建筹备领导小组由沈松明、王志潮分别任正、副组长，徐永林、俞顺龙为组员，具体负责重建工程实施。重建过程中民间捐赠(包括资金、物资等)踊跃，如筹建初期，山门殿由黄生年一人捐赠53万余元，蒋林娜捐赠30万元，蒋玉荣捐赠15万元。截至2010年，已接受个人捐款万余人次，其中一次万元以上1000余人；尤其是上海的李培芬捐赠数额最大，累计达600万元。接受单位捐赠100余家次，其中广州生物技术有限公司累计捐赠折合人民币1000万元。

2008年年底完工的香海寺万佛宝殿

新建的香海寺占地面积约 170 亩，已陆续完成山门殿、财神殿、观音殿、万佛宝殿等四座殿堂及放生池。尤其是万佛宝殿，高 42 米，广盈 1260 平方米，有佛像 4000 多尊，为香海寺的主体工程。此外，禅寺还建客寮两栋，僧寮一栋及禅修中心、客堂、斋堂、厨房、办公房等，总建筑面积达 1.86 万平方米。寺内绿树成荫，有树株千余，绿地总面积约 5.33 万平方米。其中，树龄在两百年以上的桂树两株，树龄在百年以上的香樟、银杏数十株。截至 2010 年，重建中的香海寺已具相当规模。

2003 年，邀月泉法师来寺负责。2004 年起，由贤宗法师任寺院住持。寺内僧人 12 人，其中佛学院毕业的近半；每日有义工数十人。为传播佛教文化，寺院已编印智慧小册近 50 万册。2007 年 5 月，香海寺举办"启迪智慧，自在人生"禅商论坛。同年 11 月，《世界佛教报》刊登了 6 张介绍濮院新建香海禅寺法事盛况的图片。是年，由香海禅寺主办、贤宗法师任主编的《香海禅心》季刊对外发行。手册和季刊还以邮寄方式发送至香港、澳门、台湾等地。

新建的香海禅寺融人文、历史、宗教、艺术、园林绿化于一体，已成为濮院特色景观之一，前来禅修人员络绎不绝。

灵鹫禅寺

旧时，位于会龙桥西。寺塑造太君像，为三妇女著袍靴，挟弓矢，作男人装。清顺治十四年(1657)，僧子安建，怀璞重修。咸丰十年(1860)毁，同治年间重修。已毁无考。

东岳庙

位于十景塘北，本五通庙，祀五通神，创自宋代，明成化年间始有行宫戏台。清康熙年间改东岳庙。雍正八年(1730)建武穆、酆都二殿。嘉庆年间又于二殿后添建行宫，增设戏台。咸丰十一年(1861)毁，唯山门存。同治年间重建正殿及酆都殿。光绪二年(1876)建造武穆殿，二十三年(1897)建太子殿。宣统三年(1911)重建山门。1951 年，东岳庙改为洪合粮站仓库。

关帝庙

在大街南，明嘉靖九年(1530)建。清乾隆年间重修，又建行宫、文昌阁、忠勇王殿。山门内为武帝殿；后殿为行宫楼，上为雷祖殿行宫；西为地藏殿楼，上为文昌阁、地藏殿，西为忠勇王殿；东南有觉山堂及僧寮。咸丰十年(1860)毁。中华人民共和国成立后，关帝庙改建为濮院乡中心学校，20 世纪 90 年代为中心学校校办厂。

三官堂

即三元阁，旧为灵官庙，在灵官庙桥西堍。清乾隆年间重建，上为文阁，咸丰十年(1860)毁。

土地庙

有二。其一在大德桥北岸，宋时与濮氏后土祠同建，元末毁。明成化十八年(1482)重建，清康熙二十三年(1684)、乾隆八年(1743)两度重修，十四年(1749)建财神殿。庙凡三殿，后有真武楼，羽士分三房。咸丰十年(1860)，中楼与山门均毁。“文化大革命”期间被拆。其二在庙簰，即庙簰庙，元至顺年间创建，清同治六年(1867)重建，光绪初建东西两庑，前后殿各五间，隔河有戏台。抗战期间毁。中华人民共和国成立初期，庙址改建为学校和供销社商店。20世纪90年代后期，学校、供销社撤离。

西岳庙

即梧桐桥庙，旧名太平庵，位福寿禅寺西，梧桐桥北。清乾隆四十五年(1780)濮仲垣建，嘉庆二十一年(1816)改名。咸丰十年(1860)被匪拆毁，同治六年(1867)重建。已毁无考。

立关禅院

在横屋街南，旧名太平庵，正殿供如来像，清嘉庆三年(1798)建曹王殿，光绪二十八年(1902)重建。“文化大革命”期间被拆。

白雀禅院

在柳岸街，明江西、湖广布政使冯孜家庵，亦称朝西观音堂。清乾隆年间改僧院，易名为“白雀”，咸丰十年(1860)毁，同治三年(1864)重建第二殿、第三殿，光绪十五年(1889)复建第一殿。“文化大革命”期间被拆。

梧桐禅院

位于北栅杨家桥。清嘉庆年间建机神殿，光绪二十二年(1896)重建，二十三年(1897)建大士殿、刘王殿。民国8年(1919)建星宿殿。中华人民共和国成立后，改为粮库，“文化大革命”期间被拆。

福寿禅寺

又称西寺，元皇庆中，尼古心禅师(濮氏女，名文鑑，先世雄于赀，年十四为尼)独力建造，请于朝，赐名福寿。寺基广十亩，在西市迎龙、聚凤两桥之间。山门内夹道松林，路尽为香花桥。过桥，门敞而峻，殿广而崇，后有毗庐阁。俗以东有福善，故谓之西寺。宋学士《濮川八景》称之为“西院缠霞”。明改僧院；清自顺治以迄嘉庆，三次遭灾重建，咸丰十年(1860)又毁。同治二年(1863)，建桂香堂五间及后殿五间，中供大士像，余则僧寮数椽。民国间毁。

五福祠

俗称老太庙，位西观左，东向。嘉庆时改南向。镇上老太神凡七处，称七老太，封号为“安乐王”，盖即总管神，而有红脸、白脸之分。民国时毁。

梅泾庵

在化坛之南，明宋景濂读书处，清咸丰十年(1860)毁。同治四年(1865)重建一殿，庵基缭以土垣。“文化大革命”期间被拆。

妙智寺

位旧二十八都新三图(今妙智村)，始建无考，元时废，明正德九年(1514)重建，清顺治四年(1647)建茶亭,有碑记。咸丰时被毁,光绪初建小殿三间。“文化大革命”期间被拆,后曾改建为大队医务室。

泽冈庙

位于旧二十八都新北二图(今新联村),祀蒋、李两王,为土地神庙。明永乐八年(1410)建,成化中重建,毁不详。

北圣庙

位新联村,据1996年版《桐乡县志》记载,此庙于清光绪初建,名隐真寺,别称南北沈庙,因“沈”与“圣”谐音,后称“北圣庙”。20世纪60年代被拆。

此外,宋庆元五年(1199),张德明在镇北建三教院(明代称三教庵,民国时称三教堂),供奉儒、释、道三圣人。已毁无考。

表19-19 历代其他寺、院、庙、堂、庵一览表

名称	地址	修建时间及变迁	备注
普明禅院	岳家桥北	宋代古刹,后改为岳家观音堂	毁无考
玄坛庙	大全桥东	无考	久毁
永昌寺	镇南马甸庙西	旧为永昌院,宋嘉定二年(1209)建	毁无考
马甸庙	镇南九里	旧有马姓居此,四面桑田,故以甸名庙	毁无考
翟家庙	镇南七里推白桥南	无考	毁无考
施王庙(俗名四转池神)	顾家浜南	前殿于清乾隆四十七年(1782)建,正殿及后殿于嘉庆四年(1799)建	毁无考
施庵	西观后	施方伯尔志家庵	毁无考
积福庵	幽湖桥西	元朝碧月亭故址,清光绪十一年(1885)改建文昌阁,旋毁于火	毁无考
指南庵	化坛东南临梅泾上	无考	毁无考
报本庵	百亩园东	清顺治十三年(1656)建	毁无考
古萝庵	西栅	无考	毁无考
指息庵	西观后	无考	毁无考
药师庵	俞家桥西	无考	毁无考
谷青庵(大金庵)	黄庵西	无考	毁无考
西灵庵(小金庵)	无考	无考	毁无考
张庵	与黄庵相近	无考	毁无考
凝香庵	周家湾	无考	毁无考

续表 19－19

名　称	地　址	修建时间及变迁	备　注
广福庵	大衢里	无考	毁无考
积善庵	石家坟桥	无考	毁无考
集福庵	齐虹桥	无考	毁无考
朝北观音堂	南新街	元濮氏建，清咸丰十年(1860)毁，同治十年(1871)重建前殿，光绪二年(1876)复建后殿	毁无考
灵源庵(黄庵)	镇西	明崇祯黄仰椿建，故亦称黄庵，清乾隆年间濮仲垣重修，光绪年间重建	毁无考
戒珠庵(俗名旧陆庵)	王母桥西	明嘉靖年间建	毁无考
麻姑庵	燕场	旧传燕氏家庵	毁无考
集秀庵	庄泾浜西	始建无考，光绪十六年(1890)重建	毁无考
香藏庵	洞桥南	明杨霖寰建，光绪间改建，前殿供韦驮像，后殿供如来像，东为老太堂，西为观音殿	毁无考
水月庵	固安桥	明建，清同治八年(1882)建前殿，光绪二十二年(1896)建后殿	20 世纪末建凯旋路时拆
发光庵(俗名新陆庵)	杨家桥南	明知县陆堦故宅，陆无子，夫人项氏舍宅为庵	毁无考
老太堂	北苏浜	始建无考，清光绪年间重建	毁无考
化坛庵	南新街南	宋宣和年间僧惠中建，本名净土庵。宋末暴兵过镇，枕尸遍野，濮氏设坛庵旁瘗之称“化坛”，后人遂以名庵	咸丰十年(1860)毁
镇火庵(永安寺)	大街南	元濮鑑建	毁无考
白云庵	陆家桥南	明初为濮氏墓庐，裔孙濮侍泾改为白衣观音庵。明万历年间，桐邑令胡舜允讲乡约于此，因名其坊为“人和”，名其庵为“白云”。咸丰十年(1860)毁，光绪三十四年(1908)重建，民国 8 年(1919)复建前殿	毁无考
临观禅院(灵官阁)	东新街	旧为灵官阁，清康熙年间改总管堂，其后兴废不一。同治十二年(1873)重建前殿，民国 3 年(1914)建供火师像	毁无考
火德庙(镇离宫)	陆家桥东南	始建无考，咸丰十年(1860)毁，光绪十六年(1890)重建	毁无考

续表 19－19

名　称	地　址	修建时间及变迁	备　注
瞿昙庵(琪堂浜)	镇北良四庄瞿堂浜，俗名琪堂浜	清康熙五十九年(1720)建	毁无考
顺济庵	南埭	清同治九年(1870)建五间	毁无考
大悲庵	镇北	始建无考，民国7年(1918)重建五间	毁无考
节孝庵	佘家桥东	无考	毁无考
宝华庵	幽湖东北	明建	毁无考
西泠庵	狄家园北	明建	毁无考
古林庵	三教堂北	无考	毁无考
祭坛庵	大全桥东	无考	毁无考
圆觉庵	庄泾	无考	毁无考
谭庵	东荒浜	无考	毁无考
地藏庵	东栅	无考	毁无考
慈云庵	杨家桥北	无考	毁无考
万兴庵	南油车浜	始建无考，清光绪十九年(1893)重建	毁无考
镇水庵	土地庙东	宋濮氏建	毁无考
永福庵	岳庙北	元濮鑑建	毁无考
隐居庵	渡船桥东，近丁家石桥	清康熙年间里人陆爱桥葺之，乾隆四十五年(1780)复建	毁无考
会龙庵	会龙桥东	明建	毁无考
水木庵	濮九娘桥西北	明建，清乾隆年间重修，后毁。同治六年(1867)建后殿，供如来像。光绪元年(1875)重建	毁无考
惜字庵	灵官桥东	明建	毁无考
复新庵(亦称新庵)	狄家园后	清康熙年间杨苍舒舍宅建，咸丰十年(1860)毁，同治年间里人募得赵州柏乡县令杨琯改建，光绪年间重修二殿	毁无考
祈福庵	阮三姊桥东北	清康熙五十九年(1720)建。相传瞿堂浜阮氏姊妹三人均孀居而有志行，大姊舍宅为祈福庵	毁无考

续表 19－19

名　　称	地　　址	修建时间及变迁	备　注
永正禅堂	十景塘	元至中年间僧志清建，明崇祯年间古宗重建，后兴废不一	清咸丰庚申毁
东观音堂（又称朝南观音堂）	花园弄	本郁氏家庵，修建时间无考	道光末年毁
施王庙	有二：一处在庄泾浜；一处在渡船桥东	位于庄泾浜之庙建毁时间无考。位渡船桥东之庙，清同治九年（1870）建前殿，民国 12 年（1923）建后殿	毁无考
关帝庙	寺浜北岸	有额为“龙潭胜境”修建时间无考	咸丰十年（1860）毁
兴福明王庙（施全庙）	众安桥东堍	旧为石佛，清光绪年间建	遗址尚在
贤授禅院（涵瑞禅院）	镇东北好贤桥	明万历四十七年（1619）建，清初增建药师堂功德林，咸丰十年（1860）毁，同治三年（1864）重建五间，民国时称涵瑞禅院	毁无考
晏公庙	幽湖东	明永乐十四年（1416）建，清光绪二十八年（1902）重建五间	毁无考
紫竹林	西寺隔溪	清吕治建	毁无考
天香静室	机灵桥	福善寺僧某所建	毁无考
韦天亭（俗讹齐天亭）	王母桥西	宋武帝元年（420）建，清康熙十三年（1674）改亭为庵置僧寮，后毁。民国初重建一殿，有韦驮石像	毁无考
积福草庵	旧二十八都旧北一图	无考	毁无考
涌罗庵	旧二十八都旧南一图	无考	毁无考
梵音庵	旧二十八都新北一图	无考	毁无考
普福庵	旧二十八都旧北二图	无考	毁无考
孔家观音堂	旧二十八都新北二图	无考	毁无考
佑圣庵	旧二十八都新北二图	无考	毁无考
永新庵	旧二十八都新南二图	无考	毁无考
经堂庵	旧二十八都四图	无考	毁无考
唐庵	旧二十八都以下四图	无考	毁无考
园正庵	旧二十八都五图	无考	毁无考
长庆庵	旧二十八都五图	无考	毁无考

续表 19－19

名　　称	地　　址	修建时间及变迁	备　注
摄心庵	旧二十八都五图	无考	毁无考
竹隐庵	旧二十八都五图	无考	毁无考
真武庙	旧二十八都五图	无考	毁无考
永新庙	旧二十八都旧北一图	无考	毁无考

资料来源：民国《濮院志》《光绪桐乡县志》及 1996 年版《濮院镇志》

第二节　道　教

道教自唐代传入境内。民国《濮院志》记载，昔日域内有翔云观、南泾道院、福清道院、南观、舞云仙观、紫微宫、真隐观等道教场所 7 处。随着时代的变迁，除翔云观尚存观址外，其余均已不复存在。

翔云观

初名玄明观。据明李培《玄明观碑记》："玄明观俗传创自五代悟法师，数遭兵燹，纪石湮没无考。"元至大二年(1309)十月，濮鑑舍宅之左重建玄明观。清康熙元年(1662)，避帝讳，改名翔云观。翔云观曾与苏州玄妙观、乌镇修真观齐名，为江南三大著名道观之一，观内道藏丰富。清时每年还在中元节举行晒经之会，由众信徒参与晒经。咸丰十年(1860)毁。同治年间重建正殿，后渐衰落。中华人民共和国成立后，曾改建为粮库，20世纪末，拆建为宿舍，头山门尚存。1981 年 6 月，翔云观被桐乡县人民政府列为县文物保护单位。

南泾道院

在梅泾南，元至元年间张全真建，地多渔家。毁无考。

南观

在大街，建毁无考。

福清道院

在镇西，元濮鑑建，至正二十六年(1366)狄守真重建，明洪武二十四年(1391)，道士姚道安复建，清咸丰十年(1860)毁，同治十一年(1872)重建一殿。毁无考。

舞云仙观

位水木庵左，清嘉庆十七年(1812)，里人宋凤标、叶士杰建。毁无考。

紫微宫

在仓前街，清光绪年间重建，毁无考。

真隐观

位于旧二十八都旧三图，建毁无考。

第三节 基督教

清光绪十九年(1893)，基督教传入域内，同年建耶稣教堂。“文化大革命”时期，基督教活动停止。“文化大革命”结束后，基督教活动逐渐恢复。20世纪90年代后，域内除濮院基督教堂外，先后建造周家兜、新生两个基督教堂。此外，还有万兴街、咏梅路两处基督教家庭聚会点。

基督教濮院教堂

基督教濮院教堂(耶稣堂)，位于永濮村北埭12号。清光绪十九年(1893)，美国南长老会的基督教传教士毕来思(斯)到濮院布道，于大全桥东购得李姓民房并将其改设为耶稣堂。光绪二十九年(1903)，西教士马维善、花迪生等在濮院建堂布道。民国33年(1944)，嘉兴区会派牧师杨步道至濮院负责。至“文化大革命”前，濮院镇有基督教受洗信徒50—60人，耶稣堂工作仍由牧师杨步道负责。“文化大革命”期间，耶稣堂大部分建筑遭拆除。中共十一届三中全会后，恢复宗教政策，部分信徒开始在原堂址内恢复聚会活动。1982年，由桐乡县委统战部、县三自爱国会、濮院镇政府、濮院乡政府出面，与永濮大队协商，决定永濮大队赔偿3000～4000元，在原教堂址西侧重建耶稣堂，面积80平方米，耶稣堂负责人为骆安德。1993年，“基督教濮院教堂”堂名经桐乡县人民政府批准，准予注册登记。

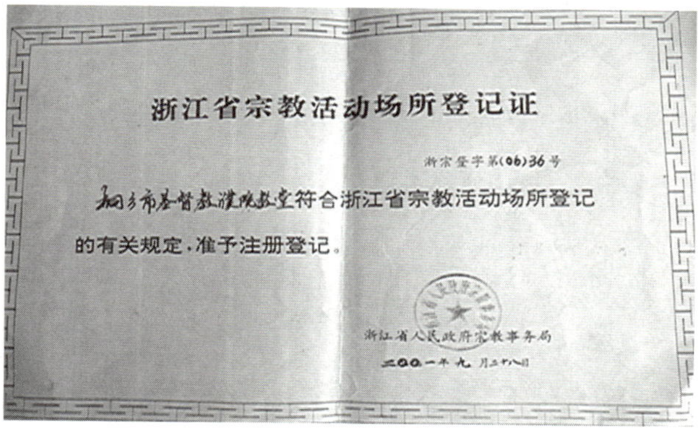
浙江省宗教活动场所登记证

浙宗登字第(06)36号

桐乡市基督教濮院教堂符合浙江省宗教活动场所登记的有关规定，准予注册登记。

浙江省人民政府宗教事务局

二〇〇一年九月二十八日

基督教濮院教堂的浙江省宗教活动场所登记证

1997年3月，经桐乡市民族宗教事务局批准，在原址重建耶稣堂，是年12月竣工。新建教堂为单层活动礼堂加三层门楼，并附设食堂、车棚等，建筑面积500平方米，可容纳600余人。12月28日，新堂举行落成感恩典礼，参加典礼的除本镇信徒外，桐乡市各乡镇的11个教堂及秀洲、王店、建设等教堂均派代表前来祝贺，参加典礼总人数700余人。2001年9月，濮院基督教堂被浙江省人民政府宗教事务局注册登记为浙江省宗教活动场所。

1993年，基督教濮院教堂进行首届堂务委员会选举，至2010年，共进行六次换届选举。堂务委员会主任前三届由骆安德连任，第四届(2003年)起一直由陈金金连任。第六届堂委会，设主任1人、副主任2人及委员共11人。下设治安消防、卫生防疫、财务、财产、诗班、探访、婚丧等7个管理组；骆安德、李荣道为教堂长老；陈金金、陆凌峰、忻裕明3人为专职传道人，有受洗信徒500余人。教堂每周日举行一次礼拜活动，在“耶稣受难日”“圣诞节”举行两次重要活动。此外每年举办一次“培灵会”。

此外，自1983年起，教堂堂务主任按月领取堂务津贴，由堂内支付，并逐年提高。最初为每月20元，至2010年，为每月1200元。

历任负责人：毕来思（斯）、马维善、花迪生、杨步道、骆安德、陈金金。

获得的荣誉：1997年—2010年，连续14年被桐乡市委统战部、桐乡市民族宗教事务局评为“五好”宗教活动场所；2007年，被桐乡市民族宗教事务局评为“平安教堂”；2008年，被嘉兴市民族宗教事务局评为“平安宗教活动场所”。

表19－20　　2010年基督教濮院教堂财产一览表

名　称	样　式	数　量	来　源
教堂宅地	—	933平方米	教友捐献
活动礼堂	人字梁、长方形	1所(253平方米)	教友捐献
讲　台	长方形	1张	教友捐献
讲经台	长方形	2张	教友捐献
奉献箱	正方形	2只	教友捐献
四座长椅	狭长形	136张	教友捐献
钢　琴	长方形	1架	教友捐献
电子琴	—	2架	教友捐献
洋　号	—	20只	教友捐献
大　鼓	—	4只	教友捐献
小　鼓	—	15只	教友捐献
音　箱	—	6只	教友捐献
电子钟	—	3只	教友捐献
厨　房	长方形	22平方米	教友捐献
餐　厅	长方形	400平方米	教友捐献
木　床	长方形	4张	教友捐献

基督教周家兜教堂

基督教周家兜教堂位于永越村周家兜（原会龙村周家兜），有受洗信徒500余人。1984年，濮院乡会龙村周边有基督信徒20余人，以周家兜一农房为点进行活动。1992

年，信徒增至200余人。是年，众信徒捐款8000元在周家兜购一处农房，以点代堂，进行聚会活动。1995年，信徒发展至250人，原活动场所已难以适应。经申请，是年9月，桐乡市民族宗教事务局批准，在周家兜建造新教堂，11月底竣工。新教堂为单层活动礼堂加二层门楼，建筑面积258.9平方米，可容纳400余人，新建教堂批准为濮院周家兜教会，同时办理注册登记，持宗教活动场所登记证。12月，举行新堂落成感恩典礼，参加感恩典礼的人员除本教会信徒外，母堂、屠甸、梧桐、新生、嘉兴等堂均派代表参加，人数500余人。2002年、2005年，教堂又先后进行两次扩建，增加了车库、四层楼聚会住宿房、餐厅等场所，总面积达885平方米。其中，2002年10月扩建后，经桐乡市民族宗教事务局批准，更名为基督教周家兜教堂。

1993年，周家兜耶稣点进行首届堂务委员会选举，至2010年，堂务委员会已举行三次换届选举，周雪坤为历届连任主任。第三届堂委会，设主任1人、副主任2人及委员共11人，下设人事、治安消防、卫生防疫、财务、环保等5个管理组。同时建立信友探访制度，配有唱诗班和乐队。周雪坤、朱金山为教堂长老，受洗信徒450余人，教堂主要活动内容与濮院教堂基本相同。

2002年起，堂务主任按月领取堂务补贴450元，由教堂自给。

获得的荣誉：1999—2010年，连续12年被桐乡市统战部、桐乡市民族宗教事务局评为“五好”宗教活动场所；2005年，被桐乡市民族宗教事务局评为“平安教会”；2007年，被嘉兴市民族宗教事务局评为“平安教堂”；2010年，被嘉兴市民族宗教事务局评为“嘉兴市星级平安宗教活动场所”。

表19－21　　2010年周家兜耶稣堂财产一览表

名　称	样　式	数　量	来　源
教堂宅地		885平方米	教友捐献
活动礼堂	人字梁、长方形	1所(224平方米)	教友捐献
讲　台	长方形	1张	教友捐献
讲经台	长方形	1张	教友捐献
奉献箱	正方形	2只	教友捐献
长条凳	狭长形	60只	教友捐献
椅	单靠背	240张	教友捐献
钢　琴	长方形	1架	教友捐献
风　琴	长方形	2架	教友捐献
洋　号	—	20只	教友捐献
大　鼓	—	3只	教友捐献

续表 19－21

名 称	样 式	数 量	来 源
小 鼓	—	6只	教友捐献
音 箱	—	8只	教友捐献
电子钟	—	3只	教友捐献
厨 房	长方形	25平方米	教友捐献
餐 厅	长方形	100平方米	教友捐献
木 床	长方形	30张	教友捐献

基督教新生教堂

基督教新生教堂位于新联村王家浜，2010年，有受洗信徒450余人，慕道友350人。1988年，新生乡有基督教信徒20余人，以家代堂进行活动。1990年，众信徒捐款购农房8间，以点代堂。1996年7月，经桐乡市民族宗教事务局批准，在王家浜建造基督教堂，是年12月竣工。教堂主体为单层礼堂加三层门楼，建筑面积236平方米，可容纳400余人。同时教堂被批准为基督教新生教堂，办理注册登记，持有宗教活动场所登记证。竣工当月，新堂举行落成感恩典礼，参加感恩典礼的人员除本堂信徒外，母堂及周边教堂均派代表参加祝贺。

2006年，堂委会在教友们的建议下，拟在原堂南侧再次征地扩建。2009年12月，扩建申请获桐乡市民族宗教事务局批准，2010年4月举行开工典礼，2011年12月竣工。新教堂“主恩堂”正门朝东，建筑面积1030平方米，可容纳1500多人，内设音控室、地下祈祷室；主恩堂后为1000平方米的三层综合楼，满足堂委会成员办公及信徒们住宿等其他需求。新教堂竣工后，原教堂改为餐厅。

1990年，基督教新生教堂举行首届堂务委员会选举，至2010年，已举行三次换届选

基督教新生教堂外貌及教堂主堂

举。林茂柏任首届堂委会主任,2003 年第二届堂务主任为陆月文,2008 年第三届堂务主任为楼凤月。第三届堂委会,设主任 1 人、副主任 2 人及委员 11 人,同时下设堂务、治安消防、卫生防疫、财务、财产等 5 个管理组,建立信友探访制度,配有唱诗班和乐队。教堂主要活动内容与濮院教堂基本相同。

2002 年起,堂务主任按月领取堂务补贴,由教堂自给。补贴额起初为每月 300 元,至 2010 年,已增至 700 元。

获得的荣誉:1998—2010 年,连续 13 年被桐乡市委统战部、桐乡市民族宗教事务局评为"五好"宗教活动场所;2006 年,被桐乡市民族宗教事务局评为"平安教会";2007 年,被嘉兴市民族宗教事务局评为"平安教堂"。

表 19－22　　2010 年基督教新生教堂财产一览表

名　　称	样　　式	数　　量	来　　源
教堂宅地	—	5136 平方米	教友捐献
主恩堂	—	1030 平方米	教友捐献
地下祈祷室	—	50 平方米	教友捐献
音控室	—	5 平方米	教友捐献
三层综合楼	—	1000 平方米	教友捐献
餐　厅	—	266 平方米	教友捐献
传达室	—	15 平方米	教友捐献
四座长椅	狭长形	200 张	教友捐献
讲经台	长方形	1 张	教友捐献
圣餐台	长方形	1 张	教友捐献
方　凳	—	300 只	教友捐献
圆　台	—	30 张	教友捐献
空　调	—	15 台	教友捐献
电子钟	—	5 只	教友捐献
木　床	—	20 张	教友捐献
爵士鼓	—	2 只	教友捐献
贝　司	—	1 只	教友捐献
吉　他	—	1 把	教友捐献
钢　琴	—	2 架	教友捐献
电子钢琴	—	1 架	教友捐献
电子琴	—	1 架	教友捐献

第四节　天主教

清光绪年间，天主教由法国传教士传入域内，域内设立天主堂。此后，无发展，教堂转移至别处。中华人民共和国成立后至20世纪80年代初，域内天主教活动中断。之后，随着活动恢复，信徒渐多，至90年代末择地建堂。

天主堂

清光绪二十八年(1902)，天主教法国传教士韩日禄将天主教传入域内，于石条街购得沈姓民房并改设天主堂。初时有入教者，但无发展。宣统元年(1909)，天主教将道伦和尚抵押的僧房设堂做礼拜传教，至宣统三年(1911)僧房赎回，天主堂传教转移到别处，至民国时期逐渐冷落。

中华人民共和国成立后，域内天主教信徒活动中断。1983年开始恢复活动，初时有信徒20人，但濮院无天主教堂，去嘉兴紫阳街51号天主教堂活动。1990年，信徒发展至50人。

1997年11月，经桐乡市民族宗教事务局批准，在濮院筹建桐乡市天主教堂。是年，于咏梅路4弄购置土地321平方米，1998年5月动工，10月竣工。教堂为二层建筑，总面积450平方米，底层为用于堂务管理、财务、接待的房间及盥洗间等；二楼为信徒活动礼堂，面积220平方米，可容纳180人。新建教堂经桐乡市民族宗教事务局批准命名为“桐乡市天主教堂”，同时办理注册登记，持宗教活动场所登记证。1999年6月29日，新堂举行献堂典礼，炉头、乌镇、石门、屠甸等地天主教教会点均派代表到场祝贺。

1985年，桐乡市天主堂举行首届堂务委员会选举，至2010年，堂务委员会已举行四次换届选举，杨月林任历届主任。第四届堂委会设主任、副主任各1人及委员共11人，下设堂务、治安消防、卫生防疫、财务、财产5个管理组。有受洗信徒400余人，以渔民为主，杨应时为专职神父。

桐乡市天主教堂外貌及教堂主堂

桐乡市天主教堂每年举行7次重要活动，分别为4月初“耶稣复活节”、5月中旬“圣神降临节”、6月29日“圣伯多禄及圣保禄宗徒本堂瞻礼节”、8月中旬“圣母升天日”、11月初“追思已亡节”、12月25日“耶稣圣诞节”及新年来临前的“谢天主节”。

获得的荣誉：2000年—2010年，连续11年被桐乡市委统战部、桐乡市民族宗教事务局评为“五好”宗教活动场所；2009年5月，被嘉兴市民族宗教事务局评为“平安宗教活动场所”。

表19－23　　2010年桐乡市天主堂财产一览表

名　称	样　式	数　量	来　源
教堂宅地	—	321平方米	杭州天主堂8万元、嘉兴天主堂5万元、桐乡市委统战部3000元及各教友捐献
主教堂	二层水泥现浇	1所	
扩音机	—	1台	教友捐献
音　箱	—	2只	教友捐献
柜　台	—	1张	教友捐献
5人长凳	—	23只	教友捐献
讲经台	—	1张	教友捐献
洗衣机	—	1台	教友捐献
煤气灶	—	1只	教友捐献
煤气瓶	—	2只	教友捐献
油烟机	—	1台	教友捐献
办公写字台	—	3张	教友捐献
小方凳	—	4只	教友捐献
圆　台	—	12张	教友捐献
方　凳	—	100只	教友捐献
高低床	—	4张	教友捐献
片　床	—	2张	教友捐献

第二十编

人物

镇域自濮氏定居至今已 875 年，人文荟萃，源远流长。经济、政治、文化、艺术、教育、医疗等领域，人才济济，各擅风华。本编《人物传和流寓名人》选编民国《濮院志》著录的部分人物，收入革命烈士和若干近现代人物，共 80 人，流寓名人 17 人。《当代人物和客籍名流选介》收入当代人物 56 人、当代客籍名流 3 人。

第一章 人物传和流寓名人

第一节 人物传

濮 凤

字云翔，山东曲阜县亲贤乡人。凤弟凰，字云隐，兄弟俱仕宋。濮凤于靖康初被举荐任著作郎，兼羽林中卫，护圣军右骑尉。建炎三年(1129)，扈从高宗南渡。绍兴五年(1135)，访胜卜居至梧桐最盛之幽湖，因历来有“凤栖梧桐”之说，适与其名相符，便定居于此。为濮院开镇始祖。濮凤生有六子，名濮梧、濮桐、濮樘、濮棣、濮梓、濮榛，皆贵。长子濮梧，字楚玉，仕河南中都路左卫指挥使；次子濮桐，改名士綦，字悦甲，国子监学录，工于诗，与名士王十朋友善；三子濮樘，字楚珍，仕温州司理；四子濮棣，字楚瑶，贵封儒林郎；五子濮梓，字文木，官学正；六子濮榛，字楚玖，由武学博士官至朝散郎知广德军。

辅 逵

字彦达，赵州庆源人。宋高宗南渡时，辅逵隶杨沂中麾下，屡立奇功。历官左武大夫、邵州防御使。孝宗欲处以边郡，问其能否胜任。曰：“当以家法治之。”又问：“何法？”曰：“子视军民，爱惜财赋。”遂除泰州，果大治。晚年迁居永新乡，其墓在经堂桥(今濮院镇新港村)。子廉、广、庠、康。辅氏曾设家祠于濮院镇西，今尚有辅氏后人居濮院油车桥村。

濮斗南

原名徐涞，濮凤六世孙。南宋绍定二年(1229)己丑黄朴榜进士，一说宁宗朝进士，吏部侍郎。谢政归里时，理宗诏赐居第曰“濮院”。有石坊立于宅前，濮院之名自此开始。

濮 鑑(1262—1312)

字明之，一作明远，濮凤十世孙，性情豁达豪爽，为人谦恭有礼，无心仕进，轻财重义。元大德十一年(1307)浙西大水，濮鑑开仓发放粟米 3000 石赈济灾民。创建“仁寿”“福善”“永福”“报恩”“善济”5 所佛寺，又创建道观名为“玄明”，再创设“永安”“东岳”两祠。生平乐善好施，周恤孤寡，办义塾，修桥梁，开井渠，给贫苦死者施赠棺木。后被征为富阳税官，不久，升任淮安路屯田打捕同提举。元至大二年(1309)，濮鑑于濮地设四大牙行，兴丝绸贸易，收贮土绢，便于四方商贾收购，缓解商者寄居异地，旅途漂泊之苦，于是濮地有了“永乐市”之名。濮鑑卒于皇庆元年(1312)，其挚友吴兴赵孟頫为其撰写墓志铭。生四子，长子濮允中。

濮允中

号乐闲，入仕更名也先不花，濮鑑长子，濮彦仁父。元至顺元年(1330)征为两淮盐场转运司令。乐善好施，不减父风。至元元年(1335)建三清阁于玄明观，后又建化坛庵大殿，晚筑知止堂，远聘名师课子，宋景濂、杨维桢常下榻其中。至正十年冬前夕，濮允中、濮彦仁父子聚集一时名士，举行“聚桂文会”，携诗文赴会者500余人。文会请杨维桢、李一初任主评，葛藏之、鲍仲孚参与，评定诗文优劣，结集传世，杨维桢作序。

朱　清

初为防海义民，元至元十一年(1274)，参政董文炳遣招讨使王世强招之。伯颜既平宋，遣朱清载宋库藏图籍，自崇明泛海入大都，授千户。时东南漕运艰，朝议海运。造平底船60艘，命罗璧、张瑄与朱清共领之。朱清、张瑄引舟东行3日夜，考察南北海道，熟识航线。此后船队自刘家港入海，一岁中往返两运，渐多至200余万石。朱清运粮有功，遥授宣慰使。元贞元年(1295)，增江西、河南参政，以朱清及张瑄为之。后坐罪，并籍家拘其军器海舶等物。武宗至大三年(1310)，复用朱清子朱虎往治海漕，以所籍宅一区田百顷给之。

濮孟清

原名彦华，字子澄。明洪武二年(1369)，濮氏分徙他乡时谪迁仁和县(今杭州市境内)。永乐二年(1404)奉诏回归故里，修葺旧居，恢复故业，并辑宋元以来遗章逸文为《濮川志略》，以激励后人。于是族姓散居他乡者复渐聚，濮氏之支脉得以再次振兴。

冯　孜

字子渐，号原泉。八世祖冯铭，元末由归安大匏村迁居濮院。冯孜三岁丧父，与遗腹弟冯敏依赖母张氏教养成人。明隆庆二年(1568)中进士，授太仓知州。适逢州属崇明岛为倭寇所窥视，冯孜亲往视察设防，守卫险要之处，使倭寇不能得逞。转任刑部员外郎、郎中，审理江西讼案，慎用刑罚，冤案多平反。晋升河南按察副使、广西按察使，又晋升江西布政使。母84岁卒于官署，冯孜奉榇归葬，服丧期满，再授湖广布政使。冯孜任地方官多年，重视社会治理，剔除官场弊端，以清廉自励。后因疾病乞归，迁居县城编纂《桐乡县志》。卒年70岁。著述有《古今将略》《明儒要录》《明刑录》《贞节录》《宁俭编》等。

岳元声

字之初，一字嶰谷，号石帆，别号潜初子。明万历十一年(1583)进士，任大名府教授，迁国子博士，转监丞。曾谏用铜具鞭挞宫侍。后又迁工部主事，晋郎中。后因政争遭革职。罢官里居后，创建天心书院。岳元声熟悉乡井利弊，时值嘉兴析县，嘉善以田地肥瘠、疆界走向有争议为由，乞割嘉兴秀田以益嘉善。岳元声著《田粮沿革年谱》《三邑错壤图说》，竭力予以挟制。天启初年复出，任南京兵部侍郎。时阉党窃政，岳元声与同官陈道亨上书弹劾，阉党怀恨，借故以军变事件将其削籍罢官。至崇祯初年，岳元声又官复原职，卒赠兵部尚书。著有《易说》3卷、《圣学范围图说》1卷、《潜初子集》12卷、《澹漠集》2卷、《方言据》2卷、《仁文书院志》11卷、《黄山稿》、《易乘》、《潭庄图书编》、《田粮沿革年谱》、《三邑错壤图说》、《金陀遗编》等，其中《方言据》至今仍为研究方言之有价值的参考书籍。

岳和声

字尔律，号石梁，元声弟。明万历二十年(1592)进士，授汝阳知县。为治水患，三持筑堤72段，绵延百余里，人称岳公堤。因功擢升礼部员外郎，后出守庆远，平反冤狱，重视教育，访寻赵清献公讲学遗址，建造香林书院。后出守东昌，时值大旱，和声首先倡议赈恤，救援灾民无数。任上还建摄城书院。不久擢升惠潮参政，改补九江，升福建提学副使，调永平兵备道，升都察院右副都御史巡抚顺天。以议论边事与上司不合，七上乞休疏。天启年间，召抚延绥署总督，因疾病乞罢归。著有《大成乐舞图说》一卷、《辛亥京察始末》8卷、《后骖鸾录》1卷、《餐微子集》30卷、《观生堂杂著》、《共学书院志》(合著)，另有《语录》5种。

岳骏声

原名金声，字季有，号石钟，别号啬庵，明万历三十八年(1610)进士，与兄岳元声、岳和声齐名，时比"三凤"。初任刑曹，与东林党人相忤。出守汝宁，备兵淮徐，调督漕运，擢升楚臬。时黔方用兵，抚臣疏请岳骏声监军，有人借故构陷诬害，遂归里隐居。天启五年(1625)复出补楚臬，奉命祭告东岳。后乞假归，居数年卒。著有《闯宫始末》一卷、《秋窗偶拈》一册及《景留堂稿》《啬庵集》。

濮　炀(1545—1625)

字抱真，号草堂，濮凤十七世孙。警敏绝人，及补博士弟子员，鄙夷帖括言，肆力古文词，手不释卷。尝构别墅，颜曰：水木坞，因称水木居士。著有"草堂十书"：《庭语》《贫范》《诗话》《桑梓异谈》《山丁月识》《漫拾》《水木汇编》《自怡篇》《落照闲谈》《逸志》。又著《锦笺乐府》，选入汲古阁《六十种曲》，据《濮川志略》记载及今人邓富华《明传奇〈锦笺记〉作者新考》，此即流传至今的四十出才子佳人剧《锦笺记》，主要内容是写书生梅王与柳淑娘的恋爱故事。

朱治憪

字子暇，明天启元年(1621)举人。授徐州学政，荐升淮安同知，调肇庆知府。拥戴桂王，晋升岭西道，署两广总督。与瞿式耜共同保卫晚明两广疆土，竭力防止清兵越五岭南下，辗转抗清，断粮绝食4日不死。又数年，卒于广东新会县山中。朱治憪工诗，恢宏磊落，不沿时习。

仲弘道

字开一，号改庵。为人沉静温厚，平易近人。清顺治五年(1648)拔贡，廷试第一。考选推官，改授山东峄县知县。峄县经战乱后，百姓多流亡，弘道设“徕安社”招抚外流民众，归者如市。在任6年，杜绝科派、罚款，减轻徭役，严禁诬告等政绩不胜枚举。对应兴应革之事，敢于大胆向上司披陈，受到百姓拥戴。离任时，百姓勒石以志去思。归田后，杜门著书。适逢桐乡知县徐秉元议修县志，仲弘道任编纂，以里人沈凤翼与桐乡秀才沈珍、钟贞所采掇遗闻轶事辑成新志，搜罗宏富，并捐资刻印。他处闻仲弘道名声，相继聘请他修志。经仲弘道编修成的有《滋阳县志》《兖州府志》。仲弘道公务闲暇时，不废吟咏，作《哀峄吟》十二章，时人比之为唐代诗人元结的《春陵行》，反映社会现实，表现对人民疾苦的同情。其他著作有《改庵偶集》20卷、《史韵》正续两编、诗集《瓯香集》2卷。卒年85岁。

杨　琯

字自昆，号栗斋，由监生考授州同。清康熙五十五年(1716)任古今图书集成馆纂修，修成《乐律》136卷、《字学》160卷、《栗斋诗稿》2卷。雍正四年(1726)任柏乡县知县，多惠政。乾隆五年(1740)夏，县内因无人犯罪，监狱空着，蝗虫也不入县境，又天旱，杨琯步祷竟得雨，此况被时人颂为柏乡县三大奇闻，百姓为杨琯肖像立祠。后擢升江宁府江防同知，卒于任。

陈光裕

字分佩，号谨堂。秀邑诸生。性格耿直，纵酒豪放，面斥人过不留情面，士儒目为畏友。因家境贫困以教书为生，从学者甚众。所写诗文模仿李白、杜甫、韩愈、苏轼诸名家，井然有法。濮院诗文在社会上为人知晓自陈光裕始。又与里人沈尧咨采摭濮淙(澹轩)等人共33家诗作，汇编成《濮川诗钞》，计44卷。其中的35卷被收入清《四库全书·存目》。自著诗文集有《获书楼稿》《石墩草》各一卷，均有刊本。

沈廷瑞(1712—1787)

字东瑜，晚号东畲，住濮院坝底头，少孤，好学，因家贫弃儒经商。沈廷瑞能诗善弈，尤精于勾股学。为人方正廉洁，不轻易受人钱财。曾替人贸易，年利盈万，人欲以重金酬谢，廷瑞坚辞不受道：“饔飧给矣，毋厚我以滋戾也。”著有《静趣轩诗稿》等，存世有《东畲杂记》二卷(手稿)，所记均为濮院之风土人文。沈廷瑞之孙沈震，字金雷，亦精勾股学。曾孙沈涛，著有《幽湖百咏》诗歌百余首。后人将《东畲杂记》和《幽湖百咏》合为一册，雕版付印，有吴县潘祖同、里人吴瀛、萧山蔡以瑺等作序。

杨树本

字大立，号荫轩，杨琯之孙。清乾隆十八年(1753)、三十三年(1768)两中副榜，充国子监教习。因考职第一，授州同衔，任江西宁州州同。因才能优异被提升为湖北鹤峰州知州。鹤峰为少数民族聚居之地，百姓粗犷强悍。清雍正十三年(1735)设州治。杨树本抵任后，注意繁衍生息，教育感化百姓，使风俗大变。又捐赠俸禄，用以考核官吏，量才授官。时州内学而有成之士增多。乾隆五十年(1785)，遇清廷普行封赏，授奉直大夫。罢官归里后，租屋居住，家中无隔宿粮，仍每天坚持著述，年逾八十尚能挥毫写作，卒年86岁。著作有《春秋事几终始》《纪元备考》《杨氏宗支考》《濮川琐志》8 卷、《文房备览》《荫轩诗文钞》。

凌宸世

号芝亭，先世居双林。始祖凌云，号汉章，曾遇高人传授针灸术，后为明朝宫廷御医。清康熙年间，朝廷设有针灸科，便遍访凌汉章的后代，寻得凌一凤，便召入京都，授太医院判。到凌宸世父辈时，仍因袭旧职。凌宸世在乾隆年间迁入濮院。其针灸术相当高超，名重一时。家中曾藏有和硕庄亲王题额，曰："世授神术"。卒年 71 岁。其子孙犹能继承他的针灸医术，镇人尊称凌氏一门为"凌针灸"。

金　淮

字渔艇，桐邑廪监生。祖上由嘉兴迁居濮院大街，父金铉，世代业医，专精痘科。金淮继父业，以悬壶行医为生。平生熟谙掌故，就平日所闻，参阅旧志，与濮鐄、濮承钧、岳洙传三人采搜故实，纂辑群书，厘定为《濮川所闻记》，凡 30 门 6 卷。实以张其是《濮川纪略》、胡涿《濮镇纪闻》、杨树本《濮院琐志》三家志书为蓝本。今张志已失传。后濮鐄又增辑成《濮川所闻记续编》2 卷。濮鐄，字雍宣，号秋槎，乾隆五十三年(1788)副贡，精舆地掌故之学，家居授徒 20 余年，后任处州云和训导，卒于任上。濮承钧，字政衡，号湘船，能诗工文。岳洙传，字鲁源，号小彭，又号古香，岁贡生，工诗文。

董　棨(1772—1844)

字汉符，号乐闲，一号石农，又号梅泾(也写作梅溪)老农。董涵之子。董棨平时汲汲修养品德学问，都为当时人所嘉许。他作花卉翎毛曾得到名画家方薰指授，中年以后，形成自己的风格。其运笔点色，意态繁缛，而笔致清脱。山水、人物、花鸟、草虫，无不精妙，尤其喜欢画蔬果梅花，濡毫吮墨，点染生新。中年时创作的《曲水流觞》长卷则为顶峰。他楷书学颜真卿，行草宗董其昌，无论书法还是篆刻，都有很深造诣。性情耿直，为人正派，凡借达官贵人之名，用重金求他作画，他总是拒绝。在嘉兴、湖州作画 20 余年，所得润资不下万金，但一生节俭，所得半数用来接济贫困。晚年时，在横屋街连三池之西建造嘉会堂，或作格言，或绘图画，讽世规俗，训诫子孙。董棨的著作有《养素斋画学钩沉》《题画随笔》《乐闲诗集》等。桐乡市博物馆藏有他的《花卉草虫图》长卷。

沈懋德

字寅恭，号归锄，桐乡廪贡生，濮院镇人。少倜傥有大志，工诗文，尤善词曲，幕游山西，暮年归里，遂号归锄。著有传奇三种《香雪缘》《奇烈记》《后白蛇传》，长篇小说一种《红楼梦补》。传奇三种均已散佚，长篇小说《红楼梦补》存世，并为红学专家所肯定。

曹大经(1783—1856)

字伯纶，号海槎，秀水布衣，住庄泾桥直街。幼年丧父，家境贫寒，承母训学经商，为人正直诚实，勤奋好学。市集散后，常偷闲读书，无力买书，则辗转借阅。每入夜，其母在灯下络丝，曹大经借着灯光读书相伴。自幼喜写诗，与钟梅村、滘云谷友善，相互砥砺，诗文卓然成家，知名人士多乐意与之交往。书法精隶篆体，工篆刻、绘画，曾绘有《山馆吟秋图》，遍征名人题咏。中年后家遭多难，生活困顿，但他不颓丧，仍赋诗吟咏自若。诗作从嘉庆九年至十八年（1804—1813）结集，名《吟秋山馆小稿》，由胡全题笺，吴瀛、岳昭垲、杨树本分别作序。嘉庆十九年（1814）后，有《咏蓼》《衔姜》《餐菊》《嚼梅》等诗集，各以十年诗作为一编，皆随其生活境遇命名。其他著述尚有 11 种。咸丰六年（1856）卒。

陈　铣（1785—1859）

字春台，号莲汀，又号幻庵，秀水布衣，住濮院南市陆家桥。好古，精鉴别，书画卓绝一时。年轻时师从杭州梁山舟学士，得其笔法，晚年更入化境。山水花鸟秀逸有致，画梅尤称逸品。船山太守（张问陶）谓皆从卷轴中沉浸而出，断非凡手可及。陈铣性情豪放，兼喜吟咏，刻有《瓣香楼梁帖》6 卷。

董　耀（1800—1883）

董棨之子，字继华，一字小农，号枯匏（《濮院志》载：字枯匏，号小农）。幼禀异慧，过目成诵，属文洒洒千言，弱冠补诸生。作画能承传家学，宗法倪云林、黄公望，平远山水，枯淡有神。又工小楷，曾在贝多叶上写经十数种，笔画细如蚊脚，在书法界声誉极高。他曾自刻一印，称自己是“陶诗欧字倪黄画”，又有一印刻“枯匏不朽”。著作有《养素居诗稿》等。

沈　涛（1800—1854）

号苇汀，沈廷瑞曾孙。沈涛 16 岁时曾自动辍学，帮助其父亲料理店务，后在其父的鼓励下，重新就学，发愤读书，22 岁时补博士弟子员。曾三次参加科举考试，均未中试，于是“绝意进取，课徒训子，以终其身”。清道光十六年（1836），他“旅居吴门（苏州）摭拾为绝句数十首，旋以他事废去”。此后近 20 年，均在吴兴县双林镇沈氏家塾任塾师，其间他断断续续地写下有关濮院风土人情的绝句若干。到他辞世前三年，在他执教的沈氏苕南锄月山房“检旧箧因续成之，共得百有五首”。由于曾祖父沈廷瑞的《东畲杂记》“久未付梓，竞竞唯恐失坠”，因此沈涛有志将《东畲杂记》刻印出版，并把他的绝句附在《东畲杂记》的每个小节后。但他生前未能实现这一心愿。直至清光绪十四年（1888），由其子沈梓的门生集资，才终于刻印出版了《东畲杂记》。

朱瞻淇

字涤岩，号菉园，居太平巷。知书明理，好义善施舍，族人中有停棺未葬者，他都出资代葬。家中世代织作濮绸，朱瞻淇看到濮绸制作的工料稍稍逊于湖州，于是独出心裁，改摇纬为打线，自置 13 台织机作样机，工艺改革成功后，逐渐推广至诸机户。贫困不足以供丝料者，给予资助；不符合质量者，给予指导。于是濮绸产量日增，声名鹊起。朱瞻淇生平既喜施舍，又善谱曲，钟绢堂明经赠其《千秋岁词》有“声声曲拍云璈按”之句，足见其平素爱好与才艺水准。卒年 71 岁。

沈　梓（1828—1883）

字桑与，号北山，一号梦蛟，晚号退庵居士、沈涛子。清同治四年（1865）补行咸丰十一年（1861）拔贡。考取八旗官学教习、武英殿校录，授内阁中书，以母老乞终养归里。光绪初年,荐举为孝廉方正,未就。往来吴中教授子弟,借此供养家庭。沈梓生平谨言慎行,读书以圣贤为楷模自励。擅楷书,诗文亦佳。门生颇多,有仲浚、夏恩纶、濮传薪、翁洪钧、虞申嘉等人。沈梓见上司时能侃侃陈说地方利弊,绝不夹入私心,曾说:“吾镇读书风气以往颇盛行,如今被时尚局限,世家大族只知舍家供佛,修桥筑路,偏于祈求来生幸福一种途径。”故于同治九年(1870)创办翔云书院,独力经营,不辞辛劳。光绪七年(1881)建成保元善堂,除施衣施药外,还仿张履祥义葬法,举行葬会,筹措经费,订立章程,殚精竭虑,任劳任怨,以至辞馆辍业,苦心孤诣为乡里谋公益,实为人所难能者。著有《避寇日记》(已于1963年由中华书局分6卷出版),系记述太平天国时期江南一带特别是濮院镇社会现实。另有著作《养拙轩诗文稿》《养拙轩笔记》等。姐沈芬,通会计,工笔札,书法学颜体,能书擘窠大字,又善丹青,摹李龙眠白描法。

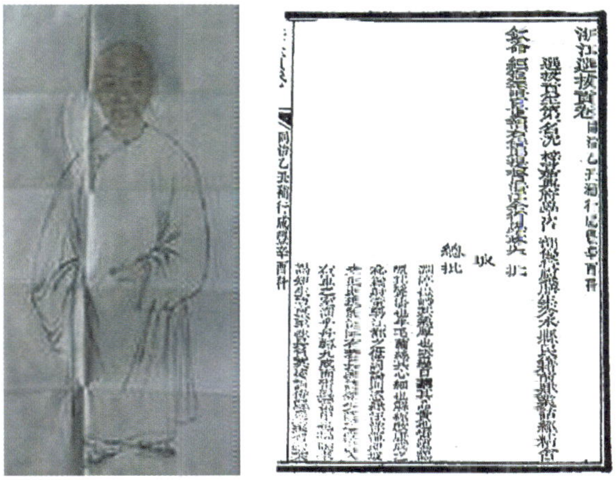

沈梓画像与拔贡卷

董念棻(1832—1899)

原名维城,号味青,一号小匏,董燿之子。潜心经史、金石之学,擅写骈体文。书法宗汉魏碑体,绘画以花卉翎毛著称,特别以画梅见长,素有“董梅花”之称。著有《梅泾诗录》《小匏诗存》《两汉金石年表》等。

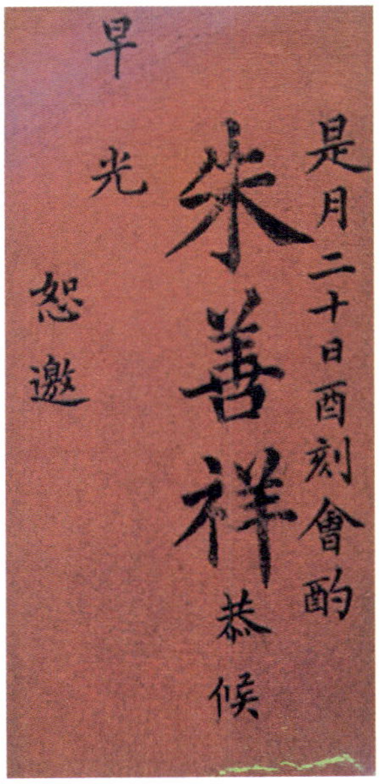

请柬

朱善祥

字元叔,号泳裳,七岁丧父,母又死于咸丰战乱。朱善祥工诗古文辞,书法尤端凝。以同治十二年(1873)拔贡考用刑部七品京官。光绪二年(1876)中进士,授编修。光绪八年(1882)任福建乡试副考官。光绪十一年(1885)充任云南乡试正考官。光绪十四年(1888)督学四川,亲自批阅试卷,选拔具有真才实学之士。因积劳成疾,卒于西安驿舍,年仅49岁。朱善祥著有《红藤馆诗》,有刊本,刘富槐作序。四子辛彝,举人,参与编撰《乌青镇志》。

潘振镛(1851—1921)

字承伯,号亚笙,又号雅声,别署冰壶琴主,清末秀水县濮院镇人。祖父潘楷善画花卉,父潘大临善画仕女。潘振镛幼承家学,六七岁时能画人物。后因家贫曾去店铺当学徒,不甘消磨时日,仍矻矻于绘事。曾持帚在垩壁上作古装美女,支理衣纹,备尽其致;作关羽像,神态威武。钱塘籍寓贤戴以恒见后,大相嗟异,遂收其为徒,从此画艺日臻精妙,尤擅人物仕女。后徙居郡城之南堰,复迁城内荐桥河下,一时四方乞画者纷至沓来,应接不暇,声誉大振。民国初年,潘振镛与其弟潘振节、友高邕之等在上海发起组织豫园书画善会,以卖画所得半充义举,赈济孤贫,一时响应者甚众。潘之人物与晚清沙山春、吴友如并称"三绝",而潘居其首。传世作品甚多,如《贵妃图》长卷,今存西安临潼华清池;《明妃出塞》《西施浣纱》《寒江独钓》等,大多藏于江南一带博物馆中,亦有画作刊印于《芥子园画谱》《海上名人画册》等画册。潘振镛书画风格的继承者中有弟子仲光勋(小某)、沈燧(馥岩)、朱忆春、沈学铭等,能传其艺。子潘琪(小雅)、孙潘德昭、孙女潘文淑俱传家法,工画。

潘振节(1858—1923)

字平仲,一字淑和,号颂声,潘振镛弟。早年与其兄同受业于戴以恒,山水画得其心传,然偏爱工笔人物及仕女画。私淑吴兴费旭丹,得其神髓。尤精肖像画,能于客退后默写其形容笑貌,十不爽一。平湖富绅莫氏、葛氏慕其名,遂聘其为先祖绘像,潘振节于光绪二十二年(1896)举家迁居平湖,寓北弄底松风台,从此离开濮院。民国初年,潘振节随其兄与高邕之等人在上海发起组织豫园书画善会,以仕女画在沪上声誉鹊起。其仕女画用笔空灵、精妙,又能画花卉,摹恽寿平风格,写意入神,秀丽工雅。尝重临摹《太平欢乐图》,原件系清初名家所绘,已入禁中。潘振节偶见摹钩本,因笔法拙劣,故整理重绘,系反映清初杭州街头各种担贩风俗人物画,共100幅,由其兄题文石印出版。传世佳作尚有《寒灯授传图》。子潘琳,亦工画,能传其艺。孙德熙,工书画,擅长篆刻。

夏辛铭

夏辛铭(1868—1933)

字颂椒,清季任直隶知县,濮院商会董事长。民国时任审计院协审官、上海懋业银行秘书长。夏氏一生致力于桑梓文化教育事业,清光绪二十八年(1902)与里人仲子坪等创办濮镇两等小学(后改名为濮院敬业完全小学),光绪三十一年(1905)又与乡绅张华亭等于泰石桥(现属嘉兴王店)设立民义初等小学校。民国初年,有志于编纂《濮院志》,因身在外地工作,未能实现。民国14年(1925)得濮院孝廉张劼生遗辑镇志、诗稿、杂志若干册,《濮录》上下册,又访得《濮院琐志》残本及《濮川所闻记》,商请仲子坪、郑寿庄、沈访磻、朱励深、陆云从、仲泳沂、刘小觉七人,分任调查、编纂,三阅寒暑辑成《濮院志》。志分26门,30卷,纵述史实详尽,横排门类广泛,均超过明清以来所写的濮院志书,民国16年(1927)完稿,随后由夏氏独资开雕印刷。

刘富槐(1869—1927)

字树声,号龙伯,十五岁补邑诸生,勤奋好学,博览文史,工于辞章。朱善祥督学四川时,富槐为其幕僚。清光绪二十三年(1897)拔贡第一名,依例入资为内阁中书。光绪二十八年(1902)中举,仍供职京师,历任大学堂、盐务学堂教习。民国后由蔡元培聘为北京大学教授,授中古史。刘富槐是民国初年的重要词人,居京时与高德馨、胡玉缙、刘毓盘、陈汉章、叶瀚等诗词往还,共组眉社(词社),亦是谭祖任发起之聊园词社的主要成员。刘

刘富槐

富槐又精中医，1907年即创立医学研究会于北京宣武门外龙树院，春秋二季授学。其中医论著文章三篇已被收入《存粹医话》，后收入《近代中医珍本集》。富槐性耿直，疾恶如仇，敢于直抒己见，对家乡教育事业极为热忱。居北京时，闻时任濮院镇敬业小学校校长的夏某治校无方，遂与旅京濮院同人函请夏某一日内辞去校长之职，并再三函请桐乡县知事、教育局局长，迅速遴选继任濮院敬业小学校校长人选，显其关切桑梓教育拳拳之情。其著述有《瑆园诗录》4卷、《瑆园词录》1卷，均有刊本存世。杂记《矇叟罪言》一部已佚失。59岁时因脑溢血猝逝于北京。刘富槐逝后，董寿慈为其作传，收入民国版《濮院志》。

董寿慈

董寿慈(约1872—1942)

原名祖寿，后改为寿慈，字东初，号伯骙，清光绪十二年(1886)丙戌科秀才，民国时任上海某大学文科教授，近代学者。世居濮院横屋街，画家董念棻长子。光绪二十三年(1897)，章炳麟发起筹建“兴浙会”，董寿慈、连文徵等鼎力相助，刊布章程，征求会员，创办会刊《经世报》。该会讲求学问之道，号召通达事务，研治经世致用之学，并首次公开宣传反清思想。其间，董寿慈发表《学会兴国议》，对中国传统教育体制进行了严肃的批评，提出兴学救中国的政治主张。清末，“寰球中国学生会”在上海成立，是中国第一个培养出国留学生的机构，董寿慈任该会教务长。光绪三十三年(1907)，董在该会会刊上发表《论欧化主义》，鼓吹向西方学习。同年6月，该会选送男女学生13名赴美留学，其中之一即宋庆龄。董寿慈一生在文学、教育、医学、农学、考古学、企业管理等领域均有一定造诣，著有《西泠闺咏后序》《云窗授律图序》《清十九通儒赞并序》《松心堂医学笔记》等，并与人合译泰勒的《科学管理原理》一书(中译名《工厂适用学理管理法》)。民国17年(1928)，徐珂在《闻见日抄》中介绍了董寿慈关于桐乡地方特产“槜李”的文章，此文已被收入《中国农学遗产选集》。

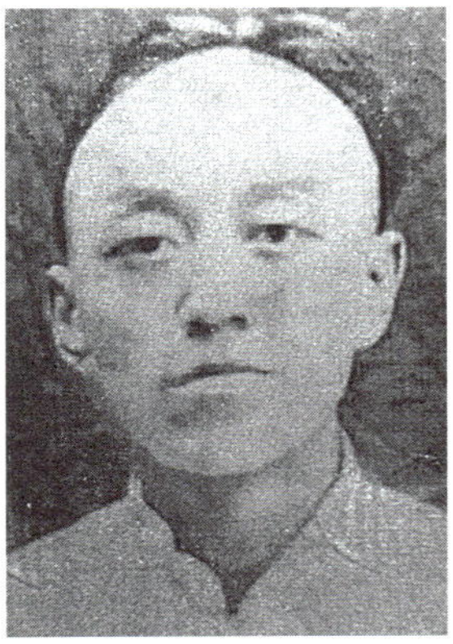
张　愫

张　愫(1874—1924)

原名文镐，字勖僧，自幼聪颖好学，为人深沉稳重。清末民国初，欧风西学渐入，张愫能融贯新旧，持论每有独到之处。光绪二十八年(1902)乡试中举，因体弱多病，无意仕途，则任学堂教习，每讲授必使学者了然于心。乡里义举，如整顿育婴堂、开办商会等，张愫均竭诚赞助。庙桥河居镇中，为东西往来船只必经之水道，两岸久为居民所占用，舟船仅能单过，重舟搁浅，张愫不惜拆让房产，提议开浚河道。生平长于古诗文词，其著作《濮川地理史》中言：“元至大后，机业日劢，客至益多，昔日聚落，遂以成镇。”曾有志于编纂濮院志，因病早殁未成。其自著的诗文、杂志、遗稿等均由其子达身付与夏辛铭。

郑寿庄（1875—1959）

又名曰章，号椿老，祖籍嘉兴新塍，民国11年（1922）迁居濮院镇。擅长书画、器物鉴别。曾被推选为桐濮镇商会会长。中华人民共和国成立后，郑氏将多年收藏之珍贵书籍捐赠与嘉兴市图书馆，图书馆称颂其“高年硕德”。

刘富樑（1875—1936）

字凤叔，号随盦，刘富槐弟，清光绪十六年（1890）秀才，近代著名昆曲家，与民国时期吴梅、王季烈、许之衡合称“四大家”，在昆曲订谱方面具有卓越贡献，吴梅曾言其自乾隆怀庭后一人。光绪末年，刘富樑随刘富槐赴京，供职礼制馆，民国后供职交通部，任主事之职。刘富樑精声律，好昆腔，擅谱曲，曾将孔尚任《桃花扇》、阮大铖《燕子笺》及吴炳作传奇等谱曲，惜皆不传。民国初期在北京参加音乐会，与溥侗、赵子衡、赵子敬、钟秋岩、胡子鋆等相唱和；在天津则参加景璟社、和笙社、同咏社诸曲会，与王季烈、恽兰荪、袁寒云、屠振初、许雨香、童曼秋、滑茗白等相唱和。民国6年（1917）至民国11年（1922）曲家吴梅任教北京大学时，经人介绍认识，刘富樑与吴梅互倾积慕、相见恨晚，遂订交，乃赁屋同住，相资砺砥，秉烛谈曲。吴将所撰《无价宝》《杨枝妓》《钗凤词》杂剧属为制谱，后编入《霜厓三剧》。又识曲家许之衡，晨夕过从，共研斯技。时曲家王季烈居天津，每岁必三、四次至京，相与推敲。民国14年（1925），刘富樑与王季烈合力编辑之《集成曲谱》，由上海商务印书馆线装石印出版。谱分四集，载昆剧宫谱416出，篇帙浩繁。该谱纠俗工之淆讹，订谱精详，为近代昆曲史上的重要著作。后刘富樑每于歌坛，喜用《六也》而弃《集成曲谱》于不顾。30年代初期在上海，刘富樑为浙江籍曲友所组之啸社主要成员，与居逸鸿、管际安、庄一拂、朱尧文、樊伯炎等相唱和。著名红学家、文学家俞平伯曾延请刘富樑为其《偕游灵隐寺归鞭》散套作谱，此曲谱为俞平伯手迹，登载在民国19年（1930）开明书店出版之俞平伯著作《燕知草》上。此外，刘富樑又为庄一拂所撰《十年纪》传奇作“画眉序”题记。民国23年（1934）1月13日，吴梅由南京亲往上海为刘富樑六秩寿辰祝贺，吴梅即席赋《桂枝香》赠之并当场制谱而歌，凤叔亦和《桂枝香》一首答谢。除《集成曲谱》外，刘富樑还有著作《歌曲指程》一书，该书为其毕生曲学研究之总结，1934年由吉林永衡印书局印行，但存世极少。民国25年（1936）11月25日，病逝于濮院家中，享年62岁。

仲光勋（1883—1930）

字小某，一字小梅，号栀兰外史、绮石室主。幼承家学，素受熏陶，书画日进。每一画成，常赴市求售以糊口。后去新塍许记磁杂店作学徒，闲时挥毫作画。店主亦喜翰墨，因而备受青睐。师承秀水濮院潘振镛（号雅声），为潘氏入室弟子。自经名师指点，画艺益精。其花卉翎毛，清秀隽丽，有恽南田之风；没骨双钩，色彩丰富，变化灵动，可追任伯年、朱梦庐；其人物仕女画宗费晓楼，笔法秀润，设色淡雅，人物温婉可爱。人评其花果画，笔力秀劲，叶之深浅逼真，见之心旷神怡。其双钩花鸟，色彩丰富，变化多端，故名噪一时。民国13年(1924)后，多画花卉，少写人物，故花卉青出于蓝。传世作品有中堂《和合两征图》。仲光勋乐意提携后学，桃李甚众，吴野洲、冯墨农、夏贞叔、朱梦仙、岳石尘等画家均出其门下，各有成就。

陈笏书(1883—1957)

毕业于浙江共和政法学校，曾任上海绸业银行秘书兼总务处长。民国9年(1920)8月15日，江、浙丝绸机业联合会在上海召开，陈笏书代表濮院机业，与濮院丝业代表徐渭臣，绸业代表朱韵清、林芝珊参加会议。陈氏曾与镇绅共创仲华辅助会，资助桑梓教育事业，并发起创建濮院私立梅泾中学。

申鸿琛(1883—1961)

清光绪三十四年(1908)，杭州中学堂最优等毕业，例奖拔贡，官费留学日本。毕业于日本明治大学商科及政法大学法科。归国后任民国司法部主事，授六等嘉禾章，后为北京大学教授。1949年2月返回故里，任濮院私立梅泾中学教员数月，即闲居在家。1956年7月，被聘为浙江省文史馆馆员。编有《商法总论》《公司法》《票据法》《海商法》等讲义。

沈陈善(1883—1970)

号维伯，祖籍湖州，后迁居濮院镇。清光绪二十九年(1903)与镇人朱乙林挈南浔友人于濮院演说，倡导男女平权，开办女学社。宣统二年(1910)留学日本。毕业于明治大学法科。20世纪20年代初，受浙江省政府委派，再次赴日本，任浙江省官费留日学生办事处主任，负责处理浙籍留日学生的有关事宜。归国后，任职南京立法院为简任编修。

朱乙林(1883—1939)

号叔麟，清宣统元年(1909)举人，日本留学生，同盟会会员。浙江光复后在浙江省政府工作。清光绪二十九年(1903)，朱氏与镇人沈陈善，挈南浔友人钱泽臣等于濮院演说，倡导男女平权，开办女学。镇人陆明焕、陆保祥父子两人首先响应，捐资创办濮院女学社，地址固安桥刘宅，后迁至柳岸街陆宅，开濮院女学之先河。桐乡县知县徐士鋆题"风仪始基"匾额褒奖。民国初年入教育界，先后任浙江省二中教员，省立第二师范校长，浙江大学教务长、工学院教授。抗日战争爆发，朱氏随浙大内迁，长途跋涉，积劳成疾，病逝在途中。朱乙林生平爱护人才，曾资助贫寒子弟入学。

岳昌烈(1890—1970)

字更时，清末秀才。民国时毕业于杭州求知中学高中部。曾于绍兴学馆、吴兴县海岛中学、嘉兴秀州中学任教多年，精通古文，谙熟英语。返回濮院后，常与友人饮酒赋诗，不善营生，靠变卖田产财物度日。至1949年5月濮院镇解放时已家徒四壁。1951年、1952年两次写信给毛泽东主席并和七律《长征》诗。桐乡县政府商得浙江省文史馆同意，于1954年1月聘其为浙江省文史馆馆员，月发津贴35元。后又增加粮食补贴每月2

元。著有《杜甫研究》《陶诗综考揭微》等书。

蔡冠洛(1890—1955)

字丐因,号可园,别署梅泾寓公。祖籍诸暨,民国18年(1929),定居濮院寺前街。浙江两级师范史地科毕业,后东渡日本,留学于东京帝国大学,精通国学、日语、英语。辛亥革命时,参加了同盟会。归国后,历任浙江省立五中、上虞春晖中学、立达学院、省立六中、省立二中等校教师。参加诸暨进步青年组织"励社",创办《诸暨民报》。民国13年(1924),任上海世界书局编辑。蔡冠洛提倡实业救国,不尚空谈,于民国19年(1930),在濮院南河头创建"可园农场",占地面积45亩。内设树艺部(果木、花卉)、畜牧部(家畜、蜜蜂)、蔬菜区及制造部。抗日战争期间,农场被毁,战后得以重建,并于民国35年(1946)重新向嘉兴县政府登记和备案。蔡冠洛热心养蜂事业,曾任江浙养蜂协会会长(会址在濮院庙桥堍,1952年迁往嘉兴)。协会推广良种,改进饲养方法,促进养蜂事业,曾受江苏省松江专署、浙江省嘉兴专署嘉奖。中华人民共和国成立初,协会制定会歌、会旗。1950年,蔡冠洛代表养蜂协会参加上海举办的华东地区第一届农业展览会,展出蜂具和蜂产品,得各界好评。蔡冠洛亦善治文史。民国24年(1935)、25年(1936),蛰居上海,披阅实录,稽核野乘,编纂成《清代七百名人传》,1954年6月由中国书店出版,所收人物史料颇为翔实。蔡冠洛终身服膺弘一法师(李叔同),民国32年(1943)编《养正院亲闻记》,以纪念弘一法师"生西百日周期"(后由夏丏尊增编为《晚晴老人讲演录》)。

刘富杰

刘富杰(1890—1945)

字小觉,幼年丧父,生活贫困,由母董钟南(董念棻之女)织机以度日,并授之以文。自幼聪颖过人,过目不忘,未弱冠四书五经即已相当熟稔。光绪三十一年考取乙巳科秀才,因翌年科举制度被废除,弃仕途而以教职为生,曾于沪苏及京津地区被聘为教师。民国14年(1925),濮院夏辛铭曾拟请刘富槐为主编纂濮院镇志,因刘富槐受蔡元培之聘为北大文科教授不能分身,夏辛铭遂约请刘富杰等7人编纂民国版《濮院镇志》。刘富杰精通古文诗词,在词学研究方面,提出了白石(宋姜夔)旁谱琴声说,为词学大家龙榆生、夏承焘所引用。他亦擅长书法,取法刘墉书并自成一体,其书法盛名于沪、苏等地,求字者络绎不绝。《神州吉光集》(1922年11月出版)收录有吴昌硕、朱天梵、刘小觉等人的小传及润例,其事迹可见于高拜石著2005年版《新编古春风楼琐记·书画名人录》。

潘　琪(1892—1952)

字小雅,民国元年(1912)毕业于嘉兴省立第二中学,后去北京求学,因父病重辍学回家。曾在嘉兴从事教育工作。幼年从父习画,擅长工笔人物、仕女、花卉,用笔精炼,敷色清秀。民国9年(1920)去上海,寓居豫园书画善会,与画家王震、唐熊等一起卖画并从事慈善事业。抗日战争爆发,携眷流亡至重庆,曾举办"嘉兴潘氏父、子、女三人画展",深受好评，并带领子女参加当代书画家为抗日举办的义卖展览会。潘琪除绘画外，还精于民乐，善奏粤曲，曾受聘于民国时期的中央广播电台演奏古典国乐和民族乐曲。抗日战争胜利后，随电台迁返南京，仍以绘画为生。晚作力求典雅，绘有古典仕女、白描罗汉、奇兽等，嘉兴博物馆收藏有他的作品。弟子有祝莨梅、张重仁、潘韵、徐佛华等。

仲光煦(1895—1983)

字泳沂，系光勋族弟，从兄习艺，能书善画，并擅长剔墨纱灯(以灯草灰作剔墨，以纱绷作灯罩，绘花鸟于纱上，灯内燃烛照之，则花鸟浮动如生)。仲光煦致力于家乡教育事业，曾任端本完全小学校校长、私立梅泾中学校董。

朱文叔(1895—1966)

原名毓魁，幼时就读于翔云书院，后入当铺为学徒，工余手不释卷。主人见他勤奋好学，资助他入省第一师范学校，与丰子恺、杨贤江同学。毕业后赴日本深造。学成归国，执教于杭州师范。民国10年(1921)7月进上海中华书局，任中小学教科书编辑，并参与编纂、修订《辞海》。平生爱书成癖，好学不倦，治学严谨，工作勤奋。曾编校张相(献之)《诗词曲语辞汇释》一书，张氏在“叙言”中说：“书成，由桐乡(濮院)朱文叔氏磨勘一过，得改订数十事。”1949年去北京，先后任教科书编审委员会委员、出版总署编审局编审、人民教育出版社社务委员兼编辑。1954年，任人民教育出版社副总编辑。1956年，加入中国共产党。朱文叔在编辑工作中，尤精于语言文字及汉语词汇的研究，造诣极深。在审校《现代汉语词典》中，对每一词条，皆字斟句酌，务求完善。为中央马恩列斯著作编译局所译的《斯大林全集》校读，从汉语表达上对译稿文字做缜密校正。在60岁生日时，叶圣陶以诗祝贺：“旧学蜂成蜜，新知鲸吸川。”盛赞其知识渊博，融会古今。朱文叔的论文著作《深和浅》，被语言学家吕叔湘誉为研究汉语词汇的范例。朱文叔关心家乡文教事业，曾任私立梅泾中学董事会董事。

谢昌镛(1897—1965)

字星垣，祖籍上虞，清光绪年间因其父母开办油坊而定居濮院，民国4年(1915)毕业于嘉兴省立第二中学。民国13年(1924)春，任濮院敬业小学校长，倡导学生应该德、智、体全面发展，提高学校教学质量。民国26年(1937)，濮院沦陷，谢昌镛去上海、昌化等地任教。民国32年(1943)，升任昌化县政府督学。抗日战争胜利后，返回嘉兴中学任教。民国37年(1948)2月，任濮院私立梅泾中学(1956年改为桐乡县第三中学)教导主任，兼授历史、语文等课程。

张印通(1897—1969)

字心符，旧时濮院泰石桥人，中学教育家。民国6年(1917)毕业于浙江省立第二中学，同年考取公费赴日本留学。民国12年(1923)毕业于日本国立东京高等师范。回国后历任浙江省立第二中学、省第二师范学校教员，江苏省松江女中教员、教务主任。民国20年(1931)起，任浙江省立嘉兴中学校长。张印通怀抱教育救国的宏愿，殚精竭虑,尽心办学。他治校有方,努力提高教育质量,使省立嘉兴中学成为全省很有名望的学校。

抗日战争爆发后,日本侵略军在金山卫登陆,嘉兴告急。张印通毅然率领嘉兴中学近百名师生徒步跋涉,历尽艰辛,到达浙南丽水碧湖,坚持战时办学。民国27年(1938)夏,杭嘉湖沦陷区7所公立中学在碧湖组建省立临时联合中学,张印通任联中校务部委员兼高中部主任,次年任临时联合高级中学校长。他发扬爱国主义精神,在当时极其艰苦简陋的条件下团结师生,同甘共苦,战胜了因日军的侵略造成的物质困难,把学校办得充满生气,以教学质量高而闻名全省。张印通还对校中遭受国民党迫害的中共地下党员和进步学生,尽其所能加以保护,为教育厅下令开除的学生提供转学成绩单,暗中帮助他们转学他校。民国31年(1942)秋,他终为当时的教育厅厅长所不容,辞去联高校长职务,于当年11月返回沦陷区泰石桥乡间老家与老母妻儿团聚,居乡务农直至抗战胜利。抗战胜利后,省立嘉兴中学复校,张印通再次出任校长。由于张印通教育有方,濮院私立梅泾中学建立时,他被聘为校董事会常务董事,从1947年8月至1951年9月,连任两届,为濮院教育事业作出了贡献。

1949年5月嘉兴解放,张印通继续担任嘉兴中学校长。1950年8月,浙江省首届各界人民代表会议召开,张印通作为教育界代表参加会议。后又担任嘉兴市各界人民代表会议协商委员会副主席。1954年,他受到不公正处理,回故乡泰石桥村务农。1969年2月9日,张印通因病逝世。1984年,张印通获得平反。1986年4月6日,嘉兴市有关方面及各界人士隆重举行了“张印通先生纪念会”并编印出版了《张印通同志纪念集》。

董巽观(1897—1970)

名祥晋,字吉甫,号巽观,以号行。早年投笔从戎,于民国14年(1925)年赴广州,任国民革命军总司令部副官处文书股中尉股员。后任国民党中执委秘书处庶务科总干事、第三战区经委会贸联处副经理、安徽省财政厅主任秘书等职。中华人民共和国成立后,曾任嘉兴市人民代表,嘉兴市政协常委、副秘书长,嘉兴市文物管理委员会委员。1953年7月,被聘为浙江省文史馆馆员。董巽观精研文史,在整理地方文献特别是太平天国史料和近代地方史方面颇有成就,诗词富才气,亦工书法。著作有《小说作法》《辛亥革命在嘉兴》《春雨斋词稿》等。遗稿有《垂杨馆笔谭》《嘉兴地方史料》(甲、乙篇)等。

夏振铎(1898—1978)

字觉民,民国13年(1924)毕业于日本东京高等师范学校后,考取九州帝国大学农学部研究院,民国17年(1928)3月获农学硕士学位。归国后,历任江苏省建设厅蚕丝管理局技师、南京中央大学农学院副教授兼蚕桑系主任、浙江大学农学院副教授、江苏省蚕丝试验场场长、江苏蚕种检验所所长。民国27年(1938)8月起,任浙江大学农学院教授兼蚕桑系主任。1947年10月至1948年7月曾兼任广州中山大学农学院教授。他在浙江农学院和浙江农业大学任教授历时长达40年。除此之外,他还任中国农学会、中国蚕学会会员、理事，浙江蚕桑学会理事等多项职务。夏振铎主讲蚕体解剖学，蚕体病理学等课程。编有《蚕体解剖学讲义》，并参加编纂了中国高等农林院校第一部《蚕体解剖生理学》教材。曾指导和培养波兰等国来华留学生多人。在科研方面，他首次发现家蚕脑内神经细胞有 8 群，区分为 A、B、C、D、E 5 种。早年发表过《长节蚕茧丝研究》《家蚕之品种改良问题》等论文，并有译文数十篇，1964 年在《昆虫学报》上与安徽农学院徐静斐联合发表《关于家蚕神经内分泌的研究》学术报告，在农学界影响颇大。

夏苍霖(1900—1990)

字民望，毕业于浙江省医药专门学校，曾在陆军第 15 混成旅做过军医。民国 15 年(1926)于海宁县硖石镇自办医院，擅长内科、小儿科，同时担任海宁医师工会主席及各种医学团体的领导职务。民国 20 年(1931)，海宁流行脑膜炎，夏苍霖深入丁桥、芦湾农村，积极做好防治工作。抗日战争开始，先避难浙东并行医，后辗转至上海，在上海任普济戒烟(鸦片烟)所所长及上海普济医院内科、戒烟科主任，夏苍霖在戒烟工作中利用"莨菪"(一种中药)研制成戒毒药品，使数以万计烟民解除恶癖，恢复健康。抗战胜利，夏氏重返硖石，开办苍霖诊所。1952 年 6 月，参加硖石镇中西医联合诊所(后更名为硖石镇卫生所、硖石医院，现为海宁市中医院)。1952—1956 年，先后任海宁县医务工作者协会主任委员、海宁县卫生工作者协会副主任。1958 年调去农村从事血吸虫病的防治工作。

夏贞叔(1902—1958)

字邦桢，雪楼，世居濮院。画家仲光勋的弟子，精于山水、花鸟、人物仕女画，代表作有《四大美女图》《黛玉葬花》等。民国时期，随四大伯夏辛铭在北京，曾有"一两金子一张画"的声誉。当时的画作存世不多。中华人民共和国成立后，积极创作革命历史题材的巨幅工笔画画作，如《红军过草地》《强渡金沙江》等。桐乡博物馆有其藏品。

岳石尘

岳石尘(1902—2003)

字曼倩，号翠冷居士、肯堂老人，祖籍嘉兴金陀坊，世居濮院，南宋武穆王岳飞第 28 世孙，文史学家岳珂之后。23 岁师从鸳湖画派著名画家仲小某，习山水、人物、花卉，后专攻翎毛花卉，复宗徐熙、黄荃，又得张熊、朱偁之精髓，画作清秀磊落，严谨中有古逸气。1960 年应聘去苏州通草堆花厂工作，1961 年应聘为吴门画苑画师。退休后返里，仍潜心艺术，日日作画不辍，直至逝世前一周。岳石尘精于牡丹、月季、秋菊、松石等，尤以牡丹最为著名，色泽鲜艳，生机盎然；翎毛以瓦雀最为擅长，形神兼备，笔墨精到，有飞鸣觅食之态，故人称"岳麻雀"。生平业绩多次列入书画篆刻家辞典，如《中国现代书画家大辞典》《中国现代书画篆刻家名鉴》等。岳石尘曾任浙江省文史馆馆员、中国美术家协会浙江省分会会员、嘉兴国画院院长、桐乡市文联名誉主席、君匋艺术院顾问等职。

沈祖懋

沈祖懋(1903—1954)

毕业于苏州东吴大学,历任东吴大学训导长兼教授、上海法政学院教授、国立南京第二临时中学及南京市立第五中学校长、南京市教育局局长、台湾省立岗山中学校长。又先后任三青团中央干事、国民党中央委员、国大代表。民国38年(1949)去台湾,1954年10月赴日本就医,11月16日在日本东京病逝。沈祖懋关心家乡教育事业,支持创办私立梅泾中学,并为梅泾中学选拔校长;推荐家乡可深造的青年去南京求学。

沈作枚(1912—1979)

民国29年(1940)毕业于复旦大学经济系(时学校因抗日战争爆发由上海内迁至四川重庆)。后任教于兰州大学。民国31年(1942)去美国明尼苏达州州立大学攻读化学专业,取得硕士学位,并留校任教,入美国国籍,曾在食品分析和环境保护检测等方面有所建树。还参与明尼苏达州中美友好协会理事会活动,1977年回国探亲。1979年病逝于美国。

姚诵尧(1912—2003)

就读嘉兴秀州中学及杭州浙江省立高级中学。民国22年(1933)夏,考入上海交通大学机械工程学院,并获"清寒教育基金"名额,每年享受奖学金300元。民国26年(1937)从上海交通大学毕业,获学士学位。毕业后,曾先后到汉口既济电厂、昆明电缆厂和上海华生电器厂工作,任助理工程师、工程师等职。民国34年(1945)抗战胜利后,调至中央电工厂上海分厂,任主任工程师。民国36年(1947)7月,奉派赴美国西屋电气公司实习,其间他将学习重点放在该公司的汽轮机厂、发电机厂、变压器厂、电动机厂等的厂房设计和生产技术上。工作之余,还在匹兹堡大学研究院选读机电制造和工业管理课程。民国37年(1948)10月回国,任湖南湘潭电机厂工程师。中华人民共和国成立后,调上海机电厂任工务室主任兼副总工程师,并参加上海电机厂创办工作。1956年,由他参与和领导的中国第一台6000千瓦汽轮发电机组试制成功,安装在淮南电厂。此后,上海电机厂于1958年研制成功世界上第一台1.2万千瓦双水内冷汽轮发电机;1969年试制完成12.5万千瓦双水内冷汽轮发电机,安装在上海吴泾电厂;1973年制造成功30万千瓦双水内冷汽轮发电机,安装在望亭电厂。这些成果均包含有姚诵尧的设计数据。1980年,姚诵尧赴日本考察三菱电机、日立电机等企业,学习先进技术。1983年,赴欧洲考察瑞士的BBC工厂和德国的KWU公司。1981年,上海电机厂引进美国西屋电气公司、美国燃烧工程公司先进制造技术。姚诵尧负责签订技术转让合同。至1992年年底,上海电机厂已制造完成并安装了40套引进型机组,其中两台30万千瓦机组安装在嘉兴电厂。姚诵尧于1956年被评为国家一级工程师,1963年被评为上海市先进生产者。1990年起,享受国务院政府特殊津贴。1991年,获国家计委、科委和财政部联合颁发的荣誉证书。其事迹被美国传记研究所(ABI)载入1992年版的《世界殊勋伟人名录》,其人其事被收入《中国电力人物志》。

刘方烨

刘方烨(1913—2012)

濮院刘氏始祖刘祥十八世孙,水利工程专家。民国13年(1924),从濮院敬业小学毕业。民国14年(1925)夏,考入嘉兴秀州中学,毕业后留校任教二年。民国22年(1933),考入南京中央大学工学院土木工程系,毕业后留校任教。抗日战争时期入川赴西北,参与鸳鸯池水库建设和黄河治本计划整编等工作。民国37年(1948)赴台湾,先后任职于高雄港务局、台北水利局、曾文水库建设委员会暨工程局、台北水建会等机构。曾参与左营军港码头建设、高雄港营运扩建,并先后主持了淡水河防洪整治工程、曾文水库建设、台北自来水暨卫生下水道新建和翡翠水库筹建等水利项目。其间,曾出席联合国亚经会第五届水资源开发及防洪会议,率农业水利技术团赴西非落实援助项目,在魁北克国际水文网设计研讨会上宣读自己的学术论文。

1976年退休后,他应聘于新加坡国防部任工程顾问,参与国防工程Zebra的建设。1978年,主持中兴工程顾问社印尼分社工作,参与印尼农田水利计划制定和都市自来水、污水处理工程建设。1985年定居美国。刘方烨大半生漂泊在外,进入晚年后桑梓情愈浓。在台湾,他常参与台北嘉兴同乡会公益事务。在美国,他被推举为嘉兴秀州中学校友会北美分会会长。1990年回祖国探亲,他遍访国内水利同行、中大同窗和亲友,参访国家重大水利工程和科研机构。2000年,濮院镇启动凯旋路建设工程,坐落于同安桥街的300余平方米刘氏祖宅被拆迁,他经与侄甥辈合议同意,将拆迁补偿款捐予桐乡三中,设立了枫荫图书楼。2012年,其子甥辈按其嘱咐,在家乡刘氏祖茔畔设立了刘方烨衣冠冢,遂其叶落归根之夙愿。

钟袁平

钟袁平(1915—1942)

乳名海官,学名钟斌权。民国10年(1921)入小学,民国16年(1927)小学毕业后去上海某纸烟店当学徒,因不堪虐待,旋离沪返里。民国17年(1928)考入桐乡县师范讲习所,结业后做过小学教师。民国23年(1934)秋考入杭州省立民众教育实验学校师范科。民国24年(1928)12月,北平爆发"一二九"爱国运动,钟袁平带头响应,率同学参加全市示威游行。翌年,训育主任查某擅权贪污,他为首揭发,掀起倒查学潮,事未成,被学校开除学籍。后任职于绍兴民教馆,以歌咏宣传爱国之道。民国26年(1937)抗日战争爆发,经中共地下组织介绍赴延安参加革命,入陕北公学,为第一期学员,同年加入中国共产党。民国27年(1938)3月由党派遣赴皖南新四军军部,在泾县小河口任新四军后方留守处政

钟袁平阅读的进步书籍

治处副指导员。民国 28 年(1939)秋，调金华中央东南局文委直接领导的《浙江潮》杂志任副刊编辑。其间，化名钟明远，并以明远、远明等笔名撰文宣传抗日救国。民国 29 年(1940)5 月，中共金衢特委机关遭破坏，钟袁平辗转到皖南屯溪，任皖南政工队副队长和《皖南人》杂志编辑。钟袁平能文善唱，长于谱曲，宣传工作十分出色。同年 10 月，因《中华民族解放先锋队章程》一书上有其签名而被国民党当局逮捕，羁押于屯溪下黎阳皖南行署禁闭室。民国 30 年(1941)1 月，皖南事变后，被押至临溪关押。5 月，又与赖少其等 20 余人一同被押送上饶集中营，编入特别训练班第三区队。在狱中，钟袁平继续以歌声为武器，鼓舞战友，抨击敌人。曾套用《五月的鲜花》歌谱改填《一月的雪花》新词，声讨国民党反动派制造皖南事变的罪行，打击特务的气焰。其后，敌人以“声音怪异、图谋不轨”为由，将他关到茅家岭葛仙庙禁闭室。钟袁平始终坚强不屈，在监禁中仍于墙上画中国地图、世界地图，向难友介绍中国近百年历史。民国 31 年(1942)5 月 25 日，中共党组织发动在茅家岭越狱暴动，钟袁平以病弱之躯与战友一起夺取敌人武器，冲出监狱，不幸身负重伤，跌入水田，又重陷囹圄。5 月 27 日深夜，被敌人活埋于茅家岭雷公山麓。

夏镇夷

夏镇夷(1915—2004)

民国 16 年(1927)考入浙江省立二中(嘉兴)初中部，民国 19 年(1930)升入嘉兴秀州中学高中部。1933 年，考取国立上海医学院本科，民国 28 年(1939)毕业。毕业后，任上海医学院助教及中国红十字会总医院精神科医师。民国 36 年(1947)赴美国康奈尔大学医学院 payne-whitney 精神病院进修。中华人民共和国成立前夕回国，继续在上海医学院工作。上海医学院更名为上海第一医学院，夏镇夷任副教授并任该院附属华山医院神经精神科副主任医师。1956 年，任精神病学教研室主任，晋升为教授、主任医师。是年，任中华医学会神经精神科学会主任委员。1958 年，上海建立市精神病医院(后改为上海市精神卫生中心)，夏镇夷即参加该院工作，参与了大规模的精神病普查工作，调查对象超过 1000 万人，建立了精神卫生服务网络。此种被外国专家誉为“上海模式”的三级精神病防治网，获卫生部和上海市人民政府的嘉奖。1979 年，以夏镇夷为团长的中国第一个精神病学专家代表团出访美国，受到卡特总统夫人及美国同行的热情接待。1980 年，他成为中美医学卫生技术合作委员会(精神卫生)中方联系人之一。以后，又作为世界卫生组织精神卫生专家咨询团成员，多次出访欧美、日本等国家和地区。1981 年，他领导组建了上海精神卫生研究所，任所长，从事精神卫生的电生理及遗传生理方面的研究。该所成为WHO的精神卫生协作中心之一。夏镇夷于1985年退休，曾任上海市精神卫生研究所名誉所长、上海市精神卫生中心名誉院长、中华医学总会上海分会理事、中国遗传学会精神科遗传学组顾问、世界精神病学学会顾问委员会委员等职，兼任《中国神经精神疾病》杂志总编、《中国大百科全书·现代医学卷》编辑委员会委员、《美国医学杂志(中文版)》编委、国家科委发明评选委员会特邀审查员等职务。夏镇夷的著作、译著、论文颇丰，主要有《英汉精神病学词汇》(主编)，人民卫生出版社1981年出版；《精神医学》(主编)，人民卫生出版社1984年出版；《精神医学丛书(2—3卷)》(主编)，湖南科技出版社1984年出版；《中国医学百科全书·精神病学分卷》(主编)，上海科技出版社1985年出版；《精神医学进修讲座》(主编)，上海医科大学出版社1989年出版；《实用精神学》(主编)，上海科技出版社1990年出版。

凌煦之

凌煦之(1916—1981)

字贯六，祖籍湖州双林。其始祖名云，字汉章，号卧岩。据《明史》载，明孝宗弘治年间，召至京授为御医。《浙江通志》记载："凌汉章，湖州人，成化间，针术神灵，擅名吴浙。"明成化年间，朝廷设针灸科，访得凌汉章后人凌一凤，召入都授太医院判。清乾隆年间，七世祖凌宸世迁居濮院。凌宸世袭父辈职，亦善针灸。凌煦之为凌云第十五世孙，得祖传针灸疯科秘术，精于针术，深浅合度，熟于穴法，每刺必中。中华人民共和国成立前常于桐乡县城国药店坐堂问病。中华人民共和国成立后，进濮院医院工作，主持针灸科，结合研究以中药为主，综合治疗血吸虫病，为嘉兴市医学协会会员。其著作颇丰，有《从"灵枢"探讨角针之机理》《〈循经考穴编〉针刺法初探》《〈子午流注〉针法的历史沿革及其前途展望》《凌氏针灸实验录》《治疗中风之经验》《验方录》等百余篇。又与盛燮荪合著《标幽赋浅释》。

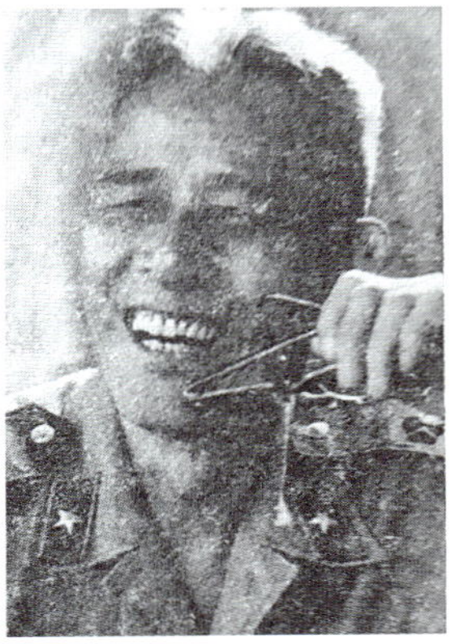
夏彭春

夏彭春(1917—不详)

民国32年(1943)毕业于贵阳医学院。民国35年(1946)任昆明惠滇医院曲靖分院院长。1949年8月赴美国耶鲁大学医学院进修。1950年10月返回祖国。1951年3月参加中国人民解放军，先后任武汉军区总医院外科主治医师、分科主任、外科总主任等职，获主任医师职称。1951年5月，武汉军区总医院接受了首批志愿军重伤员，其中有在朝鲜松骨峰战斗中带火扑向敌人的里王安等战斗英雄。这批伤员经过夏彭春和其他医师的奋力抢救和精心治疗，均陆续治愈出院。1954年，解放军总后勤部卫生部和东北军区卫生部在辽阳201医院组织了"战伤外科医疗研究组"，收治各部危重战伤人员，调集各军医大及军区总院专家50余人，夏彭春奉命前去参加胸外科组，经过10个多月紧张的治疗工作，大部分伤员治愈和好转。1959年，夏彭春赴北京参加全军后勤工作积极分子大会。夏彭春从军、从医50余年，曾任武汉军区医学科学委员会副主任委员、全军医学科学委员会委员、解放军医学杂志编委等职务。发表的论文有《断臂合并肝破裂再植成功》[刊载于《中华医学杂志》(英文版)]、《肺外科进展》(收录于《第五届全军胸心外科论文汇编》)等。

钟　克

钟　克(1919—1941)

原名钟兆钰，民国23年(1934)经人介绍至上海“三友实业社”做练习生。1937年卢沟桥事变后，钟克不顾老板劝阻，毅然投身抗日救亡活动。“八一三”淞沪抗战爆发，钟克加入战时通讯班、救护组，冒着炮火抢修电话线，救护伤病员，送粮运弹。民国27年(1938)3月发起建立秘密抗日组织熹微社，出版《熹微半月刊》。不久加入中国共产党外围组织，化名田云，开始接触马克思主义。民国28年(1939)1月，经王任叔(即作家巴人)介绍加入皖南新四军部队。民国30年(1941)1月，随军北撤时受伤被俘，被押至江西上饶集中营，后被国民党当局杀害。

钟克日记

夏克志(1922—1990)

民国32年(1943)毕业于国立交通大学化学系，获得学士学位。抗日战争胜利后，在台湾高雄肥料厂工作。1958年去美国，于芝加哥Depaul大学获化学硕士学位，又于伊州大学攻读博士学位。1976年在美国Sherwin-Williams公司化学部任职时发表论文《奎纳克林(Quinacridone)颜料的色彩和化学分析》。夏克志的专利项目有“用四氯化硅在双苯胺对二羧酸中进行奎纳克林合成”(美国专利局编号3530136，1970年9月22日)。1973年任美国Rachelle实验室研究员。1976年起，在美国芝加哥国家环保署任研究员直至逝世。

沈宝瑜

沈宝瑜(1923—1944)

又名楚南，民国26年(1937)“八一三”淞沪抗战爆发，嘉兴、濮院危在旦夕。沈宝瑜随亲友辗转跋涉抵香港，入中华书局印刷分厂做学徒，不久加入中国共产党。1940年5月，由党组织派至苏北工作，先后担任中共江城区、里睦区委委员，中共东路特委警卫二团文化教员。民国30年(1941)7月，被叛徒出卖，落入敌手，先被关在苏州“感化院”，后被押至浦 151 火车站，强迫服劳役。民国 31 年(1942)夏，在越狱暴动中，逃出虎口秘密返家，稍事休息后，即只身至上海，和党组织接上关系，至江苏海门县，任通海行署汇通区政府民政股长、副区长等职。汇通区是新四军和日伪军的拉锯战地区，敌我双方经常短兵相接。民国 33 年(1944)冬，沈宝瑜等 3 人奉命赴通海公路南天补乡开展工作。在返回游击区时，与日军相遇。沈宝瑜为掩护战友撤退而牺牲。

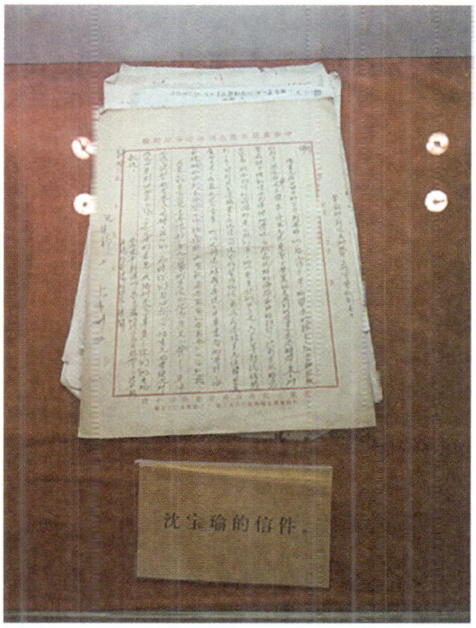

沈宝瑜烈士信件

陈慕天

陈慕天(1923—1943)

又名陈必达，幼年经人介绍至吴兴县善琏镇绸布店当学徒，受尽苦楚。民国 26 年(1937)冬，弃商参加朱希游击队。民国 28 年(1939)7 月，在朱部加入中国共产党。民国 29 年(1940)1 月，受党组织派遣回濮院发展党员。至民国 30 年(1941)7 月，濮院地区已发展党员近 10 人，建立了濮院、米字桥两个党小组。9 月，濮院支部成立。陈慕天先后任中共濮院小组组长、濮院支部书记、濮院区委书记、中共嘉崇桐工委委员、中共嘉兴县委委员等职。民国 29 年(1940)夏夜，他率领武装小分队于濮院镇郊国界乡处决汉奸高善富。民国 30 年(1941)5 月，为争取建立抗日武装组织，他与县委武装委员马政三在崇福庵(在今洪合镇)茶馆内枪击国界乡自卫队副队长夏福庆，暴露了身份，奉命撤离濮院，赴江苏茅山革命根据地，于新四军 6 师 16 旅任政治指导员。民国 32 年(1943)2 月 1 日，连队向竹篑桥进军时，途中与大股日伪军相遇，陈慕天殿后阻击，毙敌多名后身中数弹牺牲。

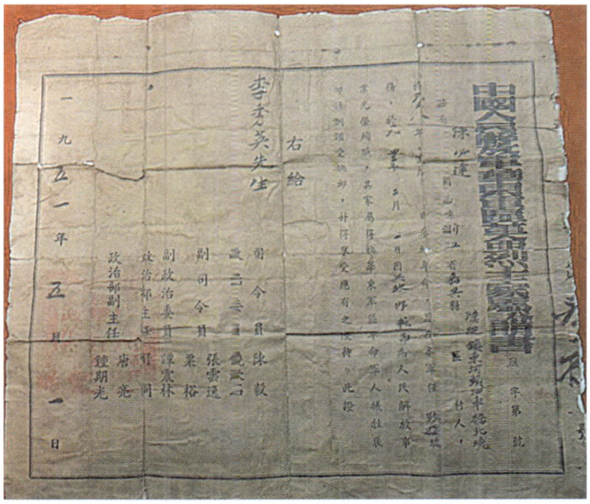
陈慕天烈士证书

沈康身(1923—2009)

民国 34 年(1945)毕业于中央大学土木工程系。曾任嘉兴中学数学教师、教导主任。1954 年，调至杭州大学数学系任讲师、副教授，1986 年晋升为教授。历任浙江省数学学会理事、浙江省中学数学教学研究会副理事长、中国数学史学会副理事长、中国科技史学会常务理事等职。沈康身从事数学、测量学和科学技术史教学近半个世纪，一贯重视学生的基础训练，注重理论联系实际，并努力将新知识渗入教学。1982 年起，招收中国数

沈康身

学史专业研究生，已培养硕士生多人。沈康身在对中国数学史的研究中颇有建树，在国内外的学术期刊上已发表论文70余篇，其中十多篇在美国、德国、印度、日本等国家及中国香港地区发表，并受到国内外同行的好评。同时，沈康身的数学专著《中算导论》（上海教育出版社出版）获1990年首届全国优秀科技图书一等奖，《九章算术导读》（湖北教育出版社出版）获得好评。沈康身曾应邀到美国、澳大利亚、比利时、新加坡等国家和中国香港等地讲学和开展学术交流，与澳大利亚数学系J. N. Crossley教授合作英译中国古典数学名著《九章算术》及历代疏注，并在1997年由英国牛津大学出版社出版。

刘　辛

刘　辛（1925—2016）

原名刘谷璇，世居大街刘宅。因父亲在上海工作，8岁时赴沪念书。民国33年（1944），就读上海“民自新闻专科学校”时参加革命，并随学校地下党组织到浙江四明山参加了“昌化起义”，后加入浙西游击队。1949年，刘辛在中共金华地委书记李学智（当时任土改工作队队长）的带领下，到建德县负责土改工作，后受派去该县某乡任乡长。后又调回金华地委办公室当书记员。1954年到婺江中学任校长。随后调任金华鞋塘中学（县级中学，即如今的艾青中学）教导主任。1978年8月，调至金华汤溪中学任教导主任。之后，刘辛一直在该校工作至离休。

刘辛获得的奖章

汤沛德

汤沛德（1926—1952）

原新生乡人。1949年5月，参加中国人民解放军，任班长。后赴朝参战，任志愿军某团排长，转战朝鲜战场。1952年10月，牺牲于上甘岭战斗中。

施有义（1926—2016）

濮院镇百年老店“施三和中药店”第五代传人。自幼入濮院敬业小学求学，毕业后即在自家药店学艺。一生经营中药近60年。1956年，国家实行全行业“公私合营”后，施有义即进入由濮院供销社管辖的濮院中新药商店工作，同时任私方副经理（另有公方正经理1人）。1963年，经省级考核后获中药师职称（为中药行业全国首次颁发职称证书，浙江省7人获此职称）。1979年，任嘉兴地区中药品种鉴别评审委员会评委。“文化大革命”后，取消“私方经理”称谓。1981年，施有义调任桐乡县医药公司副经理，主管中药业务及负责对全县中药员工进行业务培训和教材编写。由于家族的渊源，故对贵重中药材

施有义

的传统鉴别有独到的见解和秘诀(如今提倡中药化学鉴别,但不太方便且周期长,民间一般喜欢传统鉴别,比较快捷)。1983 年 9 月,参与由全国工商业联合会、中国民主建国会、农工民主党联合成立的中药专业咨询服务中心的专业工作,如《中药材业务知识讲座》的编写工作。1985 年,参与省工商联发起编写的《中药商品知识》,共 6 册,约 60 万字(作为《浙江工商》专辑发行)。1986 年,获"老药工"证书。同年,任"二会一党"全国中药咨询服务中心理事会理事。1988 年,经省级考评,获副主任中药师职称。1959—1996 年,施有义任濮院镇工商联主任委员,90 年代,连任两届桐乡县(市)工商联主任委员。1983—1998 年,连任浙江省政协第五届、第六届、第七届委员。1984—1999 年,任桐乡县(市)政协第二届委员,第三届、第四届常委。连任桐乡县(市)一至十届人大代表。主要论文有《杭白菊品种论述》《杭白菊的采收和产地加工》等十余篇,分别发表于《中国中医药杂志》《浙江中医杂志》《浙江医药》等专业杂志。

韩世钟

韩世钟(1928—2016)

笔名施种、叶文等。曾在敬业小学上初小,因家庭经济困难而辍学。抗日战争爆发后,家庭生活每况愈下,但韩世钟在坚持自学完小学语文、算术之后,又继续自修商务印书馆函授学校的初中各门课程,有些难学的课程求教于在校的邻居、同学或前辈,后取得初中同等学力。民国 35 年(1946)秋,以同等学力考取南京市立第五中学高中部。1950 年秋,同时考入复旦大学和燕京大学,后入复旦大学攻读外文系德国语言文学专业。1952 年,因全国院系调整,该专业并入南京大学,韩世钟就此入南京大学学习。1953 年夏,提前一年毕业,先后在民主德国工业展览会、波兰经济展览会和民主德国艺术展览会等机构当口译。1954 年,在上海新文艺出版社当外文助编、编辑。嗣后,一直在上海出版系统工作。20 世纪 80 年代,任上海译文出版社第一编辑室副主任、编审。1983 年,作为文化部代表团成员访问联邦德国,与北莱茵—威斯特法伦州对外协会商谈合作翻译出版中、德文学书籍事宜,并进行文化交流等。1989 年退休。后返聘于译文出版社,继续为出版社做一些编辑、校订及翻译工作。1990 年赴日本,参加在东京召开的国际日耳曼学者会议,介绍日耳曼文化艺术在全球的传播情况。从 20 世纪 50 年代起,韩世钟就陆续加入国内外的一些学术团体,如上海外文学会、德语文学研究会、中国外国文学学会、上海作家协会、中国作家协会以及国际日耳曼学协会等。数十年间,韩世钟先后介绍和翻译过歌德、席勒、霍夫曼、格林兄弟、豪夫、海涅、冯塔纳、豪普特曼等作家的重要作品,还有瑞典、芬兰、希腊等国作家的小说等。除编辑工作外,学术文章见诸中外报纸、杂志,计有数百万字。

沈新民

沈新民(1929—1951)

原名沈之墉,濮院镇人。1949 年 5 月濮院解放,沈新民即参加中国人民解放军。1950 年 11 月,赴朝参战,任志愿军某军后勤汽车队战士。1951 年 4 月,牺牲于朝鲜咸镜北道定平县五老里。

章肇斌

章肇斌(1932—2016)

民国 36 年(1947)考入嘉兴县立初级中学,1950 年毕业后考入浙江工业干部学校纺织科,并获人民助学金。1953 年夏毕业,随后分配进入上海第十六棉纺织厂工作。1954 年年初,被选送入华东纺织管理局干部技术训练班。结业后,带薪赴华东纺织工学院进修。1959 年,调入华东纺织管理局。1962 年,调入上海国棉十七厂保全科,负责全厂 10 个分厂 14 万个纱锭的维护保养及技术改造工作。1977 年,调入国棉十六厂设备科任副科长。1981 年,被评为工程师。1982 年,被调至上海棉纺公司科研科(后改名为上海棉纺织科学技术研究所)工作。1983 年研制成功的“多仓混棉机”,经工业部暨全国 52 个单位鉴定通过,于 1984 年获上海市棉纺局科技一等奖及 1985 年上海市首届科技进步三等奖。研制的“小棉束开棉机”获市纺织局科技三等奖。1984 年,任上海棉纺织科研所实验工场主任。1987 年,被评为高级工程师。1993 年退休。章肇斌撰写的论文《多仓混棉机》刊载于《棉纺织技术》1983 年第 2 期。此外,他还参与编写了《清棉专门工艺学》及《棉纺学基础》(清棉部分)。

翁方铨

翁方铨(1937—2011)

1961 年从桐乡一中高中毕业,考入武汉钢铁学院。1965 年本科毕业后,分配在安徽省马鞍山钢铁公司第二炼铁厂。在 1965—1974 年的 8 年高炉炼铁实践中,在担任高炉值班室工长及调度室调度员的同时,积极采用先进技术,推行标准化操作,使该厂高炉利用系数突破 2 吨/日·立方米焦比降至 485 千克/吨铁,在全国高炉技术经济指标中名列前茅。1982 年,翁方铨奉调至马鞍山钢铁公司科学技术部工作。先后任马鞍山市金属学会副秘书长、常务理事等职,并任安徽省金属学会常务理事。1984—1985 年,翁方铨为“全国高炉工长培训班”(前后共 6 期)授课,培养出合格高炉工长 286 人,受到冶金部的表扬。1987 年,中国科技协会、国家计划委员会在全国推广技术竞赛活动,翁方铨和公司万余名工程技术人员共同努力,共完成竞赛项目 3166 项,实现经济效益 27800 万元,4 次荣获全国先进集体称号。1990 年,翁方铨被评为“全国厂矿科协优秀干部”,受到中国科学技术协会的表彰。同时,翁方铨还带领公司技术人员,先后到南京钢铁厂、合肥钢铁公司、新疆钢铁厂和三明钢铁厂等企业提供技术咨询及技术服务。1991年，翁方铨代表马鞍山市的科技工作者出席了在北京人民大会堂召开的中国科学技术协会第四次代表大会。

庄念生

庄念生(1939—2016)

1953年梅泾中学毕业，1956年考入清华大学，1962年建筑学专业本科(6年制)毕业，分配在建设工程部北京工业建筑设计院工作。几度在名师杨廷宝、梁思成、陈植等前辈的指导下进行实践与研究。1970年，下放到山西省设计院工作，1973年调回北京后一直就职于中国建筑设计研究院。1978年为工程师，1987年为高级建筑师，1995年晋升为教授级高级建筑师。为国家一级注册建筑师，中国建筑师学会正式会员，中国建筑学会卫生建筑学术委员会一、二、三届委员及四届名誉委员，北京建筑工程学院建筑系客座教授，卫生部、铁道部建筑顾问。庄念生作为设计项目主持人的工程项目有：桑给巴尔阿恩玛体育中心，该项目于1968年建成，是中国最早对非洲援建的体育建筑项目，总建筑面积为5289平方米；北京中医医院门诊、科研、教学楼，该项目获建筑设计研究院优秀设计奖和施工图优秀奖；北京地坛体育馆，该项目获建筑设计研究院1986年度优秀设计奖，1989年亚运会指挥部又授予其优秀设计奖杯。庄念生还参与毛主席纪念堂的设计工作，是中央最后选定的实施方案立面造型效果图的绘制者。此外，还主持设计国家图书馆、唐山唐钢宾馆、三亚海坡度假村、北京中国新纪元物流中心等国内工程，以及巴基斯坦伊斯兰堡体育综合设施、柬埔寨皇家医院附属医院等国外工程。庄念生是中国建筑设计方面的一位资深专家，成果丰硕。除撰写大量专业论文外，负责编著《中国大百科全书·建筑设计卷》(获国家图书荣誉奖)、《旅馆》(《国外建筑实例图案》丛书之一)、《建筑设计资料集·剧院、电影院、礼堂、旅馆》(获建设部首届全国建筑科技图书部级一等奖)等技术文献。庄念生的名字已被收录在《中国工程师人名辞典》及《浙江古今人物大辞典》中。庄念生一家四口都是清华学子。

刘谷璋

刘谷璋(1941—2010)

1957年毕业于桐乡三中，1962年毕业于浙江嘉兴工业专科学校，同年由国家分配到冶金工业部云南冶炼厂工作。1982年晋升为工程师，1988年晋升为高级工程师。刘谷璋在云南冶炼厂工作30余年，先后担任过科研所技术员，宣传部、组织部干部，团委书记，党委办公室主任，厂部办公室主任，硫酸车间书记兼主任，纪委副书记，党委副书记，党委书记，党委书记兼厂长等职务。任党委书记职务长达12年，其间该厂电解铜产量由6万吨上升到9万吨，硫酸年产量在全国同行中一直名列第二位。1996年，云南冶炼厂列为国家300户重点骨干企业之一。1991年，刘谷璋获云南省优秀党务工作者和省首届优秀企业党委书记荣誉称号。曾当选为昆明市第八届人民代表大会代表和昆明市西山区第九届、第十届、第十一届人民代表大会代表。1995年被云南省委宣传部、组织部、经贸委等部门聘为云南省高级政工职称评委会委员。1996年，中国有色金属工业总公司决定，由云南冶炼厂、东川矿务局、易门矿务局、大姚铜矿、牟定铜矿组建云南铜业（集团）有限公司，刘谷璋调该集团公司任党委副书记，主持党委日常工作，直至退休。

钱维洁（1950—2011）

1966年桐乡三中初中毕业。1969年，赴内蒙古生产建设兵团，在兵团任连队和团部粮站会计，一边工作，一边自学。1972年，作为“工农兵大学生”进入北京钢铁学院就读选矿专业，后转入数学专业。1975年毕业后留校任基础部数学系助教。1979年，考入北京师范大学数学系硕士研究生班，1981年毕业后留校任数学系讲师。1987年，由北京师范大学选派，以访问学者身份赴美国，在麻省理工学院工作一年半。1988年年底，经北京师范大学批准，自费留美攻读数学博士。1992年春，获美国亚利桑那州立大学数学博士并留校跟随导师做博士后研究。1994年秋，在美国亚利桑那州GLENDALE大学数学系任副教授。1998年回国，任浙江大学应用数学系副教授。1999年返回美国，任美国亚利桑那州立大学数学系副教授。钱维洁在近四十年的数学教学和研究中，主要方向为非线性泛函分析、非线性偏微分方程和动力体系。先后在中国和美国的数学杂志、学报上发表论文十多篇，与浙江大学、复旦大学等学校经常开展学术联系。

徐继康

徐继康（1954—1974）

原濮院乡人。1973年1月参加中国人民解放军，为6012部队战士，中国共产党党员。他经常利用休息时间做好事，先后受到营、连嘉奖各一次。1974年11月，在江西新建县石埠乡执行任务时牺牲。

王国友

王国友（1956—1979）

原新生乡人。1976年3月参加中国人民解放军，为53570部队战士。1979年2月17日，在中越边境自卫还击战中牺牲，后被部队党委追认为中共正式党员并记二等功。

第二节　流寓名人

自宋以来，旅濮定居的文人雅士颇多，正如《濮院琐志》编纂者杨树本所说：“自里市有永乐之名而商贾通，濮氏负好客之誉而群贤集。于是王孙高士，命棹来游，理学名臣，避喧栖止，而一材一艺、能文积学之士，亦莫不息驾幽湖，乐与濮人共度晨夕。此实闾里光也。”

元代

赵孟頫　字子昂，号松雪，浙江吴兴人。元至元年间，以遗逸累拜翰林学士承旨。与濮鑑交最善，因来游濮院，绘幽湖泛月图。濮鑑筑园居之，相与飞觞啸咏。其中凡寺观为濮氏所建造者，书额题梁，皆出其手。夫人管仲姬并为画竹于壁。延祐六年(1319)，谒告归，濮鑑已殁，孟頫复假馆园亭，盘桓数载，为濮鑑作墓志铭而去。

杨维桢　字廉夫，号铁崖，浙江诸暨人。泰定四年(1327)进士，授天台尹，罢去。元末天下大乱，杨维桢避地濮院。时濮氏豪而富，与江朝宗同馆其家。濮仲温集一时名士为"聚桂文会"，请杨维桢评其优劣。世称铁崖先生。

程德刚　字克柔，通书史法律，负才气不仕。元将路成，兵过皂林，暴掠。德刚往见，陈利害。成称善，戢其部众。欲奏官之，以疾辞去。结庐于梧桐乡之张荡，宅有柳百余株，因号柳庄居士。与鲍恂、贝琼结社濮川。

明代

宋　濂　字景濂，号潜溪，浙江浦江人。六岁日记千言，九岁能文章。曾读书濮院之梅泾，作"濮川八景"诗，与江朝宗、鲍西溪辈相往来。明太祖定天下，征拜学士，一时大著作皆出其手。在梅泾时，青田刘基亦相过从；宁海方正学，其高弟，一时聚合，亦见地灵。

鲍　恂　字仲孚，尝居千金、梧桐二乡，又尝徙居郡西溪，学者称西溪先生。少受《易经》于吴澄，得其所传。为人慎重不可狎，而学行名天下。元元统年间，浙江乡试，三领《易经》解元，荐为平江教授、温婺州学正，皆不就。至元元年(1335)成进士。至正四年(1344)入闱校士，学士张翥、御史刘彦博荐为翰林，不就。张士诚在吴中亦辟为教授，坚辞不出。洪武四年(1371)初，以科举取士，与詹同、宋濂、原本司召为会试考官。试已，即辞去。洪武十五年(1382)，礼部主事刘庸荐鲍恂与吉安余诠、高邮张长年、登州张绅，皆明经老儒，达于治体，可备顾问，遣使召至京，时鲍恂年八十余。上见之大悦，命为文华殿大学士，以老疾辞。谕曰："朕以卿年高德劭，故授此职。烦辅导东宫，可免卿早朝，日晏而入，从容侍讲。不久随卿致仕归乡，以终余年，庶不负生平所学。"鲍恂复固辞。翼日放归。与贝清江、程柳庄结社濮川。卒祀乡贤祠。著有《濮川八景》，又有《易大传义》《卦爻要义》《易学举隅》3卷、《西溪漫稿》4卷等。

贝　琼　字廷琚，一字廷珍，别号清江，初名阙，字廷臣，居千金乡殳山南祖谦太学上舍。贝琼性坦率，不事边幅，而笃志好学，博通经史百家言，善为文，师事同邑黄次山、会稽杨铁崖。元季隐居教授，往来华亭海昌间，生徒云集，又尝主幽湖朱显道家。年四十八始领乡荐，游京师。会有宋真西山裔孙女名真真者，沦乐籍。翰林承旨姚燧出金赎之，嫁属官王棣。贝琼作《真真曲》美之，由是知名。张士诚据平江，累征不就。洪武三年(1370)，举明经，召修元史。同官李敏卿辈称其叙事直而不徇。洪武五年(1372)出典浙江乡试，称得人。元史成，受赐归。洪武六年(1373)，又以儒士举除国子助教，与张美和、聂铉齐名，时称"成均三助"。尝慨古乐不作，作《大韶赋》以见志。在史馆时，与金华宋景濂友善，凡有著作，互相推让。及景濂为司业，建议祀伏羲、神农、黄帝、尧舜禹汤文武于天子之学，上黜其说不用，而世儒犹有韪之者，贝琼乃作释奠解辨之。其持正类如此。洪武九年(1376)，改中都国子助教，教功臣子弟，人皆敬惮。洪武十一年(1378)，致仕归，卒祀乡贤祠。著有《清江集》10 卷、《文集》30 卷、《中星考》1 卷。

江　汉　字朝宗，浙江会稽人。元季客吴中，落魄而返，经崇德之濮院，濮氏仲温父子延为上客。洪武初，以文学征授翰林编修。应制赋《元日早朝》诗，称旨，赐绯袍。请老归，遂家于濮。与亲知游宴，尝著赐袍以自娱乐。著有《月夜清游集》。

方孝孺　字希直，宁海人，潜溪高弟。微时尝寓濮川，有《泊舟幽湖》诗。

文徵明　字徵仲，号衡山，长洲人。山水远法郭熙，近学松雪，气韵神采，独步一时，又善花鸟竹果。楷书宗二王，古隶师钟太傅。诗得中晚唐格外趣。正德末入仕待诏侍经筵。岁时颁赐，与诸词臣齿。后乞归致仕，四方乞诗文画者踵相接。尝馆于濮院杨菊宾家，为书“启明楼”“嘉乐堂”匾额，文氏铁笔，里人遂得其传。嘉靖三十八年(1559)卒，90岁。著有《莆田集》。

清代

方　薰　字兰士，一字懒儒，号樗盦，石门布衣。先世由歙县迁石。父槑，字雪屏，工诗画。薰生而敏慧，十五岁即随父历三吴两浙，与贤士大夫游，亦以画见重于世。乾隆南巡，进《太平欢乐图》百幅，绘两浙风土，各缀跋语。尝侨寓梅里及桐乡，又尝主濮院濮珊园家，董棨、杨培立咸师事之。著有《山静居诗词稿》《鲍氏知不足斋丛书》，刊其论画、论书、论诗数种。

卜　休　字人木，先世自湖南徙嘉禾。休少孤，生有异质，十岁能诗，经史过目不忘，长益豪迈，不屑仕进。曹侍郎溶、朱检讨彝尊，读其诗文，辄叹赏，愿内交。然性孤介，与世寡合；唯与吴江姚蛰庵、海昌范愚村、武原吴克轩道义切磋不倦。博极群书，虽稗官野记，方外藏书，靡不研究。手抄前人集凡百家，高与身等。辩论古今治乱得失，独抒己见，不少阿附于春秋大义，尤侃侃不讳，闻者咋舌。家极贫，两子相继早逝，孤孙茕茕。隆冬风雪洒窗，拥败絮从容展卷恬如也。诗入唐人室，成辄毁稿。尝馆于幽湖李氏。卒年 75岁。殁后其门人李元绣搜录遗著若干卷。

徐大椿　字灵胎，别号洄溪道者，吴江人，秀水诸生。尝寓濮院北河下徐锡纯家，锡纯之侄荫阶师事之。灵胎多奇方异术，袁简斋太史尝欲采辑之，并为作传。著有《神农本草经百种录》1 卷、《难经经释》2 卷、《兰台轨范》8 卷、《伤寒类方》1 卷、《医学源流论》2卷、《医贯砭》2 卷。其《洄溪医案》吕慎盦得之，徐氏及门金复初、海昌蒋光煜始刊行之。

孔继麟　字石徵，号珊客。嘉兴诸生，居梅里。早著盛名，老而不遇，诗笔苍劲，趋步少陵，尝绘《遗经独抱图》以寄慨。子及长孙均早卒。诗酒颓唐，不损其迈往之气。游梅泾，住蒋愓堂家。晚年寓化坛庵、香海寺，主盟词坛一时，学诗者咸就正焉。道光二年(1822)卒。著有《珊客诗草》。

王士雄 号孟英，自号半痴，海昌人。曾祖学权以医名，著《重庆堂随笔》。士雄少失怙，家贫性介。念先哲有“不为良相即为良医”之语，因自颜其室曰“潜斋”，而潜心于轩岐之学，名重三江，传食诸侯数十年。会世有乱征，飘然归籍，贫无立锥，著《归砚录》以见志。咸丰十年(1860)省城陷，其友吕慎盦招之，遂栖于濮。自伤孤露，乱离靡定，因题所居曰“随息”，更字曰“梦隐”。所著有《王氏医案》《温热经纬》《霍乱论》《饮食谱》，并有《潜斋丛书》之刻。其《温热经纬》以轩岐、仲景为经，以叶、薛诸家为纬，而断以己意，与程汪日桢目为宝书，为文赞之。

吴廷华 字春墅，嘉兴凤喈桥人。少工文辞，有声庠序。尝馆于濮院申氏、夏氏，从游甚盛。光绪八年(1882)举于乡，试南宫累荐不售，橐笔游公卿间。寻以誊录议叙知县，随大司空吕镜宇出使德国，充参赞。未逾年，卒于海外。

刘雪樵

当代

刘雪樵(1919—2001) 字光道，名信卿，画家。原籍四川三台，后定居浙江桐乡。早年毕业于苏州美专，长期从事美术教育工作，1948—1953年，曾在屠甸镇小任美术教师。1954年后，调濮院镇小学任美术教师，教学之余，还与濮院的美术爱好者结下了深厚的友谊。20世纪60年代，与濮院名画家岳石尘共同制作了濒临失传的濮院传统工艺品——“剔墨纱灯”。谭建丞曾评价刘雪樵：“从事教育数十年，门墙桃李半天下，人才辈出，可谓盛美。两浙三吴，识与不识，无不知有刘老师者。清廉克己，热情待人，迄今两袖清风，其立品可以想象得之。书画文学无一不佳。”

刘雪樵曾任浙江省政协委员、嘉兴市政协常委。同时，又为浙江省美术家协会会员、嘉兴市美术家协会副主席、桐乡市美术家协会顾问。他喜书法，爱工艺，能鉴别，对名砚尤有研究。擅长写意花鸟，作品形象逼真，设色典雅，意境深远，文人画气息浓厚。尤其所画芋艿、丝瓜、小鸡等小品深受人们喜爱。作品多次入选全国美展，被全国多家博物馆、美术馆收藏。名字被编入《中国当代美术家人名录》《中国现代美术家人名大辞典》《中国当代艺术界名人录》《桐乡县历代书画篆刻家传略》《世界名人大辞典》等。

第二章　当代人物和客籍名流选介

第一节　当代人物

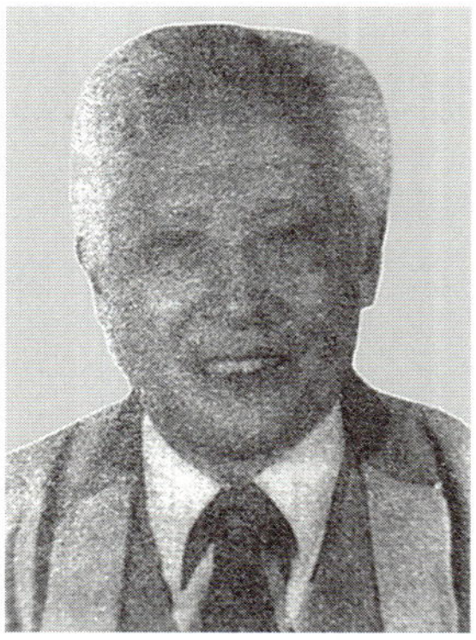
夏复修

夏复修(1924—)

祖籍濮院，出生于北京。民国18年(1929)，随父迁居上海。民国19—34年(1930—1945)，先后在上海文蔚、智仁等小学就读，战乱时回濮院就读敬业小学。后入上海光华大学附中，又转入复旦大学附中，再转入江苏扬州中学至高中毕业。后考入上海交通大学，因校舍被日本同文书院强占，改入中华学艺社，又转入私立大同大学电机系，民国34年(1945)6月毕业。民国34年(1945)7月，在上海泰利机器厂实习，后任该厂工程师，负责制造全套纺织机械。抗战胜利后，参与接管上海大隆机器厂(日军占领时的军工厂)。50年代初，调入第一机械工业部设计二分局，参加上海电机厂、上海汽轮机厂等捷克援建项目的基建设计。50年代中期，调入海军第七研究院704研究所(上海)，进行海军舰艇电气设备的国产化研究。60年代初，在国防科研单位集体参军，被授予少将军衔，两年后转入军官预备役。“文化大革命”后，调入上海计算机研究所，任网络研究室副主任，参与电子计算机集成电路及计算机网络的研究。其间，自编讲义，到北京、沈阳、郑州、武汉及上海本地的研究单位讲授网络原理，传播新兴技术。1981年，被评为高级工程师。1989年，退休。夏复修为安徽省芜湖市第二届人民代表大会代表，政协上海市静安区委员会委员；为上海市造船、电子、通讯、计算机学会会员。夏复修家学渊源，祖父夏辛铭，1902年创办濮院敬业小学并独资编纂《濮院志》30卷。父亲夏廷正，北京大学经济学毕业，曾任职于京兆财政厅、上海交通银行。

谭德明(1926—)

原名翁方光，1938年随父母赴沪，1939年进上海南洋中学，后转入交通中学。高中毕业后，1946年考入北平燕京大学，同年7月加入中国共产党，为了工作需要改名为谭德明。1948年转入解放区。1949年起，历任中共北京市海淀区委宣传部办公室干事、副主任、副部长等职。1950年6月，《中华人民共和国土地改革法》颁布，是年冬，参加土改工

谭德明

作。1954年8月，任北京市委党校助教。1970年，下放至北京延庆县西二道河公社劳动。1972年10月，调任北京市海淀区委党校副主任。1975年，调任北京市人民公社干部学校教育组副组长。1979年，调任中国社会科学院研究生院马列教研室副主任。副教授职称。1987年离休。谭德明主要论文有《从社会学角度看家庭的职能及其变迁》《正确理解与应用巴黎公社的经验》《毛泽东的〈论人民民主专政〉是对马克思国家学说的新贡献》《试析“建设有中国特色的社会主义”的含义》等。其中《共产主义思想和爱国主义精神》被收入《从爱国主义到共产主义》一书（中国人民大学出版社1985年版）。负责编写《中国公务员百科辞典》中“科学社会主义”和“国际共产主义运动史”两部分的全部条目，共计3万余字。

刘方荧

刘方荧（1927—）

祖籍濮院，出生于北京。半岁大时，父亲刘富槐逝世，刘方荧遂回濮院大街祖屋居住。1932年，进濮院小学念书。1938年，由婶母带去上海读书。1941年，小学毕业，考入上海中华职业学校学商业。同年12月，因战乱又回濮院。1947年，入梅泾中学就读两年。后去桐乡裕和烟行当学徒，学珠算。1948年，经表姐介绍赴杭州，进浙江国税管理局当雇员。1949年5月，杭州解放，即转入浙江财政厅做税收会计。参加工作后，自修完高中、大专的必修课。1958年，调入浙江省人民银行，担任国库会计。国库会计一职，要将所有的工商税收入、关税收入、农业税收入进行汇总，工作量相当大。全省每日的税票金额由纳税人交入银行的笔数每日达几千笔，金额几千万，都靠刘方荧用算盘一笔一笔地加起来。刘方荧多次被评为省级先进工作者。刘方荧于1987年办理离休手续，由于工作需要，继续留任工作至1998年。1989年，获中华人民共和国财政部“30年国库会计荣誉证书”。1989年8月，获高级会计师职称。1991年，获全国珠算协会首届珠算竞赛优胜奖。1998年，中国人民银行50周年庆时，获该行“35年工作荣誉证书”。刘方荧曾参与编写的国库业务书籍有《国家金库业务》《国库会计核算》《国家金库历史沿革》《中国国库业务全书》等。

黄尔田（1929—）

南京农业大学本科毕业，高级农艺师，九三学社社员，浙江省现代农业开拓者之一。曾在山东省农业科学院、湖州蚕桑科学研究所工作，长期从事蚕桑、粮食病虫害研究。1974—1977年，任浙江省生物防治协作组组长，主持省“赤眼蜂防治稻纵卷叶螟”课题，成果获浙江省科学大会奖。培育天敌昆虫消灭稻田螟虫6000亩的实验成果属国内首创，并获省部级三等奖。“桑疫病防治”“桑萎缩病综合防治研究”“东方红喷雾器推广”三

黄尔田

项课题获湖州市科技二等奖。“尔田牌天牛药签”获浙江省首个农药专利,并已推广使用200万亩。由黄尔田担任主编的《实用桑树保护学》是中国农科院蚕业研究所组织的十三省有关人员合作编写的,系统总结了中华人民共和国成立以来桑保科学的成果,历时五载,1992年由四川科技出版社出版。中国农业科学院植物保护研究所陈其瑛教授说:“该书总结了我国半个世纪以来桑树保护学的经验和成果,图文并茂,既是学术专著,也是生产实践的工具书。迄今为止,它较已出版的教科书更系统、更集中,是一本不可多得的蚕用书籍。该书的出版,促进了我国桑树保护的发展。”黄尔田对“野蚕越冬卵的孵化和年发生代数的问题”的研究结论,不但修正了前人的错误,也为野蚕防治提供了最佳用药时间,节约了蚕桑生产成本,有利于保护生态平衡,得到专家们的认可,该论文发表在中国《蚕业科学》上。《养蚕业是太湖流域农业优化的重要动力》被收入《中国农业优秀论文汇编》。其他著作有《蚕桑问答200题》《地瓜安全贮藏》《山东省庄稼病虫害防治》(与人合著)等。发表于省级以上刊物的论文有30多篇,获奖7次。黄尔田参加北京国际植物病理学大会及第十九届国际昆虫学大会时,均为指定发言。曾三次受邀赴国外参加国际学术会议。

夏克同

夏克同(1929—)

民国35年(1946)以优异成绩考入上海交通大学,攻读电信专业。学习期间,积极投身于迎接解放的学生运动,曾被国民党政府搜查、追捕。中华人民共和国成立后不久,夏克同毅然投笔从戎,参加中国人民解放军防空雷达部队,是中国人民解放军第一代雷达工程师。夏克同专长是雷达技术和现代信息系统应用工程,曾获空军科技重大成果奖。他编写了上百万字的中国人民解放军第一套空军雷达兵操作规范和兵器教材,还为解放军高级情报自动化系统编写大量教材。在全国性刊物上发表论文几十篇。译著有《电子战史》等。曾荣立二等功1次、三等功2次。历任雷达站站长,雷达营修配所长,雷达团技术主任,军区空军技术参谋、科长、处长,人民解放军电子工程学院指挥自动化系副主任等职务。1985年转业到地方后,担任杭州市科学技术协会专职副主席。2015年,夏克同捐出濮院旧镇房屋征收补偿款100万元,设立夏氏家族教育基金,用于帮助困难学生,奖励濮院优秀学子,该基金为桐乡市设立的首个家族基金。

朱家华(1930—)(女)

民国35—37年(1946—1948),在嘉兴中学学习。高中毕业后考入南京大学艺术系。1951年毕业后分配到华东文教委员会宗教事务处,后转入上海市人民委员会宗教事务局。1953年,调送到浙江美术学院国画系学习。1958年毕业,在《新华日报》任美术编

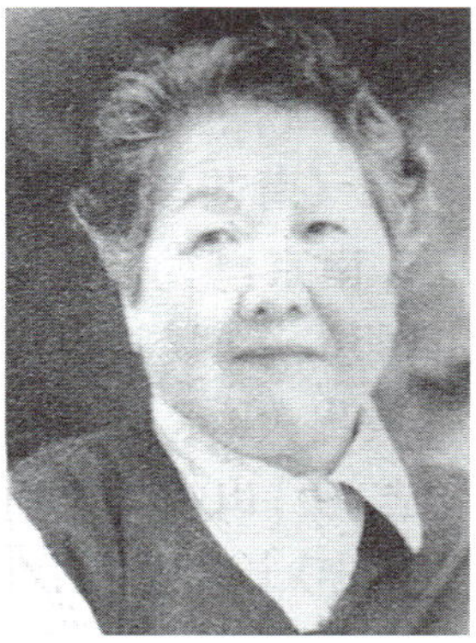
朱家华

辑。1959年，调至南京艺术学院任教，并从事国画之人物画的研究。1956年，山水画《山涧》在浙江省展出并获奖，随后又在上海“华东地区画展”中展出。1959年5月3日，人物画《路边》在《人民日报》上发表，又转载于《中国画》及《东风杂志》等画刊。1960年，部分画作由中国对外文化委员会选送至巴基斯坦、缅甸、奥地利等国展出。1965年，人物画《迎蚕》在《人民日报》和《新华日报》同时发表，后由中国美术馆收藏。1980年，山水画《黄山松》在日本名古屋展出；山水画《春》发表于《江苏画刊》并在“三八联展”上展出。1981年，在南京艺术学院举办第一次个人画展，展出人物、山水画作60幅。1982年，有20幅作品入选江苏省美术馆的“三八联展”。朱家华为江苏省美术家协会会员。

沈丽英

沈丽英（1930—）（女）

民国35年（1946）考入省立嘉兴中学。1950年高中毕业，考入南京大学医学院医疗系。1951年，南大医学院改为第五军医大学，属部队院校，同年，沈丽英参军入伍。1954年，第五军医大学并入第四军医大学，沈丽英随校迁往西安市。学习期间，得到学校嘉奖，曾荣获三等功一次。1956年毕业后留校工作，分配在附属一院内科教研室，任住院医师、实习助教。1963年，沈丽英任总住院医师，1969年被评为主治医师，1988年被评为教授、主任医师。1984—1993年，担任内科教研室主任、呼吸内科主任，兼任党支部书记，并多次被评为解放军总后勤部模范党支部书记。沈丽英在30余年的医学教学和临床实践中，积累了丰富的经验。她主持的“肺癌生物治疗”课题，获全军“七五”科技进步二等奖。在院内任内科学、诊断学主讲外，还任研究生导师。主编《实用呼吸内科手册》等8部专著。编写大学教材计30余万字。先后任中华医学会陕西呼吸结核学会委员、中国康复学会陕西呼吸分会副主任委员、《人民军医》特约编审等职。个人信息被收录在《中国当代高级医师大全》及《当代中国科学家与发明家大辞典》等典籍中。自1993年起，享受国务院政府特殊津贴。

张作元（1932—）

少年时代就读于濮院中心国民小学、梅泾中学。1949年，考入嘉兴秀州中学。1951年高中毕业后，考入上海交通大学电力工程系工企电气化专业。1955年毕业。毕业后，被分配到上海江南造船厂机动电气工程处工作。从技术员干起，先后被评为工程师及高级工程师。60年代，首创供室内外起重机使用的复式电源装置——地沟滑触线式的地下滑触供电装置。该项技术革新在全国及部分亚洲国家推广。张作元也获得中国船舶工业总公司的科技进步三等奖。70年代，在上海与山东联合开发16米大型滚剪机的项目中，张作元负责电气设计工程。经过多年苦战，整机试制成功后，张作元获得了国家科学技术委员会颁发的三等奖。葛洲坝电站的闸门钢板就是用该种滚剪机剪切的。80年代，又参与了中国首创的60Hz3X440V交流发电站设备的设计和制造。中国船舶工业沿用的是老式的50Hz型，使承造出口船只受到局限，而60Hz型的试制成功，为中国承接建造出口船舶提供了方便。张作元在江南造船厂工作了37年，有多项科研成果的论文在国家级专业杂志上发表或在全国性会议上交流。主要有：《大型螺柱工程加垫紧固法》，发表于《机械制造》；《水外冷导线》，发表于《电世界》杂志；《地沟滑触式供电装置》被选编入《中国"八五"科学技术成果选（1990—1995）》（科学出版社1995年出版）。张作元先后参加中国造船工程学会、电器电子技术协会、老科学技术工作者协会、江南造船厂科技协会等。1992年退休。

沈之烨

沈之烨（1932—）

在上海读完小学、中学后，于1949年考入大连大学工学院化学系。1953年毕业后，继续就读于北京石油学院炼制系，为苏联专家的研究生，专业为煤化学和煤化工。1956年入中国科学院石油研究所（现为中国科学院大连化学物理研究所）工作。沈之烨长期从事化工研究工作，在该领域贡献甚多。于1978年在全国科学大会上获重大成果奖。曾获国防科委两项三等奖。1978年后，沈之烨转入激光光谱的研究，与中国科学院院士张存浩、朱清时等合作，撰写论文多篇，发表在中外学术刊物上，主要有《用可调谐二极管激光光谱仪观测3657—3708cm—1区域CO_2高分辨振转光谱》（载《物理学报》1982年第10期）、《High Resolution Laser Spectroscopy Study of 1（2，—1）Type Resonance in CH3F（V5）Band Zhao Yao, Shen Zhi ye, Zhu Qingshi and Zhang Cun hao》（载Chinese Physics Letters 1984年第2期）、《CF31分子V4带高分辨激光光谱研究》（载《物理化学学报》1985年第4期）、《二极管激光微分光谱技术和CH3CN分子V4带的研究》（载《中国激光》1986年第6期）、《HBr红外光谱的核四级超精细结构》（载《光谱学与光谱分析》1987年第4期）、《乙炔（2V5—V5）、（v4 + V5）—V4和（2V4—V5）—2V4Q支高分辨二极管激光光谱》（载《光学学报》1989年第8期）等。1992年，沈之烨退休后，仍受聘在原单位工作，从事气体纯化装置的研究和设计工作，也研究变压吸附等用于气体分离净化的技术。

石志塘（1932—）

民国36年（1947）考入嘉兴秀州中学，后转入南京市立五中。1949年中学毕业后，报名参军，成为中华人民共和国成立后的第一批空军战士。1950年，被分配去沈阳空军第四航空学校学习。其间，获三等功。1951年毕业，被分配到空军某团。1952年，石志塘随部队进入辽宁安东（今丹东）鸭绿江边的大东沟和大孤山野战机场。时值严冬，石志塘

石志塘

4 次获师部颁发的光荣证书。同年 9 月，石志塘被调去沈阳空军第八航空学校干部中级班深造。在校期间，获三等功两次。次年 7 月加入中国共产党。1954 年从航空学校毕业后，石志塘被分配到东北军区（现沈阳军区）某处任见习参谋。1956 年，调南京军区某厂任技术员。1957 年，获三级优等工程机务员工作者称号。1958 年，石志塘被调入福州军区某厂，先后任计划股长、副厂长、厂党委常委等职。1977 年，石志塘在执行任务时受伤（被评定为二等乙级伤残军人），1979 年转业到上海，在上海飞机制造厂技工学校任副校长。1982 年改负责党务工作，先后任厂纪委副书记、书记、厂党委副书记、书记等职。

石志塘被航空航天工业部授予部级“优秀思想政治工作者”“先进工作者”等称号，又获航空航天工业部授予的思想政治工作成果三等奖等奖项。经航空航天工业部评审，石志塘先后获得助理工程师、工程师、副研究员、高级政工师等职称。

傅冉桥

傅冉桥（1932—）

出生于濮院镇，民国 27 年（1938）全家迁入梧桐镇鱼行街钱家白场。民国 35 年（1946）毕业于梧桐完小，同年考入杭州市私立蕙兰中学（现杭州第二中学），1952 年高中毕业，考入上海复旦大学中文系。1954 年暑假期间，担任了梧桐镇“旅外学生会”主席，在桐乡县中的两间教室里排练文艺宣传节目，然后到街道、农村进行广泛的社会宣传。1956 年大学毕业后，被分配到南京大学中文系，跟随著名语言学家方光焘进修“普遍语言学”。1958 年，调到扬州师专中文科任教。1959 年，扬州师专与苏北师专合并后成立了扬州师范学院，傅冉桥仍在扬州师范学院中文系任教。1982 年，傅冉桥被派往北京师范大学中文系民间文学研修班进修，受著名民间文艺家钟敬文指导。1983 年，返回扬州师院，教授“民间文学概论”。同年参加江苏省民间文艺家协会。1984 年，参加中国民主促进会，为江苏省委员会扬州分会会员。1984—1990 年，兼任扬州师院中文系本科函授班的班主任工作。1990 年被评为副教授。1993 年退休。发表《关于神话的产生和消亡》《民间笑话的艺术特色》等论文 10 余篇。

朱学炎（1933—）

民国 36 年（1947）就读于嘉兴秀州中学。1952 年，考取复旦大学数学系。1956 年毕业后留校在数学系任教。1986 年被评为教授，1987 年调至上海铁道学院数学系工作。任教几十年，担任过专科、本科、研究生、成人教育等 10 多门课程的教学工作。特别是对大学基础数学的教学有较深的研究，积累了不少经验。分别于 1980 年、1985 年获复旦大学第一届、第二届教学优秀奖。1993 年获上海市铁道学院优秀教学成果一等奖，上海市

朱学炎

优秀教学成果三等奖。朱学炎在致力于教学研究和教材改革的同时，先后从事过“奇异积分方程”“广义解析函数”“边值问题”“运筹学与系统分析”“抽象调和分析”等基础理论和实际课题的研究。其中以微分方程及运筹学研究“中医脉象的数学理论”(与人合作)曾获1983年上海市卫生局中西医结合科研二等奖。他参加的情报检索系统工程《汉语主题词表》获1985年国家科技进步二等奖。主编、参编、翻译统编教材、数学参考书20多套(本)，主审、审阅教材等著作10余套(本)。其中统编教材《数学分析》(主要执笔)获1987年度国家教育委员会优秀教材一等奖。1981—1991年受聘为国家教育委员会数学力学教材编审委员会委员。此外，还先后担任上海市考试中心学术委员会委员、国家教育委员会高考命题组成员、上海市教师高级职务评委会学科组成员等。自1992年起，朱学炎享受国务院政府特殊津贴。自2000年开始，为同济大学应用数学系教授。朱学炎学术著作有：《简明数学手册》(合编)，上海教育出版社1978年出版；《广泛函数引论》(合译)，上海科技出版社1981年出版；《欧几里得空间中的分析》，高等教育出版社1988年出版；《微积分》，上海科技出版社1989年出版；《高等数学》(主编)，复旦大学出版社1990年出版；《微积分》，上海科技出版社1992年出版；《数学分析》(卷Ⅰ，Ⅱ，Ⅲ，二人合编)，高等教育出版社1992年出版；《大辞海》(数学分析部分)，上海世纪出版集团辞书出版社2005年出版；《数学分析》(上、下册，二人合编)，高等教育出版社2007年出版第三版；《辞海》(数学分析部分)，辞书出版社2009年出版第六版。

夏舜英(1935—)(女)

1953年，从杭州二中毕业后考取浙江医科大学。1958年大学毕业后被分配到浙江医科大学附属第二医院内科工作，专攻心内科。先后参加了国家“六五”攻关课题“我国十组人群心血管病及危险因素的流行病学对比研究”、“七五”攻关课题“高血压、冠心病及脑卒中一级预防研究”、“八五”攻关课题“心脑血管病高发区、低发区的危险因素及流行趋势的对比研究”的研究，均为课题负责人之一。先后获1988年卫生部乙级成果奖及国家科委科技成果完成者证书、1994年中国医学科学院科技进步三等奖及浙江省科学技术进步一等奖等诸多奖项。夏舜英为浙江医科大学心内科主任医师、教授、硕士研究生导师，又为省心血管病学会委员、省心脑血管病防治办公室顾问。夏舜英从医近40年，悉心进行心血管疾病研究，著书立说，曾在《浙江医科大学学报》《中国医学科学院学报》《中华医学》《浙江医学》《中华心血管病》《科技通报》等刊物上发表论文20余篇，并得到了国际同行的好评，先后三次在国际学术会议上进行交流，两次应邀赴美国明尼苏达州大学考察。

陆尊康(1935—)

1954年毕业于鞍山钢铁工业学校机械系，被分配在湖南长沙中南安装公司任技术

陆尊康

员。其间,参加江西省大吉山钨矿的建设,参与该工程的柴油机发电厂设备、矿石破碎筛选设备、车间机电设备等的安装工作。1958年,陆尊康被调入江西省第二冶金安装公司,参加南昌钢铁厂的基建工程,任一工区副主任,承担炼铁高炉、炼钢转炉、10吨电弧炉等一系列设备施工安装任务。1961年,单位并入南昌钢铁公司后,陆尊康先后任机修车间主任、机动科长、中心实验室主任、技术改造指挥部主任等职。1982年,陆尊康被任命为南昌钢铁厂副厂长,1983年任厂长,1984年转任厂党委书记。1985年,他主动与国家物资总局进行补偿贸易,取得资金和炉料,使停产7年的2号高炉恢复生产,改变了南昌钢铁厂钢铁产量停滞不前的面貌。南昌钢铁厂向国家上缴利税逐年增加,连年被评为经济效益先进单位。该厂生产的"海鸥"牌螺纹钢和角钢获得国家部优证书,汽车板簧也获得省优产品称号。陆尊康先后获南昌市劳动模范、南昌市"十佳"厂长等称号。

夏飞云

夏飞云(1936—)

1953年,夏飞云携自制的小提琴考入上海音乐学院附中小提琴专业。1956年,考入上海音乐学院民乐系乐队指导专业。1961年毕业后留校任教,先后任讲师、副教授、民乐系副主任、教授。夏飞云于1958年开始登台指挥。1965年,他指挥上海音乐学院师生合唱团演唱了具有京剧风格的《回答今日的世界》,轰动一时,从此蜚声乐坛。1969—1978年,任上海京剧团《智取威虎山》剧组中西混合乐队首席指挥。1978年,随上海京剧团《智取威虎山》剧组赴日本八大城市演出,获高度评价。1983年,应香港政府"康乐文化署"的邀请,担任了"香港国际青年音乐营"的中乐指挥。1992—1993年,夏飞云任香港中乐团驻团指挥,兼任上海民族乐团、上海电影乐团、东方广播民族乐团客席指挥。1995年,获中国唱片第三届金奖指挥特别奖。1997年退休,仍受聘担任上海音乐学院民乐指挥专业硕士研究生导师。2001年年初,率上海民族乐团赴维也纳金色大厅演出及到奥地利、德国等国巡回演出,获高度评价。多次赴港讲学。2002年11月,夏飞云回到故乡,在他就读的濮院小学百年校庆典礼上勉励学子:胸当怀大志,遇挫不灰心。夏飞云在《乐器科技》《文汇报》《音乐艺术》《人民音乐》《中央音乐学院学报》等刊物上发表《我国民族管弦乐队结构体制的形成和沿革》《关于我国民族管弦乐队体制改革的探讨》《波姬体系与民族管弦乐器的改革》《乐器工具释》《组键结构逻辑功能推导》等十余篇论文(有的为与人合作)。夏飞云退休后仍活跃在音乐指挥舞台。2012年,组建大型民族管弦乐团"上海飞云民族乐团",并亲自执棒。

童增墉

童增墉(1936—)

20世纪50年代就读于濮院梅泾中学。1961年毕业于浙江大学机械系,后进南京工学院进修两年。他致力于舰船特种机械和舰用液压传动的科学研究工作,先后完成20多项研究设计工作。为中国船舶工业总公司第七研究院708研究所高级工程师。70年代,童增墉被吸收参与了海军项目研制工作。另有《液压导管螺旋桨舵装置》《液压驱动拖拉机的试验研究》等专著。1990年,童增墉获得"有突出贡献的中青年专家"的称号,并享受国务院政府特殊津贴。

郑国梁

郑国梁(1936—)

1961年,以优异的成绩毕业于南京大学,并留校任教。历任南京大学计算机系教授、计算机软件专业博士生导师、南京大学计算机软件新技术国家实验室副主任、江苏省计算机学会软件专业委员会主任。1982年,郑国梁赴瑞士苏黎世高等技术学院进修软件工程,在世界著名计算机专家N. wirth教授领导的小组中工作。郑国梁以3个月时间完成了计划一年时间完成的软件构架课题,得到该学院的多次赞扬。进修期满后,他回国开辟了"软件开发环境"研究。

1983年以后,郑国梁先后承担并主持了"计算机软件开发"和"异种高级语言间自动转换"的国家"六五""七五""八五"攻关项目,及自然科学基金项目、"863"高科技项目等十多项尖端课题。其间,先后发表了学术论文40多篇,其中13篇在全国一级学报和国际学术会议上发表和交流。郑国梁承担和主持的科研项目,许多均为国内首创,不仅在国内处于领先地位,部分还达到国际水平。郑国梁曾多次受到国家嘉奖。其中"系统程序设计语言XCY及其编译系统"获得1985年电子工业部科技成果一等奖;"异种语言之间转换系统PMTS,FPTS"获1986年江苏省科技进步奖;"软件开发工具和方法"获1987年江苏省科技成果二等奖;"软件工具开发与研究"获1990年国家教委科技进步甲类三等奖;"异种高级语言间自动转换"获1991年江苏省科委科技进步奖。郑国梁于1986年被确认为Modul－2国际标准组织成员,并负责制定Modula－2国际标准,先后参加了该组织的第一届至第三届国际学术工作会议。在会议上,郑国梁所发表的学术论文得到高度评价,大会的工作报告中特别提到"郑国梁做出了重要的贡献"。郑国梁先后培养了多名硕士研究生和博士研究生。曾获得南京大学优秀教育二等奖、江苏省高等学校优秀教育三等奖。撰写有8部专著,其中《计算机的编译方法》获国家教委高校优秀教材一等奖。享受国务院政府特殊津贴。

宋慎泳(1937—)

1952年,从濮院梅泾中学初中毕业。1960年4月从上海交通大学提前毕业,被分配

宋慎泳

到国防部第五研究院，当年成为中国人民解放军现役军官。1986年，被任命为高级工程师。1992年，被任命为研究员，同年任命为研究室主任。宋慎泳于1983年获国家发明奖、国家科学技术委员会颁发的发明证书。是1985年“国家科学技术进步奖”获奖项目的主要贡献者之一。曾获航天部“重大成果奖”和“科技进步奖”等奖项。1997年退休。

朱锦耀(1937—)

朱锦耀

1960年，从大连海运学院航海系毕业，分配在交通部上海海运管理局任海轮驾驶员。此后由三副升二副、大副，1969年任船长。1990年经交通部专业技术资格评审委员会评审，获高级船长职称。朱锦耀在海上工作计30多个春秋。1982年春夏交接的时候，朱锦耀驾驶2.4万吨油轮驶向斯里兰卡首都科仑坡的途中遇上恶劣气象，在18天的航程中，朱锦耀和船员们与惊涛骇浪展开搏斗，他们一边呕吐一边工作，丝毫不敢松懈，终于顺利到达科仑坡港口。为此，斯里兰卡电视台于当天新闻节目中播出了中国巨轮历经艰险到达科仑坡，受到热烈欢迎的场面。朱锦耀和全体船员还应邀参观了科仑坡市容及景观。1988年，朱锦耀驾驶6万吨油轮去美国阿拉斯加州。该州公布有严格的海洋资源保护要求，朱锦耀驾驶的油轮由于平时在防止污染方面均做得很出色，所以进入该州，都顺利通过检查。1995年，朱锦耀所在2.4万吨“大庆51”号油轮，被埕北油田开发的日商租用。朱锦耀承担着首载埕北混合原油运往日本的任务，卸港在日本本州岛中部的著名港口水岛港。埕北混合原油运输要求高、难度大，在朱锦耀和全体船员共同努力下，整船埕北原油按合同提前两小时交给日方，取得日方检验官员发给的“干仓证书”。由于出色完成首载原油任务，该油轮多次被日方租用，进出东京湾千叶岛、冲绳岛等港口。

吴利言

吴利言(1937—)

1953年，初中毕业，考入杭州水力发电学校机械专业。1956年毕业，被分配在西安动力学院任实验员。随学校调整，先后在西安交通大学、陕西工业大学、西北农业大学、陕西机械学院、西安理工大学任职。1957年，就读于西安交通大学夜大学机械专业，1964年毕业。1980年被评为机械设计工程师，1987年晋升高级工程师。1994年在西安理工大学，经机械部评审批准享受教授、研究员同等待遇。

吴利言参加工作40余年，主要从事工程机械及科研用仪器设备的研制，80年代研制中国第一台“大型沥青砼斜坡摊铺机”，应用于浙江省两个水利工程施工，获省水利厅科技进步一等奖。80年代开始为创建中国第一个水工沥青防渗技术专业实验基地，研制了系列科研仪器设备共14台套。其中“沥青三轴仪”和“冻断实验设备”为国内首创的大型科研设备，承担了包括三峡工程在内的9个工程的试验任务，获省科技三等奖，吴利言曾培养硕士研究生8人，发表论文15篇。

朱紫华(1937—)(女)

祖籍濮院，1937年出生于上海，随即返回老家濮院。抗日战争期间，就读于濮院敬业小学及梅泾中学，毕业后考入上海第四女子中学。1955年考入南京大学化学系。1958年毕业后被分配到南京半导体研究所(后更名为中国电子工业部五十五研究所)。朱紫华是研究所高级工程师，工作近40年，主要从事半导体材料锗和硅的冶炼与提纯研究。研制的纯锗锭曾在江苏省科技成果展览会上展出。她还从事硅外延材料的提纯工作。朱紫华及其团队为开拓祖国电子工业新兴材料作出了贡献。朱紫华家学渊源，曾祖父朱善祥为清光绪二年(1876)进士，曾任福建、云南乡试考官，四川督学等，祖父朱辛彝为清光绪壬寅“濮院三举人”之一。

张觉民

张觉民(1938—)

1954年，从濮院梅泾中学初中毕业，升入临安中学高中部。1957年，考入南京大学生物物理专业。1960年，转入西安电信工程学院学习。1964年，以优异成绩毕业，被分配到解放军总参通信部。同年参加河北省的“四清”工作队，赴张家口地区农村锻炼。1965年，加入中国共产党。1968年，张觉民被调往国防科委某试验基地，负责通信工程设计。张觉民曾参加多种型号的导弹、人造卫星发射方案的设计工作。在此期间，张觉民曾多次在全国性的学术会议上发表过有关通信测试的学术论文。1977年，他参加了国防科委党委扩大会议。1978年，张觉民转业到浙江余杭县邮电局任技术主管，负责通信工程建设。1980年，被评为工程师。1983年，任主任工程师。1991年，晋升为电信高级工程师，被评为余杭县先进科技工作者。1993年，赴日本考察。回国后，对余杭县的程控通信网建设及光电通信建设作出论证，得到省、县的推广和奖励。

沈瑞蓉(1938—)(女)

1950年，入学省立嘉兴中学。1956年高中毕业，考入长春汽车拖拉机学院农机系农机设计专业，其间，延长一学年专习俄文。1962年大学毕业，被分配到吉林省农业机械研究所工作至1994年退休，技术职称为高级工程师。1962—1974年，沈瑞蓉从事农机科研设计工作。参加设计的LY-240A型米面两用机，于1965年通过省级鉴定。承担的长春-5型水田通用机的手扶拖拉机操纵部分设计，于1976年通过省级鉴定。主持承担测绘设计的排种器试验台，为1983年获国家发明三等奖的“综合号播种机”的排种器性能试验作出了贡献。承担的调研课题获1986年机械工业部农机局科技情报成果三等奖，并被编入机械工业出版社出版的《国外机械工业基本情况》一书中。主持承担的机械工业部科技情报所下达的课题获1989年吉林省科技情报成果三等奖。主持和参与编辑的《播种施肥机械译文集》《播种施肥机械专辑》《吉林农村机械化》刊物，分别获得全国播种施肥机械情报网、全国农机情报总网、中国农机学会编辑委员会的奖励。沈瑞蓉发表的论文有《吉林省水田机械化的发展趋势》《国外谷物和中耕作物播种机发展动态》《地膜覆盖栽培技术及其机械化概况》等；还为有关部门用俄、英两种文字翻译专业技术资料，总计约10万字。

杨维新

杨维新（1938—）

从濮院梅泾中学初中毕业后考入嘉兴一中。1958年高中毕业后考入北京石油学院储运专业。1963年，在玉门油田参加毕业设计实习，其设计项目“大庆—大连管线设计”获石油部考核委员会专家通过，成绩优良。1963年大学毕业，杨维新被分配到上海炼油厂工作。同年去上海石油供应站参加油品储存、蒸发损耗等测试。1973年，杨维新在上海石化总厂任党支部书记及主任，负责油罐区的筹建，参加油库设计、施工、投产及日常管理等工作。1979年，一期、二期工程顺利投产后，上海石化总厂的部分石油产品开始出口日本。此间，杨维新担任技术谈判和技术操作总负责。面对日方提供的卸C4操作规程有48节142条，为了便于操作人员掌握规程，他大胆提出修改意见，将其归纳为8项15条，得到了日方的认可。在一次处理日方C5泄漏事故中，杨维新处理得当，获二等功。1987年，上海石化总厂组建炼油化工部，高级经济师杨维新被任命为经营办公室主任，主管综合计划、产品销售等工作。在任期间，该部的原油加工量由205万吨/年增长至402万吨/年，为企业提高了经济效益。1992年，杨维新赴杭州金浙石化股份有限公司任总经理（法人代表），后因身体原因，调回上海石化总厂炼油化工部。

杨健身

杨健身（1938—）

1963年毕业于苏州医学院。任苏州市普济医院院长、主任医师、苏州医学院精神教研室兼职教授，为江苏省政协委员、苏州市政协常委、中国农工民主党苏州市委委员。杨健身长期从事精神科教育、科研和防治工作，对精神科的诊断、分类、防治等有较深的研究，建树颇多。在对待精神病患者的治疗管理上，他敢于创新，变封闭式管理为开放式管理。他认为人是精神和肉体的综合，对于精神病患者更应注重心理治疗，在药物治疗的基础上要配以理疗，让病人多接近社会，贴近家庭。因此大胆地改变医院原来的管理制度，每星期六下午放假，让病人回家度周末，享受天伦之乐，星期一再让病人回医院治疗。如此，明显提高治疗效果。他任院长期间，医院未发生病人自杀、逃跑等重大事故。杨健身十分敬业，为使一些长期卧病在家又无人照料的老人得到治疗，他在医院开设了“临终关怀”病房，以较低的收费，给予患者急需的治疗和服务，也部分解决了患者子女的后顾之忧。杨健身精于业务，他撰写的《中国十年氯氮平治疗精神病临床经验总结》一文，参加1994年第16次国际精神治疗学会交流，得到专家一致好评。他参与撰写的《石杉碱甲片对阿尔茨海默病记忆、认知和行为的疗效》，获首届国际人体科学大会优秀论文大奖。他发表的《氯氮平治疗精神分裂症106例报告》和《吩噻嗪类药物引起精神分裂症患者血清抗PNA抗体阳性反应》被收入1986年《中国内科年鉴》，并被评为中华医学会优秀论文。他还在全国、省级报刊上发表了100多篇有关家庭教育的文章。杨健身以身作则，廉洁自律，还将所得的部分稿费捐给了常州市东郊小学和民政系统的一些福利单位。杨健身在1988年参加“全国0—14岁儿童智力低下流行病调查”获卫生部的表彰；1992年，被评为全国心理学科普积极分子。曾多次获部、省、市科技成果进步奖。1988年与1995年两次获得国际鲁纳布朗克奖。其业绩曾被中央人民广播电台、《中国社会保障报》、嘉兴电视台《嘉兴之子》等栏目报道，并收入《中国名医大全》《中国专家人名辞典》等书。1996年开始，享受国务院政府特殊津贴。

陈逢时

陈逢时(1939—)

1950年，考入省立嘉兴一中读初中。1953年，升入杭州一中高中部。1956年，被保送进入解放军通信兵学院雷达系学习，同时参军入伍。1960年毕业留校在电磁场工程系任助教。1963年加入中国共产党。1966年集体转业，学院更名为西北电讯工程学院，后又更名为西安电子科技大学。1979年，被评为讲师。1981年，由国家教委选派，以访问学者身份赴美国伊利诺伊大学电机系进修。1983年返校，先后被聘为副教授、教授及研究生导师，研究方向为天线与电波传播。1993年后，陈逢时致力于“子波变换理论及其应用”的研究，曾主持国防科工委国防科技预研基金项目2个、电子科学研究院军事预研基金项目1个。他先后在国际会议及国外刊物上发表论文3篇，在国内刊物及会议上发表论文20余篇，出版专著3部，其中《子波变换理论及其在信号处理中的应用》(国防工业出版社1998年出版)为国内这一领域最早的专著之一。陈逢时参与和主持的课题研究成果曾获电子部科技进步二等奖，西安电子科技大学科研成果一等奖和二等奖，陈逢时被评为教书育人先进个人。

夏克强

夏克强(1940—)

1962年毕业于华东化工学院(现华东理工大学)第二有机工业系燃料化学工学专业。1962年9月—1982年2月，先后担任上海吴淞炼焦制气厂技术员、援助阿尔巴尼亚工作组副组长、研究室副主任、油制气车间主任、副厂长；1982年2月—1983年3月，任上海浦东煤气厂工程筹建处副负责人；1983年3月—1983年9月，任上海市煤气公司经理；1983年9月—1984年12月，任上海公用事业局局长；1984年12月—1992年8月，任上海市人民政府副秘书长（其中1991年8月—1992年8月，兼任上海市人民政府浦东开发办公室主任、党组书记）；1992年8月—1998年2月，任上海市副市长，分管城市建设和管理、城乡规划、环境保护、市政管理、交通运输、邮电通信、防汛防台、人防抗震、防火防化、交通安全工作；1998年2月—2004年3月，任上海机场（集团）有限公司董事长、党委书记、上海市空港管理委员会第一副主任兼办公室主任。夏克强曾获上海市劳动模范、全国援外战线先进工作者、建设部城市住宅小区建设试点优秀领导奖、全国城市物业管理优秀市长等多项荣誉和奖项。

吴金水

吴金水(1940—)

1952年，就读于濮院梅泾中学。1958年从嘉兴一中毕业，即赴浙江省石油地质队工作。1960年，被选送进浙江大学地质工程学系金属与非金属矿产地质及勘探专业学习。毕业后，被分配在第二机械工业部华东608队，从事野外地质勘探工作。1979年，任华东地质勘查局262大队一工区技术负责人。1981年，晋升为工程师。1983年，加入中国共产党。1984年，任五工区技术负责人。1984年、1985年，连续两次被中共江西262队党委授予优秀共产党员称号。1986年，吴金水调入煤炭工业部长兴煤田职工地质学校任教，由工程师转为讲师。1987年，任长兴地质学校党委会办公室主任。1989年1月任党委副书记，晋升为高级讲师。1992年，任副校长。

楼云芬(1940—)(女)

1955年小学毕业，随即被保送进桐乡三中就读。1958年进入桐乡中学。1961年从高中毕业后考入浙江农业大学土化系微生物专业，1962年转入该校植保专业。1965年，楼云芬从大学毕业，分配在德清县农林局，从事粮食作物的植保工作。1976年，被调入杭州中国农业科学院茶叶研究所植保研究室，从事茶树病虫害的防治工作。其间，她参加了《茶尺蠖防治标准》的研究和起草，该标准由国家标准局批准、编号后，于1988年12月开始实施。1982年，楼云芬获农牧渔业部颁发的农牧渔业技术改进二等奖，1996年，获浙江省茶叶学会颁发的“从事茶叶科技工作逾30年，业绩显著”荣誉证书。她先后在《中国茶叶》《茶叶科学》等杂志上发表论文30余篇，其中有些篇章被国外刊物摘录。参与编写《中国农作物病虫害图谱》(第六分册·茶树病虫)及《茶树病虫防治技术》等专业科技书籍。楼云芬是中国植物病理学会会员、中国农学会会员、中国茶叶学会会员及浙江茶叶学会会员、中国农业科学院茶叶研究所植保研究室副研究员。

范洪梁(1940—)

1957年，从濮院梅泾中学毕业。1960年，从桐乡一中高中毕业并参加高考，录取时被浙江大学和石河子兵团农学院同时选中。范洪梁赴石河子兵团农学院就读。1965年毕业后被分配在石河子农八师勘测设计院从事农田水利工程设计。先后主持设计了小型水闸定型设计图案、石莫公路、一四七农场混凝土防渗工程及一批桥梁涵洞建筑等。1969—1973年到农场挂职实践。1978年，到石河子八一棉纺厂工作，1980年任基建科科长。1988年，被评为高级工程师。1990年，任厂长助理兼厂生活服务公司经理。1993年，任厂公共服务处处长。1995年后，调任新疆北辰工贸有限责任公司总经理。

杨秋霞

杨秋霞(1941—)(女)

1952年秋，考取桐乡初级中学。1956年，入桐乡中学增设的高中部。1959年毕业后考入杭州大学化学系，1963年大学毕业。毕业后，被分配至冶金工业部所属的北京矿冶研究院工作。半年后，赴甘肃省金川地区(当时属永昌县)参加采矿、选矿、冶炼等专业会战。杨秋霞在参加镍基地建设的同时，还积极为当地厂矿企业培训技术人才。1965年，她回到北京矿冶研究院，随后被派往中国科学院地球化学研究所学习微量分析。1971年，随北京有色金属研究院的部分人员到广州建立广州有色金属研究院。从那时起，她一直在该院工作。1980年被评为工程师，1988年晋升为高级工程师。杨秋霞参加过的江西某铜矿提高黄金回收率的研究项目曾获得部级科技成果二等奖，她撰写的多篇论文在全国性的学术会议上进行交流。她还为《国外稀有金属》《冶金文摘》等杂志翻译、校译、摘译学术性文章。1996年10月退休。

沈善燮

沈善燮(1941—)

1957年初中毕业。1960年高中毕业后考入北京建筑工业学院硅酸盐物理化学专业。1965年分配到国家建材局南京玻璃纤维研究设计院。先后任南京玻璃纤维研究设计院第二研究设计所副所长、中国硅酸盐学会绝热吸声材料专业委员会主任委员、江苏省硅酸盐学会保温材料专业委员会主任委员。高级工程师。沈善燮主要从事定长玻纤、玻璃微纤维及其制品的研究。1988—1989年，任厄瓜多尔安第诺公司玻璃棉厂中国专家组负责人。1995—1996年，受国家科委的委托，组团赴罗马尼亚、德国和俄罗斯等国的有关科研院所、大学、公司进行玻璃纤维领域的学术交流。沈善燮主持的科研项目“无机纤维过滤材料”获1978年全国科技大会奖；“旁心喷吹玻璃棉及其制品”获1987年部科技进步三等奖；“铅酸蓄电池玻纤隔板应用”获1995年部科技进步二等奖及1996年国家科技进步二等奖；“E玻璃纤维薄毡生产技术及其装备”专题于1996年通过国家验收。其科研论文，如《0.3mm过滤纤维的研究》《旁心喷吹玻璃棉热组合试验研究》《玻璃纤维的应用与同发》《扩大玻纤薄毡在防水卷材领域内应用的讨论》《玻璃微纤维隔板厚度与克重的初探》等，先后发表在《玻璃纤维》《保温材料与技术》《蓄电池》等学术期刊上。2006年退休。

唐仕鸿

唐仕鸿(1941—)

1954年就读于私立梅泾中学,1957年入桐乡中学读高中。1960年考入浙江大学无线电系电真空技术专业。毕业后被分配到第四机械工业部七七六厂设计所任技术员。1971年年初,调往贵州凯里七七一厂新品车间。1976年,在第四机械工业部某基地任技术员。1980—1984年,先后担任广西柳州电子管厂、整流器厂工程师、技术组长。1984年,调入柳州电视转播台。1985年,任柳州市微波台台长。2001年退休。1985年,被评为微波技术高级工程师。唐仕鸿在微波科技成果方面贡献较多。1973年,主持制成S波段微波振荡器(又称返波管)BB-1A,填补了中国当时在这一领域的空白,并多次在国内外电子技术展览会上展出。1978年,以BB-1A为震荡源的整机(全景频谱分析仪BP-24)获中国第一届科学大会奖。唐仕鸿撰写的《微波加热及其在国民经济中的应用》及《微波绕射在城市传输电视中的利用》两篇论文在广西电子学会年会上交流并在《声屏技术》杂志发表。由于出色的工作业绩,唐仕鸿获得1992年、1993年、1996年、1997年优秀台长的称号。另获1994年、1996年抗洪救灾先进个人荣誉称号。1999年3月,荣获广西壮族自治区人事厅、广西广播电视厅联合授予的"广西广播电视先进工作者"奖(享受地市级劳模待遇)。唐仕鸿曾为柳州市第十届人民代表大会常委会委员、政协广西壮族自治区第八届委员会委员、九三学社柳州市委副主委。

吴志明

吴志明(1941—)(女)

1957年,从桐乡三中毕业。1965年毕业于浙江大学机械系液压传动专业,液压传动高级工程师,曾任全国液压气动标准化技术委员会秘书长。一直以来,从事液压传动系统及液压控制阀的设计、研究工作,先后多次获得国家和部级科技进步二、三等奖,享受国务院政府特殊津贴。论文及著作有《液压传动和液压元件主题词》《液压工程手册》等。

黄智权

黄智权(1942—)

14岁从梅泾中学毕业,升入嘉兴一中高中部。1958年考取浙江大学机械系,中途因院系调整转入浙江农业大学机械系。1963年毕业,被分配至江西省机械工业学校任教。在江西省计委系统工作20余年,先后担任办事员、科员、秘书、处长、副主任、主任等职。1991年,黄智权调任江西省人民政府省长助理。1993年,当选为副省长,同年又任省委常委。1995年,任省委副书记。1997年9月,出席党的十五大,被选为中共中央候补委员。2001年,当选为中共江西省委副书记、省人民政府省长。中共十五届三中全会递补为中央委员，是十六届中央委员。2006 年 11 月，黄智权从江西省省长岗位上离任，担任全国人大常委会委员、全国人大环境资源委员会副主任。母校桐乡三中五十周年（1997）校庆前夕，黄智权专门到校访问；母校濮院小学 100 周年（2002）校庆时，他写来了贺信。

鲍复兴

鲍复兴（1942—）

名谦，别署砺斋，三西堂主人。中国书法家协会会员，西泠印社社员，浙江省篆刻创作委员会主任，省书法家协会主席团委员，文博副研究员。鲍复兴曾任桐乡市文化局局长、浙江省博物馆副馆长、浙江美术馆筹建办副主任、浙江西湖美术馆馆长、省博物馆西湖画院常务副院长。鲍复兴自幼喜爱书画篆刻，少年时受刘雪樵、殳书铭启蒙，青年时受郑彬指导，中年后得谭建丞、钱君匋指点，技艺大进。书法多做金文，质朴而有新意。篆刻从秦汉印玺入手，师法吴昌硕、赵之谦、黄牧甫，作品苍浑静穆，秀茂清新。喜作长跋边款，擅肖形印，有汉画像石之趣。著名金石家钱君匋曾评价："他的篆刻入秦出汉，浑穆拙朴，苍古秀逸，肖形印更是深得汉画像石之神韵。"2006 年，濮院幽湖公园建成，鲍复兴为其题记，全文 98 个字，篆书。鲍复兴出版有《鲍复兴印存》《茅盾小说篇目印谱》《鲁迅小说篇目人物印谱》等，主编《濮院名家书画集》《殳书铭印谱》等。印学论文参加印学研讨会，在《东方博物》《浙江书法通讯》等报刊上发表。篆刻作品在国内及日本等地展出。传略及作品被收入《中国当代书法家大辞典》《中国当代篆刻家大辞典》《中国现代书法界人名辞典》《中国印学年鉴》等。鲍复兴为印度尼西亚大丛山西禅寺镌刻《佛法僧宝》巨印，他在印之四周以魏碑书刻整篇《般若波罗蜜多心经》，印面由印文和宝相花图案组成，此印被印尼大丛山西禅寺长期保存。

谷琳英

谷琳英（1942—）（女）

1954 年进入桐乡三中，1957 年考入桐乡中学念高中，1960 年，考取南京邮电学院无线电专业。在校期间加入了中国共产党。1965 年毕业后分配到中共中央组织部工作。1971 年，调入石油化工科学研究院。她从事的仪器仪表自动化研究项目曾获石油部科研成果奖。石油化工科学研究院较先使用计算机，谷琳英被推荐参加首批计算机培训班，并于 1979 年到香港学习，1980 年到美国学习。回单位后，成为一名计算机业务骨干，被评为石化科学研究院计算机工程师。1984 年，谷琳英被调往新成立的北京市信息技术应用研究所，为计算机系统的筹建及培训作基础工作。她代表单位去香港接机和验收，再次公派去美国学习。回国后，从事计算机系统信息资料数据库工作，1988 年被评为高级工程师。随后，谷琳英被调入中国银行总行工作，并在 1991 年被派往香港中银集团计算机中心，继续从事计算机工作。在此期间，谷琳英为中银集团下属各家银行开发、编写出多个应用软件。这些软件系统不仅优质、高效,而且安全可靠,谷琳英受到中银集团的奖励。1995 年 4 月,谷琳英被调回北京,继续从事计算机软件开发工作。2002 年退休。

杨荣华

杨荣华(1944—)

1963 年,从桐乡三中高中毕业。大学本科学历,中共党员。1964—1973 年,赴濮院公社永联大队插队。1973—1976 年,在杭州大学政治系就读。1976 年 9 月起,先后任桐乡县文教局干部、濮院公社党委委员、党委副书记、公社管委会主任、党委书记、桐乡县城关区委委员、梧桐镇党委书记、桐乡县政府办公室主任、党组书记等职。1987—1992 年,先后任桐乡县委常委、政法委书记、县委副书记、县长,中共嘉善县委副书记、县长等职。1992—1999 年,先后任嘉兴市副市长、中共嘉兴市委常委、常务副市长、市委副书记兼市委秘书长等职。1999 年 3 月,任中共嘉兴市委副书记、市长。2002—2007 年,任浙江省人大常委会委员、嘉兴市人大常委会常务副主任。杨荣华在公务繁忙的情况下仍然关心母校的发展,多次到学校看望老师,指导工作,为母校的发展作出了贡献。2007 年,杨荣华在母校桐乡三中 60 周年校庆时,题词"以德树人,以质立校"。

曹利雪(1944—)

1965 年,从桐乡一中高中毕业后,考入长沙铁道学院工程系。1970 年毕业后,被分配到铁道部第一工程局第四工程处工作。曾任铁道部第一工程局第四工程处总经济师。曹利雪一踏上岗位,就参加青藏铁路的修建,任技术员。1973 年,曹利雪参加西安至延安的铁路修建任务,其间任队长兼技术员。1975 年,曹利雪任第五工程段副段长,负责处理隧道、桥涵在黄土层中的穿越施工,如期完成长达 430 米的咀头隧道工程。同年,曹利雪入党。1976 年,曹利雪奉命调往河北,参加国家重点工程—京秦铁路(北京—秦皇岛)的修建工作。针对华北平原人口稠密、交通线路纵横的特点,他创造了"桥涵顶推就位""水中挖基井点降水"等多种新工艺、新技术。1982 年,曹利雪获工程师职称。同时被任命为第一工程段段长,参加国家重点工程大秦铁路(大同—秦皇岛)的第一期修建任务。曹利雪除主持全段行政管理工作外,还承担关隆山隧道、下王峪双线隧道主体工程的设计和建筑任务。他运用"隧道喷锚支护""钻孔桩通承压水地段""桥梁柔性墩"的施工新技术,完成了关隆山隧道、下王峪双线隧道等工程建设。1988 年,曹利雪继续参加大秦铁路的第二期工程的修建任务,担任处副总经济师兼大秦铁路二期工程总指挥。他采用"隧道内防渗漏""沉井下沉中处理大水量""台车全断面机械化施工"等新技术、新工艺,完成了长 760 米、高 30 余米的 17 孔青龙河大桥的建设,完成了全长 620 米的双线两寨隧道的设计建造。该工程被铁道部评为全线全优工程。1992 年,曹利雪获铁道部第一工程局第四工程处总经济师、高级工程师职称。

夏希平

夏希平(1944—)

1962年考入上海交通大学电子工程系,1967年毕业后被分配到水电部第十四工程局,参与国家重点项目陈村水电站的建设。稍后该局转为中国人民解放军基建工程兵部队。1983年,夏希平转业后,进入上海第一家外资五星级酒店华亭宾馆筹建处任项目工程师。1985年加入中国共产党。1986年任华亭宾馆董事、副总经理。1987年,主持华亭宾馆中方自管部门二号楼宾馆(五星级)建设项目,该项目获建设部鲁班奖。同年,夏希平被评为高级工程师。1990年,经组织推荐委派,调往“南洋酒店”任董事、副经理,主持工程建设及经营管理事项。1992年,在首届沪港旅游酒店业研讨会上,其论文《香港现代化高级酒店兴建之基本规律及方法概述》获同行好评。1993年,任香港九龙仓集团所属的上海龙兴房产公司董事、副经理,主持上海时代广场综合大楼的建设工作。该大楼于2000年建成后,成为淮海路东段最具标志性的建筑物之一。2003年,加盟上海陆家嘴联合房地产有限公司,任副总经理。夏希平主要论著有:《现代化大型旅游设施工程建设技术管理工作基本规律探索》,1988年发表于《旅游科学》;《企业文化与共享价值》,载于上海市《1978—1988年十年足迹企业改革文选》,并获二等奖;《市场营销学在饭店经营中的应用》,1990年刊载于上海市《旅游饭店经营管理初探》;《兴建香港高级酒店有关各方的职能》,1993年刊载于《饭店世界》;《房地产开发动作体系概述》,2002年刊载于《上海建设》;还有《中外合资房地产项目开发务实要点及风险防范》《房地产投资开发策划概述》《国际工程项目管理之常用模式及其实践》等。

杨娟敏

杨娟敏(1945—)(女)

1962年,以优异成绩考入浙江大学数学力学系应用数学专业。1967年大学毕业,被分配在第八机械工业部。同年去辽阳沈阳军区3160部队农场军训锻炼。1970年,被分配到八机部所属的无锡油泵油嘴厂,历任材料统计员、情报翻译、计算机系统管理软件统计员、计算机中心主管工程师等职,1988年为工程师,1992年晋升为高级工程师。1983年,获局先进科技工作者称号。同年8月,调入厂计算机中心工作。赴南京工学院进修一年后,专职从事计算机系统的设计与开发。1990年,该厂“微机网络管理信息系统”科研项目通过了国家级鉴定,获江苏省现代化管理成果一等奖。她作为主管工程师、主要设计者和开发者在国家级鉴定会上所作的“WYMIS技术报告”获得专家肯定。随后,杨娟敏获江苏省计经委授予的“江苏省优秀新技术开发推广人员”证书,该项目被评为“七五”期间江苏省优秀新技术推广项目(金牛奖)。1992年,该项目获无锡市现代化管理成果二等奖。

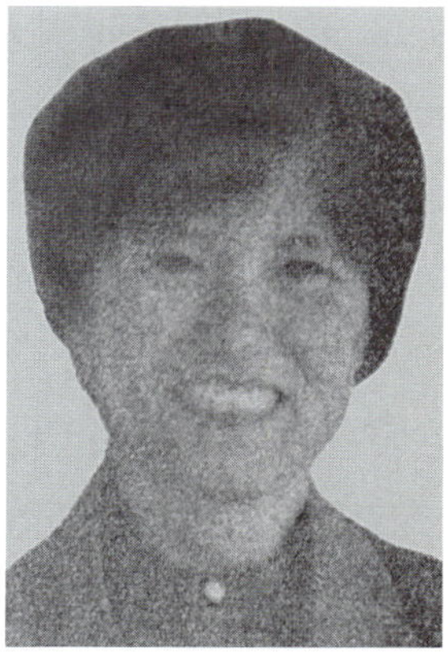

徐悦梅

徐悦梅(1945—)(女)

1957年考入南京一中,后又转学至南京女子第二中学。1963年,考入机械工业部的重点高校合肥工业大学。1968年毕业后,被分配至青岛铸造机械厂工作,从事铸造机械新产品的研制与开发工作。从技术员开始,到助理工程师,再到工程师,1989年晋升为高级工程师。徐悦梅作为新产品开发的主要科研人员,参与研制的"Q3920型通过式抛丸清理机",技术已达国际先进水平,在造船及机械等行业被广泛使用。1992年7月,徐悦梅受青岛市主管部门的指派,赴美国马里兰州黑格斯顿市潘作恩公司考察学习两个月。徐悦梅参与研制的产品先后获得山东省科技进步二等奖,山东省优秀新产品二等奖,青岛市科技进步一等奖、二等奖、三等奖等奖项,是青岛市首批破格晋升高工的人员之一。

姚国梁

姚国梁(1947—)

高级工程师,浙江省建筑设计研究院副总工程师。1965年从桐乡一中高中毕业,考入上海同济大学机电系。1970年大学毕业,被分配到甘肃省庆阳地区工作。1979年考入同济大学就读硕士研究生,1981年取得硕士学位。1982年,被分配到浙江省建筑设计研究院工作。1984年,参加了西藏体育馆的筹建项目,先期进藏半个多月,克服高原反应,完成了实地考察。1985年,第二次赴西藏,常驻体育馆工地现场,一直到工程竣工。在浙江省建筑设计研究院,姚国梁一直从事建筑环境与设备工程的设计工作,先后参加了许多大型公共建筑的设计工作,除西藏体育馆外,还有浙江世界贸易中心、上海金钟广场、上海国际会议中心、杭州萧山国际机场、上海电影博物馆、浙江影视后期制作中心等大型项目。曾先后考察美国、日本、澳大利亚、欧洲等国外和中国香港地区的著名建筑,将先进理念、技术融合于自己的设计中。姚国梁参与设计的工程中,西藏体育馆获得国家银质奖,浙江世界贸易中心设计获国家建筑优秀设计三等奖,上海国际会议中心获上海市中华人民共和国成立50周年十大经典建筑金奖,上海金钟广场获上海市中华人民共和国成立50周年十大经典建筑铜奖及建设部优秀设计三等奖,杭州萧山国际机场获浙江省建设工程"钱江杯"一等奖。其学术论文有《上海国际会议中心空调设计》《杭州萧山国际机场航站楼空调通风设计》《试论我国能源现状和空调冷热源的选择》等。

黄嘉兰(1948—)

1965年,从桐乡三中初中毕业。1966年下乡于濮院公社新华大队。1975年调到濮院木化厂,从事黄钠粉、哈巴粉等化学原料新产品的开发,1980年移居湖州市双林镇,在电子工业部所属湖州胶带厂任技术科副科长。1985年去浙江大学高分子研究室进修,1987—1988年,在深圳大学函授企业经营信息学。1988年,在中外合资新新胶料制品公

黄嘉兰

司和江门新时代胶粘科技公司任总工程师。1998 年，先后在中山大学医学院药物研究室、西北工业大学生命科学院从事中药外用制剂的开发。曾访问考察日本、朝鲜、德国和意大利等国企业。2000 年后，开始从事高分子材料医用应用的研究。黄嘉兰的发明专利授权有：汽车工业用除尘纱布的研制、小儿退热快贴和水凝胶。通过国外认证的产品有：水凝胶医用退热快贴，通过英国 BSI 公司 ISO9001 质量体系认证；醋酸布胶带，通过英国 SGS 测试并通过美国 UL 认证。其获奖项目有：PW－22B－1 耐热纸基压敏胶带和 PZ－48B 彩色阻燃聚酯胶粘带，获 1986 年浙江省科技进步三等奖；粘性纱布，获 1992 年江苏省科技进步二等奖；柔性扁平电缆和蒸汽消毒指示变色胶带，获 2003 年广东省江门市科技进步二等奖。相继开发和完成云南白药水凝胶的产业化生产，完成小儿退热快贴、醒脑快贴、辣椒发热贴、冰凉贴、生物（蛇毒）蛋白水凝胶贴等系列贴剂。黄嘉兰于 2000 年获高级工程师职称。为中国医药生物协会生物制药技术分会常务理事，世界中医药联合会经皮吸收专业委员会常务理事，云南白药集团无锡药业有限公司、宁夏金太阳药业有限公司、北京首都儿科研究所基地、北京首儿药厂高级技术顾问。

朱雪山

朱雪山（1949—）

中共党员。桐乡市濮院邮政支局投递员，全国优秀投递员，全国劳动模范。

1970 年，朱雪山在濮院邮政支局担任乡邮员。任职 19 年里，共投递邮件约 180 万件，行走了约 10 万千米路。朱雪山工作认真，在各种困难面前，投递的邮件做到件件有着落，是名副其实的乡邮“状元”，并为村民做了大量好事。

朱雪山以其出色的工作，获得各方的认可，他先后 13 次被评为县、市、省部级乃至全国劳动模范，其中 1982 年、1985 年被评为浙江省劳动模范，1989 年被评为全国劳动模范。曾 10 次被评为县、市、省级优秀党员。

张锦贤

张锦贤（1950—）

1966 年，从桐乡三中初中毕业。1968 年参军，1969 年加入中国共产党。1977 年考取中国人民解放军第三军医大学军医系。1981 年毕业后留校任教，先后任助教、讲师。1985 年，张锦贤调至武警部队浙江省总队医院，先后任胸心血管外科副主任、科主任、副院长、院长等职。先后获主治医生、副主任医生、主任医生职称。1986 年，张锦贤和全科开展了该院首例先天性心脏房间隔缺损修补手术，并获得成功。从那时起，该院胸心外科手术已近 2000 例次，其中心脏直视手术 150 多例，他除了亲自主刀外，均参与指导。

由于他不断地钻研和进取，该院的胸心血管外科手术已达国内先进水平。张锦贤为武警部队胸心血管外科专业委员会副主任委员、浙江省康复医学会理事，先后获武警部队三等功 3 次，科技进步三等奖 3 项，医疗成果三等奖、四等奖共 5 项。张锦贤撰写的医学论文有数十篇，其中在国家级刊物、中华医学系列杂志发表的有 10 篇，在省、市级刊物上发表的有 12 篇，2 篇获武警部队科技进步三等奖，2 篇分获嘉兴市科技进步二、三等奖，还有多篇论文获部队医院“优秀论文”及“新技术”奖。医学专著有《现代纤维支气管镜诊断治疗学》等。

周阿龙

周阿龙（1953—）

1978 年，任红旗漾村村民组长，从事船载运输业。1983 年，兼任红旗漾村砖瓦厂负责人。2000 年 11 月，任村党支部书记兼村委会主任。1991 年起，承包村里 84 亩抛荒田，20 年来种粮规模不断扩大，至 2010 年，已承包农田 1357 亩，累计向国家投售订单粮食 3570 余吨。1991 年，被评为省“优秀售粮大户”，又连续 4 年获得省“十佳售粮状元”称号。2000 年，成为桐乡市第一位获得全国劳动模范称号的农民。作为红旗漾村党支部书记、省人大代表，周阿龙每年都与粮食部门签订粮食订单，诚实守信，把收获的粮食按订单要求投售给国有粮食收储公司，20 年来订单履约率为 100%。周阿龙还带领全村共同致富，全村农民的年人均净收入从 20 世纪 90 年代的 1000 多元上升到了 2010 年的 14002 元。周阿龙获“省级优秀售粮大户”“省级售粮状元”“省级水稻优质高产示范户”“全国优秀种粮大户”等荣誉，先后当选为第九届、第十届、第十一届省人大代表。

周阿龙田间工作场景

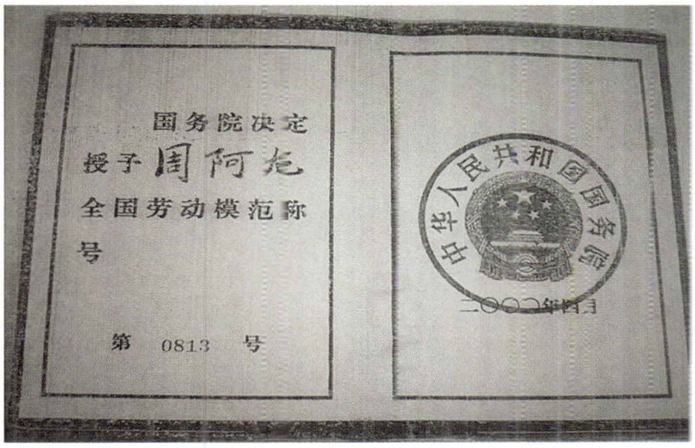

周阿龙获奖证书

孙敏强（1958—）

1970 年进入桐乡三中。1975 年高中毕业。先后在濮院公社机电站学电工，在乐安大队村小代课。1978 年，考入杭州大学中文系。1982 年，考入该校硕士研究生班，攻读文学批评史专业。1984 年毕业后留该校中文系任教，讲授文学概论、古典文学等课程。1987 年晋升为讲师，1994 年被评为副教授。1998 年，杭州大学并入浙江大学。孙敏强

孙敏强

为浙江大学人文学院中国语言文学系教授。孙敏强的主要论文有:《“力”的文学——试论“建安风骨”》《对刘勰“风骨论”的不同解释》《试论先秦哲学对我国诗文声韵理论的影响》《作为中国文士心灵史象征的黛玉形象》《“流光其声”:庄子审美理念的诗意表述》《试论孔尚任“曲珠”说与桃花扇之中心意象结构法》《儒道互补历史原因管窥》等。其著作有《中国古代传记文学精华》(第二作者),重庆出版社1997年10月出版;《闲情偶寄》(全注本),浙江古籍出版社2000年出版;《诗艺与诗心》,时代文艺出版社2001年8月出版;《诗史之间》,香港百通出版社2002年9月出版;《多维视野中的百部经典——古典文学卷》(主编),浙江古籍出版社2004年出版;《律动与辉光——中国古代文学结构生成背景与个案研究》,浙江大学出版社2008年11月出版。在《光明日报》《人民日报》《人民日报》(海外版)等报纸杂志上发表散文多篇。

潘大庆(1958—)

潘大庆

1975年毕业于桐乡三中高中部,1979年考入上海外语学院英语系。毕业后一直在亚太地区小水电中心工作。历任中心外办副主任、外事与培训处处长、中心主任助理等职。作为项目负责人,潘大庆主持举办小水电国际培训班共20多期,100余个国家的数千名官员和工程技术人员参加培训。潘大庆任译审(教授),已发论文百余篇,其中发表在国家核心期刊上的《欧洲国家小水电实践及发展趋势》被收录在中国科技经典文库,一篇发表在美国刊物上的论文被授予“最受读者欢迎奖”。翻译或审核300余万字,编辑英文教材180万字,参与编写、翻译、审核英文版《中国水电与电气化》《亚太地区小水电》。工作以来,潘大庆足迹遍及40个国家,致力于促进全球的小水电开发。

陈向宏(1963—)

陈向宏

出生于乌镇,从小居住在濮院镇。1980年毕业于桐乡三中高中部。随后,进入濮院缝纫机零件厂工作,任生技科副科长。1983年考取浙江广播电视大学经济类专业,1986年毕业。后获南洋理工大学工商管理学硕士学位。1985年加入中国共产党。1987—1988年,为桐乡审计局干部;1988—1990年,为共青团桐乡县委常委、党组成员;1990—1994年,任桐乡市委办公室秘书、科长、副主任;1994—1997年,任屠甸镇党委书记、人大主席、农工商公司董事长;1997—1999年,任桐乡市政府办公室主任、桐乡市政府党组成员等职。1999年以后,历任桐乡市乌镇古镇保护与旅游开发管委会主任、旅游公司董事长、桐乡市市长助理、桐乡市旅游局局长、乌镇镇党委书记、桐乡市政协副主席、桐乡市乌镇旅游开发有限公司总裁等职。在古镇旅游保护开发中,陈向宏率先提出“历史街区再利用”的理论,将乌镇打造成了国际性的著名休闲旅游目的地小镇。经过多年的积极营造和培育,乌镇已经逐步形成了观光与度假并重,门票与景区内二次消费复合经营的商业模式。2010 年,陈向宏率团队赴北京京郊密云县开发建设古北水镇景区。陈向宏获得的荣誉有亚太地区遗产保护杰出成就奖、第三届中国经济十大创新人物奖、旅游系统全国劳模、首都“五一劳动奖章”等。

钟凤明

钟凤明(1963—)(女)

1979 年,从桐乡三中高中毕业后,考入浙江医科大学(现为浙江大学)医学系。1984 年毕业后,获得医学学士学位,留校任助教,并从事药理学的科研和教学工作。1990 年,获得药理学硕士学位。1991 年升职为讲师。主要的科研工作是关于抗肿瘤药物及抗溃疡药物的研究,有关论文发表在《中国药理学报》及药理学杂志上,并荣获浙江省科技进步奖。1991 年,钟凤鸣获得美国康奈尔大学医学科学研究生院的奖学金,于 8 月赴美国纽约攻读分子生物学博士学位,1996 年获得博士学位。毕业论文发表在美国一流杂志《生物化学》及美国生物化学与分子生物学学会年会摘编中。其时,钟凤鸣已是美国生物化学与分子生物学学会、美国微生物学会会员。此后,在康奈尔大学医学院继续从事博士后研究,其研究成果的论文发表在美国《生物化学》杂志。1997 年,钟凤鸣在美国考取了新泽西大学医学院附属医院内科医师资格,任血液病和肿瘤科专科医师,并在休斯敦市著名的贝勒医学院(BAYLOR COLLEGE OF MEDICINE)工作,职责范围主要是各种血液病及癌症病人的治疗(包括骨髓移植)。钟凤鸣为美国临床癌症学会会员,主要研究论文发表在中国和美国的医药及生物类的一流杂志上。

朱永官

朱永官(1967—)

从濮院初中毕业后考入桐乡一中。1985 年高中毕业,考入浙江农业大学土壤与植物营养系,1989 年本科毕业,被分配到中科院南京土壤研究所任助理研究员,并攻读硕士。1992 年获硕士学位后即任中科院南京土壤研究所研究员。1995 年,受英国皇家学位特别研究员奖学金资助,赴英国帝国理工学院攻读博士,同年,应邀赴泰国出席国际钾素大会。1998 年,获英国帝国理工学院环境生物学博士学位,后入澳大利亚阿德莱得大学进行土壤生态学研究。1999 年,应邀分别在国际微量元素生物地球化学大会和低养分胁迫植物遗传控制国际会议上作报告。朱永官在国外留学期间,曾先后 4 次陪同阿德来得大学的领导到中国的科研机构和大学访问。

2001 年,朱永官回国工作,于 2002 年受聘担任中国科学院生态环境研究中心主任、博士生导师。在他的努力下，中—澳土壤环境联合实验室于2002年在北京正式成立。同时组织了首届国际土壤—植物相互作用研讨会在南京召开。同年，由于他在土壤放射污染和放射生态研究方面取得的突出成就，当选为国际放射生态联盟的副主席。获得国家杰出青年科学基金。2004年，被聘为联合国国际原子能机构（IAEA）科学顾问、中国原子能农学会副理事长等职。2009年，任中国科学院城市环境研究所所长。朱永官在国际刊物发表论文150多篇。曾获得英国皇家学会特别研究员奖（1994年）、澳大利亚Jack Loneragan植物营养奖（2001年）、中国留学回国成就奖（2003年）、第九届中国青年科技奖（2006年）、中国科学院"十大杰出青年"称号（2007年）、北京市科技进步奖三等奖（2008年）、国家自然科学二等奖（2009年）等荣誉。获得国家自然科学基金的重大项目有"典型稻田土壤关键生物地球化学过程与环境功能"、"典型水稻土碳氮铁耦合过程的微生物生态学机制"、与英国阿伯丁大学国际科技合作项目"城市群环境复合污染与生态健康研究"等。

朱永官兼任国际科联（ICSU）"城市化与人类福祉"研究计划科学委员会委员，《Environmental Technology and Innovation》（Elsevier）主编，《Environmental International》（Elsevier）副主编，《Environmental Science and Pollution Research》《Trends in Plant Science》和《New Phytologist》等国际刊物编委，以及中国生态学会和中国土壤学会常务理事，兼任联合国国际原子能机构（IAEA）科学顾问（2004—2012年）。

姚建林（1967—）

姚建林

1982年，从桐乡三中初中毕业。1985年，从嘉兴一中高中毕业，考入哈尔滨船舶工程学院动力工程系，1989年本科毕业后考入哈尔滨船舶工程学院攻读研究生，1992年以反应堆工程与反应堆安全专业硕士研究生学历毕业。毕业后，进入苏州热工所（后更名为苏州热工研究院有限公司）。1998年7月至2013年，在苏州热工院电气及信息技术中心从事电力安全工器具质量监督检验测试、科技研发、电气仪控设备老化管理与寿命评估等方面工作，并参与电气实验室的建设，开发了多个新产品和自动化装置。已获9项发明专利授权、13项实用新型专利授权。姚建林于2000年获高级工程师职称。2010年在苏州热工院的环境保护与化学中心从事辐射环境监测系统集成开发和建设工作。

陈娟红（1969—）（女）

桐乡三中毕业。1987年10月进入国营桐乡毛纺织厂工作。1990年8月，杭州喜得宝时装队招聘模特，经严格考试，陈娟红应聘进入时装队。其间，陈娟红刻苦训练，取得了长足的进步。同年12月底，加盟深圳国际展览中心时装队。在时装界，陈娟红凭借自身的天赋、勤奋以及她对现代服装的理解与呈现艺术脱颖而出，在全国十佳名模评比中获得高分。1991年，陈娟红代表深圳市国际展览中心时装队参加全国第二届中国

陈娟红

超级模特大赛并夺魁。同时获得最佳上镜奖和最佳现场印象奖。1992年，陈娟红作为中国唯一代表参加在美国洛杉矶举办的世界超级模特表演艺术大赛。最终获得前8名“世界超级模特”称号，得到国内外专家的一致好评。陈娟红先后担任1997年中国超级精英模特大赛总决赛、1999年精英模特大赛中国选拔赛、2000年洛杉矶环球亚裔超级名模大赛等时装模特专业比赛的评委。自1998年以来，她先后在北京、广东、上海等地创办10余家模特学校。陈娟红也不忘给浙江的丝绸和家乡的羊毛衫提供展示舞台，曾制作专题片。

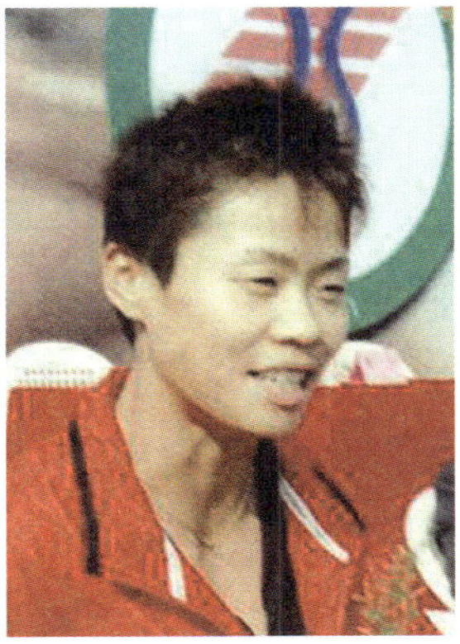

钟红燕

钟红燕(1978—)(女)

国家女子皮艇队队长，先后获得全国、亚洲、世界多项皮艇冠军。1990年，钟红燕被招收进桐乡市少体校皮划艇队。1997年11月进国家集训队。钟红燕身高1.75米，体重65千克，具有优秀皮划艇运动员的基本素质。运动中，她起动快，加速好，途中能力强，冲刺有力。2002年，钟红燕参加釜山亚运会。在10月12日举行的决赛中，钟红燕获得了女子单人皮划艇500米冠军，并和队友共同获得了女子双人皮划艇500米冠军及女子四人皮划艇500米亚军。同年，在世界锦标赛上，获得了女子四人皮划艇500米第四名。2003年，钟红燕和队友在世界棉标赛上拿到了全额奥运入场券，此为中国女子皮艇队取得的历史最好成绩。2004年备战奥运会期间，在世界杯总决赛的德国站比赛中，钟红燕与队友取得了女子双人皮划艇500米冠军、女子四人皮划艇500米第三名、女子四人皮划艇1000米第二名。在雅典奥运会上，获双人皮艇500米第四名。2008年，钟红燕参加了北京奥运会，是桐乡历史上参加奥运会的第一人。8月23日，在北京顺义奥林匹克水上公园的女子单艇500米的决赛中，她以1分52秒22的成绩列第五名，虽然没有夺得奖牌，但创下了中国女子单人皮艇比赛有史以来最好的成绩。

钟红燕主要皮划艇运动成绩如下：

1999—2007年，获全国皮划艇锦标赛单人皮艇500米冠军。

1998年，获曼谷第8届亚运会女子双人皮艇500米冠军。

2002年，获世界锦标赛女子四人皮艇100米亚军。

2002年，获世界杯比利时站女子双人皮艇500米冠军。

2002年，获釜山亚运会女子单人皮艇500米冠军、女子双人皮艇500米冠军、女子四人皮艇500米亚军。

2003年，获世界锦标赛女子四人皮艇500米第四名。

2004年，获世界杯德国站女子四人皮艇500米第三名，女子双人皮艇500米冠军。

2004 年，获雅典第 28 届奥运会女子双人皮艇 500 米第四。

2005 年，获第 10 届全国运动会女子单人皮艇、四人皮艇 500 米冠军。

2006 年，获广州世界杯女子单人皮艇 500 米、200 米冠军，女子四人皮艇 500 米、200 米冠军。

2006 年，获世界锦标赛女子单人皮艇 500 米第三。

2007 年，获世界杯匈牙利站女子单人皮艇 500 米亚军。

2008 年，获北京奥运会女子单人皮艇 500 米第五名。

第二节　客籍名流

倪宗耀

倪宗耀(1937—)

1962 年调入濮院人民公社中西医联合医院当医生。1970 年借调到濮院微生物试验机构，尝试土法生产“九二〇”真菌。后为响应“攻克慢性支气管炎”的号召，他开始对灵芝的研究。几十年来，他潜心研究食用菌，找到“灵芝菌丝体粉”，取代了 2000 多年来灵芝子实体(即中药饮片)应用于医疗保健的传统办法，明显提高了灵芝的药用功效，同时为国家节约大批木材资源。倪宗耀曾与著名营养学家于若木探讨科研并合影留念。倪宗耀还收到了于若木“创新国粹经典，传统中华养生，贡献预防医学，慧力属于世界”的亲笔题词。1994 年，倪宗耀晋升为高级工程师。1997 年，他被国际中西医结合学会聘为客座教授。倪宗耀的研究成果先后获得了“96 国际食品技术博览会金奖”“世界知名医家 30 年研究成果奖”“97 世界华人医学会优秀奖”“98 世界医学成就博览会奖”“中国进入 WTO 推荐产品证书”等荣誉。2005 年，他所在的公司取得 12 项专利，成为国内多糖制品开发的排头兵。倪宗耀现任中华亚健康研究协会会长、《中华保健食品》杂志总编、浙江省食用菌协会副会长、嘉兴美罗天源生物制品有限公司总工程师等职。

黄亚洲

黄亚洲(1949—)

出生于杭州，杭州大学中文系干部专修科毕业。1970 年，赴浙江生产建设兵团当战士，一年后任宣传干事。1975 年，调至浙江生产建设兵团所属的濮院丝厂任政工干事。同年，濮院丝厂移交地方，由桐乡县接收。黄亚洲调入厂党委办公室工作，负责全厂的宣传工作，继续自己的诗歌创作。1976 年，黄亚洲的诗歌刊登在桐乡县委宣传部编印的《战鼓集》中。1978 年，厂党办编印了第一期《诗传单》，印有黄亚洲创作的诗歌《捧着火红的公报》。他为厂里编写反映计划生育的短话剧《孙子问题》，参加全县文艺会演并获奖。同年，他的电影文学剧本《侦察员的爱》，由西安电影制片厂拍成电影《R4 之谜》，在全国放映，受到广泛好评。随后，黄亚洲的文学创作视野进一步开阔。1980 年，黄亚洲被抽调至嘉兴北区群艺馆工作，任《南湖》文学杂志专职编辑。此后，黄亚洲出版诗集、小说集、散文集、剧本集等文学专著 30 余部。黄亚洲曾任第八届全国人大代表，第六届中国作家协会副主席，中共十六大代表，第五届、第六届浙江省作家协会党组书记，第六届浙江省作家协会主席。至 2010 年，黄亚洲先后任中国电影文学学会副会长、中国作家协会影视委员会副主任、中国杂文学会联谊会名誉主席、中国中共文献研究会理事、中国作家协会《诗刊》编委、浙江省文史研究馆馆员。

释贤宗

释贤宗（1970—）

出生于福建省福安市。童真入道，冠岁披缁。1991 年于莆田梅峰光孝寺受具足戒，承接禅宗临济正脉第 45 世传人。毕业于福建佛学院预科、闽南佛学院本科，上海交通大学 EMBA。1996 年，受聘于普陀山佛学院任教，兼任该院图书馆馆长。2004 年，受邀到濮院香海寺任住持。10 余年来，释贤宗为弘扬佛教文化、为扩建濮院香海寺四处奔走，多方募捐，使香海寺的规模日益扩大。2005 年，募资 80 余万元，建造了观音殿。2006 年，募资 100 余万元，建造了财神殿。2008 年 10 月，释贤宗法师在多方努力下募集近千万元资金，建起濮院香海寺标志性建筑万佛宝殿。万佛宝殿高 42 米，面积 4700 余平方米，里面拟供奉一万尊佛像。同时，客寮、僧寮、斋堂以及禅修中心等寺庙配套建筑也一应齐全，总面积达 18600 平方米，绿化面积 53000 余平方米。释贤宗主持的濮院香海寺，文化气息十分浓厚，先后成立《香海禅心》编辑部、香海读书会、香海青年会及慈善公益组织“和基金”。释贤宗亲自编写的智慧小册子迄今已出刊十多期，共印制 10 余万册，除在寺内发放外，另以邮寄的方式赠送到内地很多地方及香港、澳门、台湾。2008 年，释贤宗就任嘉兴市佛教协会会长，后又任浙江省佛教协会副秘书长。

第三节　名　表

表 20－1　　中华人民共和国成立前濮院地区中共党员一览表

姓　名	性别	出生年份	居住地	参加革命时间	入党时间	是否牺牲	职　务
郑明德	男	不详	大井头	1922	1925	否	1926 年，在上海市交通局任中共地下支部书记
梁国放	女	1905	濮院镇东港厂	不详	1926	否	1927 年，受中共组织委派在中国国民党上海闸北第一区党部担任妇女部部长

续表 20－1

姓　名	性别	出生年份	居住地	参加革命时间	入党时间	是否牺牲	职　　务
刘驾候	男	1904	濮院镇大街	不详	1926	否	1927年，担任中共嘉兴独立支部特派员，在濮院地区开展建党活动
钟袁平	男	1915	濮院镇北横街	1938	1939	江西省上饶县茅家岭牺牲	《浙江潮》编辑
陈慕天	男	1923	濮院镇仓前街	1937	1939	江苏省大茅山牺牲	新四军第6师16旅连指导员
沈宝瑜	男	1923	濮院镇南横街	1937	1940	江苏海门江通区牺牲	中共江苏省江通区委会书记
陈松筠	男	1917	濮院镇花园街	1940	1940	否	中共嘉濮党组织交通员

说明：仅史料留名的党员还有徐耀华、翁怜之、周勖哉、徐命章、李长友、朱良章、许阿二、胡补荣、王瑞生、王毓兰、陈震声、童阿祥

表 20－2　　　　　当代人物一览表

姓　名	性别	出生年份	毕业院校或学历	职称、职务	任　职　单　位
朱　巽	男	1917	全国经委机训所	高级工程师	交通部高等专科学校
沈绳武	男	1917	上海高等工业学校	高级工程师	浙江省水利厅
朱幼麟	男	1926	国立交通大学	高级工程师	北京建筑设计研究院
钟之海	男	1926	上海医学院	教授	上海市黄浦区中心医院
朱宝梁	男	1928	浙江师范学院	中学高级教师	桐乡一中
陈振亚	男	1930	鞍山钢铁工业学校	高级工程师	上海宝山钢铁总厂
朱　良	男	1930	浙江医学院	副教授	浙江医科大学
翁方颐	男	1932	吉林大学	中学高级教师	桐乡一中
沈锦英	女	1932	西安建筑工程学院	教授	西安建筑科技大学
朱则莹	男	1931	上海教师进修学院	中学高级教师	上海市市中职业技术学校
杨乃均	男	1933	北京对外贸易学院	教授	北京对外经贸学院
姜文珍	女	1933	华东纺织工学院	高级工程师	天津红旗毛纺织厂
王成炎	男	1933	浙江省军区后勤学校	副主任医师	中国人民解放军117医院

续表 20－2

姓 名	性别	出生年份	毕业院校或学历	职称、职务	任 职 单 位
吴好言	男	1934	南京邮电学院	高级工程师	天津市电话局
姜文潮	男	1934	南京工学院	副教授	南京大学
朱仲孚	男	1935	广州华南工学院	高级工程师	中国轻工业广州设计院
王效良	男	1935	浙江林业学院	高级工程师	桐乡农业局
吴玄言	男	1935	清华大学	高级工程师	浙江水利厅
杨慧颖	女	1935	濮院梅泾中学	高级会计师	中国工商银行宁夏分行
何强能	男	1935	濮院梅泾中学	高级工程师	湖州市土产公司
朱宝铭	男	1936	华东师大	教授	宁夏教育学院
唐任鑫	男	1936	中科院职工大学	高级工程师	广东省测试分析研究所
来锦明	男	1936	上海第一医学院	副研究员	中国医学科学院
高锡永	男	1937	浙江农业大学	副教授	浙江农业大学
陈铭华	女	1937	浙江师范学院	中学高级教师	北京二中
毛德明	男	1937	浙江师范大学	中学高级教师	桐乡三中
杨 倩	女	1937	上海师范学院	中学高级教师	上海市金山县中学
王成农	男	1938	长春地质学院	高级工程师	浙江省地质矿产研究所
王莉美	女	1938	华东纺织工学院	高级工程师	中国航天工业总公司第二研究所
王锡荣	男	1938	清华大学	高级工程师	上海石油化工总厂
潘岁华	女	1939	嘉兴医士学校	副主任医师	嘉兴第二医院
顾明华	男	1939	清华大学	高级工程师	深圳大亚湾核电站
章敏义	男	1939	杭州大学	中学高级教师	桐乡市教育局中学教研室
沈丽娟	女	1939	杭州大学	中学高级教师	杭州第十五中学
顾善麟	男	1940	北京林业大学	高级工程师	浙江省装饰成套总公司
朱幼兰	男	1940	清华大学	教授	美国北卡罗来纳州州立大学
程佩霞	女	1940	杭州大学	高级编辑	浙江日报社
杨敏英	女	1941	宁波师范学院	中学高级教师	桐乡一中
刘谷琮	男	1941	浙江医科大学	副处长	浙江省卫生厅
胡家栋	男	1941	杭州大学	中学高级教师	余杭职业高中
杨铭经	男	1942	华东师范大学	高级经济师	陕西省钢铁炉料供销公司

续表 20－2

姓　名	性别	出生年份	毕业院校或学历	职称、职务	任　职　单　位
钱江潮	男	1942	杭州大学	高级讲师	长兴县委机关党委
虞金官	男	1942	杭州法律学校	检察长	桐乡市人民检察院
章敏礼	男	1942	浙江医科大学	副主任医师	吴兴县第三人民医院
柳庆隆	男	1943	浙江大学	高级工程师	钱江生化有限公司
邹雪生	男	1943	浙江农业大学	高级工程师	桐乡市农林局林业站
钱渠炕	男	1943	浙江大学	副研究员	国家地震局工程力学研究所
朱浣红	女	1943	浙江大学	高级工程师	安徽省马鞍山钢铁公司设计院
徐丽仙	女	1943	浙江化工学院	高级工程师	杭州酒精厂
汪红斌	女	1943	浙江医科大学	副主任医师	金华市第二医院
范柏松	男	1943	南京大学	高级工程师	嘉兴气象台
朱其梁	男	1944	杭州大学	中学高级教师	桐乡市职业教育中心
邬学军	男	1944	浙江大学	中学高级教师	桐乡市职业教育中心
徐定华	女	1944	华东地质学院	高级工程师	核工业部北京地质研究所
杨铭新	男	1944	浙江师范学院	高级工程师	海宁开关厂
章如镛	男	1944	杭州大学	中学高级教师	桐乡一中
杨家琦	男	1944	湖北财政金融学校	高级工程师	中国人民银行咸宁中心支行
金汉标	男	1944	华东政法大学	副院长	嘉兴市中级人民法院
陈煜华	男	1945	浙江大学	高级工程师	德清新市丝厂
许永安	男	1945	浙江农业大学	高级农艺师	桐乡市农经局
杨德元	男	1945	南京林学院	高级农艺师、县人大常委会副主任	江西资溪县人大
汤良煜	男	1945	复旦大学	高级政工师、机关党委副书记	浙江日报社
宋慎洲	男	1946	杭州大学	高级工程师	濮院丝厂
柏守支	男	1946	杭州大学	高级工程师、局长	温州市化工局
王柏华	男	1946	浙江大学	高级工程师、局长	山西晋城科干局
章敏智	男	1947	杭州商学院	市人大常委会副主任	桐乡市人大
孔学军	男	1947	浙江大学	高级工程师	黑龙江省油田开发股份有限公司
朱锦华	女	1947	大学专科	副主任中药师	桐乡市药监局

续表 20－2

姓　名	性别	出生年份	毕业院校或学历	职称、职务	任　职　单　位
黄逸萍	女	1947	大学本科	特级教师	杭州求是小学
谷忠毅	女	1947	杭州大学	中学高级教师	桐乡三中
蒋心垣	男	1947	新疆广播电视大学	中学高级教师	桐乡三中
宣基勇	男	1948	浙江广播电视大学	高级经济师	浙江新正方实业公司
陈杰华	男	1948	浙江医科大学	副主任医师	桐乡市濮院医院
徐蔚晓	女	1948	平湖师范	中学高级教师	桐乡六中
孙留丽	女	1948	大学本科	高级工程师	浙江省计算机研究所
金汉祥	男	1948	杭州大学	中学高级教师	桐乡一中
朱德生	男	1949	高等教育自学考试	中学高级教师	桐乡三中
孟　杰	男	1950	浙江广播电视大学	高级工程师	深圳大亚湾核电公司
赵增翔	男	1950	硕士研究生	市人民政府副秘书长	嘉兴市人民政府
吴志英	女	1950	中央党校大专	副主任医师	桐乡市疾控中心
吴建强	男	1951	大学本科	高级经济师	民三特种纸股份公司
沈光明	男	1951	大学本科	副教授	嘉兴城市大学教育学院
曹志伟	男	1951	湖州职工中等卫校	副主任技师	桐乡市濮院医院
柏利勇	男	1952	大学专科	市政协副主席	桐乡市政协
陈玉璋	男	1952	大学本科	省公安厅现役工作办主任	省公安厅
刘学军	男	1953	杭州大学	副教授	浙江教育学院
周春友	男	1953	浙江教育学院	中学高级教师	桐乡三中
徐富明	男	1954	浙江水利学校	市府副秘书长	嘉兴市政府
朱永根	男	1955	大学本科	高级经济师	湖州自来水公司
吴水明	男	1956	嘉兴农校	推广研究员	桐乡市农经局
杨　翛	男	1956	嘉兴学院	中学高级教师	桐乡市职业教育中心
凌建维	男	1956	浙江中医药学院	副主任医师	濮院医院
孙跃东	男	1956	嘉兴教育学院	中学高级教师	桐乡市教育局教研室
吴志慧	女	1957	杭州大学	编审	湖州师范学院
许芬英	女	1957	杭州大学	中学高级教师	浙江省教研室

续表 20－2

姓　名	性别	出生年份	毕业院校或学历	职称、职务	任　职　单　位
陈洁欣	女	1957	浙江大学	三级警监	浙江省女子监狱
马永红	女	1957	浙江电大	高级会计师	濮院镇人民政府
朱新生	男	1958	中央农业广播大学	高级农艺师	濮院镇人民政府
沈　鸿	男	1958	芬兰图尔库大学	教授	澳大利亚布里斯班大学
吕　红	女	1958	硕士研究生	高级工程师	美国诺华达制药公司
庾晓月	女	1959	浙医大嘉兴分校	副主任医师	安吉县人民医院
沈坤全	男	1959	硕士研究生	副教授	上海电力学院
赵林强	男	1960	硕士研究生	高级工程师	杭州城建设计研究院
莫运初	男	1960	解放军军校	正处级	杭州第二劳动教养所
沈汉翔	男	1960	浙江农业大学	高级工程师	嘉兴市科技咨询协会
陆晓勤	男	1960	浙江师范大学	主编	嘉兴电视台
姚甫松	男	1960	杭州师范大学	中学高级教师	桐乡市职业教育中心
庄林林	男	1960	浙江教育学院	中学高级教师	桐乡市高级中学
庄明华	男	1961	北京航空航天大学	高级工程师	北京蓝卡软件公司
唐炳洪	男	1961	杭州大学	副教授	浙江工商大学
孔正林	男	1961	杭州大学	高级讲师	桐乡技工学校
陆彩芬	女	1961	浙江医科大学	高级讲师	桐乡卫生学校
郭槐亮	男	1961	浙江教育学院	中学高级教师	桐乡市高级中学
葛志宇	男	1961	杭州大学	处长	浙江省政府外事侨务办
宋建华	男	1961	北京轻工业学院	高级工程师	广州轻工工程设计院
柴海生	男	1962	解放军军校	处长	嘉兴市委党校
许雄生	男	1962	上海电力学院	高级工程师	浙江华云电力集团
陶志雄	男	1962	浙江大学	教授	浙江科技学院
王建平	男	1962	浙江教育学院	中学高级教师	桐乡市职业教育中心
姚菊文	男	1962	杭州教育学院	中学高级教师	桐乡三中
杨琳娜	女	1962	华东师范大学	中学高级教师	桐乡六中
陆忠坤	男	1962	嘉兴教育学院	中学高级教师	桐乡三中
吴建荣	男	1962	浙江教育学院	中学高级教师	嘉兴三中

续表 20－2

姓　名	性别	出生年份	毕业院校或学历	职称、职务	任　职　单　位
谷莹如	女	1963	浙江师范大学	中学高级教师	桐乡世纪路学校
沈金生	男	1963	温州大学	中学高级教师	濮院小学
陆海鸣	男	1963	上海海运学院	高级船长	中远海运
黄雪英	女	1963	温州师范学院	副教授	温州职业技术学院
李　群	男	1963	上海铁道学院	副教授	上海普陀区政府
唐松华	男	1963	华东政法学院	高级律师	浙江国傲律师事务所
李金虎	男	1963	浙江教育学院	中学高级教师	桐乡三中
冯富强	男	1964	解放军军校	高级工程师	乌镇人民政府
朱菊芬	女	1964	浙江大学	高级工程师	无锡树脂厂环氧分厂
卜掌浩	男	1964	大学本科、博士	高级工程师	桐乡市人民政府
范晓清	女	1966	杭州大学	教授	浙江大学城市学院
姚建松	男	1966	高等教育自学考试	中学高级教师	桐乡三中
施志萍	女	1967	宁波大学	中学高级教师	濮院小学
王建祥	男	1967	浙江大学	副处级	中共湖州市市直机关工委
张美金	女	1967	浙江教育学院	中学高级教师	桐乡市实验中学
吴晓林	男	1967	温州大学	中学高级教师	桐乡三中
杭国强	男	1968	浙江大学工学博士	教授	浙江大学城市学院
朱永春	男	1968	杭州师范大学硕士	中学高级教师	桐乡三中
沈玉英	女	1968	温州医科大学	副主任医师	桐乡市中医医院
陈海金	男	1968	华东师范大学	中学高级教师	桐乡七中
夏建英	女	1968	中共中央党校	高级会计师	嘉兴求真会计事务所
汤小平	男	1968	杭州师范大学	中学高级教师	桐乡高级中学
曹立程	男	1968	浙江教育学院自考本科	中学高级教师	桐乡市职业教育中心
庄秋蓉	女	1968	浙江教育学院	中学高级教师	桐乡市职业教育中心
殳爱萍	女	1968	浙江教育学院	中学高级教师	桐乡卫生学校
张志豪	男	1969	浙大医学院硕士	主任医师	武警浙江总队医院心胸外科
杨　瑛	女	1969	浙江教育学院	中学高级教师	桐乡求是中学
朱建根	男	1969	浙江教育学院	中学高级教师	桐乡三中

续表 20－2

姓　名	性别	出生年份	毕业院校或学历	职称、职务	任　职　单　位
李自立	男	1970	浙江大学	高级工程师	浙江南方建筑设计有限公司
李校明	女	1970	浙江教育学院	中学高级教师	桐乡求是中学
庄应强	男	1970	浙江农业大学	副教授	嘉兴职业技术学院
戴耀华	男	1970	杭州师范学院	中学高级教师	桐乡市职业教育中心
金学飞	男	1970	杭州师范学院	中学高级教师	桐乡三中
张华松	男	1970	中澳联办教管硕士	副处级	杭州师范大学
李慧君	女	1971	嘉兴学院	高级经济师	农行嘉兴分行
钱志凤	女	1971	杭州师范大学	中学高级教师	桐乡市职业教育中心
沈丽华	女	1971	浙江大学	副主任医师	桐乡市第四医院
王火珍	女	1972	浙江师范大学	中学高级教师	桐乡市职业教育中心
骆夏红	女	1972	浙江教育学院	中学高级教师	桐乡三中
徐东红	女	1972	浙江教育学院	中学高级教师	桐乡三中
林黎春	女	1972	浙江教育学院	中学高级教师	桐乡市职业教育中心
沈松根	男	1972	浙江师范大学	中学高级教师	崇德初中
李琴英	女	1972	杭州师范大学教育硕士	中学高级教师	桐乡求是中学
姚振华	男	1973	浙江大学	中学高级教师	桐乡市职业教育中心
蒋玉萍	女	1974	杭州师范大学	中学高级教师	嘉兴第五高级中学
韩小红	女	1974	浙江教育学院	中学高级教师	桐乡市现代实验学校
徐群飞	男	1975	宁波师范学院	中学高级教师	慈溪市三山高级中学
蔡向华	女	1976	杭州师范大学	中学高级教师	桐星学校

说明：本表收录范围为濮院镇籍行政副处级以上干部、专业技术职称副高级以上知识分子（不包括已有传记及选介的人物），受客观条件限制，此为不完全名表

表 20－3　全国、省级劳动模范和省级先进工作者、优秀企业家一览表

姓　名	性别	工作单位	荣誉称号	授予年份	授予机关
范松宝	女	濮院饮服商店	浙江省先进工作者（享受省劳模待遇）	1959	浙江省人民政府
朱逸仙	男	桐乡第一油米厂	浙江省先进工作者	1959	浙江省人民政府

续表 20－3

姓 名	性别	工作单位	荣誉称号	授予年份	授予机关
朱雪山	男	濮院邮电支局	浙江省劳动模范	1982	浙江省人民政府
朱雪山	男	濮院邮电支局	浙江省劳动模范	1985	浙江省人民政府
胡锦生	男	原新生乡油车桥村	浙江省农业劳动模范	1988	浙江省人民政府
朱雪山	男	濮院邮电支局	全国劳动模范	1989	国务院
廖新荣	男	濮院供销社	浙江省劳动模范	1989	浙江省人民政府
朱新生	男	原新生乡农业办公室	浙江省农村科普先进工作者	1990	浙江省科学技术协会
冯老虎	男	濮院雅蝶羊毛衫厂	浙江省优秀企业家	1995	浙江省计经委、浙江省总工会
周阿龙	男	濮院镇红旗漾村	全国劳动模范	2000	国务院

说明:受客观条件限制,此为不完全名录

第二十一编

文献

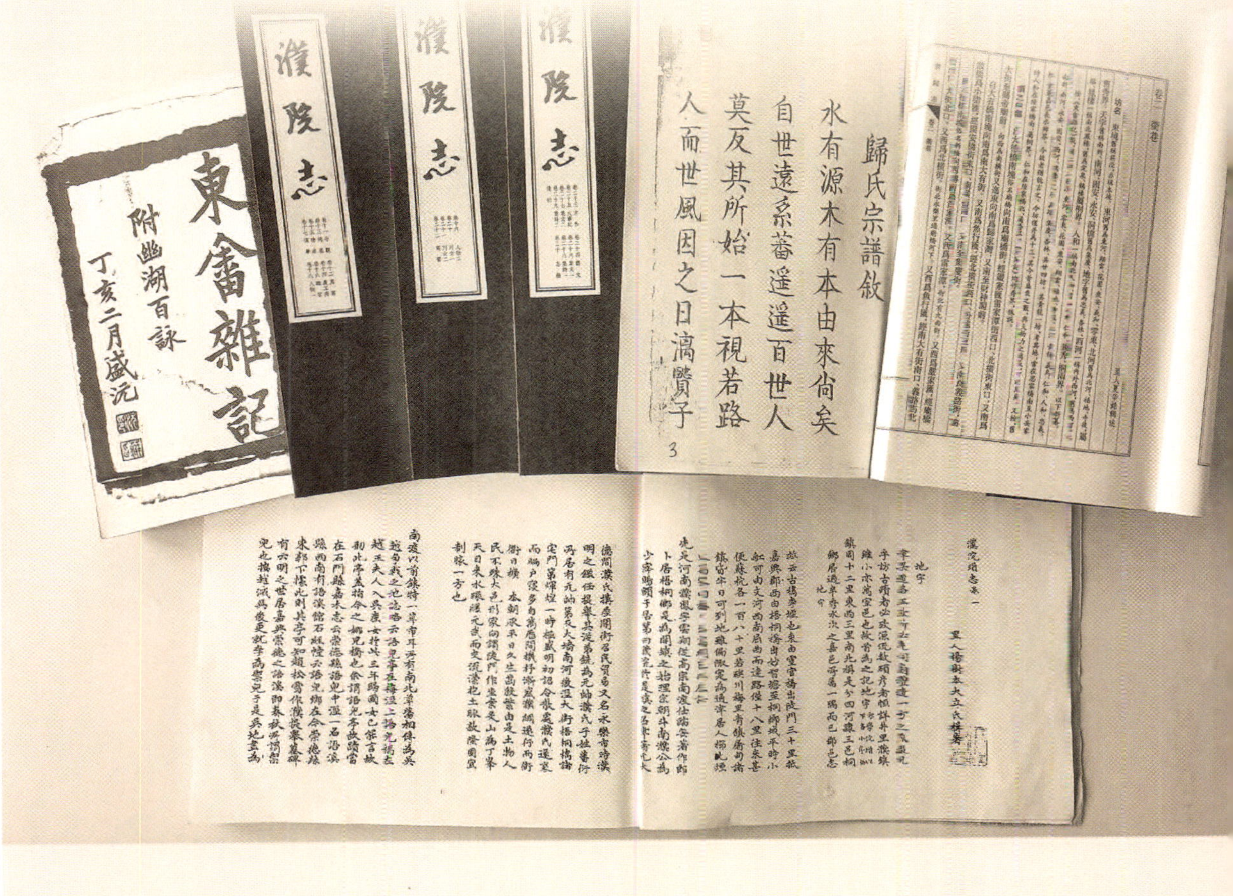
東畲雜記
附幽湖百詠
丁亥二月盛沅
濮院志
濮院志
濮院志
歸氏宗譜敘
水有源木有本由來尚矣
自世遠系蕃遥遥百世人
莫反其所始一本視若路
人而世風因之日漓賢子
3

濮院镇历史悠久，八百余年里，人才辈出，著述荟萃，文献资料汗牛充栋。其中古代以经、史、政论、文学、志乘谱牒、医药等文集为多，现当代则以科教文卫等论著为主。

本编选介历代志书 7 部、家谱 13 份、人物年谱 1 份、望族 5 姓；收入著述书目或篇名有古代著述 420 种，现当代著述、论文 379 种；收入文章 17 篇，诗词 40 首，戏剧作品一部（节选），长篇小说一部（简介），杂记、日记（节选）各一部，上述作品基本上出自濮籍人士之手，也酌收个别流寓名人的涉濮之作。

第一章　志　　乘

第一节　修志纪略

濮院镇自南宋著作郎濮凤随高宗南渡居此后，种田栽桑，养蚕缫丝，构屋开街，召民贸易，经济十分繁荣，“俨然嘉禾一巨镇”。经济的发展刺激了人文的繁荣。从开镇到中华人民共和国成立的八百余年时间里，域内撰述之风绵延不断，传世之作历代迭出，仅方志类就有 10 余部。如今，由于年代久远及战乱等原因，多部志书或散佚，或残破，存世的仅有刻本和抄本共 7 部。这些志乘现分别庋藏于北京图书馆、上海图书馆、南京图书馆、浙江图书馆、桐乡图书馆、桐乡档案馆等处，美国国会图书馆等国外图书馆也有收藏。

已散佚而可考的志书有 8 部：《濮川小志》，成书于明代，作者无考；《濮溪志草》，明周

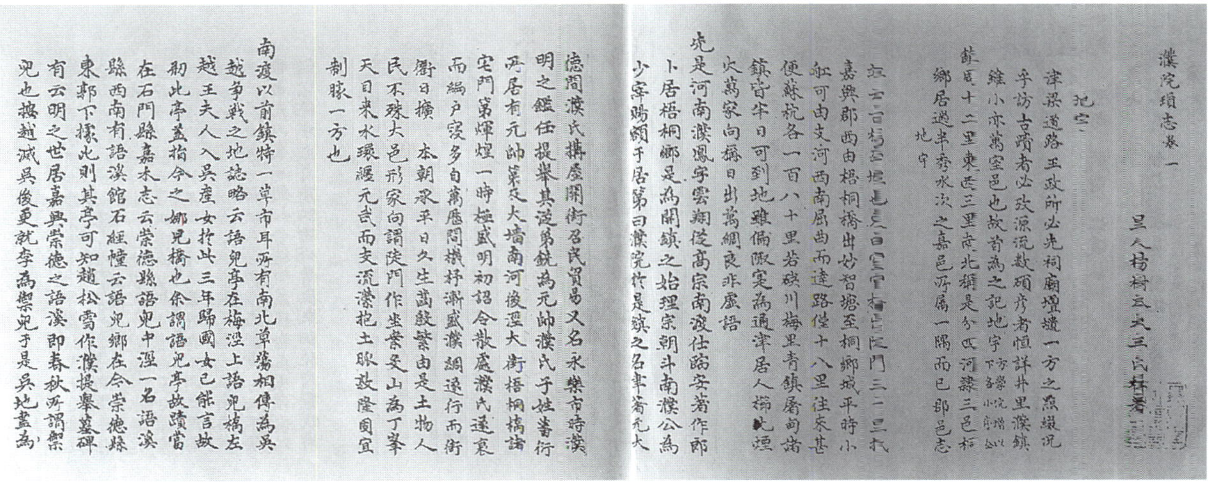

濮院瑣志卷一

里人楊樹本大三氏輯著

地宇

津梁道路王政所必先祠廟壇壝一方之烝祀
乎訪古蹟者必攷源流數碩彦者恒詳井里濮鎮
雖小亦萬室邑也故首為之記地宇
鎮長十二里東西三里南北稱是分四河隸三邑梧
鄉居過半秀水次之嘉邑所屬一隅而已郡邑志
地宇
[illegible]
嘉興郡西由梧桐橋出妙智塘至桐鄉城平時小
舡可由支河西南屈曲而達路僅十八里往來甚
便蘇杭各一百八十里若硤川梅里青鎮屠甸諸
鎮皆半日可到地雖偏陬實為通津居人稠密煙
火萬家向稱日出萬綢良非虛語
宋是河南濮鳳字雲翔從高宗南渡仕臨安著作郎
卜居梧桐鄉是為開鎮之始理宗朝斗南濮公為
少宰賜額于居第曰濮院於是鎮之名聿著元大
德間濮氏構屋開街召民貿易又名永樂市時濮
明之鑑任提舉其從弟鉉為元帥濮氏子姓蕃衍
所居有元帥第建大墻南河後涇大街梧桐橋諸
宅門第輝煌一時極盛明初詔令散處濮氏遂衰
而編戶寖多自萬曆間機杼漸盛濮綢遂行而街
衢日擴　本朝承平日久生齒繁由是土物人
民不殊大邑形家向謂陡門作坐紫安山為丁峯
天目來水環繞元武而支流縈抱土脈故隆固宜
制勝一方也

南渡以前鎮特一草市耳所有南北草蕩相傳為吳
越爭戰之地誌略云語兒亭在梅涇上語兒橋左
越王夫人入吳產女於此三年歸國女已能言故
初此亭並指今之語兒橋也余謂語兒亭故蹟當
在石門縣嘉禾志云崇德縣語兒中涇一名語溪
縣西南有語溪館石經幢云語兒鄉在今崇德縣
東郭下據此則其亭可知趙松雪作濮提舉墓碑
有云明之世居嘉興崇德之語溪即春秋所謂禦
兒也按越滅吳後更就李為禦兒于是吳地盡為

《濮院瑣志》抄本书影

之学(冲宇)辑;《濮川残志》,明濮侣庄(道水)辑;《槜李稗编》,吴宗泰(伯让)辑;《濮川纪略》,张其是(文韩)纂;《风土记》杨树本(荫轩)辑;《濮院志》,屠本仁(莼渚)著;《濮川地理史》,张慊(文镐)著。

存世的7部为:《濮川志略》(14卷),《濮院琐志》(8卷),《濮镇纪闻》(4卷),《濮川所闻记》(6卷),《濮川所闻记续编》(2卷),《濮录》(上、下册),《濮院志》30卷。

第二节 志书简介

《濮川志略》(抄本)

《濮川志略》14卷。濮孟清纂(明永乐二年始辑),濮侣庄订补,濮龙锡增订[清康熙十四年(1675)],濮润松重增。浙江省图书馆藏有清抄本(卷九第一、第二页原缺),其影印后已汇编于《中国地方志集成》乡镇志专辑第21册。

目录 卷一,修谱名次、镇图说(濮院图)、开镇说、凡例、续增则例、名次序例(名次图注)、撮句定名、额跋联句、谱略、附考(附述祖篇);卷二,建置、遗迹、丘墓。卷三,起家、通籍;卷四,卓概、闺范;卷五,传略;卷六,系图;卷七,存远、游寓;卷八,纪异、谈苑;卷九,勒石;卷十,艺林;卷十一,传咏;卷十二,外艺林;卷十三,外传咏;卷十四,诗馀补。

志文摘录

徐 序

余家武塘,西南距郡城三十里,又西南距濮院亦如之。频年游宦,揽胜多虚,从父省吾,故濮氏倩,每述其鲁国遗事,系怀仰止,惜郡乘不具载。洎移居槜李,嗣子柱臣又执经道水之门,闻且益悉。第因当时草昧之初,避难流离,《濮川小志》散佚莫考。即宋理宗朝,以少宰之勋猷,烺烺彪炳,尽已失传,何况其他?至成弘间,匿姓远逸者稍稍来复,乃出其始祖云翔公以下谱系,所载八宅二十六庄,并建置、诸古迹,约略睹记。裔孙草堂先生向珍箧笥,未寿梨枣。其季君道水曰:"及身不述,后将谁传?"爰咨耆老,搜碑铭,遍考故典以志之,风土人文,间附一二,凡属影响,概付阙如。道水负良史才,殆以一斑自见乎!昔苏明允、范希文辈咸追慕曩徽,立法敦后,迄今侈为盛事。道水仿明允、希文遗意,汇辑成书,垂诸金石,使世之子孙,晓然于源长本厚,而无涣不萃,勿使绝服以降遇若途人。庶于尊祖敬宗,思过半矣,斯固其立言之旨也夫!赐进士第、柱国大夫、太子太保、吏部尚书、前南京尚宝司卿、吏部考功司郎中、主大计年家眷弟徐石麟颔首拜撰。

自 序

粤初生民,本于一气。自三古以上,皆其高曾也。其□以下,皆其苗裔也。厥后,族系分而源流远,姓氏□□支脉繁。不有宗谱,何以溯水木于鸿蒙,衍箕裘于□代。然唐推陇西，宋崇天水，金闾峨眉，而后欲表彰往烈，于数百载以上，盖亦鲜矣。至于地以人传，人以地著，如少伯之蠡湖，四皓之角里，并垂不朽者，犹未□见也。吾宗肇迹颛皇，姓始百濮，由唐溯汉，□□□□，其所由来，班班可考。自曲阜而之吴会，□□□□□语水，云翔公让产卜居，振彩梧桐，斗南公□□□□，锡名濮院，谱系始基于此。再传提举明□□□□□，活穷黎，舍宅以建梵观。子姓振绳，□行□□□□□比而居，营列百廛，富商大贾，挟赀来□□□□□□□，濮川之所以滋大也。后因贷储联姻之□□□□□溢，或附枝茑萝，源流渐不可考。十二世□□□□□故庐而凭吊，抚乔木以徘徊。博稽故老，咸指其□□观，某公之所建也，某梁某亭，某公之所构也，某市某公所辟，以贮纨绮，某堡某公所筑，以御萑苻。问其子若孙，犹有存焉者乎？广搜而详述，吾宗之变姓远窜者，渐得其踪迹。昔之地以人传，今乃藉地以传人矣。爰衍宗图，并营濮志。盖宗图仅列世次，濮川□□，缕载祖宗懿迹，其犹青箱之世业乎？惜子澄公草创而未成全帙；莘堂公暨先君景鸳公，讨论而尚秘枕中。至从父道水公，力缵前修，订定宗谱，手辑志略，序列博而详，考核征而信，□仿孟坚之十志，学宗夹漈之绘图，诚一氏之董狐，百濮之金石也。未及登梨，遽尔赋鹏易箦。时语肖韩、隽茹两兄，暨不尚，龙锡曰：未卒之业，唯汝三人是赖。余拜而识之。迨□□□□□，余窃私幸曰：志其庶有成乎？无何，隽茹□□□□□。呜呼！今欲继前人之志者，舍肖韩与龙锡□□□□欤！锡因不揣谫陋，正其鲁亥，补其阙遗，□□□□□，命子洙校录成书，商之叔盈兄，力任剞□□□□□□澄诸先公之志矣。然叔盈兄犹有慨焉。慨□□□□居，钩党连坐，志谱散失，祖功宗烈，漫不可考。后□□还故都，有若晨星，人与事，挂漏实多，岂非斯志之缺陷欤！而余曰：否否。观夫鼎沸沧桑，世家大族，多没于寒烟蔓草，又乌从识其谁氏之居，与谁氏之里。如吾宗世为土著，人系以地，地附于人，行路称之，邑乘载之，地与人永垂不朽，与河山同固，抑亦斯志之□□矣。后人披图览志，增益前人之业而光大之，是余之志也夫！是余之志也夫！时康熙十四年岁在旃蒙单阏孟夏合朔日，十九世孙龙锡九上氏谨识。

洪武户帖

洪武户帖，长一尺三寸，阔一尺二寸。合同填号处户部“半印”，四围花边。

户帖　洪武三年十一月二十六日，钦奉圣旨，说与户部官知道：如今天下太平了也，止是户口不明白。俚教中书省，置下天下户口的勘合文簿户帖。你每户部家出榜，去教那有司官，将他所管的应有百姓，都教入官。附名字，写着他家人口多少，写得真着。与那百姓一个户帖，上用半印勘合，都取勘来了。我这大军，如今不出征了，都教去各州县里下着，绕地里去点户比勘合，比着的，便是好百姓；比不着的，便拿来做军。比到其间，有司官吏隐瞒了的，将那有司官吏处斩；百姓每自躲避了的，依律要了罪过，拿来做军。钦此

除钦遵外，今给半印勘合户帖，付本户收执者。

一户　濮守清　嘉兴府崇德县梧桐乡二十八都仁字圩民户，计家五口：

男子二口。成丁一口，本身，年四十一岁；不成丁一口，男，福郎，年五岁。

妇女一口，妻赵氏，年四十岁。

事产：屋三间。田，自己民田，二十八亩五分三厘六毫。

右户帖付民户濮守清收执。准此，洪武四年□月□日。

制字　壹佰玖拾伍捌号。

《濮院琐志》(抄本)

《濮院琐志》8卷。清乾隆三十九年(1774)杨树本(荫轩)修。浙江省图书馆藏有传抄本。全书影印后已汇编于《中国地方志集成》乡镇志专辑第21册。

目录　卷一，地宇、机杼；卷二，选举；卷三，文苑、著述；卷四，孝义、列女；卷五，游寓、艺术、方外；卷六，习尚、岁时、杂仪；卷七，称谓、方言、杂流、附记；卷八，文咏。

志文摘录

序

余曩作《风土记》，聊以消遣旅怀，未遑厘订。今春复阅一过，颇自惜用心所在，不忍废弃。顾初稿，但记土风，无关体要，殊不自安。窃念镇自南渡迄今，鼎阅三迁，恭逢盛世，凡功名节义，下至一材一艺之士，代各有人，未庸遗阙。其卓卓可纪者，虽郡邑志自能先后采入，然或书其人而遗其乡，或识其大而略其细。日久事迁，未免按籍而不知人本乡闾，耳闻而不获确知其实。均于是书初创之意未当，此更居其地者之责也。兹取前稿增删审定，列十九条，分八卷，不辞琐细，以备考览，名之曰《濮院琐志》。非敢以志乘自居，亦姑为吾党存其崖略而已。乾隆甲午仲春望后荫轩杨树本书。

此余甲午年稿本也。自后历碌趋公，离家日远，原稿遂置高阁，今已三十余载矣。因念出门以来，里中科名鹊起，印绶累累，而前辈文人著作，已蒙内廷采取，遗书列名四库，此更千载一时，足传不朽者。今归老幽湖，更获借观郡邑新志，及前所未见之《濮川纪略》，喜不自胜。爰再加检点，一并增录，余亦记至本年而止。倘荷二、三同志，详悉指示，逮我未闻，以期完善，此实区区之志耳。再胡学博其章有《濮镇纪闻》，屠广文莼渚有《濮院志》，均未获观全书。然府志曾引述《纪闻》，屠君寄示叙例，佳处已见一斑。他日二书并出，是集存而弗论可耳。嘉庆戊辰冬日树本又识，时年七十有八。

《濮镇纪闻》(抄本)

《濮镇纪闻》4卷。胡琢(珠船)主修，濮蓉礼增辑，成书于清乾隆五十二年(1787)。其中首卷、末卷在北京图书馆藏有抄本，美国国会图书馆也藏有此书传抄本。全书影印后已汇编于《中国地方志集成》乡镇志专辑第21册。

目录　卷首，总叙(开创、沿革、形胜、兴尘、水道、里至、风俗)；卷一，建置(公占、第宅、寺院、津梁、坊巷、田园、祠墓、古迹)；卷二，人物(乡达、隐居、笃行、壸范、儒林、艺事、流寓、方外)；卷三，记传；卷四，风诗；卷末，杂识。

志文摘录

序(节选)

桐于吾浙，县之一也。濮又其镇之一也，无高山广泽险塞奇时之观。其地介三邑裁十里，其人利织作，竞锥刀，往往诗书之彦，而虞见闻之。固去而游于都会以求达，诚自量其不足较小大也，则习而安之。胡君独有所不安焉者，以为地无小，吾非敢大吾小，将进吾濮之人，游于大焉，则无或置其小。于是采搜故实，即童时之钓游，质父老之谈助。断自宋南渡濮氏来迁称濮院，为立镇始。稍推及宋以上，备记元、明迨今。分建置、人物、记传、风诗为四门，先之总叙，殿以杂识，合六卷，以追前人《濮溪志草》《槜李稗编》诸作而加抉择焉。其尤致意于水利、仓赈、义学、诸大姓之盛衰、风俗之淳浇。至于一善不遗，讹传必正，期以备监戒稽省。不言志乘，然古作志才也。使徒以较诸省志，郡、州、县志，犹是一勺之分江而片壤之移岱也。奚论尤大者，然而小之不得矣。非必崇侈以为言也，未尝局促而易尽也。于乎斯，吾之所以为难也，尤难者乎？乾隆五十二年丁未季春鹿泉赵佑叙。

《濮川所闻记》(刻本)

《濮川所闻记》6 卷。清嘉庆十八年(1813)由金淮、濮璜、濮承钧、岳洙传合编，次年刊本。嘉庆二十三年(1818)金淮等为补前集所未录，又编写《濮川所闻记续编》2 卷。嘉庆二十五年(1820)《濮川所闻记续编》刻本刊印时，又将《濮川所闻记》6 卷连同刊出。今南京图书馆、南京大学图书馆、北京大学图书馆均有藏本。全书影印后已汇编于《中国地方志集成》乡镇志专辑第 21 册。

目录　卷一，总叙(开镇源流、沿革、水道、里至、风俗、物产)；卷二，地宇(总记、第宅、寺观、津梁、坊表、坊巷、园圃、祠墓、古迹)；卷三，人物(乡达、科目、武科、职监、贡生、笃行、文学、著述、织作、闺范、艺事、流寓、方外)；卷四，文；卷五，诗；卷六，杂识。

志文摘录

叙

禾郡之西有濮川焉。地不满二十里，且分隶于嘉、秀、桐三县，盖藐乎小矣。虽其间素工织作，闻名于时，特商贾辏集之所耳。而人物之盛，风土之醇，苟缺略无考，则直域于其小，世亦忽其为小。小，果若是之不足恃哉？然而孔子有言曰："里仁为美。"里虽小，有能厚里之俗者，则人将择而居之，是乌可以不记。又曰："十室之邑，必有忠信。"邑虽小，有能树邑之望者，则人将推而重之，是乌可以不记。濮川人士，蒸然蔚起，先畴旧泽，恪守不忘，凡有见闻，往往仿郡县志例，分类记载，以成一书。书之可得而指数者，均足为采风之助夫。亦众美之毕臻矣。今年春，同年友吴芳洲大令，复出《濮川所闻记》六卷见贻，嘱为之序。是《记》成于金君渔艇、濮君秋槎、湘船、岳君古香之手。其大段，原本《纪略》《纪闻》《琐志》等刻，加以彼此搜讨，损益务精，璧合珠联，悉归完善。大令与诸君同生是乡，又尝司参校之役，故尤加惓惓云。嗟乎！濮川自南宋时濮氏卜居得名至今垂八百年，人物风土，传且不朽。传于地乎，传于人乎，传于前人之善创乎，传于后人之善因乎？而总之，其地传、其人传，则谓之域于其小，不得矣，从而忽其为小，愈不得矣！余忝守斯土，喜地有仁里，人存忠信，因特弁数言，以质之大令，并嘉诸君之作，是记者。嘉庆庚辰端阳后二日
诰授朝议大夫知浙江嘉兴府事、前吏部文选司掌印郎中、丹徒袁渭钟撰。

《濮川所闻记续编》（刻本）

《濮川所闻记续编》2 卷，清嘉庆二十五年（1820）刊本。采胡琢（珠船）、张其是（文韩）、杨树本（荫轩）原本，金淮（晓澜）主修。上海图书馆藏有刊本。

目录 卷一，总叙，物产，地宇（总记、第宅、寺观、津梁、坊巷、园圃、祠墓、古迹）；卷二，人物（乡达、职监、贡生、笃行、闺范、艺事、流寓、方外），艺文，杂志。

志文摘录

“垂训朴语”：读书十三则

学者要肯读书，又要会读书。会，则一字一句无不消归肺腑；不会，虽口不绝吟，无益也。观圣贤，曰悦心，曰自得，可悟也。

吾人不读书，则心多纵逸。纵逸则生昏倦，血气外浮，精神内滞，百病从此芽矣。故却病唯在真读书，勿以摄生即事为两也。

吾人十分读书，只完善得一身。今人未曾读得几分书，便觉意气扬扬，可鄙可笑。

学贵精，不贵博。精则左宜右有，独处即得。若博而不精，譬如牙行百货俱积，终非己有耳。

学者往往说，某时可读书，某地可读书，此总是一团浮气，不肯读书之故。又有一等所诵习者，随人好尚，所评论者拾人牙慧，此总是口耳之学，不会读书之故。唯是切切实实，纯纯常常，在在会心，语语参证，方是肯读书，方是会读书。

二酉四库所载，无非古人之嘉言懿行，读书将藉之以范我身心耳。若名色读书而不身体力行，则虽读破万卷，与胸无一字同。

学者当以忧勤惕厉为精神，以流水行云为意趣。如此，则奋然日进，而畅然无不自得矣。

吾人不能有必达之命，当为必传之文；不能为投世之技，当尽用世之具。

省闲言语以补诵习，则拙者敏；省闲心思以绎义理，则愚者通。

学者随处当按定精神，从容渐造。以此为学，则有得；以此作事，则有功。

吾人有大不幸者三：一则不闻自己过失；一则不见古人全书；一则居恶薄之俗，不得

与仁人君子并处。唯杜门读书，三者庶乎有济。

读书人未仕，当为名教攸关之人；既仕，当为君民倚赖之人；致仕，当为乡国耆重之人，方不愧读书二字之意。若以为梯荣媒利之资，非其旨矣。

凡援笔作书，最忌有苟且完事之念。整而不板滞，放而有纪律，轻重顿挫，疏密圆融，使骨肉停匀，筋脉坚好，便是当家。悟此道者，并可言文。

《濮录》（稿本）

《濮录》上、下册，岳昭垲（容青）主修。全书影印后已汇编入《中国地方志集成》乡镇志专辑第21册。

目录　卷一，舆地——疆域、里至、沿革、开镇源流（诗附）、公廨、（公署二、常平仓条例、社学、乡约所、濮氏义塾、梅泾义塾、聚桂文会、翔云书院、惜字条例、接婴公所、同善堂条例、放生河、节孝祠、义冢条例）；卷二，舆地——河渠、水利（开河条例）、衢巷、桥梁；卷三，舆地——古迹（诗文附）；卷四，舆地——寺庙（碑记诗文附）；卷五，舆地——坊表（诗附）、祠墓（碑记志铭诗附）；卷六，选举——进士、举人、五贡、荐举、历仕、封赠、荫袭。

志文摘录

自　序

记濮院者，自有明迄我朝嘉庆甲戌凡十书。一《濮川小志》。一《濮溪志草》。《所闻记》云：《小志》散佚已久，《志草》明别驾周之学冲宇著，仅见于《桐溪纪略》等书所引征者。一《濮川残志》，濮侣庄道水辑。一《濮川志略》，道水从子龙锡上九增定之。《记》云：二书为伊郡伯汤公所采。第《残志》辑于明季，仅存十余页。《志略》，板亦漫漶，不可卒读。今并不获一见矣。一《檇李稗编》，国朝吴宗泰伯让辑。《记》云：只存一序，未见其书。今其序已刊入《所闻记・续编》中。一《濮川纪略》，张其是文韩纂。一《濮镇纪闻》，胡琢珠船纂。《记》云：二书具在，幸得借观。今并借观无从矣。一《风土记》。一《濮川琐志》。皆杨树本荫轩所辑。垲妇兄杨茂才名世珍，曾假予读之，庚申乱后，二书亦不知所之矣。一《濮院志》，屠本仁莼渚著。《记》云：仅见十余页，乃沈雨村茂才所摘录，垲未之见，今并不知何在矣。一《濮川所闻记》，嘉庆十九年甲戌金淮、晓澜、濮鑛、秋槎、承钧、政衡暨家从伯名洙传号古香，取张文韩、胡珠船、杨荫轩三先生原本，辑而成之，为卷六，分门众如之，子目三十有一，后附"垂训朴语"。余家有是书，发逆之乱，不知散失何所。板存濮氏斯可堂，亦化为劫灰矣。同治乙丑，桐乡萧孝廉琳村于禾市得《所闻记》六册，归而赠余。余喜甚，如获异宝，将书中事关岳氏者，录数十条，合旧时手抄载志录，订为二卷，易其名曰《金陀述志录》，浼余友严大令鈖序而藏之。壬申夏，里居无事，念镇志久不修，余生是乡，不可不从事也。遂决然以增订《所闻记》为己任，雪钞露纂，阅岁而书成。先是同镇诸君知余有是役，各出所藏见视。濮君莘田，沈君梦周，并假予家乘及《桐乡县志》。夏君箌笙，假予《桐溪诗述》。仲君竹泉，则《濮川诗抄》及《双瓣香诗》《二杨诗抄》借予。□先从叔、择斋从弟，一出《嘉兴府志》，一出《梅泾节孝录》借予。邹君菊如出手抄《邹氏宗谱》示予。而沈君北山，则尽出所藏各家刻本、抄本、诗文稿并伊高祖东畲公所著《杂记》，赠公苇汀先生所著《幽湖百咏》，洎其自著诸作，与庚申后所编吾镇《男女殉难录》各种畀予之。又向妇姪杨介庵借伊家荫轩司马所订《杨氏宗支考》一册。而予亦自发旧箧，取先人著作之未遭散失及先后所修宗谱，旧时手录各册。次序编纂，博访周咨，而底于成。分门为五，目四十，较《所闻记》略有异同。“选举”一门，则如府志例，而以“闺范”附之者，则依归安汪孝廉谢城《南浔镇志》例也。盖“列女”一门，若入“人物志”，必置“方外”之后，汪君之变例，必有所本，余故从之。至前人咏古之作，及各庙宇、祠墓、碑记、志铭、题咏等，随条附录。其余著作，凡人可传、文可传者，录之。或其人著作十不存一，则虽花月闲吟，亦必著录一二，以存其概。其有专稿而已刊者则录，关惩劝资考镜者，□限断也。予谫陋无文，流览未广，其亟亟于是役也，窃以沧桑之后，若不网罗放失，恐微言垂绝，后之有志者，虽欲从事于兹，而苦无依据，其安能凿空而为之哉！然又不敢以纪载自居也。名之曰录，亦聊附抄胥胥之列云尔。倘博雅君子匡余不及，起而订正之，或采所未备，踵其事以成美备，永为吾镇之信史，斯则余之大快也夫。同治癸酉秋七月里人岳昭垲容春氏撰于邹氏书塾之慎馀堂。

《濮院志》（刻本）

《濮院志》，民国 16 年（1927）定稿，夏辛铭主修，仲子坪、郑寿庄、沈访皤、朱励深、陆云从、仲泳沂、刘小觉协编。该志以《东畲杂记》《濮川所闻记》《濮录》三种志书为蓝本，并参考他书纂修而成。该志全书影印后已汇编于《中国地方志集成》乡镇志专辑第 21 册。今嘉兴市图书馆、桐乡县档案馆均有木版刻本保存。

目录 卷一，疆域（附图）；卷二，衢巷；卷三，村庄；卷四，河渠（水利）；卷五，古迹；卷六，风俗；卷七，公署；卷八，教育；卷九，任恤；卷十，桥梁；卷十一，寺观；卷十二，园第；卷十三，祠墓；卷十四，农工商；卷十五，物产；卷十六，职官；卷十七，选举；卷十八，人物一；卷十九，人物二；卷二十，列女一；卷二十一，列女二；卷二十二，寓贤；卷二十三，方外；卷二十四，艺文（书目、碑刻）；卷二十五，大事记；卷二十六，集文一；卷二十七，集文二；卷二十八，集诗一；卷二十九，集诗二；卷三十，志余。

志文摘录

自　序

濮院开镇，始于南宋。而吾家先世，讳伯孙公，仕宋为国子监博士，亦于其时。从高宗南渡至浙，始居会稽，历九传至讳万公。当宋末元初，避乱于崇德州之梧桐乡太和兜，又十二传讳有道公，始迁濮院，实在明季。又七传至而逮我祖考讳斗寅公，学兼汉宋，为邑中名宿。生我先君讳清泰公，绩学能文，累试不第，以明经终。辛铭之生，先君年四十矣。所期望于辛铭者至切，延师课读外，每晚必为之讲经史故典，旁及百家，因得闻吾镇文献有《濮川所闻记》一书。先君尝谓《所闻记》取材富有，抉择未精，他日当删订之也。顾其时，自沈北山征君作古后，地方事宜，若婴堂，若葬会，若防务等，必推重先君。先君性豪爽，遇事能断，不避劳怨，人有急难，虽倾囊不惜，而排难解纷之事，遂日不暇给。第诱掖后进，至老不倦。里中文社，每为之详加校阅，所赏识者类皆一时才隽。为文不假思索，尝约三五友人于剧场作文会，剧散，各出文相示，而缕述戏角仍历历不爽。善饮酒，亦工度曲。闲为诗词，稿成辄散去，不自矜惜，故存者绝少。寿终六十二。吾镇旧闻之删订，先君固尝有志焉，而未之逮也。自先君见背后，辛铭家累重，就馆于外者有年。丁酉以优行贡成均。戊戌廷试，用知县。时先慈年迈多病，未敢远离，而欧风东渐，兴学为亟，乃日夕为里中筹设学校，自壬寅迄乙巳，奔走此事无虚日。镇志之辑，辛铭又有志焉，而未之逮也。丙午先慈见背，丧葬事毕，始援例分发直隶习吏事。辛亥夏秋之交，自永定河差次归，乞假南下，为长男祖年婚娶，值革命军兴，清祚告终，又遭亡弟亚笙之丧，国忧家难，蛰居里门者一载。癸丑一至京，甲寅再至，供职计院，为贫而仕，亦曰会计当而已矣。庚申改就懋业银行事。自甲寅以迄甲子十余年间，虽有时归里，不旬日即行，镇志之辑，辛铭仍有志焉，而未之逮也。张劼生孝廉，为吾镇能文之士，尝闻其于故里文献，有志纂辑，私意谓必有成书。甲子孝廉病殁。乙丑春，辛铭晤孝廉嗣君厷身于沪上，匠约以归而搜其遗稿，则仅得岳容春明经《濮录》上、下册，及劼生自著诗稿杂志若干册，于镇志未有属稿也。考吾镇旧闻之有成书者，不下十余种，自遭咸丰庚申之乱，尽化劫灰。今所搜集而得者，杨荫轩先生之《琐志》残本，及金晓澜、濮雍宣、濮政衡、岳古香四先生合编之《濮川所闻记》，与岳容春先生之《濮录》。《濮录》成于同治癸酉许，府志已收录。而辛铭所见稿本，序例称分门为五，子目四十，实惟舆地、选举两门较完备。人物分乡达、笃行、文学、艺事四目，沿《所闻记》之旧。其所增补道、咸间人物，或仅列姓名而未有事实，若有待于补传也者。至职官、列女、流寓、方外四目，并艺文一门，及杂类门之灾祥、水利、农桑、风俗、物产、织作六目，稿尽阙如，盖似先有序例而编纂尚未完竣者。自同治癸酉迄今，又五十余年矣！故老沦亡，旧闻散佚，不为搜集，惧将湮坠。爰与二三同志商议，请其分任调查采访之责，并贻书刘龙伯同年，商定体例。时龙伯方任京师大学教习，以道远不克兼任编纂为辞。辛铭乃毅然独任，就沪上寓庐，发箧理书，雪抄露纂，凡三阅暑寒而始成书。分门二十六，为卷三十。自南宋至今七百余年来，一乡文献，庶几不坠，是则辛铭之所以承吾先君之志者也，非敢妄作亦曰传信云尔。至分任调查者，衢巷、河渠、桥梁、物产，则仲君子坪任之；公署、职官、教育、任恤、寺观等则郑君寿庄任之；列女，则沈君访礌任之。他若朱君励深、陆君云从于工业并有访稿，仲君泳沂于碑刻多所搜访。而正副稿之写录，始终不倦，历数年如一日，则刘君小觉、朱君励深之劳，为尤不可没。并识之，以示不忘云。 中华民国十六年十月，夏辛铭识于沪上寓斋。

放　生　说

杨　燮

儒者言爱物，不言放生，何也？以爱物公而放生私也，爱物在物而放生在己也。昔程子明道有方长不折之戒，周子茂叔窗前草不加删薙，孟子以宣王之易牛为不忍，皆爱物意也。吾尝静观纷纭之类而见灵蠢异形，巨细殊象，莫不有自爱之志。舞焉，翔焉，游焉，息焉，走焉，旋焉，奔驰而群友焉，饮焉，沫焉，溺而渡焉，孕乳而胎卵焉，芸芸者焉，屑屑而扰我前者焉，如尘焉，父母昆弟君臣朋友家室焉，怒而战斗拳勇焉，喜而狎昵嬉戏焉，彼何异于人哉。我从而离其子母，戕其所生，则神怆骨悚，哀踊恸躃，必有甚焉者。是以爱物之君子，见之戚然，必求所以生之也。然则彼浮屠妇女之所谓放生者，或亦是意乎？非也。夫儒者之言爱物也，必由仁民言仁民也，必由亲亲。乃今之为放生者，挟钱刀之威，凌父兄，压妻孥，毙僮仆，蔑邻戚，苟遇贫者，如逢不若，恐以缓急相累，虽周亲亦羞为伍。其角于利也，真恶之欲其死，箕帚不假，弃灰必争。乃无端而破我悭囊，买一螺一蛳，取诸死地而求其生也，亦独何欤？曰：我以求我福田利益也，是将以杀于人者，取偿于螺蛳也。又将以生螺蛳者，取直于己也。此而遂可以得福田利益哉？此而果有意于爱物乎哉？故曰：放生私而爱物公也，放生在己而爱物在物也，故儒者弗言也。虽然，世之力诋放生之说者，又不明儒者爱物之旨，则又浮屠妇女之不若矣。孟子曰：用之于礼。又曰：见其生不忍见其死，闻其声不忍食其肉。体斯意也，其庶几乎！

第二章 谱 牒

濮院的各种家谱宗谱，大都纂修于清代和民国时期，版本有刊本、稿本、抄本，其中有的附载于有关志书中，也有的原谱散佚，仅存复印件。现存世的家谱，版本体例虽有所不同，但其纂修的内容则大同小异。

“序例”，有序文、凡例、目录等项。

“谱系”，记载族姓源流、世系图表、郡望派别和徙居始末。

“恩荣”，备述受命制诰、科举中式以及耆寿、贞妇、烈女等人物。

“祠宇”，记载祠堂、祠规、家训、族产等。

“家墓”，记载祖先坟茔所在及各支派墓地分布（多附图记）与祭祀规定。

“家传”，收录族中成员的传记资料和“言行可书”者的历史，如行状、志略、寿序、年谱、墓志等。

“艺文”，收录族人著述，有诗文书画、著述要目等。

本志选介省市图书馆、博物馆、档案馆及私人收藏的濮镇家谱（或宗谱、族谱）13 份、年谱 1 份。

第一节 家 谱

《濮氏家谱》

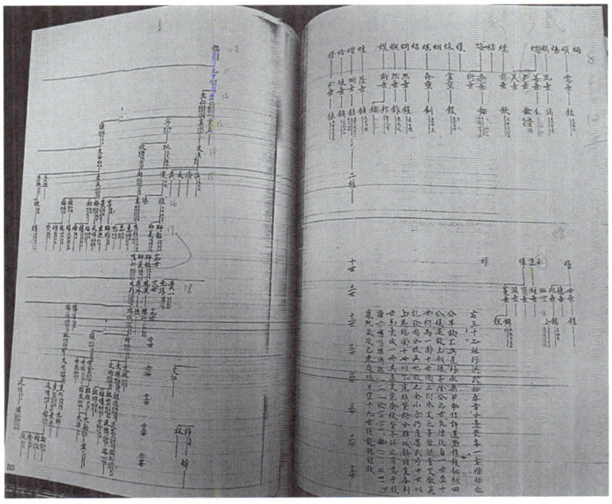

载于《濮川志略》中的“濮氏家谱”书影

《濮氏家谱》原谱早已散佚，其部分谱文，仅见于《濮川志略》。谱文由濮鑑支脉的濮氏第十二世孙濮孟清辑，第十八世孙濮侣庄订补，第十九世孙濮龙锡增补，第二十四世孙濮润松重修，其中还有八人参与忝订、重修、捐梓重捐等，收录了自濮氏始祖濮凤至十世的简谱，以及十世（仅濮鑑支脉）至二十九世谱系。

濮姓是个多民族、多源流的古老姓氏，源出有二。一出自虞姓，虞舜为黄帝部落首领时，散封在濮地的子孙即以地名为姓。二出自姬姓，春秋时卫国有个大夫封在濮邑，其子孙即以邑名为姓。历史上，濮姓多以濮阳、安陆、无锡、博陵为郡望。濮氏后裔散居全国各地，主要分布在甘肃、陕西、四川、云南、广东、新疆维吾尔自治区、黑龙江以及香港、台湾等地，浙江的杭州、嘉兴、桐乡、海宁也有许多，甚至还有远迁印度尼西亚、美国洛杉矶等地的。

濮院的濮氏，以随宋高宗南渡的濮凤为始祖。其后子孙繁衍，支脉甚多。至十世，已有濮鑑等濮氏支脉 37 支。明洪武初年，濮氏奉旨分迁，散居多地。到永乐二年甲申(1404)，皇帝颁诏允许濮氏重返故里时，仅有濮镜、濮镶等四户复还乡。至此，濮氏在濮院，已经是门庭冷落，十分萧条了。至中华人民共和国成立前，濮院濮氏所剩无几。

《濮川志略》载濮氏十世之濮鑑支脉。

濮鑑，字明之，濮凤十世孙。生而豪举，乐善不倦。元始祖(忽必烈)己卯(1279)统一，鑑年十有八岁。承有遗业，性好广施，寺观桥梁，不惜倾赀创建。戚族交游，贫者待以举火。大德丁未(1307)水潦淹禾，莩尸横野，鑑出米千石赈之，活饥者无算。监司上其事，徵为富阳税务官，擢淮安路屯田打捕同提举。解组归，以山水自娱。后再召，皇庆壬子(1312)卒于官。鑑生景定壬戌(1262)，殁皇庆壬子(1312)，享年五十一岁。娶沈氏，继赵氏。有子四：长，濮允中；次，濮贵一，早故；三、四子无考。有女二。

(濮鑑支脉——第十一世)

濮允中，号乐闲，仕元为两淮盐场转运司令。乐善好施，不减父风。建三清阁于玄明观。晚筑知止堂、桐香室，远聘名师课子，杨廉夫、宋景濂常下榻其间。妻陈氏。有子二：长，濮彦仁；次，濮立仁。有女五。

(濮鑑支脉——第十二世)

濮彦仁，字仲温，元至正间为吴兴典市官。妻无考。有子一：濮宗孟。

濮立仁，字宗达。妻许氏。有子三：长，濮真；次，濮宁；三，濮谦。

(濮鑑支脉——第十三世)

濮真，字乾一。妻董氏。有子一：濮文通。

濮宁，字坤二。妻罗氏。有子二：长，濮玭；次，濮玟。

濮谦，字谦三。嘉邑庠生。妻姚氏。有子二：长，濮文海；次，濮文江，夭。

(濮鑑支脉——第十四世)

濮文通，娶桑氏，承桑姓。有子四：长，濮涣；次，濮济；三：濮艮；四，濮巽。

濮玭，字文贵。举良善，冠锡带。妻无考。有子一：濮震。

濮玟，字文重，号朝佩。娶妻朱氏。有子一：濮期。

濮文海，庠生。娶妻胡氏。有子三：长，濮彦英；次，濮彦雄，夭；三，濮彦杰。

(濮鑑支脉——第十五世)

濮震，字功威，诰封仙游县知县。妻无考。有子二：长，濮淮；次，濮溱，夭。

濮期，字舜年，号东霞。妻张氏，有子三：长，濮嵩；次，濮崟；三，濮岩。

濮彦英，字子奇，钦锡冠带。娶妻吴氏。有子四：长，濮椿；次，濮相；三，濮桂；四，濮梅。

濮彦杰，字子贤。娶妻无考。有子三：长，濮栋；次，濮梓；三，濮林，夭。

（濮鑑支脉——第十六世）

濮淮，字大川，一字徐治，号桐原。嘉靖间由贡授延平府教谕。迁仙游县知县。崇祀乡贤，载刘郡侯志。娶妻无考。有子二：长，濮师韶；次，濮师夏。

濮嵩，字云泉。更名中龙。诰封户部主政。娶妻徐氏、魏氏、王氏、胡氏。有子四：长，濮恩；次，濮惠；三，濮忠；四，濮恕。

濮崟，字无考，诰封东粤正总兵。妻周氏。有子一：濮师灼。

濮岩，字泰岳。娶吴氏、朱氏。有子一：濮君荣。

濮椿，字竹庵，郡延冠带，诰封大鸿胪典谒。妻张氏。有子一：濮天辉。

濮相，字梅庵，诰封嵊县知县。娶徐氏、杨氏。有子三：长，濮炤；次，濮炀；三，濮煸。

濮桂，字松庵。妻贺氏。有子一：濮熚。

濮梅，字萝庵。妻蔡氏。有子三：长，濮灿；次，濮熠；三，濮燮。

濮栋，字林庵。妻无考。有子一：濮焴。

濮梓，字龙庵。娶妻无考。有子一：濮焯，夭。

（濮鑑支脉——第十七世）

濮师韶，字少邱，庠生。妻无考。有子一：濮应庚。

濮师夏，字筠沙，庠生。妻无考。有子一：濮应珍。

濮恩，字用宾，号心泉，更名鸣科。万历间由贡监授户部主政，改池州府别驾。妻沈氏。有子二：长，濮之荇；次，濮之苇。

濮惠，字爱泉。妻沈氏，继张氏。无子，过继之苇女。

濮忠，字怡泉。妻陈氏。子无考。

濮恕，字悦泉。妻汤氏。子无考。

濮师灼，字见湖。万历间初任东粤游击，由军功加都指挥使，授总兵。妻无考。有子一：濮应祥。

濮天辉，字尧华，号鸳湖。万历间由廪监任大鸿胪典谒，擢侍经筵，复加宠锡。妻无考。有子二：长，濮翰圻；次，濮翰墉。

濮炤，字雅堂。天启间由籓掾注上考，授上饶巡使。娶沈氏、曹氏。有子一：濮世培。

濮炀，字草堂，庠生。妻无考。有子六：长，濮可重；次，濮可远；三，濮侣庄；四，濮可观；五，濮可封；六，濮可佳，夭。

濮煸，字鹤洲。妻无考。有子一：濮在。

濮熚，字尧光，号琏湖，庠生。钦授善士。妻詹氏。有子四：长，濮用行；次，濮维垣；

三，濮维埗；四，濮维坤。

濮灿，字万松，庠生。妻钟氏。有子一：濮道进。

濮熠，字古石，庠生。妻无考。有子一：濮道基。

濮燮，字凤竹。妻无考。有子一：濮道载。

濮焴，字首庵，一字尧明。妻无考。有子一：濮维教。

（濮鑑支脉——第十八世）

濮应庚，字无考。诰封太平府教谕。妻无考。有子一：濮瑞升。

濮应珍，妻无考。有子一：濮恒。

濮之荇，字采芝，号太行，更名致荇。天启间由廪贡授维扬卫幕，迁高邮州判，升江藩参军，告归。时遭明政变革，之荇高隐不再仕，日以山水自娱，兴至即吟。且以摄养天真，寿登耄耋。精轩岐之术，施贫寠之人。里中有利济事，无不辄为；每至于东塔寺赈荒发粟。见郡城鸳、滮两河佔塞，有碍地灵，遂力主浚复，以疏泉脉。并筑会龙山堤塘，为开源遏流之举。人文大振，厥功莫殚；亘古相传不朽，至今勒石于斯。之荇诸子仍黉誉继起，时人以之比荀、薛云。妻朱氏，庶周氏。有子十：长，濮瑞淇；次，濮瑞治；三，濮瑞沚；四，濮瑞涛；五，濮瑞渭；六，濮瑞鸿；七，濮瑞藻；余三子俱夭。

濮之苐，字杭之。天启间贡于乡，因世道衰，不仕。之苐俊伟雄才，时人号为双溪才子。门下卓荦，有官宰相者一，有宦察院者三，府州县者不计。家中轿马往来，是以会龙山之开筑，虽云坏当湖之风水，被诸乡绅唆讼，然终不能禁止。妻朱氏。有子二：长，濮士衡；次，濮士律。有女二：长，适庠生吴鍹；次，适无考。

濮应祥，字朝议。世袭子孙百户。妻无考。子无考。

濮翰圻，字景鸳。天启间由雍贡授别驾。妻无考。有子二：长，濮麟锡；次，濮龙锡。

濮翰墉，字仰鸳，监生。妻无考。有子二：长，濮梦锡；次，濮梦铉。

濮世培，字德甫，儒士。娶易氏、施氏。有子二：长，濮留传；次，濮名传。有女一，适陆鉴，亦承濮氏祠。

濮可重，字蘭窗，庠生。妻无考。有子一：濮銮。

濮可远，字芸窗，庠生。妻无考。有子二：长，濮铉；次，濮鏊。

濮侣庄，字道水，庠生。妻无考。有子二：长，濮琦；次，濮鐾。

濮可观，妻无考。有子二：濮鑛；次，濮銼。

濮可封，字南彪。妻无考。有子一：濮承踪。

濮在，字凌鹤。妻无考。有子四：长，濮万镇；次，濮万锜；三，濮万鋃；四，濮万锟。

濮用行，庠生。妻无考。有子二：长，濮万钟；次，濮万铭。

濮维垣，字元邻，庠生。赠文林郎，遂安县教谕。妻高氏。有子三：长，濮万镕；次，濮万镜；三，濮万钫。

濮维埗，字少湖。庠生。妻无考。有子二：长，濮万録；次，濮鏻。

濮维坤，字园林。庠生。妻无考。有子二：长，濮万钦；次，濮士锷。

濮道进，字翘松。妻邵氏。有子二：长，濮万镃；次，濮万鈜。

濮道载，字继禹。妻无考。有子四：长，濮万鑌；次，濮万鐏；三，濮万鉅；四，濮万钲。

（濮鑑支脉——第十九世）

濮瑞升，字日卿。天启间由贡授太平府教谕。妻无考。子无考。

濮瑞琪，字玉树，嘉邑庠生。妻俞氏。有子二：长，濮楷；次，濮模。

濮瑞治，字雍来，儒士。娶妻无考。子无考。

濮瑞沚，字辑侯，高士。博通今古，不愿仕进，究心堪舆，利济浙省，乡党称大学士。士大夫多慕其名，馈金钜万，为双溪里首富。妻倪氏。有子一：濮林。

濮瑞涛，字天溢。妻于氏，继潘氏。有子二：长，濮松；次，濮柏。

濮瑞渭，字胤佩。妻无考。子无考。

濮瑞鸿，字子如。妻顾氏。有子二：长，濮桂；次，濮□。

濮瑞藻，字子永。妻顾氏。有子一：濮角乘。

濮士衡，字平人，嘉邑庠生。妻姚氏。有子二：长，濮桓；次，濮梅。

濮士律，字式民，高士，善诗。时与黄九烟、曹秋岳诸人，更相酬唱，为道谊交游。妻陆氏。有子二：长，濮国贤；次，濮行朴。长女适徐汝听；次女适沈睿。

濮麟锡，字无考。庠生。妻无考。有子一：濮涞。

濮龙锡，字九上，庠生。妻吕氏。有子一：濮洙。

濮梦锡，字君贶，庠生。妻无考。有子三：长，濮渼；次，濮洄；三，濮溥。

濮梦铉，字仲台，庠生。娶妻无考。有子二：长，濮濂；次，濮涓。

濮鉴，字元上，儒士。本姓陆，赘于濮世培家。继娶钱氏。有子三：长，濮淙陆；次，濮澄陆；三，濮洪陆。

濮留传，字爱竹，儒士。妻梁氏。有子二：长，濮沧；次，濮洲。

濮銮，字无考。妻无考。有子二：长，濮咏；次，濮泉。

濮铉：字无考。妻无考。有子一：濮淇。

濮鏊，字仲宣，号隽如。九岁能文，八战棘闱，以春秋中。康熙五年丙午（1666）浙江乡试三十一名举人。未第而卒，士林惜之，享年五十九岁。妻张氏，继陈氏。有子一：濮滋馨。

濮琦，字肖韩，庠生。妻无考。有子六：长，濮斯浩；次，濮斯淳；三，濮斯湛；四，濮斯澄；五，濮斯渊；六，濮斯溢。

濮鐩，字彩韩。妻无考。有子二：长，濮斯浤；次，濮斯润。

濮鑛，字无考。妻无考。有子一：濮深。

濮鍏，字无考。妻无考。有子四：长，濮文清；次，濮文源；三，濮文澜；四，濮文涟。

濮承踪，字无考。妻无考。

濮万镇，字无考。妻无考。有子一：濮灏。

濮万锜，字无考。妻无考。

濮万鋘，字无考。妻无考。

濮万锟，字无考。妻无考。

濮万钟，字无考。妻无考。

濮万铭，字无考。妻无考。

濮万鎔，字公野。崇祯间由廪贡授翰林院东宫教习，改遂安县教谕。妻顾氏。有子二：长，濮云骧；次，濮云鸿。

濮万镜，字无考。妻无考。有子二：长，濮成海；次，濮成济，夭。

濮万钫，字无考。妻无考。有子一：濮成汭。

濮万録，字廷甄，贡生。妻无考。有子三：长，濮泓；次，濮溶；三，濮沅。

濮鏻，字无考。庠生。妻无考。有子一：濮仍浩。

濮万钦，字无考。妻无考。有子一：濮成渭。

濮万镒，字楚宇。妻诸氏。有子二：长，濮成濂；次，濮成洋。

濮万鋐，字冲宇。妻无考。有子一：濮成淇。

濮万鑕，字伯宇。妻无考。有子一：濮洪。

濮万鐏，字仲宇。妻无考。有子一：濮云汉。

濮万鉅，字叔盈。妻无考。有子二：长，濮鐄；次，濮濬。

濮万钲，字季宇。妻无考。有子四：长，濮云漎；次，濮云漪；三，濮云汲；四，濮云津。

（濮鑑支脉——第二十世）

濮楷，字仪汉，庠生。命运不辰，未第早卒。妻万氏。有子三：长，濮文灿；次，濮文焯；三，濮文炳。

濮模，字文始。迁居濮院香海寺间壁。妻徐氏。有子三：长，濮世经；次，濮世魁；三，濮世贤。

濮林，字西园，嘉庠生。妻倪氏，继陆氏，庶戴氏。有子一：濮文煌。有女一：国学，适医生谢南屏。

濮松，字宿寒。妻张氏。有子四：长，濮元煜；次，濮元炯；三，濮元勳；四，濮元烈。

濮柏，字武贞。妻无考。有子二：长，濮瑛；次，濮珩，夭。

濮桂，字无考。妻无考。有子三：长，濮国琏；次，濮国瑞；三，濮国祥。

濮桓，字文静。妻严氏。有子一：濮文炜。有女适儒士朱道周。

濮梅，字友蘭。妻王氏。有子一：濮文燠。

濮国贤，字玉书，原名若麟，嘉庠生。生平豪爽不欺，闾里有不平事，必出而解纷。待人以恭，门下有拔贡任惠来县令者。妻徐氏，继卜氏。有子二：长，濮天勳；次，无考。

濮洙，字圣源，嘉庠生。善书隶体，著述颇饶，为一时名士。妻李氏。有子三：长，濮桊；次，濮梁；三，濮采，夭。

濮渼，字美生。妻无考。子无考。

濮洄，字巨源。诰赠文林郎。妻无考。有子二：长，濮棻；次，濮荣。

濮溥，字广源。妻无考。有子二：长，濮本；次，濮朴。

濮濂，字子文。妻无考。有子二：长，濮天桂；次，濮天植。

濮湄，字子方。妻无考。有子二：长，濮天标；次，濮文标。

濮沧，字清宇，儒士。迁居石佛寺西街。妻吕氏。有子一：濮朴。

濮洲，字纯宇。娶妻赵氏。有子二：长，濮承宗；次，濮承祖。

濮咏，字圣谕。妻无考。子无考。

濮泉，字圣功。妻无考。有子四：长，濮廷机；次，濮廷枢；三，濮廷格；四，濮廷桢。

濮淇，字武瞻。妻无考。有子二：长，濮林；次，濮森。

濮滋馨，字方中。妻无考。有子一：濮楣。

濮斯浩，字广中。妻无考。子无考。

濮斯淳，字瑞中。妻无考。子无考。

濮斯湛，字无考。妻无考。子无考。

濮斯澄，字无考。妻无考。子无考。

濮斯渊，字无考。妻无考。子无考。

濮斯溢，字无考。妻无考。子无考。

濮斯浤，字无考。妻无考。子无考。

濮斯润，字无考。妻无考。子无考。

濮深，字无考。妻无考。子无考。

濮文清，字无考。妻无考。子无考。

濮文源，字无考。妻无考。子无考。

濮文澜，字无考。妻无考。子无考。

濮文涟，字无考。妻无考。子无考。

濮灏，字无考。妻无考。子无考。

濮云骧，字伯永，庠生。妻钱氏。有子一：濮士桢。有女一，适嘉兴徐子狂。

濮云鸿，字叔清，秀水贡生。妻沈氏。有子三：长，濮士楫；次，濮士楹；三，濮士植。有女一，适镇海卫守备张齐韩。

濮成海，字无考。妻无考。有子一：濮士桂，夭。

濮成汭，字无考。妻无考。

濮泓，字蟾光，庠生。妻钱氏。子无考。

濮溶，字玄哲，庠生。妻无考。子无考。

濮沅，字九殷。妻无考。有子四：长，濮桓；次，濮桂；三，濮槐；四，濮株。

濮仍浩，字无考。妻无考。子无考。

濮成渭，字无考。妻无考。有子二：长，濮士探；次，濮士栋。

濮成濂，字明甫。妻徐氏。有子一：濮国梓。

濮成洋，字素祈。妻丁氏，继丁氏。有子一：濮国杞。

濮成淇，字天乙。妻无考。有子三：长，濮新杨；次，濮新桧；三，濮新桐。

濮洪，字鲁源。娶妻无考。有子四：长，濮来松；次，濮甫柏；三，濮廷桂；四，濮作梅。

濮云汉，字天章。妻无考。

濮成洋，字素祈。娶妻丁氏。

濮潢，字二漳。娶妻无考。有子一：濮建极。

濮濬，字疏九。妻无考。有子三：长，濮汝霖；次，濮天相；三，濮文相。

濮云溦，字自南。妻无考。子无考。

濮云漪，字介如。妻无考。有子三：长，濮正相；次，濮正榑；三，濮正荣，夭。

濮云涵，字子惠。妻无考。有子五：长，濮文梓；次，濮文棣；三，濮文楷；四，濮文榜；濮文模，夭。

濮云津，字子昂。妻无考。有子四：长，濮天求；次，濮天林；三，濮天枝；四，濮天检。

（濮鑑支脉——第二十一世）

濮文焻，字鸿章，儒士。妻殳氏。子无考。

濮文焯，字昇旭。善诗，好结名流，待人忠且敬，士大夫乐与之游。生顺治乙未（1655），卒雍正壬子（1732）。妻徐氏。有子一：濮祖培，夭。继子为侄子濮祖垣（濮文炳长子）。

濮文炳，字友怀，监生。妻陈氏。有子四：长，濮祖垣（嗣濮文焯）；次，濮祖型；三，濮祖墉；四，濮祖均。有女二：一适世族孙介荣举人；一适世族吴俶嘉庠生。

濮文煌，字亦昭，国学生。屡上秋闱，未展其志。妻汪氏。有子四：长，濮秉均；次，濮秉坚；三，濮廷增；四，濮廷垣。

濮元煜，字耀文。妻陆氏。有子一：濮坚。

濮元炯，字肇元。妻许氏。子无考。

濮元勳，字锦文。妻孙氏。子无考。

濮元烈，字南怀。妻关氏，继潘氏，继王氏。子无考。

濮瑛，字斗文。妻无考。有子一：濮士良。

濮国琏，字无考。妻无考。子无考。

濮国瑞，字无考。妻无考。子无考。

濮国祥，字无考。妻无考。子无考。

濮文炜，字晓若。妻潘氏。有子三：长，濮兆基；次，濮兆奎；三，濮兆坤。有女一：适徐景贤。

濮文燠，字慎庵。妻张氏。继子濮兆奎（濮文炜次子）。

濮大勳，字念存。妻汪氏。有子二：长，濮蓝田，夭；次，濮玨；再次，濮瑩。有女一：适孙周。

濮檠，字驾先。妻钱氏。有子一：濮元勳。

濮棻，字芳标。康熙间拔贡，授河南柘城知县。妻无考。子无考。

濮荣，字芳英，国学生。娶妻沈氏。有子一：濮焞。

（濮鑑支脉——第二十二世）

濮祖垣，字德宸，号肯堂，国学生。康熙乙酉年（1705）生，雍正辛亥年（1731）卒。妻冯氏。有子一：濮廷鑑。

濮祖型，字元芳，号慎夫，庠生。康熙戊子年（1708）生，乾隆壬寅年（1782）卒。娶妻孙氏。有子一：濮廷锦。

濮祖墉，字肇堂，康熙辛卯年（1711）生。妻汪氏（国学敦仁女）。子无考。

濮秉均，字恒可，儒士。妻陆氏。继子为濮秉坚之子濮元锡。

濮秉坚，字含芳。妻沈氏，继范氏、金氏。有子二：长，濮元錦；次，濮彦荣。

濮廷增，字维能。妻倪氏。有子一：濮镕。

濮廷垣，字奎五。妻邹氏。有子一：濮镛。

濮兆基，字预衷。妻朱氏。有子五：长，濮钧；次，濮銓；三，濮鋆；四，濮鏊；五，濮锳。有女一：适庠生倪郎。

濮兆奎，字翰宸。妻宗氏（儒医秋涛女）。继子为濮兆基次子濮铨。

濮兆坤，字理中，国学生。妻吴氏。有子一：濮镐。

濮瑩，字无考。妻无考。子无出。有女一：适庠生郁维锡公子。

（濮鑑支脉——第二十三世）

濮廷鑑，字明渊，号铭园，国学生。娶妻吴氏。有子一：濮天源。

濮廷锦，字时春，号秀斋，儒士。自幼好吟咏，工花鸟山水。娶妻范氏。继子为濮鏊第三子濮溶。

濮士珍，字东明。不娶。

濮镕，字液亭。妻汪氏。有子四：长，濮翰；次，濮澍；三，濮澄；四，濮灏。有女一：适庠生高宁泰。

濮均，字震方。儒士。娶妻王氏。有子二：长，濮洪；次，濮潮。有女三：一适庠生周楷；一适吴万成；一适沈渭川。

濮鋆，字汉聚，国学生。娶妻颜氏。有子一：濮浩。有女二：一适国学生曹槐佐；另一适陈卓论从子凤超次子。

濮鏊，字进贤，国学生。娶妻张氏。有子三：长，濮涟；次，濮濬；三，濮溶（嗣濮廷锦后）。有女一：适胡树堂。

濮镐，字怀周，号秋崖，儒士。善画花鸟山水，识者无不欣赏。娶妻马氏（庠生咸芳女)。有子二:长,濮淳;次,濮涵。有女一:适廪生吴博如公子。

濮铨,字量衡,号古愚,国学生。善地理,能诗文,行谊笃实,创业致富。宗娅有贫寡者,必怜悯周恤之。妻钱氏,继陆氏。有子四:长,濮渊;次,濮源;三,濮泰,夭;四,濮潢。有女四:一适陈思鲁;一适监生马国芳;一适林家坤;一适世族包天俊。

濮锳,字秉衡。娶妻周氏。有子一:濮泾。

(濮鑑支脉——第二十四世)

濮天源,字银河,更名润松,国学生。少孤家贫,因屡试不售,遂弃学就医。著有医书数种(见《北游诗抄》序文)。妻吴氏(吴江刑部尚书蜀之曾孙女)。有子二:长,濮椿;次,濮榛。

濮溶,字圣澜,太学生。濮廷锦继子。妻沈氏。子无考。

濮翰,字源来。妻戴氏。子无考。

濮澍,字沛霖。妻马氏。子无考。

濮洪,字元章,儒士。远募河南,挈家往焉。妻沈氏,继周氏(河南开封府杞县人)。有子二:长,濮梁宗;次,夭。

濮浩,字凤冈,国学生。娶妻许氏。子无考。

濮濬,字禹成。妻汪氏(庠生允功女)。子无考。

濮淳,字羹元。妻谢氏(庠生名诚传玉女)。子无考。

濮渊,字龙文,号健庵,庠生。善书。娶妻马氏(太学生国芳女)。有继子,无考。有一女。

濮源,字绍武。登仕郎。妻姚氏(孝廉姚应泰之妹)。子无考。有女一,适秀邑庠生朱休滐。

濮潢,字谦回,国学生。妻杨氏。子无考。

濮泾,字敬乾。妻许氏。子无考。

濮珏,字蓝田,儒士。古道端方,不苟言笑,里人以才学推许,遂馆于嘉兴之批验所。未婚而卒。

濮世焕,字儒乡。妻陶氏。有子一:濮善培。

(濮鑑支脉——第二十五世)

濮善培,字忠敬。娶妻赵氏。有子一:濮恒鎮。

(濮鑑支脉——第二十六世)

濮恒鎮,字纪周,号景川。妻张氏。有子一:濮龙沅。

(濮鑑支脉——第二十七世)

濮龙沅,字得天,号楚江。妻顾氏。有子一:濮鼎桂,又名昌佐。

(濮鑑支脉——第二十八世)

濮昌佐,字鼎望,号芗泉,乾隆五十五年(1790)庚戌生,咸丰九年(1859)己未卒。妻徐氏。有子二:长,濮堃;次,濮尔玉。有女四。

(濮鑑支脉——第二十九世)

濮堃,字蕙芬,号蘭谷。钦授布政理问于咸丰丙辰六年(1856)纳授监生,己亥九年(1859)升授布政理问。妻姚氏。子无考。有女五。

濮尔玉,字秋坪。于咸丰六年丙辰(1856)纳授监生。生于道光七年(1827),卒于光绪丙午三十二年(1906),享年八十岁。娶张氏,继娶王氏。子:长,濮应桢;次,濮庆环,夭;三,濮庆衡,夭;四,濮补庆;五,濮又补,夭;六,濮和庆。有女二:长,夭;二,琴秀。

《仲氏家谱》

仲姓来源有二:据《元和姓纂》记载,仲姓一支是高辛氏才子八元仲堪的后代;再从《名贤氏族言行类稿》看,另一支是鲁桓公庆父子孙,号仲孙。

仲姓中较有名的为仲由(前542—前480),字子路,鲁国卞(今山东泗水县泉林镇卞桥村)人,孔子得意门生,以政事见称。

据《仲氏族谱》记载:"汉更始元年(23)赤眉乱山东,逃于济宁延就亭,遂家焉,更名横坊村,即今仲家浅。"

此后,逐代繁衍生息,支脉甚多,分布以江苏、浙江、河北、安徽为多。

《仲氏家谱》,原谱未见,桐乡市图书馆有复印件一册。长27.2厘米,宽19.5厘米,共54页,毛笔手写体,竖书,每页字数不等。

该谱记述了仲氏一世至八世的世系。仲氏一世:卞里(今山东省泗水县)世系。第一代(即仲氏一世)仲咨,为周(朝)樊侯裔,鲁卞邑大夫,遂家于卞,是为卞里仲村,为仲氏始祖之祖居地。二世仲奂。三世仲式。四世仲度。五世仲肇。六世仲拱北。七世仲皂。八世仲由,字子路,又称季路,为春秋时孔子的弟子,官封蒲邑大夫。他十分孝顺,常到百里以外背米来侍奉双亲,孔子曾三次夸奖他。仲由死于孔悝之难,享年六十三岁。汉明帝永平十五年(72)从祀孔庙;唐玄宗开元二十七年(739)追封卫侯;宋大中祥符二年(1009)加封河内公;明嘉靖九年(1530)改称先贤。

《仲氏家谱》记述的濮院镇仲氏世系(分支以长、次为序,以时代先后为次):

仲氏总支葭湄公世系七十四世　仲湜(字葭湄),由江苏盛泽镇迁至濮院镇以经营绸业为主,是为仲氏濮院始祖。时在康熙季年。娶妻王氏,生子三人:仲续栋、仲续琳、仲续□(字体仁)。享年六十五,与妻合葬于桐邑二十九都八图濮院镇西乡归禄庵浜。

仲氏总支葭湄公世系七十五世　仲湜长子仲续栋,字巨梁,在濮院创立绸庄。娶妻薛氏,享年四十五。生子三人:仲煌,仲熠,仲景辉。仲湜次子仲续琳,字培荣,娶妻施氏,享年三十五。生子一人:仲云章。仲湜三子仲续□,娶妻周氏,享年三十四。生子一人:仲焘。

仲氏总支葭湄公世系七十六世　仲续栋长子仲煌,字文燿,太学生,娶妻濮氏,享年三十三。仲煌有子三:仲均,仲增,仲垠。仲煌殁后,濮氏持家有方,食则蔬茹,衣则补缀,尝为重建“迎龙”“聚凤”“梧桐”三桥出资千余缗。仲续栋次子仲燿，字在明，娶妻杨氏，享年三十六。生子一人：仲坤。仲续栋三子仲□，字景辉，不娶，享年十九。

自仲氏七十七世开始，在濮院仲氏之祖葭湄公世系之下又分出三支世系，即仲煌长子仲均“恒若公”世系、仲煌次子仲增“金若公”世系、仲煌季子仲埙“坤若公”世系。

仲氏葭湄公第一分支恒若公世系七十七世 仲煌长子仲均，字恒若，太学生，娶妻俞氏，享年四十七。生子一人：仲鐄。

仲氏葭湄公第一分支恒若公世系七十八世 仲均之子仲鐄，字正宣，太学生，善书画，娶妻杨氏，享年四十九。生子一人：仲涛。

仲氏葭湄公第一分支恒若公世系七十九世 仲鐄之子仲涛，字学韩，太学生，议叙布政使理问，娶妻严氏，享年四十二。生子三：仲葆元、仲葆亨、仲葆利。

仲氏葭湄公第一分支恒若公世系八十世 仲涛长子仲葆元，字位在，议叙盐知事，娶妻张氏，享年四十二。生子一：仲载熙。仲涛次子仲葆亨，号小浦，不娶。仲涛三子仲葆利，字用宾，桐邑庠生，娶妻沈氏，享年五十一。无子，以堂姪仲呈材之子仲文炳兼祧。

仲氏葭湄公第一分支恒若公世系八十一世 仲葆元之子仲载熙，卒年十岁，不娶，无嗣。

仲氏葭湄公第二分支金若公世系七十七世 仲煌次子仲增，字金若，太学生，娶妻忻氏，享年四十。生子二：仲镕、仲銓。

仲氏葭湄公第二分支金若公世系七十八世 仲增长子仲镕，字虹如，太学生，娶妻沈氏，享年四十八。生子二：仲潮、仲浚。仲增次子仲铨，字秉衡，太学生，例授主簿，娶妻蔡氏，享年四十四。无嗣，以仲镕次子仲浚为后。

仲氏葭湄公第二分支金若公世系七十九世 仲镕长子仲潮，字赋江，国子监典籍，娶妻沈氏，享年四十一。生子二：仲呈材、仲呈枋。仲镕次子仲浚（仲銓嗣子），字卫都，桐邑恩贡生，考取八旗官学教习，候选教谕。在濮院创办义葬，设立善堂，娶妻濮氏，享年六十五。生子四人：仲成檀、仲成柟、仲成杰、仲成楷。仲銓义子仲湖，号五舟，太学生，候选州同，娶妻章氏，续娶沈氏、徐氏，享年六十。生子二人：仲承楣、仲承楹。

仲氏葭湄公第二分支金若公世系八十世 仲潮长子仲呈材，号竹霖，太学生，补授江苏泰兴县印庄司巡检。历署王桥司、口岸司、七浦司巡检，调授角头司巡检，五品蓝翎。娶妻刘氏，享年六十。生子文炳，兼祧再从堂伯葆利公。仲潮次子仲呈枋，号云乔，议叙从九品。善丹青。娶妻翁氏，享年四十五。生子二人：仲文焕、仲文淖。仲浚长子仲成檀，卒年十四，冥婚宋氏。无嗣，以仲成柟长子仲文照为后。仲浚次子仲成柟，字让哉，桐邑庠生。善铁笔刻图章、竹木等器，艺甚精。娶妻刘氏，享年四十。生子五：仲文照、仲文熏、仲文熊、仲烝、仲文熙。文照出嗣成檀。仲浚三子仲成杰，字俊人，桐邑庠生。民国充桐乡县议员，后充县自治委员，改充县视学员。因办学有年，由桐乡县知事经浙江省呈请大总统奖掖，获银质六等奖章及“急公好义”匾额。娶夏氏，享年四十三。生子二：仲文燕、仲文鳌。仲浚四子仲成楷，字端士，居乡间，经营颇有声望。娶钟氏，生子一人：仲文熏。享年无考。

仲氏葭湄公第二分支金若公世系八十一世 仲呈材之子仲文炳，号凤藻，兼祧堂叔葆利之子仲载熙为后。娶妻宓氏，享年无考。生子三人：仲章培、仲章圻、仲章垚。仲呈枋长子仲文焕，卒年十二，冥婚邹氏。仲呈枋次子仲文焯，号梅生。享年无考。仲成柟长子仲文照（成檀嗣子），号景星，桐邑庠生，娶妻翁氏，享年二十五。无嗣，以仲文麃之子仲均章为后。仲成柟次子仲文麃，号少棠，聘施氏，娶周氏，享年无考。生子一人：仲均章（出嗣仲文照）。仲成柟三子仲文熊，号慕韩，娶何氏，享年无考。生子一人：仲坎章。仲成柟四子仲文烝，号星华，娶刘氏，享年三十七。无子，以文熙长子墀章为后。仲成柟五子仲文熙，号宜生，娶曹氏，享年无考。生子一人：仲墀章。仲成杰长子仲文燕，号锦如，桐邑庠生，娶何氏，享年无考。生子三人：仲墉章、仲垲章、仲埼章。仲成杰次子仲文鳌，号莱仙，娶沈氏，享年无考。仲成楷之子仲文薰，号立民，嘉兴师范毕业，娶钟氏，享年无考。生子一人：仲埩章。仲湖长子仲成楣，聘刘氏，享年无考。仲湖次子仲承楹，享年无考。

仲氏葭湄公第二分支金若公世系八十二世 仲文炳长子仲章培（仲载熙嗣子），号调卿，桐邑庠生，浙江第一中学校毕业。娶赵氏，享年无考。生子一：仲华锦。仲文炳次子仲章圻，号拓臣，娶薛氏，继娶周氏，享年无考。仲文炳三子仲章垚。仲文麃之子（仲文照嗣子）仲均章，号荫孙。

仲氏葭湄公第二分支金若公世系八十三世 仲章培长子仲华锦。

仲氏葭湄公第三分支坤若公世系七十七世 仲煌季子仲垠，字坤若，太学生。娶陆氏，享年五十五。生子二：仲镜、仲锟。

仲氏葭湄公第三分支坤若公世系七十八世 仲垠长子仲镜，字月临，桐邑廪贡生，试用训导署开化县训导，复署开化县教谕。娶叶氏，继娶陆氏，享年五十六。生子一人：仲湘。仲垠次子仲锟，字鸣山，桐附贡生，娶曹氏，享年六十九。生子六：仲浩、仲洪、仲源、仲濂、仲汾、仲澍。

仲氏葭湄公第三分支坤若公世系七十九世 仲镜之子仲湘，号兰庄，太学生，娶沈氏，享年四十九。生子四人：仲心模、心楷、心桢、心荣。仲锟长子仲浩，号引泉，议叙从九品，娶曹氏，享年五十六。生子二人：仲智机、仲智権。仲锟次子仲洪，号唫秋，议叙从九品，娶濮氏，继娶杨氏，享年五十七。生子三人：仲仁枢、仲仁棫、仲仁榛。仁棫出嗣仲汾，改名忠棫。仲锟三子仲源，号苹洲，议叙从九品，娶徐氏，享年八十三。无嗣，以仲濂长子圣根为后。仲锟四子仲濂，号竹泉，桐邑岁贡生，候选训导，娶蔡氏，享年六十二。生子三人：仲义根、仲义礽、仲义楫。义根出嗣仲源，改名圣根。仲锟五子仲汾，号鹤洲，不娶，卒年二十四。无嗣，以仲洪次子仁棫为后，改名忠棫。仲锟六子仲澍，号兰亭，桐邑庠生，娶刘氏，享年四十九。生子二人：仲和楠、仲和樶。

仲氏葭湄公第三分支坤若公世系八十世 仲湘长子仲心模,字梓良,桐邑庠生。娶王氏,享年无考。仲湘次子仲心楷,号书巢,娶沈氏,享年六十三。生子一人:仲光煦。仲湘三子仲心桢,号公叔,娶濮氏,享年三十二。生子二人:仲光烝、仲光烒。仲湘四子仲心荣,字欣木,桐邑庠生。娶杨氏,享年无考。生子四人:仲光炜、仲光煜、仲光焕、仲光熹。仲浩长子仲智机,号省甫,娶王氏,享年六十。无嗣,以义礽长子仲光勋为后。仲浩次子仲智榷,号衡甫,极聪敏,多技艺,善丹青,不娶,卒年三十二。仲洪长子仲仁枢,号辰卿,不娶,卒年五十六。仲洪次子仲仁榛,号荣甫,娶顾氏,享年三十七。仲濂长子仲圣根,号焕楣,桐邑庠生,娶董氏,继娶曹氏,享年五十七。生子三人:仲光烈、仲光熊、仲光熙。仲濂次子仲义礽,号丽卿,娶陈氏,享年五十七。生子三人:仲光勋;仲光燮;仲光熏。仲濂三子仲义楫,号汝舟,桐邑庠生,聘叶氏,娶岳氏,享年五十。生子三人:仲光照、仲光焘、仲光燿。仲洪之子仲忠棫(仲汾嗣子),号薪传,娶胡氏,享年五十九。无嗣,以仲仁榛子为后。仲澍长子仲和楠,号菊仙,娶杨氏,继娶叶氏,再继娶张氏。享年无考,无嗣。仲澍次子仲和槱,号觉生,娶陈氏,享年三十六。生子一人:仲光炽。

仲氏葭湄公第三分支坤若公世系八十一世 仲心楷长子仲光煦,号泳沂。仲心桢长子仲光烝,不娶,卒年十三。次子仲光烒,号耿民,浙江省第二师范毕业。娶周氏,享年无考。仲心荣长子仲光炜,号耀东。享年无考。仲心荣次子仲光煜。享年无考。仲心荣三子仲光焕。享年无考。仲心荣四子仲光熹。享年无考。仲圣根长子仲光烈,字宝珍。娶徐氏,继娶孙氏。享年无考。生子二人:仲善圻、仲善均。仲圣根次子仲光熊,字顺生。享年无考。仲圣根三子仲光熙,字庚生,娶姚氏,享年二十七。生子一人:仲善培。仲义礽长子(智机嗣子)仲光勋,字咏生,号小某。享年无考。仲义礽次子仲光燮,号西生。享年无考。仲义礽三子仲光薰,号競程,濮院高等小学校毕业。享年无考。生子二人:仲善增、仲善墉。仲义楫长子仲光照,字伯奎,号英若。享年无考。仲义楫次子仲光焘,字和奎,号子通。享年无考。仲义楫三子仲光熠,字吉生。享年无考。仲仁榛之子仲光然,字永祥,号子明。浙江省第二中学毕业,日本高工毕业。享年无考。

《濮川刘氏家谱》

刘氏系古唐尧后裔之姓,濮院刘氏是继濮氏之后本地巨姓之一。《濮川志略》载:“若我族而外,大姓继著者四,曰刘曰贝曰燕曰朱,而冯乐杨施,后先济美,子姓往往繁昌。”《濮院志》介绍濮院刘氏始祖曰:“刘祥,字原善,始迁镇赘于朱提领宅。元末世乱,隐居不仕,信义著于乡里,友爱笃于孔怀。子永昌,字西隐,寿九十七,赐冠带。镇之巨姓称贝刘燕朱,刘即祥之后欤。”

民国版《濮川刘氏家谱》重修本,16开手抄本,蓝色布封面,内容起于始祖刘祥,讫于民国。抄写者刘富杰、刘富樾。抄本约20册,分存经德堂、敬恕堂各房,今原版抄本已无存。近年,刘氏十八世孙刘方葵、十九世孙刘谷瑸以修谱为己任,查旧籍,访故旧,走亲戚,不辞辛劳,已完成经德堂、敬恕堂世系表。

刘氏经德堂、敬恕堂

一世祖祥，字原善；二世永昌、永昂、永昭；（三世至九世资料缺失）十世祖璲，字汉宁，太学生；十一世祖裕，字自丰（居大街刘宅）；十一世胞叔祖祚（居固安桥街刘宅）；十二世祖嘉骐，字驾王；十三世文勲，字秉枢，太学生敕封宣德郎；十四世世埰，号鸾坡（经德堂一代），世培，字心根，号鹤庭（敬恕堂一代）。

刘氏经德堂世系

十四世：世埰，号鸾坡，兰庵公，附贡生。子成锦、成鋐、成鈖、成鐄。

十五世：成锦、成鋐、成鈖、成鐄。

成鋐一脉：刘成鋐，号琢如，增贡生。子既浚（号哲卿）、既潮（号觉生）

成鈖一脉：刘成鈖，号荫山。子少山。

成鐄一脉：刘成鐄，号谱笙，太学生议叙国子监典籍，育二子二女。

子镜清、步州，女三□、连□。

十六世：既浚、既潮、少山、镜清、步州。

既浚一脉：刘既浚，号哲卿，育三子三女。子富桂、富材、富樾，三女分别适本镇徐氏、钟家和屠甸朱氏。

既潮一脉：刘既潮，号觉生，曾广生。子富杰、女坤芳。

少山一脉：刘少山。子富椿。

镜清一脉：刘镜清，二子二女。子富榛、炳章，女大□（适石门吴氏）、寿□（适桐乡黄氏）。

步州一脉：刘步州，育一子一女。子履，女佩（适沪上）。

十七世：富桂、富材、富樾、富杰、富椿、富榛、炳章、履。

富桂一脉：刘富桂，号馨甫，育三子二女。子方莹、方烈、方炜，女美□、翠英。

富材一脉：刘富材，号芳洲。嗣固安桥街敬德堂，育二子四女。子方楷、方烨，女嫦娥（适本镇陆氏）、月娥（适王江泾杨氏）、定娥（适嘉兴胡氏，再醮杭州金氏）、静娥（适本镇沈氏）。

富樾一脉：刘富樾，号吟梅，育一子四女。子方煜，女玉娥（适本镇仲氏）、德娥（适朱氏）、丽娥、兰□。

富杰一脉：刘富杰，号小觉，育二子一女。子方辉、方陶，女（适苏州沈氏）。

富椿一脉：刘富椿，号荫轩，育二子三女。子仲豪、仲翔，女松宝（适王氏）、温宝、小宝（适宋氏）。

富榛一脉：刘富榛，号元章，育三子一女。子方熚、方熙、方炬，女明宝。

炳章一脉：刘炳章。育三子：勲官、鸣甫、方熠。

十八世：方莹、方烈、方炜、方楷、方烨、方煜、方辉、方陶、仲豪、仲翔、方熚、方熙、方炬、勲官、鸣甫、方熠。

方莹一脉：刘方莹，字驾候，育二子三女。子谷瑃、谷琮，女琴、琪（适浦氏）、珏（适安徽许氏）。

方梏一脉：刘方梏，字药仙，育二子二女。子谷瑝、谷瑛，女琬、瑜。

方烨一脉：刘方烨，字旭初，育一子二女。子谷琛，女玲、瑢。

方煜一脉：刘方煜，字涌荪，育二子二女。子谷璃、健，女珍（适湖州沈氏）、珠（适张氏）。

方辉一脉：刘方辉，字鸣皋，育三子一女。子谷瑸（铭）、谷瑾（章坤）、谷瑜（逸飞），女瑢。

仲豪一脉：刘仲豪。子谷璇（辛）。

仲翔一脉：刘仲翔。育二女：文瑛、惠瑛。

方熙一脉：刘方熙，字镜孙，育二子一女。子云松、云林，女云梅。

方炬一脉：刘方炬，字复初。女刘瑛。

勲官一脉：刘勲官，育二子二女。子健华、柏华，女玲芬、玲华。

十九世：谷瑃、谷琮、谷瑝、谷瑛、谷琛、谷璃、健、谷瑸（铭）、谷瑾（章坤）、谷瑜（逸飞）、谷璇（辛）、云松、云林、健华、柏华。

谷琮一脉：刘谷琮。子峰，女岚。

谷瑝一脉：刘谷瑝。子学锋，女学兰、学梅。

谷瑛一脉：刘谷瑛。子学东、学军，女学兰。

谷琛一脉：刘谷琛。子业钧（大伟），女敏琪。

谷璃一脉：刘谷璃。子斌。

健一脉：刘健。子明。

谷瑸一脉：刘谷瑸（刘铭）。育二子：业昶（俊彦）、业晨。

谷瑾一脉：刘谷瑾（章坤、亥生），育一子一女，子小利，女小红。

谷瑜一脉：刘谷瑜（刘逸飞）。子业隆。

谷璇一脉：刘谷璇（刘辛），育二女：玲、敏。

健华一脉：刘健华。子项宗。

刘氏敬恕堂世系

十四世：世培，字心根，鹤庭公，增贡生。

十五世：成钰，字贡珍，号鄂棠，议敕从九品。

十六世：既澍、既沂、既汶。

既澍一脉：刘既澍，字雨杉，太学生，育五子五女。子富槐、富櫰、富棠、富枚、富柼。女：三女早殇，余分别适钱氏、翁氏和炉头沈氏。

既沂一脉：刘既沂，太学生。子富梓。

既汶一脉：刘既汶。子富栋。

十七世：富槐、富櫰、富棠、富枚、富柼、富梓、富栋。

富槐一脉：刘富槐，字树生，号龙伯，光绪丁酉科拔贡、庚子辛丑举人，翰林院内阁中书。育二子二女。子方炜、方荄（继养于富檪公），女方嫘、方嫄。

富檪一脉：刘富檪，号凤叔。子方燡。

富棠一脉：刘富棠。子方熺，女惠珠。

富枚一脉：刘富枚。子方煜，女定贤。

富枟一脉：刘富枟，号凯君。子方炽，女密英。

富梓一脉：刘富梓，号楚才，育四子三女。子方燧、方熯、叔英、季方，女大姐、四姐、五姐。

富栋一脉：刘富栋。子山愚，女玉宝。

十八世：方炜、方荄、方燡、方熺、方煜、方炽、方燧、方熯、叔英、季方、山愚。

方炜一脉：刘方炜，号彤候，育二子一女。子谷璠、谷玙，女芙宝。

方荄一脉：刘方荄，号玄同。子谷莹，女碧虹。

方燡一脉：刘方燡，号鉴平。

方熺一脉：刘方熺，号守愚。女蓉仙。

方煜一脉：刘方煜，号道因。

方炽一脉：刘方炽，号曼仙，育三女，士贤、士良、士淦。

方熯一脉：刘方熯，号仲民，育四子二女。子谷琦、谷玲（朗华）、谷璋、谷珑，女宁清、翊清。

十九世：谷璠、谷玙、谷莹、谷琦、谷玲、谷璋、谷珑。

谷璠一脉：刘谷璠，号惠文，育二子三女。子业缵、业纲，女倩萍、倩雯、倩玲。

谷莹一脉：刘谷莹。女文婕。

谷琦一脉：刘谷琦，育二子一女。子民建、勤业，女锦如。

谷玲一脉：刘谷玲。子坚，女珂。

谷璋一脉：刘谷璋。子冰。

谷珑一脉：刘谷珑。子冻。

《归氏家谱》

归姓来源于上古时期，是上古八大姓之一。源出有二：一、相传黄帝在做天子前，被封在归藏国（今湖北秭归县），后来又改封在有熊国。黄帝有一支子孙留在归藏国，子孙就以国名中的“归”为姓氏，称为归氏。二、据《左传》载，归姓来源于春秋时代的胡子国（今安徽省埠阳市），其国姓就是归氏。又《通志·氏族略》所载：“胡子国，归姓。”

《归氏家谱》，为清道光十年庚寅年（1830）十九世孙归镐抄本。原件未见，桐乡市图书馆有复印件一册。其成谱过程为：“槜李归氏之南宋理宗时，归朝凤一房自临安（今杭州）迁居于槜李幽湖（濮院），为嘉兴归氏之始祖。其六世归珉扈赘于濮院，以外姓由乡榜而仕奉议大夫。至第九世归永和复姓辑谱。”

归氏谱序

钟　彝

余闻木之根深者，其枝繁，水之源远者，其流长，人之德厚者，其世昌。盖世有一传再传而子孙式微者，亦有子孙复兴不久而仍式微者，要皆凉德之所致也。而吾濮川归氏，实厚幸也。有唐时忠宣公，自吴地发祥。至百九公，仕南宋理宗朝，暨敬夫公子，度宗时登礼部进士。二公见宋纪日弛，箍及天山，率家人归。自临安，过槜李幽湖，幽湖即古范蠡湖也，顾而乐之，遂引流种树，筑室于旁，幅巾杖履，萧然物外。归氏之于槜李，实自此始。迨六世珉菴公出赘濮川顾氏，以外姓由乡榜而仕奉议大夫，顾氏亦诰封宜人。所以，一乐公、松轩公皆仍顾姓。至九世永和公，克念先业，不忍荒废，遂复辑谱。而归氏子姓绳绳，皆永和公水源木本之思也。闻人达士，代有其人。至于孝义，如直方公、文台公、茂卿辈，俱蒙宪奖。贞烈如费氏、王氏、濮氏，皆以少年而凛大义、殉大节。世远支繁，恐难稽考，中表匡道，宿凛孝弟，长游庠序，今春以家谱示余，见其世次行谊，列如指掌。彝固归氏甥也，知之最悉，乐为之序，以见厚德之所致云。

《槜李归氏族谱》十三世孙（归）国禄匡道重辑，十四世孙（归）士忠青书忝订。

一世：百九（朝凤）仕朝散郎，自临安任上归姑苏途中，钟情于槜李幽湖，遂自苏迁入，是为我宗一支始祖。

二世：谦吉（敬夫），咸淳登礼部进士，授承信郎，不仕。

三世：棠（承政）；桀（承胜）；荣（承秀）。

四世：澄（士容）；源（和中）。

五世：俊（君锡）；杰（炯之）；瑜（文远），庠生。（按：文远，孟高、景渊诸公之后，或曰迁苏，或曰迁湖，未知的据）。

六世：莹（宗琏），庠生；璧（珉菴），孝廉，仕奉议大夫，出赘濮镇顾氏，顾氏诰封宜人，即归家湾祖居。琦（孟高），庠生；瑞（仲铭）；瑛（景渊），庠生；璜（文本）。

七世：心广（一乐）。

八世：筠（松轩），嘉郡庠生；筌（良甫）。

九世：鸣鸾（永和，乡宾，号思亲），复归姓，始辑谱图，是为槜李支脉；鸣鹤（永器）。

十世：朴（直方），宪奖义士，赠冠带行略；槐（南汉）；橙（南川），迁苏；松（西桥），克家；模（范甫）；允山；允威；大江。

十一世：忻（敬椿）；忭（少春）；慥（继春）；悦（大化），克家；性（近菴），克家；悌（守桥）；恺（慕桥）；恒（小桥）；焴（文明）；介菴；敬萱；小菴。

十二世：文焯（蔼春）黎文宗嘉乐国长庚郑郡守，赠冠带硕德；文焕（仰春），克敦成家；文灼（华春），为人温厚；文焌（振明），为人刚直；文烨（同春）；文炤（奉春）；文炜（永春）；文爌(海春);文熯(伯明);成山;怀山;文耀(思山),克家;文炳(彬庭),桐邑庠生;文煜(守菴),妻费氏,年十九守节终身,志行足风;正化(龙山);正履(文坛),为人刚直有行略;正道(思桥);正学(忆桥),妻王氏,终身守节,志行可嘉;升(敬山);培(顺山);璋(奉山);仰萱;文烇(名山)。

十三世:国隆(凤楼);国伦(凤池),武魁,授福宁州海潭把总兼指挥佥事;国祥(凤林);国祖(心鲁)已卯给礼部儒士;国祀(君屏),乡宾有衔,改名一新,住归家湾祖屋,基址犹在;国禄(匡道),改名圣传,嘉邑庠生,重辑宗谱,与玉峰、昌世、虞山、起先、松陵、荣同行;国祯(义淳);国礼(明所),恩贡,顺治六年(1649)授涟江县二尹,九年(1652),广西郁林州州判;国祉(秀之);国福(宪章);国学(钦甫);国禘(叔元),克敦成家;国祐(天乙);国衿(集生);国祎(君常);国祫(君钦);国祥(祥卿);国政(贞所),善琴、书;国治(九畴);国宾(浩然),文学;国相(沛然);国正(斐然);国升(元禄);国阶(凤亭);国纳(元海);国陛(元晖);国尧(元岳);舜德(麟台),乡宾,为人敦厚,有行略;舜明(仁所);舜智(九华);钦(茂卿),顺治十四年丁酉割股救母,邑侯王奖真孝子,与玉峰(钟琇)、松陵(士魁)并光吾族;鋐(毅卿);锜(彦卿);铭(石卿),出继金氏,为人笃实,克家;钧(筠卿);铨(予卿);锡(晋蕃);国隆(凤楼);国伦(凤池);国祥(凤林);国禅(祥卿),为人笃实;国禧(云翼);国佐(云生);纳(元晖)。

十四世:朝锦(淡然);朝宾(洪范);朝钦(君选);必显(君瑞),儒士;必达(君息);朝锡(正甫);贞(采英),桐邑庠生;荣(楚英);粲(三英);士忠(青书),文学,原名大中,敦伦睦族,留心宗谱;士雅(大书),原名大雅;士恕(玉书),原名大成,同辑宗谱;士恕(岳苏,一字孔昭);胜朝(相侯);美锦(采臣);美中(荣臣);文秀(永嘉);尚义(允章);万锦(彦昭);斐锦(彦嘉);雯锦(彦麟);倬(汉云);偡(湛然);储(伯虞);俶(载南);伦(备五);信(君贵);仕(君重);涞(元功);洽(硕功);伟元(尚臣);仲珍(尚侯);季祥(尚卿);受之;钦之;正平;任(均泰);儒(均锡);纶(均钦);孟素;仲素;廷锦(文卿);锡锦(荩卿),妻王氏年二十一殉节,有烈妇传已入桐邑志;大有(采卿);画锦(仕荣),克敦族谊;标锦(仕讳);太和(泰初),妻张氏守节终身,孝养,寿至八十有四,载入桐邑志;尚锦(暗章);仁(善兼);标(望之);价(维藩);佐(君辅);佑(民孚);侠(子雄);僖(鲁公)。

十五世:显鋐(元声);显鋹(利侯);显锡(汉光);良宰(宪巨);良友(一三);朝锡(省三);显铭(应西);显镛(金州);显钧(驭天);显镐(在丰);显锐(养醇);显镕(卓伦);显鉴(明远);显钊(康周);

显镛(声远);显铃(孝明);绍昌(佩钦);显钟(闻远);显鋐(卫贞);思仁(俭荣);逢年(锡蕃);彭年(锡周),文学;历年(奕蕃);紫绶(章侯),妻濮氏守节终身,孝养□至,入桐邑志,生一女适曹氏;绍昌(佩钦);显钟(闻远);显鋐(卫贞);尧年;丰年;遐年;抡(衡贞);揆(至一),改字学周;同衡;同揆;同文。

十六世:庸淇(林彰);庸洧(济奥);肩汉(云章);庸演(长生);庸源(元泉);庸瀹(北

海）；庸溥（广泉）；庸溱（桂临）；庸涛（若海）；豊年（瑞周，一字孔嘉），无嗣，立弟为嗣。

十七世：弘绪；弘□。

《董氏家谱》

《董氏家谱》现藏嘉兴市图书馆古籍文献部，共 12 册。其中 5 册为明万历四十八年庚申（1620）董廷献修、董镶续修的木刻本，另 7 册为清乾隆年间董氏后人增补后的补刻本（木）。两种刻本纸质均为竹纸。民国元年（1912）董氏后人修缮时加入衬页，衬页为宣纸。该谱册页长 31.1 厘米，宽 19.8 厘米。板框部分长 20.4 厘米，宽 14.5 厘米。谱内文字为雕版印刷，每页 10 行，每行 20 字。该谱保存基本完好，仅部分内页页面有极少量缺损及蠹蛀。

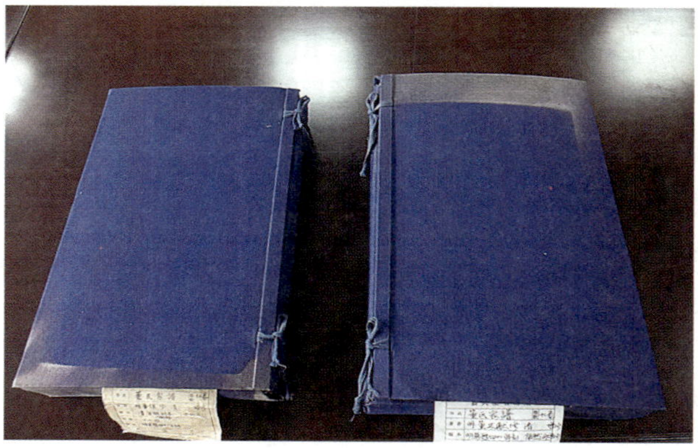

《董氏家谱》（两套共 12 册）书影

董姓来源有二：上古时期，颛顼的后裔中有个叫董父的人很得帝舜的赏识，被赐以"董"姓；周朝有大夫辛有，其二子在晋国任职，董督典籍史册，后其子孙世袭，遂取官职为姓氏，称为"董"氏。

随着历史的演进，董姓家族十分兴旺，形成了众多的后裔。他们先后向南迁移，特别在明朝，董姓作为山西洪洞大槐树迁民之一，被分迁到了浙江、江苏、安徽等地。

濮院董氏系出周代董父之后的族望闻喜（今山西闻喜）。唐德宗时，世居龙游立德乡之董德卿徙居秀水，为秀水董氏之始祖。其后世各支迁徙于嘉兴各地。十三世董潮于北宋靖康末年，自归州扈跸南渡，迁居海盐澉浦，始为海盐支。二十七世董耀自嘉兴郡城迁居于乡间嘉汇兜，始为嘉汇兜支。二十八世董子龙，字云从，由澉迁濮。初居高家桥，后移居万兴桥。始为濮院支。董子龙子董爱山，字春麓，耕读为农。董爱山子董尚义字连生，耕读为农。董尚义子董文成，字翰卿，耕读兼商。董文成子董世勋，字廷伟，耕读兼商。董世勋子董涵，字性天，工书诗，精易理，隐居。

董涵之子董棨（1772—1844），字汉符，号乐闲，又号梅泾老农，擅画，书法、篆刻也有很深造诣，著作有《养素斋画学钩沉》等。桐乡市博物馆藏有他的《花卉草虫图》长卷。

董棨之子董燿（1800—1883），字继华，一字小农，号枯匏。民国《濮院志》载："幼禀异慧，过目成诵，属文洒洒千言。"作画能承传家学，枯淡有神。著有《养素居诗稿》等。卒年八十四。

董燿之子董维城（1832—1899），名念棻，号味青，一号小匏。绘画以花卉翎毛著称，特别以画梅见长，素有"董梅花"之称。

董维城第三子董宗善（1874—1939），字心壶，号询吾，擅长画画。

董维城第四子董敏藻（1880—1909），号鹿甡，工于花卉。

董棨的侄儿董煜，号石亭，善画花卉，人物、山水也十分擅长。

董氏自董棨以来200余年为书画名第，收藏书画甚多，由后裔亶巽观献于嘉兴图书馆。

《濮院杨氏家谱》

清嘉庆版《濮院杨氏家谱》增修本，为16开抄本，蓝色布封面，作者杨沄。今抄本原件已散佚，有杨氏十九世孙杨文希的誊抄本，共4本，6卷。

该谱体例有纂修纪略、凡例、源流、世系、家传、闺范、坊表、第宅、垄墓、经籍、丛谈、艺文等编目。两广总督、太子太傅朱珪，鸿胪寺卿、监察御史冯浩分别为之作序。该谱内容丰富，尤其对濮院先贤中的杨氏祖宗，如父中解元、子题金榜的杨述、杨青父子，文坛才子"雷潭两杨"——杨炜、杨燮，及嘉乐堂藏书楼主人杨恩等事迹，均有翔实全面的记载。该谱还附有祠堂、墓塚等手绘地图。

杨氏家谱序

族谱之作，匪第次年世纪名字而已，必有劝惩之意存乎其间。盖萃一族之人，数十百年之远，其间富贵贫贱、贤不肖纷然杂出，而皆以合之于谱，使一姓之人，富赈其贫，贵厉其贱，贤化其不肖。呜虖！孝弟之心可以矣，油然而生矣。

桐乡杨君沄，余督学两浙时，取贡成均士也。少负盛名，雅不欲文艺自鸣，惟以植人品、敦根本为先务。辛酉公车北来，出其续修家谱，问序于余。尝考子云自叙谱牒，称先世周伯侨，食采于晋之杨，为杨氏。《班固传》从手为(扬)。杨氏修《论姓氏》载：晋羊舌氏伯石，食邑于杨，曰杨食我。后分其田为县，曰平阳，曰杨氏，则杨氏所由来者远矣。

君先世自江右来，明初徙居濮院，世有令人，蔚为望族，是清门之最久者。今观其支分派别，序次井然，近者不疏，远者不紊，于合族之中，不失劝惩之意，美哉彬彬。方眉山苏氏遗规，何多让焉。彼世之擅文章，夸声誉，纡青拖紫，而于本支同气视之如涂人焉。闻杨君之风，其可以少愧矣。

嘉庆六年岁在重光作噩寎月大兴朱珪拜序

杨氏世系

一　世　均显

二　世　景春　景茂

三　世　震　霖

四　世　琦　玭　完　全　璚　瑛　瑄　达　述

五　世　鑑　俊　伦　源　浦　昇　江　海　镇　钦　铨　青

六　世　芬　芳　云　霓　电　雷　露　霳　楫　桡　榩　松　暄　恺　可学　悌　恂　可教

七　世　恩　忠　宪　懋　慧

八　世　光祖　耀祖　承祖　承禄　正泰　正选　正达　茂春　应贤　应春
复春　长春　维春　遇春　得春　逢春　万春　汝孝

九　世　观　大任　国徵　奇　国祥　国良　本　士俊　士芳　文道　文礼
大勋　大治　之侃　之伸　之俍　之侊　世芳　世臣　世奇　世英
世勋　世治　之清　之瀚

十　世　栋　标　权　模　楠　栻　植　宪英　茂生　茂昇　茂德　盛时　盛年
盛德　盛朝　盛芳　盛华　士琇　士琦　士瑛　士璘　盛年　士珍
以翼　桦　超　盛隆　盛遇　振隆　继华

十一世　裕　煊　灯　熺　熿　言　炳　灿　焕　熯　灼　炜　燮　燿　炘
嗣震　煜　燧　应元　文献　应魁　文益　本立　可立　大方

十二世　大埙　大来　大振　绍基　肯堂　庭坚　大成　搢堦　绣封　汝埰
大经　大纯　大培　大中　大本　大宾　大章　大德　大勇　大文
大智　大阶　德行　德茂　德新　德音　德源　德彰　德昭　炯　德滋
德邻　德芳　德荣　珍　璿　玉　瑞

十三世　士璘　士忻　士琦　步蟾　铭仁　铨福　钫　钤　士铨　士发　士达
士龙　士连　宗镐　宗钰　宗翰　宗鲁　宗璜　宗彝　宗璧　宗周
王章　马传　嗣金　恒　豫

十四世　浚　溥　浩　浤　涟　光祚　文祥　维祺　景福　纯祜　澄　沅　潮
鸿　洙　瀛　浚　淇　澧　溱　沄　源　伟　汾　乾始　坤承　兆鼇
兆成　兆龙　兆胜　兆苍　兆虬　兆鋐　兆荣　兆锦

十五世　松龄　椿龄　文杏　长龄　寿龄　峄桐　鼎梅　人枫　荣木　宾楹　森秀

十六世　敬熙

《朱氏家谱》（朱宋文支）

《朱氏家谱》共 4 册，分别为嘉庆四年（1799）、嘉庆十年（1805）、同治四年（1865）、同治十年（1871）版本，现藏福建省寿宁县凤阳乡廷嘉洋村朱奶禄处。家谱记载：“以仪父入春秋之时准之，前者不论。自平王四十九年至同治十年，共计二千六百一十七年，应八十七世。”“陆终第五子安，之后本姓曹，武王封其裔曹挟于邾为附庸国，传国至平王四十九年入春秋，鲁隐公元年三月。”朱氏原属“沛国郡”，邾氏王族的后裔，尊朱夷鸿之子朱稳为始祖，汉魏时期沛国朱氏大兴，后世朱姓多以沛国郡为发祥地。

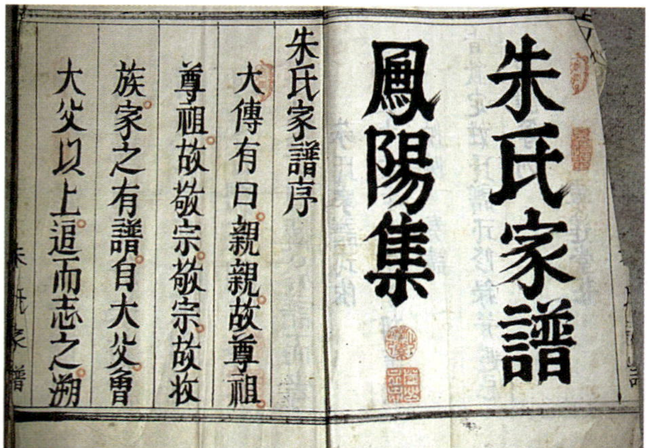
朱氏家譜
鳳陽集
朱氏家譜序
大傳有曰親親故尊祖
尊祖故敬宗敬宗故收
族家之有譜自大父曾
大父以上逌而志之溯

《朱氏家谱》扉页书影

明洪武时，赐朱姓凤阳郡，故朱氏后裔以凤阳为郡，与沛国郡同宗，遵循旧制者称“沛国郡”，恪守圣旨者称“凤阳郡”。

“廷嘉洋”又称“藤溪”，因村里溪水被青藤环绕而得名。朱氏原居寿宁县城，清乾隆二年(1737)，朱嘉琦收租时卒于廷嘉洋，其夫人遂领三子由城内迁入廷嘉洋，廷嘉洋朱氏尊朱嘉琦为肇基始祖。同治十年，村中朱氏排下字首行第世数图：孝、思、维、则、永、廿、克、昌、既、多、受、祉、长、发、其、祥。

濮院女儿桥街朱姓，是寿宁廷嘉洋朱氏一支，始迁祖朱宋文于民国10年(1921)迁入，初在表侄周宾彝所开的濮院“公明电气公司”(即濮院电灯厂)工作，后因电灯厂遭日军轰炸停办，改为务农。朱宋文在南河头与人合伙开辟“文昌桃园”。后朱氏独立经营，改桃园名为“甜甜桃园”。20余亩土地，种植优质桃树百余株，品种有五月鲜、寿星桃、玉露等。创立濮院“玉露水蜜桃”品牌，并进行了商标注册。朱宋文于1932年逝世，享年83岁。妻赵慕贤。

女儿桥街朱氏十代世系：

朱嘉琦一脉　长子国龙，次子国鼎，三子国璧。

朱国龙一脉　长子光鳌，次子光�。

朱光鳌一脉　长子秀芳，女桂英、昭英、兰英、旺英。

朱秀芳一脉　长子金铭，次子金镛，三子金钫，四子金鐩，五子金鏰，女应香、瑞妹。

朱金鏰一脉　长子延河，次子延洵，延波，女梅玉、翠玉、青玉、莺玉。

朱延洵一脉　长子宗文，次子宋文，女瑞文。

朱宋文一脉　子则莹。

朱则莹一脉　长子家伦，育女朱嫣，次子家萌，育子赵觐。

《章氏家谱》(章维成支)

濮院《章氏家谱》(章维成支)为光绪二十六年庚子(1900)修订的木刻本。该谱纸质为竹纸，册页长21.9厘米，宽12.8厘米。板框部分长19.8厘米，宽5.2厘米。谱内文字为雕版印刷，每页15行，每行约17个字。该谱现藏桐乡市退休干部章敏智处，共1册，保存基本完好，未有蠹蛀。

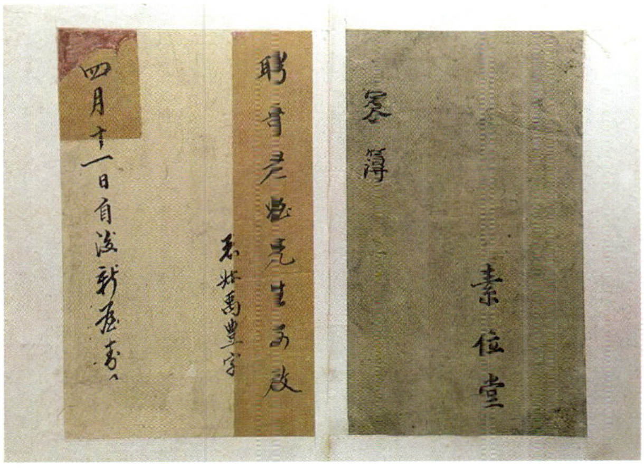
《章氏家谱》书影

章氏迁濮前的六代为：本德，号对峰，康熙十二年(1673)迁葬宁波鄞县小溪后陇孤山头——应凤，号裕所——(喜公)兆奎，字星聚，号互庵，葬于姚江叶家岙山——(圣伯)廷采，字公寅，号恔庵——(贝兄)若思，字宣谋——(庚官)琰，字光耀。

章氏于清乾隆年间迁濮院。后因北大

有桥街另有一章姓，而被称为南章。第一代章维成，字行真，妻茅氏，葬于濮院西郊王母桥南港口。有三子：长焕文，娶濮院邹氏；次焕彩，娶周氏；三焕平，娶陆氏。

章焕文一脉，章焕文，字品金，有四子一女。长荣安，字履堂；次荣嘉，字庚堂，妻高氏，续娶张氏，育有一子传松；三荣芳，字燮堂，妻徐氏，育有二子，长德松，次兰松；四荣椿，咸丰十年(1860)殉难；女适南浔朱氏。

章传松一脉 章传松，字云鹏，号闵江，妻钱氏。育有一子三女。子元和，女未详。

章元和一脉 章元和，字锡龄，号菊山，国学生。育有一子宜璇(聘哥)。

章宜璇一脉 章宜璇育有三子二女。三子：长章采辅，次章采輗(荔裳)，三章采经。长女章□□，次女章蕊。南章自此分为东西两宅。

章采輗一脉 章采輗，居濮院朝阳桥帮岸，为南章西宅第一代，妻濮院曹顺宝，育有一子四女。子兢雄。长女章月明，嫁王店潘氏；次女章雪花，嫁上海陈氏；三女章雪明，嫁上海朱氏；四女章琪倩，嫁上海黄氏。

章兢雄(1912—1959)一脉 章兢雄，妻费昭儒，育有五子一女。五子：长敏仁，妻顾定芳，育有二子，长章强，次章健；次敏义，妻陈履理，育有二子，长章宏，次章杰；三敏礼，妻吴桂珠，育有一子一女，子吴雪冬，女章晓春；四敏智，妻黄玉华，育有一子章费维；五敏信，妻陈惠娟，育有一子章磊。女敏华，嫁于濮院许松森，有一女许枫。

《吴兴沈氏族谱》(濮院支)

家乘二十世纪两度虔修闻见记

京杭大运河北来，经嘉兴三塔湾而西，行三十里，河南岸有镇濮院。镇东公孙树，围数人，高参天，传宋苏学士东坡手植也。古树千年，老当益壮，春来犹嫩绿、葱茏可爱，枝枝叶叶，亭亭如华盖，浓阴覆可数亩。树之巅有群鸟栖，乳幼育老，其乐融融。鸟壮大，色银白。黎明嘈嘈争起，凌云展翅，嘎嘎有声如负担然。夏日来往阡陌间，为农治虫，盖益鸟也。

我家先世于明中叶自吴兴迁来公孙树迤西定居，世世代代业农耕、佣工、商肆、负贩、医药、教席，兢兢业业，诚实做人，自食其力。至本世纪家族蕃衍，负笈他乡，营生海外，亦不乏人。

二十年代末晋卿伯父、崧身从兄于艰苦悬壶余晷，以修谱为己任：访故旧、走亲戚、拓碑碣、录木椠。晋卿伯父两目殆失明，仍认真将事，一丝不苟。晋伯崧兄书案相邻，纵横成丁字。时康身虽尚孩提，情景历历，如在目前，记忆犹新。此庚午本之所以缔成也。嗣后半个世纪以来国事沧桑，一家悲欢离合又从何谈起。兹恭逢盛世，榖身从兄、宝祺侄孙又以续谱自期：征询、编辑、发排、校雠，亲临一线，不辞辛劳。此甲子本之所以杀青有日也。从此我家族中人饮水知源，寻根有据，是一大好事。老老幼幼，互爱互助，从来美德。家乘中人，同一血缘，爱家爱国，益臻新义。

十四世孙康身谨志数语以谢晋卿伯父、崧身、榖身、宝祺诸位辛勤之功。一九八五年七月八日。

沈氏世系

世芳——西溪——敬溪

敬溪三子：心吾、省吾、完吾。

大房心吾公二子：毓元（子鑑明）、广元（子鑑衡）。

鑑明五子：伯雍（子重华）、仲惟（早亡）、季韬[子重华（出继）、萃高]、开雍[子士钧、品三（出继）、士钤]、廷琰（早亡）。

萃高二子：润辉（子荫三）、云辉（子宗桂）。

二房省吾公五子：承元（子鑑衡、九畴〈出继〉、翰方）、培元（子鑑如、鑑明〈出继〉）、德元（子圣如）、粹元（子九畴）、庠元（子孟成、仲立〈早亡〉、鸿飞）。

鑑衡一子：天球（子品三，孙文宣）。

翰方一子：又超。

鑑如一子：孟超（子维成，孙全初、介初、令初，全初子正扬）。

圣如一子：时雍。

九畴一子：岐山。

孟成二子：天义、天睿（子思立，孙德成）。

鸿飞三子：公超（子思中，孙茂於、怀伦、坤扬；茂於子秀章，怀伦子瑞华，坤扬子介邦）、以超、彦超。

三房完吾公三子：麟昭（子惠如）、羽上（子九如）、德昭[子九如（出继）、长如、弘如]。

惠如二子：星来[子云绍、扬廷（出继）、掌伦、长辉；云绍子用王、用王子仁昌、朝贵；掌伦子用王（承祧云绍）、正王，正王子履旋；长辉子安山]、星聚（出继）。

九如三子：天士、天成（子兼三，孙大钧、宗海；大钧子文荣，宗海子文荣〈出继〉、昌荣、□荣）、天御。

长如一子：星聚（子扬廷，孙金庸）。

弘如二子：子隆（子载王，孙振元、永元；永元子佩芳、馥堂）、子兴（子楚南、金声，楚南子成哉、涵、濠，成哉子集、梁、桀）。

十世祖仁昌公三子：荣万（子月汀、菊山）、雍庵（子春门、谦谷、少庵、秋坪）、芸斋（子小芸、博泉、久珊）。

月汀一子：小汀，孙省三；省三子永祥（早亡）、绮文（子楚楠、宝珑、琏官，宝珑子建军）。

菊山二子：义卿[子仲楣、佩绅；仲楣子伯伦、绮文（出继），伯伦子田官（早亡）；佩绅子叔夫，孙雄强、自强、懋强、闰强、六官（早亡）、七官（早亡）；雄强子鸣吉、晓鸣，鸣吉子元、晓鸣子聪璁；自强子跃鸣、荣，跃鸣子泓川]、六官（早亡）。

春门三子：六官（早亡）、惠卿[子兴身（早亡）、以桑林兼祧]、晋卿（子崑身（早亡）、桑林，桑林子之屿、之岐、之嶒；之屿子涛，之嶒子立]。

少庵一子：和卿[子益身（早亡）、穀身、良身；穀身子之烨、建华、立华、宪华，之烨子雷，建华子阳；良身子之星、之健]。

小芸三子：洪三[子嘉身、镇身（早亡）、守身（早亡）、四官（幼殇）；嘉身子圣官（幼殇）、吟秋；吟秋子光华，孙志强；志强子瀚祺]、乃兴（早亡）、乃文（早亡）。

博泉四子：杏卿[子鼎生（早亡）、孟坚]、惠卿（出继）、润卿[子孟坚（出继）、立群（出赘）、叔培；叔培子之鸿、之荣（早亡）、之强；之强子炯毅]、凤卿（早殇）。

久珊四子：晋卿（出继）、莘卿[子悌清、午身（早亡）、怀琛；悌清子子黔、孙崴，怀琛子昕辉]、春卿（子乔身）、葆卿[子乔身（出继）、伟成、康身；伟成子之雄、孙宁，康身子之璋]。

《岳氏宗谱》

据考岳姓起源于上古，传说为尧舜部落首领四岳的后代。上古时，有一种官事叫“四岳”，是专管祭祀三山五岳的官。因为古代人们认为山是神灵，所以“四岳”是很重要的官事。岳姓就是四岳官的后代。

又据汤阴、杭州、洛阳等处《岳氏宗谱》，岳氏由神农至太岳，因以官命姓。岳姓系神农后裔，神农生姜水，即以姜为姓，称帝名曰火德王，故号炎帝，都城迁曲阜，传七世生节茎，不在帝位。节茎又传七世生垂。垂于尧时作共工水官，生伯夷，伯夷为秩宗，称“四岳”。其后裔袭父封，遂以官名“岳”姓，从此，岳姓开始繁衍开来。

两宋之间，民族英雄岳飞大义凛然及骁勇善战，岳氏家族因此声望卓著。

第一代：魏国公岳成。

第二代：隋国公岳和。

第三代：武穆王岳飞（岳鹏举）。

第四代：岳飞之子金锤大将少保忠烈侯岳云，平北公岳雷、岳霖、贞节孝义仙姑岳银瓶（女）等。

第五代：岳云之子列侯岳甫、岳申；岳雷之子岳经、岳纬、岳纲、岳纪；岳霖之子岳琮、岳珂等。

第六代：岳珂之子岳觐、岳翺、岳英见。

嘉兴一支的《岳氏宗谱》，共六册。经考定，为清乾隆年间刊本。刊本纸质为“竹白纸”，长 29.1 厘米；宽 17.8 厘米。板框部分长 21.6 厘米，宽 14.1 厘米。谱内文字为每页 10 行，每行 24 个字。有部分内页每页分五格（横向），长 20.1 厘米，宽 1.2 厘米。该谱基本完好，仅有几页页面有少量缺损，现保存于嘉兴博物馆。

岳珂曾在嘉兴当官，为秀水（今属嘉兴）岳氏始祖，据《嘉兴市志》人物篇：“岳珂居于金陀坊时，痛恨祖父被秦桧陷害，著有《吁天辩诬》，为岳飞辩冤。”其后裔大多聚居于嘉兴旧岳头村及濮院镇。2000 年 5 月，中央电视台四频道《天涯共此时》栏目播出“嘉兴、濮院岳氏源流”专题片时，对嘉兴博物馆发现和收藏的《岳氏宗谱》和《金陀祠事录》作了翔实的专题报道。

濮院镇的岳氏，皆岳珂后裔，为其支脉之一。如元末明初的岳贵一，“初居佥陀坊，兵乱徙居梅泾”。明中期的岳元声、岳和声、岳骏声兄弟三人，均考中进士，成就“一门三进士”之佳话。清代的岳锦文，“嘉兴籍，居镇南”。岳鸿业，“复岳王祠，置义田义冢地”。岳昭垲，“同治壬戌(1862)岁贡，采辑岳氏先世事实，成《金陀这志录》”等。

当代濮院的岳氏后裔画家岳石尘(1902—2003)，为岳飞第二十八世孙，岳珂之后裔。

《凌氏宗谱》

《凌氏宗谱》现藏嘉兴市嘉善县图书馆档案室。该谱为乌程(湖州)凌氏修，清乾隆二十五年(1760)抄本(原件已佚)。该抄本纸质为宣纸，长29.7厘米，宽19.3厘米，板框长22.9厘米，宽15.4厘米，毛笔竖行书写，每页9行，每行20字；内页部分纸张已蠹蛀。

凌氏起源于西周时期，有掌管冰政的官职，称凌人。凌人的后裔子孙以先祖的官职称为姓氏，始称凌人氏，后作凌姓。

东汉末年的三国时期，有大将凌统，字公绩，吴郡余杭人。

唐德宗贞元、顺宗永贞间，有一世祖凌宫育，字殿旸，富春东山人。二世祖凌准，字宗一，唐顺宗朝起家，入为翰林学士，至都官尚书参度，支连累出。宋末凌吉川，为凌氏发脉之始，子姓分派，历历可考。元、明以降，子孙繁衍，支脉甚多，如：元学士凌震峰次子杭州支世系，三子练市、乌镇支世系；明文学隐云双林塘北支世系等。

濮院凌姓，现可查到的始祖为浙江湖州双林一支凌云世系。凌云有子孙为昆、瑄、启、鲁南、仲郁、继业、士魁、尔翰等。

凌云，字汉章，号卧岩，湖之归安人。世居归安双林里，因号双林凌氏。自幼善属文，补弟子员，屡试不得志，乃喟然叹曰：“大丈夫志在万里，顾屑屑于析章句，如置身低舍，不能举首，是鸿鹄抑志于燕雀也！”乃改为行医，后为明代著名针灸学家，双林学派开山鼻祖，御医。

濮院凌氏始祖，当为凌云第七世孙凌宸世。他于清乾隆年间迁至濮院后，凌氏针灸便开始在濮院世代相传。凌云的十五世孙凌煦之，继承祖业，针灸造诣极高，遂成为第十五代传人。

《赵氏宗谱》(赵文火支)

《蕈塘赵氏宗谱大房卷》，简称《赵氏宗谱》。该谱共35册(34册加1册补遗)，为赵氏后人据旧谱于2013年重修，木刻版现代印刷。封面藏蓝色，标题为繁体字，竖写。内册页长30厘米，宽21厘米，板框部分长24.5厘米，宽18.2厘米。每页10行不等，每行10余个字不等，文字为繁体字。纸质为宣纸。该宗谱桐乡市档案局有一套存档，濮院赵文火藏有一套，其余有4家赵姓人氏各存有一套。

濮院赵姓一支，据《蕈塘赵氏宗谱大房卷》载，系宋赵匡胤次子燕懿王德昭后裔。其三十一世孙赵茂隆(1893—卒未详)于1925年由绍兴迁入濮院镇西郊油车桥村。

三十二世孙赵鉴荣(1913—1975),妻王阿二(1914—1996)

三十三世孙赵炳官(1933—2013),妻朱阿三(1937—)

三十四世孙赵文火(1963—),濮院书画家,妻王娟芬(1969—)。

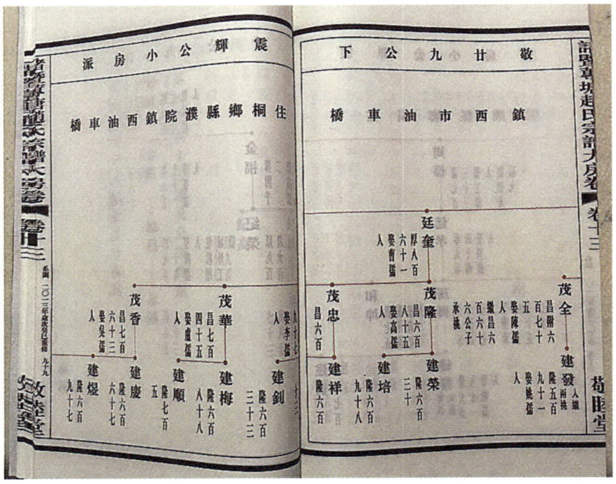

《蕁塘赵氏宗谱》书影

《高氏宗谱》

《海宁岩门高氏宗谱》,简称《高氏宗谱》。该谱共 29 册,为高氏后人于 2011 年第八次重修,现代印刷。封面藏蓝色,标题为繁体字,竖写。内册页长 29.7 厘米,宽 21.1 厘米,板框部分长 27.7 厘米,宽 16.1 厘米。每页 9 行,每行 49 个字不等,文字为简化体。纸质为现代白纸板。该谱簇放于樟木箱中,现藏濮院高伟胜处。

高姓来源:姜太公建立齐国后,传至八世孙文公姜赤,文公次子被封在了高邑,世称“公子高”。其后子孙遂取祖字为姓,称“高”姓。高姓一族在山东地区形成了历史上最著名的渤海高姓。之后,随着高姓家族的日益兴旺,形成了众多的后裔。他们先后向南迁移,特别是明朝,高姓作为山东大姓之一,各族各支分迁到了江苏、浙江、河南、河北、安徽等地。

濮院高姓始祖为浙江海宁岩门高翥(1170—1241)。高翥,字衍孙,又字九万,号菊涧,宋代诗人,南宋孝宗皇帝赐其为处士。高翥子孙兴旺,支脉较多。

据《海宁岩门高氏宗谱》载:

其二十五世孙高德胜属海宁南房一支(卷 17),于清同光年间始迁桐乡县二十八都旧南一图(今濮院新星村)乡村。高德胜妻无考,有子二,长子高荣方,次子高荣生。荣生早逝。

二十六世孙高荣方生于清光绪二十九年(1903),卒于 1992 年。妻金氏,有子四:长高尔金,次高尔兴,三高来法,四高水发。

二十七世孙高尔金生于民国十七年(1928),卒于 2008 年。妻吴东梅,生于民国二十五年(1936),卒于 2010 年。有子二:长高伟胜,次高伟虎。有女二:长高伟芬,次高桂芬。

第二节 年 谱

《夏颂椒先生年谱》

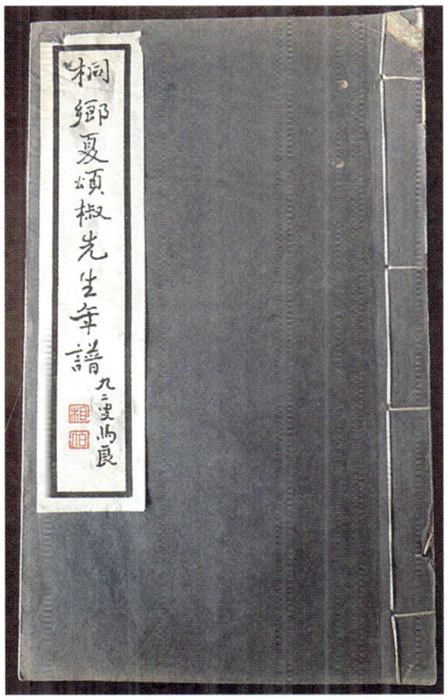

《桐乡夏颂椒先生年谱》书影

《桐乡夏颂椒先生年谱》，也称《榆庐年谱》，藏嘉兴市图书馆古籍文献部，共1册，为民国20年(1931)修，铅印本，纸质为宣纸(生宣)，封面深蓝色。该年谱册页长25.9厘米，宽15.3厘米。板框部分长18.1厘米，宽12.2厘米。谱内文字为铅字印刷，每页10行，每行24字。该谱保存完好，页面完整，字迹清晰。

榆庐年谱序

郑之章

姊丈夏君颂椒，古梧桐乡人也。世为濮川望族，品学行能，具有大过人处。阅世沧桑，不得尽展所长。春秋六十有四，以国库秘书终，知者惜之。既逾月，耐公、莨侯二甥，检君遗箧，得自订年谱，五十以后，属草未定，二甥续成之，来乞余序。余谓谱中所载，自幼学壮行以至老死，瞭若指上螺，似不必复赘一辞。然犹忆逊国季叶，桐邑征漕，官吏狼狈，米价银贵，非法病民。君纠合父老，揭其弊于大府前，为民请命，弊尽革。濮镇绸捐，有牒请当轴改认为包者，较旧率增什之二，复加一以肥私。群商忿然，争乞援于君，君力助之，事乃寝。二者功在桑梓，有口皆碑，独不载入谱中，非遗也，盖不欲自伐也。君生平作事，磊磊落落，大率类此。二甥甫当大事，弓冶箕裘，兢兢焉若不克绍业是惧。手泽所存，读不忍卒，余亦为之掩卷太息。特举君轶事，并忖度君之所以存心者，序而归之，俾二甥得终身无改于君之道也。九京有知，庶稍慰乎。岁在重光协洽终痡之月，同邑郑之章拜序。

榆庐年谱

桐乡夏辛铭手订 男祖年、廷正恭校

戊辰(1868)一岁。清同治七年五月初一(公历6月20日)丁丑朔寅时生。时先父蓉卿公年四十。

己巳(1869)二岁。

庚午(1870)三岁。是年二月，五弟亚笙生。

辛未(1871)四岁。

壬申(1872)五岁。是年六妹生。

癸酉(1873)六岁。是年始就傅，七妹生。

甲戌(1874)七岁。

乙亥(1875)八岁。清光绪元年。是年十二月,八弟岁先生。

丙子(1876)九岁。

丁丑(1877)十岁。

戊寅(1878)十一岁。

己卯(1879)十二岁。

庚辰(1880)十三岁。

辛巳(1881)十四岁。

壬午(1882)十五岁。

癸未(1883)十六岁。是年应县、府院试,皆第一,补博士弟子员。时主浙江学政者,祁公世长。

甲申(1884)十七岁。

乙酉(1885)十八岁。是年十月,先严、慈为余授室,郑氏妇来归。妇系右坡公之孙女,书田公之女,即先继慈郑太夫人之侄女也。

丙戌(1886)十九岁。

丁亥(1887)二十岁。是年闰四月,长女润珠生。

戊子(1888)二十一岁。是年八月,本省乡试荐卷,始从海盐徐树伯先生研究经学、训诂之学。

己丑(1889)二十二岁。是年赴杭州,肄业诂经精舍,岁试一等第二名,补廪膳生。

庚寅(1890)二十三岁。是年赴苏州肄业学古堂。七月,先父见背。时二姊三姊六妹七妹均未嫁,八弟未婚娶,家景艰难,赖先慈节俭,支持门户。二姊先已许字秀邑朱氏,婚嫁有期,遂于是年秋,奉母命于归焉。七月,次女连珠生。

辛卯(1891)二十四岁。就吴菊卣广文之聘,馆于桐乡学舍。

壬辰(1892)二十五岁。仍就吴氏馆。

癸巳(1893)二十六岁。仍就吴氏馆。科试一等第一名,阖属经解第一名。

甲午(1894)二十七岁。是年,在翔云书院为八弟课读。三月,长男祖年生。本省乡试荐卷。

乙未(1895)二十八岁。仍在翔云书院课读,八弟于是年补博士弟子员,岁试一等第一名,阖属经解备取第一名。冬,安葬先父蓉卿公及先母高太夫人、陈太夫人、郑太夫人于陆法师桥,并为先母刘太夫人营寿穴。

丙申(1896)二十九岁。科试一等第一名,阖属经解第二名。是年九月,六妹病故。

丁酉(1897)三十岁。就蔡仲然观察之聘,馆于苏州。八月,考取本省优贡第六名。时主浙江学政者,徐公致祥。是年冬,七妹于归秀邑郑氏。九月,次儿廷正生。

戊戌(1898)三十一岁。三月入都,寓嘉兴会馆。六月,朝考一等第一名,奉旨以知县用。七月出京，与青镇沈君和甫议筹设学堂，旋因政变事，遂中止。

己亥(1899)三十二岁。奉慈命，为六妹冥婚于嘉邑姚氏。

庚子(1900)三十三岁。是年正月，三女元珠生。

辛丑(1901)三十四岁。创办濮镇学堂。以筹款艰难，就翔云书院房屋，招集生徒，延聘中西文教习，授课其中。濮镇人士之习西文，自此始。七月，三女元珠殇。

壬寅(1902)三十五岁。仍办濮镇学堂。是年春，三姊于归海盐徐氏。

癸卯(1903)三十六岁。本镇丝业向提翔云观庙疏，每年不下数百金，是时，翔云观已落成，彼业将移庙疏，建造岳庙戏台。余商诸丝业，移造学堂房屋，众咸允洽。庙疏逐年提取，缓不济急，余又贷诸同人，得千余金，许以逐年由庙疏提拨学堂之款，分期归还。遂于正月拓地开工，从事建筑，至九月间，而楼屋7间告落成焉。是年二月，二女连珠病殇。

(谨按：先君于濮镇学堂添建校舍，曾为文以记，详载《濮院志》第八卷)

甲辰(1904)三十七岁。任桐乡县学堂校长。是年三月，移居雷家潭。四月，长女涯珠病殇。

乙巳(1905)三十八岁。仍任桐乡县学堂校长。筹设本县各乡、区小学14处。

丙午(1906)三十九岁。三月九日，先母刘太夫人见背。

丁未(1907)四十岁。为南乡泰石桥筹设初等小学。是年冬，合葬先母刘太夫人于陆法师桥。

戊申(1908)四十一岁。就南浔刘澄如京堂之聘，馆于上海。

己酉(1909)四十二岁。清宣统元年，仍就刘氏馆。冬入都，旋回上海。

庚戌(1910)四十三岁。正月赴部掣签，分发直隶，充清苑县谳局委员兼保定府谳局委员。七月，赴深州，充襄谳员。时知深州事者，黄君国暄。

辛亥(1911)四十四岁。三月，办理深州束鹿等处防疫事宜。保补缺后，以直隶州用。七月，奉委固安县办理急赈。八月，航海回南。时浙省光复后3日也。是年九月，为长男祖年娶妇张氏。

壬子(1912)四十五岁。中华民国元年，五月，五弟亚笙病故。

(谨按：先君于是年被选为桐乡县议会议员，辞未就，又被选为众议院候补议员。二月，先君与先五叔暨八叔析爨。凡先祖在日，贷于亲友之债券，数十年来积盈两箧，先君仰体先祖慷慨尚义之心，悉以焚之。)

癸丑(1913)四十六岁。任桐乡县财政科长。是年六月，入都，任中国银行秘书。十一月，辞职回籍。

甲寅(1914)四十七岁。是年闰五月，入都，侨寓地安门内月牙胡同徐氏。七月任审计院协审官兼机要科办事。冬十一月，长孙慎修生。

乙卯(1915)四十八岁。仍任审计院协审官职务。五月，兼审计院文官普通甄别委员会委员。八月，奉令策授为中大夫。九月，奖给五等嘉禾章。

丙辰(1916)四十九岁。仍任审计院协审官职务。三月,乞假回籍,为次儿廷正娶妇沈氏,事毕入都。二月、五月两次兼代书记官长。七月,兼任中国银行副总文书。八月,眷属来京,移寓銮舆卫夹道。冬,晋给四等嘉禾章。

丁巳(1917)五十岁。仍任审计院协审官职务。二月,随徐容光总裁赴沪,顺道回籍,纳张氏为妾。三月,入都供职。四月,辞中国银行兼职。是年正月,长孙女静娴生。七月,次孙懋修生。

(谨按:是年闰二月,先君与仲范姻丈商,将经管之梅泾葬会第六、第十两集期满后,所生息银 2130 余元,悉数拨充婴堂经费。)

先君自订年谱一卷,至五十岁而止。五十以后,度必赓续记载,别有稿在。无如祖年等遍搜遗箧,竟渺不可得。回溯戊辰(1928)迄今,此十四年间,廷正随侍于北平者凡六年,于沪上又四年,言行大概犹得什知其八九;至事有关于宗党间者,祖年侍母家居亦耳熟焉而能详,相与续成是编,附先君自订年谱后。贡诸当世,俾夙知先君之为人者,得以证平昔之所闻,即未尝识先君者,亦得想见其为人。倘蒙大君子俯赐定论,阐发幽潜,感且不朽。

中华民国二十年四月　男祖年　廷正　谨识

榆庐年谱续

男祖年、廷正敬编

戊午(1918)五十一岁。中华民国 7 年。仍任审计院协审官职务。七月,廷正卒业于浙江省立第二中学校,先君命入京投考北京大学预科。十二月,孙女端姝、庄媛孪生。

己未(1919)五十二岁。仍任审计院协审官职务。四月,徐容光副院长招集中美资本家合组懋业银行,先君预筹备焉。五月,被推荐为嘉兴六邑会馆董事。馆产有赁房两所,岁久失修,赁值极廉。先君亲往勘查,从事修葺,酌增租金,馆中收入,得以稍裕。秋,祖年入都省亲。是年五月,孙女庄媛殇,六月,孙女端姝殇。

庚申(1920)五十三岁。仍任审计院协审官职务。二月,懋业银行开幕,兼任检查部检查。七月,廷正北京大学预科卒业,升入法科经济系。十月,辞审计院事。是年八月,孙来修生。

辛酉(1921)五十四岁。仍在懋业银行任事。冬,移寓景山西门小石作胡同。

壬戌(1922)五十五岁。仍在懋业银行任事。春间南旋,议将先曾祖伊菴公名下遗产,重新分析。是产分析之初,在前清咸丰七年(1857)洪、杨乱后,旧业荡然。先祖辈以患难余生,重庆团聚,遂将各房田地租税合并收支,迄今已六十余年。先君虑常此合并,由一、二人经理,则后世子孙将不知稼穑之艰难,因分归各房,令自管业焉。是年秋,购西邻唐姓屋基地。十二月,孙女宜贞生。

癸亥(1923)五十六岁。仍在懋业银行任事。八月,懋业执行部南迁,先君奉调来沪,因移寓焉。是年秋，添购西邻濮姓屋基地。冬，建后进楼屋5间。时从兄景仲遵先伯父丽笙公命，筹建宗祠。既与先君协商定画，购地镇之北乡濮九娘桥，亦于是冬兴工。

甲子(1924)五十七岁。仍在懋业银行任事。三月，随徐容光协理入都，挈嫡弟贞叔以行。贞叔少失怙持，性嗜美术，曾从师习绘事。即命就都门鬻画，俾广见闻。先君于公余之暇，相与讨论六法，别有心得，亦以画自遣。所作山水，法宗石谷。先君之能画，自此始。是年三月，孙复修生。七月，廷正卒业于北京大学，得法学士。

乙丑(1925)五十八岁。仍在懋业银行任事。始从事编辑濮院镇志。闻张劼生孝廉，尝留心故里文献，孝廉病殁，征其遗著，仅得诗文杂志，而无志稿。先君慨故老之沦亡，旧闻之散佚，因约二、三同志，分任采访，并贻书刘龙伯中翰，商定体例。中翰又以道远不克兼任为辞，先君乃毅然独任之。孟夏，宗祠落成。十月，孙女勤贞生。十二月，孙吉修生。是年夏，又添购西邻钟姓屋基地。

丙寅(1926)五十九岁。仍在懋业银行任事。九月，宗祠开祭，先君订供奉条例八条，编列世次，恭缮飨版，并以赁房捐充祠产。濮镇婴堂经费缺乏，先君又于沪上募捐千余金，并自捐百金以补不足。是年六月，孙吉修殇于北京。

丁卯(1927)六十岁。仍在懋业银行任事。十月，志稿30卷成。十一月，为嫡弟贞叔完姻。增建前进堂楼5间，既落成，祖年请命名，先君题曰“志成”。盖训子孙以“有志者事竟成”，并以志稿适成，志不忘也。是年四月，孙女寄嫦生。

戊辰(1928)六十一岁。仍在懋业银行任事。七月，携志稿赴杭，付渭文斋开雕。八月，懋业银行改组，解职留沪，校对志稿。九月，交通银行总管理处南迁，廷正奉调来沪，得侍先君于民厚南里寓所。越两旬，先君回濮。腊月，应中央银行陈健庵副总裁之招，就秘书职来沪，仍寓民厚南里。是年二月，孙女莘贞生。六月，孙传修生。

己巳(1929)六十二岁。仍任中央银行秘书职务。六月，《濮院志》刻竣，尚缺地图。命廷正摹绘，付沪上印刷局锌版精印，装订成书，分贻亲友。全书都26万余言，计费银1100余元，均出自私资。先君属稿时，网罗乡先遗著，得文数百篇，以集文一门未能尽录，别辑《濮川文钞》内外两篇，终以未获王应綵《清慎堂奏稿》，尚待梓。是年四月，长孙慎修患猩红热，病殇于北平。

庚午(1930)六十三岁。仍任中央银行秘书职务。元月，处分财产受祖年、廷正，酌授子妇及孙男女，各有差。又提拨款项储蓄生息，资助族人婚费。手定办法六条，其首条云：“本办法为扶助族中子姓，使成年以后得有家室而广似续，不致因无力婚娶而绝嗣，所以固宗祊也。”盖先君修志时，得前哲杨树本《杨氏宗支考》自序，读之而感谓：“吾族情形，大类杨氏。”因有此举。四月，患喉烂，六月患霍乱，秋间患偏坠，腊月间时，患胸腹胀满，胃纳渐减，由是衰象见矣。是年十月，孙女贤贞生。

辛未(1931)六十四岁。仍任中央银行秘书职务。阴历元旦，改定孙男女分授书，谕祖年、廷正执存。是月初四日，表弟郑利全病殁于沪。先君尝请款，待其成年，为之婚娶，乃竟用之于棺殓。不旬日，族侄国梁，又以乃父绒三病革，来函告急。时先君已病，勉力函托苏友代探，属实，即命廷正汇款接济。越两日，绒三之讣至矣。先君经此激刺，病越剧。旋患干呕，始决意还乡。3 月 24 日，即阴历二月初六日小还，考终于“志成堂”。

第三节　望　族

名门望族是指历史悠久而声望很高的家族。中国历史上曾出现过一些长盛不衰的名门望族，他们世代出将入相，地位显赫，对中国历史的发展产生过深远的影响。至于地方上的望族，一般是指那些孝廉出身的士绅，数代经营后逐渐形成了“衣冠望族”或“簪缨望族”，他们散布在各府州县，成为当地有声望的官僚、显贵家族。

濮院的望族，首推以濮凤为始祖的濮氏。濮氏宗脉支连，子息繁茂，其子孙在朝为官也甚多，在宋元明时期是濮院名副其实的一大望族。据志书记载，濮氏之后大姓继起成为望族的，前有贝、刘、燕、朱，后有杨、冯、施、岳，又有雷、石、张、陈、曹、夏、仲诸族，但规模和影响远不能与当年的濮氏相埒。清代中期后，除刘、朱、岳、夏、仲外，大多先后式微。到清末民国初，仲氏、夏氏以及继起的沈氏，人口众多，人才济济，对地方多有贡献，成为后期濮院影响较大的望族。

濮氏

濮氏，从南宋著作郎濮凤随高宗南渡定居于此始，数百年间，子孙繁衍，支脉众多。濮凤扈宋南渡，宋赐铁券；六世孙濮斗南，谢政归里，理宗赐名“濮院”。据明清时期的濮院志书记载，濮氏在濮院有八宅二十六庄，其占地面积延伸至四乡数里远处。濮氏家族族人数百，奴仆千余，声势显赫。

濮氏注重农业，开荒种田，栽桑养蚕，发展生产；又悉心营建市镇，修桥铺路，援建梵观，兴修水利，垒窑烧砖。早年濮氏在运河陡门段修建“濮家塘”，形成“自万寿山抵皂林，平坦如砥”的“塘路”，改善了皇华孔道，方便了四方客商。十世孙濮鑑，“开街构屋，召民贸易”，设立“四大牙行”，吸引四方客商纷纷来濮交易。商贾云集，使濮院较早地以一个繁荣的商业市镇面貌成为“江南五大名镇之一”。濮氏还重视地方文化教育事业，举办义塾，筹立“聚桂文会”，编纂方志等。

濮氏历代人才辈出，他们或宦或商，或积善一方，或诗文传世，明清及民国志书人物传中列有濮凤、濮奉镃、濮一之、濮鑑、濮允中、濮彦仁、濮孟清、濮龙锡等人。虽经分迁、靖难牵连两次重创，日趋式微，但濮氏作为濮院第一望族的地位仍不可动摇。

朱氏

以世宦祠为家庙的朱氏家族是宋元明清诸朝濮院的官宦世家。据明清濮院志书载：世宦祠祭祀的通籍者有宋尚书右仆射同中书门下平章事兼知枢密院事朱胜非，故居在幽湖南数里的长水乡，著有《秀水闲居录》；宋荫国子生兼翰林院左右供奉朱智；元因海道运粮有功，授宣慰使的朱清；继承父业治海槽的朱虎；元进士出身任刑部侍郎赠监察御史朱钊；元总管府提督海运诸路总管兼理军务都统制朱旸谷，其后裔一支迁石条街后称旗杆下朱氏；元枢密院判官同知枢密事朱完；元万户府协理海防朱大德；明成化丁未进士授翰林院检讨朱绶；明万历乙卯科举人朱治贞；明天启辛酉举人、岭西道署两广总督朱治惆；清康熙己酉举人、金华教谕朱鸣吉；清康熙壬午武科举人、任都司佥朱光国等26人。

明清时期，有朱氏先后从安徽等地迁濮，分别定居于南横街、女儿桥堍等地，他们和先期落户的旗杆下朱氏祭祀于同一祠启。幽湖南四里彰扶桥的世宦祠，于光绪十四年(1888)毁，此后朱氏继续在镇南宗族祠堂举行祭祀活动，直至20世纪40年代。

近现代濮院朱氏也是人才辈出：光绪二年(1876)进士、四川督学朱善祥；清末举人、财政部主事朱辛彝；贡生、江苏县丞朱祥元；留日学生、同盟会会员、民国时期浙大教务长朱乙楙；美术家朱家华等。

民国后，朱氏后辈较多外出定居他乡。今在濮族人已不多。

刘氏

濮院刘氏原籍山东，随宋室南渡。元末，始祖刘祥自武林迁濮。据《濮川所闻记》记载："刘祥元末隐居不仕，信义著于乡里，友爱笃于孔怀，以诗礼传家。"刘氏繁衍至明末清初，已是继濮氏之后的四巨姓之一。刘氏后裔分别居住在大街南中北三宅、固安桥街栈里宅、南新街宅和太平巷宅等处，刘氏祠堂在镇西南红墙弄西侧，刘氏祖茔在镇西南四里许的陆家园。

刘氏世代从事农耕、商贸、艺术等等，在濮地安居乐业。不断兴旺的家族，积极投身于公益事业，在常平仓、掩埋局等处的义举已载入志书。

刘氏为书香门第，耕读传家人才辈出。明清朝有：钦加五品衔巡检刘炯，敕封宣德郎刘文勲，候选布政司经历敕授宣德郎刘世基，候选直隶州州同刘溥渊，江苏试用县丞刘成锦，议叙詹事府主簿刘成鈊，按察司照磨刘成铭，太学生刘璲、刘裕、刘嘉骐、刘嘉骏、刘嘉骧、刘嘉骥、刘建勲、刘懋勲、刘国勲、刘树棠、刘世坤、刘成鑑、刘成鐄(国子监典籍)、刘成铣(议叙府经历)、刘既灏(八品职衔)、刘既沂、刘既澍，议叙中书科中书刘德培，议叙布库大使刘世墉，议叙从九品刘成钰，增贡生刘世培、刘成鋐，附贡生刘世埰，增广生刘既潮，庠生刘既潆、刘富梓、刘富樑、刘小觉、刘方炜，拔贡、举人刘富槐(翰林院内阁中书)。民国及以后有：四大昆曲家之一刘富樑，书法家刘小觉，国际法学家刘方炽，水利工程专家刘方烨，高级会计师刘方熒，以及医学、冶金、纺织、石油等行业的专家学者刘谷琮、刘谷璋、刘琬、刘谷琛等。

今生活在濮院的刘氏后裔人数不少，落户他乡、营生海外的也不乏其人。

夏氏

濮院夏姓望族主要当为夏有道一支。据夏辛铭《濮院志》(1927)自序说："吾家先世讳伯孙公，仕宋，为国子监博士，亦于其时从高宗南渡至浙，始居会稽。历九传至讳万公，当宋末元初，避乱于崇德州之梧桐太和兜。又十二传至讳有道公，始迁濮院，实在明季。又七传而逮我祖考讳斗寅公，学兼汉宋，为邑中名宿。生我先君讳清泰公，绩学能文，累试不第，以明经终。”可见，濮院夏氏的始祖为夏有道，迁濮时间为明代。到中华人民共和国成立前夕，夏有道后裔分别居住在众安桥东堍、后河下和蜡烛街，夏家祠堂在濮九娘桥南堍。

夏氏诗礼传家，人才辈出。清代有知县夏书绅、夏辛铭，训导夏恩纶，贡生夏清泰、夏彦钊、夏葆镛、夏会澧、夏霁澄，监生夏毓汶；民国及以后有学者、专家、艺术家夏新淦、夏宗泽、夏钟岳、夏贞叔、夏廷正、夏彭春、夏复修、夏飞云等。旧时的夏氏俊彦热心地方公益事业，如婴堂、葬会、剧场、文会、办学、修志，无不竭诚担当。现当代的夏氏翘楚，则以经济、文化、科技等方面的成就而闻名遐迩。

仲氏

仲氏自下里始祖咨传至仲应鹤和仲湜，已分别是七十一世和七十四世。两千多年间，仲氏涌现了仲由、仲谋、仲杲、仲晋昭等等先贤名宦。五十七世仲基，号益庵，始迁吴江；弟白庵一支迁千金。仲应鹤，字九霄，于明末自千金迁濮。九霄曾以“割股肉为羹以疗母疾”而称孝一方。九霄子弘道任峄县知县，政绩卓著，著作等身，还乡后居石条街“瓯香圃”。晚年仍著述、题碑不断，并独立编纂《桐乡县志》，为家乡留下重要文化遗产。石条街仲氏的仲弘文、仲恺、仲山舍也均是诗文名家。

仲湜，字葭湄，于康熙年间自吴江盛泽迁濮经商，后居北横街。仲湜孙辈因经商成功并与濮氏联姻，遂成为濮镇望族。北横街仲氏热心公益事业，乾隆年间独立出资重建迎龙桥，嘉庆六年(1801)独立出资重建梧桐、聚凤两桥，嘉庆十八年(1813)独立重建王母桥。历代仲氏闻达乐善好施，每遇荒歉，倡捐施济；襄赞义葬会、保元堂等。他们还关心地方教育事业，民国时期为开创小学、中学作出贡献。

濮镇仲氏人才辈出，明清时期有拔贡第一名、知县仲弘道，五品巡检仲呈材，训导及教谕仲镜，太学生仲煌、仲增、仲镕，恩贡生仲浚、仲成柟，画家仲智権、仲呈枋。民国及以后有画家仲光勋、仲光煦，音乐家仲子通，教育家仲子明，专家学者仲蕾兰、仲强华、仲民华等。今濮镇仲氏在籍人数已不多，在外分布地主要是苏沪、台湾等地，也有到美国的。

第三章　著　　述

第一节　古代书目

濮院镇自明清以来，各类著述相当丰富，但由于战乱等原因，多有散佚。现据有关史志，收录各家著作如下。

宋

朱胜非　《秀水闲居录》3 卷

　　　　《绀珠集》13 卷

濮一之　《诸经说》

濮　振　《范少伯扁舟集》

　　　　《妆楼百咏》

元

鲍　恂　《学易举隅》3 卷

　　　　《易传大义》

　　　　《卦爻要义》

　　　　《西溪漫稿》4 卷

　　　　《大易钩玄》20 卷

濮彦仁　《游仙吟》

姚　清　《乐章》1 卷

明

贝　琼　《中星考》1 卷

　　　　《清江贝先生集》30 卷诗 10 卷

　　　　《贝氏族谱》

贝　翱　《平澹集》（一名《舒庵集》）

江　汉　《月下清游集》

杨　述　《兰谷集》4 卷

杨　璃　《盐政条约》

濮孟清　《濮川志略》

朱　绶　《易经精蕴》24 卷

　　　　《四书补注》3 卷

　　　　《清溪草》

冯　孜　《贞节录》

　　　　《宁垒编》

　　　　《古今将略》4 卷

　　　　《明儒要录》

　　　　《明刑录》

　　　　《桐乡县志》14 卷

杨　恩　《启明楼诗钞》

杨　观　《晚宜亭唱和集》

岳元声　《易说》3 卷

　　　　《易学范围图说》1 卷

　　　　《潜初子集》12 卷

　　　　《澹漠集》2 卷

　　　　《田粮沿革年谱》

　　　　《三邑错壤图说》

　　　　《方言据》2 卷

　　　　《金陀遗编》

岳和声　《大成乐舞图说》1 卷

　　　　《辛亥京察始末》8 卷

《后骖鸾录》
《天中语录》
《摄城语录》
《香林语录》
《同声录》
《澹漠录》
《餐微子集》30 卷
《观生堂荟著》
岳骏声　《闯宫始末》1 卷
《秋窗偶拈》1 卷
《景留堂稿》
《啬庵集》
姚　迟　《瑞树录》
濮　炀　《草堂十书》
《锦笺乐府》
《濮草堂日记》
杨长春、杨维春　《花萼集》
岳　恂　《周易纲目》
陆养正　《石鸣集》
佚　名　《濮川小志》
周之学　《濮川志草》
朱茂曜　《徵梦录》
《惟木散人稿》
吕　洽　《学庸图注》
《草亭诗选》
钟　山　《吉云集》
陈其德　《垂训朴话》
濮侣庄　《濮川残志》
濮龙锡　《增订濮川志略》
沈　机　《鷃笑轩诗》4 卷
《梅泾草堂集》2 卷
郑光祚　《樵父吟》
克　新　《南询稿》
《雪庐诗集》2 卷
《金玉集》
梵　琦　《楚石语录》
《净土诗编》
《北游集》
《凤山集》
《西斋集》

清

濮　淙　《澹轩集》
《半间楼集》
《澼雪居草》
《月巢草》
《蘧园草》
《庄庑集》
《山塘近草》
《萍社吟》
濮　琦　《香石居诗稿》
钟　彝　《则鸣集》
仲弘道　《拟易广义》
《增订史韵》4 卷
《读史小论》1 卷
吴宗泰　《檇李稗编》
施　博　《姚江渊源录》
周映康　《雪芸草》1 卷
孙嘉丽　《清夜钟》
张　口　《易观正宗》
《一庭草》
冯允秀　《梅花逸叟集》
濮国佐　《安邱子迂言》
沈　恕　《幼科述古》
沈　尧　《晚盥集》3 卷
沈　朗　《恬翁集》
张宿之　《河图洛书纂记》
曹士玮、曹士瑛同辑　《礼记精义》
朱　振　《龙舒治略》

濮诒潢　《濮氏族谱》
周龙雯　《怀孟草》1 卷
施元勋　《巽言集》
杨　炜　《云竹诗集》2 卷
　　　　《桐鸣小草》1 卷
杨　燮　《易论一原》1 卷
　　　　《周易或问》1 卷
　　　　《毛诗笺》
　　　　《性理阐》
　　　　《勖亭诗文集》8 卷
　　　　《灵兰青乌要旨》
杨　焕　《朗吟阁遗稿》
杨　煐　《鹤栖小草》
钟声阆　《写忧草》
张其是　《碧草轩诗钞》
　　　　《濮川纪略》2 卷
郑　典　《庑下吟》
　　　　《幽湖集》
　　　　《广陵古籍诗》
　　　　《友陶居士集》
翟枚吉　《蠡洲诗钞》
杨　瑄　《分纂图书集成乐律典》136 卷
　　　　《字学典》160 卷
　　　　《栗斋诗稿》2 卷
王应綵　《清慎堂奏稿》
　　　　《清慎堂诗集》
濮联元　《医学揭要》
李　璞　《静涵堂文集》
　　　　《丛桂山房诗集》
　　　　《同舟唱和集》
　　　　《梅泾诗草》
仲　恺　《瓯香诗文集》
杨大文　《质庵遗稿》
杨　炯　《南游草》1 卷
　　　　《后南游草》1 卷
　　　　《拾遗草》
杨德滋　《云轩草》
岳昌源　《经野堂诗删》
曹士勋　《萍梗集》
　　　　《翠习词》
屠嘉正　《恂斋诗文集》8 卷
　　　　《别集》8 卷
郑世元　《耕余居士诗集》24 卷
郑　挺　《秦淳诗集》
方学沆　《逊志斋古文正续编》
　　　　《莳园初二三刻诗集》
钟　梁　《来霞集》
陈曾祉　《心隐集》4 卷
周　□　《顺宁楼集》
　　　　《缓庵诗钞》1 卷
程　琦　《芳屿集》1 卷
濮光孝　《学圃集》1 卷
陈光裕　《获书楼稿》1 卷
　　　　《石墩草》1 卷
沈尧咨、陈光裕同编　《濮川诗钞》
王文选　《青莲诗稿》
沈履端　《竹岳楼草》1 卷
濮　梁　《学圃印薮》
沈钟泰　《获书楼遗草》
沈孔键　《柴门集》2 卷
　　　　《小罗浮山人诗钞》10 卷
濮启元　《玉岩诗文钞》
　　　　《嘉禾百咏》
陈元星　《镜庵诗钞》
濮祖型　《竹石居咏物诗》4 卷
　　　　《墨君论古》
沈履丰　《训子家言》
　　　　《渔山诗集》

沈廷瑞　《静趣轩诗稿》1卷
　　　　《东畲杂记》
徐　嘉　《得月楼诗集》
徐　晞　《赤岩集》1卷
张弘范　《霁阳诗钞》4卷
张弘牧　《懒髯集》1卷
　　　　《篆学津梁》2卷
　　　　《增注篆韵》2卷
　　　　《埋愁集》
周　甸　《峄山集》1卷
李枝升　《白下集》
　　　　《霞山集》
　　　　《容江集》
　　　　《江汉集》
　　　　《双江集》
　　　　《闲居集》
　　　　《心稿》
　　　　《梦笔轩诗草》
杨树本　《春秋事几终始》
　　　　《纪元备考》
　　　　《杨氏宗支考》
　　　　《濮川琐志》8卷
　　　　《文房备览》
　　　　《荫轩诗文钞》
蒋绍辉　《砚农初语》
沈　琳　《瞻云堂文集》
吴　瓖　《松声阁刻鹄集》
　　　　《钓鱼谱》
叶应麟　《竹鱼小草》
　　　　《篆隶考》
项观涛　《独醉吟稿》
宋　贵　《镜楼诗存》
郑　炎　《雪仗山人集》
吴奕传　《葵园集》

沈镕经　《自怡集》4卷
岳　镛　《省斋诗文集》8卷
　　　　《菊谱》4卷
岳　鑑　《金陀祠事录》8卷
胡　琢　《濮镇纪闻》6卷
　　　　《法眼观》
　　　　《赘翁笔记》
叶家琬　《养蒙术》
王士端　《金萱小隐吟稿》
邹士贵　《宁静书屋吟稿》
朱　均　《锦塘诗文集》
朱　垠　《志墨斋诗文钞》
项　熊　《翠筲居吟稿》
沈延相　《书笏草堂集》
王士竑　《扫红仙子集》
　　　　《峨眉山人诗稿》
吕　坤　《茼坡集》
　　　　《藕船草》
　　　　《鸳鸯湖棹歌》
沈家珍　《竹素居诗集》
　　　　《形声类纂》
　　　　《诗韵补》
　　　　《玉合子》
张仁敷　《辍耕吟稿》4卷
濮　鐄　《经学述》
杨　沄　《禹贡集诂》1卷
　　　　《尔雅音准》1卷
　　　　《五经要论》1卷
　　　　《韵辨》1卷
　　　　《正史略》2卷
　　　　《小林屋杂著》4卷
　　　　《听雨楼集》4卷
　　　　《一经楼诗赋就正编》
　　　　《策学镜海》

　　　　《杨氏家谱》
屠本仁　《濮院志》
　　　　《碧玉壶吟稿》
金淮（濮鐄、濮承钧、岳洙传）
　　　　《濮川所闻记》6 卷
　　　　《濮川所闻记》续编 2 卷
岳钟英　《读史偶纂》
　　　　《镜湖文钞》
岳鸿振　《菊照山房近稿》5 卷
岳　沄　《金陀诗存》8 卷
　　　　《硖川游草》
　　　　《桐花馆笔记》
沈　瑚　《铁珊赘笔》5 卷
沈元勋　《蟠山韵钞》
濮润淞　《医书》8 种
吴　瀛　《青峰集》24 卷
钱　熙　《斯秩堂诗草》
陈兆麟　《传家必备》
钟锡龄　《小山山房诗文稿》5 卷
吴陈勋　《捎云山馆诗钞》3 卷
柏三锡　《多师草》
　　　　《壬戌杂著》
吴　桐　《凝翠楼诗稿》
　　　　《享帚集》
　　　　《衲琴集》
　　　　《鼓缶集》
　　　　《歛衣集》
岳廷枋　《醉六居诗稿》
　　　　《西泠纪游录》1 卷
　　　　《中秋词》100 首
沈懋德　《香雪缘》
　　　　《红楼梦补》
　　　　《奇烈记》
　　　　《后白蛇传》
董　棨　《乐闲诗集》
　　　　《题画随笔》
　　　　《养素居画学钩深》
陈春宇　《自怡轩集》
曹大经　《吟秋山馆小稿》
　　　　《味蓼集》
　　　　《衔姜集》
　　　　《餐菊集》
　　　　《嚼梅集》
　　　　《砚以静寿室诗钞》
　　　　《佳日联吟集》4 卷
　　　　《襟上酒痕集》1 卷
　　　　《凝眉室诗钞》
　　　　《铁沉沙馆小稿》
　　　　《拉杂吟》
　　　　《吟秋馆怀人集》
　　　　《碎铝集》
　　　　《丽情分咏》
　　　　《么弦独语词稿》
　　　　《凝眉室印谱》2 卷
杨　春　《香泥学吟》
　　　　《小桥吟稿》2 卷
夏斗寅　《玉山草堂诗文钞》
朱献琛　《啸隐诗钞》
　　　　《濮川诗钞补遗》
沈　涛　《红蕤山房诗存》2 卷
　　　　《词存》1 卷
　　　　《幽湖百咏》
　　　　《绿生馆主存稿》1 卷
　　　　《焦琴吟》1 卷
杨绍祥　《云坡诗钞》
岳洙传　《金陀别墅文稿》
　　　　《古香诗钞》
　　　　《春江泛棹录》

《濮川诗钞续编》22 卷
《石刻考略》4 卷
《泉志增》10 卷
《梅泾节孝录》5 卷
叶　芬　《苾庵遗稿》
王仕超　《骊珠亭印谱》
岳廷梁　《季眉倚声》
钟贤录　《梅村诗文钞》
《掇英集》
《根香书屋诗稿》
项朝钦　《约略说》
岳沂春　《自怡悦斋诗文钞》
《咏史百首》
《辨廉集》2 卷
《鞠通杂著》
沈　礼　《古岑诗钞》
《味腴斋诗钞》
钟学熙　《桂芬山房诗文稿》
曹晋墀、曹承垣　《二苦合存》
钟亮采　《髦铎吟》
仲　锟　《乐志居诗稿》
《印谱仅存》
张中孚　《人式编》
《笃信编》
张中潜　《菊如诗钞》
夏昌垣　《曲江日记》
《榆阴楼画论》
钟承藻　《卧雪吟》
董　燿　《养素居文集》
《养素居诗集》
《枯匏题画诗》
《读书日记》
《读诗日记》
《阿弥陀经注》
《警枕录》
《集验方》
董宗善　《老子玉屑》
沈学濂　《朗阁吟草》
岳昭垲　《织云楼诗钞》
《织云楼别集》
《金陀述志录》
《约略说》1 卷
《濮录》
沈　梓　《养拙轩诗文稿》
《养拙轩笔记》
《避寇日记》(手稿)
李　潜　《盘谷樵声》
董念棻　《梅泾诗录》
《小匏诗存》
《两汉金石年表》
朱善祥　《红藤馆诗》
夏书绅　《经世刍言》
《带草堂诗钞》
沈寿祺　《傭间吟草》
章维堃　《励志社诗稿》
张文镐　《濮川地理志》
《愫龛诗文稿》
《皋庑随笔》
刘富槐　《瑻园诗录》4 卷
《瑻园词录》1 卷
《矇叟皋言》
范　氏　《鹃红集》
朱素诚　《德隐楼遗稿》
吴玉书　《挹兰室诗稿》2 卷
《鸳湖女史画稿》2 卷
克　新　《南询稿》
《雪庐诗集》2 卷
《金玉集》

梵　琦　《楚石语录》
　　　　《净土诗编》
　　　　《北游集》
　　　　《凤山集》
　　　　《西斋集》
依　惺　《龙潭集》
鹤　峰　《鹤峰语录》
寂　解　《开山一览》
　　　　《香海寺修造记》
　　　　《闻见录》
　　　　《随扣诗集》
　　　　《方外诗话》
心　鑑　《秀野堂诗集》
　　　　《语录》4 卷
际　困　《观幻山房稿》
潘　鸿　《来云阁小稿》
　　　　《句曲游草》
徐大椿　《医学源流论》2 卷
　　　　《徐氏医书十三种》
　　　　《伤寒类方》
　　　　《兰台轨范》8 卷
　　　　《医贯砭》
　　　　《道德经注》二卷
　　　　《徐氏医学》16 卷
　　　　《慎疾刍言》1 卷
　　　　《徐灵胎医学全书》
　　　　《医略六书》33 卷（又名《徐氏医学六种》）
　　　　《神农本草经百种录》
　　　　《难经经释》2 卷
　　　　《乐府传声》
王士雄　《回春录》2 卷（又名《王氏医案》）
　　　　《仁术志》8 卷（又名《王氏医案续编》）
　　　　《霍乱论》2 卷
　　　　《温热经纬》5 卷
　　　　《潜斋四科简效方》4 卷
　　　　《归砚录》4 卷
　　　　《随息居饮食谱》
　　　　《鸡鸣录》
　　　　《古今医案选》
　　　　《重校证治针经》
　　　　《潜斋医学五种》

第二节　《锦笺记》

《锦笺记》内容简介

《锦笺记》（又名《锦笺传奇》《锦笺乐府》）两卷四十出，为明濮炀创作的戏曲传奇，演梅玉与柳淑娘的爱情故事。梅玉之母与柳淑娘之母原为结义姐妹。梅生往杭州探访柳母，柳家有女名淑娘，美貌有才。时值灯节，淑娘作伤春诗，写在锦笺上，游园时不慎遗落。梅生窥见淑娘，又拾锦笺，遂生爱慕之心。后经丫环芳春引线，梅、柳彼此爱慕，锦笺赠答，两情缱绻，而柳母全然不觉。及梅生应试高中，始合笺成就一段美满姻缘。《锦笺记》虽不脱才子佳人戏窠臼，然情节曲折，人物鲜明，词藻优美，不失为一部明传奇佳作。

《锦笺记》版本

《锦笺记》今存明万历三十六年(1608)金陵继志斋刊本(《古本戏曲丛刊》二集据以影印)、明万历间金陵文林阁刊本、明末李卓吾刊评本、明末汲古阁刊《六十种曲》本等。

《锦笺记》作者

关于《锦笺记》的作者,由于未正式具名,最早的继志斋刊本只在卷首陈大来的《锦笺记引》中提到作者为"抱真先生"。有研究者据此认为"抱真先生"就是当时文名卓著的周履靖的别号,后学界沿用此说。随着《曲品》乾隆五十六年抄本的发现,才得知作者另有其人,这人就是濮院籍戏剧家濮炀。明吕天成所著《曲品》明确说:"濮草堂所著传奇一本《锦笺》。"卷上说"濮草堂嘉兴人",并云"濮叟编掇甚巧,吟咏颇饶,放于葛天、无怀、解于《南华》《道德》"。

说《锦笺记》作者为濮炀,除经专家考证外,尚有多种文献材料可作支撑。今略举大端:

光绪《桐乡县志》卷十九《艺文志》载:"《锦笺乐府》濮炀撰。"

《濮川所闻记》卷三《人物》载:"濮炀,字抱真,号草堂,警敏绝人。及补博士弟子员,鄙夷帖括言,长力诗古文词,手不释卷。尝构别墅,颜曰水木坞,因称水木居士。前后诗社唱和皆海内闻人。著有《草堂十书》:曰《庭语》,曰《贫范》,曰《诗话》,曰《桑梓异谈》,曰《山丁月识》,曰《漫拾》,曰《水木汇编》,曰《自怡篇》,曰《落照闲谈》,曰《逸志》。又著《锦笺》乐府,选入汲古阁六十家中。"

《濮川志略》卷四《卓概》载:"抱真公,号草堂,尝筑别业于鸳湖之曲,颜曰'水木坞',因称水木居士。……偶有感触,作《锦笺》传奇,别致谑词,脍炙人口。……"

《濮川志略》卷十二《外艺林》载:"明贺灿然《锦笺传奇序》:'《锦笺记》者,记梅、柳伉俪之始终也。然岂仅仅谭风月、资谳笑哉!抱真先生愤世嫉俗,特作是,以垂闺诫耳。其曰世谊亲昵,惩结义也。曰词笺召衅,禁工文也。曰慕德耀、感乞儿,谓外言内言,毋出入也。游观当戒,何论僧寺尼庵,即家园难免窥觑。眼色易牵,宁独淫僧狂客,即女子亦自垂情,兼以三姑六婆,奸诡万状,截如姚江,严如帅府,且为笼络透漏,况其他乎?若夫励操全盟,割爱忘妒,捐躯代选,安分辞荣,节义两全,讵不称美?而自炫自售之妇,徒取杀身辱名,观者能不惕然哉?此先生作记意也。而论者徒曰:喜堪绝倒,悲足断肠,此记是已。予谓:不关风化,纵好徒然。先生得之以作记,余亦得之,以重先生之记也。'"

贺灿然,平湖人,世居嘉兴双溪里,万历二十三年(1595)进士,当是濮炀的友人。此序显然是原创。万历三十六年(1608)继志斋刊刻的《锦笺记》,卷首陈大来的《锦笺记引》是抄了贺灿然序的,只改动了个别字词:将末句"余亦得之,以重先生之记也"删去,改为"予重校而梓焉"。

《锦笺记》创作缘起

关于《锦笺记》创作缘起的传闻，《濮川志略》卷八《纪异》载："嘉靖甲子三月十一日，草堂公与堂兄孟实、仲韬饮于张慎伯家。夜二鼓，月微明，慎伯送公三人还，道经车栏桥，见篱隙灯火荧荧，似有评诗者，因驻足潜窥之。乃男子二人，皆脱巾短服，共引一卷，同声讽咏。一女艳色淡妆，从旁一一赞赏。诗约三四十首，多不能记。至有'嗟哉惜花女，羞见并头红'之句，女曰：'妙绝妙绝。'仲韬拍公肩，谓曾闻否。公以闻对。出声稍高，内即灭灯，声迹俱杳。公辈且行且念，咸谓不意此地亦有女子知诗者。及明，遣人物色之，乃一空室，扃锁已数岁矣。公与四人共睹共闻，不则，听者必以为妄也。以此观之，《剪灯》诸话，安可谓其尽诬哉？"显然，濮炀创作《锦笺记》与他早年所经历的这桩神异事件有关。其所见到的女子不仅美艳而且知诗，赞赏"嗟哉惜花女，羞见并头红"这类情诗，从中可以见到《锦笺记》中柳淑娘的影子。这不仅有利于研究《锦笺记》，而且对于理解明传奇的创作与作者的关系也很有助益。

《锦笺记》目录及选场

目录

第一出	家门	第二十一出	泛月
第二出	游杭	第二十二出	联姻
第三出	赴闽	第二十三出	盗起
第四出	访姨	第二十四出	渝盟
第五出	友聚	第二十五出	分笺
第六出	遗笺	第二十六出	遥访
第七出	寻笺	第二十七出	败北
第八出	婆奸	第二十八出	蜡书
第九出	初晤	第二十九出	旅诉
第十出	传私	第三十出	及第
第十一出	诒婚	第三十一出	选宫
第十二出	醉春	第三十二出	题录
第十三出	争馆	第三十三出	陷选
第十四出	怨寡	第三十四出	代选
第十五出	进香	第三十五出	草奏
第十六出	阅录	第三十六出	协奏
第十七出	闻讣	第三十七出	赐婚
第十八出	重晤	第三十八出	咸遂
第十九出	协计	第三十九出	昼锦
第二十出	尼奸	第四十出	合笺

选场

第一出　家　门

【西江月】〔末上〕身外闲愁莫惹，眼前声伎堪规。一生聚散与欢悲。消得檐前寸晷。漫道梦长梦短，总将傀儡搬提。清歌雅宴且追随，亦是百年良会。〔问内如常介〕

【沁园春】吴下梅生，钱塘柳氏。萱亲世谊。因相依登览，情惹春词。虔婆撮合，侍女传私。邹君留学，日久心期，坚贞百伎纵难移。奸尼巫药，仅折借春枝。游嬉漏泄微机，好事多磨是又非。千里空劳命驾，杏园感泣。赵公戏笔，齿录曾题。佳人陷选，义女捐躯。金门协奏赐完归，歌嘒彼室家咸遂，昼锦乐于飞。〔下〕

第六出　遗　笺

【生查子】〔旦上〕日永绣工余，月满银光莹。〔小旦上〕灯火暖烘春，〔净上〕夜禁应须纵。〔旦〕玉作芙蓉院院明，博山香度小峥嵘。〔小旦〕宝坊月皎龙灯淡，紫府风微鹤焰平。小姐，灯市里看灯去。〔旦〕乱道。〔净〕呀。乡里人都说。儿郎种麦荷锄倦，偷闲且向城中看。小姐怎说乱道？〔旦〕这是儿郎话。女子家岂可出游街市。〔净〕这等门前去看一看。〔小旦〕门前有甚好？〔净〕好么！千门月映，九陌灯攒，行歌可听，游妓堪观。岧峣的是峰岭，青翠的是林峦。也有骑鲸李白，也有泛渚张骞。老儿灯连连拜揖，马儿灯飞走团团。还有那狮蛮滚戏，鬼判相抟，承竿走马，跃剑跳丸。数不尽繁华种种，说不出奇异般般。小姐，你道这时候呵，谁家见月能闲坐，何处闻灯不去看？〔小旦〕何处闻灯不看来！〔净〕呸！未曾去看。怎说看来。〔旦顾小旦介〕不要理他，自去取卷书来。〔小旦取介〕是《侯鲭录》。〔旦看介〕是《莺莺传》。拿去换一帙来。〔小旦换介〕这是《金石录》。〔旦〕这到不曾玩。〔看介〕你看赵明诚与李易安，夫妻雅好文墨。收贮琴书古玩。每日煮茶共赏，可谓天伦至乐。欣羡欣羡。〔掩书叹介，净〕小姐只管看书，如今心焦起来，花园里看看梅花何如？〔旦〕有客，怎好去。〔小旦〕奴家适在奶奶处，闻说梅公子今夜那家看灯，想不在也。〔旦〕敢不真？青娥去打探一回来。〔净〕嗄。忙将金锁掣，报道玉人来。〔下，旦起介〕不觉月又这等高了。

【一江风】〔旦〕月当空，馥馥香风度。翠袖春寒重。〔叹介，小旦〕小姐，你为何攒着眉儿长叹起来？〔旦〕惹闲愁难掩双眉。〔小旦〕小姐钗儿歪了。〔旦〕我也懒整钗头凤。〔小旦〕有何心事，试说何妨。〔旦〕四并苦难逢。四并苦难逢。红颜多困穷，又须知世短浑如梦。你暂且卷起帘儿。〔小旦卷介〕

【前腔】〔小旦〕起帘栊，月朗风清夜，一刻千金重。劝娘行对景逍遥，放下愁千种。你玉食锦香丛。玉食锦香丛。荣华谁复同，又须知琐琐成何用！〔旦〕我适来偶成一诗，可取纸笔，写与你看。〔小旦取介〕纸在此。〔旦〕这是幅锦笺。〔小旦〕敢问此笺何以锦名？〔旦〕锦城薛涛遗制也。〔小旦〕原来如此。〔旦写介念介〕林圃月华新，花香暗袭人。曲阑闲徙倚，几度自伤神。〔小旦〕佳句佳句。〔旦〕青娥来了。且袖着。〔小旦袖介，净上〕花须连夜发，莫待晓风吹。小姐，梅公子不在，快去快去。〔旦起介〕青娥，你先走。〔净〕我开道。芳春姐，你好扶着小姐。〔携介〕

【懒画眉】〔旦〕相携俏俏出闺中。〔净〕玉照堂去，香雪亭去。〔旦〕屈曲花岐院院通，你看暗香疏影月溶溶。〔小旦〕小姐，那派都是绿萼梅。〔旦〕几堆碧雪瑶华莹。〔小旦〕这两枝杨妃梅。〔旦〕半醉杨妃脸晕浓。〔净〕阿姐，这叫同心梅。

【前腔】〔小旦看介〕奇花端的两心同。〔净〕这是鸳鸯梅。〔小旦〕巧学鹣鹣翅影重。〔旦〕这是照水梅。〔小旦〕低回鉴水暗矜容。〔净〕这是檀香梅。〔小旦〕檀心脉脉春偷送。行到此处可，好一似水月孤山冷艳浓。〔生暗上〕眼看人尽醉，却笑独为醒。小生适在邹元虚家赴宴，不意坐逢俗客，逃席而回。你看好明月。好明月。〔旦〕呀，早又有落梅了。

【前腔】〔净〕玉钿零乱笛声中，〔拂旦衣介〕轻点春衫破浅红。小姐插一枝儿。〔插介〕淡妆聊拟寿阳宫，清标婉入罗浮梦。便铁石心肠兴自浓。

【前腔】〔生〕呀！娇音婉转隔芳丛。我且隔着花屏觑他一觑。〔拂花介〕觑处偏憎花影重。好似盈盈出水两芙蓉，临风不觉天香动，〔闻介〕顿惹春情似酒浓。〔净〕不要来，有人在此。〔旦〕打那厢去罢。径须愁出入，不解辨西东。〔下，遗笺介，生〕他从屏后去了。你看香芬绕径，风韵穿花，好萦系人也。〔丑上〕只在此城中，人多不知处。小人接大爷不着，只道在那里看灯，原来回了。如何还不睡？〔生〕你听我道。

【前腔】〔生〕偶从月下畅幽衷，何意仙姝蓦地逢。〔丑〕有些意儿么？〔生〕芳屏似隔九疑峰。〔丑〕几时去了？〔生〕霎时断却阳台梦，只落得香径空迷夕雾浓。〔丑〕生得何如？望他看一看倒好。

〔生〕腰如细柳脸如莲，艳粉红脂映宝钿。

〔丑〕尽道满城无国色，不知朱户锁婵娟。

第四十出 合 笺

【荷叶铺水面】〔外上〕称傧相，佐吉筵，吉筵词赋几多篇，口若河悬。〔丑上〕月下老，冰上仙，红罗体缠，金花帽攒，华堂高会，谁敢居先。〔合〕疏失处，赖周旋。〔揖介，外〕礼都摆着，专候驾临。〔丑〕有烦通报。〔外〕少待。

【踏莎行】〔老旦上〕分定生前，喜承天眷，画堂此日春风展。彩云飞处下双鸾，沈檀雾袅笙歌按。〔外〕傧相叩头。〔老旦〕起来。〔外〕大媒已到。〔老旦〕快请！〔外〕伏以锦衣香衬皂罗袍，红绣鞋移步步娇。倾杯式饮梅花酒，醉扶归云月儿高。来宾宝山，尊相抬身。东道亲妈，夫人相见。〔喝拜介，丑〕深惭遗朽，谬任执柯。〔老旦〕诺重千金，盟联二姓。〔外〕礼毕，请送礼单。〔丑送介〕虚筐上陈，甚惶将命。〔老旦〕多仪下锡，兼渎台尊。当直的，快收礼摆宴。〔丑〕梅大人舟已到涯，如夫人即入进谒。就此告辞。〔老旦〕如此不敢虚拘，尚容攀待。〔丑〕再不消。〔外〕小子随往迎亲。〔老旦〕正是。〔丑、外下，末上〕报！报！二夫人到了。〔老旦〕请里面相见。

【哭相思】〔众随小旦上〕溟海飘蓬无转，羁魂喜获生旋。〔净随旦上〕乍见翻疑梦幻，何殊缺月重圆。〔小旦拜介〕【重叠令】〔老旦〕你一身去国三千里，〔旦〕我日日空寻别时语。〔小旦〕相对住悲酸，幽情欲话难。〔净〕暂收双眼泪，欢宴娱心意。〔合〕今夕是何晨，鹊桥新驾成。〔老旦〕青娥，良时将至，快与小姐更妆。我到外厢料理来。〔小旦〕奶奶请便，奴家自当伏侍。〔老旦下，小旦〕青娥，取那红箧儿过来。〔净取小旦开介，净〕这是什么？

【玉雁儿】〔小旦〕翠翘珠串。〔净〕这般。〔小旦〕碧琳冠凤绕螭盘。〔净〕好衣服。〔小旦〕杏花衫染猩红浅。〔净〕那里来的？〔小旦〕总是椒宫特眷。〔旦〕这都赐你的。我一朝专享宁无赧。〔小旦〕却不折死奴！〔旦〕酬恩报德原非忝。〔净〕良辰已到，怎将形迹相拘检？〔强妆介，小旦〕到(倒)忘了。词笺半幅，相公着我一见便送还小姐。〔旦〕他的也在这里。〔合〕喜今宵人物两完，又何羡丰城神剑。

【画堂春】〔众鼓乐引生上〕玄都花事喜依然，刘郎此日言旋。三星炯炯映檐端，乐奏迎仙。〔外〕伏以香罗带绣菊花新，坐傍妆台点绛唇。喜称人心好事近，鹊桥仙降画堂春。请新人奶奶出厅行礼！〔再请介〕一枝花插《满庭芳》，烛影摇红《昼锦堂》。滴滴金杯双劝酒，声声慢唱《贺新郎》。新人奶奶抬身缓步请！〔净拥旦与生并立介，外〕参拜天地！〔喝拜介〕岳母太夫人出厅相见。〔老旦上，外〕靠上尊坐。〔喝拜介〕二位新人交拜！〔拜介，外〕请二夫人相见。〔小旦拜介，外〕参拜已毕，请迎花烛，同赴卺筵！〔众唱《迎花烛》介〕

【画眉序】〔生〕银烛暖香燃，合卺筵开共欢忭。愧尘凡下士，获配仙媛。且休夸不世奇逢，还堪羡非常恩眷。〔合〕百年和洽如鱼水，行看种玉蓝田。

【前腔】〔旦〕卮酒谩交传，重惜人前意难展。念几番波浪，泪满词笺。想昔曾系足联盟，今得共齐眉举案。〔合前〕

【前腔】〔小旦〕神契已三年，此夜相逢爱非浅。信姻缘辐辏，风月无边。喜才郎衣锦荣归，共淑女牵丝缱绻。〔合前〕

【前腔】〔老旦〕佳婿受人怜，弱女工容世应罕。正天然合璧，宜享华妍。麝烟凝翡翠衾温，龙须展芙蓉褥软。〔合前〕

【滴溜子】〔众〕郎荣显，郎荣显，玉殿曾传。娘华丽，娘华丽，瑶台应选。真一双两美相兼，松萝永附缠，天从人愿。今宵欢宴，绝胜登仙。

【鲍老催】〔众〕情孚义感，天长地久常为伴，海枯石烂心难变。双飞蝶，交颈鸳，同栖燕，几般怎比风流半。软温乡里春风遍，尽消受欢无限。

【双声子】〔众〕琼浆滟，琼浆滟，满酌重相劝。花灯暗，花灯暗，余烬频教剪。星河转，星河转，更筹换，更筹换，独夜迢迢，良宵遽短。

【尾声】〔合〕风情节义难兼擅，女戒分明在此编。寄语梨园仔细传。

〔老旦〕鸣凤楼中天上人，〔生旦〕彩笺芳翰两情深。

〔众〕千淘万洗虽辛苦，　　吹尽狂沙始见金。

第三节　《红楼梦补》

《红楼梦补》简介

《红楼梦补》全书四十八回，故事从《红楼梦》第九十七回后写起。其内容为：

警幻仙姑为了却通灵宝玉与绛珠仙草之未了情缘，将黛玉之魂遣返人间。黛玉回生后，被婶母接回扬州。宝玉误认黛玉已死，于中举之日出走，为一僧一道剃度，入大荒山。宝钗在气、恨、怨、悔下身亡。由于宝玉尘缘未满，柳湘莲驾鹤将他送往南京甄家，甄宝玉为成全宝、黛婚事，进京报信。凤姐悔恨前愆，南下说合。北静王面奏朝堂，皇上赐婚。宝玉中鼎甲第三名探花，授翰林院编修之职，奉旨完姻于省亲别墅。婚后，黛玉于潇湘馆发掘地下藏金一千三百万两。黛玉理家，远胜于凤姐、探春，尤亶经商，亦不忘置地，远筹闱内，有经天纬地之才。她处处以"恕道"待人，收晴雯、紫娟、莺鸯、袭人于宝三房中。宝钗借张家小姐之尸还魂后，以之姐妹相称，俨然是个贤妇，与前书形象迥异。

《红楼梦补》版本

《红楼梦补》成书于嘉庆二十四年(1819)，有道光十三年(1833)藤花榭刊本，光绪二年(1876)申报馆仿聚珍版排印本，光绪二十五年(1899)上海镕金阁石印本等。此书由"犀脊山樵"作序，其序云："稗官者流卮言日出，而近日世人所脍炙于口者，莫如《红楼梦》一书。其词甚显，而其旨甚微，诚为天地间最奇最妙之文。窃谓无能重续者，不图归锄子复有此洋洋洒洒四十八回之作也。余在京师时，尝见过《红楼梦》元本，止于八十回，叙至金玉联姻、黛玉谢世而止。今世所传一百二十回之文，不知谁何伧父续成者也。……前书事事缺陷，此书事事圆满，快心悦目，孰有过于此乎！"

中华人民共和国成立后，各出版社又相继出版《红楼梦补》，计有：春风文艺出版社(1987 年 9 月版)，北京大学出版社(1988 年 3 月版)，华夏出版社(1995 年 12 月版)，凤凰出版社(2011 年 10 月版)，内蒙古人民出版社(2016 年 1 月版)，黑龙江美术出版社(2017 年 4 月版)，江西美术出版社(2018 年 10 月版)等。

《红楼梦补》作者

沈懋德，字寅恭，号归锄子，桐乡廪贡生，濮院人。工诗文，尤善词曲。幕游山右，暮年归里，遂号归锄。著有传奇《奇烈记》《后白蛇传》《香雪缘》三种和长篇小说《红楼梦补》。传奇作品均已散佚，独长篇小说《红楼梦补》留存于世。此书是嘉庆二十四年(1819)，沈懋德在山西边塞做幕僚时创作的。

沈懋德在自序中说："月如无恨，月自常圆；天若有情，天应终老。试看山中白骨，一梦如斯；无非镜里红颜，三生莫问。……大观园里，多开如意之花；荣国府中，咸享太平之福。与其另营结构，何如曲就剪裁，操狙运之斧斤；移花接木，填尽头之丘壑。转路回峰，换他结局收场；笑当破涕，芟尽伤心恨事。创亦仍因云尔。"

《红楼梦补》回目

第　一　回　绛珠宫议偿恩怨债　警幻仙重补离恨天
第　二　回　识病源瞒生施巧计　接家音证往悟冰心
第　三　回　赠多珍反劝有情婢　占神数预定再来人
第　四　回　会芳园剧饮饯长行　赋阳关联吟抒别绪
第　五　回　撰祭文痴心人悼亡　念亲情老太君痛别

第　六　回　怡红子泣黛感残春　滴翠亭诉鹃传密信
第　七　回　巫峡残云对姊唤妹　芸房幻梦兆吉疑凶
第　八　回　棘院寻郎惊心冤孽　画堂演剧指证仙圆
第　九　回　践戏言新贵入荒山　试凡心夙缘还宝玉
第　十　回　叩仙坛乩盘藏隐语　遁禅门蠢婢露真言
第十一回　痛郎削发泼药轻生　忆主伤心拥衾叙话
第十二回　毁金锁遗言嘱贤女　呼宝玉切齿类鬈卿
第十三回　太虚境遣邀薛蘅芜　紫檀堡补叙烈晴雯
第十四回　花袭人出府丧节守　蒋玉函感旧退婚姻
第十五回　酆都府冤魂缠熙凤　大观园冷院感晴雯
第十六回　夜守空房老妪疑怪　心无宿愤方物将情
第十七回　宝玉还家混淆真假　惜春题画点破机关
第十八回　下广陵凤姐愿为媒　过栖霞焙茗欣遇主
第十九回　当金锁巧合证良缘　梦宝玉因疑生幻相
第二十回　痴绛珠感情洒旧泪　莽紫鹃认物发嗔言
第二十一回　赐联秦晋诏下南京　赏锡奇珍恩颁北阙
第二十二回　清虚观仙词留粉壁　幻影鉴亡配照黄昏
第二十三回　寻花公子属意还珠　扫墓佳人痛心泪草
第二十四回　话乡情爱叨翡翠簪　诛盗首飞斩鸳鸯剑
第二十五回　金殿传胪荣膺旷典　香闺制锦集贺新婚
第二十六回　不忘旧莺姐欲捐躯　因忌才凤姑思退位
第二十七回　贮金屋娇婢会幺弦　兴宝藏财星临福地
第二十八回　置产营财葛蕴谊重　因金恤玉楞木恩深
第二十九回　诉往事窗外站痴人　辞侧室园中谈挚语
第三十回　领白镪陡成新富户　制霓裳重集旧伶人
第三十一回　讯芳踪香院惜闲花　还诗集絮词盘侍女
第三十二回　委任得人因奴托主　传家有道薄利轻财
第三十三回　话梦新闻敦伦迁善　葬花旧地聆曲恰情
第三十四回　义认螟蛉周旋往事　锦添富贵成就家童
第三十五回　庆蒲觞芳洲观竞渡　开寿筵舞榭发悲歌
第三十六回　慈姨妈三更梦爱女　呆公子一诺恕私情
第三十七回　送旧衣嗔查红绫袄　证回生录寄柳絮词
第三十八回　以情感袭婉语劝晴　设法制环正言索彩
第三十九回　恩偿夙愿追忆画蔷　缘了前生重谐卜凤

第四十回 庆团圆贾母赏中秋 博欢笑村妪陪戏宴
第四十一回 击鼓传花预征佳兆 推云净月立毁冶容
第四十二回 还原璧疑破金锁案 嘲鞶卿戏编竹枝词
第四十三回 听捷音稻香村设席 洗繁华莲花落侑觞
第四十四回 辞水月伴居栊翠庵 照情天群瞻太虚像
第四十五回 朱砂痣甄母认娇儿 伏梁症袭人思旧院
第四十六回 开绮筵豪饮赛清歌 抱锦稠分房还故宠
第四十七回 延羽士礼忏为超生 登高阁赏梅重结社
第四十八回 过除夕了结绛珠缘 撕改册惊醒红楼梦

第四节 《东畲杂记》和《幽湖百咏》

《东畲杂记》作者沈廷瑞(1712—1787),字东瑜,晚号东畲,濮院镇人。沈廷瑞幼年"以贫故早岁业贾,而力学不辍",中年曾"手辑濮川掌故,自典章文物,以至风土人情,无不具备",因此,《东畲杂记》"搜罗赅洽,综核精审",为以后濮院镇的多部志书提供较为丰富的资料。沈廷瑞一生著作颇丰,有《静趣轩诗稿》等,惜均未存世。而其生前,《东畲杂记》也未能刊印,仅为手稿二卷。

沈廷瑞的曾孙沈涛(1800—1854),以其曾祖父的《东畲杂记》手稿久未付梓为憾,而常萦萦于怀,"竞竞唯恐失坠",立志要将之刻印出版。为此,他创作了《幽湖百咏》,分附在《东畲杂记》所叙事物之后。但是,由于种种原因,沈涛生前未能了此心愿,而且稿子也有散佚。

沈涛去世后,他儿子沈梓(1828—1883)辗转从他的学生手中访得此稿,将其重新编辑,并注释了人名、地名等。定稿后,正准备雕版印刷,不料沈梓又遽然辞世,直到清光绪十四年(1888),才由沈梓的门生们集资刻印出版,书名为《东畲杂记》。此时,距沈东畲逝世已有101年,距沈涛逝世也有34年了。

《东畲杂记》原序

自古文人之著作,其传不传,数也,时也,而莫非天也。世有暴著于生前,而身后没没无闻者,比比也。其有生前无闻,而其后乃至脍炙人口者,则时为之也。又有其书在人耳目之前,熟视若无睹,数传而后,经有识者之物色,而其书以传,则数为之也。乃若当其时无闻矣,而其后寂寂者,又数十年矣,一旦遇后人表章之时,宜若可以出而传矣,而其书乃佚而不出;宜若不复出矣,而其书适出于此,未尝不叹数也,时也,而莫非天也。吾里沈东畲先生讳廷瑞,有道而博洽士也,隐于阛阓,不欲以文采见。著有《杂记》一书,半记吾里遗闻轶事,盖必传之书也,然而世无知者。昔岁癸酉(1813),同里金渔艇、濮秋槎两明经辑《濮川所闻记》,余与参校之役。当时所搜集者张文韩先生《濮川纪略》,胡珠船孝廉《濮镇纪闻》,杨甬轩司马《风土记》《濮川琐志》等书，而先生此书独未之及。今先生曾孙涛，年甫弱冠，从余游，始以其书出余。读其书，半多张、胡、杨三家所未及。余既恨前此之未及见，而又幸今此之得见也。然后叹是书之几几传，几几不传者，数也，时也，倘所谓天者，非耶？谨序其简端而归之，以俟后之君子采焉。嘉庆二十五年庚辰(1820)仲秋　同里后学　吴瀛拜序

《幽湖百咏》选诗(20首)

古迹

诗1：满载琴书上画船，白萍红蓼水为田。幽湖桥上三更月，泻入湖心个个圆。

诗2：槜李城荒何处寻？桑榆满野昼阴阴。五湖一舸飘然去，范蠡坞南春水深。

诗3：南渡衣冠濮侍郎，当年赐第有辉光。梧桐乡里梧桐老，五百年前集凤凰。

诗16：香海华严法界瞻，霜林秋色四围添。毗卢阁上登高去，红树青山一塔尖。

诗18：百丈河边莺乱啼，妆楼夹道绣帘低。吴娃雅自争门户，便道侬家也姓西。

诗21：双贤桥下水潆洄，镜面芙蓉镜里开。自古英雄起渔钓，教郎还上读书台。

诗25：语儿桥下女儿家，南北苏家尽浣纱。王谢堂前春燕去，满街桑影夕阳斜。

诗52：麻姑庵里拔金钗，王母桥边赠绣鞋。记得逢欢初卖眼，孟园正月看田柴。

诗99：福地兰盆证佛缘，翔云仙乐彻诸天。杏林桥外秋波绿，夜夜明灯开白莲。

诗100：香船湾里路如弓，踏破弓鞋对对红。笑指画船在何许，小桥横板楝花中。

丝绸

诗7：绸市原称永乐乡，万家烟火尽机坊。自从番舶通商后，日下镖来百万装。

诗13：青叶行开四市梢，客船衔尾恣喧呶。叶仙诗句今年好，毕竟丝车钱易敲。

诗15：最是机坊乐事真，年年巧节赛机神。濮绸故自侬家产，旖旎风光到处春。

诗53：西村蚕月寂无哗，柴箔芦帘处处遮。看火扎山啼不住，枣花风里听缫车。

诗63：衣钗典尽卖新丝，利市烧香五福祠。打过簝头还煮茧，满檐晴日剥绵时。

诗96：龙潭细布陡门来，和合花绸八幅开。郎欲拜年侬拜佛，寒宵刀尺称身裁。

物产

诗55：槜李陶家异种存，菰林橘好莫须论。青青树上潘园李，尚欠西施一掐痕。

诗82：渔火星星落钓矼，荻花霜冷卧蓬窗。濮家堰上香粳稻，簖蟹衔来穗穗双。

诗93：活泼鲈鱼入市鲜，尖尖新笋燕来天。谁家百亩园中菜，卖过清明不值钱。

诗102：蚕白虾来蚕豆粗，哺鸡天暖笋椿乌。青梅如豆含桃紫，可有银鱼入市无。

第五节　《避寇日记》

《避寇日记》(下简称《日记》)以日记形式记录太平军进驻濮镇四年间的历史事件，脉络清晰；描述太平军在濮院镇的活动及濮院百姓遭受战乱之苦的情况具体详实。《日记》

还旁及作者在浙北诸城镇及苏南、淞沪等地的亲历和传闻。《日记》对当时民间的生活状况，诸如嫁娶、丧葬、米价、肉价等多有涉及。《日记》不但是研究太平天国史的珍贵文献资料，还具有一定的文学性，比如同治三年(1864)三月初一日，作者赴西塘迎母氏归家，过朱家埸、新开河等处时写道："柳荑半黄，桃花齐放，深淡□□，阴晴参半，日光照耀，宛如夕阳，而花柳掩映，娇嫩之态，莫可名言。加以隔岸菜花错杂其间，真如(缺数字)可观也。唯野色春光中，时有尸浮水面，秽气逼人。又往往见烬余房屋，颓垣破灶，居然赤壁，烧红瓦砾间尚带火烈气，则又伤心惨目，不复前日鱼鳞雁齿，历历可数也。"于春光明媚中点染浮尸秽气，颓垣破灶的景象，令人触目惊心。

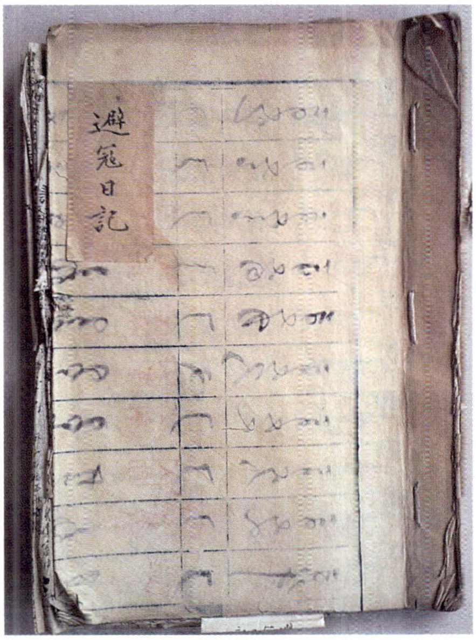

《避寇日记》手稿书影

《日记》作者沈梓，濮院镇(原属秀水县)人，为清咸丰十一年(1861)拔贡。同治四年(1865)考取八旗官教习，武英殿校录，授内阁中书。他的《日记》是一部未刊印的手稿本。该手稿，因时逢战乱，生活动荡，所以原稿都书写在纸片上，且纸片有大有小(小的仅两三寸宽)，分别贴在四本簿子上，后由沈梓后裔捐赠嘉兴图书馆。中华人民共和国成立初，中央文史研究馆馆长叶恭绰曾专程到濮院寻访此稿而未得。20世纪60年代，《日记》经太平天国历史博物馆专家精心整理(主要是从史事的先后及阴历与太平天历的对照来考定年月日)，将原稿厘为6卷(约25万字)，编入《太平天国史料丛编简辑》(第四册)，由中华书局于1963年3月出版。该《日记》手稿原件入藏嘉兴市图书馆，已成为该馆的"镇馆之宝"。

《避寇日记》目录

卷一　咸丰十年庚申(1860)二月—十二月　附：补遗

卷二　咸丰十一年辛酉(1861)一月—十二月　附：补遗

卷三　同治元年壬戌(1862)一月—十二月　附：补遗

卷四　同治二年癸亥(1863)一月—十二月　附：补遗

卷五　同治三年甲子(1864)一月—七　月　附：补遗

卷六　杂记

《避寇日记》摘录

【卷一】

咸丰十年庚申二月十二日(公历1860年3月4日)

余在新塍高氏，猝闻长毛贼于二月八日由湖州长兴县之泗安镇入。泗安界广德、长兴之交，四面皆山，为浙江门户。自三年(1853)、七年(1857)贼陷宁国、广德等处，浙抚每分兵防堵。七年后，皖难未息，浙防亦未撤。第诸防堵委员皆汰冗庸儒，泄沓无用，藉防堵为名以需廪禄，诸将率皆里间无赖子，其弱者隶行伍为兵，其悍者应招募为乡勇，苟安无事，虚糜粮饷而已。

咸丰十年庚申五月初一日（公历1860年6月8日）

辰刻，长毛由正家泾进大悲庵，张宅被烧。张□□率众以鸟枪拒之，众却走，张卒被戕死。长毛烧琪堂浜，吾镇团练往救，遇之北栅外，杀长毛一名，余皆击退。琪堂庵火未熄，长毛又至东栅外放火，团练诸勇东西奔命，御长毛于临官桥，团勇却退。长毛船进栅，乃放火烧永正禅堂西首民屋。团勇又御诸昇平桥，伤我团勇一名，又却退，又御之油车桥街。是日，长毛不过四五十人，以扬旗举火为号，有三四人执旗者，甚舍命冲突。是日，在十景塘火放不着，团勇见而畏之，以故屡却，后队者俱从间道脱走，其前队者力不支，乃闭巷门。会沈牌士率其所属至，骂曰："平日食人食，今日乃拼一逃耶？"督令力攻，乃开巷门迎击，以大铳毙长毛执旗者一名，志益奋，长毛却走，追至十锦塘，又毙长毛二名，长毛乃（下约缺八字）镇者卯出酉归，故放火者至午而熄。先是（四月）二十九日长毛打新塍，长毛伤（下约缺五字）大放火。吾镇因是日之击退长毛也，大恐，人言汹汹，皆曰明日长毛大队报怨。（下约缺十余字）恐明日长毛到镇以东栅为战场也，于是晚乃遣人先率家母及妻姊妹等至西报本庵避难，余自在家守夜。

咸丰十年庚申七月十八日（公历1860年8月4日）

寓严笛舟宅，云及长毛日日在乌镇买物，衫、裤、袜皆蓝湖绉，头上亦捆以蓝绉，戴一丹阳凉帽，问之则曰城中大营也。每日以船来买物，率□□□故百物皆贵云云。

咸丰十年庚申七月廿七日（公历1860年9月12日）

余由后门入□□□窗中逾而进，至家中，门洞开，各物抛撇满地，无可下足者。闻楼上有响声，余呼母不应，久之母从东偏屋中呼余，余心肠欲裂，入见吾母及姊皆在。母姊备言遇贼状：贼初打大门不能破，而后园之门先破，姊与妻妹皆入河，贼以长竿之有钩者挑而起之，逼取财物，以首饰付之，又逼财物，无所得，遂以刀背击之，俱得无死。幸投入水，身上皆浮萍蕴草，面上皆涂泥，故得不被掳辱。贼去后，妻妹匿乱草中，姊又赴水，有倾，未没，有贼目见而救之，舁至大门内卧地上，吐血水而醒，入夜又投缳，得救不死。

咸丰十年庚申八月十八日（公历1860年10月2日）

哗传长毛至镇，人皆逃，既而闻系官兵自桐乡来，有蓝顶领兵官，先至关帝庙，而兵勇遂打大街各店屋，入而居之，所至为空。余谓此刻杭州官兵断不敢作恢复嘉郡之想，安敢来镇，恐是长毛假扮官兵往攻省城，亦未可定，否则仍是张玉良之兵假官兵之名，四处滋扰掳掠耳。总之，官兵亦是长毛也。

【卷二】

咸丰十一年辛酉正月初五日（公历1861年2月14日）

长毛伪官右十四宣传谭姓出告示言：奉伪□□□陈谕，（下缺约十字）寒者无衣，饥者无食，实属可悯。因命照得天朝吊民伐罪，扫除妖孽，天兵所至，立即削平。□□□□□知尔四乡子民，素称淳厚，投诚输贡(下缺数字)，本宣传前来设立安民，招集流离，复归故土，安居乐业，复享太平。尔百姓益当感激，投诚前来纳贡等语。一贴大全桥，一贴花园弄。其关帝庙等处各有告示。

咸丰十一年辛酉七月初六日(公历 1861 年 8 月 11 日)

闻万寿山本觉寺被陡门长毛拆毁，将砖瓦营造土城炮台，而濮院翔云观、东岳庙等亦被长毛拆毁。

咸丰十一年辛酉七月初九日(公历 1861 年 8 月 14 日)

傍晚，船过临官桥，见项月舟孝廉坟，树木斩伐殆尽，东岳庙果系拆毁，而正殿及旁殿尚存。文昌阁墙垣板木俱被取去，仅存一木架，而瓦尚完盖。十锦塘上见老幼男女十余人，皆镇人往东岳庙拆零木为柴者。……窃闻乾、嘉以来，此庙赛会乐神，镇上二十四坊鳌山抬阁，各以金珠宝玉相夸尚，率三年一举行，动费数万金。乾隆年翠华南巡，里人赛会特至陡门，龙舟驻跸而观，各坊均赐银牌，彩缎、旗伞，翔云坊御赐两黄方旗，余少时亦及见也。自道光十年庚寅(1830)后，里中富豪少衰，此会不能再举，而中秋踏月之风特盛。是日，各富豪家悉出古玩、宝玉、名人书画，于各殿宇各台阁陈设殆遍，灯烛辉煌。里中纨绔子弟，登吹台，倚笛度曲，声达九霄，彻夜不绝。仕女游观，踏歌步月，络绎往来十锦塘岸上，舟中灯光与水光相映，后虽渐衰，余风未息，今日一旦荆榛瓦砾矣。

咸丰十一年辛酉十月初一日(公历 1861 年 11 月 3 日)

朱祥森衣庄空屋本开宪记赌者，新开字宝场，请吾镇知名之士以为宝官。盖至是而不赌皆赌矣。举凡贡监、生童、红闺妇女、贩夫卖妇、总角学生，无论识字不识字，群起而打字宝。每日间三宝，于是沿街店口及杂货小菜摊上，茶坊酒肆之人皆如土木偶，人呼之不应，无不手执一纸，行思坐想，凝神静以求一中，举国(镇)若狂，日盛一日，而妇女针线篋中及小儿衣裤带上之钱收刮净尽云。前月廿四日，陡门过大队长毛，盖伪忠王进兵攻杭州也，于是嘉兴伪朗天义亦统大队会之，于是陡门不时过长毛，而吾镇亦日闻西南隅炮声殷殷如雷矣。

【卷三】

同治元年壬戌正月初一日(公历 1862 年 1 月 30 日)

余往白雀寺烧香，见南屏僧净能者诉被难情形。初一日，有棺材店王姓者被锁敲锣迎四栅，令其自喊曰："有人过年者，与我一体带械。"初一日，钟长毛之子掳民间女行合卺礼，命沈幼巢办灯四盏，沈不办，被锁以去，后闻送银洋及鸦片等物，乃释之。

同治元年壬戌二月十五日(公历 1862 年 3 月 15 日)

申刻，余在馆突闻长毛到，即下船，闻离馆不及半里矣，是晚泊舟南圣桥宿夜。仆人往馆中探询，云贼已到过，书籍掀翻满楼，居停家家用杂物尽行掳去，新砻米五十余石取二十余石去。盖此次长毛皆步行而来，故不能多取也。是夜闻贼已回塘口，或云在蒲鞋浜过夜者。

同治元年壬戌三月初三日(公历 1862 年 4 月 1 日)

濮院市河过桐乡所募民伕三百名往嘉兴建听王府。

同治元年壬戌七月初九日(公历 1862 年 8 月 4 日)

自六月初九以后,天晴弥月,海水漂入内河,遍地皆咸。濮镇以南禾干生虫,小港水断,田中不得车水,乡民告病,米价腾贵,每升至一百二十文外,人心惶惶。各处长毛伪官求雨,禁屠宰一礼拜期,盖七日也。初五、六日,果大雷雨。初八日,龙挂复大雨,米价乃定。河水少□,桐乡钟长毛派濮院修海塘经费二千元,限一礼拜缴齐,各司事奔写捐。

同治元年壬戌八月廿一日(公历 1862 年 9 月 14 日)

吾镇机业断绝,北乡濒塘贼兵往来,乡民不得耕种,以故流民绝少,而本地饥民实多,乞食者踵继。……于是更定章程,丐桐乡师帅出告示,于秀邑翔云观设施粥局,敲锣示众,令饥民先至局领筹。……每收一筹,即给粥一铜镯(勺)。

同治元年壬戌闰八月廿四日(公历 1862 年 10 月 17 日)

桐乡因造听王府办砖瓦,濮镇派洋贰佰元。嘉兴伪听王将出师,一攻上海,一至东瀛,于是大燕(宴)将士,自廿一至廿六止,演剧饮酒。

同治元年壬戌九月二十日(公历 1862 年 11 月 11 日)

余因母病复返濮,陡门仍过大队贼兵。

同治元年壬戌十月廿二日(公历 1862 年 12 月 13 日)

余因母老无人侍养,且后嗣尚虚,因续娶钱塘周氏。

同治元年壬戌十一月初五日(公历 1862 年 12 月 25 日)

闻官军及夷人坐小火轮船至澉浦,城中长毛皆逃,官军登岸掳塘口过塘行殆罄,既而登舟解缆去,船共五六十号,皆向绍兴而发。

同治元年壬戌十二月初一日(公历 1863 年 1 月 19 日)

有乍浦人被掳在常州,言曾三入金陵城,见伪天皇宫阙砖瓦皆涂黄色。城中女长毛不知凡几,皆民间妇女也,所生育小长毛孩提襁褓者无算。皆贼种也。城中长毛皆屯田,然终不能给,米麦大贵。今年五月彼以解粮入城,见新麦每升价三十余文,贼众饮食甚苦。……自南京至苏数百里皆无人之境也。

同治元年壬戌十二月廿三日(公历 1864 年 1 月 31 日)

余过白雀寺,见砖瓦门窗皆已拆毁,唯观音殿及后楼未拆。辛酉(1861)三月余与蓉邨、芝台自香海方丈取出《濮川诗草》板寄存寺中,亦为贼众毁去矣。二十三日伪顶天豫张镇邦往桐乡过年,是日为伪除夕,令百姓开店一夜。

同治元年壬戌十二月廿四日(公历 1864 年 2 月 1 日)

为伪元旦,民间不许开店,其日仍开如故。先是十四日局中收店捐加倍,至是以元旦豁免三日,其实多收七日也。

【卷三·补遗】

同治元年壬戌二月十四、五日(1862年3月14日—15日)

长毛拆翔云观。

同治元年壬戌二月十九日(1862年3月19日)

长毛拆香海寺。

【卷四】

同治二年癸亥正月初六日(1863年2月23日)

仍有炮声。壬戌(1862)十二月,余在双(林)与四妹言及双镇粥局,少艾妇女只须得一中保人,任人领去,或为妻,或为婢,无不可者,以故乡人遭难失偶者择配颇多。半系长兴等处山中人,明习女工,谙练操作,品貌皆端好,其人皆为饥饿所驱,非必出身微贱者也。

同治二年癸亥二月初九日(1863年3月27日)

是日,陡门卡上长毛娶亲,娶濮院蔡家浜熊姓女及庙桥许姓女,办酒三十余桌,用鼓乐请大士地赞神歌。

同治二年癸亥二月十四日(1863年4月1日)

平明,枪声震耳,复过大队东行,竟日陡门封卡,行旅不通,蓬窗驼背皆贼眷属。其少女年皆二十左右,穿红绿衣裤,或蓝黑黄等色皆备,不穿裙,脂粉艳妆,头戴花镶边凉帽,骑马执鞭而过。每一骑皆从小长毛数十人,络绎不绝,铃声相和。时草木未萌,镇人往迎春桥望之,自张摇渡至万寿山,如倒影彩虹一道横亘水中,濮院迎大会无此景也。

同治二年癸亥二月十七日(1863年4月4日)

闻贼拆翔云观、三清阁有登高坠死者,及为砖木击毙者五、六人,贼遂以砖石覆之。楼上梁栋楞槛等皆重数百斤,当日非盘车推挽不能运上,贼众力不能胜,无从倾卸,乃积薪及乱木于柱下以火煨之,自十四日放火延烧,三日未熄,柱为之折,楼乃倒,以次运入新桥港装作木排,撑之以去,兼捉乡人抬木。……其阁五间七楹,高□丈,可望硖石浮屠,雄瑰壮丽,与香海寺千佛阁相勒,并峙镇中,濮川八景所谓"翔云高眺"者此也。

同治二年癸亥二月十九日(1863年4月6日)

十九日,又有贼拆香海寺千佛阁及钟鼓楼,亦用火烧毁其柱以倾之,钟楼将倾,其钟钮绝坠下,声震数里,有顷乃寂。……贼初毁楼时,钟留楼下,连遭风雨洗剔,尘翳蒲牢□□闻皆作金翠异彩,贼见而生心,乃复舁去。……唯元时银杏树独存。其余如西寺、西观、白雀寺、土地庙、水木庵、朝北观音堂、指南庵、化坛庵、梅泾庵、宝华庵、三教堂等,尽为贼所毁,唯立关庵为赐粥局,关帝庙为漕粮局,水月庵为贼众过往所寓,得不毁。

同治二年癸亥六月廿七日(公历1833年8月11日)

二、三月间,濮院寺院为贼拆毁将尽,横屋街有立关庵,向供曹武惠王,沈子山封起为施粥公所,不许拆毁,议于三月初十开局,至七月初十止,每日烧米一担,饥民赖之。至六月二十后，沈子山仍住禾城，哗传被系之说，本地恶棍引长毛拆庙（六月）三十、（七月）初一两日而毕，于是施粥局亦不终局。

同治二年癸亥七月初一日（1863 年 8 月 14 日）

濮院长毛张镇邦始领团勇巡街，夜行不以灯者为犯夜。先是张谕局中司事办团练，倘有零匪窜入藉以捍卫，局中以无经费为辞。张曰："三赌局挑取人三十名，我馆中亦挑取人三十名，局中拨差夫二十名，得八十人足矣，何用经费。"于是定议，即以初一日始。

同治二年癸亥七月廿九日（公历 1863 年 9 月 11 日）

濮院董事乡官均至桐，何谕罢一切捐项，凡殷户日捐、股捐以及市肆倍三倍十之捐均罢，唯店捐每日加倍，而田捐仍旧每亩每日收一文。……谕令不许苛派民间一文。

【卷五】

同治三年甲子正月二十日（1864 年 2 月 27 日）

回濮，巳刻失新塍镇，逃难船自午之暮数千艘。

同治三年甲子二月初二日（1864 年 3 月 9 日）

清晨，将至家，至居家湾复传官兵又至，掳人。天甚雨，逃至贾家桥则满身皆湿透寸许。是日，叶提台带至双桥打凝香斋取糕饼，官兵打馆造饭，所过皆大掳。

同治三年甲子二月初十日（公历 1864 年 3 月 17 日）

闻郡城逃出贼匪船八十六只，共三百余人，至马王塘桥投降。其中愿当兵者充兵，愿回籍者给发船送至王店，局中不肯备船，停二日经杭府理值送至海宁。……新塍逃难，金银衣服无人要，米至六千余文。

同治三年二月十九日（1864 年 3 月 26 日）

清晨，得王店文书，言嘉郡于未刻攻破，章先登城，用红旗报至藩台处。

同治三年二月廿一日（1864 年 3 月 28 日）

……闻枪船人说，贼兵守城甚力，官兵于东南北三门并力攻城，轮流交锋，不破城，不收兵，尸横城下，攻城自若。累用云梯爬城，矢石交下，官兵皆死，各处尸积如丘。不得已请夷兵攻城，开落地生花炮，贼兵伤者无算。荣王伤胸而死，城中遂乱，皆开西北门而出，为官兵杀者数千，有将荣王之首献于军前。

同治三年甲子三月初一日（1864 年 4 月 6 日）

同虞笛舫赴西塘迎母氏归家，过朱家埸、新开河等处，柳荑半黄，桃花齐放，深淡□□，阴晴参半，日光照耀，宛如夕阳，而花柳掩映，娇嫩之态，莫可名言。加以隔岸菜花错杂其间，真如□□可观也。唯野色春光中，时有尸浮水面，秽气逼人。又往往见烬余房屋，颓垣破灶，居然赤壁，烧红瓦砾间尚带火烈气，则又伤心惨目，不复前日鱼鳞雁齿，历历可数也。

同治三年甲子六月廿七日（1864 年 7 月 30 日）

得上海信，知曾九帅会同贾部堂黄军攻破金陵，九帅亲擒伪天皇，发兵押送械系至京，献俘阙下矣。此举可谓扫穴犁庭，普天同愿矣。

同治三年甲子七月廿一日（公历 1864 年 8 月 22 日　附注：《避寇日记》记录的最后一天）

自北门循城河而南，过小西门，门用瓦石填塞，又折而南，过西丽桥，已折断，时石工新动，将架木通行者。过桥复闻尸气扑鼻，西门城楼上贼所架三层瞭台犹存。进城皆破瓦颓垣，西门大街无复完宇，至报忠埭，所余委员打公馆之室七八所而已。善后总局在徐诵畲宅内大画龙虎，门厅屋皆画龙虎，厅事两旁画虎豹狮象，各公馆皆仍贼之旧观。……路遇周逸斋骑马而来，则知为卜澹书调停捐费，已允五千五百千矣。……次日寅早即解维归。

第六节　现当代著作及论文存目

刘富樑

《歌曲指程》

《集成曲谱》

夏辛铭

《濮院志》30 卷

董寿慈

《西泠闺咏后序》，国学扶轮社印行

《工厂适用学理的管理法》（与穆藕初合译），中华书局，民国 5 年（1916）版

蔡冠洛

《清代七百名人传》全 3 册，中国书店 1984 年 1 版、1987 年 2 版。

朱文叔

《中华人民共和国初级中学国文教科书》（与陈棠合编）。

《中华人民共和国初级中学外国地理》。

《新中华国语读本》（4 册）。

《高小国语课本》（教育部审定）。

《初小国语课本》（教育部审定）。

《高级中学国文教科书》（与刘制秋合编）。

《儿童古今通》

《百喻经寓言》

《史记故事》

《列子童话》

《左传故事》

《今后农人教育的两要点》,《新中华半月刊》第四卷第 1 期,民国 35 年(1946)版。

《深与浅》

董巽观

《小说作法》

《嘉兴地方史料》甲乙篇

《辛亥革命在嘉兴》

《春雨斋词稿》

《垂阳谭荟》

岳石尘

《岳石尘花鸟集》,北京美术出版社,1993 年版

《岳石尘画选》,国际文化出版公司,2000 年版

《岳石尘》,人民美术出版社,2003 年版

刘方炽

《美国宪法的特质及其历史的背景》(大山卯次郎著、刘方炽译)

《安全保障问题在国际法上的研究》(刘方炽译),商务印书馆,民国 24 年(1935)版

《委任统治地之主权归属问题》,《东方杂志》,民国 25 年(1936)版

姚诵尧

《汽车发电机和锻件概述》,《上海电机工程学会论文集》,1962 年版。

夏振铎

《家蚕之品种改良问题》,《中华农学刊》,1927 年。

《长节蚕茧丝研究》,日本《九洲帝国大学论文集》,1928 年。

《关于家蚕神经内分泌的研究》(与徐静雯合著),《昆虫学报》第 13 卷第 5 期,1964 年版。

夏镇夷

《英汉精神病学词汇》主编,人民卫生出版社,1981 年版。

《医学百科丛书·精神病学分卷》主编,上海科技出版社,1982 年版。

《精神医学丛书》(2—3 卷主编之一),湖南科技出版社,1984 年版。

《精神医学》高等医学院校教材,人民出版社,1984 年版。

《中国社会精神病学的现状—上海市精神卫生服务系统》(横滨演讲英文单印本)1982 年 2 月版。

《精神病学在医学教育中的动向》,《中华医学杂志》第 36 期,1949 年。

《脑囊虫病》,《中华医学杂志》第 38 期,1952 年。

《结核病人的心理问题及其处理》,《上海卫生杂志》第 2 期,1952 年。

《慢性莽草实中毒所引起的幻觉妄想状态》,《中华神经精神科杂志》第 3 卷第 3 期,1957 年。

《国产氯流二苯胺治疗神经病初步报告》,《中华医学杂志》43卷第12期,1957年。

《2000例精神分裂症的临床分析及随访研究》(与人合作),《中华神经精神科杂志》第7卷第1期,1963年。

《精神病院所见脑肿瘤》,《中华神经精神科杂志》第7卷第1期,1963年。

《精神病学科研工作中的若干问题》,《中华神经精神科杂志》第7卷第2期,1963年。

《精神病的病理心理问题》,《中华神经精神科杂志》7卷第3期,1963年。

《学会精神病临床工作中运用唯物辩证法》,《中华神经精神科杂志》10卷第1期,1966年。

《忧郁诊断分类的新动向》,《国外医学·精神分册》第3卷第1期,1976年。

《强安定剂所致的忧郁状态》,《国外医学·精神科分册》第3卷4期,1976年。

《分裂——情感性精神病的家族遗传研究》(与人合作),《中华神经精神科杂志》第12卷第1期,1979年。

《情感性精神病294例索引病例的家族遗传研究》(与人合作),《中华神经精神科杂志》第12卷第3期,1979年。

《精神病学的进展》,《国内医学·内科分册》第11卷第1期,1984年。

《老年精神医学进展与我国面临的问题》,《上海精神医学》第3卷1期,1985年。

《老年精神医学的现状和展望》(上),《上海精神医学》第3卷4期,1985年。

《老年精神医学的现状和展望》(下),《上海精神医学》第4卷1期,1986年。

《创立具有我国特色的卫生学》,《上海精神医学》第4卷第3期,1986年。

《老年期痴呆流行病学研究中的若干问题》,《上海精神医学》第4卷第4期,1986年。

《老年心理学》,《康复医学工程》1986年第9期。

《老年精神卫生与康复医疗》,《康复医学工程》1986年第9期。

《新抗抑郁药——血清素再摄入制剂的简介与评价》,《新医学》第5卷第4期,1987年。

《老年精神卫生与心理咨询服务》,《中国心理卫生杂志》第2卷1期,1988年。

《阿尔采木病的分型研究:现状与发展》,《上海精神医学》第3卷4期,1991年。

朱 巽

《汽车构造》,人民交通出版社,1962年版。

《汽车修理》,人民交通出版社,1962年版。

凌熙之

《试论针灸处方配穴禁忌》(与人合著),《中医杂志》,1962年第5期。

《从"灵枢"探讨"留针"之机理》,《中医杂志》,1964年第1期。

《临床应用留针的点滴体会》,《中医杂志》,1964年第3期。

《循经考空编·针刺法初探》(合著),《中医杂志》,1964年第7期。

《针药并治中风验案3则》,《浙江中医杂志》,1980年第1期。

《凌氏家传学术流派介绍》,浙江中医学会《杏林撷英》,1982年第8期。

夏彭春

《成功治愈断臂合并肝破裂》,《中华医学杂志》,1979 年第 6 期。

沈康身

《九章算术导读》,湖北教育出版社,1994 年版。

《中国剩余定理的历史发展》,美国《科学史纪录》38 卷 4 期。

夏克定

《调控公用事业价格的一个计量经济模型》,《计量经济学报》第 34 卷第 5 期,1972 年。

《企业决策的数量分析》,美国旧金山 Holden—day 出版公司,1976 年版。

《在确定调控效果上的几个计量经济考虑》,《西方经济学报》第 10 卷第 2 期,1979 年。

《计量经济学导论》,美国纽约 Harper& Row 出版社,1980 年版。

《调控投资收益对企业投入抉择的影响》,《美国经济评论》第 71 卷第 4 期,1981 年。

朱幼麟

《筒中筒结构的简化计算》,《建筑结构学报》1984 年第 2 期。

《高层装配整体式预应力板栓结构若干设计问题》,《建筑结构学报》1986 年第 3 期。

《大板结构连续倒塌问题的初步分析》,《建筑结构学报》1990 年第 2 期。

钟之海

《痔的冷冻疗法》,《上海医学》1981 年第 4 期。

《冷冻与厌氧棒状杆菌菌苗对 Lewis 肺癌免疫治疗的初步观察》,《制冷学报》1982 年第 4 期。

《冷冻手术与菌苗综合治疗内脏恶性肿瘤》(附 26 例报告),《制冷学报》1983 年第 3 期。

《冷冻肿瘤的特异性免疫效应初步观察》,《制冷学报》1984 年第 3 期。

《冷冻外科与菌苗综合治疗肛管直肠癌的探讨》,1984 年全国第二届冷冻肛管直肠癌讨论会交流论文。

《液氮冷冻合并手术切除右乳基底细胞癌》,1985 年全国第二届皮肤病冷冻医疗学术会议论文汇编。

韩世钟(译著)

《斐哀斯柯》(德·剧本　与人合译),新文艺出版社,1957 年版。

《黑人诺比》(德·童话),少年儿童出版社,1957 年版。

《菲力浦·慕勒》(德·传记),中国青年出版社,1957 年版。

《绿色的监狱》(洪都拉斯·小说　与人合译),上海文艺出版社,1961 年版。

《丁柯》(德·小说),少年儿童出版社,1962 年版。

《艾菲·布里斯特》(德·小说),上海译文出版社,1980 年版。

《库密阿克一家》(三)(德·小说),上海译文出版社,1981 年版。

《歌德戏剧三种》(德),上海译文出版社,1982 年版。

《霍普特曼戏剧两种》(德),上海译文出版社,1986 年版。
《雄猫穆尔的生活观》(德·小说),上海译文出版社,1986 年版。
《王后复仇记》(德·小说),上海译文出版社,1990 年版。

夏克同

《雷达兵器教科书》,空军出版社,1964 年版。
《雷达战斗操作规范》,空军出版社,1964 年版。
《电子无线电教材》,空军出版社,1976 年版。
《电子战历史》,解放军出版社,1986 年版。
《同步时序电路设计中求激励方程的简捷法》,《电子与仪表技术》,1988 年第 4 期。
《电子产品的可靠性预计、分配和管理》,浙江省电子学会 1988 年会论文集。
《关于我国电子元件的现状和发展研究》,浙江省电子学会 1989 年会论文集。
《中心城市科普工作的几个问题》,《科协工作研究》1989 年第 2 期。
《试论科普创作面向经济主战场》,《科普创作》1993 年第 4 期。

黄尔田

《地瓜安全贮藏》与人合著,山东人民出版社,1957 年版。
《实用桑树保护学》(主编),四川科技出版社,1992 年版。
《菱角金花虫防治》,《应用昆虫学报》,1958 年。
《赤眼蜂防治稻纵卷叶螟》,《昆虫天敌》第 1 卷第 4 期,1979 年。
《桑毛虫生物学及其防治的研究》,《蚕业科学》第 9 卷第 30 期,1983 年。
《三种赤眼蜂防治竹织叶野螟比较试验》,《昆虫天敌》第 6 卷第 2 期,1984 年。
《桑疫病侵染部位及其症状的研究》,《蚕桑通报》第 15 卷第 2 期,1984 年。
《桑毛虫绒茧蜂生物学及其保护利用的研究》,《蚕业科学》第 10 卷第 1 期,1984 年。
《野蚕越冬卵孵化和年发生代数的研究》,《蚕业科学》第 11 卷第 4 期,1985 年。
《桑疫病入侵桑组织的调查研究》,《蚕桑通报》第 17 卷第 4 期,1986 年。
《桑朱砂叶螨生物学及测报方法的研究》,《蚕业科学》第 15 卷第 1 期,1989 年。

沈丽英

《最大呼气流率的测定及其临床应用》,《中华结核呼吸病杂志》,4 卷 2 期,1981 年。
《最大呼气流率的测定》(讲座),《国外医学·呼吸分册》,1985 年。
《蘑菇肺发病因素调查》,《中华医学杂志》第 67 卷第 1 期,1987 年。
《肺癌患者 T 淋巴细胞亚群检测》,《中华结核呼吸病杂志》第 12 卷第 5 期,1989 年。
《特异性转移因子对肺癌的免疫治疗》,《解放军医学杂志》15 卷第 3 期,1990 年。
《临床疾病诊断依据、治愈好转标准》(与人合著),北京金盾出版社,1987 年版。
《新编内科诊疗手册》(与人合著),上海科技出版社,1987 年版。
《新编诊疗常规》(与人合著),北京金盾出版社,1990 年版。

《简明医典》(与人合著),香港海峰出版社,1991 年版。

《现代临床医学辞典》(与人合著),北京人民军医出版社,1993 年版。

蔡　明

《〈幽湖百咏〉笺注》,桐乡市人民法院文印室,1998 年 7 月。

《〈鸳鸯湖棹歌〉笺注》,浙江宁波出版社,1999 年 1 月。

章绍斌

《MPM 型混棉机及其作用探讨》,《棉纺织技术》,1983 年第 2 期。

朱　艮

《61 例健康老人胰岛素释放试验》,《中华老年医学杂志》第 6 卷 1 期,1987 年。

《177 例健康老人血清叶酸测定》,《中华老年医学杂志》第 6 卷第 3 期,1987 年。

《30 例正常人血浆 ACTH 放射性免疫测定》,《浙江医科大学学报》第 6 卷第 4 期,1987 年。

张作元

《大型螺栓工频感加热紧固法》,《机械工业》,1980 年。

《水冷导线》,《电世界》,1982 年。

姜文潮

《频率调制技术》,高等教育出版社,1985 年版。

《频分多址按需分配信道的一点对多点通信系统》,《通讯技术与发展》第 2 期,1988 年。

王效良

《池杉、落羽杉嫩枝水养育苗研究》,《林业科技通讯》1980 年第 7 期。

《农田林网对晚稻防护效益观测报告》,《浙江林业科学》1981 年第 3 期。

《平原防护林网林缘超常风速及对晚稻产量的影响》,《浙江气象科技》1984 年第 3 期。

朱学炎

《数学分析》,上海科技出版社 1961 年版、1983 年版、1984 年版,高等教育出版社 1985 年版、1992 年版。

《广义函数引论》,上海科技出版社,1981 年版。

《怎样求极值》,上海教育出版社,1982 年版。

《中学数学教师手册》,上海教育出版社,1985 年版。

《微积分》,上海科学技术出版社,1989 年版。

《欧几里得空间中的分析》,高等教育出版社,1989 年版。

《高等数学》,复旦大学出版社,1990 年版;上海科技出版社,1992 年版。

杨慧英

《努力提高会计核算质量,恢复银行的"铁账"声誉》,《宁夏金融研究》1983 年第 6 期。

《错了账,怎么找》,《宁夏金融研究》1984 年第 1 期。

《银行要加强职业道德教育》,《城市金融报》,1988 年 1 月 11 日。

《必须重视计算机的安全保护工作》,《宁夏工商银行报》,1992 年。

夏舜英

《家族性肥厚性心肌病 14 例临床分析》,《中华心血管病杂志》第 9 卷第 3 期,1981 年。

《高脂血症 257 例临床研究》,《中华心血管病杂志第》第 9 卷第 1 期,1981 年。

《茶色素对家兔实验性动脉粥样硬化和人纤维蛋白原增多症的作用》,《中华医学杂志》第 63 卷第 10 期,1983 年。

《心脑健(茶色素)治疗 214 例心血管病伴纤维蛋白原增高症的疗效观察》,《浙江医学》第 7 卷第 2 期,1985 年。

《舟山渔民 3470 人心电图明尼苏达编码分析》,《心电学杂志》第 8 卷第 1 期,1989 年。

《鲭鱼油对高脂血症及动脉粥样硬化的临床及实验研究》,《中国医学科学杂志》(英文版)第 6 卷第 3 期,1991 年。

《舟山 498 例渔民心血管病的患病及死亡 12 年回顾调查》,《中国医学科学杂志》(英文版)第 6 期第 3 卷,1991 年。

《杭州市 3962 名 6—14 周岁儿童血压调查》,《浙江医学》第 6 期,1992 年。

《心率对儿童血压的影响》,《科技通报》第 9 卷第 2 期,1993 年。

《脂质异常与冠心病的新概念》,《临床心血管病杂志》,第 10 卷第 5 期,1994 年。

《122 例冠心病人脂蛋白及载脂蛋白测定量分析》,《浙江医学》第 11 卷第 6 期,1994 年。

郑国梁

《计算机的编译方法》,邮电出版社,1982 年版。

《中国计算机工业概览》,电子工业出版社,1985 年版。

《程序设计 PASCAL》,高等教育出版社,1988 年版。

《高级语言程序设计》,南京大学出版社,1994 年版。

《标准程序设计丛书——PASCAL》,中国铁道出版社,1989 年版。

《Pascal 到 modula－2 的自动转换工具》,《计算机软件工具、方法、环境》,1985 年。

《异种高级语言自动转系统 Pmts 和 Fpts》,《南京微电脑成果论文集》,1986 年。

《代数规格说明及其转换系统》,《计算机学报》第 2 期,1988 年。

《面向多种语言的语法制导编辑系统 SEG 的设计与实现》,《计算机学报》第 4 期,1987 年。

《Modula－2 集成环境中的增殖编译》,《微型计算机》第 1 期,1989 年。

《一个基于文档的环境信息库模型》,《微型计算机》第 2 期,1900 年。

《KBE——Pascal:基于知识的程序编辑》,《软件学报》第 4 期,1991 年。

《一种用于知道系统的形式化模型》,《软件学报》1995 年增刊。

《广义继承及其在面向对象程序语言中的实现》,《软件学报》,1995 年增刊。

童增墉

《舰用计算机控制精确布雷系统》,《舰船科学技术》,1991 年第 2 期。

《我国船用电梯的现状与发展》,《船舶》1993 年第 5 期。

《水雷牵引阻力的计算和布雷转桥参数的确定》,《船舶》1993 年第 6 期。

夏飞云

《关于我国民族管弦乐队体制改革的探讨》,《乐器杂志》1978 年第 4 期

《波姆体系与民族管弦乐器改革》,《音乐艺术杂志》1979 年第 1 期

《验证〈敦煌曲谱〉为唐琵琶谱》,《上海音乐学院学报》1983 年第 1 期

高锡永

《优质柑桔栽培贮藏与加工》(与人合著),浙江科技出版社,1987 年版。

《蔬菜加工》,浙江科技出版社,1987 年版。

《水果制品加工技术》,金盾出版社,1994 年版。

《实用蔬菜加工新技术》,上海科技出版社,1995 年版。

《果蔬产品加工工艺学》,高等学校全国统编教材,农业出版社,1995 年版。

王成农

《中国固体矿床工程地质工作研究》(与人合著),地质出版社,1990 年版。

沈锦英

《结构力学的电子计算机计算原理及程序设计》,冶金工业出版社,1988 年版。

杨铭新

《电磁机构辅助开的合闸触点时间调整》,《高压电器》1986 年第 5 期。

《副断口提前分断时间的测量》,《电世界》1988 年 11 期。

杨乃钧

《帝国主义在满洲》(与人合译),商务印书馆,1980 年版。

《资本主义市场的对外贸易业务》(与人合著),对外贸易出版社,1980 年版。

《世界经济》(与人合著),对外贸易出版社,1982 年版。

《俄汉外贸外事会话》(与人合著),对外贸易出版社,1985 年版。

《汉英俄法简明外事会话手册》,对外贸易出版社,1985 年版。

鲍复兴

《鲍复兴印存》,上海书店出版社,1994 年版。

《茅盾小说篇目印谱》,中国美术学院出版社,1996 年版。

《鲁迅小说篇目人物印谱》,华宝斋出版社,2001 年版。

《濮院名家书画集》(主编),中国美术学院出版社,2003 年版。

《吴昌硕书画篆刻集》,中华书局出版社,2009 年版。

《紫玉锦言》,西泠印社出版社,2010 年版。

《邓石如隶书鲍氏五伦述》，西泠印社出版社，2012 年版。

《缘缘堂印谱》（二册），西泠印社出版社，2013 年版。

张振刚

《臭镇悲老》（短篇小说集），香港易通出版社，1992 年版。

《情事陈迹》（长篇小说），远方出版社，1999 年版。

《伴你到朗州》（长篇小说），中国文联出版社，2003 年版。

《两个地主的秋天》（短篇小说集），人民日报出版社，2003 年版。

《四月的丁香》（短篇小说集），台湾秀威出版公司，2009 年版。

《情还明宫》（戏剧作品集），台湾秀威出版公司，2013 年版。

《逃难记——章桂和丰子恺的风雨人生》（纪实散文），浙江大学出版社，2016 年版。

黄清江

《张雨望的家事》，上海新文艺出版社，1955 年版。

《流浪者情缘》，江苏文艺出版社，1985 年版。

岳功立

《岳功立画集》，上海书画出版社，2003 年版。

《岳功立书画作品》，嘉兴画院，2011 年版。

范汉光

《桐乡市馆藏书画精品集》（主编），西泠印社出版社，2005 年版。

《毛谈虎墨迹》（主编），西泠印社出版社，2005 年版。

《书铭印集》（主编），西泠印社出版社，2012 年版。

杨家琦

《专业银行资产负债管理》（与人合著），中国金融出版社，1991 年版。

《预算外资金亟待统一管理》，《中国金融》第 9 期，1983 年。

《浅析流动贷款不合理的诸因素及解决途径》，《流动资金管理研究文集》，湖北省人民银行编辑出版，1986 年。

《科技风险投资运行机制及其管理研究》，中国人民银行总行和全国金融学校征文，1993—1994 年。

杨娟敏

《汽车柴油机直列式燃油喷射装置的设计》（英译文），《机械技术》第 2 期，1982 年。

《金属波纹管的新用途》（英译文），《机械技术》第 2 期，1982 年。

曹松豪

（译著）《桑戈尔诗选》，外国文学出版社，1983 年版

（译著）《密特朗传》，上海译文出版社，1986 年版。

（译著）《贝洛童话》，湖南少年儿童出版社，1989 年版。

（译著）《法国社会主义简史》，中共中央党校出版社，1992年版。

（译著）《希拉克传》，世界知识出版社，1995年版。

（译著）《黎塞留传》，商务印书馆，1996年版。

（译著）《戴高乐传》（上、下册），商务印书馆，2006年版。

（译著）《见证——萨科齐自传》，上海辞书出版社，2007年版。

（译著）《叛逆与浪漫——萨科齐传》，上海辞书出版社，2010年版。

张锦贤

《胃嗜酸性肉芽肿合并胃前壁巨大相吻性溃疡1例》，《浙江医学》第9卷第1期，1987年。

《肺炎性假瘤11例报告》，《浙江医学》第9卷第6期，1987年。

《120例肺癌的纤维支气管镜和病理检查》，《武警部队内镜资料汇编》，1988年。

《支气管颗粒细胞肌母的胞瘤1例的报告》，《中华结核和呼吸杂志》，12卷12期，1989年。

《经纤维支气管镜诊断肺慢性血吸虫病6例报告》，《中华结核呼吸和呼吸杂志》第12卷第4期，1989年。

《介绍一种安全简便的胸壁心包腔穿刺方法》，《中华心胸血管外科杂志》第12卷第4期，1989年。

《外伤性肺囊肿1例报告》，《中华结核和呼吸杂志》第13卷第1期，1990年。

《肺慢性日本血吸虫病95例报告》，《中国血吸虫病防止杂志》第2卷第2期，1900年。

《多发性恶性胸腺癌1例》，《中国心胸血管外科杂志》第9卷第1期，1993年。

《连接三通开关的动、静脉穿刺套管针在胸腔、心包腔穿刺引流上的应用》，《中华结核和呼吸杂志》第16卷第6期，1993年。

《儿童经皮肺动脉瓣球囊成形术》，《武警医学》第4卷第6期，1993年。

《外伤性双侧支气管断裂修复1例》，《中华胸心血管外科杂志》第11卷第1期，1995年。

陈杰华

《喹诺酮类与氨苄西林治疗伤寒79例》，《新药与临床》1996第15期。

《老年人QT离散度测定的临床价值》，《临床心电学》1998年第7期。

《氟桂嗪治疗慢阻肺睡眠功能障碍的临床观察》，《心理医生》1999年第6期。

《一种治疗原则不同的快速性房性心律失常》，《临床心电学杂志》2000年第9期。

《从钙剂对老年性高血压的治疗效果初探血钙与高血压的关系》，《心脏杂志》2001第6期。

曹志伟

《温度与时间对氰化高铁血红蛋白显色稳定性的影响》，《陕西医学检验杂志》1994年第6期。

《血红蛋白计主要技术指标的测试》，《国外医学》临床生物化学与检验学分册1994年第2期。

《日立7020全自动生化分析仪使用点滴》,《国外医学》临床生物化学与检验学分册2001年第3期。

陈新荣

《远红外线在液体加热上的应用》,浙江省科技情报研究所专题资料,1981年10月。

《浅谈油脂浸出工厂的节能潜力及途径》,《浙江科技简报》1982年第10期。

《菜籽油连续水化脱磷工艺及设备的国产化和实用性》,《浙江粮油科技》1987年第4期。

《"公平理论"在企业管理中的效能》,《今日企业》1989年第1期。

《集中加工效益显著》,《浙江粮食经济》1989年第12期。

《努力降低米糠中的残油》(与人合著),《浙江粮油科技》1990年(3—4)期。

《桐乡市粮食安全工作探析》,《浙江粮食经济》,2006年第3期。

凌建维

《神阙穴拔罐为主治疗小儿哮喘》,《针灸临床杂志》1996年12期。

《针刺悬钟穴治疗突发性颈肌痉挛案》,《针灸临床杂志》2005年第5期。

《针刺神阙穴治疗呃逆16例》,《中国针灸》2005年第3期。

《恢刺法治疗肱二头肌长头肌腱鞘炎76例》,《中国针灸》2006年第5期。

姚立秋

《产前检查ECG在围产期保健中作用探讨》,《综合临床医学》1998年第14卷。

《老年快速型心律失常合并不典型心肌梗塞2例》,《临床心电图杂志》1999年第8卷。

孙敏强

《魏晋南北朝文学的发展趋向与刘勰等人的"通变"思想》,《文心雕龙学刊》第5辑,1988年。

《试论刘勰文体学的基本思想》,《文心雕龙学刊》第7辑,1992年。

《中国古代传记文学精华》(第二作者),重庆出版社,1997年版。

《闲情偶寄》(全注本),浙江古籍出版社,2000年版。

《诗艺与诗心》,时代文艺出版社,2001年版。

《诗史之间》,香港百通出版社,2002年版。

《多维视野中的百部经典——古典文学卷》(主编),浙江古籍出版社,2004年版。

《律动与辉光——中国古代文学结构生成背景与个案研究》,浙江大学出版社,2008年版。

吴志慧

《编辑决策中的非理性行为及其利用》,中国出版社,2010年版。

《学术期刊与学术失范》,中国出版社,2009年版。

《全球化语境下的编辑文化选择》,《编辑之友》2008年第5期。

《负学术道德行为的心理分析》,《编辑之友》2009 年第 1 期。

《高校学报怎样走出边缘化》,《编辑学刊》2009 年第 1 期。

《高校学报要善对退稿作者》,《编辑学刊》2002 年第 2 期。

《学报编辑主体意识论》,《浙江师范大学学报》2010 年第 6 期。

《论学报编辑的学术意识及其著作权意识》,《宁波大学学报》2003 年第 2 期。

许芬英

《初中数学课堂教学设计与案例》,人民教育出版社,2006 年版。

《"浙江省中小学学科教学建议"初中数学案例解读》,浙江教育出版社,2015 年版。

《数学新探索》,浙江教育出版社,2016 年版。

《自主学习教材全解》,浙江教育出版社,2013 年版。

《初中数学命题技术》,浙江教育出版社,2017 年版。

《初中数学教与学》,人大报刊复印资料,2014 年。

《学为中心的初中数学思考性问题的类型及其设计》,《数学通报》2016 年第 10 期。

潘大庆

New Phase of International SHP Cooperation(小水电国际合作进入新阶段),英文《小水电》1995 第 1 期。

《联合国与小水电》,《国际贸易》杂志 1995 年第 10 期。

One Step Forward Toward SHP Know-How Transfer(小水电技术转让的新进展),英文杂志《小水电》1996 年专刊。

The Power Industry in Reform(改革中的电力工业),英文杂志《小水电》1997 年第 3 期。

Comparison of Electric Power between ,英文杂志《小水电》1998 年。

Ideas for Operating Small Hydropower Plants Cost-Effectively (经济运行小水电站的思考),美国 Hydro Review Worldwide 杂志,2001 Dec. 12, Vol 9。

A Milestone in International SHP Cooperation (国际小水电合作的里程碑),英文杂志 SHP News 2003 冬季号。

Small Hydro Power for Fuel, Ecological Protection Project Initiated, Kindling Another Bright Spot of Hydro Construction(代燃料生态工程,水电开发的又一亮点)英文《小水电》2004 春季号。

International SHP Cooperation Strengthened (夯实小水电国际合作),英文杂志《小水电》2004 冬季号。

《厄瓜多尔电气化发展动态》,《农村电气化》杂志 2005 年第 10 期。

《欧洲国家小水电实践及发展趋势》,2006 中国科技经典文库。

Factors Contributing to the Fast SHP Development in China(中国小水电迅猛发展的因素),英国 Renewable Energy World 2006 年 9—10 月号。

英文《小水电》教材，浙江大学出版社，2007年版。

《小水电开发的宏伟计划》，英国 Water Power & Dam Construction，No 5 2008。

Rural Hydropower & Electrification in China（中国农村水电及电气化），中国水利水电出版社。

Some thoughts on the Compilation of International Norms on SHP（编制国际小水电标准的探讨）（合著），英国 Water Power & Dam Construction，Internet version，2011。

《小水电培训，中国南南合作的缩影》，《南南合作动态》2015年第3期。

《一带一路沿线国家小水电资源开发状况》，英文《小水电》2017年专刊。

王　立

《无花果》，中国文苑出版社，1995年版。

《爱的私语》，中国文联出版社，1999年版。

《芬芳的岁月》，华艺出版社，2003年版。

《邂逅——曾经的悦读》，台湾秀威出版公司，2009年版。

《玻璃碎片》，台湾秀威出版公司，2009年版。

《蝴蝶梦——重述与追寻梁祝经典爱情》，台湾秀威出版公司，2010年版。

《最后一个道士》，台湾秀威出版公司，2010年版。

《人文濮院》（与陈滢合著），浙江人民出版社，2014年版。

陈　滢

《尘世情缘》，台湾秀威出版公司，2008年版。

柴敬杰

《复方丹参滴丸与复方丹参注射液治疗缺血性心脏病比较》，《现代中西医结合杂志》，2000年第9卷。

《兰索拉唑治疗上消化道出血34例疗效及疗程观察》，《临床荟萃》2000年第7期。

朱永官

Biogeochemistry of trace elements：environmental protection，remediation and human health. Tsinghua University Press，Beijing China，2007（eds YG Zhu，N Lepp，R Naidu）

Environmental Soil Science，Science Press，Beijing China，2011（Deputy Editor-in-Chief）

Arsenic in agricultural environment and potential human health risk，Science Press，Beijing China 2013（First author，together with students and postdocs）

Advancing health and wellbeing in the changing urban environment，Springer and Zhejiang University Press，2016（Franz W Gatzweiler and Y-G Zhu et al.）.

Zhu，Y. G.；Sun，G. X.；Lei，M.；Teng，M.；Liu，Y. X.；Chen，N. C.；

Wang, L. H.; Carey, A. M.; Deacon, C.; Raab, A.; Meharg, A. A.; Williams, P. N., High percentage inorganic arsenic content of mining impacted and nonimpacted Chinese rice. Environmental Science & Technology 2008, 42, (13), 5008—5013.

Zhu, Y. G.; Ioannidis, J. P. A.; Li, H.; Jones, K. C.; Martin, F. L., Understanding and harnessing the health effects of rapid urbanization in china. Environmental Science & Technology 2011, 45, (12), 5099—5104.

Cui, S.; Shi, Y.; Groffman, P. M.; Schlesinger, W. H.; Zhu, Y.-G., Centennial-scale analysis of the creation and fate of reactive nitrogen in China (1910—2010). Proceedings of the National Academy of Sciences of the United States of America 2013, 110, (6), 2052—2057.

Zhu, Y.-G.; Johnson, T. A.; Su, J.-Q.; Qiao, M.; Guo, G.-X.; Stedtfeld, R. D.; Hashsham, S. A.; Tiedje, J. M., Diverse and abundant antibiotic resistance genes in Chinese swine farms. Proceedings of the National Academy of Sciences of the United States of America 2013, 110, (9), 3435—3440.

Zhu Y-G., Yoshinaga M., Zhao F-J. and Rosen B P. Earth abides arsenic biotransformations. Annual Review of Earth and Planetary Sciences 2014. 42:443—467.

Zhu, YG; Zhao, Y; Li, B; Huang, CL; Zhang, SY; Yu, S; Chen, YS; Zhang, T; Gillings, MR; Su, JQ. Continental-scale pollution of estuaries with antibiotic resistance genes. Nature Microbiology, 2017, 2(4): 16270 DOI: 10.1038/nmicrobiol.2016.270.

杭国强

The research on ternary TTL Schmitt circuit, J. of Electronics, 1998, 15(1): 35—42.

《绝热开关的工作特性及其能耗分析》,《电路与系统学报》2000, 5(4): 27—32.

《采用二相时钟的无悬空输出绝热 CMOS 电路》,《半导体学报》,2001, 22(3): 366—372.

Current threshold-controllable technique and ternary current-mode CMOS Schmitt circuits, Multiple-Valued Logic, Multiple Valued Logic, 2001, 7(3—4): 283—294.

《一种单锁存器 CMOS 三值 D 型边沿触发器设计》,《电子学报》,2002, 30(5): 760—762.

Improved structure for adiabatic CMOS circuits design, Microelectronics Journal, 2002, 33(5—6): 403—407.

《基于控阈技术的四值电流型 CMOS 电路设计》,《半导体学报》, Vol. 23, No. 5, 523—528, 2002.

《一种实现 Reed-Muller 展开系数与谱系数相互转换的有效算法及其图形方法》,《计算机学报》,2003, 26(10): 1350—1354.

《基于控阈技术的电流型 CMOS 全加器的通用设计方法》,《电子学报》, 2004, 32

(8):1367—1369.

《开关信号理论与绝热CMOS电路设计》,《半导体学报》,2004,25(12):1711—1716.

《低功耗CMOS三值动态双传输管逻辑电路》,《浙江大学学报》(工学版),2005,39(6):882—886.

《一种新的低功耗CMOS三值电路设计》,《电路与系统学报》,2005,10(6):80—83.

《基于开关信号理论的电流型CMOS多值施密特电路设计》,《电子学报》,2006,34(5):924—927.

《基于多值逻辑方法的二值神经元MOS电路设计技术》,《半导体学报》,2006,27(7):1316—1320.

《新型电流型CMOS三值施密特电路设计》,《浙江大学学报》(工学版)2006,40(7):1141—1145.

A general method in synthesis of ternary double pass-transistor circuits,《半导体学报》,2006,27(9):1566—1571.

《新型低噪声电流型CMOS边沿触发器设计》,《固体电子学研究与进展》,2007,27(1):95—99.

《用于混合信号集成电路的低噪声电流型触发器》,《浙江大学学报》(工学版),2007,41(4):616—620.

《低功耗三值双边沿触发器设计》,《电路与系统学报》,2007,12(4):15—19.

《采用多输入浮栅MOS器件的四值编—译码电路设计》,《固体电子学研究与进展》,2007,27(3):421—426.

《应用于多值逻辑的双传输管逻辑网络综合》,《浙江大学学报》(工学版),2007,41(8):1307—1311,1328.

《新型电流型CMOS四值边沿触发器设计》,《浙江大学学报》(工学版),2009,43(11):1970—1974.

《新型钟控神经元MOS采样/保持电路》,《浙江大学学报》(工学版),2012,46(2):333—337.

《信号与线性系统(修订版)》合著(全国普通高校电子信息与电气学科基础规划教材),北京:清华大学出版社,2016.9.

《信号与线性系统》合著(21世纪高等学校规划教材·电子信息),北京:清华大学出版社,2012.3.

《信号与系统》合著("十一五"国家级规划教材),北京:化学工业出版社,2008,1.

朱永春

《朱永春教育叙事研究专栏》,2009年9月—2012年7月《教育信息报》。

《教育的简答题——朱永春答网友问(1)(2)》,《浙江教育科学》2013年第3期、第4期。

《教师真正的需要是什么》,《浙江教育报》2013 年 9 月 13 日。

《其实钱老已有答案》,《浙江教育报》2013 年 11 月 1 日。

《如何做一个让学生难忘的教师:自爱》,《 浙江教育报》2014 年 9 月 17 日。

《科学教学需"诗外功夫"的滋养》,《浙江教育科学》2015 第 5 期。

张志豪

《左下肺隔离症并发大量血胸 2 例》,《中华胸心血管外科杂志》2000 年第 4 期。

《胸外伤后上消化道出血的诊治》,《中国急救医学杂志》2001 年第 5 期。

《左胸膜腔错构瘤 1 例报告》,《罕少疾病杂志》2001 年第 8 期。

《左心房恶性纤维组织细胞瘤 1 例》,《武警医学院学报》2003 年第 3 期。

《严重心血管创伤 12 例报告》,《武警医学院学报》2004 年第 1 期。

《胸腔镜与开胸术在脓胸廓清术治疗中的比较分析》,《武警医学院学报》2010 年第 11 期。

《右上肺硬化性血管瘤合并高分化腺癌 1 例》,《武警医学院学报》2012 年第 5 期。

《全腔镜下解剖性肺叶切除 42 例分析》,《武警后勤学院学报》2013 年第 9 期。

《晚期肺腺癌组织中 TYMS 基因表达水平判定及其临床意义验证》,《武警医学院学报》2015 年第 1 期。

《外伤性气管支气管断裂 13 例》,《武警医学院学报》2015 年第 5 期。

注:本节收录的书目、论著,资料截止期为本志初稿编竣时。

第七节　诗　文

诗词选录

宋

次韵濮十太尉赏梅

王十朋

春向群芳头上来,可人风味亦奇哉。
未于茅舍疏篱见,先为金枝玉叶开。
竹外横斜才数点,笛中摇落已千堆。
因公撩我惜花意,深忆去年湖上杯。

(选自《濮院志》)

次韵濮十太尉知宗咏牡丹

王十朋

地尽尧天饶雨露,花王窈窕多风度。
书生不办买花钱,空解摇毫为花赋。

香苞初拆彩霙凝，甲第名园冠绍兴。
玉叶金枝老诗伯，更将好语为褒称。

（选自《濮院志》）

元

濮元帅北征还赠

释克新

海国元戎鬓未斑，归来拄笏看青山。
田园暮景烟尘外，台榭春风锦绣间。
桐影连溪鸥梦稳，桂香吹月鹤笙还。
碧莼丝鲙黄花酒，时向尊前一解颜。

（选自《濮院志》）

梅泾即事

濮彦仁

泾居风味倍萧森，常有流莺送好音。
一夜雨余梅子熟，小庭香满伴清吟。

（选自《濮川所闻记》）

百亩园种蔬

濮彦仁

小筑茅庐一径开，云林深处少尘埃。
家园百亩躬耕罢，五柳门前次第栽。

（选自《濮川所闻记》）

明

寓感

鲍　恂

迢迢汉川上，有女丽且闲。
佩以双明珠，游戏清波间。
翩然若飞鸿，可望不可攀。
赠我翡翠羽，报之以秋兰。

徘徊碧云暮，引领空长叹。

（选自《钦定四库全书》明诗综卷四）

题吴仲圭平远图

鲍　恂

苍山遥遥几千里，绿树参差碧烟起。
双帆忽从江上归，影落斜阳湿秋水。
林阴苍莽鸟不飞，石径蹭蹬行人稀。
松根似可缚茅屋，沙尾亦足容渔矶。
我尝西游倚江阁，极目长空入寥廓。
好山不肯过江来，恨不乘风跨黄鹤。
吴君画手当代无，落笔何年成此图？
安能着我岩壑底，相觅老樵寻钓徒。

（选自《钦定四库全书》明诗综卷四）

濮川八景

宋　濂

福善翠冷

太古烟霞错绣楹，拍天苍翠缬虚明。
擘开千佛无文印，不似空题雁塔名。

翔云高眺

凌虚不用跨青牛，拄杖为龙任去留。
极目山川知已在，乾坤冷落片云浮。

妆楼旭照

晓云一带舞衣轻，脱体风流最惜卿。
莫道故人心不见，半帘春色露倾城。

梅径花午

踏穿清浅水云奔，皓日当空雪满村。
可笑罗浮山上客，一枝明月醉黄昏。

荷塘晚风

泼翻鸥鸟梦惊飞，细卷波痕滴翠衣。
落日半竿花未睡，采莲人逐钓船归。

化坛枫冷

霜花零落暮秋寒，一醉西风树叶丹。
却怪枫人留不住，满溪月色老夫看。

幽湖月满

苍旻不挂一帆丝，两岸渔歌月上迟。
看破婵娟全面目，菱花无语笑冯夷。

西院缠霞

夕阳倒插暮云沉，醉剪胭脂结翠林。
绝壁丹书人不识，柴门深峭听归禽。

（选自《濮川所闻记》）

濮川月夜清游歌

江　汉

有客来叩门，邀我清夜游。
夜长苦无寐，夜游慰淹留。
于是仲冬十五夜，小星嘒嘒奎与娄。
乾坤上下绝尘滓，团圆月色如中秋。
恰如星盘出东海，照我毛发寒飕飕。
此时清兴发，与客相绸缪。
即从西衔入，便至西河头。
行行渡溪曲，石梁跨清流。
鱼鳞万屋似城市，市廛行尽皆田畴。
我行兴未已，客指归路休。
归去语妻子，此时足清幽。
不知百龄内，夜夜得此不。
生平不作不平事，游时自觉心优游。
客如有期我不爽，相携再作明朝谋。

（选自《濮川所闻记》）

寄幽湖客舍

贝　琼

我无太古明星宅，白首西东寄此身。
已免崎岖投剑外，敢辞寂寞老江滨。

枇杷结子初肥雨，芍药留花不见春。
万古乾坤同逆旅，两山风月属诗人。

（选自《濮川所闻记》）

寄穈孝子

贝　琼

幽湖老人七十余，一身如蠹隐图书。
朝廷不起常夷甫，乡党已知徐仲车。
海燕定巢来屋里，林鸟得食上阶除。
雨晴有兴即相过，一叶小舟通竹渠。

（选自《濮川所闻记》）

桐乡夜织

朱逢吉

桑柘绿阴肥，千材翳夕霏。
机声交轧轧，灯火竞辉辉。
贾客留金去，儿郎出市归。
喜输官赋足，谁复叹无衣。

（选自《濮川所闻记》）

泊舟幽湖

方孝孺

十载飘零一梦中，桃花依旧艳东风。
濮家旧院今何在？到处机杼说女红。

（选自《濮院琐志》）

幽湖泛月

岳和声

芦阴疏复密，柳色断还连。
明月已如此，长河益渺然。
淡宜西子载，凉喜北风便。
数点鸥飞处，歌声起市廛。

（选自《濮川所闻记》）

除夜

濮　炀

爆竹声中一岁除，呼儿今夜且抛书。
春风偏向山家蚤，红白梅花覆短庐。

（选自《濮川所闻记》）

御儿乘月夜归

濮孟清

霸功不共碧天长，明月亭亭万里光。
何处棹歌悲越女，满溪清露湿衣裳。

（选自《濮川所闻记》）

题濮川志略

颜鼎受

卓荦推前辈，恢宏属后贤。
挑灯终此夕，开卷忆当年。
人岂文章重，家因孝友传。
他时名世出，往哲在斯编。

（选自《濮川所闻记》）

和岳半农先生村居原韵

张鸣珂

小阖柴扉读老庄，茶烟袅袅散余香。
牧童归去遥闻笛，佳客相过快举觞。
一榻琴书贫不卖，半肩耒耜负何妨。
卜邻要与先生约，来课桑麻话夕阳。

（选自《濮院志》）

清

怀宋景濂先生读书台

沈　机

当年宋夫子，此地昔曾来。

予也闲观易，空闻旧有台。
音容流月露，謦欬出风雷。
后起谁为继，千秋仰大才。

（选自《濮川所闻记》）

我乡

吕　洽

我乡耕作晚，小暑盛栽禾。
料理蚕桑毕，经营豆麦过。
青秧幸已长，膏雨不嫌多。
蝉噪蛙鸣外，遥闻牛背歌。

（选自《濮川所闻记》）

梅泾漫兴

陈曾祉

梅花泾畔是吾家，机杼桑麻亦足夸。
户口较于他处盛，乡风自觉此间奢。
燕来玉长春篱笋，雨后溪肥小鲚虾。
腊瓮开时招好友，谈书说剑夜喧哗。

（选自《濮镇纪闻》）

宋景濂先生读书台

陈曾祉

泾上春水碧，重林色苍苍。
闻昔宋学士，读书梅花庄。
长松荫颓檐，瘦竹围短墙。
当时孰来往，云是刘与方。
经纶佐廊庙，著述堆琳琅。
一代推巨儒，千秋重瑶章。
徘徊石桥畔，曲折泾水长。
梅花自开落，岁岁怀孤芳。

（选自《濮川所闻记》）

濮九娘桥

濮　洙

蔓草荒烟水一方，几回凭眺转凄凉。
可怜尚有渔樵伴，能话当年濮九娘。

（选自《濮川志略》）

濮院坊

濮　洙

楼台池阁路亘重，锡以嘉名宋理宗。
惋惜到今呼濮院，尚留双柱志遗踪。

（选自《濮川所闻记》）

鸳湖棹歌

朱彝尊

春绢秋罗软胜绵，折枝花小样争传。
舟移濮九娘桥泊，夜半鸣梭搅客眠。

（选自《濮院琐志》）

嘉禾杂咏

卢存心

宋锦人传出秀州，清歌不用旧缠头。
如今花样新翻出，海内争夸濮院绸。

（选自《濮川所闻记》）

秋日过梅泾访沈可员书斋宿雨

濮　淙

去岁连床话，寒灯照夜深。
雨敲残叶响，虫泣乱秋吟。
喜在相逢处，愁生离别心。
高斋良晤后，寂寞到于今。
蹉跎驹过隙，老大转悲伤。
良友松间月，衰年草上霜。
对君如昨日，回首即他乡。

黾勉诸英妙，精勤当自强。

（选自《濮院志》）

柴溪探梅

钟锡龄

踏遍西溪路，残雪犹在树。
篱落两三枝，横斜日欲暮。
烟笼古渡春，月淡幽人步。
一夜梦罗浮，冷香已暗度。

（选自《濮院志》）

小罗浮怀古

曹士勋

女儿桥下泊渔舟，遥指梅泾古寺秋。
闻道花开千树雪，一时人号小罗浮。

（选自《濮镇纪闻》）

续鸳湖棹歌百首（录一）

朱麟应

夜听鸣梭出远村，家家纺织古风存。
入城草布知多少，半是桐乡半陡门。

（选自《濮川所闻记》）

舟过濮院

汪　筠

杨柳人家尽日烟，鹁鸪声里路洄沿。
桥头沽酒寻常惯，鸟唤提壶似去年。

（选自《濮川所闻记》）

濮川古迹

濮履中

梧桐林外景萧萧，凤去桐枝半寂寥。
千古只余桥畔月，尚怜荆棘借鹪鹩。

（选自《濮镇纪闻》）

幽湖竹枝词

张宏范

茭娘裹粽近端阳，燕子衔虫哺子忙。
打点下田车水种，连朝梅雨好开秧。

今年生意胜前年，织挽工钱总要添。
东手接来西手去，果然梭子两头尖。

可怜辛苦络丝娘，赶经催绒日夜忙。
歇得新丝一个月，男鞋女袜费商量。

（选自《濮院琐志》）

看舱行

沈　梓

沈子六年不坐航船，于厘捐分卡看舱情状，率耳闻非目见也。辛未(1871)夏五，将之维扬。其夜，趁苏州航船，船出濮院东栅。卡上先生来看舱，舱中货物尽已报捐，再四搜剔，哇于垫板下得线一包，遂由此发端，几于锁船押人。调停半夜，罚钱二千八百文，慨而赋此。

沈子将为扬州客，黄昏坐船苏州发。
船行东卡呼看船，客人起立巡丁入。
下来卡上一先生，叱咤风生威赫赫。
明灯高张府照磨，两两照耀如白日。
前舱中舱及后舱，倾筐倒箧无他物。
零星税货在眼前，局印捐单细认识。
一裹一束验无讹，此外得毋有藏匿。
船头徙薪薪触手，叱道舟人故使黠。
船尾揭釜釜缁衣，翻骂舟人不洗刷。
夹板垫板逐一开，翻身彻底来搜刮。
有穴必探有隙窥，表里洞达纤微悉。
舟人卧具卷须开，客人衣履诛尤急。
沈子居然有言情，一肩行李免挑剔。
巡丁逡巡看已毕，先生怏怏意若失。
大小货物已报捐，此回看舱真无益。
唯有线庄几支线，不成报章无可责。

何为叠在垫板下，指为漏捐计亦得。
雷霆陡发呼锁船，客人苦劝舟人泣。
议从末减一罚五，罚钱二千又八百。
从至大局写捐票，比来已觉东方白。

（选自《濮院志》）

与劳乃先之唱和诗

刘富槐

韧叟得文孙（劳）元裳书云：家中梅已盛开，种竹将生笋，杨柳已长大。触动乡思，赋诗相示，感和一首。

湖山石畔红梅树，每到花时苦忆家。
乱世文章足羁旅，故园节物自繁华。
知公惆怅渊明径，泥我淹留博望槎。
雁后花前无限思，越吟等是怨天涯。

（选自《瑅园诗录》卷三）

梅泾曲

曹锡秬

明月夜出五通庙，流光飞上九间楼。
楼头好女新装束，醉舞狂歌不解休。

（选自《濮川所闻记》）

听雨轩棹歌

陆以諴

分得南湖水一湾，澄林濮市绿回环。
它乡名士争来集，如此乐郊应早还。

（选自《濮川所闻记》）

题先大父春风载道图

闺秀　沈　芬

癸丑春暮，我父作是图。时我夫政婴病，是冬即下世。明年夏，老父又见背。芬两遭大故，积瘠几殆。再易寒暑，病躯小愈，展卷伤神，谨赋绝句五章以志终天之痛（存二首）。

其　一

翘首苍天叹命穷，夫亡父死两无从。

椿庭颜色分明在，肠断而今梦里逢。

其　二

屈指春光两牡丹，殡宫骨肉已全寒。
东风何不吹侬去，泉下花时一问安。

（选自《濮院志》）

梅魂

闺秀　朱淑珠

孤山分得几株梅，料峭寒风昨夜开。
应是罗浮清梦在，半帘明月美人来。

（选自《濮院志》）

哭夫

范　寿

夫病憔劳望渐轻，缠绵床笫恨三彭。
岂知仙药曾无效，抢地呼天血泪倾。
那得将身代厥终，思君万事荷当躬。
结缡虽短情无限，靡慝心如铁石同。
伟貌慈心卜寿长，研诗耽画性灵戕。
清宵寥落唯形影，孤月朦胧九上霜。
返魂无术费忧勤，比翼分飞五内焚。
泡影人间虚伉俪，早期身傍百年坟。
迟暮椿萱绕膝欢，无儿伯道竟悲酸。
鸿毛一命何难殉，堂上周旋聊劝餐。
家庭和顺乐清贫，最爱书香奕叶缙。
堂意天心殊报施，善人何辜短青春？

（选自《濮川志略》）

文录

宋

三教堂智明禅师行业碑记

陈德明

智明禅师，宋嘉定十一年（1218）侍痴绝冲禅师，住径山。绍定间，迁嘉兴之天宁寺。

禅师志立苦行，隐于秀水零宿乡，依檀越陈德明结庵，道风远播。淳祐间，冲禅师迁住杭之灵隐。未几，退归金陵。明禅师复远侍静修禅悦。初，檀越申明郡邑，为禅师建一草庵养，俟命扁曰“三教堂”，盖禅师能三教之道也。且教有三不同，而三教，人之心则同也。垂老，呼弟子一清于前，面命曰：出家者本为生死大事了明心，岂有工夫为俗事耶？汝辈宜省之，不可虚叨出家之名。言讫，端坐而逝，寿七十八。一清奉师塔于庵后，香火不绝。吁，三教堂者，前有智明禅师有光于前，一清能继之于后，宗门如此，可谓祖述得人，不坠也。是宜记之，勒于石，以垂不朽。庸书此以记。

（选自《濮川所闻记》）

元

元故将仕郎提举明之濮公墓志碑铭

赵孟頫

皇元以仁治天下，列圣相传，视民如伤。一夫或饥，由已饥之，有能出粟以赈者，辄予以官。其资之崇卑，视粟之多寡，著为令。故虽有水旱之灾，而无捐瘠之民，此尧、汤之用心也。大德丁未（1307）岁大祲，濮君明之捐米三千余石以食饥者，全活无数。府上其事，遂以应格登仕版焉。君讳鑑，字明之，世居嘉兴崇德之语溪，即《春秋》所谓“御儿”也。曾祖考讳敏。祖考讳世昌，宋承信郎。考讳振，宋承节郎、两浙东路兵马副都监，婺州驻劄。君性明达，而处己以谦，待士以礼，乡邻有争，常和合之；创佛寺曰仁寿，曰福善，曰永福，曰报恩，曰普济；创道观曰元明；又创永安、东岳两祠。为义塾，以淑学徒；为井干，以便行汲；为津梁，以济不通；为槥椟，以给死丧；名山大刹，捐金舍田，夏设无碍浴，冬设无碍粥，印施藏经，周恤孤寡。其乐为善事，盖天性然也。初调富阳税务官，继授将仕郎、淮安路打捕同提举。皇庆壬子（1312）春，驰驿归家上冢，指祖茔之西大树谓庵僧曰：“我死可化于此。”众讶其语不祥，皆愕眙相视。是夏，复还官次，连日乐饮，疡发于项。初以其小而忽之，乐饮如故，属方隆暑，疾日以剧，遂不可为。其卒六月二十有八日也，年五十有一。丧之归，官吏遮道以祭，市民无不嗟惜。渡江而南，风日清美，波涛不惊；抵家，僧、俗吊者乐道，梵呗之音，不绝于耳。其为人所向慕如此。子允中不敢违先意，以是年十二月九日火化于所指之地，奉函骨于堂，迨今八年。允中曰：“我非不能葬也，顾函存则亲存，葬则亡矣，是以弗忍也，然岂终不归于土乎？”乃卜以延祐七年（1320）十一月二十七日祔葬于祖茔之傍。娶沈氏，嫡子一人，允中也。女一人，适卜氏。庶子三人，俱幼。继妻赵氏，生一女，亦幼。孙男二人，女五人。允中来请铭，予惟以君轻财重义，盖积而能散者，是宜铭。铭曰：邦本惟民，民不可饥。发廪以赡，固邦之基。锡以一官，礼亦宜之。盍跻上寿，胡止于斯！有子承家，报其在兹。元翰林学士承旨荣禄大夫知制诰兼修国史吴兴赵孟頫撰。

（选自《濮院琐志》）

桐香室记

杨维桢

秀濮氏某府君居濮津之梧桐乡。始居成聚，已而成市。其土广而坟，无高山大谷之深阻，所植多嘉树美箭。旧说有梧桐甚大，凤凰尝集其上，故乡以桐名。余弱冠时尝游览焉，曾识濮氏乐闲公之折节下士，尤切切教子弟，不远千里而聘名师。其子仲温，好学不倦，题其修业之所曰“桐香”，盖取诗人李长吉语以名也。后余在吴，有为典市官者，日中与市者相质剂，夜则归读书石辕，且尝递书与余，道其所志，欲请业焉，则知为仲温。余讶其人生纨绮家，且既仕而又志学如此，非贤者能之乎？已而仲温弃官还家，尊师取友，以卒其业。时余在云间，仲温又介余友鲍仲孚招徕余，公觞余知止堂上。仲温退侍余桐香室中，相与校雠经籍，商论文墨为事。濒别，请室记。

昔屈子著《离骚》，以香草比有德之君子，伤香草而不芳者有矣，而未闻以桐。盖卉之弗灵于性者，不秾于色，则烈于香；不烈于香，则厚于实而已耳。唯桐性灵，花之折，叶之落，占历者以之。而其枝之所倾，有以集凤凰，材之所取，有以司琴瑟。诗人以香属之，殆不可与凡卉之臭味同议矣。故曰桐之香，凤之集也。噫！桐之香，凤之集，德香而爵禄聚，理之所必至者。仲温植其德如植桐，然自拱把之日，无牛羊斧斤之戕，势不至于霄蔽日弗止也。根益深，荫益大，香益远，吾见仲温膺爵也。天子赐进士第，起家以显扬其亲，展布其平日师友之学，更有涯涘乎哉！故今乐为记，使人知桐香非直为集凤之具，实濮氏之德之符也。系之辞曰：

梧桐生，只在濮之阳；桐之香，只翳凤之翔；翳凤之翔，维君子之乡。

梧桐培，只在濮之除；桐之香，只伊德之符；伊德之符，维君子之居。

（选自《濮川志略》）

松月寮记

杨维桢

去秀之西门外三十里所，其聚为濮市，濮公子仲温氏之世居焉。居有前后邸第，义庄塾以教养里之才子弟。仲温自幼从师学明经，既通《尚书》，后学《易》，又从余学《春秋》。两充乡试两不赴，适丁时变，遂作道士冠裳，寻山泽间，欲挈妻子为鹿门之举。事未遂，则辟寮一所，植松数章，高秀苍古，若深山木客之出在市廛。仲温与之俯仰啸咏，若友焉。天清气明，月在松顶，仲温弹琴松下。琴余，读道书作《游仙吟》，不知身世在黄尘市，而在白玉宫阙也。遂以松月道人自号。云间盛懋既为图之，而又寄自作松月诗一篇于余，征文为记。

余为论：积阴之气清而久者，在天为月；丽月之清于物之秀者，在木为松。桃之得于月也，清而妖；柳之得于月也，清而荡；梧之得于月也，清而凄；梅与竹之得于月也，清而癯。唯清而秀，秀而已冶者，松之得于月也以此。然得月之得而见诸名人者，自唐常建后未闻其人焉。建之诗曰:“松际露微月,清光应为君。”噫!此建之得于松月者,未易与俗人道也。去之五百年,而仲温氏复得建之得,而其诗有曰:“丈人夜开关,凉月在松顶。”此其得于松月之得者,奚减建也哉!向使仲温氏早时壅官,或至五年十年;即不壅,不过趋驰风尘中,志不直达而性光先有损,其能哦松哦月而有得哉?嘻!仲温氏之彼失此得,其有能辨者已。书诸寮为记。至正十三年癸巳(1353)七月七日。

(选自《濮川所闻记》)

《聚桂文集》序

杨维桢

秦汉之士无时文,以其所陈说于上者,皆近乎古而未有立体制、定格律以为去取,如唐宋以来号为举业者也。韩愈氏病之,以为大惭者大好,则时文不可以传世也谂矣!我朝设科取士,虽沿唐宋,而其制则成周,文则追古于唐宋之上,故科文往往有可传者。然有司大比之所选者,又不若师儒义试之所为取为优也,何者?大比之所选,仅一日之长;而义试之所取,则宽以岁月之所得也。大比开而作者或有遗珠之憾,则主司之负诸生也;义试开之,作者或无擅场之手,则诸生之负主司也。嘉禾濮君乐闲,为聚桂文会于家塾,东南之士以文赴其会者凡五百余人,所取三十人,自魁名吴毅而下,其文皆足以寿诸梓而传于世也。予与豫章李君一初实主评裁,而葛君藏之、鲍君仲孚又相讨议于其后,故登诸选列者,物论公之,士誉荣之。即其今日之所选者莫盛于江浙,而江浙之盛,饶、信为称首者,乡评里校之会岁不乏绝也。今饶、信之盛,移于嘉禾,嘉禾之贤守长实为集贤凌公,颛务古文,而崇化文士。有名世者作,不惟斯文增重,而嘉禾之文风义俗从而振焉,则文会之作固有补于司政者不少也。斯文锓梓,濮君又求一言以叙首,于是乎书。

(选自《四库全书》之《东维子集》)

雪筠斋记

释克新

槜李濮君敬之,扁(匾)其燕居曰“雪筠斋”。或以为白太傅谓:竹本固,固以树德,竹性直,直以立身,竹心空,空以体道,竹节贞,贞以立志,此竹之常也。濮君不取乎是而曰雪筠者,其必有说乎。雪庐子曰:大凡达识之士,取物以名乎居室者,将朝夕观省,以为砥名砺行之鉴,非徒为娱适之奉而已。夫竹平时无以异乎?凡草木及夫严冬沍寒,飞雪浾天,积白盈尺,万卉摧压,失其故常,而竹独苍然益翠,挺然不挠,此竹之变也,有似乎君子处时之变。鈇锧在前,鼎镬在后,而志愈厉行愈坚,而不可夺也。濮君不取竹之常,而取其变也,岂徒然哉?盖所以为砥名砺行之鉴耳!濮君尝为郡推官,与余有从游之好,故因其请而推其意之所以异乎白太傅者如此。

附记:节推公好竹,无种不备。有爽节细叶一种,得之者称为“濮竹”。《一统志》亦载有。"濮竹"，出云南之腾冲，司材中箫管之用。想好事者亦本此而称之也。"濮竹笋"，载《华阳国志》，出哀牢夷，其节相去一丈。又载《云南志》，出腾冲卫黎共山。其节甚长，又《字汇》云，竹节相去一尺者名"濮竹"。

（选自《濮院琐志》）

明

归有光《归氏家谱》序文（四篇）

谱例论

世之为谱学者，称欧阳氏、苏氏。予考二家之书，小异而大同。盖其法，使族人各为谱而各详其宗。夫人人各详其宗，则谱大备而可以至于无穷。此其善也。而苏氏又曰：古者唯天子之子与始为大夫者而后，可以为大宗，其余则否。独小宗之法犹可施于天下，故为族谱皆从小宗，而虚其大宗之法。而予为之说，异于是。云古者有大宗而后有小宗，如木之有本而后有枝叶。继祢者，继祖者，继曾祖者，继高祖者，世世变也，而为大宗者不变。是以祖迁于上，宗易于下，而不至于散者，大宗以维之也。故曰：大宗以收族也。苟大宗废，则小宗之法亦无所恃，以能独施于天下。予又以为，谱者，载其族之世次、名讳而已。其所不可知者，无如之何？其所可知者，无不载也。夫使世次、名讳之既详，则不必悬定以为宗法，而宗法存焉耳！故欧阳氏、苏氏以有法治无法，吾以无法寓有法，是吾谱之所以异也。嘉靖二十年八月十三世孙宗子有光撰。

家谱记

有光七八岁时，见长老，辄牵衣问先世故事。盖缘幼年失母，居尝不自释，于死者恐不得知，于生者恐不得事，实创巨而痛深也。

归氏至于有光之生，而日益衰。源远而末分，日多而心异。自吾祖及诸父而外，贪鄙诈戾者，往往杂出于其间。率百人而聚，无一人知学者；率十人而学，无一人知礼仪者。贫穷而不知恤，顽钝而不知教；死不相吊，喜不相庆；入门而私其妻子，出门而诳其父兄。冥冥汶汶，将入于禽兽之归。平时呼召友朋，或费千钱，而岁时荐祭，辄计杪忽。俎豆壶觞，鲜或静嘉。诸子诸妇，班行少缀。乃有以戒宾之故，而改将事之期；出庖下之馂，以易荐新之品者，而归氏几于不祀矣！

小子顾瞻庐舍，阅归氏之故籍，慨然太息流涕曰："嗟乎！此独非素节翁之后乎，而何以至于斯也？"父母兄弟，吾身也；祖宗，父母之本也；族人，兄弟之分也；不可以不思也。思则饥寒而相娱，不思则富贵而相攘；思则万叶而同室，不思则同母而化为吴越；思不思之间而已矣。人之生子，方其少时，兄弟呱呱怀中，饱而相嬉，不知有彼我也。长而有室，则其情已不类矣。比其有子也，则兄弟之相视，已如从兄弟之相视矣。方是时，唯恐夫去之不速，而孰念夫合之之难，此天下之势所以日趋于离也。吾爱其子而离其兄弟，吾之子亦各念其子，则相离之害，遂及于吾子；可谓能爱其子耶？

有光每侍家君，岁时从诸父兄弟执觞上寿，见祖父皤然白发，窃自念，吾诸父兄弟，其始一祖父而已，今每不能相同，未尝不深自伤悼也。然天下之事，坏之者自一人使，成之者亦自一人始。仁孝之君子，能以身率天下之人，而况于骨肉之间乎？古人所以立宗子者，以仁孝之道责之也。宗法废而天下无世家，无世家而孝友之意衰，风俗之薄日甚，有以也。

有光学圣人之道，通于"六经"之大指，虽居穷守约，不录于有司，而窃观天下之治乱，生民之利病，每有隐忧于心。而视其骨肉，举目动心，将求所以合族者而始于谱。故吾欲作为归氏之谱，而非徒谱也，求所以为谱者也。嘉靖二十年(1541)八月十三世孙宗子有光撰。

归氏世谱

归氏其先胡子，国于汝阴。鲁昭公十四年(前528，癸酉)，胡子始见于《春秋》。而昭公母夫人归氏也。当是时，荆楚凭陵中夏，暴横江淮间。胡，小国，不能自立，与江淮沈顿相随，服属于楚，尝从楚伐吴，败于鸡父。其后，亦时从诸侯侵楚。定公十五年，楚子灭胡，以胡子豹归。太史公以其微，不为世家言，故莫知其得姓所始于古帝王功臣何祖也？胡既亡，子孙散在他国，或以国氏，或仍归姓。归姓，历秦汉魏晋至于隋，无纪。唐天宝中，崇敬举博通坟典科，对策第一，为史馆修撰。代宗幸陕，召问，极言生人疲弊，当率天下，以俭富国，乃可以用兵。大历初，使新罗，赠遗无所受，当世传其清德。崇敬治礼，家学犹为诸儒所服。累迁翰林学士、兵部尚书，封余姚郡公，谥曰宣。子登，事后母笃孝，举孝廉，复以贤良对策拜右拾遗，抗论裴延龄。及为起居舍人，十五年不迁，澹如也。顺宗时，为皇太子诸王侍读，献《龙楼箴》以讽。宪宗每咨政理，登所对中外传以为谠言。官至工部尚书，封长洲县男，谥曰宪。子融，元和中进士，历官翰林学士、御史中丞，劾奏湖南之进羡钱者。官至兵部尚书、太子少傅，封晋陵郡公。会昌中，少儒者朝廷礼典，多本融议。融五子：仁晦，仁翰，仁宪，仁绍，仁泽，皆举进士，至达官。仁泽以第一人至列曹尚书观察使。子蔼，亦举进士，拜侍御史，为朱全忠所怒，贬登州司户参军。同光初，为尚书左丞、吏部侍郎、太子宾客，致仕。蔼子系，复举进士第一人，官至礼部侍郎。而后至于宋，无纪。元有曰旸者，至顺初举进士，同知颍州，年少精敏，能击断。河南有大贼，杀行省官，为乱劫。旸守黄河口，旸守死不从，由是名闻天下，拜监察御史入朝，顺帝加奖，赐以上尊。累官刑部尚书、集贤学士、国子祭酒。盖自秦至于唐，而得宣公一人，传子至孙。自唐至于元，而得集贤一人。以归氏数千年来所纪者如此，亦可慨矣。或曰，盛德必百世祀，原归氏所起者微，故其后莫显。夫史之阙久矣！唐虞之际，十有一人者，垂益夔龙，不知所封。咎由之后，英六无谱。咎繇，垂益夔龙，岂其微者哉？或曰，归氏自亡国后，世居于吴，未尝远徙，故吴中相传，谓之著姓。然自宣公，累世贵盛为吴人，而集贤实居汴梁。不知汴梁是何别也。今他处亦颇有归氏，而惟吴中为多。吴中之归，皆宗宣公。有光之所可知者，始自湖州判官罕仁。罕仁而上十五世，至太子宾客蔼，其谱失亡。罕仁生道隆，居昆山之项脊泾，今太仓州也。道隆生廉访使德甫。德甫生子富，子富以洪武六年(1373)徙昆山，治城之东南门。子富以下，昆山之族可得而详焉。其别者居吴江，或居太仓，或居嘉定，或居湖州、嘉兴。其在长洲者，居娄门，或居沙湖。在常熟者，居白茆。十三世孙宗子有光撰。

归氏世谱后

吾归氏之谱既亡，吾祖之高祖始志其里居、世次，而曰高祖罕仁，唐太子宾客蔼之一五世孙，宋末任湖州判官。以此知吾家本于宣公，而不得其世次名讳，不可谱也。又曰曾祖道隆，自号居士。祖德甫，仕河南廉访使。天下乱失，官称提领，生考子富。洪武六年(1373)，徙昆山之东南门，此其所可考者。其他行事，莫详也。吾祖之高祖，讳度，字彦则。少丧父，而所生母亦已先亡。事嫡母甚孝，处兄弟有恩。弱冠坐事，亡命走西南万山中，经辰水、麻合山、乌江、紫稍蛮峒数处，几死。尝有神人护之，自播州转入丁山，丁山之神，夜来与语，其貌甚伟，曰吾姓褚氏，导以如巴中。巴人以为神，相与敬爱之。居九年，赦归，时洪武三十年(1397)也。将渡江，又有戴笠者若云，江不可渡。是日大风，诸渡者尽溺死，以此独免。永乐中，以人才征，辞不就。初，高祖兄弟三人。高祖独有七子，子孙最繁衍矣。高祖治家有法，年老益精明。每鸡鸣，子婿方巾布袍揖而受事，及暮，复命亦如之。诸妇小有言，即曰：兄弟所以失爱者，皆妇人之为也，使谢过乃已。作遗训数百言，又为书云："吾少闻先考之言，吾家自高、曾以来，累世未尝分异，传至于今。先考所生吾兄弟姊五人。吾遵父存日遗言，切切不能忘也。为吾子孙而私其妻子求析生者，以为不孝，不可以列于归氏。"其所以训如此，亦可以见吾归氏之纪虽不详，而家法相承之厚也。吾祖之曾祖，讳仁，字克爱，为人刚毅，必行己之志，不为势力所怵，以高年赐冠服。吾高祖讳璿，字文美，例受承事郎。生而奇伟磊落，然自尊奉，每饭未尝不鸣鼓也。好饮酒，恒至达旦，宾客往往自失亡去，高祖俨然无倦意。明有天下，至成化、弘治之间，休养滋息，殆百余年，号称极盛。吾归氏虽无位于朝而居于乡者，甚乐。县城东南，列第相望，宾客过从，饮酒无虚日。而归氏世世为县人所服，时人为之语曰：县官印不如归家信。高祖同时，诸昆弟并驰骋，因为武断者或有也。高祖与诸弟出，常乘马，行者为之避道。其后，县令方豪，年少负气，士大夫多为所陵，然曰："唯归氏得乘马，余人安可哉？"高祖殁于正德三年(1508)，有光已生三年矣。吾曾祖讳凤，字应韶。曾祖美姿容，恂恂爱人长者，治尚书，精诵，虽奏厕不辍。成化十年(1474)中南京乡试，北上。人有居京师者，其家寄遗以百金，曾祖中途遇掠，尽以己资与之，竟完金以归其人。弘治二年(1489)，选调城武县知县，务休息其民。兖州太守龚弘，御史严明少当其意，顾独爱曾祖。然曾祖雅不喜为吏，每公退，辄掷其冠曰："安用此自苦。亡何以病免归。"曾祖母林氏，世宦族。祖锺为山东参政有名。曾祖母归归氏，事上抚下，曲有恩礼，宗党称之。曾祖尝夜卧，闻枕间有钟鼓声；及卒，柩上有声如鹳。曾祖母未几亦卒。有光受命于吾祖而其述之此，时嘉靖之二十年(1541)也。宗子有光撰。

（选自《归氏家谱》）

环碧堂记

贝 琼

槜李南二十里为幽湖，巨族朱显道氏世家于此。筑室若干楹，而水周其下，题之曰"环碧"。前御史中丞番易周公伯温以大篆体为书三大字，复驰书凤阳，属记于予。初，予主显道尝爱幽湖之奇胜，盖脉络自南湖洄而为澓，旋而为涡，至若左右回抱，青停黛蓄，尤形胜之所萃焉。使其奔放莫遏，则悍而可惧；涣散旁流，则弱而易狎，又何足为奇胜也！观其方春雨止，波澜浩浩，与天相涵，不见洲渚，而王雎翠碧，往来其中，景之触于前者何如也？及清秋之夕，鱼龙在壑，冲风不起，颠倒星月，而舟人渔子，击榜歌呼，景之会于心者，又何如也？方全盛时，并湖而居者非一。飞楼涌阁，虽南湖不足侔其壮丽，而堂据一湖之要，有无穷之趣焉。时方縻于王事，遂舍之而去，客京师者二年，分教中都三年，汩没埃𡏖之中，未能有其一曲，以从耕钓，而徒怀想于二千里外，今为显道之所专也。按朱氏世为槜里人，其始祖宋文林郎，侍科院官。其子思明仕元，为进义县县尉，转嘉兴县录事司判官。思明之子青阳，教谕仁甫，先后相继，逮显道已四世矣。今一境既刳于兵，此堂复葺而新之。挹空翠于几席之间，来清飔于笑歌之顷，固可以尽四时之乐，益见文献之家与幽湖同一悠久也。显道攻医，得九针补泻法于金华玉瑞庵，实出窦文贞公之传，故非一时庸工所及。性尤急于治人，赖以全者甚众，则天之报施，又可必者。矧诸子若孙，读书好古，予知后益隆不替，非止于是而已。异日解组南归，舣舟幽湖，重登环碧之堂，又当述而赋之云。

（选自《濮川所闻记》）

濮川八景诗序

陈邦献

槜李之西南壤曰濮川，初本荒落，元时有豪右濮氏，其富不赀，雄于一郡，居民咸聚而依之，以贸迁成市，流水包络其间，故氏其川为濮焉。嘉郡庠二教姚君廷玉谓余曰："吾乡前辈鲍先生仲孚，尝摘是境胜概，谓之《濮川八景》，多有题咏，但世变人亡，毁灭而不存。吾生于是，长于是，今虽縻禄在外，而故乡景物常在吾目也，因绘八景图，将乞善诗者歌咏之，庶不泯其旧，且以适吾志也。"予曰："八景之详可得闻乎？"曰："夹川之畔，比屋鳞次，巨梁虹驾，轻烟旭日，往来憧憧者，则市桥晓色。茂林修竹，映带疏檐，时闻咿唔声出于林表者，则林墅书声。川之北有层观巍然，为道流之居，怪石耸立其侧，高数仞，上镌‘翔云’字，厥势崇峻，曰翔云仙观。其右有佛日宫，制度宏丽，天清而夕照凝辉，则金璧交焕，钟磬流音，曰落日招提。若夫南泾渔艇，则曲渠而通乎，是川者也。扁舟渔父，举网得鳞，则趋市以供酒客之需。西村樵唱，则秋原霜后，禾黍登场，樵者负薪以归，前者歌而后者唱也。时若长空一碧，波澄烟敛，素月涵辉，灏气无垠，非幽湖秋月之良夜乎！断岸流澌，夕阳残血，梅影横斜，清香时至，非梅泾雪霁之佳致乎！”予闻而喜曰：“有是哉，子之善状。夫是景也，昔柳子厚谪居僻陋忧辱之地，而以《愚溪八景》为咏为诗，皆愚其名，寓其因苦郁抑之情耳。视子之优游闲暇，适其所天，非子厚之侔也。且天下之名胜可乐游者多，而能知其所可乐者几人哉？濮川八景，人日见之，未尝有知其乐而乐之者，亦无异蚊蚋之过吾前也。子能知之而乐之，且以出仕承明而不忘钓游之乐是，则可贤也已！善于诗者，宜歌以系之。

（选自《濮院琐志》）

请暴魏忠贤罪状布告中外疏

岳元声

臣等远在南中，近日屡接邸报：左副都御史杨涟有《逆珰怙恶作威专权乱政》一疏，列东厂太监魏忠贤罪状，恭奉严旨；又见魏忠贤《孤臣戆直招言谨辞东厂》一疏，恭奉温旨。因是在廷诸臣前后疏劾忠贤罪状宜核，杨涟疏奏宜纳，并奉严旨，群臣为之骇然。顷见阁臣揭帖，奉旨谆谆，乃知皇上竟念忠贤今昔之劳，不忍听其陈请，不但不加查处而已。于杨涟则谓其指摘牵诬，非无因而发，不但不赐采纳而已。又责群臣随声附和，纷纷渎扰，不但不蒙优容而已。此以知圣心坚如铁石，即臣等奚容益之瑱耳哉。

然窃凛凛，伏思皇上一心宫中府中之所取平，大臣小臣之所禀命，假如暬御媟近之臣，以一指蔽周天之日，片云掩白日之光，竟令盈廷忠侃口？心悸，曾不得阐苦词、伸明法，将使天下后世谓皇上此举何？先帝尝命涟等辅陛下为尧舜之君，言犹在耳。涟并受顾命，又感陛下拔起之恩，其奋激触邪，以其见闻之真者入告，正涟忠于陛下之职分，岂敢妄有牵诬以渎圣明？臣等知其必然矣。不第杨涟而已，即在廷大小诸臣，一时尽抒忠赤，疏论忠贤恶贯既满，必不可容，杨涟疏词逼真，必不可弃，此岂尽仇二忠贤而比昵于杨涟哉。凡以公听并观见忠贤假以小劳，恣以大逆，是以部寺科道诸臣，各殚一心以劾，忠于皇上奚容致疑。不第近臣为然，臣等仰窥皇上，以英明果断之资，视朝勤政，讲学不懈，并闻宫中不迩声色，不事逸游，不贵玩弄难得之物，不厌批阅章奏而又从谏勿咈，任贤勿疑。似此举动光明，宜庶几于承平之理。

然至近年，四郊多垒而未弭，又加以天灾地变，物怪人妖，种种递见，虽中外大小臣工，官守言责，亦恪恭厥职，而卒左右支吾，撑持不逮。迩来愈见朝政参差，国势抢攘，物力凋耗，世界萎薾，岂无召致而。然近睹忠贤罪状如是，假令十有一真，已足亏损圣德，伤和致戾，况廷臣博彩，就中十无一虚，陛下尚且拒之不信，独信一忠贤而不疑，岂诸臣反出忠贤下哉？岂任忠贤服食起居之劳，便足致皇上于尧舜之理哉？职等又有以知陛下之不必然矣！陛下秉道嫉邪，洞烛事机，若徒念忠贤勤劳末节，遂举魁柄而授之，恣所窃弄，任其决裂，姑息养奸，优柔酿乱，谓将以是酬劳，何待宦竖之太重而视天下太轻耶？天下者祖宗之天下，家法者祖宗之家法，太祖高皇帝首定律令，内官只供使令洒扫之役，违者法无赦。今忠贤违法若此而不一问，将如祖宗何？夫不法祖宗即非所以为尧舜，窃恐先帝在天之灵，必恻然有恫于忠贤矣。臣等益用凛凛合词，上请伏乞皇上敕下阁部，集科道诸臣，将宪臣疏列忠贤罪状及群臣疏论情节，逐款参实情罪，覆疏上请，恭候圣裁，即赐处分，以消肘腋隐祸万一。垂念其今昔微劳，姑宥显戮，亦乞亟罢厂务，置之闲宅，一一暴其罪状，布告中外，俾咸知陛下威断明察，去大憝以顺人心，岂不休哉。而又慎选谨悫近侍，填补监局供事，诸凡一遵律令，勿得相沿专恣，如是而宫府一体，祖法昭明，咸睹陛下英资笃学，渐登尧舜上理，其于先帝惓惓顾命之重焕乎，其有光矣！

（选自民国《濮院志》）

清

濮氏族谱序

杜　臻

族之有谱，纪欲其详，无取其蔓；序欲其简，无取其漏。然非代有闻人，作述相继，曷可易言，以是知祖功宗德，端亦藉于孝子贤孙而传且彰乎！吾乡多巨族，濮氏其一也，系出颛顼，得姓以百濮，后之以濮名州、名院、名水者，皆其子姓聚处得名，而濮院为最著，其子姓较他处亦尤盛。余里居时，往来其地，见夫人烟之稠密，里居之凑集，而贾者廛相连，贩者担相错，读者声相闻，耕者影相接，未尝不叹其繁且衍。盖即有他姓杂处，而濮氏实为开镇之始。四十年来，余以官京师，不获时经其地，然忆及之，犹恍在目也。己卯冬，宗人驾凡以重修族谱告成，携来都下，请序于余。复备阅其源流，详考其兴废，如文学、仲祥、武功、忠襄，又不仅光于家乘，且炳于史册者也，其大启后人而绵延弗替，不亦宜乎。至夫详而不蔓，简而不漏，则族谱之所同也。

（选自《濮川所闻记》）

濮氏家乘序

许汝霖

大凡姓氏之著，其来也远。故于上世多荒渺而难稽，又以族大散处，迁徙无常，则不可考，谱系之所关，讵不伟欤！古吴有濮院濮氏，巨族也，其始祖云翔公，扈驾南渡，由曲阜而卜居兹土，一时簪缨累累，三吴氏族，无有出其右者。厥后，理宗赐院而名益著。迄今五六百年来，子孙聚处，繁衍滋茂，所从来远矣。裔孙驾凡尝游京邸，乐道先人之事。一日，出其家乘，乞余一言以冠其首。余观其支分派别，源委详明；且先世事功勋业，及名贤哲彦咏歌题赠以导扬其盛者，靡不一一备载；分门别类，使观者秩秩可考；将见绵绵瓜瓞识所自来，必思有以振兴而克绍之，则其厚自刻励，而于族谊亦庶几日加亲亲而敦崇焉。则其功岂浅鲜哉！余是以乐为之书。

（选自《濮川所闻记》）

镇图说

濮龙锡

古《嘉禾志》《崇德州志》暨明郡邑，新旧诸志，无不娓娓称濮院一镇。濮氏盛事，有足多焉。然或彼详此略，或前载后遗，莫能执一以悉之。即访之故老，详述曩胜，恐掇拾风影，贻议来兹。虑非核见参闻，著图传信，后有作者，其徒凭诸游谈剩址，以相讨哉。惜《濮川小志》一书，无从破壁凿梁，再获全览。唯别驾周冲宇《濮溪志草》，什存二、三。合订位置，与巷语所垂，罔不符券。宋没未备，明初渐湮，抚景追寻，时在皇庆、延祐间。盖提举、节推、元帅、司令诸公，正颉颃斯际乎。过此而降，兵燹流离，即俗所传八宅二十六庄，在周氏《志草》中已云无从考核，何敢附会滋疑。但南新一街，白衣、永正二梵舍，虽为后建，亦属峥嵘，故皆逾格附入。若我族而外，大姓继著者四，曰刘、贝、燕、朱，而冯、岳、杨、施后先济美。堪舆氏以为水来长谷，正属巽方，土脉既厚，聚气复深，故秀毓人文，代兴节义，机杼之利，日生万金，而大姓卜居，历享富盛，盖非无由。

（选自《濮镇纪闻》）

上曾相国书

沈 梓

浙西下士，敢以管蠡之见，谨再拜献书于涤生相国阁下：窃惟泰山之高，不遗培塿，河海之大，不拒细流。相国功在天下，声施后世，虽唐之郭李殆有过之。今朝廷以中原肃清，畿辅为重，移节旄而北，以控制中外，其倚任岂止股肱哉！独是祸乱方亟，则在于弭外患。外患既弭，则在于靖内忧。靖内忧莫如固根本，固根本莫如足民。王畿，天下之根本也，而荒歉之灾，萧条之况，独倍于他省，是非所以建不拔而计久长也。知者防患于未然，虑患于未形。相国为国柱石，必有旋乾转坤之大力，为之开其源而节其流焉。生，资质梼昧，颇不自量，抱杞人忧天之见而深越俎代谋之思，窃为受病治病二说以达于左右，唯冀大君子不弃而赐览焉。

忆自丙寅夏季，航海入都，初亦不知北方之地利人情也。惟见人烟稀少，遍野粱粟，并不见人耕作。去京六七十里，有少壮妇女，率其孩童行乞道旁者，不知凡几。谛视其貌，皆精实充足，耳目聪明，手足完备。身衣敝衣，拉车辕而赶行者，一二里不知远。夫妇女岂无女工可做？织纴辟绩，莫非谋食之道？孩童亦岂无种蓺负担、刍牧之事可以分任学习，而乃捐廉耻惰手足如此？此京外居民之病也。比入京而游于士大夫之间，见其器量皆局趣偃蹇，困惫不展。谈及通商衙门，保举之优，无不眉飞色舞。迨后，同文馆考天文之议起，而人人雀跃。又见张御史、倭中堂奏请罢考之折上，则又人人气沮。夫穷达有命，何必争此捷径？此士大夫之病也。市井贸易，无物不作伪。钱店以票易银，轻重其平，低昂其值；出票既多，利倍于本；倏而闭歇，赝货伪票，机械百出。此商贾之病也。街衢之间，乞丐纷纷，残疾老病，间或有之；而壮夫健妇，成童幼孩，执香请安，麾之不去，一或不慎，则攫人帽物；又如剪绺攘窃之属，谲智利手，神乎其技，在在皆有，地方官莫能治之。此奸民之为病也。日阅文报，见夫都御史所奏，城内外地方鸣火抢劫时常不绝；至于穿窬之贼出入于京官宅内者，无地不有；窝家党羽，实繁有徒，斯役捕快，表里相结；又有黑市、小市者，所卖皆盗窃之物，城内外凡几处；刑部巡防局所办盗案，骈首就戮于菜市者，月凡几次而人不知畏。此盗贼之为病也。又尝游于庙市，见所卖皆淫戏淫画、闲词小说；街坊邻舍，挈琵琶而唱者，都系淫词；男女操鼓板而演者，无非淫态；里巷之间，男女相从，廉耻尽丧；渐及于商贾之家，又渐及于仕宦之家，则慨然未尝不叹风俗之敝也。四民之业，士农工贾，本京百姓，罕业此者，大率为人斯役居多。而贪诈庸劣，千人一律，窝赌倡优，游手无归，往往而然。其女子亦罕习女红者，匮于衣食，渐沦乞丐。于是有捡白菜帮子者，有捡煤块者，有捡烂纸者，则慨然未尝不叹民生之匮也。市肆包裹，皆用还魂字纸，房屋器皿，以之裱糊，厕溷之间，以之拭秽。虽有惜字之举，而奸民私相卖买，弊端百出。米麦之属，弃地不顾，不知惜福，不畏天谴，则慨然未尝不叹人心之坏也。北方风俗强悍，斗殴争夺，情愿杀人偿命。又闻有所谓“虚子”者，“虚”系俗音，不知其字体笔画也。其人以恃强讹诈，横行市井，凡遇店铺商客、纨绔子弟，横逆相加，取人财物；近则专为夷馆差役，无恶不作。又有所谓“跑海车”者往往舁人至荒僻处，小则取人衣冠财物，大则伤人身命，则又未尝不慨然叹人情之悍也。嗟呼！此皆商书所谓盗贼、草窃、奸宄者也。以盗贼草窃奸宄之人而聚于京师，何从救正，此则京师所患之病象也。

夫京师为首善之区，今则为纳污之地，诗书之教，既不足化，刑戮之惨，又不知惧，私心窃计，莫得其所以至此之由。迨留京久之，熟察其生计之窄。出京一次，悉其原野之荒凉，人民之偷惰。又更大旱大水，见夫饥民之呼号哭泣，卖男鬻女，交错道路，人情汹汹，盗贼四起，岌岌乎不可朝夕之状，为之反本求源，而恍然其所由来也。夫天之生人也，大概智者十之一，中材者十之二，而愚者十之七。智者为士，中材者之为工商，固也，而其愚者之不可使为士，不可使为工商者，亦其理然也。是故，先王制为田亩，劝以农桑，使愚者有以安愚乐贱以遂其生。以其所出，给士之禄，给工商之食，夫而后天下可以治。乃今观于京师，田野不辟，货财不聚，其愚者无以安其生，而一切病根，皆从此起矣！大概近京之民，逐末忘本，远京之民，懒惰恶劣。何以言之？近京之民，其土地所出，不足供八口之食。于是有骆驼生口者，则以运载为生，有井者则卖甜水，有地者则卖黄土；其无地、无井、无生口者，则以小车转运货物。又若丰台十八村之属，则专以养花治生。大约逐末之利过于土地所出，于是相率为之，而根本尽去矣。其妇女亦大率服役于京官宅内者居多；其不然，则行乞于路，亦足糊口。久之，生齿日繁，逐末过多，则无末可逐。于是贪诈恶劣，无不为矣。此近京居民受病之原也。其远京之民，虽有土地，亦不能广其生植。虽有人力，而亢旱无水，难于灌溉。惟于下种之时，牵驴牛犁地一次，种后听其自生。生后就地分种，听其自成。是以天时调和，风雨适中，则菜麦及杂种粱粟皆熟；一遇荒歉，则赤地千里，哀鸿遍野，或抛弃妻子，或卖鬻儿女，道殣相望，盗贼蜂起，而士大夫亦束手无策矣。总之，丰熟之年，土地所出不能赡家，必兼治负贩、刍牧、贸易之事以为生。而正道逐末者，人多而利微，则又变为邪术，如造还魂纸、私铸小钱、变戏法、卖拳勇、画春画、刻淫词唱本、为倡为优、说书唱书，以之求利而谋生。其穷而无所之者，强者为盗贼，狡者为诈骗，弱者为乞丐。乡里之间无所容，则聚而归之于京城。故夫京师之莠民，皆四方游手失业之徒之所萃也。此远京居民受病之原也。其受之也久，则其治之也不可以速；其受之也深，则治之也不可以浅；其病在本源之地，则治之也贵有以正本而清源。

然则治之者奈何？曰：非开财之源而节财之流，不可以为治。今夫农桑者，衣食之本，而财赋之源也。自古帝王治天下，未有不以耕织为先务也。是则所为开财之源而节财之流者，舍是将何属欤？请列言之：南方地狭人稠，大率农桑为正业，佐以菽麦瓜菜之属，八口之家，可以无饥。今北方土地辽阔，人烟稀少，使犁地为田，只患无人耕种，而不患田不足也。古称一夫百亩，今则不然，大概一夫耕田以十亩为率。十亩之入，四五口之食，粗粗可给。今此地平原旷野，长亘数十里，仅种薏米高粱之属，所熟几何？而又其生也听之，其成也听之，遍地皆游民旷土。虽丰年不足，何论荒歉？此土地之宜开垦者一也。论者动谓北方亢旱，不宜种稻。然南方亦有山田及高原之田，不尽水乡也。北方濒海数州县居民，亦有开垦稻田者，且北方所产之米，较诸江浙之米更坚栗长绽，则北方何尝不宜于稻也？此禾黍之宜种者二也。南方桑树仅长一二丈，加以培壅修剪，取叶饲蚕，丝绵之利，岁入为常，衣被之恩，人皆挟纩。今北方桑树，大如槐榆者，京师院落中往往见之；听其结实落叶，委弃不用，岂不可惜！假使课民广种，而兴养蚕之利，则既可足衣又可贸利。此蚕桑之宜课者三也。夫凡物，生于天地而成于人力，人力不至，则物不能自成。禾黍种而后长，耘而后秀；不种不耘，则为败草矣。蚕子饲而后茧，缫而后丝，不饲不缫，则为弃物矣。今弃苗不植，弃蚕不养，而委咎于天地之不能成物也，岂其然哉！此人力之宜尽者四也。凡此四者，皆所以治病之良药也。然而苟无良方，则良药不得其用。

今夫财之源流不节不开，夫人而知之矣。至于水之源流不节不开，则人有未必尽知者也。盖丰财必先屯田，屯田必先蓄水。京师亢旱数百里，几于绝水。然尝远稽典籍，近采传闻，而征信于丁卯仲秋之水患，知北方未尝无水源也。开之节之是在人力。何则？水源出于山而流注于海，其性就下，固也。然亦可以人力挽回者，则堤防是也。天下地势不能无高下，高原之不能有水，处处皆然，大概人力陂障蓄聚之功为多。大者潴之为湖，小者亦为池沼、沟渠。民非水火不生活，傍水而居，既便取汲，又资灌溉，如吾浙西之水源出于天目山，如湖州之长兴、安吉、孝丰、武康，杭州之余杭、于潜、临安、富阳之属，其田多在山半，俱就地势自高而下，节节为堤、为障，以达于平原。而平原地势又有高下之殊，于是潴之为湖，以为蓄水之区。如杭之西湖，余杭之南湖，绍兴之三江闸，皆所以上承山田之水，蓄聚为湖，以溉平地。高原之田泄其余者，以溉低原之田。此白太傅、苏文忠所以名在吾浙也。由此言之，蓄水之于屯田，又治病者所以用药之汤也。稽之《日下旧闻》第二卷，引明尚宝卿、徐贞明《潞水客谭》言：京畿负山控海，泉深而土泽。诸州邑泉从地涌，一决而通；水与田平，一引而至。其间经画之界，约略备具。又言先之京东，而畿内列郡皆可渐而行；先之畿内，而西北之地皆可渐而行。又引给事中魏呈润疏言：北方不知蓄水，听其自盈自涸，故潦则遍地巨浸，旱则满眼砂砾；一遇饥岁，比屋倒悬。诚于平时举地利而经理之，可以坐获五利。则知蓄水之计，稽诸典籍，有明证也。又闻雍正年，怡贤亲王曾开水田之利，其后渐废。今京畿所存一、二水利者，犹贤王之功也。又平湖徐惺菴先生曾上此议，有知县倪姓者拟有章程，其时总督额公以撤兵不果行。又闻僧亲王驻兵天津时，亦屯田至数十顷，今亦旋有废弃者。则知蓄水之利，采诸传闻，有明验也。丁卯春夏之交，赤地千里，及秋季一雨，昆明湖决口，京外村庄多被水湮，房屋浸倒，人丁溺毙。旱灾之后，继以水灾。然则京师外千里无水者，岂其竟无水源哉。实无潴湖以为之蓄，堤防以为之障，坝闸以为之泄，沟渠以为之通。全无人力及此，听其就下而去，欲其源源而来也，得乎？则知不蓄水之患，验诸目前，而得失了然也。或者又谓北方沙土，性松而漂，不能蓄水，故不能营田。然尝游极乐寺，出西直门，见有一闸以蓄水，其水有种荷花者。又尝游圆明园故址，见其水渟滐似镜，其附近数十里亦皆有闸焉。然则沙土虽松，亦岂不可以蓄水？特无人力为之经理，则水岂能自蓄哉。且据京城而论，内外城河，永不开浚。数百万生灵粪秽之气，尽归于地，而浸入于井，是以水味苦而上浮淤障。人人汲井而饮，毒气渍脏腑，每遇春阳发动，则厉疫之疾随之而作，往往不可救疗。

夫水利者，民人所资，城郭所依。晋人迁新田，韩献子所谓有汾浍以流其恶者。周公营洛邑，卜于涧瀍之间。今赫赫京城，居于槁壤，试问：金、元、明以来，果如此乎？则知蓄水之利，其益无穷。水之源流既节既开，而财之源流不开而开，不节而节矣。故曰蓄水之于屯田，犹医者所以用药之良方也。且蓄水之与屯田，宜并行而不可偏废也。蓄水而不屯田，则水利虽修于一时，势必废于后日。蓄水而兼屯田，则水利或失，田即有害。州县官为粮赋所出，岂能因循不报？抑岂有不赶紧修筑？至于小有坍损，则不必官督其成，民间自能保护。如吾江浙之田，沟塍阡陌，岁筑岁开，何尝官为督责。故蓄水而兼务屯田，则水利永无废坏之患。

原夫国家设官之意，蓄水屯田统于工部，诚以其事可合而不可分者也。由此言之，屯田之于蓄水，又医者制方配合之妙用也。是故，彭祖贤奏请赈粥之举善矣，而未知治病之原也。何则？赈粥之举可以救目前，而不可以计久远。且京师无饷，势必于外省筹饷。京师需饷一千两，外省州县官及委员胥吏必筹至二千两而后可。势必设一名目，增一敛财之例。而此例一开，永不复除。是京师之需饷者一时，而外省之筹饷者无已时也。故其事可一而不可再。杨廷熙奏罢考同文馆之折善矣，而亦未知治病之原也。百姓逐末无路，游手失业见利而趋，于是有归其教者，有服其役者，有为之羽翼者。假使屯田之利开而衣食之源裕，则民将各有恒产，各有执业，各有身家性命，亦断乎不肯归其教而服其役。彼鬼子者，将孤立而无所助，则亦不能以有为矣。夫京师王者所居，四方贡赋所聚，诚不必斤斤焉作荒歉之虑。然以首善之区，而民无夙食，凶荒无备，非所以为根本之计，亦非所以雄长天下也。万一道路梗塞，海运不通，荐遇饥馑，北方万万生灵，将何所资？明季闯、献之乱，可为前鉴。此不可不深长思也。且人无论智愚贤不肖，必使其习一事，执一业，而后可以治生，而后可以使之不为非；以之治生而有余，而后可以兴教化，此古人所谓"逸则思淫，勤则不匮"者也。南方之民自种秧、耘草、车水、溉壅之事，动需人力，并无牛驴生口可以代耕。三时竭力，夏畦尤病，是勤于力田而后足于食也。蚕桑之事，自浴种、出火、收茧、缫丝，举家勤动，寝馈不遑，早绩夜织，无冬无夏，是勤于蚕织而后足于衣也。今北方所种者杂粟，所衣者皮布，天功多而人力少，地利薄而生计微，是以其民习于懒惰而迫于贫苦。丰熟之年，毫无积蓄；一遇饥馑，则群思攘夺，罔顾廉耻，而其心不可问矣。今将欲以盗贼草窃奸宄之律绳民以不为，不可得也。谚云：饱暖知礼节，饥寒起盗心。民有生产而不使之植，民有手足而不使之用，民有父母妻子而无以为生，则亦安得不为盗贼、草窃、奸宄哉？王者将使民男有家、女有室，耕作畜牧各循其道，凶荒死丧各有所备，礼义廉耻各有所激发而不能自已，是非开屯田之利不可。屯田之利开，则生植之利广，而归农者众，则逐末者自寡。逐末者寡，而游手失业之人亦皆得所以治生，而盗贼、草窃、奸宄之患亦渐次而弭矣。故求所以治病之良方者，莫切乎此。

且尝稽诸经传，《禹贡》：冀州之域田中中，青州田上下，雍州田上上。今此三州者皆不以水田为务，而经传之言田者，则先冀、青，而后及于江南，可知当日未尝无田也。况古之青、冀连属幽、并，则今之直隶犹在冀、青之间也。《周礼》："青州宜稻麦，冀州、雍州皆宜黍稷。"夫黍稷与稻，皆水田所产。《周诗》咏公刘曰："彻田为粮。"又曰："相其阴阳，观其流泉，何尝不引水为田？"《孟子》论田制曰："贡助彻月令。"曰："周视原野，修理堤防。此岂专为黄河以南之水乡而言哉？"故今辄谓北方亢旱不宜种稻者，其说非也。大约自东晋之季石晋之乱，迨宋南渡以后，中原板荡且数百年，于是井田、阡陌、堤防、沟洫之制，废败殆尽。且其民皆草间求活，无暇耕作，专采杂粟以疗饥而已。而匈奴突鹘之俗，又专以射猎为食，不务农业，久久相沿，田制失传，而民亦不识田为何物矣！医之为言意也，经传具在，夫固可以意通之也。第其事积重难返，惊世骇俗，道府州县故不敢议及此。即督抚大员，才识经济有所不足，亦不敢议及此。是殆天之所以待相国也。相国抱经纬之才，当医国之任，兴利除弊，易于反掌，当必有以经略而厘定之也。

（选自民国《漢院志》）

索　　引

一、本索引包括目与子目索引。

二、目与子目索引按笔画为序排列，笔画数相同的按起笔笔形一丨丿丶乛的顺序排列，首字相同的依第二字排序，以下类推；阿拉伯数字起首的单列，按数字从小到大的顺序排列。

三、条目后的数字为该条目在本书中的页码。

一　画

二　画

三 画

四　画

五　画

六　画

七 画

八画

九　画

十　画

十一画

十二画

十三画

十四画

十五画

十六画

十七画

十八画

十九画

二十画

数　字

参加《濮院镇志》审稿会议人员

颜越虎　浙江省人民政府地方志办公室省志工作处处长
张　勤　浙江省人民政府地方志办公室研究室副主任
汪志华　杭州市萧山区史志编研室副主任
邱　阳　嘉兴市档案馆地方志编纂处处长
吴云峰　桐乡市档案馆(史志研究室)馆长
庄永明　桐乡市档案馆(史志研究室)副馆长
谭晓杰　桐乡市档案馆(史志研究室)志鉴科科长
朱春俊　桐乡市档案馆(史志研究室)志鉴科工作人员
王士杰　原桐乡市文联主席
俞尚曦　桐乡地方志专家
徐树民　桐乡地方志专家
施振兴　濮院镇党委副书记
蔡明辉　濮院镇党委委员，镇志编纂工作分管领导
沈新方　桐乡市人大常委会社会建设与民宗外侨工委副主任，原濮院镇镇志编纂工作分管领导
平伟良　桐乡市纪委常委，原濮院镇镇志编纂工作分管领导
陈新悦　桐乡市人力社保局副局长、党委委员，原濮院镇镇志编纂工作分管领导
宋行春　桐乡市政协办公室副主任，原濮院镇镇志编纂工作分管领导
朱少明　原濮院羊毛衫市场党工委委员、管委会副主任
沈　俊　濮院羊毛衫市场管委会办公室主任
王震辉　濮院羊毛衫市场管委会品牌管理科、园区管理科科长
彭　振　濮院羊毛衫市场管委会市场管理科副科长
沈光宗　濮院羊毛衫市场文化传媒有限公司
张　梅　濮院镇党建工作办公室主任
沈玉林　濮院镇农业经济服务中心主任

廖陈霞　濮院镇社会事务管理办公室副主任、文化体育站站长

鲍燕楼　濮院镇党政综合办公室副主任

陆炳祥　濮院镇社会事务管理办公室

朱玲玲　濮院镇经济发展服务中心

徐炳春　新河村党总支书记

姚锦民　永联村党总支书记

庄明火　永越村党委书记、村委会主任

程永芳　永乐村党委书记

周哲斌　新濮村党总支书记

黄　佳　新星村党委委员、村委会副主任

李其芳　新东村党总支副书记

魏丽莉　红旗漾村党总支副书记

周立华　新妙智村党总支副书记

钟　华　油车桥村党总支书记

沈海杰　新联村党委书记、村委会主任

黄培江　新港村党委书记

金国良　星旗村党总支书记

徐伟红　锦苑社区党委书记

章颂舜　梅园社区党委书记、居委会主任

张振刚　《濮院镇志》主编

吴剑平　《濮院镇志》编辑

陈杰华　《濮院镇志》编辑

杨　脩　《濮院镇志》编辑

《濮院镇志》编纂委员会

2010 年 2 月—2012 年 3 月

顾　　问　朱明杰

主　　任　姜　玮

副 主 任　龚林海　平伟良　沈新方　沈松明　沈相根

委　　员　宋行春　周国强(行政)　周国强(事业)　高伟胜　姜新华
王剑锋　薛国华　李炳松　沈小荣　陈国民　袁永坤　钱伟国
沈颖珠

办公室主任　沈松明(兼)　副主任:张治生

2012 年 3 月—2013 年 12 月

顾　　问　沈根潮

主　　任　张茂华

副 主 任　姜发挥　陈新悦　平伟良　钱陈晨　沈相根　宋行春

委　　员　杨丽清　周国强(行政)　沈小荣　姚中明　薛国华　陆炳祥
袁永坤　沈　玲　周国强(事业)　倪桂泉　王寅苹　任新星
沈颖珠　钱伟国　陈国民

办公室主任　陈新悦(兼)

2013 年 12 月—2015 年 12 月

顾　　问　沈根潮

主　　任　张茂华

副 主 任　姜发挥　平伟良　宋行春

委　　员　杨丽清　郭蓉萍　沈小荣　姚中明　薛国华　陆炳祥　袁永坤

周国强(事业)　倪桂泉　任新星　李夏洁　沈颖珠

办公室主任　宋行春(兼)

2015年12月—2016年12月

顾　　问　沈根潮

主　　任　姚伟平

副 主 任　姜发挥　沈利敏

委　　员　王寅苹　郭蓉萍　沈小荣　姚中明　薛国华　陆炳祥　袁永坤　周国强(事业)　沈玉林　任新星　李夏洁　沈颖珠

办公室主任　沈利敏(兼)

2016年12月—2017年7月

主　　任　徐华君

副 主 任　沈利敏

委　　员　李夏洁　袁永坤　姚中明　薛国华　沈玉林　周国强　陆炳祥　沈小荣　任新星　朱琼宇　沈颖珠

办公室主任　沈利敏(兼)

2017年7月—2018年4月

主　　任　徐华君

副 主 任　宋行春

委　　员　李夏洁　袁永坤　姚中明　薛国华　沈玉林　李　力　陆炳祥　沈小荣　任新星　朱琼宇　沈颖珠

办公室主任　宋行春(兼)

2018年4月—2019年2月

主　　任　徐华君

副 主 任　宋行春

委　　员　李夏洁　袁永坤　姚中明　薛国华　沈玉林　李　力　张　梅　陈东梅　苏家华　任新星　陆建国　朱琼宇　沈颖珠

办公室主任　宋行春(兼)

2019 年 2 月—2020 年 2 月

主　　任　沈其芳
副 主 任　蔡明辉
委　　员　李夏洁　袁永坤　姚中明　沈玉林　李　力　张　梅　陈东梅
　　　　　苏家华　任新星　陆建国　朱琼宇　沈颖珠
办公室主任　蔡明辉(兼)

2020 年 2 月—5 月

主　　任　沈其芳
副 主 任　蔡明辉
委　　员　李夏洁　张　梅　张兴强　朱蔚东　苏家华　侯莉华　沈玉林
　　　　　吴运湘　魏建平　赵金林　李鹏飞　沈颖珠　黄婷婷
办公室主任　蔡明辉(兼)

2020 年 5 月—9 月

主　　任　沈其芳
副 主 任　李　勇
委　　员　李夏洁　张　梅　张兴强　朱蔚东　苏家华　侯莉华　沈玉林
　　　　　吴运湘　魏建平　王宇飞　沈颖珠　黄婷婷
办公室主任　李　勇(兼)

2020 年 9 月—2021 年 11 月

主　　任　罗国良
副 主 任　谢寅杰
委　　员　李夏洁　张　梅　张兴强　朱蔚东　苏家华　侯莉华　沈玉林
　　　　　吴运湘　魏建平　鲍燕楼　陆建国　王宇飞　沈颖珠　黄婷婷
办公室主任　谢寅杰(兼)

《濮院镇志》编纂人员

主　　编　张振刚

编　　辑　吴剑平　陈杰华　杨　脩　张治生　骆夏红　董碧文　郭生官　庄林高

特约撰稿　俞允海

曾经参与编写的人员　柏文宣　宋慎溆　陈　滢　顾金男　沈冠生　刘远芳　吴红星

提供资料或给予帮助的单位

桐乡市史志办

桐乡市统计局

桐乡市水利局

桐乡市农经局

桐乡市民政局

桐乡市人民法院

嘉兴市图书馆

濮院镇人民政府相关职能部门

桐乡濮院针织产业园区管理委员会

濮院房地产管理所

濮院税务分局(地税、国税)

濮院国土资源所

濮院镇新居民事务所

桐乡市卫生监督所濮院分所

濮院镇各行政村、社区

桐乡市档案局

桐乡市交通局

桐乡市气象局

桐乡市公安局

桐乡市教育局

桐乡市图书馆

嘉兴市博物馆

桐乡市濮院羊毛衫市场管理委员会

濮院派出所

濮院工商所

桐乡市交通大队二中队

桐乡市城市管理行政执法大队濮院中队

桐乡市环境监察大队濮院中队

桐乡市技术监督局濮院质监工作站

提供资料(照片)或给予帮助的人员

于建明　方纬地　王今扬　王　立　王洪立　王洪伦　石志芳　仲振华　仲善清

刘　敏(女)　刘　铭　孙荣华　孙留丽(女)　孙壳荣　孙晓东　庄念生

庄念华　朱文贵　朱进渊　朱其樑　朱国民(濮院镇)　朱国民(梧桐街道)

朱蕊芬(女)　朱家伦　朱雪山　毕建新　汤定英(女)　祁顺官　许建新

许　炎　阮庆生　吴金泉　吴锦坤　宋晓轩　宋慎洲　沙兴宝(女)　邹惠泉

宋学良　张士清　张秀民　张季萍(女)　张欣荣　张绍基　张泉华　张祖俭
张贵忠　李明官　杨一麟　杨文希　杨月林　杨承禹　杨明先(女)　杨　维
杨雪刚　沈永明　沈兆明(女)　沈光宗　沈志鸿　沈坤山　沈绳恩　沈金生
沈觉晨　沈家瑞　沈培兴　沈善勋　邵勤林　闵宗延　陆建平　陈小平　陈礼正
陈兴萁(女)　陈丽蓉(女)　陈佩英(女)　陈建根　陈金虎　陈金全
陈铭华(女)　陈林鑫　陈朝炳　陈森华　陈新荣　陈煜华　陈耀明　周雪坤
孟竞成　岳功立　岳功伟　岳功浩　范汉光　范松林　范炳章　范鑫华　范加林
金圭成　俞建方　俞革新　姚振华　姚善祥　姚镌明　宣美珍(女)　宣基勇
施文珍(女)　施玉良　施有义　施炳坤　柳俭隆　胡　颉　胡根生　费汝翼
赵文火　赵炳春　钟继平　钟　翔　骆顺林　倪宗耀　凌　伟(女)　凌建维
凌建青　夏云翔　夏汉荣　夏汉强　徐永林　徐德荣　浦小英(女)　秦巧辰
聂满发　郭　峰　郭惇成　郭丽霞(女)　钱永生　钱兴林　钱洁身　钱善琳
钱善瀹　钱大为　柴志强　顾树华　曹子勤　曹松尧　曹祖沂　曹志伟　章敏荣
章复旦　章敏智　黄小萍　黄云峰　黄永海　黄济川　曾陈兴　葛建林　蒋心垣
蒋玉珍(女)　蒋卫东　谢伟成　楼凤月(女)　褚兰生　廖新荣　蔡嘉煜
戴永标

后　　记

濮院镇素有修志的传统，最早可追溯到明代。但早期的几部志书如《濮川小志》《濮溪志草》等已散佚，存世的有六部志和一部准志，共七部。七部中最早的是《濮川志略》，纂修于明永乐年间，清康熙十四年(1665)补订。七部志内容大致相同，只在局部稍有差异，夏辛铭编纂于民国16年(1927)的《濮院志》可以说是集大成者。

中华人民共和国成立后出版的第一部镇志是于1996年12月出版的《濮院镇志》，大32开本，38.3万字，陈新萁主编。

2010年，桐乡市启动第二轮修志，《濮院镇志》新志的编纂工作同时启动。第一年主要是为《桐乡市志》编写其《街道、镇》编的《濮院镇》一章，先写成长编，再浓缩成正文，七易其稿，乃得成。

正式转入《濮院镇志》新志的编纂是在2011年6月，一路蹒跚，直到2018年10月，初稿甫定。其间的曲折、颠踬，遇到的种种困难，回望来路，真是让人感慨万千！

《濮院镇志》编纂过程中遇到的困难，大致说来有二：一是编纂班子组建栗六和不稳定；二是搜集资料艰难。

《濮院镇志》编写班子的组建一直伴随着编写进行，四五年里都不是完成式的；几乎不断地有人进来，也不断地有人离开，四五年间先后进进出出有20人。队伍的不稳定，造成稿子质量的不稳定，严重影响了编纂的进度。直到2012年6月吴剑平调入，2016年1月和2017年2月陈杰华、杨脩的先后加盟，最终形成了四个人的写作班子，编纂队伍才算真正稳定。纵观整个编纂过程，2016年前主要是资料的积累；2016年7月至2018年底，这两年多时间的定稿量，差不多是过去五年定稿量的三倍还多。可见一部志书稿的完成，组建有一定写作能力的编写班子是何等的重要！

在《濮院镇志》的编写过程中，搜集资料也特别不容易。上一轮修志时累积起来的大量素材，在镇政府搬迁新址时被全部处理掉了，到着手第二轮修志时，可以说完全是白手起家。中华人民共和国成立前的资料，主要依据七部旧志，并在此基础上向图书馆、档案馆以及其他相关部门拓展搜求。中华人民共和国成立后的资料，1990年之前的城镇部分，以1996年版《濮院镇志》为基础，把新搜集到的资料与之比对，进行勘误、拓展、充实、完善；1990年之后的城镇部分及全部农村的资料，除了依仗档案馆、图书馆以外，还通过各种渠道广泛征求、搜集、采访各相关单位、部门的档案资料，以及一部分口述资料，经过多方求证，反复核实，务必做到无一事无来历。对于一种史实多种说法甚至互相抵牾的情况，则采信相对合理的说法。例如，中华人民共和国成立后，濮院镇于何时列为县直属建制镇。有四种记载：《濮院镇组织史资料》说是1952年4月，而且据说是根据桐乡县人民政府(52)1585号文件；1996年版的《濮院镇志》说是1950年5月（该志在另一处则说是1950年11月）；《中共桐乡历史大事记》和《中共浙江省桐乡县组织史资料》都说是1951年11月。经研究比较，决定采信1951年11月。类似这样的例子还有多处，个别例子甚至根本无从确定。比如，人民公社时期，濮院公社第四管理区支部书记的任职情况就有两种说法：《新生乡组织史资料》说：书记马福生（1958.10—1959.2）；书记吴德宝（1958.10—1959.5）；《濮院乡组织史资料》说：书记马福生（1958.10—1959.3）；书记吴德宝（1959.3—1960.2）。像这样无法考证史料真伪的情况下，只能揆其情理，采信《濮院乡组织史资料》。

在编纂《濮院镇志》的这些年里，我们始终是在濮院镇党委、政府的领导下进行工作的，尽管分管领导换了好几任，但是重视、关心、支持始终不渝。现在，一部新的《濮院镇志》终于修成了；200余万字，字字倾注着编纂人员的心血。该志的修成也与各方面的支持、帮助分不开。值此新《濮院镇志》出版之际，唯一可以表达全体编纂人员内心感受的也就是两个字：谢谢！

此外，对《濮院镇志》编写的实际分工作一交代：第一编、第十一编、第十二编、第十三编、第十五编、第十九编由吴剑平编写；第二编由吴剑平、骆夏红编写；第三编、第六编由陈杰华、杨翛编写；第四编由骆夏红、杨翛编写；第五编由陈杰华、庄林高编写；第七编由杨翛、董碧文编写；第八编、第十编由陈杰华、郭生官编写；第九编由吴剑平、郭生官编写；第十四编由吴剑平、骆夏红编写；第十六编由杨翛、张治生编写；第十七编、第二十编、第二十一编由张治生、杨翛编写；第十八编由陈杰华编写。

《濮院镇志》虽然已经编纂完成，但不可能尽善尽美，还存在着许多瑕疵和不足，恳请方家和广大读者给予批评和指正。

濮院鎮志

上册

《濮院镇志》编纂委员会　编

方志出版社

◆濮院镇区（市场、园区）鸟瞰

沃德酒店
沃德商务酒店
中央商城
沃德商务酒店

五区

◆中共濮院镇委员会、濮院镇人民政府办公大楼

◆桐乡濮院针织产业园区管理委员会、桐乡市濮院羊毛衫市场管理委员会办公大楼

◆20世纪80年代的濮院羊毛衫市场

◆2010年的濮院羊毛衫市场

◆2000中国·濮院国际毛针织服装博览会

◆2006中国·濮院国际毛针织服装博览会开幕式

◆2007年10月28日，召开全国毛针织最新科技成果对外发布会

◆2009中国•濮院国际毛针织服装博览会

◆毛衫展示　　（2009年）

◆国贸大厦购物厅

◆320创意广场开园仪式　　（2009年）

◆濮院中心集贸市场　　（2007年7月建）

◆京杭大运河濮院段

◆濮院大道（320国道濮院段）

◆幽湖公园鸟瞰

◆新联村世纪新联小区

◆巴黎春天住宅小区

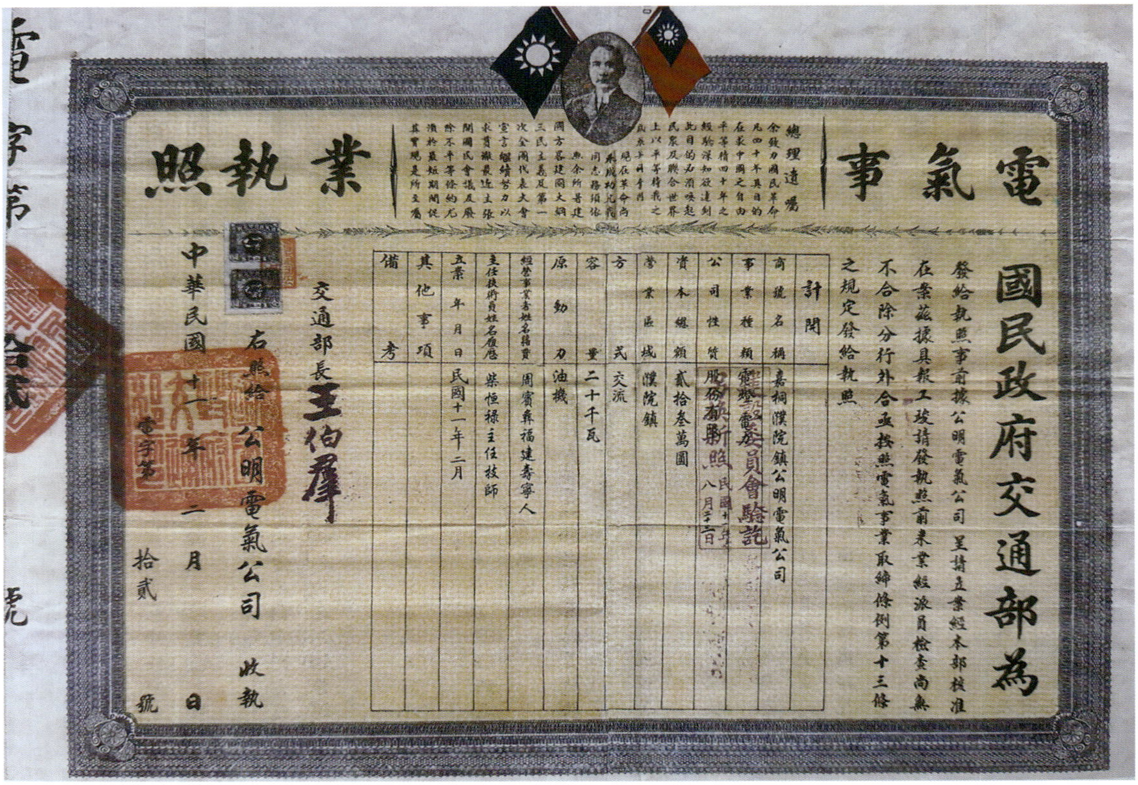

電氣事業執照

總理遺囑

余致力國民革命凡四十年其目的在求中國之自由平等積四十年之經驗深知欲達到此目的必須喚起民眾及聯合世界上以平等待我之民族共同奮鬥現在革命尚未成功凡我同志務須依照余所著建國方略建國大綱三民主義及第一次全國代表大會宣言繼續努力以求貫徹最近主張開國民會議及廢除不平等條約尤須於最短期間促其實現是所至囑

國民政府交通部為

發給執照事前據公明電氣公司呈請立案經本部核准在案茲據具報工竣請發執照前來業經派員檢查尚無不合除分行外合亟按照電氣事業取締條例第十三條之規定發給執照

計開	
商號名稱	嘉桐濮院鎮公明電氣公司
事業種類	電燈電力
公司性質	股份有限
資本總額	貳拾叁萬圓
營業區域	濮院鎮
方式	交流
容量	二十千瓦
原動力	油機
經營事業者姓名籍貫	周賓彝福建壽寧人
主任技術員姓名履歷	柴恒禄主任技師
立業年月日	民國十一年二月
其他事項	
備考	

建設委員會驗訖 換照 民國十一年八月二十一日

右照給公明電氣公司收執

交通部長王伯群

中華民國十一年二月日

電字第拾貳號

◆桐乡县第一家公用发电厂（嘉桐濮院镇公明电气公司）电气事业执照

◆中国·濮院毛衫城工业园区

◆浙江浅秋针织服饰有限公司

◆电脑横机车间全景

◆套口车间一角

◆新星村养蚕大户养蚕场景

◆新妙智村大圣果园

◆红旗漾村种粮大户水稻机械化收割场景

◆庆安小牛津幼儿园

◆桐乡市第三中学校园内宋代银杏

◆2006年10月，全镇千人长跑活动

大德桥

秀桐桥

大积桥

女儿桥

众安桥

大有桥

栖凤桥

王板桥

定泉桥

◆镇区古桥群（省级文保单位）

◆翔云观山门（桐乡市市级文保单位）

◆2010年重建后的香海寺

◆2002年11月8日，美国哈佛大学教授Norman Daniels（后右一）、全球公平测量联盟总协调员Alexandra Bambas（后左一）、卫生部统计信息中心副研究员钱军程（前左一）3位专家考察濮院乡镇医疗机构一体化工作。图为专家实地视察新河村社区卫生服务站（原庙簖中心卫生室）

◆陈铣菊石扇页

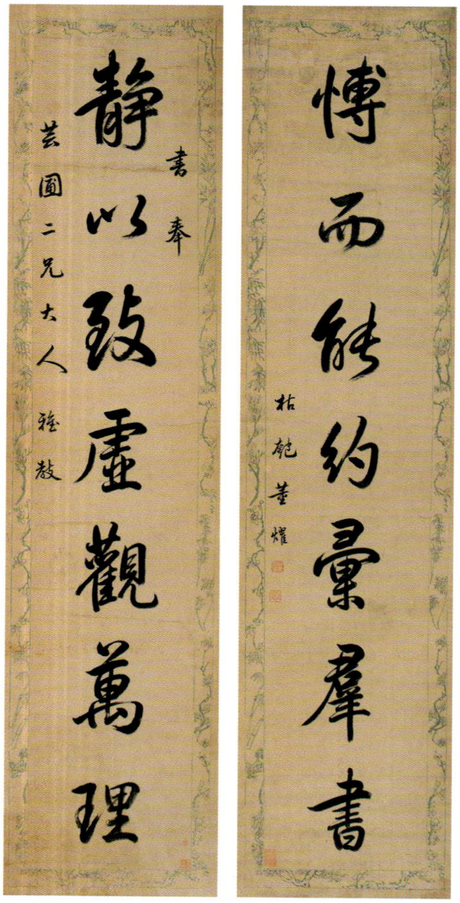

◆董耀行书联

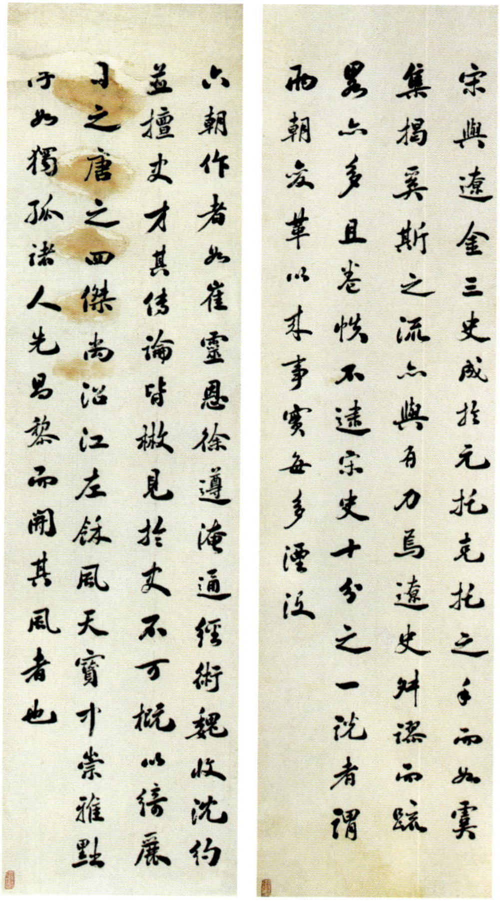

◆夏辛铭行书

◆董棨山水册页

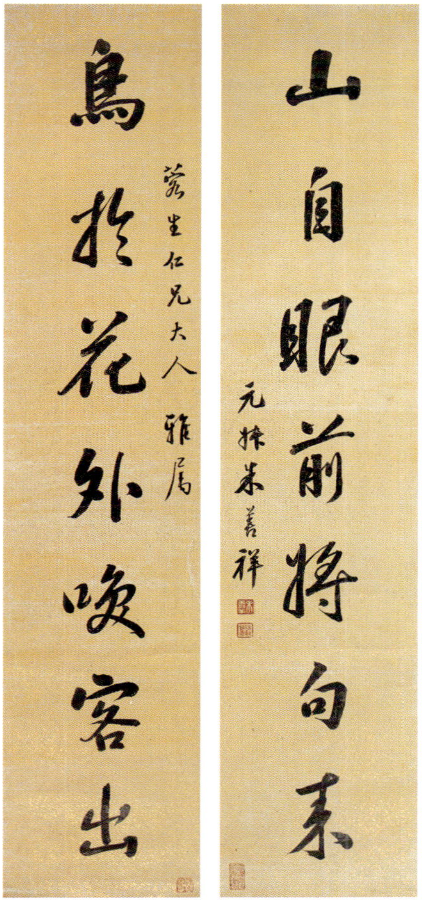

◆朱善祥行书

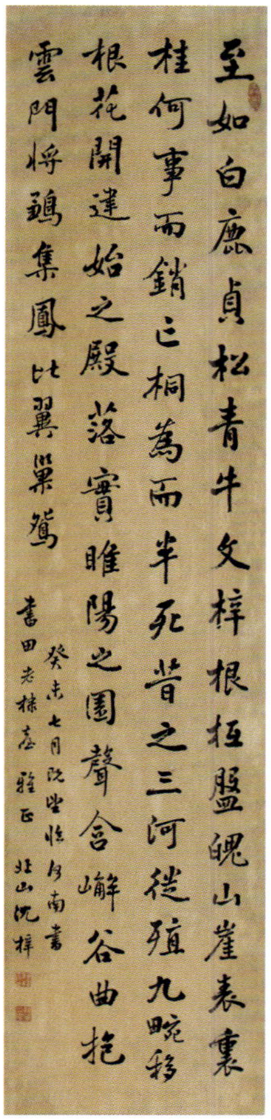

◆沈梓行书轴

◆董念棻梅花立轴

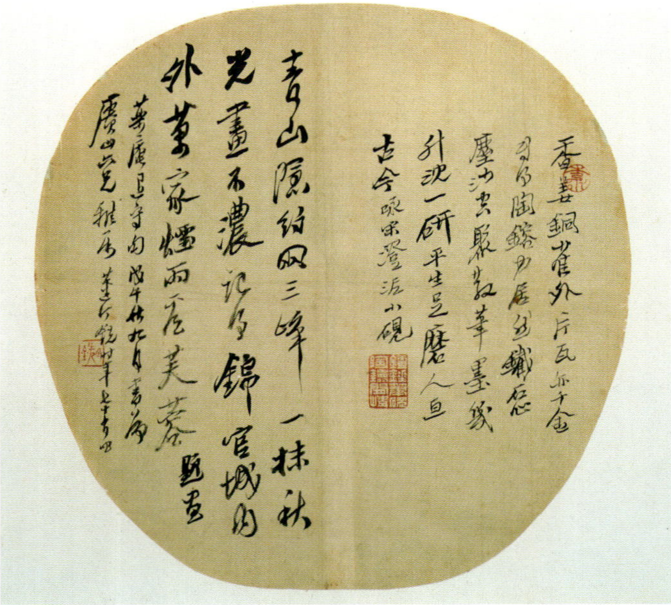

◆陈铣书法扇页

◆岳石尘葵花白鸡轴

◆仲光勋（仲小某）花鸟

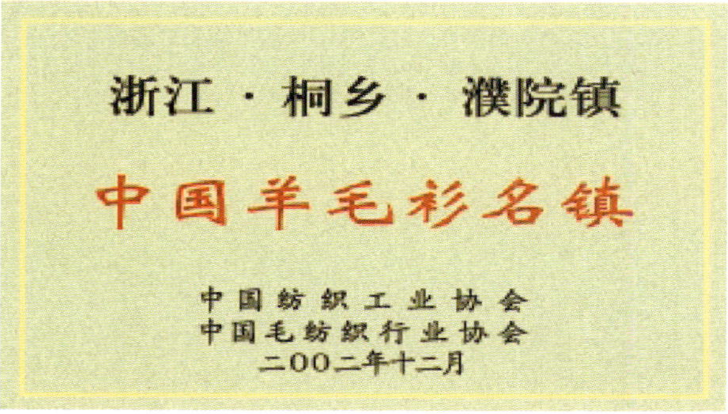

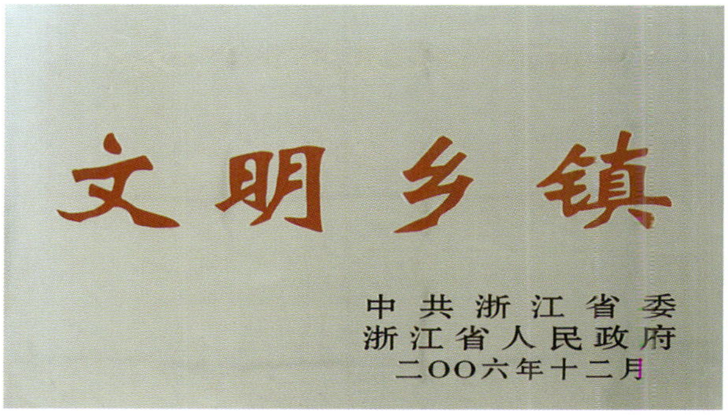

◆濮院镇所获部分荣誉铭牌

濮院镇社区、村区划示意图

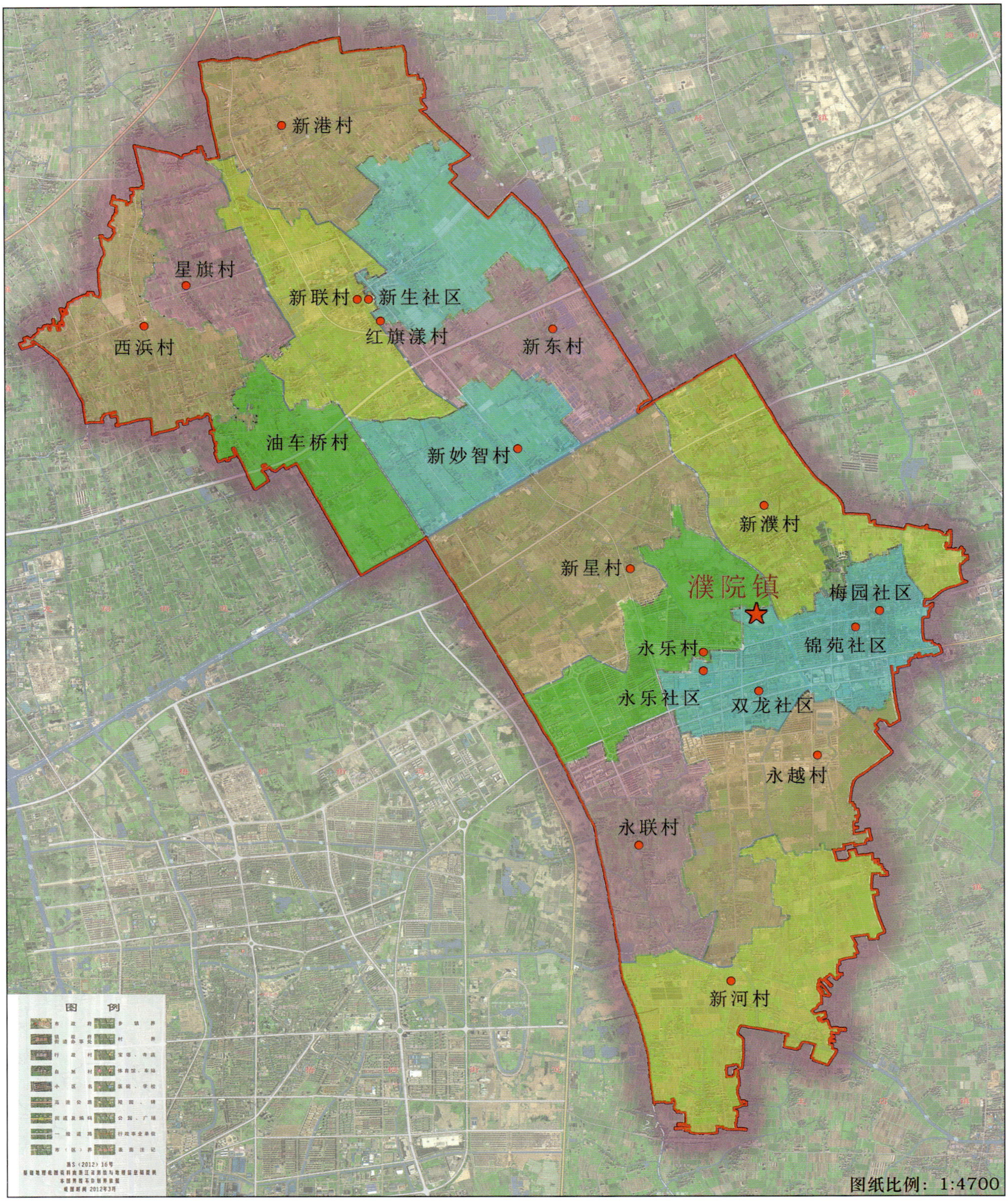

◆濮院镇社区、村区划示意图（本图为2010年区划示意图，区划界线不作实地划界依据）

◆濮院镇街区图（本图集行政区划界线不作实地划界依据，审图号浙嘉S（2020）1号）

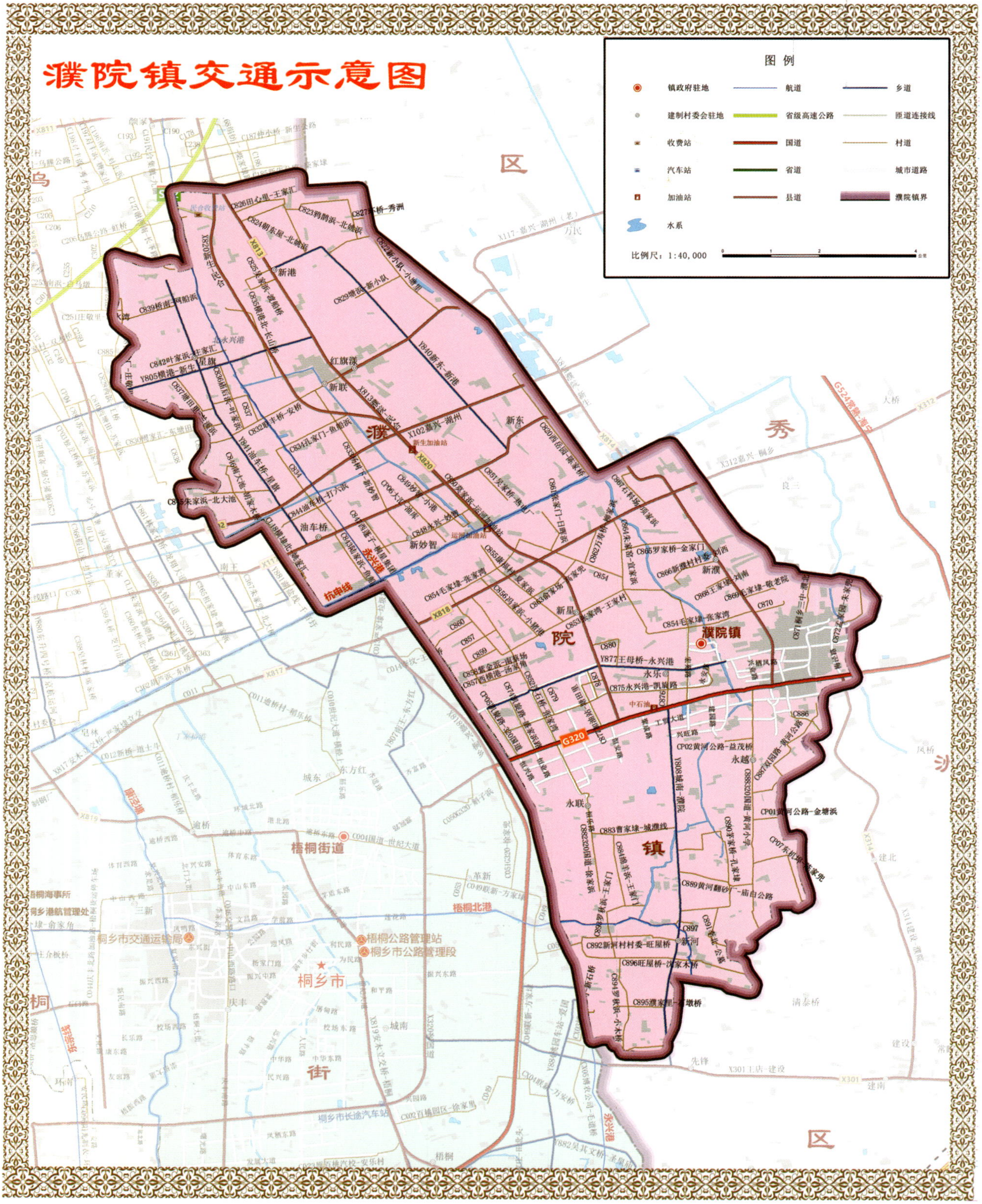

◆濮院镇交通示意图（本图为桐乡市公路管理段2017年6月编制的《桐乡市交通图》截图，划界线不作划界依据。是年，西浜村划归乌镇镇管辖）

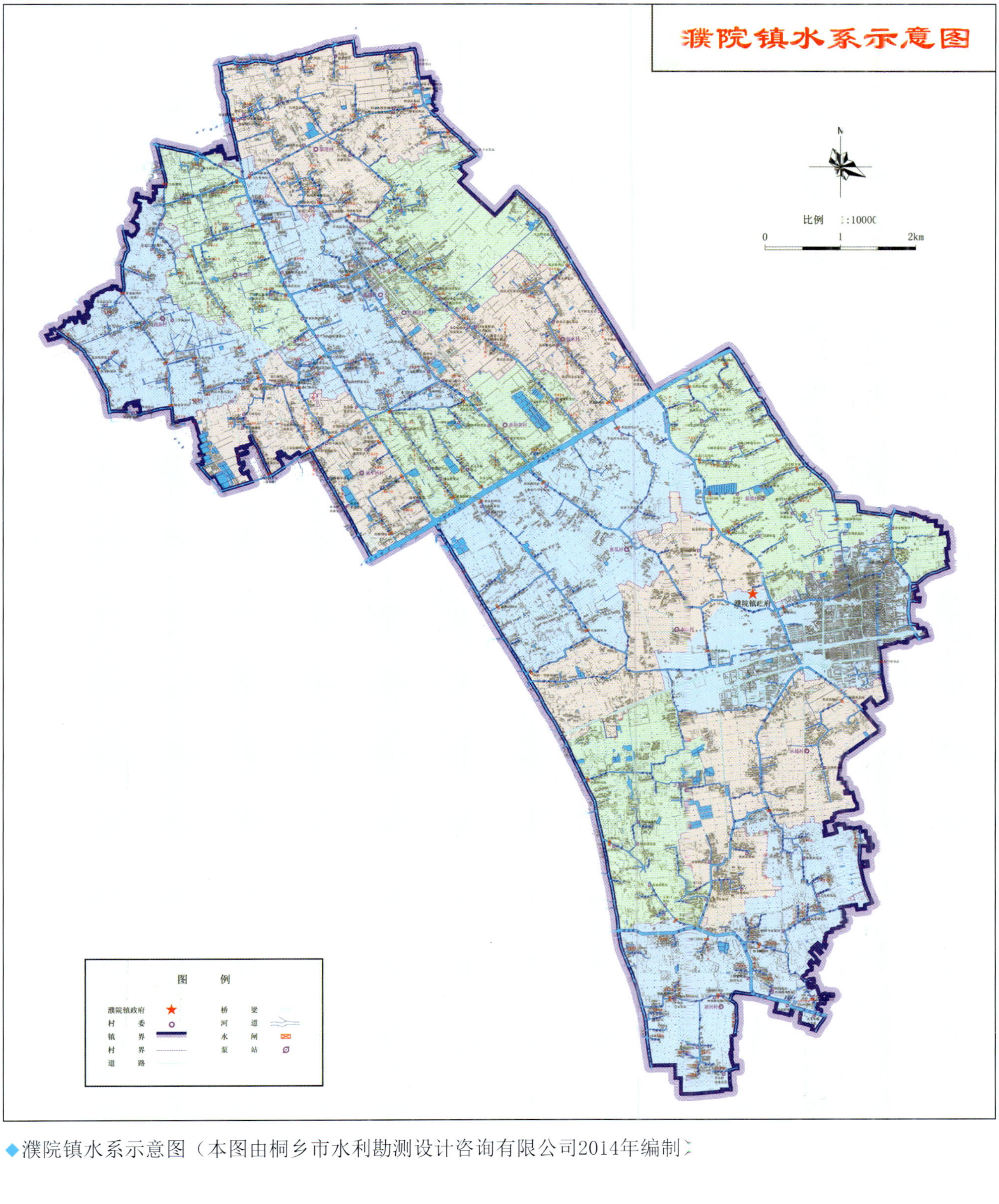

◆濮院镇水系示意图（本图由桐乡市水利勘测设计咨询有限公司2014年编制）

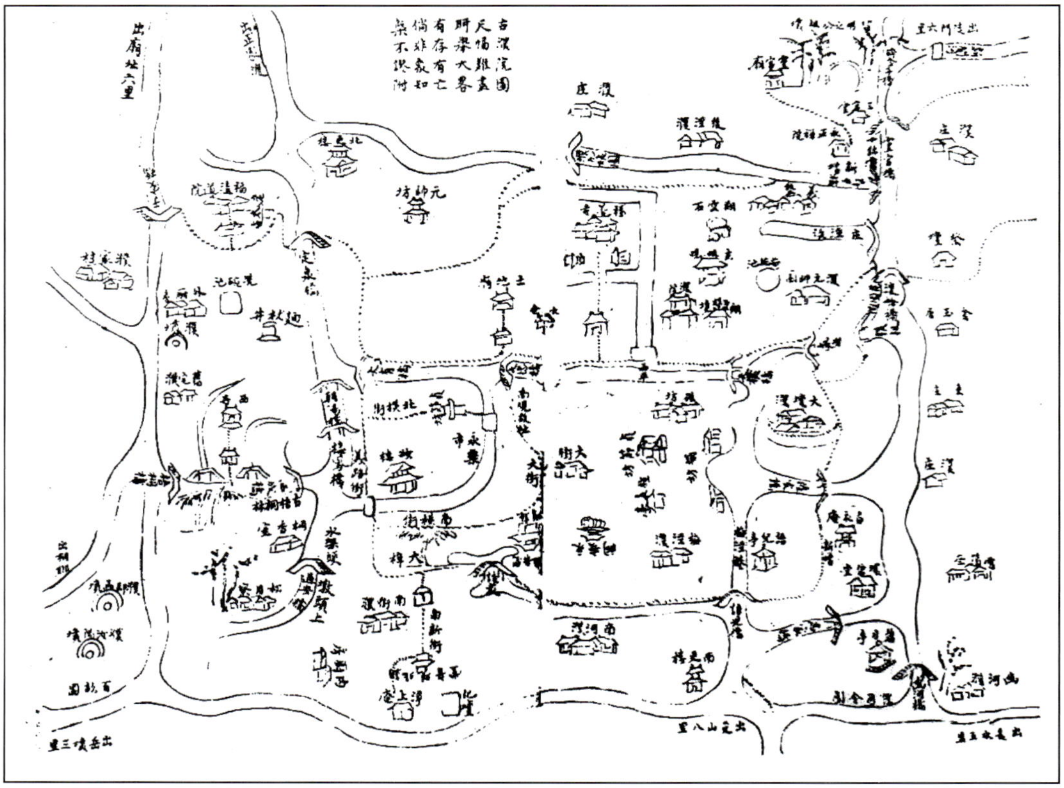

◆元末明初濮院图（据《濮川志略》复制）

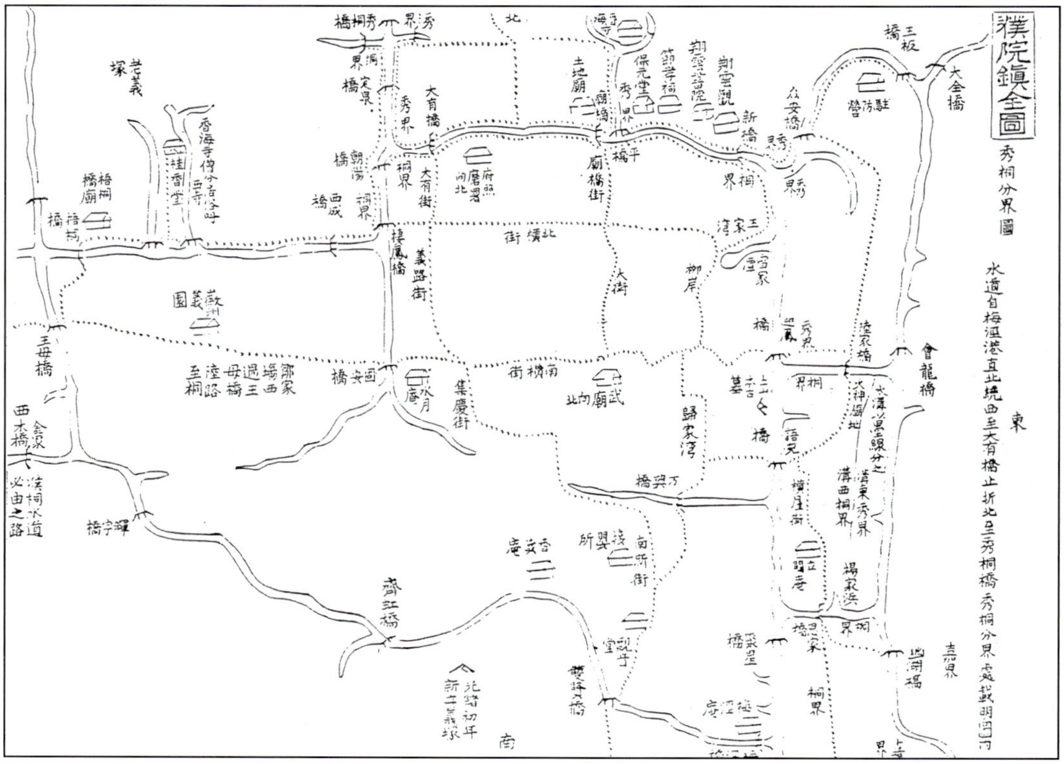

◆清末濮院镇全图（据《光绪桐乡县志》复制）

◆民国初濮院区域全图（据《濮院志》复制）

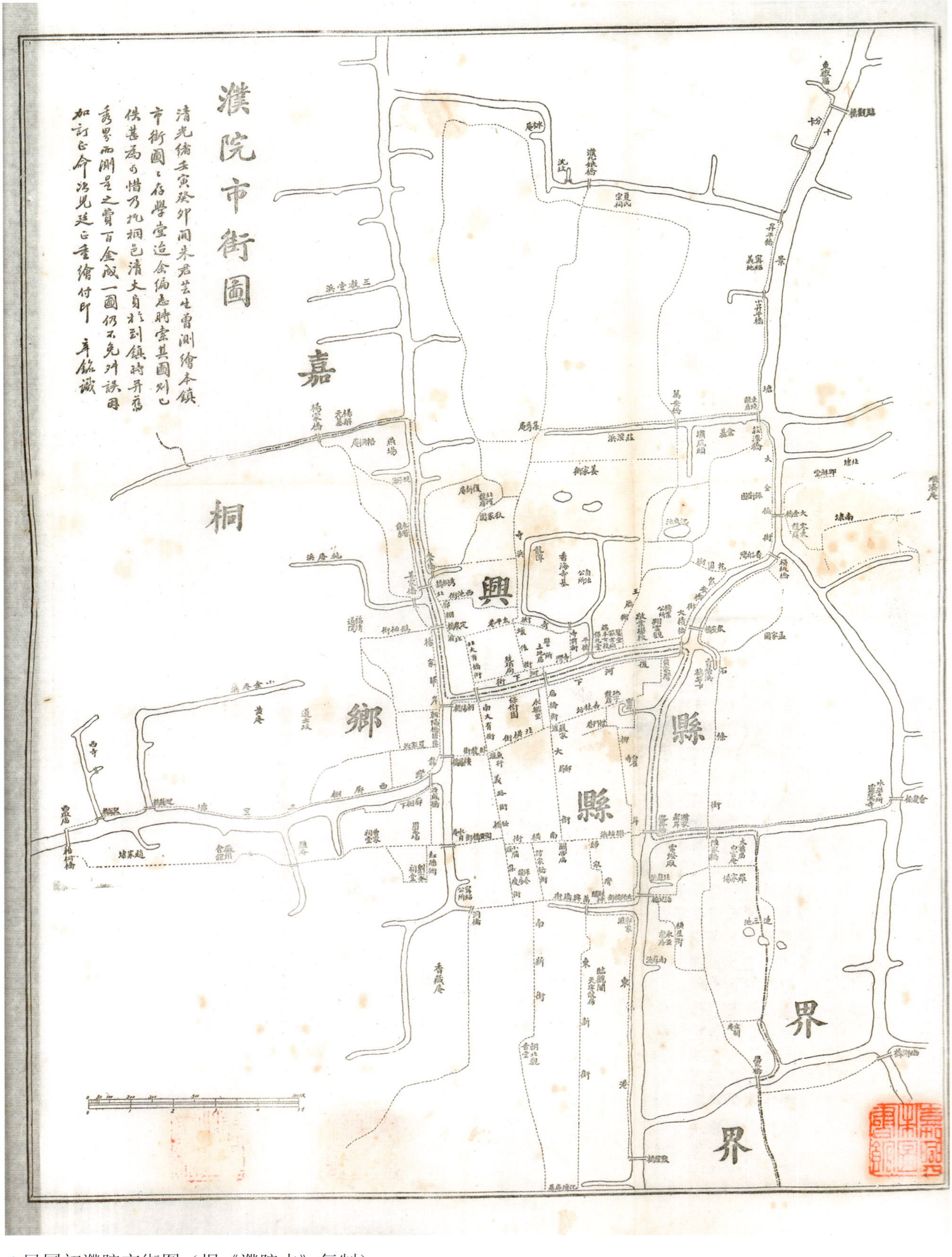

◆民国初濮院市街图（据《濮院志》复制）

序　一

《濮院镇志》即将付梓，桐乡市濮院镇人民政府和《濮院镇志》主编张振刚先生让我写一篇序言。我参加过《濮院镇志》稿的评审会，对张振刚先生等编辑部同仁自2010年以来艰难的修志过程略知一二，很为他们不懈奋斗的精神所感动，也为这200余万字的内容丰富的志稿所感奋，于是答应了下来。

我因为从事过中国乡村志的研究，所以知道濮院是一个方志大镇。自明代至民国时期，曾经有不少于10部志书诞生在这块经济发达、文风鼎盛的土地上。1996年，濮院出版了社会主义时期的第一部《濮院镇志》；现在即将付梓的《濮院镇志》，是该镇在改革开放后编纂的第二部镇志，这正好与我国两轮修志的节奏同步。放眼全国，无论是旧志还是新志，无论是编修的频率还是所存的成果，在乡镇一级行政区域中，濮院都是名列前茅的。故而，我很愿意为濮院的地方志写一点文字。

当然，我答应写这篇序言的一个更重要的原因是濮院与我的家乡绍兴柯桥有着太多的相似之处，读着志稿，仿佛就在读着家乡的志书，感觉非常亲切。

从环境的角度看，柯桥与濮院的相似点就是河密桥多。柯桥是一个著名的江南水乡集镇，浙东运河（现在也是世界文化遗产——中国大运河的一个组成部分）横穿镇境东西，柯水纵贯镇域南北，柯桥、融光桥、永丰桥，桥桥相连。自古以来，父老乡亲们就在这一片河网密布的水域中生活，淘米洗菜，游泳嬉戏，捉鱼虾，捻河泥，年复一年，其乐融融。而濮院也是一个河流港湾纵横交错的水乡，京杭大运河自西南流向东北斜贯过境，除此之外，184

条大大小小的河道分布在濮院60余平方千米的范围内，河网密度高达3.4千米/平方千米，这样的密度，不要说在全国、全省，就是在河道纵横的杭嘉湖平原地区，也是不多见的；与河多相随的也是桥多，濮院境内民国时有古石桥106座，现在尚保存完好的古桥有9座，2011年被列为浙江省文物保护单位。

从经济的角度看，柯桥与濮院的相似点就是纺织成为主导产业，专业市场红红火火。很早纺织就是柯桥的一大产业，民国时期，镇上的福元星和四达两家纺织厂曾占绍兴地区纺织业总产值的一半以上，柯桥纺织厂的产品远销山东、江西及浙江各地。濮院纺织业的起源更早，其丝绸业始于南宋，700余年，持续繁荣，至清康乾年间达到鼎盛，濮院也由此形成了一个以丝绸为特色的市镇。改革开放以来，柯桥的纺织业突飞猛进，生产厂家数以千计，至1984年的柯桥镇上出现了“百米布街”；1985年7月，“柯桥轻纺产品市场”应运而生；1988年10月1日，“绍兴轻纺市场”开业；1992年6月，“绍兴轻纺市场”易名为“中国轻纺城”，并成为全国规模最大的纺织品批发市场。同样得益于改革开放，濮院依托织造业优势，抢抓机遇，全力发展羊毛衫产业，经过30余年的辛勤耕耘，濮院的羊毛衫产业已经成为其第一大产业，产量占全国的40%；和柯桥一样，产业发展到一定阶段，专业市场便紧随而生，1988年10月，濮院羊毛衫市场开业；至2010年，它也站上了全国第一的宝座，形成了拥有12个羊毛衫成衣交易区、5个配套交易区、成交额133亿元的全国羊毛衫集散中心，正在向“中国时尚第一镇”迈进。

从历史文化的角度看，柯桥与濮院的相似点就是历史悠久，文化兴盛。柯桥的历史可以追溯至新石器时代，汉代文人蔡邕在此创制“柯亭笛”，东晋时期运河带给柯桥新的发展机遇，唐代的古纤道让柯桥增添了水乡风韵，历经明清民国，终成浙江省首批“历史文化名镇”。濮院地处马家浜文化圈，有6000年的文明史；春秋时期，作为槜李墟，曾是吴越争霸的重要战场；至南宋，著作郎濮凤卜居于此，濮院开镇；元代，杨维祯等数以百计的江南文士来此参加“聚桂文会”；明代，宋濂、贝琼等名士在此开馆讲学；直至当今，文学艺术、宗教文化、志乘文化、医药文化在此交相辉映，形成了特色经济与地域文化齐飞、人文底蕴共水乡风貌一色的濮院风采。

把两镇作过一番比较后，濮院的特色也就显示了出来。而这些特色正是《濮院镇志》浓墨重彩加以记述的内容。地方志是“全面系统地记述本行政区域自然、政治、经济、文化和社会的历史与现状的资料性文献”，反映地方特色，当然是天经地义的，《濮院镇志》把这天经地义的文章做足、做好、做到位也是一种修志理念成熟的表现。

而《濮院镇志》在反映地方特色的同时，还充分地展示了时代特征。濮院的羊毛衫产业和羊毛衫市场是改革开放的产物。一滴水可以折射出太阳的光辉，记述好羊毛衫产业和羊毛衫市场的蓬勃发展和累累硕果，就能突出改革开放这个当今时代的最大特征。在这方面《濮院镇志》着墨很多，体现了张振刚先生成熟的编纂理念与清晰的编纂思路。如果我们编纂出版的每一部镇志、乡志、村志、街道志、社区志，都能充分地展示各自改革开放的巨大成就，那么，中华人民共和国这个“大果园”该是一派何等热闹、何等喜庆的场面，当今中国的时代风貌该是何等让人鼓舞、何等令人振奋！

1996 年 5 月，全国地方志第二次工作会议在北京举行。著名社会学家、中国地方志指导小组成员、中国社会科学院社会学研究所所长陆学艺先生在题为《社会变迁与地方志编纂》的发言中指出，改革开放以来，中国发生了翻天覆地的历史性的变化。因此，“这次修志具有特殊重要意义。原因不仅在于这次修志规模之大，卷数之多是空前的，也不仅仅是这次修志已经运用了现代化的调查方法或者是计算机方法等手段，而是在于这次修志记述的内容正遇上是千载难逢的我国社会大变迁的特殊时期。”“如果说我们把这种变化记载下来，对我们中华民族、对世界的文化都是重大的建设。”从这个意义上说，包括《濮院镇志》在内的这些记录当今时代风云变幻的志书，其价值与贡献无疑是极其巨大的。

陆学艺先生还说：“我们这届志书一方面要能够做到全面系统深刻，另一方面又能比较准确地把这个伟大历史时代记载下来，那就功德无量了，子孙后代将记下这一笔，我们受的千辛万苦是值得的。”确实，《濮院镇志》的编纂前前后后经历了近10年的时间，其间的曲折、困难不胜枚举。张振刚先生和他的同伴们锲而不舍，呕心沥血，兢兢业业，勇于担当，甘愿奉献，最终形成了这200余万字的志稿。修志的过程犹如唐僧取经，路上虽然遇到九九八十一难，但最终取得真经一样，《濮院镇志》即将问世，与这一“真经”相比，一路上的千辛万苦也就算不了什么。我很为他们高兴，更为他们的这种精神、作风、状态所感动。愿《濮院镇志》为濮院的羊毛衫产业和羊毛衫市场的进一步繁荣发展、为濮院文化的进一步兴盛发达、为濮院百姓的进一步安居乐业，奉献独特的历史智慧，焕发永久的方志魅力！

是为序。

浙江省人民政府地方志办公室省志工作处处长 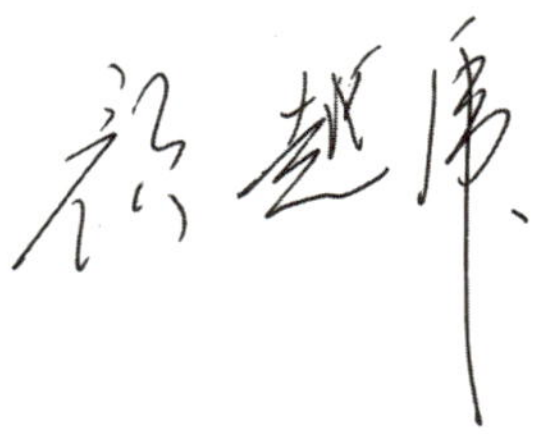

2020年2月2日

序　二

“治天下者以史为鉴，治郡国者以志为鉴。”《濮院镇志》的问世，是鉴古知今、以史资政的现实需要，是教化乡风、振兴濮院的必然要求，也是启迪后世、造福桑梓的重要举措。这是濮院政治文化生活中的一件大事，可喜可贺！

吴根越角檇李墟，聚桂文会栖凤处。昔年日出万匹绸，今朝毛衫世界行。濮院镇地处长三角平原腹地，沪、杭、苏中间节点位置，地理位置优越，气候温润，水网密布，土地肥沃，被誉为“鱼米之乡、百花盛地”。濮院镇历史悠久、文韵绵长，乡风淳朴，交通便捷，经济繁荣，人杰地灵，是明清时期富甲一方的江南五大名镇之一。改革开放以来，因毛针织产业不断发展壮大，曾经的“鱼米之乡”“濮绸故里”已然成为知名的“时尚小镇”。

濮院之美在于水，小河流韵、湖波清涟；古老运河长流不息，王母桥港岸绿景美，古镇老街宁静秀美。濮院之美在于人，民风淳朴，崇礼好学；一年之中，古礼旧仪各具旨意，特色活动丰富多彩，非遗技艺薪火相传。濮院之美在于业，毛衫集群、时尚业态；一镇之内，毛衫产业兴旺发达，时尚品牌朝气蓬勃，高新企业方兴未艾……

生活在濮院这片热土上的人们，为濮院的发展和繁荣作出了不可磨灭的贡献，为濮院的延续和振兴谱写了壮美的诗篇。这部志书，重现了濮院栉风沐雨、发展腾飞的历史进程，记录了濮院人民开拓创新、锐意进取的奋斗历程，凝聚着干部群众艰难创业、求真务实的心血结晶。这部志书，既是濮院发展变迁、兴衰沿革的历史记载，又是濮院人民热爱生活、创造美好的生动写照。志书文字有限，但其蕴意绵长。它将激励濮院人民以自强不息、顽强奋进的精神，继续为濮院高质量打造“中国时尚第一镇”和高水平建设“世界级针织时尚产业集群”贡献新的力量。

在濮院镇党委、政府的高度重视下，经过镇志编纂委员会同志们的辛勤付出，此次修志可谓是集百家之长，汇众人之智，字斟句酌，数易其稿，终成此两百余万字巨编。付梓之际，濮院镇镇志办同志送来志稿一阅，并嘱我作序。展卷阅读，深感濮院今日之成就得来不易，亦对濮院未来之发展充满信心。

望勤劳智慧的濮院人同心同德，干在实处，走在前列，勇立潮头，愿濮院的明天更加美好。

是为序！

桐乡市政协主席 陈[签名]

2022年2月22日

序　三

观今宜鉴古，无古不成今。历史是一面镜子，了解历史、尊重历史，才能更好地把握当下，与时俱进，才能更好地走向未来。《濮院镇志》纵贯古今，实事求是地记述了濮院的历史进程，内容丰富，体例得当，是濮院镇文化建设的一项重要成果。

濮院，古称“幽湖”、“梅泾”、“濮川”，历史上曾以“日出万匹绸”成为“嘉禾一巨镇”。公元1129年，南宋著作郎濮凤扈驾南渡，1135年定居在此，乐志耕桑，经营家业。濮凤六世孙濮斗南因功擢吏部侍郎。公元1245年濮斗南谢政归里，理宗诏赐其府第为濮院，濮院镇也因此得名。元代，濮院开设绸庄、丝行、稑陈行、桑叶行四大牙行，以及钱庄、当铺等，客商云集。尤其是濮院丝绸，红极一时，家家纺机声，日织万匹绸，“濮绸”名扬天下。

改革开放以来，“毛衫”为文脉隽永的濮院注入了前所未有的时尚基因。自70年代生产第一件羊毛衫开始，濮院人发扬首创、奋斗、奉献精神，担当作为、奋勇争先，逐渐形成了产业规模大、产业集聚度高、产业链完善、产业分工专业的毛针织服装生产基地和集散中心。近年来，成功创建全国重点镇、国家卫生镇、4A级景区镇、省级特色小镇、新时代美丽城镇建设省级样板等，同时也是中国十大服装专业市场、中国服装品牌孵化基地服务典范、全国纺织服装专业市场党建工作创新示范单位。

面对新时代的机遇和挑战，濮院镇紧抓长三角一体化发展国家战略机遇，确立了高质量打造中国时尚第一镇和高水平建设世界级针织时尚产业集群两大目标，加快构建“三廊五轴、六大板块”镇域空间格局，加速培育更高质量的时尚产业链，在长三角一体化发展中发挥濮院优势，体现濮院特色，打响濮院品牌。

盛世修志，以启未来。濮院一向有修志存史的传统，自明清两代到民国时期，共有志书15部问世，留存下来的7部志书承接了濮院色彩斑斓的社会历史画卷。自2010年成立《濮院镇志》编纂委员会以来，志书编纂人员兢兢业业，十年如一日，将我镇自然、社会各方面情况，以及经济建设、政治建设、文化建设、社会建设、生态文明建设、党的建设各方面经验和教训一一收录于《濮院镇志》。借此，谨向全体编纂人员，以及关心、支持修志工作的各界人士，致以衷心的谢忱和敬意！

《濮院镇志》在本届党委、政府任内编竣，作为濮院镇的党政主要领导，我们深感责任重大，使命光荣。相信《濮院镇志》的面世，将鸣奏出气势磅礴的时代强音，传递出以史为鉴的历史智慧，增进社会各界人士对濮院的了解，为濮院经济社会发展提供最全面的借鉴。我们愿与广大读者一起，读志用志，携手开创濮院高质量发展新篇章。

中共桐乡市委员会常委
中共濮院镇委员会书记

濮院镇人民政府镇长

2022年2月22日

凡　例

指导思想　编纂《濮院镇志》，以马克思列宁主义、毛泽东思想、邓小平理论、"三个代表"重要思想、科学发展观、习近平新时代中国特色社会主义思想为指导，坚持辩证唯物主义和历史唯物主义的立场、观点和方法，坚持实事求是，力求全面、系统、真实、深刻地记述濮院的历史和现状，本真地展现其江南水乡历史古镇和中国羊毛衫名镇特有的地域风貌和深厚的人文底蕴。

范围　记述范围为濮院镇现行管辖区域。若干历史事件与外界联系无法分割者，以及濮院籍人士参与镇域外重要活动者，均适当顾及。镇行政区域划入、析出，几经变动，境内地名亦多有变化，记述时均按历史原貌反映。

时限　《濮院镇志》纵贯古今，追溯历史，下限一般至2010年；若干史实根据实际需要作适当延伸。

纪年　志中纪年，中华人民共和国成立以前用历史纪年，中华民国以前纪年用汉字书写；民国纪年，用阿拉伯字书写。以上两种书写均加注公元纪年。中华人民共和国成立后，用公元纪年。凡用历史纪年，其日月皆系农历。

镇域　今濮院镇域，含原濮院镇、濮院乡、新生镇（乡）、原乌镇西浜村。1992年6月濮院乡并入濮院镇。2001年10月新生镇（乡）并入濮院镇。2007年10月原乌镇西浜村并入濮院镇。志中称"境内""镇域"者，皆指今镇域。志中称"濮院镇"，一乡一镇（乡）一村并入前，指原濮院镇区；一乡一镇（乡）一村并入后，按不同时间分指并入后的行政区域。记述一乡一镇（乡）一村并入前之史实，仍以原乡镇村名称名之；并入以后，追述有关史实时，乡、镇、村名前冠以"原"字。

数据 《濮院镇志》所列数据，中华人民共和国成立前数据，按所引文献资料；中华人民共和国成立后的数据，大多来自统计部门，部分来自法定专业技术部门和档案馆（室）存档资料、专题调查数据；志中个别地方同一项目有不同数据，则分别注明数据出处。凡未标明年份的数据，其下限均为2010年。地理高程数据沿用吴淞基准高程。度量衡表述，一般使用法定计量单位，必要时采用习惯用法。法定计量单位按《中华人民共和国法定计量单位》表达。货币均按各个历史时期之称谓记载，人民币除注明旧币外，均为新币。

人物 《人物传》遵循"生不立传"原则，所载均为历代有重要贡献或有广泛社会影响、社会知名度较高的已故人物，以及革命烈士。在世人物有突出成就或有一定影响者，另设《当代人物选介》一章；省（部）级以上先进或劳动模范，获高级职称专业技术人士，行政副处级及以上部分人士，中华人民共和国成立前的中共党员，分别列表载明。所有入志人物，均以出生年月为序。所载人物以濮院本籍为主，酌情收录客籍有重要成就者。

资料 修纂《濮院镇志》的资料，皆取自档案、旧志、正史、专著、谱牒、报刊、文物考古发现、手稿笔记、调查采访。所有资料，再三考证核实，力求无误。直接引用资料原文的，皆注明其出处。文献资料不一致且一时难以考证者，诸说并存。

体例 《濮院镇志》除序言、凡例、总述、大事记外，凡二十一编，横排门类，纵述史实。大事记中未标明具体时间的事条发生在所属年份内，不再冠以"是年"二字。

总目录

·上　册·

·下　册·

上册目录

第一编　建置　区划

第二编　自然环境

第三编　人　口

第四编　土　地

第五编　农　　业

第六编　羊毛衫产业

第七编　工　　业

第八编　商　　业

第九编　财政　金融　工商管理

第十编　交通　电力　邮政　通信

总　　述

一

生活在初唐时期的天才诗人王勃，在唐高宗上元二年（675）九月的某一天，创造了一个涵盖深广、令人耳目一新的新词：人杰地灵。一千余年来，经历朝历代的频繁使用，这个词似乎已经成为了陈词滥调。然而，词是陈的，滥却未必。方志的撰写无形中就是被“人杰地灵”这个词点燃的，或者说照亮的。

那么，什么是方志写作中的“人杰”与“地灵”呢？试举二例。一是清末有个刘大绅，就是刘鹗的公子，他曾写给王国维两句诗曰：“青山青史谁千古，输与渔樵话未休。”二是《三国演义》开头那首著名的《临江仙》：“滚滚长江东逝水，浪花淘尽英雄。是非成败转头空：青山依旧在，几度夕阳红。白发渔樵江渚上，惯看秋月春风。一壶浊酒喜相逢，古今多少事，都付笑谈中。”二例中说的“青山、长江、夕阳、春风秋月”对应的应该是“地灵”；“青史、英雄、是非成败、古今多少事”对应的应该是“人杰”；“话未休、笑谈中”对应的应该是“志”。按阿伦特在《历史的概念》中引用柏拉图的说法：“人类只是在某种程度上才是不朽的，即从时间的整体性上，把前后相继的所有代的人都算作是‘一起存在（growing together）’的一个整体；对作为世代相继而存在着的人类而言，时间上的先后并不构成差别。”昔年滕王阁中，群贤毕至，少长咸集；如今一部方志，邀集来古今贤达，各业精英，千年对话，超越时空，巴山雨夜，窗烛共剪，非“人杰地灵”而何？

镇志，作为方志的一种，首先是地方行政部门的作为，但一定会有民间互动的支撑、配合和审视，这就是渔樵的作用。中华民族历来有渔樵的说法。说白了，渔樵就是民间；但这个民间不是一般口头所说的民间，而是一种“象”。“象”是已提升到穿透事理进入哲学的层面，真正的渔樵就有这样的能耐。百姓的街谈巷语，是渔樵的末端，但也蕴含着“象”，所以，方志写作也是万万不可轻慢渔樵的。

濮院历来为浙北名镇，素有“人杰地灵”的美誉。但是一地有一地的“俊杰”，一地有一地的“灵秀”，濮院的人杰地灵有其自身鲜明的个性特征和特色。“人文濮院，时尚名镇”，就是这些个性特征、特色精准的现代表述。

二

濮院镇地处杭嘉湖平原中心，地理坐标为北纬 30°38′，东经 120°32′；西去桐乡市区 9.6 千米、杭州 65 千米，东距嘉兴市区 18 千米、上海 130 千米。

濮院镇永越村有张家埭遗址，遗址总面积约 30000 平方米，表土层厚 0.6—1.7 米不等，文化层厚 0.14—0.7 米不等，出土和采集的陶片标本有牛鼻式器耳、釜口沿、钵腹片等；另外，还有经过人工加工的兽骨、兽牙发现。根据地层和陶片的综合研究分析，张家埭遗址属马家浜文化类型。这说明，早在 6000 多年前，濮院的先民已经在此地繁衍生息了。

濮院古时为槜李墟，春秋时处于吴越边境，镇东部一带有辽阔荒芜的南北草荡，那是当年吴越交战的战场。流过草荡的一条河叫九里港，是吴越两国的界河，河上一座三孔石柱石梁桥便是国界桥。越王勾践三年（前 473）灭吴，镇地属越。汉时先属扬州会稽郡，后属吴郡。唐时属苏州嘉兴县。

南宋建炎三年（1129），著作郎濮凤随高宗南渡，绍兴五年（1135）卜居镇地[①]，此为濮院开镇之始。至淳祐五年（1245）濮凤六世孙吏部侍郎濮斗南致仕还乡，其第被诏赐曰濮院，标志着濮院镇的正式形成[②]。若从绍兴五年算起，濮院镇已有 875 年的历史。

濮鑑[③]是濮院镇历史上理应受到褒扬的重要人物。元至大年间（1308—1311），濮氏经过半个世纪"督课农商"的惨淡经营，到这一年，远见卓识的濮鑑做了两件大事。第一件事是"构屋开街，设四大牙行"。"构屋开街"一方面是聚集人气，将濮院建成商业性城镇，另方面也是为外来客商提供一个休憩和娱乐的环境；"设四大牙行"是为招徕四方商贾，促使濮院的丝绸经济日趋繁荣。这是一项奠基性的工程，为之后近千年的濮院镇镇区发展打下了基础。第二件事是大兴土木建造寺观。兴建寺观不仅仅事关宗教，更是事关文化。元至大二年（1309），大书法家赵孟頫偕夫人管道升应濮鑑之邀，到濮院参观新落成的福善寺，并欣然为寺院题字作画。延祐六年（1319），赵孟頫应濮鑑之子濮允中之邀重至濮院，再度游览寺院，并为濮鑑写下墓志铭。至正十年（1350），濮允中父子发起聚桂文会，东南文人 500 余人与会，聘请著名文学家杨维祯作主评，产生了深远的影响。可以这么说，源远流长的人文濮院传统，其滥觞应该从元大德十一年（1307）算起，从濮鑑算起。

---

① 关于濮凤定居濮院的时间，几种古志说法不一，本志采信清代《濮川志略》卷三"起家"之"原本附参"。

② 有学者认为：濮斗南，南宋理宗朝确有其人，"却不是两浙东路地处东海边的嘉兴（今浙江嘉兴）人"，而是江西鄱阳人。见陈振著《宋代社会政治论稿》，第 156—157 页。但史有明文，即便是这个濮斗南，归隐之后确实定居在濮院，理宗也确实赐其第曰"濮院"。

③ 此濮鑑与后文出现的濮鉴非同一人。

明清时濮院部分属嘉兴县，部分属桐乡县。

民国时期以庙桥港为界，港北属嘉兴县，称嘉濮镇，后称塘濮镇；港南属桐乡县，称桐濮镇。

中华人民共和国成立后，1950 年 4 月塘濮镇划归桐乡县，濮院镇为桐乡县直属镇。1992 年 6 月，扩镇并乡，濮院乡并入濮院镇。2001 年 10 月，区域调整，新生镇并入濮院镇。2007 年 10 月，乌镇西浜村并入濮院镇。截至 2010 年，镇域总面积 64 平方千米，其中建成区 11 平方千米；辖 5 个居民区 125 个居民小组，14 个行政村 341 个村民小组；在籍总户数 13231 户，其中非农 3889 户；在籍总人数 46669 人，其中非农 9747 人，男性 22955 人，女性 23714 人；新居民 101161 人，其中男性 50571 人，女性 50590 人。

三

人文濮院最初萌芽于农业文明，这和一般江南市镇没有什么两样，因其同属平原水网地带，地势平坦，气候宜人，四季分明，雨水充沛，天然具备从事农业经济的基础。但濮院的农业经济有其自身特点：宋室南迁，濮氏卜居濮院，即着手督课农桑，栽桑养蚕；延至淳熙后，濮院的两大产业，种植业和蚕桑业，就呈现并举发展、相互促进的态势。

濮院的种植业以水稻种植为主体。距今约 6000 年前境内已有人工栽种水稻。数千年的水稻种植历史，累积起了非常丰富的栽培技术。明清时只种晚稻，所谓“于秧把在六月间，收稻将近冬至边”。民国时多种籼稻，稻谷产量约占粮食总产量的 60%以上。

水稻种植外，濮院还种植其他粮食作物，主要有大麦、小麦、大豆、蚕豆、赤豆、绿豆、甘薯、玉米、高粱，以及慈姑、芋艿、蕉藕等块茎类作物。

濮院蚕桑业的发轫，最早可上溯到南宋淳熙年间(1174—1189)。濮凤子孙感觉宋室日趋式微，仕进渺茫，就去官归田，在南北草荡大规模地栽桑养蚕，并且开始缫丝织绸。到元代，由于丝绸业的发展，形成了一个全国性的丝绸市场。如此，反过来又刺激和推进了蚕桑生产。明初朝廷诏令天下：“凡民有田五亩者，栽桑半亩；十亩以上者倍之……不栽桑者，出绢一疋。”这样，更是加速了蚕桑生产的发展。清初因战事影响，蚕桑生产回落；康熙时实行重农而不抑商的政策，蚕桑生产得到恢复和发展。民国时期，由于外国资本入侵及机械缫丝工业的兴起，濮院的蚕桑生产一度出现低迷；尤其抗日战争时期，大批桑园被砍伐，蚕桑生产一落千丈。抗战胜利后，略有恢复。

中华人民共和国成立后，濮院虽历经土地改革、农业合作化、人民公社等生产关系的变革，但农村的基本产业结构并未发生根本性改变。

1983 年 2 月，境内全面推行家庭联产承包制，农民的生产积极性空前高涨。1991 年粮食种植一年三熟，总产量 3.18 万吨；杭白菊种植面积 86.07 公顷，产量 128 吨；烟叶种植面积 16.2 公顷，产量 17 吨；桑园面积 809.87 公顷。之后，逐步调整农业产业结构，发展多种经营和规模经营，水稻种植逐渐由双季稻改为单季稻，瓜果、花木等种植面积扩大，菊花、烟叶面积有所萎缩。

进入21世纪，农村实行土地规模化经营，农业种养结构日益优化，现代农业、效益农业、产供销一体化等新型农业发展模式呈现出勃勃生机；以农业增效、农民增收为目标的效益农业基地不断强化。2006年，红旗漾村流转土地20公顷，建起桐乡市餐桌工程基地，种植大白菜、香菜，产值300余万元；油车桥村建桐芳果园，种植面积17公顷。2007年，油车桥村、新妙智村、新东村、新联村等村相继建立葡萄基地，种植面积108.6公顷。2009年，新河村开辟31.2公顷芦荟种植基地。2010年，红旗漾村建立137.33公顷的省级粮食功能区，产优质粮1339吨；油车桥村种植茭白30余公顷，年产茭白450余吨。

2010年，全镇有种粮大户107户，种植面积636.07公顷，总产量5171.7吨，总产值1530.82万元。是年，镇域粮食种植面积3090.53公顷，产量2.06万吨；蔬菜种植面积1907.13公顷，产量5.38万吨；油料作物种植面积474.93公顷，产量1197吨；棉花种植面积78.07公顷，产量211吨；水果种植面积172.87公顷，产量3010吨；果用瓜种植面积445.87吨，产量1.91万吨；桑园面积471.13公顷。全镇种植业产值1.34亿元，农业总产值2.66亿元。

四

濮院镇的工业文明最初是由农业经济的一个分支蚕桑业导入的。

南宋淳熙后，濮氏从“臧获千丁，督课农桑”，到“机杼之利，实自此始”，原始的濮院丝绸工业起步了。元大德十一年(1307)，濮鑑“构屋开街，设四大牙行”，收积机织，招徕商贾，居民大多“以机为田，以梭为耒”，家庭式的丝绸工业得到快速的发展。事实上，这也为670年后濮院羊毛衫工业的兴起预设了一个久远的伏笔。

明万历间(1573—1619)，改土机为纱绸，改摇纬为打线，濮院的丝绸产业日趋成熟。清康乾间，濮院丝绸生产达于鼎盛，丝绸品种繁多，绸有花绸，绢有花绢、官绢、箩筐绢、素绢、帐绢、画绢，绫有花绫、素绫，罗有三梭、五梭、花罗、素罗，纱有花纱、脚踏纱、绉纱等；清代后期又有濮绉。其时濮绸行销全国，尤以“大富贵”“小富贵”等花样最受欢迎。绸、绢、绫、罗制成的各种服饰，由于士大夫阶层的追捧，很快成为时尚，就连著名小说《红楼梦》中，也写到了濮院绸，濮院丝绸的旺销，由此可见一斑。

民国时期，外国资本入侵濮院。民国7年(1918)，洋行买办金某在濮院蚬子滩开设洪盛昌茧厂，收购鲜茧，断绝了土丝生产的原材料，濮院丝绸业逐渐陷入困境。再则，由于国内机械缫丝工业的兴起，濮院丝绸生产愈加滑坡，到民国10年(1921)前后，濮镇的丝行绸庄仅存18家。民国26年(1937)日军入侵，织机遭毁损殆尽，丝行绸庄纷纷倒闭，濮院的丝绸工业从此一蹶不振。

濮院丝绸业兴起时带动了其他工业，主要有油坊、糟坊、造船业、米厂、铁器业、椿坊园作业、染坊、服装业、竹器业、粉坊、糖坊、制香业、线作，及创办于民国10年(1921)的公明电器公司的发电业。

中华人民共和国成立后，濮院镇于1951年创办国营榨油厂和国营碾米厂。1953年，国家开始对手工业和资本主义工商业进行社会主义改造，濮院的手工业作坊按行业组建工场，走集体化、合作化道路。到1957年，镇区的手工业社会主义改造基本完成。1964年，濮院镇镇办集体工业起步；1970年开始，兴办小型街道工厂。到20世纪70年代末，濮院工业形成了国营工业、二轻工业、镇办工业、社队工业及企事业单位办的工业等五种工业体制形式。

1979年，濮院镇工业企业改革起步。1980年后，个私企业异军突起。1985—1996年实行政企职责分开，所有权与经营权分离，濮院镇工业企业分别建立了各种形式的承包经营责任制。1997—2005年，国有、集体工业企业全面实施产权制度改革，通过兼并、破产、托管、转换经营机制等，形成多元产权结构。

濮院丝绸工业的复兴，肇始于1969年社办大庆丝厂的创建。1975年，中国人民解放军南京军区浙江生产建设兵团第三师，在濮院建造濮院丝厂，同年9月竣工投产。11月，丝厂移交桐乡县人民政府，隶属于桐乡县工业局。1990年，濮院丝厂已发展成为一个中型缫丝企业，为浙江省丝绸联合公司出口丝定点厂，年产白厂丝168.54吨，其中出口151.8吨，利润233.17万元。1999年并入梧桐丝厂。2003年并入崇德丝厂，称崇德丝厂梅泾分厂，同年转资，称为濮院丝业有限公司。2008年，濮院丝业有限公司停产，延至2014年企业终止。

羊毛衫工业的兴起，是濮院源远流长的丝绸织造工业的一次凤凰涅槃，也是对670年前濮院丝绸鼎盛期的一次照应和历史回望。

1976年，处于经营困境中的濮院弹花社开辟针织车间，开始生产围巾和膨体衫。1979年，濮院制面社由个人集资创办中华羊毛衫厂。1984年，夏云翔创办云翔针织厂，生产膨体滑雪衫，后转产羊毛衫，为濮院最早获政府批准的个体羊毛衫厂。1985年，濮院供销社创办华丰羊毛衫厂。1987年，范剑平创办燕君羊毛衫厂。不久又有二联、双翔、三美、康艺等个体羊毛衫厂创办。1988年3月，桐乡毛纺织股份有限公司与嘉兴机场驻军联合创办桐鹰羊毛衫厂。至1990年，濮院已有国营和集体羊毛衫厂14家，羊毛衫个体户319家。

在此基础上，1992年，桐乡县政府将开发建设濮院羊毛衫市场作为发展全市第三产业的主要经济增长点，全力予以扶持。1992—1995年，全市(县)有20多个单位在濮院投入近亿元资金，开发了10个羊毛衫交易区。截至1994年，经国家商标局核准注册的羊毛衫企业12家，商标13个。

1995年10月，市政府会同国务院发展研究中心，在濮院镇联合举办了“’95全国专业市场建设与发展研讨会暨首届全国羊绒毛衫产品展示会”。是年，濮院羊毛衫市场羊毛衫交易量在1994年21亿件的基础上，翻了一番。1996年开通互联网，有10多家羊毛衫企业和市场的行情信息在网上公布。是年，市场销售额达45.1亿元，成为全国最大的羊毛衫集散中心，跻身全国百强市场行列。

2000年1月，桐乡市委、市政府决定筹建中国濮院毛衫城工业园区。3月上马，至2002年，园区实际开发面积达到1.497平方千米。到2007年年底，累计开发4.5平方千米，吸收资金50多亿元，集聚生产企业228家，规上企业110家，形成纺纱、编织、印染、后整理、辅料生产、机械制造、检验检测、科技服务、物流配送等完整的产业链。

与此同时，日新月异的各式羊毛衫产品，越来越受到成千上万消费者的喜爱和追捧；尤其青年男女，羊毛衫已不仅仅是服饰，更是成为争奇斗艳的一种时尚。于是羊毛衫工业成为时尚工业，濮院镇也成就了时尚名镇。

如果将羊毛衫工业比喻为濮院工业经济的耀眼明星，那么，其他工业就是一串闪闪烁烁的群星。这些企业主要涉及毛纺、建材、建筑、化工、机械等行业。

濮院的毛纺企业2010年一共有46家。这46家中，注册资金100万元以上的有17家，500万元以上的有8家，其中浙江厚源纺织有限公司和桐乡市顺新毛纺织有限公司，在业界最具影响力。

浙江厚源纺织有限公司，是一家集纺纱、染色、倒毛于一体，拥有自营出口经营权的精毛纺股份有限公司。公司具有每天绞纱染色15吨、毛条染色15吨、倒筒加工6吨的生产能力，年生产精纺针织纱1100吨，年销售额达1.1422亿元。

桐乡顺新毛纺织有限公司，拥有意大利、英国、日本等国进口的先进生产设备，生产粗纺走锭纺纯山羊绒纱、绢丝山羊绒纱及其他混纺山羊绒纱。公司销售额达5168万元，工业销售额排名濮院第九位。2010年产值约1亿元，年出口约1500万美元。

濮院建材工业企业2010年共34家，其中规模以上企业7家，最具影响力的是桐乡南方水泥有限公司和桐星混凝土有限公司。

桐乡南方水泥有限公司，由于多年的高散装率和100%合格率，其桐星水泥被评为国家免检产品，公司被评为全市水泥行业唯一一家浙江省绿色企业。2010年水泥总产量96万吨，销售额达2.4亿元。

桐星混凝土有限公司生产的桐星牌商品混凝土，合格率100%，被认定为浙江省重点工程建设首选的优质产品，浙江省工程建设放心满意推荐产品。2011年销售额1.5亿元，税利3000万元。

濮院建筑工业中有影响的企业是浙江新厦建设有限公司和浙江巨鑫建设有限公司。

浙江新厦建设有限公司，是一家具有房屋建筑工程施工、市政公用工程、装修装饰、地基基础、起重设备安装工程、园林古建筑、钢结构金属门窗工程等综合承包能力的国家二级施工企业。已修建桐乡二中教学实验楼、嘉兴一中科技楼、桐乡茅盾小学办公楼综合楼、桐乡市信息技术学校教学楼等优质工程。其中获钱江杯优质工程5项，省优秀工程3项，嘉兴市南湖杯优质工程17项，桐乡市凤鸣杯优秀工程30多项。2010年公司施工总产值9.8亿元，市域外产值5.203亿元，工程合格率100%。

浙江巨鑫建设有限公司，是一家从事建筑安装承建、市政工程施工、土石方工程、园林古建筑工程、钢结构工程、体育场地设施工程、起重设备安装工程、机电设备安装工程、城市及道路照明工程施工、建筑装饰装修工程、公路桥梁工程、水利机电工程等业务的国家房屋建筑工程施工总承包二级企业。2010年施工总产值4.5亿元。

濮院的化工工业起步于20世纪50年代，主要生产乙醇、乙醚、丙酮等有机溶剂及瓶封材料等化工产品。20世纪60年代，曾办起生化工业，主要生产饲料发酵曲。1980年代后转向日用化工。1990年代中期，随着羊毛衫工业的崛起，濮院化工工业大多转产印染助剂。至2010年，全镇有化工企业15家，其中规模以上企业3家：恒源化工有限公司、汉邦化工有限责任公司、雀屏纺织化工股份有限公司。

濮院镇机械工业企业，2010年有23家，其中规上企业4家，飞虎科技有限公司是其中的翘楚。飞虎科技有限公司是一家集设计、研发、制造于一体的针织机械专业企业，是经国家认定的高新技术企业，是浙江省级研发中心，省级工业设计中心。公司开发、生产各种适用针纺织服装行业的华伦飞虎牌电脑横机、电脑针织机等系列针织机械。品牌"华伦飞虎"，先后被认定为中国驰名商标、浙江省名牌、浙江著名商标。

五

濮院的商业经济是伴随农工经济同时诞生的。濮院以农桑丝绸开镇，因此濮院初始的商业销售，其荦荦大端也是丝绸。濮院丝绸商业的形成，应该认定在南宋淳祐、景定以后。那时濮院的机户以土机织绢帛，散布于镇域至十里外的运河沿岸濮家塘一带。这些机户每天生产的丝绸产品必须得销售，于是绸行、"接手"应运而生；"接手"居间介绍，绸行出庄收购。正如《濮川所闻记》所说："（机户）绸既成，有接手持诣绸行售之，每一绸分值若干，谓之'用钱'；绸行晌午赴市收绸，谓之'出庄'；其善看绸者，谓之'看庄'；归行再按，谓之'复庄'。"这样，一个原始的丝绸市场形成了。

元大德十一年（1307），濮鑑开设收购丝、绸、桑叶、稑陈的四大牙行，召民贸易，于是"八方旋至"，濮院的商业市镇形象就此确立。到元皇庆、至顺间（1312—1333），濮院镇已经丝行绸庄林立，外来客商云集，成为了丝绸销售的中心。

丝绸业的兴旺，带动了各行各业。烟叶行、麻皮行、酱园、砺染、广货、估衣、茶楼、酒肆、客栈、娱乐等数以百计的商店密集于方圆不过数里的街区之内。外来客商纷纷滞留，于是濮院便有了"永乐市"之誉。人文濮院与时尚名镇，就是从那时起相互依存，相互提携，相互发明，相互促进，绵绵延延800余载直到今天的。

明代中叶以后，由于浙东丝绸业停滞不前，浙江丝绸重心移至杭嘉湖一带，濮绸的产销更是形成了历史的一个高峰。到清康乾时，可以说濮院的丝绸产销达到了鼎盛。其时不仅产量高，质量也高。濮绸的三大类产品：绸、绢、绫，以其“白净细滑、柔韧耐洗”而闻名于世，因而行销全国，驰誉海内外。于是，“一镇之内，坐贾持衡，行商麇至。终岁贸易，不下数十万金。”濮绸大批运销两京、山东、山西、湖广、陕西、江南、福建等省，甚至远销印度、印支半岛、南洋、琉球和日本等地。

鸦片战争后，由于外国资本的侵入，“引丝扼绸”，加之捐税苛重，丝绸业渐趋衰落，其他商业也跟着呈现萧条的趋势。

民国初期，濮院商业稍稍复苏，丝绸市场也出现转机。民国5年(1916)，有绸庄40余家，产品仍转销全国各地。但到民国10年(1921)，丝行绸庄减至18家。虽如此，每年五月旺季，新丝上市十余日内，18家成交额仍可达二三十万元银圆。不久，又因捐税加重，不少机户和经营者破产。民国13年(1924)，江浙军阀混战，交通中断，濮绸大量积压，价格猛跌，至年底，濮院绸庄仅剩8家。到民国23年(1934)，又逢天灾人祸，农村破产，机织停业，丝绸业一落千丈。民国26年(1937)，日军入侵，濮院沦陷，丝行绸庄纷纷倒闭，仅存3家勉强维持，濮院丝绸业从此一蹶不振。抗战胜利后，商业有所恢复，但好景不长，濮院商业再度衰败，至1949年仅剩绸庄2家、丝行1家。

中华人民共和国成立后，尤其经商业、手工业社会主义改造，濮院商业存在的主要形态为：国营商业和供销社商业，约占8.91%；公私合营商业占8.36%；合作商业占82.73%。除此以外，还有极少数生活困难、年老体弱、小本经营的个体商贩，以小摊贩和货郎担形式存在。但到1958年，个体商贩全部并入人民公社供销部。商业体制变革以后，网点少，流通不畅，主要商品凭票供应，供需矛盾突出。1961年，商业体制略有调整；1962年小商小贩重新划出供销部，有关部门还有计划地组织集市贸易，私营商贩又活跃了起来。但“文化大革命”开始后，小商小贩受到冲击，到1978年，仅剩下32户，主要经营烟、酒、糖果、水果、杂货、饮食及维修等。中共十一届三中全会后，实行改革开放，扬弃计划经济，逐步实行市场经济，全镇商业日趋繁荣。

濮院商业繁荣最重要、最显著的标志，是传统丝绸商业的变脸——羊毛衫专业市场的形成。1988年10月，濮院羊毛衫市场开张，大量从业者进入市场交易，当年，经营商户就达763户。1992年后，各地客商纷纷进入市场，至1995年，发展到国道两侧有10个羊毛衫交易区和1个毛纱交易区，全年交易额达20.95亿元，成为全国羊毛衫市场百强市场之一。

经过将近20年的发展，到2010年，濮院羊毛衫市场已形成了占地面积110公顷、总建筑面积131.1万平方米、有17个实体交易区和1个羊毛衫电子商务市场，这样一个现代化商业市场。

17个交易区中，有11个成衣交易区，即世贸大厦、中央商城、濮院中国毛衫城、国贸名品港、环贸中心、濮院国际童装城、濮院羊毛衫交易中心、星星羊毛衫市场，以及第二、第三、第十交易区。这些交易区向市场提供800多个自主品牌，1000余种商标的各类羊毛衫；浅秋、褚老大、圣地欧、澳羊纯、纯爱、千圣禧等60家知名品牌，业已受到数以千万计的国内外消费者的青睐，“时尚名镇”享誉全中国、全世界。

羊毛衫市场的繁荣带动了濮院镇其他商业市场的发展，首先是第三产业的兴旺。餐饮业，由于羊毛衫经济的快速发展，濮院外来人口不断增加，餐饮业迅速发展，大大小小的餐饮店遍布濮院镇的主要街道、农贸市场、集贸市场和羊毛衫市场。旅栈业，比较有名的有环贸宾馆、梦之家连锁酒店、东方名宿酒店、梦嘉宾馆、心怡大酒店、国贸大酒店、浙江建国大酒店等。娱乐业，有棋牌室、歌舞厅、台球房、网吧等。此外还有，茶馆、理发、洗浴、照相、旅游、家政、电脑维修，以及文印、广告、模特经纪、商标设计、职业介绍、职业培训、教育咨询、交通咨询等新兴服务业。

其次是集贸市场的建设，主要有濮院第一农贸市场、第二集贸市场、濮院中心集贸市场和新生农贸市场。第一农贸市场有109个门市部、890个水泥摊位，2010年平均每天客流量约8000人次，年成交额4332亿元。第二集贸市场有70个门市部、80个水泥摊位，每天客流量约300人次，2010年交易额200万元。濮院中心集贸市场有45个门市部、32个水泥摊位，2010年成交额250万元。新生农贸市场有74个门市部、60个水泥摊位，每天客流量200多人次，2010年成交额100多万元。

再者是大型商场、超市和小商品市场。大型商场、超市主要有东兴商厦濮院购物广场、苏杭时代濮院连锁超市、时代联华濮院超市、好又多濮院超市、濮院新阳光超市、唐氏超市、麦喀隆副食品超市、梅泾商场等百余家。小商品市场有濮院小商品市场和义乌小商品直销市场。

六

濮院镇和所有的市镇一样，财政收入的主要来源是工农业经济和商业经济；而财政收入又成为人文濮院、时尚名镇建设或直接或间接的财力支撑。

民国时期乡镇不设财政，所以濮院没有镇级财政。但是税收早在南宋时就有，如宋高宗绍兴十四年(1144)，梧桐乡(镇地分属梧桐、永新两乡)的正赋为绢366匹5寸5分，绸2匹2丈1尺1寸4分，绵136两8分，苗米1717石8斗2升。清代按明代赋籍，赋额征收田赋、丁赋。民国时税务分农业税收和工商税收。农业税收仍称田赋，分上下两期征收，上期按原赋银1两折银圆1.8元；下期按原赋米1石折银圆3.3元。工商税为统捐制税收，由统捐局收取，征收百货捐、丝绸捐、茶捐、棉花捐、棉纱捐、锡箔捐、煤捐等。民国15年(1926)，以运丝捐为例，运丝每包40千克，正捐22元，附捐2元2角，沪消3元2角，水利捐1元，共28元4角。

中华人民共和国成立后，1956 年 8 月，濮院、新生两乡建立乡财政。1958 年人民公社化后，实行政社合一，撤销乡级财政。1985 年，两乡恢复乡财政。1988 年 7 月，濮院镇建立财政组，同年完成工商三税(产品、增值、营业)，超基数分 50%；集市贸易和个体商贩纳税完成基数分 20%，超收部分分 40%；固定收入超收部分分 18%。1989 年，桐乡县改革预算管理体制，同时将上年各税种合并分配，凡完成包干基数后，超出部分分 40%；城建税收为县局先提取 3%作为教育经费，余下部分县局得 35%，镇财政得 65%。此后，财政管理体制几经改革，镇财政收入逐年递增。以 2010 年为例，濮院镇财政总收入 19353.68 万元，完成预算数的 106.92%，其中一般预算收入 6477.74 万元，基金预算收入 1370.35 万元，专用基金收入 1170.78 万元。财政支出 19345.4 万元，完成预算数 106.88%。

随着濮院经济的快速发展，镇级财政收入大幅度提高，财政支出也同步增加。镇级财政收支发生的巨变，有力地加快了人文濮院建设的步伐，促进了社会的和谐与稳定。

中华人民共和国成立后的税收主要是农业税收和工商税收。农业税收，随着土地改革、合作化运动和社会主义建设的历史演进，不断调整税率标准、征收方式，出台减免政策，逐步减轻农民负担。1950 年，以土地常年应产稻谷为标准(其他作物折合主粮计算)，起征点为 40 级的全额累进税制，税率 3%—42%，同时按正税附征 15%；濮院起征点为 75 千克。1958 年全国统一制定地区差别比例税，濮院实征 18.2%，附征率 15%。1980 年起实行“实物征收、货币结算”的办法。1985 年国家取消粮食统购，改为合同定购，农业税改为折征代金，其代金按 30%原统购价，70%原超购价的倒三七比例计算。2004 年 1 月 1 日起，桐乡市全面取消农业税，濮院农民从此不再缴纳农业税。2008 年，濮院地税分局总收入 23783 万元；2009 年，濮院国税分局总收入 20008 万元。

中华人民共和国成立前，濮院镇的金融业主要是银楼、钱庄和典当行。民国时期濮院有银楼五家：粹泰、徐天成、老祥和、老天宝和老保成，资金逾百万。濮院丝绸业鼎盛时，银楼日销黄金百余两、白银千余两。民国 38 年(1949)国民党政府宣布银业由国家经营，濮院银楼随之停业。民国时期濮院钱庄有永康发、永康丰两家。典当行也有两家，一为公义当，一为泰升当。公义当资本雄厚，民国 13 年(1924)全年进出金额达 30 万元银圆，被称为“浙江第一当”；民国 20 年(1931)公义当遭匪劫，损失约 50 万元银圆，从此一蹶不振。民国 26 年(1937)日军入侵，濮院沦陷，两当相继倒闭。

中华人民共和国成立后，濮院金融业主要有农村信用社、中国农业银行、中国银行、建设银行、工商银行、邮政储蓄银行和嘉兴银行桐乡濮院支行。

七

城镇和农村建设是人文濮院、时尚名镇建设的重要组成部分，也是最为直观的展示窗口。

濮院镇的老镇区格局，在800余年前开镇之初就已基本定型，街与街首尾衔接，包容纵横交叉的沿河街道，被称之为棋盘街。旧时濮院有二十七条街、十八弄、两埭、三廊棚、四帮岸、五湾、六场、八汇，呈现出多姿多彩江南独有的古镇风貌。

河港密布，必有诸多津梁。濮院境内共有古石桥梁106座，其中镇区38座，农村68座。镇区38座中，至今保存完好的尚有9座，在2011年被认定为第六批浙江省级文保单位，称濮院古桥群。

濮院镇的镇区建设起步于20世纪60年代，主要标志是修建永乐路。永乐路自北向南穿镇而过，打破了原有棋盘街的镇区格局。20世纪80年代，濮院镇的镇区建设正式提上议事日程，从1985年到2003年前后，一共进行了五次城镇总体规划的编制。经过十多年的分步实施，已形成以永乐路和庙桥港为中轴、东西南北相对称的镇区新格局。北为生活区，南为工业区，中为商业区。2000年后，镇区重心西移，凯旋路已经成为濮院镇新的商业中心。至2010年，建成区内新建道路61条，呈现出道路纵横、骨架完整、等级清晰的崭新路貌。

新城区的开发，是濮院镇区建设的一个重要内容和新的亮点。新城区开发的主要区块是羊毛衫市场、针织产业园区和高新技术区等。

羊毛衫市场位于濮院老镇区的南部，占地1.5平方千米，已超过老镇区1.0平方千米的面积，建筑面积达80万平方米。羊毛衫市场内街道纵横、商家林立，其中的世贸大厦、中央商城、国贸名品港、中国毛衫城等高楼耸立，楼内现代化设施齐全。市场内，每日里客商和消费者摩肩接踵，熙熙攘攘，俨然一座集商务、购物、休闲娱乐于一体的现代化新型城市。

针织园区与高新技术区位于镇区西部，占地面积4.45平方千米，约有3个羊毛衫市场大，有数百家企业入驻其中，形成纺纱、编织、印染、后整理、辅料生产、机械制造、检验检测、科技服务、物流配送等完整的产业链，是国内密集度高、特色明显的毛针织服装基地。园区内，厂房设计风格独特，设有旋转楼梯、空中走廊，绿草如茵，花木葱茏，鱼池鲁石，亭台水阁，景色秀丽，既是工业区，也是濮院镇的一大景观区。

新城区以外，居民住宅小区的建设也是镇区建设不可或缺的部分。1985年，桐乡房地产公司在归家湾修建起濮院第一幢商品房。2000年后，随着濮院人民生活水平的提高，市场购房需求大幅度提增，新建住宅小区不断开发，从一个方面提升了濮院镇区的城市品位。截至2010年，濮院已建成十个标准住宅小区和四个在建的住宅小区。其中比较突出的有红树林、世纪银座、巴黎春天、凯旋小区、中央花园、钻石公馆、阳光花城、东方新天地、港湾梦苑、晶都花苑、月河家园等。这些小区一部分是纯住宅小区，一部分临街的住宅兼有商铺；有的为多层建筑，有的为高层建筑，还有的为多层、高层兼容建筑。比较大的住宅小区是巴黎春天和阳光花城。巴黎春天总占地面积29014.3平方米，建筑占地面积11194.6平方米，建筑总面积地上63729平方米，地下5788平方米，其中住宅面积 51800 平方米，商业用房面积 10700 平方米，绿化面积 9835 平方米。阳光花城（一期）总建筑面积 150000 平方米，规划建房 50 幢 1034 套，商铺 99 间，2009 年已建成 15 幢 408 套。

与镇区建设相配套的还有道路的改造、拓宽和新建，桥梁的改建和新建，以及改水、改厕和燃料的更新等方面。

和镇区建设同步推进的是濮院新农村建设。改革开放后，农村实行家庭联产承包制，极大地调动了广大农民的生产积极性。1990 年代后，市场经济的发展，羊毛衫市场的兴起，濮院农村进入了全新的发展阶段。村级道路的拓宽、新建，旧有桥梁的改造或新建，标志着新农村建设的号角已经吹响。

进入 21 世纪后，濮院加快了新农村建设的步伐。2003 年将全镇原 422 个自然村规划成 135 个新村规划点。2001—2005 年，濮院镇政府累计投资 4500 多万元，率先在永乐、永越、永联和新星 4 个行政村建成 9 个农民新村点。2005 年，镇政府又累计投入 4000 万元，在农村实施供水、供电、公交、医疗、教育、卫生、排污、培训、社会保障等工程建设，启用两个 11 万伏输变电工程，完成农村电网并网，实现诸多方面的城乡一体化，提高了农村居民的生活质量。之后，又相继出台一系列加快新农村建设的规划措施，在濮院农村全面铺开，并稳步推进。各行政村还结合自身实际创出特色，农村面貌焕然一新。

八

文化教育、医药卫生等领域，是人文濮院的内在体现，也是时尚濮院的一种精神表征。

濮院文化底蕴深厚，并且是与教育相交融、相激荡的。濮院有史料记载的最早的文学著作，是南宋建炎年间朱胜非的《秀水闲话录》（三卷）和《绀珠集》（十三卷）。元至大二年（1309），书法家、文学家赵孟頫偕夫人管道升应邀到濮，赵孟頫为新修的福善寺大雄宝殿题梁，管道升在大殿西壁画竹。至正十年（1350），濮允中父子发起聚桂文会，文学家杨维桢、鲍恂以及东南文士五百余人与会，是濮院文化史上的一次盛会，对濮院此后的文化发展起到一定的推动作用。

整个明代，濮院可以说人文荟萃，较为突出的文人著作有 31 人 76 种。到了清代，文人队伍扩大，著作更多，计有 161 人 339 种，其中沈尧咨、陈光裕所编的《濮川诗钞》（35 卷）为《四库存目》所收，而范氏、朱素娥、吴玉书三位闺秀的 4 种著作更是难得。值得一提的是濮炀创作于万历年间的戏曲传奇作品《锦笺记》和沈懋德（归锄子）创作于清嘉庆二十四年的长篇小说《红楼梦补》。《锦笺记》全剧四十出，演绎梅玉与柳淑娘曲折的爱情故事，被明代吕天成著名的戏曲理论著作《曲品》列为优秀剧作。《红楼梦补》是众多《红楼梦》续书中较为优秀的一部，得到历代红学专家的肯定和好评。此外是沈梓于咸丰十年(1860)至同治三年(1864)写下的20余万字的《避寇日记》。《避寇日记》对太平天国时期濮院、嘉兴一带的战事有客观的记述，还于不经意间记录下了当时民间嫁娶、丧葬、物价等情况，现已成为研究太平天国史的宝贵文献。不仅于此，《避寇日记》也有一定的文学性，可以当作纪实文学作品来阅读。

志乘文化也是濮院文化的一个组成部分。濮院历来有修志的传统，可惜的是，成书于明代的《濮川小志》《濮溪志草》《濮川残志》等都未能保存下来。现存的七部志书，六部成书于清代，一部成书于民国；虽大多后志因袭前志，但也偶有一些新鲜内容跳踉眼帘，如清代的《濮川志略》记录的"洪武户帖"，有关明初户籍制度，是难得一见的细部史料。

濮院谱牒有家谱、宗谱和年谱三种。家谱里最早修谱的当属濮氏，但《濮氏家谱》原谱已经散佚，只在《濮川志略》里保留了一部分谱文。《归氏家谱》藏于桐乡市档案馆，《仲氏家谱》原件未见，桐乡图书馆有复印件两册，《董氏家谱》藏于嘉兴图书馆，《杨氏家谱》藏于杨氏后裔处，《朱氏家谱》藏于福建寿宁县凤阳乡一朱姓个人处，《章氏家谱》藏于章氏后裔处。另有《刘氏家谱》《沈氏家谱》《高氏家谱》三种是近年新修的。宗谱主要有《岳氏宗谱》，藏于嘉兴博物馆；《凌氏宗谱》藏于平湖市图书馆。《夏颂椒先生年谱》是民国20年(1931)所修，藏于嘉兴图书馆。

《归氏家谱》中有归有光的四篇谱文。归有光是明代著名文学家，他的散文作品如《项脊轩记》《寒花葬志》等名篇历来脍炙人口。《归氏家谱》中的这四篇归有光文字，虽属志文，也是散文，"不事雕饰而自有风味"(王世贞语)，是很值得一读的，本志予以全文辑录。

濮院历来崇文崇教。元大德中，濮鑑设濮氏义塾。明代一般士大夫家有家塾，一些外来名流如宋濂、贝琼等也在濮院开馆讲学。清代官倡民办，开始兴办书院。清末民初废私塾办学堂，光绪二十八年(1902)镇绅夏辛铭创办濮院镇第一所现代意义的学校"秀桐公立濮镇两等小学堂"，民国12年(1923)更名为"敬业完全小学校"。光绪二十九年(1903)，陆明焕父子捐资在固安桥街创办"濮镇女子学社"。光绪三十三年(1907)镇绅沈昌熊等创办"濮镇公立初等女子学堂"，民国12年(1923)更名为"端本女子完全小学"。民国36年(1947)，在沪濮院绅商利用香海寺遗址创办私立"梅泾中学"。

中华人民共和国成立后，教育事业飞速发展。特别是改革开放以后，学前教育有濮院中心幼儿园、梅泾幼儿园、安庆小牛津幼儿园。小学教育先后有濮院镇完全小学、濮院乡中心小学、濮院镇桐星学校小学部、桐乡市濮院完小、濮院新星学校、良山民工子弟学校、东方学校濮院校区、孟家园学校、濮新学校等。中学教育有桐乡第三中学、桐星学校初中部。成人教育起步于20世纪50年代濮院人民政府兴办的冬学，以及濮院镇工会的职工业余学校，1987年又创办濮院镇成人文化技术学校，2002年又有老年大学濮院分校。职业教育主要有桐乡第一城镇职业学校、信息技术学校、旅游中等职业学校、濮院羊毛衫职业技术学校。

濮院的医疗卫生业的快速发展是在中华人民共和国成立之后。1954 年濮院联合诊所成立,1956 年各诊所合并为濮院镇联合诊所,2004 年转身为濮院镇中心卫生院。濮院镇中心卫生院设有门诊部、住院部、预防保健和社区服务四大功能区块。2010 年,濮院镇中心卫生院下设 16 个社区卫生服务站,担负着濮院镇及周边地区的医疗、预防、保健工作。2003 年后,濮院镇出现了新的个体诊所和民营医院,至 2010 年底共有 10 家,成为濮院医疗卫生业的一支有生力量。

濮院的中医药作为一种文化,很值得一说。濮院中医药治疗史已相当悠久,中医科目俱全,从业者众多,名中医辈出,形成了五家名中医世家:凌氏针灸世家、张氏中医世家、殳氏伤科世家、沈氏中医世家和吕氏中医世家。其中最负盛名的中医是凌熙之和张桐夫。

凌熙之是明代名医凌云的第十五世嫡孙。他继承家学,能辨证论治,灸法专用直接灸,医疗效果很好。张桐夫能精研各家中医典籍,融会贯通,以临诊审慎果断、能治愈危重之症而医名卓著。在濮行医四十余年,深得病家信仰,声誉遍及周边地区。

濮院的药房有钱春和、施三和、久康、同康、瑞久、万春、九茎堂、洪大八家中药房和濮镇药房、中英药房、中西药房三家西药房。1955 年,上述药房合并为濮院镇中新药商店,1992 年为桐乡医药总公司濮院医药分公司。1999 年镇区扩大后,分为长春药店、长寿药店、长生药店、长乐药店和长兴药店五家药店。值得一提的是,施三和中药房能自制丸、散、膏、丹,其独家经营的珍稀中药材箬竭、白木香、莱菔缨等,在一般中药店很少见到;九茎堂中药房自制的“九茎堂消食丸”,治疗小儿积食有奇效,有“立刻消”之誉。

九

“人文濮院”四字,根本在“人”;“时尚名镇”的展现,最终也在“人”。人口、人的生活状况,是其重的部分;而人的精神面貌、人之集群形成的社会习俗、社会风尚,是其轻的部分。

1949 年濮院镇人口为 7754 人。中华人民共和国成立后,虽经行政区划多次变动及人口的几次大的迁徙,人口仍徘徊在 7000 人左右。改革开放后,大量外来人口进入。2000 年,濮院镇总人口 16296 人。至 2010 年,濮院镇共有 33181 户,总人口 95327 人,其中有户籍的 46669 人。

中华人民共和国成立前,濮院镇居民生活,除少数富人,绝大多数家庭较为贫困。中华人民共和国成立之初,濮院镇人民政府一方面千方百计恢复和发展生产,建立劳动就业机构,安排人员就业,解决群众吃饭问题;另方面组织生产自救,建立工会,救济失业工人。改革开放后,随着经济的发展,国家多次调整职工工资,1979 年全镇职工平均年收入为 613 元,1990 年为 2960 元。2001 年机关事业单位职工年收入 18000 元,企业职工为近万元。2008 年，机关事业单位职工年收入 40000 元左右，企业职工为 18000 元。与此同时，退休职工的养老金也逐年提高。2001 年机关事业单位退休人员年均养老金 10000 元左右，企业退休人员为 7000 元。2008 年机关事业单位退休人员年均养老金为 30000 元，企业退休人员为 16000 元左右。

濮院农村居民的收入，中华人民共和国成立前，相对城镇，除极少数地主外，普遍更加贫困。中华人民共和国成立后，经过土地改革，农民拥有了土地和生产资料，生活水平逐步提高。改革开放后，农村推行家庭联产承包制，大力发展现代农业和乡村工业，农民收入快速增长。1992 年后，羊毛衫经济飞速发展，农民经商、务工收入比重不断增大。2000 年后，传统农业向现代化生态农业、特色农业转型，农民收入大幅度提高。至 2010 年，全镇农民人均年收入达到 14306 元。

社会的发展，收入的提高，使得濮院镇居民的消费观念发生了根本性的变化，消费水平不断提升。2009 年，城镇居民仅食品消费一项，人均支出为 4994 元以上；农村居民生活费支出为 8949 元以上。

在所有的消费支出中，除了吃穿外，主要是建房、购房支出和教育支出。濮院城镇居民购买商品房，始于 1985 年。1990 年代，一般商品房价格每平方米近千元，此后起起伏伏，总体呈上升趋势，2000 年后更是一路飙升，到 2010 年每平方米达到四五千元、甚至七八千元。在农村，主要是建房。2005 年前是个人建房或联户建房，之后濮院镇实行城乡一体化，农村建房统一规划、统一户型、统一建房；个别农村小集镇也出现了跟城镇一样的住宅小区，如南北圣的桐星家园。

教育支出也是濮院居民支出的一个大宗。自 1990 年代开始，居民的教育支出逐年增加。1997 年幼儿园每生每学年 500 元，小学生 530—3000 元。2006 年幼儿园每生每年公办为 1400 元，中小学公办为 360—850 元，民办寄宿制中小学为 10000—15000 元；普通高中为 5000—8000 元，“三限生”还需一次性缴费 27500 元。2010 年，公办幼儿园每生每学年 4180 元，民办普通幼儿园为 3100 元左右，安庆小牛津幼儿园则为 7000 元。大学教育，1993 年每生每学年约在 400 元左右，1995 年上升为 1000—2000 元，住宿费 100—500 元。2001 年公办普通高校每生每学年 5000 元左右，高等职业学校除艺术类外每生每学年 7500 元左右，艺术类为 10000 元，住宿费 1000—1500 元；民办大学或赴境外留学，学费更高。

此外，还有形形色色的中小学校外辅导班、兴趣班等，也是一笔不小的支出。

2000 年后，由于居民生活水平的提高和医疗条件的改善，人的平均寿命不断提升，濮院镇总体呈老龄化趋势。

濮院的民情风俗，生产的、生活的、岁时的、礼仪的，全都植根于濮院传统的农耕文明。生产习俗多与蚕桑生产有关，如腊月十二蚕生日，蚕娘娘（养蚕妇女）常用米粉作茧圆祀灶，叫蚕圆戏。并且唱道：“黄金白金鸽卵圆，小锅炊火汤沸然。今年生日粉蚕大，来岁山头十万颗。”生活习俗中，建房和婚嫁是重头。建房有看日、破灶、落木、定磉、起榀、上梁、安土等仪式；婚嫁有纳彩、问名、纳吉、纳征、请期、迎亲、婚礼等仪式。

改革开放后，新的观念新的思想与传统的民情风俗相激荡、相交融，扬弃之后，形成新的风尚。优良的传统风习，比如勤劳俭朴、热情好客、济贫扶困、尊老爱幼、尊师重教、息讼解纷等继续发扬，新的风尚如男女平等、婚姻自主、少生优育、勇于创新、讲究时效、以人为本、诚实守信等也已蔚然成风。

濮院镇历来被视作浙北名镇。进入21世纪，新城一派繁荣景象，羊毛衫产品也已走出国门；古镇改造已正式启动，势头良好。比起800年前，用“人杰地灵”来概括濮院，更是名实相副。可以预期，用不了多少时日，濮院将以美丽古镇和时尚新城构成双璧，吸引来自世界更多的关注目光。可以相信，人文的濮院，时尚的濮院，前程一定更加辉煌。

大　事　记

新石器时期

境内的张家埭遗址属马家浜文化，距今6000多年，发现火耕水耨的水稻撩荒制栽培方式，有先民在此地农耕、繁衍、生息。

春　秋

越王勾践元年（吴王阖闾十九年，前496）

吴、越战于槜李。镇地在吴、越边境。

越王勾践三年（吴王夫差二年，前494）

吴入越，镇地属吴。

战　国

越王勾践二十四年（吴王夫差二十三年，前473）

越灭吴，镇地属越。

越王无疆九年（楚威王六年，前334）

楚灭越，镇地属楚。

秦王嬴政二十五年（前222）

置会稽郡，下设由拳县，镇地属由拳。

西　汉

高祖五年（前202）

镇地属楚国。

高祖六年（前201）

镇地属荆国。

高祖十二年（前195）

改荆国为吴国，镇地属吴国。

景帝前元四年(前153)

恢复会稽郡,镇地属会稽郡。

武帝元封五年(前106)

置十三州,会稽郡属扬州。镇地属扬州。

东　汉

顺帝永建四年(129)

会稽郡与吴郡分治,镇地属吴郡。

三　国

吴黄龙三年(231)

由拳县野谷自生,改置禾兴县,属吴郡。镇地在吴郡禾兴、乌程两县间。

吴赤乌五年(242)

避太子孙和名讳,改禾兴县为嘉兴县。镇地在嘉兴、乌程间。

吴宝鼎元年(266)

置吴兴郡。镇地在吴郡嘉兴、吴兴郡乌程间。

南北朝

宋武帝元年(420)

在王母桥西塊创立韦天亭。

隋

嘉兴县入吴县(今苏州),属吴郡。镇地属吴郡。

大业六年(610)

开凿江南运河,自京口至余杭(今杭州)800余里,流经镇域9.4里。

唐

武德七年(624)

复置嘉兴县,隶苏州。镇地属嘉兴县。

武德八年(625)

嘉兴县入吴县,隶苏州。镇地属苏州吴县。

贞观八年(634)

复置嘉兴县,隶苏州。镇地属苏州嘉兴县。嘉兴县置五十乡,镇地分属长水、灵宿、梧桐三乡。

五　代

后唐同光二年(924)

钱镠吴越国，设嘉兴为开元府，辖嘉兴、华亭、海盐三县。镇地分属嘉兴县长水、灵宿、梧桐三乡。

宋

熙宁十年(1077)

割嘉兴之西鄙梧桐、永新等五乡益崇德。镇地分属嘉兴、崇德两县。

元丰三年(1080)

赐米三万石，开挖苏至杭段运河浅淀，濮院段在其中。

政和元年(1111)

十月，苏、湖、秀(包括濮院)三州治水并建立圩岸。

绍兴五年(1135)

著作郎濮凤于建炎三年(1129)扈从高宗南渡，是年卜居镇地，此为濮院开镇之始。

淳祐五年(1245)

濮凤六世孙濮斗南擢吏部侍郎，谢政归里，理宗赐额于居第曰濮院，后镇以兹为名。

德祐元年(1275)

濮振垂建女儿桥。

元

至元十三年(1276)

正月，元军入境，焚掠殆尽，枕尸遍野。濮氏因筑化坛以化无主之尸。

升嘉兴府为嘉兴路，仍辖嘉兴、华亭、崇德、海盐四县。镇地分属嘉兴、崇德县。

元贞元年(1295)

崇德县升为州。镇西南部属崇德州。

大德中(1297—1307)

濮鉴设濮氏义塾。

大德十一年(1307)

大水受灾，濮鉴出粟三千石赈饥。

至大二年(1309)

濮鉴于市中心设立四大牙行，收积机产，远方商贾旋至旋行，无羁泊之苦，濮地因之称“永乐市”。

十月，濮鑑舍宅右半建福善寺，舍宅左偏重建玄明观。

皇庆年间(1312—1313)

濮氏疏浚镇域南市河，夹岸植梅成林，花开如雪，改称梅泾，为镇南出境主要水道之一。

至正十年(1350)

濮允中、濮彦仁举办“聚桂文会”，东南名士500人以文卷赴会。

至正十七年(1357)

苗帅杨完者，统苗、獠、洞、猺、答剌罕等劫丞相塔失铁木儿，屯驻濮院，据僧寺为衙舍。抄刮院境，男女老幼皆杀之，壮者驱于为奴。民房被毁十之六七。

至正二十年(1360)

秋，张士诚兵至濮院，除去苗帅杨完者。

至正二十六年(1366)

张士诚与朱元璋鏖战于嘉兴、崇德地区时，濮氏贷粮十万斛于张士诚女婿潘元绍，换得濮院安宁。

至正年间(1341—1368)

濮彦仁在镇水庵后造北更楼，在语儿桥前造南更楼。高可远瞭，以备非常。

明

洪武元年(1368)

改路为府、州为县。嘉兴府辖崇德、海盐、嘉兴三县，镇地分属嘉兴、崇德。

洪武二年(1369)

太祖朱元璋为防濮氏强盛，下令将濮氏家族72支分徙他乡。

永乐二年(1404)

有司以“尊贤取友，克敦孝弟；同居十世，无罪离析”奏上，经准许，濮氏归故土。

永乐七年(1409)

朝廷追查穷治方孝孺、杨任案，濮氏因与杨任有姻亲关系受株连，谪戍云南。

宣德五年(1430)

分嘉兴西八乡置秀水县；分崇德东六乡置桐乡县。时濮地西属桐乡县梧桐乡，东南属嘉兴县长水乡，东北属秀水县灵宿乡。

设永新铺，在永新乡运河塘北，正房三间，廊房六间，邮亭、门道各一间，铺司一名，铺兵一名。

景泰中(1450—1456)

濮宗渊捐米五百石，疏浚新开河，从灵官桥至运河。

弘治中(1488—1505)

濮氏复捐米千石，再浚新开河，南自幽湖，北至运河塘，水不得涸。

嘉靖九年(1530)

大街南建关帝庙。

万历十二年(1584)

御史屠方叔题奏,获准,为濮氏杨任姻亲案平反。

万历十六年(1588)

淫雨淋漓,镇地远近一罄。

万历十七年(1589)

镇域旱魃为虐,河中无勺水,野无青草,树无完肤。时米一担,价一两六,流离载道,横尸遍野。

万历二十四年(1596)

"濮院镇"之镇名,始见于是年编纂的《秀水县志》。

同年,秀水知县李培奉檄于濮院仓前街建常平仓一座,占地二亩八分五厘。

万历年间

濮院织工改土机为细纱机,提高了濮绸质量,濮绸从此远近闻名。

崇祯十三年(1640)

大雨积两月,镇地四望遍成巨浸,舟楫舣于床榻,鱼跃于井灶,较之万历十六年(1588)水更深二尺许。时米价一担一两余至二两余。

崇祯十四年(1641)

夏,濮院大旱,飞蝗蔽天,河流尽涸,民杂草芽、树皮为食。米价一担三两,乡人斗米四钱。

崇祯十五年(1642)

四五月间,镇地瘟疫大作,物价倍长。

清

顺治三年(1646)

四月十三日,杨耀宇等焚劫濮院镇,昼夜横行,损失甚巨。参将张彪驻镇剿平。

康熙五十九年(1720)

正月二十八夜灯会,南新街灯彩大盛,观者摩肩接踵。顷刻风狂雨骤,灯棚摧折,游人争道,踏伤14人。

康熙六十一年(1722)

福善寺敕赐名香海寺,并赐衣、万寿炉等物。

雍正二年(1724)

秀水知县程世恂,会同镇绅捐建"梅泾义学",其址于秀界佘家桥左,长生庵旧址,廷名师讲课。

雍正年间(1723—1735)

嘉兴府照磨厅署移驻濮院镇秀界。

乾隆五十八年(1793)

五月二十二日,各坊防火水龙试于会龙漾。观者聚于长木桥上。桥栏倾斜,溺死者数人。

乾隆年间(1736—1795)

朱加谟创设翔云观义塾。

嘉庆五年(1800)

戴文成、钟振容捐资创办“钟氏新宅义塾”于雷家潭钟氏新宅。

嘉庆二十一年(1816)

嘉兴府照磨厅谢廷铎重建厅署于寺前街,计屋五进。

节孝祠义塾创办。

道光六年(1826)

桐乡知县王鼎铭重修桐乡塘路,自钱店渡至濮院正家笕。

道光二十一年(1841)

九月九日,镇上孙琴溪、吴计芳、沈卫郊、翁筤圃等九文人,雅集于香海寺集贤山房,举办九老诗画会。

道光二十九年(1849)

四月,大雨弥月,舟从平地行。

咸丰二年(1852)

十一月六日戌时,地震。

咸丰三年(1853)

三月初,水溢,午刻天晴,河水忽涌数高尺,池沼皆然,不多时即平。三月七日,地大震,房屋振动有声,次日午又微震。

咸丰十年(1860)

三月,镇设二十四坊。

五月初一辰时,太平军始从镇北正家笕进大悲庵。镇团练前往击退。太平军又从镇东北十景塘水路进攻。

九月初八,太平天国安民告示张贴于雷家潭,其中有保举谙练公事者两名至嘉郡奏保,用为乡官之语。

九月,濮院地区淫雨连绵,瘟疫大作,死者每日四五十人,棺木贵不可言。

十一月初,太平军再入濮院,入冬后在镇设乡官,理民事,收赋税。

十二月初六,太平天国编户口,发门牌,张挂门口,每牌收钱二百文。

咸丰十一年(1861)

正月初五,太平天国告示张贴于大全桥和花园弄,号召百姓复归故土,安居乐业,共享太平，输粮纳贡，毋再观望。

七月，太平天国告示：听治狱讼，民间有冤抑不伸者，于三、八日期至辕门击鼓，审断曲直，平反冤狱。又告示：劝人戒赌、戒鸦片，禁人抢劫索诈。

十月二十五日，濮院河水味咸。咸水入稻田，稻尽死。

同治元年（1862）

三月二十七日，太平军在桐乡开科考试。濮院岳小雅、王小安、蒋吉楼、仲五舟等四人中秀才。

同治二年（1863）

二月十七日，太平军拆毁翔云观之三清阁；十九日，拆除香海寺千佛阁、钟鼓楼。

同治三年（1864）

六月，濮院北横街丝行遭清军抢劫。

十月，清廷湘军水师在濮院设汛防署，于东市、西市驻水师船。

成立厘捐局，兼管桐乡、石门两局税收。

嘉兴照磨厅驻桐界，管辖濮镇嘉兴、秀水、桐乡三县地方，设攒典一名，书记一名，看门人一名，差役四名，马夫一名。

同治四年（1865）

湘军水军2艘三板船分驻濮院东市、西市。

同治五年（1866）

施瀛洲父亲创建施三和中药店，药店开设于濮院镇卧龙街栖凤桥东堍，朝北单开门面。

同治十一年（1872）

镇绅沈梓等筹款创设翔云书院，首任山长严辰。

同治十二年（1873）

浙抚杨昌浚奏裁左营把总，以右营外委移驻濮院（兼防王店镇），外委新制额设马步战守兵丁35名。

同治年间（1862—1874）

里人集资创设关帝庙义塾。

光绪三年（1877）

桐乡知县龚凤岐捐资在濮镇创办义塾。

清光绪五年（1879）

镇绅沈梓等人筹款在观前街平桥堍创办保元堂。

光绪七年（1881）

保元堂正式开堂，办理掩埋、义葬、施药、施棺、恤贫诸善举。保元堂禀定区域除长水、灵宿、梧桐三乡外，兼有嘉兴县嘉会乡地。

光绪九年(1883)

二月初八,土客之讧,塘南北客棚焚毁殆尽。

光绪十二年(1886)

镇人集资在翔云观内建将相殿,为米业公会集议之所。每年六月初九聚集一次,评议米价低昂及币价涨落。

光绪十三年(1887)

四月某日夜,三寿堂鞋店失火延及邻铺。时正值风烈,水龙喷救后仍焚毁房四十余幢。

光绪十九年(1893)

美国南长老会的基督教传教士毕来思(斯)到濮院布道,于大全桥东购李姓民房改设耶稣堂。

光绪二十四年(1898)

谢一山在西市河南岸创办甡记油坊、谢昌记船厂。

光绪二十八年(1902)

十月,镇绅夏辛铭等借翔云书院的校舍创办了濮院镇第一所现代教育学校——秀桐公立濮镇两等小学堂。

天主教法国传教士韩日禄到濮院,将天主教传入境内,于石条街购沈姓民房改设天主堂。

光绪二十九年(1903)

二月一日,濮院开始创办邮局,属三等局,局址在庙桥街。

陆明焕、陆葆粹父子捐资租赁固安桥街刘宅创办"濮镇女子学社",后迁柳岸街陆氏住宅。

光绪三十年(1904)

设邮政代办处于大街朱宅。

光绪三十一年(1905)

九月二日,清廷内阁抄奉上谕,立停科举,以广学校。濮院翔云书院遂即停课。

镇绅夏辛铭、乡耆张华亭筹集捐款,在泰石桥创办民义初级小学校,又就关帝庙义塾改组为第一初级小学校。

光绪三十二年(1906)

濮院秀桐两界联合成立濮院商会分所,隶属桐乡商会领导。

镇人夏清泰、申世英、吴肇增等发起,在观前街设立"保婴堂"。

濮院商人为了自卫,集资组建保商团。

光绪三十三年(1907)

八月二十六日,濮院大街十三家店铺遭太湖匪徒抢劫。

十二月二十六日,濮院镇水陆营被枭匪所劫,翔云观前炮船被击沉。

镇绅沈昌熊、章维坤等呈报县衙，择址观前街节孝祠，筹资创办“濮镇公立初等女子学堂”。

光绪三十四年(1908)

濮院正式设立“桐乡厘局”。

清光绪年间成立绸业公会；借观前街平桥堍保元堂房屋成立稑陈公所。

宣统元年(1909)

镇绅集资一千两百金，拓宽庙桥港，港宽八尺。

划分自治，濮院所属嘉兴县地入王店区。

濮院商业分会实行董事制。历任总董为朱蔼桐、夏辛铭、仲或杰。

宣统二年(1910)

二月，王家其、陈金荣在大街开设东厅书场。

宣统三年(1911)

秋，光复军兴，嘉兴成立军政分府。

九月十七日，濮院镇人响应而光复，镇民剪发辫，官吏逃遁。

十一月七日，濮院照磨厅末任官员储开第携印而逃。

濮院由秀水县、桐乡县合组，统称濮院乡，依法选举议事会、董事会，设自治公所于香海寺。设立警察分所。

中华民国

民国元年(1912)

秀水并入嘉兴，改称嘉禾县，镇隶属嘉禾、桐乡两县，属嘉县称嘉濮镇，属桐县称桐濮镇。

“桐乡厘局”改为“桐乡统捐局”，局长唐鸿墀，局址旧秀界河下街，辖县城、石门湾、屠甸、桐乡四分局，并在陡门、洲泉、灵安、亭子桥设有巡船分驻。

民国 2 年(1913)

5 月，成立水上警察濮院第三分队，隶属王店，驻长木桥灵鹫寺。

7 月 22 日，嘉兴水警哗变，窜至濮院，企图夺械肆劫。后被追踪而至的军队包围缴械。

12 月，撤销乡议事会，改为自治委员会。

泥、木、石匠“同业公议”成立。

民国 3 年(1914)

5 月 11 日，大风，下雹，大如拳，历两小时始息。

机业公所建立，所址翔云观城隍殿后。

桐乡县警察署改名为警察事务所，濮院镇设警察事务分所。

民国 4 年(1915)

10 月，烟酒公卖支栈在濮院镇西市设立。

濮镇公立初等女学堂改称端本女子国民学校兼高等小学校。

机织传习所在香海寺旧址建屋设立。

民国 5 年(1916)

秀桐公立濮镇两等小学堂更名为“敬业国民学校兼高等小学校”。

民国 6 年(1917)

5 月,濮院在镇西市设稽征所,稽征所通年税收约万余金。

商会法颁布后,依法改组,濮院桐界设立事务分所,隶属于桐乡县商会。濮院嘉界商会事务分所隶属于新塍镇商会,会所在保元堂。

镇人章维坤、毛义钦、朱耀先等发起成立“送穷社”。

民国 7 年(1918)

2 月,洋行买办金昌运开设洪盛茧厂,收购鲜茧,断土丝原料,后同业公会胜诉省法院,该厂被拆。

12 月,濮院商界集资与嘉兴电话公司订约,在濮院设立公用电话处。此为濮院使用电话之始。

机织公所创设机业初等小学。

民国 8 年(1919)

是年,湖州通源轮局特开湖嘉接车轮班,发售车船联票,接乘沪杭特快列车,濮院为停靠点之一。

民国 9 年(1920)

4 月,姚肇虞创建境内首家西医医院——濮院医院。

8 月 15 日,江浙丝绸机织联合会在上海召开会议。濮院丝业徐渭臣,绸业朱韵清、林芝珊,机业陈笏书等出席。

民国 10 年(1921)

9 月,朱焕熊、黄佐卿、黄寿泉、钟深等组织濮院丝业公会,拟具章程十二条,由商会呈县转呈省实业厅咨请农商部注册。

10 月,闽人周穆堂和周寿民(周穆堂之子,又名周宾彝)、王店人朱恩禄(又名朱海珊)、濮院人薛甫迅在濮院镇北苏浜合资创办电厂——公明电气公司,翌年发电,为全桐乡县发电厂之始。

仲国梁、徐兆熊、林芝珊、翁葆华等发起改组光绪年间成立的绸业公会,并拟具章程二十条,呈县转呈省实业厅并咨农商部注册。

民国 11 年(1922)

陈福记船厂(原以修造木船为主)的陈衍庆与镇商蒋松林、邹小官、童虎文等合资建造机器客轮 2 艘,名“安达班”,40 匹马力。航行于濮院与硖石、嘉兴之间。当时陈福记船厂与嘉兴南门王文记船厂并列为嘉兴地区造船业之首。

民国 12 年(1923)

9 月，镇人仲少棠发起捐资，郑日章、沈润卿、徐颂嘉等协助募集，雇用 1939 人，历时 40 余日，修筑运河塘妙智至永新段。

冬，夏保文等创办濮院镇保卫团，有团总一人，职员六人，团丁六十五人，工役一人，枪九支。

端本女子国民学校兼高等小学校改名"端本女子完全小学校"。敬业国民学校兼高等小学更名为"敬业完全小学校"。

民国 13 年(1924)

9 月，江浙军阀混战，镇境备受其扰。濮院组织义务商团、防务局等与之周旋。

10 月 3 日，濮院红十字会成立。沈润卿为会长，钟爻吉为理事长。

协盛碾米厂开办。

民国 14 年(1925)

6 月，"五卅"惨案后，濮院学生组织上街游行示威，抗议日帝暴行，并募捐银圆 200 多元，救济上海受害工人。

"濮院青年救国会"成立。

民国 15 年(1926)

9 月 20 日，嘉兴之役失败后，国民革命军第十八军撤退过境濮院，民无惊扰。

国民党濮院第三分部成立，隶属嘉兴县新塍二区国民党党部，负责人徐耀华。

民国 16 年(1927)

1 月，中国共产党濮院小组成立，组长徐耀华，隶属于中共嘉兴独立支部。

2 月，石门湾共产党员池菊庄、张兰至濮院，协助濮院党小组开展工作。

3 月下旬，共产党员张兰发动组织的濮院妇女解放协会成立。

4 月初，濮院镇揪出土豪劣绅沈季芗，游街示众。

四一二反革命政变发生后，中共濮院党小组遭到破坏，停止活动。

上半年，国民党濮院第三区分部更名为国民党嘉兴县濮院第五区党部，党部移至香海寺内。

10 月，夏辛铭主编《濮院志》纂成。翌年开雕，民国 18 年(1929)装订成书，分贻亲友。

10 月 7 日，濮院酱业工会，向店主方提出 18 项改善条件的请求，组织僻二委员会准备大游行、贴标语。嘉兴总工会于 8 日再派人会同镇党部人员竭力斡旋，至 18 日劳资纠纷才告解决。

民国 17 年(1928)

1 月 4 日晚 8 时，濮院镇永康丰钱庄，遭盗匪 5 人抢劫，劫走纸币 3400 余元。

2 月 3 日，蔡冠洛受赠郦辛农四箱意大利蜂后开始养蜂，在濮院创办可园蜂场。

秋，螟成灾，歉收。濮院捕得飞蝗 38265 只。

10 月，先施碾米厂（兼理戽水）开办。

中央政府公布《全国邮包税征收简章》，浙江省于各地设邮包税局，濮院设立“邮包征税所”。

濮院镇商民王守泽等人，购地十余亩，组设“平园养蜂场”，以资提倡。该蜂场有意大利蜂 50 箱，每年割蜜两次，收蜜四十余担。

上海华绎之公司在濮院设临时养蜂场，蜂系意大利蜂，计 160 余箱，每年收蜜 150 余担，运售于上海。

民国 18 年（1929）

1 月 10 日和 3 月 5 日，濮院永康发钱庄、永康丰钱庄两家相继遭匪劫，损失惨重。

7 月 1 日，江浙养蜂协会成立大会在濮院召开。会上选举蔡冠洛为会长。

9 月 15 日，嘉兴蚕业指导所提倡饲养秋蚕，濮院始饲育秋蚕。

镇人朱亚希在濮院南市创办“幽湖农场”，占地近百亩，投资二万元，内栽果树千余株。

濮院“女子商店”开业。

濮院镇设“嘉桐施药局”，配置主任 1 人、司事 3 人、医生 8 人、工役 1 人，经费募集，全年受药病人 5000 余人。

民国 19 年（1930）

桐乡县将 6 个区调整为城濮等 4 个区，区下设镇、闾、保、甲。濮院镇隶属于城濮区，设镇公所。

民国 20 年（1931）

5 月 23 日清晨 5 时许，濮院镇商号遭匪劫，损失共计十余万元，其中以公义当损失最钜。

新商会法颁布，濮院嘉、桐商会事务所合并，改名为濮院镇商会。隶属于桐乡县商会，会址濮院大井头薛家厅。

民国 21 年（1932）

濮院乡分濮南、濮北两乡，濮南属桐乡县，濮北属嘉兴县。

境内实施《浙江省征收田赋章程》。

濮院发生抢米风潮，商会出面进行施米。

民国 22 年（1933）

桐乡撤区并乡，濮院遵令改闾邻制为保甲制，十户为一甲，十甲为一保。

民国 23 年（1934）

经浙江省建设厅批准，业主陈君敏、陈秋祥兄弟，在庙桥（大德桥）北堍设立民间私人电话通讯一处，镇人称之为“陈家电话局”。

濮院公明电气公司职工朱宋文始于陆家桥帮岸开设“鹏飞自行车租车行”，有自行车

8 辆出租；吴永塘于小脂汇开设“永久自行车行”，有自行车 6 辆出租。

民国 24 年(1935)

8 月，途经濮院的杭善公路桐乡段破土动工，专员王先强至濮院参加破土开工典礼。翌年 7 月通车。

12 月，镇绅徐颂嘉发起筹措资金在关帝庙前建深井一口，日出水千余担。

敬业完全小学更名为“嘉兴县塘濮镇中心国民学校”，端本女子完全小学更名为“桐乡县濮镇国民中心学校”。

民国 25 年(1936)

11 月 10 日，杭善公路通车营业，设杭州、清泰门、七堡、乔司、临平、崇德、桐乡、濮院、嘉兴、嘉善、枫泾十一站，杭州—枫泾每日对开车一次，崇德—杭州、崇德—嘉兴各开区间车一次。翌年濮院建车站室约 40 平方米。

11 月，为抗日战争需要，修筑以战时通行人和马为主的嘉兴纵队路，濮院—陡门—新塍全程长 25 千米(包括新塍至双桥)，宽 3—4 米。

民国 26 年(1937)

11 月 15 日，保卫京、沪、杭总司令张发奎及嘉兴专员杜伟撤离嘉兴途经濮院，由镇商会负责接待。是日，日军空袭濮院，投弹数十枚，炸毁民房 40 余间，死 4 人，伤 20 余人。

11 月 21 日，国民革命军某部乘 2 艘木船后撤，途经濮院北河头秀桐桥时，遭日军炮击，船沉人亡。

11 月 26 日，金启云投日，组织维持会，自任会长。

11 月，濮院同和布店遭歹徒洗劫，排门洞开，货架尽空，十余名员工因此失业。

濮院沦陷，人口大量外流。濮院商会人员四散避难而停止活动，成立了由汪伪控制的镇伪商会。

日军拆走电厂机器，电厂被迫停业。

杭善公路毁坏而荒废。

民国 27 年(1938)

2 月，汉奸金启云在濮院建立汪伪桐乡县政府，自任伪县长。

7 月，62 师某部在濮院挥士桥附近公路上击毁日军军车一辆。

8 月，桐乡自卫大队在聚星桥智杀日本兵 1 名。

日军强拉民夫，在聚星桥、挥士桥、五里亭修筑炮楼。在炮楼附近实行“三光”，杀害群众数十人，烧毁房屋无数。

濮院镇瘟疫流行，死亡数十人，部分尸体集中于十景塘火化。

民国 28 年(1939)

4 月，游击队在北横街布店门前击毙日本兵 1 人。

全县调整为 23 乡 5 镇，境内为濮院镇、濮南乡、濮北乡和岗泽乡。

汪伪政府沿袭民国时期乡、镇保甲制度，建立伪乡镇公所。

民国 29 年（1940）

1 月，在中共嘉崇桐工委领导下，濮院建立起“抗日反汪大同盟”“中华民族解放先锋队”两个党的外围组织。

7 月前，建立抗战时期的中国共产党濮院小组，组长陈慕天。

7 月，成立中共濮院支部，陈慕天任书记，下设濮院镇和米字桥两个小组，隶属中共嘉崇桐工委。

民国 30 年（1941）

秋，濮院镇伪商会集资创办私立清河中学，择校址平桥头端本女子小学旧址。

12 月，汪伪“和平军”一个中队入驻濮院。

经嘉崇桐工委报请浙西特委批准，成立中共濮院区委，由陈慕天任区委书记。

民国 32 年（1943）

冬，一支日军队伍由嘉兴向西行时，与驻扎在泽冈乡白旗漾西浜杨树南塘的国民党保安队相遇，当即发生激烈战斗，保安队 40 人全部阵亡。

民国 34 年（1945）

7 月，桐乡县政府成立消防大队，濮院设消防班，为濮院镇第一个正规的消防组织。

8 月，日本投降。城濮区署迁入濮院镇，西寺为区署驻地。

9 月 18 日，濮院镇商会重建。

9 月，濮院镇成立国民兵队，队长由镇长兼任，辖两个班 14 人，配备机枪 1 挺，子弹 200 发，步枪 9 支，子弹 250 发。

11 月，国民党组织恢复，称国民党濮院第二区党部。

梅泾俱乐部成立，梅泾篮球队成立。

民国 35 年（1946）

3 月，泽岗乡（今镇域运河北）疏浚嘉桐分乡港河道，自运河正家笕桥北至北环洞桥长度 2000 市尺。

7 月 10 日，濮院镇成立防疫委员会分会。同月出现新法接生。

11 月 25 日，成立嘉属运河水利工程处，开始疏浚运河，包括濮院段。

12 月 1 日，镇人仲泳沂、夏贞叔、仲竞臣等发起在香海寺旧址建梅泾公园。

12 月 3 日，地方人士集资，赴嘉兴购办文具用品，分赠各校儿童资庆祝儿童节。

12 月，濮院始订购 1 台联合国善后救济总署浙江分署配售的 5 马力抽水机用于灌溉。

举行第二次镇民代表会议。

嘉濮中心民校创办。

民国 36 年（1947）

1 月 1 日，全县调整 28 个乡镇为 16 个乡镇，境内调整为濮院镇、报恩乡和永新乡。

春节期间,俞海官、张兆春等人在观前街4号创建梅泾剧场。

2月14日,濮院协兴油坊工人为增加工资,联合屠甸、崇福、洲泉,以及硖石、嘉兴、平湖等地的油坊工人举行罢工。

2月,国民党在桐乡县建三青团桐乡分团,濮院成立区队,镇长岳钦成兼任区队长。

3月12日,濮院镇召开禁烟会议。

3月,濮院乡村电话管理分所设立。

4月15日,开始疏浚永新乡庄桥港、朱家石桥港、殷家坝桥港、方家笕港,动员永新乡民伕(民工)1800工,挖土1800立方米,4月18日完工。

4月,濮院疏浚思家桥港。

5月13日,恢复一年一度的"蚕花胜会"。

5月20日,成立濮院镇妇女会,地址镇公所。

6月,编制《濮院镇国药商业同业公会会员名册》,全镇共有8家中药店、2家西药店。

7月,濮院镇青年学生为增进友谊、造福桑梓成立濮院镇梅泾同学联谊会。

8月20日,濮院至嘉兴新电话线路装置竣工,开始通话。

9月9日,国民党四中全会及党团联席会议上,濮院籍人沈祖懋当选为三青团中央干事。

9月,濮院旅沪绅商陈笏书等11人募集资金,择香海寺遗址为校址,创办私立梅泾初级中学。

11月,浙江省拨款修复杭善公路嘉桐段29千米,嘉兴—濮院—桐乡勉强通车。

12月26日,永新乡水利协会修填永新乡沿运河夹塘被洪水冲决的塘堤。

12月,地方人士发起疏浚陆家桥港,募捐修建"迎凤""会龙"两桥。

民国37年(1948)

3月22日,濮院镇中心国民小学民教班正式开学。

3月,桐乡县政府拨积谷五百石为经费,疏浚永兴港。

4月14日,镇公所召开春季镇民代表大会。

7月13日,召开镇民代表大会,改选第二届镇民代表主席,钱步云当选。

8月10日,民国最后一届濮院镇商会的理监事任职,理事长翁冠常,常务理事夏大丙、宣建勋,常务监事柴吉孚,会址濮院雷家潭。

8月,热心公益人士倡办濮院翔云博济会,对流行疾病患者施诊。

嘉濮镇更名为塘濮镇。

濮院镇死于血吸虫病者达11人。

民国38年(截至1949年10月1日前)

5月6日,濮院解放。成立濮院区委和区人民政府,辖濮院乡(含濮院镇)、秀川乡、报恩乡。

6月7日,居住在原城濮区乐安乡第十三代表区的土匪夏金潮,伙同其他两名贯匪肖文忠、蒋柏松在运河妙智塘口抢劫商轮一艘,劫得面粉80袋、大米40石、洋布、洋油、桐油等大量物资,同时还抢夺卡宾枪、左轮枪各1支。

7月14日,连降大雨,桐乡(包括濮院)被淹农田7万亩,县委紧急动员,部署抗洪排涝,机关干部、解放军指战员分赴灾区,组织广大人民群众车水排涝。

7月,成立永新乡人民政府,隶属青镇区人民政府。

8月30日上午,青镇区中队战士钱阿大押送土匪至青镇,返回驻地民合乡路经永兴港油车桥(今属濮院镇域)时,被当地恶霸钱焘甫指使土匪头目章阿四等匪徒设伏杀害。

8月,建立报恩乡人民政府,隶属濮院区人民政府。

8月,居住镇区一匪特张克贤在探得新塍税务员将由濮院携款乘船返回一事后,即密告匪首马文龙,在运河陡门塘设伏劫持,抢得税款数百万元,两名税务员被劫,其中一人被活埋。

9月,桐乡县粮库于濮院设立城濮区支粮库,征收公粮,支粮库主任为周延芳。

中华人民共和国

1949年(10月1日起)

11月,全镇设立14个行政村,每村成立村委会。

1950年

1月,濮院镇工会联合会成立。

2月,建立濮院乡人民政府,含濮院镇。

2月,塘濮供销合作社成立,隶属嘉兴县,社址在濮院大全街(现仓前街)。理事主任杨以成,监事主任庄德宝。

2月,邵桥供销合作社设立,属嘉兴县邵桥乡,社址在濮院镇东港厂。濮院镇归桐乡一县管辖后撤走。

3月21日,浙江省人民政府嘉兴专署决定将濮院镇属嘉兴部分划归桐乡县,从此镇境不再分属两县。

3月,设桐乡县人民政府税务局濮院税务所。

4月22日,水木工会成立。

4月28日,濮院城濮区供销合作成立,隶属桐乡县,社址北横街永乐里口,有8名职工,主任娄保华。

4月,浙江省在嘉兴与桐乡毗邻地区天福乡建立国营示范抽水机站,共有抽水机14台。

4月,桐乡县蚕业指导所在濮院设立蚕业指导组,指导蚕业生产。

5月12日,疏浚北永兴港竣工。

5月,实行镇乡分设,建立濮院镇人民政府,为区属镇。

5月，报恩乡以杭申公路为界，划分为永安乡，永乐乡。

5月，乡、村成立农民协会。

5月，建立新生乡(包括西浜村)隶属乌镇区公所。

7月，成立桐乡县公安局濮院派出所，驻地雷家潭，主管全镇公安工作。

8月9日，境内的乡、村干部和土改积极分子参加县土地改革工作干部训练班。

9月，濮院镇公安派出所设立。

10月，境内掀起抗美援朝、保家卫国热潮。

10月，濮院镇工商联合会筹备会成立，旧商会撤销。

11月，濮院镇召开土地改革代表大会，成立土地改革运动参与委员会，组成土改工作队，土改工作全面展开。

12月3日，濮院城濮区供销合作社召开第一次社员代表大会，会后更名为濮院供销合作社。

冬，镇政府兴办冬学，开展扫盲运动，开办常年民校。

华东区第一次农业展览会在上海举行，镇人蔡冠洛代表江浙养蜂协会出席会议。

濮院镇第一次放映有声电影。

新生乡发展第一名中共党员徐俊才。

1951年

1月，成立濮院镇工人联合会。

2月26日，开始实行企业职工劳保医疗制度。

3月，桐乡县25名医务人员到濮院镇，推广普种牛痘预防天花。

4月，春耕时节濮院农村始有以工换工或以畜力与人工互换形式的临时互助组。

5月初，镇文化站创立，地址在义路衔。

5月，设立中国人民银行桐乡县支行濮院营业所。

7月，成立濮院镇城镇工作委员会。

7月，并村建街。

7月14日始，连续降雨不止，水患日益严重，全镇经过干群奋战七昼夜，参与防洪有1942人，抽干被淹水田416.5亩，并及时移苗补种。

9月底，镇域土地整籍定权工作基本结束，并颁发由县政府统一印制的土地房产所有证，从法律上承认农民分得的土地和房屋所有权。

11月1日，濮院铁工场成立，此系桐乡县手工业中第一个合作社性质的企业。

11月，经嘉兴专署批准，濮院划为县直属镇建制。

12月，隶属桐乡县交通局的濮院搬运站成立。

濮院镇政府开始建立全宗档案，全宗档案主要包括文书档案、会计档案、基建档案、设备类档案、特种载体档案等五大类。

成立濮院镇消防委员会，下设消防组。

濮院镇有常年互助组1个，临时互助组7个，参加户数108户、265人。

镇人民政府拨款办起国营桐乡濮院榨油厂和国营桐乡第一碾米厂。

濮院镇成立中国粮食公司桐乡县公司下辖的粮食经营组，主任为聂其安。

大街刘宅厅房改建成人民剧场。

濮院镇开展对私营商业进行基本情况普查统计、财产重估、工商登记发证工作。

1952年

1月，成立中国新民主主义青年团濮院镇工作委员会，简称“濮院镇团工委”。

2月，成立“濮院镇民主妇女联合会”，同时召开濮院镇第一次妇女代表大会，祁彩华当选为民主妇联副主任。

3月21日晚，召开濮院镇各界人民代表会议第一次会议。

4月15日，崇德、嘉兴、桐乡共同兴修长达23.5千米的永兴港。

4月，中国共产党濮院镇委员会成立。

4月，由个体医生联合的“濮院联合诊所”诞生。

5月，开始办起互助合作社。

上半年，全镇党政机关和县属企事业单位开展反对贪污、反对浪费、反对官僚主义的“三反”运动。

9月4日始，实行国家工作人员公费医疗预防制度。

9月8日，濮院镇第一届初级物资交流大会开幕。

成立濮院镇工会，召开濮院镇工会第一次代表大会。

全镇设立大众、南杏、南市、西南、鸣凤、北市、有义等七个街道居民委员会。

濮院镇完全小学附设幼儿园开办。

原粪行工人及部分业主共计21人，组建濮院镇肥料公司，隶属桐乡县环境卫生所，地点在朝阳桥堍。

濮院较大的两家百货店联营为“濮院镇二联百货商店”。

原嘉兴天福乡国营示范抽水机站改为民办嘉兴桐乡抽水机站，镇域北片排灌受益面积7549.2亩。

1953年

1月9日，濮院镇肥料公司改为濮院镇清卫小组，性质为政府领导的事业机构。

1月27—29日，举办濮院镇第二届初级市场物资交流大会。

1月，成立濮院粮食收购站，负责人为朱逸野。翌年收购站更名为“城濮区粮食管理所”，副所长朱国勤。

4月，原属镇管辖的村划归乐安乡管，随之划出农业人口1544人。成立永濮高级农业生产合作社，社长徐正芳。

4 月，永安乡第一次人民代表大会召开。

5 月，沈东华、孙永康、沈四毛、钱锦松四人为濮院镇发展的第一批中共党员。

7 月 1 日，第一次全国人口普查，濮院镇人口 7254 人。

8 月，新生乡筹建民主妇联会，由乡党支部指派一名女干部具体负责。

11 月 11 日至 14 日，召开新生乡第一届人民代表大会第一次会议。

11 月 12 日至 13 日，召开乐安乡第一届人民代表大会第一次会议。

11 月 12 日至 15 日，召开濮院镇第一届人民代表大会第一次会议。

11 月，实行粮油统购统销，国家统一管理粮油购销价。

“濮院镇团工委”改名为“濮院镇团委”。

塘濮供销合作社迁至灵观庙桥，其分部于 1952 年并入新塍区供销合作社。

成立濮院镇屠宰场，统一收购生猪，宰杀后供应市场。

新生乡各村合办抽水机站，统一使用管理。

1954 年

5 月，开始恢复饲养夏蚕。

6 月，梅雨期阴雨连绵 80 余天，降雨 900 多毫米，境内春花尽被淹没，大部分腐烂，机关干部下乡开展排涝抢种，干群共同连夜奋战，加固圩堤，突击排水，抢种晚稻。

7 月 1 日，根据国家规定，居民实行粮食按月凭票定量供应。

7 月，建立永安乡党支部，支部书记沈郁生；建立新生乡党支部，党支部书记钟关发。

9 月，建立乐安乡党支部，支部书记唐龙生。

9 月，新生乡在南北圣集镇创建新生中学，开始招生。

1955 年

1 月，撤销濮院派出所。

3 月，新生白旗漾村（今红旗漾村）的张家浜、李家浜、罗家浜三个初级社合并办高级社，即新生乡第一高级社。

7 月 22 日至 25 日，举办濮院镇第六届初级物资交流大会。（第三、四、五届失记）

8 月 1 日，强台风影响濮院，房屋倒塌 22 间，损毁 40 余处，拔大树 24 棵。

10 月，境内运河南片成立高级农业生产合作社 17 个。

12 月，疏浚南永兴港和分乡港。

桐乡县邮电局濮院支局成立，营业地点大街袁家厅，业务涵盖濮院镇永安乡、乐安乡和新生乡。

由镇工会牵头，各街道文工团合并组成镇文工团。

桐乡县农副产品采购局于濮院镇建立中心采购站。

1956 年

1 月，中共濮院镇委召开全镇第一次党员大会。

1 月,国营濮院食品加工厂成立,厂长王俊发。

2 月,永安、乐安两乡合并建立永乐乡,乡人民政府改称乡人民委员会。建立永乐乡党支部。成立中国新民主主义青年团永乐乡团总支,简称永乐乡团总支。成立永乐乡民主妇女联合委员会,并召开永乐乡第一次妇女代表大会。

2 月,新生乡人民政府改称为新生乡人民委员会。召开新生乡第一次妇女代表大会,李掌娜当选为民主妇联主任。

3 月,濮院镇人民政府改名为濮院镇人民委员会。

3 月,成立中国新民主主义青年团新生乡团总支,简称新生乡团总支。

3 月,桐乡县国营抽水机站,初设于濮院东河头,有 20 台 208 马力(152.98 千瓦)抽水机,机船 20 只。

5 月,桐乡县中百公司于濮院设立批发商店,负责对濮院地区的棉布、百货的批发供应。

6 月 1 日,桐乡县人民政府接管私立梅泾中学,并改名为桐乡县立第二初级中学。同年 7 月又改名为桐乡县立第一初级中学。

6 月,濮院设立食品购销站,濮院屠宰场和濮院镇鲜肉合作商店并入该站。

7 月 8 日 17 时,原新生地区遭风雨、冰雹袭击,部分高级农业合作社损失严重,一批桑、烟、麻田被毁,另有部分农民房舍吹倒。

8 月 1 日午夜,特大台风在象山登陆,境内遭强风暴雨袭击,房屋倒塌,田地受淹,桐乡三中校内 800 余年的古银杏被刮倒一半。虽提前做了防汛防台救灾宣传发动,组织巡查,干群投入抗台,但灾情大于预期,仍造成很大损失。

9 月 12 日,濮院镇第二届人民代表大会召开。

10 月 28 日,永乐乡第二届人民代表会议召开。

11 月,境内运河北片成立高级农业生产合作社 5 个。

11 月,濮院镇卫生工作协会成立,合并成立濮院镇联合诊所。

人民戏院落成。

濮院镇梅泾同学联谊会(简称梅联)被错定为一般性反动青年学生组织,近百人受牵连。

濮院镇私营商业全面进行社会主义改造,组成集体性质的合作商店 21 家。是年秋,为庆祝对私营工商业社会主义改造的胜利完成,濮院镇举行灯会。

开始饲养晚秋蚕。

1957 年

2 月,永乐乡由党支部升格为党总支,总支书记展先舟;新生乡由党支部升格为党总支,党总支书记汪汉民。

4 月,食糖凭票限量供应。

5 月，开展反官僚主义、反宗派主义、反主观主义的整风运动。接着，在党政二部和工交、财贸、文卫系统中开展反右派斗争，此运动持续至 1958 年夏季结束。

9 月，成立桐乡县濮院镇市场管理委员会（简称市管会）。10 月正式定名濮院粮食管理所，所长朱国勤，所址寺湾街夏家厅。

11 月，濮院镇民主妇女联合会改名为濮院镇妇女联合会（简称濮院镇妇联）；永乐乡民主妇女联合委员会更名为永乐乡妇女联合委员会（简称永乐乡妇联）。

地方国营白旗漾荡田灌区设立，抽水机实际灌溉面积 8300 亩，为浙江省 3000 亩以上万亩以下灌区之一。

桐乡县人民委员会宣布新生白旗漾地名更名为红旗漾。

濮院镇区手工业"社会主义改造"基本完成。

地方国营濮院电厂创办。

桐乡县农副产品采购局撤销，濮院中心采购站并入濮院供销合作社。

濮院成立家畜诊疗所。

1958 年

春季，桐乡县立第一初级中学招收首届高中班。

4 月，设桐乡财政局濮院办事处。

4 月，濮院镇的铁器、椿木、圆木、竹器和白铁五家生产合作社合并成立濮院农具厂。

7 月 1 日，地方国营濮院电厂建成发电，地址新桥（大积桥）南堍。

9 月，建立永乐乡党委，党委第一书记展先舟。

10 月，濮院镇与永乐乡、新生乡合并建立濮院人民公社，下辖七个管理区，实行政社合一体制。

12 月，油米厂获轻工业部颁发的"大胆革新土榨工具，帮助兄弟厂改进操作"奖牌。

12 月，全社所有商店并入公社新成立的供销部。农村始有集体经济的财务管理。组建公社畜牧兽医站。

地方国营濮院化工厂创办。

濮院煤球厂创办。

1959 年

1 月，桐乡县立第一初级中学更名为桐乡县立第三中学。

4 月，全镇掀起"支援宁夏"热潮。濮院人民公社约有 30 名青壮年赴宁夏支援边疆建设。

6 月，濮院镇从濮院公社分出，恢复县直属镇建制，成立濮院镇人民委员会。

7 月，成立濮院公社农业技术推广站。

桐乡财政局濮院办事处改称濮院财政所。

濮院农村信用合作社与新生乡信用社合并，称濮院人民公社信用部。

濮院公社在三里塘成立农业机械管理站(也称抽水机站或机灌站)。

桐乡三中高二班学生唐锦英获省女子五项全能第一名,并代表省队出席第一届全国运动会女子五项全能及跳远比赛。

1960 年

1 月,恢复濮院派出所,管辖区域为濮院镇和濮院公社。

2 月,设立濮院公社人民武装部。

7 月,濮院公社管理委员会制定《濮院人民公社集体保健医疗实施章程》。同月,全社实行社员集体保健医疗制度政策,各生产队根据经济条件确定提取报销金额。

8 月,主要针织品纳入统购统销范围。

9 月,开始向居民发放购货证,毛巾、火柴、肥皂、热水瓶、袜子、民用线、汗衫背心、胶鞋、铝制品、钟表、缝纫机等紧缺工业品先后凭证、凭票供应。

10 月,县财政局下设濮院财税所房管组。

镇区首次开展妇女病检查,推行“四期”卫生和劳动保护。

桐乡县三中党支部书记姚积禔出席全国群英会。

1961 年

1 月,濮院镇第四届人民代表大会举行。

4 月,濮院镇清卫小组改名为濮院镇环境卫生管理所。

6 月,新生从濮院公社划出,建立新生人民公社。

7 月,濮院人民公社开始全面实行社员集体合作医疗制度(当时称统筹医疗)。

9 月,国营濮院饮服商店成立。

10 月,濮院建成了以农业电力排灌为主体的输配电线路,电力开始用于农业生产。濮院公社第一个机埠“崇高机埠”在星星大队(今永乐村)沈家石桥开始动工,翌年建成,变压器 20 千伏,担负附近 4—5 个生产大队的农田灌溉任务。

濮院财政所更名为濮院财政税务所。

濮院人民公社医院改名为濮院中西医联合医院。

桐乡三中被确定为嘉兴地区重点中学。

濮院食品购销站恢复为濮院食品商店。

贯彻执行中央关于国民经济“调整、巩固、充实、提高”方针,经过关、停、并、转,镇区保留国营工业企业四家。

1962 年

4 月,农村大力推广连作稻耕作制。

4 月,动员机关、企事业干部、职工与城镇居民精简下放农村。1962—1963 年,全镇精简去农村共计 1632 人。

8 月,召开小商贩代表会议,建立濮院镇商贩联合会。

9月4日，遭14号台风袭击，台风来势猛，雨量大，暴雨连续3天，田地受涝成灾。境内各行各业出动，抢险物资源源不断；干部群众全力救灾，加固圩堤，保护水坝；电力排水显示威力，大部分受灾农田3—5日内脱险，损失降至最低限度。

9月，设立新生公社人民武装部。

10月，境内生产队改为生产大队，生产小队改为生产队，生产队为基本核算单位。

12月，召开濮院镇第三次党员代表大会。（第二次党代会失记）

建立公社、生产大队、生产队三级财务制度及民主理财小组。

凭证供应食盐，城乡居民每人每月0.55千克。

分别成立濮院、新生公社机电排灌管理站。

濮院旅馆、浴室、照相馆、书场从濮院供销社划归濮院饮服商店。

1963年

1月18日，北市街狄家园祁福祥家失火，烧毁5幢楼房2间厢房，死5人。

4月14日，濮院镇召开第五届人民代表大会。

9月，为抗台风，镇机关干部和街道群众，奋战三昼夜，拆迁危房45间，转移147人。

9月，濮院成立国家粮食集贸市场，原则上限于产销之间的余缺调剂和品种调换，不许私商插手经营，不许农民远途运销。

1964年

春季，开展"农业学大寨""工业学大庆"运动。

6月19日，濮院镇第一批知识青年126名赴农村插队落户。

7月1日，第二次全国人口普查，濮院镇人口为5539人。

秋季，在镇、社干部中开展社会主义教育运动（简称"四清"运动）。

冬季，公社、大队开展清理账目、清理仓库、清理财务、清理工分的"小四清"运动。

12月，粮食市场改名为粮食交易所。

县委确定桐乡三中为半农半读两种教育制度的试点学校。

第一家镇办企业——五金制配综合小组创办。

桐乡糖业烟酒公司于濮院成立烟糖商店，主要经营糖类烟酒的零售兼批发业务，经理施掌根。

开始一年饲养五期蚕（春蚕、夏蚕、早秋、中秋及晚秋）。

1965年

2月，濮院中百商店、烟糖商店并入濮院供销合作社。

7月24日，濮院镇新桥堍南，前化工厂存放的易燃物爆炸，引起重大火灾，烧毁房屋4间，救火人员重伤1人，轻伤2人。

暑期，濮院广播学校开办。

12月18日，濮院人民法庭成立。

12月，举行濮院镇第六届人民代表大会。

镇人民政府将柳岸街西、大街东一片闲置白场，建成濮院镇公园。

濮院公社开展“学大寨”运动，各大队广泛开展平整土地，改良土壤，积肥造肥，兴修水利，建立“丰产示范方”等农田水利建设。

1966年

5月，“文化大革命”开始。

9月中旬，濮院镇党委、镇人民政府停止工作。

新生公社建筑社成立。

设立国营濮院医药商店。

粮食交易所关闭。

1967年

3月，成立濮院镇打击投机倒把办公室，主要负责市场管理和打击投机倒把两项工作。

7月6日至10月31日，连续118天久晴无雨，运河东南支河断流，小河小浜干涸。镇上组织人员到运河口筑坝，向东南河网输水，二级抽水到田。旱地作物因缺少旱地灌溉设施受灾严重，水稻依靠机电排灌仍获丰收。

7月18日，濮院油米厂油库失火，嘉兴机场驻军奋勇抢救，3名战士受伤，计损失达10万余元。

8月11日、22日西河头先后发生火灾。

由人武部部长、造反派代表和革命干部组成的三结合生产办公室，负责全镇“抓革命、促生产”工作。

濮院公社首先推广使用上海产工农-7型手扶拖拉机。

1968年

4月，成立新生公社革命委员会，实行一元化领导，取代公社党委。

6月，成立濮院公社革命委员会。

11月22日，濮院镇革命委员会成立。

濮院公社试种三熟制，一季春花（大小麦、油菜、蚕豆等）、一季早稻和一季晚稻，并逐步推广。

1969年

1月27日，根据桐乡县革委会的通知，濮院镇建立清理阶级队伍领导机构。

3月9日，濮院镇革命委员会派“工人毛泽东思想宣传队”进驻桐乡第三中学。同年成立校革委会，全面管理学校工作。

4月1日，濮院知青6名赴黑龙江省呼伦贝尔盟莫力达瓦达斡尔族自治旗西五尔图支边。

6月1日，濮院知青27名赴内蒙古自治区巴彦淖尔盟磴口县哈腾套海农场支边。

12月，疏浚新桥港。

邮政和电信分设，成立濮院邮政支局，迁往北横街营业。

濮院与新生两公社联合创办大庆丝厂。

杭善公路延长至上海枫泾，改称杭枫公路。濮院汽车站迁至濮院镇永乐路南端320国道北侧。

1970年

4月，濮院公社永越大队上马暾生产队，采用蒸汽育秧，推广种植30.5亩。

5月27日，濮院知青17名赴黑龙江省牡丹江市宁安县渤海公社永红大队支边、知青22名赴黑龙江省虎林县4师33团八五四农场支边。

5月，成立濮院镇革命委员会党的核心领导小组、成立濮院公社革命委员会党的核心领导小组、成立新生公社革命委员会党的核心小组，党的核心小组代替党委工作。

5月，濮院派出所恢复工作。

10月，恢复镇党委，并召开第四次党员代表大会。

10月，丝织社和丝线合作工厂合并，改名为濮院绸厂。

11月19日，濮院知青103名赴黑龙江省大兴安岭阿木尔区老潮河一连支边。

12月，疏浚正家笕港。

濮院镇完全小学划归濮院油米厂管理，更名为濮院油米厂五七小学。

濮院公社在濮院西市成立科研站。

1971年

1月，濮院财政税务所更名为濮院财政金融所。

7月，濮院铁器社、竹器社、白铁社合并，成立濮院农机修造厂。

9月，按照中央指示，开展"批林整风"运动，批判极"左"思潮和无政府主义。

濮院、新生人民公社分别成立公社教育革命委员会，实行"贫下中农管理学校"的管理体制。

桐乡三中开办桐乡县整流元件厂，跨出了企事业单位创办集体工业的第一步。

国家拨款，濮院全部渔民实现陆上定居，改变了渔民世代以船为家、风餐露宿的漂流生活。

1972年

濮院镇计划生育领导小组成立。

濮院公社机电站分配到第一辆江西丰收-27中型拖拉机。

1973年

1月，濮院人民法庭恢复工作。

1月，濮院财政金融所恢复为濮院财政税务所。

2月20日,中国人民解放军浙江生产建设兵团第二师在濮院镇筹建丝厂。

3月,恢复濮院粮食交易所。

9月,新生公社实行社队联办、两级核算的医保办法。

成立濮院镇工业办公室,专管镇办工业和街道工厂。

1974年

1月7日,建立濮院镇市场管理委员会,同时撤销濮院镇打击投机倒把办公室。

1月,濮院镇筹措资金10.61万元建自来水厂。

5月19日,成立濮院镇"工人纠察指挥部"。

12月,疏浚新生和尚桥港。

濮院镇成立"批林、批孔"领导小组,凌驾于濮院镇党委之上。

邮政与电信合并为濮院邮电支局,地址大街。

1975年

2月,中共桐乡县委指示,撤销濮院镇"工人纠察指挥部",其人员回原单位"抓革命、促生产"。

5月,机电排灌管理站更名为农机水电管理站(简称公社机电站),又增添上海丰收-35大中型拖拉机3台,成立机耕队。

11月,濮院丝厂移交地方,丝厂党总支升级为二级党委,隶属濮院镇党委。

12月,成立县房地产管理局濮院房管组。

濮院丝厂为了方便职工子女的保教,创建厂办幼儿园。

新生公社砖瓦一厂创办。

1976年

5月,成立濮院镇房地产管理所,隶属桐乡县城镇建设局。

10月,党中央粉碎江青反革命集团,全镇召开党员大会。此会也作为第五次党代会,万莲芳当选为第五届委员会书记。

12月,疏浚妙智港。

濮院弹花生产合作社开辟针织车间,开始生产针织产品。

创办濮院公社砖瓦一厂。

1977年

11月15日,长山河出海工程动工开挖,境内派工参与;濮院镇获得优胜奖,新生镇获得优良奖。

国家恢复高考制度,镇域二百余考生在桐乡三中考点参加考试。

1978年

6月下旬至9月上旬,降雨量仅36.4毫米,旱灾袭境,影响运河东南高亢农田灌溉。依靠电力排灌,旱地作物推广喷灌机,虽遭大旱,仍获丰收。

6月22日，桐乡县财政局拨款维修濮院镇损坏的帮岸、河埠及街道。

9月，上山下乡知识青年开始陆续返回城镇。

9月，制绳、印染、针织等五个企业合并成立濮院针织服装厂。

12月，疏浚新生北横港。

下半年，开展对“实践是检验真理的唯一标准”的讨论，促进干部群众解放思想。

桐乡三中撤销校革委，实行党支部领导下的校长负责制。

濮院油米厂五七小学恢复濮院镇完全小学校名，恢复原先的隶属关系。

濮院邮电支局搬迁新业务大楼。同年试行邮政编码，镇域编码为314502。

濮院公社被嘉兴市人民政府评为沼气化公社。

1979年

春节期间，镇工会举办灯谜游园会。

5月22日，濮院镇工会、共青团、妇联召开全体委员（扩大）会议，通过《坚持四项基本原则，掀起增产节约运动新高潮》决议。

5月，濮院印刷厂创办。

5月，濮院公社在星锋大队进行以联产计酬为主的生产责任制试点。

12月13日，濮院镇第七届人民代表大会召开。

冬，再次疏浚境内正家笕港和南横港西段。

濮院工会职工业余学校恢复办学。

桐乡三中获教育部、团中央、国家体委和卫生部联合授予的“全国体育卫生工作先进单位”称号。

镇域工业企业改革起步，实行多种形式的利润分成和盈亏包干，扩大企业经营管理自主权。

中华羊毛衫厂创办。

华光电镀厂创办。

濮院镇开始推广儿童计划免疫工作，主要内容为“四苗防六病”。

1980年

1月，濮院镇工商行政管理所建立。

4月，濮院星锋大队联产计酬为主的生产责任制试点经验，被桐乡县委在全县推广。

5月，卫生院开始对辖区内孕产妇开展系统管理，实行早孕建卡保健、孕期定期检查。

上半年，镇工会创办濮院镇职工业余中专。

8月16日，濮院福利皮件厂更名为桐乡福利皮件厂，隶属桐乡县民政局，为全县第一个福利企业。

9月，桐乡县境内发现21例霍乱病人，其中濮院乡发病者2例、带菌者1例。

镇体育运动委员会成立。

新生砖瓦二厂创办。

1981 年

1 月，濮院镇政府始设爱国卫生办公室。濮院镇开始与镇区各单位和个体门店签订“门前三包”责任书。

4 月 23 日，濮院镇第六次党员代表大会召开。

4 月，地方国营桐乡毛纺织厂正式投产。

8 月 1 日，乌镇供销社在新生综合商店基础上成立新生供销合作社。

9 月，濮院镇成立治安联防队，设队长 1 人，专职副队长 1 人，队员 25 人。

濮院丝厂出口 104.68 吨该厂生产的梅花牌桑蚕白厂丝(Z2/43)。

1982 年

3 月，全镇开展“五讲四美三热爱”(讲文明、讲礼貌、讲卫生、讲秩序、讲道德，心灵美、语言美、环境美、行为美，爱祖国、爱社会主义、爱中国共产党)的文明礼貌月活动。

4 月，濮院公社科学技术普及协会成立。

7 月 1 日，第三次全国人口普查，濮院镇常住人口 1994 户 6305 人；濮院公社常住人口总数为 19108 人；新生公社常住人口总数为 14249 人。

9 月，濮院公社党委组织脱产干部、辅导员、各大队会计及粮管所、信用社、供销社、食品商店等部门到星星大队搞家庭联产承包责任制合同的试点。

12 月 23 日，桐乡电力公司和濮院公社签约，成立濮院公社用电管理站，地址在大有桥北堍。

12 月，濮院水产大队改为濮院渔业村。

濮院丝厂创办职工中学补习班。

桐乡第三中学校办厂试制 DL-丝氨酸及 L-丙氨酸成功，获得浙江省人民政府颁发的优秀科技成果四等奖。

濮院饲料站从粮管所分立，隶属桐乡县饲料公司。

八一电影制片厂《琵琶魂》摄制组到濮院，在秀桐桥堍等地拍摄外景。

新生公社科学技术普及协会成立。

1983 年

1 月 1 日，新生公社用电管理站成立。

1 月，国家允许农民在完成指令性征购、超购任务后，余粮进入多渠道销售经营。

2 月，濮院公社第七届人民代表大会第三次会议提出“实行家庭联产承包责任制是夺取农业生产全面丰收的有力措施”。境内家庭联产承包责任制全面推行。

2 月，濮院新建电影院开业。

5 月，濮院镇人民政府批准建立濮院镇个体劳动者协会。

7月11日，梅泾公园破土动工，占地面积13667平方米。

8月，在全镇范围开展严厉打击严重危害社会治安的刑事犯罪活动(简称"严打")。

10月5日，桐乡县人民政府批准，幼儿园从濮院小学内划出，独立设置濮院幼儿园。

1984年

1月，实行政社分设，濮院公社更名为濮院乡，下设15个行政村和1个渔业村；新生公社更名新生乡，下设14个行政村。

3月7日至8日，召开中共新生公社第五次代表大会，根据上级指示精神，大会决定实行政社分设，改"中共桐乡新生公社委员会"为"中共桐乡新生乡委员会"。

3月8日至9日，召开中共濮院乡第六次代表大会，根据上级指示精神，大会决定实行政社分设，原"中共桐乡县濮院公社委员会"改为"中共桐乡县濮院乡委员会"。

3月29日，濮院镇首次"振兴中华"读书讲演会举行。

3月，濮院公社团委改为濮院乡团委。

4月，新生公社团委改为新生乡团委。

4月，随县水利农机局更名，境内乡"机电站"更名为"水利农机管理服务站"(简称水机站)。

5月19日，桐乡县第一家个体羊毛衫厂——濮院云翔针织厂被批准开办。

6月1日，濮院镇第八届人民代表大会举行。

6月13日至15日，连续三天暴雨，达历史最高水位。紧急部署抗灾，抢修圩堤，日夜电力排水，转危为安。

9月，中共桐乡县委给予1956年的"梅联"错案平反，确认该组织为青年学生的群众组织。

9月30日、10月1日，为庆祝中华人民共和国成立35周年，濮院镇政府举办欢庆游行活动，镇区各单位均组织文艺节目参加游行。

11月，濮院卫生院开始着装上岗执法，直接承担起濮院镇区和农村食品经营户的卫生监管。

11月，设濮院房管所，隶属桐乡房地产管理处。

11月25日，设立濮院镇政协委员联络组。

濮院乡、新生乡设立司法办公室(简称司法办)，配司法助理员1名。

桐乡县农村用电管理总站(简称县农电总站)成立，濮院用电管理站称濮院农电站。

濮院镇工人俱乐部建成，占地面积3298.12平方米。

东海电线厂创办。

1985年

3月，濮院毛纱厂创办。

6月1日，濮院镇镇级机关党政干部实行岗位责任制。

8 月,根据县总工会要求,镇工会成立职工技术协会。

10 月 10 日,濮院镇个体劳动者协会召开第二次代表会议,协会更名为桐乡县个体劳动者协会濮院分会。

12 月 13 日,桐乡县环境保护局为濮院镇总体规划技术鉴定召开审议会议。到会领导、专家及有关人员共 32 人。

12 月,濮院文学社成立。

濮院、新生两乡恢复乡级财政,设立乡财政组。

编制《濮院镇第一次城镇总体建设规划》。

日本静岗大学教授伊原弘介到濮院进行学术考察。

桐乡县房屋开发公司在濮院镇归家湾首次建造商品楼房一幢。

濮院丝绸印染厂创办。

镇域工业企业实行厂长(经理)负责制,分别建立了各种形式的承包经营责任制。

雅蝶羊毛衫厂创办。

濮院卫生院始设儿童健康体检门诊。

原黄河大队殳宝弄生产队姚阿根开设占地面积 10 亩的家庭果园,1999 年被桐乡市人民政府评为“农业科技示范户”。至 2004 年,姚阿根多次被市、镇评为先进个人。

濮院乡永越牛桥头张志明,成为栽培食用菌专业生产户,年销售菌种最多达 10000 瓶。

1986 年

4 月 9 日 16 时 10 分,濮院、新生遭冰雹、大风袭击,农作物受损,房屋倒塌。

5 月 20 日,位于濮院镇 320 国道南侧齐宏路东的濮院变电所,建成并投入运行。

夏,镇京剧清唱组成立。

9 月,音乐舞蹈小组成立。

10 月 20 日,濮院镇举行首届“梅泾杯”篮球赛和首届“梅泾杯”乒乓球赛。

11 月 1 日,联合国粮农组织官员到濮院油厂考察。

12 月 18 日,濮院镇老年体育协会成立。

12 月,由原弹花、印染等单位合并的针织企业定名为桐乡第一羊毛衫厂。

镇人民政府投资近 30 万元,建立农贸市场,占地面积约 4000 平方米。

濮院邮电支局成为桐乡全县第一家达到标准化管理的邮电支局。

1987 年

1 月,镇美术书法小组成立。

2 月,新生乡敬老院建成。

4 月 1 日,《濮院镇殡葬管理暂行规定》开始实施。

4 月 14 日,濮院镇举行首届“梅泾杯”男女乒乓球团体赛。

4 月 18 日,濮院镇第九届人民代表大会召开。

4 月，国务院颁布《公共场所卫生管理条例》，濮院镇由濮院卫生院按《条例》执行。

5 月 5 日，成立中共濮院镇委党校。

6 月 2 日，濮院乡、新生乡成立党校。

7 月，濮院镇政协委员联络组改为县政协濮院镇活动组。

10 月，由县、镇两级政府投资 29 万元，濮院镇第一个农贸市场建成，正式投入使用。

11 月，全省甲肝流行，桐乡县患者比上年同期上升 70%，濮院卫生院设肝炎隔离病房收治病人。

12 月，濮新公路建成通车，全长 5.91 千米。

中央电视台、浙江电视台选取濮院众安桥、语儿桥、翔云观、大街等处为主要场景，拍摄根据茅盾的农村三部曲《春蚕·秋收·残冬》改编的电视连续剧，为期三个月。

濮院镇设立司法办公室，配备专职司法助理员 1 名。

镇计划用电、节约用电、安全用电办公室成立，镇委副书记兼办公室主任，负责调荷节电、避峰补谷、培训电工、宣传普及安全用电知识等。

桐乡丝绸联合厂投产。

濮院丝厂梅花牌桑蚕白厂丝(Z2/43)被评为浙江省优质产品。

濮院油厂“精制菜油”以参评产品质品第一名成绩，获商业部优质产品称号。

1988 年

1 月，共青团濮院镇委召开第十次团员代表大会。大会以公开招聘的形式产生镇团委书记，为嘉兴市首创。

7 月 14 日夏令时 18 时，濮院镇遭冰雹袭击，以黄河、会龙、永联等村最严重，据永联村目击者讲述，冰雹历时 10 分钟，最大的如鸡蛋大小，室外的鸡被砸死。

7 月，原濮院乡乐安村，通过县改水办补助、砖瓦厂资助和农户出资等方式，筹集资金近 13 万元，率先开凿全乡第一口深井。

7 月，经县政府批准，濮院镇设立镇财政组。

7 月，桐乡毛纺织厂首批产品出口创汇。

10 月 1 日，在 320 国道北侧的濮院羊毛衫交易市场开业。

12 月 1 日，濮院交警分队成立。

中国民主促进会桐乡支部濮院小组成立。

经桐乡县人民政府批准，桐乡县第一城镇职业中学成立，该校与桐乡第三中学实行“两块牌子、一套班子”的管理体制。

镇棋类协会、镇信鸽协会成立。

濮院缝纫机零件厂生产的 JA1－1 送布凸轮被嘉兴地区授予优质产品称号，有 20 万件外销，发运到东非毛里求斯。

桐乡供电局在濮院南横街 2 号设立梧桐管理站濮院镇营业厅。

1989 年

1 月，农工民主党桐乡支部濮院小组成立。

1 月，濮院乡成立法律服务所。

2 月 24 日，境内新生变电所被浙江省电力工业局命名为农电“标准化变电所”。

4 月 21 日，桐乡县个体劳动者协会濮院分会召开第三次代表会议。

5 月 4 日，共青团濮院镇委向全镇共青团员颁发团员证。

6 月 15 日，镇人民教育基金会成立。

9 月 8 日，濮院供销社被浙江省人民政府命名为省级先进企业。

9 月，濮院羊毛衫职业技术学校创办。

10 月 1 日，永乐路拓宽工程竣工，全长 767.45 米，宽 17 米。

10 月 10 日，濮院乡敬老院建成开院。

10 月 22 日，首届“健康杯”职工田径赛举行，历时 2 天，参赛者达千人。

10 月 25 日，镇科学技术委员会成立。

浙江省计划经济委员会评定濮院丝厂为 1989 年省级节能企业。

宣布濮院镇为基本消灭血吸虫病镇。

百货类计划分配商品基本取消。

境内始实行转让土地使用权(土地流转)。

1990 年

2 月 15 日，濮院镇第八次党员代表大会召开。

2 月 26 日，濮院镇第十届人民代表大会召开。

5 月 25 日，濮院镇人民政府公布《濮院镇道路交通管理暂行规定》。

5 月 31 日，濮院镇人民政府公布《关于加强社会治安管理的镇规民约》。

6 月，新生丝厂创办。

7 月 1 日零时第四次全国人口普查，濮院镇常住人口 8807 人；濮院乡常住人口 18916 人；新生乡常住人口 14441 人。濮院镇人口密度每平方千米 8808 人，为全桐乡县最高，是县平均数的 10.3 倍，是 1949 年濮院镇人口密度的 1.14 倍。

7 月，濮院镇武术协会、桥牌协会成立。

8 月，濮院镇成立濮院镇初级保健卫生委员会，办公室设在濮院中心卫生院。

9 月 30 日，濮院丝厂生产的白厂丝经国家优质产品审定委员会审定，获国家银质奖。

9 月 30 日至 10 月 2 日，举办濮院首届梅泾文化节暨物资交流会。

10 月 12 日，濮院丝厂获国家二级企业称号。

10 月，设立濮院乡交通管理站，站址永乐路濮院乡政府。

11 月，镇政府集资 35 万元建立广播电视站。

11 月，设立濮院镇土地管理办公室。

12 月，濮院农电站获嘉兴市年度农村安全用电管理先进集体。

1991 年

3 月 2 日，中共濮院镇第八次党代会二次会议通过《关于加强文明城镇建设的决定》。

4 月，濮院乡残疾人协会成立，召开乡残疾人协会第一次代表大会。

5 月 13 日，濮院镇首届职工运动会开幕。

8 月 10 日，《濮院镇外来暂住人口管理试行办法》颁布实行。

9 月 25 日，经桐乡县城市建设管理局批准，濮院镇成立城镇管理监察队。

10 月 16 日，全省第 4 个老人节，濮院镇党委、镇政府领导，上门慰问全镇 80 岁以上老人。

10 月 30 日，濮院镇开通程控电话，进入国内、国际通信大网。

10 月，濮院镇开展反盗窃斗争，历时两个月，共破获盗窃案件 38 起，查获违法犯罪分子 11 名，依法逮捕 8 人，缴获赃款赃物共计价值 3.7 万元。

11 月 5 日，镇篮球协会成立。

11 月，镇办中华羊毛衫厂与嘉兴市石油溶剂厂合资创办桐乡石油化工液化气厂，厂址在濮院镇杭申公路南。

12 月 27 日，著名教育家上海育才中学原校长段力佩赴桐乡三中讲学，县教育局及各中学领导到会听讲。

濮院第一家宾馆——梅泾宾馆营业，地址在南横街永乐路东侧。

濮院镇种粮大户周阿龙，被评为全省“优秀种粮大户”。

1992 年

5 月 6 日，复制业、熟食业、糕点业、饮食业等行业用粮取消凭票供应，全部实行议价经营。

5 月 14 日，濮院丝厂在濮院影剧院举行全员劳动合同签约仪式。嘉兴市副市长赵冰及桐乡县党、政、人大、政协等领导出席会议。

5 月，新生乡设立交管站。

6 月 21 日，全国政协常委、卫生部原副部长郭子恒在濮院镇卫生院视察初级卫生保健工作。

6 月 24 日，濮院乡并入濮院镇。

8 月 12 日，濮院镇召开扩镇并乡后第一次人民代表大会。

8 月 20 日，全镇开展“追逃犯、打流窜、破大案”专项行动，历时两个月，共抓获在册逃犯、带案潜逃人员 5 名，破获刑事案件 12 起，抓获刑事犯罪分子 9 名。

8 月 28 日，濮院镇农工商实业总公司成立。

8 月，撤销濮院乡交管站，建立濮院镇交管站。

8 月，设立濮院镇法律服务所。

9 月,濮院饮服商店、濮院食品站、濮院食品厂、濮院医药商店分别升级为相应县属分公司。

10 月,新生乡成立法律服务所。

10 月,建设银行桐乡支行在濮院设房信部濮院业务处。

12 月,镇域各种粮油票证,不论票面有无使用期限,一律使用到 12 月底,过期作废。

修订完成《濮院镇第二次城镇总体建设规划》。

濮院镇恢复农村合作医疗制度。

在 320 国道南侧建立羊毛衫羊毛纱交易市场。

濮院镇畜牧兽医站庄玉官、吴月根的“推广快速型肉鸡及配套技术”项目,获该年度浙江省政府颁发的浙江省农业丰收奖三等奖。

1993 年

1 月 1 日,镇域取消粮油统销制度,放开粮油销售价格,实行在需求总量计划指导下的市场供应。

3 月,羊毛衫市场建立濮院货运中心。

4 月,濮院物资站从桐乡市机电设备公司分立,成立濮院物资公司。

10 月,濮院组建交警队。

10 月,经桐乡人民银行批准,中国银行桐乡支行在濮院设立办事处。

镇域以实行股份合作制为突破口,开始进行乡村集体企业产权制度改革。

濮院小商品市场建成投入使用。

新生露天农贸市场建成。

濮院始有移动通信。

1994 年

1 月,濮院镇残疾人协会更名为濮院镇残疾人联合会,简称镇残联。

3 月 20 日,濮院羊毛衫市场管理委员会成立。

5 月,新生乡残疾人协会成立,召开乡残疾人协会第一次代表大会。

7 月,浙江省全省霍乱流行,有早、重、猛、面广的特点,濮院中心卫生院收治 3 例重症霍乱病人。

9 月,桐乡县运河航道改造工程开工,包括运河濮院段,为四级航道,通航能力由 100 吨级提高到 500 吨级。

11 月 8 日,新生撤乡建镇,中共新生乡委员会更名为中共新生镇委员会;新生乡人民政府更名为新生镇人民政府。

桐乡市人民政府濮院镇羊毛衫市场管理委员会成立。

濮院永越村购进湖州产联合收割机,为全镇首家。

县道运河农场—炉头公路(农—炉线)和濮民公路建成通车,前者途经濮院新东村、油车桥村，境内东西向路段全长8千米；后者途经濮院新星村、新联村、新港村。

1995年

3月1日，濮院联托运有限公司开业，地点栖凤路200号。

3月22日，经桐乡人民银行批准，中国工商银行桐乡支行在濮院设立办事处。

9月，经桐乡市民族宗教事务局批准，会龙村周家兜建基督教濮院周家兜教堂。

10月，濮院镇举办专业市场建设与发展研讨会暨首届全国羊绒羊毛产品展示会。

桐乡毛纺厂被批准为桐乡市第一批自营出口权企业。

红旗漾现代农业示范区开工建设。

1996年

4月，全省又一次较大范围的甲型肝炎流行，濮院镇肝炎发病率126.46/10万。

4月，镇派出所配合全市开展“严打”斗争，历时5个月，共破获刑事案件60起，其中大案12起；打掉流氓、抢劫、盗窃等犯罪团伙3个，共11人；抓捕各类违法犯罪分子34人，缴获赃款赃物共计价值4.9万元。

6月28日，占地面积35亩，集标准泳池、高架滑道、儿童戏水为一体的濮院天安水上乐园开业。

7月，经桐乡市民族宗教事务局批准，新生镇王家浜新建基督教堂。

12月，濮院羊毛衫市场在濮院镇域开通国际互联网，10余家羊毛衫企业和市场信息在网上公布，年底市场销售额45.1亿元，成为全国最大的羊毛衫集散中心，跻身全国百强市场行列。

12月，濮院镇被批准列为全省小城镇综合改革试点镇。

新生镇建立中新街道居民委员会。

推行村会计集中办公制度。每月确定1—2天为办公日，各村会计集中到镇办公，统一记账标准，实行互相监督，把民主监督管理的范围扩大到村与村之间。

桐乡三中被省教委授予“浙江省示范性职业学校”称号，被省委、省府授予“浙江省文明单位”称号。

1997年

1月，濮院镇召开科学技术普及协会成立暨第五届科学技术协会会员代表大会（届序续濮院乡）。

3月，经桐乡市民族宗教事务局批准，基督教濮院教堂在原址（永濮村北隶12号）重建。

3月，濮院物资公司改制为桐乡市濮院物资有限责任公司。

4月，濮院镇试行户籍制度改革。

5月6日，市政府对市场管理委员会内设机构进行调整，下设办公室、综合管理科、货运管理科。

5月12日，濮院镇中心医院举行庆祝护士节晚会暨授护士燕尾帽典礼。

6月，成立市公安局濮院中心派出所，辖濮院、新生两镇。

6月，国营濮院医药分公司、濮院食品分公司、濮院饮服分公司、濮院烟糖分公司合并组建濮院国联商业有限公司。

7月1日，桐乡地面自来水厂管道接通至濮院镇，镇区居民开始喝上自来水。

7月，设立桐乡市地方税务局濮院税务所。

8月，撤销渔业村建制，并入中兴街居委会。

9月1日，桐乡市质监局在濮院羊毛衫市场设立濮院羊毛衫市场产品质量管理所(简称质管所)。

9月，增设梅园街、中兴街、南纬街三个居民委员会。

10月，设立桐乡市国家税务局濮院税务所。

10月，濮院第一农贸市场易地新建，面积为原市场的2.4倍。

编制《濮院镇第三次城镇总体建设规划》。

濮院镇实行小城镇综合改革，镇财政组改称濮院镇财政局，同时设立金库，为嘉兴市唯一设立的镇级金库。

镇域国营、集体工业企业全面实施产权制度改革。

濮院饲料站重新并入濮院粮管所。

桐乡市人民政府发文，成立濮院羊毛衫市场联合执法办公室，工作人员分别由市级公安、公路运营、技术监督、工商、税务、城建监察、交通警察等部门选调。

濮院电信支局开办宽带上网业务，互联网开始进入濮院镇人民的生活。

1998年

1月，镇域全面取消粮油定量供应，粮油销售市场真正实现全面放开，自由竞争。

5月，市场管委会筹资350万元，建造集停车卸货区、营业房、办公楼为一体的8000平方米专用卸货散发中心。

5月，桐乡市天主教堂在濮院镇咏梅路4弄6号开工建造。

7月1日起，濮院人民法庭、石门人民法庭与民事审判庭合署办公，濮院人民法庭随之撤销。

8月10日，中国工商银行濮院办理处更名为中国工商银行濮院分理处。

8月18日，农业银行濮院营业所更名中国农业银行桐乡市支行濮院分理处。

8月，中国银行桐乡支行濮院办事处更名为中国银行桐乡支行濮院分理处。

8月，濮院邮电支局分营为邮政支局和电信支局两个部门。

10月，新疆维吾尔自治区党委书记王乐泉，在浙江省委副书记周国富、嘉兴市委书记陈加元等领导陪同下，考察濮院羊毛衫市场。

12月，红旗漾现代农业示范区建设成为土地平整、连片成格、旱涝保收的标准农田。

中国民主促进会濮院小组升格为中国民进桐乡市总支濮院支部。

濮院镇公开面向社会招聘13名管理人员，成立濮院镇外来人口管理中心。

1999年

1月，中国联通桐乡市濮院公司成立。

1月，全镇开展“百日破案”和“百日防范”双百会战，共破获刑事案件57起，其中包括“12·5”白骨案等9起大案。

3月，濮院镇成人文化技术学校被浙江省教育委员会命名为“省级示范性乡镇成人学校”。

3月，中国铁通集团有限公司嘉兴分公司濮院经营部成立，地址凯旋路638号。

6月8日至7月2日，境内发生百年一遇的特大洪涝灾害，累计降雨量、水位均超历史记载。同时，为保青山水库、西险大塘、省会城市杭州，德清大闸、洛合大闸开闸泄洪，大量洪水泄入杭嘉湖平原，过境客水滞留，水位急剧上升。镇域全民动员抢险，加高加固圩堤，最终安全的圩堤成为此次抗洪救灾的生命线。

6月，在原濮院交警队的基础上重新组建桐乡市公安局交警大队二中队，下设国道警组、濮院、屠甸镇区警组。

6月，桐乡供电局濮院供电营业所和新生供电营业所成立，镇“三电办”和“用电管理站”撤销。

8月，成立浙江濮院羊毛衫城股份有限公司。

12月22日，桐乡供销总社和濮院供销社联合投资，成立濮院东兴商厦股份有限公司，在永乐路1号设东兴商厦濮院购物广场。

桐乡毛纺厂连续三年获桐乡市自营进出口企业创汇第一名。

濮院粮管所投资170多万元搬迁至吹梅路新建的五层粮食大厦。

第二轮土地承包合同期开始，延长土地承包期为30年，进一步完善家庭联产承包责任制。

2000年

3月，启动中国·濮院毛衫城工业园区开发建设工程。

4月，优秀种粮大户周阿龙获得全国劳动模范称号。

7月，全镇除大众街居委会外，9个居委会均建立中共支部委员会。

7月，濮院、新生两镇司法办改名为镇司法所。

11月1日零时第五次全国人口普查，濮院镇人口总户数12297户，总人口数37382人；新生镇人口总户数4737户，总人口数16296人。

11月，浙江省政协主席刘枫考察濮院羊毛衫市场。

11月，桐乡市第二届菊花节，濮院镇占地300亩的“田野菊海”，被上海大世界基尼斯总部列入“大世界基尼斯”纪录。

11 月,濮院镇调整部分行政村区划,将 15 个行政村调整为 6 个行政村;新生镇调整部分行政村区划,将 11 个行政村调整为 7 个行政村。

12 月,桐乡市第一城镇职业中学更名为桐乡市信息技术学校。同年,学校被省教委授予"浙江省二级重点职业学校"称号。

桐乡市人民政府撤销濮院粮管所,成立濮院粮食收储分公司,原濮院粮管所划 25 名职工入濮院粮食收储分公司。

编制《濮院镇第四次城镇总体建设规划》。

全镇开始实施自来水一户一表制改造工程。

2001 年

1 月,成立桐乡市环境监察大队濮院中队。

2 月,濮院镇社区卫生服务实行医疗、预防、保健、康复、健康教育、计划生育指导"六位一体"的功能转变,村卫生室更名为社区卫生服务站。

2 月 10 日,桐乡市乐清商会成立。

3 月 20 日,成立桐乡市公安局濮院警察署,与濮院派出所"一套班子、两块牌子"。

5 月 1 日,取消户粮转移证。城乡居民户口迁移或农业户口转为非农户口,不再办理户粮转移证。

5 月 27 日,濮院镇外来人口管理中心更名为濮院镇流动人口和出租房屋管理中心。

6 月,濮院镇党委、镇政府领导和市场管理委员会领导相互交叉兼职。

7 月,濮院镇接收安置三峡库区移民 51 户,218 人。

7 月,桐乡市濮院工旺热能有限公司成立,公司集中为企业提供蒸汽热能。9 月,首期工程完工,供汽量每小时 16 立方米。

8 月,组建桐乡市第一支由地方出资,公安派出所负责管理的民办专职消防队。

9 月,濮院地方税务所升格为桐乡市地方税务局濮院税务分局。

10 月 1 日,撤销濮院镇联防队,成立濮院镇保安队,设队长 1 人、专职副队长 1 人,队员实行招聘合同制。

10 月,新生镇并入濮院镇。

11 月,全镇建立财务会计服务中心,实行村账镇代管制度和电算化操作。

11 月,濮院羊毛衫市场组建的濮院客运中心投入使用,站址在原联托运中心西侧装卸货停车场。

12 月,撤销新生土地管理所,并入濮院镇土地管理所,同时濮院土地管理所更名为桐乡市国土资源局濮院国土资源所。

濮院污水处理厂一期工程建成并投入使用,污水日处理能力 1 万吨。

桐乡三中挂牌"桐乡市旅游中等职业学校"。同年,再次被省委省府授予"浙江省文明单位"。

2002 年

3 月，启动开发中央商务区。

3 月 25 日，羊毛衫市场管理委员会与桐乡市质量技术监督局合作，组建桐乡市毛针织品检测有限公司，主要为针纺织品生产、经营者提供原料及成品的检测、鉴定，新产品开发和检测技术开发。

4 月 28 日，桐乡市羊毛衫缩绒后整理商会成立。

5 月 28 日，濮院镇第一家私人药店强生药店开业。

6 月 5 日，濮院镇在全镇范围内实施新一轮合作医疗制度。

7 月，濮院镇水利农机管理服务站和农业技术推广服务站合并成立濮院镇农业经济服务中心（简称农经中心）。

7 月，濮院中兴路 105 号设立中国网通公司濮院汤臣通信经营部。

8 月，新生供电营业所并入濮院供电营业所。

9 月，桐乡市老年大学濮院分校（简称濮院老年大学）创办。

10 月，香海寺重建工程正式启动。

10 月，濮院中心卫生院儿保门诊成为嘉兴市规范儿保门诊。

11 月，第四届中国桐乡菊花节暨毛衫博览会在濮院开幕。

12 月，中国纺织工业协会命名濮院为“中国羊毛衫名镇”。

12 月，濮院商会成立，会址设在濮院镇政府大楼内。

幼苗民工子弟学校创办。

浙江雀屏纺织化工股份有限公司的科研项目“毛织品丝光后整理技术研究与开发”被列入国家级星火计划项目。次年，该项目通过省科技厅验收。

濮院物资有限责任公司改制为私营企业。

在镇南新区建成第二个农贸市场，命名为濮院第二集贸市场。

编制《濮院镇第五次城镇总体建设规划》。

根据桐乡市政府要求，境内实施新一轮的合作医疗制度，即医疗经费改由以往各镇自行组织实施为省、市、镇、村四级筹资，市、镇两级管理；改以往不确定报销比例为明确报销比例。

2003 年

1 月，桐乡市司法局向嘉兴市局提出“撤销濮院法律服务所的请示”，经同意后濮院法律服务所随之撤销。

1 月，濮院社区卫生服务中心成为嘉兴市社区卫生服务中心示范点。

4 月 21 日，濮院镇政协委员活动组更名为濮院镇政协委员联络组。

4 月下旬，为防控“非典”，濮院镇成立“非典”防控工作领导小组。全镇各行各业总动员，统一部署、统一行动，抗击“非典”。由于工作措施得力，濮院镇无一例输入性“非典”病例发生。

4 月起，濮院镇对参加合作医疗的村民实行每年一次的免费健康体检。

7 月 31 日，中国工商银行濮院分理处升格为中国工商银行桐乡濮院支行。

8 月 8 日，中国农业银行桐乡支行濮院分理处升格为中国农业银行桐乡濮院支行。

10 月，举办濮院羊毛衫市场创建 15 周年庆典。

11 月 16 日，桐乡市台州商会成立。

11 月 25 日，南永兴港综合治理开工。

11 月，濮院镇开始出现新的个体诊所和民营医院。

12 月 11 日，新河村、永越村、永乐村、新濮村、新星村、永联村、新东村、新妙智村、新联村、新港村、红旗漾村、油车桥村、星旗村 13 个行政村调解委员会和中兴、鸣凤、大众、有义、西南、南市、南纬、梅园、北市、南杏、中新 11 个居委会调解委员会，被桐乡市司法局命名为标准化调解委员会。

12 月，经桐乡市民政局批准（桐民〔2003〕125 号），濮院镇大众、南杏、南市、西南、鸣凤、北市、有义、南纬、梅园、中兴、中新 11 个街道居民委员会，调整为鸣凤、梅园、咏梅、锦苑、中新 5 个社区居民委员会。

12 月，桐乡市毛针织品检测有限公司升格为浙江省羊毛衫质量检测中心。

濮院镇在全县率先实施镇村幼儿园一体化管理。

浙江雀屏纺织化工股份有限公司的“羊毛仿羊绒织物生物酶后整理技术”科研项目被列入国家级火炬计划项目，两年后通过验收。

全镇将原 422 个自然村规划成 135 个新村规划点，并对农户建房户型作出统一规定。

2004 年

1 月，全镇范围内免征农业税。

1 月，濮院卫生院首次为患者安装心脏起搏器。

4 月，濮院地方税务所升格为桐乡市税务局濮院税务分局。

5 月，改造 320 国道濮院段（称为桐乡东北入城口工程）拓宽为 60 米，双向 6 车道。翌年命名为濮院大道。

5 月，濮院变电所易地在石蟹坟桥南 320 国道北新建投入运行，采用无人值班微机型综合自动化控制系统，前后设 4 万千伏安主变 2 台。

6 月 20 日，农工民主党濮院小组升格为中国农工民主党桐乡市总支委员会濮院支部。

6 月，桐乡市劳动和社会保障局与濮院羊毛衫市场管委会、濮院镇人民政府三方合资，成立桐乡市濮院人力资源开发服务中心。

8 月 30 日，中国移动濮院区域营销中心成立。

8 月，世贸大厦竣工营业。

8月,2004中国(濮院)国际毛针织服装博览会在濮院举办。

9月,成立桐乡市卫生监督所濮院分所。

9月,经浙江省公安厅消防局浙公消〔2004〕63号文件批准,成立"桐乡市濮院专职消防队"。

9月,濮院中心医院规范命名为濮院镇中心卫生院。

9月,庆安小牛津幼儿园创办。

9月,桐乡市濮院镇养老服务中心建成。

11月1日,桐乡市毛衫商会成立。

11月,因濮院羊毛衫市场管理委员会党组织隶属关系改变,根据桐总工组〔2004〕23号文件,濮院羊毛衫市场管理委员会工会划归濮院镇工会。

11月,中国银行桐乡濮院分理处升格为中国银行桐乡濮院支行。

11月,桐乡濮院协鑫环保热电有限公司一期工程完工,与梧桐变电所联网。

新生供销合作社委托濮院供销合作社管理。

重新换发浙江省农村集体土地承包权证,原承包权证(1999年发)由桐乡市政府统一公告注销。

钟红燕获得世界杯德国站女子双人皮艇500米冠军和雅典奥运会双人皮艇500米第四名。

2005年

3月29日,原中国纺织工业部部长吴文英、中国纺织工业协会会长杜钰洲到濮院参观毛衫展示厅。

3月,嘉湖公路建成通车,濮院境内东西向路段长8千米。

3月,桐乡市羊毛衫缩绒后整理商会更名为桐乡市毛衫染整商会。

8月,濮院镇中心小学、濮院镇完全小学、毛衫城小学合并成桐乡市濮院小学。

9月,在濮院举办第二届毛衫博览会。中国毛衫联盟在濮院成立,发表《濮院宣言》。

9月,濮院驾驶员培训有限公司(濮院驾校)成立。

10月25日,桐乡市毛纺织原料商会成立。

11月,濮院镇第一届全民运动会在濮院小学毛衫城校区举行。

11月,开展外来流动孕产妇围产期保健,建立保健册,相关信息输入市保健管理网工作。

12月28日,浙江省羊毛衫协会正式成立,会址濮院镇工贸大道369号国际毛衫品牌中心A楼805室。

濮院镇环卫所与镇卫生办合并,统一领导班子。

2006年

1月6日,浙江省羊毛衫质量检测中心被中国毛衫行业协会、北京毛纺织科学研究所、桐乡市人民政府确定为“国家毛纺织产品质量检验中心华东工作站”，成为国家级的毛纺织产品质检中心。

1月，中国商业联合会授予濮院羊毛衫市场为“中国大型品牌市场”称号。

1月，实施《桐乡市城乡困难人员医疗救助办法》。

4月，浙江省副省长陈加元到濮院考察羊毛衫市场。

4月，恒源工业净水厂建成并投入试生产，水厂集中为企业提供工业用水。

4月，濮院设立羊毛衫市场毛纺织饰品外贸交易区。桐乡市经信局外贸服务中心在濮院外贸区设立外贸工作站，专门为企业提供外贸服务。

5月，浙江省副省长王永明，在嘉兴市市长陈德荣等领导陪同下，考察濮院毛衫市场。

8月，国家发改委核准浙江桐乡濮院针织产业园区为省级开发区。组建中国濮院毛针织服装科技研发中心。

9月22日至26日，在桐乡科技会展中心举行第三届毛衫博览会。浙江省羊毛衫协会与阿里巴巴网站合作建立羊毛衫网上交易平台。

9月，中国纺织工业协会会长杜钰洲到濮院考察文化展示中心。

10月21日，濮院镇举办“千人长跑”活动。

10月，濮院畜牧兽医站并入濮院镇农业经济服务中心。

启动濮院羊毛衫市场第四、第五交易区升级改造和国际贸易中心的建设工程。

全镇13个行政村实现村村通公交，成为桐乡市第一个村村通公交乡镇。

濮院镇被浙江省人事厅、浙江省人口和计划生育委员会授予“浙江省‘十五’人口和计划生育工作先进集体”称号。

新生卫生院划入濮院镇中心卫生院。

濮院红旗漾村率先引进1台油菜收获机。

2007年

4月2日，江西省原省长黄智权（濮院籍）到濮院考察毛衫产业。

5月，中国纺织行业社会责任管理体系启动仪式在濮院举行。

5月，成立桐乡市技术监督局濮院质监工作站。

6月30日，中共中央政治局委员、中央组织部部长贺国强，在浙江省委书记赵洪祝，省长吕祖善，省委常委、秘书长李强，省委常委、组织部部长斯鑫良等领导陪同下，视察濮院镇永越村党员干部现代远程教育工作。

6月，浙江省委书记赵洪祝到濮院调研党建工作。

6月，浙江省省长吕祖善等领导到濮院考察调研。

6月，濮院羊毛衫市场被浙江省工商局评为“浙江省重点市场”。

6月，幽湖公园建成，总面积66830平方米。

7月，在镇西新区建成第三个农贸市场，命名为濮院中心集贸市场。

7月，濮院针织产业信息有限公司建立“中国毛针织网”，拉开了濮院“毛衫产业”向电子商务转型的序幕。濮院毛衫业集群被列为“中国百佳产业集群”。

10月8日，受台风“罗莎”影响，24小时降水量高达139.8毫米。

10月11日，撤销濮院粮食收储分公司，成立桐乡市粮食收贮有限公司中心粮库。

10月27日至31日，举办第四届毛衫博览会；濮院羊毛衫市场被中国商业联合会商品交易市场专业委员会授予“中国毛衫第一市”称号。

10月，濮院镇工会升格为濮院镇总工会，召开镇总工会第一次代表大会。

10月，乌镇镇西浜村划归濮院镇管辖。

10月，中国社会科学院发布的《中国商品市场发展报告 NO.2(2007)》中，濮院羊毛衫市场在公布的“中国十大文明市场”名单中占有一席。

12月，浙江省嘉兴毛衫产业科技创新服务平台落户濮院。

下半年，永越村越茂公园建成，面积6670平方米。

全镇实行《桐乡市城乡居民合作医疗实施办法》。

濮院镇农技站、水机站、畜牧兽医站三站合并，更名为濮院镇农业经济服务中心。

桐乡市编委、编办批准成立桐乡市濮院质量技术监督工作站。

浙江雀屏纺织化工股份有限公司的科研项目“应用纳米技术开发功能性天然纤维纺织品”，获得中国纺织工业协会科学技术进步二等奖。

桐乡大道(嘉桐公路)竣工通车，濮院境内东西向路段长7.8千米。

2008年

1月28日，申嘉湖高速公路竣工通车，设申嘉湖高速濮院出入口。

2月初，出现连续低温雨雪冰冻天气，雨雪量是常年同期的两倍多，其间有两次大雪和一次暴雪，最大积雪深度达25厘米，某企业员工因除雪棚塌，造成两死一伤。

2月，成立桐乡市濮院镇新居民事务所，为全市首个管理新居民事务的专门机构。

2月，召开桐乡市慈善总会濮院镇分会成立大会。

3月，镇政府对全镇范围内的非物质文化遗产进行全面普查。

5月30日，邮政金融业务(邮政储蓄)从濮院邮政支局分离，成立邮政储蓄银行桐乡市濮院镇支行。

5月，中共濮院镇永越村总支委员会升格为二级党委，隶属濮院镇党委，同时建立中共濮院镇永越村纪律检查委员会。

6月26日至27日，濮院镇举办首届老年运动会。

8月，建设银行桐乡濮院分理处升格为中国建设银行股份有限公司桐乡濮院支行。

8月，羊毛衫市场交易中心试营业。

11月1日至2日，濮院举行第五届毛衫博览会。中国市场大会授予濮院为“中国市场名镇”称号。

12 月，全镇 14 个行政村完成《村庄规划》编制。

12 月，濮院镇举办以“为濮院喝彩，为毛衫骄傲”为主题的跨年晚会。

文体活动中心建立，地址联越路壹号桥东堍。

浙江飞虎科技有限公司成为国家电脑横机行业标准起草单位。

新妙智村的大圣家庭果园，被农业部授予“无公害农产品示范基地”，其“小圣葡萄”被国家商标局认定为注册商标，成为著名果品商标。

新民公路建成通车，全长 6.42 千米。

全镇实施“残疾人共享小康工程”。

撤销濮院警察署，恢复为桐乡市公安局濮院派出所。

针织机械服饰辅料市场建成。

国贸名品港投入使用。

年末，濮院高新技术区建设启动。

2009 年

1 月 16 日，中国农业银行濮院支行更名为中国农业银行股份有限公司桐乡濮院支行。

1 月，铁通濮院经营部并入移动公司；网通濮院汤臣通讯经营部并入中国联通公司。

1 月，濮院国税所升格为桐乡市国家税务局濮院税务分局。

3 月，浙江省副省长王建满到濮院调研。

4 月，中华全国商业信息中心、中国经济网、中国纺织报社授予濮院“中国十大服装专业市场”。

5 月 13 日，苏杭时代濮院连锁超市开张，经营场地 1500 平方米，经营品种 5600 余种。

5 月，濮院国际物流仓储中心投入使用，并更名为桐乡市濮院物流园区发展有限公司，成为一家 AAA 级的现代物流企业。

6 月 15 日，浙江省副省长茅临生到濮院考察毛衫产业。

6 月，新东村葡萄园基地建设新经济型的喷滴灌工程，可适时适量地满足农作物对水分的要求，并可调节田间小气候。

7 月，全镇调整社区居委会设置，将原锦苑、咏梅社区合并为锦苑社区居委会；原梅园、鸣凤合并为梅园社区居委会。同时，新增设双龙、永乐两个社区居委会。

7 月，实施精品农业富民创业园基地建设。

8 月，民办非企性质的濮院镇濮新学校创办。

8 月，新生邮政所邮政储蓄业务并入邮政储蓄银行桐乡市濮院镇支行。

9 月 1 日，标二级濮院客运站建成投入使用，地址桐星大道 501 号。

10 月 19 日，设立桐乡市政协濮院镇联络处，撤销原濮院镇政协委员联络组。

11月7日，濮院举行第六届毛衫博览会。中国商业联合会商品交易市场专业委员会命名濮院为“中国羊毛羊绒服装第一镇”。

11月8日，50多家企业负责人签名加入“绿色联盟”，承诺将以生物酶制剂代替传统的化学制剂，进行毛衫后期处理。

“濮院时间”展示中心建成并开放。

全镇全面推进“两新”工程建设（推进农房改造集聚，加快现代化新市镇和城乡一体新社区建设）。

浙江省羊毛衫协会被省经济和信息化委员会评为先进协会。

浙江省经纬公证检验行有限公司的《混纺产品中新型纺织纤维含量检测方法》，获国家质量检验检疫总局颁发的“科技兴检奖”。

油车桥村“桐芳果园”的品牌“桐杏葡萄”，获浙江省农业厅颁发的“无公害农产品”称号。

红旗漾村首次引进8千瓦的乘坐式水稻插秧机，应用效果好，效率明显提高。

2010年

3月17日，濮院羊毛衫市场被中国纺织品商业协会授予“中国纺织服装商业20年杰出市场”称号。

3月28日，中国纺织服装专业市场联盟主办的“中国服装成长型品牌榜”发布会上，濮院羊毛衫市场被授予“中国服装品牌孵化基地”称号，“浅秋”“褚老大”“圣地欧”“澳羊纯”“纯爱”“千圣禧”等6家毛衫品牌获得“中国服装成长型品牌”称号。

3月，民间文学小组成立。

5月20日，嘉兴银行桐乡濮院支行开业。

5月，建立镇“两新”工程建设保先保廉机制，对“两新”工程建设实行全方位、全过程监督。

7月2日，浙江省羊毛衫协会联合阿里巴巴会展公司举办阿里会展浙江推介会。

7月，濮院镇国有药店全部转资为民营。

9月28日，濮院·中国毛衫城开业。

9月，浙江省羊毛衫协会组织22家品牌羊绒衫生产销售会员企业参加第二届中国西部（银川）服装服饰艺术节·第三届中国宁夏国际羊绒博览会。

9月，濮院协鑫环保热电有限公司被浙江省经济信息化委员会、浙江省环保局授予“浙江省清洁生产阶段性成果企业”称号。

10月23日至25日，在濮院举行第七届毛衫博览会。

10月，环贸精品女装中心正式开业。

10月，镇党委决定全镇机关干部深入基层，开展“做一天‘村官’”“当一天交易主任”“进组入户拉家常”活动，同时，聘请一批党员、群众代表担任民情联络员。

11 月 1 日零时第六次全国人口普查，濮院镇共有 33181 户，总人口 95327 人。

12 月，濮院成功创建国家卫生镇。

下半年，濮院·中国毛衫城竣工。

新河村引进 4 千瓦田园管理机 1 台。

浙江飞虎科技有限公司研发的 GC2－328 型横纺织机，在首届“金鼎”杯全自动电脑横机大赛中获五项大奖。

第一编

建置 区划

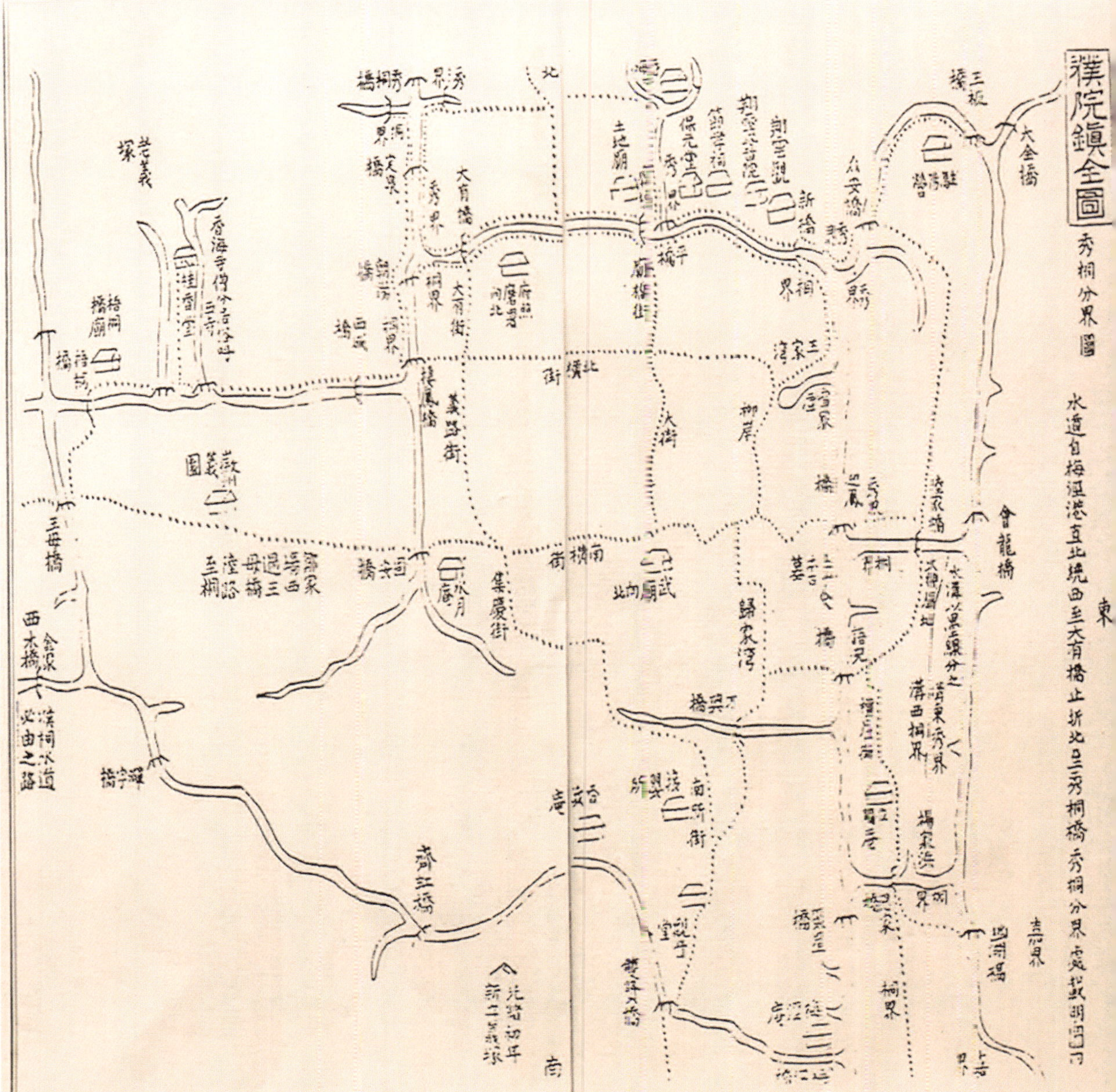

濮院镇地处杭、嘉、湖平原腹地，东距嘉兴市区18千米，西至桐乡市区9.3千米，南傍320国道，北枕京杭运河。地理坐标北纬30°38′，东经120°32′。1990年全镇总面积1平方千米。设7个居民委员会，户籍人数8807人。镇人民政府驻地柳岸街32号。

1992—2007年间，三次调整濮院镇行政区划，先后将原濮院乡、新生镇及乌镇镇的西浜村划入濮院镇。截至2010年，全镇总面积64平方千米，其中建成区面积11平方千米。辖14个行政村，5个社区，户籍总人数46669人，新居民101161人。镇人民政府驻地广场路2号。

第一章　沿　革

第一节　建置沿革

古镇濮院，从春秋时的槜李墟到被纳入国家行政管理体系下的建制镇，大致经历了前身、草创、形成和建立四个阶段。

镇的前身

濮院，自宋建炎前系御儿一草市，其时属梧桐乡。清金淮等撰《濮川所闻记》之“开镇源流”载：“东三十里至嘉兴郡城，西十八里至桐乡县城，南通海昌，北入吴淞，前此汪然，悉为巨浸。其地西有石门堰，以出陡门堰，悬流层级而下。故水则设闸启闭，陆则置栈道通行，非有近日之环诸曲流阡陌交通也。自隋大业，开经河八百里，而支流悉疏，槜李一境，始获安澜。镇自宋建炎以前，特御儿一草市耳，逼镇为吴越战场，平衍千顷，至今称南北草荡云。”明弘治《嘉兴府志》则谓：“槜李城，在桐乡县濮院之西，濮院即古槜李墟也，其地有范蠡坞。”清陈曾社《濮川旧迹》诗序也云：“吾里在春秋时为槜李，吴越往来孔道，盖即战争地也。”可见，两志书所述的槜李墟、御儿一草市，实为一地，乃濮院镇之前身。

镇的草创

南宋建炎三年（1129），著作郎濮凤随宋高宗南渡临安（今杭州）。绍兴五年（1135），凤在杭州周边访胜，选择卜居之地，至梧桐最盛的幽湖，因历来有“凤栖梧桐”之说，适与其名相符，便定居于此。自此，遂开始建造家园，后渐成规模。《濮川志略》卷三“起家”之“原本附参”载：“云翔公讳凤，山东曲阜县之亲贤乡人也，其先春秋卫大夫，食采于濮，因为氏族,隶卫煇府之获嘉县,厥后支派渐广。建炎三年,凤与胞弟凰字云隐者,仕宋,挈家随驾,托居广德。绍兴五年,金兵南下,公让产于弟,独依畿辅,访胜卜居,偶涉语溪,乐梧桐之碧荫绵亘数里,遂家之。”随着濮氏子孙的繁衍,家园面积不断扩大,后建成八宅、二十六庄的“濮家庄园”,镇之草创渐次形成。

镇的形成

宋淳祐五年(1245),濮凤六世孙濮斗南,谢政归里,理宗赐额其第曰“濮院”,后镇以兹为名。

宋末,濮氏经营家业,兴机杼之利,商贾渐以四集。咸淳中,濮振好客广交,多构宅第以馆游子,多有占籍为家者。元至大二年(1309),濮鑑于市中心设四大牙行,收积机产,客至益多,聚落遂以成市镇,名曰永乐市。其时市镇之概念,侧重于人们在长期生活中共生共存、形成共同生产生活方式及乡土意识的社会地理空间。而正式以“濮院镇”之名载入志书的,始见于明万历二十四年(1596)编纂的《秀水县志》。

镇的建立

清初镇划二十坊,雍正年间(1723—1735),嘉兴府照磨厅署移驻濮院,乾隆五十二年(1787),改设十八坊(桐界八坊、秀界十坊),咸丰十年(1860),再改为二十四坊。清中后期,镇设警察分所、水警分队、厘局、邮务分局等官方机构。

清宣统元年(1909),划分自治,濮院属嘉兴部分归入嘉兴王店区。宣统三年(1911),秀桐合组,统称濮院乡,设自治公所。民国元年(1912),秀水并入嘉兴,改称嘉禾县,镇隶属嘉禾、桐乡两县。区域位置,据民国《濮院志》载:“地处嘉郡旧治西南三十六里,桐乡县城东北十八里。南连长水,北枕运河。为嘉兴、桐乡两县交辖。四栅以内,东西广三里许,南北亦如之。”民国22年(1933),建立嘉濮、桐濮两镇公所,设立镇长、副镇长,实行保甲制,嘉濮7保,桐濮13保,涵盖所有街坊和“乡脚”的部分村庄。至此,濮院镇正式纳入国家行政管理体系,成为县治下的一个行政建制镇。

附:

濮院古镇镇名的由来

濮院古时又曰“幽湖”“永乐市”“梅泾”和“濮川”之称。

幽湖,诸水交汇之处,在镇东南。“澄泓沆漭,幽不可测”,故名。后人以湖名镇。

永乐市,据清《濮川所闻记》、民国《濮院志》载,宋末以后,濮院绸织业日盛,濮绸驰名遐迩。元至大二年(1309),濮鑑出资于市中心构屋开街,建四大牙行,收积机产,召民贸易,远方商贾旋至,无羁泊之苦,故又名永乐市。清沈涛《幽湖百咏》中有“绸市原称永乐乡,万家烟火尽机坊”,重修于道光八年(1828)的升平桥桥联也有“济寿敦仁乡称永乐,机声渔歌人共升平”。“永乐”二字沿用至今，现镇上的永乐里、永乐桥、永乐路即为一证。

梅泾，本水名，即南市河，元朝濮氏疏浚市河，夹岸植梅成林，花开如雪，人称“小罗浮”，市人遂称市河为梅泾，并以“梅泾”称镇。

濮川，最早见于明朝陈邦献之《濮川八景诗·序》，序云：“槜李之西南壤曰濮川……流水包络其间，故字其川为濮焉”。故又以濮川称镇。

第二节 区划变迁

新石器时期

镇地以东的马家浜、以北的吴家浜、以西的罗家角、潭家湾、西南的新桥及境内永越村的张家埭等遗址属马家浜文化遗址（前 4750—前 3750）；镇地以东的雀幕桥、东北的双桥、东南的曹墩、以南的小六房、杨家车、西南的路家堰及境内油车桥村的百亩荡等遗址属良渚文化遗址（前 3300—前 2250）。上述古文化遗址的存在，证明早在新石器时期，镇地一带已有居民繁衍生息。

夏、商（前 2000—前 1000）

《禹贡》分九州，镇地属扬州。

春秋（前 770—前 476）

周敬王二十四年（越王勾践元年吴王阖闾十九年，前 496），吴、越战于槜李（也称醉李），吴为越所败。槜李在今嘉兴西南，与今镇地邻近，故镇地在吴、越边境。越王勾践三年（吴王夫差二年，前 494），吴入越，镇地属吴。

战国（前 475—前 221）

越王勾践二十四年（吴王夫差二十三年，前 473），越灭吴，镇地属越。越王无彊九年（楚威王六年，前 334），楚灭越，镇地属楚。（楚灭越年代，历史上有几种说法，此引自《资治通鉴》。）

秦（前 221—前 206）

秦王政二十五年（前 222），定荆江南地，降越君，置会稽郡，下设由拳县，镇地属由拳。

西汉（前 206—公元 25）

汉高祖五年（前 202），东海、会稽、泗水、陈郡、薛郡入楚国。镇地属楚。汉高祖六年（前 201），东阳、吴郡、鄣郡入荆国。镇地属荆国。汉高祖十二年（前 195），改荆国为吴国。镇地属吴国。汉景帝前元四年（前 153）以后，恢复会稽郡。镇地属会稽郡。汉武帝元封五年（前 106），置十三刺史部，即十三州，会稽郡属扬州。镇地属扬州会稽郡。

东汉（25—220）

汉顺帝永建四年（129），会稽郡与吴郡分治。镇地属吴郡。

三国(220—280)

吴黄龙三年(231),由拳县嘉禾生,改名禾兴县,属吴郡,镇地在吴郡禾兴、乌程二县间。吴赤乌五年(242),避太子和讳,改禾兴县为嘉兴县,属吴郡。镇地在吴郡嘉兴。吴宝鼎元年(266)置吴兴郡。镇地在吴郡嘉兴。

晋(265—420)

今镇地在吴郡嘉兴县。

南朝(宋,齐、梁、陈,420—589)

镇地在吴郡嘉兴县。

隋(581—618)

嘉兴县入吴县(今苏州)。镇地属吴郡。

唐(615—907)

武德七年(624)复置嘉兴县,属苏州,镇地属苏州嘉兴县。武德八年(625)嘉兴县入吴县,属苏州。镇地属苏州吴县。贞观八年(634)复置嘉兴县,属苏州,镇地属苏州嘉兴县。嘉兴县置五十乡,镇地属长水、灵宿、梧桐三乡。

宋(960—1279)

熙宁十年(1077),割梧桐乡予崇德县,镇地仍分属嘉兴、崇德两县。

元(1206—1368)

元贞元年(1295)崇德县升为州,镇西南部属崇德州。

明(1368—1644)

宣德五年(1430),分嘉兴西南八乡置秀水县和崇德东六乡置桐乡县,镇地西南属桐乡县梧桐乡,东南属嘉兴县长水乡,东北属秀水县灵宿乡。

清(1616—1911)

咸丰十年(1860)三月,镇设24坊。宣统初年划分自治,濮院属嘉兴部分归入嘉兴王店区。

民国时期(1912—1949)

民国元年(1912),秀水并入嘉兴,改称嘉禾县,镇地隶属嘉禾、桐乡两县,并划分为13坊,以中心市河大德桥(庙桥)港为界,南属桐乡称桐濮镇,北属嘉兴称嘉濮镇。民国16年(1927)为村长制,继改闾邻制。民国22年实行保甲制,桐濮下辖13保,嘉濮下辖7保。民国36年(1947),桐乡县划濮南乡、濮北乡之小部分与桐濮镇。次年嘉兴县划塘南乡归嘉濮镇并更名为塘濮镇。保甲组织重新组合为桐濮10个保,塘濮10个保。

桐濮、塘濮时的镇域四至:东到新开河,南至双贤轿、屋底里,西达俞家桥、王家浜,北抵古运河南岸正家泾至老岳庙段。

民国38年(1949)5月6日,濮院解放。同月成立濮院区人民政府,濮院乡(含濮院镇)属区政府管辖,仍分属嘉兴、桐乡两县。9月废除保甲制。

中华人民共和国成立后

1949 年 10 月开始，原桐濮镇所辖 10 个保和塘濮镇所辖一至四保（五至十保归属嘉兴）陆续改建成 14 个行政村。1950 年 4 月，嘉兴专署根据浙江省委同年 3 月《关于划乡建乡工作指示》发布（50）675 号令，将嘉兴县塘濮镇划归桐乡县，从此濮院不再分属两县。是年 5 月，镇、乡分设，建立区属濮院镇人民政府，1951 年 11 月，经嘉兴专员公署批准为县直属建制镇。

1958 年 10 月，实行政社合一体制，建立濮院人民公社，濮院镇行政区域划入濮院人民公社，濮院镇改为濮院管理区，隶属濮院人民公社。1959 年 6 月，恢复县直属建制镇。

1965 年为书写方便，经省人民政府批准，改濮院为“卜院”。1989 年 2 月，接省民政厅通知，恢复“濮院镇”原名。

1980 年，为建立蔬菜基地，经桐乡县人民政府批准，濮院人民公社星火大队友谊生产队将 275.4 亩田地划与濮院镇。

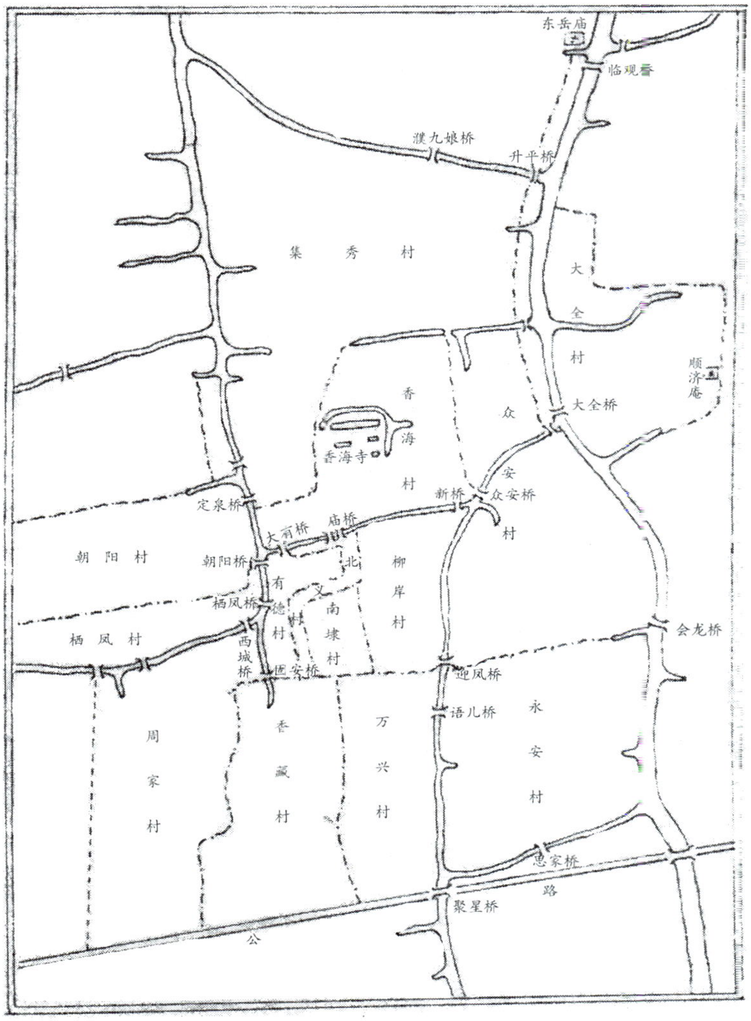

中华人民共和国成立初期的濮院行政村示意图（蒋家民绘）

1990 年，全镇域四至为：东至会龙桥（俗称长木桥），西至中兴路（新生公路），南至濮院大道（320 国道濮院段），北至濮九娘桥，总面积约 1 平方千米。

1992 年 6 月 24 日，扩镇并乡，濮院乡并入濮院镇。2001 年 10 月，再次调整行政区域，新生镇并入濮院镇。2007 年 10 月，乌镇镇西浜村并入濮院镇。截至 2010 年，镇域总面积 64 平方千米，其中建成区面积 11 平方千米。辖 5 个社区、125 个居民小组，14 个行政村、341 个村民小组；户籍总数 13231 户，其中社区 3888 户、行政村 9342 户、空挂户 1 户；户籍总人数 46669 人，其中社区 9745 人、行政村 36912 人、空挂户 2 人、未落户 10 人、男性 22955 人、女性 23714 人；新居民 101161 万人，其中男性 50571 人、女性 50590 人。

表 1－1　　清咸丰十年(1860)、民国元年(1912)濮院镇坊名一览表

清时二十四坊名	民国时十三坊名
庄泾坊	改名东境（也称本境）（嘉界）
东河坊、花园坊、众安坊、翔云坊、义乌坊	合并为一坊，坊名东河（嘉界）
零东坊、福地坊	并为一坊，坊名零东（嘉界）
北河坊、寺后坊	并为一坊，坊名北河（嘉界）
南新坊	改名天字坊（桐界）
南河坊	仍名南河坊（桐界）
固安坊	仍名固安坊（桐界）
永安坊	仍名永安坊（桐界）
集庆坊	改名洞桥坊（桐界）
忠义坊、杏林坊	并为一坊，坊名地字（桐界）
西河坊、义路坊	并为一坊，坊名西河（又分别称内、外西河）（桐界）
定泉坊、鹤栖坊	并为一坊，坊名凤栖（又分别称南、北凤栖）（桐界）
人和坊、仁和坊	并为一坊，坊名人和（又分别称南、北人和）（桐界）
青龙坊	民国《濮院志》称青龙一坊，考其地当在思家桥南至小岳桥

资料来源：1996 年版《濮院镇志》第 61 页

表 1－2　民国 37 年(1948 年)桐濮、塘濮各保所辖街道、村庄地名一览表

镇名	保　名	所辖街道、村庄地名
桐濮镇	第一保	归家湾、万兴桥、东港、火弄、南财神阁、大井头路东
	第二保	横屋街、南北苏浜、女儿桥（也称语儿桥）街、立关庵、大场、连三池

续表 1－2

镇名	保 名	所辖街道、村庄地名
桐濮镇	第三保	固安桥街、集庆街、南新街、水车头、屋底里、双贤桥、丁头汇、大井头路西
	第四保	南横街、大街、南大高墩、礼门巷
	第五保	杏林街、新桥头、河下街(东段)、白雀寺街、塌坊浜、当白场(原黄家湾)、柳岸、香店弄
	第六保	义路街、北横街
	第七保	卧龙街、南大有桥街、河下街(西段)、庙桥街、永乐里
	第八保	周家场、油车弄、王墙弄、西廊棚、西成弄、王家浜
	第九保	费家场、蚬子滩、梧桐庵、大旗里、田心里、刘家浜、毛家埭、双竹园
	第十保	夏家弄、龙湾街、长田村、梧桐桥、俞家桥
塘濮镇	第一保	顾家浜、东瓜浜、新开河、辅弼桥、临观庙桥、小桃园
	第二保	天狗坟、草鞋桥、里公桥、周家门、圣堂桥、南张浜
	第三保	朱家门、南顺浜、北顺浜、周家溟、太平桥、姜家港
	第四保	万隆浜、文耳浜、金家门、里八字桥、汤家里外浜、吴家
	第五保	升平桥、南北归浜、张家浜、月河浜、横埭、濮埭、大悲庵
	第六保	杨家桥、北庄浜、邵家浜、祁堂浜、唐家门、正家笕
	第七保	南埭、北埭、王家场、十景塘、坝底头、仓前街、大全街
	第八保	长木桥、众安桥、孟家园、横板桥、沈鱼池、花园街
	第九保	观前街、寺前街、北大有桥街、太平巷、蜡烛街(又称蜡乍街)
	第十保	定泉桥街、寺浜、卖柴浜、翟家园、姜家弄、濮九娘桥

资料来源:1996 年版《濮院镇志》第 62 页

表 1－3　中华人民共和国成立初期 14 个行政村及其辖地名称一览表

村 名	辖 地 名 称
大 全	仓前街(横板桥以东段)、南埭、北埭、朱家斗
众 安	仓前街(横板桥以南段)、羊行白场、花园街、花园弄、沈鱼池、坝底头、孟家园、石条街
永 安	横屋街、立关庵、南苏浜、北苏浜、大场、连三池
万 兴	归家湾、语儿桥、南财神阁、大井头路东、万兴桥、东港、火弄
香 藏	南新街、大井头路西、丁头汇、水龙头、香藏庵、屋底里、双贤桥
周 家	固安桥街、集庆街、周家场、油车弄、西廊棚、西成桥弄、赵家埭、王家浜、王墙弄

续表 1－3

村　名	辖　地　名　称
栖　梧	小金安浜、三里塘、西寺、龙湾街、夏家弄、章家弄、梧桐桥、长田村、大旗里、朱家埭
朝　阳	朝阳桥弄、西观前、费家场、梅家弄、杨家帮岸、鹤栖街、顾家园、砚子滩、双竹园、施家浜、濮家浜南
香　海	北大有桥街、太平巷、北财神阁、北廊棚、西寺弄湾街、寺异、寺浜、观前街
集　秀	卖柴浜,姜家弄、集秀庵、狄家园、梅家场、石家场、夏家祠堂、庄基浜、濮九娘桥、水木庵斗
柳　杏	河下街(东段)、当白场、雷家潭、柳岸、白雀寺、杏林街、香店弄
南　埭	礼门巷、南大高墩、南横街、大街
有　德	卧龙街、南大有桥街、河下街(西段)、永乐里、庙桥街
北　义	北横街、义路街

资料来源:1996 年版《濮院镇志》第 63 页

第二章 村 社区 集镇

第一节 村

自南宋绍兴五年(1135)濮凤定居濮院开始,濮院一带的村落渐次形成。之后,历经元、明、清多次演变,而正式以村庄名载入志书的,始见于清同治年间编纂的《濮录》。民国时期实行村长制、闾邻制、保甲制。中华人民共和国成立后,废除保甲制,建立行政村。镇现域各行政村包含原濮院、新生两地的行政村。

原濮院各村庄及其变迁

《濮录》记载的村庄:

梧桐里 镇西梧桐桥以北,环福寿禅寺,旧名梧桐里。

濮家村 一名西村,又称濮家埭。在梧桐桥西,传为旧八宅之一,濮氏的始居也。鲍恂八景所谓"西村樵唱"即指此地。清仲宏道《补鲍溪八景》之六《西村樵唱》:"唯有西郊外,山村自乐群。樵歌若金石,爽籁遏霄雯。客去云还暝,人归日欲曛。闲吟曾过此,里耳一回闻。"沈涛幽湖百咏:"西村蚕月寂无哗,柴箔芦帘处处遮。看火扎山啼不住,枣花风里听缫车。"说的即是濮家村。

东杨家田 自语儿桥南至立关庵,旧属桐乡县二十九都三图,百亩有零。据传为明杨小峰故业。田畔屋数十间,后称横屋者是也。

西杨家田 自洞桥南至化坛庵,前后左右皆是,俗称西田畔。沈涛幽湖百咏:"东杨家田兰麝薰。西杨家田罗绮纷。黄金布地红裙集,半是看花半上坟。"

民国《濮院志》,按保元堂[光绪五年(1879)建]旧有区域全图,全境分属嘉、秀、桐三县。嘉兴共十七册十七圩,旧秀水共六庄三十圩,桐乡共四都十七图,东西广十六里,南北袤十七里。宣统初年划分自治,濮院属嘉兴县部分归入嘉兴王店区。民国元年(1912),镇地属嘉、桐两县。其乡村所属,西南为梧桐乡,属桐邑。东北为灵宿乡,属嘉邑。

旧属濮院后归王店区嘉界各村庄:

长西南都十三册张三字圩 栏杆桥、旧岳村、俞家场、烧鸡兜、凤桥(北)、张木桥(北)、塘子泾、直泾桥(北)、油车浜(浜北属秀界)、岳家兜。

长西南都十四册张四字圩 施家帮岸(浜北)、张家兜、旱菜浜、李家场、姚庵兜、韦驮。

长西南都十五册张五字圩 推拔桥、松家浜、施家帮岸(南浜)、姚家埭、西姚埭、石桥村(港西)、界溇庵(西属桐界)、翟家桥(浜南)。

长西南都十六册北辰字圩 水清石桥(北)、毛家头、跨家亭、张家池、张家浜、孟家村、沼家浜、铁钉浜、天字号、方家头、土平桥。

长西南都十七册来一字圩 泰石桥、水清石桥(南)、分水墩、李家埭、凤桥(南)、陈家兜、张家湾、欧子木桥、蒋家村、汤家场、称介桥、应声桥、朱家园。

长西南都二十册来二字圩 毛家桥、门堂村、刘下头、菱荡头、陈家浜、蔡家浜、北舍木桥、洞桥庵、阮青浜。

长西北都九册来日字圩 石灰浜(北)、毛家浜(北)、柴家浜、李家浜、大邹浜、萧家浜、王家浜、江家兜、圣堂浜、徐家兜、麦杖港、曹家厍、南石桥、朱家浜、丁家兜、千乘桥、徐家桥、钱家兜、北陆家浜、崇福庵、俞家埭、北石桥(北)、张板桥、闵家场。

长西北都十册盈字圩 横泾浜(北)、西村埭、周福庵浜、小木桥、大木桥、蒋家浜、张家木桥(西北)、荡头上、毛家浜(南)、石灰浜(南)、杨家湾、泾塘浜、鸡脚浜(浜北属秀界)、俞汇。

长西北都十一册下昃字圩 周庵桥(港东)、姚家兜、沈家门、俞打珠桥(港东)、太河浜、白鹤桥、王家桥、光义港。

长西北都十二册张一字圩 倪家坝、赵家浜、周庵桥(港西)、三塔园桥、俞打珠桥(港西)、九曲里、高家桥、李家场、钟家埭。

嘉二十都上十二册西来一字圩 贾家桥、西砖场、明道村、严家村、廊下村、坟湾里、岳家浜。

嘉二十都下十二册列三字圩 清泰桥、施家兜、杨家村、永昌寺、永泰桥、蛇泾岸、沈家木桥、沈家堋、牛塔里、清和桥、马戚桥、姚家兜、万福桥、长浜亭、周家桥、蒋泾桥、南阳村、河西村。

嘉二十都上十五册列六字圩 邵家桥、大家亭、陆家村、朱家桥、银河桥、俞家泾。

嘉二十都下十五册东来一字圩 南泰桥、李家巷、坟里浜、韩家圣堂、砖场、李家埭。

嘉二十都下南十四册列五字圩 马甸庙、柏家村、王家汇、秀龙桥、万安桥、褚家埭、朝北墙门、常睦桥、于家店桥、洪家桥、张堡村、水车浜、王堡村。

嘉二十都下北十四册暑一字圩 秀才桥、岳堡庵、推拔桥、中红村、祝家桥、三喻之圣堂、姚巴兜。

嘉二十都上二十一册寒字圩 朱家巷、船风浜、俞家泾(港北)、张堡里、南张浜、周东村、曹堡里、贾家桥(港南)。

民国初期,濮院村庄分属桐乡、嘉兴两县。民国21年(1932)分为濮南、濮北两乡。民国35年(1946),濮南乡公所驻地庙籍,乡长陈家能、副乡长庄世学;濮北乡公所驻地田心里,乡长徐元隆、副乡长潘子呈。民国35年(1946)后属报恩乡和濮院镇。

嘉兴县属旧秀水各村庄:

良一庄东寒字圩 东岳庙,灵官桥(西)、一里墩、顾家坟浜、大悲庵、岳家浜、南归浜、二里桥、北张浜、项坟浜、郁和浜、横埭。

良一庄西寒字圩 南张浜、东沈家桥(东)、张家门、郁家门、沈家门、王家桥(西)、濮埭、岳家门、小园里、瞿福庵、子和桥。

良一庄来字圩 横港、陈家木桥(浜底大路西属桐界)、北庄浜、窑墩、三教堂、鬼出浜(北)、居和舍(浜西属桐界)、杨家桥(南属桐界)。

良四庄玄字圩 瞿堂浜、杨家泾塘南、钱家浜、岳家庵、瞿堂庵等自然村。

良四庄东暑圩 曹家浜、阮三姐桥、项家浜、干桥(北)。

良四庄暑一圩 王家汇、塘家场(港西属桐界)、水口门(港西属桐界)、朱家木桥(港西属桐界)。

良五庄宿字圩 濮院镇,东至庄泾十锦塘,南至幽湖桥、万兴庵、白猿兜、杨家浜、五埭头、长木桥、石条街、迎凤桥,及市内翔云观、后河下,西至北大有桥街、北廊棚,北至濮九娘桥。

明五上庄头圩 东瓜浜。

明五上庄二圩 顾家浜(浜北属三圩)、晏公庙、东小桥。

明五上庄三圩 元寺浜。

明五上庄四圩 王家浜、曹家园、鄢家浜、姚家桥(桥北属八圩)、宝花庵、会龙庵、长木桥(东)、盛家兜。

明五上庄五圩 新开河。

明五上庄北六圩 丁家石桥(南)、朱家兜、灵官桥(东)、辅弼桥(南)、余家桥(北)。

明五上庄七圩 网船浜、太保堂、南浜、王家场。

明五上庄八圩 张聋子桥、鬼出浜。

明五上庄九圩 王家浜、金家兜。

明五上庄全圩 三塔园桥(南属嘉界)、唐家汇(港东属嘉界)。

明五下庄头圩 美食桥(西北属二圩,西南属四圩)、杨家湾、玉环兜、坝岸头、南张兜(东有港为嘉秀分界处)、徐家兜、邵家浜、姚家荡、金七公桥(桥西属四圩)、鸡脚浜(浜南属嘉县)。

明五下庄二圩 李公桥、许家浜、沈家木桥(东)、无心木桥(南)、圣堂桥、庄家漾。

明五下庄三圩 牛桥、陆家浜(南)、沈家兜、草鞋桥庙(浜东属四圩,桥南属五圩)独石桥(桥东属四圩)。

明五下庄四圩 已分见头圩、三圩内,不另列。

明五下庄大五圩 辅弼桥(北)、唐家浜、田心里、西兜里。

明五下庄小五圩 章家墙门、丁家石桥(北)、天狗坟、荡田里、小木桥。

臣二庄黄三圩 钱家埭、三乡桥、朱家门、铁店桥、募化漾、南东浜、吴家桥、叶家浜、陈麦丝桥、汪家浜、汪家巷(东属嘉界)。

臣二庄地元圩 德福桥、后塘兜、谢家木桥、姜家兜、周家浜、老岳庙、塘南。

臣三庄二圩　李博士桥、沈家木桥(西)。

臣三庄三圩　汤家浜、刘坟浜、界牌头(二圩、三圩分界处)、陆家浜(北)。

臣三庄四圩　卜家木桥、庄家港、阮家港、薛家浜、陡门塘南。

臣三庄大圩　周家兜、佛耳浜、饭箩浜。

臣三庄小圩　姜家港。

桐乡县属各村庄:

二十八都旧南一图　徐家庄、荡里、南金家门、董家门、小猪港、朱家门、高家兜、栅口浜、金家浜、沈家浜、文星桥、俞家门、禄安桥、北金家门、夏家浜。

二十八都新南一图　永新塘南小市、蔡家木桥、观音堂、金家阁、王家埭、王家木桥、荡头浜、张家湾、许家浜、菱荡头、郁家埭、长生桥、张家浜、杜家浜、横港、施家阁、北蔡场、南蔡场、章家村、珠泾浜、沈家门、汤家阁、延寿桥(西)、蒋家浜。

二十八都新南二图　卢家桥、枣树下、蒋家浜、李家湾、菱荡浜、石灰浜、伍家坟、石灰桥、范家汇、俞家场、彰德桥(东)、施家兜、黄家场、张家兜、朱家窖。

二十九都一图　冯家浜、姚家兜、义家浜、沈家石桥、姚家湾、戚家浜、王周扇、众宾、有坟。

二十九都西二图　姜家圣堂、文桥、王家桥、李家浜、道义浜、姚浜北村、徐家村、太平庵、跳桥头、横泾村、钱家木桥、沈家门、沈家湾、於家门、严家埭、东港、屠家浜、荡里。

二十九都三图　濮院镇庙桥街、雷家潭、柳岸、归家湾、财神阁、语儿桥、横屋街、思家桥、聚星桥东。

二十九都四图　博文桥、小桥头、毓芝桥、盛家兜、敉浜亭、丰家浜、朱漆阑桥、汤家浜、顾家庄、於家鱼池、大板桥、钱家兜、吴家浜、陆家园、闵家兜、辉市桥、报本庵、金额家木桥、界溇庵、葛家兜。

二十九都五图　金塘浜、柴路浜、聚宝巷、许家鱼池、冯家汇、孔家埭、陈家兜、博士桥、李家鱼池、茅家桥(北)、龙潭村、庙后村、庙簰、巨河浜。

二十九都七图　刘家浜、毛家埭、双竹园、黄家场、水口门、殳家浜、卜家浜、柳岸浜、徐家浜、陆家浜、夜猫兜、油车桥、濮家埭、俞家桥、梧桐桥、小金额庵浜、朱家埭、顾家园、田心里、宣家桥、大衢里、周家木桥。

二十九都八图　大板桥、芦塘桥、竹西桥、叶家巷、韦天亭子、金家木桥、王母桥、辉市桥、元士浜、王家浜、水车头、赵家埭、王家村、周家湾。

二十九都十一图　南舍埭(来舍埭)、上马墩、朱家浜、庄家浜、牛桥头、钱家埭、岳底里、梅泾桥、夏家浜。

二十九都十三图　张家埭、李家埭、百亩园、庙前村、树点村、钱家木桥、沈家兜、眠羊浜、邱家浜、斜港兜、施家兜、赤家浜、王家门、姚家汇、旺相桥、北曹埭、柏家埭、大牛桥、沈家兜、姚家桥。

二十九都十四图　树篷里、捧日桥、方家兜、红小庙、南宋桥、田心里、对富桥、盖家村、珠泾浜、满收桥、金额家浜、沈家湾、迨结桥、戚家浜、报恩桥。

二十九都十六图 捧日桥(西)、小浮石桥、椿树下、朱家兜、陌家埭、屋子浜、新凤桥、纪家浜、双木桥、柴家观音堂、六百斯桥、姚浜南村。

二十九都十七图 大桥村、河西浜、茅家桥(南)、后庄扇、陶家浜、陶家桥、关里村、马家兜、徐家浜、夏家埭、北沈埭、龙潭村、杨家桥、周家兜。

三十都七图 濮院镇大街、南横街、国安桥街、义路街、小脂汇、集庆街、洞桥、万兴桥、谷家汇、东港。

三十一都十一图 濮院镇北横街、大有桥街、栖凤桥、朝阳桥、夏家弄、西观前、蒸场、梧桐庵。

民国16年(1927)为村长制,后改为闾邻制。民国22年(1933)实行保甲制。1949年5月,濮院解放,9月废除保甲制。

中华人民共和国成立后,建立报恩乡人民政府。1950年5月,建立永安乡人民政府、乐安乡人民政府。1951年10月,乡以下划分为代表区,其中永安乡划分成15个代表区;乐安乡划分成13个代表区。1955年,农业合作化时期,两乡共下设17个高级农业生产合作社。

1956年,全县实行撤区并乡,永安、乐安两乡合并称永乐乡。乡域地处京杭大运河东南侧,西南距桐乡县城9.6千米,西至永兴港与梧桐乡交界,北隔京杭大运河与新生乡相望,东、南均与嘉兴市郊区接壤。

1958年,永乐乡与新生乡、濮院镇合并建立濮院人民公社,农业生产合作社改为高级社。原永乐乡下设15个高级社、1个渔民协会。

1959—1961年,二次调整人民公社规模后,建立新的濮院人民公社,下设15个生产大队、1个水产大队。

1984年政社分设,濮院人民公社更名为濮院乡人民政府,下设新华、黄河、永联、永越、金龙、会龙、周义、红晓(红笑)、周家木桥、永濮、濮院、安心、乐安、星锋、运河等15个行政村和1个渔业村。1990年,全乡总面积34.6平方千米。

1992年6月,濮院乡并入濮院镇后,原乡属15个行政村和1个渔业村不变。1997年8月,撤销渔业村建制,并入中兴街居委会。

2000年11月,濮院镇调整部分行政村区划。其中撤销新华村、黄河村村民委员会建制,建立新河村村民委员会;撤销永越村、金龙村、会龙村村民委员会建制,建立永越村村民委员会;撤销周义村、红晓村、周家木桥村村民委员会建制,建立永乐村村民委员会;撤销永濮村、濮院村村民委员会建制,建立新濮村村民委员会;撤销安心村、乐安村、星锋村、运河村村民委员会建制,建立新星村村民委员会;永联村不变。调整后的濮院镇下设新河、永越、永乐、新濮、新星、永联6个行政村。

新河村

调整前分新华、黄河两个行政村。

新华村 中华人民共和国成立前属报恩乡，中华人民共和国成立初属永安乡，并以自然村为基础建立黄金、大桥两村。1951 年 10 月分一、二、三 3 个代表区，1955 年 10 月为新华高级合作社，1956 年为永乐乡新华高级社，1958 年属濮院人民公社庙艩管理区，1961 年划小公社规模后为濮院人民公社新华大队，1984 年为濮院乡新华村，全村辖 17 个自然村，村委会驻地罗秋浜，东北距乡政府驻地 5 千米。村有耕地 3189 亩，其中水田 1844 亩、旱地 1345 亩，有桑地 721 亩。村办企业有草包厂、水泥预制品厂等。有小学 1 所，学生 156 人。

罗秋浜自然村：村委会驻地。43 户，180 人。村中有一长浜，旧时两岸多长芦苇，每到秋季，芦花飞絮，漫浜皆白，故名芦秋浜，村以浜名。后谐作今名。

七泥塘自然村：旧时村中有 7 只泥塘，故名。

石墩桥自然村：村中有石墩桥，村以桥名。

罗家兜自然村：村后有浜兜，周围遍长芦苇，故得村名芦家兜，后谐作罗家兜。

黄金浜自然村：村中有浜，相传为早时村中黄、金两姓开挖，故名黄金浜。村以浜名。

姚家里自然村：村中都为姚姓，故名。

卜家里自然村：村中多卜姓，故名。

祁家里自然村：都为祁姓，故名。

旺华桥自然村：村中有王旺桥，后谐作旺华桥。村以桥名。

庄家村自然村：村中有庄前桥，故名。

河西浜自然村：村中有浜，称河西浜。村以浜名。

沈家木桥自然村：旧时村中有沈家木桥，村以桥名。

店前埭自然村：旧时村中有南园浜，故以浜命名南园里。后村中有丁姓大户在村后东西向开街设店，村民习惯称南园里为店前埭，并沿用至今。

马河桥自然村：村中有万福桥，旧称马河桥。村以桥名。

陆家门自然村：村中多陆姓，故名。

小木桥自然村：旧时村中有一寺庙，故得村名寺塘头。1966 年寺毁后以村中有小木桥而改今名。

大桥村自然村：相传约 200 年前村中有大石桥，桥东有大桥庙，故名大桥村。1984 年有木桥头、帮岸上两个居住点。

黄河村 中华人民共和国成立前属报恩乡，因村东有荡，称黄河荡，村以荡名。中华人民共和国成立初至 1955 年 10 月，为永安乡第四、第六代表区，1955 年 10 月为黄河高级合作社，1956 年为永乐乡黄河高级社，1958 年属濮院人民公社庙艩管理区，1961 年划小公社规模后为濮院人民公社黄河大队，1984 年为濮院乡黄河村，全村辖 13 个自然村，村委会驻地夏家埭，北距乡政府驻地约 3.5 千米。村有耕地 2334 亩，其中水田 1387 亩、旱地 947 亩，有桑地 503 亩。村办企业有轻纺机械厂等。有小学 1 所，学生 118 人。

夏家埭自然村：村委会驻地。村中多夏姓，故名。

颜家门自然村：村中都为颜姓，故名。

后庄扇自然村：村落形似蒲扇，地处庄家门之后，故名。

庄家门自然村：村中都为庄姓，故名。

殳宝弄自然村：相传清初有一殳姓戏班主在此广造屋舍，村从此称殳宝弄至今。

李家鱼池自然村：旧时村中有 3 个大鱼池，为李家所有，村因名李家鱼池。

百亩园自然村：南宋濮氏盛时，此地为其菜园，村名由此而来。

冯家汇自然村：相传有冯姓最早居住村中，故名。

陶家桥自然村：村中有陶佳桥，民国 4 年(1915)重建，村以桥名。“佳”后作“家”。

陈家兜自然村：村落在一河兜，住户多陈姓，故名陈家兜。

界楼庵自然村：清末此地建一楼庵，位于桐乡、嘉兴两县交界处，故名界楼庵。村以庵名。

大木桥自然村：旧时村中有木桥，人称大木桥(1976 年改建为石桥)，村以桥名。

茅家桥自然村：村中多茅姓，故附近石桥称茅家桥，村以桥名。

表 1－4　　新华村、黄河村党组织主要负责人一览表

名称	所属乡镇	组织名称	职务	姓名	任职年月
新华村	永乐乡	新华高级社党支部	书记	李森山	1956.10—1958.10
	濮院公社	新华高级社党支部	书记	李森山	1958.10—1961.06
		新华大队党支部	书记	张阿四	1961.06—1961.12
			书记	李森山	1962.01—1979.02
			书记	李顺松	1979.02—1984.01
	濮院乡	新华村党支部	书记	李顺松	1984.01—1984.03
			书记	潘振荣	1984.03—1985.07
			书记	祁祥坤	1985.07—1989.12
			书记	李林松	1990.01—1992.06
	濮院镇	新华村党支部	书记	李林松	1992.06—2000.12
黄河村	永乐乡	黄河高级社党支部	书记	冯阿牛	1956.10—1958.10
	濮院公社	黄河高级社党支部	书记	冯阿牛	1958.10—1961.06
		黄河大队党支部	书记	冯阿牛	1961.06—1963.12
			书记	夏金海	1964.01—1974.06
			书记	陈松官	1974.06—1983.12

续表 1－4

名称	所属乡镇	组织名称	职务	姓名	任职年月
黄河村	濮院乡	黄河村党支部	书记	朱元官	1984.01—1988.11
			书记	殳胜林	1988.12—1992.06
	濮院镇	黄河村党支部	书记	殳胜林	1992.06—2000.12

表 1－5　新华村、黄河村村委会主要负责人一览表

名称	所属乡镇	组织名称	职务	姓名	任职年月	备注
新华村	永安乡	黄金村	村长	潘富生	1950.01—1950.07	1980年7月，全社各生产大队改为管理委员会，1983年12月底，终止管理委员会，成立村民委员会
		黄金村	村长	潘老虎	1950.07—1951.02	
		黄金村	村长	张阿四	1951.02—1951.10	
		大桥村	村长	李福堂	1950.01—1951.12	
		第一代表区	主任	杨囡囡	1951.10—1955.10	
		第二代表区	主任	张阿四	1951.10—1955.10	
		第三代表区	主任	陆志官	1951.10—1955.10	
		新华高级社	社长	李森山	1955.10—1956.02	
	永乐乡	新华高级社	社长	李森山	1956.02—1958.10	
	濮院公社	新华高级社	社长	李森山	1958.10—1961.06	
		新华大队	队长	张阿四	1961.06—1968.06	
			队长	庄小狗	1968.06—1976.10	
			队长	李顺松	1976.10—1980.03	
		新华管理委员会	队长	杨金林	1980.07—1983.12	
	濮院乡	新华村村民委员会	主任	潘振荣	1984.01—1985.07	
			主任	李森林	1985.07—1986.10	
			主任	杨金林	1986.10—1991.03	
			代主任	潘学明	1991.04—1992.06	
	濮院镇	新华村村民委员会	主任	潘学明	1992.06—2001.05	
黄河村	永安乡	第四代表区	主任	陈云生	1951.10—1955.10	
		第六代表区	主任	张春官	1951.10—1952.03	
			主任	冯阿牛	1952.03—1955.10	
		黄河高级社	社长	冯阿牛	1955.10—1956.02	
	永乐乡	黄河高级社	社长	冯阿牛	1956.02—1958.10	

续表 1－5

名称	所属乡镇	组织名称	职　务	姓　名	任职年月	备　注
黄河村	濮院公社	黄河高级社	社　长	冯阿牛	1958.10—1961.06	
		黄河大队	队　长	冯阿牛	1961.06—1963.12	
			队　长	朱阿二	1964.01—1963.06	
			队　长	夏金海	1968.06—1976.10	
			队　长	冯阿牛	1976.10—1980.07	
	濮院公社	黄河管理委员会	队　长	庄松官	1980.07—1980.12	
			队　长	张登富	1980.12—1983.12	
	濮院乡	黄河村村民委员会	主　任	夏福宝	1984.01—1985.07	
			主　任	冯明良	1985.07—1992.06	
	濮院镇	黄河村村民委员会	主　任	冯明良	1992.06—1998.08	
			主　任	殳胜林	1998.08—2001.05	

2000 年 11 月，撤销原新华村、黄河村建制，建立新河村村民委员会，驻地石墩桥，位于濮院镇南侧，距镇政府驻地约 5 千米。2010 年，全村 912 户，3681 人，设 39 个村民小组；党员 79 人，设 3 个党小组；新居民 510 户，1668 人。全村耕地面积 5809.6 亩，桑园面积 831 亩；粮食作物播种面积 5024 亩（复种、套种），经济作物播种面积 6414 亩（复种、套种），水果面积 406 亩。自然村有罗家兜、石墩桥、小木桥、姚家里、七泥塘、黄金浜、卜家里、祁家里、陈家门、罗秋浜北、罗秋浜南、旺岳桥南、旺岳桥北、庄家村东、庄家村西、陆家门、河西浜、小桥头、帮岸老、店前埭、马河桥、沈家木桥南、沈家木桥北、李家鱼池 1 组、李家鱼池 2 组、李家鱼池 3 组、庄家门、后庄扇、颜家门、陶家桥、大木桥、陈家兜、界楼庵、殳宝弄、夏家埭东、夏家埭西、夏家埭南、冯家汇、百亩园。

表 1－6　　新河村党组织主要负责人一览表

名　称	所属乡镇	组织名称	职　务	姓　名	任职年月
新河村	濮院镇	新河村党支部	书　记	殳胜林	2000.12—2008.05
		新河村党支部	书　记	陆金华	2008.05—

表 1－7　　新河村村委主要负责人一览表

名　称	所属乡镇	组织名称	职　务	姓　名	任职年月
新河村	濮院镇	新河村村民委员会	主　任	陆金华	2001.05—

永越村

调整前分金农、会龙、永越 3 个行政村。

金农(金龙)村 中华人民共和国成立前属报恩乡,因村中有金龙桥,村以桥名。中华人民共和国成立初为永安乡赦浜村,1951 年 10 月为第十代表区,1955 年 10 月成立高级社,1956 年为永乐乡金农高级社,1958 年属濮院人民公社永乐管理区,1961 年划小公社规模后为濮院人民公社金农大队,1984 年为濮院乡金农村,全村辖 7 个自然村,村委会驻地吴家浜,东北距乡政府驻地 2.6 千米。村有耕地 1469 亩,其中水田 769 亩、旱地 700 亩,有桑地 374 亩。村办企业有砖瓦厂、家用电器厂等。有小学 1 所,学生 25 人。

吴家浜自然村:村委会驻地。村中有浜,以住户多姓吴,故名吴家浜。村以浜名。

陆家园自然村:相传清初村中陆姓举人有一近 20 亩的园子,内多植梅花,因名梅花园,或称陆家园,村名因此而得。

于家鱼池自然村:相传数百年前,有于姓在村东挖一鱼池,称于家鱼池,池至今尚在。村以池名。

闵家兜自然村:村三面临水,成一汇兜,住户都为闵姓,村故名闵家兜。

封家浜自然村:村中有浜,相传有封姓葬于浜侧,故名封家浜,村以浜名。

南舍埭自然村:相传明末时村中屋舍高大,称南舍埭。村名沿袭至今。

顾家庄自然村:旧时村中都为顾姓,故名。

会龙村 中华人民共和国成立前属报恩乡,因村中有会龙桥[建于清乾隆五十年(1785)],村以桥名。中华人民共和国成立初为永安乡龙潭村,1951 年 10 月为第五代表区,1955 年 10 月成立高级社,1956 年为永乐乡会龙高级社,1958 年属濮院人民公社庙簰管理区,1961 年划小公社规模后为濮院人民公社会龙大队,1984 年为濮院乡会龙村,全村辖 5 个自然村,村委会驻地龙潭自然村,东北距乡政府驻地 4.5 千米。村有耕地 1580 亩,其中水田 839 亩、旱地 741 亩,有桑地 376 亩。村办企业有标准件二厂、小五金厂等。有小学 1 所,学生 59 人。

龙潭自然村:村委会驻地。村西有漾,大旱年份也不干涸,人称龙潭漾。村以漾名。

姚家门自然村:村中姚姓居多,故名。

孔家埭自然村:村中都为孔姓,故名。

张家埭自然村:村中都为张姓,故名。县级文物保护单位张家埭古文化遗址在此村。

云家桥自然村:旧时村中有云家桥,村以桥名。

永越村 中华人民共和国成立前分属报恩乡和濮院镇。中华人民共和国成立初为永安乡越茂村,1951 年 10 月划分为第七、八、九 3 个代表区,1955 年 10 月成立高级社并改名永越,1956 年属永乐乡永越高级社,1958 年属濮院人民公社永乐管理区,1961 年划小公社规模后为濮院人民公社永越大队,1984 年为濮院乡永越村,全村辖 13 个自然村,村委会驻地牛桥头,东北距乡政府驻地 2.7 千米。村有耕地 2851 亩,其中水田 1583 亩、旱地

1268 亩，有桑地 681 亩。村办企业有麻刀厂、炼油厂、沙发厂等。有小学 1 所，学生 27 人。

牛桥头自然村：村委会驻地。村中有一石桥，称牛桥，村因名牛桥头。民国《濮院志》载为“牛桥头村”。

屋底里自然村

金塘桥自然村：村中有一金塘桥，村以桥名。

金塘浜自然村：村中有浜，浜侧旧时都为金姓，故名金塘浜。村以浜名。

金家浜自然村：旧时村中有金姓在浜口筑一土坝，称金家坝，浜也渐称为金家浜。村以浜名。

葛家兜自然村：葛氏最早来此居住，故名。

钱家兜自然村：村三面临水，成一汇兜，住户多钱姓，故名。

水车头自然村：村南有河，旧时常在河中用水车汲水，故名水车港，村因名水车头。

叙星桥自然村：村南有石桥，称叙星桥，村以桥名。

洞桥浜自然村：村中有洞桥，桥下水浜称洞桥浜，村以浜名。

上马墩自然村：相传旧时村中有某乡宦宅邸，上马墩村名由此而来。

朱家浜自然村：村中都为朱姓，故村前水浜称朱家浜。村以浜名。

柴路浜自然村：村中有浜，旧时有曹、陆两姓分住浜南、浜北，因称此浜为曹陆浜，后谐作柴路浜。村以浜名。

表 1－8　　金农、会龙、永越村党组织主要负责人一览表

名称	所属乡镇	组织名称	职务	姓名	任职年月	备注
金农村	永乐乡	金农高级社党支部	书记	於培官	1956.10—1958.10	1956 年 10 月至 1957 年 10 月，金龙与永越成立联合党支部，后永越独立建支部
	濮院公社	金农高级社党支部	书记	於培官	1958.10—1961.06	
		金农大队党支部	书记	於培官	1961.06—1970.06	
			书记	莫荣官	1970.06—1977.03	
			书记	徐顺根	1977.03—1984.01	
	濮院乡	金农村党支部	书记	徐顺根	1984.01—1984.09	
			书记	蔡元昌	1984.09—1988.12	
			书记	朱学林	1988.12—1992.06	
	濮院镇	金农村党支部	书记	朱学林	1992.06—1998.08	
			书记	李金明	1998.08—2000.07	
会龙村	濮院公社	会龙高级社党支部	书记	姚福官	1958.10—1961.06	
		会龙大队党支部	书记	姚福官	1961.06—1982.02	
			书记	孔全生	1982.03—1984.01	

续表 1－8

名称	所属乡镇	组织名称	职务	姓名	任职年月	备注
会龙村	濮院乡	会龙村党支部	书记	夏金芳	1984.01—1992.04	
			书记	李金坤	1992.04—1992.06	
	濮院镇	会龙村党支部	书记	李金坤	1992.06—2000.12	
永越村	永乐乡	永越高级社党支部	书记	钱金奎	1957.10—1958.10	
	濮院公社	永越高级社党支部	书记	钱金奎	1958.10—1961.06	
	濮院公社	永越大队党支部	书记	钱金奎	1961.06—1980.12	
			书记	钱炳官	1980.12—1984.01	
	濮院乡	永越村党支部	书记	钱炳官	1984.01—1986.10	
			书记	葛建林	1986.10—1992.06	
	濮院镇	永越村党支部	书记	葛建林	1992.06—2000.11	

表 1－9　金农、会龙、永越村村委会主要负责人一览表

名称	所属乡镇	组织名称	职务	姓名	任职年月
金农村	永安乡	第十代表区	主任	莫荣官	1951.10—1955.10
		金农高级社	社长	於培官	1955.10—1956.02
	永乐乡	金农高级社	社长	於培官	1956.02—1958.10
	濮院公社	金农高级社	社长	於培官	1958.10—1961.06
		金农大队	队长	莫荣官	1961.06—1970.11
			队长	徐顺根	1970.11—1977.03
			队长	蔡元昌	1977.03—1980.07
	濮院公社	金农管理委员会	队长	蔡元昌	1980.07—1983.12
	濮院乡	金农村村民委员会	主任	朱学林	1984.01—1989.04
			主任	高银浩	1989.04—1992.06
	濮院镇	金农村村民委员会	主任	高银浩	1992.06—1998.08
			主任	朱学林	1998.08—2001.04
会龙村	永安乡	龙潭村	村长	夏小阿三	1950.01—1950.07
			村长	夏龙官	1950.07—1951.10
		第五代表区	主任	张生泉	1951.10—1955.10
		会龙高级社	社长	夏来生	1955.10—1956.02

续表 1－9

名称	所属乡镇	组织名称	职务	姓名	任职年月
会龙村	永乐乡	会龙高级社	社长	夏来生	1956.02—1958.10
	濮院公社	会龙高级社	社长	夏来生	1958.10—1961.06
		会龙大队	队长	夏来生	1961.06—1968.06
			队长	孔全生	1968.06—1980.07
	濮院公社	会龙管理委员会	队长	孔全生	1980.07—1982.03
			队长	夏金芳	1982.03—1983.12
	濮院乡	会龙村村民委员会	主任	夏桂生	1984.01—1992.04
			主任	夏八男	1992.04—1992.06
	濮院镇	会龙村村民委员会	主任	夏八男	1992.06—1997.10
			主任	李金坤	1997.10—2000.11
永越村	永安乡	越美(茂)村	村长	张天宝	1950.01—1951.10
		第七代表区	主任	顾之英	1951.10—1955.10
		第八代表区	主任	钱金奎	1951.10—1955.10
		第九代表区	主任	朱金林	1951.10—1955.10
		永越高级社	社长	钱金奎	1955.10—1956.02
	永乐乡	永越高级社	社长	钱金奎	1956.02—1958.10
	濮院公社	永越高级社	社长	钱金奎	1958.10—1961.06
		永越大队	队长	施祥官	1961.06—1978.10
			队长	钱炳官	1978.10—1980.07
	濮院公社	永越管理委员会	队长	管金根	1980.07—1983.12
	濮院乡	永越村村民委员会	主任	朱坤荣	1984.01—1985.07
			主任	葛建林	1985.07—1986.10
			主任	朱坤荣	1986.10—1992.06
	濮院镇	永越村村民委员会	主任	朱坤荣	1992.06—2001.05

2000 年 11 月撤销原永越村、金农村、会龙村建制，建立永越村村民委员会，驻地牛桥头，位于濮院镇南侧，距镇政府驻地约 2 千米。2010 年，全村 909 户，3847 人，设 33 个村民小组；党员 95 人，设 3 个党支部；新居民 2734 户，9843 人。全村耕地面积 3760.4 亩，桑园面积 156 亩；粮食作物播种面积 2168 亩（复种、套种），经济作物播种面积 4249 亩（复种、套种），水果面积 22 亩。自然村有屋底里新村、永越新村、上马墩新村、闵家兜新

村、金龙新村、云家桥、孔家埭、周家兜、龙潭、姚家门。全村有公司两家，主要从事营业房出租、厂房出租。

表 1－10　　永越村党组织主要负责人一览表

名　称	所属乡镇	组织名称	职　务	姓　名	任职年月
永越村	濮院镇	永越村党支部	书　记	葛建林	2000.11—2002.06
		永越村党总支部	书　记	葛建林	2002.06—2008.03
			书　记	朱坤荣	2008.03—2008.05
		永越村党委	书　记	朱坤荣	2008.05—

表 1－11　　永越村村委会主要负责人一览表

名　称	所属乡镇	组织名称	职　务	姓　名	任职年月
永越村	濮院镇	永越村村民委员会	主　任	朱坤荣	2001.05—

永联村

中华人民共和国成立前，永联村属报恩乡，中华人民共和国成立初属永安乡。村分南北两村，南为晒浜村，北为永安村。1951 年 10 月划分成十一、十二、十三、十四、十五 5 个代表区，1955 年 10 月成立永联高级社，1956 年为永乐乡永联高级社，1958 年属濮院人民公社庙籧管理区，1961 年划小公社规模后为濮院人民公社永联大队，1984 年为濮院乡永联村，全村辖 16 个自然村，村委会驻地柏家棣，东北距乡政府驻地 4.5 千米。全村有耕地 3355 亩，其中水田 1919 亩、旱地 1436 亩，有桑地 749 亩。有小学 1 所，学生 138 人。

柏家埭自然村：村委会驻地。旧时村中都为柏姓，故名。

王家门自然村：村中都为王姓，故名。

张家门自然村：村中都为张姓，故名。

徐家浜自然村：村中有浜，冠姓得名，称徐家浜。村以浜名。

树蓬里自然村：旧时此地多墓葬，周围多植香樟树，远望则树木蓊郁，俨然为林，故得村名树蓬里。

小桥头自然村：村中有一小石桥，故名。

姚家桥自然村：村中有姚家桥，村以桥名。

汤家浜自然村：相传数百年前，有汤姓豪绅世居于此，村故名汤家浜，沿用至今。

邱家浜自然村：村中有一小浜，相传旧时有邱姓居住浜侧，故得村名邱家浜。

庄家门自然村：村中都为庄姓，故名。

杭州扇自然村：相传旧时村中有杨姓青年，武功颇了得，有人慕名而来，以武会友，并赠以一精制杭州扇。村名从此称杭州扇。

袁家头自然村:村中多袁姓,故名。

施家兜自然村:旧时村中有施姓居住,村因名施家兜。

曹家埭自然村:村中居住者向以曹姓居多,故名。

钱家木桥自然村:旧时村中有钱家木桥,村以桥名。

毓子桥自然村村:村中有毓子桥,村以桥名。

2000年,村民委员会驻地柏家埭,位于濮院镇南侧,距镇政府驻地约3.5千米。2010年,全村543户,2304人,设24个村民小组;党员58人,设3个党小组;新居民1000户,5106人。全村耕地面积2973.1亩,桑园面积750亩;粮食作物播种面积2243亩(复种、套种),经济作物播种面积2205亩(复种、套种),水果面积257亩。自然村有王家门、张家门、徐家浜、施家兜、邱家浜、钱家木桥、绵羊浜、曹家埭、沈家兜、柏家埭、杭州扇、永联新村、祥木桥、姚家桥、汤家浜、树蓬里。

表1-12　　永联村党组织主要负责人一览表

所属乡镇	组织名称	职　务	姓　名	任　职　年　月
永乐乡	永联高级社党支部	书　记	马荣堂	1956.10—1958.10
濮院公社	永联高级社党支部	书　记	马荣堂	1958.10—1959.12
		书　记	高仁康	1960.01—1961.06
	永联大队党支部	书　记	高仁康	1961.06—1962.06
		书　记	董菊生	1962.07—1980.11
		书　记	袁雪荣	1980.11—1983.12
濮院乡	永联村党支部	书　记	苏永泉	1984.01—1987.09
		书　记	于永兴	1987.09—1992.06
濮院镇	永联村党支部	书　记	于永兴	1992.06—1994.01
		书　记	王金华	1994.01—1999.04
		书　记	李建浩	1999.04—2004.11
		书　记	姚锦民	2004.11—

表1-13　　永联村村委会主要负责人一览表

所属乡镇	组织名称	职　务	姓　名	任　职　年　月
永安乡	晒浜村	村　长	李阿毛	1950.01—1951.10
	永安村	村　长	董文庆	1950.01—1951.01
		村　长	马荣堂	1951.01—1951.10

续表 1-13

所属乡镇	组织名称	职　务	姓　名	任　职　年　月
永安乡	第十一代表区	主　任	沈金荣	1951.10—1955.10
	第十二代表区	主　任	陈庆祥	1951.10—1955.10
	第十三代表区	主　任	董文荣	1951.10—1955.10
	第十四代表区	主　任	王云松	1951.10—1955.10
	第十五代表区	主　任	王志堂	1951.10—1955.10
	永联高级社	社　长	马荣堂	1955.10—1956.02
永乐乡	永联高级社	社　长	马荣堂	1956.02—1958.10
濮院公社	永联高级社	社　长	马荣堂	1958.10—1961.06
	永联大队	队　长	陈培官	1961.06—1978.08
		队　长	袁雪荣	1978.08—1980.07
	永联管理委员会	队　长	苏永泉	1980.07—1983.12
濮院乡	永联村村民委员会	主　任	于永兴	1984.01—1985.07
		主　任	杨荣林	1985.07—1992.06
濮院镇	永联村村民委员会	主　任	杨荣林	1992.06—1994.01
		主　任	张永坤	1994.01—1999.04
		主　任	姚锦民	1999.04—2005.06
		主　任	苏忠明	2005.06—

永乐村

调整前分周义、红晓、周家木桥 3 个行政村。

周义村　中华人民共和国成立前属报恩乡，因村东有周家场，西有义家浜，故名周义村。中华人民共和国成立初为乐安乡田心村、积善村，1951 年 10 月分为第一、十一两个代表区，1955 年 10 月为芦沈高级社和星星高级社，1956 年为永乐乡星星高级社，1958 年属濮院人民公社永乐管理区，1961 年划小公社规模后为濮院人民公社星星大队，1984 年为濮院乡周义村，全村辖 16 个自然村，村委会驻地华家弄，东距乡政府驻地 2 千米。村有耕地 2021 亩，其中水田 1249 亩、旱地 772 亩，有桑地 509 亩。村办企业有砖瓦厂、针织厂等；有小学 1 所，学生 32 人。

华家弄自然村：村委会驻地。旧时此地有一长弄，称华家弄，村以弄名。

柴家桥自然村：村中有柴家桥，相传旧时有柴氏烧窑为生，集资建造此桥，故名。村以桥名。

姚东湾自然村：村在河湾之东，住户都为姚姓，故名。

沈家石桥自然村：村中有沈家石桥，村以桥名。

竹西桥自然村：旧时村中有大片竹林，桥在竹林之西，故称竹西桥。村以桥名。

油车桥自然村：旧时此地曾开设榨油坊（俗称油车），故村中石桥称油车桥。村以桥名。

王家村自然村：旧时村中有王、徐、吴三姓，以王姓为多，故称王家村。

戚家浜自然村：村中有浜，冠姓得名，称戚家浜。村以浜名。

芦荡桥自然村：村西南有芦荡桥，村以桥名。

梧桐桥自然村：旧时此地多长梧桐树。河上有桥，称梧桐桥。村以桥名。

王家浜自然村：村中有浜，住户以王姓为多，故名王家浜。村以浜名。

塘田里自然村：村落四周都为塘田，故名。

周家场自然村：相传旧时村东周姓门前有一大空地，供演戏、习武之用，人称周家场，村名由此而得。

里浜自然村：附近有两条水浜，人称戚家浜为外浜，流经此村之浜为里浜。村以浜名。

大板桥自然村：村东有石桥，称大板桥。村以桥名。

义家浜自然村：最早有倪姓居住此地，故称村中水浜为倪家浜。“倪”谐为“义”。村以浜名。

红晓村（又称红笑村）　中华人民共和国成立前属报恩乡，旧时村中有红笑庙，村以庙名。中华人民共和国成立初，属乐安乡红笑村，1951 年 10 月为第十代表区，1955 年 10 月为勤立高级社，1956 年属永乐乡中苏高级社，1958 年属濮院人民公社乐安管理区，1961 年划小公社规模后为濮院人民公社红笑大队，1984 年为濮院乡红笑村，全村辖 10 个自然村，村委会驻地盛家浜，东距乡政府驻地约 4.5 千米。村有耕地 1237 亩，其中水田 889 亩、旱地 348 亩，有桑地 318 亩。有小学 1 所。学生 26 人。

盛家浜自然村：村委会驻地。1945 年前称田心里，后以盛姓渐多，故易今名。

戚家浜自然村：村中有浜，以住户都姓戚，故名戚家浜。村以浜名。

沈家湾自然村：村处河湾，住户都为沈姓，故名。分桥东和沈家湾两个居住点。

金家浜自然村：村中有浜，冠姓得名，称金家浜。村以浜名。

盖家村自然村：村中住户大多姓盖，故名。

张家门自然村：村中多张姓，故名。

落北浜自然村：村中有南北向水浜，北为浜底，故名落北浜。村以浜名。旧时称墙门里。

水车浜自然村：村中有浜，旱时，村民多从此浜汲水灌田，故称水车浜。村以浜名。

方家兜自然村：四周环水，村落呈正方形，故名。

冯家湾自然村：村落如“S”形，住户多冯姓，故名冯家湾。

周家木桥村　中华人民共和国成立前属报恩乡，以村中周家木桥自然村命名。中华人民共和国成立初为乐安乡田心村，1951 年 10 为第十二代表区，1955 年为红星高级社，1956 年为永乐乡安心高级社，1958 年属濮院人民公社乐安管理区，1961 年划小公社规模后为濮院人民公社红星(心)大队,1981 年更名为周家木桥大队,1984 年为濮院乡周家木桥村,全村辖 5 个自然村,村委会驻地田心里,东南距乡政府驻地 2 千米。村有耕地 1187 亩,其中水田 672 亩、旱地 515 亩,有桑地 284 亩。村办企业有印刷厂等。有小学 1 所,学生 45 人。

田心里自然村:村委会驻地。村落四周都为农田,故得名田心里。

大路上自然村:旧时从妙智到濮院有一条长达 10 华里的石板路,路从此村经过。路边为大片茂盛的紫藤,每当炎夏,村人都在紫藤树下歇凉,故称此村为紫藤树下。1985 年更名为大路上。

徐家浜自然村:村中有浜,长约 1 华里,住户多徐姓,故名徐家浜。村以浜名。

周家木桥自然村:村中有周家木桥,村以桥名。分周南、周北两个居住点。

油车桥自然村:村中有油车桥(原名鸣凤桥),村以桥名。

表 1－14　　周义、红晓、周家木桥村党组织主要负责人一览表

<table>
<tr><th>名称</th><th>所属乡镇</th><th>组织名称</th><th>职务</th><th>姓名</th><th>任职年月</th><th>备注</th></tr>
<tr><td rowspan="9">周义村</td><td>永乐乡</td><td>星星高级社党支部</td><td>书记</td><td>沈文林</td><td>1957.10—1958.10</td><td rowspan="9"></td></tr>
<tr><td rowspan="4">濮院公社</td><td>星星高级社党支部</td><td>书记</td><td>沈文林</td><td>1958.10—1961.06</td></tr>
<tr><td rowspan="3">星星大队党支部</td><td>书记</td><td>朱圣官</td><td>1961.06—1978.05</td></tr>
<tr><td>书记</td><td>戚金山</td><td>1978.05—1979.09</td></tr>
<tr><td>书记</td><td>李阿九</td><td>1980.03—1984.01</td></tr>
<tr><td rowspan="3">濮院乡</td><td rowspan="3">周义村党支部</td><td>书记</td><td>李阿九</td><td>1984.01—1987.11</td></tr>
<tr><td>书记</td><td>吴志刚</td><td>1987.11—1990.12</td></tr>
<tr><td>书记</td><td>吴金祥</td><td>1990.12—1992.06</td></tr>
<tr><td>濮院镇</td><td>周义村党支部</td><td>书记</td><td>吴金祥</td><td>1992.06—2000.11</td></tr>
<tr><td rowspan="10">红晓村</td><td>永乐乡</td><td>中苏高级社党支部</td><td>书记</td><td>庄庆官</td><td>1956.10—1958.10</td><td rowspan="10">1956 年 10 月,运河、星锋、红晓三村联合组成中苏高级社党支部,1961 年 6 月独立建支部</td></tr>
<tr><td rowspan="4">濮院公社</td><td>中苏高级社党支部</td><td>书记</td><td>庄庆官</td><td>1958.10—1961.06</td></tr>
<tr><td rowspan="3">红晓大队党支部</td><td>书记</td><td>陈少华</td><td>1961.06—1963.12</td></tr>
<tr><td>书记</td><td>黄坤祥</td><td>1964.01—1981.09</td></tr>
<tr><td>书记</td><td>程阿荣</td><td>1981.09—1984.01</td></tr>
<tr><td rowspan="3">濮院乡</td><td rowspan="3">红晓村党支部</td><td>书记</td><td>程阿荣</td><td>1984.01—1987.09</td></tr>
<tr><td>书记</td><td>潘子松</td><td>1987.09—1989.03</td></tr>
<tr><td>书记</td><td>吴友官</td><td>1989.03—1992.06</td></tr>
<tr><td rowspan="2">濮院镇</td><td rowspan="2">红晓村党支部</td><td>书记</td><td>吴友官</td><td>1992.06—1999.08</td></tr>
<tr><td>书记</td><td>陈月清</td><td>1999.08—2000.11</td></tr>
</table>

续表 1－14

名称	所属乡镇	组织名称	职　务	姓　名	任职年月	备　注
周家木桥村	永乐乡	安心高级社党支部	书　记	周阿富	1956.10—1958.10	1956年10月，红心（星）、安心、乐安三村联合组成安心高级社党支部，1961年6月独立建支部
	濮院公社	安心高级社党支部	书　记	周阿富	1958.10—1961.06	
		红星大队党支部	书　记	沈郁生	1961.06—1964	
			书　记	周阿富	1964—1979.06	
			书　记	王富荣	1979.06—1983.11	
			书　记	庄子宝	1983.11—1992.06	
	濮院镇	周家木桥村党支部	书　记	庄子宝	1992.06—1999.08	
			书　记	庄炳坤	1999.08—2000.11	

表 1－15　周义、红晓、周家木桥村村委会主要负责人一览表

名称	所属乡镇	组织名称	职　务	姓　名	任职年月
周义村	乐安乡	第一代表区	主　任	沈文林	1951.10—1955.10
		第十一代表区	主　任	戚顺兴	1951.10—1955.10
		星星高级社	社　长	沈文林	1955.10—1956.02
		芦沈高级社	社　长	戚顺兴	1955.10—1956.02
	永乐乡	星星高级社	社　长	沈文林	1956.02—1958.10
	濮院公社	星星高级社	社　长	沈文林	1958.10—1961.06
		星星大队	队　长	沈文林	1961.06—1961.10
			队　长	吴阿法	1961.10—1968.12
			队　长	沈文潮	1969.01—1971.04
			队　长	戚金山	1971.06—1976.10
			队　长	李阿九	1976.10—1979.06
		星星管理委员会	队　长	王金法	1980.07—1983.12
	濮院乡	周义村村民委员会	主　任	胡志刚	1984.01—1987.12
			主　任	吴金祥	1987.12—1992.03
			主　任	俞元金	1992.04—1992.06
	濮院镇	周义村村民委员会	主　任	俞元金	1992.06—2001.05

续表 1－15

名称	所属乡镇	组织名称	职务	姓名	任职年月
红晓村	乐安乡	红晓村	村长	李阿余	1950.01—1951.10
		第十代表区	主任	严锦原	1951.10—1955.10
		勤立高级社	社长	庄庆官	1955.10—1956.02
	永乐乡	勤立高级社	社长	庄庆官	1956.02—1956.10
		中苏高级社	社长	庄庆官	1956.10—1958.02
	濮院公社	中苏高级社	社长	庄庆官	1958.10—1961.06
		红晓大队	队长	俞阿金	1961.06—1968.06
			队长	程阿荣	1968.06—1980.07
		红晓管理委员会	队长	沈小狗	1981.09—1983.12
	濮院乡	红晓村村民委员会	主任	李小狗	1984.01—1985.07
			主任	吴友官	1985.07—1989.03
			主任	单木根	1989.03—1992.06
	濮院镇	红晓村村民委员会	主任	单木根	1992.06—1995.11
			主任	吴友官	1995.11—2001.05
周家木桥村	乐安乡	田心村	村长	徐品芳	1950.01—1951.10
		第十二代表区	主任	周阿富	1951.10—1955.10
		红星高级社	社长	周阿富	1955.10—1956.02
	永乐乡	红星高级社	社长	周阿富	1956.02—1958.10
	濮院公社	红星高级社	社长	周阿富	1958.10—1961.06
		红星大队	队长	庄应官	1961.06—1978.04
			队长	徐荣林	1978.04—1980.07
		红星管理委员会	队长	庄子宝	1980.07—1983.12
	濮院乡	周家木桥村村民委员会	主任	庄雪林	1984.01—1992.06
	濮院镇	周家木桥村村民委员会	主任	庄雪林	1992.06—2000.11

2000 年 11 月撤销原周义村、红晓村、周家木桥村建制，建立永乐村村民委员会，驻地竹西桥，位于濮院镇西侧，距镇政府驻地约 1 千米。2010 年，全村 737 户，2939 人，设 30 个村民小组；党员 98 人，设 5 个党小组；新居民 3800 户，15393 人。全村耕地面积 1988.5 亩，桑园面积 48 亩；粮食作物播种面积 833 亩（复种、套种），水果面积 9 亩。自然村有宏苑新村、红星新村、永乐新村、红晓新村、田心里、北油车桥、周南、周北、大路、徐家浜。

表 1－16　　永乐村党组织主要负责人一览表

名　称	所属乡镇	组织名称	职　务	姓　名	任职年月
永乐村	濮院镇	永乐村党支部	书　记	吴金祥	2000.12—2008.08
	濮院镇	永乐村党总支部	书　记	吴金祥	2008.08—

表 1－17　　永乐村村委会主要负责人一览表

名　称	所属乡镇	组织名称	职　务	姓　名	任职年月
永乐村	濮院镇	永乐村村民委员会	主　任	陈月清	2001.05—2008.05
			主　任	胡建良	2008.05—

新濮村

调整前分永濮、濮院两个行政村。

永濮村　中华人民共和国成立前属嘉兴县嘉濮镇。中华人民共和国成立初划归桐乡县濮院镇，1953 年 4 月划入乐安乡，同时成立永濮高级社，1958 年属濮院人民公社永乐管理区，1961 年划小公社规模后为濮院人民公社永濮大队，1984 年为濮院乡永濮村，全村辖 7 个自然村，村委会驻地众安桥，西距乡政府驻地 0.5 千米。村有耕地 1095 亩，其中水田 623 亩、旱地 472 亩，桑地 290 亩。村办企业有锯板厂、电器厂、童车厂、洗毛厂、家用化工厂等 5 家。

众安桥自然村：为永濮行政村驻地。村中有众安桥，村以桥名。

南埭自然村：旧时为濮院镇南街，故名南埭。

北埭自然村：旧时为濮院镇北街，故名北埭。

万安桥自然村：村中有万安桥，村以桥名。

濮北自然村：村在濮院镇北，故名。旧时称濮九娘桥村，因村中有濮九娘桥，村以桥名。据《桐溪诗述》载，清朝康熙时里人濮洙《濮九娘桥》诗有小序云："九娘早寡克勤，积而能散，垂暮倾储以建桥。"

朱家兜自然村：村之地形如兜状，住户都为朱姓，故名。

陆家桥自然村：旧时村中有陆家桥，村以桥名。

濮院村　中华人民共和国成立前分属报恩乡和桐濮镇，因村紧傍濮院镇，故名。中华人民共和国成立初属乐安乡，分万新、普安两村，1951 年 10 月，为第二、第三、第四代表区，1955 年 10 月成立高级社时，分建丰、联心两个高级社，1956 年为永乐乡星火高级社，1958 年属濮院人公社永乐管理区，1961 年划小公社规模后为濮院人民公社星火大队，1984 年更名为濮院乡濮院村，全村辖 13 个自然村，村委会驻地北庄浜，南距乡政府驻地

3千米。村有耕地3711亩，其中水田2275亩、旱地1436亩，桑地834亩。村办企业有汽水厂等。有小学1所，学生144人。

北庄浜自然村：村委会驻地。村北有浜，住户多庄姓，村故名北庄浜。村分北庄浜、油车桥、桥北、桥南4个居住点。

大其里自然村：旧称大旗里，后作今名。分大其里、吐洪桥、长田塍、朱家埭4个居住点。

双竹园自然村：旧时村中有两个竹园，修篁茂密，绿竹万杆，故得村名双竹园。分毛家埭、双竹园2个居住点。

钱家浜自然村：村中有浜，冠姓得名，称钱家浜。村以浜名。

唐家门自然村：村中都为唐姓，故名。

沈家门自然村：村中都为沈姓，故名。

曹家浜自然村：民国初年有外地农户迁居于此，以曹家最早迁来，故称曹家浜。村以浜名。

王家汇自然村：村中王姓居多，故名。

项家浜自然村：村中多项姓，故名。

俞家门自然村：村中都为俞姓，故名。分俞家门、居何扇、陈家木桥3个居住点。

刘家浜自然村：村中有浜，以住户多刘姓，故名刘家浜。村以浜名。分刘南、刘北、刘东、刘西4个居住点。

金家门自然村：村中都为金姓，故名。

祁堂浜自然村：村中旧时有祁堂庵，故得村名祁堂浜。分祁东、祁南、祁北3个居住点。

表1-18　　永濮、濮院村党组织主要负责人一览表

<table>
<tr><th>名称</th><th>所属乡镇</th><th>组织名称</th><th>职务</th><th>姓名</th><th>任职年月</th></tr>
<tr><td rowspan="7">永濮村</td><td>永乐乡</td><td>永濮高级社党支部</td><td>书记</td><td>徐正芳</td><td>1956.10—1958.10</td></tr>
<tr><td rowspan="3">濮院公社</td><td>永濮高级社党支部</td><td>书记</td><td>徐正芳</td><td>1958.10—1961.06</td></tr>
<tr><td rowspan="2">永濮大队党支部</td><td>书记</td><td>徐正芳</td><td>1961.06—1981.12</td></tr>
<tr><td>书记</td><td>陈福官</td><td>1981.12—1984.01</td></tr>
<tr><td rowspan="2">濮院乡</td><td rowspan="2">永濮村党支部</td><td>书记</td><td>陈福官</td><td>1984.12—1986.10</td></tr>
<tr><td>书记</td><td>杨金林</td><td>1986.10—1992.06</td></tr>
<tr><td>濮院镇</td><td>永濮村党支部</td><td>书记</td><td>杨金林</td><td>1992.06—2000.11</td></tr>
<tr><td rowspan="3">濮院村</td><td>永乐乡</td><td>星火高级社党支部</td><td>书记</td><td>潘景海</td><td>1956.10—1958.10</td></tr>
<tr><td rowspan="2">濮院公社</td><td rowspan="2">星火高级社党支部</td><td>书记</td><td>王六宝</td><td>1958.10—1959.10</td></tr>
<tr><td>书记</td><td>沈郁生</td><td>1959.10—1961.06</td></tr>
</table>

续表 1－18

名称	所属乡镇	组织名称	职务	姓名	任职年月
濮院村	濮院公社	星火大队党支部	书记	金昌林	1961.06—1962.05
			书记	黄天顺	1962.06—1970.09
			书记	金昌林	1970.09—1982.12
			书记	杨宝泰	1982.12—1984.01
	濮院乡	濮院村党支部	书记	杨宝泰	1984.01—1992.06
	濮院镇	濮院村党支部	书记	沈金龙	1992.06—1999.04
			书记	沈国林	1999.04—2000.11

表 1－19 永濮、濮院村村委会主要负责人一览表

名称	所属乡镇	组织名称	职务	姓名	任职年月
永濮村	乐安乡	永濮高级社	社长	徐正芳	1953.04—1956.02
	永乐乡	永濮高级社	社长	徐正芳	1956.02—1958.10
	濮院公社	永濮高级社	社长	徐正芳	1958.10—1961.06
		永濮大队	队长	陈福官	1961.06—1980.07
		永濮管理委员会	队长	杨金林	1980.09—1983.12
	濮院乡	永濮村村民委员会	主任	杨金林	1984.01—1986.10
			主任	周建初	1986.10—1992.06
	濮院镇	永濮村村民委员会	主任	周建初	1992.06—2001.05
濮院村	乐安乡	万新村	村长	刘瑞林	1950.01—1951.10
		普安村	村长	张阿标	1950.01—1951.10
		第二代表区	主任	刘阿二	1951.10—1954.10
			主任	沈阿富	1954.10—1955.10
		第三代表区	主任	蒋福堂	1951.10—1953.10
			主任	金阿毛	1953.10—1955.10
		第四代表区	主任	唐龙生	1951.10—1953.08
			主任	杭明珍	1953.08—1954.04
			主任	张兰官	1954.04—1955.10
		建丰高级社	社长	沈阿富	1955.10—1956.02
		联心高级社	社长	俞玉林	1955.10—1956.02

续表 1－19

名称	所属乡镇	组织名称	职务	姓名	任职年月
濮院村	永乐乡	建丰高级社	社长	沈阿富	1956.02—1958.10
		联心高级社	社长	俞玉林	1956.02—1958.10
	濮院公社	建丰高级社	社长	沈阿富	1958.10—1961.06
		联心高级社	社长	俞玉林	1958.10—1961.06
		星火大队	队长	沈阿富	1961.06—1962.05
			队长	金昌林	1962.05—1968.06
			队长	周松官	1968.06—1980.07
		星火管理委员会	队长	周松官	1980.07—1981.03
			队长	杨宝泰	1981.03—1983.12
	濮院乡	濮院村村民委员会	主任	俞炳泉	1984.01—1992.06
	濮院镇	濮院村村民委员会	主任	俞炳泉	1992.06—2001.05

2000 年 11 月撤销原永濮村、濮院村建制，建立新濮村村民委员会，驻地刘家浜，位于濮院镇北侧，距镇政府驻地约 1.5 千米。2010 年，全村 799 户，3106 人，设 32 个村民小组；党员 79 人，设 3 个党小组；新居民 2000 户，8560 人。全村耕地面积 4288.8 亩，桑园面积 550 亩；粮食作物播种面积 3896 亩(复种、套种)，经济作物播种面积 2319 亩(复种、套种)，水果面积 86 亩。自然村有大其里、刘家浜、俞家门、北庄浜、金家门、钱家浜、祁堂浜、沈家门、南埭、濮北、旱桥。

表 1－20　新濮村党组织主要负责人一览表

名称	所属乡镇	组织名称	职务	姓名	任职年月
新濮村	濮院镇	新濮村党支部	书记	沈国林	2000.12—2008.03
		新濮村党支部	书记	邱明华	2008.03—

表 1－21　新濮村村委会主要负责人一览表

名称	所属乡镇	组织名称	职务	姓名	任职年月
新濮村	濮院镇	新濮村村民委员会	主任	邱明华	2001.05—

新星村

调整前分安心、乐安、星锋、运河 4 个行政村。

安心村 中华人民共和国成立前属报恩乡。中华人民共和国成立初为乐安乡田心村、乐安村。1951 年 10 月,全乡划分代表区后为第五代表区,1955 年 10 月成立安心高级社,1956 年为永乐乡安心高级社,1958 年属濮院人民公社乐安管理区,1961 年划小公社规模后为濮院人民公社安心大队,1984 年为濮院乡安心村,全村辖 8 个自然村,村委会驻地罗家桥,东南距乡政府驻地 3 千米。有耕地 1189 亩,其中水田 759 亩、旱地 430 亩,有桑地 329 亩。村办企业有水泥预制件厂等。有小学 1 所,学生 21 人。

罗家桥自然村:村委会驻地。村中有罗家桥,村以桥名。原分罗家桥和枣树下两个居住点,1956 年合为一个自然村。

李家湾自然村:村处乐曲港湾处,住户都为李姓,故得村名李家湾。

宣家浜自然村:村中有浜,旧时有宣姓住户分住浜之两侧,故名宣家浜。村以浜名。

水口门自然村:旧时为防盗贼,于村口水道上设置闸门,故得村名水口门。

朱家窑自然村:旧时村中有一坍窑,相传为朱姓建造。村东有庙,也因之称朱家窑庙。村名由此而来。

张家兜自然村:村地形如兜状,住户都为张姓,故名。

柳岸浜自然村:村中有浜,旧时浜两岸柳树丛生,村人多用以编织各种用具,故称柳岸浜。村以浜名。

凌塘浜自然村:村中有浜,浜底与大片塘田相连,住户都为凌姓,故名凌塘浜。村以浜名。

乐安村 中华人民共和国成立前属报恩乡,因村南端有乐安桥,村以桥名。中华人民共和国成立初为乐安乡乐安村。1951 年 10 月,全乡划分代表区后为第六、第七代表区,1955 年 10 月成立乐安高级社,1956 年属永乐乡安心高级社,1958 年属濮院人民公社乐安管理区,1961 年划小公社规模后为濮院人民公社乐安大队,1984 年为濮院乡乐安村,全村辖 12 个自然村,村委会驻地金家门,东南距乡政府驻地 4 千米。有耕地 1673 亩,其中水田 1140 亩、旱地 533 亩,有桑地 315 亩。有小学 1 所,学生 119 人。

金家门自然村:村委会驻地。旧时村中多金姓,故名。

大船浜自然村:村近大运河妙智口,在渡口撑船者多为村人,故得村名渡船浜。吴方言中,“大”“渡”同音,故渐写作今名。

沈家浜自然村:村中有浜,与小猪港相通,住户多沈姓,故名沈家浜。村以浜名。

俞家门自然村:村中大多为俞姓,故名。

俞家场自然村:村中多为俞姓,故名。

张家门自然村:旧时村中有张姓数家,因此得名张家门,后一直沿用。

日晖浜自然村:村中有日晖桥,桥下为日晖浜,村以浜名。

朱家门自然村:村中都为朱姓,故名。

金家浜自然村:村中有浜,素称金家浜。村以浜名。

小猪港自然村:旧时大运河支流小猪港绕村而过,村以港名。

北浜自然村:村中有浜,在小猪港北端,故称北浜。村以浜名。

李家门自然村

星锋村 中华人民共和国成立前属报恩乡。中华人民共和国成立初为乐安乡延丰村、积善村,1951 年 10,全乡划分代表区后为第九、第十三代表区,1955 年 10 月成立先锋(丰)高级社,1956 年属永乐乡中苏高级社,1958 年属濮院人民公社乐安管理区,1961 年划小公社规模后为濮院人民公社星锋大队,1984 年为濮院乡星锋村,全村辖 12 个自然村,村委会驻地冯家浜,东南距乡政府驻地 4 千米。村有耕地 2352 亩,其中水田 1596 亩、旱地 756 亩,有桑地 587 亩。村办企业有服装厂、砖瓦厂、水泥预制场等。有小学 1 所,学生 149 人。

冯家浜自然村:村委会驻地。村中有浜,浜两侧住户都为冯姓,故名冯家浜。村以浜名。分冯家浜、高家兜两个居住点。

汤家角自然村:村处南横港和马家桥港夹角,此处原有一汤姓大户建房居住,故得村名汤家角。

紫金浜自然村:村中有浜,相传开挖此浜时曾掘得一根紫金条,故名紫金浜。村以浜名。

西横港自然村:村临西横港,村以港名。

金家门自然村:村中多金姓,故名。

夏家浜自然村:村后有浜,以住户都为夏姓,故名夏家浜。村以浜名。

黄家场自然村:旧时村落四周都为荒地,俗称白场,村中都为黄姓,故得村名黄家场。

施家兜自然村:村之地形成兜状,住户多施姓,故得村名施家兜。

庄家荡自然村:村落四周旧时多为荡田,系庄姓所有,故称庄家荡,并移作村名。

姚家兜自然村:村落南有南横港,东有义家浜,西有马家桥港,地形成兜状,住户多姚姓,故名姚家兜。

北蔡场自然村:蔡姓居多,村在南蔡场之北,故名。旧曾名施家角。

南蔡场自然村:村在北蔡场之南,故名。

运河村 中华人民共和国成立前属报恩乡,因村北临京杭运河,故名。中华人民共和国成立初为乐安乡延寿村、乐安村。1951 年 10 月,全乡划分代表区后为第八代表区,1955 年 10 月成立运河高级社,1956 年属永乐乡中苏高级社,1958 年属濮院人民公社乐安管理区,1961 年划小公社规模后为濮院人民公社运河大队,1984 年为濮院乡运河村,村委驻地张家湾,全村辖 6 个自然村,东南距乡政府驻地约 5 千米。村有耕地 969 亩,其中水田 721 亩、旱地 248 亩,有桑地 180 亩。

张家湾自然村:村委会驻地。村周围水道曲折,东通永兴港,西接郁家港,经潘家湾,成“S”形,住户都姓张,故得村名张家湾。

新张自然村：村于1980年从张家湾析出，故名新张。

塘头浜自然村：村中有浜，旧时浜尽头有一大塘，故名塘头浜。村以浜名。

木桥头自然村：村中有桥跨永兴港，约建于清初，称王家桥。桥上有对联云："北去运河才二里，南径屠甸第三桥。"

金家角自然村

潘家村自然村：村中多潘姓，故名。

表1－22　　安心、乐安村党组织主要负责人一览表

名称	所属乡镇	组织名称	职务	姓名	任职年月	备注
安心村	永乐乡	安心高级社党支部	书记	周阿富	1956.10—1958.10	1956年10月，红星（心）、安心、乐安三村联合组成安心高级社党支部，1961年6月，独立建支部
	濮院公社	安心高级社党支部	书记	周阿富	1958.10—1961.06	
		安心大队党支部	书记	李叙庆	1961.06—1964	
			书记	濮品金	1966.04—1978.05	
			书记	李甫仁	1978.05—1982.11	
			书记	李菊生	1982.11—1984.01	
	濮院乡	安心村党支部	书记	李菊生	1984.01—1992.06	
	濮院镇	安心村党支部	书记	李菊生	1992.06—1994.01	
			书记	范阿林	1994.01—1996.12	
			书记	沈国林	1997.01—1999.04	
			书记	潘振荣	1999.04—2000.04	
			书记	孙雪忠	2000.04—2000.12	
乐安村	永乐乡	安心高级社党支部	书记	周阿富	1956.10—1958.10	1956年10月，红星（心）、安心、乐安三村联合组成安心高级社党支部，1961年6月，独立建支部
	濮院公社	乐安大队党支部	书记	周阿富	1958.10—1965	
			书记	李荣林	1965—1970.08	
			书记	吴冬梅（女）	1970.08—1980.11	
			书记	汪荣根	1980.11—1983.12	
	濮院乡	乐安村党支部	书记	连海发	1984.01—1992.06	
	濮院镇	乐安村党支部	书记	连海发	1992.06—1999.08	
			书记	蒋银良	1999.08—2000.11	

表 1－23　　星锋、运河村村党组织主要负责人一览表

名称	所属乡镇	组织名称	职务	姓名	任职年月	备注
星锋村	永乐乡	中苏高级社党支部	书记	庄庆官	1956.10—1958.10	1956年10月，运河、星锋、红晓三村联合组成中苏高级社党支部，1961年6月，独立建支部
	濮院公社	星锋大队党支部	书记	庄庆官	1958.10—1961.06	
			书记	夏火山	1961.06—1984.01	
	濮院乡	星锋村党支部	书记	王阿坤	1984.01—1986.10	
			书记	庄金荣	1986.10—1992.04	
			书记	冯永庆	1992.05—1992.06	
	濮院镇	星锋村党支部	书记	冯永庆	1992.06—2000.11	
运河村	永乐乡	中苏高级社党支部	书记	庄庆官	1956.10—1958.10	1956年10月，运河、星锋、红晓三村联合组成中苏高级社党支部，1961年6月，独立建支部
	濮院公社	运河大队党支部	书记	庄庆官	1958.10—1961.06	
			书记	蔡娜娜	1961.06—1962	
			书记	沈茂堂	1962—1968.06	
			书记	蔡娜娜	1970.08—1973.07	
			书记	沈茂堂	1973.07—1983.09	
	濮院乡	运河村党支部	书记	金胜荣	1984.01—1992.06	
	濮院镇	运河村党支部	书记	金胜荣	1992.06—2000.11	

表 1－24　　安心、乐安村村委会主要负责人一览表

名称	所属乡镇	组织名称	职务	姓名	任职年月
安心村	乐安乡	第五代表区	主任	许文清	1951.10—1955.10
		安心高级社	社长	李叙庆	1955.10—1956.02
	永乐乡	安心高级社	社长	李叙庆	1956.02—1958.10
	濮院公社	安心高级社	社长	李叙庆	1958.10—1961.06
		安心大队	队长	李甫顺	1961.06—1979.01
			队长	李菊生	1979.01—1980.07
		安心管理委员会	队长	李菊生	1980.07—1983.12
	濮院乡	安心村村民委员会	主任	范阿林	1984.01—1992.06
	濮院镇	安心村村民委员会	主任	范阿林	1992.06—1995.11
			主任	孙雪忠	1995.11—2001.05

续表 1－24

名称	所属乡镇	组织名称	职　务	姓　名	任职年月
乐安村	乐安乡	乐安村	村　长	吴吉祥	1950.01—1951.10
		第六代表区	主　任	高有金	1951.10—1955.10
		第七代表区	主　任	蔡德荣	1951.10—1955.10
		乐安高级社	社　长	潘景海	1955.10—1956.02
	永乐乡	乐安高级社	社　长	潘景海	1956.02—1958.10
	濮院公社	乐安高级社	社　长	潘景海	1958.10—1961.06
		乐安大队	队　长	李荣林	1961.06—1963.06
			队　长	殳阿法	1963.06—1968.03
			队　长	李德荣	1968.06—1976.10
			队　长	戴阿四	1976.10—1979.01
			队　长	汪荣根	1979.01—1980.07
		乐安管理委员会	队　长	汪荣根	1980.07—1983.12
	濮院乡	乐安村村民委员会	主　任	蒋银良	1984.01—1985.07
			主　任	朱云林	1985.07—1989.03
			主　任	蒋银良	1989.03—1992.06
	濮院镇	乐安村村民委员会	主　任	蒋银良	1998.08—2001.05

表 1－25　　星锋、运河村村委会主要负责人一览表

名称	所属乡镇	组织名称	职　务	姓　名	任职年月
星锋村	乐安乡	积善村	村　长	施阿堂	1950.01—1951.10
		第九代表区	主　任	杨祖荫	1951.10—1955.10
		第十三代表区	主　任	施阿堂	1951.10—1955.10
		先丰高级社	社　长	施阿堂	1955.10—1956.02
	永乐乡	先锋高级社	社　长	夏火山	1956.02—1958.10
	濮院公社	先锋高级社	社　长	施阿堂	1958.10—1961.06
		星锋大队	队　长	施阿富	1961.06—1973.09
			队　长	王阿富	1973.09—1980.07
		星锋管理委员会	队　长	王阿富	1980.07—1983.12
	濮院乡	星锋村村民委员会	主　任	吴玉根	1984.01—1985.07

续表 1－25

名称	所属乡镇	组织名称	职务	姓名	任职年月
星锋村	濮院乡	星锋村村民委员会	主任	庄金荣	1985.07—1986.10
			主任	王阿坤	1986.10—1992.06
	濮院镇	星锋村村民委员会	主任	王阿坤	1992.06—1998.08
			主任	冯永庆	1998.08—2001.05
运河村	乐安乡	延寿村	村长	沈阿堂	1950.01—1951.04
		第八代表区	主任	谢双珠	1951.10—1955.10
		运河高级社	社长	俞阿高	1955.10—1956.02
	永乐乡	运河高级社	社长	俞阿高	1956.02—1958.10
	濮院公社	运河高级社	社长	俞阿高	1958.10—1961.06
		运河大队	队长	沈茂堂	1961.06—1962.06
			队长	金锦堂	1962.06—1971.10
			队长	张阿方	1971.10—1980.07
		运河管理委员会	队长	金胜荣	1980.07—1983.12
	濮院乡	运河村村民委员会	主任	汤顺远	1984.01—1985.07
			主任	张永泉	1985.07—1992.06
	濮院镇	运河村村民委员会	主任	汤顺远	1992.06—1995.11
			主任	金胜荣	1995.11—2001.05

2000 年 11 月，撤销原安心村、乐安村、星锋村、运河村建制，建立新星村村民委员会，驻地庄家塘，位于濮院镇西北侧，距镇政府驻地约 1.5 千米。2010 年，全村 1010 户，4071 人，设 39 个村民小组；党员 112 人，设 3 个党小组；新居民 1500 户，7900 人。全村耕地面积 6585 亩，桑园面积 850 亩；粮食作物播种面积 5108 亩(复种、套种)，经济作物播种面积 4650 亩(复种、套种)，水果面积 80 亩。自然村有张家兜、朱家窑、柳岸浜、水口门、凌塘浜、宣家浜、罗家桥、李家湾、俞家场、张家门、日辉浜、俞家门、大船浜、南金门、北金门、朱家门、李家门、金家浜、小猪港、北浜、潘家村、金家角、木桥头、新张、塘头浜、张家湾、西横港、北蔡、南蔡、紫金浜、汤家角、姚家兜、冯家浜、高家兜、庄家塘、里浜、夏家浜、黄家场、施家兜。

表 1－26　新星村党组织主要负责人一览表

名称	所属乡镇	组织名称	职务	姓名	任职年月
新星村	濮院镇	新星村党支部	书记	孙雪忠	2000.12—2008.08
	濮院镇	新星村党总支部	书记	孙雪忠	2008.08—

表 1－27　　新星村村委会主要负责人一览表

名　称	所属乡镇	组织名称	职　务	姓　名	任职年月
新星村	濮院镇	新星村村民委员会	主　任	冯永庆	2001.05—2005.05
	濮院镇	新星村村民委员会	主　任	施法根	2005.06—

渔业村　20世纪50年代初，分布于周家场、栖梧村渔民单独组建渔业协会，直属镇政府管辖。1958年，渔业协会划归濮院人民公社，1961年成立水产大队。1962—1963年，渔民户粮关系转至农村，1972年3月成立大队党支部，1983年为渔业村，村委会驻地周家场。全村75户，286人。村办企业有棉絮厂、并线厂、汽水厂等。1997年8月，撤销渔业村建制并入中兴街居委会。

表 1－28　　渔业村党组织主要负责人一览表

所属乡镇	组织名称	职　务	姓　名	任职年月
濮院公社	水产大队党支部	书　记	朱其生	1972.03—1977
		书　记	姚正标	1977　—1984.01
濮院乡	渔业村党支部	书　记	姚正标	1984.01—1986.10
		书　记	李小兔	1986.10—1992.06
濮院镇	渔业村党支部	书　记	李小兔	1992.06—1997.08

表 1－29　　渔业村委主要负责人一览表

所属乡镇	组织名称	职　务	姓　名	任职年月	备　注
濮院公社	水产大队革命领导小组	组　长	朱其生	1968.06—1978.01	革领小组组长代队长
		队　长	李高生	1981.09—1983.12	
濮院乡	渔业村村民委员会	主　任	费阿兴	1984.01—1992.06	
濮院镇	渔业村村民委员会	主　任	李金根	1992.06—1997.08	

原新生各村庄及其变迁

宋时乡域属永新乡。永新乡管辖集贤、静安、翁林、下培四旦，分属第二十五都、二十六都、二十七都、二十八都四都。各管十保。明、清因袭之。据《光绪桐乡县志》载，乡域少数村庄属二十六七都区，大多属二十八都区。

二十六七都区共二图

南三图　陆家村、网船浜、濮家湾。

南二图　澜溪浜、庄家汇、小桥村、叶家浜、罗家浜。

二十八都区共十二图

新北一图　蒋家村、长生桥、三家桥、去龙桥、凤凰桥、北横港、杨树下、洗汾浜、金家浜、石臼浜、渡船桥、万年桥。

旧北一图　倪家庄、黄家港、朱家石桥、日辉桥、盛家桥。

新南二图　施家兜、施家兜西村、朱家窑、卢家桥、石灰桥、宣家场、金塘村。

新北二图　庙后浜、让仁桥、铁家浜、安桥、汇里、西浜、后西浜、钟家村、太平桥、花石桥。

旧北二图　计春浜、朱家浜、义家浜、潘家埭、墙西村、夏家村、蒲扇浜。

新三图　西华园、后村、谈家桥、张家桥、吴家桥、吴家桥东、河西、贯塘桥、蒋家埭、妙智塘。

旧三图　妙智港、莫家浜、南横港、陆家板桥、白旗漾、计家板桥、北沈、翁家桥、盛家门。

四图　崇福桥、朝东屋、吴家桥、鸦鹊浜、石卵桥、港北、西黄村、康泾浜、西横石桥、吕家兜、莫家埭、泾塘浜、唐庵村、窑浜。

五图　计家汇、柯家木桥、永新港、鱼船浜、姚家汇、南兜村、蒋家桥、辅家港、施家湾、陆家浜、杨木桥、西桥湾。

新六图　芦荡湾、谢家村、渡船桥、金家埭、田上村、金家浜、赵家浜、黄家木桥、张家桥、吴家村、唐庵村、徐家村。

旧六图　曹家场、沈家场、孔家扇、桐秀庙章桥、南俞庄、西浜村、计家板桥、李家桥、吴家浜、李家兜、庄家桥、吴桥村。

新七图　大池村。

民国21年(1932)分属泽冈、青东、皂林等乡。民国35年(1946)属永新乡。

中华人民共和国成立后,废除保甲制,建立行政村。1950年,属新生、新丰两乡,乡下设代表区,后设初级社。

1956年,撤区并乡后,原民东乡一、二村并入后建立新的新生乡人民政府,下设14个高级社。乡域位于桐乡县境东北部,南距桐乡县城9千米,东与嘉兴市郊区交界,南隔京杭大运河,与梧桐、濮院两乡相望,西与炉头、乌镇两镇为邻,北与民合乡接壤。

1958年,并入濮院人民公社。1961年,调整人民公社规模后,建立新生人民公社,下设14个生产大队。1981年8月,原新民、红旗、群丰、利民、红星等5个生产大队分别更名为:环桥、元宝桥、油车桥、金桥、网船浜生产大队。

1984年,实行政社分设,新生人民公社更名新生乡人民政府,下设红旗漾、张家桥、跃进、油车桥、妙智、新村、新生、联丰、联民、环桥、建民、金桥、网船浜、元宝桥等14个行政村。1990年,全乡总面积26.3平方千米。

1992年4月，新生乡调整部分行政村区划，撤销联民村、环桥村村民委员会建制，建立环民村村民委员会；撤销建民村、金桥村（利民村）村民委员会建制，建立建利桥村村民委员会；撤销网船浜村、元宝桥村建制村民委员会，建立星旗村村民委员会，其他行政村不变。调整后的新生乡设红旗漾、张家桥、跃进、油车桥、妙智、新村、新生、联丰、环民、建利桥、星旗等11个行政村。

1994年11月18日，经省民政厅批准，撤乡建镇后，原11个行政村不变。

2000年11月，新生镇调整部分行政村区划。其中撤销张家桥、跃进村村民委员会建制，建立新东村村民委员会；撤销妙智、新村村民委员会建制，建立新妙智村村民委员会；撤销新生、联丰村村民委员会建制，建立新联村村民委员会；撤销环民、建利桥村村民委员会建制，建立新港村村民委员会；其他行政村不变。调整后的新生镇下设新东、新妙智、新联、新港、星旗、红旗漾、油车桥等7个行政村。2001年10月，新生镇并入濮院镇。

新东村

调整前分张家桥、跃进两个行政村。

张家桥村 中华人民共和国成立前属永新乡。中华人民共和国成立初为新生乡第一村，1953年改为代表区，1954年建初级社，1955年建大初级社，改名“张家桥”，1956年与红旗漾、新村、跃进四村合并为新生乡第一高级社，1958年为濮院人民公社第五管理区张家桥连队，1961年为新生人民公社张家桥大队，1984年为新生乡张家桥村，全村辖13个自然村，村委会驻地张家桥自然村，西北距乡政府驻地2.9千米。村有耕地2493亩，其中水田2101.5亩、旱地391.5亩，有桑地382.5亩。村办企业有服装厂、印刷厂等。有小学1所，学生123人。

张家桥自然村：村委会驻地。村中有张家桥。村以桥名。

西岳园自然村：旧时村中有岳姓2户，分住村之东西两侧。后来村东岳氏渐衰，村西岳氏兴发，村因称西岳园。

小桥浜自然村：村中有浜，浜上有小桥，故称小桥浜。村以浜名。

老坟浜自然村：村中有浜，浜侧有朱氏墓葬，故名老坟浜。村以浜名。

太平桥自然村：村中有太平桥，村以桥名。

俞家庄自然村：村中住户都为俞姓，故名。

陈家桥自然村：住户都为陈姓，故村中石桥称陈家桥。村以桥名。

万安桥自然村：村中有万安桥，村以桥名。

沈家场自然村：旧时村中有沈氏经商致富，后渐衰落，宅基夷为荒地，人称沈家场，村名因此而得。

港上自然村：村西临正家览港，故名港上。

西浜自然村：附近小河上有一西向水浜，称西浜。村以浜名。

庙桥自然村：村中有桥，以旧时桥边有土地庙，而称庙桥。村以桥名。

蒋家湾自然村：村处河湾，旧时有蒋姓居住于此，故名蒋家湾。

跃进村 中华人民共和国成立前属永新乡。中华人民共和国成立初为新生乡第一村，1952年冬建陆家板桥初级社，1956年划入新生乡第一高级社，1958年为濮院人民公社第五管理区连队，1961年改为新生人民公社跃进大队，1984年为新生乡跃进村，全村辖7个自然村，村委会驻地计家板桥，西北距乡政府驻地1.9千米。村有耕地1233亩，其中水田1060亩、旱地173亩，有桑地225亩。1985年产粮食67.895万千克，蚕茧262担，油菜籽613担，络麻350担。全年饲养生猪1088头，家禽2600羽，湖羊年终存栏338头。村办企业有服装厂等。

计家板桥自然村：村委会驻地。村中计姓居多，故村中小木桥称计家板桥。村以桥名。

老十八自然村：村中原有一荒草墓地，后开垦为农田，约18亩，故名老十八。村以地名。

大水板桥自然村：村中有桥，桥南侧有许多潭，天雨则潭水外溢，人称此桥为大水板桥。村以桥名。

陆家板桥自然村：旧时村中都为陆姓，故村中小石桥称陆家板桥。村以桥名。

李家埭自然村：村以住户姓氏得名。

盛家门自然村：旧时盛氏为村中首富，故村称盛家门。

赵家场自然村：旧时村中赵氏甚富，日军侵华时屋舍被焚，成一瓦砾场，人称赵家场，并被用作村名。

表1-30　　张家桥、跃进村党组织主要负责人一览表

名称	所属乡镇	组织名称	职务	姓名	任职年月
张家桥村	濮院公社	张家桥连队党支部	书记	莫介安	1958.10—1961.05
	新生公社	张家桥大队党支部	书记	朱连宝	1961.06—1968.04
			书记	朱连宝	1970.07—1978.07
			书记	沈建伟	1978.07—1980.06
			代书记	魏巧荣	1980.07—1981.03
			书记	魏巧荣	1981.03—1984.01
	新生乡	张家桥村党支部	书记	魏巧荣	1984.01—1984.05
			书记	周阿毛	1984.06—1994.11
	新生镇	张家桥村党支部	书记	周阿毛	1994.11—1998.06
			书记	张银标	1998.07—2000.11

续表 1－30

名称	所属乡镇	组织名称	职务	姓名	任职年月
跃进村	濮院公社	跃进连队党支部	书记	祝关清	1958.10—1961.05
	新生公社	跃进大队党支部	书记	陆叙生	1961.06—1968.04
			书记	陆叙生	1970.07—1978.06
			书记	陆卯生	1978.07—1983.11
			书记	计文龙	1983.12—1984.01
	新生乡	跃进村党支部	书记	计文龙	1984.01—1985.06
			书记	余阿华	1985.07—1994.07
			负责人	汤建平	1994.07—1994.11
	新生镇	跃进村党支部	书记	汤建平	1994.11—2000.11

表 1－31　　张家桥、跃进村村委会主要负责人一览表

名称	所属乡镇	组织名称	职务	姓名	任职年月	备注
张家桥村	新生乡	第一村	村长	莫其千	1950.01—1953.02	1956年10月，张家桥大初级社与红旗漾、新村、跃进等初级社合并为新生乡第一高级社
		代表区	主任	刘福元	1953.02—1955.12	
		张家桥大初级社	社长	莫介安	1955.12—1956.10	
		第一高级社	社长	高金毛	1956.10—1958.10	
	濮院公社	张家桥连队	连长	朱连宝	1958.10—1961.06	
	新生公社	张家桥大队	队长	沈其法	1961.06—1976.07	
			队长	魏巧荣	1976.07—1978.01	
			队长	周阿毛	1978.01—1983.12	
	新生乡	张家桥村村民委员会	主任	张银标	1984.01—1989.10	
			主任	魏巧荣	1989.10—1992.07	
			主任	张银标	1992.07—1994.11	
	新生镇	张家桥村村民委员会	主任	张银标	1994.11—1995.09	
			主任	周阿毛	1995.10—1998.07	
			主任	张银标	1998.08—2000.11	
跃进村	新生乡	陆家板桥初级社	社长	祝关清	1955.12—1956.10	1956年10月，划入新生乡第一高级社
		第一高级社	社长	高金毛	1956.10—1958.10	
	濮院公社	第五管理区连队	连长	祝关清	1958.10—1961.06	
		跃进大队	队长	沈德宝	1961.06—1984.01	

续表 1－31

名称	所属乡镇	组织名称	职务	姓名	任职年月	备注
跃进村	新生乡	跃进村村民委员会	主任	陆卯生	1984.01—1992.06	
			主任	汤建平	1992.07—1994.11	
	新生镇	跃进村村民委员会	主任	汤建平	1994.11—2000.11	

2000年11月撤销原张家桥村、跃进村建制，建立新东村村民委员会，驻地张家桥，位于濮院镇北侧，距镇政府驻地约6千米。2010年，全村544户，2065人，设16个村民小组。党员66人，设3个党小组。全村耕地面积3738.7亩，桑园面积650亩；粮食作物播种面积2413亩（复种、套种），经济作物播种面积3078亩（复种、套种），水果面积381亩。自然村有西浜北、西浜南、张家桥西、张家桥东、庙桥、港上、西岳园、小桥浜、太平桥、万安桥、俞家庄、新老十八、计家板桥、陆家板桥、李家埭、区农场。

表1－32　　新东村党组织主要负责人一览表

名称	所属乡镇	组织名称	职务	姓名	任职年月
新东村	新生镇	新东村党支部	书记	汤建平	2000.11—2001.10
	濮院镇	新东村党支部	书记	汤建平	2001.10—2008.08
		新东村党总支	书记	汤建平	2008.08—

表1－33　　新东村村委会主要负责人一览表

名称	所属乡镇	组织名称	职务	姓名	任职年月
新东村	新生镇	新东村村民委员会	主任	张银标	2000.11—2001.10
	濮院镇	新东村村民委员会	主任	张银标	2001.10—2008.05
			主任	汤建平	2008.05—

新妙智村

调整前分妙智、新村两个行政村。

妙智村　中华人民共和国成立前属永新乡，因旧时有妙智寺在大运河畔，民国《乌青镇志》卷十四："妙智区有妙智寺，元时废，明正统九年（1444）重建。"村以寺。中华人民共和国成立初为新生乡第五村，1953年初划分为代表区，1954年10建初级社，1955年冬合并为大初级社，1956年与联丰大初级社合并为妙智高级社，又称新生乡第四高级社，1958年为濮院人民公社第四管理区第四连，1961年改为新生人民公社妙智大队，1984

年为新生乡妙智村，全村辖 11 个自然村，村委会驻地盛家桥，北距乡政府驻地 3 千米。村有耕地 1792 亩，其中水田 1403 亩、旱地 389 亩，有桑地 301 亩。村办企业有针织厂、砖瓦厂等。有小学 1 所，学生 51 人。

盛家桥自然村：村委会驻地。村中多盛姓，故名盛家门。后易名盛家桥。

西蓬子自然村：清时，住户从河南和本省绍兴一带迁来，以草舍（俗称草蓬）庇身，村因名西蓬子。

新木桥自然村：村中有新木桥，村以桥名。

大汇自然村：村三面环河，面积 200 余亩，旧称汇兜，亦称大汇。

石灰桥自然村：旧时村中有长春桥后更名为石灰桥。村以桥名。

倪家庄自然村：相传，旧时村中有倪氏富户，故名。

小港自然村：旧时村中河道狭窄，船只不能通行，故名小港。村以港名。

妙智自然村：旧时村中有妙智寺，村以寺名。

朱家石桥自然村：村中有朱家石桥，村以桥名。

永兴自然村：早时此地为一集镇，有商号、旅舍、茶馆、药铺等，生意日益兴隆，故名永兴。

王家坝自然村：据传，旧时有王氏弟兄，横行乡里，人称此地为王家霸，后谐为王家坝。

新村村　中华人民共和国成立前属永新乡。中华人民共和国成立初属新生乡，1950 年建村，1953 年为代表区，1954 年初建初级社，1955 年下半年合为大初级社，名"吴家桥社"，1956 年 10 月并入第一高级社，1958 年为濮院人民公社第五管理区吴家桥连队，1961 年为新生人民公社新村大队。1984 年为新生乡新村村，全村辖 5 个自然村，村委会驻地观塘桥，西北距乡政府驻地 2.8 千米。村有耕地 1199 亩，其中水田 1065 亩、旱地 134 亩，有桑地 221 亩。村办企业有电讯厂、竹器厂等。有小学 1 所，学生 18 人。

观塘桥自然村：村委会驻地。村中有桥，驻足桥上，可远眺大运河，故称观塘桥。村以桥名。

吴家桥自然村：村中有吴家桥，村以桥名。

丁家浜自然村：村中有浜。明朝时村中有丁氏在外为官，故村称丁家浜。

尹家坝自然村：旧时有尹姓在妙智港上筑一土坝，村因称尹家坝。

南莫家浜自然村：村中有浜，住户多莫姓，故名莫家浜。村以浜名。为别于环桥村之莫家浜，而称南莫家浜。

表 1－34　　妙智村、新村村党组织主要负责人一览表

名　称	所属乡镇	组织名称	职　务	姓　名	任职年月
妙智村	濮院公社	妙智连队党支部	书　记	何存国	1958.10—1961.05
	新生公社	妙智大队党支部	书　记	马福生	1961.06—1968.04

续表 1－34

名　称	所属乡镇	组织名称	职　务	姓　名	任职年月
妙智村	新生公社	妙智大队党支部	书　记	马福生	1970.07—1977.10
			书　记	傅长尧	1977.11—1984.01
	新生乡	妙智村党支部	书　记	冯阿毛	1984.01—1992.05
			书　记	何火根	1992.06—1994.11
	新生镇	妙智村党支部	书　记	何火根	1994.11—2000.11
新村村	濮院公社	新村连队党支部	书　记	李长娜	1958.10—1961.05
	新生公社	新村大队党支部	书　记	周叙良	1961.06—1968.04
			书　记	周叙良	1970.07—1978.08
			书　记	高德发	1978.09—1981.05
			书　记	施金土	1981.06—1984.01
	新生乡	新村村党支部	书　记	施金土	1984.01—1988.04
			副书记	钱灵林	1988.04—1990.07
			副书记	李志官	1990.07—1995.09
			书　记	周伯良	1995.09—1998.07
			书　记	杨森坚	1998.07—2000.11

表 1－35　　妙智村、新村村村委会主要负责人一览表

名称	所属乡镇	组织名称	职　务	姓　名	任职年月	备　注
妙智村	新生乡	五村	村　长	周建兴	1950.01—1953.01	1950年初建村，其中包含新村一部分，名“五村”。1958年10月与第五高级社合并为濮院公社第四管理区
		代表区、初级社	主　任	姚长生	1953.01—1955.12	
		大初级社	社　长	马福生	1955.12—1956.09	
		第四高级社	社　长	马福生	1956.09—1958.09	
	濮院公社	第四连	连　长	蔡小窑	1958.10—1961.06	
	新生公社	妙智大队	队　长	张林生	1961.06—1970.03	
			队　长	陈阿清	1970.03—1975.03	
			队　长	傅长尧	1975.03—1977.10	
			队　长	何存国	1977.10—1979.12	
			队　长	马福安	1979.12—1983.12	

续表 1－35

名称	所属乡镇	组织名称	职务	姓名	任职年月	备注
妙智村	新生乡	妙智村村民委员会	主任	何火根	1984.01—1986.04	
			主任	杨潮德	1986.04—1989.03	
			主任	马福安	1989.04—1992.06	
			主任	陈有生	1992.07—1994.11	
	新生镇	妙智村村民委员会	主任	陈有生	1994.11—1995.09	
			主任	何火根	1995.10—2000.11	
新村村	新生乡	村名无考	村长	周建兴	1950.01—1953.07	1956年10月，并入第一高级社。1958年10月，第一高级社改为第五管理区
		代表区	主任	施炳山	1953.07—1955.09	
		吴家桥大初级社	社长	余开达	1955.09—1956.09	
		第一高级社	社长	高金毛	1956.10—1958.10	
	濮院公社	吴家桥连队	连长	施金荣	1958.10—1961.06	
	新生公社	新村大队	队长	施金荣	1961.06—1966.04	
			队长	高德法	1966.04—1978.04	
			队长	顾宝木	1978.04—1983.12	
	新生乡	新村村民委员会	主任	李志官	1984.01—1990.07	
			代主任	施金土	1990.07—1992.07	
			主任	杨森坚	1992.07—1994.11	
	新生镇	新村村民委员会	主任	杨森坚	1994.11—1995.10	
			主任	周伯良	1995.10—1998.07	
			主任	杨森坚	1998.08—2000.11	

2000 年 11 月撤销原妙智村、新村村建制，建立新妙智村村民委员会，驻地盛家桥，位于濮院镇西北侧，距镇政府驻地约 6 千米。2010 年，全村 529 户，2067 人，设 16 个村民小组；有党员 64 人，设 5 个党小组；新居民 46 户，92 人。全村耕地面积 2524.1 亩，桑园面积 364 亩；粮食作物播种面积 1908 亩(复种、套种)，经济作物播种面积 2421 亩(复种、套种)，水果面积 522 亩。自然村有吴家桥、观塘桥、塘口、尹家坝、莫家浜、妙智、王家坝、小港、大汇、朱家石桥、盛家桥、新木桥、石灰桥、倪家庄、西蓬子、永兴。

表 1－36　　新妙智村党组织主要负责人一览表

名　称	所属乡镇	组织名称	职　务	姓　名	任职年月
新妙智村	新生镇	新妙智村党支部	书　记	何火根	2000.11—2001.10
	濮院镇	新妙智村党支部	书　记	何火根	2001.10—2005.05
			书　记	杨森坚	2005.05—

表 1－37　　新妙智村村委会主要负责人一览表

名　称	所属乡镇	组织名称	职　务	姓　名	任职年月
新妙智村	新生镇	新妙智村村委会	主　任	杨森坚	2000.11—2001.10
	濮院镇	新妙智村村委会	主　任	杨森坚	2001.10—

新联村

调整前分新生、联丰两个行政村。

新生村　中华人民共和国成立前属永新乡。1950 年建村，为新生乡第三村，1953 年划分为二个代表区，1955 冬成立初级社，1956 年冬与网船浜、元宝桥村合并成立新生乡第三高级社，1958 年 10 月，第三高级社与第二高级社合并为濮院人民公社第六管理区，原二个代表区称第六管理区“新联”片第三、第四连，1961 年第三、第四连更名为新生人民公社新生大队，1984 年为新生乡新生村，全村辖 11 个自然村，村委会驻地和顺桥，东北距乡政府驻地 0.5 千米。有耕地 2030 亩，其中水田 1642 亩、旱地 388 亩，有桑地 460 亩。村办企业有砖瓦厂等。有小学 1 所，学生 249 人。

和顺桥自然村：村委会驻地。村中有桥，旧名和尚桥，后别称和顺桥。村以桥名。

张家汇自然村：村三面临水，住户都为张姓，故名。

杨树下自然村：旧时村中多长杨树，树干高大，每到春天，村舍尽在嫩枝绿叶掩映之下，故名杨树下。

许凤浜自然村：村中有浜，相传曾有凤凰来栖浜侧树上，故称喜凤浜后谐作今名。村以浜名。

吴家门自然村：村中都为吴姓，故名。

长生桥自然村：村中有长生桥，村以桥名。

凤凰墩自然村：相传古时有凤凰来此栖息，故名。民国《乌青镇志》卷十四：“凤凰墩，属桐乡县。有土埠高数丈，相传凤凰曾栖此。”

周东湾自然村：村落之始，有周氏居住小河湾上，故名。

南北圣自然村：乡政府驻地。旧时有沈姓大族，分住南北两处，称南北沈，后别称南北圣。

石臼浜自然村：村边小浜，形如石臼，故称石臼浜。村以浜名。

郑家里自然村：村中多郑姓，故名。

联丰村 中华人民共和国成立前属永新乡。1950年建村，为新生乡第四村，1952年冬划分为二个代表区，1954年11月成立联丰初级社，此为联丰得名之始。1955年12月与其他小初级合并为大初级社，1956年9月与妙智大初级社合并为新生乡第四高级社，1958年10月与第五高级社合并为濮院人民公社第四管理区，联丰为第四管理区三连，1961年为新生人民公社联丰大队，1984年为新生乡联丰村，全村辖10个自然村，村委会驻地沈家浜，东北距乡政府驻地1.5千米。有耕地1938亩，其中水田1549亩、旱地389亩，有桑地356亩。村办企业有电珠厂、服装厂等。有小学1所，学生42人。

沈家浜自然村：村委会驻地。村中有浜，冠姓得名。村以浜名。

陆家浜自然村：村中有浜，旧时村中都为陆姓，村以浜名。

倪家浜自然村：村中有浜，旧时村中有倪氏住户，故名倪家浜。村以浜名。

王家浜自然村：村中有浜，住户都姓王，故名王家浜。村以浜名。

桑园里自然村：旧时村中桑林茂密，村落在桑园之中，故名。

孔家门自然村：此村曾为孔氏聚居之地，故名。

沈家石桥自然村：住户都为沈姓，故称村中石桥为沈家石桥。村以桥名。

前塘桥自然村：站在村边桥上，即可远眺大运河。以村前即为塘河（大运河俗称塘河）之意，取桥名为前塘桥。村以桥名。

蒲扇浜自然村：村中有浜，形如蒲扇，故名蒲扇浜。村以浜名。

大史板桥自然村：村中有大史板桥。村以桥名。

表1－38　　新生、联丰村党组织主要负责人一览表

名称	所属乡镇	组织名称	职务	姓名	任职年月
新生村	濮院公社	新生连队党支部	书记	蒋长宝	1958.10—1961.05
	新生公社	新生大队党支部	书记	陆文财	1961.06—1962.10
			书记	朱全宝	1962.11—1966.05
			书记	陆文财	1966.06—1968.04
			书记	朱全宝	1970.07—1981.04
			书记	张祥生	1981.05—1984.01
	新生乡	新生村党支部	书记	张祥生	1984.01—1986.02
			书记	陆来甫	1986.03—1994.11
	新生镇	新生村党支部	书记	陆来甫	1994.11—1998.07
			书记	郑培明	1998.07—2000.11

续表 1－38

名称	所属乡镇	组织名称	职　务	姓　名	任职年月
联丰村	濮院公社	联丰连队党支部	书　记	孔世泉	1958.10—1961.05
	新生公社	联丰大队党支部	书　记	沈应生	1961.06—1966.05
			书　记	李正和	1966.06—1968.04
			书　记	李正和	1970.07—1971.05
			书　记	孙沛潮	1971.06—1978.11
			书　记	沈文松	1978.01—1983.12
	新生乡	联丰村党支部	书　记	徐永夫	1984.01—1994.11
	新生镇	联丰村党支部	书　记	徐永夫	1994.01—2000.11

表 1－39　新生、联丰村村委会主要负责人一览表

名称	所属乡镇	组织名称	职　务	姓　名	任职年月	备　注
新生村	新生乡	第三村	村　长	汤荣生	1950.01—1953.05	1958年10月，原二个代表区改称为濮院公社第六管理区三连、四连。1961年6月，三连、四连合并更名为“新生大队”
		第一代表区	主　任	陆文财	1953.05—1954.05	
			主　任	许曹生	1954.05—1956.10	
		第二代表区	主　任	朱利余	1953.05—1954.08	
			主　任	朱新宝	1954.08—1956.10	
		第三高级社	社　长	蒋荣加	1956.10—1957.11	
			社　长	钟关法	1957.11—1958.10	
	濮院公社	第三连	连　长	蒋长宝	1958.10—1961.06	
		第四连	连　长	朱全宝	1958.10—1961.06	
	新生公社	新生大队	队　长	朱全宝	1961.06—1962.10	
			队　长	陆文财	1962.10—1967.04	
			队　长	王进法	1967.04—1981.05	
			队　长	陆新坤	1981.05—1984.01	
	新生乡	新生村村民委员会	主　任	沈雪堂	1984.01—1984.05	
			主　任	钱财林	1984.05—1994.11	
	新生镇	新生村村民委员会	主　任	钱财林	1994.11—1995.10	
			主　任	陆来甫	1995.10—1998.07	
			主　任	郑培明	1998.08—2000.11	

续表 1-39

名称	所属乡镇	组织名称	职务	姓名	任职年月	备注
联丰村	新生乡	第四村	村长	徐俊才	1950.01—1950.08	
			村长	沈应生	1950.09—1951.04	
			村长	沈金坤	1951.05—1952.12	
		第一代表区	主任	李志成	1952.12—1955.12	
		第二代表区	主任	徐明春	1952.12—1955.12	
		大初级社	社长	沈金坤	1955.12—1956.09	
		高级社	社长	马福生	1956.09—1958.09	
	濮院公社	三连	连长	李阿龙	1958.10—1959.06	属濮院人民公社第四管理区
			连长	孔世泉	1959.06—1961.06	
	新生公社	联丰大队	队长	沈金坤	1961.06—1962.06	
			队长	沈应生	1962.06—1963.06	
			队长	李庆生	1963.06—1964.06	
			队长	沈金坤	1964.06—1977.09	
			队长	徐永夫	1977.09—1984.01	
	新生乡	联丰村村民委员会	主任	蒋玉明	1984.01—1994.11	
	新生镇	联丰村村民委员会	主任	蒋玉明	1994.11—1995.10	
			主任	徐永夫	1995.10—2000.11	

2006 年建成的新联村村民委员会

2000 年 11 月撤销原新生村、联丰村建制，建立新联村村民委员会，驻地南北圣，位于濮院镇西北侧，距镇政府驻地约 8.5 千米。2010 年，全村 658 户，2503 人，设 17 个村民小组；党员 82 人，设 4 个党小组。全村耕地面积 3944.8 亩，桑园面积 455 亩；粮食作物播种面积 3213 亩（复种、套种），经济作物播种面积 4116 亩（复种、套种），水果面积 272 亩。自然村有倪家浜、陆家浜、王家浜、双园里、蒲扇浜、前塘桥、大史板桥、南北圣、杨树下、横港、吴家门、石臼浜、沈家石桥、沈家浜、凤凰墩、孔家门、长生桥。

表 1－40　　新联村党组织主要负责人一览表

名　称	所属乡镇	组织名称	职　务	姓　名	任职年月
新联村	新生镇	新联村党支部	书　记	徐永夫	2000.11—2001.10
	濮院镇	新联村党支部	书　记	徐永夫	2001.10—2005.06
			书　记	朱永良	2005.06—2008.08
		新联村党总支	书　记	朱永良	2008.05—

表 1－41　　新联村村委会主要负责人一览表

名　称	所属乡镇	组织名称	职　务	姓　名	任职年月
新联村	新生镇	新联村村民委员会	主　任	沈爱文	2000.11—2001.10
	濮院镇	新联村村民委员会	主　任	沈爱文	2001.10—

新港村

调整前分环民、建利桥两个行政村。1992 年前，环民村分联民、环桥（又名新民）两个行政村；建利桥村分建民、金桥（又名利民）两个行政村。

联民村　中华人民共和国成立前属民厚乡。中华人民共和国成立初属民东乡第二村。1953 年划分代表区时为第三代表区，1955 年冬建初级社，1956 年冬撤区并乡划入新生乡，1957 年与今环桥、建民、金桥三村合并为新生乡第二高级社，1958 年 10 月，为濮院人民公社第六管理区新民片第二连，1961 年为新生人民公社联民大队，1984 年为新生乡联民村。全村辖 6 个自然村，村委会驻地北横棣，南距乡政府驻地 1.5 千米。村有耕地 1024 亩，其中水田 870 亩、旱地 154 亩，有桑地 205 亩。有小学 1 所，学生 22 人。1992 年调整行政村区划后属环民村。

北横棣自然村：村委会驻地。早时，近处有南北两棣楼房，该村为北棣，故名。

王家汇自然村：村三面临水，早时有王氏来此开荒谋生，故名王家汇。

冯家浜自然村：村中有浜，旧时村中有冯姓财主，故名冯家浜。

朝东屋自然村：旧时村舍都东向，故名。

石来浜自然村：村之浜中多卵石，故名石卵浜，后谐作今名。村以浜名。

北姚浜自然村：村中都为姚姓，地处浜北，故名北姚浜。

环桥村（又名新民）　中华人民共和国成立前属民厚乡，因辖区内有一环桥（石拱桥），故名。中华人民共和国成立初属民东乡第二村，1953 年划分代表区时为第二代表区，1955 年冬建初级社，1956 年冬撤区并乡划入新生乡，1957 年与金桥、联民、建民 3 村合并为新生乡第二高级社，1958 年 10 月，为濮院人民公社第六管理区新民片第一连，1961 年为新生人民公社新民大队，1984 年为新生乡环桥村，全村辖 8 个自然村，村委会驻地孙家兜，西南距乡政府驻地 2.5 千米。村有耕地 1259 亩，其中水田 1110 亩、旱地 149 亩，有桑地 185 亩。村办企业有煤球厂、五金厂等。有小学 1 所，学生 94 人。1992 年调整行政村区划后属环民村。

孙家兜自然村：村委会驻地。村中住户都为孙姓，故名。

莫家浜自然村：村中有浜，旧时莫氏甚富，故称莫家浜。村以浜名。

鸦鹊浜自然村：旧时村中常有鸦鹊栖息，故称鸦鹊浜。

吴家门自然村：村中都为吴姓，故名。

莫家埭自然村：早时村中有莫氏大户，故名。

冯木桥自然村：村中有冯木桥，村以桥名。

小荡里自然村：村落在荡田中间，故名。

环桥头自然村：村中有一石拱桥，俗称环桥，村故名环桥头。

建民村　中华人民共和国成立前属民厚乡。中华人民共和国成立初属民东乡第一村。1953 年划分代表区时为第四代表区，1955 年冬建初级社，1956 年冬撤区并乡划入新生乡，1957 年与今金桥、环桥、联民三村合并为新生乡第二高级社，1958 年 10 月，为濮院人民公社第六管理区新民片第三连，1961 年为新生人民公社建民大队。1984 年为新生乡建民村，全村辖 7 个自然村，村委会驻地董家埭，南距乡政府驻地 2.5 千米。有耕地 1127 亩，其中水田 953 亩、旱地 174 亩，有桑地 222 亩。村办企业有制塑厂等。有小学 1 所，学生 19 人。1992 年调整行政村区划后属建利桥村。

董家埭自然村：村委会驻地。旧时有董姓在此广建屋舍，村故名董家埭。

田上门自然村：初成村落时，屋舍四周尽为水田，故名。

桥南自然村：村落在石桥南，故名桥南。

田心里自然村：村舍四周皆水田，故名。

虹桥头自然村：村西有石拱桥，以其形似虹而俗称虹桥。村在桥侧，故名虹桥头。

长埭自然村：村舍相连，成一长埭，故名。

长南自然村：村在长埭南侧，故名。

金桥村（又名利民）　中华人民共和国成立前属民厚乡，因辖区内有石桥称金桥，以桥名村。中华人民共和国成立初属民东乡第一村。1953 年划分代表区时为第一代表区，1955 年冬建初级社，1956 年冬撤区并乡划入新生乡，1957 年与今建民、环桥、联民三村合并为新生乡第二高级社，1958 年 10 月，为濮院人民公社第六管理区新民片第四连，1961 年为新生人民公社利民大队，1984 年为新生乡金桥村，全村辖 6 个自然村，村委会驻地渡船桥，南距乡政府驻地 1 千米。村有耕地 1024 亩，其中水田 880 亩、旱地 144 亩，有桑地 212 亩。村办企业有服装厂等。1992 年调整行政村区划后属建利桥村。

渡船桥自然村：村委会驻地。旧时村后有一渡口，后在此建桥，称渡船桥。村以桥名。

金家浜自然村：村中有浜，住户多金姓，以姓名浜。村以浜名。

吴家桥自然村：村中有桥，以村中多吴姓而称吴家桥，村以桥名。

李家浜自然村：村中有浜，住户都为李姓而称李家浜。村以浜名。

里浜自然村：近处有多条水浜，村处最里面水浜一侧，故名。

吴家浜自然村：村中有浜，以住户多吴姓而称吴家浜。村以浜名。

表 1－42　环民村党组织主要负责人一览表

名称		所属乡镇	组织名称	职务	姓名	任职年月	备注
环民村	环桥（新民）	濮院公社	环桥大队党支部	书记	杨仲富	1958.10—1961.05	
		新生公社	新民大队党支部	书记	莫阿金	1961.06—1968.04	
				书记	莫阿金	1970.07—1979.04	
				书记	赵炳文	1979.05—1980.05	
				代书记	顾明加	1980.06—1981.08	
				代书记	吴阿兴	1981.09—1983.04	
				书记	吴阿兴	1983.05—1984.01	
		新生乡	环桥村党支部	书记	吴阿兴	1984.01—1992.06	
	联民	濮院公社	联民连队党支部	书记	贾新荣	1958.10—1961.05	
		新生公社	联民大队党支部	书记	贾新荣	1961.06—1968.04	
				书记	贾新荣	1970.07—1974.10	
				代书记	黄柏清	1974.10—1978.03	
				书记	黄柏清	1978.04—1984.01	
		新生乡	联民村党支部	书记	黄柏清	1984.01—1990.06	
				书记	黄松山	1990.07—1992.04	
	环民	新生乡	环民村党支部	书记	吴阿兴	1992.06—1994.11	两村合并，名“环民”
		新生镇	环民村党支部	书记	吴阿兴	1994.11—1998.07	
				书记	李财福	1998.08—2000.11	

表 1－43　建利桥村党组织主要负责人一览表

名称		所属乡镇	组织名称	职务	姓名	任职年月	备注
建利桥村	金桥（利民）	濮院公社	金桥连队党支部	书记	徐潮娜	1958.10—1961.05	
		新生公社	利民大队党支部	书记	徐潮娜	1961.06—1966.05	
			金桥大队党支部	书记	徐潮娜	1966.05—1968.04	

续表 1－43

名　称		所属乡镇	组织名称	职　务	姓　名	任职年月	备　注
建利桥村	金桥（利民）	新生公社	利民大队党支部	书　记	徐潮娜	1970.07—1970.10	
				书　记	徐芝兴	1970.11—1981.01	
				书　记	徐潮娜	1981.02—1984.01	
		新生乡	金桥村党支部	书　记	徐潮娜	1984.01—1986.02	
				书　记	陆新荣	1986.03—1992.06	
	建民	濮院公社	建民连队党支部	书　记	何祝兴	1958.10—1961.05	
		新生公社	建民大队党支部	书　记	何祝兴	1961.06—1968.04	
				书　记	何祝兴	1970.07—1984.01	
		新生乡	建民村党支部	书　记	林财坤	1984.01—1986.06	
				代书记	傅财忠	1986.07—1987.05	
				书　记	傅财忠	1987.05—1992.04	
	建利桥	新生乡	建利桥村党支部	副书记	陆新荣	1992.06—1994.11	两村合并，名“建利桥”
		新生镇	建利桥村党支部	书　记	陆新荣	1994.11—2000.11	

表 1－44　　环民村村委会主要负责人一览表

名　称		所属乡镇	组织名称	职　务	姓　名	任职年月	备　注
环民村	环桥（新民）	民东乡	第二村	村　长	贾阿大	1950.01—1950.09	
				村　长	黄　焕	1950.10—1953.06	
			第二代表区	主　任	邱炳法	1953.06—1954.09	
				主　任	莫阿金	1954.10—1956.10	
		新生乡	第二高级社	社　长	徐潮娜	1956.12—1958.10	
		濮院公社	第一连	连　长	宋阿六	1958.10—1961.06	
		新生公社	新民大队	队　长	宋阿六	1961.06—1962.11	
				队　长	吴德宝	1962.11—1964.04	
				队　长	宋阿六	1964.04—1966.09	
				队　长	黄悦松	1966.09—1967.12	
				队　长	顾明加	1967.12—1980.04	
				代队长	吴阿兴	1980.05—1981	
				队　长	顾明加	1981—1983.12	
		新生乡	环桥村村民委员会	主　任	赵新华	1984.01—1989.10	
				主　任	顾明加	1989.10—1992.03	

续表 1－44

名称		所属乡镇	组织名称	职务	姓名	任职年月	备注
环民村	联民	民东乡	第二村	村长	贾阿大	1950.01—1950.09	
				村长	邱炳法	1950.09—1951.10	
				村长	黄悦松	1951.10—1953.06	
			第三代表区	主任	黄悦松	1953.06—1953.12	
				主任	杨仲富	1953.12—1956.10	
		新生乡	第二高级社	社长	徐潮娜	1956.10—1958.10	
		濮院公社	第二连	连长	黄兆生	1958.10—1961.06	
		新生公社	联民大队	队长	毕长德	1961.06—1983.12	
		新生乡	联民村村民委员会	主任	戚有源	1984.01—1984.09	
				主任	黄松山	1984.09—1989.09	
				主任	周小牛	1989.10—1992.07	
	环民	新生乡	环民村村民委员会	主任	李顺根	1992.07—1994.11	
		新生镇	环民村村民委员会	主任	李顺根	1994.11—1995.10	两村合并，名“环民”
				主任	吴阿兴	1995.10—1998.07	
				主任	李财福	1998.08—2000.11	

表 1－45　　建利桥村村委会主要负责人一览表

名称		所属乡镇	组织名称	职务	姓名	任职年月	备注
建利桥村	金桥（利民）	民东乡	第一村	村长	朱德林	1950.01—1953.06	
			第一代表区	主任	谢金荣	1953.06—1956.10	
		新生乡	第二高级社	社长	徐潮娜	1956.10—1958.10	
		濮院公社	第四连	连长	徐潮娜	1958.10—1961.06	
		新生公社	利民大队	队长	徐芝兴	1961.06—1970.10	
				队长	朱加生	1970.10—1972.12	
				队长	朱利荣	1972.12—1979.11	
				队长	徐潮娜	1979.11—1981.05	
				队长	徐芝兴	1981.05—1983.12	
		新生乡	金桥村村民委员会	主任	吴茂娜	1984.01—1992.06	

续表 1－45

名　称		所属乡镇	组织名称	职　务	姓　名	任职年月	备　注
建利桥村	建民	民东乡	第一村	村　长	朱德林	1950.01—1953.06	
			第四代表区	主　任	徐凌宝	1953.06—1956.10	
		新生乡	第二高级社	社　长	徐潮娜	1956.10—1958.10	
		濮院公社	第三连	连　长	何祝兴	1958.10—1961.06	
		新生公社	建民大队	队　长	金胜荣	1961.06—1962.10	
				队　长	李海江	1962.11—1984.01	
		新生乡	建民村村民委员会	主　任	徐新祥	1984.01—1989.09	
				主　任	李海江	1989.10—1992.04	
	建利桥	新生乡	建利桥村村民委员会	主　任	吴茂娜	1992.07—1994.11	两村合并，名“建利桥”
		新生镇	建利桥村村民委员会	主　任	吴茂娜	1994.11—1995.09	
				主　任	陆新荣	1995.10—2000.11	

2000 年 11 月撤销原环民村、建利桥村建制，建立新港村村民委员会，驻地观音堂，位于濮院镇西北，距镇政府驻地约 12 千米。2010 年，全村 687 户，2725 人，设 20 个村民小组；党员 99 人，设 4 个党小组。全村耕地面积 4979.7 亩，桑园面积 679 亩；粮食作物播种面积 4341 亩（复种、套种），经济作物播种面积 3024 亩（复种、套种），水果面积 39 亩。自然村有虹心、董家埭、长南、田上门、观音堂、里浜、渡船桥、李家浜、金家浜、朝东屋、冯家浜、冯木桥、小塘里、鸦鹊浜、莫家浜、环桥头、莫家埭、北黄埭、三家汇、北姚浜。

表 1－46　　　　新港村党组织主要负责人一览表

名　称	所属乡镇	组织名称	职　务	姓　名	任职年月
新港村	新生镇	新港村党支部	书　记	李财福	2000.11—2001.10
	濮院镇	新港村党支部	书　记	李财福	2001.10—2008.03
			书　记	黄培江	2008.03—2008.05
		新港村党总支部	书　记	黄培江	2008.05—

表 1－47　　　　新港村村委会主要负责人一览表

名　称	所属乡镇	组织名称	职　务	姓　名	任职年月
新港村	新生镇	新港村村民委员会	主　任	陆新荣	2000.11—2001.10

续表 1－47

名　称	所属乡镇	组织名称	职　务	姓　名	任职年月
新港村	濮院镇	新港村村民委员会	主　任	陆新荣	2001.10—2005.06
			主　任	黄培江	2005.06—2008.05
			主　任	朱建峰	2008.05—

星旗村

1992 年前分元宝桥、网船浜两个行政村。

元宝桥村(又名红旗)　中华人民共和国成立前属永新乡。中华人民共和国成立初属新生乡第八村。1954 年初全村划分为两个代表区，1955 年组建初级社，1956 年冬与红星社、新生社合并为新生乡第三高级社，1958 年 10 月，第三高级社与第二高级社合并成濮院公社第六管理区，元宝桥村为第六管理区新联片第一连，1961 年 6 月，连队更名为新生人民公社红旗大队，1984 年为新生乡元宝桥村，全村辖 12 个自然村，村委会驻地元宝桥，东距乡政府驻地 1.5 千米。村有耕地 1845 亩，其中水田 1619 亩、旱地 226 亩，有桑地 327 亩。村办企业有沙发厂等。有小学 1 所，学生 98 人。

元宝桥：村委会驻地。相传，村附近水池旁有三块元宝形大石，每块重约一吨，其中一块大石被当作桥用，故称元宝桥。村以桥名。

郑家里自然村：村中多郑姓，故名。

朱家木桥自然村：村中木桥称朱家木桥。村以桥名。

罗家浜自然村：村中有浜，住户多罗姓，冠姓得名。村以浜名。

叶家浜自然村：村中有浜，旧时住户多叶姓，故名叶家浜。村以浜名。

塘田里自然村：村坐落在荡田中间，故名。渐作今名。

都家里自然村：村中多都姓，故名。

濮家湾自然村：村处河湾，旧时有濮氏居住于此，故名。

庙后浜自然村：旧时此地有庙，庙后小浜称庙后浜。村以浜名。

庄家汇自然村：村三面临水，住户多庄姓，故名。

小桥头自然村：村中有小石桥，村因名小桥头。

张家里自然村：村中都为张姓，故名。

澜溪浜自然村：村中有浜，名澜溪浜。村以浜名。

网船浜村(又名红星)　中华人民共和国成立前属永新乡。中华人民共和国成立初属新生乡第八村。1954 年划分为代表区，1955 年组建初级社，1956 年初合并为大初级社，取名“红星社”，1956 年冬与红旗、新生合并为第三高级社，1958 年 10 月，第三高级社与第二高级社合并成濮院公社第六管理区，红星社为第六管理区新联片第二连，1961 年为新生人民公社红星大队，1984 年 1 月，更名为新生乡网船浜村，全村辖 5 个自然村，村委会驻地网船浜，东南距乡政府驻地 2 千米。村有耕地 1129 亩，其中水田 973 亩、旱地 156 亩，有桑地 193 亩。村办企业有服装厂、砖瓦厂等。有小学 1 所，学生 18 人。

网船浜自然村：村委会驻地。村中有浜，旧时浜中常有网船（渔船的一种）停泊，故称网船浜。村以浜名。

孟家汇自然村：村三面环水，曾有孟姓居住，故名。

陆家村自然村：早时村中仅 6 户人家，故名。

杨家汇自然村：村三面环水，住户多杨姓，故名。

韩家里自然村：村中都为韩姓，故名。

表 1－48　元宝桥（红旗）、网船浜（红星）村党组织主要负责人一览表

名称	所属乡镇	组织名称	职务	姓名	任职年月
元宝桥（红旗）	濮院公社	元宝桥连队党支部	书记	张有春	1958.10—1961.06
	新生公社	红旗大队党支部	书记	沈炳林	1961.06—1968.04
			书记	沈炳林	1970.07—1981.04
			书记	余跃生	1981.05—1984.01
	新生乡	元宝桥村党支部	书记	余跃生	1984.02—1986.02
			书记	邱芝林	1986.03—1988.03
			书记	郑培章	1988.04—1992.06
网船浜（红星）	濮院公社	网船浜连队党支部	书记	施阿生	1958.10—1961.05
	新生公社	红星大队党支部	书记	蒋荣加	1961.06—1965.11
			书记	林水根	1965.11—1968.04
			书记	林水根	1970.07—1978.03
			书记	沈汉荣	1978.04—1984.01
	新生乡	网船浜村党支部	书记	杨建良	1984.01—1990.06
			副书记	沈子良	1990.07—1992.06

表 1－49　元宝桥（红旗）、网船浜（红星）村村委会主要负责人一览表

名称	所属乡镇	组织名称	职务	姓名	任职年月	备注
元宝桥（红旗）	新生乡	第八村	村长	张有春	1950.01—1953.05	
			村长	朱阿四	1953.05—1954.01	
		一代表区	主任	张有春	1954.01—1956.12	

续表 1－49

名称	所属乡镇	组织名称	职务	姓名	任职年月	备注
元宝桥（红旗）	新生乡	第三高级社	社长	蒋荣加	1956.12—1957.11	1954 年 1 月，八村划分为两个代表区，红旗为第一代表区，红星为第二代表区
			社长	钟关法	1957.11—1958.10	
	濮院公社	第一连	连长	张有春	1958.10—1961.06	
	新生公社	红旗大队	队长	朱阿四	1961.06—1981.02	
			队长	朱元新	1981.03—1983.12	
	新生乡	元宝桥村民委员会	主任	郑培林	1984.01—1986.03	
			主任	余跃生	1986.03—1991.04	
			代主任	邱芝林	1991.04—1992.06	
网船浜（红星）	新生乡	第八村	村长	蒋荣加	1950.01—1950.05	
			村长	汤荣清	1950.05—1951.04	
			副村长	蒋荣加	1951.04—1954.01（全面负责）	
		二代表区	主任	蒋荣加	1954.01—1955.12	
	濮院公社	第二连	连长	施阿生	1958.10—1961.06	
	新生公社	红星大队	队长	施金生	1961.06—1971.02	
			队长	沈子良	1971.03—1983.12	
	新生乡	网船浜村民委员会	主任	沈汉荣	1984.01—1989.09	
			主任	沈子良	1989.10—1992.06	

1992 年 4 月，撤销网船浜村、元宝桥村建制，建立星旗村村民委员会。村委会驻地庄家汇，位于濮院镇西北，距镇政府驻地约 11 千米。2000 年全乡实行行政村区划调整，星旗村行政村建制区划不变。2010 年，全村 464 户，1739 人，设 14 个村民小组；党员 58 人，设 2 个党小组。全村耕地面积 2859.2 亩，桑园面积 388 亩；粮食作物播种面积 3848 亩（复种、套种），经济作物播种面积 4965 亩（复种、套种）。自然村有庙后浜、塘田里、罗家浜、叶家浜、小桥头、庄家汇、都家里、郑家里、澜溪浜、韩家里、桥南、桥西、网船浜、陆家村。

表 1－50　　星旗村党组织主要负责人一览表

名称	所属乡镇	组织名称	职务	姓名	任职年月
星旗村	新生乡	星旗村党支部	书记	郑培章	1992.06—1994.11

续表 1-50

名　称	所属乡镇	组织名称	职　务	姓　名	任职年月
星旗村	新生镇	星旗村党支部	书　记	郑培章	1994.11—2000.11
			书　记	沈富洪	2000.11—2001.10
	濮院镇	星旗村党支部	书　记	沈富洪	2001.10—2004.11
			书　记	沈学兴	2005.05—2008.08
		星旗村党总支	书　记	沈学兴	2008.08—

表 1-51　　星旗村村委会主要负责人一览表

名　称	所属乡镇	组织名称	职　务	姓　名	任职年月
星旗村	新生乡	星旗村村民委会员	主　任	邱芝林	1992.07—1994.11
	新生镇	星旗村村民委会员	主　任	邱芝林	1994.11—1995.09
			主　任	郑培章	1995.09—2001.10
	濮院镇	星旗村村民委会员	主　任	郑培章	2001.10—2005.06
			主　任	金国良	2005.06—

红旗漾村

红旗漾原名白旗漾，1959 年，白旗漾治水改土工程结束后更名为红旗漾，并作为村名。中华人民共和国成立前属永新乡。中华人民共和国成立初为新生乡第二村，1953 年 6 月划分为 3 个代表区，1954 年建初级社，1956 年 10 月与现张家桥、新村、跃进三村合并为新生乡第一高级社，1958 年 10 月，第一高级社为濮院人民公社第 5 管理区，白旗漾区域划分为 3 个连队，1961 年 6 月，3 个连队合并更名为新生人民公社红旗漾大队，1984 年为新生乡红旗漾村，全村辖 16 个自然村，村委会驻地李家厅，西北距乡政府驻地 1 千米。有耕地 3838 亩，其中水田 3180 亩、旱地 658 亩，桑地 555 亩。村办企业有服装厂、水泥制品厂等。有小学 1 所，学生 107 人。

李家厅自然村：村委会驻地。旧时有李氏在此建造厅堂楼屋，村因名李家厅。

三界桥自然村：村处许文浜、金家浜、鱼家浜三浜交界处，附近小石桥因名三界桥。村以桥名。

张家浜自然村：旧时村中多张姓，故名。

章家浜自然村：村中有一小浜，冠姓得名。村以浜名。

李家浜自然村：旧时村中有李氏富户数家，村因名李家兜。1940 年左右改称今名。

董家厅自然村：旧时有董氏富户在村中建造厅堂，村因名董家厅。

魏家浜自然村：村中都为魏姓，故名魏家门。1961 年以重名而改称魏家浜。

桃园自然村：旧时村中某富户有一 7 亩大小的桃园，村故称桃园。

王板桥自然村：村中有横板桥，后谐作王板桥。村以桥名。

大公桥自然村：旧时村中有竹桥，称竹路桥。后众人出资改建为石桥，称大公桥。村以桥名。

姚家厅自然村：旧时有姚氏在此建造厅堂，村因名姚家厅。

李家漾自然村：村旁有漾，称十字漾。旧时漾边有李氏居住，村因名李家漾。

陆家门自然村：旧时村中居民都为陆姓，故名。

花墙门自然村：相传，旧时村中某氏屋舍墙上雕有花纹图案，故名花墙门。

荡浜自然村：原白旗漾村的荡田中有一小浜，村在浜畔，名为荡浜。

北水车自然村：相传，昔时大旱，当地农田仅靠两部水车灌溉，水车常置村之北面，村因名北水车。

2000 年后，红旗漾村村民委员会驻地南北圣，位于濮院镇西北，距镇政府驻地约 8.5 千米。2010 年，全村 568 户，2133 人，设 17 个村民小组；党员 77 人，设 3 个党小组；新居民 60 户，560 人。全村耕地面积 3456.5 亩，桑园面积 385 亩；粮食作物播种面积 4628 亩（复种、套种），经济作物播种面积 3550 亩（复种、套种），水果面积 73 亩。自然村有李家漾、大公桥、姚家厅、王板桥、桃园、董家厅、魏家浜、陆家门、曹家场、李南、李北、北水车、三界桥、张家浜、花墙门、塘浜、新小队。

表 1－52　　红旗漾村党组织主要负责人一览表

所属乡镇	组织名称	职务	姓名	任职年月
濮院公社	红旗漾（白旗漾）连队党支部	书记	竺云杲	1958.10—1961.06
新生公社	红旗漾大队党支部	书记	高康茂	1961.06—1968.04
		书记	高康茂	1970.07—1981.05
		书记	高金毛	1981.05—1983.11
		书记	陈福根	1983.12—1984.01
新生乡	红旗漾村党支部	书记	陈福根	1984.01—1994.11
新生镇	红旗漾村党支部	书记	陈福根	1994.11—1998.04
		书记	竺有兴	1998.04—2000.11
		书记	周阿龙	2000.11—2001.10
濮院镇	红旗漾村党支部	书记	周阿龙	2001.10—2008.08
	红旗漾村党总支	书记	周阿龙	2008.08—

表 1－53　　红旗漾村委会主要负责人一览表

所属乡镇	组织名称	职务	姓名	任职年月
新生乡	第二村	村长	竺云杲	1950.01—1953.06
	第一代表区	主任	竺云杲	1953.06—1954.02
	第二代表区	主任	余长元	1953.06—1954.02
	第三代表区	主任	高金毛	1953.06—1954.02
	第一高级社	社长	高金毛	1956.10—1958.10
濮院公社	一连	连长	刘少荣	1958.10—1961.06
	二连	连长	周志奇	1958.10—1961.06
	三连	连长	杨朝一	1958.10—1961.06
新生公社	红旗漾大队	队长	高金毛	1961.06—1981.06
		队长	陈福根	1981.07—1983.12
新生乡	红旗漾村村民委员会	主任	杨德华	1984.01—1987.12
		主任	竺有兴	1987.12—1990.03
		代主任	高宜有	1990.03—1992.07
		主任	高宜有	1992.07—1994.11
新生镇	红旗漾村村民委员会	主任	高宜有	1994.11—1995.09
		主任	陈福根	1995.10—1998.08
		主任	竺有兴	1998.08—2000.11
		主任	周阿龙	2000.11—2001.10
濮院镇	红旗漾村村民委员会	主任	周阿龙	2001.10—

油车桥村

中华人民共和国成立前油车桥村属永新乡。中华人民共和国成立初为新生乡第六村，1952 年冬划分为两个代表区，1954 年成立初级社，1955 年冬由 16 个小初级社合并为大初级社，取名“星光”社，1956 年 11 月改为新生乡第五高级社，1958 年 10 月，第五、第四两个高级社合并为濮院人民公社第 4 管理区，村域为第 4 管理区下辖的第一、第二连队，1961 年 6 月，一、二两连合并为新生人民公社群丰大队，1984 年 1 月改名为新生乡油车桥村，全村辖 16 个自然村，村委会驻地油车桥自然村，东北距乡政府驻地 2.7 千米。村有耕地 2582 亩，其中水田 1888 亩、旱地 694 亩，有桑地 632 亩。村办企业有灯具厂、水泥制品厂、玻璃纤维厂等。有小学 1 所，学生 116 人。

油车桥自然村：村委会驻地。清同治年间，有辅姓在此开设油车坊，故坊侧石桥称油车桥。村以桥名。

蒋家桥自然村：村中有桥，系旧时蒋氏捐资建造，故名蒋家桥。村以桥名。

打锣浜自然村：旧时村中有工匠某氏，擅长打铸铜锣，故村名打锣浜。

鱼船浜自然村：村中有浜，曾有鱼船在浜中停泊，船主后在浜侧结庐定居，故名鱼船浜。村以浜名。

魏家门自然村：村在京杭运河北侧，魏姓聚居，故名。

西桥自然村：京杭运河北侧有小河与之并行，河上有东西两桥，村处西桥堍。村以桥名。

花石桥自然村：村中有桥，桥石上雕有图案，人称花石桥。村以桥名。

大池头自然村：旧时村中有一池塘，周围大树蓊郁，人称大池头。村以池名。

谢仁桥自然村：村中有桥，旧名天仁桥，后转名为谢仁桥。村以桥名。

王家板桥自然村：村中多王姓，故称附近木桥为王家板桥。村以桥名。

朱家浜自然村：村中有浜，旧时有朱姓居此，故名朱家浜。村以浜名。

胡家木桥自然村：住户多胡姓，故村中木桥称胡家木桥。村以桥名。

陆家浜自然村：村中有浜，住户多陆姓，故名陆家浜。村以浜名。

计策浜自然村：村中有浜，村以浜名。

西村自然村：旧属西桥自然村。土改时西桥村分为东西两村。此村在西，故称西村。

钟家板桥自然村：村中有小木桥，称钟家板桥。村以桥名。

2000年后，油车桥村村民委员会驻地油车桥自然村，位于濮院镇西北侧，距镇政府驻地约8千米。2010年，全村411户，1612人，设17个村民小组；党员55人，设2个党小组；新居民12户，30人。全村耕地面积2335.1亩，桑园面积346亩；粮食作物播种面积2793亩（复种、套种），经济作物播种面积1601亩（复种、套种），水果281亩。自然村有陆家浜、魏家门、鱼船浜、计策浜、打锣浜、朱家浜、花石桥、王家板桥、钟家板桥、谢仁桥、胡家木桥、姚家门、北大树、南大树、油车桥、蒋家桥、西桥、西村、魏中。

表1－54　　油车桥村党组织主要负责人一览表

所属乡镇	组织名称	职务	姓名	任职年月	备注
濮院公社	第一连队党支部	书记	朱才林	1958.10—1961.05	1958年10月至1961年5月，第一、第二两个连队各自建立党支部
	第二连队党支部	书记	沈土山	1958.10—1961.05	
新生公社	群丰大队党支部	书记	辅炳浩	1961.05—1968.04	
		书记	辅炳浩	1970.07—1977.10	
		代书记	胡汉良	1977.11—1978.07	
		书记	胡汉良	1978.08—1983.05	
		代书记	张小狗	1983.06—1983.12	

续表 1－54

所属乡镇	组织名称	职　务	姓　名	任职年月	备　注
新生乡	油车桥村党支部	书　记	王钰明	1984.01—1994.11	
新生镇	油车桥村党支部	书　记	王钰明	1994.11—1997.11	
		书　记	郑培明	1997.11—1998.07	
		书　记	罗赛金	1998.07—2001.10	
濮院镇	油车桥村党支部	书　记	罗赛金	2001.10—2004.11	
		书　记	王学明	2004.11—2008.08	
	油车桥村党总支	书　记	王学明	2008.08—	

表 1－55　　　　油车桥村委会主要负责人一览表

所属乡镇	组织名称	职　务	姓　名	任职年月	备　注
新生乡	第六村	村　长	张燕立	1950.01—1951.12	
		村　长	沈阿三	1951.12—1952.12	
	第一代表区	主　任	沈文坤	1952.11—1955.10	
	第二代表区	主　任	钟忠云	1952.11—1955.12	
	大初级社(星光社)	社　长	沈才荣	1955.12—1956.11	
	高级社	社　长	沈才荣	1956.11—1957.03	
	高级社	社　长	钟忠云	1957.03—1958.10	1958年10月至1961年6月,村域为第4管理区下辖的第一、第二连队
濮院公社	第一连	连　长	辅才发	1958.10—1961.06	
	第二连	连　长	钟金荣	1958.10—1961.06	
新生公社	群丰大队	队　长	钟忠云	1961.06—1979.01	
		队　长	钟炳泉	1979.01—1983.12	
新生乡	油车桥村村民委员会	主　任	张小狗	1984.01—1989.10	
		主　任	胡锦生	1989.10—1992.06	
		主　任	高培发	1992.07—1994.11	
新生镇	油车桥村村民委员会	主　任	高培发	1994.11—1998.07	
		主　任	罗赛金	1998.08—2001.10	
濮院镇	油车桥村村民委员会	主　任	罗赛金	2001.10—2002.05	
		主　任	王学明	2002.06—	

西浜村[①]

西浜村，位于京杭运河支流永兴港西侧，因村中有浜，村以浜名，取名西浜。中华人民共和国成立前属皂林乡。1950 年为新丰乡第七村、第九村，1951 分为西浜、独龙、九村 3 个村，1957 年组成建丰乡第一高级社，1958 年 10 月为乌镇人民公社西浜大队，1983 年底为乌镇乡西浜村民委员会，1985 年 6 月为乌镇镇西浜村，全村辖 22 个自然村，村委会驻地邮亭头，位于乌镇镇政府驻地东南 4.5 千米。有耕地 4196 亩，其中水田 3159 亩、旱地 1037 亩，有桑地 783 亩。村办企业有砖瓦厂、服装厂等。有小学 1 所，学生 137 人。

邮亭头自然村：村委会驻地。

姚家门自然村：村中多姚姓，故名。

东塘田自然村：村中多塘田，又处西浜以东，故名。

西浜自然村：村傍西浜，村以浜名。

吴家门自然村：昔时村中有吴姓，故名。

高地自然村：该村地势较高，故名。

钱家埭自然村：昔时村中多钱姓，故名。

黄埭自然村：村舍横穿大路取名横埭。吴方言中“黄”“横”同音，渐写成黄埭。

三里浜自然村：村中有三里浜，村以浜名。

里墙门自然村：相传昔时村中有诸姓大户，宅舍建有里外两层墙门，后破落，宅舍仅剩里墙门，村以此得名。

种瓜桥自然村：旧时村民种瓜，曾募众人卖瓜所得造桥，取名种瓜桥。村以桥名。

老桥洞自然村：村中原有老桥，坍后迁址重建新桥，村以老桥址命名。

苏家浜自然村：村后有浜，村中曾居苏姓，故名苏家浜。村以浜名。

独龙桥自然村：村中有浜，以长石作桥，取名独龙桥。村以桥名。

蒋家漾自然村：村东有漾潭，漾边住蒋姓，名蒋家漾。村以漾名。

孟家汇自然村：村东西两边各有一浜，村舍集中于二浜汇合处，又多孟姓，故名。

王桥自然村：村中多王姓，王姓出钱造石桥，名王桥。村以桥名。

周家汇自然村：村南村东各有一浜，村舍地处二浜汇合处，又多周姓，故名。

铁家浜自然村：村中有浜，称铁家浜，村以浜名。

安桥头自然村：村中有桥，名安桥，故名安桥头。

南周家汇自然村

庄敬里自然村：昔时村中有庄敬庵，村以庵名。据传，庄敬里自然村，曾有一个建于

① 据《中共桐乡市委、桐乡市人民政府关于调整部分镇街区行政区划及相关管理体制机制的通知》，濮院镇所辖的西浜村于 2017 年 8 月 26 日划归乌镇镇管辖。

明朝的钟家大花园，至解放初尚存三四十间门面的房舍，坐北向南呈一字形沿浜排列，颇有气派。屋前的浜，人称“庄敬浜”。此浜不像别的浜兜通田圩，以利灌溉，而是“畴头浜”，有人说是钟氏建庄时所开凿，以利运输。浜尾有一埭十余间门面平房，据说原是长工们居住的“庄屋”。

关于钟家大花园，民国《乌镇镇志》的乡村篇有这样的记载：‘庄敬村。村人钟应芳，号香洲，道光、咸丰间以义行称于乡里”，并载有吴炎《庄敬观梅记》全文。

关于庄敬庵，《乌镇掌故·乌镇徐东号兴衰记》说：清雍正年间，祖籍浙江上虞下管村的徐氏三世祖徐文逊迁至乌镇，在东栅开一鲜肉铺谋生。时有乌镇东栅外钟姓富翁，上街时，常在肉铺里歇脚、聊天，彼此相处甚好。之后又发生了一件徐氏拾金不昧的好事，使徐、钟两人关系更密，最终两家结为姻亲。后徐在钟的资助下扩展营业，家道日裕，亦成富户。据传，钟氏历代不仕，更不求功名，亦不与外人争，但急公好义，赈困济贫。还在庄敬桥堍建一庄敬庵，村以庵名，故称庄敬里自然村。

2007 年 10 月，桐乡市调整部分行政区划后，乌镇镇西浜村并入濮院镇。村民委员会驻地邮亭头，位于濮院镇西北侧，距镇政府驻地约 12 千米。2010 年，全村 571 户，2085 人，设 23 个村民小组；党员 38 人，设 4 个党小组；新居民 15 户，50 人。全村耕地面积 3911 亩，桑园面积 615 亩；粮食作物播种面积 3856 亩（复种、套种），经济作物播种面积 2082 亩（复种、套种），水果 166 亩。自然村有安桥、东塘田、西浜、横埭、吴家门、高地、三里浜、西塘田、外港、周家汇、种瓜桥、苏家浜、邮亭头、王桥头、孟家汇、蒋家漾。

表 1－56　　西浜村党组织主要负责人一览表

所属乡镇	组织名称	职务	姓名	任职年月
乌镇公社	西浜大队党支部	书记	成祥松	1961.05—1968
		书记	胡柏荣	1970.04—1978.05
		书记	成祥松	1979—1983
乌镇乡	西浜村党支部	书记	蒋子松	1984.01—1985.06
乌镇镇	西浜村党支部	书记	蒋子松	1985.06—1987.07
		书记	王德甫	1987.07—1993.09
		书记	卢柏林	1993.09—1998.07
		书记	朱永平	1998.08—2002.06
		书记	朱炳潮	2002.06—2007.06
		副书记（全面）	马财发	2007.07—2008.03
濮院镇	西浜村党支部	书记	胡国梁	2008.04—

表 1－57　　西浜村村委会主要负责人一览表

所属乡镇	组织名称	职务	姓名	任职年月
新丰乡	第七村	村长	张良相	1950—
	第九村	村长	王杏坤	1950—1952
	第九村	村长	高阿康	1952.06—1552.12
	西浜村	村长	张良相	1951—1952
	独龙村	村长	朱金坤	1951—1952
	第九村	村长	高阿康	1953.01—1956.10
建丰乡	第一高级社	社长	高月华	1957—1957
	第一高级社	社长	钟交坤	1958—1958.10
乌镇公社	西浜大队	队长	许坤荣	1958.10—1959
	西浜大队	队长	钟交坤	1960.03—1968
	西浜大队管理委员会	主任	胡柏荣	1968.06—1970.03
	西浜大队革命委员会	主任	胡柏荣	1969—1978
	西浜大队	队长	孟金荣	1979—1982
	西浜大队	队长	金明德	1982—1983
乌镇乡	西浜村村民委员会	主任	何培江	1984
		主任	沈根钿	1985—1985.06
乌镇镇	西浜村村民委员会	主任	沈根钿	1985.06—1986.03
		主任	吴进财	1986.03—1992.08
		主任	何培江	1992.09—1995.09
		主任	卢柏林	1995.10—1998.07
		主任	朱永平	1998.08—2002.05
		主任	朱炳潮	2002.06—2007.09
濮院镇	西浜村村民委员会	主任	马财发	2008.05—

资料来源：表 1－4～表 1－57《中共濮院乡组织史资料》、《中共新生乡组织史资料》、桐乡市档案局及镇档案室

第二节　社　区

街道居民委员会

1951 年 7 月，濮院镇实行并村建街（道），设置居民区。其中原众安村改名为大众街；柳岸村、南埭村合并建南杏街；永安村、万兴村合并建南市街；香藏村、周家场合并建西南

街；栖梧村、朝阳村合并建鸣凤街；香海村改名为北市街；有德村、北义村合并建有义街。7个街道为7个居民区，居民区设居民委员会，下设居民小组，小组由10—30户居民组成。同时保留大全村、集秀村，两村设村民委员会。1952年，全镇成立大众、南李、南市、西南、鸣凤、北市、有义7个街道居民委员会。1953年4月，大全村及集秀村的夏家祠堂、庄基浜、濮九娘桥、水木庵斗地划至乐安乡。集秀村的卖柴浜，姜家弄、集秀庵、狄家园、梅家场、石家场并入北市街。1997年9月，增设梅园、中兴、南纬3个街道居民委员会。2000年7月，全镇10个街道居委会除大众街居委会外，其余9个居委会均建立支部委员会。1996年，新生镇成立中新街道居委会。

大众街居委会 1951年7月，众安村改名为大众街，1952年，成立大众街居委会。辖区范围：东起南埭北埭，西至坝底头，南自众安桥，北抵庄泾浜。主要街、路：仓前街、花园街、孟家园、坝底头等。居委会驻地花园街，全街268户，863人。

仓前街 北起庄泾桥，南接花园街，长600米，宽3.5米，水泥路面。明朝官仓"常平仓"曾设于此，故名仓前街。原分大全桥街与横板桥街，今统称仓前街。据载，明万历间，此处河道为连接大运河之要道。桐乡县福利工厂曾设于此。

花园街 北自仓前街，南至众安桥畔，与观前街相接，长195米，宽3.4米，水泥路面。此处南宋时有"濮元帅园"。据民国《濮院志》载，"濮元帅园"在翔云观后，嘉定间濮铣北征有功，擢元帅，归里后筑园自娱，后其地称花园坊。后为居民住宅区。

孟家园 地处横板桥以南，众安桥以东。明清时有孟姓大户居住，故名。今为居民与农户杂居之处。

坝底头 西起坝浜，东至粮管所东仓，北至庄泾河，统称坝底头。旧时，此地与濮元帅园为邻，背依庄泾河。民国《濮院志》载："濮元帅筑坝于此，为泄园内之水，故亦称坝上。"坝底头以此得名。今为镇、乡居民杂居区，中间有路长约100米，宽3.5米，西段为水泥路面。

表1-58 大众街居委会主要负责人一览表

所属乡镇	组织名称	职务	姓名	任职年月
濮院镇	大众街居委会	主任	张贵忠	1952—1953.12
濮院镇	大众街居委会	主任	曹惠元	1954.01—1956.01
濮院镇	大众街居委会	主任	陈永林	1956.02—1958.01
濮院镇	大众街居委会	主任	张新宝	1958.02—1960.01
濮院镇	大众街居委会	主任	倪二宝	1960.02—1985.06
濮院镇	大众街居委会	主任	张贵忠	1985.06—1987.12
濮院镇	大众街居委会	主任	陈雪芬	1991.04—2004.01

说明：1987年12月后到1991年4月前，资料失记

南杏街居委会 1951年7月，柳岸村、南埭村并建南杏街，1952年，成立南杏街居委会。辖区范围：西起严家汇，东至新桥河下，北自义路街北端，南至集庆街南端。主要街、路：杏林街、柳岸街、大街、南横街、河下街等。居委会驻地大街，全街341户，1147人。

杏林街 西起严家汇，东至新桥，长308米，宽3米，水泥路面。此街包括原黄家湾与雷家潭街，今统称杏林街。雷家潭旧有杏林桥（久圮），街道以桥为名。20世纪50年代末至90年代末，濮院乡人民政府、镇派出所曾驻此街。

柳岸街 北接杏林街，南至南横街，长234米，宽4米，水泥路面。此街旧时靠梅泾西岸，沿河杨柳成荫，故称柳岸街。街中段，原有白雀寺（明时为冯方伯家庵，亦称朝西观音堂）。街西侧20世纪70—90年代曾辟为公园，内设灯光球场、镇工人俱乐部、茶室等。

大街 北起严家汇，与北横街、杏林街相通，南至关帝庙，与南横街相接，长207米，宽5米，水泥路面。改革开放前，大街处于全镇中心，从前沿街两则，店肆栉比，且街之路面为全镇最宽，为南北往来之主要通道。新辟永乐路后，此街渐趋冷落。20世纪80—90年代镇办印刷厂，缝纫机零件二厂曾设于此，其余为居民住宅。

南横街 西至小脂汇，与义路街、集庆街相通，东至关帝庙，与大街、归家湾街接，长175米，宽3米，水泥路面。据考，濮院元时曾别称永乐市，四周有四条街，南北分称南横街，北横街。南横街之名始于其时。

河下街 东起新桥，沿庙桥港南岸，西伸至庙桥，长262米，宽3.3米，石板路面。屋宇临河而筑，故名。旧称后河下。沿街均为居民住宅。

表1-59　　南杏街居委会党组织主要负责人一览表

所属乡镇	组织名称	职　务	姓　名	任　职　年　月
濮院镇	南杏街党支部	书　记	朱立群	2000.07—2004.01

表1-60　　南杏街居委会主要负责人一览表

所属乡镇	组织名称	职　务	姓　名	任　职　年　月
濮院镇	南杏街居委会	主　任	朱戴章	1952—1956.09
濮院镇	南杏街居委会	主　任	柳瑞康	1956.10—1958.11
濮院镇	南杏街居委会	主　任	蒋权芳	1958.12—1964.11
濮院镇	南杏街居委会	主　任	谷小云	1964.11—1978.11
濮院镇	南杏街居委会	主　任	巴石明	1978.12—1986.01
濮院镇	南杏街居委会	主　任	莫云芳	1986.02—1987.12
濮院镇	南杏街居委会	主　任	虞玲敏	1991.04—1998.10
濮院镇	南杏街居委会	主　任	朱立群	1998.10—2004.01

南市街居委会　1951年7月，永安村、万兴村并建南市街，1952年，成立南市街居委会。辖区范围：南自杭申公路汽车站以东，北至海径路归家湾，东起柳岸街（迎凤桥西堍），西至永乐路（南段）。主要街、路：梅泾路、横屋街、归家湾、万兴街、火弄、东港厂、永乐路（南段）。居委会驻地归家湾，全街239户，714人。

梅泾路　南起杭申公路，北至长木桥路，长692米，宽5.5米，水泥路面。路在梅泾河畔，故名。旧时此地有立关庵街、横屋街南段、陆家桥帮岸、塌圬浜等，今统称梅泾路。20世纪70年代至21世纪初濮院丝厂、桐乡毛纺织厂和桐乡第一针织厂曾建于此路。

横屋街　西起语儿桥，东止梅泾路，中间所有支路小巷均称横屋街，长200米，宽2—3米，石板路面或泥石路面。今横屋街含旧时南苏浜、北苏浜、大场等小地名。

归家湾　北起关帝庙，南至万兴街，长162米，宽3米，水泥路面。据传宋时有归姓大户居此，出资铺设石板路，后人因称此地为归家湾。明清时为镇之主要商业街市之一。今为居民住宅区。

万兴街　东起语儿桥西堍，西至永乐路（南段），长193米，宽3.5米，水泥路面。此街东段旧名语儿桥街，西段旧名谭家浜。谭家浜原有万兴桥，街以桥名。现浜已填塞，桥已拆除，改建为水泥路。明清时，语儿桥街商铺集中，曾是镇之重要街道之一。

火弄　北起旧万兴桥街，南向东出东港厂，西出永乐路（南段），长150米，宽1.5米，石板路面间有碎石路面。永乐路（南段）明清时称南新街，当时市房毗连，商业繁荣，唯离水源甚远，为防火灾筑弄，通东港厂以取梅泾之水，故名。后为居民住宅区。

东港厂（hǎn）　北起万兴街，南迤至杭申公路聚星桥畔，路西濒梅泾，长252米，宽2米，石板路面间有碎石路面。路原名东港街，后以路濒梅泾，故易名为东港厂。沿路都为居民住宅。

永乐路（南段）　北与永乐路（北段）相连，南至杭申公路，为本镇连接杭申公路之大道。20世纪70年代起，沿路曾先后有濮院绸厂、劳动服务公司、知青塑料厂、缝纫机零件厂、电影院、邮电支局等单位。

表1-61　**南市街居委会党组织主要负责人一览表**

所属乡镇	组织名称	职　务	姓　名	任　职　年　月
濮院镇	南市街党支部	书　记	许赛娇	2000.07—2004.01

表1-62　**南市街居委会主要负责人一览表**

所属乡镇	组织名称	职　务	姓　名	任　职　年　月
濮院镇	南市街居委会	主　任	吴正观	1952—1954.10
濮院镇	南市街居委会	主　任	张辛勇	1954.11—1955.12

续表 1-62

所属乡镇	组织名称	职　务	姓　名	任　职　年　月
濮院镇	南市街居委会	主　任	朱建明	1955.12—1956.12
濮院镇	南市街居委会	主　任	徐锦云	1957.01—1985.04
濮院镇	南市街居委会	主　任	杨毓秀	1985.05—1985.12
濮院镇	南市街居委会	主　任	金新宝	1986.01—1987.12
濮院镇	南市街居委会	主　任	饶祖玉	1991.04—1994.09
濮院镇	南市街居委会	主　任	金新宝	1994.09—1997.09
濮院镇	南市街居委会	主　任	许赛娇	1997.09—2004.01

西南街居委会　1951 年 7 月，香藏村、周家场并建西南街，1952 年，成立西南街居委会。辖区范围：西起周家场，东南至新南路，北至胭脂汇（又称小脂汇）。主要街、路：新南路、周家场、固安桥街、集庆街、西廊棚、西成桥衖等。居委会驻地固安桥街，全街 451 户，1353 人。

新南路　东南自永乐南路，西北至周家场，长 360 米，宽 5 米，水泥路面。路系新辟，且在镇之南部，故名新南路。20 世纪 80 年代至 90 年代末沿路曾有纸品包装厂、低压电器厂等单位，余为居民住宅。

周家场　东起固安桥，西至濮院乡水产大队，长 102 米，宽 5 米，水泥路面。相传此地旧时为周姓宅基，后为空地，故名周家场。中华人民共和国成立前，常有江湖戏班在此搭台演戏。20 世纪 80 年代至 90 年代末，镇自来水厂曾设于此，余为居民住宅。

固安桥街　西起固安桥，东至胭脂汇，长 100 米，宽 2.5 米，水泥路面。据镇志载，元代濮鑑因栖凤桥犯祖讳，过之不安，遂另建此桥，名“过安”，后易名为“固安”。街以桥名。又清光绪《桐乡县志》卷二载：“相传范蠡挈西施侨居此地，尝临水晓妆，元濮允中因建妆楼于桥旁。”徐畿有诗云：“临妆越女洗铅华，流出脂痕烂若霞。船向波中摇锦浪，人疑镜里看桃花。须知绿黛轻盈处，犹待红香点染加。从此芙蓉添一抹，入宫始得媚夫差。”诗题即为《胭脂汇》。年久代远，古迹均已湮没。

集庆街　北起胭脂汇，南迤至永乐南路，长 106 米，宽 2 米，水泥路面。据镇志载，旧时此地为集贤坊，后铺设石路，方便行人，街称“集庆”。中华人民共和国成立初，镇工商联曾驻于此。今为居民住宅区。

西廊棚　东起西成桥南堍，沿西市河南岸，西延至油车弄止，长 150 米，宽 3 米，碎石路面。江南水乡，以往常沿河筑有廊棚，以避风雨日晒。此处廊棚地处西市，故称西廊棚。20 世纪 60 年代至 90 年代末，猪羊市场、煤球厂曾在此，余为居民住宅。

西成桥弄　北起西成桥南堍，南至周家场，长 111 米，宽 2 米，水泥路面。此地有西成桥，建于清嘉庆八年(1803)，民国 4 年(1915)重修，1983 年改建为水泥桥。街以桥名。后为居民住宅区。

表 1－63　　西南街居委会党组织主要负责人一览表

所属乡镇	组织名称	职　务	姓　名	任　职　年　月
濮院镇	西南街党支部	副书记	毛雅芬	2000.07—2004.01

表 1－64　　西南街居委会主要负责人一览表

所属乡镇	组织名称	职　务	姓　名	任　职　年　月
濮院镇	西南街居委会	主　任	唐芝庆	1952—1956.08
濮院镇	西南街居委会	主　任	费杏林	1956.09—1966.08
濮院镇	西南街居委会	主　任	毛伯成	1966.08—1978.11
濮院镇	西南街居委会	主　任	黄莲芬	1978.12—1987.12
濮院镇	西南街居委会	主　任	于佩敏	1991.04—2000.06
濮院镇	西南街居委会	主　任	朱玉英	2000.06—2004.01

鸣凤街居委会　1951 年 7 月，栖梧村、朝阳村并建鸣凤街，1952 年，成立鸣凤街居委会。辖区范围：东起西市河栖凤桥、朝阳桥，西至梧桐桥，南濒西市河北岸，北至蚬子滩。主要街、路：龙湾街、夏家弄、费家场等。居委会驻地夏家弄，全街 330 户，992 人。1997 年 7 月，撤销濮院镇蔬菜队建制，并入鸣凤街居民委员会。

龙湾街　北起夏家弄东口，沿河向南迤西至三里塘，长 302 米，宽 2.8 米，水泥路面。沿西市河一带，为濮院镇农副产品集散地，牵动全镇工商农业，因河弯如龙，故此地有龙湾之称，所建石桥亦称迎龙桥。中华人民共和国成立后，沿路曾有濮院油厂、茧站、农具厂、供销社农副产品收购商店、生产资料商店等单位。

夏家弄　东起龙湾街、朝阳桥帮岸，西至粮站北墙，长 62 米，宽 2.8 米，水泥路面。据镇志记载，明初有夏姓迁居于此，故名夏家弄。后为居民住宅区。

费家场　地处西市河以西，方圆约 50 亩，其间岔路纵横，均为泥石路面。相传宋元时有费姓大户居此，因称费家场。

蚬子滩　南起秀桐桥西堍，沿北市河向北至孙家埭，向西接燕场，长 105 米，宽 3 米，水泥路面。相传宋元时，濮镇有燕、雷、旗、石四巨姓。燕氏为官遭贬后株连合族，子孙避祸，改姓项，至今仍有项姓居此。昔燕氏喜食蚬蛤，蚬壳多弃之河滩，故人称此地为蚬子滩。

表 1－65　　鸣凤街居委会党组织主要负责人一览表

所属乡镇	组织名称	职　务	姓　名	任　职　年　月
濮院镇	鸣凤街党支部	书　记	黄济川	2000.07—2004.01

表 1－66　　鸣凤街居委会主要负责人一览表

所属乡镇	组织名称	职　务	姓　名	任　职　年　月
濮院镇	鸣凤街居委会	主　任	祝文荣	1952—1952.12
濮院镇	鸣凤街居委会	主　任	丁根生	1953.01—1956.12
濮院镇	鸣凤街居委会	主　任	汤品珍	1953.01—1956.12
濮院镇	鸣凤街居委会	主　任	吴碧莲	1957.01—1959.12
濮院镇	鸣凤街居委会	主　任	戴明华	1959.12—1964.11
濮院镇	鸣凤街居委会	主　任	沈淑英	1964.01—19885.05
濮院镇	鸣凤街居委会	主　任	潘惠芬	1985.05—1987.12
濮院镇	鸣凤街居委会	主　任	陆菊华	1991.04—1994.09
濮院镇	鸣凤街居委会	主　任	黄哲元	1994.09—2000.06
濮院镇	鸣凤街居委会	主　任	黄济川	2000.06—2004.01

北市街居委会　1951 年 7 月，香海村改名为北市街，1952 年，成立北市街居委会。辖区范围：东起大积桥北堍，西至北市河，南至庙桥河，北至翟家园。主要街、路：北廊棚、太平巷、公园路、北大有桥街、蜡作街（后改为蜡烛街，下同）、寺湾街、观前街等。居委会驻地北大有桥街，全街 352 户，1267 人。

北廊棚　南接太平巷，北至秀桐桥东堍，长 65 米，宽 2.5 米，水泥路面。旧时此地沿北市河筑有廊棚，因位于镇之北部，故名北廊棚。后为居民住宅区。

太平巷　东起蜡烛街北口，西至北廊棚，长 105 米，宽 3.2 米，水泥路面。民国《濮院志》载："太平巷，本福善寺（即香海寺）西出正道，阖镇织工、拽工，每晨集此待雇。"因清时此地为太平坊，故后改称太平巷，沿用至今。后为居民住宅区。

公园路　北起梅泾公园，南接蜡烛街，东临桐乡三中，长 94 米，宽 3 米，水泥路面。路系 1985 年新辟，为新辟之梅泾公园配套工程，故名。路侧多层住宅楼成群林立，为新建居民区之一。

北大有桥街　北通太平巷，南至大有桥。长 100 米，宽 3.5 米，碎石路面。街在大有桥之北，故称北大有桥街。后为居民住宅区。

蜡作街　南自寺湾街，北至太平巷，后接公园路，长 98 米，宽 3.5 米，水泥路面。自宋迄明,此街为香海寺僧众栖居之地,有作坊专制香烛,故称蜡作街。20世纪60—90年代,镇域环卫所曾设于此,余为居民住宅。

寺湾街 东接观前街,西至大有桥北堍,长223米,宽3米,水泥路面。街在庙桥河北岸,香海寺之前,故称寺湾街。此地尚有香海寺遗迹。20世纪60—90年代,沿街曾有塑料电线厂、镇幼儿园、房管所、粮管所、戏院、街道办事处、市建办公室、劳动服务站等单位。余为居民住宅。

观前街 东起新桥,西至平桥,长190米,宽3米,水泥路面,街在翔云观前,故名。自东向西,有翔云观遗址和镇完全小学等,余为居民住宅。

表1-67　　北市街居委会党组织主要负责人一览表

所属乡镇	组织名称	职　务	姓　名	任　职　年　月
濮院镇	北市街党支部	书　记	陈耀明	2000.07—2004.01

表1-68　　北市街居委会主要负责人一览表

所属乡镇	组织名称	职　务	姓　名	任　职　年　月
濮院镇	北市街居委会	主　任	钱仲华	1952—1953.05
濮院镇	北市街居委会	主　任	朱永泉	1953.06—1958.07
濮院镇	北市街居委会	主　任	王杏英	1958.08—1977.06
濮院镇	北市街居委会	主　任	蒋丽娟	1977.07—1985.05
濮院镇	北市街居委会	主　任	沈菊英	1985.05—1987.12
濮院镇	北市街居委会	主　任	沈黎明	1991.04—1994.09
濮院镇	北市街居委会	主　任	张汝木	1994.09—1997.09
濮院镇	北市街居委会	主　任	陈耀明	1997.09—2004.01

有义街居委会 1951年7月,有德村、北义村并建有义街,1952年,成立有义街居委会。辖区范围:南起南横街,北至庙桥河,东起庙桥街,西至栖凤桥。主要街、路:庙桥街、北横街、义路街、永乐路(北段)、大有桥街、永乐里、河下街等。居委会驻地义路街,全街322户,966人。

庙桥街 北起庙桥,南至严家汇,长87米,宽2.5米,水泥路面。街北端有庙桥,即大德桥,街以桥名。此街向为濮院镇闹市区,酒馆、茶肆、书场、小吃店摊群集于此,余为居民住宅。

北横街 东起严家汇,西至栖凤桥,长175米,宽3.5米,水泥路面。此街曾为濮院镇商业中心点之一，每晨，人流如潮，吆喝喧嚷之声，不绝于耳，近午始散。

义路街 北起鱼行汇，南至胭脂汇，长200米，宽3.5米，水泥路面。昔日此处为丝绸行集中之地。20世纪60—90年代，水作社、供销社批发部曾位于此街，余为居民住宅。

永乐路（北段） 北起北横街中段，南至南横街，水泥路面，建于20世纪80年代。沿路新楼林立，商店毗连，自北而南曾有五金交电商店、食品公司门市部、物资供应站、银行、粮管所门市部、供销社副食品商店、医院等单位。

大有桥街 北起大有桥，南至鱼行汇，与义路街相接，长96米，宽4.7米，水泥路面。20世纪60—90年代，中西药商店、供销社生活商店等曾设于此街，余为居民住宅。

永乐里 南起北横街，北至永乐桥，长89米，宽2.5米，水泥路面。据载，永乐里，原为永乐市河之基，后填河为街，1921年里人仲季青等募款铺设石板路，称永乐里。除店铺外，余为居民住宅。

河下街 东起庙桥，沿庙桥港南岸，西伸至朝阳桥东堍，长175米，宽3.3米，石板路面。屋宇临河而筑，故名。沿街为居民住宅。

表1-69　有义街居委会党组织主要负责人一览表

所属乡镇	组织名称	职　务	姓　名	任　职　年　月
濮院镇	有义街党支部	书　记	王翠香	2000.07—2001.06

表1-70　有义街居委会主要负责人一览表

所属乡镇	组织名称	职　务	姓　名	任　职　年　月
濮院镇	有义街居委会	主　任	陈熊锦	1952—1958.11
濮院镇	有义街居委会	主　任	吴发生	1958.12—1960.07
濮院镇	有义街居委会	主　任	沈玲云	1960.08—1970.08
濮院镇	有义街居委会	主　任	苏桂宝	1970.09—1980.12
濮院镇	有义街居委会	主　任	范荣奎	1981.01—1985.05
濮院镇	有义街居委会	主　任	张定宝	1985.06—1987.12
濮院镇	有义街居委会	主　任	姚兰宝	1991.04—2000.06
濮院镇	有义街居委会	主　任	王翠香	2000.06—2001.06

南纬街居委会 1997年9月，成立南纬街居委会。辖区范围：南至永越村水车头、屋底里，北至南纬路，东起永乐路，西至中兴路及国道南侧第一、第二、第三、第四等4个羊毛衫市场交易区。居委会驻地南纬东路原永越村7区2楼，全街180户，540人，下设10

个居民小组。主要居民小区有工商所宿舍、缝纫机零件二厂宿舍、缝纫机零件厂宿舍、丝绸印染厂宿舍、水车头小组等。

表 1－71　　南纬街居委会党组织主要负责人一览表

所属乡镇	组织名称	职　务	姓　名	任　职　年　月
濮院镇	南纬街党支部	书　记	张福泉	2000.07—2004.01

表 1－72　　南纬街居委会主要负责人一览表

所属乡镇	组织名称	职　务	姓　名	任　职　年　月
濮院镇	街居委会	主　任	张福泉	1997.09—2004.01

梅园街居委会　1997 年 9 月，成立梅园街居委会。辖区范围：南至长木桥路，北至石桥街路，东至建设港，西至梅泾河。居委会驻地长木桥路中段，全街 120 户，360 人。下设 12 个居民小组。主要居民小区有工商所宿舍、银行宿舍、信用社宿舍、凯星厂宿舍、医院宿舍、电邮宿舍、华丰厂宿舍、毛纺厂宿舍、灯具厂宿舍、孟家园小区等。

表 1－73　　梅园街居委会党组织主要负责人一览表

所属乡镇	组织名称	职　务	姓　名	任　职　年　月
濮院镇	梅园街党支部	书　记	施婉娟	2000.07—2004.01

表 1－74　　梅园街居委会主要负责人一览表

所属乡镇	组织名称	职　务	姓　名	任　职　年　月
濮院镇	梅园街居委会	主　任	施婉娟	1997.09—2004.01

中兴街居委会　1997 年 9 月，成立中兴街居委会。辖区范围：南起 320 国道及南纬路，北至镇市河，东至栖凤路，西至王母桥港。居委会驻地西市油库旁二楼，全街 180 户，540 人，下设个 12 个居民小组。主要居民小区有原渔业村、梧桐桥、锦苑小区、王家浜等。

表 1－75　　中兴街居委会党组织主要负责人一览表

所属乡镇	组织名称	职　务	姓　名	任　职　年　月
濮院镇	中兴街党支部	书　记	李金明	2000.07—2003

表 1－76　　中兴街居委会主要负责人一览表

所属乡镇	组织名称	职　务	姓　名	任　职　年　月
濮院镇	中兴街居委会	主　任	李小兔	1997.09—2000.06
濮院镇	中兴街居委会	主　任	张冬元	2000.06—2004.01

社区居民委员会

2003 年 12 月，经桐乡市民政局批准（桐民〔2003〕125 号），濮院镇原大众、南杏、南市、西南、鸣凤、北市、有义、南纬、梅园、中兴、中新 11 个街道居民委员会，调整为鸣凤、梅园、咏梅、锦苑、中新 5 个社区居民委员会。2008 年 3 月，中新社区居委会更名为新生社区居委会。2009 年 7 月，再次调整社区居委会设置，将原锦苑、咏梅社区合并为锦苑社区居委会；原梅园、鸣凤合并为梅园社区居委会。同时，新增设双龙、永乐两个社区居委会。调整后濮院镇共有锦苑、梅园、双龙、永乐、新生 5 个社区居民委员会。

锦苑社区居民委员会

锦苑社区居民委员会　2003 年 12 月，成立锦苑社区居委会，居委会驻地滨河路中段，同时撤销原中兴街居委会；成立咏梅社区居委会，居委会驻地固安桥街 38 号，同时撤销原西南街、有义街、南纬街 3 个居委会。2009 年 7 月，全镇调整社区居委会设置，原锦苑与咏梅两社区合并命名为锦苑社区居民委员会，驻地凯旋路 81 弄 15 号。

锦苑社区位于镇区中心，是老城区的商业中心。调整后的辖区范围：东至永乐路，西至王母桥港，南至 320 国道，东北至庙桥港，西北与新濮村大其里接壤，总面积约 0.6 平方千米。辖区内人口密集，道路纵横，尤其是凯旋路、咏梅路、南纬路两侧，店铺栉比鳞次。辖区内有红树林、凯旋、锦苑 3 个标准住宅小区。

社区常住居民 1469 户，3705 人，其中低保 7 户，低收入家庭 2 户，设 50 个居民小组；新居民 3688 户，18789 人；在册党员 122 名，在职党员 286 名，设 3 个党支部，9 个党小组，19 个党建共建单位；工、青、妇联等群众性组织健全。社区办公室用房 650 平方米，除一站室办公大厅外，还设有社会管理服务办公室、人民调解室、计生服务室、党员活动室、图书阅览室、文体活动室、老年活动室、社区服务站、社区党校、妇女学校、人口学校、社区教育教学点及两个室外健身苑。社区配有卫生服务站，面积 250 平方米，医务人员 7 名。

社区荣誉：2005 年被嘉兴市政府评为市级示范社区，2006 年被桐乡市政府评为市级文明社区，2007 年被桐乡市政府评为市级绿色社区、被嘉兴市政府评为市级科普社区，

2008年被嘉兴市委评为市级党建示范社区，2008年被浙江省政府评为省级和谐社区，2009年被桐乡市人武部评为市级人防(民防)工作先进社区，2010年被嘉兴市政府评为第二次经济普查市级先进单位，2010年被桐乡市政府评为市级卫生社区。

表1-77　　锦苑社区(街)居委会党组织主要负责人一览表

名　称	所属镇	组织名称	职　务	姓　名	任职年月
锦苑社区	濮院镇	咏梅社区党支部	副书记	毛雅芬	2004.01—2007.07
	濮院镇	咏梅社区党支部	书　记	杨丽清	2007.07—2008.05
	濮院镇	咏梅社区党支部	书　记	陆忠伟	2008.05—2008.10
	濮院镇	咏梅社区党支部	书　记	郭蓉萍	2008.10—2009.07
	濮院镇	锦苑社区党支部	副书记	张冬元	2004.01—2007.07
	濮院镇	锦苑社区党支部	书　记	董君莲	2007.07—2009.07
	濮院镇	锦苑社区党总支	书　记	董君莲	2009.07—

表1-78　　锦苑社区(街)居委会主要负责人一览表

名　称	所属镇	组织名称	职　务	姓　名	任职年月
锦苑社区	濮院镇	咏梅社区居委会	主　任	沈汉英	2004.01—2007.07
	濮院镇	咏梅社区居委会	主　任	沈汉英	2007.07—2009.08
	濮院镇	锦苑社区居委会	主　任	董君莲	2004.01—2009.08
	濮院镇	锦苑社区居委会	主　任	沈汉英	2009.08—

梅园社区居民委员会　2003年12月，成立梅园社区居委会，居委会驻地柳岸街9号，同时撤销原梅园、南市、杏林3个街道居委会；成立鸣凤社区居委会，居委会驻地寺湾街中段，同时撤销原大众、北市、鸣凤3个街道居委会。2009年7月，全镇调整社区居委会设置，原梅园与鸣凤两个社区合并命名为梅园社区居委会，驻地柳岸街9号。

梅园社区位于镇区东侧，属老城区。调整后的辖区范围：东达洪合月河港，南及320国道，西至永乐路，北与新濮村接壤，总面积为约0.7平方千米。社区特点为南商北居，南部是热闹繁华的商业区，每日商贾云集交易兴旺且旅馆众多，有两条颇有特色的风味小吃街；北部则是老街老巷，乡土文化浓厚，有着浓浓的幽湖韵味。辖区内有港湾梦苑、孟家园、税务所、丝厂、三中、银行、信用社7个居民住宅小区。

社区常住居民2065户，5045人，其中低保15户，低收入家庭6户，设51个居民小组；新居民3200户，15202人；在册党员147名、在职党员89名，设3个党支部，9个党小组，12个党建共建单位；工、青、妇联等群众性组织健全。社区办公室用房500平方米，除一站室办公大厅外，还设有社会管理服务办公室、人民调解室、计生服务室、党员活动室、图书阅览室、文体活动室、老年活动室、社区服务站、社区党校、妇女学校、人口学校、社区教育教学点及两个室外健身苑。社区配有卫生服务站，面积100平方米，医务人员3名。

社区荣誉：2005年被濮院镇党委评为先进基层党组织，2006年被桐乡市委组织部评为市级"五有"社区党组织，2007年被桐乡市政府评为市级社区建设工作先进集体、被桐乡市司法局评为市级三级调解委员会，2008年被桐乡市政府评为市级文明社区，2009年被桐乡市委组织部评为市级先进基层党总支部，2010年被嘉兴市政府评为第二次经济普查市级先进单位。

表1－79　　梅园社区居委会党组织主要负责人一览表

名　称	所属镇	组织名称	职　务	姓　名	任职年月
梅园社区	濮院镇	鸣凤社区党支部	书　记	黄济川	2004.01—2007.07
	濮院镇	鸣凤社区党支部	书　记	薛国华	2007.07—2009.07
	濮院镇	梅园社区党支部	书　记	许赛娇	2004.01—2007.07
	濮院镇	梅园社区党支部	书　记	沈小荣	2007.07—2009.07
	濮院镇	梅园社区党总支	书　记	倪丽秋	2009.07—

表1－80　　梅园社区(街)居委会主要负责人一览表

名　称	所属镇	组织名称	职　务	姓　名	任职年月
梅园社区	濮院镇	鸣凤社区居委会	主　任	程其芬	2004.01—2007.07
	濮院镇	鸣凤社区居委会	主　任	程其芬	2007.07—2009.08
	濮院镇	梅园社区居委会	主　任	董月秋	2004.01—2007.07
	濮院镇	梅园社区居委会	主　任	倪丽秋	2007.07—2009.08
	濮院镇	梅园社区居委会	主　任	朱力佳	2009.08—

双龙社区居民委员会　2009年7月，成立双龙社区居委会，驻地工贸大道1318号。

社区位于镇区之南，辖区范围：东起月河港，南与永越村、永联村接壤，西至永兴港，北靠320国道，由羊毛衫市场和工业园区两大块组成，总面积为约2平方千米。市场有商铺约9700余家，园区入驻企业170余家，是全镇的商贸中心和轻纺业制造基地。辖区内有桐乡市濮院羊毛衫市场管理委员会和桐乡市濮院镇工业园区管理委员会等行政机构和农业银行、工商银行、中国银行、嘉兴银行等金融服务业部门；有钻石公馆、中央花园两个高档居民住宅小区及水车头居民区。

社区常住居民72户,171人,设15个居民小组;新居民15000余人;在册党员7人,在职党员87名,党建共建单位15个;工、青、妇联等群众性组织健全。社区办公用房723平方米,除一站式便民服务办公大厅外,还设有警务室、综治工作室、消防办、信访办、调解室、多功能会议厅、老年活动室、棋牌室、室内外健身场、乒乓球训练基地等服务活动场所。社区配有卫生服务站,面积180平方米,医务人员3名。

社区荣誉:2010年被桐乡市人武部评为人防(民防)工作先进社区、桐乡市政府评为市级和谐社区。

表1-81　　双龙社区居委会党组织主要负责人一览表

名　称	所属乡镇	组织名称	职　务	姓　名	任职年月
双龙社区	濮院镇	社区党支部	书　记	程其芬	2009.08—

表1-82　　双龙社区居委会主要负责人一览表

名　称	所属乡镇	组织名称	职　务	姓　名	任职年月
双龙社区	濮院镇	社区居委会	主　任	徐伟红	2009.08—

新生社区居民委员会　1996年,新生镇建立中新街道居民委员会。2003年12月,撤销原中新街居委会,设立中新社区居委会,驻地南北圣,位于濮院镇西北隅,距镇政府驻地约10千米。2008年3月,经桐乡市民政局批准中新社区更名为新生社区。新生社区为农村社区,村、居合一,两个组织,一套班子,交叉任职,联合办公。辖区范围:东至红旗漾村,西达杨树下中直路,南至嘉湖公路,北临新联村。主要道路有新生路、华生路、文卫路等;有桐星家园住宅小区。社区常住居民174户,455人,设4个居民小组;在册党员15名,1个党小组;工、青、妇联等群众性组织健全。社区办公室用房1200多平方米,除一站式便民服务办公大厅外,还有党员电教室、调解室、老年活动室、谈心室、图书室、人口学校、党员社区学校教学点及一个室外健身苑。新生社区卫生服务站面积2100平方米,医务人员18名。

表1-83　　新生社区居委会党组织主要负责人一览表

名　称	所属乡镇	组织名称	职　务	姓　名	任职年月
新生社区	濮院镇	中新社区党支部	书　记	周阿毛	2004.01—2007.07
	濮院镇	中新社区党支部	书　记	朱永良	2007.07—2008.03
	濮院镇	新生社区党支部	书　记	朱永良	2008.03—

表 1－84　　新生社区居委会主要负责人一览表

名　称	所属乡镇	组织名称	职　务	姓　名	任职年月
新生社区	濮院镇	中新街道居委会	主　任	张永根	1996—2003.12
	濮院镇	中新社区居委会	主　任	张永根	2004.01—2007.07
	濮院镇	中新社区居委会	主　任	朱永良	2007.07—2008.03
	濮院镇	新生社区居委会	主　任	朱永良	2008.03—

永乐社区居民委员会　2009年7月，成立永乐社区居民委员会，驻地竹西桥，位于濮院镇西侧，距镇政府驻地约1千米。永乐社区为农村社区，村、居合一，两个组织，一套班子，交叉任职，联合办公。辖区范围：东至王母桥港，西达红晓大道，南傍320国道，北临新星村。主要道路有凯旋路、红晓大道、桐星大道等；有阳光花城、巴黎春天、东方新天地3个标准住宅小区。社区常住居民171户，424人，设5个居民小组；新居民1800户，7444人；在册党员5名，1个党小组；工、青、妇联等群众性组织健全。社区办公室用房160多平方米，除一站式便民服务办公大厅外，还设有党员活动室、档案室、科普室、基层党校、妇女学校、人口学校、远程教学点及5个室外健身苑。社区配有卫生服务站，面积160平方米，医务人员3名。

表 1－85　　永乐社区居委会党组织主要负责人一览表

名　称	所属乡镇	组织名称	职　务	姓　名	任职年月
永乐社区	濮院镇	永乐社区党支部	书　记	吴金祥	2009.07—

表 1－86　　永乐社区居委会主要负责人一览表

名　称	所属乡镇	组织名称	职　务	姓　名	任职年月
永乐社区	濮院镇	永乐社区居委会	主　任	胡建良	2009.08—

资料来源：表1－58～表1－86《中共濮院镇组织史资料》、桐乡市档案局及镇档案室

第三节　集　镇

镇域内的农村小集镇有南北圣、妙智、庙簰3个。

中华人民共和国成立前，域内集镇的基本格局为沿河一路（街），其中南北圣、庙簰的街以石板为主，妙智以泥路为主。集镇上有住宅和商店，以砖木结构的平房为主，也有少量草房，露天粪坑随处可见；居民饮用河水，无排水和照明设备。

中华人民共和国成立后至1980年，域内集镇虽小却是附近农民赶集，进行商业活动和信息交流的重要场所。不仅满足了当地群众的精神、物质需求，同时在一定程度上也促进了地方经济的繁荣和社会的进步。

1980年后，桐乡县政府先后对全县小集镇建设进行了规划，南北圣被纳入规划之列；妙智、庙衖未被纳入建设规划，逐渐失去集镇功能，趋于自然淘汰。

南北圣

南北圣集镇位于濮院镇北部，距镇政府驻地约8.5千米。关于南北圣的来历，相传过去有一沈姓大户居住于此，富有南北。清光绪初，建隐真寺，别称南北沈庙，因“沈”与“圣”谐音，故名“南北圣”。

抗战时期，南北圣遭日本侵略者破坏，民不聊生，庙墙倒坍，佛像驳落。民国35年(1946)南北圣为永新乡公所驻地。

1961年起，南北圣先后为新生公社、新生乡人民政府和新生镇人民政府驻地。南北圣也一直是镇域最兴旺的集镇，尤其是被纳入县小集镇建设规划后，发展步伐更快。

1990年，集镇面积0.18平方千米，总人口2000余人，其中非农146人。镇上设有政府机关及各职能部门，有影剧院、文化站、中学、小学、卫生院等单位。妙智港横穿镇中，新生中路依河延伸，长120米，宽15米。路的两旁有供销社、信用社及栉比鳞次的店铺，是集镇的商业中心。另一条是一号桥路，长221米，宽28米，与新生公路直角相交。集镇上有丝绸、服装、五金、机械等工业企业11家。是年，建造了占地面积3650平方米的农贸市场。

2001年10月，新生镇并入濮院镇后，南北圣集镇为新生社区居委会、新联村、红旗漾村村委会驻地。至2010年，集镇常住居民461人，新居民121人。新建、改建道路有：南北向的新生路，东西向的菜场路、文卫路、华生路、创业路，共五条。有新竹机械有限公司等工业企业10余家；商业、服务业单位约300家；卫生院1家，医疗用房面积1700平方米，卫技人员14人；学校1所，幼儿园1所。有桐星家园标准住宅小区1个。

妙智

妙智集镇位于濮院镇北部，距镇政府驻地约4千米，南与大运河紧邻，据民国《乌青镇志》卷十四记载“妙智区有妙智寺，元时废，明正德九年重建”。故名妙智。

妙智昔日是大运河上的一个重要渡口，东来西往的各类船只在这里歇息，上下货物。20世纪60年代初建有一个当时嘉兴地区内最大的粮库，为国家储备粮食。

1990年，集镇面积约5000平方米，有濮院食品站下伸店，供销社生产资料、副食品下伸店，及村民所开茶馆、柴行、豆制品、缝纫、理发等小店十余家。主干道为大运河的背纤塘路，泥路，少许石板，约150米长左右。集镇设有一渡口，有小渡船一只，可渡至运河南岸。后因未被纳入建设规划，集镇被自然淘汰。

2003年，桐星大桥在妙智东侧建成。2004年，全市疏浚大运河后取消渡船。2006

年，建造“桐乡中心粮库”，储存规模为 4.8 万吨。

庙簰

庙簰集镇紧傍莲花港，距镇政府驻地约 4.5 千米。旧时，此地有一土地庙，名庙簰庙；附近有一石桥，称庙簰桥，集镇之名由此而得。中华人民共和国成立前，土地庙控管着北至濮院，南至嘉兴常睦桥一带的一方香火。与别处土地庙不同的是，庙簰庙除供有土地公公和土地婆婆两尊菩萨外，另供有一尊长眉善目的菩萨。相传这尊菩萨原是濮院镇上的一位大善人，归天后托梦给许多濮院人说他受城隍册封，在庙簰做了菩萨。因此庙簰周围的善男信女把土地菩萨称为“大老爷”，称这一尊菩萨为“小老爷”。因为“小老爷”是濮院人，所以庙中总有不少来自濮院的香客。今土地庙已不复存在，但仍有不少香客来原庙址叩拜，常年香烟缭绕。

庙簰桥原是一座古老的石拱桥，相传桥缝中长有一棵枝叶繁茂的槐树，很是奇特。横跨在莲花港上的这座石拱桥，南通嘉兴常睦桥，北至濮院。由于庙簰位于水陆交通要道，水上航运十分便捷，人来人往，非常热闹。因此在 20 世纪 80 年代前，庙簰的商贸比较活跃，有供销社下伸店、茧站、茶馆、水作店等各类商店数十家，晚上还经常放映露天电影。至 1990 年，集镇面积约为 12000 平方米。

20 世纪 90 年代后期，因庙簰港开发工程，集镇的大多土地变成河道，横跨河面建有东西两座钢筋水泥桥，东为茅家桥，西为庙簰桥，两桥相距约 1 千米；原供销社下伸店也因此撤回，学校随之搬迁，至 2010 年，原有的庙簰小集镇已趋于自然消亡。

第二编

自然环境

镇域地处东南沿海北亚热带南缘，属典型的亚热带季风性气候，冬夏季风交替显著，四季分明，光照充足，无霜期较长，雨量充沛，空气湿润，气候温和。生物种类繁多。

镇域地处长江三角洲冲积平原，地势平坦，无一山丘。地质构造为第四纪沉积物掩盖，土壤母质为江、海、湖相沉积物。自古以来由于叠土栽桑，围圩造田，挖河筑堤，形成田地交错、高低悬殊的“桑基圩田”人工地貌。田面高程在海拔4—5米之间，旱地6—7米。京杭运河斜穿过境，连接众多干支河道，构成江南水乡独特的河网水系，圩区河网密布，桑园、稻田、鱼塘分布其中。

域内水、旱、风、雪、雹等灾害天气及虫灾时有发生。

第一章 气候 物候

第一节 气 候

气温

年平均气温16.5℃，最冷1月平均气温4.0℃，最热7月平均气温28.5℃，年较差24.5℃。据30年气温资料统计，曾出现39.8℃极端最高温（2009年7月20日），极端最低温-9.5℃（1991年12月30日）。常年初霜出现在11月14日，终霜3月15日，年平均无霜期239天，年平均结冰日数42天。

表2-1 1981—2010年年均、月均气温统计表

单位：℃

月均气温												年均气温	年较差
1月	2月	3月	4月	5月	6月	7月	8月	9月	10月	11月	12月		
4.0	6.0	9.8	15.5	20.8	24.5	28.5	28.0	23.8	18.4	12.4	6.3	16.5	24.5

降水

年平均降水量1246.7毫米，年内分配不均，具有明显的季节变化。年内降水主要集中在4至5月的春雨，6月中旬至7月上旬的梅雨和8月下旬至9月的秋雨。6月、7月

两个月的雨量占全年总雨量的24.6%，最大6月占14.1%，年内最小12月仅占3.6%，约为最大月的1/4。

表2-2　　1981—2010年年均、月均降水量统计表

单位：毫米

月均降水量												年均降水量
1月	2月	3月	4月	5月	6月	7月	8月	9月	10月	11月	12月	
74.1	76.9	121.5	103.9	108.0	196.6	151.5	141.9	100.5	64.7	61.0	46.1	1246.7

降水年际变化大，最多年1755.6毫米，发生在1999年，最少年744.4毫米，出现在2003年，最少年仅为最多年的42%，年际变幅值511.8毫米。年平均雨日140.7天，最多2月为24天，其次3月和5月，分别为14.7和14.6天，最少12月，为0天。

蒸发

年平均水面蒸发量1308.8毫米，以7月最大，1月最小，最大月为最小月的5.1倍，季节变化大。蒸发年际变化不大，最多年1541.2毫米，出现在2004年，最少年1128.9毫米，发生在1989年，变幅值为206.2毫米。

表2-3　　1981—2010年年均、月均蒸发量统计表

单位：毫米

月均蒸发量												年均蒸发量
1月	2月	3月	4月	5月	6月	7月	8月	9月	10月	11月	12月	
39.1	50.5	80.4	116.1	152.8	145.9	199.5	184.6	125.7	99.9	65.6	48.7	1308.8

无霜期

霜主要出现在11月到翌年3月，每年的10月、4月也偶有出现。其中1月霜日最多，12月、2月次之。据1981—2010年30年资料，初霜出现的平均时间为11月17日，最早为1995年11月2日；终霜平均时间为3月16日，最迟为1996年4月4日。全年无霜期平均为243.6天，最短的1986年、1995年仅220天，最长的1984年为269天。

日照

年平均日照1798.8小时，最多7月208.5小时，最少2月107.4小时，两者差101.1小时。日照年际变化大，1998年7月多达298.5小时，日照率70%；最少的1990年2月，只有49.8小时，日照率16%。

表 2－4　　1981—2010 年年均、月均日照时数统计表

单位：小时

月均日照												年均日照
1 月	2 月	3 月	4 月	5 月	6 月	7 月	8 月	9 月	10 月	11 月	12 月	
113.0	107.4	126.7	150.0	169.8	144.1	208.5	206.1	154.2	152.3	133.2	134.1	1799.4

四季

按气候学四季划分标准，5 天平均气温≤10℃为冬季，≥22℃为夏季，介于 10℃和 22℃之间为春、秋季，境内 3 月 31 日入春，6 月 18 日入夏，9 月 17 日入秋，11 月 19 日入冬，冬长秋短。

表 2－5　　四季始、终日期及持续天数统计表

春			夏			秋			冬		
始日 日/月	终日 日/月	天数	始日 日/月	终日 日/月	天数	始日 日/月	终日 日/月	天数	始日 日/月	终日 日/月	天数
31/3	17/6	79	18/6	16/9	91	17/9	18/11	63	19/11	30/3	132

春季　春季平均开春日期为 3 月 31 日，终末为 6 月 17 日，长 79 天。春季是冬季风转为夏季风的过渡季节，冷暖空气交替频繁，故风向多变，天气时冷时热，阴雨天气较多。一般 4—6 天有一次冷空气过程，强冷空气 24 小时降温可达 10℃以上。倒春寒和连阴雨是春季主要灾害性天气。

夏季　夏季一般是 6 月 18 日开始，至 9 月 16 日结束，为期 91 天。季内气温高，雨量集中。初夏，冷暖空气交会，造成连续阴雨，时值梅子成熟之际，故称“梅雨”。一般 6 月中旬入梅，7 月上旬出梅，梅雨期平均有 22 天，梅雨量 200.2 毫米。出梅后受副热带高压控制，多晴热天气，气温高，日照足，蒸发量大，常有伏旱发生。8 月下旬至 9 月中旬，气温逐渐转凉，有台风影响，常出现大风、暴雨。

秋季　秋季一般从 9 月 17 日开始，至 11 月 18 日结束，为期 63 天，是四季中最短的一季。正常年份，秋季受稳定的小高压控制，天气比较稳定，多为秋高气爽天气。少数年份受北方冷空气侵袭，降温快而明显，出现秋季低温，造成“寒露风”，亦有极少的迟台风与冷空气相汇，造成较大的降水，出现秋雨连绵的现象。

冬季　冬季从 11 月 19 日开始，至次年 3 月 30 日结束，为期 132 天，是一年中最长的一季。冬季受极地大陆高压影响，盛行偏北风，气候寒冷干燥，是一年中降水量最少的时期，1—2 月最低气温一般在－3℃以下，据 1981—2010 年统计数，约有 16 年最低温度

可降到-5℃以下，-7℃以下，出现过1年，没有出现过低于-10℃的极端气温。遇寒潮侵袭时，会出现降雪、冰冻、霜冰等灾害性天气。

表2-6　　1981—2010年桐乡市(县)境气象要素统计表

年份	平均气温(℃)	雨日(天)	降水量(毫米)	无霜期(天)	日照(小时)
1981	15.4	153.0	1300.6	254	1909.1
1982	15.7	148.0	1094.8	252	1811.3
1983	15.7	148.0	1652.6	239	1865.1
1984	15.3	150.0	1224.9	269	1977.2
1985	15.7	150.0	1248.4	223	1891.6
1986	15.6	120.0	988.1	220	2037.7
1987	15.8	135.0	1282.3	249	1983.3
1988	15.8	131.0	942.1	245	2005.4
1989	15.9	151.0	1428.1	234	1698.5
1990	16.8	156.0	1236.6	236	1808.5
1991	16.1	151.0	1310.0	223	1518.7
1992	16.0	132.0	1050.9	258	1736.2
1993	15.9	145.0	1653.3	247	1545.3
1994	17.3	139.0	970.7	261	1785.1
1995	16.4	123.0	1238.0	220	1841.6
1996	16.8	144.0	1218.0	228	1649.8
1997	16.9	143.0	1413.1	258	1489.5
1998	17.4	146.0	1466.6	256	1583.8
1999	16.2	140.0	1755.6	253	1429.5
2000	16.7	147.0	1060.9	245	1617.0
2001	16.7	147.0	1256.2	250	1603.4
2002	17.0	148.0	1435.9	241	1694.5
2003	17.0	126.0	744.4	248	1949.4
2004	17.1	125.0	965.3	252	1987.2
2005	16.9	121.0	911.3	238	2116.0
2006	17.7	137.0	1114.9	237	1893.4
2007	17.9	133.0	1048.7	227	1958.9

续表 2－6

年　份	平均气温（℃）	雨　日（天）	降水量（毫米）	无霜期（天）	日　照（小时）
2008	17.1	131.0	1485.9	258	1834.4
2009	17.6	146.0	1275.2	233	1951.6
2010	17.1	154.0	1626.4	255	1790.7
平均	16.5	140.7	1246.7	243.6	1799.4

风

一般每年 3 月至 8 月盛行东南偏南风，9 月、10 月以东北偏东风为主，11 月至翌年 2 月多为西北风。年平均风速 2.2 米/秒，月平均风速，3 月、4 月、5 月、8 月最大为 2.4 米/秒，10 月最小为 1.9 米/秒。

表 2－7　1981—2010 年年均、月均风速统计表

单位：米/秒

月均风速												年均风速
1 月	2 月	3 月	4 月	5 月	6 月	7 月	8 月	9 月	10 月	11 月	12 月	
2.1	2.2	2.4	2.4	2.4	2.3	2.3	2.4	2.2	1.9	2.0	2.0	2.2

暴雨

据 1981—2010 年气象资料统计，日雨量≥50 毫米暴雨年均 1.1 次，日雨量≥100 毫米的大暴雨年均 0.2 次。暴雨主要发生在 6 月、7 月的梅雨期和 8 月、9 月的台风雨期。2007 年 10 月 8 日受台风“罗莎”影响，24 小时降水量高达 139.8 毫米，是 1981—2010 年资料记载中的最高纪录。

（注：上述气象数据均引用桐乡市气象站观测资料，气象站设在梧桐镇邵家桥附近，距濮院镇仅 10 千米，地势平坦，气候差异很小。）

附：

1996 年版《濮院镇志》部分气候资料

气温

境内年平均气温 15.8℃，最冷 1 月平均气温 3.4℃，最热 7 月平均气温 28.1℃，年较

差 24.7℃。据 30 年气温资料统计，曾出现 39.5℃极端最高温（1978 年 7 月 7 日），极端最低温 -11℃（1977 年 1 月 31 日）。常年初霜出现在 11 月 14 日，终霜 3 月 15 日，年平均无霜期 239 天，年平均结冰日数 42 天。

1961—1990 年年均、月均气温统计表

单位：℃

月均气温												年均气温	年较差
1 月	2 月	3 月	4 月	5 月	6 月	7 月	8 月	9 月	10 月	11 月	12 月		
3.4	4.6	8.8	14.5	19.9	23.9	28.1	27.8	23.1	17.6	11.9	5.7	15.8	24.7

降水

年平均降水量 1193.9 毫米，年内分配不均，具有明显的季节变化。年内降水主要集中在 4—5 月的春雨，6 月中旬至 7 月上旬的梅雨和 8 月下旬至 9 月的秋雨。6 月、7 月两个月的雨量占全年总雨量的 24.6%，最大 6 月占 14.1%，年内最小 12 月仅占 3.6%，约为最大月的 1/4。

1961—1990 年年均、月均降水量统计表

单位：毫米

月均降水量												年均降水量
1 月	2 月	3 月	4 月	5 月	6 月	7 月	8 月	9 月	10 月	11 月	12 月	
51.4	77.4	101.7	115.6	122.4	168.9	124.5	119.3	140.5	75.2	53.9	43.1	1193.9

降水年际变化大，最多年 1652.6 毫米，发生在 1983 年，最少年 744.4 毫米，出现在 1978 年，最少年仅为最多年的 46.9%，年际变幅值 878.2 毫米。

年平均雨日 145.6 天，最多 4 月为 15.2 天，其次 3 月和 5 月，分别为 14.7 天和 14.6 天，最少 11 月和 12 月，分别为 8.3 天和 8.4 天。

蒸发

年平均水面蒸发量 1237.8 毫米，以 7 月最大，1 月最小，最大月为最小月的 4.1 倍，季节变化大。蒸发年际变化不大，最多年 1380.3 毫米，出现在 1971 年，最少年 1108.5 毫米，发生在 1970 年，变幅值为 271.8 毫米。

1961—1980 年年均、月均蒸发量统计表

单位：毫米

月均蒸发量												年均蒸发量
1月	2月	3月	4月	5月	6月	7月	8月	9月	10月	11月	12月	
46.4	49.4	78.1	101.5	126.1	134.6	190.4	182.5	115.6	73.6	70.2	49.4	1237.8

日照

年平均日照 1973.2 小时，最多 8 月 250.0 小时，最少 2 月 115.8 小时，两者差 134.2 小时。日照年际变化大，1967 年 8 月多达 357.8 小时，而 1980 年 8 月仅 63.2 小时。

1961—1990 年年均、月均日照时数统计表

单位：小时

月均日照												年均日照
1月	2月	3月	4月	5月	6月	7月	8月	9月	10月	11月	12月	
113.4	115.8	134.8	149.9	164.9	161.7	232.1	250.0	162.6	166.2	152.3	149.6	1973.2

风

3 月至 8 月盛行东南偏南风，9、10 两月以东北偏东风为主，11 月至翌年 2 月多为西北风。年平均风速 2.4 米/秒，3 月最大为 2.8 米/秒，9 月、10 月最小为 2.2 米/秒。

1961—1990 年年均、月均风速统计表

单位：米/秒

月均风速												年均风速
1月	2月	3月	4月	5月	6月	7月	8月	9月	10月	11月	12月	
2.4	2.5	2.8	2.7	2.6	2.4	2.4	2.5	2.2	2.2	2.3	2.3	2.4

暴雨

据 1961—1990 年气象资料统计，日雨量≥50 毫米暴雨年均 2.4 次，日雨量≥100 毫米的大暴雨年均 0.3 次。暴雨主要发生在 6、7 月的梅雨期和 8、9 月的台风雨期。1962 年 9 月 6 日受 14 号台风影响，24 小时降水量高达 181.1 毫米，为有资料以来的最高纪录。

第二节 物 候

境内为典型的江南亚热带季风性气候,因此带来相应的物候。

植物候

单季晚稻(晚粳) 6 月 5—10 日播种,7 月上旬移栽,9 月 15—20 日齐穗,11 月初成熟。

大麦 11 月上旬播种,翌年 2 月下旬拔节,清明前后齐穗。

小麦 10 月下旬至 11 月上旬播种,翌年 3 月初拔节,4 月下旬齐穗,5 月下旬成熟。

油菜 9 月中下旬播种,11 月下旬移植,翌年 3 月中下旬开花,5 月中下旬成熟。

蚕豆 10 月中下旬播种,翌年 4 月中旬开花,6 月上旬收获。

烟叶 1 月上旬播种育苗,4 月下旬至 5 月上旬移植,7 月下旬采收。

菊花(杭白菊) 2 月上旬萌发,4 月中旬移植,11 月上旬盛花采摘。

柳树 2 月下旬萌发。

桑树 3 月中旬脱苞,4 月初见雀口,4 月中旬开叶。

梧桐树 4 月上旬萌发。

桂花树 9 月中旬盛花采摘。

银杏树 3 月下旬发叶,4 月中旬开花,9 月下旬果实成熟。

竹笋(早笋) 3 月中旬露笋尖。

桃树 2 月下旬萌芽期,3 月下旬发叶期,3 月中旬至下旬盛花期,5 月中旬坐果期,6—7 月果实成熟期,11 月落叶期。

李(槜李) 2 月下旬萌芽期,3 月下旬盛花期,4 月上旬发叶期,4 月下旬坐果期,7 月上旬果实成熟期,11 月落叶期。

梨树 3 月上旬萌芽期,3 月上旬至中旬盛花期,4 月上旬发叶期,5 月中旬坐果期,7 月下旬至 8 月果实成熟期,11 月落叶期。

葡萄 3 月中旬萌芽期,3 月中旬盛花期,3 月下旬发叶期,5 月下旬坐果期,7 月中旬至下旬果实成熟期,11 月落叶期。

动物候

蛇 3 月中旬出洞。

燕 4 月中旬迁来营巢。

家蚕(春蚕) 立夏头眠。

蝉 6 月中旬始鸣。

河蟹 九月九(重阳前后),蟹要走。

第二章　自然资源

第一节　土　壤

濮院地处长江三角洲南缘杭嘉湖平原中部，海拔6—7米，地势低平，无一山丘，地质构造为第四世纪沉积物掩盖，水田高程4—5米，旱地6—7米。水网密布，河网密度高达3.4千米/平方千米，河网率为5.8%，在地貌分区上属水网平原区。古时，因气候冷暖交替变化，海水出现多次进退、海陆变迁、基岩风化剥蚀和堆积，后一度海退成陆，原始人类开始出现。

自南宋起，随着栽桑育蚕的迅速发展，桑地激增，每年投入大量劳动力挑田泥培肥桑地。明、清时期，桑地改造面积进一步扩大。随着年复一年的桑地改造，加上疏浚河道、筑堤防洪，逐渐形成田、地、池、河凹凸多变的人工微地貌类型。在桑地改造过程中，田地互相镶嵌插花，水田被桑埂地包围，桑埂地则镶嵌于水田之间。被桑埂地围起来的水田形成了圩田（俗称圩头或圩圈）。圩田面积一般为15—30亩，有的更小，成为"箱子田"。包围或穿插圩田的桑埂地（不栽桑的称为旱地）高隆呈条带状，与圩田高差一般在2米上下，俗称"地岗"或"地埂"，还有一种散布在圩田中的土丘称为"地墩"。20世纪70年代，平整土地遍及全镇，把高爽旱地（或桑地）上土层挑加到低湿圩田、废浜、废漾内，低田加土层厚度一般超过40厘米，有时厚达1米以上，成片成方，时称加土田或改土田。在自然的、人为的长期作用下，境内现今地貌，除少部分坣田（"坣"音"荡"，高田之意）基本保持原来沉积时较为平坦的面貌外，绝大部分为圩田与桑埂地插花镶嵌，为杭嘉湖水网平原独特的"桑基圩田"人工地貌。据土壤普查，境内土壤分为水稻土（60.46%）和潮土（39.54%）两个土类。土层深厚，土壤肥沃，熟化程度高，宜种性广，有"平原丘陵""百花地面"之称。

土壤性质

镇境地处大地构造单元属扬子准地台钱塘凹陷，为古生代的浅海相沉积区。自前震旦系到第四系，地层以第四系最为发育。由于中生代燕山晚期强烈的构造变动和火山活动，形成了晚白垩纪盆地。它是由北东东扭剪性裂面发展而成的断陷型盆地，是一套以内陆湖相沉积为主，并夹有火山岩的沉积岩系。盆地上部为第四系的河湖相和滨海沉积层所覆盖，盖层厚度约为150—200米，成为广宽的平原。

早更新世，气候干冷，形成湖相沉积，岩性为黏土，局部含砂，底部含砾，层顶埋深约在160米以下。全新世时期，距今约一万年前，海平面复有升降，初期，出现了“冰后期”海层，发育了冲海相地层带，形成湖沼，沉积了富含大量有机质的亚黏土。当时为海侵最盛期，海水淹没全境，并沉积了第Ⅲ1海侵层。海平面下降后，沉积物暴露于地表，接受氧化，形成“第一硬土层”。距今约7500—6500年前，一度海退成陆，为湖沼相沉积。后来，海平面又出现波动回升，将“第一硬土层”沦为沧海，随即沉积了第Ⅲ海侵层。其时，整个第Ⅲ海侵层形成黄色硬土层。中期，海水渐退，海相沉积趋于相对稳定，继而境域成陆。后期，海平面又略有回升，在海路两向水流相互作用下，大量的陆源物质（长江、钱塘江携带入境的泥沙）迅速堆积，出现“海退式”沉积（一般为河湖相沉积），后发育成地势低平，由东南向西北略呈倾斜的现今地貌雏形。在海水淹没陆地而成浅海时，由于泥沙来源丰富，沉积了大片厚层的冲积物，原为断陷盆地而逐渐变为平坦的海滨湿地和湖沼洼地，后又承受山洪冲击，填低淤高，地形显得更为平坦，并出现了海潮内侵和山水外泄的网状汊道。表层沉积物以细颗粒泥沙（细粉沙、黏土）为主，属河流、湖沼堆积物。

土壤类型

据土壤普查，境内有水稻土和潮土两个土类，潴育型水稻土、脱潜潴育型水稻土和潮土三个亚类和七个分属于三个亚类的土属。镇地处于亚热带温和多湿的气候条件下，冲积土壤发育的草甸土的成长过程中受到地下水的影响，发育成草甸型潮土，旱地都归属于这一类。水稻土是另一类特殊土壤，也是镇境主要耕作土壤，它的成土过程受人类水耕熟化强烈影响，产生独特的物质、能量的交换和移动。

潴育型水稻土　潴育型水稻土是境内的主要土壤类型，分布广，面积大。由于地势低平，地下水位高，土壤发育深受灌溉水和地下水的双重影响，有很多铁锰淀积物，白色条纹及青灰色胶膜，交杂布结在土壤的结构体上。境内潴育型水稻土包括黄斑田、小粉田、荡田并松泥田和堆叠泥田4个土属。

黄斑田　黄斑田主要分布在镇郊的新星、新濮、永越及红旗漾、新联、星旗等村，其面积小于小粉田，居第二。该土属母质为河海相沉积，是草甸土基础上发育的水稻土，所处位置较高，排水方便。土壤养分含量较丰富，有机质平均2.83%，全氮0.137%，速效磷9.3ppm，速效钾112.6ppm，pH值6.5—7.2。土壤质地重壤，耕层砂黏比（大于0.01毫米的物理性砂粒的含量与小于0.001毫米黏粒含量之比）为1.98。耕作一般，透水性好，供肥较好，作物起发，后劲较足，宜种性广，1990年前多为麦—稻—稻或油菜—稻—稻三熟制田。

小粉田　小粉田母质为泻湖相浅海沉积物，土壤剖面下部比上部轻松，黄化的潴育层深厚，有较多锈纹斑和结核，有管状沉积物，呈灰浅黄至浅黄棕色；部分田沉积层次明显，砂黏相间，如云片糕，沿水平层理方向可剥开，是境内特有土种，群众称小粉埼。质地中壤，耕层砂黏比为3.4；云母含量较高，在阳光下转动土块能见到闪烁的光点；心底土一般有石灰反应。土松易碎，耕性好，但压缩性、抗压强度差，开深沟易塌方。它的有机质平均为2.59%，全氮为0.157%，速效磷9.1ppm，速效钾96.2ppm，pH值6.5—7.3，养分含量尚可，通透性好，肥料易分解，供肥性好，作物早发，但保水性差，肥力不持久，后期易脱力。小粉田是境内面积最大的一种土壤，大片分布在域内永越、新河、永联、新妙智、新东、油车桥等村。镇域北部，除了新星行政村有大片分布外，在永乐村也有连片分布。

荡田并松泥田 荡田并松泥田，是一种高平田，而不是低洼的湖荡，平均海拔为5.3米左右。据史料解释，所谓“荡”是坦荡荒凉的意思。荡田区由于历史上的原因，人口稀少，地势高爽，河流缺少，灌溉不便，因此开发迟。中华人民共和国成立前后，由于人口增加和灌溉技术的提高，才逐渐辟为水田，土地未经人工大规模搬动，大体尚保持着原始成土高程。但其周围的水田在古代桑田改造中都先后被改造成低洼的圩田，因此荡田便成了四周低中间高的“人工”台田，使土壤水分发生深刻的变化。荡田地下水位在水稻土各土属中最低，冬季地下水位平均为74.6厘米，剖面发育虽受地下水季节变动影响，但水分的垂直淋洗作用比较强烈，主要表现为土壤呈微酸性反应，pH值6.3—6.5，各土层均无石灰反应。该土壤一般离村坊远，河道少，积肥运肥不便，耕作粗放，因此土壤养分贫乏，有机质平均1.9%，全氮0.1206%，速效磷6.3ppm，速效钾72.6ppm，均低于一般的水田，是境内的低产土壤。但荡田并松泥田的增产潜力是十分巨大的，在第一次土壤普查以后，各地都比较重视荡田的改造，搞好农田水利建设，提高施肥水平，普遍施用磷肥等，荡田区产量有了很大的提高。该土系的面积在境内土壤面积中居第三，除了新河行政村所辖的东南部陈家兜、界楼庵等自然村有连片分布外，在域内西北部、中部和北部的红旗漾村也有小片分布。

堆叠泥田 堆叠泥田俗称加土田，是20世纪70年代人工改土的产物，由人工把圩田四周高突的旱地土壤堆加到低洼的圩田上而成的水田，但所加土层厚度应大于40厘米，它的土壤质地随客土而异，从中壤质到黏质土均有，一般以重壤质居多。土壤养分缺乏，有机质、全氮、速效钾含量都较低，质地偏重，耕性差，渗漏量较大，耕层易变浅。有机质平均0.89%，全氮0.0658%，全磷0.0576%，速效钾76.9ppm。

域内堆叠泥田的土属面积不大，主要分布在域内杭申公路南北两侧的叙星桥、河桥浜、水车头等自然村。此外，镇的东北部也有零星分布。

脱潜潴育型水稻土 脱潜潴育型水稻土是发育于古潜育体上的水稻土，母质为湖沼相和湖海相沉积物的叠合体。在人类垦殖过程中，逐步改进水利设施，使土壤逐步向潴育型方向发展，因此它是一种界于潜育型水稻土和潴育型水稻土的过渡类型。地下水位较高，土体上部有一定潜育层次，但有较明显的干湿变化和氧化还原过程，土体颜色较深，呈暗灰色，有明显的铁锰锈纹锈斑。境内脱潜潴育型水稻土分布面积不大，主要包括青紫泥田和半青紫泥田两个土属。

青紫泥田 在土体50厘米以上有一层青泥层（沼泽化黏土层），群众称青紫墒。该土属的土壤质地重壤至轻黏，耕层砂黏比为1.53，土壤黏韧，质地黏重，有机质平均3.00%，全氮0.1814%，速效磷9.0ppm，速效钾118.7ppm，呈中性至微酸性反应；由于土壤质地黏重，因此耕作困难，湿时糊烂，干时坚硬，不干不湿时黏铁耙，保水能力强，渗水速度慢，故烤田搁田比一般田困难。它的通病是地下水位高，内排水不良，土壤水分过多，造成通气不良，养分释放慢，作物迟发，但肥力稳长，蓄水保肥性强，后劲足，养分含量丰富，潜在肥力高，常年粮食亩产750千克左右。因此群众认为青紫泥田是好土壤，但不适宜种植起发性要求高的经济作物。在土体40厘米以下存在的一层黑色腐泥层，被称为腐心青紫泥田。在排水条件改善后，土体潴育层垂直节理发育，棱柱状结构体和铁锰斑纹较多，呈暗黄棕色的，称黄化青紫泥田；原青紫泥田上面加土后，加土层沉实不足40厘米，称加土青紫泥田。

青紫泥田的面积不大，主要分布在域内西部和中部杭申公路的南北两侧，公路南侧新河庄家门、永越於家鱼池，北侧永乐方家兜、新星行政村所辖的金家浜、戚家浜等自然村有连片分布。

半青紫泥田 半青紫泥田的面积很小，主要分布在镇区。该类土壤的土体上下层为异源母质二元叠合体。该土属分上下二层，上层母质为典型的湖沼相沉积物，一般为轻黏，砂黏比为1—1.4，土壤质地黏重，有机质含量较高；下层母质为河海相沉积物，土壤质地疏松，有机质含量低。由于上下层母质不同，性质各异，上层具有质地黏重，耕性差，保水保肥力强；下层爽水较好，铁锰纹多，甚至出现铁锰结核等潴育型层段特性，因此使土壤肥力状况发生较大变化，群众称它为半青紫墒。半青紫泥田具有保水蓄肥力强，养分含量较高，耕作层深厚等一些青紫泥田的特性，有机质平均达3.56%，全氮为0.2040%，速效磷为9.7ppm，速效钾为135ppm，均为水田各土属中最高。耕作层平均厚度为16.5厘米，也为各土属中最厚。地下水位平均为58厘米，比青紫泥田下降5厘米，使土壤通透性有所改善，因此是肥力较高的一个土壤，为水稻土优良土种。由于心底土质地不同，又可分黄心青紫泥田（心底土古黄斑层）、小粉心青紫泥田。两个土壤的生产特性基本相似。

潮土 潮土在发育过程中受地表水和地下水的双重影响，母质为河、湖、海相沉积物。境内气候温暖多湿，土壤自然发育方向为草甸型潮土。近代（主要是明朝后）为发展蚕桑生产和农业生产，在开辟圩田、疏浚河道时，把挑挖的土堆在河道两旁和圩田四周，形成了堆叠土。它一般高出田面2—3米，高爽，沥水，母质为河、湖、海相各类冲积和沉积物，因此质地范围较广，轻壤到重黏均有，插花分布在上述不同的土壤间。上部1—2米土层经人工搬动堆叠无层次，下部土壤则有明显的沉积层次。土壤水分以垂直淋溶为主，受地下水影响较少，碳酸钙淋洗较为彻底，土壤呈微酸性反应，pH 值 6—6.5，全剖面黄棕色，铁锰淀积不明显，土体中常有砖瓦陶瓷等碎片的侵入体。该土壤通气性好，有机质的分解速度较快，因此土壤有机质含量较低，不如水田高，速效磷含量比水田高，但地区、地块差异较大，适宜栽桑和发展各种旱地作物。它的缺点是灌溉困难，水土容易流失，生产上用喷灌、挑稻秆泥和提岗脚泥等办法解决。境内的桑园地和旱耕地均属此种土属。

堆叠土的农田地貌和剖面形态基本一致，如位置高低、土体结构、颜色、耕作厚度、地下水位等，土壤养分也大同小异，使土壤生产特性产生明显差异的是土壤质地。因此，堆叠土土属以土壤质地作为划分土种的主要依据，可分为壤质堆叠土、小粉质堆叠土及黏质堆叠土三种。

境内以小粉质堆叠土为主，该土壤质地轻松，中壤质以下，粗粉砂含量很高，黏粒含量低，小于 0.001 毫米黏粒含量在 17%左右，代换量约 13 毫克当量/100 克土，剖面淡棕黄色，耕性好，但保水保肥性差，雨后土壤容易冲蚀，表土易板结。作物起发，宜种瓜果、蔬菜等经济作物，特别适宜种烟草、麻、菊花，栽桑也较好。

表 2－8　　1984 年濮院镇、新生乡土壤养分含量情况表

公　社	有机质%		全氮%		速效磷 ppm		速效钾 ppm		pH 值	
	水田	旱地	水田	旱地	水田	旱地	水田	旱地	水田	旱地
新　生	2.45	1.47	0.149	0.109	7.6	13.4	90	109	5.96	5.85
濮　院	2.17	1.30	0.128	0.091	6.5	6.4	92	79	6.56	6.20

第二节　河　流

境内河流属长江流域太湖运河水系，河道纵横，密如网络，主要河港与京杭运河垂直相交，多呈西北东南向。此外，有众多的西南东北向和东西向支港相交叉，呈格子状水系，水流脉络相连。河港水位变化缓慢，变幅小。据位于桐乡康泾塘的水位站的实测水位资料统计（1961—2010 年），多年平均水位为 2.90 米，月平均水位以 8 月最高，最高水位 4.82 米（1999 年 7 月 1 日），最低水位 1.89 米（1966 年 8 月 9 日），极值差 2.93 米。这充分体现了平原河港的水文特征。

河港水源主要来自京杭运河北侧的澜溪塘。澜溪塘通过金牛塘、上荅庙港、北永兴港供给京杭运河，再补给处于镇境内的南永兴港、潘家港、妙智港、王母桥港、杨家笕港。

水流方向根据洪枯水情况而转向，一般自西北往东南，以保持濮院境内河网水位。梅雨期所形成的洪水，一般经位于镇境南面的长山河东排，由海盐县澉浦入杭州湾。台风暴雨所形成的洪水，则经京杭运河东排，由黄浦江入海。在干旱季节，水位下降，水的流向也随之由东向西发生改变。

境内河港蓄水量，当水位在 2.3 米时约为 104 万立方米，3.0 米时为 191 万立方米，4.0 米和 5.0 米时分别为 381 万立方米和 625 万立方米。河道总长度约 181.714 千米，水面积约 3.46 平方千米。至 2010 年，境内共有河道 184 条，包括省市级河道 5 条，镇级河道 23 条，村级河道 156 条。

省、市级河道

京杭大运河杭州塘 自西南流向东北，斜贯镇境中部，是省级重要运输河道。它流经境域一段称杭州塘，长 4.6 千米，河面宽 50—70 米，河底高程-2.381—-2.181 米。流经新星、新濮、新妙智、新东 4 个行政村，是航运和排、引水的重要水道。河上自西向东跨桐星大桥、新运桥，河两岸筑有石帮岸护岸。

莲花桥港 是长山河南排入海（钱塘江）工程治理太湖流域十大工程中的骨干工程之一，也是省级重要河道。工程东自海盐长山，西至洲泉镇区，全长约 50 千米。其中流经镇域的一段为莲花桥港。因为它在镇境东南部，王店镇进口铁路莲花桥附近而得名，西起梧桐镇，东至王店镇清泰环桥，流经镇域永联、新河 2 个行政村。长 3.435 千米，河面宽度为 49.5 米，河底高程为-1.0 米。自西向东跨雁团桥、庙白桥、茅家桥、大桥、马河桥、沈家睦桥。两岸筑有坚固石帮岸护岸。

分乡港 分乡港位于镇境东北部，是嘉兴和桐乡的分界河，故得此名，是嘉兴市级重要河道。在境域内长 6.23 千米，河面宽 20—25 米，河底高程为 0 米，港上自南而北跨正家笕桥、太平桥、沈家场桥、支农桥（王板桥）、庆丰桥（野猫桥）、环桥、戚家村桥、戚家桥、卖鱼桥。

南永兴港 南永兴港是镇境最西的桐乡市级重要河道，北起大运河，南接长山河，其走向基本与梧桐街道的乡界一致，在境域内长 8 千米，1955 年曾经疏浚挖深，河面宽 24 米，河道面积为 192000 平方米，河底高程为-0.5 米，流经新星、永乐、永联、新河 4 个行政村，与莲花港交汇。两岸筑有坚固又美观的石帮岸，岸上植有绿化林带。自北而南跨王家桥、浮石桥、大浮石桥、秋婆桥、虹桥、旺屋桥、王西店桥。

北永兴港 北永兴港是镇境最西北的桐乡市级重要河道，南起大运河，北至乌镇三里塘，在镇境内长 6.7 千米，河面宽 25 米，河道面积为 167500 平方米，河底高程为-0.5 米，流经新妙智、油车桥、新联、星旗、新港 5 个行政村，有生态护岸和生态绿化带。自南而北跨永兴笕桥、庄桥、油车桥、南圣桥、红旗桥、星旗桥、长生桥。

部分镇级河道

南妙智港 南妙智港北起大运河，南至王母桥港，为濮院镇级河道。港全长 4.9263

千米，河面宽 21.50 米，河道面积 105915.45 平方米，河底高程为 0 米，流经新星、永乐 2 个行政村，然后自西向东穿越王母桥港达梧桐漾，再流入镇区西市河。部分河段筑有帮岸，自北而南跨福森桥、乐安桥、庙介桥、张店桥、申康桥、油车桥、幸福桥、人民桥。

北妙智港　北妙智港南起大运河，北至中横港，为濮院镇级河道。港全长 3.5825 千米，河面宽 12.10 米，河道面积 43348.25 平方米，河底高程为 0 米，北妙智港流经新妙智、新东、红旗漾、新联 4 个行政村，自南而北跨妙智笕桥、妙新桥、大史板桥、联丰桥、新联桥、联新桥。

王母桥港　王母桥港北起京杭大运河，流经新濮、新星、永乐、永越、新河、永联 6 个村和镇区，与莲花桥港交汇，为濮院镇级河道。因港上有王母桥而得名，系镇郊南北向的较大河港（镇区北至运河正家笕一段，旧志称正家笕港），港全长 8.2 千米。1970 年、1979 年曾两次疏浚，河面宽 28.80 米，河道面积为 236160 平方米，河底高程为-0.5 米，在镇区有石帮岸护岸。自北而南跨正家笕桥、西沈家桥、团结桥、王母桥、挥士桥、新桥（1 号桥）、越茂桥、万子桥、九曲桥、旺相桥、庙簰桥。

桐乡港　桐乡港东起王母桥港，西至永兴港，流经永乐、新星 2 个村。桐乡港因为此港通向桐乡而得名，为濮院镇级河道。港全长 4.1584 千米，河面宽 31.70 米，河道面积为 131821.28 平方米，河底高程为 0 米，自东而西跨印染厂桥、金家木桥、建园桥、石蟹坟桥、文苑桥、桐星桥、柴家桥、永安二桥、红晓大桥、对夫桥、恒业路一号桥。

表 2-9　　2010 年镇域省、市级河道情况表

序号	河道名称	河道级别	起　点	终　点	长　度（米）	河面宽（米）	面　积（平方米）
1	杭州塘	省级	杨家笕分乡港	南永兴港、（北）油车桥港	4600.00	55.00	253000
2	莲花桥港	省级	电径桥港	南永兴港	3434.80	42.00	144261.6
3	分乡港	嘉兴市级	运河	运河金塘桥为界	5700.00	21.00	119700
4	北永兴港	桐乡市级	古运河	乌镇三里塘	6700.00	25.00	167500
5	南永兴港	桐乡市级	古运河	长山河	8000.00	24.00	192000

表 2-10　　2010 年镇域镇级河道情况表

序号	河道名称	所属村	河道级别	起　点	终　点	长　度（米）	河面宽（米）	面　积（平方米）
1	北妙智港	濮院	镇级	运河	中横港	3582.50	12.10	43348.25
2	北横港	濮院	镇级	分乡港	庄敬浜	3840.80	19.60	75279.68

续表 2－10

序号	河道名称	所属村	河道级别	起　　点	终　　点	长　度（米）	河面宽（米）	面　积（平方米）
3	乌村面上港	濮院	镇级	北永新港	五行经港	1353.80	20.40	27617.52
4	新桥港	濮院	镇级	运河	新港村	4337.60	10.60	45978.56
5	三里塘	濮院	镇级	王母桥港	朝阳桥港	984.70	19.30	19004.71
6	朝阳桥港	濮院	镇级	三里塘	杨家笕港	2150.10	13.50	29026.35
7	庙桥港	濮院	镇级	朝阳桥港	叙星桥港	444.60	15.30	6802.38
8	十景塘	濮院	镇级	月河桥港	濮九娘桥港	572.60	21.30	12196.38
9	月河桥港	濮院	镇级	十景塘	郊区界	1180.90	20.10	23736.09
10	叙星桥北港	濮院	镇级	十景塘	郊区界	1819.00	21.20	38562.8
11	王母桥港	濮院	镇级	运河	莲花桥港	8200.00	28.80	236160
12	毓子桥港	濮院	镇级	南永兴港	王母桥港	2711.50	15.60	42299.4
13	半碗桥港	濮院	镇级	桐乡港	毓子桥港	1596.50	14.00	22351
14	桐乡港	濮院	镇级	王母桥港	永兴港	4158.40	31.70	131821.28
15	南妙智港	濮院	镇级	运河	王母桥港	4926.30	21.50	105915.45
16	倪家浜	新联村	镇级	北永兴港	谢仁桥港	1027.80	25.30	26003.34
17	中横港	新联村	镇级	北永兴港	新桥港	1412.10	24.90	35161.29
18	盛介桥港	新妙智村	镇级	运河	南横港	1582.90	20.40	32291.16
19	马家桥港	新星村	镇级	运河	桐乡港	2986.50	25.30	75558.45
20	机凌桥港	永越村	镇级	王母桥港	郊区界	1690.00	20.10	33969
21	叙星桥南港	永越村	镇级	320 国道	镇郊洪合界	820.00	21.20	17384
22	南横港	油车桥村	镇级	北永兴港	东升河	1500.00	26.40	39600
23	谢仁桥港	油车桥村	镇级	九曲港	朱家浜	658.10	13.60	8950.16

表 2－11　　2010 年镇域村级河道情况表

序号	河道名称	所属村	河道级别	起　　点	终　　点	长　度（米）	河面宽（米）	面　积（平方米）
1	李家浜	红旗漾村	村级	新桥港	浜底	581.90	14.80	8612.12
2	北水车浜	红旗漾村	村级	新桥港	浜底	62.70	14.80	927.96
3	三界桥浜	红旗漾村	村级	新桥港	浜底	78.60	16.50	1296.9

续表 2－11

序号	河道名称	所属村	河道级别	起　　点	终　　点	长　度（米）	河面宽（米）	面　积（平方米）
4	章家浜	红旗漾村	村级	章家浜组	浜底	278.60	16.30	4541.18
5	张家浜	红旗漾村	村级	判香桥港	浜底	350.00	16.50	5775
6	判香桥港	红旗漾村	村级	北横港	南姚浜	705.40	16.40	11568.56
7	张家桥港	新东村	村级	运河	分乡港	3640.80	12.20	44417.76
8	小桥浜	新东村	村级	分乡港	浜底	386.00	15.40	5944.4
9	蒋家浜	新东村	村级	北妙智港	浜底	132.90	16.10	2139.69
10	区农场北浜	新东村	村级	北妙智港	浜底	75.50	21.10	1593.05
11	竹小浜港	新港村	村级	北横港	判香桥港	1823.20	18.60	33911.52
12	金家石桥港	新港村	村级	北横港	徐家埭浜	707.20	18.60	13153.92
13	徐家埭浜	新港村	村级	北永兴港	南姚浜	2005.50	18.60	37302.3
14	渡船桥浜	新港村	村级	长浜	判香桥港	1666.70	23.50	39167.45
15	里浜	新港村	村级	渡船桥闸站	浜底	985.50	17.60	17344.8
16	金家浜	新港村	村级	里浜	浜底	242.40	18.80	4557.12
17	莫家浜	新港村	村级	分乡港	浜底	400.00	16.50	6600
18	圣家斗浜	新港村	村级	分乡港	浜底	160.50	16.30	2616.15
19	吴家门浜	新港村	村级	分乡港	浜底	319.20	16.60	5298.72
20	莫家埭浜	新港村	村级	分乡港	浜底	343.60	16.60	5703.76
21	冯木桥浜	新港村	村级	北横港	浜底	535.60	18.80	10069.28
22	北姚浜	新港村	村级	三里塘港	浜底	441.80	13.30	5875.94
23	长浜	新港村	村级	北横港	渡船桥	764.00	12.00	9168
24	王家汇浜	新港村	村级	三里塘港	浜底	348.50	13.30	4635.05
25	陶家桥港	新河村	村级	莲花桥港	王母桥港	3233.90	15.60	50443.84
26	夏家埭浜	新河村	村级	陶家桥港	浜底	450.00	13.70	6165
27	陈家兜浜	新河村	村级	陶家桥港	浜底	106.90	11.80	1261.42
28	大木桥北浜	新河村	村级	陶家桥港	浜底	150.00	11.80	1770
29	大木桥南浜	新河村	村级	陶家桥港	浜底	417.40	12.20	5092.28
30	后庄扇	新河村	村级	陶家桥港	浜底	243.70	11.80	2875.66
31	马七桥港	新河村	村级	陶家桥港	莲花桥港	1197.60	11.60	13892.16

续表 2－11

序号	河道名称	所属村	河道级别	起　　点	终　　点	长　度（米）	河面宽（米）	面　积（平方米）
32	李家鱼池西浜	新河村	村级	陶家桥港	浜底	352.90	13.60	4799.44
33	李家鱼池东浜	新河村	村级	李家鱼池西浜	浜底	353.90	13.70	4848.43
34	南园浜	新河村	村级	莲花桥港	浜底	252.60	14.20	3586.92
35	帮岸浜	新河村	村级	莲花桥港	浜底	215.00	12.10	2601.5
36	河西浜	新河村	村级	莲花桥港	浜底	254.30	13.80	3509.34
37	陆家门浜	新河村	村级	莲花桥港	浜底	325.50	13.60	4426.8
38	庄家村东浜	新河村	村级	莲花桥港	浜底	218.50	11.70	2556.45
39	旺华桥浜	新河村	村级	南永兴港	浜底	265.00	14.90	3948.5
40	计策浜	新河村	村级	南永兴港	浜底	93.20	11.60	1081.12
41	牛桥港	新河村	村级	南永兴港	郊区界	1683.60	20.50	34513.8
42	罗秋浜	新河村	村级	牛桥港	浜底	264.00	17.30	4567.2
43	黄金浜	新河村	村级	牛桥港	浜底	1873.30	15.00	28099.5
44	小木桥浜	新河村	村级	郊区界	浜底	201.00	14.70	2954.7
45	杨家里浜	新河村	村级	南永兴港	浜底	192.50	14.10	2714.25
46	竹家浜	新河村	村级	南永兴港	浜底	266.30	16.70	4447.21
47	祁家浜	新河村	村级	南永兴港	浜底	420.30	13.20	5547.96
48	王介浜	新联村	村级	北永兴港	浜底	210.70	20.40	4298.28
49	双圆里浜	新联村	村级	北永兴港	浜底	452.40	20.40	9228.96
50	沈家浜	新联村	村级	闸站	浜底	314.40	20.40	6413.76
51	老南横港	新联新妙智	村级	妙智港	新南横港	1050.00	18.00	18900
52	蒲扇浜	新联村	村级	南横港	嘉湖公路	259.90	20.40	5301.96
53	杨树下浜	新联村	村级	北永兴港	浜底	280.00	12.00	3360
54	孔家门浜	新联村	村级	北妙智港	浜底	90.40	21.10	1907.44
55	凤凰墩南浜	新联村	村级	北永兴港	浜底	120.60	21.10	2544.66
56	凤凰墩北浜	新联村	村级	北永兴港	浜底	257.80	14.90	3841.22
57	石臼浜	新联村	村级	北永兴港	浜底	126.10	15.90	2004.99
58	郑家浜	新联村	村级	北永兴港	浜底	193.30	15.90	3073.47
59	长生桥浜	新联村	村级	北永兴港	浜底	260.00	15.90	4134

续表 2－11

序号	河道名称	所属村	河道级别	起　　点	终　　点	长　度（米）	河面宽（米）	面　积（平方米）
60	跳桥浜	新联村	村级	中横港	浜底	240.00	21.10	5064
61	吴家门浜	新联村	村级	渡船桥浜	浜底	80.00	16.70	1336
62	许风浜	新联村	村级	新桥港	浜底	87.10	16.50	1437.15
63	新南横港	新妙智新联	村级	北妙智港	永兴港	1026.10	20.10	20624.61
64	小港浜	新妙智村	村级	老南横港	浜底	368.30	20.40	7513.32
65	朱家石桥港	新妙智村	村级	运河	老南横港	1364.10	20.60	28100.46
66	丁家浜	新妙智村	村级	运河	浜底	168.00	21.00	3528
67	小港浜	新妙智村	村级	北妙智港	浜底	128.70	12.50	1608.75
68	莫家浜	新妙智村	村级	北妙智港	浜底	157.40	12.50	1967.5
69	王家坝浜	新妙智村	村级	运河	浜底	153.00	16.20	2478.6
70	祁塘浜	新濮村	村级	运河	浜底	391.00	15.20	5943.2
71	钱家浜	新濮村	村级	杨家笕港	浜底	223.70	13.00	2908.1
72	曹家浜	新濮村	村级	杨家笕港	浜底	200.00	13.00	2600
73	旱桥港	新濮村	村级	杨家笕港	王母桥港	1673.60	13.30	22258.88
74	北庄浜	新濮村	村级	王母桥港	杨家笕港	1539.60	13.40	20630.64
75	俞家门浜	新濮村	村级	杨家笕港	浜底	959.60	13.00	12474.8
76	龙潭漾浜	新濮村	村级	运河	浜底	1421.70	14.10	20045.97
77	沈家门浜	新濮村	村级	王母桥港	浜底	251.10	12.10	3038.31
78	塘家门浜	新濮村	村级	王母桥港	浜底	100.80	12.10	1219.68
79	项家浜	新濮村	村级	王母桥港	浜底	376.30	14.00	5268.2
80	刘家浜	新濮村	村级	王母桥港	浜底	666.80	13.30	8868.44
81	刘家浜南浜	新濮村	村级	王母桥港	浜底	270.40	13.60	3677.44
82	毛家埭浜	新濮村	村级	王母桥港	浜底	498.40	11.80	5881.12
83	朱家埭浜	新濮村	村级	王母桥港	浜底	218.80	13.40	2931.92
84	范家浜	新濮村	村级	朝阳桥港	浜底	557.90	15.30	8535.87
85	茶家桥浜	新濮村	村级	十景塘	浜底	615.90	15.50	9546.45
86	庄机浜	新濮村	村级	潮阳桥港	浜底	90.00	10.00	900
87	三脚塘浜	新濮村	村级	潮阳桥港	浜底	190.00	11.00	2090

续表 2－11

序号	河道名称	所属村	河道级别	起　　点	终　　点	长　度（米）	河面宽（米）	面　积（平方米）
88	计策浜	新濮村	村级	潮阳桥港	浜底	170.00	11.00	1870
89	施家桥港	新濮村	村级	叙星桥港	月河桥港	400.00	12.00	4800
90	寺弯浜	新濮村	村级	十景塘	浜底	300.00	11.80	3540
91	小猪港	新星村	村级	浜底	南妙智港	350.00	21.50	7525
92	朱家桥港	新星村	村级	运河	南妙智港	1953.40	13.30	25980.22
93	朱家桥浜	新星村	村级	朱家桥港	浜底	288.50	14.40	4154.4
94	柳岸浜	新星村	村级	王母桥港	浜底	239.70	14.50	3475.65
95	凌塘浜	新星村	村级	王母桥港	浜底	100.40	27.20	2730.88
96	石灰浜	新星村	村级	运河	浜底	286.30	15.70	4494.91
97	高家兜浜	新星村	村级	马家桥港	浜底	60.00	10.00	600
98	金家浜	新星村	村级	马家桥港	浜底	120.00	11.00	1320
99	土地庙浜	新星村	村级	运河	浜底	593.30	13.50	8009.55
100	小羊桥港	新星村	村级	南永兴港	马家桥港	920.30	15.70	14448.71
101	潘家港	新星村	村级	南永兴港	浜底	700.00	15.40	10780
102	冯家浜	新星村	村级	马家桥港	浜底	458.00	12.60	5770.8
103	庙后浜	星旗村	村级	北永兴港	浜底、泵站	252.40	22.00	5552.8
104	罗家浜	星旗村	村级	北永兴港	浜底	350.00	16.20	5670
105	叶家浜	星旗村	村级	北永兴港	浜底	434.80	16.20	7043.76
106	澜溪浜	星旗村	村级	北永兴港	浜底	2026.50	13.80	27965.7
107	孟家汇浜	星旗村	村级	兰溪浜	浜底	84.60	15.90	1345.14
108	韩家里浜	星旗村	村级	兰溪浜	浜底	112.30	13.80	1549.74
109	小桥头浜	星旗村	村级	兰溪浜	浜底	72.10	14.10	1016.61
110	庄家汇浜	星旗村	村级	兰溪浜	浜底	488.40	13.80	6739.92
111	网船浜	星旗村	村级	北横港	浜底	98.80	16.30	1610.44
112	北横港	星旗村	村级	永兴港	庄敬浜	1100.00	25.00	27500
113	陆家村浜	星旗村	村级	陆家村	浜底	100.00	16.30	1630
114	义家浜	永乐村	村级	桐乡港	浜底	250.00	18.30	4575
115	小满头港	永乐村	村级	南永兴港	桐乡港	1346.50	16.50	22217.25

续表 2－11

序号	河道名称	所属村	河道级别	起　　点	终　　点	长　度（米）	河面宽（米）	面　积（平方米）
116	竹西桥港	永乐村	村级	南妙智港	桐乡港	829.30	13.80	15590.84
117	王家浜	永乐村	村级	王母桥港	浜底	200.00	14.30	2860
118	小港	永乐村	村级	王母桥港	南妙智港	1596.20	17.00	27135.4
119	姚家桥浜	永联村	村级	毓秀桥港	浜底	480.20	11.60	5570.32
120	杭州扇北浜	永联村	村级	南永兴港	浜底	195.60	13.80	2699.28
121	杭州扇南浜	永联村	村级	南永兴港	浜底	108.30	11.50	1245.45
122	斜港	永联村	村级	南永兴港	莲花桥港	2094.70	16.30	34143.61
123	曹家埭浜	永联村	村级	斜港	浜底	936.00	14.00	13104
124	赤家浜	永联村	村级	斜港	浜底	276.10	12.00	3313.2
125	徐家浜	永联村	村级	斜港	浜底	300.00	14.30	4290
126	王家门浜	永联村	村级	王母桥港	浜底	501.50	15.60	7823.4
127	邱家浜	永联村	村级	斜港	浜底	120.00	20.00	2400
128	绵羊浜	永联村	村级	王母桥港	浜底	1330.90	12.40	16503.16
129	双贤桥浜	永越村	村级	叙星桥南港	浜底	762.20	16.70	12728.74
130	金塘浜	永越村	村级	金塘桥	机凌桥港	1625.00	16.90	27462.5
131	钱家头浜	永越村	村级	机凌桥港	浜底	252.50	16.70	4216.75
132	柴路浜	永越村	村级	王母桥港	浜底	100.00	14.50	1450
133	孔家埭浜	永越村	村级	王母桥港	浜底	285.00	12.00	3420
134	龙潭浜	永越村	村级	王母桥港	浜底	500.00	13.70	6850
135	云家桥浜	永越村	村级	王母桥港	浜底	413.30	14.50	5992.85
136	吴家浜	永越村	村级	王母桥港	半碗桥港	1364.10	15.40	21007.14
137	陆家浜	油车桥村	村级	北永兴港	浜底	295.40	13.10	3869.74
138	魏家门浜	油车桥村	村级	北永兴港	浜底	540.70	13.10	7083.17
139	西桥港	油车桥村	村级	运河	浜底	995.00	13.40	13333
140	鱼船浜	油车桥村	村级	北永兴港	浜底	212.70	13.10	2786.37
141	计策浜	油车桥村	村级	北永兴港	浜底	491.70	13.10	6441.27
142	王家板桥港	油车桥村	村级	南横港	谢仁桥港	958.30	21.60	20699.28
143	朱家浜内河	油车桥村	村级	谢仁桥港	朱家浜泵站	468.00	21.50	10062

续表 2－11

序号	河道名称	所属村	河道级别	起　点	终　点	长　度（米）	河面宽（米）	面　积（平方米）
144	朱家浜外河	油车桥村	村级	南横港	朱家浜泵站	458.30	21.50	9853.45
145	杨家笕港	新濮村	村级	运河	潮阳桥港	2450.00	22.00	53900
146	三里浜	西浜村	村级	杜家木桥港	西浜	1214.40	14.00	17001.6
147	邮亭浜	西浜村	村级	杨木桥港	三里浜	1578.20	14.00	22094.8
148	西浜	西浜村	村级	三里浜	安桥	1562.70	14.00	21877.8
149	庄敬浜	西浜村	村级	孟家汇浜	浜底	666.10	29.20	19450.12
150	戴家山浜	西浜村	村级	庄敬浜	浜底	169.70	19.09	3239.573
151	孟家汇浜	西浜村	村级	庄敬浜	浜底	850.00	29.18	24803
152	蒋家洋浜	西浜村	村级	庄敬浜	浜底	358.30	29.20	10462.36
153	王桥浜	西浜村	村级	邮亭浜	浜底	379.40	14.00	5311.6
154	苏家浜	西浜村	村级	邮亭浜	浜底	426.80	14.00	5975.2
155	独龙浜	西浜村	村级	上塔庙港	浜底	556.10	15.00	8341.5
156	安桥浜	西浜村	村级	谢仁桥港	浜底	268.20	14.00	3754.8

资料来源：镇农经中心水利办

表 2－12　　境内各行政村河道一览表

序　号	村　名	长度（千米）	面积（平方米）
1	新　河	17.1622	328116.4
2	永　联	11.0098	176156.8
3	永　越	17.7291	359280.1
4	永　乐	9.6725	171102.1
5	新　濮	18.4303	352426.2
6	新　星	17.2089	344803.3
7	新　东	7.7548	125225.6
8	红旗漾	6.1586	118591.7
9	新妙智	7.9185	130484.6
10	油车桥	10.0306	168420.7
11	新　联	11.9993	222886.1

续表 2－12

序号	村名	长度（千米）	面积（平方米）
12	新港	19.0668	316952.9
13	星旗	9.369	162012.8
14	西浜	8.030	142313
15	镇区	1.4293	28586

第三节 生物资源

动物资源

境内畜禽主要有猪、羊、兔（包括野兔）、牛、鸡、鸭、鹅、鸽等。桐乡是湖羊原产地之一，也是境内畜类养殖的主要品种之一。尤其是小湖羊皮在国际市场上被誉为“中国的软宝石”。

其次，由于境内水网密布，水流平缓，水底淤泥层厚，水质肥沃，水位适中，饵料丰富，鱼、虾、蟹类群落繁多。属鲤形目的有青鱼、草鱼、鲢鱼、锦鱼、鲤鱼、白鲫、鳊鱼、团头鲂、赤眼鳟、短尾鲌、逆鱼、鲴鱼、密鲴等。属鲈形目的有鳜鱼、胡子鲶、加州鲈鱼、黄鱼等。属合鳃目的有鳝鱼。属鳗鲡目的有鳗鱼。另有鳑鱼、麦穗鱼、华鳈、小鳈、沕虾虎、泥鳅、刺鳅、圆尾斗鱼等。甲壳类有白虾、青虾、基围、沼虾、米虾、螯虾、克氏螯虾（俗名龙虾）、中华绒螯蟹（俗名河蟹）、石蟹、平原华溪蟹、红螯相手蟹等。

此外，尚有兽类、鸟类、节肢类、爬行类、软体类、两栖类等野生动物。其中，爬行类动物主要有乌龟、鳖（甲鱼）、多疣壁虎、蓝尾石龙子（别名四脚蛇）、北草蜥、蛇等。底栖软体动物主要有椎实螺、扁螺、田螺、乌蛳、三角帆蚌、溪蚌、卵蚌、湖蚌、长蚌、羽蚌、蛏形蚌、锥蚌、光顶蚌、杜氏蚌、湖蛤、黄蚬等。两栖类动物主要有青蛙、牛蛙、泽蛙、大蟾蜍等。

植物资源

境内常见树种有苦楝、榉树、构树、枫杨、刺槐、西班牙槐、梓树、杨树、柳树、香椿、乌桕、棕榈、花榆、侧柏、龙柏、桧柏、黄檀、银杏、香樟、朴树、广玉兰、松树、女贞、冬青、白榆、石楠、花椒、南天竹、雀梅、杜英、麻栎树、杜仲、水杉、池杉、落羽杉、泡桐、二球悬木（法国梧桐）、枫香、合欢、黄山栾树、无患子、梅、红枫、桂花、紫玉兰、白三

桐乡三中校园内的宋代银杏

兰、樱花、黄杨、青枫、楸、雪松、海棠、杜鹃、红叶李、十大功劳、紫荆、紫薇等。尤其是桐乡三中校园内的两棵宋代银杏，人称“活化石”。此外，还有竹类、荻等。果树有桃、李、梨、枣、柿、枇杷、葡萄、猕猴桃等。

粮食作物，主要是水稻。水稻有籼、粳、糯三大类，籼稻现在已极少种植。此外还有大麦、小麦、元麦、玉米、高粱、番薯(甘薯)、马铃薯、大豆、蚕豆、豌豆、赤豆、绿豆等。

蔬菜类有青菜、榨菜、大白菜、瘤芥菜、黄芽菜、芹菜、花椰菜、甘蓝菜、菠菜、木耳菜、茄子、洋葱、韭菜、香葱、芫荽、生姜、芋艿、慈姑、菜瓜、冬瓜、黄瓜、荷兰瓜、南瓜、丝瓜、番茄、辣椒、胡萝卜、萝卜、茭白、四季豆、豇豆、白扁豆、刀豆、黄秋葵等。其中榨菜是桐乡特产之一，瘤芥菜、黄芽菜、雪梨种萝卜也是濮院的名特产。

2000年11月永越村田野菊海

经济作物有桑树(包括桑苗)、杭白菊、烟叶、荸荠、西瓜、香瓜、油菜、花生、芝麻、向日葵等。桑树遍布全境，是境内最重要的经济作物，主要有桐乡青、荷叶白、团头荷叶白等品种，其中桐乡青是栽培历史悠久的中生桑优良品种。境内是杭白菊原产地之一。尤其是金农村的杭白菊和会龙村的龙尖烟更为出名。

药材有菊花、玄参、大力子、紫苏、夏枯草、车前草、半夏、北瓜、五爪金龙、薄荷、金花葵、金丝葫芦等。

水生植物主要有喜旱莲子草(水花生)、水辣蓼、芦荟、水浮莲、水葫芦、绿萍、青萍(俗名瓜子萍)、苦草、轮叶黑藻、黑麦草等。在浅水浜中，可见丝状藻、水网藻类等。

食用菌资源

境内可供食用、药用的真菌资源丰富。野生的有桑木耳、鸡枞菌(别名鸡肉蕈)、地耳(俗名地滑塌)等。濮院是桐乡蚕桑的主产区，桑木耳资源丰富；林地或庭园旁，也分布少量鸡肉蕈，其假根与地下白蚁巢菌台相连，互为共生。鸡肉蕈菌肉细嫩，气味浓香，味道鲜美，是著名的野生食用菌之一，并可入药，有益胃清神、治痔之功。

人工栽培的有蘑菇、香菇、平菇、草菇、竹荪、金针菇、花树菇、黑木耳、银耳等。20世纪70年代后期，开始尝试蘑菇、草菇等食用菌类的人工栽培，进入80年代以来，品种逐渐增多，规模不断增大。如2009年8月，西浜村在参观石门陆家庄黑木耳基地后，决定种植桑枝木耳。10月，租用三里浜10余亩土地，引进10万棒菌棒，利用冬闲时节，种植黑木耳。西浜村种植的桑枝黑木耳因其全过程纯手工、生态化、无公害、口味独特、质量上乘，赢得了不错的口碑。此外，还栽培了灵芝等保健药用菌类。

第三章　自然灾害[①]

境内历史上自然灾害时有发生。中华人民共和国成立后，人民政府不断采取科学的防控措施，减少灾情发生，降低灾害损失。

第一节　水　灾

东晋

太宁元年(323)五月，桐乡大水。

太和六年(371)六月，桐乡大水，粮食减产，受饥民众甚多。

南北朝

南齐永明九年(491)，桐乡大水，粮食减产，受饥民众甚多。

北宋

天圣元年(1023)六月，桐乡大水。

元丰六年(1083)，桐乡大水，田不播种，部分房屋被淹，农民被迫弃田卖牛，外出乞讨。

南宋

绍兴二十三年(1153)六月，湖州、秀州民众遭遇水灾，大片农田被淹。

隆兴元年(1163)，桐乡大水。

隆兴二年(1164)，苏州、湖州、秀州皆大水。

乾道三年(1167)八月，桐乡水坏田庐，积水成灾，至九月，禾稼全部腐烂。

乾道六年(1170)五月，温州、台州、湖州、秀州等皆大水，城市水有丈余深。

淳熙六年(1179)，温州、台州、湖州、秀州等皆大水，农田被淹。

嘉定十六年(1223)五月，江、浙、淮、荆、蜀郡县水，平江府、湖州、常州、秀州为甚。

景定二年(1261)七月，浙东大水，尤以湖州、秀州为甚，至十月不退。

景定三年(1262)二月，临安、安吉、嘉兴属邑水，溺死者众多。

---

① 濮院历史上自然灾害的具体情况，古志虽有涉及，但无系统记录。本章灾情资料，1990年前原则依据1996版《濮院镇志》，同时参考1996版《桐乡县志》及光绪《嘉兴府志》，1990年后部分参考《桐乡市水利志》《桐乡市农业志》。

元

至顺元年(1330)闰七月,桐乡大水,农田受淹。

至正二年(1342)桐乡田禾淹没,大风驾太湖水汹涌而来,部分民宅顷刻倒荡,名曰湖翻。

明

洪武八年(1375),嘉兴、苏州、湖州、杭州俱水。

洪武九年(1376)七月,嘉兴、湖州水患严重。

洪武十一年(1378),嘉兴、湖州民众屡遭水患侵扰。

永乐二年(1404)六月,嘉兴、湖州等府水患。

洪熙元年(1425)夏,苏州、松江、嘉兴积雨,农作物受损。

宣德元年(1426)春夏,雨,嘉兴、湖州成灾。

宣德九年(1434),嘉兴大水,无秋。

正统九年(1444),桐乡大水,堤防冲击,淹没禾稼。

正统十年(1445)八月,嘉兴、湖州等府水灾。

景泰元年(1450)夏,桐乡一带久雨成灾,饥荒严重。

天顺四年(1460)四至五月,杭州、嘉兴、湖州等阴雨连绵,江河泛滥,稻、麦等农作物受损严重。

成化元年(1465)五月,桐乡大水。

成化二年(1466)七月,桐乡海溢,庄稼被淹。

成化六年(1470)正月,桐乡大水,无麦。

成化七年(1471)八月,嘉兴府水;闰九月,嘉兴府海溢,部分农田、房屋、人及牲畜被淹。

成化九年(1473)四月,嘉兴、湖州水灾。

成化十七年(1481)秋,桐乡大水。

成化十八年(1482)夏,桐乡淫雨连月,雨水淹没田地。

弘治四年(1491)正月至五月,桐乡因雨积水,农作物受损,受饥民众甚多。

弘治五年(1492)五月,桐乡大水。

正德四年(1509)七月七日,嘉兴大雨如注,至十月仍未停歇,禾稼腐烂。

正德五年(1510)五月,桐乡大水。

正德十年(1515)六月十八日夜,嘉兴等地暴雨,水涨顷刻丈余,部分居民住宅及农作物被淹。

正德十四年(1519)秋,嘉兴大水。

嘉靖十三年(1534),桐乡大水。

嘉靖二十八年(1549),桐乡大水。

嘉靖四十年(1561)秋,桐乡大水。

万历九年(1581),桐乡大水。

万历十三年(1585)秋，桐乡大水，农作物受淹。

万历十五年(1587)五月，浙江大水，杭、嘉、湖江湖泛滥，平地水深丈余。

万历十六年(1588)，濮院大雨不停，致周边成一片汪洋。

万历二十四年(1596)八月，杭州、嘉兴、湖州三府大风雨数日不息，山洪暴发，郊区受灾严重。

万历三十六年((1608)，桐乡连降大雨，居民陆地行舟。

万历四十七年(1619)，桐乡大水。

天启四年(1624)，桐乡大水。

天启六年(1626)八月，桐乡海潮自海宁入，一夕水涨三尺余，河流皆咸，民众只能饮用井水。

崇祯四年(1631)秋，桐乡大水。

崇祯十三年(1640)，濮院大雨积两月，较之万历十六年水更深二尺许，到处汪洋一片。

清

顺治六年(1649)五月，桐乡大雨，水溢，麦无收。

顺治八年(1651)，桐乡春雨不止，麦豆浸死；夏，大水。

顺治九年(1652)八月，桐乡大水。

康熙九年(1670)，桐乡大水，部分房屋、农田被淹，受饥民众甚多。

康熙十一年(1672)闰七月，水淹杭州、嘉兴、湖州三府州县。

康熙十五年(1676)，桐乡大水，田地庄稼俱淹。

康熙二十二年(1683)正月至四月，桐乡久雨，无麦。

康熙三十四年(1695)五月，桐乡大水。

康熙四十九年(1710)秋，桐乡大雨，农作物受损。

康熙五十五年(1716)五月二十九日，桐乡暴雨，农田变汪洋，禾苗烂尽。

康熙五十九年(1720)五月，桐乡大水。

雍正四年(1726)八月至十月，桐乡恒雨，大水。

乾隆二十年(1755)七月，桐乡大雨，农作物受损。

乾隆二十三年(1758)夏，桐乡大水。

乾隆二十七年(1762)，桐乡暴雨十余日。

嘉庆十年(1805)三月，桐乡连日阴雨，影响麦苗生长。

嘉庆十七年(1812)春，桐乡连日阴雨，影响麦苗生长。

道光三年(1823)，桐乡大雨，水灾。

道光二十九年(1849)，桐乡大水，积水成洋，田禾全部淹没，房屋坍塌甚多，平地可以行舟。

咸丰三年(1853)三月初，水溢，午刻天晴，河水忽涌数高尺，池沼水位皆高涨，不多时即平。

咸丰七年(1857)九月,桐乡水溢。

光绪十五年(1889)秋,全省各府俱被水灾,以杭州、嘉兴、湖州三府最为严重。

中华民国

民国8年(1919),浙江梅雨连旬,山洪暴发,淹没良田,地处平原低洼的桐乡灾情尤为严重。

民国10年(1921)夏、秋,桐乡大水。

民国38年(1949)夏,连降大雨,桐乡(包括濮院)被淹农田7万亩。

中华人民共和国

1951年,从7月14日开始,连续降雨不止,水患日益严重。

1954年,梅雨期淫雨80余天,降雨900多毫米,境内春花尽淹,大部分腐烂。

1956年6—7月,大水,庄稼受害。

1957年6—7月,大雨,农田受涝。

1962年9月4日,遭14号台风袭击,台风来势猛,雨量大,暴雨连续3天,水位超过警戒线1.02米,田地受涝成灾。

1973年6月中下旬,淫雨半月,禾田成涝,烂秧。

1983年6月20日至7月2日、7月4日至7月5日两次持续大雨,田禾受灾。

1984年6月13日至15日,连续三天暴雨,达历史最高水位,田禾受灾。

1985年7月30日至8月2日,台风暴雨,田禾受灾。

1991年5月21日至7月8日,太湖流域大水,桐乡连续阴雨,水位居高不下,积涝成灾,粮食减收,经济作物受损。

1999年6月8日至7月2日,境内发生百年一遇的特大洪涝灾害,累计降雨量、水位均超历史记载。

第二节 旱 灾

唐

贞元六年(790)春,桐乡大旱,井水枯,又因瘟疫,死亡者众多。

贞元二十一年(805),桐乡旱。

元和四年(809),浙西旱。

北宋

宝元元年(1038),桐乡旱。

南宋

开禧三年(1207)夏秋,嘉兴大旱。谷物绝种。

明

天顺元年(1457),嘉兴大旱,运河竭。

成化十七年(1481)春夏,桐乡旱。

成化二十三年(1487)秋,桐乡大旱,河底龟裂。

正德十四年(1519),嘉兴夏旱。

嘉靖二十三年(1544)夏秋,嘉兴府各县大旱。

嘉靖二十四年(1545),桐乡大旱。

万历三年(1575),嘉兴大旱。

万历十七年(1589),濮院赤地千里,河无勺水,野无青草,流离载道,横尸遍路。

万历二十四年(1596)五至七月,杭、嘉、湖三府大旱。

万历三十三年(1605)六月,桐乡大旱。

万历三十四年(1606)夏,桐乡大旱,伤稼。

万历四十二年(1614)秋,桐乡旱。

万历四十八年(1620)夏,桐乡旱。

天启五年(1625)夏秋,桐乡大旱,禾田尽枯。

崇祯五年(1632),桐乡旱。是年闹饥荒。

崇祯十六年(1643),桐乡大旱,田龟裂,作物干枯。

清

顺治九年(1652),桐乡自五月不雨至于秋,七月,溪流绝,井泉竭,运河见底,禾苗枯尽。

顺治十八年(1661)八月,桐乡旱。

康熙元年(1662),桐乡旱。

康熙十年(1671)五月至七月,桐乡旱蝗异常,天大热,草木枯死,人多有干渴而死。

康熙十六年(1677),桐乡旱,水田干裂。

康熙十七年(1678)夏、秋,桐乡大旱,颗粒无收。是年闹饥荒。

康熙三十二年(1693)五月、六月,桐乡大旱,田干涸,不能插种禾苗。

康熙三十九年(1700),桐乡旱。

康熙四十六年(1707)夏,桐乡大旱,河港皆涸。

康熙五十九年(1720)夏,桐乡大旱,民众受饥,饿死者相枕藉。

康熙六十年(1721)夏、秋,桐乡旱,河底干涸龟裂,至八月始雨。

康熙六十一年(1722),桐乡旱。

雍正元年(1723),桐乡旱。

雍正二年(1724),桐乡旱。

乾隆十六年(1751)夏,桐乡大旱。

乾隆二十一年(1756)五月,桐乡大旱。

乾隆二十二年(1757)夏,桐乡旱。

乾隆三十三年(1768)夏,桐乡大旱。

乾隆五十年(1785)六月,桐乡旱,河港皆涸。

嘉庆十九年(1814)夏,桐乡大旱。

道光十二年(1832),桐乡旱。

中华民国

民国23年(1934),桐乡大旱,河流干涸,田地龟裂,颗粒无收。

中华人民共和国

1953年,旱。

1958年,旱。

1963年夏,旱。

1967年7月6日至10月31日,连旱118天,河港断流。

1971年6月24日至9月3日,降水53.3毫米,是平均值的1/6,旱。

1978年6月下旬至9月上旬,降雨量仅36.4毫米,水位急剧下降,旱灾袭境,影响运河东南高亢农田灌溉。

1988年7月1日至22日持续高温干旱,早稻受损严重。

1990年7月11日至8月10日,高温干旱。

2003年6—8月,晴热少雨,持续高温。桐乡汛期降水量416.4毫米,水文站最低水位2.61米。但由于太湖流域综合治理实施“引江济太”工程,北水南来,保证了航行水位和农业灌溉、工业、生活用水。

第三节　其他灾害

风灾

北宋　绍圣元年(1094)秋,海风坏田。

南宋　绍兴五年(1135)十月丁未夜,秀州大风。

隆兴元年(1163)八月,秀州大风水。

明　嘉靖元年(1522)七月二十五日,自辰至酉,大风拔木,部分房屋受损。

万历四十一年(1613)三月十四日,大风。

崇祯六年(1633)六月二十五日,大风,树木被拔,房屋倒塌。

清　康熙十一年(1670)正月丙辰,大风。

康熙三十二年(1693)二月十八日,大风霾。

康熙四十七年(1708)二月晦日,大风。

乾隆三年(1738)九月三日,大风。

嘉庆元年(1796)正月初九,大风。

道光三年(1823)七月初二,大风。

同治三年(1864)六月十二日,大风拔木。

同治九年(1870)四月十三日,大风毁屋。

光绪三年(1877)五月二十三日,大风,拔木倒房甚多。

宣统三年(1911)闰六月十六日亥时起,大风,至十七日晚。

中华人民共和国　1956年8月1日24时,强台风象山登陆袭击濮院,房屋倒塌22间,损毁40余处,拔大树24棵,桐乡三中校园内800余年的银杏树被刮到一半。

1962年9月6日,台风,最大风力达10级。

1963年9月11日至13日遭台风袭击,暴雨造成洪涝成灾。其间,镇机关干部和街道群众奋战三昼夜,拆迁危房45间、转移147人、拆除即将倒塌房屋31间及马头墙6垛。

1986年4月9日16时10分,濮院、新生遭大风、冰雹袭击,农作物受损,房屋倒塌。

1997年8月19日,遭11号台风袭击。

2005年8月5日,受9号台风"麦莎"外围影响,最大风力10级,对生产、生活造成影响。9月11日,15号台风"卡努"来袭,部分农作物受损。

雪灾

唐　天复三年(903)癸亥三月,大雪平地三尺,其气如烟,其味苦。

明　景泰五年(1454)二月,桐乡连下大雪约20天,房顶积雪甚厚,河流结冰断航。

嘉靖四十年(1561)春,大雪三尺余。

清　康熙九年(1670)正月丙辰,大风雪。

康熙二十九年(1690)十一月,大雪,河道冰绝。

乾隆五十五年(1790),大雪,饥。

乾隆五十六年(1791)正月,大雪一昼夜,堆积盈尺。

嘉庆五年(1800)正月十六日,大雪,平地三尺余。

道光二年(1822)正月,大雪持续十余天。

道光七年(1827)十二月,大雪。

道光十四年(1834)正月初二日,大雪。

道光二十一年(1841)十一月,大雪。

咸丰十一年(1861)十二月十七日,大雪,至除夕始止。深可一丈,河道皆冻,冰厚尺余。

同治元年(1862)正月二十九后,连日大寒冰冻,舟楫不通,雪积不消。

中华人民共和国　1970年3月中旬,大雪。

1976年冬至次年1月,连续冰雪,电力、通信设施及农屋等损失甚大。

1984年1月17日至20日,降雪64毫米,积雪厚18厘米,受损严重。

1998年1月22日晨始雪，上午气温较高，雪花落地即融，下午气温骤降，大雪纷飞。

2008年2月初，出现连续低温雨雪冰冻天气，雨雪量是常年同期的两倍多。其间出现二次大雪和一次暴雪过程，最大积雪深度达26厘米，超过历史极值。给农业、电力、电信等方面造成影响。桐乡市华丰染色有限公司因大棚积雪，员工在除雪中棚顶倒塌，造成两死一伤的严重事故。

雹灾

清 康熙四十二年(1703)二月十九日，雷。雨冰雹，损毁菜麦；三月，大雨冰雹。

康熙四十四年(1705)三月，大雨冰雹。

康熙四十七年(1708)二月末，大雨冰雹。

雍正十一年(1733)三月，雨雹，伤麦及桑。

嘉庆二十三年(1818)五月，大雨雹。

同治十一年(1872)三月十一日，大雨雹，大者17斤。

民国3年(1914)5月11日，大风，下雹，大如拳，历两小时始息。

中华人民共和国 1986年4月9日16时10分，濮院、新生遭冰雹、大风袭击，农作物受损，部分房屋倒塌。

1988年7月14日夏令时18时，濮院遭冰雹袭击，尤其是黄河、会龙、永联等村最为严重。据永联村目击者说，冰雹历时10分，最大如鸡蛋，室外鸡、鸭等家禽被冰雹砸死。

虫灾

北宋 熙宁元年(1068)，秀州蝗虫成灾。

南宋 绍兴三十二年(1162)，桐乡蝗灾，粮食歉收，民众受饥。

庆元三年(1197)秋，嘉兴府蝗虫成灾。

元 天顺元年(1328)七月，嘉兴蝗灾。

明 弘治十九年(1506)，嘉兴府蝗飞天，颗粒无收。

嘉靖四年(1525)秋，嘉兴蝝虫如蚁，聚食木根，又蠡虫食禾根。

嘉靖八年(1529)6月，桐乡大蝗，蔽天遮日，止于芦竹，食叶殆尽。

嘉靖十八年(1539)夏，嘉兴府飞蝗蔽日，虫蠡害稼，有全亩禾苗不吐花而干缩者。

嘉靖十九年(1540)夏，桐乡蝗蔽天，所集处，芦苇、竹叶俱尽。

万历六年(1578)秋，蠡害稼。冬，木生介虫。

崇祯六年(1633)，蠡害稼。

崇祯七年(1634)秋，蠡作。

崇祯十一年(1638)夏，旱蝗。

崇祯十二年(1639)六月，飞蝗蔽天。

崇祯十四年(1641)夏，濮院大旱，飞蝗蔽天，河流尽涸，民杂草芽，树皮为食。

清 康熙九年(1670)七月，桐乡大旱蝗。

康熙十年(1671),自五月至七月,桐乡旱蝗异常,天大热,草木枯槁,人多暍死。

康熙十一年(1672)闰七月,天忽雨虫,飞食米穗,有声如雷,田禾俱尽。飞蝗自西北而来,食草根叶殆尽,独不食稻,农民目为瑞虫。秋,稻生异虫。

康熙四十八年(1709)四月,桐乡异虫害春花。

雍正九年(1731)秋,桐乡蟊伤稼。

雍正十年(1732)秋,桐乡蟊伤稼。

乾隆二十四年(1759)秋,螟伤稼。

乾隆三十年(1765)秋,蟊伤稼。

乾隆五十年(1785)旱,桐乡被灾,蝗蝻生,岁大饥。

嘉庆八年(1803)秋,桐乡螟。

咸丰六年(1856)五月,桐乡大旱。蝗𧈧遮天蔽日,高低田均受灾,饥荒严重。

咸丰七年(1857)夏,蟊复生,悉入水自毙。

咸丰十二年(1862)九月,桐乡生异虫,食稻根。是年粮食歉收。

光绪二年(1876)夏,桐乡有蝗虫入境。

光绪三年(1877)秋,桐乡有蝗虫入境。

民国 12 年(1923),嘉兴、湖州两地虫灾奇重,螟蝗为患。

民国 17 年(1928)秋,螟成灾,歉收。濮院捕得飞蝗 38265 只。

民国 18 年(1929),嘉兴入秋后,风虫为灾,致禾穗皆白,秋收无望。

民国 22 年(1933),嘉兴三化螟虫,蔓延颇甚,禾苗多枯心。

中华人民共和国 1956 年,桐乡发现螟虫,治理后粮食损失仍然较严重。

1958 年,桐乡发现螟虫,发生面积大,治理后粮食仍损失严重。

第三编

人口

濮院境域古代是水乡泽国之区,地广人稀。北宋时期是御儿一草市,人口不多。南宋时宋室南迁,不同阶层的人群先后迁入濮院,人口渐增。元时濮鑑设立四大牙行,商贾云集,人口随之大量聚集,促进了境内经济、文化的发展,时称永乐市。明万历《秀水县志》记载:濮院镇“人可万余家”。清康熙、乾隆时(1662—1795)濮院丝绸产销鼎盛,人口均逾万户。但民国以前确切的人口户籍无据可查。民国26年(1937),日军侵华,濮院沦陷,人口大量外流,至民国34年,濮院镇人口仅剩4099人。抗战胜利后,镇域经济渐有复苏,人口回流。至民国38年(1949年10月1日前),濮院镇人口7754人。

中华人民共和国成立后,1951年濮院镇设为县直属镇。1953年,全国第一次人口普查,濮院镇人口7254人。1962—1963年,响应政府号召,濮院镇精简下放人口1632人,1964年开始的第二次人口普查,濮院镇人口减少至5539人。1964年濮院镇始行知识青年上山下乡运动,至1978年共有1278名知青去农村插队或支边,1979年知青大部分回原籍安排工作。1972年,濮院镇成立计划生育领导小组,始实行计划生育工作。1982年第三次人口普查,濮院镇常住人口6305人;濮院公社常住人口19108人;新生公社常住人口14249人。1990年第四次人口普查,濮院镇常住人口8807人;濮院乡常住人口18916人;新生乡常住人口14441人。改革开放后,濮院羊毛衫区域经济异军突起,相应配套行业日臻繁荣,尤其是20世纪90年代以后,大量外来人口先后不断涌入濮院。1992年6月,濮院乡并入濮院镇。2000年第五次全国人口普查,濮院镇总人口数37382人;新生镇总人口数16296人。2001年10月,新生镇并入濮院镇,2010年11月1日第六次人口普查,濮院镇总人口95327人。

2010年年末,濮院镇暂住人口101161人,年末户籍人口46669人,外来人口占常住人口比重高达68.4%。

第一章 人口状况

第一节 数 量

人口数量

濮院境域古代是水乡泽国之区,“汪然悉为巨浸”,地广人稀。西晋末年(307—313)“永嘉之乱”,唐代中叶(755—762)“安史之乱”,宋“靖康之难”,三次中原人口大规模南迁，使得境内人口增加。北宋时期是御儿一草市，人口不多。靖康之难，宋室南迁，是一次移民高潮。著作郎濮凤，扈驾南渡，最后卜居兹土。与此同时，大量的河工、船户、水手、搬运工人、手工业者、官僚、衙役、军兵、商贾、僧道教众等不同阶层的人群随之迁入；一些贵族大户，寓居运河沿线濮院等地。濮氏后人"裹迹仕途，经营家业"，数十年间"臧获千丁，俱督树桑蚕织，轻纨素锦，日工日盛"。元濮鑑"构居开街"，"立四大牙行"，招徕远近商贾，从而促进了境内经济、文化的发展，人口大量聚集。据明万历《秀水县志》记述："濮院镇，在县西南三十里"，"人可万余家"。清康熙、乾隆时(1662—1795)濮院丝绸产销鼎盛，人口均逾万户。但民国以前确切的人口户籍无据可查。

民国26年(1937)，日军侵华，濮院沦陷，人口大量外流。民国34年(1945)，抗日战争胜利时，濮院镇人口仅有1024户4099人。

战后，随着各行各业的复苏，人口逐渐有所增加。民国35年(1946)，桐乡县年鉴记载境内一镇四乡人口情况为：濮院镇人口10保113甲1361户5728人；濮南乡10保111甲1214户；濮北乡8保79甲936户；泽岗乡8保71甲941户。民国36年(1947)12月20日，桐乡县参照人口1万人、面积46.25平方千米为一乡的标准，将原28个乡镇重新划分调整为16个乡镇，境内原来的濮院镇、濮南乡、濮北乡、泽恩乡的全部及青东乡、皂林乡、金东乡的部分区域，调整为濮院镇、报恩乡、永新乡。是年，濮院镇人口10保1401户6128人；报恩乡人口18保2070户7972人；永新乡人口14保1728户5700人。民国37年(1948)1月份统计数，濮院镇人口10保110甲1474户5648人；报恩乡12保157甲2060户8011人；永新乡11保136甲1917户8684人。民国38年(1949年10月1日前)，濮院镇人口7754人。

中华人民共和国成立后，1951年，濮院镇设为县直属镇。1953年，原属镇管辖的村划归乡管，随之划出农业人口1544人，是年第一次全国人口普查，濮院镇人口7254人。1962—1963年，精简城镇人口支援农业生产，濮院镇精减1632人去农村。1964年第二次全国人口普查，濮院镇人口仅剩5539人。同年开始，动员知识青年上山下乡，至1978年共有1278人(其中支边171人)迁移出镇。1979年，中共中央十一届三中全会后，支农支边青年陆续返回原籍。20世纪80年代，改革开放，境内以羊毛衫产业为主的区域经济迅速发展，大量外来人口进镇经商务工。1982年第三次全国人口普查，濮院镇常住人口1994户6308人；濮院公社常住人口总数为19108人；新生公社常住人口总数为14249人。1990年第四次全国人口普查，濮院镇常住人口8807人；濮院乡常住人口18916人；新生乡常住人口14441人。以上四次全国人口普查，标准时点均为当年7月1日零时。

1992年6月，濮院乡并入濮院镇。1994年11月21日，新生乡撤乡建镇。2000年11月1日零时第五次全国人口普查，濮院镇人口总户数12297户，其中家庭户11817户，集体户480户，总人口数37382人；新生镇人口总户数4737户，其中家庭户4633户，集体户104户，总人口数16296人。

2001年10月，新生镇并入濮院镇。2010年11月1日零时第六次全国人口普查，濮院镇共有33181户，其中家庭户29748户，集体户3433户，总人口95327人。同年年末户籍总户数13231户，户籍总人口46669人。

表3-1 民国34—38年(1945—1949年10月1日前)濮院镇人口统计表

<table>
<tr><th rowspan="2">年 份</th><th rowspan="2">总户数</th><th rowspan="2">总人数</th><th colspan="2">其 中</th></tr>
<tr><th>男 性</th><th>女 性</th></tr>
<tr><td>民国34年(1945)</td><td>1024</td><td>4099</td><td>—</td><td>—</td></tr>
<tr><td>民国35年(1946)</td><td>1361</td><td>5728</td><td>3150</td><td>2578</td></tr>
<tr><td>民国36年(1947)</td><td>1480</td><td>6162</td><td>3370</td><td>2792</td></tr>
<tr><td>民国37年(1948)</td><td>1836</td><td>7704</td><td>—</td><td>—</td></tr>
<tr><td>民国38年(1949年10月1日前)</td><td>1863</td><td>7754</td><td>4240</td><td>3514</td></tr>
</table>

表3-2 1953—1982年濮院镇人口统计表

<table>
<tr><th rowspan="2">年 份</th><th rowspan="2">总户数</th><th rowspan="2">总人数</th><th colspan="2">其 中</th></tr>
<tr><th>男 性</th><th>女 性</th></tr>
<tr><td>1953</td><td>2085</td><td>7254</td><td>3751</td><td>3503</td></tr>
<tr><td>1956</td><td>—</td><td>6512</td><td>—</td><td>—</td></tr>
<tr><td>1958</td><td>1559</td><td>6501</td><td>3179</td><td>3322</td></tr>
<tr><td>1964</td><td>1498</td><td>5539</td><td>2695</td><td>2844</td></tr>
<tr><td>1982</td><td>1994</td><td>6308</td><td>2975</td><td>3333</td></tr>
</table>

说明：表中除1958年外，均为全国人口普查数；各数均不包括农民进镇人数

表3-3 濮院境内六次人口普查统计表

<table>
<tr><th colspan="3" rowspan="2">区 域</th><th rowspan="2">1953年人口普查数</th><th colspan="2">1964年人口普查</th><th colspan="2">1982年人口普查</th><th colspan="2">1990年人口普查</th><th colspan="2">2000年人口普查</th><th colspan="2">2010年人口普查</th></tr>
<tr><th>户数</th><th>人口数</th><th>户数</th><th>人口数</th><th>户数</th><th>人口数</th><th>户数</th><th>人口数</th><th>户数</th><th>人口数</th></tr>
<tr><td colspan="3">合 计</td><td>—</td><td>7651</td><td>31580</td><td>9583</td><td>39662</td><td>11419</td><td>42164</td><td>17034</td><td>53678</td><td>33181</td><td>95327</td></tr>
<tr><td rowspan="3">濮院镇</td><td rowspan="2">濮院镇</td><td>濮院镇</td><td>7254</td><td>1498</td><td>5539</td><td>1994</td><td>6308</td><td>2804</td><td>8807</td><td rowspan="2">12297</td><td rowspan="2">37382</td><td rowspan="3">33181</td><td rowspan="3">95327</td></tr>
<tr><td>濮院公社(乡)</td><td>—</td><td>3632</td><td>14984</td><td>4342</td><td>19108</td><td>4791</td><td>18916</td></tr>
<tr><td colspan="2">新生公社(乡、镇)</td><td>—</td><td>2521</td><td>11057</td><td>3247</td><td>14249</td><td>3824</td><td>14441</td><td>4737</td><td>16296</td></tr>
</table>

表 3－4　　1986—2010 年境内人口及自然增长统计表

年份	乡镇	年末总户数	年末总人口数	出生		死亡		自然增长率(‰)
				人数	出生率(‰)	人数	死亡率(‰)	
1986	濮院镇	2324	7588	91	11.95	52	6.83	5.12
	濮院乡	3687	14186	314	17.2	127	6.96	10.24
	新生乡	4771	18339	311	22.08	95	6.74	15.34
1987	濮院镇	2440	7691	116	15.14	62	8.12	7.07
	濮院乡	4867	18562	327	17.72	143	7.75	9.97
	新生乡	3790	14413	293	20.49	89	6.22	14.27
1988	濮院镇	2476	7888	165	21.18	50	6.42	14.76
	濮院乡	5035	18680	236	12.67	134	7.2	5.48
	新生乡	3916	14573	232	16.01	96	6.62	9.38
1989	濮院镇	2550	8775	120	13.68	72	8.21	5.47
	濮院乡	5092	18796	272	14.47	148	7.87	6.60
	新生乡	3991	14306	214	14.96	100	6.99	7.97
1990	濮院镇	2804 *	8807 *	32 *	—	33 *	—	—
	濮院乡	4790 *	18916 *	121 *	—	92 *	—	—
	新生乡	3826 *	14777	206	13.94	104	7.04	6.90
1991	濮院镇	2623	7935	109	13.72	54	6.8	6.92
	濮院乡	4057	14931	208	13.64	102	6.85	6.79
	新生乡	5098	19208	253	13.23	144	7.53	5.7
1992	濮院镇	7838	27333	368	13.51	200	7.34	6.17
	新生乡	4103	14912	209	14.01	104	6.97	7.07
1993	濮院镇	8034	27389	381	13.92	206	7.53	6.39
	新生乡	4039	15151	211	14.04	92	6.12	7.92
1994	濮院镇	7856	27566	360	13.1	186	6.77	6.33
	新生镇	4091	15269	223	14.66	97	6.38	8.28
1995	濮院镇	7789	27736	386	13.96	236	8.53	5.43
	新生镇	4096	15331	220	14.38	120	7.84	6.54
1996	濮院镇	7954	27676	336	12.13	227	8.19	3.94
	新生镇	4100	15338	200	13.04	116	7.56	5.48

续表 3－4

年份	乡镇	年末总户数	年末总人口数	出生		死亡		自然增长率（‰）
				人数	出生率（‰）	人数	死亡率（‰）	
1997	濮院镇	8292	27689	301	10.87	205	7.41	3.46
	新生镇	4006	15416	178	11.5	108	7.02	4.56
1998	濮院镇	8279	27768	159	10.33	123	7.99	2.34
	新生镇	3999	15364	331	11.94	235	8.47	3.47
1999	濮院镇	8231	27839	260	9.35	185	6.65	2.70
	新生镇	4007	15309	143	9.32	101	6.59	2.73
2000	濮院镇	12297 *	27912	285	10.22	211	7.57	2.65
	新生镇	4737	15296	—	—	—	—	—
2001	濮院镇	12537	43574	473	10.9	282	6.5	4.4
2002	濮院镇	12548	43563	399	9.16	325	7.46	1.7
2003	濮院镇	12610	43662	359	8.23	317	7.27	0.96
2004	濮院镇	12621	43873	431	9.85	299	6.83	3.02
2005	濮院镇	12607	43917	337	7.7	291	6.63	1.07
2006	濮院镇	12587	43943	301	6.85	288	6.56	0.3
2007	濮院镇	12579	43927	272	6.19	290	6.6	－0.41
2008	濮院镇	13144	46029	308	6.69	355	7.71	－1.02
2009	濮院镇	13200	46200	345	7.48	309	6.7	0.78
2010	濮院镇	13231	46669	425	9.15	328	7.06	2.09

说明：标注＊的为全国人口普查数据，余为桐乡统计年鉴数据

第二节 分 布

人口密度

中华人民共和国成立前，濮院镇面积1.3平方千米，因地处平原水乡，工商业较为发达，人口比较集中，密度较高。据民国34—38年（1945—1949年10月1日前）五年人口数据分析，濮院镇每平方千米的人口密度分别为3153人、4406人、4740人、5926人、5964人，平均为4837人。中华人民共和国成立后，经过几次区域调整，至1959年6月，恢复县直属建制镇时，濮院镇面积为1.0平方千米。从1953年、1958年、1964年、1982年和

1990 年的五年人口数据分析，每平方千米的人口密度分别为 5580 人、5000 人、5539 人、6308 人、8807 人。据《桐乡县志》记载，1990 年人口普查资料，濮院镇人口密度为全桐乡县最高，是县平均数的 10.3 倍。1990 年人口密度与 1949 年人口密度比为 1.48∶1。

1992 年 6 月，濮院乡并入濮院镇，面积扩大至 35.6 平方千米。2000 年，濮院镇的人口密度每平方千米 1050 人；新生镇的人口密度每平方千米 620 人。2001 年 10 月，新生镇并入濮院镇，濮院镇面积增加到 61 平方千米。2005—2007 年，濮院镇按年末户籍人口统计(不包括新居民)，每年人口密度每平方千米均为 720 人。同年底，西浜村(原属乌镇镇)并入濮院镇，濮院镇面积增加到 64 平方千米，2008 年人口密度每平方千米 719 人。2009 年人口密度，每平方千米 721 人。

2010 年，按第六次人口普查数据统计，境内人口密度每平方千米 1489 人；按年末境内户籍人口 46669 人统计，人口密度为每平方千米 729 人；实际境内总人口为户籍人口加上濮院新居民事务所统计年末新居民 101161 人，共 147830 人，因此境内实际人口密度每平方千米 2310 人。

表 3-5　　1964—2010 年濮院镇人口普查年度人口密度统计表

单位：人/平方千米

<table>
<tr><th colspan="3">单　位</th><th>1964 年</th><th>1982 年</th><th>1990 年</th><th>2000 年</th><th>2010 年</th><th colspan="3">备　注</th></tr>
<tr><td rowspan="3">濮院镇</td><td rowspan="2">濮院镇</td><td>濮院镇</td><td>5539</td><td>6308</td><td>8807</td><td rowspan="2">1050</td><td rowspan="3">1489</td><td>1951 年 11 月濮院镇为县直属镇</td><td rowspan="2">1992 年 6 月濮院乡并入濮院镇</td><td rowspan="3">2001 年 10 月新生镇并入濮院镇</td></tr>
<tr><td>濮院公社(乡)</td><td>433</td><td>552</td><td>547</td><td>1983 年 12 月撤公社建乡</td></tr>
<tr><td colspan="2">新生公社(乡)</td><td>420</td><td>542</td><td>549</td><td>620</td><td colspan="2">1984 年 1 月撤公社建乡</td></tr>
</table>

说明：人口密度均按该年人口普查数据计算

表 3-6　　2002—2009 年濮院镇年末户籍人口密度统计表

单位：人/平方千米

年　份	2002	2003	2004	2005	2006	2007	2008	2009
人口密度	714	716	719	720	720	720	719	721

城镇及农村人口分布

中华人民共和国成立前，民国 35 年(1946)，境内人口总户数 4452 户，其中城镇户数口为 1361 户，占总户数的 30.57%；农村户数为 3091 户，占 69.43%。民国 36 年(1947)境内人口总数为 5199 户 19800 人，其中城镇人口数为 1401 户 6128 人，分别占 26.95%

和 30.95%;农村人口数为 3798 户 13672 人,分别占 73.05%和 69.05%,人口的大多数分布在乡村。

中华人民共和国成立后,1962—1963 年,濮院镇精减 1632 人落户农村支援农业,镇区人口有所减少,乡村人口分布比例有所提高。1964 年开始,动员知识青年上山下乡,至 1978 年,共有 1278 人(其中支边 171 人)迁移出镇,农村人口比例进一步扩大。1979 年,中共中央十一届三中全会后,支农支边青年陆续返回原籍。20 世纪 80 年代,改革开放,境内以羊毛衫产业为主的区域经济迅速发展,农村人口和大量外来人口进镇经商务工,城镇人口比例有所增长。1982 年第三次人口普查显示,境内常住总人口 39662 人,其中农村人口为 33357 人,占 84.1%。1986 年年末,境内户籍总人口 40113 人,其中农村人口 32049 人,占 79.9%。1990 年第四次人口普查,境内一镇两乡总人口 42164 人,其中农村人口 33357 人,占 79.1%。

1992 年 6 月,濮院乡并入濮院镇,1994 年 11 月 21 日,新生乡撤乡建镇。2000 年,境内年末户籍总人口 43148 人,其中乡村农业人口 33072 人,占 76.65%。

2001 年 10 月,新生镇并入濮院镇。2010 年,濮院镇年末户籍人口 46669 人,其中农村人口 36933 人,占 79.14%。

表 3-7　　1986—2010 年濮院境内农业户籍人口统计表

单位:人、%

年　份	总人口	农业人口	
		人　数	占　比
1986	40113	32049	79.90
1987	40666	32608	80.18
1988	41141	32931	80.04
1989	41500	33263	80.15
1990	42164	33996	80.63
1991	42074	34024	80.87
1992	42245	33897	80.24
1993	42540	34158	80.30
1994	42835	34269	80.00
1995	43067	34428	79.94
1996	43014	34408	79.99
1997	43105	33131	76.86
1998	43132	33129	76.81

续表 3－7

年份	总人口	农业人口	
		人数	占比
1999	43148	33072	76.65
2000	43465	33251	76.50
2001	43574	33329	76.49
2002	43563	33323	76.49
2003	43662	33517	76.76
2004	43873	33794	77.03
2005	43891	34032	77.54
2006	43920	34199	77.87
2007	43908	34275	78.06
2008	46029	36509	79.32
2009	46179	36684	79.44
2010	46669	36933	79.14

资料来源:《桐乡统计年鉴》

表 3－8　　1990 年人口普查濮院镇区人口分布统计表

单位:户、人

分项	总户数	总人口			家庭户				集体户			
		合计	男	女	户数	人数			户数	人数		
						合计	男	女		合计	男	女
总计	2804	8807	4049	4758	2752	7429	3601	3828	52	1378	448	930
南市街	522	1822	762	1060	511	1443	702	741	11	379	60	319
南杏街	422	1145	571	574	413	1106	538	568	9	39	33	6
大众街	270	1046	327	719	265	671	306	365	5	375	21	354
北市街	385	1314	673	641	377	1063	534	529	8	251	139	112
西南街	541	1651	814	837	531	1368	651	717	10	283	163	120
鸣凤街	243	680	333	347	239	660	322	338	4	20	11	9
有义街	349	894	444	450	344	863	423	440	5	31	21	10
蔬菜队	72	255	125	130	72	255	125	130	0	0	0	0

表 3－9　　2000 年濮院人口普查区村、居委会人口分布统计表

单位：户、人

分项	总人口			家庭户人口数			集体户人口数		
	合计	男	女	合计	男	女	合计	男	女
总计	53678	26968	26710	51520	25998	25522	2158	970	1188
南市居委会	2190	1087	1103	2051	1041	1010	139	46	93
南杏居委会	900	452	448	858	430	428	42	22	20
大众居委会	687	352	335	684	349	335	3	3	0
北市居委会	1853	889	964	1419	690	729	434	199	235
西南居委会	1801	909	892	1777	902	875	24	7	17
鸣凤居委会	1135	567	568	1107	549	558	28	18	10
有义居委会	784	378	406	763	369	394	21	9	12
南纬居委会	592	297	295	592	297	295	0	0	0
梅园居委会	1489	765	724	1429	730	699	60	35	25
中兴居委会	4369	2272	2097	4194	2167	2027	175	105	70
羊毛衫市场虚拟居委会	31207	15871	15336	30573	15465	15108	634	406	228
金龙村	1268	547	721	1032	526	506	236	21	215
永越村	1774	887	887	1742	872	870	32	15	17
永濮村	463	209	254	428	199	229	35	10	25
新华村	1968	996	972	1968	996	972	0	0	0
永联村	2040	1052	988	2014	1032	982	26	20	6
黄河村	1317	672	645	1317	672	645	0	0	0
会龙村	904	462	442	904	462	442	0	0	0
周义村	1606	739	867	1284	649	635	322	90	232
濮院村	2884	1484	1400	2820	1439	1381	64	45	19
周家木桥村	752	390	362	750	388	362	2	2	0
安兴村	660	312	348	660	312	348	0	0	0
乐安村	1268	669	599	1227	628	599	41	41	0
星锋村	1300	644	656	1300	644	656	0	0	0
红晓村	681	340	341	676	337	339	5	3	2
运河村	612	302	310	612	302	310	0	0	0

续表 3－9

分项	总人口			家庭户人口数			集体户人口数		
	合计	男	女	合计	男	女	合计	男	女
中新居委会	1561	802	759	1483	759	724	78	43	35
红旗漾村	2028	984	1044	1962	973	989	66	11	55
联丰村	1096	541	555	1090	539	551	6	2	4
新生村	1247	641	606	1231	629	602	16	12	4
张家桥村	1290	654	636	1279	646	633	11	8	3
新村村	981	516	465	953	490	463	28	26	2
跃进村	634	317	317	634	317	317	0	0	0
妙智村	1440	734	706	1420	717	703	20	17	3
油车桥村	1714	898	816	1670	857	813	44	41	3
环民村	1341	668	673	1329	658	671	12	10	2
建利桥村	1313	662	651	1290	639	651	23	23	0
星旗村	1651	823	828	1645	821	824	6	2	4

表 3－10　　2006 年度濮院镇村、社区户籍总人口分布统计表

单位：户、人

单位类别	户数	人口数	其中		每户人均数
			男性	女性	
鸣凤社区	946	2398	1170	1228	2.53
梅园社区	1189	2946	1457	1489	2.48
咏梅社区	1039	2532	1240	1292	2.44
锦苑社区	437	1274	673	601	2.92
空挂户	5	30	20	10	6
新河村	917	3598	1817	1781	3.92
永越村	905	3764	1820	1944	4.16
永联村	541	2226	1108	1118	4.11
新濮村	786	3032	1477	1555	3.86
永乐村	743	2918	1431	1487	3.93
新星村	1015	3984	1925	2059	3.93

续表 3－10

单位类别	户　数	人口数	其中		每户人均数
			男　性	女　性	
新东村	546	2007	983	1024	3.68
红旗漾村	562	2120	1028	1092	3.77
新妙智村	527	2026	1004	1022	3.84
新联村	659	2492	1254	1238	3.78
新港村	686	2685	1343	1342	3.91
油车桥村	411	1605	796	809	3.91
星旗村	464	1744	871	873	3.76
中新社区	209	539	273	266	2.58
合　计	12587	43920	21690	22230	3.49

表 3－11　　2007 年度濮院镇村、社区户籍人口分布统计表

单位：户、人

单位类别	户　数	人口数	其中		每户人均数
			男　性	女　性	
鸣凤社区	928	2346	1142	1204	2.53
梅园社区	1168	2884	1432	1452	2.47
咏梅社区	1026	2497	1216	1281	2.43
锦苑社区	476	1359	713	646	2.86
空挂户	2	8	2	6	4
新河村	916	3608	1823	1785	3.94
永越村	912	3787	1830	1957	4.15
永联村	543	2226	1108	1118	4.10
新濮村	793	3046	1481	1565	3.84
永乐村	744	2909	1426	1483	3.91
新星村	1015	3993	1925	2068	3.93
新东村	548	2023	991	1032	3.69
红旗漾村	564	2114	1025	1089	3.75
新妙智村	529	2038	1009	1029	3.85

续表 3-11

单位类别	户　数	人口数	其　　中		每户人均数
			男　性	女　性	
新联村	659	2491	1255	1236	3.78
油车桥村	411	1610	797	813	3.92
星旗村	464	1738	864	874	3.75
新港村	688	2710	1344	1366	3.94
中新社区	193	521	262	259	2.70
合　计	12579	43908	21645	22263	3.49

表 3-12　　2008 年度濮院镇村、社区户籍人口分布统计表

单位：户、人

单位类别	户　数	人口数	其　　中		每户人均数
			男　性	女　性	
鸣凤社区	911	2277	1113	1164	2.50
梅园社区	1149	2834	1418	1416	2.47
咏梅社区	1012	2467	1195	1272	2.44
锦苑社区	522	1468	777	691	2.81
空挂户	1	4	1	3	4
新河村	913	3606	1821	1785	3.95
永越村	912	3793	1841	1952	4.16
永联村	542	2235	1115	1120	4.12
新濮村	799	3069	1493	1576	3.84
永乐村	744	2930	1443	1487	3.94
新星村	1014	4009	1932	2077	3.95
新东村	545	2024	993	1031	3.71
红旗漾村	568	2134	1035	1099	3.92
新妙智村	530	2047	1016	1031	3.86
新联村	660	2489	1243	1246	3.77
油车桥村	412	1606	794	812	3.90
星旗村	467	1732	856	876	3.71

续表 3－12

单位类别	户　数	人口数	其　　中		每户人均数
			男　性	女　性	
新港村	689	2720	1348	1372	3.95
新生社区	182	499	249	259	2.74
西浜村	572	2070	1013	1057	3.62
未落常住户口	—	16	5	11	—
合　计	13144	46029	22701	23328	3.50

表 3－13　　2009 年度濮院镇村、社区户籍人口分布统计表

单位：户、人

单位类别	户　数	人口数	其　　中		每户人均数
			男　性	女　性	
梅园社区	2037	5016	2489	2527	2.46
锦苑社区	1445	3665	1825	1840	2.54
双龙社区	43	126	67	59	2.93
永乐社区	99	267	160	107	2.69
新生社区	175	474	241	233	2.71
空挂户	1	3	1	2	3
新河村	914	3622	1824	1798	3.96
永越村	911	3827	1852	1975	4.19
永联村	542	2280	1124	1156	4.15
新濮村	798	3082	1499	1583	4.35
永乐村	741	2931	1440	1491	3.96
新星村	1012	4034	1941	2093	3.99
新东村	545	2036	995	1041	3.74
红旗漾村	568	2133	1035	1098	3.76
新妙智村	530	2051	1015	1036	3.26
新联村	659	2503	1251	1252	3.80
新港村	689	2718	1342	1376	3.94

续表 3－13

单位类别	户　数	人口数	其　　中		每户人均数
			男　性	女　性	
油车桥村	412	1604	792	812	3.89
星旗村	466	1729	857	872	3.71
西浜村	572	2078	1014	1064	3.63
合　计	13159	46179	22764	23415	3.51

表 3－14　　　　2010 年度濮院镇村、社区户籍人口分布统计表

单位：户、人

单位类别	户　数	人口数	其　　中		每户人均数
			男　性	女　性	
梅园社区	2052	5078	2524	2554	2.46
锦苑社区	1453	3671	1836	1835	2.53
双龙社区	50	141	75	66	2.82
永乐社区	159	400	227	173	2.52
新生社区	174	455	230	225	2.61
空挂户	1	2	1	1	2
新河村	912	3681	1838	1843	4.04
永越村	909	3845	1863	1982	4.23
永联村	540	2308	1134	1174	4.27
新濮村	799	3106	1502	1604	3.89
永乐村	740	2939	1450	1489	3.97
新星村	1011	4072	1947	2125	4.03
新东村	544	2065	1004	1061	3.80
红旗漾村	568	2144	1036	1108	3.77
新妙智村	529	2067	1020	1047	3.91
新联村	657	2524	1255	1269	3.84
新港村	687	2725	1336	1389	3.97
油车桥村	411	1612	791	821	3.92

续表 3－14

单位类别	户　数	人口数	其中		每户人均数
			男　性	女　性	
星旗村	464	1739	850	879	3.75
西浜村	571	2085	1023	1062	3.65
未落常住户口	—	10	3	7	—
合　计	13231	46669	22955	23714	3.53

第三节　寿　命

境内历来缺乏平均寿命的统计资料。据民国36年(1947)统计,境内寿命大多在50岁至65岁之间,65岁以上为数不多。是年境内濮院镇人口总数6162人,其中65岁以上511人,占8.29%;报恩乡人口总数为7960人,其中65岁以上298人,占3.74%;永新乡总人口8669人,其中65岁以上244人,占2.81%。城镇65岁以上人口明显多于农村。

中华人民共和国成立后,65岁以上人口的占比,从六次人口普查资料显示分别为:1964年,濮院镇有462人,占全镇总人口的8.34%。1982年,濮院镇有644人,占全镇总人口的10.21%。1990年,濮院镇有722人,占全镇总人口的8.20%;濮院乡有2765人,占全乡总人口的7.40%;新生镇有1470人,占全镇总人口的9.02%。2010年,濮院镇有5745人,占全镇总人口的6.03%。60岁以上人口的占比分别为:2000年,濮院镇有3809人,占全镇总人口的10.19%;新生镇有2058人,占全镇总人口的12.63%。2010年,濮院镇有8879人,占全镇总人口的9.31%。

2010年第六次全国人口普查数据显示,桐乡市60岁以上和65岁以上人口的占比分别为15.79%和10.51%,均已达到老龄化社会标准,唯独濮院镇当年人口普查数据统计,无论从大于60岁或大于65岁老年人的占比,均低于老龄化社会的标准。造成这种现象,其主要原因还是大量外籍青壮年进入濮院创业打工,出现了濮院人口相对年轻化的状况。按年末户籍人口统计,濮院镇总人口为46669人,60岁以上人口为8436人,占18.08%。明显超过老龄化社会标准。

2010年母亲节,三位近百岁老人及其子女在翔云观前留影

长寿指数

长寿指数是90岁及以上人口占65岁及以上人口的千分比，它反映地区的长寿水平。1964年，濮院镇90岁及以上人口为3人，65岁及以上人口462人，长寿指数是6.49‰。1982年，濮院镇90岁及以上人口为6人，65岁及以上人口644人，长寿指数是9.32‰。1990年，濮院镇90岁及以上人口为5人，65岁及以上人口772人，长寿指数是6.48‰。2000年，濮院镇90岁及以上人口为42人，65岁及以上人口2765人，长寿指数是15.19‰；新生镇90岁及以上人口为13人，65岁及以上人口1470人，长寿指数是8.84‰。2010年，濮院镇90岁及以上人口为96人，65岁及以上人口5745人，长寿指数是16.71‰。2010年比1964年上升了10.22个百分点。

据桐乡市疾病防治控制中心统计，2000年桐乡市期望寿命男性为73.39岁，女性为77.31岁，平均为75.13岁；2010年男性为77.15岁，女性为81.88岁，平均为79.37岁。濮院镇人口的期望寿命也在此范围内，与中华人民共和国成立前相比，几乎提高一倍。

表3－15　　濮院镇五次人口普查65岁以上人口和长寿指数统计表

年　份	乡　镇	总人口（人）	65岁及以上人口		90岁及以上人口	长寿指数（‰）
			人口数	占比（%）	人口数	
1964年	濮院镇	5539	462	8.34	3	6.49
1982年	濮院镇	6308	644	10.21	6	9.32
1990年	濮院镇	8807	772	8.77	5	6.48
	濮院乡	18916	1405	7.43	9	6.41
	新生乡	14441	962	6.66	7	7.28
	小　计	42164	3139	7.44	21	6.69
2000年	濮院镇	37382	2765	7.40	42	15.19
	新生镇	16296	1470	9.02	13	8.84
	小　计	53678	4235	7.89	55	12.99
2010年	濮院镇	95327	5745	6.03	96	16.71

表3－16　　桐乡市2006—2010年期望寿命统计表

年　份		2006	2007	2008	2009	2010
期望寿命（岁）	男	74.44	74.09	75.18	75.90	77.15
	女	79.16	79.22	79.62	82.16	81.88
平均期望寿命（岁）		76.63	76.46	77.25	78.81	79.37

百岁老人

濮院镇百岁老人从1990年至2010年,20年间共有9人,其中男性1人,女性8人。最长寿者105岁,是家住濮院镇观前街16号的徐冬罗(1890—1995)。

徐冬罗,女,1890年11月28日出生,终年105岁,汉族,住濮院镇观前街16号。老人平时生活有规律,无不良嗜好,勤劳喜动,饮食以素食为主,从不暴饮暴食;性情善良温和,胸襟豁达大度。1990年百岁时身体状况甚佳,不但起居能自理,说话中气十足,思路清晰,尚能不戴眼镜穿针引线,还从事轻微家务劳动。

金荷美,女,1901年1月出生,终年103岁,汉族,住濮院镇大街3号。生前性格开朗,生活有规律,好动,至百岁余还能生活自理,如自己下面条等。饮食以素食为主,喜面食。无不良嗜好。2004年8月无疾而终。

岳石尘,男,1902年12月出生,终年102岁,汉族(详见第十八编第一章人物传、第十九编第二章第一节岳氏宗谱)。

陈翠宝,女,1903年11月出生,终年101岁,汉族,住濮院镇花园街30号。生活起居有规律,性情率直;饮食以素为主;好动,70岁左右还常在地里种菜,90岁以后生活自理;不嗜烟酒。

许凤宝,女,1907年9月出生,终年103岁,汉族,住濮院镇寺湾街3号。生前性格开朗,不记仇,说话幽默喜欢开玩笑。饮食荤素搭配,不嗜酒而嗜茶,晚上睡觉喜欢把茶壶捂在被窝内,既保暖又可随时饮用。生活习惯任其自然,不刻意改变,如吸烟等随年老不想抽而自然放弃。好动,70多岁时还发起并承担北市街道的清工工作。做饭等家务事一直干至97岁,因跌跤骨折后卧床六年而殁。

高二宝,女,1908年10月出生,终年101岁,汉族,住濮院镇大有桥街30号。生活起居有规律,睡眠特佳,所谓倒头就睡。饮食荤素搭配。好动,90多岁还自己洗衣服。不嗜酒,曾吸水烟,70多岁时彻底戒除。性格直爽,有话直说,从不藏在心里。

瞿美娥,女,1908年12月出生,终年101岁,汉族,住濮院镇集庆街14号。性格随和,家庭和睦。生活自理,饮食随便,无特殊讲究,不嗜烟酒。好动,家中有园半亩,种菜养花,90多岁还出门上街与人聊天、购米等。直至96岁骨折后才少出门。

徐阿二,女,1909年9月出生,终年101岁,汉族,住濮院镇红旗漾村桃园组。老人性格随和,子女孝顺。老人从不挑食,和儿子们同吃同住。生活基本自理。

邵阿毛,女,1909年11月出生,终年101岁,汉族,住濮院镇新东村新老18组26号。四代同堂,家庭和睦。生前性格开朗,不嗜烟酒,平时以素食为主。喜动,生活除自理外,还喜欢帮助料理家务,如去打井水等。101岁时不慎摔跤后不久故世。

表 3－17　　1990—2010 年濮院镇百岁老人一览表

姓　名	性　别	生　卒　年　月	居　住　地
徐冬罗	女	1890.11—1995.12	观前街 16 号
金荷美	女	1901.01—2004.08	大街 3 号
岳石尘	男	1902.12—2003.11	北廊棚 3 号
陈翠宝	女	1903.11—2004.12	花园街 30 号
许凤宝	女	1907.09—2009.09	寺湾街 3 号
高二宝	女	1908.10—2009.09	大有桥街 30 号
瞿美娥	女	1908.12—2009.05	集庆街 14 号
徐阿二	女	1909.09—2010.08	红旗漾村桃园组
邵阿毛	女	1909.11—2010.02	新东村新老 18 组 26 号

第二章　人口构成

第一节　姓　氏

濮院镇的姓氏，濮姓显然是最早的第一大姓。南宋著作郎濮凤，随高宗南渡，卜居于此。其六世孙濮斗南，理宗朝擢吏部侍郎，谢政归里后，理宗赐额宅第名曰“濮院”，濮院镇的镇名由此而来。据明、清时期的濮院志书记载，濮氏在濮院有八宅二十六庄院。八宅分别为旧宅、大宅、市上宅、南新宅、东河宅、南河宅、大墙宅、西宅，分布在濮院镇东、南、西、北、中。二十六庄院，分布在镇的四郊，仅庄泾一处，在十景塘沿岸就有许多庄田。濮氏家族的显赫，理所当然地成为濮镇的主要大姓。据志书记载，其时境内尚有朱、归、辅、张等姓氏。

元大德间濮氏构屋开街，设立四大牙行，召民贸易，商贾云集，旋至旋行，称永乐市。嗣后市业日盛，寺观崇隆，园庄环绕，重文好客，招致名士，遂有占籍为家者，子姓繁衍成巨姓，据载前有贝、刘、燕、朱，后有冯、杨、施、岳，还有雷、石、狄、姚、张、沈、顾、江等诸族。

明初“濮姓流徙，他姓卜居者日繁，遂成巨镇”。先后有陈、吴、李、钟、郑、董、夏、仲、钱、陆、周等迁入濮院，渐成大族。

清康熙、乾隆时（1662—1795），濮院丝绸产、销鼎盛，福建、安徽、江苏、江西，本省宁波、绍兴及桐乡其他地方，不断有人涌入濮院定居，户口日增。新增姓氏有王、金、方、屠、曹、宋、叶、高、胡、徐、凌、章、程、殳、童、申、戴等。

清代中后期，安徽、山东及本省宁波、绍兴、东阳、金华等地一批手工业者和生意人落户镇境；又有因洪涝灾害，从河南信阳、江苏及浙江钱塘江沿岸等地逃难到境内，茅棚栖身、择居开荒，此时又新增周、陆、孙、黄、柴、汤、谭、贺、俞、范、薛、桂、汪、孔、翟、程、高、卜、柏、王、蒋、史、胡、潘、叶、邹、龚、项、尹、吕、阮、金、徐、韩、翁、谈、邵、武、穆、何等诸姓氏。

民国时期，从南京、苏北、安徽、海宁、绍兴、余杭、德清等地及本县其他乡镇迁入濮院定居从事商贸、手业、务农者不少，新增姓氏有寿、柳、邬、孙、莫、蒋、许、韦、孔、路、于、任、封、管、殷、虞、季诸姓。后又增加丁、万、全、阮、祁、谷、车、来、林、於、郑、单、祝、宣、娄、骆、姜、邓、陶、奚、秦、计、梁、瞿、臧、傅、曾、舒、包、忻、孟、鲁、贾、崔、闵、钦等姓氏。

中华人民共和国成立后，南下干部定居、移民、大办工业整厂迁入及外地知识青年落户、濮院镇行政区域几次调整，新增姓氏有晋、奚、沙、乔、伸、居、苏、相、饶、隋、缪、熊、靳、阙、竺、商、宗、黎、闻、贺、乐、钮、时、康、田、樊、秦、喻、聂、鲁等。

20 世纪 80 年代改革开放后，濮院羊毛衫产业迅猛发展，带动了濮院区域经济的发达，大量外来人口涌入创业和打工，成为濮院的新居民，随后几次行政区域调整合并变化，濮院的姓氏又有新增。据 1990 年统计，濮院镇区有 207 个姓氏，其中按人口数量来排，前十位依次为沈、张、朱、陈、王、徐、钱、李、吴、杨姓。2010 年第六次全国人口普查统计，濮院镇姓氏增加到 543 个，按各姓氏的人口数量来看，次序也发生了变化，前十位依次变为王、李、张、陈、刘、沈、杨、朱、周、徐姓。

表 3－18　　1990 年濮院镇姓氏人口统计表(按人口数量排列)

姓氏	人数	姓氏	人数	姓氏	人数	姓氏	人数	姓氏	人数	姓氏	人数	姓氏	人数
沈	565	赵	89	马	40	葛	23	庾	14	卢	10	车	6
张	445	陆	89	汪	38	孔	23	洪	14	肖	10	龚	6
朱	404	许	82	唐	37	蒋	22	阮	14	边	9	裴	6
陈	394	何	76	叶	37	翟	21	归	14	祁	9	詹	6
王	328	施	73	毛	37	戚	21	贝	14	曾	9	梅	5
徐	286	顾	70	钟	35	岳	20	苏	13	邵	9	辅	5
钱	224	潘	69	汤	34	石	20	申	13	谈	8	山	5
李	217	范	67	董	33	程	18	包	13	薛	8	韦	5
吴	209	冯	66	仲	33	梁	18	翁	13	裘	8	季	5
杨	203	宋	59	郑	32	凌	18	颜	13	郁	7	殷	5
刘	197	庄	56	方	32	虞	18	袁	12	甘	7	应	5
姚	161	郭	55	殳	32	邹	18	楼	12	杜	7	茅	5
周	146	戴	52	于	32	祝	18	褚	12	秦	7	骆	5
金	137	谢	49	孟	31	濮	16	项	11	陶	7	贾	5
孙	136	倪	47	夏	30	童	15	单	11	彭	7	蒲	5
高	103	丁	46	林	29	盛	15	史	11	聂	6	柏	5
胡	103	韩	46	费	26	宣	15	魏	11	杭	6	钮	5
黄	102	邱	43	柴	26	罗	15	章	10	谷	6	时	4
俞	91	吕	43	蔡	25	严	15	管	10	华	6	候	4
曹	90	傅	41	邬	24	莫	14	寿	10	平	6	江	4

续表 3－18

姓氏	人数	姓氏	人数	姓氏	人数	姓氏	人数	姓氏	人数	姓氏	人数	姓氏	人数
束	4	鲍	3	庄	2	桂	2	乔	1	桑	1	雷	1
郑	4	路	3	巴	2	晋	2	仰	1	饶	1	阙	1
来	4	瞿	3	乐	2	奚	2	宁	1	喻	1	竺	1
廖	4	闻	3	邢	2	眭	2	励	1	靖	1	商	1
田	4	贺	3	池	2	屠	2	居	1	燕	1	宗	1
崔	4	忻	3	任	2	鲁	2	劳	1	滕	1	娄	1
柳	4	印	3	段	2	闵	1	相	1	缪	1	佘	1
邓	4	毕	3	茹	2	沙	1	皇	1	熊	1	计	1
樊	3	万	3	钦	2	尹	1	耿	1	靳	1	欧	1
黎	3	於	3	封	2								

表 3－19　　2010 年濮院镇姓氏人口统计表(按人口数量排列)

姓氏	人数	姓氏	人数	姓氏	人数	姓氏	人数	姓氏	人数	姓氏	人数	姓氏	人数
王	8446	金	1570	丁	932	汪	769	熊	433	管	338	秦	264
李	8090	何	1424	宋	920	蔡	751	龙	429	江	336	全	262
张	7999	陆	1407	马	919	韩	708	廖	428	杜	334	康	251
陈	7015	谢	1393	冯	912	叶	701	任	427	龚	331	岳	245
刘	5582	孙	1382	肖	903	方	617	孟	418	卢	331	颜	242
沈	4804	唐	1380	曹	894	汤	612	贾	414	季	329	万	240
杨	4303	高	1352	林	890	吕	579	莫	407	殷	329	尹	239
周	3928	罗	1186	钟	886	石	570	谭	385	雷	325	时	227
朱	3925	夏	1166	邓	885	魏	566	向	383	付	324	傅	223
徐	3769	庄	1158	彭	876	邹	566	于	382	章	320	崔	220
吴	3251	钱	1120	施	857	袁	544	梁	370	姜	317	贺	217
黄	2953	郑	1083	余	841	邱	513	范	363	严	317	盛	215
姚	2353	郭	1037	顾	816	董	512	毛	363	倪	301	洪	212
赵	2066	俞	1027	田	800	戴	507	邵	348	苏	294	文	208
胡	2007	潘	1001	程	796	米	462	陶	347	戚	281	易	196
蒋	1640	许	947	曾	783	冉	446	孔	342	段	268	计	195

续表 3－19

姓氏	人数	姓氏	人数	姓氏	人数	姓氏	人数	姓氏	人数	姓氏	人数	姓氏	人数
侯	191	代	121	翁	95	樊	76	敖	52	井	42	越	29
费	190	鞠	121	谷	94	尚	75	柯	52	浦	42	支	29
未	190	鲁	121	佘	94	连	74	冷	52	化	41	花	28
薛	188	闫	121	毕	93	邬	74	查	51	纪	41	姬	28
凌	182	单	119	宁	92	车	73	符	51	丘	41	母	28
项	181	池	115	卜	91	安	72	栗	51	劳	40	皮	28
桂	176	史	115	褚	91	储	72	辅	50	席	40	强	28
白	174	韦	115	欧阳	91	郝	72	商	50	艾	39	沃	28
葛	174	麻	113	虞	90	蒲	72	楚	49	苟	39	封	27
聂	170	翟	111	瞿	89	娄	71	丰	49	荆	37	居	27
祁	169	赖	110	欧	89	尤	70	牟	49	燕	37	荣	27
扬	168	兰	109	殷	89	耿	68	古	48	路	35	仉	27
黎	164	裘	108	申	88	仲	68	来	48	闻	35	竺	27
於	158	常	107	滕	88	乐	66	司	48	主	35	利	25
柴	156	宣	107	占	88	饶	66	贝	47	吉	34	郜	25
房	154	成	104	甘	87	寿	66	窦	47	裴	34	郎	24
伍	149	闵	104	杭	87	宗	66	屈	46	腾	34	明	24
乔	147	鲍	103	包	86	谈	65	奚	46	辛	34	沙	24
詹	146	涂	102	茅	84	党	64	边	45	咸	33	干	23
屠	145	应	102	齐	82	庆	64	戎	45	木	32	芮	23
童	144	覃	101	水	82	苗	62	云	45	侍	32	幸	23
祝	142	郁	101	庞	81	晏	60	解	44	胥	32	薄	22
阮	134	濮	99	焦	80	仇	56	靳	44	岑	31	巩	22
华	130	穆	98	都	79	钦	56	景	44	凡	31	国	22
诸	129	喻	97	牛	79	游	56	缪	44	盖	31	汲	22
柳	127	骆	96	简	78	土	55	平	44	卓	31	练	22
梅	126	武	96	阳	78	匡	54	邢	44	卞	29	归	22
汝	125	左	96	温	77	钮	54	蓝	43	刁	29	银	22
舒	124	关	95	柏	76	英	53	官	42	萧	29	揭	21

续表 3－19

姓氏	人数	姓氏	人数	姓氏	人数	姓氏	人数	姓氏	人数	姓氏	人数	姓氏	人数
芦	21	冼	15	谌	11	智	9	印	7	慎	5	么	3
漆	21	狄	14	弘	11	终	9	禹	7	双	5	虎	3
才	20	贡	14	惠	11	伯	8	植	7	通	5	寇	3
曲	20	晋	14	稽	11	钭	8	爱	6	益	5	令狐	3
仰	20	权	14	籍	11	福	8	簿	6	辛	5	雒	3
东	19	铁	14	菅	11	杲	8	风	6	斩	5	麋	3
卫	19	鱼	14	卡	11	部	8	伏	6	战	5	琴	3
有	19	步	13	骈	11	扈	8	扶	6	傲	4	上官	3
农	18	和	13	山	11	阚	8	富	6	臣	4	司马	3
深	18	衡	13	荀	11	卯	8	缑	6	鄂	4	索	3
庚	18	郏	13	羿	11	师	8	红	6	法	4	台	3
霍	17	敬	13	阴	11	危	8	娇	6	公	4	午	3
嵇	17	厉	13	原	11	刑	8	禄	6	家	4	郗	3
降	17	廉	13	湛	11	衣	8	鹏	6	经	4	养	3
满	17	茹	13	广	10	渝	8	戊	6	亢	4	昝	3
朴	17	桑	13	巨	10	员	8	学	6	空	4	诸葛	3
班	16	位	13	况	10	畅	7	巴	5	宓	4	晁	2
保	16	尧	13	佟	10	丹	7	贲	5	甯	4	巢	2
牧	16	臧	13	习	10	堵	7	戈	5	帕	4	从	2
娜	16	蒯	12	相	10	火	7	艮	5	璩	4	岱	2
束	16	郦	12	訾	10	慕	7	弓	5	松	4	佴	2
隋	16	隆	12	梵	9	那	7	后	5	瓦	4	汉	2
祖	16	蒙	12	怀	9	斯	7	邝	5	乌	4	滑	2
昌	15	蓬	12	谯	9	素	7	蔺	5	尹	4	桓	2
宫	15	巫	12	阙	9	隗	7	栾	5	引	3	宦	2
幸	15	阎	12	须	9	莘	7	敏	5	苍	3	皇甫	2
哈	15	杏	12	元	9	鄢	7	墨	5	太	3	暨	2
冀	15	雍	12	展	9	言	7	年	5	邸	3	逯	2
能	15	苑	12	甄	9	羊	7	僧	5	藩	3	容	2

续表 3－19

姓氏	人数	姓氏	人数	姓氏	人数	姓氏	人数	姓氏	人数	姓氏	人数	姓氏	人数
融	2	溯	2	暴	1	丛	1	漫	1	秋	1	厍	1
赏	2	蔚	2	邴	1	但	1	乜	1	区	1	脱	1
申屠	2	筱	2	仓	1	督	1	仆	1	韶	1	宇	1
宿	2	沿	2	啜	1	赫连	1						

主要姓氏

濮氏 原籍山东曲阜亲贤乡，始迁祖濮凤，宋建炎三年(1129)扈从高宗南渡，绍兴五年(1135)卜居兹土。濮凤六世孙濮斗南，擢吏部侍郎，理宗赐第"濮院"。十世孙濮鑑，无心仕途，轻财重义，筑庙造桥，构屋开街，设立四大牙行，成就永乐市盛况。十一世孙濮允中携子濮彦仁举办聚桂文会，延杨维祯作评，成一时佳话。濮氏之盛，自南宋迄明初逾二百六十余年。家祠在大街之南，即永安祠(详见第二十一编第二章第一节濮氏家谱)。

随着世事变迁，镇域濮姓人口日益减少，1990 年全镇仅剩濮姓 16 人。2010 年濮院镇有濮姓人口 99 人。

朱氏 一支原籍蔡州(今河南上蔡)，建炎三年从高宗南渡，始迁祖为宋中书平章事朱胜非，后卜居于濮院幽湖南两里长水乡。元时，后裔朱清，以海运功授万户，任宣慰使，元贞元年(1295)增江西参政，势焰熏灼。不久被人进告，命御史台鞫问坐罪，被籍产成边。至大三年(1310)复用朱清子朱虎专事海运漕粮，归还部分籍产。但朱氏子姓惧祸旁徙，唯其裔孙、总管府提督朱旸谷一支留濮，旸谷后裔迁居石条街(今称旗杆下)。清康熙间，后裔朱鸣吉、朱光国以文武科显赫于时。在镇南四里彰扶桥有朱氏世宦祠，光绪十四年(1888)被毁，祠祀木主有南宋朱胜非及以下之通籍者朱智，元时朱清、朱钊、朱虎、朱完、朱旸谷、朱大德，明时朱大迥、朱大远、朱德全、朱德良、朱璠、朱璿、朱绶、朱万里、朱万国、朱治贞、朱治经、朱治僩，清时朱治恬、朱日昇、朱鸣吉、朱克孝、朱克绥、朱光国等。

一支祖籍不详，始迁祖佚名，仕宋为文林侍科院官，迁居濮院幽湖之西。其子朱思明，仕元，任进义县尉转嘉兴县录事司判官。三世孙朱仁甫任青阳县教谕。四世孙朱显道，明青阳教谕，不乐仕，在幽湖旁葺环碧堂，与贝琼朝夕唱和；攻医，得九针补泻法，医名显赫。

一支原籍王江泾，于康熙甲申，迁徙濮院，始迁祖朱玉亭。其三世孙朱嘉谟，幼读书颖敏，成年后乐善好施，设义塾、结放生社，乾隆年间在西池弄创办接婴公所。四世孙朱楠、朱檏、朱枢、朱崧、朱柏为嘉谟五子，五世孙朱廷璜、朱廷璋、朱廷珍、朱廷琛、朱廷瑚等"能世其业"，继续积善好施。嘉庆六年(1801)六世孙朱晋锡继祖志，携几位里人续办接婴公所。

另外，还有多支朱姓后裔先后从不同地方迁居濮院(部分见第十九编第二章第一节朱氏家谱)。1990年，全镇有朱姓404人。2010年濮院镇朱姓有3925人，为全镇第九人口大姓。

归氏　原籍吴中(今苏南)，南宋时迁居濮院，始迁祖归百九，字朝凤，南宋理宗朝仕朝散郎。归百九子归谦吉，字敬夫，南宋咸淳年间登礼部进士。父子俩见"宋纪日弛"，率家人归，自临安过槜李幽湖，见环境好而乐之，遂引流种树，筑室于幽湖旁定居。六世孙珉菴入赘濮院顾氏，由乡榜而仕奉议大夫，顾氏亦诰封宜人，子孙皆为顾姓。至九世孙归鸣鸾字永和，"克念始祖"遂复姓归氏(详见第二十一编第二章第一节归氏家谱)。

中华人民共和国成立后，濮院归姓人数不多，1990年有14人，2010年有22人。

辅氏　原籍赵州广源，南宋时迁居永新乡(今属濮院镇)，始迁祖辅逵。宋室南渡时，辅逵隶属于杨沂中麾下，累立战功，历官左武大夫、邵州防御使，后知泰州，晚年迁居永新乡，其墓在经堂桥(今濮院镇新港村)。辅逵有四子，次子辅广，少年倜傥有大志，专攻周敦颐和二程学说，后师事吕祖谦和朱熹，深为朱熹器重。嘉泰年间归里，筑传贻堂，教授学生。辅逵孙辅大章，嘉定元年(1269)进士，官武冈县令。据民国《濮院志》记载，曾有辅氏家祠在濮院镇西，今其后人犹有在镇者;濮院镇油车桥村(旧属永新乡)仍集聚较多辅姓后裔。清时二十八都五图有辅家港老村名。1990年濮院镇有辅姓5人，2010年濮院镇共有辅姓50人。

张氏　张德明一支，原籍不详，南宋迁居濮院。张德明为待补贡士，人称灵宿大檀越，庆元五年(1199)于里中建三教院。其墓在镇南塌坊浜，后积土渐如小山，俗称南大高墩。

另外有多支张姓先后迁徙濮院，原籍、何时迁濮、始迁祖等均不详。

张敬萱一支，清初，张敬萱与镇域诸好善者，如仲弘道等十余人首创同善会，主要为施槥之会，济困扶贫。

张其是一支，其父读书高蹈，深于易，尤工诗。张其是，字文韩，号菊岑，夙承庭训，为诗风骨遒上，著有《碧草轩诗集》三卷，曾辑志书《濮川纪略》二卷，陈鸿园作诗赠之云:"吾翁勤纂述一编，谁指后人迷然其"，惜已佚。

张宏牧一支，张宏牧，一作弘牧，字柯庭，又字恕夫，号懒髯，清康、雍年间诗人、篆刻家，刻小印尤佳，师事俞廷谔，而识论过之，凡篆法悉本六书，极推重文彭，亦步其法，所刻之印"永躬耕于典坟""得其秀而最灵"两方最为闻名。有《图章粉本》一册，篆刻八百方并《唐宋元明前后五代墨钩印》二册，尝注《篆刻津梁》二卷，增注《篆韵》二卷，篆法行楷俱工，著有《懒髯集》一卷、《埋愁集》和《篆学渊源》。

张景穆一支，张景穆，字西嵋，清初由诸生入京，历任陇西阆中知县，升静宁州知州，以老乞休，卒于家。

张弘范一支，张弘范，字伦表，号霁阳，乾隆二十五年(1760)岁贡，天资敏妙，长于诗文，与郑耕余、陈古铭、陈谨堂等迭主诗坛，极幽湖一时之盛。

张均一支，原籍吴兴，清光绪初年迁居濮院庙桥河下街。张均，号雨亭，性和蔼，虽习商业好与文士游，处境不丰而乐行小善，乡里称长者。张均子张愫，原名文镐，字劼僧，沉潜笃斐，用思入微，时欧风东渐，愫能融贯新旧，持论每有独到之处。生平长于诗文，光绪二十八年（1902）壬寅科举人，因体弱多病，无仕进意，历充学堂教习，每讲授则罕譬曲喻，必使学生了然于心。乡里义举如整顿婴堂、开办商会，竭诚赞助，规划精密，为倡议疏浚庙桥港，不惜拆让故居产屋，后迁谭家桥。

随着历史变迁，1990 年全镇有张姓 445 人。2010 年濮院镇有张姓 7999 人，为全镇第三人口大姓。

贝氏　贝琼，字清江，原籍殳山，元末寓居濮院，曾主教于濮院朱显道家。诗中自称“幽湖老人”。随着时代变迁，1990 年全镇有贝姓 14 人。改革开放后，人口不断双向流动，2010 年，濮院镇有贝姓 47 人。

鲍氏　原籍千金，元末迁居濮川鲍家湾，始迁祖鲍恂，字仲孚。元元统间（1333—1335）浙江乡试第一，荐为平江教授、温州路学正，皆不就，至元元年（1335）成进士，荐为翰林，亦婉拒。故居在渡船桥东近丁家石桥，后称为隐居庵，与程柳庄、贝清江等在濮川结西溪社讲学，自号环中老人，学者称西溪先生。卒后归葬千金乡。

随着时代变迁，1990 年，全镇有鲍姓 3 人。改革开放后，人口不断双向流动，2010 年，濮院镇有鲍姓 103 人。

狄氏　原籍及迁居时间、始迁祖均不详，元时为濮院巨姓。故居在今北河头卖柴浜狄家园，族人元代提点狄守真至正六年（1346）重建福清道院，因在翔云观西，也称西观。随着世事变迁，1990 年濮院镇姓氏人口统计已无狄姓。改革开放后，濮院区域经济发展迅猛，人口流动增加，2010 年，濮院镇有狄姓 14 人。

燕氏　原籍及迁居时间、始迁祖均不详，元时为濮院巨姓。燕氏故宅在花园街（今仓前街），明时燕姓无子，项萱入赘于燕姓。清时燕厅为项萱十一世孙、孝廉项焜、项熊故居，后徙庄泾。项焜，字经天，乾隆三十六年（1771）举人；项熊，字泰占，乾隆五十一年（1786）举人，任武康训导。明时镇西北有燕场，长木桥东燕家浜为燕氏祖墓。随着时代变迁、人口流动，1990 年全镇有燕姓 1 人，2010 年，濮院镇有燕姓 37 人。

雷氏　原籍及迁居时间、始迁祖均不详，元时为濮院巨姓。雷氏故宅在雷家潭、雷家桥。清乾隆十八年（1753）年，福建雷翠庭视学两浙，曾于西湖遇濮院镇人，询及濮院雷家潭，说此为他祖氏旧居，他们是自浙迁闽一支雷姓。随着时代变迁、人口流动，1990 年全镇雷姓 1 人，2010 年，濮院镇有雷姓 325 人。

石氏　原籍及迁居时间、始迁祖均不详，元时为濮院巨姓。元进士石朝用，官廉使，故居在寺浜西谢家园北，今称石家场。翔云观后有石家池，为石氏别业。另外又有几支石姓先后迁居濮院。随着世事变迁，人口流动，1990 年全镇有石姓 20 人。至 2010 年，濮院镇共有石姓570人。

姚氏 最早一支元时迁居濮院，原籍不详，始迁祖姚清。姚清，读书通达，曾任郡书佐，为官清廉谨慎，不以柔媚取容。携妻、子迁濮后，与渔农唱酬，耕钓以终。

姚迟一支，原籍、迁居时间及始迁祖均不详，姚迟，字士元，号若麓，明万历四十六年(1618)举人，授德化知县，归里后栽花饮酒有五柳风。

随着人口流动，1990年有姚姓161人，2010年濮院镇有姚姓2353人。

刘氏 最早一支原籍山东，元时迁居濮院，始迁祖刘祥，字原善，赘于朱提领宅。元末乱，隐居不仕，信义著于乡里，友爱笃於孔怀。刘祥有子三，长子永昌，字西隐，寿九十七，七赐冠带，次子永昂，三子永昭，厥后支派繁衍。镇之巨姓称贝刘燕朱，刘即祥之后，家祠在周家场红墙弄，后裔人才辈出(详见第二十一编第二章第一节刘氏家谱、第三节濮院望族)。

刘恒龙一支，原籍钱塘，明时迁濮。刘恒龙，字兰亭，娴熟医术，因其疗效快速，故人称“火药刘”，居镇50年，70岁无疾而终，“其家犹世传其业”，但后裔情况不详。

另外有多支迁居濮院，随着人口流动，1990年全镇刘姓有197人。2010年濮院镇有刘姓5582人，为全镇第五人口大姓。

岳氏 最早一支原籍嘉兴金陀里，始迁祖为岳飞孙岳珂后裔。岳飞八世孙岳茂之，其秉承父志不仕元朝，为避免再次遭难，将岳姓改为“乐”，更名咸，元时迁居濮院镇南三里的岳家桥。其子九世孙岳贵一，号超隐，元末兵乱，避在梅泾，与杨廉夫、贝清江诸名流往来酬唱，明洪武初，科举补广东提举按察使，其墓在村北，子岳尚德、孙岳仁富祔葬。岳飞十八世孙岳元声、岳和声、岳骏声三兄弟，分别为万历十一年(1583)、二十年、三十八年进士，时比三凤，遂恢复岳姓，故居称为岳氏三进士第。该支曾一支迁回嘉兴，称祖居为旧屋。祖墓在濮院双贤桥西北。十九世孙岳瀚，为明末崇祯十二年(1639)举人，住双贤桥，并建有岳氏祠，十七年明亡清立，绝食以殉。清中期，岳飞二十三世孙、岳和声六世孙岳鑑，字明之，号水菴，重修家谱，自二十四世起的谱系序列为“鸿廷照烈，钦功嘉德，以孝作忠，奉先敬国”。岳鑑子、岳飞二十四世孙岳鸿业，复迁归濮院。岳鸿业，一名传经，字振坤，号半农，嘉邑诸生，乐善好施。岳飞二十四世岳鸿振，字啸文，号棕文，嘉邑诸生，住双贤桥，性通脱，工诗，所交皆知名士，在家之东南梅泾边造棕云楼，专为四方名士下榻之所，嘉庆年间，与同里诸子结“冷枫诗社”，请梅里孔珊客先生评阅。一时四方风雅之士咸集。著有诗集《菊照山房近稿》。岳鸿振孙、岳飞二十六世孙岳昭垲博学多闻、著述宏富，清同治十二年(1873)编纂《濮录》。濮院当代画家岳石尘(谱名钦枨，字曼倩)为岳飞二十八世孙(详见第十九编第二章第一节岳氏宗谱)。

随着人口流动，1990年全镇有岳姓20人。2010年濮院镇有岳姓245人。

施氏 最早一支原籍缙云，元至正年间迁居濮院福清道院(西观)东之鹤栖街，始迁祖施有政，曾仕元，任密云县令。施有政子施茂，字德懋，因与杨任姻亲，被坐遣戍边，其子代父赴戍。施氏四世孙施容，曾迁郡城之瓶山里，精医术，正德年间(1506—1521)镇域逢大疫，毅然前往救治，痊愈者很多。五世孙施乾，明嘉靖时，先后任怀远训导迁武进教谕，再转濮州学正。六世孙施尔志，字章甫，万历二十年(1592)壬辰科进士，授太平府，擢云南布政使，后复迁濮院故宅。七世孙施博，明时诸生，专心好学，但不思仕途，提倡躬行为重，不尚空谈，著有姚江渊源语录讲语若干卷。家庵在福清道院(一称西观)后，称为施庵，祖墓在施庵浜北。

施有恒一支，原籍、何时迁濮及始迁祖均不详。施有恒，明万历四十六年(1618)戊午科举人，祖茔在零东坊之东南，与冯墓前后相邻。

施学义一支，原籍归安，明末迁居濮院。施学义，字绍周，系宋兵部员外郎内孚后裔，孝母敬兄、乐善好施闻名，屡举乡饮宾。其子元勳、元桼并登胶庠。

以后又有多支迁入濮院，随着人口流动，1990 年全镇有施姓 73 人。2010 年濮院镇有施氏 857 人。

赵氏 最早一支元时迁濮，原籍及始迁祖不详，据《东畲杂记》记载，赵某氏世居濮院集庆街，其子赵觐，很崇尚文辞，题其修业之所曰集桂轩。

一支原籍绍兴，系宋赵匡胤次子燕懿王德昭后裔，其三十一世孙赵茂隆于民国 14 年(1925)迁入濮院镇西油车桥村(详见第二十一编第二章第一节赵氏家谱)。

随着时代变迁，人口流动，1990 年全镇有赵姓 89 人。2010 年濮院镇有赵姓 2066 人。

冯氏 最早一支原籍吴兴归安大匏村，元末迁居濮院大街，始迁祖冯铭，字积一。其八世孙冯孜，字子渐，号原泉，明隆庆二年(1568)进士，授太仓知州，因勤政爱民，先后擢江西布政使、湖广布政使，后迁梧桐。其弟冯敏，字次泉，留濮，曾任内阁中书。冯敏子冯时昌，字开甫，秀邑庠生，善书，白雀庵大士殿之“龙海汇慧”匾是其所书。后裔冯景爰，清康熙癸酉举人，授陕西长安知县。

冯其隆一支，原籍不详，明时迁居濮院，始迁祖不详。冯其隆，字景云，桐庠生，少积学有声，善书，嗜岐黄医术及诸子家言，万历二十三年(1595)诏求医学明理之士，应聘至京，授圣济殿御医，年老乞休归里，纵游近地。

冯登瀛一支，原籍不详，明时迁居濮院，始迁祖不详。冯登瀛，明万历三十四年(1606)举人，四十一年进士，任肇庆知府。

冯贞秀一支，原籍不详，明时迁居濮院，始迁祖不详。冯贞秀，字尔介，生平刻苦好学，方正严毅，顺治十八年(1661)岁贡，任卫辉府汲县县丞。

冯万年一支，原籍嘉兴，乾隆初迁居濮院。冯万年，字申藩，入赘于濮院方氏，遂入籍。万年乾隆十七年(1752)副榜，任铜山主簿陞扬河通判。

随着人口流动，1990 年全镇有冯姓 66 人。2010 年濮院镇有冯姓 912 人。

杨氏 最早一支原籍嘉兴德化乡，明惠宗初年迁居幽湖之梧桐里，始迁祖杨均显，系举人袁州知府杨任之后。其长子杨景春，字星三，明永乐六年(1308)举人，永乐九年

(1411)进士,任大理寺评事。次子杨景茂,字德润,礼部儒士移赠奉正大夫。四世孙杨述,字宗道,杨景茂孙,住濮院杨家桥,明永乐二十一年(1423)解元,景泰间擢辽府长史,辽王书“公正”两字赐之。五世孙、杨述子杨青,字士昂,明景泰元年(1450)、景泰二年(1451)联捷成进士,先后授翰林院庶吉士、河南按察使佥事。杨述杨青父子祔葬,墓在濮院秀界杨家桥北,民国时尚存石马及碑,碑刻天顺四年诏诰之文。七世孙杨恩,字菊宾,住濮院雷家潭,桐邑庠生,慷慨好义,热心公益,万历年间(1573—1620)修葺桐城,倾捐泄车汇(今雷家潭至新桥东一带)岸石百余丈。前后建有嘉乐堂和启明楼,文徵明为该两楼题匾额,堂以藏书,楼以款待文徵明下榻,杨恩著有《启明楼诗钞》。十世孙杨权,字斗衡,号可庵,端方正直,举乡饮宾,雍正六年(1728)桐邑县令蔡可远送“国瑞家祥”匾额奖之。十一世孙杨炜,字赤雯,监生,专心好学,著作甚富,著有《云竹诗集》二卷,被存入《濮川诗钞》刊本,另有《桐鸣小草》等。其弟杨燮,字尔梅,号鬲亭,才智出众,精医学,门下多知名人士,获得秀水朱彝尊器重,写有《读书启明楼示诸生五首》,著有《易论一原》一卷、《周易或问》一卷、《灵兰青乌要旨》、《鬲亭诗文集》八卷,《鬲亭诗文集》其中一卷被存入《濮川诗钞》,兄弟两擅名一时,时有雷潭两杨之称。其堂弟杨烘,字定一,著有《鹤楼小草》。堂弟杨焕,字旦华,著有《朗吟阁遗稿》。堂弟杨应魁,字聚五,天性慷慨,乐善不倦,邑长王廷贵有“天爵可尊”之奖。十二世孙杨绍基,字崑田,号荫谷,杨权之孙,庠贡生,乾隆年间候补州同知,倜傥负气,苦节平生,乐施不倦。杨绣封,字带如,太学生,生平慷慨豪爽,乾隆庚寅岁歉收,首倡捐赈,发现里中开场聚赌,邀乡绅诉请当事严禁而息。杨大文,字质庵,杨燮之子,著有《质庵遗稿》。杨炯,字曙辉,号存斋,杨应魁之子,桐诸生,纂修《杨氏家谱》,所著《南游草》一卷被存入《濮川诗钞》。杨炯弟杨德滋,字充符,号采樵,桐邑武庠生,儒雅工诗文,尤娴骑射,著有《芸轩草》诗集。十三世孙、崑田子杨步蟾,字桂岩,号梯霞,候补州同知。十四世孙杨沄,改名为会,字秀漪,号湘帆,桐邑廪膳生,少负盛名,乾隆三十年(1765)拔贡。嘉庆年间增修《杨氏家谱》、著有《禹贡集诂》一卷、《正史例略》二卷、《五经要论》一卷、《听雪楼集》四卷。十七世孙杨祥兴、杨祥隆兄弟于清光绪年间,在濮院东港厂创办祥兴记船厂。十八世孙杨宝柽,黄埔军校毕业,曾任国民党某工兵独立团团长,抗战胜利后,不愿参与内战,解甲归田,回濮接任经营船厂,中华人民共和国成立后,进濮院建筑社工作(详见第二十一编第二章第一节杨氏家谱)。

杨玮一支,住定泉桥东。杨玮,本姓姚,为禾中望族,明时赘于杨,遂承杨姓。九世孙杨琯,字自昆,号栗斋,由监生考授州同知,康熙五十五年(1716)充古今图书集成馆纂修,雍正四年(1726)任赵州柏乡知县,乾隆五年(1740)擢江宁府江防同知,墓在濮院桐界马家桥。十一世孙杨树本,字大立,号荫轩,乾隆十八年(1753)、三十二年(1768)两中副榜,充国子监教习。因考职第一,授江西宁州州同,任江西州州同,升湖北鹤峰州知州,乾隆五十年(1785)授奉直大夫,归里编纂《濮院琐志》。十二世孙杨光奎,字章华,精青乌岐黄之术,以医誉里。

随着时代变迁，人口流动，1990年全镇有杨姓203人。2010年濮院镇有4303人，为全镇第七人口大姓。

江氏 原籍会稽，明初迁居濮院西市，始迁祖江汉，字朝宗。元时江汉曾客寓濮院，濮仲温父子延为上客。明洪武初以文学授翰林院编修，后请老归，仍家于濮院镇西，遂繁子姓。随着世事变迁，人口流动，1990年全镇江姓4人。2010年濮院镇有江姓336人。

陈氏 最早一支原籍淮安山阳县，明初迁居濮院花园坊，始迁祖陈本，字安善，以善行起家，为濮院巨姓八家之一。六世孙陈樸，字慕萱，少年失去母亲，终生不吃荤菜，析产时悉让与其弟。七世孙陈文炳，嘉兴郡廪生，通易理，熟左氏内外传。八世孙陈汝陞，字少阳，搬徙至雷家潭杨氏嘉乐堂址。

陈其德一支，原籍不祥，明时迁居濮院，始迁祖不详。陈其德，字太华，号松涛，明天启七年(1627)岁贡，任严州府学教授，忠诚持重，盛德著闻乡里，著有《垂训朴语》一卷，《崇祯十四五年灾荒纪事》二篇及《松涛遗诗》十章。

后有多支原籍、迁濮时间及始迁祖均不详的陈姓先后迁居濮院。

陈有仁一支，陈有仁，字振所，慷慨好义，济困扶贫，顺治五年(1648)，县令及郡守先后给匾额表其闾，并三举乡饮宾。四世孙陈曾裕，字锡璋，监生，有祖善行；陈曾祉，字鸿园，号心隐，诸生，博涉经书，著《心隐诗集》四卷。

陈禹锡一支，有兄弟两人，均以学问著称。兄陈禹锡，性耿介居恒，崇尚经术，门下士如郑耕余昆弟、阮松岩、陈夔一、陈古铭、陈谨堂及朱人千等，均以文章品学著名，从游之盛，有相继授经至三世者。弟陈睿闻，邑诸生，学问行谊、才丰遇啬均如其兄。

陈绍尧一支。陈绍尧，字哲人，郡诸生，其子陈飞声，为康熙十六年(1677)举人，曾授江西上高知县。

陈光裕一支，陈光裕，字分佩，号谨堂，秀邑诸生，性耿直，斥人过不畏士党，视科第如拾芥，其诗古文摹李杜韩苏，井井有法，从学甚众，与里人沈尧咨历采幽湖前辈诗之可传者33家，汇成《濮川诗钞》四十四卷，幽湖诗之斐然成名家自其创之。陈光裕子陈嘉，贡生，植品端方，为乡党推重。

陈选勋一支，原籍余姚，清雍正年间陈选勋携两幼子迁居濮院定泉桥西鹤栖街。陈选勋，字颂公，尝代父坐狱，有孝子之称，能诗，著有《蓝染斋集》。其长子陈乐，字于上，号夔一，秀邑诸生。次子陈梓，字俯恭，号古铭，举止方正，私淑张杨园，宗朱子，诗古文词功底湛深，朴茂独冠，善书章草，自成规格，志趣高迈，晚年右臂病残，以左腕作书，居室称定泉书舍，自号客星山人，著有《四书质疑》五卷、《一斋文集》十二卷，与北方李隐君锴齐名，时称"南陈北李"。

陈德星一支，住濮院翔云观西街。有陈德星、陈元星、陈璇星三兄弟，均孝父敦友，称难兄难弟。陈德星字朗瞻，号毅庵，授州同知；陈元星字南光，号镜岩，考授州同知；陈璇星字宝文，邑诸生，性清介。德星长子陈宗，字源夏，号鹿岩，候补州同知，天性孝友，乾隆二十一年(1756)、五十年(1785)、五十九年(1794)岁屡饥,率先输粟赈济,学使及郡守俱给匾额以褒奖之。次子陈时宪字章甫,号华峰,力敦善行,捐资助赈,也获郡守匾额。元星子陈春宇字柱中,号纫兰,诸生,少尝受业张霁阳,后师承蒋季眉,与陈斋、陈谨堂后先继美,诗多不留稿,随作随弃,直至晚年留集,自题为《自怡轩稿》。

陈国祚一支,陈国祚,字禹铨,轻财好义。国祚子陈煐,字明上,号慕儒,候补布政使理问,继父风,捐粟施衣,重建迎凤桥,又因石条街路窄沟深,虑人颠跌,采宽石修筑,绵亘百余丈,费及千金。国祚长孙陈徵余字畹兰,号香圃,乾隆三十六年(1771)举人,官遂安教谕;次孙陈兆麟字南园,号果亭,贡生,继祖风,好善行,清嘉庆十八年(1813)建善夫桥(原名芦塘桥)。国祚曾孙陈鐄,官训导,封修职郎。

陈坚一支,弟陈墉、陈增,家庭和睦,乾隆三十三年、四十九年岁屡饥,兄弟同心输粟助赈,里人感德。陈增子陈天镛字师夔,廪贡生任衢州训导,读书好义,能继父风,尝出俸资助砌南横街及幽湖桥。

陈铣一支,陈铣,字春台,号莲汀,又号幻庵,住濮院陆家桥,好古精鉴别,书画卓绝,晚年更入化境,山水花鸟并秀,尤以画梅著称,襟情豪轶兼喜吟咏,刻有《瓣香楼梁帖》六卷,极精妙,著有《陈莲汀诗稿》。

1990 年全镇有陈姓 394 人。改革开放后,随着人口流动增加,2010 年,濮院镇陈姓有 7015 人,为濮院镇人口第四大姓氏。

沈氏 最早一支,原籍吴兴,元时迁居濮院,始迁祖不详。《东畬杂记》载"北横街杨家牌楼下,沈宅亦元时屋,俗称牛棚里",元时屋"春煦堂"匾额,为司是吴兴人的赵孟頫所书,"文化大革命"时该匾额及家谱均毁。几经变迁,"沈家牛棚"人员进出门改在义路街37 号。后裔沈祖懋热衷于教育事业,曾为国民党中央委员、国大代表。

一支原籍吴兴,明正德年间(1506—1521)迁居濮院,始迁祖沈世芳。其十三世孙沈乃洪字容舟,庠生,毕生致力于教育事业,先后任翔云书院教员、秀桐公立濮镇二等小学堂(敬业小学前身)校长、桐乡县劝学所所长,乐为邻里排难解纷,备受乡人敬重。当代数学家沈康生(十四世孙)、抗日烈士沈宝瑜(十六世孙)等也均为该支沈氏后裔(详见第二十一编第二章第一节沈氏家谱)。

一支原籍新城镇(今新塍镇),明时迁居濮院,始迁祖沈珮声,专精外科。

另外尚有原籍及始迁祖均不详的几支沈姓:

明末沈机一支,住双贤桥。沈机字尔任,号海鸥,少补博士弟子员,倜傥有大志,隐于诗酒,不肯傍人门户,自辟风气,以诗倡率,里中人翕然从风。著有《鹦笑轩稿》四卷、《梅泾草堂集》二卷。清初沈尧咨为沈机从子,字饬臣,号山臞,诸生,劬工诗,以杨园之学,设教里中,从游甚众,县令特举优行,与陈光裕同辑《濮川诗钞》。沈机三世孙沈锺泰,字虞尊,诸生,师陈谨堂,所为诗直抒胸臆,不事雕饰。四世孙沈孔键,字南兮,工诗文,著有《柴门集》《小罗浮山人诗钞》。五世孙沈润芳,字芳含,乾隆四十五年(1780)举人,任山西阳曲知县，升保德直隶州知州，居官清正，归田时一贫如洗。五世孙沈鸿逵，字骧衢，号鑑斋，乾隆五十九年举人，先后署安徽怀远、怀宁、霍山和四川巫山知县。六世孙、润芳子沈枞，字虞镛，号西雍，诸生，事母至孝，生平笃友，谊重知己，有声庠序。六世孙、鸿逵子沈棍，字心为，号式菴，诸生，工书精篆刻，性格豪放，里中有不平事，辄为排解，众人服其公允。

沈廷相一支，其先祖由湖州竹墩迁居濮院塌坊浜。沈廷相，字在岩，号钧门，乾隆四十五年(1780)恩贡，著有《书笏草堂集》。子沈元勋，诸生，工诗善草书，有声于时，著有《蟠山韵钞》。

沈云卿一支，原籍、始迁祖不祥。云卿有三子，长子沈维章，原名雍嘉，号惺斋，少习儒，功名不成，遂服贾，往来苏扬间数十年，侍父至孝感人，教子慈而能严。维章子沈琳，字润辉，号华坪，乾隆二十一年(1756)举人，二十六年进士，授兵部武选司主事擢员外郎，吏部给事中，巡漕江南，擢光禄寺少卿，墓在秀界丁家石桥，俗称天狗坟。维章女儿嫁奉直大夫杨树本为妻。维章孙沈方大，字纯之，号直夫，任安徽潜山县丞，迁桐城知县。曾孙沈崇礼、沈希曾均在晚清时历仕山东。

沈廷瑞一支，明时始祖沈瑞霖，世业儒，住濮院仓前街。沈廷瑞，字东瑜，号佩升，晚号东畲，廪生，博学多能，尤精于围棋、勾股之学，工书，笔力遒劲，精金石，著有记述濮院逸闻轶事的《东畲杂记》及《静契轩诗稿》一卷，墓在秀界旺家桥。廷瑞孙沈悦亭，家贫改服贾起家，搬住濮院坝底头。曾孙沈涛，自号苇汀，初名志韩，后改名涛，著有《幽湖百咏》，与曾祖父的《东畲杂记》合为一册。玄孙沈梓，字桑与，号北山，清同治四年(1865)补行咸丰十一年(1861)拔贡，同治七年(1868)考取八旗官学教习，武英殿校录，授内阁中书。以母老辞官归里。光绪初年，曾往来吴中教授弟子。又苦心为乡里谋公益，创翔云书院、建保元堂，著有《避寇日记》《养拙轩诗文稿》《养拙轩笔记》等，墓在嘉界泰石桥分水墩。

另外有多支沈姓先后迁居濮院。1990 年全镇有沈姓 565 人，为当年第一人口大姓。随着人口流动，2010 年，濮院镇沈姓有 4804 人，为濮院镇人口第六大姓氏。

顾氏　最早一支元时迁居濮院，原籍及始迁祖不详，住濮院平桥东，其厅甚低，系元时屋。后裔顾高嘉，原名项嘉，字靖昭，号南楼，顺治十四年(1657)、十五年联捷成进士，授翰林院庶吉士改六合知县，擢河间府同知，升都匀府知府，以终养归。其孙顾舫如，以医著名。

顾问一支，明时迁居濮院，原籍及始迁祖均不详。顾问，字去疑，号九霞，桐庠生，平时手不释卷，气姿矫洁，精医，以方书救疗民疾无数。其子顾令侯。

以后又有多支先后迁入濮院。随着时代变迁，1990 年全镇有顾姓 70 人。2010 年濮院镇有顾姓 816 人。

吴氏　最早一支，原籍徽州，明时迁居濮院，始迁祖不详。后裔吴应旻，万历四十三年(1615)进士,任广东清远知县。

一支原籍新安(今安徽歙县),明时迁居濮院,始迁祖不详。后裔吴世恩,字肖仙,为明末画家,善以粗笔写人物,笔笔生动,深得明代江夏画派始祖“江夏小仙”吴伟意。吴宗泰字伯让,顺治六年(1649)编著《槜李稗编》一书,惜其志书今已散佚。吴氏墓地曾在濮院佘家桥南。

吴化龙一支,原籍不详,明时迁居濮院,始迁祖不详。吴化龙,字在田,明末以县吏授福建永春尉,廉洁谨慎,两年后以父忧去任归里,众民感恩捐资以赠,化龙只取三四钱,余捐修大桥,以便行旅,民立“去思碑”于桥下,以志不忘。

吴玉润一支,原籍休宁,清乾隆年间迁居濮院。吴玉润,字方流,经商。其子吴瓖,原名襄,字驾璜,号文溪,性诚笃,孝母,博览经史,乾隆二十四年(1759)举人,二十六年(1761)进士,授内阁中书充武英殿纂修官擢侍读。孙吴陈勳,字树棠,号琴逸,嘉庆二十一年(1816)优贡,二十二年考取八旗教习,后授台州府训导,道光八年(1828)举人。

吴奕然一支,原籍、迁徙时间及始迁祖不详,世居庄泾南岸、长平仓旧址西之吴氏故宅。吴奕然,字绍虞,号葵园,乾隆三十五年(1770)举人,任四川乐至县县令,居官有慈惠声。吴奕然子吴瀛,字芳洲,号青峰,嘉庆六年(1801)拔贡,历权广西象州、思恩、天保、恭城、富川等县,补灌阳知县。吴奕然孙吴桐,字寄庭,自号小仓山居士,诸生,天才俊逸,集唐人句为梅花诗七律一百首,一夕而成。

吴祚长一支,原籍及始迁祖不详。吴祚长专精外科杂症著名。乾隆时,其裔孙吴达,字渭飞,世其祖业,医技尤甚,名重一时。

随着人口流动,1990 年全镇有吴姓 209 人。2010 年濮院镇有吴姓 3251 人,为濮院镇人口第九大姓氏。

李氏　自明始,先后有多支李姓迁居濮院。

李成德一支,明时迁居濮院,原籍和始迁祖不详。崇祯末年灾荒大饥,李成德出粟助赈,被里人称颂,卒后祀忠义祠。其子李尚白,承父志,康熙九年(1670)水灾,慷慨捐赈乡里。其孙李逢年,有声庠序,举乡饮宾。

李懋华一支,原籍、始迁祖及何时迁濮均不详。李懋华,字含白,生平乐善好施,在皂林塘独力造登瀛桥,清康熙间改建长木桥为石桥,在化坛庵西建漱芳园作为李氏祠堂。其长孙李枝升,字嵩亭,号松艇,自署听翁,附贡生,诗人,屡试不中,随肆力于诗文,故诗稿富裕,著有《双江集》《白下集》《霞山集》《容江集》《江汉集》《闲居集》《心稿》等。次孙李枝昌,字介繁,号峩村,乾隆十二年(1747)举人,十三年进士,授朝议大夫,先后知江西饶州府和赣州府,乾隆间归里后重建长木桥和漱芳園,还为《桐乡县志》作序。

李潜一支,原籍嘉兴,初迁梅里,清光绪年间再迁濮院苏家浜。李潜,号子明,志行高洁,性耿介不妄求,见义勇为,倾囊不惜。李潜长子李世楷,号式卿,博览群书,文辞渊雅,光绪十五年(1889)举人,授直隶知县。次子李廷栋,号枚臣,光绪十九年举人。

随着世事变迁，人口流动，1990 年全镇有李姓 217 人。2010 年濮院镇有李姓 8090 人。为濮院镇人口第二大姓氏。

钟氏 最早为钟瀚一支，明时迁居濮院，原籍及始迁祖不详。钟瀚，字望子，明万历初以绅士公举耆宿给官带。瀚子钟概，字巽泉，植品端方，任中书科中书。孙钟焌，号明宇，监生，任广西忠州同知。钟瀚六世孙钟塘，字思明，考授州同知。

钟锜一支，明时迁徙濮院义路街，原籍及始迁祖不详。钟锜，字廷佩，明成化二十年(1484)岁贡，任江宁府崇明主簿。钟锜四世孙钟应宫，字太始，号雅初，庠生，明天启元年(1621)副榜。五世孙钟彝，原名元圭，字紫锡，号彤庵，优贡，清顺治三年(1646)举人，任陕西凤翔府推官。钟超，原名元超，字南溟，号子蜚，顺治五年举人，任濮州知州。六世孙钟鸣盛，字夔园，号定山，康熙三十二年(1693)举人，授广西武宣县知县。

钟廷耀一支，明时迁濮，原籍及始迁祖不详。钟廷耀，字二舍，以掾吏任广东灵山县丞，遇流寇死于钦州旁城岛。廷耀子钟声阆，字青雷，以悲痛其父惨死而终身以诗文伴，作品多沉郁慷慨。

钟光孝一支，原籍、迁濮时间及始迁祖均不详，住濮院南横街。钟光孝子钟梁，字子久，号来霞，桐庠生，渊源家学，乐善尚义，端方自守，好排解邻里纠纷，雍正五年举贤良方正与乡饮宾，著有《来霞集》一卷，墓在濮院秀界曹家园。其子钟元文、钟允文，克承父志。其孙钟玺，字玉阶，监生，少好读书，以疾废举，教子弟严而有方。

钟埈一支，原籍、何时迁濮及始迁祖不详，居濮院雷家潭。钟埈，字侣韩，号瑞麓，清乾隆年间监生，幼年聪慧，年长淳厚，孝友无间，称善士。雷家潭钟氏以孝义称，里中善举，乐施不倦，以诗书启迪后人，为此获得郡守"望重乡闾"匾额和桐乡县令"敦厚可风"匾额褒奖。后裔钟振仁字陈卜，号最愚，清嘉庆年间太学生，与其兄钟振健、钟振德同心同德，乐善好施，岁饥输粟助赈里中，与里人重新联办接婴公所及放生诸善举。钟振富，字方谷，号杏村，候补布政使经历，酷嗜金石，搜罗汉唐以来石刻六百余种，筑小山山房，庭前植梅桂甚盛，春秋佳日，觞咏无虚日。振仁子钟贤庆，字善余，太学生，好善，有父风。振富长子钟锡龄，字行可，号省园，桐邑诸生，善诗吟咏，其遗集曰小山山房存稿。次子钟锡章，字金绶，号云峤，候补刑部司狱。宗祠在长木桥西小桃园。

钟邦基一支，原籍广东中山，清咸丰初年迁居濮院卧龙街(今北横街西段)，始迁祖钟邦基。子钟云清，又名湧潮，一直经营"钟家饭店"，为镇域名店。烈士钟袁平是其孙(详见第二十编第一章革命烈士)。

另有多支多人先后迁徙濮院。随人口流动，1990 年全镇钟姓 35 人。2010 年濮院镇钟姓有 886 人。

郑氏 最早一支原籍余姚，明末迁居梅泾，始迁祖郑光祚，字四维，余姚诸生，自号剥硕山人，善天文，授经讲学，著有《樵夫吟》。郑光祚子郑典字子韶，孝友工诗，著有《庑下吟》《幽湖集》《广陵古迹诗》《友陶居士集》等。三世孙郑世元，字亦亭，号黛参，徙居庄泾。

清雍正元年(1723)举人,生有异质,少年能文,长益精博,诗学少陵,得其神髓,意气豪迈。门人刻印其集为《耕余居士诗》二十四卷。郑世元大弟郑挺,字不群,号秦涛,十岁能属文,十五补博士弟子员,两荐元不售,遂不复试。二弟郑芦村,亦精诗文,仕广宁知县。四世孙、郑世元子郑虎文,字炳也,号诚斋,乾隆七年(1742)进士,授编修,后又徙居嘉兴。郑挺子郑炎,字清渠,号雪杖山人,乾隆初诸生,资性绝人,少即能诗,著有《雪杖山人集》、《赋》一卷、《杂著》一卷,为陈古铭女婿。五世孙郑师尚于嘉庆五年(1800)为父郑炎完成《雪杖山人集》八卷刻本,2000年北京出版社出版《雪杖山人诗集八卷》。

郑邦柱一支,原籍吴江,迁濮时间及始迁祖不详。郑邦柱 乾隆二十七年(1762)举人。

随着世事变迁,人口流动,1990年全镇有郑姓32人。2010年濮院镇有郑姓1083人。

董氏　原籍嘉兴,明时迁居濮院高家桥,始迁祖董子龙(详见第二十一编第二章第一节董氏家谱)。随着世事变迁,人口流动,1990年,濮院镇董姓为33人,2010年为512人。

夏氏　原籍会稽,初迁梧桐太和兜,明时迁居濮院西河坊,始迁祖夏有道。子夏篆,字石书,自幼孝友,弱冠游庠,博览群书,以文章品望著名。夏篆孙夏天祚,字简苍,号席珍,康熙四十一年(1702)武举人,任衢州千总。后裔夏辛铭,清季任直隶知县,濮院商会董事长。民国时任审计院协审官,上海懋业银行秘书长。又创办濮院两等小学(后改名濮院敬业完全小学),编纂《濮院志》。另外有多支夏氏先后迁居濮院(详见第二十一编第二章第二节夏氏)。随着世事变迁,人口流动,1990年全镇有夏姓30人,2010年濮院镇有夏姓1166人。

仲氏　最早迁入濮院的一支仲氏,原籍桐乡千金乡,明末迁居濮院石条街,始迁祖为仲氏七十一、先贤六十四世孙仲应鹤。应鹤,字九霄,曾"割股肉为羹以疗母病"。其子仲弘道,字开一,清顺治五年(1648)拔贡,康熙二年(1663)擢山东峄县知县,康熙十一年曾应邀合修滋阳县志和兖州府志,晚年回故里濮院专心撰述著作,有《拟易广义》、《改庵偶集》(部分存世)、《瓯香集》、《增订史韵》;参与编纂《滋阳县志》《兖州府志》《桐乡县志》等,康熙四十四年,时年八十四岁撰写《重建福寿禅寺碑记》。

另一支原籍江苏吴江盛泽,清康熙时迁居濮院北横街,始迁祖为仲氏七十四、先贤六十七世孙仲湜。仲湜,字葭湄,在濮院经营绸缎生意。湜子仲续枋字巨梁,在濮院创立绸庄,因经营得法,家族财力煊赫。孙仲煌字文耀,与濮氏联姻,家业更加煊赫。仲氏捐白银千余缗,于清乾隆五十九年(1794)在镇西重建迎龙桥,嘉庆六年(1801),重建梧桐、聚凤两桥。此外,嘉庆十八年(1813),重建镇西王母桥。民国时期,该支后裔、著名画家仲光勋,字小梅(某),名噪一时。民国26年(1937),日寇逼近嘉兴,嘉兴县图书馆所藏善本六大箱,藏于北横街仲欣木家,仲家为保存图书殚精竭虑。仲氏后人还热心于濮院的教育事业,除家中办过小学外,还参与办敬业小学、私立梅泾中学等(详见第二十一编第二章第一节仲氏家谱）。中华人民共和国成立后，仲氏后裔散居全国各地及国外。

随着世事变迁，人口流动，1990 年濮院镇仲姓有 33 人，2010 年有 68 人。

钱氏 最早迁入濮院的一支，原籍绍兴，明末清初迁居濮院石条街，始迁祖钱鸣鹤，以经营绸布生意为主。1937 年，日寇入侵，石桥街被毁，其后裔迁徙至柳岸街。

一支祖籍在桐乡钱林，是在乾隆年间迁居濮院庙簰绵羊浜，始迁祖不详。光绪二十二年（1896），其后裔钱瑞生迁入濮院镇西市经商，经营“钱广顺”商号。

一支祖籍桐乡炉头甑山狮子浜，清太平天国时期迁居濮院镇北市，始迁祖钱慎馀。钱慎馀在“施三和”中药店学生意，满师后，自己开创经营“春和堂”中药店。民国时至中华人民共和国成立初，其后裔在镇域经营春和堂、同康、久康三家中药店，资本达镇域中药店一半之多。

随着世事变迁，人口流动，1990 年全镇有钱姓 224 人。2010 年濮院镇有钱姓 1120 人。

陆氏 最早为陆堦一支，明时迁濮，原籍及始迁祖不详。陆堦，字允升，号吉庵，素敦孝友，天性清介，明万历四年（1576）举人，授河南罗山教谕，擢南直隶石隶知县，有惠政，勒耗诸弊，自甘淡泊，民树肖像立碑以颂其德。

陆养正一支，明时迁居濮院，原籍及始迁祖不详。陆养正，字以宁，号泠臣，博学好古，幼入童子试，便令邑令惊异，为生员后，名大振，诗古文词，无不超越时辈，尤善书，弱冠游庠，明末将亡，寄情诗酒，故晚年品节愈高，诗亦愈妙。

陆星聚一支，原籍、迁居时间及始迁祖均不详。陆星聚，性好施，建聚星桥。后裔陆震字雄万，号省堂，乾隆二十七年（1762）举人，考取咸安宫教习，期满以知县分发山东补德平县，生平淡于荣利，居官清廉，在任五年，乞终养归，卒于家。家祠在化坛庵西。

世事变迁，人口流动，1990 年全镇有陆姓 89 人。2010 年濮院镇有陆姓 1407 人。

周氏 最早一支，原籍及始迁祖不详，明时迁居濮院，后裔周之学，字冲宇，镇江府通判，升王府长史不赴。著有《濮川志草》，惜已散佚。

一支原籍杭州，清初迁居濮院，始迁祖周元龙。元龙子周吕桐，字虞封，雍正元年（1723）武举人，任金山卫守备。元龙孙周泰，庠生。

周让之一支，原籍不详，清时迁濮，始迁祖不详。周让之，字项人，号若谷，家贫，弱冠后始发奋自勉，边织边读，乾隆十七年（1752）中举，善书，工隶篆。

周皞一支，原籍、始迁祖不详，清时迁濮。住濮院固安桥西红墙弄。周皞，字旦雯，号绥菴，诸生，举止方正，私淑张杨园学识，以朴实力行为务。喜砚及古铜炉，著有《怀孟草》一卷。周皞子周世尧，字钦表，乾隆二十六年（1761）府学恩贡，禀庭训，务实学，文章言勋，为后学楷模，游其门者甚众。

另外有多支先后迁徙濮院，1990 年全镇有周姓 146 人。改革开放后，人口流动，2010 年濮院镇有周姓 3928 人，为全镇第八人口大姓。

王氏 清初先后有两支迁入濮院。一支原籍闽，始迁祖王明甫，经商致富，以诗书引导后代。其子维新至曾孙均为庠贡生，乐善好施闻名。

一支，原籍安徽休宁，始迁祖王宗仕，字殿卿，初时家贫弃儒业贾，往来于休宁濮川之间，致富后定居濮院南大有桥街，一生敦信重义。其子王应绥，字天章，号莱堂，雍正八年(1730)进士，官刑部主事，曾任乙卯科广东副主考官，得士甚盛。又先后任湖广司员外郎、江南道御史。孙王文选，字仪可，号青远，监生，任刑部司狱。曾孙王士端，字端思，号礼园，乾隆三十九年(1774)优贡，官山东高唐州吏目。曾孙王士竑，字涵之，号梦梨，16岁补博士弟子员，文辞磅礴，不屑拾人牙慧。玄孙王华均亦为秀才。

随着世事变迁，人口流动，1990 年全镇有王姓 328 人。2010 年濮院镇有王姓 8446 人，为全镇第一人口大姓。

金氏　最早一支原籍、迁居时间及始迁祖不详。后裔金梦麒，字宁所，明末时由掾吏任安徽灵璧县丞，崇祯九年，任满将去，值流寇攻城急，邑令遁走，梦麒拒守两月而援兵不至，城溃巷战而亡。次年奉祀名宦，荫一子世袭百户。墓在濮院桐界金家木桥。

一支原籍嘉兴，清时迁居濮院大街，始迁祖金世仪，字叔宜，嘉邑庠生，精医。其子金文在，字南声，以方脉著名。金世仪三世孙金铉，字玉相，继祖业，专精痘科。四世孙金淮，字晓澜，号渔艇，廪监生，继祖业，熟谙掌故，与友同辑《濮川所闻记》，并著《濮川所闻记》续编。

随着世事变迁，人口流动，1990 年全镇有金姓 137 人。2010 年濮院镇有金姓 1570 人。

方氏　一支原籍余姚临山卫，清初迁居濮院，始迁祖方汇征。清时里中业丝绸者总是为价格高低起争执，甚至群起为祸，方汇征排解片言遂冰释前嫌，深为乡里敬服。其曾孙方学沆，字靖公，号茝园，雍正四年(1726)举人，乾隆六年(1741)被选入四川康城为官，十余年后因疾辞归。别墅恂愁居在集秀菴后，并设家祠在官弄口朝阳庙北。方学沆子方石千。

随着世事变迁，人口流动，1990 年全镇有方姓 32 人。2010 年濮院镇有方姓 317 人。

屠氏　一支原籍秀水，清初迁居濮院，始迁祖屠嘉正。嘉正，字时若，号恂斋，初居大街，后迁陆家桥，系明崇祯以廉闻名的新乐县丞屠应韶之曾孙，雍正二年(1724)进士，官刑部员外郎出任广西太平府知府。屠嘉正子屠洪绪，监生。屠嘉正孙屠本仁，乾隆四十五(1780)优贡，任临安训导，乾隆五十四年举人，补丽水教谕，嘉庆四年(1799)修《嘉兴县志》，后又编纂清版《濮院志》，已散佚。

屠亮一支，原籍、迁濮时间及始迁祖均不详。屠亮字载熙，号丹崖，乾隆二十一年(1756)、二十四年(1759)两科副榜，补处州、龙泉教谕。

屠有恒一支，原籍青堆，清时迁居濮院。屠有恒字秉仁，少贫以诚信刻苦成家，里中有义举辄以身率，晚年建祖祠，置祭田，以供祭祀与乡饮。

随着世事变迁，人口流动，1990 年全镇有屠姓 2 人。2010 年濮院镇有屠姓 145 人。

曹氏　曹德望一支，原籍及始迁祖不详，住濮院秀水界。曹德望，字渭公，事母至孝，助弟困乏，卒后祀孝弟祠。曹德望有三子，长子曹士炜，字廷玉，康熙四十一年（1702）举人，任广西思恩府同知。次子曹士勋，字名竹，庠生，以文学著名，尤工填词。三子曹士瑛，字韫山，康熙五十年（1711）贡生，与兄曹士炜同辑有《礼记精义》。曹德望三世孙曹楠，字惺岩，少喜读书，郡诸生，有余资乡邻，修祠宇，为继母请旌建坊，年七十三时，公推举耆士予冠带。四世孙曹焯，字章汉，号雪桥，廪贡，历任余杭、处州训导。五世孙曹晋墀，字飏对，号仪园，诸生。六世孙曹定荪，号芳墅，道光十九年（1839）举人。民国时期，后裔曹任之改营经商，在濮院南市东港厂经营烟、米生意，其子曹培荣继承父业，曹桢祥烟行和恒丰米店成濮院有名商号。家祠在周家场，20世纪50年代被征用，改为濮院镇屠宰场（址在今新南路凯旋路北侧）。

曹锡秬一支，原籍、何时迁濮及始迁祖均不详。曹锡秬，字艺初，笃学敦行，乾隆八年（1743）在镇域创瘗埋暴骨之举，赖以入土者甚众。弟曹瓒，字在中，亦以行善闻名。

曹诚之一支，原籍、何时迁濮及始迁祖均不详。曹诚之，精痘科方书，无不研究，人称“医学书橱”，乾隆时幽湖痘科，曹氏首屈一指。

随着时代变迁，人口流动，1990年全镇有曹姓90人。2010年濮院镇有曹姓894人。

宋氏　宋永龄一支，原籍吴江，清初迁居濮院。宋永龄，字如章，号盛溪，康熙四十七年（1708）岁饥，竭力助赈，乾隆三年（1738）举乡饮宾。裔孙宋贵，字慎诸，号镜楼，乾隆三十年（1765）拔贡，官宁海教谕，补西安训导，著有《镜楼诗存》。

随着世事变迁，人口流动，行政区域合并，1990年全镇有宋姓59人。2010年濮院镇有宋姓920人。

叶氏　叶祥光一支，原籍不详，清初迁濮，始迁祖不详。叶祥光，字吉辉，号韫山，康熙五十二年（1713）举人，任山阴教谕，乾隆九年（1744）福建乡试同考官。其子叶应麟，字庭莱，精书法，香海寺“临水”匾额是其所书，著有《竹渔小草篆隶考》。祥光孙叶家琬，字琛献，号素堂，秉承家学，乾隆四十二年（1777）举人，庚戌科列中正榜，惜得而复失。

世事变迁，人口流动，行政区域合并，1990年全镇有叶姓37人。2010年濮院镇有叶姓701人。

高氏　高志一支，原籍嘉兴，清时迁居濮院。高志本姓叶，字嵩山，雍正元年（1723）恩举人，文思敏捷，读书过目不忘。后裔高亮字既白，号梦花，嘉庆十三年（1808）武举人，曾驻防新塍。家祠在香海寺西弄。

高封翁一支，原籍陡门，同治初年迁居濮院。始迁祖高封翁，字晴皋。高晴皋富而好义，同治十年于黄家湾开设公义当，凡典当物品取息为他当行的6—8折，并诫子孙世守。

高德胜一支，原籍海宁，清同治年间迁居濮院（今新星村）。始迁祖为高德胜（详见第二十一编第二章第一节高氏家谱）。

另有多支先后迁居濮院，随着人口流动变化，行政区域合并，1990年全镇有高姓103人，2010年濮院镇共有高姓1352人。

胡氏　胡琢一支，原籍、迁居时间及始迁祖均不详。胡琢字其章，号珠船，住梅泾，谙习掌故，乾隆三十九年(1774)举人，补温州平阳训导，著有《濮镇纪闻》、《法眼观》及《赘翁笔记》。

世事变迁，先后有胡姓多支迁入濮院，1990 年全镇有胡姓 103 人。随着人口流动增加，行政区域合并，2010 年濮院镇有胡姓 2007 人。

徐氏　徐嘉一支，清时迁居濮院，原籍及始迁祖不详。徐嘉，字端木，性严谨，研究经史，尤工诗，著有《得月楼诗集》，被辑入《濮川诗钞》。徐嘉子徐树璧，号倩亭，善诗文，与陈古铭、沈南谷诸公结玉山草堂菽乳诗会。

徐晞一支，原籍兰溪，先世迁居濮川，迁徙时间及始迁祖不详。后裔徐晞，字若初，一字赤岩，桐邑监生，善诗文，工书法，精篆刻，倜傥有大志，但十试秋闱，不得一第，遂隐于诗酒，晚年迁居郡城南隅，著有《赤岩集》一卷，被辑入《濮川诗钞》。

徐瑞云一支，原籍上虞，迁徙时间及始迁祖不详，住濮院灵宿乡。后裔徐瑞云，字文扬，以孝闻里，嘉庆元年(1796)，二十七岁的瑞云，因父患疽毒濒危，割股以进，救父尽孝。

世事变迁，先后有徐姓多支迁入濮院，1990 年全镇有徐姓 286 人。随着人口流动增加，行政区域合并，2010 年濮院镇有徐姓 3769 人。为全镇第十人口大姓。

凌氏　一支原籍吴兴双林，清乾隆时迁居濮院，始迁祖凌宸世。始祖凌云，号汉章，精针灸，为名御医。清康熙间朝廷设针灸科，访诏凌氏后人凌一凤授太医院判，世袭职吏至宸世父。凌氏以针灸著名，家藏有和硕主亲王题额“世授神术”，里人称为“凌针灸”。子孙传承，延续至今第十六代(详见第二十一编第二章第一节凌氏家谱)。

另有几支凌姓先后又迁入濮院，1990 年全镇有凌姓 18 人。改革开放后，随着人口流动增加，2010 年濮院镇有凌姓 182 人。

章氏　原籍绍兴，清乾隆年间迁居濮院，先后有两支：一支始迁祖章维成。后代定居在大有桥南西市河东西两宅院，称为濮院南章，主要经营烟叶生意，商号“章万顺”为清末民国初期濮院烟叶经销之首。

一支由绍兴迁海宁新昌，嘉庆年间再徙濮院，始迁祖不祥，定居在大有桥北，称为濮院北章，主要经营南北货生意，商号“章隆顺”，鼎盛时期，曾拓展至嘉兴塘湾街开设“泰顺”分号。光绪末年，北章后裔章辅成在北大有桥街重建宅院，该宅 2011 年 1 月被定为浙江省级文物保护单位(详见第二十一编第二章第一节章氏家谱)。

随着人口流动变化，1990 年，濮院镇章姓有 10 人，2010 年有 320 人。

程氏　最早为程士枢一支，原籍、迁濮时间及始迁祖均不详。程士枢，字鼎三，康熙年间岁贡生，任兰溪训导，曾捐资重修翔云观三清阁，家祠在翔云观后。

一支原籍安徽天都，清初迁居濮院，始迁祖程琦，本姓吴，字禹韩，号芳宴，弱冠补桐邑博士弟子员，性嗜洁而志趣高旷，平生刚正不谐俗，书过目成诵，工诗，著有《芳宴集》，陈古铭称为幽湖诗之后劲。与陈古铭、郑耕余为莫逆之交。

一支原籍由城，嘉庆十年(1805)迁居濮院，始迁祖程廷选，字鑑斋，号菊塍，嘉庆十二年举人，任象山教谕。

随着世事变迁，人口流动，1990 年全镇有程姓 18 人，2010 年濮院镇有程姓 796 人。

殳氏　原籍大桥村，清道光年间迁居濮院，始迁祖殳震雷，精伤科，尤以拳术著名，多内功。子孙传承其伤科，为濮院中医伤科世家。殳震雷五世孙殳书铭，字戊，号铭翁，早年尝从福建黄葆钺、嘉兴朱其石游，精篆刻，宗三代古玺，结体雅致灵动、线条劲挺凝重、刀法严谨老到，潘天寿评称其篆刻师古而不泥古，秀丽处显苍劲，流畅处显厚朴，难得静、挺、韵三者兼美，实见功力。

随着人口流动变化，1990 年全镇有殳姓 32 人，2010 年濮院镇有殳姓 329 人。

黄氏　一支原籍萧山，清同治年间迁居濮院龙湾街，始迁祖不详。

一支原籍海宁，清光绪年间迁居濮院仓前街，始迁祖黄敬修。三世孙黄尔田，高级农艺师，潜心研究蚕桑病虫害防治。四世孙黄智权，中共第十五、十六届中央委员，曾任江西省省长，全国人大常委会委员，全国人大环境资源保护委员会副主任委员。

另有多支先后迁居濮院，随着人口流动变化，1990 年全镇有黄姓 102 人，2010 年濮院镇共有黄姓 2953 人。

闵氏　原籍新塍，始迁祖为闵子寿、闵七贤、闵孝风、闵数成四兄弟。闵氏四兄弟于民国 16 年前后迁入濮院，分别在濮院万兴街、集庆街、河下街等四处建房。这几处闵氏房产，均被称为濮院闵家厅。

闵氏二世、闵子寿子闵世祥，育有四男两女，除一子从事建筑设计，余均从事教育事业。后裔大多迁居嘉兴、上海。闵世杰(孝风子)，曾参加抗美援朝，任上海黄浦中心医院院长。闵世型(七贤子)，小名林生，上海教育界爱国人士，很有才华。民国 22 年(1933)浙江大学毕业后成为抗日爱国人士创办的上海中国中学的首批教员兼仪器科主任，编著《初中新化学》上下册，其中增加专章介绍国内矿产资源，以培养学生的民族自豪感；结合时政又增加了防毒气的内容。世型大弟炳生，曾在濮院黄家湾开设泰生当，民国 26 年日寇入侵，濮院沦陷时关闭。世型五弟闵克家，小名卯生，曾任塘濮镇镇长。

闵氏三世孙、世杰子闵志廉，为国务院特殊津贴获得者，中国工程院院士提名人选，曾任原上海二军大长征医院泌尿外科主任医师，国内肾移植著名专家。世型长子闵宗煜，浙江大学毕业，曾任浙江省发展改革委员会铁路办公室及重点办公室副主任。世型四子闵宗延，原浙江医科大学毕业，宁波市第二医院心血管内科主任医师。世型女闵沪，原上海第一医学院毕业，先后任原上海二军大长海医院、原北京军区总医院妇产科主任医师。其夫陈士能，嘉兴籍，曾任贵州省省长、原国家轻工局局长(正部级)。

另外，永越闵家兜组有闵姓集聚，但原籍及始迁祖均不详。1990 年濮院镇闵姓仅 1 人，2010 年为 104 人。

第二节 民 族

濮院镇地处浙江沿海，历来为汉族人口集聚地区，其他民族极少。中华人民共和国成立后，改革开放前，人口流动管理严格，其他民族迁居镇域寥寥。

1982 年，濮院镇除汉族外，只有高山族 1 人。

随着境内羊毛衫产业区域经济的发展，加速了人口流动，大量外地人口涌入。据 1990 年人口普查时统计，境内一镇两乡有满族、回族、苗族、彝族、壮族、土家族、傣族人口共 33 人，余均为汉族。

2000 年人口普查统计资料显示，境内濮院、新生两镇总人口 53678 人，其中汉族 53087 人，少数民族有 17 个 584 人，未能识别的民族 7 人，共 591 人。分别为：濮院镇除汉族外有 16 个民族共 447 人，未能识别的民族有 5 人；新生镇除汉族外有 11 个民族共 137 人，未能识别的民族有 2 人。境内少数民族占总人口 1.09%。

2010 年第六次人口普查统计资料显示，濮院镇总人口 95327 人，其中汉族 92850 人，少数民族有 27 个 2471 人，未能识别的民族 6 人。在 2477 人的少数民族中，男 1237 人，女 1240 人。少数民族占总人口 2.60%，是桐乡市少有的多民族乡镇。

表 3-20　　2000 年濮院镇民族人口统计表

单位：人

民族		汉族	蒙古族	回族	藏族	维吾尔族	苗族	彝族	壮族	布依族	朝鲜族	满族	侗族	瑶族	白族	土家族
濮院镇人数		36943	2	14	0	13	60	13	5	8	3	8	4	2	3	301
其中	男	18506	2	10	0	13	24	5	0	2	2	3	2	0	2	154
	女	18437	0	4	0	0	36	8	5	6	1	5	2	2	1	147
新生镇人数		16144	0	5	5	0	19	0	28	4	1	0	1	1	1	59
其中	男	8182	0	4	3	0	4	0	12	1	0	0	1	1	1	19
	女	7962	0	1	2	0	15	0	16	3	1	0	0	0	0	40
合计		53087	2	19	5	13	79	13	33	12	4	8	5	3	4	360

民族	傣族	黎族	佤族	畲族	水族	景颇族	土族	达斡尔族	仫佬族	撒拉族	毛南族	仡佬族	锡伯族	其他未识别的民族
濮院镇人数	0	8	0	2	0	0	0	0	0	0	0	1	0	5

续表 3－20

民族		傣族	黎族	佤族	畲族	水族	景颇族	土族	达斡尔族	仫佬族	撒拉族	毛南族	仡佬族	锡伯族	其他未识别的民族
其中	男	0	4	0	1	0	0	0	0	0	0	0	0	0	3
	女	0	4	0	1	0	0	0	0	0	0	0	1	0	2
新生镇人数		0	13	0	0	0	0	0	0	0	0	0	0	0	2
其中	男	0	6	0	0	0	0	0	0	0	0	0	0	0	1
	女	0	7	0	0	0	0	0	0	0	0	0	0	0	1
合计		0	21	0	2	0	0	0	0	0	0	0	1	0	7

表 3－21　　2010 年濮院镇民族人口统计表

单位：人

民族		汉族	蒙古族	回族	藏族	维吾尔族	苗族	彝族	壮族	布依族	朝鲜族	满族	侗族	瑶族	白族	土家族
人数		92850	20	37	2	23	565	38	154	61	4	27	71	45	16	1306
其中	男	46271	11	17	1	18	274	14	76	25	0	13	38	27	8	665
	女	46579	9	20	1	5	291	24	78	36	4	14	33	18	8	641

民族		傣族	黎族	佤族	畲族	水族	景颇族	土族	达斡尔族	仫佬族	撒拉族	毛南族	仡佬族	锡伯族	其他未识别的民族
人数		6	30	2	13	3	1	29	1	2	3	2	9	1	6
其中	男	1	19	2	5	0	0	11	1	1	2	1	3	1	3
	女	5	11	0	8	3	1	18	0	1	1	1	6	0	3

第三节　性别和年龄

性别构成

民国时期，境内濮院镇人口的性别比例，男性大于女性。民国 35 年（1946），濮院镇男性 3150 人，占总人口 55％，女性 2578 人，占总人口 45％，男女性别比为 122∶100。统计至民国 38 年（1949 年 10 月 1 日前），濮院镇人口男性均为女性的 1.21—1.22 倍。

中华人民共和国成立后，提倡男女平等，纠正了重男轻女倾向，男女性别比例出现变化。1953年濮院镇男性3751人，占总人口51.7%，女性3503人，占总人口48.3%，性别比为107。从1958年开始，濮院镇人口，男性逐渐少于女性。1990年，男性4049人，占总人口46%，女性4758人，占总人口54%，性别比为85.1。2010年人口资料显示，男性47508人，占总人口49.8%，女性47819人，占总人口50.2%，性别比为99.35。濮院镇女性人口比例上升，变为女多男少。尤其是老年人口，女性人口大于男性人口越来越明显。

年龄结构

民国36年(1947)桐乡年鉴统计，境内一镇两乡(濮院镇、报恩乡、永新乡)总人口为22791人。0—14岁6936人，占总人口的30.43%；15—64岁15008人，占总人口的65.85%；65岁及以上847人，占总人口3.72%。其中，濮院镇人口0—14岁1708人，占27.72%；15—64岁4140人，占67.19%；65岁及以上314人，占5.10%。报恩乡人口0—14岁2246人，占28.22%；15—64岁5425人，占68.15%；65岁及以上289人，占3.63%。新生乡人口0—14岁2982人，占34.40%；15—64岁5443人，占62.79%；65岁及以上244人，占2.81%。

中华人民共和国成立后，随着人民生活水平的不断提高，医疗卫生事业的普及和计划生育工作的深入，濮院镇人口结构相应发生了变化，学龄前儿童占人口的比例有所减少，劳动年龄占总人口的比例则有所增长。老年人口从几次人口普查资料中显示在逐步增多，均已经达到老龄化社会的程度。

表3-22　　民国36年(1947)境内一镇两乡人口年龄统计表

单位：人

年龄组合(岁)	人口数											
	一镇两乡			濮院镇			报恩乡			新生乡		
	合计	男	女	合计	男	女	合计	男	女	合计	男	女
总　计	22791	12470	10321	6162	3370	2792	7960	4381	3579	8669	4719	3950
未满1岁	268	152	116	13	8	5	40	28	12	215	116	99
1—4	1843	1003	840	475	257	218	634	362	272	734	384	350
5	521	301	220	127	65	62	178	112	66	216	124	92
6—9	1704	989	715	413	246	167	564	317	247	727	426	301
10—11	985	575	410	278	167	111	281	162	119	426	246	180
12—14	1615	982	633	402	239	163	549	346	203	664	397	267
15—17	1339	785	554	368	208	160	504	301	203	467	276	191

续表 3－22

年龄组合（岁）	人口数											
	一镇两乡			濮院镇			报恩乡			新生乡		
	合计	男	女	合计	男	女	合计	男	女	合计	男	女
18—19	795	403	392	199	100	99	294	159	135	302	144	158
20—24	1864	1001	863	470	235	235	692	376	316	702	390	312
25—29	1781	949	832	452	244	208	644	351	293	685	354	331
30—34	1611	904	707	403	218	185	562	330	232	646	356	290
35—39	1641	914	727	410	226	184	599	340	259	632	348	284
40—44	1603	862	741	448	235	213	593	314	279	562	313	249
45—49	1580	917	663	447	255	192	555	316	239	578	346	232
50—54	1320	782	538	447	277	170	426	246	180	447	259	188
55—59	859	429	430	276	160	116	340	153	187	243	116	127
60—64	615	269	346	220	110	110	216	91	125	179	68	111
65—69	365	122	243	131	59	72	130	38	92	104	25	79
70 岁以上	482	131	351	183	61	122	159	39	120	140	31	109

表 3－23　濮院镇人口性别比例变化统计表

单位：人、%

年　份	总人数	男　性		女　性		性别比（女＝100）
		人数	占比	人数	占比	
民国 35 年(1946)	5728	3150	55	2578	45	122.19
民国 36 年(1947)	6162	3370	54.7	2792	45.3	120.70
民国 38 年(1949)	7754	4240	54.7	3514	45.3	120.66
1953 年	7254	3751	51.7	3503	48.3	107.08
1958 年	6501	3179	48.9	3322	51.1	95.70
1964 年	5539	2695	48.7	2844	51.3	94.76
1982 年	6308	2975	47.2	3333	52.8	89.26
1990 年	8807	4049	46.0	4758	54.0	85.10
2000 年	37382	18728	50.1	18654	49.9	100.40
2010 年	95327	47508	49.8	47819	50.2	99.35

表 3-24 1986 年境内乡镇年末户数、人口和性别比例统计表

单位:人

乡镇	户数	人口数			
		合计	男	女	性别比(女=100)
濮院镇	2324	7588	3439	4149	82.89
濮院乡	4771	18339	9631	8708	110.06
新生乡	3687	14186	7530	6656	113.13

表 3-25 1964 年、1982 年、1990 年濮院镇人口普查年龄结构统计表

单位:人、%

年份		1964	1982	1990
总人口		5539	6308	8807
学龄前儿童(0—5 岁)	人口	806	391	646
	占总人口比	14.55	6.20	7.34
学龄儿童(6—15 岁)	人口	1557	749	874
	占总人口比	28.11	11.87	9.91
劳动年龄(男 16—59 岁、女 16—54 岁)	人口	2310	4082	5996
	占总人口比	41.7	64.72	68.08
退休年龄(男 60 岁以上、女 55 岁以上)	人口	866	1086	1291
	占总人口比	15.64	17.22	14.66

表 3-26 1964 年濮院镇第二次人口普查年龄与性别统计表

单位:人

年龄组合(岁)	人口数			性别比(女=100)
	合计	男	女	
总计	5539	2695	2844	94.76
0—4	703	353	350	100.86
5—9	768	416	352	118.18
10—14	765	401	364	110.16
15—19	404	223	181	123.20
20—24	218	107	111	96.39
25—29	222	99	123	80.48

续表 3－26

年龄组合（岁）	人口数			性别比（女=100）
	合计	男	女	
30—34	294	124	170	72.94
35—39	315	143	172	83.13
40—44	295	138	157	87.89
45—49	277	132	145	91.03
50—54	280	134	146	91.78
55—59	288	129	159	81.13
60—64	248	116	132	87.87
65—69	204	84	120	70.00
70—74	132	55	77	71.42
75—79	82	33	49	67.34
80—84	26	6	20	30.00
85—89	15	0	15	0
90—94	2	1	1	100
95—99	1	1	0	—

表 3－27　1982 年濮院境内第三次人口普查年龄与性别统计表

单位：人

年龄组合（岁）	濮院镇				濮院公社				新生公社			
	人口数			性别比	人口数			性别比	人口数			性别比
	合计	男	女	（女=100）	合计	男	女	（女=100）	合计	男	女	（女=100）
总计	6308	2975	3333	89.26	19108	9910	9198	107.74	14249	7460	6789	109.88
0—4	401	194	207	93.71	1018	548	470	116.60	880	481	399	120.55
5—9	270	147	123	119.51	1343	715	628	113.85	1032	535	497	107.65
10—14	440	231	209	110.52	2361	1217	1144	106.38	1674	858	816	105.15
15—19	667	301	366	82.24	2530	1276	1254	101.75	2026	1035	991	104.44
20—24	542	230	312	73.71	1685	893	792	112.75	1261	699	562	124.38
25—29	840	363	477	76.00	1890	958	932	102.79	1498	807	691	116.79
30—34	695	313	382	81.24	1489	757	732	103.42	1158	583	575	101.39
35—39	364	210	154	136.36	1207	604	603	100.17	886	427	459	93.03

续表 3－27

年龄组合（岁）	濮院镇				濮院公社				新生公社			
	人口数			性别比（女=100）	人口数			性别比（女=100）	人口数			性别比（女=100）
	合计	男	女		合计	男	女		合计	男	女	
40—44	258	129	129	100.00	889	468	421	111.16	649	351	298	117.79
45—49	264	133	131	101.52	984	557	427	130.44	752	414	338	122.49
50—54	316	135	181	74.58	907	527	380	138.68	687	382	305	125.25
55—59	322	165	157	105.09	842	462	380	121.58	575	320	255	125.49
60—64	285	138	147	93.37	631	337	294	114.63	453	250	203	123.15
65—69	240	119	121	98.34	401	215	186	115.59	296	162	134	120.90
70—74	182	80	102	78.43	314	143	171	83.63	219	87	132	65.91
75—79	135	55	80	68.75	211	67	144	46.53	123	45	78	57.69
80—84	60	22	38	57.89	98	29	69	42.03	68	23	45	51.11
85—89	21	9	12	75.00	26	4	22	18.18	9	1	8	12.50
90—94	6	1	5	20.00	10	1	9	11.11	3	0	3	0
95—99	0	0	0	0	0	0	0	0	0	0	0	0

表 3－28　　1990 年濮院境内第四次人口普查年龄与性别统计表

单位：人

年龄组合（岁）	濮院镇				濮院乡				新生乡			
	人口数			性别比（女=100）	人口数			性别比（女=100）	人口数			性别比（女=100）
	合计	男	女		合计	男	女		合计	男	女	
总计	8807	4049	4758	85.1	18916	9908	9008	109.99	14441	7556	6885	109.75
0—4	576	299	277	107.94	1390	748	642	116.51	1231	613	618	99.19
5—9	432	217	215	100.93	861	420	441	95.24	767	425	342	124.27
10—14	400	196	204	96.08	1298	686	612	112.09	828	431	397	108.56
15—19	979	381	598	63.71	1525	819	706	116.01	1107	607	500	121.4
20—24	1055	352	703	50.07	2358	1228	1130	108.67	1677	835	842	99.17
25—29	1025	425	600	70.83	2075	1108	967	114.58	1665	867	798	108.65
30—34	677	333	344	96.8	1613	857	756	113.36	1258	737	521	141.46
35—39	900	429	471	91.08	1626	883	743	118.84	1330	691	639	108.14

续表 3－28

年龄组合（岁）	濮院镇				濮院乡				新生乡			
	人口数			性别比（女＝100）	人口数			性别比（女＝100）	人口数			性别比（女＝100）
	合计	男	女		合计	男	女		合计	男	女	
40—44	624	361	263	137.26	1372	669	703	95.16	1004	510	494	103.24
45—49	378	196	182	107.67	947	498	449	110.91	702	353	349	101.15
50—54	291	163	128	127.34	860	453	407	111.3	667	368	299	123.08
55—59	350	174	176	98.86	832	480	352	136.36	647	347	300	115.67
60—64	348	172	176	97.73	754	407	347	117.29	596	326	270	120.74
65—69	310	164	146	112.33	659	336	323	104.02	431	218	213	102.35
70—74	208	92	116	79.31	352	173	179	96.65	269	129	140	92.14
75—79	137	61	76	80.26	227	103	124	83.06	150	69	81	85.19
80—84	78	21	57	36.84	105	24	81	29.63	76	21	55	33.18
85—89	34	12	22	54.55	53	16	37	43.24	29	9	20	45
90—94	4	1	3	33.33	9	0	9	0	7	0	7	0
95—99	1	—	1	0	0	0	0	0	0	0	0	0

表 3－29　　2000 年濮院境内第五次人口普查年龄与性别统计表

单位：人

年龄组合（岁）	濮院镇				新生镇			
	人口数			性别比（女＝100）	人口数			性别比（女＝100）
	合计	男	女		合计	男	女	
总　计	37382	18728	18654	100.40	16296	8240	8056	102.28
0—4	1872	967	905	106.85	932	470	462	101.73
5—9	2033	1023	1010	101.29	1047	535	512	104.49
10—14	2105	1119	986	113.49	1204	601	603	99.67
15—19	2085	894	1191	75.06	735	378	357	105.88
20—24	2566	1167	1399	83.42	885	424	461	91.97
25—29	3901	1879	2022	92.93	1504	720	784	91.84
30—34	5131	2532	2599	97.42	1943	931	1012	92.00
35—39	4804	2319	2185	106.13	1742	892	850	104.94

续表 3－29

年龄组合（岁）	濮院镇				新生镇			
	人口数			性别比（女＝100）	人口数			性别比（女＝100）
	合计	男	女		合计	男	女	
40—44	2972	1597	1375	116.15	1210	701	509	137.72
45—49	2965	1597	1368	116.74	1365	715	650	110.00
50—54	2095	1105	990	111.62	986	498	488	102.05
55—59	1344	705	639	110.33	685	346	339	102.06
60—64	1044	551	493	111.76	558	317	271	116.97
65—69	1005	523	482	108.51	553	291	262	111.07
70—74	800	376	424	88.68	473	235	238	98.74
75—79	555	234	321	72.90	274	124	150	82.67
80—84	261	103	158	65.19	124	50	74	67.57
85—89	102	31	71	43.66	33	11	22	50.00
90—94	33	4	29	13.79	10	1	9	11.11
95—99	9	2	7	28.57	3	0	3	0

表 3－30 2010 年濮院镇第六次人口普查年龄与性别统计表

单位：人

年龄组合（岁）	人口数			性别比（女＝100）
	合计	男	女	
总计	95327	47508	47819	99.35
0	993	520	473	109.94
1—4	3484	1848	1636	112.96
5—9	4207	2224	1983	112.15
10—14	4155	2197	1958	112.21
15—19	6316	2866	3450	83.07
20—24	10233	4732	5501	86.02
25—29	9244	4466	4778	93.47
30—34	9470	4794	4676	102.52
35—39	11015	5544	5471	101.33

续表 3-30

年龄组合（岁）	人口数			性别比（女=100）
	合计	男	女	
40—44	10572	5239	5333	98.24
45—49	7813	3974	3839	103.52
50—54	4519	2485	2034	122.17
55—59	4427	2324	2103	110.51
60—64	3134	1579	1555	101.54
65—69	1971	988	983	100.51
70—74	1440	743	697	106.60
75—79	1202	558	644	86.65
80—84	725	300	425	70.59
85—89	311	100	211	47.39
90—94	83	24	59	40.68
95—99	13	3	10	30.00

第四节　文化程度　职业

文化程度构成

民国35年(1946)桐乡县政府年鉴载:濮院受高等教育者24人,受中等教育者192人,受初等教育者1653人,受私塾教育者645人,文盲、半文盲3053人。

中华人民共和国成立后,濮院镇1964年第二次人口普查统计:受大专及以上教育者27人,占总人口0.49%;受中等教育者738人,占总人口13.32%;受初等教育者2152人,占总人口18.67%;文盲、半文盲3740人,占领总人口67.52%。1990年人口普查统计:全镇受大学专科以上教育者131人,受中等教育者4234人,受初等教育者2705人,文盲、半文盲者1647人;文盲、半文盲占总人口18.70%。1990年文盲、半文盲比1946年减少1388人。1992年6月,濮院乡并入濮院镇,2000年人口普查统计,濮院镇受大专以上教育者有367人,占总人口的1.05%,其中大学本科学历85人,大专学历282人。2010年人口普查统计,濮院镇大专及以上学历2160人,占总人口的2.27%,其中研究生学历19人,本科学历556人,大专学历1585人;文盲、半文盲共4315人,占总人口4.53%。受大专以上教育者占总人口比例是1964年的4.63倍,文盲、半文盲占总人口比例,比1964年降低了63个百分点。

表 3－31　　第 2—6 次人口普查濮院镇人口文化构成统计表

单位：人、%

年度	总人口	大专及以上		高中及中专		初中		小学		文盲、半文盲	
		人数	占总人口比	人数	占总人口比	人数	占总人口比	人数	占总人口比	人数	占总人口比
1964	5539	27	0.49	156	2.82	582	10.51	1034	18.67	3740	67.52
1982	6308	72	1.14	710	11.26	2031	32.20	2152	34.12	1343	21.29
1990	8807	131	1.49	1401	15.91	2833	32.17	2705	31.74	1647	18.70
2000	37382	367	1.05	3471	9.29	12773	36.45	14693	41.92	1851	5.28
2010	95327	2160	2.27	7304	7.66	50255	52.72	25068	26.30	4315	4.53

说明：1. 2000 年数据濮院乡已并入濮院镇，2010 年数据新生镇已并入濮院镇；
2. 2000 年、2010 年文盲数是指大于 16 岁以上人口中的人数，与前三次统计不同

行业、职业

南宋景定（1260—1264）以后，濮氏子孙树桑蚕织日盛，镇域住民争相仿效，濮院丝绸业不断发达，濮绸闻名天下。元明清以来，濮院的机户散布于镇域至濮家塘（流经濮院的一段运河）一带，镇域人口以养蚕、缫丝、织绸为主，“业机工者以千计”（《濮川志略》）。元代，濮鑑开设“四大牙行”，汇集了各地的丝绸商人，交易日盛，因此商贸发达，商贸从业人员也占有相当比例。其他行业则大都以外来人口为主，据清乾隆年间杨树本《濮院琐志》记载：“典当司柜多徽州人，成衣木局多宁波人，镊工半句容人，染坊银匠多绍兴人，漆工多江西人。”

民国时期随着丝绸行业的日趋萧条、破产，大多数劳动力失业。民国 35 年（1946），境内人口农村户数为 3091 户，占 69.43%。民国 36 年（1947）境内人口总数 19800 人，其中农村人口数为 13672 人，占 69.05%，境内人口的大多数以务农为主。

中华人民共和国成立后，境内除城镇居民外，居住乡村的人群仍以务农为主。20 世纪 70 年代社队乡村企业兴起，部分农业人口转移至工矿企业。80 年代以后，随着濮院羊毛衫经济快速发展，大批农业人口转向织造业、商业、社会服务业等其他行业，人口职业构成发生显著变化。据 2000 年桐乡市第五次人口普查资料显示，镇域就业人口中的男女比例（100 人为基数）为 53：47，二、三产业就业人数占就业总人口的 80.80%。

濮院镇农村实用人才培训班

2010 年第六次全国人口普查资料显

示，镇域就业人口中的男女比例（100 人为基数）为 51∶49，二、三产业就业人数占就业总人口的 94.85％。农村劳动力中只有 14.95％仍在从事农业。

表 3－32　2000 年、2010 年濮院镇人口普查行业大类就业人口统计表

单位：人

行业大类	2000年						2010年		
	濮院镇			新生镇			合计	其中	
	合计	其中		合计	其中			男	女
		男	女		男	女			
总人数	2452	1293	1159	1090	575	515	7803	3993	3810
农林牧渔业	471	243	228	372	178	194	402	213	189
制造业	1000	464	536	503	233	270	5059	2456	2603
电力煤气及水的生产和供应业	5	5	0	5	5	0	33	28	5
建筑业	61	59	2	84	82	2	280	266	14
科研、技术服务、地质勘查业、水利和公共设施管理业	1	1	0	1	1	0	16	13	3
交通运输、仓储及邮电通信业	53	49	4	19	17	2	172	138	34
信息传递、计算机服务和软件行业	—	—	—	—	—	—	13	8	5
批发和零售贸易、住宿和餐饮业	685	342	316	60	35	25	1335	582	753
金融业	8	4	4	3	2	1	8	6	2
房地产业	2	1	1	0	0	0	66	33	33
租赁和商业服务业	—	—	—	—	—	—	93	65	28
社会服务业	115	76	39	8	7	1	125	86	39
卫生、体育和社会福利业	11	9	2	8	5	3	31	10	21
教育、文化艺术及广播电影电视业	42	23	19	18	5	13	105	38	67
国家机关、政党机关和社会团体	25	17	8	8	5	3	65	51	14

表 3－33　2000 年、2010 年濮院镇人口普查职业大类人口统计表

单位：人

职业大类	2000年						2010年		
	濮院镇			新生镇			合计	其中	
	合计	其中		合计	其中			男	女
		男	女		男	女			
总人数	2452	1293	1159	1090	575	515	7803	3993	3810

续表 3－33

职业大类	2000年						2010年		
	濮院镇			新生镇			合计	其中	
	合计	其中		合计	其中			男	女
		男	女		男	女			
国家机关、党群组织、企业、事业单位负责人	43	35	8	18	16	2	385	273	112
专业技术人员	92	45	47	38	16	22	212	111	101
办事人员和有关人员	43	36	7	7	5	2	301	223	78
商业、服务人员	812	444	368	99	57	42	1686	753	933
农林牧渔水利生产人员	470	242	228	368	175	193	401	212	189
生产、运输设备操作人员及有关人员	992	491	501	560	306	254	4818	2421	2397

表 3－34　　2000 年、2010 年濮院镇未工作人员统计表

单位：人

分类	2000年						2010年		
	镇			新生镇			合计	其中	
	合计	其中		合计	其中			男	女
		男	女		男	女			
总人数	629	241	388	215	85	130	835	324	511
在校学生	101	46	55	27	17	10	94	42	52
料理家务	257	58	199	127	31	96	353	89	264
离退休	128	58	70	9	8	1	194	94	100
丧失工作能力	59	32	27	39	21	18	174	85	89
从未工作正在找工作	23	12	11	5	3	2	1	0	1
失去工作正在找工作	37	20	17	7	4	3	12	9	3
其他	24	15	9	1	1	0	7	5	2

表 3－35　　2002 年濮院镇农村劳动力构成统计表

单位：人

农林牧渔业					工业	建筑业	运输、仓储业及邮电通信业	批零贸易和餐饮业	其他非农行业	外来人口中劳动力人数
小计	农业	林业	牧业	渔业						
5139	2671	3	2211	254	11252	752	542	1009	294	20

表 3－36　　2008 年濮院镇农村劳动力构成统计表

单位：人

农林牧渔业					工业	建筑业	运输、仓储业及邮电通信业	批零贸易和餐饮业	其他非农行业	外来人口中劳动力人数
小计	农业	林业	牧业	渔业						
3538	2174	81	1211	72	14340	1108	689	1984	824	8982

表 3－37　　2009 年濮院镇农村劳动力分布统计表

单位：人

村	合计	性别		行业部门							
		男	女	农业	工业	建筑业	交通运输业	信息传输计算机服务和软件业	批零贸易餐饮	食宿餐饮	其他
合　计	22429	11565	10914	3469	14235	1180	513	228	1229	890	778
新河村	2540	1291	1249	231	2076	50	30	15	95	23	20
永联村	1511	845	666	139	1070	52	28	0	79	48	95
永越村	2519	1211	1308	231	1406	19	30	115	27	611	80
永乐村	1703	932	771	135	1035	126	15	5	320	13	54
新濮村	1810	893	917	207	1083	130	51	25	245	48	21
新星村	2438	1257	1181	205	1795	108	76	21	167	38	28
新东村	1183	572	611	182	743	66	41	0	47	21	83
红旗漾村	1100	598	502	188	760	45	45	1	30	7	24
新妙智村	1185	603	582	225	733	50	69	3	40	15	50
油车桥村	908	450	458	354	386	120	20	0	18	10	0
新联村	1558	780	778	435	862	100	37	40	68	12	47
新港村	1745	880	865	232	1025	160	37	0	57	15	219
星旗村	1097	633	464	311	658	39	13	0	12	17	47
西浜村	1182	620	562	394	603	115	21	3	24	12	10

表 3－38　　2010 年濮院镇农村劳动力分布统计表

单位：人

村	合计	性别		行业部门							
		男	女	农业	工业	建筑业	交通运输业	信息传输计算机服务和软件业	批零贸易餐饮	食宿餐饮	其他
合　计	22429	11627	10802	3354	14447	1194	524	259	1195	873	661

续表 3-38

村	合计	性别		行业部门							
		男	女	农业	工业	建筑业	交通运输业	信息传输计算机服务和软件业	批零贸易餐饮	食宿餐饮	其他
新河村	2380	1280	1100	179	1980	52	40	19	69	20	21
永联村	1513	848	665	140	1075	55	26	—	75	43	93
永越村	2613	1266	1347	234	1501	20	30	120	28	615	65
永乐村	1734	953	781	132	1132	132	25	7	280	18	8
新濮村	1813	895	918	199	1112	135	48	35	248	18	18
新星村	2451	1263	1188	193	1805	110	75	21	181	38	28
新东村	1139	567	572	159	763	66	43	—	51	21	36
红旗漾村	1100	595	505	182	750	48	46	3	36	10	25
新妙智村	1183	600	583	220	742	53	70	4	38	14	42
油车桥村	915	455	460	346	413	115	18	—	18	5	—
新联村	1554	777	777	445	870	101	36	42	70	14	46
新港村	1749	883	866	232	1029	160	37	—	57	15	219
星旗村	1081	628	453	309	650	39	12	—	12	17	42
西浜村	1204	617	587	384	625	108	18	8	32	19	18

第五节　家庭　婚姻

家庭

民国36年(1947),境内一镇两乡(濮院镇、报恩乡、永新乡)共5199户、19800人,平均每户家庭3.81人。民国37年(1948),5451户、22343人,平均每户家庭4.10人。

中华人民共和国成立初,提倡多生多育,家庭平均人口增加较快。尤其是少数多子女家庭,人口达10人左右,1958年境内濮院镇每户平均达到4.17人。1964年人口普查境内一镇两公社共7651户,平均每户4.13人。1971年开始全面开展计划生育,1978年后成为国家的一项基本国策,实施计生政策后,境内的家庭人口逐渐减少。1982年人口普查统计,境内9583户,平均

濮院农村敬老爱幼乐融融

每户 4.14 人。其中，濮院镇平均每户 3.16 人，濮院公社平均每户 4.4 人，新生公社平均每户 4.39 人，镇区比农村家庭人口减少明显。1990 年人口普查，境内 11419 户，平均每户 3.69 人，其中濮院镇家庭户平均每户人口降至 2.70 人。具体为南市街 2.82 人，南杏街 2.68 人，大众街 2.53 人，北市街 2.82 人，西南街 2.58 人，鸣凤街 2.76 人，有义街 2.51 人，蔬菜队 3.54 人。两乡平均每户 3.87 人，农村家庭平均人口高于城镇。2000 年人口普查，境内共 17034 户，平均每户 3.15 人。2010 年第六次人口普查，境内共 33181 户，平均每户 2.87 人。

濮院镇 2000 年和 2010 年人口普查资料显示，家庭以一、二代同堂居多。2010 年有 60 岁及以上老人的家庭户共有 6543 户，其中有一个老年人的家庭户 4402 户，有两个老年人的家庭户 2064 户；只有一对老人户有 767 户，单身老人户有 1043 户。2010 年有两个民族的家庭户 433 户，占总户数 1.49%；三个民族的家庭户 5 户。

表 3－39　　　2000—2010 年濮院镇家庭代户统计表

单位：户、%

年份	镇别	家庭户户数	一代户		二代户		三代户		四代户		五代及以上户	
			户数	占比	户数	占比	户数	占比	户数	占比	户数	占比
2000 年	合计	16450	5573	33.88	6447	39.19	4092	24.88	338	2.05	0	0
	濮院镇	11817	4506	38.13	4504	38.11	2595	21.96	212	1.79	0	0
	新生镇	4633	1067	23.03	1943	41.94	1497	32.31	126	2.72	0	0
2010 年	濮院镇	29748	14515	48.79	10002	33.62	4834	16.25	396	1.33	1	0.003

注：不包含集体户。

表 3－40　　　2010 年濮院镇一人家庭户统计表

单位：人

总计			14 岁以下			15—59 岁			60 岁以上		
合计	男	女	小计	男	女	小计	男	女	小计	男	女
5255	3056	2199	244	124	120	3968	2449	1519	1043	483	560

表 3－41　　　2010 年濮院镇有老年人的家庭户统计表

单位：户

年龄别	合计	有一个老年人户				有二个老年人户				有三个老年人户
		小计	单身老人户	一个老年人与未成年人的亲属户	其他	小计	只有一对老夫妇户	一对老夫妇和未成年人的亲属户	其他	
60 岁及以上	6543	4402	1043	17	3342	2064	767	31	1266	77
65 岁及以上	4599	3536	782	9	2745	1044	431	8	605	19

表 3-42 **2010 年濮院镇民族混合家庭户统计表**

单位：户、%

家庭户	单一民族户		二个民族户		三个民族户	
户数	户数	占总家庭户比	户数	占总家庭户比	户数	占总家庭户比
29748	29300	98.49	433	1.49	5	0.02

婚姻

境内自古以来，婚姻大多由父母作主，存在早婚和一夫多妻等现象。民国以后效仿西方国家，倡导婚姻自由，推行一夫一妻制，结婚年龄有所推迟。

中华人民共和国成立后，1950 年 5 月 1 日颁布《中华人民共和国婚姻法》，废除封建婚姻制度，实行男女平等，婚姻自由，规定男满 20 周岁，女满 18 周岁，双方自愿，符合法律规定，准予登记结婚。中华人民共和国成立初期，境内居民，特别是农村地区包办、买卖婚姻等现象依然存在，履行结婚登记手续的青年不多。随着婚姻法宣传的深入，这一状况逐渐得到改变。

1980 年 9 月颁布新《中华人民共和国婚姻法》，法定年龄改为男 22 周岁，女 20 周岁，同时实行计划生育，鼓励晚婚晚育。办理婚姻登记，一般希望男女双方达到晚婚年龄，即比法定年龄推迟 3 年以上。

2001 年 4 月，国家对婚姻法进行修订，对重婚、家庭暴力、事实婚姻等问题作相关解释和规定。2000 年以来，离婚、再婚人数呈加速上升趋势。2000 年第五次人口普查资料统计，境内濮院、新生两镇 15 岁及以上人口 4386 人，未婚 577 人，占 13.16%；已婚 3809 人，占 86.84%，其中初婚有配偶 3450 人，再婚有配偶 91 人，丧偶 222 人；离婚 46 人，占 10.49‰。2010 年第六次人口普查资料显示，濮院镇 15 岁及以上人口 8870 人，未婚 1582 人，占 17.84%；已婚 7288 人，占 82.16%，其中有配偶 6903 人，丧偶 301 人；离婚 84 人，占 9.47‰。

表 3-43 **2000 年、2010 年濮院镇 15 岁及以上人口性别、婚姻状况统计表**

单位：人

年份	15 岁及以上人口			未婚			有配偶			丧偶			离婚		
	小计	男	女	小计	男	女	小计	男	女	小计	男	女	小计	男	女
2000	4386	2194	2192	577	336	241	3541	1768	1773	222	61	161	46	29	17
2010	8870	4424	4446	1582	846	736	6903	3451	3452	301	81	220	84	46	38

第三章　计划生育

第一节　晚婚与节育

旧时，农耕文明形成的“重男轻女”“传宗接代”“养儿防老”“多子多福”等观念，支配着人们的生育行为，境内生育无节制，早生、多生是普遍现象。中华人民共和国成立初期，政府鼓励多生，号召妇女争当“光荣妈妈”，境内人口增长较快。

1962年，中共中央、国务院发出《关于认真提倡计划生育的指示》，开始提倡计划生育。濮院镇政府积极配合上级政府，开展政策宣传等活动。

1972年，濮院镇计划生育领导小组成立，由镇长担任组长，下设办公室，配备专职干部一名。各基层单位均有一名领导分管计划生育工作。

1980年，中华人民共和国婚姻法规定：结婚年龄，男不得早于22周岁，女不得早于20周岁。晚婚晚育应予鼓励。濮院镇提倡晚婚年龄为男满25周岁，女满23周岁。对男方已满30周岁，女方已达法定结婚年龄但未达晚婚年龄者，则可照顾，予以登记结婚。还提倡一对夫妻只生一个孩子。符合条件的，由镇政府发给一孩父母光荣证，可享受每年不低于50元的独生子女保健费。保健费由夫妇双方所在单位各发50%，待业人员由镇政府发给。

1985年2月，浙江省第六届人民代表大会常务委员会第十一次会议通过《浙江省计划生育条例》。濮院镇据此制定相应的奖惩措施。奖励方面：晚婚的干部、职工双方，增加婚假12天；分配住房时，在同等条件下对晚婚、晚育者给予优先照顾；对只生一个孩子的母亲，有条件的单位经主管部门批准后，可给母亲一年产假，产假期间工资照发。

1989年3月，全镇实行镇、厂（社）二级计划生育目标管理责任制。由镇长与各单位法人代表（厂长、经理）签订责任书。责任书明确职责，做到奖惩分明，并列入双方奖惩考核评分之内。

1990年1月，省七届人大常委会颁布新的《浙江省计划生育条例》。5月，县人民政府下发《关于贯彻〈浙江省计划生育条例〉的补充规定》，稳定现行生育政策不变，同时加大计划外生育二胎及多胎的控制力度。镇域各单位积极贯彻上级政府的计生政策。

1997年4月，市府办转发计生委、公安局、工商局等九个部门《关于桐乡市流动人口计划生育管理职责分工意见的通知》，加强对流动人口的计划生育管理工作。濮院镇外来人口管理中心，开始将流动人口中的育龄妇女纳入计划生育管理范围。2010 年 9 月，境内登记在册的流动人口中有已婚育龄妇女 30477 人，新居民事务所查验婚育证明 6148 份，年底发出限期补办通知书 860 份。

表 3－44　　1980—1990 年濮院镇计划生育统计表（一）

年份	结婚登记			独生子女领证			节育		
	结婚人数	晚婚人数	晚婚率（%）	已生一孩育龄妇女人数	领证人数	领证率（%）	应落实节育人数	已采取节育人数	节育率（%）
1980	113	111	98.23	446	397	85.19	893	804	90.03
1981	105	77	73.30	509	449	88.21	792	783	98.90
1982	134	91	67.91	566	539	95.23	1017	1010	99.31
1983	54	52	96.30	656	644	98.17	901	901	100.00
1984	45	34	75.56	686	677	98.69	—	956	83.17
1985	99	64	64.65	686	677	98.69	—	956	83.71
1986	126	69	54.36	881	867	99.32	—	1295	84.42
1987	99	79	80.00	1026	1017	99.12	—	1337	79.68
1988	61	56	91.80	1115	1104	99.01	—	1465	85.22
1989	50	47	92.16	1190	1180	99.16	—	1838	85.25
1990	64	58	90.63	1229	1222	99.43	—	1796	92.72

表 3－45　　1980—1990 年濮院镇计划生育统计表（二）

年份	年末总人口（人）	出生人数			死亡情况		出生率（‰）	自然增长率（‰）
		合计	其中		死亡人数	死亡率（‰）		
			一胎	二胎				
1980	5840	117	109	8	56	9.41	19.65	10.24
1981	6065	94	92	2	70	11.46	15.38	3.92
1982	6255	118	115	3	44	7.00	18.76	11.76
1983	6269	105	105	0	53	8.46	16.77	8.31
1984	6255	80	80	0	43	6.87	12.79	5.92

续表 3-45

年份	年末总人口（人）	出生人数			死亡情况		出生率（‰）	自然增长率（‰）
		合计	其中		死亡人数	死亡率（‰）		
			一胎	二胎				
1985	7648	88	87	1	69	9.94	12.67	2.73
1986	7618	105	103	2	58	7.61	13.78	6.71
1987	7694	127	123	4	62	8.06	16.51	8.45
1988	7888	128	123	5	46	5.91	16.43	10.53
1989	7940	113	109	4	71	8.97	14.28	5.31
1990	7953	80	75	5	52	6.65	10.09	3.58

表 3-46　　2005—2010 年濮院镇计划生育统计表(一)

年度	人口自然变动										怀孕及初婚					
	期初总人数	期末总人数	出生人数			计划生育率（%）	出生率（‰）	死亡人数	死亡率（‰）	自然增长率（‰）	怀孕预计下一年出生人数			女性初婚		
			合计	一孩	二孩及多孩						合计	一孩	二孩	人数	满 23 岁以上人数	晚婚率（%）
2005	43871	43917	337	251	86	98.82	7.7	291	6.63	1.07	136	99	37	186	87	46.77
2006	43917	43943	301	230	71	98.01	6.85	288	6.56	0.3	116	81	35	216	108	50
2007	43943	43927	272	195	77	97.06	6.19	290	6.6	-0.41	118	79	39	192	92	47.92
2008	46026	46029	308	211	96	96.43	6.69	355	7.71	-1.02	152	99	53	252	115	45.63
2009	46029	46200	345	235	110	97.39	7.48	309	6.7	0.78	173	113	60	300	105	35
2010	46200	46669	425	282	143	97.18	9.15	328	7.06	2.09	149	114	35	276	135	48.91

表 3-47　　2005—2010 年濮院镇计划生育统计表(二)

年度	节育及领一孩父母光荣证								
	育龄妇女人数	已婚育龄妇女					节育人数	节育率（%）	长效节育率（%）
		人数	其中:已有一孩妇女						
			人数	一孩率（%）	有效领证人数	领证率（%）			
2005	12351	10601	7372	69.54	5721	53.97	9727	91.76	73.47

续表 3－47

<table>
<tr><td rowspan="4">年度</td><td colspan="9">节育及领一孩父母光荣证</td></tr>
<tr><td rowspan="3">育龄妇女人数</td><td colspan="5">已婚育龄妇女</td><td rowspan="3">节育人数</td><td rowspan="3">节育率（%）</td><td rowspan="3">长效节育率（%）</td></tr>
<tr><td rowspan="2">人数</td><td colspan="4">其中:已有一孩妇女</td></tr>
<tr><td>人数</td><td>一孩率（%）</td><td>有效领证人数</td><td>领证率（%）</td></tr>
<tr><td>2006</td><td>12286</td><td>10396</td><td>7344</td><td>70.64</td><td>5772</td><td>55.52</td><td>9521</td><td>91.58</td><td>77.79</td></tr>
<tr><td>2007</td><td>12273</td><td>10238</td><td>7314</td><td>71.44</td><td>5890</td><td>57.53</td><td>9309</td><td>90.93</td><td>78.04</td></tr>
<tr><td>2008</td><td>12875</td><td>10631</td><td>7572</td><td>71.23</td><td>6047</td><td>56.88</td><td>9532</td><td>89.66</td><td>76.15</td></tr>
<tr><td>2009</td><td>12908</td><td>10594</td><td>7500</td><td>70.79</td><td>5963</td><td>56.29</td><td>9353</td><td>88.29</td><td>74.39</td></tr>
<tr><td>2010</td><td>13035</td><td>10613</td><td>7453</td><td>70.23</td><td>5889</td><td>55.49</td><td>9398</td><td>88.55</td><td>72.6</td></tr>
</table>

第二节 优生优育

镇域的优生优育工作，主要体现在推进儿童和妇女保健事业的发展方面。1985 年，镇卫生院开设儿童健康体检门诊，开始为公共卫生辖区内儿童建健康卡，设立儿童保健系统。1988 年 8 月，镇卫生院配合县卫生局、教育局、妇联、总工会，为入幼入托幼童提供健康凭证。1993 年 1 月，卫生院参与中美预防神经管畸形合作项目实施。同年 6 月，濮院镇实施《浙江省托儿所、幼儿园卫生保健工作管理办法》。2003 年 2 月实施《桐乡市儿童先天性心脏病监测实施方案》，并落实卫生部、中国残联《中国提高出生人口素质、减少出生缺陷和残疾行动计划(2002—2010)》。2007 年，镇社区卫生服务中心进一步规范儿保工作，对辖区内婴儿实行 42 天建册及系统管理体检。

妇女保健工作起步于 20 世纪 50 年代，政府提倡新法接生，将农村“守生婆”培训为接生员。成立 4 个“农村产院”，开展新法接生，产妇和新生儿死亡率大大下降。1960 年，首次开展妇女病检查，推行“四期”(经期、孕期、产期、哺乳期)卫生和劳动保护。1980 年 5 月，卫生院开始对辖区内孕产妇开展系统管理，实行早孕建卡保健、孕期定期检查。1992 年，濮院镇开始根据《浙江省优生保健条例》开展婚前医学检

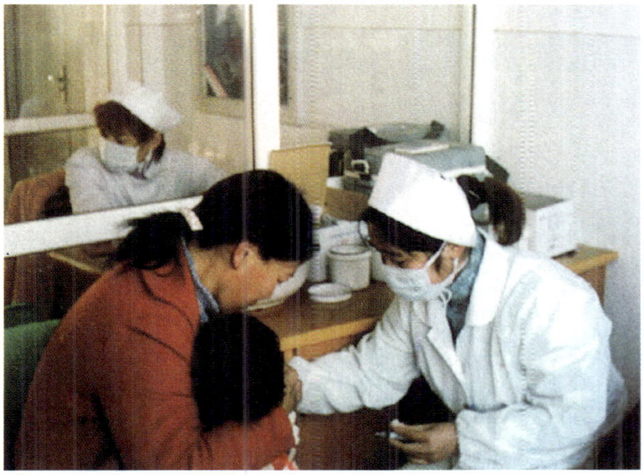

社区卫生服务中心开展预防接种工作

查。2005年,濮院镇开展外来流动孕产妇围产期保健,建立保健册、相关信息输入市保健管理网,当年建册的外来流动孕产妇就有350人。同年4月,在桐乡市计生局、卫生局的组织下,濮院镇对域内70岁以下妇女13000人,分3年分批进行生殖健康检查。

表3-48　　2003—2007年濮院镇中心卫生院儿童保健统计表

年份	0—7岁儿童人数	0—7岁实际受检儿童人数		0—3岁儿童人数	系统管理	
		受检数	占比(%)		人数	占比(%)
2003	3070	2903	94.5	1145	1076	94
2004	2942	2700	94.9	1132	1065	94
2005	3405	3242	95.0	1083	1026	95
2006	3456	3327	96.3	969	936	96.6
2007	4499	4365	97.0	821	797	97.1

表3-49　　2005—2010年濮院镇流动人口计划生育统计表

单位:人

年度	外来流动人口计划生育					外出流动人口计划生育				
	外来育龄人数			查验婚育证明数		外出育龄人数			发证数	信息联系落实情况
	合计	育龄妇女		小计	持证数	合计	育龄妇女			
		小计	其中:已婚				小计	其中:已婚		
2005	83182	45750	34312	41175	2946	175	154	127	154	154
2006	98464	50217	37663	45195	3878	183	162	133	162	162
2007	108440	32530	24396	30903	3978	178	160	132	160	160
2008	89472	—	30197	—	—	192	192	161	122	122
2009	97360	46733	28974	4051	3005	141	111	74	44	141
2010	98676	47403	30477	5428	5031	151	119	91	20	151

濮院镇的计生工作,1983年、1984年连续两年受到浙江省人民政府和嘉兴市委、市政府的表彰,1987年被桐乡市人民政府评为"三无"镇先进单位。1985年、1986年、1989年又分别被评为县级计划生育工作先进单位。进入21世纪,2000年至2006年及2009年、2010年,濮院镇的计生工作均受到桐乡市人民政府的表彰,其中2006年,濮院镇被浙江省人事厅、浙江省人口和计划生育委员会授予"浙江省'十五'人口和计划生育工作先进集体"称号。

第四章　人口迁徙和流动

第一节　中华人民共和国成立前的人口迁徙和流动

镇域自南宋迄明初二百余年间，大致有两次移民高潮。其一，宋室南渡，著作郎濮凤择此而居，一批士大夫也相继迁入。濮氏办庄园、兴水利、修桥铺路、开荒种植、养蚕缫丝，经数十年经营，濮姓人口枝繁叶茂。此外，境内尚有朱、归、辅、张等望族聚居，因而人口首次大增。其二，元至大二年(1309)，濮鑑在市中设四大牙行，兴丝绸贸易，一时商贾云集，人口大量集聚，占籍者激增。迨明初，巨姓前有贝、刘、燕、朱、杨、冯、施、岳，后有雷、石、狄、姚、张、沈、顾、江、曹等，再后有陈、吴、李、钟、郑、董、夏、仲、钱、陆、周等。子姓繁衍，渐成大族。

明初，濮氏的"无罪离析"，是迁徙史上颇为特殊的案例。清《濮川志略》记载，明洪武二年(1369)，郡城汤氏嫁女濮院，奁妆纷陈，观者如堵。适值太祖朱元璋微行，见而骇之。为防濮氏富盛强大，遂命濮氏七十二支迁出濮院分地而居①。据《濮院志》记载，濮铣、濮钟迁王江溪；濮锠、濮锡迁虎溪；濮镜、濮镶、濮钿迁仁和；濮钊迁海宁；濮钺迁陡门；濮铎迁郡南；濮锜迁常安；濮鏱迁宁国；濮铁迁泗安；濮钰、濮铿迁常熟；濮鋐迁临安；濮镐迁金陵；濮铉迁松江；濮铨迁青镇；濮钦迁松陵；濮钢迁严州；濮镮迁茶山；濮钋迁安东；濮铠迁金坛；濮鉙迁万溪；濮釪、濮钥迁龙潭；濮矿迁石门；濮鉒迁双溪；濮錭迁徽州；濮镰、濮锃迁山东；濮鐍迁桐里；濮鈆迁建平，又迁乌镇；濮鐴、濮锐迁临平。还有隐名散逃、不知去向的。时留镇不迁的有濮彦仁等。《濮川志略》记载的濮镶《辞家行》诗，描述被流徙事云："我生不辰逢战争，少年离散逐飘萍。盼望何时得宁宇，家乡炊粥话伶仃。一朝干戈幸乍息，此身又自作飞英。江流缥缈无穷极，回首柴桑泪雨倾。暮霭苍茫何处路，姑投客舍贸残羹。入门不复问汤火，但有四壁哀啼声。云我夫郎半途失，不死单惜怀中婴。叩伊何事也零落，低言濮姓总一情。主人闻言大诧愕，恐及株连催早程。哑哑乌啼天欲晓，吞饥理担前途行。道旁大帽忽高叫，怕是官胥心胆惊。无罪离家苦复苦，谁云四海乐升平。"洪武四年(1371)，诏给天下户帖，时濮氏星散，唯濮守清(濮镜之子)受帖居镇。

---

① 民国《濮院志·大事记》记载为濮氏嫁女于嘉兴角里汤氏。

永乐二年(1404),有司以尊贤取友,克敦孝弟,同居十世无罪离析奏上,经准许濮氏归故土。但也只有濮镜、濮镶、濮钿、濮钺复还。濮钺嗣孙濮孟清(原名彦华,字子澄)归里后,葺旧庐,复故业,述宋元以来祖事,辑为遗章,以励后人。又辑《濮川志略》若干卷,于是族姓之散处他方者渐集,而濮院之支脉再振。

建文三年(1401),明成祖朱棣即位,令方孝孺起草登极诏书,方不从,并表示反对朱棣登上皇位。朱棣怒,杀方孝孺。受株连者相传有873人,谪戍而死者千余人。永乐七年(1409),穷治靖难诸臣,杨任系濮氏姻亲,与方孝孺同党,濮氏因此受株连,再一次受到打击,濮彦仁等被发落去云南。刚刚归聚的濮氏又复匿姓散处。

迨万历十二年(1584),御史屠方叔题奏,以"忠臣已褒,外戚未宥"为由,乞恩超豁,濮氏终于被赦免放回。此时,距最初的放逐已过去170余年了。

明中期后,镇地人口随着经济社会的变动,亦有过数次波动。

明嘉靖二十八年(1549)、三十三年、三十五年倭寇3次入侵扰民,陡门大半镇民迁入濮院,定居在仓前街东北一带的十景塘、南埭、北埭等处。

清康熙、乾隆时(1662—1795),濮院丝绸业鼎盛,镇域人口逾万户。据光绪《桐乡县志》记载:福建、安徽、江苏、江西及本省宁波、绍兴、桐乡县城不断有人涌入濮院定居。又载:典当司柜多徽州人,成衣木局多宁波人,镊工半句容人,染坊银匠多绍兴人,漆工多江西人。

清同治年间,湘军攻陷天京后,清政府为削减军费开支,大规模裁撤湘军,部分被裁兵员就地"拓荒屯垦"。境内永新乡白旗漾的花墙门、张家浜、塘浜、桃园及现新妙智村小港村一带安置了部分人员。清末时,白旗漾一带田地荒芜,到处是荒草墩。清朝政府为了鼓励开荒,免征3年农业税,一批来自豫皖、两湖及本省宁绍台等地的农民,拖儿挈女来到白旗漾落户,开始"奉旨开荒"。此后,还有一些河南等黄淮灾区逃荒讨饭而来的贫苦农民,也陆陆续续在永新乡落户。镇域新生一带,清后期接纳外来垦荒移民共100多户800余人。其中红旗漾花墙门有20多户100多人;张家浜有33户190多人;塘浜有30户100多人;董家桥有10多户近100人;桃园有10多户100多人;小港17户70余人。

民国期间,从南京、苏北、安徽、海宁、绍兴等地迁入濮院定居者亦不少,但随着丝绸业的衰落,人口又逐渐减少。民国26年(1937),日军侵华,濮院沦陷,人口大量外流。迨民国三十四年,抗日战争胜利时,濮院镇仅有1024户4099人。战后,随着商业的复苏,人口逐渐增加,1949年,全镇有1863户7754人。

第二节 支援宁夏和精简城镇人口

1959年4月,濮院人民公社(辖原濮院镇、永乐乡和新生乡)约有30人赴宁夏支援边疆建设。镇区支援宁夏人员有宣美珍、傅桂宝、王桂生、王连根、岳功浩、吴啸荣、汪阿生、费经国、欧少良、朱楚明、陈时坤、曾陈兴等。农村支援宁夏人员有曹玉香、冯玉成、周伦善、姚玉盛、姚伟、周良才、顾德龙、顾嘉才等。濮院支援宁夏人员安置在宁夏宁朔县李俊堡公社，在生产不能自给以前，由国家向他们提供生活补助费。后由于气候及生活习惯不适应等因素，濮院支援宁夏人员于20世纪60年代全部返回原籍。

濮院镇遵照上级指示，以原籍农村或在农村有亲可投以及在“大跃进”期间招用的农民工为对象，动员职工和城镇人口回乡、下乡参加农业生产。1962—1963年，全镇从城镇迁到农村的人口1632人。20世纪80年代，部分精简下放人员陆续迁回原籍。

第三节　知识青年上山下乡

濮院知识青年上山下乡运动始于1964年。是年6月19日，濮院镇首批上山下乡知识青年赴濮院公社永联、黄河大队“落户”。此后，知识青年上山下乡运动持续开展，一直到1978年结束。其间，共有1278名知识青年插队农村或支援边疆(其中支边共5批175人)。知识青年上山下乡运动，形成了镇区一段规模较大的人口迁出史，历时15年，涉及几乎所有居民家庭。

知识青年上山下乡运动期间，镇域的濮院公社、新生公社曾接受大批来自县内城镇以及杭州、上海等城市的知识青年落户。市档案馆资料显示：曾在濮院公社集体插队的杭州知青136人；曾在新生公社集体插队的杭州知青15人。1979年，中共十一届三中全会后，支农、支边青年中的绝大部分陆续返回原籍。镇政府通过指令，将返濮知青——无论原籍是否濮院，基本上安置在镇区的企事业单位。

1964年桐乡三中欢送首批参加建设社会主义新农村校友摄影

表 3－50　　1969 年 4 月 1 日濮院赴黑龙江省呼伦贝尔盟莫力达瓦达斡尔族自治旗西五尔图支边知青一览表

姓　名	性　别	年　龄	姓　名	性　别	年　龄	姓　名	性　别	年　龄
浦小平	男	17	张幼良	男	18	翁方范	男	16
马英治	男	22	金掌友	男	17	周建军	女	—

表 3－51　　1969 年 6 月 1 日濮院赴内蒙古巴彦淖尔盟磴口县哈腾套海农场支边知青一览表

姓　名	性　别	年　龄	姓　名	性　别	年　龄	姓　名	性　别	年　龄
黄广诚	男	24	郭明志	女	21	陈家珍	女	21
陈金虎	男	21	王家康	男	18	钱兴林	男	20
费景林	男	19	张子根	男	21	俞梓城	男	20
钱钟荣	男	19	刘业钢	男	20	钱维洁	男	20
汪学范	男	18	曹达洪	男	18	汤良坤	男	23
陈玉璋	男	18	张建军	男	17	蒋海明	男	19
章如中	男	19	陈亚明	女	21	邱星凤	女	19
陈明华	女	19	邬丽秀	女	19	吕越南	女	20
高兰英	女	21	张惠先	女	20	高金官	男	—

濮院赴内蒙古巴彦淖尔盟磴口县哈腾套海农场支边知青合影

表 3－52　　1970 年 5 月 27 日濮院赴黑龙江省

牡丹江市宁安县渤海公社永红大队支边知青一览表

姓　名	性　别	年　龄	姓　名	性　别	年　龄	姓　名	性　别	年　龄
徐洪奎	男	20	张阿坤	男	20	潘英爱	女	20
祝文健	男	19	张锦华	女	18	葛红昌	男	20
沈洛英	女	20	高瑞根	男	20	侯珠英	女	18
沈欣华	男	20	王建芬	女	20	曹玲芬	女	22
苏寿根	男	19	徐德荣	男	18	冯水泉	男	18
梁丽华	女	21	沈欣域	男	20			

表 3－53　　1970 年 5 月 27 日濮院赴黑龙江省

虎林县 4 师 33 团八五四农场支边知青一览表

姓　名	性　别	年　龄	姓　名	性　别	年　龄	姓　名	性　别	年　龄
董立斌	女	18	贝敏敏	女	19	孙作祥	男	19
丁芳珍	女	19	陈丽芳	女	19	钱雅英	女	18
庾珍英	女	18	张怀芳	女	18	宋晓轩	男	19
郭生官	男	17	顾水官	男	20	郑金荣	男	22
沈荣昌	男	19	钱培康	男	18	朱德兴	男	22
柴镜熙	男	24	姚勤成	男	20	苏寿富	男	20
邱余初	男	20	黄如荣	男	21	吴煋建	男	19
宋新华	男	20						

表 3－54　　1970 年 11 月 19 日濮院赴黑龙江省

大兴安岭阿木尔区老潮河一连支边知青一览表

街　道	支边青年姓名					
有义街	范明艳	陈小龙	章小平	庾振栋	朱丽芬	陆绅卿
	赵根健	戴志明	毛其祥	陆建宪	邬雪芬	邱锦芬
	朱剑荣	吴顺官	沈美玲	黄玲珠	胡建芬	
南市街	沈根生	庾静芬	汤德明	孙正明	陈福荣	魏新华
	许林松	徐祖良	陈吉明	俞美英	张玉珍	
西南街	林金松	王水堂	徐正华	沈文根	黄焕熊	吴佳芳
	沈炳文	陈金祥	寿洪鑑	叶明亚	蒋元彬	倪建芬
	吴伟斌					

续表 3－54

街道	支边青年姓名					
鸣凤街	朱园园	戴菊萍	封建英	沈丽娟	李景玲	高静文
	孙为林	朱进袁	张达祥	孙国明	李叙宝	黄永斌
	黄建民	汪菊芬	汤良华	沈娟英	李菊宝	何介明
大众街	应文道	夏建平	王罗虎	潘国耀	金玉萍	沈明宝
	翁治兴	余小萍	吴震生	陆炳兴	杨慧芬	许阿方
	张云珠	张丽莉	张建兴	郭荣观	姚焕良	
北市街	沈月明	何婉芬	张小龙	欧利康	殳建春	沈蜀平
	金维宪	赵永明	赵建明	蒋德明	吴梦鳌	张静文
	傅金龙					
南杏街	傅雪荣	胡惠荣	张瑞康	王阿芬	钟富熙	虞永和
	何水平	庄士平	楼海英	仲锡渊	仲锡身	曹志勇
	徐福林	钱锦华				

表 3－55　　1978 年仍在农村的濮院镇下乡知青统计表

单位：人

安置公社名称	人数	其中		1972 年前下乡			1973 年下乡			1974 年下乡			1975 年下乡			1976 年下乡			1977 年、1978 年下乡			婚姻情况		
		男	女	人数	其中		人数	其中		人数	其中		人数	其中		人数	其中		人数	其中		农婚	城婚	知青婚
					男	女		男	女		男	女		男	女		男	女		男	女			
濮院	125	62	63	28	13	16	8	5	3	1	—	1	16	10	6	26	9	17	45	25	20	9	2	—
新生	41	29	12	11	8	3	5	4	1	—	—	—	8	8	—	9	5	4	8	4	4	4	2	—
南日	41	27	14	16	9	7	—	—	—	—	—	—	12	10	2	7	4	3	6	4	2	1	2	1
高桥	2	2	—	2	2	—	—	—	—	—	—	—	—	—	—	—	—	—	—	—	—	1	—	—
梧桐	4	2	2	2	1	1	—	—	—	1	1	—	1	—	1	—	—	—	—	—	—	2	—	—
屠甸	1	1	—	—	—	—	—	—	—	—	—	—	1	1	—	—	—	—	—	—	—	—	—	—
灵安	2	—	2	—	—	—	—	—	—	—	—	—	1	—	1	—	—	—	1	—	1	—	—	—
钱林	1	1	—	—	—	—	—	—	—	1	1	—	—	—	—	—	—	—	—	—	—	—	—	—
百桃	1	—	1	—	—	—	—	—	—	—	—	—	—	—	—	1	—	1	—	—	—	—	—	—
上市	1	—	1	—	—	—	—	—	—	—	—	—	—	—	—	—	—	—	—	—	—	—	—	—

续表 3－55

安置公社名称	人数	其中		1972 年前下　乡			1973 年下乡			1974 年下乡			1975 年下乡			1976 年下乡			1977 年、1978 年下乡			婚姻情况		
		男	女	人数	其中		人数	其中		人数	其中		人数	其中		人数	其中		人数	其中		农婚	城婚	知青婚
					男	女		男	女		男	女		男	女		男	女		男	女			
大麻	1	—	1	—	—	—	—	—	—	—	—	—	—	—	—	1	—	1	—	—	—	—	—	—
嘉兴高照	2	2	—	2	2	—	—	—	—	—	—	—	—	—	—	—	—	—	—	—	—	—	—	—
嘉兴洪合	8	2	6	7	2	5	—	—	—	—	—	—	—	—	—	1	—	1	—	—	—	—	—	—
海宁黄湾	1	1	—	1	1	—	—	—	—	—	—	—	—	—	—	—	—	—	—	—	—	—	—	—
嘉兴建设	2	2	—	2	2	—	—	—	—	—	—	—	—	—	—	—	—	—	—	—	—	—	—	—
嘉兴八字	1	1	—	1	1	—	—	—	—	—	—	—	—	—	—	—	—	—	—	—	—	—	—	—
诸暨草塔	1	1	—	1	1	—	—	—	—	—	—	—	—	—	—	—	—	—	—	—	—	—	—	—
合计	235	133	102	73	41	32	13	9	4	3	2	1	39	29	10	46	18	28	60	33	27	22	7	1

第四节　三峡移民

2001 年 7 月，濮院镇共接收三峡移民 51 户，218 人，安置在 7 个行政村，分别为油车桥、新妙智、新联、新东、新星、新河、永联村，共 14 个移民安置点。

早在 2000 年 8 月 22 日，濮院镇、新生镇分别成立三峡库区农村移民安置工作领导小组及工作组，相关 7 个行政村成立了支部书记任组长的移民帮扶工作领导小组。三峡移民到达前，政府帮助建房，标准为每户占地 160 平方米，建筑面积 320 平方米。51 户移民中，41 户建新房，10 户购置旧房，人均建筑面积为 34.45 平方米，达到和超过了上级规定的人均 25 平方米的要求。移民到达后，各级领导小组组织干部开展结对帮扶，做到及时掌握移民思想动态，为移民解决各类实际问题。例如帮助落实子女就学，安置合适人员到企业工作，主动配合有关部门处理移民纠纷等。

移民落户后，所在地村级组织就近划拨承包地，人均 1.665 亩，面积居全市之首。由于原籍地与濮院地区的农业生产方式差异较大，大部分移民不适应农务，尤其不会耕作江南水乡的水稻等农作物。针对这种情况，镇政府安排农技人员分村包点，采取进村入户的方式，对移民进行生产技能培训。行政村为每户移民指定一名农技员辅导农业生产。镇农业服务中心还建立了帮扶移民的农技员定点联系制度。例如在晚稻种植期间，农技站人员和结对帮扶人员，分赴各移民安置点，到田间地头为移民户详细讲解种植技术和防病、治病技术。在春蚕饲养期间，农技站人员和结对帮扶人员负责传授养蚕技术。新星村移民金书祥的父母在家试养春蚕，结对帮扶的村民组长，就每天上门，手把手地传授养蚕技术。春茧获丰收，老两口增收 1000 多元。在对移民进行生产技能培训的同时，村干部还帮助移民积极发展效益农业。如新星村投资 7 万余元建造 9 座标准蔬菜大棚，配上薄膜，无偿提供给 4 户移民发展蔬菜业，仅此一项，每户移民可年增收 7000 元左右。

针对移民中的剩余劳动力，移民安置工作领导小组根据濮院的羊毛衫产业优势，加强对移民的职业技能培训，举办以羊毛衫加工技术为主的培训班。截至 2004 年底，3 年内全镇为三峡移民举办各类技术培训班 12 期。在学会技术的前提下，政府还帮助他们实现就业，镇、村两级领导亲自出面，积极与企业主联系，将 53 名移民介绍进厂务工。同时政府还鼓励有条件的移民自主创业，相关部门本着先发展后规范的原则，向移民提供多项优惠政策。如给予移民个体羊毛衫加工户，适当减免税费的优惠；给予濮院范围内发展货运业的移民，1 年内减免每辆每日 60 元的车辆定点停放费等。

几年下来，三峡移民已基本融入濮院的生产和生活环境，整体生活水平普遍提高。据 2003 年统计：全镇 101 名有劳动能力的移民实现就业，其中从事发展效益农业 7 人，进厂务工 51 人，从事运输加工业等 43 人。2004 年统计显示：全镇 51 户移民中，新购入汽车 4 辆、两轮机动车 22 辆，新购电视机、冰箱、洗衣机等家用电器 57 台，新建房 31 户，其中永联村 7 户移民全部新建了楼房。移民家庭月经济收入在 2000 元以上的有 26 户，1500—2000 元的有 7 户，1000—1500 元的有 9 户，800—1000 元的有 8 户，500—800 元的有 1 户，移民人均年收入达 5953 元，其中有 16 户移民达到或超过了全镇农民人均年收入。全镇从事第三产业的移民有 38 名，其中 4 名从事个体运输业，32 名从事羊毛衫个体加工，2 名从事服务业；从事羊毛衫个体加工的移民有 21 户，共拥有各类横机、套口机、平车等 157 台。如永联村北塘浜移民安置点的 7 户移民，户户发展羊毛衫加工业，已先后购置横机 100 余台，安置点成了一个有一定规模的羊毛衫加工点，2003 年利润最多的一户在 45000 元左右。2010 年统计显示：全镇 218 名移民中具有劳动能力者共 147 人，其中从事发展效益农业的 30 人，进厂务工的 31 人，从事运输、餐饮、加工等第三产业的 85 人，基本实现全员就业。

表 3－56　　三峡移民农业培训情况表

时　　间	内　　容	参加人数
2002.04.20—2002.05.10	水稻生产技术	42
2002.09.10	蔬菜培训班	11

续表 3-56

时　间	内　容	参加人数
2003.03—2003.05	水稻、湖羊养殖、养蚕	25
2004.03.10—2004.03.23	水稻、梨、葡萄、桃、青虾、河蟹等种养生产技术	30

第五节　务工、经商及其他迁徙和流动者

20世纪80年代开始，镇域人口迁徙和流动日趋活跃，外来流动人口急剧增长。20世纪90年代，濮院羊毛衫业快速发展，吸引了大批外来务工人员和经商者涌入镇域。据濮院公安部门统计，截至1994年10月，到濮院务工者有8109人，其中来自省内其他县的2878人，来自湖南、贵州、四川、河南、江西、安徽、江苏等17个省市的5231人。这些外来务工者中，在羊毛衫行业打工的有2977人，占到濮院打工人员总数的36.7%。据外来人口管理中心统计资料记载：1999年，镇域外来人口达12833人。2000年以后，濮院羊毛衫业进入产业提升阶段，羊毛衫集散中心、毛衫城工业园区相继形成，持续壮大的产业集群吸引来一批又一批打工、经商者，2010年底，在新居民事务所登记在册的新居民超过10万人。与此同时，濮院居民中外出者逐年增多，其中以务工经商者居多。据户籍登记资料记载，2010年，濮院户籍在外人口达8070人。

此外，中华人民共和国成立后镇域内还有其他几次人口迁入活动。如：中华人民共和国成立初，部分南下干部和随军家属在濮院工作定居；1956年春，接收部分杭州支农人员到镇域农村落户；1958年“大跃进”期间，因大办工业，部分外来企业职工、外地农村劳动力迁入镇区；20世纪80年代后，一批云、贵、川妇女以婚嫁形式迁入域内农村，截至1990年底，仅新生乡就有嫁入的外来妇女328人。

表 3-57　　1999—2009年濮院镇暂住人口统计表

年份	出租房总数（户）	暂住人口总数（人）	查验婚育证明（人）	办理房屋租赁许可证（份）	收进出租房房产税等（元）
1999	—	12833	—	—	—
2000	—	14323	—	—	—
2001	—	17007	—	—	—
2002	2185	24315	5996	1803	727126.50
2003	2661	30480	6086	2280	924302.28

续表 3－57

年份	出租房总数（户）	暂住人口总数（人）	查验婚育证明（人）	办理房屋租赁许可证（份）	收进出租房房产税等（元）
2004	3369	62175	8478	2900	1147257.2
2005	4226	87146	5841	2575	1574228.12
2006	4845	98464	10202	2490	2303459.33
2007	4623	108440	4831	2030	2041821.48
2008	6691	85683	4648	2438	429841.24
2009	7031	92638	4373	1392	19442.5

表 3－58　　2010 年濮院镇年末暂住人口管理统计表(一)

单位:人

去向	人数	性别		暂住时间				来自地区	
		男	女	半年以下	半年至一年	一年至五年	五年以上	省内	省外
合计	100311	50172	50139	35576	53111	8729	2895	9117	91194
务工	76097	37137	3896	29307	45936	809	44	3646	72451
投资经商	10574	5440	5134	5345	3206	1762	261	3916	6658
务农	140	71	69	68	71	1	0	27	113
服务	914	452	462	403	498	12	1	2	791
就读	5877	3339	2538	143	1871	3519	344	574	5303
随迁学龄前	3311	1851	1460	130	1009	1952	220	425	2886
投靠亲属	30	13	17	11	18	1	0	8	22
探亲访友	76	35	41	20	55	1	0	4	72
其他	3292	1834	1458	148	447	672	2025	394	2898

表 3－59　　2010 年濮院镇年末暂住人口管理统计表(二)

单位:人

去向	居住处所						
	租赁房屋	单位内部	工地现场	旅店	居民家中	自购房屋	其他
合计	71957	22298	691	25	3705	973	662
务工	53812	18407	620	22	2599	264	373

续表 3－59

去　　向	居住处所						
	租赁房屋	单位内部	工地现场	旅　　店	居民家中	自购房屋	其　　他
投资经商	7965	1716	3	1	399	416	74
务　　农	34	15	9	0	4	1	77
服　　务	372	490	0	0	22	6	24
就　　读	4378	884	20	2	394	146	53
随迁学龄前	2473	486	22	0	200	101	29
投靠亲属	18	0	0	0	9	0	3
探亲访友	58	9	0	0	8	1	0
其　　他	2847	291	17	0	70	38	29

表 3－60　　　　2000 年、2010 年濮院镇户籍在外人口统计表

单位：人

户籍登记地		2000 年			2010 年		
		合　计	濮院镇	新生镇	合　计	其中	
						男	女
浙江	市内其他镇	1297	1245	52	3034	1473	1561
	省内其他市				5036	2699	2337
北　京		0	0	0	3	1	2
天　津		1	1	0	16	9	7
河　北		19	19	0	122	69	53
山　西		1	1	0	32	14	18
内蒙古		0	0	0	52	22	30
辽　宁		43	42	1	236	148	88
吉　林		5	5	0	133	68	65
黑龙江		28	28	0	375	208	167
上　海		14	14	0	74	43	31
江　苏		561	544	17	2932	1473	1459
安　徽		765	672	93	7558	3703	3855
福　建		18	18	0	294	163	131
江　西		294	288	6	4388	2076	2312

续表 3－60

户籍登记地	2000 年			2010 年		
	合　计	濮院镇	新生镇	合　计	其中	
					男	女
山　东	42	41	1	712	366	346
河　南	359	296	63	5971	2840	3131
湖　北	75	68	7	1109	567	542
湖　南	194	172	22	6489	3276	3213
广　东	5	5	0	154	83	71
广　西	21	17	4	353	168	185
海　南	0	0	0	15	7	8
重　庆	174	173	1	5654	2894	2760
四　川	729	643	86	4343	2202	2141
贵　州	174	145	29	1907	941	966
云　南	79	69	10	1546	805	741
陕　西	17	17	0	168	78	90
甘　肃	6	6	0	108	41	67
青　海	0	0	0	10	6	4
宁　夏	2	2	0	1	1	0
新　疆	7	7	0	82	52	30

第六节　新居民管理

管理机构

1988 年，随着濮院羊毛衫市场建成毛衫业快速兴起，外来流动人口开始涌入镇域。1991 年 8 月 10 日，《濮院镇外来暂住人口管理试行办法》颁布实行。由于流动人口总体数量还不算多，政府的相关管理工作主要由公安派出所一家出面，聘用 4 名暂住人口管理员开展工作，管理内容也仅是对流动人口采取登记、办理暂住证等。

1998 年，镇域流动人口增加至近 2 万人，此群体中治安案件频发，人口计划生育管理更是迫在眉睫，对此，原有的管理机构已不能适应对流动人口群体的管理需求。于是计生和公安两个部门联合成立外来人口管理中心，公开招聘 13 名管理人员，拟对全镇流动人口实施比较系统的管理服务。然而由于经费等客观条件的限制，新机构的工作侧重点仍只停留在登记管理上。

进入21世纪后，随着濮院镇经济的快速发展，流动人口急剧增多。面对日益增多的治安交通案件、劳资纠纷、公共卫生、计划生育等等问题，外来人口管理中心落后于形势。一种“以服务为主，管理为辅”的服务理念呼之欲出。2001年5月27日，计生、公安、税务、工商、房管、劳动六部门联合成立濮院镇流动人口和出租房屋服务管理中心。中心配备常务副主任1人，工作人员从25人逐步增加到75人。各部门选派1人常驻服务管理中心，负责本部门证照的办理。服务管理中心突出服务理念，采取弹性工作制，推出服务承诺制，增设流动人口维权和流动党员服务等项目，努力为流动人口提供“一站式”服务。服务管理中心的建立，使政府的管理触角得以延伸至基层，建起了流动人口的动态管理网络。

2008年，镇域流动人口总量在10万人左右，按照市政府实施城乡一体化战略、构建和谐社会的总体要求和对新居民实行“统一管理、注重服务、兼顾特点”的原则，濮院率先在全市试行居住证制度改革，将原外来人口暂住证改为居住证。居住证分临时居住证、普通人员类居住证、专业人员类居住证3种。2008年2月成立了濮院镇新居民事务所，把新居民服务与管理工作提升到一个新的水平。2009年初，濮院镇按照：有独立的办公用房、有统一的办证窗口、有必备的办公设备，职责制度公开、办证程序公开、服务内容公开的“三有三公开”标准建成了综治大楼。新居民事务所搬入新建的综治大楼后，服务窗口大幅增加，它和司法所、综治办、劳动保障、劳动监察、安监办、法律援助等组成了综合服务团队，为新居民提供“一站式”服务。2009年10月起，按照《浙江省流动人口居住条例》规定，改居住证为浙江省居住证和浙江省临时居住证两种。2010年，新居民事务所人员配备有75名专职协管员，其中外勤61人，按区域划分为8个分队、16个小组，实行分片包干，每天进行上门核查、登记发证等工作；内勤14人（包括计生服务2人）主要负责流动人口信息的传输、查询、核对及对上门人员的登记发证等工作。

新居民服务管理工作除了窗口服务和协管员直接上门服务之外，还在各村、社区、部分规模型企业成立新居民事务站，2010年，全镇14个村、社区及8家规模型企业的新居民事务站挂牌成立，职责、制度上墙，日常工作运转正常。

管理及成效

新居民事务所的工作对象是新居民群体，工作目的是努力解决新居民遇到的生活、就业困难，切实维护他们的合法权益，营造和谐相处、安居乐业的社会环境。新居民事务所会同相关部门，采用分类指导的办法，如拓展新居民就业渠道，为新居民就业提供帮助；妥善处理劳动争议和仲裁；落实子女就读；提供计生服务、儿童计划免疫和孕产妇保健覆盖；整治治安、卫生、食品安全隐患；落实各项优惠政策等。新居民事务所还将服务管理的触角伸向基层，通过指导督促各村、社区、规模型企业新居民事务站的工作，发挥基层的服务管理功能。按照属地原则，落实用人单位“谁用人、谁负责”，房屋出租“谁出租、谁负责”，服务管

新居民广场文艺

理工作“谁主管、谁负责”的责任制。在镇党委、镇政府的统一领导下，充分发挥各职能部门的作用，细化服务管理项目，及时有效地为新居民群体提供服务与管理。

宣传教育方面，2010 年，新居民事务所发放公开信、宣传资料 2 万份，通过新居民短信平台发送短信 3 万条，拉横幅 25 条，出刊黑板报 2 期，举办新居民文娱活动 1 次，通过多形式的宣传活动，新居民对国家居住证政策的知晓率达 80%以上。

综合治理方面，2010 年 4 月 1 日至 7 月 10 日，全镇开展新居民和出租房屋基础信息“百日大排查”专项行动。通过实施对出租房屋的登记造册，与出租户签订《治安、计生、卫生责任保证书》，专管员例行检查和对重点户每周上门检查等办法，从源头上加强对流动人口的服务管理。行动期间新办理居住证 32120 张。1—12 月份共检查出租房屋 7000 余户，对存在严重治安、卫生条件、食品安全隐患的出租房屋，会同相关职能部门予以查处，维护了濮院社会的稳定。

维护权益方面，2009 年 1—10 月份全镇共处理各类工资纠纷 135 起，涉及人员 385 人，金额 95 万元。通过各种形式的宣传活动，鼓励新居民参加各类社会保险，使新居民的参保意识参保率持续提高。2009 年为新居民办理临时居住证 37990 张，普通类居住证 14683 张，延期签证 37441 张；变更暂住地址 11118 人次。

完善服务方面，开展争创“服务民生满意站所”活动，办证窗口推出服务承诺制、首问人负责制、AB 岗制、一次性告知制、责任追究制等制度，让上门办证的新居民感受到宾至如归的温暖。对大型用工单位，经辖区内专管员预约后，采取上门服务的办法，简化办证程序。按照以“公办学校接纳为主、新居民子女学校接纳为辅”原则，落实新居民子女就读政策。2010 年 1—12 月，为新居民子女求学而办理浙江省居住证共 209 份，新居民子女基本实现了在本镇公办学校或 7 所新居民学校就读的愿望。新居民事务所配备计生服务室，为已婚育龄妇女免费查环、查孕，发放避孕药具，组织落实以“关爱女性健康、构建和谐社会”为主题的新居民妇女安康工程。组织开展“新居民计划生育服务年”活动，2009 年签订计生协议书 6973 份；查验婚育证明（含临时证明）4373 份，发出限期补办通知书 290 份，为已婚育龄妇女作孕环情检查 4011 人次。落实新居民儿童计划免疫和孕产妇保健覆盖工作。鼓励支持社会力量兴建新居民集中居住点，2010 年 4 月，镇域 7 个村联合投资，在永安路 889 号对面建成 17576 平方米新居民公寓一幢，为新居民提供廉租房，部分缓解了新居民住房困难局面。建立新居民党员基本信息管理系统。组织“优秀新居民”评选活动。联合移动公司开展“移动特惠办号服务点”活动。新居民事务所还开设了一个短信平台,通过与移动公司的合作,把收集到的新居民信息存档。平时新居民事务所通过短信平台及时发送涉及新居民的法律、法规和卫生知识。

新居民事务所成立后,开展了“居住证制度改革和新居民服务管理提升年”“新居民事务所规范化建设推进年”等活动,实现了就业有培训、劳动有合同、就业有安排、居住有改善、社保有拓展、文化有氛围、维权有保障、整治有力度的“八个有”目标。为此,濮院镇的新居民服务管理工作获得了一系列荣誉:2003年度,濮院镇流动人口和出租房屋服务管理中心被市计生局授予人口与计划生育工作先进集体称号,新居民事务所成立后,2008年度被市新居民事务局授予新居民基础信息采集“百日竞赛”活动优胜单位称号、并获全市新居民事务所年度考核第一名,2009和2010年度均获新居民服务管理工作先进集体和新居民服务管理信息工作先进集体称号,2009年获市新居民服务管理工作二等奖,2010年度被市新居民事务局命名为规范化新居民事务所,被团市委命名为“青年文明号”,并获濮院镇十佳条线工作先进集体称号。

附:

湘军后裔在濮院

湘军,是晚清政府重臣曾国藩组建的一支军队。它以军纪严明,骁勇善战而闻名。湘军攻陷天京(南京)后,清政府就立即削减军费开支,把湘军的大批部队解散,让他们到各地去“拓荒屯垦”。当年的白旗漾村及附近的一大片荒地,就成了湘军散兵的开荒之地。与此同时,一些河南人、湖北人以及本省的绍兴人,奉了清朝皇帝的圣旨(旧称“奉旨开荒”),也拖儿挈女来到这里。年复一年,慢慢地,荒凉的白旗漾变成了五谷丰登、六畜兴旺,比较富裕的鱼米之乡。如今,这些湘军的后裔们,仍然保持着老家的风俗习惯,农历一年中五个节日——过年、正月半、清明、七月半和冬至,都过得极为隆重。春节到了,大门上春联是必定要贴的,堂屋正中的墙壁上一般贴着“宝鼎呈祥香烟结彩,银台报喜烛焰生花”等字样的对联,中间是“祖宗昭穆神位”,其右写“东厨司命”,其左写“福禄财神”等。元宵节这天,家家要备好丰盛酒席,先在家里祭奠祖宗,然后举家到祖宗坟头祭祀,用四个小竹签插地,然后用大红纸围成灯笼状,里面点上红蜡烛,全家人开始祭拜祖先,点香烧纸钱,场面十分庄重。至夜,家里灯火全部点亮,整夜的灯火通明,预示全家前程光明。清明、七月半和冬至,全是祖先祭奠仪式。由于和本地人群存在文化差异和沟通不够,相当长一段时期内,湘军后裔和本地人基本不通婚。本地人对湘军后裔心存畏惧,有这样的说词:“宁可把姑娘扔在河里,也不愿把姑娘嫁给他们。”中华人民共和国成立后特别是改革开放以后,湘军后裔与本地人之间的“老死不相往来”局面消除了。如今,来自五湖四海的新濮院人和本地人已融为一体,成为了水乡名镇——濮院的同创共享者。

第四编

土地

境内的土地开发利用历史可追溯到六七千年前。历代社会用于农业生产的土地约占80%。

封建土地关系确立于春秋后期,一直沿袭到20世纪50年代土地改革前。境内经过土地改革,确立农民土地所有制。1956年组织高级农业生产合作社,农村土地过渡为社会主义集体所有。1983年,全面实行家庭联产承包责任制,农村土地承包到户,农民获得土地自主经营权。1993年,开始实施粮田适度规模经营和土地流转。1997年根据中共中央办公厅、国务院办公厅文件要求,延长土地承包期。2008年10月,根据中共十七届三中全会要求,做好农村土地确权、登记、颁证工作,赋予农民更全面、更完整的土地财产权利。

镇域土地自古形成"桑基圩田"人工地貌。20世纪50年代,开始大规模的土地整治,分阶段实现"建设高产稳产旱涝保收农田""耕作排灌机械化""农田建设格子化、园田化"等目标。

古代的土地管理职能较为简单,明清时期以清丈土地,整理籍册为主。民国时期制定《土地法》,发放土地权利证书。1951年随着土地向公有制过渡,镇域施行国家建设征用土地审批制度,进一步加强用地管理。改革开放后,镇域由于工业化和城市化进程特别快,土地利用管理也日益深化。

第一章 所有制变化

第一节 封建土地所有制

土地私有制是中国封建社会的主要土地制度。在封建社会里,封建王朝直接掌握一部分土地,称官田或公田;地主阶级占有大部分土地,以及广大农民占有极小部分土地,称民田或私田。地主阶级通过掌握土地这一生产资料,以榨取地租、放高利贷等手段对农民进行剥削。

镇域在漫长的封建统治时期,情况也正是如此。永佃制(宋代已出现)是明清时代实行土地使用权与所有权分离的一种土地制度。永佃制将土地所有权分成"田底""田面"两部分,田主占有"田底"权,佃户占有"田面"权。永佃权(也称田面权)是指佃农在按租约交租的前提下,永久租种某块田地的权利。具有田面权的佃户可长期使用土地,也可出卖、抵押、典当田面权(使用权)。地主出卖或转让土地的田底权(所有权),不影响永佃权(使用权)。抗战前,镇域田面价和田底价基本相等;中华人民共和国成立前夕,田面价高于田底价甚多。

清初,实行佃耕制,即佃农有权“永久”耕种地主土地的租佃制度。桐乡张履祥《补农记》记载:“田主任谷种、肥壅、车具,佃户耕作收割;水旱车救,田主具食,佃户出力;秋成春熟,稻麦平分。”康熙年间(1662—1722),江南“田亩多令佃户耕种,牛、种皆出自业主”。在佃耕制下,生产的好坏,收获的多少,直接关系到业主的收入,业主在收获时亲临监收、监分,平时也经常干涉佃户的农事活动。佃户缴纳地租的租额和赋役均重。

清咸丰三年(1853年,太平天国三年),太平天国定都天京(南京),颁布《天朝田亩制度》,确定“凡天下田,天下人同耕”的原则,向农民发放田凭,承认其土地所有权。田凭填有花户(即农户)的土地数量及土地坐落地段。田凭发放一户一张,有的一户两张,并墨书“十二月二十四查过”“右营十二月二十九查过”字样;或盖有“李查过”“善记查过”的朱文印记。太平军占领期间,大批地主逃亡,土地成了无业之主。由此,农民取得较多土地所有权,自耕农增加。

封建土地所有制,不论官田、民田,均按田亩实数分摊田赋。明万历十六年(1588),推行“一条鞭法”后,镇域田地每亩征本色(漕粮)米1.19斗,折色银3.87分。清代实施的田赋分地丁(丁银列入田亩合并征收),漕粮(经运河运往京城供皇室食用的粮食)和租课(承种军屯田亩等的赋税)三种。

民国16年(1927),镇域推行“二五减租”,试图将佃户向地主缴纳之租额,以田地常年正常收成之半数为最高限额,在最高租额中减除25%,即田地总收获量的37.5%为佃户交租之标准。如超过“二五减租”部分,佃户可以拒缴。但是地主常以撤田自耕要挟佃户,这项制度在推行中困难重重,直至民国37年,仍未得到有效实施。

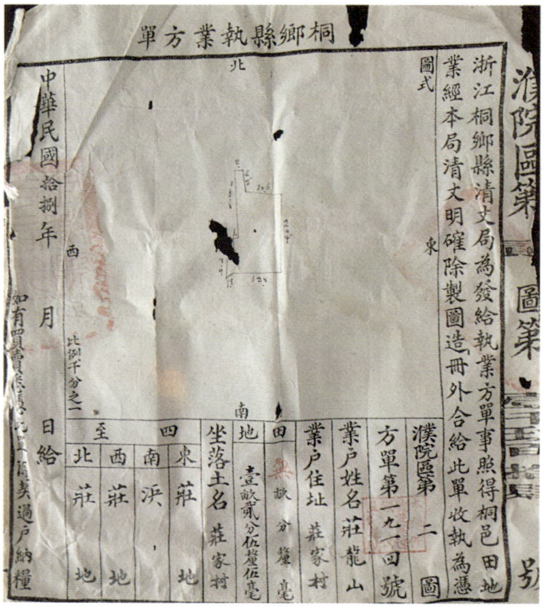
桐鄉縣執業方單
浙江桐鄉縣清丈局為發給執業方單事照得桐邑田地業經本局清丈明確除製圖造冊外合給此單收執為憑
圖式
北
東
西
南
比例千分之一
濮院區第 二 圖
方單第一九一四號
業戶姓名 莊龍山
業戶住址 莊家村
田 畝 分 釐 毫
地 壹畝貳分伍釐伍毫
坐落土名 莊家村
四至 東 莊 地
四至 南 浜
四至 西 莊 地
四至 北 莊 地
中華民國拾捌年 月 日給

民国濮院新华庄家村土地执业方单及造册图

民国19年(1930)6月30日,民国政府颁布《土地法》,对土地实行“地权限制”,凡公共交通道路、公共需用水源地、名胜古迹等共有10种土地不得为私有土地,附着于土地的矿产等资源,也不因所有权之取得而成为私有。对有收益之土地,不问其归属如何,须一律缴纳土地税。土地税分土地地价税和增值税两种。地价税以法定地价数额的15‰为地价税率,地价总额超过累进起点时,得累进课税;土地增值税以土地增值实际数额计算,在土地使用权转移或届满十年时征收(自耕地及自住地不征收土地增值税)。

据民国 24 年(1935)12 月 25 日嘉区《民国日报》记载,濮院镇土地面积 3048 亩。按照当时土地法规定,对有收益土地征收土地税。征收土地税的“法定地价”,由业主在土地登记时一并申报。申报的地价允许在政府公布的标准地价的 20%幅度内上下浮动。申报的地价即为“法定地价”。标准地价以地价评定委员会评议确定,每年评定一次。民国 35 年(1946)6 月,境域划分为两个地价区。评定标准地价为:第一地价区,每亩田 10 万元(法币,下同),地 7 万元,镇宅基地 13 万元,村宅基地 8 万元;第二地价区,每亩田 9 万元,地 8 万元,镇宅基地 13 万元,村宅基地 9 万元。民国 36 年(1947)标准地价激增为:第一地价区,每亩田 40 万元,地 28 万元,镇宅基地 52 万元,村宅基地 32 万元;第二地价区,每亩田 36 万元,地 32 万元,镇宅基地 52 万元,村宅基地36 万元。民国 37 年(1948)8 月,物价暴涨,货币贬值,标准地价改为以白米(石)计算。以上地价,是田底与田面的共有价值,即自耕农之间的买卖价值;若地主将田底出卖,而耕种人(佃户)不变,因撤田不易,买主不能得到田面权(使用权),则卖价仅值上项价值的 30%。

中华人民共和国成立前夕,境内的租佃关系立租约(佃契)者少,不立租约者多。缴租以实物为主,也有按实物时价折付钱币的。

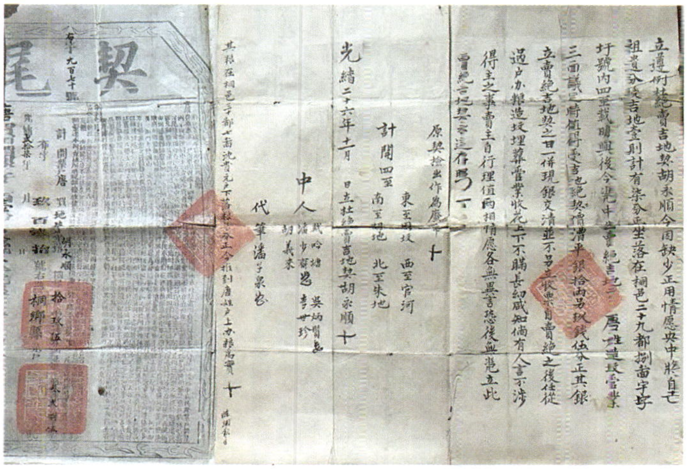

杜绝卖吉地契

租佃形式

定租制(死租)　这类租佃形式最多,不论丰收歉收,每亩租米 5—8 斗。

分租制　租额从正三七开到对半分成。但正三七开为数很少,一般为四六开或对半分成。

预租制　佃农在租田收获前,预先向地主缴纳部分或全部租金。该形式在租佃关系中不多。

空头租　以 0.6 亩至 0.8 亩作 1 亩记租。该形式为数也少。

包租制　包租的租金低于其他租佃形式,但包定的租额不得减少。

押租金　佃农新租地主田地,需先交押金,成为押租。押金一般均交货币,退佃时无息归还。

顶租　佃户将租入土地的一部分或全部,转租给第三者耕种。这个第三者,成为佃户的佃户,这叫顶租。新佃户顶租时需交纳一定的顶金给业主。之后,佃户与新佃户签订新的转租合同。一般新的租金略高于原租金。这样,佃户按原定租金缴给业主,多余的归己。

土地私有制度下，除了地主和佃户之间进行的土地租赁，还准许业主有买卖、典当、抵押等自由处置土地的权利。民间买卖土地，都要凭中议明，立契为凭。土地买卖，分绝卖和典卖两种。由买主向政府办理税契过割过户手续。清代以来，凡土地买卖，皆须用官制契纸立约，并呈验缴纳契税，税率为卖契照价征收9%，典卖照价征收6%。此项契税沿用到民国初。

第二节　农民土地所有制

农民土地所有制是指土地归劳动农民家庭所有的一种土地私有制度。1950年6月30日，《中华人民共和国土地改革法》颁布实施。土改时，针对地主中有隐匿、分散土地的行为，在农民中也有隐报、少报土地的情况，镇域开始清理农村每户人口及土地面积数量。经过清理张榜公布，群众评议，以村为单位，将土地按户编造清册。地主坐落在外地的土地，由外地乡(镇)政府汇列清单，移送地主户籍所在乡(镇)并户造册，使同一地主坐落在外地的土地归并于一户登记。

全部土地的分配，以户为单位按人口平均分配。地主也同样分到一份土地。由县人民政府颁发土地所有证，宣布土地归农民所有，农民有自由经营、买卖及出租土地的权利。土改以前的土地契约一律作废。

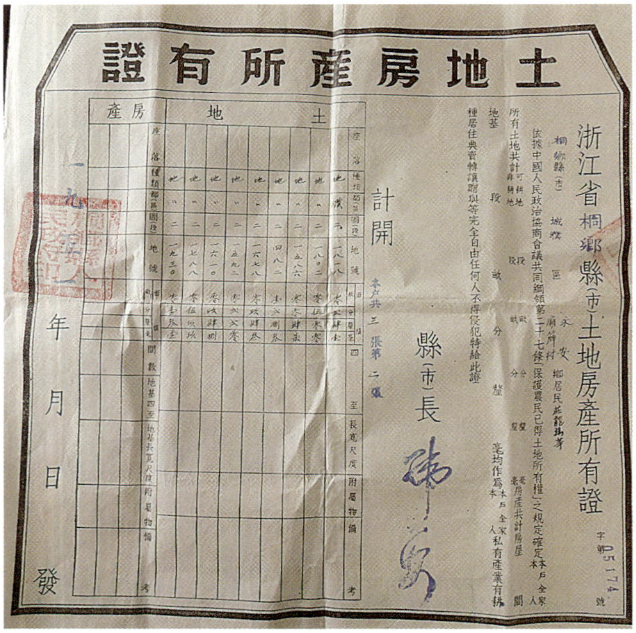
土地房產所有證

浙江省桐鄉縣(市)土地房產所有證

字第05174號

桐鄉縣(市)　城鎮　區　永安　鄉居民　廟箍村

依據中國人民政治協商會議共同綱領第二十七條「保護農民已得土地所有權」之規定確定本戶全家人所有土地共計可耕地 非耕地　段　畝　分　釐　毫 房產共計房屋　間

地基　段　畝　分　釐　毫均作為本戶全家人私有產業有耕種居住典賣轉讓贈與等完全自由任何人不得侵犯特給此證

計開

本户共三張第二張

縣(市)長

一九　年　月　日發

土改后颁发的濮院永安乡庙箍村土地房产所有证

1951年冬，遵照中共中央《关于农业生产互助合作的决议(草案)》，开始组织农业生产互助组，引导农民组织起来，走农业合作化道路。1952年秋，镇域试办初级农业生产合作社。1953年冬，宣传贯彻党在过渡时期总路线，农民社会主义积极性高涨，互助组、合作社迅速发展。特别是在1954年夏季，遇到特大雨涝灾害，互助组、合作社在抗洪排涝中充分显示了“组织起来”的巨大力量。于是，尚未入社的农民纷纷入社；一些互助组也陆续转为农业生产合作社。初级农业生产合作社的土地仍属农民私有，除相当于全村人均5%的土地为社员种植蔬菜的自留地外，其余均由初级农业生产合作社集体使用，集体经营。初级农业生产合作社对农民入社的土地，给予低于劳动所得的报酬(分红)。

第三节　土地公有制

1958 年 10 月，濮院镇、永乐乡和新生乡合并成立濮院人民公社。濮院人民公社从嘉兴运河农场划进水田 563 亩，旱地 47 亩。

1961 年 6 月，贯彻实行中共中央《农村人民公社工作条例(修正草案)》，全面调整社队规模，实行公社、大队、生产队三级所有、队为基础的体制，明确生产队范围内的土地，包括社员的自留地、自留山、宅基地等都归生产队所有。生产队所有土地，不经过县级以上人民委员会审查和批准，任何单位和个人都不得占用。社员的自留地、饲料地和开荒地合在一起的数量，可以占生产队耕地面积的 5%—10%，最多不能超过 15%。按照条例，镇域划给社员自留地和饲料地。“文化大革命”期间，社员的自留地和家庭副业被视作“资本主义尾巴”，一度被生产队以“三献”(献自留地、饲料地、宅基地)为名收回社员土地使用权。

中华人民共和国成立后，镇区存在若干闲散公地，长期以来被周边居民瓜分为私家菜园。1958 年，镇政府成立社会福利社，集中闲散公地 60 余亩，安置闲散劳动力 60 余人。1965 年，社会福利社解散，土地全部拨给桐乡三中建立西农场，供“半农半读”教改之用。1971 年春，镇政府又一次集中私人占用的公地，成立蔬菜队。蔬菜队共有土地 101.91 亩，散布于大众、北市、南市、西南、鸣凤 5 个街道居委会。蔬菜队下设 5 个蔬菜小队，占地分别为大众小队 16.39 亩，北市小队 25.39 亩，南市小队 22.58 亩，西南小队 22.72 亩，鸣凤小队 14.84 亩。

80 年代初农村经济体制改革，土地制度也随之改革。生产队土地由集体所有集体经营改变为集体所有分户经营。1983 年全镇各生产队全面实行家庭联产承包责任制。土地承包到户有两种方式：一为“双田制”，即按人口承包不负担国家粮食任务的口粮田，按劳力承包负担国家粮食任务的责任田；一为按人口承包土地(有的按劳动力和人口比例计算承包土地)，按承包土地数量，负担国家粮食任务。对丧失劳动力和人口多劳力少的农户，给予适当的照顾。生产队作为发包单位，与承包户签订合同，明确双方的权利和义务，将集体所有土地承包给农户经营，实行土地所有权和使用权相分离的制度，但土地公有制的性质没有改变。1984 年，乡镇进行土地资源详查，进一步查清了土地总面积。濮院乡总面积为 34.6 平方千米，耕地面积为 30318 亩，其中水田 18326 亩、旱地 11992 亩，桑地 7050 亩。濮院镇总面积为 1 平方千米。新生乡总面积 26.6 平方千米，有耕地 24513 亩，其中水田 20294 亩、旱地 4219 亩，有桑地 4477 亩。

1984 年 1 月，中共中央发布了《关于一九八四年农村工作的通知》，提出延长土地承包期，一般应在 15 年以上。1986 年 6 月全国人大常委会又以立法形式对土地所有权和承包经营权进行立法保护，制定了中华人民共和国成立以来第一部土地管理法。

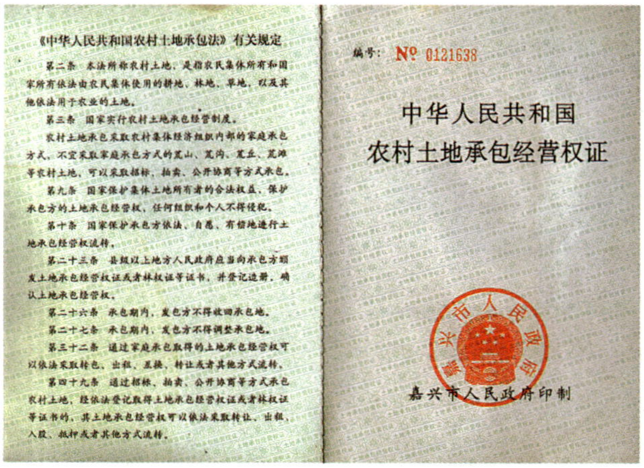

《中华人民共和国农村土地承包法》有关规定

第二条 本法所称农村土地，是指农民集体所有和国家所有依法由农民集体使用的耕地、林地、草地，以及其他依法用于农业的土地。

第三条 国家实行农村土地承包经营制度。

农村土地承包采取农村集体经济组织内部的家庭承包方式，不宜采取家庭承包方式的荒山、荒沟、荒丘、荒滩等农村土地，可以采取招标、拍卖、公开协商等方式承包。

第九条 国家保护集体土地所有者的合法权益，保护承包方的土地承包经营权，任何组织和个人不得侵犯。

第十条 国家保护承包方依法、自愿、有偿地进行土地承包经营权流转。

第二十三条 县级以上地方人民政府应当向承包方颁发土地承包经营权证或者林权证等证书，并登记造册，确认土地承包经营权。

第二十六条 承包期内，发包方不得收回承包地。

第二十七条 承包期内，发包方不得调整承包地。

第三十二条 通过家庭承包取得的土地承包经营权可以依法采取转包、出租、互换、转让或者其他方式流转。

第四十九条 通过招标、拍卖、公开协商等方式承包农村土地，经依法登记取得土地承包经营权证或者林权证等证书的，其土地承包经营权可以依法采取转让、出租、入股、抵押或者其他方式流转。

编号：№ 0121638

中华人民共和国
农村土地承包经营权证

嘉兴市人民政府

嘉兴市人民政府印制

1990 年发放的土地使用证

1990 年 2 月，为适应土地使用制度改革的需要，濮院镇政府发布文件，成立濮院镇土地使用权发证工作领导小组，统一部署，在 7 月底前完成全镇土地使用证发放工作。同年 12 月濮院镇开始建立土地管理办公室，对全镇土地进行统一规划与管理，对土地进行调整。在农村，实行家庭联产承包责任制以后，为解决因家庭人口、劳动力及集体耕地变动而出现的“有田缺劳、有劳缺田”的矛盾，1990 年 9 月，在县委统一部署下，对境内承包的土地“大稳定，小调整”，原则上长期不变。为控制调整面积，濮院乡制定了“起调线”（水田一般在 0.3—0.5 亩，桑园在 0.05—0.1 亩），农户承包土地进出低于起调线的，不予调整。1993 年，濮院镇再次进行土地调整，把每个村民小组包括农田、桑地、宅基地、门前晒场等地的所有土地面积，按农业人口平均划分，政府与农户签订土地承包合同，土地承包实行 30 年不变。1993 年 11 月和 1997 年 6 月，中共中央、国务院相继发布文件，规定原定的耕地承包期到期之后，再延长 30 年不变，使绝大多数农户原有的承包土地继续保持稳定。到 1993 年年底，经过调查整理，濮院镇有企事业单位 59 个宗地（地籍的最小单元，是指以权属界线组成的封闭地块），面积 113324.20 平方米。城镇居民 362 个宗地，面积 25510.26 平方米。共计 421 个宗地，总面积 138834.46 平方米。

随着国家建设征用集体土地的增加，国有土地的比重也随之增加。1990 年，全镇国家所有土地与乡村集体所有土地之比为 7∶92。

表 4－1　　1990 年公有制土地面积比重统计表

单位＼项目	合计（亩）	国有		乡集体		村集体	
		面积（亩）	占有（%）	面积（亩）	占有（%）	面积（亩）	占有（%）
新生	38476.9	2100.3	5.46	431.3	1.12	35945.3	93.42
濮院	50615.3	3648.2	7.21	482.1	0.95	46485.0	91.84

2004 年，结合全镇二轮承包工作实际，镇政府制定并印发《关于进一步稳定和完善农村土地承包关系的实施意见》，在全面完成土地承包后，妥善处理承包遗留问题，做到承包面积、四至、合同、权证“四到户”，规范承包土地流转、整理、征用行为。2005 年，土地总面积 61 平方千米，耕地面积 3261.67 公顷，其中水田 2380.93 公顷，旱地 836.33 公顷。2009 年，土地总面积 64.45 平方千米，其中耕地 3621.72 公顷，园地 433.37 公顷，林

地 4.33 公顷，城镇、村及工矿用地 1608.06 公顷，交通运输用地 392.99 公顷，水域及水利设施用地 379.46 公顷，其他土地 5.18 公顷。

表 4－2　　1996—2010 年濮院镇基本农田控制分解指标一览表

项目／单位	1996 年末耕地面积		保护率（%）	基本农田保护区面积		2010 年末耕地面积	
	亩	公顷		亩	公顷	亩	公顷
新　生	24056.4	1603.760	86.55	20821	1388.0677	52633	3508.8667
濮　院	27999.6	1866.640	85.50	23940	1596.0000		

第二章　土地整治和利用

第一节　土地平整

境内土地，自古以来，由于叠土栽桑、围圩造田、挖河筑堤，形成田地交错，高低悬殊的"桑基圩田"人工地貌。20世纪50年代，农村开始走合作化道路。为发展农业生产，实行机械化作业，平整土地就成为一项重要的基础性工程。初级农业合作社成立后，境内已无大块荒地可供开垦，但仍有一些面积较大的成片荡田不适宜水稻种植。1959年，全县组织12个公社，3000多名劳动力，支援境内改造白旗漾低产荡田6000余亩，新挖灌溉渠道6000米，与运河连接，设置机埠，改善灌溉条件。

20世纪60年代后期，以建设高产稳产旱涝保收农田为目标，镇域开始平整土地，把旱地改为水田，扩大灌溉面积。1970年开始，每年冬春挖泥挑筑堤坝，平整土地，修筑机耕路，调整排灌分系，实施田、路、渠一体化综合治理。

1973年，濮院公社成立农田基本建设办公室，指导各大队开展大规模土地平整，各大队有专人负责。根据航拍图片，测出田地高度，再绘制更精确的施工图纸。各大队按照图纸，根据具体情况，在公社专业工作人员指导下进行土地平整。如出现田、地交错情况，由技术人员根据田、地面积和高度，算出应挖土方，将地土填入田里，由此平整成成片的水田。再根据水田大小，设计田塍、机耕路，朝格子化发展。星火大队由于整个大队地形呈长方形，比较容易规划，在机械水利局的指导下，修筑机耕路贯穿整个大队，机耕路两边都为水田，便于农耕作业。新生公社在红旗大队庄家汇小队率先开展土地平整工程，工程结束后，田地平整，道路笔直，有利于排灌作业，被作为先进典型，召开现场会，传播经验，各小队派代表前往参观学习。

镇域在土地平整的同时，还进行水利工程配套建设，整修渠道，排灌分系，增加排涝动力。全面开展整治圩堤工程，提高圩堤建设标准，开挖沟渠联圩并圩，小圩变大圩，再按圩内地形地势特点和自然条件调整联圩规模，相继配建机电排灌机埠和各类控制水闸，发展机械化统一排灌。

通过平整土地，排灌分系，修筑渠道、机耕路，农田建设逐步走上格子化、园田化的发展之路，往时田地分散零乱、浜多、圩田大小不一、高低不平的旧貌得以初步改变。复种指数从50年代的196.9提高到70年代的250.1。据1984年土地资源详查，通过土地平整，镇域土地结构较1959年土壤普查时变动较大：旱地减少，水田、桑园增多；林地减少，沟渠用地增多。1986年，为改变圩区排灌工程设备老化的状况，全方位改造、完善、提高圩区排灌能力，建设高产、稳产吨粮田。是年冬天开始，新生乡红旗漾村，濮院乡永联村历经三四个冬春，投入资金88.21万元，先后改造圩田7299亩，完成土方10.32万立方米。据1988年圩区调查，新生21个圩围，面积21.07平方千米，濮院16个圩围，32.02平方千米。圩区水田面积，新生19571亩，濮院20958亩，农田基本达到能灌、能排、旱涝保收的要求。

20世纪90年代后期，随着羊毛衫工业的迅速发展，镇域经济建设也进入快速发展时期，非农业用地激增，导致耕地减少。为保护耕地，1996年，镇域实施平土改田，再次掀起农田建设高潮。1996年到1998年3年期间，共平整土地总面积3252亩。

表4-3　　1998年乡镇耕地平衡统计表

单位＼项目	期间补充耕地量			期间减少耕地量			规划期间净增、减耕地（亩）
	增加合计（亩）	整理复耕（亩）	土地开发（亩）	减少合计（亩）	建设占用（亩）	灾毁（亩）	
新生	283.05	253.05	30	129	114	15	154.05
濮院	844.95	808.05	36.9	421.95	372	49.95	423

1999年开始，新生、濮院两乡相继成立"箱子田改造工作办公室"，使用先进的机械化推土，大规模、大面积进行箱子田改造。规划设计图纸中如涉及农民住房，则动员拆迁建新房，村集体给予一定的经济补偿。是年，共平整土地4500亩。2003年，镇域着力推进村级集体经济，完成节水灌溉工程3170亩，实施土地整理8000亩。2004年，镇域总投资2300万元，整理土地和箱子田改造6000亩，节水灌溉2500亩。在资金保障上，除市级专项奖励资金外，镇域还制定本镇资金补助办法。市、镇两级的资金保障，使镇域土地平整项目进展迅猛。为增加耕地面积，自2006年11月15日到2007年1月5日，镇人民政府在新港村又投资35万元开展土地平整，项目总数为10万立方米，2000年到2007年，镇域共整理土地及建设标准田51593亩。2002年，濮院镇被评为桐乡市2002年度土地综合整理工作先进集体，成为桐乡土地综合整治的样板区。

到2008年为止，全镇耕地保有量为5.8万亩，基本农田保护面积为5.08万亩，建成标准农田4.5万亩，累计新增耕地821.86亩。2006年到2009年，镇域经过土地平整，又新增耕地面积1424.99亩，土地复垦面积为92.11亩，形成"田成方、树成林"的格局，道

新星村土地平整后的景象

路、水沟硬化，大大提高机械化作业程度。

新星村土地整治项目是镇域土地整治的一个重点项目，开始于2010年，2012年底前基本完成土地平整工程。经过土地平整，新增耕地454.64亩。比较典型的是新星村潘家村组，经过土地平整、区块复垦，以前零星、错落的老宅基地，已经被整理成田块成方、绿树成行、渠路成网，集高效、生态、示范于一体的高标准农田。

第二节　土地流转和开发

1993年下半年，濮院镇根据桐乡市农村工作会议精神，在坚持土地集体所有和家庭承包经营的前提下，将集体土地划分为口粮田和责任田两部分。口粮田按人平均承包，一般只负担农业税，体现社会福利原则；责任田有的按人承包，有的按劳承包，有的实行招标承包。承包责任田一般要缴纳农业税，承担农产品订购任务和集体的各项提留。在保证口粮田的前提下，责任田以土地流转形式向大户集中，进行规模经营。1995年上半年，新生镇成为桐乡市推行粮田规模经营的试点。尤其是红旗漾村党支部书记周阿龙，1991年开始承包村里84亩抛荒田，进行规模种植粮食，被评为全省“优秀售粮大户”。20年间，周阿龙种粮规模不断扩大，至2010年，已承包农田1357亩。此外，1998年，原濮院水果合作商店职工施慕义，和金龙大队、永联大队签订土地承包协议，在金龙大队的封家浜和永联大队的树篷里共承包100亩左右土地，种植水稻。

由于镇域城乡一体化进程的加快，加上濮院羊毛衫工业发达，农村青壮年劳动力纷纷进厂打工，或自己发展家庭式作坊，从而出现部分土地闲置甚至撂荒的现象。相反，有些农民想发展效益农业却没有土地。针对这些情况，1999年，镇域开展第二轮土地承包。在坚持农户家庭承包经营制度和稳定农村土地承包关系的基础上，遵循平等协商、依法、自愿、有偿的原则，采取转包、出租、转让、互换等形式，由村经济合作社主持，明确土地流出户与流入户双方权利和义务，签订土地流转合同，或者农户以书面委托书形式，委托村集体或其他服务组织统一转包，规范有序地建立起土地使用权的流转机制。随着第二轮土地承包的基本完成以及第二、第三产业的快速发展，境内土地流转逐年增加。

2008年，濮院镇建立土地流转服务中心，实行一条龙快捷服务，并免费提供土地流转信息。同时大力推广土地股份制，形成“土地变股权，农户变股东，要地不种地，收益靠分红”的机制，使一部分农民成为农业基地的产业工人，既拿租金又有工资收入。为推进土地合理流转，推动农业向集约化方向发展，镇政府又出台了一系列优惠政策，对依法组织成片新流转土地面积50亩以上、签约土地流转合同5年以上，一次性给予流出农户每亩100元奖励，村级组织每亩100元工作经费，200亩以上再奖村级组织每亩100元。

各村一般采取转包的土地流转形式，帮助农户和种植大户签订规范的流转协议，解决土地流转过程中各种纠纷，确保农户和种植大户的基本权益。村委会坚持把农民利益放在首位，根据农民意愿确定流转价格。与此同时，对全村土地进行分类划块，选择地理位置优越、基础设施良好的地块，突出重点，集中力量先流转，提高使用效能，实现可持续流转开发。2008年3月15日，濮院镇新东村10多名农民代表到村委会与前来租地的水果种植户商量合同事宜，最后以每亩600元的价格签下了170亩的土地流转合同，拉开了2008年镇域土地流转工作的序幕。

由于分散的农业基地不利于产业结构调整，公共资源无法发挥最大的优势，2009年，政府进行现代农业区域化布局，建成一个农业创业园，园区面积达6平方千米，建成4个千亩基地和1个示范方，有30多个承包大户入驻。与此同时，新妙智村、新联村、油车桥村建立千亩水果基地，新东村建立苗木、花卉基地，红旗漾村有1200亩的蔬菜基地，还有水产园区、优质种子园区等。通过一系列政策扶持引导，镇域土地流转进展较快，到2008年年底，共流转土地面积11480亩，流转量位居全市前列。

依托党的惠农政策，2009年，全镇继续开展土地流转工作。其中新河村作为镇域八大功能组团中的生态农业区，区域、气候、土壤等自然条件很适合培育和发展效益农业。通过多渠道的联系和协商，最终和企业家朱三林达成了土地流转协议。朱三林通过前期的实地考察和选址，最终确定在罗秋浜、陈家门、庄家村等村民小组，流转土地275亩，大规模种植芦荟，形成了该村第一个效益农业基地——芦荟基地。朱三林精心选择品种，进行大棚种植，安排人员悉心栽培，提高种植效益。在朱三林影响下，不少农民搞起了规模种植葡萄。通过土地流转，形成130多亩的葡萄种植基地。新河村通过土地流转，使土地逐步向种植能手集中，充分发挥了技术效应和规模效应，增加了农民的收入。

朱三林的芦荟种植基地

2010年，为全面推进“两新”工程和精品农业园建设，根据濮政〔2010〕47号文件精神，制定濮院镇土地流转基础实施办法，由村经济合作社统一实施土地流转。在流转过程中，对尚未落实的地块，则暂由村经济合作社统一种植季节性农作物，如因突发性严重自然灾害如旱灾、洪涝、风灾、雹灾、冰冻等造成严重损失或经营亏损的，可按200—500元/亩·年的标准申请补助，补助期限至项目落实为止。

在进行土地流转的同时，如何向内进一步拓展潜在的土地资源，成为镇域土地开发的又一个重点。濮院镇的做法是，结合村庄整治规划，对配置不当、利用不合理的分散、闲置、废弃的宅基地实施整理复垦，使其成为可耕地。2003年，完成宅基地复垦150亩，农业综合开发4000亩，新增建设用地500亩。2007年，桐乡市人民政府办公室印发《桐乡市农村宅基地整理复垦工作实施意见》的通知，濮院镇根据土地利用总体规划和村镇体系规划，完成宅基地复垦200亩以上。2008年，镇域实施5个行政村土地整理工程，建成标准农田4000亩。

第三章　土地管理

明清时期，镇域土地管理以清丈土地、整理籍册为主。到了近代，土地管理的职能发生了深刻变化，突破传统的土地财产制度范围，开始进行土地利用管理。民国时期，制定《土地法》，进行土地测量，土地陈报，办理土地登记，发放土地权利证书，重视土地权属管理。中华人民共和国成立后，1951 年完成土地改革。随着土地向公有制过渡，建立国家建设征用土地审批制度，进一步加强用地管理。改革开放后，由于工业化和城市化进程的加快，土地利用管理更趋科学。

1990 年 12 月 8 日，濮院镇成立土地管理办公室。随着土地管理逐步正规化，其利用也逐渐规范和合理。进入 21 世纪，镇政府重新制定土地利用总体规划，严格控制土地资源，合理利用土地，将人均建设用地指标确定在第Ⅲ级（90.1—105.0 平方米/人）内。2005 年至 2007 年，全镇清查建设用地情况和空闲、闲置土地情况。2008 年，根据土地管理执法检查通知，镇域成立了土地执法检查领导小组，多次召开会议，制定执法检查方案，镇政府及有关职能部门认真落实相关工作。从 3 月初到 4 月中旬，全镇贯彻执行《中华人民共和国土地管理法》，进行专项执法检查，强化用地意识，完善土地管理机制，促进政府依法管地。

第一节　管理机构

明洪武四年（1371），朱元璋下令设立户田田帖，登记人户所占田亩。宣德五年（1430），镇域清丈和调查土地，编制鱼鳞图册，图内绘有简单地形示意图，注明面积、四至和税则等级（分上中下地）。鱼鳞图册的编制，为土地管理提供了图件资料，是土地管理的重要发展。之后在隆庆二年（1568）、万历九年（1581）、清光绪年间（1875—1908），又进行过多次清丈和调查。

民国 24 年（1935），根据浙江省政府清丈土地决议，镇域开始土地清丈工作，并开展土地登记业务。土地所有者通过填写土地所有权登记申请书，缴验方单、契据等权源资料等手续，完成登记；公有土地则由管理机构办理登记手续，编写清册，移交县政府管理。县政府编制土地登记总簿，填写权利书状，报请省地政局审核备案，重新发放土地所有权利证书。逾期未登记和未发放权利证书的土地，由土地登记处公告周知，期满后仍无人登记的土地，移交该土地所在的乡镇公所执行代管，代收租息、代交赋税；两年后仍无人认领的土地，依法转为公有土地。镇域在1936年10月，基本完成土地登记和发放土地权利书状。

中华人民共和国成立后，20世纪50—60年代，土地的征用和审批由县民政科办理。到了70年代末，土地的征用，农民的建房用地由县财税部门监管，后移交给县农林局管理。1982年起，农民集体土地由县农林局管理；城镇国有土地由县城建局管理。农民建房先由乡一级党委政府同意后，再上报县农林局审批。1984年8月，县农林局设立土地管理办，濮院镇和新生乡开始聘用专职土地管理员。1988年1月，县土地管理局成立，城乡土地从分管逐步实行统一集中管理。1990年12月8日，根据桐乡县人民政府办公室(90)176号文件精神，经镇党委、镇政府研究决定，成立濮院镇土地管理办公室，对镇域土地进行统一规划与管理。由副镇长兼任办公室主任，同时配备一名土地专管人员，具体办理土地征用、变更、划拨等手续，并对全镇城乡土地实行集中统一管理。土管员行政和业务分别受乡镇人民政府和县土地管理局领导。1997年成立濮院土地管理所，由姚义夫任所长，工作人员5人。在随后的2001年、2005年、2006年分别由章金龙、沈建春、吕学强先后担任镇土地管理所所长。其性质为全民所有制事业单位，作为市土地管理部门的派出机构，实行市土地管理部门和乡镇政府双重领导，以土地管理部门为主的管理体制。

第二节　地籍管理

明代整理土地，镇域悉依黄册、鱼鳞图册为准。黄册以户为主，即户籍管理；鱼鳞图册登记土地四至、数量等情况，只登记熟地，不登记荒地及屯垦田，为地籍管理。整理土地之目的，为征收地租和赋税。清代，镇域仍沿用鱼鳞图册整理土地，按田亩征税，设置田赋簿册。民国时期，国民政府根据《土地陈报办法大纲》《土地法》先后开展土地陈报，户地测量，土地登记和发放土地权利证书等工作。镇域于民国18年(1929)受理土地陈报，民国24年(1935)开始土地测量，民国26年(1937)完成土地简易测量工作，濮院镇面积3048亩，至民国36年(1947)，办理土地登记和发放土地权利证书。

1951年，土地改革后，境内曾清理农村各阶层占有土地数量并颁发土地所有证。1956年，农村土地从私有制转为公有制后，土地就不再登记发证，地籍管理滞后，土地存在界址不清，权属不明的状况。

中共十一届三中全会以后，随着党的工作重点的转移，地籍管理工作进入了一个新的发展阶段。1988年1月，桐乡县土地管理局成立，土地登记和发证成为土地管理的一项基础工作。同年9月，桐乡县被列为浙江省农村集体土地登记发证试点县。根据国家土地管理局〔1987〕国土(籍)字第81号文件精神，镇域有组织、有计划、有步骤地开展农村地籍调查和初始登记工作。结合实际，制定农村土地登记发证具体实施方案及工作流程图。利用详查航片资料，开展权属变更调查，用小平板仪实测建设用地，用皮尺勘测面积较小的农户宅基地、个体户和乡村企业建设用地，签署权属协议书，绘制地籍图、土地利用现状图等各种类型图件，填写各种表格。

1988 年，县人民政府颁发《桐乡县人民政府关于土地使用权申报登记通告》，县土地管理局印发《桐乡县土地使用权申报登记简章(试行)》，统一印制申报登记宣传提纲和宣传标语，镇域开始着手土地使用权申报工作。10 月下旬，成立土地使用权申报登记领导小组和办公室，由镇政府、城建办、房管所等有关领导组成，分管副镇长任领导小组组长或兼办公室主任，下设外业组(申报登记组)、资料组、后勤组三个组，具体分工负责土地使用权申报登记中的各项工作。11 月 12 日，派出工作人员进行为期三天的培训。各机关、团体、学校、企事业等单位有专人负责申报登记。申报登记工作坚持先单位后个人，先易后难原则，采取人员分片包干，单位按不同编组申报，居民在所在街道申报，整个申报工作按“审查验证收件收费”程序进行。土地申报登记工作于 12 月 20 日基本结束。土地使用权申报登记任务的完成，对全面开展镇域土地使用权的地籍调查和确权、登记、发证工作做好了准备。

在全面完成城镇国有土地使用权申报登记的基础上，1989 年 4 月，镇域开始城镇地籍权属调查、地籍测量、初始登记和确权发证工作。整个地籍测量分三个阶段完成：第一阶段测绘 1∶1000 平面图，内容包括房屋、道路桥梁、水系，有明显轮廓的地类界以及各级控制点，并调绘地理名称，注记房屋结构、层数及门牌号码；第二阶段调绘权属界线、界址点及土地利用情况、分类等地籍要素，绘制宗地草图，计算宗地面积；第三阶段根据第二阶段收集和标注的图、表、册资料，在图上图解重要界址点的坐标，即街区主要轮廓点和大的独立单位，量算其面积，并与各宗地实际面积校对，符合规定的，绘成地籍图。12 月 29 日完成镇域城镇地籍调查，收集装订地籍资料，建立土地初始地籍档案，颁发首批国有土地使用证书。

1992 年，采用“三级定位”的方法划定基本农田保护区：水田为一级保护区；桑园、旱地为二级保护区；各项建设留用地为三级保护区。1994 年 12 月，根据《浙江省基本农田保护条例》规定：一级保护区内的农田长期不得占有；二级保护区内的耕地在规划期内不得占有。因特殊情况确需征用一级保护区农田的，须经市人民政府和省土地管理部门核实，经省农业行政部门签署意见，由省土地管理部门报省人民政府批准。1999 年 12 月，镇域向农民发放土地承包证。但农村土地还是处于“模糊管理”状态，并未建立全国范围的统一地籍册。2008 年 10 月党的十七届三中全会发布的《关于推进农村改革发展若干重大问题的决定》，首次提出现有土地承包关系要保持稳定并“长久不变”，并明确提出要“搞好农村土地确权、登记、颁证工作”。2009 年起，濮院镇在坚持农户家庭联产承包经营制度和稳定土地承包关系的基础上，遵循平等协商、依法、自愿、有偿的原则，采取转包、出租、互换等形式，有序流转土地，建立起规范有序的土地流转机制。

第三节 建设用地

国家建设用地

中华人民共和国成立初期，境内国家建设用地甚少，主要有兴修水利，交通工程，文化、教育、卫生设施建设等。农村成立高级农业生产合作社以前，土地归农民所有，征用农村土地，多从土改时保留土地中调换补偿。合作化后征用农村集体土地，用地单位根据项目设计核准的用地数量，与生产队签订用地协议，支付土地补偿费、青苗补偿费等费用后，取得土地使用权，不办理土地征用审批手续。

1990 年起，镇域国家建设征用土地，由县土地管理局实行全程管理，统一征地，统一补偿。

根据《桐乡土地志》统计，到 2000 年，新生乡用于国家建设土地为 50 亩，濮院镇用于国家建设土地为 390 亩。2010 年，濮院镇国土资源管理所用地统计资料显示，濮院镇安排采矿用地 447.3 亩，建制镇用地 11693.4 亩(其中含部分国家建设用地)。

乡(镇)建设用地

20 世纪 50 年代末至 70 年代，境内兴建农科站、机埠，修筑机耕路，兴办社队企业及建设公共设施所需的建设用地，采取由用地的公社或大队(高级农业生产合作社)，对被用地生产队的农业税和商品粮任务，在全公社或全大队(社)范围内，以人口或土地面积，按比例摊平，安置部分劳力进企业务工，或者逐年给予一定数额的经济补偿等方式，取得土地使用权，不办理用地审批手续。1981 年 3 月 9 日《浙江省关于国家建设用地和农村社队建设用地管理办法》公布，规定需要占用耕地的，必须持县以上主管部门批准建设的文件和占地平面布置图，方可办理用地手续。占用耕地 1 亩以下的，由人民公社审查，报县土地管理部门批准；1 亩以上由县人民政府批准；2 亩以上由地区行署批准；3 亩以上由省人民政府批准。经审查批准的建设用地，不调整粮食征购指标和农业税，土地使用权转移后，土地属集体所有的性质不变。如在城镇规划区内兴建社队企业，要同时征得城镇规划管理部门的同意。

1983 年 7 月 13 日，根据《浙江省城乡建设用地管理办法》规定，乡(镇)村建设用地的审批权限与国家建设征用土地相同。1984 年 9 月 6 日，《浙江省城乡建设用地管理办法(修订)》公布，规定乡(镇)村建设单位使用耕地，应向市、县农业部门交纳造地费；征用蔬菜基地的，应向市、县蔬菜主管部门交纳菜地建设费。造地费和菜地建设费的收取标准和使用管理办法，按省人民政府规定。从 1986 年 1 月 1 日起，乡(镇)村建设使用耕地，每亩收缴造地费 1000 元。1987 年 4 月 1 日起，乡(镇)村建设征用城镇规划区内的耕地，每亩征收耕地占用税 5000 元，非规划区内的耕地，每亩征收耕地占用税 4000 元。征收耕地占用税后，减半收取造地费。1988 年国务院颁布《中华人民共和国城镇土地使用税暂行条例》，规定从1989年1月1日起，开始征收土地使用税，征收范围是县城、各建制镇，计税的幅度为每平方米0.20—0.60元。

乡(镇)村企、事业单位申请建设用地，除缴纳一定的土地造地费和土地使用税，还应支付被征地单位土地赔偿费。20世纪80年代初，土地赔偿费一般为每亩田地3000元，80年代末一般为田每亩10000元，地每亩11000元。1988年9月开始，桐乡县土地管理局在镇境规划区内对城镇集体单位建设征用土地，统一出台政策，平衡全市土地征用赔偿价格。自1990年起，镇域土管部门对城镇集体单位建设征地及乡(镇)村建设用地，实行全程管理。用地单位的基建项目可行性研究、选址意向、协商征地方案等都由土地管理部门派员参与。基建用地批准后，由用地单位会同土地管理部门根据批准的平面布置图放样。从工程放样施工到竣工验收，明确用地单位、施工单位和县、乡(镇)土地管理部门各自应承担的责任。

2002年，围绕“接轨桐乡，建设桐乡经济新区”的城镇发展思路，通过市场、工业园区、城镇建设互为拉动，镇域经济新区面积由年初的3.5平方千米扩大到年底的5.3平方千米，净增1.8平方千米。构筑了城镇道路框架，凯旋路、宏苑路、工贸大道等主道延伸浇筑总面积长达到3千米。2004年，镇域城镇建设用地为8.03平方千米，人均建设用地面积为109.54平方米。2005年至2007年，镇域成立土地执法检查领导小组，贯彻执行《土地管理法》、国务院3个文件精神，进行专项执法检查。查实共有空闲土地3宗，面积39亩；闲置土地5宗，面积111亩。收回闲置土地50亩，督促相关征地单位的工程尽快动工。2008年，随着社会经济的快速发展，围绕“建设生态型的现代工贸新城区”的城镇发展思路，镇域加快城镇建设。通过市场、工业区、城镇建设互动发展，经过一年的开发建设，在地域上实现了接轨梧桐目标。全年商住土地出让263亩，镇区面积拓展了2平方千米。加大依法征地拆迁力度，到2008年底，镇区10.1平方千米规划区内土地已基本出让完毕，全年完成土地征用3559亩，拆迁房屋453户。到2010年，镇域城镇建设用地增至11.88平方千米，人均建设用地面积为108平方米。

表4-4　　2004年濮院城区建设用地平衡统计表

序号	用地代号	用地名称		现状		
				用地面积（万平方米）	占城市建设用地（%）	人均用地（平方米/人）
1	R	居住用地		225.28	28.05	30.73
2	C	公共设施用地		112.24	13.98	15.31
		其中	行政办公用地	12.07	1.50	1.65
			商业金融用地	82.95	10.34	11.31
			文化娱乐用地	0.81	0.10	0.11

续表 4-4

序号	用地代号	用地名称		现状		
				用地面积（万平方米）	占城市建设用地（%）	人均用地（平方米/人）
2	C	其中	体育用地	—	—	—
			医疗卫生用地	1.59	0.20	0.22
			教育科研用地	11.60	1.44	1.58
			文物古迹用地	3.22	0.40	0.44
3	M	工业用地		272.3	33.91	37.15
4	W	仓储用地		24.23	3.02	3.30
5	T	对外交通用地		13.55	1.69	1.85
6	S	道路广场用地		120.12	14.96	16.39
7	U	市政公用设施用地		12.96	1.61	1.77
8	G	绿地		22.27	2.77	3.04
		其中:公共绿地		13.65	1.70	1.86
		城市建设用地		802.95	100.00	109.54

农民建房用地

20世纪50年代农民建房用地，大多利用原有宅基地拆建住房。1962年9月，《农村人民公社工作条例修正草案》公布，农村宅基地归生产队所有。社员建新房，需由本人申请，生产队统一规划，尽可能利用一些闲散地，不占用耕地。必须占用耕地时，要报请县人民委员会批准。80年代以前，境内的农村居民住宅四散分布，社员建房用地，管理放松，标准不一。1982年8月，县人民政府规定，社员建房用地为每户留底7厘(47平方米)。人均建房用地4人以下户(包括4人)每人5厘(33平方米)；5人户以上(包括5人)每人4.5厘(30平方米)。私人建房用地，从批准之日起，一年内有效，逾期作废，再建时必须重新办理审批手续。批准建房用地，未经大队统一放样，不得擅自动工。易地重建，要先拆后建。房屋竣工后，对建房用地进行验收，验收合格的，退还押金，不合格的，按规定处罚。1987年开始，县土管局对农村建设用地实行计划管理，各乡土地管理所相继建立，农村建房逐步规范，居民点亦逐步集中。

进入90年代，农民对住房的要求更高，建房面积增大。之后，由于行政区域调整和农村建设需要，镇政府对土地利用总体规划进行重新修订。1992年镇域贯彻执行国务院《关于严格制止乱占滥用耕地的紧急通知》，落实“十分珍惜和合理利用每寸土地，切实保护耕地”的基本国策，通过农田保护区划定，实施村庄总体规划，结合旧村改造，划定村庄用地范围，制订村庄规划用地措施，把定额面积改为以户定量为主，人口计算为辅。

1996年5月，镇政府根据《桐乡市农村居民建房用地管理暂行规定》，对农村居民建房用地标准进行调整，从原来每户留底按人定量的计算办法改为按大户、中户、小户三种户型，分生活用地和农业生产用地两种标准。户型按农民家庭人口划分，5人以上（包括5人）为大户；3人以上（包括3人）至4人为中户；3人以下为小户。独生子女可享受优惠政策，一人可作两人计算。大户、中户、小户的生活建房用地标准分别为125平方米、105平方米、85平方米。农业生产建房用地标准为85平方米、75平方米、55平方米。

2001年1月2日，市人民政府发布《桐乡市农村村民建房用地管理暂行规定》，修改农村村民建房用地规定，农村村民建房用地取消大、中、小户，实行统一的建房用地面积，城镇规划区外的农户每户生活用房125平方米，农业生产用房60平方米，城镇规划区内的农户每户生活用房125平方米，农业生产用房35平方米。2002年后，镇域推进实施新农村建设规划，鼓励村庄集聚，加大建设投资力度。镇土管所加强对临时用地的管理，每年召开各村土管员会议，具体部署非法乱搭乱建建筑物的清理工作。各村通过测量、校对，并查阅相关批文，摸清违法占地面积，逐个进行清理，登记造册，建立好临时建设用地台账。2004年11月，根据《桐乡市农村村民建房用地管理办法》，对农村村民建房用地标准再次进行调整，生活建房用地标准为每人30平方米，农业生产用房用地10平方米，并以每户总占地160平方米（即4人）为上限，超过4人的按4人计算，少于4人的每减少1人，用地减少40平方米。镇域深入实施"十村示范，百村整治"工程，以永乐村为示范村，以新濮村等为整治村，新农村建设得到全面推进。2005年，镇域开始实行城乡一体化工程，对农村建房实行统一规划，新建房实行集中建造，统一户型，占地面积一般为160平方米左右。到2010年，全镇农户有46%以上已住进新建住房，农民人均居住面积达88平方米。

村庄集聚后的农民新村

第四节　统一征地

桐乡市（县）成立土地管理机构以后，统一征地逐步走向规范，任何单位和个人征地必须纳入统征范围。1988年9月开始，县土地管理局在镇域规划区内对国家和城镇集体单位建设征用土地，试行统一组织征地，包干使用征地费的办法，以简化用地手续，解决土地补偿费高、单位征地难的问题。镇域根据具体建设项目或征地计划，向市国土资源局提出征地申请，并提供被征地单位的情况、征地补偿安置初步方案。土地征收方案经市政府批准后，镇政府受市统一征地办公室委托与被征地单位签订征地意向协议，与被拆迁农户签订房屋拆迁安置协议，并给以一定的土地补偿费和安置补助费。待征地补偿所需资金预缴到统一征地专项资金账户后，由市统征办与被征地单位签订《征用土地补偿安置协议书》；市统征办、市就业管理服务处与被征地农民签订《征用土地人员分流安置协议书》。签订协议后方可征地。

90年代开始，尤其是进入21世纪，二、三产业蓬勃发展，镇域征地拆迁工作进一步加快。2002年，为加快新农村建设的进程，镇政府组建了拆迁办，一年中，累计动迁农户133户。2004年，全年新征用土地530亩，拆迁农户124户，面积37440余平方米。到2008年为止，镇域完成土地征用3559亩，拆迁房屋453户。

征地补偿包括：综合价补偿、青苗补偿和地上附着物补偿。镇域在征收农村集体所有土地时，不同时期依法予以不同价格的补偿。

镇域1988年征用土地补偿费，按不同地类、区域每亩补偿3000—5500元；劳动力安置每人3000元；青苗补偿费见表4－5至表4－7。

表4－5　　1988年濮院镇粮食、经济作物补偿费一览表

品　　种	补偿费用（元/亩）	品　　种	补偿费用（元/亩）
蚕豆、大麦	125—145	油菜	125—170
水稻、小麦、番茄	155—170	络麻、棉花、甘蔗	155—215
黄豆、绿豆、花生、芝麻	190—200	烟草、菊花	220—300

表4－6　　1988年濮院镇蔬菜作物补偿费一览表

品　　种	补偿费用（元/亩）
青菜、苋菜、白菜	130—170
南瓜、萝卜、莴苣、菠菜、芥菜、榨菜、包心菜、大白菜、大头菜、毛豆、四季豆、豇豆、菜瓜、丝瓜、洋葱	155—230
花菜、芹菜、辣椒、大蒜、马铃薯	235—290
花菜秧、包心菜秧、莴苣秧	315—360

表4－7　　1988年濮院镇瓜菜水生作物补偿费一览表

品　　种	补偿费用（元/亩）	品　　种	补偿费用（元/亩）
鱼塘、茭白塘	150—200	鱼秧塘	200—240
荸荠、藕塘	180—200	种种上瓜类	180—240

树木补偿费见表 4－8 至表 4－10。

表 4－8　　1988 年濮院镇桑树补偿费一览表

品　　种	费　　用	品　　种	费　　用
专业桑	每亩 700—1000 元	花白桑	每株 1 元
无杆桑	每株 1 元		

表 4－9　　1988 年濮院镇其他树木补偿费一览表

品　　种	单　位	直径(厘米)				
		1—3	3—5	5—13	10—20	20 以上
杉、松、柏	元/株	1	2	4	6	10
楝、榆、槐	元/株	0.6	1.4	3	4	8
各种杂树	元/株	0.04—0.4	1	2	3	6

说明：较名贵树木补偿费，根据规格现场评定

表 4－10　　1988 年濮院镇果树补偿费一览表

品　　种	费用(元/株)	品　　种	费用(元/株)
葡萄	6—24	橘、梨	10—70
石榴、文旦、板栗、桃树	8—40	柿、杨梅	10—100
杏、梅、李、花红、枇杷	10—60		

说明：1. 补偿价格始果期取下限，盛果期取上限，衰退期取中位，未结果的幼龄期应低于表中最低价格；
　　2. 苗木一律迁移

地面附着物补偿费见表 4－11。

表 4－11　　1988 年濮院镇地面附着物补偿费一览表

名　称	金　　额			备　　注
水　井	3 米以下每高一米补 20—30 元	3 米以上每高一米补 30—40 元	水泥管水井每眼补 30 元	第一、第二栏指砖砌水井
粪　池	砖墙水泥 14 元/立方米	条石水泥嵌缝 12 元/立方米	毛石 3 元/立方米	—
粪　缸	3 担以上 4 元/只	2 担以下 1 元/只	—	—
坟　墓	土坟 10 元/个	—	—	一穴双棺另加 50%

房屋拆迁补偿费见表 4－12。

表 4－12　　1988 年濮院镇房屋拆迁补偿费一览表

名　　称	金　　额
平　　房	每平方米 40—50 元
楼　　房	每平方米 51—60 元，阳台补 50%面积
猪羊棚舍	每平方米 25—40 元
围墙（砖砌）	每平方米 8—10 元
水泥晒场	每平方米 3 元

安置补助费是国家征收集体土地时，为安置以土地为主要生产资料并取得生活来源的农业人口而给予的补助费用，用于被征地人员社会保障。安置补助费不参与被征地集体经济组织的直接分配，直接划转到市就业管理服务机构，与集体经济组织承担的被征地人员社会保障费用一起分流，进入统筹账户和参保人员个人账户。被征地人员如申请一次性领取征地安置补助费，则由社会保险经办机构直接发放。镇域根据国土资发〔2008〕135 号文件要求，结合濮院镇实际，发放标准分别为土地补偿费每亩 2.7 万元，安置补助费每亩 1 万元。

桐乡市劳动和社会保障局是负责本市被征地人员社会保障工作的主管部门，负责被征地人员劳动就业和社会保障的综合管理工作，与被征地人员签订《被征地人员分流安置协议书》。镇域成立就业管理服务机构，专门负责被征地人员的择业指导、就业推荐、社会保障资金收缴、一次性安置补助费和生活补助费的核发、咨询服务工作。征收集体土地有关方案经批准后，相关人员应纳入本镇被征地人员基本生活保障体系。纳入基本生活保障的被征地人员的名单，经被征地单位村民代表会议确认后，报市劳动保障行政部门，市劳动保障行政部门会同土地行政主管部门、公安部门共同审定，并由征迁单位按规定缴纳被征地人员基本生活保障费。参加被征地人员基本生活保障且缴费满 15 年的人员，女性满 50 周岁、男性满 60 周岁的，自次月起按月领取养老金。2006 年前养老金月标准为 285 元；2006 年养老金月标准为 285 元和 464 元，可自行选择。2006 年原农业人口被征地后人均养老保险安置出资标准见下表。

表 4－13　2006 年原农业人口被征地后人均养老保险安置出资标准一览表

月领标准（元）	资金标准（元）	个人承担（元）	个人承担费用所占比例（%）	政府补助（元）	政府补助费用所占比例（%）	备　　注
285	29460	15460	52.48	14000	47.52	政府补助部分含自谋职业安置费
464	34185	17940	52.48	16245	47.52	

自愿放弃养老保险安置的被征地农民，可选择一次性货币安置。安置补助费标准为：16 周岁以下 6000 元/人；16—18 周岁 10000 元/人；18 周岁以上至男 60 周岁、女 50 周岁 12000 元/人；男 60 周岁以上，女 50 周岁以上 10000 元/人。年龄计算以征地时确定的基准日为准。

表 4－14　　2009 年镇域征收集体土地构筑物补偿标准一览表

构筑物类型		单　　位	补偿标准	备　　注
村级水泥道路		元/平方米	35—40	—
沙石道路		元/平方米	12—16	—
水泥晒场		元/平方米	25	—
线　　杆		元/档	1000—1500	三相五线制农用线
水　　闸		元/座	10000—20000	—
机　　埠		元/座	10000—25000	标准排灌机埠迁建费
涵　　洞		元/个	2500	—
硬化渠道、涵管		元/米	50—70	—
块石护岸		元/米	150—200	—
大棚	钢结构	元/平方米	10	按占地面积计算
	竹木结构		5	—

表 4－15　　2009 年镇域征收集体土地青苗补偿标准一览表

类　　型	补偿标准(元/亩)	备　　注
旱地、水田	1800	—
成片苗木、果园、特殊作物、养殖鱼塘	2000—10000	具体由征迁单位协商或委托评估确定

表 4－16　2009 年镇域征收集体土地房屋及附属物拆迁补偿标准一览表

序　号	名　　称	单　　位	单　　价
1	简易房	元/平方米	60
2	简易棚	元/平方米	30
3	水泥场	元/平方米	33
4	围　墙	元/米	15
5	井	元/只	200

续表 4－16

序　号	名　　称	单　　位	单　　价
6	灶　头	元/眼	50
7	化粪池	元/座	150
8	电话移机	元/部	108
9	有线电视终端	元/台	100
10	分体空调	元/台	150
11	窗式空调	元/台	50
12	热水器	元/台	150
13	水电一次补助	元/户	500

第五编

农业

濮院地处杭嘉湖平原腹地，属平原水网地带，地势平坦，气候宜人，四季分明，雨水充沛，利于作物生长，自然环境和社会经济条件优越，农耕历史悠久，素称“运河之畔、丝绸之府、百花之地、鱼米之乡”。境内的张家埭遗址属马家浜文化，距今约6000多年。6000多年前已有先民在这一带农耕、繁衍、生息。南宋时期，濮氏南迁至濮院，开始督课农桑，栽桑养蚕。北方人口的大量南迁，麦类种植扩兴于镇域；北方携来的绵羊，结合本地特定的地理气候、农耕条件，经长期精心饲养选育成湖羊。元时农业向精细化方向发展。明时传统农业渐趋成熟。民国初年至抗战前，境内农业精耕细作得到进一步的提高，养殖业也有所发展，民国《濮院志》对稻麦两熟耕作的详细记载已可见一斑。抗日战争时期，由于日军侵略和掠夺，加上战乱，农业生产遭到空前破坏。

中华人民共和国成立后，20世纪50年代初，实行土地改革，嗣后实行农业合作化。1956年，开始实施《全国农业发展纲要（修正草案）》。1958年“人民公社”化运动，高指标、瞎指挥，“共产”风劲刮，农业生产严重滑坡。80年代，濮院乡辖16个行政村（含一个渔业村），163个自然村，4695户18170人，其中非农业人口858人。1983年实行家庭联产承包责任制，有耕地30318亩，其中水田18326亩，旱地11992亩，旱地中有桑地7050亩。农业经济以水稻、蚕桑生产为主，经济作物有黄麻、大白菜、杭白菊、晒红烟等。1985年总产粮食1510.5万千克、蚕茧54.4万千克、油菜籽9.035万千克。全年饲养生猪16753头、兔49379只，湖羊年终存栏14615只。

1991年境内原濮院乡耕地和专桑面积总计36902亩，其中耕地面积29936亩，专桑面积6966亩。耕地面积中，水田18205亩，旱地面积11731亩。农业总产值（按现行价格计算）2670.56万元。农村经济总收入绝对数9258万元。原新生乡耕地和专桑面积总计28563亩，其中耕地面积23381亩，专桑面积5182亩。耕地面积中，水田20106亩，旱地面积3275亩。农业总产值（按现行价格计算）2187.76万元。农村经济总收入绝对数7146万元。

1992年6月濮院乡、镇合并，耕地和桑园面积总计36979亩，其中水田18151亩，旱地11861亩。是年濮院镇农村经济收入11422万元。

2001年、2007年新生镇和西浜村先后并入濮院镇。2008年，全镇12196亩土地实行流转，发展了近80个种养殖大户，农业专业化水平有了很大提高，推动了镇域农业的规模化生产和产业化经营。全镇实现农业总产值2.57亿元，农民人均纯收入11836元，排名“中国乡镇综合实力500强”第80位，“中国乡镇投资潜力500强”第19位。是年濮院镇启动6平方千米的精品农业富民创业园近期规划，涉及新东、新庙智、油车桥、红旗漾、新联等5个行政村，分三年实施。设优质水果基地、珍贵花卉苗木基地、无公害蔬菜基地、特种水产养殖基地、优质粮生产基地五个千亩基地和一个休闲观光农业区。

2009年，创建一个投资4000万元的芦荟生产基地，芦荟季度种植面积400亩。同年，设立花卉苗木产业区、水果产业区、蔬菜优质粮油区等，加快建成效益农业发展示范区域,并已开发面积 2150 亩。成立濮院镇农村合作经济组织联合会,规范了濮院镇苗木、新港生猪、红旗漾农机三家合作社建设,其中新港生猪合作社被命名为桐乡市示范性专业合作社。注重农产品品牌建设,创建了“濮院”牌、“小圣”牌农产品注册商标。有生态农业三个区块:一是新港区、星旗村、西浜村、新联村局部、红旗漾村局部、油车桥村局部;二是园区大道北、运河南、桐星大道东、环城东路西;三是新河村、永越村、永联村局部。2010 年,进一步加强农业基础设施建设,完成农业发展规划编制,加快农业富民创业园开发,巩固“一村一品”效益农业格局。全年实现农业总产值 2.7 亿元,比上年增长 2.3%。农民人均收入达到了 14306 元,比上年增长 10.6%。年产粮食 20591 吨,油菜籽 1157 吨,蚕茧 469 吨,水产品 787.8 吨,出栏生猪 87303 头、湖羊 33767 只,家禽 863596 羽。

随着羊毛衫产业的发展,全镇近 80%的农村劳动力转移到二、三产业,镇域农业种植结构及农民人均收入发生很大变化。虽农业和养殖业逐年减少,然而农民的人均收入却为 1991 年的 9 倍。

第一章　生产关系变革

第一节　土地改革

土地改革,废除了封建土地所有制,实行农民的土地所有制,土地归农民私人所有。

土改筹备

1950 年 4 月 28 日,桐乡县委公布《桐乡县土地改革准备工作计划》,提出到 11 月底分阶段完成土改准备工作,具体要求先点后面开展土改调查研究,完成土地呈报工作;举办训练班,训练土改干部;建立工作机构,召开农代会,成立工作队;确立试点乡;整理村级组织和进行土改宣传教育工作。同年 5 月,濮院镇成立农民协会,按部署开始进行土地调查工作,调查内容有:土地占有使用及租佃情况,剥削与被剥削的关系,土地没收、征收和分配方案,农业生产水平,以及各阶层对土地的态度及反应。调查记录报送县农民协会,由县农民协会统一分类登记造册。8 月 9 日,境内的乡、村干部和土改积极分子参加县土地改革工作干部训练班,学习《中华人民共和国土地改革法》和土地改革的路线方针政策,为全面开展土改工作打下基础。11 月,濮院镇召开土地改革代表大会,成立土地改革运动参与委员会,培养了一批积极分子组成土改工作队。确定土改工作大致分四个阶段进行：发动群众，打击封建势力；执行政策，划分阶级成分；没收、征收与合理分配；检查土改，发放土地证。

土改宣传

土改工作队贯彻执行“依靠贫、雇农，团结中农，中立富农，有步骤有分别地消灭封建剥削制度，发展农业生产”的土地改革总路线。宣传“土地改革法”，把土改的目的、意义和政策向群众宣传透彻。并走村串户，访贫问苦，培养苦主。通过举办由乡村干部、农民协会骨干、民兵积极分子、苦主参加的土改学习班，提高土改骨干的阶级觉悟，消除“分土地是恩赐”的观点。同时，围绕“为什么这么苦？”“是谁造成这么苦？”以及“谁养活谁？”等问题，采用回忆对比、苦主诉苦、典型带路、群众讨论等方法，找出苦难的根源，加深农民对封建土地制度和地主阶级剥削本质的认识，形成“土改有理，剥削有罪，人民政府撑腰”的政治气氛。在群众觉悟提高的基础上进行土地改革法的学习，并宣传惩治不法地主的条例。

全面铺开

1950 年 8 月 4 日，政务院第 44 次会议通过《关于划分农村阶级成分的决定》（简称《决定》），使土地改革中如何划分阶级成分有了统一的政策依据。根据县委要求，镇土改工作队通过调查掌握所在村各户户主、人口、田地亩数、土地租种、雇工等情况，登记成册。通过召开各种会议，宣传政务院《决定》精神，使群众能够按照政策，分清成分之间的区别。在具体划分成分阶段，镇委按照县委指示，先集中力量划分地主、富农的阶级成分。工作队与各村土改小组，召集拟划为地主、富农的对象，讲明划分阶级成分的标准、政策界限，允许他们先自报（定）成分。经过土改小组与贫雇农代表民主评议，报上级批准后，张榜公布。然后再划分农民内部成分，即划分中农、贫农和雇农成分。对因有土地和租进土地较多而担心被划高成分的农户，工作队反复讲明政策界限，先划出标准户，让各户对照，采取自报与互评相结合的方法，最后张贴公布。濮院镇被划为地主的有 65 户，富农 5 户，中农 35 户，贫农 249 户，雇农 31 人。

各村根据没收对象、居住地点等具体情况，统一安排上门执行没收政策。同时，镇委要求民兵加强对地主的监督，防止地主转移财产等。由于充分发动和依靠群众，工作细致和措施到位，因此，没有发现地主重大破坏活动，工作人员和乡村干部严守纪律，也未发生严重的违纪行为。

经过土地改革，镇域农村土地面积和土地占有情况发生了根本性的变化。濮院镇共没收 65 户地主田 543.078 亩，地 432.009 亩；被征收户 16 户，征收田 99.805 亩，地 266.001 亩。被没收与征收的土地共 1340.893 亩，分给无地少地的 451 户贫雇农和其他农民，加上他们原来拥有的自耕地，土地占有比例迅速上升。同时，把没收、征收地主多余的房屋、农具、家具及粮食等，分给生产、生活困难的贫雇农、中农。

没收土地后，镇域土改工作队在严格执行上级政策的同时，着重进行“天下农民是一家”的团结互让教育，提倡先人后己，要求乡村骨干带头，按照“农民团结互让，干部大公无私，目的有利生产，方法民主协商，分配公平合理，结果群众满意”六大分配原则公平分配。确定具体分配标准后，各村列出方案，评议修正后，再张榜公布。

1951 年 5 月，镇域土地改革基本结束。农民庆祝土地改革胜利，同时，把旧地契、债券、契约等当众销毁。分得土地的广大贫雇农民，满怀喜悦地耕种自己的土地。9 月底，镇域土地整籍定权工作基本结束，并颁发由县政府统一印制的“土地房产所有证”，从法律上承认农民分得的土地和房屋所有权。

第二节　互助合作

互助合作的起因

土改后，境内废除了几千年的封建土地制度，确立了农民土地所有制，农民摆脱了土地剥削。但农村经济仍是建立在生产资料私有制基础上的小农经济。广大农民，尤其是雇农，因家底薄、资金少，无力抗拒天灾人祸造成的生产、生活上的困难，无法彻底摆脱贫困。为发展农业生产，避免农村重新出现贫富分化，境内农民在党和政府的引导下，组织起来，按照自愿互助的原则，走农业互助合作道路。从 1951 年春耕时，出现以工换工或以畜力与人工互换形式的临时互助组，所谓“春组合夏散伙，明年春耕再重组”。年底，中共中央《关于农业生产互助合作的决议（草案）》发布后，境内的常年互助组得到发展。濮院镇有常年互助组 1 个，临时互助组 7 个，参加户数 108 户，265 人，参加耕田 344.5 亩，地 251.7 亩。

全镇第一个农业合作社

1952 年 5 月，开始办起互助合作社，继而发展成初、高级农业生产合作社。

据《中国共产党桐乡县濮院乡组织史资料》记载：“永濮村原属濮院镇，自五三年四月起划入乐安乡、成立永濮高级农业生产合作社。社长：徐正芳（1953.04—1956.02）”。另据《桐乡市农业志》记载：“翌年（1955 年）春，桐乡县新生白旗漾村（今名红旗漾村）的张家浜、李家浜、罗家浜三个初级社合并办起县内第一个高级社，即新生乡第一高级社。”

全面铺开

1952 年 5 月，根据“自愿互利、等价交换、民主管理”和“入社自愿、退社自由”的原则，开始办起互助合作社，继而发展成初级农业生产合作社，农民的土地以入股的形式入组入社经营，其所有权仍属农民本人，只是经营形式上的变化，耕牛和大中型农具折价，社员集体劳动，评工记分，实行按定产付给土地报酬和按劳分配相结合的分配形式。1952 年 8 月 20 日至 10 月 5 日，桐乡县委举办互助合作训练班共 4 期，受训 1182 人。1953 年 12 月 16 日，中共中央《关于发展农业生产合作社的决定》下达后，翌年春，境内开始办起初级农业生产合作社。当年遭受洪涝灾害，在抗灾中，组织起来的农户显示出优势，政府因势利导，大力宣传组织起来的优越性，境内普遍办起了初级社。1955 年 4 月，贯彻浙江省委“全力巩固、坚决收缩”的整顿农业生产合作社的方针，将部分不具备条件的初级社转为互助组。1955 年 10 月，贯彻中共中央《关于农业合作化问题的决议》后，又加快了办社步伐，境内多个小初级社，合并成大初级社，如新联村的 18 个小初级社合并成联丰大初级社；油车桥村的 16 个小初级社合并成星光大初级社；运河南片成立了 17 个高级农业生产合作社。1956 年 6 月 30 日第一届全国人民代表大会第三次全会通过的《高级农业生产合作社示范章程》规定，高级农业生产合作社建立后，初级社时的土地报酬取消，土地除坟地、宅基地、零星林地及少数暂时不愿入社农户的田地仍属私人外，都归高级农业生产合作社集体所有；划给社员的自留地也归集体所有，由社员使用。高级农业生产合作社基本上完成了农村土地集体所有的历程。集体所有的土地，除国家依法征用和方便生产进行插花田地或飞地的互相调换外，禁止土地的出租或买卖。是年，境内农户带土地参加高级农业生产合作社；运河北片所有初级社也组合成 5 个高级农业生产合作社，全镇基本实现农业高级合作化。同年 8 月 24 日，桐乡县干校举办高级农业生产合作社骨干训练班，主要内容是高级社的示范章程、方针政策、生产管理经验及当前合作化的形势。

表 5－1　　濮院高级农业生产合作社社长一览表

名　称	成立年月	社　长	任　期
永安乡新华高级社	1955.10	李森山	1955.10—1958.10
永安乡永联高级社	1955.10	马荣堂	1955.10—1958.10
永安乡黄河高级社	1955.10	冯阿牛	1955.10—1958.10
永安乡会龙高级社	1955.10	夏来生	1955.10—1958.10
永安乡金龙高级社	1955.10	於培官	1955.10—1958.10
永安乡永越高级社	1955.10	钱金奎	1955.10—1958.10
乐安乡永濮高级社	1953.04	徐正芳	1953.04—1958.10
乐安乡建(丰)锋高级社	1955.10	沈阿富	1955.10—1958.10
乐安乡联心高级社	1955.10	俞玉林	1955.10—1958.10
乐安乡芦沈高级社	1955.10	戚顺兴	1955.10—1956.02
乐安乡星星高级社	1955.10	沈文林	1955.10—1958.10
乐安乡红星高级社	1955.10	周阿富	1955.10—1958.10
乐安乡安心高级社	1955.10	李叙庆	1955.10—1958.10
乐安乡乐安高级社	1955.10	潘景海	1955.10—1958.10

续表 5-1

名　　称	成立年月	社　长	任　　期
乐安乡运河高级社	1955.10	俞阿高	1955.10—1958.10
乐安乡先(丰)锋高级社	1955.10	施阿堂	1955.10—1956.02
		夏火山	1956.02—1958.10
乐安乡勤立高级社	1955.10	庄庆官	1955.10—1956.10
永乐乡中苏高级社	1956.10	庄庆官	1956.10—1958.10
新生乡第一高级社	1956.10	高金毛	1956.10—1958.10
新生乡第四高级社	1956.09	马福生	1956.09—1958.10
新生乡第五高级社	1956.11	沈才荣	1956.11—1957.03
		钟忠云	1957.03—1958.10
新生乡第二高级社	1956.10	徐潮娜	1956.10—1958.10
新生乡第三高级社	1956.10	蒋荣加	1956.10—1957.11
		钟关法	1957.11—1958.10

说明：1. 1956 年 2 月前，境内运河南片以国道为界，南为永安乡，北为乐安乡，1956 年 2 月合并为永乐乡；

2. 1956 年 10 月，勤立高级社和运河、先锋高级社部分，合并为中苏高级社

第三节　人民公社

组织机构

1958 年 8 月，中共中央在北戴河召开的中央政治局扩大会议，通过了《关于在农村建立人民公社问题的决议》，并对人民公社的目标模式、办社步骤等作了一系列原则规定。8 月 27 日，省委发出《关于发展人民公社的意见》，要求在 9 月底各县基本实现人民公社。同年 10 月 1 日，濮院人民公社第一次社员代表大会在濮院镇召开，决定将濮院镇、永乐乡和新生乡的十六个高级社合并，成立濮院人民公社，濮院镇为公社所在地。选举沈阿金为濮院公社社长，金宝和、朱加生、姚老虎、邹丽娟、马福生、庄庆官、李森山、钱荣新、朱月清、邵丽娟为副社长。委员：陈茂昌、陈自觉、莫荣官、潘村源、高康茂、莫阿金、钟关法、陈汉良、韩添鲍、郭顺源、姚积禔、邱智夫、高顺康。濮院人民公社组织机构为濮院人民公社管理委员会。公社管理委员会由社长、副社长、委员共 23 人组成，下设 9 个办公室，分别负责相关工作，管理委员会推选出常务委员处理日常工作。濮院镇为濮院公社管委会所在地，整个公社共设立 7 个生产管理区。以京杭大运河为界，运河南原永乐乡设第一

(庙簰)管理区、第二(永乐)管理区、第三(乐安)管理区,原濮院镇设濮院管理区,运河北原新生乡设第四(妙智)管理区、第五(新桥)管理区、第六(新生)管理区。各区设主任一名,副主任两名。

管理经营

公社化后,实行单一的公社一级所有制,政社合一的领导体制,人民公社既是农村政权的基层单位,又是农民的集体生产经营组织,权利高度集中。原属高级社的土地、耕牛、农具、粮食、物资和公共积累,全部无偿归公社所有,由公社统一调配使用。在"一大二公"的思想指导下,推行"组织军事化,生产战斗化,生活集体化",全社农村劳动力按军事编制成团、营、连、排、班等,公社统一指挥调度开展劳动生产。全社有劳动力10300人(凡是有一分底分的都作一人计算),其中8750人用于农业(包括农、牧、副、渔),占劳动力的85%;510人用于工业、交通运输,占领劳动力的5%;1040人用于生活福利和服务业,占劳动力的10%。收益分配以公社为核算单位,粮食实行供给制,办大食堂,"吃饭不要钱"。1958年秋天,不到一个月境内就迅速实现了农村食堂化,濮院公社共办有187个食堂,按需供应,免费统一供膳。同时大力举办托儿所(组)、幼儿园(班),仅托儿所就有27所。由于具体工作中,脱离群众和实际,计划高指标,生产瞎指挥,分配"共产风",挫伤了干部群众的积极性,造成人力、物力的严重浪费,农业生产一度出现下降。

1959年6月,濮院镇从濮院公社划出,恢复濮院镇建制。

1960年11月,中共中央发出《关于农村人民公社当前政策问题的紧急指示信》后,遵循桐乡县部署,开始纠正农村工作中"一大二公""一平、二调、三收款"以及"穷过渡"等错误。1961年4月,根据《农村人民公社工作条例(修正草案)》,调整了社队规模,濮院人民公社划分为濮院和新生两个人民公社,沈锦帆、姚老虎分别为社长。撤销管理区,濮院公社设15个生产队,新生公社设14个生产队,境内共29个生产队。下设生产小队,实行三级所有,队为基础,确定生产队为基本核算单位,由生产小队直接组织生产。生产队对生产小队实行"三包一奖四固定",即包工、包产、包成本,超产奖励,劳力、耕牛、土地、农具固定归生产小队。同时解散大食堂和部分办不好的集体牧场,公社对平调财物进行算账退赔,并将耕地的5%作为自留地划分给社员,允许社员经营小规模的家庭副业,鼓励发展畜牧业,按每头猪3—5厘的饲料地划分给社员。1962年2月,中共中央又发出《关于改变农村人民公社基本核算单位问题的指示》,10月,境内生产队改为生产大队,生产小队改为生产队。基本核算单位下放到生产队,生产队实行独立经营,自负盈亏,收入除上缴国家税金、大队提取一定比例的积累和管理费外,其余由生产队进行分配,即实行大包干和按劳分配加照顾的分配政策。1965年公社开展"农业学大寨"运动,各大队广泛开展平整土地,改良土壤,积肥造肥,兴修水利,建立"丰产示范方"等农田水利建设。"文化大革命"初期,1967年,受"左"倾错误干扰,推行"大寨式"评分,自报公议,滋长了平均主义，同时，以“三献一并”（献自留地、饲料地、宅基地和并生产队）为名，限制社员家庭副业，农民的积极性又受到挫伤。1971 年，贯彻中央重申人民公社“三级所有、队为基础”的制度，恢复自留地制度，坚持按劳分配的原则。大队和生产队的干部、会计、出纳、植保员、放水员、机手等人员，采取全年固定补贴工分，参照同等劳力记分的办法。在社队企业务工社员，由单位向所在生产队缴纳公共积累，参加口粮分配。生产队根据“统筹兼顾、全面安排”的原则，处理国家、集体和社员的三者关系，建立每年春、夏两季预分、年终结算的分配制度。

1983 年 12 月和 1984 年 1 月，濮院人民公社和新生人民公社先后通过人民代表大会，实行政社分设，改建为濮院乡和新生乡人民政府，建立经济联合社，沈瑞华、魏士荣分别为乡长。至此，人民公社在境内完成了它的历史使命。

第四节　联产承包责任制

1978 年，桐乡县安兴等四个公社的几个大队的部分生产队，各自将生产队划分为 3—5 个操作组，开始实行联产计酬的责任制。1979 年 2 月桐乡县召开三级干部大会，肯定了这些生产队实行联产计酬到组的操作方式，符合改革的精神。9 月，以联产计酬为主的生产责任制在全县逐步推广。

1979 年 10 月，濮院公社在星锋大队进行以联产计酬为主的生产责任制试点，在粮食、蚕桑、畜牧等各业建立生产责任制，实行按劳计酬、超产奖励、减产赔偿的办法，落实按劳分配、多劳多得的分配政策，大大提高了农民的生产积极性。1980 年 4 月，星锋大队以联产计酬为主的生产责任制试点总结经验，被桐乡县委推向全县。1982 年 1 月 1 日，中央决定在全国推广家庭联产承包责任制。同年，浙江省委、省政府提出在经济发达地区同样可以推行家庭联产承包责任制，浙江进入了全面推行家庭联产承包责任制的阶段。1982 年 8 月，全省农村工作会议后，学习贯彻中央〔1982〕1 号文件精神，9 月桐乡三级干部会议上提出冬种起，在部分农村开始推行家庭联产承包责任制，将水田、旱地（包括桑园）全部承包到户。是年，濮院公社党委组织脱产干部、辅导员、各大队会计及粮管所、信用社、供销社、食品商店等部门到星星大队搞家庭联产承包责任制合同的试点。公社党委同星星大队党支部反复研究了有关经济政策的处理办法，并将星星大队的联产承包责任制中有关经济政策的规定印发给全公社各大队，结合本队实际情况，签订联产承包合同，把粮油猪等农副产品的统购、派购任务和农业税，合理承包落实到户，按期完成，对未完成任务的，视不同情况区别对待。

1983 年 2 月，濮院公社第七届人民代表会议第三次会议明确提出“实行家庭联产承包责任制是夺取农业生产全面丰收的有力措施”。境内家庭联产承包责任制全面推行后，充分调动了广大农民的生产积极性，农村生产力有了明显提高，农业得到发展，农民收入增加。1984 年农业生产获得恢复性的增产，濮院公社粮食总产量达到 17948.9 吨，比 1981 年的 13271 吨增加了 4677.9 吨，增长 35.2%；蚕茧总量 462 吨，比 1981 年的 373.6 吨增加 88.4 吨，增长 23.7%，粮食、蚕茧两项均创历史最高水平。同时，经济作物和家庭工副业也全面发展，农村经济总收入达到 1338.54 万元，比 1981 年 679.83 万元增加 658.71 万元，增长 96.9%；农民纯收入 875.87 元，比 1981 年的 462.2 元增加 413.67 元，增长 89.5%。

第五节 农村经济管理

农村经济管理主要是抓好土地、统计、审计、农民负担等诸多方面的管理，以便有效调动农民的积极性，提高农业生产的效率，最大限度地满足社会对农产品的需要。

土地承包管理

1951 年 9 月境内土地改革完成，农民领到了县政府统一印制的“土地房产所有证”，从而在法律上得到了属于自己的土地和房屋。1958 年濮院人民公社化后，土地归农民集体所有，推行公社、大队、小队“三级所有”，队为基础，土地集体管理，集体经营。1983 年境内实行家庭联产承包责任制后，村经济合作社与每户农户签订了农业承包合同，集体与农户发生了承包关系，1984 年 12 月，桐乡县人民政府向各承包户发放“浙江省农村集体土地使用证”。承包制是合作经济内部的一种责任制，以合同形式加以确定。这种合同体现合作经济组织与其成员之间的经济关系，与一般的经济合同不完全相同，它不仅要符合国家的政策、法律，还要符合组织内的章程和组织社员共同约定的事项。承包合同一经签订，就具有法律效力。

1999 年，第二轮土地承包合同期开始，中央提出了延长土地承包期为 30 年，以稳定土地承包关系，进一步完善家庭联产承包责任制。桐乡市在发放“土地承包权证”的同时，由村经济合作社分别与农户签订新的“农业承包合同”。农户在土地承包权证登记的土地范围以外，再向村经济合作社承包土地或向其他农户转包的土地，只享有经营权，不发土地承包权证。其间，如出现农户承包土地按规定程序批准“小调整”而导致地块、面积发生增减变动；或承包期内，原承包户分户，承包土地分开经营；或承包期内，被征用土地较多、大规模土地整治等原因，有较大范围的土地调整，又难于通过承包土地变更登记；或行政区域发生变更；或户主发生变动，其家庭人员要求换证的，应由村经济合作社主持，进行土地变更登记，换发土地承包权证。如承包期内，农户全家户口外迁者；或无故不履行合同规定的义务，经教育不改者；或农户无力承包经营土地，自愿放弃土地承包权；或省农业承包合同管理主管部门规定的其他情形者，则收回土地承包权证。

2004 年，由于很多地方出现了土地调整变更，根据浙江省《关于进一步稳定完善土地承包关系的意见》和桐乡市《进一步完善农村土地承包关系的意见》，按《农村土地家庭承包变更合同》，重新换发“浙江省农村集体土地承包权证”，原承包权证（1999年发）由桐乡市政府统一公告注销。

农村财务管理

1958年濮院人民公社建立后，农村始有集体经济的财务管理。初期，财务由公社统一管理，队与队之间实行“一平二调”，财务制度不严。1962年，建立公社、生产大队、生产队三级财务制度及民主理财小组。1973年《桐乡县农村人民公社生产队财务管理制度》制定公布后，境内参照执行。1979年参照青石公社南庄大队民主理财经验，境内各大队建立健全了“三当众”制（当众公布原始凭证、当众盘点现金和票证、当众审定下期收支计划）。

1983年，境内全面实行家庭联产承包责任制，村级财务发生了很大变化，主要是注重村级经济部分，缺少社员农业收益分配和成本核算的部分。1984年后，财务管理作了调整，在搞好村、组（原生产队）集体财产资金清理工作的基础上，逐步落实集体资金、财产的管理办法，建立健全财务管理和会计制度。根据村规模大小，配备1—3名助理或专职会计、出纳，负责全村的集体资产管理。改革了村集体资金管理和使用制度，将原生产队储存积累资金，在权属不变的前提下，实行以村建账，设村专职会计，分组核算，由村统一管理的办法。

1986年，会计制度又作了相应改变，取消了“社员投资”和“社员预支”两个科目，新设“包干上交”新科目，记入村集体资产发包收入。1989年，第三届村经济合作社换届选举时，境内各村成立了村财务管理小组和村民主理财小组，对村级财务开始了有组织的民主监督。1990年7月，《浙江省合作经营财务管理制度（试行）》下达后，农村双层经营体制中集体的财务管理更趋完善。1992年，第四届村经济合作社换届选举时，又实行了经济合作社监察员制度，从社员代表中选出3—5人作为财务监察员，监督管理村级财务工作。1996年开始，推行村会计集中办公制度，每月确定1—2天为办公日，各村会计集中到镇办公，统一记账标准，实行互相监督，把民主监督管理的范围扩大到村与村之间。在镇指导下，建立和健全财务档案制度。镇对村实行岗位责任制考核，加强对村级财务的监管，对各项事业的检查。1998年9月，第六届村经济合作社换届选举时，各村都采用灵安镇试点经验，实行村务财务公开，村务公开栏设置在村委会所在地，上墙公布，接受群众监督。公开栏的内容涉及农民群众的切身利益和群众普遍关心、关注的内容，共14张表格，上墙上栏公布的表格均有表格负责人、制表人和监督人的签字（盖章）。

2001年11月，镇建立财务会计服务中心，实行村账镇代管制度，本着“村务公开、依法办事、科学管理”的原则，全部实行电算化操作。2006年，全市建立了市、镇二级财务计算机监督网络，提高了会计核算的效率和及时性、准确性。村经济合作社与镇财务会计服务中心签订委托协议书，在代理期间，村经济合作社确定一名报账会计，每月到会计服务中心报账，由镇代理会计核算业务。同年，桐乡市下发《桐乡市村级财务规范化管理制度》，对村级财务规范化建设提出要求，统一制度、统一票据、统一核算、统一记账、统一公开、统一建档，实行"六个统一"；确定财务领导、代理会计、报账会计、出纳员的岗位职责；制定财务收支审批制度、货币资金管理制度、财务稽核制度、内部牵制管理制度、票据和印章管理制度、经济合同管理制度、财产物资管理制度、会计档案管理制度、财务收支预决算制度、民主理财和财务公开制度等"十项制度"。

村级财务仍采用借贷记账法，以村为单位建账，在原来的基础上，增设了"收支明细表"，反映村级财务的报表有科目余额表、资产负债表、收益及收益分配表、收支明细表。

农民负担监督管理

村经济合作社在运作统分结合的双层经营体制中，对集体资产和服务功能进行维护、建设、发展和完善，需要有一定的资金投入。农户作为承包方承包使用集体的土地，有义务向村经济合作社交纳一定数量的承包款（公积金、公益金、管理费），作为村级集体资金提留（简称村提留）。1983 年境内实行家庭联产承包责任制后，濮院公社反复研究了有关经济政策的处理办法，将星星大队的联产承包责任制中有关经济政策的规定印发给全公社各大队，公积金和公益金两项按 1980—1982 年三年平均总收入的 5%—7%、管理费按每亩 3—5 元上缴，要求各大队结合本队实际情况，签订联产承包合同。农户上交村经济合作社的承包款的数目和时间，由村经济合作社社员代表大会讨论决定，根据村的经济实力、建设服务的需要和农户的承受能力而定。20 世纪 80 年代乡镇村企业崛起时，部分经济起步较早的村取消了农户上交承包款，但大部分村仍继续收取。

农户向村交纳承包款，大都比较合理，但是，随着农村各项事业的发展，20 世纪 90 年代初，教育、计划生育、建房、用电、民政等各方面各款项的收费项目增加，这中间有多项是属农民不合理负担部分。为了减轻农民负担，保护农民的合法权益，调动农民的生产积极性，1991 年 11 月 5 日国务院发布《农民承担费用和劳务管理条例》，1993 年 6 月 9 日省人民政府发出《关于清理涉及农民负担文件有关政策问题的紧急通知》和 1993 年 7 月 12 日省人民政府发出的《关于第一批取消十个涉农负担项目的批复》。文件列举向农民收费的项目中，涉及农电维护管理费、村镇建设技术服务费中属管理性收费的项目；土地注册登记发证费用在农村的负担部分；公路养路费附加向拖拉机收取的部分等。

根据 1993 年 11 月 9 日省政府发布的《浙江省农民负担费用和劳务管理实施办法》，对农民直接承担除缴纳税金外，所承担的村提留和乡统筹费、劳务的标准的制定和调整规定了严格的申报审批程序；对违反《办法》规定作出相应的处罚办法；明确规定农民负担问题应列为各级党委、政府的议事日程，由农业行政主管部门统一负责农民负担监督管理工作。

根据 1996 年 12 月 30 日中共中央、国务院《关于切实做好减轻农民负担工作的决定》提出的"农民负担问题党政一把手负责制""农民所承受的负担不得超过上年人均纯收入的 5%"的精神，调整了农民负担监督管理领导小组的组成，由镇长任领导小组组长，分管农业的副镇长和纪委书记任副组长。重点做了两项工作:一是宣传教育,把党的政策宣传落实到乡镇和村,提高村经济合作社的管理职能,提高广大农民对农民负担界限的区分意识。二是彻底根除“三乱”(乱搭车、乱收费、乱罚款)。

1997年3月、9月,境内开展治理“三乱”专项活动,通过整治先后停止了在农村计划生育、农村升级达标、农民建房、土地规划、农村中小学收费、农村电网改造和用电收费、结婚登记、求学保险等多方面的收费、押金等现象;根据省委〔1996〕24号文件精神,除了社会主义新农村建设达标建设和文明单位建设外,不能设置并没有出现其他形式或需要农民出钱出物的达标升级活动;农业特产税和生猪屠宰税,实行按实计收,有多少收多少,不下硬指标;农机和农村机埠实行个体服务或承包后,其服务费由村统一规定标准后由经营者向农户收取,不再由村代收;农村电价通过检查和自查,供电部门配合自改,各种押金取消,收费标准统一,用电服务更加规范,每个月都由供电部门以标准的格式在村头公布每户农户的电费清单,向农民收取电费所使用的发票,都是以农户家电表实际耗用的电度和国家规定的价格电脑打印出来,农民的电费问题不再是糊涂账,农电站还专门下发了《农电业务文件汇编》,用于规范农村基层供电单位的工作。农业机械和农用灌溉所收费用属农业生产成本,尽管各村各组收费不一,但都不属于农民负担范围之内。通过整治农村收费“三乱”和对照中央文件精神,境内农民应承担的负担并不重;通过整治农民收费“三乱”,虽然存在收费有不合理现象,但已逐步整改。

村提留一般都按土地面积,以土地承包费的形式收取,资金到村经济合作社后再按5∶2∶3的比例相应转入公积金、公益金、管理费等会计科目,而不再在土地承包费外另设共同生产费等新的收费名目。

农民的义务工和劳动积累工主要用于农田水利基本建设和农田渠系整修改造。1994年长山河工程,境内农民投入义务工22205工、劳动积累工39073工(全县336.66万工),1998年莲花桥港工程,投入劳动积累工174568工,两项合计劳均12.58工,低于《条例》规定的下限(义务工5工、积累工10工)。

1998年桐乡市《关于进一步完善集体提留制度规范农民上交提留统筹费的意见》(以下简称《意见》)中明确规定,村提留和乡(镇)统筹费提取由村经济合作社以农民负担监督管理卡的形式落实到户,由市农民负担监督管理领导小组办公室统一制发。《意见》中确定了村提留、乡统筹费提取的范围、标准,监督管理和使用范围。同时为了体现国家的扶贫政策,又规定:“对收入水平在村平均线以下的革命烈军属、伤残军人、失去劳动能力的复员退伍军人和特别困难户,经村经济合作社代表会议评定,可适当减免村提留和乡(镇)统筹费。每个村受减免的农户应控制在本村总农户数的2%—5%,被减免的提留和统筹费不可再分摊到其他农户。”全镇没有出现村提留、乡统筹突破上年人均纯收入5%。

根据《国务院关于进一步做好农村税费改革试点工作的通知》和省委、省政府的决定，从2002年起实行农村税费改革。税费改革的主要内容为“减调改稳，合理负担，转移支付，配套进行”。取消部分税种，减轻农民负担，确保村级有一定的可支配收入。桐乡市〔2002〕52号文件规定，于2002年7月1日起取消义务兵役费、农业教育附加、屠宰税和农业特产税。稳定村提留的收取办法和标准，将村提留改名为村公益事业资金，村公益事业资金实行全体村民（社员）共同负担，由村经济合作社负责收取，同时，征收标准最高不超过上年农民人均收入的3%和1997年的预算额。征收村公益事业资金必须使用浙江省嘉兴市统一的收款收据。

实行农村税费改革后，对于农民负担的监督管理工作由党政第一把手亲自抓，建立镇农民负担监督管理执法部门工作责任制，财政每年专门安排经费用于农民负担监督管理工作。

实施税费改革后，农民的直接负担大幅度降低，自2003年起取消了劳动积累工和义务工，实行“一专一议”制度。自2004年起在全镇范围内免征农业税，是年免征农业税132.0192万元，人均减负38.79元。同年，根据中共中央《关于增加农民收入的若干意见》的精神，境内取消了农民上缴村提留款。

2005年开始，在农民负担监督管理上重点加强了八项制度建设：实行涉农收费价格公示制；实行农村报刊订阅限额制；实行农村义务教育收费“一费制”；实行涉及农民负担案（事）件查处制度和责任追究制；建立村筹资筹劳“一事一议”制度。从2006年起，全面取消固定向农民收取村提留（村公益事业资金），村级兴办集体生产公益事业需要村民出资出劳的，则实行“一事一议”筹资筹劳；建立农民负担动态监测制度。每月由村会计上报，镇落实了一名农民负担监测员，聘请省人大代表周阿龙为农民负担监督员，及时收集各地信息和情况，对发生的问题及时处理；建立农民负担专项审计制度。每年农经审计人员参加农负专项审计培训会，对镇和村的涉农收费情况进行专项审计调查；建立农民负担信访举报制度。

农村集体经济审计

农村集体经济审计，是指对农村集体经济组织及其所属单位的资产负债、财务收支和有关经济活动进行的审计。根据2002年7月18日浙江省人民政府令第147号公布的《浙江省农村集体经济审计办法》，自2002年10月1日起施行。以《办法》颁布实施为标志，镇域农村集体经济审计步入了法制的轨道，由市、镇两级农经组织对村级集体经济进行审计。2003年开始，市农经局每年年初与镇共同编制年度审计计划，确定三年一轮审的宏观计划，采用镇内部审计、市级直接审计、委托审计相结合的办法，形成有计划、有步骤、有组织、有程序的审计制度，达到以审计促规范，以审计促发展的成效。

桐乡市于2006年12月8日发布《桐乡市农村集体经济审计暂行办法》，进一步规范了农村集体经济的审计。市农业经济局设立农村集体经济审计机构，具体承担和实施全市范围内的农村审计工作。其主要职能是：加强农村审计制度建设；实施村级财务年度审计;组织开展涉及农村财务的专项审计;提供农村审计业务指导;培训农村审计人员;完成政府交办的农村审计任务。建立桐乡市农村集体经济审计联席会议制度。由市委组织部、纪委(监察局)、农经局、财政局、审计局、民政局联合组成。各镇乡(街道)审计人员依法配合和参与市农村审计机构实施的农村集体经济审计。市农业经济局农经总站对农村集体经济组织(村经济合作社)及其所属单位审计和监督的主要事项是:财务管理制度的建立及执行情况;财务预算执行情况;资产、负债、损益(财务收支)和分配情况;财务会计报表、会计凭证、会计账薄的完整性、真实性和合法性;专项资金及"一事一议"筹资筹劳的管理和使用情况;承包金、租金、土地征用费等的收入、管理和使用情况;借入资金的管理和使用情况;受赠资金、物资的管理和使用情况;建设项目的财务情况;单位负责人的任期经济责任;农村集体资产的保值、增值与增减变动情况等。

2005—2007 年,全镇审计 26 村次(包括村级财务收支审计、村干部离任审计、土地征用等专项审计),累计审计集体资产 1.85 亿元,审计出违纪违规金额 2.2 万元,通过审计未发现应受党纪政纪处分的村干部。

第二章　种植业

第一节　水稻和其他粮食作物

水稻

濮院稻作农业源远流长，境内东南角张家埭遗址属马家浜文化，距今6000多年，已有人工栽培水稻，是国内水稻栽培发源地之一。稻作生产技术精良，精耕细作，产量较高，水稻占粮食总产量的比重大。明清时期，濮院镇民多业机杼，间有业田者，田事皆雇"西头人"种跨脚田①，且受养蚕季劳动力影响，只种晚稻，所谓"开秧把在六月间，收稻将近冬至"。民国时期多种籼稻，据民国《濮院志》记载："籼为早稻，粳为晚稻，大率粳最多，糯最少，客民所种多籼米。"民国21年（1932）崇德、桐乡两县稻谷总产量，占粮食总产量的66.6%。

中华人民共和国成立后，濮院水稻生产进入一个全新发展时期，稻作制度的变革和创新，农田基础设施的改变，良种和栽种技术的普及，水稻生产水平不断提高。单位面积产量从20世纪50年代200多千克，逐年提高到500千克以上。稻谷产量比重也提高到占粮食总产量的85%左右。

水稻

品种　明清时期，水稻品种繁多，籼、粳、糯，早、中、晚各类俱全，在境内栽培较广的有：红莲稻、金城稻、羊脂糯、青秆糯。咸丰年间（1851—1861）来自湖南、湖北、安徽及本省宁波、绍兴等地客民，带入一些外地的农家品种。光绪年间据《补农书》记述，大致分有红稻、黄稻、青稻三大类型。民国时期，籼稻品种主要有：六十日（观音尖）、八十日、大叶广籼、胜利籼、龙凤尖、大黄胖、小黄

① 西头，系清时指石桐邑界，其地人多田少，往往佃于他处，每于春初挈眷而来，年终挈眷而去，名曰种跨脚田。

胖等;粳稻品种主要有荔枝红、黑头红、霜打青、铁杆青、太湖青、香粳稻等;糯稻品种主要有鸡爪糯、白壳糯等。据民国《濮院志》记载:"稻之种类,不胜纪,凡秔秫皆谓之稻,秫之小者为籼。籼早熟,故曰早稻;秔晚熟,故曰晚稻,其粒细长而白者为箭子,其粒大而芒红皮赤、五月种九月熟者为六十日。"

中华人民共和国成立之后,水稻生产进入新的品种更替时期。20世纪50年代初,农业生产处于恢复阶段,水稻品种都由农户自选为主。后结合生产评比,因地制宜选用丰产性能较好的品种,如早稻选用团头天花落、早三倍、503、嘉兴白皮等;晚粳稻选用荔子红、黑头红、铁杆青等;晚糯选用白壳糯、香粳糯等,替代了一批低产、抗病能力差的劣种。

1956年后,境内大规模改制,早、晚稻品种逐步由高秆向矮秆演变。

早稻品种:1956年试种双季稻,早稻基本上为籼稻。1957年前后,桐乡从广东、江西、福建等省相继引进莲塘早、南特号、陆财号等较为耐肥抗倒的品种,1958年后境内推广种植。莲塘早成熟期早,粒小,易脱粒,产量低,亩产150—200千克。1960年引进矮秆高产迟熟的矮脚南特。1963—1970年矮脚南特成为连作早稻的当家品种,濮院公社种植5100亩,平均亩产350千克。1966年濮院公社种植早稻面积11914亩,平均单产266.65千克。其时,又先后引进了一批不同成熟期的矮秆品种:矮南早1号,二九南1号、2号,圭陆矮3号、8号等,初步实现早、中、迟熟期配套,促进了早稻产量的提高。其后,又先后引进比矮脚南特更其高产、稳产的矮秆良种广陆矮4号、二九青,中熟品种中秆早等。1973年起,广陆矮4号成为新的当家品种,濮院公社种植8000亩,平均亩产407.5千克,一季超了《纲要》。之后,因广陆矮4号推广种植近20年,种性渐显退化,加上成熟期偏迟,影响连作晚稻夺高产,因此,从1987年起,种植面积调减,并逐步由新引进的二九丰、浙辐802、嘉籼222、庆早44、嘉籼758、嘉育73、嘉育293、嘉早05、嘉早41等中熟品种所替代。

晚稻品种:民国时期,境内种植的为单季晚稻,品种有荔枝红、霜打青、香粳稻、香梗糯、白壳糯、红壳糯等,为粳稻和糯稻品种。其中香粳稻产量较高,亩产可达200千克,俗称"双石田",质量亦佳,香味特浓,故种植比较普遍。1956年起试种双季稻,晚稻品种选用八五三、一字种、紫乌糯等品种。1961年引进成熟期较早、耐肥抗倒、丰产性较好的农垦五八,种植面积逐年扩大,成为连作晚稻的当家品种。1967年濮院种植农垦五八约13000亩,平均亩产300多千克。1968—1973年先后引进农虎6号、京引15糯稻。1974年县良种繁育场从农虎6号中经系统选育而成的桐青晚,表现青秀,抗病高产,成为濮院连作晚稻的主栽品种之一,种植面积扩大。农虎6号,濮院年种植面积15000亩,平均亩产350千克;京引15糯稻种植1800亩,平均亩产325千克;桐青晚种植11500亩,平均亩产高达375千克。1980年至1990年引进推广嘉兴市农科所育成的抗稻瘟病高产晚粳秀水系列和晚糯祥湖系列,如秀水48、秀水04、秀水620、秀水814、秀水97-1、祥湖47。祥湖47糯稻,境内种植1100亩,平均亩产355千克,种植年份较长。1994—1999年先后引进常规晚粳秀水63、秀水42、秀水59、秀水52等，成为主栽品种。2000年后，因直播稻的快速推广和对稻米品质要求的提高，抗病抗倒矮秆优质高产秀水系列品种加速推广应用。秀水110、秀水09、秀水128等一直持续种植至2010年前后。濮院地区种植秀水110品种8700亩，平均亩产390千克；秀水09种植5000亩，平均亩产365千克。2000年后，糯稻种植品种为祥湖914，境内平均年种植1600—1700亩，平均亩产达531千克。

栽培　镇域水稻栽培历史悠久，农民在长期实践中，逐步积累了丰富的经验。从张家埭遗址发现，火耕水耨的水稻撂荒制栽培方式已经形成，元时向精细化方向发展，明时渐趋成熟。民国《濮院志》对稻麦两熟的耕作有详细记载，栽培技术已十分精细，域内当时对水稻育秧和栽培掌握了不同时期的生产环节。“二月治圩岸，三月选种浸谷，立夏莳秧，四月刈麦，遂垦田（吾乡多以人耕，惟客民以牛耕，戽水亦以牛），已而插青，用桔槔灌田，旱入潦出。”四月中旬至七月，谓之忙月，拆板塄，垦麦田，关水备耕，掐青。镇域农谚：“错过黄梅勿种田”，出梅三日为头莳，又五日为中莳，又七日为末莳。而后把握耘、耥、灌、肥各期管理环节。此时适当掌握好灌、烤（搁田）相宜，浅水养田，先轻烤，后重烤，壮苗，防倒伏。“处暑行根绽穗苦旱，白露花苦风，秋分稻秀苦雨。九月割稻，无敢过霜降。”立冬前后忙收割。

育秧　清代、民国时期水稻育秧为水育，包括清水浸种，盲谷落田，密播水育。此法秧身长，易伤苗。中华人民共和国成立后育秧技术不断提高，分早稻育秧、连作晚稻育秧和单季晚稻育秧。

早稻育秧　1956年开始，提倡晒种、风选、筛选、泥（盐）水选种和药剂浸种，推广草囤催芽到地窖催芽。1957年起并推广半旱秧田（通气秧田）。每年3月20—30日始播，清明前后旺播，亩播150—200千克。秧板普浇河泥，播后覆盖物为砻糠灰或焦泥灰。1962年起，随着连作稻耕作制的大力推广，秧田播种期两熟制在清明前后，三熟制在4月10—20日为多。秧龄期因品种、密播、稀播、气候等因素而稍异，一般为25—30日。1970年春濮院公社永越大队上马磡生产队，采用蒸汽育秧，推广种植30.5亩，亩产283千克。随后又推广尼龙薄膜覆盖育秧法，有效解决秧板烂秧现象，提高成秧率，而且可提前播种10—15天，有利于提早成熟。两熟制采用尼龙育秧壮苗带土移栽，三熟制以水育大秧为主，均能达到“以迟代中”“以中代早”的效果。应用蒸汽育秧，尼龙薄膜育秧，带土秧和水育秧相配套的育秧方法，可缓解季节矛盾，提高产量，故有“十年早，九年好”之谚，得到迅速推广。1975年改为尼龙“打洞”保温育秧，1983年开始推广地膜“平盖”保温育秧。为提高粮食总产量，尽量减少秧田面积，采用旱地育秧法和小苗带土移栽。

早稻水育秧田底肥以有机肥为主，配施磷、钾肥，播后喷施药剂除草，保持秧田湿润，二叶一心期及时灌浅水，施好断奶肥，四叶期看苗酌施“接力肥”，拔秧前4—5天施好“起身肥”。旱育秧大都选择土地肥沃、疏松爽水的菜地或白地作苗床，整理时施入壮秧剂75克或在播种前10—15天，每平方米施尿素30—50克、过磷酸钙100—150克、氯化钾40

克，结合精整床面施入。播前浇透板面，播后用包膜木板轻压床面塌谷，再覆盖0.5—1厘米过筛细土，然后再喷洒一次清水，并采用幼禾葆防除杂草。平盖地膜，膜上放薄层秸秆遮阳。出苗后适当通气控温保湿。一叶一芯至二叶一芯期经常通气、降温降湿，保持床土干燥。2.5叶后地膜日揭夜盖，气温稳定在摄氏12度以上，则日夜揭膜以炼苗。三叶期后若叶色褪淡，傍晚时喷洒1%—2%尿素溶液。起秧前一天傍晚，结合施起身肥浇一次透水。农村集体化生产时，由于种植面积广，插秧时间前后长达半月以上，故播种宜分期分批，先后有序，以移栽时秧苗"五叶一芯六寸长"为标准。培育壮秧必须加强肥水管理，前期秧板湿润，以促齐苗。"一叶一芯期"，喷药治虫除草。二、三叶期，灌浅水上秧板，以促苗长。早施断奶肥，适施拦腰肥，重施起身肥。防除病虫害，带药上大田。

连作晚稻育秧　20世纪50—60年代，一直采用适当推迟播期和放稀播量的水育大秧的方法。70年代至80年代初，因早稻大都为迟熟品种，加上三熟制面积逐年扩大，致使连晚插秧季节推迟。为缓解季节矛盾，采用了多种育秧方式相配套。晚粳和杂交稻以水育稀播大秧为主，中糯、"早翻早"则是旱育带土。

境内连晚以常规晚粳(糯)品种为主。根据品种特性、安全齐穗的要求确定播种期。晚粳品种在6月15—25日，秧龄35—45天；晚糯品种在6月20—30日，秧龄30—40天。亩播种量从1980年前的60—100千克降至30—40千克，亩大田用种量6—8千克；旱育秧，亩大田用种量4—5千克，亩大田净苗床面积50—60平方米，每平方米播芽谷80—120克(折干谷75克)。同时用药剂浸种消毒，多效唑或烯效唑促壮促蘖，化学药剂治虫、除草、肥水促控等配套技术育好壮秧。

连晚秧田亩用粪10—15担打底，或菜饼40—50千克，或碳铵15—20千克，配磷肥15千克、钾肥7千克施于毛秧板作基肥。播后当天至一叶一芯期，亩用17.5%幼禾葆180克(后改用40%直播净30克)，加水喷雾除草。一叶一芯期，用50ppm烯效唑喷雾控苗。二叶期前保持秧板湿润，二叶期灌水上秧板，保持薄水层不断水，结合上水施断奶肥尿素5千克。三—四叶期施尿素5—7千克促蘖。栽前3—4天施起身肥尿素10千克，带药下田。

单晚育秧　明清时期，受丝绸业制约，镇域只种晚稻，民国《濮院志》对濮院当时单晚育秧有翔实记载"凡田一亩用谷种七升或八升，浸五日始秧，撒之秧田。每秧一亩，壅饼一片细舂，与种同撒，以灰盖之，取其根松易拔。又五日秧始齐"。20世纪90年代，水田稻作又逐步改双季稻为单季稻，前茬春花(大小麦，油菜)，后茬晚稻。单季晚稻一般播种期为5月15—20日，亩播35—40千克(有农户为秧好拔，亩播50千克或超50千克)，秧、大田比1∶10；杂交稻亩播15千克，秧、大田比1∶12。

2000年后，境内随着毛衫行业兴起，农村劳动力大量转移，为省工时，单季稻采用浸种催芽，大田翻耕与毛板塄水稻直播栽培(播后不移栽)方法，一般在5月25日至6月5日播种，亩播3—4千克，杂交稻亩播1.25千克。

移栽 长期以来，水稻移栽一直采取拔秧插种。据民国《濮院志》记载："芒种后夏至前为霉时多雨，拔秧洗根去泥，捡出稗草，趁天阴时候急忙插莳，约六茎为一丛，六棵为一行，行宜直，以便耘耥，浅插则易发稻。"民国后期，镇域南片农村也采取大株稀植，以一丛三株，三丛一行，亩栽 9000—14000 丛。中华人民共和国成立后，20 世纪 50 年代末至 60 年代初，开始推行适度密植。二熟制早稻于 4 月底"开秧门"，"立夏"前后旺插，以六丛一行，一丛 4—5 株，行间距为 5×7 寸（1 厘米＝0.3 寸，下同）—5×8 寸，亩插 15000—17000 丛。1963 年始以 5 月 5—10 日插秧为多。70 年代至 80 年代初，三熟制比例扩大，早、晚稻推行小株密植，早稻为 3×4 寸，亩栽 50000 丛，晚稻为 3×5 寸，亩栽约 40000 丛。早稻迟熟品种增多，季节矛盾十分突出，早晚稻移栽出现"大部分适时，部分偏迟"现象。土劳负担重的生产队，早稻移栽过"六月田"，晚稻移栽过"立秋"关，迟栽水稻产量很低。1986 年农村实行家庭联产承包责任制后，秧田大面积推广"拔秧留苗"，濮院晚稻拔秧留苗面积 3000 亩，有效解决了季节矛盾，实现了"早稻不种六月田，晚稻不过立秋关"。移栽季节期限：早稻，"两熟制"4 月底至 5 月 5 日，"早三熟制"5 月 15—20 日，"中三熟制"5 月 20—25 日，"迟三熟制"5 月 26—31 日；连晚稻 7 月 20 日至 8 月 5 日；单晚稻 6 月 15—20 日。2004 年起单晚稻大面积免耕直播，一般为 5 月 25 日至 6 月 5 日，不超过 6 月 10 日，基本上结束大苗移栽。

灌溉 水稻自从进行人工栽植，就有了灌溉。灌溉是水稻生产重要环节，在水浆管理上浅满适当，掌握好稻田的干、湿度，是一门灌溉技术。其中，排水搁田相当重要。这一技术又称"烤田""干田"，有利于田土通气，分解养分，改善发根条件。古时农夫为了灌溉稻田，发明了水车（又名龙骨车）。南宋诗人范成大咏水车诗云："下田戽水出江流，高垅翻江逆上沟，地势不齐人力齐，丁男常在踏车头。"明清时杨园《补农书》阐述得很透彻："立秋边，或耥干，或耘干，必要田干缝裂方好。古人云：六月不干田，无米莫怨天。惟此一干，则根派深远，苗干苍老，结秀成实，水旱不能为患矣。"干在立秋前，便多干几日不妨；干在立秋后，才裂缝便要车水。盖处暑正做胎，此时不可缺水。古云："处暑根头白，农夫吃一吓。"

民国时期，水利失修，排灌工具落后，涝年漫禾苗，旱年枯死苗。中华人民共和国成立后，20 世纪 50 年代初，仍以人力水车排灌为主。1958 年始，农田水利设施逐步改善。1961 年，濮院大电网连通，全域农村实现电力排灌，田间渠系也相应配套，浅灌、勤灌和适时搁田随之普及。70 年代，随着农田基本建设的兴起，平整土地，排灌工程的进一步完善，水浆管理的提高，浅水插秧，寸水护苗，薄露分蘖，够苗（亩亩约 30 万株）搁田，薄水养胎（孕穗）抽穗，齐穗后活水（亦叫跑马水）灌溉，即"浅、露、搁、活"科学灌溉方法得以实现。搁田分数次，轻搁，重搁，先轻后重，以"田边开细裂，田中不陷脚，田面露白根"为搁田终止期。复水后间隙灌溉，浅水层养胎，齐穗后仍间隙灌溉，保持田土湿润，直至收割前一周停止灌水。

耕作制度 清代至民国时期，境内水稻种植以一年一熟为主，也有一年二熟的水、旱复种制。1953年开始改种籼稻为单季晚稻。1956年试种双季稻，边示范，边推广。1957年境内两熟制双季稻面积16467亩，亩产295.9千克。以后几年逐渐扩大改制面积，到1966年早稻面积达23342亩，亩产276.575千克。1968年试种三熟制，一季春花（大小麦、油菜、蚕豆等），一季早稻和一季晚稻，并逐步推广。1982年秋实行家庭联产承包责任制后，农民市场经济意识增强，境内开始出现粮食作物和经济作物结合的多元化种植结构。1988年镇域随着毛衫产业的兴起，从事第三产业人员的迅速增加，田间投工渐减，部分农户的承包田出现三熟改二熟，即一季春花，一季晚稻。20世纪90年代末期开始，春花、早稻面积逐年减少，大多农户只种植一季春花，一季晚稻。2003年后，大部分农田出现“冬闲空白田”，少量春花，一季晚稻。2010年，全镇种植晚稻28307亩，平均亩产560千克；小麦2046亩，平均亩产260千克；大麦5806亩，平均亩产255千克；油菜7124亩，平均亩产168千克。

其他粮食作物

濮院其他粮食作物，主要有大麦、小麦、大豆、蚕豆、豌豆、赤豆、绿豆、甘薯、玉米、高粱等；另有慈姑、芋艿、蕉藕等田边地头的块茎类作物。

明清时期，商业性农业加快发展，蚕桑业的比重逐渐加大。旱地扩种桑树，旱粮面积逐渐减少。大部份旱地，乌桕树地和花白桑地（桑树衰落形成的地块），以种植大、小麦为多，常与豆类作物间作、套种、轮作，主要有蚕豆、大豆、绿豆、赤豆等；豌豆、白扁豆大多在田横地角处少量种植。民国时期，旱地广种麦、甘薯、大豆、玉米等杂粮；水田广种大麦、小麦、蚕豆等春粮。其时开始推广纯系小麦品种，亩产量有所提高。旱粮总产量约占粮食总产量的15%—20%。

中华人民共和国成立后，随着耕作制度的改革和市场上对农产品需求的变化，旱粮种植面积、种类、产量也随之变化。中华人民共和国成立初，白地旱粮生产仍沿袭传统方式，以省工、省力、省肥的豆类作物为主，大都与经济作物间作、套种或混栽。旱地春粮占水田春粮的40%左右。1949年濮院粮食总产量122477吨，春粮11941吨，春粮占粮食总产量的9.7%。1955年濮院粮食总产量209952吨，春粮占粮食总产量的11.24%。1956年始实行种植制度改革，水田改单季稻为双季稻。绿肥、蚕豆、甘薯面积扩大，大小麦、大豆种植面积有所压缩。濮院早稻面积逐年扩大，水稻总产量上升，旱粮产量比重趋降。1963年大小麦面积濮院公社、新生公社、西浜村分别为6780亩、5484亩和674亩，1971年增加到8063亩和7021亩和755亩。20世纪70年代至90年代，逐年引进一批旱粮（春粮）新品种，改进栽培技术，面积逐年扩大，旱粮生产迅速发展。濮院公社1986年大小麦种植8489亩，亩产217千克，总产量1938吨，占粮食总产粮的12.3%。1993年起，濮院镇因地制宜发展粮经结合的多元化种植制度，旱粮年种植面积变化较大，亩产稳中有升。2001年濮院镇大小麦种植4867亩，亩产251千克，2003年大小麦种植3233

亩，亩产257.5千克，分别占粮食总产量的5.8%和11.8%。2003年起外来土地承包户增加，春粮种植面积也相应扩大，2010年濮院镇大小麦种植7852亩，平均亩产257.5千克，总产量(含蚕豆、豌豆)2359吨。

大麦 据清乾隆《乌青镇志》载："大麦即辫麦，早熟而粒大，渍之可为饧，多作牲畜饲料，酿造酒类和饴糖原料。其次，还有稷麦，无芒色黄，可作饭及饼饵，蒸之成烧酒味最烈。"民国时期，大麦以六棱、四棱类型为多。

20世纪50年代，种植的大麦多为农家品种，主要有桐乡二棱大麦(俗称篦箕麦)、立夏黄(米大麦)。60年代，仍以农家品种为主，主要有萧山立夏黄、桐乡二棱大麦、无芒六棱、矮白洋，末期引入始种米麦757、浙农12。70年代初，主要有浙农12、矮白洋、米麦757、无芒六棱。1970年，从省种子公司引进早熟3号(原产日本)，表现为粒大、早熟、高产、抗病、抗倒，成为当家品种。1979年，濮院公社、新生公社、西浜村种植大麦总面积10188.3亩，亩产391千克，早熟3号占总面积的90%以上。80年代，早熟3号仍长盛不衰。直至1988年引进沪麦4号后，逐渐更换了早熟3号，成为大麦的当家品种。1992年从嘉兴市农科院引入秀麦3号(又称秀89－51)，逐年扩大种植面积，渐成90年代的大麦当家品种。1997年，濮院乡大麦种植面积4546亩，亩产262千克；新生乡种植面积6714亩，亩产255千克；西浜村种植面积1080亩，亩产291千克；秀麦3号约占总面积的80%。

2000年以后，大麦面积锐减，产量比重下降。大麦主要品种有花30(1998年引入)，遂成为镇域大麦当家品种。2003年濮院镇(新生镇、西浜村已并入)种植大麦1516亩，亩产251千克。2008年后，外来粮食承包户增加，又逐步增加大麦的种植面积，2010年全镇种植大麦5806亩，亩产255千克。

小麦

小麦 明清时期，小麦品种有赤、白二类。具体品种不详。民国时期，以农家品种为主，主要有和尚头麦等。民国《濮院志》记载："吾乡所产为小麦，出数无多。"

中华人民共和国成立后，20世纪50年代有和尚头麦、矮粒多、金华白蒲、介吉等。60年代，品种类型增多，有矮粒多、金华白蒲、介吉、浙农9号、浙农17号、吉利、三月黄等。1963年矮粒多、吉利品种濮院公社种植面积2505亩，亩产139千克；新生公社种植1930亩，亩产118千克；西浜村种植185亩，亩产143千克；约占种植面积的50%。70年代初，以吉利、矮秆红等品种为主，并相继引入扬麦1号、浙麦1号(又称"908")、华东6号、扬麦3号等新品种。1975年开始，杨麦1号成为主栽品种。80年代以扬麦1号、镇74－95、扬麦3号、镇76－29为主栽品种。这几个品种因抗赤霉病、早熟、丰产性好，逐年扩大推广。1985年濮院乡种植小麦4494亩，亩产达405千克；新生公社种植 4017 亩,亩产 375 千克;西浜村种植 800 亩,亩产 380 千克。

20 世纪 90 年代引入扬麦 5 号、扬麦 158,经试种推广,面积逐步扩大,1995 年成为主栽品种。1999 年,上述两品种濮院乡种植 4805 亩,亩产 269 千克;新生乡种植 4957 亩,亩产 292 千克。2000 年以后,随着粮经结合的多元化种植制度,小麦面积逐年减少,品种以扬麦 10 号为主,搭配扬麦 158 和扬麦 5 号。2004 年全镇小麦种植近剩 541 亩,亩产 279 千克。2008 年后,境内粮食承包大户与外来粮食承包户增加,春粮的种植面积有所扩大。2010 年全镇小麦种植面积 2046 亩,亩产 260 千克。

栽培

耕作:自古以来濮院境内农村田地互相交叉,高低落差较大。水田地势低洼,地下水位较高,土壤潮湿。水田种麦的耕作,历来采用高塄(三耙塄)开沟排水的办法。明清时期,种麦皆以狭塄打穴种入麦苗为主,即在上年农历 10 月下旬至 11 月上旬下种,年前拔苗移栽完毕,继后开沟,沟泥复盖麦塄,泥土经过受冻(俗称冻松泥),农民敲麦泥护麦苗。据张履祥《补农书》载:“况种麦又有几善,垦沟楸沟便于旱。旱则脱水而棱燥,力暇而根深,沟益深则土厚;旱则经霜雪而土疏,麦根深而胜壅,根益深则苗益肥,收成必倍。棱燥、土疏、沟深,又为将来种稻之利。凡事利必兼利,害必兼害。”水田种麦为狭塄打穴栽种大小麦,旱地则耙沟条播为多。中华人民共和国成立后,20 世纪 50 年代至 70 年代,逐步推广宽塄、深沟种麦方法。80 年代初,桐乡县农技人员在濮院公社永联大队杭州扇生产队搞点,播种大小麦采用稻板麦栽培配套技术,一般塄宽 1.5—2 米(机械开沟 1.5 米),沟宽 0.2 米,土地利用率达 90%,塄间沟深 0.2 以上,田中间直深沟(排水沟)和长田畈增开的腰沟深 0.25—0.3 米。此项新技术一直沿用。

为达到早苗、全苗、匀苗、壮苗,大小麦播种主要根据品种特性,种子质量,确定适宜的播种时间:大麦 11 月 5 日至 15 日,小麦 10 月 25 日至 11 月 10 日。播种前晒种和药剂处理:20 世纪 50 年代至 60 年代采用新鲜 1%石灰水浸种。70 年代至 90 年代,推广应用多菌灵、福美双、大麦清、大麦灵等药剂浸种或拌种堆闷消毒处理。1998 年以后,改用 10%“浸种灵”2 毫升加水 0.8 千克,拌种子 10 千克消毒,防止种子带菌,减少病害。适量播种,精细覆盖。在适期播种范围内,大麦亩播 12.5—15 千克,小麦 8—10 千克。播种时按塄定量,匀播到边。播后施用适量氮磷钾化肥(或复合肥),塄面覆盖有机肥或平铺铡短稻草,经机械(或人工)覆土,精细碎土匀盖,不留露籽麦。

施肥方法:明清时期,种麦注重施用基肥,俗称“麦要胎里富”。《补农书》载:“吾乡有壅豆饼屑者,更有力。每麦子一升入饼屑二升,法与麦子同撮。但麦子须浸芽出者为妙;若干麦,则豆速腐而并腐麦子。”民国时期,大小麦施肥以人粪、猪肥、羊肥、饼肥、草木灰等农家肥为多。中华人民共和国成立后,20 世纪 50—60 年代,仍以农家肥为主。1966 年境内试用推广大小麦施用磷肥。70 年代大小麦施肥水平提高,但仍然沿用“施足基肥、早施苗肥、重施腊肥、早施春肥”的施肥方法,需亩施氮肥(折合纯氮肥)10—13 千克,其中农家土杂肥占40%—45%，增施过磷酸钙20—25千克。罱河泥加氨水作为腊肥重施法，一般亩用河泥50—80担加氨水20—25千克泼浇麦苗，促使麦苗冬壮春发。80年代至21世纪以后，大多都是使用复合肥，配施过磷酸钙或钙镁磷肥。基肥、苗肥(1—3叶期)、腊肥(4—6叶期)、春肥(7—8叶期)施肥比例约为46∶37∶5∶12。腊肥一般只施于基苗肥不足、迟播或长期干旱造成年内苗不足的麦田。每亩再施过磷酸钙或钙镁磷肥20—30千克、氯化钾5—7千克。有条件的可配用人畜肥进行泼浇，效果更好。

田间管理

除草：20世纪80年代，在麦苗冒青至二叶一芯期，开始大面积应用化学除草剂除草。随着推广免耕麦栽培，草害突出，1987年后，采用"一封一杀"化学除草剂与肥、土、苗压草相结合的方法除草。常年草荒田在播前2—3天，亩用草甘膦500毫升，20%克无踪200毫升，兑水50千克喷雾封杀。苗期除草，麦苗一叶一芯至二叶期，选用药剂有绿麦隆、杀草丹和甲黄隆，除草效果极好。但甲黄隆除草易引起麦苗和后作水稻为害，1998年后禁止使用。21世纪后改用50%高渗异丙隆，亩用量125毫升，兑水50千克喷雾除草。

清沟排水：大小麦喜旱，境内有"旱断麦根，磨断磨芯"之谚，"渍害"严重影响产量。从20世纪70年代开始，为根治"三水"(地面水、潜层水和地下水)的危害，在抓好"三沟一渠"(直沟、横沟、隔水沟、排水渠)配套的基础上，从播到收，特别是遇到烂冬和春季多雨的年份，做好清沟排水。70年代后期用机械打洞机，每只田块钻洞3—4条(俗称打老鼠洞)，降低地下水位，变水田为季节性旱地，确保麦子持续增产。

防止倒伏：农户大多选用高产抗倒品种和采用合理的农业管理措施，特别是适量播种，治水防渍，适施氮肥、配施磷肥，增施钾肥，控施腊肥和适施春肥，防止倒伏。此外，境内农民往往春暖后在麦田中脚踏麦苗，踏麦苗是沿用旧时的一门促使麦苗分蘖多、根系发达、苗壮生长、抗倒伏的一项有效措施，有"若要麦头发，叫那爷来踏"之谚语。

防治病虫害：境内大小麦病害以赤霉病、黄花叶病、条纹叶枯病、白粉病、云纹病、网斑病发病较多。虫害以蝼蛄、麦蚜、黏虫危害较重。中华人民共和国成立后，农户重视选用抗病品种，进行种子消毒及相关麦田管理措施，根据病虫情报，选用高效、低毒、低残留农药防治，控制蚜虫、黏虫、赤霉病、白粉病等主要病虫害蔓延。

大豆　大豆古时称菽，俗称黄豆、毛豆、梅豆。明、清、民国时期境内大量种植于白地和花白桑地。据民国《濮院志》记载："黄豆俗名毛豆，一称晚豆，鲜可作蔬，枯可炒食，并为造酱及制豆腐之原料。岁产万余石，为冬熟一大宗。其以鲜毛豆盐煮烘干，色青翠，形扁，味甘嫩者，名曰薰豆。他镇皆有，不如濮产之佳。"

中华人民共和国成立初期，1949年濮院大豆总产11083担(554.15吨)，至1959年总产22288担(1114.4吨)。三年自然灾荒时期逐年扩大大豆种植面积，总产增幅大，1963年总产达1343620担(67181吨)。1964年开始，随着粮荒的缓解，境内蚕桑生产迅猛发展，花白地、乌桕地，大量种植小桑苗，间作物逐步退出桑园，从而大豆种植面积也相

大豆

应减少。1971 年濮院公社大豆总产量 273671 担(13683.55 吨),新生公社 116432 担(5821.6 吨),西浜大队 9519 担(475.95 吨)。1980 年至 2000 年间的 20 年中,随着粮经结合的多元种植制度的实施,大豆种植面积呈现年际变化大,大豆总产量逐年减少。2001 年(濮院、新生、西浜合并)至 2010 年的 10 年间合计大豆总产近 5507 吨,平均每年只产 550.7 吨。

品种 大豆有春、夏、秋大豆之分,20 世纪 70—80 年代,主要有五月拔、六月拔、白毛香梗豆,十家香等品种。五月拔、六月拔早熟,秆矮,产量低。白毛香梗豆中熟,豆荚饱满,色泽金黄,蒸煮易熟,较稳产,种植面积较多。十家香成熟迟(俗称冻煞毛豆),皮青粒大,采嫩豆煮熟后香味浓,成熟期较迟。80 年代至 2000 年后,陆续引进浙春一号、宁镇一号、开育 9 号、开育 10 号等品种。之后,又引进以优质、丰产、商品性好的开交 8157、引豆 9701、台湾 75、辽鲜 1 号、日本矮早、越丰等品种。境内春大豆栽培,主要是蔬菜种植户,有部分农户少量种植。

栽培 境内历年来白地播种大豆,常与小麦连作搭配。花白桑地、乌柏地种豆则与烟叶、菊花、黄麻等经济作物间套种为多。此外,利用农户房前屋后,水稻田梗,田头地角等杂地种植。

旱地播种前先除杂草,晒种 1—2 天播种,以提高出苗率。春大豆一般在 3 月下旬至 4 月上旬播种,夏大豆在 5 月下旬至 6 月上旬播种,秋大豆大都在 7 月下旬至 8 月上旬播种。以开槽点直播为多,每穴 3—4 粒,留苗 2 株。2000 年以来,蔬菜种植户及部分农户以采收鲜豆荚为目的,为提早上市,多采用地膜覆盖棚保温栽培,一般在 2 月底至 3 月初播种,培育苗秧,秧龄 20—25 天,带土移栽。

大豆由自身根瘤菌固氮供给生长。大都在播种时和出苗后施用 1—2 次灰肥,俗谚“种豆一把灰,秋后豆粒归”。1990 年后开始增施磷、钾肥及复合肥。

大豆是旱地作物,主要管理是防止荒芜、治渍、润土齐苗,后期治虫保叶。鲜食大豆,一般在大豆始花后 30—35 天,籽粒饱满、豆荚鲜绿时采摘。干籽则在叶片变黄脱落,豆荚和种子呈现品种固有色泽,豆荚摇之有声时收获。

蚕豆 蚕豆又名胡豆,罗汉豆等。清康熙《嘉兴府志》中说:“豆荚成熟时正当春蚕上蔟之时,故名蚕豆。”明清时期,蚕豆在境内已广泛种植,以旱地种植为多。民国《濮院志》记载:“蚕豆,蚕时始熟故名,田中地滩皆可遍种。吾乡所出者皮薄味甘而香,为他处所不及,岁产近万石,为春熟一大宗。”

中华人民共和国成立后,20 世纪 50 年代,水田种植蚕豆渐有扩大,以作秧田绿肥为主。蚕豆是粮食、蔬菜和饲料、绿肥兼用作物。蚕豆的品种主要是选用农家地方品种,其品种类型可分大粒型和小粒型两大类。大粒型通称“牛踏扁”,粒大、瓣阔,有青皮、白皮之分，白皮质佳。小粒型品种，通称“桐乡小青豆”，俗称“香珠豆”，有青皮、白皮、紫皮三种，青皮豆质佳。60 年代，桐乡小青豆为当家品种。70 年代起，引进慈溪香珠豆，平湖牛踏扁，种植面积甚少。2002 年以来引入慈溪大白蚕，但仍以“桐乡小青豆”为主要品种，该品种占蚕豆总面积的 70%。其他品种有大青皮，白花大粒(日本大花蚕)等。蚕豆产量低，经济效益低，种植量少，一般以食新鲜蚕豆为多，少有收取老蚕豆，老蚕豆农户多用以酿土酱。

蚕豆

蚕豆属长日照作物，适应性强。水田、旱地、田横地角，以及四旁杂地都可种植，但忌连作，大都以套种为主。20 世纪 50 年代至 60 年代初粮食较紧张，农户种植蚕豆较多。单季晚稻秧田绿肥种植蚕豆比较普遍。蚕豆播种前进行种子筛选处理。旱地播种较早，大都在 10 月下旬播种，耙沟条播或扦刀点播，间作、套种的一般采取沟边豆的种植方法，根据作物布局，确定行距，株(穴)距以 17—23 厘米，每穴 2 粒，泥土覆盖。田蚕豆播种略迟，普遍采用作畦打潭点播，一般畦宽 0.7—1.3 米，每畦 2—3 行，穴距 20—25 厘米，每个潭穴 2 粒，深度 6—8 厘米。最迟播种期不超过 11 月下旬，有‘小雪不见叶，老来不见荚”之农谚。蚕豆因根瘤菌能固氮，一般不用氮肥。历来习惯播后常以灰泥盖籽，出苗后施用草木灰为多。20 世纪 80 年代起，部分开始施用磷肥，1990 年后使用复合肥，增产效果明显。蚕豆怕涝，以防渍为重。田蚕豆开沟排水，保持沟渠常年畅通。蚕豆自下而上成熟，采新蚕豆作蔬菜食用，不待老熟，摘取豆荚饱满、荚有硬感为好。采收老蚕豆，一般在芒种前后。2010 年濮院镇蚕豆豌豆总产 346 吨。

豌豆 豌豆又称寒豆。明万历《秀水县志》已有豌豆的记述，栽培历史至少 400 年以上。豌豆多利用零星杂地，屋前屋后少量种植，甚少成片栽培。1949 年濮院地区种植蚕豌豆 455300 千克。豌豆以蔓生型为主，品种一般沿用原有品种。1990 年后，以引进的中豌 4 号为主，蔬菜种植户引入少量食荚豌豆和中豌 6 号等品种。豌豆属长日照作物，适应性强，水田、旱地、田横地角，以及四旁杂地都可种植。豌豆播种期比蚕豆略早；豌豆因根瘤菌能固氮，一般不用氮肥。豌豆自下而上成熟，以食嫩豆荚作蔬菜佐餐为主。

小杂粮作物 玉米、高粱、小米、赤豆、绿豆等作物一般零星种植，大都是地方土种，品种杂乱，产量低下。

玉米 唯濮院又称观音黍。虽栽种历史较长，但种植面积少，极少成片，以零星为主。20 世纪 50 年代多与其他蔬菜、经济作物间作套种，一般多采摘嫩玉米供鲜食用。蔬菜种植户少量种植，以供应市场。玉米有春玉米、夏玉米、秋玉米三类。民国时期及中华人民共和国成立初期，境内以秋玉米为主。玉米品种较多，有粳有糯，色泽有白有黄，还有彩色玉米，甜玉米等。2000年后应市场所需，相继引入美玉3号、美玉7号、浙凤糯2号、苏玉糯1号、丰糯2号和超甜玉米金银蜜脆等品种。

春玉米直播播种期，一般在清明前后；采用地膜打洞覆盖，则在2月底至3月初播种，苗龄15—20天。夏玉米播种在5月上旬至6月上旬。秋玉米在7月下旬至8月上旬播种，苗龄不超过10天。玉米栽培主要形式是条播、点播、秧苗移栽。尔后中耕、除草、盖土护苗、合理施肥、人工辅助授粉、疏穗、防治病虫害，夏、秋玉米及时加强抗旱等措施。2000年后，玉米主要以鲜食为主，种植密度较稀，大都采用等行距双株留苗，行距60—75厘米，株距60厘米，每穴双株间隔6—10厘米，忌留大小苗。鲜食春玉米采收一般在授粉后23天左右，秋播玉米则提早2—3天。较简便的方法是从果穗外观来确定，当花丝全变黑，苞叶尚青，剥开苞叶见籽粒圆大，就可采收。

高粱　只有部分老农种植，种子作饲料，穗秆用来制作扫帚。

小米　只在20世纪50—60年代粮食困难时期，境内有少量种植。

赤豆、绿豆　境内种植较多的为无蔓藤的大红赤，粒大，色红。此外，有蔓藤的野赤豆，粒小，色泽黑红。赤豆主要作为食用馅料，赤豆糯米饭，赤豆粽子等。绿豆极少种植，用以夏天煮绿豆汤。赤豆绿豆等豆类的栽培、管理，类似蚕豆豌豆与大豆。

块茎类杂粮　境内块茎类杂粮有甘薯、马铃薯、蕉藕等。该类大都种植于田边地角。

甘薯　又名番薯、山茹，其适应性广，产量高。甘薯既可作粮食又可加工粉丝、酿酒及作饲料。1952年濮院地区产鲜薯46200千克。1961年粮食紧缺，甘薯成为果腹充饥之佳品。当年濮院产鲜薯117吨，可抵公粮。此后，境内逐年增加种植面积，产量猛增，1971年鲜薯总产295.23吨。1980年后甘薯抵公粮政策取消，种植量锐减。2000年后，仅零星种植，甘薯作保健小吃之用。

甘薯品种有白皮白心、红皮红心、黄皮黄心等。三年经济困难时期，追求产量高的品种种植。之后追求口感好，富营养的品种种植。2006年相继引入新型品种浙薯313、富硒早、紫薯等特色品种，一般亩产1000—1800千克。

甘薯在清明前温床催芽，四月底剪壮苗出窖，扦插繁殖。一般在6月上中旬第二次剪苗，起垄成行，薯苗斜插垄中。甘薯需肥量轻，适量施用，1980年开始推广施用磷肥。中期护苗除草，中后期翻藤，拉断不定根，操作轻手，免伤茎叶。甘薯喜旱、防渍，叶面防虫害。立冬前无霜期翻收，小雪前入窖储存。

马铃薯　又名土豆，洋山薯。马铃薯一年可收二季，春马铃薯与秋马铃薯。马铃薯作菜肴用，嫩马铃薯口感好。春节前后播种第一季，7月上中旬种第二季。境内有零星种植。

蕉藕　在粮食困难时期种植较多，块茎能充饥果腹。大都种植在场边、地角，品种较多，花色有红、黄等。现在都用于观赏植物。

第二节　经济作物

境内的经济作物种类繁多，利用较早，主要有蚕桑（详见本编第三章蚕桑业）、油菜、棉花、烟叶、杭白菊、麻类、蔬菜、水果、食用菌、药材等。

油菜

境内种植油菜由来已久。油菜古称芸薹，宋代始称油菜，明清时已普遍种植。油菜“冬种而春生，摘薹蕊食之，老熟收籽为油”。民国时期，种植白菜型油菜（俗称土油菜），主要品种有三月黄、长梗白、金菜子和灯笼种等。中华人民共和国成立后，20世纪50年代沿用三月黄、长梗白等白菜型品种，因种植年份长，抗病力弱，易感病毒病和菌核病，加上成熟期早，正值多雨的立夏边，故产量不高不稳，一般亩产在35千克左右。60年代初开始，推广种植高产良种甘蓝型油菜，即胜利油菜。经过改革耕作制度，种植面积扩大，产量大幅度上升，单产在50千克至75千克。70年代后，普遍种植胜利油菜，后又推广较早熟的九二13系和九二58系油菜。80年代初，政府对油菜籽收购价进行调整，种植面积，总产量相应减少。80年代末至90年代初，油料执行新的收购政策，种植面积逐年扩大。1993年濮院种植3526亩，单产95千克，总产量达335吨；新生4616亩，单产110千克，总产量507吨。1996年扩大种植面积，产量也相应上升，濮院种植面积5223亩，单产117千克，总产达611吨；新生种植面积9053亩，单产126千克，总产达1141吨。濮院、新生合并后的2001年至2010年的十年中，推广种植具有高产、高含油量、低芥酸、低硫甙的“双低”优质油菜浙双72，沪油15和浙双6号等优质油菜新品种。年平均油菜面积相对平稳，平均每年种植14460亩，平均单产151千克，平均年总产2183吨。

油菜

油菜一般采用播种育苗移栽，季节性较强，秋分边播种，大雪前移栽，有“寒露油菜霜降麦”之农谚；历来采用条畦式插栽，行株距为30厘米×20厘米左右。20世纪80年代中期前，采用翻板田窄塄深沟播种，特点是直沟，排水沟相通，且塄下多孔穴，脱水排水快。菜秧移栽高产标准为6寸（20厘米）高、6张叶，株直径6毫米，俗称“三六标准”，亩栽0.9万—1.2万株。1990年起推广稻板油菜（免耕种植油菜），稻板“双垄”种植，按塄宽1—2米，种油菜苗2—4行；直播油菜也采用免耕法，条播或散播。稻板油菜省工省劳力，有利于抢占季节，一般可提早5—10天移栽（或播种）。但采用免耕法，土壤透水性差，在“烂冬”年份与春雨发时期容易造成渍害，滋生杂草和发生病害；一般采用移栽（播种)前,整理好“三沟一渠”(直沟、横沟、隔水沟和排水渠),以防止渍害。防止杂草采用“封、杀、压”相结合的治草方法,即栽(播)前3—5天,栽后活棵期或直播油菜4—6叶期选用对口除草剂进行“封、杀”,再结合施肥、清沟,以苗抑草,以泥压草,防止草害。该法亩单产高于翻板田窄塄深沟插种法,一直沿用至2010年。

棉花

棉花

境内棉花种植始于元代,明、清至民国时期亦有零星种植。农妇自纺自织,俗称土布。

棉花品种比较杂乱。民国时期,通过农民串换引种,有江苏龙华种,上海南汇种等,皆属中棉。20世纪50—60年代从平湖、余杭、海宁等周边地区引进绒长、衣分率高的岱字棉,替代中棉,产量不高,亩产约50千克左右。60年代初、中期,由于棉布奇缺,商店凭票供应,农户自留地上种植棉花,自给性生产,弹絮、纺纱、自织土制棉布,流行一时。稍后,生产队集体也有少量种植。1970年后,因扩大桑树种植面积,市场棉布紧缺渐缓和,棉花种植面积逐渐减少,至停止种植。1983年实行家庭联产承包责任制后,多数农户开始利用零星地种植棉花,多用于加工制成棉胎被絮。2000年以后,嘉兴种子公司先后引进国审棉山东中棉所66F1,山东懒千斤H368等高产新品种,最高亩产籽棉分别可达276千克和245千克。2009年全镇棉花种植面积1304亩,单产138千克,总产180吨。2010年种植面积1171亩,单产211千克,总产247吨。

境内种植棉花,一般多选白地或花白桑地、沟渠、路边等阳光充足之旱地,前茬油菜或蚕豆收后种植。民国时期为谷雨始播,立夏后一周止。20世纪50—60年代,改为谷雨前播种。一般亩栽4000—8000株。2000年后引进新品种,播种密度调稀,亩栽3500—7000株。施肥上掌握“施足基肥,早施轻施苗肥,稳施蕾肥,补施长桃肥”的原则,结合锄草(亦用化学除草剂),“捂苗塄”(将土培于苗株基部)保湿,保肥,防倒。此外还须采取合理整枝,抹赘芽,分期打脑(摘头),摘老叶等技术措施。

棉花虫害主要有金龟子、蝼蛄、芽虫、蜗牛、红蜘蛛、地老虎等。虫害防治,民国时期及中华人民共和国成立初期,主要靠人工捕捉。2000年后用药剂喷雾防治金龟子、芽虫、红蜘蛛、中黑盲蝽等;撒药地面用于防治蝼蛄、地老虎、蜗牛等害虫。入秋后棉絮陆续吐露,开始采摘棉花。

烟叶

境内产烟叶属晒红烟,因其叶经晒制后色泽红亮、质地柔韧、油分丰润、不易破裂、香辣味浓郁、品质优良而得名,是制作雪茄外包烟和混合型卷烟的优质原料。有伏烟、秋烟、顶烟、脚烟等名，又有早顶、晚顶、头皮、二皮之别。

烟叶出于吕宋国，明嘉靖年间，始传人桐乡，初按译音称“淡巴菰”（tabacco），清代才改称烟叶。清乾隆至宣统年间，濮院南片已为主要烟叶产地之一。民国《濮院志》载：“烟叶多产于西南乡桐界，而嘉界绝少，他处人称曰‘桐濮烟’。乡人种此者，利较桑麻尤厚。”“相传乾隆五十年，吾乡大旱，苗槁几尽。南乡有种烟者，收值数倍于谷，由是种者渐多，岁产值数十万，为吾乡大宗出产。”濮院境内产晒红烟，龙潭烟片誉称“龙尖”，烟质特优。濮院镇厘税以此为大宗，每夏秋间远商来集，烟市极盛。烟叶产品远销埃及、马里、几内亚、科威特、德国、菲律宾等国及中国香港、澳门、辽宁、黑龙江、广东、福建等地。民国时期，晒烟生产几经兴衰。民国 11 年（1922），桐乡县产烟叶 5700 担，主要分布于濮院南片、屠甸北片等乡村。日军侵华期间，出口停滞，烟商杀价，烟叶生产下降。抗日战争胜利后，烟叶生产略有回升。

中华人民共和国成立后，人民政府理顺烟叶收购价格，预发订购定金，供应生产物资，沟通内外销售渠道并进行技术辅导，扶持烟叶生产，烟产量上升。1958—1960 年，因烟叶收购价格偏低、自然灾害等原因，种植面积缩减，产量回落。1961 年起，采取以卷烟换购烟叶，增加奖售物资等措施调动烟农积极性，烟叶产量开始回升，至 1966 年，外销比例占伏烟的 30%左右。“文化大革命”期间，烟叶产量连年下降。1983 年实行家庭联产承包责任制后，烟叶生产有所恢复。1993 年濮院种植烟叶面积 243 亩，单产 70 千克，总产量 17 吨。后因烟草黄瓜花叶病流行，烟叶经济效益不及蚕桑、杭白菊，种植面积速减。1998 年濮院种植烟叶面积仅剩 20 亩，单产 110 千克，总产量 2 吨。2005 年后境内烟叶少量种植，至 2010 年，烟叶种植基本结束。

品种 民国时期，境内除龙潭烟片外，烟叶无品种之分，产量水平高低不一，品质优劣悬殊。中华人民共和国成立后，开始重视烟叶品种的筛选。20 世纪 50—60 年代，主要有督叶尖秆、大叶红种、蒲扇种、畚斗种等。通过筛选和提纯复壮后，从中选育出督叶尖秆软叶子和督叶尖秆硬叶子两个品种，成为境内 70 年代当家品种，其中督叶尖秆软叶子种植面积占 60%—70%。1976 年，县土特产公司通过引进的烤烟型品种“单育一号”与当地晒烟型品种杂交，育成“桐乡三〇三”新品种，1989 年 7 月通过专家鉴定和省烟草系统品种审定，在境内推广种植。督叶尖秆软叶子（简称软尖秆），植株筒型，株矮，省肥，叶多而大，产量高，组织细密，质量好，在遮阴栽培条件下，可作雪茄包皮烟。督叶尖秆硬叶子（简称硬尖秆），植株筒型，抗花叶病比软尖秆略强，叶片较厚，质量较好。桐乡三〇三，植株筒型，略高，叶色深绿，叶肉较厚，叶面平滑，叶脉略粗，出烟丝率高，长势旺盛，耐寒、耐肥、抗性强、产量高。

栽培 烟叶栽培有轮作、套种、间作之分；境内烟农在清代就采取轮作方法，懂得连年种植烟草易发“瘟”，所以，种烟必须年年换地。民国时期轮作的经验已广为采用，还能减轻病害。民国 22 年（1933）《中国实业志·浙江省》记载：“轮种之作用在于避免虫害，如蚀叶之烟虫，嚼根之地蚕，吮液之蚜虫等。若与其他作物轮作，则可避免虫害。”此外，清代、民国时期，境内旱地花白桑地和柏子树地较多，常有烟与桑、柏间作的习惯，20世纪50年代仍有这种间作方式，1962年后不再采用。60—70年代，烟农有蚕豆套作烟叶习惯。这种套种模式具有保湿避蚜作用。1990年后，大都以榨菜—烟叶—菊花的套作模式为多。

传统栽烟于大寒前后作塄为苗床，俗称“烟秧塄头”，苗床四周开好排水沟，苗床四边作一小埂，苗床内施足基肥，一般用鸡鸭肥或羊肥等热性肥。为防止杂草，床面铺一层2—3厘米的焦泥灰（已烧去杂草籽）。露地播种，育苗，立夏移栽。烟农一般以豆饼、乌柏蕊饼和菜饼作基肥或捂烟肥。20世纪80年代初，开始推广塑料薄膜覆盖保温育苗，移栽提前到谷雨边。烟菊套种地一般每亩栽苗1400—1600株。烟叶施肥多采用“前重后轻”方法，增施饼肥，适施氮肥，配施磷钾肥，少施人粪尿，忌施氯化铵。80年代中期，改连作为轮作，推广氮、磷、钾三元复合肥料，并运用综合防治措施，预防烟草黄瓜花叶病和消灭其他病虫害。烟农习惯以“三皮、四脚、七顶叶”作为高产优质的留叶标准，有15—16张叶片时打顶（摘去株嫩心）、抹叉（勤抹腋芽）。打顶后20—30天，当上部叶面呈现“葡萄”花纹，叶毛消失，即视为烟叶已经成熟。

烟叶晒制

晒制　为提高烟叶品质和产量，烟农根据烟叶成熟程度选晴天露水干后分批采摘。第一次采摘从顶叶爿开始，先采下3—4张较成熟的烟叶，相隔5—7天再从上到下依次第二次采摘。一般须3—4次采摘完毕。再精心晒制，将采摘来的青烟叶在屋内闷釉两天，再上烟帘再闷釉1—2天。如烟片颜色青里泛黄则先晒叶片反面，暴晒3天后再观察烟叶正面，若由黄转紫则晒正面，3天后再晒反面，多次反复，晒干为止，整个过程需15—20天左右。如遇阴雨天，烟叶上烟帘后，室内应保持通风，前、后调换或用麻梗3—4根扎把隔开通风，防止烂叶、霉变。烟叶完全晒干后，从烟帘上撤下再分级（俗称叠烟）捆把、上堆和储藏。烟面上用板加重物压挺待售。

杭白菊

杭白菊又名杭菊、甘菊、茶菊，是境内的传统特产，明代就有种植，距今已有390多年。据清初《补农书》记载，“甘菊性甘温，久服最有益。”“茶性苦寒，与甘菊同泡，有相济之用。若种之成亩，其利视种豆自倍。”民国《濮院志》说，“菊花，有黄白两种，黄入药品，白为茶菊。近年种植颇广，收花时用锅蒸熟晒干，出售于市，为土产收入之新增者。”长期以来，桐乡栽菊面积和产量均占全国90%以上，是全国有名的“菊花之乡”。所产干菊味甘纯正，素净馨香，清雅生津，质地优良，主要用作饮料，部分作药用。其功效散风清热，平肝明目，主治风热头痛、赤目，并有强身之功效。是浙江有名的“浙八味”中药材之一，产品销往广东、广西及其他大中城市，并畅销东南亚诸国和港澳地区。

民国20年（1931年），浙江省建设厅举办国货馆茶行农产品展览会上，桐乡茶菊（杭白菊）获甲级产品称号。据《桐乡县农业志》载：“民国22年，桐乡县产干菊花1100担，以濮院一带产菊为多”。

中华人民共和国成立后，各级政府扶植杭白菊生产。境内种植杭白菊主要产区以国道南庙簰片为主，永联、黄河、会龙、新华等四个大队种植量占杭白菊总产量的80%以上。20世纪50—60年代，各级政府重点抓粮食生产，杭白菊地缺肥、种植技术落后、管理水平低等因素，产量一直低下，质量差。1966年起国家调高杭白菊的收购价格，同时实行奖售政策，投售50千克干菊奖粮票50公斤、布票10市尺和化肥（标氮）50千克，又允许社员在自留地上栽种少量菊花，调动了菊农积极性，产量、质量有明显提高。1986年濮院种植杭白菊850亩，单产64千克，总产54吨；新生种植杭白菊141亩，单产57千克，总产8吨。1990年后，国内外保健饮料工业迅速发展，对杭白菊的需求量日益增加，价格回升，种植面积稳中有升。1993年境内种植杭白菊达到了小高峰。濮院种植杭白菊2174亩，单产67千克，总产145吨；新生种植337亩，单产65千克，总产22吨。1999—2009年境内杭白菊生产进入新的发展时期，并成为特色优势产业。1999年4月，桐乡市人大常委会通过决议，把菊花定为市花。5月，桐乡市被中国特产之乡暨宣传活动组委会命名为“中国杭白菊之乡”。11月，桐乡举办首届菊花节。菊花节的成功举办，把桐乡和杭白菊紧密地联系起来。2000年11月，桐乡市第二届菊花节在濮院镇开设分会场，会场主体是占地300亩的“田野菊海”，约百万枝杭白菊竞相开放，蔚为壮观。桐乡市区有“世界上最大的田野菊海”，被上海大世界基尼斯总部列入大世界基尼斯名录，成为世界之最。2004年濮院镇种植杭白菊创历史高峰，种植面积达3484亩，单产180千克，总产627吨。杭白菊现代化生产、加工技术的创新，销售、运营体系的建立，扩大了杭白菊产业的发展空间，这一时期杭白菊种植面积稳中有升。2009年，濮院镇种植杭白菊2387亩，单产159千克，总产380吨。

田野菊海

品种　明清时期，甘菊（杭白菊）有黄、白两种，白者优，但无具体品种之分。民国时期，杭白菊分茶菊和药菊两大类，茶菊指白菊花，有大白菊、小白菊；药菊即黄菊花，有大黄菊、小黄菊。1949年起，境内农家以栽培大白菊和小白菊为主，占菊地种植总面积的80%—95%。20世纪80年代后，农业部门加强杭白菊品种资源调查、鉴定和优良品种推广，大白菊、小白菊（有迟早之分）成为主栽品种；其次是异种大白菊和专供药用的大黄菊、小黄菊。

大白菊 又名大洋菊。株型直立，茎干粗，紫色，茎较硬脆，耐肥性好，不易倒伏，但易感病毒病和叶枯病。叶色深绿，叶型与花型较大，花色洁白，花层薄，蒸晒易干，香味略淡，品质不及小白菊。开花期略早，从栽种至盛花期约196天，抗旱性差，一般亩产140千克，高产菊地亩产可在190千克以上。

小白菊 又名湖菊、荷菊、迟小洋菊。株型匍匐，茎梗较细，发枝力强，适宜压条栽培，省肥、抗叶枯病，适应性广，丰产性能好。叶腋处呈微紫色，叶片较小，花蕾多，花瓣短，花层厚，4—5层，花瓣90瓣上下，花型小，花色白，蒸晒后稍带玉色，味甜，芳香浓，品质极佳。但开花期较迟，从栽插至盛花期需198—201天。由于开花期长，易受霜害，一般亩产140千克，高产菊地亩产可达200千克以上。

早小洋菊 从迟小洋菊中选育出的新品种。基本特征、特性与小白菊相近，但适应性更广，生育期较短，始花期早于迟小洋菊5—7天，花瓣玉白色，花朵品质较好。单位面积有效花蕾数多，花瓣短而厚，花层5—6层，单朵花瓣100瓣左右，百朵鲜花重80—100克。蒸晒加工后呈玉白色稍带黄色，泡饮带甜味，芳香浓，品质极佳。2004年经南京农业大学测定，含绿原酸6.1‰，总黄酮3.1%，挥发油2.7毫升/千克。一般亩产干花130千克左右。

异种大白菊 杭白菊的变异种。枝型直立，茎秆粗，紫色，茸毛多，分枝弱，叶片大，叶裂深，叶色深绿，花朵大。抗性好，生长健壮，易管理，产量高。1970年后期种植，因其品质较差，泡饮带有苦味，商品性差，1990年后已基本淘汰。

大黄菊 药用黄菊之一。茎秆较白菊略细，茎呈绿色，不易倒伏，着叶较密，叶大而厚，叶色深绿，分枝少，花蕾少，花色金黄，花朵比小黄菊大，品质欠佳，产量低。1950—1980年间境内有零星栽种，1990年后已很少见。

小黄菊 药用黄菊之一。茎秆细软，生长前期直立，后期呈半匍匐，茎色青绿，主茎略带紫色，着叶稀，单叶互生且小而簿，叶裂深呈羽状，叶色浅绿。抗病性强，病虫害轻，适应性广，不耐肥，以路边、地角、杂地种植为多。发根及分枝力强、枝多、花多，但花朵较小，花瓣呈金黄色，花蒸后容易晒干，干花味苦，产量较低，一般亩产60—80千克。

栽培 采用无性繁殖育苗，利用根蘖苗栽种或扦插。明清和民国时期，全部采用直立式栽培。20世纪50年代至70年代亦以此法栽培。70年代后期采用压条或埋条栽培法。此法抗旱能力强，扩大采收面积，提高菊花产量。80年代初，此法推广面积约占总面积的30%左右。80年代后期压条栽培面积扩大，占总面积的70%左右。90年代后，境内主产区永联、会龙、黄河、新华等南片村，压条栽培技术占95%以上，普遍获得增产。桐乡杭白菊“杭白菊压条栽培技术及增产原理研究”项目获省农业厅技术改进三等奖。

杭白菊栽种，一般在谷雨前后。菊地管理需十分精细，前茬收获后进行冬前翻耕，俗称“垦冬地”，深度20厘米以上，畦宽1.2—1.8米，四周开好排水沟。施足底肥。栽种秧苗割茎（菊花秧苗割除上部，留下部茎秆5—8厘米），培育壮苗。栽后到小暑前打顶（摘去嫩头，俗称回头）三次，促分壮枝。7月下旬至8月初，翻垦泥土压条，结合除草，治虫防病，增施追肥及浇水保湿，促其株节生根，增新枝。新枝长至10厘米左右打顶，重复多次，一般至9月初至中旬停止打顶。经过打顶增分枝、增花蕾、增产量。立冬前后菊花盛开，始采头批花，隔5天、7天采二批花、三批花。头批花品质最佳，二批花、三批花次之，末批花或霜后花质量较差。

摊晒杭白菊

蒸制、加工及贮藏　境内菊农普遍沿袭传统的蒸晒加工技艺。菊农采收菊花蒸制，一般等露水干后采摘；如抢时间采收，带有露水的花，需晾晒半天才能蒸制。水分重的及干瘪的菊花蒸后均有损质量。菊农白天采摘，晚上将鲜花全部蒸制。蒸制菊花一般都用二尺镬子（大锅），备用竹制的圆蒸笪4—6只，一镬子蒸2蒸笪或3蒸笪，笪中装有鲜菊花约0.3—0.4千克，先装笪边后装中间，松装勿压，厚薄均匀。蒸数批后锅子内添加清水，若锅水浑浊，必须及时更换清水，以防“瀑汤”。“瀑汤”菊花难以晒干，质量差。蒸后的薄片花饼，摊于竹帘上暴晒，每天中午“翻身”晒另一面，暴晒6—7天，晒至花蕊变硬，无滑心、干燥为止。若遇阴雨天，菊花饼晾放在通风处，勤翻动、防霉变。如阴雨持续天数长，菊农常用地火龙、柴炭或煤炉明火烘焙。晒干后的菊花，菊农剔除杂质、霉花、瀑汤花、半生花、焦花等，进行分级贮存，堆压在通风干燥处待售。

黄麻

黄麻又名“大麻”。境内种植黄麻由来已久，明末清初已有种植。夏辛铭《濮院志》上载：“吾乡所产为黄麻，六七月间刈麻，浸一宿脱其皮名曰麻皮。有线麻、袋麻之别，最次者，制成麻丝为修船之用，梗可为柴薪。旧时惟镇东乡所出，今则西乡产此亦不少。”黄麻茎部韧皮纤维长而坚韧，主要作为造纸工业原料，织成的麻绳经久耐腐，制成的麻布美观大方，可以做成各种款式的服装。还可作为高级香烟纸、钞票纸的原料，也可用于修补农船，纺织渔网等。民国至中华人民共和国成立初期，境内种植黄麻，受传统种植影响，南片（濮院片）多，北片（新生片）较少。黄麻种植必须是空白地，日照充足，遮阴地影响产量及质量。1956年开始，黄麻由国家指定的商业部门（供销社）统一收购，计划生产。1960年起实行收购奖售政策，境内黄麻种植逐年增加。1962年濮院公社种植黄麻615亩，单产57.2千克，总产量35.2吨；新生公社种植黄麻11.4亩，单产43千克，总产量0.49吨。1966年濮院公社种植黄麻2154.8亩，单产89.8千克，总产量193.5吨；新生公社种植黄麻221亩,单产83千克,总产量18.4吨。1969年奖售政策停止后,黄麻种植量逐年减少。1974年濮院种植黄麻1142亩,单产113.1千克,总产量129.16吨;新生公社种植黄麻92.6亩,单产64.2千克,总产量5.9吨。1983年黄麻列为三类商品,价格随行就市,黄麻种植缩减。至1991年境内黄麻只种植69亩,单产87千克,总产量6吨。之后,境内几乎已无大片黄麻种植。

栽培、收割 境内黄麻种植大都与大白菜轮作,以减少立枯病危害。大白菜收获后,垦地翻耕,施足基肥。基肥以有机肥为主,一般亩施浇人畜肥(或适加化肥)20—25担。追肥(壮秆肥)1—2次,以尿素或复合肥为主,亩施15千克。

黄麻2月上中旬下种,土地平整以后,用木制打穴器具(俗称麻皮榫头)打穴播种,每个器具有榫头10—12个,榫头长约5—7厘米,每个穴洞下麻籽2—3粒,下籽后用手轻轻抹平,消除外露麻籽。出苗期必须驱赶麻雀7—10天,阻止麻雀啄食幼苗。齐苗后及时间苗、定苗,并及时中耕除草,促进麻苗正常生长。7月上中旬在盛夏时收割完毕。青麻薄摊曝晒3—4天,在晴天中午抽落麻叶,翻身曝晒1—2天,午后捆扎成麻把收藏。抢晴天在河浜中漂麻,漂麻时中午翻麻身泼清水,下午日落时分把漂白的麻秆涝上岸,再次翻晒2—3天,干燥后搬至家中打堆防潮。立秋后(一般夏收夏种结束后),陆续进行浸麻、剥麻。

加工工序 浸麻、剥麻、理麻片、扎麻头等一系列的劳作工序,是出售麻皮时提高身价的重要一环。

浸麻 上午把漂白捆扎好的干麻扛到河浜里浸湿,中午翻身,日落时用湿草包或稻草覆盖麻身(露出麻稍以防腐烂后减少分量)。覆盖浸没麻秆到顺利剥下麻皮,一般需浸10—12小时(农户能掌握自家所产之麻能浸多长时间),必须掌握恰到好处。

剥麻 浸后剥麻有生、熟之分,生不好剥,还影响产量。熟好剥,麻骨上不留麻丝产量高。过熟又不好,剥下的麻皮没有亮光,麻稍腐烂,影响质量与产量,所以一般农户每天早上只能剥2—3捆麻,约合干麻3—4.5千克。

理麻片 剥下的麻片必须贴挺、分挡、理直,晾晒于竹竿上,半干后卷麻脚,中午散麻脚,日西斜收干麻时用剪刀修麻丝,修麻脚,理麻片。

扎麻头 手段好的农户,把档次好的麻片扎在外面,俗称"盖面麻",增加整体美感。麻头扎得好,亮光足,出售时级数高,价位高,得益大;反之,得益少。

络麻

络麻又称红麻、印度络麻。境内种络麻,是明末从嘉善、平湖、海宁、秀水等地传入。《补农书》载:"东路田皆种麻,无桑者亦种之。""脱其皮,每亩盛者可得二百斤。"络麻用途主要是麻纺工业,其次是农渔业生产,市场民用,造纸工业,二轻工业以及外贸麻制品用麻。民国29年(1940),境内先后从乔司一带引进印度红麻品种,后逐步推广种植。种植络麻以北片(新生片)为多,南片(濮院片)为少。1952年起,原麻由国家统一组织收购调拨。1963年新生公社种植络麻147亩，单产76.2千克，总产量11.2吨；濮院公社种植络麻43亩，单产76.2千克，总产量3.28吨。1964年后逐步扩大粮食作物面积，络麻种植面积逐年压缩。1967年濮院公社种植络麻只有3亩，单产94千克，总产量0.28吨；新生公社种植络麻面积24.8亩，单产97千克，总产量2.4吨。1974年，从广东引进高产良种"青皮3号"试种成功，境内新生公社种植络麻458.5亩，单产135千克，总产量61.97吨。从1988年开始，原麻实行指导性议价议销。1991年濮院种植络麻面积297亩，单产265千克，总产量78.7吨；新生种植络麻面积106亩，单产245千克，总产量26吨。因络麻经济效益不及杭白菊、蔬菜、瓜果等经济作物，种植络麻面积逐年调减，2000年以后，境内已无成片络麻种植。

栽培　民国时期，络麻播种期较晚；中华人民共和国成立后，1950年有所提早，有"小麦初扬花，赶紧种络麻"的农谚，一般在4—5月间播种。大都以条播为多，行距为10—15厘米，每亩定苗1.5万—2.5万株。采取"施足基肥，重施壮秆肥，巧施赶梢肥"的施肥方法。抢晴天，松土除草。络麻主要虫害有小地老虎、野蛞蝓、玉米螟、小造桥虫、绿盲蝽等，20世纪50—60年代，主要采取人工扑杀的方法，70年代后始用药剂喷杀为主。

蔬菜

境内蔬菜种植历史久远，据明万历《崇德县志》所载，蔬菜已有50余种，今大部分仍在种植。民国时期，以青菜、长梗白菜、瘤芥菜、香椿菜、萝卜、葱、韭、蒜等为大宗。现今食用的大宗品种有：叶菜类、根菜类、葱蒜类、茄果类、瓜类、豆类、水生蔬菜类、多年生蔬菜类、野生蔬菜类和食用菌类等10多种。产区分布有一定的区域性，并各有特色和优势。

蔬菜是人们生活不可缺少的主要副食品，又是农民全年重要经济来源之一。中华人民共和国成立后，各级人民政府重视发展蔬菜生产，先后引进大白菜、小黄瓜、榨菜、浙大萝卜等经济类的蔬菜品种，鼓励农民生产，由濮院供销社购销。1962年濮院公社蔬菜种植面积3132亩（包括萝卜、瓜类）；新生公社蔬菜种植面积2110亩（包括萝卜、瓜类）。以后几年蔬菜种植面积逐年扩大，总产量成倍增加。1971年成立濮院镇蔬菜队，主要保证本镇居民的"菜篮子"。1978年创办濮院鱼黿蔬菜厂，加工腌制小黄瓜、榨菜、浙大白萝卜等，年加工鲜菜量近万吨。1980年，经桐乡县人民政府批准，将濮院公社星火大队友谊生产队275.4亩土地划给濮院镇，建立蔬菜基地。2005年建设红旗漾无公害叶菜类蔬菜基地500亩，成为桐乡市"餐桌工程"的重要组成部分。2010年濮院全镇种植蔬菜28607亩，总产量53781吨。市场供应量充足，特色蔬菜远销江苏、上海等地。

叶菜类

大白菜　别名胶菜，原产地山东胶东半岛，故称"胶菜"。大白菜有白包、青包之分。叶球白色的俗称"白包"，白包早熟，上市早，从烟台福山地区引进种植，亦称作"福山包"；青白色的俗称"青包"，青包抗寒性比白包强，外包叶多，产量高，耐贮运，上市迟，适宜春节前期出售，是秋冬季市场供应的主要蔬菜之一。

境内种植大白菜，是在20世纪50年代中期，先在镇域濮院村（现新濮村）的双竹园、费家场两个自然村试种，取得很好效果，成为境内菜农首选种植的蔬菜种类。因大白菜收获后，下茬与种植大麻（黄麻）相衔接，旱地连作利用率好，产量高，经济效益高，发展成镇域农村家家户户种植，成为桐乡县大白菜的主要产区。常年栽培面积3000—4000亩，年总产鲜菜1.5万—2万吨。境内大白菜生产的优势还在于避开北方大白菜的上市旺季。北方大白菜一般在10—12月收获，而濮院大白菜大都在12月至翌年2月份采收。此时正值元旦、春节，是蔬菜生产淡季，濮院产大白菜填补了销售空缺，成为秋冬季市场供应的主要蔬菜之一。且濮院大白菜包心结实，球形整齐，质量优，在市场上享有较高的声誉。60年代至80年代，每年都大量销往外地城市、乡镇，是境内农民的一大笔收入来源。

普通白菜

普通白菜 别名白菜、青菜、油菜，古名菘，南宋时，桑地普栽油菜，称油菜为菘。属十字花科，芸薹属，芸薹种。主要有长梗白、长梗青、油冬儿、卷心菜、黄芽菜、毛毛菜、菠菜、矮脚青菜、半矮脚青菜等。菜农根据各个品种特性，分期播栽，全年生产和分批销售。

境内长梗白菜等菜只有零星少量种植，以矮脚青菜、半矮脚青菜为多。青菜，俗称青菧头菜，青菧头菜喜冷凉，怕高温，在平均气温18℃—20℃的条件下生长良好；也较耐寒，冬季在-2℃—-3℃也能安全越冬；“霜打”的青菧头青菜口感最好。但不耐高温，气温在25℃以上则生长趋弱，且易感病和虫害。青菧头菜大都在8月底至9月底播种，播后25—30天，当菜秧4—5张叶片时就分批移栽定植。青菧头菜生长期短，在气候适宜和肥水管理较好的条件下，栽后1个月左右即可采收。一般掌握早栽早收，收后再栽，一年可多次轮作，随时采收食用（鲜食或腌制）或出售。整个收获期，从10月底开始到翌年清明前（食用薹心菜后）。一般亩产2—3吨。

甘蓝类

结球甘蓝 别名包心菜、夏包菜。1950年，境内开始有少量种植，栽培较多的有尖头形、平头形两类五个品种。尖头形，叶球近圆锥形，适于春季早熟栽培，品种有牛心包、鸡心包。平头形，叶球扁圆形，多为中晚熟，秋冬栽培，主要品种有京丰1号、夏光甘蓝等一代杂交种。夏光甘蓝1982年从上海农科院引入，濮院蔬菜队首先种植。该品种早熟耐热，宜作夏季和早秋栽培。

花椰菜 别名花菜。1980年，从福建引入栽培，后又从温州引入一批良种和杂种一代组合。花椰菜按生育期长短分为早熟品种（40—60天）、中熟品种（80—100天）和晚熟品种（110—140天）三类。早熟品种耐热，耐肥，耐湿，但不耐寒，产量略低；中熟品种耐肥，抗逆性好，高产稳产；晚熟品种适应性广，抗寒，品质优，产量高，栽培面积较多，是元旦、春节上市的主要花菜品种。

芥菜类 变种类型很多，主要有叶芥、茎芥和根芥三类。是境内大宗腌渍蔬菜之一。芥菜腌制加工后味鲜、芳香、可口，缸底残留的臭芥菜蒸后味道更加鲜美。鲜菜亦可炒食，更适用于烧菜饭。

叶芥 俗称瘤芥菜，叶柄基部有瘤状突起，是芥菜叶芥变种。叶柄基部有瘤状突起。早在100多年前已有栽培，是传统的腌渍蔬菜品种之一。叶芥腌制后具有鲜、香、脆的特点，含有较多的芥子甙，有促进消化、增进食欲的作用，深受城乡居民的欢迎。栽培管理方便，喜冷凉湿润的气候条件，土壤以微酸性为好，一般于9月上旬至10月上旬播种，移栽期在10月中旬至11月下旬，秧龄30—45天。亩栽4000株，行株距分别是47厘米和40厘米。栽后即施肥一次，20天后追肥一次，立春后重施一次春肥，最迟不过3月中旬(采收前20—30天)，否则腌制后菜易变黑，味道变差。后期更要注意菜地的清沟防渍和软腐病的防治。瘤芥菜的收获期在清明前后，选择薹高长到3厘米左右时，此时瘤芥菜品质最佳，产量也高。挑晴好天气起收，经切根、除去老黄叶和泥土，将菜头倒挂晒1—2天，或在室内打堆发酵1天左右，待叶转黄后再晾晒一次，使茎叶失水变柔软，以免加工腌踏时造成茎叶破碎，有利于延长贮藏时间，提高品质。

茎芥 是芥菜的茎芥变种。境内茎瘤菜有榨菜、娃儿菜(俗称多头菜)，主要是以膨大的茎瘤作为食用。榨菜嫩叶和菜心可腌制成咸菜或加工成霉干菜。境内南片新华、永联、黄河、会龙等村种植较早，种植面积占全镇的70%—80%。1991年濮院种植榨菜面积2078亩，亩产1500千克，总产3117吨；新生种植117亩，亩产1300千克，总产量152.1吨。1996年濮院种植榨菜面积1182亩，亩产1363千克，总产量1611吨；新生种植榨菜面积167亩，亩产2401千克，总产量401吨。榨菜采收期视品种不同及当年气候情况而变，年度间略有差异。一般在3月底至4月10日之间，叶片略由绿转黄，成熟度适中，薹高5—10厘米，微现蕾即可采收。采收过早，产量低；而过迟则纤维增多，空心率高，并导致抽薹。选择晴天收割，剔除污泥，削去根、叶、薹心。濮院境内所产榨菜由庙艕菜厂收购、加工，该厂有腌制榨菜窖60只(70担×20只窖，50担×40只窖)，每批加工鲜榨菜170吨，全年加工鲜榨菜量3400吨。1999年庙艕榨菜厂关闭。2000年后境内榨菜种植量逐年减少，农户转种娃儿菜(多头菜)。娃儿菜腌制、鲜食味道均胜于榨菜。

根芥 别名大头菜，是芥菜的根芥变种。俗称"元宝大头菜""香大头菜"或称"土大头菜"。濮院境内大头菜栽培历史较长，但种植量不多。腌制后，烧汤吃香味浓。20世纪80年代后，抗病高产的洋大头菜逐渐替代本地品种，但洋大头菜味道不及土大头菜。

根菜类

萝卜 别名莱菔、卢菔。元代，境内萝卜为常见蔬菜。明末清初广为栽种。民国时期，萝卜是大宗蔬菜之一，民国《濮院志》记载："产横港者最佳，皮色红而形大，味甜而脆，近有贩运至苏、沪等处者。"萝卜主要品种有大红萝卜，一点红萝卜，浙大白萝卜，雪梨种红萝卜,太湖萝卜,圆白萝卜等。雪梨种红萝卜是境内广为种植的名优品种,雪梨种白萝卜品种更优于雪梨种红萝卜;雪梨种具有耐寒、耐贮存、不易空心等优点。萝卜是地下根茎蔬菜,要选择疏松肥沃地块,播种期一般在 8 月下旬,最迟不过白露,农谚"若要萝卜大,播好萝卜过白露";过早影响品质,过迟降低产量。出苗后及时间苗,行距和株距约 16 厘米和 13 厘米。基肥用腐熟人畜粪,配施磷肥。追肥宜早,每次间苗后施清水粪一次,萝卜破土后一周重施一次复合化肥。并注意浇水抗旱和蚜虫、黑腐病的防治。萝卜既可生食,又可熟食。萝卜嫩苗,俗称"鸡毛菜",可炒食,是尝鲜蔬菜。浙大白萝卜腌制加工后,成品有酱萝卜,萝卜条、块、丝等产品。境内原庙簰菜厂年加工萝卜量 120 吨,销往江、浙、沪等地。

胡萝卜　别名丁香萝卜,分红、黄二类,以红胡萝卜为主;红胡萝卜(橙红色)因红皮、红肉、红心故名。"吾乡土性坚实,萝卜亦性重而味细实,其美大,与太湖异。胡萝蔔亦然。"(《补农书》)明清时期境内种植胡萝卜甚少,民国时期,栽种有所扩大;茶馆店门前、街旁、路边有售卖胡萝卜者。20 世纪 60 年代初,因自然灾害,粮食紧缺,桑园杂地种植胡萝卜,以解粮荒作充饥粮之用。现有少数农户种植。胡萝卜富含胡萝卜素,营养丰富,品质较优,生食、熟食、腌渍均可。

茄果类

茄子　境内茄子栽培历史悠久,770 多年前已栽培茄子。元《至元嘉禾志》的"菜之品"就有"茄"的记述。茄子为夏、秋季主要蔬菜之一,境内农村广为栽培,年种植量在 300—400 亩左右,主要品种有宜鲜食的长茄和宜腌渍的日本品种短茄。长茄主栽品种有杭州红茄、引茄一号、杭茄一号、杭茄三号。

西红柿　别名番茄。20 世纪 50 年代有少量栽培,70 年代后境内各农户均有栽培。1980 年起,引入一代杂交品种,境内各地均有种植。番茄营养丰富,鲜、熟都宜食用。常年种植面积在 400 亩左右,以春栽为主,亦有秋栽,现已成为鲜食的重要茄果类蔬菜。主要品种有;早熟品种北京早红、浙杂 5 号、浙杂 7 号、浙杂 805、早丰等。2000 年后至 2010 年,境内栽培以色列的 189 一代杂交品种为主,少数种植小粒型果番茄,有黄色、红色。

辣椒　古名天茄,别名"辣火"。清代已作蔬菜栽培,现已成为大多数人喜食的鲜菜和调味品。20 世纪 90 年代中期,喜食辣椒的外来人员大量涌入濮域,辣椒销售量大增,蔬菜种植户栽培辣椒面积增加,常年种植面积在 500—600 亩左右。

辣椒有尖椒、圆椒、牛角椒三大类。尖椒多数味极辣,20 世纪 70—80 年代多加工成辣酱,"桐乡辣酱"是著名的传统土特产品;圆椒辣味中等,灯笼辣椒味略甜,无辣味,故又名甜椒;牛角椒有辣和不辣之分,辣的牛角椒辣味也呈中等。此外,还有供观赏的朝天椒,味极辣,果实成熟时多色,以红、黄、紫色为多。

豆类

菜豆　别名四季豆、刀豆。菜豆分矮生型和蔓生型两类。蔓生型菜豆在清初已有种植，栽培历史370多年。《补农书》载："刀豆能上不能下。"矮生型菜豆20世纪90年代初引入境内，现为主栽品种。

豇豆 别名裙带豆，明末清初就广为栽种，《补农书》提到"裙带豆可架可屏"，因豆荚细长如裙带，故名裙带豆。有红豇和白豇两类。红豇豆糯性好，品质佳，但栽培面积不多；白豇豆之豇28—2品种，早熟、高产、品质好，现已成为主栽品种，豆荚长70、80厘米以上，炒煮后汤汁清，易酥，但易受虫害。

菜用大豆 即可作蔬菜用的毛豆（黄豆、晚豆）。嫩豆粒煮食作菜用；老黄豆可与肉烧，也作菜用。

豌豆 别名寒豆。嫩荚、嫩豆可作菜用。

蚕豆 嫩豆，俗称新蚕豆，有油炒新蚕豆、水焖新蚕豆，作菜食用；老蚕豆，有老酥蚕豆，干炒油盐豆，青盐五香豆，芽出豆蘸豆瓣酱，咸菜卤炒胖蚕豆，鞭笋咸菜豆瓣汤等，也可作菜食用；还可制作成豆瓣酱作调味用。蚕豆瓣酱是境内农户的名特产品。

扁豆 别名扁眼豆、沿眼豆、白扁豆，古名鹊豆。白花为白扁豆，紫花为紫花眼豆。扁豆未成熟时以嫩荚作菜。农户在房前屋后零星种植，沿蔓在杂树或搭架于墙壁、竹篱上，3—6月均可播种，采摘期长。老白扁豆烧肉香糯可口。

瓜类

黄瓜 别名胡瓜。黄瓜，有黄皮黄瓜、青皮黄瓜和荷兰小黄瓜三类。荷兰小黄瓜20世纪90年代末引入。小黄瓜多作腌渍，经加工腌制后的小黄瓜，又称乳黄瓜，是一种鲜美可口，食用方便的酱菜。2000年引入黄瓜中的刺瓜，青皮有刺，可春秋两季种植，该品种抗病、个体长大、高产，商品性好，适宜于生食、凉拌，境内常年种植面积达千亩之多，主要分布在黄河、会龙、永联、新华等大队。庙簰菜厂从1978年开办至1999年关闭，收购小黄瓜长达20年，年加工小黄瓜约400吨。

南瓜 别名饭瓜。境内南瓜种植历史悠久，《浙江通史》载："五色瓜即番瓜，种自吴中来，一名饭瓜，食易饱。"明清时期已广为栽培，《补农书》有"饭瓜宜上棚"的记载。20世纪60年代初粮食紧缺时期，曾提出"九边八套"，田横地角，花白桑柏地，大量种植南瓜，作为救荒粮食、蔬菜和收南瓜子。境内种植大多以中国土种南瓜为主，肉质致密粉糯，味甜可口。品种有盒盘南瓜、长柄南瓜、黄狼南瓜、糙皮南瓜等。60年代中期曾从外地引进大型南瓜（牛头南瓜）品种，个大产量高，味淡，多作猪饲料，现已绝种。90年代后，日本南瓜开始引入种植，适宜于青南瓜炒食。引进后种植面积有所扩大，以蔬菜种植户种植面积较大，销售于境内各市场。至2010年境内种植面积300余亩。

南瓜

冬瓜　冬瓜是夏、秋季的大宗蔬菜。元《至元嘉禾志》“菜之品”中就记述有“冬瓜”。20世纪60年代中、后期，生产队因农忙时食堂所需，有少量种植。90年代以后农户及蔬菜种植户少量栽培，销售市场，是夏季蔬菜之一。

丝瓜　别名吊长丝瓜。《补农书》述及“丝瓜宜近水”，表明境内栽培丝瓜有370多年历史。丝瓜为夏秋季重要蔬菜之一。丝瓜有长丝瓜、短丝瓜之分，以长、短适中黄绿色的香丝瓜品质最佳。

葫芦　别名腰形地卜，圆地卜，长地卜。元时《至元嘉禾志》“菜之品”中记载葫芦是23种蔬菜之一，境内农家广为栽培，并延续至今，是夏秋季重要蔬菜之一。按果形分为长地卜、短地卜、长柄葫芦、腰葫芦和圆葫芦等几类变种，以长地卜和腰葫芦最美观，农户及蔬菜种植户较多栽培。

葱蒜类

葱　俗名香葱，镇域自古普遍栽培，元代已列为“菜之品”之一。葱质嫩、味香，调味之用。有香葱、太湖葱、四季葱等品种。2006年引进大葱，少量种植。

洋葱　20世纪50年代起有零星种植。60年代中期，境内种植量在300—400亩之间。70年代后，外来洋葱冲击市场，境内逐渐减少种植或停止栽培。洋葱秋播、夏收，紫红色，扁圆形，辛辣味重，熟食略甜。洋葱炒肉片、洋葱炒鳝片，很受城乡居民喜爱。

大蒜　大蒜有寒蒜(冬大蒜)、夏蒜两类。大蒜原产西域，汉以后传入中原，元代境内普遍种植。大蒜既可菜用，又可防病、治病。大蒜生食辛辣，熟食香味浓郁。民国时期至中华人民共和国成立初期，品种以6瓣土种大蒜为多。80年代中后期引入山东大蒜品种，有紫皮大蒜、白皮大蒜、洋大蒜等，广为栽培。2000年后6瓣土种大蒜濒临绝种。大蒜可食青蒜嫩叶、蒜梗、蒜苗、蒜头。

韭菜　韭菜元代已普遍栽培，明末清初种植方法渐趋成熟。《补农书》提及“葱韭蒜宜土松”。境内农家广为种植，分青韭和芽韭两类，可食青韭、韭薹和韭芽。桐乡雪韭，中熟，宜软化栽培。韭黄香味浓，略甜，品质好；阔叶韭，产量高，但香味较淡，不适宜捂韭芽。

绿叶菜类

菠菜　元代《至元嘉禾志》就有记载。为秋冬、早春常见的优质花色蔬菜，境内均有种植。主要品种有火冬菠和塌地菠。火冬菠，枝形半直立，叶戟形，根略粗，淡红色，早熟，生长前期有涩味，霜冻后带甜味；塌地菠，枝形松散，塌地而生，叶呈钝三角形，霜冻后转深紫色，中晚熟，耐寒不耐高温，叶根带甜味。

绿叶菜地

莴苣　别名莴苣笋。莴苣有散叶莴苣、茎用莴苣两种。散叶莴苣，称叶莴苣或生菜，食叶，栽种历史早于茎用莴苣，现境内有少量种植；茎用莴苣《至元嘉禾志》中有记载，春秋两季均有栽培，可生食、熟食和腌渍。春莴苣有早熟的笔杆种、杍子种（圆叶莴苣）和晚熟的湖州莴苣。秋莴苣有白皮莴苣和圆叶莴苣。2003 年至 2010 年，从四川引进的早熟品种有二白皮，晚熟品种有三青皮等，青皮绿肉莴苣食用品味最佳，香味浓。

蕹菜 俗名“空心菜”。一年生草本植物，茎中空，叶心形，叶柄长，花白色，漏斗状，嫩茎叶可做菜吃。蕹菜耐热，适应性强，夏秋季上市，可多次收割，产量高。境内 20 世纪 80 年代后引入，有少量种植。

芹菜 元代《至元嘉禾志》中“菜之品”就列有“芹”。芹菜镇域各地均有栽种，在花色蔬菜中占有重要地位，食用叶柄、茎。主要品种有青芹、半青芹、黄心芹和西芹。青芹早熟、高产，纤维少，质地松脆，香味重；黄心芹，中熟，心叶黄绿，纤维少，质地脆香味浓。20 世纪 90 年代引进栽培西芹，叶柄肥大，质脆嫩，香味较淡。

苋菜 苋菜在境内也早已普遍种植，4—10 月分期播种采收。苋菜分绿苋和彩苋两类。绿苋有尖叶、圆叶两个品种；绿茎用苋菜茎经腌制，食其茎髓，味美。彩苋主要品种有一点红，叶缘绿色，中间紫红色，质糯，品质好。此外还有茎用红苋菜，茎基部紫红色，鲜食嫩茎叶，也可腌渍老茎，食其髓。

蒿菜 蒿菜为境内常用蔬菜之一，主要有小叶型、大叶型两类，多为秋播冬收。炒食、凉拌，都是佳肴。

芫荽 别名香菜，20 世纪 80 年代开始引入，境内少量种植，供调味用。叶片羽状深裂，叶柄细长，耐寒，秋播、冬春收，有特殊浓香。

薯芋类

马铃薯 别名洋山薯。20 世纪 50—60 年代，境内有少量种植，品种主要是农家品种，自繁自用为主，因种性退化，产量下降。1980 年后由县种子公司调入北方种薯，栽后产量有明显提高，品种有克新 1 号、克新 3 号等。2000—2010 年种植面积有所扩大，蔬菜种植户收获后出售，以满足市场需求，既可代粮又可作为蔬菜。

芋 别名芋艿，境内乡村普遍栽培，常种植在田横、沟渠。芋艿作塄，水不上塄面，后期芋艿以开花为好，有“芋艿开花吃勿及”的农谚。主要品种分为白梗、紫梗两类。白梗芋，叶柄青白色，为早熟旱芋，不耐久贮；紫梗芋（俗称香芋），叶柄紫红色，芽红色，中熟，喜半旱，高产、优质，略带香味，耐贮藏。芋艿以球茎为食，是秋冬特色蔬菜之一。

芋艿

水生蔬菜类

茭白 古称雕胡、雕苽、菰。宋以前，都吃菰米，为六谷之一。菰的茎部受“菰黑粉菌”寄生以后，膨大成肥嫩的茎，即称茭白。成为茭白后，就不再结籽，久之，就变成只食茭白，不知菰米了。茭白具有生长期短、栽培方便、食用方式多样、味道鲜美等特点，深受人们喜爱。境内种植茭白已很久远，是常用蔬菜种类之一。农户都在田横、沟渠有少量栽培，以自食为主，少有出售。2000 年以后，栽培面积有所扩大；油车桥村为境内主产区，形成规模种植。2010 年种植茭白 500 亩，亩产 1000 千克，总产量 500 吨，产值 250 万元。

慈姑 又名茨姑，境内种植久远，栽培在沟渠及田中，田、渠表面不断水，后期保持湿润，不可干裂。现镇域均有零星种植，也有少量成片栽培。慈姑球茎卵圆形，顶芽长尖略弯，淀粉含量高，耐贮藏。4—5 月育苗，6 月初移植。慈菇吸肥量大，种植前施足基肥，中期勤施追肥，块茎开始膨胀期施重肥。慈姑以不开花为好，有“慈姑开花吃个屁”的农谚。11—12 月收获。

荸荠 别名地栗。元代《至元嘉禾志》中“果之品”就列有“荸荠”。20 世纪 60 年代初期，境内有少数生产队用水田栽培荸荠出售，今农户有少量种植，市场出售。荸荠球茎皮薄，栗红色，肉质白嫩，淀粉含量较低，味甘爽脆，生食、熟食皆宜。

菱 别名菱角。元代《至元嘉禾志》中“果之品”就列有“菱”。境内部分内塘、河浜中有零星栽培。品种有杜塘菱、红菱、环桥菱。杜塘菱分“红菱”“青菱”两类；民国《濮院志》记述，“吾郷所产无角菱，俗名馄饨菱。镇南皆菱荡，在浜兜中者曰杜荡菱，味尤甜美，与嘉兴南湖菱相若。”红菱四角形，两长角角质较硬，两短角角质较软，长短对称。嫩菱水红色，壳薄易剥，生食质脆味甜；老菱红褐色，熟食香糯，有“老菱烧肉胜于栗”之说。环桥菱，两角形，角长而弯曲，青色，体形大，壳厚。鲜菱肉质粗糙，略有甜味；老菱褐色，适宜熟食，宜久贮。野菱，俗称“鬼角菱”，菱体瘦小，四角坚硬，果肉粒小，生长在荒浜、河塘，今已绝迹。

多年生蔬菜类

竹笋 别名笋。元代《至元嘉禾志》称笋为主要“菜之品”。民国《濮院志》记载：“杜园笋，有燕来哺鸡之名，皆以其候名之，近报本庵者最佳。燕来笋较早亦称早笋，尤嫩而鲜。哺鸡笋肉最厚而嫩，其未透土者，名曰白壳哺鸡；已透土者，壳有黑点，名花壳哺鸡。过此，则为乌椿头，味稍苦。近年笋出时，苏沪等处贩客不少。”笋是一种味道鲜美的传统蔬菜，富含蛋白质、粗纤维和 10 多种氨基酸、微量元素，镇域居民十分喜爱。境内竹园分布很广，1962 年濮院 700 多亩，新生 200 多亩，之后逐年有所小面积扩大。品种有早笋竹、哺鸡竹、红笋竹、乌梢竹等。境内竹笋资源丰富，其味胜于山地笋。竹园的鞭笋其味更胜于竹笋。

野生蔬菜类

境内素称“百花地面”，野生蔬菜丰富，多分布于田边、路边、地边、村宅边、河港边，自古以来被人们开发利用。

马兰 别名马兰头。马兰头多分布于田横、地角、路边、村宅旁。马兰头属多年生植物，根茎繁殖。2—4 月采收嫩芽、嫩株供食用，市场上也有供应。20 世纪 90 年代后，蔬菜种植户有少量人工栽培的马兰头，供应市场销售。香干肉丝马兰头，是春季餐桌上一道佳味。

荠菜　俗名野菜。元代《至元嘉禾志》中已有“荠”的记述。荠菜多分布于旱地，地角、田边、路旁等，一年生草本，3—5 月开花，4—6 月结籽，种子繁殖。2—4 月采收嫩叶丛供食用，是居民喜爱的绿色食品。20 世纪 80 年代起，已有农户用种子繁殖，人工栽培。

薤　也叫藠头，别名荞葱。元代已列为“菜之品”之一。境内野生荞葱分布很广，自古就作为蔬菜食用。荞葱的鳞茎细嫩，微辣，质脆爽口，荞葱炒蛋，香气浓郁。现有人工栽培。

水果

濮院果树栽培历史悠久。据民国《濮院志》记述，境内水果主要有梅、橘、槜李、滘园李、水蜜桃、蟠桃、西瓜等种类。民国 18 年（1929），镇人朱亚希在镇南创办“幽湖农场”，占地近百亩，投资两万元，内栽有果树千余株。长期以来，除西瓜外，多零星散植，少有成片种植。

中华人民共和国成立后，20 世纪 50—60 年代，重点抓粮食生产，限制水果生产发展，一般农户在房前屋后种植数株，水果供家人享用为主。1973 年濮院公社提出发展“二水”（水产、水果）生产，建立了濮院果园场，占地 72.6 亩，管理人员 28 人，先后种植果品有槜李、蜜李、水蜜桃、巨峰葡萄等。1980 年后，农村推行家庭联产承包责任制，个别农户在承包地里种植果树。随后，水果生产进入快速发展期，常见栽培水果有西瓜、甘蔗、桃子、梨子、葡萄、枣子、槜李、李子、柑橘、柿子、石榴、枇杷和各类香瓜等。境内相继办起家庭果园，规模化栽培水果。

1985 年，原黄河大队殳宝弄生产队姚阿根开设家庭果园，建起占地 10 亩的一个梨园，种植黄花梨、幸水梨等品种，1999 年被桐乡市人民政府评为“农业科技示范户”，至 2004 年多次被市、镇评为先进个人。2005—2007 年，濮院镇新妙智村、油车桥村、新东村、新联村、永联村等先后建立葡萄种植基地，合计葡萄种植面积 1629 亩。2008 年新妙智村的大圣家庭果园，被农业部授予“无公害农产品示范基地”，其“小圣葡萄”被国家商标局认定为注册商标，已成为著名果品商标。2009 年油车桥村“桐芳果园”的品牌“桐杏葡萄”，获浙江省农业厅颁发的“桐乡无公害农产品”称号。2010 年濮院镇规模种植葡萄 2030 亩，草莓 44 亩，梨 269.5 亩，桃 170.6 亩，西瓜 1343.8 亩，甘蔗 28 亩。

葡萄　境内栽培葡萄历史久远，已有 200 多年。但长期以来，停留在房前屋后零星栽植。中华人民共和国成立后，20 世纪 70 年代经过多年的引进、选种、栽培，面积逐渐增加。80 年代后期，濮院果园场开始引进巨峰、白香蕉等葡萄品种栽培。90 年代末，开始引进欧亚种（俗称美国提子系列），2000—2002 年，相继引入 SO_4 砧藤稔、红地球等。2007 年后种植葡萄以欧美杂交种为主，品种以巨峰、藤稔当家。巨峰葡

葡萄

萄，树势旺盛，5 月中旬开花期，8 月中旬成熟收获期；果穗大，平均穗重 800 克，运输易脱粒；果粒紫黑色，椭圆形，粒均重 10 克，味甜多汁，果肉软。藤稔葡萄，比巨峰葡萄早，树势强，4 月下旬开花期，7 月上旬成熟收获期；果穗大，每穗均重 550 克，果粒大，紫黑色，椭圆形，经植物激素处理后粒均重达 20 克，味甜多汁，可溶性固形物 14%。

葡萄栽培，大多选用充分成熟的优良品种一年生枝，在 2 月上旬至 3 月上旬作扦插培育。重视扦插后的排水，如遇春旱则要适当浇水，保持插条基部湿润，有利于发根。5 月上旬，已成活插条有幼根时，勤浇薄施速效肥，促使幼苗旺长。也有选用嫁接苗培育，绿枝嫁接以 5—6 月间进行。用半木质化接穗，采用单芽劈接法；也有果农采用绿枝砧接硬枝，其特点能提高繁殖系数，并可抽生结果枝并在当年结果。然后选择地下水位较低，能排能灌地块建葡萄园，在 12 月上旬，按行距 2.5 米，株距 0.8 米移栽。后续做好土肥水管理、整形和修剪、疏果套袋、病虫害防治等工作。鲜食品种八成成熟时采收；酿酒品种在九成成熟时采收；成熟度不太一致的品种则分期分批采收。2010 年濮院镇规模栽植葡萄 2030.03 亩，葡萄总产量 2974 吨。

桃　元时桃已列为“果之品”之一，已有 700 多年历史。清代，境内已有水蜜桃、蟠桃栽植。民国《濮院志》记述“今镇东南新开河楼姓有园十余亩，植桃甚多，味甘如蜜，岁产约值千余金。”“蟠桃，亦楼姓园中所出，形圆而扁，味亚于蜜桃。”民国时期桃已成为境内主要传统水果之一。民国 10 年(1921)福建寿宁人朱宋文(名惟忠)租用聚星桥与施家桥之间 11 亩土地，创办桃园，取名文昌桃园，种植水蜜桃，后因桃味甜，改名为甜甜桃园。但域内成片桃园少，大多在房前屋后零星栽植。中华人民共和国成立后，20 世纪 70 年代后期，濮院果园场种植水蜜桃 10 亩，由于桃树经济寿命较短，坐果率不稳，面积难以扩大。2000 年后，随着多效唑等激素的广泛使用，种桃技术的改进，坐果率得到提高，加上市场行情转好，经济效益明显增加，调动了农民种桃的积极性，境内种桃面积扩大。至 2010 年，全镇栽种 170.6 亩，总产约 95 吨。

桃的品种较多，有水蜜桃、蟠桃、黄桃、李光桃、油桃等。油桃类有早红宝石、曙光、金山早红、千年红等；水蜜桃类有玫瑰露、玉露、湖景蜜露等；蟠桃类有早硕密、新红早等；黄桃类有锦绣等。桃的栽培技术包括苗木繁殖、套袋、病虫害防治、采收五大环节。苗木繁殖是由实生繁殖逐步发展到嫁接繁殖。元代，主要是用“身接”“皮接”嫁接法。中华人民共和国成立后，20 世纪 50 年代采用枝接法繁殖育苗，60 年代后广泛采用芽接法，80 年代以来，普遍推广桃树快速育苗一年出圃的经验：先做好苗床，毛桃核播种后覆土 3—5 厘米，上再覆盖薄膜。待砧木长至一定粗度，于 5 月中旬至 6 月中旬行丁字形芽接，或贴皮芽接，或方块芽接等嫁接方法，可

甜甜桃园玉露水蜜桃包装纸

以实现当年成苗出圃。桃树是多年生植物，不耐涝，应选择地势较高，地下水位较低，能灌能排的地块建园。至春节前桃苗自然休眠期结束，新根发生前，按行株距 2 米和 3 米、每亩 80 株左右的密度移栽种植。后续做好肥水管理、整形修剪、疏花疏果相应工作。桃不耐运输，采收时轻摘轻放，先外后内，先上后下，并根据成熟度分期分批采收。

梨

梨　境内种植梨历史久远，元时，梨已列为“果之品”之一。但长期以来，梨只有零星栽植，产量甚少，品种老化，质量差。中华人民共和国成立后，1985 年境内姚阿根家庭果园，引入黄花梨、杭青梨、幸水梨等新品种，个大、质脆、甜味高，种植面积 10 亩，亩产果梨 3000 千克，年总产量 30 吨，年总产值 6 万元。1990 年至 2000 年随着产业结构的调整，梨栽培面积迅速发展，2005 年全镇种植梨树面积 830 亩，梨总产量 1660 吨。2000 年后随着葡萄种植迅速发展，果梨种植面积有所减少，2010 年果梨种植面积 269.43 亩，总产量 539 吨。主要分布在新河、新星、新联等村，主要品种有黄花、翠冠、翠绿、幸水、西子绿等。

梨的栽培技术，主要掌握好苗木繁殖、建园定植、土肥水管理、整形修剪、疏花疏果、套袋、病虫害防治、采收等环节，基本上与桃大同小异。

草莓

草莓　又名地杨梅，是常绿多年生草本浆果类新兴水果。草莓适应性广，易栽培，周期短，见效快，效益高。2001 年后，濮院镇开展大规模土地整理，加快了土地流转，部分土地由外地农民承包，果农顺势介入。2004 年新星村安徽籍人承包土地 10 亩种植草莓，亩产 1000 千克，总产量 10 吨。种植草莓还有新妙智等村，2010 年种植草莓 41 亩，总产量达 44 吨。草莓主要品种有丰香、章姬等。丰香草莓，为日本品种，主要适用于大棚栽培。其生长势强，株型开张。叶片圆大、厚实、浓绿色，但发叶速度慢，栽培时要注意确保叶面积。匍匐茎较粗且多，每株均有 14 条左右，皮淡紫色。发根速度也慢，实生根比重大，细根少，栽培管理上重点是促进多发根和防止伤根。该品种属于少花大果型草莓，花器大，花粉量多，坐果率极高，一般在 11 月中、下旬采果上市。三香草莓畸形果少，大果率高，草莓果均重 16 克左右。果型整齐，短圆锥形，果面鲜红色，富有光泽。萼片较大，浓绿色，外观美。果肉淡红绿，甜酸适度，汁多肉细，富有香气，品质优。但较硬，不适合加工，耐贮运。章姬草莓，2006 年成为境内主栽品种，生长势旺盛，但分枝和叶量均少，直立株型。叶片圆形，浓绿色。抽生匍匐茎能力强，每株均抽生 18 条，粗壮，皮绿白色，成熟比丰香迟。该品种花序花数较多，花轴较长且粗，比丰香长近一倍。草莓长纺锤形，果均重 20 克左右；果型整齐，畸形果少，果面绯红色，富有光泽；果肉柔软多汁，味甜肉细，完熟时肉质柔绵,品质下降。因皮薄嫩,不耐贮运,故宜在七八成熟时采收。

草莓栽培管理要抓好幼苗繁殖、定植选园、田间管理和病虫害防治几个环节。幼苗繁殖大都采用匍匐茎繁殖和分株繁殖。果农一般选择阳光充足、交通方便、能灌能排、土壤肥沃疏松、远离污染源的地块建立草莓园,定植前除去杂草,碎土,施足基肥,然后深翻土壤,平整好畦面,畦宽 60 厘米、高 30 厘米,畦沟 30 厘米,实行一年一栽并进行合理轮作。20 世纪 90 年代末,草莓大棚栽培得到普及,10 月中旬定植,翌年 4—5 月采收,比露地草莓成熟期提前两个多月。

西瓜

西瓜 濮院明末清初已有栽培,曾经闻名四乡。光绪十三年《东畲杂记》记载:"西瓜,人称濮院瓜,其实并不在镇也,瓜田皆在东乡圩汇近长水塘一带,利倍稻田。瓜必水养乃大而美;瓜方熟必翻身易其处以就日晒,则阴阳均而甜味亦均。老农恒于萤火光中车水守瓜,竟夜不眠。卖瓜者皆聚于镇,镇上瓜市亚于叶市,苏杭四百里内皆由镇贩卖,客船停泊者辄里余,每平明,喧嚣聒耳,日中始毕。"民国《濮院志》记载:"西瓜,产东乡圩汇,色白味甘而脆者,名三白西瓜,他处人称为濮瓜;瓜田利厚。"中华人民共和国成立后,20 世纪 60 年代初、中期少数生产队有成片种植西瓜,在邻近城镇零星销售,因缺肥原因种植面积很少。1962 年濮院公社种植西瓜 8 亩,新生公社种植西瓜 1.5 亩。后几年种植面积有所扩大,品种一般都选用平湖马铃瓜等。1990 年后西瓜种植面积增加,品种有中育 1 号、浙蜜 1 号、浙蜜 2 号、金钟冠龙等。2005 年开始,外地瓜农与农户租用农田种植大棚西瓜。2007 年境内种植西瓜 5331 亩,总产量达 12682 吨。以后年种植面积均在 1000—2000 亩。2010 年种植西瓜 1343.8 亩,总产量 3225 吨。品种有 8714、8424、秀芳、早春红玉、拿比特等。大棚西瓜,上市早,品质优、甜度高。

甜瓜 别名香瓜、雪团瓜。甜瓜有厚皮、薄皮之分,以薄皮甜瓜为主,质脆、多汁味甜或酥软,宜生食代果。品种有白香瓜、黄金瓜、老来红(老太婆瓜)、糖罐头等。20 世纪 50 年代,境内种植小型甜瓜青皮绿肉,色泽美观,脆甜,俗名"糖罐头",60 年代后逐渐衰落。90 年代中期开始从国外引进厚皮甜瓜品种,有西薄落托、蜜天下、伊丽莎白等。

枣 明清时期镇域农村房前屋后已有枣树种植。民国至中华人民共和国成立初期,境内农村中的百年大枣树尚有许多,亦有"一树产枣数担"的特大枣树留存。1958 年大办钢铁,农村中的多种杂树被砍伐,送进小高炉作燃料,枣树亦在其列。20 世纪 60 年代初,农村木材奇缺,余下的百年枣树也被毁。部分村庄零星小枣树尚存,品种有白蒲枣(俗称秤砣枣)、牛奶枣、蜜枣等。2000 年后境内有农户开始引进少量冬枣种植。

李 濮院种植李子历史较早,清《东畲杂记》就有记述"槜李俗名柏家李,盖柏姓所产,在镇南今庖厨弄南陶家浜陈姓亦有槜李数株","潘园李,在镇西南十里许"。民国《濮院志》也有记载“庖厨弄南，陶家浜陈姓有槜李数株，熟时皮色如胭脂，其果汁甘鲜，可一吸而尽。旧传，槜李有西施爪痕，今所产者不尽有也。”“潘园李，产于镇西南十里许，所出无多，味亚于槜李，但核小脱肉，至熟犹青。”清时濮院有少量种植李子，其中也有槜李，而槜李是李子中的一个珍稀优质品种，考究吃法是：将果皮剥一个小口，吮吸果汁，浆液一吸而尽，仅留下一条果筋和果核。其味蜜甜，并有微微酒香，回味无穷，风味独特。古今吃过正宗槜李的人，都赞不绝口，称之为琼浆玉液，实为群李之冠。现境内有零星种植李子，面积都不大，但没有槜李。

梅　又称大青梅。民国《濮院志》物产篇记载“旧时泾上多梅，故称梅泾。曹昆圃诗注云，梅泾有照水梅，种绝异，花开朵朵下向，无瓣仰者。”可见梅在濮院种植是比较早的。梅树铁杆虬枝，梅花傲霜斗雪，梅熟季节，圆滚、青翠的大青梅，令人馋涎欲滴，放进嘴巴，“叭”的一声，清脆响亮，一股酸水，满口生津，缓过神来，更有一丝甜味留于口中，味道纯正，这“叭”的一声，正是正宗大青梅的特色。梅既可观赏、又可食用，民国时期，镇人朱雅仙在濮院镇南河头投资兴办农场。农场东南部，有四片梅树林，称“四梅林”，一直延续至中华人民共和国成立后分四户人家经管。南面东边约半亩，30多棵梅树，是毛天龙家的；西边稍大些，是汪进发家的；北面一片是吴德明家的，48棵梅树；一片是沈福龙家的，与吴家的大小差不多。四片梅林，大小整齐，布局有致，常为镇人观梅之处。梅子出售可做“糖水翠梅”或“梅浆糖”，其收入可抵全家半年的口粮。1958年，四片梅林归人民公社后，因不是专业管理，树干虫蛀、坏死很多，最后只有全部锯毁。如今境内屋边、地头、公园有零星点缀种植，以观赏为主。

梅子

橘　俗称橘子，濮院曾有菰林橘闻名，据民国《濮院志》记载“菰林橘，旧传吴泾之西刘园有之，味美而无核”。今境内只有零星种植，以自家食用为主。

食用菌

食用菌分野生和人工栽培两个类型。20世纪50—60年代，境内食用菌尚无人工栽培，仅有采集野生的桑木耳（俗称桑树蕈）、鸡肉蕈（生于白蚁巢上，鲜味似鸡肉）和地木耳等。1978年镇域开始出现专业人工栽培蘑菇，1985年起逐渐开发平菇、金针菇、香菇、灵芝、猴头菇等其他食用菌的人工栽培。

蘑菇　又名白蘑菇。1977年妙智村创办新生菌种厂（属村办菌种厂），除年产菌种17万—18万瓶供应专业生产户外，还人工栽培蘑菇，春秋两季年产蘑菇425—540吨，年产值270万元。蘑菇栽培从秋季开始，到翌年春季结束，历经备料、配料、发酵、发菌、覆土、出菇、采菇等程序。大都采用简易草棚作菇房，搭架分层栽培。培养料是由畜粪肥（羊粪、猪粪、牛粪等）、秸秆、草料混配，加化学肥而成。每1000平方尺（111平方米）所需

蘑菇棚内采菇

材料为：羊粪（或牛、猪粪）1500 千克，稻、麦草各 2000 千克，草籽饼 45 千克，石灰 50 千克，过磷酸钙 35 千克，石膏粉 50 千克，尿素 18 千克。栽培技术方面重点是推广培养料二次发酵和蘑菇肥料深施技术，搞好菇房消毒，防治螨虫危害。

1986—1987 年，受到外来蘑菇冲击，蘑菇生产面积、蘑菇价格骤跌。1988 年冬中国出口美国的罐头蘑菇因发生食物中毒事件，波及境内蘑菇生产，出口受阻，生产滑坡。1990 年后新生菌种厂所产菌种是正常年份的 30%左右，只有境内的部分农户仍坚持栽培，所产蘑菇供应周边市场销售，直至 1996 年蘑菇菌种场停办。

其他食用菌 1985 年，濮院乡永越牛桥头张志明，成为栽培食用菌专业生产户。张志明具有食用菌技师职称，家中建有 30 平方米的无菌室，内设接种箱等设施。主要产品有平菇、金针菇、香菇、灵芝、猴头菇等。香菇又名香蕈、冬菇；平菇又名糙皮侧耳；金针菇又名榎蕈；灵芝、猴头菇均是名贵食用菌。张志明平均年销售菌种 5000 瓶左右，最多年销售菌种达 10000 瓶，主要供应本镇、周边乡镇及海宁部分地区栽培食用菌专业户。其所栽培的食用菌产品销售于嘉兴农产品批发市场及附近菜市场批发或零售，1992 年停产。2009 年西浜村村委租用三里浜 10 余亩土地，引进 10 棒黑木耳菌种，利用冬闲时间，培植黑木耳，纯手工操作生产桑枝黑木耳，产品生态化、无公害，口味独特，品质佳。

药草

境内自古就有药草的种植和采集。据《至元嘉禾志》记载，人工栽培和野生药用资源采集有枸杞、百合、蛇床子、瓜蒌、牵牛、菊花、香附子、菖蒲、瞿麦、薄荷、车前子、紫苏、天南星、麦门冬、忍冬藤、荆芥、半夏、草乌、良姜、茴香、艾叶、夏枯草等二十多种。民国《濮院志》也记述有瓜蒌、菊花、金银花、百合等药草。“瓜蒌，一名栝蒌，俗名苦瓜。皮与仁皆入药品，根即天花粉也，乡人于墙下隙地广种之，初冬摘取售药铺中，岁产颇不少。”“菊花，有黄白两种，黄入药品。”“金银花，即忍冬，四乡所出甚多，不劳培植。花开时，乡间儿童、妇女采摘晒干，售于药铺。”“白花百合，各乡皆有之，味甘清香，其色如玉，服之清肺。”农户在四季农闲时，种植或采集一些药草，经整理、晒干、出售给药店。中华人民共和国成立后，20 世纪 50 年代，农民在劳动中顺便收集苦瓜根（瓜蒌根）、鱼腥草、桃核（可敲出桃仁）、橘子皮（陈皮）、夏枯草、观世音草（车前草）等，售于供销社或药店。境内人工栽培和采集的药草有：杭白菊、玄参、杜仲、桃仁、夏枯草、陈皮、鱼腥草、枯桑叶等；野生药材主要有蜈蚣、蛇蜕、瓜蒌、益母草、车前子、侧柏叶、棕榈子、凤尾草、板蓝根、土牛藤、半夏、蒲公英、天门冬、野菊花等。1976—1983 年，濮院卫生院大量收购鱼腥草，经蒸馏出有效成分制成口服制剂供药用，附近农民野外采集投售累计达数吨。2010 年，有外地股东 6 人投资 3000 多万元，在濮院镇新东村租地栽培铁皮石斛。

第三节 种粮大户

20 世纪 80 年代初，境内开始实行家庭联产承包制。1984 年中央 1 号文件，延长土地承包期，鼓励耕地向种田能手集中，此政策激发了农村的土地流转。境内较早转让土地使用权是在 1989 年。镇政府按照中央文件精神，引导种田能手，接收土地使用权，多包田，多产粮。农户转让使用权，从无偿转让到有偿转让。承包经营权，从“小包户”到“大包户”。至 2010 年止承包土地经营权种粮户有 107 户，其中签订土地使用权 100 亩以上的有 12 户，比较典型的种粮大户是周阿龙。

周阿龙 1991 年开始承包村里 84 亩抛荒田，20 多年来种粮规模不断扩大，至 2010 年已承包农田 1357 亩，实现机械化作业，拥有中型拖拉机 4 台，插秧机 5 台，联合收割机 2 台，稻谷（小麦）烘干机 4 台，累计向国家投售粮食 3570 余吨。

第三章　蚕桑业

第一节　桑蚕溯源

栽桑养蚕源头

浙北是全国蚕桑生产发源地，考古发现7500年前就有桑树。湖州钱山漾遗址发掘出土的绸片、丝织品，经测定，其年代距今已经4700多年，是世界上最古老、最完整、数量最多的丝织品。濮院地处浙北杭嘉湖平原腹地，栽桑养蚕历史十分悠久。南宋时期，濮凤扈驾南迁，卜居濮地，后裔弃官归田，在“南北草荡”的荒芜土地上，大搞植桑、养蚕、缫丝、织绸，镇域住民争相仿效，带动了周围农村的蚕桑生产和蚕丝织造业。元代，濮院开设“四大牙行”，客商麇集，“濮绸”销往全国乃至全球，名扬天下，“日出万匹绸”是濮绸兴旺的真实写照，濮院丝绸织造业名列浙江前茅。

明初，提倡“重农务本”，明洪武元年(1368)朱元璋下令：“凡民有田五亩者栽桑半亩，十亩以上者，倍之，田多者按比例增加……不栽桑者，出绢一疋。”加速了桑蚕生产的发展。境内蚕桑业更是稳步发展，濮绸为宫廷采用，至明中后期，栽桑养蚕更盛。其时桑叶大都供自家饲育养蚕，若有多余，则粜于叶市，鲜桑叶市价一天多变，能看准桑叶市价的甚至弃蚕而专售桑叶。由于桑苗、桑叶、丝绸产品交易兴旺，缫丝、织绸等手工业生产发达，濮院渐成江南五大镇之一。

清初，因战事影响，蚕业渐趋衰弱，但境内栽桑、养蚕基础较坚实，回落甚微，桑园收益仍不少。如《补农书》所述，“地得叶，盛者一亩可养蚕十数筐”，“米贱丝贵时，则蚕一筐即可当一亩之息”。高产桑园，一亩桑叶养蚕可产蚕丝十多斤，相当于十多亩稻田的收入，即使花白桑地，种桑兼种豆，收益也不小，兼以秋冬桑叶作湖羊饲料，桑柴作燃料，绵、丝自由换取粮食或日用品，蚕业成为农村中农民经济不可缺少的组成部分。清康熙年间，在“重农而不抑商”政策的刺激下，蚕桑生产更得到较快恢复和发展。康熙三十五年(1393)，其在《桑赋》序中说：“朕巡省浙西，桑株遍野。天下丝绫之供，皆在东南，而蚕桑之盛，惟此一区。”乾隆多次南下也甚关注江南农桑蚕务，乾隆十六年(1751)，舟过嘉兴、石门时写道：“夹岸桑树数十里，果然蚕事此邦多”。

濮院境内运河两岸，桑树密茂，家皆育蚕，朱彝尊《鸳鸯湖棹歌》之七十七诗说：“轻船三板过南亭，蚕女提笼两岸经，曲摆残阳人不见，阴阴桑柘石门青。”写出了境内蚕桑生产的繁荣景象。

近代蚕桑业

清道光二十年(1840)，鸦片战争爆发。战后，英国等帝国主义势力入侵，中国门户开放，国内市场洋货充斥，国势日衰。为增加生丝的出口数量，嘉湖一带加快了种桑养蚕和丝织生产。咸丰十年(1860)，太平天国运动以后，战乱所致，嘉湖一带的桑树仅存十之三四，蚕具亦被毁；清军又大肆抢掠丝绸行庄，同治三年(1864)六月，濮院北横街丝行遭清军抢劫，境内蚕桑业破坏严重。光绪四年至宣统三年(1878—1911)国际市场需丝量激增，丝价不断上涨，境内蚕桑业有所恢复。据《嘉湖蚕桑资料·遗产篇》记载，蚕桑业“主要搞缫丝业，农户育蚕收茧后，大都以缫丝出售，城镇上出现缫丝工厂”。缫丝厂的不断建立，要求有更多的茧源，这也推动了桑园建设。随着丝绸贸易的发展，种桑养蚕渐趋兴盛，清末部分蚕农开始育夏蚕。

民国时期，境内蚕农育蚕数量有所增加，育蚕技术也有改进，以桑蚕维持生计者甚多。但由于中国丝绸出口已日益受到日本的威胁，生丝日益滞销。为了改良蚕丝生产，民国8年(1919)浙江省议会、绸业会等15个团体成立了浙江省蚕桑改进会，拟订改良计划。民国14年，省立蚕桑学校派员来桐乡设立改良场，濮院的蚕种已开始从嘉兴育蚕场引进，饲养改良蚕种渐增，并开始提倡新法养蚕、共同催青、稚蚕共育等，成效渐显著。民国17年，据浙江大学农学院蚕桑系实地调查，桐乡农村有92%的农户育蚕，每年饲育春、秋蚕两期。平均每户产茧量为51千克。是年，桐乡年产鲜茧为20000担，蚕桑生产在农村经济中占极其重要地位。濮院境内农户大都加工土丝；土丝以根条之粗细，区分为肥、细丝，销往洋庄者为细丝，木机用者为肥丝。据民国《濮院志》记述：“丝有头蚕、二蚕之别。又有肥丝、细丝之分。吾乡所产介乎肥细之间者居多，名曰中管。肥丝以供应本地绸机及绍客织纺绸者，中管丝亦有沪运销外洋者，岁产值数十万金，其缫丝时而遗弃散乱无绪者，曰丝拖头，今亦设庄收买运销外洋，有数万金之价值。”当时，域内呈现家家育饲蚕，户户丝车转的景象。日军侵略期间，濮院沿汽车路(今320国道)两侧1500米之内，大批桑树被砍伐，炮台林立，蚕桑生产一落千丈，蚕丝价格惨跌，农民无法经营蚕桑，大批桑地荒芜，蚕茧产量连续下降。抗日战争胜利后，政府曾采取一些措施，发放桑苗贷款，推广共同催青消毒，蚕桑生产略有恢复。

中华人民共和国成立后蚕桑生产

中华人民共和国成立后，经过土地改革和对农业的社会主义改造，在蚕桑生产上政府先后制订了一系列方针、政策，极大地调动了农民栽桑育蚕的积极性，境内的蚕桑生产进入了新的发展时期。栽桑养蚕由传统技术逐渐改进为科学的现代技术，蚕桑经济已成为农业增效、农民增收的重要来源。蚕茧的产量与效益，年度间虽有波折起伏，但总体上呈稳步增长。

濮院镇政府组织蚕桑技术培训

政府政策扶植 中华人民共和国成立后，为摆脱蚕桑生产的困境，首先在管理上，组建技术推广机构。1949年8月桐乡县设立了蚕业指导所。1950年4月，濮院建立蚕业指导组，指导蚕业生产。同年，为保护蚕农利益，普遍调高鲜茧收购价格，每担春鲜茧基准价72.1万元(第一套人民币币值，下同)，秋茧中等价为64.1万元，比民国37年(1948)同期提高35.7%。濮院在秀桐桥西堍设立蚕茧收购站；为鼓励推广良种，大幅提高改良茧收购价，改良种茧价为土种茧的222%，蚕农多数出售改良种茧，土种茧仅用于自缫土丝。

改造桑园发展“三秋” 1951年冬，为了加快花白桑地和草桑地改造，农会干部与蚕业指导员分别下村串户，发动农民首次对高干桑地进行补植，草桑嫁接，退出桑地中的柏树，同时结合治虫、削草和施肥等措施提高每亩桑叶的质量和产量。蚕业指导员开展技术辅导，引进优良品种，组织小蚕共育，推广防干纸覆盖养蚕法。此后，养蚕期数渐增，提高了桑叶的利用率。1954年，恢复饲养夏蚕，1956年开始饲养晚秋蚕。1957年濮院全年饲养蚕种7505张，张产18.5千克，总产138.8吨；其中春蚕5617张，张产21.2千克，总产119.2吨；夏蚕334张，张产7.5千克，总产2.5吨；秋蚕1554张，张产11千克，总产17.1吨。

1958—1961年，受“大跃进”影响，境内蚕桑生产受到严重挫伤。1962年3月，落实嘉兴地委《关于蚕桑生产若干问题的意见》进行纠错，农民吃了定心丸，提高了蚕桑生产的积极性，境内重新掀起培桑、种桑高潮。1964年开始饲养早秋蚕，形成春蚕、夏蚕、早秋、中秋及晚秋一年饲养五期蚕的养蚕模式。1967年，在改造、新建桑园的基础上，又扩大“三秋”(早秋、中秋、晚秋)蚕的饲养量。1973年，“三秋”蚕发种量，濮院4891张，张产22.9千克，总产111.9吨，发放张数比1957年翻了3倍多，产量翻了2倍多；新生秋蚕发种量2939张，张产19.5千克，总产57.7吨；西浜548张，张产21.3千克，总产11.6吨。1977年，全面推广使用地火龙、天火龙、炕房育等稚蚕加温设施，同时充分利用桑叶，继续增加“三秋”蚕的饲养量。

稳定发展期 20世纪70年代末蚕桑业进入稳定发展期。1978年，境内改造和新种桑园总面积：濮院6544亩，新生4449.5亩，西浜825亩。1979年起全镇“三秋”蚕饲养量超过春蚕饲养张数。1980年濮院春蚕发种张数4826张，张产43.9千克，总产211.9吨，“三秋”发种张数5434张，张产24.1千克，总产131吨；新生春蚕发放张数3276张，张产43.8千克，总产143.5吨，“三秋”发种张数4007张，张产18.5千克，总产74吨；西浜春蚕发放张数598张，张产44.8千克，总产26.8吨，“三秋”发放张数790张，张产26.2千克，总产20.7吨。此后，国际市场茧丝行情走俏，国内茧价有较大幅度提高，进一步促进蚕业生产发展。1986年濮院蚕茧总产量583吨，其中“三秋”蚕茧总产量为323吨，占全年蚕茧产量的55.4%；新生蚕茧总产量363吨，其中“三秋”蚕茧总产量为205吨，占全年蚕茧产量的56.5%。“三秋”蚕茧生产的快速发展，促进了境内的整体蚕桑生产，使农村经济的发展上了一个新的台阶。

调整改革期　20世纪90年代前期，自然灾害多，蚕茧产量波动，又难以把握茧丝绸市场信息，蚕茧价格大起大落，影响了农民养蚕积极性，养蚕张数和蚕茧产量下降。1992年全镇年饲养张数还保持在濮院26198张，蚕茧总产量877吨；新生17289张，蚕茧总产量599吨。但1996年全镇年饲养张数和蚕茧总产量迅速下滑：濮院13511张，下降51.6%，蚕茧总产量437吨，下降50%。新生10075张，下降58.3%，蚕茧总产量330吨，下降55.1%。1997年，国内外茧丝行情开始好转，茧价有所回升。是年，政府提出当年蚕桑生产要实现“四超”（发种量、张种产茧量、亩桑产茧量和蚕茧总产量超过上年）的奋斗目标，由于各村干部措施有力、广大蚕农努力，全镇实发蚕种濮院15687张，平均张产40千克，亩桑产茧62.9千克，全年蚕茧总产量625吨；新生10561张，平均张产43千克，亩桑产茧75.9千克，全年蚕茧总产量456吨。濮院、新生蚕种发放张数比1996年分别增长8.6%和9.5%。蚕桑生产明显好转，实现恢复性增长和“四超”目标。1998年，由于政策措施合理得当，养蚕布局渐趋合理，又战胜了多种自然灾害，遏制了大范围的桑螟危害和日趋严重的环境污染，蚕茧质量有明显提高，蚕桑生产取得了优质高产的成绩。是年，濮院、新生实发蚕种30879张，比1997年增加4631张，增长15%。2000年，市场原料茧紧缺，茧丝行情看好，蚕茧价格稳中有升。2001年，濮院镇（新生镇已并入濮院镇，下同）饲养蚕种29967张，蚕茧总产量1298吨；专桑面积15189亩，亩产蚕茧85.5千克。

2003年，因遭受持续高温，发种量锐减，全年饲养蚕种16144张，蚕茧总产量720吨，比2001年分别减少13823张和578吨，分别下降53.9%和55.5%。因蚕茧价格提高，发种量虽减少过半，但农民茧款收入减少不大，有部分还略有增加。2004—2006年，茧子价格上扬，蚕茧热销，农民养蚕积极性高涨，蚕茧连年增产增收，蚕茧总产量从2004年的714吨，提高到2006年的907吨。境内当年增植桑园100亩。

2008—2010年，丝绸行情渐趋低谷，蚕茧价格逐年下跌，蚕种年饲养量逐年锐减，从2008全年发放16603张，至2010年仅是2006年的43.8%。

第二节　桑树栽培

桑树品种

桑为落叶乔木，落籽而生，生成的桑苗叶小而尖，表面粗糙有细毛，俗称野桑或毛桑。经过人工挑选优良种苗嫁接者，称为家桑。家桑叶阔而大，表面光滑，叶质厚实，养蚕宜

专业桑园

用家桑。

明代，镇域桑树品种已有晚青桑、白皮桑、荷叶桑、尖叶桑、鸡脚桑、鸡窠桑、扯皮桑、红头桑、火桑、山桑、乌桑、槐头青、木竹青、密眼青等14种，并认识到桑的品种与桑叶、蚕丝产量的关系。《沈氏农书》记载："种桑以荷叶桑、红头桑为上，取其枝干坚实，不易朽，眼眼发头，有斤两。"黄曾省在《蚕经》中也说："凡择桑之本也，皱皮者，其叶小而薄；白皮而节疏芽大者，为柿叶之桑，其叶必大而厚，是坚茧多丝；鸡脚之桑，其叶薄，是薄茧而少丝。"清初，境内常见的桑种有19种，其中家桑15种，野桑4种。富阳桑、荷叶桑、木竹桑、黄头桑和望海桑5种为家桑上等桑，富阳桑为最上品；密眼青、五头桑、大叶密眼、白皮桑、扯皮桑、尖叶桑、山桑、晚青桑、火桑、麻中等10种为中等桑；金桑、鸡窠桑、细叶密眼及鸡脚桑为下等桑。民国时期，桑品种与清代类同，大部分品种是同种异名，粗略可分为湖桑(大种桑)、火桑、望海桑和山桑四类；湖桑中又分红皮、白皮和青皮三类。民国《濮院志》记述："吾乡遍地皆桑，桑之种类不一，以大种密眼青为最；又有火桑一种较早，可饲早蚕。"濮院境内多河流、汊浜、水沟，水边多植火桑，取其树冠高大、覆盖面大的优点，有"占天勿占地"之优势。火桑发叶早，比其他品种早五、六天，适宜喂稚蚕；火桑叶厚重，产量高，高大的火桑树，一株即可采一担叶，而且寿命长，有几十年不朽者甚多。

中华人民共和国成立后，各级政府开展对地方桑品种的调查，调查结果，有一定规模栽培的品种共30个，经1975年9月评比鉴定，通过了浙江省农作物品种审定委员会认定，其中濮院境内栽培的荷叶白、团头荷叶白、桐乡青和湖桑197这四个品种，为全省优良当家品种，立即着手加速繁育推广。荷叶白：晚生桑品种。树形高大开展，发芽较迟，秋叶硬化也迟；生长势旺，发条数多，桑叶高产质较优；抗桑疫病、褐斑病、花叶型萎缩病能力较强，抗黄化型萎缩病力弱；耐瘠，抗寒力较强，适应性广。团头荷叶白：晚生桑品种。树形开展，发芽迟，叶成熟和硬化也迟；长势旺，发条数中等，产叶量高，叶质中等；抗萎缩型和黄化型萎缩病、褐斑病、污叶病力强，抗桑疫病力较弱，受大气氟污染时，桑叶的含氟量比其他桑品种低。桐乡青：中生桑品种。树形挺直，春季发芽、叶片成熟和硬化比较早，发芽率较低；长势较旺，发条数中等，叶高产质极优；抗萎缩病、褐斑病力较强，抗桑疫病力弱，抗旱耐瘠力稍差。湖桑197：中晚熟品种。树形开展，发芽、叶成熟、硬化稍迟；长势较旺，高产质较优；抗萎缩病、褐斑病力较强，抗桑疫病力较弱；抗旱、耐瘠、适应性广。

1998年起，镇蚕业辅导员参与桐乡市蚕业管理总站新一代桑品种的收集，2001—2002年春蚕及中秋两期蚕时，在新一代桑品种对比园区，进行新桑品种的年亩桑产叶量调查和桑叶质量生物鉴定比较，筛选出了新一代高产优质桑有丰田 2 号、农桑 12 号、农桑 14 号、育 71—1 四个品种，经过 5 年的应用研究、比较试验，开始推广种植。

丰田 2 号 本品种树形高大，稍开展，树条直立、均匀，长势旺盛，株间均匀，节间直；皮色青灰，成叶正心形，墨绿色，叶形大而叶肉较厚。叶质优、无病害发生，抗桑疫病中等。

农桑 12 号 中熟丰产品种，树形直立，树冠紧凑，发条数多，枝条粗长而直，无侧枝；皮色黄褐，成叶心脏形，深绿色，叶面平而光滑、光泽较强，叶片向上斜生，未见病害发生，抗桑疫病和黄化型萎缩病，桑蓟马、红蜘蛛、桑粉虱力强。

农桑 14 号 中熟丰产品种，树形直立稍开展，发条数多，枝条粗长而直，无侧枝；成叶心脏形，墨绿色，叶面平而光滑、光泽较强，叶片向上斜生，叶质优。未见病害发生，抗桑疫病和黄化型萎缩病，桑蓟马、红蜘蛛、桑粉虱力强。

育 71—1 中熟丰产品种，树形稍开展，枝条粗长而直，皮色青灰色，成叶心脏形，稍波扭，深绿色，叶尖锐头、叶面光滑，秋叶封顶、硬化均较迟，秋季叶质柔软，叶质优。未见病害发生，抗黄化型萎缩病中等，抗黑枯型细菌病，抗桑蓟马、红蜘蛛、桑粉虱力强。抗旱性较强，较耐寒。

桑园的演变

桑树恶涝，植于高块横埂之上，故有“连续旱三年，桑树戳破天”之农谚。濮院多河浜沟渠，水田旱地落差较大，水边横埂多，埂上宜植桑。

明清、民国时期，境内桑树品种杂乱，野、家桑参半，株形低矮，多为稀植高干，每亩仅300 株左右，因有其他植物套种，枝干瘠弱，病害严重。旱地桑地间作、套种瓜豆、番薯、蔬菜等作物，称“花白桑地”，高大的火桑树，干高覆盖面大，植于河边、路边、田边、溪边和屋边，此种状况，历经数百年，至中华人民共和国成立后尚有零星分布。

中华人民共和国成立后，各级政府着力改变桑园株稀、干高、条短，地块零星、高低不平、病虫危害频繁、产叶量低的状况，20 世纪 50 年代，主要是缺株补植，病虫害防治的重点是灭蝗，以尽快恢复桑园生机。此时，大多数农民刚土改到桑地，加快恢复桑园积极性较高，改造后每亩达 600 株左右。

60 年代初，三年“自然灾害”时期后，致力于恢复蚕桑生产，建立专业桑园。省农业厅制订分期分批退出桑园间作，力争在二、三年内恢复专业桑园 70 万亩的规划，实行“粮桑挂钩”，核减蚕桑重点县的粮食统购任务，促进专业桑园的建立。通过“一退”(退出间作)、“二进”(种进桑树、绿肥)、“三增”(增株、增拳、增条)措施，至 1970 年，濮院、新生、西浜专业桑园面积多达 10000 多亩。

70 年代初开始，通过大规模平整土地，能排能灌、旱涝保收、良种密植的专业桑园建成。同时，逐步将老桑园改造成高产的新桑园。新桑园亩栽 1500—2000 株。至 1980 年濮院、新生两公社和西浜大队的专桑面积达 11434.3 亩，创历史新高。

80年代初，实行土地联产承包责任制，专业桑园受到政策保护，蚕农重点加强桑园的培肥管理，改植良种桑和密植桑。

90年代初，蚕茧价格尚高，蚕农养蚕积极性尚足。按照桐乡县农业区划，基层政府对桑园进行全面规划，合理布局，着力建设亩桑产叶2250千克，亩产鲜茧150千克的高产桑园。1992年濮院乡专桑面积6967亩，亩产鲜茧125.9千克；新生乡专桑面积6034亩，亩产鲜茧99.3千克；西浜村专桑面积988亩，亩产鲜茧138.7千克。90年代后期，结合大规模土地整理，积极展开50亩以上的高产桑园建设。会龙村云家桥组率先通过土地整理，至2000年已建成集中成片、能排能灌、品种优良的高产桑园园区72亩。之后，这项工作在全镇得到普及。全镇共建成高标准丰产桑园园区56个，桑园面积达3750亩，新品种桑普及率达100%。

进入21世纪，丝绸行情渐趋低谷，境内羊毛衫产业的进一步兴起，农村劳动力大量转移，养蚕培桑得不到重视，蚕种发放量减少过半，春、秋剩余桑叶颇多，桑园疏于管理，荒芜现象呈现。至2010年境内专桑面积从2002年的15959亩，下降到7067亩，下降过半。

栽培技术

播种 桑籽初夏播种，夏秋生长，初冬落叶，此时壮者一尺有余，弱者仅二、三寸，统称广秧；未经嫁接而定植者，称野桑，也称草桑或毛桑；用于来年初春嫁接者，剪除上部苗杆称广秧蔀头。桑籽播种历史上以夏播为多，春播较少，20世纪90年代后推广秋播。春播易受涝浸，多烂幼苗；夏播在小满、芒种间，齐苗后常遇高温干旱，需盖以稻草，勤洒水，勤除草，勤治虫，保持土地湿润、松软，辛勤培护，方能成活；秋播在立秋之前，因生长期短，施肥须足量、及时，优点是广秧蔀头粗壮，但如遇冷空气早袭，则影响其生长。

嫁接 桑树嫁接始见于宋代《陈敷农书》：“若欲接缚，即别取好桑直上生条，不用横垂生者，三、四寸，截如接果子样接之。其叶倍好，然亦易衰，不可不知也。”桑苗嫁接方法颇多，有广接、火焙接和起接法。清代，大都采用广接，即在培育砧木的苗圃中就地嫁接。民国时期及以后，境内以火焙接为多，即将砧木苗挖起移植后嫁接，具体方法是：将广秧移植桑园，一年后，已长至拇指粗，斜剪去上截，刀口平面呈椭圆形，两指轻轻捏开桑皮，呈一缺口，取家桑接条一枝，三四寸长，单面削尖，相向插入缺口，再用稻草或布条扎紧，严防碰动。

桑苗

栽植密度 明代，桑树栽植较稀。明《沈氏农书》：“种桑以稀为贵，纵横各七尺，每亩约二百株，株株茂盛，叶必满百。”清代后栽种密度略有提高，清《蚕桑捷效书》：“各处栽桑有疏有密，密者仅离四尺许，疏者相离六、七尺。"民国以后，行株距一般为 1.67 米×1.33 米，亩栽 300 株。因密度较稀，常套种瓜类、番薯、蔬菜等。中华人民共和国成立后，种植密度越来越高，至 20 世纪 80 年代，每亩栽种量在 780—1000 株之间；2000 年后，成立规模桑园示范区，每亩栽种量在 1500—2000 株。

树型养成　桑苗嫁接成活或购入小桑苗种植后，春天抽芽，掐去多余的芽头，只留二、三芽茁壮成株条，称"花桑"。第二次春蚕采叶，剪去枝条，不久，新芽萌发，各留二芽，始成拳桑。清沈秉成《蚕桑辑要》记述最详："待次年正月，天气晴和，离地二尺，剪去上条，候芽出时，只留二芽，秋后条成，又五六尺许。待次年正月，离丫尺许，复剪去如叉样式，再留顶上各两芽，余芽抹去，来年又剪去新枝，总留尺许，仿前法再剪，再留，约五六年，桑成拳式"。境内桑树多拳式，有高、中、低干三种，以中干为多；屋旁地角零星栽培的桑树多为高干拳式。火桑多干高而不修枝；野桑多为步步高养成。桑园中一般不留野桑。20 世纪 70 年代一度推行低杆桑园，称"无杆密植桑"，其法为：亩栽桑苗 2000—2500 株，栽种当年离地 10 厘米左右剪去苗梢，留养二、三根枝条；翌年以上面一根枝条为标准，提高 3 厘米夏伐，其余，水平剪伐，养成拳桑；第三年后固定在拳部夏伐。无干密植桑具有养成快速，产量高的优点，但因干低加之植株密植，空气不够畅通，泥叶、黄叶多。后作了适当调整和改进，调整密度，每亩栽植 800—1000 株，提高高度，改为中干偏低养成。栽种第一年留两三根枝条，离地 25 厘米左右剪定，次年春伐，离地 50 厘米剪定，在后每年拳部剪条。

桑园施肥　桑树一年四季均要施肥。晚清《蚕桑辑要》上说："二、五、八与冬月上肥。"农历二月中下旬，即春分至清明间施的肥，称春肥，亦称催芽肥；春蚕结束后施的肥，称夏肥，亦称谢桑肥；八、九月施的肥称秋肥；冬季施的肥称冬肥。旧时肥料种类主要有河塘泥、稻杆泥、堆厩肥、菜油饼、蚕沙等。堆厩肥包括猪羊肥、鸡鸭肥、人粪等。河塘泥培壅历史最久，吴越时期(893—978)即有记载："取低处之沃土，湖沼之水藻，置于高处，劝民农桑。"《沈氏农书》载："家不兴，少齐心；桑不兴，少河泥"，"捻土之地，土坚而又松，雨过便干，桑性喜燥，易于茂旺。若不捻之地，经雨则土烂如腐，嫩根不行，老根必露。纵有肥壅，亦不全盛。"也有施用稻秆泥的。稻秆泥是稻田的表土，养分较多，《桑谱》说："用稻秆泥最易发根。"堆厩肥中羊肥最佳，"羊壅宜于地，猪壅宜于田。"宋、元以后，境内地貌经过长期改造，逐渐形成桑基增高，圩田渐低；圩内种稻，圩上栽桑，圩外养鱼的格局。桑叶饲蚕，蚕沙、枯桑叶喂羊，羊肥壅田，田泥培桑，形成极富特色的农业生态系统，如此循环往复，土壤肥力历千年而不衰。人粪是桑园的常用肥料，"人粪力速，叶易肥厚"。境内农民桑园施肥，冬肥是浇河泥、塘泥或挑稻秆泥，经冬冻之后，稻秆泥人工敲碎覆盖表面，翻垦冬地时填埋。其余三种类型为堆厩肥；羊肥宜开浅沟填埋或垦桑地时填入，猪肥、人粪宜开穴灌施（六七十年代习惯与氨水、碳酸氢铵混施），施后即用土覆盖；菜饼肥宜先臼碎后再撒，边撒边垦埋入桑地。

20世纪80年代，高产桑园施肥的经验是高标准化。冬季以有机肥为主，10月底至12月底亩施羊粪肥40—50担，或堆肥垃圾80—100担，或猪粪、人粪100担。春、夏、秋以速效性肥料为主，春肥在3月20日至清明期间，亩用碳铵150—200千克或氨水200—250千克，分二次施入；夏肥在6月初至7月5日期间，亩施猪粪、人粪40—50担或尿素30—40千克，或碳铵100千克，或蚕沙25担；秋肥在8月初至8月底期间，亩施尿素25—30千克，或人畜粪40担，或碳铵75千克，或蚕沙25担。高产桑园施肥以亩产桑叶2250千克计，亩需纯氮46.8千克，纯磷11.5千克，纯钾25.2千克。

桑园管理

养蚕靠桑园，桑园靠管理，而管理尤重于冬春两季。

治虫　全年饲养蚕最后一次桑叶摘尽后，要治好关门虫，以降低冬虫害的基数，防止病原物的传播及微粒子病的发生，保护明春叶芽的萌发。治虫时间：晚秋蚕结束后，一般在10月下旬至11月下旬期间进行；不养晚秋蚕的农户，应在中秋蚕上蔟后及时治虫封固养树。治关门虫可用20%杀灭菊酯800—1000倍液，即每15—20千克水加针剂杀灭菊酯1支，施药时桑树的干、拳、条及顶尖叶片都要均匀喷到。

剪梢　桑园剪梢可增产桑叶10%左右。剪梢时间一般掌握在12月初，冬剪优于春剪。一般湖桑品种剪去1/4—1/3，采用平顶剪梢的苗条长约100厘米，剪掉的桑条梢不遗留园内，同时剪除多余桑条及有病虫害的枝条。

除草　每年冬季，桑园需进行一次全面的除草。在桑园冬季翻垦前将桑园及路边、地边的杂草进行一次清理，作堆积沤肥或当场埋掉，既可减少病虫害的越冬场所，减少来年病虫的危害，又可增加肥源。

束枝　束枝能矫正树势树形，便于人员进出及冬垦、施肥、治虫等园区作业。束枝时间一般在冬垦前，12月上中旬。将枝条扶直，松紧适度扎牢，但要注意防止冬芽损伤。

人工刮卵除虫　刮除桑螨、野蚕、白毛虫等越冬卵、蛹，杀灭遗留的桑象虫、蛀虫、天牛、尺蠖、桑毛虫等越冬幼虫，尽量压低越冬病虫害基数。

冬垦　冬季翻垦桑园能熟化土壤，提高土壤肥力。经过翻垦，冬季冻化，增强土壤的渗透性和保水保肥能力，还能杀灭害虫，除去杂草。同时结合冬季施肥，填埋羊粪肥等厩肥。翻垦时间，一般在12月中旬至1月上中旬。要求行间深翻15—20厘米，耙深行间沟，肩沟深20厘米左右，以清除桑树表面卵根（细根）、不伤断粗根为原则。翻垦时表层土及杂草在下，深土层在上，畦面平整不起坑，畦沟畅通不堵塞。

冬肥　施足有机肥料，能改善土壤结构，提高土壤肥力。施冬肥时间在落叶后，土壤封冻前，猪羊肥亩施30—40担，或饼肥亩施100千克，趁冬垦时翻埋；或河塘泥浇50—80担，于冬垦后浇入。冬肥量占全年施肥量的30%左右。

白化　将熟石灰稀释，放入少量硫黄、柴油后刷桑树干称白化。白化能填没越冬幼虫的居穴，控制蚧壳虫和膏药病的危害。涂白时间在12月上旬，要求把2—4年的青年桑，干、拳连同下半主干及枝条全部涂白，重点是涂白拳桑上下、二上缝穴、老桑、三岔口以下部分。

整枝修拳　修整树形，增强树势，减少养分消耗；将锯掉的枯桩死拳、病虫枝条及时搬出桑园，并于开春前烧毁，防止病虫蔓延。修整时间，一般12月底开始，在春节前完成。

解束　冬垦，施肥，浇河泥或挑稻秆泥结束后，解除束于桑条的稻草或布条，废除变形铰结的枝条，解下的束草及布条集中烧毁，以消灭越冬虫卵。

开沟排水　桑树恶涝，若遭水淹，根系萎缩，桑叶落黄，故宜及时排水。时间一般在冬季冬垦、施肥后，春季在清明前雨季未来之时。直沟，横沟相通，直横沟深于畦沟，四周沟深于内沟，出水沟深于四周沟，要求雨停地面无积水。

桑树更新　有计划地分批更新桑园，逐步淘汰老桑树，是逐年提高与稳定足够饲蚕桑叶的根本保证。桑苗冬种在12月初，土壤表面封冻前种植结束；春种在2月下旬至3月上旬，土壤表面解冻后结束种植。平整土地，挖尽老桑蔀头及桑根，全面深翻30厘米，开沟编畦，两行一畦，沟深30厘米；种植先挖穴，种苗时表土先覆盖桑苗根系，栽种时根展苗正，中部施上有机肥料，亩施5000千克左右基肥，再用土覆盖大半穴，用脚踏实。后用清水粪压根浇穴，再把最后的土填满穴，栽种深度一般以桑苗嫁接疤埋入土内3厘米为宜。

耙地　冬垦后，特别是桑园稻秆泥等土壤，经过一个冬季的冰冻风化，需进行一次耙地，敲碎稻秆泥，耙平土壤。一般在3月中旬，结合清理沟渠，同时进行。

削春地　削春地能提高土壤通透性，有"春削泥、夏削草"之说。所以削春地要深削，提高地温，减少肥料的损耗，除去发芽杂草，促发桑树新根，增强吸收能力。一般操作时间在3月下旬，深削、削平。路边、沟底泥等耙上畦面，保持出水畅通。

施春肥　春肥促使芽叶生长，使春叶增产，提高叶质，同时对夏秋条生长及夏秋叶增产有明显的后效作用。施肥时间是发芽前，最迟在采叶前30—40天结束。一般稚蚕用叶的桑园在3月下旬结束施肥，壮蚕用叶的桑园在4月上旬结束施肥。氮肥分两次施，第一次在3月下旬，第二次在4月下旬。施肥量掌握在春肥占全年施肥量的20%左右。氮磷钾的比例为10∶5∶5，亩施尿素30千克或硫胺75千克，人粪25担，过磷酸钙40千克，钾肥15千克；其中氮肥分两次施入，第一次占2/3，第二次占1/3。

春伐　亦叫腰头桑。对1—3年的幼桑必须进行春伐，春伐时间，在春桑芽萌发前，惊蛰前后。一年生桑离地40厘米剪去苗梢；两年生离地65厘米剪去枝条，养成第一支干；三年生离地80厘米剪定为桑拳。要求剪伐齐整，枝条不破裂。

病虫害防治　旧时桑树病虫害主要有桑螟、桑天牛、青虫、蚜虫、蛀虫、桑尺蠖和萎缩病，赤锈病等，尤以桑螟的危害为烈。20世纪30年代到中华人民共和国成立初的20多年间，桑螟一直是蚕桑生产的第一害虫。桑螟一年发生三代，以第一代危害最大，有农谚:“头蟥吃个眼,二蟥吃个光”,“头年蟥,二年荒”,“头二年蟥蟥光,桑树蒲头翻光”。防治桑蟥办法,据《沈氏农书》载,一是刮除蟥卵,“冬春看头蟥,清明前看二蟥,剪毕看三蟥,一株上百颗尽刮”;二是捕捉蟥虫,“六月捏头蟥,七月捏二蟥,而头蟥尤宜细看,留头蟥一,则二蟥便有百”。再是喷洒药水。取雷工藤(俗称“菜虫药”)、巴豆若干,于石臼中捣碎取汁,羼水,用杀蟥竹管喷于桑树上以杀幼虫,效甚灵。经过持久治蟥,蟥虫在70年代初期已基本绝迹。治蛀虫的土方法有两种,一种为虫引法,取小蚯蚓一条,使其钻入蛀洞中,再用木扦或竹扦插入,待蚯蚓死后腐烂发臭,以毒死蛀虫,此法甚有效。另一种为油灌法,取煤油滴入蛀洞中,蛀虫片刻即死。治天牛幼虫,则用毒签。毒签形似火柴棒,上端涂有毒粉,用时拣桑树上最新鲜的虫穴,将毒签插没,再用湿泥涂没虫穴,效果特灵。治天牛成虫,只有用人工捕捉杀灭。

20世纪60年代后,农药治虫得到普及,普遍采用机械喷雾的治虫方法,先后出现气压、液压、桶式喷雾机。此时期境内桑树虫害主要有桑象虫、白毛虫、野蚕、桑尺蠖、红蜘蛛、桑粉虱、桑蓟马、桑螟等。具体施用的农药和方法:治桑白象,时间以选择在春伐以后的白拳时为宜,用敌敌畏或敌百虫,利用早晚喷雾;或扎一布兜,内盛六六粉,在白拳上面涂擦,效果很好。治白毛虫,宜在养秋蚕前,药用马拉松。治野蚕,宜在养夏蚕前,药用晶体敌百虫、敌敌畏,叶面喷雾效果更佳。桑天蠖为幼虫越冬的害虫,一年繁殖四代,药治宜用亚胺硫磷、双效磷。红蜘蛛于90年代后开始出现,药用克满尽。桑粉虱多于夏秋期出现,喜高温干燥,大面积危害桑叶,1997年最烈,引发虫灾,药用灭多威,效果最好。桑蓟马,亦常在高温干旱的年份出现,药用氧化乐果、灭多威。桑螟,俗称“蚰虫”,20世纪中后期曾严重危害桑叶,药用有双效磷、灭多威等,因防治得当,现已几十年未再发现。进入2000年后,经过多年的防治结合,桑园害虫大为减少,桑叶质量有很大提高。

第三节　家蚕饲养

养蚕布局

宋代,蚕品种已有一化、二化和三化性之分。《埤雅》载:“原蚕,俚俗谓之夏蚕,亦曰热蚕……而民间一岁至有三蚕者。”但一般只养一次春蚕,认为夏蚕既损害桑树,丝质亦不坚韧。元代,在养蚕节次的布局上,主张养早蚕,反对养晚蚕。《浙江蚕业史》记载,明代“浙江饲养的有一、二化性和多化性品种,一化性品种即早种,又叫头蚕;二化性叫晚种,又叫二蚕;晚种的第一化比早种早五、六日孵化,茧重也较轻三分之一;多化性种叫三蚕。”清代,嘉庆《嘉兴府志》记载:“二蚕出子即为三蚕,三蚕出子即为四蚕,总为五蚕,相续不绝。二蚕三蚕总谓之夏蚕”,秋蚕“今谓之四蚕五蚕”。虽有五蚕,但蚕区仍然是着重养一期春蚕,夏秋蚕养得很少,大量的秋冬枯桑叶,大多用作羊饲料或者出售。民国时期,境内蚕农一般全年只饲养一期春蚕。少有饲养夏蚕。

家蚕饲养

中华人民共和国成立初期，仍以饲养春蚕为主，夏、秋蚕为辅。1954年开始，恢复饲养夏蚕，桑叶利用率有所提高。1956年开始饲养晚秋蚕，1966年开始境内试养早秋蚕，形成春、夏、早秋、中秋及晚秋，一年饲养五期蚕的格局。1967年起，在改造、新建桑园的基础上，扩大三秋（早、中、晚秋）饲养量，濮院公社全年蚕种发种量6168张，夏蚕554张，占全年的9%；三秋蚕1663张，占全年的27%，占春蚕的42%。新生公社全年蚕种发种量3335.5张，夏蚕407.5张，占全年的12.2%；三秋蚕1024.5张，占全年的30.7%，占春蚕的53.8%。1975年两个公社，三秋蚕发种量9170张，比当年春蚕种多发689张。1980年代初期，国际市场茧丝行情走俏，国内茧价提高，蚕业生产发展较快。1984年两个公社一个大队（濮院、新生公社，西浜村大队）蚕茧总产量819.1吨，其中三秋蚕茧产量428.1吨，占52.3%。1990年濮院乡，新生乡三秋发种26169张，蚕茧产量647吨。1992年，茧丝绸市场疲软初露端倪，蚕桑部门为求提高茧质和经济效益，将三秋改为二秋，即不养早秋。改二秋后，适当提早养足中秋，有利于田桑管理，稳定茧产，提高茧质。

20世纪90年代初期，农户经济收入出现多元化，特别是境内羊毛衫行业的兴起，蚕茧不再是农民经济收入的主要来源；同时，氟化物、农药等污染使养蚕的外部环境恶化；加之蚕用物资价格上涨较快，境内“三秋”饲养量开始下降。1995年濮院、新生两个乡三秋发种量19519张，比饲养量较多的1990年减少6650张。至2001年后，受劳力、经济效益等诸多因素影响，境内蚕茧生产下降幅度较大，2001年濮院镇全年饲养蚕种29967张（不包括西浜村的3332.5张），夏蚕种2355张，秋蚕种15408张；秋蚕以中秋为主，晚秋甚少。2008年全镇（包括西浜村）饲养蚕种16603张，其中春蚕种8664张，夏蚕种1127张，秋蚕种6812张，全年蚕茧总产量739吨。2010年全镇饲养蚕种10375张，其中春蚕5306张，夏蚕877张，秋蚕4192张，蚕茧总产量469吨，平均张产45.2千克。蚕种全年饲养量比2001年下降69%，仅占较高年份的31%。

品种

元末明初，嘉湖一带始创蚕种洗浴，据宋应星《天工开物》卷上乃服第二蚕种记载，“湖多用天露，石灰，嘉多用盐卤水”。清中叶以前，境内农民养蚕多为家养蚕，即土种。清乾隆、嘉庆年间，始由余杭、湖州等地引进部分外地商品蚕种。清代《湖蚕述》载：“蚕之种不一，所出之地亦不一。舟杵种出南浔、太湖等处，白皮种、三眠种、泥种出千金，余杭亦出白皮及石小罐。”光绪二十五年（1899），省蚕学馆选派首届毕业生赴桐乡等地创办蚕种制造场。至民国，境内农民客种养蚕多养余杭种和苏州浒墅关种，以浒墅关“老虎牌”最为闻名，王店种“老虎牌”也有少量饲养，时称“洋蚕种”，产量比自留自制的土种明显要高。民国时期，蚕种事业较前有了显著进展，民国9年(1920)，濮院境内开始从嘉兴育蚕场引进新蚕种。民国14年省立蚕丝学校派员来桐乡设立蚕种改良场，开始提倡新法育蚕。

中华人民共和国成立后，蚕种全部由国营蚕种场生产，由农林部门检验，冷藏，催青，蚕种事业得到快速发展，蚕种质量显著提高，土种随之绝迹。20世纪50年代，春蚕品种主要有沄文、华八、华十为主；60年代以镇5、镇8、苏16、苏17等为主；70年代以东肥华合、杭七、华八为主；80年代以杭七×杭八为主；80年代后期起，氟污染日益严重，开始尝试秋蚕春养，春、夏、秋蚕同种饲养，品种有白云×蓝天、春晓×浙蕾、浙蕾×春晓、雪松×皓月、芳山×星明、星明×芳山、丰1×54A、秋丰×白玉；2000年后品种比较单一，以秋丰×白玉为主。夏秋蚕品种在20世纪60年代有苏12、603、东34等；70年代中期后推广浙农1号、苏12，逐步取代东34、603，成为当家品种；80年代有新杭、科明、蓝天、白云等。

育蚕技术

制种 旧法制种，一是蚕农自己制种，二是农民设立家庭制作场所，制种，售种。制种的程序是从蚕簇上选取饱满硬健的茧子，作为种茧收藏。蚕蛹变为蛾子后破茧而出，蚕农“捉对”雌雄交配，解脱后，雄蛾死去，雌蛾产卵，蚕农用干净的土布块或桑皮纸承接蚕卵，即为蚕种。蚕农将蚕种收藏至明春。

饲养日期 中华人民共和国成立前，饲养春蚕的日期一般在清明后即开始收蚁，小满前上山结茧，有“谷雨勿收蚕”“好蚕勿吃小满叶”和“十年早，九年好”之农谚。小蚕主要饲喂火桑叶，一般要饲喂到三眠(出火)。中华人民共和国成立后，20世纪50—60年代，春蚕收蚁一般在4月底。70年代，粮油复种面积迅速扩大，“种田三熟制，老蚕三昼时”的粮桑争劳力矛盾突出；此外桑园密植化后，桑叶成熟推迟，故发种日期逐渐后移。1982年秋，境内全面实行家庭联产承包责任制，发种日期大多稳定在5月3—5日。由于乡镇企业，特别是砖瓦、水泥等建材企业的大量兴建，氟化污染日益严重，火桑生长早而首当其冲，出现“小蚕吃火桑，好比吃砒霜”的新农谚，不得已放弃火桑叶，这亦是春蚕饲养日期一再推迟的原因之一。

春蚕饲养日期的选定首先要考虑到叶蚕同步，饲养过早，则蚕等叶；过迟，则叶等蚕，同时要兼顾蚕、田、劳力安排的平衡等因素。

收蚁 是养蚕的开始。域内对收蚁很讲究，清明前夕，将蚕种纸或布块在盐水中稍微浸润，揩干，包于棉纸中，俗称浴种。然后将蚕种纸或蚕种布焐于胸口或被窝中3—4日，俗称暖种或焐种。将蚕种纸展开，放于蚕匾中，下置炭盆适度加温，四周用布幔围住保温遮风，时间为一宵，卵即孵化，俗称卵化；刚孵出的蚕幼称乌娘。采嫩桑叶切细，撒于蚕种纸上，乌娘嗅到叶香，纷纷行(爬)上叶面，过1—2小时后用鹅毛轻轻将乌娘掸入蚕匾中，开始饲养，俗称收蚁。这一阶段要烧炭盆以增加室温。

小蚕饲养 蚕种孵化至四龄称小蚕或稚蚕。收蚁后，饲养三昼夜，称一龄期，吃切细的屑叶，蚕眠，称“头眠”，眠期一昼夜左右。蜕皮后醒起，称“起娘”，此时，用切细的条叶，再饲养三昼夜，蚕再度休眠，称“二眠”，眠期为一昼夜。蚕二眠后，即进入三龄期，吃切小的片叶，3—4 天后，又一次休眠，此时，蚕体渐大，气候渐暖，不再用火盆加温，故三眠又称“出火”或“出火眠”。出火之后，即进入四龄期，吃全叶，饲养时间约为 4—5 天。第四次休眠称大眠，眠期为二昼夜。至此，小蚕期结束。

小蚕饲养

小蚕饲养的形式多变，各个时期饲养技术不断改进，从土法养蚕到科学养蚕，从低产量到高产量都有一个飞跃。清末民国初，小蚕饲养形式多为一家一户型，仅少数农户自行结合进行小蚕共育。中华人民共和国成立初，1952—1954 年成立村民互助组，自由结合，生产互助，小蚕饲养亦出现多户共育。1955—1957 年成立生产小队，普遍推广小蚕共育饲养，采用“高温干燥”养蚕法，把排湿防僵贯穿在饲养小蚕的全过程。1958 年下半年建立人民公社，成立生产大队，所有制发生大变化，原有的养蚕组织不复存在，养蚕共育等都由生产大队组织管理，但时间不长，失败而终。1966 年全面推广小蚕防干纸覆盖育，以保持桑叶的含水率和新鲜度。同时经过科学实验和生产实践，根据饲养小蚕需要适当高温多湿的生理特点和保持桑叶新鲜的要求，先试点，后以生产队为单位进行推广。20 世纪 70 年代中期推广地火龙大炕房育，后期推广薄膜围台育。70 年代末至 80 年代初，推广塑料薄膜覆盖育，由薄膜取代防干纸，省叶省工省成本。1985 年改进为全龄打孔薄膜覆盖育，1—3 龄用孔径 0.18 厘米，孔距 4 厘米的薄膜覆盖，下垫薄膜不打孔，日夜给桑叶 3 次(称“三回育”)。90 年代，推广小蚕电热加温自动温湿控温器，结合薄膜围台育，适合家庭单家独户饲养，此项技术更科学、更方便、更安全。1993 年开始推广小蚕保鲜薄膜覆盖二回；同时推广家庭式节能小炕房，适应联户、分户小蚕饲养的要求。此法省燃料、省成本，人、蚕更为安全，有利于贯彻标准化科学养蚕，受到农户欢迎。2000 年后，随着养蚕技术的普及，科学养蚕技术水平的提高，共育很少，大都单家独户饲养。

大蚕饲养 蚕至大眠，饲养期已届一半，饲养好的蚕，起眠齐集，蚕体大小匀称，其色青白；饲养差的蚕，起眠不全，蚕体粗细不匀，青条蚕多，管理费劲，易发病。故有“大眠眠出，状元考出”之农谚。此时，撤去蚕匾，将地面清扫干净，铺上稻草，将蚕匀摊其上，称“落地铺”。地铺适宜于高大宽敞的堂屋，泥地、水泥地皆可，尽去屋中杂物，以增加铺陈面积，确保蚕放稀吃饱。上架跳板或条板，便于喂蚕。蚕落地后，易受虫蚁所伤，故室中净扫尘埃，涂塞隙穴，并遍撒新鲜石灰粉末，以杜绝虫蚁。大眠第一次吃叶，称“赏叶”或“送叶”。

此后连喂7—8日，蚕体愈大，吃叶量愈多，蚕体渐趋成熟。大蚕时，桑叶亦已基本长足，蚕可吃带梗叶，俗称“青杠条叶”。桑叶宜鲜，不可多存储，多则易干，干则蚕不欲食，又不可少采，恐遇雨雾等不良天气。故蚕农观天采叶，保持桑叶鲜、质俱佳，把握好最后一关。

成熟上蔟

上蔟 俗称“上山”。蔟多以稻草为主，有农户割茅草为蔟，茅草清香，蚕上蔟快、齐，且大都在顶部，采茧易，干净。中华人民共和国成立前，境内蚕农多用帚头把上熟蚕。帚头把是蚕农在冬闲时整理好的整齐洁净稻草，扎好帚把柴，手挖下把旋转成辐射状，靠墙边摆起，把把紧扣，把好一批，把预先捉好的蚕撒在上面，以此类推，上足为止。20世纪60年代，为了省去捉熟蚕的时间，推广倒置伞形蔟，亦叫湖州把。取稻草一束，齐腰处扎紧，对折旋转成伞形，交错倒置于地铺中，成熟蚕，行上柴秆结茧。70年代推广蜈蚣蔟，俗称“柴龙”，用绳索和稻草或茅草做成，形似长龙，故称“柴龙”。上蔟时，撤去矮凳，跳板，将蜈蚣蔟并列纵贯于地铺中即可。伞形蔟、蜈蚣蔟的优点是可减少柴印茧，黄斑茧和双宫茧。80年代后试用和推广纸板方格蔟，系用硬板纸条做成，纸条宽3厘米，纵横交叉形成12孔×13孔的方格，孔的大小为4.5×3厘米，正适合一条蚕吐丝结茧。方格蔟的优点是茧形整齐，双宫茧少，上茧率达95%以上，且蔟具可多次使用。但因售茧时评茧方法未作改进，影响蚕农使用方格蔟的积极性，故推广速度缓慢。90年代末，出现塑料折蔟，上山时将其拉开铺于地铺即可。优点是省工，耐用，且茧质好，双宫茧极少，很受蚕农欢迎。

蚕初上蔟宜暖，故皆紧闭门窗。上山后3—4日，茧渐厚，须洞开窗户，俗称“亮山”，保持室内通风干燥。6—7日茧成，蚕蜕变为“蛹”，即可采茧，俗称“回山”。

第四节 蚕病虫害防治

主要蚕病种类

蚕病，有病毒病、细菌病和真菌病三大类。病毒病有血液型脓病、中肠型脓病和空头性软化病三种；细菌病主要有败血病、卒倒病及细菌性中毒症；真菌病主要是僵病。

血液型脓病和中肠型脓病 前者俗称“水白肚”，后者俗称“干白肚”，统称白肚蚕。干白肚节高身缩而无水，水白肚节高而足流水，满匾游走无定，故又称爬蚕（所以养蚕时，蚕忌称“爬”而称“行”）。此病若发于大眠三昼时，危害不太大，一般至五昼时自然停止蔓延；若发于五昼时，危害极大，几无收成。病多由湿闷诱发，故蚕不可食雨水叶、雾露叶、汽水叶等。

空头性软化病 俗称亮头蚕，症状为蚕头部空亮若水，蚕屎不坚，尾流焦水。病因多为小蚕旺食之时，遇天气炎热，又失饲忍饥，至大眠则常出现亮头蚕。发病愈迟，则病愈重。

卒倒病 俗称“笠帽瘟”，此病初起时仅一两条，后受传染而逐渐蔓延，成圈状，故称“笠帽瘟”。病因多为误食“蒸发叶”。

僵病 春蚕较少，多发于夏秋蚕。病因系受风、湿所致，有红、白、绿、紫、黄僵等。蚕僵体直者，危害极大，必传染无遗；僵蚕死体弯者，犹能收成两三成。

主要虫害

蚕的主要虫害有鼠、蝇、蚂蚁、癞蛤蟆等。明代《天工开物》记载：“凡害蚕者有雀、鼠、蚊（当为蝇）三种，雀害不及茧，蚊（蝇）害不及早蚕，鼠害则与之相始终。”清《吴兴蚕书》有载：“（蝇）飞集蚕房，即缀于蚕身，入而成蛆，能溃蚕腹而出，蜕化成蝇。春蚕时犹少，自夏徂秋，蚕之遭其害者，十有六七。耗蚕之物，蛇鼠为害，室中所有隙穴，为蛇鼠出入之路。”另外，蚂蚁咬蚕，癞蛤蟆食蚕，害亦较重。自养鸡、鸭也必须管好。

蚕病虫害的防治

《嘉湖蚕桑资料》载，早在春秋时代，即有遍求防治蚕病的政令：“民之通于蚕桑，使蚕不疾病者，置之黄金一斤，直食八石。”明代，蚕农已知某些蚕病有传染性。《天工开物》载：“凡蚕将病，则脑上放光，通身黄色，头渐大而尾渐小，并及眠之时，游走不眠，食叶又不多者，皆病作也，急择而去之，勿使败群。”至清代，对僵病、白肚、亮头等蚕病已有较多认识。《补农书》说：“大约蚕之生疾，半在人，半在天。人之失恒于惰，惰之失饲而蚕饥，饥则首亮；惰则失替而蚕热，热则体焦，皆不稳之征也。”蚕农对一些主要蚕病的病因和危害，如僵蚕、白肚蚕等病已有认识，谚云：“僵病会僵光，白肚死不光”，“冷僵热白肚”等。旧时对蚕病，以预防为主，采取蚕室、蚕具勤洗勤晒和精心饲养管理的方法以减少蚕病的发生；对已出现的蚕病，主要使用石灰消毒的方法。民国时期，境内僵病、脓病、卒倒病、空头病、萎缩病、微粒子病等较多。20 世纪 30 年代初，推广新式消毒方法，用薰烟、福尔马林、升汞、漂白粉、石灰、硫黄等消毒，防治效果甚好，但推广面不宽。

中华人民共和国成立后，蚕病实行预防为主、综合防治。20 世纪 50 年代，境内蚕病一般以白僵和水白肚为主，蚕室、蚕具都经“三洗，三晒”，用福尔马林、漂白粉及硫黄消毒。1956 年开始，推广西力生防僵粉、赛力散、石灰浆消毒。60 年代，蚕病主要是水白肚和亮头蚕，蚕室、蚕具仍用漂白粉、福尔马林和石灰浆消毒，并推广毒消散熏烟；用西力生、赛力散新鲜石灰粉进行蚕座、蚕体消毒；开始用灭蚕蝇防治蝇蛆病。70 年代饲养规模逐步扩大，蚕室、蚕具、蚕蔟等重复使用较多，各类病毒病、细菌病、真菌病扩散蔓延，夏秋蚕多僵病。各类蚕室以换掉带菌泥土（换地坪）的办法阻止病菌传播。70 年代中期起，由于西力生、赛力散等汞制剂蚕药对人畜有害而停止使用，改用新药甲醛制剂进行蚕体、蚕座消毒。蚕匾用“蚕匾药液消毒槽”滚动彻底消毒。1974 年开始采用防病一号之类新蚕药，蚕室、蚕具消毒推广使用抗菌剂402和异稻温净石灰浆、1%有效氯漂白粉液以及新洁尔灭石灰浆。同时，提倡氯霉素和红霉素添食，增强蚕体抗病能力以减轻蚕病。1977年因秋季雨水偏多，境内僵病危害严重。80年代初期，砖瓦行业的兴起，空气中氟化物等有毒物直接污染桑叶，造成蚕体中毒，春蚕危害尤大。1982年，境内春蚕近砖瓦厂的几个生产队及周边地区出现中毒现象严重，蚕茧张产量减少幅度也较大。1983年，政府采取防氟措施，砖瓦企业每年春蚕发种前后（一般是4月25日—5月25日）停火一个月，使氟害有所控制。在防止氟害的同时，蚕农加强对常见蚕病的防治。80年代中期，境内首次出现细菌性红屁股蚕，俗称拉血蚕，危害较重，除采用原有漂白粉、石灰等消毒外，开始使用蚕病净消毒。1985年起，境内蚕农使用桐乡蚕药厂生产的防治蚕病蚕药，主要有防病一号（有小防、大防）、蚕病净、消特灵、灭蚕蝇、氯霉素、红霉素等。90年代初期，蚕病以血液脓病为主，中秋蚕尤为突出。从小蚕开始每日两次用石灰粉对蚕座、蚕体消毒。每次眠期第一次送叶前用防病一号进行蚕体消毒，效果很好。蚕室、蚕具改用消特灵，取代使用年数已久的漂白粉，后期用消力威消毒。

灭蝇、灭蚁在20世纪60年代开始，采用“灭蚕蝇”防蝇和“氯丹”防治蚂蚁。80年代开始，因蚕室条件逐步改善，大都是水泥地坪，蛇害、蚁害、鼠害、癞蛤蟆害渐少。

除氟化物引起蚕中毒外，因农药使用不当造成桑叶污染，也可使蚕中毒。20世纪50—60年代的蚕中毒，主要是稻田施用有机氯农药粉剂，如六六六粉、杀虫醚等引起的。90年代中期，境内稻田使用养蚕区禁用的杀虫双、呋喃丹、杀灭菊酯等农药，蚕中毒事件仍时有发生。2000年后，经过土地平整，桑园成片规划种植，稻田使用农药也比较规范，蚕农药中毒现象很少发生。

第五节　蚕　具

蚕台

即木制蚕架，用于放蚕匾，古称蚕槌或蚕植。宋代蚕槌有4柱，横档8—9层，构成长方形。清代称蚕植，为三角形。民国至今，蚕台基本结构相同，高约230厘米（7尺左右），中设挡7—9层，可容蚕匾进出，前挡长6尺，后挡长3尺，前后挡成丁字形连接，设榫头插挡，可左右转动、折叠。有稀层台，密层台，高脚台三种。

濮院常用的大圆蚕匾

蚕匾

又称蚕箔。宋代蚕槌采用长方形蚕箔，清代蚕植则多用圆形蚕箔，均用竹制成。当代蚕匾有大圆匾、腰子匾两种。大圆匾直径123.3—126.6厘米，边高5厘米；小者直径66.7厘米或50厘米，边高10

厘米;腰子匾,长约 133.2 厘米,阔 93.3 厘米,边高 5 厘米;养小蚕的有 33.3 厘米、56.7 厘米、100 厘米三种规格。境内大多使用大圆匾,腰子匾在生产队早期使用过。

饲蚕架

木制,用于放匾饲桑叶。丁字形结构,高约 100 厘米,上下各有一横档,可折叠。

地铺凳

俗称“蚕凳”,木制,凳长约 340—343.3 厘米,阔 26.6 厘米,脚高 33.3 厘米。大蚕地铺饲养时用,便于行走,饲桑叶,但目前极稀少存有。

叶箭

竹制,采叶用。口径约 56.6—59.9 厘米,高约 66.7 厘米。

叶砧

俗称叶墩,饲养小蚕时切叶用。砧用稻草芯为原料,纵向排列,用篾箍三层紧束,高 16.7—20 厘米,直径 30 厘米余。切叶时不伤刀,亦不伤叶,经久耐用。

叶刀

用于小蚕切叶,与家用菜刀相似,形薄口快。

蚕网

用于蚕体分匾和退沙。网眼有疏有密,小蚕宜用密眼,大蚕宜用疏眼,蚕网多用棉线织成。20 世纪 90 年代后期改用塑料蚕网。

蚕笪

竹制,小蚕时盛放切叶。

人字梯

俗称“双梯”。木制,用于高干桑采叶。用二只规格相同的单人梯连成,顶端平整,用铁插销相连而成,撑开似人字形,人爬上梯架稳健,方便移动采叶。

桑剪

形如剪刀,比剪刀粗硬锋利,用于剪伐桑条,修枝。

除上述蚕具外,还有火缸、焦糠筛、蚕筷、鹅毛、火钳、干湿温度计、喷雾器、箩筐等其他用具,以及棉纸、焦砻糠、木炭、塑料薄膜、防治蚕病药品等易耗物品及材料。

第六节 桑蚕综合利用

蚕桑生产主要是以养蚕、缫丝、织绸为目的,随着科技发展,社会进步,综合利用的途径越来越宽广。

桑叶

桑叶以养蚕为主,南宋时,濮院栽桑养蚕大盛,元代濮院就专门设立桑叶行,主要供应鲜桑叶养蚕。此外,境内盛产湖羊,明清以来,秋冬季节,草料枯竭,桑之枯叶,被广泛利用喂养湖羊，羊粪又可肥田壮桑，综合循环利用。因桑叶中含有丰富的氨基酸、纤维素、维生素、矿物质以及多种生理活性物质，据《本草经疏》记载“桑叶性味苦甘、寒，甘所以益血，寒所以凉血，甘寒相合，故下气而益阴，又能明目而止咳，有补益之功能”，所以中医又将之作为治疗消渴证的药草应用于临床。20世纪90年代，桑叶被作为药食两用资源综合利用。保健品厂收购，生产桑叶茶、桑菊茶等保健品投放市场，充分发挥桑叶物尽其用的综合作用。

桑枝

民国时期，境内农家常将新鲜桑枝敲碎取皮喂湖羊。中华人民共和国成立后，20世纪50年代至80年代，桑条皮作为造纸原料，濮院供销社大量收购，销往省内外造纸厂。80年代末，境内有部分真菌专业户把桑枝加工成桑枝屑，配制成培养基栽培蘑菇。2004年又投售给桐乡大华人造板厂制造成中密度纤维板，开辟了桑枝综合利用的新途。

桑果

桑果

学名桑葚，具有生津润肠、清肝明目、安神养颜、补血乌发的功效；现代医学还发现桑葚具有调节免疫、促进造血细胞生长、抗诱变、抗衰老、降血脂、护肝等保健作用。药材公司收购桑葚作为中医治病常选用的中药之一；保健品公司收购桑葚制保健品应市。2000年以后，桑葚成熟季节，境内农户有将采集的桑葚放到集市上作果品零售。

蚕蛹

蚕蛹含有丰富的蛋白质、脂肪酸和维生素，营养价值极高。据《本草纲目》记载“蚕蛹味咸辛、性平、无毒，人食可强身健身，入药可医多病，能补气养血、强腰壮肾、滋肺润肠。”境内历来除了少量蚕蛹作为药用、食用外，大多只是作为肥料和饲料。中华人民共和国成立后，20世纪60年代，境内丝厂的蚕蛹仍被分配到集体畜牧场作饲料为主。1977年，国营濮院丝厂设立蛹油车间，开始从蚕蛹中提炼蛹油，可作为肥皂原料。1979年开始蚕蛹的综合利用越来越广，桐乡办起了蚕蛹化工厂，利用蛹油生产环氧脂；桐乡农药厂以蚕蛹粉作生产井冈霉素农药的培养基；1986—1990年日本从我国进口干蛹需求增加；2007年，中国蚕业研究所和桐乡市康健生物科技有限公司利用蚕蛹和桑叶，联合研制生产“蚕神”牌天虫活力胶囊等，境内的蚕蛹完全进入综合利用的渠道，供不应求。

蚕蛹

蚕沙

为农家的有机肥料之一，古代有“窖蚕沙梗”等传统的积肥、造肥方法，一直沿袭至20世纪70年代。70年代中后期，大量发展畜牧业，湖羊养殖量增加，因蚕沙混有大量的碎桑叶末，大部分用来喂羊，偶尔也直接用于稻田。

茧茧

南宋，境内栽桑养蚕大盛，境内农户养蚕采茧后，大都自行缫制土丝，卖丝织绸，不出售蚕茧。清同治元年(1862)，法国商人在上海开设宝昌丝厂，其所用的原料茧，大多从嘉湖蚕区收购。光绪四年(1878)开始，国际市场需丝量激增，缫丝厂不断建立，鲜茧供不应求。民国7年(1918)2月，洋行买办金昌运在濮院北河头梧桐庵对面开设洪盛昌茧厂(即茧行，下同)，收购鲜茧，因影响濮院丝绸业，同业公会上诉省法院，胜诉，茧厂被拆。民国14年(1925)茧价每百斤100银圆，时黄金价每两(31.25克)36银圆，是年蚕茧丰收，农村购买力提高，普遍盖造新房。民国16年(1927)，境内胡建魁在东市庄泾建"豫昌茧厂"，另有人在西市三里塘也建一茧厂，开始收购蚕茧，农民粜茧随之增多。每届蚕事将毕，面对络绎不绝携银前来的茧商，由于茧价收入大于自缫土丝的收入，蚕农争相粜茧。

中华人民共和国成立后，国家规定蚕茧作为合同订购的二类农副产品，农民养蚕采茧后，粜茧为主，每50千克鲜茧价，相当于中白米263千克。1952年起，全部由浙江省丝绸公司委托供销社收购。1956年蚕茧收购业务划归县采购局。1957年采购局撤销，鲜茧仍由供销社负责收烘，其他单位及个人一律不准进入购销活动。农民粜茧给国家，按实际产量的10%作为自留茧主要剥绵兜。蚕茧除为丝绸工业原料外，其综合利用潜力极大，所以收购政策也随国内外市场的需求而变化，但总体上是不准农民个人上市卖茧；1979年又规定，自留茧限于农户自用。1985年1月，政府决定取消蚕茧派购。1986年蚕茧开始由县丝绸公司经营。是年由于丝绸工业的快速发展，蚕茧供不应求，各地竞相抬价，蚕茧购销出现混乱现象。1987年发生"蚕茧收购大战"，茧贩子从中牟利，茧价不断上涨。翌年，各级政府规定蚕茧一律粜给供销社，并实行收购许可证制度，其他任何单位和个人都不得以任何形式收购茧子。之后，蚕茧收购体制又几经变更。2005年桐乡蚕业系统改制后，境内蚕茧规定统一出售给浙江花神丝绸集团(丝绸公司)，2010年农民粜茧价每50公斤鲜茧在1000—1100元之间。

剥绵兜

用蚕茧加工成绵兜，绵兜可加工成丝绵。有两类蚕茧剥制绵兜，一类是使用好茧、双宫茧、黄斑茧和不适宜缫丝的蛾口茧等茧子剥制；另一类是用下脚茧如烂茧、薄皮茧、蛆钻茧、虫鼠破口茧等制成，成色较差。境内剥制绵兜有悠久的传统，从古至今全由乡农妇女手工剥制，技术由母女相传。民国《濮院志》记载："绵，以同功茧或蛾口茧浸化剥开，绷在竹环上洁白如雪，形如弓而韧，俗称绵兜，以制衣被极轻软。"丝绵剥制方法：将煮熟的茧子开口套叠在手背手心中，连续累积有一定厚度拉下、脱水、晒干，俗称小绵兜、手心绵(小口绵)。小绵兜经过竹

剥绵兜

弓撑涨，10 数张小绵兜套叠成一个大绵兜，俗称环绵兜（大口绵）。濮制大环绵“以头蚕制成，洁白如雪如弓形，甚筋韧，他处不及，故远方争宝之”。产品洁白如玉，享有盛誉。2010 年由于蚕茧成本和丝绵需要量增加，境内绵兜价格直线上升，几乎供不应求。

丝绵

丝绵由绵兜加工而成，为旧时蚕丝业重要产品，制衣被御寒，轻软保暖远胜于棉花。濮院丝绵，洁白柔软，久享盛名，畅销海内外。丝绵的加工很有技术性，有一整套传统程序，境内把此过程称为“拉丝绵”。以拉丝绵被为例，首先得环境清洁，备有一张大操作台，传统方法往往是用两张八仙桌拼在一起当作台面，两人按桌子长轴分立两端，面对面操作。拉丝绵第一步，每只丝绵中间用手指抠个小口子，把此口子拉大，套在长板凳端，用力拉至与大口一样大，成环形。第二步，面对面两人把环状的绵兜用手拉断成片状，各持一断端，双方同时缓缓用力，向左右前后拉扯成台面大小的很均匀的一层薄丝绵，逐层相叠。500 克绵兜大约 12 只左右，约 1 千克绵兜拉成一层丝绵被絮，外面用棉纱布作衬套。被子可厚可薄，一层一层叠加，春夏只需一层丝绵絮被子，冬天则加到三层丝绵被保暖。2007 年濮院绢麻纺织有限公司开始生产蕊凯牌丝绵被，年产量 10 多吨。2010 年由于需要量上升，出现机制丝绵加工场所，衣絮、被絮按尺寸大小任意拉制。

拉丝绵被

蚕丝加工

蚕吐出来的丝结成茧，再从茧里将蚕丝分离出来称缫丝。古代在自给经济下，农户养蚕采茧缫制土丝，用于织造绸缎，制衣或出售。宋元后随着商品经济的发展，境内农户不但织绸作为商品出售，而且还大宗出售土丝，本地和外地手工业者，以此为原料制作丝织品。清代末期，外国资本侵入，机器丝绸业兴起，土绸衰落，土丝旺销。民国初，机工丝兴起，土丝也渐衰败。中华人民共和国成立后的 20 世纪 50 年代，农村生产土丝土绸还存在，但量极少，仅限于自用，直到 50 年代中后期才逐渐消失。改革开放以来，境内丝绸企业兴起，已成为乡镇工业的重要组成部分。

缫丝

土丝　自南宋以来，境内农家都置有木制缫车，配制汤锅，多用春茧，将鲜茧投入锅中煮熟，用竹制缫丝筅帚，理出绪头，搭放在丝车架上（俗称丝轴头），一轴缫成的土丝用手工束理好出售，或牵经上浆后提供织造。镇域设有丝行专门收购土丝。土丝有头蚕、二蚕之别，又有肥丝、细丝之分；细丝精白，肥丝较粗糙，通称粗丝。境内生产土丝大部分介于肥细之间，名为中管。肥丝销售本地绸机使用及外地绍兴客商；中管丝亦由沪外销出口。民国13年(1924),镇绅徐颂嘉于濮院镇西河头(油米厂厂址)创建丝厂,改良木机30台,生产的"木车丝"优于土丝。但尚比不上电力机械化缫制的条纹细、匀度好、缫折小、产量高的厂丝。土丝至20世纪50年代,境内已基本淘汰。

厂丝　境内1968年建成濮院"大庆丝厂"(由濮院、新生两公社联办)。1975年创办国营濮院丝厂,有300台缫丝机。20世纪80年代濮院丝厂梅花牌桑茧高品位5A级白厂丝,畅销国内外。

丝织品

历史上濮院丝织品享誉海内外,宋元时大抵为帛、绢、绫、绸等。明隆万间,土机改良,始有纱绸。康熙乾隆年间,濮院丝绸产销均达鼎盛时期,日产万匹。其时濮院丝绸品种繁多,有绸、缎、纱、绢、绫、罗、绉、锦等多类,每类中又因织造规格和花式不同而有区分。绸有花绸,绢有花绢、官绢、箩筐绢、素绢、帐绢、画绢,绫有花绫、素绫、锦绫,罗有三梭、五梭、花罗、素罗,纱有花纱、脚踏纱、绉纱等。清晚期改用铁机,各式花绸层出,模仿湖绉,盛产濮绉。濮院周边乡村农户织机数不胜数,数乡之地所产之绸均称濮院绸,如著名的濮院花绉,花样多种,多为泰石桥一带农民农闲时所织。清道光后境内丝织业衰落,据记载濮院光绪后期日产千余匹,以后日见减少。民国时无全面统计,民国21年(1932)调查,濮院地区尚有绸机2100多架(一般每机日产小绸2匹),其中泰石桥农户(今属洪合乡)就有三四百架,可见从事丝织的农户所占机户比重较大。

濮绸衣

绸　濮院丝绸始于南宋,南宋以来迄明清,濮院以丝绸专业市镇遐迩闻名,繁荣绵延七百余年。濮院绸古称濮绸,近代总称花濮,素濮。民国《濮院志》已载"散丝为纬曰绸","绸有大号、二号、大广、小广、周村、三丈、二十八、二十六等名,又有花濮、素濮之分"。品牌濮绸有"大富贵""小富贵"等。绸有丝绸(织丝而成),绵绸(捻绵或线而织成)、线绸(绞线成缕而织)之别。丝经纺织的绸为纺绸,纺绸有印度纺、紫薇绸等。丝绸中品种繁多,质量不同,有各种牌号,规格有大小绸之分。

绵绸　濮院为绵绸主要产地,境内妇女,以纯棉捻成线,织成绵绸,质量为上;普通则以箬头捻线织成,以此制衣较纱布为耐久。据载濮院孙家织的木樨斜纹绵绸最有名,坚实而耐用,享有"光洁如纺绸,薄如纸,净如玉"等美誉。

线绸　线绸绞丝织成,花素兼备。

绫　《天工开物》称:"五经(织成)曰绫地",境内生产绫历史较久,明代境内产绫称嘉绫,绫多用于装裱书画。

纱　元代即已生产,质轻,有素、花两种,境内所产者有头巾纱等。

绉　清代由织绸改进工艺而成绉,《天工开物》记载"左右手各用一梭交互织者,曰绉纱”。据民国《濮院志》载，濮院所产绉，自湖州学来，成为濮院生产的濮绉。以摇线为纬，有尺五、尺六等名称；用紧线为纬，又有二尺及二尺二花样翻新的区别。产品有绉花、绉纹，耐用而美观。

绢 历史古老，宋元时即生产，品种繁多，多用缫丝“下脚料”织造。历史上境内产绢称嘉兴画绢。古代人们只用一些简单的工具，将茧壳和缫丝“下脚”煮练并用手工纺成绢丝。17 世纪中叶才逐渐采用半机械的方法。18 世纪发明了腐化练法对原料进行脱胶，推进了绢纺业的发展。到 19 世纪 50 年代创造了圆形梳绵机（简称圆梳机），才形成比较完整的绢纺机械。由于传统的绢纺生产工艺工序繁复，手工操作多，20 世纪 60 年代起多引用毛纺式罗拉梳理机和精梳机代替圆梳工艺，进一步促成了蚕丝“下脚”的综合利用。1992 年濮院苎麻纺织厂改制为桐乡市濮院绢麻纺织有限公司，利用缫丝厂蚕丝“下脚”加工成绢丝销售。根据原料和成品性质，绢纺包括两个纺纱系统——绢丝纺系统和䌷丝纺系统，绢丝纺为高支绢丝，织造轻薄的绢纺绸，是高级衣着用料；也可与化学纤维、生丝或毛纱等交织成外观优美、穿着舒适的织物；用绢丝也可制造针织物，以及缝纫丝线、刺绣丝线等。䌷丝纺纱线密度大，成纱疏松毛茸，制成的绵绸，柔软丰满，表面多绵粒，是一类别具风格的服饰用料。

罗 “凡单经曰罗”（《天工开物》），罗制品用丝密度较疏，有生罗、熟罗、花罗等。

缎 缎类织物俗称缎子，品种很多。缎类织物是丝绸产品中技术最为复杂，织物外观最为绚丽多彩，工艺水平最为高级的大类品种。常见的有花软缎，素软缎，织锦缎，古香缎等。花软缎，织锦缎，古香缎做旗袍尤佳。境内所织多以缎被面为主。

锦 宋代即有，境内产锦似蜀锦，曾著名一时，清代质量渐差。

其他丝绸制品

蚕丝的综合利用非常丰富。2000 年 12 月 20 日桐乡市董事纺织品有限公司成立，地址在濮院梅泾路 7 号，专业综合利用蚕丝生产丝绸制品，包括蚕丝被、蚕丝毯、蚕丝睡衣、丝绒围巾、丝绵毯、真丝围巾、丝巾、披肩、丝绵被、真丝睡衣睡袍等产品。公司拥有纺纱厂和织造厂，占地 30000 多平方米，有工人 500 多人，工程师 35 人，设计开发人员 28 人；拥有完整、科学的质量管理体系，通过 ISO 9001 国际体系认证。连续 6 年被国家工商局评为“守合同重信用”的优秀企业。产品主要销往中国香港、台湾地区，以及韩国、日本、瑞典、以色列等国家。

丝线 凡丝最次不能织绸者，用之造线，称为丝线，有素色有染色，销往北方各省。丝线分衣线和花线；衣线又有头扣、二扣、三扣之分，缝制绸缎、呢绒、皮裘及绣花需均用丝线。清代男子蓄须留辫等需用丝线，因此濮院境内大小作坊应运而生。光绪年间线作有 10 余家，丝线生产贸易甚盛，白棉纱线尤其盛行。清末民国初，丝绸衰落，丝线业亦不振。迨 1949 年尚有应安记、周传奎、吴子良 3 家。中华人民共和国成立后，1970 年丝线厂并入濮院绸厂。

丝拖　即丝拖头，为农户缫丝的下脚料，旧时农村未能综合利用。清末民初有小贩收购，售于外商制绢纺织品，每件为100—120斤，最高价曾达百余元，相等每担生丝价格的百分之三四十。中华人民共和国成立后，20世纪70年代濮院丝厂蛹衬车间薄皮茧和缫丝下脚（俗称长拖、短拖），由省丝绸公司指定统一出售给嘉兴绢纺厂作生产绢丝原料而综合利用。

第七节　养蚕能手

快车金宝

夏金宝，濮院新河村夏家浜（原新华村夏家帮岸生产队）人，出生于1916年，是民国时期和中华人民共和国成立初期的一位养蚕能手。旧时采茧能采蚕花二十四分[①]的人家极少（现在科学养蚕，95%以上人家都是蚕花二十四分），夏金宝养的蚕，年年蚕花二十四分。金宝家蚕养得好，而且采茧比人家早，别人家尚未采茧她家的丝车已经响了。村民一致誉称她为快车金宝。

快车金宝远近闻名，传得神乎其神。有说金宝家蚕花菩萨真正请到了家，能保佑她家年年养好蚕；也有说金宝家有块传家宝放在蚕台脚底下镇邪，所以年年蚕养得好，茧采得早。旧时农村养蚕，忌讳颇多，养蚕时节不能串门、交谈；养蚕神秘感浓厚，摸不着头绪，猜不透奥秘，自家养勿好蚕，只怪自家蚕花菩萨勿帮忙，蚕运勿好。其实，金宝家蚕养得好，主要是在多年养蚕中摸索出一套符合科学的养蚕经验，代代相传而已。

金宝家养蚕早作准备，打扫好饲蚕房，门窗揩干净，换上白绵纸，密封缝隙，摆好蚕台，放好蚕花缸（烧柴或炭加温用）。蚕台四周用“棚卷”（芦帘一类的编织物）围住，“棚卷”顶端放旧棉絮盖实保温（相等于现在的塑料薄膜围台育）。她家一般在清明后就开始收蚁，小蚕期吃火桑叶至三眠。期间昼夜轮流，管理好火缸，凭经验掌握好温度，把握好饲桑次数和数量、送叶时限、眠期管理，做到步步紧扣，恰到好处，保证出火之前不出偏差。大眠期掌握蚕座干燥，不吃湿叶、露水叶，放稀吃饱，蚕体清秀。上山后紧闭门窗，保温结茧，3—4天后开窗通风“亮山头”，保证茧子质量。夏金宝养蚕四个眠期，每眠抢早1—2天，上山后又能抢前1—2天，故此比别人家早采茧、早开车缫丝。

一心为公的杨美宝

1967年，33岁的杨美宝担任了濮院公社永联大队姚家桥生产队（现濮院永联村姚家桥）蚕饲养员。她勤奋好学，经过几年实践，掌握了养蚕各个环节的要领。1974年至

① 蚕花二十四分：养蚕产茧量高低的一种计分法，一市斤大眠头蚕，能采到二市斤的茧子。一张蚕种能分养七八匾大眠头蚕，每匾大眠头蚕重五市斤，如每匾采茧十市斤，则每张蚕种能采茧七八十斤，就达到蚕花二十四分。

1978年连续四年张产蚕茧45千克以上,其中有一年超50千克,生产队的养蚕成绩名列大队前茅。

1979年,杨美宝被推举为大队蚕桑队长,兼养蚕技术员,同年加入中国共产党。身份不同了,肩上的担子更重。上级蚕桑领导告诫杨美宝"一盏灯不算亮,在永联大队多点亮几盏灯,全大队各生产队养蚕生产的灯全亮起来才算亮"。为此,她废寝忘食,尽心尽责,每期蚕逐队检查蚕室情况,并进行技术指导,决心改变全大队蚕桑生产的旧貌。

1981年的一天,杨美宝白天发现一个生产队有几匾蚕宝宝有问题,虽经她指导作了处理,但她仍不放心。半夜12点后,天下小雨,她决定起床再去看看情况。时任大队支部书记的丈夫老董,担心老伴深更半夜出去不安全,杨美宝说"与你的工作性质不一样,我必须现在就去"。这一去直至凌晨。不想回家路上,经过一座小木桥时摔伤了脚,从此成为陈伤,常年复发。又有一次,杨美宝正在一个生产队进行技术指导,大女儿找到她,说家中有一头羊突然死掉了,杨美宝仍坚持完成指导工作才回家处理。

杨美宝公而忘私,始终一心扑在养蚕事业中,终于使永联大队养蚕生产的"灯"全部亮起来,排在了全公社的前列。她也因此成了全公社的养蚕先进人物,被推选为桐乡县第三届、第七届人民代表。

养蚕大户连凤兰

连凤兰是1956年响应政府号召,随全家从杭州移民至濮院乐安村俞家门组的。二十多年来她虚心学习、努力实践,成了养蚕"一把手"。

1982年下半年,境内实行家庭联产承包责任制。翌年,春蚕饲养普遍出现无场所、无经验、无设备等情况。连凤兰目睹此情况,挺身而出,主动利用自家一间房屋,开好地火龙作为小蚕饲养室,吸收全组30多户农户共育小蚕至"出火"(三眠),然后各家分开饲养。她又悉心指导其他蚕农,手把手无私传授养蚕经验,如温湿度、喂饲时间、饲桑数量、管理要领、消毒药剂应用等。1983—1984年,连续两年,尽管自己很忙,但只要组民在养蚕中有了问题,她有求必应,上门解难,从不推诿,受到全组30多户蚕农的尊敬与称赞。

几年来,连凤兰家养的蚕种越来越多,蚕越养越好,较多一年饲养蚕种15.5张,张产蚕茧45千克以上,最高张产55千克,成为全村乃至全乡典型的养蚕大户。

连凤兰被推选为桐乡县第十届,第十一届县人大代表,被评为嘉兴市1987年度农业先进生产工作者。

第四章　养殖业

第一节　生猪饲养

历史概况

濮院地处浙北水网地带，百花地面，物产丰富，生猪饲养条件优越。宋建炎初年，境内养猪业已十分兴旺。猪用饲料主要利用豆类、麦、糠麸、糟渣、饼粕等。生猪饲养习惯于圈（棚舍）养，生长期慢，短的半年，长的一年才能宰杀。明代大力发展蚕桑，粮食要从湖广调入，因而养猪量减少。明清时期，农户养猪的猪舍一般与羊棚相邻，4—5 平方米大小，可养猪 1—2 头。棚底用砖块呈三角形交替相叠铺就，不滑而相对干燥，棚内放置石槽（喂食用）。品种多以嘉兴黑猪为主，俗称土种猪。饲养方法比较单一，用豆、麦、糠、饼、粕等喂养。生猪饲养期长，饲养成本高，经济效益低。据《补农书》记述“养猪六口，每口吃豆饼三百斤，六口计一千八百斤，常价十二、三两。”民国时期，农民养猪渐增，但饲养方法依然如旧，大都是米糠、豆类、糟渣（酒渣、酱渣、豆腐渣）加青素。饲养期长，生长慢，得利微薄；养猪主要以增积畜粪肥为主要目的，故民间素有“养猪不赚钿，回头看看田”的说法。其时，仍以饲养嘉兴黑猪为主。由于民众极度贫困，猪肉销量极低，养猪处于低水平状态。日军侵华期间，境内养猪量显著减少。抗日战争胜利后，有所恢复。

中华人民共和国成立后的生猪饲养

中华人民共和国成立初期，农户养猪仍较少。20 世纪 50 年代中后期，因发展农业生产需要，多养猪为多积肥，政府重视扶持农民发展生猪饲养，通过农村信用合作社向贫困农民发放养猪贷款，1957 年濮院乡饲养生猪 6277 头。其时，农户饲养母猪极少，苗猪大都从集镇“小猪行”购入。所生产的毛猪（肉猪）由濮院食品商店挂牌收购。饲养品种多为嘉兴黑猪和二元杂交白猪两种。嘉兴黑猪属于太湖猪系列之一，被毛黑色稀疏，有紫皮、浅灰皮和黑皮之区别，头型较大，并有“寿”字头型、“马”面型和“翁”字头型之分，耳大下垂，有“蒲扇耳”之称。嘉兴黑猪特点是发情明显、产仔多、肉质好、适应性强、耐粗饲，与外来品种杂交，后代杂种优势明显，抗病力强，生长速度快。猪饲料仍以豆类、糠麸等农副产品为主，紫云英、甘薯藤等青料为辅。1958 年，公社化初期，养猪生产贯彻“公养为主，私养为辅”的方针，不顾客观条件，以生产队为单位，队队兴办集体牧场。甚至采取

兽医站优良种公猪

“平调”的做法，把社员养的猪，集中归生产队饲养。由于管理不善，结果大多数牧场亏本散场，畜牧生产出现大幅度下降。1960年濮院公社饲养生猪3407头，比1957年的6277头减少2870头，减少45.7%。1962年濮院公社调整了养猪生产政策，贯彻“公养私养并举，以私养为主”的生猪饲养新方针，实行社员划分饲料地、分饲料粮、记畜肥工分等政策。同时，国家对出售生猪实行奖励政策，供应平价饲料，奖励化肥、棉布票等措施，调动了农民养猪积极性，促进了生猪饲养发展，增加了市场猪肉供应。1963年濮院公社饲养生猪5360头，其中母猪66头，哺乳仔猪106头；出售肉猪1301头，自宰肉猪524头。新生公社饲养生猪6386头，其中母猪328头，哺乳仔猪474头；出售肉猪1079头，自宰肉猪671头。1964年、1965年，濮院公社、新生公社生猪饲养量，均有较大幅度的增长。1966年濮院公社生猪饲养量达到了12616头，出售肉猪6119头，自宰肉猪106头。新生公社生猪饲养13441头，出售肉猪5260头，自宰肉猪321头。有生产队为增加畜粪有机肥，开始筹办集体牧场。猪养多了，防病、治病任务加重，政府贯彻“防重于治”的方针，在畜牧兽医站人员的基础上，每个生产大队推选“赤脚”兽医防疫员1—2名。为了优化肉猪品种，兽医站调入大约克、苏白、杜洛克等优良种公猪，配种后的生猪，产肉率、屠宰率大大提高。为提高优良种公猪利用率，开展母猪人工授精，在原有嘉兴黑猪的基础上，引进金华两头乌、木犊黑猪、上海梅泾猪、四川荣昌猪、内江黑猪等优良品种母猪，进行一代杂交，保障了猪源，优化了品种，提高生猪质量和抗病率。1970年，境内生猪饲养量有大幅度的增长，濮院公社生产队集体牧场106个，集体饲养生猪7706头，平均每个牧场72.7头，母猪986头，哺乳仔猪1395头，年末生猪存栏21454头；新生公社，生产队集体牧场105个，集体饲养生猪2411头，平均每个牧场23头，母猪1062头，哺乳仔猪2254头，年末存栏生猪15577头。

1972年，政府配备畜牧生产辅导员，指导科学饲养管理、疾病防疫，推广发展“三水一绿”（即水花生、水浮莲、水葫芦、绿萍），广辟饲料来源。是年，濮院公社党委提出每个生产队实现“百头”牧场，达到一人一猪、一亩一猪的发展目标。1973年，濮院公社各大队配备畜牧大队长，生产队有畜牧队长。以永越大队为点，以点带面，全面掀起养猪生产新高潮，当年年终存栏生猪15762头，平均每人养猪1.6头，每亩养猪1.04头。全公社集体牧场117个，其中永越、红星等大队每个生产队集体牧场率先平均超百头。新生公社年终存栏生猪11477头，其中集体饲养2945头，平均每人1.29头，每亩养猪0.78头，集体牧场105个，平均每个牧场养猪25头。濮院公社生猪饲养在全县率先实现一人一猪，一亩一猪的发展目标。1975年濮院兽医站在南片庙簰设立猪人工授精分站，扩大了人工授精范围，方便了南片生产队牧场猪人工授精，提高了一次性母猪受胎率。之后几年，濮院生猪饲养一直保持持续增长，1979年濮院公社生猪饲养年终存栏达到17816头，其中母猪2090头，仔猪4159头，全年出售肉猪12801头。

1982年秋，境内实行家庭联产承包责任制，生猪饲养结构逐步调整，从集体饲养又调整为家庭饲养。原有集体牧场由农户承包，母猪、肉猪按头作价，饲料分户承担，收益饲养户所得。受市场经济影响，饲养量逐年减少。1987年，濮院乡生猪饲养年终存栏减至6626头，比1979年减少11190头，仅为1979年的37.2%。1988年开始，随着濮院羊毛衫行业的兴起，农村劳动力转移，家庭副业深受影响，生猪养殖跌至低谷，1991年濮院乡年终存栏只有5588头。

2000年后，农民生猪饲养日趋讲究科学。积极推广以提高两个"三率"①为目标的综合配套技术，科学养猪得到普及。良种猪不断增加，配合饲料和全价饲料广泛应用，疫病防治普遍受到重视，肉猪饲养3—4个月后，体重可达70千克左右，白肉售价稳定，每50千克在600—700元上下，生猪饲养经济效益明显提高。规模养猪户不断增加，境内50头以上养猪户近百户。2006年濮院镇年末生猪存栏106288头，年内出栏肉猪74856头。

规模化生猪饲养

规模养猪始于20世纪90年代，主要分布在濮院乡黄河、新华和新生乡新港等村的农户，一般养猪在50—100头之间，其中黄河村王培文、新华村李森林等农户饲养生猪近百头。养殖户分散养殖，面积散而广，饲养场地简陋、脏乱，环境、水源污染严重。2005年6月，濮院镇新港村始建无公害生猪养殖基地园区，土地用流转的方式，统一向农户租赁，面积50.5亩；投入资金150万元，其中镇政府及其他财政投资50万元，村镇配套资金10万元，养猪大户自筹资金90万元。园区内水、电、道路、绿化设施完善，土建投入资金60万元，其中新建棚舍9700平方米；基础设施工程投入90万元，其中建造围墙250米、道路1500米、地面排水沟3500米、三相低压网线200米、自来水管道5000米。设有兽医室、管理室20.5平方米，建造三格式无害化粪便处理池一只，新建600立方米无公害沼气池五组，2006年，园区投入使用。入驻饲养100头以上生猪的养殖专业户20户，全部实行科学养猪，疾病少，周转快，效益高。

2010年，濮院较有规模的生猪专业养殖户256户，其中肉猪饲养232户，母猪饲养59户，母猪400头。小猪部分自繁，部分从嘉兴、王店等仔猪市场购进。年末存栏生猪37311头，年内出栏生猪87303头。商品猪供应本地屠宰场，省内仙居、安吉及安徽省等地。

---

① 两个"三率"，即肉猪的出栏率、产肉率、瘦肉率和母猪的受胎率、产仔率、成活率。

第二节　湖羊饲养

濮院饲养湖羊起于南宋，为饲养湖羊重点产区之一。湖羊是绵羊系列中一个古老的白色羔皮品种，今称为桐乡湖羊。

历史概况

南宋皇室南迁，大量北方先民移居江南，带来放牧的蒙古羊，在桑基圩田的特定生态环境下，经过长期舍养、选育逐步育成湖羊，已有800多年历史。湖羊全白无角，具有耐热、生长快、成熟早、产羔多等优点。肉质细嫩，味纯鲜美。宋谈钥嘉泰《吴兴志》载："安吉、长兴接近江东，多畜白羊"，"今乡土间有无角、斑黑而高大者，曰胡羊"。当时称之胡羊，可见它来自北方，这与后来色白、毛卷、尾大、无角的湖羊不同，说明还未定型。到明清时期被称为吴羊，境内盛养。据《浙江实业》记载，"吴羊毛卷、尾大、无角，岁二、八月剪其毛以为毡。畜之者，食以青草"，"饲养处所在屋隅廓下，限以木栏谓之羊栅，春及秋割青草、削蔬菜为饲料，冬则藏桑叶或甘薯根皮以侍给"。清末时改称为湖羊。湖羊被毛白色，头窄长，鼻穹隆，耳大下垂，眼大突出，公、母均无角，颈细长，背平直，腹微下垂，腹下及四肢毛稀少，体长，胸狭窄，四肢纤细而高。母羊尻部比鬐甲部稍高，乳房发达，尾大，扁圆形，尾尖上翘。母羊性成熟早，一年四季都会发情，以4—10月最为旺盛，繁殖率强，除初产母羊有单羔外，一般一胎产两羔或两羔以上。湖羊毛质优，均匀度好，绒毛比例高，其羔羊皮是传统的出口创汇产品，素有"软宝石"之誉，颇具经济价值。湖羊多食青草，亦食水花生（水草、东洋草），杂以菜叶、番薯藤、豆荚叶壳等；冬以晒干草、枯桑叶、蚕沙、糟类、稻草（糠）为主。湖羊性喜洁、胆小、怕惊、畏光、怕虻蝇，宜棚舍圈养，多以挖坑为棚，面积约6—7平方米，内养湖羊少者1—3头，多者4—6头。棚内垫干稻草积肥，正面用木栅栏围着，栅栏口外置饲草和饮水钵。羊棚上搭建有竹、木架子，堆放干草、枯桑叶等饲料和其他杂物。饲养湖羊与境内栽桑养蚕密切相关，枯桑叶、蚕沙喂羊，羊肥培桑肥田，互相促进。清汪曰桢《湖录》说"湖羊肉味鲜美，为餐席上佳肴。羊粪是优质有机肥料，能肥培土壤，促进粮、桑增产。谓之桑叶羊。"民国时期，农村中田亩较多的富裕户，饲养湖羊3—4头；贫困农家无力自养，与农村中较富裕户"份养羊"，即畜主将一头母羊借给饲养户，一年的羊肥、羊毛归饲养户，生出的小羊双方各半，而大羊仍归畜主所有，双方得利。此项措施对饲养湖羊有促进作用，致使当时境内湖羊饲养量逐年增加，抗战前，镇上湖羊交易市场十分繁荣。抗日战争爆发后，小湖羊皮出口受阻，饲养量减少，战后略有恢复。

中华人民共和国成立后湖羊饲养

中华人民共和国成立后，湖羊饲养有较快发展。20世纪50年代末改称为桐乡湖羊。濮院镇西河头西廊棚设有羊行（湖羊交易市场），市场交易十分繁荣，河边停满本乡及外地农船，有卖羊的，有买羊的，有卖了老㺃羊买进花窠羊的，互相调剂。1957 年，第一次调高湖羊羔羊皮价格，是年饲养量猛增，境内饲养湖羊 7846 头，仅供销社收购的小湖羊皮就达 2449 张。1958 年濮院公社将羊全部折价归公，各管理区成立养羊场，确定专职饲养员。私养湖羊集中到生产队公养，实行“养羊食堂化”，但终因管理粗放，饲料短缺，湖羊饲养量未增反减而终至散场。1959 年贯彻《农业纲要四十条》，集体公养大部分废弃。1960 年濮院公社年终湖羊存栏 11557 头，供销社收购小湖羊支 3619 张。1961 年贯彻“六十条”后，全面废弃公养，恢复私养。1962 年贯彻桐乡县发展猪羊生产“八条办法”，农民养羊积极性提高，因羊毛价格上升，境内农民从嘉兴、王店、海宁等地购进兰细羊毛种公羊，开展杂交改良，改良羊（绵羊）数量逐渐增加，是年，濮院供销社收购绵羊毛 227 担。1965 年起，羊毛价格涨幅较大，农户饲养改良羊又有大幅度递增，湖羊饲养头数较大幅度减少。1965 年，濮院公社养羊年终存栏 17608 头，其中改良羊 17216 头；新生公社年终存栏 9123 头，其中改良羊 8915 头。之后几年，湖羊饲养量逐年减少。

20 世纪 70 年代初，水稻作业扩大为三熟制，需肥量增加，政府鼓励农户多养羊，多积羊肥，实行以肥计分，畜肥工分纳入分粮等政策，农民养羊积极性得到进一步提高。饲养量增加，带来羊疾病蔓延，寄生虫病感染加重，羊死亡率较高。1972 年，濮院公社兽医站与农林部直属单位兰州兽药厂协作，为全公社进行一次羊肝片型吸虫大驱除，减少了养羊户较大的经济损失。1973 年 3 月濮院公社配备了一名湖羊生产辅导员，以提纯复壮桐乡湖羊、增加桐乡湖羊饲养量为目的，提高全公社的湖羊养殖水平。首先挑选优良桐乡湖羊种公羊，濮院公社 15 个生产大队，全部开展湖羊人工授精，115 个生产队配备 232 个湖羊试情员，牵引试情公羊，每天逐家逐户，进行发情母羊的统计工作，上午统计，下午领取优良湖羊精液进行人工授精，年均湖羊人工授精 15000 头，一次性受胎率 95%，每头母羊年均产羔 1.5 胎。并提纯复壮桐乡湖羊品种，加快发展湖羊饲养量，逐步淘汰改良羊。是年，濮院公社年终存栏羊 16201 头，其中湖羊 13430 头；新生公社年终存栏羊 7817 头，其中湖羊 7443 头，桐乡湖羊养殖比例提高。之后几年，湖羊饲养量逐年有所增加，改良羊逐年下降。1980 年濮院公社年终存栏羊 21936 头，其中湖羊 17856 头，改良羊 4080 头；新生公社年终存栏羊 11203 头，其中湖羊 11172 头，改良羊只有 31 头。桐乡湖羊饲养量达到了历史最高水平。

1982 年实行家庭联产承包责任制后，生产队取消养羊奖励政策，并随着乡镇企业的逐步发展，家庭劳力减少，羊饲养量有所下降。1985 年至 1990 年濮院常年年终存栏羊在 15000—16000 头之间。1990 年，濮院成立羊兔良种场，继续开展人工授精，每头每次收费 1—1.5 元。进入 90 年代，湖羊肉价格逐年提高，养羊从积肥、采羔羊皮为主逐步转变为出售肉羊为主。养羊终因受劳力、饲料、效益等诸多因素影响，饲养量仅维持在原有水平。2000 年，境内湖羊肉、羔羊肉价格涨幅迅猛，羊贩子（肉羊收购户）穿梭于乡村养羊户，上门收购肉羊，养羊经济效益有所提高，农村出现了养羊大户。2005 年濮院镇年末存栏羊31222头，年内出栏肉羊30942头。

湖羊饲料资源境内自古就较丰富。春末至秋初，以野生杂草、瓜果类、水生植物类饲料为主，各种蔬菜茎叶、块根、农作物鲜秸秆、甘薯藤、菊秆、蚕豆荚、大豆秆、蚕沙等次之。冬季以干青草、枯桑叶、稻草糠为主，也有用麦秆、豆秆及籽实皮壳等作为粗饲料。

规模化湖羊饲养

2000年以后，境内农村湖羊专业养殖户逐年增加。这些养殖户少则10多头，多则超100头。2006年濮院镇湖羊年末存栏62167头，年内出栏肉羊32244头。养羊多了，羊垃圾露天堆放也较普遍，羊尿流入河浜，污染水域较为突出。为解决农村卫生环境、水域污染，养羊大户采用架空养羊的模式，即用圆木条（防滑）或水泥板（条）距离地面80—100厘米建成羊棚，木条（或水泥条）间留有1—1.5厘米缝隙，羊粪尿可从缝隙漏到羊床下地面，及时清扫，灌入编织袋堆放室内（室外用尼龙薄膜覆盖）发酵备用；羊尿排泄在床下浇注好的水泥半园形沟槽，流入三格式无害化粪池内，既保持羊棚干燥、卫生，又可以防止湖羊腐蹄病等多种疾病的发生，对提高羊毛、羔皮、肉质等级，改变水域污染、保持环境卫生有显著成效。有条件的养羊专业户（场）采用科学养羊的现代模式，精、粗料分饲和安装自动饮水器。2010年濮院镇湖羊年末存栏25197头，年内出栏33767头，其中湖羊养殖户10户，年终存栏684头，年内出栏肉羊674头。

架空养羊模式

养羊大户

濮院规模养羊始于2003年，原黄河村李家渔池王培文在自家房前屋后搭建羊棚十多个，起先饲养湖羊30多头，后自繁自养，越养越多，最多时饲养湖羊80—90头。永联村王家门生产队王来生2005年投资10万多元，开始饲养湖羊，建羊棚30—40个，购进公、母湖羊10多头，自繁自养，至2010年年末存栏湖羊230头。饲料来源主要是青草、黑麦等青饲料，精料主要是豆糟加碾米糠。2010年濮院镇较有规模养羊户10户，饲养湖羊684头。

第三节　牛的饲养

牛的品种

牛有耕牛和奶牛两类。耕牛为役用牛，又分水牛、黄牛两种，境内以水牛为主。水牛主要是温州水牛，属沼泽型水牛，食草，耐粗饲。毛色以青灰色居多，矮壮、肌肉丰满、皮

水牛

肤有弹性，成年公牛体重600千克左右，翻耕水田的挽力大都在75—100千克。境内耕牛一直采取放牧和舍饲结合的饲养方式，由专人负责饲养。

奶牛为中国荷斯坦牛，又称中国黑白花牛，毛色呈黑白花，有云块黑斑，也有多形斑，体格健壮，结构匀称，体躯长。成年奶牛平均体高150厘米以上，体重1000千克以上，泌乳系统发达，305天产奶量在4500—6000千克。

耕牛　境内养牛历史久远，自古以饲养役用牛为主，兼以肉用。明李日华《紫桃轩又缀》卷三记载，“唐宋时嘉湖地皆悬流，重重设堰埭，用牛挽船过堰”。清咸丰年间，豫、楚、皖及省内宁、绍、台客民，到境内务农垦荒，耕耘多用牛功。境内饲养的耕牛主要是水牛，多从绍兴、萧山、金华、台州、宁波和上海川沙等地购入，本地很少繁殖。濮院人均耕地面积较多，耕、耙、耖以牛功为主。中华人民共和国成立初期，境内濮院公社金龙大队、新生公社部分生产队还用牛盘车戽水。1951年前，耕牛为农户私养。1951年，农业合作化初期，耕牛作为生产资料折价入社，归集体所有。由于对耕牛的认识不足，重用轻养，寿命缩短；宰牛只凭批准条子，而不看耕牛的具体情况，1955年全桐乡县已宰杀83头耕牛。是年12月，人民政府对农民进行耕牛是农家宝的教育，充分发挥耕牛在生产中的作用，采取鼓励增养耕牛、养好养壮耕牛措施，并发布禁止滥宰耕牛的保护性政令。1957年濮院镇域饲养耕牛456头。1958年，人民公社化后，水田复种指数不断提高，土劳负担重的社、队，积极增养耕牛，一般每个生产队有1—2头。1959年，耕牛发展到520头。70年代初，濮院公社兽医站与农林部直属单位兰州兽药厂共同协作，多种兽药用于牲畜实验，全公社所饲养耕牛进行一次肝片形吸虫大驱除。是年，全公社500多头耕牛，分期分批，逐队逐头，进行牛吸虫病、牛锥虫病的普查与治疗工作，保障了耕牛的健康，保证耕牛正常耕作。随着农业机械化逐步发展，耕牛渐趋减少，电耕犁、手扶拖拉机逐渐取代牛力耕田。70年代末，濮院境内基本上无耕牛耕田。1980年境内仅原新生片尚存耕牛29头左右。1982年实行家庭联产承包责任制，境内耕牛逐渐消失。

奶牛　1979年5月，濮院镇与嘉兴中华奶粉厂联营，在濮院镇南河头聚星桥北办起了奶牛场，从杭州引进12头荷兰奶牛饲养。饲养员去杭州半山奶牛场学习后，回场工作，隶属于濮院镇领导。1982年奶牛场搬迁至大旗里南，奶牛增加到124头。同时，濮院公社的星星大队也办起一个约15头奶牛的小型奶牛场。

奶牛场址大都选择在地势相对高燥、采光充足、排水良好、交通方便的地方，且附近无传染病威胁、无“三废”侵入。牛舍建造冬暖夏凉，牛舍向阳处辟运动场，四周有排水沟。运动场设有饮水槽、矿物质饲料槽和凉棚。管理上根据犊牛（主要指母犊牛）、育成牛（包括初孕牛）、围产期、产乳期、干乳期奶牛各个生理特点，采取不同的饲养管理方法。奶牛场各阶段都实施分群（槽）管理，合理安排挤奶、喂饲、饮水、清扫、休息等作息时间，不能轻易变动，养成奶牛固定的条件反射。定期防疫、健康体检。境内奶牛场所产鲜奶均送往嘉兴中华奶粉厂。

1988年，濮院羊毛衫市场兴起，务农劳动力转移，受稻草霉烂，干草收购困难等因素影响，奶牛饲草匮乏，濮院镇奶牛场将剩下的包括犊牛在内的120多头奶牛，转让给嘉兴中华奶粉厂后，濮院奶牛场停办。

第四节　家禽饲养

濮院境内家养的禽类有鸡、鸭、鹅；特种禽类有鹌鹑、鸽子、孔雀等。明清时，以鸡、鸭为多。民国时期开始少量引进国内外鸡种，有浦东鸡、萧山鸡、麻栗鸡、仙居鸡、来航鸡、澳洲黑、芦花鸡等杂交后裔。20世纪50年代，大多为传统饲养，以鸡、鸭为主，鹅次之。1958年，多数生产队限养、禁养家禽，饲养量逐年减少，是年，濮院公社饲养家禽3678羽，出售鲜蛋280担。60年代后，限养、禁养放松，加上推广良种家禽，并采用动物性饲料和矿物质饲料的搭配，家禽饲养效益有所提高，饲养量回升，1962年濮院公社年终存栏家禽12933羽。1978年濮院公社家禽年末存栏36610羽。1987年濮院乡家禽年末存栏58944羽，全年出售家禽43208羽，禽蛋产量128.2吨。2000年后，禽类养殖逐渐进入规模化、专业化、生态化生产轨道。2010年濮院镇年末存栏家禽285482羽，年内出售家禽863596羽。

鸡

20世纪50年代，鸡多为农户单独饲养，白天放于户外，傍晚自动进棚，略补充些谷物饲料。饲养周期较长，经济效益低，素有“斗米斤鸡”之说。农户苗鸡来源，多数以农家自养母鸡自然孵化为主，也有用土法加温孵化，俗称“火焙鸡”。农家养鸡除年底留过年鸡外，多余的鸡、蛋售于市场，收入作为家庭经济的补充。当时受粮食紧张制约，养鸡业发展不快，又因饲养粗放，饲养一年只重仅1.5—1.9千克，母鸡年产蛋也只有100余枚。1973年濮院兽医站从上海引进饲养期短、产肉快的大江AA、白洛克等鸡种，引导农户饲养，并推广应用混合饲料、配合饲料。配合饲料分小鸡饲料、中鸡饲料、大鸡饲料。其间，濮院公社星火、星星、红星、永越等大队群养鸡增多，养鸡数量逐渐回升。随着养鸡业的发展，八十年代起，饲养品种也有所更新，在原有传统品种基础上陆续引进三黄鸡、新浦东鸡、罗斯、爱拔益加等。在引入外来鸡种的同时，本地杂交草鸡品种也进一步得到改良，个体明显增大，只重2.5—3千克。

鸭

境内农户养鸭量较少,一般户养一、两只生蛋鸭为主流,个别农户饲养十几只至几十只蛋鸭,由闲劳力赶田放养,俗称“赶田鸣”。蛋鸭以绍兴麻鸭为多,肉鸭以北京鸭为主,飞鸭(俗称“木杜鸭、呆大鸭”)瘦肉率高,农户亦有少量饲养。绍兴麻鸭体躯狭长,喙长颈细,臀部丰满,腹部略下垂,全身羽毛以褐色麻雀羽为基色,成熟期平均130天左右,成年公鸭体重1.35千克左右,母鸭1.4—1.5千克,具有成熟早、产蛋多、体型小、耗料少等优点,既适于圈养,又宜于水田放养;北京鸭体躯长而宽,呈长方形,体形硕大,头大颈粗,背宽平,胸部丰满,腹部下垂,腿短粗,全身羽毛洁白、虹彩青灰色,紧凑,生产性能强,公鸭180天成熟,体重3—3.5千克,母鸭2.5—3千克,肉质好,肌肉纤维细致,脂肪在皮下和肌肉间均匀分布。

20世纪90年代后,新生乡的新港村、新联村、星旗村部分农户开始放养蛋鸭,品种是绍兴麻栗鸭,以出售蛋、肉为主。饲养方式是白天驱赶于浜兜、水稻田,晚上回棚。其后,从上海青浦等地引进樱桃谷鸭,适应于圈养,它具有生长快、瘦肉率高、净肉率高、饲料转化率高、抗病率强等优点,肉用为主,90年代中、后期扩大饲养。

养鸭专业户的北京鸭养殖

2000年后,濮院镇北片养鸭生产逐步趋向规模化、生态化、区域化,形成了以新港村、新联村、西浜村、星旗村、油车桥村等为规模养鸭主产区,饲养量占全镇的70%左右。养鸭专业户以圈养为主,饲养分为种鸭、蛋鸭、肉鸭三类。种鸭以售种蛋为主,所产鸭蛋售于孵坊,蛋鸭以出售鲜蛋为主,肉鸣以销售给嘉兴文虎酱鸭厂为主。2005年境内先后引进樱桃谷父母代种鸭,成年公鸭本重3.5—4千克,母鸭3.0—3.5千克。父母代群母鸭性成熟期为26周龄,年平均产蛋210—220枚。以种蛋、种鸭养殖为主。

2010年濮院镇养鸭大户117户,少的饲养1000羽,多的2000—3000羽。其中,新联村养鸭大户28户,蛋鸭10户,肉鸭12户,种鸭6户,年末存栏65600羽,年内出栏227003羽;新港村养鸭大户29户,蛋鸭12户,肉鸭7户,种鸭10户,年末存栏22960羽,年内出栏23195羽;西浜村28户,饲养种鸭28户,年末存栏36239羽,年内出栏123022羽。2010年濮院镇家禽年末存栏285482羽,年内出栏863596羽。

鹅

鹅有太湖大白鹅、广东狮头鹅(灰鹅)等,境内农户有少量饲养,一般家养1—2羽,所产鹅、蛋自食或出售。

特种禽类

特种禽类有鸽子、鹌鹑、孔雀等。

鸽 分肉鸽和信鸽两类。1994—2007年，境内没有上规模饲养户，只有少数养鸽户。鸽子饲养户一般每户十多只，多的几十只，大都为美国落地王鸽。该品种营养丰富，饲养时间短，饲料转化率高，经济效益好。肉用乳鸽主要销往嘉兴及本地农贸市场。1984年濮院居民宣建良等5人，从上海闸北体育馆引进种信鸽，自繁自养，前后共繁殖400余羽，曾先后多次参加全国、省、市举办的信鸽比赛。

养鸽的关键技术，在选好品种的同时，要避免近亲交配，防止种性退化。鸽类饲料主要以小麦、玉米为主，适当配合其他富含蛋白质、矿物质和维生素饲料。饲喂方式掌握定时、定量、分餐，形成喂食信号，促进食欲。饮用水不间断，每羽每天50—100毫升左右。保持鸽舍通风干燥、清洁卫生，以减少疾病感染。

鹌鹑 鹌鹑，古称鹑鸟、宛鹑，又名鹑，属于小型禽类，体长16—18厘米，体小滚圆，褐色带明显的草黄色矛状条纹及不规则斑纹，雄雌两性上体均具红褐色及黑色横纹。鹌鹑是一种食用性很强的家禽，为人类提供了丰富的蛋白质食物—鹌鹑肉和鹌鹑蛋，是国内一致公认的珍贵食品和滋补品，具有动物人参之称。1984年起，濮院新濮村南埭祝建松从嘉兴引进种鹌鹑，建场开展规模化养殖鹌鹑，主要向市场出售鹌鹑蛋、鹌鹑。

鹌鹑的生长发育快，生产周期短。家养蛋鹑无就巢性，需人工孵化，孵化期为17天，年产蛋240—300枚。饲养鹌鹑需精心喂养，鹌鹑喜杂食，主要为谷物，其次吃鱼粉等动物性饲料；要有适宜的饲养环境，如温度、光照、养殖密度、开食时间等；保护好笼舍的清洁卫生，防止疾病蔓延。

孔雀、七彩山鸡、绿头野鸭和鸵鸟 孔雀属于大型雉科鸟类，国家Ⅱ级重点保护禽类。蓝孔雀头小、颈长，体型较大，翅长425—500厘米，成年孔雀体重7.7公斤左右。冠羽呈扇状或直立，尾羽开屏时形成巨大的扇状，并露出蓝、绿、紫三色组成的眼状斑，绮丽多彩，是著名的观赏鸟类。1988年濮院镇云翔实业有限公司投资30万元人民币，饲养孔雀65只，种孔雀来源于千岛湖畔临安昌化县龙岗"孔雀养殖场"。2001年扩大饲养范围，投入资金100万元人民币，租用流转土地108亩，从南京中山公园引进种蓝孔雀，设立濮院"夏氏孔雀农庄"，自繁自养，前后共繁殖饲养成年孔雀达850羽，部分售于"求购者"。2003年，养殖场地被羊毛衫园区征用而停办。

此外，1996年6月，濮院镇云翔实业有限公司从杭州引入200羽绿头野鸭试养。绿头野鸭是重要的经济水禽，综合利用价值高，肉味鲜美，无腥味，脂肪少，蛋白质含量高，营养丰富。饲养以全价饲料为主，适当增加糠、麸类、水草、青绿饲料、矿物质和维生素。1999年5月，濮院镇云翔实业有限公司又从炉头科技站引进50羽七彩山鸡。七彩山鸡又名雉鸡，俗称野鸡，饲养技术和肉鸡相似。同年，濮院镇云翔实业有限公司又引进2只鸵鸟饲养。后均因经济效益不佳而放弃。

第五节 养 蜂

历史概况

宋元时期，俗语“蚕吐丝，蜂酿蜜”，境内已知道采食蜂蜜，野生蜜蜂筑巢于古塔、旧庙、树洞等处，自然繁殖。中国古代养蜂是用各种木桶式的蜂窝，称为蜂斗，人工收捕饲养的蜂种为中国蜂，采蜜比较勤劳。当时用割蜡取蜜的原始办法，每次采蜜就毁坏蜂巢一次，所以不可能大规模地发展。境内出现商品生产的养蜂业，是在民国时期引进现代养蜂技术——分框式蜂箱和采蜜量更大的新蜂种——意大利蜂之后。民国11年(1922)，无锡人华绎之从美国购入意大利蜂，自备船只，由无锡转到濮院放蜂。因濮院盛产乌桕，称之为“摇钱树”的乌桕树夏天开花，花中含蜜丰富，是夏季主要蜜源植物。由于蜜源丰富，交通又方便，濮院很快成为江浙最早转地活框放蜂的重点地区。民国16年前后，绍兴中学教员、鲁迅的表弟郦辛农，从日本引进了意蜂，开始了新式养蜂。当时，濮院人蔡冠洛正好也在绍中教书，郦辛农就送了他四箱意蜂，蔡冠洛由此办起了濮院第一个养蜂场——可园蜂场。

每当桕花盛开的夏季，江浙等地的蜂场就会涌进濮院，因此濮院的夏日，蜂蜜产量很高，其云薹蜜、紫云蜜、枇杷蜜销往国外，深受欧美欢迎。据民国17年(1928)《嘉兴新志·濮院》记载：无锡华绎之公司养蜂场，蜂系意大利种有160箱，每年割蜜2次，共收蜂蜜7500千克，运至上海出售。同年7月11日《申报》载：“嘉兴濮院镇商民王守泽等，以我国养蜂事业不甚发达，特仿照美国办法，在濮院镇购地十余亩，组设平园养蜂场，以资提倡。”平园养蜂场，有意大利蜂50箱，每年收蜜约2000千克。

民国19年(1930)，由蔡冠洛(曾任世界书局总编辑)、匡互生(立达学院院长——五四运动时的闯将)、郦辛农(绍兴中学教员)、孙选青(嘉兴三中教员)、章锐初(桐乡县县长)和方先昌(当时的嘉濮镇镇长)等人发起，经过立达、可园、平园、巢园、三群等二十七个蜂场酝酿，于8月1日在濮院镇召开大会，成立“江浙养蜂协会”，会上公推蔡冠洛为会长。是年7月28日《申报》有专门记载：“江浙养蜂协会定期成立，八月一日在濮院举行。江浙两省向为养蜂发达之区，近年改良饲养输入意大利种蜂日益繁殖，夏季转地嘉兴濮院者竟达二十余场之多。立达、可园、平园、巢园、三群诸场遂互相联络，发起江浙养蜂协会，以提倡进行继续研究为宗旨，业于本月二十日假濮院端本小学开联席会议，当场推定，筹备委员进行一切。现筹备会已将通告草章及协会缘起分别发出，定八月一日在濮院端本小学开成立大会。”同年，华绎之又携蜂500余箱到濮院一带放蜂桕花采蜜。农民孙增祥，绰号“木匠阿大”，先是为绎之蜂场做木工，后开始学习养蜂，与姚阿二等人成立“梅泾蜂场”，成为境内第一批学习现代养蜂技术的农民，开了农民养蜂的先河。当时来濮院放蜂的还有川、鄂、赣、皖和两广的养蜂者，据嘉兴档案馆《嘉兴濮院之养蜂环境及生产状况》记载:“濮院蜂业迅速发展,计有养蜂者83家,103场(次),蜜蜂11355群。濮院很快成为全国新法养蜂之重心。”

民国26年(1937),抗战爆发,战祸所至,濮院养蜂业受到严重影响,养蜂协会历尽艰险,维护养蜂生产,战后曾受到浙江省嘉兴专员公署的嘉奖。抗战胜利后,开始恢复蜂业。民国36年5月,蔡冠洛等15人发起组织蜂业合作社,入社者有来自浙江、江苏、广东、上海等地27个县(市)的养蜂者,在嘉兴南湖“烟雨楼”召开第一次社务会议,蔡冠洛任主席。是年,在濮院、嘉兴、崇德一带放蜂的有70多个蜂场、7000多箱,年产蜂蜜35万千克。其中在濮院放柏花的有52个蜂场,165户,652人,5677箱。民国37年蔡冠洛等人还以“江浙养蜂协会”的名义,编印《农民之友——蜜蜂》的小册子,分发给养蜂者。

表5-2　　1947年江浙养蜂协会驻濮院的主要蜂场一览表

蜂场名称	成立时间	场长	主任技师	资本额(万元)
寄园蜂场	1938年7月	杨寄桴	杨寄桴	13500
罗克蜂场	1935年4月	罗共道	罗共道	8300
青青蜂场	1929年8月	戴炳铁	张均铭	44000
大同蜂场	1929年	陈大仪	陈善甫	13500
大中蜂场	1947年	王乃章	王乃章	10300
可园蜂场	1925年8月	蔡冠洛	王鸿喜	26500
锦记蜂场	1946年1月	张均铭	张怀新	6950
自强蜂场	1944年2月	杨全德	杨全德	16060
进化蜂场	1930年7月	童冤之	童乃侨	10300
义泰蜂场	1939年7月	孙光宗	孙光宗	10800
中兴蜂场	1944年6月	奚竹漪	过章土	12200

中华人民共和国成立后的蜂业

中华人民共和国成立初期,政府重视发展副业生产,鼓励和提倡养蜂,养蜂事业得到进一步发展,境内私人养蜂户增加。江浙养蜂协会曾于濮院庙桥堍购进陈姓楼房3间,为蜂协永久会址,同时设计制作蜂业协会会旗(红绿各半,表示植物和花朵,中间有一巨大蜂王)。1950年,上海举办华东区第一次农业展览会,蔡冠洛代表江浙养蜂协会出席,并展示了蜂种、蜂具、蜂产品,受到了各界的好评。1952年,江浙养蜂协会会址迁往嘉兴。1956年江浙养蜂协会原会员蜂场在各地融入社会主义改造运动大潮;蔡冠洛的可园蜂场,郦辛农的辛农蜂场都在各地的人民公社化运动中,变更为公社蜂场。1961年公

蜜蜂采集油菜花粉

社蜂场解散。

1964年开始，濮院镇有社会青年7—8人，以家族性松散组织外出养蜂。1969年，濮院镇这些养蜂人组织起来，成立濮院养蜂场，有意大利蜂70—80箱、中蜂20箱左右。20世纪70年代，濮院公社组建养蜂场，由潘忠嘉任第一养蜂场场长，蜂场养蜂60—70箱，最多时100多箱。上述蜂场所养蜂群按四季花期转场流动放养，南至广东、福建等地，北至吉林、牡丹江、黑龙江等地。放养蜂群一年主要有两个采花期，一为本地之菜花蜜期，时间在春天，约20天；二为北方之葵花蜜期，时间在秋天，约30天。每箱年产蜂蜜150千克、蜂王浆2—5千克。当时境内蜂产品主要由县供销社土特产公司收购，后改由嘉兴蜂业公司收购。80年代后农村推行家庭联产承包责任制，农户养蜂有所发展。1985年濮院乡年末养蜂130箱，产蜂蜜6.8吨，蜂王浆43千克。2000年后农业产业结构调整，濮院羊毛衫产业不断发展，农村劳动力转移，农户养蜂逐渐减少。2010年濮院镇有养蜂户3户，计115箱。

蜂的饲养管理

蜜源 濮院蜜源植物种类多、数量大。民国时期，濮院一带乌桕成林，横亘数一里，非常有利于蜂业发展。中华人民共和国成立初期，乌桕、油菜、紫云英、棉花等为主要蜜源作物。据普查，1958年濮院镇域有乌桕1597亩，大办钢铁期间，大批乌桕树被砍伐，翌年仅剩下160亩。之后，境内紫云英种植面积逐年增加，成为新的蜜源作物。20世纪80年代至2010年，境内主要蜜源作物有油菜、杭白菊、大豆、蚕豆、瓜果、玉米、梨树、桂花、棉花等，其中以油菜、果蔬面积最多。境内蜂农养蜂非常重视养蜂场地的选择：2.5千米的半径范围内应具有充足的蜜源和辅助蜜粉源，且主辅蜜粉源应搭配适宜；放蜂场地选择向阳坡地，有自然遮阴，夏通南风，冬阻北风，蜜源植物生长旺盛，花期长，水分充足，交通较便利。

蜂群繁殖 蜂群由蜂王和雄蜂、工蜂组成特殊群体。蜂群中王台孵化培育成蜂王，蜂王孵化期16天，寿命5—6年。同时配合培育成几十个雄蜂高台，雄蜂孵化期24天。工蜂孵化期21天，无性，专司采蜜，繁忙季节寿命仅一个月；越冬工蜂可达半年。蜜蜂繁殖因外界蜜源而定，蜜源丰富时产卵多，分群亦多。蜂群中采蜜、采花粉、守卫、育儿、筑巢等都有明确分工。

蜂群的选购 购蜂时间一般选择在4月份左右实地挑选。在巢门口观察，挑选工蜂出入勤奋、采集蜂带花粉比较多、具有较强活力的蜂群。

饲养管理 在蜜源缺乏时要给蜂群补饲喂养，给予蜂蜜、糖浆，尤其在蜂群繁殖期和蜂蜜生产期进行奖励喂养；在越冬后期及早春，需补给上年秋季保存的花粉；此外每一蜂群还要每天喂养200—300毫升的水分,补饲糖浆中加入1%的食盐。按春夏秋冬做好四季管理和蜂病敌害的防治等。

蜂业先行者

20世纪初,江苏无锡的华绎之、浙江绍兴的郦辛农和濮院的蔡冠洛放养意大利蜂的影响已相当大,推广新式养蜂也颇有成效。

华绎之(1893—1956) 华绎之,无锡人。曾东渡日本考察养蜂,先后从日本引进意蜂12群,并派冯焕文、黄侠民二人赴美国学习养蜂技术。民国10年(1921),又从美国引进意蜂18群,创办了“绎之蜂场”,很快发展到2000多群,被誉为中国养蜂大王。华绎之蜂场率先到濮院来放蜂,因为濮院四郊遍植乌桕,夏季阳光灿烂,空气湿润,正是乌桕花流蜜之时,而且乌桕花花期特别长,是极好的蜜源植物。华绎之自备蜂船七艘一并开到水乡濮院,当时他们的蜂工一律穿白色西服,头戴白色铜盆帽,脚穿白色皮鞋,在从未见过世面的乡下人看来,无疑来了一群“外国人”,引起围观,绎之蜂场的名声很快宣传出去。随后,李济深的南华蜂场,陈济棠的强华蜂场,郦辛农的辛农蜂场,上海实克蜂场(该场曾出版《中国养蜂》刊物),加上华绎之的绎之蜂场,曾汇聚濮院。民国17年,匡互生受国民政府农业部委托,在上海“农学院”设立养蜂训练班,华绎之为班主任,绎之蜂场就是该班指定的实习蜂场。华绎之民国37年去台湾,1956年病逝于台北。

郦辛农(1891—1971) 郦辛农,绍兴文化学者,绍兴一中教师,鲁迅先生表弟。清光绪三十四年(1908),鲁迅在日本为其设计了养蜂小屋的模型,郦辛农就在绍兴北郊禹迹寺旁置地一亩多,创建了“辛农蜂场”,民国10年(1921),从日本引进意蜂,开始养蜂。郦辛农孜孜不倦地研习养蜂技艺,并在绍兴一中同事中宣传养蜂知识。“辛农蜂场”传了二代,他的儿子郦建生将蜂场改名为“强强蜂场”。传至其孙郦广宇先生,蜂场已名存实亡,但郦广宇仍想把郦辛农的“养蜂故居”作为旅游景点开放,以纪念他祖父。

蔡冠洛(1890—1955) 蔡冠洛,字丏因,号梅泾居士,日本帝国大学毕业。民国17年(1928)2月3日,蔡冠洛受赠郦辛农四箱意大利蜂后开始养蜂,在濮院创办可园蜂场。蔡冠洛联络宁波商人陈大仪,嘉兴一中教帅孙选青、章哲如,桐乡县县长章锐初(此人办有锐初蜂场),嘉濮镇镇长方先昌等,发起筹备“江浙养蜂协会”。经过半年筹备,同年7月1日,“江浙养蜂协会”在濮院成立,公推蔡冠洛为理事长,郦辛农等为理事。会议决定每年7月1日在濮院召开年会;会费由各蜂场每年交蜂蜜一坛。协会宗旨是联络会员感情、交流养蜂经验、统一蜂种蜂具、开发蜜源场地、营销蜂蜜蜂蜡、提高养蜂技术、沟通蜂主与农民关系,以促进养蜂事业的发展。会议通过三项提案:一是呈请政府备案,二是呈请政府通令所属切实保护并奖励养蜂事业,三是请政府明令免征蜂种、蜂蜜、蜂蜡等种种税收。会议议决濮院为江浙养蜂协会的永久会址,蔡冠洛为终身理事长。

“江浙养蜂协会”是个同业商会,会员不限于江浙两省,尚有上海、湖北、湖南、江西、广东的蜂场参加,还有郑冠先(国民党部队团长)的“冠园蜂场”、袁冠华的“中国农业蜂场”、孙增祥的“梅泾蜂场”、张金铭的“青青蜂场”、丁倖生的“兄弟蜂场”先后加入。此外，养蜂协会会员还有张怀新、张惟贞、沈钦安、王石君、罗奇道、陈善富、暨荣臻、周锦时、夏惠民、莫聚芳、童勉三、吴庭庆、甘永清、姚阿二、盛鸣锵、周景儒、“黑皮”、“长脚”等，全盛时达120个蜂场。

“江浙养蜂协会”成立初期，蔡冠洛曾掩护和营救中共地下党员赵季良和郦廷明。赵和郦与蔡冠洛同为诸暨人，两人同为政法大学毕业，其时遭国民党逮捕，关在上海警备区大狱。消息传来，蔡冠洛十分焦急，思索营救办法，后通过诸暨同乡、国民党要员蒋鼎文的关系，以刚成立的“江浙养蜂协会”出面，开具担保书，保释他们出狱。他俩来到濮院，其中赵季良已被酷刑致残，跛一足，经蔡冠洛介绍，去当时由夏和春主持的濮院敬业小学和端本女校任历史和音乐教师。郦延明则由蔡冠洛资助，创办“巢园蜂场”，加入江浙养蜂协会，成为协会中第一个中共党员。民国26年(1937)抗战开始，他们相继离开濮院，投奔新四军，后郦延明牺牲于皖南事变。这是江浙养蜂协会第一个献身的烈士。赵季良中华人民共和国成立初还在世。

蔡冠洛曾编撰有《农民之友——蜜蜂》一书。他在书中不无感慨地说：“本会成立于一九二八年，当时正是民族资产阶级提倡实业救国，蜂业已在中国出现，特别是沿海江浙一带已有一定影响的时期。”“那时国内新蜂业刚在萌芽，还不为多数人所注意，他的生长和发育，自然是极困难的，何况在这二十二年中，经过多次战争，使整个的农业濒于破产，尤其是日帝侵略和反动派的长期统治中，使得我们养蜂的人透不出一口气来。”在那段极端困难的时期，江浙养蜂协会还是团结和保存了一批蜂场和一批养蜂人，作了大量的宣传活动，也与国外养蜂人有过联系和接触，在战前就曾接待印度养蜂组织来华考察和交流。

中华人民共和国成立后，协会迎来了春天，人民政府大力号召支持发展生产，银行给予贷款，土产公司收购蜂蜜、蜂蜡。《告农民兄弟书》，发挥效应，告示周围农民，保护蜂场，爱护蜜蜂，政府与养蜂人携手合作，关系十分融洽。协会还研讨加快养蜂事业，上书中央人民政府：“我会前奉中央人民政府农业部抄发致华东行政委员会农林局函的副本，指定华东农业局领导我会。关于如何进行联系，使我们蜂业得以大量发展，来配合祖国的大规模经济建设。又关系全国蜂业的蜂场登记条例及养蜂法，目前中央准备颁布，我们应当根据实际的经验和需要，尽量提出研讨后交蔡老先生转呈中央。”后来，蔡冠洛先生又上书毛主席，建言农业为国民经济之本，养蜂又为发展农业见效快、成本低的好办法，提出今后发展养蜂业的种种设想。《上毛主席书》曾油印供江浙养蜂协会会员阅读和讨论，此文件已无存。

1950年协会尚有三个办事处和七个分会，会员共120多人。是年年会期间，养蜂协会在濮院香海寺大银杏树前照相留念，参加的有濮院诸蜂场及外地会员数十人，理事长蔡冠洛端坐中间，他的儿子蔡大可手持一面绣有会徽(以蜂王图案为主)的绿色大旗，站在最左侧。这张珍贵的历史资料照片现在南京费志伟先生处，留存世间。是年上海举办华东地区第一次农业展览会,“江浙养蜂协会”积极参展,展示了蜂种、蜂具、蜂产品等等,受到各界好评,并获嘉奖。

稍后,蔡冠洛曾收到中央人民政府农业部回复,并汇来服装费 100 万元(旧币),邀请他到中央人民政府农业部工作。蔡冠洛踌躇满志,准备赴京,后未能成行。蔡冠洛因拥有可园蜂场、可园农场等,被划为大地主成分。1953 年,江浙养蜂协会因未在嘉兴专区民政部门登记备案,自行解散。1955 年,蔡冠洛夫妇先后在上海金山病逝。

第六节　水产养殖

濮院是桐乡市主要产鱼区之一。京杭大运河横穿境内 4.7 千米,运河南、北河浜纵横交错,河流落差小,水流平稳,总共河水面积 2506 亩。境内自然条件优越,气候温和,雨量充沛,土壤肥沃,大量营养物质随着雨水进入大小河道,水底淤泥丰厚,适宜多种浮游生物和底栖生物的繁殖,非常有利于鱼类生长栖息。境内淡水渔业资源丰富,主要经济鱼类有鲢鱼、鳙鱼、青鱼、草鱼、鲤鱼、鲫鱼、鳊鱼等,称七大类,其中以前四类为主。其他鱼类有鳜鱼、乌鳢、鲶鱼、鳑鲏、鲦鱼、黄鳝、泥鳅、汪刺、金鱼等。除鱼类外还有鳖(甲鱼)、河蟹(中华绒螯蟹)、龟、虾、牛蛙、螺蛳、田螺、蚬子、三角帆蚌、褶纹冠蚌、背角无齿蚌、杜氏蚌等水产。

民国时期,本地、外地客籍的渔民,世代以船为家,过着风餐露宿的漂泊生活,在河港、荡漾、浜兜中捕捞野生鱼、虾、贝类等,边捕边售,沿乡村浜兜叫卖,或在市场设摊,或销售于鱼行。此外,冬季有“起鱼窠”,夏季还有钓鳝鱼来充实收入。

中华人民共和国成立后,境内来自桐乡、嘉兴、湖州、乌镇等地渔民,都是连家渔船。1956 年组建渔民协会,渔民 41 户,船只 41 条,人数 207 人,劳动力 124 人。1959 年 2 月,濮院公社建立水产场。1960 年水产场更名为渔业生产合作社。1967 年初对连家渔船进行社会主义改造。1968 年成立渔业水产大队,共有专业渔民 47 户,234 人,船只 47 艘(99.5 吨)。1971 年国家拨款,全部渔民实现陆上定居,改变了渔民世代以船为家、风餐露宿的漂流生活。1982 年 12 月,濮院水产大队改为濮院渔业村,并全面推行以家庭承包为主的生产责任制。境内渔民从组建渔民协会到成立渔业村,从连家渔船到岸上定居,从个体作业到集体生产,从原始捕捞到放养鱼类生产,从外荡放养到内塘养殖,经过风风雨雨,克服重重困难,水产养殖取得了前所未有的大发展。改革开放后,进入 21 世纪,水产养殖已形成专业化、规模化、科学化的养殖模式,提高了水产品产量,丰富了水产品市场。

外荡养殖

1967 年初,濮院渔业生产合作社开始外荡水产养殖,外荡面积 2506 亩,放养花白鲢鱼、鲤鱼、青鱼等鱼苗 10 万尾,同时购进少量蟹苗放养,全年收获淡水产品 72.1 吨。

1971年，外荡放养鱼苗15万尾，淡水产品年产量73.7吨，其中螃蟹2.6吨。1975年外荡放养各类鱼苗79.2万尾，并组织人员前往上海崇明、浙江瑞安等地自捞大量蟹苗投放养殖，是年，淡水产品年产量84.6吨。1976—1980年濮院水产大队淡水产品年产量分别为87.9吨、89.1吨、94.4吨、106.8吨和102.9吨。其中，河蟹捕捞年产量分别为4吨、6.5吨、8吨、11吨、12.5吨和10.5吨。1984年，外荡养殖停止放养鱼苗，捕捞作业渔船从40多艘减少至10余艘。

内塘养殖

1990年起，因外荡水质污染不断加重，鱼类生存能力不断下降，水产养殖从外荡转为内塘。起初承包户自愿转让给有经营能力的农户，开挖鱼塘，无偿转让经营权，缓解抛荒现象。随着时间推移"无偿"渐转为"有偿"，"小包"转变为"大包"，至1992年濮院镇水产品内塘养殖89.4亩，淡水产品年产量105.4吨。1999年，新生稻田养蟹148亩，投放蟹种16.8万只，回捕成蟹3.99吨。

淡水鱼内荡养殖

2000年初，来自省外四川、本省海宁、本市屠甸等外来承包户，进入内塘养殖淡水产品行业。是年，境内部分农户利用承包土地或流转土地，开挖成鱼塘养殖淡水鱼类，内塘养殖面积达到550亩，亩产淡水产品1.85吨，年总产量1017.5吨。其中新生镇建立稻田养蟹示范基地，面积208亩，成蟹总产量7.28吨，平均亩产0.035吨。2008年，濮院镇新濮、新东、新妙智、新联、新港等村的规模水产养殖户不断增加，所养殖鱼类以七大家鱼为主，其中新东村以罗氏沼虾为主。2010年濮院镇内塘水产养殖20亩以上的有20户，水塘养殖总面积1250亩，鱼类产量254吨，其中青鱼3.5吨、草鱼40.5吨、鲢鱼112吨、鲤鱼17.5吨、鲫鱼41.5吨、乌鳢7.5吨、鳊鱼5吨，其他淡水产品26.5吨。甲壳类533.8吨，其中河蟹(中华绒螯蟹)2.5吨、虾(罗氏沼虾)472吨、其他甲壳类59.3吨。其中新东村内塘养殖罗氏沼虾650亩，年产量402吨。

淡水鱼类

鲢鱼(白鲢) 常生活于水体的上中层，以食浮游植物为主，也食部分浮游动物和人工饲料，生长速度快，生产成本低，属历史上水产养殖的主要鱼类。今仍作为常规鱼养殖的主养品种，也作为其他特种水产养殖的套养品种。

鳙鱼(花鲢、包头鱼、胖头鱼) 常生活于水体的上中层，以食浮游动物为主，历史上是常规鱼养殖的搭养品种，今作为常规鱼养殖的主养品种，也作为其他特种水产养殖的套养品种。

草鱼(鲩鱼) 常生活在水体中下层，是以食草为主的杂食性鱼类。草鱼排泄的粪便是培养池塘浮游生物的肥源之一，有利于鲢鳙鱼的生长，故有“一草带三鲢”之谚。今作为常规鱼养殖的主养品种，养殖中以摄食配合饲料为主。

青鱼(螺蛳青) 青鱼常生活在水体的底层。自然水域中以食螺蛳、蚬子、河蚌为主，故又称“螺蛳青”，也常摄食虾类及水生昆虫等，属肉食性鱼类，生长较快，个体较大，通常与草鱼、鲢鱼、鳙鱼混养，是淡水鱼中的上品。2000—2002 年，大都作为常规鱼养殖中的少量套养品种，养殖中以摄食配合饲料为主。

鳊鱼(草鳊) 草鳊生活在水体中层，是食草为主的杂食性鱼类，主要食物是苦草、眼子菜等。鳊鱼生长快，肉味鲜美。2000 年后作为常规鱼养殖的套养品种。

鲫鱼 鲫鱼生活在水体的下层，是以植物性为主的杂食性鱼类，也食甲壳类动物。鲫鱼肉味鲜美，营养价值较高。1985 年前作为常规鱼养殖的主养品种。因生长速度较慢、个体小，而被白鲫替代。今在自然条件的水域中尚有少量鲫鱼。

鲤鱼 鲤鱼有青鲤、红鲤、锦鲤和杂交鲤之分，人们习惯将青鲤称之为鲤。栖息在江河、湖泊、池塘及小浜等水体的底层，以底栖生物及腐殖质为主要饵料，也食水草、浮游生物等，属杂食性鱼类，抗病力强，生长较快，大都作为常规鱼养殖的套养品种。

特种水产养殖

乌鳢 乌鳢俗称黑鱼，为肉食性凶猛鱼类，因其会掠食养殖池中的其他鱼种，故以前一直作为敌害鱼类清除。少数养殖户通过收集野生苗种进行小面积低密度养殖。后进行池塘专养，养殖苗种为人工繁殖，进行高密度集约化池塘专养，饲料为海水冰鲜鱼。

黄颡鱼 黄颡鱼，俗称汪刺、汪丁头，是肉食性为主的杂食性鱼类。肉质细嫩，无肌间刺，境内自然水域中较多。2005 年开始从湖州引进苗种人工养殖。

河蟹 河蟹又称毛蟹、螃蟹、清水大闸蟹，学名中华绒螯蟹。河蟹属于高等甲壳类动物，喜食水生草类，多种小动物及腐殖动物，属食肉性甲壳类动物，适应性强，分布很广。河蟹营养丰富，含有多种维生素、蛋白质、磷、钙、铁等；还含有蟹红素、蟹黄素，肉质肥嫩鲜美，是高档名菜之一。

罗氏沼虾 罗氏沼虾，又称马来西亚大虾、淡水长臂大虾，原产于东南亚地区的热带和亚热带国家，生活在各种类型的淡水或咸淡水水域中，是一种大型淡水虾。它生长快、食性广、个体大、肉味美，头胸甲内充满了生殖腺，具有近似于蟹黄的特殊鲜美之味，肉质营养成分好，含有多种蛋白质、维生素，以及养殖周期短等优点。罗氏沼虾食性杂，喜食动植物，对饵料选择性很强，在自然条件下，以动物性饵料为主，如小鱼、小虾、蚯蚓等。

甲鱼 甲鱼，学名中华鳖，属于水陆两栖爬行冷血动物，用肺呼吸，生性喜静怕惊、喜阳怕风、喜洁怕脏。甲鱼的食性很杂，喜欢吃田螺、河虾、小鱼之类动物性饲料。甲鱼肉味鲜美、营养丰富，不仅是菜桌上的美味佳肴，而且是一种用途很广的滋补药品。

牛蛙 牛蛙原产于北美洛基山脉一带，属两栖纲，无尾目，蛙科、蛙属，因其鸣声似牛,故得其名。它是一种大型食用蛙,经济价值高,还可作药用、皮革、饲料等用。牛蛙养殖是当前新兴农产业结构调整的一种特种经济养殖业,是一种经济综合利用价值较高的两栖动物。它易养、繁殖快、生长快、食性杂易解决、适应性强。牛蛙已列入许多宾馆、饭店的菜谱。

青蛙(虎纹蛙) 青蛙是重要的经济两栖动物,分布广,主要生活于农田耕作区,其肉质细嫩、味美可口、营养价值高,是高蛋白、低脂肪的滋补食品,故有"水鸡"、"田鸡"的美称。蛙肉入药有消肿、解毒、止咳的功效。今有部分养殖户掌握了野生土青蛙全程生态立体养殖技术,而且能采用生物链的方式利用饲料来养殖野生青蛙。

第七节 其他养殖

兔

民国时期,境内农户养兔数量甚少,主要品种为中国白兔(俗称"草兔")。饲养方法为圈养或整棚散养,饲料以青草为主,很少喂精饲料。20 世纪 50 年代中后期先后从外地引进皮用、毛用兔,饲料以青(干)草、菜叶为主,适当搭配糠、麸、豆、麦、谷类等精料,效益提高,养兔业有所发展。1957 年濮院供销社收购兔毛 50 千克。1958 年供销社引进英国、法国等品系的安哥拉毛用兔,是年,供销社收购兔毛 175 千克。1959—1960 年收购兔毛分别为 250 千克、600 千克。60 年代初,养兔数量回落,1961 年供销社收购兔毛只有 61 千克。1971—1972 年,濮院供销社办起长毛兔配种站,开始推广长毛兔人工授精,免费为农户的长毛兔配种,并供应优良长毛兔品种;同时,聘任养兔辅导员,宣传科学养兔,开展技术咨询,组织经验交流会,赛兔会等活动,使养兔业加快发展。1973 年濮院公社年末存栏长毛兔 3262 只,新生公社年末存栏长毛兔 2480 只。

1973—1978 年,境内新生公社新生大队只有 18 户社员的尹家坝生产队,开始发展家兔饲养,以后逐年增加,到 1978 年底,该生产队家兔存栏 314 只,平均每户 17.5 只,每年还为生产队提供近 50 吨兔肥,促进了粮食生产的发展。1978 年,生产队办的集体兔场净收入达 1768 元,平均每户增收 100 元。

1979 年后境内养兔进入快速发展阶段,濮院公社、新生公社每个生产队办起了集体兔场。1980 年濮院公社年末存栏长毛兔 18990 只,其中集体饲养存栏 8763 只;新生公社年末存栏长毛兔 5190 只,其中集体饲养存栏 717 只。1983 年实行家庭联产承包责任制,国际市场兔毛行情也出现波动,境内兔饲养量回落。1985 年开始又有所回升,濮院乡饲养长毛兔 49379 只,投售兔毛 24.7 吨。以后几年,养兔生产逐年回落。90 年代初期,濮院羊毛衫行业兴起,劳动力转移,养兔生产受到很大冲击,饲养量迅猛下跌。1991 年,濮院乡年末存栏长毛兔仅 3154 只,投售兔毛仅 1 吨。20 世纪 90 年代末,濮院永联村曹家埭生产队有几户村民试着饲养皮、肉两用的獭兔,但效益低,收入不及做羊毛衫的外包工，时间不长而停养。2010 年，濮院养兔基本停止，农户只有散养几只肉兔。

洋虫

九龙虫，别名“洋虫”。属鞘翅目拟步行虫科。虫长 6 毫米，暗黑色，有光泽，触角、口器、足红黑色。成虫寿命约 3 个月。洋虫分布于东南亚各国和我国的华南、华东地区，为温带、热带地区蛀食仓库粮食的害虫之一。但由于其本身富含蛋白质和各种氨基酸等物质，具有较高的营养价值，既可药用，又可食用。在 20 世纪 50—60 年代，濮院镇民间有少数人饲养洋虫。2010 年境内已无人饲养洋虫。

地鳖虫

别名地鳖虫、土鳖、地乌龟、节节虫、臭虫母、土元，属于昆虫。地鳖虫身体扁，棕黑色，雄的有翅膀，雌的无翅，常在住宅墙根的松土内活动。地鳖虫是一种名贵的凉性中药，味咸、寒，有毒，可逐瘀、破积、通络、理伤，可治闭经、产后瘀血腹痛、跌打损伤等。捕捉后置沸水中烫死，晒干或烘干入药。1982—1983 年，濮院永越上马墩的庄继元，在家中养殖地鳖虫，面积 8 平方米。地鳖虫种由无锡市购入，年出售鲜地鳖虫 10 千克，出售虫卵 3 千克，年产值 250—300 元。养殖地鳖虫的主要饲料是糠麸及青菜叶。2010 年境内已无人饲养地鳖虫。

第五章　农业机械

第一节　传统农具

濮院农垦历史悠久，农具使用久远。据载南宋时期，境内普遍推行龙骨水车，用于农业灌溉。随着南方经济的发展和冶铁技术的进步，特别是“灌钢”技术的出现，元时，传统冶铁技术已发展到较高水平，农具的原材料也发生了重大变化，如铁耙、锄头、镰刀等农具，开始用锻制的熟铁打造，刃部大都加钢，使其更加坚韧锋利，质量全面提高。明清时期，传统农具得到广泛使用，并向深度和广度开发。据民国《濮院志》记载：“农具自耒耜外，戽水有车，取泥有罱，芟草有耥，筑扬有轴，割稻有镙，曝稻有籧，击稻有床，翻谷有耙，脱谷有砻，去秕有筛，扇粟有车，击屑有枷，削藁有豁。”民国时期，西方先进机械相继传入，境内农业生产也出现了用机器抽水排灌、碾米。如民国13年(1924)濮院镇协盛米厂，有柴油机引擎1部，每年碾米2万余石；民国17年(1928)濮院镇先施米厂兼理戽水，但数量甚少，当时境内农村主流还是使用传统农具进行农耕操作。

民国36年(1947)，境内生产传统农具的铁匠铺有7家，迨1949年中华人民共和国成立前夕有8家，其中黄裕泰铁铺有百年之历史，生产的铁器农具，质量上乘，价格公道，还对青黄不接之贫苦农民，给予赊账照顾，颇得农家称赞。中华人民共和国成立初，农村还是以传统农具从事农业生产为主，与之相应的生产、供应传统农具的单位，是由个体铁、木、竹器铺组织起来的生产合作社，1958年又合并成立濮院农具厂，1971年重新组合成农具修造厂，生产的农具产品由濮院供销社收购后统一销售。

铁耙

宋代称铁耙为铁搭，其时已是长江下游、太湖流域广泛使用的翻耕农具。元代王祯《农书》说：“4齿或6齿锐而微钩。南方农家以此代牛耕。”境内铁耙以4齿为最多，用熟铁锻打而成，齿长20—25厘米、宽17—23厘米，上部有一孔铆，用于安装竹柄。铁耙是农业精耕细作以及机械耕作难于解决的辅助整地农具，一直沿用至今的传统农具。根据用途不同，常用的有：

垦地铁耙(散齿铁耙)　耙齿形状前端扁平，上窄下宽、上厚下薄，齿距较掘土耙小，重量较轻，用于翻耕熟土和碎土、平土。

掘土铁耙(窄齿铁耙) 耙齿前端扁而尖,上窄下宽,齿厚实,较重,易入土,深度大,常用于挖掘颖土。

扒塄铁耙(阔齿铁耙) 耙齿宽而薄,下端齿距小,用于烂水田翻耕、碎土,也用于硬田冬耕。

鸭脚铁耙(扒塄铁耙) 耙齿下端呈鸭脚型,专用硬田冬耕和冬种筑垅。

尖齿铁耙(钉耙) 耙齿圆形,上大下尖,重量较轻。用于撖、装猪羊等禽畜垃圾。

锄头

又称刮子,半月形,口薄锋利,其弯管孔内装有竹柄。用于削草、培土、松泥及下种、移栽时挖穴、开沟和覆土,是旱地栽苗开沟等耕作的常用工具。根据土质、作物和种植密度不同,有大刮子和小刮子两种。

镰刀

又称稻镲,呈弯月形,刃口有细齿,刀身长约30厘米,末端管孔装有短木柄。为收割稻麦的常用农具之一。20世纪60年代初,苏北大镰刀传入境内,用于收割稻麦,其刀长,刃口锋利,无齿。

铁锹

又称千步,口薄锋利,形如舌尖(或平口),整体呈长方形,中间有梁,正面中央凸起,背面凹,两侧向上折边强固,宽约15厘米,长25厘米,上端中间管内装有竹或木柄,是开沟、撬土、培泥常用工具。

山锄

又称山子,锄口扁平,上厚下薄,较重实。长方形,长约20厘米,宽约10厘米,刃口坚硬锋利,上端有圆弧形铆,装木柄,常用于翻树根、挖硬地等。

镲子

刀口直而锋利,长约20厘米,刀头微弯。刀背略厚,刀刃和装木柄的管口成90度。主要用于割草,也可割稻麦,但效果差于镰刀。

木犁

是翻土、埋草的畜力工具。传统木犁是由古代的石犁演变而来,由犁铧、犁壁、犁底、犁辕、操作手柄等部件组成。除犁铧、犁壁为铁制件外,其余部件均由坚硬的韧木制成。民国时期,濮院包樟椿的木犁,选取优良的木料,顺树木天然弯度精细加工,在水田翻耕时具有稳、轻、快的特点,常为濮院及附近一带农民选购。中华人民共和国成立初,20世纪50年代初,犁辕、犁托改为铁制,由于操作轻便灵活,是20世纪50—60年代境内水田翻耕的主要农具,至70年代后期,才被手扶拖拉机所取代。

水田耙

有刀耙和滚耙之分,主要用于水田起土、碎土、埋草和平土。刀耙一般用4块木板制成,长为1.4—1.6米,宽为0.65—0.7米的木框,中间装有两块长木板,木板底下沿长轴方向各安装一排刀片，互相错位，人可站在木板上驱牛前进，将犁翻耕后的土块切碎；滚耙是在刀排中间加装一个可以转动的滚轴，滚轴上也装有刀片，作业时将稻茬、杂草压入土中。耙和滚耙操作，也均起到初步平土作用。

水田耖

有木耖和铁耖之分，用于碎土和平田，是境内水田常用农具。耖形状似“而”字，下梁长度为 2—2.5 米，其上面装有一排木制或竹制耖齿，上梁为“开”字架，比较强固，可改变耖齿入土深浅，达到平土和埋草作用。铁、木耖的基本结构相同，仅仅是材料的不同。铁制的稍短，长度一般为 1.4—1.5 米。20 世纪 70 年代末，境内已停用。

戽斗

古代人力灌水排水工具，制成木桶，将绳索系在木桶两端对称位置，使用时两人相向对立，双手各抓住一端绳索，同时用力将塘水戽入或戽出。中华人民共和国成立初，境内常用粪桶代作戽斗工具，主要在沟渠或秧田等处进行排灌。

龙骨水车

龙骨水车

也称人力水车，为人力提水工具，沿用历史悠久。水车的基本结构古今无多大变化，主要由车厢、龙骨、辐板、大小车轴、项橙及扶横木、立柱等组成。车厢是个长槽，长短境内有一丈八尺、二丈、二丈二尺、二丈四尺（鲁班尺）等规格。龙骨是一节一节的联结件，车辐板中间有方孔，套装在龙骨上，通过楗子把龙骨串起来，沿着车厢槽底和顶板连成一圈，套入车厢两端大小车轴的木齿上，使用时车厢小轴一端用支架托放在水面下，大轴一端置于岸上并用项橙、立柱、横木固定，人扶着横木用脚踏动车部柱，连续驱动大轴头，带动龙骨与车辐板沿车厢槽底移动，车辐板不断地将水刮入车厢，水沿车厢提升出口入田或入河。中华人民共和国成立后，随着排灌机械的发展，人力水车逐年减少并被淘汰。

牛盘水车

牛盘水车的结构，主要是在龙骨水车大轴的一端安装一个木制小齿轮，与旁边水平位置的木制特大齿轮成 90 度互相啮合。牛牵着车盘（与特大齿轮构成一体的锥形架、立轴及支座等组成车盘）并围绕车盘外圈行走的同时带动与车盘构成一体的特大齿轮及其啮合的小齿轮一起转动，驱动龙骨水车连续转动进行排灌。境内牛盘水车始于明末清初，20 世纪 60 年代已淘汰。

稻桶

为传统的稻谷脱粒农具。木制，俯视方形，上口大底部小，侧看呈梯形，底板下面安装两根光滑圆直杉木条(拖泥),便于在田里移动。上口四角有小铁环,环内可插入竹竿,作业时3面围有麻布、草荐或塑料薄膜等,以免打稻时谷粒外溅损失。

稻床

为竹木制成的稻桶配套稻谷脱粒器具,木制梯形框,框内横向穿入若干竹制栅条。作业时放入稻桶内壁,用人力在其上掼打稻把头部脱粒。20世纪70年代推广机械脱粒后,人工脱粒一度减少。1982年推行家庭联产承包责任制后,稻桶使用一度有所增加。90年代后期,此类脱粒传统农具基本上被农机作业所替代。

风车

风车

是利用人工风力,对通过风车谷物的比重不同而达到清洁谷物的一种传统农具。木制风车,主要由车身、车腹、车斗、车轴、风叶、风道、进料口、出料口、摇手等组成。作业时将毛谷物倒入车斗,手摇风扇,打开进料口,利用风力吹送比重不同的谷物,饱满的谷物比重大,从正面的出料口流出,瘪谷比重小,落在第二个出料口流出,秕、空壳、轻质杂物灰尘则从风口吹出。

谷箩

用细而圆的竹篾编成,口圆,中间略大,底部比上部小,是农家常用挑运稻谷的传统农具。

谷垫

用薄的竹篾编成,用于翻晒粮食的传统农具。20世纪60年代后期,境内农村建起水泥晒场后,基本已经淘汰。

廪条

用薄的竹篾编成,用于储存粮食的传统农具。有笃廪条和旋子廪条之分,笃廪条高约70厘米,长4—5米左右;旋子廪条,一般宽20厘米,长短不等。

畚箕

有铁制、竹编和竹、塑料合制三种。主要为短距离搬运粮食的传统农具。

木砻

民国《濮院志》所述的"脱谷有砻",砻为磨脱稻壳,将稻谷加工成糙米的木制传统农具。据《桐乡农业志》记载砻"汉代开始使用"。境内有椿木砻和杉木砻之分,各具优点。砻由上下两个直径约80厘米、厚约10厘米的木制大圆盘组成。圆盘由若干段木箍成,两圆盘结合面凿有斜沟槽,以增加对谷物的摩擦力。下盘用木脚固定,两圆盘中心有砻轴,上盘侧面装有砻耳,用于安装丁字形手把,且有加料口,使用时握丁字把手转动上盘,谷物从上盘进料口流入两盘斜槽之间，经过不停地旋转摩擦，使流出的稻谷变成糙米和砻糠，再经过风车、筛子将糙米分离出来。由于效率低，20 世纪 60 年代后被机动砻谷机所取代。

石臼及杵

为加工糙米的传统农具，汉代已开始使用。石臼是用整块优质坚硬石料，中间凿出半球状凹坑，上口为圆形，外观整体为圆柱体。境内石臼按大小主要可分为 3 斗和 5 斗两种。杵是舂米的配套工具，也称为“石蒲柱”，上面装有木柄，手持杵柄向臼内上下不断地击打称为舂米。作业时将糙米放入臼内，用石蒲柱（杵）舂米，可以 1 人舂，也可以两人对舂。使糙米表皮脱落成为光滑的米粒和糠。20 世纪 60 年代后被碾米机取代。

石磨

也是汉代就开始使用的传统粮食加工农具之一，主要是粉碎粮食之用，材质是用坚硬的石块凿成圆盘状，有大推磨和小圈磨之分。大推磨由上下两盘组成，结合面凿有斜槽，下盘镶有铁制磨心轴，上盘有进料洞口、耳柄，配有木制丁字形操作架。操作时，将丁字形操作架一端放入上盘耳柄孔内，另外两端用绳子吊起，1 人加料，另外 1—2 人在绳子吊起端用力推拉，使上盘绕中心轴转动，经过上下两石磨盘碾磨，把其间的粮食研成粉末排出盘外。1960 年后，境内此类大推磨作业被电动磨粉机所取代。小圈磨除体积小外，下盘体与出料口及四周围接料凹槽连成一体；上盘在耳柄孔中固定装有木制手柄，1 人操作，主要为家庭用于磨豆浆、米粉、炒米粉、干磨芝麻粉等类食物，加工非常方便，2010 年仍有使用。

筛子

是农民常用粮食加工工具，大多为竹制外框，筛网有竹篾制成和绢丝制成之分。筛子形圆，直径大小、筛目规格有好多种。按用途不同有谷筛、米筛、粉筛之分。谷筛用于清除混入稻、麦、豆类中较大的杂物；米筛用于分离白米中的碎粒、米糠；粉筛是绢筛，用于分离米（麦）粉中的粗粒。

农船

为境内常用传统运输农具，也用于农家积肥、捕鱼等。境内传统木船大多有 3 吨和 5 吨之分，手摇橹、背纤、撑竹篙等为动力。清咸丰十年（1860），濮院陈福记造船厂开始生产载重量 0.25 吨的木船。民国时期，濮院有三家船厂和一家橹行。中华人民共和国成立后，1954 年，由供销部门组织原材料加工 3 吨木船 650 只，优先供应给农业生产合作社。合作化后，木农船逐渐增多，由集体购置公用，基本上每个生产队有 2—3 条农用木船。1965 年，水泥制品农船开始出现，并不断增多，渐渐替代传统木船；1990 年境内仅剩农用木船 37 条，水泥船有 474 条。1991 年开始，境内乡村道路增加，陆路运输发展迅速，水上农船逐渐减少。2003 年后，农用水泥船也逐步淘汰。

扁担、杠子

古老的传统肩挑杠抬常用运输工具。扁担是由毛竹制成，长约 1.3 米。杠子有竹、木之分。

土箕

用竹或竹木结合编制而成，是常用的人力搬运传统农具。主要运送泥土、畜粪等。20 世纪 80 年代，境内经过改良，利用竹筋与塑料包扎带编织土箕，牢固且韧性好。

竹篰

用竹篾编成，可肩背、肩挑、肩扛的常用传统农具，种类很多，有草篰、叶篰、茧篰等。

罱泥夹

又称罱网，是罱河泥的专用传统农具，明清时期境内已广泛使用。一副罱泥夹由两根毛竹制的罱竿和两只罱网组成，一般用麻绳编织成罱网，两只罱网分别固定安装在两根罱竿的下端，两罱竿在罱网上端加工成弯曲，成剪刀叉连接，手握罱竿上端合拢时下端两罱网也夹紧。罱泥时，人站在船边上操作，罱网下水网口开张，夹河底淤泥后闭合网口，提起将河泥放入船舱内，运至田里作肥料。20 世纪 60—70 年代时，改用塑料绳编织罱网，更加牢固耐用。80 年代后，由于工业发展，水体环境逐渐恶化，逐步放弃罱河泥积肥。

第二节　农业机械

境内主要农业机械有耕作机械、排灌机械、种植机械、植保机械、收获机械、农副产品加工机械、运输机械、农业设备等。20 世纪 50 年代，优先发展以抗旱排涝为主的排灌机械。1955—1956 年，响应桐乡县提出在 1960 年实现“灌溉机械化、喷药粉半机械化、打稻半机械化、运输机船化以及部分电力灌溉和机械操作”的要求，开始建立国营、民办抽水机站，推广使用脚踏打稻机、双轮双铧犁、手动喷雾（粉）器等新式农机具。1961 年濮院大电网供电，全镇农田实现电力灌溉，同时也拓展了农副产品加工机械、电犁及电动打稻机的应用和发展。1967 年，手扶拖拉机开始在境内试用、推广。境内粮食三熟制、五期蚕，“收种管养”挤在一起，农时季节和劳动力紧张矛盾突出。通过积极引进种植机械、收获机械及水上运输机械，提高了农业生产效率，逐步缓解了矛盾。1977 年，濮院公社机电排灌面积占耕地面积的 66.7%；机耕面积占耕地面积的 45%左右；机械脱粒面积占粮食耕地面积的 89.8%；植保、饲料粉碎和农副产品加工基本上实现了机械化和半机械化，促进了农业生产的发展。

1982 年，推行家庭联产承包责任制后，农业机械突破集体所有、经营的单一模式，逐步形成集体、联户、独户等多种所有和经营互相并存、互相补充的新模式。农村经济发展加快，各类农业机械迅猛发展。90 年代，随着粮田规模经营户不断出现，与其相适应、配套的农业机械不断增加，如插秧机、联合收割机等，进一步提高了境内农业装备水平。2000 年以后，随着国民经济的发展，国家对农业投入的增大，出台了一系列农民购买农业机械的补助政策，调动了农民购机的积极性，一大批高效、优质、环保、节能的农机新机型在境内推广应用。2003 年，新星村专门成立了农机综合服务队，由村统一调度机耕、机收作业，经济自负盈亏。2005 年，以行政村为基本单位，建立农机安全生产领导小组，为落实境内农机安全生产责任制、加强农机安全法规和安全常识宣传教育发挥了重要作用。2006 年开始，濮院红旗漾村红洋粮油农机专业合作社首先成立。随后，濮院五联粮油农机专业合作社、濮院油车桥粮油农机专业合作社、濮院创丰粮油农机专业合作社、濮院农盛粮油农机专业合作社相继成立。2007 年，境内 21 台大中型拖拉机（简称大中拖，下同）、385 台手扶拖拉机（简称手拖，下同）和 11 台联合收割机均签订了机耕、机收作业承诺书，保证了耕作、收割任务的完成，巩固和完善了各类农机化服务组织。

2010 年，境内农机购置投入 199.3406 万元，其中财政投入 101.3975 万元，农民个人投入 97.9431 万元。境内大中型拖拉机、耕整机、坐式水稻插秧机、植保机械、半喂入联合收割机及农业设备中的冷藏保鲜库、塑料连栋、塑料单体大棚和育秧秧盘等方面的机械及设备都有较大的增加。全年农机化作业总收入 416 万元，服务成本 267 万元，总利润 149 万元。

耕作机械

境内耕作机械主要有各种拖拉机（手扶拖拉机、船型拖拉机、大中型拖拉机）及其配套的犁、耙、旋耕机等农机。

手扶拖拉机 1967 年，桐乡县首次分配到上海产工农—7 型手扶拖拉机 7 台，首先在濮院等公社多点示范推广使用。手拖轻便灵活、结构简单、转向方便，且只要 1 人操作就能完成水田翻耕、旋耕等，非常适应本地小圩农田使用，境内拥有量很快增加。从 1969 年濮院公社拥有手拖 3 台，至 1972 年增加到 25 台。是年，濮院公社三熟制早稻面积增至 17539 亩，在劳动力负担重、农事季节紧的情况下，由于手拖耕作，很快替代了牛耕作业，提高了农业生产的效率，缓解了劳力和季节的矛盾。“文化大革命”后，1977 年手拖增加到 48 台，1981 年濮院公社手拖发展到 1173 台，比 1977 年增加了 1125 台。此后，逐步淘汰了工农－7(A)型、工农－11 型、红旗 5 型等，推广工农－12、东风－12 两大机型，配套动力为 S195 柴油机，功率 8.82 千瓦。1982 年，农村实行家庭联产承包责任制后，机耕作业规模变小，农忙耕田、农闲运输，手拖运输作业量明显增加，一机多用，经济效益提高，深受境内农民欢迎。1989 年，濮院乡农用手拖达到 220 台，机耕面积 30011 亩，成为当年境内主要的耕作机械。2010 年境内有农用手拖 393 台，总动力 3444 千瓦。

机耕船 又称船型拖拉机，特别适合在烂水田和平整土地时加土特别多的田块里作业。1977 年，桐乡全县开始推广嘉善产机耕船，濮院公社添置了 5 台。1993 年，濮院公社拥有机耕船 31 艘，总动力达 273.42 千瓦。机耕船因爬坡、爬田塍不方便；再则，随着农田水利建设力度加大，水田排灌条件改善，烂水田变成了能排能灌的良田，加土较多的田块也逐年沉实，机耕船使用量逐年减少。至 2010 年，境内机耕船仅剩下 6 艘，总动力 58 千瓦。

大中型拖拉机 大中型拖拉机为轮式拖拉机，在大面积园田化的农田上耕作，效率非常高。1972 年，濮院公社机电站分配到第一辆江西丰收-27 大中拖。1975 年 5 月，濮院机电站又增添上海丰收-35 大中拖 3 台，成立机耕队，为全公社有条件的田块开展代耕、代运等服务。1976—1977 年，濮院公社永联、永越、星锋大队先后引进丰收-35 大中拖各 1 台，境内大中拖达 7 台。因境内田块小，且不连片，该型拖拉机难于发挥作用，耕作效果反而不及手扶拖拉机。2000 年前后，境内又一次开展大规模的农田基本建设，大面积平整土地，农业园田化渐具规模，农业生产条件进一步改善，为农机化作业创造了更好条件；2004 年 11 月 1 日起，开始实施《中华人民共和国农业机械化促进法》，受国家补助政策的鼓励，境内农民购买大中拖的积极性高涨。年底，大中拖拥有量增加到 19 台，总动力达 716 千瓦。2010 年，随着境内引入推广江苏 704P 大中拖，全镇有大中拖 20 台，虽然数量仅增加 1 台，但大中拖机型更新换代，总动力达 1038 千瓦，比 2004 年增加了 45%。

耕整机 又称田园管理机。耕整机是 20 世纪 90 年代才出现的新农机，配套动力一般为 2.21—5.15 千瓦柴油机，配有犁、耙、旋、滚、挂车等机具，能完成犁耕、旋耕和整地等作业，还能用于喷灌、植保，至 2007 年，全桐乡市仅有 1 台。境内新河村 2010 年首次引进 4 千瓦的田园管理机 1 台，2011 年全镇已增加至 5 台。

耕整机具有犁、旋耕机、水田耙等。

犁为铧式犁是以犁铧为主要部件的耕地农具，用于翻耕田土和碎泥，耕深在 13—16 厘米，有手拖配套的和大中拖配套的铧式犁之分。手拖铧式犁种类很多，是直接挂接式犁，1967 年最早使用的是银锄—1A 型双铧栅条犁，因翻垡、耕深需调节而又多故障，不久就被武义县生产的红旗—5 型双铧犁替代。后因耕作方法改进，犁耕逐渐由旋耕替代，2010 年境内手拖双犁仅有 52 台；大中拖配套的是悬挂犁，由犁架、犁体、犁刀、悬挂架、悬挂装置和耕深调节装置等组成，通过悬挂架和大中拖的三点悬挂机构连接，靠大中拖的液压提升机构升降，大中拖的悬挂犁有 3、4、5、7 铧犁之分。2010 年，境内有此类悬挂犁 8 套。

旋耕机是一种动力驱动工作部件切碎土壤的耕作机械，既可直接旋耕，也可用于犁耕后旋耕，有手拖配套的和大中拖配套的旋耕机之分。手拖旋耕机安装在手拖变速箱后部，与手拖配套出厂。由犁刀变速箱和犁刀传动箱组成，变速箱输出动力，带动犁刀轴犁刀旋转工作，犁刀有直钩和弯钩之分。2010 年，全镇拥有手拖旋耕机 392 台；大中拖旋耕机是悬挂在拖拉机后部，由动力输出轴驱动旋耕机刀轴、犁刀而旋转而切碎土壤。大中拖旋耕机可以进行水平、高度、耕深调节，深度 15—18 厘米。1999 年境内有大中拖旋耕机 1 台，2010 年增加到 23 台。

水田耙是配套大中拖犁耕后对田土进行再加工作业的一种机具，能使土壤达到松、碎、软、平的耕作要求。水田耙由排组、轧滚和耙架组成，配合大中拖有悬挂式和拖挂式之分。2004 年，濮院有了首台水田耙，2010 年增加到 2 台。

表 5－3　1990—2010 年濮院镇耕作机械拥有量及机耕面积统计表

年份	大中型拖拉机（台）	手扶拖拉机（台）	船型拖拉机（台）	耕整机（台）	铧式犁（台）	旋耕机（台）	开沟机（台）	水田耙（台）	机耕面积（万亩）
1990	0	207	21	0	63	282	0	0	3.7396
1991	0	209	21	0	63	282	0	0	3.6002
1992	0	209	21	0	63	282	0	0	3.6001
1993	0	209	31	0	63	282	0	0	3.6001
1994	0	209	31	0	0	282	0	0	3.6001
1995	0	209	31	0	0	282	30	0	3.6
1996	0	209	31	0	0	259	44	0	3.6
1997	0	208	31	0	0	259	44	0	2.46
1998	0	208	31	0	0	259	44	0	2.46
1999	1	208	31	0	0	259	44	0	2.46
2000	3	208	31	0	0	259	44	0	2.46
2001	6	534	44	0	24＋1	585＋6	119	0	4.297
2002	6	540	2	0	24＋1	584＋6	119	0	4.64
2003	6	540	2	0	24＋1	584＋6	119	0	5.01
2004	19	541	2	0	24＋7	585＋18	120	0	5.12
2005	19	553	2	0	7	597＋18	0	0	5.13
2006	25	344	6	0	52＋16	359＋25	60	61＋1	4.25
2007	21	385	6	0	52＋16	396＋21	61	61＋1	4.37
2008	23	392	6	0	52＋16	401＋23	61	0＋4	4.29
2009	18	392	6	0	52＋6	392＋17	0	0＋1	2.81
2010	20	393	6	1	52＋8	392＋23	0	0＋2	2.81

说明：1. 2001 年及以后的统计数字为新生镇并入濮院镇后的资料，之前的仅为原濮院镇数据；

2. 铧式犁和旋耕机栏中，“＋”前后数字分别为手拖配套机具和大中拖配套机具

排灌机械

濮院的排灌机械出现较早，民国《濮院志》记载：“民国十七年（1928），濮院先施米厂，兼理戽水。”中华人民共和国成立后，机械排灌发展领先于其他农机。

抽水机站和电力排灌　（详见第六章水利建设第三节农田灌溉）。

农用水泵 水泵是用于排灌水的农机具，常用动力为内燃机和电动机，有离心泵、混流泵和轴流泵之分。境内最早使用水泵始于民国17年（1928）先施米厂的兼理戽水。中华人民共和国成立初国营和民办抽水机站使用的都是由内燃机为动力的农用水泵。1959年，开展技术革新现场会，濮院等四家机械厂为全县改制水泵163台，提高了水泵的出水率。1961年电力用于农田排灌后，水泵动力逐渐由电动机替代内燃机。1990年，濮院境内拥有水泵231台，其中排灌两用65台，单灌128台，单排38台。1999年560台。2000年起，推广使用新型混流泵和立式直接传动轴流泵，出水效率更高。2007年最高值达到675台，以后逐年有所下降，2010年全镇拥有水泵489台。

节水喷灌机械 喷灌是一种节水省工、农业增产的灌水方法，称为喷洒灌溉，由喷灌机械完成作业。喷灌设备包括水源、输水渠系、水泵、动力、压力输水管道及喷头等。喷灌有移动式、固定式和半固定式三种。作业时，从河、塘、井、渠或无压力的暗水管取水加压，经过压力输水管道设备支管、竖管及管道附件，送到田间，由喷头将水喷射到空中散成小水滴，下雨样洒在农作物上。1984年4月11日，濮院镇投资6.48万元，为濮院蔬菜队、濮院果园配置固定喷灌设施，选择嵊县抽水机站生产互控射流喷头，泵房安装同扬程水泵2台，配置喷点188个，5月1日竣工投产，喷灌蔬菜155亩、桑园30亩、果园18亩，为蔬菜、果园、桑园三结合喷灌探索试点，每亩造价319元。1990年，境内濮院乡拥有喷灌机械17套。由于农村实行家庭联产承包责任制后，生产经营规模变小，受燃料耗用保管、修理保养、操作技能等制约，喷灌机械拥有量逐年下降。至2000年，喷灌机械全部停止使用。2009年6月开始，新东村葡萄园基地开工建设经济型的喷滴灌工程，当年底完工，喷滴灌技术以减少灌溉水的损失来提高灌溉水的利用系数，可适时适量地满足农作物对水分的要求，并可调节田间小气候；可通过管道进行施肥，节省大量劳动力。2010年，境内节水灌溉面积达7500亩。

种植机械

包括拔秧机、水稻插秧机、水稻抛秧机和工厂化育秧流水线等。2010年，境内机械种植面积3700亩。

插秧机 插秧机有插小苗和插大秧龄苗两种，由动力传递、秧箱、送秧机构、分插机构和机架等组成。境内插秧机试用较早，1959年4月春耕前，濮院公社把210台余姚式手动插秧机分配给1—6管理区，分别为42台、38台、38台、20台、35台和37台，暂定每台价格60元，由于效果差，1960年后逐渐停用。1968年，境内又掀起农业机械化高潮，先后引进多种型号的插秧机，皆因插秧机设计不成熟，制造质量欠佳，作业时缺棵多，补秧费工，增产不多，经济不合算而没有推广应用。直至2009年，红旗漾村首次引进8千瓦的乘坐式水稻插秧机1台，应用效果好，效率明显提高。2010年境内增加至6台水稻插秧机，其中4台为乘坐式。2010年境内拥有量10台，全部为乘坐式水稻插秧机，机插面积13万亩。

植保机械

植保机械是保护农作物及农产品免受有害生物危害的施药器械，主要有手动喷雾器和机动喷雾器两种。境内从20世纪50—60年代逐渐推广普及；前期以手动植保机械为主，2005年农业生产逐步实行园田化、规模化后，机动植保机械量迅速增加，充分发挥了高效作用。2010年机械植保作业面积5200亩。

手动喷雾(粉)器 手动喷雾(粉)器有单管喷雾器、手摇喷粉机和压缩喷雾器三种。1952年，境内开始使用单管压缩喷雾器，使用时将吸管置于配制好的药液桶内，两人配合操作，一人连续不断拉压单管上的手柄，另一人喷洒药液，主要用于蚕具消毒。1958年推广手摇喷粉器，将药粉加入药箱内，通过摇动手柄，药粉喷到农作物上。当时使用的农药以六六六粉剂为主，主要用于水稻田治虫。1980年后停用六六六有机氯农药后，喷粉机已淘汰。1982年，实行家庭联产承包责任制后，农户大都采用工农—17型背包式喷雾器，基本达到每户1台。1990年，濮院乡共有手动背负式喷雾器4174台。1999年减少至4045台。

机动压缩喷雾机 20世纪70年代，境内开始使用机动喷雾机。1978年濮院公社有机动喷雾机420台，基本上每个生产队拥有1—2台汽油机为动力的压缩喷雾剂。1982年，实行家庭联产承包责任制后，大多数机动压缩喷雾机被闲置起来，数量也逐渐减少。1998年，濮院乡黄河村(现新河村)、永越村分别添置机动压缩喷雾机2台，汽油机动力各为0.74千瓦。2006年，境内增加到6台，至2008年，有20台，配套动力48.9千瓦。2009年35台，90千瓦。2010年达41台，配套动力109千瓦。

收获机械

收获机械有脱粒(打稻)机、割晒机、联合收割机等几种。脱粒机又有人力打稻机、机(电)动打稻机和自动脱粒机之分，1991年后统称“机动脱粒(打稻)机”。2010年，境内机收面积35900亩。

人力打稻机 又称脚踏打稻机，稻麦脱粒兼用，有双人和单人操作之分，1954年开始使用。1957年后，手工业合作化，人力打稻机发展迅速。1967年后，农村低压电网逐步发展普及，人力打稻机逐年减少，由机动脱粒机代替，至1983年，全部被淘汰。

机动脱粒(打稻)机 有场上打稻机、落田打稻机和稻麦两用自动脱粒机之分。场上打稻机有双人打稻机和单人打稻机之分，滚筒有铁齿木制和铁齿铁制之分，长度分别为80—100厘米和180厘米，配套动力分别为2.2千瓦和3—4千瓦。落田打稻机滚筒长度80厘米，安装在木制稻桶内，联成一体，配套动力为1.5—2.2千瓦。1961年，农村通电后由机动改为电动。至20世纪70年代随电力事业的发展，使用方便、脱粒干净的电动打稻机发展迅速。1974年，境内濮院公社共有1800型长滚筒打稻机165台、落田打稻机32台、稻麦两用自动脱粒机23台。1977年有机动脱粒机械240台。1982年实行家庭联产承包责任制后，多数农户开始购置小型电动打稻机。是年，境内濮院乡共有落田打稻机1020台、1800型打稻机323台、自动脱粒机243台。1990年,境内濮院乡有机动脱粒(打稻)机1743台,总动力3579.35千瓦。2001年10月新生镇并入濮院镇后,有机动脱粒(打稻)机3843台,7673.35千瓦,机械脱粒2.095万吨。至2010年,境内共有机动脱粒(打稻)机4637台,8331千瓦,机械脱粒2.81万吨。

濮院红旗漾村的联合收割机作业

收割机 分为收晒机和联合收割机两种。1994年濮院永越村首次购进湖州产联合收割机1台,动力11千瓦。1996年,境内原濮院乡联合收割机增加到7台。2001年,新生镇并入濮院镇,境内联合收割机达28台,动力579.75千瓦;机动收晒机5台,动力22千瓦。2006年,联合收割机和机动收晒机分别减至11台和1台。至2010年,有联合收割机11台,430千瓦。

油菜收获机 2006年,濮院红旗漾村首先引进油菜收获机1台,2010年油车桥村也购进1台,境内拥有量2台,机收面积800亩。

表5-4 1990—2010年濮院镇收获机械拥有量及机械收获面积统计表

年份	收获机械动力		机动脱粒机		联合收获机		机动收晒机(台)	谷物烘干机(台)	油菜收获机(台)	机械收获面积(亩)
	台	千瓦	台	电动机动力(千瓦)	总计(台)	其中:自走式(台)				
1990	1743	3579.85	1743	3579.85	—	—	—	—	—	—
1991	1743	3579.85	1743	3579.85	—	—	—	—	—	—
1992	1743	3579.85	1743	3579.85	—	—	—	—	—	—
1993	1743	3579.85	1743	3579.85	—	—	—	—	—	—
1994	1744	3590.85	1743	3579.85	1	1	—	—	—	—
1995	1744	3590.85	1743	3579.85	1	1	—	—	—	1255
1996	1750	3700.7	1743	3579.35	7	7	—	—	—	2210
1997	1750	3700.7	1743	3579.35	7	7	—	—	—	2210
1998	1750	3700.7	1743	3579.35	7	7	—	—	—	2210
1999	1750	3700.7	1743	3579.35	7	7	—	—	—	2210
2000	1755	3829.35	1743	3579.35	12	7	—	—	—	3950

续表 5－4

年份	收获机械动力		机动脱粒机		联合收获机		机动收晒机（台）	谷物烘干机（台）	油菜收获机（台）	机械收获面积（亩）
	台	千瓦	台	电动机动力（千瓦）	总计（台）	其中：自走式（台）				
2001	3876	8072.2	3843	7673.35	28	23	5	—	—	11330
2002	4651	7708.6	4621	7165.7	25	22	5	—	—	11390
2003	4651	7708.6	4621	7165.7	25	22	5	—	—	28300
2004	4651	7727	4621	7165.7	25	22	5	1	—	26000
2005	4651	7727	4621	7165.7	25	22	5	1	—	26000
2006	5280	9926	5266	9590	11	11	1	1	1	27900
2007	5921	11139	5907	10803	11	11	1	1	1	32300
2008	5920	11108	5907	10803	10	10	1	1	1	34900
2009	5561	10731	5551	10393	9	9	1	1	1	37700
2010	4648	8761	4637	8331	11	11	0	1	2	35900

农副产品加工机械

主要有粮食、油料、饲料等加工机械。境内农副产品加工机械使用比较早，中华人民共和国成立前，就有以内燃机作为农副产品加工机械的配套动力。中华人民共和国成立后，尤其是 1961 年境内大电网建成后，电力设备发展迅速，相应农副产品加工机械不断更新发展。2000 年后，畜禽养殖业结构调整，随着农村商品经济不断发展，农副产品加工机械有所减少。2010 年，全镇机械加工粮食 18900 吨，油料 40 吨。

粮食加工机械 粮食加工机械主要是碾米机和相应配套动力机械，中华人民共和国成立前境内就有应用。民国 13 年（1924）开办的濮院协盛碾米厂，有柴油引擎机 1 台，米车 3 台，每年开机 5 个月，碾米 2 万余石。民国 23 年（1934 年）镇绅徐景春、徐颂嘉开办的徐恒源油坊，兼加工粮食，有动力设备德制 36 马力牵引机 1 台，上海永大厂生产的 24 马力、10 马力油车机各 1 台，中华铁工厂生产的小号“提固奇士”3.25 马力煤油机 1 台及小型发电机 1 台。粮食加工设备有沙砻 1 台，5 寸米滚筒用动力拖大碾 1 台，碾米斗机 2 座等。中华人民共和国成立后，1951 年，镇政府组织生产自救，在徐恒源油坊旧址投资建立国营稻谷加工厂，1958 年与濮院榨油厂合并成立濮院油米厂，是年引进美制 60 马力柴油机 1 台。1961 年始，境内农村实现电力排灌后，利用电力排灌机埠电动机的动力，带动碾米机，在排灌空余时间加工碾米。1984 年开始使用联合碾米机（砻谷橡皮滚筒与铁碾米滚筒装在一台机器上，称联合碾米机），有固定作业和流动作业两种；流动作业时与12型拖拉机配套。稻谷加工后碎米少、米质好、出糠细。1990年，濮院乡有粮食加工机械63台，其中碾米机43台，磨粉机20台。2001年，新生镇并入濮院镇后，拥有粮食加工机械144台。至2010年，境内共有粮食加工机械43台，谷物烘干机1台。

饲料加工机械 分青饲料打浆机和饲料粉碎机两种。青饲料打浆机由一个上端开口的立式圆形铁桶、转轴和刀片组成，加工流程为鲜草料从上口加入，经高速旋转刀片切割打碎，从桶下端出料口挤出。1958年，公社化后的集体畜牧场，广辟饲料来源，将青草、水生植物，用打浆机加工成青饲料喂猪。以后，农村养猪以户为主，青饲料打浆机使用数量逐渐减少，被饲料粉碎机替代。

饲料粉碎机是饲料加工的主要机械，有锤击式和磨片式两种，以前者为主。操作流程是将谷壳、稻草、豆荚等谷物，从料斗中加入机内，在铁锤的不断打击下，通过筛子细化成粉状。1990年，濮院油米厂有年产饲料3000吨设备1套，濮院乡有饲料加工机械95台。2001年，新生镇并入濮院镇后，拥有饲料粉碎加工机械153台。2010年境内有饲料加工机械19台。

油料加工机械 境内的油料加工较早，清光绪二十四年（1898），谢一山创办濮院甡记油坊，当时全部使用人力和牛力作动力，有大碾糟1台，洋碾2台，火磨3台，菜磨3台，豆磨2台，菜车9台，豆车4台。民国23年（1934年）镇绅徐景春、徐颂嘉开办徐恒源油坊，有动力设备德制36马力牵引机1台，上海永大厂生产的24马力、10马力油车机各1台，中华铁工厂生产的小号“提固奇士”3.25马力煤油机1台及小型发电机1台。其他设备有豆油榨油车8台、菜油榨油床11座。民国27年（1938）开办的同裕油坊也有发电机和榨油粉碎机各1台。中华人民共和国成立后，1958年，濮院油米厂引进美制60马力柴油机1台。1963年开始使用电力作动力，其他工序也全部实现机械化，油料加工机械发展迅速。至1990年，有日处理80吨的200型榨油机3台，日处理米糠30吨和菜饼50吨的浸出设备各1套，日处理20吨菜油精炼设备1套及4吨锅炉2台，400千瓦配电房1座。2006年，新妙智村添置第一台油料加工机械后，至2010年境内油料加工机械增加至3台。

表5－5 1990—2010年濮院镇农副产品加工机械拥有量及加工统计表

年份	粮食加工机械					油料加工机械（台）	饲料加工机械（台）	机械加工农副产品数量（吨）		
	数量（台）	动力（千瓦）	合计	碾米机（台）	磨粉机（台）			合计	加工粮食数量	加工油料数量
1990	158	1780.6	63	43	20	—	95	—	—	—
1991	158	1780.6	63	43	20	—	95	—	—	—

续表 5－5

年份	粮食加工机械					油料加工机械（台）	饲料加工机械（台）	机械加工农副产品数量（吨）		
	数量（台）	动力（千瓦）	合计	碾米机（台）	磨粉机（台）			合计	加工粮食数量	加工油料数量
1992	158	1780.6	63	43	20	—	95	—	—	—
1993	158	1780.6	63	43	20	—	95	—	—	—
1994	158	1780.6	63	43	20	—	95	—	—	—
1995	158	1780.6	63	43	20	—	95	—	—	—
1996	158	1780.6	64	44	20	—	95	—	—	—
1997	158	1780.6	64	44	20	—	95	—	—	—
1998	158	1780.6	64	44	20	—	95	—	—	—
1999	158	1780.6	64	44	20	—	95	—	—	—
2000	218	1780.6	64	44	20	—	95	2641	2641	—
2001	329	3180.7	144	—	—	—	153	8641	8641	—
2002	329	3180.7	144	—	—	—	153	8641	8641	—
2003	176	1760.9	144	—	—	—	153	8850	8850	—
2004	178	1798	144	—	—	—	153	8850	8850	—
2005	178	1798	144	—	—	—	153	8850	8850	—
2006	86	629	49	—	—	1	37	8855	8850	5
2007	96	751	59	—	—	2	37	9855	9850	5
2008	74	932.2	43	—	—	5	19	19030	18980	50
2009	74	932.2	43	—	—	6	19	18960	18900	60
2010	74	932.2	43	—	—	3	19	18940	18900	40

说明：2001 年及以后的统计数据为新生镇并入濮院镇后的资料，之前的仅为原濮院镇数据

运输机械

运输机械有水陆之分。20 世纪 70 年代后，境内乡村企业发展很快，特别是砖瓦厂、水泥厂和水泥预制厂的兴办，运泥运砖、运石运沙的水上农用机动船应运而生。由于机耕路和乡村公路建设的发展，拖拉机、农用运输车不断增加，至 20 世纪 90 年代末，农村水上运输逐渐被陆上运输所替代。1992 年，境内农机运输作业量 50 万吨千米，2010 年，

农机运输作业量增加到382万吨千米。

大中型运输型拖拉机 大中型运输型拖拉机分大中型拖拉机带挂车和配套动力在14.7千瓦以上的变型运输车，专用于道路运输作业。据《桐乡农业志》记载，“1973年，沿320国道的濮院等公社，在农闲时首先开展道路运输作业，为农村建设提供服务”。1978年，濮院公社农闲从事运输的大中型拖拉机有7台。1982由于与大中型拖拉机配套的挂车体型高大，装卸货物不方便，经济效益欠佳而渐减。2000年后，大中型变型运输车成为取代大中型拖拉机拖带挂车的主要运输机械。2002年，境内有大中型运输拖拉机21辆，367千瓦。2008年，大中型运输拖拉机最多达71辆，1510千瓦。2010年上路大中型运输拖拉机有64辆，1411千瓦。

小型运输型拖拉机 小型运输型拖拉机有手扶拖拉机带挂车和配套动力在14.7千瓦以下的方向盘式运输拖拉机及手扶变型拖拉机两种。手扶拖拉机牵引挂车上道路运输始于1972年，挂车载重量起初为0.75吨，后改为1吨。是年，境内濮院公社有与手扶拖拉机配套的小型挂车15辆，农闲时为集体装运农副产品，主要利用机耕路，搞短途运输作业。1990年从事纯运输的手扶拖拉机挂车有11辆，之后，随着小型方向盘式运输拖拉机的发展，手扶拖拉机拖带挂车渐减。2000年后，发展手扶变型运输拖拉机，至2007年，境内小型运输拖拉机达102辆，总动力1106千瓦。至2010年，有上路行驶的小型运输型拖拉机21辆，400千瓦。

农用汽车和农用运输车 1980年，濮院公社率先购置农用汽车3辆，主要用于化肥、农药等农用物资运输。之后，部分农村集体企业购买农用汽车和农用运输车，至1990年，濮院乡有农用汽车10辆，183.8千瓦，之后，随着农用运输车的发展，农用汽车逐步减少乃至停用。2001年，新生镇并入濮院镇，共有农用运输车40辆，总动力666.8千瓦，至2007年，有农用运输车18辆，212千瓦。2008年后，由运输型拖拉机替代农用运输车。

农用机动船 主要有挂机船、挂桨机船、小轮船和拖轮。其中农用挂机是将发动机、传动系统、螺旋桨等组成一个整体，一般配置2.21—3.68千瓦（3—5马力）柴油机，安装在3吨以下的农船尾部；挂桨机船是将发动机单独固定在船上，而传动系统、螺旋桨安装在船尾，可一起拆装。境内常用73型挂桨机，装在3—5吨的农船上，动力为8.82千瓦（12马力）柴油机。使用时柴油机动力通过三角皮带直接传递给挂桨机，驱动螺旋桨，使船行驶。这种船结构简单、维修方便，只需1人操作，经济实惠，20世纪80年代后改称农用机动船。镇域地处嘉湖水网地区，大小河流纵横密布，水上交通便捷，当时乡镇企业发展，农户购置农用机动船，大都用于为砖瓦厂运泥运砖等短途运输。1990年，境内濮院乡有农用机动船98艘，970吨，807.16千瓦，至1999年，仍有农用机动船91艘，923吨，758.76千瓦。2000年后，公路运输发展，农用机动船逐步淘汰。

表 5－6　　1990—2010 年濮院镇运输机械拥有量统计表

年份	农用运输车（辆）		运输型拖拉机			农用机动船（艘）	农用船	
	总数（辆）	四轮车（辆）	合计（辆）	手扶拖拉机（辆）	大中拖拉机（辆）		木船和木帆船（艘）	水泥船（艘）
1990	5	5	12	12	—	98	37	474
1991	5	5	12	12	—	98	37	474
1992	6	6	34	34	—	98	511	
1993	5	5	34	34	—	98	511	
1994	5	5	38	38	—	98	511	
1995	5	5	38	38	—	98	511	
1996	5	5	36	36	—	92	509	
1997	3	3	36	36	—	91	509	
1998	3	3	36	36	—	91	509	
1999	3	3	36	36	—	91	509	
2000	10	10	36	36	—	2000 年起不作统计		
2001	40	40	88	88	—			
2002	19	19	63	42	21			
2003	19	19	63	42	21			
2004	21	21	63	42	21			
2005	—	—	84	63	21			
2006	—	—	130	83	47			
2007	18	18	152	102	50			
2008	—	—	101	30	71			
2009	—	—	101	30	71			
2010	—	—	85	21	64			

农业设备

境内农业设备主要包括塑料连栋、塑料大棚、冷藏保鲜库、育秧秧盘等，是农业现代化的技术基础。塑料连栋、塑料大棚等除能防风雨外，在冬季能充分利用阳光获取能源，保持适宜的温度，通过现代技术，培育出反季节无公害蔬菜、花卉苗木及蔬菜制种等，以

塑料大棚

满足居民生活生产需求。20世纪70年代，境内全面推广两熟制早稻用薄膜保温育秧。2000年，濮院公社永越、新星两大队建成塑料大棚86710平方米。2007年，境内塑料大棚增至270048平方米。同年，新联村建立冷藏保鲜库800立方米。至2010年，镇域有塑料大棚1400770平方米，是2000年的16.15倍；冷藏保鲜库增至1300立方米；育秧秧盘55000只。2011年，新东村建连栋温室7000平方米。

表5－7　　2000—2011年濮院镇农业设备统计表

年份	塑料大棚（平方米）	冷藏保鲜库（立方米）	育秧秧盘（只）	连栋温室（平方米）
2000	86710	—	—	—
2001	86710	—	—	—
2002	86710	—	—	—
2003	86710	—	—	—
2004	57928	—	—	—
2005	57928	—	—	—
2006	88412	—	—	—
2007	270048	800	—	—
2008	382658	600	—	—
2009	807513	1000	10000	—
2010	1400770	1300	55000	—
2011	1700920	3028	65000	7000

其他农用机械

农田基本建设机械　农田基本建设机械常用于平整土地，开挖河道、沟渠、筑堤坝和新农村建设等。20世纪50—60年代，平土、开河、挖渠、筑堤还是使用传统农具靠人工翻垦肩挑或农船运输，70—80年代开始使用吸泥船、田间打洞机、开沟机等，借助拖拉机运输机和农用挂浆机船等农业机械作为运泥工具，真正的农田基本建设机械甚少。1994年，濮院乡拥有开沟机30台。2000年前后，境内大规模开展农田基本建设，需用较大型的农田基本建设机械如推土机、挖掘机等，都是招标外地专业户来作业。2001年新生镇并入濮院镇后，2004年全镇拥有开沟机最高达120台，2008年减少至61台。

渔业机械 1968年濮院公社濮院渔业水产大队成立，有捕鱼船只47只(99.5吨)。同年开始外荡水产养殖后，使用机动船(挂桨船)及电捕器捕鱼(电触鱼)。1983年推广家庭联产承包责任制后，外荡捕鱼专用机动船有所增加。1984年11月起，对电捕鱼作出限止。1990年起，水产外荡养殖转为内塘养殖。2000年初期外来承包户的增多，境内濮院镇的内塘养殖面积增加至550亩，渔业机械主要有增氧机。2005年11月，《浙江省渔业管理条例》的规定，禁止使用电脉冲渔具进行捕捞。2010年，境内共有渔业机械增氧机61台，107千瓦。

畜禽养殖机械 主要有牧草收获机、饲料加工机械、投喂设施和畜粪处理设备等。2010年，境内拥有畜禽养殖机械电动机动力283千瓦，饲料加工机械19台，畜粪处理设备1台。

林果业机械 2010年，境内拥有林果业机械15台，19千瓦。

第三节 农业服务

农业技术推广服务站

1955年4月，桐乡设立城濮等区农业技术推广站，负责推广新式农具，传授使用和维修技术，推广良种，指导改进耕作栽培技术，推广家畜繁殖和防疫工作，指导改进牲畜饲养方法等。1958年，濮院大公社成立，撤销区站，1959年7月，成立濮院公社农业技术推广站。1962年，濮院大公社分设濮院、新生两公社，撤销农业技术推广站，改成农业试验基地。每个生产大队配备农民植保员，指导病虫防治工作，重点开展水稻、大小麦、油菜等良种试验和高产示范。1963年起，境内各生产大队成立试验场(或种子场)和科学实验小组，公社、大队农业技术推广网络初具规模，对农业技术的推广与应用起到积极作用。1966年，"文化大革命"期间，正常农技推广工作遭受影响。1970年，濮院公社成立科研站，设在濮院西市。1972年科研站下设一场一厂，在挥士桥西公路北建立公社良种试验场，有人员20余名；大队、生产队建立农科小组。1984年改公社建制为乡，1985年4月，濮院和新生乡分别设立农技站，各有7名农技人员，下设农业公司，建立经营部。濮院乡共设4个经营部，总经营部在西市迎龙桥东堍；果园场经营部建有种子仓库162平方米，晒场270平方米，疏通了良种供应渠道。新生下设1个经营部，地址在南北圣新生路3号(新生桥南堍)。农技站从以往行政指导型转向技术经营服务型，变单纯的产中技术指导为产前、产中、产后的全程服务，制定境内重点农业项目的实施方案；配合专业技术服务公司、农民技术员、科技示范户，共同做好农业新技术、新成果的推广工作；引进良种和先进技术，种好示范田，进行技术指导；宣传普及农科技术知识；当好农业生产情报员。

1989年,濮院乡农技站被评为“全国先进农技站”,是年5月,庄继元代表濮院乡农技站到北京出席表彰大会。1990年1月,濮院乡下文明确农技站全称为“濮院乡农业技术推广服务站”(简称农技站),是乡政府下属的事业单位,行政上由乡政府领导,业务上受农林局指导;朱云林为站长。1992年,省农业厅明确了乡镇农技站的基本职责:宣传、培训、推广,做好产前、产中、产后的系列化服务,推动农业向专业化、商品化、现代化转化。2001年10月,两镇合并,撤销濮院、新生农业技术推广服务站,成立濮院镇农业技术推广服务站。

水利农机管理服务站

境内的农机管理,随着农业机械化的发展,得到逐步健全和不断完善。

1959年,濮院大公社成立农业机械管理站(也称抽水机站或机灌站),地点在濮院三里塘,站长姚魁松、韩天亮,有4名工作人员,抽水机拥有量51台,647马力。1962年,分别成立濮院、新生公社机电排灌管理站,对辖区的农机、水、电实行统一管理。1972年,濮院公社机电站分配到第一辆江西丰收-27中型拖拉机。1975年5月,更名为农机水电管理站(简称公社机电站),属公社事业单位,经济开支以集体为主,国家补助为辅,配有专职管理人员,业务上受上级农机、水利、电力部门的指导,在当地公社的统一领导下,负责农机、电气设备和农田基本建设等工作。同时公社、大队均成立农机水电管理领导小组。同年,濮院机电站又增添上海丰收-35大中型拖拉机3台,前后共4台大中拖,成立机耕队,为全社开展代耕、代运等服务。是年起,公社机电站加强社队两级农机维修网建设,培养机械维修工50人,全公社各生产大队都建立农机修理组,做到小修不出队,中修不出社。1979年实行机水、电分离,成立并扩建农机水利管理站,增加维修设备,新建拖拉机停车场245平方米。1982年,境内农村实行家庭联产承包责任制后,农机服务对象从原来的生产队变为一家一户。为适应新的变化,社、队建立了水利农机管理组织;集体经营的农业机械建立生产责任制,做好为农服务。村也成立农机服务队,有常年固定服务队和季节性农忙机耕队两种形式。是年新生公社建立农机服务队1个。

1984年随县水利农机局更名,境内乡“机电站”更名为“水利农机管理服务站”(简称水机站),增加水机站功能,设施和服务效益等方面实行计划管理。基础设施、规模、机耕、运输、修理、加工、农机配件经(代)销,综合经营产值、利润等均由县水利农机局下达计划指标,水机站实施年终报告,县局检查计划执行情况。1990年,濮院乡水机站建筑面积454平方米,有固定人员20名,临时人员5名,站内设备有车床3台、刨床1台、钻床3台、电焊机2台、其他设备4台,修理农机666台次,年末固定财产97.021万元。2001年10月,撤销濮院、新生水利农机管理服务站,成立濮院镇水利农机管理服务站。

农业经济服务中心

2002年7月,根据《中共桐乡市委、桐乡市人民政府关于乡镇、街道事业单位改革的实施意见》精神,濮院镇水利农机管理服务站和农业技术推广服务站合并成立濮院镇农业经济服务中心(简称农经中心),业务包括栽培、经作、蚕桑、畜牧兽医、水产、林业、农村能源、农机、水利、农业信息、农经等。主要职责为:负责本区域种植业、林业、农机、水利技术推广(含蚕桑辅导)、农业机械管理和农机安全生产、农田水利基本建设、防汛抗旱、土地整理、农业综合开发、水资源管理;协助开展种植业、林业、渔业、农机、水政执法和水土保持、水利基础设施管理及河道水域和岸线管理工作;收集提供农业科技和农产品市场信息,结合技术推广等开展产前、产中、产后的系列化服务;指导合作经济组织建设,负责农业承包合同管理;负责减轻农民负担监督管理的日常工作,负责农村能源的利用和开发。2006年10月,畜牧兽医站工作人员作为畜牧兽医专管员,纳入濮院镇农业经济服务中心,并聘用村级畜牧防疫员17名,承担动物免疫、免疫档案管理、动物防疫巡查、疫情测报和协助开展动物产地检疫等工作,政府以购买服务的方式按月发放补贴。2010年,濮院农经中心有工作人员17名,专业技术人员14名,其中副高级职称2名,中级职称8名。

畜牧兽医站

民国时期,境内农村的畜禽防疫工作,主要依靠走村串户的阉割手作为民间兽医,镇域有3人。中华人民共和国成立后,1957年,濮院成立家畜诊疗所,有兽医人员1名。1958年,濮院成立大公社,撤销家畜诊疗所,组建公社畜牧兽医站,行政上属于濮院公社领导,业务上由县农业局指导,站长为高金林,有工作人员4名。是年畜牧兽医站办了畜牧场,饲养中型约克和苏白种公猪3头,在全县最早开展猪的人工授精。在省、地、县业务部门的指导下,畜牧兽医站从上海购置采精、输精等工具、设备,精液保温采用土法上马,利用水井内16度左右的恒温保存。配种范围以本公社母猪为主,逐步扩大到周边梧桐和嘉兴县的洪合、建设、高照、万民等地。1961年,濮院大公社分设为濮院、新生两公社,公社畜牧兽医站也各自分设。濮院公社畜牧兽医站负责人为孟竟成,新生公社畜牧兽医站负责人为魏煜兴。1962年,境内两公社畜牧兽医站参与成立"桐乡县畜牧兽医总站",业务工作由县农业局畜牧水产股指导。1966年,"文化大革命"时期桐乡县畜牧兽医总站撤销。1982年,濮院兽医站作为主要协作单位参与科技项目"湖羊肝吸虫病流行规律的探讨及综合防治技术研究",获得省农业厅颁发的省农业科技推广奖二等奖,后又获得嘉兴市颁发的市科技成果奖二等奖。1983年,濮院兽医站参与科技项目"推广优良猪种 养猪实行'三化'",获得桐乡县政府颁发的县科技推广奖二等奖。同年,濮院兽医站孟竟成参与科技项目"推广肉用良种公猪人工授精",获得桐乡县政府颁发的县科技推广奖二等奖。1989年,吴月根、施三娜分别被县农林局任命为濮院乡、新生乡畜牧兽医站站长。1990年6月,濮院畜牧兽医站孟竟成被桐乡县政府评为畜牧兽医专业高级农民技师职称(全县首次设立高级农民技师职称,共评定两名)。1992年,濮院镇畜牧兽医站庄玉官、吴月根等参与桐乡县畜牧兽医联站科技项目"推广快速型肉鸡及配套技术",获得嘉兴市政府颁发的市农业(粮食)丰收奖三等奖。翌年,又获得省政府颁发的1992年度省农业丰收奖三等奖。

1999年，根据相关文件，畜牧兽医站定为自收自支的全民事业单位，属于“以块为主”的管理体制，划为镇政府编制人员。2006年10月，撤销濮院镇畜牧兽医站，作为畜牧兽医专管员，并入濮院镇农业经济服务中心。

农业生产资料经营公司

1985年5月，设农业公司，建立经营部。濮院总经营部在西市迎龙桥东堍，营业用房面积120平方米，主要经营农药化肥、蚕药蚕具、小农具等。此外兼收部分农副产品及推广销售大麦浙农3号、油菜92－58系、早稻嘉籼222、晚稻秀水620等粮食新品种。1985年至1989年底，销售总额823.23万元，利润117.88万元，利润率为14.3%，固定资产29.7万元，流动资金14.2万元。农业公司又先后设庙簰、果园桥、塘桥农业生产资料经营部；果园桥设有种子仓库和晒场。2000年农业公司经营部搬迁中兴路凯旋路口，2001年又搬迁至中兴路新建桥北堍。2010年负责人为庄锦荣。新生下设农业公司经营部1个，地址在南北圣新生路3号（新生桥南堍），2010年已停业。

表5－8　　2010年濮院镇农业经济服务中心技术人员一览表

编号	姓　名	性　别	参加工作时间	职称或职务	职称取得时间	学　历
1	周国强	男	1984.09	高级经济师	2000.12	大专
2	殳胜林	男	1983.11	—	—	高中
3	朱新生	男	1973.08	高级农艺师	2010.12	中专
4	周民主	男	1985.04	农艺师	2003.08	大专
5	陆荣华	男	1979.01	助　工	1996.03	高中
6	董尧松	男	1980.09	农机工程师	2005.12	中专
7	陈荣兴	男	1971.08	水利助工	1996.03	高中
8	朱桐庆	男	1983.04	农艺师	2007.07	中专
9	朱海昌	男	1979.04	工程师	2001.09	中专
10	金建荣	男	1978.02	工程师	2006.08	中专
11	李菊林	男	1978.02	农艺师	2002.08	中专
12	倪桂泉	男	1992.04	助理农艺师	2007.07	大专
13	庄品金	男	1978.11	水利助工	1996.03	大专
14	沈玉林	男	1986.08	兽医师	2008.10	大专
15	陈全中	男	1991.06	兽医师	2008.10	大专
16	庄建伟	男	1999.12	—	—	大专
17	高惠芳	女	2008.07	—	—	高中

第六章　水利建设

水乡濮院，地属长江三角洲冲积平原和湖绍淤积平原，以运河为界，分塘南、塘北两部分，南高北低，地势东南略向北倾斜。境内西侧有南永兴港、北永兴港沟通长水塘，穿大运河接澜溪塘，东中部有分乡港、正家笕港亦南北贯通，南侧有莲花桥港洪水南排河道，干流塘河行水，支流港河均水，形成所谓“塘以行水，泾以均水，塍以御水，溇以储水，堰以障水，潦可泄，旱可引，以灌此一邑之水利”。支流港河纵横成围，外以围水，内以匡田。围即圩，大者上千亩，小者几百亩，均为干流塘河及支流港河围裹而成，全镇呈特有的桑基圩田人工地貌。

濮院镇区处域内运河南水系，东有十景塘，北连秀州区洪合镇新开河。南永兴港、阮三姐港与运河沟通，南接新桥港、横窦桥港、机凌港等，向南流入启簰港（今拓宽疏深为南排工程——莲花桥港），排涝入杭州湾。镇区范围，一般情况下能抗御外河水位，如遇水位突然升高，还需依赖闸站，突击加高加固圩堤。

境内排涝设施，采用“20 年一遇 24 小时暴雨量 24 小时即能排出而不受淹”的排涝标准。防洪规划与城镇规划水平相协调，采取“外港挡得住、内港排得出”和充分利用现有水利工程设施的原则，配合发展机电排灌，开展与河道整治相关的圩区治理，并圩，抬高地面，修筑堤防，筑路建闸，拓疏河道，造桥撤渡，护岸绿化等配套建设，建立排、灌、调、蓄结合，引排安全、经济、可靠、有序的多功能河网水利体系。

第一节　兴修水利

河道疏浚

镇域河道纵横密布，围护圩田，涝排旱引，河道深浅通塞，都关系到境内农业丰歉。民以食为天，国以民为本，民安才能国泰，历代上至统治者，下至乡民都比较重视河道整治，疏河导流，开拓瓶颈，蓄泄并举。

唐代，广德中（763—764），屯田使朱自勉，浚畎距沟，浚沟距川，疏凿运河，水利始兴。后刺史于頔，缮堤防，疏凿亩浍，列树表道。其间包括运河濮院段。宋代，境内主要河道基本形成网络，运河为纲，干河支流为目，横港直塘围成圩田，浜娄深入圩内，因平原坡底低，往往淤塞严重，河道整治有周期。元丰三年（1080），赐米三万石，开挖苏至杭段运河浅淀，濮院段在其中。元、明、清以疏浚为主。元皇庆年间，濮氏疏浚镇域南市河，夹岸植梅成林，花开如雪，改称梅泾，为镇南出境主要水道之一。明景泰中，大旱，濮宗渊捐米五百石，疏浚新开河，自灵官桥向北至运河。明弘治中，又大旱，濮氏复捐米千余石，从运河塘口起疏浚新开河，再向南延至幽湖，水得于不涸。清宣统元年(1909)，镇绅集资一千二百金，拓宽疏浚庙桥港，港宽八尺。庙桥港为镇区东西往来必经之水道，也是引、排水的通道。

民国时期，战乱频仍，社会动荡，民国26年(1937)日军入侵，填河塞港，河道淤塞严重。抗战胜利后，民国35年3月，桐乡县泽岗乡，疏浚嘉桐分乡港河道，自运河正家笕桥北至北环洞桥长度2000市尺，河床淤塞，开挖至河面宽一丈四尺，底宽8尺，垂直水平深一丈四尺，需一万工，以工代赈。工赈对象：沿河16岁以上、40岁以下劳动壮丁，全部工赈工资450万元，面粉每斤以国币150元计算，折合面粉3万斤，县长范文治令乡长何德怀，限期4月30日完工。同年11月25日，成立嘉属运河水利工程处，开始疏浚运河，由浙江省第十行政督察专员兼保安司令吴涛彭为处长，王兼臻为副处长。择要疏浚沿塘浅港，被阻塞者一律开通，培修堤岸，沿塘的桥、涵、坝全部修筑，至翌年6月完工，工程经费为2600万元。民国36年3月15日，开始疏浚濮院等5镇市河，4月30日完工，共挖土12900立方米，动员濮院等五乡镇民伕(民工)13000工。同年4月，濮院疏浚思家桥港，该港因在抗战时期为敌伪所阻塞，致使濮院至嘉兴王店的水道交通只能绕道而行。4月15日，开始疏浚永新乡庄桥港、朱家石桥港、殷家坝桥港、方家笕港，动员永新乡民夫(民工)1800工，挖土1800立方米，4月18日竣工。12月1日，濮院南市陆家桥港，因年久淤塞，由地方人士发起疏浚。民国37年3月，桐乡县政府拨积谷五百石为经费，疏浚永兴港。按义务劳动法发动永新、民厚两乡民工5000余人，完成土方5万余立方米。

中华人民共和国成立后，人民政府提出“水利是农业的命脉”，十分重视河道整治。1950年5月，疏浚北永兴港。北永兴港因年久失修，水道宽狭不一，多年淤积不能畅流，旱涝季节灾害严重。4月中旬开工疏浚，5月12日竣工，投入1.6万工日，完成土方16033立方米，疏浚全长13.05千米，打坝17个，受益面积1.3万亩。1952年4月15日，崇德、嘉兴、桐乡共同兴修长达47里的永兴港，用工40万工日，桐乡、海盐商业捐助，桐乡计16000万元(旧币)。1955年疏浚南永兴港，5米高程时，平均河面宽22.66米，最宽处26米，河底高程为0米。同年冬季，疏浚分乡港，长度11.3千米，河面宽22米、底宽2.5米、河底高程0.5米，完成土方11万立方米。1969年冬，疏浚新桥港，长度3.5千米，河面宽25米、底宽3米、河底高程-0.5米，完成土方20万立方米。1970年、1979年冬曾经两次疏浚正家笕港，长度9千米，河面宽25米、底宽4米、河底高程-0.5米，完成土方27万立方米。1974年冬，疏浚新生和尚桥港，长度1.5千米，河面宽25米、底宽3米、河底高程0米，完成土方6万立方米。1976年冬，疏浚妙智港，运河北至南北圣，长度

3.4 千米，河面宽 25 米、底宽 6 米、河底高程 0 米，完成土方 16 万立方米。1978 年冬，疏浚北横港，分乡港至庄金港，长度 3.7 千米，河面宽 23 米、底宽 4 米、河底高程 0 米，完成土方 25.9 万立方米。1979 年冬，疏浚南横港西路，妙智港到炉头东升河，长度 2.5 千米，河面 23 米，底宽 4 米，河底高程 0 米，完成土方 18 万立方米。1994 年 9 月桐乡县内河航道改造工程开工，总投资 3.75 亿元，总长度 50.74 千米，其中包括运河最东濮院段，共改建桥梁 21 座，砌筑护岸 49.9 千米，成为四级航道，通航能力由 100 吨级提高到 500 吨级。1998 年，运河航道改造，拓宽 1/3 左右，河面拓至不少于 62 米，底宽 40 米，河底高程 -0.3 米。采用机械施工，桥梁全部拆除重建。同年 8 月 14 日，莲花桥港河道开挖工程总指挥部设在濮院新华村，筹资 76.3 万元。11 月 15 日，南排工程莲花桥港桐乡段开工，自濮院新华村沈家睦桥起向东至丁家桥港止，河长 6.84 千米，河面宽 35 米、37 米、42 米，底宽 8 米、11 米、15 米，河底高程 -1 米，投工 30 万工，挖土 80.4 万立方米。11 月 30 日竣工。

2003 年 11 月 25 日，南永兴港综合治理开工。据《桐乡水利志》记载：濮院镇新开河道 1 条，长度 3000 米，新开挖面积 5850 平方米。季节性补偿水域面积 44450 平方米。2009—2010 年，新联村小区西南新开河 1 条，总长 1155 米，河面宽 8 米，分 2 年完工。

此外，境内浜河数量多，分布广，一般分为两种，一种是在农业生产的圩田内，作为旱时引水灌溉，涝时排水泄洪的通道，旧时常常设有水车埠；另一种是在街区、村庄周围，没有圩田、水车埠，仅供人家设河埠生活取用水或作坊、工厂等停泊船只。由于浜河流速缓慢，易于淤塞，旧时清淤以罱泥和干浜挑泥进行疏通。中华人民共和国成立后，境内圩田河浜变化较大，20 世纪 60 年代，打坝截港，建造机埠实施电力排灌；70 年代，开展农田基本建设，平整土地，筑机耕路，打坝截港，浚河开渠，桐乡全县 29 个乡，共疏浚河道 27 条，总长 20 千米，其中包括境内。80 年代，圩区建设中，浜河随着圩的拆并变化而不断调整，在圩区整治中共疏浚河道 2934 米，挖土方 71647 立方米。2000—2005 年，境内大搞土地园田化，推土机集群作业，并圩填浜河共 11 条，填埋长度 2270 米，填埋面积 30 亩，成为新增土地。而生活浜河也因水质污染，居民取用水的功能也随之弱化。2007 年，境内水域调查，实有河道 171.4 千米，区域面积 60.51 平方千米，水面积 3.53 平方千米，水面率为 5.8%。配合圩区整治，2005—2009 年共疏浚河道 126.86 千米。

长山河工程

杭嘉湖南排工程是综合治理太湖流域十项骨干工程之一，南排工程河道涉及桐乡有三条，长山河是其中之一。长山河出海工程 1977 年 11 月 15 日动工开挖，桐乡段由屠甸双美桥起到洲泉镇止，全长 33.4328 千米，河面宽 29—49.5 米，底宽 8—20 米，底高 -0.5—1 米，从 1978 年 12 月 1 日至 1995 年 12 月 31 日止，共分七期施工。完成土方 707 万立方米，石护岸 56.58 千米。建桥梁 80 座，其中跨河桥 60 座，沿塘桥 20 座，拆迁房屋 28.45 万平方米，征地 2366.4 亩，总投工 278 万工，投资 10538.69 万元，其中国家投资 6852.69 万元，地方配套资金 886 万元，乡村工价 2800 万元。长山河运西段工程，自 1994 年 11 月 15 日各乡镇进驻工地，20 日开工，于 12 月 5 日胜利竣工。在长山河运西段工程中，濮院镇获得优胜奖，新生镇获得优良奖。

表 5－9　　1994 年 9 月濮院镇参与长山河运西段工程人工开挖情况表

施工单位	施工长度（米）	开河土方		打拆土坝			拆施工便桥		固定排点用工	其他用工		合计		计划出动人数
		立方米	用工（人）	数量	土方	用工（人）	桥名	用工（人）		项目	用工（人）	土方	用工（人）	
濮院	343.58	33662	21579	1	940	740	—	—	150	落河缺	20	34602	22489	2385
新生	293.62	27293	17494	—	—	—	乐驾桥	50	—	落河缺、河埠各 1 只，机埠基 2 只	75	27293	17619	1865
合计	637.2	60955	39073	1	940	740	乐驾桥	50	150	落河缺、河埠、机埠基	95	61895	40108	4250

莲花桥港工程

杭嘉湖南排莲花桥港工程位于桐乡、秀州、海盐境内，为嘉兴市管南台头排涝工程[①]的二期工程河道，因海盐有莲花桥而得名。莲花桥港工程桐乡段，是桐乡全境最后一条泄洪河道，西起丁家港，穿永兴港，至境内庙簰港茅家桥转南，流经大桥折东，过沈家睦桥进入秀州王店，至南台头排涝工程一期工程河道。境内段庙簰港流经永联、新河行政村。1998 年 8 月 14 日，桐乡市莲花桥港河道开挖工程指挥部设立，地点在庙簰茅家桥南新华村。

莲花桥港工程桐乡段长 6.84 千米，河面宽自东向西分别为 42 米、37 米、35 米三个河段，河底宽相应为 15 米、10 米、8 米。底高程－1 米，挖土 80.4 万立方米，机械疏拓 19.6 万立方米，建造桥梁 15 座，其中跨河桥 9 座，沿塘桥 6 座；建水闸 2 座，修建护岸 14 千米。1998 年 11 月 15 日民工进驻工地，20 日开工，30 日竣工，按计划提前 5 天，12 月 1 日下午 2 时炸坝放水。工程涉及濮院、梧桐两镇七个村，征地 320 亩，借用土地 1000 亩，拆迁房屋面积 4 万平方米，投工 39 万工日，投资 5394 万元，其中国家 3520 万元，地方配套资金 704 万元，全市机关事业单位个人捐资 76.1316 万元，乡村工价 1170 万元。莲花桥港工程能有效降低洪水水位 20 厘米以上。

① 南台头排涝工程，因其枢纽工程建在海盐县武原镇东南 1.5 千米的南台头自然村而得名。

表 5－10　1998 年濮院镇参与莲花桥港桐乡段工程人工开挖情况表(一)

施工单位	施工长度（米）	开河土方		打拆土坝			拆施工便桥		其他用工		合计	
		立方米	用工（人）	数量（个）	土方	用工（人）	桥名	用工（人）	项目	用工（人）	土方	用工（人）
濮院	162.12	19868	12736	2	4430	3701	—	—	河埠 2、落河缺 1	50	24298	16487
新生	263.51	25246	161832	2	1861	1467	2 号桥	50	河埠 1	15	27107	17715
合计	425.63	45114	174568	4	6291	5168		50		65	51405	34202

表 5－11　1998 年濮院镇参与莲花桥港桐乡段工程人工开挖情况表(二)

单位	人工负担表					实际负担人工	
	劳动力总数（人）	耕地面积（亩）	专桑面积（亩）	需负担人工数	已负担人工数	人工数	出动人数（人）
濮院	10095	26581	9940	22380	5893	16487	824
新生	8519	21651	6012	17715	0	17715	886
合计	18614	48232	15952	40095	5893	34202	1710

河道护岸

护岸，旧称帮岸，是河流沿岸防止土坡发生崩塌和保护两侧圩堤免受水流冲刷的设施。护岸有生物护岸和工程护岸之分。生物护岸即植物护岸，河岸种植榆、杨、柳、芦苇、芦竹，坡上种草，使河岸苇根蟠结，固多不塌，古人甚至认为比“甃以石”护坡效果还要好。工程护岸，打木桩，设水盘石，用条石砌成，为停船、人员上下、货物搬运而间隔设置河埠，境内称“桥洞”。旧石帮岸大多建在镇区市河，乡村大户人家则设船河埠。

唐元和五年(810)，王仲舒治苏堤，松江为路，即金石塘，自闻川(嘉兴王江泾)至语儿(桐乡崇德)修运河堤岸，其中包括濮院段。唐政和元年(1111)十月，苏、湖、秀(包括濮院)三州治水并建立圩岸。南宋时，陡门一带运河塘(堤岸)久苦崎岖，“有司廉，濮氏富厚，谕令甃筑，以便行役”，濮院濮氏出资，自陡门万寿山至皂林修筑运河塘“平坦如砥，行役便之”，人称濮家塘。清时沿塘堆阜，全是垒窑烧砖旧址。清道光六年(1826)，桐乡塘路自钱店渡至正家笕，知县王鼎铭重修。

护岸

民国12年(1923)9月,濮院镇士绅仲少棠发起捐资,修筑妙智至永新港的运河塘(原濮家塘部分),郑日章、沈润卿、徐颂嘉等协助募集。就地乡民陈元海、朱建林、俞宝庭、朱有福等亦踊跃襄助。雇1939人,历时40余日,方得竣工。民国35年(1946)12月至翌年5月桐乡县修筑堤岸,塘北岸东起分乡港,西至石门镇;南岸东起正家笕港,西至宗阳庙,堤岸加高1米,加宽2米,挑土56000立方米,征工56000工。运河沿岸境内壮丁参与服役,每土方酬面粉2斤。民国36年(1947)11月26日,桐乡县参议会函嘱永新乡水利协会修填永新乡沿运河夹塘被洪水冲决的塘堤。

中华人民共和国成立后,工程护岸建设发展迅速,材料、式样不断更新,有块石干砌斜坡护岸、块石混凝土浆砌河岸、直立式混凝土护岸、水泥土护岸、现浇混凝土护岸等。20世纪60年代引进荻芦种植河岸,成为新的植物护岸。1963年开始,浙江省专门列支运河护岸工程补助拨款,专项用于航道护岸,采取民办公助的办法砌筑块石护岸于客轮航道,防止圩堤因轮浪冲击而坍塌。1972年开始,桐乡县统一安排运河塘分段砌筑块石护岸,沿线按行政界定公社组织施工,新生公社在1973—1975年,砌筑运河塘块石护岸1千米。1975年9月,全县新建块石护岸13千米,其中包括濮院。1978年6月22日,桐乡县财政局拨款维修濮院镇损坏的帮岸、河埠。至1989年,濮院已建立式护岸1.04千米;新生已建护岸4.95千米,其中斜式护岸2.32千米,立式护岸2.63千米,境内护岸总长为5.99千米。1989年至1996年,境内结合圩区整治,共新筑护岸2780米,加固圩堤2761米。1998年,运河航道改造,采用机械施工,拓宽成为四级航道。两岸重筑块石护岸、生态圩堤、防洪林带。

2000年开始农村园田化建设,大搞土地平整,2005年,修筑护岸7.7千米。2006年,修筑护岸8千米,新筑生态圩堤5.5千米。2007年,修筑护岸10.7千米,新筑生态圩堤3.5千米。2008年,修筑护岸6.29千米,建设植物型护岸5.9千米。2009年,新建护岸10千米。至2010年,共建圩堤护岸267.21千米。

堰坝

境内自古称堰坝为"埭",即堵水的土堤。店前埭、柏家埭、南埭、北埭、张家埭等这些尚存的村名,应是开垦时围水以埭后聚族而居流传下来的名称。古代河道水利设施,主要便是筑埭堰,用于渠化河段,调节水势,控制水流。据明正德九年(1514)《桐乡县志》记载:"古有堰,置于塘北泾口,亦因塘北地卑而泾深,塘南地高而泾浅,故堰以捍障运河而使上塘支流不致涸竭耳。于时长安无坝,杉青有闸,江淮漕运,舳舻相御,达于钱塘,故闸以积水,使长盈,堰以护闸,使不泄。"据雍正《浙江通志》记载:"桐乡之水与秀水、石门相等,惟赖运河之水流入以引灌田亩。……四境之内,水皆平衍,故无赖于堰坝,所当急者,惟疏河筑塘而已。"故境内堰坝也不多,仅有志书记述,今皆无。

永新堰 在濮院镇北,运河右岸,北永兴港口,沿运河塘路有永兴笕桥。明万历《崇德县志》载:"永新堰,在县东北五十里,车口、永新分入桐乡。"明正德《桐乡县志》载:"南宋建国,武林苗刘至乱,下乡诸堰悉被疏掘,水皆悉去。上乡河渠浅莫能储蓄,岁遇旱暵,则被枯槁之害。其后，元伯颜下江南，堰基开掘殆尽，弗能再复，深为后患。”清光绪《嘉兴府志》记载有“车口堰、永新堰，俱在运河塘右”。相传堰址在今永兴笕桥北面永兴港河中，南宋时被损渐废，元时遗址被挖掘殆尽，今无存，始建年代也无考。

濮家堰 在濮院镇东北，为濮氏所置。清《濮川所闻记》载：“濮家堰，去镇东北三里，长生桥外，地高泾浅因设是堰以为捍障，不至高乡水竭，时长安无坝，杉青有闸。一路诸堰亦以护闸，而不使运河泄也。镇东北皆濮氏庄田，堰故濮氏所置，因名濮家堰。嘉靖中尚有堰石，以识其遗基。”今遗迹无存，尚留其名。

妙智堰 据康熙《桐乡县志》载有妙智堰等六处，至嘉庆《嘉兴府志》则记载为妙智堰桥港等六处。妙智堰年久湮废，何年去堰改桥也已无可考。

表 5－12　　2004—2007 年濮院镇河道整治情况表

河道名称	所属	河道级别	起点	终点	长度（米）	疏浚			河岸（米）		
						长度（米）	土方（立方米）	实施年限	高程	长度	实施年限
李家滨	红旗漾村	村级	新桥港	浜底	581	581	6982	2007	3.5	1500	2007
北水车滨	红旗漾村	村级	新桥港	浜底	182	182	2192	2007	—	—	—
三界桥滨	红旗漾村	村级	新桥港	浜底	78	78	943	—	—	—	—
章家浜	红旗漾村	村级	章家浜组	浜底	278	278	3343	—	—	—	—
张家滨	红旗漾村	村级	判香桥港	浜底	616	616	7395	—	—	—	—
判香桥港	红旗漾村	村级	北横港	南姚浜	705	705	8464	2004	—	—	—
北妙智港	濮院	镇级	运河	中横港	3582	1100	13200	—	—	—	—
北横港	濮院	镇级	分乡港	庄敬浜	3840	1000	12000	—	3.5	1000	2007
新桥港	—	镇级	运河	新港村	4337	4337	52051	2006 2007	—	—	—
朝阳桥港	濮院	镇级	三里塘	杨家笕港	2150	—	—	—	5	1200	2005
毓子桥港	濮院	镇级	半碗桥港	双龙桥	2711	2711	32538	2006	3.5	3500	2006
半碗桥港	濮院	镇级	桐乡港	南永兴港	1796	1300	15600	—	—	—	—
桐乡港	濮院	镇级	王母桥港	永兴港	4158	4158	49900	2005	5	2500	2005
南妙智港	濮院	镇级	运河	王母桥港	4926	3150	37800	—	—	—	—
张家桥港	新东村	村级	运河	分乡港	3640	3640	43639	—	3.5	1500	2006 2007
区农场浜	新东村	村级	北妙智港	浜底	128	128	1510	2004	—	—	—
区农场北浜	新东村	村级	北妙智港	浜底	75	75	906	2004	—	—	—

续表 5－12

河道名称	所属	河道级别	起点	终点	长度（米）	疏浚			河岸（米）		
						长度（米）	土方（立方米）	实施年限	高程	长度	实施年限
竹小浜港	新港村	村级	北横港	判香桥港	1823	1823	21878	2004	—	—	—
徐家埭浜	新港村	村级	北永兴港	南姚浜	2005	960	11520	2005	—	—	—
渡船桥浜	新港村	村级	长滨	判香桥港	1666	1100	13200	—	—	—	—
里浜	新港村	村级	渡船桥闸站	浜底	985	985	11826	2007	—	—	—
冯木桥浜	新港村	村级	北横港	浜底	535	535	6427	2007	—	—	—
王家汇浜	新港村	村级	三里塘港	浜底	348	348	4182	2007	—	—	—
陶家桥港	新河村	村级	莲花桥港	庙簰港	3233	3233	38806	2007	—	—	—
殳宝弄浜	新河村	村级	陶家桥港	浜底	210	210	2529	2006	3.5	1200	2700
大木桥北浜	新河村	村级	陶家桥港	浜底	394	394	4734	—	—	—	—
大木桥南浜	新河村	村级	陶家桥港	浜底	417	417	5008	—	—	—	—

第二节　圩区整治

圩区是指平原河网低洼易涝地区，通过围圩筑堤，设置水闸、泵站，以外御洪水、内除涝水，从而形成的封闭的防洪排涝保护区域。镇域古为沼泽洼地与冲积亢地，一格格河网，一个个圩区，为历代逐渐改造而成。整体上地形比较平坦，地势低洼，河道纵横，分格成区，内围大小圩区，洪水期水高田（地）低，田四周筑圩堤抗御洪水，亦有以较高旱地代圩堤，即所谓荡田。境内以运河为界，塘南较高怕旱，塘北低洼怕涝，洪涝多于干旱，极易发生洪涝灾害。

相传春秋时期，境内已辟水造田，围圩与开河同时进行。河道成格，圩田成方，把“厥土下下”的沼泽地，改造为上上良田。唐代大规模屯田，大理评事朱自勉主嘉禾，统一规划，围田圩岸，挖河筑堤，加固圩堤，治水和治田相结合。五代吴越时期置营田军四部八百人专力田事，修围、挖湖造田，开塘河泾港，造堰设闸层流而下，潦可泄水，旱可引水，圩田格局基本形成。宋南渡以后，多侨寓巨家，豪强联合，大肆侵占江湖滩地，盲目围垦，水面递减，水道阻塞，蓄泄功能削弱。元、明、清分区治水治田，县域有七百余围。民国时期，战乱频仍，江河失治，河港淤浅，圩堤坍塌，形成众多沉水圩、漏水圩等低产、无收圩田。

中华人民共和国成立时，境内都是水车圩。1954 年洪涝灾害，低圩沉没，受灾严重。

20世纪50年代，开展修圩，加高加固外河圩堤，改地落水入外河，挑地松泥入田，既改良土壤，又加高低洼田，打坝并圩，推广抽水机，内河设闸造机埠和建流动机船埠头，逐渐把水车圩转变为机埠圩，并分设排涝、抗旱机埠，分筑灌渠、排沟系统。60年代推广电力排灌，按圩田有计划建设电灌机埠。70年代，开始大搞农田基本建设，修筑机耕路。濮院公社成立基本建设办公室，专门抽调三名知识青年，在全公社圩田、高程原状地图上，按总体要求整体规划出格子化农田基本建设图，并指导各大队计算出各圩平整土地后的大致高程、土方，科学开展平整土地，各大队按规划图施工。1975年全公社规划464100土方，分布在15个大队50个工地，12月15日，全面动工，50%劳力走上工地，至1976年1月6日，完成60%。积河泥8820塘，干河浜75条，溇潭30只，限于历史原因，大多为传统农具作业，见效慢。

80年代，境内开展圩区普查。1986年开始，根据杭嘉湖平原圩区洪涝灾害和农业生产情况，桐乡县开始进行圩区综合整治建设。是年冬，桐乡县首先在新生乡红旗漾村、濮院乡永联村等全县9个村，利用粮食专项资金建成圩区11个，改造面积21301亩，投入资金374.9万元，完成土方39.5万立方米，砌石0.5万立方米，浇注混凝土0.83万立方米。加高加固圩堤16344米，疏浚河道7123米，改造排灌机埠43座，新建排灌机埠34座，建水闸9座，修理改建水闸5座，水泥管暗渠5176米，外河排水涵洞100个，新建农桥8座，浆砌块石护岸70米，混凝土衬砌渠道43822米。1988年，境内圩区调查，濮院乡有圩区16个，新生乡有圩区21个，共有圩区37个；濮院乡圩区面积32.02平方千米，新生乡圩区面积21.07平方千米，总圩区面积53.09平方千米；圩区内耕地面积濮院乡为28522亩，新生乡为21338亩，共49860亩，其中水田濮院乡20958亩，新生乡19571亩，共40529亩，旱地濮院乡7564亩，新生乡1767亩，共9331亩。1989年，桐乡县列为全省第一期农业综合开发项目圩区整治工程，第一期首选三个中格局圩区和15个小格局圩区，其中"邮亭头圩区"为中格局圩区，范围涉及新生乡等4个乡11个村，其中境内有油车桥、元宝桥、网船浜、新生、联丰和西浜等村，圩区面积5656.7亩。1991—1993年，第二期农业综合开发项目圩区整治工程中，全县有中小格局24圩区。境内共整治圩区面积9028亩。1994—1996年，第三期农业综合开发项目整治工程中，境内改造低产田共4739亩。

2001开始，农业综合开发土地治理项目组织实施，集土地整理、园区建设、商品粮基地建设等项目并盘进行，采用推土机等一系列机械化平整土地，填河浜、平桑地，田地平衍，界限消失。2005年境内农村基础设施总投入2000多万元，新建闸站9座，标准化泵站17座，实施土地整理4170.6亩。2006年农村基础设施总投入2500万元，新建闸站9座，标准化泵站13座，节水灌溉泵站1座，实施土地整理3600亩。2007年农村基础设施总投入2866万元，新建闸站3座，标准化泵站19座，实施土地整理3030亩。2008年，新建闸站2座，标准化泵站23座。2009年，新建标准化泵站9座。圩区整治中，调整扩大圩区格局，机埠水闸调整重建，提高防洪水平，至2010年，境内经合并调整后有圩区16

个，总面积 89733.215 亩，圩堤长度 267.206 千米，建闸站 59 个，泵站 178 个，受益水田总面积 17169.7 亩，其中中格局圩区 10218.7 亩，小格局圩区 6951 亩。

表 5－13　　1988 年濮院圩区现状普查统计表

单　位	圩区数量（个）	圩区面积（平方千米）	圩　区　组　成							防洪堤长（千米）
			总面积（亩）	耕地面积（亩）				水面积（亩）		
				水田	旱地	合计	占总面积比（%）	合计	占总面积比（%）	
濮院乡	16	32.02	48030	20958	7564	28522	59.4	3484	7.3	165.07
新生乡	21	21.07	31605	19571	1767	21338	67.5	56	0.2	109.16
合　计	37	53.09	79635	40529	9331	49860	62.6	3540	4.5	274.23

表 5－14　　2010 年濮院圩区基本情况表

圩区名称	圩区面积（亩）	圩堤长度（千米）	闸站个数	泵站个数
新　星	25257	39.25	8	14
龙潭洋	7092.28	42.78	13	15
永　濮	1215	1.85	—	1
开发区	465.2	3.27	—	—
开发区	704.5	3.58	—	—
开发区	2071.4	6.2	—	—
南舍埭	890.87	10.7	1	2
新河东	4725	47.53	4	15
永联南	2853.33	30.05	2	8
新河西	3840	17.55	3	4
邮亭头	19832.24	27.99	13	46
新东港	13615.98	18.84	8	41
新　联	1634.45	5.98	1	12
莫家浜	2105.19	4.27	—	8
油车桥	1533.98	5.1	2	6
新妙智	1896.8	2.27	4	6
合　计	89733.22	267.21	59	178

表 5－15　　1988—1998 年濮院圩区整治面积统计表

单位	农业综合开发					圩区建设整治		合　计
	1988—1991 第一期（亩）	1992—1993 第二期（亩）	1995—1996 第三期（亩）	1997—1998 第四期（亩）	合　计	1991—1993 圩专资金工程（亩）	1991—1993 粮专资金工程（亩）	
濮院	—	4330	1515	—	5845	—	—	5845
新生	5656.7	4698	3224	—	13578.7	—	2485	16063.7
合计	5656.7	9028	4739	—	19423.7	—	2485	21908.7

表 5－16　濮院第一、二期农业综合开发圩区整治受益水田面积统计表

单位	农业综合开发		1991—1993 年		受益村（个）	总受益面积中		
	第一期（亩）	第二期（亩）	圩专资金工程（亩）	粮专资金工程（亩）		中格局（亩）	小格局（亩）	合　计（亩）
濮院	—	4330	—	—	4	—	4330	4330
新生	5656.7	4698	—	2485	10	10218.7	2621	12839.7
合计	5656.7	9028	—	2485	14	10218.7	6951	17169.7

表 5－17　濮院第三期农业综合开发圩区整治受益面积和投入资金统计表

单位	受益村数（个）	受益水田面积（亩）	资金投入（万元）							
			总计	以使用分类		以来源分类				
				水　利	农　林	省以上	市配套	乡　镇配　套	自　筹	本　办
濮院	1	1515	37.88	25.9	10.5	19.83	2.49	6.53	9.03	—
新生	3	3224	90.14	79.6	7.62	45.04	5.65	7.44	30.01	2
合计	4	4739	128.02	105.5	18.12	64.87	8.14	13.97	39.04	2

第三节　农田灌溉

历史上的抗旱排涝

抗旱排涝历史久远，古代治水，鲧取“堵”而失败，禹用“疏”，顺由高向低流的水性，疏

导洪水，取得成功，传颂至今。进入农耕社会，为保护居民住宅和农田作物，筑圩堤围护，兴水利，除水害。境内历来抗旱排涝以民间组织为主，按圩区受益面积分担任务，以塘为单位组织实施。明万历《崇德县志》载有“塘长，每区二名，专督水利”。清时，有图长催督田赋、协调抗旱排涝。民国时期以圩区民间组织为主，车水圩头，有圩头人，一般是圩中田多者。购置水车，抵七分之一水车工，出水车抵一个人车水。圩头人管坝阙，农田的放水回水，旱入涝出；通知召集车水，大水打坝，干旱引水。遇到洪涝灾害，鸣锣集众，组织抢险，按历史形成的“乡规民约”无论富贵贫贱一视同仁，卸门拆床，截树打桩，抢险救灾作为良知共识，压倒一切。

1949年7月14日，连降大雨，桐乡(包括濮院)被淹农田7万亩，县委紧急动员，部署抗洪排涝，机关干部、解放军指战员分赴灾区，组织广大人民群众车水排涝。1950年，党和政府按照“安全第一、常备不懈、以防为主、全力抢险”的方针，成立各级防汛防旱指挥部，规定每年6月初设防至9月30日撤防，以防为主做好防灾工作。同年开始，依靠科技进步提高抗旱排涝能力，境内先后设立抽水机站，以取代水车灌溉。1951年，从7月14日开始，连续降雨不止，水患日益严重，17日县机关干部下乡协助境内干群，组织抽水机、水车和大批救灾物资，全力组织抗洪救灾。濮院镇经过干群奋战七昼夜，参与防洪有1942人，抽干被淹水田416.5亩，并及时移苗补种。1954年，梅雨期阴雨连绵80余天，降雨900多毫米，境内春花尽被淹没，大部腐烂，机关干部下乡开展排涝抢种，干群共同连夜奋战，加固圩堤，突击排水，抢种晚稻。1956年起防汛工作改为每年5月1日设防至9月30日撤防。是年8月1日午夜，特大台风在象山登陆，境内遭强风暴雨袭击，房屋倒塌，田地受淹，防汛工作虽提前做了防台救灾宣传发动，组织巡查，干群投入抗台，但灾情大于预期，仍造成很大损失。

20世纪60年代，推行电力排灌，抗旱排涝功效成倍增长，抗御洪涝灾害能力进一步增强。1962年起按上级要求，把防汛工作改为4月15日设防至10月15日撤防，此6个月称为汛期。汛期由濮院镇政府分管农业的领导负责，建立基层防汛组织，每年汛前调整充实相关人员，设办公室，负责防汛值班，传递汛情等日常工作。是年9月4日，遭14号台风袭击，台风来势猛，雨量大，暴雨连续3天，水位超过警戒线1.02米，田地受涝成灾。境内干部群众全力救灾，各行各业出动，抢险物资源源不断，加固圩堤，保护水坝，电力排水显示威力，大部分受灾农田3—5日内脱险，损失降至最低限度。1963年9月11日至13日，12号台风袭击，造成洪涝灾害，依靠电力排灌，3日内排干受淹农田。1967年7月6日至10月31日，连续118天久晴无雨，运河水位剧降，运河东南支河断流，小河小浜干涸。时值“文化大革命”，县人武部生产办公室组织人员到运河口筑坝，在运河东南设临时翻水站12座，装机2000千瓦，向东南河网输水，保证机埠水源，二级抽水到田。旱地作物因缺少旱地灌溉设施受灾严重，水稻依靠机电排灌仍获丰收。

1978年6月下旬至9月上旬，降雨量仅36.4毫米，水位急剧下降，旱灾袭境，影响运河东南高亢农田灌溉。政府组织力量采取封港从运河翻水，开挖河道引水，内港蓄水等抗旱措施。稻田依靠电力排灌，旱地作物推广喷灌机，是年虽遭大旱，仍获丰收。

1984 年 6 月 13 日至 15 日，连续三天暴雨，达历史最高水位。政府紧急部署抗灾，打桩抢修圩堤，日夜电力排水，由于抢险救灾及时，转危为安。

1987 年 5 月，防汛防旱工作开始实行各级政府及有关部门的行政首长负责制，并签订责任书。

1999 年 6 月 8 日至 7 月 2 日，境内发生百年未遇的特大洪涝灾害，累计降雨量、水位均超历史记载。泄洪河道淤积，河道抬高，太湖高水位泄洪，加上为保青山水库、西险大塘、省会城市杭州，德清大闸、洛舍大闸开闸泄洪，大量洪水泄入杭嘉湖平原，虽 66%的泄洪量通过三条南排出海工程河道入杭州湾，泄入境内的莲花港南排河道，过境客水滞留，水位急剧上升，居高不下，圩堤告急，镇域全民动员抢险，加高加固圩堤，最终圩堤安全成为这次抗洪救灾的生命线。

水车灌溉

龙骨水车 据传龙骨水车始创于东汉灵帝（168—189）时，隋唐时期屯垦，作为先进的农田排灌工具在太湖流域使用。宋代境内使用龙骨水车已相当普遍，那景象正如苏轼诗所描绘："翻翻联联衔尾鸦，荦荦确确蜕骨蛇。分畴翠浪走云阵，刺水绿针抽稻芽。"

境内使用龙骨水车，运河塘北低洼地区一般六人分两班，三人一班轮流操作，单脚踏动车部柱，三人相互传递，驱动大轴头等装置，水从车槽提升到高处水沟倾卸，周而复始，源源不断流入田内。一般多是一丈八尺短车，日灌田 4—6 亩。运河塘南田高水低，一般采用二丈以上水车，八人轮流，四人一班。水车提水高度仅 2 米左右，因此旱年河水浅时，采取两车相接，下车水入上车尾，上车水入田，俗称"带尾巴车"；如遇大旱，先将运河水车入支港，再从支港车水上田，俗称"出塘车"。两级提水到田，事倍功半，非常辛苦。

中华人民共和国成立初，水车应用还是非常普遍，据《桐乡市水利志》1951 年统计，桐乡、崇德两县共有水车 23744 部，平均每 3 户就有 1 部水车。1960 年后，随着排灌机械的发展，人力水车逐年减少并被淘汰。

牛盘水车 境内牛盘水车始于明末清初，中华人民共和国成立初期，牛盘水车应用比较多。据《桐乡市水利志》记载："1951 年有牛力水车 881 部，分布在新生、濮院的客农使用。"20 世纪 60 年代逐步淘汰。

机械灌溉

最早的机械灌溉是抽水机站。民国 35 年（1946）12 月间，联合国善后救济总署浙江分署配售 5 马力抽水机，每台 24 万元（旧币），省联合社与农行商定贷放六成，农林部贷二成，其余二成由各乡保合作社自筹。桐乡濮院、城东、青南三乡各订购 1 台使用灌溉。民国 37 年（1948）6 月，浙江省政府"第二期核配小型水利贷款购置抽水机"贷款八成，自筹二成，从上海购置 USA 柴油抽水机，境内永新乡第二保合作社、第十保合作社各 1 台用于灌溉。

中华人民共和国成立后，人民政府组织推广抽水机排灌，1950 年 4 月，浙江省在嘉兴与桐乡毗邻地区天福乡建立国营示范抽水机站，共有抽水机 14 台，190.5 马力，水泵 16 台，其中 28 马力梅杜牌煤气机 2 台，拖动 8 英寸水泵 4 台；11.5 马力大力牌混燃机 11 台，拖动 8 英寸水泵 11 台；8 马力帕墨尔牌混燃机 1 台，拖 6 英寸水泵 1 台，安装在抽水机船上，流动灌溉田亩。桐乡抽水机埠头有大水板桥、章家桥、李家浜、西浜，1951 年又增设抽水机埠头 4 个，白旗漾村（今濮院红旗漾村）农民受益排灌荡田面积 7549.2 亩。1952 年，该国营抽水机站改为民办嘉兴桐乡抽水机站。1953 年，桐乡县向省农林厅租借 5 台美制柴油抽水机，共 56.74 千瓦（77.2 马力），其中 4 台安装在新生乡管理使用，该排灌机械抽水机站受益区域为今濮院境内的农田，面积 3188 亩左右。是年，新生乡各村合办抽水机站，统一使用管理。使用抽水机各埠（自然村）民主产生水利委员会 1—2 人，水利（放水）各 1 人，小组长若干人。乡设主任委员 1 人（乡长兼任），各村常务委员 1 人，脱产工作人员 1 人，具体办理全站财务和油物料购买等工作，各村有抽水机管理员（机手）1 人（25 马力机器配 2 人）和机动协助各埠抽水工作的站务人员 1 人。站内工作人员的工资和公杂费等由受益田亩平均负担，机器的租赁费、燃料费、修理费等也由各埠（村）受益田亩负担，这是合作办抽水机站之开端。1956 年 3 月，桐乡县始办国营抽水机站，初设于濮院东河头，有 20 台抽水机机船 20 只，共 152.88 千瓦（208 马力）。是年，城濮、屠甸、炉头、乌镇等 4 个民办抽水机站建立，拥有抽水机 41 台，284.99 千瓦。城濮抽水机站拥有抽水机 11 台，73.5 千瓦（100 马力），机埠头 4 个，灌溉范围包括境内永安、乐安乡和梧桐革新、稻乐乡，受益农田 34080 亩。1957 年，桐乡县成立地方国营白旗漾荡田灌区，灌溉设备为抽水机，实际灌溉面积 8300 亩，为浙江省三千亩以上万亩以下灌区之一。1959 年濮院公社农业机械管理站成立（也称抽水机站或机灌站），统管抽水机 51 台，475.55 千瓦（647 马力）。

电力灌溉

1961 年 10 月，濮院实现通电，境内建设了以农业电力排灌为主体的输配电线路，电力开始用于农业生产。1962 年濮院、新生公社分别成立机电排灌管理站（简称机电站），负责统一管理全公社机、电、水。濮院公社最早建设的机埠设在星星大队（今永乐村）沈家石桥的“崇高机埠”，1961 年开始动工，1962 年建成，变压器 20 千伏，担负附近 4—5 个生产大队的农田灌溉任务。随后濮院公社先后共建成永久性机埠 9 座，临时性机埠 3 座，70％的农田实现了电力排灌。1963—1970 年，境内电力排灌不断调整布局，新增扩容，国家和社队配套投入资金，濮院公社新增排灌机埠 23 座，达到 35 座。1990 年，濮院乡有泵站 98 座，其中排灌两用 26 座，单灌 61 座，单排 11 座；新生乡泵站 108 座，其中排灌两用 23 座，单灌 58 座，单排 27 座。境内共有泵站变压器 108 台，4485 千伏安，水泵 231 台，电动机 233 台，2128 千瓦，占机电排灌总动力的 78.51％，机电灌溉面积 33669

亩，排涝面积26819亩。至1996年圩区整治建设时，境内新建灌溉站共59座（不包括西浜），改建灌溉站18座（不包括西浜）。随着电力发展，电力排灌逐渐代替机械排灌。2010年，全镇拥有排灌用电动机498台，4574千瓦，电力灌溉面积36200亩，100%实现电力排灌。

渠道建设

境内旧时农田排灌依赖人力水车，因田和地间隔插花，大小不一，高低相差悬殊，常采用田过水方式排灌，即在田块之间的小田塍上开缺口，漫灌过水，无排沟灌渠的概念，仅在车水埠头有与河浜相通的水沟一条，每遇旱涝，农民叫苦不迭。中华人民共和国成立后，20世纪50年代中期，随着抽水机站建立，才开始沟渠分布建设。随着推广机械排灌，灌溉面积扩大，圩田沟渠已成为农田排灌的主要配套工程。

1950年，建立嘉兴抽水机示范站，境内白旗漾荡田出现开沟灌溉，为全县首次出现的渠道，当时称水沟，标准要求低，在平地挖深0.33米，两边加高0.5米，底宽1米，是为灌溉渠道之发轫。1953年，新生乡各村合办抽水机站，各村民主选举水利委员2—3人，协调水渠开修。是年天旱，要求开沟放水，扩大灌溉面积，因当初开水沟用土办法作渠道，沟底不平，溢水、坍渠甚多。1958—1960年，濮院公社沟渠建设开始规范化，有渠道建设标准，灌渠有不溢、不漏、不塌的“三不”要求，沟渠质量逐渐提高。

1964年5月，去江苏参观，学习水稻专家陈永康关于农业高产的有效措施是农田必须要有完整的排灌系统，遂开始分设灌渠、排沟系统。灌渠高于田面，干渠、支渠、毛渠、田缺，由高及低，逐级放水入田；排沟、田沟、毛沟、支沟、干沟、内河，沟沟相通，排水出田，机埠通外河，控制内河水位，保障排涝顺畅。1965—1980年，排灌分系建设与建设高产稳产田、发展农业机械化、建设农业园田化三个时期的平整土地相结合，修筑排灌分系渠道，配建渡槽、分水节制闸建筑物，形成高灌低排及能灌、能排、能降的渠道分布。1982年，境内农村实行联产承包责任制后，针对水利统一服务、农户分散经营的特点，强化了排灌渠配套和岁修，进一步完善渠系、排沟建设。1987年3月，县政府发文，征收农业发展基金，增加水利建设资金投入，开始修筑水泥混凝土浆砌防渗灌溉渠道。

1990年4月，桐乡农经委出台《关于补助筑水泥灌渠经费的有关规定》，鼓励普遍兴建防渗渠道。以乡镇为单位，按总水田面积，每亩补助1米，每米10元，1米以上2米以内，每米补助5元，超过2米则不补。年底，境内干支沟渠总长271.4千米，其中水泥衬砌排沟0.8千米；灌溉干支渠道160.6千米，其中浇筑水泥渠道81.7千米，埋设暗管1.5千米；沟渠系统连接设施：渡槽19个，倒虹吸4个。沟渠控制系统分水节制闸403座。

1989—1996年，境内分期开展国家农业综合开发，实施圩区整治，推行中格局圩区，机埠重新布局，实施节水灌溉，田间干、支、毛渠系排沟重筑开挖。建筑硬化防渗渠道，采用U型管或现浇明渠等多种形式，共新筑渠道24.941千米，地下暗渠26米，防洪引水涵洞1座，交叉涵洞4座，渡槽倒虹吸2座，外河排水涵洞60座，新建水闸6座，改建2座，维修2座，新建排灌站56座，改建17座。2001年开始，开展农业园田化建设，大规模机械化平整土地。田地统一推平，田面高程提升，渍害改善。2005年，沟渠硬化45千米。2006年，沟渠硬化49.2千米。2010年，境内渠沟系统，总U型渠道778.74千米，其中灌渠389.14千米，排渠389.6千米。埋设PAC管道节水灌溉面积12000亩左右。

表5－18　　1990年濮院镇渠道及建筑物普查统计表

单位	排涝(千米)		灌溉(千米)			渠系建筑物(个)		
	长度	其中：衬砌	长度	浇筑水泥渠道	埋设暗管	渡槽	倒虹吸	分节制闸
新生	89	0.8	95.7	63	0.5	12	2	94
濮院	21.8	—	64.9	18.7	1	7	2	309
合计	110.8	0.8	160.6	81.7	1.5	19	4	403

第七章 现代农业

发展现代化农业是推进农业标准化生产、专业化加工、市场化发展的有效途径，更是推动农业生产方式转变、促进农业综合生产能力提高和推进农业增长方式转变的战略选择。

濮院是浙江省百家农业和农村现代化示范镇，经营机制灵活，民资丰厚，具备建设现代化农业产业体系的区位经济优势。

第一节 农业综合开发(基地建设)

实施农业综合开发，是国家支持和保护农业的重要举措，是进一步发展农村经济，提高农业综合生产能力的有效途径。境内自 1989 年按照桐乡市统一部署，实施国家农业综合开发项目，分期进行圩区建设，极大地改善了境内农业生产条件，有力地促进产业结构调整，较快地推进了农业产业化经营，明显提高了农业综合生产能力。1995 年，红旗漾现代农业示范区开工建设，通过平整土地，统一布局，修建泵站，排灌调整分系，修筑机耕路和混凝土路，于 1998 年完成，成为土地平整、连片成格、旱涝保收的标准农田。

在示范区试点的带动下，至 2008 年，全镇建成标准农田 4.63 万亩，硬化沟渠 805.2 千米，疏浚河道 103.5 千米，完成防洪闸 53 座，护岸 49.6 千米，标准外河圩堤 143 千米，建成标准化泵站 120 座，有效提高了防汛抗旱能力，为发展现代农业提供了有效的硬件设施。当年实现农业总产值 2.57 亿元，农民人均纯收入 11836 元。有近 80%的农业劳动力转移到二、三产业；通过土地流转(累计 12196 亩)，境内种养殖大户达 80 户，提高了农业专业化水平，推动了农业的规模化生产和产业化经营。2009 年全镇范围内进行现代农业区域化布局，更全面地进行农业综合开发，实施精品农业富民创业园基地建设，规划面积 6 平方千米，涉及新东、新妙智、油车桥、红旗漾、新联等行政村，创业园分近、中、远三期规划，到 2011 年，建立 5 个千亩基地和 1 个观光农业区，通过示范基地的辐射，带动全镇产业发展。创业园集土地流转、合作组织、农业技术、资金、人才、市场等生产要素，整合优势，提高土地产出率、资源利用率和农业劳动生产率，为农业农村创业提供平台，大力推进农业产业结构调整，集中力量拓展农业功能、提升产业层次、创建农产品品牌，促进农业可持续发展，最终实现农业增效、农民增收和农村繁荣。

2010年，通过土地流转、招商引资、组建专业合作社等举措，精品农业示范园区种植面积达到6950亩，精品农业富民创业园基地初具规模。全镇实现农业总产值2.7亿元，农民人均收入14306元。全年粮食复种面积4万亩，年产粮食20591吨，油菜籽1157吨，蚕茧469吨。农业产业结构不断优化，“一村一品”的产业格局日趋明显。

千亩优质水果基地

近年来，境内通过不断调整农业产业结构，使水果等特色优势产业得到较快发展，已成为濮院农业经济的一大亮点。2008年，全镇水果面积1617亩，产量2719吨，主要品种有葡萄、梨。特别是新妙智村的“小圣果品”葡萄已在嘉兴市场享有较高声誉，“小圣果品”已成为注册商标，并通过“无公害优质水果生产基地”论证。近期规划以新妙智、油车桥、新联等村为主，形成以葡萄、梨、猕猴桃为主的优质水果生产基地达到1500亩。建设重点以加强葡萄、梨、猕猴桃为主的水果基地建设，广泛引进新品种、新技术，推进品种更新与果园的嫁接改造，扩大优良品种种植和设施栽培面积；全面推广大棚滴灌栽培新技术，果实采用套袋；提高鲜果采后分级、包装、保鲜、营销等商品化处理水平，增强水果市场竞争力；加快建设区域性水果批发市场和专业合作组织，打响区域品牌；加快无公害水果基地的品牌建设与标准化生产，提高经济效益。至2010年，优质水果基地已达1800亩。

千亩珍贵花卉苗木基地

濮院自古有种花育苗的传统，主要品种有三杉、桂花、香樟、榉树、广玉兰等优良树种。2008年，苗木专业合作社，出售苗木480多万株，销售额达3500万元，产品主要销往本省和江苏、上海等地。近期规划以新妙智、新东等村为主，形成以温室大棚鲜花、珍贵苗木为主的生产基地达到1150亩。建设重点为积极引进国内外新品种，优化品种结构，开发和推广平原绿化造林苗木、园林绿化苗木和地方特色树种，重点发展中高档温室大棚鲜花种植，促进向产业化发展；进一步加大力度扶持珍贵苗木生产基地建设，形成区域特色和规模优势；以“提高质量和市场占有份”为主攻方向，建立完善珍贵花卉苗木标准化生产体系，注重品牌建设，加强专业合作组织，拓宽网络营销渠道，积极开拓国内外市场。至2010年，珍贵花卉苗木基地达1450亩。

千亩无公害蔬菜基地

蔬菜是濮院的主要优势产业之一。2008年，全镇蔬菜种植面积2.46万亩，品种有包心菜、花菜、辣椒、生菜、莜麦菜、小青菜、菠菜、莴苣、大白菜、榨菜、茭白等，除部分农民自食外，主要供应当地居民或运销江浙一带。蔬菜产业形成以红旗漾为主的专业化生产基地，并被列入桐乡市无公害餐桌工程蔬菜基地。近期规划以红旗漾、新东等村为主，形成一个1000亩的蔬菜基地。建设重点为加快推广大棚、微灌、新型覆盖新材料等现代设施栽培新技术和标准化无公害绿色生产技术，发展蔬菜集约化、基地化生产；扩大净菜和配送菜上市比例，提高蔬菜清洗、分级、保鲜和整理包装等商品化处理程度，适应蔬菜销售进入超市化趋势；大力发展无公害、绿色蔬菜及加工制品，提高蔬菜质量，优化品种结构，扩大销售渠道；加快发展专业合作组织，实施品牌战略，创建注册商标，注重宣传，提高蔬菜产业竞争力；加快无公害、绿色蔬菜检测点平台建设，开展对检测人员业务培训和种植户技术指导；加快农产品储藏保鲜库建设。至2010年，已建成无公害蔬菜基地650亩。

千亩特种水产养殖基地

濮院地处江南水乡，有鱼米之乡之称，水产养殖品种繁多，近年白对虾、青虾、常规鱼、甲鱼等水产品的养殖已形成一定的规模，特别是虾池花鳖养殖在嘉兴地区有较强的竞争优势。2008年，全镇水产养殖面积达1344亩，水产品总产量1457吨。近期规划以新东村为主，形成一个1150亩的特种水产养殖基地。建设重点为抓好渔业结构调整，充分发挥水乡优势，大力发展无公害生态养殖，降低水产养殖污染，提高水产品档次；加快名优新品种的引进和特种水产良种的繁育、推广，不断优化品种结构，提高优质水产比重、单位面积产量和效益；开拓水产工厂化养殖，建成标准化、规模化的养殖基地，建立专业生产合作组织，提高水产养殖的产业化经营水平；扶持培育融休闲、体验、娱乐于一体的休闲渔业，扩大渔业经济发展空间；积极开展优势水产品品牌建设，拓展水产品流通市场，稳步提高水产业综合竞争力；抓好养殖大户和示范基地的技术培训、辅导，加快养殖新技术推广，促进全镇水产养殖整体水平的提高。至2010年，特种水产养殖基地达1050亩。

千亩优质粮生产基地

濮院是杭嘉湖地区的重点产粮区之一。随着种植结构的调整优化，粮食作物播种面积虽有所减少，但晚稻仍是境内种植面积最大的粮食作物。2008年，全镇晚稻种植面积为3.97万亩，总产量2.1万吨。近期规划以红旗漾村为主，形成一个1200亩的优质粮生产基地。建设重点是在保持粮食生产综合能力、保障粮食供需安全的基础上，引导农民合理调整种植结构，大力示范推广轻型栽培、富硒稻米、水稻强化栽培技术和粳杂组合，提高粮食单产和效益；围绕现代农业，大力推广应用新品种、新技术，深入实施种子种苗工程，加快新品种引进、繁育、推广应用；推进粮田适度规模经营，抓好规模大户示范建设，加快建立优质无公害良种的标准化生产体系，提升良种品质；实行对粮农的直补配套政策，提高农民种粮积极性；努力建立“农户＋公司”模式和农民专业合作社，提高农业生产组织化程度；组建农机服务专业合作社。至2010年，优质粮生产基地已达2000亩。

休闲观光农业区

随着城乡居民休闲观光消费需求日益增长和精品农业富民创业园三个千亩基地的建设，境内发展休闲观光农业的优势更加凸现，具有良好的发展态势和巨大的市场潜力。近期规划至2011年，在新联村杨树下组，建立核心区面积达200亩的濮院休闲农业观光区。区域内地势平坦，周边交通便利，东靠申嘉湖高速连接线，南连华生西路延伸段，西为永兴港，北临中横港。以保护、改善生态环境和发展高效生态农业为中心，建设集生产、生态、旅游、休闲、观光于一体的休闲观光农业区，采取总体规划、分步实施、整体推动、滚动发展的方针，形成产业多元化、开发科学化、经营集约化、运作市场化、设施环保化、服务社会化、管理企业化的集农业生产、休闲农耕、观光旅游、生产建设、环境保护、产品销售、科普宣传于一体的综合经营主体。

表 5－19　　2008 年濮院镇精品农业富民创业园发展规划一览表

指　　标	单　　位	2008 年(基准年)	2011 年
优质水果面积	亩	850	1500
珍贵花卉苗木面积	亩	550	1150
无公害蔬菜面积	亩	350	1000
特种水产养殖面积	亩	1050	1150
优质粮生产面积	亩	800	1200
休闲观光农业区	亩		200
合　　计	亩	3600	6200

第二节　农业示范园区

红旗漾现代农业示范园区

1995 年，桐乡市率先在濮院境内开始建设红旗漾现代农业示范园区。在国家和浙江农业综合开发办的支持下，红旗漾现代农业示范园区实施以增粮增收为目标，防洪治涝改土为重点的圩区治理、中低产田改造，即实施商品粮基地建设中水利设施的示范建设。示范区面积 424 亩，辐射面积 1200 亩，原有土地比较平整，水利条件较好，但粮、桑、畜插花，其间又有坟墩、沟浜，通过平整土地，粮田连片成格，排灌调整分系，统一布局，修建泵站 1 座，15 千瓦，泵站引水道采用肋型底座引水道，稳定牢固。水泵安装采用斜装、去底阀，扩管自动引水。修建明渠衬砌及 U 型预制槽灌渠 1460 米，采用混凝土排沟 4320 米；改造低压线 1.2 千米，购置收割机 4 台，修筑机耕路 1.032 千米，混凝土路 1.87 千米，波纹管暗管 5 亩，共投资 145.25 万元，1998 年建成，成为土地平整、格田成方，排灌分系，渠路通畅，绿树成行，旱涝保收的高标准农田。2003—2007 年，又投入建设资金 19 万元左右，修建简易路 1700 米左右，楼板水渠 800 米左右。

2009 年在现代农业园区设立总面积 603 亩的优质高产示范方。统一选用抗倒高产品种秀水 114－1，为单季直播的品种，具有中熟高产、株高适中、分蘖性强、茎秆粗壮、耐肥抗倒、穗大粒多的特性。是年 5 月 28 日经过技术培训，做好种子和设施的准备。以种子发芽率90%为标准，发芽率合格的种子，每亩大田用种量3千克左右；发芽率低于10%，增加20%用种量；发芽率低于20%，要增加50%用种量。种子经安全浸种、保温催芽，摊晾炼芽；若遇天气不好，芽谷薄摊，转晴后播种。管理环节做好除草防病治虫，其中直播稻田灭草是一项非常重要的工作，选用安全除草剂，重点抓好"封、抑、杀"三个环节。冬闲田、草荒田，稻田翻耕前5—7天，用草甘膦水剂封杀老草；芽谷播种后第2天，选用安全型除草剂幼禾葆150—180克/亩或隆苗（瑞农、劳力）45—60克/亩，加水40千克喷雾除草。及时做好稻蓟马、灰飞虱、螟虫、褐稻虱、纵卷叶螟和纹枯病、稻瘟病、稻曲病等病虫害的防治。当年单季晚稻平均亩产达到563千克，总产达到339489千克。其中周建生农户6亩平均亩产达到586千克。

2010年，再次投入资金195万元，新置节水灌溉设备，建灌溉泵站1座，新建主灌渠10965米和主排渠9826米，水泥道路11700平方米，机械下坡72处和其他配套工程，红旗漾现代农业示范区被命名为省级粮食功能区，面积达2106亩。

桐乡市濮院大圣果蔬农场

创办于2006年10月的大圣果蔬农场，位于濮院新妙智村。经过村土地流转，沈金跃承包了106亩土地办起了葡萄园区，有20余名职工，翌年春，种植了"红地球""巨峰"等优质品种的葡萄，应用了滴灌栽培新技术，经过精心培育，当年见效，产品畅销。2008年，葡萄注册成为"小圣果品"商标后，葡萄园区改名为桐乡市濮院大圣果蔬农场，"小圣果品"葡萄已在嘉兴市场享有较高声誉，并通过"无公害优质水果生产基地"论证，被评定并命名为浙江省无公害生产基地。2009年葡萄种植基地达400多亩。2010年"小圣果品"年产100吨左右，基本上销往嘉兴水果市场。

新港生态养殖示范园区

新港生态养殖示范园区位于濮院镇东北部的新港村。2001年开始，新港村逐步发展规模生猪养殖业，养殖户451户，占全村农户的70%，年饲养生猪4.5万头，生猪养殖业已成为新港村的农业主导产业。2004年，新港村被市产业化办公室授予桐乡市"生猪专业村"。

2006年初，为了配合农村环境卫生整治，进一步解决因规模养猪而产生的环境污染，濮院镇农业经济服务中心会同新港村通过土地流转，建设以养殖污染物的处理和循环利用设施为主要内容的"新港生态养殖示范园区"。村筹资180万元，建成管理用房30平方米，围墙850米，道路1500米、排灌渠道2500米及治污、绿化、水电等基础设施。有18家农户进场发展

新港生态养殖示范园区

规模养殖生猪和1户蚯蚓养殖专业户，总投资约500万元左右。示范小区实行“统一管理，统一标准，统一防疫，统一治污”。区内有万头生猪养殖场，20亩的蚯蚓养殖场，600立方米沼气池，51亩的蔬菜种植基地，102亩的茭白种植基地等。生猪养殖场的猪粪垃圾通过干湿分离，猪粪用作蚯蚓饲料，年产蚯蚓50吨，年收益达到20万元以上。50吨蚯蚓产生的蚓粪又是优质有机肥料；猪尿、液体污染物经排渠流入沼气池，产生的沼气用作能源，沼液、沼渣成为有机肥料。沼气产生的沼液使用于102亩的茭白基地和51亩蔬菜基地，蚯蚓产生的蚓粪又是大棚蔬菜的好肥料。这样既解决了环保问题又使效益农业增加收入。

生态养殖示范园区同时又开始进行管道沼气通户工程建设。绿色环保的沼气连通两个村民小组近百户农户，既解决了猪粪污染环境的问题，又使周边农户用上沼气能源，大受农户欢迎，“种养结合、资源利用、生态循环”之生产模式名副其实。

镇农业经济服务中心畜牧专管员为示范园区内生猪养殖，统一布置防疫，帮助引进优良品种的苗猪，帮助联系生猪销路，进行生猪养殖保险，消除了养殖专业户的后顾之忧，使进入小区的养殖户更有信心搞好效益农业，使农户能够获得更大的经济利益。2008年，新港生猪养殖合作社被评为桐乡市示范性合作社。2010年，新港生态养殖示范园区一次性可存栏生猪5000头，年可出栏肉猪11500头。

红旗漾村蔬菜基地示范园区

红旗漾村地势低平，土壤肥沃，四季分明，雨水丰沛，日照充足，年平均气温16℃，年平均降水量1233.9毫米，平均无霜期为243天，自然条件得天独厚，十分适宜蔬菜等农作物的种植和生长。

2000年始，境内毛衫产业迅速发展，大量人口涌入，生活消费物资需求大幅攀升。2005年，在市农经局的关心指导下，由濮院镇农经中心牵头，红旗漾村利用土地流转对外招商，引进江西籍蔬菜种植大户，培育种植无公害叶菜，每年都取得了一定的经济效益和社会效益。

2008年，红旗漾村对区块南靠320国道和京杭大运河的土地重新调整布局，成立濮院镇红旗漾村蔬菜基地园区。园区东离嘉兴18千米，西距杭州70千米，交通条件十分优越。蔬菜基地园区面积300亩，排灌分系，疏浚水渠1700米，新筑U型进水渠480米，接通到户低压线1000米，道路1800米，开凿水井16座，增添了翻土机、全自动喷水机等先进实用的农业机械，建造房屋32间，基地总投入资金38万余元。园区内有蔬菜种植大户19家，普通散户50家，种植白菜、青菜、生菜、莜麦菜等238亩。

作为桐乡市级蔬菜基地，各级部门重点扶持园区的基础设施建设和技术培训。市农经局专家组，定期对基地各蔬菜种植户进行种植技术、病虫害防治等方面的培训，总人次超过400人，大大提高了农户的种植技术和对无公害蔬菜的认识，同时又对上市的每批蔬菜进行检测，使蔬菜的产量和品质提到更高的层次。这样，使农民的收入得到稳定增加，2009年大户每亩增收1万余元，普通农户亩增收5000余元；2010年园区总产值达到300万元，增收超过180万元，人均创收超万元。

红旗漾村蔬菜基地园区作为桐乡市级餐桌工程项目，园区积极配合上级相关部门的各项工作，严格按照国家食品卫生安全标准，全部施用无公害农药、有机肥，配合采用生物物理杀虫技术，确保了土壤和水体环境不遭受破坏。在确保全市绿色无公害叶菜供应总量稳中有升的同时，不断改进技术，提升品质，发挥效益农业的优势，实现农业增效、农民增收，为新农村建设作出更大贡献。

油车桥村阿明茭白基地

2007年，油车桥村在鱼船浜组辟57亩水田，承包给龙翔茭白专业种植户沈建明。作为油车桥阿明茭白基地建设项目，桐乡市按每亩1900元的标准，共补助10万元，承包户又投资了60万—70万元，建起塑料大棚，又建容量800箱20万千克茭白的冷库一座。茭白除销售本地外，还销往江、浙、沪，最远销往甘肃。2010年加入桐乡市董家茭白专业合作社。董家茭白专业合作社是嘉兴市、桐乡市示范性农民专业合作组织，同年获评浙江省百强农民专业合作社。

新东水产养殖基地

2008年，新东村于港上组辟水面200多亩，成立水产养殖基地。由平建松等4人合作承包，投资五六十万元，添置了20多万元的增氧设备，开始水产养殖沼虾、白对虾，配套养殖花白鲢鱼等，年亩产水产300—350千克，除部分销售本地外，还销往上海、杭州等大城市。2010年，又发展100亩水面，用于水产养殖。

濮院苗木园区

2009年3月，桐乡洪春园林工程有限公司承包濮院西浜村和星旗村300多亩土地，投资800多万元，建起苗木培育园区，种植有紫薇、橡树、红枫、桂花、樱花、海棠等苗木。有管理人员6名，长期工作人员17—18人，季节性临时工20—30人，配置有挖机、运输汽车、喷灌水泵、农药机动喷雾设备等。苗木通过互联网，销售至全国除西北、东北外各地，年销售额2000多万元。2010年，苗木园区面积扩大，增加到450亩。

第三节 农业企业(农工贸一体化)

浙江荟美食品饮料有限公司

公司创建于2009年，为境内集原料种植、饮料生产、市场销售于一体的农工商贸一体化企业，共投资4000万元，法人代表朱三林，员工120人，注册资本1000万元。公司总部位于桐乡市濮院镇永越大道11号，占地面积23760平方米，建有国际标准化食品生产厂房，建筑面积30000平方米。形成从芦荟—调配—灌装—杀菌—包装五大车间一条龙生产线。

浙江荟美食品饮料有限公司在濮院镇新河村的芦荟种植基地

同年，公司组建芦荟种植基地，成立专业合作社。合作社以村民土地入股形式组成，流转土地涉及濮院镇新河村 8 个村民小组 113 户人家，芦荟种植面积 468.8 亩，长期安排农村劳动力 70 余人参与种植管理。2010 年 2 月芦荟种植基地取得“农民专业合作社法人营业执照”，公司副总葛建林为合作社法人代表。浙江荟美食品饮料有限公司与合作社签订常年购销合同，既保障浙江荟美食品饮料有限公司芦荟资源的供给，也在一定程度上解决了农村劳动力的出路，并使濮院农业的生态效益得到提升。

浙江荟美食品饮料有限公司主要产品为各类芦荟饮料及其他果蔬汁和蛋白饮料，根据不同的包装规格，已开发出 30 多个品项。主体生产设备按流程由调配车间的调配罐、乳化罐、发酵罐等管道设备机组—灌装车间的易拉罐、玻璃瓶、PET/PP 瓶等自动封口灌装设备—喷淋杀菌车间的喷淋冷却隧道—贴标、喷码包装等产能配套的设备系列组成，并采用电子化全程监控技术，居国际国内饮料行业先进水平。公司自行组建和及时扩充能快速提升生产销售相匹配的营销队伍，取扁平化管理模式，即减少销售中间环节，把销售平台直接搭建在当地县市级的能接手高端饮料的经销商家，不留空白也不重叠搭建，兼顾现代大型商超的开发利用。公司产品正快速向华东地区各省市县(区)的商场酒家渗透，并以江浙沪为重心，逐渐向外延伸扩展。2010 年生产能力 1.8 万吨左右，计划通过技改，到 2015 年，年产量达 15 万吨目标。

第六编

羊毛衫产业

在清代，濮院及周边乡村已有羊毛纺织品生产，据《前朱里纪略》记载，康熙年间，永新乡一带有土产羊毛方界布。民国时期，境内有传统毡毯业，《濮院志》记载："毡毯以羊毛为之，吾镇四乡多牧羊，岁产羊毛甚富，制成之毯平匀而柔软，有三层五层七层之别，行销苏杭等处，名为濮毯。"20 世纪 70 年代中后期开始，濮院依托传统织造业优势，大力发展羊毛衫产业。经过三十余年的努力，濮院的毛衫产量和毛衫专业市场交易额已分别占全国市场的 40%和 50%，濮院成为全国最大的羊毛衫产业基地、集散中心和全国羊毛衫款式、价格、信息中心。如今，濮院已拥有"中国羊毛衫名镇""全国百强镇""中国市场名镇""中国大型品牌市场""中国十大服装专业市场""中国毛衫第一市"和"中国羊毛兰绒服装第一镇"等荣誉称号，成为名副其实的全国羊毛衫行业的领头羊。

第一章　羊毛衫工业

第一节　羊毛衫工业的兴起

20 世纪 70 年代中后期，处于改革开放前夕的濮院工业企业，和全国各地的公有制企业一样，被束缚在僵硬的传统计划经济体制下，企业"大而全、小而全"，有"小工厂大社会"之称，资源浪费严重。由于政府包揽一切，企业缺乏经营自主权，分配上搞"大锅饭"，职工端的是"铁饭碗"，人浮于事，效率低下，大多数企业处于微利或亏损状态。此时，挣扎在亏损泥淖里的小企业，首先萌生了寻找出路、改变现状的想法。1976 年，处于经营困境中的濮院弹花生产合作社，率先开辟针织车间，开始生产围巾和膨体衫。一年后，企业走出了困境。1979 年，濮院制面社发起，由个人集资创办中华羊毛衫厂，翌年产值就达 80 万元。1985 年 4 月濮院供销社创办华丰羊毛衫厂。1988 年 3 月桐乡毛纺织股份有限公司与嘉兴机场驻军，联合创办桐鹰羊毛衫厂。至 1990 年，濮院已有专业生产羊毛衫的国营和集体企业 14 家。

1978 年，中共十一届三中全会召开，决定了党和国家的工作重心转移到经济工作上。1982 年家庭联产承包责任制的推行，调动了农民群众的生产积极性，国家的农村改革政策在解放生产力，推动农业发展的同时，也使大批农民能摆脱土地的束缚，走上务工经商道路。1985 年"让一部分人先富起来，先富带后富，达到共同富裕"的提出，为个私企业的产生发展奠定了思想和政策基础。濮院是历史上的江南织造大镇，有着纺织技术、织造文化的优势，人们在寻找商品生产定位时，纺织业自然成为首选的目标。由于羊毛衫生产使用的针织横机机身小，成本低，操作方便，易学易会，既可用于大规模集团生产，又适应于单家独户或联户的家庭作业。20世纪80年代初，随着改革开放的深入，在政府推动、政策引导下，以户或联户为单位的羊毛衫厂便如雨后春笋般地发展起来。最早的个体羊毛衫厂是云翔针织厂，它成立于1984年5月，初期主要生产膨体滑雪帽，后转产羊毛衫。1987年7月10日改名为云翔实业有限公司，1992年与外商合资，易名为高尔特胜制衣有限公司。1987年6月，有三家个体户联营，成立三联针织厂。同年，范剑平创立燕君羊毛衫厂。不久又有二联、双翔、三美、康艺等个体羊毛衫厂陆续成立。

自20世纪70年代上海试制成功针织锦纶外衣后，针织服装因其花色品种多且性能优良，显示出了旺盛的生命力，羊毛衫作为针织服装中的高档品种，日益受到人们的青睐。在老棉袄和手工毛衣的传统穿着面前，机织毛衣显示出毋庸置疑的竞争优势。传统的行业优势和日渐看好的市场前景，让初生的濮院羊毛衫制造业快速成长起来，至1990年，全镇拥有羊毛衫个体户319家。1994年止，镇域经国家商标局核准注册的羊毛衫企业有12家，商标有13个。

桐乡第一羊毛衫厂

1976年，桐乡县二轻总公司属下的濮院弹花生产合作社，由于行业的不景气，已经到举步维艰的地步，无奈之下开始考虑另寻出路。是年，厂长高跃忠去洪合毛纱厂交流学习，看到洪合毛纱厂的工人在用横机织围巾，了解到针织产品比较紧俏的信息，就产生了试产针织衫的想法。随即向洪合毛纱厂借用4台横机，在弹花社开辟了针织车间，开始生产围巾和膨体衫。同年下半年，在二轻公司的支持下，弹花社购进3台手摇横机，编织膨体衫和丙伦衫。经过一年多的转产经营，濮院弹花生产合作社的年产值，由1976年的2.9万元上升到1977年的30万元，利润则由0.05万元上升为3.54万元。夕阳企业弹花社走出困境，不再弹棉花，投入到针织品生产行列，更厂名为濮院弹花针织厂。

弹花针织厂由于技术、质量等原因，1980年企业产值开始滑坡。1982年，年产值31.15万元，利润-1.42万元。此时二轻局委派的新任厂长沈坤山到任。为了扭转亏损局面，沈坤山决定由生产膨体衫和丙伦衫转为生产全羊毛粗纺羊毛衫。1983年11月，在一无羊毛衫生产设备，二无充足资金的情况下，企业向二轻局贷款6000元，购进12台横机，其中5台六针横机，7台九针横机。为了调动工人的积极性，企业着手内部管理制度改革，实施了“加班工资制”，还在季度和年度发放实物奖品。为了提升技术和质量水平，企业抓住了新生事物——“星期日工程师”，聘请上海第一羊毛衫厂凤凰牌羊毛衫生产线的4位退休师傅做技术指导。起初，4位师傅害怕被扣“技术投机倒把”的帽子，不敢接受厂里的工资。到1984年人才流通放开之后，4位技术师傅才正式受聘于弹花针织厂。技术师傅不仅仅带来了技术，还带来了销路。弹花针织厂生产的产品通过4位师傅介绍，由上海第一百货公司包销。是年企业生产羊毛衫70000余件，产值达到141万元，利润9.27万元。由于销路打开，生产扩大，设备和职工也增加了，年底，横机增加到32台，职工人数由上年的96人遽增到186人。1984年9月，企业易名为桐乡第一针织厂。1985年产值达到300.45万元，利润68.77万元。次年企业更名为桐乡第一羊毛衫厂。

桐乡第一羊毛衫厂在行业内曾名噪一时，生产的神翼牌羊毛衫深受消费者的追捧。1988年，地方政府鼓励横向联营以引进资金。桐乡第一羊毛衫厂与上海协群贸易信托店联营开办上海协群桐乡羊毛衫联营厂，同年，桐乡第一羊毛衫厂生产的四平仝羊毛鸡心男套衫，被评为省优质产品。

濮院弹花社一次看似偶然的转产经营，开启了濮院工业的嬗变之门；为寻找生存之路而叩开的大门里，走出的竟是濮镇织造业的第二次辉煌。

燕君羊毛衫厂

燕君羊毛衫厂厂长范剑平，原为画照个体户。20世纪80年代，濮院的羊毛衫行业开始蒸蒸日上，范剑平见如此好的势头就转身投资羊毛衫。1987年，他用自己摆摊画照的积蓄，购买了2台手摇横机，妻子姜燕君从中华羊毛衫厂辞职回家作技术指导，开始家庭式作坊生产高比例全毛羊毛衫。因技术过关，质量过硬，作坊生产很快步入正轨，此后开始快速发展。1988年，横机增至8台，开始雇佣工人。1989年，横机增至20台，开始规模经营。1991年，横机增至40台。1993年再增添6台圆机(当时濮院全镇圆机12台)，开始生产提花女大衣，并注册商标——杰衫。至1993年，燕君羊毛衫厂已是濮院地区规模数一数二的羊毛衫生产企业，拥有的主要生产设备有：横机40台，圆机6台，工业缝纫机40台，50千伏安变压器及发电机组一套和1.5吨快装锅炉1台。

企业规模扩张带来了招工难的问题。为了招到熟练的技术工人，范剑平对薪酬制度作了一定的改革，实行定额加超产奖的组合工资。1994年实施下来，各工种月平均工资分别为：横机工1200元，圆机工1000元，裁剪工1000元，缝纫工1300元。其中最高者达到2500元，最低也有800元。除了薪酬的吸引力，范剑平还注重提升工人的其他福利待遇，如厂里设立医务室，为工人免费治疾，1994年医务室开支医药费6500元。为了解决外地工人的住宿问题，1990年范剑平向蔬菜大队购买1亩土地，建造职工宿舍。1992年，员工宿舍楼增至3层，建筑面积达900多平方米。较高薪酬和较厚福利双管齐下，燕君羊毛衫厂吸引了大批优秀技术工人，至1994年生产工人170人(外地员工100名)，其中：横机40人，圆机12人，裁剪16人，缝纫40人，辅助工62人，而行政人员仅厂长、副厂长、会计、出纳共4人。1992年，燕君羊毛衫厂占地面积10000平方米，建筑面积2400平方米。企业客户遍布全国各地。

中华羊毛衫厂

1979年创办，厂址濮院镇万兴街，占地面积3200平方米。该厂主要生产各色男女款式羊毛衫,年产羊毛衫达30万件。1981年利润超百万,职工人数233人。生产设备主要有:编织横机95台,锁洞机2台,甩水机2台,套口机15台,烘干机4台,染色机3台,倒毛机1台,平车6台,缩毛机3台,以及发毛机1台,锅炉1台,污水处理设备1套等。1984年由镇政府牵头,在乔司设立分厂。1995年9月21日中华羊毛衫厂并入桐乡缝纫机零件二厂。

云翔实业有限公司

20世纪80年代初,改革序幕刚刚拉开,面对捧"铁饭碗"还是下海单干,人们还是犹疑彷徨,其时濮院镇的联户工厂都戴帽集体企业,个人下海都要标上留职停薪身份,经营者无不脚踩两头船。夏云翔敢为人先,1982年辞去濮院公社水泥制品厂厂长职务,在固安桥西塊3号开办个体针织厂。办厂伊始困难重重,光申报盖章就需要通过生产大队、公社、居委会、镇政府、派出所、电管站、自来水厂等。所幸夏云翔是台属,得到县委书记夏益昌的关心支持。终于在1984年5月19日,镇域第一家个体针织制品厂——桐乡县云翔针织厂被批准建立。

云翔针织厂从编织袜子、丙纶衫、腈纶衫起步,后请到了上海第一羊毛衫厂退休师傅王长发作技术指导,开始生产羊毛衫。不久工厂初具规模,有六针车6台,在册雇工8人,实际有工人16人(当时国家政策规定,个体工商户雇工人数不可超过8人,否则属于剥削)。工厂每天生产羊毛衫80—100件,产品供不应求,常常出现客户拿着整捆的现金,坐在厂里等货。

云翔针织厂的超好效益,产生极大的示范效应。云翔针织厂在濮院毛衫工业的初创期不断发展壮大,在此基础上成长为桐乡羊毛衫厂、嘉兴云翔实业有限公司,直至成立中外合资高尔特胜有限公司。

第二节　羊毛衫工业的发展

初创阶段(1976—1989)

1976年濮院弹花合作社试产针织衫成功,翌年改厂名为弹花针织厂;1979年,濮院制面生产合作社发起由个人集资兴办中华羊毛衫厂;1984年5月19日,个体企业云翔针织制品厂登记成立。这是濮院毛衫工业起步的标志。初创阶段,濮院毛衫的生产设备均为手摇横机,规格一般是六针车、七针车。手摇横机由一人操作,用手握住机头,左右来回拉动,每人每工(8小时计算)生产衣片(分前胸、后襟、手臂等)10件左右。衣片经过裁剪、缝合、套口、锁洞、染色、整烫、绣花等一整套手工操作制成成衣,产品为粗纺羊毛衫。此阶段作为制衣的配套企业,濮院毛纱厂、凯星染整厂等原材料、后整理企业也相继开办。

随着产品款式的翻新,市场需求量的增加,濮院羊毛衫的生产规模不断扩大。1985

年羊毛衫个体户发展到81户。1987年濮院全镇羊毛衫产量为93万件，产值2629.30万元。1988年羊毛衫厂猛增至359家，其中个体户259户；1989年镇区集体羊毛衫企业还有14家。1989年全镇拥有羊毛衫生产横机1540台，产量达270万件，产值近亿元，羊毛衫产品远销国内大中城市。企业生产规模扩大，形成了一批骨干厂家，如桐乡第一羊毛衫厂和雅蝶羊毛衫厂都已具有年产20万件羊毛衫生产能力。濮院生产的部分精纺全毛羊毛衫，还走出国门，开始销往法国、日本、美国、瑞士、澳大利亚、芬兰、挪威等国家。

表6－1　　1986年濮院镇区部分羊毛衫厂情况表

企业名称	产值(万元)	利润(万元)	职工人数
凯星羊毛衫厂	140.94	0.11	144
桐乡第一羊毛衫厂	219.62	7.81	325
中华羊毛衫厂	303.44	50.92	222
云翔针织厂	50.00	3.00	30

表6－2　　1989年濮院镇区14家集体及单位办羊毛衫厂情况表

企业名称	隶属单位	创办时间	产值(万元)	利润(万元)
桐乡第一羊毛衫厂	桐乡市二轻总公司	1976年	232.63	1.92
凯星羊毛衫厂	桐乡市二轻总公司	1985年	343.45	42.03
夏子羊毛衫厂	濮院皮鞋厂	1987年	1.31万件	—
中华羊毛衫厂	镇办工业	1979年	442.21	40.24
武进羊毛衫厂	镇办工业	1986年	—	—
申湘羊毛衫厂	镇办工业	1987年	—	—
工艺羊毛衫厂	濮院建筑公司	1980年	229.34	18.51
风华羊毛衫厂	桐乡市民政局	1981年	125.63	2.60
濮院丝厂羊毛衫厂	濮院丝厂	1987年	62.58	5.36
南洋羊毛衫厂	濮院油厂	1989年	43.10	9.13
朝辉羊毛衫厂	濮院水作生产合作社	1985年	77.67	8.52
华丰羊毛衫厂	濮院供销社	1985年	108.87	12.86
桐鹰羊毛衫厂	桐乡毛纺厂	1988年	92.03	5.27
协群羊毛衫厂	桐乡第一羊毛衫厂	1988年	17万件	—

快速发展阶段(1989—1999)

羊毛衫生产设备在快速更新。1989 年手摇横机发展为九针车、十一针车,一人一车,每人每工可生产成衣片 6 件左右,产品一般为精纺羊毛衫。1990 年羊毛衫由单一的横机生产发展为圆机、横机并重。圆机生产使用电力,生产出来的是整匹坯布,长度有 30 米或 50 米一卷不等,1 台圆机生产的产量可抵 20 台横机,生产率明显提高了。圆机生产的坯布经缩绒后可根据款式大小任意剪裁,其成衣既具有原羊毛衫的风姿又可以使羊毛衫时装化和镶、拼多样化。这样的产品被称作圆机衫。圆机衫成品款式品种有圆领、叠领、三翻领等各种男女套衫和开衫、宽松衫、老太衫、蝙蝠衫、九叶衫、珍珠衫,款式品类达 2000 多种。随着羊毛衫产品的多样化,原料也发展为纯羊毛、羊仔毛、兔羊毛、羊绒、澳毛、锡兰毛、貂绒等多种原料,并由粗纺毛纱转为精纺毛纱。1993 年以后,濮院市场的针织设备又发生了变化,原来的横机编织重新流行。由于生产工艺的改进,细针横机逐步在市场推广。1995 年流行的 9 针、10 针横机,到 1997 年,升级至 14 针。

随着羊毛衫行业的迅速崛起,羊毛衫工业的生产工序也逐渐完善,制作工艺得到大幅提高。至 1994 年底,濮院已形成了从毛纺、针织到印染的羊毛衫生产产业链,涌现出一批独立的缩绒、染色整烫、电脑绣花、缝合、套口、锁洞、镶边企业和经营户。

濮院羊毛衫工业的快速发展,还得益于专业市场的同步发展。1992 年,邓小平南方谈话发表之后,全国经济空前发展,苏南与浙东北一带羊毛衫加工业异军突起,濮院居于羊毛衫区域经济中心,具备有利的地域优势。1992 年,桐乡县政府把开发建设濮院羊毛衫市场作为发展全县第三产业的主要经济增长点,全力加以扶持,多渠道筹措资金,集中全社会财力物力开发建设羊毛衫市场。1992 年至 1994 年,桐乡全市(县)有 21 个单位在濮院投入了近亿元的资金,开发了成规模的羊毛衫市场。1994 年,市委、市政府先后两次制定放手发展个体私营经济的政策,为濮院羊毛衫市场的进一步发展创造条件。1995 年 10 月,市政府会同国务院发展研究中心市场经济研究所、中国经济决策咨询中心、中国服装设计研究中心,在濮院镇联合举办了'95 全国专业市场建设与发展研讨会暨首届全国羊绒羊毛产品展示会,并通过全国各大报纸发布信息,濮院毛衫闻名全国。是年,市场羊毛衫交易额在 1994 年 21 亿元的基础上翻一番。在'97 桐乡经贸艺术系列活动中,濮院市场举办羊毛衫新款走势发布会和羊毛羊绒新时装展示会,进一步提高市场知名度,吸引全国客户。1996 年在本地区率先开通了信息高速公路——国际互联网(INTERNET),当地 10 多家羊毛衫企业和市场的行情信息在网上公布。是年,市场销售额达到 45.1 亿元,成为全国最大的羊毛衫集散中心,跻身全国百强市场行列。

毛衫市场的快速发展,对羊毛衫工业产生巨大的拉动力,由于紧贴市场,处于物流、信息流的有利位置。1999 年濮院已成长起千余家羊毛衫私企和个体户。竞争中,一批有商业头脑的羊毛衫经营者,拿捏准市场的趋势,开始引进新的机器设备,开发新产品。随后,冰麻、天丝、丝光棉、海岛棉等各类夏季针织服装不断推出,深受客户欢迎。此举转变了濮院毛衫的传统定位，走上了时装化之路，同时市场交易的淡旺季格局也被打破。紧接着，濮院的毛衫工业掀起技术改造的热潮，规模企业首先引进德国斯托尔、瑞士斯泰格、日本岛精、意大利普罗帝等电脑提花横机，进行生产技术改造，更新生产工艺等。这一轮生产革新，大大改进了毛衫工业的生产工艺和生产能力，为下一阶段的产业提升做好了准备。

表 6－3　截至 1994 年底濮院镇 12 家羊毛衫厂的 13 个注册商标一览表

厂　　名	注册商标名称	核准注册日期
夏子羊毛衫厂	栖　凤	1989 年 11 月 30 日
云翔实业公司	夏云翔	1989 年 12 月 10 日
万兴羊毛衫厂	万　兴	1990 年 5 月 30 日
松青羊毛衫厂	秋　乐	1990 年 8 月 10 日
民丰羊毛衫厂	塔　峰	1990 年 11 月 30 日
工艺羊毛衫厂	鹿　皇	1991 年 2 月 10 日
华丰羊毛衫厂	神　霞、桐　辉	1991 年 5 月 20 日
南洋羊毛衫厂	阔　洋	1992 年 2 月 20 日
凯星羊毛衫厂	艺　润	1992 年 5 月 20 日
燕君羊毛衫厂	杰　衫	1993 年 1 月 30 日
天运羊毛衫厂	飘　秀	1993 年 3 月 30 日
中华羊毛衫厂	美　端	1993 年 4 月

表 6－4　1998 年、1999 年濮院羊毛衫市场成交额和物流量一览表

年　份	成交额(亿元)	物流量(万吨)	年　份	成交额(亿元)	物流量(万吨)
1998	31.5	7	1999	32	7.5

产业提升阶段(2000—2010)

面对濮院羊毛衫市场这一全国最大的羊毛衫集散中心，业内人士开始呼唤规范的生产基地。1999 年底，桐乡市委、市政府主要领导提出建设羊毛衫市场生产基地的初步设想。濮院羊毛衫市场管理委员会经认真调查研究，和毛衫业界达成五点共识：一是从濮院市场发展历史看，有了产业基础，才能形成市场；二是从市场功能看，只有少数的经营大户以外地为主，大多数是自行生产、自行销售的，如能提供统一的生产场所，既节约了运输、仓储等生产费用，也极大地方便了经营者的管理；三是从离濮院不远的几个大市场来看，都是依靠附近的生产企业来发展的；四是建生产园区有利于对产品质量、商标进行源头上的规范管理；五是通过园区开发，引进企业，可以提供较多的就业岗位。

2000年，市委、市政府决定筹建中国·濮院毛衫城工业园区，濮院羊毛衫市场管委会组建筹建办公室，逐步推进一系列工作。2002年成立招商办，对外进行招商引资。2005年，濮院毛衫城工业园区通过了省二星级文明规范市场复查，市场品位得到提升。2006年通过国家发改委审核，中国·濮院毛衫城工业园区被列入浙江省新一批省级开发区，并正式更名为“浙江桐乡濮院针织产业园区”。2007年底，由地方政府牵头，联合濮院针织产业园区内重点科技型骨干企业，依托东华大学、浙江理工大学、嘉兴学院等高等院校的科研力量，同时整合现有公共服务机构，经浙江省科技厅批准，创办浙江省（嘉兴）毛衫产业科技创新服务平台。科技创新服务平台包括新型纤维材料及纺纱技术研究所、生态纺织化学品研究所、印染与后整理技术研究所、针织机械及自动控制研究所、针织企业信息化技术研究所5个研发机构和针织服装设计中心、检验检测中心、毛衫文化传媒中心、毛衫信息中心、培训中心、品牌策划中心、知识产权服务中心7个服务机构以及1个设计创意机构濮院创意设计孵化器（320创意广场）。

浙江桐乡濮院针织产业园区成了中国纺织企业社会责任试点产业集群地，在其引领下，濮院毛衫工业的整体水平得到大幅提升，企业规模、产品的数量质量进入全国行业的前端。2006年，濮院镇域有各类羊毛衫生产相关企业300余家，毛衫工业个体户4816户，占全镇生产单位的80％以上，从业人员（包括外来务工者）50000余人，70％以上的劳动力从事毛衫生产、加工和销售。全镇已拥有高科技毛衫制造设备1541台（套），其中当年新增291台以德国斯托尔、日本岛精为主的电脑横机。全年毛衫产业实现产值93.8亿元，占全镇工业产值的81％。

2008年，针织产业园区企业总数达到242家，其中投产企业228家；全年实现工业总产值55.1亿元，同比增长6.4％，实现利税2.03亿元，同比增长2.5％，出口交货值32664万元。是年，镇域毛衫从业人员达60000余人，年产值132.75亿元，实现利税8.19亿元。

2009年濮院镇有毛衫企业4400家，产值122亿元，其中规上企业72家，产值10.21亿元，羊毛衫市场实现成交额120亿元，濮院物流货运量29.8万吨。2010年羊毛衫市场实现成交额133亿元，物流货运量31.8万吨，毛衫产销量占全国总量六成以上，市场商品销往全国30多个省、市、自治区的140多大中城市，并远销国外。

表6－5　　2006年濮院与羊毛衫相关的规模工业企业基本情况表

单位名称	法人代表	职工人数	年末固定资产原值（万元）
浙江浅秋针织服饰有限公司	高海松	120	1166
桐乡万体制衣有限公司	陈新昌	104	646
浙江厚源纺织有限公司	周效田	643	6787

续表 6－5

单　位　名　称	法人代表	职工人数	年末固定资产原值(万元)
桐乡市飞虎机械制造有限公司	鲁献荣	83	918
桐乡市兰生制衣有限公司	褚来生	125	16942
桐乡市金福莱制衣有限公司	汤文英	108	948
桐乡市恒丰漂染有限公司	张建康	415	2690
桐乡市濮院帅哥服饰有限公司	乐建国	180	28
桐乡市大自然制衣有限公司	黄志立	108	203
桐乡市银艳针织整理有限公司	张锦灿	36	712
桐乡市桐毛染整有限公司	张学群	48	407
桐乡市泰山针织制衣有限公司	姚坤林	28	350
桐乡市海通毛绒服饰有限公司	张　揭	76	560
桐乡市桐鑫漂染有限公司	沈金木	87	791
桐乡市东企纤维整理有限公司	徐利明	80	567
浙江世纪保罗服饰有限公司	徐炎良	62	1350
博森织染(嘉兴)有限公司	黄　玫	161	9283
天佑印染(桐乡)有限公司	汤孙灿	102	1423
浙江纯爱服饰有限公司	林明华	115	286
桐乡市南天针织品整理有限公司	李再连	32	122
桐乡市天地人工贸有限公司	陶海明	60	489
桐乡市赛兔羊绒时装有限公司	宣建良	62	259
桐乡市京都漂染有限公司	沈根祥	32	664
桐乡市开创工贸有限责任公司	蒋宋炎	44	569
浙江雪中花针织制衣有限公司	姜卫平	112	2222
浙江澳洋纯服饰有限公司	王立晓	97	72
桐乡市汉邦化工有限责任公司	陶茂春	50	275
嘉兴市雀屏化工有限责任公司	沙兴宝	144	945
桐乡市兴盛纺织有限公司	邓金松	112	1165
桐乡市金龙针织整理有限公司	周文敏	46	86
嘉兴市金企鹅服饰有限公司	王海君	50	1638
桐乡市澳尔美纺纱有限公司	沈国强	60	415

续表 6－5

单　位　名　称	法人代表	职工人数	年末固定资产原值(万元)
浙江迦密服饰有限公司	朱洁敏	75	800
桐乡市金达染整有限公司	吴新华	129	2163
嘉兴侨亚服饰有限公司	王　昭	380	2805
浙江梵蒂服饰有限公司	莫炳泉	85	637
桐乡市华美时装有限公司	周元珍	150	10603
浙江卡地亚服饰有限公司	许振明	97	1093
桐乡市雀屏针织整理有限公司	沙兴宝	56	729
桐乡市兴达针织制衣有限公司	胡建东	51	647
浙江鼎坤服饰有限公司	钱云生	107	1934
浙江圣地欧服饰有限公司	范小芬	88	757
桐乡市诚信后整理有限公司	张根祥	36	270
桐乡市福牌针织服饰有限公司	孙友海	78	226
桐乡市凯森服饰有限公司	周　伟	137	83
桐乡市新萌服饰有限公司	郑阿旭	34	1593
桐乡市天益针织服饰有限公司	张志坚	62	353
桐乡市百艺鸟服饰有限公司	芦　杰	49	1214
桐乡市桐华纺织有限公司	郑克明	36	405
桐乡市华伦智圣服饰有限公司	林福林	78	849
桐乡市富华纺织品有限公司	陈钦华	21	450
桐乡市万祥针织服饰公司	陈德祥	44	624
桐乡市都彭服饰有限公司	林锡平	28	833
桐乡市中成针织有限公司	潘　勃	33	3600
桐乡市顺新毛纺织有限公司	毕建新	130	3010
桐乡市华丰染整有限责任公司	张国平	103	2138
桐乡市幽默老人服饰有限公司	汪林云	33	600
桐乡市濮院丰达印染厂	赵文火	46	253
桐乡市沁诺利服饰有限公司	吴建国	48	337
桐乡市美姿姗服饰有限公司	梁银友	75	626
桐乡市耐克斯顿时装有限公司	吴　斌	52	179

续表 6－5

单 位 名 称	法人代表	职工人数	年末固定资产原值(万元)
桐乡市凯星染整有限公司	蒋宋初	252	1297
桐乡市恒利缩绒厂	王小敏	27	94
桐乡市恒秋服饰有限公司	黄建荣	55	464
桐乡市依皇服饰有限公司	俞玉琳	34	115
桐乡市纯蕾服饰有限公司	沈益明	38	2230
桐乡市培蓉制衣有限公司	庄建明	52	303
桐乡市明辉染整有限公司	施向忠	22	344
桐乡市赛鹿服饰有限公司	姜晓群	80	73
桐乡市金海岸服饰有限公司	吴在文	31	1452
桐乡市云翔制衣厂	叶永新	50	14
桐乡市金辉缩绒厂	张军辉	35	19

表 6－6 2001—2010 年濮院羊毛衫市场成交额和物流量一览表

年 份	成交额(亿元)	物流量(万吨)	年 份	成交额(亿元)	物流量(万吨)
2001	33	8.75	2006	115	19.3
2002	33.5	10.06	2007	116	19.8
2003	33.8	12.575	2008	128	20
2004	35.9	16.89	2009	120	29.8
2005	113	18.6	2010	133	31.8

第三节 针织产业园区建设

2000 年 1 月，市委、市政府决定建设濮院羊毛衫生产基地。同年 3 月，中国·濮院毛衫城工业园区项目上马，园区选址羊毛衫市场西侧，由市财政局、市三电办及濮院镇出资 700 万元，首期开发面积 0.83 平方千米。范围：东起庙艞港挥士桥，与羊毛衫市场相连，西至报恩桥港，南起闵介斗、吴介浜自然村北侧，北到 320 国道。园区规划工业用地占 51%，商住用地占 7.8%，其余为生活配套、公共设施、道路广场、公共绿化等用地。2002 年，位于工贸大道北侧，凯旋路南侧，规划面积 0.667 平方千米的濮院镇工业园区并入毛衫城工业园区。此时，濮院毛衫城工业园区实际开发总面积达到 1.497 平方千米。2003

年，濮院镇实施新一轮的总体规划修编，编制5平方千米近期规划和16平方千米远期规划，基本完成羊毛衫市场至浮石桥的道路框架、土地平整、详细规划布局，加快了毛衫城工业园区建设的步伐。

2006年9月26日，濮院毛衫城工业园区通过国家发改委审核，被列入浙江省新一批省级开发区，并正式更名为"浙江桐乡濮院针织产业园区"。到2007年底，针织产业园区累计开发面积4.5平方千米，引进项目250个，吸引资金50多亿元，集聚生产企业228家，规模企业110家，形成从纺纱、编织、印染、后整理、辅料生产、机械制造、检验检测、科技服务、物流配送等完整的产业链。2008年，为加速实现羊毛衫经济转型升级，濮院针织产业园区在纺织产业集聚区的基础上，启动开发高新技术区。至2010年末，濮院针织产业园区规划面积约6.5平方千米，其中纺织产业集聚区规划区域东起庙簰港，西至永兴港，南起育子桥港，北至凯旋路，面积为4.45平方千米；高新技术区规划区域东起桐星大道，西至永兴港，南起凯旋路，北至园区大道，面积2平方千米。是年，濮院针织产业集群被省政府列为块状经济向现代产业集群转型升级示范区第二批试点单位和浙江省产学研合作示范区。

针织产业园区

基础设施建设

2000年，园区投入基础设施建设资金2365万元，共完成中心大道、兴业路混凝土道路11296.39平方米，建园路毛石路面2306平方米，80吨桥梁1座，园区围墙1700米，绿化7183.3平方米，铺设自来水管950米、污水管1580米、雨水管1200米，并完成了两个入口的园艺小品的形象建设。进园企业统一围墙，统一建筑外墙色彩，图纸由筹建办统一审核。

2001年，投入资金3625万元，新筑道路29005平方米，铺设300毫米口径以上各类管道7027米，新建桥梁2座，架设10千伏高压线3.33千米，建成永久性变电房2座，临时性变电房2座，新增用电容量2075千伏安。

2002年，投入资金2848万元，平整土地完成土方149000立方米，新建桥梁1座，新筑主干道延伸段3000米，浇筑混凝土路面46000平方米，铺设300毫米口径以上给排水管道和蒸汽管道 1.27 万米，架设电力线路 1500 米，形成“三横三纵”道路框架。

2003 年新征用土地 0.63 平方千米，新报批农转用土地（农业用地转工业用地）0.666 平方千米。投入资金 3800 万元，用于“七通一平”等基础设施建设：浇筑道路 66526 平方米，铺设 300 毫米口径以上各种管道 14355 米、供电线路 8611 米，架设热网管道 2507 米，新建桥梁 4 座，修筑浜岸 1787 米，增加绿化面积 20623 平方米。

2004 年新征用土地 0.032 平方千米。投入资金 1460.17 万元，用于“七通一平”等基础设施建设：浇筑道路 19075 平方米，铺设 200—275 毫米口径各类管道 1400 米、供电线路 2000 米，架设热网管道 1500 米，新建桥梁 4 座，块石护岸 97 米，增加绿化面积 3900 平方米。

2005 年，投入资金 8503 万元用于“七通一平”等基础设施建设。新建标准厂房 121000 平方米，新建桥梁 3 座。

2006 年，投入资金 3000 余万元，新建桥梁 3 座，新浇道路 8994 平方米，新筑河道护岸 1121 米，疏浚河道清理淤泥 15000 立方米，新设公共变压房三座，并对金龙高线进行扩容改造，新铺公共自来水管 1040 米，蒸汽管网 1410 米，新增绿化面积 59760 平方米。预征土地 0.54 平方千米，清理调剂园区内闲置土地 0.057 平方千米。新办农转用项目 27 个。新办供地项目 28 个，供地 0.094 平方千米。新开工项目 24 个（新办建筑许可证），新竣工建筑面积 214688.45 平方米。

2007 年，投入基础设施建设资金 2820 万元，新征、预征土地 0.267 平方千米，拆迁、预拆迁农户 116 户，拆迁面积 3.89 万平方米；新办农转用土地 0.023 平方千米，已受理 0.092 平方千米；新办供地项目 23 个，供地 0.281 平方千米，新建厂房开工面积 18.62 万平方米，新竣工面积 14.25 万平方米；深入开展闲置土地清理整顿，调剂面积 0.069 平方千米；年内新建桥梁 2 座，新浇筑道路 5.98 万平方米，新筑河岸 1.9 千米。

2008 年，投入基础建设资金 2000 万元，新征、预征土地 0.48 平方千米；新建桥梁 2 座，年内启动濮院高新技术开发区建设，预征土地 3.333 平方千米。

2009 年，投入基础设施建设资金 1.5 亿元，针织产业园区拆迁建筑物 4.97 万平方米，新筑道路 7.49 万平方米，新筑护岸 2920 米，新增绿化面积 2.49 万平方米，新增管线 1.34 万米，新建桥梁 4 座。新办农转用工业项目用地 0.296 平方千米，新供工业项目用地 0.255 平方千米，新供商住市场项目用地 0.034 平方千米。新批开工建筑面积 35 万平方米，竣工面积 23 万平方米。高新技术开发区基本完成道路框架和七通一平建设。

2010 年，投入基础建设资金 1.76 亿元，开展永联村整村征迁工作，新征土地 2.213 平方千米，新建桥梁 3 座。

配套设施建设

园区在推进基础建设的同时也规划建设了配套工程，即综合污水处理厂、集中供热系统和工业用水系统。针织产业园区内企业实行统一治污、集中供汽，既减轻了产业园负担，又降低了投资成本，方便了企业，保护了生态环境，同时培育了自身的创收盈利点，从而达到了经济效益与环境效益相协调。

污水处理 2001年，濮院毛衫城引入社会资金，建起了印染废水处理厂，处理厂实行市场化运作，社会化管理。同年5月，浙江大学达康环境工程公司筹资1200万元，在原厂基础上建成了日处理能力10000吨的濮院污水处理厂。2002年12月，浙大达康公司又投入2400万元上马二期扩建工程。该工程也被列为浙江省环太湖环境治理重点项目，2003年9月二期工程正式投入运营，日处理能力最大可达到30000吨。2005年启动5万吨/日污水处理工程。2006年50000吨/日地面工业净水工程建成投产；濮院镇政府出资8000万元收购濮院污水处理厂，同时投入4000余万元对污水管网、治污设备进行全方位改造提升。2007年，投入6800万元对治污设备和排污管网进行改造。2009年，濮院镇政府投资3000余万元改造调整污水处理厂；园区排污企业安装在线监控装置，实现刷卡排污远程自动化监控。至2010年，全镇工业污水全部入网，建成区生活污水50%入网。

供热系统 2001年，筹建办筹措资金600万元，建成了蒸汽供热一期工程，为园区内企业统一供应蒸汽。一期由2台锅炉组成，共架设热网管道1735米，每小时供汽16立方米。2002年，投入420万元，扩建供热系统，新增2台20吨锅炉。2003年，集中供热三期工程顺利完工并交付使用，毛衫城供热能力达到96立方米/小时。2005年供热四期工程投入正常运行，启动25立方米/小时供热五期工程建设，次年投入使用。2006年园区总供热能力达到146立方米/小时。2007年协鑫热电项目建成投产，统一供应园区蒸汽；园区原供热系统停止运行，设备和厂房公开挂牌转让。至2010年底，园区共架设热网管道5417米，总供热能力达180立方米/小时。

工业用水系统 2005年，园区落户企业增加，产业链向两端延伸，印染、缩绒等产业集聚度高、用水量大，出现了工业用水与居民用水紧张情况。桐乡市濮院城镇建设开发有限公司、桐乡市环宇实业有限公司和桐乡濮院镇产业园区开发建设有限公司共同投资3300余万元，筹建工业用水工程项目。2006年5月，建成日供应能力为50000立方米的工业净水厂。工业净水单价为每立方米1元，比原来企业用水每立方米优惠1.10元。

2010年园区规模

桐乡市濮院针织产业园区规划面积17平方千米，截至2010年12月，累计已开发面积7.819平方千米，进区企业总用地面积1.921平方千米，总建筑面积达到2491148平方米，进区企业累计556家，从业人数28058人。历年基础设施累计投入93698万元，历年标准厂房累计投入38363万元，企业固定资产历年累计投入953797万元。2010年现价工业产值756050万元，其中主导产业680445万元，销售收入744709万元，利税总额75378万元。高新技术区累计投入基础设施建设资金17000万元，开发面积1.177平方千米，进区企业有涉及机械、电子、新建材等行业的企业16家。纺织产业集聚区累计投入基础设施建设资金83000万元，开发面积6.775平方千米。

濮院针织产业园区的生产企业，拥有编织设备50000多台套，染整设备2000多台套，电脑横机5500多台，其中德国进口斯托尔横机2582台，日本岛精横机2385台。毛纺、编织、染色和后整理技术在全国处于领先水平，部分达到国际先进水平。园区内形成四个产业聚集区：印花区，整烫区，杰凯创业园区，320创意广场。

320创意广场

第四节　羊毛衫辅助工业

羊毛衫辅助工业包括印染、整烫、后整理等。20世纪80年代，随着羊毛衫行业的兴起，濮院羊毛衫辅助工业也开始起步。中华羊毛衫厂、桐乡第一羊毛衫厂等为了配套本厂的羊毛衫成衣生产，于80年代初开辟了整烫车间。1985年，桐乡毛纺织股份有限公司染整分厂，开始对外承接毛衫染整业务。1986年，凯星羊毛衫厂开始涉足羊毛衫染整业，1988年该厂又命名为桐乡市凯星染整有限公司。上述厂家是濮院镇最早从事染整行业的几家较大企业。20世纪90年代濮院羊毛衫辅助工业快速发展，1994年，濮院兴盛缩绒厂创立。1995年，桐乡市诚信后整理有限公司成立。1996年桐毛缩绒厂创立。20世纪初，濮院镇羊毛衫辅助工业已颇具规模。至2010年，濮院镇规模以上羊毛衫辅助工业企业达30家，其中有桐乡市凯星染整有限公司、浙江雀屏纺织化工有限公司、桐乡市天地人工贸有限公司、禾丰集团、桐乡市金龙针织整理有限公司、浙江省桐乡市桐毛染整有限责任公司等。此外，工业园区内也规划出整烫区和印花园区，为羊毛衫辅助工业的中小企业和个体加工户提供了创业场所和服务与管理。

桐乡市凯星染整有限公司

始为1954年10月组建的濮院椿木社，1965年6月和圆木社合并，改名为濮院木器社。1977年扩大产品范围，生产化工颜料及固色助剂，1982年5月更名濮院木器颜料化工厂。1986年起加工羊毛衫及羊毛染整。1987年6月改名为凯星羊毛衫厂。1988年经批准又名桐乡凯星染整厂，厂址柳岸街10号，占地面积3331平方米，建筑面积4535平方米。1989年生产各式羊毛衫7.85万件，加工染色毛纱206吨，成衫71.26万件。1990年产值438.58万元，利润83.51万元。1992年5月接管濮院被服厂。同年11月接管桐乡第一羊毛衫厂。1994年4月与桐乡钢管厂联营组建星光染整厂，同年10月产值累计完成4252.62万元，利润累计完成159.84万元。到1995年5月更名嘉兴凯星集团有限

车间染整工

公司，下辖染整、毛衫、皮塑、大酒店等企业。2002 年 4 月更名为桐乡市凯星染整有限公司，专业从事染色、缩绒，并走上了快速发展的道路。

公司从事成衣到绞纱、筒纱的全能染色，拥有绞纱、筒子染色和缩绒的成套设备，有一支专业技术队伍，具备染全毛、全纶、全棉、腈纶、涤纶，以及各种混纺原料的能力。公司的缩绒加工业务，不但能进行柔软、丝光处理，并通过引进了日本的纺织品织物表面防起球技术，满足了客户和市场对羊毛衫后整理的需要。20 世纪末，公司开始承担由桐乡市科委立项的科技攻关项目——筒装真丝（桑蚕丝）染色技术。经过技术人员研究、试验，于 1999 年完成试样。2000 年经桐乡市科委组织专家组验收合格，并获得桐乡市科技进步三等奖。该技术流程中，采用生物蛋白酶脱胶、活性染色，染色过程全电脑控制，是有别于传统筒装真丝染色的新型染色工艺。染成后，其色牢度达到四级以上，强度和色泽达到了出口商检标准。真丝筒子染色成为公司的拳头产品，为杭州万谷纺织研究所、杭州信伟绒厂、嘉兴晋海丝绸公司等加工染色制成的色织真丝产品出口欧美市场。

浙江雀屏纺织化工股份有限公司

公司前身为濮院乡小学校办企业，80 年代初，名为濮院日用化学品厂，地址：濮院镇永乐路 72 号内。主要生产护肤护发用品、杀虫剂系列产品。1989 年 3 月，更名为嘉兴市雀屏日化厂。1991 年，实现销售收入 144.68 万元，实现利润总额 10.51 万元。1993 年 1 月，迁址至濮院镇杏林街 26 号。同年开始生产纺织助剂，主要应用于羊毛织物的前处理与柔软平滑整理。1995 年，企业的传统日化产品，在激烈的市场竞争中基本上被淘汰出局。面对连续亏损的局面，企业根据濮院羊毛衫市场的发展趋势，毅然举债 100 余万元，创办缩绒分厂，转型从事羊毛织物的后整理加工。经过 3 年多的努力，企业走出困境。

1998 年 12 月，企业改制为有限责任公司，更名为嘉兴市雀屏化工有限责任公司。2001 年，根据环保要求和企业发展需要，公司迁址于濮院毛衫城工业园区，同年筹建由公司股东投资的桐乡市雀屏纺织整理有限公司。2003 年 5 月，公司建成投产，总计建筑面积 15021.57 平方米。2005 年 7 月，公司更名为浙江雀屏纺织化工有限公司。2005 年 9 月，经过全体股东充分酝酿协商，公司决定整体改制发起设立“浙江雀屏纺织化工股份有限公司”，注册商标：雀屏；公司地址：桐乡市濮院毛衫城工业园区宏苑路 253 号；法人代表：沙兴宝；总经理：杨豪杰。2007 年，公司在河北省清河县设立雀屏纺织化工有限公司，注册资金 100 万元，公司占投资总额 60%。2008 年试产，2009 年投产。如今公司主要经营项目为：纺织助剂、毛衫整理、成衣染色、成衣印花和数码印花。

1999年起，公司就与大专院校、科研院所合作开展项目科研，还通过国家外国专家局积极引进外智，先后有法国让・皮埃尔・卡瑞尔、德国专家克劳斯・赛弗里德来到公司，主持开展羊毛织物印染后整理技术的研发和改性氨基硅油的技术合成、乳化及应用项目的研发。2001年，公司与浙江大学生命科学学院、浙江丝绸科学研究院合作的科研项目“纺织生物活性柔软剂及其在羊毛织物后整理工业中的应用开发”，获得浙江省政府评颁的浙江省科学技术进步二等奖。同年12月，与浙江丝绸科学研究院合作的科研项目“羊毛仿羊绒织物生物酶后整理技术研究与开发”，获得嘉兴市政府科技进步二等奖、桐乡市政府科技进步一等奖。科研项目“毛织品丝光后整理技术研究与开发”，列入国家级星火计划项目。“羊毛仿羊绒织物生物酶后整理技术”，列入国家级火炬计划项目。与浙江理工大学合作的“纳米技术在羊毛织物后整理中的应用研究”，列入浙江省“十五”纳米技术重大科技攻关项目。与浙江大学合作的“复合酶制剂L88开发及其在羊毛织物绿色后整理中应用”，与东华大学合作的“防毡缩抗起毛起球多功能羊毛整理剂及其产业化应用”，分别列入国家科学技术部科技型中小企业技术创新基金项目。“生物整理技术应对欧盟‘纺织品生态标签’认证”，列入浙江省应对技术性贸易措施技术攻关项目。2007年，科技项目“羊毛织物复合酶制剂及其在羊毛织物绿色后整理中的应用”，获得浙江省政府评颁的浙江省科学技术二等奖；同年10月，科技项目“应用纳米技术开发功能性天然纤维纺织品”，获得中国纺织工业科学技术进步二等奖；2009年12月，科技项目“羊毛织物生物后整理技术的应用开发”，获得全国商业科技进步二等奖；2011年10月，科技项目“基于高聚物表面结构性能研究的功能性羊毛整理技术开发及产业化”，获得中国纺织工业科学技术进步二等奖。“毛织品丝光后整理技术”的成功研发与投产，奠定了雀屏公司在毛衫染整行业的地位，并直接推动了濮院毛衫产业的提档升级。运用纳米技术，成功开发适用于纺织品的负离子功能整理工艺技术，使整理后的纺织品负离子释放量每立方厘米达到3510个。该技术填补了国内纺织品负离子功能技术在亚麻产业领域运用的空白。

公司于2003年12月成立“雀屏纺织后整理技术省级高新技术研究开发中心”，于2006年12月组建“桐乡毛衫染整省级区域科技创新服务中心”，于2008年成立浙江省嘉兴毛衫产业科技创新服务平台印染与后整理技术研究所。2008年8月25日，浙江省科学技术厅下文批复，同意建立“桐乡先进毛针织材料及制品省级高新技术特色产业基地”，雀屏公司成为该特色产业基地的骨干企业。同年9月19日，浙江省科学技术厅、财政厅、国家税务局、地方税务局联合批准公司为“高新技术企业”。2008年11月，经浙江省科学技术厅、浙江省经济贸易委员会、浙江省财政厅等7个部门审定，公司列入浙江省创新型试点企业。

2009年，公司本部实现销售收入2586.29万元，利润259.12万元，上缴国税193.03

万元，地税 118.29 万元。至 2010 年，公司拥有专利证书 21 项，其中发明专利 2 项、实用新型专利 11 项、外观设计专利 8 项。雀屏纺织助剂获得“嘉兴名牌产品”称号，新产品“L88 复合酶制剂”获得国家科技部、环保部、商务部、质监总局颁发的国家重点新产品证书。

禾丰集团下属染整分公司

禾丰集团前身是 1993 年成立的飞鹰羊毛衫厂，2000 年更名三昕集团有限公司，2010 年迁址后更名为禾峰集团，注册资本 20108 万元，董事长陈国良。这是一家集毛衣制造、纱线染整、纺织、房地产于一体的综合性民营企业。公司下属染整分公司是目前嘉兴地区最大的染色企业之一，现有专业染整工程师 12 名，专业技术人员 35 名，并且从国外引进世界上较为先进的电脑辨色系统、无管路滴液系统、染化料自动计量系统等实验室设备和电脑控制染整设备，公司成立技术开发中心，专门从事新的染整工艺的研究与开发，为提升毛衫档次提高附加值作配套服务。三昕染整分公司拥有绞纱柜缸染色、喷缸染色，筒子纱染色，成衣件染及成衣丝光、成衣磨洗等多条生产线，可染羊毛衫、化纤、混纺、绢丝、棉、麻等多种产品。纱线染色后处理年产达 9500 吨，成衣染色后处理达 1100 万件。2005 年，被中国濮院国际毛针织服装博览会组委会，命名为毛衫后整理“十强企业”，2009 年被中共浙江省委、浙江工商行政管理局、浙江私营（民营）企业协会，授予浙江省诚信企业称号，2010 年由桐乡市工商局推荐申报浙江省知名商号。

桐乡市天地人工贸有限公司

桐乡市天地人工贸有限公司创立于 2002 年，坐落于中国濮院毛衫城工业园区 M2－28。公司总投资 4500 万元，占地面积约 12600 平方米，拥有员工 1000 余名，其中本科学历 30 人、大专学历 11 人，高级技术职称技术人员 15 人、中级职称技术人员 33 人，是一家集工、贸于一体的现代后整理公司。公司下设绞纱染色部、成衣染色部、成衣印花部、精纺丝光整理部、胚布定型整理部、成衣砂洗部、纺织助剂部。绞纱染色部，专业从事毛纱染色，承接各种腈纶纱，毛腈纺混纱、全毛纱，天丝腈混纺纱，丝光纱染色业务，可根据客户需要进行各种染色调配，色彩齐全。成衣染色部，从事醋酸纤维、天丝、天丝毛晴、大豆纤维、羊绒、羊毛、棉纱等砂洗染色、印花染色、羊绒羊毛真丝等混纺面料染色。成衣印花部，具有从花型开发设计、成衣染色到印花工艺一条龙配套流程。公司生产的产品一直凭借不断的创新去满足变化着的市场需求，已远销欧美多个国家和地区，深受客户的青睐。精纺丝光整理部，从事羊毛成衣丝光处理、羊绒成衣丝光处理、天丝或天丝类混纺织物的丝光处理。胚布定型整理部，主要是对胚布尺寸的定型和气蒸或水洗。成衣砂洗部，是对棉纱成衣砂洗、喷砂、定位砂洗等。纺织助剂部，生产各种前处理助剂、后整理助剂和毛纱助剂。

博森织染（嘉兴）有限公司

公司于 2003 年 5 月 8 日登记成立，投资 15000 万元人民币。地址濮院镇毛衫城工业园区，占地74667平方米，有职工600多人。设有织布、染色、成衣3个生产车间。年生产坯布300万米、染色布3000万米、服装30万件。

桐乡市金龙针织整理有限公司

桐乡市金龙针织整理有限公司成立于2002年，位于桐乡濮院毛衫城工业园区二贸大道宏苑路口，占地10000余平方米，是一家集开发、设计、生产、后整理、染色、砂洗为一体的现代化企业。

公司专业加工中高档全毛丝光、羊毛衫半丝光、羊绒丝光、水洗棉、羊毛衫抗起球等业务。同时，新开发的环保型无破洞砂洗、石磨和成衣染色更是深受客户的认可，处于行业的领先水平。由此，公司从单一的羊毛衫缩绒企业，发展到了成衣染色、缩绒、羊毛衫生产、销售的综合性企业。

浙江省桐乡市桐毛染整有限责任公司

其前身是创办于1996年的缩绒厂，如今坐落于濮院工贸大道943号，占地面积8667平方米，建筑面积达6000多平方米。经营范围以加工成衣丝光、绞纱染色和砂洗为主。公司从创业伊始，就注重引进高新技术、设备与工艺，陆续从英国等国家和中国台湾地区引进了具有国际先进水平的主机和生产流水线。同时，公司还与一些高等纺织院校及有关专家建立了长期合作关系，不断研发新产品，增强竞争能力。历年来公司除了拥有众多本地区合作单位外，客户还延伸至上海、广东以及内蒙古。

针织产业园区整烫区

2003年3月，镇政府投入220万元，于镇污水厂南面，用地6567平方米建造了集中整烫区。整烫区有门市部125个，整烫用户126户。2006年，整烫区迁至永联新村，占地面积21亩，整烫用户由2003年的126户增至235户。2010年用汽量12432吨，整烫羊毛衫约5800万件。

针织产业园区印花园区

2010年1月，新星村与永越村合资的永星职业有限公司创建印花园区，园区位于联越路1006号，占地面积25000平方米，建筑面积31200平方米。入园的个体工业户，主要从事毛衫与针织服装的印花。如今园区内有24家印花单位，其中两家单位拥有机械印花机，从业人数300余人，年加工量300余万件。

第五节 羊毛衫名牌企业及品牌产品

20世纪90年代，濮院毛衫人在市场竞争中，开始萌生品牌意识，一批有眼光的企业经营者慢慢达成一个共识：唯有实施品牌战略，濮院毛衫行业才可能“突出重围”，打造成“永远的毛衫世界”。21世纪初，多个毛衫行业协会陆续在濮院境内诞生。行业协会协助羊毛衫市场管委会，通过每年举办的濮院·国际毛针织服装博览会，组织企业参加全国及地区的各类服装服饰博览会，创办传媒平台，扩大品牌企业影响力等方式，逐渐培育了800多个自主品牌，集体注册了“濮院毛衫”商标。2002年，濮院被中国纺织工业协会命名为“中国羊毛衫名镇”。2006年，濮院毛衫市场被中国商业联合会授予“中国大型品牌市场”称号。此后，国内外知名品牌纷纷落户濮院市场或在境内设立生产基地，本土的毛衫企业也加快了自主品牌的创建步伐。2005年，“雀屏”获浙江省著名商号；“纯爱”“褚老大”“澳洋纯”“浅秋”获嘉兴市著名商标；濮院羊毛衫市场被评为嘉兴市羊毛衫商标品牌基地。2010年3月28日，第十八届中国国际服装服饰博览会（CHIC2010）在北京国际展览中心（新馆）举行。服博会期间，由中国纺织服装专业市场联盟主办的“中国服装成长型品牌榜”发布会上，濮院羊毛衫市场被授予“中国服装品牌孵化基地”称号，“浅秋”“褚老大”“圣地欧”“澳羊纯”“纯爱”“千圣禧”6家毛衫品牌获得了“中国服装成长型品牌”称号。

至2010年底，濮院地区有280家企业拥有经国家商标局核准注册的商标共356个，在羊毛衫市场经营的注册商标多达1000余种。由此，濮院被命名为浙江省专业商标品牌基地，实现了以“品牌市场建设带动品牌产品销售，品牌产品促进品牌市场提升”的双向效应，濮院毛衫迈出了产业提升的关键步伐。

羊毛衫品牌产品造就了羊毛衫品牌企业。至2010年，公认的濮院羊毛衫名牌企业有60家。

毛衫市场知名品牌（一）

毛衫市场知名品牌(二)

浙江浅秋针织服饰有限公司

创建于1999年，位于工贸大道恒居路266号，占地面积25亩，注册资金11718万元，员工2000余人，是一家专业从事针织服饰设计、生产、销售为一体的企业联盟。“浅秋”品牌系列女衫以“经典、时尚、休闲、激情”为元素，以“展现女人无限魅力”为理念，以其高档次、高品质、高品位而倍受女性喜爱，产品在国内市场已稳占一席之地。1999年“浅秋”获“’99上海市场消费者满意品牌”，2000年首家使用免费“800”防伪，2001年获准使用“国际纯羊毛标志”并通过了ISO 9001:2000国际质量体系认证，2003年影视明星盖丽丽出任“浅秋”品牌形象代言人，2004年“浅秋”赢得“嘉兴市著名商标”“浙江省消费者协会推荐商品”“十佳规模企业”等荣誉。已有20多家省级代理商，1000多家专卖店。这些营销点成网络状分布在全国各地，共同组成了浅秋强势联盟。2009年浅秋又与国际羊毛标志(WOOL MARK)达成战略合作。双方共同关注自然的生活态度、生态环境的可持续发展与社会责任的承担，并共同宣传生

浙江浅秋针织服饰有限公司宣传单页

态理念，提升社会对沙化地区生态的关注度。

在员工管理上，公司非常重视将企业的发展愿景同员工的事业追求相结合，通过企业快速发展为员工创造更多的事业平台。公司为员工的进步建立培训机制，设有负责培训的专职部门，每年投入近百万元培训经费。自2009年成立“浅秋成长营”以来，公司已组织培训20余次，累计参培达8000余人次。如今业务遍及国内300个城市的浅秋公司，有18个分公司，2000多员工中有近300名管理人员，这批企业骨干均已具有大专以上学历，1/4以上具有本科及以上学历，平均年龄33岁。培训战略的实施，也促进了企业的发展，2010年度终端店铺销售收入总额比2009年度上升20%。

在品牌管理上，公司一方面加强设计研发，突出品牌特性，坚持以产品的设计提升为重点工作。常年与上海、杭州及台湾设计团队联合作业，设计团队根据浅秋的品牌定位与风格，用国际化的时装语言，将东西方服饰的风格完美地结合到针织服饰上，努力打造“中国针织休闲装第一品牌”。另一方面，通过提升销售业绩，优化品牌管理。公司坚持品牌发展路线，在品牌定位、消费群体细分、品牌文化、营销模式上进行深度规划，并配备一支高效运营团队。将原有的销售部扩建划分为市场运营部、自营事业部、代理商管理部，各个职能部门分工协作，统一并完善品牌形象，不断拓展市场，并对销售渠道进行全面跟进管理，及时提供支持，提升单店销售业绩。又基于互联网消费市场日益增大，浅秋创新营销模式，大力发展电子商务，将淘宝官方旗舰店纳入企业重要的销售渠道，实现网络市场的规范化运管。“细节决定成败”“品质见证品牌”，作为国际纯羊毛特许经营企业，浅秋秉承“1%的疏忽等于100%的失败”的品质管理理念，最早开通全国“800”免费电话产品防伪查询热线，以保证品质上的卓越和表达对顾客负责的虔诚态度。

浙江兰生羊绒服饰有限公司

公司创建于1999年9月，地址工贸大道2038号，是一家集研发、设计、生产、销售为一体的知名毛衫企业。公司占地面积25000平方米，厂房面积35000平方米，拥有员工200多人，先后引进3G—16G横机100余台及电脑编织机、电脑横机、电脑圆机、电脑提花机等各类先进设备100余套，在硬件基础设施上已率先达到了国际国内领先水平。同时还建立了完整的企业VI、CI体系，综合型的生产力，构筑了每年上百万件成衣的强大生产能力。

浙江兰生羊绒服饰有限公司宣传单页

公司创立不久，便开始以深厚的品牌内涵，高端的品牌定位，百年的品牌战略，打造着国内毛衫行业颇具影响力的“褚老大”经典品牌形象。“褚老大”三字，取自盛唐最佳书法家颜真卿的真迹，昭示了企业以文化兴产业的理念和打造知名品牌的信心。公司以品牌形象为中心的发展理念，通过专业的形象推广，以巨大的广告投入，提升品牌影响力，增强“褚老大”的品牌知名度和美誉度。

在客户服务方面，公司参加了中国名牌维权网络，让每件产品都有一个“身份密码”，消费者可以通过密码查询验证产品的真伪，有效地维护了消费者的权益。“褚老大”强势的营销网点已遍及全国20多个省市自治区，高标的工艺水准及AAA级的质量监督检验体系，更为公司全面拓展“褚老大”羊绒系列精品的品牌战略格局，奠定了坚实的基础。

在员工管理方面，公司引进国际先进管理理念，并结合中国传统儒家文化思想，以“修德立义，以义制利”为企业文化的核心思想，实行人性化管理，注重培养员工的业务能力和道德品质，使每一个员工充分发挥才干、实现人生价值。

在产品设计方面，公司致力于时尚新款的生产、开发，把设计视为产品开发的灵魂。公司聘请专业设计师，跟踪国际时尚潮流，每年开发几百个中高档羊毛衫款式投放市场。随着“褚老大”产品的市场占有率逐年提升，公司建立了通畅的销售渠道，2005年，公司已拥有17个省级代理商和100多家专营店，营销网络覆盖了全国各地重要市场，通过专业的VI视觉形象设计进行品牌形象的终端维护，销量节节上升。

浙江千圣禧服饰有限公司

公司是一家集开发、生产、销售于一体的针织服装企业，具有20多年的发展历史，地址工贸大道1709号。占地面积25000平方米，固定资产5000万元，生产管理人员600多名，拥有各类先进设备600多台。

浙江千圣禧服饰有限公司宣传单页

21世纪初，公司在“占领市场最高点”的销售理念的指导下，以“立足大城市、立身大市场”为导向，全力进军内地市场，如今已在全国各大城市的大商场及百货公司设置了专柜或开设独立专卖店，建立了稳健、周密、畅通的销售网络。为了进一步确立了自己在中国针织服饰行业的品牌领先地位，2005年，公司与著名品牌“波司登”强强联合，拓宽双方经营领域，增加了产品及品牌的竞争力，进一步适应并占领毛衫领域的制高点。波司登羊毛衫系列，精选超细美丽诺羊毛和纯正优质的山羊绒为原料，结合精湛到位的工艺，使其更倾力于在色彩的搭配和款式的变化上注入流行的时尚元素。凭借得天独厚的品牌优势、卓越一流的产品品质，波司登羊毛衫系列深受广大消费者的好评。

根据公司的战略定位，2005年起重点推出了自主品牌“千圣禧”，公司聘请一批极具前瞻意识的设计师，不断以其敏锐的艺术触觉与都市知识女性内心进行零距离碰撞，设计出了独特新颖、款式多样的毛衫产品。此后，千圣禧系列毛衫以清新、优雅、舒适、休闲的风格和独具鲜明的个性色彩在市场上独领风骚，借助产品传递了追求品位、感悟时尚的生活理念，并在温暖中倾诉着真情的人文关怀。

公司组织技术人员联合北京、上海的科研院校，进行了数十次攻关试验，成功研发了防静电、防辐射、防污防油羊绒羊毛衫等其他新产品系列，受到了广大用户的高度的评价。

2004 年，公司与濮院毛衫城、鄂尔多斯集团、桐星集团共同出资组建了浙江经伟公证检验有限公司，同年被国家质量技术监督局指定为“浙江省羊毛衫质量检验中心”，为提高毛衫行业整体质量水平做出了积极贡献。

浙江圣地欧服饰有限公司宣传单页

浙江圣地欧服饰有限公司

公司创建于 20 世纪 90 年代初，地址工贸大道 2306 号，这是一家集设计、生产、销售为一体的专业化服装企业。多年来，圣地欧坚持从市场挖掘设计理念，建立并培育了一支具有国际水准的设计师队伍。在生产上，公司采用先进的技术和高效、严格的管理体系，保证了产品高品质要求。公司拥有 6—16 针不同针型手摇横机、套口机和德国 STOLL 电脑横机等 300 多台套，年产量已达 80 余万件。SENDEAO 秉承了法国服饰世家韵味、吮吸欧陆时尚文化精髓，集世界流行时尚特色于一身，融合了来自法国和意大利的先锋流行元素，在高雅都市男女中煽激情。SENDEAO 蕴含着“自由”个性的主题，在搭配上强调创意与随意性及深浅不一的巧妙融合，轻松的健康新形象，用简洁诠释不动声色的高雅与时尚。品牌理念：活在当下，享受当下，释放自我，追求本真。角逐流行，追求时尚与卓越并轨。做欧洲与中国本土服饰文化嫿合之经典。品牌主张：尊贵典雅、简约时尚、成熟稳重不失个性。

浙江纯爱服饰有限公司

公司成立于 2004 年，地址兴业路 28 号，是一家集设计、生产、销售于一体的新型女装公司，占地面积 15000 平方米，总资产达数千万元。公司拥有 8000 多平方米的现代化标准厂房，各类针织设备 800 多台，有一支 600 多名素质优良的生产技工和高素质的设计、营销、管理优秀团队。年产能力 80 万件/套。公司致力于设计高档次、高品位、高品质的产品，款式适合 25—40 岁的高品位、自信成熟的事业型女性。公司拥有统一形象、统一价格、统一管理、统一服务的专卖店（厅）200 余家，针织服饰品牌销售店近 300 余家。

浙江纯爱服饰有限公司宣传单页

公司成立以后，在研发设计、工艺制作、营销模式、生产流程和人力资源管理等方面，不断进行整合与变革，以适应瞬息万变的市场形势。在研发设计、工艺制作上，公司于 2008 年起引进香港优秀设计师和先进的国际设计理念，每年推出几千种新款式。同时，公司也十分注重工艺技术和制造品质，如 2010 年，公司结合市场需求推出一系列印花款式。在营销模式变革中，公司在 2009 年品牌战略发布会上，提出了时尚搭配概念店的品牌终端运营模式，全面打造全新的“纯爱时尚搭配概念店”营销新模式，充分体现了纯爱公司“品牌新概念、盈利新模式、全新时尚新品、新版个性终端”四大创新概念。营销模式变革推动了公司在品牌、模式、产品、终端等方面的全面发展。2010 年 6 月，公司启动了生产流程造工程，将原有的多个车间进行了整合，合并成两大车间，即前整和后整车间，将所有的工序尽量形成流水式生产模式，对能合并或减少的工序进行合并或减少，降低了工序流转的难度，提高了生产效率和品质。车间也进行了全面整改，并推进 6S 标准化管理，取得了可喜的成绩。在人力资源管理方面，公司坚持“把合适的人放到合适的岗位上”，坚持“全员参与、全员互动、全员服务”的人性化管理模式，秉承“任人唯贤、业绩为先、机会无限”的用人机制，为员工提供平等、融洽的工作环境和展现个人才华的良好舞台。对员工不断进行技能教育、企业文化教育，使员工价值取向与公司保持一致；在向员工传授专业知识的同时，注重帮助员工提高综合素质，每年采用公开竞争机制对部分管理岗位实行竞争上岗，并组织部分员工参加培训，发挥员工所长。

公司获得了“嘉兴市著名商标”“嘉兴名牌”“消费者满意示范单位”“中国毛针织行业最具竞争潜力 50 强”“生态纤维标志”“国际羊毛局特许权企业”等称号，并首批加入 CSC9000T 社会责任认证体系。

浙江鼎坤服装有限公司

公司成立于 2004 年 10 月 8 日，是一家集研发、生产、销售于一体，专业从事中高档羊绒衫、羊毛衫、针织 T 恤衫的生产型企业。地址工贸大道 1777 号，占地 16667 平方米，建筑面积 20000 平方米，固定资产投资 3000 多万元。拥有现代化花园式厂房、办公楼和员工公寓，有员工 500 余人，年生产能力超 30 万件，销售网络遍布全国各地。

公司本着“精诚致业、开拓创新”的企业精神，始终坚持“引领时尚、追求卓越”的企业目标，秉承“以质量求生存，以信誉求发展”的管理理念，贯彻“有德有才大胆使用、有德无才培养使用、无德有才限制使用、无德无才决不使用”的用人理念，荟萃了一大批专业技术人才和企业经营管理人才。采用了现代企业管理制度，规范企业经营运作，已经形成了良好的企业文化氛围。

浙江澳洋纯服饰有限公司

公司前身为桐乡市超人针织制衣有限公司，成立于2000年12月，是濮院针织产业园区首家进驻企业。公司自成立以来，力图在毛衫同行中扮演领头羊的角色。为适应激烈、复杂、瞬息万变的市场局势，公司专门建立了研发、生产、销售三大体系，高薪聘请国内知名设计师数名，高级管理人员若干名，有一支数十人的生产技术骨干队伍，以及经过培训具有高素质的营销团队。公司具备每年百款的设计能力、数十万件的生产能力，2002年通过ISO 9001国际质量体系认证。

公司于2002年推出自己的品牌“澳洋纯”，设计生产澳洋纯系列男女羊绒衫、羊毛衫、T恤衫产品，坚持民族自主品牌，提倡理性消费的新概念。该品牌推出后，以其优质的原料、上乘的质量、时尚的款式、完善的服务体系，赢得了广大消费者的青睐，营销网络迅速在国内蔓延，专卖店如雨后春笋般在各大中城市设立。澳洋纯成了2004年中国（濮院）首届国际毛针织服装博览会的唯一推荐品牌，作为大会的礼品，得到了参会嘉宾的好评。2005，公司投入上百万资金，力邀国内著名影视红星牛莉小姐、杨健广先生作为品牌的形象代言人，致力于将“澳洋纯”打造成国内的知名品牌。

至2010年，澳洋纯拥有全自动电脑横机500多台，员工400多人，年产量达100多万件，拥有“澳洋纯”针织服装品牌、“威宝狮”男装服饰品牌。“澳洋纯”品牌作为羊毛衫、羊绒衫品牌中的新秀，已经成功登陆全国大部分城市的各大知名商场，专柜数量达100多家，已与商之都百货集团、金鹰百货集团、银座百货集团、华联百货集团等大型百货连锁企业形成紧密合作。

经过多年的努力，澳洋纯获得“中国十大男装品牌”“中国毛针织服装行业最具品牌竞争潜力50强企业”“中国驰名商标”“浙江省名牌产品”等称号。

表6－7　　2009年全镇毛衫企业销售20强一览表

序号	企业名称	销售额（万元）	序号	企业名称	销售额（万元）
1	浙江浅秋针织服饰有限公司	4034.9	8	嘉兴市法狄诺服饰有限公司	2325.1
2	桐乡市港胜实业有限公司	3842.9	9	嘉兴侨亚服饰有限公司	2311.9
3	浙江兰生羊绒服饰有限公司	3174	10	浙江纯爱服饰有限公司	2299.8
4	浙江鼎坤服装有限公司	2644	11	浙江恒然服饰有限公司	2257.6
5	浙江卡地亚服饰有限公司	2623.6	12	浙江新萌服饰有限公司	2659.2
6	桐乡市赛鹿服饰有限公司	2380.2	13	浙江百艺鸟服饰有限公司	2088.9
7	浙江圣地欧服饰有限公司	2369.8	14	浙江雪中花服饰有限公司	2018.9

续表 6－7

序号	企　业　名　称	销售额（万元）	序号	企　业　名　称	销售额（万元）
15	浙江澳洋纯服饰有限公司	1932.7	18	桐乡市嘉年华针织服饰有限公司	1807.3
16	桐乡市华美时装有限公司	1845.4	19	桐乡市亚大服饰有限公司	1788
17	嘉兴市金企鹅服饰有限公司	1811.3	20	桐乡市侨丰服饰有限公司	1491

第六节　招商引资

2000 年，濮院毛衫城工业园区筹建工作进入了功能开发阶段，招商引资即被正式提上议事日程。羊毛衫市场管理委员会开始建立健全招商机构，出台各种招商引资政策，筑巢迎娇凤，开渠引清泉，园区的招商引资工作驶入快车道。

招商机构

2000 年，羊毛衫市场管理委员会建立“一站式审批、一条龙服务、一体化管理”招商机构。2008 年 5 月 20 日，管委会成立招商一局和招商二局，分别由蒋丽蒙、侯丽华担任局长。2009 年 4 月成立招商三局，由苏家华担任局长。2011 年 1 月招商三局撤销，同时成立服务业招商局，仍由苏家华担任局长。

招商措施

2000 年，市政府出台《关于加快中国·濮院毛衫城开发建设的若干政策意见》。2001 年 9 月，市场管委会制定《中国·濮院毛衫城工业园区优惠政策若干意见》，明确投资者从购地、建房、进设备、投产、纳税等方面的优惠政策和办法。

2001 年，以“三为主”和“三结合”做好招商引资工作，即在引进产品结构上以毛衫针织服装为主，在引进项目的投资规模上以 500 万元以上投资为主，在招商对象上以外地投资者为主；把引进资金与引进先进的生产设备结合起来，与引进先进的技术结合起来，与引进先进的管理人才结合起来。强调亲商、安商、富商意识。2002 年，拓展招商引资领域，以“走出去、请进来”的方式，通过出国（境）访问、举办投资说明会、入园企业座谈会及“以外引外”等形式，扩大接触投资者的渠道。是年，市场管委会制定《濮院对外商投资项目引荐者奖励办法》，加大招商力度，广开引资渠道，充分调动社会各界招商引资的积极性。同时，针对企业普遍以普通手摇横机生产中低档产品、贴牌生产等模式，鼓励进园区企业引进先进的技术和设备，改造传统生产工艺，提高企业主的品牌意识，加快提升创新能力，加快与国际市场接轨的步伐。

2003 年，突出以产业招商为主题，有方向、有目标地招商引资，同时吸引和引导羊毛衫针织服饰企业和相关配套企业向园区聚集，扩大产业规模，延伸产业链。

2007 年,濮院针织产业园区开展多样式的招商活动,赴内蒙古、广东、河北等毛针织和羊绒产业集中地招商,参加各类投资展览会。针对国家宏观调控措施和供地紧张的实际情况,发挥濮院毛衫产业配套优势,筛选客商投资项目,以针织产业为主导,引进科技型、环保型、规模效益型项目。

2008 年,管委会提出“转型、提升、发展”的思路。重点引进与毛衫产业配套的前后道企业,引进创意设计、品牌推广、毛衫机械等相关企业;引进机械、电子、汽配、生物医药等四大新兴产业;引进物流、金融、研发等生产服务业;加大对台招商引资力度。

2009 年,重点向新兴产业延伸,向产业链高端拓展。园区管委会和濮院镇政府下发《2009 年招商引资工作奖励考核办法》《濮院镇 2009 年招商引资项目引荐奖励办法》,突出引导企业加快运用高新技术和先进适用技术改造提升传统产业,引进国际先进的生产设备、技术,建立各类技术研发中心和实验室,与高校、科研院所建立紧密型合作关系,推进信息化建设,不断增强自主创新能力,提高产品的附加值,增强企业的竞争力。并引导优势企业加速推进传统产业的重组和转型发展,优化经济结构,培育形成一批创新型龙头企业。

2010 年,拓展招商平台,外资、内资、国资、民资四资共引,强化对产业层次高、关联度大、带动力强的项目的招商力度,重点引进大项目、好项目和对产业带动性强的项目,不断提升进园项目档次,提高园区产出率。

招商活动

2004 年,镇党委、政府多次组织相关部门外出参观学习考察,主办信息发布会,制作《招商引资投资指南》,强化濮院形象的对外宣传。同年 5 月,召开全镇招商引资动员大会。会后,进一步健全镇级、村级企业招商引资责任制,做到引进外资任务层层分解,有跟踪、有检查、有考核;确定以招商办为中心,加强信息的收集、整理、开发和应用,充分发挥在濮院经商人士的血缘、亲缘、人缘优势,不断开辟新的客商源。

2005 年,召开全镇项目推进招商引资工作座谈会,全镇规模以上企业的负责人、镇领导班子全体成员参加会议。会议要求继续完善和落实招商引资的鼓励政策,充分发挥企业特别是重点骨干企业招商引资的主体作用,把招商引资和现有生产性投入项目结合起来,推动企业利用现有技改项目寻找合作伙伴,多引外资、内资;把招商引资与存量资源的有效合理利用结合起来,发动企业利用闲置的土地、厂房加强对外招商;继续狠抓软硬环境建设,切实抓好工业区的开发建设,努力办好审批服务代理站,为企业提供全程优质服务。

2006 年,招商办确定杭州、温州为两个重点招商点,实行定期、不定期上门走访。同年 11 月,利用中国濮院毛衫博览会、上海时装博览会等活动载体进一步搞好招商引资活动,邀请部分重要客商到濮院做客,考察濮院投资环境。

招商实绩

2000 年,累计引进项目 40 个,吸引投资 1.06 亿元,其中投资 1000 万元以上的 2 个,

500万元以上的6个。与4家企业签订了进园区意向，吸引投资2430万元；另有20家企业报名登记，申请用地总计120亩，计划投资9600万元。

2001年，批准进园项目19个，其中工业项目13个。全年出让土地249.354亩，吸引投资10691.49万元，其中1000万元以上1家，500万元以上9家，外资项目2家，合同利用外资27.2万美元。

2002年，经批准入园项目33个，吸引投资23300万元。其中外商独资项目4个，注册资金455万美元。

2003年，经批准入园项目47个，吸引投资45700万元。其中外商独资项目4个，注册资金870万美元，实际到位827万美元；市外内资13415万元。开工建设项目23个，建成竣工项目18个；至年底，毛衫城累计在建项目27个。

2004年，经批准入园项目35个，吸引投资51700万元。其中外商独资、中外合资项目7个，注册资金1248万美元，实际到位758.95万美元。市外内资13100万元。毛衫城开工建设项目31个，建成竣工项目25个；至年底，毛衫城累计在建项目30个。

2005年完成合同利用外资2526万美元，实际到位外资1509万美元，市外内资2.84亿元人民币；完成生产性投入96000万元。新进园企业47家，累计进园企业207家，完成总投资398300万元人民币，有160家企业已建成投产。

2006年完成合同利用外资3999万美元，实际到位外资1584万美元，市外内资28000万元人民币。新进园企业20家，完成工业生产性投入8.03亿元。完成三产重点项目投资13000万元。

2007年共代理办结项目80个，落实招商引资项目46个，新办企业25家。全年完成合同利用外资4869万美元，实际到位外资1712.73万美元，市外内资31187万元人民币。完成工业生产性投入108000万元。完成三产重点项目投资13000万元。

2008年，濮院针织产业园区加大建设和管理力度，年内园区新入园企业22家。全年征用土地720亩，完成合同利用外资2000万美元，实际到位外资1100万美元，100%完成市下达的投资计划；引进市外内资31000万元；完成生产性投入113000万元。

2009年，合同利用外资3160万美元，增长29.1%；实际到位外资1800万美元，增长31.9%；引进市外内资38000万元，增长15.5%；签约项目30个，其中外资项目7个，内资项目23个；工业生产性投入120000万元，增长6%；办理技改项目39个，总投资50300万元。

2010年，招商引资成效显著，合同利用外资3610万美元，同比增长14%；实际到位外资1940万美元，同比增长7.6%。全镇引进市外内资项目18个，投资领域涉及水泥、毛纺、食品、羊毛衫、电子机械、电子通信、数码印花、交通设施等，投资总额121908万元，其中市外内资107908万元；注册资金总额15112万元，其中市外内资12208万元。是年累计实到市外内资81000万元，同比增长92%。

附：

羊毛衫优秀企业家

陈建根

男，1968年出生于濮院永联村，浙江千圣禧服饰有限公司董事长。1988年，陈建根凭着一台手摇式横机，踏上了毛衫行业的创业之路。创业初期，他给自己生产的羊毛衫打上了“兄弟”字样，登记的企业名称为“桐乡市濮院兄弟针织制衣有限公司”。20余年的创业历程，让陈建根成了濮院羊毛衫产业嬗变的一位亲历者。他的企业先后搬过7次家，从小打小闹走到经营现代企业的每一个阶段，他都闪现着“敢于第一个吃螃蟹者”的风采：1991年，当濮院羊毛衫市场还没形成气候时，他早早购买了一间门市部做经营；1993年，他到濮院叙星桥附近购地造商住两用房，是濮院镇第一批从农村到城镇买房的农民企业家中的一位；1998年，当许多毛衫企业继续停留于小打小闹时，他早已从外地高薪聘请设计师，开始创造品牌；2001年，他斥资70万元，率先引进第一代韩国大圆机；当濮院成立浙江省羊毛衫监测中心、组建省级羊毛衫创新平台时，陈建根都是率先响应；2011年，千圣禧服饰有限公司被授予浙江省著名毛衫企业称号。

陈建根一路走来，始终怀揣强烈的品牌意识，是一位濮院毛衫品牌的拓荒者。当兄弟针织制衣有限公司开张10年，生产的兄弟羊毛衫小有名气，上门客户逐渐增多时，陈建根开始意识到品牌标识维护的重要性。但当他到工商部门申请注册商标时，却被告知：“兄弟”商标已被上海一家羊毛衫生产企业提前注册。品牌运作的受挫，让他更坚定了对品牌的追寻。1997年，兄弟针织制衣有限公司进入了企业规模的发展阶段，当时洋品牌开始在市场上流行，陈建根敏锐地捕捉到此商机。经考察，他与嘉兴一家贸易公司合作，获得了“洛夫卡特”商标5年的使用权。1999年，他到香港注册成立了意大利洛夫卡特华伦天奴有限公司，成为濮院镇第一家到香港注册的毛衫企业。虽然有了一个叫得响的洋品牌，陈建根却意识到“傍品牌”的诸多局限性。2005年初，追寻中的陈建根抓住了新机遇，中国名牌——“波司登”在品牌系列化拓展过程中，对陈建根的桐乡市帅哥服饰有限公司，在业界所展现出的综合实力表示认可，双方的合作进展得很顺利，帅哥公司以每年200万元的价格，买断了“波司登”女装羊毛衫的品牌使用权，“波司登”也借“帅哥”魅力进军毛衫领域。从这一年开始，帅哥公司生产的羊毛衫改变原来的低端市场路线，大举进驻上海、杭州等一线城市的大型商场。

2005年，陈建根购买了16667平方米地，将厂房搬入濮院针织产业园区，并打出了自己的品牌——“千圣禧”。他在《中国毛衫报》《毛衫世界》等媒体上全力推广自主品牌“千圣禧”。有了此前多年的经验积累，陈建根对“千圣禧”的运作显得得心应手。2005年，陈建根的公司被评为毛衫行业龙头企业。“千圣禧”品牌在2005年度、2006年度全国毛针织服装优质精品评审活动中连续两年荣获“毛针织服装优质精品”“毛针织服装优质产品”。在2010年的评审中，“千圣禧”品牌再次获此殊荣。随着品牌的发展壮大，并日渐深入人心，陈建根便将公司重新注册，名为“浙江千圣禧服饰有限公司”，以便品牌的统一宣传。为了展现千圣禧品牌的独特性，陈建根十分注重产品的设计。他认为只有以专业的设计为前提，企业才能通过品牌的推广、销售渠道建设、广告宣传等措施，把产品成功推向市场并获取利润。从某种意义上来说，成功的设计是产品通向市场的敲门砖。因而，他不惜重金，去北京、上海、广州、深圳等时尚前沿地广为搜罗人才，组建了一个由海归派和本土优秀设计师共融的精英团队。为了保证产品的专业品质，陈建根源源不断地引进行业技术人才，组建一支强大的技术管理团队，且不间断地组织员工进行培训，以提高员工的整体素质。此外，他还积极更新硬件设施，执行精致的原材料采购制度。如今企业拥有进口电脑横机、手摇横机、韩国进口大圆机以及套口缝合车等各种先进设备600多台，建立了一整套符合国际标准的毛衫生产流水线，健全了质量保障体系、计量检测体系，始终把质量管理贯穿于设计、工艺、生产、经营的每一个环节。为保证对品牌质量的全程操控，陈建根按照“中国纤检”证明商标标志产品的国家要求，完善了产品检验体系，企业相继获得“生态纤维制品标志证明商标准用证”和“天然纤维制品标志证明商标准用证”。两个权威“放心”标志，有效地促进了千圣禧品牌与消费者之间的良性互动，培育了消费者对品牌的忠诚度。市场是检验产品的唯一标准，如今千圣禧品牌系列产品一进入市场，其清新可人的气质风范便“俘获”了都市女性的“芳心”，品牌的高端形象由此确立。陈建根自豪地表示，千圣禧品牌系列产品受到了客户的热烈欢迎，实现了“零退货”的销售神话。

陈建根在做出一个精品企业的同时，没有忘却社会担当。他每年不忘慰问贫困乡亲，掏钱帮助支付养老保险，帮贫困户垫钱建房。他向全镇环卫工人、灾区民众、河北贫困县等捐款捐物。他关心支持教育事业，为市职教中心开辟实习基地，并多次冠名该校的职业技能节。他注重子女的教育，繁忙中不忘谆谆教导孩子：生活要简朴，要养成良好的社会公德，学生时期要以班级、学校利益为重，要主动服务同学等。他积极参与国家羊毛衫行业标准的制订工作。他担任了桐乡市羊毛衫设计师协会副会长、浙江省羊毛衫协会副会长、桐乡市濮院毛衫业成长企业联合会会长、嘉兴市民进企业家联谊会副会长等社会兼职。2015年陈建根被评为“最美濮院人”。

褚来生

男，1965年出生于濮院镇横屋街，浙江兰生羊绒服饰有限公司董事长。褚来生在濮院完成小学、中学学业。1988年秋，眼瞅镇域羊毛衫个私企业渐渐露头，他萌生了创业念头。于是，将全家多年的积蓄全部投入，购置了两台最原始的6针横机和一箱毛纱，一爿家庭羊毛衫小作坊开张了。自此，褚来生踏上了毛衫创业之路。

10余年的辛勤经营，褚来生积累了一定的经验和资金，同时，一家现代化毛衫企业的蓝图也在他脑海中勾勒成形。1999年9月，他投资560万元，成立浙江兰生羊绒服饰有限公司，地址在濮院镇工业园区（工贸大道2038号），占地面积25000平方米，厂房面积35000平方米。他瞄准行业发展的前沿，先后购进3G—16G横机100余台及电脑编织机、电脑横机、电脑圆机、电脑提花机等先进设备100余台，此时，公司的硬件基础设施一举跃入国内行业的领先水平。

为了将公司锻造成集研发、设计、生产、销售为一体的知名毛衫企业，褚来生在完成基础设施投入的阶段性目标后，紧接着将目光转向品牌建设。他深知品牌是企业存在与发展的灵魂，于是开始倾力打造“褚老大”品牌。他为企业LOGO中挑选的“褚老大”三字，取自盛唐书法家颜真卿的真迹，昭示了企业以文化兴产业的理念和打造知名品牌的信心。他重视品牌形象，不惜投入大额广告费用，力图通过专业的形象推广来提升品牌影响力。2003年至2004年，他聘请第十三届亚洲小姐郭金代言兰生公司，专业代言人把“褚老大”品牌的特色和自己的独特理解，融会贯通在产品内涵的宣传上，使“褚老大”品牌的知名度和美誉度，在短时间里得到大幅提升。2010年10月，“褚老大”注册商标由国家工商行政管理总局商标局批准，短短几年，“褚老大”从桐乡市名牌、嘉兴市名牌、浙江省名牌一路走来，终于成了国内羊毛衫行业极具影响力的品牌形象。

如今具有“生态纤维制品绿色标志”的“褚老大”系列品牌女式羊绒产品，行销全国20多个省份，高标的工艺水准及AAA级的质量监督检验体系，以及单件产品的“身份密码”，已经赢得了广大消费者的认可和青睐。公司年产百万件优质羊绒衫的业绩，也为濮院羊毛衫市场增光添彩。

褚来生追求的企业精神是“开拓、求实、创新”，他的经营理念是“修德立义，以义制利”。这既饱含传统美德又充满现代意识的精神境界，引领了浙江兰生羊绒服饰有限公司健康向上的企业文化，也正是这样的文化，凝聚公司的全部力量，成就了企业今日之面貌。

褚来生做成了一家现代化知名企业，此时，他没忘却企业家的责任和担当。汶川地震捐款、慈善总会捐款等等场合，总能见到他活跃的身影；他多次赞助村里的文化活动，并参与慰问捐款等。他被乡亲们推选为镇人民代表。2008年褚来生当选为桐乡市政协委员，后又当选为嘉兴市政协委员。

陈国良

男，1973年出生于桐乡市濮院镇，禾峰集团董事长。1993年，陈国良得知桐乡政府要在当地建一个羊毛衫批发市场，便毅然辞去了供销社稳定的工作，告别了每月挣75元钱的上班生涯。他凭着东拼西凑借来的6000元钱，雇了6个工人，买了横机设备，租了约100平方米的简陋民房，搞起了羊毛衫生产经营。创业初期，陈国良起早摸黑，大冬天早晨跑加工单位，头上的霜结成冰；大夏天晚上接送需染色的毛衫，汗水湿透了衣衫；平时一有空就去车站、码头、旅馆等地寻找外来的客商；虽历经艰辛，却难掩创业的激情。

随着飞鹰羊毛衫厂的挂牌，陈国良完成了从普通店员到毛衫创业者的角色转变，勤奋使陈国良收获了人生的第一桶金。

1996年，随着濮院毛衫产业的发展壮大，濮院逐渐成为全国毛衫集散中心，生产基地的优势日渐凸显。陈国良通过细致观察，发现濮院整个市场的原材料供应严重不足，供应商大多为国有或集体单位，而僵化的体制则严重影响着这些供应商的灵活性。出于天生的商业洞察力，陈国良断定供需不平衡的现状正是潜在的商机。他果断成立毛衫原料经营公司，结合毛衫制造、原材料经营，延伸了产业链，通过降低成本，增强了企业竞争力。陈国良在熟悉原料市场运作后，发现原料在苏南加工完成，再通过一系列的转手运至濮院，中间环节太多，成本消耗较大。为压缩整个原材料的产销环节，提高产品竞争力，次年他便成立了浙江三昕染整有限公司，此举使产业链得于继续延伸。公司形成从纱线、印染、制衣、到销售一条龙的经营模式，取得了良好的经济效益。

2001年，正值濮院毛衫城工业园区开发初期，着眼于毛衫产业发展趋势，与时俱进的陈国良，带领他的三昕企业率先进驻园区。他购得13000余平方米土地，建成了集毛衫制造、印染于一体的浙江三昕服饰有限公司，打下了规模化、产业化生产运营的基础。

在濮院毛衫行业的发展背景下，看浙江三昕服饰有限公司的崛起，不难发现董事长陈国良不是一个小富即安，或盲目扩张的商人。他的每一项业务的进入都是经过深思熟虑，体现了他严谨的处事作风。陈国良认为，任何一个行业都有它的高潮与低谷，如果一个行业仍然在向前发展阶段，仅仅是因为某些原因暂时处于低潮，就应选择在"别人放弃的时候出手"。这不仅仅表达了担当风险的魄力，更体现了眼光的独到、精准。成功的企业家具有敏锐的嗅觉，总是在别人看不见希望的地方看到了希望，于是他们的投资总会有意想不到的回报。2003年，正值非典时期，各行各业处于低迷期，陈国良却看到了房地产市场的广阔前景。经过多方考察认证、周密谋划后，陈国良果断进入房地产界。当年他成立了嘉兴市三昕房地产开发有限公司，竞得桐乡振东新区"新天地"商住项目开发权，之后他又相继开发了濮院"巴黎春天"生态小区、"东方新天地"商业广场、"东方现代城"商住项目、桐乡"商会大厦"写字楼、"一号公馆"别墅、"昆仑公寓"高层住宅等楼盘，成为桐乡市房地产行业的后起之秀。

伴随着房地产的成功，陈国良的浙江三昕服饰有限公司也在继续发展延伸。2006年他的上海金卡诺服饰有限公司成立，拥有了自主的CASILINO成衣服装品牌；2007年收购桐乡宏泰制衣并组建浙江三昕制衣有限公司；同年10月，集服装、染整、地产、投资于一体的多元化企业——浙江三昕集团有限公司正式成立。

2008年，桐乡市三昕房地产经营管理公司成立，它负责了濮院"中国毛衫城"项目的整合营销。2010年，针对下一个十年的发展战略规划，三昕集团正式更名为禾峰集团有限公司，至此一个无区域无行业限制的集团公司雏形已搭建完成，为企业的转型升级打下了坚实的基础。

禾峰集团的发展壮大，离不开它扎根于本土的企业文化。企业发展初期，陈国良就敏锐地觉察到企业文化的重要性，他深刻体会到：一个企业的文化是保证企业管理制度与经营战略实现的重要思想保障，为此他积极推动着本企业文化的打造。禾峰集团一路走来，一直秉承“员工是企业的最大财富”这一核心价值观，“勤、谦、廉，忠、孝、义”的六字司训，成了禾峰人的处事标准和为人准则。“为客户创造满意，为职员创造幸福，为社会创造价值”是企业的使命。2010年禾峰集团获得“浙商全国500强”“嘉兴市民营企业100强”“浙江省重质量守信誉AAA企业”“全国城乡统筹试点单位”“嘉兴市科技示范企业”“优秀房地产开发企业”“慈善之星”“优秀服务业企业”等荣誉称号。

陈国良在做企业的同时积极参与社会公益和慈善事业，履行公民的社会义务。他在扶贫赈灾、捐资助学、襄助公益、冠名慈善基金等方面为社会作出了一定的贡献，并多次获得个人及企业慈善奖。如今陈国良还担任着中联城乡统筹发展研究中心特邀研究员、浙商全国理事会主席团主席、嘉兴私营企业协会副会长、桐乡市工商业联合会（总商会）副会长、桐乡慈善总会副会长等社会兼职。

第二章　羊毛衫市场

第一节　羊毛衫市场的形成与发展

濮院羊毛衫市场建成开张于1988年10月1日，经过初创发展阶段（1988—1996）、规范完善阶段（1997—1999）和发展提升阶段（2000—2010），至2010年濮院羊毛衫市场已成为全国最大的羊毛衫集散中心。市场已形成羊毛衫交易区、配套交易区、电子商务三大块；有17个实体交易区，其中羊毛衫成衣交易区12个，配套交易区5个，各种门市部11337间，经营户5784户，从业人员3万余人，成交额133亿元。市场内主干道三纵三横，交通极为便利。其间分布有餐饮、娱乐、商务、信息等综合服务区；宾馆、酒店林立，写字楼，单身公寓楼错杂，通讯光缆、无线通信、有线通信等配套设施一应俱全。市场先后获得“中国大型品牌市场”“中国羊毛衫第一市”“中国十大服装专业市场”等称号。

初创、发展阶段（1988—1996）

未建立羊毛衫市场前，厂家因陋就简销售羊毛衫，主要在永乐路两旁设地摊、搭门板、甚至在自行车架，摆上自产的羊毛衫，招徕顾客，自然形成马路交易集市。也有客商直接寻到羊毛衫生产厂家，当面洽谈，生意成交后，购买数量少，客户自行携带，手提肩扛，搭乘长途汽车往返；量多则用邮包或托运。此外，多数个体羊毛衫厂还到处打探各地服装展销会，跑会推销；也有不少羊毛衫厂前往上海、杭州、贵阳、昆明、北京、沈阳、长春、武汉、重庆等大城市商店（场）租柜台零售兼批发。集体羊毛衫厂家，则有专职推销员，走南闯北，与外地商业部门联系好，由外地商业部门包销或代销。

初创阶段手提肩扛交易羊毛衫

至1988年，濮院拥有羊毛衫企业373家，个体企业259家，全镇拥有羊毛衫生产横机1540台，年产量达270万件；羊毛衫销售旺季时，日成交量达15000件。由于客流量很大，三轮车、自行车、大板车杂乱无序运营，常常造成交通拥堵。为了对羊毛衫集市交易进行规范管理，由濮院镇工商所组织，筹资30万元，在320国道北侧原濮院汽车站西侧征地3263.4平方米(4.9亩)，建造“卜院羊毛衫交易市场”，建筑面积1153.85平方米[①]，有门市部52间，于1988年10月1日正式开业。

开业后的初期羊毛衫市场，由于市场管理和政策不尽合理，致使羊毛衫成衣经营者和客户纷纷离开濮院，流向旁边的嘉兴洪合。此时有20多家来自新昌、绍兴、上虞、东阳、宁波、金华等地的毛纺织厂入驻经营毛纱原料，只剩一家浙江省十里坪羊毛衫厂门市部[②]还经营羊毛衫成衣。桐乡县委、县政府随即采取应对措施，把羊毛衫市场改成羊毛纱市场，市场在原有小规模上连续4年徘徊不前。

初期羊毛衫市场

1992年邓小平南方谈话发表后，濮院加快了羊毛衫市场建设。在320国道南侧，濮院镇工商所集资建造6幢二层楼112间门市部，两底一楼为1套出租。随后永越村出资在东侧建70余间门市部，两家联合建成“羊毛衫羊毛纱交易市场”(后改成羊毛衫市场第二交易区)。设摊的羊毛衫销售者和厂家陆续进驻市场经营，一个雏形羊毛衫交易市场形成了。随后桐乡市境内的羊毛衫厂，浙江省内针织、毛纺厂乃至上海、江苏、江西、安徽等地客商纷纷进入市场租门市部设点。他们既向外推销濮院羊毛衫，又带来了各地羊毛衫精品，丰富了羊毛衫市场销售品种。与此同时全国各地的客商纷至沓来，每年春、秋，东北、内蒙古、甘肃、北京、天津、四川、云南等地的远方客商云集于此，竞相选购，对濮院羊毛衫行业的发展起到了推动作用。1992年到1995年，桐乡市有20多个单位先后在濮院投入近亿元资金，开发建成第二、三、四期工程的羊毛衫市场。三期总占地205825.4平方米，建筑面积245777.85平方米，分设10个羊毛衫交易区、1个毛纱交易区和1个辅料交易区，拥有门市部4529间，一个大型羊毛衫专业市场初步形成。

第一交易区 位于320国道南、双燕路东，为永越实业公司和濮院镇农工商总公司开发，占地面积60000平方米，建筑面积22100平方米，营业用房880间，1994年8月及9月5日两次交付使用。区内有15米宽干道横贯，汽车进出方便，多为生产厂家直销，故

① 摘自1987年桐乡县工商行政管理局《关于1988年拟建造濮院羊毛衫交易市场要求拨款的报告》。

② 浙江十里坪羊毛衫厂门市部隶属浙江劳教局，经营人为狱警丁智华。应当说这是第一家进入濮院羊毛衫市场的外来经营户。

价格优惠。

第二交易区 位于320国道南、双燕路西、雅蝶路东，为濮院二商所和永越实业公司开发，占地面积31968平方米，建筑面积17550平方米，营业用房550间，于1992年9月18日、1993年1月18日、5月8日及8月25日四次交付使用。

第三交易区 位于320国道南、雅蝶路西、栖凤南路东，为濮院农工商总公司、永越实业公司、桐乡市物资局和濮院物资站开发，占地面积43290平方米，建筑面积135680平方米，营业用房1108间，于1994年10月1日交付使用。

第四交易区 位于320国道南、栖凤南路西、光明路东，为濮院交警中队和濮院兽医站开发，占地面积3996平方米，建筑面积6000平方米，为五层楼房，内有饮食、住宿等设施，营业用房167间，于1994年12月投入使用。

第五交易区 位于320国道南、中兴路西，为濮院梅泾建筑公司开发，占地面积13500平方米，建筑面积10000平方米，营业用房240间。于1995年投入使用。

第六交易区 位于320国道北、永乐路东，为濮院供销社开发，占地面积5300平方米，建筑面积10000平方米，营业用房315间，于1993年8月与1994年10月两次交付使用。

第七交易区 位于320国道北、南纬路南、永乐路西、第八交易区东，为万通商场(桐乡市交通工程公司、濮院梅泾建筑公司、民革振大托运站联办)和濮院农工商总公司开发，总投入资金250万元，占地面积5915平方米，建筑面积8152平方米，临国道楼房四层，三层为快餐厅，四层为旅馆，服务设施配套齐全，其余为二层，有营业用房230间，于1994年9月、10月两次交付使用。

第八交易区 位于320国道北、南纬路南、东接第七交易区东，西连毛纱交易区。为濮院缝纫机零件二厂开发，占地面积11320平方米，建筑面积10000平方米，有营业用房315间，于1994年8月两次交付使用。

第九交易区 位于320国道北、南纬路南、栖凤路东，东接毛纱交易区，为濮院周义村(现永乐村)开发，占地面积6660平方米，建筑面积5542平方米，二层楼房，有营业用房184间，于1994年交付使用。

第十交易区 位于320国道北、南纬路南、栖凤路西，中兴路东，为桐乡供销总社和濮院供销社开发，占地面积5200平方米，建筑面积8000平方米，临国道为三层楼房，有营业用房274间，于1994年8月交付使用。

毛纱交易区 位于320国道北、南纬路南、第八交易区西、第九交易区东，为濮院工商所和濮院凯星羊毛衫厂开发，占地面积15713平方米，建筑面积11000平方米，营业用房114余套，每套二底一楼，外有阳台，于1995年12月交付使用。

辅料交易区 位于320国道北、第七交易区西、第八交易区东，为1988年建成开张的羊毛衫市场改造而成。

随着羊毛衫市场不断的开发建设，为了加强对市场的管理，引导市场健康发展，桐乡市人民政府1994年成立濮院镇羊毛衫市场管理委员会。成立初，办公地址在第八交易区内，管委会人员由市人民政府市长办公室及公安、工商、城建、邮电、交通、银行、物资、供电、财税、土管、计量等有关部门负责人组成，副市长莫建林任管委会主任，濮院镇镇长魏士荣任管委会办公室主任。当年，羊毛衫市场销售情况良好，销售总额20.95亿元。

因羊毛衫市场每月销售额变化较大，明显分出旺季、淡季，又由于各经营户资金多寡、地段位置、经营经验等各种不同因素，致使各门市部羊毛衫销售额悬殊。为理清羊毛衫市场销售实际情况，管委会于同年10月、11月、12月三次对部分门市部作抽样调查。经分析研究，认为改变旺、淡季销售额悬殊的关键在产品。由此制定开发夏季服装在市场销售的方案，利用麻、丝等新的混纺纱品种，如丝光棉、冰麻、海岛棉等制成各式T恤衫、低圆领等薄型衫应市，受到各地客户的青睐，填补了濮院羊毛衫市场淡季产品的空白；旺季则增加各种混纺纱、纯羊绒为原料制成的羊毛衫品种，款式不断推陈出新。事实证明，采取上述措施后，市场交易额稳中有升，当年成交额达31.5亿元。

1995年10月，桐乡市政府会同国务院发展研究中心市场经济研究所、中国经济决策咨询中心、中国服装设计研究中心，在濮院举办1995专业市场建设与发展研讨会暨首届全国羊绒羊毛产品展示会。1996年，濮院羊毛衫市场在本地区开通国际互联网，10余家羊毛衫企业和市场信息在网上公布，年底市场销售额45.1亿元，成为全国最大的羊毛衫集散中心，跻身全国百强市场行列。

表6－8　　1992—1995年濮院羊毛衫市场开发情况表

交易区	开发单位	占地面积（平方米）	建筑面积（平方米）	营业用房（间）	开业时间
第一交易区	永越实业公司、濮院农工商总公司	60000	22100	880	1994年9月投入使用
第二交易区	濮院工商所、永越实业公司	31968	17550	650	1993年1月投入使用
第三交易区	濮院农工商总公司、永越实业公司、物资局、濮院物资站	43290	135680	1108	1994年10月投入使用
第四交易区	交警队、兽医站	3996	6000	167	
第六交易区	桐乡市供销总社、濮院供销社	5000	10000	315	1994年10月投入使用
第七交易区	桐乡交通工程公司、濮院梅泾建筑公司、民革振大托运站、濮院农工商总公司一公司	5915	8152	230	1994年10月投入使用

续表 6－8

交易区	开　发　单　位	占地面积（平方米）	建筑面积（平方米）	营业用房（间）	开业时间
第八交易区	濮院缝纫机零件二厂（金源公司）	11320	10000	315	1994 年 8 月投入使用
第九交易区	周义村（今为永乐村）	6660	5542	184	1994 年投入使用
第十交易区	桐乡供销总社、濮院供销社	5200	8000	274	1994 年 8 月投入使用
第五交易区	濮院梅泾建筑公司	13500	10600	240	1995 年投入使用
毛纱交易区	濮院工商所、濮院凯星羊毛衫厂	15713	11000	114	1995 年 12 月投入使用
辅料交易区（原最早羊毛衫市场）	濮院工商所	3263.4	1153.85	52	1988 年 10 月投入使用
合　计		205825.4	245777.85	4529	

表 6－9　　1994 年月羊毛衫销售额变化统计表

单位：亿元

月　份	1 月	2 月	3 月	4 月	5 月	6 月	7 月	8 月	9 月	10 月	11 月	12 月
销售额	1.2	1.25	1.4	—	0.5	0.1	0.2	1.47	2.64	3.44	3.7	3.72

表 6－10　　1994 年对羊毛衫市场部分门市部销售额抽样调查情况表

第一交易区　1994 年 10 月抽样					
门市部号码	511	708	728	762	776
成交额（万元）	4.20	15.0	1.50	2.8	16.5
第一交易区　1994 年 12 月抽样					
门市部号码	615	740	759	762	797
成交额（万元）	6.0	3.0	15.0	20.0	15.0
第二交易区　1994 年 11 月抽样					
门市部号码	1099	1120	1154	1206	1228
成交额（万元）	3.0	15.0	2.0	2.9	1.9

续表 6－10

第三交易区　1994 年 12 月抽样					
门市部号码	93	96	521	534	545
成交额(万元)	0.4	0.2	30.0	20.0	5.9
第六交易区　1994 年 10 月抽样					
门市部号码	1	28	195	240	282
成交额(万元)	20.0	1.8	2.8	6.0	18.0
第七交易区　1994 年 11 月抽样					
门市部号码	171	185	240	259	307
成交额(万元)	20.0	2.5	0.1	15.0	0.2
第八交易区　1994 年 11 月抽样					
门市部号码	13	39	94	132	272
成交额(万元)	6.0	10.0	16.0	35.0	40.0
第九交易区　1994 年 11 月抽样					
门市部号码	8015	8039	8050	8128	8180
成交额(万元)	5.0	3.0	0.3	0.5	2.5
毛纱交易区　1994 年 12 月抽样					
门市部号码	106	107	201	202	207
成交额(万元)	12.1	55.5	74.9	17.5	54.9

规范、完善阶段(1997—1999)

1997 年 4 月 13 日，浙江省、嘉兴市、桐乡市三级政府领导及有关负责人在濮院镇召开濮院羊毛衫市场管理现场办公会议。副省长张启楣指示桐乡市政府要认真、切实解决交通路阻、市场管理、领导力量、社会治安等问题，并学习成功市场的管理经验，稳定、巩固、促进羊毛衫市场的发展。5 月 6 日，桐乡市政府对市场管委会进行调整充实，6 月 29 日，桐乡市委、市政府制定《关于加强濮院羊毛衫市场建设和加强管理的若干规定》。为规范濮院羊毛衫市场经营秩序，市场管委会面对市场投资主体多元化的特点，统一规范管理，用“行政执法”与“民主管理”相结合的形式，有效推动市场健康有序发展。是年桐乡市政府决定建立联合行政执法办公室，统一行使公安、公路运管、技术监督、工商、税务、城建监察、交通警察等职能部门在濮院地区的货源管理、车辆管理、道路使用管理、货物运输管理等工作的管理权、稽查权和处罚权等，合力打造平安市场。

市场管委会作为市政府的派出机构，对市场实行统一管理、统一领导，统筹安排，宏观调控，便于和桐乡市、濮院镇的相关部门进行协调，有利于市场发展。民主管理，即由各产权人组成的产权物业管理单位，接受市场管委会的直接管理。稳定发展市场，出台措施，由市场管委会牵头，联合有关部门规范各种收费制度，投入财力，加强对外宣传力度，以提高市场知名度，使经营户定心、客户放心在濮院市场经商。

针对市场上出现的假冒商标、以次充好等不良现象，市场管委会会同技术监督、工商等部门联合打假，逐步推行明码标价、挂牌经营，不定期抽查产品质量，奖优罚劣，逐步形成质量价格保证体系，实现质量立市之目标。市场管委会和质管所在二区建精品一条街，有经营户 100 家，走质量兴市之路。精品一条街在市场起到领头羊的示范作用，精品一条街上的经营户生意十分红火，带动了市场其他经营户纷纷走质量兴市之路，产品质量有了很大提高。

濮院羊毛衫市场一角

1998 年管委会出资 120 多万元，于秋夏之交在 320 国道西起挥士桥，东至叙星桥，全长 1130 米地段安装照明路灯，在国道两侧交易区的部分楼层安装灯箱广告等亮化工程建设，并在路上增设绿化带，立起 60 根钢质旗杆，统一悬挂市场标志旗帜。1999 年市场管委会出资 600 多万元，利用市场淡季时间，对市场一、二、三区沿 320 国道 500 多米长 100 多个门面进行改建；筹资 165 万元，修筑市场中心大道（现工贸大道市场段），路宽 32 米、双向四车道的一期工程。同年，羊毛衫市场一、二、三交易区率先完成股份制改造，6 月 21 日，省证券委批准同意设立浙江濮院羊毛衫城发展股份有限公司，运用现代企业制度管理市场。1999 年 11 月，桐乡市举行首届菊花节，濮院羊毛衫市场也举办了一系列的经贸活动。这一切都在不断地推动着濮院羊毛衫市场的规范和完善。

发展提升阶段（2000—2010）

进入 21 世纪，濮院羊毛衫市场进入发展提升阶段。2000 年完成市场控制性详细规划，这是濮院羊毛衫市场发展建设的纲领性规划，5 月 31 日通过有关部门鉴定，并报请市人民政府审查批准。是年，投入 8000 余万元资金，用于市场基础设施和配套设施建设，改造了市场老区和部分道路，新建了联托运中心、中心广场（三羊开泰广场）和餐饮区，为市场经营户和濮院镇群众提供了一处娱乐、休闲的场所，提高了市场的品位。扩建了停车场，着手组建市场客运中心，并开始建设濮院国际贸易品牌中心和金贸大厦等配套设施，启动中央商务区的开发建设。2001 年投入资金 3625 万元，新筑道路 29005 平方米，铺设 300 毫米以上各类管道 7027 米，新建 11 米宽桥梁一座，架设 10 千伏高压线 3.33

濮院羊毛衫市场三羊开泰广场

千米，建成永久性变电房2座、临时性变电房2座，新增用电容量2075千伏安。2002年3月，组建桐乡市毛针织检验公司。2003年南方毛纱市场进行了全面改造。

2004年羊毛衫市场管委会委托上海同济城市规划设计研究院，规划设计《中国羊毛衫交易中心城市设计》。同年8月，中央商务区世贸大厦首先建成开业。2005年8月27日，市场管委会编制《濮院羊毛衫市场地区城市设计规划》，通过市政府常委会议论证，同时通过论证的还有《毛衫产业十一五规划》，这是“建设国际商贸城”和打造“国际毛衫针织服装产、销、研基地”的行动准则。设计规划将建成集办公、展示、仓储、信息发布，批零兼售于一体的市场区城市化方案。2006年8月，组建中国濮院毛针织服装科技研发中心。年底，按照规划设计的濮院羊毛衫市场中央商务区多个项目先后开工建设、试营业。2007年7月，市场管委会组织开展星级交易区评定工作，星级评定考核分静态和动态两部分，涉及综合治理、消防安全、交通秩序、环境卫生、计划生育、市场改造、诚信经营和台账制度等内容。对市场各交易区进行综合考核，评定毛纱市场、世贸大厦为四星级交易区，第二交易区等11个交易区为三星级市场，针织辅料市场为二星级交易区。同年8月，桐乡市濮院针织产业信息有限公司建立“中国毛针织网”，拉开了濮院“毛衫产业”向电子商务转型的序幕。全年投入市场建设改造资金6亿元，完成建筑面积20万平方米的改造工程。2008年市场加快转型升级，联合产权单位继续开拓中央商务区，部分项目建成开业。至2010年底，濮院羊毛衫市场占地总面积达1.5平方千米，建筑面积80万平方米，有17个实体交易区（其中包括高端的中央商务区等12个成衣交易区、5个配套交易区），成交额133亿元，还有欣欣向荣的电子商务，成为现代化的全国毛针织服装销售、信息和物流中心。

表6-11　2007年度濮院羊毛衫市场各交易区星级评定结果一览表

单　　位	动态得分	静态得分	综合得分	星　级
毛纱市场	68.97	26	94.97	四　星
世贸大厦	68.58	26	94.58	四　星
第二交易区	66.60	22	88.6	三　星
中央商城	67.50	21	88.5	三　星
第三交易区	66.39	22	88.39	三　星

续表 6-11

单 位	动态得分	静态得分	综合得分	星 级
第一交易区	65.80	22	87.8	三 星
第八交易区	66.95	17	83.95	三 星
第五交易区	65.70	18	83.7	三 星
前第七交易区	64.60	18	82.6	三 星
第十交易区	62.55	20	82.55	三 星
第九交易区	62.41	20	82.41	三 星
金贸大厦	66.77	15	81.77	三 星
外贸市场	63.66	18	81.66	三 星
针织机械辅料市场	65.35	8	73.75	二 星

表 6-12 濮院羊毛衫市场获得称号一览表

时 间	荣 誉 称 号	授 予 部 门
2002年12月24日	中国羊毛衫名镇	中国纺织工业协会、中国毛纺织行业协会
2005年12月	中国大型品牌市场	中国商业联合会商品交易市场专业委员会
2007年6月	浙江省重点市场	浙江省工商局
2007年9月	中国毛衫第一市	中国商业联合会商品交易市场专业委员会
2007年10月	中国十强文明市场	中国社会科学院
2008年11月	中国市场名镇	中国市场大会
2009年4月	中国十大服装专业市场	中华全国商业信息中心、中国经济网、中国纺织报社
2009年11月	中国羊毛羊绒服装第一镇	中国商业联合会商品交易市场专业委员会
2010年3月17日	中国纺织服装商业20年杰出市场	中国纺织品商业协会
2010年3月28日	中国服装品牌孵化基地	中国纺织服装专业市场联盟

第二节 濮院羊毛衫市场2010年交易区及规模

2010年濮院羊毛衫市场总占地面积1.5平方千米，总建筑面积80万平方米，在1995年初步形成的羊毛衫专业市场基础上，发展成有17个实体交易区（其中羊毛衫成衣交易区 12 个，原毛、毛纱、针织机械、辅料等 5 个配套交易区）和一个蓬勃发展的羊毛衫电子商务无形市场。

羊毛衫成衣交易区

320 国道南，东起月河桥毛纺织原料交易市场，西至童装城以东长达 2 千米，宽达 500 米的区域，为羊毛衫成衣交易区块。交易区块内有 12 个交易区。

濮院世贸大厦

世贸大厦 世贸大厦北靠中国毛衫城，东邻中央商城，南隔工贸大道直对三羊开泰广场和羊毛衫市场管委会大楼，西接国贸大厦的国贸名品城。大厦共 10 层，营业总面积 4.7 万平方米。营业门市部 406 间，每间门市部 100 平方米，均为产权制的商铺，入住率 98%以上。

世贸大厦导入现代商务智能配套理念，全面引领购物交易环境的升级换代；宽带直接入户、局域网内部互联，有线、无线通信畅通无阻；全方位的安全监控，特级的消防配置，提供了一个安全、舒适、快捷便利的购物环境。内部设施齐全，配有 2000 千瓦发电机组 2 台，电力供应 1000 千伏安，宽带 4 条，固定电话 310 门，各楼层都有中央空调，电梯 12 部（其中载人观光电梯 8 部、货运电梯 4 部），监控探头 50 个，电脑 302 台，消防设施 1008 处，防火警示标志 500 处，卫生设施 218 处，有 160 多个车位的停车场，10 楼为快餐厅。配备市场管理人员 37 人，保安人员 16 人，卫生人员 10 人。市场设有建设银行营业部 1 家。

世贸大厦是濮院羊毛衫市场中央商务区最早开业的市场，是最大最完善的品牌市场之一。大厦汇集了国内外众多的知名品牌，稻草人、杉杉、恒源祥等都在世贸大厦设有窗口，产品辐射全国乃至世界各个地区。大厦有 200 多位业主组成的“业主委员会”，每位业主一本经营户手册；有严格的清洁卫生工作制度。世贸大厦为“四星级交易区”。

中央商城 中央商城基本上是在原第四交易区的位置上建造，是濮院羊毛衫市场中央商务区核心地段。东为栖凤南路，西为中兴路，北临 320 国道（濮院段称濮院大道，下同），为东西长 100 多米的 18 层（含地下车库）高楼。商城商业面积 7.89 万平方米，门市部 2311 间，每间 30 平方米。入驻商户 1140 户，其中本地 630 户、外地 510 户。

商城设施齐全，电力供应 8330 千伏安（双电源连线），电梯 47 部（其中装货电梯 14 部、载人电梯 33 部），电脑 30 台，监控探头 250 个，运输车辆 6 辆，消防设施 500 处，防火警示标志 800 处，通讯光缆 1 条，固定电话 30 门。东大楼有快餐厅，西大楼为酒店，地下停车场 700 个停车位。配备市场管理人员 36 人，保安人员 24 人，卫生人员 40 人。

商城实现专业分区，其中一楼为毛服饰综合区，二楼为毛衫服饰精品区，三楼为棉 T

中央商城和濮院·中国毛衫城

恤服饰区，三个楼层划块经营又统一管理。濮院中央商城突破了传统的简单开发模式，实行40年优先承租的运作模式，以避免市场商区“热炒投资、惨淡经营”的局面。并成立了“中央商城准入资格审查评审小组”，保证了优质品牌商家优先入驻，也兼顾了国际化、品牌化毛衫产业的发展趋势。经过入围初审及公开抽签，有雅鹿、雪中飞、花花公子、沙驰、鼎坤、金福莱、帝衣、欧华等知名品牌获得了中央商城商铺40年优先承租权，已入驻品牌905个，产品覆盖高、中、低端领域，辐射全国。

中央商城曾荣获“中国纺织服装诚信市场试点单位”“全国商品交易市场系统文明诚信单位”和“省四星级文明规范市场”称号，曾被评为桐乡市平安市场。

濮院·中国毛衫城 濮院·中国毛衫城（环宇精品城）作为促进桐乡市专业市场转型提升的重点项目，是集品牌毛衫贸易、采购于一体的精品市场，位于原第五交易区位置，是濮院羊毛衫市场中央商务区核心地段。北靠濮院大道，东隔中兴南路与中央商城相望，南连世贸大厦，西邻国贸大厦名品港市场。中国毛衫城共六层（地上5层、地下1层车库），营业门市部462间，每间门市部50平方米。

濮院·中国毛衫城配设电梯3部（其中载人电梯2部、货运电梯1部），发电机组500千瓦1台，电力供应1100千瓦，固定电话10门，监控探头96个，消防设施87处，防火警示标志18处，卫生设施10处。配备市场管理人员11人，保安人员14人，卫生人员10名。有84个车位的停车场1个。

濮院·中国毛衫城内部采用了一系列符合国际化商务潮流的构筑，如通透的中庭、回廊式走道、全框架结构商铺、立体泊车以及充裕的电梯系统等，整体形象前瞻时尚。除了强势硬件外，更结合了产业专家、行业组织、资深经营者多方意见，致力于孵化“养商”“扶商”。招商实行“品牌准入”制度，既有利于入驻品牌的培育，也提高了品牌市场的美誉度，得到了羊毛、羊绒产业精英的响应，已有鹿王、天山、北极绒、开开、圣地欧等40余个高端羊毛、羊绒品牌入驻。

国贸名品港 桐乡市濮院国际贸易中心名品港（简称国贸名品港），位于濮院羊毛衫市场中央商务区的核心地段，北靠濮院大道，东为世贸大厦和中国·濮院毛衫城，西邻环贸大厦，南为工贸大道，由5层裙楼“国贸名品港”和28层的主楼“国贸大酒店”组成，高度近百米。名品港营业面积近40000平方米，门市部532间，每间门市部面积30—70平

濮院国际贸易中心名品港

方米。

濮院国贸名品港内部设施齐全，有电梯 17 部（其中 2 部为装货电梯，15 部载人电梯），电脑 14 台，监控探头 220 个，消防设施 175 处，防火警示标志 42 处。有市场管理人员 19 人，保安人员 18 人，卫生设施 20 处，卫生人员 10 人，宽带 2 条，固定电话 2 门。三楼设有快餐厅。有 125 个车位的大型露天停车场 1 个。

濮院国贸名品港是桐乡市重点专业市场，也是中国羊毛（绒）衫流行色研发中心。一层为国际系列男衫专区，二层为精品男衫专区，三层为精品女衫专区，四层为销售羊绒产品专区。楼层的设置有利于品牌展示和旅游购物，成为既不是传统意义上的批发市场，也不是狭义的普通商业流通市场，而是一种专业服务中枢，是新型的商业贸易环节的集群服务平台，实现了由简单的商品提供商向现代服务提供商的转变。国贸名品港整合了展览展示、咨询发布、信息交流、贸易洽谈、电子商务等环节，集多种功能为一体，为改变以往单纯交易为主的低端服务业态探索了一条新路。

为保证进驻品牌的质量，名品港实行严格的“品牌准入评审制”，有 2000 多家单位入驻，国内外知名品牌云集。其中，一楼汇集了蓝威龙、老人头、花花公子、阿玛尼、梦特娇、开开、发财羊等 50 多个国内外知名品牌；二楼汇集了金兔、北极羊、西门蒂克、卡尔皮诺、蒙坦士等自主新锐品牌；三楼汇集了法诗菲、嘉尔曼、靓妞、千圣禧、悦来春、浣纱女等知名女装品牌；四楼为羊绒服饰区，汇集了鄂尔多斯、恒源祥、鹿王、赛兔等著名羊绒品牌。

环贸女装中心　环贸精品女装中心（简称环贸中心），位于濮院羊毛衫市场中央商务区的核心地段，南临工贸大道，北为濮院大道，东隔齐宏路与国贸名品港相对，西与童装城隔河相望。中心 1—4 层为市场交易区，设门市部 447 间，每间门市部 47.72 平方米，5 层为商务配套区，6—17 层为毛衫企业为主的商务办公区，顶层为 500 平方米的观景咖啡厅。大楼内配设 1800 千瓦发电机组 1 台，电力供应 1800 千瓦，通信宽带 5 条，固定电话 4 门，电梯 7 部（其中 2 部装货电梯，5 部载人电梯），监

濮院环贸精品女装中心

控探头106个，卫生设施2处，消防设施175处，防火警示标志150处，地下停车场停车位100个。配备市场管理人员25人，保安人员12人；卫生人员7人。由业主委员会自行管理。

环贸中心特别成立的品牌俱乐部是其一大亮点，与国内外相关商会、贸易促进会等机构建立广泛的联系，搭建企业之间，行业协会以及商会之间沟通平台。此外，环贸中心还与中国服装协会、中国流行色协会、中国服装设计师协会等产业相关协会建立合作关系，定期举办行业讲座、培训、参观等活动。环贸中心向南延伸的环贸宾馆有观光电梯二部，可为来往的客商提供优越的服务；二楼有适合洽谈的咖啡厅，环境优美舒适。

濮院国际童装城　濮院国际童装城（简称童装城），南临工贸大道，北靠濮院大道，西为兴旺路，东与环贸大厦隔河相望。童装城共六层，门市部2400间，每间门市部面积30平方米。内设扶手电梯36部，观光电梯6部，货运电梯3部；消防设施有自动喷淋袋、灭火机800多只，防火警示标志50多处，监控探头280个，电脑30台。配备市场管理人员35人，保安人员15人；卫生设施12处，卫生人员15人。有400个车位的停车场1个。

濮院国际童装城

童装城设6层营业楼层，其中地下1层，地上5层。地下一层为品牌童装；一层为品牌童装、鞋帽、羊毛童装和皮革童装；二层为品牌童装、儿童食品和婴童用品；三层为品牌童装、儿童玩具、童书、智力开发；四层为品牌童装、儿童家具和童车及电子商务区；五层为品牌展示配套服务区。童装城的经营格局为消费者和商家提供一个国际级的集童装童品为一体的专业贸易批发中心。

童装城运用网络、电话、视频、市场智能化消防、远红外安防系统、电子巡更系统、设备自动化控制系统、全方位智能安全监控防护系统，保证市场安全有序。

濮院羊毛衫市场交易中心　濮院羊毛衫市场交易中心（简称交易中心）北靠工贸大道，东为叙星桥港，西接双燕南路，南接永越村屋底里，交通经贸活动十分便利。交易中心1—3层为羊毛衫门市部，共528间，每间25平方米；4—12层为市场配套综合用房，设有产品展示中心、信息发布中心、会议中心、商务公寓等。

交易中心内配有电梯20部（其中货梯6部），电脑3台，监控探头161个，消防设施140处，防火警示标志688处，通风设施有通风口43只，通讯宽带1条，固定电话3门。发电机组400千瓦1台，电力供应4200千瓦。有市场管理人员16人，保安队员17人。卫生设施8处，卫生人员12名。

交易中心为中央商务区最东面的羊毛衫交易市场，按照国际化发展需要和现代化商贸需求进行规划，打造了一个面向国际的现代化新型毛针织服装交易平台。首创垂直交通体系—环形车道、畅通的全球联网系统、多功能多模式的全方位辅助系统、“一卡通”智能化系统以及商务空间等六项核心概念，在全国范围内首家推出五星级羊毛衫交易市场。

第一交易区 即原羊毛衫市场第一交易区经整改优化而成。第一交易区交通方便，北有濮院大道，西有双燕路，南有工贸大道，东接毛纺原料电子交易市场。交易区营业用房831间，每间门市部26平方米。交易区内有电梯2部(其中1部为货梯)，监控探头80个，消防设施11处，卫生设施1处，卫生人员12名，电力供应1575千瓦，停车场车位186个。交易区内有18条街(其中有1条交易区内迎新路)，为：哈尔滨街、长春街、桂林街、沈阳街、澳门街、太原街、北京街、郑州街、石家庄街、济南街、武汉街、合肥街、长沙街、南京街、南昌街、杭州街、南宁街；有7家副食品店和1家农行营业所。由公司管理的门市部716间，临时出租10间，私房非代管93间，20年优先租用3间。通信宽带、有线电话全部可以连通。

交易区以羊毛衫批发为主，毛衫款式达2000多种。承接来样订货，提供新品种设计款式；也做外贸接单生意，同时为跑会提供商品。也兼设网店参与电子交易。

交易区由浙江濮院羊毛衫城发展有限公司全面负责管理，利用现代化的管理手段，制定一系列的管理制度。

第二交易区 为原市场第二交易区整改优化而成。第二交易区是羊毛衫成衣交易的有名市场，向来为商家所看重，老客户云集。交易区交通方便，北为濮院大道，东有双燕路，西接第三交易区、南临工贸大道。交易区内有迎春路、大庆街、呼和浩特街、银川街、西安街、精品街、天津街、苏州街、大连街、深圳街、珠海街、香港街、九龙街等13条商业街、路，尤其是双燕路精品一条街开设后，经营的产品信誉度高，新产品多，成为客户购销的首选交易区。

第二交易区营业用房864间，每间26平方米。交易区内有电梯3部(其中货梯1部、载人电梯2部)，监控探头80个，消防设施11处。市场管理人员16人，保安队员9人，卫生设施2处，卫生人员10名。电力供应2205千瓦。有269个车位的停车场1个，消防池1处，配电房1处，银行1处(建行营业网点)，12家副食品店。

第三交易区 为原市场第三交易区经整改优化而成。第三交易区位于濮院大道南、工贸大道北，东接第二交易区，西连中央商城。交易区内街道纵横，南北向的有雅蝶路和栖凤南路，两路贯通320国道、工贸大道；东西向的有10条街道，依次为台北街、重庆街、拉萨街、青海街、乌鲁木齐街、上海街、兰州街、成都街、贵阳街和昆明街，交通十分便利。

第三交易区营业用房845间，每间门市部26平方米。交易区内有监控探头80个，消防设施13处，市场管理人员16人，保安队员9人，卫生人员12名，电力供应2205千瓦，有146个车位的停车场1个，18家副食品店。

第三交易区位于羊毛衫成衣交易区中心，交通十分便利，交易旺盛，是经营毛衫批发、零售者首选市场之一。

桐乡市星星羊毛衫市场　为原市场第九交易区经整改优化而成。星星羊毛衫市场北靠南纬路，东傍濮院羊毛纱市场，西接羊毛衫市场十区，南临濮院大道。市场内设监控探头9个，消防设施3处，防火警示标志5处。市场管理人员3人，保安人员3人，卫生设施5处，卫生人员2人，电力供应200千瓦，停车场车位15个。星星羊毛衫市场为老市场交易区，市场门市部都有自己的生产厂家，以包装、整理、打包的方式做生意，一般都挂有样品衣，向客户展示自己的产品，以供客户选择。

羊毛衫市场第十交易区　为原市场第十交易区经整改优化而成。羊毛衫市场第十交易区，东为栖凤南路，西为中兴路，南临濮院大道。市场门市部140间，每间门市部22平方米。内部设施有防火警示标志30处，卫生设施1处，电力供应250千瓦，通信宽带1条，固定电话2门。配备市场管理人员3人，保安3人，卫生人员3人。有44个车位的停车场1个。

市场门市部都有固定的生产厂家，以包装、整理的形式进行羊毛衫交易。也多有挂样品衣吸引客户。

羊毛衫市场配套交易区

320国道北侧，南纬路以南、永乐路以西、滨河大道以东的区域为羊毛衫配套交易区，是羊毛衫原、辅材料和机械设备市场。羊毛衫市场配套交易区共有5个。

桐乡汽运羊毛衫商城　为原市场第七交易区经整改而成。汽运羊毛衫商城市场有门市部67间，每间门市部25平方米。市场南临320国道，东为永乐路。市场内设监控探头10个，消防设施6处，市场管理人员5人，保安人员2人，卫生人员1人；电力供应200千瓦，停车场车位17个。随着羊毛衫市场的发展变化，2000年商城改变经营方向，变销售羊毛衫成衣为经销羊毛衫辅料及相关设计服务。

濮院羊毛纱市场　为原毛纱交易区经整改优化而成。濮院羊毛纱市场有门市部120间，市场代管私人门市部41间。入驻毛纱经销商148户，主要经营精纺纱、涤纶纱、羊仔纱、兔羊毛纱、绵羊绒纱、放牦牛绒纱、高弹丝等多个品种。市场内设有监控探头22个，停车位135个。市场内有中心大道一条，江苏街、海南街、浙江街、福建街、广东街、内蒙街6条内街横跨中心大道。

南方毛纱市场　在原市场第八交易区位置重建而成。南方毛纱市场由二楼二底构成门市部98套，每套120平方米。

南方毛纱市场北靠南纬路，东接桐乡汽运羊毛衫商城（原羊毛衫第七交易区），西连濮院羊毛纱市场，南临320国道。市场内设有监控探头28个，固定电话5门；有运输车辆1辆，50个车位的停车场停1个。市场东南角设有东南旅馆1个。配备管理人员11名，保安人员4名，卫生人员2名。市场内有中心大道1条，交通方便。

市场经营户全部经营毛纱，经营品种有全毛毛纱（羊毛、兔毛、羊仔毛）、混纺毛纱（有各种不同比例的混纺纱）、羊绒毛纱、牛毛绒毛纱、海岛棉毛纱、丝光棉毛纱、竹纤维毛纱、氨纶包复丝、涤纶丝等2000余个品种。

濮院羊毛衫针织机械服饰辅料城市场 濮院针织机械辅料市场由四栋相对独立的单体建筑构成，中间有大道贯通。市场北连兴业路、复兴路，南临濮院大道，西接滨河路，交通十分便利。

市场1—3层为门市部，共有634间，每间门市部40平方米，设有市场快餐厅和肯德基餐厅。六层以上为商务办公室和三星级商务酒店。市场内29部电梯（装货电梯8部、载人电梯21部），电力供应2000千瓦，宽带4条，电脑14台，监控探头150个，消防设施6处，防火警示标志18处，备有500千瓦发电机组一台。市场有管理人员42人，保安人员22人。卫生设施12处，卫生人员12人。停车场车位361个。

市场内有200多经营户经营服装辅料，经营门类有纽扣、花边、钻、拉链、五金、包装物等2000余种花色品种。有80余户经营各式面料，适合裁剪各种男女服装，特别受家庭作坊欢迎。有8户经营机械，主要有香港中大、宁波慈星、海盐配件等，经营的品牌有国际名牌意大利圣东尼等。

濮院毛纺织原料市场 濮院毛纺织原料市场坐落在濮院大道南，东为梅泾路向南延伸段、南与嘉兴秀洲区洪合镇接壤，西和羊毛衫市场第一交易区隔梅泾相望。市场设有电梯6部（其中装货电梯1部、载人电梯5部），电力供应1000千瓦，宽带453户，固定电话566门，电脑8台，监控探头62个，消防设施250处，防火警示标志205处。备有发电机组150千瓦2台。市场有管理人员8人，保安人员113人，卫生设施6处，卫生人员12名。有快餐经营1家，停车场有285个车位。

市场分三个交易区，一为毛纺原料区，门市部116间；二为针织服饰区，门市部327间；三为电子交易区，产权式门市部158间。市场实现远程网络电子商务交易，连国内外毛纺原料产地源头，接毛纺生产企业，覆盖嘉兴、杭州、绍兴、湖州、宁波、无锡、苏州、张家港、江阴、南通、上海、武汉、广东大朗等地，为华东地区最大的原料交易市场。交易品种有国产羊毛、进口澳毛、山羊绒、绵羊绒、貂绒、牦牛肉、驼绒、毛条、化纤类等，年进出货物量6万吨，成交额20亿元。

表6－13　　毛纺原料市场销售情况表

年度	毛纺原料		年度	毛纺原料	
	数量(吨)	金额(万元)		数量(吨)	金额(万元)
1999	332	664	2001	582	1164
2000	436	872	2002	799	1598

续表 6－13

年　度	毛　纺　原　料	
	数量(吨)	金额(万元)
2003	852	1704
2004	868	1736
2005	925	2313
2006	934	2335
2007	976	2440
2008	952	2857
2009	1028	3084
2010	947	2836
2011	1080	3242
2012	1372	4116
合计	12083	30961

濮院羊毛衫市场电子商务

2010 年电子商务成为濮院羊毛衫市场最朝阳产业，发展迅猛。

濮院针织产业信息有限公司有“中国毛针织网”，主要做 B2B 商业模式，目的在于发布信息，帮助一些大型的羊毛衫企业对外招商，进行信息交易和托管。很多有影响力的品牌通过毛针织网找到了合作商家。浙江圣地欧服饰有限公司通过网络化品牌营销，脱颖而出，一举成为年销售额 5000 多万元的知名企业，其直营店在山东、黑龙江等国内市场获得好评。

为鼓励和推动桐乡市大中专毕业生积极创业、扩大羊毛衫产品销路，由桐乡市工商局牵头，联合桐乡市劳动和社会保障局、人事局、共青团桐乡市委、个私(民营企业)协会等共同发起，在濮院羊毛衫市场成立“桐乡市网上创业中心”。创业中心为高校毕业生等社会群体架构起“培训—实践—创业”一体化的网上创业服务平台，凡有志于网上创业者，均可获得免费培训、实践乃至就业、创业相关的一系列服务。同时桐乡市濮院毛针织网商务平台“中国毛针织网”与国内最大的第三方支付平台支付宝(中国)网络技术有限公司正式签约，开展 B2B、B2C 网络销售，并宣布共同为“桐乡市网上创业中心”提供网上创业、就业培训服务。

创业中心成立后，规划了“136 助网工程”，争取通过三年的努力，培育发展 1000 名网商，提升 3 家重点网站信用水平，帮助 6000 家市场主体上网用网。具体包括：开展序列网商培训班，落实好实践基地，对各类创业人群参与网络经济，做到“扶上马、送一程”；有针对性地引导企业参与网上经营，提升上网用网水平，拓展经营空间，做到“领上路、引进门”；结合行业信用建设，助推重点网站健康发展，按照“浙江省网站信用联盟”的成员标准，有针对性地培育一批规模大、影响大的网上交易平台，做到“诚相联、信为盟”。

表 6－14　　2010 年濮院羊毛衫市场各交易区情况表

单位：平方米

市场名称	门市部（个）	每间面积	总建筑面积	占地面积	停车位（个）
一区	831	26	21606	43481	186
二区	864	26	22464	51090	269
三区	845	26、25	22181	25936	146
交易中心	528	25	77216	17747	379
世贸中心	406	100	47000	9000	85
国贸名品港	532	60—70	52217	14000	125
环贸中心	447	47	42079	7600	100
羊毛衫城	482	50	33497	6780	82
中央商城	2400	30	126000	33000	700
童装城	2400	30	75000	24669	400
毛纺原料交易市场	443	30	38000	19464	285
针织机械辅料城	634	40	61752	17164	361
桐乡汽运羊毛衫商城	67	25	4573	2764	17
桐乡市星星羊毛衫市场	100	35	3065	2826	15
十区	140	22	7907	4934	44
南方毛纱市场	98	120	12213	15100	135
濮院羊毛纱市场	120	80	16000	11320	50
合计	11337	—	662770	306875	3379

第三节　濮院羊毛衫市场毛针织服装博览会

1997 年下半年至 1998 年上半年，濮院羊毛衫市场交易处于旺季，但市场成衣产品鱼龙混杂，加上附近洪合羊毛衫市场对濮院羊毛衫市场的交易有很大竞争冲击。为稳定市场、发展市场，濮院羊毛衫市场管委会一方面抓产品质量监管，另一方面利用桐乡经贸艺术节，在濮院羊毛衫市场设立分会场，举行了羊绒、羊毛衫时装展示会和信息发布会。经贸期间，市场客流量每天 3 万多人次，各种羊毛衫成衣产品交易旺盛，货运中心每天货运量 400 多吨。通过办节扩大了濮院毛衫的影响。1999 年 11 月，桐乡市举办首届菊花节，濮院羊毛衫市场同步举办了系列经贸活动，11 月 8 日，中纺濮院针织技术开发中心在羊毛衫市场成立。2000 年 11 月，濮院羊毛衫市场开始主办中国濮院毛衫博览会。博览会组织信息发布、文艺表演、新款毛衫展示、招商洽谈、精品毛衫展销等系列活动期间，1万多名客商和群众观看开幕式各种文艺表演，数万名中外客商来濮院市场旅游购物。濮院毛衫城工业园区筹建办与4个拟进园企业签订了第二批进工业园区意向书，协议引进资金2430万元。2002年11月1日，濮院羊毛衫市场管委会、濮院镇政府承办第四届中国桐乡菊花节暨毛衫博览会期间，举行了“时尚风采”羊毛衫时装表演，展示了春、夏、秋、冬4个系列的新款羊毛衫时装；举行了毛衫城投资项目签约、土地公开拍卖出让、精品一条街等招商活动；并举办了国际毛针织产业发展趋势论坛。在招商引资方面，签约4个外资项目、4个内资项目，吸引外资1690万美元，吸引内资1.48亿元。2003年11月6日，濮院镇党委、濮院镇政府和濮院羊毛衫市场管委会举办濮院羊毛衫市场创建十五周年庆典大会，并举行了2003年国际针织产品流行趋势信息发布、市场发展15周年图片展等活动，回顾市场创办15周年的发展历程、总结发展成就和经验，确立濮院羊毛衫市场在全国羊毛衫行业的领头羊地位。2004年，市场管委会和濮院镇政府策划举办“中国·濮院国际毛针织服装博览会”，扩大濮院毛衫影响，吸引了全国乃至国际毛针织服装行家云集濮院，有效地促进了招商引资工作，使国内外的毛衫企业纷纷落户濮院。此后，每年举办一次毛博会成为常态。

历届濮院毛针织服装博览会

2004中国·濮院国际毛针织服装博览会　2004年8月28—31日在濮院羊毛衫市场举办中国·濮院国际毛针织服装博览会（简称毛博会）。毛博会由中国毛纺织行业协会、桐乡市人民政府主办，中国纺织信息中心、国际羊毛局大中华地区分局、东华大学、濮院羊毛衫市场管委会、濮院镇政府共同承办。毛博会期间举行了全国毛针织纺织产业推荐展示，毛针织服装品牌建设和市场营销高层论坛；召开全国毛针织服装行业发展研讨会，浙江省毛纺织行业协会毛针织专业委员会成立大会；举行小灵通之夜焰火晚会和广场文艺演出等群众文化活动；安排濮院投资说明会、濮院国有土地拍卖会等经贸活动。全国毛针织服装产品推荐展示在濮院世贸大厦举行，国内外130多家毛针织企业参展，展品分为毛针织成衣、后整理、毛衫辅料、机械、毛针织技术开发等5类。濮院投资说明会推出9个招商项目，并与落户濮院毛衫城的3个项目签约，总投资1590万美元。

2005中国·濮院国际毛针织服装博览会　2005年9月23—25日在濮院举行第二届毛博会。博览会由中国毛纺织行业协会、中国流行色协会、桐乡市人民政府主办，濮院羊毛衫市场管委会、濮院镇人民政府、桐乡市毛衫商会承办。活动内容有纱线暨针织机械设备展、中国毛衫联盟大会成立、濮院国际贸易中心奠基、

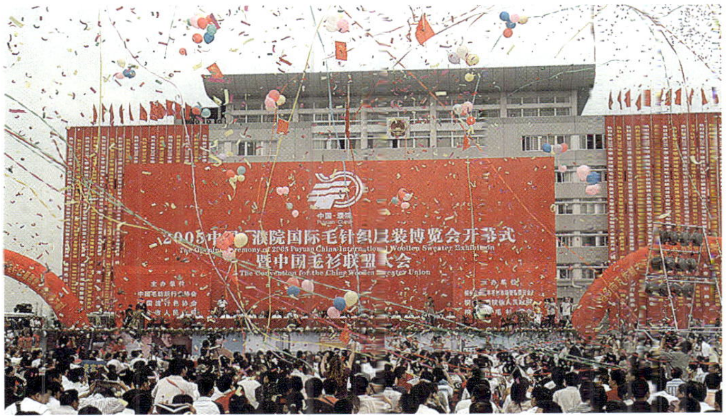

2005中国·濮院国际毛针织服装博览会

浙商濮院论坛、全国毛针织服装研讨会、毛针织服装展示会、“银杉·九龙港之夜”广场文艺演出等十四项活动。本次展示试行市场化运作，针织机械设备及纱线展由浙江世博国际会议展览有限公司进行展会的招展工作，国内外行业内的知名企业68家企参展，设立150个展位。在会议期间完成现场交易额200多万元，意向合同8000万元，出让土地两块，成交价6000余万元。在博览会投资说明会上，推出8个对外招商项目，签约项目4个，合同总投资10233万元；羊毛衫市场管委会与上海东华大学开展科技攻关合作，共建“桐乡市针织行业技术中心”，双方就高科技改造传统纺织服装业建立长期、紧密的合作关系。

2006中国·濮院国际毛针织服装博览会　2006年9月22—26日在桐乡科技会展中心举行第三届毛博会。博览会举办中国毛针织服装行业峰会、全国重点镇发展论坛、中国·濮院国际针织机械服装面料展示及交易大会、濮院投资洽谈会、濮院国际贸易中心商务推荐会和中国毛针织服装科研中心揭牌仪式等系列活动，公布了“中国毛针织行业十大年度风云人物”“中国毛针织服装行业最具品牌竞争潜力50强”并授牌。

2007中国·濮院国际毛针织服装博览会

2007中国·濮院国际毛针织服装博览会　2007年10月27—31日在濮院举行第四届毛博会，由中国毛纺织行业协会、中国纺织服装专业市场联盟、浙江省工商行政管理局、桐乡市人民政府、中国商品市场峰会组委会主办，浙江省市场协会、桐乡市工商行政管理局、濮院羊毛衫市场管委会、濮院镇人民政府共同承办。其间举行毛博会开幕式、中国商品市场峰会、2008/2009秋冬中国毛针织服装流行趋势发布会、针织机械服饰辅料包装印务展示展销大会、毛针织最新科技对外发布会暨首届毛针织产业网络博览会启动仪式、桐乡毛衫染整省级区域科技创新服务中心启动仪式暨毛衫染整技术研讨会、外贸交易区周年庆典、中央商城开业庆典、投资洽谈会、土地拍卖会、CSC9000T社会责任推广试点企业优秀外来务工人员畅游新桐乡等活动。开幕式上，中国社会科学院和中国商品市场峰会组委会联合发布《中国商品市场发展报告》蓝皮书，公布中国商品市场竞争力50强，即中国十大文明市场、中国十大品牌市场、中国十大创新市场、中国十大新星市场、中国十大市场强县以及中国十大市场杰出人物、中国浙商对外投资市场十大风云人物等多项命名、授牌；濮院羊毛衫市场被授予“中国十大文明市场”，桐乡市被授予“中国十大市场强县”。同时，以毛博会为载体，40多家境内外媒体70多名记者到会采访。会议期间，全面展示当前毛针织最新科技成果，各大院校专业人士、纺织专家与毛针织企业就科研创新等议题展开深入的探讨，以提高企业科技含量，实现科研成果为生产服务、产学研一体化的技术创新，增强整个产业的核心竞争力，尤其是大力开展染整项目试点，发展循环经济，节约生产成本，有利于毛衫产业在国内外生产的进一步拓展。在桐乡国际大酒店发布2008/2009秋冬中国毛针织服装流行趋势发布会，全国十佳时装设计师担纲设计，“褚老大”“纯爱”“澳洋纯”濮院三个时尚品牌联袂推出商务、休闲和优雅三个篇章的新款服装。

2008中国·濮院国际毛针织服装博览会　2008年11月1—2日在濮院举行第五届毛博会。由中国毛纺织行业协会、桐乡市人民政府主办，濮院羊毛衫市场管委会、濮院针织产业园区管委会和濮院镇人民政府承办。毛博会以“提升、转型、发展”为主题，中国纺织工业协会、中国商业联合会和全国毛针织产业集群的领导，浙江省、嘉兴市、桐乡市的领导和来自科研院校的专家、学者及毛针织业内人士1000多人出席了开幕式。开幕式上，濮院形象“濮玉”标志正式启用，浙江省嘉兴毛衫产业科技创新服务平台举行了授牌仪式，中国工商银行浙江省分行在濮院正式发行“牡丹濮院毛衫联名卡”，浙江省旅游局授予濮院毛衫品牌中心为四星级旅游购物点称号，中国毛纺织行业协会和浙江省羊毛衫协会举行了毛衫产品质量评比颁奖仪式。11月2日，濮院投资说明会、环贸中心项目说明会先后举行，与新加盟濮院产业集群的投资项目签约。中国纺织服装专业市场发展“X+1”（狭义上，“X+1”中的“1”为中国纺织服装专业市场联盟，“X”代表了联盟的各成员单位；广义上，“1”代表的是纺织服装专业市场，“X”代表着中国纺织服装产业）对话会在濮院名品港举行，邀请了国内知名大型服装市场负责人参加座谈，对服装专业市场的建设和管理建言献策；中国服装设计师协会和浙江省羊毛衫协会发布了2009/2010年国际毛针织服装流行趋势。濮院羊毛衫市场、绍兴中国轻纺城、杭州四季青服装特色街区、中国东方丝绸市场、上海新七浦发展市场、常熟市天虹服装城、东莞虎门富民发展市场、沈阳五爱集团和株洲芦淞服饰市场等全国9个具有代表性的专业大市场代表，对当前的行业形势，专业市场“提升、转型、发展”进行了深入细致的探讨和交流。

2008中国·濮院国际毛针织服装博览会

2009中国·濮院国际毛针织服装博览会　2009年11月7—8日在濮院举行第六届毛博会。由中国毛纺织行业协会和桐乡市人民政府主办，濮院羊毛衫市场管委会和濮院镇人民政府共同承办。博览会以“创新、合作、共赢”为主题，举办了开幕式、“濮院时间”展示中心启用仪式、中国纺织服装专业市场圆桌会议、濮院投资说明会暨项目签约仪式、

2009 中国·濮院国际毛针织服装博览会

濮院·中国毛衫城招商发布会、濮院童装市场奠基仪式和濮院 320 创意广场开园仪式等活动。开幕式首次以晚会的形式出现，结合了颁奖、时装秀和文艺演出。中国纺织服装专业市场圆桌会议体现纺织服装市场间的创新合作效应和集群发展效应。新闻发布会放在北京人民大会堂举行。新闻发布会上，40 多家境内外媒体，60 多名记者到场，桐乡市级以上媒体共播发博览会消息 150 多条，集中宣传濮院、宣传毛博会，塑造濮院新形象，提高了濮院的知名度。320 创意广场开园仪式上，濮院与 11 所大学、科研院所签订战略合作协议，吸引了服装设计、品牌策划、软件开发等高端服务业进驻。博览会上，濮院镇被中国商业联合会授予“中国羊毛羊绒第一镇”称号。

2010 中国·濮院国际毛针织服装博览会 2010 年 10 月 23—25 日在濮院举行第七届毛博会。由桐乡市人民政府主办，濮院羊毛衫市场管委会和濮院镇人民政府承办。以“创新、合作、共赢”为主题，举办濮院毛衫时装秀、濮院国际童装城招商启幕仪式、濮院环贸精品女装中心开业庆典、濮院羊毛衫产业集群与四所高等院校合作签约仪式、“濮院毛衫”杯设计创意大赛颁奖仪式和濮院镇重大项目开竣工仪式等活动。

濮院毛针织服装博览会会标和吉祥物

濮院毛针织服装博览会会标 2008 年 3 月，毛博会组委会在全国范围征集毛博会会标稿件，共收到作品 300 多件，经组委会评选、修改整合，于当年毛博会筹备期间发布。会标由两个圆圈组成，内圈象征羊毛衫市场，外圈象征羊毛衫产业，寓意是产业与市场交相辉映、良性互动。会标中心有三个类似羊角的抽象图案，寓意“三阳开泰”。会标底色是金黄色，象征着濮院为“鎏金之地”，犹如金黄色的朝阳，生机蓬勃，潜力无限。

濮院毛针织服装博览会吉祥物 2009 年中国·濮院国际毛针织服装博览会筹办期间，毛博会组委会推出吉祥物“濮院羊娃娃”。吉祥物是一只活泼、可爱、热情的卡通小羊造型，取名“羊娃娃”，向国家商标局申请注册为商标。

中国·濮院国际毛针织服装博览会会标

毛博会吉祥物“濮院羊娃娃”

第三章　濮院羊毛衫产业的管理和服务

第一节　羊毛衫产业的管理机构

濮院羊毛衫市场管理委员会

濮院羊毛衫市场管理委员会(简称市场管委会)是市政府的派出机构,受市政府委托对羊毛衫市场实行统一领导和管理,行使市场的统一规划、决策、协调、监督等职能。其主要职责是:确定市场区域范围,制定发展规划和开发计划,统一规划和管理市场规划内的基础设施及公共设施。改革和完善羊毛衫市场现有的产权制度和运行机制,组建所有权和经营权分离的股份有限公司。协调指导有关职能部门,按照统一制定的管理办法,做好对市场的管理执法工作。对市场内的各类企业、经营单位和个体经营者进行管理和监督。统一核定市场内的各项收费,按规划确定分成办法。牵头负责市场的配套管理,包括市场内托运线路审批、广告宣传的管理,负责管理市场摊位(含市场内用于经营性质的私房)的租赁、转让、交易。依法保障市场内各种合法经营活动,检查、协调、监督有关部门在市场所设机构和人员的工作,维护市场秩序。承办市委、市政府交办的其他事项。

濮院羊毛衫市场管理委员会成立于1994年3月20日,由市府办、公安、工商、城建、邮电、交通、银行、物资、供电、财税、土管、计量等相关部门负责人组成。1997年5月6日,市政府对市场管委会内设机构进行调整,下设办公室、综合管理科、货运管理科。1998年,市政府下发《桐乡市濮院羊毛衫市场管理委员会职能配置、内设机构和人员编制方案》。1999年9月21日市政府再次调整充实市场管委会,成员由市府办、计经委、建设局、土管局、人民银行、公安局、财政局、国税局、工商局、物价局、交通局、技术监督局、濮院镇政府组成。2000年2月21日市机构编制委员会同意建立中国·濮院毛衫城管理委员会,与市场管委会合署办公,实行“两块牌子、一套班子”。2001年2月13日,增设规划建设科,原综合管理科增挂法制科牌子。2001年6月,濮院镇党委、镇政府领导和市场管委会领导相互交叉兼职。2003年6月成立招商部。2004年4月13日增设宣传科。

濮院针织产业园区管理委员会

2006年8月,市政府公布成立“桐乡濮院针织产业园区管理委员会”(简称园区管委会)与市场管理委员会合署办公,实行“两块牌子,一套班子”。管委会2010年在编人员有事业编制人员5人，公务员编制11人，工勤1人，下设7个科室。

办公室(法制科) 组织、协调落实濮管委的日常事务工作；负责濮管委的人事、宣传文电、公文审核、文秘、机要、保密、文书、会务、食堂管理、联络接待、后勤保障、物资招标采购、机关内部保卫等工作；协调配合相关科室、相关部门做好市长电话受理、计划生育等工作；负责濮管委管理范围内的广告、宣传栏等设施的审核和管理工作及行业媒体、网站的联络与服务工作；负责濮管委的法治宣传教育及相关法律、法规的贯彻落实工作；负责来信来访、矛盾纠纷调处、案件诉讼处理等工作。

财务科 负责濮管委及所属企事业单位的会计核算、劳动工资管理、财务规范、票据审核等工作；负责规费征收工作。

市场管理科 负责市场区域的综合治理、安全(消防)工作；做好市场区域内来信来访、市长电话的办理工作；协助做好规费征收工作；协调配合相关部门做好市场区域内的统计、卫生、环保、绿化、经营次序、产品质量、品牌建设、经营行为的监督管理及经营户教育、服务工作；负责市场经营状况和发展走势的调研、预测；负责门市部装修审核与监管、出租价格审核与监管及市场各派驻部门的联系协调等工作；协调市场各交易区间的关系。

园区管理科 负责产业园区的综合治理、安全(消防)工作；做好园区区域内来信来访、市长电话的办理工作；协同配合相关部门做好统计、卫生、环保、绿化、企业劳动用工、科技、品牌建设、质量监管、外经、外贸、技改、企业培训服务、行业协会的联络等工作。

规划建设科 负责市场区域、针织产业园区规划编制的组织实施工作；负责土地征迁、土地报批、基础设施建设、工业项目开工建设相关手续办理、工程招投标、工程监管、待建工程的审核及开发建设、管理服务等工作。

招商局 负责组织濮院针织产业园区的招商引资计划工作，统筹安排和审核进区建设项目；负责园区的招商引资、项目洽谈、签约引进、项目报批、资金到位、开工建设等对外联络工作；负责进园项目建设、生产经营过程中的联系、协调、服务等工作；负责园区招商引资宣传策划和对外宣传工作；负责园区招商引资的日常管理工作。

品牌管理科 负责濮管委的品牌创建、培育管理和宣传推广，知识产权保护，对外联络，参会参展等工作。

市质监局濮院质监站

1997年9月1日桐乡市质监局在濮院羊毛衫市场设立濮院羊毛衫市场产品质量管理所(简称质管所)，负责濮院羊毛衫产业质量方面的宣传、咨询、巡检、查处等工作，并受理产品质量投诉。1998年，制定《濮院羊毛衫市场产品质量保证规定》《濮院羊毛衫市场产品质量监督检查制度》《濮院羊毛衫市场产品质量监督管理办法》《产品质量保证规定》，大力开展质量整治工作，把好市场商品质量关。充分运用市场报、广播、宣传橱窗、标语、横幅等手段，广泛开展《中华人民共和国产品质量法》《中华人民共和国商标法》及市场质量检查制度等法规的宣传。扶优扶强、打假治劣，双管齐下，提高羊毛衫市场产品质量档次。质管所在管好市场产品质量的同时，认真处理质量投诉。对每一件投诉都充分考虑到经营户及消费者的合法利益，做到合情合理，妥善地解决。是年共处理投诉30多起。

1999年初濮院羊毛衫市场管委会把质管所设为管委会下属的质量管理科，由桐乡市技术监督局和濮院羊毛衫市场管委会共同管理，一套班子两块牌子。2000年以"打假治劣、扶优扶强"为工作目标，全方位地推进产品质量管理工作。2001年，濮院羊毛衫市场以联合行政执法的形式整顿市场羊毛衫质量，市场管委会、质监、工商、企业联合打假，成立协会、商会，建立完善的市场信用信息库，实行信用监督，打造公平竞争的市场环境，确保市场有序经营，维护市场的良好信誉。2002年3月，羊毛衫市场管委会与技术质量监督局合作，建立"桐乡市毛针织品检测有限公司"，公司承担监督抽查检验任务，质管科的工作任务延伸到毛衫产业链。2002年12月，国家工商总局委托国家毛纺产品质量监督检验中心来濮院市场进行产品随机抽查，抽检合格率达到100%。2003年开始，质管科充分发挥行业协会的作用，开会11次，座谈8次，不断强化行业自我约束、自我监管。并大力实施毛衫业名牌培育质量提升工程和羊毛衫省级区域名牌培育工作，起草了《桐乡市毛衫业质量振兴工作实施意见》，经质量技术监督局认可，由桐乡市政府批转实施。协助相关部门起草《桐乡市濮院毛衫块状产业提升及区域名牌培育创建工作方案》《绿色后整理联盟标准》《半精纺纱线产品行业标准》《半精纺毛纺织产品行业标准》。

2007年，桐乡市编委、编办批准成立桐乡市濮院质量技术监督工作站。2010年底，质监站共发放宣传资料17500多份，检查毛衫市场、羊毛衫市场门市部6500余家，印染厂、后整理企业2000多家，发出整改通知书260多份，查处各类质量违法案件217起；调解质量投诉、纠纷事件286起，调解价值700多万元，满意率100%。是年，被浙江省质量技术监督局评为"全省质监系统十佳文明窗口"。

濮院羊毛衫市场联合执法办公室

1997年桐乡市人民政府发文，决定成立濮院羊毛衫市场联合执法办公室。联合执法办公室统一行使公安、公路运行、技术监督、工商、税务、城建监察等职能部门在濮院地区的货源管理、道路使用管理、货物运输管理等工作的管理权、稽查权和处罚权等。工作人员分别由市级公安、公路运营、技术监督、工商、税务、城建监察、交通警察等部门选调到联合执法办工作，并接受考核，身份关系不变。濮院羊毛衫市场联合执法办从属于桐乡市人民政府。联合执法办每年都进行市场内交通秩序整治、托运行业整治行动和消防安全大检查。

2005年，市场联合执法办加强市场车辆管理、货物装载管理，全年集中清理整顿32次以上，治安民警增至9人，保安增至80人，新增监控摄像头26个。投资80多万元，于濮院镇中兴南路156号新建市场联合执法办专用办公楼。2006年市场联合执法办开展"多合一"消防安全专项整治、濮院及周边地区货运业专项整治，全年集中清理整顿7次，检查重点企业、重点单位953家，发出加强消防安全工作建议书95份、火灾隐患整改通知书17份。2007年，全年共查处无照经营户97户，乱堆包137起，无证小吃摊186起，查获违章三轮车439辆。加强治安巡防，治安形势明显好转；市场和工业区全年共发生各类案件148起，比上年下降12起。开展市场经营户明火使用专项整治，下发取缔明火整改通知书2000余份，取缔市场内煤气灶658家。开展"多合一"消防安全专项整治，检查重点企业、重点单位953家，发出加强消防安全工作建议书95份、火灾隐患整改通知书17份。

2010年市场联合执法办配备人员55人，执法管理车辆6辆。装备有电子巡检记录仪、执法记录仪、防暴盾牌、防暴头盔、T字棒、警用手电、伸缩棒、警绳、约束带、反光背心、反光雨衣、录音笔、对讲机、停车牌、方形路锥等一系列装备。有执法资格的包括公安6名，运管4名，工商2名，城管2名，交警2名，安监站1名，质检1名。

表6－15　　1994—2010年濮院羊毛衫市场管委会和园区管委会历任行政领导人一览表

部　门	职　务	姓　名	任　职　年　月
市场管委会	主　任	莫建林	1994.04—1997.05
市场管委会	副主任	黄健生	1994.04—1997.05
市场管委会	副主任	凌　枫	1994.04—1997.05
市场管委会	主　任	闻金根	1997.05—1999.01
市场管委会	副主任	殳金林	1997.05—1999.09
市场管委会	副主任	周晓红	1997.05—2001.06
市场管委会	副主任	徐建勋	1997.05—2005.04
市场管委会	主　任	张林洪	1999.01—2003.04
市场管委会	副主任	朱炳明	1999.09—2001.10
市场管委会	副主任	黄金耀	2001.09—2001.11
市场管委会	副主任	张伟章	2001.06—2004.03
市场管委会	副主任	张锦英	2001.06—2004.10
市场管委会	副主任	朱永兴	2001.11—2007.04
市场管委会	主　任	沈济贤	2003.04—2008.09
市场管委会	副主任	朱明杰	2004.03—2008.09
市场管委会	副主任	史建明	2004.10—
市场管委会	主任助理	沈柏根	2004.10—2006.06

续表 6－15

部　门	职　务	姓　名	任　职　年　月
市场管委会	副主任	张富强	2005.08—2009.01
市场管委会	副主任	卜掌浩	2005.08—2007.04
市场管委会	副主任	王新江	2007.04—
市场管委会	主任助理	朱少明	2008.05—2010.01
园区管委会	主　任	朱明杰	2008.09—2011.12
园区管委会	副主任	史建明	2008.09—
市场管委会	副主任	张富强	2008.09—2009.01
园区管委会	副主任	张富强	2008.09—2009.01
园区管委会	副主任	王新江	2008.09—
园区管委会	副主任	姜　玮	2008.09—2010.09
园区管委会	副主任	张茂华	2008.09—
市场管委会 园区管委会	副主任	夏觉民	2009.03—
市场管委会 园区管委会	副主任	朱少明	2010.01—

第二节　羊毛衫产业的服务平台

毛针织技术服务平台

1999—2007 年，市场先后与东华大学(原中国纺织大学)、浙江大学、浙江理工大学、嘉兴学院等科研院校合作，组建形式多样的技术服务体系和科技信息化平台，带动产业的技术升级。2007 年 12 月，浙江省(嘉兴)毛衫产业科技创新服务平台落户濮院，建立了以政府为指导、企业为主体、市场为导向、高校和科研机构为支持的产学研联合体，共同解决产业质量提升和转型升级中关键性、前瞻性、公共性的技术问题。

产品质量服务平台

2002 年 3 月 25 日，羊毛衫市场管委会与桐乡市质量技术监督局合作，投资 80 万元，在濮院羊毛衫市场组建桐乡市毛针织品检测有限公司，主要为针纺织品生产、经营者提供原料及成品的检测、鉴定，新产品开发和检测技术开发。公司有专业人员 6 人，设有实验室，配置各种检测设备 31 件。2003 年 11 月，检测实验室首次通过了浙江省质量技术监督局计量认证和审查认可，12 月 10 日，升格为浙江省羊毛衫质量检测中心。2004 年 3

国家纺织品质量监督检验中心华东工作站授牌仪式

月，桐乡市毛针织品检测有限公司更名为浙江省经纬公证检验行有限公司。经批准公司能承担的可检测项目达66项，检测参数61项。10月，公司通过了中国实验室国家认可委员会认可（CNAL）及浙江省质量技术监督局的省计量认证/审查认可（CMA/CAL）。2005年通过了实验室监督评审及扩项。2006年1月6日，由国家毛纺织产品质量监督检测中心、国际羊毛局指定试验中心北京毛纺织科学研究所和浙江省羊毛衫质量检验中心（浙江省经纬公证检验行有限公司）联合组建“国家毛纺织产品质量监督检验中心华东工作站”落户市场，挂牌在浙江省羊毛衫质量检测中心，两块牌子、一套人马，成为国家级的毛纺织产品质检中心。位置设在管委会大楼二楼，面积1000平方米，其中实验室650平方米，恒温恒湿室80平方米。是年公司追投资金400万元增加设备，配备多功能显微投影仪、电子织物强力机、红外分光光度计等先进设备。2007年参与《半精梳毛针织纱线》行业标准制定工作，2008年3月12日主导参与制定《半精梳毛针织品》《羊绒针织纱》《羊绒针织品》等三个行业标准。同年，检测中心取得了国家总局颁发我省质监系统首张进出口检验资格证书，可以从事进出口商品检验业务。2010年，国家毛纺织产品质量监督检验中心华东工作站和浙江省羊毛衫质量检测中心有职工32人（包括4名外聘人员），其中高级职称5人、中级职称6人、初级职称12人，硕士毕业5人、本科毕业15人、大专毕业6人。设备原值678万元，有设备总数68台套，其中进口设备15台套。检测项目中的199项产品和参数，经过国家实验室认证和认可，252项产品和参数获得省计量认证。按照有关法律法规，接受有关执法部门委托的轻纺产品监督检查和抽查，承担轻纺产品质量争议仲裁检验，承担顾客委托检验和技术鉴定，承担有关技术标准的制、修订与检测的研究及技术参数的验证，多次获得国家、省、市科技奖项。

表6－16　2007—2010年浙江省经纬公证检验行有限公司工作业绩情况表

年　份	样品检测（批次）	监督抽查（批次）	检验收入（万元）
2007年	5253	—	385
2008年	7053	616	400
2009年	7721	752	467
2010年	11398	470	—

桐乡市濮院物流园区发展有限公司

1993 年 3 月，羊毛衫市场九区、十区北、南纬路南建立濮院货运中心，占地 1.33 万平方米，配套设施齐全，全程保险服务，封闭式管理，实行专线专营，电子监控。配备 15 名管理人员 24 小时值班。1997 年，有运输线路 101 条。1998 年 5 月，市场管委会筹资 350 万元，建造集停车卸货区、营业房、办公楼为一体的 8000 平方米专用卸货散发中心。2001 年成立濮院联托运发展有限公司，位于市场中心大道西侧，总占地面积 3.13 万平方米；分公司 75 家，其中公路专线直达站 65 家、铁路中转站 9 家、航空托运站 1 家，直达全国 30 余个省、市、自治区的 140 余个城市。年运输量 8 万余吨，平均日运量 350 吨，高峰期日运量超过 500 吨。是年，濮院联托运发展有限公司迁至工贸大道南、市场三羊开泰广场东侧托运大楼，更名为濮院物流有限公司。2008 年，启动濮院国际物流仓储中心建设，占地 8.13 万平方米，建筑面积 5.015 万平方米，其中 3.85 万平方米是场站用房，3.38 万平方米是停车场，1.1 万平方米是管理用房，一次可容纳 200 辆车同时装载 5000 吨货物。2009 年 5 月投入使用，并更名为桐乡市濮院物流园区发展有限公司，成为一家三 A 级的现代物流企业。2010 年有 109 条货运线路，营业网点遍布全国，货运量 31.8 万吨，其中市场卸货量 10 万吨。

科技创新服务平台（详见第十六编第二章第三节）

传媒宣传服务平台

1997 年 10 月 16 日，桐乡市委宣传部同意濮院羊毛衫市场管理委员会创办《濮院羊毛衫市场报》。1998 年，全国服装行业最大的权威媒体《中国服饰报》嘉兴工作站成立，基于濮院毛衫区域经济的快速发展，加大对濮院毛衫产业的宣传力度，2002 年《中国服饰报》嘉兴工作站迁至濮院。当年组织一次品牌运作的高峰论坛，邀请一些业内的专家教授参与，毛衫企业的反响极好，渴望多举办这些活动。2004 年毛衫商会成立，主办《毛衫商报》，特地开辟市场信息专栏，为企业提供一个长期的人才信息共享和交流平台。2005 年濮院羊毛衫市场管委会投放宣传资金 200 余万元，在北京国际针织博会和濮院毛博会期间，各举行新闻发布会，邀请主流媒体采访报道，加强与媒体联动的平台建设。9 月，与《中国服饰报》嘉兴工作站合作，创办《中国服饰报·毛衫联盟专刊》，每月八版，免费宣传濮院的羊毛衫企业和毛衫品牌。是年《毛衫世界》双月杂志创刊，又开辟浙江省毛衫协会网和电视栏目《毛衫中国》，宣传本地名家企业，推介毛衫品牌，传递经济政策、市场规模、商会动态、科技信息，世界毛衫行业的走向和动态，展望毛衫行业的未来，为打造濮院毛衫顶级品牌市场服务。全年共向报刊、广播、电台等媒体发稿 150 篇，省部级媒体用稿 20 多篇，广泛宣传濮院市场和毛衫产业，加快提高濮院羊毛衫产业知名度。2006 年投入经费 2000 余万元，通过多种媒体向外发稿刊登 180 余篇，省部级媒体用稿 30 多篇。组团参加中国服装服饰博览会、上海时装周等展览会，邀请国内主流媒体、网络媒体采风报道。2007 年投入经费 200 余万元，制作濮院产业宣传片 2 部，编印招商宣传册 1 本。

组建濮院针织产业信息有限公司。组团参加中国国际服装服饰博览会、第十二届澳门国际投资展览会、2007杭州品牌服装交易会，邀请国内外主流媒体、海外媒体、网络媒体到濮采风报道。市场化操作的本地媒体《品牌风尚》成立，定位在毛衫范围，细分市场，达44个版面。中国毛针织网、中国毛搜的创立，在集4万多家企业的数据库中，包含了本地的大部分毛衫市场，并设计出专业的毛衫搜索引擎，成为濮院打造毛针织行业的门户网站和搜索引擎。2008年投入经费500多万元，用于建设传统媒体、户外广告和网络媒体平台，重点宣传濮院毛衫产业、市场提升、园区开发、毛博会和濮院新形象等。全年共对外宣传发稿260多条，省部级以上媒体用稿30多篇，其中有多篇稿件用于新华社、中央电视台、中新社、经济日报、中国纺织报等权威媒体，有20多条新闻被新华网、中新社、新浪网、腾讯网、中国服装网、中国纺织经济信息网和浙江在线等门户网站转载。在沪杭高速发布两面体立柱广告14块，在沪杭高速和申嘉湖高速沿线各处设置大型广告牌2块，在320国道嘉兴路段主要路口设置广告指示牌30块，推出濮院羊毛衫市场整体形象。2009年毛衫文化传媒中心成立，本着引领时尚的理念，创办《时装针织》杂志，每年出版12期。同时成立了“嘉兴毛衫科普馆”，充分反映濮院毛衫发展历史。投放宣传资金900多万元，用于传统媒体、户外广告和网络媒体的宣传，在萧山机场、高速沿线设立广告宣传。9月在全国8列旅客列车上，每节车厢设两块广告牌，通过宣传广告的形式，“濮院毛衫”随每位旅客走南闯北。2010年，濮院羊毛衫产业作为全国行业的龙头地位，成为全国媒体的焦点。通过媒体的聚焦，濮院羊毛衫产业得到更好的展示。

人力资源开发服务平台

2004年6月，桐乡市劳动和社会保障局与濮院羊毛衫市场管委会、濮院镇人民政府三方合资，成立桐乡市濮院人力资源开发服务中心。服务中心是集劳动信息、技能培训、技术委培、劳动力管理于一体的综合性机构。2005年，开展羊毛衫各项工序的职业技能培训，开设羊毛衫工艺设计、电脑设计、企业管理等课程。开展农村劳动力转移培训，对农民工进行服务技能等培训。2007年举办劳动技能培训28期，培训职工3361人次，其中外来务工人员、管理人员1100人次。中心先后被市劳动和社会保障局、市农村劳动力办公室确定为桐乡市定点培训基地，被省中小企业局和教育厅授予“省首批中小企业职业培训示范基地”。至2008年底，濮院毛衫产业集群内有职称的毛衫服饰行业专业技术人员共614人，其中高级职称23人，中级职称127人，初级职称464人。至2010年，濮院毛衫产业集群内有职称的毛衫服饰行业专业技术人员共2413人，其中高级职称23人，中级职称1270人，初级职称1120人。

外贸服务中心濮院工作站

2006年4月，桐乡市经信局外贸服务中心在濮院设立工作站，免费为企业办理外贸出口中的相关手续，协助企业获得外贸经营权，与外商洽谈业务，制作单、证。组织业主参加大型国际交易会，赴欧洲、中东、俄罗斯、韩国等地考察。2007年，物流外贸打包站外运毛衫 7750 吨，濮院市场毛衫产品外贸交货值 15 亿元，园区企业实现外贸出口交货值 2464 万美元。2010 年，推出“订单式培训”服务，制定个性化培训方案，从出口前道手续到纺织品专用产地证办理等方面进行辅导培训。

第三节　羊毛衫协会

进入 21 世纪，濮院羊毛衫产业在继续做大做强的同时，困扰阻碍企业发展的问题也逐渐显露，如企业间随意挖人，恶性竞价等不正当竞争行为无法得到遏制；面对质量、品牌等纠纷，中小企业维权乏力；大多企业了解不到系统的行业发展信息；人才的教育、培训服务跟不上企业的需求；在推出濮院毛衫企业，打响自己的国内外知名品牌方面，企业无法形成合力等等。为了破解面对的难题，适应产业转型升级的步伐，业内人士开始探索组建行业协会。

2004 年，桐乡市毛衫商会成立，同时创办《毛衫世界》杂志和《中国毛衫报》。2005 年 8 月，由桐乡市毛衫商会牵头，桐乡老爷车创建制衣有限公司等 8 家企业联合发起，开始筹建浙江省羊毛衫协会。9 月 19 日，经省经贸委审核同意，11 月 1 日又经浙江省民政厅核准同意，浙江省羊毛衫协会于 2005 年 12 月 28 日正式成立，会址濮院镇工贸大道 369 号国际毛衫品牌中心 A 楼 805 室。协会首批会员 167 家，包括全省毛针织服装生产企业、毛衫品牌经销商及与针织业相关的毛纱原料生产企业、印染整企业，基本覆盖了浙江省羊毛衫产业链上的规模企业，搭建起浙江省羊毛衫协会的基本框架。2007 年 7 月 26 日成立机械辅料印务分会。至 2010 年浙江省羊毛衫协会有会员 196 家。

浙江省羊毛衫协会的主要功能是组织会员企业参与各种展会，加强与全国羊毛衫行业的联系，创办传媒平台扩大会员企业的影响力，开办各类培训提升企业的专业水平。

组织参会

至 2009 年底，浙江省羊毛衫协会共组织会员企业参加了 20 余次国内外服装服饰展会，其中规模较大的展会有每年 3 月的北京中国国际服装服饰博览会，首届中国（大连）国际服装纺织品博览会，第二届中国中部投资贸易洽谈会，2006 上海时装周博览会，2007 杭州中国品牌服装交易会，2008 首届中国（重庆）服装市场拓展博览会，2008 杭州浙江省首届老年产业博览会，2009 中国（广州）毛针织服装交易洽商会。2010 年 9 月，协会组织 22 家品牌羊绒衫生产销售会员企业参加第二届中国西部（银川）服装服饰艺术节·第三届中国宁夏国际羊绒博览会。

主办、协办展会

羊毛衫协会组办各种服装服饰展会，其中主要的是协办每年一次的中国·濮院国际毛针织服装博览会。2007 年 6 月、10 月羊毛衫辅料协会主办中国·濮院国际针织机械服装面辅料展示暨交易大会。2008 年协会举办“09/10 秋冬国际服装（毛针织）流行趋势论坛”,邀请中国服装设计师协会副主席苏葆燕主持。

组织商企对接活动

羊毛衫协会还组织会员参加商企对接。2006年9月,组织安徽白马服装城的经销商来桐乡,与濮院羊毛衫市场的供应商进行商业联合、市场对接活动。同年11月上海时装周博览会期间,协会组织会员企业参加上海“都市经典·品牌与通路高峰论坛”,为濮院毛衫品牌企业提供了一个跟上海多家商场主管面对面交流、对接的机会,直接与上海主要商场主管建立了联系。在2007年首届中国“安徽第一街”纺织服装品牌对接会期间,协会组织会员企业考察了安徽中绿服饰广场,并与服饰广场进行了对接。2008年6月,协会与分会联合举办服饰及羊毛衫产业巅峰讲座商务之旅,邀请协会中的毛衫生产厂家和辅料厂商进行零距离接触洽谈,并在宁波邀请了健峰管理技术研修中心的专家为参加活动的人员举办营销和管理讲座。协会在帮助企业打造品牌和树立企业形象的同时,尝试为会员企业开拓新的销售方式和渠道。2010年7月2日,协会联合阿里巴巴会展公司举办阿里会展浙江推介会,协会的数十家会员企业参加推介会。

文化媒体

协会建设立体化的媒体宣传平台,创办“一报二刊一网一电视”,为产业集群提供全面的资讯服务。

《毛衫世界》杂志和《中国毛衫报》于2004年创办,到2009年底,《毛衫世界》杂志已面向全国发行32期,《中国毛衫报》发行105期。在每年3月北京国际服装服饰博览会期间,《毛衫世界》特刊还增加份数,中英文编辑,面向国内外发行。

2007年3月,协会创办内刊《浙江毛衫》简报,在协会内部发行,以协会和会员的活动信息发布为主,至2009年底,共编发了13期。

2009年,协会创办浙江省羊毛衫协会网,网址为www.zwsa.com。这是协会的官方网站,已与56家会员企业的网站以及其他协会、相关部门的网站进行了链接,形成了一个羊毛衫产业的信息网络。

2006年协会投资50万元创办电视栏目《毛衫中国》,在桐乡电视台播出,每周1期,重播5次,全年53期。

除此之外,协会还与《中国服饰报》、《中国服装时报》、“中国毛针织网”和“商会网”等单位建立了长期的合作关系,使会员企业、毛衫产业集群企业进一步了解了企业品牌、毛衫文化,了解产业的发展方向、最新的服装流行趋势以及面料、辅料等最新科研成果等信息。

会议培训

在专业技术上,羊毛衫协会加强与上海东华大学、浙江理工大学、西安工程大学纺织与材料学院、浙江纺织服装职业技术学院、江西服装学院等大专院校的合作,与国家毛纺织产品质量监督检验中心华东工作站保持热线联系,把他们的专业理论、科技创新、培训教育融合在羊毛衫行业发展中。2006 年 10 月 26 日，协会组织会员企业参加了由桐乡市经济贸易局举办的《经济竞争新趋势和企业家素质》专题讲座的培训。同年 11 月 24 日，协会根据年初制定的会员企业管理培训计划，联合桐乡市的多个部门，与台湾射手座广告机构合作，在濮院国际毛衫品牌中心举办了“浙江·桐乡时尚品牌发展战略高峰论坛”。2007 年 4 月 17 日，协会组织会员企业参加了“百场万企”移动信息化普及培训。同年 5 月 26 日，协会组织部分会员企业参加了中国纺织企业社会责任管理体系 CSC9000T 试点（濮院）及普及培训。次月 5 日，协会举办“羊毛衫行业发展战略高峰论坛”，邀请中国羊毛衫专家、西安工程大学纺织与材料学院副院长、教授、博导云家光为协会会员企业作了《国内外羊毛衫行业的现状及今后发展措施》的讲座，详细阐述了毛针织行业的现状以及今后的发展趋势，对新原料、新技术等方面的知识进行了介绍和分析。

羊毛衫协会的工作，服务会员企业，推动羊毛衫产业持续健康发展，受到社会各界的好评，也获得了许多荣誉。2008 年被评为省中小企业行业协会先进单位（浙江省中小企业局颁发）。2009 年被省经济和信息化委员会评为先进协会，是省社会组织评估委员会评定的 5A 级社会组织。协会吴晓平会长被浙江省中小企业局评为先进会长，凌国柱秘书长两次被浙江省中小企业局授予先进工作者。

附：

浙江省羊毛衫协会章程

（2005 年 12 月 28 日省羊毛衫协会第一次会员大会通过）

第一章　总　则

第一条　为规范浙江省羊毛衫协会的运作行为，根据国家有关法律法规和政策，制订本章程。

第二条　协会的性质。本协会是由浙江省境内同行业经济组织以及相关单位自愿组成的非营利性、以经济类为主的社团法人组织。

第三条　协会名称。本协会定名为：浙江省羊毛衫协会，英文名称：Zhejiang Woolen Sweaters Association；英文缩写：ZWSA。

第四条　协会的宗旨。本协会以为会员服务，维护会员的合法权益为宗旨。贯彻执行国家法规、政策，遵守社会公德，发挥政府与企业、企业与企业之间的桥梁和纽带作用。围绕羊毛衫（产品）的产业链，坚持市场化运作，实行自我服务、自我管理、自我完善，会员权利平等、资源共享。推动羊毛衫产业持续健康发展。

第五条　本协会须依法运行，在运行中承担民事责任，并接受确认和登记部门的指导和监督。浙江省经贸委是本协会的业务主管部门，同时接受省中小企业局的业务指导、协调管理；浙江省民政厅是本协会的登记管理机关。

第六条 本协会办公地址设在：浙江省桐乡市梧桐街道复兴南路58号汇丰大厦8楼。

第二章 会 员

第七条 本协会会员均为团体会员。凡在本省取得工商营业执照，具备独立法人资格的专业企业和与该专业有关的企事业单位、社会经济团体，承认并遵守本章程，均可申请入会并由法人或法人委托的代表参加成为会员代表。会员代表发生变化，须由会员单位提出书面申请，报协会秘书处备案，办理变更或退会手续。

第八条 申请加入本协会的会员，必须具备下列条件：

（一）拥护本协会的章程；

（二）有加入本协会的意愿；

（三）在本协会的业务领域内有一定的影响。

第九条 会员入会的程序：

（一）提交入会申请书；

（二）经理事会调查核实和讨论通过；

（三）由本协会发给会员证。

第十条 会员享有以下权利：

（一）本协会的选举权、被选举权和表决权；

（二）参加协会组织的各种活动；

（三）对协会的工作有批评建议权和监督权；

（四）优先获得协会提供的信息、资料、培训和咨询等方面的服务；

（五）会员权利受到侵害时，有权要求提供帮助；

（六）入会自愿，退会自由。

第十一条 会员的义务：

（一）遵守本协会章程及其各项规章制度，执行会员代表大会和理事会的决定；

（二）积极参加本协会活动，支持协会工作。

（三）向本协会反映情况，提供有关资料，完成协会交办的各项任务；

（四）对本协会不公开的信息数据、资料协助做好保密工作；

（五）维护本协会的合法权益；

（六）按规定及时交纳会费。

第十二条 申请入会须按规定办理手续，退会应以书面通知本会，并交回会员证。会员一年内不缴纳会费或不参加本会活动的，则视为自动退会。理事会授权秘书处具体办理会员入会及退会手续。会员退会后，不得分配本协会的共有资产。

第十三条 会员不履行义务、严重违反协会章程或违法的，经理事会或常务理事会表决通过，取消其会员资格。

第三章 业务范围及主要任务

第十四条 本协会的业务范围和主要任务：

本协会的业务范围是羊毛衫业的业务指导、标准制定、专业管理、国际交流、人才培训、协调仲裁等。主要任务：

（一）组织专业培训、技术咨询、信息交流、会展招商以及产品推广活动。

（二）参与有关羊毛衫产业发展、改革以及与羊毛衫产业相关的政府决策论证，提出有关经济政策和立法的建议，参加政府举办的有关听证会。

（三）代表羊毛衫业企业进行反倾销、反垄断、反补贴等调查，也可向政府提出调查申请。

（四）组织制定和贯彻行规行约、质量规范、服务标准，经政府有关部门同意或授权，组织制定产品标准、组织产品质量交流和鉴定。

（五）通过法律法规授权、政府委托，发布羊毛衫信息、公信证明、价格协调、行业准入资格资质审核工作。

（六）反映会员要求，维护会员的合法权利。督促会员依法生产经营，执行政府的有关法规政策。对于违反行规行约和政府有关法规政策，致使羊毛衫产业和协会形象受到损害的会员，本会有权按章程规定进行处罚。

（七）协调会员与会员，会员与羊毛衫业内非会员，会员与其他羊毛衫业经营者、消费者以及其他社会组织之间的关系。

（八）开展国内外经济技术交流与合作。

第四章 组织机构及主要职责

第十五条 本协会的组织原则是民主集中制；最高权力机构是会员代表大会。下设理事会等内设机构。

第十六条 会员代表大会的职责：

（一）制订和修改本协会章程；

（二）选举或罢免理事会成员；

（三）审议理事会的工作报告和财务收支报告；

（四）审议决定会员单位缴纳会费标准；

（五）决定本协会的解散或与其他组织合并、联合等重大事项；

（六）讨论决定其他重大事项。

第十七条 会员代表大会每届四年，由理事会负责召集。在特殊情况下，可提前或延期召开换届大会，但延期时间最长不得超过一年。

会员代表大会决议由全体出席会议的代表表决，并获得半数以上通过，方为有效。会员代表大会通常每年召开一次。遇有下列情况之一时，可以临时召开会员代表大会：1、理事会决议；2、三分之二以上会员代表共同提出。

第十八条 召开会员代表大会前，理事会须提前7天向参会会员通报会议内容，否则会员代表有权拒绝参加。

第十九条 理事会成员从正式会员中选举产生，理事会每年召开1—2次。理事会由会长召集。

在会员代表大会闭会期间，由理事会执行会员代表大会的决议，负责协会的工作，对外代表协会。

理事会须由三分之二以上理事出席方能召开，其决议须经到会理事三分之二以上表决通过方为有效。

第二十条 理事会是本协会的执行机构，负责日常工作，对会员代表大会负责。理事由会员代表大会选举产生，任期四年，可连选连任，理事会从理事中选举产生会长一人，常务副会长、副会长及常务理事若干人，组成常务理事会。

第二十一条 理事会的职权：

(一)组织会员召开代表大会，执行会员代表大会的决议；

(二)选举和罢免会长、常务副会长、副会长、常务理事和秘书长；

(三)筹备召开会员大会；

(四)向会员代表大会提交需讨论审议的章程，工作报告和财务收支状况等有关事项；

(五)决定本协会内部业务机构的设置；

(六)决定本协会会员入会、退会、除名等事项；

(七)决定对本协会成员与职员的奖励和处罚；

(八)决定协会副秘书长、各机构主要负责人的聘任；

第二十二条 本协会的会长、常务副会长、副会长、秘书长必须具备下列条件：

(一)坚持党的路线、方针、政策，政治素质好；

(二)本协会业务领域内有较大影响；

(三)会长、副会长、秘书长最高任职年龄不超过70周岁，秘书长应为专职；

(四)身体健康，能坚持正常工作；

(五)未受过剥夺政治权利的刑事处罚；

(六)具有完全民事行为能力；

第二十三条 本协会会长、副会长、秘书长如超过最高任职年龄的，须经理事会表决通过，报业务主管单位审查并经社团登记管理机关批准同意后方可任职。

第二十四条 本协会会长、副会长、秘书长任期四年。会长、副会长、秘书长任期最长不得超过两届，因特殊情况需延长任期的，须经会员代表大会三分之二以上会员代表表决通过，报业务主管单位审查并经社团登记管理机关批准同意后方可任职。

第二十五条　本协会会长行使以下职权：

（一）召集和主持理事会（或常务理事会）；

（二）检查会员代表大会、理事会（或常务理事会）决议的落实情况；

（三）代表本协会签署有关重要文件。

第二十六条　本协会秘书长行使下列职权：

（一）主持办事机构开展日常工作，组织实施年度工作计划；

（二）协调各分支机构、代表机构，实体机构开展工作；

（三）提名副秘书长以及各办事机构、分支机构、代表机构和实体机构主要负责人，交理事会或常务理事会决定；

（四）决定办事机构、代表机构、实体机构专职工作人员的聘用；

（五）处理其他日常事务。

第二十七条　本协会设立常务理事会，由理事会选举常务理事若干人组成，每半年召开一次会议，在理事会闭会期间，一般事项由常务理事会讨论决定，重大事项由会员代表大会研究通过。

第二十八条　本协会会长为法定代表人（不兼任其他社团法定代表人），受常务理事会委托处理有关重要事务，签署有关重要文件，检查会员代表大会、理事会决议的落实情况。

第二十九条　本协会常设办事机构为秘书处，秘书处实行会长领导下的秘书长负责制。

第三十条　秘书长主持秘书处的日常工作，组织实施年度工作计划，协调各分支机构开展工作，负责羊毛衫协会会刊、信息的编辑发行及秘书处工作人员的聘用。

第五章　资产管理及使用原则

第三十一条　本协会根据有关财经纪律，建立财务管理制度，定期向理事会公布财务收支情况。

第三十二条　本协会经费来源：

（一）本协会按照国家有关规定收取的会费；

（二）根据核定的业务范围，本协会开展有偿服务的收入，承办政府部门及其他单位委托工作取得的收入；

（三）会员及有关单位、个人的资助、捐赠；

（四）政府资助；

（五）利息。

第三十三条　本协会经费用于下列项目：

（一）为实现本协会工作计划，开展各项活动的开支；

（二）购置本协会必要的办公用品及设施；

（三）常设办事机构工作人员的工资、福利；

（四）其他所需正当开支。

第三十四条 本协会建立严格的财务管理制度，保证会计资料合法、真实、准确、完整。

第三十五条 本协会配备具有专业资格的会计人员。会计不得兼任出纳。会计人员必须进行会计核算，实行会计监督。会计人员调动工作或离职时，必须与接管人员办清交接手续。

第三十六条 本协会的资产管理必须执行国家规定的财务管理制度，接受会员代表大会和财政部门的监督。资产来源属于国家拨款或者社会捐赠、资助的，必须接受审计机关的监督，并将有关情况以适当方式向社会公布。

第三十七条 本协会换届或更换法定代表人之前，必须接受社团登记管理机关和业务主管单位组织的财务审计。

第三十八条 本协会的资产，任何单位、个人不得侵占、私分和挪用。

第三十九条 本协会专职工作人员的工资和保险、福利待遇，可参照国家对事业单位的有关规定执行。

第六章　章程的修改程序

第四十条 本协会章程的修改，须经理事会表决通过后报会员代表大会审议。

第四十一条 本会修改的章程，须在会员代表大会通过后15日内，经浙江省经济贸易委员会、中小企业局审查同意，报浙江省民政厅民间组织管理局核准后生效。

第七章　终止程序

第四十二条 本协会因故终止，须由理事会或常务理事会提出终止动议。

第四十三条 本协会终止动议须经会员代表大会表决通过，报省经贸委、省中小企业局审查同意，并经省社团登记管理机关办理注销手续后生效。

第四十四条 本协会终止后，在省经贸委、省中小企业局和省社团登记管理机关的指导下，成立清算组织。清理债权债务和一切善后事宜。清算期间，不开展清算以外的活动。

第四十五条 本协会终止后的剩余财产，在业务主管单位和社团登记管理机关的监督下，按照国家有关规定，用于发展与本协会宗旨相关的事业。

第八章　附　则

第四十六条 本章程的解释权属于本协会理事会。

第四十七条　本章程经2005年12月28日会员代表大会通过后，报业务主管单位和社团登记管理机关核准之日起生效。

表6－17　　会址在濮院境内与毛衫业相关的行业协会概况

协会名称	成立日期	地　　址	第一任会长	会员数
浙江省羊毛衫协会	2005年12月28日	工贸大道369号国际毛衫品牌中心A楼	吴晓平	196
桐乡市毛衫染整商会	2002年4月28日	宏苑路工贸大道天地人公司二楼	沙兴宝	52
桐乡市毛纺织原料商会	2005年10月25日	羊毛衫市场外贸服饰交易区	张长强	47
濮院商会	2002年12月	镇政府大楼	卜掌浩	61
乐清商会	2010年2月10日	羊毛衫市场管委会大楼	梁银友	112
台州商会	2003年11月16日	工贸大道金茂大厦6楼	黄仙兆	170

第七编

工业

南宋至明清，濮院以丝绸专业市镇遐迩闻名，繁荣绵延六百余年，丝绸业在濮院的工业、手工业界可谓一枝独秀。清末民初，受工业革命的影响，镇域若干士绅效法西洋，振兴实业，开办油坊、糟坊、碾米厂、船厂和电厂等。民国 26 年(1937)日军入侵后，工业、手工业深受摧残而步履艰难。到 1949 年，丝绸业衰落，电厂遭破坏，油坊半停产，船厂萎缩，糟坊不振，留下的主要是规模大小不一、资金多寡不等的个体手工业作坊，共 17 个行业，112 家。

中华人民共和国成立后，镇人民政府于 1951 年拨款办起了国营榨油厂和国营碾米厂，开了地方国营工业的先河。1953 年，政府对手工业和资本主义工商业进行社会主义改造，至 1957 年基本完成。1964 年，镇办集体工业起步；1970 年开始兴办小型街道工厂。1973 年，街道工厂通过重组，融入镇办集体工业。农业生产合作化运动中起步的社队企业，到 1958 年数量大幅增加，改革开放后，更加快速发展。1971 年企事业单位开始创办集体工业。至 20 世纪 70 年代末，濮院工业形成国营工业、二轻工业、镇办工业、社队工业及企事业单位办工业等五种体制形式。1985 年，濮院镇个私企业异军突起，至 1990 年，形成国营、集体、联营、私营、中外合资等多种成分并存的工业格局。

1979 年，濮院镇工业企业改革起步。至 1984 年，企业扩大经营管理自主权。1985 年至 1996 年，企业分别建立各种形式的承包经营责任制。1997 年至 2005 年，国营、集体工业企业全面实施产权制度改革，通过兼并、破产、托管，转换经营机制等，基本上以股份制、私企和个体经营形式存在。

2010 年，全镇共有工业企业 6480 家(含羊毛衫产业，其中规模以上企业 157 家)，实现工业增加值 23.12 亿元，利税总额 7.13 亿元。同年，全镇出口交货值 15.1 亿元，完成工业生产性投入 14.8 亿元，实现工业总产值 165.1 亿元。其中规模以上企业工业总产值 36.5 亿元，实现利税 3.3 亿元。

第一章　工业经济概览

第一节　历史上的工业和手工业

元明清民国时期的濮院丝绸业

濮院丝绸的肇始与繁荣　濮院丝绸始于南宋。淳熙年间(1174—1189)，濮氏子孙见宋室日衰，无心仕途，转而经营家业。“臧获千丁，督课农桑，机杼之利，实自此始”(《濮川所闻记》卷一)。至大二年(1309)濮鑑在市中构居开街,设四大牙行,收积机织产品,招徕商贾。时居民大多“以机为田,以梭为耒”专营纺织。明洪武元年(1368)朱元璋下令天下:“凡民有田五亩者,栽桑半亩,十亩以上者,倍之,田多者按此例增加……不栽桑者,出绢一匹。”此又加速了濮绸生产的发展。到“万历间,改土机为纱绸,制造绝工,濮绸之名,驰于海内……濮绸著名首推陆澄怀、其次沈周望”(《濮院琐志》卷一)。后家居太平巷的朱瞻淇,更能洞究利弊,生产技术上别出心裁,改摇纬为打线,自制十三台织机作示范,逐渐推广。明清时的濮院丝绸生产已趋于成熟,正如当时的《浙江通志》所记载:“嘉锦之名颇著而实不称,惟濮院所产纺绸,练丝熟净,组织亦工,是以一镇之内,坐贾持衡,行商麇至,终岁贸易不下数十万金。”清康熙、乾隆年间,濮院丝绸产、销均达到鼎盛期,“万家烟火,民多织作绸绢为生,为都省商贾往来之会”(民国《濮院志》卷六)。其时濮院丝绸品种繁多,绸有花绸,绢有花绢、官绢、箩筐绢、素绢、帐绢、画绢,绫有花绫、素绫、绵绫,罗有三梭、五梭、花罗、素罗,纱有花纱、脚踏纱、绉纱等。清朝后期又模仿湖绉,盛产濮绉。濮绸行销全国,皇室官宦普遍采用,尤其是“大富贵”“小富贵”等花样的濮绸,更受北人欢迎而竞购不衰。卢存心诗赞曰:“宋锦人传出秀州,清歌无复用缠头,如今花样新翻出,海内争夸濮院绸”(民国《濮院志》卷十四)。由此濮院形成了一个以丝绸手工生产销售一条龙为特征的专业市镇。由于丝绸的繁荣,带来了其他各行各业的兴旺,外来人员剧增,居民也渐由最初的濮氏一姓发展为多姓氏聚居。

濮绸生产的特色　土丝　濮绸生产用之土丝,多用春蚕鲜茧,由养蚕户手工缫成,充分保持鲜茧原有的“伸张力”,减少“落绪率”,“缫折亦小”,丝的色泽比干茧所缫之丝更为光润。

机坑　绸机长 2 丈许,后机腿后长 6 尺,前倍之。前后腿之间支以木,高 3.5 尺,名中机脚。前机腿之前端立 2 柱,高 6 尺,横木成框,俗呼牌楼。又有耳柱 2 根,高 0.5 尺,以贯受绸之轴,亦称肚轴,轴长 4 尺余。轴之前横竹半面,为织者所坐,其下为坑,即机坑。开挖机坑时,坑深 2 尺,长 7.5 尺,广半之。机坑不仅能使机身着地,起稳固作用,而且使织机上的经纬丝能吸收到地下湿气,增加含潮率,使经纬丝宽松适度,减少经丝断裂,提高丝绸质量,在西北风起气候干燥时,“机坑”的给湿作用更为显著。

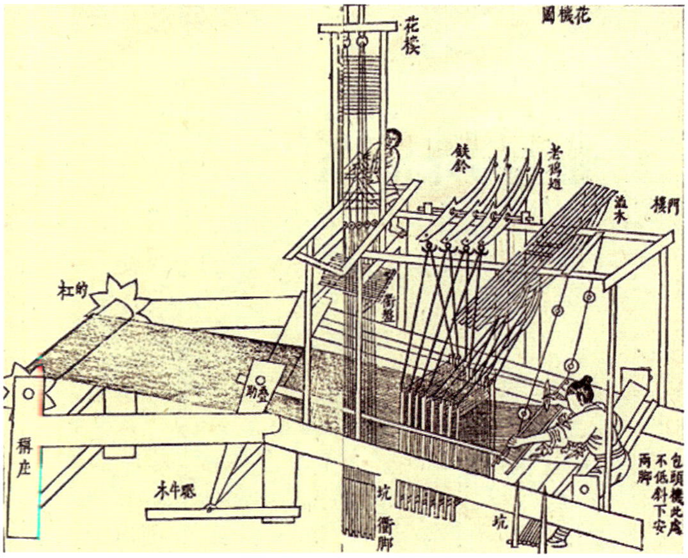

古代绸机图

纤子　纤子(纬线)浸在水钵之中,从钵内取出纤子随手装入梭子,带水操作，加密梭脚，可使绸面平整润滑又富有弹性。

竹扣　濮绸生产使用竹扣，手工送梭，速度慢，每分钟约 50—70 梭左右（用钢扣的现代电动丝织机每分钟约 200 梭），但竹扣受潮后不生锈，可保证丝绸产品的质量。

花楼　濮绸（绉）分素濮、花濮两种，生产花濮要有提花装置。绸机上的“花楼”就是为提花设置的。前机腿后端左右各立 2 根木柱，高约 5 尺，其上置横木 4 根作方框，直径 4.4 尺，横径 5 尺，其右为拽花者所坐，高若楼故曰花楼，俗名虎箱圈。圈内为棋线与牵线，圈之上前后植木 2 根，俗呼冲天木，上再置横木作“艹”状，以挂牵线，这也是绸机最高处。通过花楼，制成各种不同花纹图案的缜料。花濮绸面一般均为平纹组织，不及杭州，苏州绸品光耀夺目，但其柔韧平滑为苏杭缜品所不及。因此，抗日战争胜利后，濮绸已经衰落，机织绸已充满市场时，北平等地崇尚朴实之风者仍依恋濮绸。

濮绸的生产经营　濮绸的生产，一般以一家一户为生产单位，家中男女老少分别担任织机工作。拥有织机七、八台，雇用工人数十人及以上者，曰“大机房”。这种具有资本主义萌芽形态的手工业生产，从元代中叶即已开始。濮院镇太平巷就是当时雇工的场所。民国《濮院志》载，受雇者每晨集此，各向通衢分立，织工立于左，拽工立于右，来雇者，一目了然，谓之巷工。

由于丝绸生产发达，推动了丝绸商业的经营，镇上丝行绸庄林立，一镇之内，多达 40 余家。丝行无不兼营绸业；绸庄虽不业丝，但必须购买新丝贷于机户发丝收绸，其资本皆钜万以上，故独资少合资多。机户大多无资本，需仰赖于绸庄。清时，机户制成绸后，通过“接手”居间介绍，每出售绸一匹，接手收取“用钱”，一分或一分几厘不等。绸庄大多惯于中午赴市收绸，谓之“出庄”。民国时期已无“接手”“用钱”“出庄”，而是机户直接售于绸庄。领丝包做者，工资类别分大绸、小绸两种，大绸每疋长 5 丈 6 尺，阔 2.4 尺，分单葛径，双葛径，前者分量轻，每匹 9—10 元，后者分量轻重不等，按绸之优劣酌定，每匹自 11—12 元起至 15—16 元不等。小绸长 4 丈 8 尺，阔 1.5 尺，俗称尺五头，每匹 3—4 元。乡下机户大多数亦向绸庄领丝包做，其工价略低于镇上机户。绸主对收进的生绸，还要经过沤、晒、炙等加工处理，使之由生变熟。

濮院丝绸的衰落　自南宋淳熙至清道光，濮绸繁荣昌盛历经六百余年。至 1840 年，鸦片战争后，国势日衰，列强资本侵入，在通商口岸建行办厂，掠夺蚕茧原料，重创了濮院的丝绸业。如在当时丝绸行业中占领先地位的濮院朱春茂丝行兼绸庄里，就有上海美鹰洋行、恒茂丝栈的洋商及华人买办“坐庄”压价收购土丝供出口。民国 7 年（1918）洋行买办金某，在濮院北河头梧桐庵对面，建造“洪盛昌茧厂”收购鲜茧，这样，断绝了土丝生产的原料，严重影响濮院丝、绸、机三业数千从业人员生计。同业公会上诉省法院，胜诉，茧厂厂房被拆。抗争的偶然性成功，挽救不了土丝衰落的命运。此后国内机械缫丝工业开始兴起，而濮院的丝绸生产仍停留在手工操作阶段，濮院丝绸生产再次被逼入困境。民国 5 年（1916）虽有镇人孙廷璋、胡杏园、沈子祥、刘廷玉等人赴杭州甲种工业学校深造，学成归来，改革生产，将木机改成铁机，但终因集资困难，又无电力设备，机械缫丝终难实现。

由于丝绸生产滑坡，丝行绸庄到民国10年(1921)左右，仅存18家，其经营规模已大大逊于明清时代，唯五月新丝上市旺季10余日内，每日成交额仍可达二三十万银。民国13年(1924)江浙“齐卢战事”起，交通中断，销售停滞，存货积压，丝价猛跌，生产受挫，使濮院的丝绸业成了强弩之末。期间，虽有镇绅徐颂嘉力图革新，于濮院镇西河头，即今油厂厂址，创建丝厂，改良木机30台，生产的“木车丝”优于“土丝”，但尚比不上电力机械化缫制的条纹细，匀度好，缫折小，产量高的“厂丝”，不久即告关闭。民国17年，镇域尚存织机户85家，织机百余台。民国19年前后，又有常熟人黄利华，于濮院镇义路街开办“卿云”电机厂，自备发电机，设备齐全，生产丝绸各道工序机械化，未几亦关闭。民国26年濮院沦陷，遭到日本侵略军毁灭性的破坏，织机损失殆尽，丝行、绸庄倒闭，濮院丝绸从此一蹶不振。仅存的朱致仁、瑞隆、盈记三家丝行绸庄，依靠附近农村机户，勉强维持。至中华人民共和国成立前夕，镇区的丝绸生产业基本消亡。

清末、民国时期的油坊、糟坊、电厂和造船、碾米业

油坊 濮院的油坊业最早为谢氏甡记油坊，创办于清光绪二十四年(1898)，全部使用人工和牛力，镇人称为“老油车”。民国23年(1934)镇绅徐景春、徐颂嘉开办徐恒源油坊，部分机械化操作，镇人称之为“新油车”。继“徐恒源”之后，油坊发展迅速，到民国26年(1937)，除原来的新、老油车易主更名为“润兴协”“公记”外，东有杨家油坊，南有万泰油坊，北有同裕油坊。民国26年濮院沦陷，油坊受到日伪敲诈勒索，多数停产关闭。战后，江南农产运销有限公司在濮院办油厂，但为时也很短暂。

甡记油坊 清光绪二十四年(1898)，绍兴人谢一山以纹银130两，购得周家场西首西市河南岸徐姓旧屋，占地5.6亩，创办甡记油坊。开业十年后，又以年租140银圆向钱姓租屋扩大经营。甡记油坊的生产品种有：菜油、豆油、花油(棉籽榨取)、柏油、芯油。油坊雇工50余人，耕牛10余头，设备有：大碾槽1部、洋碾2部、火磨3部、菜磨3部、豆磨2部，菜车9部、豆车4部，蒸炒设施齐备。操作全凭人工和牛力，劳动强度大。使用大碾槽，需用两个高约2米的花岗石巨轮联成轴，在直径约15米的场内以牛力拖动，石轮在碾槽中滚动，碾碎槽内榨油的原料；人跟在牛后经常翻动槽内原料并把洒在槽外的原料扫进槽内，如此周而复始直到换料。使用火磨，则须把石磨烧烫，再由4个人围着火磨转动。民国23年(1934)大旱，河道干涸，农村粮油无收，油坊亏损严重。再者，当年西市河对岸，新开办徐恒源油坊，采用机械化操作，出油率、产量均高，“甡记”难以竞争。民国26年濮院沦陷，甡记又遭匪劫，负债累累，无力更新，民国30年转让给钱姓。

徐恒源油坊 民国23年(1934)徐景春、徐颂嘉兄弟开办徐恒源油坊，油坊兼营粮食稑陈。坊址西市河北岸西廊棚(今龙湾街)。油坊设有机器房2间，大栈1间，原料堆放栈8间(可堆放原籽6千余包合1万1千担左右)，油料加工工场12间，碾米工场6

间。生产设备比较齐全。动力设备有:德制36马力牵引机1座,上海永大厂生产的24马力、10马力油车机各1座,中华铁工厂生产的小号"提固奇士"3.25马力煤油机1座及小型发电机1座(可拖电灯100盏)。其他设备有:沙砻1座,5寸米滚筒用动力拖大碾1座,豆油榨油车8部,菜油榨油床11座,碾米斗机2座,以及毛锅,杖头等,并有大油池2座,可贮油12万斤。生产操作以机器为主,机器与手工并行。油坊常年生产品种有食油、柏油、芯油。产量以籽身质量含油多少而定。每天出油量:食油最高9000斤,最少5400斤,一般6600斤;柏油,最高可打柏子14080斤;芯油最高可榨芯籽10000斤,最少7700斤。民国26年(1937),濮院沦陷,徐氏避居上海,油坊更名为"润兴协",由原经理刘渭清负责经营,生产规模缩小,经营亦不如战前,还经常遭到日军、汉奸、土匪等敲诈勒索。其德制36马力牵引机及"提固奇士"煤油机因为音量大,怕暴露,长期不敢使用而锈毁。民国31年,刘渭清被绑架,油厂经济损失严重。后由高建清接任经理,亦难复原,被迫于民国32年停产。抗日战争胜利后,由陌锦棠与人合股租赁经营,又两易其名为"联兴""顺兴"油坊,但生产仍不景气,民国37年停办。

同裕油坊 坊主翁昕如,民国27年(1938)开办,坊址北河头砚子滩。有发电机、榨油粉碎机各1部,工人六七十人,生产菜油、柏油。民国33年因其子翁冠常被土匪绑票而破产倒闭。民国35年翁冠常联络濮院在外地工作而又愿为振兴家乡实业的人士,合股在旧址重建油坊,坊名"泳泰",民国37年停办。

公记油坊 原系姓记油坊,民国30年(1941)由钱步瀛在原址继续经营,因系土法榨油,成本高,出油率低,生产经常间断。1953年停业。

濮院油厂 民国37年(1948),江南农产运销有限公司(总部所在地上海)令该公司驻嘉兴办事处在濮院建立油厂,委任濮籍人翁冠常为经理,朱洛英为副经理。厂址除原泳泰油坊旧址外,另租公记油坊部分场地为第二厂址,主要生产柏油。1949年停产。

糟坊

洽兴记糟坊 清光绪年间,镇人童子安与人合股开办,初名洽记,后童子安独资经营,改坊名为洽兴记。坊址义路街,占地面积一亩余,生产用房40余间,设备齐全。有职工近30人。洽兴记糟坊经营酒、酱,以烧酒为主,黄酒与酱次之。烧酒日产量1200斤,日耗米量为2250斤。除销售本地外,还运往桐乡、屠甸、硖石等处出售。民国26年(1937)童子安去世,其子童鸣臬继续经营。濮院被日军占领时,停业。抗日战争胜利后恢复生产,由童鸣臬之子童树屏管理,1950年3月停产。

震悦糟坊 民国9年(1920)镇人姜文磷开办正裕糟坊,坊址濮院镇聚星桥。生产用房30余间,职工10—20人。主要生产烧酒,月产量20000斤。濮院沦陷时停产,抗战胜利恢复,并改坊名为震悦。中华人民共和国成立后,一度生产酒精,1951年5月停办。

发电

公明电气公司 民国10年(1921),周穆堂父子、朱恩禄、薛肓逊合作创办公明电气

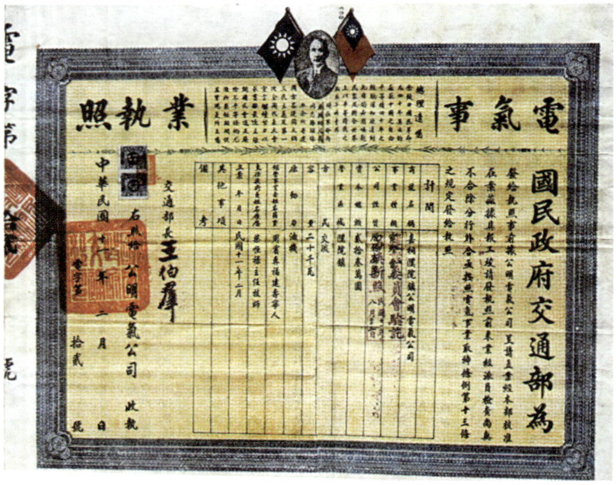

公明电气公司事业执照

公司(濮院最早的拥有机械动力设备的工业企业)于濮院北苏家浜,翌年发电。后由周穆堂之子周宾彝经营。公司有30马力卧式柴油机及20千瓦交流发电机各1台,年发电量在203090千瓦时左右,但仅能供应商店、居民照明用(时全镇仅电灯500余盏,每盏16瓦),每晚6时至午夜12时止。生产艰难,盈利微薄,不能用于生产建设。濮院沦陷后,日军将其拆毁。

造船

陈福记船厂 清咸丰十年(1860)善于修船者陈福奎从外地迁到濮院,濮院始有造船业。陈氏工技出色,迁濮后,初以修船为主,独家经营,故生意兴隆。陈氏在积累了资本后即自制木船,由建造两艘可载重0.25吨的小木船发展到建造可载重1.5吨的大木船。光绪年间(1875—1901)迨其孙辈陈余庆、陈瑞庆、陈衍庆时已拥有大小木船100余艘,遂以出租为主,修理为辅。民国11年(1922),陈衍庆与镇商蒋松林、邹小官、童虎文等合资建造机器客轮两艘,名"安达班",航行于濮院与硖石、嘉兴之间。当时,陈福记船厂与嘉兴南门王文记船厂(亦有木船100余艘)曾并列为嘉兴地区造船业之首。民国23年(1934)濮院大旱,河港龟裂见底,木船干枯,损毁大半,其余在民国26年日军侵占濮院后全部损毁。

谢昌记船厂 清光绪二十四年(1898)"甡记"油坊业主谢一山,因装运油货需要添置船只,就在油坊之西长约100米、宽约30余米的油车浜和长约300米的水陆浜,停靠船只,不碍市河通航。后来又在油坊西北租到河埠3处。由于商务的需要加上有利的地形,谢氏开办了"谢昌记船厂",船坞有油车汇、水陆浜和卢安坟三处。船厂新开生意兴隆,船只日添月进,到民国26年(1937)已有百艘之多。除了修造船只,船厂兼营船只出租业务。出租船分为两种,一种是赤膊船可装货3—8吨不等,按日短期出租;一种是有棚船长年出租,半年付租金一次,长户头尚可赊欠。这种船配有双橹,行驶速度快,急时还可装矮橹三橹并进。中仓有棚可乘人,前仓用芦席遮盖可带货,后艄有艄棚,可免船工受日晒雨淋,为当时较为迅达和舒适的交通工具。1937年日军入侵,镇民纷纷雇船逃难,但多数船只有去无回,损失过半。濮院沦陷后,又遭匪患,船只仅剩20余艘,分为两份,由谢一山的后辈刘凤宝、张惠莲分别经营。

祥兴记船厂 创办于清光绪年间,有自制木船20余条,全部出租,租金每日每船3角、5角不等。船吨位大者3吨,小者1吨。

仲阿毛橹行 民国10年(1921)左右,行主仲阿毛从王店迁至濮院,专制船橹,规格根据船身大小和需要而定。当地船橹一般长1.1丈,江北船橹2丈以上。

碾米

协盛碾米厂　民国13年(1924)开办,有柴油引擎机1部,米车3部,每年开机5个月,碾米20000余石,每石收费0.17元。有工人5名,职员2人,资本4000元。

先施碾米厂(兼理戽水)　民国17年(1928)10月开办,资本4000元。

民国时期的手工业

民国时期,濮院的手工业大多以前店后坊模式存在。据民国36年(1947)6月濮院镇商会会员名册记载,当年主要有17种行业73户,资本额为1291万元。到1949年,主要有17种行业112家。

铁器业　铁铺以宣义兴铁铺规模最大,开设在南市归家湾。尚有黄裕泰铁铺在东市,裕泰新号在义路街,唐来顺铁铺在大街,许万兴铁铺在小猪汇,许有记铁铺在东门,许永胜铁铺在观前街,赵万兴铁铺在妆桥。其中黄裕泰铁铺已有百年之历史,生产的铁器,质量上乘,价格公道,对青黄不接之贫苦农民,能给予赊账照顾,颇得农家称赞。

椿方园作业　有23家。较有规模的是,北市的陈兴记(业主陈耀生)、黄颂源(业主黄叶盛);南市的金记(业主殳茂昌)、汤子记(业主汤子建)、倪大记(业主倪阿大)、黄高记(业主黄裕昌);西市的孙掌记(业主孙掌贵)、黄茂盛(业主黄锡林)。还有俞茂兴、李贵昌、宋永顺、来顺兴、陈源太、陆裕兴、陈恒茂、包樟椿、吴永生、施贵昌、徐进喜、孙渭生、金阿狗、陈炳兴等椿作店铺。椿作产品中颇有名气的是包樟椿的木犁,选取优良的木料,顺树料之天然弯度,精细加工,在水田翻耕时具有稳、轻、快的特点。新塍,濮院一带农民都能以购得包樟椿的木犁而称快。

铜锡器业　有8家。金恒昌(业主金祖兴),开设在北横街;阮德兴(业主阮六宝)在杏林街;金正昌(业主金祖德),在北横街;王顺兴(业主王龙官)在东市;王义昌(业主王祥林)在栖凤桥堍;蒋顺昌(业主蒋佐泉)在大街;金福昌(业主金一鸣)在北横街;施顺兴(业主陈昌官)在女儿桥街。还有义路街上的阮二记和大有桥街的李增福。

染坊业　较大的有开设在小猪汇的恒兴裕染坊(业主蒋仁興);开设在东港厂的泰昌染坊(业主顾五宝);开设在卧龙街的祥昌染坊(业主吴少甫);开设在大全桥堍的九兴祥染坊(业主张有全);九兴祥在归家湾设有九兴祥分号。

服装业　民国34年(1945)以前,以中式手工裁缝为主,有南横街的于松泉,女儿桥街的陈松涛,花园街的丁瑞生,众安桥堍的李四毛,栖凤桥的汤子琴,大街上的姚金男等6家。西式手工裁缝的有庙桥街的谢长根,归家湾的谢逢之两家。抗日战争胜利后,从外地迁来濮院,用缝纫机生产服装的有庾伯康和庾仲康兄弟两家。此为濮院使用缝纫机缝制服装之始。

竹器业　主要有开设在归家湾的陈绍友、吴德清,关帝庙前的张四,南横街的何品金,小猪汇的何品当,妆桥的许进奎,义路街的张庄木,西河头的胡福仁,北河头的王冯友,庙桥街的胡华林,观前街的徐福昌,花园弄口的胡子泉,横板桥的胡福根、叶文钦,固安桥街的胡德生，义路街的陈绍生等16家手工竹器店及跑乡的黄贤德。

制鞋业 主要的有6家。高天源(业主高连生)，开设在庙桥街；三进鞋店(业主张福宝)、周德兴鞋店(业主周德宝)开设在庙桥街；叶荣记鞋店(业主叶荣生)开设在大有桥街；蒋兴华鞋店(业主蒋兴华)，开设在杏林街；汤云记鞋店(业主汤云山)开设在北大有桥街。另有于阿七、陈品生、董金宝、钱杏官、沈进康、王文奎、许建新、沈杏宝、康生虎等10余家承接来料加工。

弹花业 主要有3家。民国20年(1931)高文生将其弹花店从杭州迁到妙智，后转至濮院镇区，有脚踏机2台，1台轧棉花籽，1台弹棉花。另两家是黄兰康和张高贤，弹花均手工操作。

制笔业 清乾隆末年(1795)，江西临川人徐启明来濮，手工制作毛笔，设摊自卖。后逐步发展扩大，开设“三元斋”笔店。制作的毛笔质量上乘，不掉毛，无戗毛，经久耐用。品种有大绿颖、小绿颖狼毫，小楷纯羊毫，净纯羊毫、长锋羊毫、兼毫(山羊毛、野兔毛兼有)、紫毫等多种，制作工艺均颇精细。其中“紫毫”水笔用料考究，专门选用淮安产的野兔毛做原料，宜书写蝇头小楷，深受用户青睐。店址开始设在大街，后迁至庙桥街，民国初年迁到严家汇口，每日制笔30支左右，年产万余支。

刻字业 民国3年(1914)湖州“志荣斋”刻字店主翟增荣迁至濮院，濮院始有刻字业。

粉坊业 濮院粉坊是以小麦通过磨、筛，制成面粉，进而制成面皮、面筋、丝粉等。一般都是坊前设店，店后有坊，自制自卖。主要有7家：蒋鳞森，坊址大有桥街；蒋剑华，坊址卧龙街；蒋兆奎，坊址北横街；孙金根，坊址西市；徐德荣，坊址归家湾；潘金生，坊址花园街；李文武，坊址北横街。另有袁花人朱光裕，曾于民国35年，在濮院集资办面粉厂，终因动力设备差，两三年后即停办。

糖坊业 仅有贝鹤林独资经营的成昌糖坊一家，生产饴糖。2付灶头，日用米1石2斗。一年生产11个月，6月炎热，停产。旺季雇工2—3人。

造纸业 民国17年(1928)有5家，以柴草为原料，制作粗细草纸。民国38年(1949)初在胜利村濮九娘桥一带尚有7家制作糙纸(兼务农)。

蓑衣棕绷业 有边姓者8家，以做蓑衣修棕绷为主，走村串户谋生。

制香业 主要有生产线香的4家，固安桥张成祥，众安桥堍叶万兴，庙桥街杨玉泉，义路街杨玉林。

灯笼业 有2家，店主来监甫、薛忠发，均在北横街。

线作业 丝中次丝，绸机不用，客商不销，即制作丝线。丝线有头扣、二扣、三扣之分。缝制绸缎、呢绒、皮裘及绣花需用丝线；清代男子蓄须留辫子等亦需用丝线，因之大小丝线作坊应运而生。光绪年间，线作甚盛，有十余家。清末民初，丝绸衰落，丝线业亦不振。到1949年尚有3家，应安记、周传奎2家拥有4付行耙(制线工具)，是较大的作坊。吴子良家作熟胚(以生丝染成熟丝出售)。

表 7－1　　1947 年濮院手工业户数和资本统计表

序　号	名　称	户　数	资本额(万元)
1	油　坊	2	3750
2	糖　坊	1	300
3	粉　坊	7	940
4	染　坊	7	1100
5	制　鞋	6	410
6	制　笔	1	60
7	制　香	1	50
8	刻　字	1	50
9	铁　作	7	1080
10	铅　作	3	420
11	铜　锡	8	980
12	漆　器	5	410
13	椿　方	17	2820
14	箍　桶	2	280
15	弹　花	1	80
16	竹　器	2	70
17	灯　笼	2	110
合　计		73	12910

说明:无门店的手工业户未统计在内

表 7－2　　1949 年濮院手工业主要行业和户数统计表

行　业	户　数	行　业	户　数
铁　器	8	造　纸	7
铜锡器	8	制　香	4
服　装	10	线　作	3
制　鞋	6	椿方圆作	23
制　笔	1	染　坊	4
粉　坊	7	竹　器	16

续表 7－2

行业	户数	行业	户数
弹花	3	蓑衣棕绷	8
雕刻	1	灯笼	2
糖坊	1		

第二节　中华人民共和国成立后的工业

国有(营)工业

20 世纪 50 年代初，濮院镇国营工业企业仅有榨油厂与碾米厂两家，1958 年两厂合并为油米厂。“大跃进”期间，全镇新办工厂 15 家，其中有电厂、缝纫机厂、化工厂、酿造厂、纺机厂、砖瓦厂、造纸厂、钢铁厂等。1961 年贯彻执行中央关于国民经济“调整、巩固、充实、提高”方针，经过关、停、并、转，濮院镇保留国营工业企业 4 家，其中 2 家随即转为集体工业，最后仅存油米厂、食品厂(商办)2 家国营企业。

1973 年，中国人民解放军南京军区浙江生产建设兵团第三师，在濮院镇建成濮院丝厂，此是镇域创建较大规模现代化工厂的开端。中共十一届三中全会后，濮院的国营工业迅速发展，至 1990 年，全镇有国营工厂 6 家，是年总产值 6352.67 万元、利润 426.86 万元，职工人数 2573 人(商办食品厂不计，列入商业篇)。1997 年起，镇域国有工业企业全面实施产权制度改革，至 2003 年，濮院镇所有国营工业全部转制或破产。

濮院油厂　前身为徐恒源油坊。1951 年镇人民政府组织生产自救，拨款 500 万元，利用徐恒源油坊旧厂房，建成地方国营桐乡濮院榨油厂、地方国营桐乡第一碾米厂。1958 年 11 月两厂合并为地方国营桐乡第一油米厂，1963 年 10 月改名为国营濮院油米厂，1983 年更名为濮院油厂，厂址濮院镇龙湾街 67 号，占地 4 万平方米。

20 世纪 50 年代，油米厂的生产工艺基本是牛拉石滚轮菜籽轧胚，柴烧水锅蒸胚，石

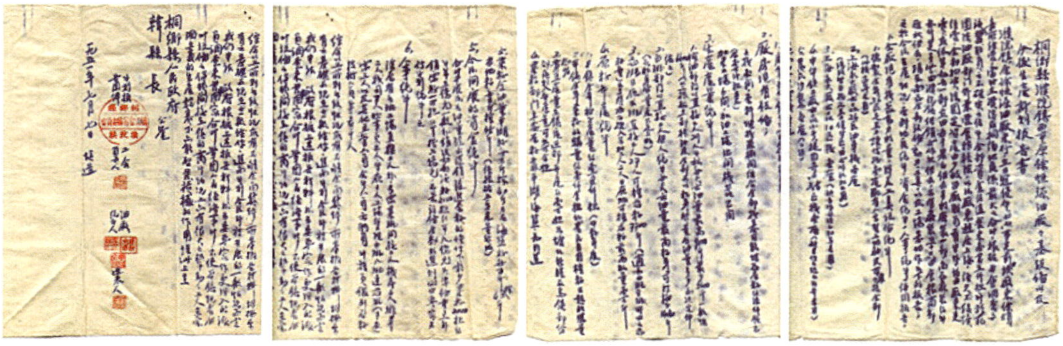

1951 年 7 月 7 日，濮院榨油厂生产计划报告书

榔头手工敲击木榨挤油，工人的劳动强度大。1958年引进美制60马力柴油机1台，由工人朱逸仙、谢友顺等人改造榨油工艺，将手工石榔头木榨油改为机械皮带自动吊锤榔头榨油。1958年11月朱逸仙等设计制造0.75吨节煤快装锅炉，利用简陋设备制成自动榨油机，降低工人劳动强度，提高了工效。同年，企业获轻工业部颁发的"大胆革新土榨工具，帮助兄弟厂改进操作"大理石奖牌。翌年，朱逸仙被评为浙江省先进工作者，后作为专家前往乌干达援建齐奔巴农场和碾米厂。1963年新安江电输送到濮院，油米厂碾米榨油开始使用电力拖动，其他工序亦全部机械化。油米厂建厂初期，生产菜油、豆油、柏油、芯油并加工大米。1975年生产米糠毛油。

1980年利用菜籽油油脚生产脂肪酸和硬脂酸，米糠毛油经碱炼脱酸脱蜡制成精糠油。1982年建成20吨/日菜饼浸出车间。1985年7月13日全省首套连续炼油新工艺在厂内投产，该工艺采用DZY－30吨蝶式离心机脱磷、真空薄膜脱水的新工艺，油品质量和精炼率明显提高。1987年10月，从北京粮科所引进"泽尼斯法塔式精炼法"项目，企业投入日处理30吨菜油精炼设备1套，生产高级系列油脂产品。90年代初，在中国科协和商业部科技司支持下，引进科技开发贷款，承担省计经委新产品开发项目，成功开发"高级烹调油"产品，填补浙江省高档食用油的生产空白。

1991年濮院油厂已发展成行业内的骨干企业，主要设备有日处理能力共30吨的200型榨油机3台，日处理米糠30吨的浸出设备1套，日处理菜饼50吨的浸出设备1套，近2000吨的食用油油库1座，年产饲料3000吨的设备1套，4吨燃煤蒸汽锅炉2台，400千瓦配电设备1套，380马力(294千瓦)柴油发电机组1台，固定资产原值400万元。

企业主要产品有：二级菜籽油和大豆油、一级菜籽油(获省科技进步奖)和豆油、调和油、高级烹调油及柏和脂肪酸。1989年出口创汇113.36万元，出口产品均为A级，被桐乡县列为出口创汇重点企业。曾接待越南代表团、日本丰年制油株式会社和三井物产、联合国粮农组织官员的参访。

1958年12月获轻工业部"大胆革新土榨工具，帮助兄弟厂改进操作"奖牌。1986年被县人民政府命名为"先进企业"，厂党支部被县委命名为"先进党支部"，同年获浙江省总工会颁发的"工会先进集体"奖。1987年获嘉兴市"六好效益杯"竞赛先进集体称号。1987年"精制菜油"以全国参评产品第一名成绩，获商业部优质产品称号，并在1991年商业部粮油工业优质产品复评中，继续居全国同类产品第一。

1990年，国外毛菜油、毛豆油等初级油料品，经各种渠道在国内大量倾销，食用油品市场价格下跌；同时国家实施粮食流通改革，菜籽收购价格提高，原材料外购运费增加。上述诸因素导致企业销售利润严重滑坡，当年损失170.65万元。

1998年，企业实行托管；2000年，企业转股份制。

历任厂长有王如兴、冯志明、沈东才、陈振华、陈恒余、郑世贤、朱逸仙、张文华、陈新荣、宋慎漱、孙国连、汪士良。

表 7-3　　部分年份濮院油厂产值、利润及职工人数统计表

年　份	产值(万元)	利润(万元)	职工(人)
1952	148	1.6	—
1965	427	16.25	—
1966—1975	—	40.8	—
1981	509.16	18.12	107
1982	796.32	29.33	117
1983	732.57	35.69	117
1984	769.36	42.14	118
1985	776.87	55.48	135
1986	1023.41	88.56	159
1987	991.58	93.11	171
1988	1091.12	116.00	175
1989	971.68	101.37	170
1990	2037.35	7.27	163
1991	2433.82	45.56	170

濮院丝厂　由中国人民解放军南京军区浙江生产建设兵团第三师所建，厂址梅泾路11号，占地面积50977平方米。1973年2月20日开始筹建，1975年9月9日竣工投产。职工是筹建时期经过培训的建设兵团三师知青战士。1975年10月，根据国务院，中央军委关于撤销南京军区所属生产建设兵团的决定，中共浙江省委指示建设兵团丝厂移交桐乡县人民政府。11月10日正式移交，定厂名为地方国营桐乡县濮院丝厂，隶属桐乡县工业局。1986年5月1日桐乡县人民政府决定将丝厂划归桐乡丝绸公司领导。1988年，在扩大企业经营管理自主权改革中，桐乡县劳动局、财政局、丝绸公司联合发文决定，濮院丝厂试行工资总额同上缴利税挂钩，试行期与承包期相配套，时间3年，在1987年的基础上核定工资总额为152.33万元，上缴税利基数123.8万元，浮动比例为1∶0.7(即上缴税利净增1%，工资总额相应提高0.7%)。

1990年濮院丝厂已发展为一个颇具规模的中型缫丝企业，是浙江省丝绸联合公司出口丝定点厂，拥有固定资产473.92万元，年产量168.54吨，其中出口141.8吨，利润233.17万元，职工人数1022人。同年10月，经国家体改委批准为国家二级企业，主要产品梅花牌桑蚕白厂丝(Z2/43)被评为1987年度浙江省优质产品，1990年9月被国家优质产品审定委员会审定通过，获国家银质奖。

1998 年 12 月企业并入梧桐丝厂。2003 年 4 月 17 日并入崇德丝厂,称崇德丝厂梅泾分厂。2003 年 5 月 1 日转制,名为桐乡濮院丝业有限公司,有职工 220 人。2008 年 12 月 28 日停产,停产时尚有工人 113 人。2014 年,企业终止经营。

历任厂长有陈樟灿、张丽娟、沈经济、徐伟胜、宋慎洲、冯海荣、许福土。

表 7-4　　1981—1990 年濮院丝厂产值、利润、职工人数统计表

年份	产量(吨)	其中出口(吨)	不变价(万元)	现行价(万元)	利润(万元)	职工(人)
1981	167.60	104.68	704.92	737.29	95.27	1006
1982	160.23	108.11	679.10	707.74	91.72	1019
1983	132.50	68.80	564.19	591.08	111.20	1063
1984	144.74	74.12	619.98	646.72	107.63	1072
1985	156.68	60.96	695.32	728.34	106.54	1139
1986	166.23	39.62	704.65	907.40	108.34	1138
1987	169.40	86.21	767.82	1123.82	141.70	1093
1988	170.10	90.20	783.24	1838.13	167.91	1119
1989	168.21	143.79	727.62	2777.35	182.23	1067
1990	168.54	141.8	722.71	2893.11	233.17	1022

桐乡毛纺织股份有限公司　原为桐乡绸厂(厂址桐乡县梧桐镇)毛纺车间,移址濮院扩建而成。厂址梅泾路 1 号,占地面积 33965 平方米。1980 年春开始筹建,1981 年 4 月正式投产,始属集体企业,1982 年 6 月转为地方国营企业,厂名为"地方国营桐乡毛纺织厂"。1988 年 6 月,被嘉兴市人民政府命名为市级先进企业。同年 11 月试行股份制改革,根据"入股自愿,股份平等,收益共享,风险共担"的原则,投资主体设国家股、企业股和个人股 3 种。国家股和企业股经过对原企业资产评估、分账,分别为 507.60 万元和 235.48 万元;个人股系职工投入,计 28 万元。至此,企业成为桐乡第一家股份制毛纺织厂,更名为"桐乡毛纺织股份有限公司"(保留地方国营桐乡毛纺织厂为企业第二名称)。

试行股份制后,公司对内部体制亦作出相应改革,撤销八科一室,改设二部一室,即生产部、经营部、公司办公室。生产部下设梳纺、精纺、织造、染整、针织五大车间(染整、针织车间又称分厂)。至 1989 年该公司总利润为 116.88 万元,其中交纳所得税 42.7 万元,企业留利 74.18 万元(生产发展基金占 30%为 22.25 万元;分红基金占 30%,为 22.25 万元;职工福利基金占 13.65%为 10.13 万元;奖励基金占 25%,为 18.55 万元;技

术开发基金占1.35%,为1万元)。

公司(厂)建立初,以加工机织纱为主,1982年开始生产商品机织纱、粗纺呢绒,以后逐年开发新产品,分别是羊毛衫、粗纺针织纱、精纺针织绒。呢绒品种有麦尔登、海军呢、制服呢、女式呢、大衣呢、混纺雪花呢、全毛雪花呢、霜花呢、粗花呢、钢花呢、毛麻大衣呢等多种。其中永乐牌钢花呢、毛麻大衣呢,1988年和1989年分别获浙江省优质产品、纺织工业部优质产品称号。

2001年3月,企业转制,更名为"桐乡顺新毛纺织有限公司"。2010年,公司为濮院镇规模以上工业企业。

历任经理(厂长)有高仲秋、范亚男、钟立岩、毕建兴。

表7-5　1981—1989年桐乡毛纺织厂(股份有限公司)产值、利润及职工人数、劳动生产率统计表

年　份	总产值(万元)	利润(万元)	年末人数	劳动生产率(元/人·年)
1981	17.28	6.45	91	3200
1982	76.25	14.37	144	7945
1983	246.11	37.50	201	15878
1984	459.04	55.54	259	19958
1985	564.93	140.84	470	13451
1986	548.90	36.10	491	11985
1987	1243.05	104.38	654	23197
1988	1561.06	117.46	600	25057
1989	1551.00	114.19	560	—

桐乡县丝绸印染厂　建立于1985年,由桐乡县丝绸公司与濮院乡联办,隶属桐乡县丝绸公司。厂址挥士桥西堍,杭申公路北侧,占地面积56713平方米。有染色、炼整、印花、植绒、羊毛衫五大生产车间和经营计划科、生产技术科、厂长办公室二科一室。主要印染各类真丝丝绸(19005斜纹绸、12102双绉、12103双绉)、交织绸、70305双丝被面,各种中、高档被面及古香缎;化纤产品有中长花呢、全毛型、纯絲纶华达呢;生产各种花色图案的舒美绒,其中611211留香绉曾获1987年嘉兴市优良产品证书。

1999年12月停产。2000年3月所有员工与厂方签订解除劳动合同协议,每位员工所得补偿按工龄计为550元/年,随后企业终止经营。

历任厂长有潘振家、朱文清、钱松坤、陆建耀。

表 7－6　1985—1990 年桐乡县丝绸印染厂产值、利润及职工人数统计表

年　份	产值(万元)	利润(万元)	职工(人)
1985	1977.60	50.22	334
1986	2578.49	58.15	375
1987	2897.63	20.31	365
1988	2123.97	31.90	329
1989	1993.50	－47.36	364
1990	3254.19	108.06	—

桐乡包装用品厂　筹建于 1979 年 12 月，1980 年 10 月投产，厂址新南路 1 号。始由西山煤矿和濮院镇人民政府联办，后改为西山煤矿独家经营，隶属桐乡县工业局。工厂占地面积 13000 平方米，厂房 7000 平方米，设有大包装生产车间、小包装生产车间、筛网生产车间及喷塑分厂(车间级)。产品有单瓦楞纸箱、双瓦楞纸箱、彩印盒小瓦楞包装盆、彩印纸制品、各种规格的锦纶筛网及金属件喷塑等，以销定产，无积压。产品销往江浙沪及北京、沈阳、天津、重庆等地。1996 年 10 月迁出镇域，落户桐乡市经济开发区。

历任厂长有杨阿泉、陈庭昌、屠新民等人。

表 7－7　1981—1990 年桐乡包装用品厂产值、利润及职工人数统计表

年　份	产值(万元)	利润(万元)	职工(人)
1981	29.25	3.36	48
1982	36.33	2.81	45
1983	69.86	8.15	60
1984	108.40	12.39	59
1985	205.33	21.14	161
1986	265.00	25.56	176
1987	349.13	33.00	199
1988	403.81	38.00	264
1989	347.94	43.91	279
1990	299.33	45.35	—

桐乡丝绸联合厂　1987 年，由桐乡县濮院丝厂、崇德丝厂、梧桐丝厂、石门丝厂、乌镇丝厂、丝绸印染厂、桐乡县丝绸公司等 7 个单位联合投资 319 万元组建。厂址在濮院

镇挥士桥西埮，占地面积13340平方米。拥有ZK272－145丝织机64台，GD001－145络筒机10台，K70整经机3台，GD101无捻并丝机5台，GD141捻丝机11台，EX192卷纬机8台，K071并称机2台，浸泡、定型设备各一套以及发电机和锅炉等生产设备。1989年1月投试，5月份通过竣工验收。当年，生产真丝双绉绸缎12.03万米，年产值61.02万元，利润0.73万元。1990年产值168.26万元，利润39.50万元。年末职工人数133人。企业生产的真丝双绉、绸缎的品种有11205电力纺、11216巨力纺、11160电力纺，这些产品透气性好，染色后，色彩鲜艳，耐水、砂洗濯。为此企业成为浙江省丝绸公司生产出口绸缎定点厂。1994年产值累计完成587万元，比上年下降49%，利润累计完成62.44万元，比上年减少73.97%。1999年企业停产随后终止经营。

厂长曹松尧。

表7－8　　濮院国有企业转制情况表

企业名称	转制时间	转换形式	备注
濮院油厂	1998年	托管	2000年转股份制
濮院丝厂	1998年	合并	2003年5月转股份制
桐乡毛纺织厂股份有限公司	1988年6月	股份制	2001年转股份制
桐乡县丝绸印染厂	1999年	停产、终止	
桐乡包装厂	1996年10月	股份制	2000年4月转股份制
桐乡丝绸联合厂	1999年	解散	

二轻工业

濮院镇的县属集体工业（二轻工业）系由个体手工业经过社会主义改造，变个体所有制为集体所有制后建立的。中华人民共和国成立初期，濮院的个体手工业仍然是沿袭旧时“前店后坊”亦工亦商的传统生产经营方式，规模很小，业主一般都参加生产，伙计加学徒有10余人的，算是大作坊，1949年手工业产值为0.57万元。随着合作化运动的发展，个体手工业也开始组织起来。首先是镇区铁器业，主要的几家作坊共42人，在县供销社生产科的帮助下，成立濮院镇铁工场，姚永康为主任，这是桐乡县手工业第一个合作化组织。1952年铁工场转为铁器生产合作社，合作社制定社章，按章管理。1953年，贯彻党在过渡时期总路线和总任务，濮院镇手工业个体户纷纷组织生产合作社或生产小组。1955年入社（组）社员达300余名，直接服务农业的铁、木、竹业从业者入社率达87.5%。1956年，铁器、竹器、椿木、圆漆木、白铁、棕衣、丝线、缝纫、弹花、制鞋业，实现全行业合作化。1957年6月随着印染合作小组成立，镇区手工业基本纳入了5个生产合作社和6个生产小组，完成了社会主义改造（仅剩雕刻1户仍属个体，粉坊、糖坊划入商业）。1958年镇区手工业产值为57.61万元。通过合作化建成的集体工业，隶属桐乡县手工业联社。

1958年"大跃进"，大办钢铁，大办工业，在工业体制上盲目搞"提前过渡"。濮院镇的铁器、椿木、圆木、竹器和白铁等5家生产合作社合并成立濮院农具厂。服装、制鞋、弹花和印染4家社（组）合并成立濮院镇被服厂。棕衣生产合作社及丝线生产合作社上升为棕麻制绳厂、丝线合作工厂。另外又新成立濮院草织生产合作社、丝织生产合作社（供销社办）、濮院绣花组等3家企业。

1961年6月中央下达的《关于城乡手工业若干政策问题的规定（试行草案）》，即《手工业35条》指出，在整个社会主义阶段，手工业的主要所有制形式应是集体所有制，前几年改为全民所有制的，一般仍应恢复原来的手工业合作社或者合作小组。据此，濮院镇对原转、并不当的集体企业进行调整。同年7月，农具厂重新分拆为5个社（组），10月被服厂重新分拆为4个社（组），棕麻制绳厂恢复为棕麻生产合作社，绣花组并入El镇办企业上升为县属集体的"三八"服装社。经过调整后的濮院镇县属集体工业共有11个社（组），其生产规模经营方式和工资形式更符合手工业的特点，有利于生产的恢复和发展。1965年6月，椿木社和圆木社合并成濮院木器社。1970年丝织社和丝线厂合并为濮院绸厂，1971年由草织生产合作社演变成的濮院布厂也并入绸厂。1971年7月铁器社、竹器社、白铁社又合并为濮院农机修造厂。1972年1月"三八"服装社并入濮院被服社。同年9月起，县"手联社"（后改为二轻局、二轻总公司）派专人驻濮院镇具体管理。之后，随着国家实行"改革、开放"政策，镇域的集体企业生产技术不断革新，新产品不断开发，生产规模时有调整，组织机构时有分合，厂名也随之有所更换。

1990年，濮院镇有县属二轻集体工业企业7家，即桐乡缝纫机零件厂、濮院绸厂、濮院凯星羊毛衫厂、桐乡第一羊毛衫厂、上海协群商店桐乡羊毛衫联营厂、濮院服装厂、濮院皮鞋厂。是年二轻工业总产值为2390.73万元，利润总额150.22万元，职工人数1073人。

1992年濮院服装厂、桐乡第一羊毛衫厂并入桐乡凯星羊毛衫厂。同年，濮院皮鞋厂并入濮院绸厂；由于联营时间到期，上海协群桐乡羊毛衫联营厂终止经营。2001年绸厂破产，2003年桐乡缝纫机零件厂破产。此时，镇域内的原二轻工业仅剩桐乡市凯星染整有限公司。

表7-9　　濮院镇手工业生产合作社（小组）成立情况表

合作社（小组）名称	成立时间	合作社（小组）名称	成立时间
濮院铁工场	1951年11月	濮院椿木社	1954年10月
濮院丝线社	1953年3月	濮院竹器社	1954年4月
濮院棕衣社	1953年3月	濮院服装（组）社	1954年10月

续表 7－9

合作社(小组)名称	成立时间	合作社(小组)名称	成立时间
濮院圆木社	1955 年 3 月	濮院印染小组	1957 年 6 月
濮院弹花社	1956 年 1 月	濮院草织社	1958 年 4 月
濮院白铁社	1956 年 2 月	濮院丝织生产合作社	1958 年 5 月
濮院制鞋小组	1956 年 4 月		

八十年代的摆轴车间生产线

桐乡缝纫机零件厂　起始为 1951 年 11 月组建的濮院铁工场，1958 年 4 月，并入竹、木、白铁社后成为濮院农具厂。1961 年贯彻《手工业 35 条》，改为濮院铁器社，1971 年和竹器、白铁两社合并为濮院农机修造厂，1978 年 7 月正式定名为浙江省桐乡缝纫机零件厂。厂址永乐路 42 号，占地面积 17378 平方米，建筑面积 14433 平方米。1984 年 12 月与上海塑料一厂建立联营厂，1985 年与嘉兴市轻工机械厂合作建立嘉兴市轻工机械厂桐乡分厂，实行“一套班子、三块牌子”的管理体制。

企业主要设备有缝纫机零件流水线 6 条，1.5 吨冲天溶铁炉 1 台，180 千伏安变压器 2 台，75 千瓦柴油发电机组 1 套，车、刨、镗、铣、磨、钻等机床 27 台，SGl650 型离型纸载体法人造革生产流水线 1 条，80 万卡油热锅炉 1 台。主要产品有 JA1－1 型送布凸轮，摆轴和抬牙轴、PVC 针织泡沫人造革和防硫革及 DJ14－120 型绝缘滴浸机。1982 年年产缝纫机零件 882.65 万件，年利润达到 137.84 万元，名列全县工业系统前茅，被列为嘉兴地区二轻系统重点企业之一；JAl－1 型送布凸轮被嘉兴地区授予优质产品称号，产品为全国各省缝纫机厂配套。1988 年有 20 万件发运毛里求斯。缝纫机市场处于饱和状态后，1985 年与上海塑料制品一厂联营，生产建设牌门幅 90 厘米 PVC 针织泡沫人造革，供销渠道全部纳入上塑一厂，经济效益二八分成。1987 年自筹新建宽幅人造革流水线。10 月，门幅 140 厘米试产成功。1988 年 1 月与上塑一厂联营终止，自己生产“梅泾牌”针泡革、雨披革、防硫革、市布革和鞋履革。1990 年产值 1117.08 万元，利润 58.65 万元。1996 年下半年转换经营机制，实行承包经营。2003 年 12 月企业破产。

桐乡凯星染整有限公司　（详见第六编羊毛衫产业第一章第四节羊毛衫辅助工业）

桐乡第一羊毛衫厂　（详见第六编羊毛衫产业第一章第一节羊毛衫工业的兴起）

濮院绸厂　起始为创办于 1958 年 5 月的濮院丝线生产合作社，后与濮院纺织机械厂、纺织厂合并为国营濮院绸厂。1960 年改为集体所有制，划归手工业联社管理，定名为丝织社。1970 年 10 月和濮院丝线合作工厂合并，改名为濮院绸厂（县属集体）。1977 年 11 月濮院镇布厂并入。厂址永乐路 62 号，占地 13412 平方米，建筑面积 4316 平方米。拥有铁丝织机 116 台，络丝机 16 台 904 锭，并丝机 2 台 200 锭、粘丝机 7 台 700 锭、络经机 3 台、整经机 3 台、浆丝机 1 台、卷纬机 7 台 140 锭、150 千伏安变压器 1 台等设备。主要生产纯柔蚕丝织品和人造丝及其交织品，其中绢纬塔夫绸，斜纹绸是外贸出口产品。1987 年产值 180.24 万元，利润 5.00 万元，职工人数 309 人。2001 年 12 月企业破产。

濮院皮鞋厂 起始为 1956 年 4 月组建的濮院制鞋小组。1957 年 12 月更名为濮院制鞋社。1977 年 4 月更名为濮院劳保皮件用品厂。1978 年 9 月并入濮院针织服装厂。1980 年 10 月恢复劳保皮件用品厂，同年更名濮院皮鞋厂。厂址北横街 28 弄，占地面积 348 平方米，建筑面积 444 平方米。主要生产设备有粘股机 1 台，针织手工横机 14 台。1989 年生产劳保皮鞋 0.24 万双，各式羊毛衫 1.31 万件。1992 年 8 月并入濮院绸厂。

濮院服装厂 起始为 1954 年 10 月建立的濮院服装（组）社，1958 年 10 月并入新成立的濮院被服厂。1961 年 10 月被服厂撤销恢复濮院服装社。1978 年 9 月服装社并入濮院针织服装厂。1980 年 10 月针织服装厂撤销，恢复濮院服装厂。厂址永乐路 35 号，占地面积 631 平方米，建筑面积 820 平方米。主要生产设备有缝纫机 44 台，裁剪机 2 台，针织横机 11 台。由于梳织服装市场不景气，企业从 1988 年起增加羊毛衫产品。1989 年生产各类梳织服装 0.57 万件，各式羊毛衫 1.86 万件。是年产值 59.60 万元，利润 2.90 万元，职工人数 36 人。1992 年 4 月并入凯星羊毛衫厂。

表 7－10 濮院二轻企业转制情况表

企业名称	转制时间	转换形式	备注
桐乡缝纫机零件厂	1996 年	承包责任制	2003 年 12 月破产
桐乡第一羊毛衫厂	1992 年 11 月	兼并	并入凯星羊毛衫厂
濮院皮鞋厂	1992 年 8 月	兼并	并入绸厂
上海协群桐乡羊毛衫联营厂	1992 年	解散	—
濮院服装厂	1992 年 4 月	兼并	并入凯星羊毛衫厂
濮院绸厂	2001 年 12 月	破产	—
桐乡凯星染整厂	1995 年 5 月	有限公司	2014 年停产

镇、乡办工业

濮院的乡办集体工业，最早是农业生产合作社的一些较大副业生产组，继而发展成农具厂、粮食加工厂等。镇办企业起步于1964年，是由数名社会青年组成的五金制配综合小组为其雏形。他们利用陈旧车床生产螺丝、手丝攻及翻砂铸件。1967年又有20余名待业青年，自愿结合，自筹资金3000元组织筹建星火塑料钢笔厂，月产钢笔5万—6万支。1970年，为解决街道干部长期义务工作没有报酬，及解决一批家庭妇女劳动就业问题，镇政府决定成立街道劳动服务站，兴办小型街道工厂，先后创办塑料电线制品厂、运输组、手工组等。1973年，濮院镇成立工业办公室，专管镇办工业、街道工厂。塑料电线制品厂于同年交给镇工办管理，其他街道办工业亦逐步由镇工办接管，并重新组合成镇办企业。20世纪60—70年代，乡办的农具、粮食加工、建筑、砖瓦等企业，经多年积累，也初具规模。

1978年后，随着改革开放政策的系列出台，镇、乡办工业发展有了新的飞跃，至1980年，基本形成以纺织服装工业为主，兼有机械、化工、建材工业的生产格局，镇、乡办工业企业分别发展到17家和34家（新生乡13家，濮院乡21家）。

1992年濮院乡并入濮院镇，此时濮院镇有中华羊毛衫厂、申湘羊毛衫厂、武进羊毛衫厂、毛纱厂、印刷厂、低压电器厂、华光电镀厂、缝纫机零件二厂、杭汽联营厂、东海电线厂、绢麻纺织厂、大庆丝厂、砖瓦一厂、砖瓦二厂、砖瓦三厂、防水材料厂、南方印染厂、照明器材厂、加申塑料厂、幸福羊毛衫厂、丰达印花厂、梅泾建筑公司等22家镇办工业企业。90年代中期，新生乡有新生砖瓦一厂、新生砖瓦二厂、雅蝶羊毛衫厂、新生水泥厂、新生机械厂、新生绸厂、新生碳酸钙厂、新生建筑公司、新生丝厂9家乡办工业企业。

1993年，镇域以实行股份合作制为突破口，开始乡镇集体企业产权制度改革。至1994年，新生机械厂、新生丝厂先后转为股份合作制，低压电器厂、螺帽厂、金钟机械厂等完成转制。1996年，新生建筑公司、东海电线厂、印刷厂等完成转制。1997年3月，中共桐乡市委颁发《关于深化完善我市乡镇集体企业改制工作的若干意见》，以产权制度改革为中心内容的企业转制全面展开。濮院、新生均组建专门领导班子，制定工作规划，加快推进转制。在对乡村集体工业企业进行资产评估和清理债权债务关系的基础上，将尚未完成转制的乡镇集体企业陆续改制为股份合作制企业或股份有限公司、有限责任公司等。同时，对“微小亏”企业采用兼并、拍卖、关停、租赁经营等方式，实现资产重组，盘活存量资产。至1998年，缝纫机零件二厂、毛纱厂、华光电镀厂、砖瓦厂、苎麻厂、大庆丝厂等完成转制。1999年4月7日雅蝶集团公司宣布破产，同年新生的其余乡办企业先后完成转制。至21世纪初，濮院的镇、乡办工业企业全部完成转制。

中华羊毛衫厂 （详见第六编羊毛衫产业第一章第一节羊毛衫工业的兴起）

缝纫机零件二厂 起始为五金制配综合小组，后改名为濮院五金刃具厂。1979年，由于企业设备更新，产品增多，该厂名改为濮院纺织机械厂。1981年定厂名为桐乡县缝纫机零件二厂，厂址濮院汽车站西，占地面积2500平方米。主要生产圆板牙、缝纫机零件等。1986年与杭州汽轮机厂联营生产高精度漂浮式印花台板常温恒张力卷染机、棉条筒滑轮、棉条筒三脚架及铸件等。生产设备有车床11台、工具磨2台、铣床3台、镗床1台、冲床1台、剪板机1台、钻床17台、砂轮机4台、滚砂机1台、铁炉1台。1990年产值93.53万元，利润5.56万元。1998年企业完成转制，更名为桐乡市金源工贸有限责任公司。2010年，公司为濮院镇规模以上企业。

东海电线厂 1984年创办，厂址北市蚬子滩。1988年与濮院塑料电线制品厂合并，占地面积5490平方米。拥有挤出机4台，315型束丝机1台，250型束丝机3台，200型束丝机2台，火花机3台，成圈机3台，成盘机1台，对绞机2台，成揽机3台等设备。主要产品为PVC电线。插头电线，1987年获嘉兴市优质产品奖。1990年产值为300.13万元，利润为27.87万元。1996年，企业完成转制。2004年，企业终止经营。

濮院毛纱厂 1985年3月创办，厂址龙湾街80号，占地面积2100平方米。企业拥有BC－272－F粗纺梳毛机2台，480锭BC－584回片机2台，S641合股机1台，M1332络筒车1台，BC262和毛机1台。1990年产值100.73万元，利润19.68万元，职工人数81人。1998年5月企业完成转制。2004年企业迁出镇域，落户本市龙翔街道。

华光电镀厂 原系濮院塑料电线制品厂电镀车间，1979年，在上海皮件二厂电镀工程师吕成康的指导下建立电镀厂，厂址孟家园20号。企业拥有镀铜缸8只，镀银设备1套，镀镍缸3只，仿金设备1套，镀铬缸2只，整流器3台，200克、60克注塑成型机各1台等设备。企业对塑料ABS进行表面电解金属结合的处理，质量较好，以后又发展镀铜、镀镍（包括黑镍）、仿金等。1989年产值45.12万元，利润1.67万元，职工人数40人。1998年5月，企业完成转制。2001年，企业终止经营。

濮院印刷厂 建于1979年5月，厂址大街24号，初始仅生产手工糊制的包装盒，后购进旧印刷机2台，承接当地的土烟包装用纸。1985年添置01胶印机，业务范围不断扩大。1986年成为县指定发票印刷专营单位。1990年，拥有印刷机18台，产值26.46万元，利润7.02万元。1994年，企业完成转制。1997年，企业被兼并至梧桐镇。

大庆丝厂 1969年濮院与新生两公社联办，厂址位于濮院镇仓前街70号。企业拥有缫丝机120台，每台2400绪，固定资产原值137万元。主要生产白厂丝，1990年生产量61吨，正品率99.94%，品位3A35级，每百千克丝消耗缫折318千克，标煤1240千克，电220千瓦时。年末职工430人，工业总产值265万元（1980年不变价），利润40万元，销售税金51万元。1993年工业产值1335.8万元，利润20.2万元。年底职工人数543人。1997年，企业被濮院丝厂收购。

新生丝厂 1990年6月从濮院大庆丝厂分设，投入资金140万元，定名为桐乡县新生丝厂，厂址新生集镇新桥头，占地面积24667平方米。1991年2月投产，有120台立缫机，职工450人。1993年达到国家中型企业标准，是省级重点骨干企业，年产白厂丝80

吨,利润60万元。1994年,完成股份制改革。2007年8月停产。

雅蝶羊毛衫厂 1985年创建,厂址位于新生镇华生东路1号,占地面积90000余平方米,后更名为"浙江雅蝶集团公司"。1988年固定资产61.09万元。1992年末职工人数490人,年工业总产值1508万元,利润203万元。1994年集团盈利加其他增值达978.88万元。1997年桐乡市雅蝶集团公司在全市工业产品销售收入50强中位列第49名,产品销售收入5528.2万元。1998年雅蝶集团下辖嘉兴市雅蝶羊毛衫厂、桐乡市雅蝶毛纺厂、浙江雅乐针织漂染有限公司、桐乡市雅蝶绢纺厂。1998年5月份后,由于长期停产,集团严重亏损,到1999年3月底已资不抵债,同年4月7日宣布破产。

新生机械厂 原系1976年创办的新生农业机械修配厂,1980年更名为新生机械厂,厂址新生集镇。1993年有职工186人,拥有资产总值915.40万元,当年销售收入722.79万元,利税额32.82万元,工业总产值627.00万元。1994年,企业转为股份合作制,更名为浙江嘉兴新竹机械制造有限公司。2010年,公司为濮院镇规模以上工业企业。

新生砖瓦二厂 1980年创建,厂址位于新妙智村,占地面积82000平方米。1992年末职工人数353人,工业总产值591万元,利润7万元。1999年产值超市平均产值。1999年下半年企业转为私企。在2005年启动的砖瓦行业整顿中,企业终止经营。

村办工业

最早的村办企业由农业生产合作社时期的副业生产组中那些小型的加工作坊,逐渐发展而成。至20世纪80年代,镇域村办企业有37家(其中新生19家)。至1995年,濮院镇有村办企业12家。1999年底濮院镇的12家村办企业中,10家已完成改制。2000年新生有村办企业3家。2001年新生乡并入濮院镇后,随着环民铸件厂转制,2003年群丰建材厂停办,2008年红凯公司停办,镇域村办工业企业全部终止。

表7-11　　1988年新生村办企业主要指标汇总统计表

企业名称	年末人数(人)	企业总产值(万元)	总(销售)收入(万元)	利润总额(万元)
张家桥服装厂	13	2	10	-2
张家桥印刷厂	15	7	6	—
红旗漾服装厂	101	54	95	3
红旗漾预制厂	13	11	17	—
红旗漾砖瓦厂	8	2	3	—
妙智砖瓦厂	180	64	136	8
妙智菌种厂	4	2	2	-1
妙智针织厂	124	38	38	—

续表 7－11

企业名称	年末人数（人）	企业总产值（万元）	总（销售）收入（万元）	利润总额（万元）
油车桥灯具厂	42	18	22	－2
油车桥预制厂	30	36	39	－1
联丰电珠厂	108	4	5	－1
环桥五金机械厂	17	3	2	—
联民建材装潢厂	11	3	4	—
纱布厂	21	3	2	－1
建民塑料厂	14	8	7	—
金桥蚕厂	17	37	40	1
新生塑料厂	30	13	20	－1
新生福利塑料厂	37	37	47	1
联丰塑料用品厂	20	13	18	—

表 7－12　　1995 年 7 月濮院村办企业产值汇总统计表

单位名称	计划（万元）	完成计划（%）	本月（万元）	累计（万元）	上年同期（万元）	增长（万元）	增长（%）
合计	2282	31.33	112.03	714.84	880.45	－165.61	－18.81
汽修厂	66	38.08	4.29	25.13	26.67	－1.54	－5.77
黄河轻纺机械厂	150	36.16	12.80	54.24	56.80	－2.56	－4.51
标准件二厂	170	45.47	16.37	77.30	74.53	2.77	3.72
油脂化工厂	480	43.62	23.01	209.37	191.21	18.16	9.50
金龙制衣厂	40	—	—	—	31.06	－31.06	－100
濮院三轮车厂	550	37.28	25.13	205.02	280.14	－75.12	－26.82
汽水厂	60	10.23	1.63	6.14	23.99	－17.85	－74.41
红星印染厂	25	31.60	1.58	7.90	12.06	－4.16	－34.49
砖瓦三厂	170	45.48	18.20	77.32	65.64	11.68	17.79
洗毛厂	100	40.82	8.74	40.82	21.76	19.06	87.59
星锋预制厂	—	—	0.28	9.04	18.58	－9.54	－51.35
永兴造船厂	120	2.13	—	2.56	—	2.56	100

表 7－13　　2000 年新生村办企业资产负债统计汇总统计表

单位名称	流动资产(万元)	长期资产(万元)	资产总计(万元)
合计	305.77	388.90	694.67
红旗漾红凯公司	55.04	82.62	137.66
群丰建材厂	163	299	462
环民铸件厂	87.73	7.28	95.01

企事业单位办工业

企事业单位创办的集体性质工厂，镇域曾出现过 14 家。至 21 世纪初，这些工厂或转制或兼并或终止。

表 7－14　1989—1990 年单位办集体工业企业概况、产值及利润统计表

单位名称	创办年月	隶属部门	1989		1990	
			产值（万元）	利润（万元）	产值（万元）	利润（万元）
三中校办厂	1972.04	桐乡三中	43.25	0.04	13.00	7.51
自来水厂	1974	县城建局	16.00	5.23	18.08	1.76
工艺羊毛衫厂	1980.09	建筑公司	229.34	18.51	253.19	28.89
风华羊毛衫厂	1981	县民政司	125.63	2.6	74.79	6.96
灯具制造厂	1981.03	濮院搬运站	20.69	0.21	55.26	0.76
朝辉羊毛衫厂	1985	水作社	77.67	8.52	66.14	12.34
梅泾沙发厂	1985.03	濮院镇小	13.5	0.91	15.27	0.72
华丰羊毛衫厂	1985.04	濮院供销社	108.87	12.83	248.76	21.06
丝绸服装厂	1985.05	濮院供销社	160.4	12.6	140.14	9.42
日用化工厂	1986.08	濮院中心小学	19.5	0.8	11.00	12.26
丝厂羊毛衫厂	1987.01	濮院丝厂	62.58	5.36	34.95	0.08
桐鹰羊毛衫厂	1988.03	桐乡毛纺织厂	92.03	5.27	—	—
电子桐乡联营厂	1988.07	灯具制造厂	87.26	5.9	56.06	8.74
南洋毛衫厂	1989	濮院油厂	43.1	9.13	168.2	25.32

个体、私营工业

由于多年的战乱，到中华人民共和国成立初镇域的个体私营工业只剩下公记油坊、濮院油厂、洽兴记糟坊、震悦糟坊 4 家。在接下来的两三年中，上述 4 家企业相继停办，

此时境内仅剩些个体手工业作坊。1951年濮院镇的手工业开始组织起来，走合作化道路。1953年手工业合作化步伐加快，至1958年，濮院镇手工业的“社会主义改造”基本完成。此后的20年间，镇域几乎没有个私工业。

1978年，中共十一届三中全会后，濮院的个体加工户开始起步。1992年，中共十四大明确了中国经济体制改革的目标是建立社会主义市场经济体制，提出要以公有制(包括全民所有制和集体所有制)为主体，个体经济、私营经济、外资经济为补充，这样一个多种经济成分长期共同发展的方向。于是濮院个体、私营工业进一步发展。1997年中共十五大确立以公有制为主体、多种所有制经济共同发展，是中国社会主义初级阶段的一项基本经济制度。确认了非公有制经济是中国社会主义市场经济的重要组成部分，对个体私营等非公有制经济继续鼓励、引导。此后镇域个体私营工业迅速发展，至2010年濮院主要有17个工业行业，个体工业单位6219户，从业人员45142人，规模以上工业企业157家(其中纺织业有127家)，规模较大的有浅秋针织服饰有限公司、飞虎纺机有限公司、恒源化工有限公司、申康管业有限公司、浙江厚源纺织股份有限公司、南方水泥浙江桐星水泥股份有限公司、浙江雀屏纺织化工股份有限公司、百丽特包装有限公司、协鑫环保热电有限公司、博森织染(嘉兴)有限公司、桐乡市顺新毛纺织有限责任公司、汉邦化工有限责任公司等。

表7-15　　2010年濮院镇主要行业中150家规模以上工业企业主要指标统计表

项目 行业	企业数	工业总产值(万元)	固定资产合计(万元)	利润总额(万元)	利税总额(万元)	从业人员数(人)
农副食品加工业	1	588	9	1	1	11
纺织业	127	235014	174854	9494	18179	7475
纺织服装、鞋、帽制造业	1	946	1478	14	66	19
造纸及造纸品业	1	5804	7778	457	764	186
化学原料及化学制品制造业	3	18517	1963	1388	1931	243
医药制造业	1	1544	827	106	284	50
化学纤维制造业	1	2776	1456	25	25	51
塑料制品业	2	5823	1169	119	275	60
非金属矿物制造业	3	38384	14387	3066	6229	715
黑色金属冶炼及压延加工业	1	885	41	20	44	24
金属制品业	1	617	796	33	53	20
通用设备制造业	2	2428	766	67	168	117

续表 7－15

项目 行业	企业数	工业总产值（万元）	固定资产合计（万元）	利润总额（万元）	利税总额（万元）	从业人员数（人）
专用设备制造业	1	13563	2997	674	1202	350
交通运输设备制造业	1	608	86	1	55	30
仪器仪表及文化、办公用机械制造业	1	1128	20	33	80	16
电力、热力的生产和供应业	1	25276	30879	2443	3289	117
水的生产和供应业	2	4941	9628	269	308	55
总计	150	358841	249132	18209	32954	9539

表 7－16　　2010 年濮院镇全年工业经济完成情况表(一)

指标名称		完成目标比率（%）	全年累计（万元）	2009 年同期（万元）	增长率（%）
工业总产值	合计	100	1651123	1522053	8.5
	其中:规模以上	107	365270	253045	44.4
	其中:规模以下	—	1285853	1269008	1
销售产值	合计		1641279	1518727	8
	其中:规模以上	109	355426	249719	42
	其中:规模以下	—	1285853	1269008	1
销售收入	合计		1637935	1553495	5
	其中:规模以上	—	352738	284487	24
	其中:规模以下	—	1285198	1269008	1
增加值	规模以上	—	104493	70779	48
出口交货值	合计		151609	138264	9.7
	其中:规模以上	—	19417	15214	27.6
	其中:规模以下	—	132192	123050	7.4

表 7－17　　2010 年濮院镇全年工业经济完成情况表(二)

指标名称	目标	完成目标比率（%）	本年累计	2009 年同期	增长率（%）
（规上）万元工业增加值能耗（吨标煤/万元）			2.16	3.28	－34.2

续表 7－17

指 标 名 称		目 标	完成目标比率（%）	本年累计	2009 年同期	增长率（%）
利润总额（万元）	合 计			45327	40493	11.9
	其中：规模以上	18100	111	20095	16502	21.8
	其中：规模以下		—	25232	23991	5.2
利税总额（万元）	合 计			71316	65574	8.8
	其中：规模以上	13500	106	33446	28646	16.8
	其中：规模以下		—	37870	36928	2.6
企业个数	合 计			6480	5910	9.6
	其中：规模以上		—	157	133	18.0
	其中：规模以下		—	6323	5777	9.5
企业职工人 数	合 计			56072	51560	8.8
	其中：规模以上		—	9766	9356	4.4
	其中：规模以下		—	46306	42204	9.7

第二章 丝绸工业 毛纺工业

第一节 丝绸工业

中华人民共和国建立前的濮院丝绸业，仅靠附近农村机户生产少量土绸维持着。中华人民共和国成立后，在社会主义改造运动中，濮院丝线社于1953年3月组建，1957年8月更名为濮院丝线合作工厂。1958年4月，濮院供销社牵头组建濮院镇丝织生产合作社，有手拉织机15台，10多名职工。翌年，濮院镇丝织生产合作社与濮院纺织厂合并转为国营濮院绸厂，年产人造丝交织品云雾绸、复兴纺等2万米。1960年，绸厂恢复濮院丝织生产合作社名称，划入县属手工业集体企业。1961年，濮院丝线生产合作社被定为湖州丝绸公司计划加工单位，产品有红星纺、人棉纺、云巾绉等。1970年，濮院丝线合作工厂并入丝织生产合作社，更名为濮院绸厂。1977年11月濮院布厂并入绸厂。濮院绸厂拥有铁丝织机、络丝机、并丝机、粘丝机、络经机、整经机、浆丝机、卷纬机等生产设备，主要生产纯柔蚕丝织品和人造丝及其交织品。20世纪80年代，丝织品内外贸易日趋活跃，市场化纤丝原料增多，推动了丝织业发展。1981—1983年，濮院绸厂增机扩产，试制成功真丝提花九霞缎，并与留香绉、绢纬塔夫绸等品种进入国际市场。

1969年濮院与新生两公社联办大庆丝厂，生产3A35级白厂丝。1989年大庆丝厂所生产的梅花牌桑蚕白厂丝Z/64被评为省优质产品。1990年6月，大庆丝厂分设为新生丝厂与濮院大庆丝厂。1991年2月，投入140万元资金的新生丝厂建成投产，有120台立缫机，年产量80吨。1993年是省级重点骨干企业。

1973年，浙江生产建设兵团第三师创建濮院丝厂，1975年10月移交地方，改名为地方国营桐乡县濮院丝厂。投产前期，企业亏损，所产厂丝多为内销。1985年前后进行扩车，厂丝品位提高，转以外销为主。此后，在能源、工艺和现场定置管理中开始应用计算机技术，取得多项现代化管理成果，其中获全国丝绸纺织系统三等奖1项。1987年，濮院丝厂生产的梅花牌桑蚕白厂丝Z2/43被评为省优质产品。1989年起连续两年被评为省级节能先进企业。至1990年，濮院丝厂已发展为一个颇具规模的中型缫丝企业，年产量168.54吨。是年10月，经国家体改委批准为国家二级企业。

1984年，桐乡县丝绸公司与濮院乡经济联合社合资联办桐乡县丝绸印染厂，隶属桐乡县丝绸公司。翌年投产后又进行扩建配套，形成年印染能力1000万米的炼、染、印一条龙的中型生产规模，并取得产品出口许可证。主要设备有M125卷染机、U型和O型染色机、单（多）棍整理机共31台，印花台板10条以及热定型机等。主要印染各类真丝丝绸（19005斜纹绸、12102双绉、12103双绉、611211留香绉）、交织绸、70305双丝被面等，各种中、高档被面及古香缎，其中611211留香绉曾获得1987年嘉兴市优良产品证书。

1997年至2005年，镇域国有、集体企业实施产权制度改革，国有、集体丝绸业全部完成转制，随即也先后停产或破产。进入21世纪后，个私企业和部分转制后的乡镇企业仍传承着濮院的丝绸工业。至2010年，镇域有丝绸企业11家，它们分别是桐乡市濮院丝绸工业公司、桐乡濮院华夏丝绸有限公司、桐乡市新生丝厂、桐乡市国立纺业有限公司濮院分公司、桐乡市新生纺织厂、桐乡市濮院盖球蚕丝被厂、桐乡市濮院绢麻纺织有限公司、桐乡市濮院新红邦家纺厂、桐乡市恒越纺织后整理有限公司、浙江纬尔飞纺织有限公司、桐乡市梅泾纺织有限公司。其中前7家企业以生产蚕丝被、蚕丝服装、床上用品、丝绵线、丝绵片、针织服装、白厂丝、绸缎、绢丝、绢麻纺织品为主，后4家企业除生产丝线和丝织品之外，还兼营羊毛衫产销。如今的濮院丝绸工业，虽未淡出本地产业界，但也只占了很小的份额。

第二节　毛纺织工业

清康熙年间濮院境内新生一带曾土产羊毛方界布。民国时期，濮院存有传统的兰毛毡毯业，“濮毯”曾行销苏杭等处。20世纪80年代初，随着地方国营桐乡毛纺厂落户境内，现代毛纺织工业开始在镇域起步。随后由于羊毛衫行业的兴起，拉动毛纺织工业快速发展，至2010年，镇域毛纺织工业企业达到46家。

国营桐乡毛纺厂的前身，是成立于1972年的国营桐乡绸厂毛纺车间，它拥有30年代荷兰产的棉毛纺织机一台（套），240锭，加工10支粗纺毛纱，是桐乡最早生产绒纱的单位。1980年，该车间从梧桐镇移址濮院镇并进行扩建，1981年4月正式投产。投产前期因设备尚未配套，以加工机织纱为主。1982年改名为桐乡毛纺厂后，新添BC272B型梳纺设备1台（套）及HZ272型毛织机9台，开始生产机织纱、粗纺呢绒，当年生产粗纺毛纱54吨，粗纺麦尔登呢和海军呢1.6万米。以后逐年增加有羊毛衫、粗纺针织纱、精纺针织绒；呢绒产品有麦尔登、海军呢、制服呢、女式呢、大衣呢、混纺雪花呢、全毛雪花呢、霜花呢、粗花呢、钢花呢、毛麻大衣呢等多个品种。其中永乐牌银花呢、毛麻大衣呢，分别在1988年和1989年获浙江省优质产品、纺织工业部优质产品称号。1988年11月试行股份制，并更名为桐乡毛纺织股份有限公司。2001年3月，公司转制，更名为桐乡市顺新毛纺织有限公司。

境内第二家毛纺织企业，是1985年3月创办的镇办企业濮院毛纱厂（详见本编第一章第二节中华人民共和国成立后的工业·镇、乡办工业）。

20世纪90年代，随着经济体制改革的深入和羊毛衫业在濮院的兴起，境内个私毛纱工业企业也随之发展。1991年厚源纺织有限公司成立，2000年桐乡市濮院镇正林毛纱经营公司注册，2001年桐乡市梅泾纺织有限公司、桐乡市天盛纺织有限公司、桐乡市顺新毛纺织有限公司、桐乡市杜氏毛纺原料有限公司、桐乡市澳尔美纺纱有限公司5家公司注册。至2010年濮院镇毛纺工业企业已有40余家；注册资金在100万元以上的有17家，其中500万元以上的有8家，分别是浙江厚源纺织有限公司、桐乡市顺新毛纺织有限公司、嘉兴荣庭纺织有限公司、桐乡市杜氏毛纺原料有限公司、浙江欧图纺织有限公司、浙江港伦纺织有限公司、浙江万泷纺织工贸有限责任公司、浙江紫兴纺织有限公司。境内规模以上工业企业中，有毛纺织企业11家，其中桐乡市顺新毛纺织有限公司和浙江厚源纺织有限公司，在业界最具影响力。

企业选介

桐乡市顺新毛纺织有限公司　公司拥有从意大利、英国、日本等国进口的先进生产设备，生产粗纺走锭纺纯山羊绒纱、绢丝山羊绒纱及其他混纺山羊绒纱，也可为毛衫企业加工生产所需的各种优质的羊绒纱。公司成立后一直以外贸业务为主，2009年调整为内外贸并举。针对国内市场特别濮院羊绒衫生产厂商的特点，公司开发了26/2支纯山羊绒纱120个颜色、36/2支纯山羊绒纱48个颜色和40/2支纯山羊绒纱20个颜色的成品纱。此举满足了中小客户的小批量需求。是年，公司销售额达5168万元，工业销售额排名濮院镇第九位。2010年产值约10000万元，年出口约1500万美元。

顺新公司重视科研创新，凭借先进的生产设备和优秀的研发人员，研制开发了以粗纺32支、34支、36支、40支为主的高支羊绒纱，较好地适应了国内外高端客户的需求；公司是国内顶级品牌鄂尔多斯1436羊绒衫的40支粗纺纱定点供应商。2009年开发的国内首创36—48支走锭粗纺山羊绒纱更是受到了业内人士的青睐。同年，在中国毛纺织行业协会组织的全国毛纺织纱线类产品名优精品推荐活动中，公司生产的顺新牌走锭纺40/2支和36/2支纯山羊绒针织纱分别荣获“精品奖”和“优质产品奖”。2010年，公司已着手对纯山羊绒精纺高支纱进行研发，特别是对70—120支精纺山羊绒超细支精纺纱这一国内外的薄弱环节进行重点研发。

2007年，顺新公司被中国纺织行业协会确定为中国纺织企业社会责任管理体系推广委员会成员单位；2008年，公司被授予桐乡市五星级和谐企业称号。

浙江厚源纺织有限公司　公司是一家集纺纱、染色、倒毛于一体的拥有自营出口经营权的精毛纺股份制企业。至2004年，公司已拥有德国伏克曼、意大利圣安德烈、日本村田、法国NSC的先进纺纱设备，意大利OBEM的绞纱染色设备，瑞士打样设备，台湾流亚科技的自动配料系统和国内先进的倒筒设备。公司具有每天绞纱染色15吨、毛条

浙江厚源纺织有限公司

染色15吨、倒筒加工6吨的生产能力，年生产精纺针织纱1100吨，实现销售年收入11422万元。2005年，公司拥有漂染设备70台套，具有年染色8000吨的生产能力，所生产的产品通过Oeko－Tex Standard 100认证，为羊毛衫产品集群突破绿色贸易壁垒，走向世界增添动力。2008年，公司实现加工产值7489.6万元，利税2803万元。2009年销售额达10440万元，排名濮院镇工业销售额第5位。

厚源公司在技术创新上，一方面引进最新技术，每年特聘意大利染色专家做技术指导，并分两季为中国流行色协会制作毛针织流行色卡。另一方面与浙江理工大学合作搞研发。2005年研发的"新型多组分纤维毛针纱线的染色新技术研究"课题研究，被列入浙江省重大科技攻关项目，2007年11月通过浙江科技厅验收评审，被中国纺织工业协会评为科学技术进步二等奖。2008年4月申报的"低洼比浸淋毛针织纱线染色节能减排技术研究"项目，已进入研发试验阶段。

厚源公司先后荣获民营科技型单位、企业社会责任试点工作先进单位、工业企业纳税先进单位和劳动关系和谐企业等荣誉称号。2008年11月获ISO 14001环境体系认证通过并正式运行。

第三章　建材工业　建筑业

第一节　建材工业

境内建材生产起源甚早。宋绍兴五年(1135)濮氏定居后,在濮家堰附近垒窑烧砖,旧名张窑渡、北窑里、柴窑港等地皆濮氏垒窑处。濮氏烧砖一为自给,二为销售,是为境内建材市场的雏形。然而,此后在相当长时期内,土窑制砖零星散落、断断续续,无论规模还是数量均不见发展,更没有形成产业。

濮院现代建筑材料工业的正式起步,始于20世纪70年代。1970年,新生公社永兴砖瓦厂建立,此后,下属红旗大队、红旗漾大队和红星大队分别在1973年和1974年建立窑厂。濮院公社的新华、黄河、会龙、永联四个大队在20世纪60年代末联合建立庙舻窑厂,20世纪70年代初星星大队、星锋大队也相继建起窑厂。此后数年间涌现出一批集体窑厂,形成了一定的行业规模,但它们的生产设备仍是传统土窑。1975年、1976年,新生公社砖瓦一厂和濮院公社砖瓦一厂先后建立,开始装备现代化制砖设备——轮窑。上述两砖瓦厂的建立,标志着境内的建筑材料业迈上了新台阶,并由此出发逐步成为镇域的骨干行业。

21世纪初的砖瓦厂

改革开放后,镇域建材工业迅速发展。1990年,镇域内有建材企业7家,分别是濮院砖瓦一厂、濮院砖瓦二厂、濮院砖瓦三厂、新生砖瓦一厂、新生砖瓦二厂、勤丰建材厂、新生水泥厂,主要从事砖瓦、水泥等建材生产,年末从业人员共1500余人。世纪交替之际,桐乡市产业结构大调整,濮院于1999年和2005年,两次启动砖瓦行业整顿工作,至2010年,镇域有建材工业企业34家,其中规模以上工业企业7家,分别是南方水泥有限公司、桐乡申康管业有限公司、桐乡市恒丰建材有限公司、桐乡中大沥青有限责任公司、桐乡嘉通管业有限公司、桐星混凝土有限公司、浙江江鑫钢网桁架有限公司,涉及水泥、水泥制品、耐火陶瓷制品及其他耐火材料、黏土砖瓦及建筑砌块、金属结构等建材生产。2014年，境内砖瓦生产全部终止。

企业选介

桐乡南方水泥有限公司　公司的前身是桐星水泥股份有限公司，始建于1984年，原名新生水泥厂，地址新生乡油车桥村。1995年1月更名为桐星水泥厂。2000年1月，改制后称桐星水泥股份有限公司。迁址濮院镇永兴港运河塘口，占地面积165000平方米。浙江桐星水泥有限公司生产水泥标号为32.5吨级（约占40%）及42.5吨级（约占60%），并拥有一条100万吨/年水泥粉末生产线。为了提高水泥散装率，浙江桐星水泥有限公司先后投资1000多万元技改，发展散装水泥专用设施、装备和增设运输工具，组织专业营销队伍开发散装水泥使用市场。公司总部共有散装水泥专用发放库20座、专用汽车30辆，罐体船15艘，流动罐350多个，基本形成了一条龙的散装水泥供应和使用体系。自2000年以来，水泥散装率稳定在75%以上，多次荣获省市散装水泥发放先进单位。

浙江桐星水泥有限公司于1999年在全省范围内率先淘汰一条机立窑生产线，2000年投入1亿元兴建全省首批、嘉兴市首条1000吨/天新型干法水泥生产线。2002年出资2000万元收购原嘉善汾玉水泥厂，投资7000万元技改100万吨新型水泥磨粉站，建立嘉善桐星水泥有限公司，年产水泥130万吨。2003年与安徽广德县达成1亿吨石灰石资源采矿权协议，建立安徽广德桐星水泥有限公司，投资1.8亿元的2500吨/天新型干法熟料生产线，年产熟料（水泥半成品）90万吨。2004年，桐星系列水泥通过ISO 9001质量体系、ISO 14001环境管理体系双重认证，荣获“浙江名牌”，浙江省“诚信企业”，浙江省“著名商标”，并获得“国家免检产品”，浙江省和上海市首批诚信品牌，产品广泛用于机场、码头、高速公路、高速铁路、桥梁等国家和省市重点工程。同年，公司被列入浙江省清洁生产试点企业，先后投入资金500万元，通过实施清洁生产方案，健全长效管理机制，年减少粉尘排放350吨、固体废物1000吨，节约标准煤1000吨，节电90万千瓦时，成为嘉兴地区水泥行业首家通过清洁生产审核和绿色企业评审的企业。2005年，浙江桐星水泥有限公司主动关闭最后2台3×11M机立窑，并投资1000多万元对原粉磨系统进行技术改造，采用新工艺、新技术，开发废资源品种，水泥产品资源综合利用率稳定在32%以上，年消耗粉煤灰、转炉渣、电炉渣、煤矸石、磷石膏、有色金属废渣等工业废渣30万吨。同年，桐星水泥被列为中国水泥产量50强第38位。2006年，公司投资1500万元，利用已建1000吨/天熟料生产线窑头、窑尾废气余热，配套建设1.5兆瓦纯低温余热发电系统，年发电1100万千瓦时，折算年节约电力成本近500万元，使公司1000吨/天新型干法窑熟料生产线热利用率由原来的65%提高到95%以上，相应减少0.5万吨二氧化碳排放量。2008年5月，桐星公司由“南方水泥有限公司”收购，资产为3.0501亿元。同年，水泥产量240万吨。2009年，发放散装水泥78万吨，散装率达到82.2%，减少粉尘排放约3500吨，年减少二氧化碳排放4.2万吨、粉尘排放4000吨，年社会综合经济效益在3000万元以上，并连续20多年保持出厂水泥合格率100%。同年，水泥产量250万吨，销售额为2.6亿元，年底有员工400余人。2010年，水泥总产量96万吨，员工367人，销售额2.4亿元。

浙江桐星水泥有限公司先后被评为浙江省绿色企业、嘉兴市“十五”期间节能先进集体、桐乡市循环经济示范企业。由于多年的高散装率和100%的合格率，桐星水泥被评为国家免检产品，公司也被评为全市水泥行业唯一一家浙江省绿色企业。此外，公司还先后荣获全国诚信守法乡镇企业、浙江省首批诚信示范企业、嘉兴诚信私营企业、浙江省AAA级重合同守信用单位、浙江省AAA级纳税信用单位、桐乡市四星级劳动关系和谐企业等称号。

桐星混凝土有限公司　桐星混凝土有限公司系桐星实业控股，巨匠建设、新厦建设等股东参股的股份制公司，建于2007年5月，地处京杭运河南岸，嘉桐公路濮院永兴桥北侧（原桐星水泥厂对岸），占地面积23500平方米，有员工86人，专业技术人员23人。

桐星混凝土有限公司的经营理念是“质量第一，诚信为本”，公司把质量管理体系作为企业管理的重要基础和企业发展战略，建立了以技术标准为核心、管理标准为支持、工作标准为保障的企业质量管理体系，并取得国家GB/TI 9001—2008/ISO 9001—2008质量管理体系认证。在原材料质量上，桐星混凝土有限公司制定一套严谨的供应商评价系统。在质量强度设计上，桐星混凝土有限公司充分考虑各种不可预见因素的影响，提高强度富余系数，公司按照省级标准建设试验室，配备砼全自动压力试验机、水泥全自动压力试验机、砼自动调压抗渗仪等各种设备50余台套，能独立承担对水泥、矿粉、粉煤灰等原材料的检验以及预拌混凝土、预拌砂浆的生产过程控制和质量检测工作，取得预拌商品混凝土专业二级资质。在使用质量管理上，桐星混凝土有限公司对混凝土质量进行出厂检验，保证混凝土龄期、强度等级合格。公司所拥有的先进搅拌车和泵车能够确保混凝土及时送到客户手中进行浇筑，派专人对工程实施现场监管，并对每个工程出具相应的强度报告，确保混凝土的质量。面对市场的新需求，公司积极采用新技术、新工艺，致力于C60以上高强高性能混凝土技术及延伸产品的研发。公司生产的“桐星”牌商品混凝土在省、市各项抽查中合格率达到100%，被认定为浙江省重点工程建设首选优质产品，浙江省工程建设放心满意推荐产品。

桐乡市申康管业有限公司　桐乡市申康管业有限公司成立于2004年1月1日，地址桐乡市濮院镇工业园区申康路1号。公司主要生产MPP改性聚丙烯电力电缆保护管、PE80、PE100给水管、HDPE电力电缆保护直埋管、污水管、电信管、沼气管等。所有产品均通过省级、国家级的检测和鉴定。公司拥有生产流水线16条，固定资产1500多万元，年生产能力达1800万米以上。2010年，年产值5500万元，销售额5300万元。

桐乡市恒丰建材有限责任公司　桐乡市恒丰建材有限公司成立于1999年5月，公司位于濮院镇杨家筧塘南，用地面积79920平方米，建筑面积15000平方米。公司主要生产多孔砖，2006年末职工人数242人，年产值726万元，年末固定资产原值1144万元。

第二节 建筑业

境内自古就有从事建筑之工匠，如木匠、泥瓦匠、石匠、油漆匠、雕銮匠等，他们大多为个体经营者，少数开设作坊。泥作业和木作业亦有行会组织，业内公推有名望者主持会务，每晨聚首茶肆，共议工价或协调施工。民国 2 年(1913)濮院镇泥作胡明宝发起，联合泥作施云龙、朱培金、范阿八、吴祥生、吴阿四、魏成发、刘美宝、童阿珍等人组织泥、木、石匠和小工共 82 人，成立私人作坊组织“同业公议”，民国 26 年(1937)濮院沦陷，“同业公议”解散。

中华人民共和国成立后，泥、木匠户于 1950 年 4 月 22 日组建“水木工会”，职工人数 47 人，会址庙桥街陈宅，全部设备仅是几架梯子和几个手摇钻头。1953 年定名为建筑生产合作社，社址租用大街傅姓住宅。1959 年吸收个体造船业 4 户入社，改名为建筑造船厂，厂址移至龙湾街朝阳桥堍。1961—1962 年造船个体户退出，厂名改为建筑工区。体制先属地方国营，后改县属集体。1979 年归属桐乡县手工业管理局。此后，建筑工区逐渐增添机械设备，至 1987 年，已拥有搅拌机 5 台、井字架 3 台、电焊机 3 台、卷扬机 5 台、钢筋调直机 1 台、砂浆拌和机 5 台、氧割气瓶 2 副、圆盘锯 2 台、台钻 1 台、磨石子机 3 台、张拉机 1 台、1 吨拖斗 1 辆、多用平压刨机 1 台、砂轮机 2 台、料斗 1 只、切割机 1 台、汽车 2 辆。同年 11 月经嘉兴市城乡建设局资质审查核准为(暂定)四级企业，并由市、县二级批准更名为濮院建筑公司，隶属桐乡县城乡建设局。

“同业公议”“水木工会”时的濮院建筑施工队伍，只能从事小型民房建筑、修缮及家庭柴灶砌筑等。“同业公议”规定每工大洋 0.47 元，民国 17 年(1928)增至 0.72 元。“水木工会”以清包工、点清工形式承包业务。1958 年，建筑生产合作社第一次承建单位建筑(濮院镇小学教室)。1964 年承建三层楼房建筑(桐乡邮电局)。1958—1965 年，每年施工面积 1400—1800 平方米左右，年竣工能力 15.50 平方米/人。1978 年后承建 5—6 层住宅楼房、工厂厂房、水塔、烟囱等，年施工面积 8000—10000 平方米，年竣工能力 35 平方米/人。其承建的“濮院镇工人俱乐部”造型别致，设计园林化，《浙江工人日报》(1984 年 4 月 21 日、1986 年 11 月 20 日)以《退休工人的乐园》为题载文、《工人日报》(1984 年 7 月 29 日)以《具有江南园林特色的工人俱乐部》为题载文，并刊登了部分建筑照片。

表 7-18　　1966—1987 年濮院建筑公司效益统计表

年　份	实现利润(万元)	产值利润率(%)	年　份	实现利润(万元)	产值利润率(%)
1966 年	0.01	0.01	1968 年	-0.28	—
1967 年	-0.18	—	1969 年	0.13	0.76

续表 7－18

年份	实现利润（万元）	产值利润率（%）	年份	实现利润（万元）	产值利润率（%）
1970 年	－0.55	—	1979 年	0.33	1.32
1971 年	－0.16	—	1980 年	0.64	2.29
1972 年	－0.06	—	1981 年	0.85	3.48
1973 年	－0.09	—	1982 年	0.76	3.45
1974 年	－0.04	—	1983 年	1.17	3.31
1975 年	－0.01	—	1984 年	0.83	2.48
1976 年	0.35	1.7	1985 年	0.99	2.94
1977 年	1.27	2.37	1987 年	2.28	2.64
1978 年	0.34	1.36			

1966 年境内新生公社建筑社成立，1978 年 5 月更名新生建筑队，1984 年 12 月更名桐乡县第二建筑公司新生工程队，1988 年 1 月更名桐乡县新生建筑公司。1996 年 10 月转制后更名浙江嘉兴新厦建筑集团有限责任公司，2002 年 3 月更名嘉兴新厦建筑有限公司，2005 年 12 月更名浙江新厦建设有限公司。

1991 年，境内有建筑企业 3 家，从业人员 650 余人。20 世纪 90 年代始，濮院的建筑业发展驶入快车道，至 2010 年，镇域有建筑企业 11 家，其中规模较大的是浙江新厦建设有限公司和浙江巨鑫建设有限公司。

企业选介

浙江新厦建设有限公司　公司前身是新生建筑社，始建于 1966 年。如今已是一家拥有房屋建筑工程施工、市政公用工程、装修装饰、地基基础、起重设备安装工程、园林古建筑、钢结构、金属门窗工程等综合承包能力的国家二级施工企业，职工 2800 余人。公司拥有高级工程师、工程师、会计师、经济师等具有各类专业技术人员与经济管理人员 315 人，取得项目经理证书 96 人。公司确立“树立百年信誉，追求永恒新厦”的质量方针，以质量求发展、以质量求信誉、以质量创品牌，创出了桐乡市国际大酒店一期二期、桐乡市规划建设局办公大楼（装饰工程）、嘉兴海关驻桐乡办事处监管用房、桐乡市烟草配送中心（装饰工程）、东方光学科技有限公司研发楼东方大酒店、桐乡市凤鸣高级中学女生宿舍 1＃2＃楼、桐乡二中教学实验楼、嘉兴一中科技馆、嘉兴高级中学科技馆、嘉兴秀州高级中学第一标段、嘉兴市建工学校迁建工程、桐乡茅盾小学办公楼综合楼、桐乡市信息技术学校教学楼等优质工程，其中获得省“钱江杯”优质工程 5 项（桐乡市国际大酒店一期工程为嘉兴地区第一项“钱江杯”优质工程），省优秀工程 3 项，嘉兴市“南湖杯”优质工程17项，桐乡市“凤鸣杯”优秀工程30多项。2010年，公司承建巳山名都绿州的商务楼和幼儿园项目获嘉兴市建筑安全文明标化工地；承建的嘉兴文贤八区拆迁安置房一标项目获嘉兴市区级标化工地；承建的嘉兴江南新家园三期一标项目获嘉兴市“平安工地”；承建的嘉城绿都十二标段获嘉兴市区级标化工地；承建的三家浜社区三标获嘉兴市区级标化工地。

浙江新厦建设有限公司经过40多年的改革发展，已经逐步从粗放管理发展为集约化管理的生产经营管理模式，成为嘉兴市建筑业重点企业和桐乡市建筑业先进企业。多年来被上级有关部门评为资信等级AAA级企业，浙江省工商企业信用AAA级守合同重信用单位，省先进建筑企业、优胜企业，嘉兴市10强建筑企业、嘉兴市先进建筑业企业，嘉兴市建筑诚信企业，嘉兴市首批建筑业重点企业，桐乡市建筑业3强企业，并于1998年率先在全市施工企业中通过ISO 9002质量体系认证。2010年浙江新厦建设有限公司实现施工总产值98000万元，总产值比2009年增幅27.6%，市域外产值52030万元，工程质量合格率100%。

浙江巨鑫建设有限公司　公司成立于1999年，注册资本10280万元，地址凯旋路2501号1幢，是一家从事建筑安装承建、市政工程施工、土石方工程、园林古建筑工程、钢结构工程、体育场地设施工程、起重设备安装工程、机电设备安装工程、城市及道路照明工程施工、建筑装饰装修工程、公路、桥梁工程、园林绿化工程、水利机电工程等等业务的国家房屋建筑工程施工总承包二级企业。公司是拥有建筑装修装饰专业二级、市政公用工程施工总承包三级、地基与基础工程、钢结构专业承包三级等资质，有从业人员1850余名，专业技术人员320名，其中中高级技术人员85名，各类建筑师、项目经理60余名。公司具备建造多层高层建筑、装饰装修、市政工程等大中型项目的施工能力和管理水平。

公司全面实施ISO 9001质量管理体系，建立起适应市场经济发展的现代企业管理制度，连续15年未发生重大安全事故。公司施工总产值2008年为6000余万元，2009年为16000万元，2010年增长至45000万元。

公司是全市首批获得“桐乡市绿色工地”荣誉称号的企业。公司还曾获得银行信用AAA级企业、浙江省守合同重信用AAA单位、桐乡市诚信民营企业等荣誉。

第四章　化学工业　机械工业

第一节　化学工业

濮院的化学工业起步于20世纪50年代。1958年，地方国营濮院化工厂在横板桥东南塊建立，有职工150人左右，主要生产乙醇、乙醚、丙酮等有机溶剂以及瓶封材料等化工产品。1961年，在企业的“关、停、并、转”中，并入杭城化工企业。同时期，新生公社开办过一家化肥厂，但没多久也关闭了。

20世纪60年代末，境内曾办起生化工业。当时濮院公社是全县生猪饲养先进典型，由于畜牧业高速发展，饲料极度紧缺，时任公社革委会副主任的杨荣华，了解到叶红海研究中曲霉素，为畜牧业发展解决饲料紧缺难题的信息后，找到濮院医院医生倪宗耀，商讨中曲发酵饲料研究和生产事宜。在公社领导支持下，中曲发酵饲料研究项目建立起来了。项目借用公社兽医站近60平方米的房子，作为微生物制种的场所。经过一段时间的研发，项目终于有了成果。中曲是黑曲、黄曲、酵母复合而成的饲料发酵曲，猪喂用中曲饲料后，多吃，多睡，毛色发亮，皮色发红，肉猪生长迅速。县领导知道濮院公社科学养猪的消息后，由县委常委洪秉康、农业局长徐俊发带领相关人员，到濮院公社视察现场，并就地召开全县科学养猪现场会。不久，嘉兴地区、浙江省等相关部门，先后派员到濮院参观中曲发酵曲生产和科学养猪现场，给出了肯定性评价。中曲发酵在濮院引发了科学饲养热潮，为此，濮院公社于1970年3月，正式筹资建造科研站。科研站下设濮院微生物厂，地址位于原星星大队新建小队，占地面积约1亩，建筑面积300多平方米。濮院微生物厂生产的饲料发酵曲，主要供应本公社和邻近地区。70年代初是濮院科研站开展微生物研究的兴旺时期，继中曲饲料发酵曲由濮院微生物厂投产后，科研站又研制出“九二〇”植物生长激素，“九二〇”水、针、丸三种医用剂型，“五四〇六”菌肥等生化产品，均由濮院微生物厂投入生产。濮院微生物厂生产的产品除供应本公社，还通过供销社生资公司统一调拨给外公社。1979年，濮院印染厂征地建厂，将濮院科研站和微生物厂划入，微生物厂生产终止。

1975年，濮院油米厂开始生产化工产品糠醛和2号、4号油酸，年产量100—200吨，至1982年终止生产。同年，桐乡三中校办厂氨基酸化工车间生产的氨基酸愈裂灵、护发乳等日用化工品，开始试销；濮院公社中心小学校办厂濮院日用化学品厂，开始生产肤特灵、人参霜、青春增白霜、皇后嫩肤霜、灭蚊香菊露等产品。1983 年，濮院公社建起濮院油脂厂，利用废油加工提炼生产工业油脂用品，至 1985 年，该厂生产工业用猪油、脂肪酸、合脂油和硬脂酸等产品共 819 吨。同年，桐乡三中氨基酸化工车间扩建为桐乡日用化工厂。1987 年，濮院日用化学品厂更名为嘉兴雀屏日化厂，并进行扩产改造，至 1990 年，该厂开发生产膏霜类、香水及花露水类、香菊露及洗涤剂类三类产品。1977 年，濮院木器社增设颜料车间，生产哈巴粉(三氧化二铁)2.67 吨，至 1984 年，颜料品种增加了黄(黑)钠粉、固色剂等，年产量提高到 347 吨，并有部分产品出口，1986 因环保和市场因素停产。

20 世纪 90 年代中期，随着羊毛衫行业的崛起，濮院的化工工业大多开始转产印染助剂。至 2010 年，全镇有化工企业 15 家，其中规上企业 3 家，分别是恒源化工有限公司、汉邦化工有限责任公司、浙江雀屏纺织化工股份有限公司。

企业选介

恒源化工有限公司　恒源化工有限公司是一家精细化工企业，成立于 2000 年 9 月，公司主要致力于精细化工领域的各类表面活性剂以及化纤纺织助剂产品的开发和制造。产品有化纤油剂、FDY 仿丝油剂等四大系列多个品种，年生产力 15000 吨左右，产品多项技术已达到国内领先水平。至 2010 年已形成年产 20000 吨化纤油剂和 5000 吨表面活性剂多个系列 100 多个品种的生产能力，产品多项指标达国内领先水平。2007 年开始，公司先后开发出涤纶耐高温 FDY 油剂、涤纶毛毯专用 POY 油剂、涤纶加弹油剂的高效抗静电剂等新产品，多个项目获浙江省科技成果登记。2010 年 6 月，公司研发了近 10 年的 POY 涤纶高速纺油剂成功，结束了中国化工业长期被日本油剂基础垄断的现象。2009 年公司总产值 10500 万元，销售额 10400 万元。

汉邦化工有限责任公司　汉邦化工有限责任公司成立于 1992 年 4 月，是省内纺织印染助剂名企。公司生产的五大系列产品为：印染前处理助剂、染色助剂、后整理助剂、绢纺助剂、毛纺助剂。公司开发的羊毛固色剂、羊毛防沾色剂、羊毛增色剂等新品种，其性能达到甚至超过国外同类产品；开发的新型毛衫后整理剂、染色代用碱、绢纺系列精炼助剂及工艺等，能降低加工温度，缩短加工时间，减少用水量及降低污水排放量。公司还开发出远红外线整理剂等有医疗保健功能的产品。在 2008 年的高新科技企业重新认定工作中，汉邦公司率先被认定为生计高新技术企业。公司先后荣获民营科技型先进企业、省级科技型中小企业等荣誉。2009 年总产值 2366.4 万元，销售额 2815.8 万元。

浙江雀屏纺织化工股份有限公司　（详见第六编羊毛衫产业第二章第四节羊毛衫辅助工业）

第二节　机械工业

境内机械工业起步于 20 世纪 50 年代。1951 年成立的濮院镇铁工场，以制作和修理农具为主。1958年4月,濮院镇的铁器、椿木、圆木、竹器和白铁等5家生产合作社合并成立濮院农具厂。1958年,"大跃进"时,国营濮院机械厂设立翻砂车间,置有小型化铁炉,生产铸铁件。同年,国营濮院机械厂生产东方牌和群英牌JAI-1型家用缝纫机397台。翌年,企业易名濮院缝纫机五金厂。1962年底企业停产。

70年代起,境内机械生产企业从修造中小型农机为主,逐步向制造各种工业专业设备和轻工业机械制品发展。1971年,濮院铁器社和竹器、白铁两社合并为濮院农机修造厂。1974年,农机修造厂转产后开始生产缝纫机零件JA1-1型送布凸轮。1978年7月正式定名为浙江省桐乡缝纫机零件厂。同年,被列为省日用轻工业公司定点生产厂,产品品种有JA、JB型凸轮、摆轴、送布轴和抬牙轴4种,1982年年产量883万只。1979年,濮院五金纫具厂,更新设备,增加纺织机械零件产品生产项目,并改厂名为濮院纺织机械厂,1981年再次变更厂名为桐乡县缝纫机零件二厂,主要产品有:元板牙、小篾、缝纫机零件等。1986年,该厂与杭州汽轮机厂合作成立"杭州汽轮机厂桐乡联营厂",主要生产PCT1650型手拉网印花台板、WT700型常温恒张力卷染机、棉条筒滑轮等纺织印染设备。

新生机械厂是在新生农业机械修配厂基础上建立起来的,以修造农机为主的社队企业。1978年,该厂开始生产制砖机,1984年,开始生产多种型号的提升机和输送设备。1985年后,生产GXF型高效旋风选粉机和SY防漏型双轴搅拌机等水泥生产设备。1983年,濮院乡办起螺帽厂,至1987年,该厂年产量5000万件,其中有1/3产品外销。1985年,新生乡创办桐乡市新生第一铸件厂,生产多种铁铸件。1985—1988年,濮院乡化工塑料机械厂开始生产小化肥厂设备,Φ2260型煤气发生炉高强节能型炉箅。1986年,新生乡创办桐乡市新生制钉厂。

至1990年,镇域先后出现过8家机械工业企业,它们分别是缝纫机零件厂、濮院机械厂、缝纫机零件二厂、濮院化工塑料机械厂、新生机械厂、濮院螺帽厂、新生第一铸件厂、新生制钉厂。至2010年濮院镇有机械工业企业23家,其中规上企业有飞虎科技有限公司、桐乡市金钟机械有限公司、浙江嘉兴新竹机械制造有限公司、桐乡市濮院轻纺机械厂4家。

企业选介

飞虎科技有限公司 公司前身是桐乡市罗荣毛纺有限公司,1998年转型升级为桐乡市飞虎机械制造有限公司。同年研发并成功生产"森虎"牌手摇横机,此后迅速占领了一部分的市场份额。2000年,公司年产"森虎"牌手摇横机10000台,并成功研发663型织领机和缝盘机。2001年年产"森虎"牌手摇横机15000台,633型织领机500台和缝盘机2000台。2003年成功研发出911型织领机并进行生产销售,同年"华伦飞虎"商标申报成功。2004年桐乡市飞虎机械制造有限公司更名为浙江飞虎机械制造有限公司。2004年公司开始研发全自动电脑横机。2005年底成功研发出了拥有自主品牌的"华伦飞虎"全自动电脑横机，当年销售收入达到了3000万元。2008年公司更名为飞虎纺机有限公司，着手研发起底板电脑横机，同年生产出"华伦飞虎"牌电脑横机，全年年产电脑横机2800台，织领机1500台。2010年成功研发出了3针电脑横机，实现企业转型升级，同年公司更名为飞虎科技有限公司。

飞虎科技有限公司

公司至今已成为一家集设计、研制、开发、制造为一体的针织机械专业企业，被国家认定为高新技术企业，被浙江省认定为省级研发中心、省级工业设计中心。公司开发、生产各种适用于针纺织服装行业的华伦飞虎牌电脑横机、电脑针织机等系列针织机械，产品畅销国内外市场，并拥有自营进出口权。公司在全国20多个省、市、自治区设有30多家专业售后服务部和销售网点，其中"华伦飞虎"牌911型电脑横机在中国首届电脑横编织机比赛中获得功能奖、系统编程奖、性价比奖、效率奖及综合一等奖；品牌华伦飞虎，先后被认定为中国驰名商标、浙江名牌、浙江著名商标。至2010年，公司连续6年通过ISO 9001质量管理体系、欧盟CE认证，并获20余项国家专利。

浙江省桐乡市金钟机械有限公司 公司是中国化工装备总公司定点企业，从事化工机械生产有20余年历史，是国内最早从事混合机生产制造的厂家之一。公司地址濮院镇工业园区永安路216号。有职工70多人，技术人员占总人数的30%，加工设备齐全，质量保证体系完整，检测手段先进。公司注重科技投入，长期与全国著名设计研究单位合作，不断开发高效节能新产品，其中DSH型悬臂非对称双螺旋(锥形)混合机、SCH型螺带式锥形混合机、LDH型犁刀混合机、WZ型无重力粒子混合机、WZ型双轴桨叶式混合机等畅销全国各省、市、自治区，如今拥有2000余家各行业用户，并多次出口东南亚地区。公司还生产复合肥机械设备和建材机械设备，包括立式链破、卧式链破、圆盘造粒机、转鼓造粒机、喷液机、喷油机、回转式烘干机、回转式冷却机、料仓设备、输送机、起重机、选粉机等多种机械设备。公司产品深得用户好评，特别在染料、颜料、农药、饲料、精细化工、兽药、食品、塑料等行业具有相当高的市场占有率，年销售各类混合机400多(台)套，创产值近千万元。

浙江嘉兴新竹机械制造有限公司 公司始建于1976年，地址新生华生路248号，占地面积38000平方米。企业拥有通用车、钻、刨机床和大型车、铣、刨、磨、滚齿等机械，100余名员工中工程技术人员占45%。公司先后得到了国家建材局、国家建材设计研究院、中国科学技术研究院、上海机电设计研究院、上海化工设计研究院、长春机械研究所、浙江大学、浙江农科院、南京大学、华中农大、河南农大等科研单位和大专院校的专家、教授的精心指导，如今已具有设计、铸造、检测、试验新产品的综合能力，并通过国家 ISO 9001 质量管理体系认证，进入了“上规模、上水平”的轨道。公司主要产品有农牧业环境处理机械、复混肥和功能肥成套设备、建材机械、起重机械、输送机械、工程机械，产品远销国内 20 多个省市，部分产品还销往国外，深受用户的好评。

桐乡市濮院轻纺机械厂 公司于 1987 年注册成立，地址濮院镇新河村。主要经营纺织机械、数控机床、重型机械的铸铁部件。公司有一个高学历的研发团队，研发和生产多种新型机械产品。公司产品在国内外市场深受客户欢迎，年产值 500 余万元。

第五章　其他工业

濮院境内的工业除了规模较大、影响深远的纺织服装业、建材业、建筑业、供排水业（详见第十编第一章第二节镇区建设）、化工业和机械业外，还有粮油加工业、酿酒业、印刷业、包装业、塑料制品业、电力电器业、造纸业和食品业等小规模工业，以及历史上曾出现过，今已几近绝迹的造船、煤制品、制鞋、玩具、电镀等工业。

第一节　已消失的行业

造纸业早在民国初年就存在。民国 17 年（1928）有 5 家作坊，以柴草为原料，制作粗细草纸。民国 38 年（1949），濮九娘桥一带尚有 7 家造纸作坊。中华人民共和国成立后，高级农业社时，造纸户组织起来成立永濮大队造纸厂。1958 年大办工业时，永濮大队造纸厂并入成立不久的濮院镇造纸厂。1961 年濮院镇造纸厂停办，境内造纸业也就此消失。

造船业起始于清咸丰十年（1869）创办的陈福记船厂，清末又有谢昌记船厂、祥兴记船厂相继开办。濮院沦陷时期，上述船厂几近全毁，此后，业主靠手头仅剩的少量船只经营出租业务。中华人民共和国成立后，濮院公社办起集体船厂，后更名农具厂，主要从事木船的修造业务。20 世纪 80 年代，木船渐渐淡出运输业，农具厂终止了修造船业务，境内造船业也就此消失。

濮院皮鞋厂前身是制鞋合作社，从事传统的作坊业务——绱鞋，后生产劳保皮鞋。1992 年并入绸厂，此后境内专业制鞋企业消失。

境内的浙江省电子玩具厂，前身是 1980 年创办的濮院无线电厂，由濮院丝厂和濮院镇联办的。建厂初主要生产“双鹿”“西子”晶体管收音机，1982 年开始生产玩具，其中电子狗、电子孔雀等产品畅销全国。1983 年，无线电厂由浙江省广播电视公司接收，并改名为浙江省电子玩具厂。1988 年起企业走下坡路，1991 年停业解散。此后境内专业玩具生产企业消失。

华光电镀厂建立于 1979 年，从事塑料、金属的电镀加工。1998 年转制后终止电镀业务。

第二节　现存的行业

粮油加工和酿酒业是由传统手工作坊发展起来的。以清光绪二十四年(1898)甡记油坊的创办为标志,境内的粮油加工和酿酒业跨入工业化门槛。随后徐恒源、同裕、公记等油坊,协盛、先施等碾米厂,洽兴记、震悦等糟坊相继开张。至中华人民共和国成立前,上述作坊大多停产或关闭。中华人民共和国成立初,剩余的私营粮油加工和酿酒业全部停办,只剩下国营榨油厂和国营稻谷加工厂。1958年,榨油厂和稻谷加工厂合并为国营油米厂。2000年,国营濮院油厂转股份制,不久便退出油粮加工业。至2010年,境内只有桐乡濮院油脂有限公司,在从事食用植物油加工和饲料生产等粮油加工业务。

印刷和包装业,是1979年创办濮院印刷厂和桐乡包装用品厂才有的。1994年印刷厂完成转制,不久停止印刷业务。同年,包装用品厂迁出濮院。至2010年,境内从事纸箱、纸盒、打包带等包装用品生产的企业有百丽特包装有限公司、桐乡市中越胶粘制品有限公司。百丽特包装有限公司成立于2006年,注册资金3500万元人民币,公司生产基地位于濮院镇凯旋路2700号,占地50000平方米。经营项目为生产销售纸箱、纸盒、纸板,以及货物进出口、技术进出口业务,员工65人。从事印刷和包装装潢业务的企业有桐乡市濮院红星印刷厂、桐乡市鑫和印刷厂、桐乡市星博印刷厂、桐乡市阿龙纸品厂。

塑料制品业起始于1967年创办的星火塑料钢笔厂,该厂于1970年关闭。1985年,濮院缝纫机零件厂与上海塑料一厂合办"上海塑料一厂桐乡联营厂",拥有一条SG-1650离型纸载体法人造革生产流水线,生产仿羊皮、防硫革、鞋履革等,年产量300—750吨。濮院乡建立嘉申工程塑料厂,生产各种型号的机械齿轮、耐磨节电转子和织机布结等配件,三大系列共120多个品种。至2010年,境内生产塑料制品的企业有主要生产塑料片材和塑料制品的浙江亿铭新材料科技有限公司,主要生产塑料制品的浙江麒扬新材料科技有限公司,主要生产塑料管及塑料配件的浙江嘉通管业有限公司。

电力、电器业,可追溯到1921年的公明电气公司,该公司在濮院沦陷时期被日军所毁。1957年镇人民委员会办起地方国营濮院电厂,1961年,国家电网开始向境内供电,濮院电厂即终止发电。2006年,桐乡濮院协鑫环保热电有限公司成立。协鑫环保热电有限公司是香港协鑫(集团)为投资主体的区域性热电联产企业,坐落于桐乡市濮院镇新妙智村京杭大运河北岸,占地82252平方米,项目建设规模为3台90吨/小时次高温次高压锅炉,2台15兆瓦抽凝机组和1台6兆瓦背压机组,装机容量为36兆瓦,总投资41800万人民币。主要为桐乡市濮院镇(包括濮院毛衫城工业园区和濮院镇工业园区)和梧桐街道东北部工业园区提供工业生产用汽和生活用汽。2007年投产后在香港上市。2008年,公司完成发电1.78亿千瓦时、供热65万吨,2009年预计完成发电量2.2

亿千瓦时，供热量达70万吨。20世纪70—80年代，镇办企业发展过程中，镇域内先后开办了塑料电线制品厂、东海电线厂和低压电器厂，分别从事电线、电缆和低压电器生产。90年代末，上述企业转制后不久，先后停止生产经营。至2010年，境内从事成套电气设备组装、电器和电线电缆生产的企业有桐乡市星旗电气有限公司、浙江久易电子科技有限公司；从事新能源——太阳能硅片研发生产和风力发电机组生产的企业有：浙江超晶新材料科技有限公司、浙江天润新材料有限公司桐乡濮院分公司、嘉兴市聚日光电科技有限公司、浙江华鹰风电设备有限公司。

境内从事传统食品生产的作坊有粉坊、糖坊等，中华人民共和国成立前后，这些私营作坊先后停办。1958年，国营濮院食品厂创办，开启了糖果糕饼的工业化生产，其中生产的栗酥糖、寸金糖、浇切片、定胜糕等，在嘉兴、桐乡一带享有良好声誉。该厂在21世纪初转制后停止食品生产。2010年，境内有嘉兴奇佳食品有限公司，从事蔬菜制品、糕点等生产；浙江荟美食品饮料有限公司，从事饮料、果冻等生产。

濮院的煤制品业涉及的就是濮院煤球厂，该厂创办于1958年，1963年与制烟合作社合并后更名为制烟煤球厂，1985年以后定名为濮院煤球厂。煤球厂在计划经济年代，是与民生息息相关的单位，数十年中，生产销售按计划有条不紊地进行。2000年企业转制后，被业主租赁给个体户经营，2005年终止经营。至2010年，境内还存有零星个体煤球（饼）作坊在继续从事煤制品生产。

第八编

商业

濮院镇明清时期地跨三县，户口逾万家，商业的繁荣不亚于嘉兴府城，超过同时期的桐乡县城。民国时期发展缓慢，至日寇入侵濮院沦陷时，镇域商业萧条。中华人民共和国成立后，改革开放前濮院镇供销合作社经济占据主要地位，国营商业薄弱，合作商店发展缓慢，个体商业生存空间狭小。1956年私营工商业“社会主义改造”后，建立起公有制占主导地位的计划经济体制，此后二十余年间，商业网点较前大为减少，商品供应匮乏，主要商品凭票限量供应。中共十一届三中全会以后，实行改革开放，计划经济逐步转向市场经济，实行多种经济成分并行的商业体制，濮院的个体商业又开始恢复和发展，商品供应充裕，购销两旺。随着濮院羊毛衫区域经济的快速发展，外来人口大量涌入，生产生活需求日益增加，各行业经营业务互为开放，传统的分工销售格局被打破，超市、连锁店、专卖店、便利店、网店等与现代消费需求相适应的新兴商业形式相继出现，文化娱乐、旅游、房地产中介等新兴服务业不断涌现，镇域的商业繁荣日新月异。

第一章　发展概况

第一节　历史上的商业

南宋

濮院的商业发轫于南宋时期。淳熙以后宋室渐衰，濮氏子孙无意仕途，转而经营家业，“臧获千丁俱督树桑蚕织，轻纨素锦日工日盛”。在濮氏带动下，镇域住民争相仿效。濮院的机户以土机织绢帛，散布于镇域至濮家塘（流经濮院的一段运河）一带。绸是一种商品，是商品必然要销售，于是绸行、“接手[①]”应运而生。“接手”居间介绍，绸行“出庄”收购。《濮川所闻记》记载：机户“绸既成，有接手持诣绸行售之，每一绸分值若干，谓之用钱；绸行日向午赴市收绸，谓之出庄；其善看绸者，谓之看庄；归行再按，谓之复庄。绸有丝头未净者，绸行雇人修剪为修绸。”此为濮院商业的起源，奠定了濮院镇商业发展的基础。

元代

至大二年（1309），濮风后裔濮鑑投资万金，在濮院市中开设丝、绸、桑叶、稑陈“四大

① “接手”是机户和绸行的中介人，是濮院丝绸市场对中介人的专称。而与濮院同样著名的丝绸中心盛泽镇，则称中介人为“绸领投”。

牙行”，收积机产，商品日丰，召民贸易，八方旋至。远来客商，直接去牙行挑选，随到随买，可减少羁泊之苦，因而将市场称作“永乐市”。永乐市东临大街，西为义路街，南北均为横街。皇庆、至顺年间(1312—1332)丝行绸庄林立，形成丝绸销售中心。丝绸两业的兴旺，带动了市镇各行各业，烟叶行、麻皮行、酱园、饭馆、茶楼、磁杂、广货、绸布、估衣等数以百计的商店，密集于方圆不过数里的街区之内，购物的人流熙攘往来摩肩接踵，呈现一片繁华的市场景观。商业兴旺，人口日增，人聚促商，至元代中期，濮院已发展成初具规模的商业市镇。但元末至正十七年(1357)，由于苗帅杨完者率部屯驻镇域，杀人无数，民房被毁者十之六七，之后明初濮氏家族七十二支又遭分遣各地，濮院商业也随之萧条了。直至明代永乐二年(1404)后，濮氏奉诏返里，人口又增至“千丁”，且有大量外姓百姓迁入，以丝织业为主的濮院商业，才得到恢复并逐渐发展壮大。

明代

明万历年间(1573—1619)，丝织技术有所革新，改“土机”为“纱绸机”，濮绸织作更加精致，使濮绸无论质量还是数量都较前更胜一筹。由于濮绸质量的提升，带动了销售量的剧增，又由于销售量的增加反过来又促进了濮绸的生产，正如万历间秀水知县李培《玄明观碑记》所说：“迩来肆廛栉比，华厦鳞次，机杼声轧轧相闻，日出锦帛千计，远方大贾携橐群至，众庶熙攘，于焉集往。”濮绸产销呈现一派兴旺景象。明代中叶以后，由于浙东丝绸业停滞不前，浙江丝绸业重心移至杭嘉湖一带，濮绸的产销更是形成了历史上的一个高峰。

清代

清康熙、乾隆时丝绸产销达到鼎盛。康熙以后，绸业日盛，民殷物阜，镇民多以织作绸绢为生。全镇织区范围也比前大大扩展，机户遍及镇乡，北至陡门，东至泰石桥，南至清泰桥，西至永新港，皆务于织。货物益多，市利益旺，“所谓‘日出万绸’，盖不止也”。当时机织大户，以陆澄槐、沈周望最为著名。

产量既增，质量亦有所提高。濮绸分绸、绢、绫三大类，其质以“白净细滑，柔韧耐洗”而闻名，因而销量大增，行销全国，驰名海内外。“一镇之内，坐贾持衡，行商麇至，终岁贸易，不下数十万金，居民借此为利。”濮绸大批运销两京、山东、山西、湖广、陕西、江南、福建等省，且远销印度、印支半岛、南洋、琉球和日本等。沈涛《幽湖百咏》诗中更形象写出了濮绸畅销国内外的盛况，“绸市原称永乐乡，万家烟火尽机坊。自从番师通商后，日下镳来百万装”。

其时濮绸多为家庭生产，并开始雇佣工人。据乾隆《濮院琐志》载，当时机织已有分工，有络工、织工、挽工，还有牵经、刷边、运经、扎扣、接头、湅手等，或专习一业，或人兼数事，皆由织户自由雇佣，按日或按量计报酬。《濮川所闻记》载：“太平巷，本福善寺西出正道，阖镇织工、拽工，每晨集此以待雇”，机户雇工少者一二人，多者如湅坊，每坊雇佣者有几十人，“业机工者以千计”。可见清代濮院已出现丝绸业劳动力市场。

鸦片战争后，外国资本侵入，在中国设行办厂，“引丝扼绸”，濮绸濮绉的市场为日本绸占领，销路日减，加之捐税苛重，清末民初丝绸行业行势减弱，渐趋衰落。

民国时期

辛亥革命后，为恢复镇域商业，民国4年(1915)10月，在濮院西市设立“烟酒公卖支栈”。濮院丝绸市场也稍有转机，民国5年(1916)绸庄增至40余家，产品仍转销全国各地。民国9年(1920)8月15日江浙丝绸机业联合会在上海召开会议，濮院出席会议的代表有丝业代表徐谓臣，绸业代表朱韵清、林芝珊，机业代表陈笏书，可见当时濮院丝绸行业地位的轻重程度。但到民国10年(1921)，镇域丝行绸庄减至18家，其中丝行兼绸者有14家，专营绸业者有4家，经营规模远逊于明清盛时。但每年五月旺季，新丝上市十余日内，18家成交额仍可达二三十万银，其中“朱春茂”尤为举足轻重，日成交额可达四万银左右。

民国《濮院志》记载，绸业兴衰与捐税轻重亦有关。清光绪间，由绸业认捐，设立濮绸认捐公所，认绸额度三万匹，岁缴捐钱四千五百千文，光复后撤销。濮绸本远不如湖绉，故向来捐税轻，“民国初，每匹正捐连地方附税共九分。……不及一年，改照湖绉捐率，每觔捐洋为二角六分，外加附税”，不少机户和经营者由此破产。其他行业也类似，如烟叶，民国6年(1917)浙西烟类稽征局在濮院西市设立了烟类稽征所后，加重了负担。与此同时，随着市镇的行政中心化，作为政治制衡力量的行业组织和社会团体也越来越呈现政治化倾向，从而削弱了其社会调节能力。民国13年(1924)江浙军阀混战，交通中断，濮院丝绸大量积压，价格猛跌，至年底，濮院主要商业绸庄仅存8家，举足轻重的朱春茂丝行也倒闭了。剩下的绸厂则生产萎缩，织机也从2114台降为150余台。其后人造丝、厂丝织物兴起，土丝织物更无力回升。民国16年(1927)，虽增开致成绸行1家，但到民国23年(1934)又逢天灾人祸，农村破产，机织停业，机户大部分失业，濮院丝绸业一落千丈，影响所及濮院丝绸生产只及繁盛时期的1/10。

据《嘉兴商报》民国26年(1937)2月28日记载：民国25年(1936)濮院商业概况，全镇有商店659户，资本307083元。经营土产出口商家有稑陈行、丝绸庄、茧行、烟叶麻皮行、羊行、皮毛行、线作、绵绸行、笔作、香肠作、油坊、糟坊、糖坊、草纸作等60户，营业额为810450元；职工295人。进口商店有洋广杂货、南货、酒酱、糖果、猪行、腌腊、面粉、药茶、铁器、颜料、竹木、铜锡、首饰、纸伞、石灰、煤炭、漆料、皮货、估衣、绸布、照相钟表、机料等商店251户，营业额为541010元，职工498人。

民国26年(1937)日军入侵，濮院沦陷，濮院商会人员四散避难而停止活动，丝行绸庄再次纷纷倒闭，仅存致成、盈记、瑞隆3家勉强维持，濮院丝绸业从此一蹶不振。到民国27年(1938)，镇人宣建勋、黄祖青等13家，每家以80斤土丝入股，组建永源丝行，旺季时，日可收购土丝五千两，然而全年也仅收购80包(每包1250两)十万两而已。自此，濮院镇从专业丝绸特色的商业镇，渐渐沦落为一个日趋萧条的普通商业城镇。

抗战胜利后，民国 34 年(1945)9 月 18 日，濮院商会重建，濮院镇的各家店铺重振旧业，商业有所恢复。民国 35 年(1946)有商店 242 户，翌年商业登记增至 37 种行业 407 户，总资本额 61662 万元。但好景不长，翌年物价飞涨，经济萧条，镇域商业再次衰落。如民国 38 年(1949)年初，镇域的丝绸业，仅剩绸庄 2 家、丝行 1 家。

表 8－1　　民国 36 年(1947)濮院镇商业(分行业)登记一览表

行　业	户　数	资本额（万元）	行　业	户　数	资本额（万元）
粮　食	41	6120	磁　杂	42	5330
土　烟	8	1830	腌腊鲜鱼	21	3030
广　货	16	1697	酒　酱	30	6525
茶　馆	39	2060	国　药	8	1560
鲜　肉	12	2300	绸布估衣	11	3420
南货茶食	30	4780	理　发	14	1030
木　行	1	300	竹　行	1	300
典　当	1	300	西　药	1	200
牛　行	1	200	照　相	1	160
茧　厂	1	500	糖　果	7	630
水　作	18	2810	面　馆	7	760
饭　店	8	800	茶　叶	9	930
皮　毛	3	650	银　楼	5	1200
熟　食	3	250	黄　麻	4	740
盐　铺	2	100	油　铺	1	160
羊　行	6	1020	旅　馆	4	530
糕　团	9	550	油　条	3	190
砖　瓦	2	400			
八鲜水果	30	2420	合　计	37 种行业，407 家商户，资本总额 61662 万元	
丝　绸	7	3100			

商店的布局

江南城镇因水成市，河道成为商品输送和客商往来的大动脉，街市商铺沿河延伸布局。濮院镇的商业布局除了具有这种典型的江南水乡市镇特色外，又有自身另一重特色，即自元代设立“四大牙行”，以大街、南横街、义路街和北横街为中心而形成的棋盘街商业格局。大致上绸行集中在镇中心，丝行集中于义路街一带，桑叶行、秷陈业分布在市镇四郊附近，烟行主要开设在西市，麻皮行以东市为主，银楼业开设在大街，典当业在黄家湾（今河下街当白场）。随着时代变迁，商铺分布也相应变化，20世纪初，商业中心渐渐北移，至20世纪40年代末，除大街外，以北横街及该街东西两头的严家汇、鱼行汇，庙桥街、大有桥街商店最多，成为濮院镇的商业中心。东河头、南河头、西河头、北河头四处店铺行业配套，各成商业集市，其中以西河头最为热闹，依次是南河头、东河头、北河头。

北横街　东起严家汇，西迄鱼行汇，街不宽，但热闹异常，特别是早市，除了两侧鳞次栉比的店铺，还排满了四乡农民沿街摆放的蔬菜摊，整条街比肩继踵、贴胸推背，非常拥挤。街南侧自西向东依次为：王荣昌纸店（杂货店）、朱啊吾羊肉店、美香斋茶食店、北如意茶馆店、高杏官广货店、薛忠发灯笼店、王盲子卜算命店、邬永昌酱鸡店、张家酒店、朱元芳豆腐店、姚兰宝草鞋店、郑常年广货店、王兴如广货店、郑家酱鸡店、夏家小酒店、沈万昌酱鸡店、王家顺泰祥南货店、金恒昌铜匠店、鲍仲记米店、徐庆丰生面店、翁梓祥衣装店、连严家汇店铺。街北侧自西向东依次为：徐志庆衣装店、蒋兆奎生面店、孙和福剃头店、蒋家胡蜂窠（一种有甜馅的煎面食小吃）店、朱桂宝咸肉店、生生布店、李文武生百店、沈玉官香烟店、竹器杂货店、金福昌铜匠店、三星布店、金在昌铜匠店、马家久康茶叶店、陈云芳水果店、邱顺生杂货店、仲家香烟店、陈家糕团店、来监甫灯笼店、翁老二香烟店、京香斋茶食店、录叶布店、宋海山水果店。

严家汇　位于北横街东端，北横街、大街、杏林街、庙桥街十字路口交会处，商铺林立。东南有三元斋笔店、蒋家绱鞋店、钱伾仁诊所、久康中药店、新民制烛社（后为闵进发绱鞋店）。东北有沈家绱鞋店、胡鼎源水果店、汤生源糕饼店。西北有鸿大茶叶店、邱家酒酱店、高天源绱鞋店。西南有张氏兄弟鲜鱼店、范家同丰泰腌腊店、朱再章小百货店。

鱼行汇　位于北横街西端，北横街、义路街、卧龙街、大有桥街十字路口交会处，也是商铺林立。东南有金午生铜匠店、沈家永顺新鱼行、倪家豆腐店。东北有李葛明广货店、宋兰芳水果店、胡老昌烟杂店。西南有柴顺昌磁杂店、沈家鲜肉店、苏家磨粉店。西北有同和布店、张浙斌咸肉店、贝阿囡咸鱼店。

庙桥街　南起严家汇，北连庙桥（大德桥）。濮院夜市以此为龙头，餐饮、住宿、零食等店铺林立。街西侧店铺自南往北依次为：高家豆浆粽子店、阿七剃头店、邱家影影照相馆、潘家龙园茶馆店、孙家客栈、陈家生生照相馆、胡华林竹杂店、茶馆店。街东侧店铺由南往北依次为：戴生富炒货店、合丰馆面店、同福园书场、蒋家糕团店、曹家烟杂店、大同书场、何家衣装店、周永顺杂货店、周德兴绱鞋店、三进绱鞋店、赵介福杂食小店、于家杂货店。

卧龙街　东起鱼行汇，西接栖凤桥，是北横街向西的延伸段（现也称北横街）。街南侧店铺自东向西依次为：倪兴官广货店、俞训堂南货店、丁水林豆腐店、钟家饭店、姚松明肉铺、沈茂兴米店、张隆彩南货店、沈奎荣水果店、施三和国药店、王义昌铜匠店。北侧店铺自东向西依次为:蒋剑华生面店、丁家豆腐店(后为邱福林糖果店)、归家杂货店、宣家铁铺、何家元宝店、正昌泰茶叶店、祥昌染坊、邬家鲜鱼店、何志法炒货店。桥楼为阿升剃头店。

大街 大街是濮院镇最长、最宽的商业街,南起南横街,北接严家汇。街东侧店铺自北往南依次为:仲阿兴小百货、张圣记纸号、朱碧华小儿科诊所、徐天成银匠店、范盈记商号(经营丝绸、皮毛、菊花)、曹以中濮镇药房兼诊所、张大宝牙科诊所(后开设过曹永林诊所)、顾阮民祖传眼科诊所、瑞隆丝绸号、岳茂祥绸纸店、百货店、柳瑞康糕饼店、王锡昌嫁妆店、江西人磁席店、申粹泰银楼、徐那曲柴行、费记纸扎店、老祥和银匠店、沈记篾匠店、硖石阿宝烟纸店、朱志正理发店、夏新农扎扣店、庾宗缝纫店、莫宗洋铅店、徐成培皮毛行、金起云百货店(后毛恒记茶馆)、刘小狗嫁妆棕棚店、浴室(后改为濮院食品厂)、忻天泰茶叶店、宋记水果店、范记理发店。西侧店铺自北往南依次为:巴记估衣店、朱家天丰绸布号、朱伯龙典庄、俞关发书店、范荣生理发店、曹麻子照相馆、朱阿天水果店、柳瑞康糕饼作场、姚金男裁缝店、震明卜算店、沈记什货店、徐新和西医诊所、徐大伯糖坊、老宝成银匠店、陈记豆腐店、王瑞荣糕团店、王家同乐书场、老八水果店、呆大婆婆小杂货店、无话头纸扎店、叶盲子卜算店、唐来顺铁铺、单盲子卜算点、瑞久中药店、许泰生南北货行、沈福龙水果店、虞记洋铅店、殳家元宝烟纸店、翟家刻字店、王家小饭店(兼卖粽子)。

大有桥街 南起鱼行汇,北接大有桥。街东侧店铺由南向北依次是:邱顺泰炒货店、张公和弹絮店、五丰馆面店、胡隆盛南货店、王锡康黄酒店、贝家成昌糖坊、吴宝泰茶叶店、黄子松竹器店、庄宝记烟杂店、庄仲记鲜肉店、李增福锡匠店、蒋麟森生面店、吴鸣皋酒酱店、潘传生咸鱼店、郑家水果店、韩国钧茶馆店、孙家饭店、毛大伯油漆店、吴妹妹纸店、菜籽瓜秧店、姚永庆家。西侧店铺自南向北依次是:许合泰酒酱店、朱福宝箍桶店、沈家大成绸布店、钱家春和中药店、钱家公和磁杂店、沈绮文广货店、黄琴生水果店、高鸣昌豆腐店、小腊味糖果店、范年盛糕团店、章万盛南货店、范大囡糖粥店、赵玉生花线店、曹培庆种子店、沈家豆浆粽子店、金根师傅石匠作坊。

濮院西河头 西河头是濮院镇四郊中最热闹的商业集市,沿西市河有南、北两条街。河南面街道短,现称为西廊棚街,有长短不一的三个廊棚毗连,街北侧临河,主要分布有朱家公利羊行、仲家橹行、吴家饭店、张志鸿中医诊所、徐家万顺生烟行、姚家晒烟作坊、张家豆腐作坊、杀猪坊等。

河北面街道较长,从夏家弄往南,转弯过西,一直至三里塘的龙湾、西廊棚现统称为龙湾街。街两侧排满店铺。龙湾下岸店铺从夏家弄往南过西依次为:张家饭店、顾家公鑫羊行、殳奎记布店、汪家油条店、汤品珍盐店、胡三官杂货店、冯牲盛磁杂店、徐家茶馆店、唐家盐店(后为弹絮店)、章阿龙盐店(后为弹絮店)、汤子琴裁缝店、沈昌林饭店、张有发烟杂店、孙光耀剃头店、朱兴康水果店、徐家水果店、顾家义泰茶叶店、张家卤菜店、孙家烧饼店。龙湾上岸店铺从夏家弄往南过西依次为:何颂康中医诊所、王文奎绱鞋店、祝家洽记烟行、黄家茶馆店、陈家方木作坊、黄源昌皮毛行、盛建春中医诊所、王逢时百货店、吴家贞记米店、徐伯年糖果炒货店、何家糕饼店、沈家刨烟店（后为弹絮店）、裴家洪盛泰南货店、高家杂货店、张家豆腐店、钱兴宝茶馆店、洪大中药店、黄顺荣茶馆店、孙金根生面店、小食品店、姚家生兴记刨烟店、酱油店。

龙湾西至三里塘（现并入龙湾街）的店铺依次有：钱家石灰行、丁家水果店、姚家木匠店、倪家糕团店、贾家丝行、钱杏记杂货店、沈应年肉店、殳奎记丝绸行、钱家剃头店、高家振兴协米行、钱家源昌杂货店、戴家鸡鸭行、李家皮匠修鞋铺、戴家水果店、范家糕团店、德昌米行（又称西义记米行）、罗家茶馆店、朱家南货店。再往西基本以米行（店）为主，大致为：庄家伯记烟行（庄伯川）、李兴记米店（李文龙）、沈兰记米店（沈兰洲）、信威米店（朱慕安）、李松记米店（李姚氏）、毕大宝米店（毕阿大）、昌记米店（张昌官）、益大粮店（陈同和）、沈阿友毛竹行、同丰永米行（刘维贤）、联心米行（陆锦棠）、恒丰和米行（朱光熙）、义大米店（顾义君）、公成米店（张友发）、顺兴油坊（原徐恒源油坊，1948 年停办）、胡福仁竹匠店、姜家酱油店。

濮院南河头 从女儿桥沿女儿桥港往南到聚星桥，有近 500 米长，西岸的东港厂（hàn），是濮院南河头商业兴旺的龙头地带。东港厂商行店铺众多，且都具有相当的规模。从南至北商铺有：姜家震悦糟坊、李德林木行、曹家义记烟行、曹家恒丰米行、王炳高棺材铺、孙玉林豆腐店、杨明官粪行、顾家泰昌染坊、蒋家信大义米行（又称南义记米行）、郭永兴米店、杨家石灰行、萧山作木坊等。

女儿桥西是短短的女儿桥街（现改为万兴街），长约 100 米，街南侧店铺依次向西为：徐家茶馆店、小妹妹茶馆店、沈掌明烟杂店、姚合盛饭店、南春茂酱园、吴阿大酒酿店、于财章绱鞋店、汤保祥医寓、徐维生中医诊所、褚震记磁杂店。北侧店铺向西依次为：吴家豆腐店、朱家小杂货店、杨家公昌磁杂店、殳兰英茶馆店、李长生剃头店、陈子官杂货店、马昌荣兄弟木桶店、施顺兴铜匠店、陈松涛裁缝店、钱家石灰行、杨义生剃头店、张家九茎堂中药店、沈子方豆腐店。

女儿桥街往北是归家湾街，商铺林立，行业繁多。街西侧店铺由南往北有：倪三囡糕团店、沈致中鲜鱼店、施阿喜水果店、柏培章南货店、曹家元大羊行、郭家小杂货店、林文辉糖果店、阿五糕饼店、陈家粽浆店、宋天灵水果店、吴德宝绱鞋店、沈大茂茶叶店、小杂货店、小百货店、咸鱼店、许家剃头店、双泉裁缝店、宣家铁工场、壹福堂肉店、宋天灵水果店、张福生茶馆、宋家水果店、吴德清竹匠店、吴福仁竹匠店。街东侧的店铺由南往北依次是：孙端庆香烟店、褚老五杂货店、沈森记咸鱼鲜鱼店、孙玉麟豆腐店、陈绍友竹匠店、杨家杂货店、杨瑞庆肉店、方兆炳裕和米行、陈三官糕饼店、王家万春中药店、申泰和糟坊、宋永成纸品店、邬余大南货店、宣义兴铁铺、徐庆丰面店、徐家一品园茶店、沈应元肉店、岳祥茂杂货店、小妹妹糕团店、九兴祥染坊分号、朱家饭店、永增和绸布店、孙巧官豆腐店、茶馆、谢家宏达裁缝店、郑坤山柴行、棕棚店、康师傅皮匠修鞋铺。

濮院东河头 从观前街东首新桥（大积桥）北堍沿东市河向北，过香船湾转向东至横板桥北堍再向北，是两条相衔接的街，花园街和仓前街。再由仓前街往北沿十景塘一直至灵观庙桥，是濮院镇的东河头集市。20世纪40年代末属嘉兴县管辖，为镇域东北农民及小集镇陡门、陶家笕等居民赶集之处。那一带河港宽阔，便利船只停靠，所以濮院东河头商业发达、商铺密布、街市热闹异常。花园街由新桥堍往北下岸店铺依次是：冯恩德酒酱店、王忠林茶馆店、路正孝剃头店、范老大腌腊店、张孝忠杂货店、蒋世英绸布店、叶海官制伞店、周子祥馄饨店、张宝松羊肉店、吴万兴糕团店、龙泉大妈臭豆腐干点、苏宝香小酒馆、佘阿和糖果炒货店、张家弹絮店、朱银根剃头店、范荣记糖果店、陈品生绱鞋店、洪昌义糕饼店、金子祥鲜肉店、潘金生生面店、张季忠杂货店、孟家米店（后朱炳荣杂货店）。上岸店铺往北依次：杨光叉鸡蛋糕店、张家永盛祥杂货店、李四毛裁缝店、周家顺昌米店、陆阿坤鱼行、房仲余大饼油条店、吕于振西医诊所、丁阿华豆腐店、叶松官香店、包贵荣刨烟坊、罗文宝食品小吃店、魏家小百货店、金钱麻子南货店（后张家南货店）、王顺兴铜匠店、黄元昌豆腐店、柴益夫茶叶店、夏乾号酱园、俞长生茶馆店、钟阿弍丝线作坊、吴子良百货店、沈荣昌冥品纸扎店、陆家肉店、洪昌义糕饼作场、麻子娘娘水果店、张振节南货店、陈家公兴羊行、陈松筠糕饼作坊。

仓前街，上岸从花园弄口往东店铺有：利香斋糕饼店（陈松筠）、孙巧官水果店、许顺发咸鱼店、钱家酒酱店、丁瑞生裁缝店、黄家文具杂货店、沈家弹絮店、李家方木店、黄家铁匠店、石家豆腐店（石少庆）、孟文记米店、陈家酒酱店、翁培天糕团店、陆水生椿作店、钱家酱油店、张家九兴祥染坊、钱家酒酱店、绍兴同乡会、包樟椿农具木匠店、陈家恒盛粮店（陈仲朴）、德泰米店（夏炳文）、姚家树柴行、郭家碾米工场仓库等。下岸向东店铺有：黄家茶馆店、余海官木匠店、许家豆腐店、羲记杂货店（杨圣水）、胡福根竹匠店、叶文钦竹匠店、顺昌米店（周天林）、杨万丰麻皮行、小皮匠修鞋铺、陈家南货店、马凤宝茶馆店、吴凤祥羊肉面店、徐生记米店、郭家碾米工场等。

表8－2　民国36年（1947）濮院镇丝绸业一览表

行　号	业　主	资本额（万元）	行　址
致　成	朱旭初	500	南　市
殳奎记	殳坤荣	150	西　市
瑞　隆	顾金宝	400	大　街
永　源	宣建勋等	1700	义路街
生　大	吴子良	100	东　市
盈　记	范云林	150	大　街
赵宝记	赵连宝	100	南　市

表 8－3　民国 36 年(1947)濮院镇烟业一览表

店号	店主	资本额(万元)	店址
义 记	曹培荣	440	东港厂
生记兴	姚炳兴	270	西 市
万 升	沈伯璋	160	西 市
伯 记	庄伯川	160	西 市
永 记	周仲涛	140	庙桥街
万顺升	徐敬文	140	西 市
洽 记	祝永清	360	西 市
采 记	夏贞祥	160	北 市

表 8－4　民国 36 年(1947)濮院镇中药业一览表

行名	行主	资本额(万元)	行址
春和堂	钱镌初	240	大有桥街
三 和	施瑞甫	220	卧龙街
久 康	钱禹言	220	严家汇
同 康	钱效韩	220	寺前街
瑞 久	谢思安	220	大 街
九茎堂	张明华	160	南 市
万 春	王维新	160	南 市
洪 大	沈兴培	120	西 市

表 8－5　民国 36 年(1947)濮院镇粮食业一览表

店号	店主	资本额(万元)	店址	店号	店主	资本额(万元)	店址
勤 记	黄勤元	100	义路街	穗 泰	任金荣	160	义路街
泰 昌	徐滨臣	100	义路街	德 泰	夏炳文	260	东 市
东城记	黄隶年	80	东 市	升 泰	吴子宝	100	河下街
同 康	忻凤祥	100	河下街	公 成	汤长卿	160	河下街
王达记	王达民	60	北横街	沈茂兴	沈幼卿	160	卧龙街

续表 8－5

店　号	店　主	资本额（万元）	店　址	店　号	店　主	资本额（万元）	店　址
贞　记	吴阿珍	140	龙　湾	朱建机	朱建方	50	观前街
广　茂	殳文熊	40	观前街	益　大	陈同和	160	西　市
李兴记	李文龙	160	西　市	裕　和	方兆炳	360	南　市
信大义	蒋松林	320	东港厂	郭永兴	郭来宾	180	东港厂
德　昌	寿松年	320	西　市	同丰永	刘维贤	320	西　市
沈兰记	沈兰洲	160	西　市	联　兴	陆锦棠	180	西　市
鲍仲记	鲍仲贤	100	北横街	振兴协	高文生	300	西　市
信　威	朱慕安	100	西　市	恒丰和	朱光熙	200	西　市
李松记	李姚氏	100	西　市	义　大	顾义君	50	西　市
毕大宝	毕阿大	80	西　市	公　成	张友发	80	西　市
昌　记	张昌官	100	西　市	范正大	范荣官	160	北　市
永　丰	吴大宝	160	北　市	振　兴	郭佩之	60	东　市
恒　丰	曹培荣	300	南　市	孟文记	孟文通	100	东　市
孟茂昌	孟顺才	160	东　市	慎昌协	以慎祥	80	东　市
黄元记	黄元舜	60	东　市	顺　昌	周天林	80	东　市
徐生记	徐生官	80	东　市				

表 8－6　　民国 36 年(1947)濮院镇茶叶业一览表

店　　号	店　　主	资本额(万元)	店　　址
久　康	马伯晶	160	北横街
正昌泰	王荣庭	160	卧龙街
忻天泰	忻志诚	100	大　街
吴宝泰	吴晋甫	50	大有桥街
永　泰	曹志松	160	北横街
鸿　大	吴继松	100	严家汇
义　泰	顾寿庆	100	西　市
沈大茂	沈　氏	50	归家湾

表 8－7　　民国 36 年(1947)濮院镇贩羊行一览表

行　名	行　主	资本额(万元)	行　址
公　利	朱辛卿	360	西廊棚
元　大	曹良卿	160	归家湾
公　兴	陈阿五	160	花园街
钱洪记	钱洪元	50	小猪汇
陈金记	陈金官	50	定泉桥

表 8－8　　民国 36 年(1947)濮院镇磁杂业一览表

店　号	店　主	资本额(万元)	店　址
钱杏记	钱云焕	600	西　市
源　昌	钱震芳	400	西　市
冯甡盛	冯聿修	200	西　市
柴润昌	柴企成	200	西　市
公　和	钱乃钧	350	大有街
万德隆	方柳堂	140	妆　桥
张顺昌	张宝裳	120	万兴街
王荣昌	王锡章	200	北横街
公　益	孙济民	240	庙桥街
诸震记	计诸良	150	南　市
公　昌	杨积时	350	南　市
胡久成	胡少舫	120	鱼行汇
永盛祥	张贵忠	100	东　市
羲　记	杨圣水	200	东　市
协太兴	汪加林	240	大有街
殳益茂	殳钱氏	160	义路街

重要商业

丝绸业　绸行、丝行、桑叶行构成濮院丝绸业市镇的基本特色，也是维系濮镇持续繁荣的三大经济支柱。雍正《浙江通志》称濮院为“万家烟火，民多织作绸为生，为都省商贾往来之会”，说“一镇之内，坐贾持衡，行商麇集，终岁贸易不下数十万金”。

绸庄　绸庄是明清时期濮院镇商界的龙头老大，汇集于镇区中心，开户资金巨万，故合伙者多，独资者少。绸庄清嘉庆、道光前统称绸行，于每天午间“赴市收绸”。绸行招接的客商，有来自附近城镇，也有来自闽、广、两湖地区，更多的是京帮商人。京帮客商经济实力最强，因此镇上有专门接待京帮商人的“京行”。《东畲杂记》说：“其开行之名，有京行、建行、济行、湖广（行）、周村（行）之别，而京行为最。”光绪、宣统年间濮院绸庄为了扩大经营范围，纷纷前往苏州、上海设立分庄，以便与京帮客商接洽。民国时期经营方式已有变化，机户将生产的绸直接售于绸庄，绸庄则坐庄收货。绸庄收购后，交付炼坊“炼熟”（使生绸变成熟绸），然后销售。绸庄虽不业丝，但常采取“拆丝”的做法，即购买新丝贷于机户，再收机户织成的绸匹，这样做可以掌控机户的生产。据《申报》记述，民国 9 年（1920）3 月，上海销售濮院生产的“素绸”“绉纱”等产品涨价约十分之二。民国 10 年以后，绸庄生意衰退，不再在苏州、上海设立分庄。镇域绸庄虽然还有 18 家，但营业已大不如前，最后甚至沦落到四出兜售的地步。民国 26 年濮院沦陷，绸庄纷纷倒闭，仅剩 3 家勉强维持，至 1949 年初，只有 2 家绸庄。

丝行 在清朝同治光绪年间大部分分布于大有桥街、义路街、女儿桥街一带，民国以后都集中于义路街。由于丝行所需资本巨大，因此丝行独资者少而合资者多，且无不与钱庄有资金往来，依靠钱庄资金，囤积丝货，待丝价上涨后抛售获利。新丝于小满开秤，每当新丝上市，丝行生意兴隆。光绪三年至十三年（1877—1887），濮院丝行每年认办贡丝六十斤。清光绪二十年 8 月 17 日上海《申报》报道，濮院丝价高于禾城，是年 7 月 26 日、27 日开市，每百两可售二十三四元，而禾城东栅口，上等丝价每百两才二十元。濮院镇四乡农家丝车所缫之丝往往供不应求，于是邻近地区农家也把丝拿到濮院来出售。丝行所收购的丝，除转销给本镇的机户外，大批销售苏州、杭州、镇江、盛泽各帮客商。民国 5 年（1916）濮院丝价飞涨，每百两从 30 元增至 40 余元。民国 13 年镇绅徐颂嘉力图革新，在濮院西河头创办丝厂，改良土机 30 台，生产的“木车丝”优于“土丝”，但尚不及电力机械化缫丝的条纹细，匀度好，缫折小，产量高的“厂丝”，不久即告关闭。民国时期，时局不安定，人造丝、厂丝织物兴起，土丝价一落千丈，丝行倒闭七、八家，至 1949 年仅剩 1 家。

桑叶行 多开设在镇区东南西北四郊附近，以方便装载桑叶的船只进出。立夏后三日，新桑叶上市，各桑叶行开市收购，有头市、中市、末市，每一市三日，三市共九日。每日又分早市、午市、晚市，市价一日三变。桑叶行是从事新鲜桑叶的转手贸易，由于商品的特殊性，为了保鲜，也为了保持价格优势，买进卖出衔接紧密。桑叶大多不付现钱，而是赊账，待蚕毕新丝上市后，才付清叶钱，称谓“敲丝车钱”，正如沈涛《幽湖百咏》里所说：“青叶行开四市梢，客船衔尾恣喧闹。叶仙诗句今年好，毕竟丝车容易敲。”

清初，战事频繁，桑地受损，产叶锐减。清康熙、乾隆年间，境内桑地和桑叶产量得到了恢复和发展。民国初期逐步改变习惯的零星栽植方法，树型养成渐趋合理，夏伐桑园面积有所扩增，桑叶产量明显上升，使蚕桑经济有新的发展。民国 26 年（1937），日军侵占时期，境内大批桑树被日军砍伐破坏，蚕房被烧，丝绸行业凋零，桑叶行也随之关闭绝迹。

米业 濮院地处水网平原稻米之乡，米市素来就较发达。清光绪十二年（1836）米业同仁就成立米业公所。米商分米行和米店两种类型,主要分布于镇区东、南、西郊集市。较大米行,清朝有章万顺;民国时期有徐恒源、南义记、西义记,成三足鼎立,日进出数量百担。米行有独资和合股之分,旺季时靠钱庄贷款或吸收股户存款以扩大资本。米行多雇有职工和学徒,经营方式为自行购销,货源除直接来自附近四乡,也有外地客货。至民国36年(1947),全镇米商达41家。

稑陈业 由于濮院镇及四乡农家专业蚕桑丝绸,所谓"以机为田,以梭为耨",加之地狭人稠,粮食无法自给,必须仰赖外地客货,于是米业之外有所谓"稑陈行"。稑陈行又称乡货行,除经营米麦主粮外,还经营蚕豆、黄豆、杂粮等。濮院稑陈行在镇之四郊皆有开设,经营稑陈有一定规模,冬时兼收桕子。

烟业 濮院烟行多开在镇西南市。濮院烟叶名声颇佳,"他处人称桐濮烟",所谓桐濮烟,意即桐乡濮院烟。烟叶销路好,获利大于桑麻,乾隆后,"种者渐多,岁值数十万",成为濮院镇大宗出产。嘉庆、道光年间,濮院庙桥街有王姓者制杜烟,味极美,取名"庙顶""庙秋",濮院烟叶之名随著远省。同治、光绪年间,"江淮客商麇至",烟叶一向由江淮客商运销至江北各地,民国时期又运销东西洋各国。每年夏秋间烟叶上市,各烟行于栅外揽收,远商来集,烟市极盛;每遇桥梁要路,随地交易,喧哗如市。其时,濮院镇厘税以此为大宗。民国11年(1922),桐乡县产烟叶5700担,濮院为主产区之一。民国15年,国内销售烟价秋叶每包二百斤,价二十元;脚皮,每包二百斤,价一八九元;二皮,每包二百斤,价二十三四元;三皮每包二百斤,价三十元以上。外商则收购价更高,一等洋庄每包二百斤,起价一百元以上;二等洋庄每包二百斤,价八十元;三等洋庄每包二百斤,价六十元。日军侵华期间,出口停滞,烟商杀价,烟叶生产下降。抗日战争胜利后,烟叶生产略有回升。据民国34年8月18日《申报》记载:"烟叶,每年约出五千担,土人夏日采办,以竹夹晒燥,售于行庄。从前不过做旱烟潮烟之用,今亦充作普通香烟,味较辣,少香气,与桐乡屠甸寺所产性质相同。年来价昂,一夏经营,颇可观,本地烟叶业,大都资本缺乏,随时贩卖城中,俗称小主人,盖过手赚也。"

麻皮业 麻皮行多开设在东市。民国时期运销苏、沪等地,岁值数万金。

茶叶业 民国36年(1947),濮院镇有茶叶店8家。茶叶店大多设有茶叶栈,以保证货源充足。规模较大的茶叶店配有经理、管账、柜台、出售、跑街等人;其中正昌泰茶叶店有二百余年的历史,设有两家分店。

磁杂业 濮院磁杂店特多,民国后期有42家,其中百万元以上资本的有17家,以钱杏记为最大,资本额600万元,经营桐油、草席、铁锅、碗盏、煤油、陶器、锡箔、土纸、火柴、肥皂、明矾、矿烛等品种,还经销德国产四马牌肥皂粉,并兼营批发(从上海、杭州进货)。

银楼业 银楼多开设在大街,资本雄厚,均在百万元以上。民国时期有5家,资本总额1200万元。1949年,濮院银楼停业。

典当业 清代中叶,镇域有朱氏、曹氏、仲氏三大氏族设质库。咸丰时有源丰、洪兴二当。清后期至民国时有公义当、泰升当两家，地址都在黄家湾(今名河下街)，濮院沦陷时公义、泰升当关闭。抗战胜利后，孙剑欧在归家湾开设志兴当，资本额3000万元。

贩羊业 濮院四周农村盛产湖羊、山羊，因而羊行应运而生。抗日战争前后，开办羊行者有十余家，一般为独资经营，少数合股。羊行收购的羊，不仅供应当地肉店、饭店，而且销往上海等地。

中药业 濮院居民旧时患病惯于中医中药诊治，故镇上中药店亦多。民国36年(1947)，濮院镇商会统计有中药店8家，规模一般为中小型，其中资本额在200万元以上者5家。

水果业 濮院水果行有魏协泰、胡益泰、李德泰、李福泰4家，专营批发供应时鲜水果。魏协泰在西市朝阳桥廊棚帮岸河边，余大多分布在东市观前街庙桥河边下岸，大多为平房，内有比较大的桥洞(有石阶的河埠)和货栈，方便水果船上卸货，栈内备有大量大小不一的竹篰以备存放果品。一般外地时令水果船一到，如平湖西瓜、嘉兴南湖菱等，由固定的工人搬运入竹篰或栈内就地堆放，然后各水果店前来提货，基本上不过夜，早来者有时直接去船上提货。全镇水果店有30家，分散在镇域各处，资本总额2420万元。

酒酱业 酒酱店一般经营油盐酱醋等调料和各种酒类，有瓶装、散装。据民国《濮院志》记载，旧时濮院杜酒，名为三白，有十月白、竹叶青等名，以卢家三白闻名，味厚，名“苏泉三白竹叶青”。部分酒酱店还在店堂置放一、二张小板桌，供酒客碟菜酌酒闲聊。民国36年(1947)登记有30家，资本额6525万元，遍布在镇域各处。

腌腊鲜鱼 民国36年(1947)登记有21家。腌腊店大多分布镇域十字路口的街角处，经营咸鱼咸肉、火腿香肠；鲜鱼店专营鲜鱼或兼营肉类。

茶馆 濮院茶馆较多，遍布全镇各街巷，民国36年(1947)达39家之多，可谓是茶馆林立，茶客盈门，从早到晚，熙熙攘攘。茶馆的营业时间为一日三市，即早市、中市、晚市；凌晨四点左右开业，茶馆备有毛巾，热水，脸盆，供顾客洗脸。茶客多为市民和农民，边喝茶、边聊天，边聆市面；有的带一篮农产品出卖，一般上午九点散去。中市又称午茶，一般从下午1点开始，3时左右结束，茶客一般都是工商业者，按行业都有固定的茶馆，聚在一起喝茶聊天，传递信息，分析行情，洽谈业务。夜市，茶客多为手工业者、运输工人，他们聚在一起，在这里休息，聊天，听艺人说唱。

旅栈业 新中国成立前的旅馆濮院称客栈。清光绪三十一年(1905)，绍兴人杨学泉在庙桥街中段建两开间五进房屋的同福园茶馆，第二进楼层设为客栈，有十几只床铺。民国36年(1947)，镇域登记的客栈有4家，总资本额530万元，分布在庙桥街、杏林街、西河头夏家弄口、黄家湾等处。杏林街雷家潭边上的杨家梅泾客栈，西式楼屋，外表华丽，房间宽敞；庙桥街的沈家客栈，位于中心地段，交通便利，用具完备；夏家弄口北侧的震记客栈，房间清洁、招待周到，收费低廉。

餐饮业 民国36年(1947)，濮院登记有饭店8家，面馆7家，糕团店9家，熟食油条店6家，资本额总计2550万元。濮院人一向食不厌精，特色菜、小吃糕点品种不少，尤其是羊肉面店，应节时凌晨就人满为患。

理发业 理发店俗称“剃头店”。民国 36 年(1947)镇域各处有 14 家剃头店，总资本额 1030 万元。分本地、客籍两帮。本地帮精于剃刀功夫，擅理平头、和尚头(光头)，另有掏耳、敲背、提筋、开眼等手艺；客籍以江苏丹阳人居多，擅长发型，以剃西式头为主，较早使用轧剪、电吹风。

商业名店与特色商品

正昌泰茶叶店 清乾隆年间，由徽人开设在卧龙街中段，双开间门面朝南。民国时，濮院镇绅夏辛铭曾接手经营。民国 36 年(1947)转由王荣庭经营时，该店已有近二百年历史。正昌泰茶叶店规模不小，店内有经理、柜台、出售、管账、跑街等职务分工。该店经销西湖龙井(规格为一旗一枪)、乌龙红茶、梅家坞红茶、祁门红茶及少量珍贵的“明前茶”(售价为每市斤 1 元 6 角银圆)等高档茶叶，也出售各种规格普通茶叶，以品种齐全，价格合理而闻名于镇。该店在中华人民共和国成立前有 18 名职工，有 2 家分店：一为“正大”茶叶店，开设在花园街；另一为“人和”茶叶店，开设在大有桥街。总店在蜡烛街设有货栈，库房内有茶叶甏 3000 只，绿茶每甏储 10 斤(放少量生石灰)，红茶储 15 斤(不放生石灰)。是当时濮院镇最大的一家茶叶店，资金二十万银圆左右，年销售量在六十担以上。

张隆彩南货店 清道光年间开设于卧龙街中段，双开间门面朝北。金字招牌“闽广洋糖”“关山桃糕”“南北杂货”“四季干果”等字样。经营品种较多，档次较高，有鱼翅、海参、干贝、开洋、银鱼干、香菇、黑木耳、黄花菜、板栗、笋干、熏豆、绵白糖、赤砂糖、黛青糖、胡桃、桂圆、金山荔枝、红枣、黑枣、六神牌等，货源充裕，生意兴隆。店内设有蜡烛工场，制作的蜡烛最大每对有十斤重，外面包有六角形的外包装(多为供应寺庙)；结婚用的龙凤花烛每对重二斤，烛身盘有金色龙凤图案；另有大红蜡烛，根据寿辰、喜庆、周岁等不同类型，用金粉书写有不同祝词。库房内有七石缸十余只，每只盛胡桃或枣子二百余斤；有甏十余只，储放糕饼。制蜡烛的“柏油块”(每块一百斤)，库存常在千斤以上。民国时期张家入赘女婿黄文涛在庙桥街开设分店“悦昌南货店”，民国 27 年(1938)日寇投炸弹时店受损，搬至大有桥街北段。

汤甡源糕饼店 汤甡源糕饼店是濮院老字号的商业名店，店址先设在女儿桥街，后又搬迁至庙桥街和大街。生产糕饼已有近九十年的历史，二十余个品种。如生产的酥糖有玫瑰、椒盐二种，用料考究，做工精细，以麻香油润、酥甜上口而称著；椒盐酥糖甜中带咸，食而不腻。生产的月饼，除本镇外，还销售至王店、新塍、陡门、新篁、曹庄、陶家笕、莫家笕、凤桥等地，往往供不应求。其他还有定胜

汤甡源号糖果茶食包装纸

糕、蛋糕、蜜长糕、金镶玉嵌、橘红糕、蜜佛、棋子饼、丁头糕、绿豆糕、冰雪酥、麻条、寸金糖等，均为探亲访友上好的土特产。

三元斋笔店 清乾隆六十年(1795)，江西临川人徐启明来濮，手工制作毛笔，设摊自卖。后开设“三元斋”笔店，几经转手，李金谷成为继承人。镇域书画日渐盛行，笔店也逐步发展扩大。店址开始设在大街，后迁至庙桥街，民国初年迁到严家汇，日制作30支左右，一年万支。三元斋笔店的毛笔质量上乘，不掉毛，无戗毛，经久耐用。品种有“大绿颖”“小绿颖”狼毫、小楷纯羊毫、净纯羊毫、长锋羊毫、兼毫(山羊毛兼野兔毛)、紫毫等多种，还制作拳头笔、排笔、典当行用笔、小绿菌笔、乌龙笔(用铜质笔套套住毛笔头)等，制作工艺精细，其中“紫毫”笔用料尤考究，专门选用淮安产的野兔脊梁毛为原料制作，宜书写蝇头小楷，深受用户青睐。三元斋还兼售徽州产的百年名墨、泾县的宣纸、徽州的歙砚等“文房四宝”。

震悦糟坊 民国9年(1920)镇人姜文磷开办正裕糟坊，坊址在东港厂南段聚星桥北，濮院沦陷时停产，抗战胜利后复工并改坊名为震悦糟坊。有生产用房30余间，工人10—20人。糟坊内有许多大缸，以粮食为原料酿制白酒，月产量2万斤左右。制作出的白酒香醇质优，不但供应本地酒家饭店，江苏等地的酒商老板也慕名开大船来装运。

曹桢祥烟行 在东港厂，四开间门面，五埭进深，前三进是收购烟叶的场地和堆放烟叶的仓库；后两进是茧行，有一个大型的竹结构茧楼，还有烘茧子的茧灶间。夏秋季节，烟叶上市，烟农们用航船装着成捆烟片，蜂拥前来出售。收购的烟叶，经过烟包师傅的精心整理，分为脚烟、皮子、顶烟、秋烟四大类，各打成一百多斤重的烟包。秋后，多名江苏烟商来濮院采购，用大船运往江苏常熟、无锡、苏州等地。

同福园茶馆 清光绪三十一年(1905)，绍兴人杨学泉于庙桥街中段开设了一家茶馆，起名“同福园”。同福园双开间门面，前后共五进。第一进楼上楼下均为茶室，附近农民喜在楼上喝茶，码头上客商喜在楼下喝茶。第二进楼房，是楼下茶室，常为镇上商人聚会之处，楼上客栈。第三进平房，是卧茶室，室内有床榻，上放小茶几，饮茶人可躺可依。茶盏为扣盅，有托盘，一律由景德镇定制，上有“同福园”三字。濮院沦陷时，第三进平房烧毁，后改筑戏台，演过“的笃班”。第四进为书场，三间平房，有二百多座位，张鉴亭兄弟、严雪亭等评弹名家都曾在此演出。第五进为男子浴室，名为“日升浴室”。浴室设有18个铺位，浴池方形，水泥砌成，可储清水30担，另有腰圆形水泥浴缸，可行盆浴。书场、浴室的出口处在杏林街西段。五进营业用房面积近五百平方米，雇用帮工20多名，是一个集吃茶、听书、洗浴等为一体的休闲场所。同福园原有招牌一块，长1.3米，宽约70厘米，正反两面都錾有“同福园”三个铜字，悬挂后，两面都可看到金光闪闪的“同福园”三字。停业后，招牌不知去向。

邬永昌“素鸡” 邬老大开设在北横街的“邬永昌酱鸡店”，供应酱鸡、酱鸭等卤味和野鸡、野兔、黄鹑、鹁鸪、斑鸠、麻雀等野味，其烧煮的“素鸡”“素火腿”“素肫肝”“兰花豆腐干”等特色素食尤为食客欢迎。“素鸡”用白豆腐干作原料，经碱水浸泡后，用白布扎紧成圆筒状，再切成圆片，置菜油锅内沸松，速于冷水里一捞(这样更松)，然后将香料、上等的白酱油、糖、味精等佐料放入烧煮，经夜而成。此时的“素鸡”，内外汤汁浸透，吃时既鲜又香、不油不腻而极富于咬嚼，故有“素中之鸡肉”的美称。“素火腿”“素肫肝”均以二张(亦称百叶)作原料，唯以刀法不同，切成后其形状一如火腿一如鸭肫肝，烧法与“素鸡”同。其特色是视觉形象极佳，会让人联想到金华火腿的醇香，鸡鸭肫肝的脆嫩。每到下午，邬老大手挽“拗桶”，沿街叫卖，“素鸡呀素爆鱼，素火腿素肫肝，哎，香覃豆腐干!”其叫卖声配以自创的曲调，颇有民歌风味。由于该店做工精细，烧煮讲究，味美可口，价格公道，故而深受镇民喜爱。

毛家长生果 新桥北堍“毛阿应炒货店”炒制的长生果有带壳、椒盐二种。带壳长生果从苏北进货，为“小结头”花生，用细砂文火拌炒，勤炒勤翻，受热均匀，故能炒得不嫩不老，恰到好处。其特点是松、脆、香，故而受到男女老少的喜爱。椒盐花生用的是小结头花生仁，炒前在开水里捞过，再入盐水里腌渍1—2小时，然后用椒盐拌炒，文火、勤翻，起锅后筛去椒盐即成。其特点是既松又香，咸淡适中，是一味极佳的家常下酒菜，特别受到饮酒人的青睐。一天销售在5—6麻袋左右。

宋永祥生炒热白果 宋永祥住濮院杏林街严家汇口，以街口炒卖白果为业。其制作方法将白果先浸入水中，4小时后捞起晾干，后用炒锅文火翻炒。炒熟后的白果味香肉糯，老幼皆喜食用。宋永祥的生炒热白果叫卖声既脆又响，富有乐感：“生炒热白果，香又香来糯又糯，一分洋钿买三颗；吃出一颗坏白果，一颗换三颗，还要敲坍我只破砂锅。”

酥羊大面

酥羊大面 “酥羊大面”为濮院镇传统饮食，冬春之季各家饭菜馆均有供应。羊肉选用当年生的“花窠羊”，其肉质嫩，膻气少；山羊首选，湖羊次之。宰杀煺毛后，不剥皮，洗净斩成小块，每块四市两左右，叠入大锅内，每锅盛八十块左右，佐以适量酱油、白糖、绍酒、老姜和红枣(也有放几个萝卜的)，急火烧滚后改用文火，一般焖过半夜，于次日凌晨便皮酥肉烂，香气四溢。面条用镇上制面作坊当天摇制的细水面(粗细似线条)，入滚开水大锅里一焯(俗称健面)，放入盛有羊肉原汤的大碗内，覆上酥羊大肉一块(喜肥喜瘦可自挑)，随意撒上一些葱、蒜或辣椒末，就可食用。羊肉酥香肥嫩，香味浓郁，面条软润而富有嚼劲，汤汁稠厚，油光粼粼，色香味俱佳。

白切羊肉 是濮院的一种传统美食，也是冬季养生的一道独特菜肴。白切羊肉口感清香，肉质酥嫩，不腥不膻，微咸酥鲜，清爽适口；营养丰富，壮腰健肾，补虚养身，增加人体热量，抵御寒冷，一直深受域内居民的喜爱。洗净羊肉，切成长方形薄块，连同羊排、切块白萝卜一起放入铁锅中，加水(没过羊肉)旺火烧开，捞出羊肉。锅内换水，放入羊肉，再放入由八角、丁香、桂皮、花椒、茴香籽、陈皮等做成的小纱布香料袋，旺火烧开，撇去浮沫后，加入料酒、食盐、白砂糖、葱姜（姜拍松，葱挽结），锅上置竹架，用重物压住，不使浮起。之后改用文火加盖焖煮约一小时。开锅撇去污油，留净油封住汤面，停火焖三四小时，待汤温降至30℃—40℃时起锅。将煮好的羊肉块，平整地摆放在一米见方的白布中间包好，上压厚木板，数小时后取出羊肉，摊于平盘中，晾凉。

食用时将压制好的羊肉取出，用刀切成长5厘米、宽3厘米、厚0.3厘米的薄片装盘，倒入酱油、麻油即可食用。

顾糕 据民国《濮院志》记载，顾糕，以极细之糯米粉和糖为之，方寸余，厚半寸，分红白两种，色味略似苏州年糕而韧致过之，久储不裂。因始由顾高嘉之后裔业此而名，民国时顾氏业罢，糕亦失传。

殳糕 据民国《濮院志》记载，殳糕较顾糕稍大而厚，以粳米粉和糖堆糁蒸熟之，质甚松而味鲜美，因始为殳氏所造而名之，其后糕店多仿效之。民国时惟祀神犹取以为用。

糟蛋 据民国《濮院志》记载，糟蛋以鸭蛋之肥大者，和以酒糟，杂以椒盐，存瓦坛中，以泥封口，过半年而蛋熟，味极鲜美。

毡毯 据民国《濮院志》记载，毡毯是以羊毛制成。镇域四乡多养羊，岁产羊毛甚富，用此制成之毯，平匀而柔软，有三层、五层、七层之别，行销苏杭等处，名为濮毯。镇域经营毡毯原有周姓、章姓两家，民国中期唯章姓还在经营此业。

商家轶闻

民国16年劳资纠纷 民国16年10月7日，濮院酱业工会，因向店主方提出18项改善条件的请求，店主不予接受，而双方发生争执，嘉兴总工会特派钱剑秋前来调解。后加薪一条，职工要求店主方增加3元工资为最低限度，店方不答应，酱业的工友因此决定组织懈工委员会准备大游行、贴标语，制造舆论宣传。嘉兴总工会得到此消息后，于8日再派仲驾六、胡夑麟两人前来，会同镇党部人员竭力斡旋，以期快速解决，免起纷争升级，至10月18日劳资纠纷才告解决。此事影响甚大，上海《申报》民国16年10月9日第十版、10月18日第七版均有报道。

工商业主遭绑票 濮院沦陷期间，民国31年（1942）春，塘北土匪吴振邦趁乱从水路到濮院绑票敲诈钱财，目标看中濮院东河头两家，一家是花园街众安桥堍杂货店店主张胜荣，另一家是黄板桥堍黄家铁店店主黄永林。在杂货店，几个土匪假装进店挑选杂货，店主走出柜台帮助，即被用手枪顶着，押到桥洞下船。铁店黄永林被绑票时还穿着干活的围身。绑匪留言用钱财来保赎，否则撕票，然后从东河头水路往北扬长而去。张、黄两家只得央人，各花了100担米才保赎出来。回家那天是晚上，两人均被黑布包住眼睛，送到濮院西河头上岸，才知道是搭乘和尚道士做道场的便船回来的。

胡益泰水果行上西瓜 胡益泰水果行长期雇佣春林、杏官等3、4名搬运工人。每年夏天上西瓜，他们不像别的水果行工人靠肩挑背扛，而是抛瓜上岸。平湖西瓜船一到，往往一人去船上，捧起西瓜往岸上抛，一人在栈内岸边接，动作娴熟，从不失手。如有人围观，还时不时露几手花式抛接，一船西瓜很快就抛上货栈。往往令人看得眼花缭乱，拍手称奇。

乐善好施的米业会长 蒋松龄祖籍浙江奉化，清代时迁徙到濮院东港厂。民国初期创立南义记米店，成为濮院米业的龙头之一，曾被同业推荐为会长。主要经营大米，亦兼营蚕豆、黄豆等稜陈业务，生意兴隆，雇工甚多。由于蚕豆易生虫蛀洞，每当夏季则雇佣数十名农妇挑拣坏豆，一字排开，场面很是壮观。为方便生意，还购得一艘小火轮，即现在的小汽艇，往返于濮院与嘉兴之间，实属当时一大新闻。蒋松龄事业成就后乐善好施，在青黄不接的春夏之交，常于北横街、关帝庙前支起大锅熬粥，施赈饥饿贫民，濮院一带老人至今还记得此事，甚为称赞。

第二节 中华人民共和国成立后的商业

私营商业

中华人民共和国成立初期，濮院国营商业薄弱，供销合作商业处于萌芽阶段，私营商店仍居濮院商业市场主要地位。1956 年国家对私营商业进行社会主义改造之后，只在镇四郊边缘地区尚留少数生活困难、老弱小本的个体商户，至“文化大革命”时期则基本遭取缔。1978 年在“以计划经济为主，市场经济为辅”的方针指导下，实行多种经济形式并行的商业体制，私营商业又开始恢复和发展。1980 年以后，私营商业发展明显加快，并逐步涉足商业的各个部门。1988 年濮院羊毛衫市场的建立，给私营商业的发展提供了更大的空间。羊毛衫市场的兴旺也带动了其他商业、服务业的发展，传统的分类销售格局被打破，超市、连锁店、专卖店、便利店、网店等新兴商业形式相继出现；文化娱乐、旅游、房地产中介等新兴服务业不断涌现，濮院的私营商业进入了大发展时期。

中华人民共和国成立初的私营商业 中华人民共和国成立初，濮院镇有私营商店 27 种行业 359 户，从业人员 691 人，私人商店仍是濮院商业的主体。国家对私营商业实行的是利用、限制、改造政策，私营商业对当时的国计民生仍然发挥着积极作用。1951 年濮院镇开展对私营商业进行基本情况普查统计、财产重估、工商登记发证工作。据统计濮院镇有私营商服 805 户，1158 人，资本额 246366 万元①，其中商业 614 户，898 人，资本额 226656 万元；饮服业 191 户，260 人，资本额 19710 万元。

1952 年，以 9 月 8 日至 12 日濮院举行的五天初级市场物资交流大会为例，国营商业、供销社和私营商业比重，分别占 19.42%、36.36%和 44.22%。私营振兴粮行五天中赢利 1300 万元，联兴粮行赢利 1030 万元；私营天丰布店在物资交流大会前日销售额 2

① 为中华人民共和国成立初第一套人民币币值，一万元兑第二套人民币一元。

万—7万元，五天交流会原计划销售额120万元，第一天就超过120万元。交流大会期间，濮院供销社日供套鞋120双，而私营二联百货店一天就销售了80双。

1954年全镇商业营业总额296万元，其中私营坐商192万元，摊贩16万元，私营商业占营业总额70%；私营坐商平均每人每月营业额279.38元，摊贩平均每人每月营业额53.18元。

1955年，濮院镇有私营商业41个行业，455户、从业人员589人。全镇商业营业总额254.33万元，其中私营商业209.68万元(包括粮食业30.93万元)，摊贩23.23万元，私营商业及摊贩营业额占全镇商业营业总额的91.58%。私营坐商平均每人每月营业额304.41元，增长9.15%，摊贩平均每人每月营业额75.63元，增长4.2%。全镇市场购买力1955年比1954年下降13.95%，而私营坐商却增加8.95%。市场货币流通1955年投放302万元，回笼372万元，基本平稳，改变了过去货币大量外流现象。

私营商业社会主义改造　中华人民共和国成立初期，对私营商业国家采取统筹兼顾、全面安排的方针，让品种、让比重，对粮食、棉布、百货等行业给予代销、经销，但行业与行业之间，户与户之间仍很难平衡，经营盛衰各异，尤其是国营商业在商业经济中的比例过小，不能适应工农业生产迅速发展的需要，因此对私营商业实行全面的社会主义改造势在必行。

私营商业的社会主义改造，有直接过渡、公私合营、集体合作三种形式。改造的时间各商户各行业先后不一。1956年是全面改造的一年，但1956年前，濮院已有103户私营商户，在有关部门的帮助下，实行了联营，或组织合作，或公私合营，或直接过渡(占被改造总户数31.4%)。

粮食业　粮商有15户，1950年成立东、南、西、北4个联营组。1953年11月起，国家实行粮油统购统销，濮院粮食部门根据对私营商业“利用、限制、改造”的方针，在4个联营组的基础上，重组设立5个代销店。1955年粮食代销店增至11个，其中1个为总店。1956并入濮院粮食管理所。

烟业　烟商有5户，于1950年合作成立“濮院镇烟业购销联营处”，1953年改名为“利昌合作制烟小组”，1956年更名为“濮院镇制烟生产合作社”。

丝行　丝行仅1户，1953年并入桐乡县土丝收购站。

百货业　百货店较大的有郑升源和王生昌2家，1952年2家联营为“濮院镇二联百货商店”，1956年直接过渡入濮院供销合作社。

棉布店　棉布店有7家，1954年元生布店、大成布店、新新布店3家合并成立“濮院镇三联布场”，以经销方式向供销社进货，自主经营；生生布店，天丰布店，殳奎记布店各自分别经销；同和布店为供销社代销。

水果行　濮院水果商行有魏协泰、胡益泰、李德泰、李福泰4家，1955年4家联营，店名“濮院镇公兴山地货行”，1956年公私合营后，转入濮院供销社。

屠户　屠户有8户，1951年联营，1953年在桐乡县财政部门帮助下，建立"濮院镇屠宰场"，屠宰场实行工资制。1956年与11户私营鲜肉店一起同时并入桐乡县食品公司濮院食品站。

羊行　羊行有5家，1950年联营成立"濮院镇友记羊行"，1956年加入濮院供销社。

水作业　水作业有17户，1955年合作成立"濮院镇水作生产合作社"。

理发业　理发店有16户，1955年合作成立"濮院镇理发合作社"。

鸡鸭收售业　专营鸡鸭收售有23户，1953年成立东、南、西、北4个合作收购小组，1956年合并为"濮院镇鸡鸭收购合作小组"。

上述103户私营商家先期进行社会主义改造，为1956年对私营商业全面进行社会主义改造铺平了道路。

1956年对私营商店全面进行社会主义改造。第一、成立合作商店，除去制烟业、水作业、理发业、鸡鸭业已组成合作商店（社、组）外，再成立17个合作商店（组），前后共21个合作商店297户，占改造总户的82.73%；第二、公私合营30家，占8.36%；第三、除1953年已并入桐乡县土丝收购站1户丝行外，又有31户直接过渡为国营商业或供销社商业，合起来共32户，占8.91%。

表8－9　1955年濮院镇私营商业、饮食业、服务业资金人员统计表

类　别	原有户数	从业人数	年末资金（元）	
			合　计	其中：流动资金
总　计	455	589	72062	30828
纯商业	318	403	60334	27734
其中：流动乡担	89	89	461	0
饮食业	130	173	10359	2907
服务业	7	13	1369	187

表8－10　1956年濮院镇合作商店一览表

原行业	户数	从业人数	资金（元）	合作商店名称	经理（组长）	副经理（副组长）
鲜　肉	11	17	3000	濮院镇鲜肉合作商店	庄三保	杨瑞庆
腌　腊	8	14	3500	濮院镇腌腊合作商店	许顺发	范永奎
鲜　鱼	4	9	1200	濮院镇鲜鱼合作商店	邹珠奎	沈治中
酒　酱	25	50	5000	濮院镇酱酒合作商店	姚金昌	王耀祖

续表 8－10

原　行　业	户数	从业人数	资金(元)	合作商店名称	经理(组长)	副经理(副组长)
南　　货	13	26	10800	濮院镇南货合作商店	章培鳌	张鼎成
茶　　叶	8	14	8000	濮院镇茶叶合作商店	吴继松	曹助城
百　　货	9	17	6400	濮院镇百货合作商店	邬国璋	胡子良　倪兴官
茶　　食	7	23	8000	濮院镇茶食合作商店	柳瑞康	沈金富
烟　　杂	19	26	3000	濮院镇烟杂合作商店	王金宝	张贵忠　朱炳荣
糖果炒货	8	16	5000	濮院镇炒货合作商店	范荣庆	邱福林
面　　饭	30	48	2300	濮院镇面饭合作商店	范松宝	吴顺发　曹桂华
水　　果	24	48	2500	濮院镇水果合作商店	施善增	宋兰芳　陈云芳
糕团油条	13	37	2000	濮院镇糕团合作商店	倪和尚	汪阿生
制　　面	5	5		濮院镇制面合作商店	孙关宝	孙子明
茶　　馆	37	44	2000	濮院镇茶水合作小组	沈启文	殳兰英
照　　相	2	2	1000	濮院镇照相馆	李建兰	
制　　烟	5	34		濮院镇制烟生产合作社	王其福	沈龙宝
水　　作	17	52	6500	濮院镇水作生产合作社	冯志贤	孙巧安
理　　发	16	42	800	濮院镇理发合作社	朱长生	
鸡　　鸭	23	23	200	濮院镇鸡鸭合作小组	戴贤华	
树　　柴	13	13		濮院镇树柴合作小组	朱生官	
合　　计	297	619	71200			

表 8－11　　1956 年濮院镇公私合营商店一览表

原行业	户　数	从　业人　数	资　金(元)	合　营　店　名	公　方经　理	私　方经　理
棉　布	7	19	14914	公私合营濮院棉布店	陈惠卿	胡达怡
磁　杂	8	30	10000	公私合营濮院磁杂商店	陈惠卿	杨积树
水　果	4	10	900	公私合营濮院山地货店	沈文良	李秉贤
中西药	11	27	21814	公私合营濮院中药店	吕欣甫	施有义
合　计	30	86	47628			

表 8－12　1956 年濮院镇直接过渡至国营商业和供销社一览表

行业	户数	从业人数	过渡时间	进入单位	单位性质
粮食	15	19	1956 年	濮院粮管所(实进人员 12 人)	国营
丝行	1	6	1953 年	桐乡县土丝收购站	国营
绸行	1	1	1956 年	濮院供销合作社	供销社
百货	2	4	1956 年	濮院供销合作社	供销社
羊行	5	7	1956 年	濮院供销合作社	供销社
屠户	8	8	1956 年	桐乡县食品公司濮院食品站	国营
合计	32	45			

社会主义改造后私营商业存在方式　经过 1956 年对私营商业进行全面社会主义改造后，尚有少数生活困难、年老体弱、小本经营的个体商贩存在，基本分布在濮院镇的城乡接合部，规模较小，大多从事饮食、服务行业，以摊贩和“货郎担”形式存在。1958 年，个体商贩全部并入人民公社供销部。商业体制改变后，网点减少，流通不畅，加上主要商品已采取凭票证限量供应，故供需矛盾突出。1961 年，商业体制调整，1962 年小商小贩又重新划出供销部，“货郎担”(又称乡担)又重新出现，有关部门还有计划地组织集市贸易，私营小商小贩开始活跃起来。濮院当时有私人“货郎担”8 户、摊贩 10 多户、绱鞋店 5 户、茶馆 6 户、理发 7 户。个体经营户摊小、资本小、经营额小，靠走街串巷、便民价廉招揽生意，商品的来源主要向供销社、烟糖公司、食品厂进货，赚取批发价和零售价之间的差价。“货郎担”基本是挑担下乡沿途叫卖；馄饨担小馄饨才一角钱一碗，价格便宜，丝粉汤担也如此，还有提桶卖熟番薯，提篮卖糕点等，方便了镇域居民。“文化大革命”期间，小商小贩受歧视、批判，大多停止或隐蔽经营。到 1978 年，全镇个体商贩仅剩 32 户，主要经营烟、酒、糖果、水果、杂货、饮食及维修等。

改革开放后私营商业的复苏与发展　1978 年，十一届三中全会后，开启了改革开放历史新时期，重新肯定私营商业为计划经济的必要补充。1979 年，政府鼓励和扶持私营商业发展，允许待业青年、闲散劳动力及农民私营经商。自此濮院镇登记复业的私营商贩逐年增加，1981 年 105 户，从业人员 112 人，至 1985 年达 385 户，从业人员 462 人，改革开放 6 年私营商户就增至 12 倍。1987 年于永乐南路西侧兴建了第一个农贸市场，1988 年 10 月，濮院羊毛衫专业市场建立开张后，大量私营商户进入市场交易。同年私营商户增至 763 户，从业人员 1567 人，经营范围扩大到百货服装、日用副食、五金交电、鲜肉水产、蔬菜水果等行业。1992 年邓小平南方谈话后加大了改革开放的步子，濮院镇以羊毛衫市场为代表的私营商业进入了快速发展期，到市场批发采购的全国各地客商、外来打工者和外来私营经商者成倍增加。1994 年，发展到国道两侧 10 个羊毛衫交易区和一个毛纱交易区，全年交易额达 20.95 亿元，羊毛衫市场成为全国百强市场之一。一业兴、百业旺，羊毛衫专业市场的兴旺，助推了濮院镇的其他私营商业的发展，2007 年镇域大型农贸市场增加到 4 个。东兴购物等规模较大的超市入驻镇区，专卖店、连锁店、便利店、直销、邮购、网店等新型商业形态先后出现，第三产业的法人单位和私营商业经营户急剧增加。2010 年底，私营三产单位数达 10994 户，从业人员 27367 人，其中私营商户有 8740 户，为改革开放前私营商户的 273.13 倍。

超市、副食品类商店 2010 年底工商登记有 595 户，注册总资金 2112 万元。分布遍及濮院镇大街小巷及各个村落，极大地方便了濮院镇居民对主、副食品的采购。其代表性商店为 2005 年 9 月开业的东兴购物广场和桐乡市濮院苏杭时代超市濮院连锁店。

服装类商店 2010 年底濮院工商登记有 207 户，注册总资金 805 万元，经营规模一般都不大，比较大一点的有嘉曼华被服有限公司、老雨服装店、方妹英服装店，大多分布在老镇区的主要商业街道。

百货、杂货商店 2010 年底工商登记 189 户，注册总资金 877.71 万元。经营百货、杂货和日用商品，以及针纺配件等，主要分布在永乐路、南纬路、咏梅路、南横街、北横街、凯旋路及农贸市场周围。

饲料、饰品、化工类商店 2010 年底工商登记 23 户，注册总资金 209 万元。饲料店销售各种家畜、家禽、鱼类的饲料，计 7 家，集中在新生集镇和濮院镇中兴路；饰品店共 11 家，经营 1 元、2 元小商品为主，兼营工艺品等，集中在濮院镇区；化工产品店有 5 家，经营化工原材料和印染助剂。

鞋类商店 2010 年底工商登记 39 户，注册总资金 112 万元。主要分布在濮院镇区咏梅路、永乐路和凯旋路。经营的鞋类一般为中低档次，也有经销乔丹、耐克、红蜻蜓等的品牌店。鞋的品种繁多，按材料分有布鞋、皮鞋、橡胶鞋，按季节分有凉鞋、单鞋、棉鞋等，童鞋在销售中占有较大比例。

五金交电类商店 2010 年底工商登记 42 户，注册总资金 2334 万元。经营各类五金和电器，开刀、扳手、螺丝、螺帽、铁丝、铁钉、铁链、锁等各种小五金到电线、电灯、开关、继电器、电表、电视机、电冰箱、洗衣机、电磁灶、微波炉、豆浆机、热水器、电钻、电动机等应有尽有。经营规模较大的有同信经贸有限公司、星旗电器有限公司、力德五金电器有限公司、美仑电器有限公司、宏苑五金商行、桐星经贸有限公司等。

水果和香烟类商店 2010 年底工商登记 40 户，注册总资金 63 万元。其中水果店 23 户，经营卷烟 17 户。除了水果坐商之外，还有许多流动水果贩卖车，水果销售旺季时，达 20 多辆，他们穿街走巷，来往于市场等繁华地段，给经商者和居民购买水果带来很大方便。濮院的卷烟经营除了专营户，还有许多副食品店、超市也兼营卷烟。

废品收购和酒业类商店 2010 年底工商登记 24 户，其中废品收购 15 户，酒业经营 9 户，注册总资金 130 万元。废品收购站分布在镇四郊城乡接合部，酒业经销店大多在镇区大饭店附近。

茶叶、干果、饮用水类商店 2010年工商登记有24户，注册总资金66万元。分布较广，规模都不大。

粮油商店 2010年底工商登记有23户，注册资金161万元。散布于镇区及域内人口集聚的新村，主要经销大米和各类食油。许多超市也经营粮油，品种繁多，同一商品价格基本相同。

文体类商店 2010年底工商登记有22家，注册总资金38.4万元。分布在镇区比较繁华的街区，经销各种文化用品、音像碟片、体育艺术类书籍图片等。

化妆品商店 2010年底工商登记有19户，注册总资金51万元。化妆品商店分布在濮院镇区和新生集镇的主要街区。随着现代生活观念的改变，除经销面霜、沐浴露外，分季节分别有保湿补水、防晒防紫外线的化妆品，还有各种品牌的指甲油、口红、摩丝（定型水）、洗头带定型水、染发膏、假发套等，以满足不同层次居民的需求。

蛋糕、西饼类商店 2010年底工商登记有13户，注册总资金39.3万元。蛋糕、西饼经营户分布在农贸市场及主要街道，经营规模一般都不大。生意较好的有麦福德西饼店，可电话定制各种尺寸水果型号的蛋糕，并可送蛋糕上门，深受群众欢迎。

金银首饰类商店 随着濮院区域经济的发展，人们的生活越来越富裕，金银首饰的市场需求越来越大。截至2010年底工商登记的金银首饰商店有11户，注册总资金31.3万元。主要分布在咏梅路、凯旋路、新南路。2000年后各银行也推出金银首饰的交易，包括金银币和金块，以满足市场的需求。

加油站、花店及家具店 2010年底工商登记加油站14户、花店7户、家具店8户，注册总资金162万元。加油站主要分布在320国道、桐星大道、新生公路两侧；花店和家具店集中在濮院镇区。

建筑、装饰材料商店 2010年底工商登记有96家，注册总资金9356.6万元。经销建筑和装潢的各种材料，如水泥、沙石料、沥青、彩钢、各材质门窗、水暖管道、玻璃，木材、板材、油漆、瓷砖、卫浴设备、五金装潢等。水泥、沙石料、木材等商店大多分布在城乡接合部和较大的河边，装潢商店主要集中分布在凯旋路、中兴路、宏苑路。

酒店、宾馆、旅社 2010年底工商登记有64家，规模大小不等，分布在羊毛衫市场附近镇区的主要街区。比较大的有国贸大酒店、梦嘉宾馆、梦之家连锁酒店等，装潢豪华，标准房间，并设有其他配套的休闲活动场所。

餐饮服务店 2010年底工商登记有264家，散布在镇域各处。经营规模大小差距很大，餐饮类型也各式各样。比较大的酒店有天天渔港、老家食府、外婆家等，除大厅外设有包厢。一般规模的有九龙港美食一条街，有专营面、水饺、馄饨的店铺，也有各地风味特色小吃店、各类早餐店等等。

表 8－13　　2010 年濮院镇私营商业普查情况表

序　号	类　别　名　称	数量(户)	注册金(万元)
1	三轮车货运、客运	1167	6628.84
2	美容、美发、美甲	97	220.08
3	茶室	27	35.50
4	浴室、足浴	27	486.00
5	电动车、摩托车店及修理	42	712.25
6	副食品及超市	595	2112.49
7	水果及卷烟	40	63.35
8	药店、诊所	53	525.00
9	汽修、车内装饰	22	448.00
10	娱乐、棋牌	44	1451.30
11	鞋店	39	116.85
12	建材	96	9356.60
13	旅馆、宾馆、酒店	64	1591.20
14	五金、交电	42	2334.40
15	维修及其他服务	95	317.82
16	手机卖场及公用电话	70	258.40
17	金银、首饰店及加工	11	31.30
18	餐饮(饭店、小吃、快餐)	264	1081.38
19	投资、置业	48	95119.10
20	电脑设计、新兴服务业	153	1021.20
21	服装	207	805.155
22	废品收购	15	114.00
23	照相馆	6	6.90
24	饮用水	5	123.00
25	花店	7	32.00
26	金融、典当	3	4000.00
27	保险	3	—
28	加油站、煤气站	14	108.00
29	茶叶、干果	19	65.00

续表 8－13

序 号	类 别 名 称	数量(户)	注册金(万元)
30	酒业	9	16.00
31	蛋糕、西饼	13	49.30
32	管理、物业	16	946.00
33	文化、音像、艺术	21	44.10
34	粮油	23	161.50
35	家具	8	22.40
36	化妆品	19	51.45
37	动物医疗诊所	3	12.50
38	百货、什杂及其他	189	875.96
39	饲料、饰品、化工	23	209.05

国营商业

中华人民共和国成立后，濮院始有国营商店。1949 年 5 月 6 日濮院镇解放，镇域仍以庙桥港为界，北南镇区分别隶属于嘉兴、桐乡两县，嘉兴县率先在濮院镇设立国营粮食收购站和油脂收购站。1950 年 3 月 21 日两界合并归属桐乡县后，两站于 1952 年撤走，仅有桐乡县 1951 年在镇设立的粮食经营组 1 家。1953 年粮食经营组升级为粮食收购站，1954 年更名为粮食管理所。1958 年当年刚创办的酿造厂改称国营食品一厂，不久即停办。同年 4 月濮院茶食合作商店及糖果炒货合作商店合并成立国营濮院食品二厂，归属濮院人民公社供销部。1961 年 11 月，濮院食品一厂从供销部划出，更名为国营濮院食品厂，隶属桐乡县商业局。20 世纪 50—60 年代，桐乡县百货、食品、饮服、烟糖、医药、采购等公司在濮院分别建立国营商店 6 家，1965 年除食品、饮服、医药 3 家国营商店外，其余商店先后划归濮院供销社。1981 年桐乡县物资局于濮院建立物资供应站，1982 年粮食部门建立濮院饲料站。到 1990 年濮院镇共有国营商业 7 家。

1997 年 6 月，濮院饮服分公司、濮院医药分公司、濮院食品分公司、濮院烟糖分公司四家国有小型商业合并组建桐乡市濮院国联商业有限公司。同年濮院饲料站并入濮院粮管所；2000 年濮院粮管所改制，撤销粮管所，成立濮院粮食收储公司。2002 年濮院物资有限责任公司改制为私营企业。2007 年在濮院粮食收储公司基础上成立桐乡市粮食收贮有限公司中心粮库。到 2010 年底，濮院镇有国有商业 1 家。

濮院粮食管理所 1949 年 9 月，桐乡县粮库于濮院设立城濮区支粮库，征收公粮，支粮库主任为周延芳。1951 年中国粮食公司桐乡县公司成立，濮院镇成立粮食经营组，主任为聂其安。1953 年 1 月建立粮食收购站，负责人为朱逸野。1954 年收购站更名为“城濮区粮食管理所”，设副所长，为朱国勤。1957年10月正式定名为“濮院粮食管理所”，所长朱国勤，所址寺湾街夏家厅。濮院粮管所拥有8大粮食仓库，可储粮15400吨。1986年迁至永乐路41号。1990年末有职工68人，固定资产155.67万元，流动资金228.35万元。1999年搬迁入咏梅路投资170多万元新建的五层粮食大厦。2000年桐乡市人民政府撤销濮院粮管所，成立濮院粮食收储分公司，隶属于桐乡市粮食收储公司，为非独立二级核算单位，原濮院粮管所划25名职工到濮院粮食收储分公司。2007年10月11日撤销濮院粮食收储分公司，人员（13人）和资产划入新成立的桐乡市粮食收贮有限公司中心粮库。

濮院粮管所接任所长（2000年后称经理）先后有吴彦孝、宋立亭、屠顺章、潘租尧、陈绍麟、朱幼仁、金梦林、严兴圻、余学良。

濮院中心采购站 1955年桐乡县农副产品采购局于濮院镇建立中心采购站。采购蚕茧、土丝、大麻、烟片、菊花、络麻等农副产品，站长胡水清，有职工9人。1957年桐乡县农副产品采购局撤销，濮院中心采购站并入濮院供销合作社。

桐乡县中百公司濮院商店 1956年5月，桐乡县中百公司于濮院设立批发商店，负责对濮院地区的棉布、百货的批发供应。1958年，并入濮院人民公社供销部。1961年8月恢复为中百公司濮院商店，店址北横街，副经理俞鸣山、杨积时，有职工28人。1965年2月并入濮院供销合作社。

桐乡县烟糖公司濮院商店 1964年桐乡县商业局糖业烟酒公司于濮院成立烟糖商店，主要经营糖类烟酒的零售兼批发业务，经理施掌根。1965年并入濮院供销合作社。

桐乡县食品公司濮院食品站 1956年6月桐乡县食品公司于濮院设立食品购销站，濮院屠宰场和濮院镇鲜肉合作商店并入该站。1958年濮院食品购销站并入濮院人民公社供销部，1961年恢复更名为濮院食品商店，1978年12月更名为濮院食品站；1989年底有职工31人，固定资产10.46万元，流动资金2.15万元。该站下设4个门市部，1个收购点，1个屠宰场。1992年濮院食品站改名为桐乡食品公司濮院食品分公司。分公司设有1个收购站，1个屠宰场，1个冷库以及肉店、五金装潢门市部、五福园水产超市、利民废品回收商店各1个。历任站长有：罗宝康、韩添鲍、沈玉官、高楚良、乔传钧、杨雪刚等。

1997年6月成立桐乡市濮院国联商业有限公司，成为国联商业有限公司下属的食品分公司，分公司领导杨雪刚。2000年五福园水产超市和利民废品回收商店停业，2001年冷库关门，至2010年分公司属下尚设有收购站1个，屠宰场1个，肉店1家及五金装潢门市部1家。

桐乡饮服公司濮院分公司 1961年9月，桐乡县饮服公司设立濮院饮服商店，拨款筹建国营濮院饭店，同年12月正式营业。1962年又从濮院供销社划出旅馆、浴室、照相馆、书场4个单位归属濮院饮服商店。1963年，照相馆、书场又从饮服商店划出，保留国营饭店、旅馆、浴室3家分店。1976年建造容量10吨冷库1座，1983年扩建为30吨冷库，夏季自产自销棒冰，品种有白糖、赤豆、绿豆、橘子等，日产量最高可达15000支。浴室为原私营日升浴室，1955年公私合营改名为濮院浴室，仅设男子部。1959年移池在永乐弄重建男子浴室，大池混浴，32只铺位，每人每次收费0.16元。1985年移址在集民街新建浴室，分男女部，男子部设面积12.6平方米的大池，设淋浴器1个，新设女子部，淋浴、盆浴均有。浴室每年冬季开放三个月左右，票价男子0.70元，女子0.85元。1987年饮服商店拥有饭店、旅馆、冷库、浴室、小吃部、茶室、餐厅等7家分店，职工37人，固定资产29.02万元，流动资金3.4万元。1992年9月濮院饮服商店升级为桐乡饮服公司濮院饮服分公司。1995年又移址在庙桥街1号投资200多万，新建四层楼的永乐浴室，设施齐全，装潢精致，提供修脚、踩背、按摩等服务。底层为男子大池大堂、二楼为男子淋浴、包厢，三楼为女子部淋浴、包厢，四楼为设备库层。历任经理(负责人)有：许顺发、沈玉官、王克盛、蒋玉麟、黄哲元、赵志英、杨彧、辅焕成。

1997年6月成立桐乡市濮院国联商业有限公司，濮院饮服商店成为国联商业有限公司下属的饮服分公司，分公司领导辅焕成。2009年饮服分公司下属的30吨冷库拆除，经改造为店铺后出租。到2010年，永乐浴室也转租私人经营，饭店、小吃部、餐厅先后停业，茶室由个人承包经营。分公司资产由国联商业有限公司管理，原国有企业职工性质不变。

表8-14　　1981—1990年濮院饮服商店营业情况表

单位：万元

年份	营业额	利润	年份	营业额	利润
1981	33.4	1.20	1986	54.0	3.90
1982	38.0	0.70	1987	60.6	4.90
1983	43.0	0.88	1988	83.2	8.25
1984	40.8	3.70	1989	85.8	6.85
1985	49.6	5.60	1990	96.2	7.24

桐乡烟糖公司濮院分公司　前身为濮院茶食合作商店及糖果炒货合作商店，1956年1月合并成立国营濮院食品加工厂，厂长王俊发。1958年10月，归属濮院人民公社供销部，职工30人。1961年11月，从供销部划出，更名为国营濮院食品厂，隶属桐乡商业局，厂长为沈成松。食品厂设有糖果、糕饼、烘房三个车间，半机械化生产，其设备有：电炉2台，拌料机2台，粉碎机1台，擦粉机1台，筛粉机1台。生产品种有云片糕，麻饼，酥糖，苏式、广式月饼，蛋糕等。制作方法既继承了“汤甡源糕饼”的传统做法，又有所创

新。尤其是麦淇淋标花蛋糕，色、香、味俱全，深受消费者欢迎，1990 年有员工 27 人。1992 年 9 月桐乡商业总公司下文，濮院食品厂为桐乡烟糖公司濮院分公司，“二块牌子、一套班子”。除原有食品厂外，增设批发与经营 2 个门市部，产品除供应当地外，还销往苏州、杭州、枫泾、嘉善、王店、余杭等地。先后曾任厂长的还有罗万才、张德明、郭振和、柳俭隆等。1997 年归属濮院国联商业有限公司，为濮院烟糖分公司，分公司领导柳俭隆。至 2010 年底仍经营副食品等批发和零售业务。

表 8－15　　1981—1990 年濮院食品厂业务情况表

单位：万元

年　份	营　业　额	利　　润	年　份	营　业　额	利　　润
1981	42.80	1.51	1986	70.10	4.55
1982	43.80	1.61	1987	68.04	3.89
1983	41.01	2.02	1988	67.43	6.37
1984	45.78	2.32	1989	72.20	5.88
1985	67.45	3.26	1990	64.90	8.40

濮院物资站　1980 年桐乡物资局筹建濮院物资站，地址在濮院永乐路。1981 年 10 月 1 日开始营业，主要经营品种为机电产品、农机配件、化工建材、金属、橡胶、水泥制品等，固定资产 5.26 万元，流动资金 0.80 万元。首任负责人为胡永泉(副站长)，1985 年 7 月，站长为张永严。1990 年站长为韩雪兴，有员工 7 人。1993 年 4 月濮院物资供应站从桐乡市机电设备公司分立，成立濮院物资公司。1994 年投资 200 多万移地新建，一幢 5 间 3 层楼办公大楼及 3 幢仓库，面积约 2000 多平方米，地址在月河桥边 320 国道南。1997 年 3 月又改制组建为桐乡市濮院物资有限责任公司，改制后企业属混合型所有制单位，董事长、经理为韩雪兴。2002 年转制为私营企业。

表 8－16　　1982—1990 年濮院物资站业务情况表

单位：万元

年　份	销售总额	其　　中				利　　润
		机　　电	金　　属	轻工材料	水泥制品	
1982	43.00	24.00	9.00	3.00	7.00	0.99
1983	38.00	19.00	1.60	3.10	14.30	0.87
1984	70.50	30.00	5.20	13.30	22.00	1.60

续表 8-16

年 份	销售总额	其 中				利 润
		机 电	金 属	轻工材料	水泥制品	
1985	75.00	34.90	2.10	18.40	19.60	4.40
1986	78.50	25.90	13.00	18.60	21.00	4.60
1987	100.30	41.70	19.00	14.30	25.30	5.40
1988	452.90	27.00	348.60	53.30	24.00	9.80
1989	123.00	23.20	43.00	46.30	10.50	9.10
1990	524.00	40.00	448.00	24.00	12.00	10.00

濮院饲料站 1982年从濮院粮管所分立，隶属桐乡县饲料公司。商品饲料由县饲料公司统一调拨，营业利润统一核算。经营品种有各种饲料。1985年，桐乡县饲料厂成立后，供应的均为经科学配制的含有各种营养成分的配合饲料，品种有小鸡1号、蛋鸭2号、成鸡饲料、猪饲料等。1990年末有职工7人，站长前后为朱耀祥、倪阿根。1994年濮院饲料站暂时停业，职工自谋职业。1997年重新并入濮院粮管所。

濮院医药商店 1966年设立国营濮院医药商店，1990年有职工22人，1992年濮院医药商店升级为桐乡医药总公司濮院医药分公司。1997年6月濮院医药分公司并入新组建的濮院国联商业有限公司，成为该公司属下的医药分公司。2010年7月底因医药分公司亏损，原属于濮院医药分公司90%的桐乡市恒信医药零售有限公司的股份转让给公司职工。（详见第十八编卫生第一章第四节药店）。

濮院国联商业有限公司 1997年6月，国营濮院医药分公司、濮院食品分公司、濮院饮服分公司、濮院烟糖分公司四家国有小型商业企业合并组建濮院国联商业有限公司，国有股本40万元，持股比例为33.3%，濮院国联商业有限公司由商业局管理。1999年销售总额1944.7万元。2004年，商业局并入桐乡市国资办，随之改为由桐乡市国有城镇企业管理办公室管理。董事长先后为郭峰（1997.06—2000.09），杨彧（2000.09—2002.11），杨雪刚（2002.11—）。

集体商业

1990年濮院镇的集体商业有两种类型，一类是原私营小商贩经过社会主义改造后组成合作商店，有18家；另一类是部门办的第三产业性质的商店，有10家。随着市场经济的发展，集体商业在激烈的市场竞争中举步维艰。2000年桐乡市对集体商业进行深化改制，实行资产买断、职工身份转换、退休人员移交的改制形式，使企业走出困境，职工走向市场，退休人员老有所养。

合作商店 1956年濮院镇私营商业全面进行社会主义改造，组成集体性质的合作商店21家，实行“统一经营、统一核算、统负盈亏”，从业人员投资入股、按劳分配，采取提成、拆账等形式支付工资。商店按比例提取公积金、公益金和进行股金分红。1958年，合作商店(小组)全部并入濮院人民公社供销部，过渡为国营商业。1961年又恢复为集体商店。其间，濮院茶食合作商店、糖果炒货合作商店合并组成国营食品商店，部分并入鲜鱼合作商店；腌腊合作商店、鲜鱼合作商店合并为水产腌腊合作商店；糕团合作商店分拆为两家。到1990年全镇合作商店共18家，其中归口濮院国营商业管理和濮院供销合作社管理的合作商店各有9家。

佳佳百货商店　原百货合作商店，店址北横街，设有两个门市部，流动资金10.28万元，归口濮院供销社管理。2012年营业执照注销。

新兴烟杂商店　原烟杂合作商店，店址北横街，设有4个门市部。固定资产0.14万元，流动资金4.28万元，归口濮院供销社管理。2003年职工身份转换、工龄买断后，改成个体经营。

美琪副食品商店　原南货、茶叶等合作商店拆出组成，店址北横街，设有门市部2个。固定资产0.38万元，流动资金4.71万元，归口濮院供销社管理。

大众副食品商店　地址北横街，由原南货、茶叶等合作商店拆出组成，设有3个门市部。固定资产0.12万元，流动资金4.37万元，归口濮院供销社管理。

濮院镇酒酱合作商店　店址有大有桥街，设有4个门市部。固定资产0.40万元，流动资产11.23万元，归口濮院供销社管理。2002年职工身份转换，至2010年底，仅剩1人帮助收取房屋出租费，管理资产。

新华水果店　原水果合作商店，店址北横街，设有门市部4个。固定资产0.33万元，流动资产2.44万元，归口濮院供销社管理。2003年改资，身份转换，2006年改为合伙企业。

濮院镇煤球厂　原为制烟合作社，1963年更名为制烟煤球厂，1985年定名为濮院煤球厂，厂址西廊棚，拥有固定资产7.41万元，流动资金6.15万元，归口濮院供销社管理。2000年改制，13人身份转换后，有4人成立合伙企业，煤球厂业务停止，改由出租房屋，管理资产。

濮院镇面饭合作商店　店址大有桥街。有5个门市部，固定资产0.63万元。归口国营濮院饮服商店管理。改制后私人经营。

向阳糕团合作商店　从原糕团合作商店拆出，店址庙桥街，设有2个门市部。固定资产0.30万元，流动资金3.3万元，归口国营濮院饮服商店管理。

朝阳糕团合作商店　从原糕团合作商店拆出，店址庙桥街，设有4个门市部。固定资产0.30万元，流动资金4.07万元，归口国营濮院饮服商店管理。

美华理发店　原合作理发店，店址北横街，设有2个门市部。固定资产0.17万元，流动资金1.28万元，归口国营濮院饮服商店管理。改制后私人经营。

濮院镇茶水合作社　原茶水合作小组，店址庙桥街，设有3个门市部，固定资产0.12

万元，流动资金 2.92 万元，归口国营濮院饮服商店管理。改制后私人经营。

濮院镇照相馆　馆址严家汇，固定资产 0.13 万元，流动资金 0.55 万元，归口国营濮院饮服商店管理。1998 年关门停业。

濮院镇树柴合作商店　原树柴合作小组，店址卧龙街，设有 2 个门市部。固定资产 1.02 万元，流动资金 2.62 万元，归口濮院供销社管理。改制后关门停业。

濮院镇水产腌腊合作商店　由原腌腊合作商店与鲜鱼合作商店合并而成，店址鱼行汇，固定资产 0.48 万元，流动资金 1.70 万元。1986 年并入濮院食品站。

濮院镇鸡鸭收购商店　店址卧龙街，固定资产 1.30 万元，流动资金 2.00 万元。1984 年与缝纫机零件厂合资建立哺坊 1 座，地点归家湾。1986 年濮院镇鸡鸭收购商店并入濮院食品站。

濮院制面生产合作社　社址义路街，1990 年产值 8.11 万元，利润 0.385 万元，归口濮院供销社管理。2000 年身份置换，工龄买断，2012 年关门停业。

濮院水产生产合作社　社址义路街，固定资产 3.42 万元，流动资金 3.02 万元，归口国营濮院饮食商店管理，2000 年身份置换。

表 8－17　　1981—1990 濮院镇合作商店总销售额总利润统计表

单位：万元

年　份	总销售额	总 利 润	年　份	总销售额	总 利 润
1981	191.55	2.81	1986	261.01	6.17
1982	203.78	3.33	1987	295.32	6.17
1983	210.00	3.00	1988	249.70	6.72
1984	216.29	3.77	1989	338.34	5.04
1985	244.40	6.10	1990	317.73	6.91

说明：因资料缺乏，表内不包括水产腌制、鸡鸭收购、制面、水作 4 家商店统计数字

部门办集体商业　1978 年后，机关事业单位、县属公司、工厂、街道争相经商，兴办集体性质的商业，全镇有 10 家。1985 年起，对部门办商业进行整顿，党政机关办的与其脱钩或歇业。

濮院镇工业供销公司营业部　镇办企业，1978 年由镇工业办公室筹建开设，资金 7000 元，当时称濮院镇地方工业品经营部，地址在大街，1981 年迁至北横街与永乐路交接处。主要经营地方工业产品，劳保用品及小五金、小百货等。1989 年固定资产 0.24 万元，流动资金 9.11 万元。销售总额 71.36 万元，利润 2.43 万元。

桐乡县二轻公司濮院经理部　1984 年 10 月由桐乡县二轻总公司投资 2 万元开设，

地址北横街，营业面积50平方米。1986年与濮院皮鞋厂联营。1989年销售额4.22万元，利润869元。1992年并入濮院绸厂，2001年12月随濮院绸厂依法破产，资产转入桐乡市财政局管理。

桐乡县劳动服务公司濮院旅馆、菜馆　1986年由桐乡县劳动服务公司投资10.5万元、桐乡县知识青年上山下乡办公室投资4.98万元联合开办，地址永乐路63—64号。1989年底，固定资产16.66万元，流动资金8.98万元。2010年停业。

濮院镇商业综合经营部　隶属濮院镇供销社。1985年开设于永乐路31号，主要经营糖果、饼干等。2010年停业。

濮院镇为民综合服务部　1979年9月，由供销社集资开设，地址北横街，主要从事电视机、收录机等家用电器的修理，兼经营少量小五金零售。全年营业额万余元。2010年停业。

濮院粮油食品综合商店　1985年2月17日由濮院油厂80名职工集资0.8万元组建，店址龙湾街67号，营业房屋面积100平方米。主要经营菜油、豆油、兼营糖果糕点及生活用品。1989年营业总额10.44万元，利润1.28万元。2000年濮院油厂改制后停业。

濮院丝厂综合商店　1985年1月1日，由丝厂出资开设，店址在梅泾路11号丝厂大门口，经营品种有生活日用品、糖果、烟酒及修理家用电器等。1989年营业额13.94万元，利润0.50万元。1996年停业。

濮院乡工业供销公司综合商场　1988年1月1日开设于永乐路53号，营业房屋面积100平方米。主要经营五金交电、化工建材、室内装饰材料等。1989年固定资产29万元，流动资金54.3万元，销售总额128.72万元，利润1.8万元。1992年停业。

濮院农业服务经营部　1985年5月开设于西市迎龙桥东堍，营业用房面积120平方米。主要经营农药化肥、蚕药蚕具、小农具等。此外兼收部分农副产品及推广销售大麦浙农3号、油菜92-58系、早稻嘉籼222、晚稻秀水620等粮食新品种。1985年至1989年底，销售总额823.23万元，利润117.88万元，利润率为14.3%，固定资产29.7万元，流动资金14.2万元。2000年搬迁中兴路凯旋路口，2001年又搬迁至中兴路新建桥北堍。2010年负责人为庄锦荣。

新生乡雅蝶羊毛衫经营部　系新生雅蝶羊毛衫厂在濮院镇设立的经营点，1988年4月11日开设于永乐路5号，营业用房面积100平方米。主要经营羊毛衫批发业务，兼有零售。1992年关闭。

供销合作社商业

濮院城濮区供销合作社　1950年4月28日建立，隶属桐乡县城濮区，社址借用濮院镇北横街永乐弄口原沈成泰肉店2间门面，有8名职工，主任娄保华。资金主要靠发动农民入股，每户一股，每股交4升大米（合3千克），折新币6角6分；以米代资入股的农民，成了供销合作社的首批股东。濮院城濮区供销合作社靠有限的资金开始运作，一度利用北面庙桥港之便代中粮公司收购粮食。生意从小到大、从少到多，逐渐积累资金，发展壮大。同年12月，更名为濮院供销合作社。

塘濮供销合作社 1950年初建立，隶属嘉兴县，社址在濮院大全街（现仓前街）。塘濮供销合作社理事主任杨以成，监事主任庄德宝，管辖范围为大全村、众安村（现均为梅园社区）、塘濮乡、八字乡。塘濮供销合作社在桐濮区蚬子滩夏宅设有分部。濮院镇归桐乡一县管辖后，塘濮供销合作社于1953年迁至灵观庙桥，其分部于1952年并入新塍区供销合作社。

塘濮第二供销合作社 1950年建立，社址在濮院北大有桥街章宅内，隶属嘉兴县。管辖范围：香海村（现梅园社区）、集秀村（现梅园社区）直至普安村（现新濮村），社主任胡水秀。同年，濮院镇归桐乡一县管辖后，并入濮院城濮区供销合作社。

邵桥供销合作社 1950年设立，属嘉兴县邵桥乡，社址在濮院镇东港厂。濮院镇归桐乡一县管辖后撤走。

濮院供销合作社 1950年12月3日，濮院城濮区供销合作社召开第一次社员代表大会，会后更名为濮院供销合作社。第一任主任陈国雄，职工14人，入股社员4027人。同年社员入股股金为2096元。1952年职工增加到80多人。1953年濮院供销合作社进行第一次增扩股，每股资金增加到3元，新增入股96户，总股金达15296元。同年受濮院粮食部门委托在西河头设立粮食代销店，负责对农村的粮食供应。1956年私营商业社会主义改造后，有绸行1家，百货店2家，棉布店7家，磁杂店3家，水果行4家，兰行5家，共27家私营商店直接参入或公私合营后并入供销社。1957年桐乡县农副产品采购局在濮院设的濮院中心采购站并入濮院供销合作社。1958年濮院供销合作社归属濮院人民公社供销部管理，由集体所有制转制为全民所有制。1961年9月恢复集体所有制，同年入社社员达1475人，入股股金9249元。1962年进行第二次增扩股，发展新社员4806人，增加股金11052元。1963年12月，濮院供销合作社召开社员代表大会，选举产生濮院供销合作社理、监事会，实行民主管理制度。1965年，撤销国营中糖、中百濮院商店，经营业务转入濮院供销合作社。1966年文革时期，濮院供销合作社民主管理制度名存实亡。1971年1月，濮院供销合作社隶属县商业局，又成为全民所有制的商业机构。1979年3月隶属县供销合作社，再一次变更为集体单位。1982年退嘉兴县农民125股，股金380.98元，退还城镇居民547股，股金1225.28元。1983年濮院供销合作社实行体制改革，恢复“三性”（组织上的群众性，经营上的灵活性，管理上的民主性），召开社员代表大会，选举新一届理、监事会。1984年按照“五个突破”的要求（劳动人事制度、分配制度、农民入股、经营范围和物价管理制度五方面有新的突破），至1988年年底，有4246农户入股，占总农户87%，社员股金31.8万元。对于社员股金，濮院供销社坚持每年兑现股金分红，当年股金红息率为18%，发放红息57240元。同年濮院供销合作社下设农资、采购、工业品、副食品、综合贸易5个专业性商店，29个门市部；在农村设立2个综合性商店，15个代销点；设批发部2个，客户不仅有集体、个体商业，也有国营企业及本系统的供销部门。1989年全社职工226人，其中编制人员222人，固定资产262.11万元，流动资金268.55万元。

濮院供销合作社坚持办社宗旨，强化为农服务，1988年全年供应标准氮肥、磷肥、复合肥共6259吨。大力支持发展兔羊及副业生产，对兔羊生产合作社社员实行收购优惠，凡交售小湖羊皮一张补贴2元，出售兔毛500克补贴1元。对农民种植的榨菜、大白菜、菊花、萝卜、冬瓜等农产品，采取增设收购点和上门收购等措施，方便农民投售。濮院是蚕茧主要产区，濮院供销社在做好出售蚕用物资同时，组织人员下乡，当好蚕农参谋，为收烘蚕茧摸清情况。随着濮院镇羊毛衫工业生产的兴起，供销社开设了毛纱经营部，为18个乡镇毛纺织厂代销毛纱，同年代销毛纱147吨。为促进羊毛衫生产原料的流通，还组织原材料441.7万元，推销产品855万元。1990年濮院供销社生产资料销售额437.6万元，销售化肥5739吨、农药95吨、中小农具6.5万件、木材2立方米、蚕匾3417只、毛竹0.22万支、木炭1.2吨、柴油183吨；生活资料销售额1093.6万元，销售棉布18.92万米、化纤布4.76万米、呢绒4900米、绸缎35600米、毛线4492公斤、棉絮1100公斤、丝绵737公斤，利润总额85.02万元。农副产品收购总值1121.4万元。销售自行车1654辆，缝纫机121台，手表1441只，黑白电视326台，彩电316台，电风扇1372台。

1991年濮院供销社投资700多万建造了濮院第一家宾馆——“梅泾宾馆”，地址在南横街永乐路东侧。1993年濮院供销社在永乐路东侧320国道口原华丰羊毛衫厂的位置上建造濮院羊毛衫市场第六交易区，拥有门市部315间，1994年又在中兴路东侧320国道北侧建造濮院羊毛衫市场第十交易区。1999年12月22日与桐乡市供销总社合股投资，在原羊毛衫市场第六交易区地址改建东兴商厦。

濮院供销合作社1987年被嘉兴市政府评为支农服务先进单位、市先进企业；1989年9月8日被浙江省人民政府评为省级先进企业；1997—2000年进入了全市零售企业20强。

随着社会主义市场经济体制的建立，濮院羊毛衫区域经济的发展，外来人口大量聚集，生产生活需求不断增加，濮院供销合作社原有的经营优势变为劣势，反过来成为制约供销社发展的巨大“瓶颈”，为彻底改变经营方式滞后的现象，真正成为自主经营、自负盈亏、自我发展、自我完善的独立经济实体，按照省地有关文件精神，结合自身实际，濮院供销合作社从2000年开始进行改制，在改制中实行全员职工身份转换，由供销社发给一次性经济补偿，与供销社解除劳动关系。职工身份转换后，供销社提供门面房，由个人出资向供销社承租。同年6月，濮院供销社转让梅泾宾馆，由桐乡烟草公司经营。2006年7月，濮院供销社把濮院东兴商厦股份转让给桐乡东兴商厦股份有限公司，退出该项经营。

2010年濮院供销合作社有集体资产39宗，土地面积16093.66平方米，建筑面积

22986.37 平方米，留有工作人员 14 人(其中 2 人保留身份)，主要管理房屋租赁、资产投资、项目开发等。农业生产资料供应始终是供销合作社服务“三农”的重要窗口，镇域仍有 12 个农资网点。另外濮院供销社通过与村委会合作，结合社会力量，先后设立新星村、星旗村、油车桥村、西浜村、新港村村级服务社 5 家，累计投入资金 60 多万元，新建和整合经营服务面积 4255 平方米，经营服务包括生产、生活资料供应，农产品收购，文化茶室，健身场地，餐饮服务等，惠及农户 3100 多户，人员 12000 多人。参股农村专业合作社 4 家，分别为新港生猪专业合作社、运河水产专业合作社、西浜果蔬专业合作社和农盛粮油农机专业合作社。镇区挂有供销社招牌的还有 13 家商店，但多为私人承包经营。

表 8－18　　濮院供销社各门店改制后职工身份情况表

门店名称	地址	身份置换(人)	保留身份(人)
鱼行汇日杂副食品批发部	北横街 40 号	3	2
工业品商店	义路街 40 号	2	1
工业品商店文具部	永乐路 94 号	6	1
工业品商店五金部	永乐路号	4	1
工业品商店超市	原梅泾宾馆东	5	1
工业品商店化妆部	永乐路梅泾商场	2	2
工业品商店针织部	永乐路梅泾商场	3	3
工业品商店副食超市	永乐路梅泾商场	4	0
咏梅百货部	北横街	1	1
梅泾商场	梅泾小区 152 号	4	1
五金装潢建材商店	永乐路 47 号	5	2
联合五金	永乐路 47 号	2	0
生产资料商店	中兴路 137 号	7	0
南方副食超市	永乐路 13 号	6	0
梅泾宾馆	南横街永乐路口	8	3
永丰杂货商店	永乐路 48 号	1	0
公和杂货部	北横街 8 号	1	0
北横街副食超市	北横街 6 号	2	2
中兴五金建材批发部	中兴路 85 号	1	0
吉祥针纺商店	永乐路 91 号	1	0
朝阳废品收购部	北横街 40 号	1	0

续表 8－18

门 店 名 称	地 址	身份置换(人)	保留身份(人)
聪明屋童装商店	永乐路 110 号	9	0
社本部	本部	12	2
其他人员	—	23	4
合 计		113	26

表 8－19 2010 年底挂靠濮院供销社私人承包经营的商店情况表

单位：万元

序 号	名 称	经营者	注册金	地 址
1	供销社工业品商店副食超市	陈 强	—	永乐路 42 号
2	供销社工业品商店	沈亚球	6	义路街 40 号
3	供销社生产资料商店	沈福生	—	中兴路 137 号
4	供销社安心农资服务站	蒋金虎	—	—
5	供销社工业品商店文具店	沈亚球	—	永乐路
6	供销社工业品商店化妆部	魏新华	5.8	永乐路
7	供销社工业品商店五金部	应济民	—	永乐路 79 号
8	供销社生产资料商店	沈福生	21.8	中兴路 137 号
9	供销社星锋农资服务站	吴金虎	—	星锋马家桥
10	供销社生产资料农资站	吴金虎	—	新南路 48 号
11	供销社工业品商店梅泾超市	陈新潮	0.5	南横街 16 号综合商店
12	供销社工业品商店烟花爆竹批发部	陈光明	—	北横街 40 号
13	供销社工业品商店针织部	钱祖平	—	永乐路 42 号

表 8－20 濮院供销社历任领导一览表

姓 名	性别	职 务	任职起止日期	任、免职机关及文号
陈国雄	男	主 任	1950.04—1953.06	濮院人民公社资料汇编第三册
娄保华	男	副主任	1950.04—1952.04	濮院人民公社资料汇编第三册
尤桐生	男	主 任	1953.07—1958.03	县委 88 号免、桐合干 1187 号任
胡水清	男	副主任	1957.02—1958.12	桐政 2649 免、财贸部 74 号任

续表 8－20

姓 名	性别	职 务	任职起止日期	任、免职机关及文号
金宝和	男	副主任	1954.12—1957.02	县委 19 号免、桐合干 1187 任
俞金甫	男	副主任	1954.12—1956.04	桐合干(54)1187 号
杨志祥	男	副主任	1956.04—1957	桐合创 791 号
娄鸿泉	男	副主任	1956.11—1960.02	财贸部 911、人委 3 号免
郑永林	男	副主任	1957.02—1958.07	桐政 1834 号任、桐合创 791 免
郑永林	男	书记主任	1962.09—1963.04	县组 28 号任、商供党组 3 号免
潘林源	男	副主任	1957.02—1959.05	桐合干 42 号
韩天鲍	男	主 任	1958.04—1959.09	桐政 1016 号任、桐人委 2649 免
韩天鲍	男	书 记	1959.09—1962	县委 343 号任书记、免主任
沈永坤	男	副主任	1959.05—1960.05	县委 32 号任、县委 295 号任
沈永坤	男	主 任	1960.05—1962.09	县委 295 号任、县组部 28 号免
沈永坤	男	副主任	1962.09—1970.08	县组织部 28 号任
娄鸿泉	男	主 任	1960.03—1960.04	县委 140 号任、财贸部 21 号免
高凤雏	男	副主任	1960.05—1961.09	县人委 295 号任
姚金海	男	副主任	1961.09—1978.12	财贸部 37 号任、桐委 131 号免
姚金海	男	主任副书记	1978.12—1980.10	桐委组 131 号任
吴荣坤	男	政治指导员	1965.07—1970.12	组织部 5 号任免
吴荣坤	男	书 记	1970.12—1978.12	组织部 5 号任、组织部 131 号免
黄哲元	男	副主任	1978.12—1980.05	组织部 131 号任、39 号免
赵 荣	男	书 记	1978.12—1980.05	县委干 38 号、桐委组 131 号任
廖新荣	男	副主任	1980.05—1983.03	组织部 39 号任桐供联人 247 免
廖新荣	男	主 任	1983.04—1992.05	桐供联人 247 任、(92)127 免
廖新荣	男	副书记	1980.09—1986.07	濮委 3 号任、联社党委 7 号
廖新荣	男	书 记	1986.08—1992.06	联社党委(86)8 号
郑永林	男	监事副主任	1983.04—1989.07	桐供联人 247 号任
印庆璋	男	副主任	1981.06—1984.06	县府 6 号、联社党委 7 号
皇甫奎	男	副主任	1984.06—1987.05	联社党委 7 号
许学民	男	副主任	1985.07—1992.05	联社党委 11 号
庚振贤	男	副主任	1987.12—1988.05	桐供党委(87)32 号

续表 8-20

姓　名	性别	职　务	任职起止日期	任、免职机关及文号
程锡根	男	副主任	1990.04—1991.01	桐供总人(90)98 号任 27 号免
许学民	男	主　任	1992.05—1993.06	桐供(92)127 任(93)146 免
姚祖际	男	副主任	1992.05—1994.12	桐供(92)127 任(94)15 号免
许学民	男	书　记	1992.06—1993.06	濮委(92)22 号任(93)23 免
张国平	男	副总、副主任	1993.03—1994.05	桐供人(93)65 任(94)77 免
廖新荣	男	主任(兼)	1993.06—1994.12	桐供人(93)146 任 94、192 免
许学民	男	副主任	1993.06—1994.12	桐供(93)146 任(08)19 免
廖新荣	男	总经理	1993.06—1994.12	桐供(93)147 任(94)192 免
许学民	男	副总经理	1993.06—1994.12	同上
廖新荣	男	书　记	1993.06—1994.12	濮委(93)23 任(94)33 免
许学民	男	副书记	1993.06—1994.12	同上
顾学家	男	主　任	1994.12—1998.07	桐供任(94)13 任(96)127 免
程锡根	男	副主任	1994.12—1998.07	同上
顾学家	男	书　记	1994.12—1998.09	濮委(94)44 任(08)40 免
程锡根	男	主　任	1998.07—2008.04	桐供人(98)127 任 08、19 免
程锡根	男	书　记	1998.09—2008.05	濮委(98)44 任(08)40 免
赵贵福	男	副主任	2004.02—	桐供人(04)16 任
应无寇	男	副书记	2004.06—2008.05	濮委(04)45 号任(08)40 免
沈爱勇	男	主　任	2008.04—	桐供人(08)19 任
沈爱勇	男	书　记	2008.05—	濮委(08)40 任

濮院新生供销合作社　成立于 1981 年 8 月 1 日。新生供销合作社的前身为乌镇供销社新生综合商店，1958 年是乌镇供销社的一个点，营业地点在北圣庙里，有 3—4 名职工，下半年划归濮院人民公社供销部，增加到 5—6 名职工，5 间铺面，北面两间主营棉布、百货，南面三间主营生产资料、杂货和采购站。1961 年从濮院公社供销部划出成立新生供销合作社，1963 年又并入乌镇供销社。直到 1981 年桐乡县政府下文单独成立新生供销合作社。

1982 年新生供销合作社农副产品收购总值 64.3 万元，生活资料零售 134.6 万元，生产资料零售 84 万元，利润 66765 元。1983 年供应氮肥 877.6 吨，磷肥 609.1 吨，农药 51.15 吨，柴油 95.226 吨，中小农具 55019 件，组织供应上海大粪 393 吨，加工铁耙柄

893 根，捻竿 248 副，维修农具 14218 件，修理蚕匾 13600 只，向外组织物资 12 万元。清理老股 4994 股，金额 14832 元，新吸收 1350 股，金额 6750 元，老股扩股 4944 股，股金 9888 元，实有股金 6294 股，股金 31470 元。同年底有固定资产 17.5 万元，自有流动资金 29.9 万元，库存商品及材料 55 万元。设有 7 个门市部、职工 62 人；代销点 9 个、职工 27 人；归口合作商店 1 个，有 6 个门市部，职工 21 人，分布在妙智、红旗洋、西北圣。

1993 年 12 月底，新生供销社资产达 1280 万元，全年销售额 3900 万元。1997 年桐乡市新生供销社跨进全市零售企业 20 强，零售额 2641 万元，排名第六。1998 年全年销售 1223 万元，20 强排名第 15 位。2001 年 10 月新生镇并入濮院镇，2004 年桐乡供销联社决定把新生供销合作社委托给濮院供销合作社管理。

历届领导：1983 年 5 月 5 日新生供销合作社召开第七届社员代表大会，选举产生了新生供销合作社理、监事会，邬金荣为主任。1985 年 1 月 12 日，李培生任新生供销社理事会主任，邬金荣任党支部书记；同年 2 月 27 日施金泉为新生供销社监事会副主任，12 月 28 日姚金明为理事会副主任。1988 年姚金明全面主持新生供销社工作，1990 年新生供销社支部选举姚金明为支部委员。1995 年 2 月朱显忠为主任 1999 年 1 月赵贵福为主任。2004 年托管后主任由濮院供销合作社主任程雪根兼。

第三节　行业协会

历史上的行业协会

清光绪年间，一些经济较发达地区都有商会、行业公会出现。濮院作为一个万商云集之地也不例外，先后成立了商会、行业协会，以保护同行、同业利益，同时主宰着濮院镇主要商业经济活动，为濮院的商业发展起到保驾护航的作用。如米业公会，每年农历六月初九必聚一次，评议米价高低，币价涨落。又如机业公所对收购机户产品的价格升降，由机业各董事参酌各机户的意见，审察市情，分别品类，共同酌议价格，填于红色绸价规单（名红单），按期分送各绸庄。凡绸庄收买绸匹，无论生熟，均以红单为标准。这种办法，机户无过抬高价，绸商无垄断情弊，公平买卖，双方称便。

商会　清光绪三十二年（1906）濮院镇秀桐两界联合设立濮院商业分会，隶属桐乡县商会。宣统元年（1909）濮院商业分会实行董事制。历任总董为朱蔼桐、夏辛铭、仲成杰。民国 6 年（1917）商会法颁布后，依法改组，桐界各商隶属于桐乡县商会，设分事务所于濮院，会董八人，特别会董一人，董事长一人。历任董事长为朱蔼桐、郑曰章。嘉界因自治区域同为第三区，故商会分事务所隶属于新塍镇商会，会董四人，特别会董一人，董事长一人，会所在保元堂。历任董事长为范守鑑、杨寿椿。民国 20 年（1931）颁布新商会法，依据第 5 条规定，濮院镇嘉、桐界商会事务所合并，成立濮院镇商会，隶属于桐乡县商会，商会会长徐颂嘉（徐恒源油坊业主），会址濮院大井头薛家厅。民国 26 年（1937）日军入侵，濮院沦陷，濮院商会人员四散避难而停止活动。沦陷期间，濮院镇成立了由汪伪控制的商会组织，其会长先后有仲驾六（民国 26—29 年）、张志操（民国 30—31 年）、杭应元（民国 32—33 年）、杨振华（民国 33—34 年）。抗战胜利后，民国 34 年（1945）9 月 18 日，濮院商会重建，濮院镇各家商铺重振旧业。民国 35 年（1946）8 月 19 日，桐乡县政府训令，认为嘉桐合并成立商会不合法，嘉界应分设，当时濮院镇商会没有执行此令，商会及以后发展的同业公会，均是嘉、桐界合在一起。民国 37 年（1948）8 月 10 日，中华人民共和国成立前最后一届濮院镇商会的理监事任职，理事长翁冠常，常务理事夏大丙、宣建勋，常务监事柴吉孚，会址濮院雷家潭。

机业公会 清时机业同僚集议绸价等均在濮院翔云观机皇殿举行。民国 3 年（1914）在机皇殿后建平厅三间，余屋若干间，作为机业公会的公所。民国 5 年（1916）董事陆廷献等拟具章程，呈请嘉桐两县立案。民国 12 年 4 月，复由朱晋才等依照工商同业公会规则修改章程，呈由两县转呈省长、实业厅并咨农商部注册。

丝业公会 清时在北横街租赁沈氏房屋为丝业公会会所，丝业公会在清时“有行头专任认捐之责”。民国 10 年（1921）9 月，由朱焕勳、黄佐卿、黄寿泉、钟琛等改组公会，拟具章程十二条，由商会呈县转呈省长实业厅并咨农商部注册。民国 16 年（1927），丝、绸两公会在义路街购得地基预备建公会公所，因战事影响款项不足而停顿。

绸业公会 清光绪年间成立。民国 10 年，由仲国梁、徐兆熊、林芝珊、翁葆华等发起改组，拟具章程二十条，呈县转呈省长、实业厅并咨农商部注册。民国 14 年（1925）3 月核准。绸业公会地址与丝业公会同在一处。

米业公会 清光绪十二年（1886），濮院镇米业同僚集资于翔云观将相殿后建造殿宇，用以米业同业集议之所，称之为米业公所。每年六月初九日必聚集一次，平时米价及币价涨落，均于此集议。

稑陈公所 清光绪间成立，借观前街平桥堍保元堂房屋为会所。民国 13 年（1924）7 月，由沈润卿、陈子钦、徐建春、蒋松林等依照部章拟具章程十二条，由嘉桐两商会立案，并呈请省长实业厅转咨农商部注册。

同业公会在法律地位上与商会平等，组织管理隶属商会。抗战期间，同业公会也被迫停止活动。

中华人民共和国成立初期的行业协会

中华人民共和国成立后，濮院镇旧商会尚存在一段时间。1949 年 8 月，中共中央发出《关于组织工商业联合会的指示》，1950 年濮院镇旧商会解散，筹备濮院镇工商业联合会（简称工商联）。

濮院镇工商联 1950 年 10 月濮院镇组建工商业联合会（简称工商联）筹备会，主任委员娄葆华，副主任委员徐德荣、胡达怡，自筹经费开展工作，其任务是推动私营工商业者遵守各项政策法令，走社会主义道路，认真贯彻过渡时期的总路线，搞好经营，参与城乡物资交流,发展生产,繁荣经济。工商联正式成立后产生四届委员会,第一届(1953—1957年)主任委员陈甫章;1957年濮院镇工商联改组,第二届主任委员施有义;1959年(第三届)和1962年(第四届)两届换届选举新的濮院镇工商联委员会,主任委员均为施有义。1966年"文化大革命"开始,濮院镇工商联的活动受到冲击而被迫停止。

濮院镇商贩联合会 1962年8月,濮院镇召开小商贩代表会议后,成立濮院镇商贩联合会,其任务是团结与引导小商贩爱国守法,坚持走社会主义道路。1966年"文化大革命"开始濮院镇商贩联合会停止活动。

改革开放后的行业协会

改革开放之后,随着市场经济的飞速发展,濮院镇的行业协会应运诞生。

个体劳动者协会 1983年5月21—27日,濮院镇首次召开个体劳动者会议,有个体户173户,从业人员203人经镇人民政府批准成立濮院个体劳动者协会。经过分组讨论,民主推荐,于7月29日选举产生第一届个体劳动者协会委员会,主任委员黄桐山。下设商业、货郎担、服务、饮食等7个小组。1985年10月10日召开第二次会议,个体户增至308户,从业人员432人,参会人员269名,协会更名为桐乡县个体劳动者协会濮院分会。分会取消货郎担组,保留其余6个下设小组,会址设在濮院集庆街4号濮院工商所内。1989年4月21日召开第三次会议,个体户上升为732户,从业人员1423人,增加鲜肉、针织共8个小组。主任委员一直为黄桐山,至2010年换届。

乐清商会 2001年2月10日,桐乡市乐清商会成立。乐清商会是桐乡市第一家异地商会,有会员112人,会址濮院羊毛衫市场管委会大楼,第一任会长梁银友。桐乡市乐清商会是由乐清工商业者自愿组成的民间商会。商会以党的方针政策为指针,以自我管理、自我服务、自我协调、自我教育、自我发展为活动宗旨,九年来,会员队伍不断发展壮大,社会影响力日益扩大。截至2010年底,有会员368名,其中中共党员27名。大部分会员以经营羊毛衫为主,也有经营餐饮服务、机械制造(电脑横机)及房地产等其他行业的。现任会长吴正友。

桐乡市毛衫染整商会 原为桐乡市羊毛衫缩绒后整理商会,2002年4月28日,由12家濮院染整企业经营者发起成立,2005年3月经桐乡市工商业联合会(总商会)批准,更名为桐乡市毛衫染整商会,是桐乡市首家行业商会,会址设在宏苑路工贸大道天地人公司二楼,会长沙兴宝。商会成立时的会员人数为31名,后增至52名,其中企业会员31名,个人会员21名,理事会理事人员19名,正副会长领导班子11名,特聘副秘书长1名,聘请办公室专职工作人员1名。商会遵循规范市场竞争秩序,提升毛衫质量水平,遵守染整行业纪律,维护会员合法权益的宗旨,建立健全会长会议制度,理事会会议制度,理事联系会员制度;明确会长工作职责,秘书长工作职责,理事工作职责,办公室主任工作职责,牢固树立"服务立会、服务兴会"的思想。

濮院商会 濮院商会成立于2002年12月,地点在濮院镇政府大楼,会长卜掌浩,有会员单位45家。2003年3月起，濮院商会会长为史建明。2005年商会建设经过逐年推进，根据桐乡市工商业联合会（总商会）关于基层商会达标建设要求，濮院商会率先达标，做到有专门的办公地点、门牌、职责制度上墙，活动经费落实，配备了电脑等办公用品。2007年、2009年被桐乡市工商业联合会（总商会）评为先进基层商会。并经嘉兴市工商业联合会（总商会）验收，成为嘉兴市首批基层商会规范建设合格单位，受到嘉兴市工商业联合会（总商会）的表彰。通过几年的发展壮大，到2009年底濮院商会会员增加到61家。

台州商会　2003年11月16日桐乡市台州商会成立，地址濮院镇工贸大道金贸大厦六楼，会长黄仙桃，常务副会长、秘书长陈宥名，副会长16名。商会本着为会员办实事的宗旨，充分发挥了桐乡和台州两地经济发展的纽带作用。2008年9月，商会成立了党支部，共有党员11名。截至2010年底，有会员170名。

2005年12月28日，浙江省羊毛衫协会成立

浙江省羊毛衫协会　原为桐乡市毛衫商会，成立于2004年11月1日，首批会员77家，会长吴晓平。2005年8月，由桐乡市毛衫商会牵头，老爷车创建制衣有限公司等八家企业联合发起，11月1日经浙江省民政厅同意，于12月28日成立浙江省羊毛衫协会，会长吴晓平。2006年会址搬至濮院羊毛衫管委会大楼8楼。浙江省羊毛衫协会有会员167家，包括全省的毛针织服装生产企业、毛衫品牌经销商及与针织业相关的毛纱原料生产企业、印染企业，基本覆盖了浙江省羊毛衫产业链上的规模企业。

桐乡市毛纺织原料商会　成立于2005年10月25日，位于桐乡市濮院羊毛衫市场外贸服饰交易区，会员35家，分别来自浙江、山东、河北等地，会长张长强。2010年商会会员增至47家，其中企业会员5家，贸易公司会员6家，经营部会员36家。同年6月，批准成立商会党支部。

第二章　商品购销

民国时期，濮院镇域零售业都有固定店铺。经营业务单纯，商品门类专一，行业特征明显，部分行业虽有行业公会，但基本上各自采购，自由销售。中华人民共和国成立后至20世纪80年代，基本沿袭这一业态，不同的是粮油、食品、烟糖、物资、医药、供销社各有归口管理的合作商店，分行业开展批发零售业务。20世纪90年代中期以后，市场经济发展，商业竞争激烈，各行业经营业务互相交融；同时，出现许多与现代消费需求相适应的新兴业态，如商场、超市、连锁店、专卖店、便利店、厂家直销店等实体商店和无传统门店的网上商店等。随着时间的推移，这种新兴业态，逐渐替代传统业态，成为商业零售业的主角。

第一节　粮油和鱼肉禽蛋购销

粮食收购

自古以来，粮食流通多在民营店铺经营。历代官府向民间强行派购，如课征漕粮及宋时的"和籴"，则仅供官府所需。明朝万历年间，改变了赋役分征的形式，粮银并入田赋征收，田地每亩科本色米1.189斗，万历二十四年(1596)，秀水县曾于濮院等4镇建常平仓，专主平粜，岁丰照价以入，岁俭则减价以出，但数量甚微。清光绪十二年(1836)濮院成立米业公所，每年六月初九聚集一次，评议米价高低。濮院粮商分米行、稭陈行、米店三类，经营范围、方式不尽相同。稭陈行即乡货行，主营批发外地入境大米、豆类、杂粮，从中收取佣金。民国初年，濮院粮市渐兴，米行粮店大多沿河开设，分布以西河头、南河头、东河头为主。经营方式为米行自行收购；当地货源，多为乡农直接上门投售，亦有米行伙计出去收购。货源除直接来自附近四乡，也有较多外地客货；濮院镇及四乡农家专业蚕桑丝绸，本地粮食无法自给，必须依赖外来粮食，交易粮食的航船、粮贩、掮客接踵于途。民国时徐恒源、南义记、西义记三家米行日进数量就达百担。日寇入侵濮院沦陷时，米业一落千丈，粮食收购遭堵，部分大的米行停业，外地客源几乎断绝，只能以收购乡货营业为主。抗战胜利后，粮食交易渐次复苏，到民国36年，濮院镇粮食业商户有41家。

1949年9月桐乡县粮库在濮院设立"城濮区支粮库"，征收公粮。1951年中国粮食公司桐乡县公司成立，濮院镇成立粮食经营组。1953年4月桐乡县在濮院等两地进行了粮食产销盈亏情况调查，上一年濮院每人平均消费稻谷464.639市斤，以此作为制定粮食收购计划的依据。是年濮院建立粮食收购站,11 月中央政府政务院发布命令,实行粮食统购统销,国家统一管理粮食购销价。1954 年成立粮管所,粮食收购由粮管所统一经营,镇域设有 8 大粮食仓库,可储粮 15400 吨。1955 年,实行“三定到户,三年不变”政策,对每个农户核定粮食产量,计算余缺,余粮统购,缺粮定销。1962 年中共中央发布《关于粮食工作的决定》,对农村粮食集市贸易和粮食议价经营作了具体规定。1963 年 9 月濮院成立国家粮食集贸市场,统一经营议价购销业务。1964 年 12 月粮食市场一律改为交易所,农民有余粮只准由国家粮食交易所收购。“文化大革命”开始后,议购议销业务基本停顿。1971 年 3 月桐乡县粮食局对粮食议购议销的价格,作了统一规定。1979 年以后,粮食集市贸易议价收购业务迅速恢复和发展起来。1985 年,改粮食统购为合同定购,实行合同定购和议价收购“双轨制”。1990 年,粮食市场实行自由交易。1992 年浙江省取消票证,粮食经营直接进入市场,私营粮商随之出现,并逐渐增多。1993 年全面放开粮价,粮食随行就市,购销日趋活跃,私营粮店遍布镇域。2000 年大、小麦退出定购和保护价收购范围,政府不再定价。同年,濮院粮管所改为桐乡市粮食收储公司濮院分公司。2001 年经国务院批准,浙江省加快粮食购销市场化进程,桐乡全市取消粮食定购任务,放手让农民调整农业结构,放开粮食收购市场和收购价格。对一时难以调整种植结构的种粮农户,全年晚稻实行订单收购,发放“订单粮食售粮证”,凭证收购,合同收购价不低于上年的收购保护价,市场价高于合同价时,按市场价收购。订单对象以种粮大户为主,订单粮收购由濮院粮食收储分公司统一实施(一直延续到 2010 年),订单粮食主要用于市级储备粮的轮换。订单外粮食收购实行经营主体多元化,除粮食收储公司敞开收购外,主要由民营米厂收购。2004 年根据国务院《粮食流通管理条例》和《浙江省粮食流通管理条例实施细则》,从当年 9 月起对粮食收购实行许可制,对粮食收购企业实行收购资格审查,对粮食收购企业设置了仓储设施、资金、检验设备等条件。2007 年 10 月 11 日撤销濮院粮食收储分公司,转换成立桐乡市粮食收贮有限公司中心粮库,专门负责收购和储存国家备用粮食。2009 年,取消散户粮食订单,订单对象为种粮大户和粮食专业合作社。2010 年底濮院镇有 23 户私营粮商。

表 8－21　　1981—1990 年濮院粮管所粮食收购统计表

单位:万千克

年　份	粮食征购数	粮食议价收购数	年　份	粮食征购数	粮食议价收购数
1981	933.81	43.48	1986	959.41	258.56
1982	951.22	282.13	1987	894.81	78.8
1983	1214.56	163.27	1988	867.12	232.16
1984	1757.48	55.64	1989	912.93	670.32
1985	935.87	312.85	1990	1284.09	150.84

表 8－22 2007—2010年桐乡市中心粮库收贮统计表

单位：万吨

年 份	收购数量	出入库数量	年 份	收购数量	出入库数量
2007	0.69	—	2010	0.96	5.8
2008	0.75	0.6	合计	3.2	—
2009	0.8	3.4			

说明：出入库数量为国家代贮粮，2007年10月开始收储。原为濮院粮食收储分公司

油料收购

油料收购是指植物油料的收购。中华人民共和国成立前，濮院油料主要有油菜籽和柏子。油菜籽为食用油的主要原料，但濮院当地产量不足，濮院油坊常从外地购进；柏籽主要是工业油原料，濮院产量较多，除供应本地自用外，每年均有输出。此外，尚有芝麻、花生、棉花籽等油料，数量更少。油料主要由油坊收购加工；桂院行也兼收柏籽，行销外地。濮院的油坊业开设历史较长，资金也较雄厚。最早为谢家生记油坊，创办于清光绪二十四年(1898)，全部为人工和牛力，镇人称为“老油车”。民国23年(1934)，镇绅徐景春、徐颂嘉开办徐恒源油坊，部分工序已有机械化操作，镇人称之为“新油车”。继后，濮院油坊发展迅速，民国26年，除原来的老油车易主更名为“润兴协”“公记”外，又有杨家油坊、万泰油坊、同裕油坊。是年濮院沦陷，油料作物受损，收购被限，油坊又受到日伪敲诈勒索，多数停产关闭。抗战胜利后，民国37年江南农产运销有限公司在濮院办油厂，生产菜油、柏油，但为时很短，1949年即停办。另外还有惠农油坊、大昌油坊两家。油坊的经营方式是购进油料，加工后卖出成品，同时也兼营代加工菜油、豆油等食用油。

中华人民共和国成立初期，1951年濮院镇政府组织生产自救，拨款500元，利用原徐恒源油坊旧厂房，建成国营濮院榨油厂。当时收购油料业务，由私商和新成立的供销合作社经营。1953年油料实行统购统销，1954年采用按产预购方式收购。1955年成立中国油脂公司桐乡县公司，油菜籽和柏籽等油料全部由油脂公司经营(20世纪50年代后柏籽逐渐减少，现已基本绝迹)。1956年油菜籽收购方式改成比例统购，1957年又改成全购全销。是年油脂公司并入县粮食局，濮院的油料收购改由濮院粮管所统一收购，油料送濮院油厂生产成品油。1962年油菜籽收购方式改为包干。1979年5月，国家对粮油统购价进行全面调整，油菜籽、芝麻统购价提高16%，棉籽收购价提高25%。1985年粮食取消统购后，油菜籽收购方式改为比例购留，按“倒四六”(40%按原统购价，60%按加价)比例价由粮食部门敞开收购。1987年起油菜籽收购实行50%由国家收购，50%换油办法，价格统一按“二八混合价”，即80%为“倒四六”比例价，20%为加价。1989年按“四六混合价”计算收购，油菜籽价格提高幅度为31.54%。1992年浙江省取消票证，油料收购直接进入市场，濮院油料基本上由私营商业收购经营。2000—2010年，粮食收储分公

司、中心粮库，仍还收购部分油料作为国家储备油。

按产预购 1954 年开始，对农业社（农户）收获的油菜籽，采用签订合同，定数量、质量、时间、地点实行预购，国家付油料预购定金。

比例统购 1956 年贯彻执行“多产多得，增产多留”的政策，实行“三七”比例收购，即国家统购 70%，自留 30%，自留部分可以自行加工或向收购站以籽换油。

全购全销 1957 年开始采用“全面控制加工，除留种外，全部统购，按一定比例留油给饼”的办法，生产队的除留种外的油菜籽，全部国家收购，再按 5.5%菜油、20%油饼返还给生产队。1960 年返还标准调整为留油 4.5%。

包干 1962 年贯彻执行“多产多吃，少产少吃”和对农村油脂“只购不销”的方针，油菜籽统购实行“任务包干”的办法，超包干部分由生产队以籽换油自留。

比例购留 1985 年，油菜籽收购实行“统一收购，比例分配”的办法，对生产队的油菜籽按倒“四六”比例敞开收购。交售油菜籽的 50%为国家收购，50%作为生产队留油，发给油票。

表 8－23　　1981—1990 年濮院粮管所油菜籽收购统计表

单位：万公斤

年　份	1981	1982	1983	1984	1985
数　量	143.38	109.28	60.39	172.28	146.06
年　份	1986	1987	1988	1989	1990
数　量	130.05	176.06	232.16	234.85	235.25

粮油销售

中华人民共和国成立前，粮油销售多为私营粮商，粮油销售市场由粮行、米店、油坊等组成。米行销路主要是各帮米客及米店，米价由米业公会核定。米店资本大小不等，即便大店亦不敌米行，小的仅是夫妻店，无力批进趸售，其经营方式是向米行批购后转手零星门售，供应本镇斗升小民。镇域米店分布面较广，店内米粮品种较全，居民购粮方便。政府有时也会低价投售少量粮食，以缓解贫民的困苦，民国 18 年（1929）《申报》有这样的记载：“濮院镇现因米珠薪桂，贫民都抑屋兴嗟。桐乡县款产委员会曾经决议拨款举办各区平粜以惠贫民。兹悉濮院区方面派得冬米 70 石、卢黄 35 石、白米 104 石 5 斗，并将粜进价格标明运濮，经濮院镇款产会召集地方人士，决定于阴历三月初一日起，逢单日开粜，每石照市价减去两元。”

中华人民共和国成立后，1951 年中国粮食公司桐乡县公司成立，濮院镇成立粮食经营组。1953 年 11 月国家实行粮油统购统销，濮院粮食部门根据国家规定实行粮食计划供应，依照“利用、限制、改造”的方针，与私营粮商订立代销合同，设立5个粮食代销店，供应镇区居民的口粮：第一代销店，店址东河头，负责人陈仲朴（原私营恒盛粮店业主），供应范围大众街161户，北市街（1—3组）54户，大全村147户，胜利村（3—5组）59户；第二代销店，店址北市街，负责人葛源能（原私营源记粮店业主），粮食供应范围为北市街（4—11组）165户，有义街（1—2组、9—13组）144户，胜利村（1—2组）57户；第三代销店，店址大街、负责人徐锡奎（原私营永源粮店业主），粮食供应范围为南杏街258户，有义街（3—8组）117户；第四代销店，店址归家湾，负责人郭永之（原私营永盛粮店业主），粮食的供应范围为南市街255户，西南街（4—11组）172户；第五代销店，店址西河头，负责人陈同和（原私营益大粮店业主），粮食供应范围为西南街（1—3组）60户，鸣凤街332户。1955年濮院粮食代销店增至11个，其中一个为总店，负责人为马志文（原私营源记粮店业主之一）。

1956年私营粮商全部并入濮院粮食管理所，国家统一经营粮食销售。1963年9月濮院成立国家粮食集贸市场，经销少量议价粮，允许生产队、社员及城乡消费者个人，在集市购买自己消费需要的粮食；原则上限于产销之间的余缺调剂和品种调换，不许私商插手经营，不许农民远途运销。1964年12月粮食市场改名为粮食交易所。1966年“文化大革命”开始交易所关闭。1973年3月恢复濮院粮食交易所。

改革开放后，全面恢复粮油集市贸易。1983年1月国家允许农民在完成指令性征购、超购任务后，余粮进入多渠道销售经营。1986年濮院粮管所开设粮油食品经营部，主要经营食油、粮食制品等，同年销售额为7.24万元，利润0.43万元，1990年销售额达到68.50万元，利润5.51万元。1991年，桐乡仍实行粮食统销体制，对镇域非农业人口实施口粮分等定量，划分为六类二十九级，实行定点随证缴票（指定供应粮站、随带粮食供应证、缴纳所购买粮食的粮票）销售，票证限县内使用，同时又发放居民定量食油票。1992年5月6日起复制业、熟食业、糕点业、饮食业等行业用粮取消凭票供应，全部实行议价经营。是年12月，县粮食局发布公告：各种粮油票证，不论票面有无使用期限，一律使用到12月底，过期作废。

1993年1月1日取消粮油统销制度，桐乡全县放开粮油销售价格，实行在需求总量计划指导下的市场供应。除军用粮票外，不再使用粮油票证，粮油经营者只要齐备必要的资金、场地等条件，经工商行政管理部门审核并登记发证，都可以经营粮油批发和零售业务。粮票停止使用后，对市镇居民按户发放“市镇居民粮食证”，作为市镇居民粮食户口关系凭证，户粮迁移办法不变。刚取消粮油统销时粮价上涨较快，政府采取了一系列稳定粮价措施，如粮食系统主渠道挂牌供应、发放粮油备用券、粮油销售定价报批制、出台定购粮供应办法等。1995年4月1日起对大中专在校学生口粮、城乡居民基本口粮及救济粮等实行定购粮供应办法：大中专学生口粮由县粮食局供应，城乡居民口粮供应采取凭证凭券、定价限量、隔月作废办法。1998年以后粮价稳定，上述一系列措施不再采用，粮油销售市场真正实现全面放开，自由竞争。2001 年 5 月 1 日起，取消户粮转移证，城乡居民户口迁移和农业户口转为非农户口，不再办理户粮转移证，从此粮食销售完全进入市场经济轨道，随行就市，销售日趋活跃。2010 年底，濮院镇工商登记在册有 23 户专营粮食的商户，粮食零售坐商散布大街小巷和农贸市场。此外大超市也兼营粮食，还有不少流动粮食商贩沿街上门兜售。

农村粮食销售　1953 年 11 月，本着“多缺多供应，少缺少供应，不缺不供应”的原则，由上级政府根据农民实际需要与国家供应条件许可，颁发控制数字，对农村缺粮户实行粮食计划供应。为此，濮院镇成立粮食计划供应评议委员会，村成立评议小组，经群众民主评议供应缺粮户粮食。这样，使真正的缺粮户能够买到所需要的粮食。

1955 年实行粮食“三定”，定销粮一年核定一次，按户发给购粮证，凭证按季分月定点供应。1957 年农村合作化后，社员口粮由农业合作社统一按具体情况制定定量标准。农村粮食销售类别，除了定销以外，还有以下几种销售形式：

退库粮：按政策退回给原交售单位粮食。如同时出售议价粮和超购粮的，则先退议购、超购，后退统购。

返销粮：国家向生产单位征购粮食后，因各种原因，当年返还给生产单位的粮食。

借销粮：国家在青黄不接时，借给计划用粮不周的生产单位或农户，秋后仍需收回的粮食。

生产补助粮：为促进农、林、牧、副业生产，国家对一些生产项目实行粮食补助。

奖售粮：1961 年起国家对生产队投售农副产品实行奖售的粮食。1968 年逐步缩小奖售范围和降低奖售标准。1985 年取消奖售粮。

城镇居民口粮销售　1954 年 7 月 1 日起，根据国家规定，开始对居民实行粮食按月凭票定量供应。供应标准：

1 周岁—不满 2 周岁 3.5 千克；2 周岁—不满 3 周岁 5.5 千克；

3 周岁—不满 4 周岁 6.5 千克；4 周岁—不满 5 周岁 7.5 千克；

5 周岁—不满 6 周岁 8.5 千克；6 周岁—不满 7 周岁 9.5 千克；

7 周岁—不满 9 周岁 10.5 千克；9 周岁—不满 10 周岁 11.5 千克；

10 周岁—不满 60 周岁 12.5 千克；60 岁以上 12 千克。

1956 年 1 月又对各种不同工种劳动者按其劳动轻重不同实行不同量的供应标准：

特重体力劳动者：一等（土法榨油工、长途快班摇船工、长途拉纤工、米厂砻谷工）月定量 26 千克；二等（环卫所清洁工、搬运工。油厂栈司工、固定炒菜籽工、手拉锯木工、打铁工）月定量 23 千克。

重体力劳动者：一等（酒酱作坊酿造工、制革工、造船工、造纸工、油坊排车工、撑舵摇船工、冶坊工、机动炒菜籽工、椿木工）月定量 21.5 千克；二等（石匠工、泥水工、木工、竹器工、硝皮工、撒网渔民、染坊踩布工、邮递员、货郎担、邮电内外线工、水作场场工、棕衣工、冶坊烧铁工、粉坊工、刨烟工、粮食保管员、验货员等)月定量19.5千克;三等(小型机修工、煤炉水炉工、屠宰工、打铁小炉工、机关团体通讯员、炊事员、内燃机工人、糖坊工、短驳船工、仓库发货员、摇面工等)月定量17.5千克。

轻体力劳动者:一等(清道工、浴室工、印刷工、拷肠工、染布工、弹棉花工、制绳工、白铁铜锡工、洗染工)月定量16.5千克;二等(理发工、印花拷花工、缝纫工、排席工、摸鱼船工、鞋匠、伞工、一般渔民)月定量15千克;三等(油漆工、制烛工、织布工、制线织带工、旅菜馆服务员、刻字、修表、照相社员)月定量14千克。

此外大、中学生月定量16千克。

1992年城镇居民取消口粮定量销售。

各项粮食补助的销售 粮食供应实行以人定量后,对临时参加工农业生产劳动及一些特殊需要,给予一定粮食补助。

出差补助:干部、职工因公出差每人每天补助粮食100克,但定量在15千克以上的不再补助。1986年2月1日取消。

夜餐补助:加班加点至23点以后,每人每天补给夜餐粮125克,1987年4月1日起取消。

保健食品补助:为了保护井下、高空、高温作业工人和接触有毒物质的工人身体健康,1962年7月起国家给予保健食品供应。供应品种为黄豆及绿豆,数量为每月1—1.5千克,绿豆主要是在高温季节(7—9月)供应。黄豆补助供应于1965年8月取消,绿豆补助供应于1986年4月取消。

儿童糕点补助:1961年10月起,对10周岁以下儿童,每人每月补助糕点粮票1市斤,1965年4月取消。

社会特殊用粮:用于一些特殊对象的粮食供应。如外宾、回国观光、探亲外籍华人、港澳同胞和海外侨胞等,另外民政、公安部门临时收容的人员及城镇居民因遭水、火等意外事故,粮食、粮票损失影响生活的,在相关证明情况下,酌情补助。

工商行业用粮销售 工商行业用粮,按照性质分为工业用粮和行业用粮两大类。工业用粮是指以粮食为主要原料的制酒以及以粮食为辅助原料的制造业,由粮食部门下达供应计划数,并发给工商行业用粮供应证或支拨凭单,按户按计划定点销售。行业用粮分食品熟食业(包括年糕、面条、糕点、饮食等),副食业(豆制品、粉丝等),酿造业(酱油、醋、腐乳等)三类。熟食业中除豆浆外,其余均实行凭粮票销售;副食业和酿造业中除粉丝收回粮票以外,其余均不回收粮票。1960年对餐饮业、糕点和其他粮食制成品全面实行凭粮票销售,酿造业、副食品仍按计划凭票销售。1985年,改革粮食统购统销政策,4月1日起工业和手工业用粮油,全部取消统销计划,改为议价销售;制酱原料(酱油、酱、醋)仍按用粮计划指标平价销售。1990年10月1日起,全部改为议价销售。

城乡食油销售 实行油脂统购统销后,采取凭票供应的销售方式。1954年,对城镇居民按户发证，定量供应。吃商品粮人口每人每月凭票供应食油 0.5 市斤；行业（食品复制业、饮食业、糕点业及油炸食品业）用油按计划凭证控制供应，供应食油的定量原则是根据国家食油资源情况而定。食油定量自 1954 年至 1991 年由每月 250 克至 125 克至 75 克至 150 克至 200 克，逐年变化。在定量外，根据油源情况，临时增加食油供应，如国庆、春节两个节日增发每人 0.2 斤的节日油票补贴。1981 年起，全年按统销价补贴城镇居民食油 3 市斤。此外按调拨价、半高价、议销、优惠价等形式补贴居民一定数量的食油。

1954 年起，对农村农业人口的食油实行计划供应。以户为单位发给购油证，在计划数内，内部控制，凭证供应。1956 年起改为凭证不限量，同时还组织小商贩送油下乡，上门供应。同年 11 月起，油源趋紧，仍恢复凭证登记供应，适当限制销量。1957 年 1 月，按每人每月 5 小两[①]供应，同年 4 月调整为 4 小两，8 月降至 3.5 小两，10 月恢复到 4 小两。1958 年 1 月调整到 5 小两，4 月增至 6 小两，7 月起又实行凭证不限量。1959 年 1 月 15 日起恢复凭证限量供应，每人每月 4 小两，10 月降至 3 小两。1960 年 4 月计量单位改为十两制，农业户定为每人每月 2 两。1961 年 8 月减少至每人每季 2 两。1962 年 6 月油料实行包干后，停止对农村的食油供应，农民的食油以自产菜籽加工或向国家以籽换油。

表 8－24　　1951—1990 年部分年份粮食、食用油统销价格一览表

单位：元/吨

年　份	1951 年	1953 年	1954 年	1957 年	1964 年	1965 年	1966 年	1979 年	1990 年
早籼米	2.23	2.23	2.23	2.23	2.23	2.44	2.44	2.44	2.76
晚粳米	2.55	2.55	2.55	2.55	2.55	2.78	2.78	2.78	3.16
晚糯米	2.60	2.60	2.60	2.60	2.60	3.26	3.26	3.26	3.74
标准粉	4.47	4.47	4.47	4.47	4.47	4.47	3.40	3.40	3.40
大　豆	2.70	2.70	2.70	2.70	2.70	3.04	3.04	3.04	3.10
玉　米	—	1.54	1.54	1.54	1.54	1.70	1.70	1.70	1.92
薯　干	—	—	1.35	1.35	1.35	1.35	1.84	1.84	1.84
菜　油	—	—	—	11.60	15.00	15.00	15.00	15.00	15.00
豆　油	—	—	—	12.30	16.00	16.00	16.00	16.00	16.00
大车麻油	—	—	—	13.60	18.20	18.20	18.20	18.20	18.20
花生仁	—	—	—	7.62	7.62	7.62	7.62	9.60	9.60
芝　麻	—	—	—	5.68	7.04	7.04	7.04	11.60	11.60

① 小两为旧计量单位，1 斤＝16 两。1 小两为 16 分之 1 斤。

表 8-25 **1981—1990 年濮院粮管所粮油销售统计表**

单位:万元

年份	销售总额	其中:零售额	利润总额	年份	销售总额	其中:零售额	利润总额
1981	1189.86	250.43	39.71	1986	1851.77	184.06	70.66
1982	1198.12	255.19	53.00	1987	2089.02	289.37	51.29
1983	1475.48	280.35	14.02	1988	2577.09	378.56	100.00
1984	1773.71	189.58	29.83	1989	2922.16	745.08	107.95
1985	1683.54	240.00	62.00	1990	3138.21	827.33	-189.57

鱼肉禽蛋购销

中华人民共和国成立前,鱼肉禽蛋收购和销售均由镇域相关私营商户经营,根据市场需求,按质论价,自由买卖。民国 36 年(1947)濮院镇商业登记统计,有鲜肉店铺 12 家,腌腊鲜鱼店铺 21 家,羊行 6 家,屠户 8 家,鸡鸭收售户 23 家。中华人民共和国成立后,1953 年组织成立濮院镇屠宰场,四乡收购生猪,宰杀后供应给鲜肉店销,再由鲜肉店铺应市销售。羊肉供应则主要由面、饭店直接去羊行选购活羊,自行宰杀烧煮后出售。1953 年鸡鸭收售户组织成立东、南、西、北 4 个合作小组,专营禽蛋类购销。1956 年国家对私营商店进行社会主义改造,合并成立集体性质的"濮院镇鲜肉合作商店""濮院镇腌腊合作商店""濮院镇鲜鱼合作商店""濮院镇鸡鸭收购合作小组商店"。同年 6 月,濮院镇屠宰场和濮院镇鲜肉合作商店并入国营濮院食品站,鱼肉禽蛋始由食品站统一购销。一般由政府下达派购任务,1975 年濮院派购数:生猪 12500 头,菜羊 600 头,家禽 2500 只,鲜蛋 400 担;新生派购数:生猪 7500 头,菜羊 200 头,家禽 1600 只,鲜蛋 300 担。食品站与农户签订合同,按合同实施收购。食品站以收购生猪与供应猪肉为主,鸡鸭禽蛋次之,牛羊肉少量。20 世纪 80 年代改革开放后,鱼肉禽蛋购销渐按市场经济规律运行。1990 年以后,鱼肉禽蛋以个体营销为主,濮院食品站主要经营生猪屠宰加工业务。至 2010 年,濮院食品分公司屠宰场收购、屠宰、检验、检疫白条猪后批发各肉铺应市供应,月供应 2500 头左右,占濮院农贸市场猪肉供应量的 50%—60%左右。大型超市也有各种各样的鱼肉禽蛋类的食品明码标价销售。

肉类 主要有猪、羊、牛肉,其中以猪肉居多。民国时期,镇域经营生猪主要是个体屠宰户自行收购、屠宰、销售。民国 36 年(1947)濮院有固定屠户 8 家。中华人民共和国成立后,1950—1954 年桐乡县年人均消费猪肉 2.49 千克。1955—1956 年人均消费猪肉 0.64 千克。1957—1958 年提倡"城市尽量少吃肉,农村尽量不杀猪",农村实行杀猪留肉,城镇居民凭票供应。1960 年开始,对收购生猪实行奖售政策,奖售香烟票、食糖票、布票、饲料票、化肥票等(20 世纪 90 年代初取消)。1961 年人均消费猪肉 0.09 千克;黑市猪肉价格每千克 8—10 元。1962 年城镇居民凭副食品卡每人每月供应 0.5 千克。

1963年对居民采用“死定量、活供应”，同时敞开销售议价肉。1964年初，停止议价销售，实行凭票供应；是年5月鲜肉价格下降5%，1965年再次下降5.3%，并增加销售点，采取剥皮、熬油、加工腌制等方法扩大销售。1966年61天临时降价3次，按85折推销；年人均消费8.54千克。1975年，猪肉供应时为定量，时为敞开，年人均消费9.42千克。1976年，城镇居民每人每月发肉票0.5千克。1979年10月猪肉开始敞开供应。1980年人均消费猪肉15.42千克。1984年城镇恢复凭票定量供应，实行平价、议价两种价格。同年允许农民自己杀猪上市销售，濮院食品站猪肉供应量相对减少，肉价也浮动上升。1985年肉价放开，随行就市，个体肉摊增多，国营商店销售量减少，国家实行城镇干部、职工肉价补贴；年人均消费15.78千克。1987年始建濮院镇第一个农贸市场后，设置几十个售肉摊位，价格随市场需求而波动。1988年猪肉平均价格1.97元/千克，1998年4元/千克，2008年价涨至7元/千克。2010年，除农贸市场的肉类销售外，大型超市也有各种肉类供应。

鱼类 中华人民共和国成立前，淡水产品为私营商店经营，也有渔民自捕自销。中华人民共和国成立后，1956年成立濮院镇鲜鱼合作商店，镇区设多个门市部购销鲜鱼类。1958年渔民组织起来，成立濮院水产大队，按计划交售淡水产品，各鲜鱼门市部随收随卖。1961年起对淡水鱼按计划收购，实行奖售，节日凭票供应平价鱼类。1983年实行议购议销，价格上升；节日里仍凭票供应平价鱼。1985年价格全面放开，取消派购，渔民直接上市出售鲜鱼，个体鱼摊增多。海水产品的干货以南货店经营为主。1987年建农贸市场，安排鱼类销售摊位近10个。至2010年农贸市场和大型超市均有各种鱼类供应。

鲜蛋 1957年鲜蛋定为三类农副产品，允许自由买卖。1970年上半年，鲜蛋实行特需销售和节日凭票销售。此外，也有农民销售自养禽类产的鲜蛋。1985年市场开放后，鲜蛋的交易大部分在农贸市场和超市进行。

家禽 1957年家禽列为自由购销产品，小商贩由原来的委托代购改为自营，买卖双方自由定价，购销两旺。1958年下半年起，试行统购，加上农村禁养鸡鸭，市场供应渐趋紧张。1961年提高家禽收购价后，购销紧缺渐趋缓解。“文化大革命”期间，禁止或限制农户养禽，上市量又锐减。1980年起，家禽议购议销，按牌价加价30%收购。1982年起，春节对城镇居民实行凭票平价供应禽类。是年养禽专业户开始出现，专业户在完成合同任务后余下的禽类可以自由议价销售。1987年农贸市场建立后，活禽购销进入市场自由贸易。2010年，大型超市又增加了杀白冷冻禽类销售，丰富了禽类食品的市场供应。

表8－26　　1981年—1990年濮院食品站收购统计表

年　份	生猪(头)	菜羊(只)	家禽(只)	鲜蛋(担)
1981	13796	2612	13995	222
1982	20089	1468	18419	297

续表 8－26

年　份	生猪(头)	菜羊(只)	家禽(只)	鲜蛋(担)
1983	21486	937	7172	1
1984	19300	1693	11681	170
1985	9300	89	4930	642
1986	11500	—	2611	561
1987	11200	—	2038	98
1988	6500	—	—	187
1989	6800	—	—	148
1990	8332	26	—	14

表 8－27　　1981 年—1989 年濮院食品站供应统计表

年　份	生　猪（头）	菜　羊（只）	家　禽（只）	鲜　蛋（担）	咸　肉（担）	水产品（担）
1981	15079	2608	13986	247	753	—
1982	14161	1468	18615	319	562	—
1983	15060	1010	4780	174	615	—
1984	10403	1453	5399	299	392	83
1985	5392	89	3124	566	771	154
1986	8917	29	1830	433	147	204
1987	10085	—	2178	188	83	423
1988	5573	—	100	78	118	411
1989	5569	—	33	148	84	239

第二节　农副产品购销

中华人民共和国成立前，濮院农副产品购销，均为私营商店自由经营。中华人民共和国成立后，1955 年桐乡县农副产品采购局在濮院设立濮院中心采购站，专门经营四乡的农副产品收购。1957 年中心采购站并入濮院供销社，成为濮院供销社采购商店，农副产品购销的业务也划归供销社。1961 年调整农副产品收购政策，坚持统购、派购、议购和实行奖售、换购、加价收购的政策，但适当缩小派购范围，减少派购任务，制定购留比例。1964—1965年,农副产品收购达208万元。"文化大革命"期间受到影响。自1983年始,濮院供销社采购商店农副产品收购量逐年上升,1989年农副产品收购达历史最高值1673.9万元,后逐年呈下降趋势,到2010年只收购235万元。虽然另有收购小羊皮、蔬菜、桑条皮等农副产品的其他商店,如1999年10月设立的濮院镇农技站塘桥门市部等,但收购量很少。此外,尚有以某些农副产品为原料的厂、公司直接设点收购。

蚕茧购销

南宋淳祐景定以后,濮院四乡农民养蚕采茧,大多自家缫制土丝,或卖丝或织绸,一般不出售蚕茧。清光绪十三年(1885),桐乡境内有人设茧厂,当时濮院为丝绸业重镇,同业公会以维护丝绸业为由,限制在镇域设茧厂和开放茧市,早年也曾联名电请省长查禁。民国7年(1918)2月,洋行买办金昌运,在濮院北河头梧桐庵对面开设洪盛昌茧厂(即茧行,下同)。洋行收购鲜茧,同业公会上诉省法院,胜诉,茧厂被拆。直至民国16年(1927),境内才建有东市庄泾和西市三里塘两茧厂,开始收购蚕茧,办理烘茧业务。据民国18年(1929)9月《申报》记载:嘉兴蚕业指导所提倡养殖秋蚕,8月向濮院等乡发放秋蚕种,并一一指导饲养方法,刻下已届蚕收,秋蚕收成颇佳,均由秀纶、厚生等丝厂收购,每斤六角至五角二三分。日军入侵期间,蚕茧收购被日本人在上海开办的华中蚕丝公司垄断,茧业萎缩,茧厂关闭。抗战胜利后,原东、西市两茧厂重新恢复收茧烘茧业务;新开张于南市东港厂曹桢祥烟行内的茧厂也收购鲜茧,烘干后转售给丝厂。

中华人民共和国成立后,1950年蚕茧作为合同订购的二类农副产品,确定按实际产量的10%作为农民自留茧,超产部分允许农民自由处理。1952年起,全部由浙江省丝绸公司委托供销社包收包烘。1956年蚕茧收购业务划归县采购局。1957年采购局撤销,鲜茧仍由供销社负责收烘,其他单位及个人一律不准进入购销活动。根据县政府规定,上等茧及双宫茧全部卖给国家,其他下脚茧,在完成国家计划的前提下,允许农民酌留部分自用。1958年蚕茧经营权归新合并成立的省轻工业厅丝绸管理局,仍委托基层供销社代收代烘。1961年规定蚕茧为二类派购物资,与生产队签订收购合同,超产部分的30%按国家收购价格卖给国家,70%归生产队自行处理。同年8月,实行"先留后购"政策,超产部分允许农民自行处理;农户自留茧的数量按蚕茧年产量的10%计算。1970年蚕茧经营业务划归供销社,1972年再次划给工业部门经营,供销社为其代理收烘。1979年又规定,蚕茧购留政策不变,自留茧限于农户自用,不准超留,不能上市和运销。1982年政府重申蚕茧为国家统一收购的二类物资,生产单位在完成国家收购任务后,仍由供销社按县政府规定的经济措施,不准上市。1985年1月蚕茧经营权下放给嘉兴市丝绸公司,还是由基层供销社代收代烘。是年,取消蚕茧派购,同时停止发放预购定金。1986年蚕茧开始由县丝绸公司经营。由于当时丝绸加工工业的快速发展,蚕茧供不应求,各地竞相抬价争购,蚕茧购销出现混乱现象,至1987年发生"蚕茧收购大战",茧价也不断上涨,境内部分蚕农出现自烘茧和所产蚕茧售于茧贩子现象。1988年,省人民政府规定蚕茧一律由各级丝绸公司统一经营,委托供销社统一收购,并实行收烘许可证制度,其他任何单位和个人都不得以任何形式收购茧子。之后,蚕茧收烘体制又几经变更。2005年蚕业系统改制后,蚕茧收烘统一由浙江花神丝绸集团(丝绸公司)经营,仍委托基层供销社操作。

收购价格 民国14年(1925)濮院蚕茧丰收,鲜茧价每百斤价银圆100元。1950年国家规定,以每50千克鲜茧价,相当于中白米263千克为原则,中准价72.1元。1953年,确定中准价为83元,但最后根据中央和华东财政经济委员会关于"目前维持,将来稳步发展"的蚕茧生产方针,每50千克中准价从83元调低为70元,下降15.67%。1955年后,蚕茧价格随"大力发展桑蚕生产"方针而逐步提高,1956年恢复到每50千克中准价83元。1958年调整收购价格,每50千克中准价为100元,上调幅度为20.48%。1966年中准价又调到110元。1979年国家物价局通知,按干壳量评茧标准,每50千克鲜茧中准价(干壳量7克)调高至140元。由于丝价提高较快和受"蚕茧收购大战"影响,1987年以后,蚕茧价格变动较大。1988年2月根据国家物价局规定,每50千克鲜茧中准价,由140元调至175元。为了兼顾国家和农民的利益,是年7月,茧价又作调整。政府规定,夏茧、早秋茧每50千克中心收购价为370元,按质论价,不超过400元,中、晚秋茧每50千克中心收购价480元,按质论价,不超过500元。1989年3月,国家物价局规定,以干壳量9.2克为中准级,每50千克最高收购限价统一为480元。1992年,根据国家物价局通知,从秋茧起每50千克鲜茧中准价480元,可适当下浮,但不得低于440元。1993年县政府规定蚕茧收购以国家定价为指导性价格,每50千克鲜茧中准价为440元,允许适当浮动,但下浮价一般不低于400元。2004年以后不再由政府定价。2010年市场收购价在1000元—1100元之间。

土丝购销

南宋以后濮院境内丝绸渐兴,农户栽桑养蚕大盛,几乎家家养蚕采茧,自行缫制土丝,再出售土丝或织绸。元代濮院开设四大牙行,其中丝行专门收购四乡土丝。据《补农书》的记载换算,每亩桑园可换丝10斤左右,即可得10两银子,而每亩田产粮食约3石,种桑养蚕收入为种粮的3倍左右;清光绪时期,濮院丝价高于禾城,每百两可售二十三、四元,而禾城上等丝价每百两才二十元。所以濮院丝行生意兴隆。小满开秤新丝上市,除本镇四乡农家自缫之土丝,邻近地区的农家也把土丝拿到濮院来出售,甚至远至60里外的石门。丝行大量购进土丝,除转销给本镇的机户外,大批销往苏州、杭州、镇江、盛泽等,尤以京邦外地客商为最多。因远方客商群集,市价提高,丝商获取厚利。民国后期,人造丝、厂丝织物兴起,质优量多,土丝失去市场竞争力,丝价一落千丈,丝行大多关门倒闭,至1949年仅剩1家。中华人民共和国成立后土丝生产及经营业务基本消失。

桕籽购销

中华人民共和国成立前濮院乌桕树遍地,镇人俗称桕籽树,大多生于田头塍坎,是工

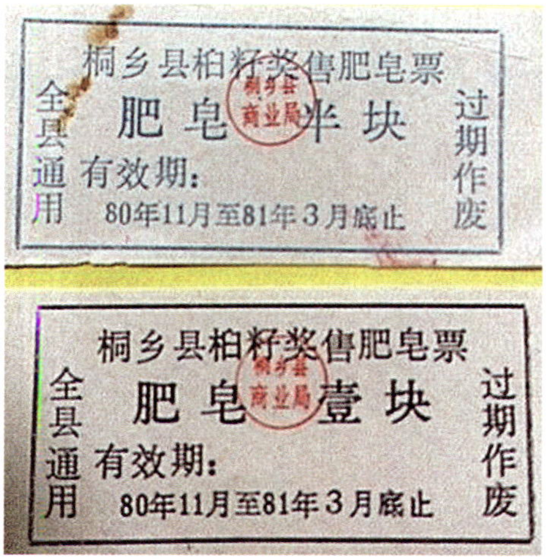

1980 年的柏籽奖售肥皂票证

业油料木本树种。其种子即柏籽，外被之蜡质称为“柏蜡”，可提制“皮油”，供制高级香皂、蜡纸、蜡烛等；种仁榨取的油称“柏油”或“青油”，供油漆、油墨等用，经济价值极高。民国时期，一斗柏子可易米一斗，故民间有“乌花柏籽白洋钱”之说。当时濮院柏籽的产量较多，柏籽收购由私营油坊经营，稑陈行也兼收柏籽，加工成柏油后，除少量供应本地自用外，大多行销外地，每年均有输出。据民国《濮院志》记载：“乌柏……近为洋商收买，提炼以制机器油，值颇昂。吾乡柏籽岁产约五六千石，为冬熟一大宗。”中华人民共和国成立后，柏籽先由供销社、后由粮管所收购，部分由濮院油厂加工成柏油。20 世纪 60 年代开始，乌柏树被不断砍伐，数量越来越少。1980 年为鼓励出售柏籽，桐乡县商业局曾经发放“桐乡县柏籽奖售肥皂票”，但投售者还是寥寥。农村搞土地平整，镇域柏籽树基本绝迹。

黄麻购销

境内种植黄麻由来已久，明末清初已有种植。夏辛铭《濮院志》载：“吾乡所产为黄麻，六七月间刈麻，浸一宿脱其皮名曰麻皮。有线麻、袋麻之别，最次者，制成麻丝为修船之用，梗可为柴薪。旧时惟镇东乡所出，今则西乡产此亦不少。”黄麻茎部韧皮纤维长而坚韧，主要用于造纸工业原料，织成的麻绳经久耐腐，制成的麻布美观大方。还可作为高级香烟纸、钞票纸的原料，也可用于修补农船，纺织渔网等。民国至中华人民共和国成立初期，境内种植黄麻，受传统种植影响，运河以南种植多，运河以北较少。民国时，镇域设一麻皮行进行收购，销往江苏、上海等地，每年购销额数万金。1956 年开始，黄麻由供销社统一收购。1960 年起实行收购奖售政策，境内黄麻种植逐年增加，收购量不断上升。1962 年濮院收购黄麻 35.69 吨。1965 年濮院供销社农副产品黄麻收购额达 45 万元。1969 年奖售政策停止后，黄麻种植量逐年减少，收购量也渐下降。1983 年黄麻列为三类商品，价格随行就市。至 1991 年境内黄麻只种植 69 亩，之后已无大片黄麻种植。

烟叶购销

境内产烟叶属晒红烟，因其叶经晒制后色泽红亮、质地柔韧、油分丰润、不易破裂、香辣味浓郁、品质优良而得名，是制作雪茄外包烟和混合型卷烟的优质原料。有伏烟、秋烟、顶烟、脚烟等名，又有早顶、晚顶、头皮、二皮之别。清乾隆至宣统年间，濮院南片已为主要烟叶产地之一，龙潭烟片誉称“龙尖”，烟质特优。濮院镇厘税以此为大宗，每夏秋间远商来集，烟市极盛。烟叶产品远销埃及、马里、几内亚、科威特、德国、菲律宾等国及中国香港、澳门地区，也销往国内辽宁、黑龙江、广东、福建等省。民国时期，晒烟生产几经兴衰。日军侵华期间，出口停滞，烟商杀价，烟叶生产下降。抗日战争胜利后，烟叶购销略有回升。民国36年(1947),濮院有烟行8家。

中华人民共和国成立后,人民政府理顺烟叶收购价格,预发订购定金,供应生产物资,沟通内外销售渠道并进行技术辅导,扶持烟叶生产,烟产量上升。1958—1960年,因烟叶收购价格偏低、自然灾害等原因,种植面积缩减,产量回落。1961年起,采取以卷烟换购烟叶,增加奖售物资等措施调动烟农积极性,烟叶产量开始回升,1965年濮院供销社农副产品收购商店烟片收购额89376元,至1966年,外销比例占伏烟的30%左右。"文化大革命"期间,烟叶产量连年下降。1983年实行家庭联产承包责任制后,烟叶生产有所恢复。后因烟草黄瓜花叶病流行,烟叶经济效益不及蚕桑、杭白菊,种植面积速减。购销量锐减。1998年濮院种植烟叶仅剩20亩。2005年后境内烟叶少量种植,至2010年,烟叶种植基本结束。

杭白菊购销

杭白菊是境内的传统特产,明代就有种植,距今已有390多年。民国《濮院志》记载:"菊花……收花时用锅蒸熟晒干,出售于市,为土产收入之新增者。"所产干菊味甘纯正,素净馨香,清雅生津,质地优良,主要用作饮料,部分作药用,是浙江有名的"浙八味"中药材之一。产品销往广东、广西及其他大中城市,并畅销东南亚诸国和中国港澳地区。民国20年(1931),浙江省建设厅举办国货馆茶行农产品展览会上,桐乡茶菊(杭白菊)获甲级产品称号。

中华人民共和国成立后,政府扶植杭白菊生产。境内种植杭白菊主要产区以国道南为主。20世纪五六十年代,产量一直低下,质量差,1965年,濮院供销社农副产品收购菊花额20434元。1966年起国家调高杭白菊的收购价格,同时实行奖售政策,投售50千克干菊奖粮票50千克、布票10市尺和化肥(标氮)50千克,又允许社员在自留地上栽种少量菊花,调动了菊农积极性,产量、质量有明显提高。1986年境内产杭白菊62吨。1990年开始,国内外保健饮料行业对杭白菊的需求量日益增加,价格回升,收购量稳中有升。1993年境内种植杭白菊达到了小高峰,全年收购杭白菊167吨。1999—2009年境内杭白菊需求进入新的发展时期,并成为特色优势产业。2000年11月桐乡市第二届菊花节,濮院镇占地300亩的"田野菊海",被上海大世界基尼斯总部收入大世界基尼斯纪录,使境内杭白菊名声远播。2004年濮院镇杭白菊总产627吨,创历史高峰。杭白菊现代化生产、加工技术的创新,扩大了杭白菊的销售、营销,杭白菊购销量稳中有升。2009年濮院镇杭白菊购销总量达380吨。

小湖羊皮收购

湖羊所产小羔羊宰剥的羔皮,俗称小湖羊皮。濮院所产小湖羊皮,毛色洁白、波浪花纹,皮质柔软,富有弹性,光泽亮润,可以染上各种颜色,制成各种类型的服装,深受外商青睐。出售的小湖羊皮剥制工艺要求很高,被宰剥之羔羊,一定要是产出后一两天内未曾哺乳过的,若已哺乳则无用;在剥制时,要按照羊羔的体型,采取不同的方法宰杀挑皮，剥皮要精细，洗皮要顺着毛势，钉皮要松紧得当，晒皮宜晾勿暴，整皮要轻梳细理，只有这样才能确保皮毛质量。民国12年(1923)小湖羊皮首次销往国外，由出口商设计成"古钟"式板皮外销，被列为世界"四大羔皮"之一，人称中国的"软宝石"，享誉国际市场。中华人民共和国成立后濮院农村差不多家家圈养湖羊，多产小羊羔，农民把多余的小羊羔出售。20世纪60—70年代，濮院供销合作社大力支持发展农村副业生产，在收购小羊羔剥制小湖羊皮时，实行优惠政策，凡交售一张小湖羊皮补贴2元；那时候濮院采购商店年收购小湖羊皮达一万多张。80年代开始，随着农村湖羊养殖量减少，收购量逐渐下降。

羊毛收购

濮院四乡农村圈养湖羊，每年必须剪羊毛出售。20世纪60—70年代，濮院供销社采购商店年羊毛收购量在10—20吨。此外，还收购兔毛、黄鼠狼皮等皮毛。

桑条皮收购

桑条皮中的纤维含量非常高，且强力大，伸度好，适合制造人造棉、人造丝和纸张。20世纪70年代，濮院四乡农民把养蚕采桑后的副产品桑条，剥制出大量桑条皮出售；桑条皮一直由濮院供销社采购商店收购，为造纸等厂的原料。2010年桐乡市石门镇的双熊猫纸业直接来镇设点收购桑条皮，是年桑条皮丰收，加上收购价提高，桑条皮价格从上年每500克0.8元提高到每500克1元，极大地激发了农民投售桑条皮的积极性，桑条皮收购火爆。

中药材收购

濮院镇四郊盛产杭白菊、鲜瓜蒌、莱菔子(即萝卜籽)、火麻仁(即火麻籽)、二蚕沙(即夏蚕粪)、大力子、蜈蚣、蜂房、鳖甲、鸡内金等中药材，除杭白菊由供销社收购外，其余均由医药商店收购。

大白菜收购

大白菜别名胶菜，20世纪50年代末，濮院首先从山东引入，在双竹园和费家场两个自然村试种。因产量高，又适逢与当地大麻茬口相衔接，迅即发展成为濮院农村家家户户种植的重要蔬菜。濮院大白菜包心结实，球形整齐，质量佳优，在市场上享有较高的声誉，深受消费者的欢迎，成为秋冬季市场供应的主要蔬菜品种之一。每年12月至翌年2月上市，正值元旦、春节，是蔬菜供应淡季，填补了销售空缺。20世纪60—70年代，每年11—12月都由供销社采购商店组织收购。收购的大白菜都由供销社及农户组织船只，主销上海、南京、镇

1984年濮院西河头茧站收购大白菜

江、苏州、无锡、常州及本省的大中城市。改革开放后，蔬菜市场供应逐渐充裕，大白菜收购也慢慢销声匿迹了。

此外，农民种植的榨菜、菊花、萝卜、冬瓜等大宗农产品上市时，濮院供销社采购商店采取增设收购点及上门收购等办法，以方便农民投售。

表 8－28　　1981—1990 年濮院供销社农副产品收购统计表

单位：万元

年　份	1981	1982	1983	1984	1985	1986	1987	1988	1989	1990
总　额	329.0	300.3	286.3	326.7	520.5	538.3	973.3	1598.7	1673.9	1121.4

表 8－29　　1993—2010 年农副产品收购统计表

单位：万元

年　份	1993	1994	1995	1996	2009	2010
收购额	1035.00	1309.00	790.00	483.00	394.00	235.00

第三节　生产资料供应

中华人民共和国成立前，镇域各类生产资料的购销活动，是建立在私营经济下的自由交易。中华人民共和国成立后，濮院生产资料供应，主要由濮院物资站、濮院供销社农资商店、濮院饲料站和濮院农经公司下属的农业服务经营部按计划经营。濮院物资站主要经营机电、农机配件、化工建材、金属、水泥制品等；濮院饲料站经营各种饲料；农资商店和濮院农业服务经营部主要经营农药、化肥、种子、农具等各种农业生产资料。随着市场经济的发展，1990 年各种生产资料供应逐渐进入市场，供应部门也先后改制转为私营或承包形式经营。2010 年，农业生产资料供应年销售额 384 万元。

金属材料供应

中华人民共和国成立后，金属材料属国家统配物资，实行计划管理，濮院镇需要此类生产资料必须报批供应。1954 年金属材料归县手工业联社经营。1963 年县物资局成立后下设金属材料组，直接经营金属材料如圆钢、角钢、扁钢、管材、板材、生铁等 10 余个品种。20 世纪 80 年代国家指令性计划逐步缩小，物资部门贯彻“以计划经济为主，市场调节为辅”的方针，计划外的金属材料逐步放开。1981 年 10 月桐乡县物资局在濮院永乐路设立濮院物资站，经营镇域各单位需求的各种金属材料。1990 年随着市场经济发展，金属材料购销渠道全部放开。

机电设备供应

中华人民共和国成立初,少量机电产品由私营商店和供销社供应。1956 年以后,归国营商业和供销社经营。1963 年国家统配经营,部管和地方管理的机电产品均由县物资局统一经营,按“归口申请、层层分配”原则,下达计划,组织供应。随着机电产品需求量日趋增长,机床、工业泵、发电机、锅炉、电缆线、电动机、轴承、电动葫芦等计划分配产品供不应求,1990 年除汽车外,机电产品全部放开。2010 年镇域有多家私营商店经营机电设备。

建筑材料供应

1956 年,玻璃由中百公司经销,其余大多归供销部门经营。1963 年建材统归物资部门计划平衡,按需供应。20 世纪 80 年代多渠道经营。1986 年成立县建筑材料公司,承担建材的计划分配与供应的同时,积极开发当地建材资源和组织计划外建材供应,经营的品种有砖、瓦、水泥、油毛毡、玻璃、卫生陶瓷、石棉制品、水泥制品、装饰材料等 70 余种。1990 年后发展市场经济,建筑材料购销逐渐进入按需自由经营模式。2010 年镇域有建筑材料私营商店 96 家。

化工轻工原料供应

镇域内化工商品历来由商业部门经营。1963 年成立物资综合公司,开始经营统配、部管、省管化工原料。1966 年国家规定的统配、部管化工产品有纯碱、烧碱、硝酸、橡胶、轮胎、雷管、炸药、纯苯、电石、乳胶等 103 种,货源由国家计划分配,向地区物资局进货。1979 年调整化工轻工产品分配目录,统配、部管产品共 119 种。1981 年 10 月设立濮院物资站,也经营各种化工轻工原料,方便镇域各单位的需求。1990 年化工轻工原料购销全部实行市场调节。2010 年镇域有多家私营商店经营化工轻工原料。

木材供应

中华人民共和国成立前,木材购销均由私营木材行经营。中华人民共和国成立后,木材列为国家统一计划物资,1953 年由供销社经营,同年成立木材公司,统一计划,统一分配,调拨供应。1956 年木材公司并入供销社。1983 年实行计划平价和议价双规制供应木材。1987 年木材不论等级、品种、价格全部放开,自由交易。2010 年镇域私营原料木材经营部有 4 家,还有几十家私营建筑材料商店经营成型木材。

饲料供应

中华人民共和国成立前,饲料交易由私营粮商兼营,供应杂粮、糠麸、豆饼及菜籽饼等品种。中华人民共和国成立后,1955 年 3 月起由粮管所经营统糠、细糠、麸皮、米粞、糠饼、杂粮等饲料。是年,推行生猪订购合同制,订购生猪优先供应饲料粮 25 千克、统糠 100 千克。1956 年桐乡县粮食部门成立饲料小组,后又并入粮食公司,专门从事饲料的管理及计划供应。计划分配的饲料以杂粮、糠麸为主,实行分类定量,凭证供应。1962 年实行每交售 50 千克稻谷退糠 1.2—1.5 千克。1963 年,由于饲料生产的发展,增加了供应品种,供需矛盾有所缓解,供应 0.75 千克饲料折收 0.5 千克饲料票。1964 年规定,凡向银行贷款购猪的农民，饲养一头猪供应10千克饲料票，集体饲养一头母猪供应15斤饲料票。1977年桐乡县饲料公司成立，统一分配饲料供应。1982年濮院饲料站从濮院粮管所分立，专销镇域的饲料用粮，经营品种有能量饲料（玉米、大小麦、谷类、麦麸、糠等）、蛋白饲料（豆饼、菜籽饼等）、矿物质饲料、配合饲料（由玉米、大麦、麸皮、米糠、棉仁饼、菜籽饼、鱼粉、骨粉、蚕蛹及多维素、矿物质等多种原料组成）等。1983年、1984年分别销售饲料234.5万千克、339.6万千克。1985年，取消粮食统购，饲料供应由以粮退糠，改为以猪退糠，每出售一头派购肉猪退糠10千克；停止发放粮食副产品饲料，糟渣饲料放开经营，允许自由交易。同年，桐乡县饲料厂成立后，供应科学配制的各类配合饲料。改革开放后，农村开始出现各种养殖场，饲料需要量增加。1988年濮院畜牧兽医站率先开设饲料经营部，推广应用"大江"多价优质配合饲料和饲料添加剂。1990年取消饲料奖售政策，饲料销售逐步放开供应。2000年后，由引进、推广、销售外地全价配合饲料，逐步转到以销售本地生产的配合饲料为主。

种子供应

中华人民共和国成立前，没有专门组织开展种子的购销经营，濮院镇农村种子的推广主要途径以民间相互传播、交换为主；交换方法也很简单，以等量种子或以粮换种子的方式进行。中华人民共和国成立后，政府重视种子工作，1950年政府开始把种子工作和栽培等农业技术推广工作并在一起进行。1953年良种购销服从于粮食统购统销政策，收购良种以种子抵交公粮，良种在统购价的基础上加成收购；良种销售采取"以粮换种，分别作价，等量交换，差额付款"的办法。1962年桐乡县单独设立种子工作站，负责全县的种子经营，新品种引种试种、繁育推广，地方品种的收集和认定等管理工作，属于行政管理、技术指导、经营服务"三位一体"的管理性质。1980年起，桐乡县成立种子公司，与种子工作站合署办公。良种经营在坚持为农业服务的前提下，提出加强经济核算、提高经营管理，以"不赔钱，略有盈余"为原则。良种以平价收购、议价销售。1990年开始，根据《中华人民共和国种子管理条例》和《中华人民共和国种子法》的要求，良种经营体制和经营方式进一步完善、规范。濮院镇的种子供应首先由镇农经站向农户推广良种，统计所需数量后报桐乡市种子公司，直接由种子公司供应需要农户。2005年引进抗病、抗倒、重金属吸收率低的最新优质晚粳水稻品种秀水128。2010年濮院镇域共供应良种：晚稻38350千克，小麦18200千克，油菜785千克。

化肥供应

中华人民共和国成立前，境内推广使用化肥始于民国36年（1947），有商铺试销肥田粉（硫酸铵）。中华人民共和国成立后，政府大力推广施用化肥，由供销社经营化肥销售。1954年后，化肥供不应求，只能采取按作物种植面积分配供应，（此办法一直延续到1990年）。1956年供销社经营化肥的品种有硫酸铵、过磷酸钙、石灰氮、钙镁磷肥等几种。1958年组织供应液态氮肥——氨水。1966年桐乡县化肥厂投产，1967年开始有计划分配供应氨水,各生产队按分配供应日期,摇农船直接到崇福镇桐乡化肥厂购买提货。20 世纪 70 年代中期,进口化肥品种逐渐增多。1980 年开始,化肥供应实行平、议价双规制;议价化肥来源有三个方面,一是省农资公司计划外分配,二是地方外汇进口,三是自行组织采购。1983 年随着碳铵(俗称氨水肥田粉)、尿素、复合肥料等化肥供应量的增加,氨水使用量逐年减少。1985 年 5 月濮院农业服务经营部成立后,与濮院供销社生产资料部协同经营各种化肥。1988 年全年供应标准氮磷肥、复合肥 6295 吨。1990 年后尿素销售量占氮素化肥的 2/3 以上。

农药供应

中华人民共和国成立前,商店销售烟末、烟梗、巴豆、茶籽饼等土农药,供农民治虫。中华人民共和国成立后,1950 年,供销社供应"鱼藤精"少量农药,同时也调剂烟梗等土农药出售。1953 年供销社开始经营六六六粉,1959 年销售供应六六六、二二三、西力生、赛力散、滴滴涕等 7 种农药。20 世纪 60 年代销售的农药品种、数量均有增加,有敌百虫、乐果、马拉松、井冈霉素、多菌灵、托布津、稻脚青、赛力散等。20 世纪 70 年代农药销售品种更新快,供销社推广销售高效、低毒、低残留类农药,"1605"、西力生、赛力散等 10 余种高毒、高残留农药相继下架停止销售;甲胺磷、托布津、叶枯净、绿麦隆、敌麦隆、杀草丹、乙烯利、增产灵、叶蝉散、呋喃丹、杀虫霜等新农药销售量上升。1980 年不再销售有致癌作用的有机氮农药。1983 年国家规定停止生产、销售有机氯农药后,百余种新型农药品种上柜,销售快速增加,其中蚕药 21 种。为加快示范推广销售新农药、新技术、新小品种农药,1985 年开办"植保公司",以经营促服务。同年 5 月濮院镇在农技站基础上成立农业服务公司,提供植保服务。甲胺磷曾是单个销售、使用量最多的农药品种,20 世纪 90 年代中期销售量达最高峰。随着销售增加,农村超范围使用,其急性毒性大,对农产品造成较大威胁,2006 年年底禁止销售使用。至 2010 年镇域有供销社农资商店及下设的 12 个农资网点和农业服务公司等经营农药销售服务。

中小农具供应

濮院农耕历史悠久,农具使用久远。民国 36 年(1947)濮院有铁作 7 家、椿木作 17 家、竹匠铺 2 家制作各种农具出售。其中百年历史的黄裕泰铁铺生产出售的铁器农具,质量上乘,价格公道,包樟椿生产出售的木犁,选取优良树料,顺料之天然弯度,精细加工,使用时具有稳、轻、快的特点,深受四乡农民欢迎。中华人民共和国成立后,濮院供销社销售由镇铁、木、竹器等手工业社加工的中小农具。1958 年 4 月,濮院镇的铁器、椿木、圆木、竹器和白铁五家生产合作社合并成立濮院农具厂,供销社采取加工订货、收购包销等方式,供应各种农具。1961 年,因政策原因,农具厂分为 5 个合作社,各自生产农具出售。1971 年 7 月铁器社、竹器社、白铁社又合并成立濮院农机修造厂,主要生产中小农具销售。1982 年,农村推行家庭联产承包责任制后,中小农具销售量增加。1985 年后生产农具的原料计划分配取消,生产资料市场全面开放,农具实行议价议销。铁器农具制造转为个体经营;竹器农具大多由农村家庭副业生产供给;蚕匾、蚕台等蚕具由供销社组织原料就地加工、就地销售，部分从外地商店采购投放市场。20 世纪 90 年代后，随着农业机械化发展，境内大多数的中小农具销售商店逐渐淡出市场。

农业机械供应

境内供应的农业机械主要有农机动力、耕作机械、排灌机械、种植机械、植保机械、收获机械、农副产品加工机械、农业设备、运输机械等。濮院境内排灌机械销售较早，据《濮院镇志》记载："民国十七年(1928)，濮院先施米厂，兼理戽水。"中华人民共和国成立初，濮院销售的基本是老式的传统农具，抗旱排涝主要是木制人力水车。1951 年 3 月省农业厅和农业银行两次在全省开展农村调查，发放贷款，向农村互助组供应排灌机械。20 世纪 50 年代，濮院最早销售的农业机械以抗旱排涝的排灌机械为主。1956 年推广销售双轮双铧犁，1963 年 4 月农业机械产品由物资部门专营，1965 年开始销售胶轮手推车，1966 年开始销售电犁、柴油机、脱粒机。

1962 年 6 月濮院连通大电网后，商业部门向农村销售的电力灌溉设备增加，也拓展了农副产品加工机械、电犁、电动脱粒机的销售。1967 年开始供应手扶拖拉机、农用拖车。20 世纪 70 年代，镇域粮食复种指数提高，一年三熟粮、五期蚕，农事劳动力紧张突出，在加快销售手扶拖拉机为主的耕作机械的同时，试验推广销售种植机械、收获脱粒机械和水上运输机械。1976 年成立县农业机械公司。1979 年农机市场逐步开放，开展农业机械化试点，对部分贫困社队无偿供给拖拉机、插秧机、收割机和配套农机具，按"高进低出"优惠价供应喷灌机、打稻机等。

1982 年，农村推行家庭联产承包责任制后，濮院城乡物资流通增大，农村经济发展加快，向镇域农村销售耕作、排灌、脱粒、加工、运输等各类农机数量迅猛增加。之后，濮院种粮大户的出现，围绕粮田规模经营，政府和相关商业部门组织供应与之配套的农业机械。20 世纪 90 年代，开始试验推广供应联合收割机。2000—2010 年，随着国民经济的发展，国家对农业投入的增大，出台了一系列销售农机的补贴政策，供应一大批高效、优质、环保、节能的农业机械新机型，如大中型拖拉机、节水喷灌机械、乘坐式水稻插秧机、半喂入联合收割机、植保机械和粮食油料加工机械等。此外，农业设备中的冷藏保鲜库、塑料大棚、育秧秧盘等方面的机械设备的供应都有较大的增加。

表 8-30　　1982—1990 年濮院物资站销售额、利润统计表

单位：万元

年份	销售总额	其中				利润
		机电	金属	轻工建材	水泥制品	
1982	43	24.00	9.00	3.00	7.00	0.99
1983	38	19.00	1.60	3.10	14.30	0.87

续表 8－30

年份	销售总额	其中				利润
		机电	金属	轻工建材	水泥制品	
1984	70.5	30.00	5.20	13.30	22.00	1.60
1985	75	3490	2.10	18.40	19.60	4.40
1986	78.5	25.90	13.00	18.60	21.00	4.60
1987	100.3	41.7	19.00	14.30	25.30	540
1988	452.9	2700	348.6	53.30	24.00	9.80
1989	123.0	23.20	43.00	46.30	10.50	9.10
1990	524.0	40.00	448.0	24.00	12.00	10.00

表 8－31　　1981—1990 年濮院供销社主要生产资料销售统计表

年份	化肥（吨）	农药（公担）	中小农具（万件）	木材（立方米）	蚕匾（只）	毛竹（万支）	木炭（公担）	柴油（吨）
1981	1787.2	758.5	8.7	46	2024	0.44	95	101.1
1982	1551.9	792.5	10.5	31	2629	0.64	95	94.7
1983	1589.7	1044	12.0	34	4085	0.68	82	105.8
1984	3428.9	452	9.9	26	3693	0.87	140	115.0
1985	5924.5	392.5	8.6	16	5838	1.25	166	100.1
1986	6402.3	657	8.4	189	6470	0.45	34	101.9
1987	6325.7	564	8.4	67	4743	0.33	42	210.3
1988	5840.9	492	87	24	3886	0.29	69	209.0
1989	5944.1	613	7.1	9	4644	0.19	22	181.5
1990	5739	950	6.5	2	3417	0.22	12	183

表 8－32　　1981—1990 年濮院供销社生产资料销售额统计表

单位：万元

年份	生产资料销售	利润	年份	生产资料销售	利润
1981	110.9	21.4	1986	254.4	43.35
1982	111.4	21.0	1987	325.3	49.23
1983	134.6	17.79	1988	423.1	61.56
1984	189.2	29.94	1989	426.8	7.06
1985	245.6	41.3	1990	437.6	85.02

表 8－33　　1993—2010 年濮院供销社生产资料销售额统计表

单位：万元

年份	销售额	年份	销售额	年份	销售额	年份	销售额	年份	销售额
1993	450.0	1997	330.0	2001	622.0	2005	319.0	2009	499.0
1994	323.0	1998	183.0	2002	625.0	2006	318.0	2010	384.0
1995	800.0	1999	151.0	2003	549.0	2007	345.0		
1996	426.0	2000	1170	2004	304.0	2008	491.0		

表 8－34　　1983—1990 年濮院饲料站饲料销售额统计表

单位：万元

年　份	1983	1984	1985	1986	1987	1988	1989	1990
销售数量	234.5	339.6	—	195.6	—	308.6	94.7	96.3

第四节　生活资料供应

生活资料亦称消费品，用来满足人们物质和文化生活需要的那部分社会产品。中华人民共和国成立前，主要由各类私营商店供应。民国 4 年(1915)10 月，濮院西市也曾设立烟酒公卖支栈。中华人民共和国成立后，到 1990 年濮院镇生活资料供应主要由供销社、粮管所、食品公司等国营、集体商业组织供应。1991 年后逐步转为由私营商业为主，到 2010 年濮院镇的生活资料全部为私营商场、商店和超市经营。

纺织品供应

民国 36 年(1947)，镇域尚有丝绸行 7 家，绸布估衣店 11 家。中华人民共和国成立后，镇域仅有 1 家绸行和 7 家绸布店。1954 年 9 月 15 日始，国家对棉布实行统购统销，私营绸布店改为代销和经销。1956 年工商业"社会主义改造"后，1 家绸行直接过渡到濮院供销社，成立棉百商店，7 家私营绸布店改造为公私合营濮院棉布店。商品销售实行分工，纺织品批发零售业务一并归口濮院供销社棉百部。同年，实行棉布凭票供应，发放的布票有居民定量布票、各种补助布票、临时调剂布票等。1960 年 8 月 15 日起，主要针棉织品实行凭布票供应和凭购物证供应。改革开放后，经营布料、成衣等私营摊店逐渐增多，供销社独家经营局面不复存在。1983 年 11 月 30 日起，停止使用布票，1985 年，日用工业品大都敞开供应。1989 年后，计划分配纺织品基本取消，各类纺织品逐渐由私营商贩自由购销。2010 年有私营服装店 207 家。

纺织品纯棉布　1954 年 9 月，棉花、棉布实行统购统销，棉布开始凭票定量供应。

1954 年 9 月城乡居民人均发放布票 20.5 尺，1957 年棉花减产，布票按面额对折使用，1959 年恢复正常，20 世纪 60 年代初人均供应定量又减少。1964 年开始棉布供应逐渐宽松，品种也增多，如卡其布、华达呢、线呢、直贡呢等上柜应市。1983 年起，棉布敞开供应，1985—1990 年纯棉布销量下降。

纺织品化纤布 1960 年初濮院供销社始销售粘棉、维棉等化纤纺织品。1961 年 3 月，含棉化纤布按含棉量不同，购买时折收布票。1969 年起凭化纤布票供应。1972 年纯化纤布免布票供应。20 世纪 70 年代化纤产品不断发展，品种更新，花色增多，涤棉、涤卡、中长纤维走俏。1980 年 12 月，涤棉混纺布敞开供应。1986 年以后，制衣面料逐步由低档向中高档变化，普通化纤布销量直线下降。

纺织品绸缎 中华人民共和国成立初，绸缎销量极微，仅限被面之类。1958 年低档绸缎用作彩旗销量猛增。1961—1962 年棉布供应紧张，绸缎销量增加。20 世纪 70 年代丝绸被面供不应求。80 年代，市场销售有珍珠丝绒、立绒、织彩被面、新华绉、金银丝织锦缎等 80 余个品种，人们衣着朝高档次方向发展，绸缎销量猛增。

纺织品呢绒 1961 年 11 月起，因货源紧缺，凭购货券供应。1965 年随着混纺仿毛织物的增加，开始敞开供应。20 世纪 70 年代后，粗纺呢绒畅销，有华达呢、哔叽、花呢、女式呢、凡立丁、法兰绒、牙签条呢、圈圈绒等 80 余个品种。

表 8-35 1981—1990 年濮院供销社主要纺织品等生活资料销售额统计表

年份	棉布（万米）	化纤布（万米）	呢绒（米）	绸缎（米）	毛线（千克）	棉絮（公担）	丝棉（千克）
1981	13.42	12.43	4866	10784	2773	128	2352
1982	14.39	10.66	3125	10975	2728	88	2326
1983	16.99	13.31	7666	7963	2946	102	2039
1984	15.1	12.87	8795	16918	3804	79	644
1985	18.89	17.78	11621	51611	3195	82	1396
1986	20.24	12.97	10570	58469	2226	93	1330
1987	19.26	11.27	14449	48412	2515	43	1128
1988	21.96	9.18	21915	64445	3470	53	2
1989	16.91	11.16	12996	56314	3324	19	0
1990	18.92	4.76	4900	35600	4492	11	737

百货供应

民国初，濮院的百货业主要由私营广货店自由经销，也有附近城镇商家直接来镇推销商品，如民国 24 年(1935)美国商家驻嘉兴代理处直接派人来镇域推销“圣加”牌(SINGER)缝纫机，并用分期付款的形式进行推广。民国 36 年(1947)镇域有广货店 16 家。中华人民共和国成立后，1952 年百货业中较大的 2 家联营为“濮院镇二联百货商店”，1956 年工商业“社会主义改造”时直接过渡入濮院供销社，组成棉百商店。其余 9 家规模较小的私营百货店合并成立濮院镇百货合作商店，批发零售业务一并归口濮院供销社。1959 年起，百货市场供需矛盾突出；1960 年 8 月，主要针织品纳入统购统销范围，9 月开始向居民发放购货证，是年起，毛巾、火柴、肥皂、热水瓶、袜子、民用线、汗衫背心、胶鞋、铝制品、钟表等部分商品先后凭证、凭票供应。1961 年 11 月起，国产手表、毛线、缝纫机、火柴、肥皂等紧缺工业品实行凭券供应。1963 年后，百货货源品种增多，凭证供应商品减少。1966 年“文化大革命”后，供应再度紧张。1967 年，凭证、凭票供应商品不断增加。1977 年百货商品供应趋于缓和，并逐渐丰富，除名牌缝纫机、肥皂等少量商品继续凭票外，其余均敞开供应。1978 年后，镇域居民消费结构趋向款式新颖、美观实用的中高档百货商品，塑料制品、皮革制品、劳保用品、服装、眼镜、儿童玩具、洗涤剂、洗衣粉等新品种接连上市，花式不断更新，销量年年增加。1984 年后，经营百货、小商品等私营摊店逐渐增多，供销社独家经营局面不复存在。1985 年，日用工业品大都敞开供应。1989 年后，计划分配商品基本取消，百货类商品由供销社及私营商贩自由购销。20 世纪 90 年代中期以后，市场经济发展，商业竞争激烈，许多与现代消费需求相适应的商场、超市、连锁店、便利店等大量涌现。2010 年镇域私营百货、杂货店达 189 家，分布在镇区、居民新村、小区及农贸市场周围。

火柴 中华人民共和国成立后，火柴列为计划管理商品，1961 年凭购货证限量供应，每人每月 1 小盒，每盒火柴 0.02 元。1962 年 4 季度，农村调整为每人每季 5 小盒，城镇每人每季 3 小盒。1963 年 10 月起敞开供应。1967 年 12 月，火柴货源紧缺供应再度限量，每人每月 1 小盒，单人户每月 2 小盒。1970 年 8 月凭证不限量，10 月敞开。1974 年 4 月重又凭证限量。1979 年起恢复敞开供应。打火机上市后，火柴销量逐渐下降；2000 年后一次性打火机充斥市场，火柴销售几乎消失。

手表 1962 年手表货源紧缺，需凭侨汇券供应，是年 11 月凭购货券可供应国产表。1969 年 1 月上海、南京产半钢、全钢手表组织分配供应。1978 年后，由于石英表、电子表价廉物美、货源逐渐充足，手表组织供应自然消失。

缝纫机 1962 年濮院利力缝纫机厂生产“群英”牌缝纫机应市，产品由国营商业统购包销，全省分配，当年供应市场 3200 架，当地销售 983 架。1963 年利力缝纫机厂并入杭州缝纫机厂，包销终止，缝纫机开始凭票供应。1967 年 8 月敞开供应，1969 年 1 月再度凭票组织供应。1978 年 5 月杭州产“西湖”牌缝纫机敞开供应，但沪产及杭产藏兜式缝纫机仍凭票供应。1987 年缝纫机全部敞开供应。1990 年后，成衣产品逐渐增多，濮院家用缝纫机销量下降。2000 年后，羊毛衫生产用缝纫机需要量急剧增加，镇域不少经营各种品牌的私营缝纫机商店及缝纫机零件商店开张，销售量明显上升。

棉毛衫、裤　1960 年 8 月 15 日起凭布票供应，1983 年 5 月取消凭票。

汗衫、背心　1960 年凭证不限量供应，1961 年 3 月凭布票供应，1983 年 5 月敞开供应。

袜子　1960 年 8 月至 1961 年 2 月纱线袜凭购货证供应。1961 年 3 月至 1970 年凭布票供应，按商品质量不同，收取每双 0.3—1.6 尺布票不等。20 世纪 70 年代后期，曾因锦纶袜、尼龙袜上市，纱线袜逐渐被淘汰。

毛线　1969 年凭票供应，1970 年后期敞开供应。

毛巾　1961 年 3 月凭布票供应，每条收布票 0.2—1.5 尺不等。1962 年凭购货证限量供应。1962 年至 1965 年 1 月敞开供应，部分实行高价供应。1967 年敞开供应。1970 年 4 月再次凭证供应，同年 8 月恢复敞开供应。

肥皂　中华人民共和国成立初，1950 年肥皂敞开供应。1959 年 6 月 1 日开始凭票供应，每人每月半块。1960 年 11 月凭购货证供应，城镇每人每季 1 块，农村半块。1964 年敞开供应，1967 年 12 月又凭证限量供应，城镇每人每月供应半块。1972 年 7 月凭证定量划片供应，城镇居民每人每季 2 块，农村每人每季 1 块。1975 年 6 月起城镇居民每人每月 1 块，农村每户每月 1 块。1986 年肥皂全部敞开供应。1988 年再次凭票供应；随着洗衣粉的畅销，透明皂和各类洗涤剂的使用，肥皂票自然被淘汰。

五金交电供应

中华人民共和国成立前，镇域有部分商店兼营圆钉、铅丝等。中华人民共和国成立后，供销社设立五金商店，经营五金交电器材和产品。1958 年后，实行计划分配，民用销量进行控制；圆钉、铅丝属长期供不应求商品，每人每年限购圆钉、铅丝 0.1 元。1980 年后该类商品供应有所好转，到 1984 年五金商品全部敞开。1985 年压缩平价指标，放开钢材市场，圆钉、铅丝实行平价、议价二种价格，进入多渠道、多价格流通。

20 世纪 80 年代，家电市场兴起，家电销售量快速增长，成为五金交电市场主角。收录机、VCD、DVD、组合音箱、家庭影院等取代半导体收音机。同时黑白电视机问世，1990 年销售达 326 台。1984 年彩色电视机投放市场销售，逐步将黑白电视机挤出市场；屏幕由小到大，并相继供应投影、等离子、液晶、纯平、超平、超薄、数字高清等高性能多功能的升级换代产品。1990 年后，电冰箱、空调、家用电脑相继面世，销量激增。小家电销售琳琅满目，品种繁多。厨房类有电热水壶、微波炉、抽油烟机、电磁炉、电饭煲、豆浆机、榨汁机、多功能食品加工机等。家居类有电风扇、吸尘器、电暖器、加湿器、空气清新器、饮水机等。个人生活类有电吹风、电动剃须刀、电熨斗、电子美容仪、电子按摩器等。学习娱乐类有 MP3、MP4、电子词典、掌上学习机、游戏机、数码相机、数码摄像机等。

20 世纪 90 年代开始，大批私营业主进入五金交电行业，竞争日益激烈，供销社商业逐渐衰落。2010 年，濮院镇域有私营五金交电商店 42 家。

自行车 1960年自行车货源紧张，实行计划分配。1962年自行车高价限销，“凤凰”“永久”“飞鸽”牌28寸自行车500—580元一辆，为平价的3—4倍。以后两次下调过高的自行车价格，到1965年彻底取消高价，根据货源情况组织分配。1973年上海、天津等地产的名牌自行车仍要凭票供应。1988年调入计划外“大雁”“飞花”牌自行车和厦门等地产自行车，名牌车也先后敞开供应。2000年后随着人们出行习惯的改变，山地自行车和跑车的购销量增加。

表8－36　　1981—1990年濮院供销社耐用消费品销售额统计表

年份	自行车（辆）	缝纫机（台）	手表（只）	黑白电视（台）	彩电（台）	电扇（台）
1981	171	272	1246	89	1	—
1982	217	410	1739	74	3	—
1983	702	480	1629	33	1	—
1984	851	553	2236	121	22	—
1985	1134	270	2820	275	19	447
1986	1023	425	1370	338	36	461
1987	979	209	2237	368	57	742
1988	1296	170	2092	433	31	1558
1989	1561	164	1869	410	52	799
1990	1654	121	1441	326	316	1372

烟糖酒副食品供应

中华人民共和国成立前，濮院烟糖酒等副食品私营商店较多。民国36年（1947）有酒酱店30家，盐铺2家，土烟店8家。中华人民共和国成立后较长一段时期内，烟酒糖副食品由国营、集体商业垄断经营，供需矛盾突出，多数商品凭票供应。1980年，烟糖酒相继敞开供应。改革开放后，竞争日益激烈，副食品流通领域发生巨变，私营副食品批发零售业快速发展，国营和供销社副食品经营日趋衰落。至2010年镇域有私营副食品商店及超市595家，专营酒业商店9家。

食盐 中华人民共和国成立后，食盐列为国家一类副食品，实行指令性计划管理，由商业部门统一营销。1962年实行凭证供应，城乡居民每人每月0.55千克。1973年起，先后发生3次食盐抢购风，当时动用战备盐稳定市场。1978年，取消凭证，限量供应。1980年统一由县供销社副食品公司经营。1983年划交蔬菜公司经营。1988年9月2日起城镇居民再次凭票供应，每人每月0.25千克，11月起调高至每人每月0.5千克。1989

年11月食盐开始敞开供应。

卷烟 1961年城镇居民按人定量凭票供应,抽烟职工每人每月1—2包,逢节日供应3—4包。1962年卷烟作为农副产品奖售品。1964年5月至1965年1月,供应高价香烟,由国营商业和供销社销售。1965年卷烟供需矛盾缓和,开始敞开供应,市场销售比重:甲乙级烟占11.2%,丙级占41.8%,丁级占47%。1967年后,卷烟货源不稳定,供应时紧时松,城镇居民重新凭票供应,农村组织供应。1974年5月,每包销售价在0.18元以上的烟仍凭票供应,如"中华""大前门"等沪产香烟按审批手续供应;"西湖""利群""新安江""雄狮"等杭州产香烟凭票供应;低价卷烟和本县产"梧桐"牌香烟敞开供应。20世纪80年代起,进口烟、外地烟大量进入市场,货源充沛。1982年除紧俏品牌香烟仍凭票外,其余均敞开,低档烟和省外杂牌烟反而滞销。

酒类 1958年开始,凭购货证记数但不限量供应黄白酒。1960年起,因酿酒原料紧缺,酒限量供应。1961年城镇居民每户每月供应黄酒0.5千克,白酒只作特需供应。同时,酒类作为农副产品收购奖售品,有高价酒供应。1963年改为凭票供应,是年春节每户供应白酒0.5千克,黄酒1千克。1965年停止高价销售,敞开供应。1982年和1984年白酒、黄酒先后取消专卖,进入多渠道经营。1988年后名酒价格完全放开。

食糖 1954年货源偏紧,控制销售。1957年4月凭票限量供应。1961年压缩生产用糖,城镇居民及产妇、婴儿、病员、高级知识分子等特需人员凭证平价限量供应,但敞开供应高价食糖。1962年食糖用作农副产品收购奖售品,高价糖价格由每千克4元降至2.6元。1963年由于食糖货源不足,继续实行计划分配、凭票供应。1970年1月起居民每人每月供应2两。1975年1月起改为凭票供应,定量时有变化。1979年下半年起,食糖逐步敞开供应。1981年国际糖价猛涨,生产用糖采用专项供应,价格执行双规制,民用食糖重新凭票供应。1982年下半年,糖票停止使用。1984年国际糖价下跌,国内食糖增产,食糖货源充足,生产多渠道流通,销量上升。1987年食糖减产,供应趋紧,9月起恢复凭票供应,每人每月0.2千克,行业用糖组织供应。1990年后食糖供应完全敞开。

表8-37　　1981—1990年濮院食品厂销售额、利润统计表

单位:万元

年份	销售额	利润	年份	销售额	利润
1981	42.8	1.51	1986	70.10	4.55
1982	43.8	1.61	1987	68.04	3.89
1983	41.01	2.02	1988	67.43	6.37
1984	45.78	2.32	1989	72.2	5.88
1985	67.45	3.26	1990	64.9	8.40

表 8－38　　1981—2010 年濮院供销社生活资料销售额统计表

单位：万元

年份	生活资料销售	年份	生活资料销售	年份	生活资料销售	年份	生活资料销售
1981	324.5	1988	883.9	1997	1456.0	2004	543.0
1982	334.6	1989	945.3	1998	1142.0	2005	517.0
1983	354.4	1990	1093.6	1999	873.0	2006	4500
1984	396.4	1993	1457.0	2000	592.0	2007	427.0
1985	521.3	1994	1542.0	2001	689.0	2008	300.0
1986	585.1	1995	1702.0	2002	632.0	2009	299.0
1987	675.0	1996	1647.0	2003	568.0	2010	307.0

附：

粮油票证

粮食和食用油统购统销后，实行凭粮油票证供应的制度，一直至 1992 年全部取消票证。粮食票证有：

购粮券：是最早发给农村缺粮户的购粮凭证。券面分 5 市斤、10 市斤、50 市斤、100 市斤四种，由浙江省粮食厅统一印制。1953 年 12 月开始发放，凭券定点供应，逾期作废。因该券发放手续烦琐，于 1954 年 7 月取消，改发购粮证；

全国通用粮票：供城乡居民临时出省流动使用，1955 年由粮食部印制。1980 年 10 月 1 日起停止使用 1955 年版和 1957 年再版的两种票面；1965 年版和 1966 年再版两种使用到粮食票证取消。

浙江省粮票：供城乡居民在省内临时流动使用。1955 年称“浙江省临时流动购粮票”，1971 年起改称“浙江省粮票”。

浙江省流动购粮票：是发给渔民、船民等常年流动人口的购粮凭证。1955 年开始发放，随证交票购粮，全省通用。后停用改为随证使用“浙江省定额粮票”。1985 年起对渔民发给“浙江省农村粮票”，限于桐乡县内使用。

浙江省定额粮票：1955 年 6 月启用，是城乡居民定量人口和统销供应的农业人口的购粮凭证。随证缴票，桐乡县内使用。1969 年起，1 斤票面的“浙江省定额粮票”可全省通用。1984 年起，“浙江省定额粮票”每年更换新票，使用期从当年 4 月 1 日至下年度 6 月底止，不办储存，不兑换新票，过期作废。

浙江省农村粮票:1985 年粮食实行比例价收购后,对农村缺粮人口和渔民等发给“浙江省农村粮票”,每年更换新票,限桐乡县内使用。

浙江省周转粮票:农村社队或农户为调节口粮,主杂搭配,以豆、麦、薯出售给国家,然后买回所需的粮食品种而使用的凭证,限桐乡县内使用。1965 年春粮收购时,改为当场兑换,停止该票证发放。

浙江省奖售粮票:专供国家收购农副产品奖售粮食时发给投售者的粮票,1958 年开始发放,限桐乡县内使用。1980 年,取消粮食奖售而停止发放。

浙江省饲料票:用于浙江省内规定的生猪、鲜鱼等收购和其他特殊需要饲料供应所使用的票证。1955 年由浙江省粮食厅印发,只限桐乡县内使用。1985 年,由桐乡县粮食局印发。

桐乡县饲料票、桐乡县粮油副产品票:是农村社队或农户向国家交售征购、超购任务的稻谷,国家按规定比例返还其米糠或糠饼的凭证。1962 年开始,退糠时使用“桐乡县粮油副产品供应通知单”,年初预发,年终结账,由粮管所填发。1984 年统一印制“桐乡县配合饲料票”和“桐乡县退糠票”。1986 年印发“桐乡县粮食局糠票(统购价)”、“桐乡县粮食局糠票(比例价)”。1988 年改为“桐乡县饲料票”和“桐乡县粮油副产品票”,均限桐乡县内使用。

浙江省侨汇商品供应券:1959 年起,国家决定凡华侨和港澳同胞向国内亲友汇款,除银行兑付人民币外,并发“浙江省华侨特殊供应粮票”;1960 年,与油票、工业品票、副食品票联张印刷,改称“浙江省华侨特种物资供应票”,“文化大革命”时期停发。1978 年 4 月 1 日起,恢复发放“浙江省侨汇商品供应券”,使用期限 1 年,1982 年改为 2 年,桐乡县内通用。

儿童糕点票:1961 年 10 月起,发给城镇以人定量供应范围内不满 10 周岁儿童的补助粮凭证,每人每月增发(成品粮)1 市斤,桐乡县内定点供应。

浙江省熟食票:是发给以人定量供应的城乡居民的补贴粮凭证。1962 年 10 月起,桐乡县全民所有制机关、企事业单位的干部和职工先行发放,1963 年 1 月起,凡国家供应口粮的城乡居民全部增发,每人每月(成品粮)1 市斤,桐乡县内使用。1965 年起改发“浙江省定额粮票”。1987 年 4 月取消。

豆制品票:豆制品从行业用粮开支,起初敞开供应。1970 年 10 月起,改为凭票供应,对象为城乡吃商品粮人口,每人每月供应折成品粮 1 市斤的豆制品。

另外还有军用价购粮票、军用供给粮票两种,是专供部队购粮凭证。工商行业还有粮食供应证,凭证供应。1955 年居民和农村缺粮人口除了定额粮票,还分别发给居民购粮证、农村购粮证,随证缴票,定点供应。食油票品种有:桐乡县居民定量食油票、浙江省流动人口食油票、浙江省军用流动食油票、桐乡县以籽换油票,凭油票可购买和票面相同数量的食用菜油。1992 年浙江省取消粮油票证。

第三章　集贸市场

第一节　农贸市场

濮院镇居民日常必需的瓜菜禽蛋，一向依赖四乡农民供应。旧时，农民出售农副产品，多数设摊于街口路边茶馆门前，也有挑担串街走巷叫卖，或划船沿市河吆喝零售鱼、虾、螺蛳及鲜菱、嫩藕等。1987 年，为解决群众的“菜篮子”问题，濮院始建农贸市场。随着濮院区域经济发展，大量人口涌入，镇区范围扩大，至 2010 年濮院建成农贸市场四个，保留露天集市贸易场地五处。

前农贸市场

集市贸易　濮院集市贸易古已有之。早在宋绍兴五年(1135)濮氏定居后，在濮家堰附近垒窑烧砖，修筑濮家塘，那里形成了俨若一个砖瓦建筑材料产销市场。淳熙景定(1174—1264)后，濮氏经营农桑机杼，带动四乡纺丝织绸，开始出现原始的丝绸贸易集市。元代设立丝、绸、桑叶、稑陈四大集市(四大牙行)，渐渐形成地方性的商业中心，称为永乐市。明清时期，丝绸业经技术改进，濮绸质量远胜吴(苏州)锦嘉(嘉兴)绫，“濮绸之名驰于海内”；又有烟叶、麻皮、皮毛、绵绸等集市贸易，“远商云集”，商业繁荣程度不亚于嘉兴府。民国时期，丝行集中于义路街一带；烟叶集市在镇西南市；东、南、西河头粮行米店林立，以粮油交易为主；湖羊交易行分散在东、南、西河头；镇中心路边街口蔬菜摊贩云集。此外，还有各种庙会、节日集会，赶会赴节的商摊小贩形成临时性的集市贸易。

中华人民共和国成立初期至“文化大革命”前，濮院的集市贸易基本沿袭原来的格局。北横街及其东西端严家汇、鱼行汇街头路边是蔬菜集市，西市为农副产品集散地，湖羊交易市场在西河头西城桥弄口。此外，每天早上，茶店门前，农民出售自产禽类、蔬菜瓜果，自然成为一个农副产品交易市场。1963 年在西市成立国家粮食集贸市场，1964 年改为交易所，主要收购农民余粮。“文化大革命”期间，集市贸易被视作“资本主义土壤”，一度被取缔。

1978 年以后，镇域恢复集市贸易。改革开放以后，集市贸易日趋活跃。据 1980 年濮院工商所简况汇报，当年集市贸易市场活跃，农副产品上市量增加，从原来 50—60 种产品增加到 80—100 种，集市贸易成交额 234.6613 万元，占整个社会商品零售额的

10.6%。为了进一步加强集市贸易的管理,1983 年,濮院镇成立市场管理委员会。1987 年至 2007 年,濮院镇建立 5 个露天集市贸易场地,绝大多数农户和部分商户都进集市交易。其一在永乐桥南西侧,沿庙桥港南至大有桥东侧,平时有 30—40 个摊位,还有门市部店面,经营猪肉店 4 家,豆制品店 1 家,熟食店 2 家,果蔬店 3 家,米店 1 家;集市东的永乐里,为小吃店集中一条街。其二在中兴北路西、小金庵浜北,每日有 60 个左右摊位出售农副产品,鸡、鸭、鱼、肉、蛋、果蔬门类比较齐全;有鲜肉售货车三辆,海鲜售货车 1 辆,肉店 2 家,还有小吃店、饭店多家。其三在丝厂桥东、长木桥路南侧,每日有 20 个左右的摊位,主要是附近农民出售蔬菜为主。其四在工旺西路南侧、宏苑路东,每日有 30—40 个摊位,经营蔬菜品种较多,猪肉售货车也有 4 辆。其五在庙籐茅家桥北道路两侧,离镇区约 4 千米,有 20—30 个摊位,主要卖瓜果、蔬菜、熟食,周边有超市供应鸡蛋、米面等主副食品。

物资交流会 为了繁荣商品市场,活跃城乡经济,贯彻商业为工农业生产服务的精神,积极开辟资源,组织工农业产品,大力开展批发与零售业务,濮院镇多次举办城乡物资交流会。交流会上顾客竞相选购,人流如潮。

1952 年 9 月 8—12 日濮院举办初级市场物资交流大会,历时 5 天,逾 10 万人次参会。交流会期间,国营公司、供销社和私营企业设立多个收购站,大量收购农副产品,购销总额达 191219 万元(第一套人民币,下同),其中零售 174759 万元,批发 16460 万元。以商品类别计,工业品占 31.32%,手工业品 16.83%,农产品 51.85%;以商品销售情况计,畅销占 45.48%,行销占 37.32%,滞销占 17.20%。

1953 年 1 月 27—29 日再次举办濮院镇初级市场物资交流大会,有 54000 人参加大会。这次交流会银行贷款总额 10590 万元,收购供应及小宗批发总额 83489 万元,收购总额 36694 万元;供应总额 37504 万元,成交总额 9291 万元,其中工业品占 52.6%,手工业品占 3%,土产品占 44.4%。以商品销售情况计,畅销占 51.6%,行销占 48.3%,滞销占 1%。

1955 年 7 月 22—25 日举办濮院镇第六届初级物资交流大会,由镇商业社会主义改造小组领导,镇供销合作社负责,开辟资源,组织工农业产品,调动私营商业的积极性,历时 4 天,销售总额 77711 元,其中零售额 45041 元。第六届初级物资交流大会虽在商业淡季,但和交流大会前 4 天相比较,销售额仍增长 108%。

1990 年 9 月 30 日—10 月 2 日举办首届梅泾文化节暨物资交流会,商品总销售额达 36.33 万元,零售额 13.70 万元,占总销售额的 38.49%。

1990 年以后,镇政府为提升新辟镇区的人气和商业氛围,在镇区新辟道路曾举办多次物资交流会,除供销社外主要是私营摊贩参与。此外,每逢国定假日,由工商所组织,在永乐路以西、中兴路以东的凯旋路上,设节日集市。200 家左右的商贩进场摆摊,商品琳琅满目,有服装、鞋帽、小百货、书籍、儿童玩具,水果、陶瓷品等,还有棉花糖、烤香肠、烤香薯、炒粉丝、凉拌面、糖葫芦、爆米花与各种干果等;儿童玩场有充气蹦蹦床、水上划船、水上球圈、电动汽车、电动转马等;成人怡乐有打气球、套圈、投币自动贩卖机等。

农贸市场的兴起和发展

改革开放后,随着人民生活提高,物产丰富,交易增多,北横街、严家汇、鱼行汇市声喧哗,行人难以通过,也影响两旁商店的正常营业。茶店门前进行交易,交通也常常为之堵塞。1987年4月,由县、镇两级政府投资29万元,在永乐路南端西侧建造濮院镇第一个农贸市场,10月1日正式投入使用。农贸市场占地4431.56平方米,市场中心搭有1400平方米的玻璃钢顶棚,设有水泥台摊位348只,分鲜肉、鲜鱼、禽蛋、豆制品及蔬菜等摊。市场四周建有商铺共52间,基本上租赁给个体户经营,计有服装、杂货、糖果烟酒、水果、小吃、理发、修理等行业。市场每天成交额在3.5万元上下,节假日更多,1989年全年成交额为1401.42万元。此外,少量农民及渔民下午仍习惯于市区鱼行汇十字交叉路口卖菜和出售鲜鱼、小虾等,其价格比农贸市场高出每500克0.10—0.20元左右,部分居民仍乐意就近购买,日贸易成交额在0.25万元上下。

随着濮院区域经济的快速发展,新居民大量涌入,濮院农贸市场已拥挤不堪,不能适应交易需求。1997年濮院镇移地新建一个面积更大、设施更好的室内农贸市场,面积扩大为原来农贸市场的2.4倍,10月投入使用。2002年濮院城镇化建设加快,农民新村建设向镇区集聚,镇区范围迅速扩大,是年,在镇南新区增建第二农贸市场——濮院第二集贸市场。2007年7月又在镇西新区建第三农贸市场——濮院中心集贸市场。加上新生镇(2001年10月并入濮院镇)1993年建有的1个农贸市场,至2010年濮院有农贸市场4个,其中3个为室内农贸市场,1个为露天农贸市场,总占地面积83.6亩;市场共有摊位1062个(其中肉摊91个、水产类73个),门市部284间,全年交易额约1.4亿元。

濮院农贸市场检测仪器设备

濮院农贸市场在食品安全上,采取有效的检测仪器,对食品中的农药残留、亚硝酸盐、二氧化硫、过氧化氢、甲醛、吊白块进行检测,每月不少于300批次。由食品站提供的猪肉检测数据和自检项目数据均有存档。

镇域农贸市场

濮院集贸市场(第一农贸市场)　在凯旋路、栖凤路、咏梅路交汇处,为室内农贸市场,建筑面积10694平方米。有109个门市部摊位,890个水泥板摊位,其中蔬菜类82个,鲜肉类80个,水产类73个,其他655个。2010年平均每天客流量约8000人次,年成交额1.4332亿元。市场周边有门市部200个左右,主要从事食品、副食品、百货杂品、小饭店、小吃等。

濮院集贸市场(第一农贸市场)大门

濮院第二集贸市场大门

濮院中心集贸市场大门

新生镇集贸市场大门

濮院第二集贸市场　在齐宏桥南埦齐宏路东、钻石公馆东大门路对面,外围门市部70间,内部设水泥台摊位80个,其中肉摊5个,蛋摊1个、鸡鸭摊1个、水产摊1个、豆制品2个,每天客流约300人左右,交易额每年200万元左右。内部管理人员12人,其中保安4人。

濮院中心集贸市场　在凯旋路1923号,总占地面积37.8亩。市场内有门市部45个,水泥摊位32个,2010年全年成交额250万元左右。有行政人员2人、会计1人、出纳1人、保安4人、清洁工2人。

新生农贸市场　在新生集镇市场路,占地面积7.5亩。内设60个水泥板摊位,其中肉摊6个,水产2户,鸡蛋禽2户,豆制品2户,其他类48户。沿市场四周有门市部74间(其中72间为私人门市部,2间为新联村集体所有)。每天进场交易200多人,交易额3万左右。现有管理人员1人,兼管物业和清卫工作。

第二节　小商品市场

改革开放后,集市贸易日趋活跃,私营商户摊贩往返义乌小商品市场,采办琳琅满目的小商品销售,价廉物美,深受群众喜爱。

主要小商品市场

濮院小商品市场 1992年，濮院农工商实业总公司工业一公司投资60万元，在濮院农贸市场边上建造濮院小商品市场，总建筑面积2000平方米，12月，经桐乡计经委同意，1993年开发建设，当年投入使用。1997年濮院农贸市场搬迁拆除，咏梅路建成开通，濮院工商所在小商品市场北、咏梅路东端南北两侧扩建小商品市场，咏梅路北为20多家商店，路南为50多个摊位。建成后的小商品市场主要经营服装、鞋帽、百货等小商品。

义乌小商品直销市场 2010年义乌小商品直销超市入驻濮院，地点在永乐路1号，原东兴商厦底楼北端，营业面积1000平方米。超市经营小商品有百货500余种、服装500余种、日杂500余种、五金电器1000余种、首饰1000余种。有营业员20人，管理人员10人。购物环境舒适，灯具配置650个，空调6台，内设监控探头60个。

由于濮院区域经济的快速发展，超市、专卖商店、日杂小商店，乃至流动小商品售货车，都对小商品市场形成冲击，至2010年小商品市场失去了优势。

第三节 大型商场和超市

随着时代变迁，一种新兴的现代商业模式——大型商场和超市现身濮院的商业市场。

主要商场和超市

东兴商厦股份公司濮院购物广场 1999年12月22日，桐乡供销总社和濮院供销社联合投资，成立濮院东兴商厦股份有限公司，在永乐路1号设东兴商厦濮院购物广场，1—3层，营业面积2800平方米。2006年7月，搬迁至咏梅路103—114号，面积2500平方米，内设上下电梯2部，监控探头16个，大空调6台，日光灯300余只。有员工80名。2009年全年营业额2443万元。至2010年8月，经营品种12000余种，有五金交电、文化体育用品、百货、服装、卷烟、副食品、粮油制品、药品、蔬菜水果以及农副土特产等；其中副食品7600种、粮食25种、百货3400种、日杂1000余种、牛奶40余钟、其他品种200余种。自选销售，出入口分设，收银台统一结算。消费者可办理会员卡，享受打折优惠，还可使用信用卡刷卡消费。

苏杭时代濮院连锁超市 桐乡市苏杭时代濮院连锁超市，2009年5月13日开张。经营场地1500平方米，有员工12人，保安2人。经营品种5600余种，其中副食品3000余种，粮食品种100余种、服装数量200余种、百货品种1500余种、五金电器200余种、牛奶品种数量100余种、手机品种数量50余种。

镇域其他商场和超市

至2010年镇域其他大型商场、超市和连锁店还有时代联华濮院超市、好又多濮院连锁超市、濮院新阳光超市、濮院唐氏超市、麦咯隆副食品超市、梅泾商场等百余家，遍布镇域人口密集街道和小区，注册资金1万—50万元不等。详见下表。

表 8－39　　2010 年濮院大型商场、超市一览表

序　号	名　　称	经营者	注册资金（万元）	地　　址
1	东兴商厦股份公司濮院购物广场	申国明	—	濮院咏梅路
2	东兴商厦股份有限公司永乐超市	申国明	—	永乐新村 67 号
3	东兴商厦股份有限公司凯旋超市	申国明	—	凯旋路南、农贸市场北
4	东兴商厦朱春金连锁店	朱春金	10	红晓新村 76 号
5	东兴商厦阳荣连锁店	吴永甫	5	宏苑新村 155 号
6	东兴商厦新丰加盟店	夏雪芬	3	新星村马家桥
7	东兴商厦培明连锁店	蔡培明	2	永越村金龙
8	东兴商厦陈建良连锁店	陈建良	1	新妙智村莫家浜 10 号
9	东兴商厦志英连锁店	钱子英	3	星旗村兰溪路 32 号
10	东兴商厦新港村连锁店	孙红丽	2	村委会西侧
11	东兴商厦艳艳连锁店	沈爱文	5	永联村吴家门组
12	东兴商厦金凤连锁店	王金凤	3	新东村张家桥东 15 号
13	东兴商厦王培荣连锁店	王培荣	0.5	新河村茅家桥堍北
14	苏杭时代超市濮院连锁店	邵智芬	20	新南路 28 号
15	时代联华超市梅园加盟店	徐恩光	50	南横街 18 号
16	麦喀隆副食品超市	章贤福	40	凯旋路 1578—1580 号
17	杭州华联商超贸易齐宏路连锁店	梁根妹	30	齐宏路 327 号
18	好又多超市齐宏路连锁店	章日升	30	齐宏路 288 号
19	好又多超市工贸大道店	涂六明	5	工贸大道 1973 号
20	好又多连锁超市永乐路加盟店	丁恩林	20	永乐路 62 号
21	好又来副食品超市	张广胜	15	凯旋路 1736 号
22	好又多超市凯旋路连锁店	潘　文	10	凯旋路 1775 号
23	梅泾商场	方雪林	5.45	咏梅路 100 号
24	好邻居副食品超市	周后平	7	滨河路 253 号
25	霍邱世纪联超市红星村连锁店	封玉琦	20	红星新村 175 号
26	霍邱世纪华联超市金龙连锁店	奚又波	10	金龙新村 175 号
27	英山世纪华联超市宏苑连锁店	顾金永	10	宏苑路 572—576 号
28	英山世纪华联超市茅家桥连锁店	洪玲芬	5	新河村毛家桥 1 号

续表 8－39

序 号	名 称	经营者	注册资金（万元）	地 址
29	英山世纪华联超市果果连锁店	李海龙	5	新星村村活动中心底楼
30	英山世纪华联超市工贸大道连锁	龚月琴	5	工贸大道 2510 号
31	生命世纪华联超市兴业路连锁店	刘光友	15	兴业路 22—24 号
32	量贩好又多商贸方秋连锁店	沈莹姑	5	新生路 138 号
33	杭州生命世纪华联超市	沈云东	5	新生公路南方印染厂北
34	生命联华超市永联村连锁店	沈大平	8	永联汤家浜 6 号
35	德清世纪联华超市夏叶连锁店	叶素军	3	永安路 611 号
36	新梦副食品超市	陈汉标	10	工贸大道 78 栋
37	涟源市世纪联华超市	叶宝旺	10	恒乐路 1—2 号
38	红树林副食品超市	葛士萍	20	兴业路 225 号
39	佳旺吉祥副食品超市	钱洋涛	20	红星新村 103 号
40	唐云江副食品超市	朱娟煜	10	凯旋路 580—584 号
41	佳晨副食品超市	蔡卫胜	15	凯旋路 127—29 号
42	万家福副食品超市	朱君艳	1.5	永联新村
43	勇军副食品超市	周勇军	4	红晓新村 17 号
44	阳光副食品超市	徐永国	15	永乐路 38 号
45	鑫明副食品超市	杜全芳	3	金龙新村 97 号
46	凯玫副食品超市	谢永明	3	永联新村 23 号
47	福万家副食品超市	魏争勇	3	永乐新村(沈福兴房)
48	兴富副食品超市	沈建清	3	工贸大道 711 号
49	华婷副食品超市	朱康平	7	市场路 18 号 A 区
50	李斌副食品超市	李云玉	3	市场九区 202 号
51	春燕副食品超市	金凤娥	3	中新南路 115 号
52	啸啸副食品超市	黄敏芬	2	中兴路 116 号
53	邓罗副食品超市	邓宏林	8	永联村汤家浜 35 号
54	利兴副食品超市	郑伟才	5	斤龙新村 251 号
55	同星副食品超市	杨胜波	5	红星新村 102 号
56	旺家盛副食品超市	吴根娟	1	宏苑新村 35 号

续表 8－39

序号	名称	经营者	注册资金（万元）	地址
57	技敏副食品超市	马永标	4	工贸大道 1138 号
58	发联副食品超市	徐永国	3.8	北横街 8 号
59	琨梦得副食品超市	谢水华	6	树蓬里 18 号
60	亚新副食品超市	梅洁民	5	新河陶家桥 3 号
61	新生华联副食品超市	汪国仁	11	新生中新路 62 号
62	家家旺副食品超市	龚祥宗	5	永联新村 85 号
63	新联副食品超市	何碧清	5	永联新村(陈建学房)
64	明霞副食品超市	钱门泽	5	永乐新村 215 号
65	熊国祥副食品超市	熊国祥	3	新星小区 38 号
66	百家福副食品超市	陆战伟	8	永安东路 188 号
67	涛涛副食品超市	杨金华	5	红晓新村 115 号
68	财毛副食品超市	邵连财	5	中新路 93 号
69	和胜副食品超市	王爱珠	3	新星新村(朱水官房)
70	滨滨副食品超市	吴海峰	3	永乐宏苑新村
71	天慧副食品超市	陆玉章	6	工贸大道 1768 号
72	万华副食品超市	刘　波	8	红晓新村(沈桂堂房)
73	林慧超市	雷　慧	3	红星新村 136 号
74	富翔副食品超市	林荣飞	5	工贸大道 1140 号
75	洪家副食品超市	洪　扬	2	永乐新村 31 号
76	隆桔副食品超市	郑桔英	8	永越新村 281 号
77	庆庆副食品超市	张炎萍	5	永越新村 290 号
78	联惠副食品超市	殳惠萍	5	永越新村 108 号
79	仁怡副食品超市	许午庆	8	凯旋路 1646 号
80	惠民副食品超市	周湖勇	3	红星新村 193 号
81	益民副食品超市	黄静男	6	凯旋路 1602 号
82	刘满珍副食品店	刘满珍	2	新生北路 383 号
83	可得副食品超市	周德连	2	齐玄路 383 号
84	联众副食品超市	夏仙葱	7	新河村殳宝弄 1 号

续表 8－39

序　号	名　　　称	经营者	注册资金（万元）	地　　址
85	仁英副食品超市	周仁英	5	长宏路 288 号
86	伊轩副食品超市	孔玉文	2	新联村孔家门组 25 号
87	阿峰副食品超市	潘丽峰	18	新苑小区 145 号
88	卢达珠副食品超市	卢达珠	5	新濮村钱家浜 21 号
89	阳光副食品超市	周金虎	3	二贸大道 2332—2336 号
90	方家惠副食品超市	黄霖辉	5	红晓新村 68 号
91	大惠副食品超市	庄惠斌	0.5	宏苑新村 36 号
92	聪聪副食品超市	谢新聪	5	新星小区 9 号
93	大家来副食品超市	费建坤	3	新元小区 133 号
94	汇鑫副食品超市	陈巧军	30	新苑小区 107 号
95	福盛副食品超市	刘正团	30	红树林街 37 号
96	剑荣副食品超市	朱剑荣	2	南横街 8 号
97	好多多副食品超市	许国忠	15	恒安路 192 号
98	福胜副食品超市	季朝康	20	金龙新村 128 号
99	胡国芬副食品超市	胡国芬	10	西浜村 4—6 号
100	万得福副食品超市	刘振华	7	新星小区 117 号
101	永盛隆副食品超市	朱志有	10	凯旋路 2302 号
102	佳丽副食品超市	周顺发	3	闵家兜新村 67 号
103	友缘副食品超市	黄孝文	5	凯旋路 1923 号
104	南方副食品超市	张健明	4.5	永乐路 13 号
105	家乐超市	陆兴明	5	北横街 28 弄东 26 号
106	荣群副食品超市	徐荣群	8	永联新村 9 号
107	福乐之家副食品超市	傅丽金	10	建园路 58 号

第四章　服务行业

第一节　餐　饮

中华人民共和国成立初，濮院镇有私营面饭店30家，糕团油条店13家，从业人员85人。1956年私营商业全面进行社会主义改造，30家私营面饭店合并成立濮院镇面饭合作商店，地址在大有桥街，经理（组长）范松宝，副经理（副组长）吴顺发、曹桂华；商店下设5个门市部。13家私营糕团油条店合并成立濮院镇糕团合作商店，经理（组长）倪和尚、副经理（副组长）汪阿生。1961年，濮院镇糕团合作商店又分拆为向阳糕团合作商店和朝阳糕团合作商店两家，店址均在庙桥街；前者下设2个门市部，后者下设4个门市部。是年9月桐乡县饮食服务公司拨款筹建国营濮院饭店，位于濮院严家汇东北角，12月开张营业。20世纪80年代，改革开放政策调整，私营业主逐渐进入餐饮业。而国营和集体合作餐饮业先后经过职工身份转换、企业改制，商店改由私人承包或转为私营。

随着濮院羊毛衫经济的发展，外来人口的急剧增加，不同规模的私营餐饮店雨后春笋般开张，遍布濮院镇主要街道、农贸市场、集贸市场和羊毛衫市场。餐饮店大致可分为两类：一类主营早餐，营业面积在20—40平方米，也有摆摊和流动车销售；早餐有各种包子、稀饭、面类、馄饨、豆浆、饺子、烧卖、大饼油条、粽子、丝粉汤等，辅以咸菜、泡菜、咸蛋等菜肴，备有辣酱、甜酱、醋、麻油、酱油等调料。餐饮小吃的价格，小馄饨2元1碗、大馄饨4元1碗、咸菜肉丝面5元1碗、羊肉面17元1碗、牛肉面8元1碗、2两左右的馒头0.5元1个、饺子5—8元1碗（10只）、烧卖6—8元1客（10只）、小笼包5元1客（10只）、油条0.5元一条、烧饼1元1个、濮院传统小吃肉糕2元1块、油墩2元1个、青团子2元1个、粽子3—5元1只、肉月饼2元1个等。一类主营中、晚餐，有酒楼、饭店、煲店、火锅店、快餐店等，营业面积从20平方米到几百平方米不等，服务周到，可送餐上门或电话订餐、订座。濮院餐饮业有集全国各地风味特色之名，闽、赣、湘、徽、川、疆、宁夏回族和东北三省等地的特色小吃、菜肴都有，深得顾客的青睐。2008年底，住宿餐饮业从业人员1997人。至2010年12月止，镇域内经工商登记注册的餐饮业商户有297户，其中濮院外婆家饭店等七家酒楼饭店颇具特色。

主要餐饮店

濮院外婆家饭店　营业地址在工贸大道619号，大厅营业面积400平方米，包厢31间，一次可容纳400人就餐，营业时间从11点到20点半。饭店有员工100人，其中管理人员12人，服务人员30人，大厨15人，帮厨20人，其他人员23人，卫生许可证齐全。经营特色菜有铁板牛仔骨、千岛湖大鱼头、油泡鸭、农家菜等。

濮院天天渔港饭店　营业地址在凯旋路52—58号，营业楼三层，设有消防栓3处，安全通道2处。大厅营业面积150平方米，一次可容纳150就餐，另有包厢22间，营业时间从9点到20点半。饭店总员工64人，其中管理人员4人，服务人员24人，大厨7人，帮厨18人，其他人员11人，卫生许可证齐全。经营特色菜有土烧鹅、铁板牛排、印度飞饼等。

濮院渝秀人家酒家　营业地址在濮院镇凯旋路A2幢5—6号，投资50万元，2007年8月1日开始营业。营业楼二层，备有500千瓦发电机组1台。餐饮大厅营业面积100平方米，包厢8间，可同时容纳100人就餐；营业时间从10点到21点。酒家有员工11人，其中管理人员4人，服务人员4人，大厨1人，帮厨2人。经营特色菜有水煮鱼、酸菜鱼、酱大排、小葱肉片、红烧牛肉等。2008年被工商、创业办、卫生局、环保局评为个体创业示范店。

濮院老家食府大酒店　经营地点宏苑路389号，投资300万元，2008年8月18日开张营业。营业楼二层，设消防栓5处，安全通道3处。大厅营业面积1100平方米，包厢22间，一次可容纳300人就餐；营业时间从9点半到20点半。大酒店总员工40人，其中管理人员4人，服务人员14人，大厨2人，帮厨18人；营业、餐饮卫生许可证齐全。特色菜有鱼头王、红烧大雁、三味牛肋骨、蛋黄珍宝虾等。

濮院怡婷饭店　经营地点咏梅路16号，2003年2月19日开张。店主黄苗娟是新濮院人，能说地道的濮院话，以经营濮院特色菜肴芙蓉蛋闻名。芙蓉蛋，一直是濮院过年、喜筵或宴请贵客时的一道重头菜肴，称为“头道芙蓉”。将五个鸭蛋的蛋清在碗中打碎，放鸡汤、盐调匀，蒸10分钟后焖10分钟，凝结成果冻状蛋羹，上盖干贝或鸡丝、虾仁等用鸡汤勾芡过的浇头。芙蓉蛋趁热吃，滑溜溜的蛋清，美滋滋的汤汁，鲜嫩爽口，营养均衡。

此外，该店的糖醋排骨也很出名。精选猪小排，裹面粉后下油锅，炸至金黄色后，晾在一边。另起锅，勾调糖醋汁，再加适量盐，将小猪排倒入翻炒起锅。这一道简单的家常菜酸甜诱人，很有特色。

濮院鸿运楼饭店　店主张健伟，1976年从知青顶替在濮院朝阳糕团店工作，1990年辞职下海，在永乐路开设鸿运楼饭店，主要经营濮院传统小吃，如鲜肉油墩、桂花白糖糕、青团子、芽麦团子、肉月饼、肉糕、小笼包子、肉粽、豆浆等。早餐以豆浆、肉粽、肉糕、小笼包子为主，下午专营鲜肉油墩。清明节前后增加青团子、芽麦团子、肉粽。中秋前供应桂花白糖糕，一直到春节。

鲜肉油墩——濮院非物质文化遗产之一

鲜肉油墩，是传统的江南小吃。用纯糯米水浸10小时后，水磨成粉，揉做成外皮，鲜肉馅加入盐、糖、味精、酒、榨菜等调料，包制成椭圆球状放入平底油锅，中火炸至外焦黄肉馅熟即可。趁热入口，外脆里糯，咸香诱人。

珍珍羊肉面店 店主徐珍珍，1990年在庙桥街开张，1996年搬迁到老农贸市场，1997年搬至新农贸市场，以经营濮院酥羊大面闻名，至今已有20多年。酥羊大面，为汤面，是濮院的传统名点。有客从他乡来，清早陪吃一碗酥羊大面，便是镇人很有特色的待客之道。珍珍羊肉面店每天的销量在100—200碗，入冬以后酥羊大面紧俏，中午前已基本售罄。

功德林烧卖店 濮院"功德林"是一家以烧卖闻名的小吃店。民国37年(1948)岳连官夫妇开设，主要经营烧卖、豆腐浆、粽子、包子等。1956年，公私合营后并入朝阳合作商店。1987年，岳功德子承父业，于永乐路北端重开"功德林"小吃店。由于从小耳濡目染，新功德林全盘继承老功德林真传，用料时鲜，选料考究，多道工序，纯手工制作。冬笋，选用250克左右，去掉"老蓟头"；皮冻制作最为讲究，选购上好猪皮，文火熬至酥烂，滤去残渣，使之口感十分细腻，加上独家的盐、糖、味精等配比成馅料。制成的"冬笋烧卖""汤包""小笼包"，咬一口，里面有汤汁溢出，肥而不腻，鲜美无比，口感极好，在濮院享有盛名。2010年，功德林小吃店搬迁至南纬路80号，由第三代传人岳晓红继承经营。

表8-40　　2010年濮院餐饮业经营户一览表

单位：万元

序号	企业名称	业主	成立日期	注册资本	经营地址
1	濮院都市生活餐厅	汤定伟	2010.01.06	10	濮院镇永乐路1号
2	濮院外婆家饭店	朱良华	2007.09.13	15	濮院镇工贸大道619—631号
3	濮院老家食府大酒店	姚建中	2009.06.29	67	濮院镇宏苑路389幢1—2楼
4	濮院乍浦海鲜大酒店	汤海忠	2006.09.22	50	濮院国际毛衫品牌中心B楼6—8层
5	濮院温乐海鲜馆	林志高	2004.04.27	1.3	濮院镇工业园区工贸大道13幢
6	濮院炎亭海鲜楼	胡艳芳	2008.06.23	5	濮院镇朝阳路3号
7	濮院天天渔港饭店	鲍顺福	2003.12.30	1.8	濮院镇凯旋路52—58号
8	濮院五洲大酒店	黄杏宝	2005.07.27	35	濮院镇新南路79号

续表 8－40

序号	企 业 名 称	业 主	成立日期	注册资本	经 营 地 址
9	濮院银都大酒店	叶美娥	1996.06.01	5	濮院镇南纬路中段
10	濮院叙星桥大酒店	王建林	1997.10.23	18	濮院镇市场路 14 号
11	濮院常回家看看菜馆	冯爱山	2010.03.16	7	濮院镇新东村区农场组 41 号
12	濮院新三伍酒店	朱国强	2008.08.22	10	濮院永乐路 37 号
13	濮院兴乐大酒店	俞雪娥	2000.02.15	13	濮院市场路 57 号
14	濮院镇翔云大酒店	夏云翔	2000.03.28	18	濮院镇市场路 68 号
15	濮院心怡大酒店	殳军美	2000.11.23	50	濮院镇咏梅路 21 号
16	濮院新天福酒楼	刘建兴	2002.12.06	11	濮院镇庆春路 21 号
17	濮院富翁酒楼	褚根明	2003.03.13	1.5	濮院镇中兴路 69 号
18	濮院蓝天酒家	陆国琴	2005.05.23	0.3	濮院镇新生华生东路 194 号
19	濮院渝秀人家酒家	黄顺先	2007.07.31	10	濮院镇凯旋路 A2 幢 5—6 号
20	濮院金锦园大酒店	彭志家	2008.08.20	5	濮院中兴路 387 号
21	濮院新洲酒店	李炳根	2009.07.27	5	濮院凯旋路 1372 号
22	濮院楼上楼大酒店	孙志高	2009.10.23	50	濮院品牌中心 B 楼五楼
23	濮院鑫鼎轩酒家	苏华汉	2010.07.14	10	濮院镇朝阳路 19 号
24	濮院万祥饭店	金于鑫	1999.11.12	0.5	濮院镇万兴街 41 号
25	濮院迎宾饭店	钱关林	1999.11.18	1	濮院镇永乐路 3 号
26	濮院鸿运楼饭店	张建伟	2000.02.23	1	濮院镇永乐路 100 号
27	濮院镇德富饭店	徐德富	2000.10.19	0.5	濮院镇万兴街
28	濮院楚香楼饭店	陈有方	2006.12.04	8	濮院镇朝阳路 17 号
29	濮院镇温州人献忠饭店	李献忠	2000.10.19	0.3	濮院镇南纬路 4 号
30	濮院镇泽君东北饭店	王怀哲	2001.01.12	0.55	濮院羊毛衫市场第七交易区 319 号
31	濮院芳芳饭店	刘园根	2001.03.06	0.3	濮院镇南纬路 12 号
32	濮院馨馨饭店	计雪林	2001.03.06	0.5	濮院镇南纬路 22 号
33	濮院玉玲饭店	赵玉玲	2001.03.16	1.8	桐乡市濮院永乐路七区 176 号
34	濮院荣泉饭店	孙荣官	2001.04.12	2.2	濮院镇南纬路
35	濮院彭志家饭店	彭志家	2001.10.11	1	濮院镇朝阳路 11 号
36	濮院冬明饭店	卞东明	2002.06.25	0.22	濮院镇南纬路 20 号

续表 8 - 40

序号	企业名称	业主	成立日期	注册资本	经营地址
37	濮院川丐饭店	程年生	2002.08.19	1.5	濮院镇南横街 27 号
38	濮院建明面店	吴美银	2002.10.22	0.2	濮院镇农贸市场 B 组 20 号
39	濮院怡婷饭店	黄苗娟	2003.02.19	1.1	濮院镇南纬路 16 号
40	濮院阿富饭店	徐德甫	2003.08.11	1.8	濮院镇万兴街
41	濮院鑫凯路饭店	鲍顺福	2003.12.30	1.8	濮院羊毛衫市场一区餐饮区 12 号
42	濮院何建平饭店	何建平	2004.02.16	0.4	濮院镇庙桥街 6 号
43	濮院金天山清真餐厅	杨在喜	2004.04.05	1.2	濮院镇南纬路 12 号
44	濮院天亮饭店	沈春林	2004.06.24	1	濮院羊毛衫市场餐饮区 024 号
45	濮院金泉饭店	钱金泉	2004.07.08	0.8	濮院羊毛衫市场餐饮区 002 号
46	濮院培忠饭店	沈培忠	2004.07.08	0.8	濮院羊毛衫市场餐饮区 007 号
47	濮院八字饭店	韩金宝	2004.07.08	0.8	濮院羊毛衫市场餐饮区 005 号
48	濮院王家饭店	丁阿毛	2004.07.08	0.8	濮院羊毛衫市场餐饮区 008 号
49	濮院凯利饭店	沈文学	2004.07.09	1.5	濮院羊毛衫市场餐饮区 11 号
50	濮院新璐桥饭店	鲍顺福	2007.07.09	0.5	濮院羊毛衫市场餐饮区 40 号
51	濮院阿庆嫂海鲜楼	王维兴	2004.07.09	1.6	濮院镇羊毛衫市场餐饮区 9 号
52	濮院永乐湘菜馆	张伟华	2004.08.03	0.6	濮院镇永乐新村 68 号底楼
53	濮院锦江湘菜馆	张凤花	2004.08.20	3.5	濮院镇朝阳路 15 号
54	濮院小胡饭店	胡小纬	2004.09.10	1.5	濮院羊毛衫市场餐饮 26 号
55	濮院民豪饭店	朱建林	2005.03.10	1.5	濮院镇工贸大道 17 幢
56	濮院子滨饭店	陈子滨	2005.05.12	0.6	濮院镇中兴路 32 号
57	濮院国民饭店	吴炳陆	2005.05.30	1	濮院镇永乐新村 76 号
58	濮院潘忠卫饭店	潘忠卫	2005.10.17	1	濮院镇永联新村
59	濮院农家乐菜馆	许爱文	2006.09.15	4	濮院镇南纬路 40 号
60	濮院聚湘情饭店	王岳民	2007.05.15	5	濮院镇桐星大道 468—472 号
61	濮院大拇指饭店	严国平	2007.07.11	3.5	濮院镇兴业路 247 号
62	濮院小江南私房菜馆	潘利祥	2007.09.10	4	濮院镇九龙港美食休闲街 3 号
63	濮院开洲饭店	易理均	2007.09.10	1.8	濮院镇宏苑新村 151 号
64	濮院鑫杰饭店	黄志海	2007.10.25	2	濮院镇南纬路 29 号

续表 8－40

序号	企业名称	业主	成立日期	注册资本	经营地址
65	濮院川味好又来饭店	王散菊	2008.03.18	2	濮院毛衫城中心大道北(5号楼)
66	濮院湘村大碗菜饭店	龙小英	2008.04.25	4	濮院建园路38号
67	濮院贵来圆饭店	陈之平	2008.05.16	2	濮院羊毛衫市场七区197号
68	濮院珍珍家常菜馆	张彩珍	2008.06.30	1.3	濮院南纬路100号
69	濮院湘香饭店	邓国英	2008.07.09	1	濮院永乐新村80号
70	濮院万兴土菜馆	胡元标	2008.08.14	2	濮院镇万兴街47号东
71	濮院天天好饭店	陈祖佳	2008.09.01	8	濮院大道2506号
72	濮院林根饭店	全林根	2008.11.14	5	濮院羊毛衫市场餐饮区38号
73	濮院红辣椒餐馆	姚长银	2008.12.24	4.5	濮院齐宏路415、417号
74	濮院红越红饭店	彭昌建	2009.01.08	2	濮院工贸大道1915、1917号
75	濮院老刘饭店	刘跃武	2009.03.10	2	濮院齐宏路421号
76	濮院千味坊餐饮店	沈汉明	2009.04.20	20	濮院工业园区工旺路330号
77	濮院渝家轩川味馆	何　团	2009.04.27	5	濮院齐宏路391号
78	濮院何福记川味馆	何习文	2009.05.06	4	濮院第二农贸市场18号
79	濮院宏军饭店	朱宏军	2009.08.07	3	濮院镇红星新村19号
80	濮院家平土菜馆	汪家平	2009.08.11	5	濮院镇永联村永联新村19号
81	濮院飘香川菜店	黄国华	2009.08.19	2	濮院镇红晓新村117号
82	濮院阳阳川菜馆	秦怀文	2009.08.21	6	濮院镇第二农贸市场6号
83	濮院建飞饭店	沈介飞	2009.08.24	5	濮院镇宏苑新村建园路31号
84	濮院静昆饭店	江美香	2009.08.24	5	濮院红晓新村36号
85	濮院好心情餐饮店	庄顺娥	2009.08.31	1.5	濮院第二农贸市场A15号、A22号
86	濮院老龚饭店	龚　顺	2009.09.04	3	濮院镇第二农贸市场3号
87	濮院叮当饭店	邵宗辉	2009.09.03	3	濮院镇永乐新村81号
88	濮院酒都饭店	陈　涛	2009.09.08	3	濮院镇红晓新村102号
89	濮院阿昌餐馆	昌玉创	2009.09.17	2	濮院镇永越村金龙新村129号
90	濮院华枫饭店	吴建新	2009.10.15	2	濮院镇红星新村39号
91	濮院娟华土菜馆	陈娟华	2009.11.11	5	濮院镇宏苑新村153号一楼
92	濮院赣之情饭店	王善宏	2009.11.13	2.5	濮院永乐新村19号

续表 8－40

序号	企业名称	业主	成立日期	注册资本	经营地址
93	濮院海潮饭店	施海潮	2010.03.24	3.8	濮院镇金龙新村 138 号
94	濮院和德居餐饮店	何建华	2010.03.26	40	濮院镇永乐路 1 号
95	濮院老六饭店	祝小燕	2010.04.07	2	濮院羊毛衫市场餐饮区 8 号、9 号
96	濮院道林餐馆	秦道林	2010.07.21	5	濮院永乐新村 70 号
97	濮院五芳斋专卖店	王玉珍	2006.03.01	30	濮院镇凯旋路 21 幢 9 号
98	濮院美食林小吃店	罗延军	2006.12.28	6	濮院镇凯旋路 69—75 号
99	濮院多美味餐厅	张林花	2005.08.19	5	濮院镇凯旋路 A6 号
100	濮院来德宝美食城	姚根荣	2005.08.14	5	濮院镇南纬路 26 号
101	濮院芝兰馆	沈绳珊	1996.06.01	0.8	濮院镇永乐路 106 号
102	濮院好再来川菜馆	徐　强	2001.02.06	1	濮院叙星新村 43 号
103	濮院镇新绿洲煲店	刘　刚	2000.09.21	0.3	濮院镇梅泾小区 300 号
104	濮院三毛煲店	朱良华	2003.04.25	3	濮院镇朝阳路 8 号
105	濮院川金楼骨头煲店	胡顺钦	2010.04.29	10	濮院镇凯旋路 698 号
106	濮院十里香煲店	刘燕山	2005.04.14	1.5	濮院镇中新路 68 号
107	濮院汤记煲店	汤卫强	2005.10.12	3	濮院镇新南路 82 号
108	濮院笑笑煲店	朱长凤	2006.08.29	1	濮院镇南横街 1 号
109	濮院眼镜三毛煲店	路三毛	2008.04.30	0.5	濮院镇长春路 18 号
110	濮院新楠煲店	朱大立	2008.04.01	8	濮院镇朝阳路 15 号
111	濮院慧敏煲店	黄慧敏	2009.09.14	3	濮院镇永乐新村 89 号
112	濮院计金龙煲店	计金龙	2009.09.23	3	濮院镇红星新村 40 号
113	濮院佳养记煲店	施银琪	2009.12.29	8	濮院镇朝阳路 13 号
114	濮院四季面馆	董　宇	1998.12.11	0.6	永乐路 19 号
115	濮院永良面店	高永良	2000.01.07	0.4	濮院农贸市场 B 组 6 号
116	濮院镇余新面店	孙珏声	2000.09.26	2	濮院镇栖凤北路 76 号
117	濮院镇云龙面店	吴德云	2000.10.19	0.2	濮院镇农贸市场 A 组
118	濮院兰州回民拉面店	马自胜	2001.02.27	0.5	桐乡市濮院永乐路 8 号
119	濮院阮建彪面店	阮建彪	2002.05.14	0.03	濮院镇杏林街 31 号
120	濮院桂娟面店	郭桂娟	2002.05.14	0.1	濮院镇咏梅路 2 弄 3 号

续表 8－40

序号	企业名称	业主	成立日期	注册资本	经营地址
121	濮院建明面店	吴美银	2002.10.22	0.2	濮院镇农贸市场A组22号
122	濮院朱连宝面店	朱连宝	2003.05.19	0.5	濮院镇永乐路102号
123	濮院俞先玉面店	余先玉	2004.05.21	1	濮院镇新生农贸市场
124	濮院小红北方面馆	许艳红	2004.08.03	0.5	濮院羊毛衫市场一区餐饮区27号
125	濮院虹桥海鲜面店	陈寿福	2005.01.19	2	濮院镇南纬路七区325号
126	濮院徐珍珍面店	徐月珍	2005.12.30	1	濮院农贸市场B组7号
127	濮院伟峰面馆	徐伟峰	2006.12.20	2.5	濮院镇南纬路65号
128	濮院清香园拉面馆	马英山	2007.09.06	3	濮院镇宏苑新村68号
129	濮院阿强面馆	朱胜强	2007.10.19	2	濮院镇凯旋路461号
130	濮院江汕农家菜馆	张新华	2007.11.05	0.5	濮院九龙港美食休闲街7号楼
131	濮院忠伟面店	张忠伟	2007.11.19	1	濮院镇永乐村南纬西路2号
132	濮院杨阿英面馆	许益双	2007.11.20	5	濮院镇永乐路20号
133	濮院清香拉面店	马玉林	2007.11.22	0.5	濮院镇永乐新村89号
134	濮院伟国面馆	黄伟国	2007.11.23	0.8	濮院镇新南路29号
135	濮院刘记拉面店	刘恩玉	2008.04.07	3	濮院镇南纬路79号
136	濮院老四面店	王道孝	2008.05.09	3	濮院镇中新社区市场路41号
137	濮院顺忠面馆	董巧丽	2008.06.19	3.5	濮院镇南纬路35号底楼
138	濮院小马牛肉拉面店	马自胜	2008.06.30	3	濮院南纬路86号
139	濮院谢记面馆	谢陈芬	2009.01.19	3	濮院镇栖凤路1号—3
140	濮院阿忠面馆	孙海忠	2009.04.14	4	濮院镇兴业路290号
141	濮院高永良面店	高永良	2009.05.11	7	濮院农贸市场B组6号
142	濮院小袁面店	袁良苗	2009.11.23	1	濮院建园路78号
143	濮院鸿运面店	李红梅	2010.01.22	4	濮院中兴路8号—B
144	濮院阿杰面馆	施志杰	2010.02.22	5	濮院凯旋路482号
145	濮院马乙四夫面馆	马乙四夫	2010.05.06	5	濮院镇中兴路A1幢10号
146	濮院马华善拉面店	马华善	2010.07.01	3	濮院镇凯旋路1566号底层
147	濮院林记老川味火锅庄	章季林	2003.11.03	4	濮院镇永乐路68号
148	濮院川德火锅店	冯茂平	2007.10.19	20	濮院镇九龙港美食休闲街9号

续表 8－40

序号	企业名称	业主	成立日期	注册资本	经营地址
149	濮院纪南烧烤店	章纪南	2005.07.19	10	濮院镇朝晖路 14 号
150	濮院顶呱呱烧烤店	叶银川	2006.06.08	1	濮院镇朝晖路 18 号
151	濮院光头煲店	沈卫兵	2007.11.09	3	濮院镇永乐路 20 号内
152	濮院南风火锅店	殳浙民	2008.07.04	5	濮院镇朝阳路 7 号
153	濮院川鑫火锅店	雷志方	2009.07.22	2	濮院镇永联新村 10 号
154	濮院镇阿五快餐店	冯阿五	2000.09.26	0.2	濮院镇市场路 62 号
155	濮院庆元快餐店	李二毛	2000.11.07	3	濮院镇南纬路 66 号
156	濮院东方快餐店	徐卫平	2001.05.24	0.5	濮院镇南纬路 9 号
157	濮院承祖快餐店	虞承祖	2001.10.11	0.22	濮院永乐路南段
158	濮院小卫快餐店	徐卫平	2004.06.16	1	濮院镇南纬路 9 号
159	濮院燕南快餐店	郑理炎	2004.07.15	0.5	濮院羊毛衫市场餐饮区 42 号
160	濮院雪英快餐店	李雪英	2004.09.24	1	濮院羊毛衫市场餐饮区 11、12 号
161	濮院镇虹艺快餐店	徐虹艺	2005.10.25	2	濮院镇叙星新村 13 号
162	濮院笑盈盈快餐店	彭昌伟	2005.10.26	2	濮院镇工贸大道 1428 号
163	濮院金丰快餐店	黄金丰	2006.02.23	3	濮院镇世贸大厦 10 楼
164	濮院新生民标快餐店	蒋民标	2006.10.13	0.2	濮院镇新生华生路 218 号
165	濮院恒信快餐店	田永标	2007.10.31	2	濮院镇宏苑路 427、429 号
166	濮院澳克士快餐店	邵敬察	2009.06.25	30	濮院镇凯旋路 158—162 号
167	濮院小伟快餐店	彭昌伟	2009.07.02	2	濮院镇永联新村 2 号
168	濮院鑫桥快餐厅	鲍顺福	2009.08.11	5	濮院羊毛衫市场餐饮区 057—064
169	濮院丽花快餐店	谢丽花	2009.11.27	2	濮院羊毛衫市场餐饮区 26 号
170	濮院大家庭中式快餐店	黄忠楼	2010.05.20	10	濮院镇恒安路 642 号
171	濮院祥记粥店	冯活玲	2009.04.08	15	濮院兴业路 296 号
172	濮院马家粥铺	马崇祯	2007.10.18	2	七区 328 号
173	濮院群霓饮食店	王永顺	1996.06.01	0.5	濮院永乐路 7 号
174	濮院建英饮食店	刘建英	1996.06.01	0.3	濮院镇农贸市场 B 组 4 号
175	濮院天天饮食店	童建宏	2000.01.12	0.5	濮院农贸市场 A 组 44 号
176	濮院勇宇饮食店	杨洁月	2001.12.19	2.2	濮院镇万兴街

续表 8－40

序号	企业名称	业主	成立日期	注册资本	经营地址
177	濮院林辉饮食店	魏福强	2002.08.09	0.53	濮院镇南纬路 82 号
178	濮院小乐惠饮食店	冯建生	2003.03.27	0.8	濮院镇万兴街中段
179	濮院欣意饮食店	冯德勤	2003.12.04	0.4	濮院镇南纬西路 44 号
180	桐乡市濮院河下饮食店	黄如东	2004.05.27	0.5	濮院镇永乐里 15 号
181	濮院龙根饮食店	沈龙根	2004.07.08	0.8	濮院羊毛衫市场餐饮区 004 号
182	濮院建仙饮食店	张建仙	2005.09.05	1	濮院镇长木桥路 18 号
183	濮院林挥饮食店	魏福强	2006.04.18	1	濮院镇南纬路 82 号
184	濮院杨记餐饮中心	杨　青	2007.06.04	3	濮院羊毛衫市场外贸区二楼
185	濮院媛媛餐饮店	朱利明	2009.12.11	3	濮院镇农贸市场 B 组 49 号
186	濮院国联公司向阳小吃部	辅焕城	1998.03.19	0	濮院镇永乐里
187	濮院国联公司友谊小吃店	辅焕城	1998.08.01	0	濮院镇大有桥街
188	濮院建萍小吃店	刘建萍	1999.01.14	0.4	濮院农贸市场 50—51 号
189	濮院明珠小吃店	杨明珠	1999.10.25	0.2	濮院蜡烛街 3 号对面
190	濮院月仙小吃店	沈月仙	2000.01.07	6.3	濮院农贸市场 B 组 3 号
191	濮院建斌小吃店	姚而林	2000.01.12	0.3	濮院农贸市场 B 组 48 号
192	濮院金陵小吃店	高建华	2000.01.14	0.2	濮院镇永乐里 8 号
193	濮院华鑫小吃部	周鑫兴	2000.01.24	0.2	濮院长木桥路 34—1 号
194	濮院兴达小吃店	何伟强	2000.03.08	0.5	濮院镇庙桥街 17 号
195	濮院镇麦饼小吃店	汪懂兰	2000.09.15	0.2	濮院羊毛衫市场七区 190 号
196	濮院镇义乌小吃店	陈志强	2000.09.21	0.01	濮院镇南纬路 73 号
197	濮院镇龙湾小吃部	黄李仙	2000.10.09	0.5	濮院镇咏梅路 27 号
198	濮院镇横扇小吃店	金永林	2000.10.10	0.23	濮院镇羊毛衫市场三区 758 号
199	濮院镇红云小吃店	杜娟红	2000.11.01	0.25	桐乡市濮院镇寺湾街 24 号
200	濮院国英小吃摊	徐国英	2001.02.16	0.12	桐乡市濮院农贸市场 B 组 47 号
201	濮院仙居小吃店	叶妙琴	2001.03.06	0.1	濮院镇永乐里 26 号
202	濮院武汉小吃店	孙快兰	2001.04.06	0.6	桐乡市濮院永乐路 22 号
203	濮院四时小吃铺	范培鸣	2001.04.12	0.6	濮院镇咏梅路 25 号
204	濮院朱利明小吃店	朱利明	2001.04.25	0.3	濮院镇农贸市场 B 组 49 号

续表 8－40

序号	企业名称	业主	成立日期	注册资本	经营地址
205	濮院东东小吃店	岳晓红	2001.08.07	1	濮院镇南纬路 80 号
206	濮院文昌小吃部	朱新叶	2001.08.29	0.03	濮院镇新生创业路
207	濮院乐意小吃店	唐运龙	2001.11.28	0.12	濮院镇南纬西路 19 号
208	濮院东琴小吃店	吴瑞琴	2001.12.14	0.2	濮院镇南纬西路 2 号
209	濮院玉芬小吃店	曹建明	2002.05.13	0.21	濮院镇南横街 25 号
210	濮院戴浩小吃店	戴宏浩	2002.05.14	0.22	濮院镇南纬路 20 号
211	濮院立志小吃店	朱志荣	2002.08.30	0.3	濮院镇咏梅三弄 20 号
212	濮院洪梅小吃店	史春香	2002.10.14	0.53	濮院镇南纬路 326 号
213	濮院才根小吃店	方才根	2003.02.19	0.1	濮院镇农贸市场 B 组 16 号
214	濮院俞菊英小吃店	俞菊英	2003.06.09	0.2	濮院寺湾街 24 号
215	濮院月佳小吃店	谢月其	2003.07.01	0.1	濮院镇南纬西路 17 号
216	濮院芳萍小吃店	钦永兰	2003.08.14	0.1	濮院镇新生中新路 54 号
217	濮院金春小吃店	朱新英	2003.09.03	0.13	濮院镇新生南北圣汽车站
218	濮院好吃来小吃店	陈永华	2004.05.08	0.1	濮院镇蜡烛街 8 号
219	濮院文滨小吃店	陈子文	2004.06.14	0.4	濮院南纬路 76 号
220	濮院佳杰小吃店	杨明珠	2004.07.26	0.12	濮院镇蜡烛街 4 号
221	濮院眼镜小吃店	彭致如	2004.08.03	0.5	濮院羊毛衫市场一区餐饮区 2—3 号
222	濮院好味小吃店	朱亚平	2004.10.21	0.6	濮院镇永越村屋底里 67 号
223	濮院宏雨小吃店	蔡朝红	2004.12.03	1	濮院镇南纬路 113 号
224	濮院顾煊小吃店	顾　煊	2005.01.24	2	濮院镇农贸市场 B 组 53 号
225	濮院永友小吃店	束永友	2005.09.09	0.3	濮院镇红星新村 8 号
226	濮院顺成小吃店	王宗年	2005.09.26	0.5	濮院镇宏苑新村
227	濮院钟贤文小吃店	钟贤文	2005.09.29	0.2	濮院永乐新村 77 号
228	濮院坤仙小吃部	徐国明	2005.10.12	0.2	濮院镇新生市场路 22 号
229	濮院林敏小吃店	林灵敏	2005.10.17	1	濮院羊毛衫市场七区 195 号
230	濮院新南小吃店	邹治登	2005.10.19	0.3	濮院镇新南路 1 号
231	濮院友江小吃店	倪幼江	2005.10.24	0.2	濮院第二农贸市场 68 号
232	濮院龙江小吃部	许延伟	2005.10.27	0.8	濮院镇永乐路 1 号

续表 8－40

序号	企 业 名 称	业 主	成立日期	注册资本	经 营 地 址
233	濮院幼兰小吃店	孙幼兰	2006.03.14	1	濮院羊毛衫市场七区 323 号
234	濮院串串小吃店	杨培成	2006.06.07	1.5	濮院镇新南路 57 号
235	濮院姚菊文小吃店	姚菊文	2006.11.15	0.6	濮院镇新生新妙智农贸市场
236	濮院善亮小吃店	蒋善亮	2006.12.19	0.8	濮院镇华生路 5 号
237	濮院华清小吃店	王华清	2007.01.16	4	濮院镇工贸大道 1108、1110 号
238	濮院雁湖小吃店	梁兴林	2007.04.09	1	濮院羊毛衫市场七区 190 号
239	濮院吕士英小吃店	吕士英	2007.06.05	0.5	濮院镇宏苑新村建苑路 43 号
240	濮院味取名小吃店	肖前锋	2007.09.05	2	濮院镇永安路 139 号
241	濮院马记小吃店	马有林	2007.09.06	1	濮院镇南纬西路 17 号
242	濮院文成小吃店	王文成	2007.10.12	4.5	濮院镇朝晖路 22 号西间
243	濮院余广小吃店	余 广	2007.10.19	1	濮院镇南纬路 85 号
244	濮院元良小吃店	沈惠娜	2007.11.02	2	濮院镇南纬路 8 号东第 2 间
245	濮院宗宗小吃店	金宗双	2007.11.05	1	濮院镇文苑路 1133 号
246	濮院四季飘香小吃店	王成前	2007.11.12	5	濮院镇工贸大道 769 号
247	濮院继龙小吃店	戴继龙	2007.11.22	1	濮院农贸市场 A 组 17 号
248	濮院和顺小吃店	成必和	2007.11.22	1	濮院镇农贸市场 A 组 12 号
249	濮院阿泉小吃店	姚有泉	2007.11.23	1	濮院镇长木桥路 17 号
250	濮院荣华小吃店	戴春荣	2007.11.28	2	濮院镇农贸市场 51 号
251	濮院鸿婷小吃店	杨桂梅	2007.12.03	2	濮院农贸市场 B 组 53 号
252	濮院湘川小吃店	俞越星	2008.01.10	8	濮院镇叙星新村东兴商厦北侧
253	濮院阿标小吃店	黄加标	2008.06.18	1	濮院镇中兴路 34 号
254	濮院荣夫小吃店	朱荣夫	2008.06.24	2	濮院镇中兴路 107 号
255	濮院卢芳小吃部	卢桂芳	2008.07.10	1.5	濮院镇新河村茅介桥菜场 5 号
256	濮院李才干小吃店	李干才	2008.07.15	2	濮院镇市场路 1 号
257	濮院新海龙小吃店	王海荣	2008.07.21	0.2	濮院新生菜场路 11 号
258	濮院祥云小吃店	陆桂芬	2008.08.01	1	濮院咏梅三弄 20 号
259	濮院过水飘香小吃店	谭吉龙	2008.08.19	5	濮院镇金龙新村 129 号
260	濮院陈火刚小吃店	陈火刚	2008.08.26	1	濮院镇茅介桥菜场 11 号

续表 8－40

序号	企业名称	业主	成立日期	注册资本	经营地址
261	濮院秀山小吃店	杨应珍	2008.09.22	2	濮院镇新河村李介渔池 58 号
262	濮院凯轩小吃店	姜　君	2009.04.09	2	濮院镇南纬路 1 号
263	濮院同喜小吃店	柯丽梅	2009.04.15	4	濮院中兴路 29 号
264	濮院银美小吃店	黄银美	2009.05.14	1	濮院镇创业路 13 号
265	濮院娟子小吃店	夏清义	2009.08.25	1.5	濮院镇红星新村 25 号
266	濮院永安小吃店	李　建	2009.09.21	1.5	濮院永乐新村 81 号
267	濮院荣泉小吃店	孙荣官	2009.11.03	1.5	濮院农贸市场 B 组 14 号
268	濮院建园小吃店	程六生	2009.11.05	3	濮院镇建园路 56 号
269	濮院慧娟小吃店	张慧娟	2010.03.29	5	濮院镇凯旋路 1560 号
270	濮院丽平小吃店	潘丽平	2010.07.16	1	濮院朝阳路 9 号
271	濮院李氏豆浆店	李建伟	2002.06.05	0.6	濮院镇永乐里 24 号
272	濮院沈应泉水饺店	沈应泉	2001.02.27	0.4	桐乡市濮院农贸市场 B 组 16 号
273	濮院东北饺子店	陈秀荣	2002.04.28	0.7	濮院镇永乐路
274	濮院吴天福大饼店	吴天福	2002.11.18	0.1	濮院镇新南路 1 号
275	濮院鲍荷莲大饼店	鲍荷莲	2003.02.19	0.8	濮院镇农贸市场 A 组 21 弄
276	濮院富根水饺店	沈应泉	2004.02.16	2.1	濮院镇农贸市场 B 组 10 号
277	濮院阿琴嫂包子店	李达松	2005.08.14	1	濮院农贸市场 A17 号
278	濮院东北人红高粱饺子馆	李　志	2005.10.17	2	濮院镇永联村永联新村 6 号
279	濮院碧连包子店	林碧连	2005.10.17	0.1	濮院镇永乐新村 51 号
280	濮院小李包子店	李建兵	2007.11.02	1	濮院镇中兴路 32 号
281	濮院开心早餐店	郑开兴	2008.06.30	3	濮院南纬路 22 号
282	濮院美佳香麻辣烫店	杨大祥	2008.07.03	1	濮院镇永乐新村 86 号
283	濮院婷婷点心店	倪明武	2008.07.21	1.5	濮院镇永联村庄介门 5 号
284	濮院小何包子店	何青林	2008.08.01	3	濮院镇栖凤路 5 号
285	濮院家园饺子馆	程阳阳	2008.09.11	2	濮院南纬路 10 号东间
286	濮院文翠早餐店	周文翠	2008.11.28	2	濮院镇中兴路 139 号外 D—112 号
287	濮院彭龙周包子店	彭龙周	2008.12.10	5	濮院镇永乐路 20 号内 177 号
288	濮院口口香包子店	曹小萍	2009.02.24	3	濮院镇南纬路 48 号

续表 8－40

序号	企业名称	业主	成立日期	注册资本	经营地址
289	濮院喜旺大饼店	曹文龙	2009.06.15	3	濮院农贸市场A组26号
290	濮院黄光早早餐店	黄光早	2009.08.11	1	濮院永联新村10号
291	濮院华君早餐店	郑华君	2009.11.02	1	濮院镇齐宏路405号
292	濮院小鲁早餐店	鲁礼安	2009.11.04	1	濮院镇永乐村建园路56号
293	濮院汪进平早餐店	汪进平	2009.11.04	3	濮院建园路58号
294	濮院常相思早餐店	田希发	2010.05.04	5	濮院镇南横街18号1幢
295	濮院中平早餐店	汪中平	2010.05.10	3	濮院农贸市场B组56号
296	濮院周老头油条摊	周老头	2002.04.12	0.7	濮院镇新生农贸市场口
297	濮院刘良军大饼油条店	刘良军	2005.10.18	0.5	濮院第二农贸市场10号
298	濮院宏亚馄饨店	刘宏亚	2008.07.22	2	濮院镇栖凤路13号底楼

第二节 旅 栈

中华人民共和国成立后，濮院供销社开设濮院旅馆，地址在后桥街。1962年濮院旅馆划归濮院饮服商店管理。1975年移址新建旅馆，地址在集庆街东侧、老汽车站前广场西侧，命名为“东风旅馆”。1978年，濮院丝厂开设丝厂招待所。1986年桐乡县劳动服务公司和桐乡县知识青年上山下乡办公室联合开办濮院劳服旅馆、菜馆。随着濮院羊毛衫区域经济的快速发展，流动人口的大量涌入，1991年濮院供销社建造濮院梅泾宾馆。2000年旅馆业改制，实行资产买断、职工身份转换、退休人员移交等形式，先后转为私营或由私人承包。此后，个体私商逐渐进入濮院的旅馆服务业，规模、设施、服务水平不断提高，设置标准房，配备席梦思床、彩电、宽带网络、淋浴和空调，每天每间标准房住宿费100元以上，有免费早餐供应。到2010年底，濮院的旅馆、宾馆、大酒店有64家，注册资金1591.2万元，涌现了如环贸宾馆、梦之家宾馆、东方名宿酒店、濮院东方旅馆、梦嘉宾馆、国贸大酒店等有一定规模的旅馆。

濮院东风旅馆

前身为濮院旅社，两层楼房，有房间14间共45个床位。1975年移地集庆街新建，改名濮院东风旅社，为三层楼房，27间房间共114个床位。1987年永乐路开通，该旅馆刚好在中段，重新翻建后设140个床位。2000年停业。

濮院丝厂招待所

1978年,濮院丝厂建招待所,地址在南横街南侧、丝厂桥西堍(原濮院南大高墩处)。丝厂招待所为八间三层楼房,中走廊,设有房间35间、床位70个左右,安排3名工作人员。开始只是对内服务免费住宿,随着濮院羊毛衫经济发展,外来流动人口增多,20世纪90年代初开始对外营业。1998年,底层北侧房间改为门市部出租。2000年改由私人承包。

就业管理服务处濮院旅馆

前身为濮院劳服旅馆,地址在濮院永乐路63—64号。1986年由桐乡县劳动服务公司和桐乡县知识青年上山下乡办公室分别投资10.5万元和4.98万元,联合开办。1989年底固定资产16.66万元,流动资金8.98万元。后改名为就业管理服务处濮院旅馆,属集体企业,营业地址不变,2010年停业。

濮院梅泾宾馆

1991年濮院供销社投资700多万,在南横街永乐路口东侧建濮院梅泾宾馆。宾馆为七层楼建筑,2楼为餐饮区,3楼为卡拉OK和舞厅,4至6楼设有标准套房36间,7楼为会议室。大楼设电梯2部,发电机50千瓦1台,消防栓和防火警示标志符合要求,安全通道2处。工作人员30人,其中管理人员8人,服务人员22人。是20世纪90年代濮院规模最大,装潢最考究的宾馆。2000年6月转让给桐乡烟草公司经营,同年改由私人承包。

环贸宾馆

2010年5月1日建成开业,宾馆设在工贸大道988号环贸大厦4层至9层,共有套房107套,其中高档套房37套,标准套房70套。大楼配有观光电梯2部,发电机组400千瓦1台,消防栓20处,防火警示标志20处,安全通道2处。工作人员17人,其中管理人员2人,服务人员15人。

梦之家连锁酒店

全称"梦之家宾馆经营管理有限公司",注册资金100万元。2007年5月1日开张营业,总投资2000多万元,地址在濮院大道4066号濮院机械辅料城东大楼5层到12层。酒店共有套房191套,其中高档套房24套,标准套房165套,其他套房2套,住宿提供免费早餐。大楼设电梯2部,发电机200千瓦1台,宽带线路191条,消防栓16处,防火警示标志32处,安全通道3处。工作人员24人,其中管理人员4人,服务人员20人。为三星级酒店。

东方名宿酒店

又名"格林豪泰大酒店",属连锁酒店,总部在上海。2010年8月9日开始营业,酒店设在濮院兴旺路19号中央花园大楼17层到22层。酒店共有套房100套,其中高档套房2套,标准套房36套,其他套房62套,住宿提供免费早餐。大楼备有电梯3部,宽带

102路，消防栓12处，防火警示标志6处，安全通道6处。工作人员25人，其中管理人员5人，服务人员20人。

濮院东方旅馆

1990年3月17日投资600万元开发建设，1995年8月1日开张营业。营业楼层2楼至5楼，共有标准套房110套。配有发电机组110千瓦1台，电梯1部，宽带1条，消防栓8处，防火警示标志8处，安全通道4处。工作人员7人，其中管理人员1人，服务人员6人。

梦嘉宾馆

由梦嘉宾馆管理有限公司于2006年投资1480万元开发建设，2007年5月26日开张营业。宾馆设在永乐路1号东兴大厦1楼到4楼，共有套房198套，其中高档套房30套，标准套房168套，住宿提供免费早餐。配有电梯2部，发电机组45千瓦1台，宽带2条，消防栓35处，防火警示标志200处，安全通道5处。工作人员32人，其中管理人员6人，服务人员26人。为准三级宾馆。

濮院永乐、新永乐旅馆

经营地点两处。一处在永乐路，1992年4月18日投资350万元动工建设，1994年7月30日开张营业。经营楼层2楼到6楼，标准套房60套，配有发电机组120千瓦1台，宽带一条，消防栓6处，防火警示标志8处，安全通道2处。工作人员3人，其中管理人员1人、服务人员2人。另一处在咏梅路15号，1998年12月1日投资400万元动工建设，2000年6月30日开张营业。营业楼层2楼到6楼，有标准套房60套。配有发电机组120千瓦1台，宽带1条，消防栓5处，防火警示标志5处，安全通道2处。工作人员3人，其中管理人员1人，服务人员2人。

心怡大酒店

2003年3月10日投资1500万元动工建设，2004年5月30日开张营业，地点咏梅路21号。酒店楼层1楼到7楼，共有套房80套，其中高档套房10套，标准套房40套，其他套房30套。配有电梯一部，发电机组200千瓦一台，宽带4条，消防栓21处，防火警示标志63处，安全通道2处。工作人员12人，其中管理人员2人，服务人员10人。

国贸大酒店

由桐乡市国际贸易中心开发有限公司投资2.3亿多元，于2006年3月开发建设，地址在工贸大道北齐宏路东侧，占地面积14000多平方米，总建筑面积80000平方米，由裙楼（国贸名品港）和28层主楼组成，高度近百米，是集商场、酒店、写字楼、停车场为一体的高档商务楼。营业楼层20楼到27楼，共有套房121套，其中高档套房16套（含总统套房一套）标准套房42套，单人大床房62套，住宿提供免费自助早餐。内部设电梯5部，宽带一条，消防栓45处，防火警示标志312处，安全通道2处。工作人员47人，其中管理人员14人，服务人员33人。2012年获服务企业规模奖。

浙江桐乡建国大酒店

2006年浙江凯旋万豪置业有限公司投资开发建设浙江桐乡建国大酒店，2009年4月两幢21层的酒店主楼结顶，总面积48237平方米，其中餐饮区(1楼西餐厅和大堂吧1000平方米，2楼中餐厅和咖啡厅1200平方米，3楼宴会厅2700平方米)共计4900平方米，同时开始外部装修。2010年8月获上级正式批文，名为浙江桐乡建国大酒店。尚未营业。

表8－41　　2010年濮院旅栈业经营户一览表

单位：万元

序号	名　　称	经营者	注册金	地　　址
1	龙门旅馆	王学海	7	市场路42号
2	春风旅馆	傅永木	3.5	永乐路南12号
3	新阳光大酒店	刘秋明	14.8	梅泾小区广电站南
4	晔婷楼旅馆部	戴建华	19.8	南纬路中段
5	兄弟旅馆	姚海云	5	叙星新村23号
6	新永乐旅馆	姚福根	15	咏梅路15号
7	永乐旅馆	邱林珍	5	永乐路7号
8	梅园旅馆	徐建平	2	中兴路29号
9	新都旅馆	张平华	19.8	市场路26号
10	永东旅馆	姚六贤	5	叙星桥3号
11	星桥旅馆	郭金海	10	永越村叙星桥
12	永胜旅社	黄建春	18	永越叙星桥
13	华丽旅馆	沈永根	13	咏梅路25号
14	翔云旅馆	夏云翔	18	市场路68号
15	东北旅馆	余金甫	2	中兴路27号
16	梅泾楼旅馆	莫雪珍	5	电影院北侧
17	东兴旅馆	陈一虹	18	叙星新村28号
18	佳乐旅馆	仲根荣	15	凯旋路中段
19	凯旋旅馆	陶文珍	18.3	凯旋路中段北侧
20	金丽都宾馆	周利坤	10	朝阳路18号
21	宏苑宾馆	姚巧林	160	工贸大道1438号
22	花园大酒店	姚钦滨	19	梅泾路1号

续表 8－41

序号	名 称	经营者	注册金	地 址
23	就业管理服务处濮院旅馆	徐荣林	20	永乐路 60—62 号
24	金喜徕登大酒店	余纪标	200	工贸大道 387 号
25	兴泰宾馆	沈其观	58	凯旋路与新南路交界口
26	东南宾馆	庄雅芬	10	南方毛纱市场内
27	濮南旅社	郑恩原	15	南纬西路 28 号
28	银凌旅馆	杨子文	2.5	南纬路中段
29	丽歌索亚酒店	陈众芳	50	凯旋路 999 号
30	旭东旅馆	顾云华	3.5	咏梅路 13 号
31	胜利旅馆	陈生法	5	永越村水车头
32	东胜旅馆	傅永官	1	永乐路 8 号
33	精应宾馆	应顺郎	40	南纬西路 53 号
34	国亚楼旅馆	王火林	19	朝阳路 12 号
35	温州旅馆	杨云明	18	南纬路 86 号
36	佳家旅馆	钱宋强	15	永乐路口
37	金星旅馆	金云江	5	南纬路 78 号
38	晔婷楼酒店	戴建华	10	叙星桥西堍
39	新达旅馆	岳守珠	7.5	万兴街 53 号
40	春晓旅馆	吴水芬	5	复兴路 7 号
41	九龙港商务宾馆	高正忠	10	九龙港美食休闲街
42	大众旅馆	顾杏芬	2.1	新生华生路 180 号
43	叙星桥旅馆	王关祥	18	市场路 14 号
44	中兴旅馆	俞耀泉	18	中兴路 19 号
45	皇宝旅馆	沈根林	20	叙星新村 45 号
46	兴乐旅馆	沈其观	9.5	南纬路 3 弄 2 号
47	罗娜商务宾馆	孙美红	50	濮院大道 3918 号
48	新天龙旅馆	葛建明	19.8	叙星新村 27 号
49	梦之家宾馆管理有限公司	周爱法	100	濮院大道 4066 号
50	鑫兰宾馆	陈建良	15	工贸大道 12 幢
51	西市旅社	张火良	10	中兴路 3 号

续表 8-41

序号	名　　称	经营者	注册金	地　　址
52	鑫鑫旅馆	俞勤泉	10	南纬路 43 号
53	佳斌旅馆	曹文珍	10	南纬路 52 号
54	新华名宾馆	徐雪芬	15	复兴路 11 号
55	华夏旅馆	庄兰英	15	朝晖路 28 号
56	东方旅馆	姚小根	8	永乐路 14 号
57	迎宾旅馆	葛福明	1.1	叙星新村 26 号
58	名都旅馆	蒋雪明	4	栖凤路东侧
59	环贸宾馆	金凯迪	200	工贸大道 988 号
60	鸿运旅馆	李火林	9	叙星新村 10 号
61	永越实业有限公司招待所	庄生观	—	永乐路 20 号
62	新宾旅馆	肖雪芬	15	永乐路 19 号
63	心怡大酒店	殳军美	50	咏梅路 21 号
64	梦嘉宾馆	戴王宋	121	南市街永乐路 1 号

第三节　娱　乐

中华人民共和国成立前，濮院娱乐业有固定场所的主要是戏院和书场。清代有濮氏保和戏班，嘉庆年间(1796—1820)散，仍有好事者改为曲局，聚于黄家湾(今当白场东)，吹箫度曲，恒至夜分。翔云观里有大小两戏台，早期逢庙会必有演出，称“庙台戏”。民国时期，演出逐渐频繁，以京剧为主，也有皮影戏、木偶戏等，开始是赠送戏票，后改为买票。民国 36 年(1947)，在翔云观东边观前街设立梅泾剧场，几乎每天有两场演出。濮院的书场，自宣统二年(1910)在大街设东厅书场后，至民国有同福、同乐、大同书场先后开设。聆听评弹是当时中老年人的主要娱乐活动。

无固定场所的娱乐业主要是赶庙会的各种民间娱乐活动，如拉大洋片、小热昏、马戏团、杂技、变戏法、耍猴、套圈、摸彩等。此外 20 世纪 20 年代镇域开始放映无声电影，据记载，那时第一次放映在翔云观，观看的是真美烟草公司的广告片。第二次在民国 23 年(1934)下半年，在罗家场(现濮院丝厂址)放映《火烧红莲寺》。第三次是民国 24 年(1935)2 月 9 日，浙江教育厅电影队巡回嘉属各地免费放映，观众极为踊跃。

中华人民共和国成立后，1951 年梅泾剧场停业，同年大街刘家厅改建为人民剧场。

1956 年移地后河下街（现为寺湾街）新建人民戏院，1983 年再移址永乐路新建濮院影剧院。中华人民共和国成立初镇域书场有 3 家，1956 年同乐、同福两书场合并，更名为“濮院书场”，地址在原同福书场。1963 年后只剩同福书场。20 世纪 80 年代改革开放后，各种现代娱乐业如歌舞厅、网吧、健身房、台球、游戏机房等逐渐替代了传统的娱乐业，深受年轻人青睐。影剧院只能隔三岔五地安排些歌舞娱乐表演场次。至 21 世纪初书场和影剧院因顾客不断流失，先后停业关门。2010 年底，登记注册的娱乐业经营户有 44 户，其中棋牌室 14 户，歌舞厅 5 户，台球 5 户，网吧 14 户，溜冰场 2 户，健身跆拳道 3 户，游戏机房 1 户，注册金 1451.3 万元。

棋牌室

俗称“麻将室”。棋牌室里免费供应茶水，有的棋牌室还供应小点心、水果。棋牌室摆放有自动麻将桌，每桌收费下午和晚上各为 40 元左右。棋牌室禁赌严格，一经查实有赌博行为，参与人员要罚款，没收全部赌资，并追查棋牌室经营者的责任。

歌舞厅

规模较大的有两家——世纪皇宫歌舞厅和金色年华娱乐中心。世纪皇宫歌舞厅营业地址在凯旋路 981 号，金色年华娱乐中心营业地址在濮院大道 4066 号。

台球房

是台球爱好者的好去处，除能提高台球技术外，双方搏击娱乐性很强。年轻人参与比较多。

网吧

配置上网电脑，投资大多在 40 万元左右。网吧禁止未成年人入内，上网每小时收费一般为 2 元。较有规模的网吧有：新浪网吧，营业地点在永乐路 62 号二楼，内有空调 5 台，安全通道 2 处，监控探头 14 个，工作员 7 人，其中管理人员 1 人。网吧电脑 149 台，24 小时营业。四方网吧，营业地址南纬路西 1 弄 5 号，2011 年 9 月搬至新南路 79 号。注册资金 12 万元，内有空调 5 台，安全通道 3 处，监控探头 28 个，工作人员 6 人，其中管理人员 1 人。网吧宽带 100M，电脑 180 台，营业时间 8：00—24：00，收费每小时 2.5—4 元。星达网吧，营业地点新南路 72—78 号，内有空调 6 台，消防栓 10 处，监控探头 20 个，电脑 114 台，安全标志 20 处。

表 8-42　　2010 年濮院镇娱乐业经营户一览表

单位：万元

序号	名　称	经营者	注册金	地　址
1	嘉佳棋牌室	郭子飞	8	永乐路 16 号内东大楼
2	鑫龙溜冰场	邓先钦	5	永安路 10 幢 9—11 号
3	太阳岛休闲厅	刘升文	14.6	永乐路 55 号

续表 8－42

序号	名　　称	经营者	注册金	地　　址
4	新世纪网吧	孙孝勋	40	巴黎春天永安路 611 号
5	新天地棋牌室	王绍恒	5	中兴路 29 号
6	百盛网吧	方新杰	130	九龙港美食休闲街 1—2 号
7	广电夜总会	朱明华	19.8	咏梅路中段
8	新晨游艺中心	池和水	11	永乐路 42 号 2 楼
9	青藤棋牌室	莫慧萍	3	南纬路 35 号
10	沸点网吧	孙枝强	50	咏梅路 100 号
11	林林台球室	殳玲珍	0.4	新生中新南路
12	金南棋牌室	张金南	2	新生中新路 170 号
13	快乐棋牌室	陈希和	18	栖凤路汽车站东
14	华婷台球室	陈重华	2	树蓬里 22 号
15	红晓台球室	彭期文	2	红晓新村 65 号
16	乐天网吧	金学良	50	桐星大道 330 号
17	新梦网吧	沈志超	60	工贸大道 78 幢西 6 间
18	凤舞九天溜冰场	邓先钦	8	九龙港美食休闲街 4 号
19	世纪皇宫歌厅	胡国萍	100	凯旋路 981 号
20	健英台球厅	高　琪	15	南横街 18 号
21	力美健身中心	余纪标	50	毛衫品牌楼 B 楼
22	好望角棋牌室	李月兴	3	永乐路 8 号
23	王新梅棋牌室	王新梅	1	炉新公路南
24	星速网吧	李　健	50	凯旋路 1093 号
25	金色年华娱乐中心	张军平	450	濮院大道 4066 号
26	异度空间网吧	王　明	20	凯旋路 712 号
27	柠檬树网吧	陈乐再	6	南纬路 96 号
28	百花歌舞厅	金维宪	15	永乐路 1 号 3 楼
29	新时代网吧	张　玮	20	永乐路 92 号
30	咏枫跆拳道馆	林立忠	4	凯旋小区 602 幢 5 单元
31	星达网吧	朱孙亮	40	新南路
32	万顺棋牌室	张佰英	2	中兴路 70 号
33	好发台球室	孙枝开	1	上马墩 26 号

续表 8－42

序号	名　　称	经营者	注册金	地　　址
34	好心情棋牌室	沈云仙	2	南纬西路42号
35	四方网吧	王亚南	12	南纬路西1弄5号
36	兴立棋牌室	黄荣森	5	凯旋小区4幢
37	朱建林棋牌室	朱建林	1.5	宏苑新村151号
38	新浪网吧	陈秋明	80	永乐路62号(原绸厂内)
39	志伟棋牌室	赵宝卫	7	凯旋路86号2楼
40	威盛网吧	容海燕	18	朝晖路18号
41	吉乐棋牌室	王娟芬	1	栖凤路12号
42	友谊棋牌室	吴道锁	1	朝晖路14号4楼
43	豪杰健身房	刘俊杰	8	九龙港美食休闲街4幢
44	天地网吧	张　兰	10	栖凤路中段

第四节　茶馆　理发　洗浴　照相

茶馆

中华人民共和国成立前，濮院茶馆店遍及镇域。中华人民共和国成立初，镇域有37家私营茶馆，1956年私营商业社会主义改造时，合并成立濮院镇茶水合作小组，组长沈启文，副组长殳兰英。1990年改为濮院镇茶水合作社，社址庙桥街，下设3个门市部，固定资产0.12万元，流动资金2.92万元，归口国营濮院饮服商店管理。2000年桐乡市对集体商业进行深化改制，实行资产买断、职工身份转换、退休人员移交的改制形式，改制后茶馆由私人经营。随着濮院区域经济发展，外来人口不断涌入，新开张的茶室(茶馆)逐渐增多。大多数茶室10张桌子左右，一次可容纳40—50人喝茶，有红茶、绿茶，每壶茶收费1—2元，开水免费。上茶室喝茶的大都为退休工人和中老年农民，喝茶边玩扑克、麻将，边看电视、听音乐，是一个低消费、休闲娱乐的好去处。2010年底镇域茶室27户，注册资金35.5万元。

表 8－43　　2010年濮院茶馆(室)经营户一览表

单位：万元

序号	名　　称	经营者	注册金	地　　址
1	中心茶室	沈玲娥	1	新南路36号
2	姚阿山茶室	姚阿山	1	农贸市场B组8号

续表 8-43

序号	名　　称	经营者	注册金	地　　址
3	迎春茶室	丁全芳	0.3	庙桥街 12 号
4	李松荣茶店	李松荣	1	新星村朱家窑
5	乐安茶室	程美君	1	龙湾街 27 号
6	陈楚荣茶室	陈楚荣	1	永兴路 73 号
7	桂凤茶室	赵桂凤	0.1	龙湾街 21 号
8	阿祖茶室	杨启荣	0.1	庙桥街 5 号
9	金龙茶室	傅金龙	3	北横街
10	金标茶室	陈金标	0.8	栖凤路 37 号
11	阿福茶室	王美生	2	庙桥街 5 号内
12	徐煜亮茶室	徐国正	0.5	新生市场路 2 号
13	高兴茶室	高瑞根	0.3	永乐路 102 号第三间
14	荣花茶室	於荣花	2	新生永兴市场 9—10 号
15	九曲桥茶室	姚炳松	1	永越村周家斗
16	新新茶室	时小祥	0.6	龙湾街 77 号
17	阿华茶室	吴兴华	1	南纬西路 43 号
18	文兰茶室	祝文兰	1	杏林街 80 号西
19	万家福茶室	朱建华	0.1	北横街 29 号
20	江南水乡茶楼	吴菊良	5	凯旋路 729—31 号
21	阿明茶水店	陆来明	0.2	新生菜场路 38 号
22	川东茶室	唐和平	0.5	北横街 34 号
23	福发财源茶室	刘升付	1	红星新村 98 号
24	李顺松茶店	李顺松	2	新河村茅家桥菜场
25	彪彪茶室	朱智彪	7	南北圣市场路 25 号
26	建平茶室	蔡建平	2	齐宏路 1 号
27	国联公司大有桥街茶水站	欧利康	—	大有桥街 5 号

理发

20 世纪 50 年代初濮院镇有个体理发店 16 户，1955 年 16 户个体理发店自愿合并为濮院镇理发合作社，经理李长生，有从业人员 42 人，资金 800 元。1990 年改名为美华理发店，店址北横街，下设 2 个门市部，固定资产 0.17 万元，流动资金 1.28 万元。此外，还有个体经营的理发摊、店，分散在镇域小街和弄堂里。2000 年改制后，美华理发店转制分散为个体经营。改革开放后，随着濮院区域经济的发展，濮院的理发业也发生了很大变化，刚开始是温州、苍南、平阳等地的私商融入濮院的理发业，在镇域开设发廊，之后发展为美发、美容、美睫、美甲店。2010 年工商登记有理发业 99 户，注册资金 220.08 万元。除情之都美容美发店、春之秋美容美发店、斯迪文理发店、新成美容店有较大规模外，大多数此类店规模都不大。普通理发价格：男士 1960 年 0.2 元，1970 年 0.25 元，1980 年 1—3 元，1990 年 3—5 元，2000 年开始 5—10 元，含洗头和修面（刮胡子），染发、烫发、美发则另定价格；女士普通洗头带吹干，1990 年 10 元以下，2000 年开始 10—20 元，女士染、烫、美发加美甲，价格就高；新郎、新娘都到名店里做发美容，价格更是不菲。濮院新生儿有剃满月头的习惯，价格不贵。2010 年镇域的大小各类理发店有 96 家，注册资金 220.12 万元。

表 8－44　　2010 年濮院理发、美发美容业经营户一览表

单位：万元

序号	名　　称	经营者	注册资金	地　　址
1	真美理发店	吕美金	0.5	长木桥路 21 号
2	成龙发廊	戴成龙	0.15	新南路 24 号
3	周阿华发屋	周　华	0.5	朝阳路 1 号
4	林林美发店	赵　扬	0.2	新南路 86 号
5	花样年华理发厅	刘进军	0.7	栖凤路 15 号
6	凯凯理发店	周　凯	0.5	永乐新村 136 号
7	雷蒙阁理发店	解　加	0.2	新生中路 126 号
8	牵美理发店	蔡正友	1.5	建园路 29 号
9	酷发理发店	瞿长进	1	栖凤路 8 号
10	乐乐理发店	谢仙鸟	1	南纬路 107 号
11	舒新理发店	杨亚伟	1	中兴路 102 号
12	美琪理发店	何亚平	2	南纬路 20 号
13	飘剪坊理发店	管加磊	1.5	南纬路 115 号
14	阿成理发店	朱松花	2.9	栖凤北路 16 号
15	舞剪飞扬美发中心	孟鸣程	3	南纬路 61 号
16	小长今理发店	谢　杰	0.8	长春路 11 号东
17	银河之星理发店	俞　斌	1.5	中兴路 139 号
18	雅美发廊	汤虎英	0.1	栖凤北路 45 号

续表 8－44

序号	名　　称	经营者	注册资金	地　　址
19	娜娜理发店	徐强松	1	中兴路 92 号南
20	女人空间美容院	郑爱春	5	1 区 331 号
21	一剪美美发店	曾瑞菊	8	兴业路与凯旋路交界处
22	情丝理发店	刘进军	10	齐宏路 288 号钻石公馆商铺
23	新生雅琴理发店	周霞琴	0.2	新生集镇
24	帝亚尼理发店	韦军林	4	兴业路 302 号底
25	兴源发艺店	韦　伟	1	兴业路 318 号
26	雅沙美容院	张　娟	0.3	凯旋路红树林
27	振兴理发店	孔银花	0.5	南横街 23 号
28	灵感理发店	冯　波	3	永乐路 23 号北
29	浙秀理发店	余甫生	0.2	栖凤路 4 号
30	发之源理发店	肖士俊	5	凯旋路 451 号
31	康红理发店	李红妹	1	长木桥路
32	名发名家理发店	卜凤娣	4	凯旋小区 1 幢
33	好形象理发店	庄学明	2	第二农贸市场
34	精剪理发店	林建荣	0.2	南纬路第七交易区 329 号
35	方琦理发店	方　琦	0.3	蜡烛街 10 号
36	家家理发店	沈家宁	0.5	北横街 5 号
37	季春美发室	凌季春	0.1	中兴路 27 号
38	伊莎美容美发店	谭学梅	0.5	永乐路 7 区 235 号
39	小谢理发店	谢选治	1.6	栖凤路 1 号
40	佳泰理发店	冯　芳	4	凯旋路 559 号
41	欧伦发派理发店	黄忠楼	3	永安路 645 号
42	巧英理发店	吴巧英	0.05	新港村冯木桥
43	简妃瘦身工作室	杨学华	5	凯旋路 539 号
44	时代魅力发型店	宋术勇	1	朝晖路 24—26 号
45	美美美容工作室	施丽芳	4	凯旋路 521 号 9 幢
46	前源理发店	周　斌	3	新南路 58 号
47	丽颜美容店	姚　力	5	红树林街 10 号

续表 8－44

序号	名　　称	经营者	注册资金	地　　址
48	妆点佳人美甲店	袁雪萍	5	南纬路2弄17号
49	小米理发店	朱满爱	0.5	工贸大道17幢朝南1间
50	阿明理发店	吴高义	3	世纪银座1幢1层12室
51	王婷理发店	王　婷	0.9	红星新村17号
52	阿勇创艺美发店	李小勇	4.5	新南路62号
53	今生有约理发店	李阳红	0.8	中兴路28号
54	情之都美容美发店	杨兴兵	10	朝阳路29号
55	阿龙理发店	茅树明	5	朝晖路4号
56	领先理发店	郭红生	2	南纬路22号
57	小万理发店	万小波	3	南纬路8号
58	亨元阁美容美发店	周晓月	0.6	朝阳路23号
59	青春理发店	周福祥	0.2	凯旋路南侧
60	琴琴发屋房	沈月勤	0.5	中兴路126号
61	瑞芳理发店	颜建弟	0.3	市场7区327号
62	新成美容店	顾清花	9	滨河路235号
63	心舒理发店	吴　强	2	南纬路29号
64	春华理发店	周春华	0.05	红旗洋村新桥头
65	应金理发店	朱应金	0.02	南北圣商品房
66	小玉理发店	华水玉	0.03	新兰南北圣
67	鑫艺理发店	侯雪平	1.2	第二农贸市场C6号
68	小陈理发店	林成年	0.8	第二农贸市场C8号
69	魅力丝射理发店	兰祥春	0.6	凯旋小区西大门南
70	漫调丝理理发店	程小兵	2	南北圣中新路98号
71	发艺空间美发店	李保祥	2	咏梅西路3号
72	韦胖理发店	韦国平	1	新南路17号
73	博客理发店	韦亚辉	1.5	齐宏路375号
74	松英理发店	曹松英	0.1	栖凤北路29号
75	锐锐美甲店	王金锐	1	栖凤路9号
76	文新理发店	沈文英	1	新星小区(黄顺昌房)

续表 8－44

序号	名　　称	经营者	注册资金	地　　址
77	李昔琴理发店	李昔琴	3	新河村茅家桥菜场 2 号
78	发现美丽理发店	柏之彪	1	永乐路 104 号
79	漂亮宝贝理发店	段宝花	1	红晓新村 25 号
80	时光隧道理发店	王龙均	4	新南路西间
81	纤手美甲店	李　英	5	红树林街 9 号
82	广钰时尚发型工作室	刘联煜	0.2	栖凤北路 24 号
83	雷微理发店	徐子龙	1.3	中兴路 68 号
84	靓女美发店	张庆增	5	永乐路 90 号
85	佳宇理发店	李绍云	2	新南路 9 号东
86	阿斌理发店	王华斌	3	南纬路 108 号
87	风剪云理发店	钱州阳	2.5	永安路 673 号
88	浪淘沙理发店	张跃金	5	永安路 661 号
89	春之秋美容美发店	汪秋霖	10	凯旋路 933 号
90	发领先理发店	王灿顺	3.5	凯旋路 577 号
91	斌仔发廊	方华兵	1	新南路包装厂底楼
92	国萍理发店	汤国萍	0.02	中新路 13 号
93	斯迪文理发店	陈磊	10	南纬路 68 号
94	霞东美发厅	王雪琴	5	永乐路中段
95	韩都美发店	李新江	5	凯旋路 472 号
96	海生理发店	计海生	0.5	农贸市场 A37 号

洗浴

清光绪三十一年(1905)，绍兴人杨学泉在庙桥街建双开间五进房屋，在第五进开设“日升浴室”。浴室设一方形水泥砌成的男子浴池，可储清水三十担，另有椭圆形水泥浴缸，供盆浴，备有 18 只浴铺；浴室出口在杏林街西段。1955 年日升浴室公私合营改名为濮院浴室。1959 年移址永乐弄北口，重建男子浴室，为大池混浴，有 32 只浴铺。1962 年濮院浴室从供销社划归濮院饮服商店管理，当年浴费每人每次 0.16 元。1985 年移地集庆街新建浴室，始设男女部。男子部为 12.6 立方米的大浴池，设淋浴间 1 个；女子部淋浴为主，也有盆浴。浴室每年营业时间 3 个月左右，浴票价，男子 0.7 元，女子 0.85 元。1995 年投资 200 多万元，在庙桥街 1 号(原国营饭店址)新建四层楼的永乐浴室，底层为男子大池大堂，二楼为男子淋浴、包厢，三楼为女子部淋浴、包厢，四楼为设备库房。浴室还提供修脚、踩背、按摩等服务。2000年私营业主逐渐进入洗浴业，高档浴室不断开张，还出现了足浴店。2010年镇域洗浴业有27户，其中成人浴室16户，儿童浴室1户，足浴店10户。洗浴价格，每位男士10元、女士15元，桑拿浴、芬兰浴价格各浴室不同，每位在40—100元之间，足浴价格每位在40元左右。浴室免费提供沐浴露、洗发液、干毛巾，设有物品保管箱、躺铺、彩电、茶水，还提供扦脚、敲背、踩背等服务（外加服务费）。每年春节前浴室营业进入高峰，一般5—8月天气转热时暂停营业。

由于各种热水器进入家庭，各类宾馆房间都配有洗浴间，商业浴室的发展受到了一定的制约，但中药材泡脚足浴业却日益兴旺。2010年镇域有27户浴室，注册资金为486万元。上规模的浴室有仁和浴室、楚水浴场、金海岸浴室；足浴有脚印足浴中心、鼎足休闲足浴馆等。

表8-45　　2010年濮院镇洗浴业经营户一览表

单位：万元

序号	名　　称	经营者	注册金	地　　址
1	富盛源足浴店	马　剑	20	永乐路1号
2	银丽足浴店	冷银丽	1	凯旋路北侧东1—2号
3	永梅浴室	张云福	10	梅泾小区13号
4	新鑫浴室	范小镯	18	新生老农贸市场内
5	天上人间足浴中心	查志平	4	朝晖路4号
6	凯旋沐浴休闲中心	姚福良	15	凯旋路中段
7	雪灵儿足浴店	樊雪琴	1	南横街14号
8	将发足浴休闲中心	黄时柱	20	南纬路2号
9	欢喜浴室	丁朝明	6	南纬西路38号
10	三泰浴场	马彩福	10	国际毛衫品牌楼上
11	泰美足浴店	沈美华	10	凯旋小区兴业路大门南
12	宏苑浴室	陈晓阳	8	永乐村建园路8号
13	月亮湾桑拿休闲中心	管明官	10	永越村越南组
14	隆兴足浴店	吴长军	3.5	南纬路109号
15	金辉足浴店	张　辉	1.5	长春路5号
16	仁和浴室	胡宝才	50	永兵路55号
17	小玲浴室	陈晓玲	5	新兰中新路150号

续表 8-45

序号	名　　称	经营者	注册金	地　　址
18	东东浴室	徐阿林	1	叙星新村 8 号
19	楚水浴场	李　坤	60	工贸大道 731 号
20	脚印足浴中心	胡伟强	50	凯旋路 458 号
21	千足阁足浴店	王广仁	25	九龙港美食城 8 幢 1 楼
22	鼎足休闲足浴馆	张其勉	40	咏梅路 54 号
23	水沐年华浴室	胡海耀	10	永乐路 37 号内
24	民和浴室	王教士	5	南横街 7 号
25	金海岸浴室	陈崇俭	100	九龙港美食休闲城 6 幢
26	国联商业有限公司永乐浴室	高志芳	—	庙桥街 1 号
27	伟兴浴室	王向阳	1	梅泾路 6 号

照相

中华人民共和国成立前，濮院有两家照相馆，分别位于庙桥街南段的影影照相馆和北段的生生照相馆。此外，北河头卖柴浜还有沈永和在家开设的永记照相馆。中华人民共和国成立后，1956 年经社会主义改造，镇域两家照相馆合并为濮院镇照相馆，经理(组长)李建芬，从业人员 2 人，资金 1000 元。1962 年划归濮院饮服商店管理。1963 年从国营饮服商店划出，改为集体性质的濮院照相馆。1984 年镇域第一家个体私营华丽照相馆在永乐里 17 号开张，业主岳功伟。1990 年濮院照相馆从庙桥街搬迁至严家汇 1 号，是年照相馆固定资产 1.02 万元，流动资金 0.55 万元。1994 年私营梦影照相馆也在南横街 19 号开业。2000 年濮院照相馆改制，由私人承包。此后私营照相馆逐渐增加，到 2010 年底，濮院有照相馆 6 家，注册金 6.9 万元。

照相馆业务开始仅为拍证件照、毕业照、客户自摄胶卷的洗印、照片放大等，2000 年以后随着彩色摄影、数码摄像技术的发展，照相馆业务范围扩大，由艺术人像照、室外风景照、结婚艺术照，拓展到婚庆及大型活动场面的摄影录像。

表 8-46　　2010 年濮院照相馆经营户一览表

单位：万元

序号	名　　称	经营者	注册金	地　　址
1	薇薇相馆	许笑丽	1	凯旋路 837 号
2	梦影照相馆	戴永标	2	南横街 19 号

续表 8－46

序号	名　称	经营者	注册金	地　址
3	丽人照相馆	李加凌	0.1	中兴路 41 号
4	精彩摄影店	戴子标	0.4	南纬路 67 号
5	永乐数码摄影馆	陆金艳	3	永安路 677 号
6	旺艺照相馆	沈德良	0.4	新南路 67 号

第五节　其他服务业

绱鞋、修鞋、擦鞋

民国时期濮院有 10 多家绱鞋修鞋店摊。1956 年高天源等六家绱鞋店合作成立濮院制鞋小组后，尚有几家修鞋小摊。随着社会发展，人民生活水平的提高，修鞋业逐渐萎缩，原有的修鞋摊店关门歇业。2000 年后，濮院区域经济不断发展，外来人口大量沉入，一些打工者开始介入修鞋、擦鞋业。2010 年濮院经工商登记的修鞋业有 1 户，为蒋兰英补鞋摊；未经登记的小补鞋摊三户：电影院外永乐路口 1 户，咏梅路永乐路口 1 户，新南路永乐路口 1 户。此外，还有流动擦鞋服务，主要集中在永乐路南端义乌小商品市场门口，大约有 6—7 个擦鞋摊。

小五金、家电修理

中华人民共和国成立初，镇域只有小五金修理的店（摊），没有家电修理服务。1979 年 9 月，供销社在北横街始设濮院镇为民综合服务部，安排一残疾人，从事收录机等家用电器的修理，兼经营少量小五金零售。20 世纪 80 年代，家电品种及销售量快速增长，家电商店也大多设有维修部，但还是满足不了群众对电冰箱、豆浆机、电磁灶、微波炉、电水壶、电视机、洗衣机等家电维修的需求。此时，适逢政策允许，个体修理家电、小五金的店（摊）逐渐增多，散布镇域，镇民家电修理基本不用到外地。至 2010 年工商登记的小五金、家电修理服务店（摊）有 15 家（不含电脑修理）。

刻字

民国 3 年（1914），湖州“志荣斋”刻字店主翟增荣迁至濮院开店，镇域始有刻字业。民国 36 年登记刻字店有 1 家，资本额 50 万元。中华人民共和国成立后，刻字业被确定为特殊服务行业，刻公章须公安局批准备案，私刻公章属于违法行为。2000 年始用电脑刻章，效率大大提高。2010 年濮院经工商登记刻字服务店有两家。

开锁配钥匙

配钥匙的摊店比较多，多为修鞋修自行车的摊位兼营，2000 年后电动自动配钥匙，非常方便，配钥匙每枚收费2元(含材料)。2009年2月顺通开锁服务部开张，地址在兴业路310号，服务项目有开锁、修锁兼售锁业务。客户锁损坏或钥匙遗失，无法进屋，电话联系后，会即刻上门开锁服务。开锁业是特殊行业，须公安局批准备案。

钟表修理

中华人民共和国成立初，濮院镇仅一家沈志贤、沈利祥两兄弟开设在观前街27号的钟表修理店。1958年私营钟表修理和刻字、制笔合并成立钟表刻字制笔合作社(简称钟刻社)，社址设在北横街中段，合并后有3人修理钟表。钟表修理起初以修钟为主，20世纪70—80年代，手表进入部分人的生活，修表逐渐多于修钟。1990年9月镇工办下文允许钟刻社分散个体经营，次年8月，钟表修理分散为两家经营店，分别设在原址和永乐路119号。由于现代手表工业的发展，各种功能的机械表、电子表、日历、星期手表品种越来越多，维修技术要求也相应提高，老的修理工逐渐被淘汰。随着商品经济的快速发展，尤其是手机的普及，钟表修理业日益衰退。2000年后，钟表市场回暖，名牌钟表买卖呈现一片火红。2010年濮院经工商登记的钟表修理店有3家。

缝纫

民国34年(1945)以前，濮院以中式手工裁缝为主，有南横街的于松泉、女儿桥街(现为万兴街)的陈松涛、花园街的丁瑞生、众安桥堍的李四毛、栖凤桥的汤子琴、大街的姚金男等6家，西式手工裁缝有后河下街(现为寺湾街)的谢长根、归家湾的谢逢之两家，中西结合裁缝有南市迎凤桥西赵慕贤家，民国23年赵家就租用“圣加”牌缝纫机加工制衣，是镇域较早使用缝纫机的裁缝店。抗日战争胜利后，庾伯康、庾叔康兄弟两人，从外地迁至濮院开设裁缝店，也使用缝纫机操作。中华人民共和国成立后，1954年私营手工业实行全行业合作化，10月个体裁缝店合并成立缝纫生产小组，1972年成立濮院服装厂。改革开放后，尤其是2000年后，私营缝纫店逐渐出现在镇域，主要为客户量身定做各种衣服，也兼缝补。2010年底工商登记缝纫店有6家。

自行车维修

20世纪80—90年代自行车作为镇域居民的主要交通工具，自行车修理业也开始兴旺。2000年后自行车修理店兼修理三轮车、电动车，有的还带配钥匙。2010年濮院经工商登记自行车修理店有7家。

电动车、摩托车维修

随着濮院区域经济发展，城市化进程加快，镇区范围不断扩大，镇域居民电动车(含电动三轮车)、摩托车拥有量直线上升，维修需求量相应上升。2010年工商登记电动车、摩托车维修服务有6家。此外，经营电动车、摩托车商家配有维修服务，保修期内免费修理。

手机维修

2000年前后，镇域居民持有手机逐渐普及。1997年，濮院镇第一家个体手机店——濮院万通通讯在濮院咏梅路中段开张，店主为庄仕芬，翌年，设立手机修理柜台，聘用李秉或专职修理手机。2001 年濮院永乐路南段“手机世界”店，也聘用专人修理手机。之后开设的手机店均设有售后服务项目，新购手机在保修期内享受免费修理，有的商店甚至可换机，故单纯的手机修理店不多，2010 年镇域内经工商登记的手机维修店有 3 家。

旅游

旅游业是 20 世纪 70 年代后期逐渐发展起来的，当时镇域企事业单位职工旅游联系嘉兴、桐乡的旅游公司。20 世纪 90 年代，散客出游增多，有两位退休的老师专门组织中老年去附近的著名庙宇烧香礼佛或风景区游览 1 至 2 日，费用采取拆账分担的方式，安全隐患比较大。2010 年桐乡旅游公司开始在濮院设立营业部，地址在濮院南纬路 21 号，该营业部与桐乡市濮院航空票务有限公司合租，兼营航空票务，大大方便了镇域居民的旅游出行。

电脑维修

2000 年开始，电脑的使用已逐渐普及到机关企事业单位、公司、商店乃至家庭，拥有量迅速增加，电脑的维修需求也不断加大。到 2010 年底，除了电脑商店的维修部外，镇域经工商登记的电脑维修店有 8 家。

燃气

1991 年 11 月，濮院中华羊毛衫厂与嘉兴市石油溶剂厂合资，在濮院杭申公路（现 320 国道濮院大道）南侧创办桐乡石油化工液化气厂，开始供应钢瓶液化燃气。1999 年 6 月，报恩桥 320 国道濮院大道段南侧建立濮院液化气有限责任公司，经营城镇燃气、钢瓶、燃气灶具、淋浴器及配件的零售、批发，注册资金 100 万元。2002 年 1 月濮院中亚煤气服务站成立，地址梅泾路 33 号，主要供应钢瓶装液化气，负责送气上门服务，兼配售钢瓶、降压阀和橡胶管。此后，随着使用瓶装液化气的居民不断增多，配送液化气业务逐渐兴旺，有 3—4 名个体无业人员，参与此业，到各小区上门吆喝代居民灌装液化气，赚取手续费，也代检测液化气钢瓶，大大方便了居民。2005 年桐乡港华天然气公司铺设管道至濮院，开始向濮院镇供应天然气。2006 年 12 月，濮院巴黎春天小区贯通天然气，是全镇第一个使用天然气的居民住宅区。2007 年至 2008 年，濮院钻石公馆、丰润中央花园、凯旋小区、阳光花城等住宅小区先后连通、使用天然气。但部分老住宅小区居民和饭店仍只能用瓶装液化气。

干洗

20 世纪 90 年代初濮院始有干洗店，地点在永乐路南段，当时主要干洗西服，每件干洗价格 5 元。以后干洗业务由比较单一，发展到干洗皮衣，承揽旅馆、浴室里的被套、枕巾、床单、浴巾等干洗业务，并进行消毒处理，上门服务。到 2010 年底工商登记有 10 户干洗店。

门窗、房屋维修

20 世纪 80 年代中期，镇域居民住房进入商品房时代，房屋维修需求增加，门窗修理加工、房屋维修经营商店相继开张。前者业务主要是安装铝合金窗、塑钢窗、防盗栅栏和防盗门，也上门服务安装晾衣架、花架等。后者包括房屋维修和装潢服务。此外，有专门修理水泥平顶屋面漏水的外来流动车 4—5 辆停在凯旋路上候生意，他们和维修店有联系，雇主有需求，只要找到维修店，就会帮助联系进行屋顶维修。2010 年镇域工商登记的门窗、房屋维修服务店有 10 家。

家政

濮院的家政服务起步较晚，家政服务主要是上门服务，帮助孤独的老、弱、病、残，或工作较忙很少有休息时间的住户打扫卫生，主要是清洁客厅厨房的门窗、储柜、家具和脱排油烟机等。2010 年濮院工商登记的家政服务有 2 家。

彩票业

濮院的彩票业有体育彩票和福利彩票两种，体育彩票归桐乡体育彩票中心审批管理，福利彩票归嘉兴福利彩票中心审批管理，不需工商登记。2000 年 8 月，吴红辉在永乐路 37 号开张镇域第一家福利彩票投注站。2007 年 4 月，姜丽君在濮院中兴路 66 号开张第一家体育彩票投注站。以后镇域陆续增设投注站，投注号也作了统一调整。2010 年濮院镇域有福利彩票投注站 7 家，体育彩票投注站 6 家。

新兴服务业

濮院是毛衫产业特色的名镇，与毛衫产业相关的新兴服务业还有文印服务，各种设计服务，帮助建立网站、网店的服务，广告业（户外广告、宣传传单画册广告、报纸刊物杂志广告、电视台电台广告），模特经纪，公司注册，商标的设计、注册、转让，品牌策划升级，喷绘写真，电子量化工程，教育咨询，职业培训，职业介绍，交通咨询，文化传播，技术研究等等。以“濮院 320 创意广场”①为代表的濮院毛衫产品设计新兴服务业，瞄准世界羊毛衫服装业的前沿，为濮院的区域经济发展提供高质量的服务，是全面提升濮院经济软实力的一个重要新兴服务业基地。2010 年濮院经工商登记的与羊毛衫产业相关的新兴服务业有 154 户，注册金 2294 万元。

表 8－47　　2010 年濮院镇其他服务业一览表

单位：万元

序号	名　　称	经营者	注册资金	地　　址
1	蒋兰英补鞋摊	蒋兰英	0.01	朝阳路南端
2	恒鑫家电维修部	朱德祥	2	栖凤北路

① “濮院 320 创意广场”，一期有 5000 平方米办公大楼，二期、三期分别有 4000 和 20000 平方米办公场地建成，入驻了 30 家毛衫业相关的服装设计、品牌策划、文化传媒、电子商务等高端服务业。“广场”是以毛衫设计创意孵化器的形式，为濮院毛衫产业提供创意设计类人才、指点发展方向的高端服务业基地。

续表 8－47

序号	名　　称	经营者	注册资金	地　　址
3	阿昌家电维修中心	沈树昌	1.5	万兴街 72 号
4	益灵家电修理部	鲁叶玲	1	梅泾开发区北侧
5	迅达家电维修部	陈云峰	0.3	永乐路 110 号
6	升进家电维修部	吕升进	3	兴业路 320 号
7	明志家电维修店	夏明江	1	中兴路 112 号
8	家宁家电服务部	沈家宁	0.5	濮院镇北横街 3 号
9	美仑电器维修店	黄佰元	1.5	凯旋小区 1 幢 10—11 号
10	蔚岚电器维修部	濮钰生	0.85	中兴路 39 号
11	向农电器修理部	鲁玉瑜	2	南横街
12	正扬机械修理部	徐建祥	1.5	新联村蒲扇浜 50 号
13	顺利电机修理部	袁　鑫	1	新南路 35 号
14	海芹电器修理店	徐海芹	1	中兴路 58 号
15	沈朝阳电器维修部	沈朝阳	0.3	梅泾小区 180 号
16	启强电焊修理部	谌启强	1	中兴路 39 号
17	天天红刻章字牌社	徐海林	5	南纬路 95 号
18	晓峰刻字店	吴娟萍	1.5	栖凤路 18 号
19	顺通开锁服务部	金明友	3	兴业路 310 号
20	天成钟表店	丁建新	0.3	永乐路 62 号
21	徐柏欢钟表修理摊	徐柏欢	0.25	农贸市场 563 号
22	徐柏根钟表修理店	徐柏根	0.1	农贸市场 55 号
23	功伟票务服务部	岳功伟	3.3	西南街中心开发区
24	金仙自行车修理店	张金仙	0.2	梅泾小区 102 号
25	国新自行车修理店	杨过新	0.1	长水桥路 20 号
26	王光祥自行车修理店	王光祥	0.1	中新南路
27	大姚自行车修理店	姚炳旺	1	红星新村 25 号
28	俞王强自行车修理摊	俞王强	0.35	中兴路 30 号
29	黄振华自行车修理部	黄振华	0.4	永安东路 73 号
30	金乔轮胎修理部	冯金乔	1	市汤路 67 号
31	卫强轮胎修配部	汤卫强	0.3	新丰中新路

续表 8－47

序号	名　　称	经营者	注册资金	地　　址
32	晓良电瓶车修理部	沈晓良	3	金龙新村 66 号
33	小郑电动车维修部	郑美选	2	凯旋路 835 号底
34	永泉摩托车修配站	陈永泉	0.6	中兴路
35	明达摩托车维修店	庄玉明	1	变电所旁
36	来勇摩托车修配行	方来勇	2	南横街 1 号
37	巨联电瓶修复店	陈吉明	3	三区 697 号
38	电瓶车配件商店	李金锁	2	中兴路 4 号
39	天鹰手机维修店	张亚球	2	中兴路 89 号
40	大拇指手机维修店	张国强	3	凯旋路 523 号
41	兴坤修理店	姚兴坤	1	中兴路东侧 A 幢
42	濮诚电脑配件经营部	沈宏宇	6	凯旋路 535 号
43	燕波电脑维修店	吴洪波	2	凯旋路 712 号
44	睿翔电脑维修店	熊春鹏	2	凯旋路 1620 号
45	宏能电脑维修部	刘　军	2	新生华生东路 194 号
46	创想电脑维修店	陈喜喜	1	东方茂源大厦
47	腾飞电脑维修经营部	石向莉	2	永安路 689 号
48	亿方电脑维修部	章　健	1	南横街 6 号东一间
49	王辉电脑维修店	王　辉	1	南北圣中新路 128 号
50	濮院液化气有限责任公司	徐秀青	100	濮院镇报恩桥
51	中亚煤气服务站	朱亚琴	0.5	梅泾路 33 号
52	小张干洗店	沈克娇	5	中兴路 27 号
53	威斯特干洗店	王　明	10	南纬路 55 号
54	天清干洗店	张美明	5	永乐路 24 号
55	洁新干洗店	林文敏	0.3	梅泾小区 16 号
56	小白兔洗衣店	胡贤婷	3	新妙智村塘口 32 号
57	蓝月亮洗涤服务有限公司	陈忠林	3	新妙智村塘口
58	吉挺干洗店	王富来	1	南纬路 16 号
59	兴兴干洗店	周华好	0.2	咏梅路 79 号
60	洁神干洗店	朱拥民	1.5	咏梅路 69 号

续表 8－47

序号	名　　称	经营者	注册资金	地　　址
61	明美干洗店	王美莲	3	工贸六道 103 号
62	玉梅缝纫店	三玉梅	0.3	永乐路 87 号
63	掌英缝纫店	姚掌英	0.1	永乐路 85 号
64	雪华缝纫店	俞雪华	1	永乐路 87 号
65	琦英裁缝店	徐琦英	0.2	长木乔路 21 号
66	月娟裁缝店	徐月娟	0.35	新生中新路 159 号
67	巧红羽绒服缝纫加工店	余巧红	1	南纬路 92 号
68	濮院梅泾建筑装潢有限公司	沈建华	58	濮院镇西市三里塘 9 号
69	宝成房屋维修有限责任公司	殳云华	100	花园街 66 号
70	鑫鑫门窗有限公司	俞晓祺	100	南纬路 43 号
71	万荣门窗维修部	董　方	0.5	寺浜 38 号
72	新联门窗维修加工	蔡金莲	0.5	中兴路 136 号
73	明亮门窗安装服务部	刘建华	2.1	中兴路 57 号
74	易索门窗修理部	张贵华	1.5	凯旋路 1185 号
75	红燕门窗安装服务部	谌红燕	2	宏苑路 554 号
76	春桥塑钢门窗厂	沈春桥	1	新生老菜场内
77	熙耿门窗维修部	戴熙耿	2.3	凯旋路 755 号
78	净洁家政服务部	冯启亮	3	永越村牛北 29 号
79	兰兰家庭清洁服务社	张世云	1.4	中兴街凯旋小区 20 幢

表 8－48　　2010 年濮院镇体育彩票、福利彩票业一览表

序　　号	投注站项目	投 注 站 号	投 注 站 地 址
1	体育彩票	33048342036	濮院凯旋路 923 号
2	体育彩票	33048397202	濮院电影院门口
3	体育彩票	33048342064	濮院电影院门口
4	体育彩票	33048342019	濮院中兴路 66 号
5	体育彩票	33048342003	濮院凯旋路 183 号
6	体育彩票	33048342031	濮院永安路 635 号路北
7	福利彩票	33065709	濮院工贸大道 1272 号

续表 8－48

序　　号	投注站项目	投 注 站 号	投 注 站 地 址
8	福利彩票	33060812	濮院永乐路 37 号内
9	福利彩票	33064718	濮院南纬路 116 号
10	福利彩票	33065703	濮院凯旋路 788 号
11	福利彩票	33060823	濮院金龙新村 133 号
12	福利彩票	33065726	濮院永安路 629 号
13	福利彩票	33065727	濮院凯旋路 1570 号路
14	福利彩票	33065729	濮院货运大楼 94 号

表 8－49　　2010 年濮院镇新兴服务业一览表

单位：万元

序号	名　　称	经营者	注册资金	地　　址
1	百花企业经营管理有限公司	金维宪	—	永乐路 66 号
2	颂祖名片中心	沈颂祖	1	永乐路 54 号
3	蓝曼文印社	杨筱华	13	南纬路 91 号
4	双翼文书服务部	沈燕飞	0.2	中兴路 136 号
5	金鹏原创电脑设计室	唐鹏飞	2	世贸大厦
6	忠杏图文设计室	杨思忠	5	永乐路 20 号内
7	小蒋交通事故咨询服务部	蒋磊瑜	10	永乐村 320 国道旁
8	易佳软件科技有限公司	胡永辉	10	濮院大道
9	创新风云字牌店	徐耀忠	3	南纬路 10 号
10	璟鼎数字技术有限公司	夏　蓉	60	凯旋路
11	神彩图文设计室	金理正	3	永乐路 12 号
12	锦华电脑设计室	林友昌	2	栖凤路 4—196 号
13	信达商标代理服务中心	牛永亮	3	工贸大道 385 号
14	巴塞商务会馆	张建良	10	濮院大道 3918 号
15	一搏广告有限公司	陆忠伟	50	复兴路 44 号
16	罕努尔网络科技有限公司	李加宝	3	濮院大道 217 号
17	赢联广告有限公司	周梅辉	50	濮院大道 399 号
18	金旺电脑设计室	吴方领	2	永乐路 1 号

续表 8－49

序号	名　　称	经营者	注册资金	地　　址
19	金兰农业科技有限公司	钟　丽	600	新妙智村塘口
20	百代知识产权代理有限公司	唐社军	10	毛衫城廿贸大厦
21	众合电脑设计室	黄孝撑	1.2	永乐路10号
22	博文图文设计室	李来村	0.5	南纬路73号
23	融合电脑配件店	朱胜飞	5	凯旋路1135号
24	同舟广告有限公司	马孝明	50	金贸大夏
25	农业技术推广服务站	朱新生	40	西市
26	恒通图文设计室	陈启山	1.5	栖凤路4号
27	华泰电脑设计室	章宗旦	0.5	栖凤路4号
28	竭诚电脑设计室	林贤前	5	汽车站东侧1号门市部
29	发达电脑设计室	包观布	0.55	栖凤路东3号
30	万发电脑设计室	吕细丑	1.7	栖凤路东侧2号
31	腾达电脑设计室	王陈莲	0.9	南纬路6号
32	金鑫电脑设计室	蔡黄香	0.8	永乐路6—2号
33	丽丹电脑设计室	卢美玲	1.2	永乐路6—2号
34	丰联电脑设计室	姚海英	1	汽运二毛衫商城
35	飞腾图文设计经营部	徐三妹	0.8	永乐路1号内
36	恒丰电脑设计室	顾　萍	2	市场7区35号
37	时代电脑设计室	唐红明	1.5	工贸大道北侧
38	达佳电脑设计室	林贤镯	0.2	南纬路83号
39	新跨越电脑设计室	陈金莲	0.3	永乐路1号内048
40	诚谊图文设计室	王诚谊	0.5	永乐路1号内
41	洪星图文设计室	洪成苗	0.8	永乐路1号内
42	东方飞鸿图文设计室	黄固旧	0.8	工贸大道4幢1—2号
43	周林电脑设计室	陈周林	1	永乐路1号内7区138号
44	永杰电脑设计室	陈丽簪	1	永乐路1号内7区14号
45	金百盛品牌策划中心	邓毕节	3	世贸大厦8449号
46	桐顺职业介绍所	王强英	2	人力资源开发服务中心内
47	佳能图文设计室	陈见洪	0.5	永乐路1号内32号

续表 8－49

序号	名　　称	经营者	注册资金	地　　址
48	永生图文设计室	陈发志	0.5	永乐路 1 号内 15 号
49	羊毛衫市场广告有限公司	姚　锦	50	工贸大道货运大楼
50	电脑横机培训中心	冯加林	50	毛衫城工业园区
51	北京恒华泽林商标代理公司	陆　晖	5	桐乡分公司(金贸大厦 1 楼)
52	龙翔阁图文设计室	吕懿斌	2	中兴路 70 号—1
53	麦莎图文设计室	平　琪	0.7	永乐路 1 号内
54	三彩电脑图文设计室	陈修棒	0.5	南纬路 11 号
55	力群图文设计室	林礼勇	2	栖凤路 5 号第二间
56	德昌图文设计室	姜向雪	1	南纬路 43 号
57	繁星咨询服务部	沈　瑛	0.2	横屋街 79 号内
58	世大经济咨询服务有限公司	梁银友	3	世贸大厦 9 楼
59	千禧图文设计室	吴振强	2	工贸店道 9 号
60	星空图文设计室	黄富林	1	南纬路 35 号西
61	世纪华业商业发展有限公司	陈大鹏	3	文苑路 78 号
62	崇坤图文设计室	周旺仁	1	南纬路 71 号东
63	虹泰电脑经营部	冯建强	3	南纬路 57 号
64	丽百盛图文设计室	朱丽华	1	永乐路 1 号
65	翰唐图文设计室	尹家燚	2	工贸大道 861—863 号
66	金博品牌策划中心	谢锦春	2.9	世贸大厦 8550 号
67	华清图文设计室	黄乃游	1	南纬路 73 号
68	杨氏图文设计室	杨昌游	4	南纬路 40 号
69	杨金图文设计室	杨金香	2	栖凤路 4 号 188 号
70	新升电脑培训中心	冯　梅	8	南北圣中新路 150 号
71	豆豆电脑经营部	闵煜粱	2	凯旋小区 2 幢底楼
72	锐智电脑图文设计室	金　禹	2	永乐新村 130 号
73	联腾电脑经营部	赵　玮	5	凯旋路 D 幢 15 号
74	孟相图文设计室	金孟相	2	永乐路 1 号内
75	华旗图文设计室	李晓芳	1.5	濮院大道 1092 号
76	雅狐图文设计室	张裕雷	1	永乐路 88 号 501 室

续表 8－49

序号	名 称	经营者	注册资金	地 址
77	衣源图文设计室	李晓芳	1.5	濮院大道 3918 号
78	富光图文设计室	黄荣楠	1.2	工贸大道 385 号 C 幢
79	联强电脑店	庄烜芳	5	中兴路 76 号
80	瀚图网络技术有限公司	朱云飞	20	濮院大道 3918 号
81	智尚图文设计室	陈忠海	3	世贸大厦 8650 号
82	潘洪瀚电脑制版经营部	潘洪瀚	2	中兴路 139 号
83	姚娟电脑制版经营部	姚 娟	2	中兴路 139 号
84	沈亚琴电脑制版经营部	沈亚琴	2	中兴路 139 号
85	邱国华圆机电脑维修部	邱国华	2	中兴路 139 号
86	毛衫品牌传媒有限公司	姚 锦	50	工贸大道 369 号
87	易圣品牌策划中心	周 周	5	机械辅料城 2197 号
88	麒麟图文设计工作室	章宗胜	10	机械辅料城 2135 号
89	曼秀文化传播有限公司	黄 峥	10	濮院大道 3198 号
90	时尚文化传播有限公司	汪昌斌	150	国际毛衫中心楼
91	桐舟图文设计室	姚兴官	1	工贸大道北侧 8 幢
92	翰轩图文设计室	叶信醒	4	南纬路 53 号
93	凡博图文设计室	包金花	3	永乐路 20 号
94	豪美图文设计室	陈雪聪	0.8	南纬路 59 号
95	韩流图文设计室	张 亮	1	孟家园 29 号
96	富怡软件有限公司	徐建兴	3	市场品牌楼
97	碟友软件屋	沈 杰	1	永乐路 66 号
98	浩方图文设计室	杨志浩	1	机械辅料城
99	佳泰图文设计室	朱保华	3	机械辅料城
100	新祝图文设计室	张伟翔	3	机械辅料城
101	原动力图文设计室	徐 高	1	机械辅料城
102	宾利知识产权代理有限公司	郝海兵	10	机械辅料城 3 楼
103	乐乐电脑设计室	吴陈莉	2	永乐路 20 号
104	慧堂广告有限公司	吴良清	50	金贸大厦二楼
105	杭州领先广告策划有限公司	张立新	—	世贸大厦 8710 室

续表 8－49

序号	名　　称	经营者	注册资金	地　　址
106	中恒品牌管理信息发展公司	高　震	50	西南街固安桥街(有限公司)
107	一线图文设计室	高永模	2	永乐路 20 号
108	源创图文设计室	陈继华	4	工贸店道 1298 号
109	天翔图文设计室	徐晓蕾	2	第二农贸市场 C16 号
110	创智品牌策划中心	汪家春	2	机械辅料城
111	龙金图文设计室	蔡满仙	2	南纬路 81 号
112	飞凡电脑经营部	潘雄鹰	5	凯旋路 453 号
113	天空电脑工作室	徐　涛	1.05	辅料城 2155 号
114	博通商标代理有限公司	陈小平	10	工贸大道 385 号
115	小姚图文设计室	姚燕萍	2	中兴路 139 号内
116	金一线品牌策划中心	高永模	2	濮院大道 3998 号
117	洪顺自动化技术有限公司	易忠琅	3	费家场 41 号
118	新博网络科技有限公司	章黎冬	10	毛衫品牌楼
119	天林电脑经营部	吴汉琳	5	凯旋路 1183 号
120	天火堂图文设计室	曾国元	5	工贸大道 759—763 号
121	天地人和品牌策划中心	黄　斌	5	市场路 47 号底
122	墨格图文设计室	潘　明	3	金贸店厦 11—12 号
123	智库时装设计有限公司	皮海霞	100	濮院大道 3918 号
124	新岛自动化技术服务部	边建平	1	西浜村 7 号
125	富星品牌策划中心	张日爱	3	濮院大道 3998 号
126	顺宇图文设计室	潘绍双	2	南纬路 103 号
127	博华技术咨询有限公司	柳正信	10	羊毛衫工业园区内
128	慧智图文设计室	张宝金	5	濮院大道 3998 号
129	吾一工场图文设计室	赵雪巍	10	工贸大道 1328 号
130	上海欢恰智能科技有限公司	邵　俊	—	濮院大道 3918 号(桐乡分公司)
131	针织产业信息有限公司	吴炳明	100	工贸大道 369 号
132	通存图文设计室	黄通存	1.5	永乐路 1 号内
133	迅博电子信息技术有限公司	张建荣	3	濮院大道 3918 号
134	金牌商标代理有限公司	陈红莉	50	世贸大厦

续表 8－49

序号	名　　称	经营者	注册资金	地　　址
135	金喜品牌策划中心	金海军	15	金贸大厦 1 楼 7 号
136	武汉拍拍速递广告有限公司	马　涛	—	市场路 1 号(桐乡分公司)
137	一帆广告有限公司	董金根	50	凯旋路 362 号
138	道格包装设计有限公司	沈昌珍	50	工贸大道 385 号
139	汉凤品牌策划有限公司	王汉平	10	濮院大道 3918 号
140	家盛服装设计有限公司	刘斌功	3	濮院大道 3918 号
141	创锐电子科技有限公司	张建国	50	锦园社区凯旋路
142	震露电脑设计室	何露晨	1	濮院大道 3998 号
143	赛诺品牌策划有限公司	徐　高	10	濮院大道 3918 号
144	酷狼电脑店	赵宏刚	2	建园路 15 号
145	欧博图文设计室	魏加真	3	南纬路 111 号
146	鼎升品牌策划中心	张齐兵	3	濮院大道 3998 号
147	翔鑫图文设计室	邓子鑫	1	濮院大道 3998 号
148	福纳品牌策划有限公司	肖海游	10	濮院大道 3918 号
149	名品商标代理有限公司	陈相忠	50	工贸大道北侧
150	雅逸图文设计室	孙芳芳	1	濮院大道 3998 号
151	鼎力商标代理服务中心	苏　航	10	中兴路 387 号
152	天元电脑制版服务部	时根良	10	凯旋路 1480 号
153	关爱教育咨询服务部	金世杰	1.06	凯旋路 835 号 2 单元 202 室
154	威亚装饰设计中心	刘　晓	2	凯旋路 1059 号

第五章　外贸出口

第一节　历史概况

历史上的濮绸外贸

濮院对外贸易历史悠久，以丝绸织作驰名海内，有“濮院绸”之称。早在南宋时“濮绸”就运销国外，元明继之，一直延续到清代。正如卢存心《嘉禾杂咏》所述“宋锦人传出秀州，清歌无复用缠头。如今花样新翻出，海内争夸濮院绸”。清朝时期，濮院的外贸出口相当繁荣。据乾隆《濮镇纪闻》记载，濮绸远销“琉球、日本，濮绸之名，几遍天下”。濮绸通过各地客商采购后销往到琉球、日本、朝鲜等地，通过海上丝绸之路出口到美洲，通过葡萄牙商人从广州销往欧洲。此外，出口商品还有蚕丝、烟叶、小湖羊皮等，由商人收购，转运上海等地外销。1840 年鸦片战争后，国势日衰，外国资本入侵，在通商口岸建行办厂，掠夺蚕茧原料，使濮院的丝绸业受到严重的损害，如当时在丝绸行业中占领先地位的濮院朱春茂丝行（兼绸庄）就有上海美鹰洋行、恒茂丝行的洋商及华人买办“坐庄”压价收购土丝出口。民国 10 年（1921）后，濮院的丝绸业开始下滑，民国 26 年濮院沦陷，丝绸业遭到日本侵略军毁灭性的破坏，濮院丝绸的外贸出口降至零。

中华人民共和国成立后的外贸

中华人民共和国成立后，外贸出口逐渐恢复，初期出口商品大都为农副产品，镇域有大米（1958 年濮院油米厂加工的出口大米）、蚕丝、烟叶、小湖羊皮等，分别由县粮食局、供销社收购，经上海口岸出口。1973 年，桐乡县建立对外贸易局，1974 年，建立桐乡县对外贸易公司，开发和组织出口商品货源。1979 年改革开放以后，国家扶持外贸出口，出口商品开始转向以工业品为主。1980 年浙江省开始自营进出口，本地出口商品逐步由上海口岸转向由浙江省外贸公司组织出口。1988 年，桐乡县对外贸易公司扩建为进出口公司，获得自营进出口权，部分商品可直接推向国际市场。在此形势下，镇域的外贸出口逐渐增长。濮院油米厂 1985 年经省粮油进出口公司外销菜油 200 吨，豆油 20 吨，出口产品评为 A 级。1987 年、1989 年出口创汇分别为 155.6 万元、113.36 万元，成为桐乡县出口创汇重点国企。濮院丝厂逐渐发展成为出口丝定点厂，1981 年出口 104.68 吨该厂生产的梅花牌桑蚕白厂丝（Z2/43），1987 年该产品被评为浙江省优质产品。1990 年 9

月濮院丝厂生产的梅花牌桑蚕白厂丝(Z2/43)被国家优质产品评审委员会审定通过,获国家银质奖,是年出口141.8吨。桐乡市缝纫机零件厂生产的JA1-1送布凸轮被嘉兴地区授予优质产品称号,产品为全国各省缝纫机厂配套,1988年有20万件外销,发运到毛里求斯。濮院绸厂生产的绢纬塔府绸、斜纹绸也是外贸出口产品。桐乡丝绸联合厂生产的真丝双绉、绸缎的品种11205电力纺,11216电力纺,11160电力纺,透气性好,染色后,色彩鲜艳,耐水、砂洗濯,被定为浙江省丝绸公司生产出口绸缎定点厂。桐乡毛纺织厂,1988年7月首批产品出口创汇,1995年获得桐乡市第一批自营出口权企业,1997年、1998年、1999年连续三年获桐乡市自营进出口企业创汇第一名。2009年全年出口创汇1000万美元。桐乡毛纺织厂改制后,改名为桐乡市顺新毛纺织有限公司,主要生产顺新牌走锭纺40/2支和36/2支纯山羊绒针织纱,26/2支纯山羊绒纱120个颜色,2009年产值达1亿元,一直以来以外贸为主。2010年出口创汇达1500万美元。

表8-50　1981—1990年濮院丝厂白厂丝(Z2/43)历年出口数量统计表

年　份	1981年	1982年	1983年	1984年	1985年	1986年	1987年	1988年	1989年	1990年
出口量(吨)	104.68	108.11	68.8	74.12	60.96	39.62	86.21	90.2	143.79	141.8

第二节　外贸发展

外贸经营方式

清末起,境内商品出口通过中间商售给洋行,或由洋行直接委托当地商号代购,再将货物运往国外市场销售,中间商从中取得一定的佣金。中华人民共和国成立后,1953年起,出口商品由归口单位收购,按系统逐级上调,转口外销。1974年,县外贸公司建立后,根据口岸公司下达的商品收购计划,开展收购业务,或代办户转发运。1985年,县境列为长江三角对外开放地区,扩大经营自主权,开展多渠道、多口岸对外贸易。濮院外贸出口的经营方式主要有调拨和自营出口,农副产品收购后的外销主要是调拨方式,而桐乡毛纺织厂是自营出口的方式。

以羊毛衫为主的外贸

1994年,濮院羊毛衫市场形成一定规模后,许多生产企业除了经营内销产品外,还把眼睛盯向了国际市场,开始经营羊毛衫外贸,如濮院的“九九羊毛衫厂”生产的羊毛衫每年都出口到东欧、西欧及南美洲等地国家。

2006年4月,濮院设立了羊毛衫市场毛纺织饰品外贸交易区。外贸区首期145间门市部投入使用,当年濮院市场毛衫产品外贸交易值15亿元,园区企业实现外贸出口交货值2464万美元。同年,为了进一步扶持羊毛衫外贸出口,濮院羊毛衫市场管委会和外经贸局重组了新的外贸实体，成立了桐乡外经局下属外贸服务中心。中心在濮院羊毛衫市场设立工作站，专门为企业提供外贸服务：免费为企业办理外贸出口业务中的相关手续，协助企业获得外贸经营权，与外商洽谈业务，制作单证；组织企业外贸实务培训与辅导，宣传纺织后配合时代国际服装市场的变化情况，让企业主意识到纺织品的国际市场正面临重新分化，谁先占领这一市场，谁先得益；多次组织企业走出去，参加大型国际交易会，赴欧洲、中东、俄罗斯、韩国等地考察和宣传。9 月，浙江省羊毛衫协会与阿里巴巴网站合作建立了羊毛衫网上交易平台，为羊毛衫行业外贸出口提供了新的渠道。工作站又推出“订单式培训”服务，制定个性化培训方案，从出口前道手续到纺织品专用产地证办理等方面开展辅导培训。2007 年，外贸区 1—3 期全部建成开门营业，物流外贸外运毛衫 7750 吨，园区企业实现外贸出口交货值 2724 万美元。2008 年外贸出口贸易额 2944 万美元，2009 年 2321 万美元，2010 年达到 3215 万美元。产品远销日本、法国、韩国、意大利、英国、俄罗斯、南非、中东等国家和地区。

表 8－51　　2001—2010 年濮院镇外贸出口交货值统计表

单位：万元

年　　份	2001 年	2002 年	2003 年	2004 年	2005 年	2006 年	2007 年	2008 年	2009 年	2010 年
出口交货值	45000	51000	58000	76863	85584	102700	148684	136569	140167	151609

第九编

财政 金融

工商管理

中华人民共和国成立前，境内未设乡镇级财政。20 世纪 50 年代中期，建立乡级财政，不久撤销，20 世纪 80 年代中期，恢复建立。80 年代后期，建立镇财政。之后，随着行政区划的调整及镇级经济的提高，财政收支不断递增。

民国时期，镇区金融业务依赖银楼、钱庄、当铺。中华人民共和国成立之初，中国农业银行桐乡县支行濮院营业所统一经营金融业务。之后，农村信用社及其他 6 家金融单位陆续在镇设立分支机构。保险业起始于 20 世纪 50 年代，初由农业银行代理，业务单一，后机构撤销，业务停止，80 年代重新恢复。90 年代中期，境内各金融机构相继与有关保险公司合作，增设保险代理业务。21 世纪初，两家保险公司先后在境内设立营销服务部，开展相关保险业务；一家证券公司在镇区开设服务部。

20 世纪 50 年代末，成立市场管理委员会，为境内工商管理机构，后机构名称更名为濮院工商行政管理所，行使境内工商事务的一切管理权限，为市场健康发展保驾护航。

第一章　财政　税务

第一节　中华人民共和国成立前的财政税务

财政

宋、元、明、清时期，地方只有征集上贡的义务，没有自收自支的权力。地方财政支出或向上司领取，或按规定在收入中留用一定数额。

民国初期的财政体制为中央、省两级制。民国 21 年(1932)9 月，中央政府颁布《预算法》。民国 23 年 5 月，财政部召开第二次全国财政会议，通过划分省与县(市)地方收支标准原则后，浙江省于民国 24 年正式设立县级财政。根据“县(市)与区、乡、镇合为一体”的原则，乡镇不设财政。故濮院在这一时期仍未建立乡镇级财政。

税务

农业税收　宋时，境内赋制沿用唐“两税法”，分夏秋两季征收田赋。《光绪桐乡县志》载：“田自一则至四则，地自一则至六则。田有苗米夏税绢，地有夏税绢绵，高下敷纳不同。地之物力，视上等之田满三十贯则起租买绵，或增或减，视民户田地去留而升降之。夏税绢每匹折钱七贯，下三等户每尺一百三十文，绸每匹折钱七贯五百文，绵每两折钱五百文，不输本色。苗米输本色。”宋高宗绍兴十四年(1144)，域内新生乡、濮院乡分属于永新和梧桐两乡。是年,永新乡田赋为绢 636 匹 5 寸 5 分,绸 34 匹 4 尺 5 寸 9 分,绵 260 两 8 分,苗米 4144 石 5 斗 4 升 7 合;梧桐乡田赋为绢 366 匹 5 寸 5 分,绸 2 匹 2 丈 1 尺 1 寸 4 分,绵 136 两 8 分,苗米 1717 石 8 斗 2 升。清代按明代赋籍、赋额征收田赋、丁赋,雍正时实行摊丁入地后统称地丁。清代曾几次增收附加,两次减赋,有时根据财政需要,以米折银,但税制基本稳定。

民国元年(1912)农业税赋按清代额征银米合并正杂项目,折征银圆。征银部分每银一两折银圆 1.5 元,加征粮捐 0.30 元作为国省税,仍称地丁。附征县税(后称"特捐",境内按原赋银每两折征银 0.69 元)。征米部分改称抵补金,每赋米 1 石折征银圆 3 元。民国 21 年,境内实施《浙江省征收田赋章程》,农业税赋称田赋,分上下两期征收。上期,即原地丁,按原赋银 1 两折征银圆 1.8 元;下期,即原抵补金,按原赋米 1 石折征银圆 3.3 元。民国 26 年,桐乡县沦陷,全县田赋停征。民国 28 年,随田定率筹征田亩捐。境内农业税收也按此税赋征收。民国 30 年,田赋收归中央,规定按原征正附总额折算征收实物,濮院与桐乡一样处于游击区,变通按田亩捐率,折算出每亩应纳稻谷数,再按不同年份的稻谷价格征收,实收法币。民国 34 年,抗日战争胜利,当年田赋、公粮全部豁免。民国 35 年,田赋开始征收实物。

工商税收 工商税收制度各朝不同。宋时,对过往商货征收通过税,清时实行厘捐制税收,民国为统捐制税收。境内有记载的税收征收始于清咸丰同治间。税收机构初为馆卡,后改为局(所),如厘捐局、统捐局、烟类稽征所及邮包税征收所等。

厘捐局 清咸丰同治间,境内开始以设卡抽厘的方式征收通过税,馆卡设于十景塘,初由府照磨兼办,后委派专员在濮院(当时属秀界的河下)租赁民房专职办公,征收机构也由馆卡改为局所。时因濮院税收较钜,故桐乡、石门(崇德)各局归总于濮院,至光绪年间,机构名称正式被命名为"石桐厘捐局"。征收课目除丝捐外,共分绸缎绫罗、呢羽、绣货、海货、布匹、锡箔纸扎、铜铁铅锡、瓷器、食物、药材、木竹、杂货十二类,按货本估值征收,参验运货发票。同治二年定厘捐率,货物价千文者起捐三十文,验捐减半。光绪十年(1884)前,濮桐局每年大约收货厘二万铜钱,后增至四万以上。

丝捐在厘捐中单定办法:运丝捐每包丝 80 市斤,正捐银圆 16 元,沪捐银圆 4 元,塘工捐银圆 2.4 元,善后捐银圆 2 元,共 24.4 元。光绪十年(1884)前,濮桐局每年大约收银圆 8000 元。光绪二十四年(1898)改由铺户认捐。

历任的厘捐委员共 28 人,其中,同治年间 5 人,由照磨兼任,光绪年间 21 人,宣统年间 2 人,均系外省调至。

统捐局 民国元年(1912)5 月,浙江省都督府宣布,浙江省成立统捐局,石桐厘捐局更名为桐乡统捐局(二等),局址仍于原处。统捐局对税收施行"一省之内统一课捐类目、统一捐类,一次捐足,通行全省",统捐局因此而名。统捐局征收的项目有百货捐、丝绸捐、茧捐、丝捐、茶捐、棉花捐、棉纱捐、锡箔捐、煤捐。桐乡统捐局下设崇福、石门湾、青龙桥、屠甸四个分局,陡门、洲泉、灵安、停趾桥四处则设巡船分驻。

民国《濮院志》载,民国15年(1926)全县捐税为:"税收总额银币五万八千元,濮局税收约二万一千元,占全额百分之三十六,烟酒另设专局不在内;运丝每包八十斤,正捐二十二元,附税二元二角,沪捐三元二角,水利捐一元,共二十八元四角;用丝每斤正捐十五元六角,附税加一成,共十七元一角六分,无水利捐;绸每斤二角六分,柏子每百斤一角,麻每百斤三角,豆每百斤八分,此为正捐之数,正捐外又加附税二成,水利捐六厘。"

历任统捐局长为唐鸿墀(嘉善籍)、朱潞(海盐籍)、陆醴成(籍无载)、李光迪(镇海籍)、窦炎(籍无载)、魏在田(直隶籍)、胡椿年(萧山籍)、邱祖德(湖北籍)、姚绳武(吴兴籍)、江承修(太仓籍)、刘钟球(江苏籍)、李锡畯(山东籍)、方善源(宁波籍)、傅敏(杭县籍)、沈宏燮(嘉兴籍)。

濮院烟类稽征所 烟叶税在清时先由厘捐局征收,后由商办认捐,民国初年归统捐局就地征收。民国6年(1917)5月,浙西烟类稽征专局设于硖石镇,濮院则在镇西市设稽征所,稽征所通年税收万余金。民国《濮院志》载:"烟叶以一百六十斤为一包,民国捐率每百斤一元五角,每包正捐二元四角,外加附税二成,水利捐六厘,共三元零二分四厘。又公卖价格分四等,甲种每百斤十五元,乙种十二元,丙种九元,丁种六元。濮院无甲种烟,以乙、丙、丁三种平均计价为九元,抽税三分之十五,即每公卖税为二元一角六分,故每包烟叶共捐五元一角八分四厘。"

邮包税征收所 民国17年(1928)中央政府公布《全国邮包税征收简章》,浙江省于各地设邮包税局,濮院设立邮包税征收所。

附:

1929年3月5日,《申报》刊登一则关于濮院拟设消费税分所的消息。消息称:"浙江省拟设消费局所,设局原则:1. 凡性质相同及征收手续相近,与夫收数零星之货品,同在一地收税者,均按地设局,归并一局办理,但在初办期间,其大宗货亦得按类设局。2. 设局地点,以货品之出产或集中之地为限。3. 各省设局地点,由各省特派员查明指定,呈部核准,为局所征收便利起见,就物品生产或集中地分别设立,惟第一区之濮院,向不设厘卡,今则设立消费税分所。濮院为第一区丙类,甲类(总部设杭州)。"

第二节 中华人民共和国成立后的财政

机构设置

1956年8月,根据省人民委员会"乡都要建立乡一级财政"的指示,境内濮院、新生两乡均建立乡级财政。其内容主要是乡自筹经费(按农业税附征5.5%)和农村公有财产管理,其收支列入县预算外资金管理。1957年,增加营业税、所得税附加项目。财政支出主要用于文教事业、行政费用和农村交通水利支出。1958年10月建立人民公社后,乡级各项收支均并入县预算,乡级财政随之取消。1985年,濮院、新生两乡相继恢复乡财政组。恢复之初,财政组人员由组长(由乡长兼任)、总会计两人组成,1986年增设征收员。1992年6月和2001年10月,随着行政区划的调整,濮院乡及新生镇先后并入濮院镇,原乡镇财政组同时撤并。

1988年7月,为适应濮院经济和社会的发展,经县政府批准,濮院镇建立财政组。财政组由8人组成,其中总会计1人,征收员3人,协税员4人,其主要工作职能是对镇办、街道办企业、集市贸易、个体商贩税金的征收,并兼管城市维护建设税的收入与分配、教育基金的筹集与分配。1997年,濮院镇实行小城镇综合改革,镇财政组改称濮院镇财政局。财政局设局长(由镇长兼任)、副局长及预算科、综合科,同时设立金库,为当时嘉兴市唯一设立的镇级金库。主要工作职责负责政府财政预决算的编制;财政资金的筹集与管理;行政事业单位的财务管理与监督;农业税收的征收与管理等。

管理体制

乡镇财政管理体制是国家财政管理体制的重要组成部分,由县(市)政府确定,根据国家政策变化适时调整。

1986—1988年,濮院、新生两乡,实行县统一管理下的"划分范围、核定收支、收支挂钩、超收分成,超支不补、一年一定"的财政管理体制。1988年7月,濮院镇财政组实行"核定基数、递增上缴、超收分成、超支不补、一定二年"的管理体制。镇财政主要收入为镇(街道)办企业、集市贸易及个体商贩税收,以及城市维护建设税分成和教育基金筹集等。1988年濮院镇完成工商三税(产品、增值、营业),超基数分5%;集市贸易和个体商贩纳税完成基数分20%,超收部分分40%;固定收入超收部分分18%。

1989年,桐乡县财税局将预算管理体制改为"核定基数,递增上交,超收分成,超支不补,一定两年"。同时将上年各税种合并分配,凡完成包干基数后,超支部分分40%;城建税收则为县局先提取3%作为教育经费,余下部分县局得35%,镇财税所得65%。1991年预算管理体制调整为"划分收支,核定基数,递增上交,超收分类分成,超支不补,一定两年"。1993年,预算管理体制再次调为"划分收支,核定基数,分档环比递增,超收分类分成,超支不补,一定两年"。1995年,桐乡市提出处理市与乡镇财政分配关系四原则,制定并实行"划分收支,核定基数,总额分成,定额补助(或递增上交),自求平衡,一定两年"的乡(镇)预算资金收支管理体制。具体内容包括收入基数、支出基数、分成办法、定额补助(或递增上交)办法、确保中央收入等五个方面。1998至2000年,实行"划分收支、分税分成、核定基数、差额上缴、转移支付、一定三年、自求平衡"的财政管理体制。

2001年,市政府根据《浙江省分税制财政体制实施方案》,下发桐政〔2001〕18号文件，出台新一轮乡镇街道财政管理体制，实行“划分收支、核定基数、增收分类分成、转移支付、自求平衡”的财政管理体制。镇财政收入范围为：本行政区域内所有企事业单位实际缴纳的各项工商税收和农业税、农业特产税、契税和耕地占用税等农业四税。上述收入根据财权与事权一致原则，综合考虑税源大小、征收管辖和便于操作三个因素，划分为市级固定收入、镇级固定收入和市与镇共享收入。镇级固定收入为农业税、农业特产税、房产税、印花税、城镇土地使用税。市与乡镇共享收入为增值税的地方所得部分、营业税、企业所得税、个人所得税和城市维护建设税。

2002 年，市政府根据行政区划调整和中央对企业所得税和个人所得税分成体制调整，下发桐政〔2002〕26 号文件，调整乡镇（街道）财政管理体制，实行“确定收支范围和基数、划分税种、超收分成”的财政管理体制。镇财政收入范围为：本行政区域内所有企事业单位、农户以及个人缴纳的增值税、企业所得税、个人所得税、营业税、城市维护建设税、房产税、印花税、城镇土地使用税、土地增值税、农业税、耕地占用税、契税、罚没收入、其他收入（含税务、审计部门查补税款）。收入分配以 2001 年镇财政实际收入为基数，市、镇分成办法为：1. 与中央共享税种（指增值税、企业所得税、个人所得税）中的市得部分，以同口径计算的上年决算数递增 6％为基数，超收（扣除上缴省 20％）按市镇 4∶6 比例分成。2. 其他各项收入实行总额分成，扣除上缴省 20％后，市与镇各得 50％。

2006 年，市政府下发桐政〔2006〕42 号文件，再次调整乡镇街道财政体制。镇财政实行“确定收支范围和基数、划分税种、收支挂钩、一定三年”的财政体制，镇财政收入范围确定为：除市级收入外本行政区域内所有企业、个体工商户、机关事业单位、农户以及个人缴纳的增值税、企业所得税、个人所得税、营业税、城市维护建设税、房产税、印花税、城镇土地使用税，包括税务、审计部门查补税款。体制收入的基数：以 2005 年收入实绩为基数，其中，增值税按 20％（其中免抵调库按 12.5％）、企业所得税和个人所得税按 32％、其他收入按 80％确定。体制结算办法：镇可用财力与体制收入总量实行定比同步增长，即收入范围中的收入比收入基数增加 1 个百分点，可用财力在支出基数上相应增加 1 个百分点。房地产开发和建筑安装业的营业税和企业所得税实行单独比例分成。

财政收支

乡镇财政收支包含预算内资金收支、预算外资金收支和自筹资金收支三部分。乡镇财政建立之初，乡镇预算外资金为乡镇各部门、各单位根据国家有关规定，自行提取、自行使用，不纳入国家预算资金。1996 年 7 月，国务院财政部发文，明确规定预算外资金是国家财政资金，不是部门和单位的自有资金，用于乡镇政府开支的乡镇自筹资金也属于预算外资金，必须纳入财政统一管理。2001 年开始，三部分收支名称统一为：一般预算收支、基金预算收支和专用基金收支。一般预算收支，收入（国家预算内资金收入），主要包括上级财政核定的收入基数、年度税收增收分成及上级财政补助收入，支出包括行政管理费、支农支出、城镇维护建设费、乡镇事业费（包括文化、教育、卫生、广播、公费医疗、计划生育、优抚社救等)及其他。基金预算收入主要指教育费附加,用于教育事业支出。专用基金收入即预算外收入,指不纳入国家预算的各类收入,用于弥补一般预算支出和基金预算支出之不足。其中:

1990 年,濮院镇财政收入 278.89 万元,比预算数增加 40.84 万元,增长率为 17.16%。城市维护建设税收入 39.42 万元,比上年增长 17.46%。是年,是执行"核定基础、递增上缴、超收分成、超支不补、一定二年"的财政政策的第二年,也是最后一年。因此,当年超收分成收入 16.34 万元(超收 40.84 万元×40%),城市维护费分成 24.85 万元,支出基数 24.93 万元,三项合计收入 66.12 万元;各项补助收入 21.38 万元;上年结余 5085 万元。1990 年,全镇可安排资金 93.32 万元,总支出 76.15 万元,比上年减少 13.95%。收支相抵,1990 年,全镇年终滚存结余资金 16.40 万元。

1990 年,新生乡财政总收入 80.616277 万元,比预算数增长 36.616271 万元,增长率为 83.2%;总支出 79.972388 万元。

1991 年,濮院乡财政收入分预算内资金、预算外资金及自筹资金三部分。预算内资金:总收入 379.79 万元,完成预算数的 96.47%,比上年减少 1.45%。乡财政可用资金 63.01 万元,包括按体制分成计算,乡财政得超收分成 20.01 万元,各项补助收入 22.96 万元及上年结余 20.04 万元。总支出 62.62 万元,完成预算数的 136.51%,比上年减少 25.87 万元,减少 29.23%。收支相抵结余 0.39 万元。预算外资金:总收入 55.36 万元,包括教育附加、农业发展、上级补助等方面的收入,完成预算数的 90.79%。总支出 52.84 万元,完成预算数的 84.85%。收支相抵结余 5.99 万元。自筹资金:总收入 20.15 万元,主要包括社会性支出资金收入、事业上交收入等,完成预算数的 76.52%。总支出 22.63 万元,完成预算数的 96.21%。

2000 年,濮院镇财政总收入 2937.61 万元,完成预算数的 173.82%。其中,一般预算收入 1007.18 万元,完成预算数的 167.86%;基金预算收入 73.87 万元,完成预算数的 73.87%;专项基金预算收入 1856.56 万元,完成预算数的 226.69%。财政总支出 2987.84 万元,完成预算数的 177.37%。主要用于农林水利、工业交通、城市维护、文教卫生、行政管理、民政及其他等方面。

2000 年,新生镇地方财政收入 494.87 万元,同比增长 103.04 万元,增长 26.3%;镇可用综合财力 567.61 万元,同比增长 220.37 万元,增长 63.5%,完成预算数的 149.3%。其中,一般预算收入 188.70 万元,完成预算数的 107.8%;基金预算收入 84.09 万元,完成预算数的 120.1%;专项基金预算收入 229.28 万元,完成预算数的 191%。总支出 518.24 万元,完成预算数的 136%。收支相抵,结余 49.37 万元。

乡镇合并和乡镇财政体制调整后,濮院镇的财政规模不断扩大。

2005 年,镇财政总收入 11680.72 万元,完成预算数的 115.6%。其中,一般预算收入 4275 万元,基金预算收入 870 万元,专用基金收入 6536 万元,上级补助收入 2065.62

万元，上年结转 58.84 万元。财政总支出 11520.67 万元，完成预算数的 114.03%。主要用于支农、城市维护、交通事业、文教卫生科技、民政、行政、社会治安及其他等方面。

2010 年，镇财政总收入 19353.68 万元，完成预算数的 106.92%。其中，一般预算收入 6477.74 万元，基金预算收入 1370.35 万元，专用基金收入 11170.78 万元。财政总支出 19345.4 万元，完成预算数的 106.88%。

随着濮院经济的快速发展，镇级财政收支大幅提升，有力地推动了濮院地方事业的发展，促进了社会的和谐与稳定。

表 9－1　　1990 年濮院镇财政支出一览表

单位：万元

支出项目	合计	支出项目	合计
上解中央作贡献	0.76	其他	2.98
文化教育卫生	26.32	预算内教育附加	4.32
其他部门事业	0.27	城市维护	31.85
抚恤社会福利	3.26	行政管理	7.15

资料来源：1991 年镇人代会财政决算报告

表 9－2　　1990 年新生乡财政支出一览表

单位：万元

支出项目	合计	支出项目	合计
城市维护	13.154496	文化教育卫生	20.268257
其中：农贸市场建设	12.5151	抚恤事业	8.254772
农林水	0.780164	行政管理	17.657696
支持农村生产	0.651163	公检法	1.794774
交通事业	4.200251	其他	7.350392

资料来源：1991 年乡人代会财政决算报告

表 9－3　　1991 年濮院乡财政支出一览表

单位：万元

支出项目	合计	支出项目	合计
支援农业生产	9.45	其他部门	0.73
农林水利事业	1.17	抚恤社会福利	2.74

续表 9-3

支出项目	合计	支出项目	合计
文化教育卫生	27.71	行政管理	10.38
科学事业	0.05	其他	0.13
城市维护	8.64		

资料来源:1991 年乡人代会财政决算报告

表 9-4　　2000 年濮院镇财政主要支出一览表

单位:万元

支出项目	合计	支出项目	合计
小型农田水利和水土保持补助	41.32	文教事业费	371.54
支援农村合作生产组织资金	1184.18	其中:教育事业	361.24
农业综合开发	112.3	广播电影电视事业	20
农林水事业	98	其他部门事业	46.62
工业交通等部门事业	79.2	抚恤和社会福利救济	56.367
城市维护	390.37	教育费附加	129.05
其中:南横街拓宽工程	310	卫生事业	46.38
行政管理	508.02	其他支出	2.7

资料来源:2001 年镇人代会财政决算报告

表 9-5　　2000 年新生镇财政支出一览表

单位:万元

支出项目	合计	支出项目	合计
农业综合	58.09	计生	0.8
集镇	9.8	综治、政法	6.8
公益事业(筑路、养路、修桥)	23	卫生事业	8.93
教育事业	280.06	工、青、妇、兵	1.96
广播、电视	5.57	其他	26.36
抚恤和社会福利救济	29.5	弥补上年赤字	0.86
行政管理	66.5		

资料来源:2001 年镇人代会财政决算报告

表 9－6　　2005 年濮院镇财政主要支出一览表

单位：万元

支出项目	合计	支出项目	合计
支援农村生产	1091.7	科技教育	2561.83
城市维护	4006.59	民政事业	336.32
交通事业	1129.95	行政事业	592.56
卫生事业	102.99	社会治安综合治理	707.47
文体事业	28	其他	963.26

资料来源：2006 年镇人代会财政决算报告

表 9－7　　2010 年濮院镇财政主要支出一览表

单位：万元

支出项目	合计	支出项目	合计
农林水	887.78	文体事业	215.13
科技教育	1418.83	行政事业	2268.98
城市维护	662.36	城乡社区事务	854.47
医疗卫生	427.7	社会治安综合治理、平安创建	1428.91
社会保障	412.6	“两新”建设	10738.34

资料来源：2011 年镇人代会财政决算报告

第三节　中华人民共和国成立后的税务

机构的变迁

1949 年 5 月，桐乡县人民政府设财粮科，开展地方税征收业务，同年 6 月，开展征收国税业务。1950 年 3 月，国税和地税机构合并成立税务局，隶属桐乡县人民政府；濮院设税务所。濮院税务所实行地方政府和上级税务部门的双重领导，业务上以上级税务部门为主。1958 年 4 月，桐乡县将财粮科、税务局和保险公司合并为桐乡财政局，濮院设办事处。

1959 年，濮院办事处改称濮院财政所，1961 年又改称为濮院财政税务所。1971 年 1 月，金融财政合并，濮院财政税务所更名为濮院财政金融所。1973 年 1 月，金融财政分离，恢复濮院财政税务所。

1994 年全国推行分税制，国税与地税分设机构。同年 9 月 30 日，桐乡市分设国家税务局、地方税务局。濮院财政税务所也随之进行国税、地税业务划分，合署办公。国税负责辖区内中央税、中央与地方共享税的征收；地税负责辖区内各类地方税及教育费附加等的征收。1997 年，桐乡市地方税务局濮院税务所和桐乡市国家税务局濮院税务所相继成立。

桐乡市地方税务局濮院税务所 1997 年 7 月，桐乡市地方税务局濮院税务所独立设置，下设办税服务厅和征收计会（计划与会计）、企业管理、个体管理三个管理组，地址柳岸街。2004 年 4 月，濮院地方税务所升格为桐乡市地方税务局濮院税务分局，下设综合、征收计会、企业管理等三个管理组。2007 年 3 月，税务分局迁至宏苑路。此外，根据境内个体经营发展的实际，2009 年，濮院地税分局与国税分局联合成立濮院个体联合征管所，取代原个体管理的相关事务。2010 年，分局有干部职工 24 名，其中中共党员 12 名，共青团员 3 名，35 周岁以下青年 12 名。濮院税务分局作为桐乡市地方税务局下辖的一个基层征管机构，承担着对全镇近万户纳税人的税务登记、税源管理、发票管理、地方税费征收、综合管理、日常稽核等工作。

桐乡市国家税务局濮院税务所 1997 年 10 月，桐乡市国家税务局濮院税务所独立设置，下设办税服务厅和综合、税源两个管理组，地址柳岸街。2006 年 6 月，迁至宏苑路 806 号。2009 年 1 月，经报请国家税务总局批准，濮院国税所升格为桐乡市国家税务局濮院税务分局。2010 年，分局有干部职工 21 人，其中中共党员 7 人，共青团员 3 人。濮院国税分局作为桐乡市国家税务局下设的一个基层国税征管机构，担负着全镇 8000 余户纳税人的申报征收、纳税服务、发票管理、税源管理及评估稽核等国税征收管理工作。

农业税收和工商税收

农业税收 中华人民共和国成立后，国家废除旧的田赋制度，制订新的农业税制。新农业税制，根据农村土地改革、集体化运动和社会主义建设等不同时期，调整税率标准、征收方式，出台减免政策等，逐步减轻农民的负担，直至 2006 年 1 月，国家取消农业税。

1949 年 6 月，桐乡县根据省人民政府公布的《1949 年度浙江省征收农业税暂行办法》，将公粮、田赋、公柴及乡村经费等各项负担合并称为农业税，统一征收，境内农业税收按此办法征收。1950 年 9 月，中央人民政府发布《新解放区农业税暂行条例》，按每户农业人口人均农业收入计征。农业收入，以土地的常年应产主粮（稻谷）为标准，其他作物折合主粮计算，采用起征点为 40 级的全额累进税制，税率 3%—42%，同时按正税附征 15%。是年，境内起征点为 75 千克。

1951 年 11 月，《浙江省 1951 年农业税施行细则》公布实施，濮院与全县一样适用无起征点的 23 级全额累进税制，税率 8%—30%，并按正税地方附征 20%。按土改口径计算农业税负担人口，对土改中新分得土地的贫苦农户实行减征。1952 年，实行 24 级全额累进制，恢复起征点，税率调整为 7%—30%，取消地方附加。1958 年 6 月，《中华人民共和国农业税条例》公布，全国统一实行地区差别比例税制，境内实征 18.2%，附征率 15%。1959 年，根据省人委规定，调整计税产量及负担不平衡状况，境内平均正税率为 12.04%。1960 年，调低税率，附加降为 12%。1962 年正税率调整 10.3%。1963 年平均正税率 11.1%。地方附加自 1964 年起改为 15%。1980 年起，农业税征收全省统一为

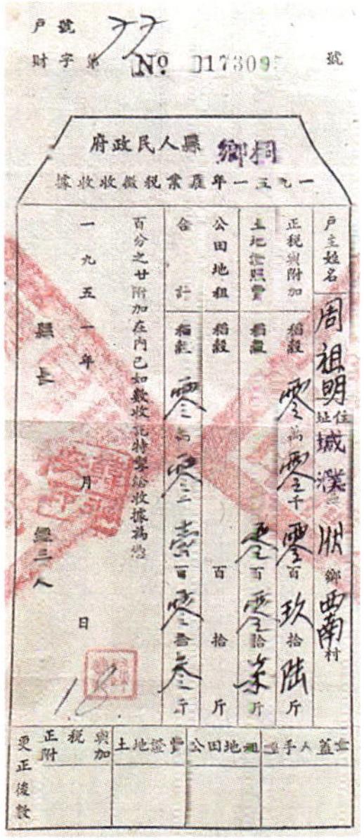

1951年农业税征收收据

"实物征收，货币结算"办法，即农民应纳农业税的现粮，国家在征收前按照标准统购粮价，折算成应纳金额，粮食部门在征收入库时，比照统购粮价按质论价计算，抵交应纳的折算金额，并分早、晚两造价格，早中稻预征期入库的，按早籼谷统购标准价折算；秋征期入库的，按晚稻谷统购标准价折算。1985年，国家取消粮食统购，改为合同定购，其价格按原统购价和原超购价一定比例组成。当年，农业税改为折征代金，其代金按30%原统购价，70%原超购价的"倒三七"比例计算。1986年，恢复"实物征收，货币结算"办法，此后财政粮折价随粮价有所调整，但计价办法仍是合同定购价不变。

濮院农业税征收基础数字的计算标准，据《濮院镇农业税土地变动与任务计算落实表》资料记载，自20世纪90年代起，除田、地实行差别折算外，还与计税土地所处的自然条件及历史原因相关。因此，各纳税单位亩产量的计征标准均不统一。

1982年推行家庭联产承包责任制后，农业税由原来的生产队缴纳结算，改由农户直接缴纳结算。1987年后，虽全面推广户缴户结办法，但征收机关仍以村民小组为纳税单位，衡量征收进度。2002年7月，政府取消农业特产税和农村教育费附加。2004年开始，浙江省实行减免农业税政策。减免包括社会减免、灾情减免两方面。社会减免对象为缺乏劳动力的烈军属、残疾军人、老弱病残等纳税有困难的农户；灾情减免主要是按照"轻灾少减、重灾多减、特重全免"的原则，对遭受水、旱、风、冰雹等自然灾害，农作物歉收的社队和农户实行灾情减免，农户可根据实际情况申请减免。2004年1月1日起，桐乡市实施全面取消农业税收政策，境内农民不再缴纳农业税。

2006年1月，国家宣布取消农业税，从此农业税在中国退出历史舞台。

表9-8　　濮院镇2002年各纳税单位田、地亩产量计征折算统计表

纳税单位	亩产量计征折算（千克）		纳税单位	亩产量计征折算（千克）	
	田	地		田	地
新河村（新华）	244	171	永乐村（周家木桥）	231	161.5
新河村（黄河）	218	152.5	新濮村（永濮）	248	173.5
永联村	215	155	新濮村（濮院）	220.5	154.5
永越村（会龙）	248	173.5	新星村（安心）	219.5	153.5
永越村	227.5	159.5	新星村（乐安）	197.5	138.5
永越村（金龙）	222	155.5	新星村（星锋）	209	146.5
永乐村（周义）	228.5	159.5	新星村（运河）	211	149
永乐村（红晓）	214.5	150	新东村（1）	194	138.5

续表 9－8

纳税单位	亩产量计征折算(千克)		纳税单位	亩产量计征折算(千克)	
	田	地		田	地
新东村(2)	190	134	新港村(1)	186	137
红旗漾村	185.5	133	新港村(2)	215	153.5
新妙智村(1)	209	148.5	新港村(3)	202	142
新妙智村(2)	209.5	149	新港村(4)	215	152.5
油车桥村	215	153	新旗村(1)	202	149.5
新联村(1)	212.5	153	新旗村(2)	208	149
新联村(2)	222.5	158			

资料来源:《濮院镇2002年农业税土地变动与任务计算落实表》

表 9－9　　濮院镇 1991—2004 年农业税征收基础数字统计表

年份	计税土地(田、地、竹园、内塘)(亩)	计税产量(千克)	正税(千克)	附加(千克)	正附税合计(千克)	计税单价(元/公担)	正附税折金额(元)
1991	35217	6695897	749941	42491	862432	44.4	382919
1992	35178	6688503	749112	112367	861479	49.2	423847
1993	35049	6661128	746048	111907	857955	56	483889
1994	35695	6783299	758956	113842	872798	84	733150
1995	35489	6744726	254636	113197	867833	112.68	977875
1996	35078	6662770	745456	111870	857276	136	1165895
1997	34945	6641896	743142	111472	854612	136	1162275
1998	34859	6628523	741744	111262	853006	136	1160088
1999	34689	6597004	738214	110732	848946	122	1035714
2000	34689	6597644	738214	110732	848946	102	865924
2001	33769	642077	718439	107766	826205	92	760108
2001(原新生)	27503	5160331	614079	92111	706190	92	649695
2002	60505	11427714	1315337	197300	1512637	92	1391626
2003	60060	11345060	1306057	195911	1501968	92	1381810
2004	57385	10825066	1247817	187175	1434992	92	1320192

资料来源:《濮院镇农业税土地变动与任务计算落实表》

表 9－10　　濮院镇 2002 年农业税土地变动与任务计算落实统计表

计税单价:92 元/公担

纳税单位	计税土地				计税产量	正税	附加	正附税合计	正附税金额(元)
	田	地	竹园	合计					
合计	36953	22932	614	60505	11427714	1315337	197300	1512637	1391626
新河	3069	3068	47	6184	1222164	136882	20532	157415	144322
永联	1908	1933	54	3895	709268	79438	11916	91354	84045
永越	2438	3073	85	5595	1087263	121773	18266	140039	128836
永乐	2276	2189	90	4554	866538	97052	14558	111610	102681
新濮	2733	2252	53	5038	957423	107231	16085	123316	113451
新星	4199	2831	90	7120	1301265	145742	21861	167603	154195
新东	3154	907	31	4092	734671	87425	13114	100539	92496
红旗漾	3573	508	18	4098	732101	87121	13068	100189	92174
新妙智	2438	892	42	3372	647047	76999	11550	88548	81465
油车桥	1909	1223		3132	594742	70774	10616	81390	74879
新联	2855	1534	42	4435	862182	102600	15390	117990	108551
新港	3587	1346	30	4962	936277	111417	16713	128130	117879
星旗	2371	967	33	3370	646491	76932	11540	88472	81395
各企业	443	210	1	654	130281	13950	2092	16042	14759

说明:1. 表内数据摘自当年《濮院镇农业税土地变动与任务计算落实表》;

2. 各企业,当年是指砖瓦一厂、砖瓦二厂、螺帽厂、渔业村、果园场、桐乡三中、自来水厂、果园、粮管所、油厂、蔬菜队、苎麻厂、敬老院等单位

工商税收　1949 年 6 月,政府废除各种杂捐,暂用旧税法相继开征工商税收。1950 年 1 月,政务院颁布《全国税政实施要则》,除农业税、契税外,全国统一征收 14 个税种。境内实际开征的税种有货物税、工商业税、薪金报酬所得税、使用牌照税、存款利息所得税,印花税、交易税、特种消费税、屠宰税共 9 种。是年 6 月,中央调整税收,简化税种,境内开征的工商税有货物税、工商业税、印花税、交易税、特种消费税、屠宰税、使用牌照税、存款利息所得税 8 种。

1953 年,修正税制,试行商品流通税、修正货物税,取消特种消费税;单独征收文化娱乐税,减少交易税征收品目。开征的工商税有商品流通税、货物税、工商业税(营业税、临时营业税、所得税)、印花税、牲畜交易税、文化娱乐税、屠宰税、使用牌照税、利息所得税等九种。1958 年,国家改革税制,将原来的商品流通税、货物税、营业税和印花税合并

成工商统一税，从生产至流通实行两次课征制。是年，开征的工商税有工商统一税、工商所得税、牲畜交易税（1959 年 9 月停征）、文化娱乐税（1966 年停征）、屠宰税、车船使用牌照税、利息所得税（1959 年停征）7 种。1962 年开征集市交易税，1965 年停征。1970 年，对国营商业和供销社试行综合税。1973 年，根据国务院规定，将工商统一税及其附加、城市房地产税、车船使用牌照税、盐税、屠宰税合并为工商税。

1979 年后，为适应全党全国的“工作重心转移到现代化建设上来”新形势，税制亦进行逐步改革和调整，建立起多税种、多层次、多环节调节的较为完善的税制体系。1981 年开征个人所得税。1983 年开征建筑税，恢复牲畜交易税。1984 年 10 月 1 日起，工商税分解为增值税、产品税、营业税、盐税四个税种。营业税成为独立税种，恢复征收，商业零售按销售收入额征 3%，后改为 5%；商品批发按进销差价征 10%；临时经营税率为农产品 5%，其他 10%。1985 年开征城市维护建设税，加上恢复和新增税种共 28 个，其中对流转额征税的有 7 个税种，对收益征税的有 9 个税种，对财产和特定行为征税的有 12 个税种。1994 年实行以增值税为主体的新税制。

历次税改，濮院镇均按规定实施。

2009 年，境内开征并取得收入的地税税别有营业税、企业所得税、个人所得税、城镇土地使用税、城市维护建设税、印花税、土地增值税、车船税、房产税共九种。完成地方税费收入 18139.86 万元。其中，营业税 6651.24 万元，企业所得税 2068.82 万元，个人所得税 3386.73 万元，土地使用税 1216.51 万元，城建税 1086.98 万元，印花税 198.09 万元，土地增值税 1006.03 万元，房产税 2525.39 万元，车船税 0.07 万元。是年，开征并取得收入的国税税别有增值税、消费税、企业所得税三种。完成国家税费收入 18148 万元，其中，增值税 16493 万元，消费税 2 万元，企业所得税 1653 万元。2010 年，开征并取得收入的地税税别与上年相同。完成地方税费收入 24982.74 万元。其中，营业税 11004.83 万元，企业所得税 3847.66 万元，个人所得税 3426.76 万元，土地使用税 945.27 万元，城建税 1327.10 万元，印花税 320.87 万元，土地增值税 2025.75 万元，房产税 2084.12 万元，车船税 0.38 万元。是年，开征并取得收入的国税税别与上年相同。完成国家税费收入 18550 万元。其中，增值税 15813 万元，消费税 2 万元，企业所得税 2734 万元。2009—2010 年开征而未取得收入的地税税别有固定资产投资方向调节税、资源税、烟叶税、契税、耕地占用税 5 种。

表 9－11　　1966—1978 年濮院镇工商税完成情况表

单位：万元、%

年份	完成数	百分比	年份	完成数	百分比
1966	39	92.86	1968	38.70	—
1967	36.70	65.82	1969	44.40	—

续表 9－11

年份	完成数	百分比	年份	完成数	百分比
1970	37.50	93.75	1981	266	114.20
1971	51.70	107.71	1982	318	106.00
1972	54	105.88	1983	312	96.30
1973	56.90	102.57	1984	374.70	109.83
1974	44.30	100.3	1985	615	153.30
1975	77	105.42	1986	692	97.50
1976	84.86	62.86	1987	828	107.50
1977	146.90	138.58	1988	1060.50	111.60
1978	171.00	106.9	1989	1275.47	101.96
1979	174.50	102.33	1990	1421.00	
1980	233	124.00			

资料来源：1996 年版《濮院镇志》第 343 页

表 9－12　　2000—2008 年濮院地税分局税征收情况表

单位：万元

年份	总收入	地税收入		年份	总收入	地税收入	
		税收合计	规费合计			税收合计	规费合计
2000	1285	864	421	2005	12537	9385	3152
2001	3379	2600	779	2006	15521	11237	4284
2002	6781	5030	1751	2007	21904	16337	5567
2003	8845	6534	2311	2008	23783	17606	6177
2004	10902	8104	2798				

资料来源：濮院地税分局

表 9－13　　2002—2009 年濮院国税分局税征收情况表

单位：万元

年份	2002	2003	2004	2005	2006	2007	2008	2009
总收入	4282	5983	9218	10986	12695	15608	17383	20008

资料来源：濮院镇国税分局

第二章　金　融

第一节　金融机构及业务

中华人民共和国成立前的金融机构及业务

银楼

银楼是经营金银饰品的商店，资金较大的银楼既设独立加工工场，又兼营金银兑换业务。民国时期，濮院镇有粹泰（业主申兰叔）、徐天成（业主徐宝亇）、老祥和（业主曹志林）、老天宝（业主姚荣林）、老宝成（业主万义文）等五家银楼，每家资金逾百万，资产殷实。濮院丝绸鼎盛时，银楼日销黄金百余两，白银千余两。民国 38 年（1949）政府宣布国家经管银业，濮院银楼随之停业。

钱庄

钱庄的经营业务接近于现代的金融机构，除兑换铜钱、金银外，还兼营放款、存款、汇划等业务。钱庄与金钱打交道，故对进庄人员要求十分严格，除有一定关系以外，还须有"一荐一保"，即便是股东子弟也不例外。进入钱庄以后，无特殊情况，一般都是终身制，故钱庄职员大多兢兢业业，视金钱信用为大节。民国时期，濮院有永康发钱庄、永康丰钱庄两家（开张、停业时间无考）。其时，虽有钱庄，但各大商铺往来通汇仍仰给嘉兴各大钱庄。另据民国《申报》载，这两家钱庄在民国 18 年（1929）1 月 10 日和 3 月 5 日相继遭匪劫，损失惨重。

典当

旧时，典当主要从事抵押放款业务，典当物品以衣服被褥、珠宝、金银首饰、铜蜡锡器为主，也有粮食、土丝等。当价一般为 6 折左右，亦有对折或 4 折，质押期限为 6—18 个月，最长不超过 2 年；过期不赎，即为"死当"，当物归当铺所有，当铺可用估价的办法将"死当"转手出售。

清代至民国期间，境内当铺甚多。民国《濮院志》载："清咸丰前，濮氏、朱氏、曹氏、仲氏均设质库。其时，资本不钜，家数尚多。自遭庚申之乱，里无富室，此业亦衰。"咸丰时有源丰、洪兴两家当铺。后此两家当铺均在清政府镇压太平军时衰落。清后期至民国，有公义当、泰升当两家。一在黄家湾（今当白场），一在河下。公义当为陡门高氏所设，始于同治十年。该当铺资本雄厚，收当范围甚广，除贵重的金银首饰之外，农民如有急用，农具、石臼也可以入当，这在当时的典当业中是很少见的。且当物收取低息，月一分两厘，典当期为18个月。另据《濮院志》载，典当主人高晴皋，富而好义，其他典当取息两分，高氏独减为大号一分六厘，小号一分两厘，并诫子孙世守。影响所及，濮院商人之间借贷也多以公义当的低息为准。民国20年（1931）5月23日（农历四月初七），濮院镇商号遭匪劫，被劫商号共计损失十余万元，以公义当损失最钜，其他如银楼、衣布庄等损失亦不资。公义当典主因遭此劫，资金匮乏，无意经营，遂盘号清理。为此，县商会致电省府请求劝令该典恢复营业，以惠贫民，省府曾派员莅禾劝勉该典主复业，然时至多日，仍未复业。8月13日，县政府又以该典关乎平民生计，函劝典主迅即设法复业。至民国23年（1934）12月4日，公义当终因无意经营，宣告止当待赎。泰升当为濮院富绅闵氏所办，其经营规模逊于公义当。民国26年（1937）濮院沦陷，泰升当关闭。抗战胜利后，孙剑欧在归家湾开设志兴当，资本额3000万元。

流通货币

民国时期，濮院流通的货币，初为银两、银圆和中央及地方各银行发行的纸币。民国24年（1935）后，通行政府规定的由中央、中国、交通、农民四大银行发行的法币。民国26年（1937）日军占领濮院后，除汪伪中央储备银行发行的储备券外，民国政府印制的法币及镍、铜二种辅币，仍然流通使用，但辅币铜圆日益减少，百姓购物、商店找零均感不便。濮院商界为此谋出权宜之计，一是在铜圆版面上镌刻“濮院一分”字样，以提高铜圆使用价值；一是自制“濮院镇商业临时欠找券——壹分”，以解决辅币匮乏之急。

濮院一分　民国时期的辅币有镍币和铜币二种。镍币分20分、10分、5分三种；铜币有1分、半分两种。三个1分铜币合镍币1分，五个20分镍币合法币1元。濮院商界在铜币上刻“濮院一分”后，提高铜圆的使用价值，使一个铜圆可抵镍币1分。

加戳“濮院一分”铜币之正反两面

濮院镇商业临时欠找券——壹分　民国29年（1940），在提高铜圆使用价值后，仍不能解决辅币奇缺的困难，濮院商界决定自制“濮院镇商业临时欠找券——壹分”纸币，在濮院地区范围内流通。临时欠找券为横式，深兰色，长10厘米，宽5厘米，刻印精致，纸张上好。正面上方印“僕院镇商业临时欠找券”字样，并以英文ONE CENT（1分）衬托；下右方为一齿轮边圆形，圆内大写壹分；中间偏左

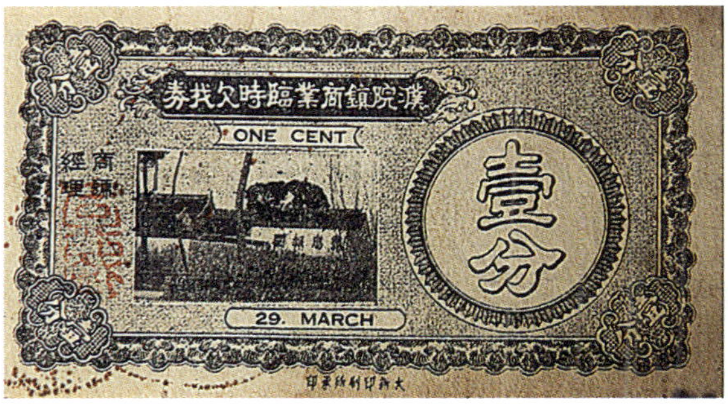

“濮院镇商业临时欠找券——壹分”纸币正、背两面图（王今扬收藏）

有濮院镇东岳庙图案及宋代民族英雄岳飞名言“尽忠报国”之字样，下方写 29 MARCH（3 月）。背面左为一齿轮边圆形，圆内盖篆体“商联”二字印记；右边印持券者注意事项 4 条：此券因本镇辅币奇缺，权为欠找凭证，不能向外埠使用；此券积满法币壹元，即可向本号调换现钞；此券在本镇辅币有周转可能时，即予以收回；此券如经损坏涂写或加盖其他印戳，切勿承受。下方为承印单位“大新印刷厂”。

围绕“濮院镇商业临时欠找券——壹分”的图案设计，参与讨论的人员曾提出不同方案，且争论激烈。有一汪伪汉奸曾提出这样一个方案：纸券上方设计为国民党党旗和日本太阳旗，下方为“反共和平建国”六字的黄色横条。此方案一提出，即遭到绝大多数与会者的反对。多数人认为，图案应体现濮院地方特色。有人提议以东岳庙为纸币的背景图案。因为东岳庙自明万历年起至民国时期，每年的农历三月，东岳庙都要举行历时七天的庙会，且规模之大在整个浙北地区都闻名。这个提议得到绝大多数与会人员的赞同。后经反复讨论，又在图案中增入武穆殿“尽忠报国”四个大字。

抗战胜利后，濮院流通民国政府发行之新币，至民国 37 年(1948)法币贬值，五千元以下为小额钞票，商店拒绝使用。在政府发行金圆券取代法币后，仍不能抑制因通货膨胀而引起的纸币贬值，镇人深感困苦。

中华人民共和国成立后的金融机构及业务

农村信用合作社(简称“信用社”)

为社员提供金融服务的农村合作金融机构，由农民自愿入股组成，实行社员民主管理。20 世纪 60 年代以后，信用社职工由县统一招工安排。

濮院农村信用合作社 濮院信用社创建于 1956 年的农业合作化时期，由永安、乐安两个信用社合并而成。1959 年，濮院信用社与新生乡信用社合并，称“濮院人民公社信用部”。信用部与人民银行濮院营业所合署办公，1960 年恢复原名。20 世纪 90 年代，信用社本部迁至永乐路 27 号。

信用社根据农村经济和体制的变化开办各种存、贷款业务，贷款发放根据信用社的资金周转能力而定。刚办社时，贷款对象是农户，以解决农民在治病，购买口粮，添置小农具、肥料、家畜以及防旱排涝等生产、生活上的资金困难，贷款金额较小，每次 3 至 5 元，10 余元至 30 元以上视为大额贷款。农业合作化以后，信用社虽然开始与生产合作社发生业务关系，但由于资金薄弱，农业生产合作社的各种贷款主要仍由银行承担。随着信用社资金的不断积累、增加，逐步发展成能为农村集体发展及农民资金短缺提供资金保障的专业金融机构。与此同时，信用社的业务范围不断扩大，存贷款业务同步上升，信用社营业网点不断增多。至 2010 年，濮院信用社的主要金融业务，除办理人民币存款、贷款结算业务外，还办理票据贴现、代理兑付政府债券、代理收付款项、代理保险业务以及经中国银行监督管理委员会批准的其他业务。营业网点除濮院信用社本部外，还设有西市分社，地址中兴路南；毛纱市场分社，地址羊毛衫市场九区 8001 号；永越分社，地址羊毛衫市场二区1732号;新生分社,地址新生华生路175号。1990年后,历任负责人依次为:范建明(1990年8月—1993年3月)、马关林(1993年4月—2001年10月)、陈银华(2001年11月—2005年2月)、徐海峰(2005年3月—2011年4月)。

此外,镇南归家湾还设有嘉兴在濮院开设的"嘉兴市禾城农村合作银行洪合支行濮院分理处"。"分理处"前身为洪合信用社濮院分社,成立于1954年,经营地点在濮院镇大街,1959年搬迁至归家湾50号,1983年搬迁至南横街。主要金融业务为人民币储蓄,2001年存款余额0.75亿元,2010年存款余额1.5亿元。1990年后,洪合濮院分理处历任负责人依次为:宋建明、沈娟、杨月珠、胡明松。

表9-14　　1960—1990年濮院信用社部分年代存、贷款统计表

单位:万元

年　份	农民储蓄年底余额	各项贷款年底余额	其中对乡镇企业贷款	其中对农民贷款
1960	3.80	8.00	0	7.00
1965	2.83	4.44	0	3.62
1969	4.70	5.73	0	4.58
1975	13.58	11.07	6.85	4.06
1979	47.48	30.95	22.67	3.15
1980	68.03	68.62	52.33	5.33
1985	470.96	437.36	416.89	16.95
1989	1341.26	957.89	948.60	11.29
1990	2809.00	1702.30	1865.00	35.95

资料来源:1996年版《濮院镇志》第341页

表9-15　　1991—2010年濮院信用社存、贷款统计表

单位:万元

年　份	存　　款	贷　　款	年　份	存　　款	贷　　款
1991	2442	1370	1998	22051	5756
1992	3153	1829	1999	25598	6901
1993	5642	2291	2000	27314	7499
1994	8961	2977	2001	39574	13203
1995	9509	3576	2002	43584	15182
1996	15235	4077	2003	53725	24523
1997	18022	5017	2004	64234	26998

续表 9－15

年份	存款	贷款	年份	存款	贷款
2005	46234	27422	2008	109732	57512
2006	87586	32999	2009	129935	67373
2007	97705	51009	2010	146700	87325

资料来源:濮院信用社

银行

中华人民共和国成立后,境内相继开设的银行有农业银行、建设银行、中国银行、工商银行、邮政储蓄银行、嘉兴银行 6 家。

农业银行 中国农业银行桐乡濮院支行(简称濮院支行),是中华人民共和国成立后境内最早设置的金融机构,前身为中国人民银行桐乡县支行濮院营业所,开设于 1951 年 5 月,位于南横街。1959 年 1 月,濮院营业所与濮院农村信用合作社合并,改名为“濮院人民公社信用部”,并在公社 6 个管理区设分部,1961 年 9 月撤销,恢复行、社原名称。1971 年 1 月,濮院营业所与财政、税务、房管合并,称财政金融所,属县财政金融局,1973 年 1 月撤销,恢复原名称。1979 年 2 月 23 日,国务院决定恢复农业银行,是年 10 月 25 日,经浙江省人民银行批准,桐乡县人民银行、农业银行分设。人民银行桐乡县支行濮院营业所改名为农业银行桐乡县支行濮院营业所,位于寺湾街。1988 年 10 月,营业所由寺湾街迁至永乐路。1998 年 8 月 18 日,农业银行濮院营业所更名中国农业银行桐乡市支行濮院分理处。1999 年 2 月 5 日,濮院分理处迁至南纬路 2 号。2003 年 8 月 8 日,濮院分理处升格为中国农业银行桐乡濮院支行。2007 年 9 月 28 日,濮院支行由南纬路 2 号搬迁至工贸大道 377 号,原址改为濮院支行南纬路分理处。2009 年 1 月 16 日,中国农业银行成立股份有限公司,濮院支行更名为中国农业银行股份有限公司桐乡濮院支行。

濮院支行从营业所升格至支行,经历了近半个世纪的发展历程。建所之初,办理私人工商业存款、贷款业务;对农民发放生产、生活贷款;按照国家授权,进行金银和现金管理、国债收兑及办理城乡居民储蓄。其中对农民贷款主要是帮助发展生产,用于购买肥料、农具、耕畜、种子等,也有少量用于治病和购买口粮,贷款一般春借秋还。对私营公司企业只发放生产和商品流转性贷款,限期短,金额少,一般当年收回。农业合作化和私营商业社会主义改造以后,营业所的存、贷款业务根据经济体制的改变,逐渐与国营、集体、合作企业发生业务关系。农村,与农业生产合作社开展存贷款业务;对农民个人贷款,只限于生活方面的用途。1954 年,农村信用合作社建立,银行根据国家规定,对信用社的机构、人员、业务等实行领导管理,并对资金周转有困难的信用社发放贷款支持。同时,对农村贷款业务,实行行、社分工,即农村集体经济组织的贷款由银行负责,对社员个人生产和生活上的贷款，由信用社负责。以后随着农村信用社的不断壮大，承担支持农业发展的能力逐年提高，银行营业所逐步减少对农村的贷款。

此外，农业银行濮院营业所还以所企联营的方式开设营业网点。1988年，与桐乡包装用品厂联营，设永乐储蓄所，地址：永乐路包装箱厂营业楼底层，后关停。1989年，与濮院油厂联营，设西市储蓄所，地址：龙湾街油厂大门西侧，后关停。联营储蓄所其资金账目由营业所管理，人员、厂房由厂方管理，银行根据年底储蓄平均余额的0.5%计算付给联营单位报酬。1989年与1990年联办储蓄所年底储蓄余额：永乐储蓄所为50.30万元与95.50万元；西市储蓄所为44.50万元与63.80万元。

1994年7月，农业银行濮院营业所在濮院车站旁设立濮院车站储蓄所，1998年8月18日，车站储蓄所更名为中国农业银行桐乡濮院车站分理处。2001年9月27日，设桐乡市支行市场分理处，地址：羊毛衫市场联运托运公司底层；2007年9月28日，市场分理处迁至南纬路2号。

1990年后，随着濮院经济环境的改变，濮院支行的金融业务范围不断扩大，除办理人民币存贷款业务、结算业务、人民币储蓄业务外，还办理外汇存贷款、外汇汇款、外币兑换、国际结算、结汇、售汇以及经中国银行业监督委员会批准的其他业务。与此同时，银行规模、组织结构、员工素质等同步提高。坐落于桐乡市濮院镇工贸大道377号的濮院支行，营业面积790平方米，是嘉兴市农行系统最大的二级支行。支行拥有营业网点三个，员工42名，其中正副行长4名、会计主管3名、客户经理8名、理财师1名、产品经理1名、大堂经理3名；拥有三个自助银行，备有存取款一体机、自助通、网上银行体验机等先进设施，实现了24小时不间断服务，较好地满足了客户的不同业务需求。濮院支行始终坚持以“提贡献、拓客户、强管理”为出发点，以支持当地经济发展为己任，走出了一条银行与客户共赢的良性发展之路。2009年获嘉兴市农行系统二级支行综合排名第一。

历任负责人依次为：陈甫章、魏寅生、邹财松、徐金水、朱关明、曹楚麟、杨胜奇、汪治跃、孙武华、潘韶亮、唐毛毛、倪文林、曹楚麟、莫中杰。

表9-16　1951—1990年农行濮院营业所部分年代存、贷款统计表

单位：万元

年份	城乡居民储蓄年底余额	各项贷款年底余额	其中对集体经济贷款余额	其中对农民贷款
1951	3.36	0.02	0	0
1955	1.80	20.95	10.48	0
1959	12.65	175.53	15.62	2.02
1965	22.63	172.05	16.72	0.73
1969	21.56	188.62	15.57	1.05

续表 9－16

年　份	城乡居民储蓄年底余额	各项贷款年底余额	其中对集体经济贷款余额	其中对农民贷款
1975	38.28	214.24	13.63	0.51
1979	74.14	559.77	77.48	0.41
1980	103.55	259.72	69.38	0.31
1985	428.74	1468.76	82.00	0.11
1989	1363.43	3953.30	58.24	0.05
1990	2164.50	4957.30	58.24	0.05

资料来源：1996 年版《濮院镇志》第 339—340 页

表 9－17　　2000—2010 年农行濮院支行存、贷款统计表

单位：万元

时　间	各项存款	个人存款	对公存款	各项贷款
2000 年	40061	37572	2489	5128
2001 年	47594	43891	3703	7813
2002 年	64125	55894	8231	9225
2003 年	86020	79926	6094	10963
2004 年	101841	95552	6289	11983
2005 年	121207	112193	9014	14779
2006 年	135271	124247	11025	17646
2007 年	141797	129742	12056	31215
2008 年	174406	163091	11315	32003
2009 年	204381	184715	19666	48579
2010 年	240391	218945	21446	62424

资料来源：农行濮院支行

中国银行　1993 年 10 月，经桐乡人民银行批准，中国银行桐乡支行在濮院设立办事处，位于濮院镇永乐路 52 号。1994 年 12 月，濮院办事处由永乐路 52 号迁至永乐路 98 号。1998 年 8 月，濮院办事处更名为中国银行桐乡支行濮院分理处。2004 年 11 月，濮院分理处升格为中国银行桐乡濮院支行。濮院支行的主要金融业务为：办理人民币存款、贷款，票据贴现，外汇储蓄，外币兑换，代理发行、代理兑付政府债券，代理收付款项及

代理保险业务，以及经中国银行业监督管理委员会批准的其他业务。历任负责人依次为：范建明、韩惠良、夏斌、杨静艳、沈汉雄、梁国平。

1994 年 12 月，中国银行桐乡支行在濮院增设中兴储蓄所，地址：永乐路 52 号。1995 年 12 月，濮院中兴储蓄所升格并改称为濮院中乐分理处。1998 年 9 月，濮院中乐分理处搬迁至羊毛衫市场第二区市场路 19 号。2000 年 11 月，由于桐乡支行系统调整，濮院中乐分理处转为储蓄所。2001 年 7 月，濮院中乐储蓄所迁至羊毛衫市场 1614—1615 号，同时升格为濮院市场分理处。2004 年 8 月，濮院市场分理处迁至工贸大道中兴路口世贸大厦底层。

表 9-18　　2003—2010 年中国银行桐乡濮院支行存、贷款统计表

单位：万元

时　　间	存　　款			贷款余额
	余　　额	储蓄存款	对公存款	
2003 年	15331	12369	2962	1301
2004 年	18219	13548	4671	9595
2005 年	17762	15356	2406	6655
2006 年	21350	17684	3666	4944
2007 年	22071	19574	2497	3297
2008 年	28026	24410	3616	13282
2009 年	34411	31575	2836	26055
2010 年	37326	33184	4142	22378

资料来源：中行濮院支行

建设银行　1992 年 10 月，建设银行桐乡支行在濮院设房信部濮院业务处，次年 6 月，业务处正式对外营业，位于永乐里 1 号。房信部濮院业务处，为建设银行桐乡濮院支行的前身，主要金融业务：办理住房储蓄及其他房改金融服务。1993 年 10 月 22 日，经嘉兴市人民银行批准，建设银行桐乡支行在濮院镇 320 国道南设立毛纱市场办事处，地址：毛纱市场二区第 1—7 间。1995 年 6 月，毛纱市场办事处迁至永乐里 1 号，与原房信部濮院业务处合并更名为濮院毛纱市场办事处。1996 年 1 月，毛纱市场办事处迁至永乐路 41 号，1997 年 8 月，毛纱市场办事处更名为羊毛衫市场分理处，1998 年 8 月，更名为濮院羊毛衫市场分理处，2001 年 12 月，又更名为濮院分理处，2008 年 8 月，濮院分理处升格为中国建设银行股份有限公司桐乡濮院支行。建设银行桐乡濮院支行的主要金融业务为：办理人民币存款、贷款，票据贴现，外汇储备，外币兑换，代理发行、兑付政府债券，代理收付款项，代理保险业务，以及经中国银行业监督管理委员会批准的其他业务。银行设有贵宾理财室、自助存取款机、自助取款机、网上银行、电话银行、自助补登折机、多媒体自助服务机、自助回单机等先进的设施，2009 年建行濮院支行共安装存取款机 4 台，电子替代率 43%，满足了各群体客户的需要。历任负责人依次为：顾相荣、朱建栋、屠明峰、金少燕、陈东明、邱学峰。

此外，1995 年 3 月，桐乡支行在濮院羊毛衫市场增设储蓄所，名桐乡支行濮院羊毛衫市场储蓄所，地址：毛纱市场二区第 1—7 间。是年 11 月，濮院储蓄所对外营业。2001 年 9 月，濮院储蓄所升格为濮院分理处。2002 年 6 月，濮院分理处复为濮院羊毛衫市场储蓄所（濮院分理处迁至洲泉，原址营业网点由乌镇隆源路储蓄所迁入），2003 年 8 月，濮院羊毛衫市场储蓄所升格为濮院羊毛衫市场分理处。

表 9－19　　2000—2010 年中国建设银行濮院支行存、贷款统计表

单位：万元

时　　间	各项存款	个人存款	对公存款	各项贷款
2000 年	13195	10060	3135	4054
2001 年	22827	19042	3785	4054
2002 年	27111	21757	5354	4464
2003 年	32994	25713	7281	5483
2004 年	39945	30736	9209	3544
2005 年	50193	36162	14031	3184
2006 年	56054	43278	12776	6749
2007 年	62380	46968	15412	16506
2008 年	64744	56580	8164	21164
2009 年	85620	69881	15739	30017
2010 年	87375	70681	16694	36216

资料来源：建行濮院支行

工商银行　1995 年 3 月 22 日，经桐乡人民银行批准，中国工商银行桐乡支行在濮院设立办事处，位于濮院南纬路中段。1995 年 10 月 9 日，濮院办事处由濮院镇南纬路中段搬迁至永乐路 58 号。1998 年 8 月 10 日，濮院办理处更名为中国工商银行濮院分理处。2003 年 4 月，经桐乡人民银行批准，工行在濮院羊毛衫市场增设市场分理处，位于托运站东门旁 19—21 号。2003 年 7 月 31 日，中国工商银行濮院分理处升格为中国工商银行桐乡濮院支行。2007 年 5 月 18 日，经嘉兴银监分局批准，中国工商银行桐乡濮院市场分理处停业，所有业务并入中国工商银行濮院支行。2007年8月，中国工商银行桐乡濮院支行，由濮院镇永乐路58号搬迁至濮院羊毛衫市场国际毛衫品牌中心A楼一层。

工商银行桐乡濮院支行的主要金融业务为：办理人民币存款、贷款、结算业务，办理票据贴现，外汇储蓄、外币兑换，代理发行、代理兑付政府债券，代理收付款项及代理保险业务，以及经中国银行业监督管理委员会批准的其他业务。银行设有贵宾理财室、自助存取款机、自助取款机、网上银行、电话银行、自助补登折机、多媒体自助服务机、自助回单机等设施，能较好地满足客户的需要。历任负责人依次为：杨祥、邵浙耿、胡家岭、韩一鸣、钟一宁、吴利民、陆晓敏。

表9-20　　2001—2010年工商银行桐乡濮院支行存、贷款统计表

单位：万元

时　间	存　款			贷款余额
	余　额	储蓄存款	对公存款	
2001年	9945	8874	1071	1529
2002年	13812	11417	2395	1733
2003年	18738	16069	2696	7838
2004年	24167	21352	2815	8247
2005年	28191	24950	3241	15167
2006年	35538	29239	6299	21565
2007年	37574	30568	7006	33160
2008年	50309	40725	9584	36769
2009年	65570	51767	13803	46984
2010年	71241	57680	13561	45502

资料来源：工行濮院支行

邮政储蓄银行桐乡市濮院镇支行　1986年，濮院邮电支局开始办理邮政储蓄业务。之后，邮政与电信分设，储蓄业务归入邮政支局。2008年5月30日，储蓄与邮政分离，成立邮政储蓄银行桐乡市濮院镇支行，位于南横街33号。主要经营业务：人民币存贷款业务、汇款业务。2008年，对私存款余额13469.73万元；2009年，对私存款余额16102.5万元，是年，开办信贷业务，发放贷款1317.7万元；2010年，存款余额22245.59万元，其中对私存款余额20814.54万元，对公存款余额1431.05万元，发放贷款13986.37万元。历任负责人依次为：陈波、宋凯飞。

嘉兴银行桐乡濮院支行　2010年5月20日，嘉兴银行桐乡濮院支行开业，位于工贸大道988号。针对濮院非现金结算空间较大的特点，濮院支行及时推出POS机营销策略，得到许多商户的认可。截至12月15日，濮院支行存款1.76亿，贷款1.91亿元，存贷比率达108.52%。支行负责人：孙耀强。

第二节　民间借贷

中华人民共和国成立前的民间借贷

民国时期，境内居民在青黄不接或遇天灾人祸、婚嫁病丧急需用钱时，迫于生计，不得不向他人借贷，这种借贷方式称之为民间借贷。民间借贷的形式主要有高利贷、卖青苗、卖赊叶、吃利米、典押田地契房契及钱会(有摇会、标会)等几种。民间借贷具有互助性的一面，但大多是放高利贷者趁机盘利，使债务人叫苦不迭。

高利贷　农村高利贷多数以大米计算，放贷者多为本地地主，经中间人介绍，有的春借一石、秋还二石，借期半年，利加一倍；也有的“见一加三”，当月借米一石，即加利三斗，次月再加利三成，按月利上滚利，因而民间也称之为“利滚利”。也有的月息按10%—15%计算。集镇商业短期借贷通常以现金为主，利率为“月月二分钿”，即每元月息二角，逾期则次月即变本生息。

卖青苗　农户在青黄不接急需用钱时，被迫将尚未成熟的禾苗预估产量低价卖出，收获时归还稻谷。限期在3—5个月，月息一般高达3分以上；更有甚者，期限1个月左右，借米一斗还二斗，农民称为“吃盐卤米”，又称之“口渴吃盐卤”。

卖赊叶　亦称“卖寒叶”。桑芽萌发之际，由于农户需用甚急，就低价向高利贷者预售桑叶，期限1个月左右，至蚕汛时交付桑叶。民国19年(1930)，桑叶每担市价3元，预售价在1.5—1.6元，折合月利率100%。其时，境内四栅都有桑叶行，行情也一日三市，即早、中、晚叶价有三变。望其涨者，谓之做大眠；望其跌者，谓之做小眠；而无叶交易者，谓之空头叶。对卖桑叶给蚕户，待其做丝而收钱的交易称之为“敲丝车钱”。《幽湖百咏》中的“叶仙诗句今年好，毕竟丝车容易敲”诗句，就反映了当时“敲丝车钱”的现状。

吃利米　佃农向业主借贷，每借洋十元，以田一亩抵押，每年纳米六斗作利息，慌熟无让。

典押田地契、房契　借款人将自己的田地、房屋出典或出押给债主，期限1—2年，所订条款苛刻，在借款发生时即将田地契或房地契交由受典(押)人保存，出典期间的田地、房屋仍归出典人耕种或居住，一年付息一至二次，也可以租抵息，也可用现金或粮食抵交，到期无力赎回，产权归受典(押)人。

钱会　又称“合会”“起会”，这是民间自发的一种经济互助形式。钱会，由发起人(会首)邀集若干人参加。一般为12人，寓有12星宿或12生肖之意。起会时由会首备办酒肴，并约定举会次序、会款数额及会款收付等事项，也有发给会折以示负责。境内钱会会款收付形式主要有摇会、标会两种，尤以标会见多。

摇会每月或隔月摇一次。会友按序掷骰子或翻牌决定得会者，由得会者收取会款。如 12 人的会，每次除会首外，每人出银 10 元，会首实收 110 元。从第二次起，再用摇会的方式，决定得会者。除当次得会者外，会首及其他人每次出银 10 元，得会人不支付利息。也有的从第五次或第六次起，未得会的会友可少出银 1—2 元，以作利息补偿。摇会的借贷形式基本是属于民间互助性质。

标会是用投标的方式，通过竞争，以利息的高低，决定由谁先收取会款的一种起会形式。例如由 12 人组成的合会，每人每次付款 100 元，每月举会一次，第一次由头会实收 1100 元，不支付利息。第二个月开始，谁要收取会款，就要提出一个愿意支付利息的金额，写在纸条上捻成小团，扔在桌子上当众开读，谁的利息最高，由谁收取会款。已经标取的人，下次不得再标，按会款金额支付。标会的利息高低视用款人的急需程度而定，一般在 10%—20%，有时甚至更高些。以每人 100 元，12 个人的标会为例，头会实收 1100 元，第二会开始起标，如果标金为 20%，则每人实付 80 元（利息现扣），头会仍付 100 元，多付的 20 元就是支付的利息。虽然标会有时所付的利息已近于高利贷，会友间也常因利益而产生矛盾，中途不欢而散现象也时有发生，但是标会能为急需用款人及时筹措款项，因此市场需求性较强。直至 20 世纪 50 年代初期，此种筹款形式在境内仍然存在。

中华人民共和国成立后的民间借贷

中华人民共和国成立后，党和政府为解决部分人民的生活困难，允许民间互助性的借贷活动存在，但通过政策和经济手段，限制高利贷活动。境内的民间借贷活动除钱会的绪余外，尚有互助储金会、信用小组。

钱会的绪余 中华人民共和国成立之初，虽然在城镇单位建立了储金会，农村也建立起信用小组等民间互助借贷机构，但钱会在一定时期内仍然存在。至 20 世纪 60 年代初，钱会才彻底消失。

互助储金会 互助储金会是单位为解决职工临时性生活困难而设立的一种互助性储借组织。城镇机关、学校、企事业单位均有。储借一般采取月储年退，借款不计息的方式。储金由单位工会负责管理，财务部门则每月从职工工资中扣取一定的款项，存入银行储金会专用存折。互助储金会至 20 世纪 80 年代后期，逐渐退出历史舞台。

信用小组 信用小组是改革开放前农村中建立的资金互助小组，一般以生产小队为单位。信用互助小组的储金方式，是生产小队每年从公积金中提取一定的资金作为专项资金，开设专户存入信用社，由生产队负责管理。村民如遇建房、婚嫁、丧葬或重大疾病等特殊困难，可向信用互助小组提出互助互济借贷申请，经同意取得借贷资金，归还时无须付息。如遇专项资金不足，还可由互助小组向信用社申请贷款周转。

1980 年后，随着经济的发展，民间借贷活动的形式发生较大的变化。主要有下列几种情况：

一是农村的专业户、重点户在发展生产过程中，通过民间借贷筹措资金，利率一般为月息2分，也有3—5分的。

二是私营企业及个体工商户，其所借资金大多来源于民间借贷，利息较高。如1984年前后，境内羊毛衫行业逐步兴起，私营或个体办羊毛衫厂，由于自有资金不足，就向民间借贷，利率一般为月息20‰—30‰；也个别借贷人按毛纱市价折算本金和利息。

三是工商企业向社会集资，以乡镇企业居多。期限短则3个月至1年不等，有的更长，利率为月息15‰—20‰。这种集资形式面广、量大，在社会融资中有举足轻重的地位。

四是企业内部集资，形式也是多种多样。

五是农民建房或为特定的生活用途筹措款项。其中，通过民间借贷建造房屋的较为普遍，大多为亲朋好友之间互助性的行为。借款有不计息的，也有按银行储蓄利率计付利息的。

此外，典当作为一种特殊的民间借贷形式，中华人民共和国成立后在境内已消失。改革开放后，随着市场经济的发展，资本市场也进一步拓宽，各地又陆续出现了典当业。新的典当业主要是为规模较小的私企业主及少数个人解决资金周转。2006年11月，嘉兴市大都市典当有限责任公司首家在濮院开设分公司，地址：凯旋路A2幢1—2号。大都市典当的主要客户是规模较小的私企业主及个人，去当行典当，一般为房、车及钻石、金项链、金镯子等贵重物品。典当流程：当主将当物（包括相关证件）抵押给典当，经评估师对当物评估后签约并取得当金。当金有大、小件之分，以30万为标准，30万及以上为大件，30万以下为小件。支付当金时按大件5%、小件10%的比例，扣除风险金后，支付当金。逾期不赎，每天再扣风险金1‰，直至扣完仍不赎当，则由典当告知当主在一周内赎当，逾期由典当拍卖，拍卖所得归当行。大都市典当经营时间不长，2008年停业。

第三节　保　险

保险按性质分有商业保险和社会保险两类。前者属于商业性质，承担机构为所投保的商业机构；后者属于社会保障性质，承担机构为国家。担保公司则是为借款人提供信用担保的第三方责任机构。

商业保险

1951年桐乡县建立中国人民保险公司后，境内的商业保险业务，由濮院农业银行营业所代理。保险的主要内容，一为城镇工商户的财产保险，二为农村耕牛保险。至1958年，随着县保险公司的撤销，农业银行营业所代理的保险业务也随之结束。1980年县保险公司恢复成立，濮院曾设立代理处。20世纪90年代中期开始，境内各金融机构根据业务授权，相继与有关保险公司开展业务合作，代理保险业务。2000年后，中国人寿保险股份有限公司桐乡市支公司和中国人民财产保险股份有限公司桐乡市支公司，相继在境内设立营销服务部。2009 年，农业银行代理的保险公司有太平洋、新华、人民人寿三家，代理保险总额达 1.7921 亿元。其中，企业财产保险 1.7 亿元，车辆保险 21 万元，人身保险 900 万元。

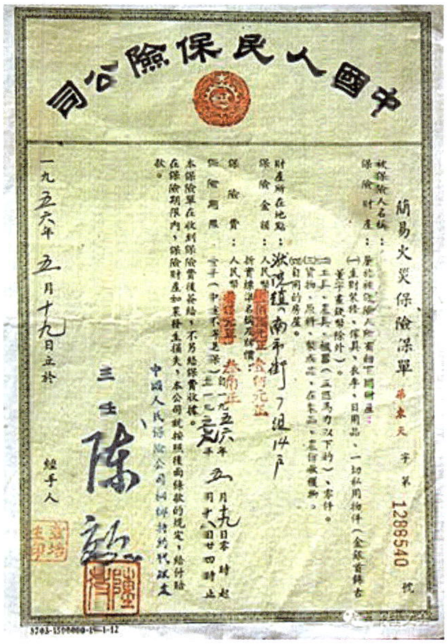
中國人民保險公司
簡易火災保險保單 第 字第 1288540 號
被保險人名稱：
保險財產：
財產所在地點：濮院鎮南市街7組14戶
保險金額：人民幣
保險費：人民幣
保險期限：自一九五六年五月十九日零時起至一九五七年五月十八日廿四時止
本保險單在收到保險費後簽給，不另給保費收據。在保險期限內，保險財產如果發生損失，本公司就按照後面條款的規定，賠付賠款。
一九五六年五月十九日立於
經手人

1956 年 5 月，南市街 7 组 14 户投保的“简易火灾保险保单”

中国人寿股份有限公司桐乡市支公司濮院营销服务部 成立于 2001 年 9 月，办公地址几经搬迁，先后租房于中国银行 5 楼、凯星大酒店、邮政局 3 楼等处，2010 年迁至凯旋路 20 幢 7 号。濮院营销服务部保险范围主要有：长期寿险、健康寿险、分红险、建工险（建筑工人意外保险）、意外险（意外身故、意外伤残以及意外医疗）、学生平安险、车辆险、财产险等。2002—2010 年，保费总收入依次为：253.611 万元、205.1736 万元、99.9215 万元、86.1157 万元、110.5236 万元、108.0252 万元、112.1367 万元、90.7432 万元、85.5858 万元。营销服务部具体负责人胡秀文，2010 年业务员 12 人。

中国人民财产保险股份有限公司桐乡市支公司濮院营销服务部 成立于 2007 年 3 月，地址濮院辅料市场 5 楼。保险范围主要有：车辆保险、货物运输保险、企业财产保险、家庭财产保险等。由于羊毛衫市场等原因，境内的财产保险尤以车辆保险为多。濮院营销服务部成立当年，保费收入 200 万元，其中车辆保险 160 万元、财产保险 30 万元、货物运输保险 10 万元。理赔支出 115 万元，主要为车辆保险理赔。2008 年 1 月，一场大雪，致天佑印染公司部分厂房垮塌，评估财产损失 7.8 万元，中保公司及时予以赔付。这一年，保费收入 260 万元，理赔支出 145 万元，支出重点仍为车辆保险。2009 年，保费收入 360 万元，其中车辆保险 320 万元，财产保险 40 万元；理赔支出 180 万元，赔付的险种为车辆保险。2010 年，保费收入 500 万元，其中车辆保险 440 万元，财产保险 40 万元，短期意外保险 20 万元；理赔支出 280 万元，赔付的险种为车辆保险。营销服务部经理田湘来，2010 年业务员 12 人。

表 9－21　　2010 年濮院各银行代理保险机构一览表

银行名称	代理保险公司名称	银行名称	代理保险公司名称
工商银行	中国人寿、人民人寿、泰康	农业银行	太平洋、新华、人民人寿
建设银行	中国人寿、人民人寿、幸福人寿	嘉兴银行	中国人寿、人民人寿
中国银行	中国人寿、平安、泰康、人民人寿	邮政银行	太平洋、中国人寿
信用社	中国人寿、中银、太平洋、平安		

社会养老保险

城镇职工养老保险 1987年8月，桐乡县开展职工退休基金统筹工作，基金统筹的主要项目有离退休费及副食品、粮价等各种补贴。基金统筹遵循“以支定筹，略有节余”的原则，采取以职工固定工资总额与退休费之和为基数，按18%的比例提取，统一调剂使用。1988年起，全镇各全民、县属集体企业，均按基金统筹要求，将本单位职工纳入城镇职工养老保险基金统筹。1990年，镇办企业职工亦纳入城镇职工养老保险基金统筹。

2002年4月，市人民政府颁布《桐乡市人民政府关于当前职工基本养老保险若干问题的通知》(以下简称《通知》)。《通知》规定各类企业、实行企业化管理的事业单位和与其形成劳动关系的职工以及城镇个体劳动者、城镇自由职业者均纳入职工基本养老保险范围。年龄一般从18周岁起，男未满60周岁，女未满50周岁。职工个人按本人上年度月平均工资的7%(后增至8%)作为个人缴纳基本养老保险费的基数，企业以全部职工缴费工资基数之和的20%缴费。《通知》出台后，境内参保人数逐年增多。其中2005年企业职工参保人数3903人，2006年为9185人，2007年为10287人，2008年为8003人，2010年为10803人。

农村居民养老保险 1996年8月，桐乡市人民政府颁发《桐乡市农村社会养老保险实施办法》(以下简称《办法》)。《办法》规定，从1996年起农村养老保险在全市范围内实施，市民政局为农村社会养老保险事业的主管部门，设立农村社会养老保险事业管理处，乡镇设立农村社会养老保险事业管理所，村、乡办企业及事业单位设代办员。凡市内非城镇户口的农村各业人员(包括乡、村企业职工、务农经商人员、民办教师、义务兵、村干部及其他人员)均为保险对象；年龄一般为18周岁至60周岁，也可提前参加保险；农村社会养老保险采取以个人缴纳为主，集体补助为辅的原则。《办法》公布后，其他部门不再在农村开展社会养老保险，原已参加其他社会养老保险的单位和个人，可暂时保留原保险关系，并按国家有关规定进行过渡。《办法》实施后，境内符合条件的农村居民积极参保，其中2005年参保人数为5108人。

城乡居民社会养老保险 2008年1月1日起，《桐乡市城乡居民社会养老保险实施办法》(以下简称《实施办法》)正式实施。主要覆盖对象有三类：一类是本市行政区域内，年满16周岁到60周岁，符合参加职工基本养老保险或现有各类社会养老保险(障)对象之外的城乡居民(在校学生除外)；第二类是《实施办法》实施前已超过60周岁的，可在2008年底前一次性缴费满15年，纳入城乡居民社会养老保险；第三类是《实施办法》实施前已年满70周岁的，只要符合条件可按规定不用缴费享受每月50元到150元不等的养老基本生活补助。城乡居民社会养老保险的缴费比例统一为8%，各级政府按规定给予财政补贴。缴费基数城乡有别，农村居民采用三选一，城镇居民二选一。基数标准，以上年度农民人均纯收入、城镇居民可支配收入等指标为依据，动态调整。以2009年为例：农村居民供选缴费标准为813元/年、1208元/年和1603元/年三档；城镇居民供选缴费标准为1208元/年、1603元/年二档。选择缴费基数的高低与享受的待遇成正比。多层次养老保险体系打破了城乡樊篱，为城乡居民开辟了另一条养老渠道，让每个年龄段的城乡居民都能够结合自身实际"对号入座"，享受相应的养老保障。截至2008年，全镇参加城乡居民社会养老保险人数为9153人，2009年为10220人，2010年新增4586人，为14806人。

担保公司

担保公司是改革开放后，为进一步规范资本市场而建立的第三方责任机构。个人或企业在向银行借贷时，银行为了降低风险，不直接放贷给个人，而是要求借款人找到第三方（担保公司或资质好的个人）为其做信用担保。担保公司根据《中华人民共和国担保法》规定，按照银行要求，对借款人出具的相关资质证明进行审核，并将审核好的资料交至银行，银行复核后放贷。当被担保人不履行对债权人负有的融资性债务时，由第三方依法承担合同约定的担保责任。担保公司收取担保费的标准并不固定，通常由被担保人的风险条件决定。境内2000年后，才有担保投资公司开设。截至2010年，注册登记的担保投资公司有鑫诚担保投资有限公司（凯旋小区21幢1单元）、桐乡市汇诚担保投资有限公司（濮院毛衫城工业园区）两家。

第四节　证券交易（证券公司）

21世纪初，境内开设证券服务部，为股民进行股票即时交易提供场所。

金通证券濮院服务部

金通证券濮院服务部，隶属于杭州金通证券嘉兴营业部，2002年开业，地址：朝阳路，后迁至濮院大道（原320国道边）。服务部设交易大厅，大厅内配有大屏幕滚动电子显示屏、操作电脑10余台，为股民提供即时行情和实际交易操作。2007年，金通证券濮院服务部搬迁至桐乡世纪大道菊花仙子处。

第三章　工商行政管理

第一节　工商管理机构

中华人民共和国成立初期，工商行政管理先后由县人民政府工商科、商业局、市场管理委员会负责。

1957年9月13日，桐乡县人民委员会印发《桐委办(57)字第2071号通知》，根据通知要求，当月成立桐乡县濮院镇市场管理委员会(简称“市管会”)，负责濮院镇、濮院乡两地的市场管理。市管会无编制名额，工作人员均从各单位借调。1966年“文革”开始，市管会工作停止。1967年3月，成立“濮院镇打击投机倒把办公室”，替代市管会负责市场管理和打击投机倒把两项工作，人员仍由各单位借调。1973年9月9日，桐乡县革命委员会印发《关于建立各镇市场管理委员会及配备专职干部的通知》，根据通知要求，恢复濮院镇市管会机构及职能，配备2名专职人员，负责濮院镇和濮院公社、新生公社三地的市场管理。1980年1月13日，桐乡县人民政府发文，各镇市场管理委员会统一更名为镇工商行政管理所。濮院镇市场管理委员会由此更名为桐乡县工商行政管理局濮院工商所，1993年再次更名为桐乡市工商行政管理局濮院管理所。

濮院工商所地址曾数度变更，初设于寺湾街老镇政府内，后迁至柳岸街，1983年2月，迁至集庆街2号，1986年6月，迁至永乐路12号，2003年10月，迁至广场路新落成的五层办公楼。截至2010年，濮院工商所有干部职工18人，设一个综合组、三个巡查队。

工商所的管理职能，随着社会的发展而不断完善。20世纪60、70年代的工商行政管理，主要是按照政策，加强市场管理和对手工业劳动者、小商小贩的教育管理；开展反对投机倒把活动，稳定市场物价；整顿集市贸易，恢复合作化商店(小组)，全面进行企业登记等。改革开放以后，遵循市场经济发展规律，规范市场秩序，依法履行以下管理职责：建立企业、个体工商户、各类市场主办单位和市场服务管理机构的经济户口档案，依法管理其经营活动；实施对辖区内各类市场的监督管理；受理、调解侵害消费者合法权益的消费争议；依授权开展辖区内广告、商标、合同的监管工作；依授权查处辖区内的各类违法经营行为；宣传工商行政管理法律、法规、规章和有关政策等。

历任负责人依次为：钱登元(任期1964.6—1966)、沈学良(任期1966—1968)、钱登元(任期1968—1969)、蔡占明(任期1969—1972)、朱定(任期1972—1984.9)、陆金林(任期1984.9—1985.10)、秦巧晨(任期1985.10—1997.10)、沈奇涵(任期1997.11—2007.11)、沈付明(任期2007.12—)。

第二节　工商登记管理

民国初期,境内工商登记事务由县政府实业科、建设科管理,商会及同业工会协助办理工商登记事宜。据《嘉兴新志》载,民国17年(1928),嘉濮镇办理重要商业的登记户数有64家,涉及商业种类19个。民国36年(1947),办理商业登记的有407户,涉及37个商业种类。民国37年(1948),桐乡县转发《浙江省丝绸行业登记规则》,对丝绸行业实行较为严格的管理制度,办理商业登记除由区署和商会办理外,还须经县转浙江省蚕业改进管理委员会核准许可,方能营业。

1951年,为扶持发展有利于国计民生的企业,桐乡县税务局、工商科首次对全县不同所有制工商企业进行全面登记。此次登记,濮院镇共有私营商店27家,359户,从业人员691人。1956年下半年,全县对私营工商业,通过集体合作、公私合营、直接过渡三种形式进行社会主义改造,并在此基础上,对改造后的工商企业进行第二次登记换证。全镇的登记情况为:合作商店21家,297户,从业人员619人,资金71200元,涉及行业有鲜肉、腌腊、鲜鱼、酒酱、南货、茶叶、百货、烟杂、茶食、糖果炒货、面饭、水果、糕团油条、制面、茶馆、照相、制烟、水作、理发、鸡鸭、树柴。公私合营商店4家,30户,从业人员36人,资金47628元,涉及行业有棉布、磁杂、水果、中西药。直接过渡六家,32户,从业人员45人,涉及行业有粮食、丝行、绸行、百货、羊行、屠户。

1980年起,濮院工商所按照国务院颁布的《工商企业登记管理条例》和有关个体登记管理条例,对全镇企业进行登记,同时还对个体工商户的开业、变更、歇业等申请资料,按程序进行审核,以进一步规范个体工商户的生产经营活动。截至1990年,濮院工商所办理工商企业登记的国营企业6家,1990年总产值6352.67万元,利润426.86万元,职工2573人;县属集体企业7家,总产值2390.73万元,利润150.22万元,职工1073人;镇办集体企业10家;其他集体企业(企事业单位创办)14家;外来企业58家;国营商业共7家;供销合作社商业1家;集体商业28家,其中,原私营经过社会主义改造后组织合作而成的有18家;企事业单位和乡镇开设的第三产业商店10家;个体工商业703家,私营企业1家。

进入21世纪,随着市场的发展和园区规模的扩大,境内工业企业数量逐年增多。同时,市场的发展也带动并促进其他行业的繁荣,尤其是从事第三产业的个体工商户注册登记数更是快速递增。2009年,全镇登记在册的市场主体1万余户,其中,个体工商户占九成以上。镇政府为扶持个体工商户升级为私营企业,对具备一定生产经营规模,有潜在升级意愿的个体户实现转型升级,依法实现“个转企”(由个体转升为企业)。同时出台优扶政策，对“个转企”后的企业，可继续使用原有名称、字号，办理证照全程绿色通道，税收方面给予一定“缓冲期”，贷款发放、利率调控上给予优惠支持。2010 年 9 月，全镇首批 19 户符合条件的个体工商户实现“个转企”，依法成为私营企业。因在册市场主体的动态性，不同类型的注册登记、注销登记变化频繁。截至 2010 年，濮院工商行政管理所共办理注册登记的各类企业总数为 18316 家，共 17 类，其中仍在册数为 10627 家，历史登记数(已注销)7689 家；涉及类型有个体工商户 15856 户，私人有限公司 1065 家，个人独资企业 232 家，一人有限责任公司 101 家，股份合作制 183 家，股份有限公司 68 家，国有企业经营单位 39 家，全民所有制分支机构 6 家，集体分支机构 15 家，集体企业 54 家，集体企业经营单位 21 家，合作社 3 家，农民专业合作社 15 家，普通合伙企业 31 家，有限责任公司 448 家，其他有限责任公司 161 家，其他股份制有限公司 16 家；注册资金总额 858445 万元。

表 9－22　1990—2010 年濮院镇个体工商户、企业注册登记动态情况表

年份	个体工商户数	企业数	年份	个体工商户数	企业数
1990	—	324	2001	4038	395
1991	—	344	2002	4728	366
1992	—	395	2003	4251	467
1993	—	447	2004	5042	537
1994	—	476	2005	5741	568
1995	—	500	2006	5884	624
1996	377	533	2007	7574	790
1997	262	323	2008	7709	697
1998	292	323	2009	8369	755
1999	387	308	2010	8923	881
2000	3882	292			

资料来源：濮院工商所

第三节　商标、广告管理

商标管理

清康熙、乾隆年间，境内丝绸生产者为体现濮绸特色，促进销售，在产品上设计了“大富贵”“小富贵”精美图案，深受北方人喜爱，此精美图案也成为濮绸商标的滥觞。

20 世纪 80 年代，随着《中华人民共和国商标法》的贯彻实施，国家对商标实行统一注

册制度。境内相关企业开始重视品牌建设,陆续为本企业产品申请注册商标。1985 年,桐乡第一羊毛衫厂申请注册“神翼”牌商标。1987 年,濮院油厂为该厂精制菜籽油申请注册“南湖”牌商标。濮院丝厂为桑蚕白厂丝和绣花床罩申请注册“梅花”牌商标;其服装分厂申请注册“神龙”牌商标。1988 年,桐乡人造革厂(桐乡缝纫机零件厂)生产的人造革产品申请注册“梅泾”牌商标。之后,陆续有夏子羊毛衫厂(注册商标“栖凤”)、云翔实业公司(注册商标“夏云翔”)、万兴羊毛衫厂(注册商标“万兴”)、松青羊毛衫厂(注册商标“秋乐”)、民丰羊毛衫厂(注册商标“塔峰”)、工艺羊毛衫厂(注册商标“鹿王”)、华丰羊毛衫厂(注册商标“神霞”“桐辉”)、南洋羊毛衫厂(注册商标“阔洋”)、凯星羊毛衫厂(注册商标“艺润”)、燕君羊毛衫厂(注册商标“杰杉”)、天云羊毛衫厂(注册商标“飘秀”)、中华羊毛衫厂(注册商标“美瑞”)等,为其产品申请注册商标。截至 1994 年,仅羊毛衫行业经国家商标局核准注册的企业共 14 家,注册商标 15 个。

随着市场的发展,毛衫业产品逐渐成为濮院申请注册商标的重点行业。21 世纪以来,毛衫行业商标注册数大幅增多,商标类型主要有“引牌”“贴牌”“自主”三种。引牌,即主动引入的品牌商标。此举是濮院镇实施“品牌市场建设带动品牌产品销售,品牌产品促进品牌市场提升”的双向策略。2004—2010 年,在濮院羊毛衫市场开设销售窗口或设立生产基地的国内外知名品牌企业的品牌商标有恒源祥、鄂尔丹奴、侨亚、浣纱女、华美、雪驰、丫丫、波司登、鹿王、鄂尔多斯、皮尔卡丹、梦特娇、金利来、鳄鱼、雪莲等 15 个,销售这些品牌服装的经营户也由最初的 20%提高到 2007 年的 85%。贴牌,即为知名品牌贴牌加工。企业通过贴牌加工,以提升自身的生产能力、质量控制能力和管理能力,提升市场竞争力。自主,即企业自己申请注册获得的商标。至 2010 年,濮院镇注册商标总数为 1138 个,其中毛衫自主注册商标 800 余个,包括驰名商标(司法认定)7 个,浙江省著名商标 4 个,嘉兴市著名商标 18 个,桐乡市著名商标 17 个,被浙江省工商局评为省级商标品牌基地。

企业申请注册商标,可委托商标代理服务机构办理。2010 年,在境内开设的商标代理服务机构有鼎力商标代理服务中心、名品商标代理有限公司、金牌商标代理有限公司、博通商标代理有限公司、信达商标代理服务中心、北京恒华泽林商标代理公司、宾利知识产权代理有限公司等 7 家。

境内的商标管理由桐乡市工商行政管理局濮院工商所具体负责。为加强羊毛衫市场的商标管理,濮院工商所不定期与市场相关部门联合开展形式多样的《中华人民共和国商标法》宣传活动,通过树优惩劣,有效地保护商标的知识产权,维护市场的经营秩序。

1997 年,针对市场中少数经营户利用假冒商标、以次充好等手段,扰乱市场经营秩序的现象,濮院工商所与市场技术监督等部门及时联合进行打假,规范市场经营秩序。1998 年,市场管理部门推出“扶优扶强、打假治劣”双管齐下的质量管理方针,开展质量信得过经营户评比、宣传《中华人民共和国产品质量法》《中华人民共和国商标法》及实施市场质量检查制度等活动,同时查处少数经销假冒伪劣产品的经营户。2000 年,共查处假冒纯羊毛标志案2起，查获假冒标志2735套；查处高比例羊毛混纺标志案6起，查获假冒标志3433套。2005年，开展“百家优秀经营户”评选活动，通过评选，有114家经营户获此称号。2006年3月14日，桐乡市反不正当竞争协会中的43家毛衫会员企业，联合发出经营倡议书，要求会员企业不经营假冒伪劣商品，反对一切仿冒、混淆、虚假标志等不正当竞争行为；不谋求暴利及一切不正当利益，维护桐乡羊毛衫行业的市场声誉，共创桐乡毛衫品牌。

与此同时，濮院工商所于是年联合市场监管部门共同执法，查处各类假冒伪劣产品、以次充好及商标标识案件54起，案值100余万元，进一步加强商标管理，规范经营秩序。

广告管理

民国时期，境内就有通过报刊登载广告的事例。民国21年（1932）2月23日，通过《申报》登载“失踪者之访寻”广告，寻找失踪者沈佩明。23年12月4日，通过《申报》登载“濮院公义当停业”广告。也有本地厂商利用镇域闹市区、街道转角处的空墙面张贴宣传广告，扩大影响。广告分商业广告和企业广告两类，商店广告内容包括商店名称、地址、商品信息、欢迎词及商店承诺。如“永增和”布店的广告词：“永增和，濮院归家湾转角。国产绸缎布匹，承蒙赐顾，无任欢迎。剪断折皱，概不退换。”企业广告内容包括工厂名称、经营范围、地址。如“濮院恒兴裕染厂”的广告词：“机器、绸布，厂址小猪汇南首，工场设白雀寺前。”

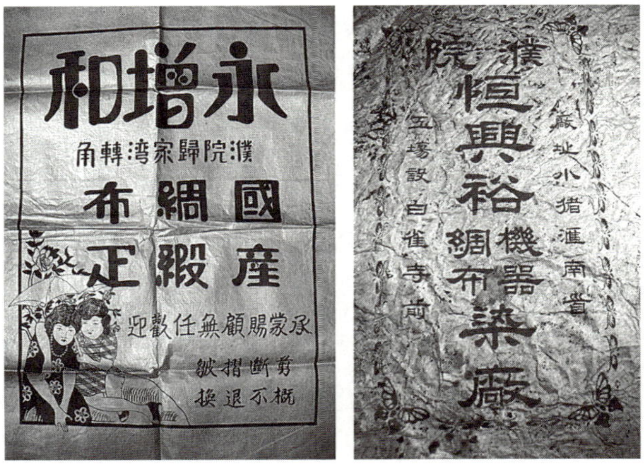

民国时期张贴于镇区街头的两则广告（朱家伦供）

中华人民共和国成立之初，广告宣传甚少。1957年，濮院镇剧场曾刊登剧团演出广告。20世纪80年代起，企业的广告意识逐渐增强，部分企业开始尝试通过新闻媒体宣传企业宗旨、产品质量、产品信息，以提高企业的知名度，扩大产品销售量。镇区内的围墙，房屋外墙上也开始出现各类信息广告。

1982年，随着国务院《广告管理暂行条例》的贯彻实施，濮院工商所开始对街头广告进行管理。

1988年，羊毛衫市场建成后，随着毛衫产业的发展，助推了广告事业的发展。企业通过濮院有线电视频道、县电视台等媒体，宣传产品或发布招工信息之类的广告更加频繁。

20世纪90年代中期，工商所在农贸市场、咏梅路、新南路、永乐桥堍等热闹地段，设广告橱窗，发布广告信息。

1997年10月，市濮管委创办《濮院羊毛衫市场报》，不定期出刊，每期印刷量3000—6000份，发放给市场经营户及全国各相关市场，宣传市场招商优惠政策、市场行情和品牌建设等信息。

1999 年，在 320 国道边设立 200 平方米大型形象广告牌，国道两侧制作 80 只精美灯箱广告，通过浙江电视台、浙江娱乐台、嘉兴电视台、《浙江日报》、《嘉兴日报》等媒体发布广告及信息。

21 世纪后，随着专业广告公司的出现，境内的广告业务由广告公司承接，广告宣传形式更趋多元化，宣传力度更大，范围更广。

2004 年 5 月，中央电视台 2 套、3 套、4 套相继播出 2004 年中国・濮院国际毛针织服装博览会形象广告。

2008 年，在沪杭高速和申嘉湖高速设置大型广告牌 2 块、发布两面体立柱广告牌 14 块；在 320 国道嘉兴路段主要路口设置广告指示牌 30 块。

至 2010 年底，濮院经工商登记注册的广告公司有一帆广告有限公司、武汉拍拍速递广告有限公司、杭州领先广告策划有限公司、慧堂广告有限公司、羊毛衫市场广告有限公司、同舟广告公司、赢联广告有限公司、一搏广告有限公司等 8 家。

与此同时，职能部门对广告的管理更严，也更规范。2001 年 1 月，羊毛衫市场成立由公安、技术监督、工商、税务、城管等多部门组成的市场联合行政执法办公室，统一行政执法，行使对相关工作的管理、稽查及处罚权限。对个别经营者（企业）存在商标侵权、广告违法、无照经营、不正当竞争等情况，一经发现及时查处，严格管理市场经营秩序。

表 9－23　　至 2010 年濮院著名、驰名商标一览表

序号	奖项名称	商标名称（单位）	备　注
1	中国驰名商标	纯爱　（浙江纯爱服饰有限公司）	司法认定
2		褚老大　（浙江褚老大羊绒服饰有限公司）	
3		华伦飞虎　（浙江飞虎机械制造有限公司）	
4		圣地欧　（浙江圣地欧服饰有限公司）	
5		纯贝　（嘉兴阿玛尼服饰有限公司）	
6		申康　（浙江申康管业有限公司）	
7		荟乐多　（浙江荟美食品饮料有限公司）	
8	浙江省著名商标	桐星　（浙江桐星水泥股份有限公司）	
9		华伦飞虎　（浙江飞虎机械制造有限公司）	
10		濮院毛衫　（濮院羊毛衫市场管理委员会）	区域名牌
11		濮院物流　（濮院物流园区发展有限公司）	服务名牌
12	嘉兴市著名商标	浅秋　（浙江浅秋服饰有限公司）	
13		纯爱　（浙江纯爱服饰有限公司）	
14		褚老大　（浙江褚老大羊绒服饰有限公司）	

续表 9－23

序号	奖项名称	商标名称(单位)	备　注
15	嘉兴市著名商标	华伦飞虎　(浙江飞虎机械制造有限公司)	
16		百艺鸟　(桐乡市百艺鸟服饰有限公司)	
17		圣地欧　(浙江圣地欧服饰有限公司)	
18		雪中花　(浙江雪中花服饰有限公司)	
19		雀屏　(桐乡市雀屏纺织整理有限公司)	
20		千圣禧　(桐乡市千圣禧服饰有限公司)	
21		冰绒花　(浙江世纪保罗服饰有限公司)	
22		乔欧　(嘉兴乔欧服饰有限公司)	
23		兔牌　(嘉兴市金企鹅服饰有限公司)	
24		冰雪明珠　(浙江禧鳄服饰有限公司)	
25		保威特・犀牛　(浙江鼎坤服装有限公司)	
26		申康　(浙江申康管业有限公司)	
27		波思奇　(浙江波思奇羊绒有限公司)	
28		海通　(桐乡市海通毛纺有限公司)	
29		力维斯　(嘉兴力维斯服饰有限公司)	
30	桐乡市著名商标	浅秋　(浙江浅秋服饰有限公司)	
31		纯爱　(浙江纯爱服饰有限公司)	
32		褚老大　(浙江褚老大羊绒服饰有限公司)	
33		华伦飞虎　(浙江飞虎机械制造有限公司)	
34		百艺鸟　(桐乡市百艺鸟服饰有限公司)	
35		圣地欧　(浙江圣地欧服饰有限公司)	
36		雪中花　(浙江雪中花服饰有限公司)	
37		雀屏　(桐乡市雀屏纺织整理有限公司)	
38		千圣禧　(桐乡市千圣禧服饰有限公司)	
39		冰绒花　(浙江世纪保罗服饰有限公司)	
40		冰雪明珠　(浙江禧鳄服饰有限公司)	
41		帅典　(浙江禧鳄服饰有限公司)	
42		爱在深秋　(桐乡爱在深秋服饰有限公司)	
43		申康　(浙江申康管业有限公司)	
44		乔欧　(嘉兴乔欧服饰有限公司)	
45		兔牌　(嘉兴金企鹅服饰有限公司)	
46		雪澜娅　(浙江雪澜娅羊绒服饰有限公司)	

表 9－24　　1998—2010 年濮院工商所查处工商违法案件统计表

年　度	查处案件(起)	其中大案(起)	罚没款(万元)
1998	113	8	32.8
1999	115	13	40.0
2000	126	15	43.5
2001	137	23	53.6
2002	148	25	67.4
2003	153	34	78.7
2004	157	41	83.5
2005	162	45	120.3
2006	187	56	190.5
2007	203	69	220.7
2008	237	109	249.8
2009	203	98	177
2010	210	101	146.9

资料来源:濮院工商所稽查队

第十编

交通 电力
邮政 通信

邮电车

濮院镇地处水乡,域内河流港湾纵横交错,密如蛛网。京杭大运河穿越镇域而过,有六条分支河道向南连通老镇区河网,四条分支河道向北流通原新生乡区域。大运河往东可达嘉兴、上海,往西南可到杭州,向北可通湖州、苏州。中华人民共和国成立前,水路是濮院交通的主要通道,舟楫是主要交通工具。

中华人民共和国成立后,濮院镇境内道路经过不断改建和拓扩,尤其是穿越镇域的杭申公路扩建为320国道,嘉桐公路(桐乡大道)、嘉湖公路、申嘉湖高速公路相继开通,陆路交通异常便捷,水路交通便渐退二线。随着濮院羊毛衫市场和现代物流业、快递业、旅游业的发展,陆路成为最主要的交通线,并有不断向空中航运发展的趋势。

20世纪20年代初,濮院镇名扬中外500余年的“濮绸”开始用近代工业生产技术替代传统手工业作业,催促了“嘉桐濮院镇公明电气公司”的诞生,开了桐乡电力工业的先河。民国22年(1933)10月12日,濮院电气公司代表参加在绍兴“大明电气公司”举行的“浙江民营电业联合会”第五届年会。岁月变迁,濮院镇的电力工业呈波浪式变化。随着濮院镇羊毛衫区域经济迅猛发展,电力工业相应日益繁荣。

清光绪二十九年(1903)濮院镇开始设立邮局,民国7年(1918)始有电话通讯,但新中国成立前镇域邮政、通讯均不发达。中华人民共和国成立后,邮政、通信几经分合,至1998年8月邮政和电信(通信)再次分营。随着改革开放的深入和濮院羊毛衫区域经济的发展,分营后的邮政业相应不断壮大;通信业更是借助互联网发生巨大变化,融入了人们生产生活的方方面面。

第一章　交　　通

第一节　水路交通

濮院地处杭嘉湖平原,除水流平缓外,还因在枯水期间有太湖水倒灌调节,所以干线航道一般水深1.5—2.5米,底宽在8—15米之间,可通航50—60吨级船舶,支线航道一般可通10—40吨级船舶。

濮院至莫家荡(运河边小集镇,设水运码头)4.35千米,河道水深2米,底宽9米,可通行60吨船只。至乌镇,全程18千米;至梧桐13.17千米,水深1.5米,底宽5米,可通行30吨船只;至屠甸14.59千米,水深1.5米,底宽5米,可通行30吨船只;经陡门(运河边小集镇)至新塍 13.5 千米,水深 2 米,底宽 9 米,可通行 60 吨船只。

干线航道

京杭运河江南段,即杭申甲线,自杭州艮山门港经塘栖、崇德、石门、梧桐、濮院、嘉兴、三店,至清凉庵进入上海市境,再经马力港、泖港口进入黄浦江,经闵行至苏州河口,全长 219.21 千米。杭申甲线流经镇域段 4.7 千米,河面宽 50—70 米,河底高程-2.381 至-2.181 米,为四级航道,是濮院镇的干线航道,可通 500 吨以下船只。镇域从水路由京杭运河可达北京、天津、济南、南京、上海、苏州、无锡、嘉兴、湖州、杭州等地。

支线航道

永兴港 以运河为界分南、北永兴港,是镇境最西的县级重要河道。永兴港北起乌镇三里塘,穿过京杭运河,南接莲花港长山河,在镇境内长 8 千米,1955 年曾经疏浚挖深,河面宽 16—30 米,底宽 8 米,河底高程为-0.5 米,现为七级航道。

妙智港 南起王母桥港,穿越运河,北至中横港。为濮院镇级河道,全长 8.5088 千米,1976 年疏浚运河北段,运河南段河面宽 21.50 米,北段河面宽 25 米,河底高程为 0 米。30 吨船舶可通行。

桐乡港 桐乡港(旧志称桐濮港)东起王母桥港,西至永兴港,流经永乐、新星两个村。桐乡港因此港向西通桐乡而得名。港全长 4.1584 千米,河面宽 31.70 米,河底高程为 0 米。30 吨船舶可通行。

王母桥港 王母桥港北起京杭大运河,南与莲花桥港交汇,为濮院镇级河道(镇区北至运河正家笕一段,旧志称正家笕港)。全长 8200 米,1970 年、1979 年曾两次疏浚,河面宽 28.80 米,底宽 4 米,河底高程为-0.5 米。60 吨船舶可通行。

莲花桥港 莲花桥港(旧志称庙簰港)。因为它在镇境东南部,王店镇进口铁路莲花桥附近而得名。境内长 3.435 千米,1998 年疏浚,河面宽度为 49.5 米,底宽 20 米,河底高程为-1.0 米,可通航 100 吨级船舶。是濮院镇东南向的主要水上交通航道,现为七级航道。

分乡港 分乡港位于镇境东北部,是嘉兴和桐乡的分界河,故得此名,是嘉兴市级重要河道。在濮院境内长 6.23 千米,1955 年疏浚,河面宽 20—25 米,底宽 2.5 米,河底高程为 0 米。60 吨船舶可通行。

十景塘 位于镇东,南起月(幽)河桥港,西连东市河,北接嘉兴秀洲迎春桥港通运河陡门、莫家笕,境内长 0.5726 千米,宽 21.30 米。60 吨船舶可通行,现为七级航道。

第二节　公路和其他道路

民国 24 年(1935)前濮院境内只有小路通往桐乡、屠甸、王店、新塍、乌镇等周边的乡镇。同年,浙江省政府建造杭善公路濮院段,濮院境内始有公路。中华人民共和国成立后,随着农田基本建设和交通事业的发展,20 世纪 70 年代大部分道路已改建成机耕路,

90年代又逐年改建成各级公路，可通自行车、手推车、拖拉机、汽车。原杭善公路经延伸改建为杭申公路，后称320国道，曾是濮院陆路出行的大动脉。2000年后嘉湖公路、申嘉湖高速公路、嘉桐公路（桐乡大道）相继建成通车，镇区内新建的两纵五横道路与之相连，并实现村村通公路，城乡公交一体化。濮院镇公路交通成网，四通八达于全国各地。

国道

320国道濮院段 320国道起点为上海，终点为云南瑞丽，途经上海、浙江、江西、湖南、贵州和云南6个省份，全程3695千米。濮院段7.9千米，东西向贯穿濮院镇，是濮院交通的主要公路。中华人民共和国成立前，民国24年（1935）浙江省政府决定赈修杭善公路94.04千米，其中桐乡境内32.46千米。同年8月，嘉兴专员王先强至濮院参加桐乡段破土动工典礼，民国25年10月13日竣工。杭善公路路基宽9米，路面采用碎砖瓦作骨料，桥梁均为石台木排架面结构，当时经常保持通车里程为上市余家渡至濮院的11.05千米。民国26年日军侵占时期公路遭毁坏而荒废。抗战胜利后，民国36年11月，浙江省拨款修复杭善公路嘉桐段29千米，嘉兴—濮院—桐乡勉强通车。

濮院大道（320国道濮院段）

中华人民共和国成立后，1958年桐乡县人民政府修复杭善公路濮院至崇福南门段，技术标准按部颁六等乙级，路基宽为6.5—7.5米，路面宽3.5米，以碎砖瓦铺路，桥梁为石台石面、石台木排架面、木台木墩木面三种结构。1969年，杭善公路延长至上海枫泾，改称杭枫公路。1974—1975年，改建濮院至崇福南门27千米简易公路为部颁三级公路，路基宽度9米，路面宽度7米，路面结构仍为泥结碎石。1976—1978年，桐乡境内32.46千米泥结碎石路改建为渣油、沥青路面。1978年，杭州至上海全线贯通，改称杭申公路。1985年杭申公路列入320国道一段；同年320国道桐乡段开始全面拓宽改建，1989年竣工，改建后为二级公路，水泥混凝土路面，路基宽度15米，路面宽度12米，两边各设1.5米硬路肩，沿途置有新型白色光分道块；1995年，由双向两车道改为双向四车道；2003年，改造为一级公路，沥青路面，路基宽25.5米。2004年5月改造320国道濮院段（称为桐乡东北入城口工程），从聚星桥至浮石桥，双向6车道，拓宽为30米。2005年月河桥至市区路段命名为濮院大道。

省道

申嘉湖高速 申嘉湖高速起自上海，终与湖州长宁高速连接，编号S12；在桐乡境内与练杭高速互通，2004年9月30日开工，2008年1月28日竣工通车，沥青路面，路基宽

35 米，路面宽 32 米，双向六车道，设计时速 120 千米/小时。濮院镇最北端设有申嘉湖高速“濮院”出入口。

县道

嘉湖公路 起点嘉兴秀洲区，终点湖盐线姚保里。2003 年 12 月动工，2005 年 3 月建成通车。按一级公路标准建设，沥青混凝土路面，路基宽 40 米，路面宽 36 米，双向 4 车道，中间 6 米宽绿化隔离带，两侧机动车道与慢车道间设 2 米宽绿化隔离带。濮院境内东西向路段长 8 千米。

桐乡大道(嘉桐公路) 起点嘉兴秀洲区杨家笕桥，终点桐乡市区绕城路濮院浮石立交桥。建于 2007 年，按一级公路标准建设，沥青混凝土路面，路基宽 38.5 米，路面宽 34.5 米，双向 6 车道，两侧各设 3 米辅车道，中间为 3 米绿化隔离带。濮院境内东西向路段长 7.8 千米。

运河农场—炉头公路(农—炉线) 自嘉兴秀洲运河农场至龙翔街道(原炉头镇)。1995 年建成通车，途径濮院新东村、油车桥村，境内东西向路段全长 8 千米，宽度 8 米，沥青砼路面和水泥砼路面兼有。2010 年进行改建，原有部分沥青路面老化，面层覆盖翻新。

新民公路

濮民公路 起点 320 国道报恩桥西，终点乌镇民合村公路转盘。1995 年建成，途径濮院新星村、新联村、新港村，砂石路面。2002 年改建沥青混凝土路面，路基宽分别为 26 米、12.5 米、10 米、8 米，路面宽分别为 23 米、11.5 米、9 米、7 米。

新民公路 起点濮院镇新生加油站与濮民公路交界处，终点申嘉湖高速濮院出入口。途径新联村，全长 6.42 千米。2008 年通车，为沥青混凝土路面，路基宽 26 米、12 米，路面宽 25 米、11 米。

濮新公路 起点 320 国道新生路口，终点新生集镇，境内长 5.91 千米，1987 年 12 月建成，泥结碎石路。2002 年改建，其中 1.69 千米为三级公路，4.22 千米为四级公路，沥青碎石路面，路基宽分别为 9 米、7 米，路面宽分别为 7 米、5 米。

镇际公路

中华人民共和国成立前，濮院通往周边乡镇的道路，大多为自然形成的民间小道，路基宽度不少于一米，除少数铺有石板外，泥路为主。濮院的土质为沙土、黏土，雨天黏糊滑腻，晴天坑洼不平，步履艰难。少数为官方修筑，如运河两边的塘路堤岸为驿道，经逐年加固而成。民国 25 年(1936)11 月，为抗日战争需要，修筑以战时通行人和马为主的嘉兴纵队路，濮院—陡门—新塍全程长25千米（包括新塍至双桥），宽3—4米。濮院向西南方向过王母桥、万寿桥、报恩桥、亭子桥、会龙桥至梧桐镇，全程8.25千米。向西南经野猫桥、善庆桥至庙簰桥，向南又折向西越过大牛桥，再向南行至屠甸镇，全程13.95千米。向东过临观庙桥折向北至陡门桥，过陡门桥向东，沿运河塘驿道至嘉兴，全程19千米。过陡门桥向西，沿运河塘驿道折向西北至乌镇，全程18千米。向东南行9.5千米至王店镇。

中华人民共和国成立后，随着农田基本建设和交通事业的发展，大部分道路已改为机耕路或简易公路，可通自行车、手推车、拖拉机，有的可通汽车。乡村公路相连或直接和国道、省道、县道公路相通，组成了濮院镇境内四通八达的公路网络，方便了居民的出行。濮院镇主要的镇际公路有：

濮院至王店 借320国道向东至洪合镇向南，经乌船村再向东至王店，全程22千米，1986年通车。洪合向南开始为碎石路面，2002年改建为沥青混凝土路面。

濮院至硖石 经洪合向南，过乌船村、双山乡至硖石，全程29千米。洪合向南开始为碎石路面，2002年改建为沥青混凝土路面。

濮院至嘉兴 公路全程17千米，借320国道经洪合、十号桥、嘉兴机场、七号桥达嘉兴。

濮院至桐乡 借320国道向西，全程11千米达桐乡。

濮院至建设 沿濮院双燕路一直向南直达建设集镇，全程10.5千米，2004年开通，时为沙石路，2010年为沥青路面。

濮院经新生至新塍 沿濮新公路经运河塘桥、运河农场、新生到新塍，全程21千米。

濮院经新生至乌镇 沿桐星大道往北，过新生集镇、民合到乌镇，全程19千米。

濮院至炉头（龙翔街道） 沿桐星大道往北，走农—炉公路向西到龙翔街道，全程12千米。

村道公路

20世纪90年代中期，市财政和濮院镇财政各负担50%的资金，开始陆续建设村道公路，1998年濮院实现村村通公路。起初为泥结碎石路，路况差，路面窄，桥梁负载低。2003年起，开展“乡村康庄工程”建设，改建村道公路，实现硬化和准四级公路标准，且通到每个村民小组。2010年濮院镇共有村道公路84条，总里数112.08千米，3米宽硬坚路，其中铺装沥青混凝土面层村道公路4条，总长7.723千米；铺装水泥混凝土面层村道公路68条，

永联村村道公路

总长92.218千米；未铺装12条，总长12.139千米。乡村公路是镇域内主要道路网，由镇交管站管理和维护保养，直接和国道、省道、县道公路相通，组成了濮院镇境内四通八达的公路网络，方便了居民的出行。

表10-1　　2010年濮院镇在册的乡道公路一览表

公路编号	公路名称	起点地名	止点地名	境内里程（千米）	面层类型（千米）	
					水泥混凝土	沥青混凝土
Y805330483	横港—新生	种瓜浜东埮	新浜	4.09	4.09	0
Y808330483	城南—濮院	小木桥	吴家浜	5.774	5.774	0
Y840330483	新东—新港	庙桥	新港村北	4.899	4.899	0
Y841330483	油车桥—星旗	陆家村	蒋家桥	4.704	4.704	0
乡道合计				19.467	19.467	0

表10-2　　2010年濮院镇在册的村道公路一览表

序号	公路编号	公路名称	起点地名	止点地名	里程总计（千米）	面层类型（千米）		
						水泥混凝土	沥青混凝土	未铺装
1	C820330483	西岳园—陈家桥	西岳园	陈家桥	2.16	0	0	0
2	C822330483	新小队—小塘里	新小队	小塘里	2.206	2.206	0	0
3	C823330483	鸦鹊浜—北姚浜	鸦鹊浜	北姚浜	1.559	1.559	0	0
4	C824330483	油车桥—星旗	朝东屋	北姚浜	1.473	1.473	0	0
5	C825330483	吴家浜—渡船浜	吴家浜	渡船浜	0.941	0.941	0	0
6	C826330483	田心里—王家汇	田心里	王家汇	0.818	0.818	0	0
7	C827330483	环桥—秀州	环桥	秀州	0.554	0	0	0.554
8	C828330483	西浜—王桥	西浜	王桥	0.586	0.586	0	0
9	C829330483	新小队—塘浜	塘浜	新小队	0.723	0.723	0	0
10	C830330483	周家汇—东塘田	周家汇	东塘田	1.988	1.988	0	0
11	C831330483	周家汇路—安桥	周家汇路	安桥	0.471	0.471	0	0
12	C832330483	联丰桥—安桥	联丰桥	安桥	2.205	2.205	0	0
13	C833330483	杨树下—新妙智	杨树下	新妙智	2.721	2.721	0	0
14	C834330483	孔家门—鱼船浜	孔家门	鱼船浜	2.673	2.673	0	0
15	C835330483	横港北—长山桥	横港北	长山桥	1.436	1.436	0	0

续表 10－2

序号	公路编号	公路名称	起点地名	止点地名	里程总计（千米）	面层类型（千米）		
						水泥混凝土	沥青混凝土	未铺装
16	C836330483	庙后浜—叶家浜	庙后浜	叶家浜	1.069	1.069	0	0
17	C837330483	塘田里—兰溪浜	塘田里	兰溪浜	1.809	1.809	0	0
18	C838330483	三里浜—西浜	西浜	三里浜	0.422	0.422	0	0
19	C839330483	桥南—网船浜	桥南	网船浜	0.655	0.655	0	0
20	C840330483	西塘田—苏家浜	西塘田	苏家浜	1.419	0	0	1.419
21	C8423330483	叶家浜—庄家汇	叶家浜	庄家汇	0.832	0.832	0	0
22	C843330483	陆家浜—鱼船浜	陆家浜	鱼船浜	0.887	0.887	0	0
23	C844330483	油车桥—打六浜	油车桥	打六浜	0.807	0	0	0.807
24	C845330483	朱家浜—北大池	朱家浜	北大池	0.91	0.91	0	0
25	C846330483	南大池—胡家木桥	南大池	胡家木桥	1.068	1.068	0	0
26	C847330483	西篷子—桐星集团	西篷子	桐星集团	0.636	0.636	0	0
27	C848330483	永兴—妙智	永兴	妙智	1.429	1.429	0	0
28	C849330483	妙智—小港	妙智	小港	1.218	1.218	0	0
29	C850330483	莫家浜—运河加油站	莫家浜	运河加油站	0.857	0.857	0	0
30	C851330483	吴家桥—热电厂	吴家桥	热电厂	0.645	0.645	0	0
31	C852330483	浮石桥—张家湾	浮石桥	张家湾	2.626	2.077	0	0.549
32	C853330483	张家湾—王家村	张家湾	王家村	5.683	5.683	0	0
33	C854330483	毛家埭—张家湾	毛家埭	张家湾	5.321	1.316	4.005	0
34	C855330483	康复村—夏家浜	康复村	夏家浜	1.67	1.232	0	0.438
35	C856330483	冯家浜—小猪港	冯家浜	小猪港	1.209	0	0	1.209
36	C857330483	西横港—汤家角	西横港	汤家角	1.743	0	0	1.743
37	C858330483	紫金浜—南蔡场	紫金浜	南蔡场	0.59	0.59	0	0
38	C859330483	北蔡场—紫金浜	北蔡场	紫金浜	0.43	0.43	0	0
39	C860330483	张家湾—永兴港	张家湾	永兴港	0.544	0.544	0	0
40	C861330483	张家门—日晖浜	张家门	日晖浜	0.717	0.717	0	0
41	C862330483	万寿桥—柳家浜	万寿桥	柳家浜	0.546	0.546	0	0
42	C863330483	俞家场—高家兜	俞家场	高家兜	1.203	0	0	1.203

续表 10－2

序号	公路编号	公路名称	起点地名	止点地名	里程总计（千米）	面层类型（千米）		
						水泥混凝土	沥青混凝土	未铺装
43	C864330483	朱家窑—宣家浜	朱家窑	宣家浜	0.931	0.931	0	0
44	C865330483	罗家桥—金家门	罗家桥	金家门	1.141	1.141	0	0
45	C866330483	新濮村委—刘西	新濮村委	刘西	0.815	0.815	0	0
46	C867330483	石料场—项家浜	石料场	项家浜	0.801	0.801	0	0
47	C868330486	王家埭—刘南	王家埭	刘南	0.355	0.355	0	0
48	C869330483	毛家埭—敬老院	毛家埭	敬老院	0.476	0.476	0	0
49	C870330483	濮院小学—香海寺	濮院小学	香海寺	0.49	0.49	0	0
50	C871330483	桐乡三中—濮北	桐乡三中	濮北	0.634	0	0.634	0
51	C872330483	孟家园—朱家兜	孟家园	朱家兜	0.922	0.922	0	0
52	C873330483	王母桥—永兴港	王母桥	永兴港	3.494	3.494	0	0
53	C874330483	凯旋路—盛家浜路	凯旋路	盛家浜路	0.883	0.883	0	0
54	C875330483	永兴港—凯旋路	永兴港	凯旋路	3.308	3.308	0	0
55	C876330483	永乐村委—320 国道	永乐村委	320 国道	0.597	0.597	0	0
56	C877330483	加油站—塘田里	加油站	塘田里	0.978	0.978	0	0
57	C878330483	凯旋路—南纬西路	南纬西路	凯旋路	0.453	0.453	0	0
58	C879330483	南纬西路—凯旋路	凯旋路	南纬西路	0.453	0.453	0	0
59	C880330483	凯旋路—南北大道	凯旋路	南北大道	0.824	0.824	0	0
60	C881330483	苏家浜—周家汇	苏家浜	周家汇	0.866	0	0	0.866
61	C882330483	320 国道—徐家浜	320 国道	徐家浜	2.559	2.559	0	0
62	C883330483	曹家埭—城濮线	曹家埭	城濮线	1.145	1.145	0	0
63	C884330483	绵羊浜—王家门	绵羊浜	王家门	1.432	0	0	1.432
64	C885330483	王桥头—孟家汇	王桥头	孟家汇	0.522	0	0	0.522
65	C886330483	托运站—三观塘桥	托运站	三观塘桥	0.65	0.65	0	0
66	C887330483	双园路—黄河公路	双园路	黄河公路	2.051	0	2.051	0
67	C888330483	320 国道—黄河小学	320 国道	黄河小学	3.956	2.923	1.033	0
68	C889330483	黄河翻砂厂—庙白公路	黄河翻砂厂	庙白公路	1.066	1.066	0	0
69	C890330483	茅家桥—孔家埭	茅家桥	孔家埭	2.794	2.794	0	0
70	C891330483	李北—公墓	李北	公墓	0.905	0.905	0	0

续表 10－2

序号	公路编号	公路名称	起点地名	止点地名	里程总计（千米）	面层类型（千米）		
						水泥混凝土	沥青混凝土	未铺装
71	C892330483	新河村村委—旺屋桥	新河村村委	旺屋桥	1.365	1.365	0	0
72	C893330483	罗秋浜—王家浜	罗秋浜	王家浜	1.019	1.019	0	0
73	C894330483	罗秋浜—小木桥	罗秋浜	小木桥	2.139	2.139	0	0
74	C895330483	濮家里—石墩桥	濮家里	石墩桥	0.652	0.652	0	0
75	C896330483	旺屋桥—沈家木桥	旺屋桥	沈家木桥	2.592	2.592	0	0
76	C897330483	恒丰漂染公司—李家鱼池	恒丰漂染公司	李家鱼池	0.413	0.413	0	0
77	C898330483	良种场—庄敬里	良种场	庄敬里	3.072	3.072	0	0
78	CP01330483	黄河公路—金塘浜	黄河公路	金塘浜	0.352	0.352	0	0
79	CP02330483	黄河公路—益茂桥	黄河公路	益茂桥	0.39	0.39	0	0
80	CP03330483	独龙桥南—苏家浜	独龙桥南	苏家浜	1.397	0	1.397	0
81	CP04330483	苏家浜—种子场	苏家浜	种子场	0.8	0.8	0	0
82	CP05330483	凯旋路—320 国道	凯旋路	320 国道	0.867	0.867	0	0
83	CP06330483	大汇—油库	大汇	油库	0.84	0.84	0	0
84	CP07330483	东机埠—陈家兜	东机埠	陈家兜	1.267	1.267	0	0
合计	—	—	—	—	112.08	92.218	7.723	12.139

机耕路

20 世纪 70 年代初，濮院、新生公社各大队结合农田基本建设，平整土地，兴修水利，开始规划修筑机耕路。机耕路面宽 3—6 米，通常是半边路半边渠，可通行拖拉机，分为公社所在地通向各大队、大队所在地通向自然村、自然村通向田间的三级机耕路。80 年代中后期，随着交通事业的发展，利用机耕路开始修建成乡至村、村至自然村的水泥路，路宽 1 米左右。90 年代逐步改建成乡村公路。

第三节　客运　货运

客运

水上客运　明清时期，濮院客运以脚划船和帮里船为主。据乾隆三十九年（1774）《濮院琐志》记载：镇虽有四通八达的津河，但多浅狭，不能航行大船，除 3、4 人的船外，其余皆为“三尺乌篷”船，仅蔽风雨，但一人划棹，往来很方便。苏州六天、杭州三天，“以次轮流，殆无虚日”。嘉兴有早、中、晚三班，日航载人，夜航载货。其他如桐乡、乌镇、南浔、硖石、盛泽等镇均有航班，纯是为丝绸生意联系，而不是为盈利而航。濮院镇最早有快班船水上客运记载为民国8年(1919)湖州通源轮局特开湖嘉接车轮班。通源轮为小火轮客运班，发售车船联票，每日早上7点30分，从湖州开往嘉兴，接乘沪杭特快列车，下午7点从嘉兴开回湖州，朝发夕至，非常便利。途中濮院为停靠点之一。民国11年(1922)7月6日上海《申报》：“长杭轮船局近亦租赁长瑞轮船一艘，拟定航线由苏州经过嘉兴、平湖、濮院、桐乡、乌镇、南浔、双林、新市、菱湖、获港、袁家汇、湖州、长兴、泗安等处，闻已呈交通部核准注册，填发执照。”以后上海《申报》陆续有濮院镇水上客运的消息报道。民国12年(1923)6月29日：“由梅泾社召集旅沪濮人借大街悦宾楼举行聚餐大会，联络友谊，提议创办汽船、汽车诸事宜，出席者20余人，董召、询吾、王君、寅清等皆有演说。”同年11月17日：“陡门开驶汽轮，商民拟于嘉兴至濮院、濮院至陡门等处开驶。永宁汽轮已由沪驶至嘉兴，定于17日开驶，每日往返两次禾地，轮埠即在北门外荷花池。航船因春节於农历12月29停驶，1924年2月10号开班，2月28日，因亏蚀颇巨，公司无意经营，宣告停驶。”民国13年(1924)10月19日：“小汽轮由县发给通行证，於16日起照常开驶，以利交通。是年11月1日嘉兴火车站开售上海火车票，小汽轮开至火车站方向。”民国17年(1928)《嘉兴新志》载：“濮院水道有轮船、航船，东北至嘉兴新塍，南至王店，西至桐乡，西北至乌镇，每日均有来往。”民国18年(1929)，镇人姜佐荣拥有“安达班”号客轮2艘，40匹马力，每日航行于新塍、濮院、硖石间，载客、运货两用，日军侵占濮院时停驶。民国19年(1930)6月5日上海《申报》：“上年秋天因运河断霸疏浚，濮院至长安轮班停开后，于5月20日照常开航。”民国24年(1935)，镇人朱吉明有轮船1艘，航行于桐乡、濮院、嘉兴间。该船可乘坐60余人，顶棚装货物。民国34年(1945)8月18日上海《申报》报道：“镇南水道至硖石30里、至王店20里，每日快班船早发夕至。”民国35—37年(1946—1948)，直达濮院或途经濮院的快班船、轮船有：桐乡至濮院、青镇至濮院快班船，桐嘉机器快班船，嘉兴至石门快班船，桐乡至嘉兴汽轮(2艘)，崇德至嘉兴轮船(1艘)，嘉兴至桐乡万顺轮(1艘)，每日均往返一次。

中华人民共和国成立后，濮院的客运轮船码头设在濮院东河头，仅有平房一间，半作候船室，半作售票间，主要停靠路过的客轮，无趸船，以一块长跳板搭在船与岸之间，供旅客上下船和装卸货物。1956年尚有往返于嘉兴、桐乡、新市、长安四班客轮停靠。1958年嘉桐公路恢复通车后，水上客运进出渐少。20世纪80年代初，由于陆路客运的发展，最后一艘从新塍镇经濮院到建设乡的客轮停航，轮船码头也相应废弃。

陆上客运　濮院有记载的最早陆路客运是民国11年(1922)的上海《申报》。是年2月，苏嘉湖长途汽车公司开设苏嘉总线，其支线在濮院、桐乡均有停靠点。民国25年(1936)10月25日，上海《申报》报道：“杭善路设站营业。经一区管理处派营运股长前往查勘，决定设杭州、清泰门、七堡、乔司、临平、崇德、桐乡、濮院、嘉兴、嘉善、枫泾十一站，11月10日通车营业，车次：杭枫间每日对开直达车一次，崇杭、崇嘉各开区间车一次。”民国26年(1937)9月因日军入侵,杭善路一区管理处客运营运停止。民国27年(1938)嘉兴商办简易客车,不定期行驶嘉兴至濮院、桐乡。民国32年(1943)4月,由华中汽车公司经营嘉兴至桐乡段汽车客运,每日往返四次,濮院设停靠站。战后杭善公路修复通车,民国35年(1946)5月,由商办嘉桐汽车公司投入客车2辆,行驶嘉兴—濮院—桐乡。

中华人民共和国成立后,1949年5月商办苏嘉湖汽车公司通车嘉兴至濮院镇,1951年停驶。1958年4月由省汽车运输公司嘉兴中心站从嘉兴至濮院每天对开4个班次,票价0.35元。1960—1965年,客车从嘉兴经濮院至桐乡,每天8个班次。1966年开始桐乡至嘉兴增加为16个班次。1970年杭申公路全线通车,从濮院向东可直达无锡、苏州、上海,经平望向西可达湖州;濮院向西可直达杭州、绍兴、萧山。1996年濮院开通首条跨省至武汉的线路。随着濮院羊毛衫经济的快速发展,流动人口蜂拥,2001年11月1日,濮院客运中心建成,客运班车100多个站点,可直达东北、华东、华南、华中地区,又开通宁波、义乌、黄岩、温州、武汉、青岛,沈阳等地直达客运班车。2002年5月,开通嘉兴汽车西站—濮院—桐乡的直达班车,11月改称为便捷巴士,高峰时7分钟发一班车,低谷时12分钟发一班车,招手即停。2004年12月,便捷巴士改称K191路城际公交车。至2010年,濮院长途客车直达南京、苏州、武汉、张家港、孝丰、济南、江阴等31个城市,日发车约70班次,日客流量约3000人次。城际公交除K191外,又新增K192。

2003年3月由濮院物流公司和桐乡国信汽车租赁有限公司合股组成濮院物信公交公司,经理王震辉。在镇域运行线路共8路,其中1路、2路、3路、5路、6路、7路为正常运行,4、8两路为每天早晚两班接送学生。公司共有15座、17座中巴车20辆。业务由公司经营,行政归濮院镇政府管辖。2009年9月公交公司搬至新汽车站,由濮院运通运输服务公司管理。至2010年除7路车停运外,其余线路保持不变。

附:

2003年3月濮院镇公交车线路

1路车 新汽车站至三羊开泰广场(羊毛衫城广场),全程3.2千米,沿路站点:医院、阳光花城、建园路口、王母桥、兴业路口、世纪银座(中兴路口)、咏梅路口、南纬路口、中央商城、三羊开泰(羊毛衫城广场)。运营时间6:30至18:00。

2路车 永联村至运河大桥,全程7.8千米,沿路站点:(来路)博森后门、鼎堆服饰、恒安路口、兰贵人服饰、聚成路口、工旺路口、宏苑广场、建园路口、兴旺路口、齐宏桥、三羊开泰广场、中央商城、南纬路口、咏梅路口、中兴路口(四方手孔)、油米厂、香海寺、毛家埭、新濮村、旱桥、砖瓦一厂。

(回路)浅秋、驾校、永联小区。运营时间6:30至18:00。

3路车 咏梅路口至庙白(新河村),全程5.4千米,沿路站点:南纬路口、中央商城、国贸中心、齐宏桥、兴旺路口、建园路口、宏苑广场、工旺路、吴家浜、金龙新村、姚家桥、双龙桥、东方学校、会龙桥、姚家门。运营时间6:30至18:00。

5路车 中国银行(凯旋路)至红晓新村,全程5.1千米,沿路站点:濮院菜场、世纪银座(中兴路口)、兴业路口、王母桥、建园路口、宏苑新村、永安路口(宏苑新村)、濮院医院后门、医院、新车站、永乐小区、巴黎春天、恒安路口、恒居路口。运营时间6:30至18:00。

6路车 中兴路咏梅路口至金塘桥,全程12.35千米,沿路站点:世纪银座(中兴路口)、兴业路口、王母桥、建园路口、阳光花城、医院、新汽车站、菊苑小区、新星村、夏家浜、嘉桐公路、塘桥南、塘桥北、庙智村路口、新生加油站、嘉湖公路、红旗漾村、新生菜场、新生汽车站、新生老乡政府、星旗村、渡船桥、新港村、田上门。运营时间6:30至17:40。

7路车 新汽车站至建设卫生院,全程10.5千米,沿路站点:医院、阳光花城、建园路口、王母桥、兴业路口、世纪银座(中兴路口)、咏梅路口、南纬路口、中央商城、三羊开泰(羊毛衫城广场)、毛衫交易三区、毛衫交易二区、毛衫交易中心、屋底里、三官塘桥。运营时间6:30至17:30。

货运

水上货运 中华人民共和国成立前,濮院的货运主要靠水上运输,装卸靠人力,无专门的装卸码头。水运工具以非机动木船为主,一船一户,有的以船为家,依靠摇橹、背纤和风帆为动力,运输效率低。中华人民共和国成立后,组织水上运输个体户,于1958年成立水上运输队,有3—5吨位的船只10余艘,员工10余人。运输队收费按船只吨位,路途远近,货物体积大小、分量轻重等估计收取。各船户除上交一定的管理费外,平均每人每月可收入100元左右。1962年全队人员支援铁路建设,水上运输终止。1973年重新组建水上运输队,隶属濮院镇“五七劳动连”运输大队。1976年后,因公路发展迅速,水上运输入不敷出,人员逐渐减少。1980年水上运输队解散,进出濮院水上运输的大宗货物主要靠县内外水上运输企业。改革开放后,濮院的水上运输有了新的转机,1990年濮院镇有机动船只20艘,其中集体2艘,个体18艘,10—20吨位的船只17艘,30—35吨位的2艘,84吨位的1艘。从大运河经妙智港、王母桥港进入的船停靠在挥士桥装卸货物;经永兴港进入的船停靠浮石桥;84吨位船只仅运行于运河航道上。2010年濮院有3户水上船舶运输专业户:刘月根船舶货物运输户(油车桥村)、施永明船舶运输户(濮院油车桥)和冯秋生船舶运输户(新东村浜北),总注册金43.4万元。大宗货物(沙石料)均卸在运河边码头,再由汽车或拖拉机运至所需场地。

水上货运码头 中华人民共和国成立前,濮院水上货运船只无正规码头,常利用空旷坡岸或者依傍河埠装卸货物。中华人民共和国成立后部分单位自设简易装卸码头,如濮院建筑社1968年在东市仓前街外设立水泥预制场建材装卸码头,濮院搬运站1978年增加装卸吊机9台，分别在比较宽的镇郊河道边和水上货运比较多的工厂周围设立简易装卸码头。至2010年濮院境内有水上货运码头共16个。

小港砂石料场码头 位于大运河边妙智港内，离运河约200米，有3吨吊机一台，可供200吨船停靠卸货，2008年建成，年吞吐量1万吨。4人股份，大股东张狄明。

濮院旭凯砂石料经营部码头 位于新星村桐星大桥西、运河边，占地约12亩，一般停靠卸货的船舶吨位为300吨。2003年工商登记开业，年吞吐量约4万吨，经营砂石料各占50%，法人朱建良。

桐乡中心粮库码头 位于新妙智村运河北侧，建于2007年，有5吨吊机2台，年吞吐量约3万吨。

桐乡南方水泥有限公司码头 始建于1984年，2010年有泊位9个，8台吊机(7台为8吨、1台为16吨)。另有1个泊位为输送带，输送散装水泥和包装水泥输送带各一条。年设计吞吐量120万吨。

桐乡市濮院王长荣石料销售经营部码头 地址李家鱼池莲花桥港旁，原新河砂石料经营部，2003年1月开张。码头有3吨吊机1台，地磅30吨1台，年上砂石料3万—5万吨，主要经营砂石建筑材料。300吨船舶可从永兴港和莲花桥港到码头卸货。

表10-3　　2010年濮院境内企业码头一览表

序号	经营户	地址	联系人	港口经营许可	用途
1	桐乡市濮院协鑫环保热电有限公司	杭申线新妙智村航段左岸	李　宇	浙嘉内河港经证(6143)	自备煤
2	桐乡市粮食收储有限公司(中心粮库)	杭申线桐星大桥西侧151米处	苏利祥	浙嘉内河港经证(6167—2)	粮食、饲料
3	桐乡市濮院旭凯砂石料经营部	杭申线桐星大桥上游右侧叉河内	朱建良	浙嘉内河港经证(6172)	砂石料
4	桐乡市濮院妙港建材经营部	妙智港妙新桥南侧158米右岸	张狄明	浙嘉内河港经证(6231)	砂石料
5	桐乡市濮院志民砂石料经营部	新妙智港新桥北侧东岸	沈国明	浙嘉内河港经证(6117)	砂石料
6	桐乡市桐星混凝土有限公司	杭申线永新港口东岸	计建林	浙嘉内河港经证(6147)	自备砂石料
7	桐乡市濮院新运砂石料经营部	杭申线新运桥东157米处航道右岸	沈学明	浙嘉内河港经证(6079)	砂石料
8	桐乡南方水泥有限公司	杭申线K35+0—K36左岸	沈国华	浙嘉内河港经证(6070)	自备水泥等
9	桐乡市濮院冯星吊船服务部	杭申线濮院新东村航段左岸	冯秋生	浙嘉内河港经证(6024)	砂石料

续表 10－3

序号	经营户	地址	联系人	港口经营许可	用途
10	桐乡市恒丰建材有限责任公司	杭申线濮院新运桥西 323 米处	张建康	浙嘉内河港经证(6006)	自备砂石料
11	桐乡市濮院京运砂石料装卸部	杭申线新星村航段右岸港池内	李金奎	浙嘉内河港经证(6062)	砂石料
12	桐乡市濮院得意砂石经营部	杭申线南方水泥公司右侧内东岸	刘得意	浙嘉内河港经证(6111)	砂石料
13	中石化浙江桐乡濮院水上加油站	杭申线新运桥航段右岸	谭晓敏	浙嘉内河港经证(6130)	加油站
14	中石化新生水上加油站	杭申线妙智村运河塘口航段右岸	谭晓敏	浙嘉内河港经证(6131)	加油站
15	中石化桐乡有限公司	杭申线桐星大桥上游 500 米左岸	姚　银	浙嘉内河港经证(6127)	成品油、加油站
16	桐乡市濮院王长荣石料销售经营部	濮院李家鱼池莲花港桥旁	王长荣	浙嘉内河港经证不需	砂石料

濮院搬运站　濮院搬运站成立于 1951 年 12 月，建筑面积 403.71 平方米，隶属桐乡县交通局，负责濮院水上货运的装卸。

中华人民共和国成立前，濮院镇搬运工人，靠一根扁担出卖劳动力，俗称“脚夫”。有东河头、南河头、西河头、北河头四个脚班，共 70 余人，一般以茶店为接洽点。脚夫受把头控制，较大的把头有 6 人，其中一个把头操控了 16 名工人。工资分配为三、七开拆帐制，工人得三成，把头得七成。脚班还有埠规，个人不得擅越和私揽，若有越规，按行帮埠规公决。

中华人民共和国成立后，经过反霸斗争，民主改革，工人当家作主。1951 年 12 月于南横街朱家厅成立搬运工会，会员大多数系老脚班人员，有 21 人。1953 年春成立搬运站，站址龙湾街 3 号，职工 40 余人，搬运工具简陋，仍靠肩挑背驮，工资分配为拆账制。1958 年 12 月成为桐乡交运公司下属组织，名濮院营业站，工人收入改为固定工资制，全站经济收支属报账制。1961 年 11 月转为集体所有制，恢复原名濮院搬运站。1963 年有劳动车 12 辆，职工 28 人，年完成装卸量 4.4 万吨，营业收入 2.45 万元，利润 0.16 万元，工人平均工资 53.37 元。1968 年 6 月，成立濮院搬运站革命委员会。1971 年购置 12 马力挂机船一艘，空闲时搞水上货运，以补充企业收入。1978 年 12 月撤销革命委员会，恢复原单位名称。当年有固定资产 3.38 万元，装卸吊机 9 台，劳动人力车 50 辆，在册职工 40 人，退休工人 6 名，年完成装卸量 7.5 万吨，营业收入 4.48 万元，亏损 0.04 万元，1980 年工矿企业自备车辆增多，加上农民进城搞搬运，货源减少，开支大，搬运站职工自动集资0.8万元，与濮院缝纫机零件厂联合办厂。1992年4月，经县交通局批准，撤销濮院搬运站，其财产、人事、经营及业务往来并入桐乡灯具制造厂。搬运站历任领导为蒋鸮华、王金海、徐谊官、高式军。

表10-4　　1971—1990年濮院搬运站综合情况表

年代	固定资产		营业额	利润	工具车辆		运输船舶	
	原值	净值	（万元）	（万元）	人力车（辆）	吊机（台）	机动船（艘/马力）	非机动船（艘/马力）
1971	—	—	4.1	—	43	2	—	—
1972	—	—	4.16	0.27	44	5	—	—
1973	—	—	4.40	0.60	45	5	—	—
1974	—	—	4.55	0.46	57	9	1/12	1/5
1975	2.79	1.77	4.56	0.36	62	10	1/12	1/5
1976	2.96	1.70	4.20	0.40	62	9	1/12	1/5
1977	1.00	1.00	4.09	0.20	62	9	1/12	1/5
1978	3.38	1.68	4.48	0.04	50	9	1/12	1/5
1979	4.36	2.50	4.18	0.27	49	10	1/12	1/5
1980	4.15	2.27	3.76	0.09	48	9	1/12	1/5
1981	3.46	1.50	5.22	0.21	48	9	1/12	1/5
1982	3.48	1.39	6.02	0.80	50	9	1/12	1/5
1983	4.27	2.07	4.03	0.40	50	9	1/12	1/5
1984	3.52	1.61	4.01	0.46	15	9	1/12	1/5
1985	2.79	1.31	3.69	0.71	19	4	—	—
1986	2.83	1.22	4.66	0.98	19	4	—	—
1987	2.83	1.11	5.51	0	19	5	—	—
1988	4.00	2.20	6.01	0.09	19	5	—	—
1989	4.00	2.10	5.79	0.01	19	4	—	—
1990	4.00	1.90	5.75	0.02	19	4	—	—

陆路货运　20世纪70年代，濮院工厂企业的货运车辆逐渐增多，企业运输开启了濮院的长途汽车陆路货运。随着公路建设的提速、城镇道路的拓展、羊毛衫市场物流园区的建成发展，濮院的陆路货运量逐年上升。2010年濮院有陆路货运户34户，驾驶培训1

户，交通试验测试中心1户，汽车咨询1户，物流仓储3户，共40户。境内还有数量庞大的三轮车货运队伍，在羊毛衫原材料、企业生产、市场物资周转中发挥着灵活方便的作用。

表10－5　　2010年濮院镇陆上运输经营户一览表

序号	名　　称	经营者	注册金（万元）	地　　址
1	顺丰运输有限公司濮院营业部	王　峰		金龙新村188号
2	郑晓清汽车货运社	郑晓清	4.5	永越村於家
3	张国红汽车货运社	张国红	7	锦园社区
4	徐金芳汽车货运社	徐金芳	2.3	永乐村
5	赵利英汽车货运社	谢钰良	3	新港村金家浜
6	濮院物流有限公司	朱建宝	100	工贸大道南侧
7	邹长海汽车货运社	邹长海	3	新联村蒲扇浜
8	桐新汽车货运社	蒋云龙	2	中新南路178号
9	利民汽车货运社	李利民	2	濮院红旗洋村
10	汉正交通工程试验检测有限公司	莫利娟	50	文苑路282号
11	濮院驾驶员培训有限公司	陶永胜	100	毛衫城工业园区M2—66号
12	许建荣汽车货运社	许建荣	2	建苑路29号
13	屠祖根汽车货运社	屠祖根	21	永联新村
14	邓东成汽车货运社	邓东成	7.5	万兴街
15	崔传辉汽车货运社	崔传辉	4	树蓬里
16	颜明龙汽车货运社	颜明龙	4	濮院镇
17	沈星明汽车货运社	沈星明	4	新联村吴家门3号
18	刘继芳汽车货运社	刘继芳	5	横屋街2号
19	孙治庆汽车货运社	孙治庆	10	长木桥路23号
20	魏永汽车运输户	魏　永	5.8	镇区
21	腾飞汽车咨询服务中心	吕　魏	2	永乐村320国道加油站
22	谢建勇汽车运输户	谢建勇	6.18	万兴街54号
23	正发装卸服务有限公司	朱建宝	25	托运市场54号
24	姚丽佳汽车货运社	姚丽佳	28	新河村
25	汪学胜汽车货运社	汪学胜	5	镇区
26	许玉根汽车货运社	许玉根	70	星旗村小桥头15号

续表 10－5

序号	名　　　称	经营者	注册金（万元）	地　　址
27	星点运输有限公司	金维焕	6	凯旋小区 1 幢 1 单元
28	速达货物运输有限公司	张　涛	30	新河村姚家里 11 号
29	上铁物流有限公司桐乡鸿卫分公司	邱鸿平	—	濮院大道 78 号
30	孙振县汽车运输户	孙振县	7	镇区
31	施继华汽车运输户	施继华	6	濮院镇油车桥
32	周作政汽车运输户	周作政	1.5	永越村屋底里
33	物流园区发展有限公司	朱建宝	3000	中兴南路物流仓储中心
34	李国富汽车运输户	李国富	5	濮院红晓新村
35	周忠才汽车运输户	周忠才	4	梅泾路
36	周金松汽车运输户	周金松	7.5	永乐村周家场
37	张建华汽车运输户	张建华	4.3	永联村
38	胡建忠汽车运输户	胡建忠	6	濮院镇区

濮院驾驶员培训有限公司　濮院驾驶员培训有限公司（濮院驾校）2005 年 9 月成立，由个人合股投资 100 万元开办，法人代表开始为沈福林，2007 年变更为陶永胜，地址在毛衫城工业园区 M2－66 号（工贸大道西端）。驾校面积 9118 平方米，其中场地 9000 平方米，教室 118 平方米，设有办公室、安全科。2010 年有从业人员 43 人，其中理论教员 3 人，操作员 30 人，管理人员 10 人，教练车 30 辆。培训了 4000 余名驾驶员。

桐乡市濮院物流园区发展有限公司　桐乡市濮院物流园区发展有限公司是集货运、卸货、仓储、国际物流等多功能的物流基地，为濮院羊毛衫市场物流提供快捷、周到、安全的服务，2009 年被中国物流采购联合会评为 AAA 级物流企业。

随着濮院羊毛衫产业兴起，1989 年、1990 年羊毛衫托运量呈大幅上升趋势，到 1994 年有托运站 33 家，分散在镇上各个地方，既影响交通又不易管理。为规范羊毛衫市场托运秩序，加强管理，濮院羊毛衫市场管理委员会、濮院镇人民政府决定成立羊毛衫托运公司。1995 年 3 月 1 日桐乡市濮院联托运有限公司开业，地点在栖凤路 200 号。2001 年濮院联托运有限公司搬迁至三羊开泰广场东侧，2003 年 12 月更名为“桐乡市濮院物流有限公司”。2007 年 10 月再次换址至濮院中兴南路 156 号，启动了濮院国际物流仓储中心工程，2008 年投入资金 8000 万元，2009 年再投入 2100 万元，建成集货运、仓储、卸货和多种经营为一体的物流场站服务企业和物流基地（园区），再次变更为“桐乡市濮院物流园区发展有限公司”。新建成的物流基地（园区）占地 92000 多平方米，下设物流仓储中心、卸货中心、国际物流中心(海关仓库),设立了物流信息化平台。2010 年货运装卸量 31.5 万吨。

物流仓储中心 中心占地 81000 多平方米,其中仓储面积 17000 平方米,各种营业用房 8000 多平方米,40000 多平方米的停车场一次性可容纳 200 辆车同时装载 5000 吨左右的货物,外围还配备了一个 10000 多平方米的停车场。中心具有全国 109 条线路的经营权,经营站点 71 家,营业点遍布全国。2009 年营业收入 2000 多万元,上缴税收 600 万元。2010 年全年托运量 21.6 万吨。为适应现代物流业发展需要,完善濮院羊毛衫市场配套功能,中心建立了区域物流网络体系,为新生业态提供基础(电子商务、超市配送)物流服务,有利于加快商品的流通和资金的周转,降低社会物流成本,优化当地毛衫产业资源的配置,促进羊毛衫市场的发展,发挥了重要作用。

卸货中心 1998 年羊毛衫市场管委会募集资金 350 万元,利用空地、垃圾场等,建造集卸货、营业用房、办公楼为一体的市场专用卸货散发中心。2006 年投入 600 万元,在齐兴桥南、中兴南路东建造卸货中心新场地。新卸货中心占地面积 11000 平方米,内设卸货、仓储用房及卸货专用停车棚 5000 多平方米,配备 100 多辆卸货散发准运车,每天承担来自全国各地几十家托运站的货物卸货散发业务,日均卸货量达 280 吨左右,2010 年卸货量达 9.9 万吨。

国际物流中心(海关仓库) 国际物流中心(海关仓库)占地面积 13000 多平方米,整个场站功能分区明确,内设进出口货物的储存、堆放、装卸、查验、处理等功能区。中心配合海关、国检、货运代单位办理进出口货物,进行查验、仓储、装卸配送、保管业务的服务。国际物流中心投入运行以后,极大地促进了外贸进出口货物的流通。2007 年外贸打包站外运羊毛衫 7750 吨,外贸交货值 15 亿元。

物流信息化平台 2008 年 12 月中旬,桐乡市濮院物流园区发展有限公司成立了信息化推进小组,以统筹规划、中心指导、统一标准、联合建设的原则,加强现代化物流体系信息系统的规划建设。2009 年投入资金 25 万元,创建了濮院物流第三方交易系统。2010 年 5 月又与中国移动嘉兴分公司合作,在原有的基础上,投入 70 多万元升级为物流信息化平台。平台在产业集群、市场经销户、承运方、收货人之间提供互联互通的第三方物流交易信息服务平台,实现对车辆位置信息查询、运单、清单、车辆、结算的信息管理,具有客户服务功能和短信服务功能。

表 10－6　　2010 年濮院物流托运经营线路一览表

省份	经营线路	到达天数	里程(千米)
浙江	宁波/上虞	当天	294/188
	瑞安/路桥	1 天	598/413
	义乌/绍兴	当天	273/158

续表 10－6

省　　份	经营线路	到达天数	里程(千米)
安　　徽	六安/阜阳	2 天	518/725
	合肥/蚌埠	2 天	451/515
	芜湖	2 天	437
福　　建	福州	2 天	985
江　　西	南昌	2 天	774
	赣州/上饶	3 天	1082/463
	萍乡/鹰潭	2 天	1004/565
湖　　北	宜昌	3 天	1297
	武汉	2 天	965
	襄樊	3 天	1326
湖　　南	郴州/吉首	4 天	1451/1683
	长沙/常德	2 天	1164/1377
	株洲/衡阳	2 天	1112/1301
广　　东	广州	3 天	1517
	兴宁	3 天	1282
广　　西	南宁/玉林	3 天	2088/2170
	桂林/柳州	4 天	1653/1331
贵　　州	遵义/贵阳	2 天	2187/2332
云　　南	昆明	5 天	2657
	瑞丽	7 天	3601
西　　藏	拉萨	8—10 天	4591
四　　川	南充/达县	5 天	2135/2093
	泸州	3 天	2414
	成都	4 天	2453
	万县	5 天	1832
重　　庆	重庆	3 天	2230
山　　西	侯马	2 天	1497
	太原	2 天	1588
	运城	2 天	1417

续表 10－6

省　　份	经营线路	到达天数	里程(千米)
北　　京	北京	3天	1476
河　　北	张家口	2天	1690
	石家庄	2天	1462
	唐山/秦皇岛	3天	1598/1741
	邯郸	2天	1274
辽　　宁	大连	3天	2374
	锦州/阜新	3天	1951/2097
	沈阳	3天	2132
	海城	3天	2134
内蒙古	二连浩特	5天	2273
	包头/呼和浩特	2天	2161/2014
吉　　林	长春	3天	2463
	吉林/四平	3天	2584/2335
黑龙江	齐齐哈尔/大庆	4天	3041
	哈尔滨	4天	2900/2690
	佳木斯/绥芬河	3天	3069/3175
	黑河	3天	3301
上　　海	上海	当天	165
江　　苏	淮阴	2天	529
	常熟/张家港	当天	143/191
山　　东	威海/烟台	3天	1344/1256
	荷泽/聊城	2天	1060/1125
	临沂	2天	738
	潍坊/淄川	3天	970/1102
	青岛/即墨	2天	1040/997
	济南	2天	1016
天　　津	天津	3天	1344
河　　南	濮阳	2天	1159
	洛阳	2天	1120

续表 10－6

省份	经营线路	到达天数	里程(千米)
河南	南阳	2天	998
	郑州	2天	1035
	西平/信阳	2天	952/795
	安阳	2天	1223
陕西	西安	2天	1436
甘肃	兰州	3天	2151
	天水	2天	1945
青海	西宁	4天	2380
宁夏	银川	4天	2076
新疆	伊宁	5天	4868
	乌鲁木齐	5天	4118
	喀什	9天	5324

表 10－7　　2010 年濮院物流托运线路经营者一览表

序号	名称	经营者	注册金(万元)	经营地点
1	建勇托运站	高建勇	10	中兴南路(物流仓储中心)
2	俊秋托运站	曹俊秋	10	中兴南路(物流仓储中心)
3	思才托运站	刘思才	10	中兴南路(物流仓储中心)
4	卫萍托运站	陈卫萍	10	中兴南路(物流仓储中心)
5	仿尧托运站	高仿尧	10	中兴南路(物流仓储中心)
6	秀华托运站	李秀华	10	中兴南路(物流仓储中心)
7	文忠托运站	楼文忠	10	中兴南路(物流仓储中心)
8	焕丽托运站	金焕丽	10	中兴南路(物流仓储中心)
9	建明托运站	王建明	10	中兴南路(物流仓储中心)
10	云芳托运站	罗云芳	10	中兴南路(物流仓储中心)
11	张辉托运站	张　辉	10	中兴南路(物流仓储中心)
12	静华托运站	孙静华	12	中兴南路(物流仓储中心)
13	旭弟托运站	蒋旭弟	10	中兴南路(物流仓储中心)
14	振阳托运站	傅振阳	10	中兴南路(物流仓储中心)

续表 10－7

序号	名　　称	经　营　者	注册金(万元)	经　营　地　点
15	丽锦托运站	陈丽锦	10	中兴南路(物流仓储中心)
16	秀芬托运站	王秀芬	10	中兴南路(物流仓储中心)
17	新明托运站	王新明	10	中兴南路(物流仓储中心)
18	丽辉托运站	王丽辉	10	中兴南路(物流仓储中心)
19	王洪托运站	王　洪	10	中兴南路(物流仓储中心)
20	孙扬托运站	孙　扬	10	中兴南路(物流仓储中心)
21	国斌托运站	王国斌	10	中兴南路(物流仓储中心)
22	力强托运站	章力强	10	中兴南路(物流仓储中心)
23	武英托运站	张武英	10	中兴南路(物流仓储中心)
24	王铁托运站	王　铁	10	中兴南路(物流仓储中心)
25	建荣托运站	陆建荣	10	中兴南路(物流仓储中心)
26	友斌托运站	朱友斌	10	中兴南路(物流仓储中心)
27	长河托运站	高长河	10	中兴南路(物流仓储中心)
28	焕英托运站	金焕英	10	中兴南路(物流仓储中心)
29	何剑托运站	何　剑	10	中兴南路(物流仓储中心)
30	晓明托运站	张晓明	10	中兴南路(物流仓储中心)
31	德兴托运站	何德兴	10	中兴南路(物流仓储中心)
32	小毛托运站	郑小毛	10	中兴南路(物流仓储中心)
33	程杰托运站	高程杰	10	中兴南路(物流仓储中心)
34	家刚托运站	王家刚	10	中兴南路(物流仓储中心)
35	录萍托运站	王录萍	12	中兴南路(物流仓储中心)
36	艳红托运站	张艳红	10	中兴南路(物流仓储中心)
37	金洁托运站	金　洁	10	中兴南路(物流仓储中心)
38	娟华托运站	高娟华	10	中兴南路(物流仓储中心)
39	娟英托运站	张娟英	10	中兴南路(物流仓储中心)
40	晓英托运站	吕晓英	10	中兴南路(物流仓储中心)
41	丽霞托运站	姜丽霞	10	中兴南路(物流仓储中心)
42	翰呈托运站	施翰呈	10	中兴南路(物流仓储中心)
43	小花托运站	赵小花	10	中兴南路(物流仓储中心)

续表 10－7

序号	名　　称	经　营　者	注册金(万元)	经　营　地　点
44	石达托运站	石　达	10	中兴南路(物流仓储中心)
45	晓春托运站	王晓春	10	中兴南路(物流仓储中心)
46	周进托运站	周　进	10	中兴南路(物流仓储中心)
47	建平托运站	高建平	10	中兴南路(物流仓储中心)
48	旭斌托运站	楼旭斌	10	中兴南路(物流仓储中心)
49	丽娟托运站	金丽娟	10	中兴南路(物流仓储中心)
50	英祥托运站	李英祥	10	中兴南路(物流仓储中心)
51	雄军托运站	陈雄军	10	中兴南路(物流仓储中心)
52	丽萍托运站	潘丽萍	12	中兴南路(物流仓储中心)
53	忠义托运站	王忠义	10	中兴南路(物流仓储中心)
54	平琪托运站	平　琪	15	中兴南路(物流仓储中心)
55	红英托运站	蒋红英	12	中兴南路(物流仓储中心)
56	德刚托运站	张德刚	10	中兴南路(物流仓储中心)
57	文英托运站	楼文英	12	中兴南路(物流仓储中心)
58	承敢托运站	金承敢	10	中兴南路(物流仓储中心)
59	英皓托运站	孙英皓	10	中兴南路(物流仓储中心)
60	芳芳托运站	蒋芳芳	10	中兴南路(物流仓储中心)
61	新权托运站	陆新权	10	中兴南路(物流仓储中心)
62	美娟托运站	王美娟	10	中兴南路(物流仓储中心)

第四节　桥梁　渡口

桥梁

濮院的石桥，多为元明时期古桥，形制古朴宏伟，虽几经重修仍保持古代风貌。濮院境内河流成网，河多桥梁必多，迟至 20 世纪 20 年代，境内尚有桥梁 105 座。中华人民共和国成立后，20 世纪 70 年代农村普遍修筑机耕路，80 年代开始又兴建公路，镇区街道由窄变宽，部分古桥毁坏，部分古桥的石级上浇两条能通双轮车的斜水泥道，部分石板桥改造成可通人力车或机动车的水泥桥梁。与此同时，还新建了一些水泥桥梁。2007 年镇域内共有桥梁 191 座，其中公路桥 114 座(包括国、省、县公路上的桥梁 49 座，镇乡公路上的桥梁 65 座),非公路桥 77 座。老镇区仅剩的 9 座古桥,为众安桥、女儿桥、栖凤桥、大德桥(庙桥)、大有桥、大积桥(新桥)、定泉桥、秀桐桥及王板桥(横板桥),其中单孔石拱桥五座,三孔石梁桥三座,单孔石梁桥一座[①]。

表 10-8　　2007 年濮院境内国、省、县道公路桥梁一览表

单位:米

桥　名	格型结构	所跨河流	最近修建年份	跨　径	桥面宽	附　注
月河桥	空心板梁	月河桥港	2005 年	44.4	25	320 国道
挥士桥	空心板梁	梅泾河	2005 年	35.4	35	320 国道
浮石桥	空心板梁	南永兴港	2005 年	44.4	35	320 国道
聚星桥	空心板梁	王母桥港	2005 年	32.4	35	320 国道
报恩桥	空心板梁	半碗桥港	2005 年	20.4	35	320 国道
杨家笕桥	空心板梁	杨家笕港	2007 年	23.6	34.5	桐乡大道
正家笕桥	空心板梁	王母桥港	2007 年	45.6	34.5	桐乡大道
金家门桥	空心板梁	南妙智港	2007 年	36.6	34.5	桐乡大道
运安新桥	空心板梁	马家桥港	2007 年	23.6	34.5	桐乡大道
永兴港桥	空心板梁	南永兴港	2007 年	28.6	34.5	桐乡大道
万安桥	空心板梁	分乡港	2005 年	—	—	嘉湖公路
沈家场桥	空心板梁	张家桥港	2005 年	25	32.5	嘉湖公路
计家板桥	空心板梁	新桥港	2005 年	54	32.5	嘉湖公路
大水板桥	空心板梁	新妙智港	2005 年	56	32.5	嘉湖公路
北永兴港桥	空心板梁	北永兴港	2005 年	66	32.5	嘉湖公路
花石桥	空心板梁	朱家浜	2005 年	25	32.5	嘉湖公路
王家板桥	空心板梁	王家板桥河	2005 年	25	32.5	嘉湖公路
大字桥	空心板梁	九曲港	2005 年	—	32.5	嘉湖公路
太平桥	空心板梁	分乡港	2005 年	42	4.5	嘉兴—湖州(老)
张家桥	空心板梁	张家桥港	2003 年	28	4.5	嘉兴—湖州(老)
吴家桥	空心板梁	新桥港	1998 年	39	7	嘉兴—湖州(老)

① 2011 年 1 月,这 9 座古桥作为第六批浙江省重点文保单位——濮院古桥群受到保护。

续表 10－8

桥　名	格型结构	所跨河流	最近修建年份	跨　径	桥面宽	附　注
为新桥	空心板梁	新妙智港	1993 年	14.6	7	嘉兴—湖州(老)
新木桥	空心板梁	盛家桥港	1993 年	8	7	嘉兴—湖州(老)
庄桥	空心板梁	北永兴港	1993 年	29	7	嘉兴—湖州(老)
蒋家桥	空心板梁	油车桥港	1993 年	29	7	嘉兴—湖州(老)
新建桥	桁架拱	三里塘	1987 年	33.4	7	濮院—新生
北庄浜桥	空心板梁	北庄浜	1987 年	7.2	7	濮院—新生
旱桥	空心板梁	旱桥浜	1987 年	18.6	7	濮院—新生
龙潭漾桥	空心板梁	龙潭漾浜	1987 年	8	8	濮院—新生
新运桥	桁架拱	京杭大运河	1998 年	348.5	9.6	濮院—新生
新桥	桁架拱	新桥港	1987 年	41	7	濮院—新生
柴家桥	空心板梁	桐乡港	2005 年	38	23	濮院—民合
庙家桥	空心板梁	南妙智港	2005 年	44	11.5	濮院—民合
桐星大桥	悬索桥	京杭大运河	2005 年	365.2	11.5	濮院—民合
新生一号桥	空心板梁	中横港	1985 年	42	7	濮院—民合
凤船桥	空心板梁	判香桥港	1985 年	18.4	7	濮院—新生
金家浜桥	空心板梁	金家浜	1990 年	7.6	7	濮院—民合
建利桥	空心板梁	北横港	1985 年	21	8	濮院—民合
塘庵头桥	空心板梁	徐家埭浜	1985 年	8.6	8	濮院—民合
金塘桥	空心板梁	三里塘港	2005 年	40	8	濮院—民合
联丰桥	空心板梁	北妙智港	2008 年	33.04	25	新生—民合
新生桥	空心板梁	中横港	2008 年	40	25	新生—民合
新港桥	空心板梁	北横港	2008 年	33.04	25	新生—民合
金塘桥	空心板梁	三里塘港	2008 年	34	11	新生—民合
沈家睦桥	空心板梁	莲花桥港	1998 年	52	5	建设—濮院新河村
万福桥	空心板梁	莲花桥港	1998 年	52	5	建设—濮院新河村
庙簰桥	空心板梁	莲花桥港	1998 年	52	5	新河村—庙簰
种瓜桥	空心板梁	施家桥港	2002 年	30	5	横港—新生
邮亭桥	空心板梁	邮亭港	2004 年	30	5	横港—新生

表 10－9　　2007 年濮院公路桥梁普查一览表

单位:米

桥　　名	格型结构	所跨河流	修建年月	跨　径	桥面宽	附　　注
谢仁桥	平板桥	九曲港	1980.10	24	5	油车桥村蒋家桥
群丰桥	空心板梁桥	南横港	2003.10	22	5	油车桥村蒋家桥
魏家门桥	石平桥	魏家门港	70 年代	19	6.4	油车桥村鱼船浜
王家浜桥	石平桥	王家浜桥港	1990.10	18	2.7	油车桥村朱家浜
先锋桥	圆洞拱桥	九曲港	1999.10	15.5	3.4	油车桥村朱家浜
盛家桥	平板桥	小桥港	2004.1	10	5.4	新妙智村妙智
朱家石桥	平板桥	朱家石桥港	1990.10	7	3.7	新妙智村妙智
对夫桥	空心板梁桥	对夫桥港	2004.10	32	35	浮石桥塘头浜
小洋桥 26	空心板梁桥	西横港	2003.11	28	5.6	浮石桥塘头浜
小洋桥 27	圆洞拱桥	潘家港	70 年代	6	4	张家湾王店村
马家桥	钢架拱桥	潘家港	2002.11	31	5	张家湾王店村
张店桥	空心板梁桥	妙智港	2003.11	31	5.5	张家湾王店村
幸福桥	钢架拱桥	妙智港	2002.10	23	21.6	张家湾王店村
石蟹坟桥	空心板梁桥	桐乡港	2000.10	32	21.6	张家湾王店村
团结桥	钢架拱桥	王母桥港	2001.10	10	5	王家村张家湾
福森桥	空心板梁桥	妙智港	2005.10	24	5.6	王家埭张家湾
万寿桥	空心板梁桥	金家浜	2005.10	10	5	王家村张家湾
乐安桥	圆洞拱桥	妙智港	1985.10	19	3.4	俞家场高家兜
西沈冢桥	空心板梁桥	王家笕港	2003.4	36	5.6	罗家桥金家门
大寨桥	空心板梁桥	月河桥港	2005.7	29	5.5	孟家园朱家兜
竹西桥	空心板梁桥	竹西桥港	2003.8	29	21.6	王母桥永兴港
红晓大桥	空心板梁桥	妙智港	2004.3	36	21.6	王母桥永兴港
永安二桥	空心板梁桥	倪家浜港	2003.1	33	18.6	永兴港凯旋路
永安桥	空心板梁桥	竹西桥港	2001.8	16	18.6	永兴港凯旋路
文苑桥	空心板梁桥	桐乡港	2001.6	23	21.6	永乐村委 320 国道
柴家桥	空心板梁桥	桐乡港	2003.10	26	18.6	加油站塘田里
富民桥	空心板梁桥	郁子桥港	2004.10	18.5	35	320 国道徐家浜
双园桥	空心板梁桥	梅泾桥浜	70 年代	14	4.8	双园路黄河公路

续表 10－9

桥名	格型结构	所跨河流	修建年月	跨径	桥面宽	附注
金塘桥	钢架拱桥	金塘浜港	1989.12	14	4.4	双园路黄河公路
齐宏桥	空心板梁桥	齐宏桥港	2005.12	25	13.5	320 国道黄河小学
大队机桥	空心板梁桥	陶家桥港	2003.12	16	5.5	320 国道黄河小学
陶家桥	钢架拱桥	陶家桥港	2000.10	16	3.5	320 国道黄河小学
博士桥	钢架拱桥	八字港	2004.10	16	3.4	李北濮院公墓
陆家门桥	空心板梁桥	陆家门浜	1990.10	8	3.5	新河村委旺屋桥
陆家门桥	空心板梁桥	陆家门浜	1990.10	8	3.5	新河村村委
雁团桥	空心板梁桥	莲花桥港	1998.10	46	5.2	徐家浜—罗秋浜
旺华桥	圆洞拱桥	永兴港	1978.10	25	3.5	旺屋桥
大桥	空心板梁桥	莲花桥港	1998.5	46	5	旺屋桥
黄河桥	空心板梁桥	茅家桥浜	2000.10	6	5	李家渔池
闸墩桥	实心板梁桥	中道桥港	2006.10	4	6.5	城南
运安桥	钢架结构	潘家港	1994.10	22.5	5.2	王家村
红星二号	实心板梁桥	网船浜	80 年代	4.5	5	陆家村
老联新桥	双曲拱桥	妙智港	70 年代	25.5	3.5	联丰桥
长木桥	空心板梁桥	月河桥港	2005.10	32	8	濮院—洪合
联越路一号桥	空心板梁桥	王母桥港	2006.7	35	14.7	黄河—庙簰公路
金凌桥	圆洞拱桥	金凌桥港	80 年代	18.5	3.4	双圆—黄河公路
跃进桥	钢架拱桥	邮亭港	1978	11	3.5	西浜村
大冶桥	钢架拱桥	西浜港	1976	11	3.5	西浜村
朱介木桥	空心板梁桥	澜溪浜	1998.10	6	5.5	星旗村横港
星旗桥	空心板梁桥	永兴港	2002.10	30	5.5	星旗村横港
茅介桥	空心板梁桥	莲花桥港	1998.10	46	7.5	永越村城南
九曲桥	空心板梁桥	王母桥港	2004.10	33	16.6	永越村城南
双龙桥	空心板梁桥	郁子桥港	2004.11	22	16.7	永越村城南
工旺桥	空心板梁桥	吴家浜港	2006.10	12	16.5	永越村城南
竹小桥	空心板梁桥	朝东屋港	2005.3	20	5.5	新港村庙桥
新民桥	双曲拱桥	北杠港	70 年代	20.5	3.8	新港村鸦鹊浜
联民桥	双曲拱桥	北横港	1979.8	20.5	3.8	新港村朝东屋

续表 10－9

桥　名	格型结构	所跨河流	修建年月	跨　径	桥面宽	附　注
环桥	双曲拱桥	分乡港	1975.10	20.5	3.8	新港村环乔
联新桥	钢架拱桥	妙智港	2000.8	25.5	5	新联村铁家浜
新旗桥	空心板梁桥	永兴港	2005.1	30	10	新联村铁家浜
联丰老桥	圆洞拱桥	南横港	80 年代	18.5	3	新联村杨树下
石灰桥	圆洞拱桥	石灰桥港	1980.8	18.5	3.4	新联村杨树下
南圣桥	圆洞拱桥	永兴港	80 年代	25.5	3.4	新联村孔家门
打六浜桥	双曲拱桥	南横港	70 年代	23	3.7	新联村孔家门
孟家汇桥	钢架拱桥	澜溪浜	2002.10	16.5	5	星旗村陆家村

说明：表中年代均指 20 世纪内各年代

渡口

古时，在河流较宽的地段，无财力建桥，但又处于过河的交通要道，就设渡口。濮院的渡口主要在京杭运河上，有 3 个。另据民国《濮院志》载：原东市渡船汇在未建渡船桥前，曾有渡口。

永兴渡口　在大运河永兴港。20 世纪 90 年代时，渡船为可载 19 人的手摇水泥平底船，平均日渡量 80 人。1999 年 12 月，永兴渡撤销。

正家笕渡口　在濮院东北运河边正家笕，1985 年建公路桥后撤销。

妙智渡口　位于濮院镇西北运河边小集镇妙智而得名。渡口北岸为妙智，南岸为南妙智港东西岸，东渡可至乐安村，西渡可至运河村。渡口有钢质平底小渡船两条，每条可载 30 人，平均日渡量 120 人。2000 年 11 月，妙智渡撤销。

第五节　交通工具

船舶

濮院境内的船舶按动力系统可划分为非机动船和机动船，按船身材质可划分为木船、水泥船。

划船　一般长 6 米，宽 0.93 米，高 0.6 米。中舱平底铺席，上面芦席小环棚，后艄有小平棚，有缸灶、架桨，前舱无棚，船头有洞插大伞，可乘二人。一般由一人划桨，一人扳桨，一小时可行九里，轻快灵便，小河浜均可到达。20 世纪 80 年代开始消失。

脚划船　木质，体积小，头尖狭长，舟中只能一人操作，用脚划动木浆，行驶甚快，可以随雇随航，一般常为有要事的工商人士所雇佣。20 世纪 90 年代初全镇还有 3—4 条，均停在栖凤桥附近，后逐渐消失。

帮里船 木质，装饰华丽，可乘5—6人，有2—3人摇橹，一般停靠在栖凤桥、南大高墩、平桥头一带。船资较高，为富户所喜爱，一般市民很少乘坐。

邮班船 在民国时有2条，原为乌篷船，与邮局挂钩后改为邮班船，插邮政旗帜作为标志。船上用4支橹，2支桨，航速比一般乌篷船要快。每晨以锣响为号起航，于10时前赶至嘉兴火车站与火车班次衔接。邮班船可乘客30余人，装载货物7—8吨，船工还负责从嘉兴邮局取回至濮院的信件，分送到户，代收发信件。邮班船停靠在东河染坊门前白场河埠头，日军入侵时停航。

航船 濮院四乡农村，几乎村村有航船1—2条，航船木质船头呈方形，航行平稳，是农民进城的主要交通工具。每日或隔日开航至濮院1次，停靠在濮院四栅附近，或开设有茶馆的河埠头，农民买卖后可于茶店歇脚品茗。航船一般上午7—8时由农村开出，午后2—3时舟人吹“海波螺”催人起航返回农村。

大船 由5—6人操橹，可载重30—50吨，以货运为主，停靠在十景塘，出塘即扬帆拉纤而行。

乌篷船 大多数为绍兴人来濮院经营，主要航行于周围各镇，分别停靠在东河头、南河头、西河头。可乘客20余人，亦载货物，每晨7时左右，舟人敲小锣为号，起航开往嘉兴、桐乡、乌镇、屠甸等地，故亦称之“当当船”。曾有朱宝龙等2人将乌篷船改装，用14匹马力蒸汽机（烧柴）开往嘉兴，行驶更快。

快班船 轮船因机器驱动，运载量大，速度快，故称快班船。濮院最早于民国8年（1919）就有快班客运，每日经过濮院载客，后为水上主要交通工具。

赤膊船 光板无棚，有一橹一桨，载重一吨，用途多。养蚕时载桑叶，收割时载谷、柴，冬春间罱河泥，平常作客、探亲、出行，以船代步，俗称“小摇船”，数量较多。

鸬鹚船（摸鱼公船） 船细长如柳叶状，十分轻巧，两头高翘，前舱板台下有活水舱，两边船舷有6—8只鸬鹚，依靠鸬鹚下水捕鱼。捕鱼时，4—5只船从浜口往里赶鱼，脚跟敲击船板，砰砰有声，催鸬鹚下水追逐鱼类，大鱼被追出水面后，渔民用捞网捞取。鸬鹚颈上有一小套，不能吞鱼入肚，只能衔于口中，渔民则从其嘴中取之。

丝网船 丝网船用丝网捕鱼，丝网轻薄，上有浮子，似水帘置于水中，鱼若游过，则被缠住。丝网船也有用来放钓。

赶鸭船 赶鸭船又称撑竿船，小巧灵活，用竹竿左右划水或撑行，速度极快，能赶上逃散的鸭子。有半船也有细长的全船，站在船上撑船技术要求很高，一般人上船很容易翻入水中。一条船能放鸭400—500只。

风子船 旧时境内多麻风病患者，因易传染，家中如有人染上此病，族人或家人往往置一小船，将患者安置船上，随处漂泊，不得上岸。以敲击梆子为号，沿途乞讨，此船称风子船。中华人民共和国成立后设立麻风病医院和麻风病康复村，风子船遂成为历史。

水泥农船 始于1965年，用钢筋扎架，铺以钢丝网，再浇以水泥，船头、船艄均有密封舱。载重量有1吨、2吨、3吨、5吨、7吨、10吨等。20世纪90年代逐渐被淘汰。

挂桨机船 挂桨机船有两种，一种是柴油机装在挂浆上面，随舵柄转向，安装容易，但只有3—5马力，适应小船。另一种动力机器和舵分开，7—12马力，后定型为12马力。1985年后，出现双挂机，甚至3—4挂机。

车辆

中华人民共和国成立前，濮院陆上运输以手提肩挑为主。民国初期花园弄口余长生和朝阳桥何姓曾开设轿行，但仅限于镇人迎娶新娘或为富户人家出门代步。民国23年(1934)濮院公明电气公司职工朱宋文于陆家桥帮岸租了约30平方米平屋一间，开设"鹏飞自行车租车行"，先后购有自行车8辆出租，常由姚午庆等工人朋友轮流相帮看店、维修。另有吴永塘于小脂汇开设"永久自行车行"，有自行车6辆出租。中华人民共和国成立后，街道由窄变宽，石板路改为水泥路面，桥梁石级部分浇灌为水泥平道，自行车代步遍及全镇。后又有双轮人力车、拖拉机、三轮卡车等。20世纪70年代，濮院丝厂、桐乡缝纫机零件厂、桐乡包装用品厂、桐乡丝绸印染厂、凯星羊毛衫厂、缝纫机零件二厂等单位先后购置了汽车用于货运。80年代中后期脚踏三轮车在镇域载客开始兴起。90年代摩托车、助动车、私人轿车拥有量直线上升。

双轮人力车 又称劳动车、手推车、钢丝车，车身为木架，也有木架铁皮或钢架结构，长约280厘米，宽87厘米，高63厘米，装置26×21/2胶质轮胎，载重量250千克左右。其结构简单，轻便灵活，常用于短途运送建筑材料、粮食、蔬菜、厩肥等。濮院搬运站60年代就有双轮人力车，1984年最多时50辆，后逐渐减少。

三轮车 又称黄鱼车。20世纪80年代中后期，濮院因羊毛衫市场建立，来濮院采购羊毛衫的客户增多，人力三轮车兴起，一方面坐人，另一方面可带羊毛衫货物包。另有小型的脚踏三轮车，大部分为中老年人代步带货使用。2010年濮院镇营业人力三轮车经工商登记为352户，其中货运321户、客运31户。

自行车 俗称"脚踏车"。20世纪30年代濮院就有自行车出租，60年代开始有私人凭票购买自行车，80年代初，随着道路建设的发展，自行车拥有量上升很快。当时主要的自行车牌子有"凤凰""永久""飞花"等。80年代后期每家都拥有一辆以上自行车。自行车已成为镇人男女老少的代步工具，也是农民运输小宗农产品的工具。

摩托车 20世纪90年代初，随着人们生活水平的提高和县乡公路的通车，年轻人开始购置摩托车，特点是速度快、耗油省，既可载人又可带物。2009年濮院境内登记上牌的摩托车为14313辆。

电动车 20世纪90年代后期，濮院开始有电动车。电动车有二轮和三轮之分，比自行车快，且不需要驾驶证，又是电瓶充电带动电机即可行驶，人不累，带货又可带人，再加上价格不贵等因素，深受濮院当地新老居民的喜爱。三轮电动车装载量大，用于运货或载客。特别是濮院区域经济快速发展，镇区范围不断扩大，电动车出行，客运、货运很方便。2009 年，境内电动车拥有量 2.3 万辆，2010 年濮院镇营业三轮电动车经工商登记为 674 户，其中货运 383 户、客运 291 户。

拖拉机　20 世纪 80 年代中后期出现运输用的农用拖拉机。90 年代有外地农用拖拉机来域内搞运输。2000 年后农用拖拉机逐步被汽车运输代替，至 2010 年本地拖拉机已很少，偶有外地拖拉机在濮院搞运输。

汽车　濮院镇的第一辆汽车是地方国营濮院丝厂 20 世纪 70 年代后期购置；为了周末、节假日接送职工，还购置了大客车一辆。之后，桐乡缝纫机零件厂、濮院油米厂、桐乡包装用品厂、桐乡毛纺织厂、桐乡丝绸联合厂、缝纫机零件二厂等单位先后购置了汽车，主要用于运输货物。1990 年全镇有不同型号的机动车 93 辆。20 世纪 90 年代初各企事业单位开始添置轿车，90 年代中后期随着羊毛衫市场的发展，外地牌照的轿车陆续进入濮院，濮院私家轿车拥有量增加很快，至 2009 年域内登记拥有私家轿车 7029 辆。2010 年经工商登记的汽车客货运经营户 38 户，汽车销售公司、汽车维修、汽车美容、汽车配件等 23 户，注册金 448 万元。

表 10－10　　2010 年濮院镇汽车销售、维修、美容店一览表

序号	名　　称	经营者	注册金（万元）	地　　址
1	永佳汽车快修部	钱伟明		
2	靓车饰汽车装饰美容服务部	刘　晓	10	凯旋路 105 号
3	联合汽车修配厂	陈德才	18	浮石桥东侧国道南
4	万马汽车美容装潢店	吴文超	2	市场路 65 号
5	奔达汽车销售有限公司濮院公司	王学忠	—	中兴街凯旋小区 2 幢
6	紫荆汽车修配部	吴建光	2	320 国道北周义华家弄
7	花园汽车美容中心	杨　杰	5	320 国道月河桥西
8	天一汽车美容店	沈云丰	1	咏梅西路凯旋小区 2 幢
9	祥龙汽车装潢美容店	阮圣广	5	凯旋路 602 号
10	靓洁达汽车美容店	叶俊峰	1	咏梅西路 8 号
11	嘉湖汽车快修部	蒋云龙	20	新东村大史板桥东路旁
12	精英汽车维修有限公司	曹国栓	200	320 国道月河桥西南侧
13	车爵士汽车装潢店	章采荣	15	文苑路 358 号
14	胜通汽车维修有限公司	蒋汉忠	10	市场路 66 号西
15	嘉兴杭德轿车维修有限公司	张小华	108	毛衫城工业园区

续表 10－10

序号	名　　称	经营者	注册金（万元）	地　　址
16	威普轮胎经营部	俞立华	6	宏苑路 470—476 号
17	朱国庆汽车快修部	朱国庆	5	新东村农场
18	思达汽配商店	胡云鹤	5	齐宏路 477 号
19	金祖钿汽车补胎修理店	金祖钿	5	新星村北金家门 5 号
20	超超汽车美容店	沈　学	2	宏苑新村 212 号
21	龙腾汽车用品商行	丁　乐	5	凯旋路 1025 号
22	小张汽车用品店	张春梅	15	越茂路 158 号
23	中兴汽车销售有限公司濮院公司	沈文松	—	凯旋路 937 号

第六节　交通管理　交通安全

车站建设

民国 25 年(1936)，杭善路设杭州、清泰门、七堡、乔司、临平、崇德、桐乡、濮院、嘉兴、嘉善、枫泾十一站，11 月 10 日通车营业。民国 26 年初，嘉兴至崇福客车通行，沿途停靠濮院、桐乡两站，各建站室约 40 平方米，这是濮院车站建设的滥觞。民国 37 年 4 月，经浙江省公路联营运输处第三运输段与桐乡县政府协商，利用濮院段公路桥旁小亭暂作售票处。因物价飞涨，货币贬值，是年 12 月 2 日，嘉桐线客车票涨价，桐乡至嘉兴车票价为金圆券 12 元 4 角，濮院至嘉兴为金圆券 7 元 5 角。

中华人民共和国成立后，1958 年在镇南公路北搭建草棚为临时车站。1959 年搬至南横街，租用谢小牛家民房一楼一底，设为濮院汽车站，边上新建一棚屋，作为过夜车停车库。1969 年汽车站又迁至濮院镇永乐路南端 320 国道北侧，新建平房 4 间 100 平方米，1977 年扩建为 360 平方米，新建车棚 130 平方米，以及食堂、公铺、宿舍等用房 78 平方米，计 565 平方米，日客流量千余人次。1990 年站内职工 6 人，1976—1993 年站长是沈汉荣。1994 年 3 月濮院汽车站因改建为羊毛衫市场第七交易区而停止营业。2000 年濮院羊毛衫市场管委会开始组建濮院客运中心，客运中心建在原联托运中心西侧装卸货停车场，地址栖凤南路。2001 年 11 月投入使用。

濮院客运中心为网架式结构，设 4000 平方米停车区，1200 平方米候车室、行包房和售票厅，11300 多平方米的停车场，可让 80 多辆客车同时进站上下旅客。宽敞的候车大厅可容纳 300 多人休息候车。客运班车有 100 多个站点，每天发车 500 多个车次，是全市发车班次最多的车站，站长盛振宇。2009 年濮院凯旋路与桐星大道交叉口新汽车站投入运行后，濮院客运中心停止营业。

2009年9月1日，总投资约4500万元的濮院汽车站投入使用。这是经桐乡市发改局立项，由桐乡市运通运输服务有限公司拍得该项目的土地使用权建成，并由其负责管理的标二级客运站，地址桐星大道501号。车站占地面积26666平方米，建筑面积20923平方米，其中站房9107平方米，辅助用房10617平方米，修理车间及其他用房1199平方米，车站有工作人员22名，日发班车达南京、苏州、上海、杭州、武汉、济南等31个城市，约70个车次，日客流量约3000人次。2009年站长金一伟，2013年站长朱浩。

濮院汽车站

表10－11　　部分年份濮院汽车站至各地里程票价一览表

地　　名	里　程（千米）	票价（元）			
		1970年	1980年	1990年	2010年
桐　　乡	10	0.29	0.35	0.50	3.0
杭　　州	75	—	1.80	4.20	24
绍　　兴	138	—	—	8.30	50
嘉　　兴	18	0.40	0.45	0.90	5
无　　锡	160	—	—	7.80	—
苏　　州	92	—	—	5.10	31
上　　海	131	—	3.25	7.80	42
湖　　州	60	—	2.85	4.20	—
常　　熟	137	—	—	—	38
南　　浔	65	—	—	—	16
黄　　岩	355	—	—	—	96
瑞　　安	549	—	—	—	169
济　　南	852	—	—	—	291

公路养护

民国25年(1936)3月23日，全国经济委员会转发当年二月交通座谈会议决案，采取保甲养路办法。同年5月军政委员会发出民众养路暂行办法，7月浙江省订定民众养路实施办法(暂行)。桐乡县据此组织公路保养队,养护杭善公路桐乡段。日军侵占期间,该段公路被日军利用,处于只用不养状态,加上晚上抗日力量对敌方交通线的破坏,日军只能白天拉夫强修。民国36年(1947)11月,衢州绥靖公署向浙江省政府提出急修八线公路,其中包括杭善公路桐嘉段。桐嘉段路面的削草清除、塌方补洞、路面石料的采用等由县民众养护队负责,杭州工务段按日规定进度,并负责进行指导。公路、桥梁、涵洞的整修,房屋修缮,由杭州工务段负责。同年12月原有道班全部解散,公路养护全由县民众养护队负责。民国37年12月,濮院镇对公路负有除草任务的第3、第8、第10三个保,安排出动300余人削草。由于经常保养不够,桥坍路毁事故经常发生。

中华人民共和国成立后,1958年桐乡县人民政府组织修复桐乡县内段公路后,由县工业交通局组建养护机构,成立濮院公路养路道班,设址在公路濮院叙星桥边。1962年,养路体制变动,县内公路养护机构移交给省属嘉兴段负责管理,设置了桐乡工区,濮院养路道班建置不变。1963年设嘉兴养路工区,道班配置了畜力拖带工具,并能担负公路的小修保养和中修路面、中修桥梁等工程。1972年公路养护体制下放到县,桐乡设立公路段。1976年桐乡公路段下设桐乡、崇福、上市三个养路道班,配备汽车、拖拉机、压路机、轧石机、电焊机、充电机、3吨储油罐等机械工具进行公路机械化养护。1983年9月,嘉兴撤地建市后,桐乡公路段属嘉兴市公路段,受市、县双重领导。1985年末有濮院、崇福两个养路道班,负责县境内320国道濮院—崇福段32.46千米的管理养护。1985年12月,经桐乡县政府批准,筹组县乡公路段,负责桐乡辖区内的国道、省道、县道公路的养护管理。1990年10月,濮院镇设立交管站。2007年成立濮院乡村公路养护队,负责镇域内的乡村公路养护。2010年公路养护的原则是产权负责制,分国道、省道、县道和城乡公路,分别由各产权人负责公路管理养护,乡村公路由镇交管站负责管理养护,乡村道路由村里负责管理养护。

濮院镇交管站

1990年10月,设立濮院乡交通管理站,站址永乐路濮院乡政府,安排2名工作人员,肖其福为负责人,行使辖区内的交通安全管理和规费征收与解缴工作。1992年5月,新生乡设立交管站,安排1名工作人员。同年8月,因扩镇并乡,撤销濮院乡交管站,建立濮院镇交管站。1995年3月濮院镇交管站搬至濮院羊毛衫市场货运中心,负责人为沈建荣。2001年10月,随着新生并入濮院镇,濮院镇交管站扩大了管辖区域。2005年濮院镇交管站又搬迁至滨河路锦苑社区2楼,有4名工作人员。2007年再次搬迁至宏苑路供电所。2008年取消公路养路费征收,交管站的职能主要为乡村公路的养护、改造,桥梁建设等路政管理。2009年重新搬迁回濮院镇政府办公,站长仍为沈建荣,有4名工作人员。

桐乡市公安局交警大队二中队

1986年,全县道路交通安全管理、交通事故处理的主体是交通部门。1987年12月,根据国务院道路交通管理体制改革的决定,县交通局所属桐乡县车辆监理站按建制将全部设施和人员移交公安局，全县道路安全管理、交通事故处理的主体转为公安部门，由县交警大队负责日常管理工作。1988年12月1日濮院成立交警分队，有交通干警3名，另聘23名退休工人为交通协管员。1993年10月濮院组建交警队。1999年6月在原濮院交警队的基础上重新组建桐乡市公安局交警大队二中队，下设国道警组，濮院、屠甸镇区警组，2008年5月增设事故处理警组。辖区总面积96.2平方千米，涉及2镇、1街道、27个行政村和6个社区，管辖道路总长231.12千米，其中国道15.72千米，省道9.22千米。全所设中队长、副指导员、副中队长各1名，民警8名，协警37名，共48名，配备警用汽车8辆、警用拖车1辆、警用摩托车16辆，担负辖区内24小时道路交通巡逻、接处警工作任务。2007年8月1日中队新办公楼竣工启用，位于濮院大道138K+200M处，占地面积4577.5平方米，房屋总建筑面积3187.37平方米，办公环境宽敞，“五小工程”等配套设施齐全。在机动车驾驶人、道路里程迅猛增长、交通流量大幅增加、各种不安全因素明显增多的情况下，中队交警克服警力不足等实际困难，牢固树立“立警为公、执法为民”思想理念，坚持服从和服务于经济建设这一中心，充分发挥职能作用，为濮院现代化建设和人民群众的安居乐业保驾护航。为给交通安全管理工作创造一个良好的社会氛围，交警二中队积极开展道路行车秩序整治和交通法规宣传教育活动，主动采取走出去，请进来等形式，加强与镇党委政府领导的联系和沟通，制订年度创建平安大道工作和交通安全宣传计划，加强交通安全管理，开展形式多样的宣传教育，切实提高居民交通安全意识。中队民警逐村、逐户、逐个企业、逐个学校开展道路交通安全主题宣传活动，在辖区营造了浓郁的气氛。中队还积极发挥职能部门作用，依托镇、村交通安全网络，大力开展社会面宣传教育工作。在重点企业和中小学校中普遍开展“交通安全村(单位)”建设活动，签订民警联村(企业/学校)责任状，落实交通和治安防范责任制，利用广播、电视等媒体，举办交通治安知识讲座。组织学生开展“关爱生命、安全出行”“小手牵大手”等活动，通过学生向沿线村民家长开展宣传教育。一系列的宣传教育措施大幅度增强了沿线居民群众交通法规和治安防范意识，有效杜绝了村民、学生涉车涉路违法犯罪行为和马路市场、占路摊点、打场晒粮等妨碍交通的现象，居民交通违章率明显下降，辖区路段交通安全畅通，秩序良好，人民群众遵守道路交通安全的法规意识明显提高。中队先后被市局评为“文明卫生单位”和“青年文明号”，被省公安厅交通警察总队评为“先进单位”“先进交警中队”，还被浙江省公安厅交通管理局授予“警务规范中队”等称号。

濮院镇新联村暑期交通安全教育讲座

表 10－12　　桐乡交警大队二中队(濮院中队)历任领导一览表

时　间	名称沿革	负责人
1988—1994.05	桐乡交警队濮院警组	吴平(全面负责)
1994.05—1995.10	桐乡交警大队濮院中队	范建荣(中队长)
1995.10—2001.05	桐乡交警大队二中队	陆勇勤(中队长)　沈继文(指导员)
2001.05—2003.07	桐乡交警大队二中队	沈继文(中队长)　曹建青(指导员)
2003.07—2004.04	桐乡交警大队二中队	姚自刚(中队长)　曹建青(指导员)
2004.04—2009.06	桐乡交警大队二中队	沈继文(中队长)　陆建强(指导员)
2009.06—	桐乡交警大队二中队	姚自刚(中队长)　王爱堂(指导员)

交通事故

濮院水上交通因水路里程短，航道相对不宽，据桐乡海事局港航监管科资料，濮院境内无水运事故记录。濮院由于陆路交通发达、繁忙，公路里程长，各类车辆多，大小交通事故较多发。据桐乡市公安局交警大队二中队记录，2007 年共接处各类交通事故 5278 起，2008 年共处各类交通事故 5616 起，2009 年共处各类交通事故 7068 起。

交通事故案例　2008 年 5 月 20 日 4 时 40 分许，沈某某(男，51 岁)驾驶的陕西号牌农用运输车由湖州驶往嘉兴，途经嘉湖线与桐星大道交叉口地方，与河南号牌大货车相撞，造成沈某某死亡、经济损失的交通事故。事发后，肇事驾驶员弃车逃逸。

2008 年 9 月 21 日 2 时许，河南省太康县龙曲镇驾驶员王某某(男，26 岁)驾驶西藏号牌重型货车途经濮院镇桐星大道桐星大桥地方，与濮院镇星旗村驾驶员华某某(男，26 岁)所驾驶的浙江号牌二轮摩托车发生碰撞，造成华某某当场死亡的交通事故。

2009 年 6 月 21 日 16 时 10 分许，桐乡市梧桐街道三新村驾驶员缪某某(男，27 岁)驾驶浙江号牌轿车，途经嘉桐公路(G320 线 133KM＋120M)地方时，与骑电动三轮车的桐乡市濮院镇新星村凌塘浜村民盛某某(男，59 岁)发生碰撞，造成盛某某当场死亡的交通事故。

2009 年 12 月 13 日 21 时 50 分许，湖南省邵阳县村民张某某(男，35 岁)驾驶浙江号牌二轮摩托车，途经濮院镇新星村地方时，因操作不当导致翻车，造成其当场死亡的交通事故。

第二章 电 力

第一节 发 电

公用发电

嘉桐濮院镇公明电气公司 民国10年(1921),福建寿宁人周穆堂、周宾彝(又名周寿民)父子与嘉兴王店人朱恩禄(又名朱海珊)、濮院人薛甫逊共投资23万元(据营业执照资本总额),在濮院镇北苏家浜(原濮院丝厂桥东堍北侧)购地470平方米,营建平房楼房各3间作为厂房,创办了桐乡县第一家公用发电厂"嘉桐濮院镇公明电气公司",执照号:建设委员会民字第157号,全国注册局执照公司注册第一类第41号。周宾彝任经理,柴恒禄为主任技师(上虞人,浙江省立工业专门学校电气机械专科毕业),有职员4人,工人5人。公明电气公司是濮院最早拥有机械动力设备的工业企业,也开创了县境发电历史的先河。

据民国20年(1931)出版的《中国实业志·浙江省》电气业卷记载,嘉桐濮院镇公明电气公司,成立于民国11年(1922)2月,为商办性质,资本额23000元银圆(与营业执照有出入)。30马力卧式柴油机一台为原动机,配套20千瓦交流发电机一台,发电容量20千瓦,交流电电压2.3千伏,频率60赫兹,供照明用。公司同时在镇区主要街道设高、低压并架线路和单一低压架空线路共2.5千米,98基国产木质电杆,构成桐乡全县第一个镇区配电网络。有用电户数256户。民国25年公明电气公司年发电量1.96万千瓦·时,创历年发电量最高纪录。

公明电气公司成立时就与镇自治公所订立合同,以二十年为期,期满后,由地方估价收回自办。民国26年(1937)11月,濮院沦陷,日军侵占电厂路北宋、沈两家老屋,为扫除视野障碍,将电厂拆毁,镇区配电设施也被毁,此距合同期限尚有5年。

地方国营濮院电厂 中华人民共和国成立后党和政府全力恢复境内电力工业。1957年11月,濮院镇第二届人民代表大会通过兴办电厂的提案。翌年,桐乡县财政局发放地方工业债券筹资2.4万元,由濮院镇人民委员会筹办,选址新桥(大积桥)南堍,利用旧公房建"地方国营濮院电厂"。发电机组由桐乡县工业科从屠甸仁和油厂调拨27匹马力卧式单缸煤气机(烧柴)1台,购置36千瓦旧发电机一台组成。主要技术力量是向濮院油米厂借调内燃机技工谢友顺，具体负责安装，同年7月发电。1959年由县财政拨款，在厂区西侧当白场扩建200平方米厂房，安装30马力卧式单缸柴油机和14千瓦发电机各1台，1960年1月竣工发电。5月底又新增国产60马力立式柴油机和24千瓦发电机各1台（24千瓦发电机与36千瓦发电机对调安装），投产发电并网。濮院电厂先后共有发电机组3套，总装机容量74千瓦。1958至1961年濮院电厂销售利润分别为6130元、13158元、17640元和942元。固定资产原值分别为28620元、28620元、77000元和64544元，固定资产净值分别为24140元、22940元、69000元和54722元。

地方国营濮院电厂负责人先后为厂长谢引仁（1958.06—1959.04）、副厂长毛静芳（1959.04—1960.05主持全面工作）、厂长张炳泉（1960.05—1960.12）、厂长康凤鸣（1960.12—1961.12）。1961年濮院镇开始由新安江大电网供电，地方国营濮院电厂终止发电。

桐乡濮院协鑫环保热电有限公司

桐乡濮院协鑫环保热电有限公司 位于濮院镇新妙智村，占地115亩，建筑面积1.5万平方米。2004年11月，经省发改委批准建设一期工程，架设110千伏输电线路长9.3千米与220千伏梧桐变电所联网。1号机组于2007年7月15日、2号机组于同年10月1日发电投入商业运营。二期工程3号机组于2008年9月投入商业运营，至此公司发电机装机总容量4.2万千瓦。公司年节约标准煤化2.69万吨，减少二氧化碳排放量7.26万吨。热电厂建成同时又铺设了一条通往濮院羊毛衫工业园区的供热管道，利用发电余热向羊毛衫工业园区供应蒸汽，对优化濮院羊毛衫工业园区投资环境，促进工业园区内各工业企业节能减排作出了贡献。至2010年底，公司累计发电量7.44亿千瓦时，上网电量6.52亿千瓦时，累计供热量7755663吉焦；其中2010年上网电量2.41亿千瓦时，上网电量2.32亿千瓦时，供热量2230738吉焦。公司2010年9月被浙江省经济信息化委员会、浙江省环保局授予“浙江省清洁生产阶段性成果企业”称号。

自备发电

桐乡南方水泥有限公司热电联产 2006年，经省经贸委批准，濮院镇桐乡南方水泥有限公司投资1220万元，建设一台1500千瓦汽轮机发电机组，配置2台余热锅炉。2006年9月8日建成热电联产发电，年发电量800万千瓦时，年节约标准煤983吨。

其他临时自备发电 20世纪70年代开始，乡村企业兴起，电力供需关系失衡，电网限电拉闸次数增多，部分企业单位陆续购置柴油机发电机组，以备临时自发用电。80年代开始，濮院羊毛衫经济发展，供电更趋紧张，用电单位临时应急自备发电机组剧增。2004年夏，出现短时期供电紧张状况，镇域拉闸限电频发，新的工商企业及个体户均自备小型发电机、大功率蓄电池，以备停电时应急。以后每年夏季用电高峰时全镇常发生不同区域轮流停电，各企事业单位、商店、个体户基本上均自备发电设备。

第二节 供 电

镇区供电

中华人民共和国成立前，濮院一般居民照明能源，取自动植物油，如香油灯、煤油灯等。民国10年(1921)，濮院镇民营电厂——嘉桐濮院镇公明电气公司成立，翌年(1922)2月，公司开始正式发电，输出2.2千伏到高压配电线路，通过20千伏安和15千伏安两台配电变压器降为380/220伏电压，由架设的低压线网输送到用户，每晚6时开始至半夜12时定时向用户供电。当时濮院镇部分商号、殷富之家始用电灯照明，有用电户数256户，电灯500余只，每只16瓦。民国26年(1937)日军侵占濮院，电力设备遭日军破坏，镇民重新使用油灯照明。抗日战争胜利后，国民党政府腐败，社会问题积重难返，经济萧条，境内电力工业始终未能恢复。

中华人民共和国成立后，1957年濮院镇筹建地方国营濮院电厂，重新架设镇区低压线路输电，1958年7月1日正式发电。随着企业用电量不断加大，濮院电厂逐年增加投资，扩厂添机增容，至1960年，共有发电机组3套，总装机容量74千瓦(原动机117匹马力)。1958—1961年濮院电厂供电量分别为2.881万千瓦时、13.36万千瓦时、23.2万千瓦时和7.2万千瓦时。1961年新安江水电站35千伏高压线到桐乡变电所，同年10月9日桐乡变电所至濮院镇10千伏高压线建成投入使用，和濮院镇区的小块电网联网供电。80年代桐乡至濮院、新生35千伏输变电工程完工。桐乡至新生线命名为新生410线，起自110千伏桐乡变电所，终于35千伏新生变电所，1983年2月8日投入运行。新生401线线路长11.048千米，杆塔71基，导线为70平方毫米钢芯铝绞线，直线杆以15米钢筋混凝土拔梢杆浅埋基础加拉线，双瓷横担组装；垮京杭运河处采用4×8米钢筋混凝土等径杆焊接，铁横担悬式绝缘子组装，双层拉线加固。桐乡至濮院线命名为濮院341线，起自110千伏桐乡变电所，终于35千伏濮院变电所，1986年5月20日投入运行。濮院341线架设高压线8.906千米，杆塔56基，导线为95平方毫米钢芯铝绞线，杆塔采用18米钢筋混凝土等径杆、涂锌铁横担、悬式绝缘子组合。变电所有变压器50台，总容量6006千伏安。许多企业都设有变压器和配电房，直接引入电网高压电源经变压后，通过配电设备向各企业生产生活部门供电。1990年濮院变电所有变压器117台，总容量8432千伏安。1993年濮院变电所完成了35千伏增容工程。1995年底，新生35千伏变电所经技术改造，建成调度自动化系统(含小微波通信系统)，并顺利通过浙江省电力工业局的专家验收，至此新生35千伏变电所实行无人值班运行。

为适应濮院及工业园区的发展，2001年架设10千伏高压线路3.33千米，建成永久性配电房2座，临时性配电房2座，新增用电容量2075千伏安。2002年架设电力线路1.5千米，2003年架设电力线路8.611千米，同年12月兴建110千伏濮院变电所，采用全户内布置方式，无人值班微机型综合自动化控制系统，一期工程设4万千伏安主变1台。2004年又架设电力线路2千米，同年5月110千伏濮院变电所投产运行。翌年，新增4万千伏安主变1台。2006年新增公共配电房3座，并对金龙高压线进行扩容改造。2010年8月濮院镇完成20千伏电网建设，成为全国首个20千伏供区之一，并根据濮院中心镇发展规划，将20千伏电网建设与集约农网建设有机结合，完成“十二五”集约农网规划。

2011年，浙江电网首座110千伏智能变电站落户濮院镇。110千伏濮院新生智能变电站是国家电网公司第二批智能变电站的试点项目，是浙江省电力公司首个依据国家电网公司智能变电站相关技术规范设计建造的110千伏智能变电站，以“功能集成、配置优化”为设计理念，以“设备信息数字化、功能集成化、结构紧凑化、检修常态化、运维高效化”为建设目标，体现“资源节约、环境友好、智能化、工业化”的供电特色。全镇有公共变压器434台（不包括专变），供电容量17.28万千伏安，低压架空线路276.00千米，电缆62.83千米，营业户数3.1万户。年售电量2.15亿千瓦时，年度电费1.76亿元。

表10-13　　1990年濮院35千伏变电所电网情况表

变电所	线路名称	线路长度（千米）	电杆（基）	主干线长度（千米）	干线导线型号	配电变压器总容量（台/千伏安）	备注
35千伏濮院变电所	永濮1022线	8.31	141	1.187	LGJ—50	45/3935	
	乐安1023线	19.058	221	4.06	LJ—50	29/1799	
	新南1025线	9.902	111	3.207	LJ—50	17/1218	
	黄河1026线	14.78	165	4.774	LJ—50	25/980	
	印染1024线	0.578	8	0.578	LJ—50	1/500	用户专线
	小　计	52.628	646			117/8432	
35千伏新生变电所	永兴141线	12.921	160	5.173	LJ—70、50	24/2763	用户专线
	陡门143线	25.478	296	5.158	LJ—50	36/1645	
	利民144线	17.245	195	5.472	LJ—50	27/1573	
	群丰145线	5.28	62	2.761	LJ—50	9/395	
	小　计	60.924	713			96/6376	
合　计		113.552	1359			213/14808	

濮院变电所 濮院变电所位于濮院镇320国道南侧齐宏路东原永越大队水车头生产队址，占地2465平方米。1985年7月由桐乡县供电局设计、安装，翌年5月20日投入运行。总投资48.2万元，其中嘉兴电力局占41.37%，县“三电办”占58.63%。第一期工程安装主变压器1台，总容量3150千伏安，35千伏桐乡至濮院进线1回，10千伏出线有永濮、乐安、新南、黄河、印染(厂用专线)5回，电容器、所用变压器、电压互感器和避雷针间隔各1个，10千伏电容器1200千乏，供电范围为濮院镇和濮院乡，安排5名工作人员24小时值班管理。1989年3月29日，濮院变电所被浙江省电力工业局命名为农电“标准化变电所”。同年，嘉兴电力局批准增容扩建，增加主变压器6300千伏安，于3月5日竣工并网投入运行，1991年再增加梅泾出线1回。2003年12月濮院变电所移址在石蟹圾桥南320国道北动工新建110千伏变电所，采用无人值班微机型综合自动化控制系统，前后设4万千伏安主变2台，2004年5月投产运行。

新生变电所 新生变电所坐落于新生公社所在地——南北圣西侧。1982年5月，经浙江省电力工业局批准，由桐乡县供电局设计、安装，于次年2月8日投入运行。首期工程设主变压器1台，容量为3150千伏安，35千伏桐乡至新生1回，10千伏出线永兴、陡门、利民、勤丰4回；35千伏设备控制、保护系统集中于控制室，10千伏设备集中控制、就地保护。总投资29.9万元，其中浙江省电力工业局补助资金占46.38%，县财政拨款占35.82%，新生公社集资占17.8%，资产属桐乡供电局，供电范围为新生、民合两个公社。1986年10月，增装10千伏电容器1050千乏。1989年2月24日，被浙江省电力工业局命名为农电“标准化变电所”。1995年底新生变电所改造成调度自动化系统(含小微波通讯系统)，实行无人值班运行。2011年，移地新建为110千伏濮院新生智能变电站。

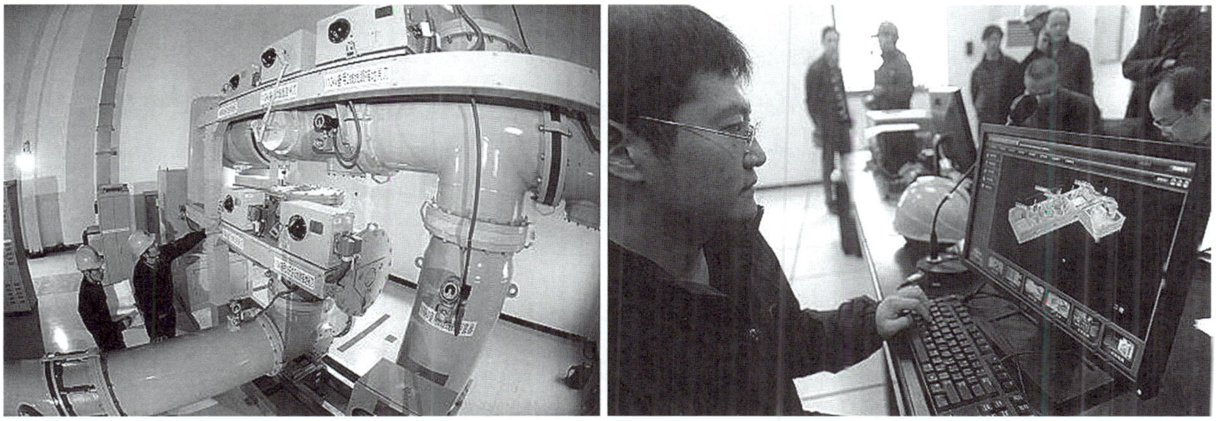

110千伏濮院新生智能变电站

农村供电

民国时期，濮院农村照明仅用油灯，更无电力排灌设施。中华人民共和国成立后，1961年10月，华东大电网梧桐至濮院线路建成后，濮院公社建设了以农业电力排灌为主体的输配电网络，开始向农村的生产生活供电。1962年濮院公社成立机电排灌管理站（简称机电站），负责统一管理全公社机、电、水。濮院公社最早建设的机埠是星星大队（现永乐村）沈家石桥的“崇高机埠”，1961年动工，1962年建成，变压器20千伏，大队安排青年赵炳春去桐乡发电厂接受培训后，到该机埠负责农田排灌。随后濮院其他大队先后建成机埠，70%的农田实现了电力排灌。农村各大队利用机埠排灌用电间隙，开展农副业电力加工和电动脱粒。1964年桐乡电力公司试行“亦工亦农”劳动制度，濮院有一名农村青年被招收，实行农忙务农、农闲做工，务工期间在所在地电管站与专业电工一起，从事电力线路维护检修和大修改造工程。同年濮院低压电网进行整修改造，主干线路杆塔全部换成钢筋混凝土杆、涂锌钢材构件，导线采用25—70平方毫米截面的铝绞线，并推广三相四线制，供电能力成倍提高。

1968年“文化大革命”期间，农村用电管理失控，农户因陋就简，从机埠变压器接线至田间、农居，供电动脱粒机和照明，“亦工亦农”劳动制度也遭到批判，人员被辞退，农村安全用电无人管理，致使触电伤亡和设备损坏事故不断发生；电压质量下降，低压线损率高达25%。1969年桐乡电力公司将110千伏石门变电所出线的6千伏三线制的B相线全部拆除，濮院供电随全县6、10千伏线路均改为二线一地制运行。1973年按照桐乡县提出配备公社、大队、生产队三级电工的意见，濮院公社增设了专职电工1名，以加强全公社的安全用电管理。各大队也相继成立有大队干部、贫下中农代表和大队电工组成的大队用电管理组；生产队有兼职电工负责低压线路运行维护，装接生产队和农户的各种用电设备，电能计量分表，定期完成抄表和收费工作。1974年秋，濮院公社永越大队试点农用低压采用塑料地埋线，1975年全濮院实行地埋线形式供电。

1979年2月28日电网重新恢复三线制运行，消除了供电可靠性差、运行不稳定、安全风险大的问题，农村全面实施低压线路整改。1982年12月为实行机水、电分管，组建濮院公社用电管理站，是同级政府的管电职能机构。1983年1月1日新生公社用电管理站成立，分管新生片。1986年分期分批组建农村低压配电房。1991年起，濮院农村供电参与国家能源部开展的电力为农业、为农民、为农村经济服务（简称“三为”）的达标竞赛活动，重点是扩大用电范围，提高用电水平、整顿农村电价，减轻农民不合理负担，保证农业生产季节性用电和生活照明用电，实现农村“户户通电”。1999年6月，根据国务院2号文件精神，推进农田体制改革，农村集体用电资产无偿移交供电部门统一管理，濮院和新生用电管理站撤销，分别成立桐乡供电局濮院镇供电营业所和新生镇供电营业所。2002年8月随着区域调整，新生镇供电营业所并入濮院供电营业所。2006年濮院镇通过全国首批“新农村电气化镇”验收，2008年投入资金1000余万元，完成濮院镇全部14个村的新农村电气化建设，新增及改造10千伏线路23.54千米、公用配电变压器64台18960千伏安，淘汰高耗能配电变压器46台4718千伏安，改造低压线路123.24千米，改造接线户2654户，调换电表6540只，实现村村电气化。

表 10－14　　2002 至 2010 年濮院镇电网建设和改造投资情况表

年度	投资（万元）	新建台区（台）		改造台区（台）	配变增容		低压线路（千米）	其中电缆	接户线		更换电表（只）
		专变	公变		专变（千伏安）	公变（千伏安）			户	千米	
2002	—	20	1	4	6300	2520	10.23	2.54	1065	18.53	1562
2003	—	23	4	18	6890	3780	4.042	3.11	165	3.019	1100
2004	—	48	9	—	11140	3235	10.801	0.53	155	2.765	1546
2005	354	—	1	13	—	5150	33.158	3.12	312	6.032	1683
2006	519.69	—	25	18	—	4540	25.865	3.31	603	12.564	1157
2007	1398.78	—	18	25	—	16880	24.454	4.45	499	8.123	1008
2008	1367.8	—	17	29	—	13540	26.346	2.315	823	14.919	3366
2009	381.38	—	8	16	—	3760	20.27	2.5	491	9.087	2115
2010	674.45	—	—	16	—	3595	18.36	3	611	14.668	3295

表 10－15　　2003 年至 2010 年濮院镇供电量统计表

年度	供电量（万千瓦时）	售电量（万千瓦时）	电费（万元）	售电量增长率（%）	电费增长率（%）	备注
2003	16814.94	16355.36	9481.27	100	100	含专变
2004	16044.55	15613.62	9993.78	−4.750595954	5.128289796	含专变
2005	22254.79	21629.7	14549.69	27.813978	31.31276336	含专变
2006	6949.59	6488.88	4532.84	—	—	—
2007	7601.55	7212.78	5420.93	10.03635214	16.38261332	—
2008	9313.78	8850.85	6145.4	18.50748798	11.78881765	—
2009	11694.09	10769.96	7889.96	17.81910054	22.11113871	—
2010	14291.36	13399.90	10268.81	19.62656438	23.16578055	—

第三节　用电管理

管理机构

梧桐管理站濮院镇营业所　1961 年 11 月 6 日地方国营桐乡电力公司成立，全县按电网供电区域划分，建立梧桐等 4 个管理站。梧桐管理站在濮院大有桥北堍设立收费点，安排1人常驻该点，负责濮院镇低压线路的运行、检修，受理用户用电申请、装表接电。收费点常驻工作人员先后有张金福、沈伯英、奚振斌、汪均誉、毛金龙等。另外梧桐管理站每月月底安排工作人员到濮院，逐户抄电表，下月初在濮院收费点坐收电费，先后有陈兆登、陈丽芳、于建明等从事此项工作。1982年镇区低压线路的运行、检修由新成立的濮院公社用电管理站兼。1988年桐乡供电局在濮院南横街2号新建大楼，梧桐管理站濮院收费点搬入底层，改名为梧桐管理站濮院镇营业所，负责受理濮院镇用户用电申请、装表接电、抄表收费，镇区低压线路的运行、检修等，负责人为沈汉章。同时，镇“三电办”也搬入楼内办公。1996年营业所搬至中兴路62号濮院镇用电管理站内办公。1999年6月桐乡供电局濮院供电营业所成立，梧桐管理站濮院镇营业所撤销。

濮院公社机电排灌站 1962年，在濮院西市三里塘成立濮院公社机电排灌站（简称机电站），对公社的机、水、电实行统一管理。1972年12月增设专职电工1名，负责全公社的安全用电管理，先后有谢文龙、鲁文龙、吴锦坤。1982年实行机水、电分离，成立濮院公社用电管理站，全面接收机电排灌站濮院公社的用电管理工作。

濮院镇三电办 1978年1月桐乡县成立计划用电、节约用电、安全用电（简称“三电”）领导小组，由镇党委副书记倪长庚负责。1987年，镇“三电办”成立，仍由镇委副书记负责，安排2人负责调荷节电、避峰补谷、培训电工、宣传普及安全用电知识等。1990年，镇“三电办”搬入南横街2号梧桐管理站濮院营业所内办公，安排3名工作人员。1996年又搬入中兴路濮院镇用电管理站内办公。1999年6月镇“三电办”撤销。

濮院用电管理站（电管站） 1982年12月23日桐乡电力公司和濮院公社签约，成立濮院公社用电管理站，地址在大有桥北堍。电管站安排3名工作人员，2名分管农村，1名分管镇区，是濮院公社的管电职能机构，属乡镇事业单位，经费由桐乡电力公司按人每月发放。1983年电管站搬至永乐路濮院电影院旁边。1984年桐乡县农村用电管理总站（简称县农电总站）成立，行使管理乡镇用电管理站的职能，故濮院用电管理站又称濮院农电站。1990年濮院农电站获嘉兴市年度农村安全用电管理先进集体。1993年濮院用电管理站搬至中兴路渔业村边，1994年搬入中兴路62号咏梅路口新址，新址由镇政府投资，建筑面积约500平方米；负责人先后为赵炳春、朱玉林。1996年镇“三电办”、梧桐管理站濮院营业所搬入濮院镇用电管理站合并办公，总负责人于建明。1999年6月，濮院用电管理站撤销。

1983年1月1日新生公社用电管理站成立，地址在南北圣，也安排3名人员，是新生公社的用电管理机构。1987年择地新建办公楼，1991年加层扩建，前后投入14余万资金，建筑面积约650平方米。1999年成立施工队，全站增加7名临时工，共有10人，负责人先后为沈雪良、杨剑铭、高宝林。1999年6月，新生用电管理站撤销，在原址原班人员基础上，成立新生供电营业所。随着乡镇合并，2002年8月新生供电营业所并入濮院供电营业所。

国网桐乡市供电公司濮院供电所　濮院供电所前身是濮院供电营业所，1999年6月，濮院镇“三电办”、濮院镇农电站和梧桐管理站濮院营业所撤销，人、财、物统一纳入桐乡市供电局管理，成立桐乡供电局濮院供电营业所，地址在中兴路62号咏梅路口原濮院电管站。2002年8月随着区域调整，新生供电营业所并入。2004年11月，桐乡市供电局农电工区成立，濮院供电营业所更名为桐乡农电工区濮院供电营业所。2005年投资1千多万元，择址宏苑路808号新建濮院供电营业所，占地面积10061.94平方米，建筑面积6274.28平方米，濮院供电营业所担负濮院镇及周边62平方千米区域14个行政村4.6万常住人口和10多万外来流动人口的供电用电管理和低压配电设备的运行维护。2006年被浙江省电力公司评为“规范化管理供电(营业)所”，并通过全国首批“新农村电气化镇”的验收；2007年被浙江省电力公司评为“星级供电(营业)所”和省级“群众基层满意站所”；2008年底实现“村村电气化”；2009年获嘉兴市“服务民生满意站所”荣誉称号，被嘉兴市供电局列为供电(五星级)示范营业所；2009—2010年又获嘉兴市“一星级”群众满意基层站所(办事窗口)荣誉称号；2010年获浙江省卫生先进单位的荣誉称号。2012年更名为“国网桐乡市供电公司濮院供电所”，全所有职工32人，其中管理人员10人，营业、运检、库工等22人，大专及以上文化程度28人。供电所重视专业科学管理，运用计算机对线损、供电可靠性、电压合格率等指标进行数据统计、资料分析，先后安装营销管理系统、电压合格率管理与监测分析系统、低压缺陷管理系统、农田绩效管理系统和同业对标管理系统等软件。供电所负责人先后为朱进渊(1999.06—1999.12)、蒋华杰(2000.01—2010.10)、卜伟忠(2010.10—)。

计划用电

负荷调整　1961年10月前，濮院境内电力主要用于照明。同年10月浙江大电网供电后，濮院城镇除了照明用电外，工业用电和农村用电(主要是农业排灌)增长较快。1962年浙江省人民委员会首次下达桐乡县计划用电负荷指标，桐乡县电力公司对100千瓦以上设备装机容量的濮院油米厂等5家用电大户实行按季分月计划用电申报制。1963年改由嘉兴供电局下达用电指标，同年5月，对全县各变电所6千伏、10千伏出线(包括濮院)分别核定用电负荷指标。由于农业排灌装机容量占比大，在农业用电高峰时，经常因出现超负荷而被拉闸限电。1965年5月，电网缺电更严重，濮院线每天实行2小时30分的避峰停电，压缩高峰负荷。同年6月23日，桐乡县人民委员会发文推广县电力公司10千伏濮院线试行“停机不停线”的避峰用电经验，将按线路轮流(停)供电避峰改为分用户轮流(停)用电避峰。20世纪70年代后期，城乡工农业生产发展迅速，用电需求增加，输电网络经扩大后电力供需矛盾仍十分突出，用电高峰时电力缺口很大，低谷时负荷又很低。为合理安排用电，1978年1月桐乡县成立计划用电、节约用电、安全用电(简称“三电”)领导小组，下设办公室与电力公司一起负责全县电力分配和平衡用电工作，濮院镇由副书记负责相应工作，开展“一查四定”(用电大检查、对用户实行定负荷、定电量、定单耗、定用电时间），镇区居民试行凭证供电，工厂统一调整用电时间和生产班次。

电量包干 1983年11月，因电力供应缺口较大，嘉兴电力局下达当月供电负荷指标，桐乡供电局为保证城乡居民生活、农业排灌、重点企业和国家计划产品生产用电，在加强用电负荷管理的同时，制定《计划用电包干办法》，经县人民政府批准，自12月起，把用电量指标分解到各乡镇和工业、二轻、粮食、农林等单位，试行计划电量包干用电制。1984年，桐乡县供电局制定《计划用电包干制补充意见》，以1983年用电量为基数，全部按计划用电包干单位进行分配，促进各包干单位、企业以电定产，调整用电结构，提高经济效益。濮院镇参照执行。

技术监控 1981年，桐乡县电力公司自行设计、组装高峰用电控制表，受控用户在避峰用电时段内保持电源不断；违反规定用电的，则在电能计量表中有所显示，作为处理依据。1982年濮院镇砖瓦厂和水泥厂均安装了高峰用电控制表。1984年9月桐乡县供电局颁发《电力定量器、高峰负荷控制表管理暂行条例》，对有关安装、运行及违章用电的处理作了具体规定。1989年开始，桐乡供电局运用电子计算机和无线电技术，对部分用电量大的企业进行遥测、遥信、遥控试点，实施先进的监控用户电力负荷。

安全用电

1964年濮院培训一名“亦工亦农”电工，负责农村安全用电。1968年“文化大革命”期间该电工被辞退，农村安全用电无人管理，无章可循。各生产队又在农民用电心切的情况下，不顾条件，用拼凑、代用材料，从电力排灌机埠拉线接电，供农户照明与田间流动脱粒机、小水泵用电，致使触电伤亡和设备损坏事故不断发生。如1973年7月7日，濮院公社新华大队第3生产队姚潮根(27岁)，在家中用又长又破的灯头线与接户线直接连接，装灯移动照明，姚在换灯泡时，碰及灯头线破损处触电身亡。为此1969年桐乡电力公司将全县6、10千伏的线路均改为二线一地制运行，包括濮院农村供电。1973年2季度开始，桐乡电力公司重建生产技术、用电管理等职能股室，农村供电逐步纳入正轨。同年濮院公社增设专职电工一名，以加强全公社的安全用电管理，各大队也相继成立用电管理组，为各生产队培训专职电工，负责低压线路运行维护，装接生产队和农户的各种安全用电设备。1975年全濮院实行农用低压地埋线，为降低农电人身触电伤亡事故起到重要作用。1995年后，濮院供用电部门坚持贯彻“安全第一、预防为主”方针，全面落实上级各项安全生产措施，开展反事故教育，加强安全管理和监督，确保濮院电网安全稳定运行和电力有序供应。

随着濮院羊毛衫经产业的快速发展，用电矛盾突出，停电时企业和经营户均自备发电设备发电，但安装使用不规范、用电安全隐患比较多。1998年桐乡市政府组织供电局、安监局等到濮院市场和针织产业园区对各生产经营户自发电设备进行拉网式检查指导整改，保证用电安全。2008年加强农村排灌用电设备巡查和维修，供电所实行24小时值班，接到故障报修983起，出动2643人次，抢修率100%，保证了用电安全。至2010年底，濮院供电管理所安全日达到6315天，镇域17年未发生人身伤亡、设备事故和送、变电重大事故。

电费收缴

中华人民共和国成立前，濮院镇民营公明电气公司根据民国22年(1933)1月31日国民政府经济部核准的售电价执行，分包灯和表灯两种，包灯电价(盏月)16瓦1.20元，表灯电价每千瓦时0.30元。电厂每月派员逐户抄录装表户的实用电量，查核包灯的电灯盏数、容量，当即开票、收款，实行“抄、开、收”一次完成。由于公司实行保证金制度，对欠费户执行停电、销户措施，欠费甚少。

中华人民共和国成立后，1958年，地方国营濮院电厂建成发电，居民用电全部包灯，每灯限于25瓦，每月按10千瓦时用电计算，收费1.65元。电费为上门收取和坐收相结合，当月电费实收率都在95%以上。1961年9月大电网供电，执行浙江省颁布的《新安江、杭州电网统一分类电价》，照明用电为0.15元/千瓦时；为照顾濮院镇区小用户、缓解电能表供应紧张的困难，保留包灯用电，其每月电价＝0.15元×灯盏容量(瓦)/1000×用电时间(每天12小时、每月30.5天)。动力电价按用电性质分为农业、非工业和普通工业三种；按用户受电电压等级又分不满1千伏、1—10千伏、35千伏及35千伏以上4种。农业用电实行优待电价，不分供电电压等级，为0.042元/千瓦时。1963年，取消表灯户电表底度制和包灯用电制，每月23—25日为统一抄表工作日，梧桐用电管理站派工作人员在濮院完成电能表的现场抄录、当月各用户分类实用电量的结算，并按户填列个表起止度数，实用电量及缴费期限等内容的“电费通知单”，当场交给用户，到规定缴费日期，再派工作人员在大有桥北堍收费点坐收电费。1973年5月，与农村用户协议，在信用社账户存款优先用于缴付电费，农村用户电费发票按月送抵公社信用社，由信用社划账代缴，方便了缴付手续，获得农村用户的一致赞同，电费回收工作更加扎实可靠。1983年桐乡供电局制定《电费管理工作实施细则》，随着濮院公社用电管理站的成立，农村用户电费改由公社用电管理站代收；镇区用户电费仍由供电所坐收或通过银行托收。1990年末，照明用电电价与1963年同，持续30年未变。濮院供电营业厅2008年完成售电量(低压)8850.85万千瓦时，电费6145.40万元。2010年完成售电量(低压)13399.89万千瓦时，电费10268.13万元。

表10－16　　2010年度濮院镇低压用电统计表

月份	供电量(千瓦时)	售电量(千瓦时)	应收电费(元)	回收率(%)
1月	11301344	10651234	8116211.84	100
2月	10278147	9696095	7298344.35	100

续表 10－16

月　份	供　电　量（千瓦时）	售　电　量（千瓦时）	应收电费（元）	回　收　率（%）
3 月	7189140	6721843	4926816.44	100
4 月	10460559	9775640	7438606.21	100
5 月	9860633	9198886	6999472.19	100
6 月	8962134	8427366	6430341.56	100
7 月	16525414	15390590	7518466.62	100
8 月	10521154	9832352	11818857.48	100
9 月	20089107	18856766	14547572.21	100
10 月	14442908	13599246	10589607.43	100
11 月	12248742	11530954	9017740.00	100
12 月	10576464	9893955	7986090.33	100
合计	142455746	133574927	102688126.66	100

第三章　邮政　通信

第一节　分营前的邮政通信

古代公文传递通过驿铺和驿道进行。据《光绪桐乡县志》明宣德五年濮院大运河北就有"永新铺，在永新乡运河塘北"，设正房三间，廊房六间，邮亭、门道各一间，铺司一名，铺兵一名。清末"铺屋久废，本邑公文往来，皆由县中粮差一百二人轮值，每三日为一班，承发公文"，大运河两边的塘路堤岸均为驿道，邮件运输靠人力和车马。

旧时驿站假想模型

清光绪二十九年（1903）二月一日，濮院开始创办邮局，属三等局，局址在庙桥街。次年10月设邮政代办处于大街朱家厅。宣统元年（1909）定为二等局。民国3年（1914年），嘉兴至乌镇之邮路，绕经濮院，始利用小火轮捎运。此后，邮件逐步委交内河航运之轮船代运，邮运速度有所提高。民国17年濮院邮局共有3名工作人员，局长1人、职员2人，办理挂号信、快信、汇兑、包裹等业务，全年业务6千元。民国25年11月，杭州至嘉善公路建成通车，途径濮院等地，部分邮件改由汽车带运，邮运速度进一步提高。民国26年濮院邮局定为三等乙级局。濮院沦陷后，同年12月17日至民国28年，濮院邮局曾停止营业二年。民国28年10月21日恢复营业后，于东市钱益泰、西市洪盛泰两商店内附设邮票代售处。民国35年，桐乡邮局辟4条邮路，其中1条为桐濮邮路，利用内河船只运送邮件。战后，经浙江省邮政管理局核定，濮院邮局曾代理过国库业务。

濮院电话通讯始于民国7年（1918），由濮院商界集资与嘉兴电话公司订约，设立公用电话处，地址在北横街，后移至蜡烛街口。凡通电话或者接电话者，均照章纳资。电话线路直通嘉兴，即使与桐乡县城通电话亦需由嘉兴转。民国18年10月1日上海《申报》报道：嘉兴商办电话公司奉交通部令，将濮院、盛泽两处电话收归国有。濮院线被收后，附设在濮院线上的陶家笕电话，虽没连带收去，但电话公司方面以该处市面不甚发达，未便再行设线，致使其日趋淘汰。此线路在濮院沦陷时被毁。

此外，民国 23 年(1934)，经浙江省建设厅批准，濮院民间设立一处私人开办的电话通讯营业处，业主陈君敏、陈秋祥兄弟，地址在庙桥(大德桥)北堍陈君敏家宅中厅内，镇人称之为“陈家电话局”。陈氏投资架设电话线路至陡门，再与通嘉兴的电话线连接，域内除徐恒源油厂设有电话机 1 部外，镇人通话必须至陈宅，通话一次，收费一般为 0.20 元，与桐乡通话为 0.30 元，上海则为 0.70 元，来电传呼每次外加 0.10 元，每日可收入 2—3 元。民国 26 年(1937)濮院沦陷时因电话线路被毁而停办。

抗战胜利后，民国 36 年(1947)3 月，桐乡县决定先架设桐乡县城至濮院等四镇电话线路，成立桐乡县乡村电话管理所。同年经浙江省建设厅批准，濮院邮政与电信合并，成立桐乡县乡村电话管理所濮院分所，所址在庙桥街。同年 8 月，嘉兴至濮院的电话线路也架设完成，8 月 20 日正式通话，并在濮院分所内与桐乡县乡村电话相衔接。濮院分所有 5 门总机，民国 37 年(1948)增至 10 门总机。

中华人民共和国成立前，乡村信件传递非常不方便，桐乡县邮电局为此报县政府同意，规定凡未设邮局的地区，其乡、镇公所，保、甲办事处，负责发送公文的人员，需要到距本乡镇、本保甲最近的邮局领取本乡乡民信件，并负责给予分送。乡民投寄信件，亦可托该人员代交邮局。送公文者无论向邮局领取或代为投寄信件，均与邮局办理交接手续。报恩乡、永秀乡距濮院镇较近，两乡信件，就由两乡送公文者负责分发。

中华人民共和国成立初，濮院的邮政业务仍由原桐乡县乡村电话管理所濮院分所经营，所址从庙桥街迁至大街袁家厅营业，并在濮院镇附近的庄家桥、泰石桥、陡门、正家笕、妙智、庙簲、浮石桥等地设邮政代办所。1950 年 3 月，濮院镇归属桐乡一县后，庄家桥、泰石桥、陡门、正家笕，邮政业务随之划归嘉兴管理。当时公路因战时毁坏尚在修复，邮件运输全赖水路，桐乡局委办轮船邮路 2 条，其中 1 条为桐嘉邮路，经濮院到嘉兴。随着交通事业的发展，邮件运输逐步由轮船改为汽车。1955 年桐乡县邮电局濮院支局成立，营业地点仍在大街袁家厅，业务涵盖濮院镇和新生乡，有邮政营业员 1 名、城投 1 名(孔华三)、乡邮 1 名、话务员 2 名，支局长杨溥霖，后为邹水法。

1969 年，邮政和电信分设，邮政迁往北横街，成立邮政支局，租用民房营业，支局长先后有邹水法、褚汉江。濮院发往外地信件原先须通过轮船、汽车送往嘉兴经转，1977 年 1 月杭州至嘉兴汽车邮路开通后，途径濮院，即直接有邮车发运。电信支局仍在原大街营业处，支局长为周顺清。

1974 年，邮政迁回大街，又与电信合并为濮院邮电支局，支局长为沈汉初，有邮政营业员 1 名、城镇投递员 1.5 名，乡邮员 2.5 名，话务员 3 名共 9 名工作人员。电信容量 100 门，用户电话 20—30 部。濮院境内，除新生片的农村电话纳入乌镇总机外，濮院公社每个大队均有电话机，公社内设交换机，各大队电话均接入公社总机。公社总机有中继线 2 条，与邮电局总机接通。1978 年濮院邮电支局搬迁至南横街新建 452 平方米的三层业务楼。同年试行邮政编码，镇域编码为 314502。1986 年，成为桐乡全县第一家达到标准化管理的邮电支局。1988 年，桐乡县邮电局开通汽车邮路，濮院支局进出邮件由县局转发。同年要求信函统一使用标准信封，并在右上填写邮政编码。濮院邮政支局投递邮路有 3.5 条乡邮路线和 1.5 条城投路线，计 159.4 千米。1990 年业务扩大，又动工扩建三层邮电综合大楼，营业用房 1375 平方米，支局工作人员增至 17 名。邮政业务范围包括信函、包裹、汇兑、报刊发行、集邮和储蓄。由于濮院羊毛衫市场的日益繁荣，邮政包裹业务迅速增加，邮包的百分之九十五是羊毛衫包裹，同年发出邮包两万余件，营业收入 65 万余元，人均报刊拥有量达 31.29 份，全年业务收入达 114.15 万元。电信方面有磁石交换机 4 部，容量 350 门，电话用户 293 户，集镇杆线 8 千米，电缆 6.8 皮长千米。长途线路 2 条直通嘉兴、桐乡，县内中继线 11 条。同年又装置了濮院至桐乡 NEXFAX－10 传真设备，电报则用传真机传至桐乡经传，濮院地区电话普及率达每百人 3.33 部。1991 年 10 月 30 日，濮院镇开通程控电话，进入国际国内通讯大网。1992 年 8 月 14 日，嘉兴一市五县 C3 本地网开通运行，全地区统一区号为 0573。1993 年以后，濮院开始有模拟式大哥大业务（为移动式手机）和 BB 机寻呼业务。同年 10 月 31 日零时，全市固定电话号码由 6 位升 7 位，统一在原号码前加“8”。1995 年濮院托运站建立后，羊毛衫包裹托运量开始下降。1996 年濮院电信支局开始有数字式手机微波中基站，1997 年开通宽带上网业务。濮院邮电支局制度健全，多次被评为先进集体，邮电部曾授予“服务质量先进集体”称号。该局乡邮投递员朱雪山 19 年中投递邮件 180 万件，行 10 万千米，被评为全国劳模。1998 年 8 月濮院邮电支局分营为邮政和电信两个部门。

濮院支局全国劳模朱雪山（右）

表 10－17　　1978—1990 年濮院邮电支局业务收入统计表

单位：元

年份	邮政收入			电信收入						累计年度收入
	函件	包件	汇票	电报	长话	农话收入			其他	
						月租费	通话费	过接转线费		
1978	9220	1988	1175	1166	2152	6177	4031		120	26098

续表 10－17

年份	邮政收入			电信收入						累计年度收入
						农话收入				
	函件	包件	汇票	电报	长话	月租费	通话费	过接转线费	其他	
1979	9165	11767	1435	1950	3349	6444	4340	—	105	28701
1980	10423	2064	1748	3712	5362	8641	6942	—	241	39458
1981	10860	11006	1957	4369	6160	11072	8884	—	91	54734
1982	10417	19035	2040	3971	6502	11798	10203	—	448	64766
1983	10017	29748	1862	5265	8234	12971	10887	3383	380	83200
1984	11717	24419	2273	9461	10821	14469	12890	3774	620	92061
1985	11310	29326	3188	16212	15764	18646	13474	5477	817	118491
1986	11500	33113	3272	15876	17957	35098	29573	19426	513	171100
1987	12208	107488	4919	26862	24359	37840	28569	24807	1094	274334
1988	13293	197783	7378	41510	44074	45214	33699	28936	1531	449621
1989	13256	395112	7985	40647	42618	47160	33527	28323	2283	712523
1990	17612	655366	8042	41025	61649	47624	92350	42796	2963	1141452

表 10－18　　1978—1990 年濮院邮电支局邮政业务及交换量统计表

年份	包件		汇票			总包(袋、捆)			进口报纸(份)	进口杂志(份)
			开发							
	出口(件)	进口(件)	计费(张)	免费(张)	兑付(张)	出口(袋)	进口(袋)	进口(捆)		
1978	2129	2508	4487	10	—	2101	—	—	—	
1979	1889	2202	4757	77	—	2009	—	—	512803	
1980	2082	2416	4884	87	4971	2087	—	—	562453	
1981	3643	3307	5175	247	5422	3410	—	—	670184	
1982	4589	2806	5155	199	5228	4398	3924	—	791252	61834
1983	6209	2955	4688	176	5182	6226	2617	1793	947187	68536
1984	6562	2542	4917	150	4946	6475	2470	1841	949047	66932
1985	7375	2813	5214	114	4473	7117	2986	1476	969463	56439
1986	6053	2573	4856	116	4525	6226	3325	1879	999046	43058
1987	8623	3671	5305	219	4397	8127	3974	2199	1160450	43622

续表 10－18

年份	包件		汇票			总包(袋、捆)			进口报纸(份)	走口杂志(份)
	出口(件)	进口(件)	开发		兑付(张)	出口(袋)	进口(袋)	进口(捆)		
			计费(张)	免费(张)						
1988	12933	4494	5873	217	4878	12645	4393	2526	1165850	—
1989	21421	4450	5864	214	5354	21351	4545	2088	762037	31071
1990	20764	3534	5763	189	5382	21437	4846	1697	785335	33410

表 10－19　　1978—1990 年濮院邮电支局邮政业务及交换量统计表

年份	平信(件)			挂号(件)			特挂(件)	
	出口		进口	出口		进口	出口	进口
	计费	免费		计费	免费			
1978	101978	709	108917	5761	446	13438	994	464
1979	97756	466	105057	6869	535	12242	690	396
1980	100236	411	109477	9455	638	14360	523	439
1981	99421	527	108916	14592	1475	22196	497	455
1982	93585	685	109046	12943	1512	23055	426	330
1983	91752	562	103048	14368	6384	19894	304	258
1984	112445	819	108021	15611	6010	15922	260	176
1985	93080	455	108535	17621	4191	17819	246	159
1986	96937	684	115938	17108	1302	18360	248	146
1987	101643	504	120184	18507	2557	19770	195	129
1988	110069	458	13829	16973	3760	20080	188	—
1989	113677	476	133903	15449	3779	18269	133	—
1990	100450	131410	131410	5775	3340	17483	233	—

表 10－20　　1978—1990 年濮院邮电支局电信业务量统计表

年份	电报(份)		长途电话(次)		农村电话出口(次)	人均业务收入(元)
	出口	进口	出口	进口		
1978	1772	1867	7213	5623	30558	2372.55
1979	2483	2404	8177	5961	33628	2207.74

续表 10－20

年份	电报(份)		长途电话(次)		农村电话出口(次)	人均业务收入(元)
	出口	进口	出口	进口		
1980	3932	4021	10499	8040	47566	3288.16
1981	4446	5202	11156	9169	51287	4210.28
1982	4042	5100	12273	8986	51765	4928.01
1983	4990	5066	15225	9888	52368	6399.98
1984	5174	4392	18079	12882	57581	6575.81
1985	7541	6432	26322	18439	60573	7405.68
1986	7178	5961	28054	19348	60136	10064.73
1987	11693	9159	34073	22631	58815	16137.31
1988	17346	14254	35240	22483	60463	26448.31
1989	17050	15454	33684	24148	58455	39584.61
1990	16662	15830	40055	24208	62148	63417.80

第二节　邮　政

1998 年 8 月濮院邮电支局分营为邮政和电信两个部门。分营后，濮院邮政改进服务，调整邮路，增订报刊，安排专人专车专收专递快件，业务发展很快。随着濮院商品交流发展的需要，多个快递公司先后进驻濮院。

桐乡市邮政局濮院邮政支局

1998 年 8 月邮政从濮院邮电支局分营后，成立桐乡市邮政局濮院邮政支局。濮院邮政支局是经营信函、包裹、汇兑、报刊发行、特快专递、集邮和邮政储蓄等邮政业务的国有企业，设有邮政营业汇兑、邮政储蓄、封发投递 3 个组。2008 年 5 月 30 日邮政储蓄业务分离出去，濮院邮政支局业务调整为邮政营业、封发投递、逗递组 3 个部门。随着行政区划的调整，2009 年 9 月，新生邮政所并入濮院邮政支局，投递范围扩大到新生镇。支局摒弃原来

邮政分发

只在营业窗口等待客户前来办理业务的营业方式，成立特快专递业务小组，上门在羊毛衫市场各个交易区、毛纱市场和各个商业大楼的物品、文件实行专收专投，取得了很好的经营效果。濮院邮政支局有邮政发行的各种杂志报纸1000多种供用户订阅，投送范围覆盖整个濮院镇。随着镇区范围不断扩大，至2010年濮院邮路调整扩展城投线路为4条，乡邮线路3条，邮路全程达到了284千米。全镇外来务工者有10多万人，每到月初年终，务工者将钱汇往老家，单笔金额最多达1万多元，邮政营业点汇款最多的一天达到100多万元。新推出的电子商务业务，增加为用户订购航空机票的业务，为居民出行提供了方便。濮院邮政支局调整业务格局，大力发展传统邮政业务，在很大程度上提高了传统邮政业务在总收入中的占比，年纯邮政收入达到了130余万元。濮院邮政支局共有职工20人，支局长先后为陈波、姜斌。

快递

1983年随着濮院羊毛衫产业兴起，濮院邮电局开始受理羊毛衫包裹托运业务，1988年年托运量达1万包(每包15千克，可装羊毛衫30件左右)，1989年、1990年托运量呈大幅上升趋势，邮政托运应接不暇，1998年8月濮院邮政设特快专递(EMS)营业窗口，经营快递业务。同时成立特快专递业务小组，配专车二辆，工作人员4名，主动上门实行专收专投。2004年新生邮政所从新生邮电联营站分营出来，同时也经营快递业务。至2009年，濮院邮政支局的快递营业额近70万元。

随着濮院区域经济的快速发展，2000年以后，濮院的民营快递业增长迅速，快递、速递有限公司纷纷在镇域设立经营机构，打破了中国邮政独家经营的局面，方便了居民的生产生活，提升了商品流动的效率。到2010年底，除邮政快递服务外，韵达、天天、申通、捷达、迅达、顺通6家民营快递、速递公司先后在濮院设立营业部，主要经营羊毛衫包裹快递，兼营其他商品快件收发。发送快件一般是白天收取，当天晚上发往各地。

第三节　电　信

中国电信股份有限公司桐乡分公司濮院电信支局

1998年8月，电信从濮院邮电支局分营后，成立濮院电信支局，同年开办电话来电显示业务。1999年5月，寻呼业务由中国电信划归中国联通，随着移动电话的普及，寻呼机逐步退出历史舞台。2001年7月1日起，根据财政部、信息产业部财综〔2001〕44号文件，取消各类市话、农村电话初装费。2004年7月开通小灵通业务。小灵通外观和手机一样，亦具有发送短信等功能，但实行单向收费，资费标准与固定电话一致，具有经济实惠、绿色健康、精巧时尚等特点，深受消费者喜欢。同年试用并推广电子传真业务。2007年5月18日24时开始，嘉兴市电话号码(包含桐乡市濮院镇)由7位数升至8位数，统一在原号码前加“8”。2008年9月30日，CDMA移动通信业务由中国联通划给中国电信有小灵通及手机用户16000余户。2009年程控交换机容量32000门,有固定电话用户26000余户,互联网宽带用户9000余户。是年,业务收入3000万元。支局长先后为浦伯燕(1998.8—2007.1)、陈汉星(2007.2—),有职工30名。

新生电信代办所

新生电信代办所于1998年8月从新生邮电管理所分营后设立,地址在新生集镇华生路,隶属于桐乡电信联营站,负责人为高学建。2009年有程控电话座机3500只左右,宽带用户1000余户。

第四节 移动通信

1993年移动通信开始进入濮院人民的生活圈,经过多年的飞速发展,濮院境内的移动通信网络初具规模,拥有庞大的用户群。镇域除濮院电信有移动通信外,还有中国联通、中国移动三家公司经营移动通信。移动通信兼营互联网络业务(网络宽带)。

摩托罗拉大哥大手机

移动通信公司

1993年后,濮院开始出现模拟式手机,有一款摩托罗拉大哥大手机,此款手机价格昂贵,拥有量很少。随着通信事业和科学技术的发展,1996年濮院电信支局有了数字式手机微波中基站,数字式手机出现,并且很快就得到了发展。2000年后,随着手机价格的降低,普通老百姓购买手机的热情高涨。手机品种从模拟式手机,发展至数字式手机,从单纯通话发展到短信、微信、上网(看新闻、阅读、百度搜索、网上购物)等多功能智能手机,与支持这些手机功能相配套的先进设施也逐步完善。濮院经营移动通信的公司有中国电信、中国联通、中国铁通、中国网通、中国移动,至2010年合并成三家:濮院电信支局、濮院联通公司和濮院移动公司。2010年移动用户167000余户,业务营业额约1.5亿元。

联通公司 1999年1月,中国联合通讯桐乡市濮院公司成立,有7名工作人员。经营计算机及通讯业务,并从事经营移动通信产品。移动号段开头数为130、131、132、133。2004年联通公司移动号段开头数"133"转让给中国电信。濮院联通公司业务除濮院镇之外,尚含洪合市场。2005年,洪合市场由嘉兴市联通直接管辖。2009年1月网通并入联通,名称为中国联合网络通信嘉兴市濮院公司(简称濮院联通)。2010年联通公司在濮院境内建立基站12座,信号遍布全域。至同年9月,有手机用户41000余户(含洪合10000余户),宽带用户4000余户,固定电话用户2500余户,年营业额近3千万元。有员工41名,负责人先后为计永鑫、沈洪祥、纪明、张霄峰。

铁通公司　中国铁通集团有限公司嘉兴分公司于1999年3月，经浙江省工商部门登记成立濮院经营部，地址在凯旋路638号，主营电话业务，有员工6名，联系人戴荣毅。2009年1月并入移动公司。

网通公司　中国网通公司于2002年7月，在濮院中兴路105号设立濮院汤巨通讯经营部，主营电话、宽带业务，有员工10名，负责人汤伟明。业务范围覆盖濮院、新生。有电话、宽带用户10000余户。2009年1月并入中国联通公司。

濮院移动公司　2004年8月30日，中国移动濮院区域营销中心成立，在凯旋路和工贸大道开设两家营业厅，提供通讯咨询和服务。濮院移动公司为国企，经营计算机、网络、通讯业务，入网、移动话音、数据、IP电话和多媒体等。并从事经营移动通信产品，有各种手机(高档手机、品牌手机、智能3G大屏幕手机)、无线座机、老年机、儿童机。移动号码段开头数有134、135、136、137、138、139、150、151、152、157、158、159、182、183、187、188。拥有“全球通”“神州行”“动感地带”等客户品牌。2009年1月铁通并入移动公司。2010年濮院移动公司在濮院境内已建立基站12座，移动通信信号遍布境内，信号很强，并实现6兆光纤境内全覆盖。有互联网用户(宽带)7000余户。同年9月，手机用户量突破110000户，拥有濮院镇政府网用户60000余户，2010年营业额近亿元。濮院移动公司有员工22人，负责人先后为朱强、张陈琦。

手机卖场和公用电话

2010年濮院的手机卖场和公用电话总数工商登记为70家，注册金258.4万元，分散在濮院镇的大街小巷，最集中和规模较大的在中兴路以东的凯旋路上。由于手机的普及，公用电话亭和经营公用电话的已是凤毛麟角。

表10-21　　2010年濮院镇手机卖场和公用电话亭一览表

单位：万元

序号	名　　称	经营者	注册金	地　　址
1	凤珠手机通讯店	肖桂凤	8.0	凯旋路468号
2	天宏手机店	陈云涛	8.8	凯旋路北侧
3	邱月英手机卡充值店	邱月英	4	永安路693号
4	恒越通信店	陆国平	3	新生中兴南路178号
5	新易诺手机店	包银根	4	凯旋路A—2
6	阿强手机配件店	胡云强	2	新南路40号
7	新龙通信店	邱华斌	0.8	永联新村中新路112号
8	芳芳手机充值卡经营部	杨水中	1	凯旋西路1125号
9	华宁通讯店	郑英蹄	1	南纬路71号
10	李顺公用电话亭	李　顺	0.1	公园路5号东

续表 10－21

序号	名　　称	经营者	注册金	地　　址
11	海伦通讯经营部	郑英星	2.5	咏梅路 102 号
12	通海通讯店	王信东	2	永乐路 84 号
13	慧慧电话亭	项晓东	1	栖凤路 2 号
14	海天通讯经营部	天笑媚	4	凯旋路北侧 B 幢 18 号
15	顺通公用电话服务部	韩建芬	0.5	南纬路 87 号
16	航海通讯店	王信益	5	凯旋路 B1 幢 27—29 号
17	四方通讯店	沈丹叶	7	凯旋路南侧 A1 幢
18	腾飞通讯店	杨德高	1	工贸大道 1267 号
19	永峰通讯服务部	肖永峰	1	永乐新村 21 号
20	昌盛通讯店	高候宝	0.8	新生华生路 208 号
21	阿德通讯服务部	刘德全	0.8	红晓新村 116 号
22	嘉联手机店	郑英星	27	咏梅路 55 号
23	禾兴手机店	何春红	10	新生路 35 号
24	荣元充值卡经营部	庄荣元	0.5	永联新村 6 号
25	招均充值卡经营部	谢招均	1	红晓新村 88 号—1
26	县成手机配件店	郑先成	0.6	永联新村蒋德田房
27	慧娴充值卡经营部	邓夫根	0.5	永联新村 8 号
28	众旺充值卡经营部	濮建国	3	新生中新南路 182 号
29	联诚手机店	章勤勤	8	咏梅路 122 号西间
30	建峰电话亭	施建峰	0.2	新妙智村莫家浜 18 号
31	天时手机店	周国峰	1	永乐路 72 号北
32	好多多手机店	丁公建	10	永乐路 56 号
33	凌风手机通信店	吴诚光	2	永安路 629 号
34	必泉通讯店	谭必泉	0.8	红晓新村 138 号西
35	乐彩手机充值卡经营部	钟桔琴	1	新南路 29 号
36	永胜通讯店	黄丽君	2	永乐路 23 号
37	木子手机店	徐越超	10	凯旋路 A2 幢 3 号徐月超
38	恒盛手机维修店	陈震西	1	农贸市场 A 组 41 号
39	银花手机通讯店	王银花	4	工贸大道 1798—1802 号
40	祥伟手机配件经营部	余积新	3	齐宏路 538 号

续表 10－21

序号	名　　称	经营者	注册金	地　　址
41	玉枝通讯店	谭玉枝	1	复兴路 15 号—3
42	琴浪手机配件经营部	潘权华	3	永乐路 20 号内
43	华丰通讯店	陈高峰	2	凯旋路 263 号
44	谭倩手机配件店	曾重明	2	金龙新村 66 号
45	齐虹手机店	陈一虹	5	齐虹路 307 号
46	立翔手机店	徐国军	5	咏梅西路凯旋小区
47	小张手机维修店	张健强	5	栖凤路 22 号
48	杰龙手机配件商店	刘忠杰	5	凯旋路 366 号
49	艳阳手机配件商店	魏洋洋	2	永联树蓬里 77 号
50	铁通嘉兴分公司濮院营业部	戴荣毅	—	凯旋路 638 号
51	恒大通讯店	姚建清	3.5	南纬路中段
52	琴颉手机配件店	占小琴	3	永乐新村 98 号
53	广丰永恒手机店	夏子发	1	红晓新村 139 号
54	邮政局濮院工贸大道邮政所	姜　斌	—	工贸大道南侧
55	邮政局濮院邮政支局	姜　斌	—	南横街 33 号
56	剑利手机配件店	朱剑利	1	永安路 709 号
57	清风充值卡经营部	郭　倩	2	凯旋路 1173 号
58	华通手机店	屈小华	15	栖凤北路 32 号
59	老百姓通信兴达连锁店	蔡惠娟	8	凯旋路 300 号
60	琪琪手机经营部	陈建根	5	凯旋路 925—927 号
61	搏通手机店	李国礼	2	永乐村建园路 21 号
62	仕杰手机配件店	占生华	1	红星新村 113 号
63	汤臣通讯经营部	汤伟明	4	中兴路 105 号
64	戚建强手机店	戚建强	2	宏苑新村 157 号
65	小占充值卡经营部	占利荣	2	永乐新村 78 号
66	琳琳手机店	赵煜章	8	凯旋路 267—269 号
67	管建伟手机维修店	管建伟	2	栖凤路 20 号
68	北斗星手机维修店	钱亮锋	3	凯旋路 579 号
69	宁杭手机维修店	周绗岁	2	永安路 683 号
70	中链手机店	周金豹	20	咏梅路 116 号

第五节　互联网

濮院电信支局于1997年开办宽带上网业务，互联网开始进入濮院镇人民的生活，并迅速得到了发展。随着通信光缆的升级，网速的提高，互联网的应用日趋广泛，从家庭上网看新闻、玩游戏，发展到上网购物，百度问事，发微信、发微博、发邮件、网上视频聊天等等。镇政府各部门、村、社区都相继建立网站，实行政务公开，为人民群众架起联络的桥梁，实现了信息互通。工商、财税、交通、计生等政府职能部门提供了网上服务。有识之士看到互联网强大快捷方便的商机功能，开始建设网络平台，为商家和消费者群体提供网上交易平台。各银行也相继建立网上银行，完善了网上交易系统。各工商企业、个体工商业主也积极参与建立网店和网企，濮院的电子商务蓬勃发展。2007年8月，桐乡市濮院针织产业信息有限公司开始建立“中国毛针织网”平台，开始做B2B。2009年8月28日成立的“桐乡市网上创业中心”与国内最大的第三方支付平台支付宝（中国）网络技术有限公司正式签约，开展B2B/B2C网络销售，并提供网上业务、就业培训服务，有意向在网上创业的大学生，可以免费加入。创业中心成立后，启动了“136助网工程”，即争取通过三年的努力，培育发展1000名网商，提升3家重点网站信用水平，帮助6000家市场主体上网用网。2010年濮院毛纺原料市场改建为“桐乡市濮院毛纺织原料电子交易市场”，设电子交易产权式门市部158间，有宽带用户453户。濮院毛纺原料市场增加网络销售新的方式，实现了远程采购、销售的模式。

至2010年底，濮院镇有互联网用户21000余户。濮院联通公司6兆光纤实现境内全覆盖。随后各移动网络发展成为支持手机无线上网。2012年濮院羊毛衫市场网上销售达3亿元。